Como utilizar o dicionário

Todas as **entradas** (incluindo abreviações, palavras compostas, variantes ortográficas, referências) estão ordenadas alfabeticamente e destacadas em negrito.

As cifras arábicas com número alceado diferenciam **homógrafos** (palavras diferentes, escritas de maneira idêntica).

Emprega-se os símbolos da IPA (International Phonetic Association) para a transcrição da **pronúncia do espanhol** e do **português do Brasil**.

As indicações das **formas irregulares do plural** e das **formas irregulares de verbos e adjetivos** estão entre os símbolos "menor que" e "maior que" e imediatamente após a entrada.

A forma feminina dos substantivos e adjetivos é indicada sempre que esta difira da forma masculina. Indica-se o gênero dos substantivos espanhóis e portugueses.

As cifras em números romanos indicam as **categorias gramaticais** distintas. As cifras em números arábicos indicam as **acepções** diferentes.

O **til** substitui nos exemplos ilustrativos, nas locuções e nos provérbios a entrada anterior.

São dadas numerosas **indicações** para conduzir o usuário à tradução correta:
- indicações de **campo semântico**

- **definições** ou **sinônimos, complementos** ou **sujeitos** típicos da entrada

- indicações de **uso regional** tanto a nível da entrada como a nível da tradução

- indicações de **estilo**

Quando não for possível traduzir uma entrada ou um exemplo devido a diferenças culturais, é dada uma **explicação** ou uma **equivalência aproximada** (≈). A uma tradução ambígua acrescenta-se uma explicação entre parênteses.

vt. e *v. tb.* referem-se a uma **entrada modelo** para informações adicionais.

bandoleiro [bãŋdoˈlejru] *m* bandolero *m*
bandolim [bãŋduˈʎĩj] *m* mandolina *f*
bangalô [bãŋgaˈlo] *m* bungalow *m*
bangue-bangue [ˈbãŋgiˈbãŋgi] *m* película *f* del oeste, western *m*
era¹ [ˈera] *f* 1. (*período*) era *f* 2. (*para trigo*) eira *f*
era² [ˈera] 3. *imper de* **ser**
efecto [eˈfekto] *m* efeito *m;* ...
banhista [bãˈɲista] *mf* bañista *mf*

club [kluβ] <clubs *o* clubes> ...
merendar [mereɲˈdar] <e→ie> *vi, vt* merendar
fotografiar [fotoɣrafiˈar, fotoɣraˈfjar] <*1. pres*: fotografío> ...
adelgazar [aðelɣaˈθar] <z→c> *vi, vt* emagrecer
gel <géis *ou* geles> [ˈʒɛw, ˈʒɛjs, ˈʒɛʎis] *m* gel *m*
glorificar [glorifiˈkar] <c→qu> *vt* glorificar
actor, actriz [akˈtor, akˈtriθ] *m, f* ator, atriz *m, f*...
antiguo, -a [aɲˈtiɣwo, -a] *adj* ...
herói, heroína [eˈrɔj, eroˈina] *m, f* héroe, heroína *m, f*
heroico, -a [eˈrɔjku, -a] *adj* heroico, -a
haste [ˈastʃi] *f* 1. (*de bandeira*) asta *f* 2. BOT tallo *m* 3. (*dos óculos*) patilla *f*
guiar [giˈar] I. *vt* (*uma pessoa*) guiar; (*um automóvel, uma bicicleta*) conducir, manejar *AmL*. II. *vr:* ~ **-se por alguém/a. c.** guiarse por alguien/algo
risa [rriˈsa] *f* risada *f;* **una película de** ~ um filme cômico; **un precio de** ~ *inf* um preço ridículo; **mondarse** [*o* **partirse**] **de** ~ *inf* morrer de rir; **tomar algo a** ~ levar a. c. na brincadeira; **¡qué** ~**!** que piada!

ralentí [rraleɲˈti] *m* <ralentíes> 1. AUTO marcha *f* lenta 2. CINE câmara *f* lenta; **al** ~ em câmara lenta
bandada [bãɲˈdaða] *f* (*de pájaros*) revoada *f,* (*de peces*) cardume *m*
balcão <-ões> [bawˈkãw, -õjs] *m* 1. (*de loja, café*) mostrador *m* 2. (*no teatro*) balcón *m* 3. (*do banco*) ventanilla *f* 4. ARQUIT balcón *m*
banqueta [bãɲˈketa] *f* 1. (*taburete*) banqueta *f* 2. *AmC* (*acera*) calçada *f*
gravata-borboleta [ɡraˈvata-borboˈleta] <gravatas-borboleta(s)> *f* pajarita *f,* moñito *m Arg*, humita *f Chile*, corbata *f* de moño *Méx*
broto [ˈbrotu] *m* 1. BOT brote *m* 2. *inf* (*adolescente*) chico, -a *m, f*
Babia [ˈbaβja] *f* **estar en** ~ *inf* estar no mundo da lua
bacharelado [baʃareˈladu] *m* ≈ licenciatura *f*
bolinho [boˈʎiɲu] *m* GASTR buñuelo *m* (*de bacalao, arroz o carne*)
Bovespa [boˈvespa] *f abr de* **Bolsa de Valores do Estado de São Paulo** *la Bolsa de Valores de São Paulo, la más importante de Brasil*
abril [aˈβril] *m* abril *m; v.t.* **marzo**
oitavo, -a [ojˈtavu, -a] *num ord* octavo, -a; *v.tb.* **segundo**

Cómo utilizar el diccionario

Todas las **entradas** (incluso abreviaciones, compuestos, variantes ortográficas, remisiones) están ordenadas alfabéticamente y se destacan en negrita.

Las cifras arábigas *voladas* diferencian **homógrafos** (palavras diferentes, escritas de igual manera).
Se emplean los signos de la IPA (International Phonetic Association) para la transcripción de la **pronunciación del español** y del **portugués de Brasil**.
Las indicaciones de las **formas irregulares del plural** y de las **formas irregulares de verbos y adjetivos** están entre paréntesis triangulares inmediatamente después de la entrada.

Se indica la forma femenina de los sustantivos y adjetivos siempre que esta difiera de la forma masculina. Se indica el género de los sustantivos españoles y portugueses.

Las cifras romanas indican las distintas **categorías gramaticales**. Las cifras arábigas indican las distintas **acepciones**.

La **tilde** sustituye en los ejemplos ilustrativos, en las locuciones y los proverbios la entrada anterior.

Se dan numerosas **indicaciones** para dirigir al usuario a la traducción correcta:
- indicaciones de **campo semántico**

- **definiciones** o **sinónimos**, **complementos** o **sujetos** típicos de la entrada

- indicaciones de **uso regional** tanto a nivel de la entrada como a nivel de la traducción

- indicaciones de **estilo**

Si una entrada o un ejemplo no pueden ser traducidos debido a diferencias culturales se dará una **explicación** o una **equivalencia aproximada** (≈). A una traducción ambigua se le añade una explicación entre paréntesis.

v.t. y *tb.* remiten a una **entrada modelo** para más información.

Dicionário escolar

ESPANHOL

espanhol – português
português – espanhol

martins fontes
selo martins

© PONS GmbH, Stuttgart, República Federal da Alemanha, 2010.
© para o Brasil: Martins Editora Livraria Ltda., São Paulo, 2010.

Publisher	Evandro Mendonça Martins Fontes
Coordenação editorial	Vanessa Faleck
Gerência editorial	Drª Meg Tsiris, María Teresa Gondar Oubiña
Colaboradores	Cecília Aparecida Alves Schlünzen, Ieda Maria Alves (Universidade de São Paulo), Fernando Amado Aymoré, Eliane B. Freire Ushijima, Luciana Capisani, Rosângela Aparecida Dantas de Oliveira, Waldemar Ferreira Netto, Carla Finger, Peter Frank, José A. Gálvez, Isabel Marcante, Maria do Carmo Massoni, Andréa Otersen, Elisabete P. Ferreira Köninger, Josep Ràfols i Ventosa, Eva Schellert
Composição	Dörr und Schiller GmbH, Stuttgart
Processamento de dados	Andreas Lang, conText AG für Informatik und Kommunikation, Zurique

1ª edição 2005 | **2ª edição** 2010 | **1ª reimpressão** março de 2018
Papel Offset 63 g/m² | **Impressão e acabamento:** Orgrafic

Dados Internacionais de Catalogação na Publicação (CIP)
(Câmara Brasileira do Livro, SP, Brasil)

Dicionário escolar espanhol : espanhol-português : português-espanhol. – São Paulo : Martins Fontes - selo Martins, 2018.

1. reimpr. da 2. ed. de 2010.
ISBN 978-85-61635-56-5

1. Espanhol – Dicionários – Português 2. Português - Dicionários – Espanhol.

18-12378
CDD-463.69
-469.36

Índices para catálogo sistemático:
1. Espanhol : Português : Dicionários 463.69
2. Português : Espanhol : Dicionários 469.36

Todos os direitos desta edição reservados à
Martins Editora Livraria Ltda.
Av. Dr. Arnaldo, 2076
01255-000 São Paulo SP Brasil
Tel.: (11) 3116 0000
info@emartinsfontes.com.br
www.emartinsfontes.com.br

Índice

La pronunciación del español	V
Símbolos fonéticos del portugués de Brasil	VIII

Diccionario Español–Portugués 1–340

Apéndice I

Correspondencia	341
Fórmulas útiles para la correspondencia	353
Expresiones útiles	355

Diccionario Portugués–Español 1–522

Apéndice II

Los verbos regulares e irregulares españoles	523
Los verbos regulares e irregulares portugueses	553
Falsos amigos	575
Los numerales	583
Medidas y pesos	588

Índice

A pronúncia espanhola	V
Símbolos fonéticos do português do Brasil	VIII

Dicionário Espanhol–Português 1–340

Apêndice I

Correspondência	341
Fórmulas úteis para a correspondência	353
Expressões úteis	355

Dicionário Português–Espanhol 1–522

Apêndice II

Os verbos espanhóis regulares e irregulares	523
Os verbos portugueses regulares e irregulares	553
Falsos amigos	575
Os numerais	583
Medidas e pesos	588

V

La pronunciación del español
A pronúncia espanhola

Grandes diferenças podem ser observadas na pronúncia espanhola, tanto nas várias regiões da Península Ibérica, quanto nos países em que se fala espanhol. Contrariamente à opinião geral, tais diferenças são mais acentuadas na Espanha do que nos vários países americanos de fala espanhola. Nas regiões bilíngues da Península Ibérica, como Catalunha, Valência, Ilhas Baleares, províncias bascas e Galiza, a pronúncia espanhola é fortemente influenciada por suas línguas nativas. Por outro lado, em outras regiões, traços de um conjunto de dialetos misturaram-se com o espanhol falado. Uma característica particular e independente evidencia-se na pronúncia andaluza, por exemplo, no caso do ceceio próprio desse dialeto: *s*, *z* e *c* são pronunciadas como fricativa interdental/th/(**káza**, em oposição à *casa* **kása**).

Normalmente, a pronúncia castelhana é considerada a pronúncia padrão por ser a que apresenta maior aproximação com a forma escrita. É nesta pronúncia que as descrições seguintes estão baseadas:

Vogais

Símbolo	Representação gráfica	Exemplo
[a]	a	san, acción
[e]	e	pez, saber
[i]	i	sí, mirar
[o]	o	con
[u]	u	tú, dibujo

Semi-vogais resp. semi-consoantes

Símbolo	Representação gráfica	Exemplos	Notas
[i̯]	i, y	baile, hoy, despreciéis	*nos ditongos **ai, ei, oi** resp. **ay, ey, oy** e nos elementos finais de tritongos*
[j]	i	bieldo, apreciáis	*quando **i** é pronunciado como primeiro elemento de ditongo ou de tritongo*
[u̯]	u	auto, causa	*nos ditongos **au, eu, ou***
[w]	u	bueno, cuerda	*quando **u** é pronunciado como primeiro elemento de ditongo ou de tritongo*

VI

Consoantes

Símbolo	Representação gráfica	Exemplos	Notas
[p]	p	pato	
[b]	b, v	vacío, hombre	*oclusiva: em posição inicial absoluta, depois de pausa e em posição medial, após uma nasal*
[β]	b, v	objeto, pueblo	*fricativa: quando <u>não</u> ocorre em posição inicial absoluta nem depois de m, n.*
[m]	m, n	mamá, convivir	*qualquer m; ou n não-final antes de [p] ou [b]*
[mg]	n	enfermo, infusión	*qualquer n que anteceda f*
[n]	n	nadie, entre	
[n̟]	n	quince, conciencia	*n interdental: antes de [θ]*
[n̪]	n	condenar, cantar	*n dentalizada: antes de [t] ou de [d]*
[ŋ]	n	cinco, fingir	*n em final de sílaba antes de consoante velar*
[ɲ]	ñ, n	viña, concha	*ñ em início de sílaba e n em final de sílaba antes de consoante palatal*
[f]	f	café	
[k]	k, c, q	kilo, casa, que, actor	*nas sequências c + a, o, u e qu + e, i e em c em final de sílaba*
[g]	g, gu	garra, guerra,	*oclusiva: em posição inicial absoluta ou em posição medial seguindo nasal nas sequências g + a, o, u e gu + e, i*
[x]	j, g	rojo, girar, gente	*equivalente a j e às sequências g + e, i*
[ɣ]	g, gu	agua, alegre, estigma	*fricativa: nos encontros g + a, o, u e gu + e, i, quando não ocorrem em posição inicial absoluta nem depois de n*
[t]	t	letra, tío	*oclusiva: equivalente a d em posição inicial absoluta ou depois de n ou de l*
[d]	d	dedo, conde, caldo	*oclusiva: equivalente a d quando ocorre em posição inicial absoluta ou depois de n ou de l*
[ð]	d	cada, escudo, juventud	*fricativa: equivalente a d quando não ocorre em posição inicial absoluta nem depois de n ou de l*
[θ]	c, z	cero, zarza, cruz	*nas sequências c + e, i e z + a, o, u e em posição final de palavra*
[l]	l	libro, bloque, sal	
[l̟]	l	alce	*l interdental: somente antes de [θ]*
[l̪]	l	altura, caldo	*l dental: somente antes de [t] ou de [d]*

VII

Símbolo	Representação gráfica	Exemplos	Notas
[ʎ]	ll, l	llueve, colcha	equivalente a *ll*, e a *l* em final de sílaba antes de consoante palatal
[s]	s	así, coser	
[r]	r	caro, prisa	equivalente à letra *r* quando ocorre em início de palavra ou seguindo *n, l, s*
[rr]	r, rr	roca, honrado	equivalente a *-rr-* e a *r-* ou *-r-* em início de palavra ou seguindo *n, l ou s*
[tʃ]	ch	chino	
[ɟ]	y, hi	cónyuge, inyección, yunque, hielo, hierba	africada palatal: fricativa quando *y, hi* ocorre em início de sílaba
[ʃ]	sh	shock	semelhante ao inglês *shock, show*

A pronúncia hispano-americana é muito similar à da região da Andaluzia. Dentre as peculiaridades fonéticas que se podem encontrar em áreas hispano-americanas, os seguintes fenômenos são os mais proeminentes:

yeísmo

Pronuncia-se *ll* como se faz com *y* (**yovér**, em oposição à *llover* **llovér**). Esse fenômeno fonético é comum não somente nas áreas americanas de fala espanhola, mas também em várias regiões como a Andaluzia, as Ilhas Canárias, a Extremadura, Madrid e as regiões castelhanas. A suposição de que o *yeísmo* seja um traço fonético de todos os países hispano-americanos é falsa. A pronúncia padrão do *ll* mantém-se em sub-regiões do Chile, do Peru, da Colômbia e do Equador.

Outra peculiaridade é a pronúncia de **y** como dʒ (**adʒér**, em oposição a *ayer* **adɟér**) na Argentina, Uruguai e sub-regiões do Equador e do México.

ceceio

Pronunciam-se *z* e *c* (θ) similarmente a *s* (**sínko**, em oposição a *cinco* **θínko**). Essa peculiaridade dialetal é muito comum não somente na América Espanhola mas também em sub-regiões da Andaluzia e das Ilhas Canárias.

Na pronúncia vernácula de algumas das áreas da Espanha e da América Espanhola, também se encontra a aspiração do *s* em final de sílaba (**lah kása**, em oposição a *las casas* – **las kásas**), que também pode desaparecer (**mímo**, em oposição a *mismo* **mísmo**). Como ambos os fenômenos são considerados vulgares, procura-se evitá-los.

Símbolos fonéticos del portugués de Brasil
Símbolos fonéticos do português do Brasil

[a]	casa	[b]	bom
[ɜ]	cama, dano	[x]	rio, carro
[ɛ]	café, aberto	[d]	dormir
[e]	abelha, fortaleza	[dʒ]	cidade
[i]	disco	[f]	fazer
[i̯]	faculdade, realmente, acústica	[g]	golfo
[o]	coco, luminoso	[ʒ]	janela
[ɔ]	hora, luminosa	[k]	carro
[u]	madrugada, maduro	[l]	mala
[w]	quarto	[ʎ]	vermelho
[aj]	pai	[m]	mãe
[ɐ̃ʒ]	mãe	[n]	nata
[aw]	ausência, alface	[ɲ]	banho
[ɜ̃]	amanhã, maçã, campeã	[ŋ]	abandonar, banco
[ɜ̃n]	dançar	[p]	pai
[ɜ̃w]	avião, coração	[ɾ]	parede, provar
[ej]	beira	[r]	pintar, fazer
[ẽj]	alguém, legenda, lente	[s]	solo
[ew]	deus, movel	[ʃ]	cheio
[ĩj]	jardim	[t]	total
[oj]	coisa, noite	[tʃ]	durante
[õj]	aviões	[v]	vida
[õw]	com, afronta	[z]	dose
[ũw]	acupuntura, comum		

A

A, a [a] *f* A, a *m*
a [a] *prep* **1.** (*dirección*) a; **ir ~ Barcelona** ir a Barcelona; **llegar ~ Lima** chegar em Lima **2.** (*posición*) a; **~ la derecha** à direita; **~ la mesa** à mesa **3.** (*distancia*) a; **10 kilómetros de aquí** a 10 quilômetros daqui **4.** (*tiempo*) a; **~ mediodía** ao meio-dia; **~ las tres** às três **5.** (*modo*) **~ mano** à mão; **~ oscuras** às escuras; **~ pie** a pé; **ir ~ pie** ir a pé **6.** (*precio*) **¿~ cómo está?** quanto custa?; **~ 2 euros el kilo** a 2 euros o quilo **7.** (*relación*) **dos ~ dos** dois a dois **8.** (*complemento*) **oler ~ gas** cheirar a gás; **he visto ~ tu hermano** vi meu irmão **9.** (*con infinitivo*) **empezó ~ correr** começou a correr **10.** (+ *que*) **¡~ que llueve mañana!** aposto que chove amanhã!

> **Gramática** **a** em combinação com o artigo definido 'el' se transforma em 'al': "Mañana voy al teatro con algunos amigos; Segovia está al norte de Madrid."

abad(esa) [a'βaᵈ, aβa'ðesa] *m(f)* abade, abadessa *m, f*
abadía [aβa'ðia] *f* abadia *f*
abajo [a'βaxo] *adv* **1.** (*movimiento*) abaixo; **calle ~** rua abaixo; **de arriba ~** de cima abaixo **2.** (*estado*) abaixo; (*en casa*) embaixo; **hacia ~** para baixo; **el ~ firmante** o abaixo-assinado; **de veinte para ~** de vinte para baixo; **véase más ~** veja mais abaixo
abalanzarse [aβalan'θarse] <z→c> *vr* **~ sobre algo** atirar-se sobre a. c.
abandonado, -a [aβando'naðo, -a] *adj* ser abandonado, -a
abandonar [aβando'nar] **I.** *vi* DEP retirar-se **II.** *vt* **1.** (*dejar*) largar **2.** (*renunciar*) desistir **3.** INFOR (*interrumpir*) interromper **III.** *vr* **~ se a algo** entregar-se a a. c.
abandono [aβan'dono] *m* abandono *m*; **encontrarse en estado de ~** encontrar-se em estado de abandono
abanicar [aβani'kar] <c→qu> **I.** *vt* abanar **II.** *vr:* **~ se** abanar-se

abanico [aβa'niko] *m t. fig* leque *m*
abaratar [aβara'tar] **I.** *vt* baratear **II.** *vr:* **~ se** baratear-se
abarcar [aβar'kar] <c→qu> *vt* abarcar; **~ con la vista** alcançar com a vista; **quien mucho abarca poco aprieta** *prov* quem tudo quer nada tem
abarrotado, -a [aβarro'taðo, -a] *adj* abarrotado, -a; **~ de** abarrotado de
abastecer [aβaste'θer] *irr como crecer* **I.** *vt* abastecer; **~ a alguien de algo** abastecer alguém com a. c. **II.** *vr* **~ se de algo** abastecer-se de a. c.
abastecimiento [aβasteθi'mjento] *m* abastecimento *m*
abasto [a'βasto] *m* víveres *mpl*; **no dar ~** não ser suficiente
abatible [aβa'tiβle] *adj* reclinável
abatido, -a [aβa'tiðo, -a] *adj* abatido, -a
abatimiento [aβati'mjento] *m* abatimento *m*
abatir [aβa'tir] **I.** *vt* abater **II.** *vr:* **~ se** (*desanimarse*) abater-se; **~ se sobre algo** (*precipitarse*) abater-se sobre a. c.
abdicación [aβðika'θjon] *f* abdicação *f*
abdicar [aβði'kar] <c→qu> **I.** *vt* (*monarca*) abdicar; **~ el trono en alguien** abdicar o trono em favor de alguém **II.** *vi* **1.** (*monarca*) abdicar **2.** (*ideales*) **~ de algo** abrir mão de a. c.
abdomen [aβ'ðomen] *m* abdome *m*
abdominal [aβðomi'nal] *adj, m* abdominal *m*
abecedario [aβeθe'ðarjo] *m* abecedário *m*
abedul [aβe'ðul] *m* bétula *f*
abeja [a'βexa] *f* abelha *f*
abejorro [aβe'xorro] *m* mamangaba *f*
aberración [aβerra'θjon] *f* aberração *f*
abertura [aβer'tura] *f* abertura *f*
abeto [a'βeto] *m* abeto *m*
abierto, -a [a'βjerto, -a] **I.** *pp de* **abrir** **II.** *adj* aberto, -a
abigarrado, -a [aβiγa'rraðo, -a] *adj* misturado, -a
abismal [aβis'mal] *adj* abismal
abismo [a'βismo] *m* abismo *m*; **estar al borde del ~** *fig* estar à beira de um abismo
ablandar [aβlan'dar] **I.** *vt* **1.** (*poner blando*) abrandar **2.** (*calmar*) acalmar **II.** *vr:* **~ se** abrandar-se
abnegación [aβneγa'θjon] *f* abnegação *f*
abnegado, -a [aβne'γaðo, -a] *adj* abnegado, -a

abocado, -a [aβoˈkaðo, -a] *adj* **estar ~ al fracaso** estar fadado ao fracasso
abochornar [aβotʃorˈnar] **I.** *vt* envergonhar **II.** *vr:* **~se** envergonhar-se
abofetear [aβofeteˈar] *vt* esbofetear
abogacía [aβoɣaˈθia] *f* advocacia *f*
abogado, -a [aβoˈɣaðo, -a] *m, f* advogado, -a *m, f;* **~ defensor** advogado de defesa; **hacer de ~ del diablo** bancar o advogado do diabo
abogar [aβoˈɣar] <g→gu> *vi* **~ por algo** advogar a favor de a. c.
abolengo [aβoˈleŋɡo] *m* **de rancio ~** de descendência nobre
abolición [aβoliˈθjon] *f* abolição *f*
abolir [aβoˈlir] *irr vt* abolir
abolladura [aβoʎaˈðura] *f* amassadura *f*
abollar [aβoˈʎar] *vt* amassar
abominable [aβomiˈnaβle] *adj* abominável
abominación [aβominaˈθjon] *f* abominação *f*
abonado, -a [aβoˈnaðo, -a] *m, f* assinante *mf*
abonar [aβoˈnar] **I.** *vt* **1.** (*pagar*) pagar **2.** (*terreno*) adubar **II.** *vr:* **~se** assinar; **~se a algo** assinar a. c.
abono [aˈβono] *m* **1.** (*a metro*) passe *m* **2.** (*a revista*) assinatura *f* **3.** (*pago*) pagamento *m* **4.** (*fertilizante*) adubo *m*
abordar [aβorˈðar] *vt* abordar
aborigen [aβoˈrixen] *adj, mf* aborígene *mf*
aborrecer [aβorreˈθer] *irr como crecer vt* detestar
abortar [aβorˈtar] *vi, vt* abortar
abortista [aβorˈtista] *mf* partidário da legalização do aborto
aborto [aˈβorto] *m* aborto *m*
abotonar [aβotoˈnar] **I.** *vt* abotoar **II.** *vr:* **~se** abotoar-se
abrasar [aβraˈsar] *vi, vt* queimar
abrazadera [aβraθaˈðera] *f* TÉC braçadeira *f*
abrazar [aβraˈθar] <z→c> **I.** *vt* abraçar **II.** *vr:* **~se** abraçar-se
abrazo [aˈβraθo] *m* abraço *m;* **dar un ~ a alguien** dar um abraço em alguém; **un fuerte ~** um forte abraço
abrebotellas [aβreβoˈteʎas] *m inv* abridor *m* de garrafas
abrecartas [aβreˈkartas] *m inv* abridor *m* de cartas
abrelatas [aβreˈlatas] *m inv* abridor *m* de latas
abrevadero [aβreβaˈðero] *m* bebedouro *m* para animais
abreviar [aβreˈβjar] *vt* abreviar
abreviatura [aβreβjaˈtura] *f* abreviatura *f*
abridor [aβriˈðor] *m* abridor *m*
abrigar [aβriˈɣar] <g→gu> **I.** *vt* **1.** (*del viento, frío*) abrigar **2.** (*esperanzas*) nutrir **II.** *vr:* **~se** abrigar-se; **~se del frío** abrigar-se do frio
abrigo [aˈβriɣo] *m* **1.** (*prenda*) casaco *m* **2.** (*refugio*) abrigo *m;* **al ~ de** protegido por
abril [aˈβril] *m* abril *m; v.t.* **marzo**
abrillantar [aβriʎanˈtar] *vt* abrilhantar
abrir [aˈβrir] *irr* **I.** *vt* abrir; **a medio ~** (*puerta*) meio aberta **II.** *vr:* **~se 1.** (*puerta, herida*) abrir **2.** (*confiar*) abrir-se; **~se a alguien** abrir-se com alguém **3.** *inf* (*irse*) cair fora
abrochar [aβroˈtʃar] **I.** *vt* (*camisa, cinturón*) abotoar **II.** *vr:* **~se** (*camisa*) abotoar-se; **abróchense los cinturones** apertem os cintos
abrumar [aβruˈmar] *vt* constranger
abrupto, -a [aˈβrupto, -a] *adj* **1.** (*camino*) abrupto, -a **2.** (*carácter*) rude
absceso [aβsˈθeso] *m* abcesso *m*
absentismo [aβsenˈtismo] *m* absenteísmo *m;* **~ laboral** ausência no trabalho
absolución [aβsoluˈθjon] *f* absolvição *f*
absoluto, -a [aβsoˈluto, -a] *adj* absoluto, -a; **en ~** em absoluto
absolver [aβsolˈβer] *irr como volver vt* absolver; **~ a alguien de algo** absolver alguém de a. c.
absorbente [aβsorˈβente] *adj* absorvente
absorber [aβsorˈβer] *vt* absorver
absorción [aβsorˈθjon] *f* absorção *f*
absorto, -a [aβˈsorto, -a] *adj* absorto, -a
abstemio, -a [aβsˈtemjo, -a] *adj, m, f* abstêmio, -a *m, f*
abstención [aβstenˈθjon] *f* abstenção *f*
abstenerse [aβsteˈnerse] *irr como tener vr* **~ de algo** abster-se de a. c.
abstinencia [aβstiˈnenθja] *f* abstinência *f*
abstracción [aβstrakˈθjon] *f* abstração *f*
abstracto, -a [aβsˈtrakto, -a] *adj* abstrato, -a
abstraer [aβstraˈer] *irr como traer* **I.** *vt* abstrair **II.** *vr:* **~se de algo** abstrair-se de a. c.
abstraído, -a [aβstraˈiðo, -a] *adj* abstraído, -a
absurdo, -a [aβˈsurðo] *adj* absurdo, -a

abuchear [aβuˈtʃeˈar] vt vaiar
abucheo [aβuˈtʃeo] m vaia f
abuelo, -a [aˈβwelo, -a] m, f avô, avó m, f; **los ~s** os avós
abulense [aβuˈlense] adj de Ávila
abulia [aˈβulja] f abulia f
abúlico, -a [aˈβuliko, -a] adj abúlico, -a
abultado, -a [aβulˈtaðo, -a] adj avultado, -a
abultar [aβulˈtar] I. vt avultar II. vi avolumar
abundancia [aβunˈdanθja] f abundância f; **vivir en la ~** viver na abundância
abundante [aβunˈdante] adj abundante
abundar [aβunˈdar] vi abundar; **~ en algo** ser abundante em a. c.
aburrido, -a [aβuˈrriðo, -a] adj 1. estar (persona) entediado, -a 2. ser (persona, película) tedioso, -a
aburrimiento [aβurriˈmjento] m tédio m
aburrir [aβuˈrrir] I. vt entediar II. vr: **~se** entediar-se
abusar [aβuˈsar] vi abusar; **~ de alguien/de algo** abusar de alguém/de a. c.
abusivo, -a [aβuˈsiβo, -a] adj abusivo, -a
abuso [aˈβuso] m abuso m
abusón, -ona [aβuˈson, -ona] adj, m, f inf aproveitador(a) m(f)
a.C. [ˈantes ðe ˈkristo] abr de **antes de Cristo** a.C.
acá [aˈka] adv aqui
acabado [akaˈβaðo] m acabamento m
acabado, -a [akaˈβaðo, -a] adj acabado, -a
acabar [akaˈβar] I. vi 1. (terminar) acabar; **~ bien/mal** acabar bem/mal; **~ de hacer algo** acabar de fazer a. c. 2. (destruir) **~ con algo** acabar com a. c.; **~ con alguien** acabar com alguém II. vt (terminar, consumir) acabar III. vr: **~se** acabar-se; **se ha acabado** acabou; **¡se acabó!** acabou!
acabóse [akaˈβose] m inf **¡esto es el ~!** é realmente o fim!
acacia [aˈkaθja] f acácia f
academia [akaˈðemja] f academia f
académico, -a [akaˈðemiko, -a] adj, m, f acadêmico, -a m, f
acaecer [akaeˈθer] irr como crecer vi acontecer
acallar [akaˈʎar] vt 1. (hacer callar) fazer calar 2. (apaciguar) aquietar

acalorado, -a [akaloˈraðo, -a] adj acalorado, -a
acalorarse [akaloˈrarse] vr 1. (sofocarse) acalorar-se 2. (enfadarse) irritar-se
acampada [akamˈpaða] f acampamento m; **ir de ~** acampar
acampar [akamˈpar] vi acampar
acantilado [akantiˈlaðo] m falésia f
acaparador(a) [akaparaˈðor(a)] adj, m(f) monopolizador(a) m(f)
acaparar [akapaˈrar] vt monopolizar
acariciar [akariˈθjar] vt 1. (persona) acariciar 2. (plan) alimentar
acarrear [akarreˈar] vt 1. (transportar) levar 2. (ocasionar) acarretar
acaso [aˈkaso] adv acaso; **por si ~** no caso de
acatamiento [akataˈmjento] m acatamento m
acatar [akaˈtar] vt acatar
acatarrarse [akataˈrrarse] vr resfriar-se
acaudalado, -a [akauðaˈlaðo, -a] adj abastado, -a
acaudillar [akauðiˈʎar] vt acaudilhar
acceder [akθeˈðer] vi 1. (consentir) aceder; **~ a algo** concordar com a. c. 2. (tener acceso) acessar; **~ a Internet** acessar a Internet
accesible [akθeˈsiβle] adj acessível
acceso [akˈθeso] m t. INFOR acesso m
accesorio [akθeˈsorjo] m acessório m
accidentado, -a [akθiðenˈtaðo, -a] adj, m, f acidentado, -a m, f
accidental [akθiðenˈtal] adj (no esencial, casual) acidental
accidentarse [akθiðenˈtarse] vr acidentar-se
accidente [akθiˈðente] m acidente m; **~ geográfico** acidente geográfico; **~ laboral** acidente de trabalho
acción [akˈθjon] f ação f
accionar [akθjoˈnar] vt TÉC acionar
accionista [akθjoˈnista] mf acionista mf
acebo [aˈθeβo] m azevinho m
acecho [aˈθetʃo] m **estar al ~** estar à espreita
aceite [aˈθeite] m 1. (de girasol) óleo m; **~ de oliva** azeite m de oliva 2. (lubrificante) óleo m
aceitera [aθeiˈtera] f 1. (recipiente) azeiteira f 2. pl (vinagreras) galheteiro m
aceitoso, -a [aθeiˈtoso, -a] adj oleoso, -a
aceituna [aθeiˈtuna] f azeitona f; **~ re-**

llena azeitona recheada
aceitunado, -a [aθei̯tu'naðo, -a] *adj* azeitonado, -a
aceleración [aθelera'θjon] *f* aceleração *f*
acelerador [aθelera'ðor] *m* acelerador *m*
acelerar [aθele'rar] *vt* acelerar; ~ **el paso** acelerar o passo
acelga [a'θelɣa] *f* acelga *f*
acento [a'θento] *m* acento *m*
acentuar [aθentu'ar] <*1. pres:* acentúo> *vt* **1.** (*al pronunciar*) acentuar **2.** (*resaltar*) destacar
acepción [aθeβ'θjon] *f* acepção *f*
aceptación [aθepta'θjon] *f* aceitação *f*
aceptar [aθep'tar] *vt* aceitar
acequia [a'θekja] *f* acéquia *f*
acera [a'θera] *f* calçada *f*; **ser de la ~ de enfrente** *inf* ser bicha
acerado, -a [aθe'raðo, -a] *adj* **1.** (*de acero*) acerado, -a **2.** (*mordaz*) cortante
acerca [a'θerka] *prep* ~ **de** sobre
acercamiento [aθerka'mjento] *m* aproximação *f*
acercar [aθer'kar] <c→qu> **I.** *vt* acercar **II.** *vr:* ~**se 1.** (*aproximarse*) aproximar-se; ~ **se a alguien/algo** aproximar-se de alguém/a. c.; **te acerco a casa** te levo em casa **2.** (*ir*) ir
acero [a'θero] *m* aço *m*; ~ **inoxidable** aço inoxidável
acérrimo, -a [a'θerrimo, -a] *adj* acirrado, -a
acertado, -a [aθer'taðo, -a] *adj* acertado, -a
acertar [aθer'tar] <e→ie> **I.** *vt* acertar **II.** *vi* (*encontrar*) ~ **con algo** encontrar a. c.
acertijo [aθer'tixo] *m* adivinhação *f*
acervo [a'θerβo] *m* acervo *m*; ~ **cultural** acervo cultural
achacar [atʃa'kar] <c→qu> *vt* atribuir
achacoso, -a [atʃa'koso, -a] *adj* adoentado, -a
achaque [a'tʃake] *m* doença *f*
achicar [atʃi'kar] <c→qu> **I.** *vt* **1.** (*empequeñecer*) diminuir **2.** (*intimidar*) intimidar **3.** (*agua*) baldear **II.** *vr:* ~**se** (*intimidarse*) intimidar-se
achicharrar [atʃitʃa'rrar] **I.** *vt* queimar **II.** *vr:* ~**se** queimar-se
achicoria [atʃi'korja] *f* chicória *f*
aciago, -a [a'θjaɣo, -a] *adj* aziago, -a
acicalado, -a [aθika'laðo, -a] *adj* enfeitado, -a

acicalarse [aθika'larse] *vr* enfeitar-se
acicate [aθi'kate] *m* acicate *m*
acidez [aθi'ðeθ] *f* acidez *f*
ácido ['aθiðo] *m* ácido *m*
ácido, -a ['aθiðo, -a] *adj* ácido, -a
acierto [a'θjerto] *m* **1.** (*en el tiro, a pregunta*) acerto *m* **2.** (*habilidad*) sabedoria *f*
aclamación [aklama'θjon] *f* aclamação *f*; **por ~** por aclamação
aclamar [akla'mar] *vt* aclamar
aclaración [aklara'θjon] *f* explicação *f*
aclarado [akla'raðo] *m* enxágue *m*
aclarar [akla'rar] **I.** *vt* **1.** (*hacer más claro*) esclarecer **2.** (*un líquido*) diluir **3.** (*explicar*) explicar **4.** (*crimen*) solucionar **II.** *vr:* ~**se 1.** (*problema*) esclarecer-se **2.** *inf* (*entender*) chegar a uma conclusão
aclaratorio, -a [aklara'torjo, -a] *adj* esclarecedor(a)
aclimatación [aklimata'θjon] *f* aclimatação *f*
aclimatar [aklima'tar] **I.** *vt* aclimatar **II.** *vr:* ~**se** aclimatar-se
acné [aɣ'ne] *m o f* acne *f*
acobardar [akoβar'ðar] **I.** *vt* acovardar **II.** *vr:* ~**se** acovardar-se
acogedor(a) [akoxe'ðor(a)] *adj* acolhedor(a)
acoger [ako'xer] <g→j> *vt* acolher
acogida [ako'xiða] *f* (*recibimiento*) acolhida *f*; **tener una buena ~** (*persona*) ter uma boa acolhida; (*proyecto*) ter uma boa receptividade
acolchar [akol'tʃar] *vt* acolchoar
acometer [akome'ter] *vt* **1.** (*embestir*) atacar **2.** (*emprender*) realizar
acometida [akome'tiða] *f* **1.** (*embestida*) ataque *m* **2.** TÉC conexão *f*
acomodado, -a [akomo'ðaðo, -a] *adj* **1.** (*cómodo*) acomodado, -a **2.** (*rico*) abastado, -a
acomodador(a) [akomoða'ðor(a)] *m(f)* TEAT, CINE lanterninha *mf*
acomodar [akomo'ðar] **I.** *vt* acomodar **II.** *vr:* ~**se** acomodar-se
acomodaticio, -a [akomoða'tiθjo, -a] *adj* (*adaptable*) acomodatício, -a
acompañante [akompa'ɲante] *mf* acompanhante *mf*
acompañar [akompa'ɲar] *vt* **1.** *t.* MÚS acompanhar; ~ **a alguien** acompanhar alguém; **te acompaño en el sentimiento** meus pêsames **2.** (*adjuntar*) anexar

acomplejar [akomple'xar] **I.** *vt* complexar **II.** *vr*: ~ **-se** sentir-se complexado
acondicionar [akondiθjo'nar] *vt* **1.** (*preparar*) acondicionar **2.** (*climatizar*) refrigerar
acongojar [akoŋgo'xar] **I.** *vt* inquietar **II.** *vr*: ~ **-se** inquietar-se
aconsejar [akonse'xar] *vt* aconselhar
acontecer [akonte'θer] *irr como crecer vi* acontecer
acontecimiento [akonteθi'mjento] *m* acontecimento *m*
acopio [a'kopjo] *m* aprovisionamento *m;* **hacer** ~ **de algo** fazer provisão de a. c.
acoplamiento [akopla'mjento] *m* acoplamento *m*
acoplar [ako'plar] *vt* acoplar
acorazado [akora'θaðo] *m* couraçado *m*
acorazado, -a [akora'θaðo, -a] *adj* couraçado, -a
acordar [akor'ðar] <o→ue> **I.** *vt* concordar **II.** *vr*: ~ **se** lembrar-se; ~ **se de algo/alguien** lembrar-se de a. c./ alguém
acorde [a'korðe] **I.** *adj* (*conforme*) de acordo; **estar** ~ **con** estar de acordo com **II.** *m* MÚS acorde *m*
acordeón [akorðe'on] *m* acordeão *m*
acordonar [akorðo'nar] *vt* (*botas, un sitio*) encordoar
acorralar [akorra'lar] *vt* (*persona, ganado*) encurralar
acortar [akor'tar] **I.** *vt* encurtar **II.** *vr*: ~ **se** encurtar-se
acosar [ako'sar] *vt* **1.** (*perseguir*) acossar **2.** (*asediar*) assediar
acoso [a'koso] *m* assédio *m;* ~ **sexual** assédio sexual
acostar [akos'tar] <o→ue> **I.** *vt* deitar **II.** *vr*: ~ **se 1.** (*ir a la cama*) deitar-se **2.** *inf* (*tener relaciones*) ~ **se con alguien** ir para a cama com alguém
acostumbrado, -a [akostum'braðo, -a] *adj* acostumado, -a
acostumbrar [akostum'brar] **I.** *vi* ~ **a hacer algo** acostumar a fazer a. c. **II.** *vr*: ~ **se a algo** acostumar-se a [*ou* com] a. c.
acotación [akota'θjon] *f* **1.** (*nota*) comentário *m* **2.** TEAT marca *f*
acre¹ ['akre] *adj* <acérrimo> **1.** (*sabor, olor*) acre **2.** (*humor, comentario*) azedo, -a
acre² ['akre] *m* acre *m*

acrecentar [akreθen'tar] <e→ie> *vt,* **acrecer** [akre'θer] *irr como crecer vt* acrescentar
acreditación [akreðita'θjon] *f* acreditação *f*
acreditar [akreði'tar] *vt* acreditar
acreedor(a) [akre(e)'ðor(a)] **I.** *adj* **hacerse** ~ **a** [*o* **de**] **algo** fazer-se merecedor de a. c. **II.** *m(f)* FIN credor(a) *m(f)*
acribillar [akriβi'ʎar] *vt* encher de picadas; ~ **a alguien a balazos/preguntas** encher alguém de balas/perguntas
acrobacia [akro'βaθja] *f* acrobacia *f*
acróbata [a'kroβata] *mf* acrobata *mf*
acrónimo [a'kronimo] *m* acrônimo *m*
acta ['akta] *f* ata *f;* **levantar** ~ **de algo** lavrar ata de a. c.
actitud [akti'tuð] *f* atitude *f*
activar [akti'βar] *vt* ativar
actividad [aktiβi'ðað] *f* atividade *f*
activista [akti'βista] *mf* ativista *mf*
activo [ak'tiβo] *m* FIN ativo *m*
activo, -a [ak'tiβo, -a] *adj* ativo, -a; **en** ~ em exercício
acto ['akto] *m* (*acción, ceremonia*) ato *m;* ~ **seguido...** logo depois...; **en el** ~ no ato
actor, actriz [ak'tor, ak'triθ] *m, f* ator, atriz *m, f;* ~ **de reparto** ator de elenco
actuación [aktwa'θjon] *f* atuação *f;* ~ **en directo** apresentação ao vivo
actual [aktu'al] *adj* atual
actualidad [aktwali'ðað] *f* atualidade *f;* **de** ~ da atualidade; **en la** ~ atualmente; **ser de gran** ~ ser muito atual
actualización [aktwaliθa'θjon] *f* INFOR atualização *f*
actualizar [aktwali'θar] <z→c> *vt* atualizar
actualmente [aktwal'mente] *adv* atualmente
actuar [aktu'ar] <*1. pres:* actúo> *vi* atuar; ~ **en directo** apresentar ao vivo
acuarela [akwa'rela] *f* aquarela *f*
acuario [a'kwarjo] *m* aquário *m*
Acuario [a'kwarjo] *m* Aquário *m;* **ser** ~ ser (de) Aquário
acuático, -a [a'kwatiko, -a] *adj* aquático, -a
acuchillar [akutʃi'ʎar] *vt* (*herir*) esfaquear
acuciar [aku'θjar] *vt* apressar
acudir [aku'ðir] *vi* acudir
acueducto [akwe'ðukto] *m* aqueduto *m*

acuerdo [a'kwerðo] *m* acordo *m*; ¡de ~! de acordo!; **de ~ con** de acordo com; **estar de ~** estar de acordo

acumulación [akumula'θjon] *f* acumulação *f*

acumular [akumu'lar] **I.** *vt* acumular **II.** *vr:* ~ **se** acumular-se

acuñar [aku'ɲar] *vt* cunhar

acuoso, -a [aku'oso, -a] *adj* aquoso, -a

acupuntor(a) [akupuɲ'tor(a)] *m(f)* acupuntor(a) *m(f)*

acupuntura [akupuɲ'tura] *f* acupuntura *f*

acurrucarse [akurru'karse] <c→qu> *vr* encolher-se

acusación [akusa'θjon] *f* acusação *f*

acusar [aku'sar] **I.** *vt* acusar; ~ **a alguien de algo** acusar alguém de a. c.; ~ **recibo de algo** acusar recebimento de a. c. **II.** *vr:* ~ **se de algo** acusar-se de a. c.

acuse [a'kuse] *m* ~ **de recibo** aviso *m* de recebimento

acusica [aku'sika] *mf inf* dedo-duro *mf*

acústica [a'kustika] *f* acústica *f*

acústico, -a [a'kustiko, -a] *adj* acústico, -a

adagio [a'ðaxjo] *m* adágio *m*

adaptación [aðapta'θjon] *f* adaptação *f*

adaptador [aðapta'ðor] *m* TÉC adaptador *m*

adaptar [aðap'tar] **I.** *vt* adaptar **II.** *vr:* ~ **se** adaptar-se

adecuado, -a [aðe'kwaðo, -a] *adj* adequado, -a

adecuar [aðe'kwar] **I.** *vt* adequar **II.** *vr* ~ **se a algo** adequar-se a a. c.

a. de (J)C. ['antes ðe (xesu)'kristo] *abr de* **antes de (Jesu)cristo** a.C.

adelantado, -a [aðelaɲ'taðo, -a] *adj* adiantado, -a; **pagar por ~** pagar adiantado

adelantamiento [aðelaɲta'mjeɲto] *m* **1.** (*progreso*) adiantamento *m* **2.** (*en coche*) ultrapassagem *f*

adelantar [aðelaɲ'tar] **I.** *vi* **1.** (*progresar*) adiantar; ~ **el reloj** adiantar o relógio **2.** (*coche*) ultrapassar **II.** *vt* **1.** (*reloj, viaje*) adiantar **2.** (*coche*) ultrapassar **3.** (*ganar*) ganhar **III.** *vr:* ~ **se** adiantar-se

adelante [aðe'laɲte] *adv* adiante; **salir ~** seguir em frente; **seguir ~** seguir adiante

adelanto [aðe'laɲto] *m* (*progreso, anticipo*) adiantamento *m*

adelgazar [aðelɣa'θar] <z→c> *vi, vt* emagrecer

ademán [aðe'man] *m* (*gesto*) ademã *m*

además [aðe'mas] *adv* além disso

adentrarse [aðeɲ'trarse] *vr* ~ **en** (*entrar*) adentrar-se em; (*estudiar*) aprofundar-se em

adentro [a'ðeɲtro] *adv* adentro; **mar ~** mar adentro; **tierra ~** terra adentro

adentros [a'ðeɲtros] *mpl* **para sus ~** para si mesmo

aderezar [aðere'θar] <z→c> *vt* temperar

aderezo [aðe'reθo] *m* (*de ensalada*) tempero *m*

adeudar [aðeu̯'ðar] *vt* endividar

adherir [aðe'rir] *irr como sentir* **I.** *vt* aderir **II.** *vr:* ~ **se** aderir-se; ~ **se a un partido/una opinión** aderir a um partido/uma opinião

adhesión [aðe'sjon] *f* adesão *f*

adicción [aðik'θjon] *f* vício *m*; ~ **al alcohol/tabaco** vício do álcool/cigarro

adición [aði'θjon] *f t.* MAT adição *f*

adicional [aðiθjo'nal] *adj* adicional

adicto, -a [a'ðikto, -a] **I.** *adj* viciado, -a; ~ **a** viciado em **II.** *m, f* viciado, -a *m, f*; ~ **a** viciado em

adiestrar [aðjes'trar] *vt* adestrar

adinerado, -a [aðine'raðo, -a] *adj* endinheirado, -a

adiós [a'ðjos] *interj* adeus

aditivo [aði'tiβo] *m* aditivo *m*

adivinanza [aðiβi'naɲθa] *f* adivinhação *f*

adivinar [aðiβi'nar] *vt* **1.** (*el futuro*) adivinhar **2.** (*vislumbrar*) **a lo lejos se adivinaban los muros de la ciudad** de longe se avistava os muros da cidade

adivino, -a [aði'βino, -a] *m, f* adivinho, -a *m, f*

adjetivo [aðxe'tiβo] *m* adjetivo *m*

adjudicación [aðxuðika'θjon] *f* adjudicação *f*

adjudicar [aðxuði'kar] <c→qu> **I.** *vt* adjudicar **II.** *vr:* ~ **se** (*apropiarse*) apropriar-se

adjuntar [aðxuɲ'tar] *vt* (*documento*) anexar

adjunto, -a [að'xuɲto, -a] *adj* **1.** (*documento*) anexo, -a **2.** (*persona*) adjunto, -a; **profesor ~** professor assistente

administración [aðministra'θjon] *f* administração *f*; **la ~ central** a administração central; **la ~ pública** a adminis-

tração pública
administrador(a) [aðministra'ðor(a)] *m(f)* administrador(a) *m(f)*
administrar [aðminis'trar] *vt* administrar
administrativo, -a [aðministra'tiβo, -a] **I.** *adj* administrativo, -a **II.** *m, f* auxiliar *mf* administrativo, -a
admirable [aðmi'raβle] *adj* admirável
admiración [aðmira'θjon] *f* **1.** (*respeto*) admiração *f* **2.** (*signo*) exclamação *f*
admirador(a) [aðmira'ðor(a)] *m(f)* admirador(a) *m(f)*
admirar [aðmi'rar] **I.** *vt* admirar **II.** *vr*: ~se admirar-se; ~se de algo admirar-se de [*ou* com] a. c.
admisible [aðmi'siβle] *adj* admissível
admisión [aðmi'sjon] *f* admissão *f*
admitir [aðmi'tir] *vt* admitir
ADN [aðe'ene] *m abr de* **ácido desoxirribonucleico** ADN *m*
adobar [aðo'βar] *vt* (*con salsa*) curtir
adobe [a'ðoβe] *m* adobe *m*
adoctrinar [aðoktri'nar] *vt* doutrinar
adolecer [aðole'θer] *irr como* **crecer** *vi* ~ **de** adoecer de
adolescencia [aðolesˈθenθja] *f* adolescência *f*
adolescente [aðolesˈθente] *adj, mf* adolescente *mf*
adonde [a'ðonde] *adv* (*relativo*) aonde
adónde [a'ðonde] *adv* (*interrogativo*) aonde
adopción [aðoβ'θjon] *f* adoção *f*
adoptar [aðop'tar] *vt* adotar
adoptivo, -a [aðop'tiβo, -a] *adj* (*personas*) adotivo, -a
adoquín [aðo'kin] *m* paralelepípedo *m*
adorable [aðo'raβle] *adj* adorável
adorar [aðo'rar] *vt* adorar
adormecer [aðorme'θer] *irr como* **crecer** **I.** *vt* adormecer **II.** *vr*: ~se adormecer-se
adornar [aðor'nar] *vt* enfeitar
adorno [a'ðorno] *m* enfeite *m*; **estar de ~** estar de enfeite
adosado, -a [aðo'saðo, -a] *adj* geminado, -a; **casa adosada** casa geminada
adquirir [aðki'rir] *irr vt* (*conseguir, comprar*) adquirir
adquisición [aðkisi'θjon] *f* (*logro, compra*) aquisição *f*
adrede [a'ðreðe] *adv* adrede
adrenalina [aðrena'lina] *f* adrenalina *f*
Adriático [a'ðrjatiko] *m* Adriático *m*
adscribir [aðskri'βir] *irr como* **escribir** *vt* (*atribuir, destinar*) adjudicar
aduana [a'ðwana] *f* **1.** (*oficina*) alfândega *f* **2.** (*tasa*) imposto *m* alfandegário
aduanero, -a [aðwa'nero, -a] **I.** *adj* alfandegário, -a **II.** *m, f* agente *mf* alfandegário, -a
aducir [aðu'θir] *irr como* **traducir** *vt* aduzir
adueñarse [aðwe'narse] *vr* ~ **de** apropriar-se de
adulación [aðula'θjon] *f* adulação *f*
adular [aðu'lar] *vt* adular
adulteración [aðultera'θjon] *f* adulteração *f*
adulterar [aðulte'rar] *vt* adulterar
adulterio [aðul'terjo] *m* adultério *m*
adúltero, -a [a'ðultero, -a] *adj, m, f* adúltero, -a *m, f*
adulto, -a [a'ðulto, -a] *adj, m, f* adulto, -a *m, f*
adusto, -a [a'ðusto, -a] *adj* **1.** (*persona*) austero, -a **2.** (*región*) áspero, -a
advenedizo, -a [aðβeneˈðiθo, -a] *adj, m, f* adventício, -a *m, f*
advenimiento [aðβeni'mjento] *m* advento *m*
adverbio [að'βerβjo] *m* advérbio *m*
adversario, -a [að'βersarjo, -a] *m, f* adversário, -a *m, f*
adversidad [aðβersi'ðað] *f* adversidade *f*
adverso, -a [að'βerso, -a] *adj* adverso, -a
advertencia [aðβer'tenθja] *f* advertência *f*
advertir [aðβer'tir] *irr como* **sentir** *vt* (*darse cuenta de, avisar*) advertir
adviento [að'βjento] *m* advento *m*
adyacente [aðja'θente] *adj* adjacente
aéreo, -a [a'ereo, -a] *adj* aéreo, -a
aeróbic [ae'roβik] *m* aeróbica *f*
aerodeslizador [aeroðesliθa'ðor] *m* aerobarco *m*
aerodinámico, -a [aeroði'namiko, -a] *adj* aerodinâmico, -a
aeródromo [ae'roðromo] *m* aeródromo *m*
aeroespacial [aeroespa'θjal] *adj* aeroespacial
aeromodelismo [aeromoðe'lismo] *m* aeromodelismo *m*
aeronáutica [aero'nautika] *f* aeronáutica *f*
aeronáutico, -a [aero'nautiko, -a] *adj* aeronáutico, -a
aeronave [aero'naβe] *f* aeronave *f*

aeroplano [aero'plano] *m* aeroplano *m*
aeropuerto [aero'pwerto] *m* aeroporto *m*
aerosol [aero'sol] *m* aerossol *m*
aerotaxi [aero'taysi] *m* táxi *m* aéreo
afabilidad [afaβili'ðaᵈ] *f* afabilidade *f*
afable [a'faβle] *adj* afável
afamado, -a [afa'maðo, -a] *adj* afamado, -a
afán [a'fan] *m* (*ahínco, anhelo*) afã *m*
afanar [afa'nar] **I.** *vt inf* afanar **II.** *vr:* ~ **se** afanar-se; ~ **se por algo** afanar-se por a. c.
afanoso, -a [afa'noso, -a] *adj* afanoso, -a
afear [afe'ar] *vt* tornar feio
afección [afeɣ'θjon] *f* **1.** MED afecção *f* **2.** (*inclinación*) afeição *f*
afectación [afekta'θjon] *f* afetação *f*
afectado, -a [afek'taðo, -a] *adj* afetado, -a
afectar [afek'tar] *vt* afetar
afectísimo, -a [afek'tisimo, -a] *adj* **suyo** ~... atenciosamente...
afectivo, -a [afek'tiβo, -a] *adj* afetivo, -a
afecto [a'fekto] *m* afeto *m*
afectuoso, -a [afektu'oso, -a] *adj* afetuoso, -a
afeitadora [afei̯ta'ðora] *f* barbeador *m*; ~ **eléctrica** barbeador elétrico
afeitar [afei̯'tar] **I.** *vt* barbear **II.** *vr:* ~ **se** barbear-se
afeminado, -a [afemi'naðo, -a] *adj* afeminado, -a
aferrarse [afe'rrarse] *vr* ~ **a algo** aferrar-se a a. c.
Afganistán [afɣanis'tan] *m* Afeganistão *m*
afgano, -a [af'ɣano, -a] *adj, m, f* afegão, afegã *m, f*
afianzar [afjan'θar] <z→c> **I.** *vt* (*cimientos, empresa*) consolidar **II.** *vr:* ~ **se** firmar-se; ~ **se en algo** firmar-se em a. c.
afiche [a'fitʃe] *m AmL* cartaz *m*
afición [afi'θjon] *f* **1.** (*inclinación*) afeição *f*; **tener** ~ **por algo** ter inclinação para a. c. **2.** DEP (*hinchada*) torcida *f*
aficionado, -a [afiθjo'naðo, -a] **I.** *adj* aficionado, -a; ~ **a algo** aficionado em a. c. **II.** *m, f* amador(a) *m(f)*; ~ **a algo** amador em a. c.
aficionar [afiθjo'nar] **I.** *vt* ~ **a alguien a algo** interessar alguém em a. c. **II.** *vr* ~ **se a algo** interessar-se por a. c.
afilado, -a [afi'laðo, -a] *adj t. fig* afiado, -a
afilar [afi'lar] *vt* afiar
afiliado, -a [afi'ljaðo, -a] *m, f* afiliado, -a *m, f*
afiliarse [afi'ljarse] *vr* ~ **a algo** filiar-se em a. c.
afín [a'fin] *adj* afim
afinar [afi'nar] *vt t.* MÚS afinar
afincarse [afiŋ'karse] <c→qu> *vr* fixar-se
afinidad [afini'ðaᵈ] *f* afinidade *f*
afirmación [afirma'θjon] *f* afirmação *f*
afirmar [afir'mar] **I.** *vt* (*decir sí*) afirmar **II.** *vr:* ~ **se** afirmar-se
afirmativo, -a [afirma'tiβo, -a] *adj* afirmativo, -a; **en caso** ~ em caso afirmativo
aflicción [afliɣ'θjon] *f* aflição *f*
afligir [afli'xir] <g→j> **I.** *vt* afligir **II.** *vr:* ~ **se** afligir-se
aflojar [aflo'xar] **I.** *vt* (*nudo, cuerda*) afrouxar **II.** *vr:* ~ **se** afrouxar-se
aflorar [aflo'rar] *vi* aflorar
afluente [a'flwente] *m* afluente *m*
afluir [aflu'ir] *irr como huir vi* **1.** (*río*) afluir **2.** (*gente*) afluir
afónico, -a [a'foniko, -a] *adj* afônico, -a
aforo [a'foro] *m* **1.** (*en un estadio*) capacidade *f* **2.** TÉC medição *f*
afortunado, -a [afortu'naðo, -a] *adj* afortunado, -a
afrenta [a'frenta] *f* afronta *f*
África ['afrika] *f* África *f*
africano, -a [afri'kano, -a] *adj, m, f* africano, -a *m, f*
afrodisiaco [afroði'sjako] *m*, **afrodisíaco** [afroði'siako] *m* afrodisíaco *m*
afrontar [afron'tar] *vt* (*problema*) enfrentar
afuera [a'fwera] *adv* fora
afueras [a'fweras] *fpl* arredores *mpl*
agachar [aɣa'tʃar] **I.** *vt* abaixar **II.** *vr:* ~ **se** abaixar-se
agalla [a'ɣaʎa] *f* (*de un pez*) guelra *f*; **tener** ~ **s** *fig* ter coragem
agarrado, -a [aɣa'rraðo, -a] *adj inf* mesquinho, -a
agarrar [aɣa'rrar] **I.** *vi* agarrar **II.** *vt* **1.** agarrar **2.** (*enfermedad*) apanhar **III.** *vr:* ~ **se** **1.** (*asirse*) agarrar-se **2.** (*reñir*) apanhar **3.** (*comida*) pegar
agarrotar [aɣarro'tar] **I.** *vt* (*entumecer*) endurecer **II.** *vr:* ~ **se** (*entumecerse*) endurecer-se
agasajar [aɣasa'xar] *vt* (*recibir*) acolher
agencia [a'xenθja] *f* agência *f*; ~

agenciar | 9 | **agua**

inmobiliaria agência imobiliária; ~ **matrimonial** agência matrimonial; ~ **de prensa** agência de notícias; ~ **de viajes** agência de viagens
agenciar [axen'θjar] I. *vt inf* agenciar II. *vr inf* **agenciárselas** dar um jeito
agenda [a'xenda] *f* agenda *f*
agente[1] [a'xente] *m* LING agente *m*
agente[2] [a'xente] *mf* agente *mf*; ~ **de aduanas** agente alfandegário; ~ **de bolsa** corretor da bolsa; ~ **de policía** agente de polícia; ~ **secreto** agente secreto
ágil ['axil] *adj* ágil
agilidad [axili'ðað] *f* agilidade *f*
agilizar [axili'θar] <z→c> *vt* agilizar
agitación [axita'θjon] *f* agitação *f*
agitar [axi'tar] I. *vt t. fig* agitar II. *vr:* ~ **se** *t. fig* agitar-se
aglomeración [aɣlomera'θjon] *f* aglomeração *f*
aglomerarse [aɣlome'rarse] *vr* aglomerar-se
agnóstico, -a [aɣ'nostiko, -a] *adj, m, f* agnóstico, -a
agobiante [aɣo'βjante] *adj* agoniador(a)
agobiar [aɣo'βjar] I. *vt* agoniar II. *vr:* ~ **se** agoniar-se
agobio [a'ɣoβjo] *m* agonia *f*
agolparse [aɣol'parse] *vr* amontoar-se
agonía [aɣo'nia] *f* agonia *f*
agonizar [aɣoni'θar] <z→c> *vi* agonizar
agosto [a'ɣosto] *m* agosto *m*; **hacer su** ~ fazer a festa; *v.t.* **marzo**
agotado, -a [aɣo'taðo, -a] *adj* (*persona, producto*) esgotado, -a
agotador(a) [aɣota'ðor(a)] *adj* esgotante
agotamiento [aɣota'mjento] *m* esgotamento *m*
agotar [aɣo'tar] I. *vt* (*persona, existencias*) esgotar II. *vr:* ~ **se** (*persona, existencias*) esgotar-se
agraciado, -a [aɣra'θjaðo, -a] *adj* 1. (*bien parecido*) atraente 2. (*afortunado*) de sorte
agraciar [aɣra'θjar] *vt* (*conceder*) agraciar
agradable [aɣra'ðaβle] *adj* agradável
agradar [aɣra'ðar] *vi* agradar
agradecer [aɣraðe'θer] *irr como crecer vt* agradecer
agradecido, -a [aɣraðe'θiðo, -a] *adj* agradecido, -a

agradecimiento [aɣraðeθi'mjento] *m* agradecimento *m*
agrado [a'ɣraðo] *m* 1. (*afabilidad*) gentileza *f* 2. (*complacencia*) agrado *m*
agrandar [aɣran'dar] *vt* (*hacer más grande*) engrandecer
agrario, -a [a'ɣrarjo, -a] *adj* agrário, -a
agravante [aɣra'βante] *adj, mf* agravante *mf*
agravar [aɣra'βar] I. *vt* agravar II. *vr:* ~ **se** (*situación*) agravar-se
agraviar [aɣra'βjar] *vt* insultar
agravio [a'ɣraβjo] *m* (*ofensa*) insulto *m*
agredir [aɣre'ðir] *vt* agredir
agregado, -a [aɣre'ɣaðo] *m, f* 1. (*diplomático*) adido, -a *m, f* 2. UNIV assistente *mf*
agregar [aɣre'ɣar] <g→gu> I. *vt* acrescentar II. *vr:* ~ **se** acrescentar-se
agresión [aɣre'sjon] *f* agressão *f*
agresividad [aɣresiβi'ðað] *f* agressividade *f*
agresivo, -a [aɣre'siβo, -a] *adj* agressivo, -a
agresor(a) [aɣre'sor(a)] *m(f)* agressor(a) *m(f)*
agriar [a'ɣrjar] I. *vt* azedar II. *vr:* ~ **se** azedar-se
agrícola [a'ɣrikola] *adj* agrícola
agricultor(a) [aɣrikul'tor(a)] *m(f)* agricultor(a) *m(f)*
agricultura [aɣrikul'tura] *f* agricultura *f*
agridulce [aɣri'ðulθe] *adj* agridoce
agrietarse [aɣrje'tarse] *vr* rachar-se
agrimensor(a) [aɣrimen'sor(a)] *m(f)* agrimensor(a) *m(f)*
agrio, -a ['aɣrjo, -a] *adj* azedo, -a
agronomía [aɣrono'mia] *f* agronomia *f*
agrónomo, -a [a'ɣronomo, -a] *m, f* agrônomo, -a *m, f*
agropecuario, -a [aɣrope'kwarjo, -a] *adj* agropecuário, -a
agroturismo [aɣrotu'rismo] *m* turismo *m* rural
agrupación [aɣrupa'θjon] *f* 1. (*agrupamiento*) agrupamento *m* 2. (*conjunto*) grupo *m*
agrupar [aɣru'par] I. *vt* agrupar II. *vr:* ~ **se** agrupar-se
agua ['aɣwa] *f* 1. (*líquido*) água *f*; ~ **de colonia** água de colônia; ~ **dulce** água doce; ~ **con/sin gas** água com/sem gás; ~ **del grifo** água da torneira; ~ **mineral** água mineral; ~ **oxigenada** água oxigenada; ~ **potable** água potável; ~ **s residuales** águas residuais; ~

salada água salgada; **como ~ de mayo** *fig* como uma luva; **estoy con el ~ hasta el cuello** *fig* estou com a corda no pescoço; **¡hombre al ~!** homem ao mar! **2.** *pl* (*mar*) águas *fpl*; **~s territoriales** águas territoriais; **estar entre dos ~s** *fig* estar em cima do muro

> **Gramática** Com palavras como **agua** que começam com um a- ou ha- acentuado, o artigo masculino singular é usado mesmo que essas palavras sejam femininas: "el agua sucia; las aguas del mar Mediterráneo". Outros exemplos incluem: "el águila, el ala, el alma, el ama, el área, el arte, el aula, el hacha, el hada, el hambre".

aguacate [aɣwaˈkate] *m* **1.** (*fruto*) abacate *m* **2.** (*árbol*) abacateiro *m*
aguacero [aɣwaˈθero] *m* aguaceiro *m*
aguado, -a [aˈɣwaðo, -a] *adj* aguado, -a
aguafiestas [aɣwaˈfjestas] *mf inv*, *inf* desmancha-prazeres *mf inv*
aguafuerte [aɣwaˈfwerte] *m* água-forte *f*
aguanieve [aɣwaˈnjeβe] *f* chuva *f* com neve
aguantar [aɣwanˈtar] **I.** *vt* aguentar **II.** *vr*: **~se 1.** (*contenerse*) segurar-se **2.** (*tener paciencia*) aguentar-se
aguante [aˈɣwante] *m* **1.** (*paciencia*) paciência *f* **2.** (*resistencia*) firmeza *f*
aguar [aˈɣwar] <gu~gü> *vt* aguar
aguardar [aɣwarˈðar] *vt* aguardar
aguardiente [aɣwarˈðjente] *m* aguardente *m*
aguarrás [aɣwaˈrras] *m* aguarrás *f*
agudeza [aɣuˈðeθa] *f* agudeza *f*
agudizar [aɣuðiˈθar] <z~c> **I.** *vt* (*agravar*) agravar **II.** *vr*: **~se** agravar-se
agudo, -a [aˈɣuðo, -a] *adj* **1.** (*afilado*) agudo, -a **2.** (*ingenioso*) perspicaz **3.** (*dolor, sonido*) agudo, -a
agüero [aˈɣwero] *m* agouro *m*; **de buen/de mal ~** de bom/de mau agouro
aguijón [aɣiˈxon] *m* **1.** ZOOL, BOT ferrão *m* **2.** (*estímulo*) aguilhão *m*
águila [ˈaɣila] *f* águia *f*
aguileño, -a [aɣiˈleɲo, -a] *adj* aquilino, -a; **rostro ~** rosto angular
aguinaldo [aɣiˈnaldo] *m* gratificação *f* de natal

aguja [aˈɣuxa] *f* **1.** (*general*) agulha *f*; **buscar una ~ en un pajar** *fig* procurar uma agulha em um palheiro **2.** (*del reloj*) ponteiro *m* **3.** FERRO trilho *m*
agujerear [aɣuxereˈar] *vt* furar
agujero [aɣuˈxero] *m* buraco *m*; **~ negro** ASTRON buraco negro; **~ (en la capa) de ozono** buraco (na camada) de ozônio
agujetas [aɣuˈxetas] *fpl* dores *mpl* musculares; **tener ~** ter dores musculares
aguzar [aɣuˈθar] <z~c> *vt* **1.** (*afilar*) afiar **2.** (*atención, sentidos*) aguçar
ahí [aˈi] **I.** *adv* (*lugar*) aí; **~ está** aí está; **me voy por ~** vou por aí; **por ~** (*aproximadamente*) por aí **II.** *conj* **de ~ que...** daí que...
ahijado, -a [aiˈxaðo, -a] *m, f* **1.** (*del padrino*) afilhado, -a *m, f* **2.** *fig* protegido, -a *m, f*
ahínco [aˈiŋko] *m* afinco *m*
ahogar [aoˈɣar] <g~gu> **I.** *vt* **1.** (*en el agua*) afogar **2.** (*estrangular*) sufocar **3.** (*asfixiar*) asfixiar **II.** *vr*: **~se 1.** (*en el agua*) afogar-se **2.** (*asfixiarse*) asfixiar-se
ahogo [aˈoɣo] *m* **1.** (*asfixia*) afogamento *m* **2.** *fig* (*sofocación*) sufocação *f*
ahondar [aonˈdar] *vi* **~ en algo** afundar em a. c.
ahora [aˈora] *adv* (*en este momento*) agora; (*dentro de poco*) em breve; **~ bien** mas; **de ~ en adelante** daqui em diante; **hasta ~** até agora; **por ~** por enquanto; **~ mismo vengo** já estou chegando; **acaba de salir ~ mismo** acaba de sair agora mesmo; **¿y ~ qué?** e agora?
ahorcar [aorˈkar] <c~qu> **I.** *vt* enforcar **II.** *vr*: **~se** enforcar-se
ahorita [aoˈrita] *adv AmL* (*ahora*) agora
ahorrador(a) [aorraˈðor(a)] *adj* econômico, -a
ahorrar [aoˈrrar] **I.** *vt* (*dinero, fuerzas*) economizar **II.** *vr*: **~se** poupar-se
ahorro [aˈorro] *m* **1.** (*acción*) economia *f* **2.** *pl* (*dinero*) economias *fpl*
ahuecar [aweˈkar] <c~qu> *vt* escavar
ahumado, -a [auˈmaðo, -a] *adj* **1.** (*color, cristal*) fumê **2.** (*salmón*) defumado, -a
ahumar [auˈmar, ayˈmar] **I.** *vt* esfumaçar **II.** *vr*: **~se** esfumaçar-se
ahuyentar [aujenˈtar] *vt* afugentar
airar [aiˈrar] *irr* **I.** *vt* irar **II.** *vr*: **~se** irar-se

airbag ['erβaʸ] *m* airbag *m*
aire ['aire] *m* **1.** ar *m;* **al ~ libre** ao ar livre; **corriente de ~** corrente de ar; **estar algo en el ~** estar a. c. no ar; **tomar el ~** tomar ar **2.** (*aspecto*) ar *m*
airear [aire'ar] I. *vt* arejar II. *vr:* **~ se** arejar-se
airoso, -a [ai'roso, -a] *adj* garboso, -a; **salir ~ de algo** sair-se bem em a. c.
aislado, -a [ais'laðo, -a] *adj* isolado, -a
aislamiento [aisla'mjento] *m* isolamento *m*
aislar [ais'lar] I. *vt* isolar II. *vr:* **~ se** isolar-se
ajardinado, -a [axarði'naðo, -a] *adj* ajardinado, -a
ajedrez [axe'ðreθ] *m* xadrez *m*
ajeno, -a [a'xeno, -a] *adj* alheio, -a
ajetreo [axe'treo] *m* movimento *m*
ají [a'xi] *m AmS, Ant* **1.** (*arbusto*) pimenta *f* **2.** (*pimentón*) pimentão *m* picante; **ponerse como un ~ picante** *Arg, Urug, inf* ficar vermelho como un pimentão
ajo ['axo] *m* alho *m;* **estar en el ~** *inf* estar por dentro
ajuar [a'xwar] *m* **1.** (*de la novia*) enxoval *m* **2.** (*de una casa*) mobiliário *m*
ajustado, -a [axus'taðo, -a] *adj* (*ropa, precio, resultado*) justo, -a
ajustar [axus'tar] I. *vt* ajustar II. *vr:* **~ se** **1.** (*acoplarse*) encaixar-se **2.** (*adaptarse*) ajusta-se; **~ se a la verdad** ajustar-se a verdade
ajuste [a'xuste] *m* ajuste *m;* **~ de cuentas** ajuste de contas
al [al] = **a + el** *v.* **a**
ala ['ala] *f* (*de ave, avión*) asa *f;* (*de sombrero*) aba *f;* (*de tejado*) beiral *m;* **~ delta** asa delta; **dar ~ s a alguien** dar asas a alguém; **estar tocado del ~** *inf* estar meio maluco
alabanza [ala'βanθa] *f* louvor *m*
alabar [ala'βar] *vt* louvar
alabastro [ala'βastro] *m* alabastro *m*
alacena [ala'θena] *f* armário *m* de cozinha
alacrán [ala'kran] *m* escorpião *m*
alambique [alam'bike] *m* alambique *m*
alambrada [alam'braða] *f* (*valla*) alambrado *m*
alambre [a'lambre] *m* arame *m*
alameda [ala'meða] *f* alameda *f*
álamo ['alamo] *m* álamo *m*
alarde [a'larðe] *m* alarde *m;* **hacer ~ de** fazer alarde de

alargar [alar'ɣar] <g→gu> I. *vt* **1.** (*extensión*) alargar; (*pierna, cuello, mano*) esticar **2.** (*duración*) prolongar II. *vr:* **~ se 1.** (*en extensión*) alargar-se **2.** (*en duración*) prolongar-se
alarido [ala'riðo] *m* alarido *m*
alarma [a'larma] *f* alarme *m;* **dar la ~** dar o alarme
alarmante [alar'mante] *adj* alarmante
alarmar [alar'mar] I. *vt* alarmar II. *vr:* **~ se** alarmar-se
alavés, -esa [ala'βes, -esa] *adj, m, f* alavês, -esa *m, f*
alba ['alβa] *f* alvorada *f*
albacea [alβa'θea] *mf* inventariante *mf*
albahaca [al'βaka, alβa'aka] *f* manjericão *m*
albanés [alβa'nes] *m* (*lengua*) albanês *m*
albanés, -esa [alβa'nes, -esa] *adj, m, f* albanês, -esa *m, f*
Albania [al'βanja] *f* Albânia *f*
albañil [alβa'ɲil] *mf* pedreiro *m*
albarán [alβa'ran] *m* recibo *m*
albaricoque [alβari'koke] *m* damasco *m*
albedrío [alβe'ðrio] *m* arbítrio *m;* **libre ~** livre arbítrio
alberca [al'βerka] *f* piscina *f*
albergar [alβer'ɣar] <g→gu> I. *vt* albergar II. *vr:* **~ se** albergar-se
albergue [al'βerɣe] *m* albergue *m;* **~ juvenil** albergue juvenil
albóndiga [al'βondiɣa] *f* almôndega *f*
albornoz [alβor'noθ] *m* roupão *m* de banho
alborotador(a) [alβorota'ðor(a)] *m(f)* alvoroçador(a) *m(f)*
alborotar [alβoro'tar] I. *vi, vt* alvoroçar II. *vr:* **~ se** alvoroçar-se
alboroto [alβo'roto] *m* alvoroço *m*
alborozar [alβoro'θar] <z→c> I. *vt* alvoroçar II. *vr:* **~ se** alvoroçar-se
alborozo [alβo'roθo] *m* alvoroço *m*
álbum ['alβun] *m* <álbum(e)s> álbum *m*
albumen [al'βumen] *m* albume *m*
álbumes ['alβumes] *m pl de* **álbum**
alcachofa [alka'tʃofa] *f* **1.** BOT alcachofra *f* **2.** (*de ducha*) crivo *m*
alcalde(sa) [al'kalde, alkal'desa] *m(f)* prefeito, -a *m, f*
alcaldía [alkal'dia] *f* prefeitura *f*
alcance [al'kanθe] *m* alcance *m;* **al ~ de la mano** ao alcance da mão; **dar ~ a alguien** alcançar alguém; **estar al ~** estar ao alcance; **está fuera de mi ~**

alcancía está fora do meu alcance
alcancía [alkan'θia] *f* cofre *m* pequeno
alcanfor [alkaɱ'for] *m* cânfora *f*
alcantarilla [alkanta'riʎa] *f* esgoto *m*
alcanzar [alkan̩'θar] <z→c> I. *vi* alcançar; ~ **a hacer algo** conseguir fazer a. c.; ~ **para algo** ser suficiente para a. c. II. *vt* (*dar alcance*) alcançar
alcaparra [alka'parra] *f* alcaparra *f*
alcatraz [alka'traθ] *m* ZOOL alcatraz *m*
alcaucil [alkau̯'θil] *m* *RíoPl* alcachofra *f*
alcázar [al'kaθar] *m* MIL fortaleza *f*
alce ['al̩θe] *m* alce *m*
alcoba [al'koβa] *f* alcova *f*
alcohol [al'kol, alko'ol] *m* álcool *m*; ~ **de quemar** [*o* **desnaturalizado**] álcool desnaturado
alcohólico, -a [al'koliko, -a, alko'oliko, -a] I. *adj* alcoólico, -a II. *m, f* alcoólatra *mf*
alcoholímetro [alko(o)'limetro] *m* bafômetro *m*
alcoholismo [alko(o)'lismo] *m* alcoolismo *m*
alcornoque [alkor'noke] *m* 1. BOT sobreiro *m* 2. *inf* (*persona*) tolo, -a *m, f*
alcurnia [al'kurnja] *f* linhagem *f*; **ser de alta** ~ ser de alta linhagem
aldaba [al'daβa] *f* aldrava *f*
aldea [al'dea] *f* aldeia *f*
aldeano, -a [alde'ano, -a] *adj, m, f* aldeão, aldeã *m, f*
aleación [alea'θjon] *f* liga *f*
aleatorio, -a [alea'torjo, -a] *adj* aleatório, -a
aledaños [ale'ðaɲos] *mpl* imediações *fpl*
alegación [aleɣa'θjon] *f* alegação *f*
alegar [ale'ɣar] <g→gu> I. *vt* alegar II. *vi AmL* (*discutir*) argumentar
alegato [ale'ɣato] *m* 1. (*escrito*) arrazoado *m* 2. *AmL* (*disputa*) argumento *m*
alegoría [aleɣo'ria] *f* alegoria *f*
alegórico, -a [ale'ɣoriko, -a] *adj* alegórico, -a
alegrar [ale'ɣrar] I. *vt* alegrar II. *vr:* ~ **se** alegrar-se; ~ **se de algo** alegrar-se de a. c.; **me alegro por ti** me alegro por você
alegre [a'leɣre] *adj* 1. alegre 2. *inf* (*achispado*) alegre
alegría [ale'ɣria] *f* alegria *f*
alegrón [ale'ɣron] *m inf* **llevarse un** ~ ficar muito feliz
alejamiento [alexa'mjento] *m* distanciamento *m*
alejar [ale'xar] I. *vt* afastar II. *vr:* ~ **se** afastar-se
aleluya [ale'luʝa] I. *interj* aleluia II. *m o f* REL aleluia *f*
alemán [ale'man] *m* (*lengua*) alemão *m*
alemán, -ana [ale'man, -ana] *adj, m, f* alemão, alemã *m, f*
Alemania [ale'manja] *f* Alemanha *f*
alentar [alen̩'tar] <e→ie> *vt* encorajar
alergia [a'lerxja] *f* alergia *f*
alérgico, -a [a'lerxiko, -a] *adj* alérgico, -a
alero [a'lero] *m* 1. ARQUIT beiral *m* 2. DEP ala *mf*
alerta [a'lerta] I. *adj* alerta II. *f* alerta *m*; **dar la** (**voz de**) ~ dar voz de alerta
alertar [aler'tar] *vt* alertar
aleta [a'leta] *f* 1. (*de pez*) barbatana *f* 2. (*de buzo*) pé de pato *m*
aletargar [aletar'ɣar] <g→gu> I. *vt* letargiar II. *vr:* ~ **se** letargiar-se
alevín [ale'βin] *m* alevino *m*
alevosía [aleβo'sia] *f* aleivosia *f*
alfabético, -a [alfa'βetiko, -a] *adj* alfabético, -a
alfabetización [alfaβetiθa'θjon] *f* (*de personas*) alfabetização *f*
alfabeto [alfa'βeto] *m* alfabeto *m*
alfalfa [al'falfa] *f* alfafa *f*
alfarería [alfare'ria] *f* olaria *f*
alfarero, -a [alfa'rero, -a] *m, f* oleiro, -a *m, f*
alféizar [al'feiθar] *m* parapeito *m*
alférez [al'fereθ] *m* MIL alferes *m inv*
alfil [al'fil] *m* (*en ajedrez*) bispo *m*
alfiler [alfi'ler] *m* (*aguja, broche*) alfinete *m*; **no caber** (**ni**) **un** ~ *fig* não caber nem um alfinete
alfiletero [alfile'tero] *m* agulheiro *m*
alfombra [al'fombra] *f* tapete *m*
alfombrar [alfom'brar] *vt* atapetar
alfombrilla [alfom'briʎa] *f* 1. (*estera*) capacho *m*; ~ **de baño** tapete *m* de banheiro 2. INFOR mouse pad *m*
alforja [al'forxa] *f* alforje *m*
alga [al'ɣa] *f* alga *f*
algarabía [alɣara'βia] *f* algaravia *f*
algarroba [alɣa'rroβa] *f* 1. BOT ervilhaca *f* 2. (*fruto*) alfarroba *f*
algarrobo [alɣa'rroβo] *m* alfarrobeira *f*
algazara [alɣa'θara] *f* algazarra *f*
álgebra ['alxeβra] *f* MAT álgebra *f*
álgido, -a ['alxiðo, -a] *adj* (*culminante*) crucial
algo ['alɣo] I. *pron indef* algo; ~ **es** ~ já

é alguma coisa; ¿**quieres ~?** quer algo?; **me suena de ~** me parece familiar; **por ~ lo habrá dicho** por algum motivo terá dito; **por ~ será** é por alguma razão; **se cree ~** pensa que é alguém **II.** *adv* algo; **~ así como** algo assim como

algodón [alɣo'ðon] *m* **1.** (*planta*) algodão *m;* **~ dulce** algodão-doce; **~ hidrófilo** algodão hidrófilo **2.** (*tejido*) algodão *m*

algodonero, -a [alɣoðo'nero, -a] *adj* algodoeiro, -a

alguacil [alɣwa'θil] *m* aguazil *m*

alguien ['alɣjen] *pron indef* alguém; ¿**hay ~ aquí?** há alguém aqui?; **~ me lo ha contado** alguém me contou; **se cree ~** pensa que é alguém

algún [al'ɣun] *adj v.* **alguno¹**

alguno, -a¹ [al'ɣuno, -a] *adj* <algún> algum; **algún día** algum dia; **alguna vez** alguma vez; ¿**alguna pregunta?** alguma pergunta?; **de alguna manera** de alguma maneira; **en algún sitio** em algum lugar; **en sitio ~** em lugar nenhum

alguno, -a² [al'ɣuno, -a] *pron indef* algum(a); **~s ya se han ido** alguns já tinham ido; ¿**tienes caramelos? – sí, me quedan ~s** tem balas? – sim, tenho alguns

alhaja [a'laxa] *f* joia *f*

alhelí [ale'li] *m* <alhelíes> aleli *m*

aliado, -a [ali'aðo, -a] *adj, m, f* aliado, -a *m, f*

alianza [ali'anθa] *f* (*pacto, anillo*) aliança *f*

aliar [ali'ar] <*1. pres:* alío> **I.** *vt* aliar **II.** *vr:* **~se** aliar-se

alias ['aljas] **I.** *adv* vulgo **II.** *m* apelido *m*

alicate(s) [ali'kate(s)] *m(pl)* alicate *m*

aliciente [ali'θjente] *m* incentivo *m*

alienación [aljena'θjon] *f* alienação *f*

alienar [alje'nar] *vt* alienar

aliento [a'ljento] *m* **1.** (*respiración*) fôlego *m;* **sin ~** sem fôlego **2.** (*hálito*) hálito *m* **3.** (*ánimo*) alento *m;* **dar ~ a alguien** dar alento a alguém

aligerar [alixe'rar] *vt* **1.** (*cargas*) diminuir o peso **2.** (*aliviar*) aliviar **3.** (*acelerar*) acelerar

alijo [a'lixo] *m* contrabando *m*

alimaña [ali'maɲa] *f* predador *m*

alimentación [alimenta'θjon] *f* alimentação *f*

alimentador [alimenta'ðor] *m* **~ de papel** INFOR bandeja *f* de papel

alimentar [alimen'tar] **I.** *vt* alimentar **II.** *vr* alimentar-se; **~ de algo** alimentar-se de a. c.

alimentario, -a [alimen'tarjo, -a] *adj* alimentar

alimenticio, -a [alimen'tiθjo, -a] *adj* alimentício, -a

alimento [ali'mento] *m* alimento *m*

alineación [alinea'θjon] *f, m* **1.** (*general*) alinhamento *m* **2.** DEP escalação *f*

alinear [aline'ar] *vt* **1.** (*poner en línea*) alinhar **2.** DEP escalar

aliñar [ali'ɲar] *vt* temperar

aliño [a'liɲo] *m* tempero *m*

alisar [ali'sar] *vt* alisar

alistarse [alis'tarse] *vr* MIL alistar-se

aliviar [ali'βjar] *vt* aliviar

alivio [a'liβjo] *m* alívio *m;* **ser de ~** *inf* ser terrível

aljibe [al'xiβe] *m* cisterna *f*

allá [a'ʎa] *adv* lá; **ponte más ~** ponte mais para lá; **el más ~** o além; ¡**~ tú!** *inf* problema seu!; **~ por el año 1964** lá pelo ano de 1964

allanamiento [aʎana'mjento] *m* **1.** (*de un terreno*) aplanamento *m* **2.** (*de un lugar*) invasão *f;* **~ de morada** JUR invasão *f* de moradia

allanar [aʎa'nar] *vt* **1.** (*terreno*) aplanar **2.** (*dificultades*) vencer **3.** (*lugar*) invadir

allegado, -a [aʎe'ɣaðo, -a] *adj, m, f* chegado, -a *m, f*

allí [a'ʎi] *adv* ali; **por ~** por ali; ¡**~ viene!** ali vem!; **hasta ~** até ali

alma ['alma] *f* alma *f;* **~ de cántaro** simplório *m;* **~ en pena** alma penada; **lo siento en el ~** sinto muito; **sus palabras me llegaron al ~** suas palavras me tocaram a alma; **estar con el ~ en un hilo** [*o* **en vilo**] *inf* estar com o coração na boca

almacén [alma'θen] *m* **1.** (*depósito*) armazém *m* **2.** (*tienda*) **grandes almacenes** loja *f* de departamentos

almacenaje [almaθe'naxe] *m,* **almacenamiento** [almaθena'mjento] *m t.* INFOR armazenamento *m*

almacenar [almaθe'nar] *vt t.* INFOR armazenar

almanaque [alma'nake] *m* calendário *m*

almeja [al'mexa] *f* amêijoa *f*

almendra [al'mendra] *f* amêndoa *f*

almendro [al'mendro] *m* amendoeira *f*
almíbar [al'miβar] *m* calda *f*
almidón [almi'ðon] *m* amido *m*
almidonar [almiðo'nar] *vt* engomar
almirantazgo [almiran̦'taɣyo] *m* almirantado *m*
almirante [almi'rante] *m* almirante *m*
almirez [almi'reθ] *m* almofariz *m*
almizcle [al'miθkle] *m* almíscar *m*
almohada [almo'aða] *f* (*cojín*) travesseiro *m*; **consultar algo con la ~** *fig* consultar a. c. com o travesseiro
almohadilla [almoa'ðiʎa] *f* almofada *f* pequena; **~ de tinta** almofada de carimbo
almohadón [almoa'ðon] *m* almofadão *m*
almorranas [almo'rranas] *fpl* hemorroidas *fpl*
almorzar [almor'θar] *irr como forzar* *vi*, *vt* almoçar
almuerzo [al'mwerθo] *m* almoço *m*
alocado, -a [alo'kaðo, -a] *adj* (*loco*) maluco, -a *m, f*
alojamiento [aloxa'mjen̦to] *m* **1.** (*lugar*) hospedagem *f* **2.** (*acción*) alojamento *m;* **dar ~ a alguien** dar alojamento a alguém
alojar [alo'xar] **I.** *vt* alojar **II.** *vr:* **~se** **1.** (*hospedarse*) alojar-se **2.** (*meterse*) **~se en algo** alojar-se em a. c.
alondra [a'londra] *f* cotovia-dos-campos *f*
alpaca [al'paka] *f* (*tela*) *t.* ZOOL alpaca *f*
alpargata [alpar'ɣata] *f* alpargata *f*
Alpes ['alpes] *mpl* **los ~** os Alpes
alpinismo [alpi'nismo] *m* alpinismo *m*
alpinista [alpi'nista] *mf* alpinista *mf*
alpino, -a [al'pino, -a] *adj* alpino, -a
alpiste [al'piste] *m* t. BOT alpiste *m*
alquilar [alki'lar] *vt* alugar; **se alquila** aluga-se
alquimia [al'kimja] *f* alquimia *f*
alquimista [alki'mista] *mf* alquimista *mf*
alquitrán [alki'tran] *m* alcatrão *m*
alrededor [alrreðe'ðor] *adv* ao redor; **~ de** (*aproximadamente*) ao redor de
alrededores [alrreðe'ðores] *mpl* arredores *mpl*
alta ['alta] *f* **1.** (*documento*) alta *f*; **dar de ~ a alguien** dar alta a alguém **2.** (*inscripción*) inscrição *f*; **darse de ~** (*en asociación*) inscrever-se
altanería [altane'ria] *f* altivez *f*
altanero, -a [alta'nero, -a] *adj* altaneiro, -a
altar [al'tar] *m* altar *m;* **~ mayor** altar-mor *m*
altavoz [alta'βoθ] *m* alto-falante *m*
alteración [altera'θjon] *f* (*de planes, perturbación*) alteração *f;* (*perturbación*) perturbação *f*
alterar [alte'rar] **I.** *vt* **1.** (*planes*) alterar **2.** (*perturbar*) perturbar **II.** *vr:* **~se** (*irritarse*) alterar-se
altercado [alter'kaðo] *m* altercação *f*
alternador [alterna'ðor] *m* ELEC alternador *m*
alternar [alter'nar] **I.** *vi* **1.** (*turnarse*) alternar **2.** (*tratar*) **~ con alguien** relacionar-se com alguém **II.** *vr* **~se en algo** alternar-se em a. c.
alternativa [alterna'tiβa] *f* alternativa *f;* **~ de poder** POL alternativa de poder
alternativo, -a [alterna'tiβo, -a] *adj* alternativo, -a
alterno, -a [al'terno, -a] *adj* alternado, -a
alteza [al'teθa] *f* alteza *f*; **Su Alteza Real** Sua Alteza Real
altibajos [alti'βaxos] *mpl* altibaixos *mpl*
altímetro [al'timetro] *m* altímetro *m*
altiplanicie [altipla'niθje] *f,* **altiplano** [alti'plano] *m* planalto *m*
altisonante [altiso'nante] *adj* altissonante
altitud [alti'tuð] *f* altitude *f*
altivo, -a [al'tiβo, -a] *adj* altivo, -a
alto ['alto] **I.** *interj* alto **II.** *m* **1.** (*descanso*) alta *f* **2.** (*altura*) altura *f*; **medir 8 metros de ~** medir 8 metros de altura **3.** (*collado*) montanha *f* **III.** *adv* alto; **pasar por ~** passar por alto; **por todo lo ~** com toda a riqueza
alto, -a ['alto, -a] *adj* alto, -a; **a altas horas de la noche** às altas horas da noite
altoparlante [altopar'lante] *m* AmL alto-falante *m*
altramuz [altra'muθ] *m* tremoço *m*
altruismo [altru'ismo] *m* altruísmo *m*
altruista [altru'ista] *adj, mf* altruísta *mf*
altura [al'tura] *f* **1.** (*estatura*) altura *f*; **de gran ~** de grande altura; **de poca ~** de pouca altura; **a estas ~s** a estas alturas **2.** *pl* (*cielo*) alturas *fpl*
alubia [a'luβja] *f* feijão *m*
alucinación [aluθina'θjon] *f* alucinação *f*
alucinante [aluθi'nante] *adj inf* (*estupendo, increíble*) alucinante

alucinar [aluθi'nar] *vi, vt inf* alucinar
alud [a'luð] *m* avalanche *f*
aludir [alu'ðir] *vi* (*referirse*) aludir; **darse por aludido** vestir a carapuça
alumbrado [alum'braðo] *m* iluminação *f*; **~ público** iluminação pública
alumbramiento [alumbra'mjeɲto] *m* **1.**(*iluminación*) iluminação *f* **2.**(*parto*) parto *m*
alumbrar [alum'brar] **I.** *vi* **1.**(*iluminar*) iluminar **2.**(*parir*) dar à luz **II.** *vt* (*iluminar*) iluminar
aluminio [alu'minjo] *m* alumínio *m*
alunado [alum'naðo] *m* alunato *m*
alumno, -a [a'lumno, -a] *m, f* aluno, -a *m, f*
alusión [alu'sjon] *f* alusão *f*; **hacer ~ a algo** fazer alusão a a. c.
alusivo, -a [alu'siβo, -a] *adj* alusivo, -a; **~ a algo** alusivo a a. c.
aluvión [alu'βjon] *m t. fig* aluvião *m* ou *f*
alza ['alθa] *f* **1.**(*elevación*) alta *f* **2.**(*de un zapato*) palmilha *f*
alzamiento [alθa'mjeɲto] *m* levantamento *m*
alzar [al'θar] <z→c> **I.** *vt* **1.**(*brazo, mirada*) levantar; (*precio, voz*) aumentar **2.**(*construir*) levantar **II.** *vr:* **~se 1.**(*levantarse*) levantar-se **2.**(*sublevarse*) revoltar-se
ama ['ama] *f* dona *f*; **~ de casa** dona de casa; **~ de cría** ama *f* de leite; **~ de llaves** governanta *f*
amabilidad [amaβili'ðað] *f* amabilidade *f*
amable [a'maβle] *adj* amável
amaestrar [amaes'trar] *vt* adestrar
amagar [ama'ɣar] <g→gu> *vt* ameaçar
amago [a'maɣo] *m t.* DEP ameaça *f*
amainar [amai̯'nar] **I.** *vi* amainar **II.** *vt* NÁUT recolher
amalgama [amal'ɣama] *f* **1.** QUÍM amálgama *f* **2.**(*mezcla*) amálgama *m*
amalgamar [amalɣa'mar] *vt* TÉC amalgamar
amamantar [amamaɲ'tar] *vt* amamentar
amanecer [amane'θer] **I.** *v impers* amanhecer **II.** *irr como crecer vi* amanhecer **III.** *m* amanhecer *m*
amanecida [amane'θiða] *f AmL* alvorecer *m*
amanerado, -a [amane'raðo, -a] *adj* afetado, -a
amansar [aman'sar] **I.** *vt* (*persona, animal*) amansar **II.** *vr:* **~se** amansar-se

amante [a'maɲte] **I.** *adj* amante; **ser ~ de algo** ser amante de a. c. **II.** *mf* amante *mf*
amapola [ama'pola] *f* papoula *f*
amar [a'mar] *vt* amar
amargar [amar'ɣar] <g→gu> **I.** *vt* amargar **II.** *vr:* **~se** amargar-se
amargo, -a [a'marɣo, -a] *adj* amargo, -a
amargura [amar'ɣura] *f* amargura *f*
amarillento, -a [amari'ʎeɲto, -a] *adj* amarelado, -a
amarillo [ama'riʎo] *m* amarelo *m*
amarillo, -a [ama'riʎo, -a] *adj* **1.**(*color*) amarelo, -a **2.** PREN **prensa amarilla** imprensa marrom
amarra [a'marra] *f* NÁUT amarra *f*; **soltar ~s** soltar as amarras
amarrar [ama'rrar] **I.** *vt t.* NÁUT amarrar **II.** *vr:* **~se** *AmL* (*casarse*) casar-se
amartillar [amarti'ʎar] *vt* engatilhar
amasar [ama'sar] *vt* **1.**(*masa*) amassar **2.**(*fortuna*) juntar
amasijo [ama'sixo] *m inf* (*mezcla*) mistura *f*
amateur [ama'ter] *adj, mf* <amateurs> amador(a) *m(f)*
amatista [ama'tista] *f* ametista *f*
amazona [ama'θona] *f* amazona *f*
Amazonas [ama'θonas] *m* **el ~** o Amazonas
Amazonia [ama'θonia] *f* **la ~** a Amazônia
amazónico, -a [ama'θoniko, -a] *adj* amazônico, -a
ámbar ['ambar] *adj inv, m* âmbar *m*
Amberes [am'beres] *m* Antuérpia *f*
ambición [ambi'θjon] *f* ambição *f*
ambicionar [ambiθjo'nar] *vt* ambicionar
ambicioso, -a [ambi'θjoso, -a] *adj* ambicioso, -a
ambientación [ambjeɲta'θjon] *f* ambientação *f*
ambientador [ambjeɲta'ðor] *m* desodorante *m*
ambiental [ambjeɲ'tal] *adj* ambiental
ambientar [ambjeɲ'tar] **I.** *vt* **1.**(*novela*) ambientar **2.**(*fiesta*) animar **II.** *vr:* **~se** (*aclimatarse*) ambientar-se
ambiente [am'bjeɲte] *m* **1.**(*aire*) ambiente *m* **2.**(*medio*) meio *m*; **medio ~** meio ambiente **3.**(*atmósfera*) atmosfera *f*
ambigüedad [ambiɣwe'ðað] *f* ambiguidade *f*

ambiguo, -a [am'biɣwo, -a] *adj* ambíguo, -a
ámbito ['ambito] *m* âmbito *m*
ambivalente [ambiβa'lente] *adj* ambivalente
ambos, -as ['ambos, -as] *adj* ambos, -as
ambulancia [ambu'lanθja] *f* ambulância *f*
ambulante [ambu'lante] *adj* ambulante
ambulatorio [ambula'torjo] *m* ambulatório *m*
ameba [a'meβa] *f* ameba *f*
amedrentar [ameðren'tar] *vt* amedrontar
amén [a'men] **I.** *m* amém *m;* **decir ~ a todo** dizer amém a tudo; **en un decir ~** num piscar de olhos **II.** *prep* **~ de** além de
amenaza [ame'naθa] *f* ameaça *f*
amenazar [amena'θar] <z→c> **I.** *vt* ameaçar **II.** *vi* **~ con algo** ameaçar com a. c.
amenidad [ameni'ðað] *f* amenidade *f*
amenizar [ameni'θar] <z→c> *vt* amenizar
ameno, -a [a'meno, -a] *adj* ameno, -a
América [a'merika] *f* América *f;* **~ Central** América Central; **~ Latina** América Latina; **~ del Norte/del Sur** América do Norte/do Sul

> Cultura Muitos espanhóis emigraram para a América Latina nos séculos XIX e XX. A expressão **"hacer las Américas"** está relacionada diretamente a esse fato e significa fazer sua fortuna na América.

americana [ameri'kana] *f* jaqueta *f*
americano, -a [ameri'kano, -a] *adj, m, f* americano, -a *m, f*
amerindio, -a [ame'rindjo, -a] *adj, m, f* ameríndio, -a *m, f*
amerizaje [ameri'θaxe] *m* amerissagem *f*
amerizar [ameri'θar] <z→c> *vi* amerissar
ametralladora [ametraʎa'ðora] *f* metralhadora *f*
amianto [a'mjanto] *m* amianto *m*
amigable [ami'ɣaβle] *adj* amigável
amígdala [a'miɣðala] *f* amígdala *f*
amigdalitis [amiɣða'litis] *f* amigdalite *f*
amigo, -a [a'miɣo, -a] **I.** *adj* amigo, -a; **hacerse ~ de alguien** fazer amizade com alguém; **es muy amiga mía** é muito amiga minha; **somos (muy) ~s** somos muito amigos; **ser ~ de algo** ser amante de a. c.; **¡y tan ~s!** e tão amigos! **II.** *m, f* amigo, -a *m, f;* **~ invisible** amigo oculto
amiguismo [ami'ɣismo] *m* nepotismo *m*
amilanar [amila'nar] *vt* intimidar
aminorar [amino'rar] *vi, vt* diminuir
amistad [amis'tað] *f* **1.** (*entre amigos*) amizade *f;* **trabar ~ con alguien** travar amizade com alguém **2.** *pl* (*amigos*) amizades *fpl*
amistoso, -a [amis'toso, -a] *adj* amistoso, -a
amnesia [am'nesja] *f* amnésia *f*
amnésico, -a [am'nesiko, -a] *adj* amnésico, -a
amnistía [amnis'tia] *f* anistia *f*
amo, -a ['amo, -a] *m, f* **1.** (*propietario*) dono, -a *m, f* **2.** (*patrón*) patrão, patroa *m, f*
amodorrarse [amoðo'rrarse] *vr* adormecer
amoldar [amol'dar] **I.** *vt* amoldar **II.** *vr:* **~se** amoldar-se
amonestación [amonesta'θjon] *f* **1.** (*advertencia*) admoestação *f* **2.** *pl* (*de los novios*) proclamas *mpl*
amonestar [amones'tar] *vt* **1.** (*advertir*) admoestar **2.** (*los novios*) proclamar
amoníaco [amo'niako] *m* amoníaco *m*
amontonar [amonto'nar] **I.** *vt* **1.** (*tierra*) amontoar **2.** (*dinero*) juntar **II.** *vr:* **~se** (*personas, cosas*) amontoar-se
amor [a'mor] *m* amor *m;* **hacer el ~** fazer amor; **hacer algo con ~** fazer a. c. com amor; **por ~ al arte** por amor à arte; **¡por (el) ~ de Dios!** pelo amor de Deus!
amoratado, -a [amora'taðo, -a] *adj* roxo, -a
amordazar [amorða'θar] <z→c> *vt* amordaçar
amorfo, -a [a'morfo, -a] *adj* amorfo, -a
amorío(s) [amo'rio(s)] *m(pl)* namorico(s) *m(pl)*
amoroso, -a [amo'roso, -a] *adj* amoroso, -a
amortiguador [amortiɣwa'ðor] *m* AUTO amortecedor *m*
amortiguar [amorti'ɣwar] <gu→gü> *vt* amortecer
amortización [amortiθa'θjon] *f* amorti-

amortizar zação f
amortizar [amorti'θar] <z→c> vt amortizar
amotinar [amoti'nar] **I.** vt amotinar **II.** vr: ~**se** amotinar-se
amparar [ampa'rar] **I.** vt amparar **II.** vr: ~**se** amparar-se; ~**se en algo** amparar-se em a. c.
amparo [am'paro] m amparo m
amperio [am'perjo] m ampère m
ampliable, -a [am'pljaβle] adj ampliável
ampliación [amplja'θjon] f ampliação f; ~ **de RAM** INFOR ampliação de RAM
ampliar [ampli'ar] <1. pres: amplío> vt ampliar
amplificador [amplifika'ðor] m amplificador m
amplificar [amplifi'kar] <c→qu> vt amplificar
amplio, -a ['ampljo, -a] adj amplo, -a
amplitud [ampli'tuð] f amplitude f; **tener ~ de miras** ter mente aberta
ampolla [am'poʎa] f **1.** (en la piel) bolha f; **levantar ~s** fig levantar bolhas **2.** (para inyecciones) ampola f
amputar [ampu'tar] vt amputar
Amsterdam [amster'ðam] m Amsterdã f
amueblar [amwe'βlar] vt mobiliar
amuleto [amu'leto] m amuleto m
amurallar [amura'ʎar] vt amurar
anabolizante [anaβoli'θante] m anabolizante m
anacardo [ana'karðo] m (fruto) caju m
anacrónico, -a [ana'kroniko, -a] adj anacrônico, -a
anacronismo [anakro'nismo] m anacronismo m
ánade ['anaðe] m pato m
anagrama [ana'ɣrama] m anagrama m
anal [a'nal] adj anal
anales [a'nales] mpl HIST anais mpl
analfabetismo [analfaβe'tismo] m sin pl analfabetismo m
analfabeto, -a [analfa'βeto, -a] adj, m, f analfabeto, -a m, f
analgésico [anal'xesiko] m analgésico m
análisis [a'nalisis] m inv t. MAT análise f; ~ **de sangre** MED exame m de sangue; ~ **de sistemas** INFOR análise de sistemas
analista [ana'lista] mf analista mf; ~ **de sistemas** INFOR analista de sistemas
analizar [anali'θar] <z→c> vt t. MED analisar
analogía [analo'xia] f analogia f
análogo, -a [a'naloɣo, -a] adj análogo, -a
ananá(s) [ana'na(s)] m CSur abacaxi m
anaranjado, -a [anaraŋ'xaðo, -a] adj alaranjado, -a
anarquía [anar'kia] f anarquia f
anárquico, -a [a'narkiko, -a] adj anárquico, -a
anarquismo [anar'kismo] m anarquismo m
anarquista [anar'kista] adj, mf anarquista mf
anatomía [anato'mia] f anatomia f
anatómico, -a [ana'tomiko, -a] adj anatômico, -a
anca ['aŋka] f anca f; ~**s de rana** pernas fpl de rã
ancestral [anθes'tral] adj ancestral
ancho ['antʃo] m largo m; ~ **de banda** INFOR largura f de banda; ~ **de vía** FERRO largura f de estrada
ancho, -a ['antʃo, -a] adj largo, -a; **estar a sus anchas** estar à vontade; **quedarse tan ~** ficar muito tranquilo
anchoa [an'tʃoa] f anchova f
anchura [an'tʃura] f largura f
anciano, -a [an'θjano, -a] adj, m, f ancião, anciã m, f
ancla ['aŋkla] f âncora f; **levar ~s** levantar âncora
anclar [aŋ'klar] vi, vt ancorar
áncora ['aŋkora] f âncora m
Andalucía [aŋdalu'θia] f Andaluzia f
andaluz(a) [aŋda'luθ(a)] adj, m(f) andaluz(a) m(f)
andamio [an'damjo] m andaime m
andar [aṇ'dar] irr **I.** vi **1.** (caminar) andar; ~ **a gatas** andar de gatinhas **2.** (reloj, coche, máquina) andar **3.** (estar) ~ **atareado** andar atarefado; ~ **mal de dinero** andar mal de dinheiro; ~ **por los 30** andar por volta dos 30; ~ **a la que salta** inf estar de olho **II.** m andar m
andarín, -ina [aṇda'rin, -ina] adj andarilho, -a m, f
andén [aṇ'den] m FERRO plataforma f
Andes ['aṇdes] mpl **los** ~ os Andes
andinismo [aṇdi'nismo] m AmL alpinismo m
andinista [aṇdi'nista] mf AmL alpinista mf
andino, -a [aṇ'dino, -a] adj andino, -a
Andorra [aṇ'dorra] f Andorra f

> **Cultura** Andorra é um pequeno principado (somente 467 quilômetros quadrados de área) que tem o parlamentarismo como forma de governo. Faz fronteira ao norte e a leste com a França e a oeste e ao sul com a Espanha.

andorrano, -a [aŋdo'rrano, -a] *adj, m, f* andorrano, -a *m, f*
andrajo [aŋ'draxo] *m* trapo *m*
andrajoso, -a [aŋdra'xoso, -a] *adj* maltrapilho, -a
andurriales [aŋdu'rriales] *mpl* andurriais *mpl*
anécdota [a'neɣdota] *f* episódio *m*
anegar [ane'ɣar] <g→gu> **I.** *vt* **1.** (*inundar*) inundar **2.** (*ahogar*) afogar **II.** *vr:* ~ **se 1.** (*campo*) inundar-se **2.** (*ahogarse*) afogar-se
anejo [a'nexo] *m* **1.** (*edificio, carta*) anexo *m* **2.** (*libro, revista*) suplemento *m*
anejo, -a [a'nexo, -a] *adj* anexo, -a
anemia [a'nemja] *f* anemia *f*
anémico, -a [a'nemiko, -a] *adj* anêmico, -a
anestesia [anes'tesja] *f* anestesia *f*
anestesiar [aneste'sjar] *vt* anestesiar
anexar [aneɣ'sar] *vt* anexar
anexión [aneɣ'sjon] *f* anexação *f*
anexionar [aneɣsjo'nar] *vt* anexar
anexo [a'neɣso] *m v.* **anejo**
anexo, -a [a'neɣso, -a] *adj v.* **anejo, -a**
anfibio [am'fiβjo] *m* ZOOL (*t. vehículo*) anfíbio *m*
anfibio, -a [am'fiβjo, -a] *adj* anfíbio, -a
anfiteatro [amfite'atro] *m* anfiteatro *m*
anfitrión, -ona [amfi'trjon, -ona] *m, f* anfitrião, anfitriã *m, f*
ánfora ['amfora] *f* ânfora *f*
ángel ['aŋxel] *m* anjo *m*
angelical [aŋxeli'kal] *adj* angelical
angina [aŋ'xina] *f* angina *f*; **tener ~s** estar com uma amigdalite; **~ de pecho** angina *f* do peito
anglicismo [aŋgli'θismo] *m* anglicismo *m*
anglosajón, -ona [aŋglosa'xon, -ona] *adj, m, f* anglo-saxão, anglo-saxã *m, f*
angoleño, -a [aŋgo'leɲo, -a] *adj, m, f* angolano, -a
angosto, -a [aŋ'gosto, -a] *adj* estreito, -a

anguila [aŋ'gila] *f* enguia *f*
angula [aŋ'gula] *f* filhote *m* de enguia
ángulo ['aŋgulo] *m* **1.** ângulo *m* **2.** (*rincón*) canto *m*
angustia [aŋ'gustja] *f* angústia *f*
angustiar [aŋgus'tjar] **I.** *vt* angustiar **II.** *vr:* ~ **se** angustiar-se
anhelante [ane'lante] *adj* ansioso, -a
anhelar [ane'lar] *vi, vt* ansiar
anhelo [a'nelo] *m* anseio *m*
anidar [ani'ðar] *vi* aninhar
anilla [a'niʎa] *f* argola *f*; **~s** DEP argolas *fpl*
anillo [a'niʎo] *m* anel *m*; **venir como ~ al dedo** *fig* cair como uma luva
ánima ['anima] *f* alma *f*
animación [anima'θjon] *f t.* CINE, INFOR animação *f*
animado, -a [ani'maðo, -a] *adj* (*persona, lugar*) animado, -a; **~ por ordenador** INFOR animado por computador
animador(a) [anima'ðor(a)] *m(f)* (*artista, presentador*) animador(a) *m(f)*
animadversión [animaðβer'sjon] *f* animadversão *f*
animal [ani'mal] **I.** *adj* animal **II.** *m* animal *m*; **~ de compañía** animal de estimação; **~ doméstico** animal doméstico
animar [ani'mar] **I.** *vt* animar **II.** *vr:* ~ **se** animar-se; **~ se a hacer algo** animar-se a fazer a. c.
ánimo ['animo] *m* ânimo *m*; **no estoy con ~ de...** não estou com ânimo de...; **dar ~s a alguien** dar ânimo a alguém; **sin ~ de lucro** sem intenção de lucro
aniquilación [anikila'θjon] *f* aniquilação *f*
aniquilar [aniki'lar] *vt* aniquilar
anís [a'nis] <anises> *m* anis *m*
aniversario [aniβer'sarjo] *m* aniversário *m*
ano ['ano] *m* ânus *m*
anoche [a'notʃe] *adv* ontem à noite
anochecer [anotʃe'θer] **I.** *irr como* **crecer** *vimpers* anoitecer **II.** *m* anoitecer *m*
anodino, -a [ano'ðino, -a] *adj* anódino, -a
anomalía [anoma'lia] *f* anomalia *f*
anómalo, -a [a'nomalo, -a] *adj* anômalo, -a
anonadar [anona'ðar] *vt* desconcertar
anonimato [anoni'mato] *m* anonimato *m*
anónimo [a'nonimo] *m* documento *m*

anônimo
anónimo, -a [a'nonimo, -a] *adj* anônimo, -a
anorak [ano'raᵏ] <anoraks> *m* anoraque *m*
anorexia [ano'reysja] *f* anorexia *f*
anoréxico, -a [ano'reysiko, -a] *adj* anoréxico, -a
anormal [anor'mal] *adj* anormal
anotación [anota'θjon] *f* 1. (*acción de anotar*) anotação *f*; (*en un registro*) inscrição *f* 2. (*nota*) anotação
anotar [ano'tar] *vt* 1. (*apuntar*) anotar 2. DEP (*marcar*) marcar
anquilosamiento [aŋkilosa'mjento] *m* paralisia *f*
anquilosar [aŋkilo'sar] I. *vt* paralisar II. *vr:* ~**se** paralisar-se
ansia ['ansja] *f* ânsia *f*
ansiar [an'sjar] <*I. pres:* ansío> *vt* ansiar; ~ **hacer algo** ansiar fazer a. c.
ansiedad [ansje'ðað] *f* ansiedade *f*
ansioso, -a [an'sjoso, -a] *adj* ansioso, -a
antagónico, -a [anta'ɣoniko, -a] *adj* antagônico, -a
antagonismo [antaɣo'nismo] *m* antagonismo *m*
antagonista [antaɣo'nista] *mf* antagonista *mf*
antaño [an'taɲo] *adv* antigamente
antártico, -a [an'tartiko, -a] *adj* antártico, -a; **el océano** ~ o oceano antártico
Antártida [an'tartiða] *f* Antártida *f*
ante¹ ['ante] *m t.* ZOOL camurça *f*
ante² ['ante] *prep* 1. (*posición*) antes 2. (*en vista de*) perante
anteanoche [antea'notʃe] *adv* anteontem à noite
anteayer [antea'ʝer] *adv* anteontem
antebrazo [ante'βraθo] *m* ANAT antebraço *m*
antecedente [anteθe'ðente] *adj* antecedente
antecedentes [anteθe'ðentes] *mpl* antecedentes *mpl*; ~ **penales** JUR antecedentes criminais; **estar en** ~ estar por dentro
anteceder [anteθe'ðer] *vt* anteceder
antecesor(a) [anteθe'sor(a)] *m(f)* antecessor(a) *m(f)*
antedicho, -a [ante'ðitʃo, -a] *adj* predito, -a
antelación [antela'θjon] *f* **con** ~ **com** antecedência
antemano [ante'mano] *adv* **de** ~ de antemão
antena [an'tena] *f* antena *f*; ~ **colectiva** antena coletiva; ~ **parabólica** antena parabólica; **estar en** ~ TV estar no ar
anteojos [ante'oxo] *mpl* 1. (*gemelos*) binóculo *m* 2. (*prismáticos*) binóculos *mpl* 3. *AmL* (*gafas*) óculos *mpl*
antepasado, -a [antepa'saðo, -a] *m, f* antepassado, -a *m, f*
antepecho [ante'petʃo] *m* (*de ventana*) parapeito *m*
antepenúltimo, -a [antepe'nultimo, -a] *adj, m, f* antepenúltimo, -a *m, f*
anteponer [antepo'ner] *irr como poner vt* ~ **algo a algo** antepor a. c. a a. c.
anteproyecto [antepro'ʝekto] *m* anteprojeto *m*
anterior [ante'rjor] *adj* anterior; ~ **a** anterior a
anterioridad [anterjori'ðað] *prep* **con** ~ **a** anteriormente a
antes ['antes] I. *adv* 1. antes; ~ **de nada** antes de nada; ~ **que nada** acima de tudo; **cuanto** ~ quanto antes; **poco** ~ pouco antes 2. (*comparativo*) ~ **bien** antes, pelo contrário; ~ **viajar en avión que en tren** antes viajar de avião que de trem II. *prep* ~ **de** antes de III. *conj* (*temporal*) antes
antesala [ante'sala] *f* antessala *f*
antiaéreo, -a [antja'ereo, -a] *adj* MIL antiaéreo, -a
antibalas [anti'βalas] *adj inv* à prova de balas
antibiótico [anti'βjotiko] *m* antibiótico *m*
anticiclón [antiθi'klon] *m* anticiclone *m*
anticipación [antiθipa'θjon] *f* antecipação *f*
anticipado, -a [antiθi'paðo, -a] *adj* antecipado, -a; **pagar por** ~ pagar antecipado
anticipar [antiθi'par] I. *vt* antecipar II. *vr:* ~**se a alguien** antecipar-se a alguém
anticipo [anti'θipo] *m* adiantamento *m*
anticonceptivo, -a [antikonθep'tiβo, -a] *adj, m, f* anticoncepcional *m*
anticongelante [antikonxe'lante] *m* anticongelante *m*
anticonstitucional [antikoⁿstituθjo'nal] *adj* anticonstitucional
anticuado, -a [anti'kwaðo, -a] *adj* antiquado, -a
anticuario, -a [anti'kwarjo, -a] *m, f* (*vendedor*) antiquário, -a *m, f*
anticuerpo [anti'kwerpo] *m* anticorpo

m

antídoto [an'tiðoto] *m* antídoto *m*

antiestético, -a [antjes'tetiko, -a] *adj* antiestético, -a

antifaz [anti'faθ] *m* máscara *f*

antiglobalización [antiɣloβaliθa'θjon] *f* POL antiglobalização *f*; **movimiento ~** movimento *m* [*ou* luta *f*] antiglobalização

antigualla [anti'ɣwaʎa] *f pey* (*objeto*) velharia *f*

antigüedad [antiɣwe'ðaᵈ] *f* **1.**(*edad antigua*) antiguidade *f* **2.** *pl* (*objetos*) antiguidades *fpl*

antiguo, -a [an'tiɣwo, -a] *adj* <antiquísimo> antigo, -a

antílope [an'tilope] *m* antílope *m*

antinatural [antinatu'ral] *adj* antinatural

antiniebla [anti'njeβla] *adj inv* contra neblina; **faros ~** faróis contra neblina

antipatía [antipa'tia] *f* antipatia *f*; **tener ~ a alguien** ter antipatia por alguém; **sentir ~ por alguien** sentir antipatia por alguém

antipático, -a [anti'patiko, -a] *adj, m, f* antipático, -a *m, f*

antiquísimo, -a [anti'kisimo, -a] *adj superl de* **antiguo**

antirrobo [anti'rroβo] *m* antirroubo *m*

antiséptico, -a [anti'septiko, -a] *adj* antisséptico, -a

antitalibán [antitali'ban] *adj inv* antitalibã *inv*; **alianza ~** aliança *f* antitalibã; **guerrilleros ~** guerrilha *f* antitalibã

antiterrorista [antiterro'rista] *adj* antiterrorista

antítesis [an'titesis] *f inv* antítese *f*

antitetánico [antite'taniko] *m* antitetânico *m*

antitetánico, -a [antite'taniko, -a] *adj* antitetânico, -a

antivirus [anti'βirus] *m inv* INFOR antivírus *m inv*

antojadizo, -a [antoxa'ðiθo, -a] *adj, m, f* pessoa cheia de vontades

antojarse [anto'xarse] *vimpers* **1.**(*encapricharse*) **se le antojó comer** deu vontade de comer; **hace lo que se le antoja** faz o que tem vontade **2.**(*tener la sensación*) **se me antoja que...** tenho a sensação de que...

antojo [an'toxo] *m* (*capricho*) vontade *f*; **a mi ~** segundo a minha vontade

antología [antolo'xia] *f* antologia *f*; **de ~** (*memorable*) antológico

antonomasia [antono'masja] *f* antonomásia, f; **por ~** por antonomásia

antorcha [an'tortʃa] *f* tocha *f*

antro ['antro] *m pey* (*local*) antro *m*

antropófago, -a [antro'pofaɣo, -a] *m, f* antropófago, -a *m, f*

antropología [antropolo'xia] *f* antropologia *f*

antropólogo, -a [antro'poloɣo, -a] *m, f* antropólogo, -a *m, f*

anual [anu'al] *adj* anual

anualidad [anwali'ðaᵈ] *f* anuidade *f*

anuario [anu'arjo] *m* anuário *m*

anudar [anu'ðar] **I.** *vt* amarrar **II.** *vr*: **~ se** amarrar

anulación [anula'θjon] *f* anulação *f*

anular [anu'lar] **I.** *vt* anular **II.** *m* anular *m*

anunciación [anunθja'θjon] *f* anunciação *f*

anunciante [anun'θjante] *mf* anunciante *mf*

anunciar [anun'θjar] *vt* anunciar

anuncio [a'nunθjo] *m* anúncio *m*

anzuelo [an'θwelo] *m* **1.**(*para pescar*) anzol *m* **2.** *inf* (*aliciente*) estímulo *m*; **morder el ~** morder a isca

añadidura [aɲaðí'ðura] *f* complemento *m*; **por ~** além disso

añadir [aɲa'ðir] *vt* acrescentar

añejo, -a [a'ɲexo, -a] *adj* envelhecido, -a

añicos [a'ɲikos] *mpl* **hacer algo ~** fazer a. c. em pedaços

añil [a'ɲil] *m* **1.** BOT anil *m* **2.**(*color*) anil

año ['aɲo] *m* ano *m*; **~ luz** ano luz; **~ natural** ano do calendário; **Año Nuevo** Ano Novo; **cumplir ~s** fazer anos; **cumplir 60 ~s** fazer 60 anos; **¿cuántos ~s tienes?** quantos anos tem?; **a mis ~s** na minha época; **los ~s 60** os anos 60; **en el ~ 1960** no ano de 1960

añoranza [aɲo'ranθa] *f* saudade *f*

añorar [aɲo'rar] *vt* sentir saudade de

aorta [a'orta] *f* aorta *f*

apabullar [apaβu'ʎar] *vt elev* intimidar

apacentar [apaθen'tar] <e→ie> **I.** *vt* apascentar **II.** *vr*: **~ se** apascentar-se

apacible [apa'θiβle] *adj* **1.**(*tiempo, viento*) aprazível **2.**(*persona*) agradável

apaciguar [apaθi'ɣwar] <gu→gü> **I.** *vt* (*persona*) apaziguar; (*dolor*) acalmar **II.** *vr*: **~ se** apaziguar-se

apadrinar [apaðri'nar] *vt* apadrinhar

apagado, -a [apa'ɣaðo, -a] *adj* **1.**(*luz,*

apagar 21 **apellido**

fuego) apagado, -a; *(radio)* desligado, -a **2.** *(sonido)* abafado, -a **3.** *(color, persona)* apagado, -a

apagar [apa'ɣar] <g→gu> I. *vt* **1.** *(luz, fuego)* apagar; *(radio)* desligar **2.** *(sed, hambre)* matar II. *vr*: ~ **se** apagar-se

apagón [apa'ɣon] *m* blecaute *m*

apaisado, -a [apai̯'saðo, -a] *adj* retangular; **formato** ~ formato oblongo

apalabrar [apala'βrar] *vt* apalavrar

apalear [apale'ar] *vt* espancar

apañado, -a [apa'ɲaðo, -a] *adj* jeitoso, -a; **estar** ~ **si...** estar enganado se...

apañar [apa'ɲar] I. *vt* **1.** *(remendar)* consertar **2.** *(de manera ilícita)* pegar II. *vr*: ~ **se para hacer algo** virar-se para fazer a. c.

aparador [apara'ðor] *m (mueble)* aparador *m*

aparato [apa'rato] *m* **1.** aparelho *m*; ~ **digestivo** ANAT aparelho digestivo; ~ **de televisión** aparelho de televisão **2.** TEL aparelho *m*; **estar al** ~ estar ao aparelho

aparatoso, -a [apara'toso, -a] *adj* **1.** *(ostentoso)* aparatoso, -a **2.** *(caída, accidente)* espetacular

aparcamiento [aparka'mjento] *m (lugar)* estacionamento *m*

aparcar [apar'kar] <c→qu> *vt* estacionar

aparear [apare'ar] I. *vt (animales)* acasalar II. *vr*: ~ **se** *(animales)* acasalar-se

aparecer [apare'θer] *irr como crecer* I. *vi* aparecer II. *vr*: ~ **se** manifestar-se

aparejado, -a [apare'xaðo, -a] *adj* **llevar** [*o* **traer**] ~ implicar

aparejador(a) [aparexa'ðor(a)] *m(f)* empreiteiro, -a *m, f*

aparejo [apa'rexo] *m* **1.** *(de caballo)* arreio *m* **2.** *(poleas)* roldana *f* **3.** *(de nave)* aparelho *m* **4.** *pl (utensilios)* aparatos *mpl*

aparentar [aparen'tar] *vt* aparentar; ~ **estar enfermo** aparentar estar enfermo

aparente [apa'rente] *adj* **1.** *(falso)* aparente **2.** *(de buen aspecto)* atraente

aparición [apari'θjon] *f* **1.** *(acción)* aparecimento *m* **2.** *(visión)* aparição *f*

apariencia [apa'rjenθja] *f* aparência *f*; **guardar las** ~**s** manter as aparências; **las** ~**s engañan** as aparências enganam

apartado [apar'taðo] *m* **1.** *(zona)* compartimento *m*; ~ **de Correos** caixa *f* postal **2.** *(párrafo)* parágrafo *m*

apartado, -a [apar'taðo, -a] *adj (lugar)* afastado, -a

apartamento [aparta'mento] *m* apartamento *m*

apartamiento [aparta'mjento] *m (separación)* apartação *f*

apartar [apar'tar] I. *vt* **1.** *(separar)* apartar, afastar **2.** *(poner a un lado)* separar II. *vr*: ~ **se 1.** *(separarse)* separar-se **2.** *(de un camino, del tema)* desviar-se; **¡apártate!** saia da frente! **3.** *(de un cargo)* afastar-se

aparte [a'parte] I. *adv (en otro sitio)* à parte II. *prep* **1.** *(separado)* **él estaba** ~ **del grupo** ele estava separado do grupo **2.** *(además de)* ~ **de** além de; ~ **de mala está fría** além de ruim, está fria III. *m* **1.** TEAT aparte *m* **2.** *(de un escrito)* parágrafo *m* IV. *adj inv* à parte

apasionado, -a [apasjo'naðo, -a] *adj, m, f* apaixonado, -a *m, f*

apasionante [apasjo'nante] *adj* apaixonante

apasionar [apasjo'nar] I. *vt* apaixonar II. *vr*: ~ **se** apaixonar-se; ~ **se por algo/ alguien** apaixonar-se por a. c./alguém

apatía [apa'tia] *f* apatia *f*

apático, -a [a'patiko, -a] *adj* apático, -a

apátrida [a'patriða] *adj* apátrida

Apdo. [apar'taðo] *abr de* **Apartado de Correos** C.P.

apeadero [apea'ðero] *m* FERRO *estação de trem pouco importante onde chegam e partem viajantes*

apearse [ape'ar] *vr* descer

apechugar [apetʃu'ɣar] <g→gu> *vi inf* ~ **con** arcar com

apedrear [apeðre'ar] *vt* apedrejar

apego [a'peɣo] *m* **tener** ~ **a algo** ter apego a a. c.

apelación [apela'θjon] *f* apelação *f*

apelar [ape'lar] *vi* apelar; ~ **a alguien** apelar a alguém; ~ **al cielo** apelar aos céus

apellidar [apeʎi'ðar] I. *vt* apelidar II. *vr* **se apellida Martínez** seu sobrenome é Martínez

apellido [ape'ʎiðo] *m* sobrenome *m*; ~ **de soltera** sobrenome de solteira

Cultura Todos os espanhóis possuem dois sobrenomes (**apellidos**): o primeiro é o nome do pai, e o segundo, o nome da mãe. Se, por exemplo, a Señora Iglesias Vieira e o Señor González Blanco tornarem-se pais, o sobrenome da criança será González Iglesias.

apenas [a'penas] I. *adv* 1.(*casi no*) quase não; ~ **había nadie** quase não havia ninguém 2.(*tan solo*) somente; ~ **hace un mes** somente faz um mês II. *conj* (*tan pronto como*) assim que
apéndice [a'pendiθe] *m t.* ANAT apêndice *m*
apendicitis [apendi'θitis] *f inv* apendicite *f*
apercibir [aperθi'βir] I. *vt* aperceber II. *vr* ~ **se de algo** aperceber-se de a. c.
aperitivo [aperi'tiβo] *m* aperitivo *m*
apertura [aper'tura] *f* abertura *f*
apesadumbrar [apesaðum'brar] I. *vt* acabrunhar II. *vr* ~ **se por algo** acabrunhar-se por a. c.
apestar [apes'tar] I. *vi* feder; ~ **a algo** feder a a. c. II. *vt* feder; ~ **algo** feder a. c.
apetecer [apete'θer] *irr como crecer vi* apetecer; **¿qué te apetece?** o que te apetece?; **me apetece un helado** gostaria de tomar um sorvete
apetecible [apete'θiβle] *adj* apetecível
apetito [ape'tito] *m* apetite *m;* **abrir el** ~ abrir o apetite; **tener** ~ ter apetite
apetitoso, -a [apeti'toso, -a] *adj* 1.(*comida*) apetitoso, -a 2.(*oferta*) tentador(a)
apiadarse [apja'ðarse] *vr* ~ **de** apiedar-se de
ápice ['apiθe] *m* 1.(*punta*) ápice *m* 2.(*nada*) tiquinho *m;* **no ceder un** ~ não ceder nem um tiquinho
apilar [api'lar] I. *vt* empilhar II. *vr:* ~ **se** empilhar-se
apiñar [api'nar] I. *vt* apinhar II. *vr:* ~ **se** apinhar-se
apio ['apjo] *m* aipo *m*
apisonadora [apisona'ðora] *f* rolo *m* compressor
aplacar [apla'kar] <c→qu> I. *vt* aplacar II. *vr:* ~ **se** aplacar-se
aplanar [apla'nar] I. *vt* aplanar II. *vr:* ~ **se** aplanar-se
aplastar [aplas'tar] *vt* esmagar
aplaudir [aplau̯'ðir] *vi, vt* aplaudir
aplauso [a'plau̯so] *m* aplauso *m*
aplazamiento [aplaθa'mjento] *m* adiamento *m*

aplazar [apla'θar] <z→c> *vt* 1.(*posponer*) adiar 2. *AmL* (*suspender*) suspender
aplicación [aplika'θjon] *f* 1.(*acción*) aplicação *f* 2. INFOR aplicativo *m*
aplicado, -a [apli'kaðo, -a] *adj* aplicado, -a
aplicar [apli'kar] <c→qu> I. *vt* aplicar II. *vr:* ~ **se** aplicar-se
aplique [a'plike] *m* aplique *m*
aplomo [a'plomo] *m* prumo *m*
apocalipsis [apoka'liβsis] *m inv* apocalipse *m*
apocarse [apo'karse] <c→qu> *vr* intimidar-se
apodar [apo'ðar] *vt* denominar
apoderado, -a [apoðe'raðo, -a] *m, f* procurador(a) *m(f)*
apoderar [apoðe'rar] I. *vt* apoderar II. *vr:* ~ **se** apoderar-se
apodo [a'poðo] *m* apelido *m*
apogeo [apo'xeo] *m* apogeu *m;* **estar algo en pleno** ~ estar a. c. em pleno apogeu
apolillarse [apoli'ʎarse] *vr* (*ropa*) ser roído por traças; (*madera*) ser carcomido
apología [apolo'xia] *f* apologia *f*
apoltronarse [apoltro'narse] *vr* acomodar-se
apoplejía [apople'xia] *f* apoplexia *f*
apoquinar [apoki'nar] *vt inf* desembolsar
aporrear [aporre'ar] *vt* esmurrar
aportación [aporta'θjon] *f* 1.(*contribución*) contribuição *f* 2.(*donación*) doação *f* 3. ECON (*capital*) investimento *m*
aportar [apor'tar] *vt* contribuir
aposentar [aposen'tar] *vt* hospedar
aposento [apo'sento] *m* 1.(*hospedaje*) hospedagem *f;* **nos dieron** ~ nos deram hospedagem 2.(*cuarto*) aposento *m*
apósito [a'posito] *m* (*vendaje*) curativo *m*
aposta [a'posta] *adv* de propósito
apostar [apos'tar] <o→ue> I. *vi* apostar; ~ **por algo/por alguien** apostar em a. c./em alguém II. *vt, vr:* ~ **se** apostar; **¿qué apostamos?** o que apostamos?; **¿qué te apuestas a que no lo hace?** quanto você aposta que não faz?
a posteriori [a poste'rjori] *adv* a posteriori
apostilla [apos'tiʎa] *f* anotação *f*
apóstol [a'postol] *m* apóstolo *m*

apóstrofo [a'postrofo] *m* LING apóstrofo *m*

apoteósico, -a [apote'osiko, -a] *adj* apoteótico, -a

apoteosis [apote'osis] *f inv* apoteose *f*

apoyacabezas [apoʝaka'βeθas] *m inv* apoio *m* de cabeça

apoyar [apo'ʝar] I. *vt* 1. (*colocar sobre*) apoiar 2. (*fundar*) fundamentar 3. (*patrocinar*) apoiar II. *vr:* ~ **se** 1. (*descansar sobre*) apoiar-se; ~ **se en algo** apoiar-se em a. c. 2. (*fundarse*) fundamentar-se; ~ **se en algo** fundamentar-se em a. c.

apoyo [a'poʝo] *m* apoio *m;* **en** ~ **de** em apoio a

apreciable [apre'θjaβle] *adj* apreciável

apreciación [apreθja'θjon] *f* apreciação *f*

apreciado, -a [apre'θjaðo, -a] *adj* (*en cartas*) ~ **s Sres.** Prezados Srs.

apreciar [apre'θjar] *vt* 1. apreciar 2. ECON avaliar

aprecio [a'preθjo] *m* apreço *m;* **te tengo un gran** ~ tenho grande apreço por você

aprehender [apre(e)n'der] *vt* 1. (*coger*) prender 2. (*percibir*) entender

aprehensión [apre(e)n'sjon] *f* prisão *f*

apremiante [apre'mjante] *adj* urgente

apremiar [apre'mjar] I. *vt* apressar II. *vi* (*urgir*) ter pressa

apremio [a'premjo] *m* urgência *f*

aprender [apren'der] *vt* aprender; ~ **de memoria** aprender de cor

aprendiz(a) [apren'diθ(a)] *m(f)* aprendiz(a) *m(f)*

aprendizaje [aprendi'θaxe] *m* aprendizagem *f;* ~ **en línea** INFOR aprendizado *m* on-line

aprensión [apren'sjon] *f* apreensão *f*

aprensivo, -a [apren'siβo, -a] *adj* apreensivo, -a

apresar [apre'sar] *vt* prender

aprestar [apres'tar] I. *vt* preparar; (*tejido*) engomar II. *vr:* ~ **se** preparar-se; ~ **se a hacer algo** preparar-se para fazer a. c.

apresurado, -a [apresu'raðo, -a] *adj* apressado, -a

apresuramiento [apresura'mjento] *m* apressamento *m*

apresurar [apresu'rar] I. *vt* apressar; ~ **el paso** apressar o passo II. *vr:* ~ **se** apressar-se; **¡no te apresures!** não se apresse!

apretado, -a [apre'taðo, -a] *adj* (*vestido, tornillo*) apertado, -a; **estar ~ de dinero/de tiempo** estar apertado de dinheiro/de tempo

apretar [apre'tar] <e→ie> I. *vi* (*calor, vestido*) apertar II. *vt* apertar III. *vr:* ~ **se** 1. (*estrecharse*) apertar; ~ **se el cinturón** apertar o cinto 2. (*agolparse*) apertar-se

apretón [apre'ton] *m* aperto *m*

aprieto [a'prjeto] *m* aperto *m;* **estar en un** ~ estar em um aperto; **poner a alguien en un** ~ colocar alguém em um aperto

a priori [a pri'ori] *adv* a priori

aprisa [a'prisa] *adv* depressa

aprobación [aproβa'θjon] *f* aprovação *f*

aprobado [apro'βaðo] *m* ENS aprovado, -a *m, f*

aprobar [apro'βar] <o→ue> I. *vt* aprovar II. *vi* ENS aprovar

apropiación [apropja'θjon] *f* apropriação *f;* ~ **indebida** apropriação indevida

apropiado, -a [apro'pjaðo, -a] *adj* apropriado, -a

apropiarse [apro'pjarse] *vr* ~ **de algo** apropriar-se de a. c.

aprovechado, -a [aproβe'tʃaðo, -a] I. *adj* 1. (*alumno, trabajador*) aplicado, -a 2. (*caradura*) aproveitador(a) II. *m, f* (*caradura*) aproveitador(a) *m(f)*

aprovechamiento [aproβetʃa'mjento] *m* aproveitamento *m*

aprovechar [aproβe'tʃar] I. *vi* aproveitar; **¡que aproveche!** bom apetite! II. *vt* aproveitar III. *vr:* ~ **se** aproveitar-se; ~ **se de algo** aproveitar-se de a. c.

aproximación [aproˠsima'θjon] *f* 1. (*acercamiento*) aproximação *f* 2. (*en una lotería*) prêmio menor dado ao segundo colocado da loteria

aproximado, -a [aproˠsi'maðo, -a] *adj* aproximado, -a

aproximar [aproˠsi'mar] I. *vt* aproximar II. *vr:* ~ **se** aproximar-se; ~ **se a alguien** aproximar-se de alguém; ~ **se a los 50** aproximar-se dos 50

aptitud [apti'tuð] *f* aptidão *f*

apto, -a ['apto, -a] *adj* apropriado, -a; ~ **para menores** apropriado para menores

apuesta [a'pwesta] *f* aposta *f*

apuntador(a) [apunta'ðor(a)] *m(f)* TEAT

apuntalar 24 **arco**

ponto *m*
apuntalar [apuṇta'lar] *vt* escorar
apuntar [apun'tar] I. *vi* (*día*) apontar II. *vt* 1.(*con arma, dedo*) apontar; ~ **a algo** apontar para a. c.; **todo apunta en esta dirección** tudo aponta nesta direção 2.(*anotar*) apontar III. *vr:* ~**se** 1.(*inscribirse*) ~**se a algo** inscrever-se em a. c. 2.(*victoria*) apontar
apunte [a'punte] *m* 1.(*escrito*) anotação *f*; **tomar** ~**s** fazer anotações 2.(*bosquejo*) esboço *m* 3. FIN escrituração *f*
apuñalar [apuɲa'lar] *vt* apunhalar
apurado, -a [apu'raðo, -a] *adj* 1.(*falto*) apurado, -a; **estar ~ de tiempo/de dinero** estar apertado de tempo/de dinheiro 2.(*dificultoso*) difícil 3. *AmL* (*apresurado*) apressado, -a
apurar [apu'rar] I. *vt* 1.(*vaso, plato*) acabar 2.(*meter prisa*) apressar 3.(*avergonzar*) envergonhar II. *vr:* ~**se** 1.(*preocuparse*) inquietar-se 2. *AmL* (*darse prisa*) apressar-se
apuro [a'puro] *m* 1.(*aprieto*) apuro *m*; **estar en un ~** estar em um apuro; **estar en ~s** estar em apuros; **pasar ~s** passar apuros; **poner en ~** colocar em apuros 2.(*vergüenza*) aperto *m*; **me da ~ me dá vergonha** 3. *AmL* (*prisa*) apuro *m*
aquejado, -a [ake'xaðo, -a] *adj* ~ **de** afetado de
aquejar [ake'xar] *vt* afetar
aquel, aquella [a'kel, a'keʎa] I. *adj dem* <aquellos, -as> aquele, -a II. *pron dem v.* **aquél, aquélla, aquello**
aquél, aquélla, aquello [a'kel, a'keʎa, a'keʎo] <aquéllos, -as> *pron dem* aquele, aquela, aquilo; **¿qué es aquello?** o que é aquilo?; **oye, ¿qué hay de aquello?** *inf* ei, o que você acha daquilo?
aquí [a'ki] *adv* aqui; **(por) ~ cerca** aqui (por) perto; **~ dentro** aqui dentro; **éste de ~** este aqui; **¡ah, ~ estás!** ah! aqui está você!; **mira ~ dentro** olha aqui dentro; **mejor ir por ~** melhor ir por aqui; **de ~ en adelante** de aqui em diante; **de ~ a una semana** daqui a uma semana
aquietar [akje'tar] I. *vt* aquietar II. *vr:* ~**se** aquietar-se
ara ['ara] *f* altar *m*; **en ~s de la paz** *fig* em benefício da paz
árabe ['araβe] *m* (*lengua*) árabe *m*

árabe ['araβe] *adj, mf* árabe *mf*
Arabia [a'raβja] *f* Arábia *f;* ~ **Saudita** [*o* **Saudí**] Arábia Saudita
arado [a'raðo] *m* arado *m*
Aragón [ara'ɣon] *m* Aragão *f*
aragonés, -esa [araɣo'nes, -esa] *adj, m, f* aragonês, -esa *m, f*
arancel [aran'θel] *m* tarifa *f* alfandegária
arancelario, -a [aranθe'larjo, -a] *adj* alfandegário, -a
arándano [a'randano] *m* mirtilo *m*
arandela [aran'dela] *f* TÉC arruela *f*
araña [a'raɲa] *f* 1. ZOOL aranha *f* 2.(*candelabro*) lustre *m*
arañar [ara'ɲar] *vt* 1.(*rasguñar*) arranhar 2.(*reunir*) juntar
arañazo [ara'ɲaθo] *m* arranhão *m*
arar [a'rar] *vt* arar
arbitraje [arβi'traxe] *m t.* DEP arbitragem *f*
arbitrar [arβi'trar] *vi, vt t.* DEP arbitrar
arbitrariedad [arβitrarje'ðað] *f* arbitrariedade *f*
arbitrario, -a [arβi'trarjo, -a] *adj* arbitrário, -a
arbitrio [ar'βitrjo] *m* arbítrio *m;* **dejar algo al ~ de alguien** deixar a. c. ao arbítrio de alguém
árbitro, -a ['arβitro, -a] *m, f. t.* DEP árbitro, -a *m, f*
árbol ['arβol] *m* 1. BOT árvore *f;* ~ **genealógico** árvore genealógica 2. TÉC (*eje*) virabrequim *m* 3. NÁUT mastro *m*
arbolado [arβo'laðo] *m*, **arboleda** [arβo'leða] *f* arvoredo *m*
arbusto [ar'βusto] *m* arbusto *m*
arca ['arka] *f* arca *f;* **las ~s del estado** os cofres públicos; ~ **de Noé** arca de Noé
arcada [ar'kaða] *f* 1. ARQUIT arcada *f* 2. *pl* (*náusea*) náuseas *fpl*
arcaico, -a [ar'kajko, -a] *adj* arcaico, -a
arce ['arθe] *m* bordo *m*
arcén [ar'θen] *m* acostamento *m*
archipiélago [artʃi'pjelaɣo] *m* arquipélago *m*
archivador [artʃiβa'ðor] *m* (*mueble, carpeta*) arquivo *m*
archivar [artʃi'βar] *vt* arquivar
archivo [ar'tʃiβo] *m* arquivo *m*
arcilla [ar'θiʎa] *f* argila *f*
arco ['arko] *m* 1. ARQUIT, MAT arco *m;* ~ **iris** arco-íris *m;* ~ **de triunfo** arco triunfal 2.(*arma*) *t.* MÚS arco 3. *AmL* DEP gol *m*

arcón [ar'kon] *m* baú *m*
arder [ar'ðer] *vi* arder; ~ **de rabia** arder de raiva; **estoy que ardo** (*enfadado*) estou irritado
ardid [ar'ðið] *m* ardil *m*
ardiente [ar'ðjeṇte] *adj* ardente
ardilla [ar'ðiʎa] *f* esquilo *m*
ardor [ar'ðor] *m* queimação *f*; ~ **de estómago** queimação de estômago
ardoroso, -a [arðo'roso, -a] *adj* ardoroso, -a
arduo, -a ['arðwo, -a] *adj* árduo, -a
área ['area] *f t.* MAT área *f*; ~ **de descanso** AUTO área de descanso; ~ **de castigo** [*o penalti*] DEP área de pênalti
arena [a'rena] *f* 1.(*materia*) areia *f*; ~ **s movedizas** areias movediças 2.(*escenario*) arena *f*
arenal [are'nal] *m* areal *m*
arenga [a'reŋga] *f* arenga *f*
arengar [areŋ'gar] <g→gu> *vt* arengar
arenoso, -a [are'noso, -a] *adj* arenoso, -a
arenque [a'reŋke] *m* arenque *m*
argamasa [arɣa'masa] *f* argamassa *f*
Argel [ar'xel] *m* Argel *f*
Argelia [ar'xelja] *f* Argélia *f*
argelino, -a [arxe'lino, -a] *adj, m, f* argelino, -a
Argentina [arxeṇ'tina] *f* Argentina *f*

> **Cultura** **Argentina** (nome oficial: **República Argentina**) situa-se na extremidade meridional da América do Sul. É o segundo maior país da América do Sul depois do Brasil. A capital da Argentina é **Buenos Aires**. O idioma oficial do país é o espanhol e a unidade monetária é o **peso argentino**.

argentino, -a [arxeṇ'tino, -a] *adj, m, f* argentino, -a *m, f*
argolla [ar'ɣoʎa] *f* argola *f*
argot [ar'ɣot] <argots> *m* 1.(*técnico*) jargão *m* 2.(*popular*) gíria *f*
argucia [ar'ɣuθja] *f* argúcia *f*
argüir [arɣu'ir] *irr como huir* I. *vt* 1.(*alegar*) arguir 2.(*deducir*) deduzir 3.(*probar*) provar II. *vi* arguir
argumentación [arɣumeṇta'θjon] *f* argumentação *f*
argumentar [arɣumeṇ'tar] *vi, vt* argumentar

argumento [arɣu'meṇto] *m* 1. *t.* LIT, CINE, TEAT argumento *m* 2. *AmL* (*discusión*) argumento *m*
aria ['arja] *f* ária *f*
aridez [ari'ðeθ] *f t. fig* aridez *f*
árido, -a ['ariðo, -a] *adj* árido, -a
Aries ['arjes] *m inv* Áries *m inv*; **ser** ~ ser (de) Áries
ariete [a'rjete] *m* 1. MIL aríete *m* 2. DEP centroavante *m*
ario, -a ['arjo, -a] *adj, m, f* ariano, -a *m, f*
arisco, -a [a'risko, -a] *adj* arisco, -a
arista [a'rista] *f* aresta *f*
aristocracia [aristo'kraθja] *f* aristocracia *f*
aristócrata [aris'tokrata] *mf* aristocrata *mf*
aristocrático, -a [aristo'kratiko, -a] *adj* aristocrático, -a
aritmética [ariθ'metika] *f* aritmética *f*
aritmético, -a [ariθ'metiko, -a] *adj* aritmético, -a
arma ['arma] *f* 1.(*instrumento*) arma *f*; ~ **biológica** arma biológica; ~ **blanca** arma branca; ~ **de fuego** arma de fogo; ¡**apunten** ~ **s!** apontem as armas!; ¡**descansen** ~ **s!** abaixem as armas!; **ser un** ~ **de doble filo** ser uma faca de dois gumes; **ser de** ~ **s tomar** ser decidido 2. *pl* (*blasón*) armas *fpl*
armada [ar'maða] *f* armada *f*
armadillo [arma'ðiʎo] *m* tatu *m*
armado, -a [ar'maðo, -a] *adj* armado, -a
armador(a) [arma'ðor(a)] *m(f)* armador(a) *m(f)*
armadura [arma'ðura] *f* 1.(*de caballero*) armadura *f* 2.(*de gafas*) armação *f*
armamento [arma'meṇto] *m* armamento *m*
armar [ar'mar] I. *vt t.* MIL, TÉC armar; ~ **la** *inf* armar uma confusão; ~ **la de Dios es Cristo** *inf* armar uma tremenda confusão II. *vr*: ~ **se** armar-se; ~ **se de paciencia** armar-se de paciência; ~ **se de valor** armar-se de valor; **se armó la gorda** *inf* armou-se uma tremenda confusão
armario [ar'marjo] *m* armário *m*; ~ **empotrado** armário embutido
armatoste [arma'toste] *m* trambolho *m*
armazón [arma'θon] *m o f* armação *f*
Armenia [ar'menja] *f* Armênia *f*
armenio, -a [ar'menjo, -a] *adj, m, f* armênio, -a *m, f*
armiño [ar'miɲo] *m* (*animal, piel*) arminho *m*

armisticio [armis'tiθjo] *m* armistício *m*

armonía [armo'nia] *f* harmonia *f*

armónica [ar'monika] *f* harmônica *f*

armonioso, -a [armo'njoso, -a] *adj* harmonioso, -a

armonizar [armoni'θar] <z→c> *vi, vt* harmonizar

arnés [ar'nes] *m* **1.** (*armadura*) arnês *m* **2.** *pl* (*caballería*) arreios *mpl*

aro ['aro] *m* **1.** (*argolla*) aro *m*; **pasar por el ~** *inf* ceder **2.** *AmL* (*anillo de boda*) aliança *f*

aroma [a'roma] *m* aroma *m*

aromaterapia [aromate'rapja] *f* aromaterapia *f*

aromático, -a [aro'matiko, -a] *adj* aromático, -a

aromatizar [aromati'θar] <z→c> *vt t.* GASTR aromatizar

arpa ['arpa] *f* harpa *f*

arpía [ar'pia] *f t. fig* harpia *f*

arpón [ar'pon] *m* arpão *m*

arquear [arke'ar] I. *vt* arquear II. *vr:* **~ se** arquear-se

arqueología [arkeolo'xia] *f* arqueologia *f*

arqueológico, -a [arkeo'loxiko, -a] *adj* arqueológico, -a

arqueólogo, -a [arke'ologo, -a] *m, f* arqueólogo, -a *m, f*

arquero, -a [ar'kero, -a] *m, f* **1.** (*soldado*) arqueiro, -a *m, f* **2.** *AmL* (*portero*) goleiro, -a *m, f*

arquetipo [arke'tipo] *m* arquétipo *m*

arquitecto, -a [arki'tekto, -a] *m, f* arquiteto, -a *m, f*

arquitectura [arkitek'tura] *f* arquitetura *f*

arrabal [arra'βal] *m* arrabalde *m*

arraigado, -a [arrai̯'ɣaðo, -a] *adj* arraigado, -a

arraigar [arrai̯'ɣar] <g→gu> *t. fig* I. *vi* arraigar II. *vr:* **~ se** arraigar-se

arraigo [a'rrai̯ɣo] *m t. fig* firmeza *f*

arrancar [arraŋ'kar] <c→qu> I. *vt* arrancar; **el ladrón le arrancó el bolso** o ladrão arrancou a bolsa dela II. *vi* **1.** (*motor*) arrancar **2.** (*persona*) arrancar; **~ a cantar** começar a cantar **3.** (*provenir*) provir; **~ en** começar em

arranque [a'rraŋke] *m* **1.** (*comienzo*) arranque *m* **2.** AUTO (*motor m de*) arranque *m*; **~ automático** arranque automático **3.** (*arrebato*) ataque *m* **4.** INFOR inicialização *f*

arrasar [arra'sar] *vi, vt* arrasar

arrastrado, -a [arras'traðo, -a] *adj* miserável

arrastrar [arras'trar] I. *vt* **1.** (*tirar de*) arrastar **2.** (*impulsar*) incentivar; **~ a alguien a hacer algo** incentivar alguém a fazer a. c. II. *vi* (*vestido*) arrastar III. *vr:* **~ se** arrastar-se

arrastre [a'rrastre] *m* (*de objetos*) arrasto *m*; (*en pesca*) arrastão *m*; **estar para el ~** *inf* (*cosa*) estar arruinado; (*persona*) estar pregado

arre ['arre] *interj* arre

arrear [arre'ar] *vt* **1.** (*ganado*) tanger **2.** *inf* (*golpe*) meter

arrebatado, -a [arreβa'taðo, -a] *adj* **1.** (*alocado*) maluco, -a **2.** (*impetuoso*) arrebatado, -a

arrebatar [arreβa'tar] I. *vt* arrebatar II. *vr:* **~ se** (*exaltarse*) arrebatar-se

arrebato [arre'βato] *m* arrebatamento *m*

arreciar [arre'θjar] *vi* aumentar

arrecife [arre'θife] *m* recife *m*

arredrarse [arre'ðrarse] *vr* assustar-se; **~ ante alguien/algo** assustar-se diante de alguém/a. c.

arreglado, -a [arre'ɣlaðo, -a] *adj* (*ordenado, elegante*) arrumado, -a; **¡estamos ~ s!** *inf* estamos arrumados!

arreglar [arre'ɣlar] I. *vt* **1.** (*reparar*) consertar; **¡ya te ~ é yo!** *inf* vai se ver comigo! **2.** (*ordenar*) arrumar **3.** (*resolver: asunto*) solucionar **4.** MÚS adaptar II. *vr:* **~ se 1.** (*vestirse, peinarse*) arrumar-se **2.** *inf* (*componérselas*) **arreglárselas** dar um jeito **3.** (*solucionarse*) solucionar-se; **al final todo se arregló** no final tudo se resolveu

arreglo [a'rreɣlo] *m* **1.** (*reparación*) conserto *m* **2.** (*acuerdo*) acerto *m*; **con ~ a lo convenido** de acordo ao combinado **3.** MÚS arranjo *m*

arrejuntarse [arrexuŋ'tarse] *vr inf* juntar-se

arrellanarse [arreʎa'narse] *vr* esparramar-se

arremangar [arremaŋ'gar] <g→gu> I. *vt* arregaçar; **~ la camisa** arregaçar a manga da camisa II. *vr:* **~ se** arregaçar-se

arremolinarse [arremoli'narse] *vr* amontoar-se

arrendador(a) [arrenda'ðor(a)] *m(f)* arrendador(a) *m(f)*

arrendamiento [arrenda'mjento] *m*

1. (*acción*) arrendamento *m* **2.** (*precio*) aluguel *m*
arrendar [arreɲ'dar] <e→ie> *vt* (*propietario*) arrendar; (*inquilino*) alugar
arrendatario, -a [arreɲda'tarjo, -a] *m*, *f* arrendatário, -a *m*, *f*
arreos [a'rreos] *mpl* arreios *mpl*
arrepentido, -a [arrepeɲ'tiðo, -a] *adj* arrependido, -a; **estar ~ de algo** estar arrependido de a. c.
arrepentimiento [arrepeɲti'mjeɲto] *m* arrependimento *m*
arrepentirse [arrepeɲ'tirse] *irr como sentir vr* arrepender-se
arrestar [arres'tar] *vt* prender
arresto [a'rresto] *m* **1.** (*detención*) prisão *f* **2.** *pl* (*arrojo*) ousadia *f*; **tener ~ s** ter ousadia
arriar [arri'ar] <*1. pres:* arrío> *vt* arriar
arriba [a'rriβa] *adv* **1.** (*posición*) em cima; **más ~** mais em cima; **el piso de ~** (*el último*) o último andar; **de ~ abajo** de cima para baixo; **¡manos ~!** mãos ao alto! **2.** (*dirección*) acima; **río ~** rio acima **3.** (*cantidad*) **tener de 60 años para ~** ter de 60 anos para cima
arribar [arri'βar] *vi* **1.** NÁUT atracar **2.** *AmL* (*llegar*) chegar
arribista [arri'βista] *mf* arrivista *mf*
arriendo [a'rrjeɲdo] *m v.* **arrendamiento**
arriesgado, -a [arrjes'ɣaðo, -a] *adj* **1.** (*peligroso*) arriscado, -a **2.** (*atrevido*) ousado, -a
arriesgar [arrjes'ɣar] <g→gu> I. *vt* (*vida*) arriscar II. *vr:* **~ se** arriscar-se
arrimar [arri'mar] I. *vt* encostar II. *vr:* **~ se** encostar-se
arrinconar [arriŋko'nar] *vt* **1.** (*objeto*) encostar **2.** (*enemigo*) encurralar
arritmia [a'rriθmja] *f* arritmia *f*
arroba [a'rroβa] *f* INFOR arroba *f*
arrodillarse [arroðiˈʎarse] *vr* ajoelhar-se
arrogancia [arro'ɣanθja] *f* arrogância *f*
arrogante [arro'ɣaɲte] *adj* arrogante
arrojado, -a [arro'xaðo, -a] *adj* arrojado, -a
arrojar [arro'xar] I. *vt* **1.** (*lanzar*) arrojar **2.** (*emitir*) expressar **3.** (*expulsar*) expulsar **4.** *AmL, inf* (*vomitar*) arrojar **5.** (*un resultado*) apresentar II. *vr:* **~ se** jogar-se; **~ se al agua** jogar-se na água
arrojo [a'rroxo] *m* arrojo *m*
arrollador(a) [arroʎa'ðor(a)] *adj* arrebatador(a)
arrollar [arro'ʎar] *vt* **1.** (*enrollar*) arrolar **2.** (*atropellar*) atropelar **3.** DEP (*derrotar*) superar **4.** (*riada*) varrer
arropar [arro'par] I. *vt* agasalhar II. *vr:* **~ se** agasalhar-se
arrostrar [arros'trar] *vt* encarar
arroyo [a'rroɟo] *m* (*riachuelo, cuneta*) arroio *m*
arroz [a'rroθ] *m* arroz *m*; **~ blanco** arroz branco; **~ con leche** arroz-doce *m*
arrozal [arro'θal] *m* arrozal *m*
arruga [a'rruɣa] *f* ruga *f*
arrugar [arru'ɣar] <g→gu> I. *vt* enrugar II. *vr:* **~ se** enrugar-se
arruinar [arrwi'nar] I. *vt* arruinar II. *vr:* **~ se** arruinar-se
arrullar [arru'ʎar] I. *vt* arrulhar II. *vi* (*paloma*) arrulhar
arsenal [arse'nal] *m* **1.** MIL arsenal *m* **2.** NÁUT estaleiro *m*
arsénico [ar'seniko] *m* arsênico *m*
arte ['arte] *m o f* (*m en sing, f en pl*) arte *f*; **~ s y oficios** artes e ofícios; **bellas ~ s** belas artes; **el séptimo ~** a sétima arte; **como por ~ de magia** como por encanto; **no tener ~ ni parte en algo** não ter nada a ver com a. c.
artefacto [arte'fakto] *m* (*aparato*) artefato *m*; (*mecanismo*) dispositivo *m*
arteria [ar'terja] *f* ANAT artéria *f*
arterio(e)sclerosis [arterjo(e)skle'rosis] *f inv* arteriosclerose *f*
artesanal [artesa'nal] *adj* artesanal
artesanía [artesa'nia] *f* artesanato *m*
artesano, -a [arte'sano, -a] *m*, *f* artesão, artesã *m*, *f*
ártico, -a ['artiko, -a] *adj* ártico, -a; **el océano ~** o oceano ártico
articulación [artikula'θjon] *f* articulação *f*
articulado, -a [artiku'laðo, -a] *adj* articulado, -a
articular [artiku'lar] *vt* articular
articulista [artiku'lista] *mf* articulista *mf*
artículo [ar'tikulo] *m* artigo *m*; **~ s de consumo** artigos de consumo; **~ definido/indefinido** artigo definido/indefinido; **~ de fondo** editorial *m*; **~ de primera necesidad** artigos de primeira necessidade
artífice [ar'tifiθe] *mf* artífice *mf*
artificial [artifi'θjal] *adj* artificial
artificiero, -a [artifi'θjero, -a] *m*, *f* especialista *mf* em explosivos
artificio [arti'fiθjo] *m* artifício *m*

artificioso, -a [artifi'θjoso, -a] *adj* artificial
artillería [artiʎe'ria] *f* artilharia *f*
artillero [arti'ʎero] *m* artilheiro *m*
artilugio [arti'luxjo] *m* engenhoca *f*
artimaña [arti'maɲa] *f* artimanha *f*
artista [ar'tista] *mf* artista *mf*
artístico, -a [ar'tistiko, -a] *adj* artístico, -a
artritis [ar'tritis] *f inv* artrite *f*
artrosis [ar'trosis] *f inv* artrose *f*
arveja [ar'βexa] *f RíoPl* (*guisante*) ervilha *f*
arzobispo [arθo'βispo] *m* arcebispo *m*
as [as] *m* ás *m*; **ser un ~** *fig* ser um ás
asa ['asa] *f* asa *f*
asado [a'saðo] *m* GASTR assado *m*
asador [asa'ðor] *m* **1.** (*pincho*) espeto *m* **2.** (*aparato*) grelha *f*
asadura [asa'ðura] *f* assadura *f*
asalariado, -a [asala'rjaðo, -a] *adj, m, f* assalariado, -a *m, f*
asaltante [asal'tante] *mf* assaltante *mf*
asaltar [asal'tar] *vt* assaltar
asalto [a'salto] *m* assalto *m*
asamblea [asam'blea] *f* assembleia *f*
asar [a'sar] I. *vt* assar II. *vr:* **~se** assar; **~se** (**de calor**) *inf* assar (de calor)
asbesto [as'βesto] *m* asbesto *m*
ascendencia [asθen'denθja] *f* ascendência *f*
ascender [asθen'der] <e→ie> I. *vi* **1.** (*subir*) *t.* DEP ascender **2.** (*de empleo*) promover II. *vt* ascender
ascendiente[1] [asθen'djente] *m* ascendente *m*
ascendiente[2] [asθen'djente] *mf* ascendente *mf*
ascensión [asθen'sjon] *f t.* REL ascensão *f*
ascenso [as'θenso] *m* ascenção *f*
ascensor [asθen'sor] *m* elevador *m*
ascensorista [asθenso'rista] *mf* ascensorista *mf*
ascético, -a [as'θetiko, -a] *adj* ascético, -a
asco ['asko] *m* asco *m*; **dar ~** dar asco; **tener ~ a algo** ter asco de a. c.; **estar hecho un ~** (*lugar, persona*) estar um lixo
ascua ['askwa] *f* brasa *f*; **en ~s** em brasas; **arrimar el ~ a su sardina** *fig* puxar a brasa para a sua sardinha
aseado, -a [ase'aðo, -a] *adj* asseado, -a
asear [ase'ar] I. *vt* assear II. *vr:* **~se** assear-se

asediar [ase'djar] *vt* assediar
asedio [a'sedjo] *m* assédio *m*
asegurado, -a [aseɣu'raðo, -a] *adj, m, f* segurado, -a *m, f*
asegurador(a) [aseɣura'ðor(a)] *m(f)* (*persona*) segurador(a) *m(f)*
aseguradora [aseɣura'ðora] *f* (*empresa*) seguradora *f*
asegurar [aseɣu'rar] I. *vt* **1.** (*fijar*) assegurar **2.** (*garantizar*) segurar; **se lo aseguro** eu o asseguro **3.** (*con un seguro*) segurar II. *vr:* **~se 1.** (*agarrarse*) segurar-se **2.** (*comprobar*) assegurar-se; **~se de algo** assegurar-se de a. c. **3.** (*con un seguro*) segurar-se
asemejarse [aseme'xarse] *vr* parecer-se; **~ a alguien en algo** parecer com alguém em a. c.; **no se asemejan en nada** não se parecem em nada
asentado, -a [asen'taðo, -a] *adj* estabelecido, -a
asentamiento [asenta'mjento] *m* assentamento *m*
asentar [asen'tar] <e→ie> I. *vt* assentar II. *vr:* **~se** assentar-se
asentir [asen'tir] *irr como sentir vi* assentir; **~ a algo** assentir a a. c.
aseo [a'seo] *m* **1.** (*estado*) asseio *m* **2.** *pl* (*servicios*) toalete *m*
asepsia [a'seβsja] *f* assepsia *f*
aséptico, -a [a'septiko, -a] *adj* asséptico, -a
asequible [ase'kiβle] *adj* acessível
aserradero [aserra'ðero] *m* serraria *f*
aserrar [ase'rrar] <e→ie> *vt* serrar
aserto [a'serto] *m* asserção *f*
asesinar [asesi'nar] *vt* assassinar
asesinato [asesi'nato] *m* assassinato *m*
asesino, -a [ase'sino, -a] I. *adj t. fig* assassino, -a II. *m, f* assassino, -a *m, f*; **~ a sueldo** assassino de aluguel
asesor(a) [ase'sor(a)] I. *adj* assessor(a) II. *m(f)* assessor(a) *m(f)*; **~ de imagen** assessor de imagem; **~ jurídico** assessor jurídico
asesoramiento [asesora'mjento] *f* assessoramento *m*
asesorar [aseso'rar] I. *vt* assessorar II. *vr:* **~se** aconselhar-se; **~se de algo con alguien** aconselhar-se sobre a. c. com alguém
asesoría [aseso'ria] *f* assessoria *f*
asestar [ases'tar] *vt* assentar
aseverar [aseβe'rar] *vt* afirmar
asfaltar [asfal'tar] *vt* asfaltar
asfalto [as'falto] *m* asfalto *m*

asfixia [as'fiɣsja] *f* asfixia *f;* **morir por ~** morrer por asfixia
asfixiante [asfiɣ'sjante] *adj* asfixiante
asfixiar [asfiɣ'sjar] I. *vt* asfixiar II. *vr:* **~ se** asfixiar-se
así [a'si] I. *adv* 1. (*de este modo*) assim; ~, ~ assim, assim; **¡~ es!** assim é!; **...o ~** (*aproximadamente*) ... mais ou menos; **¿no es ~?** não é assim? 2. (*ojalá*) **¡~ revientes!** tomara que você morra! 3. (*de esta medida*) **~ de bien/de mal** tão bem/mal; **~ de grande** grande assim II. *adj inv* assim
Asia ['asja] *f* Ásia *f*
asiático, -a [a'sjatiko, -a] *adj, m, f* asiático, -a *m, f*
asidero [asi'ðero] *m* apoio *m*
asiduidad [asiðwi'ðað] *f* assiduidade *f*
asiduo, -a [a'siðwo, -a] *adj* assíduo, -a
asiento [a'sjento] *m* 1. (*silla, sitio*) assento *m* 2. (*en una cuenta*) lançamento *m*
asignación [asiɣna'θjon] *f* 1. (*de recursos*) atribuição *f* 2. FIN entrada *f*
asignar [asiɣ'nar] *vt* (*recursos*) atribuir
asignatura [asiɣna'tura] *f* matéria *f;* **~ pendiente** *fig* matéria pendente
asilado, -a [asi'laðo, -a] *m, f* POL asilado, -a *m, f*
asilo [a'silo] *m* asilo *m*
asimetría [asime'tria] *f* assimetria *f*
asimétrico, -a [asi'metriko, -a] *adj* assimétrico, -a
asimilación [asimila'θjon] *f* assimilação *f*
asimilar [asimi'lar] *vt* assimilar
asimismo [asi'mismo] *adv* também
asir [a'sir] *irr* I. *vt* (*sujetar*) sujeitar II. *vr* **~ se a algo** sujeitar-se a a. c.
asistencia [asis'tenθja] *f* assistência *f;* **~ médica** assistência médica; **~ social** assistência social; **~ técnica** assistência técnica
asistenta [asis'tenta] *f* faxineira *f*
asistente [asis'tente] *mf* 1. (*ayudante*) assistente *mf;* **~ social** assistente social 2. (*presente*) público *m*
asistido, -a [asis'tiðo, -a] *adj* assistido, -a; **~ por ordenador** assistido por computador
asistir [asis'tir] I. *vi* **~ a algo** assistir a a. c. II. *vt* assistir
asma ['asma] *m* asma *f*
asmático, -a [as'matiko, -a] *adj, m, f* asmático, -a *m, f*
asno ['asno] *m* asno *m*

asociación [asoθja'θjon] *f* associação *f;* **~ de ideas** associação de ideias
asociado, -a [aso'θjaðo, -a] *adj, m, f* (*socio*) associado, -a *m, f*
asociar [aso'θjar] I. *vt* associar II. *vr:* **~ se** associar-se; **~ con alguien** associar-se a alguém
asolar [aso'lar] <o→ue> *vt* (*destruir*) assolar
asomar [aso'mar] I. *vt* (*cabeza*) colocar para fora II. *vi* assomar III. *vr:* **~ se** 1. (*por un lugar*) aparecer 2. (*sacar la cabeza*) debruçar-se; **~ se a la ventana** debruçar-se na janela
asombrar [asom'brar] I. *vt* (*pasmar*) assombrar II. *vr:* **~ se** assombrar-se; **~ se de algo** assombrar-se com a. c.
asombro [a'sombro] *m* assombro *m*
asombroso, -a [asom'broso, -a] *adj* assombroso, -a
asomo [a'somo] *m* sinal *m;* **ni por ~** de modo algum
aspa ['aspa] *f* (*de molino*) pá *f*
aspaviento [aspa'βjento] *m* estardalhaço *m*
aspecto [as'pekto] *m* aspecto *m;* **por su ~ parece...** por seu aspecto parece...
aspereza [aspe'reθa] *f* aspereza *f*
áspero, -a ['aspero, -a] *adj* áspero, -a
aspersión [asper'sjon] *f* aspersão *f*
aspersor [asper'sor] *m* aspersor *m*
aspiración [aspira'θjon] *f* aspiração *f*
aspirador [aspira'ðor] *m* aspirador *m;* **pasar el ~** passar o aspirador
aspiradora [aspira'ðora] *f* aspirador *m;* **pasar la ~** passar o aspirador
aspirante [aspi'rante] *mf* aspirante *mf*
aspirar [aspi'rar] I. *vt* aspirar II. *vi* aspirar; **~ a algo** aspirar a a. c.
aspirina® [aspi'rina] *f* aspirina® *f*
asquear [aske'ar] *vt* enojar
asquerosidad [askerosi'ðað] *f* asquerosidade *f*
asqueroso, -a [aske'roso, -a] *adj* asqueroso, -a
asta ['asta] *f* 1. (*de bandera*) haste *f;* **a media ~** a meio pau 2. (*de toro, ciervo*) chifre *m*
astado, -a [as'taðo, -a] *adj* chifrudo, -a
asterisco [aste'risko] *m* asterisco *m*
asteroide [aste'roiðe] *m* asteroide *m*
astilla [as'tiʎa] *f* lasca *f;* **clavarse una ~** fincar uma lasca; **hacer ~s algo** deixar a. c. em frangalhos
astillero [asti'ʎero] *m* estaleiro *m*

astracán [astraˈkan] *m sin pl* (*piel*) astracã *m*

astral [asˈtral] *adj* astral

astringente [astriŋˈxente] *adj* adstringente

astro [ˈastro] *m t. fig* astro *m*

astrofísica [astroˈfisika] *f* astrofísica *f*

astrología [astroloˈxia] *f* astrologia *f*

astrólogo, -a [asˈtroloɣo, -a] *m, f* astrólogo, -a *m, f*

astronauta [astroˈnauta] *mf* astronauta *mf*

astronáutica [astroˈnautika] *f* astronáutica *f*

astronave [astroˈnaβe] *f* espaçonave *f*

astronomía [astronoˈmia] *f* astronomia *f*

astronómico, -a [astroˈnomiko, -a] *adj t. fig* astronômico, -a

astrónomo, -a [asˈtronomo, -a] *m, f* astrônomo, -a *m, f*

astucia [asˈtuθja] *f* 1.(*sagacidad*) astúcia *f* 2.(*engaño*) truque *m*

asturiano, -a [astuˈrjano, -a] *adj, m, f* asturiano, -a *f*

Asturias [asˈturjas] *f* Astúrias *f*

astuto, -a [asˈtuto, -a] *adj* astuto, -a

asueto [aˈsweto] *m* folga *f*; **un día de ~** um dia de folga

asumir [asuˈmir] *vt* assumir

asunceno, -a [asunˈθeno, -a] I. *adj* de Asunción II. *m, f* habitante *mf* de Asunción

asunción [asunˈθjon] *f* assunção *f*

Asunción [asunˈθjon] *f* Assunção *f*

asunto [aˈsunto] *m* 1.(*cuestión*) assunto *m*; **~s exteriores** relações *fpl* exteriores; **no es ~ tuyo** não é problema seu 2.(*amorío*) caso *m*

asustadizo, -a [asustaˈðiθo, -a] *adj* assustadiço, -a

asustado, -a [asusˈtaðo, -a] *adj* assustado, -a

asustar [asusˈtar] I. *vt* assustar II. *vr:* **~se** assustar-se; **~se de algo** assustar-se com a. c.

atacante [ataˈkante] *mf* 1.(*asaltante*) assaltante *mf* 2. DEP atacante *mf*

atacar [ataˈkar] <c→qu> I. *vt* atacar II. *vi t.* DEP atacar

atadura [ataˈðura] *f* 1.(*con cuerda*) amarra *f* 2.(*vínculo*) laço *m*

atajar [ataˈxar] I. *vi* atalhar II. *vt* (*persona, discurso*) atalhar

atajo [aˈtaxo] *m* atalho *m*

atalaya [ataˈlaja] *f* atalaia *f*

atañer [ataˈɲer] <3. pret: atañó> *vi* **eso no te atañe** isso não te diz respeito; **en lo que atañe a...** no que diz respeito a...

ataque [aˈtake] *m* ataque *m*; **~ cardiaco** [*o* **al corazón**] ataque cardíaco; **~ de nervios/de risa** ataque de nervos/de riso

atar [aˈtar] I. *vt* 1.(*amarrar*) atar; **~ el perro a una farola** amarrar o cachorro a um poste; **estar atado de pies y manos** estar de pés e mãos atados 2.(*quitar libertad*) amarrar II. *vi* atar; **el negocio me ata mucho** o negócio me amarra muito III. *vr:* **~se** amarrar; **~se los zapatos** amarrar os sapatos

atardecer [atarðeˈθer] I. *irr como crecer vi mpers* entardecer II. *m* entardecer *m*

atareado, -a [atareˈaðo, -a] *adj* atarefado, -a

atascar [atasˈkar] <c→qu> I. *vt* entupir II. *vr:* **~se** 1.(*cañería, mecanismo*) entupir-se 2.(*coche*) atolar

atasco [aˈtasko] *m* 1.(*de cañería, mecanismo*) entupimento *m* 2.(*de tráfico*) engarrafamento *m*

ataúd [ataˈuð] *m* ataúde *m*

ataviar [ataβjˈar] <1. pres: me atavío> I. *vt* enfeitar II. *vr:* **~se** enfeitar-se

atávico, -a [aˈtaβiko, -a] *adj* atávico, -a

atavío [ataˈβio] *m* adorno *m*

ateísmo [ateˈismo] *m* ateísmo *m*

atemorizar [atemoriˈθar] <z→c> I. *vt* atemorizar II. *vr:* **~se** atemorizar-se

Atenas [aˈtenas] *f* Atenas *f*

atenazar [atenaˈθar] <z→c> *vt* apertar

atención [atenˈθjon] *f* atenção *f*; **~ médica** atendimento *m* médico; **a la ~ de...** (*en cartas*) à atenção de...; **¡~, por favor!** atenção, por favor!; **deshacerse en atenciones con alguien** desfazer-se em atenções com alguém; **llamar la ~ a alguien** chamar a atenção de alguém; **prestar ~ a algo** prestar atenção em a. c.

atender [atenˈder] <e→ie> I. *vt* atender II. *vi* atender; **~ a algo** atender a. c.

atenerse [ateˈnerse] *irr como tener vr* **~ a** ater-se a

atentado [atenˈtaðo] *m* atentado *m*; **un ~ contra el buen gusto** um atentado contra o bom gosto

atentamente [atentaˈmente] *adv* (*final de carta*) (**muy**) **~** (muito) atenciosa-

atentar [aten'tar] *vi* ~ **contra alguien** atentar contra alguém

atento, -a [a'tento, -a] *adj* **1.** (*pendiente*) atento, -a; **estar ~ a algo** estar atento a a. c. **2.** (*cortés*) atencioso, -a

atenuante [atenu'ante] *f* JUR atenuante *f*

atenuar [atenu'ar] <*1. pres:* atenúo> *vt* diminuir

ateo, -a [a'teo, -a] *adj, m, f* ateu, ateia *m, f*

aterciopelado, -a [aterθjope'laðo, -a] *adj* aveludado, -a

aterido, -a [ate'riðo, -a] *adj* congelado, -a

aterrador(a) [aterra'ðor(a)] *adj* aterrorizador(a)

aterrar [ate'rrar] **I.** *vt* (*atemorizar*) aterrorizar **II.** *vr:* **~ se** aterrorizar-se

aterrizaje [aterri'θaxe] *m* aterrissagem *f*; **~ forzoso** aterrissagem forçada

aterrizar [aterri'θar] <z→c> *vi* aterrissar

aterrorizar [aterrori'θar] <z→c> *vt* aterrorizar; **tener aterrorizado a alguien** aterrorizar alguém

atesorar [ateso'rar] *vt* ECON entesourar

atestado [ates'taðo] *m* ~ (**policial**) boletim *m* de ocorrência

atestar [ates'tar] *vt* **1.** JUR atestar **2.** (*llenar*) lotar

atestiguar [atesti'ɣwar] <gu→gü> *vt* testemunhar

atiborrar [atiβo'rrar] **I.** *vt* abarrotar **II.** *vr:* **~ se** *inf* abarrotar-se; **~ se de algo** abarrotar-se de a. c.

ático ['atiko] *m* ático *m*

atinado, -a [ati'naðo, -a] *adj* acertado, -a

atinar [ati'nar] *vi* **1.** (*acertar*) acertar; **~ a hacer algo** acertar fazer a. c.; **atiné con la respuesta** encontrei a resposta **2.** (*al disparar*) acertar; **~ en algo** acertar em a. c.

atípico, -a [a'tipiko, -a] *adj* atípico, -a

atisbar [atis'βar] *vt* avistar

atisbo [a'tisβo] *m* vislumbre *m*

atizar [ati'θar] <z→c> *vt* **1.** (*fuego*) atiçar **2.** (*pasión*) despertar **3.** *inf* (*bofetada*) meter

atlántico, -a [aðˈlantiko, -a] *adj* atlântico, -a

Atlántico [aðˈlantiko] *m* **el ~** o Atlântico

atlas ['aðlas] *m inv* atlas *m inv*

atleta [aðˈleta] *mf* atleta *mf*

atlético, -a [aðˈletiko, -a] *adj* atlético, -a

atletismo [aðˈletismo] *m* atletismo *m*

atmósfera [aðˈmosfera] *f t. fig* atmosfera *f*

atmosférico, -a [aðmosˈferiko, -a] *adj* atmosférico, -a

atolladero [atoʎaˈðero] *m* atoleiro *m*; **estar en un ~** estar em um atoleiro

atolón [atoˈlon] *m* atol *m*

atolondrado, -a [atoloɲˈdraðo, -a] *adj* atrapalhado, -a

atolondramiento [atoloɲdraˈmjento] *m* atrapalhação *f*

atómico, -a [aˈtomiko, -a] *adj* atômico, -a

atomizador [atomiθaˈðor] *m* nebulizador *m*

átomo [ˈatomo] *m* átomo *m*

atónito, -a [aˈtonito, -a] *adj* atônito, -a

atontado, -a [atonˈtaðo, -a] *adj* **1.** (*tonto*) tonto, -a **2.** (*distraído*) distraído, -a

atontar [atonˈtar] **I.** *vt* **1.** (*volver tonto a*) atordoar **2.** (*distraer*) distrair **II.** *vr:* **~ se** distrair-se

atormentar [atormenˈtar] *vt* atormentar

atornillador [atorniʎaˈðor] *m* CSur chave *f* de fenda

atornillar [atorniˈʎar] *vt* aparafusar

atosigar [atosiˈɣar] <g→gu> *vt* pressionar

atracador(a) [atrakaˈðor(a)] *m(f)* atracador(a) *m(f)*

atracar [atraˈkar] <c→qu> **I.** *vi* NÁUT atracar **II.** *vt* (*asaltar*) assaltar **III.** *vr:* **~ se** *inf* atracar-se

atracción [atrakˈθjon] *f t.* FÍS atração *f*

atraco [aˈtrako] *m* assalto *m*

atracón [atraˈkon] *m inf* **darse un ~** entupir-se

atractivo [atrakˈtiβo] *m* atrativo *m*

atractivo, -a [atrakˈtiβo, -a] *adj* atrativo, -a

atraer [atraˈer] *irr como* **traer I.** *vt* atrair **II.** *vr:* **~ se** (*ganarse*) atrair-se

atragantarse [atraɣanˈtarse] *vr* engasgar-se; **~ con algo** engasgar-se com a. c.; **se me ha atragantado la suegra** *inf* estou com a sogra atravessada na garganta

atrancar [atraŋˈkar] <c→qu> *vt* trancar

atrapar [atraˈpar] *vt* pegar

atrás [aˈtras] *adv* atrás; **rueda de ~** roda traseira; **años ~** anos atrás; **ir marcha**

atrasado 32 **autenticidad**

~ ir de marcha a ré; **sentarse** ~ sentar--se atrás; **volver** ~ voltar atrás; **¡~!** para trás!
atrasado, -a [atra'saðo, -a] *adj* atrasado, -a
atrasar [atra'sar] I. *vt* atrasar II. *vr:* ~ **se** atrasar-se
atraso [a'traso] *m* 1.(*de tren, país*) atraso *m* 2. *pl* FIN atrasados *mpl*
atravesar [atraβe'sar] <e→ie> I. *vt* atravessar II. *vr:* ~ **se** atravessar-se; **se me ha atravesado la suegra** *inf* estou com a sogra atravessada na garganta
atrayente [atra'jente] *adj* atraente
atreverse [atre'βerse] *vr* atrever-se
atrevido, -a [atre'βiðo, -a] *adj* atrevido, -a
atrevimiento [atreβi'mjento] *m* 1.(*audacia*) atrevimento *m* 2.(*descaro*) descaramento *m*
atribución [atriβu'θjon] *f* atribuição *f*
atribuir [atriβu'ir] *irr como huir vt* atribuir
atributo [atri'βuto] *m* atributo *m*
atril [a'tril] *m* atril *m*
atrincherarse [atrintʃe'rarse] *vr* entrincheirar-se
atrocidad [atroθi'ðað] *f* atrocidade *f*
atrofia [a'trofja] *f* atrofia *f*
atrofiar [atro'fjar] I. *vt* atrofiar II. *vr:* ~ **se** atrofiar-se
atropellar [atrope'ʎar] I. *vt* atropelar II. *vr:* ~ **se** atropelar-se
atropello [atro'peʎo] *m* 1.(*accidente*) atropelamento *m* 2.(*insulto*) violação *f*
atroz [a'troθ] *adj* atroz
atuendo [a'twendo] *m* traje *m*
atún [a'tun] *m* atum *m*
aturdido, -a [atur'ðiðo, -a] *adj* aturdido, -a
aturdir [atur'ðir] I. *vt* aturdir II. *vr:* ~ **se** aturdir-se
audacia [au'ðaθja] *f* audácia *f*
audaz [au'ðaθ] *adj* audaz
audible [au'ðiβle] *adj* audível
audición [auði'θjon] *f t.* TEAT audição *f*
audiencia [au'ðjenθja] *f* TEL, JUR audiência *f*
audífono [au'ðifono] *m* aparelho *m* auditivo
audiovisual [auðjoβi'swal] *adj* audiovisual
auditivo, -a [auði'tiβo, -a] *adj* ANAT auditivo, -a
auditor(a) [auði'tor(a)] *m(f)* ECON, FIN auditor(a) *m(f)*

auditoría [auðito'ria] *f* ECON, FIN auditoria *f*
auditorio [auði'torjo] *m* auditório *m*
auge ['auxe] *m* auge *m*
augurar [auɣu'rar] *vt* augurar
augurio [au'ɣurjo] *m* augúrio *m*
aula ['aula] *f* sala *f* de aula
aullar [au'ʎar] *irr vi* uivar
aullido [au'ʎiðo] *m* uivo *m*
aumentar [aumen'tar] *vi, vt* aumentar
aumentativo [amenta'tiβo] *m* LING aumentativo *m*
aumento [au'mento] *m* aumento *m;* **ir en** ~ estar aumentando
aun [aun] *adv* mesmo; ~ **así** mesmo assim; ~ **cuando** mesmo quando
aún [a'un] *adv* ainda; ~ **más** ainda mais
aunar [au'nar] *irr como aullar* I. *vt* reunir II. *vr:* ~ **se** reunir-se
aunque ['aunke] *conj* embora, ainda que; ~ **es viejo, aún puede trabajar** embora seja velho, ainda pode trabalhar; **la casa,** ~ **pequeña, está bien** a casa, embora pequena, está bem
aúpa [a'upa] *interj* upa; **un frío/susto de** ~ *inf* um frio/susto daqueles; **ser de** ~ *inf* ser extraordinário
aura ['aura] *f* (*atmósfera*) aura *f*
aureola [aure'ola] *f* auréola *f*
auricular [auriku'lar] *m* 1. TEL fone *m* 2. *pl* (*de música*) fone *m* de ouvido
aurora [au'rora] *f* aurora *f;* ~ **austral** aurora austral; ~ **boreal** aurora boreal
auscultar [auskul'tar] *vt* auscultar
ausencia [au'senθja] *f* ausência *f*; **brillar por su** ~ *inf* primar por sua ausência
ausentarse [ausen'tarse] *vr* (*irse*) ausentar-se
ausente [au'sente] *adj* ausente
ausentismo [ausen'tismo] *m* AmL absentismo *m*
auspicios [aus'piθjos] *mpl* auspícios *mpl*
austeridad [austeri'ðað] *f* austeridade *f*
austero, -a [aus'tero, -a] *adj* austero, -a
austral [aus'tral] *adj* austral
Australia [aus'tralja] *f* Austrália *f*
australiano, -a [austra'ljano, -a] *adj, m, f* australiano, -a *m, f*
Austria ['austrja] *f* Áustria *f*
austriaco, -a [aus'trjako, -a], **austríaco, -a** [aus'triako, -a] *adj, m, f* austríaco, -a *m, f*
autenticidad [autenti θi'ðað] *f* autenticidade *f*

auténtico, -a [auˈtentiko, -a] *adj* autêntico, -a

autismo [auˈtismo] *m* autismo *m*

autista [auˈtista] *adj* autista

auto [ˈauto] *m* **1.** (*resolución*) auto *m* **2.** *pl* JUR (*actas*) autos *mpl* **3.** *AmS, Cuba, RDom* (*coche*) carro *m*

autoadhesivo, -a [autoaðeˈsiβo, -a] *adj* autoadesivo, -a

autobiografía [autoβjoɣraˈfia] *f* autobiografia *f*

autobús [autoˈβus] *m*, **autocar** [autoˈkar] <autocares> *m* ônibus *m*

autocontrol [autokonˈtrol] *m* autocontrole *m*

autóctono, -a [auˈtoktono, -a] *adj* autóctone

autodefensa [autoðeˈfensa] *f* autodefesa *f*

autodidacta [autoðiˈðakta] *adj* autodidata

autódromo [auˈtoðromo] *m* autódromo *m*

autoescuela [autoesˈkwela] *f* autoescola *f*

autoestop [autoesˈtop] *m* **hacer ~** pedir carona

autoestopista [autoestoˈpista] *mf* carona *mf*

autogestión [autoxesˈtjon] *f* autogestão *f*

autógrafo [auˈtoɣrafo] *m* autógrafo *m*

autómata [auˈtomata] *m* autômato *m*

automático, -a [autoˈmatiko, -a] *adj* automático, -a

automatización [automatiθaˈθjon] *f* automatização *m*

automatizar [automatiˈθar] *vt* automatizar

automedicarse [automeðiˈkarse] *vr* automedicar-se

automotivarse [automotiˈβarse] *vr* automotivar-se

automóvil [autoˈmoβil] *m* automóvel *m*

automovilismo [automoβiˈlismo] *m* DEP automobilismo *m*

automovilista [automoβiˈlista] *mf* automobilista *mf*

automovilístico, -a [automoβiˈlistiko, -a] *adj* automobilístico, -a

autonomía [autonoˈmia] *f* autonomia *f*

autonómico, -a [autoˈnomiko, -a] *adj* autônomico, -a

autónomo, -a [auˈtonomo, -a] *adj* autônomo, -a

autopista [autoˈpista] *f* rodovia *f*; **~ de la información** INFOR rodovia da informação; **~ de peaje** rodovia com pedágio

autopsia [auˈtoβsja] *f* MED autópsia *f*

autor(a) [auˈtor(a)] *m(f)* autor(a) *m(f)*

autoridad [autoriˈðað] *f* autoridade *f*; **las ~es** POL as autoridades

autoritario, -a [autoriˈtarjo, -a] *adj* autoritário, -a

autoritarismo [autoritaˈrismo] *m* autoritarismo *m*

autorización [autoriθaˈθjon] *f* autorização *f*

autorizado, -a [autoriˈθaðo, -a] *adj* autorizado, -a

autorizar [autoriˈθar] <z→c> *vt* autorizar

autorradio [autoˈrraðjo] *m* auto-rádio *m*

autorretrato [autorreˈtrato] *m* autorretrato *m*

autoservicio [autoserˈβiθjo] *m* autosserviço *m*

autostop [autosˈtop] *m* carona *f*; **hacer ~** pedir carona

autostopista [autostoˈpista] *mf* carona *mf*

autosuficiencia [autosufiˈθjenθja] *f* autossuficiência *f*

autosuficiente [autosufiˈθjente] *adj* autossuficiente

autosugestión [autosuxesˈtjon] *f* autossugestão *f*

autovía [autoˈβia] *f* autoestrada *f*

auxiliar¹ [auɣsiˈljar] *m* LING auxiliar *m*

auxiliar² [auɣsiˈljar] **I.** *mf* auxiliar *mf*; **~ de vuelo** comissário, -a *m, f* de bordo **II.** *vt* auxiliar

auxilio [auɣˈsiljo] *m* auxílio *m*; **primeros ~s** primeiros socorros

aval [aˈβal] *m* aval *m*

avalancha [aβaˈlantʃa] *f* avalancha *f*

avalar [aβaˈlar] *vt* avalizar

avance [aˈβanθe] *m* **1.** avanço *m* **2.** TEL boletim *m*; **~ informativo** boletim informativo

avanzadilla [aβanθaˈðiʎa] *f* vanguarda *f*

avanzado, -a [aβanˈθaðo, -a] *adj* avançado, -a

avanzar [aβanˈθar] <z→c> *vi* t. MIL avançar

avaricia [aβaˈriθja] *f* avareza *f*; **la ~ rompe el saco** *prov* quem tudo quer nada tem

avaricioso, -a [aβari'θjoso, -a] *adj* avarento, -a

avaro, -a [a'βaro, -a] *adj*, *m*, *f* avaro, -a *m*, *f*

avasallador(a) [aβasaʎaðor(a)] *adj* avassalador(a)

avasallar [aβasa'ʎar] *vt* avassalar

Avda. [aβe'niða] *abr de* **Avenida** Av.

ave ['aβe] *f* ave *f*; ~ **rapaz** [*o* **de presa**] ave rapina

AVE [aβe] *m abr de* **Alta Velocidad Española** *trem espanhol de alta velocidade*

avecinarse [aβeθi'narse] *vr* avizinhar-se

avellana [aβe'ʎana] *f* avelã *f*

avellano [aβe'ʎano] *m* aveleira *f*

avemaría [aβema'ria] *f* ave-maria *f*

avena [a'βena] *f* aveia *f*

avenida [aβe'niða] *f* avenida *f*

avenirse [aβe'nirse] *vr* **1.** (*entenderse*) entender-se **2.** (*ponerse de acuerdo*) concordar

aventajado, -a [aβeņta'xaðo, -a] *adj* destacado, -a

aventajar [aβeņta'xar] *vt* superar

aventura [aβeņ'tura] *f* aventura *f*

aventurado, -a [aβeņtu'raðo, -a] *adj* aventurado, -a

aventurarse [aβeņtu'rarse] *vr* aventurar-se

aventurero, -a [aβeņtu'rero, -a] *adj* aventureiro, -a

avergonzar [aβeryon'θar] *irr* **I.** *vt* envergonhar **II.** *vr:* ~ **se** envergonhar-se

avería [aβe'ria] *f* avaria *f*

averiado, -a [aβeri'aðo, -a] *adj* avariado, -a

averiar [aβeri'ar] <*l. pres:* averío> **I.** *vt* avariar **II.** *vr:* ~ **se** avariar-se

averiguación [aβeriywa'θjon] *f* averiguação *f*

averiguar [aβeri'ywar] <gu→gü> *vt* averiguar

aversión [aβer'sjon] *f* aversão *f*

avestruz [aβes'truθ] *m* avestruz *m*

aviación [aβja'θjon] *f* aviação *f*

aviador(a) [aβja'ðor(a)] *m(f)* aviador(a) *m(f)*

avícola [a'βikola] *adj* avícola

avicultura [aβikuɫ'tura] *f* avicultura *f*

avidez [aβi'ðeθ] *f* avidez *f*

ávido, -a ['aβiðo, -a] *adj* ávido, -a

avilés, -esa [aβi'les, -esa] *adj* de Ávila

avinagrarse [aβina'yrarse] *vr* avinagrar-se

avío [a'βio] *m* arrumação *f*

avión [aβi'on] *m* avião *m*; **en** ~ de avião

avioneta [aβjo'neta] *f* teco-teco *m*

avisar [aβi'sar] *vt* avisar

aviso [a'βiso] *m* aviso *m*; ~ **de bomba** aviso de bomba; **estar sobre** ~ estar de sobreaviso; **poner sobre** ~ pôr de sobreaviso; **sin previo** ~ sem aviso prévio

avispa [a'βispa] *f* vespa *f*

avispado, -a [aβis'paðo, -a] *adj* esperto, -a

avispero [aβis'pero] *m* vespeiro *m*

avistar [aβis'tar] *vt* avistar

avituallar [aβitwa'ʎar] *vt* avitualhar

avivar [aβi'βar] *vt* avivar

axila [aɣ'sila] *f* axila *f*

axioma [aɣ'sjoma] *m* axioma *m*

ay [ai̯] *interj* ai; ¡~ **de nosotros!** ai de nós!

ayer [a'ɟer] *adv* ontem; ~ (**por la**) **noche** ontem à noite

ayo, -a ['aɟo, -a] *m*, *f* aio -a *m*, *f*

ayuda [a'ɟuða] *f* ajuda *f*

ayudante [aɟu'ðaņte] *mf* ajudante *mf*

ayudar [aɟu'ðar] **I.** *vt* ajudar **II.** *vr:* ~ **se** ajudar-se; ~ **se de algo** valer-se de a. c.

ayunar [aɟu'nar] *vi* jejuar

ayunas [a'ɟunas] *adv* **estar en** ~ estar em jejum

ayuno [a'ɟuno] *m* jejum *m*

ayuntamiento [aɟuņta'mjeņto] *m* prefeitura *f*

azada [a'θaða] *f* enxada *f*

azafata [aθa'fata] *f* aeromoça *f*; ~ **de congresos** recepcionista de congressos

azafrán [aθa'fran] *m* açafrão *m*

azahar [a'θar, aθa'ar] *m* flor *f* de laranjeira

azalea [aθa'lea] *f* azaleia *f*

azar [a'θar] *m* (*casualidad*) acaso *m*; **al** ~ ao acaso; **por** ~ por acaso

Azerbaiyán [aθerβai̯'ɟan] *m* Azerbaijão *m*

azerbaiyano, -a [aθerβa'ɟano, -a] *adj*, *m*, *f* azerbaijano, -a *m*, *f*

azogue [a'θoɣe] *m* azougue *m*

azoramiento [aθora'mjeņto] *m* atordoamento *m*

azorar [aθo'rar] **I.** *vt* atordoar **II.** *vr:* ~ **se** atordoar-se

Azores [a'θores] *fpl* **las** ~ os Açores

azotar [aθo'tar] *vt* açoitar

azote [a'θote] *m* açoite *m*

azotea [aθo'tea] *f* terraço *m*; **estar mal de la** ~ *inf* estar mal da cabeça

azteca [aθ'teka] *adj, mf* asteca *mf*

> **Cultura** A tribo indígena dos **aztecas** construiu um vasto e poderoso império entre os séculos XIV e XVI na região centro-sul do México, que foi conquistado pelos espanhóis em 1521. O idioma dos **aztecas** era o **náhuatl**.

azúcar [a'θukar] *m* açúcar *m;* ~ **glas** açúcar de confeiteiro; ~ **moreno** açúcar mascavo
azucarado, -a [aθuka'raðo, -a] *adj* açucarado, -a
azucarar [aθuka'rar] *vt* açucarar
azucarero [aθuka'rero] *m* açucareiro *m*
azucarillo [aθuka'riʎo] *m* torrão *m* de açúcar
azucena [aθu'θena] *f* açucena *f*
azufre [a'θufre] *m* enxofre *m*
azul [a'θul] **I.** *adj* azul **II.** *m* azul *m;* ~ **celeste** azul-celeste *m;* ~ **marino** azul-marinho *m*
azulado, -a [aθu'laðo, -a] *adj* azulado, -a
azulejo [aθu'lexo] *m* azulejo *m*
azuzar [aθu'θar] <z→c> *vt* atiçar

B

B, b [b] *f* B, b *m*
baba ['baβa] *f* baba *f*
babear [baβe'ar] *vi* babar
babel [ba'βel] *m o f* babel *f*
babero [ba'βero] *m* babador *m*
Babia ['baβja] *f* **estar en ~** *inf* estar no mundo da lua
babor [ba'βor] *m* NÁUT bombordo *m;* **a ~** a bombordo
babosa [ba'βosa] *f* lesma *f*
baboso, -a [ba'βoso, -a] *adj* 1. (*con baba*) baboso, -a 2. *AmL* (*tonto*) tolo, -a
babucha [ba'βutʃa] *f* babucha *f*
baca ['baka] *f* bagageiro *m*
bacalao [baka'lao] *m* bacalhau *m;* **cortar el ~** *fig* ser o mandachuva
bachata [ba'tʃata] *f* RDom, PRico: canto popular dominicano
bache ['batʃe] *m t. fig* buraco *m*
bachillerato [batʃiʎe'rato] *m* ENS ≈ segundo *m* grau
backup [ba'kap] *m* <backups> INFOR backup *m*
bacon ['beikon] *f* bacon *m*
bacteria [bak'terja] *f* bactéria *f*
bacteriológico, -a [bakterjo'loxiko, -a] *adj* bacteriológico, -a
bacteriólogo, -a [bakte'rjoloɣo, -a] *m, f* bacteriologista *mf*
báculo ['bakulo] *m* báculo *m*
bádminton ['baðminton] *m* badminton *m*
bafle ['bafle] *m* caixa-acústica *f*
bagaje [ba'ɣaxe] *m* (*saber*) bagagem *f*
bagatela [baɣa'tela] *f* bagatela *f*
Bahamas [ba'amas] *fpl* **las** (**islas**) ~ as (ilhas) Bahamas
bahía [ba'ia] *f* baía *f*
bailador(a) [baila'ðor(a)] *m(f)* bailarino, -a *m, f*
bailar [bai'lar] *vi, vt* dançar
bailarín, -ina [baila'rin, -ina] *m, f* bailarino, -a *m, f*
baile ['baile] *m* (*danza, fiesta*) baile *m*
baja ['baxa] *f* 1. (*descenso*) redução *f* 2. (*laboral*) licença *f;* ~ **por maternidad** licença maternidade 3. (*del médico*) licença *f;* (*documento*) atestado *m;* **dar de ~ a alguien** dar licença a alguém 4. MIL baixa *f* 5. FIN queda *f*
bajada [ba'xaða] *f* 1. (*descenso*) redução *f* 2. (*camino*) descida *f* 3. (*pendiente*) ladeira *f*
bajamar [baxa'mar] *f* maré *f* baixa
bajar [ba'xar] **I.** *vi* 1. (*ir hacia abajo*) descer 2. (*de un caballo, coche*) descer 3. (*disminuir*) baixar **II.** *vt* 1. (*transportar*) descer 2. (*persiana, volumen*) abaixar 3. (*ojos*) baixar **III.** *vr:* **~se** (*de caballo, coche*) descer
bajeza [ba'xeθa] *f* (*carácter*) baixeza *f*
bajo ['baxo] **I.** *m* 1. (*instrumento*) baixo *m* 2. (*persona*) baixista *mf* 3. *pl* (*piso*) térreo *m* **II.** *adv* baixo **III.** *prep* (*debajo de*) debaixo de; (*por debajo de*) abaixo de; ~ **la lluvia** debaixo da chuva
bajo, -a ['baxo, -a] <más bajo *o* inferior, bajísimo> *adj* 1. *estar* (*en lugar inferior*) baixo, -a; **marea baja** maré baixa; **estar con la cabeza baja** estar com a cabeça baixa 2. *ser* (*de temperatura, estatura, voz, sonido*) baixo, -a 3. (*clase social, calidad*) inferior

bajón [ba'xon] *m* **1.** (*descenso*) queda *f*; **dar un ~** (*precios, temperaturas*) sofrer uma queda **2.** (*de la salud*) recaída *f*

bakalao [baka'lao] *m inf* MÚS *música eletrônica de ritmo agressivo e repetitivo*

bala ['bala] *f* bala *f*; **~ de fogueo** cartucho *m* de festim; **como una ~** *fig* como uma bala

balacear [balaθe'ar] *vt AmL* (*herir o matar*) balear; (*disparar contra*) atirar

baladí [bala'ði] *adj* <baladíes> frívolo, -a

balance [ba'lanθe] *m* **1.** COM (*resultado*) balanço *m*; **hacer un ~** fazer um balanço **2.** (*comparación*) confrontação *f*

balancear [balanθe'ar] **I.** *vt* (*mecer*) balançar **II.** *vr*: **~ se** balançar-se

balanceo [balan'θeo] *m* balanço *m*

balanza [ba'lanθa] *f* **1.** (*pesa*) balança *f* **2.** COM balança *f*; **~ de pagos** balanço *m* de pagamentos

balar [ba'lar] *vi* balar

balaustrada [balaus'traða] *f* balaustrada *f*

balazo [ba'laθo] *m* balaço *m*

balbucear [balβuβe'ar] *vi, vt v.* **balbucir**

balbuceo [balβu'θeo] *m* balbuceio *m*

balbucir [balβu'θir] *vi, vt* balbuciar

Balcanes [bal'kanes] *mpl* **los ~** os Bálcãs

balcón [bal'kon] *m* sacada *f*

baldar [bal'dar] *vt* (*cansar*) cansar

balde ['balde] *m* balde *m*; **de ~** de graça; **en ~** em vão

baldío, -a [bal'dio, -a] *adj* **1.** (*terreno*) baldio, -a **2.** (*en balde*) inútil

baldosa [bal'dosa] *f* lajota *f*

baldosín [baldo'sin] *m* azulejo *m*

balear [bale'ar] *AmL* **I.** *vt* **~ a alguien** balear alguém **II.** *vr*: **~ se con alguien** trocar tiros com alguém

Baleares [bale'ares] *fpl* **las (islas) ~** as (ilhas) Baleares

balido [ba'liðo] *m* balido *m*

balística [ba'listika] *f* balística *f*

baliza [ba'liθa] *f* baliza *f*

balizar [bali'θar] <z→c> *vt* balizar

ballena [ba'ʎena] *f* baleia *f*

ballesta [ba'ʎesta] *f* HIST balestra *f*

ballet [ba'ʎe] <ballets> *m* balé *m*

balneario [balne'arjo] *m* balneário *m*

balón [ba'lon] *m* **1.** (*pelota*) bola *f* **2.** (*recipiente*) balão *m*; **echar balones fuera** *fig* responder de forma evasiva

baloncesto [balon'θesto] *m* basquete *m*

balonmano [balon'mano, balom'mano] *m* handebol *m*

balonvolea [balombo'lea] *m* voleibol *m*

balsa ['balsa] *f* **1.** (*charca*) lagoa *f* **2.** (*embarcación*) balsa *f*

bálsamo ['balsamo] *m* bálsamo *m*

baluarte [ba'lwarte] *m* baluarte *m*

bambolearse [bambole'arse] *vr* balançar-se

bambú [bam'bu] *m* bambu *m*

banalidad [banali'ðað] *f* banalidade *f*

banalizar [banali'θar] <z→c> *vt* banalizar

banana [ba'nana] *f* banana *f*

banca ['baŋka] *f* **1.** (*asiento*) banco *m* **2.** FIN setor *m* bancário; **~ electrónica** caixa *m* eletrônico **3.** (*en juegos*) banca *f*

bancario, -a [baŋ'karjo, -a] *adj* bancário, -a

bancarrota [baŋka'rrota] *f* bancarrota *f*; **en ~** na bancarrota

banco ['baŋko] *m* **1.** (*asiento*) banco *m* **2.** FIN banco *m*; **~ de arena** banco de areia; **~ en casa** home banking *m*; **~ de datos** INFOR banco de dados; **Banco Mundial** Banco Mundial; **~ de sangre** banco de sangue **3.** TÉC bancada *f* **4.** (*de peces*) cardume *m*

banda ['banda] *f* **1.** (*cinta, insignia*) faixa *f*; **~ sonora** CINE trilha *f* sonora **2.** (*pandilla*) bando *m*; **~ terrorista** grupo *m* terrorista **3.** (*de música*) banda *f*

bandada [ban'daða] *f* (*de pájaros*) revoada *f*; (*de peces*) cardume *m*

bandazo [ban'daθo] *m* **dar ~s** dar solavancos

bandeja [ban'dexa] *f* bandeja *f*; **poner** [*o* **servir**] **en ~** *fig* dar de bandeja

bandera [ban'dera] *f* bandeira *f*; **estar hasta la ~** *fig* estar muito cheio

banderilla [bande'riʎa] *f* **1.** TAUR bandarilha *f* **2.** (*tapa*) *porções variadas de aperitivo espetadas em palitos*

banderín [bande'rin] *m*, **banderola** [bande'rola] *f* bandeirola *f*

bandido, -a [ban'diðo, -a] *m, f* bandido, -a *m, f*

bando ['bando] *m* (*facción*) bando *m*; (*edicto*) edital *f*

bandolera [bando'lera] *f* bandoleira *f*

bandolero, -a [bando'lero, -a] *m, f* bandoleiro, -a *m, f*
banquero, -a [baŋ'kero, -a] *m, f* banqueiro, -a *m, f*
banqueta [baŋ'keta] *f* 1.(*taburete*) banqueta *f* 2. *AmC* (*acera*) calçada *f*
banquete [baŋ'kete] *m* banquete *m*
banquillo [baŋ'kiʎo] *m* 1.(*banco*) banco *m* 2. JUR, DEP banco *m;* ~ **de los acusados** banco dos réus
bañador [baɲa'ðor] *m* (*de mujer*) maiô *m;* (*de hombre*) calção *m* de banho
bañar [ba'ɲar] I. *vt* banhar II. *vr:* **~se** tomar banho; **~se en la piscina/en el mar** tomar banho de piscina/de mar
bañera [ba'ɲera] *f* banheira *f*
bañista [ba'ɲista] *mf* banhista *mf*
baño ['baɲo] *m* 1.(*acto*) banho *m;* **~ de sangre** banho de sangue; **~s termales** banhos termais; **darse un ~** tomar um banho 2. (*cuarto*) banheiro *m;* **ir al ~** ir ao banheiro 3. (*de pintura*) demão *f*
baptista [bap'tista] *mf* REL batista *mf*
baqueta [ba'keta] *m* baqueta *f*
bar [bar] *m* bar *m*
barahúnda [bara'unda] *f* barafunda *f*
baraja [ba'raxa] *f* baralho *m*
barajar [bara'xar] *vt* 1. (*naipes*) embaralhar 2. (*posibilidades*) considerar 3. *CSur* (*detener*) pegar
baranda [ba'randa] *f,* **barandilla** [baran'diʎa] *f* corrimão *m*
baratija [bara'tixa] *f* bugiganga *f*
baratillo [bara'tiʎo] *m* 1.(*tienda*) loja onde se vendem pechinchas 2. (*artículos*) pechincha *f*
barato [ba'rato] *adv* barato
barato, -a [ba'rato, -a] *adj* barato, -a
barba ['barβa] *f* barba *f;* **dejarse (la)** ~ deixar a barba crescer; **por ~** (*por persona*) por cabeça
barbacoa [barβa'koa] *f* grelha *f*
barbaridad [barβari'ðað] *f* (*crueldad, disparate*) barbaridade *f;* **¡qué ~!** que barbaridade!, que absurdo!
barbarie [bar'βarje] *f* barbárie *f*
bárbaro, -a ['barβaro, -a] I. *adj* 1.(*cruel*) bárbaro, -a 2. *inf* (*estupendo*) fantástico, -a II. *m, f* bárbaro, -a *m, f*
barbecho [bar'βetʃo] *m* barbecho *m*
barbería [barβe'ria] *f* barbearia *f*
barbero [bar'βero] *m* barbeiro *m*
barbilla [bar'βiʎa] *f* queixo *m*
barbitúrico [barβi'turiko] *m* barbitúrico *m*
barbo ['barβo] *m* bárbus *m inv*

barbudo, -a [bar'βuðo, -a] *adj* barbudo, -a
barca ['barka] *f* barco *m*
barcaza [bar'kaθa] *f* barcaça *f*
Barcelona [barθe'lona] *f* Barcelona *f*
barcelonés, -esa [barθelo'nes, -esa] *adj, m, f* barcelonês, -esa *m, f*
barco ['barko] *m* barco *m;* **~ de pasajeros** barco de passageiros; **~ de vapor** barco a vapor; **~ de vela** barco a vela
baremo [ba'remo] *m* barema *m*
barítono [ba'ritono] *m* MÚS barítono *m*
barman ['barman] *m* <bármanes> barman *m*
barniz [bar'niθ] *m* (*de uñas*) esmalte *m;* (*para madera*) verniz *m*
barnizar [barni'θar] <z→c> *vt* envernizar
barómetro [ba'rometro] *m* barômetro *m*
barón, -onesa [ba'ron, baro'nesa] *m, f* barão, baronesa *m, f*
barquero, -a [bar'kero, -a] *m, f* barqueiro, -a *m, f*
barquillo [bar'kiʎo] *m* GASTR taboca *f*
barra ['barra] *f* 1.(*pieza larga*) barra *f;* **~ de labios** batom *m* 2. INFOR ~ **de desplazamiento** barra *f* de rolagem; **~ espaciadora** barra *f* de espaço; **~ de menús** barra *f* de menu; **~ de navegación** barra *f* de navegação 3. (*de pan*) bisnaga *f;* (*de chocolate*) barra *f;* **~ de pan** bisnaga de pão 4. (*en un bar*) balcão *m* 5. *AmL* (*pandilla*) gangue *f*
barraca [ba'rraka] *f* 1.(*choza*) barraco *m* 2. *AmL* (*almacén*) depósito *m*
barranco [ba'rraŋko] *m* barranco *m*
barrena [ba'rrena] *f* broca *f*
barrenar [barre'nar] *vt* brocar
barrendero, -a [barreɲ'dero, -a] *m, f* gari *mf*
barrer [ba'rrer] *vt* 1.(*con escoba*) varrer; **~ para** [*o* **hacia**] **dentro** *fig* puxar a brasa para a sua sardinha 2. *inf* (*derrotar*) esmagar
barrera [ba'rrera] *f* 1.(*barra*) *t.* DEP barreira *f* 2. TAUR cerca *f*
barriada [ba'rrjaða] *f* 1.(*barrio*) bairro *m* 2. *AmL* (*barrio pobre*) favela *f*
barricada [barri'kaða] *f* barricada *f*
barriga [ba'rriɣa] *f* barriga *f;* **echar ~** criar barriga
barrigón, -ona [barri'ɣon, -ona] *adj* barrigudo, -a
barril [ba'rril] *m* barril *m*
barrio ['barrjo] *m* bairro *m;* **~ comer-**

cial bairro comercial; **mandar al otro ~** *inf* mandar desta para melhor
barro ['barro] *m* **1.** (*lodo*) barro *m* **2.** (*arcilla*) argila *f*
barroco [ba'rroko] *m sin pl* barroco *m*
barrote [ba'rrote] *m* grade *f*; **estar entre ~ s** *fig* estar atrás das grades
barruntar [barrun'tar] *vt* pressentir
bartola [bar'tola] *f inf* **se pasa las tardes tumbado a la ~** passa as tardes na maior folga
bártulos ['bartulos] *mpl* cacarecos *mpl*
barullo [ba'ruʎo] *m inf* **1.** (*ruido*) barulho *m* **2.** (*desorden*) confusão *f*; **armar ~** armar confusão
basalto [ba'salto] *m* basalto *m*
basar [ba'sar] **I.** *vt* basear **II.** *vr* **~ se en algo** basear-se em a. c.
basca ['baska] *f inf* (*amigos*) galera *f*
báscula ['baskula] *f* balança *f*
base ['base] *f* base *f*; **~ de datos** INFOR banco *m* de dados; **a ~ de algo** à base de a. c., com a. c.; **a ~ de bien** *inf* a valer
básico, -a ['basiko, -a] *adj t.* QUÍM básico, -a
basílica [ba'silika] *f* basílica *f*
básket ['baske^t] *m sin pl* basquete *m*
bastante [bas'tante] *adj, adv* bastante
bastar [bas'tar] **I.** *vi* bastar; **¡basta!** basta!, chega!; **¡basta de ruidos!** chega de barulho! **II.** *vr* **~ se (uno) solo** bastar-se (sozinho)
bastardilla [bastar'ðiʎa] *f* TIPO bastardinho *m*
bastardo, -a [bas'tarðo, -a] *adj, m, f* bastardo, -a *m, f*
bastidor [basti'ðor] *m* **1.** (*de coche*) chassi *m*; (*de ventana*) esquadria *f* **2.** *pl* TEAT bastidor *m*
basto, -a ['basto, -a] *adj* **1.** (*grosero*) grosseiro, -a **2.** (*superficie*) áspero, -a
bastón [bas'ton] *m* bastão *m*
bastoncillo [baston'θiʎo] *m dim de* **bastón ~ de algodón** cotonete *m*
basura [ba'sura] *f* lixo *m*
basurero [basu'rero] *m* (*vertedero*) depósito *m* de lixo
basurero, -a [basu'rero, -a] *m, f* lixeiro, -a *m, f*
bata ['bata] *f* **1.** (*de casa*) roupão *m* **2.** (*de alumno, profesor, laboratorio*) guarda-pó *m*
batalla [ba'taʎa] *f* batalha *f*
batallar [bata'ʎar] *vi* batalhar
batallón [bata'ʎon] *m* MIL batalhão *m*

batata [ba'tata] *f* batata-doce *f*
bate ['bate] *m* DEP bastão *m*
bateador(a) [batea'ðor(a)] *m(f)* DEP batedor(a) *m(f)*
batear [bate'ar] *vi, vt* tacar
batería¹ [bate'ria] *f* **1.** *t.* TÉC bateria *f*; **~ de cocina** aparelho *m* de cozinha **2.** MÚS bateria *f*
batería² [bate'ria] *mf*, **baterista** [bate'rista] *mf AmL* baterista *mf*
batida [ba'tiða] *f* (*de cazadores, policía*) batida *f*
batido [ba'tiðo] *m* milk-shake *m*
batidora [bati'ðora] *f* batedeira *f*
batir [ba'tir] **I.** *vt* **1.** (*golpear*) bater; **~ palmas** bater palmas **2.** (*enemigo*) vencer; **~ un récord** bater um recorde **II.** *vr:* **~ se** (*combatir*) bater-se; **~ se en duelo** bater-se em duelo
baturro, -a [ba'turro, -a] *m, f* camponês/-esa aragonês/-esa
batuta [ba'tuta] *f* MÚS batuta *f*; **llevar la ~** *fig* tomar as rédeas
baudio [bay̌ðjo] *m* TEL baud *m*
baúl [ba'ul] *m* **1.** (*mueble*) baú *m* **2.** *AmL* (*portamaletas*) porta-malas *m inv*
bautismo [bau̯'tismo] *m* batismo *m;* **~ de sangre** batismo de sangue
bautizar [bau̯ti'θar] <z→c> *vt* batizar
bautizo [bau̯'tiθo] *m* batizado *m*
bayeta [ba'ʝeta] *f* pano *m* de limpeza
bayoneta [baʝo'neta] *f* baioneta *f*
baza ['baθa] *f* (*naipes*) vaza *f*; **meter ~ en algo** *inf* meter o bedelho em a. c.
bazar [ba'θar] *m* bazar *m*
bazo ['baθo] *m* ANAT baço *m*
bazofia [ba'θofja] *f* (*cosa*) porcaria *f*
be [be] *f* bê *m*
beatificar [beatifi'kar] <c→qu> *vt* beatificar
beato, -a [be'ato, -a] *adj, m, f* beato, -a *m, f*
bebé [be'βe] *m* bebê *m*
bebedero [beβe'ðero] *m* bebedouro *m*
bebedor(a) [beβe'ðor(a)] *m(f)* bebedor(a) *m(f)*
bebé-probeta [be'βe-pro'βeta] *m* <bebés-probeta> bebê *m* de proveta
beber [be'βer] **I.** *vi, vt* beber **II.** *vr:* **~ se** beber
bebida [be'βiða] *f* bebida *f*
bebido, -a [be'βiðo, -a] *adj* (*borracho*) bêbado, -a
beca ['beka] *f* bolsa *f* de estudos
becar [be'kar] <c→qu> *vt* conceder

uma bolsa de estudos
becario, -a [be'karjo, -a] *m, f* bolsista *mf*
bedel(a) [be'ðel(a)] *m(f)* bedel *m*
beduino, -a [be'ðwino, -a] *adj* beduíno, -a
beicon ['bei̯kon] *m sin pl* bacon *m*
beige [beis̪] *adj* bege
béisbol ['beisβol] *m* DEP beisebol *m*
beldad [bel'daᵈ] *f elev* beldade *f*
belén [be'len] *m* presépio *m*
belga ['belɣa] *adj, mf* belga *mf*
Bélgica ['belxika] *f* Bélgica *f*
Belgrado [bel'ɣraðo] *m* Belgrado *f*
Belice [be'liθe] *m* Belize *f*
bélico, -a ['beliko, -a] *adj* bélico, -a
belicoso, -a [beli'koso, -a] *adj* belicoso, -a
beligerante [belixe'rante] *adj* beligerante
bellaco, -a [be'ʎako, -a] *adj, m, f* velhaco, -a *m, f*
bellaquería [beʎake'ria] *f* velhacaria *f*
belleza [be'ʎeθa] *f* beleza *f*
bello, -a ['beʎo, -a] *adj* belo, -a
bellota [be'ʎota] *f* glande *f*
bemol [be'mol] *m* MÚS bemol *m;* **tener ~ es** *fig, fam* ser muito difícil
bencina [ben'θina] *f* benzina *f*
bendecir [bende'θir] *irr como decir vt* bendizer; **~ la mesa** bendizer a refeição
bendición [bendi'θjon] *f* bênção *f*
bendito, -a [ben'dito, -a] *adj* REL bendito, -a; **¡~ sea!** *inf* bendito seja!
benedictino, -a [beneðik'tino, -a] *adj, m, f* REL beneditino, -a *m, f*
beneficencia [benefi'θenθja] *f* beneficência *f*
beneficiar [benefi'θjar] I. *vt* 1. (*favorecer*) beneficiar 2. AmL (*animal*) abater II. *vr:* **~ se** (*sacar provecho*) beneficiar-se; **~ con** [o **de**] **algo** tirar vantagem de a. c.
beneficiario, -a [benefi'θjarjo, -a] *adj, m, f* beneficiário, -a *m, f*
beneficio [bene'fiθjo] *m* 1. (*bien*) benefício *m* 2. (*provecho*) t. FIN lucro *m;* **a ~ de** em benefício de 3. AmL (*matanza*) abate *m*
beneficioso, -a [benefi'θjoso, -a] *adj*, **benéfico, -a** [be'nefiko, -a] *adj* benéfico, -a
benévolo, -a [be'neβolo, -a] *adj* (*clemente*) benevolente
benigno, -a [be'niɣno, -a] *adj* 1. (*persona*) benevolente 2. (*clima*) agradável 3. MED benigno, -a
beodo, -a [be'oðo, -a] *adj* embriagado, -a
berberecho [berβe'retʃo] *m* berbigão *m*
berenjena [beren'xena] *f* berinjela *f*
Berlín [ber'lin] *m* Berlim *f*
berlinés, -esa [berli'nes, -esa] *adj, m, f* berlinense *mf*
bermejo, -a [ber'mexo, -a] *adj* avermelhado, -a
bermudas [ber'muðas] *mpl* bermuda *f*
Berna ['berna] *f* Berna *f*
berrear [berre'ar] *vi* berrar
berrido [be'rriðo] *m* berro *m*
berrinche [be'rrintʃe] *m inf* berreiro *m;* **coger un ~** ter um chilique
berro ['berro] *m* agrião *m*
berza ['berθa] *f* couve *f*
besar [be'sar] I. *vt* beijar II. *vr:* **~ se** beijar-se
beso ['beso] *m* beijo *m*
bestia¹ ['bestja] *mf* besta *mf*
bestia² ['bestja] *f* besta *f*
bestial [bes'tjal] *adj* 1. (*salvaje*) bestial 2. *inf* (*enorme*) terrível; (*maravilloso*) magnífico, -a
bestialidad [bestjali'ðaᵈ] *f* 1. (*cualidad*) bestialidade *f* 2. *inf* (*gran cantidad*) barbaridade *f*
best seller [be(s)'seler] *m inv,* **bestséller** [bes'seler] *m* best-seller *m*
besugo [be'suɣo] *m* dourada *f*
besuquear [besuke'ar] I. *vt* beijocar II. *vr:* **~ se** beijocar-se
betún [be'tun] *m* 1. QUÍM betume *m* 2. (*para el calzado*) graxa *f*
biberón [biβe'ron] *m* mamadeira *f;* **dar el ~** dar a mamadeira
Biblia ['biβlja] *f* Bíblia *f*
bibliografía [biβljoɣra'fia] *f* bibliografia *f*
biblioteca [biβljo'teka] *f* biblioteca *f;* **~ pública** biblioteca pública
bibliotecario, -a [biβljote'karjo, -a] *m, f* bibliotecário, -a *m, f*
bicarbonato [bikarβo'nato] *m* bicarbonato *m*
bíceps ['biθeβs] *m* ANAT *inv* bíceps *m inv*
bicho ['bitʃo] *m* 1. (*animal, insecto*) bicho *m* 2. *inf* (*persona*) **~ raro** pessoa *f* esquisita; **mal ~** má pessoa
bici ['biθi] *f inf* bicicleta *f*
bicicleta [biθi'kleta] *f* bicicleta *f;* **~ de carreras** bicicleta de corrida; **~ de**

montaña mountain bike *f*
bidé [bi'ðe] *m* <bidés>, **bidet** [bi'ðe] *m* <bidets> bidê *m*
bidón [bi'ðon] *m* tambor *m*
Bielorrusia [bjelo'rrusja] *f* Bielorrússia *f*
bielorruso, -a [bjelo'rruso, -a] *adj*, *m*, *f* bielorrusso, -a *m*, *f*
bien ['bjen] I. *m* 1.(*bienestar*) bem *m* 2. *pl* ECON bens *mpl*; ~ **es inmuebles** bens imóveis; ~ **es muebles** bens móveis II. *adv* 1.(*de modo conveniente, correctamente*) bem; ¡**muy** ~! muito bem!; ¡**qué** ~! que bom!; ~ **mirado** bem pensado; **estar** (**a**) ~ **con alguien** entender-se bem com alguém; **hacer algo** ~ fazer a. c. bem; ¡**pórtate** ~! comporte-se bem!; **te está** ~ *inf* fica bem para você; **ahora** ~ no entanto 2.(*con gusto*) bem que; ~ **me gustaría conocerlo** bem que gostaria de conhecê-lo 3.(*seguramente*) bem; **eran** ~ **las cuatro de la tarde cuando llegamos** eram bem quatro da tarde quando chegamos 4.(*muy, bastante*) bem; ~ **caliente** bem quente; **la cena había estado** ~ **buena** o jantar estava ótimo 5.(*asentimiento*) ¡**está** ~! está bem! III. *conj* 1.(*aunque*) ~ **que, si** ~ se bem que; **me gustó la película, si** ~ **ha sido muy triste** gostei do filme, se bem que foi muito triste 2.(*o... o...*) ~ ... ~ ... ou... ou...
bienal [bie'nal] *adj* bienal
bienaventurado, -a [bjenaβentu'raðo, -a] *adj* REL bem-aventurado, -a
bienestar [bjenes'tar] *m* bem-estar *m*
bienhechor(a) [bjene'tʃor(a)] *adj*, *m(f)* benfeitor(a) *m(f)*
bienvenida [bjembe'niða] *f* boas-vindas *fpl*; **dar la** ~ **a alguien** dar as boas-vindas a alguém
bienvenido, -a [bjembe'niðo, -a] *interj* bem-vindo, -a; ¡~ **a nuestra casa!** bem-vindo a nossa casa!
bies [bjes] *m* viés *m*; **cortar al** ~ cortar enviesado [*ou* ao viés]
bife ['bife] *m* CSur bife *m*
bifocal [bifo'kal] *adj* bifocal
bifurcación [bifurka'θjon] *f* bifurcação *f*
bifurcarse [bifur'karse] <c→qu> *vr* bifurcar-se
bigamia [bi'ɣamja] *f* bigamia *f*
bígamo, -a ['biɣamo, -a] *adj*, *m*, *f* bígamo, -a *m*, *f*

bigote [bi'ɣote] *m* bigode *m*
bigotudo, -a [biɣo'tuðo, -a] *adj* bigodudo, -a
bikini [bi'kini] *m* biquíni *m*
bilateral [bilate'ral] *adj* bilateral
bilingüe [bi'liŋgwe] *adj* bilíngue
bilis ['bilis] *f inv* bílis *f inv*; **tragar** ~ *inf* engolir a raiva
billar [bi'ʎar] *m* bilhar *m*; ~ **americano** sinuca *f*
billete [bi'ʎete] *m* 1.(*pasaje, de lotería*) bilhete *m*; ~ **de ida y vuelta** bilhete de ida e volta 2.(*de dinero*) cédula *f*
billetera [biʎe'tera] *f*, **billetero** [biʎe'tero] *m* carteira *f*
billón [bi'ʎon] *m* **un** ~ um milhão de milhões, um trilhão
bimensual [bimen'swal] *adj* quinzenal
bimotor [bimo'tor] *m* bimotor *m*
bingo ['biŋgo] *m* bingo *m*
binóculo [bi'nokulo] *m* 1.(*anteojos*) binóculo *m* 2.(*gafas*) pincenê *m*
bioactivo, -a [bioak'tiβo, -a] *adj* bioativo, -a
biocombustible [biokombus'tiβle] *m* biocombustível *m*
biodegradable [bioðeɣra'ðaβle] *adj* biodegradável
biodiversidad [bioðiβersi'ðað] *f* biodiversidade *f*
biofísica [bio'fisika] *f* biofísica *f*
biogenética [bioxe'netika] *f* biogenética *f*
biografía [bjoɣra'fia] *f* biografia *f*
biógrafo [bi'oɣrafo] *m* CSur (*cine*) cinema *m*
biógrafo, -a [bi'oɣrafo, -a] *m*, *f* (*persona*) biógrafo, -a *m*, *f*
bioinformática [bioimfor'matika] *f* bioinformática *f*
biología [biolo'xia] *f* biologia *f*
biológico, -a [bio'loxiko, -a] *adj* biológico, -a
biólogo, -a [bi'oloɣo, -a] *m*, *f* biólogo, -a *m*, *f*
biombo [bi'ombo] *m* biombo *m*
biopsia [bi'oβsja] *f* biópsia *f*
biorritmo [bio'rriðmo] *m* biorritmo *m*
biosfera [bios'fera] *f* biosfera *f*
biquini [bi'kini] *m* biquíni *m*
birlar [bir'lar] *vt inf* surrupiar
Birmania [bir'mania] *f* Birmânia *f*
birome [bi'rome] *f* CSur (*bolígrafo*) caneta *f* esferográfica
birra ['birra] *f inv* cerveja *f*
birria ['birrja] *f* 1.(*persona*) espantalho

m **2.** (*objeto*) porcaria *f*
bis [bis] **I.** *m* MÚS bis *m* **II.** *adj* (*piso*) **7** ~ 7 B
bisabuelo, -a [bisa'βwelo, -a] *m, f* bisavô, bisavó *m, f*
bisagra [bi'sayra] *f* dobradiça *f*
bisbis(e)ar [bisβise'ar, bisβi'sar] *vt inf* sussurrar
bisexual [biseɣ'swal] *adj* bissexual
bisiesto [bi'sjesto] *adj* año ~ ano bissexto
bisnieto, -a [bis'njeto, -a] *m, f* bisneto, -a *m, f*
bisonte [bi'sonte] *m* bisão *m*
bisté [bis'te] *m* <bistés>, **bistec** [bis'te] *m* <bistecs> bife *m*
bisturí [bistu'ri] *m* bisturi *m*
bisutería [bisute'ria] *f* bijuteria *f*
bit [bit] *m* <bits> INFOR bit *m*
bizco, -a ['biθko, -a] *adj* vesgo, -a
bizcocho [biθ'kotʃo] *m* GASTR pão-de-ló *m*
biznieto, -a [biθ'njeto, -a] *m, f v.* **bisnieto**
bizquear [biθke'ar] *vi* vesguear
blanca ['blaŋka] *f* MÚS mínima *f*; **estar sin** ~ *inf* estar sem um tostão
blanco ['blaŋko] *m* **1.** (*color*) branco *m*; **pasar la noche en** ~ passar a noite em branco **2.** (*diana*) alvo *m*; **dar en el** ~ *fig* acertar no alvo
blanco, -a ['blaŋko, -a] **I.** *adj* branco, -a **II.** *m, f* (*persona*) branco, -a *m, f*
blancura [blaŋ'kura] *f* brancura *f*
blandir [blan'dir] *vt* brandir
blando, -a ['blando, -a] *adj* (*objeto, carácter*) mole
blandura [blan'dura] *f* (*de una cosa, del carácter*) moleza *f*
blanquear [blaŋke'ar] *vt* **1.** (*pared*) branquear **2.** (*dinero*) lavar **3.** (*tejido*) alvejar
blanquecino, -a [blaŋke'θino, -a] *adj* esbranquiçado, -a
blanqueo [blaŋ'keo] *m* **1.** (*de una pared*) embranquecimento *m* **2.** (*de dinero*) lavagem *f*
blasfemar [blasfe'mar] *vi* **1.** REL blasfemar **2.** (*maldecir*) ~ **de algo** falar mal de a. c.
blasfemia [blas'femja] *f* **1.** REL blasfêmia *f* **2.** (*injuria*) insulto *m* **3.** (*taco*) palavrão *m*
blasfemo, -a [blas'femo, -a] *adj, m, f* blasfemador(a) *m(f)*
blasón [bla'son] *m* **1.** (*escudo*) brasão *m* **2.** (*honor*) honra *f*
bledo ['bleðo] *m* **me importa un** ~ *inf* estou me lixando; **me importa un** ~ **lo que piensas** *inf* estou me lixando para o que você pensa
blindado, -a [blin'daðo, -a] *adj* (*coche, puerta*) blindado, -a
blindaje [blin'daxe] *m* blindagem *f*
bloc [blok] *m* <blocs> (*cuaderno*) bloco *m*
bloque ['bloke] *m t.* POL, ARQUIT bloco *m*
bloquear [bloke'ar] **I.** *vt* bloquear **II.** *vr:* ~ **se** bloquear-se
bloqueo [blo'keo] *m* **1.** (*de un paso*) t. MIL bloqueio *m*; ~ **comercial** COM embargo *m* comercial **2.** TÉC (*de un mecanismo*) paralisação *f*
blusa ['blusa] *f* blusa *f*
boa ['boa] *f* jiboia *f*
bobada [bo'βaða] *f* bobagem *f*; **decir** ~**s** dizer bobagens; **hacer** ~**s** fazer bobagens
bobina [bo'βina] *f* bobina *f*
bobo, -a ['boβo, -a] *adj, m, f* bobo, -a *m, f*
boca ['boka] *f* boca *f*; ~ **abajo** de barriga para baixo; ~ **arriba** de barriga para cima; **a pedir de** ~ às mil maravilhas; **con la** ~ **abierta** *fig* de boca aberta; **hacerse la** ~ **agua** dar água na boca; **¡cierra la** ~**!** *fig* cala a boca!
bocacalle [boka'kaʎe] *f* entrada *f* de uma rua
bocadillo [boka'ðiʎo] *m* sanduíche *m*
bocado [bo'kaðo] *m* bocado *m*
bocajarro [boka'xarro] *adv* (*tirar*) **a** ~ **a** à queima-roupa
bocanada [boka'naða] *f* (*de humo*) baforada *f*
bocata [bo'kata] *m inf* sanduba *m*
boceto [bo'θeto] *m* esboço *m*
bocha ['botʃa] *f* (*bola*) bocha *f*; **jugar a las** ~**s** jogar bocha
bochinche [bo'tʃintʃe] *m* bochicho *m*
bochorno [bo'tʃorno] *m* **1.** METEO bochorno *m* **2.** (*vergüenza*) vergonha *f*; **me da** ~ **que...** +*subj* me dá vergonha que... +*subj*
bochornoso, -a [botʃor'noso, -a] *adj* **1.** METEO bochornoso, -a **2.** (*vergonzoso*) envergonhado, -a
bocina [bo'θina] *f* **1.** (*de auto*) buzina *f*; **tocar la** ~ tocar a buzina **2.** MÚS alto-falante *m*
boda ['boða] *f* casamento *m*; ~**s de plata/de oro** bodas de prata/de ouro

bodega [bo'ðeɣa] f 1. (*de vino*) adega f 2. (*tienda*) bodega f; (*taberna*) taberna f 3. (*en un buque*) porão m

bodegón [boðe'ɣon] m ARTE natureza-morta f

bodrio ['boðrjo] m inf porcaria f

BOE ['boe] m abr de **Boletín Oficial del Estado** ≈ Diário Oficial da União

bofetada [bofe'taða] f bofetada f; **darse de ~s** inf (*no combinar bien*) não combinar

boga ['boɣa] f **estar en ~** estar em voga

bogar [bo'ɣar] <g→gu> vi (*remar*) vogar

bogavante [boɣa'βante] m lavagante m

Bogotá [boɣo'ta] f Bogotá f

bogotano, -a [boɣo'tano, -a] adj, m, f bogotano, -a m, f

bohemio, -a [bo'emjo, -a] adj, m, f boêmio, -a m, f

boicot [boi̯'ko⁽ᵗ⁾] <boicots> m boicote m

boicotear [boi̯kote'ar] vt boicotar

boicoteo [boi̯ko'teo] m boicote m

boina ['boi̯na] f boina f

bola ['bola] f 1. (*pelota*) bola f; **~ de cristal** bola de cristal; **~ de nieve** bola de neve; **en ~s** inf pelado 2. inf (*mentira*) lorota f

bolchevique [boltʃe'βike] adj, mf POL bolchevique mf

boleadoras [bolea'ðoras] fpl AmS boleadeiras fpl

bolera [bo'lera] f boliche m

bolero [bo'lero] m MÚS bolero m

boleta [bo'leta] f 1. AmL (*documento*) autorização f 2. AmL (*para votar*) cédula f eleitoral

boletería [bolete'ria] f AmL TEAT bilheteria f

boletín [bole'tin] m 1. (*publicación*) boletim m 2. (*informe*) relatório m

boleto [bo'leto] m AmL (*entrada, billete*) bilhete m

boli ['boli] m inf caneta f

boliche [bo'litʃe] m 1. (*bola*) bolim m 2. (*juego*) bilboquê m 3. (*bolera*) boliche m 4. AmL (*establecimiento*) bodega f

bólido ['boliðo] m AUTO carro m de corrida; **ir como un ~** ir como um foguete

bolígrafo [bo'liɣrafo] m caneta f esferográfica

bolívar [bo'liβar] m bolívar m

Bolivia [bo'liβja] f Bolívia f

> **Cultura** **Bolivia** é o quinto maior país da América do Sul. Embora **Sucre** seja a capital, a sede do governo é **La Paz**, a maior cidade do país. Além do espanhol, os idiomas oficiais da Bolívia são **quechua** e **aimara** (também conhecido como **aimará**). A unidade monetária é o **boliviano**.

boliviano [boli'βjano] m (*moneda*) boliviano m

boliviano, -a [boli'βjano, -a] adj, m, f boliviano, -a m, f

bollo ['boʎo] m 1. (*panecillo*) pãozinho m; (*pastelillo*) bolo m 2. (*abolladura*) amassadura f

bolo ['bolo] m 1. (*pieza*) pino m 2. pl (*juego*) boliche m

bolsa ['bolsa] f 1. (*saco*) sacola f; **~ de plástico** sacola de plástico 2. (*pliegue*) prega f 3. FIN bolsa f; **~ de valores** bolsa de valores 4. AmL (*bolsillo*) bolso m

bolsillo [bol'siʎo] m bolso m; **de ~** de bolso; **rascarse el ~** fig, inf botar a mão no bolso

bolsista [bol'sista] mf FIN bolsista mf

bolso ['bolso] m (*de viaje, de mujer*) bolsa f

bomba ['bomba] I. f 1. MIL, TÉC bomba f; **a prueba de ~s** à prova de bombas 2. AmL, inf (*borrachera*) bebedeira f; **pegarse una ~** tomar uma bebedeira II. adv inf pasarlo ~ divertir-se

bombardear [bombarðe'ar] vt bombardear

bombardeo [bombar'ðeo] m bombardeio m

bombardero [bombar'ðero] m (*avión*) bombardeiro m

bombero, -a [bom'bero, -a] m, f bombeiro m

bombilla [bom'biʎa] f lâmpada f

bombín [bom'bin] m chapéu-coco m

bombo ['bombo] m 1. MÚS bumbo m 2. (*en un sorteo*) globo m

bombón [bom'bon] m bombom m; **ser un ~** fig, inf ser um avião

bombona [bom'bona] f botijão m

bonachón, -ona [bona'tʃon, -ona] adj inf (*buenazo*) bonachão, -ona m, f

bonaerense [bonae'rense] adj, mf bo-

naerense *mf*
bonanza [bo'naɲθa] *f t.* NÁUT bonança *f*
bondad [boṇ'daᵭ] *f* bondade *f;* **tener la ~ de hacer algo** ter a bondade de fazer a. c.
bondadoso, -a [boṇda'ᵭoso, -a] *adj* bondoso, -a
bonito [bo'nito] **I.** *m* ZOOL bonito *m* **II.** *adv AmL* (*bien*) bem
bonito, -a [bo'nito, -a] *adj* bonito, -a
bono ['bono] *m* **1.** (*vale*) vale *m* **2.** COM bônus *m inv*
bonobús [bono'βus] *m passagem de ônibus para várias viagens*
bonoloto [bono'loto] *f* loteria *f* espanhola
bonsái [bon'sai̯] *m* bonsai *m*
boquerón [boke'ron] *m* anchova *f*
boquiabierto, -a [bokja'βjerto, -a] *adj* boquiaberto, -a
boquilla [bo'kiʎa] *f* **1.** MÚS boquilha *f* **2.** (*de cigarrillos*) filtro *m*; (*pieza sobrepuesta*) piteira *f* **3.** TÉC bocal *m*
borbotón [borβo'ton] *m* **salir a borbotones** sair aos borbotões
borda ['borᵭa] *f* NÁUT borda *f;* **echar algo por la ~** *fig* jogar a. c. pela janela
bordado [bor'ᵭaᵭo] *m* bordado *m*
bordar [bor'ᵭar] *vt* bordar
borde ['borᵭe] **I.** *adj inf* (*persona*) grosso, -a **II.** *m* **1.** (*de camino, río*) beira *f* **2.** (*de mesa*) beirada *f*
bordear [borᵭe'ar] *vt* beirar
bordillo [bor'ᵭiʎo] *m* meio-fio *m*
bordo ['borᵭo] *m* NÁUT bordo *m;* **a ~ a** bordo
borla ['borla] *f* borla *f*
borrachera [borra'tʃera] *f* bebedeira *f*, porre *m inf;* **agarrar una ~** tomar um porre
borracho, -a [bo'rratʃo, -a] *adj, m, f* bêbado, -a *m, f*
borrador [borra'ᵭor] *m* **1.** (*escrito*) rascunho *m*, esboço *m* **2.** (*trapo*) apagador *m* **3.** (*goma*) borracha *f*
borrar [bo'rrar] **I.** *vt* **1.** (*con esponja*) remover; (*con goma*) apagar **2.** INFOR deletar **3.** (*huellas*) apagar **II.** *vr:* **~se 1.** (*difuminarse*) desaparecer **2.** (*retirarse*) **~se de algo** retirar-se de a. c.
borrasca [bo'rraska] *f* (*baja presión*) borrasca *f*; (*tempestad*) temporal *m*
borrego, -a [bo'rreɣo, -a] *m, f* borrego *m*
borrón [bo'rron] *m* (*mancha*) borrão *m;* **hacer ~ y cuenta nueva** virar a página

borroso, -a [bo'rroso, -a] *adj* **1.** (*escritura*) borrado, -a **2.** (*foto*) manchado, -a
Bósforo ['bosforo] *m* Bósforo *m*
Bosnia Herzegovina ['bosnja (x)erθeɣo'βina] *f* Bósnia-Herzegóvina *f*
bosnio, -a ['bosnjo, -a] *adj, m, f* bósnio, -a *m, f*
bosque ['boske] *m* bosque *m*
bosquejar [boske'xar] *vt* bosquejar
bostezar [boste'θar] <z→c> *vi* bocejar
bostezo [bos'teθo] *m* bocejo *m*
bota ['bota] *f* bota *f;* **~s de agua** botas de chuva; **~ de vino** bota de vinho
botánica [bo'tanika] *f* botânica *f*
botánico, -a [bo'taniko, -a] *adj, m, f* botânico, -a *m, f*
botar [bo'tar] **I.** *vi* **1.** (*pelota*) quicar **2.** (*persona*) saltar **II.** *vt* **1.** (*lanzar*) jogar; (*la pelota*) quicar **2.** NÁUT (*barco*) lançar à água **3.** *AmL* (*expulsar*) expulsar
bote ['bote] *m* **1.** (*salto*) pulo *m;* **pegar un ~** sobressaltar-se; **a ~ pronto** de repente **2.** (*vasija*) pote *m* **3.** (*en la lotería*) acumulado *m* **4.** NÁUT bote *m;* **~ salvavidas** bote salva-vidas
botella [bo'teʎa] *f* garrafa *f*
botica [bo'tika] *f* botica *f*
boticario, -a [boti'karjo, -a] *m, f* boticário, -a *m, f*
botijo [bo'tixo] *m* moringa *f*
botín [bo'tin] *m* **1.** (*zapato*) botina *f* **2.** (*de guerra*) pilhagem *f*
botiquín [boti'kin] *m* (*mueble*) armário *m* de primeiros socorros; (*caja*) caixa *f* de primeiros socorros
botón [bo'ton] *m* botão *m;* **~ de muestra** *fig* exemplo *m*
botones [bo'tones] *m inv* (*de hotel*) mensageiro *m*
bóveda ['boβeᵭa] *f* abóbada *f*
bovino, -a [bo'βino, -a] *adj* bovino, -a
boxeador(a) [boʸsea'ᵭor(a)] *m(f)* boxeador(a) *m(f)*
boxear [boʸse'ar] *vi* boxear
boxeo [boʸ'seo] *m* boxe *m*
boya ['boʝa] *f* boia *f*
boyante [bo'ʝaṇte] *adj* (*próspero*) próspero, -a
bozal [bo'θal] *m* açaimo *m*
bracear [braθe'ar] *vi* **1.** (*mover los brazos*) bracejar **2.** (*nadar*) nadar
bracero [bra'θero] *m* ≈ boia-fria *mf*
braga ['braɣa] *f* (*de mujer*) calcinha *f*
bragueta [bra'ɣeta] *f* braguilha *f*

braille ['braile] *m* braile *m*
bramar [bra'mar] *vi* rugir
bramido [bra'miðo] *m* rugido *m*
brasa ['brasa] *f* brasa *f*; **a la ~** na brasa
brasero [bra'sero] *m* braseiro *m*
Brasil [bra'sil] *m* (**el**) **~** (o) Brasil
brasileño, -a [brasi'leɲo, -a] *adj, m, f* brasileiro, -a *m, f*
Brasilia [bra'silia] *f* Brasília *f*
bravata [bra'βata] *f* bravata *f*
bravío, -a [bra'βio, -a] *adj* **1.** (*animal*) selvagem **2.** (*persona*) rude
bravo, -a ['braβo, -a] *adj* (*persona, animal, mar*) bravo, -a
bravura [bra'βura] *f* **1.** (*de los animales*) braveza *f* **2.** (*de las personas*) bravura *f*
braza ['braθa] *f* **1.** NÁUT braça *m* **2.** DEP nado *m* de peito
brazada [bra'θaða] *f* braçada *f*
brazalete [braθa'lete] *m* **1.** (*pulsera*) bracelete *m* **2.** (*banda*) braçadeira *f*
brazo ['braθo] *m* **1.** ANAT braço *m*; **~ de gitano** GASTR rocambole *m*; **ir cogidos del ~** caminhar de braços dados **2.** ZOOL pata *f*
brea ['brea] *f* breu *m*
brecha ['bretʃa] *f* brecha *f*
brega ['breɣa] *f* labuta *f*
Bretaña [bre'taɲa] *f* Bretanha *f*; **Gran ~** Grã-Bretanha *f*
bretón, -ona [bre'ton, -ona] *adj, m, f* bretão, bretã *m, f*
breva ['breβa] *f* **1.** (*higo*) bêbera *f*; **¡no caerá esa ~!** *fig* não terei essa sorte! **2.** (*cigarro*) charuto *m* achatado
breve ['breβe] **I.** *adj* breve; **en ~** em breve **II.** *m* PREN nota *f*
brevedad [breβe'ðaδ] *f* brevidade *f*
brezo ['breθo] *m* urze *f*
bribón, -ona [bri'βon, -ona] *adj, m, f* safado, -a *m, f*
bricolaje [briko'laxe] *m* bricolagem *f*
brida [bri'ða] *f* **1.** (*de caballo*) bridão *m* **2.** TÉC braçadeira *f*
brigada[1] [bri'ɣaða] *f* (*de obreros*) *t*. MIL brigada *f*
brigada[2] [bri'ɣaða] *m* MIL grau de hierarquia militar, entre o sargento e subtenente
brillante [bri'ʎante] *adj, m* brilhante *m*
brillar [bri'ʎar] *vi* brilhar
brillo ['briʎo] *m* brilho *m*; **dar ~ a algo** lustrar a. c.
brincar [briŋ'kar] <c→qu> *vi* pular
brinco ['briŋko] *m* pulo *m*

brindar [briɲ'dar] **I.** *vi* brindar **II.** *vt* (*ofrecer*) oferecer-se
brindis ['briɲdis] *m inv* brinde *m*
brioso, -a [bri'oso, -a] *adj* brioso, -a
brisa ['brisa] *f* brisa *f*
británico, -a [bri'taniko, -a] *adj, m, f* britânico, -a *m, f*
brizna ['briθna] *f* **1.** (*hebra*) fibra *f* **2.** (*porción diminuta*) migalha *f*
broca ['broka] *f* TÉC broca *f*
brocal [bro'kal] *m* beirada *f*
brocha ['brotʃa] *f* **1.** (*para pintar*) broxa *f* **2.** (*para afeitarse*) pincel *m*; **~ de afeitar** pincel de barba
broche ['brotʃe] *m* fecho *m*; (*de adorno*) broche *m*
broma ['broma] *f* brincadeira *f*; **decir algo en ~** dizer a. c. de brincadeira; **ni en ~** nem de brincadeira; **no estoy para ~s** não estou para brincadeiras
bromear [brome'ar] *vi* brincar
bromista [bro'mista] *adj, m* brincalhão, -ona *m, f*
bronca ['broŋka] *f* **1.** (*pelea*) briga *f* **2.** (*reprimenda*) bronca *f*; **echar una ~ a alguien** dar uma bronca em alguém
bronce ['broɲθe] *m* bronze *m*
bronceado, -a [broɲθe'aðo, -a] *adj* bronzeado, -a
bronceador [broɲθea'ðor] *m* bronzeador *m*
broncear [broɲθe'ar] **I.** *vt* bronzear **II.** *vr:* **~se** bronzear-se
bronco, -a ['broŋko, -a] *adj* **1.** (*voz*) rouco, -a **2.** (*genio*) bronco, -a
bronquio ['broŋkjo] *m* ANAT brônquio *m*
bronquitis [broɲ'kitis] *f inv* MED bronquite *f*
brotar [bro'tar] *vi* **1.** (*agua*) *t*. BOT brotar **2.** (*enfermedad*) aparecer
brote ['brote] *m* **1.** BOT broto *m*; **~s de soja** brotos de feijão **2.** (*de enfermedad*) surto *m*
bruces ['bruθes] *adv* **caer de ~** cair de bruços; **darse de ~ con alguien** dar de cara com alguém
bruja ['bruxa] *f v.* **brujo**
Brujas ['bruxas] *f* Bruges *f*
brujería [bruxe'ria] *f* bruxaria *f*
brujo, -a ['bruxo, -a] *m, f* bruxo, -a *m, f*
brújula ['bruxula] *f* bússola *f*
bruma ['bruma] *f* bruma *f*
brumoso, -a [bru'moso, -a] *adj* brumoso, -a
bruñir [bru'ɲir] <3. *pret:* bruñó> *vt* brunir

brusco, **-a** ['brusko, -a] *adj* **1.** (*repentino*) brusco, -a **2.** (*persona*) grosseiro, -a
Bruselas [bru'selas] *f* Bruxelas *f*
brutal [bru'tal] *adj* brutal
brutalidad [brutali'ðað] *f* brutalidade *f*
bruto, **-a** ['bruto, -a] I. *adj* bruto, -a; **en** ~ (*diamante, petróleo*) em bruto II. *m, f* bruto *m*
bucal [bu'kal] *adj* bucal
buceador(a) [buθea'ðor(a)] *m(f)* mergulhador(a) *m(f)*
bucear [buθe'ar] *vi* **1.** (*nadar*) mergulhar **2.** (*investigar*) ~ **en algo** vasculhar a. c.
buceo [bu'θeo] *m* mergulho *m*
bucle ['bukle] *m* **1.** (*cabello*) caracol *m* **2.** INFOR loop *m*
budismo [bu'ðismo] *m* budismo *m*
budista [bu'ðista] *adj, mf* budista *mf*
buen [bwen] *adj v.* **bueno**
buenamente [bwena'mente] *adv* melhor
buenaventura [bwenaβen'tura] *f* **echar la** ~ **a alguien** tirar a sorte de alguém
bueno, **-a** ['bweno, -a] *adj* <mejor *o* más bueno, el mejor *o* bonísimo *o* buenísimo> *delante de un sustantivo masculino:* **buen** bom, boa; ~**s días** bom dia; **hace** ~ faz tempo bom; **lo** ~ **es que...** o bom é que...; **estar de buenas** estar de bom humor; **estar** ~ (*sabroso*) estar bom; *inf* (*atractivo*) estar um avião

> **Gramática** **bueno** não é usado antes de substantivo masculino; em seu lugar usa-se **buen**: "Hoy hace buen tiempo."

Buenos Aires ['bwenos 'aires] *m* Buenos Aires *f*
buey [bwei] *m* boi *m*
búfalo ['bufalo] *m* búfalo, -a *m, f*
bufanda [bu'fanda] *f* cachecol *m*
bufar [bu'far] *vi* bufar
bufete [bu'fete] *m* escritório *m* de advocacia
bufido [bu'fiðo] *m* bufo *m*
bufón, **-ona** [bu'fon, -ona] *m, f* TEAT bufão, -ona *m, f*
buhardilla [bwar'ðiʎa] *f* **1.** (*ventana*) alçapão *m* **2.** (*habitación*) desvão *m*
búho ['buo] *m* coruja *f*
buhonero [buo'nero] *m* camelô *m*

buitre ['bwitre] *m* abutre *m*
bujía [bu'xia] *f* AUTO vela *f* de ignição
bula ['bula] *f* bula *f*
bulbo ['bulβo] *m* bulbo *m*
bulevar [bule'βar] *m* bulevar *m*
Bulgaria [bul'ɣarja] *f* Bulgária *f*
búlgaro, **-a** ['bulɣaro, -a] *adj, m, f* búlgaro, -a *m, f*
bulimia [bu'limja] *f* MED bulimia *f*
bulla ['buʎa] *f* (*ruido*) barulheira *f*
bullicio [bu'ʎiθjo] *m* (*ruido*) barulho *m*
bullicioso, **-a** [buʎi'θjoso, -a] *adj* barulhento, -a
bullir [bu'ʎir] <3. *pret:* bulló> *vi* (*hervir, agitarse*) ferver
bulto ['bulto] *m* **1.** (*fardo*) volume *m;* **escurrir el** ~ *inf* tirar o corpo fora **2.** (*paquete*) embrulho *m*
buñuelo [bu'ɲwelo] *m* sonho *m*
BUP [bup] *m* ENS *abr de* **Bachillerato Unificado Polivalente** ≈ segundo grau
buque ['buke] *m* navio *m;* ~ **de carga** navio cargueiro; ~ **de vapor** navio a vapor
burbuja [bur'βuxa] *f* borbulha *f*
burbujear [burβuxe'ar] *vi* borbulhar
burdel [bur'ðel] *m* bordel *m*
Burdeos [bur'ðeos] *m* Bordeaux *f*
burdo, **-a** ['burðo, -a] *adj* (*tosco*) grosseiro, -a
burgués, **-esa** [bur'ɣes, -esa] *adj, m, f t. pey* burguês, -esa *m, f*
burguesía [burɣe'sia] *f* burguesia *f*
burla ['burla] *f* zombaria *f*; **hacer** ~ **de alguien** zombar de alguém
burlar [bur'lar] I. *vt* (*eludir*) enganar II. *vr:* ~**se de alguien** zombar de alguém
burlesco, **-a** [bur'lesko, -a] *adj* burlesco, -a
burlón, **-ona** [bur'lon, -ona] *adj* brincalhão, -ona
burocracia [buro'kraθja] *f* burocracia *f*
burócrata [bu'rokrata] *mf* burocrata *mf*
burocrático, **-a** [buro'kratiko, -a] *adj* burocrático, -a
burrada [bu'rraða] *f inf* barbaridade *f*; **decir** ~**s** dizer barbaridades
burro, **-a** ['burro, -a] *adj, m, f t. fig* burro, -a *m, f*
bursátil [bur'satil] *adj* da bolsa (de valores)
bus [bus] *m* **1.** (*autobús*) ônibus *m* **2.** INFOR barramento *m*
busca[1] ['buska] *f* busca *f*
busca[2] ['buska] *m* bip *m*

buscador [buska'ðor] *m* INFOR buscador *m*
buscapersonas [buskaper'sonas] *m inv* bip *m*
buscar [bus'kar] <c→qu> *vi, vt* procurar; **me viene a ~ a las 7** vem me buscar às 7; **él se lo ha buscado** ele mereceu
buscona [bus'kona] *f pey* prostituta *f*
búsqueda ['buskeða] *f t.* INFOR busca *f*
busto ['busto] *m* busto *m*
butaca [bu'taka] *f* (*silla, de cine*) poltrona *f*
butano [bu'tano] *m* butano *m*
buzo ['buθo] *m* 1.(*buceador*) mergulhador *m* 2.(*mono*) macacão *m*
buzón [bu'θon] *m* (*de correos*) caixa *f* de correio; **~ (electrónico)** INFOR correio *m* eletrônico
byte [baĩᵗ] *m* INFOR byte *m*

C

C, c [c] *f* C, c *m*
C/ ['kaʎe] *abr de* **calle** R.
cabal [ka'βal] **I.** *adj* 1.(*honesto*) honesto, -a 2.(*exacto*) cabal **II.** *m* **no estar en sus ~es** *inf* não estar bom da cabeça
cábala ['kaβala] *f* 1. REL cabala *f* 2. *pl* (*suposición*) conjeturas *fpl*; **hacer ~s** fazer conjeturas
cabalgadura [kaβalɣa'ðura] *f* cavalgadura *f*
cabalgar [kaβal'ɣar] <g→gu> *vi, vt* cavalgar
cabalgata [kaβal'ɣata] *f* cavalgada *f*
caballa [ka'βaʎa] *f* cavalinha *f*
caballeresco, -a [kaβaʎe'resko, -a] *adj* cavalheiresco, -a
caballería [kaβaʎe'ria] *f* 1.(*montura*) cavalgadura *f* 2. MIL cavalaria *f*
caballeriza [kaβaʎe'riθa] *f* cavalariça *f*
caballerizo [kaβaʎe'riθo] *m* cavalariço *m*
caballero [kaβa'ʎero] *m* (*señor, galán*) *t.* HIST cavalheiro *m*; **es todo un ~** é um verdadeiro cavalheiro
caballerosidad [kaβaʎerosi'ðaᵈ] *f* cavalheirismo *m*
caballeroso, -a [kaβaʎe'roso, -a] *adj* cavalheiroso, -a
caballete [kaβa'ʎete] *m* cavalete *m*
caballito [kaβa'ʎito] *m* 1. ZOOL **~ de mar** cavalo-marinho *m* 2. *pl* (*en una feria*) carrossel *m*
caballo [ka'βaʎo] *m* 1.(*animal*) cavalo *m* 2. DEP cavalo *m*; **~ con/sin arcos** cavalo com/sem arção 3. AUTO cavalo *m*; **~ de vapor** cavalo-vapor *m* 4.(*ajedrez*) cavalo *m*; (*naipes*) carta do baralho espanhol
cabaña [ka'βaɲa] *f* cabana *f*
cabaré [kaβa're] *m*, **cabaret** [kaβa're] *m* <cabarets> cabaré *m*
cabecear [kaβeθe'ar] *vi, vt* cabecear
cabecera [kaβe'θera] *f* 1.(*de cama*) cabeceira *f* 2.(*del periódico*) cabeçalho *m*
cabecilla [kaβe'θiʎa] *mf* (*en un grupo*) cabeça *mf*
cabellera [kaβe'ʎera] *f* cabeleira *f*
cabello [ka'βeʎo] *m* cabelo *m*; **~ de ángel** doce feito com abóbora e açúcar
cabelludo, -a [kaβe'ʎuðo, -a] *adj* cabeludo, -a
caber [ka'βer] *irr* vi 1.(*tener espacio*) caber 2.(*ser posible*) caber; **dentro de lo que cabe** dentro do que cabe
cabestrillo [kaβes'triʎo] *m* MED tipoia *f*; **en ~** na tipoia
cabeza¹ [ka'βeθa] *f* cabeça *f*; **~ de lectura** INFOR cabeça de leitura; **~ abajo/arriba** de cabeça para baixo/para cima; **ir en ~** DEP estar na frente; **levantar ~** *fig* levantar a cabeça; **tener ~** *fig* ter cabeça; **tener la ~ llena de pájaros** *inf* ter a cabeça cheia de vento; **traer de ~** deixar louco; **de ~** de cabeça; **por ~** por cabeça
cabeza² [ka'βeθa] *mf* **~ de chorlito** *inf* cabeça de vento *mf*; **~ rapada** skinhead *mf*; **~ de turco** bode *m* expiatório
cabezada [kaβe'θaða] *f inf* 1.(*golpe*) cabeçada *f* 2.(*siesta*) **echar una ~** tirar uma soneca
cabezal [kaβe'θal] *m* cabeçote *m*
cabezazo [kaβe'θaθo] *m t.* DEP cabeçada *f*
cabezón, -ona [kaβe'θon, -ona] *adj t. inf* (*obstinado*) cabeçudo, -a
cabezota [kaβe'θota] *mf inf* cabeçudo, -a *m, f*
cabida [ka'βiða] *f* capacidade *f*; **dar ~ a, tener ~ para** ter capacidade para

cabina [ka'βina] *f* cabine *f;* **~ telefónica** [*o* **de teléfonos**] cabine telefônica
cabizbajo, -a [kaβiθ'βaxo, -a] *adj* cabisbaixo, -a
cable ['kaβle] *m t.* ELEC cabo *m;* **echar un ~** *inf* dar uma mão
cabo ['kaβo] *m* **1.** (*extremo*) cabo *m*; **al ~ de** no [*ou* ao] fim de; **al fin y al ~** afinal; **de ~ a rabo** *inf* de cabo a rabo; **llevar a ~** levar a cabo **2.** GEO cabo *m*; **Ciudad del Cabo** Cidade do Cabo **3.** MIL cabo *m* **4.** NÁUT cabo *m;* **atar ~s** *fig* ligar os pontos; **no dejar ni un ~ suelto** *fig* tomar todas as precauções
cabra ['kaβra] *f* cabra *f;* **estar como una ~** *inf* estar maluco
cabrear [kaβre'ar] I. *vt inf* encher II. *vr:* **~se** *inf* encher-se
cabreo [ka'βreo] *m inf* raiva *f;* **coger un ~** ficar com raiva
cabriola [ka'βrjola] *f* cabriola *f*
cabrón [ka'βron] *m* **1.** ZOOL bode *m* **2.** *vulg* corno *m*
cabrón, -ona [ka'βron, -ona] *m, f vulg* sacana *mf*
cabronada [kaβro'naða] *f vulg* sacanagem *f*
caca ['kaka] *f inf* **1.** (*excremento*) cocô *m* **2.** (*chapuza*) caca *f*
cacahuete [kaka'wete] *m* amendoim *m*
cacao [ka'kao] *m* **1.** (*polvo*) cacau *m* **2.** *inf* (*lío*) angu *m*
cacarear [kakare'ar] I. *vi* (*gallinas*) cacarejar II. *vt pey, inf* (*persona: presumir*) cacarejar
cacatúa [kaka'tua] *f* cacatua *f*
cacería [kaθe'ria] *f* caçada *f*
cacerola [kaθe'rola] *f* caçarola *f*
cachalote [katʃa'lote] *m* cachalote *m*
cacharro [ka'tʃarro] *m* **1.** (*recipiente*) louça *f* **2.** *pey, inf* (*aparato*) geringonça *f* **3.** *pey, inf* (*trasto*) traste *m*
caché [ka'tʃe] *m v.* **cachet**
cachear [katʃe'ar] *vt* revistar
cachemir [katʃe'mir] *m* caxemira *f*
cacheo [ka'tʃeo] *m* revista *f*
cachet [ka'tʃe] *m* cachê *m*
cachete [ka'tʃete] *m* **1.** (*golpe*) tapa *m ou f* **2.** (*carrillo*) bochecha *f*
cachimba [ka'tʃimba] *f AmL* cachimbo *m*
cachiporra [katʃi'porra] *f* cassetete *m*
cachivache [katʃi'βatʃe] *m* cacareco *m*
cachondearse [katʃonde'arse] *vr* **~ de alguien** rir da cara de alguém
cachondeo [katʃon'deo] *m inf* **1.** (*burla*) gozação *f* **2.** (*desorden*) baderna *f*
cachondo, -a [ka'tʃondo, -a] *adj* **1.** *vulg* (*sexual*) fogoso, -a **2.** *inf* (*gracioso*) gozador(a)
cachorro, -a [ka'tʃorro, -a] *m, f* filhote *m*
cacique [ka'θike] *m* cacique *m*
caco ['kako] *m inf* mão-leve *m*
cacto ['kakto] *m* cacto *m*
cada ['kaða] *adj* cada; **~ uno/una** cada um/uma; **~ tres días** a cada três dias; **~ hora** toda hora; **¿~ cuánto?** a cada quanto?; **~ dos por tres** cada três por dois
cadalso [ka'ðalso] *m* cadafalso *m*
cadáver [ka'ðaβer] *m* cadáver *m*
cadena [ka'ðena] *f* **1.** *t. fig* (*objeto*) corrente *f;* **~ perpetua** JUR prisão *f* perpétua; **trabajo en ~** trabalho em cadeia **2.** GEO cadeia *f* **3.** TV cadeia *f* **4.** (*en el baño*) descarga *f;* **tirar de la ~** dar descarga **5.** *pl* AUTO correntes *fpl*
cadencia [ka'ðenθja] *f* cadência *f*
cadera [ka'ðera] *f* quadril *m*
cadete [ka'ðete] *m* MIL cadete *m*
caducar [kaðu'kar] <c→qu> *vi* (*documento, productos*) vencer
caducidad [kaðuθi'ðað] *f* (*de un documento, un producto*) validade *f*
caduco, -a [ka'ðuko, -a] *adj* (*persona, idea, árbol*) caduco, -a
caer [ka'er] *irr* I. *vi* **1.** cair; **~ bien/mal** (*persona, vestido*) cair bem/mal **2.** (*encontrarse*) ficar II. *vr:* **~se** cair
café [ka'fe] *m* **1.** (*bebida, local*) café *m;* **~ con leche** café com leite; **~ solo** café puro **2.** (*planta*) cafeeiro *m*
cafeína [kafe'ina] *f* cafeína *f*
cafetal [kafe'tal] *m* cafezal *m*
cafetera [kafe'tera] *f* cafeteira *f*
cafetería [kafete'ria] *f* cafeteria *f*
cagalera [kaɣa'lera] *f inf* caganeira *f;* **le entró ~** lhe deu uma caganeira
cagar [ka'ɣar] <g→gu> *vulg* I. *vi, vt* cagar II. *vr:* **~se** cagar-se
caída [ka'iða] *f* queda *f;* **~ del sistema** INFOR queda do sistema
caído, -a [ka'iðo, -a] I. *adj* caído, -a II. *m, f* **los ~s** os mortos em combate
caigo ['kaiɣo] *1. pres de* **caer**
caimán [kai'man] *m* jacaré *m*
Cairo ['kairo] *m* **El ~** O Cairo
caja ['kaxa] *f* caixa *f;* **~ de cambios** AUTO caixa de câmbio; **~ fuerte** caixa-forte *f;* **~ de herramien-**

tas t. INFOR menu ferramentas; **~ de música** caixa de música; **~ negra** AERO caixa preta; **~ registradora** caixa registradora **2.** FIN caixa f
cajero [ka'xero] m caixa m; **~ automático** caixa automático
cajero, -a [ka'xero, -a] m, f caixa mf
cajetilla [kaxe'tiʎa] f maço m de cigarro
cajón [ka'xon] m **1.**(caja) caixote m **2.**(de mueble) gaveta f; **~ de sastre** lugar ou conjunto de coisas variadas e desordenadas; **ser de ~** inf ser óbvio ululante
cal [kal] f cal f; **a ~ y canto** a sete chaves
cala ['kala] f t. NÁUT cala f
calabacín [kalaβa'θin] m abobrinha f
calabaza [kala'βaθa] f BOT abóbora f; **dar ~ s a alguien** inf(a novio) dar um fora em alguém; (a alumno) bombear alguém
calabozo [kala'βoθo] m calabouço m
calada [ka'laða] f (a cigarrillo) tragada f
calado [ka'laðo] m **1.**(bordado) crivo m **2.** NÁUT calado m
calamar [kala'mar] m lula f
calambre [ka'lambre] m **1.**(eléctrico) choque m **2.**(muscular) cãibra f
calamidad [kalami'ðað] f calamidade f
calaña [ka'laɲa] f **ser de mala ~** ser de baixo nível
calar [ka'lar] **I.** vt **1.**(mojar) ensopar **2.**(atravesar) varar **II.** vr: **~ se 1.**(mojarse) ensopar-se **2.**(motor) afogar-se **3.**(gorra) enfiar
calavera [kala'βera] f caveira f
calcañar [kalka'ɲar] m ANAT calcanhar m
calcar [kal'kar] <c→qu> vt (dibujar, imitar) calcar
calceta [kal'θeta] f tricô m
calcetín [kalθe'tin] m meia f
calcinar [kalθi'nar] vt calcinar
calcio ['kalθjo] m cálcio m
calco ['kalko] m calco m
calcomanía [kalkoma'nia] f decalque m
calculador(a) [kalkula'ðor(a)] adj calculador(a)
calculadora [kalkula'ðora] f calculadora f
calcular [kalku'lar] vt calcular
cálculo ['kalkulo] m cálculo m
caldear [kalde'ar] vt t. fig esquentar
caldera [kal'dera] f TÉC caldeira f
calderilla [kalde'riʎa] f trocado m

caldero [kal'dero] m caldeirão m
caldo ['kaldo] m GASTR caldo m; **~ de cultivo** caldo de cultura
caldoso, -a [kal'doso, -a] adj caldoso, -a
calefacción [kalefaʲ'θjon] f calefação f, aquecimento m; **~ central** aquecimento central
caleidoscopio [kalei̯ðos'kopjo] m caleidoscópio m
calendario [kalen'darjo] m calendário m
calentador [kalenta'ðor] m aquecedor m
calentamiento [kalenta'mjento] m DEP aquecimento m
calentar [kalen'tar] <e→ie> **I.** vi (dar calor) esquentar, aquecer **II.** vt **1.**(caldear) esquentar **2.** inf (pegar) bater **3.** vulg (sexualmente) acender **III.** vr: **~ se** (caldearse, enfadarse) esquentar-se
calentura [kalen'tura] f **1.**(fiebre) quentura f **2.**(en los labios) boqueira f
calenturiento, -a [kalentu'rjento, -a] adj febril
calibre [ka'liβre] m calibre m
calidad [kali'ðað] f qualidade f; **en ~ de** na qualidade de
cálido, -a ['kaliðo, -a] adj **1.**(país) quente **2.**(cariñoso) acolhedor(a)
caliente [ka'ljente] adj **1.**(cálido, acalorado) quente **2.** vulg (sexualmente) fogoso, -a
califa [ka'lifa] m califa m
califato [kali'fato] m califado m
calificación [kalifika'θjon] f **1.**(cualificación) qualificação f **2.**(nota) nota f
calificar [kalifi'kar] <c→qu> vt **1.**(definir) **~ a alguien de algo** qualificar alguém de a. c. **2.** ENS qualificar, avaliar
caligrafía [kaliɣra'fia] f caligrafia f
calina [ka'lina] f névoa f
cáliz ['kaliθ] m cálice m
caliza [ka'liθa] f calcário m
callado, -a [ka'ʎaðo, -a] adj calado, -a
callar [ka'ʎar] **I.** vi calar; **¡cállate!** calese! **II.** vt calar **III.** vr: **~ se** calar-se
calle ['kaʎe] f **1.** rua f; **~ peatonal** rua de pedestres; **doblar la ~** dobrar a rua; **hacer la ~** inf rodar a bolsinha; **llevar a alguien por la ~ de la amargura** inf arrastar alguém para a rua da amargura; **quedarse en la ~** inf ir para o olho da rua **2.** DEP (pista) raia f
callejear [kaʎexe'ar] vi vagar
callejero [kaʎe'xero] m guia m de ruas

callejón [kaʎe'xon] *m* beco *m;* **~ sin salida** beco sem saída
callista [ka'ʎista] *mf* calista *mf*
callo ['kaʎo] *m* **1.** (*callosidad*) calo *m;* **dar el ~** *inf* dar o sangue **2.** *pl* GASTR dobradinha *f*
calma ['kalma] *f* calma *f;* **mantener/perder la ~** manter/perder a calma; **~ chicha** NÁUT calmaria *f*
calmante [kal'mante] *adj, m* calmante *m*
calmar [kal'mar] **I.** *vt* acalmar **II.** *vr:* **~ se** acalmar-se
calmoso, -a [kal'moso, -a] *adj* calmo, -a
calor [ka'lor] *m* calor *m;* **hacer ~** fazer calor; **tener ~** ter calor
caloría [kalo'ria] *f* caloria *f*
calórico, -a [ka'loriko, -a] *adj* calórico, -a
calorífero, -a [kalo'rifero, -a] *adj* calorífero, -a
calumnia [ka'lumnja] *f* calúnia *f*
caluroso, -a [kalu'roso, -a] *adj* **1.** (*clima*) quente **2.** (*cariñoso*) caloroso, -a
calva ['kalβa] *f* calva *f*
calvario [kal'βarjo] *m* REL calvário *f*
calvicie [kal'βiθje] *f* calvície *f*
calvo, -a ['kalβo, -a] *adj, m, f* calvo, -a *m, f*
calzada [kal'θaða] *f* calçamento *m*
calzado [kal'θaðo] *m* calçado *m*
calzador [kalθa'ðor] *m* calçadeira *f*
calzar [kal'θar] <z→c> **I.** *vt* calçar **II.** *vr:* **~ se** calçar-se
calzón [kal'θon] *m AmL* calcinha *f*
calzoncillo(s) [kalθon'θiʎo(s)] *m(pl)* cueca(s) *m(pl)*
cama ['kama] *f* cama *f;* **caer en ~** cair de cama; **guardar ~** ficar de cama; **hacer la ~** fazer [*ou* arrumar] a cama
camada [ka'maða] *f* (*de animales*) ninhada *f*
camafeo [kama'feo] *m* camafeu *m*
camaleón [kamale'on] *m t. fig* camaleão *m*
camaleónico, -a [kamale'oniko, -a] *adj fig* camaleônico, -a
cámara¹ ['kamara] *f* câmara *f;* **~ fotográfica** câmara fotográfica; **~ de gas** câmara de gás; **~ de vídeo** câmara de vídeo; **~ web** câmara web
cámara² ['kamara] *mf* CINE câmera *mf*
camarada [kama'raða] *mf* camarada *mf*
camarero, -a [kama'rero, -a] *m, f* **1.** (*de bar, restaurante*) garçom, -onete *m, f* **2.** (*de hotel*) camareiro, -a *m, f*
camarilla [kama'riʎa] *f pey* camarilha *f*
camarín [kama'rin] *m* camarim *m*
camarón [kama'ron] *m* camarão *m*
camarote [kama'rote] *m* NÁUT camarote *m*
cambiante [kam'bjante] *adj* mutável
cambiar [kam'bjar] **I.** *vi* (*transformarse*) mudar; **~ de casa** mudar-se de casa **II.** *vt* mudar; (*dinero*) trocar; **~ algo de lugar** trocar [*ou* mudar] a. c. de lugar **III.** *vr:* **~ se** (*de vestido*) trocar(-se)
cambiazo [kam'bjaθo] *m inf* mudança *f;* **dar el ~ a alguien** passar a perna em alguém
cambio ['kambjo] *m* **1.** (*transformación*) mudança *f;* **~ climático** mudança *f* climática; **en ~** por outro lado **2.** (*intercambio*) troca *f;* **a ~ de algo** a troca de a. c. **3.** FIN câmbio *m;* **~ de divisa** câmbio de moeda **4.** (*suelto*) trocado *m* **5.** AUTO câmbio *m*
cambista [kam'bista] *mf* cambista *mf*
Camboya [kam'boʝa] *f* Camboja *m*
camelar [kame'lar] *vt inf* **1.** (*engañar*) engambelar **2.** (*seducir*) paquerar
camelia [ka'melja] *f* camélia *f*
camello [ka'meʎo] *m inf* (*persona*) avião *m*
camello, -a [ka'meʎo, -a] *m, f* (*animal*) camelo, -a *m, f*
camelo [ka'melo] *m inf* armação *f*
camerino [kame'rino] *m* TEAT camarim *m*
Camerún [kame'run] *m* Camarões *mpl*
camilla [ka'miʎa] *f* maca *f*
caminar [kami'nar] **I.** *vi* **1.** (*ir*) caminhar **2.** *AmL* (*funcionar*) andar **II.** *vt* (*distancia*) caminhar
caminata [kami'nata] *f* caminhada *f*
camino [ka'mino] *m* caminho *m;* **abrirse ~** abrir caminho; **ir por buen ~** *fig* ir por bom caminho; **ponerse en ~** começar a andar

> **Cultura** Santiago de Compostela, a capital da Galiza, é para a Igreja Católica Romana desde o século IX um importante lugar de peregrinação. O **Caminho de Santiago**, que leva a **Santiago de Compostela**, é uma rota trilhada a cada

ano por milhares de peregrinos vindos de todas as partes do mundo.

camión [ka'mjon] *m* caminhão *m*
camionero, -a [kamjo'nero, -a] *m, f* caminhoneiro, -a *m, f*
camioneta [kamjo'neta] *f* caminhonete *f*
camisa [ka'misa] *f* camisa *f*; ~ **de fuerza** camisa de força; **meterse en** ~ **de once varas** *inf* meter-se em camisa de onze varas
camiseta [kami'seta] *f* camiseta *f*
camisón [kami'son] *m* camisola *f*
camomila [kamo'mila] *f* camomila *f*
camorra [ka'morra] *f inf* (*escándalo*) confusão *f*; **armar** ~ arrumar confusão
camorrista [kamo'rrista] *mf inf* briguento, -a *m, f*
camote [ka'mote] *m AmL* batata-doce *f*
campamento [kampa'mento] *m* acampamento *m*
campana [kam'pana] *f* sino *m*; ~ **extractora** coifa *f*; **echar las** ~**s al vuelo** anunciar aos quatro ventos
campanada [kampa'naða] *f* badalada *f*; **dar la** ~ dar na telha
campanario [kampa'narjo] *m* campanário *m*
campanilla [kampa'niʎa] *f t.* ANAT campainha *f*
campaña [kam'paɲa] *f* campanha *f*
campechano, -a [kampe'tʃano, -a] *adj* bonachão, -ona
campeón, -ona [kampe'on, -ona] *m, f* campeão, -ã *m, f*
campeonato [kampeo'nato] *m* campeonato *m*; **de** ~ *fig* tremendo
campesino, -a [kampe'sino, -a] *adj, m, f* camponês, -esa *m, f*
campestre [kam'pestre] *adj* campestre
camping ['kampiŋ] *m* camping *m*; **ir de** ~ acampar
campiña [kam'piɲa] *f* campina *f*
campo ['kampo] *m* campo *m*; ~ **de batalla** campo de batalha; ~ **de trabajo** campo de trabalho
camposanto [kampo'santo] *m* camposanto *m*
campus ['kampus] *m inv* campus *m*
camuflaje [kamu'flaxe] *m t. fig* camuflagem *f*
camuflar [kamu'flar] *vt t. fig* camuflar
cana ['kana] *f* cã *f*, cabelo *m* branco
Canadá [kana'ða] *m* (**el**) ~ (o) Canadá

canal [ka'nal] *m* canal *m*
canalizar [kanali'θar] <z→c> *vt* canalizar
canalla [ka'naʎa] *mf* canalha *mf*
canallada [kana'ʎaða] *f* canalhice *f*
canalón [kana'lon] *m* calha *f*
Canarias [ka'narjas] *fpl* **las Islas** ~ as Ilhas Canárias
canario [ka'narjo] *m* canário *m*
canario, -a [ka'narjo, -a] *adj, m, f* canário, -a *m, f*
canasta [ka'nasta] *f t.* DEP cesta *f*
canastilla [kanas'tiʎa] *f* 1. (*cestita*) cestinha *f* 2. (*del bebé*) enxoval *m*
cancela [kan'θela] *f* cancela *f*
cancelación [kanθela'θjon] *f* cancelamento *m*
cancelar [kanθe'lar] *vt* 1. (*anular*) cancelar 2. FIN (*una deuda*) liquidar
cáncer ['kanθer] *m* câncer *m*
Cáncer ['kanθer] *m* Câncer *m*; **ser** ~ (de) Câncer
cancerígeno, -a [kanθe'rixeno, -a] *adj* cancerígeno, -a
canceroso, -a [kanθe'roso, -a] *adj* canceroso, -a
cancha ['kantʃa] *f* quadra *f*
canciller [kanθi'ʎer] *mf* POL chanceler *m*
cancillería [kanθiʎe'ria] *f* POL chancelaria *f*
canción [kan'θjon] *f* canção *f*; ~ **de cuna** canção de ninar
cancionero [kanθjo'nero] *m* cancioneiro *m*
candado [kan'daðo] *m* cadeado *m*
candela [kan'dela] *f* vela *f*
candelabro [kande'laβro] *m* candelabro *m*
candelero [kande'lero] *m* castiçal *m*; (*lámpara*) candeeiro *m*; **estar en el** ~ *fig* estar em evidência
candente [kan'dente] *adj* 1. (*al rojo*) candente, incandescente 2. (*palpitante*) quente
candidato, -a [kandi'ðato, -a] *m, f* candidato, -a *m, f*
candidez [kandi'ðeθ] *f v.* **candor**
cándido, -a ['kandiðo, -a] *adj v.* **candoroso**
candil [kan'dil] *m* candeia *f*
candilejas [kandi'lexas] *fpl* TEAT ribalta *f*
candor [kan'dor] *m* candura *f*
candoroso, -a [kando'roso, -a] *adj* candoroso, -a
canela [ka'nela] *f* canela *f*; ~ **en rama**

canela em pau; ser algo ~ en rama ser a. c. coisa fina
canelones [kane'lones] *mpl* GASTR canelone *m*
cangrejo [kaŋ'grexo] *m* caranguejo *m*
canguro[1] [kaŋ'guro] *m* (*animal*) canguru *m*
canguro[2] [kaŋ'guro] *mf inf* (*persona*) babá *f*; baby-sitter *f*; **hacer de ~** ficar de baby-sitter
caníbal [ka'niβal] *adj, mf* canibal *mf*
canica [ka'nika] *f* 1. (*bola*) bolinha *f* de gude 2. *pl* (*juego*) gude *m*; **jugar a las ~s** jogar bola de gude
caniche [ka'nitʃe] *m* poodle *m*
canijo, -a [ka'nixo, -a] *adj pey* (*pequeñajo*) mirrado, -a
canilla [ka'niʎa] *f* 1. ANAT canela *f* 2. TÉC (*carrete*) carretilha *f* 3. *RíoPl* (*grifo*) torneira *f*
canino [ka'nino] *m* canino *m*
canje ['kaŋxe] *m* permuta *f*
canjear [kaŋxe'ar] *vt* permutar
cannabis ['kanaβis] *m* cânabis *f*
canoa [ka'noa] *f* canoa *f*
canódromo [ka'noðromo] *m* canódromo *m*
canon ['kanon] *m* cânone *m*
canónigo [ka'noniɣo] *m* REL cônego *m*
canonizar [kanoni'θar] <z→c> *vt* REL canonizar
canoso, -a [ka'noso, -a] *adj* grisalho, -a
cansado, -a [kan'saðo, -a] *adj* 1. *estar* (*fatigado, harto*) cansado, -a 2. *ser* (*fatigoso, aburrido*) cansativo, -a
cansancio [kan'sanθjo] *m* cansaço *m*
cansar [kan'sar] I. *vi, vt* cansar II. *vr:* **~se** cansar-se
Cantabria [kan'taβrja] *f* Cantábria *f*
cantábrico, -a [kan'taβriko, -a] *adj* cantábrico, -a; **el Mar Cantábrico** o Mar Cantábrico
cantante [kan'tante] *adj, mf* cantor(a) *m(f)*
cantar [kan'tar] I. *vi* 1. cantar 2. *inf* (*confesar*) abrir a boca II. *vt* 1. cantar 2. *inf* (*confesar*) confessar III. *m* cantar *m*
cántaro ['kantaro] *m* cântaro *f*
cantautor(a) [kantau̯'tor(a)] *m(f)* cantor(a) e compositor(a) *m(f)*
cante ['kante] *m* canto *m*; **~ jondo** variedade de canto flamenco
cantera [kan'tera] *f* 1. (*de piedra*) pedreira *f* 2. *fig* berço *m*
cantidad [kanti'ðað] *f* quantidade *f*

cantina [kan'tina] *f* (*en estaciones*) lanchonete *f*; (*en cuarteles*) cantina *f*
cantinela [kanti'nela] *f* **la misma ~** a mesma cantilena
canto ['kanto] *m* 1. MÚS canto *m* 2. (*esquina*) canto *m* 3. (*en cuchillo*) cota *f*
cantor(a) [kan'tor(a)] *adj, m(f) elev* cantor(a) *m(f)*
canuto [ka'nuto] *m* 1. (*tubo*) canudo *m* 2. *inf* (*porro*) baseado *m*
caña ['kaɲa] *f* 1. BOT cana *f*; **~ de azúcar** cana-de-açúcar 2. ANAT canela *f* 3. (*de pescar*) vara *f* 4. (*de cerveza*) caneca *f*
cañada [ka'ɲaða] *f* (*camino*) canhada *f*
cáñamo ['kaɲamo] *m* cânhamo *m*
cañaveral [kaɲaβe'ral] *m* canavial *m*
cañería [kaɲe'ria] *f* encanamento *m*
caño ['kaɲo] *m* cano *m*
cañón [ka'ɲon] *m* 1. (*de escopeta*) cano *m* 2. MIL canhão *m* 3. GEO cânion *m*
caoba [ka'oβa] *f* mogno *m*
caos ['kaos] *m inv* caos *m inv*
caótico, -a [ka'otiko, -a] *adj* caótico, -a
cap. [ka'pitulo] *abr de* **capítulo** cap.
capa ['kapa] *f* 1. (*prenda*) *t.* TAUR capa *f* 2. (*cobertura*) camada *f* 3. GEO camada *f*; **~ de ozono** camada de ozônio
capacho [ka'patʃo] *m* cesto *m*
capacidad [kapaθi'ðað] *f* capacidade *f*
capacitación [kapaθita'θjon] *f* capacitação *f*
capacitar [kapaθi'tar] I. *vt* capacitar II. *vr:* **~se** capacitar-se
capar [ka'par] *vt* capar
caparazón [kapara'θon] *m t. fig* carapaça *f*
capataz [kapa'taθ] *m* capataz *m*
capaz [ka'paθ] *adj* capaz
capcioso, -a [kaβ'θjoso, -a] *adj* capcioso, -a
capellán [kape'ʎan] *m* capelão *m*
caperuza [kape'ruθa] *f* capuz *m*
capicúa [kapi'kua] *adj, m* capicua *f*
capilla [ka'piʎa] *f* REL capela *f*; **~ ardiente** câmara-ardente *f*
capital[1] [kapi'tal] I. *adj* capital II. *m* ECON, FIN capital *m*
capital[2] [kapi'tal] *f* capital *f*
capitalismo [kapita'lismo] *m* capitalismo *m*
capitalista [kapita'lista] *adj, mf* capitalista *mf*

capitalización [kapitaliθa'θjon] *f* capitalização *f*
capitalizar [kapitali'θar] <z→c> *vt* capitalizar
capitán [kapi'tan] *m* capitão *m*
capitanear [kapitane'ar] *vt* capitanear
capitel [kapi'tel] *m* capitel *m*
capitolio [kapi'toljo] *m* capitólio *m*
capitulación [kapitula'θjon] *f* capitulação *f*
capitular [kapitu'lar] *vi* capitular
capítulo [ka'pitulo] *m t.* REL capítulo *m*
capo ['kapo] *m* chefe *m*
capó [ka'po] *m* capô *m*
capón [ka'pon] *m* capão *m*
capota [ka'pota] *f* AUTO capota *f*
capote [ka'pote] *m* **1.**(*abrigo*) capote *m* **2.** TAUR capa *f* **3. echar un ~ a alguien** *inf* dar uma força para alguém
capricho [ka'pritʃo] *m* capricho *m;* **satisfacían todos sus ~** satisfaziam todos os seus caprichos
caprichoso, -a [kapri'tʃoso, -a] *adj* (*obstinado*) caprichoso, -a
Capricornio [kapri'kornjo] *m* Capricórnio *m;* **ser ~** ser (de) Capricórnio
cápsula ['kaβsula] *f* cápsula *f*
captar [kap'tar] *vt* captar
captura [kap'tura] *f* captura *f*
capturar [kaptu'rar] *vt* capturar
capucha [ka'putʃa] *f*, **capuchón** [kapu'tʃon] *m* **1.**(*de ropa*) capuz *m* **2.**(*de bolígrafo*) tampa *f*
capullo [ka'puʎo] *m* **1.** BOT botão *m* **2.** ZOOL casulo *m* **3.** *vulg* ANAT (*prepucio*) cabeça *f*
caqui ['kaki] *m* **1.**(*color*) cáqui *m* **2.**(*fruto*) caqui *m*
cara ['kara] *f* **1.**(*rostro*) rosto *m,* cara *f;* **crema para la ~** creme para o rosto; **echar en ~** jogar na cara; **plantar ~ a** encarar; **tener mucha ~** *inf* ter (muita) cara-de-pau **2.**(*aspecto*) cara *f;* **tener buena/mala ~** ter boa/má cara **3.**(*lado*) cara *f;* **o cruz** cara ou coroa
carabela [kara'βela] *f* caravela *f*
carabina [kara'βina] *f* **1.**(*arma*) carabina *f* **2.** *inf*(*acompañante*) vela *f*
caracol [kara'kol] *m* caracol *m*
caracola [kara'kola] *f* caramujo *m*
carácter [ka'rakter] <caracteres> *m* **1.**(*general*) *t.* TIPO caráter *m* **2.**(*índole*) gênio *m;* **tener buen/mal ~** ter bom/mau gênio
característica [karakte'ristika] *f* característica *f*
característico, -a [karakte'ristiko, -a] *adj* característico, -a
caracterizar [karakteri'θar] <z→c> **I.** *vt* caracterizar **II.** *vr:* **~se** caracterizar-se
caradura [kara'ðura] *mf inf* caradura *mf*
carajillo [kara'xiʎo] *m inf:* bebida preparada com café e alguma bebida alcoólica
carajo [ka'raxo] *m vulg* caralho *m;* **irse al ~** (*estropearse*) ir para a porra; **¡~!** caralho!
caramba [ka'ramba] *interj* caramba
carámbano [ka'rambano] *m* pedaço de gelo suspenso nas árvores ou nos beirais dos telhados
carambola [karam'bola] *f* carambola *f*
caramelo [kara'melo] *m* **1.**(*azúcar*) caramelo *m* **2.**(*golosina*) bala *f*
carantoña [karan'toɲa] *f* **hacer ~s** *inf* fazer mimos
caraqueño, -a [kara'keɲo, -a] *adj* caraquenho, -a
carátula [ka'ratula] *f* (*de un disco*) capa *f*
caravana [kara'βana] *f* **1.**(*remolque*) trailer *m* **2.**(*de coches*) congestionamento *m*
carbón [kar'βon] *m* carvão *f*
carboncillo [karβon'θiʎo] *m* carvão *m*
carbonizar [karβoni'θar] <z→c> *vt* carbonizar
carbono [kar'βono] *m* carbono *m*
carburador [karβura'ðor] *m* TÉC carburador *m*
carburante [karβu'rante] *m* carburante *m*
carca ['karka] *adj, mf inf*(*conservador*) careta *mf*
carcaj [kar'kax] *m* aljava *f*
carcajada [karka'xaða] *f* gargalhada *f*
carcajearse [karkaxe'arse] *vr* gargalhar
cárcel ['karθel] *f* prisão *f*
carcelero, -a [karθe'lero, -a] *m, f* carcereiro, -a *m, f*
carcoma [kar'koma] *f* caruncho *m*
carcomer [karko'mer] **I.** *vt* (*madera, persona*) carcomer **II.** *vr:* **~se** *fig* carcomer-se
carcomido, -a [karko'miðo, -a] *adj* (*madera, persona*) carcomido, -a
cardenal [karðe'nal] *m* **1.** REL cardeal *m* **2.**(*hematoma*) mancha-roxa *f*
cardiaco, -a [kar'ðjako, -a] *adj,* **cardíaco, -a** [kar'ðiako, -a] *adj* cardíaco, -a
cárdigan ['kardigan] *m* cardigã *m*

cardinal [karði'nal] *adj* cardinal
cardiovascular [karðjoβasku'lar] *adj* MED cardiovascular
cardo ['karðo] *m* BOT alcachofra-brava *f*
carear [kare'ar] *vt* JUR (*confrontar*) acarear
carecer [kare'θer] *irr como crecer vi* ~ **de algo** carecer de a. c.
carencia [ka'renθja] *f* carência *f*
carente [ka'rente] *adj* carente
carero, -a [ka'rero, -a] *adj inf* careiro, -a
carestía [kares'tia] *f* carestia *f*
careta [ka'reta] *f* máscara *f*
carga ['karɣa] *f t.* FIN carga *f;* ~ **fiscal** carga fiscal
cargado, -a [kar'ɣaðo, -a] *adj* 1.(*tiempo, atmósfera*) carregado, -a 2.(*bebida*) forte
cargamento [karɣa'mento] *m* carregamento *m*
cargar [kar'ɣar] ⟨g→gu⟩ I. *vt* 1.(*equipaje, escopeta*) carregar 2. FIN (*en una cuenta*) pôr; **cárgalo en mi cuenta** ponha na minha conta 3. INFOR (*programa*) carregar 4. *inf* (*molestar, irritar*) encher II. *vr:* ~**se** 1.(*llenarse*) encher-se 2. *inf* (*romper*) estragar; (*matar*) matar
cargo ['karɣo] *m* 1.(*función*) cargo *m;* **alto** ~ alto cargo 2.(*falta, delito*) acusação *f* 3. FIN (*cantidad debida*) débito *m*
carguero [kar'ɣero] *m* NÁUT cargueiro *m*
cariado, -a [ka'rjaðo, -a] *adj* cariado, -a
cariar [kari'ar, ka'rjar] *vt* cariar
Caribe [ka'riβe] *m* **el** (**Mar**) ~ o (Mar) (do) Caribe
caribeño, -a [kari'βeɲo, -a] *adj, m, f* caribenho, -a *m, f*
caricatura [karika'tura] *f* caricatura *f*
caricia [ka'riθja] *f* carícia *f*
caridad [kari'ðað] *f* caridade *f*
caries ['karjes] *f inv* MED cárie *f*
cariño [ka'riɲo] *m* (*afecto*) carinho *m;* ¡~ (**mío**)! meu amor!
cariñoso, -a [kari'ɲoso, -a] *adj* carinhoso, -a
carisma [ka'risma] *m* carisma *m*
carismático, -a [karis'matiko, -a] *adj* carismático, -a
caritativo, -a [karita'tiβo, -a] *adj* caritativo, -a
cariz [ka'riθ] *m* (*aspecto*) cariz *m*
carmesí [karme'si] *adj, m* carmesim *m*
carmín [kar'min] *m* carmim *m*
carnal [kar'nal] *adj* carnal
carnaval [karna'βal] *m* carnaval *m*

carne ['karne] *f* carne *f;* **de** ~ **y hueso** de carne e osso; **ser uña y** ~ *inf* ser unha e carne; **se me puso la** ~ **de gallina** me arrepiei
carné [kar'ne] *m* <carnés> carteira *f;* ~ **de conducir** carteira de habilitação; ~ **de identidad** carteira de identidade
carnero [kar'nero] *m* carneiro *m*
carnet [kar'ne] *m* <carnets> *v.* **carné**
carnicería [karniθe'ria] *f* 1.(*tienda*) açougue *m* 2.(*masacre*) carnificina *f*
carnicero, -a [karni'θero, -a] *m, f* açougueiro, -a *m, f*
cárnico, -a ['karniko, -a] *adj* de carne
carnívoro, -a [kar'niβoro, -a] *adj* carnívoro, -a
carnoso, -a [kar'noso, -a] *adj* carnoso, -a
caro ['karo] *adv* caro
caro, -a ['karo, -a] *adj* caro, -a
carota [ka'rota] *mf inf* cara *mf* de pau
carpa ['karpa] *f* 1. ZOOL carpa *f* 2.(*de circo*) tenda *f* 3. AmL (*de campaña*) barraca *f*
Cárpatos ['karpatos] *mpl* **los** (**Montes**) ~ os (Montes) Cárpatos
carpeta [kar'peta] *f* 1.(*portafolios*) pasta *f* 2.(*de un disco*) capa *f* 3. INFOR pasta *f*
carpintería [karpinte'ria] *f* carpintaria *f*
carpintero, -a [karpin'tero, -a] *m, f* 1.(*de muebles*) marceneiro, -a *m, f* 2.(*en una construcción*) carpinteiro, -a *m, f*
carpir [kar'pir] *vt AmL* carpir
carraspear [karraspe'ar] *vi* pigarrear
carraspera [karras'pera] *f* pigarro *m*
carrera [ka'rrera] *f* 1.(*movimiento*) corrida *f* 2.(*de un astro*) movimento *m* 3. DEP (*competición*) corrida *f;* ~ **contra reloj** corrida contra o relógio 4.(*estudios*) ~ **profesional** carreira *f;* **hacer una** ~ fazer uma carreira
carrerilla [karre'riʎa] *f* **tomar** ~ pegar impulso; **de** ~ *inf* de cor
carreta [ka'rreta] *f* carreta *f*
carrete [ka'rrete] *m t.* FOTO filme *m*
carretera [karre'tera] *f* estrada *f*
carretilla [karre'tiʎa] *f* carrinho *m* de mão
carril [ka'rril] *m* 1.(*en la carretera*) pista *f;* ~ **bici** ciclovia *f;* ~ **bus** pista *f* de ônibus 2.(*raíl*) trilho *m*
carrillo [ka'rriʎo] *m* bochecha *f*
carrito [ka'rrito] *m* carrinho *m*
carro ['karro] *m* 1.(*vehículo*) carroça *f;*

~ de combate carro-de-combate *m* **2.** *AmL (coche)* carro *m* **3.** *(de máquina de escribir)* carro *m*

carrocería [karroθe'ria] *f* carroceria *f*

carroña [ka'rroɲa] *f* carniça *f*

carroza [ka'rroθa] **I.** *f* carro *m* alegórico **II.** *mf inf (anticuado)* careta *mf*

carruaje [ka'rrwaxe] *m* carruagem *f*

carrusel [karru'sel] *m* carrossel *m*

carta ['karta] *f* **1.** *(escrito)* carta *f*; **echar una ~ al correo** colocar uma carta no correio **2.** *(documento)* carta *f*; **Carta Magna** Carta Magna; **tomar ~s en algo** tomar uma atitude em a. c. **3.** *(naipes)* cartas *fpl*; **echar las ~s** jogar cartas; **jugarse todo a una ~** apostar tudo numa cartada **4.** GEO *(mapa)* carta *f*; **~ astral** mapa astral **5.** *(menú)* cardápio *m*; **comer a la ~** comer à la carte **6.** TV **~ de ajuste** barra *f* de cores

cartabón [karta'βon] *m* esquadro *m*

cartearse [karte'arse] *vr* corresponder-se

cartel [kar'tel] *m* cartel *m*

cártel ['kartel] *m* ECON cartel *m*

cartelera [karte'lera] *f* **1.** *(en un periódico)* roteiro *m*; **estar en ~** estar em cartaz **2.** *(tablón)* mural *m*

cartera [kar'tera] *f* **1.** *(de bolsillo)* carteira *f*; *(de mano)* bolsa *f*; *(portafolios)* pasta *f*; *(escolar)* mala *f*; **~ de clientes** ECON carteira de clientes; **~ de valores** FIN carteira de valores **2.** *(ministerio)* pasta *f*

carterista [karte'rista] *mf* batedor(a) *m(f)* de carteira

cartero, -a [kar'tero, -a] *m*, *f* carteiro, -a *m*, *f*

cartílago [kar'tilaɣo] *m* cartilagem *f*

cartilla [kar'tiʎa] *f* cartilha *f*; **~ de ahorros** FIN caderneta *f* de poupança; **~ de la seguridad social** cartão *m* da previdência social; **leer a alguien la ~** *inf* dar um sermão em alguém

cartografía [kartoɣra'fia] *f* cartografia *f*

cartón [kar'ton] *m* **1.** *(material)* papelão *m*; **~ piedra** papel *m* machê **2.** *(de cigarrillos)* pacote *m*

cartucho [kar'tutʃo] *m* cartucho *m*; **quemar el último ~** queimar o último cartucho

cartulina [kartu'lina] *f* cartolina *f*

casa ['kasa] *f* casa *f*; **~ consistorial** câmara *f* municipal; **~ discográfica** gravadora *f*; **~ de empeños** casa de penhor; **~ piloto** casa modelo; **~ de socorro** pronto-socorro *m*; **ir a ~** ir para casa; **tirar la ~ por la ventana** *inf* gastar os tubos

casado, -a [ka'saðo, -a] *adj* casado, -a

casamiento [kasa'mjento] *m* casamento *m*

casar [ka'sar] **I.** *vt* casar; **los recién casados** os recém-casados **II.** *vr*: **~se** casar-se; **~se por lo civil/la iglesia** casar-se no civil/na igreja

cascabel [kaska'βel] *m* chocalho *m*

cascada [kas'kaða] *f* cachoeira *f*

cascanueces [kaska'nweθes] *m inv* quebra-nozes *m inv*

cascar [kas'kar] <c→qu> **I.** *vt* **1.** *(romper)* quebrar **2.** *inf (pegar)* cascar **3.** *inf* **~ la** *(morir)* bater as botas **II.** *vi inf (charlar)* tagarelar **III.** *vr*: **~se** *(romperse)* quebrar-se

cáscara ['kaskara] *f* casca *f*

cascarrabias [kaska'rraβjas] *mf inv, inf* casca *mf* de ferida

casco ['kasko] *m* **1.** *(para la cabeza)* capacete *m*; **los ~s azules** os boinas azuis **2.** *(pezuña)* casco *m* **3.** *(de un barco)* casco *m* **4.** *(botella)* casco *m* **5.** *(de ciudad)* zona *f*; **~ antiguo** parte *f* antiga **6.** *pl (auriculares)* fones *mpl* de ouvido

cascotes [kas'kotes] *mpl* entulho *m*

caserío [kase'rio] *m* casario *m*

casero, -a [ka'sero, -a] *adj*, *m*, *f* caseiro, -a *m*, *f*

caseta [ka'seta] *f* *(t. de feria)* barraca *f*; *(de perro)* casinha *f*

casete¹ [ka'sete] *m o f (cinta)* fita *f* cassete

casete² [ka'sete] *m* **1.** *(aparato)* gravador *m* **2.** *(pletina)* deck *m*

casi ['kasi] *adv* quase

casilla [ka'siʎa] *f* **1.** *(caseta)* barraca *f* **2.** *(en la cuadrícula)* quadrado *m* **3.** *(en un tablero)* casa *f*

casillero [kasi'ʎero] *m* escaninho *m*

casino [ka'sino] *m* cassino *m*

caso ['kaso] *m* caso *m*; **yo, en tu ~...** eu, no seu caso...; **en ~ de** no caso de; **en ~ contrario** caso contrário; **en todo ~** em todo caso; **hacer ~** dar atenção; **ser un ~ perdido** ser um caso perdido; **no venir al ~** não vir ao caso

caspa ['kaspa] *f* caspa *f*

Caspio ['kaspjo] *m* **el (Mar) ~** o (Mar) Cáspio

casquillo [kas'kiʎo] *m* **1.** *(de bala)* cáp-

cassette 55 **cauteloso**

sula *f* **2.** (*de bombilla*) bocal *m*
cassette¹ [ka'sete] *m o f v.* **casete¹**
cassette² [ka'sete] *m v.* **casete²**
casta ['kasta] *f* casta *f*
castaña [kas'taɲa] *f* **1.** (*fruto*) castanha *f*; **sacar a alguien las ~s del fuego** *fig* salvar a pele de alguém **2.** *inf* (*golpe*) pancada *f*; **pegarse una ~** dar uma pancada **3.** *inf* (*borrachera*) porre *m*; **agarrar una ~** tomar um porre
castañetear [kastaɲete'ar] *vi* (*dedos*) estalar
castaño [kas'taɲo] *m* **1.** (*árbol*) castanheiro *m* **2.** (*color*) castanho *m*
castaño, -a [kas'taɲo, -a] *adj* castanho, -a
castañuela [kasta'ɲwela] *f* castanhola *f*
castellano [kaste'ʎano] *m* LING (*español*) castelhano *m*
castellano, -a [kaste'ʎano, -a] *adj, m, f* castelhano, -a *m, f*
castidad [kasti'ðað] *f* castidade *f*
castigar [kasti'ɣar] <g→gu> *vt* castigar
castigo [kas'tiɣo] *m* castigo *m*
Castilla [kas'tiʎa] *f* Castela *f*
Castilla-La Mancha [kas'tiʎa la 'mantʃa] *f* Castela *f* e La Mancha
Castilla-León [kas'tiʎa le'on] *f* Castela *f* e Leão
castillo [kas'tiʎo] *m* castelo *m*
castizo, -a [kas'tiθo, -a] *adj* castiço, -a
casto, -a ['kasto, -a] *adj* casto, -a
castor [kas'tor] *m* castor *m*
castrar [kas'trar] *vt* castrar
castrense [kas'trense] *adj* castrense
castrismo [kas'trismo] *m* castrismo *m*
casual [ka'swal] *adj* casual
casualidad [kaswali'ðað] *f* casualidade *f*; **por ~** por acaso; **¡qué ~!** que coincidência!
cataclismo [kata'klismo] *m* cataclismo *m*
catacumbas [kata'kumbas] *fpl* catacumbas *fpl*
catador(a) [kata'ðor(a)] *m(f)* degustador(a) *m(f)*
catalán [kata'lan] *m* (*lengua*) catalão *m*
catalán, -ana [kata'lan, -ana] *adj, m, f* catalão, -ã
catalejo [kata'lexo] *m* luneta *f*
catalizador [kataliθa'ðor] *m* catalisador *m*
catalogar [kataloɣar] <g→gu> *vt* (*registrar, clasificar*) catalogar
catálogo [ka'taloɣo] *m* catálogo *m*
Cataluña [kata'luɲa] *f* Catalunha *f*

cataplasma [kata'plasma] *f* **1.** MED cataplasma *m ou f* **2.** *inf* (*pesado*) chato, -a *m, f*
catapulta [kata'pulta] *f* catapulta *f*
catar [ka'tar] *vt* provar
catarata [kata'rata] *f* **1.** (*salto*) catarata *f* **2.** MED catarata *f*; **tener ~s** ter catarata
catarro [ka'tarro] *m* catarro *m*
catarsis [ka'tarsis] *f inv* catarse *f*
catastro [ka'tastro] *m* cadastro *m*
catástrofe [ka'tastrofe] *f* catástrofe *f*
catastrófico, -a [katas'trofiko, -a] *adj* catastrófico, -a
cate ['kate] *m inf* **1.** (*golpe*) tapa *m ou f* **2.** (*suspenso*) bomba *f*
catear [kate'ar] *inf* I. *vt* bombear em II. *vi* levar [*ou* tomar] bomba
catecismo [kate'θismo] *m* REL catecismo *m*
cátedra ['kateðra] *f* cátedra *f*
catedral [kate'ðral] *f* catedral *f*
catedrático, -a [kate'ðratiko, -a] *m, f* catedrático, -a *m, f*
categoría [kateɣo'ria] *f* categoria *f*; **de primera ~** de primeira categoria
catequesis [kate'kesis] *f inv* REL catequese *f*
cateto, -a [ka'teto, -a] *m, f* caipira *mf*
cátodo ['katoðo] *m* cátodo *m*
catolicismo [katoli'θismo] *m* catolicismo *m*
católico, -a [ka'toliko, -a] *adj, m, f* católico, -a *m, f*
catorce [ka'torθe] *adj inv, m* catorze *m*; *v.t.* **ocho**
catre ['katre] *m* catre *m*
Cáucaso ['kaukaso] *m* **el ~** o Cáucaso
cauce ['kauθe] *m* **1.** GEO (*lecho*) leito *m* **2.** (*camino*) via *f*
caucho ['kautʃo] *m* **1.** (*sustancia*) borracha *f* **2.** (*planta*) seringueira *f* **3.** *AmL* (*neumático*) pneu *m*
caudal [kau'ðal] I. *adj* caudal II. *m* (*de agua, de dinero*) caudal *m*
caudaloso, -a [kauða'loso, -a] *adj t. fig* caudaloso, -a
caudillo [kau'ðiʎo] *m* MIL, POL caudilho *m*
causa ['kausa] *f* causa *f*; **a ~ de** por causa de
causar [kau'sar] *vt* causar
cáustico, -a ['kaustiko, -a] *adj* cáustico, -a
cautela [kau'tela] *f* cautela *f*
cauteloso, -a [kaute'loso, -a] *adj* caute-

loso, -a
cautivar [kauti'βar] *vt* cativar
cautiverio [kauti'βerjo] *m*, **cautividad** [kautiβi'ðaðº] *f* cativeiro *m*
cautivo, -a [kau'tiβo, -a] *adj*, *m*, *f* cativo, -a *m*, *f*
cauto, -a ['kauto, -a] *adj* cauto, -a
cava ['kaβa] *m* champanhe da Catalunha

> **Cultura** Cava é conhecida como a champanhe espanhola. O vinho branco frisante é produzido em adegas de champanhe no nordeste da Espanha.

cavar [ka'βar] *vi*, *vt* cavar
caverna [ka'βerna] *f* caverna *f*
cavernícola [kaβer'nikola] *mf* cavernícola *mf*
caviar [ka'βjar] *m* caviar *m*
cavidad [kaβi'ðaðº] *f* cavidade *f*
cavilar [kaβi'lar] *vt* cismar
caviloso, -a [kaβi'loso, -a] *adj* cismado, -a
cayado [ka'ɟaðo] *m* 1. (*del pastor*) cajado *m* 2. (*del prelado*) bastão *m*
caza[1] ['kaθa] *f* caça *f*; ~ **de brujas** *fig* caça às bruxas; ~ **mayor/menor** caça grande/pequena
caza[2] ['kaθa] *m* MIL caça *m*
cazabombardero [kaθaβombar'ðero] *m* MIL caça-bombardeiro *m*
cazador(a) [kaθa'ðor(a)] *adj*, *m(f)* caçador(a) *m(f)*
cazadora [kaθa'ðora] *f* jaqueta *f*
cazar [ka'θar] <z→c> *vt* 1. (*perseguir animales*) caçar 2. (*atrapar, encontrar*) pegar 3. *inf* (*coger*) caçar 4. *inf* (*entender*) pescar
cazo ['kaθo] *m* 1. (*olla*) panelinha *f* 2. (*cucharón*) concha *f*
cazuela [ka'θwela] *f* panela *f*; **a la** ~ GASTR à caçarola
cazurro, -a [ka'θurro, -a] *adj*, *m*, *f* casmurro, -a *m*, *f*
CC.OO. [komi'sjones o'βreras] *fpl abr de* **Comisiones Obreras** Comissões Operárias
CD [θe'ðe] *m abr de* **compact disc** CD *m*
CD-ROM [θeðe'rrom] *m abr de* **compact disc-read only memory** CD-ROM *m*
CE [θe'e] *f abr de* **Comunidad Euro-**

pea CE
cebada [θe'βaða] *f* BOT cevada *f*
cebar [θe'βar] I. *vt* 1. (*engordar*) cevar 2. (*un arma*) carregar II. *vr*: ~ **se** agir furiosamente; ~ **se en alguien** agir furiosamente contra alguém
cebo ['θeβo] *m* 1. (*para cazar, pescar*) isca *f* 2. *fig* (*señuelo*) isca *f* 3. (*en un arma*) cevo *m*
cebolla [θe'βoʎa] *f* cebola *f*
cebolleta [θeβo'ʎeta] *f* cebolinha *f*
cebollino [θeβo'ʎino] *m* cebolinha *f*
cebra ['θeβra] *f* ZOOL zebra *f*
cecear [θeθe'ar] *vi* cecear
ceceo [θe'θeo] *m* ceceio *m*

> **Cultura** Em certas regiões, por exemplo em algumas áreas da Andaluzia, o espanhol 's' é pronunciado como um 'z'. Este fenómeno linguístico é conhecido como **ceceo**, isto é 'cocer' em lugar de 'coser'.

cedazo [θe'ðaθo] *m* peneira *f*
ceder [θe'ðer] *vi*, *vt* ceder
cedro ['θeðro] *m* BOT cedro *m*
cédula ['θeðula] *f* cédula *f*
CEE [θee'e] *f* HIST *abr de* **Comunidad Económica Europea** CEE *f*
cegador(a) [θeɣa'ðor(a)] *adj* cegante
cegar [θe'ɣar] *irr como fregar* I. *vi* cegar II. *vt* 1. (*la vista*) cegar 2. (*ventana*) tapar III. *vr*: ~ **se** ficar cego
ceguera [θe'ɣera] *f t. fig* cegueira *f*
Ceilán [θei̯'lan] *m* Ceilão *m*
ceja ['θexa] *f* sobrancelha *f*
cejar [θe'xar] *vi* ceder
cejilla [θe'xiʎa] *f* MÚS pestana *f*
celada [θe'laða] *f* (*trampa*) cilada *f*
celador(a) [θela'ðor(a)] *m(f)* zelador(a) *m(f)*
celda ['θelda] *f* cela *f*
celebración [θeleβra'θjon] *f* celebração *f*
celebrar [θele'βrar] I. *vt* celebrar II. *vr*: ~ **se** celebrar-se
célebre ['θeleβre] <celebérrimo> *adj* célebre
celebridad [θeleβri'ðaðº] *f* celebridade *f*
celeste [θe'leste] *adj* celeste
celestial [θeles'tjal] *adj* celestial
celibato [θeli'βato] *m* celibato *m*
célibe ['θeliβe] *adj*, *mf* celibatário, -a *m*, *f*
celo ['θelo] *m* 1. (*afán*) zelo *m* 2. *pl*

(*por amor*) ciúmes *mpl*; **tener ~s** ter ciúmes; **estar en ~** (*macho, hembra*) estar no cio **3.** (*autoadhesivo*) durex *m*
celofán [θelo'fan] *m* celofane *m*
celoso, -a [θe'loso, -a] *adj* **1.** (*con celos*) ciumento, -a **2.** (*con fervor*) zeloso, -a
celta ['θelta] *adj, mf* celta *mf*
célula ['θelula] *f* célula *f*
celular [θelu'lar] **I.** *adj* celular **II.** *m AmL* (*teléfono móvil*) celular *m*
celulitis [θelu'litis] *f inv* MED celulite *f*
celuloide [θelu'loiðe] *m* celuloide *m*
cementerio [θemen'terjo] *m* cemitério *m*; **~ de coches** cemitério de automóveis; **~ nuclear** cemitério nuclear
cemento [θe'mento] *m* cimento *m*
cena ['θena] *f* jantar *m*
cenagal [θena'yal] *m* lodaçal *m*
cenar [θe'nar] *vi, vt* jantar
cencerro [θen'θerro] *m* chocalho *m*; **estar como un ~** *inf* estar biruta
cenicero [θeni'θero] *m* cinzeiro *m*
cenit [θe'nit] *m* zênite *m*
ceniza [θe'niθa] *f* cinza *f*
censar [θen'sar] *vt* recensear
censo ['θenso] *m* censo *m*
censura [θen'sura] *f* censura *f*
censurar [θensu'rar] *vt* censurar
centavo [θen'taβo] *m* centavo *m*
centella [θen'teʎa] *f* centelha *f*
centell(e)ar [θenteʎe'ar, θente'ʎar] *vi* cintilar
centelleo [θente'ʎeo] *m* cintilação *f*
centena [θen'tena] *f* centena *f*
centenar [θente'nar] *m* centena *f*
centenario [θente'narjo] *m* centenário *m*
centenario, -a [θente'narjo, -a] *adj, m, f* centenário, -a *m, f*
centeno [θen'teno] *m* BOT centeio *m*
centésimo, -a [θen'tesimo, -a] *adj, m, f* centésimo, -a *m, f*
centígrado, -a [θen'tiɣraðo, -a] *adj* centígrado, -a
centímetro [θen'timetro] *m* centímetro *m*
céntimo ['θentimo] *m* (*moneda*) cêntimo *m*
centinela [θenti'nela] *mf* sentinela *mf*
centollo [θen'toʎo] *m* caranguejo-aranha *m*
central [θen'tral] **I.** *adj* central **II.** *f* **1.** (*oficina*) matriz *f* **2.** TÉC central *f*; **~ eléctrica** central elétrica; **~ nuclear** central nuclear

centralita [θentra'lita] *f* TEL central *f* telefônica
centralización [θentraliθa'θjon] *f* centralização *f*
centralizar [θentrali'θar] <z→c> *vt* centralizar
centrar [θen'trar] **I.** *vt* **1.** TÉC, DEP centrar **2.** (*atención*) concentrar **II.** *vr:* **~se** concentrar-se
céntrico, -a ['θentriko, -a] *adj* cêntrico, -a
centrifugadora [θentrifuɣa'ðora] *f* centrifugadora *f*; TÉC centrífuga *f*
centrifugar [θentrifu'ɣar] <g→gu> *vt* centrifugar
centrífugo, -a [θen'trifuɣo, -a] *adj* centrífugo, -a
centrista [θen'trista] *adj, mf* POL centrista *mf*
centro ['θentro] *m* centro *m*; **~ comercial** shopping *m* (center); **~ de desintoxicación** centro de desintoxicação; **~ de gravedad** centro de gravidade; **~ nervioso** ANAT centro nervoso
Centroamérica [θentroa'merika] *f* América *f* Central
centroamericano, -a [θentroameri'kano, -a] *adj, m, f* centro-americano, -a *m, f*
centrocampista [θentrokam'pista] *mf* meio-de-campo *mf*
Centroeuropa [θentroeu'ropa] *f* Europa *f* Central
centroeuropeo, -a [θentroeuro'peo, -a] *adj, m, f* centro-europeu, -eia *m, f*
ceñido, -a [θe'niðo, -a] *adj* cingido, -a
ceñir [θe'nir] *irr* **I.** *vt* cingir **II.** *vr:* **~se** cingir-se
ceño ['θeno] *m* cenho *m*
cepa ['θepa] *f* cepa *f*; **de pura ~** *fig* autêntico
cepillar [θepi'ʎar] **I.** *vt* **1.** (*traje*) escovar **2.** TÉC (*madera*) cepilhar **II.** *vr:* **~se** **1.** (*dientes, pelo*) escovar(-se) **2.** *inf* (*matar*) dar cabo de **3.** *vulg* (*seducir*) traçar
cepillo [θe'piʎo] *m* **1.** (*para el cabello*) escova *f*; **~ de dientes** escova de dentes **2.** (*para madera*) cepilho *m*
cepo ['θepo] *m* **1.** (*caza*) armadilha *f* **2.** *pl* AUTO mecanismo que imobiliza automóveis estacionados em lugar proibido
cera ['θera] *f* cera *f*
cerámica [θe'ramika] *f* cerâmica *f*
ceramista [θera'mista] *mf* ceramista *mf*

cerca ['θerka] I. *adv* perto de; ~ **de** perto de; **aquí** ~ aqui perto; **de** ~ de perto II. *f* cerca *f*

cercanía [θerka'nia] *f* **1.** (*proximidad*) cercania *f* **2.** *pl* (*alrededores*) cercanias *fpl*

cercano, -a [θer'kano, -a] *adj* próximo, -a

cercar [θer'kar] <c→qu> *vt* cercar

cerciorarse [θerθjo'rarse] *vr:* ~ **se** certificar-se

cerco ['θerko] *m* **1.** (*círculo*) cerco *m* **2.** (*valla*) cerca *f* **3.** MIL cerco *m*; **poner** ~ **a** fazer cerco a

cerda ['θerða] *f* (*pelo*) cerda *f*

cerdada [θer'ðaða] *f inf* sujeira *f*

Cerdeña [θer'ðeɲa] *f* Sardenha *f*

cerdo, -a [θer'ðo, -a] I. *adj inf* (*sucio*) porco, -a II. *m, f. inf* porco, -a *m, f*

cereal [θere'al] *m* cereal *m*

cerebro [θe'reβro] *m* cérebro *m*

ceremonia [θere'monja] *f* cerimônia *f*

ceremonial [θeremo'njal] *adj, m* cerimonial *m*

ceremonioso, -a [θeremo'njoso, -a] *adj* cerimonioso, -a

cereza [θe'reθa] *f* cereja *f*

cerezo [θe'reθo] *m* cerejeira *f*

cerilla [θe'riʎa] *f* fósforo *m*

cerner [θer'ner] <e→ie> *vt* peneirar

cero ['θero] *m* zero *m*; **partir de** ~ partir do zero; **ser un** ~ **a la izquierda** *fig* ser um zero à esquerda

cerrado, -a [θe'rraðo, -a] *adj* (*puerta, mente, vocal*) fechado, -a

cerradura [θerra'ðura] *f* fechadura *f*

cerrajero, -a [θerra'xero, -a] *m, f* chaveiro, -a *m, f*

cerrar [θe'rrar] <e→ie> I. *vi, vt* fechar II. *vr:* ~ **se** fechar-se

cerro ['θerro] *m* cerro *m*

cerrojo [θe'rroxo] *m* trinco *m*; **echar el** ~ passar o trinco

certamen [θer'tamen] *m* certame *m*

certero, -a [θer'tero, -a] *adj* certeiro, -a

certeza [θer'teθa] *f* certeza *f*

certificado [θertifi'kaðo] *m* certificado *m*

certificado, -a [θertifi'kaðo, -a] *adj* (*correos*) registrado, -a

certificar [θertifi'kar] <c→qu> *vt* **1.** certificar **2.** (*correos*) registrar

cervato [θer'βato] *m* cervato *m*

cervecería [θerβeθe'ria] *f* cervejaria *f*

cerveza [θer'βeθa] *f* cerveja *f*; ~ **de barril** chope *m*

cervical [θerβi'kal] *adj* cervical

Cervino [θer'βino] *m* **el Monte** ~ o Monte Cervino

cesante [θe'sante] I. *adj* **1.** (*suspendido*) cessante **2.** *AmL* (*parado*) desempregado, -a II. *mf* funcionário público punido com suspensão

cesar [θe'sar] I. *vi* **1.** (*parar*) cessar **2.** (*en una profesión*) deixar II. *vt* cessar

cesárea [θe'sarea] *f* cesárea *f*

cese ['θese] *m* **1.** (*interrupción*) cessamento *m* **2.** (*destitución*) demissão *f*

césped ['θespeð] *m* grama *f*

cesta ['θesta] *f* cesta *f*; ~ **de la compra** ECON cesta básica

cesto ['θesto] *m t.* DEP cesta *m*

cetáceo [θe'taθeo] *m* cetáceo *m*

cetro ['θetro] *m* cetro *m*

cf. [kom'parese] *abr de* **compárese** cf.

chabacano, -a [tʃaβa'kano, -a] *adj* cafona

chabola [tʃa'βola] *f* barraco *m*

chacal [tʃa'kal] *m* chacal *m*

chacha ['tʃatʃa] *f inf* empregada *f* doméstica

cháchara ['tʃatʃara] *f inf* conversa *f* fiada

chacra ['tʃakra] *f AmL* (*granja*) chácara *f*

Chad [tʃað] *m* Chade *m*

chafar [tʃa'far] I. *vt* **1.** (*aplastar*) esmagar **2.** (*estropear*) estragar II. *vr:* ~ **se** (*cosa*) estragar-se; (*persona*) deprimir-se

chal [tʃal] *m* xale *m*

chalado, -a [tʃa'laðo, -a] *adj, m, f inf* pirado, -a *m, f*

chalé [tʃa'le] *m v.* **chalet**

chaleco [tʃa'leko] *m* colete *m*; ~ **antibalas** colete à prova de balas; ~ **salvavidas** colete salva-vidas

chalet [tʃa'le] *m* casa *f*

chalupa [tʃa'lupa] *f* NÁUT chalupa *f*

chamaco, -a [tʃa'mako, -a] *m, f Méx* menino, -a *m, f*

champán [tʃam'pan] *m* champanhe *m*

champiñón [tʃam'piɲon] *m* champignon *m*

champú [tʃam'pu] *m* xampu *m*

chamuscar [tʃamus'kar] <c→qu> I. *vt* chamuscar II. *vr:* ~ **se** chamuscar-se

chamusquina [tʃamus'kina] *f* **oler a** ~ *inf* (*a quemado*) cheirar a queimado; *fig* cheirar mal

chancho ['tʃantʃo] *m AmL* porco, -a *m, f*

chanchullo [tʃan'tʃuʎo] *m inf* trapaça *f*

chancla ['tʃaŋkla] *f*, **chancleta**

[tʃan'kleta] f chinelo m
chándal ['tʃandal] m <chándals> training m
chantaje [tʃan'taxe] m chantagem f
chantajear [tʃantaxe'ar] vt chantagear
chantajista [tʃanta'xista] mf chantagista mf
chapa ['tʃapa] f **1.** (*metal*) chapa f **2.** (*tapón*) tampa f **3.** AmL (*cerradura*) fechadura f
chaparrón [tʃapa'rron] m pé-d'água m
chapista [tʃa'pista] mf (*de carrocería*) funileiro, -a m, f
chapistería [tʃapiste'ria] f funilaria f
chapotear [tʃapote'ar] vi chapinhar
chapucería [tʃapuθe'ria] f tapeação f
chapucero, -a [tʃapu'θero, -a] adj, m, f tapeador(a) m(f)
chapurr(e)ar [tʃapurre'ar, tʃapu'rrar] vt arranhar
chapuza [tʃa'puθa] f bico m
chapuzón [tʃapu'θon] m mergulho m; **darse un ~** dar um mergulho
chaqué [tʃa'ke] m fraque m
chaqueta [tʃa'keta] f (*de punto*) jaqueta f; (*de traje*) paletó m
chaquetón [tʃake'ton] m casaco m
charca ['tʃarka] f açude m
charco ['tʃarko] m charco m; **cruzar el ~** fig atravessar o Atlântico
charcutería [tʃarkute'ria] f charcutaria f
charla ['tʃarla] f **1.** (*conversación*) conversa f **2.** (*conferencia*) palestra f
charlar [tʃar'lar] vi conversar
charlatán, -ana [tʃarla'tan, -ana] m, f **1.** (*hablador*) conversador(a) m(f) **2.** (*chismoso*) charlatão, -ona m, f
charol [tʃa'rol] m (*barniz, cuero*) verniz m
chárter ['tʃarter] inv adj, m charter m
chascarrillo [tʃaska'rriʎo] m piada f
chasco ['tʃasko] m **1.** (*burla*) brincadeira f **2.** (*decepción*) decepção f; **llevarse un ~** sofrer uma decepção
chasis ['tʃasis] m inv AUTO, FOTO chassi m
chasquear [tʃaske'ar] vi estalar
chasquido [tʃas'kiðo] m estalo m
chatarra [tʃa'tarra] f sucata f
chatarrero, -a [tʃata'rrero, -a] m, f sucateiro, -a m, f
chato, -a ['tʃato, -a] adj (*forma*) chato, -a
chaval(a) [tʃa'βal(a)] m(f) inf garoto, -a m, f
checo, -a ['tʃeko, -a] adj, m, f checo, -a m, f

checo(e)slovaco, -a [tʃeko(e)slo'βako, -a] adj, m, f (t)checo(-e)slovaco, -a m, f
cheque ['tʃeke] m cheque m; **~ en blanco/cruzado** cheque em branco/cruzado; **~ sin fondos** cheque sem fundos; **~ de viaje** cheque de viagem; **cobrar un ~** receber um cheque
chequear [tʃeke'ar] vt AmL (*comprobar*) checar
chequeo [tʃe'keo] m (*de la salud*) checkup m; (*de un mecanismo*) checagem f
chica ['tʃika] I. adj, f v. **chico** II. f (*criada*) empregada f doméstica
chicharrón [tʃitʃa'rron] m GASTR torresmo m
chichón [tʃi'tʃon] m galo m
chicle ['tʃikle] m chiclete m
chico, -a ['tʃiko] I. adj pequeno, -a II. m, f menino, -a m, f
chiflado, -a [tʃi'flaðo, -a] adj, m, f inf doido, -a m, f
chiflar [tʃi'flar] I. vt inf (*gustar*) adorar; **me chiflan los helados** adoro sorvetes II. vr: **~se** inf endoidar; **~se por algo** endoidar por a. c.
chiíta [tʃi'ita] adj, mf xiita mf
chile ['tʃile] m Méx (*especia*) chile m
Chile ['tʃile] m Chile m

> **Cultura** A capital do **Chile** (nome oficial: **República de Chile**) é **Santiago** (**de Chile**). Do norte ao sul, o país se estende por mais de quatro mil quilômetros, medindo de largura cerca de apenas cento e oitenta quilômetros. A língua oficial do país é o espanhol e a unidade monetária é o **peso chileno**.

chileno, -a [tʃi'leno, -a] adj, m, f chileno, -a m, f
chillar [tʃi'ʎar] vi (*persona*) gritar
chillido [tʃi'ʎiðo] m grito m
chillón, -ona [tʃi'ʎon, -ona] adj **1.** (*persona*) escandaloso, -a **2.** (*voz*) estridente **3.** (*color*) berrante
chimenea [tʃime'nea] f **1.** (*tubo*) t. GEO chaminé f **2.** (*hogar*) lareira f
chimpancé [tʃimpan'θe] mf chimpanzé m
china ['tʃina] f cascalho m
China ['tʃina] f (**la**) **~** (a) China
chinche[1] ['tʃintʃe] m o f (*animal*) per-

cevejo *m*
chinche² ['tʃintʃe] *mf inf* (*pelmazo*) chato, -a *m, f*
chincheta [tʃin'tʃeta] *f* tachinha *f*
chingar [tʃiŋ'gar] <g→gu> **I.** *vt* **1.** *vulg* (*joder*) trepar **2.** *inf* (*molestar*) chatear **II.** *vr:* **~ se** *AmL* (*desacertar*) estrepar-se
chino, -a ['tʃino] *adj, m, f* chinês, -esa *m, f;* **engañar a alguien como a un ~** *inf* fazer alguém de bobo
chip [tʃip] *m* INFOR chip *m*
chipirón [tʃipi'ron] *m espécie de lula pequena*
Chipre ['tʃipre] *f* Chipre *f*
chipriota [tʃi'prjota] *adj, mf* cipriota *mf*
chiquillo, -a [tʃi'kiʎo, -a] *m, f* menino, -a *m, f*
chiquito, -a [tʃi'kito, -a] *adj inf* pequenininho, -a; **no andarse con chiquitas** não vir com desculpas
chirimoya [tʃiri'moʝa] *f* pinha *f,* fruta-do-conde *m*
chiringuito [tʃiriŋ'gito] *m* barraquinha *f*
chiripa [tʃi'ripa] *f inf* sorte *f;* **de ~** de sorte
chirona [tʃi'rona] *f argot* (*cárcel*) xadrez *m*
chirriar [tʃirri'ar] <1. *pres:* chirrío> *vi* chiar
chirrido [tʃi'rrido] *m* chiado *m*
chis [tʃis] *interj* psiu
chisme ['tʃisme] *m* **1.** (*habladuría*) fofoca *f* **2.** *inf* (*objeto*) treco *m*
chismoso, -a [tʃis'moso, -a] *adj, m, f* fofoqueiro, -a *m, f*
chispa ['tʃispa] *f* **1.** *t.* ELEC faísca *f* **2.** (*ingenio*) centelha *f*
chispear [tʃispe'ar] *vi mpers* (*lloviznar*) chuviscar
chisporrotear [tʃisporrote'ar] *vi* crepitar
chiste ['tʃiste] *m* piada *f;* **~ verde** piada suja
chistera [tʃis'tera] *f* **1.** (*cesto*) sambará *m* **2.** (*sombrero*) cartola *f*
chistoso, -a [tʃis'toso, -a] *adj, m, f* engraçado, -a *m, f*
chivatazo [tʃiβa'taθo] *m inf* deduragem *f*
chivato, -a [tʃi'βato, -a] *m, f* dedo-duro *mf*
chivo, -a ['tʃiβo, -a] *m, f* **~ expiatorio** bode *m* expiatório
chocante [tʃo'kante] *adj* chocante
chocar [tʃo'kar] <c→qu> **I.** *vt* **1.** (*copas*) brindar **2.** (*sorprender*) chocar **II.** *vi* chocar-se
chochear [tʃotʃe'ar] *vi* caducar
chocho, -a ['tʃotʃo, -a] *adj* (*senil*) caduco, -a
choclo ['tʃoklo] *m AmS* (*maíz*) milho *m*
chocolate [tʃoko'late] *m* **1.** (*para comer*) chocolate *m;* **~ a la taza** chocolate quente **2.** *inf* (*hachís*) haxixe *m*
chofer [tʃo'fer] *m,* **chófer** ['tʃofer] *m* chofer *m,* motorista *m*
chollo ['tʃoʎo] *m inf* **1.** (*ganga*) pechincha *f* **2.** (*trabajo*) trabalho *m*
chopera [tʃo'pera] *f* choupal *m*
chopo ['tʃopo] *m* choupo *m*
choque ['tʃoke] *m* choque *m*
chorizo [tʃo'riθo] *m* linguiça *f*
chorizo, -a [tʃo'riθo, -a] *m, f inf* **1.** (*ladrón*) gatuno, -a *m, f* **2.** (*corrupto*) ladrão, -ona *m, f*
chorra ['tʃorra] *f inf* (*suerte*) sorte *f;* **tener ~** ter sorte
chorrada [tʃo'rrada] *f inf* **1.** (*tontería*) bobagem *f* **2.** (*cosa superflua*) besteira *f*
chorrear [tʃorre'ar] *vi* jorrar
chorro ['tʃorro] *m* jorro *m;* **salir a ~s** sair aos borbotões
chovinismo [tʃoβi'nismo] *m* chauvinismo *m*
chovinista [tʃoβi'nista] *adj, m* chauvinista *mf*
choza ['tʃoθa] *f* choça *f*
chubasco [tʃu'βasko] *m* aguaceiro *m*
chubasquero [tʃuβas'kero] *m* capa *f* de chuva
chuchería [tʃutʃe'ria] *f* (*dulce*) guloseima *f*
chucho, -a ['tʃutʃo] *m, f* vira-lata *mf*
chulería [tʃule'ria] *f* **1.** (*jactancia*) presunção *f* **2.** (*frescura*) atrevimento *m*
chuleta [tʃu'leta] *f* **1.** (*costilla*) chuleta *f* **2.** *inf* (*apunte*) cola *f*
chulo, -a ['tʃulo] **I.** *adj* **1.** (*jactancioso*) metido, -a **2.** *inf* (*bonito*) bonito, -a **II.** *m, f* (*fanfarrón*) metido, -a *m, f*
chungo, -a ['tʃuŋgo, -a] *adj inf* **1.** (*malo*) ruim; **el tiempo está ~** o tempo está ruim **2.** (*enfermo*) mal; **estoy ~ y no quiero salir** estou mal e não quero sair
chupa ['tʃupa] *f inf* (*chaqueta*) jaqueta *f*
chupado, -a [tʃu'pado, -a] *adj* **1.** (*flaco*) chupado, -a **2.** *inf* (*fácil*) mole
chupar [tʃu'par] *vt* (*caramelo, cigarrillo*) chupar
chupete [tʃu'pete] *m* chupeta *f*
chupetón [tʃupe'ton] *m* chupada *f*

churrasco [tʃu'rrasko] m *RíoPl* (*carne, barbacoa*) churrasco m

> **Cultura** Churro é o termo usado para designar frituras. O café da manhã mais típico dos espanhóis inclui **chocolate** (chocolate quente) **con churros**. **Churros** podem ser adquiridos tanto numa **churrería** quanto numa **cafetería**, ou podem ainda ser comprados **en un puesto de churros** (num quiosque na rua).

chusco ['tʃusko] m pedaço m de pão
chusma ['tʃusma] f ralé f
chutar [tʃu'tar] I. vi chutar II. vr: ~ **se** *argot* tomar um pico
Cía ['θia] *abr de* **compañía** Cia.
cianuro [θja'nuro] m cianeto m
ciberadicción [θiβeraði'kθjon] f dependência f à [*ou* da] Internet
cibercafé [θiβerka'fe] m cibercafé m
ciberdelincuencia [θiβerðeliŋ'kwenθja] f criminalidade f na Internet, crime m de informática
ciberespacio [θiβeres'paθjo] m ciberespaço m
cibernauta [θiβer'nauta] mf cibernauta mf
cibernético, -a [θiβer'netiko, -a] *adj* cibernético, -a
cicatriz [θika'triθ] f cicatriz f
cicatrizar [θikatri'θar] <z→c> vi, vt cicatrizar
ciclamen [θi'klamen] m BOT ciclame m
cíclico, -a [θi'kliko, -a] *adj* cíclico, -a
ciclismo [θi'klismo] m ciclismo m
ciclista [θi'klista] *adj*, mf ciclista mf
ciclo ['θiklo] m ciclo m
ciclomotor [θiklomo'tor] m ciclomotor m
ciclón [θi'klon] m ciclone m
cicloturismo [θiklotu'rismo] m cicloturismo m
ciego, -a ['θjeɣo, -a] I. *adj* cego, -a; **a ciegas** às cegas II. m, f cego, -a m, f
cielo ['θjelo] m 1. (*atmósfera*) céu m; **a ~ raso** a céu aberto; **como caído** [*o* llovido] **del ~** como caído do céu; **¡~s!** credo! 2. (*cariño*) amor m
ciempiés [θjem'pjes] m *inv* centopeia f
cien [θjen] *adj inv* cem; **al ~ por ~** cem por cento
ciénaga ['θjenaɣa] f lamaçal m

ciencia ['θjenθja] f ciência f; **Ciencias Económicas** Ciências Econômicas; **~ ficción** ficção f científica; **a ~ cierta** sem dúvida
científico, -a [θjen'tifiko, -a] I. *adj* científico, -a II. m, f cientista mf
ciento ['θjento] *adj* <cien> *inv* cento; *v.t.* **ochenta**
cierre ['θjerre] m 1. (*conclusión*) fechamento m; **hora de ~** horário de fechamento 2. (*dispositivo*) trava f; **~ centralizado** AUTO trava centralizada
cierto ['θjerto] *adv* certo; **por ~** por certo
cierto, -a ['θjerto, -a] *adj* <certísimo> 1. (*verdadero*) certo, -a; **estar en lo ~** estar com a razão 2. (*alguno*) certo, -a; **~ día** certo dia
ciervo, -a ['θjerβo, -a] m, f cervo m
cierzo ['θjerθo] m vento m norte
cifra ['θifra] f 1. (*guarismo*) cifra f; **~ de negocios** ECON cifra de negócios 2. (*clave*) código m
cifrar [θi'frar] I. vt 1. (*codificar*) cifrar 2. (*calcular*) calcular II. vr ~ **se en** ser calculado em
cigala [θi'ɣala] f lagostim m
cigarra [θi'ɣarra] f cigarra f
cigarrillo [θiɣa'rriʎo] m cigarro m
cigarro [θi'ɣarro] m charuto m
cigüeña [θi'ɣweɲa] f (*ave*) cegonha f
cigüeñal [θiɣwe'ɲal] m AUTO virabrequim m
cilíndrico, -a [θi'lindriko, -a] *adj* cilíndrico m
cilindro [θi'lindro] m cilindro m
cima ['θima] f t. *fig* cume m
cimbrar [θim'brar] vt, **cimbrear** [θimbre'ar] vt cimbrar
cimentar [θimen'tar] <e→ie> vt cimentar
cimiento [θi'mjento] m alicerce m
cinc [θiŋ] m zinco m
cincel [θin'θel] m cinzel m
cincelar [θinθe'lar] vt cinzelar
cinco ['θiŋko] *adj inv*, m cinco m; *v.t.* **ocho**
cincuenta [θiŋ'kwenta] *adj inv*, m cinquenta m; *v.t.* **ochenta**
cincuentenario [θiŋkwente'narjo] m cinquentenário m
cine ['θine] m cinema m; **~ mudo** cinema mudo; **~ negro** filme noir
cineasta [θine'asta] mf cineasta mf
cineclub [θine'kluβ] m cineclube m
cinéfilo, -a [θi'nefilo, -a] *adj*, m, f cinéfi-

lo, -a *m, f*
cinematográfico, -a [θinemato'yrafiko, -a] *adj* cinematográfico, -a
cínico, -a ['θiniko, -a] *adj, m, f* cínico, -a *m, f*
cinismo [θi'nismo] *m* cinismo *m*
cinta ['θinta] *f* fita *f*; ~ **adhesiva** fita adesiva; ~ **aislante** fita isolante; ~ **transportadora** esteira transportadora; ~ **de vídeo** fita de vídeo
cinto ['θinto] *m* cinto *m*
cintura [θin'tura] *f* cintura *f*
cinturón [θintu'ron] *m* 1.(*correa*) cinto *m*; ~ **bomba** [*o* **explosivo**] cinturão *m* explosivo; ~ **de seguridad** cinto de segurança; **apretarse el** ~ *inf* apertar o cinto 2.(*de una ciudad*) cinturão *m* 3.(*en judo*) faixa *f*
ciprés [θi'pres] *m* cipreste *m*
circense [θir'θense] *adj* circense
circo ['θirko] *m* circo *m*
circuito [θir'kuito] *m* circuito *m*; **corto** ~ curto-circuito *m*
circulación [θirkula'θjon] *f* circulação *f*
circular¹ [θirku'lar] *adj, f* circular *f*
circular² [θirku'lar] *vi* circular
círculo ['θirkulo] *m* círculo *m*; ~ **vicioso** círculo vicioso
circuncidar [θirkunθi'ðar] *vt* circuncidar
circuncisión [θirkunθi'sjon] *f* circuncisão *f*
circundar [θirkun'dar] *vt* circundar
circunferencia [θirkumfe'renθja] *f t. mat* circunferência *f*
circunscribir [θirkunskri'βir] *irr como* **escribir** I. *vt* circunscrever II. *vr*: ~**se** circunscrever-se
circunscripción [θirkunskriβ'θjon] *f* circunscrição *f*; ~ **electoral** circunscrição eleitoral
circunspecto, -a [θirkuns'pekto, -a] *adj* circunspecto, -a
circunstancia [θirkuns'tanθja] *f* circunstância *f*
circunvalación [θirkumbala'θjon] *f* (**carretera de**) ~ anel *m* rodoviário
cirio ['θirjo] *m* círio *m*
cirrosis [θi'rrosis] *f inv med* cirrose *f*
ciruela [θi'rwela] *f* ameixa *f*; ~ **pasa** ameixa-preta
cirugía [θiru'xia] *f med* cirurgia *f*; ~ **estética** [*o* **plástica**] cirurgia estética [*ou* plástica]
cirujano, -a [θiru'xano, -a] *m, f med* cirurgião, -ã *m, f*

cisne ['θisne] *m* cisne *m*
cisterna [θis'terna] *f* cisterna *f*
cistitis [θis'titis] *f inv med* cistite *f*
cita ['θita] *f* 1.(*encuentro*) encontro *m*; ~ **a ciegas** encontro às cegas 2.(*en el médico*) consulta *f* 3.(*mención*) citação *f*
citación [θita'θjon] *f* jur citação *f*
citar [θi'tar] I. *vt* 1.(*convocar*) convocar 2.(*mencionar*) citar 3. jur citar II. *vr*: ~**se** marcar encontro
cítrico, -a ['θitriko, -a] *adj* cítrico, -a
cítricos ['θitrikos] *mpl* cítricos *mpl*
ciudad [θju'ðað] *f* cidade *f*; ~ **dormitorio** cidade-dormitório *f*; ~ **universitaria** cidade universitária
ciudadanía [θjuðaða'nia] *f* cidadania *f*
ciudadano, -a [θjuða'ðano, -a] *adj, m, f* cidadão, cidadã *m, f*
cívico, -a ['θiβiko, -a] *adj* cívico, -a
civil [θi'βil] *adj, m* civil *m*
civilización [θiβiliθa'θjon] *f* civilização *f*
civilizado, -a [θiβili'θaðo, -a] *adj* civilizado, -a
civilizar [θiβili'θar] <z→c> *vt* civilizar
civismo [θi'βismo] *m* civismo *m*
cizaña [θi'θaɲa] *f* cizânia *f*, discórdia *f*; **sembrar** ~ semear discórdia
cl [θenti'litro] *abr de* **centilitro** cl
clamar [kla'mar] *vi, vt* clamar
clamor [kla'mor] *m* clamor *m*
clan [klan] *m* clã *m*
clandestino, -a [klandes'tino, -a] *adj* clandestino, -a
clara ['klara] *f* (*del huevo*) clara *f*
claraboya [klara'βoja] *f* claraboia *f*
clarear [klare'ar] *vimpers* (*amanecer, despejarse*) clarear
clarete [kla'rete] *m* vinho *m* rosé
claridad [klari'ðað] *f* 1.(*luminosidad*) claridade *f* 2.(*lucidez*) clareza *f*
clarificar [klarifi'kar] <c→qu> *vt* clarificar
clarín [kla'rin] *m* clarim *m*
clarinete [klari'nete] *m* clarinete *m*
clarividencia [klariβi'ðenθja] *f* clarividência *f*
claro ['klaro] I. *interj* claro II. *m* 1.(*hueco*) lacuna *f* 2.(*calvero*) clareira *f* 3.(*calva*) falha *f* III. *adv* claro
claro, -a ['klaro, -a] *adj* claro, -a; **sacar algo en** ~ deixar a. c. claro
clase ['klase] *f* 1. tipo, bio classe *f* 2. ens aula *f*; ~**s particulares** aulas particulares; ~ **de recuperación** aulas de

recuperação; **dar ~s** dar aulas
clásico, -a ['klasiko, -a] *adj, m, f* clássico, -a *m, f*
clasificación [klasifika'θjon] *f* classificação *f*
clasificar [klasifi'kar] <c→qu> I. *vt* classificar II. *vr:* **~se** classificar-se
claudicar [klauði'kar] <c→qu> *vi* 1. (*principios*) ~ **de algo** desistir de a. c.; ~ **en algo** claudicar em a. c. 2. (*ceder*) ceder
claustro ['klaustro] *m* 1. (*convento*) claustro *m* 2. (*de profesores*) corpo *m* docente
claustrofobia [klaustro'foβja] *f* claustrofobia *f*
cláusula ['klausula] *f* 1. JUR cláusula *f* 2. LING oração *f*
clausura [klau'sura] *f* 1. (*cierre*) encerramento *m* 2. (*en un convento*) clausura *f*
clausurar [klausu'rar] *vt* encerrar
clavar [kla'βar] *vt* 1. (*hincar*) cravar 2. *inf* (*cobrar*) rapar
clave ['klaβe] I. *adj inv* chave *inv* II. *f* 1. (*secreto*) senha *f* 2. (*código*) código *m*; ~ **de acceso** código de acesso 3. MÚS clave *f*
clavel [kla'βel] *m* cravo *m*
clavícula [kla'βikula] *f* clavícula *f*
clavija [kla'βixa] *f* 1. TÉC pino *m* 2. (*de guitarra*) cravelha *f* 3. (*enchufe*) plugue *m*
clavo ['klaβo] *m* 1. (*pieza*) prego *m* 2. (*especia*) cravo *m*, cravo-da-índia *m*
claxon ['klaˠson] *m* buzina *f*
clemencia [kle'menθja] *f* clemência *f*
clemente [kle'mente] *adj* clemente
cleptomanía [kleptoma'nia] *f* cleptomania *f*
cleptómano, -a [klep'tomano, -a] *m, f* cleptomaníaco, -a *m, f*
clerical [kleri'kal] *adj* clerical
clérigo ['kleriɣo] *m* clérigo *m*
clero ['klero] *m* clero *m*
clic [klik] *m* clique *m*
cliché [kli'tʃe] *m t.* FOTO clichê *m*
cliente, -a ['kljente, -a] *m, f* cliente *mf*
clientela [kljen'tela] *f* clientela *f*
clima ['klima] *m* clima *m*
climatización [klimatiθa'θjon] *f* climatização *f*
climatizado, -a [klimati'θaðo, -a] *adj* climatizado, -a
climatizar [klimati'θar] <z→c> *vt* climatizar

clímax ['klimaˠs] *m inv* clímax *m*
clínica ['klinika] *f* clínica *f*
clínico ['kliniko] *m* clínico, -a *m, f*
clip [klip] *m* clip *m*
clítoris ['klitoris] *m inv* clítoris *m inv*
cloaca [klo'aka] *f* 1. (*lugar*) esgoto *m* 2. ZOOL cloaca *f*
clon [klon] *m* clone *m*
clonación [klona'θjon] *f* clonagem *f*
clonar [klo'nar] *vt* clonar
cloro ['kloro] *m* cloro *m*
clorofila [kloro'fila] *f* clorofila *f*
cloroformo [kloro'formo] *m* clorofórmio *m*
club [kluβ] <clubs *o* clubes> *m* clube *m*; ~ **náutico** clube náutico
cm [θen'timetro] *abr de* **centímetro** cm
coacción [koaˠ'θjon] *f* coação *f*
coaccionar [koaˠθjo'nar] *vt* coagir
coagular [koaɣu'lar] I. *vt* coagular II. *vr:* **~se** coagular-se
coágulo [ko'aɣulo] *m* coágulo *m*
coalición [koali'θjon] *f* coalizão *f*
coartada [koar'taða] *f* álibi *m*
coartar [koar'tar] *vt* coartar
coba ['koβa] *f* **dar ~ a alguien** bajular alguém
cobalto [ko'βalto] *m* cobalto *m*
cobarde [ko'βarðe] *adj, mf* covarde *mf*
cobaya [ko'βaʝa] *m o f* cobaia *f*
cobertizo [koβer'tiθo] *m* alpendre *m*
cobertura [koβer'tura] *f* cobertura *f*
cobija [ko'βixa] *f AmL* (*manta*) coberta *f*
cobijar [koβi'xar] I. *vt* abrigar II. *vr:* **~se** abrigar-se
cobijo [ko'βixo] *m* abrigo *m*
cobra ['koβra] *f* naja *f*
cobrador(a) [koβra'ðor(a)] *m(f)* cobrador(a) *m(f)*
cobrar [ko'βrar] I. *vt* 1. (*dinero*) cobrar; **¿me cobra, por favor?** me cobra, por favor? 2. (*sueldo*) receber II. *vi* (*sueldo*) receber
cobre ['koβre] *m* 1. QUÍM cobre *m* 2. *AmL, inf* (*dinero*) **no tener un ~** não ter um tostão
cobro ['koβro] *m* cobrança *f*; **llamar a ~ revertido** ligar a cobrar
coca ['koka] *f* coca *f*
cocaína [koka'ina] *f* cocaína *f*
cocción [koˠ'θjon] *f* cozimento *m*
cocear [koθe'ar] *vi* coicear
cocer [ko'θer] *irr* I. *vt* 1. (*cocinar*) cozer; (*hervir*) ferver 2. (*cerámica*) queimar II. *vi* ferver III. *vr:* **~se** cozi-

nhar
coche [ˈkotʃe] *m* 1. (*automóvil*) carro *m*; ~ **bomba** carro-bomba *m*; ~ **de bomberos** carro de bombeiros; ~ **fúnebre** carro fúnebre; ~ **patrulla** viatura *f*; **ir en** ~ ir de carro 2. (*de caballos*) carroça *f*; (*de lujo*) carruagem *f* 3. (*de tren*) vagão *m*; ~ **cama** vagão-leito *m*; ~ **restaurante** vagão-restaurante *m*
cochera [koˈtʃera] *f* garagem *f*
cochinillo [kotʃiˈniʎo] *m* leitão *m*
cochino, -a [koˈtʃino, -a] I. *adj inf* porco, -a II. *m, f t. inf* (*sucio*) porco, -a *m, f*
cocido [koˈθiðo] *m* cozido *m*
cociente [koˈθjente] *m* quociente *m*
cocina [koˈθina] *f* 1. (*habitación, arte*) cozinha *f* 2. (*aparato*) fogão *m*
cocinar [koθiˈnar] *vi, vt* cozinhar
cocinero, -a [koθiˈnero, -a] *m, f* cozinheiro, -a *m, f*
coco [ˈkoko] *m* 1. (*fruto*) coco *m* 2. (*árbol*) coqueiro *m* 3. *inf* (*cabeza*) cuca *f*; **comerse el** ~ esquentar a cuca
cocodrilo [kokoˈðrilo] *m* crocodilo *m*
cocotero [kokoˈtero] *m* coqueiro *m*
coctel [kokˈtel] <**coctels**> *m*, **cóctel** [ˈkoktel] <**cócteles**> *m* coquetel *m*
codazo [koˈðaθo] *m* cotovelada *f*
codearse [koðeˈarse] *vr* ~ **con** circular entre
codicia [koˈðiθja] *f* cobiça *f*
codiciar [koðiˈθjar] *vt* cobiçar
codicioso, -a [koðiˈθjoso, -a] *adj* cobiçoso, -a
codificar [koðifiˈkar] <c→qu> *vt* codificar
código [ˈkoðiɣo] *m* código *m*; ~ **de barras** código de barras; ~ **de circulación** código de trânsito; ~ **genético** código genético; ~ **postal** código postal
codillo [koˈðiʎo] *m* 1. ZOOL codilho *m* 2. TÉC (*doblez*) joelho *m*
codo [ˈkoðo] *m* ANAT cotovelo *m*; **empinar el** ~ *inf* encher a cara; **hablar por los** ~**s** *inf* falar pelos cotovelos
codorniz [koðorˈniθ] *f* codorna *f*
coeficiente [koefiˈθjente] *m* coeficiente *m*; ~ **intelecutal** quociente de inteligência
coerción [koerˈθjon] *f* coerção *f*
coetáneo, -a [koeˈtaneo, -a] *adj, m, f* coetâneo, -a *m, f*
coexistir [koeɣsisˈtir] *vi* coexistir
cofradía [kofraˈðia] *f* confraria *f*
cofre [ˈkofre] *m* cofre *m*
coger [koˈxer] <g→j> I. *vt* 1. (*agarrar*) pegar; (*flor, cosecha*) colher; ~ **del brazo a alguien** pegar alguém pelo braço 2. (*tren*) tomar 3. *AmL, vulg* (*copular*) trepar II. *vi* 1. (*planta*) colher 2. *AmL, vulg* (*copular*) trepar III. *vr* ~ **se de las manos** dar-se as mãos
cogollo [koˈɣoʎo] *m* (*de lechuga*) miolo *m*
cogorza [koˈɣorθa] *f inf* pileque *m*; **pillar una** ~ tomar um pileque
cohabitar [koaβiˈtar] *vi* coabitar
cohecho [koˈetʃo] *m* suborno *m*
coherencia [koeˈrenθja] *f* coerência *f*
coherente [koeˈrente] *adj* coerente
cohesión [koeˈsjon] *f* coesão *f*
cohete [koˈete] *m* foguete *m*
cohibido, -a [koiˈβiðo, -a] *adj* coibido, -a
cohibir [koiˈβir] *irr como* **prohibir** I. *vt* coibir II. *vr:* ~**se** coibir-se
coima [ˈkoima] *f And, CSur* (*soborno*) propina *f*
coincidencia [koi̯nθiˈðenθja] *f* coincidência *f*
coincidir [koi̯nθiˈðir] *vi* coincidir
coito [ˈkoi̯to] *m* coito *m*
cojear [koxeˈar] *vi* (*persona*) coxear; (*mueble*) mancar
cojera [koˈxera] *f* coxeadura *f*
cojín [koˈxin] *m* almofada *f*
cojinete [koxiˈnete] *m* TÉC rolamento *m*
cojo, -a [ˈkoxo, -a] I. *adj* 1. (*persona*) coxo, -a; **a la pata coja** sobre uma perna só 2. (*mueble*) manco, -a II. *m, f* coxo, -a *m, f*
cojón [koˈxon] *m vulg* 1. (*testículos*) colhão *m* 2. *pl* (*valor, coraje*) colhões *mpl*; **¡cojones!** cacete!
cojudo, -a [koˈxuðo, -a] *adj AmL* (*tonto*) idiota
col [kol] *f* BOT couve *f*; ~ **de Bruselas** couve de Bruxelas
cola [ˈkola] *f* 1. (*rabo*) cauda *f* 2. (*de vestido*) cauda *f* 3. (*al esperar*) fila *f*; **hacer** ~ fazer fila 4. (*pegamento*) cola *f* 5. (*peinado*) ~ **de caballo** rabo de cavalo *m*
colaboración [kolaβoraˈθjon] *f* colaboração *f*
colaborador(a) [kolaβoraˈðor(a)] *adj, m(f)* colaborador(a) *m(f)*
colaborar [kolaβoˈrar] *vi* colaborar
colada [koˈlaða] *f* alvejamento *m*; **hacer la** ~ lavar a roupa
colado, -a [koˈlaðo, -a] *adj inf* caído, -a; **estar** ~ **por alguien** estar caído por

alguém
colador [kola'ðor] *m* peneira *f*
colapsar [kolap'sar] *vt* (*tráfico*) colapsar
colapso [ko'lapso] *m* colapso *m*
colar [ko'lar] <o→ue> **I.** *vt* (*leche*) coar; (*objeto*) passar **II.** *vi inf* (*información*) passar **III.** *vr:* ~ **se 1.** (*entrar*) entrar de penetra **2.** (*en una cola*) furar fila
colcha ['koltʃa] *f* colcha *f*
colchón [kol'tʃon] *m* colchão *m*
colchoneta [koltʃo'neta] *f* DEP colchonete *m*
cole ['kole] *m* escola *f*
colear [kole'ar] *vi* rabear
colección [koleɣ'θjon] *f* coleção *f*
coleccionar [koleɣθjo'nar] *vt* colecionar
coleccionista [koleɣθjo'nista] *mf* colecionador(a) *m(f)*
colecta [ko'lekta] *f* coleta *f*
colectivo, -a [kolek'tiβo] *adj* coletivo, -a
colega [ko'leɣa] *mf* colega *mf*
colegiado [kole'xjaðo] *m* DEP árbitro *m*
colegiado, -a [kole'xjaðo, -a] *adj* colegiado, a
colegial(a) [kole'xjal(a)] *adj, m(f)* colegial *mf*
colegio [ko'lexjo] *m* **1.** ENS colégio *m;* ~ **privado** colégio particular; **ir al** ~ ir para o colégio **2.** (*corporación*) corporação *f;* ~ **de abogados** ordem *f* dos advogados; ~ **de médicos** conselho *m* de medicina
cólera[1] ['kolera] *m* MED cólera *m*
cólera[2] ['kolera] *f* (*ira*) cólera *f*
colérico, -a [ko'leriko, -a] *adj* colérico, -a
colesterol [koleste'rol] *m* colesterol *m*
coleta [ko'leta] *f* rabicho *m*
colgante [kol'ɣante] **I.** *adj* suspenso, -a; **puente** ~ ponte pênsil **II.** *m* (*joya*) pendente *m*
colgar [kol'ɣar] *irr* **I.** *vt* **1.** (*pender*) pendurar; (*teléfono*) desligar **2.** (*suspender*) reprovar **3.** (*ahorcar*) enforcar **II.** *vi* **1.** (*pender*) pendurar **2.** TEL desligar o telefone **III.** *vr:* ~ **se 1.** pendurar-se; ~ **se del teléfono** pendurar-se no telefone; **estar colgado por alguien** *inf* estar apaixonado por alguém **2.** INFOR (*ordenador*) travar
colibrí [koli'βri] *m* beija-flor *m*
cólico ['koliko] *m* MED cólica *f*

coliflor [koli'flor] *f* couve-flor *f*
colilla [ko'liʎa] *f* guimba *f*
colina [ko'lina] *f* colina *f*
colindar [kolin'dar] *vi* limitar
colirio [ko'lirjo] *m* colírio *m*
colisión [koli'sjon] *f* colisão *f*
colisionar [kolisjo'nar] *vi* colidir
collar [ko'ʎar] *m* (*adorno*) colar *m;* (*de perro*) coleira *f*
colmar [kol'mar] *vt* encher
colmena [kol'mena] *f* colmeia *f*
colmillo [kol'miʎo] *m* canino *m;* (*de elefante*) presa *f*
colmo ['kolmo] *m* ¡**esto es el ~!** isto é o cúmulo!
colocación [koloka'θjon] *f* (*empleo*) colocação *f*
colocar [kolo'kar] <c→qu> **I.** *vt* colocar **II.** *vr:* ~ **se 1.** (*en empleo*) colocar-se **2.** *inf* (*con alcohol*) ficar alto; (*con drogas*) ficar chapado
Colombia [ko'lombja] *f* Colômbia *f*

> **Cultura** **Colômbia** (nome oficial: **República de Colombia**) fica na parte noroeste da América do Sul entre o Caribe e o Oceano Pacífico. A capital (**Santa Fé de**) **Bogotá** é também a maior cidade do país. A língua oficial da **Colômbia** é o espanhol e a unidade monetária é o **peso**.

colombiano, -a [kolom'bjano, -a] *adj, m, f* colombiano, -a *m, f*
colon ['kolon] *m* cólon *m*
colón [ko'lon] *m* colom *m*
colonia [ko'lonja] *f* colônia *f*
colonialismo [kolonja'lismo] *m* colonialismo *m*
colonización [koloniθa'θjon] *f* colonização *f*
colonizar [koloni'θar] <z→c> *vt* colonizar
colono, -a [ko'lono, -a] *m, f* colono, -a *m, f*
coloquial [kolo'kjal] *adj* LING coloquial
coloquio [ko'lokjo] *m* colóquio *m*
color [ko'lor] *m* cor *f;* **un hombre de** ~ um homem de cor; **mudar de** ~ mudar de cor
colorado, -a [kolo'raðo, -a] *adj* (*rojo*) vermelho, -a; **ponerse** ~ ficar vermelho
colorante [kolo'rante] *m* corante *m*

colorear [kolore'ar] *vt* colorir
colorido [kolo'riðo] *m* colorido *m*
coloso [ko'loso] *m* colosso *m*
columna [ko'lumna] *f* coluna *f*; **~ vertebral** ANAT coluna vertebral
columpiar [kolum'pjar] **I.** *vt* (*balancear*) balançar **II.** *vr:* **~se** balançar-se
columpio [ko'lumpjo] *m* balanço *m*
colza ['kolθa] *f* colza *f*
coma[1] ['koma] *m* MED coma *m*
coma[2] ['koma] *f* LING vírgula *f*
comadre [ko'maðre] *f* (*madrina*) comadre *f*
comadreja [koma'ðrexa] *f* doninha *f*
comadrona [koma'ðrona] *f* parteira *f*
comandancia [komaṇ'danθja] *f* comandância *f*
comandante [komaṇ'dante] *m* comandante *m*
comandar [komaṇ'dar] *vi, vt* comandar
comando [ko'mando] *m* comando *m*
comarca [ko'marka] *f* comarca *f*
comba ['komba] *f* (*cuerda*) corda *f*; **saltar a la ~** pular corda
combar [kom'bar] **I.** *vt* arquear **II.** *vr:* **~se** arquear-se
combate [kom'bate] *m* combate *m*
combatiente [komba'tjeṇte] *adj, mf* combatente *mf*
combatir [komba'tir] *vt, vi* combater
combinación [kombina'θjon] *f* combinação *f*; (*de transportes*) conexão *f*
combinar [kombi'nar] **I.** *vi, vt* combinar **II.** *vr:* **~se** combinar-se
combustible [kombus'tiβle] *adj, m* combustível *m*
combustión [kombus'tjon] *f* combustão *f*
comedia [ko'meðja] *f* comédia *f*
comediante, -a [kome'ðjaṇte, -a] *m, f* CINE, TEAT comediante *mf*
comedido, -a [kome'ðiðo, -a] *adj* comedido, -a
comedor [kome'ðor] *m* (*sala*) sala *f* de jantar; (*en una empresa*) refeitório *m*
comensal [komen'sal] *mf* comensal *mf*
comentar [komen'tar] *vt* comentar
comentario [komeṇ'tarjo] *m* comentário *m*
comentarista [komeṇta'rista] *mf* comentarista *mf*
comenzar [komeṇ'θar] *irr como empezar vt, vi* começar
comer [ko'mer] **I.** *vi* **1.** (*alimentarse*) comer **2.** (*almorzar*) almoçar; **antes/después de ~** antes/depois de almoçar **II.** *vt* comer **III.** *vr:* **~se** (*ingerir*) comer
comercial[1] [komer'θjal] **I.** *adj* comercial **II.** *mf* (*profesión*) representante *mf* comercial
comercial[2] [komer'θjal] *m* AmL (*anuncio*) comercial *m*
comercialización [komerθjaliθa'θjon] *f* comercialização *f*
comerciante, -a [komer'θjaṇte, -a] *m, f* comerciante *mf*
comerciar [komer'θjar] *vi* comerciar
comercio [ko'merθjo] *m* comércio *m*; **~ electrónico** comércio eletrônico; **~ justo** comércio justo
comestibles [komes'tiβles] *mpl* comestíveis *mpl*
cometa[1] [ko'meta] *m* ASTRON cometa *m*
cometa[2] [ko'meta] *f* (*de papel*) pipa *f*
cometer [kome'ter] *vt* cometer
cometido [kome'tiðo] *m* **1.** (*encargo*) incumbência *f* **2.** (*obligación*) obrigação *f*
comezón [kome'θon] *f* comichão *m*
cómic ['komik] *m* <cómics> gibi *m*
comicios [ko'miθjos] *mpl* POL eleições *mpl*
cómico, -a ['komiko, -a] *adj, m, f* cômico, -a *m, f*
comida [ko'miða] *f* **1.** (*alimento*) comida *f*; **~ principal** refeição principal **2.** (*almuerzo*) almoço *m*
comidilla [komi'ðiʎa] *f inf* **ser la ~ de** ser motivo de fofoca para
comienzo [ko'mjenθo] *m* (*principio*) começo *m*; **al ~** no começo
comillas [ko'miʎas] *fpl* aspas *fpl*; **entre ~** entre aspas
comilona [komi'lona] *f inf* comilança *f*
comino [ko'mino] *m* cominho *m*; **me importa un ~** *inf* não me importa um pingo; **no valer un ~** *inf* não valer um tostão
comisaría [komisa'ria] *f* (*de policía*) delegacia *f*
comisario, -a [komi'sarjo, -a] *m, f* **1.** (*delegado*) comissário, -a *m, f* **2.** (*de policía*) delegado, -a *m, f*
comisión [komi'sjon] *f* **1.** (*cometido*) incumbência *f* **2.** (*delegación*) comissão *f*; **Comisión Europea** POL Comissão Europeia **3.** COM comissão *f*
comité [komi'te] *m* comitê *m*
comitiva [komi'tiβa] *f* comitiva *f*
como ['komo] **I.** *adv* **1.** (*del modo que*) como; **hazlo ~ quieras** faça-o como quiser **2.** (*comparativo*) quanto; **tan**

alto ~... tão alto quanto... **3.** (*aproximadamente*) como **4.** (*en calidad de*) como; **trabajar** ~... trabalhar como... **II.** *conj* **1.** (*causal*) como **2.** (*condicional*) desde que

cómo ['komo] *adv* **1.** (*exclamativo*) como; ¿~ **estás?** como você está?; ¿~? como? **2.** (*por qué*) como

cómoda ['komoða] *f* cômoda *f*

comodidad [komoði'ðað] *f* comodidade *f*

comodín [komo'ðin] *m* **1.** (*en juegos*) curinga *m* **2.** INFOR caractere *m* curinga

cómodo, -a ['komoðo, -a] *adj* **1.** ser (*conveniente*) cômodo, -a **2.** ser (*perezoso*) acomodado, -a **3.** estar (*a gusto*) à vontade

compact (**disc**) ['kompak (ðisᵏ)] *m* compact disc *m*

compacto, -a [kom'pakto] *adj* compacto, -a

compadecer [kompaðe'θer] *irr como crecer* **I.** *vt* compadecer **II.** *vr* ~**se de alguien** compadecer-se de alguém

compadre [kom'paðre] *m* compadre *m*

compaginar [kompaxi'nar] **I.** *vt* **1.** (*combinar*) conciliar **2.** (*paginar*) compaginar **II.** *vr:* ~ **se** conciliar

compañerismo [kompaɲe'rismo] *m* companheirismo *m*

compañero, -a [kompa'ɲero, -a] *m, f* companheiro, -a *m, f*

compañía [kompa'ɲia] *f* companhia *f*

comparación [kompara'θjon] *f* comparação *f*

comparar [kompa'rar] **I.** *vt* comparar **II.** *vr:* ~ **se** comparar-se

comparativo [kompara'tiβo] *m* comparativo *m*

comparecencia [kompare'θenθja] *f* comparecimento *m*

comparecer [kompare'θer] *irr como crecer vi* comparecer

comparsa [kom'parsa] *mf* **1.** (*de carnaval*) folião, -ona *m, f* **2.** CINE figurante *mf*

compartim(**i**)**ento** [komparti'm(j)ento] *m* compartimento *m*

compartir [kompar'tir] *vt* **1.** (*tener en común*) compartilhar **2.** (*repartirse*) compartir

compás [kom'pas] *m* MUS, AERO, NÁUT compasso *m*

compasión [kompa'sjon] *f* compaixão *f*

compasivo, -a [kompa'siβo, -a] *adj* compassivo, -a

compatibilidad [kompatiβili'ðað] *f* compatibilidade *f*

compatible [kompa'tiβle] *adj* compatível

compatriota [kompa'trjota] *mf* compatriota *mf*

compendiar [kompeɲ'djar] *vt* compendiar

compendio [kom'peɲdjo] *m* compêndio *m*

compenetración [kompenetra'θjon] *f* compenetração *f*

compenetrarse [kompene'trarse] *vr* compenetrar-se

compensación [kompensa'θjon] *f* compensação *f*

compensar [kompen'sar] *vt* compensar

competencia [kompe'tenθja] *f* **1.** *t.* COM concorrência *f* **2.** DEP competição *f* **3.** (*responsabilidad*) competência *f*

competente [kompe'tente] *adj* competente

competición [kompeti'θjon] *f* competição *f*

competir [kompe'tir] *irr como pedir vi* competir

competitividad [kompetitiβi'ðað] *f* competitividade *f*

competitivo, -a [kompeti'tiβo, -a] *adj* competitivo, -a

compilador [kompila'ðor] *m* INFOR compilador(a) *m(f)*

compilar [kompi'lar] *vt t.* INFOR compilar

compinche [kom'pintʃe] *mf inf* cupincha *mf*

complacencia [kompla'θenθja] *f* complacência *f*

complacer [kompla'θer] *irr como crecer vt* (*gustar*) comprazer

complaciente [kompla'θjente] *adj* complacente

complejo, -a [kom'plexo, -a] *adj* complexo, -a

complemento [komple'mento] *m* complemento *m*

completar [komple'tar] **I.** *vt* completar **II.** *vr:* ~ **se** completar-se

completo, -a [kom'pleto, -a] *adj* completo, -a

complexión [kompleˠ'sjon] *f* compleição *f*

complicación [komplika'θjon] *f* complicação *f*

complicar [kompli'kar] <c→qu> **I.** *vt* complicar **II.** *vr:* ~ **se** complicar-se

cómplice ['kompliθe] *mf t.* JUR cúmplice *mf*
compló [kom'plo] *m* <complós>, **complot** [kom'plot] *m* <complots> complô *m*
componente [kompo'neṇte] *m* TÉC, MAT, QUÍM componente *m*
componer [kompo'ner] *irr como* poner **I.** *vt* **1.** *t.* MÚS compor **2.** *(recomponer)* recompor **II.** *vr:* ~ **se** compor-se
comportamiento [komporta'mjeṇto] *m* comportamento *m*
comportar [kompor'tar] **I.** *vt* comportar **II.** *vr:* ~ **se** comportar-se
composición [komposi'θjon] *f* composição *f*
compositor(a) [komposi'tor(a)] *m(f)* compositor(a) *m(f)*
compost [kom'posᵗ] *m* terra *f* vegetal
compostura [kompos'tura] *f* compostura *f*; **guardar la** ~ manter a compostura
compota [kom'pota] *f* compota *f*
compra ['kompra] *f* compra *f*; **hacer la** ~ fazer supermercado; **ir de** ~**s** fazer compras
comprador(a) [kompra'ðor(a)] *m(f)* comprador(a) *m(f)*
comprar [kom'prar] *vt* comprar
compraventa [kompra'βeṇta] *f* compra *f* e venda
comprender [kompreṇ'der] *vt* compreender
comprensible [kompren'siβle] *adj* compreensível
comprensión [kompren'sjon] *f* compreensão *f*
comprensivo, -a [kompren'siβo, -a] *adj* compreensivo, -a
compresa [kom'presa] *f* **1.** *t.* MED *(apósito)* compressa *f* **2.** *(higiénica)* absorvente *m*
comprimido [kompri'miðo] *m* comprimido *m*
comprimir [kompri'mir] *vt t.* FÍS, TÉC comprimir
comprobación [komproβa'θjon] *f* comprovação *f*
comprobante [kompro'βaṇte] *m* comprovante *m*
comprobar [kompro'βar] <o→ue> *vt* comprovar
comprometer [komprome'ter] **I.** *vt* comprometer **II.** *vr:* ~ **se** comprometer-se
compromiso [kompro'miso] *m* **1.** *(vinculación, cita, acuerdo)* compromisso *m* **2.** *(aprieto)* apuro *m;* **poner a alguien en un** ~ pôr alguém num apuro
compuesto [kom'pwesto] *m t.* QUÍM composto *m*
compungido, -a [kompuɲ'xiðo, -a] *adj* compungido, -a
computador [komputa'ðor] *m AmL,* **computadora** [komputaðora] *f AmL* computador *m*
cómputo ['komputo] *m* cômputo *m*
comulgar [komul'ɣar] <g→gu> *vi* REL comungar
común [ko'mun] *adj* comum; **en** ~ em comum
comunicación [komunika'θjon] *f* comunicação *f*
comunicado [komuni'kaðo] *m* comunicado *m*
comunicar [komuni'kar] <c→qu> **I.** *vi* **1.** *(conectar)* comunicar **2.** *(teléfono)* estar ocupado; **he intentado llamarte, pero tu teléfono comunicaba** tentei ligar para você, mas o seu telefone estava ocupado **II.** *vt* comunicar **III.** *vr:* ~ **se** comunicar-se
comunicativo, -a [komunika'tiβo, -a] *adj* comunicativo, -a
comunidad [komuni'ðaᵈ] *f* comunidade *f;* ~ **autónoma** comunidade autônoma
comunión [komu'njon] *f* comunhão *f*
comunismo [komu'nismo] *m* comunismo *m*
comunista [komu'nista] *adj, mf* comunista *mf*
comunitario, -a [komuni'tarjo, -a] *adj* **1.** *(colectivo)* comunitário, -a **2.** POL *(de la Comunidad Europea)* da União Europeia
con [kon] *prep* com; ~ **el tiempo...** com o tempo...; ~ **sólo que** +*subj* se +*fut subj;* **con sólo que lo digas una vez, es suficiente** se você disser uma vez, é suficiente
conato [ko'nato] *m* princípio *m*
cóncavo, -a ['koŋkaβo, -a] *adj* côncavo, -a
concebir [konθe'βir] *irr como* pedir *vt, vi* conceber
conceder [konθe'ðer] *vt* conceder
concejal(a) [konθe'xal(a)] *m(f)* vereador(a) *m(f)*
concejalía [konθexa'lia] *f* vereação *f*
concejo [kon'θexo] *m* conselho *m*
concentración [konθeṇtra'θjon] *f* con-

centração *f*
concentrar [konθen'trar] I. *vt* concentrar II. *vr:* ~ **se** concentrar-se
concepción [konθeβ'θjon] *f* concepção *f*
concepto [kon'θepto] *m* conceito *m;* **bajo ningún** ~ em hipótese alguma
concertación [konθerta'θjon] *f* acordo *m*
concertar [konθer'tar] <e→ie> I. *vi* concordar II. *vt* 1.(*una cita*) marcar 2.(*ideas*) unir, combinar 3. LING concordar
concesión [konθe'sjon] *f* concessão *f*
concesionario, -a [konθesjo'narjo, -a] *m, f* concessionário, -a *m, f*
concha ['kontʃa] *f* 1.(*de molusco*) concha *f* 2. *AmS, vulg* (*de mujer*) boceta *f*
conciencia [kon'θjenθja] *f* consciência *f;* (**sin**) **cargo de** ~ (sem) peso na consciência
concienciar [konθjen'θjar] I. *vt* conscientizar II. *vr:* ~ **se** conscientizar-se
concienzudo, -a [konθjen'θuðo, -a] *adj* conscencioso, -a
concierto [kon'θjerto] *m* MÚS concerto *m*
conciliar [konθi'ljar] *vt* conciliar; ~ **el sueño** conciliar o sono
concilio [kon'θiljo] *m* concílio *m*
conciso, -a [kon'θiso, -a] *adj* conciso, -a
conciudadano, -a [konθjuða'ðano, -a] *m, f* concidadão, -ã *m, f*
concluir [konklu'ir] *irr como huir* *vt* concluir
conclusión [konklu'sjon] *f* conclusão; **en** ~ em conclusão
concluyente [konklu'ʝente] *adj* concludente
concordar [konkor'ðar] <o→ue> *vi, vt* concordar
concordia [kon'korðja] *f* concórdia *f*
concretar [konkre'tar] I. *vt* 1.(*precisar*) concretizar 2.(*limitar*) limitar; (*reducir*) concentrar II. *vr:* ~ **se** limitar-se
concreto, -a [kon'kreto, -a] *adj* concreto, -a; **en** ~ em concreto
concurrido, -a [konku'rriðo, -a] *adj* concorrido(a)
concurrir [konku'rrir] *vi* 1.(*en un lugar*) coincidir; (*en el tiempo*) concorrer 2.(*participar*) concorrer
concursante [konkur'sante] *mf* candidato, -a *m, f*
concursar [konkur'sar] *vi* concorrer

concurso [kon'kurso] *m* concurso *m;* ~ **de belleza** concurso de beleza
conde(sa) ['konde, kon'desa] *m(f)* conde, ssa *m, f*
condecoración [kondekora'θjon] *f* condecoração *f*
condecorar [kondeko'rar] *vt* condecorar
condena [kon'dena] *f* condenação *f*
condenar [konde'nar] I. *vt* condenar II. *vr:* ~ **se** condenar-se
condensar [konden'sar] *vt* condensar
condesa [kon'desa] *f v.* **conde**
condescender [kondesθen'der] <e→ie> *vi* condescender
condición [kondi'θjon] *f* condição *f;* **a** ~ **de que** +*subj* com a condição de que +*subj;* **estar en condiciones** estar em condições
condicional [kondiθjo'nal] *adj t.* LING condicional
condicionar [kondiθjo'nar] *vt* condicionar
condimentar [kondimen'tar] *vt* condimentar
condimento [kondi'mento] *m* condimento *m*
condón [kon'don] *m* preservativo *m*
cóndor ['kondor] *m* condor *m*
conducir [kondu'θir] *irr como traducir* I. *vt* conduzir II. *vi* conduzir; ~ **a** conduzir a
conducta [kon'dukta] *f* conduta *f*
conducto [kon'dukto] *m* conduto *m;* **por** ~ **de** por meio de
conductor [konduk'tor] *m* FÍS condutor *m*
conductor(a) [konduk'tor(a)] I. *adj* condutor(a) II. *m(f)* motorista *mf*
conectar [konek'tar] *vi, vt* conectar
conejillo [kone'xiʎo] *m* ~ **de Indias** porquinho-da-índia *m; fig* cobaia *f*
conejo, -a [ko'nexo] *m, f* coelho, -a *m, f*
conexión [konek'sjon] *f t.* TEL conexão *f*
confección [komfek'θjon] *f* confecção *f*
confeccionar [komfekθjo'nar] *vt* confeccionar
confederación [komfeðera'θjon] *f* confederação *f*
conferencia [komfe'renθja] *f* 1.(*charla*) conferência *f* 2.(*telefónica*) ligação interurbana ou internacional
conferir [komfe'rir] *irr como sentir* *vt* conferir
confesar [komfe'sar] <e→ie> I. *vt* confessar II. *vr:* ~ **se** confessar-se

confesión [koɱfe'sjon] *f* confissão *f*
confes(i)onario [koɱfes(j)o'narjo] *m* confessionário *m*
confeti [koɱ'feti] *m* confete *m*
confiado, -a [koɱfi'aðo, -a] *adj* confiante
confianza [koɱfi'aɲθa] *f* confiança *f*; **de ~** de confiança; **en ~** em confiança
confiar [koɱfi'ar] <*1.pres:* confío> I. *vi, vt* confiar II. *vr:* **~se** confiar-se
confidencia [koɱfi'ðeɲθja] *f* confidência *f*
confidencial [koɱfiðeɲ'θjal] *adj* confidencial
confidente [koɱfi'ðente] *mf* 1. (*cómplice*) confidente *mf* 2. (*espía*) informante *mf*
configurar [koɱfiɣu'rar] *vt* configurar
confinar [koɱfi'nar] *vt* confinar
confirmación [koɱfirma'θjon] *f t.* REL confirmação *f*
confirmar [koɱfir'mar] I. *vt* confirmar II. *vr:* **~se** confirmar-se
confiscar [koɱfis'kar] <c→qu> *vt* confiscar
confitura [koɱfi'tura] *f* geleia *f*
conflictividad [koɱfliktiβi'ðaᵈ] *f* agitação *f*
conflicto [koɱ'flikto] *m* conflito *m*
confluir [koɱflu'ir] *irr como huir vi* (*ríos, calles*) confluir
conformar [koɱfor'mar] I. *vt* moldar II. *vr:* **~se** conformar-se
conforme [koɱ'forme] I. *adj* conforme; **~ a** conforme a II. *adv* conforme
conformidad [koɱformi'ðaᵈ] *f* 1. conformidade *f* 2. (*aprobación*) aprovação *f*; **dio su ~** deu sua aprovação
conformista [koɱfor'mista] *adj* conformista
confort [koɱ'forⁱ] *m* conforto *m*
confortable [koɱfor'taβle] *adj* confortável
confortar [koɱfor'tar] *vt* confortar
confraternizar [koɱfraterni'θar] <z→c> *vi* confraternizar
confrontar [koɱfroɲ'tar] *vt* confrontar
confundir [koɱfuɲ'dir] I. *vt* confundir II. *vr:* **~se** confundir-se
confusión [koɱfu'sjon] *f* confusão *f*
confuso, -a [koɱ'fuso, -a] *adj* confuso, -a
congelador [koŋxela'ðor] *m* congelador *m*
congelar [koŋxe'lar] I. *vt t. fig* congelar II. *vr:* **~se** *t. fig* congelar-se
congénere [koŋ'xenere] *mf* congênere *mf*
congeniar [koŋxe'njar] *vi* combinar
congestión [koŋxes'tjon] *f t.* MED congestão *f*
congestionar [koŋxestjo'nar] I. *vt t.* MED congestionar II. *vr:* **~se** *t.* MED congestionar-se
congoja [koŋ'goxa] *f* angústia *f*
congraciarse [koŋgra'θjarse] *vr* **~ con alguien** congraçar-se com alguém
congratular [koŋgratu'lar] I. *vt* congratular II. *vr:* **~se** congratular-se
congregación [koŋgreɣa'θjon] *f* congregação *f*
congregar [koŋgre'ɣar] <g→gu> I. *vt* congregar II. *vr:* **~se** congregar-se
congresista [koŋgre'sista] *mf* POL congressista *mf*
congreso [koŋ'greso] *m* congresso *m*; **el Congreso de los Diputados** o Congresso dos Deputados
cónico, -a ['koniko, -a] *adj* cônico, -a
conífera [ko'nifera] *f* conífera *f*
conjetura [koɲxe'tura] *f* conjectura *f*; **hacer ~s** fazer conjecturas
conjeturar [koɲxetu'rar] *vt* conjecturar
conjugación [koɲxuɣa'θjon] *f* conjugação *f*
conjugar [koɲxu'ɣar] <g→gu> *vt* conjugar
conjunción [koɲxuɲ'θjon] *f* conjunção *f*
conjuntivitis [koɲxuɲti'βitis] *f inv* conjuntivite *f*
conjunto [koɲ'xuɲto] *m* conjunto *m*; **en ~** em conjunto
conjurar [koɲxu'rar] *vt* conjurar
conmemoración [konmemora'θjon, kommemora'θjon] *f* comemoração *f*
conmemorar [konmemo'rar, kommemo'rar] *vt* comemorar
conmigo [kon'miɣo, kom'miɣo] *pron pers* comigo
conminar [konmi'nar, kommi'nar] *vt* cominar
conmoción [konmo'θjon, kommo'θjon] *f* comoção *f*; **~ cerebral** MED comoção cerebral
conmovedor(a) [konmoβe'ðor(a), kommoβe'ðor(a)] *adj* comovedor(a)
conmover [konmo'βer, kommo'βer] <o→ue> I. *vt* comover II. *vr:* **~se** comover-se
conmutador [konmuta'ðor, kommuta'ðor] *m* ELEC comutador *m*

cono ['kono] *m* cone *m*

> **Cultura** A união econômica entre os quatro países do extremo sul da América Latina, **Argentina**, **Chile**, **Paraguai** e **Uruguai**, é conhecida como **Cono Sur**.

conocedor(a) [konoθe'ðor(a)] *adj, m(f)* conhecedor(a) *m(f)*
conocer [kono'θer] *irr como crecer* **I.** *vt* (*saber, tener trato, reconocer*) conhecer; **darse a** ~ se fazer conhecer; **se conoce que...** parece que... **II.** *vr:* ~ **se** conhecer-se
conocido, -a [kono'θiðo, -a] *adj, m, f* conhecido, -a *m, f*
conocimiento [konoθi'mjento] *m* **1.** conhecimento *m;* **perder el** ~ perder o conhecimento **2.** *pl* (*nociones*) conhecimentos *mpl*
conque ['konke] *conj inf* **1.** (*consecuencia*) portanto **2.** (*sorpresa*) então
conquense [kon'kense] *adj* de Cuenca
conquista [kon'kista] *f* conquista *f*
conquistador(a) [konkista'ðor(a)] *m(f)* conquistador(a) *m(f)*
conquistar [konkis'tar] *vt* conquistar
consagrar [konsa'ɣrar] **I.** *vt* consagrar **II.** *vr:* ~ **se** consagrar-se
consciencia [koⁿs'θjenθja] *f* consciência *f*
consciente [koⁿs'θjente] *adj* consciente
consecución [konseku'θjon] *f* consecução *f*
consecuencia [konse'kwenθja] *f* consequência *f*
consecuente [konse'kwente] *adj* consequente
consecutivo, -a [konseku'tiβo, -a] *adj* consecutivo, -a
conseguir [konse'ɣir] *irr como seguir vt* conseguir
consejero, -a [konse'xero, -a] *m, f* conselheiro, -a *m, f*
consejo [kon'sexo] *m* conselho *m;* ~ **de guerra** conselho de guerra; ~ **de ministros** conselho de ministros
consenso [kon'senso] *m* consenso *m*
consentimiento [konsenti'mjento] *m* consentimento *m*
consentir [konsen'tir] *irr como sentir* **I.** *vi* (*admitir*) consentir **II.** *vt* **1.** (*autorizar*) consentir **2.** (*mimar*) mimar

conserje [kon'serxe] *mf* zelador(a) *m(f)*
conserva [kon'serβa] *f* conserva *f;* **en** ~ em conserva
conservación [konserβa'θjon] *f* conservação *f*
conservador(a) [konserβa'ðor(a)] *adj, m(f)* conservador(a) *m(f)*
conservante [konser'βante] *m* conservante *m*
conservar [konser'βar] **I.** *vt* conservar **II.** *vr:* ~ **se** conservar-se
conservatorio [konserβa'torjo] *m* conservatório *m*
considerable [konside'raβle] *adj* considerável
consideración [konsidera'θjon] *f* consideração *f;* **tomar en** ~ levar em consideração
considerado, -a [konside'raðo, -a] *adj* considerado, -a
considerar [konside'rar] *vt* considerar
consigna [kon'siɣna] *f* **1.** MIL ordem *f* **2.** (*de equipajes*) guarda-volumes *m inv*
consigo [kon'siɣo] *pron pers* consigo
consiguiente [konsi'ɣjente] *adj* consequinte; **por** ~ por conseguinte
consistente [konsis'tente] *adj* consistente; ~ **en** que consiste em
consistir [konsis'tir] *vi* ~ **en** consistir em
consola [kon'sola] *f* console *m;* (*de videojuegos*) videogame *m*
consolación [konsola'θjon] *f* consolação *f*
consolar [konso'lar] <o→ue> *vt* consolar
consolidar [konsoli'ðar] **I.** *vt* consolidar **II.** *vr:* ~ **se** consolidar-se
consomé [konso'me] *m* consomê *m*
consonante [konso'nante] **I.** *adj* consoante **II.** *f* LING consoante *f*
consorcio [kon'sorθjo] *m* consórcio *m*
conspiración [koⁿspira'θjon] *f* conspiração *f*
conspirar [koⁿspi'rar] *vi* conspirar
constancia [koⁿs'tanθja] *f* **1.** (*firmeza*) constância *f* **2.** (*certeza*) certeza *f;* **dejar** ~ **de algo** fazer constar a. c.
constante [koⁿs'tante] **I.** *adj* constante **II.** *f* constante *f;* ~ **s vitales** MED funções vitais
constar [koⁿs'tar] *vi* **1.** (*ser cierto*) constar **2.** (*componerse*) ~ **de** constar de
constatar [koⁿsta'tar] *vt* constatar
constelación [koⁿstela'θjon] *f* conste-

lação *f*
consternación [konsterna'θjon] *f* consternação *f*
consternar [konster'nar] **I.** *vt* consternar **II.** *vr:* ~**se** consternar-se
constipado [konsti'paðo] *m* resfriado *m*
constipado, -a [konsti'paðo, -a] *adj* **estar** ~ estar resfriado
constiparse [konsti'parse] *vr* resfriar-se
constitución [konstitu'θjon] *f t.* POL constituição *f*
constitucional [konstituθjo'nal] *adj* constitucional
constituir [konstitu'ir] *irr como huir* **I.** *vt* constituir **II.** *vr:* ~**se** constituir-se
constitutivo, -a [konstitu'tiβo, -a] *adj* constitutivo, -a
constreñir [konstre'ɲir] *irr como ceñir vt* constranger
construcción [konstruk'θjon] *f* construção *f*
constructivo, -a [konstruk'tiβo, -a] *adj* construtivo, -a
constructor(a) [konstruk'tor(a)] *m(f)* construtor(a) *m(f)*
construir [konstru'ir] *irr como huir vt* construir
consuelo [kon'swelo] *m* consolo *m*
cónsul ['konsul] *mf* cônsul, consulesa *m, f*
consulado [konsu'laðo] *m* consulado *m*
consulta [kon'sulta] *f* **1.** (*acción*) consulta *f* **2.** (*de un médico*) consultório *m;* **pasar** ~ passar em consulta
consultar [konsul'tar] *vt* consultar
consultor(a) [konsul'tor(a)] *m(f)* consultor(a) *m(f)*
consultoría [konsulto'ria] *f* consultoria *f*
consultorio [konsul'torjo] *m* (*establecimiento*) consultoria *f;* (*de un médico*) consultório *m*
consumar [konsu'mar] *vt* consumar
consumición [konsumi'θjon] *f* consumação *f*
consumidor(a) [konsumi'ðor(a)] *m(f)* consumidor(a) *m(f)*
consumir [konsu'mir] **I.** *vt* consumir **II.** *vr:* ~**se** consumir-se
consumismo [konsu'mismo] *m* consumismo *m*
consumista [konsu'mista] *adj* consumista
consumo [kon'sumo] *m* consumo *m*
contabilidad [kontaβili'ðað] *f* contabilidade *f*
contabilizar [kontaβili'θar] <z→c> *vt* contabilizar
contable [kon'taβle] **I.** *adj* **1.** (*numerable*) contábil **2.** LING contável **II.** *mf* contador(a) *m(f)*
contactar [kontak'tar] **I.** *vt* contatar **II.** *vi* ~ **con alguien** contatar alguém
contacto [kon'takto] *m* contato *m*
contado [kon'taðo] *m* **pagar al** ~ pagar à vista
contador [konta'ðor] *m* contador *m*
contagiar [konta'xjar] **I.** *vt* contagiar **II.** *vr:* ~**se** contagiar-se; ~**se de alguien/de algo** contagiar-se de alguém/de a. c.
contagio [kon'taxjo] *m* contágio *m*
contagioso, -a [konta'xjoso, -a] *adj* contagioso, -a
contaminación [kontamina'θjon] *f* contaminação *f;* (*del aire, agua*) poluição *f*
contaminar [kontami'nar] **I.** *vt* contaminar; (*aire, agua*) poluir **II.** *vr:* ~**se** contaminar-se
contante [kon'tante] *adj* ~ **y sonante** em dinheiro vivo
contar [kon'tar] <o→ue> **I.** *vi* contar; ~ **con** contar com **II.** *vt* contar
contemplación [kontempla'θjon] *f* contemplação *f;* **sin contemplaciones** com atenção
contemplar [kontem'plar] *vt* contemplar
contemplativo, -a [kontempla'tiβo, -a] *adj* contemplativo, -a
contemporáneo, -a [kontempo'raneo, -a] *adj, m, f* contemporâneo, -a *m, f*
contendiente [konten'djente] *mf* contendente *mf*
contenedor [kontene'ðor] *m* contêiner *m*
contener [konte'ner] *irr como tener* **I.** *vt* conter **II.** *vr:* ~**se** conter-se
contenido [konte'niðo] *m* conteúdo *m*
contentar [konten'tar] **I.** *vt* contentar **II.** *vr:* ~**se** contentar-se
contento, -a [kon'tento, -a] *adj* contente
contestación [kontesta'θjon] *f* **1.** resposta *f* **2.** JUR contestação *f*
contestador [kontesta'ðor] *m* ~ (**automático**) secretária *f* eletrônica
contestar [kontes'tar] *vt* responder; (*oponerse*) contestar
contestatario, -a [kontesta'tarjo, -a]

m, f contestatário, -a *m, f*
contexto [koṇ'testo] *m* contexto *m*
contienda [koṇ'tjeṇda] *f* contenda *f*
contigo [koṇ'tiɣo] *pron pers* contigo
contiguo, -a [koṇ'tiɣwo, -a] *adj* contíguo, -a
continental [koṇtineṇ'tal] *adj* continental
continente [koṇti'neṇte] *m* continente *m*
contingencia [koṇtiŋ'xeŋθja] *f* contingência *f*
contingente [koṇtiŋ'xeṇte] *adj, m* contingente *m*
continuación [koṇtinwa'θjon] *f* continuação *f*; **a ~** a seguir
continuar [koṇti'nwar] <*1. pres:* continúo> *vi, vt* continuar
continuidad [koṇtinwi'ðað] *f* continuidade *f*
continuo, -a [koṇ'tinwo, -a] *adj* contínuo, -a
contorno [koṇ'torno] *m* 1.(*de una figura*) contorno *m* 2.(*pl*) (*territorio*) entorno *m*
contra[1] ['koṇtra] I. *prep* contra; **un voto en ~** um voto contra; **tener en ~** ter contra II. *m* **los pros y los ~s** os prós e os contras
contra[2] ['koṇtra] *f* 1.(*oposición*) **llevar la ~** opor-se 2.(*guerrilla*) contrarrevolução *f*; (*miembro*) contrarrevolucionário, -a *m, f*
contraatacar [koṇtra(a)ta'kar] *vi* contra-atacar
contraataque [koṇtra(a)'take] *m* contra-ataque *m*
contrabajo [koṇtra'βaxo] *m* contrabaixo *m*
contrabandista [koṇtraβaṇ'dista] *mf* contrabandista *mf*
contrabando [koṇtra'βaṇdo] *m* contrabando *m*
contracción [koṇtraɣ'θjon] *f* contração *f*
contracepción [koṇtraθeβ'θjon] *f* contracepção *f*
contracorriente [koṇtrako'rrjeṇte] *f* contracorrente *f*; **a ~** contra a corrente
contradecir [koṇtraðe'θir] *irr como decir* I. *vt* contradizer II. *vr:* **~se** contradizer-se
contradicción [koṇtraðiɣ'θjon] *f* contradição *f*
contradictorio, -a [koṇtraðik'torjo, -a] *adj* contraditório, -a

contraer [koṇtra'er] *irr como traer* I. *vt* contrair II. *vr:* **~se** contrair-se
contraespionaje [koṇtraespjo'naxe] *m* contraespionagem *f*
contrafuerte [koṇtra'fwerte] *m* ARQUIT contraforte *m*
contraluz [koṇtra'luθ] *m* contraluz *f*; **a ~** contra a luz
contramanifestación [koṇtramanifesta'θjon] *f* manifestação *f* contra
contraofensiva [koṇtraofen'siβa] *f* contraofensiva *f*
contrapartida [koṇtrapar'tiða] *f* contrapartida *f*
contrapelo [koṇtra'pelo] *adv* **a ~** *t. fig* a contrapelo
contrapesar [koṇtrape'sar] *vt* contrabalançar
contrapeso [koṇtra'peso] *m* contrapeso *m*
contraportada [koṇtrapor'taða] *f* contracapa *f*
contraproducente [koṇtraproðu'θeṇte] *adj* contraproducente
contrariado, -a [koṇtrari'aðo, -a] *adj* contrariado, -a
contrariar [koṇtrari'ar] <*1. pres:* contrarío> *vt* contrariar
contrariedad [koṇtrarje'ðað] *f* contrariedade *f*
contrario [koṇ'trarjo] *m* contrário *m*
contrario, -a [koṇ'trarjo, -a] *adj* (*opuesto*) contrário, -a; **en caso ~** em caso contrário; **de lo ~** do contrário
contrarrestar [koṇtrarres'tar] *vt* contra-arrestar
contrasentido [koṇtraseṇ'tiðo] *m* contra-senso *m*
contraseña [koṇtra'seɲa] *f* senha *f*
contrastar [koṇtras'tar] *vi, vt* contrastar
contraste [koṇ'traste] *m* contraste *m*
contratación [koṇtrata'θjon] *f* contratação *f*
contratar [koṇtra'tar] *vt* contratar
contratiempo [koṇtra'tjempo] *m* contratempo *m*; **a ~** MÚS fora do tempo
contratista [koṇtra'tista] *mf* contratista *mf*
contrato [koṇ'trato] *m* contrato *m*
contravenir [koṇtraβe'nir] *irr como venir vt* contravir
contraventana [koṇtraβeṇ'tana] *f* persiana *f*
contribución [koṇtriβu'θjon] *f* contribuição *f*
contribuir [koṇtriβu'ir] *irr como huir vi*

contribuir
contribuyente [kontriβu'ɟente] *mf* contribuinte *mf*
contrincante [kontriŋ'kante] *mf* adversário, -a *m, f*
control [kon'trol] *m* **1.** (*examen, limitación*) controle *m* **2.** (*de policía*) inspeção *f*
controlador [kontrola'ðor] *m* INFOR driver *m*
controlador(a) [kontrola'ðor(a)] *m(f)* controlador(a) *m(f)*; ~ **aéreo** controlador de tráfego aéreo
controlar [kontro'lar] **I.** *vt* controlar **II.** *vr:* ~ **se** controlar-se
controversia [kontro'βersja] *f* controvérsia *f*
contundente [kontun'dente] *adj* contundente
contusión [kontu'sjon] *f* MED contusão *f*
convalecencia [kombaleˈθeɲθja] *f* convalescença *f*
convalecer [kombaleˈθer] *irr como crecer vi* convalescer; ~ **de** convalescer de
convaleciente [kombaleˈθjente] *mf* convalescente *mf*
convalidar [kombali'ðar] *vt* convalidar
convencer [kombeɲˈθer] <c→z> **I.** *vt* convencer; ~ **a alguien de algo** convencer alguém de a. c. **II.** *vr:* ~ **se** convencer-se
convencimiento [kombeɲθi'mjento] *m* convencimento *m*
convención [kombeɲˈθjon] *f* convenção *f*
convencional [kombeɲθjo'nal] *adj* convencional
conveniencia [kombe'njeɲθja] *f* conveniência *f*
conveniente [kombe'njente] *adj* conveniente
convenio [kom'benjo] *m* convênio *m*
convenir [kombe'nir] *irr como venir vi* convir
convento [kom'bento] *m* convento *m*
convergencia [komber'xeɲθja] *f* convergência *f*
converger [komber'xer] <g→j> *vi*, **convergir** [komber'xir] <g→j> *vi* convergir
conversación [kombersa'θjon] *f* conversa *f*
conversar [komber'sar] *vi* conversar
conversión [komber'sjon] *f* conversão *f*

convertir [komber'tir] *irr como sentir* **I.** *vt* converter **II.** *vr:* ~ **se** converter-se
convexo, -a [kom'beᵛso, -a] *adj* convexo, -a
convicción [kombiᵛ'θjon] *f* convicção *f*
convicto, -a [kom'biᵏto, -a] *adj* convicto, -a
convidado, -a [kombi'ðaðo, -a] *m, f* convidado, -a *m, f*
convidar [kombi'ðar] *vt* convidar
convincente [kombin'θente] *adj* convincente
convite [kom'bite] *m* **1.** (*invitación*) convite *m* **2.** (*banquete*) banquete *m*
convivencia [kombi'βeɲθja] *f t. fig* convivência *f*
convivir [kombi'βir] *vi t. fig* conviver
convocar [kombo'kar] <c→qu> *vt* convocar
convocatoria [komboka'torja] *f* convocação *f*
convoy [kom'boi̯] *m* comboio *m*
convulsión [kombul'sjon] *f* **1.** MED, POL convulsão *f* **2.** GEO abalo *m*
conyugal [koɲɟu'ɣal] *adj* conjugal
cónyuge ['koɲɟuxe] *mf form* cônjuge *mf*
coñá [ko'ɲa] *m*, **coñac** [ko'ɲakˢ] *m* <coñacs> conhaque *m*
coñazo [ko'ɲaθo] *m vulg* saco *m;* **esto es un** ~ isto é um saco
coño ['koɲo] **I.** *interj vulg* porra **II.** *m vulg* boceta *f*
cooperación [ko(o)pera'θjon] *f* cooperação *f*
cooperante [ko(o)pe'rante] *mf* voluntário, -a *m, f*
cooperar [ko(o)pe'rar] *vi* cooperar
cooperativa [ko(o)pera'tiβa] *f* cooperativa *f*
coordinación [ko(o)rðina'θjon] *f* coordenação *f*
coordinador(a) [ko(o)rðina'ðor(a)] *adj, m(f)* coordenador(a) *m(f)*
coordinar [ko(o)rði'nar] *vt* coordenar
copa ['kopa] *f* **1.** (*vaso*) taça *f*; **ir de** ~**s** fazer farra **2.** (*de árbol*) copa *f* **3.** (*de sujetador*) bojo *m* **4.** DEP taça *f*
copar [ko'par] *vt* **1.** MIL (*rodear*) dominar **2.** (*premios*) ganhar
Copenhague [kope'naɣe] *m* Copenhague *f*
copia ['kopja] *f* cópia *f*; ~ **de seguridad** INFOR cópia de segurança
copiar [ko'pjar] *vt* copiar
copiloto, -a [kopi'loto, -a] *m, f* copilo-

copioso 75 **correspondiente**

to, -a *m, f*
copioso, -a [ko'pjoso, -a] *adj* copioso, -a
copla ['kopla] *f* LIT, MÚS copla *f*
copo ['kopo] *m* floco *m;* ~**s de maíz** flocos de milho; ~**s de nieve** flocos de neve
coprocesador [koproθesa'ðor] *m* INFOR co-processador *m*
coproducción [koproðuɣ'θjon] *f* CINE co-produção *f*
copropietario, -a [kopropje'tarjo, -a] *m, f* co-proprietário, -a *m, f*
cópula ['kopula] *f* cópula *f*
copular [kopu'lar] *vi* copular
coquetear [kokete'ar] *vi* paquerar
coqueto, -a [ko'keto, -a] *adj* faceiro, -a
coraje [ko'raxe] *m* 1. (*valor*) coragem *f* 2. (*ira*) raiva *f*
coral [ko'ral] I. *adj* coral II. *m* coral *m* III. *f* (*coro*) coro *m;* **cantar en una** ~ cantar num coro
Corán [ko'ran] *m* Corão *m*
coraza [ko'raθa] *f* MIL, ZOOL couraça *f*
corazón [kora'θon] *m* coração *m;* ~ (**mío**) (meu) coração; **de todo** ~ de todo coração; **no tener** ~ não ter coração; **hacer de tripas** ~ fazer das tripas coração
corazonada [koraθo'naða] *f* 1. (*presentimiento*) intuição *f* 2. (*impulso*) impulso *m*
corbata [kor'βata] *f* gravata *f*
Córcega ['korθeya] *f* Córsega *f*
corchea [kor'tʃea] *f* colcheia *f*
corchete [kor'tʃete] *m t.* TIPO colchete *m*
corcho ['kortʃo] *m* 1. (*material*) cortiça *f* 2. (*tapón*) rolha *f*
cordel [kor'ðel] *m* cordel *m*
cordero, -a [kor'ðero] *m, f* cordeiro, -a *m, f*
cordial [kor'ðjal] I. *adj* cordial; **saludos** ~**es** cordiais saudações II. *m* dedo *m* médio
cordialidad [korðjali'ðað] *f* cordialidade *f*
cordillera [korði'ʎera] *f* cordilheira *f*
cordón [kor'ðon] *m* 1. (*cordel*) cordão *m;* ~ **umbilical** cordão umbilical 2. ELEC fio *m*
cordura [kor'ðura] *f* cordura *f*
Corea [ko'rea] *f* Coreia *f;* ~ **del Norte/del Sur** Coreia do Norte/do Sul
coreografía [koreoɣra'fia] *f* coreografia *f*
córnea ['kornea] *f* córnea *f*

córner ['korner] *m* FUT escanteio *m*
corneta [kor'neta] *f* corneta *f*
coro ['koro] *m* coro *m;* **a** ~ em coro
corona [ko'rona] *f* coroa *f*
coronación [korona'θjon] *f* coroação *f*
coronar [koro'nar] *vt* coroar
coronel [koro'nel] *m* coronel *m*
coronilla [koro'niʎa] *f* cocuruto *m;* **estar hasta la** ~ *inf* estar até as tampas
corporación [korpora'θjon] *f* corporação *f*
corporal [korpo'ral] *adj* corporal
corporativo, -a [korpora'tiβo, -a] *adj* corporativo, -a
corpulento, -a [korpu'lento, -a] *adj* corpulento, -a
corral [ko'rral] *m* curral *m*
correa [ko'rrea] *f* correia *f;* ~ **de transmisión** correia de transmissão; ~ **del ventilador** correia do ventilador
corrección [korreɣ'θjon] *f* correção *f*
correccional [korreɣθjo'nal] *m* reformatório *m*
correcto, -a [ko'rrekto, -a] *adj* correto, -a
corrector [korrek'tor] *m* corretor *m*
corrector(a) [korrek'tor(a)] *m(f)* corretor(a) *m(f)*, revisor(a) *m(f)*
corredizo, -a [korre'ðiθo, -a] *adj* (*puerta*) corrediço, -a; (*nudo*) corredio, -a
corredor [korre'ðor] *m* corredor *m*
corredor(a) [korre'ðor(a)] *m(f)* 1. DEP corredor(a) *m(f);* ~ **de fondo** corredor de fundo 2. COM corretor(a) *m(f);* ~ **de fincas** corretor de imóveis
corregir [korre'xir] *irr como* elegir *vt* corrigir
correo [ko'rreo] *m* 1. (*servicio*) correio *m;* **echar al** ~ colocar no correio 2. (*correspondencia*) correio *m;* ~ **aéreo** correio aéreo; ~ **certificado** carta registrada; ~ **electrónico** correio eletrônico
Correos [ko'rreos] *mpl* Correios *mpl*
correr [ko'rrer] I. *vi* correr; **a todo** ~ a todo vapor; **eso corre de mi cuenta** isso corre por minha conta II. *vt* (*un mueble, cortina*) correr; **corre prisa** tem pressa III. *vr:* ~**se** 1. (*moverse*) correr 2. *vulg* (*eyacular*) gozar
correspondencia [korrespoɲ'deɲθja] *f* correspondência *f*
corresponder [korrespoɲ'der] I. *vi* corresponder II. *vr:* ~**se** corresponder-se
correspondiente [korrespoɲ'djente] *adj* correspondente

corresponsal [korrespon'sal] *mf* correspondente *mf*

corrida [ko'rriða] *f* TAUR tourada *f*

corriente [ko'rrjẹnte] **I.** *adj* **1.**(*fluente*) corrente **2.**(*actual, ordinario*) comum **II.** *f* **1.**(*eléctrica, de aire*) corrente *f*; **ir contra** ~ ir contra a corrente **2.**(*tendencia*) tendência *f*; **estar al** ~ estar em dia

corro ['korro] *m* (*círculo*) roda *f*

corroborar [korroβo'rar] *vt* corroborar

corroer [korro'er] *irr como* roer **I.** *vt* corroer **II.** *vr:* ~ **se** corroer-se

corromper [korrom'per] **I.** *vt* corromper **II.** *vr:* ~ **se** corromper-se

corrosión [korro'sjon] *f* corrosão *f*

corrosivo, -a [korro'siβo, -a] *adj* corrosivo, -a

corrupción [korruβ'θjon] *f* **1.**(*descomposición*) deterioração *f* **2.**(*moral*) corrupção *f*

corrupto, -a [ko'rrupto, -a] *adj* corrupto, -a

corsé [kor'se] *m* corpete *m*

cortacésped [korta'θespeᵈ] *m* cortador *m* de grama

cortado [kor'taðo] *m* (*café*) ≈ pingado *m*

cortado, -a [kor'taðo, -a] **I.** *pp de* **cortar II.** *adj* **1.**(*leche*) talhado, -a **2.** *inf* (*tímido*) acanhado, -a

cortar [kor'tar] **I.** *vt* (*el pan, el agua, la electricidad*) cortar **II.** *vi* **1.**(*tajar*) cortar **2.** *inf*(*con alguien*) terminar; **cortó con su novia** terminou com a namorada **III.** *vr:* ~ **se 1.**(*herirse*) cortar-se **2.** *inf* (*turbarse*) acanhar-se **3.**(*leche*) coalhar-se **4.** TEL cair

cortaúñas [korta'uɲas] *m inv* cortador *m* de unhas

corte¹ ['korte] *m* corte *m;* ~ **de corriente** ELEC corte de energia; ~ **de digestión** indigestão *f*; ~ **de pelo** corte de cabelo

corte² ['korte] *f* corte *f*; **las Cortes** sede do poder legislativo espanhol

cortedad [korte'ðaᵈ] *f* curteza *f*

cortejar [korte'xar] *vt* cortejar

cortejo [kor'texo] *m* cortejo *m*

cortés [kor'tes] *adj* cortês

cortesía [korte'sia] *f* cortesia *f*

corteza [kor'teθa] *f* (*de tronco, pan*) casca *f*; (*terrestre*) crosta *f*

cortina [kor'tina] *f* cortina *f*

corto, -a ['korto, -a] *adj* curto, -a; **a la corta o a la larga...** mais cedo ou mais tarde...; **quedarse** ~ calcular por baixo

cortocircuito [kortoθirku'ito] *m* ELEC curto-circuito *m*

cortometraje [kortome'traxe] *m* CINE curta-metragem *m*

corva ['korβa] *f* curva *f* da perna

cosa ['kosa] *f* coisa *f*; **ser una** ~ **nunca vista** ser uma coisa incrível; **como quien no quiere la** ~ como quem não quer nada; **como si tal** ~ como se não tivesse acontecido nada; **¿sabes una** ~**?** sabe de uma coisa?

coscorrón [kosko'rron] *m* cascudo *m*

cosecha [ko'setʃa] *f* colheita *f*

cosechadora [kosetʃa'ðora] *f* colheitadeira *f*

cosechar [kose'tʃar] *vi, vt* colher

coser [ko'ser] **I.** *vt* coser; **esto es** ~ **y cantar** isto se faz com o pé nas costas **II.** *vi* coser

cosmética [kos'metika] *f* cosmética *f*

cosmético, -a [kos'metiko, -a] *adj* cosmético, -a

cósmico, -a ['kosmiko, -a] *adj* cósmico, -a

cosmopolita [kosmopo'lita] *adj* cosmopolita

cosmos ['kosmos] *m* cosmo *m*

cosquillas [kos'kiʎas] *fpl* **hacer** ~ fazer cócegas; **tener** ~ ter cócegas

costa ['kosta] *f* **1.** GEO costa *f*; **Costa de Marfil** Costa do Marfim **2. a** ~ **de** à custa de; **a toda** ~ a todo custo

> **Cultura** **Costa del Sol** é o nome dado à costa do sul da Espanha, que vai de **Tarifa** (no oeste) até **Almería** (no leste). Ela inclui as quatro seguintes **provincias: Cádiz, Málaga, Granada** e **Almería**. A costa de **Málaga** é provavelmente a região mais conhecida (especialmente **Marbella** e **Fuengirola**) e é onde as celebridades espanholas gostam particularmente de passar as férias.

costado [kos'taðo] *m* (*lado*) costado *m*

costal [kos'tal] *m* costal *m*

costar [kos'tar] <o→ue> **I.** *vi* custar; ~ **caro** *fig* custar caro; **cueste lo que cueste** custe o que custar **II.** *vt* (*dinero, tiempo*) custar

Costa Rica *f* Costa Rica *f*

> **Cultura** Costa Rica fica na América Central e faz limite com a Nicarágua, o Panamá, com o Oceano Pacífico e o Caribe. A capital da **Costa Rica** é **San José**. O espanhol é a língua oficial do país e a unidade monetária é o **colón**.

costarricense [kostarri'θense] *adj, m* costa-riquense *mf*
coste ['koste] *m* custo *m;* ~ **de la vida** custo de vida
costear [koste'ar] I. *vt (pagar)* custear II. *vr:* ~ **se** custear-se
costero, -a [kos'tero, -a] *adj* costeiro, -a
costilla [kos'tiʎa] *f* costela *f*
costo ['kosto] *m* custo *m;* ~ **de la vida** custo de vida
costoso, -a [kos'toso, -a] *adj (en dinero, esfuerzo)* custoso, -a
costra ['kostra] *f* crosta *f*
costumbre [kos'tumbre] *f* costume *m;* **como de** ~ como de costume
costura [kos'tura] *f* costura *f*
costurera [kostu'rera] *f* costureira *f*
costurero [kostu'rero] *m* **1.** *(persona)* costureiro *m* **2.** *(objeto)* caixa *f* de costura
cota ['kota] *f* **1.** *(altura)* altitude *f* **2.** *(importancia)* nível *m*
cotejar [kote'xar] *vt* cotejar
cotidiano, -a [koti'ðjano, -a] *adj* cotidiano, -a
cotilla [ko'tiʎa] *mf inf* fofoqueiro, -a *m, f*
cotillear [kotiʎe'ar] *vi inf* fofocar
cotilleo [koti'ʎeo] *m inf* fofoca *f*
cotillón [koti'ʎon] *m* réveillon *m*
cotización [kotiθa'θjon] *f* cotação *f*
cotizar [koti'θar] <z→c> I. *vt* **1.** FIN cotizar **2.** *(estimar)* cotar II. *vr:* ~ **se 1.** FIN cotizar-se **2.** *(ser popular)* ser cotado
coto ['koto] *m* ~ **de caza** reserva *f* de caça
cotorra [ko'torra] *f t. fig* maritaca *f*
COU [kou] *m abr de* **Curso de Orientación Universitaria** *Curso de Orientação Universitária*
coyote [ko'ʝote] *m* coiote *m*
coyuntura [koʝun'tura] *f* **1.** ANAT junta *f* **2.** ECON conjuntura *f*
coyuntural [koʝuntu'ral] *adj* conjuntural
coz [koθ] *f* coice *m*
cráneo ['kraneo] *m* ANAT crânio *m;* **ir de** ~ *inf* ir mal
cráter ['krater] *m* cratera *f*
creación [krea'θjon] *f* criação *f*
creador(a) [krea'ðor(a)] *adj, m(f)* criador(a) *m(f)*
crear [kre'ar] *vt* criar
creatividad [kreatiβi'ðað] *f* criatividade *f*
creativo, -a [krea'tiβo, -a] *adj* criativo, -a
crecer [kre'θer] *irr* I. *vi* crescer II. *vr:* ~ **se** *(persona)* fortalecer-se
creces ['kreθes] *fpl* **con** ~ com acréscimo
crecida [kre'θiða] *f (riada)* cheia *f*
creciente [kre'θjente] *adj* crescente
crecimiento [kreθi'mjento] *m* crescimento *m*
credencial [kreðen'θjal] *fpl* credencial *f*
credibilidad [kreðiβili'ðað] *f* credibilidade *f*
crédito ['kreðito] *m* crédito *m;* **comprar a** ~ comprar a crédito; **dar** ~ **a algo/a alguien** *(confianza)* dar crédito a a. c./a alguém
credo ['kreðo] *m* credo *m*
crédulo, -a ['kreðulo, -a] *adj* crédulo, -a
creencia [kre'enθja] *f* crença *f*
creer [kre'er] *irr como ser* I. *vi* crer; ~ **en** crer em II. *vt* crer; **¡ya lo creo!** sem dúvida! III. *vr:* ~ **se** acreditar em
creíble [kre'iβle] *adj* crível
creído, -a [kre'iðo, -a] *adj* convencido, -a
crema ['krema] I. *adj* creme II. *f* creme *m;* ~ **hidratante** creme hidratante; ~ **de leche** creme de leite
cremallera [krema'ʎera] *f* zíper *m*
cremar [kre'mar] *vt* cremar
crematorio [krema'torjo] *m* crematório *m*
crepe ['krepe] *f (torta)* crepe *m*
crepitar [krepi'tar] *vi* crepitar
crepúsculo [kre'puskulo] *m* crepúsculo *m*
crespo, -a ['krespo, -a] *adj* crespo, -a
crespón [kres'pon] *m (tela)* crepe *m*
cresta ['kresta] *f* crista *f;* **estar en la** ~ **de la ola** estar na crista da onda
cretino, -a [kre'tino, -a] *m, f* cretino, -a *m, f*
creyente [kre'ʝente] *mf* crente *mf*
cría ['kria] *f* **1.** *(acción)* criação *f* **2.** *(animal)* cria *f*
criadero [kria'ðero] *m* criadouro *m*
criadero, -a [kria'ðero, -a] *adj* fértil *m*

criado, -a [kri'aðo, -a] *m, f* criado, -a *m, f*
criador(a) [kria'ðor] *m(f)* criador(a) *m(f)*
crianza [kri'anθa] *f* criação *f*
criar [kri'ar] <*1. pres:* crío> **I.** *vt* criar **II.** *vr:* ~ **se** criar-se
criatura [kria'tura] *f* criatura *f;* (*niño*) criança *f*
criba ['kriβa] *f* crivo *m*
cribar [kri'βar] *vt* crivar
crimen ['krimen] *m* crime *m;* ~ **organizado** crime organizado
criminal [krimi'nal] **I.** *adj* criminal **II.** *mf* criminoso, -a *m, f*
crin [krin] *f* crina *f*
crío, -a [k'rio, -a] *m, f* criança *f*
cripta ['kripta] *f* cripta *f*
crisis ['krisis] *f inv* crise *f;* ~ **nerviosa** crise nervosa
crisma ['krisma] *f inf* (*cabeza*) coco *m*
crispación [krispa'θjon] *f* **1.** (*contracción*) crispação *f* **2.** (*irritación*) irritação *f*
crispar [kris'par] **I.** *vt* **1.** (*contraer*) crispar **2.** (*exasperar*) irritar **II.** *vr:* ~ **se 1.** (*contraerse*) crispar-se **2.** (*exasperarse*) irritar-se
cristal [kris'tal] *m* **1.** (*mineral*) cristal *m* **2.** (*vidrio*) vidro *m;* **rompieron el ~ del coche** quebraram o vidro do carro **3.** (*lámina*) lente *f*
cristalero, -a [krista'lero, -a] *m, f* vidraceiro, -a *m, f*
cristalino [krista'lino] *m* MED cristalino *m*
cristalino, -a [krista'lino, -a] *adj* (*transparente*) cristalino, -a
cristalizar [kristali'θar] <z→c> **I.** *vt* cristalizar **II.** *vr:* ~ **se** cristalizar-se
cristiandad [kristjan'dað] *f* cristandade *f*
cristianismo [kristja'nismo] *m* cristianismo *m*
cristiano, -a [kris'tjano] *adj, m, f* cristão, -ã *m, f*
Cristo ['kristo] *m* Cristo *m*
criterio [kri'terjo] *m* critério *m*
crítica ['kritika] *f* crítica *f*
criticar [kriti'kar] <c→qu> *vt* criticar
crítico, -a ['kritiko, -a] *adj, m, f* crítico, -a *m, f*
Croacia [kro'aθja] *f* Croácia *f*
croar [kro'ar] *vi* (*rana*) coaxar
croata [kro'ata] *adj, mf* croata *mf*
croissant [krwa'san, kru'san] *m* croissant *m*

crol [krol] *m* crawl *m*
cromo ['kromo] *m* **1.** QUÍM cromo *m* **2.** (*estampa*) figurinha *f*
cromosoma [kromo'soma] *m* cromossomo *m*
crónica ['kronika] *f* crônica *f*
crónico, -a ['kroniko, -a] *adj t.* MED crônico, -a
cronología [kronolo'xia] *f* cronologia *f*
cronológico, -a [krono'loxiko, -a] *adj* cronológico, -a
cronometrar [kronome'trar] *vt* cronometrar
cronómetro [kro'nometro] *m* cronômetro *m*
croqueta [kro'keta] *f* croquete *m*
cruce ['kruθe] *m* **1.** (*acción*) cruzamento *m* **2.** (*interferencia*) interferência *f*
cruceiro [kru'θeiro] *m* FIN cruzeiro *m*
crucero [kru'θero] *m t.* ARQUIT, NÁUT cruzeiro *m;* **hacer un ~ por el Caribe** fazer um cruzeiro pelo Caribe
crucial [kru'θjal] *adj* crucial
crucificar [kruθifi'kar] <c→qu> *vt* crucificar
crucifijo [kruθi'fixo] *m* crucifixo *m*
crucifixión [kruθifi'ksjon] *f* crucificação *f*
crucigrama [kruθi'ɣrama] *m* palavras-cruzadas *fpl*
crudo ['kruðo] *m* petróleo *m*
crudo, -a ['kruðo, -a] *adj* **1.** (*sin cocer*) cru(a) **2.** (*tiempo*) rigoroso, -a **3.** (*color*) cru(a) **4.** (*cruel*) cruel
cruel [cru'el] *adj* <crudelísimo> cruel
crueldad [kruel'dað] *f* crueldade *f*
crujido [kru'xiðo] *m* rangido *m*
crujiente [kru'xjęnte] *adj* **1.** (*dientes, puerta*) rangente **2.** (*tostada*) crocante
crujir [kru'xir] *vi* ranger
crustáceo [krus'taθeo] *m* crustáceo *m*
cruz [kruθ] *f* **1.** (*aspa*) cruz *f;* ~ **gamada** cruz gamada; **Cruz Roja** Cruz Vermelha **2.** (*de una moneda*) coroa *f;* **¿cara o ~?** cara ou coroa?
cruzada [kru'θaða] *f* cruzada *f*
cruzado [kru'θaðo] *m* cruzado *m*
cruzar [kru'θar] <z→c> **I.** *vt* cruzar **II.** *vr:* ~ **se** cruzar; ~ **se con alguien** cruzar com alguém
cuaderno [kwa'ðerno] *m* caderno *m*
cuadra ['kwaðra] *f* **1.** (*de caballos*) estábulo *m* **2.** *inf* (*lugar sucio*) chiqueiro *m* **3.** *AmL* (*de casas*) quadra *f*
cuadrado [kwa'ðraðo] *m* MAT quadrado

m

cuadrado, -a [kwa'ðraðo, -a] *adj* quadrado, -a

cuadragésimo, -a [kwaðra'xesimo] *adj* quadragésimo, -a; *v.t.* **octavo**

cuadrar [kwa'ðrar] **I.** *vi* **1.** (*ajustarse*) enquadrar **2.** (*en una cuenta: coincidir*) bater **II.** *vt t.* MAT quadrar **III.** *vr:* ~**se** MIL bater continência

cuadrícula [kwa'ðrikula] *f* quadrícula *f*

cuadriculado, -a [kwaðriku'laðo, -a] *adj* quadriculado, -a

cuadrilátero [kwaðri'latero] *m* **1.** (*polígono*) quadrilátero *m* **2.** DEP ringue *m*

cuadrilla [kwa'ðriʎa] *f* **1.** (*de amigos, trabajadores*) grupo *m* **2.** (*de maleantes*) quadrilha *f*

cuadro ['kwaðro] *m* quadro *m;* ~ **de mandos** painel *m;* **a** ~**s** xadrez

cuádruple ['kwaðruple] **I.** *adj* quádruplo, -a **II.** *m* quádruplo *m*

cuádruplo ['kwaðruplo] *m* quádruplo *m*

cuádruplo, -a ['kwaðruplo, -a] *adj* quádruplo, -a

cuajar [kwa'xar] **I.** *vi* **1.** (*espesarse*) coalhar **2.** (*realizarse*) acontecer **II.** *vt* (*leche*) coalhar **III.** *vr:* ~**se** (*coagularse*) coalhar-se

cuajo ['kwaxo] *m* **de** ~ pela raiz

cual [kwal] *pron rel* **el/la** ~ o/a qual; **lo** ~ o que; **los/las** ~**es** os/as quais; **cada** ~ cada qual; **hazlo tal** ~ **te lo digo** faça-o tal qual eu digo

cuál [kwal] **I.** *pron interrog* qual; ¿~ **es el tuyo?** qual é o seu? **II.** *pron indef* ~ **más** ~ **menos** uns mais, outros menos

cualesquier(a) [kwales'kjera] *pron indef pl de* **cualquiera**

cualidad [kwali'ðað] *f* qualidade *f*

cualquiera [kwal'kjera] **I.** *pron indef* qualquer; **cualquier cosa** qualquer coisa; **a cualquier hora** a qualquer hora; **en un lugar** ~ em um lugar qualquer **II.** *mf* **ser una** ~ pey ser uma qualquer

cuando ['kwando] *conj* **1.** (*presente*) quando; ~ **quieras** quando você quiser; **de** ~ **en** ~ de quando em quando **2.** (*condicional*) se; ~ **más/menos** quanto mais/menos; **aun** ~ (*aunque*) mesmo que

cuándo ['kwando] *adv* quando

cuantía [kwan'tia] *f* quantia *f*

cuantioso, -a [kwan'tjoso, -a] *adj* quantioso, -a

cuanto ['kwanto] **I.** *adv* ~ **antes** quanto antes **II.** *prep* **en** ~ **a** quanto a **III.** *conj* (*temporal*) **en** ~ (**que**) assim que

cuanto, -a ['kwanto, -a] **I.** *pron rel* (*neutro*) quanto, -a; **dije** (**todo**) ~ **sé** disse (tudo) quanto sei **II.** *pron indef* **unos** ~**s/unas cuantas** uns quantos/umas quantas

cuánto ['kwanto] *adv* quanto

cuánto, -a ['kwanto, -a] **I.** *adj* quanto, -a; ¿~ **tiempo?** quanto tempo?; ¿~**s libros?** quantos livros?; ¿**cuánta comida?** quanta comida?; ¿**cuántas veces?** quantas vezes? **II.** *pron interrog* quanto

cuarenta [kwa'renta] *adj inv, m* quarenta *m; v.t.* **ochenta**

cuarentena [kwaren'tena] *f* (*aislamiento*) quarentena *f;* **poner en** ~ pôr de quarentena

cuaresma [kwa'resma] *f* REL quaresma *f*

cuartear [kwarte'ar] **I.** *vt* (*dividir*) quartear **II.** *vr:* ~**se** rachar

cuartel [kwar'tel] *m* quartel *m;* ~ **general** quartel general; **sin** ~ sem trégua

cuarteto [kwar'teto] *m* MÚS quarteto *m*

cuartilla [kwar'tiʎa] *f* (*hoja*) folha *f* de papel

cuarto ['kwarto] *m* **1.** (*habitación*) quarto *m;* ~ **de aseo** lavabo *m;* ~ **de baño** banheiro *m;* ~ **de estar** sala *f* de estar **2.** (*pl*), *inf* (*dinero*) cobres *mpl*

cuarto, -a ['kwarto, -a] **I.** *adj* quarto, -a; *v.t.* **octavo II.** *m, f* quarto, -a *m, f;* ~**s de final** DEP quartas-de-final; **un** ~ **de hora** um quarto de hora

cuarzo ['kwarθo] *m* quartzo *m*

cuatrimestre [kwatri'mestre] *m* quadrimestre *m*

cuatro ['kwatro] *adj inv, m* quatro *m; v.t.* **ocho**

cuatrocientos, -as [kwatro'θjentos, -as] *adj* quatrocentos, -as

cuba ['kuβa] *f* (*tonel*) cuba *f;* **estar como una** ~ *inf* (*borracho*) estar bêbado como um gambá

Cuba ['kuβa] *f* Cuba *f*

Cultura Cuba (nome oficial: **República de Cuba**) é a maior ilha das Índias Ocidentais. A capital de Cuba e também a maior cidade da ilha é **La Habana**. A língua oficial do país é o espanhol e a unidade monetária é o **peso cubano**.

cubano, -a [ku'βano, -a] *adj, m, f* cubano, -a *m, f*
cubata [ku'βata] *m inf* cuba-libre *f*
cubertería [kuβerte'ria] *f* faqueiro *m*
cúbico, -a ['kuβiko, -a] *adj t.* MAT cúbico, -a
cubierta [ku'βjerta] *f* 1. (*cobertura*) capa *f* 2. NÁUT convés *m* 3. (*de una rueda*) pneu *m*
cubierto [ku'βjerto] *m* 1. (*de mesa*) couvert *m*, serviço *m* de mesa 2. (*cubertería*) talher *m;* **los ~s** os talheres
cubierto, -a [ku'βjerto, -a] I. *pp de* **cubrir** II. *adj* (*terraza, olla*) coberto, -a; (*cielo*) encoberto, -a; **ponerse a ~** abrigar-se
cubil [ku'βil] *m* covil *m*
cubilete [kuβi'lete] *m* copinho *m*
cubito [ku'βito] *m* **~ de hielo** cubo *m* de gelo
cúbito ['kuβito] *m* ANAT cúbito *m*
cubo ['kuβo] *m* 1. (*recipiente*) balde *m;* **~ de la basura** lata *f* de lixo 2. *t.* MAT cubo *m* 3. (*de una rueda*) tambor *m*
cubrecama [kuβre'kama] *m* colcha *f*
cubrir [ku'βrir] *irr como* **abrir** I. *vt* 1. *t. fig* (*tapar*) cobrir 2. (*vacante*) cobrir II. *vr:* **~se** 1. (*taparse*) cobrir-se 2. (*el cielo*) encobrir-se
cucaracha [kuka'ratʃa] *f* barata *f*
cuchara [ku'tʃara] *f* colher *f*
cucharada [kutʃa'raða] *f* (*medida*) colherada *f*
cucharadita [kutʃara'ðita] *f* (*medida*) colherada *f* pequena
cucharilla [kutʃa'riʎa] *f* colher *f;* **~ de café/de té** colher de café/de chá
cucharón [kutʃa'ron] *m* concha *f*
cuchichear [kutʃitʃe'ar] *vi* cochichar
cuchilla [ku'tʃiʎa] *f* (*de afeitar*) gilete *f*
cuchillada [kutʃi'ʎaða] *f* facada *f*
cuchillo [ku'tʃiʎo] *m* faca *f*
cuchitril [kutʃi'tril] *m* (*habitación*) biboca *f*
cuclillas [ku'kliʎas] *fpl* **en ~ de** cócoras
cuco ['kuko] *m* cuco *m*
cuco, -a ['kuko, -a] *adj* 1. (*astuto*) esperto, -a 2. *inf* (*bonito*) fofo, -a
cucurucho [kuku'rutʃo] *m* 1. (*de papel*) cone *m* 2. (*de helado*) casquinha *f*
cuello ['kweʎo] *m* 1. ANAT pescoço *m;* **~ de botella** *fig* ponto *m* de afunilamento 2. (*de una camisa*) colarinho *m;* (*otras prendas*) gola *f*
cuenca ['kweŋka] *f* 1. GEO bacia *f* 2. (*de los ojos*) órbita *f*
cuenco ['kweŋko] *m* (*vasija*) tigela *f*
cuenta ['kwenta] *f* 1. (*cálculo*) conta *f;* **~ atrás** contagem regressiva; **a ~ de alguien** por conta de alguém; **caer en la ~ de algo, darse ~ de algo** dar-se conta de a. c.; **a fin de ~s** no fim das contas; **en resumidas ~s** em resumo 2. (*en el banco*) conta *f;* **~ corriente** conta-corrente *f;* **abonar en ~** debitar em conta 3. (*consideración*) **tener en ~** ter em conta; **tomar en ~** levar em conta
cuentakilómetros [kwentaki'lometros] *m inv* contador *m* de quilômetros
cuento ['kwento] *m* conto *m;* **~ chino** *inf* conto da carochinha; **~ de hadas** conto de fadas; **ser el ~ de nunca acabar** ser uma história sem fim; **venir a ~** vir ao caso
cuerda ['kwerða] *f* 1. (*gruesa*) corda *f;* **~ floja** corda bamba; **estar en la ~ floja** *fig* estar na corda bamba 2. (*del reloj*) corda *f;* **dar ~ al reloj** dar corda no relógio 3. ANAT **~s vocales** cordas *fpl* vocais 4. (*de instrumentos*) corda *f*
cuerdo, -a ['kwerðo, -a] *adj* 1. (*sano*) lúcido, -a 2. (*razonable*) sensato, -a
cuerno ['kwerno] *m* 1. ZOOL corno *m*, chifre *m* 2. MÚS corno *m* 3. *inf* (*exclamativo*) **¡y un ~!** uma ova!; **irse al ~** ir para o brejo
cuero ['kwero] *m* couro *m*
cuerpo ['kwerpo] *m* corpo *m;* **~ de bomberos** corpo de bombeiros; **tomar ~** tomar corpo
cuervo ['kwerβo] *m* corvo *m*
cuesta ['kwesta] *f* ladeira *f;* **~ abajo** ladeira abaixo
cuestión [kwes'tjon] *f* questão *f;* **ser ~ de gustos** ser questão de gosto; **la ~ es...** a questão é...
cuestionario [kwestjo'narjo] *m* questionário *m*
cueva ['kweβa] *f* caverna *f*
cuidado [kwi'ðaðo] *m* cuidado *m;* **~s intensivos** MED tratamento *m* intensivo; **¡~!** cuidado!; **¡~ con el escalón!** cuidado com o degrau!
cuidadoso, -a [kwiða'ðoso, -a] *adj* cuidadoso, -a
cuidar [kwi'ðar] I. *vi, vt* cuidar II. *vr:*

~**se** cuidar-se
culata [ku'lata] *f* (*del fusil*) culatra *f*
culebra [ku'leβra] *f* cobra *f*
culebrón [kule'βron] *m* TV novela *f*
culinario, -a [kuli'narjo, -a] *adj* culinário, -a
culminación [kulmina'θjon] *f* culminação *f*
culminante [kulmi'naɲte] *adj* culminante
culminar [kulmi'nar] *vi* culminar
culo ['kulo] *m inf* **1.** (*trasero*) bunda *f* **2.** (*de botella*) fundo *m*
culpa ['kulpa] *f* culpa *f*; **echar la ~ a alguien** jogar a culpa em alguém; **tener la ~** ter culpa
culpabilidad [kulpaβili'ðaᵈ] *f* culpabilidade *f*
culpable [kul'paβle] I. *adj* **1.** JUR (*que tiene culpa*) culpável **2.** (*que se le imputa la culpa*) culpado, -a II. *mf* culpado, -a *m, f*
culpar [kul'par] I. *vt* culpar II. *vr*: ~**se** culpar-se
cultivar [kulti'βar] *vt* cultivar
cultivo [kul'tiβo] *m* cultivo *m*
culto ['kulto] *m* culto *m*
culto, -a ['kulto, -a] *adj* culto, -a
cultura [kul'tura] *f* cultura *f*; ~ **general** cultura geral
cultural [kultu'ral] *adj* cultural
culturismo [kultu'rismo] *m* body-building *m*
cumbre ['kumbre] *f* **1.** (*cima*) cume *m* **2.** (*reunión*) conferência *f* de cúpula
cumpleaños [kumple'aɲos] *m inv* aniversário *m*
cumplido [kum'pliðo] *m* cumprimento *m*
cumplido, -a [kum'pliðo, -a] *adj* **1.** (*acabado*) cumprido, -a **2.** (*abundante*) repleto, -a **3.** (*cortés*) atencioso, -a
cumplidor(a) [kumpli'ðor(a)] *adj, m(f)* cumpridor(a) *m(f)*
cumplimentar [kumplimeɲ'tar] *vt* **1.** (*felicitar*) cumprimentar **2.** (*una orden*) cumprir **3.** (*un impreso*) preencher
cumplimiento [kumpli'mjeɲto] *m* cumprimento *m*
cumplir [kum'plir] I. *vi* (*deber, plazo*) cumprir II. *vt* (*orden, promesa, plazo*) cumprir III. *vr*: ~**se** cumprir-se
cúmulo ['kumulo] *m* **1.** (*amontonamiento*) acúmulo *m* **2.** METEO cúmulo *m*
cuna ['kuna] *f* berço *m*
cundir [kuɲ'dir] *vi* **1.** (*dar mucho de sí*) render **2.** (*rumor*) espalhar-se
cuneta [ku'neta] *f* sarjeta *f*
cuña ['kuɲa] *f* (*traba*) cunha *f*
cuñado, -a [ku'ɲaðo, -a] *m, f* cunhado, -a *m, f*
cuota ['kwota] *f* cota *f*; ~ **de mercado** cota de mercado
cupo ['kupo] I. **3.** *pret de* **caber** II. *m* ECON contingente *f*
cupón [ku'pon] *m* cupom *m*; (*de lotería*) bilhete *m*
cúpula ['kupula] *f* ARQUIT cúpula *f*
cura¹ ['kura] *m* padre *m*
cura² ['kura] *f* **1.** (*curación*) cura *f* **2.** (*tratamiento*) tratamento *m*; ~ **de desintoxicación** tratamento de desintoxicação
curación [kura'θjon] *f* cura *f*
curandero, -a [kuraɲ'dero, -a] *m, f* curandeiro, -a *m, f*
curar [ku'rar] I. *vi, vt* curar II. *vr*: ~**se** curar-se
curiosear [kurjose'ar] *vi* espiar
curiosidad [kurjosi'ðaᵈ] *f* curiosidade *f*
curioso, -a [ku'rjoso, -a] I. *adj* **1.** (*indiscreto*) curioso, -a **2.** *inf* (*limpio*) asseado, -a II. *m, f* **1.** (*indiscreto*) curioso, -a *m, f* **2.** *AmL* (*curandero*) curioso, -a *m, f*
currante [ku'rraɲte] *mf inf* labutador(a) *m(f)*
currar [ku'rrar] *vi inf*, **currelar** [kurre'lar] *vi inf* labutar
currículo [ku'rrikulo] *m* currículo *m*
curriculum (vitae) [ku'rrikulun ('bite)] *m*, **currículum (vitae)** [ku'rrikulun ('bite)] *m* curriculum *m* (vitae)
curro ['kurro] *m inf* (*trabajo*) labuta *f*
cursar [kur'sar] *vt* **1.** (*cursos*) cursar **2.** (*tramitar*) encaminhar
cursi ['kursi] *adj inf* brega
cursillo [kur'siʎo] *m* curso *m*
cursiva [kur'siβa] *f* letra *f* cursiva
cursivo, -a [kur'siβo, -a] *adj* cursivo, -a
curso ['kurso] *m* **1.** (*transcurso*) curso *m*; **de ~ legal** FIN de curso legal **2.** (*año académico, clase, lecciones*) curso *m*; ~ **acelerado** curso acelerado
cursor [kur'sor] *m* INFOR cursor *m*
curtido, -a [kur'tiðo, -a] *adj t. fig* curtido, -a
curtir [kur'tir] *vt t. fig* curtir
curva ['kurβa] *f* curva *f*

curvo, -a ['kurβo, -a] *adj* curvo, -a
cúspide ['kuspiðe] *f* 1. MAT cúspide *f* 2. *fig* topo *m*
custodia [kus'toðja] *f* (*guarda*) custódia *f;* **bajo** ~ sob custódia
custodiar [kusto'ðjar] *vt* custodiar
custodio, -a [kus'toðjo, -a] *m, f* custódio, -a *m, f*
cutáneo, -a [ku'taneo, -a] *adj* cutâneo, -a
cutícula [ku'tikula] *f* cutícula *f*
cutis ['kutis] *m inv* cútis *f inv*
cutre ['kutre] *adj* (*sórdido*) miserável
cuyo, -a ['kuɟo, -a] *pron rel* cujo, -a; **por cuya causa** porque
cv [ka'βaʎo de βa'por] *abr de* **caballos de vapor** cv
C.V. [ku'rrikulun βite] *abr de* **curriculum vitae** C.V.

D

D, d [de] *f* D, d *m*
dadivoso, -a [daði'βoso, -a] *adj* dadivoso, -a
dado[1] ['daðo] *m* 1. (*cubo*) dado *m* 2. *pl* (*juego*) dados *mpl;* **jugar a los ~s** jogar dados
dado[2] ['daðo] *conj* ~ **que...** dado que...
dado, -a ['daðo, -a] *adj* dado, -a; **en un momento** ~ em um dado momento
daltónico, -a [dal'toniko, -a] *adj, m, f* daltônico, -a *m, f*
dama ['dama] *f* 1. (*señora*) dama *f;* ~ **de honor** dama de honra 2. *pl* (*juego*) damas *fpl;* **jugar a las ~s** jogar damas
damasco [da'masko] *m RíoPl* (*albaricoque*) damasco *m*
danés, -esa [da'nes, -esa] *adj, m, f* dinamarquês, -esa *m, f*
Danubio [da'nuβjo] *m* **el ~** o Danúbio
danza ['danθa] *f* dança *f*
danzar [dan'θar] <z→c> *vt, vi* dançar
danzarín, -ina [danθa'rin, -ina] *m, f* dançarino, -a *m, f*
dañar [da'nar] I. *vt* 1. (*causar mal*) ferir; **no quise ~ su sensibilidad** não quis ferir sua sensibilidade; **el agua dañó el aparato** a água danificou o aparelho 2. (*perjudicar*) prejudicar; **el tabaco daña la salud** o tabaco prejudica a saúde II. *vr:* **~se** ferir-se
dañino, -a [da'nino, -a] *adj* daninho, -a
daño ['dano] *m* 1. (*perjuicio*) dano *m*, prejuízo *m;* **~s y perjuicios** JUR perdas e danos 2. (*dolor*) **hacer ~** machucar; **estos zapatos me hacen ~** estes sapatos me machucam; **me hice ~ en la rodilla** machuquei meu joelho
dar [dar] *irr* I. *vt* 1. (*entregar*) dar; ~ **un beso a alguien** dar um beijo em alguém; ~ **forma** dar forma; **¡qué más da!** *inf* tanto faz! 2. (*producir*) dar; **el peral da peras** a pereira dá peras 3. (*fiesta*) dar; ~ **clases** dar aulas 4. (*causar*) ~ **gusto** dar gosto; ~ **miedo** dar medo 5. (*película*) passar; (*buenas noches, recuerdos*) dar; ~ **un paseo** dar um passeio 6. (*luz*) acender 7. (*sonar*) **el reloj ha dado las dos** o relógio deu duas horas 8. (+ '*de*') ~ **de alta** MED dar alta; ~ **de baja** *t.* MIL dar baixa; MED dispensar II. *vi* 1. (+ '*a*') **el balcón da a la calle** o terraço dá para a rua; ~ **a conocer** mostrar 2. (+ '*con*') ~ **con** (*persona*) encontrar com; (*solución*) dar com 3. (*acertar*) ~ **en el blanco** *fig* acertar o alvo 4. (+ '*para*') **da para vivir** dá para viver 5. (+ '*por*') ~ **por concluido** dar por terminado; ~ **por muerto** dar como morto; **le ha dado por dejarse el pelo largo** deu para deixar o cabelo comprido 6. (+ '*que*') ~ **que hablar/que pensar** dar o que falar/o que pensar 7. (*hacerse más ancho*) ~ **de sí** (*jersey*) esticar III. *vr:* **~se** 1. (*suceder*) dar-se; **~se un baño** tomar um banho; **~se cuenta** dar-se conta 2. (+ '*a*': *consagrarse, entregarse*) entregar-se; **se dio al juego** se entregou ao jogo; **~se a conocer** (*persona*) mostrar-se; (*noticia*) divulgar-se 3. (+ '*contra*') bater 4. (+ '*de*') **se las da de listo y no se entera de nada** *inf* dá uma de esperto mas não sabe nada 5. (+ '*por*':) **~se por vencido** dar-se por vencido
dardo ['darðo] *m* dardo *m;* **jugar a los ~s** jogar dardos
dársena ['darsena] *f* doca *f*
datar [da'tar] I. *vt* datar II. *vi* ~ **de** datar de
dátil ['datil] *m* tâmara *f*
dativo [da'tiβo] *m* dativo *m*
dato ['dato] *m* 1. (*hecho, cifra*) dado *m*

2. *pl* INFOR dados *mpl*

dcha. [de'retʃa] *abr de* **derecha** direita

d. de J.C. [des'pwes ðe xesu'kristo] *abr de* **después de Jesucristo** d.C.

de [de] *prep* **1.** (*posesión*) de; **el reloj ~ mi padre** o relógio do meu pai **2.** (*origen*) de; **ser ~ Italia** ser da Itália; **un libro ~ Goytisolo** um livro de Goytisolo **3.** (*material*) de; **~ madera** de madeira; **~ oro** de ouro **4.** (*temporal*) quando; **~ niño** quando criança **5.** (*condición*) **~ haberlo sabido...** se soubesse...

> **Gramática** de em combinação com o artigo definido masculino 'el' torna-se 'del': "Matilde vuelve normalmente pronto del trabajo; Él es el hijo del alcalde."

deambular [deambu'lar] *vi* perambular

debajo [de'βaxo] **I.** *adv* embaixo **II.** *prep* **~ de** (*local*) debaixo de, embaixo de; (*con movimiento*) debaixo de

debate [de'βate] *m* debate *m*

debatir [deβa'tir] **I.** *vt* debater **II.** *vr:* **~se** debater-se

deber [de'βer] **I.** *vi* (*suposición*) **debe de estar al llegar** deve estar para chegar; **deben de ser las nueve** devem ser nove horas **II.** *vt* (*respeto, dinero*) dever **III.** *vr:* **~se 1.** (*tener por causa*) **~se a algo** dever-se a a. c. **2.** (*estar obligado*) **~se a alguien** ter obrigação com alguém **IV.** *m* **1.** (*obligación*) dever *m* **2.** *pl* (*escolares*) deveres *mpl* (de casa)

debido [de'βiðo] *prep* **~ a** devido a

debido, -a [de'βiðo, -a] *adj* devido, -a; **como es ~** como se deve

débil ['deβil] *adj* (*persona, sonido, luz, vocal*) fraco, -a

debilidad [deβili'ðað] *f* fraqueza *m*; **tener ~ por alguien/algo** ter um fraco por alguém/a. c.

debilitar [deβili'tar] *vt* debilitar

debut [de'βu⁽ᵗ⁾] *m* <debuts> debute *m*

debutante [deβu'tante] *mf* debutante *mf*

debutar [deβu'tar] *vi* debutar

década ['dekaða] *f* década *f*

decadencia [deka'ðenθja] *f* decadência *f*

decaer [deka'er] *irr como* **caer** *vi* decair; **¡que no decaiga el ánimo!** não vamos perder o ânimo!

decaído, -a [deka'iðo, -a] *adj* decaído, -a

decano, -a [de'kano, -a] *m, f* UNIV decano, -a *m, f*

decapitar [dekapi'tar] *vt* decapitar

decatlón [dekað'lon] *m* decatlo *m*

decena [de'θena] *f* dezena *f*

decencia [de'θenθja] *f* decência *f*

decenio [de'θenjo] *m* decênio *m*

decente [de'θente] *adj* decente

decepción [deθeβ'θjon] *f* decepção *f*; **llevarse una ~** sofrer [*ou* ter] uma decepção

decepcionar [deθeβθjo'nar] *vt* decepcionar

decibelio [deθi'βeljo] *m* decibel *m*

decidir [deθi'ðir] **I.** *vi, vt* decidir **II.** *vr:* **~se** decidir-se

decimal [deθi'mal] *adj* decimal

décimo ['deθimo] *m* (*de lotería*) décimo *m*

décimo, -a ['deθimo, -a] *adj* décimo, -a; *v.t.* **octavo**

decimoctavo, -a [deθimok'taβo, -a] *adj* décimo, -a oitavo, -a; *v.t.* **octavo**

decimocuarto, -a [deθimo'kwarto, -a] *adj* décimo, -a quarto, -a; *v.t.* **octavo**

decimonoveno, -a [deθimono'βeno, -a] *adj* décimo, -a nono, -a; *v.t.* **octavo**

decimoquinto, -a [deθimo'kinto, -a] *adj* décimo, -a quinto, -a; *v.t.* **octavo**

decimoséptimo, -a [deθimo'septimo, -a] *adj* décimo, -a sétimo, -a; *v.t.* **octavo**

decimosexto, -a [deθimo'sesto, -a] *adj* décimo, -a sexto, -a; *v.t.* **octavo**

decimotercero, -a [deθimoter'θero, -a] *adj* décimo, -a terceiro, -a; *v.t.* **octavo**

decir [de'θir] *irr* **I.** *vi* dizer; **¿diga?** TEL alô?; **es ~** quer dizer; **¡no me digas!** *inf* não me diga!; **y no digamos...** sem falar de...; **ser un ~** ser um modo de dizer **II.** *vt* (*expresar*) dizer; **dicho y hecho** dito e feito; **como se ha dicho** como foi dito **III.** *vr* **¿cómo se dice en portugués?** como se fala em português?; **se dice que...** dizem que...

decisión [deθi'sjon] *f* decisão *f*; **tomar una ~** tomar uma decisão

decisivo, -a [deθi'siβo, -a] *adj* decisivo, -a

declamar [dekla'mar] *vt* declamar

declaración [deklara'θjon] *f* **1.** (*a la prensa*) declaração *f* **2.** JUR declaração *f*, depoimento *m*; **prestar/tomar ~** pres-

tar/tomar declaração [*ou* depoimento]; **~ de (la) renta** FIN declaração de (imposto de) renda
declarar [dekla'rar] I. *vi, vt* declarar II. *vr:* **~se 1.** (*epidemia, incendio*) deflagrar **2.** (*manifestarse*) declarar-se; **~se culpable/inocente** declarar-se culpado/inocente **3.** (*confesar amor*) declarar-se
declinar [dekli'nar] *vi, vt* declinar
declive [de'kliβe] *m* **1.** (*del terreno*) declive *m* **2.** (*decadencia*) declínio *m*
decolaje [deko'laxe] *m* AmL (*despegue*) decolagem *f*
decolar [deko'lar] *vi* AmL (*despegar*) decolar
decolorar [dekolo'rar] *vt* descolorir
decomisar [dekomi'sar] *vt* confiscar
decoración [dekora'θjon] *f* decoração *f*
decorado [deko'raðo] *m* decoração *f*; TEAT cenário *m*
decorar [deko'rar] *vt* decorar
decorativo, -a [dekora'tiβo, -a] *adj* decorativo, -a
decoro [de'koro] *m* decoro *m*
decoroso, -a [deko'roso, -a] *adj* decoroso, -a
decrecer [dekre'θer] *irr como crecer vi* decrescer
decrépito, -a [de'krepito, -a] *adj* decrépito, -a
decretar [dekre'tar] *vt* decretar
decreto [de'kreto] *m* decreto *m;* **~ ley** decreto-lei *m*
dedal [de'ðal] *m* dedal *m*
dedicación [deðika'θjon] *f* dedicação *f*; **~ exclusiva** (*en el trabajo*) dedicação exclusiva
dedicar [deði'kar] <c→qu> I. *vt* dedicar II. *vr:* **~se a** dedicar-se a
dedicatoria [deðika'torja] *f* dedicatória *f*
dedillo [deði'ʎo] *f inf* **saber(se)** algo al **~** saber a. c. de cor
dedo ['deðo] *m* dedo *m;* **~ anular** dedo anular; **~ corazón** dedo médio; **~ gordo** *inf* dedo mata-piolho; **~ índice** dedo indicador; **~ meñique** dedo mínimo; **~ pulgar** dedo polegar; **chuparse el ~** *inf* chupar o dedo; **hacer ~** *inf* pedir carona; **no mover un ~** não mexer um dedo
deducción [deðuⱽ'θjon] *f* dedução *f*
deducir [deðu'θir] *irr como traducir vt* deduzir
defecto [de'fekto] *m* defeito *m;* **~ de forma** JUR vício *m* de forma; **por ~** por falta
defectuoso, -a [defektu'oso, -a] *adj* defeituoso, -a
defender [defen'der] <e→ie> I. *vt* defender II. *vr:* **~se** defender-se; **me defiendo en italiano** me defendo em italiano
defendible [defen'diβle] *adj* defensável
defensa¹ [de'fensa] *f* defesa *f*; **en ~ propia, en propia ~** em defesa própria
defensa² [de'fensa] *mf* DEP zagueiro, -a *m, f*
defensiva [defen'siβa] *f* defensiva *f*; **ponerse a la ~** ficar na defensiva
defensivo, -a [defen'siβo, -a] *adj* defensivo, -a
defensor(a) [defen'sor(a)] I. *adj* **abogado ~** advogado de defesa II. *m(f)* defensor(a) *m(f);* **~ del pueblo** defensor do povo
deferencia [defe'renθja] *f* deferência *f*
deficiencia [defi'θjenθja] *f* deficiência *f*
deficiente [defi'θjente] *adj* deficiente
déficit ['defiθit] *m inv* déficit *m inv*
deficitario, -a [defiθi'tarjo, -a] *adj* deficitário, -a
definición [defini'θjon] *f* t. TV definição *f*
definir [defi'nir] I. *vt* definir II. *vr:* **~se** definir-se
definitivo, -a [defini'tiβo, -a] *adj* definitivo, -a; **en definitiva** definitivamente
deforestación [deforesta'θjon] *f* desmatamento *m*
deforestar [defores'tar] *vt* desmatar
deformación [deforma'θjon] *f* deformação *f*; **~ profesional** deformação profissional
deformar [defor'mar] I. *vt* deformar II. *vr:* **~se** deformar-se
deforme [de'forme] *adj* deforme
defraudar [defrau̯'ðar] *vt* **1.** (*estafar*) defraudar; (*impuestos*) sonegar **2.** (*decepcionar*) desapontar
defunción [defun'θjon] *f* defunção *f*
degeneración [dexenera'θjon] *f* degeneração *f*
degenerar [dexene'rar] *vi* degenerar; **~ en** degenerar(-se) em
degollar [deɣo'ʎar] <o→ue> *vt* degolar
degradar [deɣra'ðar] I. *vt* degradar II. *vr:* **~se** degradar-se
degustación [deɣusta'θjon] *f* degusta-

ção f
degustar [deɣus'tar] *vt* degustar
deificar [deifi'kar] <c→qu> *vt* deificar
dejadez [dexa'ðeθ] *f* desleixo *m*
dejado, -a [de'xaðo, -a] *adj ser (descuidado)* desleixado, -a
dejar [de'xar] **I.** *vi* ~ **de hacer algo** deixar de fazer a. c.; **no dejes de escribirles** não deixe de escrever para eles; **¡no deje de venir!** não deixe de vir! **II.** *vt* **1.** *(abandonar)* deixar; ~ **algo acabado** deixar a. c. acabado; ~ **caer algo** deixar cair a. c.; ~ **a alguien en libertad** deixar alguém em liberdade; ~ **a alguien en paz** deixar alguém em paz **2.** *(permitir, entregar)* deixar; *(prestar)* emprestar **III.** *vr:* ~ **se 1.** *(descuidarse)* deixar-se **2.** *(olvidar)* deixar
deje ['dexe] *m* sotaque *m*
dejo ['dexo] *m* gosto *m;* **la venganza tiene un** ~ **amargo** a vingança tem um gosto amargo
del [del] = **de + el** *v.* **de**
delantal [delan'tal] *m* avental *m*
delante [de'lante] **I.** *adv* **1.** *(en la parte delantera)* na frente; **voy** ~ **y ustedes me siguen** vou na frente e vocês me seguem; **de** ~ da frente; **el/la de** ~ o/a da frente **2.** *(enfrente)* em frente **II.** *prep* ~ **de** diante de, em frente a
delantera [delan'tera] *f* **1.** *(parte de delante)* frente *f* **2.** *(distancia)* dianteira *f*; **tomar la** ~ tomar a dianteira **3.** *inf (pechos)* peito *m* **4.** DEP ataque *m*
delantero [delan'tero] *m* DEP atacante *mf;* ~ **centro** centroavante *mf*
delantero, -a [delan'tero, -a] *adj* dianteiro, -a
delatar [dela'tar] *vt* delatar
delator(a) [dela'tor(a)] *m(f)* delator(a) *m(f)*
delegación [deleɣa'θjon] *f* **1.** *(comisión)* delegação *f* **2.** *(oficina)* delegacia *f*
delegado, -a [dele'ɣaðo, -a] *m, f* delegado, -a *m, f;* **es el** ~ **general de la comisión** é o delegado geral da comissão
delegar [dele'ɣar] <g→gu> *vt* delegar; ~ **algo en alguien** delegar a. c. para alguém
deletrear [deletre'ar] *vt* soletrar
deleznable [deleθ'naβle] *adj* **1.** *(frágil)* frágil **2.** *(despreciable)* desprezível
delfín [del'fin] *m* golfinho *m*
delgado, -a [del'ɣaðo, -a] *adj* **1.** *(persona, animal)* magro, -a **2.** *(tela)* fino, -a
deliberación [deliβera'θjon] *f* deliberação *f*
deliberar [deliβe'rar] *vi* deliberar
delicadeza [delika'ðeθa] *f* delicadeza *f*
delicado, -a [deli'kaðo, -a] *adj* delicado, -a
delicia [de'liθja] *f* delícia *f*
delicioso, -a [deli'θjoso, -a] *adj* delicioso, -a
delimitar [delimi'tar] *vt* delimitar
delincuencia [deliŋ'kwenθja] *f* delinquência *f*
delincuente [deliŋ'kwente] *mf* delinquente *mf*
delineante [deline'ante] *mf* projetista *mf*
delinear [deline'ar] *vt* delinear
delinquir [deliŋ'kir] <qu→c> *vi* delinquir
delirante [deli'rante] *adj t.* MED delirante
delirar [deli'rar] *vi* delirar
delirio [de'lirjo] *m t.* MED delírio *m;* ~ **s de grandeza** mania de grandeza
delito [de'lito] *m* delito *m;* ~ **ecológico** crime ecológico
delta ['delta] *m* GEO delta *m*
demagogia [dema'ɣoxja] *f* demagogia *f*
demanda [de'manda] *f* **1.** *(petición)* pedido *m;* ~ **de empleo** pedido de emprego **2.** COM, JUR demanda *f*
demandante [deman'dante] *mf* JUR demandante *mf*
demandar [deman'dar] *vt* demandar; ~ **a alguien por algo** JUR demandar [*ou* processar] alguém por a. c.
demarcación [demarka'θjon] *f* demarcação *f*
demás [de'mas] *adj* demais; **...y** ~ **...** *(y otros)* ...e demais...; **...y** ~ **miembros de la familia** ...e demais membros da família; **y** ~ *(etcétera)* et cetera; **por lo** ~ fora isso; **comer por** ~ comer demais
demasía [dema'sia] *f (exceso)* **en** ~ em demasia
demasiado [dema'sjaðo] *adv* demais; **comió** ~ comeu demais
demasiado, -a [dema'sjaðo, -a] *adj* demasiado, -a
demencia [de'menθja] *f* demência *f;* ~ **senil** demência senil
demencial [demen'θjal] *adj* demencial
demente [de'mente] *adj* demente
democracia [demo'kraθja] *f* demo-

cracia *f*
demócrata [de'mokrata] *adj, mf* demócrata *mf*
democrático, -a [demo'kratiko, -a] *adj* democrático, -a
democratización [demokratiθa'θjon] *f* democratização *f*
demográfico, -a [demo'ɣrafiko, -a] *adj* demográfico, -a
demoledor(a) [demole'ðor(a)] *adj* demolidor(a)
demoler [demo'ler] <o→ue> *vt* demolir
demolición [demoli'θjon] *f* demolição *f*
demonio [de'monjo] *m* demônio *m*; **cómo/dónde/qué ~s...** *inf* como/onde/que demônios...
demora [de'mora] *f* demora *f*
demorar [demo'rar] I. *vt* demorar II. *vr:* **~se** demorar-se; **~se en hacer algo** demorar-se para fazer a. c.
demostración [demostra'θjon] *f* demonstração *f*
demostrar [demos'trar] <o→ue> *vt* demonstrar
demostrativo, -a [demostra'tiβo, -a] *adj* demonstrativo, -a
denegar [dene'ɣar] *irr como fregar vt* denegar
denigrar [deni'ɣrar] *vt* denegrir
denominación [denomina'θjon] *f* denominação *f*; **~ de origen** denominação de origem
denominador [denomina'ðor] *m* MAT denominador *m*
denotar [deno'tar] *vt* denotar
densidad [densi'ðað] *f* densidade *f*
denso, -a [ˈdenso, -a] *adj* denso, -a
dentadura [denta'ðura] *f* dentadura *f*; **~ postiza** dentadura postiça
dental [den'tal] *adj* dental
dentera [den'tera] *f* **dar ~ a alguien** (*dar grima*) dar arrepio em alguém; *inf* (*dar envidia*) dar inveja em alguém; **exhibía el regalo para darnos ~** exibia o presente para nos dar inveja
dentífrico [den'tifriko] *m* dentifrício *m*
dentista [den'tista] *mf* dentista *mf*
dentro [ˈdentro] I. *adv* dentro; **desde ~** de dentro; **por ~** por dentro II. *prep* **~ de** dentro de; **~ de poco** dentro de pouco tempo; **~ de lo posible** dentro do possível
denuncia [de'nunθja] *f* denúncia *f*
denunciar [denun'θjar] *vt* denunciar; **~ a alguien por algo** denunciar alguém por a. c.
departamento [departa'mento] *m* **1.** (*de empresa*) *t.* UNIV departamento *m* **2.** *Arg* (*apartamento*) apartamento *m*
departir [depar'tir] *vi elev* departir
dependencia [depen'denθja] *f* **1.** (*sujeción*) dependência *f* **2.** (*sucursal*) sucursal *f* **3.** *pl* (*habitaciones*) dependências *fpl*
depender [depen'der] *vi* **~ de alguien** depender de alguém
dependiente [depen'djente] *adj* dependente
dependiente, -a [depen'djente, -a] *m, f* (*en panadería, tienda*) balconista *mf*; (*en grandes almacenes*) vendedor(a) *m(f)*
depilación [depila'θjon] *f* depilação *f*
depilar [depi'lar] I. *vt* depilar II. *vr:* **~se** depilar-se
depilatorio, -a [depila'torjo, -a] *adj* depilatório, -a
deplorable [deplo'raβle] *adj* deplorável
deponer [depo'ner] *irr como poner vt* (*de un cargo, armas*) depor
deportación [deporta'θjon] *f* deportação *f*
deportar [depor'tar] *vt* deportar
deporte [de'porte] *m* esporte *m*; **~s de invierno** esportes de inverno; **hacer ~** fazer esporte
deportista [depor'tista] *adj, mf* esportista *mf*, desportista *mf*
deportivo [depor'tiβo] *m* carro *m* esporte
deportivo, -a [depor'tiβo, -a] *adj* esportivo, -a
depositar [deposi'tar] I. *vt* depositar II. *vr:* **~se** depositar-se
depósito [de'posito] *m* **1.** (*almacén*) depósito *m*; **~ de cadáveres** necrotério *m* **2.** AUTO tanque *m* **3.** *t.* FIN depósito *m*
depravado, -a [depra'βaðo, -a] *adj, m, f* depravado, -a *m, f*
depreciación [depreθja'θjon] *f* depreciação *f*
depreciar [depre'θjar] I. *vt* depreciar II. *vr:* **~se** depreciar-se
depredador(a) [depreða'ðor(a)] *m(f)* (*persona*) depredador(a) *m(f)*; (*animal*) predador(a) *m(f)*
depresión [depre'sjon] *f t.* GEO, METEO depressão *f*
deprimir [depri'mir] I. *vt* (*abatir*) deprimir II. *vr:* **~se** (*abatirse*) deprimir-se

deprisa [de'prisa] *adv* depressa
depuración [depura'θjon] *f* depuração *f*
depuradora [depura'ðora] *f* (*de agua*) purificador *m;* ~ **de aguas residuales** estação *f* de tratamento de esgoto
depurar [depu'rar] *vt* depurar; ~ **el estilo** depurar o estilo
derecha [de'retʃa] *f* direita *f;* **a la** ~ à direita; **ser de** ~ **s** POL ser de direita
derecho [de'retʃo] **I.** *adv* direto **II.** *m* **1.** (*legitimidad*) direito *m;* **con** ~ **a** com direito a; **¡no hay** ~! *inf* não é justo! **2.** (*jurisprudencia*) direito *m;* **estudiar** ~ estudar direito **3.** (*de hoja*) frente *f* **4.** (*de tela, ropa*) direito *m;* **de** ~ pelo direito **5.** *pl* (*impuestos*) direitos *mpl;* ~ **s de autor** direitos autorais
derecho, -a [de'retʃo, -a] *adj* **1.** (*diestro*) direito, -a **2.** (*recto, erguido*) direito, -a, reto, -a
deriva [de'riβa] *f* **ir a la** ~ ir à deriva
derivado [deri'βaðo] *m* derivado *m*
derivar [deri'βar] **I.** *vi* derivar **II.** *vt t.* MAT, LING derivar
dermatólogo, -a [derma'toloγo, -a] *m, f* dermatologista *mf*
dermoprotector(a) [dermoprotek'tor(a)] *adj* dermoprotetor(a)
derramamiento [derrama'mjento] *m* derramamento *m*
derramar [derra'mar] **I.** *vt* derramar **II.** *vr:* ~ **se** derramar-se
derrame [de'rrame] *m* MED derrame *m;* ~ **cerebral** derrame cerebral
derrapar [derra'par] *vi* derrapar
derretir [derre'tir] *irr como pedir* **I.** *vt* derreter **II.** *vr:* ~ **se** derreter-se
derribar [derri'βar] *vt* derrubar
derrocar [derro'kar] <c→qu> *vt* (*destituir*) derrocar
derrochar [derro'tʃar] *vt* esbanjar
derroche [de'rrotʃe] *m* esbanjamento *m*
derrota [de'rrota] *f* (*fracaso*) derrota *f*
derrotar [derro'tar] *vt* derrotar
derrotero [derro'tero] *m* rota *f*
derruir [derru'ir] *irr como huir* *vt* derruir
derrumbar [derrum'bar] **I.** *vt* derrubar **II.** *vr:* ~ **se** derrubar-se
desabotonar [desaβoto'nar] **I.** *vt* desabotoar **II.** *vr:* ~ **se** desabotoar-se
desabrido, -a [desa'βriðo, -a] *adj* **1.** (*comida*) insosso, -a **2.** (*persona*) desabrido, -a
desabrochar [desaβro'tʃar] **I.** *vt* desabrochar **II.** *vr:* ~ **se** desabrochar-se

desacato [desa'kato] *m* desacato *m*
desacertado, -a [desaθer'taðo, -a] *adj* desacertado, -a
desacierto [desa'θjerto] *m* desacerto *m*
desaconsejado, -a [desakonse'xaðo, -a] *adj* desaconselhado, -a
desaconsejar [desakonse'xar] *vt* desaconselhar
desacorde [desa'korðe] *adj* (*opinión*) discordante
desacreditar [desakreði'tar] *vt* desacreditar
desactivar [desakti'βar] *vt* desativar
desacuerdo [desa'kwerðo] *m* desacordo *m*
desafiar [desafi'ar] <*1. pres:* desafío> *vt* desafiar
desafilado, -a [desafi'laðo, -a] *adj* (*cuchillo, tijeras*) desafiado, -a
desafinar [desafi'nar] *vi* MÚS desafinar
desafío [desa'fio] *m* desafio *m*
desafortunado, -a [desafortu'naðo, -a] *adj* desafortunado, -a
desagradable [desaγra'ðaβle] *adj* desagradável
desagradar [desaγra'ðar] *vi* desagradar
desagradecido, -a [desaγraðe'θiðo, -a] *m, f* **1.** (*trabajo, tarea*) ingrato, -a *m, f* **2.** mal-agradecido, -a *m, f*
desagrado [desa'γraðo] *m* desagrado *m*
desagraviar [desaγra'βjar] *vt* desagraviar
desagravio [desa'γraβjo] *m* desagravo *m;* **en** ~ **por** em desagravo a [*ou* por]
desagüe [de'saγwe] *m* bueiro *m;* (*de casa*) ralo *m*
desaguisado [desaγi'saðo] *m* *inf* bagunça *f*
desahogado, -a [desao'γaðo, -a] *adj* **1.** (*lugar*) espaçoso, -a **2.** (*de dinero, recursos*) folgado, -a
desahogar [desao'γar] <g→gu> **I.** *vt* desabafar **II.** *vr:* ~ **se** desabafar-se
desahogo [desa'oγo] *m* **1.** (*alivio*) desabafo *m* **2.** (*económico*) folga *f*
desahuciar [desaṷ'θjar] *vt* **1.** (*enfermo*) desenganar **2.** (*inquilino*) despejar
desahucio [de'saṷθjo] *m* JUR despejo *m*
desairar [desai̯'rar] *irr como airar* *vt* menosprezar
desaire [de'sai̯re] *m* menosprezo *m*
desajustar [desaxus'tar] *vt* desajustar
desalentador(a) [desalenta'ðor(a)] *adj* desalentador(a)
desalentar [desalen'tar] <e→ie> **I.** *vt*

desalentar II. *vr:* ~ **se** desalentar-se
desaliento [desa'ljento] *m* desalento *m*
desaliñado, -a [desali'ɲaðo, -a] *adj* desalinhado, -a
desalmado, -a [desal'maðo, -a] *adj* desalmado, -a
desalojar [desalo'xar] *vt* desalojar
desamor [desa'mor] *m* (*falta de amor*) desamor *m*
desamparado, -a [desampa'raðo, -a] *adj* desamparado, -a
desamparar [desampa'rar] *vt* desamparar
desandar [desan'dar] *irr como andar vt* ~ **lo andado** desfazer o que já foi feito
desangrar [desaŋ'grar] I. *vt* dessangrar II. *vr:* ~ **se** dessangrar-se
desanimado, -a [desani'maðo, -a] *adj* desanimado, -a
desanimar [desani'mar] I. *vt* desanimar II. *vr:* ~ **se** desanimar-se
desapacible [desapa'θiβle] *adj* desagradável
desaparecer [desapare'θer] *irr como crecer vi* desaparecer
desaparecido, -a [desapare'θiðo, -a] *adj, m, f* desaparecido, -a *m, f*
desaparición [desapari'θjon] *f* desaparecimento *m*
desapego [desa'peɣo] *m* desapego *m*
desapercibido, -a [desaperθi'βiðo, -a] *adj* **pasar** ~ passar despercebido
desaprensivo, -a [desapren'siβo, -a] *m, f* inescrupuloso, -a *m, f*
desaprobar [desapro'βar] <o→ue> *vt* desaprovar
desaprovechado, -a [desaproβe'tʃaðo, -a] *adj* desperdiçado, -a
desaprovechar [desaproβe'tʃar] *vt* desperdiçar
desarmar [desar'mar] I. *vt* (*quitar armas a, desmontar*) desarmar II. *vr:* ~ **se** (*abandonar armas*) desarmar-se
desarme [de'sarme] *m* desarmamento *m*; ~ **nuclear** desarmamento nuclear
desarraigo [desa'rraiɣo] *m* (*de costumbre*) desarraigamento *m*
desarreglado, -a [desarre'ɣlaðo, -a] *adj* desarrumado, -a
desarreglar [desarre'ɣlar] *vt* desarrumar
desarreglo [desarre'ɣlo] *m* desarranjo *m*; ~ **hormonal** desequilíbrio *m* hormonal
desarrollado, -a [desarro'ʎaðo, -a] *adj* desenvolvido, -a

desarrollar [desarro'ʎar] I. *vt* desenvolver II. *vr:* ~ **se** 1.(*progresar*) desenvolver-se 2.(*tener lugar*) ocorrer
desarrollo [desa'rroʎo] *m* (*crecimiento*) desenvolvimento *m*
desarticular [desartiku'lar] *vt* desarticular
desaseado, -a [desase'aðo, -a] *adj* desasseado, -a
desasir [desa'sir] *irr como asir* I. *vt* desprender II. *vr* ~ **se de algo** desprender-se de a. c.
desasosegar [desasose'ɣar] *irr como fregar* I. *vt* desassossegar II. *vr:* ~ **se** desassossegar-se
desasosiego [desaso'sjeɣo] *m* desassossego *m*
desastrado, -a [desas'traðo, -a] *adj* desastrado, -a
desastre [de'sastre] *m* (*catástrofe, persona*) desastre *m*
desastroso, -a [desas'troso, -a] *adj* desastroso, -a
desatar [desa'tar] I. *vt* 1.(*nudo, prisionero*) desatar 2.(*tormenta, crisis*) desencadear II. *vr:* ~ **se** 1.(*nudo, prisionero*) desatar-se 2.(*tormenta, crisis*) desencadear-se
desatascar [desatas'kar] <c→qu> *vt* desentupir
desatender [desaten'der] <e→ie> *vt* 1.(*desoír*) desconsiderar 2.(*abandonar*) desatender
desatento, -a [desa'tento, -a] *adj* desatento, -a
desatino [desa'tino] *m* 1.(*error*) erro *m* 2.(*tontería*) desatino *m*
desatornillar [desatorni'ʎar] *vt* desaparafusar
desatrancar [desatraŋ'kar] <c→qu> *vt* (*puerta*) destrancar
desautorizado, -a [desauʈori'θaðo, -a] *adj* desautorizado, -a
desautorizar [desauʈori'θar] <z→c> *vt* desautorizar
desavenencia [desaβe'nenθja] *f* desavença *f*
desayunar [desaʈu'nar] I. *vi* tomar café da manhã II. *vt* tomar [*ou* comer] no café-da-manhã; ~ **un bocadillo** comer um sanduíche no café-da-manhã
desayuno [desa'ʈuno] *m* café da manhã *m*
desazón [desa'θon] *f* 1.(*desasosiego*) inquietação *f* 2.(*malestar*) mal-estar *m*
desbarajuste [desβara'xuste] *m* ba-

gunça *f*
desbaratar [desβara'tar] **I.** *vt* desbaratar **II.** *vr:* ~ **se** desbaratar-se
desbloquear [desβloke'ar] *vt t.* POL desbloquear
desbocado, -a [desβo'kaðo, -a] *adj t. fig* desbocado, -a
desbocarse [desβo'karse] <c→qu> *vr t. fig* desbocar-se
desbordar [desβor'ðar] **I.** *vr:* ~ **se** (*río*) transbordar **II.** *vi* transbordar; ~ **de emoción** transbordar de emoção **III.** *vt* (*exceder*) transbordar
descabalgar [deskaβal'γar] <g→gu> *vi* descavalgar
descabellado, -a [deskaβe'ʎaðo, -a] *adj* descabelado, -a
descafeinado, -a [deskafei̯'naðo, -a] *m, f* café *m* descafeinado
descafeinado, -a [deskafei̯'naðo, -a] *adj* descafeinado, -a
descalabro [deska'laβro] *m* prejuízo *m*
descalificación [deskalifika'θjon] *f* desqualificação *f*
descalificar [deskalifi'kar] <c→qu> *vt* desqualificar
descalzar [deskaɬ'θar] <z→c> **I.** *vt* (*calzado*) descalçar **II.** *vr:* ~ **se** descalçar-se
descalzo, -a [des'kalθo, -a] *adj* descalço, -a
descampado [deskam'paðo] *m* descampado *m*
descansado, -a [deskan'saðo, -a] *adj* descansado, -a
descansar [deskan'sar] *vi* descansar
descansillo [deskan'siʎo] *m* patamar *m*
descanso [des'kanso] *m* **1.** (*reposo*) descanso *m*; **día de** ~ dia de descanso [*ou* de folga] **2.** (*pausa*) *t.* DEP intervalo *m* **3.** (*alivio, apoyo*) descanso *m*
descapotable [deskapo'taβle] *m* conversível *m*
descarado, -a [deska'raðo, -a] **I.** *adj* **1.** (*desvergonzado*) descarado, -a **2.** (*evidente*) evidente **II.** *m, f* descarado, -a *m, f*
descarga [des'karγa] *f t.* ELEC descarga *f*
descargar [deskar'γar] <g→gu> **I.** *vi* (*tormenta*) desabar **II.** *vt* **1.** (*camión, pistola*) descarregar; ~ **a alguien de algo** liberar alguém de a. c. **2.** INFOR baixar; ~ **algo de Internet** baixar a. c. da Internet **III.** *vr:* ~ **se** (*pila*) descarregar-se; (*persona*) desabafar-se
descargo [des'karγo] *m* desencargo *m*;

en su ~ em sua defesa
descarnado, -a [deskar'naðo, -a] *adj* **1.** (*sin carne*) descarnado, -a **2.** *fig* cru(a)
descaro [des'karo] *m* descaramento *m*
descarriarse [deskarri'arse] <*1. pres:* me descarrío> *vr* desencaminhar-se
descarrilamiento [deskarrila'mjento] *m* descarrilamento *m*
descarrilar [deskarri'lar] *vi* descarrilhar
descartar [deskar'tar] **I.** *vt* (*propuesta, posibilidad*) descartar **II.** *vr:* ~ **se** (*en cartas*) descartar
descascarillarse [deskaskari'ʎarse] *vr* (*loza, pintura*) descascar-se
descendencia [desθen'denθja] *f* descendência *f*
descender [desθen'der] <e→ie> **I.** *vi* **1.** (*valor, temperatura*) baixar **2.** (*de coche, tren*) descer **3.** (*proceder*) ~ **de** descender de **4.** DEP cair **II.** *vi* (*montaña, escalera*) descer
descendiente [desθen'djente] *mf* descendente *mf*
descenso [des'θenso] *m* **1.** (*de valor, temperatura*) queda *f* **2.** (*de montaña, escalera*) descida *f* **3.** DEP rebaixamento *m*
descifrar [desθi'frar] *vt* decifrar
descodificador [deskoðifika'ðor] *m* decodificador *m*
descodificar [deskoðifi'kar] <c→qu> *vt* decodificar
descolgar [deskol'γar] *irr como* colgar **I.** *vt* **1.** (*cuadro, cortina*) despendurar **2.** (*teléfono*) tirar do gancho **II.** *vr:* ~ **se** **1.** (*bajar*) desprender-se **2.** *inf* (*aparecer*) despencar
descollar [desko'ʎar] <o→ue> *vi* destacar
descolonización [deskoloniθa'θjon] *f* descolonização *f*
descolonizar [deskoloni'θar] *vi* descolonizar
descompasado, -a [deskompa'saðo, -a] *adj t.* MÚS descompassado, -a
descompensar [deskompen'sar] *vt* descompensar
descomponer [deskompo'ner] *irr como* poner **I.** *vt* **1.** (*desordenar*) descompor **2.** (*separar*) decompor **3.** (*alimentos, cadáver*) *t.* QUÍM decompor; (*persona*) descompor **II.** *vr:* ~ **se** (*alimentos, cadáver*) *t.* QUÍM decompor-se; (*persona*) descompor-se
descomposición [deskomposi'θjon] *f*

1. (*de alimentos, cadáver*) *t.* QUÍM decomposição *f* **2.** (*diarrea*) desarranjo *m*

descompuesto, -a [deskom'pwesto, -a] I. *pp de* **descomponer** II. *adj* **1.** (*desordenado*) descomposto, -a **2.** (*podrido*) decomposto, -a

descomunal [deskomu'nal] *adj* descomunal

desconcentrar [deskonθen'trar] <e→ie> I. *vt* desconcentrar II. *vr:* ~ **se** desconcentrar-se

desconcertante [deskonθer'tante] *adj* desconcertante

desconchado [deskon'tʃaðo] *m* (*en la pared*) descascamento *m*

desconcierto [deskon'θjerto] *m* (*desorden, confusión*) desconcerto *m*

desconectar [deskonek'tar] I. *vt* desconectar II. *vr:* ~ **se** desconectar-se

desconfianza [deskomfi'anθa] *f* desconfiança *f*

desconfiar [deskomfi'ar] <*1. pres:* desconfío> *vi* ~ **de alguien/algo** desconfiar de alguém/a. c.

descongelar [deskonxe'lar] *vt* descongelar

descongestionar [deskonxestjo'nar] *vt* descongestionar

desconocer [deskono'θer] *irr como crecer vt* (*ignorar*) desconhecer

desconocido, -a [deskono'θiðo, -a] I. *adj* desconhecido, -a; **estar** ~ estar irreconhecível II. *m, f* desconhecido, -a *m, f*

desconocimiento [deskonoθi'mjento] *m* (*ignorancia*) desconhecimento *m*

desconsiderado, -a [deskonsiðe'raðo, -a] *adj* indelicado, -a

desconsolar [deskonso'lar] <o→ue> I. *vt* desconsolar II. *vr:* ~ **se** desconsolar-se

desconsuelo [deskon'swelo] *m* desconsolo *m*

descontado, -a [deskon'taðo, -a] *adj* **dar por** ~ **que...** dar por certo que..; **por** ~ com certeza

descontar [deskon'tar] <o→ue> *vt* descontar

descontento [deskon'tento] *m* descontentamento *m*

descontento, -a [deskon'tento, -a] *adj* descontente

descontrol [deskon'trol] *m* descontrole *m*

descontrolarse [deskontro'larse] *vr* descontrolar-se

desconvocar [deskombo'kar] *vt* desconvocar

descorazonar [deskoraθo'nar] I. *vt* desencorajar II. *vr:* ~ **se** desencorajar-se

descorchar [deskor'tʃar] *vt* (*botella*) desarrolhar

descorrer [desko'rrer] *vt* (*cortina, cerrojo*) abrir

descortés [deskor'tes] *adj* descortês

descortesía [deskorte'sia] *f* descortesia *f*

descoser [desko'ser] I. *vt* descosturar II. *vr:* ~ **se** descosturar-se

descosido, -a [desko'siðo, -a] *adj* **como un** ~ *inf* (*loco*) como um desvairado

descrédito [des'kreðito] *m* descrédito *m*

descreído, -a [deskre'iðo, -a] *adj* desacreditado, -a

descremado, -a [deskre'maðo, -a] *adj* desnatado, -a

describir [deskri'βir] *irr como escribir vt* descrever

descripción [deskriβ'θjon] *f* descrição *f*

descuartizar [deskwarti'θar] <z→c> *vt* esquartejar

descubierto [desku'βjerto] *m* **1.** (*lugar*) **al** ~ ao ar livre **2.** (*bancario*) insuficiência *f* de fundos; **quedar al** ~ ficar descoberto

descubierto, -a [desku'βjerto, -a] I. *pp de* **descubrir** II. *adj* descoberto, -a

descubridor(a) [deskuβri'ðor(a)] *m(f)* descobridor(a) *m(f)*

descubrimiento [deskuβri'mjento] *m* (*invento, revelación*) descoberta *f*

descubrir [desku'βrir] *irr como abrir* I. *vt* descobrir II. *vr:* ~ **se** descobrir-se

descuento [des'kwento] *m* desconto *m*

descuidado, -a [deskwi'ðaðo, -a] *adj* **1.** (*falto de atención*) descuidado, -a **2.** (*desprevenido*) desprevenido, -a

descuidar [deskwi'ðar] I. *vt* (*desatender*) descuidar; **¡descuida!** não se preocupe! II. *vr:* ~ **se** descuidar-se

descuido [des'kwiðo] *m* descuido *m*

desde ['desðe] I. *prep* **1.** (*en el tiempo, en el espacio*) desde; **¿~ cuándo vives aquí?** desde quando você vive aqui?; ~ **entonces** desde então; ~ **hace un mes** faz [*ou* há] um mês; ~ **que te conocí** desde que conheci você **2.** (*local*) de; **te llamo** ~ **el aeropuerto** estou ligando do aeroporto II. *adv* ~

desdecir [desðe'θir] *irr como decir* **I.** *vi* **1.** (*no corresponder a*) não condizer; **eso desdice de tu educación** isso não condiz com sua educação **2.** (*negar*) desdizer; ~ **de algo** desdizer a. c. **II.** *vr* ~ **se de algo** desdizer-se de a. c.

desdén [des'ðen] *m* desdém *m*

desdeñar [desðe'ɲar] *vt* desdenhar

desdicha [des'ðitʃa] *f* (*desgracia*) infelicidade *f*

desdichado, -a [desði'tʃaðo, -a] *adj* infeliz

desdoblar [desðo'βlar] *vt* desdobrar

desear [dese'ar] *vt* desejar; **¿desea algo más?** deseja mais alguma coisa?

desecarse [dese'karse] <c→qu> *vr* dessecar-se

desechable [dese'tʃaβle] *adj* (*de un solo uso*) descartável

desechar [dese'tʃar] *vt* **1.** (*tirar*) jogar fora **2.** (*descartar*) rejeitar

desecho(s) [de'setʃo(s)] *m(pl)* (*restos*) restos *mpl*; (*residuos*) resíduos *mpl*

desembalar [desemba'lar] *vt* desembalar

desembarazar [desembara'θar] <z→c> **I.** *vt* desembaraçar **II.** *vr* ~ **de algo** desembaraçar-se de a. c.

desembarcar [desemβar'kar] <c→qu> *vi, vt* desembarcar

desembarco [desem'barko] *m* desembarque *m*

desembocadura [desemboka'ðura] *f* desembocadura *f*

desembocar [desembo'kar] <c→qu> *vi* ~ **en** desembocar em

desembolso [desem'bolso] *m* desembolso *m*

desembragar [desembra'ɣar] <g→gu> *vi* AUTO desembrear

desempatar [desempa'tar] *vi* desempatar

desempate [desem'pate] *m* desempate *m*

desempeñar [desempe'ɲar] *vt* desempenhar

desempeño [desem'peɲo] *m* desempenho *m*

desempleado, -a [desemple'aðo, -a] *m, f* desempregado, -a *m, f*

desempleo [desem'pleo] *m* desemprego *m*

desempolvar [desempol'βar] *vt* (*limpiar*) tirar o pó

desencadenar [desenkaðe'nar] **I.** *vt* (*soltar, provocar*) desencadear **II.** *vr:* ~ **se** desencadear-se

desencajar [desenka'xar] *vt* desencaixar

desencanto [desen'kanto] *m* desencanto *m*

desenchufar [desentʃu'far] *vt* tirar da tomada

desenfadado, -a [desemfa'ðaðo, -a] *adj* descontraído, -a

desenfado [desem'faðo] *m* descontração *f*

desenfocado, -a [desemfo'kaðo, -a] *adj* FOTO desfocado, -a

desenfrenado, -a [desemfre'naðo, -a] *adj* desenfreado, -a

desenfreno [desem'freno] *m* incontinência *f*

desenganchar [desenɡan'tʃar] **I.** *vt* (*soltar*) desenganchar **II.** *vr:* ~ **se** (*soltarse*) desenganchar-se

desengañar [desenɡa'ɲar] **I.** *vt* desenganar **II.** *vr* ~ **se de algo** desenganar-se de a. c.

desengaño [desenɡ'aɲo] *m* desengano *m*

desenlace [desen'laθe] *m* desenlace *m*

desenmarañar [desenᵐmara'ɲar, desem'mara'ɲar] *vt* desemaranhar

desenmascarar [desenᵐmaska'rar, deseᵐmaska'rar] *vt* desmascarar

desenredar [desenrre'ðar] *vt* desembaraçar

desentenderse [desenten'derse] <e→ie> *vr* ~ **de algo** desinteressar-se de a. c.

desenterrar [desente'rrar] <e→ie> *vt* desenterrar

desentonar [desento'nar] *vi t.* MÚS destoar

desentrañar [desentra'ɲar] *vt* desentranhar

desentumecer [desentume'θer] *irr como crecer vt* desentorpecer

desenvoltura [desemβol'tura] *f* desenvoltura *f*

desenvolver [desemβol'βer] *irr como volver* **I.** *vt* (*desempaquetar*) desembrulhar **II.** *vr:* ~ **se** (*manejarse*) desenvolver-se

deseo [de'seo] *m* desejo *m;* **arder en** ~ **s de algo** morrer de vontade de a. c.

deseoso, -a [dese'oso, -a] *adj* desejoso, -a

desequilibrado, -a [desekili'βraðo, -a] *adj* (*balanza*) desregulado, -a; (*per-*

desertar 92 **deshora**

sona) desequilibrado, -a
desertar [deser'tar] *vi* MIL desertar
desértico, -a [de'sertiko, -a] *adj* desértico, -a
desertización [desertiθa'θjon] *f* desertificação *f*
desertor(a) [deser'tor(a)] *m(f)* desertor(a) *m(f)*
desesperación [desespera'θjon] *f* desespero *m*
desesperado, -a [desespe'raðo, -a] *adj* desesperado, -a; **hacer algo a la desesperada** fazer a. c. como último recurso
desesperar [desespe'rar] I. *vt* 1.(*quitar la esperanza*) desesperar, desanimar 2.(*exasperar*) irritar II. *vi* desesperar III. *vr:* ~**se** (*perder la esperanza*) desesperar-se
desestimar [desesti'mar] *vt* 1.(*despreciar*) desestimar 2.(*rechazar*) indeferir
desfachatez [desfatʃa'teθ] *f inf* desfaçatez *f*
desfalco [des'falko] *m* desfalque *m*
desfallecer [desfaʎe'θer] *irr como crecer vi* desfalecer
desfasado, -a [desfa'saðo, -a] *adj t.* TÉC defasado, -a
desfase [des'fase] *m* (*diferencia*) defasagem *f*
desfavorable [desfaβo'raβle] *adj* desfavorável
desfigurar [desfiɣu'rar] *vt* desfigurar
desfiladero [desfila'ðero] *m* GEO desfiladeiro *m*
desfilar [desfi'lar] *vi* desfilar
desfile [des'file] *m* desfile *m;* ~ **de modelos** desfile de modelos
desfogar [desfo'ɣar] <g→gu> I. *vt* desafogar II. *vr:* ~**se** desafogar-se
desgajar [desɣa'xar] I. *vt* arrancar II. *vr:* ~**se** desgarrar-se
desgana [des'ɣana] *f* 1.(*inapetencia*) inapetência *f* 2.(*falta de interés*) desinteresse *m*
desganado, -a [desɣa'naðo, -a] *adj* **estar** ~ (*sin apetito*) estar sem apetite; (*sin entusiasmo*) estar desanimado
desgarrador(a) [desɣarra'ðor(a)] *adj* dilacerante
desgarrar [desɣa'rrar] I. *vt* dilacerar; **esto me desgarra el corazón** *fig* isto me dilacera o coração II. *vr:* ~**se** 1.(*romperse*) rasgar-se 2.(*anímicamente*) dilacerar-se
desgarro [des'ɣarro] *m* rompimento *m;*

~ **muscular** ruptura *f* muscular
desgastar [desɣas'tar] I. *vt* desgastar II. *vr:* ~ **se** desgastar-se
desgaste [des'ɣaste] *m* desgaste *m*
desglosar [desɣlo'sar] *vt* desmembrar; (*factura, presupuesto*) discriminar
desgracia [des'ɣraθja] *f* desgraça *f;* **por** ~ por desgraça; **caer en** ~ cair em desgraça
desgraciado, -a [desɣra'θjaðo, -a] *adj, m, f* desgraçado, -a *m, f*
desgravable [desɣra'βaβle] *adj* dedutível; **gasto** ~ despesa dedutível
desgravación [desɣra'βaθjon] *f* (*de un impuesto, un gasto*) dedução *f*
desgravar [desɣra'βar] *vt* (*impuestos, gastos*) deduzir
desgreñado, -a [desɣre'ɲaðo, -a] *adj* desgrenhado, -a
desguace [des'ɣwaθe] *m* desmanche *m*
desguazar [desɣwa'θar] <z→c> *vt* desmanchar
deshabitado, -a [desaβi'taðo, -a] *adj* desabitado, -a
deshacer [desa'θer] *irr como hacer* I. *vt* 1.(*nudo, cama, maleta*) desfazer 2.(*romper*) desmanchar 3.(*hielo*) dissolver; (*contrato*) desfazer II. *vr:* ~**se** 1.(*descomponerse, derretirse*) desfazer-se; ~ **se en insultos** explodir em insultos; ~**se en lloros** debulhar-se em lágrimas 2.(*romperse*) desmanchar-se 3.(*desprenderse*) ~**se de algo** desfazer-se de a. c.
deshecho, -a [de'setʃo, -a] I. *pp de* **deshacer** II. *adj* 1.(*deprimido*) arrasado, -a 2.(*cansado*) exausto, -a
deshelar [dese'lar] <e→ie> *vt* degelar
desheredar [desere'ðar] *vt* deserdar
deshidratarse [desiðra'tarse] *vr* desidratar-se
deshielo [des'jelo] *m* degelo *m*
deshinchar [desin'tʃar] I. *vt* 1.(*sacar el aire*) esvaziar 2.(*una inflamación*) desinchar II. *vr:* ~**se** 1.(*perder aire*) esvaziar-se 2.(*una inflamación*) desinchar-se
deshonesto, -a [deso'nesto, -a] *adj* desonesto, -a
deshonor [deso'nor] *m,* **deshonra** [des'onrra] *f* desonra *f*
deshonrar [deson'rrar] *vt* desonrar
deshora [de'sora] *f* **hablar a** ~(**s**) falar fora de hora; **venir a** ~(**s**) vir fora de hora

desierto [de'sjerto] *m* deserto *m*
desierto, -a [de'sjerto, -a] *adj* **1.**(*calle, ciudad*) deserto, -a **2.**(*premio*) que não é concedido a ninguém
designar [desiɣ'nar] *vt* designar
designio [de'siɣnjo] *m* desígnio *m*
desigual [desi'ɣwal] *adj* desigual
desigualdad [desiɣwal'daᵈ] *f* desigualdade *f*
desilusión [desilu'sjon] *f* desilusão *f*
desilusionar [desilusjo'nar] **I.** *vt* desiludir **II.** *vr:* ~ **se** desiludir-se
desinfectante [desimfek'tante] *m* desinfetante *m*
desinfectar [desimfek'tar] *vt* desinfetar
desinflar [desim'flar] **I.** *vt* esvaziar **II.** *vr:* ~ **se** esvaziar-se
desintegración [desinteɣra'θjon] *f* desintegração *f*
desintegrar [desinte'ɣrar] **I.** *vt* desintegrar **II.** *vr:* ~ **se** desintegrar-se
desinterés [desinte'res] *m* desinteresse *m*
desistir [desis'tir] *vi* desistir; ~ **de algo** desistir de a. c.
desleal [desle'al] *adj* desleal
deslealtad [desleal'taᵈ] *f* deslealdade *f*
deslenguado, -a [deslen'gwaðo, -a] *adj* desbocado, -a
desligar [desli'ɣar] <g→gu> **I.** *vt* **1.**(*un nudo*) soltar **2.**(*un asunto*) desligar **II.** *vr:* ~ **se** (*de una ideología*) desligar-se
desliz [des'liθ] *m* deslize *m*
deslizar [desli'θar] <z→c> **I.** *vt* deslizar **II.** *vr:* ~ **se 1.**(*sobre algo*) deslizar-se **2.**(*cometer un error*) deslizar
deslucido, -a [deslu'θiðo, -a] *adj* (*actuación*) desluzido, -a
deslucir [deslu'θir] *irr como lucir vt* ofuscar
deslumbrante [deslum'brante] *adj* deslumbrante
deslumbrar [deslum'brar] *vt* deslumbrar
desmadrarse [desma'ðrarse] *vr inf* descontrolar-se
desmadre [des'maðre] *m inf* bagunça *f*
desmán [des'man] *m* desmando *m*
desmandarse [desman'darse] *vr* (*descontrolarse*) desmedir-se
desmano [des'mano] *m* **a** ~ fora de mão; **no voy porque me pilla a** ~ não vou porque fica fora de mão para mim
desmantelar [desmante'lar] *vt* desmantelar
desmaquillador [desmakiʎa'ðor] *m* demaquilante *m*
desmaquillarse [desmaki'ʎarse] *vr* tirar a maquiagem
desmayado, -a [desma'ɟaðo, -a] *adj* (*sin conocimiento*) desmaiado, -a
desmayar [desma'ɟar] **I.** *vi* (*desanimarse*) desmaiar **II.** *vr:* ~ **se** desmaiar-se
desmayo [des'maɟo] *m* (*desvanecimiento*) desmaio *m*
desmedido, -a [desme'ðiðo, -a] *adj* desmedido, -a
desmejorar [desmexo'rar] *vi, vt* piorar
desmembrar [desmem'brar] <e→ie> *vt* desmembrar
desmentido [desmen'tiðo] *m* desmentido *m*
desmentir [desmen'tir] *irr como sentir vt* desmentir
desmenuzar [desmenu'θar] <z→c> *vt* **1.**(*deshacer*) esfarelar **2.**(*analizar*) esmiuçar
desmerecer [desmere'θer] *irr como crecer vi* ~ **de alguien/algo** desmerecer de alguém/a. c.
desmesurado, -a [desmesu'raðo, -a] *adj* desmesurado, -a
desmontable [desmon'taβle] *adj* desmontável
desmontar [desmon'tar] **I.** *vt* desmontar **II.** *vi* (*de caballo, moto*) desmontar
desmoralización [desmoraliθa'θjon] *f* desmoralização *f*
desmoralizar [desmorali'θar] <z→c> **I.** *vt* desmoralizar **II.** *vr:* ~ **se** desmoralizar-se
desmoronamiento [desmorona'mjento] *m* desmoronamento *m*
desmoronar [desmoro'nar] **I.** *vt* (*deshacer*) desmoronar **II.** *vr:* ~ **se** (*un edificio, un imperio*) desmoronar-se
desnatado, -a [desna'taðo, -a] *adj* desnatado, -a
desnivel [desni'βel] *m* desnível
desnucarse [desnu'karse] <c→qu> *vr* quebrar o pescoço
desnudar [desnu'ðar] **I.** *vt* despir **II.** *vr:* ~ **se** despir-se
desnudez [desnu'ðeθ] *f* nudez *f*
desnudo [des'nuðo] *m* ARTE nu *m*
desnudo, -a [des'nuðo, -a] *adj* nu(a), despido, -a; **al** ~ à vista de todos
desnutrición [desnutri'θjon] *f* desnutrição *f*
desnutrido, -a [desnu'triðo, -a] *adj* desnutrido, -a

desobedecer [desoβeðe'θer] *irr como crecer vi*, *vt* desobedecer
desobediencia [desoβe'ðjenθja] *f* desobediência *f*
desobediente [desoβe'ðjente] *adj* desobediente
desocupación [desokupa'θjon] *f* **1.**(*paro*) desemprego *m* **2.**(*ociosidad*) desocupação *f*
desocupado, -a [desoku'paðo, -a] **I.** *adj* **1.** *AmL* (*parado*) desempregado, -a **2.**(*ocioso, vacío*) desocupado, -a **II.** *m, f* **1.** *AmL* (*parado*) desempregado, -a *m, f* **2.**(*ocioso*) desocupado, -a *m, f*
desocupar [desoku'par] **I.** *vt* desocupar **II.** *vr:* ~ **se** desocupar-se
desodorante [desoðo'rante] *m* desodorante *m;* ~ **en espray** desodorante spray
desolación [desola'θjon] *f* desolação *f*
desolador(a) [desola'ðor(a)] *adj* desolador(a)
desolar [deso'lar] <o→ue> **I.** *vt* desolar **II.** *vr:* ~ **se** desolar-se
desollar [deso'ʎar] <o→ue> *vt* (*quitar la piel*) esfolar
desorbitado, -a [desorβi'taðo, -a] *adj* **1.**(*ojos*) saltado, -a, esbugalhado, -a **2.**(*precio*) exorbitante; (*crítica*) exagerado, -a
desorden [de'sorðen] *m* desordem *f;* ~ **público** desordem pública
desordenado, -a [desorðe'naðo, -a] *adj* (*desorganizado*) desordenado, -a
desordenar [desorðe'nar] *vt* desordenar
desorganizar [desorɣani'θar] <z→c> *vt* desorganizar
desorientación [desorjenta'θjon] *f* desorientação *f*
desorientar [desorjen'tar] **I.** *vt* desorientar **II.** *vr:* ~ **se** desorientar-se
desovar [deso'βar] *vi* desovar
despabilado, -a [despaβi'laðo, -a] *adj* **1.**(*listo*) esperto, -a **2.**(*despierto*) acordado, -a
despabilar [despaβi'lar] **I.** *vt* **1.**(*avivar*) animar **2.**(*despertar*) acordar **II.** *vi* (*darse prisa*) apressar(-se) **III.** *vr:* ~ **se** **1.**(*despertar*) acordar **2.**(*darse prisa*) apressar-se
despachar [despa'tʃar] **I.** *vt* **1.**(*mercancías, un asunto*) despachar **2.**(*atender*) atender **3.** *inf* (*matar, despedir*) despachar **II.** *vi* (*atender*) atender **III.** *vr:* ~ **se** (*desahogarse*) desabafar-se; ~ **se a** (**su**) **gusto con alguien** desabafar à vontade com alguém
despacho [des'patʃo] *m* **1.**(*oficina, en casa*) escritório *m*, gabinete *m;* ~ **de aduana** alfândega *f;* ~ **de billetes** [*o* **de boletos** *AmL*] bilheteria *f;* ~ **de localidades** TEAT, CINE bilheteria *f* **2.**(*envío, comunicado*) despacho *m* **3.**(*de clientes*) atendimento *m* **4.**(*venta*) venda *f* **5.**(*despido*) dispensa *f*
despacio [des'paθjo] **I.** *adv* **1.**(*lentamente*) devagar **2.**(*calladamente*) em voz baixa **II.** *interj* devagar
despampanante [despampa'nante] *adj* (*persona*) espalhafatoso, -a
desparpajo [despar'paxo] *m* *inf* (*desenvoltura*) desembaraço *m;* **con** ~ com desembaraço
desparramar [desparra'mar] *vt* esparramar
despavorido, -a [despaβo'riðo, -a] *adj* apavorado, -a
despecho [des'petʃo] *m* despeito *m;* **a** ~ **de algo** a despeito de a. c.
despectivo, -a [despek'tiβo, -a] *adj* depreciativo, -a
despedazar [despeða'θar] <z→c> *vt* (*romper*) despedaçar
despedida [despe'ðiða] *f* despedida *f;* ~ **de soltero/de soltera** despedida de solteiro/de solteira
despedir [despe'ðir] *irr como pedir* **I.** *vt* **1.**(*decir adiós*) despedir-se; **vinieron a ~ me al aeropuerto** vieram se despedir de mim no aeroporto **2.**(*echar, t. de un empleo*) despedir **3.**(*emitir*) soltar; **el volcán despide fuego** o vulcão solta fogo **4.**(*producir*) exalar; ~ **mal olor** exalar cheiro ruim **II.** *vr:* ~ **se 1.**(*decir adiós*) despedir-se; **despídete de ese dinero** despeça-se desse dinheiro **2.**(*dejar un empleo*) demitir-se
despegar [despe'ɣar] <g→gu> **I.** *vt* descolar **II.** *vi* (*avión*) decolar **III.** *vr:* ~ **se** (*desprenderse*) desapegar-se; ~ **se de alguien** desapegar-se de alguém
despego [des'peɣo] *m* desapego *m*
despegue [des'peɣe] *m* AERO, ECON decolagem *f*
despeinado, -a [despei̯'naðo, -a] *adj* despenteado, -a
despeinar [despei̯'nar] **I.** *vt* despentear **II.** *vr:* ~ **se** despentear-se

despejado, -a [despe'xaðo, -a] *adj* **1.** (*cielo*) limpo, -a **2.** (*habitación*) livre **3.** (*persona, cabeza*) esperto, -a

despejar [despe'xar] **I.** *vt* **1.** (*lugar, sala*) desocupar **2.** (*situación, misterio*) esclarecer **3.** DEP chutar para longe **II.** *vr:* ~ **se 1.** (*cielo*) limpar-se; (*misterio*) esclarecer-se **2.** (*despabilarse*) acordar

despellejar [despeʎe'xar] *vt* **1.** (*desollar*) esfolar **2.** *inf* (*criticar*) esfolar vivo

despelotarse [despelo'tarse] *vr inf* ficar pelado, -a; ~ **de risa** morrer de rir; **cuando apareció Ramón con su disfraz de león nos despelotamos de risa** morremos de rir quando o Ramón apareceu com sua fantasia de leão

despenalización [despenaliθa'θjon] *f* descriminalização *f*

despenalizar [despenali'θar] *vt* descriminalizar

despensa [des'pensa] *f* despensa *f*

despeñadero [despeɲa'ðero] *m* GEO despenhadeiro *m*

despeñar [despe'ɲar] **I.** *vt* despenhar **II.** *vr:* ~ **se** despencar-se

desperdiciar [desperði'θjar] *vt* desperdiçar

desperdicio [desper'ðiθjo] *m* **1.** (*residuo*) resto *m*; **no tener** ~ *fig* valer a pena **2.** (*de tiempo, recursos*) desperdício *m*

desperdigar [desperði'ɣar] <g→gu> **I.** *vt* dispersar, espalhar **II.** *vr:* ~ **se** dispersar-se, espalhar-se

desperezarse [despere'θarse] <z→c> *vr* espreguiçar-se

desperfecto [desper'fekto] *m* **1.** (*defecto*) defeito *m*; **las prendas que están de rebaja tienen algunos** ~**s** as roupas em liquidação têm alguns defeitos **2.** (*daño*) dano *m*; **sufrir** ~**s** sofrer danos

despertador [desperta'ðor] *m* despertador *m*

despertar [desper'tar] <e→ie> **I.** *vt* acordar, despertar **II.** *vr:* ~ **se** acordar, despertar(-se)

despiadado, -a [despja'ðaðo, -a] *adj* desapiedado, -a

despido [des'piðo] *m* demissão *f*; ~ **improcedente** demissão sem justa causa; ~ **libre** demissão espontânea

despierto, -a [des'pjerto, -a] *adj* **1.** (*insomne*) acordado, -a **2.** (*listo*) esperto, -a

despilfarrar [despilfa'rrar] *vt* esbanjar

despilfarro [despil'farro] *m* esbanjamento *m*

despiojar [despjo'xar] *vt* despiolhar

despistado, -a [despis'taðo, -a] *adj, m, f* distraído, -a *m, f*

despistar [despis'tar] **I.** *vt* **1.** (*confundir*) despistar; **los ladrones** ~ **on a la policía** os ladrões despistaram a polícia **2.** (*desorientar*) distrair **II.** *vr:* ~ **se 1.** (*perder la orientación*) distrair-se **2.** (*desconcertarse*) desconcertar-se; **su reacción me despistó** sua reação me desconcertou

despiste [des'piste] *m* **1.** (*distracción*) distração *f* **2.** (*error*) engano *m*

desplazamiento [desplaθa'mjento] *m* deslocamento *m*

desplazar [despla'θar] <z→c> **I.** *vt* **1.** (*mover*) deslocar **2.** (*suplantar*) substituir **II.** *vr:* ~ **se** deslocar-se

desplegar [desple'ɣar] *irr como fregar vt* **1.** (*abrir*) desdobrar **2.** MIL espalhar

despliegue [des'pljeɣe] *m* **1.** (*desdoblamiento*) desdobramento *m* **2.** MIL estabelecimento *m*

desplomarse [desplo'marse] *vr* desmoronar-se

desplumar [desplu'mar] *vt t. fig* depenar

despoblado [despo'βlaðo] *m* despovoado *m*

despoblado, -a [despo'βlaðo, -a] *adj* despovoado, -a

despojar [despo'xar] **I.** *vt* despojar; ~ **a alguien de algo** despojar alguém de a. c. **II.** *vr* ~ **se de algo** despojar-se de a. c.

despojo [des'poxo] *m* **1.** (*presa*) despojo *m* **2.** *pl* (*restos*) despojos *mpl*

desposado, -a [despo'saðo, -a] *adj* desposado, -a

desposar [despo'sar] **I.** *vt* desposar **II.** *vr:* ~ **se** desposar-se

desposeer [despose'er] *irr como leer* **I.** *vt* (*expropiar*) desapropriar; ~ **a alguien de algo** desapropriar alguém de a. c. **II.** *vr* ~ **se de algo** desapropriar-se de a. c.

déspota ['despota] *mf* déspota *mf*

despotismo [despo'tismo] *m* despotismo *m*

despotricar [despotri'kar] <c→qu> *vi inf* ~ **contra algo** descer a lenha em a. c.

despreciar [despre'θjar] *vt* desprezar

desprecio [des'preθjo] *m* desprezo *m*

desprender [despreŋ'der] I. *vt* 1.(*soltar*) desprender 2.(*gas, luz*) soltar II. *vr:* ~ **se** 1.(*soltarse, deshacerse*) desprender-se; ~ **se de algo** desprender-se de a. c. 2.(*deducirse*) **de eso se desprende que...** disso se conclui que...

desprendimiento [despreɳdi'mjento] *m* 1.(*separación*) desprendimento *m*; ~ **de retina** descolamento de retina; ~ **de tierras** deslizamento de terra 2.(*generosidad*) desprendimento *m*

despreocupado, -a [despreoku'paðo, -a] *adj, m, f* despreocupado, -a *m, f*

despreocuparse [despreoku'parse] *vr* ~ **de algo** despreocupar-se com a. c.

desprestigiar [despresti'xjar] *vt* desprestigiar

desprestigio [despres'tixjo] *m* desprestígio *m*

desprevenido, -a [despreβe'niðo, -a] *adj* desprevenido, -a; **pillar a alguien** ~ pegar alguém desprevenido

desproporcionado, -a [desproporθjo'naðo, -a] *adj* desproporcional

despropósito [despro'posito] *m* despropósito *m*

desprovisto, -a [despro'βisto, -a] *adj* ~ **de** desprovido de

después [des'pwes] I. *adv* depois; ~ **de todo** depois de tudo; ~ **de la torre** depois da torre; **una hora** ~ uma hora depois II. *conj* ~ (**de**) **que** depois que, depois de

desquiciado, -a [deski'θjaðo, -a] *adj* transtornado, -a

desquite [des'kite] *m* (*venganza*) vingança *f*

desratizar [desrrati'θar] <z→c> *vt* desratizar

destacado, -a [desta'kaðo, -a] *adj* destacado, -a

destacamento [destaka'meɲto] *m* destacamento *m*

destacar [desta'kar] <c→qu> I. *vi* destacar II. *vt* destacar; ~ **las ventajas de algo** destacar as vantagens de a. c. III. *vr* ~ **se de** destacar-se de

destajo [des'taxo] *m* empreitada *f*; **trabajar a** ~ trabalhar por empreitada

destapar [desta'par] I. *vt* 1.(*abrir*) destampar 2.(*desabrigar, descubrir*) descobrir II. *vr:* ~ **se** 1.(*perder la tapa*) destampar-se 2.(*desabrigarse, descubrirse*) descobrir-se

destaponar [destapo'nar] *vt* 1.(*una botella*) destampar 2.(*oído, tubería*) desentupir

destartalado, -a [destarta'laðo, -a] *adj* desengonçado, -a

destello [des'teʎo] *m* faísca *f*

destemplado, -a [destem'plaðo, -a] *adj* 1.(*voz*) desafinado, -a 2.(*tiempo*) instável 3.(*persona*) indisposto, -a

desteñir [deste'ɲir] *irr como ceñir vi, vt* desbotar

desternillarse [desterni'ʎarse] *vr* ~ **de risa** *inf* morrer de rir

desterrar [deste'rrar] <e→ie> *vt* 1.(*exiliar*) desterrar 2.(*alejar*) afastar

destetar [deste'tar] *vt* desmamar

destiempo [des'tjempo] *m* **a** ~ a destempo

destierro [des'tjerro] *m* desterro *m*

destilación [destila'θjon] *f* destilação *f*

destilar [desti'lar] *vi, vt* destilar

destilería [destile'ria] *f* destilaria *f*

destinar [desti'nar] *vt* destinar

destinatario, -a [destina'tarjo, -a] *m, f* destinatário, -a *m, f*

destino [des'tino] *m* 1.(*hado*) destino *m* 2.(*empleo*) colocação *f* 3.(*destinación*) destino *m*; **el barco sale con** ~ **a México** o barco sai com destino ao México 4.(*finalidad*) destino *m*

destitución [destitu'θjon] *f* destituição *f*

destituir [destitu'ir] *irr como huir vt* destituir

destornillador [destorniʎa'ðor] *m* chave *f* de fenda

destornillar [destorni'ʎar] *vt* desaparafusar

destreza [des'treθa] *f* habilidade *f*; ~ **manual** habilidade manual

destrozar [destro'θar] <z→c> *vt* 1.(*despedazar*) destroçar; (*libro, ropa*) estragar 2.(*moralmente*) destroçar 3. *inf* (*físicamente*) quebrar; **el viaje me ha destrozado** a viagem acabou comigo

destrozo [des'troθo] *m* destroço *m*

destrucción [destruk'θjon] *f* destruição *f*

destructivo, -a [destruk'tiβo, -a] *adj* destrutivo, -a

destruir [destru'ir] *irr como huir vt* destruir

desunión [desu'njon] *f* desunião *f*

desunir [desu'nir] I. *vt* desunir II. *vr:* ~ **se** desunir-se

desuso [de'suso] *m* **caer en** ~ cair em

desuso
desvalido, -a [desβa'liðo, -a] *adj* desvalido, -a
desvalijar [desβali'xar] *vt* roubar
desvalorización [desβaloriθa'θjon] *f* FIN desvalorização *f*
desvalorizar [desβalori'θar] <z→c> *vt* desvalorizar
desván [des'βan] *m* sótão *m*
desvanecer [desβane'θer] *irr como crecer* I. *vt* 1. (*color*) desvanecer 2. (*dudas, sospechas*) dissipar II. *vr:* ~se 1. (*desaparecer*) dissipar-se 2. (*desmayarse*) desfalecer
desvanecimiento [desβaneθi'mjento] *m* 1. (*desaparición*) desvanecimento *m* 2. (*mareo*) desmaio *m*
desvariar [desβari'ar] <1.pres: desvarío> *vi* (*delirar*) desvairar
desvarío [desβa'rio] *m* (*delirio*) desvario *m*
desvelar [desβe'lar] I. *vt* desvelar; ~ a **alguien** desvelar alguém II. *vr:* ~se 1. (*no dormir*) desvelar-se 2. (*volcarse*) desvelar-se; ~se **por alguien** desvelar-se por alguém
desvencijado, -a [desβenθi'xaðo, -a] *adj* desvencilhado, -a
desventaja [desβen'taxa] *f* desvantagem *f;* **estar en** ~ estar em desvantagem
desventura [desβen'tura] *f* desventura *f*
desventurado, -a [desβentu'raðo, -a] *adj* desventurado, -a
desvergonzado, -a [desβerɣon'θaðo, -a] *adj, m, f* desavergonhado, -a *m, f*
desvergüenza [desβer'ɣwenθa] *f* desvergonha *f*
desvestir [desβes'tir] *irr como pedir* I. *vt* desvestir II. *vr:* ~se desvestir-se
desviación [desβja'θjon] *f* desvio *m*
desviar [desβi'ar] <1.pres: desvío> I. *vt* desviar II. *vr* ~se de desviar-se de
desvío [des'βio] *m* desvio *m*
desvirgar [desβir'ɣar] <g→gu> *vt* desvirginar
desvirtuar [desβirtu'ar] <1.pres: desvirtúo> *vt* desvirtuar
desvivirse [desβi'βirse] *vr* desvelar-se; ~ **por alguien** desvelar-se por alguém
deszipear [desθipe'ar] *vt fam* INFOR (*descomprimir*) deszipar
detallado, -a [deta'ʎaðo, -a] *adj* detalhado, -a
detallar [deta'ʎar] *vt* detalhar

detalle [de'taʎe] *m* 1. (*pormenor*) detalhe *m;* **entrar en** ~**s** entrar em detalhes 2. (*finura*) atenção *f;* **tener un** ~ **con alguien** ser atencioso com alguém
detallista [deta'ʎista] I. *adj* detalhista II. *mf* COM varejista *mf*
detectar [detek'tar] *vt* detectar
detective [detek'tiβe] *mf* detetive *mf;* ~ **privado** detetive particular
detector [detek'tor] *m* detector *m;* ~ **de humos** detector de fumaça; ~ **de mentiras** detector de mentiras; ~ **de metales** detector de metais
detención [deten'θjon] *f* detenção *f*
detener [dete'ner] *irr como tener* I. *vt* deter II. *vr* ~**se en algo** deter-se em a. c.
detenidamente [deteniða'mente] *adv* detidamente
detenido, -a [dete'niðo, -a] I. *adj* detalhado, -a II. *m, f* detido, -a *m, f*
detenimiento [deteni'mjento] *m* **con** ~ com cuidado
detergente [deter'xente] *m* detergente *m*
deteriorar [deterjo'rar] I. *vt* deteriorar II. *vr:* ~se deteriorar-se
deterioro [dete'rjoro] *m* deterioração *f*
determinación [determina'θjon] *f* determinação *f;* **tomar una** ~ tomar uma decisão
determinado, -a [determi'naðo, -a] *adj t.* LING determinado, -a
determinar [determi'nar] I. *vt* determinar II. *vr* ~**se a hacer algo** determinar-se a fazer a. c.
detestable [detes'taβle] *adj* detestável
detestar [detes'tar] *vt* detestar
detonación [detona'θjon] *f* detonação *f*
detonante [deto'nante] *m* (*causa*) detonador *m*
detonar [deto'nar] *vi* detonar
detractor(a) [detrak'tor(a)] *adj, m(f)* detrator(a) *m(f)*
detrás [de'tras] I. *adv* 1. (*local*) atrás; **allí** ~ ali atrás 2. (*en el orden*) **el que está** ~ o que está atrás II. *prep* ~ **de** atrás de; **estar** ~ **de algo** *fig* estar por trás de a. c.; **ir** ~ **de alguien** ir atrás de alguém; **uno** ~ **de otro** um atrás do outro
detrimento [detri'mento] *m* detrimento *m;* **en** ~ **de su salud** em detrimento de sua saúde
deuda ['deuða] *f* dívida *f;* ~ **externa**

deudor 98 **dicho**

dívida externa; ~ **interna** dívida interna; **contraer** ~ **s** contrair dívidas; **estar en** ~ **con alguien** estar em dívida com alguém

deudor(a) [deu̯'ðor(a)] *m(f)* devedor(a) *m(f)*

devaluación [deβalwa'θjon] *f* desvalorização *f*

devaluar [deβalu'ar] <*1. pres:* devalúo> **I.** *vt* desvalorizar **II.** *vr:* ~ **se** desvalorizar-se

devastador(a) [deβasta'ðor(a)] *adj* devastador(a)

devastar [deβas'tar] *vt* devastar

devengar [deβeŋ'gar] <g→gu> *vt* **1.** (*salario*) receber **2.** (*intereses*) render; **estos títulos devengan intereses** estes títulos rendem juros

devenir [deβe'nir] *irr como venir vi* (*convertirse*) ~ **en** converter-se em

devoción [deβo'θjon] *f* devoção *f*

devolución [deβolu'θjon] *f* devolução *f*; ~ **de impuestos** devolução de impostos

devolver [deβol'βer] *irr como volver* **I.** *vt* **1.** devolver; ~ **cambio** devolver o troco; ~ **la pelota** devolver a bola **2.** (*vomitar*) devolver **II.** *vi* (*vomitar*) devolver **III.** *vr:* ~ **se** *AmL* (*volver*) voltar

devorar [deβo'rar] *vt* devorar

devoto, -a [de'βoto, -a] **I.** *adj* **1.** (*religioso*) devoto, -a **2.** (*adicto*) fanático, -a **II.** *m, f* devoto, -a *m, f*

día ['dia] *m* dia *m;* ~ **de año nuevo** dia de ano novo; ~ **de difuntos** dia de finados; ~ **de los enamorados** dia dos namorados; ~ **feriado** *AmL,* ~ **festivo** feriado *m;* ~ **hábil** [*o* **laborable**] dia útil; **el** ~ **del juicio final** o dia do juízo final; ~ **libre** dia de folga; ~ **de Reyes** dia de Reis; **el** ~ **de hoy** o dia de hoje; **un** ~ **sí y otro no,** ~ **por medio** *AmL* dia sim, dia não; **un** ~ **y otro** ~ um dia e outro dia; **cualquier** ~ qualquer dia; **hoy** (**en**) ~ hoje em dia; **de hoy en ocho** ~ **s** de hoje a oito dias; **de un** ~ **a otro** de um dia para o outro; **todo el santo** ~ todo santo dia; **estar al** ~ estar em dia; **hace buen** ~ o dia está bom; **tiene los** ~ **s contados** tem os dias contados; **vivir al** ~ viver em dia; **¡buenos** ~ **s!** bom dia!; **de** ~ de dia

diabetes [dja'βetes] *f inv* diabetes *m ou f inv*

diabético, -a [dja'βetiko, -a] *adj, m, f*

diabético, -a *m, f*

diablo [di'aβlo] *m* diabo *m;* **¡**~**s!** *inf* diabo!; **de mil** ~ **s** de mil diabos; **¿cómo** ~**s...?** como diabos...?; **¿qué** ~ **s pasa aquí?** que diabos está acontecendo aqui?; **¡vete al** ~**!** vá para o diabo!

diablura [dja'βlura] *f* diabrura *f*

diabólico, -a [dja'βoliko, -a] *adj* diabólico, -a

diadema [dja'ðema] *f* diadema *f;* (*del pelo*) tiara *f*

diáfano, -a [di'afano, -a] *adj* diáfano, -a

diafragma [dja'frayma] *m* FOTO, ANAT diafragma *m*

diagnosis [djay'nosis] *f inv* diagnose *f*

diagnosticar [djaynosti'kar] <c→qu> *vt* diagnosticar

diagonal [djayo'nal] *adj, f* diagonal *f*

diagrama [dja'yrama] *m* diagrama *m*

dial [di'al] *m* dial *m*

dialecto [dja'lekto] *m* dialeto *m*

diálisis [di'alisis] *f inv* diálise *f*

dialogante [djalo'yante] *adj* dialogador(a)

dialogar [djalo'yar] <g→gu> *vi* (*hablar*) dialogar; ~ **con alguien** dialogar com alguém

diálogo [di'aloyo] *m* diálogo *m*

diamante [dja'mante] *m* diamante *m*

diámetro [di'ametro] *m* diâmetro *m*

diana [di'ana] *f* **1.** MIL alvorada *f;* **tocar** ~ tocar a alvorada **2.** (*objeto*) alvo *m;* **hacer** ~ acertar o alvo

diapositiva [djaposi'tiβa] *f* slide *m*

diario [di'arjo] *m* **1.** (*periódico*) jornal *m* **2.** (*memorias*) diário *m*

diario, -a [di'arjo, -a] *adj* diário, -a; **a** ~ diariamente

diarrea [dja'rrea] *f* diarreia *f*

dibujante [diβu'xante] *mf* desenhista *mf*

dibujar [diβu'xar] **I.** *vi, vt* desenhar **II.** *vr:* ~ **se** desenhar-se

dibujo [di'βuxo] *m* desenho *m;* ~ **s animados** desenho animado

diccionario [diγθjo'narjo] *m* dicionário *m*

dicha ['ditʃa] *f* (*suerte*) sorte *f*, felicidade *f*; **tuve la** ~ **de encontrarlo** tive a sorte de encontrá-lo

dicho ['ditʃo] *m* (*refrán*) dito *m;* **del** ~ **al hecho hay un gran trecho** *prov* falar é fácil, o difícil é fazer

dicho, -a ['ditʃo, -a] **I.** *pp de* **decir II.** *adj* **dicha gente** tais pessoas; ~ **y**

hecho dito e feito
dichoso, -a [di'tʃoso, -a] *adj* **1.** (*feliz*) feliz **2.** *irón* (*maldito*) maldito, -a; **encontré el ~ libro** encontrei o maldito livro
diciembre [di'θjembre] *m* dezembro *m*; *v.t.* **marzo**
dictado [dik'taðo] *m* **1.** (*escuela*) ditado *m* **2.** *fig* (*de la conciencia*) ditame *m*
dictador(a) [dikta'ðor(a)] *m(f)* ditador(a) *m(f)*
dictadura [dikta'ðura] *f* ditadura *f*
dictamen [dik'tamen] *m* **1.** (*informe*) parecer *m* **2.** (*de la conciencia, de una ley*) ditame *m*
dictar [dik'tar] *vt* **1.** (*un dictado*) ditar **2.** (*una sentencia*) proferir **3.** *AmS* (*clases*) dar
dictatorial [diktato'rjal] *adj* ditatorial
didáctico, -a [di'ðaktiko, -a] *adj* didático, -a
diecinueve [djeθi'nweβe] *adj inv, m* dezenove *m*; *v.t.* **ocho**
dieciocho [djeθi'otʃo] *adj inv, m* dezoito *m*; *v.t.* **ocho**
dieciséis [djeθi'seis] *adj inv, m* dezesseis *m*; *v.t.* **ocho**
diecisiete [djeθi'sjete] *adj inv, m* dezessete *m*; *v.t.* **ocho**
diente ['djente] *m* **1.** (*de la boca*) dente *m*; **~s de leche** dentes de leite **2.** TÉC dente *m*; **~ de ajo** BOT dente de alho; **decir algo entre ~s** falar a. c. entre os dentes; **hincar el ~ a algo** *inf* meter a mão em a. c.
diéresis ['djeresis] *m inv* trema *m*
diesel ['djesel] *m* diesel *m*
diestra ['djestra] *f* (*mano*) destra *f*
diestro ['djestro] *m* (*torero*) toureiro *m*
diestro, -a ['djestro, -a] <destrísimo *o* diestrísimo> *adj* **1.** (*a la derecha*) destro, -a; **a ~ y siniestro** a torto e a direito **2.** (*hábil*) hábil; **ser ~ en algo** ser hábil em a. c. **3.** (*no zurdo*) destro, -a
dieta [di'eta] *f* **1.** (*para adelgazar*) dieta *f*; **estar a ~** estar de dieta **2.** *pl* (*retribución*) diárias *fpl*; **todavía me deben las ~s del viaje** ainda me devem as diárias da viagem
dietético, -a [dje'tetiko, -a] *adj* dietético, -a
diez [djeθ] *adj inv, m* dez *m*; *v.t.* **ocho**
diezmar [djeθ'mar] *vt* (*aniquilar*) dizimar
difamación [difama'θjon] *f* difamação *f*
difamar [difa'mar] *vt* difamar

diferencia [dife'renθja] *f* diferença *f*; **a ~ de...** a diferença de...
diferenciar [diferen'θjar] **I.** *vt* diferenciar **II.** *vr* **~ se** de diferenciar-se de
diferente [dife'rente] **I.** *adj* diferente; **~ de** diferente de **II.** *adv* diferente
diferido, -a [dife'riðo, -a] *adj* **en ~** que não é transmitido ao vivo; **el programa será transmitido en ~** o programa não será transmitido ao vivo
diferir [dife'rir] *irr como* **sentir** *vi, vt* diferir
difícil [di'fiθil] *adj* difícil
dificultad [difikul'taᵈ] *f* dificuldade *f*; **poner ~es a algo** pôr dificuldades em a. c.
dificultar [difikul'tar] *vt* dificultar
difuminar [difumi'nar] *vt* esfumar
difundir [difun'dir] **I.** *vt* difundir **II.** *vr*: **~ se** difundir-se
difunto, -a [di'funto, -a] *adj, m, f* defunto, -a *m, f*
difusión [difu'sjon] *f* difusão *f*
difuso, -a [di'fuso, -a] *adj* difuso, -a
digerir [dixe'rir] *irr como* **sentir** *vt* (*comida, noticia*) digerir
digestión [dixes'tjon] *f* (*de alimentos*) digestão *f*; **hacer la ~** fazer a digestão
digestivo, -a [dixes'tiβo, -a] *adj* digestivo, -a
digital [dixi'tal] *adj* (*dactilar*) digital; **huellas ~es** impressões digitais
digitalización [dixitaliθa'θjon] *f* digitalização *f*
digitalizar [dixitali'θar] <z→c> *vt* digitalizar
dígito ['dixito] *m* dígito *m*
dignarse [diɣ'narse] *vr* dignar-se
dignidad [diɣni'ðaᵈ] *f* dignidade *f*
digno, -a [di'ɣno, -a] *adj* digno, -a; **~ de ver** digno de ver
dilapidar [dilapi'ðar] *vt* dilapidar
dilatar [dila'tar] **I.** *vt* dilatar **II.** *vr*: **~ se 1.** (*extenderse*) dilatar-se **2.** *AmL* (*demorar*) dilatar
dilema [di'lema] *m* dilema *m*
diligencia [dili'xenθja] *f* diligência *f*
diligente [dili'xente] *adj* diligente
diluir [dilu'ir] *irr como* **huir** **I.** *vt* diluir **II.** *vr*: **~ se** diluir-se
diluviar [dilu'βjar] *vimpers* diluviar
diluvio [di'luβjo] *m* **1.** (*lluvia*) dilúvio *m* **2.** (*abundancia*) dilúvio *m*; **~ de preguntas/de cartas** dilúvio de perguntas/de cartas; **~ de balas** saraivada de balas
dimensión [dimen'sjon] *f* dimensão *f*

diminutivo [diminu'tiβo] *m* LING diminutivo *m*

diminuto, -a [dimi'nuto, -a] *adj* diminuto, -a

dimisión [dimi'sjon] *f* demissão *f*

dimitir [dimi'tir] I. *vt* demitir II. *vi* demitir-se; **el ministro dimitió** o ministro se demitiu

Dinamarca [dina'marka] *f* Dinamarca *f*

dinámica [di'namika] *f* dinâmica *f*

dinámico, -a [di'namiko, -a] *adj* dinâmico, -a

dinamismo [dina'mismo] *m* dinamismo *m*

dinamita [dina'mita] *f* dinamite *f*

dinamitar [dinami'tar] *vt* dinamitar

dinamo [di'namo] *f*, **dínamo** ['dinamo] *f* dínamo *m*

dinastía [dinas'tia] *f* dinastia *f*

dineral [dine'ral] *m* dinheirão *m*; **costar un** ~ custar um dinheirão

dinero [di'nero] *m* dinheiro *m*; ~ **contante y sonante** dinheiro vivo; ~ **electrónico** dinheiro eletrônico; ~ **en metálico** dinheiro em espécie; ~ **negro** dinheiro sujo; ~ **suelto** dinheiro trocado; **estar mal de** ~ estar mal de dinheiro

dinosaurio [dino'saurjo] *m* dinossauro *m*

dio [djo] *3. pret de* **dar**

diócesis [di'oθesis] *f inv* diocese *f*

dioptría [djop'tria] *f* dioptria *f*

dios(a) [djos, 'djosa] *m(f)* deus(a) *m(f)*

Dios [djos] *m* Deus *m*; ~ **te bendiga** Deus te abençoe; ~ **dirá** Deus dirá; ~ **mediante** se Deus quiser; ¡~ **mío!** meu Deus!; **todo** ~ todo mundo; ¡**por** ~! por Deus!; **si** ~ **quiere** se Deus quiser; ¡**válgame** ~! valha-me Deus!; ¡**vaya por** ~! pelo amor de Deus!; **a la buena de** ~ ao Deus dará; **armar la de** ~ **es Cristo** *inf* armar-se uma confusão [*ou* um rolo]; **hacer algo como** ~ **manda** fazer a. c. como Deus manda; **vivir como** ~ viver como Deus; ~ **los cría y ellos se juntan** *prov* cada qual com seu igual

diploma [di'ploma] *m* diploma *m*

diplomacia [diplo'maθja] *f* diplomacia *f*

diplomado, -a [diplo'maðo, -a] *adj, m, f* diplomado, -a *m, f*

diplomático, -a [diplo'matiko, -a] *adj, m, f* diplomático, -a *m, f*

diptongo [dip'toŋgo] *m* ditongo *m*

diputación [diputa'θjon] *f* assembleia *f* legislativa

diputado, -a [dipu'taðo, -a] *m, f* deputado, -a *m, f*

dique ['dike] *m* dique *m*; ~ **seco** dique seco

dirección [direɣ'θjon] *f* 1. (*rumbo*) direção *f*; ~ **única** mão *f* única; ~ **prohibida** contramão *f*; **salir con** ~ **a España** sair em direção à Espanha 2. (*mando*) direção *f*, diretoria *f*; ~ **general** direção [*ou* diretoria] geral; ~ **comercial** direção [*ou* diretoria] comercial 3. (*guía*) direção *f*; **bajo la** ~ **de** sob a direção de 4. (*señas*) endereço *m* 5. AUTO direção *f*; ~ **asistida** direção hidráulica

directa [di'rekta] *f* AUTO quinta *f* marcha

directiva [direk'tiβa] *f* (*ley*) diretriz *f*

directivo, -a [direk'tiβo, -a] *adj, m, f* diretor(a) *m(f)*

directo [di'rekto] *m* FERRO trem *m* direto

directo, -a [di'rekto, -a] *adj* direto, -a; **un tren** ~ um trem direto; **en** ~ TV ao vivo

director(a) [direk'tor(a)] *m(f)* diretor(a) *m(f)*; ~ **de cine** diretor de cinema; ~ **de orquesta** diretor de orquestra; ~ **de (la) tesis** orientador da tese

directorio [direk'torjo] *m* 1. INFOR diretório *m*; ~ **raíz** diretório raiz 2. (*de teléfonos*) lista *f* telefônica; (*de direcciones*) agenda *f* de endereços

dirigente [diri'xente] *mf* dirigente *mf*

dirigir [diri'xir] <g→j> I. *vt* 1. dirigir; ~ **una orquesta** dirigir uma orquestra 2. *AmL* (*conducir*) dirigir II. *vi AmL* dirigir III. *vr* -**se a un lugar** dirigir-se a um lugar; -**se a una persona** dirigir-se a uma pessoa

discernir [disθer'nir] *irr como* **cernir** *vt* discernir

disciplina [disθi'plina] *f* disciplina *f*

disciplinario, -a [disθipli'narjo, -a] *adj* disciplinar

discípulo, -a [dis'θipulo, -a] *m, f* discípulo, -a *m, f*

disco ['disko] *m* 1. disco *m*; ~ **compacto** disco compacto 2. (*semáforo*) sinal *m* 3. INFOR disco *m*; ~ **de arranque** disco de inicialização; ~ **duro** disco rígido; ~ **flexible** disco flexível

discografía [diskoɣra'fia] *f* discografia *f*

discográfica [disko'ɣrafika] *f* gravadora *f*

discográfico, -a [disko'ɣrafiko, -a] *adj*

discográfico, -a
disconforme [diskoɱˈforme] *adj* desconforme
discontinuo, -a [diskoṇˈtinwo, -a] *adj* descontínuo, -a
discordancia [diskorˈðaṇθja] *f* discordância *f*
discorde [disˈkorðe] *adj* discordante
discordia [disˈkorðja] *f* discórdia *f*
discoteca [diskoˈteka] *f* discoteca *f*
discreción [diskreˈθjon] *f* discrição *f*; a ~ à discrição; **con** ~ com discrição
discrecional [diskreθjoˈnal] *adj* discricionário, -a; **parada** ~ parada não obrigatória
discrepancia [diskreˈpaṇθja] *f* discrepância *f*
discrepar [diskreˈpar] *vi* discrepar; ~ **de** discrepar de
discreto, -a [disˈkreto, -a] *adj* discreto, -a
discriminación [diskriminaˈθjon] *f* discriminação *f*; ~ **racial** discriminação racial
discriminar [diskrimiˈnar] *vt* discriminar
discriminatorio, -a [diskriminaˈtorjo, -a] *adj* discriminatório, -a
disculpa [disˈkulpa] *f* (*perdón, pretexto*) desculpa *f*; **pedir** ~s pedir desculpas
disculpar [diskulˈpar] I. *vt* desculpar; ~ **a alguien por algo** desculpar alguém por a. c. II. *vr*: ~**se por algo** desculpar-se por a. c.
discurrir [diskuˈrrir] *vi* 1. (*pensar*) refletir 2. (*fluir: río*) correr 3. (*transcurrir*) transcorrer
discurso [disˈkurso] *m* discurso *m*; **pronunciar un** ~ pronunciar um discurso
discusión [dikuˈsjon] *f* discussão *f*; **sin** ~ sem discussão
discutible [diskuˈtiβle] *adj* discutível
discutir [diskuˈtir] *vi, vt* discutir
disecar [diseˈkar] <c→qu> *vt* empalhar
diseminar [disemiˈnar] *vt* disseminar
disentir [diseṇˈtir] *irr como sentir vi* dissentir, discordar; ~ **de alguien** dissentir [*ou* discordar] de alguém
diseñador(a) [diseɲaˈðor(a)] *m(f)* desenhista *mf*; ~ **gráfico** designer *mf* gráfico
diseñar [diseˈɲar] *vt* desenhar
diseño [diˈseɲo] *m* desenho *m*
disertación [diserˈtaθjon] *f* dissertação *f*
disfraz [disˈfraθ] *m* 1. (*traje*) fantasia *f* 2. (*disimulación*) disfarce *m*
disfrazar [disfraˈθar] <z→c> I. *vt* 1. (*con traje*) fantasiar 2. (*escándalo, sentimiento, voz*) disfarçar II. *vr* ~**se de algo** fantasiar-se de a. c.
disfrutar [disfruˈtar] I. *vi* 1. (*gozar*) deleitar-se 2. (*poseer*) desfrutar; ~ **de algo** desfrutar de a. c. II. *vt* desfrutar
disgregar [disɣreˈɣar] <g→gu> I. *vt* desagregar II. *vr*: ~**se** desagregar-se
disgustar [disɣusˈtar] I. *vt* desgostar II. *vr* ~**se por** [*o* **de**] **algo** (*enfadarse*) desgostar-se por a. c.
disgusto [disˈɣusto] *m* desgosto *m*; **estar a** ~ estar a contragosto; **hacer algo a** ~ fazer a. c. a contragosto; **llevarse un** ~ ter um desgosto
disidente [disiˈðeṇte] *adj, mf* dissidente *mf*
disimulado, -a [disimuˈlaðo, -a] *adj* dissimulado, -a
disimular [disimuˈlar] I. *vi* dissimular II. *vt* dissimular; ~ **el miedo** dissimular o medo
disimulo [disiˈmulo] *m* dissimulação *f*
disipar [disiˈpar] I. *vt* (*niebla, dudas*) dissipar II. *vr*: ~**se** dissipar-se
dislexia [disˈleʏsja] *f* dislexia *f*
disléxico, -a [disˈleʏsiko, -a] *adj, m, f* disléxico, -a *m, f*
dislocar [disloˈkar] <c→qu> I. *vt* deslocar II. *vr*: ~**se** deslocar-se
disminución [disminuˈθjon] *f* diminuição *f*
disminuir [disminuˈir] *irr como huir vi, vt* diminuir
disolución [disoluˈθjon] *f* dissolução *f*
disolvente [disolˈβeṇte] *m* dissolvente *m*
disolver [disolˈβer] *irr como volver* I. *vt* dissolver II. *vr*: ~**se** dissolver-se
dispar [disˈpar] *adj* díspar
disparado, -a [dispaˈraðo, -a] *adj* **salir** ~ sair disparado
disparador [dispaˈraðor] *m* 1. (*de un arma*) gatilho *m* 2. FOTO disparador *m*
disparar [dispaˈrar] I. *vt* (*arma*) disparar II. *vi* 1. (*tirar*) disparar 2. *AmL* (*caballo*) disparar III. *vr*: ~**se** (*arma, precios*) disparar
disparatado, -a [dispara'taðo, -a] *adj* disparatado, -a
disparate [dispaˈrate] *m* disparate *m*
disparo [disˈparo] *m* disparo *m*

dispensar [dispen'sar] *vt* dispensar; ~ **a alguien de algo** dispensar alguém de a. c.

dispersar [disper'sar] **I.** *vt* dispersar **II.** *vr:* ~ **se** dispersar-se

dispersión [disper'sjon] *f* dispersão *f*

disperso, -a [dis'perso, -a] *adj* disperso, -a

displicencia [displi'θeṇθja] *f* displicência *f*

disponer [dispo'ner] *irr como* poner **I.** *vi* dispor; ~ **de tiempo** dispor de tempo **II.** *vt* **1.** (*colocar*) dispor **2.** (*preparar*) dispor; (*la mesa*) pôr **3.** (*determinar*) providenciar **III.** *vr* ~ **se a hacer algo** dispor-se a fazer a. c.

disponibilidad [disponiβili'ðaᵒ] *f* disponibilidade *f*

disponible [dispo'niβle] *adj* disponível

disposición [disposi'θjon] *f* disposição *f*; ~ **legal** dispositivo legal; **estar a ~ de alguien** estar à disposição de alguém; **estar en ~ de hacer algo** estar com disposição para fazer a. c.; **poner a ~** pôr à disposição

dispositivo [disposi'tiβo] *m* dispositivo *m*; ~ **intrauterino** MED dispositivo intrauterino; ~ **policial** dispositivo policial

dispuesto, -a [dis'pwesto, -a] **I.** *pp de* **disponer II.** *adj* **1.** (*preparado*) disposto, -a; **estar ~ para algo** estar disposto para a. c.; **estar ~ a hacer algo** estar disposto para fazer a. c. **2.** (*persona*) **estar bien ~** estar bem disposto

disputa [dis'puta] *f* disputa *f*

disputar [dispu'tar] **I.** *vi, vt* disputar **II.** *vr:* ~ **se algo** disputar a. c.

disquete [dis'kete] *m* INFOR disquete *m*; ~ **de arranque** disquete de inicialização; ~ **de instalación** disquete de instalação

disquetera [diske'tera] *f* drive *m*

distancia [dis'taṇθja] *f t. fig* distância *f*; **a ~** à distância; **acortar ~s** encurtar distâncias; **guardar las ~s** *fig* manter distância; **salvando las ~s** guardando as diferenças; **¿a qué ~?** a que distância?

distanciamiento [distaṇθja'mjeṇto] *m* distanciamento *m*

distanciar [distaṇ'θjar] **I.** *vt* distanciar **II.** *vr:* ~ **se de alguien** distanciar-se de alguém

distante [dis'taṇte] *adj t. fig* distante

distar [dis'tar] *vi* distar; **dista mucho de ser bueno** está muito longe de ser bom

distendido, -a [disteṇ'diðo, -a] *adj* distendido, -a

distensión [disten'sjon] *f* distensão *f*

distinción [distiṇ'θjon] *f* distinção *f*; **sin ~ de** sem distinção de

distinguible [distiṇ'giβle] *adj* distinguível

distinguido, -a [distiṇ'giðo, -a] *adj* **1.** (*ilustre, elegante*) distinto, -a **2.** (*en cartas*) prezado, -a; ~ **amigo...** prezado amigo...

distinguir [distiṇ'gir] <gu→g> **I.** *vt* distinguir **II.** *vr:* ~ **se por algo** distinguir-se por a. c.

distintivo [distiṇ'tiβo] *m* distintivo *m*

distintivo, -a [distiṇ'tiβo, -a] *adj* distintivo, -a

distinto, -a [dis'tiṇto, -a] *adj* **1.** (*diferente*) distinto, -a **2.** *pl* (*varios*) distintos, -as

distorsión [distor'sjon] *f t.* MED, FÍS distorção *f*

distorsionar [distorsjo'nar] *vt* distorcer

distracción [distra'θjon] *f* distração *f*

distraer [distra'er] **I.** *vt* distrair **II.** *vr:* ~ **se** distrair-se

distraído, -a [distra'iðo, -a] **I.** *adj* **1.** (*despistado*) distraído, -a; **hacerse el ~** fazer-se de desentendido **2.** (*entretenido*) divertido, -a **II.** *m, f* distraído, -a *m, f*

distribución [distriβu'θjon] *f* distribuição *f*; ~ **de beneficios** FIN distribuição de lucros

distribuidor [distriβwi'ðor] *m* distribuidor *m*

distribuir [distriβu'ir] *irr como* huir **I.** *vt* distribuir **II.** *vr:* ~ **se** distribuir-se

distrito [dis'trito] *m* distrito *m*; ~ **electoral** domicílio eleitoral; ~ **postal** código postal

disturbio [dis'turβjo] *m* distúrbio *m*

disuadir [diswa'ðir] *vt* dissuadir; ~ **a alguien de algo** dissuadir alguém de a. c.

disuasión [diswa'sjon] *f* dissuasão *f*; **capacidad de ~** capacidade de dissuasão

disuelto, -a [di'swelto, -a] *pp de* **disolver**

disyuntiva [disɟuṇ'tiβa] *f* disjuntiva *f*

DIU ['diu] *m* MED *abr de* **dispositivo intrauterino** DIU *m*

diurno, -a [di'urno, -a] *adj* diurno, -a

diva ['diβa] *f* diva *f*

divagar [diβa'ɣar] <g→gu> *vi* divagar
diván [di'βan] *m* divã *m*
divergencia [diβer'xenθja] *f* divergência *f*
divergente [diβer'xente] *adj* divergente
diversidad [diβersi'ðað] *f* diversidade *f*
diversificación [diβersifika'θjon] *f* diversificação *f*
diversificar [diβersifi'kar] <c→qu> I. *vt* diversificar II. *vr:* ~ **se** diversificar-se
diversión [diβer'sjon] *f* diversão *f*
diverso, -a [di'βerso, -a] *adj* **1.** (*distinto*) diverso, -a **2.** *pl* (*varios*) diversos, -as
divertido, -a [diβer'tiðo, -a] *adj* divertido, -a
divertir [diβer'tir] *irr como sentir* I. *vt* divertir II. *vr:* ~ **se con algo** divertir-se com a. c.
dividendo [diβi'ðendo] *m* dividendo *m*
dividir [diβi'ðir] I. *vt* dividir; ~ **algo entre** [*o* **por**] **dos** MAT dividir a. c. por dois; **dividieron la herencia entre los tres hermanos** dividiram a herança entre os três irmãos II. *vr:* ~ **se** dividir-se
divinidad [diβini'ðað] *f* divindade *f*
divinizar [diβini'θar] <z→c> *vt* divinizar
divino, -a [di'βino, -a] *adj* divino, -a
divisa [di'βisa] *f* divisa *f*
divisar [diβi'sar] *vt* divisar
divisible [diβi'siβle] *adj* divisível
división [diβi'sjon] *f* divisão *f*
divisor [diβi'sor] *m* MAT divisor *m*
divorciado, -a [diβor'θjaðo, -a] *adj, m, f* divorciado, -a *m, f*
divorciar [diβor'θjar] I. *vt* divorciar II. *vr:* ~ **se** divorciar-se
divorcio [di'βorθjo] *m* divórcio *m*; **pedir el** ~ pedir o divórcio
divulgación [diβulɣa'θjon] *f* divulgação *f*
divulgar [diβul'ɣar] <g→gu> I. *vt* divulgar II. *vr:* ~ **se** divulgar-se
DNI [de(e)ne'i] *m abr de* **Documento Nacional de Identidad** RG *m*
Dña. [doɲa] *abr de* **doña** D.
do [do] <does> *m* MÚS dó *m*; **dar el** ~ **de pecho** dar o dó de peito
dobladillo [doβla'ði ʎo] *m* barra *f*
doblaje [do'βlaxe] *m* CINE dublagem *f*
doblar [do'βlar] I. *vt* **1.** (*plegar, duplicar*) dobrar; **no** ~ não dobrar **2.** (*una película*) dublar **3.** (*la esquina*) dobrar; ~ **a la derecha** virar à direita II. *vi* **1.** (*torcer*) dobrar **2.** (*campanas*) dobrar III. *vr:* ~ **se 1.** (*inclinarse*) dobrar-se **2.** (*ceder*) ~ **se a algo** dobrar-se a a. c.

doble¹ ['doβle] I. *adj inv* duplo, -a; **nacionalidad** dupla nacionalidade; **personalidad** dupla personalidade; ~ **ventana** janela dupla II. *mf* t. CINE dublê *mf*
doble² ['doβle] *m* dupla *f;* (**partido de**) ~**s** DEP (partida *f* de) duplas *fpl*
doblegar [doβle'ɣar] <g→gu> I. *vt* dobrar; *fig* submeter II. *vr:* ~ **se** submeter-se
doblez¹ [do'βleθ] *m* (*pliegue*) dobra *f*
doblez² [do'βleθ] *m o f* (*hipocresía*) doblez *f*
doce ['doθe] *adj inv, m* doze *m; v.t.* **ocho**
docena [do'θena] *f* dúzia *f*
docencia [do'θenθja] *f* docência *f*
docente [do'θente] *adj, mf* UNIV docente *mf*
dócil ['doθil] *adj* dócil
doctor(a) [dok'tor(a)] *m(f)* doutor(a) *m(f);* ~ **en** ENS doutor em
doctorado [dokto'raðo] *m* doutorado *m*
doctoral [dokto'ral] *adj* de doutorado
doctorarse [dokto'rarse] *vr* doutorar-se; ~ **en algo** doutorar-se em a. c.
doctrina [dok'trina] *f* doutrina *f*
documentación [dokumenta'θjon] *f* documentação *f*
documental [dokumen'tal] I. *adj* documental II. *m* documentário *m*
documentar [dokumen'tar] I. *vt* documentar II. *vr:* ~ **se** documentar-se
documento [doku'mento] *m* documento *m;* ~ **nacional de identidad** carteira *f* de identidade
dogma ['doɣma] *m* dogma *m*
dogmático, -a [doɣ'matiko, -a] *adj* dogmático, -a
dogo ['doɣo] *m* (*perro*) dogue *m*
dólar ['dolar] *m* dólar *m*
dolarización [dolariθa'θjon] *f* dolarização *f*
doler [do'ler] <o→ue> I. *vi* doer; **me duele la cabeza** estou com dor de cabeça II. *vr:* ~ **se** doer-se
dolor [do'lor] *m* dor *m;* ~ **de barriga** dor de barriga; ~ **de cabeza** dor de cabeça
dolorido, -a [dolo'riðo, -a] *adj* dolori-

do, -a

doloroso, -a [dolo'roso, -a] *adj* doloroso, -a

domador(a) [doma'ðor(a)] *m(f)* domador(a) *m(f)*

domar [do'mar] *vt* domar

domesticar [domesti'kar] <c→qu> *vt* domesticar

doméstico, -a [do'mestiko, -a] *adj* doméstico, -a; **animal** ~ animal doméstico

domiciliación [domiθilja'θjon] *f* (*de recibos*) autorização *f* de débito; ~ **bancaria** autorização de débito em conta-corrente

domiciliar [domiθi'ljar] I. *vt* (*un recibo*) autorizar o débito II. *vr:* ~ **se** domiciliar-se

domicilio [domi'θiljo] *m* domicílio *m*; **reparto a** ~ entrega em domicílio

dominación [domina'θjon] *f* dominação *f*

dominante [domi'nante] *adj* dominante

dominar [domi'nar] I. *vi, vt* dominar II. *vr:* ~ **se** dominar-se

domingo [do'miŋgo] *m* domingo *m;* ~ **de Ramos** domingo de Ramos; ~ **de Resurrección** domingo da Ressurreição; *v.t.* **lunes**

dominguero, -a [domiŋ'gero, -a] *m, f pey* farofeiro, -a *m, f;* (*conductor*) domingueiro, -a *m, f*

dominical [domini'kal] I. *adj* dominical II. *m* PREN suplemento *m* de domingo

dominicano, -a [domini'kano, -a] *adj, m, f* dominicano, -a

dominio [do'minjo] *m* domínio *m;* **ser de** ~ **público** ser de domínio público

dominó [domi'no] *m* dominó *m;* **jugar al** ~ jogar dominó

don [don] *m* dom *m*

don, doña [don, 'doɲa] *m, f* 1. (*en general*) senhor(a) *m(f)* 2. (*nobleza e iglesia*) dom, dona *m, f;* **ser un** ~ **nadie** ser um joão-ninguém

donación [dona'θjon] *f* doação *f*

donaire [do'naire] *m* graça *f*

donante [do'nante] *mf* doador(a) *m(f)*

donar [do'nar] *vt* doar

donativo [dona'tiβo] *m* donativo *m*

doncella [don'θeʎa] *f* donzela *f*

donde ['donde] *adv* onde; **de ~...** de onde...; **estuve ~ Luisa** estive na casa da Luísa

dónde ['donde] *pron interrog, rel* onde; ¿~ **está...?** onde está...?; ¿**a** [*o* **hacia**] ~**?** aonde?, para onde?; ¿**de** ~**?** de onde?; ¿**por** ~**?** por onde?

dondequiera [donde'kjera] *adv* onde quer

doña ['doɲa] *f v.* **don**

dopaje [do'paxe] *m* doping *m*

dopar [do'par] I. *vt* dopar II. *vr:* ~ **se** DEP dopar-se

doping ['dopiŋ] *m* doping *m*

dorado, -a [do'raðo, -a] *adj* dourado, -a

dorar [do'rar] I. *vt* dourar II. *vr:* ~ **se** dourar-se

dormir [dor'mir] *irr* I. *vi* dormir; **quedarse dormido** pegar no sono II. *vt* (*a un niño*) fazer dormir; ~ **la borrachera** dormir para passar a bebedeira; ~ **la siesta** fazer a sesta III. *vr:* ~ **se** dormir; ~**se en los laureles** *inf* deitar(-se) sobre os louros

dormitar [dormi'tar] *vi* cochilar

dormitorio [dormi'torjo] *m* dormitório *m*

dorsal [dor'sal] I. *adj* ANAT dorsal II. *m* DEP número *m*

dorso ['dorso] *m* (*reverso*) *t.* ANAT dorso *m*

dos [dos] *adj inv, m inv* dois, duas *m, f;* **los/las** ~ os dois/as duas; **cada** ~ **por tres** a três por dois; *v.t.* **ocho**

doscientos, -as [dos'θjentos, -as] *adj* duzentos, -as

dosis ['dosis] *f inv* dose *f*

dossier [do'sjer] *m* dossiê *m*

dotado, -a [do'taðo, -a] *adj* 1. (*con talento*) dotado, -a 2. *inf* (*hombre: genitales*) bem-dotado

dotar [do'tar] *vt* dotar

dote ['dote] *m o f* (*ajuar*) dote *m*

dotes ['dotes] *fpl* (*aptitud*) dotes *mpl*

doy [doi] *1. pres de* **dar**

dragón [dra'ɣon] *m* dragão *m*

drama ['drama] *m* drama *m;* **hacer un** ~ **de algo** fazer um drama de a. c.

dramático, -a [dra'matiko, -a] *adj* dramático, -a

dramatismo [drama'tismo] *m* dramatismo *m*

dramatizar [dramati'θar] <z→c> *vt* dramatizar

dramaturgo, -a [drama'turɣo, -a] *m, f* dramaturgo, -a *m, f*

drástico, -a ['drastiko, -a] *adj* drástico, -a

drenar [dre'nar] *vt* drenar

droga ['droɣa] *f* droga *f;* ~ **blanda**

droga leve; ~ **de diseño** droga sintética; ~ **dura** droga pesada; ~ **sintética** droga sintética

drogadicción [droɣaðiɣ'θjon] *f* toxicomania *f*

drogadicto, -a [droɣa'ðikto, -a] *adj, m, f* toxicômano, -a *m, f*

drogar [dro'ɣar] <g→gu> **I.** *vt* drogar **II.** *vr:* ~ **se** drogar-se

drogodependencia [droɣoðepeɲ'deɲθja] *f* dependência *f* de drogas

drogodependiente [droɣoðepeɲ'djente] *adj, mf* dependente *mf* de drogas

droguería [droɣe'ria] *f* drogaria *f*

dromedario [drome'ðarjo] *m* dromedário *m*

ducha ['dutʃa] *f* (*agua*) ducha *f*; (*instalación*) chuveiro *m*; **darse una** ~ tomar uma ducha [*ou* um banho]; **recibir una** ~ **de agua fría** *fig* receber uma ducha de água fria

duchar [du'tʃar] **I.** *vt* dar banho **II.** *vr:* ~ **se** tomar banho

duda ['duða] *f* dúvida *f*; **no cabe** ~ **de que...** não há dúvida de que...; **sin** ~ **(alguna)** sem (nenhuma) dúvida; **poner algo en** ~ pôr a. c. em dúvida

dudar [du'ðar] *vi, vt* duvidar

dudoso, -a [du'ðoso, -a] *adj* duvidoso, -a

duelo ['dwelo] *m* **1.** (*desafío*) duelo *m* **2.** (*pesar*) pesar *m*

duende ['dwende] *m* duende *m*

dueño, -a ['dweɲo, -a] *m, f* dono, -a *m, f*; **hacerse** ~ **de algo** apropriar-se de a. c.; **ser muy** ~ **de hacer algo** *inf* ser bem crescido para fazer a. c.

dulce ['dulθe] **I.** *adj* doce **II.** *m* (*postre*) doce *m*

dulcificar [dulθifi'kar] <c→qu> *vt* dulcificar

dulzor [dul'θor] *m*, **dulzura** [dul'θura] *f* (*sabor, suavidad*) doçura *f*

duna ['duna] *f* duna *f*

dúo ['duo] *m* dueto *m*; **a** ~ em dueto

duodécimo, -a [duo'ðeθimo, -a] *adj* duodécimo, -a; *v.t.* **octavo**

duodeno [dwo'ðeno] *m* ANAT duodeno *m*

dúplex ['dupleɣs] *m* ARQUIT duplex *m*

duplicar [dupli'kar] <c→qu> **I.** *vt* duplicar **II.** *vr:* ~ **se** duplicar-se

duplo ['duplo] *m* duplo *m*

duque(sa) ['duke, du'kesa] *m(f)* duque, sa *m, f*

duración [dura'θjon] *f* duração *f*; **de larga** ~ de longa duração

duradero, -a [dura'ðero, -a] *adj* duradouro, -a

durante [du'rante] *prep* durante

durar [du'rar] *vi* durar

durazno [du'raθno] *m AmL* (*fruta*) pêssego *m*; (*árbol*) pessegueiro *m*

dureza [du'reθa] *f* **1.** (*rigidez*) dureza *f* **2.** (*callosidad*) calosidade *f*

durmiente [dur'mjente] *m* dormente *m*

duro ['duro] **I.** *m* HIST *moeda de cinco pesetas*; **estar sin un** ~ *inf* estar sem um tostão **II.** *adv* duro

duro, -a ['duro, -a] *adj* duro, -a; ~ **de corazón** duro de coração

DVD [deuβe'ðe] *abr de* **videodisco digital** DVD *m*

E

E, e [e] *f* E, e *m*

e [e] *conj* (*antes de 'hi' o 'i'*) e; **madres** ~ **hijas** mães e filhas

E ['este] *abr de* **Este** L

ea ['ea] *interj* vamos

ebanista [eβa'nista] *mf* marceneiro, -a *m, f*

ébano ['eβano] *m* ébano *m*

ebrio, -a ['eβrjo, -a] *adj elev* ébrio, -a *m, f*

ebullición [eβuʎi'θjon] *f* ebulição *f*

eccema [eɣ'θema] *m* eczema *m*

echar [e'tʃar] **I.** *vt* **1.** (*tirar*) jogar, atirar **2.** (*sal, azúcar*) acrescentar **3.** (*expulsar*) expulsar **4.** (*emitir*) soltar; ~ **humo** soltar fumaça **5.** (*tumbar*) deitar **6.** (*proyectar*) exibir; **en el cine echan 'Titanic'** no cinema estão exibindo 'Titanic' **7.** (*calcular*) **te echo 30 años** te dou 30 anos **II.** *vi* começar; ~ **a correr** começar a correr **III.** *vr:* ~ **se 1.** (*postrarse*) deitar-se **2.** (*lanzarse*) jogar-se; ~ **se atrás** *fig* dar para trás **3.** (*empezar*) pôr-se; ~ **se a llorar** pôr-se a chorar **4.** *inf* (*iniciar una relación*) ~ **se novio** arrumar um namorado

eclesiástico [ekle'sjastiko] *m* eclesiástico *m*

eclesiástico, -a [ekle'sjastiko, -a] *adj* eclesiástico, -a
eclipsar [ekliβ'sar] *vt t. fig* eclipsar
eclipse [e'kliβse] *m* eclipse *m*
eco ['eko] *m* eco *m*
ecografía [ekoɣra'fia] *f* ecografia *f*
ecología [ekolo'xia] *f* ecologia *f*
ecológico, -a [eko'loxiko, -a] *adj* ecológico, -a
ecologista [ekolo'xista] *adj, mf* ecologista *mf*
economato [ekono'mato] *m* estabelecimento destinado a um determinado grupo de pessoas, onde se pode comprar artigos a preços mais baixos
economía [ekono'mia] *f* economia *f*
económico, -a [eko'nomiko, -a] *adj* 1. ECON econômico, -a 2. (*barato*) barato, -a
economista [ekono'mista] *mf* economista *mf*
economizar [ekonomi'θar] *vt* economizar
ecosistema [ekosis'tema] *m* ecossistema *m*
ecotasa [eko'tasa] *f* imposto ecológico destinado a impedir a contaminação atmosférica
ecoturismo [ekotu'rismo] *m* ecoturismo *m*
ecuación [ekwa'θjon] *f* equação *f*
ecuador [ekwa'ðor] *m* equador *m*
Ecuador [ekwa'ðor] *m* Equador *m*

> **Cultura** O **Ecuador** situa-se na parte noroeste da América do Sul. Faz limite ao norte com a Colômbia, ao leste e ao sul com o Peru e ao oeste com o Oceano Pacífico. A capital é **Quito**. O idioma oficial do país é o espanhol e a unidade monetária do **Ecuador** é o **sucre**.

ecuánime [e'kwanime] *adj* equânime
ecuatorial [ekwato'rjal] *adj* equatorial
ecuatoriano, -a [ekwato'rjano, -a] *adj, m, f* equatoriano, -a *m, f*
ecuestre [e'kwestre] *adj* equestre
eczema [eɣ'θema] *m* eczema *m*
edad [e'ðað] *f* idade *f*; **la Edad Media** a Idade Média; **~ del pavo** adolescência *f*; **la Edad de Piedra** a Idade da Pedra; **mayor de ~** maior de idade; **menor de ~** menor de idade; **la tercera ~** a terceira idade; **a la ~ de...** na idade de...; **¿qué ~ tiene?** quantos anos você tem?
edición [eði'θjon] *f* edição *f*; **~ de bolsillo** edição de bolso
edicto [e'ðikto] *m* édito *m*
edificar [eðifi'kar] <c→qu> *vt* edificar
edificio [eði'fiθjo] *m* edifício *m*
Edimburgo [edin'burɣo] *m* Edimburgo *f*
editar [eði'tar] *vt* editar
editor(a) [eði'tor(a)] *m(f)* editor(a) *m(f)*
editorial[1] [eðito'rjal] I. *adj* editorial II. *f* editora *f*
editorial[2] [eðito'rjal] *m* editorial *m*
edredón [eðre'ðon] *m* edredom *m*; **~ nórdico** edredom de penas
educación [eðuka'θjon] *f* educação *f*; **~ de adultos** educação de adultos; **~ ambiental** educação ambiental; **~ especial** educação especial; **~ física** educação física; **no tener ~** (*ser mal-educado*) não ter educação; **ser de mala/buena ~** ter má/boa educação
educado, -a [eðu'kaðo, -a] *adj* educado, -a
educar [edu'kar] <c→qu> *vt* educar
educativo, -a [eðuka'tiβo, -a] *adj* educativo, -a
edulcorante [eðulko'rante] *m* edulcorante *m*
EE.UU. [es'taðos u'niðos] *mpl abr de* **Estados Unidos** EUA *mpl*
efectista [efek'tista] *adj* de efeito
efectivamente [efektiβa'mente] *adv* efetivamente
efectividad [efektiβi'ðað] *f* efetividade *f*
efectivo [efek'tiβo] *m* dinheiro *m*; **en ~** em dinheiro
efectivo, -a [efek'tiβo, -a] *adj* efetivo, -a; **hacer ~** tornar efetivo
efecto [e'fekto] *m* efeito *m*; **~s especiales** CINE efeitos *mpl* especiais; **~ óptico** ilusão *f* de ótica; **~ retardado** efeito retardado; **~s secundarios** efeitos secundários; **hacer ~** fazer efeito; **tener ~** entrar em vigor; **en ~** efetivamente; **para los ~s** na prática
efectuar [efektu'ar] <*1. pres:* efectúo> *vt* efetuar
eficacia [efi'kaθja] *f* eficácia *f*
eficaz [efi'kaθ] *adj* eficaz
eficiente [efi'θjente] *adj* eficiente
efigie [e'fixje] *f* efígie *f*
efusivo, -a [efu'siβo, -a] *adj* efusivo, -a
EGB [exe'βe] *f* HIST *abr de* **Educación**

General Básica *educação para crianças de 6 a 14 anos*

Egeo [e'xeo] *m* Egeu *m;* **el mar** ~ o mar Egeu

egipcio, -a [e'xiβθjo, -a] *adj, m, f* egípcio, -a *m, f*

Egipto [e'xipto] *m* Egito *m*

egoísmo [eɣo'ismo] *m* egoísmo *m*

egoísta [eɣo'ista] *adj, mf* egoísta *mf*

egregio, -a [e'ɣrexjo, -a] *adj* egrégio, -a

ej. [e'xemplo] *abr de* **ejemplo** ex.

eje ['exe] *m* eixo *m*

ejecución [exeku'θjon] *f* execução *f*

ejecutar [exeku'tar] *vt* executar

ejecutiva [exeku'tiβa] *f* executiva *f*

ejecutivo, -a [exeku'tiβo, -a] *adj, m, f* executivo, -a *m, f*

ejemplar [exem'plar] I. *adj* exemplar II. *m* exemplar *m;* ~ **de muestra** exemplar de amostra

ejemplo [e'xemplo] *m* exemplo *m;* **dar buen** ~ dar bom exemplo; **poner por** ~ mostrar com exemplo; **por** ~ por exemplo

ejercer [exer'θer] <c→z> I. *vi* ~ **de** trabalhar de II. *vt* exercer

ejercicio [exer'θiθjo] *m* exercício *m;* ~ **económico** exercício financeiro; **tener falta de** ~ estar necessitado de exercício

ejercitar [exerθi'tar] *vt* exercitar

ejército [e'xerθito] *m* MIL exército *m;* ~ **del aire** força / aérea; ~ **profesional** exército profissional; ~ **de tierra** comando terrestre

ejote [e'xote] *m AmC, Méx* feijão-verde *m*

el, la, lo [el, la, lo] <los, las> *art def* 1. o *m*, a *f;* ~ **perro** o cachorro; **la mesa** a mesa; **los amigos/las amigas** os amigos/as amigas; **prefiero** ~ **azul al amarillo** prefiro o azul ao amarelo 2. + *nombres geográficos* ~ **Canadá** o Canadá; **la China/la India** a China/a Índia 3. + *días de semana* **llegaré** ~ **domingo** chegarei no domingo; **los sábados no trabajo** aos sábados não trabalho

él [el] *pron pers, 3. sing* ele; **el libro es de** ~ *(suyo)* o livro é dele

elaboración [elaβora'θjon] *f* elaboração *f;* **de** ~ **casera** de fabricação caseira

elaborar [elaβo'rar] *vt* elaborar

elasticidad [elastiθi'ðaᵈ] *f* elasticidade *f*

elástico [e'lastiko] *m* elástico *m*

elástico, -a [e'lastiko, -a] *adj* elástico, -a

elección [elekˠ'θjon] *f* eleição *f;* **elecciones legislativas** [*o* **generales**] eleições gerais; **lo dejo a su** ~ deixo a seu critério

electorado [elekto'raðo] *m* eleitorado *m*

electoral [elekto'ral] *adj* eleitoral

electricidad [elektriθi'ðaᵈ] *f* eletricidade *f*

electricista [elektri'θista] *mf* eletricista *mf*

eléctrico, -a [e'lektriko, -a] *adj* elétrico, -a

electrificar [elektrifi'kar] <c→qu> *vt* eletrificar

electrizar [elektri'θar] <z→c> *vt t. fig* eletrizar

electrocardiograma [elektrokarðjo'ɣrama] *m* eletrocardiograma *m*

electrocución [elektroku'θjon] *f* eletrocução *f*

electrocutar [elektroku'tar] I. *vt* eletrocutar II. *vr:* **~se** morrer eletrocutado

electrodo [elek'troðo] *m* eletrodo *m*

electrodoméstico [elektroðo'mestiko] *m* eletrodoméstico *m*

electroencefalograma [elektroenθefalo'ɣrama] *m* eletroencefalograma *m*

electroimán [elektroi'man] *m* eletroímã *m*

electromagnético, -a [elektromaɣnetiko, -a] *adj* eletromagnético, -a

electrón [elek'tron] *m* elétron *m*

electrónica [elek'tronika] *f* eletrônica *f*

electrónico, -a [elek'troniko, -a] *adj* eletrônico, -a

electrotecnia [elektro'teɣnja] *f* eletrotecnia *f*

elefante, -a [ele'fante, -a] *m, f* elefante, -a *m, f;* ~ **marino** elefante-marinho *m*

elegancia [ele'ɣanθja] *f* elegância *f*

elegante [ele'ɣante] *adj* elegante

elegir [ele'xir] *irr vt* escolher

elemental [elemen'tal] *adj* elementar

elemento [ele'mento] *m* 1. *(componente, persona)* elemento *m* 2. *pl (fuerzas naturales)* elementos *mpl*

elepé [ele'pe] *m* elepê *m*

elevación [eleβa'θjon] *f* elevação *f*

elevador [eleβa'ðor] *m AmC* elevador *m*

elevalunas [eleβa'lunas] *m inv* AUTO *mecanismo de acionamento dos vidros;* ~ **eléctrico** vidro m elétrico

elevar [ele'βar] *vt* 1. *(subir)* elevar 2. MAT ~ **a** elevar a; **tres elevado a**

cuatro três elevado a quatro
eliminar [elimi'nar] *vt* eliminar
eliminatoria [elimina'torja] *f* eliminatória *f*
elite [e'lite] *f*, **élite** ['elite] *f* elite *f*
elitista [eli'tista] *adj* elitista
elixir [eliχ'sir] *m* elixir *m*
ella ['eʎa] *pron pers, 3. sing f* ela; **el abrigo es de ~** (*suyo*) o casaco é dela
ellas ['eʎas] *pron pers, 3. pl f* elas; **el coche es de ~** (*suyo*) o carro é dela
ello ['eʎo] *pron pers, 3. sing neutro* ele; **para ~** para isso; **por ~** por isso; **estar en ~** estar nisso
ellos ['eʎos] *pron pers, 3. pl m* eles; **estos niños son de ~** (*suyos*) estas crianças são deles
elocuencia [elo'kweɳθja] *f* eloquência *f*
elocuente [elo'kweɳte] *adj* eloquente
elogiar [elo'xjar] *vt* elogiar
elogio [e'loxjo] *m* elogio *m*; **digno de ~** digno de elogio
elote [e'lote] *m AmC* espiga *f* de milho
eludir [elu'ðir] *vt* eludir
e-mail [i'meıl] *m* e-mail *m*
emanar [ema'nar] **I.** *vi* **~ de** emanar de **II.** *vt* emanar
emancipación [emaɳθipa'θjon] *f* emancipação *f*
emancipar [emaɳθi'par] **I.** *vt* emancipar **II.** *vr:* **~ se** emancipar-se
embadurnar [embaður'nar] **I.** *vt* lambuzar; **~ algo de algo** lambuzar algo de a. c. **II.** *vr* **~ se de algo** lambuzar-se de a. c.
embajada [emba'xaða] *f* embaixada *f*
embajador(a) [embaxa'ðor(a)] *m(f)* embaixador(a) *m(f)*
embalaje [emba'laχe] *m* embalagem *f*
embalar [emba'lar] *vt* embalar
embalsamar [embalsa'mar] *vt* embalsamar
embalse [em'balse] *m* represa *f*
embarazada [embara'θaða] **I.** *adj* (*encinta*) grávida; **dejar ~ a alguien** engravidar alguém; **estar ~ de seis meses** estar grávida de seis meses; **quedarse ~** ficar grávida **II.** *f* grávida *f*
embarazar [embara'θar] <z→c> *vt* **1.** (*estorbar*) incomodar **2.** (*cohibir*) dificultar **3.** (*dejar encinta*) engravidar
embarazo [emba'raθo] *m* **1.** (*gravidez*) gravidez *f* **2.** (*cohibición*) dificuldade *f*; **causar ~ a alguien** causar embaraço a alguém **3.** (*impedimento*) obstáculo *m*

embarazoso, -a [embara'θoso, -a] *adj* embaraçoso, -a
embarcación [embarka'θjon] *f* (*barco*) embarcação *f*
embarcadero [embarka'ðero] *m* embarcadouro *m*
embarcar [embar'kar] <c→qu> **I.** *vi, vt* embarcar **II.** *vr:* **~ se** embarcar
embargar [embar'ɣar] <g→gu> *vt* embargar
embargo [em'barɣo] **I.** *m* embargo *m* **II.** *conj* **sin ~** no entanto
embarque [em'barke] *m* embarque *m*
embarrancar [embarraŋ'kar] <c→qu> *vi* encalhar
embaucar [embau̯'kar] <c→qu> *vt* tapear
embeber [embe'βer] **I.** *vt* embeber **II.** *vr:* **~ se** embeber-se
embellecer [embeʎe'θer] *irr como crecer vt* embelezar
embestida [embes'tiða] *f* investida *f*
embestir [embes'tir] *irr como pedir vi, vt* investir
emblema [em'blema] *m* emblema *f*
emblemático, -a [emble'matiko, -a] *adj* emblemático, -a
émbolo ['embolo] *m* êmbolo *m*
embolsar [embol'sar] *vt* embolsar
emborrachar [emborra'tʃar] **I.** *vt* embebedar **II.** *vr:* **~ se** embebedar-se
emboscada [embos'kaða] *f* emboscada *f*
embotellamiento [emboteʎa'mjeɳto] *m* engarrafamento *m*
embotellar [embote'ʎar] *vt* engarrafar
embragar [embra'ɣar] <g→gu> *vi* embrear
embrague [em'braɣe] *m* embreagem *f*
embriagar [embrja'ɣar] <g→gu> **I.** *vt* embriagar **II.** *vr:* **~ se** embriagar-se
embriaguez [embrja'ɣeθ] *f* embriaguez *f*
embrión [embri'on] *m* embrião *m*
embrollar [embro'ʎar] *vt inf* embaralhar; **lo embrollas más de lo necesario** está complicando mais do que o necessário
embrollo [em'broʎo] *m inf* **1.** (*de hilos, cuerdas*) emaranhado *m* **2.** (*embuste*) mentira *f*; **no me vengas con ~ s** não me venha com mentiras
embromar [embro'mar] *vt* zombar
embrujado, -a [embru'xaðo, -a] *adj* enfeitiçado, -a
embudo [em'buðo] *m* funil *m*

embuste [em'buste] *m* embuste *m*
embustero, -a [embus'tero, -a] *adj, m, f* embusteiro, -a *m, f*
embutido [embu'tiðo] *m* embutido *m*
embutir [embu'tir] *vt* embutir
emergencia [emer'xenθja] *f* emergência *f*
emerger [emer'xer] <g→j> *vi* emergir
emérito, -a [e'merito, -a] *adj* emérito, -a
emigración [emiɣra'θjon] *f* emigração *f*
emigrante [emi'ɣrante] *mf* emigrante *mf*
emigrar [emi'ɣrar] *vi* emigrar
emilio [e'miljo] *m fam* e-mail *m*; **escribir/mandar un** ~ escrever/mandar um e-mail
eminencia [emi'nenθja] *f* eminência *f*
eminente [emi'nente] *adj* eminente
emisión [emi'sjon] *f* emissão *f*
emisora [emi'sora] *f* ~ **(de radio)** emissora *f* (de rádio)
emitir [emi'tir] *vt* emitir
emoción [emo'θjon] *f* emoção *f*; **llorar de** ~ chorar de emoção
emocionante [emoθjo'nante] *adj* emocionante
emocionar [emoθjo'nar] I. *vt* emocionar; **tus palabras me -on** suas palavras me emocionaram II. *vr:* ~**se** emocionar-se
emotivo, -a [emo'tiβo, -a] *adj* 1. (*persona*) emotivo, -a 2. (*palabras*) comovente
empacar [empa'kar] <c→qu> *vt* empacotar
empacho [em'patʃo] *m* empacho *m*
empadronarse [empaðro'narse] *vr* recensear-se
empalagoso, -a [empala'ɣoso, -a] *adj* 1. (*alimento*) enjoativo, -a 2. (*persona*) pegajoso, -a
empalmar [empal'mar] I. *vi* 1. (*trenes*) conectar-se 2. (*caminos, ríos*) ~ **con algo** encontrar com a. c. II. *vt* (*maderos, tubos*) unir
empalme [em'palme] *m* (*de maderos, tubos*) união *f*; FERRO conexão *f*
empanada [empa'naða] *f* espécie de torta salgada, geralmente recheada de carne ou atum
empanadilla [empana'ðiʎa] *f* pastel *m*
empantanarse [empanta'narse] *vr* empantanar
empañarse [empa'ɲarse] *vr* embaçar-se
empapar [empa'par] I. *vt* encharcar II. *vr:* ~**se** encharcar-se

empapelar [empape'lar] *vi, vt* empapelar
empaquetar [empake'tar] *vt* empacotar
emparedado [empare'ðaðo] *m* sanduíche feito com pão de forma
empastar [empas'tar] *vt* obturar
empaste [em'paste] *m* obturação *f*
empatar [empa'tar] *vi* empatar; ~ **uno a uno** empatar em um a um; **estar empatados a puntos** estar empatados em pontos
empate [em'pate] *m* empate *m*; ~ **a cero** empate de zero a zero
empedernido, -a [empeðer'niðo, -a] *adj* incorrigível
empeine [em'pejne] *m* peito *m* do pé
empeñado, -a [empe'ɲaðo, -a] *adj* **estar** ~ **(en hacer algo)** estar empenhado (em fazer a. c.)
empeñar [empe'ɲar] I. *vt* (*objetos*) empenhar II. *vr:* ~ **se** 1. (*insistir*) insistir; **se empeña en hablar contigo** insiste em falar contigo; **no te empeñes** não insista 2. (*endeudarse*) endividar-se
empeño [em'peɲo] *m* 1. (*afán*) determinação *f*; **con** ~ com determinação; **tener** ~ **en hacer algo** estar determinado a fazer a. c. 2. (*de objetos*) penhor *m*
empeorar [empeo'rar] *vi, vt* piorar
empequeñecer [empekeɲe'θer] *irr como crecer vt* minimizar
emperador [empera'ðor] *m* imperador *m*
emperatriz [empera'triθ] *f* imperatriz *f*
empezar [empe'θar] *irr* I. *vi* começar; ~ **de la nada** começar do nada; ~ **con buen pie** começar com o pé direito; **¡no empieces!** não comece!; **para** ~ **me leeré el periódico** para começar, lerei o jornal; **para** ~ **no tengo dinero y, además, no tengo ganas** para começar não tenho dinheiro e, além disso, não estou com vontade II. *vt* começar
empinar [empi'nar] I. *vt* erguer; ~ **el codo** *inf* encher a cara II. *vr:* ~**se** colocar-se nas pontas dos pés
empírico, -a [em'piriko, -a] *adj* empírico, -a
emplaste [em'plaste] *m* gesso *m*
emplasto [em'plasto] *m* emplastro *m*
emplazamiento [emplaθa'mjento] *m* 1. (*lugar, situación*) localização *f* 2. JUR citação *f*

emplazar [empla'θar] <z→c> vt 1.(*situar*) localizar 2. JUR citar

empleado, -a [emple'aðo, -a] m, f empregado, -a m, f; **empleada de hogar** empregada f doméstica

emplear [emple'ar] vt empregar; ¡**podrías ~ mejor el tiempo!** podia empregar melhor o tempo!

empleo [em'pleo] m 1.(*trabajo*) emprego m; **pleno ~** pleno emprego; **no tener ~** não ter emprego 2.(*uso*) emprego m; **modo de ~** instruções fpl de uso

empobrecer [empoβre'θer] irr como crecer I. vt empobrecer II. vr: **~se** empobrecer-se

empollar [empo'ʎar] I. vi inf matar-se de estudar II. vt 1.(*ave*) chocar 2. inf (*lección*) matar-se de estudar

empollón, -ona [empo'ʎon, -ona] m, f inf cê-dê-efe mf

emporio [em'porjo] m centro m comercial

empotrado, -a [empo'traðo, -a] adj embutido, -a

emprendedor(a) [emprende'ðor(a)] adj empreendedor(a)

emprender [empren'der] vt 1.(*trabajo*) iniciar; **~ la marcha** pôr-se a caminho; **~ el vuelo** levantar voo 2.(*principiar una acción*) **~la con alguien** implicar com alguém; **~la a insultos con alguien** procurar briga com alguém

empresa [em'presa] f empresa f

empresariado [empresa'rjaðo] m empresariado m

empresario, -a [empre'sarjo, -a] m, f empresário, -a m, f

empréstito [em'prestito] m empréstimo m

empujar [empu'xar] vt empurrar; **~ a alguien a hacer algo** levar alguém a fazer a. c.

empuje [em'puxe] m impulso m

empujón [empu'xon] m empurrão m; **entrar en un local a empujones** entrar em um local aos empurrões

empuñar [empu'ɲar] vt empunhar

emular [emu'lar] vt emular

emulsión [emul'sjon] f emulsão f

en [en] prep 1.(*lugar: dentro, encima de*) dentro, encima; **el cajón** o livro está na gaveta; **coloca el florero ~ la mesa** coloque o vaso na mesa; **~ la pared hay un cuadro** há um quadro na parede; **estar ~ el campo/~ la ciudad/~ una isla** estar no campo/na cidade/em uma ilha; **~ Argentina** na Argentina; **vacaciones ~ el mar** férias na praia; **jugar ~ la calle** jogar na rua; **estoy ~ casa** estou em casa; **trabajo ~ una empresa japonesa** trabalho em uma empresa japonesa 2.(*tiempo*) em; **~ mayo/invierno/el siglo XIX** em maio/no inverno/no século XIX; **~ otra ocasión** em outra ocasião; **~ aquellos tiempos** naqueles tempos; **~ un mes/dos años** em um mês/em dois anos; **lo terminaré ~ un momento** já vou terminar 3.(*modo, estado*) **~ construcción** em construção; **~ flor** em flor; **~ venta** à venda; **~ vida** em vida; **~ voz alta** em voz alta; **de dos ~ dos** de dois em dois; **~ español** em espanhol; **pagar ~ libras** pagar em libras 4.(*medio*) **~ tren/coche/avión** de trem/de ônibus/de avião; **lo reconocí ~ la voz** o reconheci pela voz 5.(*ocupación*) **doctor ~ filosofía** doutor em filosofia; **trabajar ~ Correos** trabalhar nos Correios 6.(*con verbo*) **pienso ~ ti** penso em você; **no confío ~ él** não confio nele; **ingresar ~ un partido** ingressar em um partido; **ganar ~ importancia** tornar-se importante 7.(*cantidades*) **aumentar la producción ~ un 5%** aumentar a produção em 5%; **me he equivocado sólo ~ 3 euros** enganei-me somente em 3 euros

enajenación [enaxena'θjon] f alienação f; **~ mental** alienação mental

enajenar [enaxe'nar] vt (*una posesión*) alienar

enamorado, -a [enamo'raðo, -a] I. adj **estar ~ (de alguien/de algo)** estar apaixonado (por alguém/por a. c.) II. m, f apaixonado, -a m, f

enamorar [enamo'rar] I. vt (*conquistar*) conquistar II. vr **~se (de alguien/de algo)** apaixonar-se (por alguém/por a. c.)

enano, -a [e'nano, -a] adj, m, f anão, anã m, f

enardecer [enarðe'θer] irr como crecer vt inflamar

encabezamiento [eŋkaβeθa'mjento] m cabeçalho m

encabezar [eŋkaβe'θar] <z→c> vt encabeçar

encadenar [eŋkaðe'nar] vt acorrentar

encajar [eŋka'xar] I. *vi* encaixar; **la puerta encaja mal** a porta está mal encaixada; **las dos declaraciones encajan** as duas declarações se encaixam II. *vt* 1. *t.* TÉC encaixar; ~ **dos piezas** encaixar duas peças 2. *inf* (*dar*) ~ **un golpe a alguien** aplicar um golpe em alguém 3. (*gol*) levar

encaje [eŋ'kaxe] *m* encaixe *m*

encalar [eŋka'lar] *vt* caiar

encallar [eŋka'ʎar] *vi* encalhar

encaminar [eŋkami'nar] I. *vt* encaminhar; ~ **sus pasos hacia el pueblo** dirigir-se ao povoado; ~ **los esfuerzos hacia algo** direcionar os esforços para a. c. II. *vr* ~**se a/hacia algo** encaminhar-se a/para a. c.

encandilar [eŋkandi'lar] *vt* deslumbrar

encantado, -a [eŋkan'tado, -a] *adj* (*satisfecho*) **estar ~ de** [*o* **con**] **algo/alguien** estar encantado com a. c./alguém; ¡~ (**de conocerle**)! prazer (em conhecê-lo)!; **estoy ~ con mi nuevo trabajo** estou muito contente com meu novo trabalho; **estoy ~ de la vida** estou feliz da vida

encantador(a) [eŋkanta'dor(a)] *adj* encantador(a)

encantar [eŋkan'tar] *vt* 1. (*hechizar*) encantar 2. (*gustar*) **me encanta viajar** adoro viajar; **me encantan los dulces** adoro doces

encanto [eŋ'kanto] *m* (*hechizo, atractivo*) encanto *m*; ¡**es un ~ de niño!** é um encanto de criança!

encarcelar [eŋkarθe'lar] *vt* encarcerar

encarecer [eŋkare'θer] *irr como* **crecer** *vt* encarecer

encarecimiento [eŋkareθi'mjento] *m* encarecimento *m*

encargado, -a [eŋkar'γado, -a] *adj, m, f* encarregado, -a *m, f*

encargar [eŋkar'γar] <g→gu> I. *vt* 1. (*comprar*) encomendar 2. (*mandar*) encarregar II. *vr* ~**se de algo** encarregar-se de a. c.; **tengo que ~me aún de un par de cosas** tenho que me encarregar ainda de um par de coisas

encargo [eŋ'karγo] *m* 1. (*pedido*) encomenda *f*; **de ~** de encomenda 2. (*trabajo*) encargo *m*; **hacer ~s** fazer encomendas

encariñarse [eŋkari'ɲarse] *vr* ~ **con algo/alguien** afeiçoar-se por a. c./alguém

encarnación [eŋkarna'θjon] *f* encarnação *f*

encarnizado, -a [eŋkarni'θado, -a] *adj* encarniçado, -a

encasillar [eŋkasi'ʎar] *vt* classificar

encasquetar [eŋkaske'tar] I. *vt* *inf* (*endilgar*) largar; **nos ~on la parte peor** nos largaram com a pior parte; **me encasquetó un rollo tremendo** desatou a falar sem parar II. *vr:* ~**se** (*sombrero*) enfiar

encauzar [eŋkau̯'θar] <z→c> *vt* canalizar

encendedor [enθende'dor] *m* acendedor *m*

encender [enθen'der] <e→ie> I. *vt* 1. (*cigarrillo, vela*) acender 2. (*televisión*) ligar II. *vr:* ~**se** (*televisión*) ligar

encendido [enθen'dido] *m* acendimento *m*

encendido, -a [enθen'dido, -a] *adj* 1. (*cigarrillo, vela*) aceso, -a 2. (*televisión*) ligado, -a

encerado [enθe'rado] *m* quadro-negro *m*

encerar [enθe'rar] *vt* encerar

encerrar [enθe'rrar] <e→ie> *vt* encerrar

encerrona [enθe'rrona] *f* cilada *f*

encestar [enθes'tar] *vi* encestar

enchilada [entʃi'lada] *f* AmC: torta de milho recheada com carne, queijo ou verdura e temperada com chile

enchufar [en'tʃufar] *vt* 1. ELEC ligar (na tomada) 2. *inf* (*persona*) apadrinhar

enchufe [en'tʃufe] *m* 1. (*clavija*) tomada *f* 2. *inf* (*contactos*) **tener ~** ter apadrinhamento

encía [en'θia] *f* gengiva *f*

enciclopedia [enθiklo'pedja] *f* enciclopédia *f*

encierro [en'θjerro] *m* 1. (*reclusión*) confinamento *m* 2. TAUR (*lugar*) touril *m*; (*acción*) ato festivo de conduzir os touros pela rua até o touril

Cultura No sentido exato da palavra, **encierro**, um termo de **tauromaquia** (arte de tourear), refere-se aos dois seguintes processos: primeiramente, os touros são conduzidos pela via pública até a arena e, ao chegar lá, são trancados no **toril** (touril). Para muitas pessoas isso representa a verdadeira **fiesta** (festa pública).

encima [en'θima] I. *adv* 1.(*arriba*) em cima 2.*fig* echarse ~ **de alguien** perseguir alguém; **quitarse algo de** ~ tirar a. c. de cima; **llevaba mucho dinero** ~ levava muito dinheiro consigo; **se me ha quitado un peso de** ~ tirou um peso de cima de mim; **se nos echa el tiempo** ~ estamos em cima da hora 3.(*además*) ainda por cima; **te di el dinero y** ~ **una botella de vino** te dei o dinheiro e ainda por cima uma garrafa de vinho 4.**por** ~ (*superficialmente*) por cima II. *prep* ~ **de** acima de; **con queso** ~ com queijo em cima; **el libro está** ~ **de la mesa** o livro está em cima da mesa; **estar** ~ **de alguien** *fig* estar em cima de alguém; **viven** ~ **de nosotros** moram no andar acima de nós; **por** ~ **de todo** acima de tudo; **por** ~ **de la media** acima da média; **¡por** ~ **de mí!** *fig* nem morto!

encimera [enθi'mera] *f* bancada *f*

encina [en'θina] *f* azinheira *f*

encinta [en'θinta] *adj* grávida

enclave [eŋ'klaβe] *m* encrave *m*

enclenque [eŋ'kleŋke] *adj* adoentado, -a

encoger [eŋko'xer] <g→j> I. *vi, vt* encolher II. *vr:* ~ **se** 1.(*reducirse*) encolher-se 2. *fig, inf* ~ **se de hombros** dar de ombros

encolar [eŋko'lar] *vt* colar

encolerizar [eŋkoleri'θar] <z→c> I. *vt* encolerizar II. *vr:* ~ **se** encolerizar-se

encomendar [eŋkomen'dar] <e→ie> I. *vt* (*confiar*) ~ **algo a alguien** encarregar alguém de a. c. II. *vr* ~ **se a Dios** entregar-se a Deus

encomiar [eŋko'mjar] *vt* encomiar

encomienda [eŋko'mjenda] *f* 1.(*encargo*) atribuição *f* 2.*AmL* (*postal*) encomenda *f*

encono [eŋ'kono] *m* rancor *m*

encontrado, -a [eŋkon'trado, -a] *adj* contrário, -a

encontrar [eŋkon'trar] <o→ue> I. *vt* encontrar II. *vr:* ~ **se** encontrar-se; ~ **se con alguien** encontrar-se com alguém; **me encontré con que el coche se había estropeado** encontrei o carro quebrado

encontronazo [eŋkontro'naθo] *m inf* encontrão *m*

encorvar [eŋkor'βar] *vt* encurvar

encrespar [eŋkres'par] I. *vt* (*rizar, irritar*) encrespar II. *vr:* ~ **se** (*rizarse, irritarse*) encrespar-se

encrucijada [eŋkruθi'xaða] *f t. fig* encruzilhada *f*

encuadernación [eŋkwaðerna'θjon] *f* encadernação *f*; ~ **en pasta** encadernação em capa dura; ~ **en rústica** encadernação em brochura

encuadernador(a) [eŋkwaðerna'ðor(a)] *m(f)* encadernador(a) *m(f)*

encuadernar [eŋkwaðer'nar] *vt* encadernar

encuadrar [eŋkwa'ðrar] *vt* enquadrar

encubrir [eŋku'βrir] *irr como abrir vt* encobrir

encuentro [eŋ'kwentro] *m* encontro *m*; **salir al** ~ **de alguien** sair ao encontro de alguém

encuesta [eŋ'kwesta] *f* 1.(*sondeo*) pesquisa *f* (de opinião) 2.(*investigación*) questionário *m*

encuestador(a) [eŋkwesta'ðor(a)] *m(f)* pesquisador(a) *m(f)*

encuestar [eŋkwes'tar] *vt* pesquisar

encumbrar [eŋkum'brar] *vt* alçar; ~ **a alguien a la fama** alçar alguém à fama

endeble [en'deβle] *adj* fraco, -a

endémico, -a [en'demiko, -a] *adj* endêmico, -a

endemoniado, -a [endemo'njaðo, -a] *adj* (*poseso, malo*) endemoniado, -a

enderezar [endere'θar] <z→c> *vt* endireitar

endeudarse [endeu̯'ðarse] *vr* endividar-se

endiablado, -a [endja'βlaðo, -a] *adj* endiabrado, -a

endibia [en'diβja] *f* endívia *f*

endilgar [endil'γar] <g→gu> *vt inf* ~ **algo a alguien** empurrar a. c. para alguém

endogamia [endo'γamja] *f* endogamia *f*

endomingarse [endomiŋ'garse] <g→gu> *vr* endomingar-se

endosar [endo'sar] *vt* endossar

endulzar [endul'θar] <z→c> *vt* 1.(*poner dulce*) adoçar 2.(*suavizar*) abrandar

endurecer [endure'θer] *irr como crecer* I. *vt* endurecer II. *vr:* ~ **se** endurecer-se

enemigo, -a [ene'miγo, -a] <enemicísimo> *adj, m, f* inimigo, -a *m, f*; **ser** ~ **de algo** ser inimigo de a. c.

enemistad [enemis'tað] *f* inimizade *f*

enemistar [enemis'tar] I. *vt* inimizar

energético 113 **enhorabuena**

II. *vr:* ~ **se** inimizar-se
energético, -a [ener'xetiko, -a] *adj* energético, -a
energía [ener'xia] *f* energia *f*; ~ **eólica** energia eólica; ~ **nuclear** energia nuclear; ~ **solar** energia solar; **con todas sus** ~ **s** com todas as suas forças
enérgico, -a [e'nerxiko, -a] *adj* enérgico, -a
energúmeno, -a [ener'γumeno, -a] *m, f* energúmeno, -a *m, f*
enero [e'nero] *m* janeiro *m;* **la cuesta de** ~ período de dificuldades financeiras familiares devido aos gastos feitos no período de Natal; *v.t.* **marzo**
enésimo, -a [e'nesimo, -a] *adj* MAT enésimo, -a; **por enésima vez** *inf* pela enésima vez
enfadar [emfa'ðar] I. *vt* aborrecer II. *vr:* ~ **se** aborrecer-se; ~ **se con alguien por algo** aborrecer-se com alguém por a. c.
enfado [em'faðo] *m* aborrecimento *m*
énfasis ['emfasis] *m inv* ênfase *f*
enfático, -a [em'fatiko, -a] *adj* enfático, -a
enfatizar [emfati'θar] *vt* enfatizar
enfermar [emfer'mar] I. *vi* ~ **de algo** adoecer de a. c. II. *vr:* ~ -**se** adoecer
enfermedad [emferme'ðað] *f* enfermidade *f*
enfermera [emfer'mera] *f v.* **enfermero**
enfermería [emferme'ria] *f* enfermaria *f*
enfermero, -a [emfer'mero, -a] *m, f* enfermeiro, -a *m, f*
enfermizo, -a [emfer'miθo, -a] *adj* enfermiço, -a
enfermo, -a [em'fermo, -a] I. *adj* doente; ~ **del corazón** doente do coração; **caer** ~ **de algo** cair doente de a. c. II. *m, f* doente *mf*
enflaquecer [emflake'θer] *irr como crecer vi, vt* enfraquecer
enfocar [emfo'kar] <c→qu> *vt* (*cámara, una cuestión*) focalizar
enfoque [em'foke] *m* 1. (*de imagen*) foco *m* 2. (*planteamiento*) enfoque *m*
enfrascarse [emfras'karse] <c→qu> *vr* ~ **en algo** concentrar-se em a. c.
enfrentamiento [emfrenta'mjento] *m* enfrentamento *m*
enfrentar [emfren'tar] I. *vt* enfrentar II. *vr:* ~ **se** enfrentar-se; ~ **se con alguien** enfrentar alguém
enfrente [em'frente] I. *adv* em frente; **allí** ~ ali em frente; **la casa de** ~ a casa da frente II. *prep* (*local: frente a*) ~ **de** em frente a; ~ **mío** oposto a mim; ~ **del teatro** em frente ao teatro; **vivo** ~ **del parque** moro em frente ao parque
enfriamiento [emfrja'mjento] *m* 1. (*pérdida de temperatura*) esfriamento *m* 2. (*resfriado*) resfriado *m*
enfriar [emfri'ar] <*1. pres:* enfrío> I. *vi* esfriar II. *vt* esfriar III. *vr:* ~ **se** 1. (*perder calor*) esfriar 2. (*acatarrarse*) resfriar-se
enfurecer [emfure'θer] *irr como crecer* I. *vt* enfurecer II. *vr:* ~ **se** enfurecer-se
engalanar [engala'nar] *vt* enfeitar
enganchar [engan'tʃar] I. *vt* enganchar II. *vr* ~ **se algo en** [*o* **con**] **algo** enganchar algo em a. c.
engañar [enga'ɲar] I. *vi* enganar II. *vt* enganar; ~ **a alguien** (*ser infiel*) enganar alguém; ~ **el hambre** enganar a fome; **dejarse** ~ deixar-se enganar III. *vr:* ~ **se** enganar-se
engaño [en'gaɲo] *m* engano *m;* **llamarse a** ~ alegar engano
engañoso, -a [enga'ɲoso, -a] *adj* enganoso, -a
engarzar [engar'θar] <z→c> *vt* (*trabar*) encadear; (*montar*) engastar
engatusar [engatu'sar] *vt* levar na conversa; ~ **a alguien para que haga algo** levar alguém na conversa para que faça a. c.
engendrar [enxen'drar] *vt* engendrar
engendro [en'xendro] *m* 1. (*persona fea*) bagulho *mf* 2. (*obra*) porcaria *f*
englobar [englo'βar] *vt* englobar
engomar [engo'mar] *vt* engomar
engordar [engor'ðar] *vi* engordar; **he engordado tres kilos** engordei três quilos
engorro [en'gorro] *m* chatice *f*
engorroso, -a [engo'rroso, -a] *adj* chato, -a
engranaje [engra'naxe] *m* engrenagem *f*
engrandecer [engrande'θer] *irr como crecer vt* engrandecer
engrasar [engra'sar] *vt* engraxar
engreído, -a [engre'iðo, -a] *adj, m, f* convencido, -a *m, f*
engrosar [engro'sar] <o→ue> *vt* engrossar
enhebrar [ene'βrar] *vt* enfiar (a linha em)
enhorabuena [enora'βwena] *f* para-

béns *mpl;* **dar la ~ a alguien** dar os parabéns a alguém
enigma [e'niɣma] *m* enigma *m*
enigmático, -a [eniɣ'matiko, -a] *adj* enigmático, -a
enjabonar [eŋxaβo'nar] *vt* ensaboar
enjambre [eŋ'xambre] *m* enxame *m*
enjaular [eŋxau̯'lar] *vt* enjaular
enjuagar [eŋxwa'ɣar] <g→gu> I. *vt* enxaguar II. *vr:* **~se** enxaguar
enjuague [eŋ'xwaɣe] *m* enxague *m*
enjugar [eŋxu'ɣar] <g→gu> *vt* enxugar
enjuiciar [eŋxwi'θjar] *vt* 1. (*juzgar*) ajuizar 2. (*procesar*) levar a juízo
enlace [en'laθe] *m* 1. (*conexión*) ligação *f* 2. (*boda*) enlace *m*
enlazar [enla'θar] <z→c> I. *vi* (*transporte*) entroncar II. *vt* 1. (*atar*) unir 2. (*conectar*) ligar
enloquecedor(a) [anlokeθe'ðor(a)] *adj* enlouquecedor(a)
enloquecer [enloke'θer] *irr como crecer vi, vt* enlouquecer
enlutado, -a [enlutaðo, -a] *adj* enlutado, -a
enmarañar [eⁿmara'ɲar, eᵐmara'ɲar] *vt* emaranhar
enmarcar [eⁿmar'kar, eᵐmar'kar] <c→qu> *vt* emoldurar
enmascarado, -a [eⁿmask'araðo, -a, eᵐmask'araðo, -a] *adj, m, f* mascarado, -a *m, f*
enmascarar [eⁿmaska'rar, eᵐmaska'rar] *vt* (*poner máscara, ocultar*) mascarar
enmendar [eⁿmen'dar, eᵐmen'dar] <e→ie> I. *vt* emendar II. *vr:* **~se** emendar-se
enmienda [eⁿ'mjenda, eᵐ'mjenda] *f* emenda *f*
enmohecer [eⁿmoe'θer, eᵐmoe'θer] *irr como crecer* I. *vt* embolorar II. *vr:* **~se** embolorar-se
enmudecer [eⁿmuðe'θer, eᵐmuðe'θer] *irr como crecer vi, vt* emudecer
ennegrecer [enneɣre'θer] *irr como crecer* I. *vt* enegrecer II. *vr:* **~se** enegrecer-se
ennoblecer [ennoβle'θer] *irr como crecer vt* enobrecer
enojar [eno'xar] I. *vt* irritar II. *vr:* **~se** irritar-se; **~se con alguien por algo** irritar-se com alguém por a. c.
enojo [e'noxo] *m* irritação *f*
enojoso, -a [eno'xoso, -a] *adj* irritante

enorgullecer [enorɣuʎe'θer] *irr como crecer* I. *vt* orgulhar II. *vr:* **~se** orgulhar-se
enorme [e'norme] *adj* enorme
enormidad [enormi'ðað] *f* enormidade *f*; **una ~ (de algo)** *fig* uma enormidade (de a. c.)
enraizar [enrrai̯'θar] *irr vi* enraizar
enredadera [enrreða'ðera] *f* trepadeira *f*
enredar [enrre'ðar] I. *vi* (*portarse mal*) aprontar II. *vt* 1. (*pelo, madeja*) emaranhar 2. (*confundir*) complicar III. *vr:* **~se** enredar-se; **~se en algo** enredar-se em a. c.
enredo [en'rreðo] *m* 1. (*de alambres*) emaranhado *m* 2. (*asunto*) confusão *f*
enrevesado, -a [enrreβe'saðo, -a] *adj* arrevesado, -a
enriquecer [enrrike'θer] *irr como crecer* I. *vt* enriquecer II. *vr:* **~se** enriquecer-se
enrojecer [enrroxe'θer] *irr como crecer* I. *vi* ficar vermelho; **~ de ira** ficar vermelho de raiva II. *vt* ruborizar-se
enrolarse [enrro'larse] *vr* alistar-se; **~en** alistar-se em
enrollar [enrro'ʎar] I. *vt* (*cartel, cuerda*) enrolar II. *vr:* **~se** *inf* 1. (*hablar*) **~se (como una persiana)** enrolar-se 2. (*ligar*) **~se con alguien** envolver-se com alguém
enroscar [enrros'kar] <c→qu> I. *vt* enroscar II. *vr:* **~se** enroscar-se

> **Cultura** Todas as pessoas que visitam **Mallorca** levam **ensaimadas** para casa; pelo menos todos os turistas espanhóis o fazem. Uma **ensaimada** é um bolo leve de massa folhada em forma de espiral, que pode ser recheado com **cabello de ángel**, um tipo de doce feito de abóbora em calda e cortada em fios.

ensalada [ensa'laða] *f* salada *f*

> **Cultura** **Ensaladilla rusa:** salada feita com batatas, vegetais cozidos (cenoura, feijões verdes, ervilhas), azeitonas e ovos cozidos. Todos os ingredientes são picados (como em uma salada de batatas), e depois são

adicionados atum, maionese e um pouco de vinagre.

ensalzar [ensal'θar] <z→c> *vt* exaltar
ensamblar [ensam'blar] *vt* ensamblar
ensanchar [ensan'tʃar] I. *vt* alargar II. *vr:* ~ **se** alargar-se
ensangrentado, -a [ensaŋgren̪taðo, -a] *adj* ensanguentado, -a
ensangrentar [ensaŋgren̪'tar] <e→ie> *vt* ensanguentar
ensartar [ensar'tar] *vt* ensartar
ensayar [ensa'ʝar] *vt* 1. TEAT ensaiar 2. (*probar*) testar
ensayo [en'saʝo] *m* 1. TEAT, LIT ensaio *m;* ~ **general** ensaio geral 2. (*prueba*) teste *m*
enseguida [ense'ɣiða] *adv* em seguida
ensenada [ense'naða] *f* enseada *f*
enseñanza [ense'ɲaɲθa] *f* ensino *m;* ~ **a distancia** ensino a distância; ~ **superior** ensino superior
enseñar [ense'ɲar] *vt* 1. (*instruir, dar clases*) ensinar 2. (*mostrar*) indicar
enseres [en'seres] *mpl* apetrechos *mpl*
ensillar [ensi'ʎar] *vt* selar
ensimismarse [ensimis'marse] *vr* ensimesmar-se
ensombrecer [ensombre'θer] *irr como crecer vt* ensombrecer
ensordecedor(a) [ensorðeθe'ðor(a)] *adj* ensurdecedor(a)
ensordecer [ensorðe'θer] *irr como crecer vi* ensurdecer
ensuciar [ensu'θjar] I. *vt* sujar II. *vr:* ~ **se** sujar-se; ~ **se de/com algo** sujar-se de/com a. c.
ensueño [en'sweɲo] *m* **de** ~ de sonho
entablar [en̪ta'βlar] *vt* entabular
entablillar [en̪taβli'ʎar] *vt* entalar
entender [en̪ten̪'der] <e→ie> I. *vi* (*saber*) entender; ~ **mucho de algo** entender muito de a. c.; **no** ~ **nada de algo** não entender nada de a. c. II. *vt* 1. (*comprender*) entender; **dar a** ~ **que...** dar a entender que...; **lo entendieron mal** o interpretaram mal; **si le entiendo bien Ud. quiere decir que...** se entendo bem, você quer dizer que... 2. (*creer*) achar; **yo no lo entiendo así** eu não vejo assim; **tengo entendido que...** tenho entendido que... III. *vr:* ~ **se** 1. (*llevarse*) entender-se; ~ **se bien/mal con alguien** entender-se bem/mal com alguém 2. (*ponerse de acuerdo*) entender-se 3. *inf* (*desenvolverse*) **no me entiendo con este lío de cables** não me acho com este emaranhado de cabos; **¡que se las entienda!** isso não é problema meu! IV. *m* entender *m;* **a mi** ~ no meu entender
entendido, -a [en̪ten̪'diðo, -a] *adj* ~ **en algo** entendido em a. c.
entendimiento [en̪ten̪di'mjen̪to] *m* entendimento *m*
enterado, -a [en̪te'raðo, -a] *adj* **estar** ~ **de algo** estar a par de a. c.; **no se dio por** ~ fez-se de desentendido
enteramente [en̪tera'men̪te] *adv* inteiramente
enterarse [en̪te'rarse] *vr* ~ **(de algo)** (*descubrir*) inteirar (de a. c.); (*saber*) saber (de algo); **no me enteré (de nada)** não soube (de nada); **para que te enteres...** para que saiba...; **¡para que te enteres!** *inf* para sua informação!
entereza [en̪te'reθa] *f* inteireza *f*
enternecer [eterne'θer] *irr como crecer* I. *vt* enternecer II. *vr:* ~ **se** enternecer-se
entero [en'tero] *m* ECON ponto *m*
entero, -a [en'tero, -a] *adj* 1. (*en general*) inteiro, -a; **por** ~ por inteiro; **se pasa días** ~ **s sin decir ni una palabra** passa dias inteiros sem dizer uma palavra 2. (*persona*) íntegro, -a
enterrador(a) [en̪terra'ðor(a)] *m(f)* coveiro, -a *m, f*
enterrar [en̪te'rrar] <e→ie> *vt* enterrar
entibiar [en̪ti'βjar] I. *vt* amornar II. *vr:* ~ **se** esfriar
entidad [en̪ti'ðað] *f* (*asociación*) entidade *f;* ~ **bancaria** entidade bancária
entierro [en'tjerro] *m* enterro *m*
entonación [en̪tona'θjon] *f* entonação *f*
entonar [en̪to'nar] *vi, vt* entoar
entonces [en̪'ton̪θes] *adv* então; **desde** ~ desde então; **hasta** ~ até então; **en** [*o* **por**] **aquel** ~ naquele momento; **¿pues** ~ **por qué te extraña si no vienen?** pois então por que te admira que não venham?
entornar [en̪tor'nar] *vt* encostar
entorno [en̪'torno] *m* ambiente *m*
entorpecer [en̪torpe'θer] *irr como crecer vt* 1. (*dificultar*) dificultar 2. (*sentidos*) entorpecer
entrada [en̪'traða] *f* 1. (*en general*)

entrada *f;* **en vigor** entrada em vigor; **de ~** (*desde un principio*) de entrada; (*al principio*) de início; **se prohibe la ~** proibe-se a entrada **2.** *pl* (*pelo*) entradas *fpl;* **tiene ~s** tem entradas

entrado, -a [eṇ'traðo, -a] *adj* **un señor ~ en años** um senhor entrado em anos; **hasta muy ~ el siglo XVII** até bem entrado no século XVII; **llegamos entrada la noche** chegamos na caída da noite

entrante[1] [eṇ'traṇte] *adj* entrante

entrante[2] [eṇ'traṇte] *m* entrada *f*

entrañable [eṇtra'ɲaβle] *adj* íntimo, -a

entrañar [eṇtra'ɲar] *vt* implicar

entrañas [eṇ'traɲas] *fpl* (*órganos*) entranhas *fpl;* **echar las ~** *inf* vomitar até as tripas

entrar [eṇ'trar] **I.** *vi* **1.** (*pasar*) entrar; **me entró por un oído y me salió por otro** entrou por um ouvido e saiu pelo outro; **¡entre!** entre! **2.** (*caber*) entrar; **no me entra el anillo** o anel não me entra **3.** (*penetrar*) entrar; **el clavo entró en la pared** o prego entrou na parede; **¡no me entra en la cabeza cómo pudiste hacer eso!** não me entra na cabeça como pôde fazer isso! **4.** (*empezar*) entrar; **~ en calor** ficar com calor; **no ~ en detalles** não entrar em detalhes; **me entró el hambre/el sueño/un mareo** fiquei com fome/com sono/com enjoo; **me entró la tentación** fiquei tentado **5.** (*formar parte*) **en un kilo entran tres panochas** um quilo dá três espigas; **eso no entraba en mis cálculos** isso não estava nos meus cálculos **6.** *inf* (*entender*) **las matemáticas no me entran** a matemática não me entra **7.** (*opinar*) **yo en eso no entro, yo en eso ni entro ni salgo** *inf* eu não me meto nisso **II.** *vt* entrar

entre ['eṇtre] *prep* **1.** (*dos cosas*) entre; **pasar por ~ las mesas** passar por entre as mesas; **~ semana** durante a semana; **ven ~ las cinco y las seis** venha entre as cinco e as seis; **~ tanto** entretanto; **~ el taxi y la entrada me quedé sin dinero** entre o táxi e a entrada fiquei sem dinheiro **2.** MAT **ocho ~ dos son cuatro** oito dividido por dois são quatro

entreabrir [eṇtrea'βrir] *irr como abrir vt* entreabrir

entrecejo [eṇtre'θexo] *m* cenho *m;* **fruncir el ~** franzir o cenho

entrecortado, -a [eṇtrekor'taðo, -a] *adj* entrecortado, -a

entredicho [eṇtre'ðitʃo] *m* **poner algo en ~** pôr a. c. em dúvida

entrega [eṇ'treɣa] *f* **1.** (*en general*) entrega *f;* **~ a domicilio** entrega em domicílio; **~ de premios** entrega de prêmios; **~ contra reembolso** entrega por reembolso postal; **hacer ~ de algo** fazer entrega de a. c. **2.** (*fascículo*) fascículo *m;* **novela por ~s** romance em fascículos

entregar [eṇtre'ɣar] <g→gu> **I.** *vt* entregar **II.** *vr:* **~se 1.** (*desvivirse*) **~se a la bebida** entregar-se à bebida **2.** (*rendirse*) entregar-se

entrelazar [eṇtrela'θar] <z→c> *vt* entrelaçar

entremeses [eṇtre'meses] *mpl* tira-gosto *m*

entremeterse [eṇtreme'θerse] *vr* intrometer-se

entremezclar [eṇtremeθ'klar] *vt* entremesclar

entrenador(a) [eṇtrena'ðor(a)] *m(f)* treinador(a) *m(f)*

entrenamiento [eṇtrena'mjeṇto] *m* treinamento *m*

entrenar [eṇtre'nar] **I.** *vi, vt* treinar **II.** *vr:* **~se** treinar-se

entrepierna [eṇtre'pjerna] *f* entreperna *f*

entresacar [eṇtresa'kar] <c→qu> *vt* pinçar

entresuelo [eṇtre'swelo] *m* sobreloja *f*

entretanto [eṇtre'taṇto] *adv* entrementes

entretejer [eṇtrete'xer] *vt* entretecer

entretener [eṇtrete'ner] *irr como tener* **I.** *vt* entreter **II.** *vr:* **~se 1.** (*pasar el rato*) entreter-se **2.** (*tardar*) demorar-se; **¡no te entretengas!** não demore!

entretenido, -a [eṇtrete'niðo, -a] *adj* divertido, -a

entretenimiento [eṇtreteni'mjeṇto] *m* diversão *f*

entretiempo [eṇtre'tjempo] *m* meia-estação *f;* **chaqueta de ~** paletó de meia-estação

entrever [eṇtre'βer] *irr como ver vt* entrever

entrevista [eṇtre'βista] *f* entrevista *f*

entrevistar [eṇtreβis'tar] **I.** *vt* entrevistar **II.** *vr:* **~se** reunir-se; **~se con alguien** reunir-se com alguém

entristecer [entriste'θer] *irr como crecer* I. *vt* entristecer II. *vr:* **~se** entristecer-se

entrometerse [entrome'terse] *vr* intrometer-se; **~ en algo** intrometer-se em a. c.

entrometido, -a [entrome'tiðo, -a] *adj* intrometido, -a

entroncar [entron'kar] <c→qu> *vi* **~ con alguien** ser parente de alguém

entumecerse [entume'θerse] *irr como crecer vr* entorpecer

entumecido, -a [entume'θiðo, -a] *adj* entorpecido, -a

enturbiar [entur'βjar] *vt* turvar

entusiasmar [entusjas'mar] I. *vt* entusiasmar II. *vr:* **~se** entusiasmar-se; **~ se con algo** entusiasmar-se com a. c.

entusiasmo [entu'sjasmo] *m* entusiasmo *m*

entusiasta [entu'sjasta] *adj, mf* entusiasta *mf*

enumerar [enume'rar] *vt* enumerar

enunciado [enun'θjaðo] *m* enunciado *m*

envalentonar [embalento'nar] I. *vt* encorajar II. *vr:* **~se** encorajar-se

envanecer [embane'θer] *irr como crecer* I. *vt* envaidecer II. *vr:* **~se** envaidecer-se

envasado [emba'saðo] *m* embalagem *f*

envasar [emba'sar] *vt* embalar

envase [em'base] *m* embalagem *f*

envejecer [embexe'θer] *irr como crecer* I. *vt* envelhecer II. *vr:* **~se** envelhecer

envenenar [embene'nar] *vt* envenenar

envergadura [emberɣa'ðura] *f* envergadura *f*

envés [em'bes] *m* avesso *m*

enviar [embi'ar] <*1. pres:* envío> *vt* enviar

envidia [em'bidja] *f* inveja *f;* **dar ~ a alguien** causar inveja a alguém; **tener ~ a** [*o* **de**] **alguien** ter inveja de alguém; **tener ~ de algo** ter inveja de a. c.

envidiar [embi'ðjar] *vt* invejar

envidioso, -a [embi'ðjoso, -a] *adj, m, f* invejoso, -a *m, f*

envío [em'bio] *m* entrega *f;* **~ a domicilio** entrega em domicílio; **~ contra reembolso** entrega por reembolso postal

enviudar [embju'ðar] *vi* enviuvar

envoltorio [embol'torjo] *m* embalagem *f*

envoltura [embol'tura] *f* embalagem *f*

envolver [embol'βer] *irr como volver vt* **1.** (*en papel, ropa*) embalar **2.** (*implicar*) envolver

enyesar [enɟe'sar] *vt* engessar

enzarzarse [enθar'θarse] *vr* **~ en** meter-se em

eólico, -a [e'oliko, -a] *adj* eólico, -a

epicentro [epi'θentro] *m* epicentro *m*

épico, -a [l'epiko, -a] *adj* épico, -a

epidemia [epi'ðemja] *f* epidemia *f*

epidermis [epi'ðermis] *f inv* epiderme *f*

epilepsia [epi'leβsja] *f* epilepsia *f*

epiléptico, -a [epi'leptiko, -a] *adj, m, f* epiléptico, -a *m, f*

epílogo [e'piloɣo] *m* epílogo *m*

episodio [epi'sodjo] *m* episódio *m*

epíteto [e'piteto] *m* epíteto *m*

época ['epoka] *f* época *f;* **muebles de ~** móveis de época; **la ~ de las lluvias** a época das chuvas; **en aquella ~** naquela época; **un invento que hizo ~** um invento que marcou época

epopeya [epo'peɟa] *f* epopeia *f*

equilibrar [ekili'βrar] I. *vt* equilibrar II. *vr:* **~se** equilibrar-se

equilibrio [eki'liβrjo] *m* equilíbrio *m;* **mantener/perder el ~** manter/perder o equilíbrio

equilibrista [ekili'βrista] *mf* equilibrista *mf*

equipaje [eki'paxe] *m* bagagem *m;* **~ de mano** bagagem de mão; **hacer el ~** fazer a mala

equipamiento [ekipa'mjento] *m* equipamento *m*

equipar [eki'par] *vt* equipar

equiparar [ekipa'rar] I. *vt* equiparar II. *vr:* **~se** equiparar-se

equipo [e'kipo] *m* **1.** (*grupo*) equipe *f;* **~ de rescate** equipe de resgate **2.** DEP time *m;* **el ~ de casa/de fuera** o time da casa/de fora **3.** (*utensilios*) equipamento *m;* **~ de alta fidelidad** aparelho de alta fidelidade; **~ de música** aparelho de música

equis ['ekis] I. *adj inv* xis; **~ euros** xis euros II. *f inv* xis *m inv*

equitación [ekita'θjon] *f* equitação *f*

equitativo, -a [ekita'tiβo, -a] *adj* equitativo, -a

equivalencia [ekiβa'lenθja] *f* equivalência *f*

equivalente [ekiβa'lente] *adj, m* equivalente *m*

equivaler [ekiβa'ler] *irr como valer vi* **~**

a equivaler a
equivocación [ekiβoka'θjon] *f* engaño *m;* **por** ~ por engaño
equivocado, -a [ekiβo'kaðo, -a] *adj* equivocado, -a
equivocarse [ekiβo'karse] <c→qu> *vr* equivocar-se; ~ **de algo** equivocar-se de a. c.; ~ **en algo** equivocar-se com a. c.
equívoco [e'kiβoko] *m* equívoco *m*
equívoco, -a [e'kiβoko, -a] *adj* equívoco, -a
era[1] ['era] *f* **1.** *(período)* era *f* **2.** *(para trigo)* eira *f*
era[2] ['era] *3. imper de* **ser**
erario [e'rarjo] *m* erário *m;* **el ~ público** o erário público
erección [erek'θjon] *f* ereção *f*
erecto, -a [e'rekto, -a] *adj* ereto, -a
eres ['eres] *2. pres de* **ser**
ergonomía [eryono'mia] *f* ergonomia *f*
ergonómico, -a [eryo'nomiko, -a] *adj* ergonômico, -a
erguir [er'ɣir] *irr* **I.** *vt* erguer **II.** *vr:* ~**se** erguer-se
erigir [eri'xir] <g→j> **I.** *vt* erigir **II.** *vr* ~**se en algo** erigir-se em a. c.
erizado, -a [eri'θaðo, -a] *adj* *(pelo)* eriçado, -a
erizarse [eri'θarse] <z→c> *vr* eriçar-se; **se me erizó el vello de tanto frío** fiquei com a pele arrepiada de tanto frio
erizo [e'riθo] *m* ouriço *m*
ermita [er'mita] *f* ermida *f*
ermitaño, -a [ermi'taɲo, -a] *m, f* ermitão, ermitã *m, f*
erosión [ero'sjon] *f t. fig* erosão *f*
erosionar [erosjo'nar] *vt t. fig* erodir
erótico, -a [e'rotiko, -a] *adj* erótico, -a
erotismo [ero'tismo] *m* erotismo *m*
erradicación [arraðika'θjon] *f* erradicação *f*
erradicar [erraði'kar] <c→qu> *vt* erradicar
errar [e'rrar] *irr* **I.** *vi* errar; ~ **en algo** errar a. c. **II.** *vt* errar
errata [e'rrata] *f* errata *f*
erróneo, -a [e'rroneo, -a] *adj* errôneo, -a
error [e'rror] *m* erro *m;* ~ **de cálculo** erro de cálculo; ~ **de imprenta** erro de imprensa; **estar en un** ~ estar enganado; **por** ~ por engano
eructar [eruk'tar] *vi* arrotar
eructo [e'rukto] *m* arroto *m*
erudito, -a [eru'ðito, -a] *adj, m, f* erudito, -a *m, f*

erupción [eruβ'θjon] *f* erupção *f*
es [es] *3. pres de* **ser**
esa(s) ['esa(s)] *adj, pron dem v.* **ese, -a**
ésa(s) ['esa(s)] *['esa(s)] pron dem v.* **ése**
esbelto, -a [es'βelto, -a] *adj* esbelto, -a
esbozo [es'βoθo] *m* esboço *m*
escabeche [eska'βetʃe] *m* escabeche *m;* **atún en** ~ atum à escabeche
escabroso, -a [eska'βroso, -a] *adj (terreno, asunto)* escabroso, -a
escabullirse [eskaβu'ʎirse] <3. pret: se escabulló> *vr* escapulir; ~ **(por) entre la multitud** escapulir (por) entre a multidão; **la trucha se me escabulló (de entre las manos)** a truta escapuliu (dentre as mãos)
escacharrar [eskatʃa'rrar] *vt* espatifar
escafandra [eska'fandra] *f* escafandro *m*
escala [es'kala] *f* escala *f;* **a** ~ em escala; **un mapa a** ~ **1:100.000** um mapa em escala 1:100.000; **a** ~ **mundial** em escala mundial; **en gran** ~ em grande escala; **hacer** ~ AERO fazer escala
escalada [eska'laða] *f* escalada *f*
escalador(a) [eskala'ðor(a)] *m(f)* escalador(a) *m(f)*
escalafón [eskala'fon] *m* escalão *m*
escalar [eska'lar] *vi, vt* escalar
escalera [eska'lera] *f* escada *f;* ~ **abajo/arriba** escada acima/abaixo; ~ **de incendios** escada de incêndio; ~ **de mano** escada de mão; ~ **mecánica** [*o* **automática**] escada rolante
escalerilla [eskale'riʎa] *f* escada *f*
escalfar [eskal'far] *vt* escalfar
escalinata [eskali'nata] *f* escadaria *f*
escalofriante [eskalo'frjante] *adj* arrepiante
escalofrío [eskalo'frio] *m* calafrio *m;* **producir** ~**s** produzir calafrios; **sentir** ~**s** sentir calafrios; **tener** ~**s** ter calafrios
escalón [eska'lon] *m* degrau *m*
escalonar [eskalo'nar] *vt* escalonar
escalope [eska'lope] *m* escalope *m*
escama [es'kama] *f t.* ZOOL, BOT escama *f;* ~ **s de jabón** flocos de sabão
escamar [eska'mar] *vt* **1.** *(el pescado)* escamar **2.** *inf (inquietar)* estranhar
escamotear [eskamote'ar] *vt* escamotear
escampar [eskam'par] *vimpers* escampar
escanciar [eskan'θjar] *vt* escançar
escandalizar [eskandali'θar] <z→c>

escándalo 119 **escolar**

I. *vt* escandalizar II. *vr* ~**se de** [*o* **por**] **algo** escandalizar-se com a. c.

escándalo [es'kaṇdalo] *m* escândalo *m;* **armar un** ~ armar um escândalo

escandaloso, -a [eskaṇda'loso, -a] *adj* escandaloso, -a

Escandinavia [eskaṇdi'naβja] *f* Escandinávia *f*

escandinavo, -a [eskaṇdi'naβo, -a] *adj, m, f* escandinavo, -a *m, f*

escáner [es'kaner] *m* escâner *m*

escaño [es'kaɲo] *m* banco *m*

escapar [eska'par] I. *vi* escapar; ~ **de algo/alguien** escapar de a. c./alguém II. *vr:* ~**se** escapar; **se me ha escapado que te vas a casar** fiquei sabendo que você vai casar; **se me ha escapado el autobús** perdi o ônibus; **no se te escapa ni una** não te escapa nada

escaparate [eskapa'rate] *m* vitrina *f*

escape [es'kape] *m* (*de un gas, líquido*) escape *m*

escaquearse [eskake'arse] *vr inf* esquivar-se; ~ **de algo** esquivar-se de a. c.

escarabajo [eskara'βaxo] *m* 1. (*animal*) escaravelho *m* 2. *inf* (*coche*) fusca *m*

escaramuza [eskara'muθa] *f* escaramuça *f*

escarbar [eskar'βar] I. *vi* ~ **en algo** esgaravatar a. c. II. *vt* esgaravatar; (*la tierra*) escavar

escarceo [eskar'θeo] *m* ~ **amoroso** aventura *f* amorosa; ~**s políticos** investidas *fpl* políticas

escarcha [es'kartʃa] *f* geada *f*

escarlata [eskar'lata] *adj* escarlate

escarlatina [eskarla'tina] *f* escarlatina *f*

escarmentar [eskarmeṇ'tar] <e→ie> I. *vi* escarmentar II. *vt* castigar

escarmiento [eskar'mjeṇto] *m* lição *f;* **me sirvió de** ~ me serviu de lição

escarnio [es'karnjo] *m* escárnio *m*

escarola [eska'rola] *f* escarola *f*

escarpado, -a [eskar'paðo, -a] *adj* escarpado, -a

escasear [eskase'ar] *vi* escassear

escasez [eska'seθ] *f* escassez *f*

escaso, -a [es'kaso, -a] *adj* escasso, -a; **andar** ~ **de dinero** andar curto de dinheiro; **estar** ~ **de tiempo** estar curto de tempo; **en dos horas escasas** em apenas duas horas

escatimar [eskati'mar] *vt* economizar; **no** ~ **gastos** não economizar gastos

escayola [eska'ʝola] *f* gesso *m*

escayolar [eskaʝo'lar] *vt* engessar; **lleva el brazo escayolado** está com o braço engessado

escena [es'θena] *f* (*parte del teatro*) palco *m;* (*de una obra, lugar, suceso*) cena *f;* **aparecer en** ~ aparecer em cena; **poner en** ~ pôr em cena; **puesta en** ~ posta em cena; **salir a la** ~ entrar em cena; **salir de la** ~ sair de cena

escenario [esθe'narjo] *m* 1. (*parte del teatro, lugar*) palco *m* 2. (*situación*) cenário *m*

escénico, -a [es'θeniko, -a] *adj* cênico, -a

escenificar [esθenifi'kar] <c→qu> *vt* encenar

escenografía [esθenoɣra'fia] *f* cenografia *f*

escenógrafo, -a [esθe'noɣrafo, -a] *m, f* cenógrafo, -a *m, f*

escepticismo [esθepti'θismo] *m* ceticismo *m*

escéptico, -a [es'θeptiko, -a] *adj, m, f* cético, -a *m, f*

escindirse [esθiṇ'dirse] *vr* dividir-se

escisión [esθi'sjon] *f* divisão *f*

esclarecer [esklare'θer] *irr como crecer vt* esclarecer

esclarecimiento [esklareθi'mjeṇto] *m* esclarecimento *m*

esclavitud [esklaβi'tuð] *f* escravidão *f*

esclavizar [esklaβi'θar] <z→c> *vt* escravizar

esclavo, -a [es'klaβo, -a] *adj, m, f* escravo, -a; **es esclava de su familia** é escrava de sua família

esclerosis [eskle'rosis] *f inv* esclerose *f*

esclusa [es'klusa] *f* eclusa *f*

escoba [es'koβa] *f* vassoura *f;* **no vender ni una** ~ *inf* não dar em nada

escobazo [esko'βaθo] *m* vassourada *f*

escobilla [esko'βiʎa] *f* (*de baño*) escovinha *f;* (*de limpiaparabrisas*) lâmina *f* de borracha

escocer [esko'θer] *irr como cocer vi* arder

escocés [esko'θes] *m* escocês *m*

escocés, -esa [esko'θes, -esa] I. *adj* escocês, -esa; **falda escocesa** saia *f* escocesa II. *m, f* escocês, -esa *m, f*

Escocia [es'koθja] *f* Escócia *f*

escoger [esko'xer] <g→j> *vi, vt* escolher, escolher

escogido, -a [esko'xiðo, -a] *adj* escolhido, -a

escolar [esko'lar] *adj, mf* escolar *mf*

escolarización [eskolariθa'θjon] *f* escolarização *f*

escolarizar [eskolari'θar] <z→c> *vt* escolarizar

escollo [es'koʎo] *m* 1.(*peñasco*) abrolho *m* 2.(*obstáculo*) dificuldade *f*

escolta [es'kolta] *f* escolta *f*

escoltar [eskol'tar] *vt* escoltar

escombros [es'kombros] *mpl* escombros *mpl*

esconder [eskon'der] I. *vt* esconder II. *vr*: ~ **se** esconder-se; ~ **se de algo/alguien** esconder-se de a. c./alguém

escondidas [eskon'diðas] *adv* **a** ~ às escondidas; **a** ~ **de alguien** às escondidas de alguém

escondite [eskon'dite] *m* 1.(*juego*) esconde-esconde *m* 2.(*lugar*) esconderijo *m*

escondrijo [eskon'drixo] *m* esconderijo *m*

escopeta [esko'peta] *f* escopeta *f*

escoria [es'korja] *f* escória *f*

Escorpio [es'korpjo] *m* Escorpião *m*; **ser** ~ ser (de) Escorpião

escorpión [eskor'pjon] *m* escorpião *m*

Escorpión [eskor'pjon] *m* Escorpião *m*

escotado, -a [esko'taðo, -a] *adj* decotado, -a

escote [es'kote] *m* 1.(*en el cuello*) decote *m* 2.(*busto*) colo *m* 3.(*dinero*) **pagar a** ~ pagar cada um sua parte

escotilla [esko'tiʎa] *f* escotilha *f*

escozor [esko'θor] *m* ardência *f*

escribano [eskri'βano] *m* escrivão, escrivã *m, f*

escribiente [eskri'βjente] *mf* escrevente *mf*

escribir [eskri'βir] *irr* I. *vi* escrever II. *vt* escrever; ~ **algo a máquina** escrever a. c. à máquina; ~ **una carta en portugués** escrever uma carta em português III. *vr*: ~ **se** escrever-se

escrito [es'krito] *m* escrito *m*

escrito, -a [es'krito, -a] I. *pp de* **escribir** II. *adj* escrito, -a; **por** ~ por escrito

escritor(a) [eskri'tor(a)] *m(f)* escritor(a) *m(f)*

escritorio [eskri'torjo] *m* escrivaninha *f*

escritura [eskri'tura] *f* 1.(*caligrafía, signos*) escrita *f* 2.(*documento*) escritura *f*; ~ **de propiedad** escritura de propriedade; **las Sagradas Escrituras** as Sagradas Escrituras

escroto [es'kroto] *m* ANAT escroto *m*

escrúpulo [es'krupulo] *m* escrúpulo *m*; **ser una persona sin** ~ **s** ser uma pessoa sem escrúpulos; **no tener** ~ **s en hacer algo** não ter escrúpulos em fazer a. c.

escrupuloso, -a [eskrupu'loso, -a] *adj* escrupuloso, -a

escrutar [eskru'tar] *vt* 1.(*mirar*) examinar 2.(*recontar*) escrutinar

escrutinio [eskru'tinjo] *m* 1.(*examen*) exame *m* 2.(*recuento*) escrutínio *m*

escuadra [es'kwaðra] *f* 1.(*para dibujar*) esquadro *m* 2. MIL, NÁUT, AERO esquadra *f*

escuadrilla [eskwa'ðriʎa] *f* esquadrilha *f*

escuadrón [eskwa'ðron] *m* esquadrão *m*; ~ **de la muerte** esquadrão da morte

escuálido, -a [es'kwaliðo, -a] *adj* esquálido, -a

escualo [es'kwalo] *m* esqualo *m*

escucha [es'kutʃa] *f* escuta *f*; ~ **telefónica** escuta telefônica

escuchar [esku'tʃar] *vi, vt* escutar

escudarse [esku'ðarse] *vr* ~ **en algo** escudar-se em a. c.

escudería [eskuðe'ria] *f* escuderia *f*

escudilla [esku'ðiʎa] *f* tigela *f*

escudo [es'kuðo] *m* 1.(*arma*) escudo *m* 2.(*emblema*) ~ **(de armas)** escudo (de armas)

escudriñar [eskuðri'ɲar] *vt* esquadrinhar

escuela [es'kwela] *f* escola *f*; ~ **de párvulos** escola infantil; ~ **privada** escola particular; ~ **pública** escola pública

escueto, -a [es'kweto, -a] *adj* sucinto, -a

escuincle, -a [es'kwiŋkle, -a] *m, f Méx, inf* criança *f*

esculpir [eskul'pir] *vt* esculpir; ~ **en madera** esculpir em madeira

escultor(a) [eskul'tor(a)] *m(f)* escultor(a) *m(f)*

escultórico, -a [eskul'toriko, -a] *adj* escultórico, -a

escultura [eskul'tura] *f* escultura *f*

escultural [eskultu'ral] *adj* escultural

escupidera [eskupi'ðera] *f* escarradeira *f*

escupir [esku'pir] *vi, vt* cuspir

escupitajo [eskupi'taxo] *m* escarro *m*

escurreplatos [eskurre'platos] *m inv* escorredor *m* de pratos

escurridizo, -a [eskurri'ðiθo, -a] *adj* escorregadiço, -a

escurridor [eskurri'ðor] *m* escorredor

escurrir [esku'rrir] I. *vt* **1.** (*ropa*) torcer **2.** (*platos, verdura*) escorrer **3.** (*una vasija*) esvaziar II. *vr:* ~ **se 1.** (*resbalar*) deslizar **2.** (*escaparse*) escapulir; **el pez se me escurrió de (entre) las manos** o peixe escapuliu dentre as minhas mãos **3.** (*desaparecer*) escapulir; ~ **se (por) entre la gente** escapulir na multidão

esdrújulo, -a [es'ðruxulo, -a] *adj* proparoxítono, -a

ese ['ese] *f* esse *m;* **hacer ~s** *inf* fazer ziguezagues

ese, -a ['ese, -a] *adj* <esos, -as> esse, -a

ese, esa, eso ['ese, 'esa, 'eso] <esos, -as> *pron dem* esse, -a; **llegaré a eso de las doce** chegarei por volta das doze; **estaba trabajando, en eso (que) tocaron al timbre** estava trabalhando, nisso tocaram a campainha; **¡no me vengas con esas!** não me venha com essa!; **eso mismo te acabo de decir** isso mesmo que acabo de dizer; **no es eso** não é isso; **por eso (mismo)** por isso (mesmo); **¿y eso?** e isso?; **¿y eso qué?** e daí?; **¡eso sí que no!** isso é que não!

ése, ésa, eso <ésos, -as> *pron dem v.* **ese, esa, eso**

esencia [e'senθja] *f* essência *f*

esencial [esen'θjal] *adj* essencial

esfera [es'fera] *f* **1.** *t.* MAT esfera *f* **2.** (*del reloj*) mostrador *m*

esférico [es'feriko] *m* DEP bola *f*

esférico, -a [es'feriko, -a] *adj* esférico, -a

esfinge [es'finxe] *f* esfinge *f*

esfínter [es'finter] *m* ANAT esfíncter *m*

esforzado, -a [esforθaðo, -a] *adj* esforçado, -a

esforzarse [esforθarse] *irr como forzar vr* esforçar-se

esfuerzo [es'fwerθo] *m* esforço *m*

esfumarse [esfu'marse] *vr* desaparecer; **¡esfúmate!** *inf* desapareça!

esgrima [es'ɣrima] *f* esgrima *f*

esgrimir [esɣri'mir] *vt* **1.** (*blandir*) esgrimir **2.** (*argumento*) usar

esguince [es'ɣinθe] *m* entorse *f;* **hacerse un ~ en el tobillo** torcer o tornozelo

eslabón [esla'βon] *m* elo *m*

eslalon [es'lalon] *m* slalom *m*

eslavo, -a [es'laβo, -a] *adj, m, f* eslavo, -a *m, f*

eslogan [es'loɣan] *m* slogan *m*

eslora [es'lora] *f* NÁUT longitude de um barco de popa a proa

eslovaco, -a [eslo'βako, -a] *adj, m, f* eslovaco, -a *m, f*

Eslovaquia [eslo'βakja] *f* Eslováquia *f*

Eslovenia [eslo'βenja] *f* Eslovênia *f*

esloveno, -a [eslo'βeno, -a] *adj, m, f* esloveno, -a *m, f*

esmaltar [esmal'tar] *vt* esmaltar

esmalte [es'malte] *m* esmalte *m;* ~ **(de uñas)** esmalte (de unhas)

esmerado, -a [esmera'ðo, -a] *adj* esmerado, -a

esmeralda [esme'ralda] *adj, f* esmeralda *f*

esmerarse [esme'rarse] *vr* esmerar-se; ~ **en algo** esmerar-se em a. c.

esmero [es'mero] *m* esmero *m*

esmirriado, -a [esmi'rrjaðo, -a] *adj inf* mirrado, -a

esnifar [esni'far] *vt argot* cafungar

esnob [es'noβ] *adj, mf* esnobe *mf*

esnobismo [esno'βismo] *m* esnobismo *m*

eso ['eso] *pron dem v.* **ese**

esófago [e'sofaɣo] *m* esôfago *m*

esos ['esos] *adj v.* **ese**

ésos ['esos] *pron dem v.* **ése**

esotérico, -a [eso'teriko, -a] *adj* esotérico, -a

esoterismo [esote'rismo] *m* esoterismo *m*

espabilado, -a [espaβi'laðo, -a] *adj* animado, -a

espabilar [espaβi'lar] I. *vt* animar II. *vr:* ~ **se** animar-se

espachurrar [espatʃu'rrar] *inf* I. *vt inf* amassar II. *vr:* ~ **se** amassar-se

espacial [espa'θjal] *adj* espacial

espaciar [espa'θjar] *vt* espaçar

espacio [es'paθjo] *m* **1.** (*extensión, tiempo*) espaço *m;* **a doble ~** em espaço duplo; **en el ~ de dos meses** no espaço de dois meses; **por ~ de tres horas** durante três horas **2.** TV ~ **informativo** boletim *m* informativo; ~ **publicitario** intervalo *m* comercial

espacioso, -a [espa'θjoso, -a] *adj* espaçoso, -a

espada¹ [es'paða] *m* TAUR espada *m*

espada² [es'paða] *f* **1.** (*arma*) espada *f;* **estar entre la ~ y la pared** estar entre a cruz e a espada; **el despido era mi ~ de Damocles** a demissão era minha espada de Dâmocles **2.** *pl* (*naipes*)

espadas *fpl*
espagueti(s) [espa'ɣeti(s)] *m(pl)* espaguete *m;* **~ s a la boloñesa** espaguete à bolonhesa
espalda [es'palda] *f* **1.** (*parte posterior*) costas *fpl;* **ancho de ~ s** largo de costas; **atacar por la ~** atacar pelas costas; **estar a ~ s de alguien** estar nas costas de alguém; **estar de ~ s a la pared** estar de costas para a parede; **hablar a ~ s de alguien** falar pelas costas de alguém; **volver la ~ a alguien** *t. fig* virar as costas para alguém; **la responsabilidad recae sobre mis ~ s** a responsabilidade recai sobre minhas costas **2.** DEP nado *m* de costas
espaldilla [espal'diʎa] *f* (*de una res*) paleta *f*
espanglis [es'paŋlis] *m modalidade linguística que mistura espanhol e inglês, usada por falantes de espanhol nos Estados Unidos*
espantadizo, -a [espanta'diθo, -a] *adj* espantadiço, -a
espantajo [espaɲ'taxo] *m,* **espantapájaros** [espanta'paxaros] *m inv* espantalho *m*
espantar [espaɲ'tar] *vt* espantar
espanto [es'panto] *m* horror *m,* pavor *m;* **¡qué ~!** *inf* que horror!; **hace un calor de ~** *inf* faz um calor horroroso; **los precios son de ~** *inf* os preços são pavorosos
espantoso, -a [espaɲ'toso, -a] *adj* **1.** (*horroroso*) horroroso, -a **2.** (*feo*) pavoroso, -a
España [es'paɲa] *f* Espanha *f*

> **Cultura** **España** (nome oficial: **Reino de España**) é uma monarquia constitucional. O rei, **Juan Carlos I**, foi proclamado Rei da Espanha em 22.11.1975. O sucessor ao trono é o Príncipe Herdeiro **Felipe de Asturias**. O idioma oficial do país é o espanhol. Desde 1978, **el gallego** (galego), **el catalán** (catalão) e **el euskera/el vasco** (basco) são também reconhecidos como idiomas nacionais.

español [espa'ɲol] *m* espanhol *m*
español(a) [espa'ɲol(a)] *adj, m(f)* espanhol(a) *m(f)*

esparadrapo [espara'ðrapo] *m* esparadrapo *m*
esparcimiento [esparθi'mjento] *m* dispersão *f*
esparcir [espar'θir] <c→z> **I.** *vt* espalhar **II.** *vr:* **~ se** espalhar-se
espárrago [es'parraɣo] *m* aspargo *m;* **¡vete a freír ~ s!** *inf* vai plantar batatas!
esparto [es'parto] *m* esparto *m*
espasmo [es'pasmo] *m* espasmo *m*
espátula [es'patula] *f* espátula *f*
especia [es'peθja] *f* especiaria *f*
especial [espe'θjal] *adj* especial; **en ~** especial; **¿qué has hecho hoy? – nada en ~** que você fez hoje? – nada especial
especialidad [espeθjali'ðað] *f* especialidade *f;* **la ~ de la casa** a especialidade da casa
especialista [espeθja'lista] *mf* especialista *mf*
especialización [espeθjaliθa'θjon] *f* especialização *f*
especializarse [espeθjali'θarse] <z→c> *vr* especializar-se; **~ en algo** especializar-se em a. c.
especialmente [espeθjal'mente] *adv* especialmente
especie [es'peθje] *f* espécie *f;* **ese es una ~ de cantante** esse é uma espécie de cantor; **pagar en ~ s** COM pagar em espécie
especificar [espeθifi'kar] <c→qu> *vt* especificar
específico, -a [espe'θifiko, -a] *adj* específico, -a
espécimen [es'peθimen] *m* <especímenes> espécime *m*
espectacular [espektaku'lar] *adj* espetacular
espectacularidad [espektakulari'ðað] *f* espetaculosidade *f*
espectáculo [espek'takulo] *m* espetáculo *m;* **dar el ~** *inf* dar espetáculo
espectador(a) [espekta'ðor(a)] *m(f)* espectador(a) *m(f)*
espectro [es'pektro] *m* espectro *m*
especulación [espekula'θjon] *f* especulação *f*
especulador(a) [espekula'ðor(a)] *m(f)* especulador(a) *m(f)*
especular [espeku'lar] *vi* especular; **~ en la Bolsa** especular na Bolsa
espejismo [espe'xismo] *m* miragem *f*
espejo [es'pexo] *m* espelho *m;* **~ retrovisor** espelho retrovisor; **mirarse**

espeluznante 123 **espumadera**

al ~ olhar-se no espelho
espeluznante [espeluθ'nante] *adj* horripilante
espera [es'pera] *f* espera *f*; **en ~ de su respuesta** na espera de sua resposta; **en ~ de tu carta, te mando el paquete** na espera de sua carta, envio o pacote; **tuvimos dos horas de ~** tivemos duas horas de espera; **estoy a la ~ de recibir la beca** estou na espera de receber a bolsa (de estudos); **esta me saca de quicio** esta espera me tira do sério
esperanza [espe'ranθa] *f* esperança *f*; **~ de vida** esperança de vida; **estar en estado de buena ~** estar grávida; **poner las ~s en algo** colocar suas esperanças em a. c.; **no tener ~s** não ter esperanças
esperanzar [esperan'θar] <z→c> **I.** *vt* esperançar **II.** *vr* esperançar-se
esperar [espe'rar] **I.** *vi* (*aguardar*) esperar; **hacerse ~** fazer-se esperar; **es de ~ que** +*subj* é de esperar que +*subj*; **¿a qué esperas?** o que está esperando? **II.** *vt* esperar; **hacer ~ a alguien** fazer alguém esperar; **te espero mañana a las nueve** espero você amanhã às nove; **me van a ~ al aeropuerto** vão me esperar no aeroporto; **nos esperan malos tiempos** maus tempos nos esperam; **espero su decisión con impaciencia** (*final de carta*) espero sua decisão com impaciência; **ya me lo esperaba** já esperava por isso; **esperando recibir noticias tuyas...** esperando receber notícias suas...; **espero que sí/no** espero que sim/não
esperma [es'perma] *m* esperma *m*
espermatozoide [espermatoθoi̯ðe] *m* espermatozoide *m*
esperpento [esper'pento] *m* espantalho *m*
espesar [espe'sar] *vt* espessar
espeso, -a [es'peso, -a] *adj* espesso, -a
espesor [espe'sor] *m* espessura *f*
espesura [espe'sura] *f* espessura *f*
espía [es'pia] *mf* espião, espiã *m, f*
espiar [espi'ar] *vt* espiar
espiga [es'piɣa] *f* espiga *f*
espina [es'pina] *f* **1.** (*de pescado*) espinha *f* **2.** BOT espinho *m* **3.** ANAT ~ (**dorsal**) espinha *f* (dorsal) **4.** *fig, inf* **esto me da mala ~** isto me dá um mau pressentimento
espinaca [espi'naka] *f* espinafre *m*

espinazo [espi'naθo] *m* espinhaço *m*
espinilla [espi'niʎa] *f* **1.** ANAT canela *f* **2.** (*grano*) espinha *f*
espino [es'pino] *m* **1.** BOT crataego *m* **2.** TÉC **alambre de ~** arame *m* farpado
espinoso, -a [espi'noso, -a] *adj* (*planta, pescado, problema*) espinhoso, -a
espionaje [espjo'naxe] *m* espionagem *f*
espiral [espi'ral] *adj, f* espiral *f*
espirar [espi'rar] *vi* expirar
espiritismo [espiri'tismo] *m* espiritismo *m*
espiritista [espiri'tista] *adj* espírita
espíritu [es'piritu] *m* espírito *m*; **~ deportivo** espírito esportivo; **el Espíritu Santo** o Espírito Santo; **levantar el ~ a alguien** levantar o espírito de alguém
espiritual [espiritu'al] *adj* espiritual
espiritualidad [espiritwali'ðað] *f* espiritualidade *f*
espita [es'pita] *f* torneira *f*
espléndido, -a [es'plendiðo, -a] *adj* **1.** (*generoso*) generoso, -a **2.** (*magnífico*) esplêndido, -a
esplendor [esplen'dor] *m* esplendor *m*
esplendoroso, -a [esplendo'roso, -a] *adj* esplendoroso, -a
espliego [es'pljeɣo] *m* alfazema *f*
espolear [espole'ar] *vt* esporear
espoleta [espo'leta] *f* espoleta *f*
espolvorear [espolβore'ar] *vt* polvilhar
esponja [es'ponxa] *f* esponja *f*; **beber como una ~** *inf* beber como uma esponja
esponjoso, -a [espon'xoso, -a] *adj* esponjoso, -a
espontaneidad [espontanei̯'ðað] *f* espontaneidade *f*
espontáneo, -a [espon'taneo, -a] *adj* espontâneo, -a
espora [es'pora] *f* esporo *f*
esporádico, -a [espo'raðiko, -a] *adj* esporádico, -a
esposar [espo'sar] *vt* algemar
esposas [es'posas] *fpl* algemas *fpl*
esposo, -a [es'poso, -a] *m, f* esposo, -a *m, f*
espray [es'prai̯] *m* spray *m*
esprint [es'prin̪t] *m* DEP sprint *m*
espuela [es'pwela] *f* **1.** (*de caballo*) espora *f* **2.** *inf* (*la última copa*) **tomar la ~** tomar a saideira
espuma [es'puma] *f* espuma *f*; **~ de afeitar** espuma de barbear
espumadera [espuma'ðera] *f* escu-

madeira *f*
espumoso, -a [espu'moso, -a] *adj* espumante
esqueje [es'kexe] *m* estaca *f*
esquela [es'kela] *f* nota *f* de falecimento
esquelético, -a [eske'letiko, -a] *adj* esquelético, -a
esqueleto [eske'leto] *m* esqueleto *m*; **mover el ~** *inf* mexer o esqueleto
esquema [es'kema] *m* esquema *m*
esquemático, -a [eske'matiko, -a] *adj* esquemático, -a
esquí [es'ki] *m* esqui *m*; **~ acuático/náutico** esqui aquático/náutico; **~ de fondo** esqui de fundo
esquiador(a) [eskja'ðor(a)] *m(f)* esquiador(a) *m(f)*
esquiar [eski'ar] <*1. pres:* esquío> *vi* esquiar
esquilar [eski'lar] *vt* tosquiar
esquimal [eski'mal] *adj, mf* esquimó *mf*
esquina [es'kina] *f* **1.** (*de calle*) esquina *f*; **una casa que hace ~** uma casa que faz esquina; **a la vuelta de la ~** ao dobrar a esquina; **doblar la ~** dobrar a esquina **2.** (*de objeto*) canto *m*
esquinazo [eski'naθo] *m* inf **dar ~ a alguien** deixar alguém plantado
esquirol [eski'rol] *mf* fura-greve *mf*
esquivar [eski'βar] *vt* **1.** (*golpe*) desviar de **2.** (*a alguien*) evitar
esquivo, -a [es'kiβo, -a] *adj* esquivo, -a
esquizofrenia [eskiθo'frenja] *f* esquizofrenia *f*
esquizofrénico, -a [eskiθo'freniko, -a] *adj* esquizofrênico, -a
esta ['esta] *adj v.* **este, -a**
ésta ['esta] *pron dem v.* **éste**
estabilidad [estaβili'ðað] *f* estabilidade *f*
estabilización [estaβiliθa'θjon] *f* estabilização *f*
estabilizar [estaβili'θar] <z→c> **I.** *vt* estabilizar **II.** *vr:* **~se** estabilizar-se
estable [es'taβle] *adj* estável
establecer [estaβle'θer] *irr como crecer* **I.** *vt* estabelecer **II.** *vr:* **~se** estabelecer-se
establecimiento [estaβleθi'mjento] *m* estabelecimento *m*
establo [es'taβlo] *m* estábulo *m*
estaca [es'taka] *f* (*palo*) estaca *f*; (*garrote*) bastão *m*
estacada [esta'kaða] *f* estacada *f*; **dejar a alguien en la ~** deixar alguém na mão; **quedarse en la ~** ficar na mão
estación [esta'θjon] *f* estação *f*; **~ de autobuses** estação rodoviária; **~ de esquí** estação de esqui; **~ de metro** estação de metrô; **~ de servicio** posto *m* de gasolina; **~ de trabajo** INFOR estação de trabalho; **~ de tren** estação de trem
estacional [estaθjo'nal] *adj* sazonal
estacionamiento [estaθjona'mjento] *m* AUTO estacionamento *m*
estacionar [estaθjo'nar] *vt* **1.** AUTO estacionar **2.** MIL posicionar
estacionario, -a [estaθjo'narjo, -a] *adj* estacionário, -a
estadio [es'taðjo] *m* **1.** DEP estádio *m* **2.** (*etapa*) estágio *m*
estadista [esta'ðista] *mf* estadista *mf*
estadística [esta'ðistika] *f* estatística *f*
estadístico, -a [esta'ðistiko, -a] *adj* estatístico, -a
estado [es'taðo] *m* estado *m*; **~ del bienestar** estado de bem-estar; **~ civil** estado civil; **~ de sitio** estado de sítio; **estar en ~ (de buena esperanza)** estar em estado interessante; **estar en buen ~** estar em bom estado
Estados Unidos [es'taðos u'niðos] *mpl* Estados Unidos *mpl*
estadounidense [estaðouni'ðense] *adj, mf* estadunidense *mf*
estafa [es'tafa] *f* trapaça *f*
estafador(a) [estafa'ðor(a)] *m(f)* trapaceiro, -a *m, f*
estafar [esta'far] *vt* trapacear
estafeta [esta'feta] *f* correio *m*
estalactita [estalak'tita] *f* estalactite *f*
estalagmita [estalaɣ'mita] *f* estalagmite *f*
estallar [esta'ʎar] *vi* estourar; **~ en carcajadas** cair na gargalhada; **~ en llanto** desatar a chorar
estallido [esta'ʎiðo] *m* estouro *m*
estambre [es'tambre] *m* estame *m*
Estambul [estam'bul] *m* Istambul *f*
estamento [esta'mento] *m* estamento *m*
estampa [es'tampa] *f* **1.** (*dibujo*) imagem *f*; **~ de la Virgen** imagem da Virgem **2.** (*imagen*) retrato *m*; **ser la viva ~ de la pobreza** ser o retrato vivo da pobreza; **es la viva ~ de su padre** é o retrato vivo de seu pai
estampado [estam'paðo] *m* estampado *m*
estampado, -a [estam'paðo, -a] *adj*

estampado, -a

estampar [estam'par] *vt* estampar; **se me quedó estampado en la cabeza** *fig* ficou gravado na minha cabeça

estampida [estam'piða] *f* debandada *f*

estampido [estam'piðo] *m* estampido *m*

estampilla [estam'piʎa] *f AmL* (*de correos*) selo *m* postal

estancamiento [estaŋka'mjento] *m* estancamento *m*

estancar [estaŋ'kar] <c→qu> **I.** *vt* estancar **II.** *vr:* **~se** estancar-se

estancia [es'tanθja] *f* **1.** (*permanencia*) estada *f* **2.** (*habitación*) cômodo *m* **3.** *AmL* (*hacienda*) fazenda *f*

estanciero, -a [estan'θjero, -a] *m, f CSur, Col, Ven* fazendeiro, -a *m, f*

estanco [es'taŋko] *m* tabacaria *f*

estanco, -a [es'taŋko, -a] *adj* estanque

estándar [es'tandar] **I.** *adj inv* padronizado, -a **II.** *m* padrão *m*

estandarización [estandariθa'θjon] *f* padronização *f*

estandarizar [estandari'θar] <z→c> *vt* padronizar

estandarte [estan'darte] *m* estandarte *m*

estanque [es'taŋke] *m* tanque *m*

estanquero, -a [estaŋ'kero, -a] *m, f* comerciante *mf* de tabaco

estante [es'tante] *m* prateleira *f*

estantería [estante'ria] *f* estante *f*

estaño [es'taɲo] *m* estanho *m*

estar [es'tar] *irr* **I.** *vi* **1.** (*hallarse*) estar; **¿está Pepe?** Pepe está?; **ya lo hago yo, para eso estoy** já vou fazer, para isso estou aqui; **¿está la comida?** a comida está pronta? **2.** (*sentirse*) estar; **¿cómo estás?** como está?; **ya estoy mejor** já estou melhor **3.** (+ *adjetivo, participio*) estar; **~ cansado/sentado** estar cansado/sentado; **está visto que...** é óbvio que... **4.** (+ *bien, mal*) **~ mal de azúcar** estar mal de açúcar; **~ mal de la cabeza** estar mal da cabeça; **~ mal de dinero** estar mal de dinheiro; **esa blusa te está bien** essa blusa lhe cai bem; **eso te está bien empleado** *inf* é bem feito pra você **5.** (+ *a*) **están al caer las diez** são quase dez horas; **~ al día** estar atualizado; **¿a qué estamos?** que dia é hoje?; **estamos a uno de enero** estamos no dia primeiro de janeiro; **las peras están a 2 euros el kilo** as peras estão a 2 euros o quilo; **las acciones están a 12 euros** as ações estão a 12 euros; **Sevilla está a 40 grados** está fazendo 40 graus em Sevilha; **el termómetro está a diez grados** o termômetro está marcando dez graus; **están uno a uno** estão um a um; **estoy a lo que decida la asamblea** sou pelo que decidir a assembleia **6.** (+ *con*) estar; **en la casa estoy con dos más** estou com mais duas pessoas na casa; **estoy contigo en este punto** estou contigo neste ponto **7.** (+ *de*) estar; **~ de broma** estar de brincadeira; **~ de mal humor** estar de mau humor; **~ de pie** estar de pé; **~ de secretario** estar de secretário; **~ de viaje** estar de viagem; **en esta reunión estoy de más** nesta reunião estou sobrando; **esto que has dicho estaba de más** isto que disse era desnecessário **8.** (+ *en*) **el problema está en el dinero** o problema é o dinheiro; **no estaba en sí cuando lo hizo** não estava em si quando fez aquilo; **siempre estás en todo** sempre está em todas **9.** (+ *para*) **hoy no estoy para bromas** hoje não estou para brincadeiras; **el tren está para salir** o trem está por sair **10.** (+ *por*) **estoy por llamarle** estou por ligar para ele; **eso está por ver** vamos ver; **la historia de esta ciudad está por escribir** a história desta cidade está por ser escrita; **este partido está por la democracia** este partido está a favor da democracia **11.** (+ *gerundio*) estar; **¿qué estás haciendo?** o que está fazendo?; **¡lo estaba viendo venir!** estava vendo ele vir! **12.** (+ *que*) **estoy que no me tengo** não estou me aguentando em pé; **está que trina** *inf* está furioso **13.** (+ *sobre*) **siempre tengo que ~ sobre mi hijo para que coma** sempre tenho que ficar em cima do meu filho para ele comer **14.** (*entendido*) **a las 10 en casa, ¿estamos?** às 10 hora em casa, certo? **II.** *vr:* **~se** ficar; **~se de charla** ficar de conversa; **te puedes ~ con nosotros** pode ficar conosco; **me estuve con ellos toda la tarde** fiquei com eles a tarde toda; **¡estáte quieto!** fica quieto!; **¡estáte callado!** cala a boca!

estárter [es'tarter] *m* motor *m* de arranque

estatal [esta'tal] *adj* estatal

estático, -a [es'tatiko, -a] *adj* estático, -a

estatua [es'tatwa] *f* estátua *f*
estatura [esta'tura] *f* estatura *f*
estatus [es'tatus] *m inv* status *m inv*
estatutario, -a [estatu'tarjo, -a] *adj* estatutário, -a
estatuto [esta'tuto] *m* estatuto *m;* ~ **de autonomía** estatuto de autonomia
este ['este] *m* leste *m;* **el ~ de España** o leste da Espanha; **en el ~ de Inglaterra** no leste da Inglaterra; **al ~ de** a leste de
este, -a ['este, -a] *adj* <estos, -as> este, -a; ~ **perro es mío** este cachorro é meu; **esta casa es nuestra** esta casa é nossa; **estos guantes son míos** estas luvas são minhas
este, esta, esto ['este, 'esta, 'esto] <estos, -as> *pron dem* este, -a; (a) **estos no los he visto nunca** estes nunca vi; ~ **se cree muy importante** este se acha muito importante; **antes yo también tenía una camisa como esta** antes eu também tinha uma camisa como esta; (**estando**) **en esto** [o **en estas**], **llamaron a la puerta** e então, alguém tocou a campainha; **¡esta sí que es buena!** *irón* esta é boa!
éste, -a, esto ['este, -a, 'esto] <éstos, -as> *pron dem v.* este, esta, esto
estela [es'tela] *f (de barco)* esteira *f;* (*de avión*) rastro *m* de vapor
estelar [este'lar] *adj* estelar
estenografía [estenoɣra'fja] *f* estenografia *f*
estepa [es'tepa] *f* estepe *f*
estepario, -a [este'parjo, -a] *adj* estépico, -a
estera [es'tera] *f* esteira *f*
estercolero [esterko'lero] *m* **1.** (*para cerdos*) estrumeira *f* **2.** *inf* (*lugar sucio*) chiqueiro *m*
estéreo [es'ʸtereo] *adj, m* estéreo *m*
estereofónico, -a [estereo'foniko, -a] *adj* estereofônico, -a
estereotipo [estereo'tipo] *m* estereótipo *m*
estéril [es'teril] *adj* estéril
esterilidad [esterili'ðað] *f* esterilidade *f*
esterilización [esteriliθa'θjon] *f* esterilização *f*
esterilizar [esteriliθar] <z→c> *vt* esterilizar
esterilla [este'riʎa] *f* esteira *f*
esterlina [ester'lina] *adj* **libra** ~ libra esterlina
esteroide [este'rojðe] *m* esteroide *m*

estética [es'tetika] *f* estética *f*
esteticista [esteti'θista] *mf* esteticista *mf*
estético, -a [es'tetiko, -a] *adj* estético, -a
estibador(a) [estiβa'ðor(a)] *m(f)* estivador(a) *m(f)*
estiércol [es'tjerkol] *m* esterco *m*
estigma [es'tiɣma] *m* estigma *m*
estilarse [esti'larse] *vr* usar-se
estilístico, -a [esti'listiko, -a] *adj* estilístico, -a
estilo [es'tilo] *m* estilo *m;* ~ **directo/indirecto** estilo direto/indireto; ~ **libre** estilo livre; ~ **de vida** estilo de vida; **al ~ de** ao estilo de; **algo por el ~** a. c. do estilo; **¿estás mal?, pues yo estoy por el ~** está mal?, pois eu também; **ya me habían dicho algo por el ~** já me haviam dito a. c. do tipo
estilográfica [estiloˈɣrafika] *f* caneta-tinteiro *f*
estima [es'tima] *f* estima *f;* **tener en alguien en mucha** ~ ter alguém em alta estima
estimable [esti'maβle] *adj* estimável
estimación [estimaˈθjon] *f* **1.** (*aprecio*) estima *f* **2.** (*evaluación*) estimativa *f*
estimado, -a [esti'maðo, -a] *adj* estimado, -a; ~ **Señor** prezado Senhor
estimar [esti'mar] *vt* estimar; ~ **algo en algo** (*tasar*) avaliar algo em a. c.; ~ **poco a alguien** (*apreciar*) ter pouca estima por alguém
estimulante [estimu'lante] *adj, m* estimulante *m*
estimular [estimu'lar] *vt* estimular
estímulo [es'timulo] *m* estímulo *m*
estío [es'tio] *m elev* estio *m*
estipulación [estipula'θjon] *f* estipulação *f*
estipular [estipu'lar] *vt* estipular
estirado, -a [esti'raðo, -a] *adj* (*engreído*) estirado, -a
estiramiento [estira'mjento] *m* **1.** (*de músculo*) estiramento *m;* **hacer ~s** fazer alongamento **2.** (*de piel*) estiramento *m*
estirar [esti'rar] **I.** *vi* esticar **II.** *vt* **1.** (*extender, alargar*) estirar **2.** (*cama, masa, brazos*) esticar; ~ **el cuello** esticar o pescoço; **voy a salir a ~ un poco las piernas** vou sair para esticar um pouco as pernas; ~ **la pata** *inf* esticar a canela **III.** *vr:* ~ **se** esticar-se; (*crecer*) esticar

estirón [esti'ron] *m* **1.** (*tirón*) puxão *m* **2.** (*crecimiento*) **dar un ~** *inf* dar uma esticada

estirpe [es'tirpe] *f* estirpe *f*

estival [es'tiβal] *adj* estival

esto ['esto] *pron dem v.* **este**

estocada [esto'kaða] *f* estocada *f*

Estocolmo [esto'kolmo] *m* Estocolmo *f*

estofa [es'tofa] *f pey* laia *f*

estofado [esto'faðo] *m* ensopado *m*

estofar [esto'far] *vt* ensopar

estoico, -a [es'toi̯ko, -a] *adj* estoico, -a

estomacal [estoma'kal] *adj* estomacal

estómago [es'tomaɣo] *m* estômago *m*; **tener buen ~** *fig* ter estômago

Estonia [es'tonja] *f* Estônia *f*

estonio, -a [es'tonjo, -a] *adj, m, f* estoniano, -a *m, f*

estorbar [estor'βar] *vi, vt* estorvar

estorbo [es'torβo] *m* estorvo *m*

estornino [estor'nino] *m* estorninho *m*

estornudar [estornu'ðar] *vi* espirrar

estornudo [estor'nuðo] *m* espirro *m*

estos ['estos] *adj v.* **este, -a**

estrabismo [estra'βismo] *m* MED estrabismo *m*

estrado [es'traðo] *m* estrado *m*

estrafalario, -a [estrafa'larjo, -a] *adj inf* (*extravagante*) esdrúxulo, -a; (*ridículo*) ridículo, -a

estrago [es'traɣo] *m* **causar** [*o* **hacer**] **~s** causar [*ou* fazer] estragos

estragón [estra'ɣon] *m* estragão *m*

estrambótico, -a [estram'botiko, -a] *adj* estrambótico, -a

estrangulador(a) [estraŋgula'ðor(a)] *m(f)* estrangulador(a) *m(f)*

estrangulamiento [estraŋgula'mjento] *m* estrangulamento *m*

estrangular [estraŋgu'lar] *vt* estrangular

Estrasburgo [estras'βurɣo] *m* Estrasburgo *f*

estratagema [estrata'xema] *m* estratagema *m*

estratega [estra'teɣa] *mf* estrategista *mf*

estrategia [estra'texja] *f* estratégia *f*

estratégico, -a [estra'texiko, -a] *adj* estratégico, -a

estratificar [estratifi'kar] *vt* estratificar

estrato [es'trato] *m* estrato *m*

estratosfera [estratos'fera] *f* estratosfera *f*

estrechar [estre'tʃar] I. *vt* **1.** (*angostar*) estreitar **2.** (*abrazar*) abraçar; (*la mano*) apertar II. *vr:* **~se 1.** (*camino*) estreitar-se **2.** *inf* (*en un asiento*) apertar-se

estrechez [estre'tʃeθ] *f* estreiteza *f*

estrecho [es'tretʃo] *m* GEO estreito *m*

estrecho, -a [es'tretʃo, -a] *adj* (*calle, ropa, amistad*) estreito, -a

estrella [es'treʎa] *f* estrela *f*; **~ fugaz** estrela cadente; **~ de mar** ZOOL estrela-do-mar *f*; **haber nacido con buena ~** haver nascido com uma boa estrela; **tener buena/mala ~** ter boa/má estrela; **ver las ~s** *inf* ver estrelas

estrellado, -a [estre'ʎaðo, -a] *adj* estrelado, -a

estrellar [estre'ʎar] I. *vt* lançar; **~ algo contra/en algo** lançar algo contra/em a. c. II. *vr* **~se contra algo** chocar-se contra a. c.

estrellato [estre'ʎato] *m* estrelato *m*

estremecer [estreme'θer] *irr como crecer* I. *vt* (*conmover*) estremecer II. *vr:* **~se** tremer; **~se de frío/miedo** tremer de frio/medo

estremecimiento [estremeθi'mjento] *m* estremecimento *m*

estrenar [estre'nar] I. *vt* estrear; **sin ~** sem estrear II. *vr:* **~se** estrear

estreno [es'treno] *m* estreia *f*; **ser de ~** ser novo

estreñido, -a [estre'ɲiðo, -a] *adj* constipado, -a

estreñimiento [estreɲi'mjento] *m* constipação *f*

estreñir [estre'ɲir] *irr como ceñir vt* constipar

estrépito [es'trepito] *m* estrépito *m*

estrepitoso, -a [estrepi'toso, -a] *adj* estrepitoso, -a

estrés [es'tres] *m* estresse *m*

estresado, -a [estre'saðo, -a] *adj* estressado, -a

estresante [estre'sante] *adj* estressante

estresar [estre'sar] *vt* estressar

estría [es'tria] *f* estria *f*

estribación [estriβa'θjon] *f* contraforte *m*

estribar [estri'βar] *vi* **~ en** apoiar em

estribillo [estri'βiʎo] *m* estribilho *m*

estribo [es'triβo] *m* estribo *m*; **perder los ~s** *fig* perder as estribeiras

estribor [estri'βor] *m* NÁUT estibordo *m*; **a ~** a estibordo

estricnina [estriɣ'nina] *f* estricnina *f*

estricto, -a [es'trikto, -a] *adj* estrito, -a

estridente [estri'ðente] *adj* (*sonido, voz*) estridente; (*colores, comporta-*

estrofa [es'trofa] *f* estrofe *f*
estrógeno [es'troxeno] *m* estrogênio *m*
estropajo [estro'paxo] *m* bucha *f*
estropear [estrope'ar] I. *vt* estragar; **desde la muerte de su mujer está muy estropeado** desde a morte de sua mulher está muito acabado II. *vr:* ~ **se** estragar-se
estructura [estruk'tura] *f* estrutura *f*
estructuración [estruktura'θjon] *f* estruturação *f*
estructural [estruktu'ral] *adj* estrutural
estruendo [es'trwendo] *m* estrondo *m*
estrujar [estru'xar] I. *vt* espremer; (*machacar*) triturar; (*papel*) amassar II. *vr* ~ **se los sesos** *inf* quebrar a cabeça
estuario [es'twarjo] *m* estuário *m*
estuche [es'tutʃe] *m* estojo *m*
estuco [es'tuko] *m* estuque *m*
estudiante [estu'ðjante] *mf* estudante *mf*
estudiantil [estuðjan'til] *adj* estudantil
estudiar [estu'ðjar] I. *vi* estudar; ~ **para médico** estudar para médico II. *vt* estudar
estudio [es'tuðjo] *m* 1. (*en general*) estudo *m*; ~ **cinematográfico/radiofónico** estúdio cinematográfico/radiofônico; **estar en** ~ estar em estudo 2. (*piso*) estúdio *m* 3. *pl* (*carrera*) estudos *mpl*; **cursar** ~ **s de algo** cursar a. c.; **tener** ~**s** ter estudos; **no se me dan bien los** ~**s** não sou bom nos estudos
estudioso, -a [estu'ðjoso, -a] *adj* estudioso, -a
estufa [es'tufa] *f* aquecedor *m*
estupefaciente [estupefa'θjente] *m* estupefaciente *m*
estupefacto, -a [estupe'fakto, -a] *adj* estupefato, -a
estupendo, -a [estu'pendo, -a] *adj* estupendo, -a
estupidez [estupi'ðeθ] *f* estupidez *f*
estúpido, -a [es'tupiðo, -a] *adj, m, f* estúpido, -a *m, f*
estupor [estu'por] *m* estupor *m*; **causar** ~ causar estupor
estupro [es'tupro] *m* estupro *m*
esturión [estu'rjon] *m* esturjão *m*
esvástica [es'βastika] *f* suástica *f*
ETA ['eta] *f abr de* **Euzkadi Ta Askatasuna** ETA *f*
etapa [e'tapa] *f* etapa *f*; **por** ~ **s** por etapas
etarra [e'tarra] I. *adj* da ETA II. *mf* membro *m* da ETA
etc. [e⁽ð⁾'θetera] *abr de* **etcétera** etc.
etcétera [e⁽ð⁾'θetera] et cetera
eternidad [eterni'ðað] *f* eternidade *f*
eternizarse [eterni'θarse] <z→c> *vr* eternizar-se
eterno, -a [e'terno, -a] *adj* eterno, -a
ética ['etika] *f* ética *f*; ~ **profesional** ética profissional
ético, -a ['etiko, -a] *adj* ético, -a
etílico, -a [e'tiliko, -a] *adj* etílico, -a
etimología [etimolo'xia] *f* etimologia *f*
etíope [e'tiope] *adj, mf* etíope *mf*
Etiopía [etjo'pia] *f* Etiópia *f*
etiqueta [eti'keta] *f* etiqueta *f*; **de** ~ (*fiesta, cena, traje*) de gala; **ir de** ~ ir de gala
etnia ['eðnja] *f* etnia *f*
étnico, -a ['eðniko, -a] *adj* étnico, -a
etnología [eðnolo'xia] *f* etnologia *f*
eucalipto [eu̯ka'lipto] *m* eucalipto *m*
eucaristía [eu̯karis'tia] *f* eucaristia *f*
eufemismo [eu̯fe'mismo] *m* eufemismo *m*
euforia [eu̯'forja] *f* euforia *f*
eufórico, -a [eu̯'foriko, -a] *adj* eufórico, -a
eunuco [eu̯'nuko] *m* eunuco *m*
Eurasia [eu̯'rasja] *f* Eurásia *f*
euro ['eu̯ro] *m* euro *m*
eurodiputado, -a [eu̯roðipu'taðo, -a] *m, f* membro *m* do parlamento europeu
euroejército [eu̯roe'xerθito] *m* exército *m* europeu
euroescéptico, -a [eu̯roes'θeptiko, -a] *m, f* eurocético, -a *m, f*
Europa [eu̯'ropa] *f* Europa *f*; ~ **Central** Europa Central; ~ **del Este** Europa do Leste; ~ **Occidental** Europa Ocidental; ~ **Oriental** Europa Oriental
europarlamentario, -a [eu̯roparlamen'tarjo, -a] *m, f* membro *m* do parlamento europeu
europeidad [eu̯ropei̯'ðað] *f* europeidade *f*
europeísmo [eu̯rope'ismo] *m* europeísmo *m*
europeísta [eu̯rope'ista] *adj, mf* europeísta *mf*
europeización [eu̯ropei̯θa'θjon] *f* europeização *f*
europeizar [eu̯ropei̯'θar] *irr como* **enraizar** *vt* europeizar

europeo, -a [euro'peo, -a] *adj, m, f* europeu, -eia *m, f*
eurotúnel [euro'tunel] *m* eurotúnel *m*
Euskadi [eus'kaði] *m* País *m* Basco
euskera [eus'kera] *adj*, **eusquera** [eus'kera] *adj* basco, -a
eutanasia [euta'nasja] *f* eutanásia *f*
evacuación [eβakwa'θjon] *f* evacuação *f*
evacuar [eβa'kwar] *vt* evacuar
evadir [eβa'ðir] I. *vt* evadir II. *vr:* ~ **se** evadir-se
evaluación [eβalwa'θjon] *f* avaliação *f*
evaluar [eβalu'ar] <1. *pres:* evalúo> *vt* avaliar
evangélico, -a [eβaŋ'xeliko, -a] *adj, m, f* evangélico, -a *m, f*
evangelio [eβaŋ'xeljo] *m* evangelho *m*
evangelista [eβaŋxe'lista] *m* evangelista *mf*
evangelización [eβaŋxeliθa'θjon] *f* evangelização *f*
evangelizar [eβaŋxeli'θar] *vt* evangelizar
evaporación [eβapora'θjon] *f* evaporação *f*
evaporar [eβapo'rar] I. *vt* evaporar II. *vr:* ~ **se** evaporar-se
evasión [eβa'sjon] *f* evasão *f;* ~ **de capital** evasão de capital; ~ **de impuestos** evasão de impostos; **lectura de** ~ leitura leve
evasiva [eβa'siβa] *f* evasiva *f;* **contestar con** ~ **s** responder com evasivas
evasivo, -a [eβa'siβo, -a] *adj* evasivo, -a
evento [e'βento] *m* evento *m*
eventual [eβen'twal] *adj* eventual
eventualidad [eβentwali'ðaᵈ] *f* eventualidade *f*
evidencia [eβi'ðenθja] *f* evidência *f;* **poner algo en** ~ pôr a. c. em evidência; **poner a alguien en** ~ pôr alguém em evidência
evidenciar [eβiðen'θjar] *vt* evidenciar
evidente [eβi'ðente] *adj* evidente
evitar [eβi'tar] *vt* evitar
evocar [eβo'kar] <c→qu> *vt* evocar
evolución [eβolu'θjon] *f* evolução *f*
evolucionar [eβoluθjo'nar] *vi* evoluir
evolucionismo [eβoluθjo'nismo] BIO evolucionismo *m*
evolucionista [eβoluθjo'nista] *adj, m* evolucionista *f*
ex [eᵛs] I. *adj* ~ **novia** ex-namorada *f;* ~ **presidente** ex-presidente *m* II. *mf inf* ex *mf*

exacerbar [eᵛsaθer'βar] *vt* exacerbar
exactitud [eᵛsakti'tuᵈ] *f* exatidão *f*
exacto, -a [eᵛ'sakto, -a] *adj* exato, -a; **eso no es del todo** ~ não é exatamente isso
exageración [eᵛsaxera'θjon] *f* exagero *m*
exagerado, -a [eᵛsaxe'raðo, -a] *adj, m, f* exagerado, -a *m, f*
exagerar [eᵛsaxe'rar] *vi, vt* exagerar
exaltado, -a [eᵛsal'taðo, -a] *adj* exaltado, -a
exaltar [eᵛsal'tar] I. *vt* exaltar II. *vr:* ~ **se** exaltar-se
examen [eᵛ'samen] *m* 1. (*prueba*) exame *m;* ~ **de conducir** exame de motorista; ~ **de ingreso** exame de admissão; ~ **de recuperación** ENS exame de recuperação; ~ **de selectividad** exame de seleção; **hacer un** ~ fazer um exame; **presentarse a un** ~ apresentar-se para um exame 2. (*análisis*) exame *m;* **someterse a un** ~ (**médico**) submeter-se a um exame médico
examinar [eᵛsami'nar] I. *vt* examinar II. *vr:* ~ **se** fazer prova; **mañana me examino de francés** amanhã faço prova de francês
exasperante [eᵛsaspe'rante] *adj* exasperante
exasperar [eᵛsaspe'rar] *vt* exasperar
excarcelar [eskarθe'lar] *vt* excarcerar
excavación [eskaβa'θjon] *f* escavação *f*
excavadora [eskaβa'ðora] *f* escavadeira *f*
excavar [eska'βar] *vt* escavar
excedencia [esθe'ðenθja] *f* (*laboral*) licença *f*
excedente [esθe'ðente] *adj, m* excedente *m*
exceder [esθe'ðer] I. *vi* exceder; ~ **de algo** exceder a a. c. II. *vt* exceder III. *vr:* ~ **se** 1. (*sobrepasar*) ~ **se** (**a sí mismo**) exceder-se (a si mesmo) 2. (*pasarse*) ~ **se en algo** exceder-se em a. c.
excelencia [esθe'lenθja] *f* (*exquisitez, cargo*) excelência *f;* **por** ~ por excelência
excelente [esθe'lente] *adj* excelente
excelso, -a [es'θelso, -a] *adj elev* excelso
excentricidad [esθentriθi'ðaᵈ] *f* excentricidade *f*
excéntrico, -a [es'θentriko, -a] *adj, m, f*

excêntrico, -a *m, f*
excepción [esθeβ'θjon] *f* exceção *f*; **a** [*o* **con**] ~ **de** com exceção de; **de** ~ extraordinário; **la ~ confirma la regla** a exceção confirma a regra
excepcional [esθeβθjo'nal] *adj* excepcional
excepto [es'θepto] *adv* exceto
exceptuar [esθeptu'ar] <*1. pres:* exceptúo> *vt* excetuar
excesivo, -a [esθe'siβo, -a] *adj* excessivo, -a
exceso [es'θeso] *m* excesso *m*; ~ **de equipaje** excesso de bagagem; ~ **de velocidad** excesso de velocidade; **en** ~ em excesso
excitación [esθita'θjon] *f* excitação *f*
excitado, -a [esθi'taðo, -a] *adj* excitado, -a
excitante [esθi'tante] *adj* excitante
excitar [esθi'tar] I. *vt* excitar II. *vr:* ~ **se** excitar-se
exclamación [esklama'θjon] *f* exclamação *f*
exclamar [eskla'mar] *vi, vt* exclamar
excluir [esklu'ir] *irr como huir vt* excluir; ~ **a alguien de algo** excluir alguém de a. c.
exclusión [esklu'sjon] *f* exclusão *f*; **con** ~ **de** excluindo
exclusiva [esklu'siβa] *f* exclusiva *f*
exclusive [esklu'siβe] *adv* exclusive
exclusividad [eksklusiβi'ðað] *f* exclusividade *f*
exclusivo, -a [esklu'siβo, -a] *adj* exclusivo, -a
excluyente [esklu'ʝente] *adj* excludente
excomulgar [eskomul'ɣar] <g→gu> *vt* REL excomungar
excomunión [eskomu'njon] *f* REL excomunhão *f*
excremento [eskre'mento] *m* excremento *m*
exculpar [eskul'par] *vt* exculpar
excursión [eskur'sjon] *f* (*paseo*) excursão *f*; **a pie** excursão a pé; **ir de** ~ fazer uma excursão
excursionismo [eskursjo'nismo] *m* excursionismo *m*
excursionista [eskursjo'nista] *mf* excursionista *mf*
excusa [es'kusa] *f* desculpa *f*; **presentar sus ~s** apresentar suas desculpas
excusado [esku'saðo] *m* privada *f*
excusar [esku'sar] I. *vt* desculpar II. *vr:* ~ **se** desculpar-se; ~ **se por algo** desculpar-se por a. c.
exención [eɣsen'θjon] *f* isenção *f*
exento, -a [eɣ'sento, -a] *adj* isento, -a; ~ **de aranceles** isento de impostos
exequias [e'ɣsekjas] *fpl* exéquias *fpl*
exfoliar [esfo'ljar] *vt* esfoliar
exhalación [eɣsala'θjon] *f* exalação *f*; **como una** ~ *fig* como um raio
exhalar [eɣsa'lar] *vt* exalar
exhaustivo, -a [eɣsaus'tiβo, -a] *adj* exaustivo, -a
exhausto, -a [eɣ'sausto, -a] *adj* exausto, -a
exhibición [eɣsiβi'θjon] *f* exibição *f*
exhibicionismo [eɣsiβiθjo'nismo] *m* exibicionismo *m*
exhibicionista [eɣsiβiθjo'nista] *mf* exibicionista *mf*
exhibir [eɣsi'βir] I. *vt* exibir II. *vr:* ~ **se** exibir-se; ~ **se en público** exibir-se em público
exhortación [eɣsorta'θjon] *f* exortação *f*
exhortar [eɣsor'tar] *vt* exortar
exigencia [eɣsi'xenθja] *f* exigência *f*
exigente [eɣsi'xente] *adj* exigente
exigir [eɣsi'xir] <g→j> *vt* exigir
exiliado, -a [eɣsi'ljaðo, -a] *adj, m, f* exilado, -a *m, f*
exiliarse [eɣsi'ljarse] *vr* exilar-se
exilio [e'ɣsiljo] *m* exílio *m*
eximio, -a [e'ɣsimjo, -a] *adj* elev exímio, -a
eximir [eɣsi'mir] *vt* eximir; ~ **a alguien de algo** eximir alguém de a. c.
existencia [eɣsis'tenθja] *f* 1. (*vida*) existência *f* 2. (*pl*) COM estoque *m*; **renovar las ~s** renovar o estoque
existencial, -a [eɣsisten'θjal] *adj* existencial
existir [eɣsis'tir] *vi* existir
éxito ['eɣsito] *m* sucesso *m*; ~ **de taquilla** sucesso de bilheteria; **tener** ~ ter sucesso
éxodo ['eɣsoðo] *m* êxodo *m*; ~ **rural** êxodo rural
exonerar [eɣsone'rar] *vt* exonerar; ~ **a alguien de algo** exonerar alguém de a. c.
exorcismo [eɣsor'θismo] *m* exorcismo *m*
exótico, -a [eɣ'sotiko, -a] *adj* exótico, -a
exotismo [eɣso'tismo] *m* exotismo *m*
expandir [espan'dir] I. *vt* expandir II. *vr:* ~ **se** expandir-se

expansión [espan'sjon] *f* 1.(*en general*) expansão *f* 2.(*diversión*) divertimento *m*
expansionarse [espansjo'narse] *vr* 1.(*desarrollarse*) expandir-se 2.(*sincerarse*) ~ **con alguien** abrir-se com alguém 3.(*divertirse*) divertir-se
expansionismo [espansjo'nismo] *m* expansionismo *m*
expansivo, -a [espan'siβo, -a] *adj* expansivo, -a
expatriar [espatri'ar] <*1. pres:* expatrío> I. *vt* expatriar II. *vr:* ~ **se** expatriar-se
expectante [espek'taṇte] *adj* expectante
expectativa [espekta'tiβa] *f* expectativa *f;* ~ **de vida** expectativa de vida; **estar a la** ~ **de algo** estar na expectativa de a. c.
expedición [espeði'θjon] *f* expedição *f*
expediente [espe'ðjeṇte] *m* 1.(*investigación*) processo *m;* **abrir (un)** ~ **a alguien** abrir processo contra alguém 2.(*historial*) histórico *m;* ~ **académico** histórico escolar 3.(*documentación*) documentação *f*
expedir [espe'ðir] *irr como pedir vt* expedir
expedito, -a [espe'ðito, -a] *adj* livre
expendedor [espeṇde'ðor] *m* ~ **automático** máquina *f* de venda automática; ~ **de bebidas** máquina de venda automática de bebidas
expendedor(a) [espeṇde'ðor(a)] *adj* **máquina** ~ **a de billetes/de tabaco** máquina de venda automática de bilhetes/de cigarros
expensas [es'pensas] *fpl* **a** ~ **de** às custas de
experiencia [espe'rjeṇθja] *f* experiência *f;* **saber algo por** ~ **propia** saber de a. c. por experiência própria
experimentado, -a [esperimeṇ'taðo, -a] *adj* experiente
experimental [esperimeṇ'tal] *adj* experimental
experimentar [esperimeṇ'tar] I. *vi* ~ **con algo** experimentar com a. c. II. *vt* experimentar
experimento [esperi'meṇto] *m* experimento *m*
experto, -a [es'perto, -a] *adj, m, f* especialista *mf*
expiar [espi'ar] <*1. pres:* expío> *vt* expiar

expirar [espi'rar] *vi* expirar
explanada [espla'naða] *f* explanada *f*
explayarse [espla'ɟ̟arse] *vr* 1.(*extenderse*) estender-se 2.(*desahogarse*) ~ **con alguien** desabafar-se com alguém 3.(*divertirse*) distrair-se
explicación [esplika'θjon] *f* explicação *f;* **dar explicaciones** dar explicações
explicar [espli'kar] <c→qu> I. *vt* explicar II. *vr:* ~ **se** explicar-se; **no me lo explico** eu não entendo; **¿me explico?** estou sendo claro?
explícito, -a [es'pliθito, -a] *adj* explícito, -a
exploración [esplora'θjon] *f* exploração *f*
explorador(a) [esplora'ðor(a)] *m(f)* explorador(a) *m(f)*
explorar [esplo'rar] *vt* 1. MIL explorar 2. MED examinar
explosión [esplo'sjon] *f* explosão *f;* **hacer** ~ explodir
explosivo, -a [esplo'siβo, -a] *adj* explosivo, -a
explosivo [esplo'siβo] *m* explosivo *m*
explotación [esplota'θjon] *f* exploração *f*
explotar [esplo'tar] *vi, vt* explorar
exponer [espo'ner] *irr como poner* I. *vt* expor II. *vr* ~ **se a algo** expor-se a a. c.; ~ **se a que** +*subj* expor-se a que +*subj*
exportación [esporta'θjon] *f* exportação *f*
exportador(a) [esporta'ðor(a)] *m(f)* exportador(a) *m(f)*
exportar [espor'tar] *vt* exportar
exposición [esposi'θjon] *f* exposição *f;* ~ **universal** exposição universal
exprés [es'pres] I. *adj inv* expresso, -a; **café** ~ café expresso; **olla** ~ panela de pressão II. *m* (*tren*) expresso *m*
expresar [espre'sar] I. *vt* expressar II. *vr:* ~ **se** expressar-se
expresión [espre'sjon] *f* expressão *f*
expresividad [espresiβi'ðað] *f* expressividade *f*
expresivo, -a [espre'siβo, -a] *adj* expressivo, -a
expreso [es'preso] I. *m* expresso *m* II. *adv* expressamente
expreso, -a [es'preso, -a] *adj* expresso, -a
exprimidor [esprimi'ðor] *m* espremedor *m*
exprimir [espri'mir] *vt* espremer
expropiación [espropja'θjon] *f* expro-

priação *f*
expropiar [espro'pjar] *vt* expropriar
expuesto, -a [es'pwesto, -a] **I.** *pp de* **exponer II.** *adj* **1.**(*peligroso*) arriscado, -a **2.**(*sin protección*) exposto, -a
expulsar [espul'sar] *vt* expulsar
expulsión [espul'sjon] *f* expulsão *f*
exquisito, -a [eski'sito, -a] *adj* excelente; (*comida*) delicioso, -a
éxtasis ['estasis] *m inv* êxtase *m*
extender [esteṇ'der] <e→ie> **I.** *vt* **1.**(*en general*) estender; ~ **la mano** estender a mão **2.**(*documento, cheque*) preencher **II.** *vr:* ~ **se** estender-se
extendido, -a [esteṇ'diðo, -a] *adj* **1.**(*amplio, conocido*) extenso, -a **2.**(*mano, brazos*) estendido, -a
extensión [esten'sjon] *f* **1.**(*dimensión*) extensão *f* **2.** TEL extensão *f*
extenso, -a [es'tenso, -a] *adj* extenso, -a
extenuación [estenwa'θjon] *f* extenuação *f*
extenuado, -a [estenu'aðo, -a] *adj* extenuado, -a
extenuante [estenu'aṇte] *adj* extenuante
extenuar [estenu'ar] <*1. pres:* extenúo> *vt* (*agotar*) extenuar
exterior [este'rjor] *adj, m* exterior *m*
exteriorizar [esterjori'θar] <z→c> *vt* exteriorizar
exterminación [estermina'θjon] *f* exterminação *f*
exterminar [estermi'nar] *vt* exterminar
exterminio [ester'minjo] *m* extermínio *m*
externo, -a [es'terno, -a] *adj* externo, -a
extinción [estiṇ'θjon] *f* extinção *f*
extinguir [estiŋ'gir] <gu→g> **I.** *vt* extinguir **II.** *vr:* ~ **se** extinguir-se
extinto, -a [es'tiṇto, -a] *adj* **1.**(*especie, volcán*) extinto, -a **2.**(*fuego*) apagado, -a
extintor [estiṇ'tor] *m* ~ (**de incendios**) extintor *m* (de incêndios)
extirpar [estir'par] *vt* extirpar
extra¹ ['estra] **I.** *adj* **1.**(*adicional*) extra **2.**(*excelente*) superior; **de calidad** ~ de qualidade superior **II.** *m* (*gasto, paga*) extra *m*
extra² ['estra] *mf* figurante *mf*
extracción [estrak'θjon] *f* extração *f*
extracto [es'trakto] *m* extrato *m*
extractor [estrak'tor] *m* ~ (**de humo**) exaustor *m* (de ar)
extradición [estraði'θjon] *f* extradição *f*
extraditar [estraði'tar] *vt* extraditar
extraer [estra'er] *irr como* **traer** *vt* extrair
extrajudicial [estraxudi'θjal] *adj* extrajudicial
extralimitarse [estralimi'tarse] *vr* ultrapassar o limite
extranjerismo [extraŋxe'rismo] *m* estrangeirismo *m*
extranjero [estraŋ'xero] *m* estrangeiro *m*
extranjero, -a [estraŋ'xero, -a] *adj, m, f* estrangeiro, -a *m, f*
extrañar [estra'ɲar] **I.** *vt* **1.**(*sorprender*) surpreender; **¡no me extraña!** não me surpreende! **2.**(*echar de menos*) sentir saudades de **II.** *vr* ~ **se de que** +*subj* surpreender-se de que +*subj*
extrañeza [estra'ɲeθa] *f* **1.**(*rareza*) estranheza *f* **2.**(*perplejidad*) surpresa *f*
extraño, -a [es'traɲo, -a] **I.** *adj* estranho, -a **II.** *m, f* (*forastero*) estrangeiro, -a *m, f*
extraordinario [estraorði'narjo] *m* extraordinário *m*
extraordinario, -a [estraorði'narjo, -a] *adj* extraordinário, -a
extrarradio [estra'rraðjo] *m* periferia *f*
extraterrestre [extrate'rrestre] *adj, mf* extraterrestre *mf*
extravagancia [estraβa'ɣaṇθja] *f* extravagância *f*
extravagante [estraβa'ɣaṇte] *adj* extravagante
extraviado, -a [estraβi'aðo, -a] *adj* extraviado, -a
extraviar [estraβi'ar] <*1. pres:* extravío> **I.** *vt* (*despistar, perder*) extraviar **II.** *vr:* ~ **se** extraviar-se
extravío [estra'βio] *m* extravio *m*
Extremadura [estrema'ðura] *f* Estremadura *f*
extremar [estre'mar] **I.** *vt* extremar; ~ **las medidas de seguridad** extremar as medidas de segurança **II.** *vr* ~ **se en algo** extremar-se em a. c.
extremaunción [estremauṇ'θjon] *f* extrema-unção *f*
extremeño, -a [estre'meɲo, -a] *adj, m, f* natural de Estremadura
extremidad [estremi'ðað] *f* **1.**(*cabo, punta*) extremidade *f* **2.** *pl* ANAT extremidades *fpl*

extremismo [estre'mismo] *m* extremismo *m*

extremista [estre'mista] *adj*, *mf* extremista *mf*

extremo [es'tremo] *m* 1. (*cabo, punto límite*) extremo *m*; **en ~** em extremo; **en último ~** em último caso; **esto llega hasta el ~ de...** isto chega ao extremo de... 2. (*asunto*) questão *f*; **en este ~** neste caso

extremo, -a [es'tremo, -a] I. *adj* extremo, -a II. *m*, *f* DEP ponta *mf*

extrovertido, -a [estroβer'tiðo, -a] *adj* extrovertido, -a

exuberancia [eᵧsuβe'ranθja] *f* exuberância *f*

exuberante [eᵧsuβe'rante] *adj* exuberante

eyaculación [eɟakula'θjon] *f* ejaculação *f*

eyacular [eɟaku'lar] *vi* ejacular

F

F, f ['efe] *f* F, f *m*

fa [fa] *m inv* fá *m*

fabada [fa'βaða] *f prato típico de Astúrias preparado com feijão branco, toucinho e outros ingredientes*

fábrica ['faβrika] *f* fábrica *f*

fabricación [faβrika'θjon] *f* fabricação *f*; **~ en masa** [*o* **serie**] fabricação em massa

fabricante [faβri'kante] *mf* fabricante *mf*

fabricar [faβri'kar] <c→qu> *vt* fabricar

fábula ['faβula] *f t.* LIT fábula *f*; **de ~** excelente; **las rebajas están de fábula** as liquidações estão excelentes

fabuloso, -a [faβu'loso, -a] *adj* fabuloso, -a

facción [faᵧ'θjon] *f* 1. (*de un partido*) facção *f* 2. *pl* (*rasgos*) feições *fpl*

faceta [fa'θeta] *f* faceta *f*

facha¹ ['fatʃa] *mf pey, inf* fascistoide *mf*

facha² ['fatʃa] *f inf* cara *f*; **estar hecho una ~** estar ridículo; **tener una ~ sospechosa** ter uma cara suspeita

fachada [fa'tʃaða] *f* fachada *f*; **su buen humor es pura ~** seu bom humor é pura fachada

facial [fa'θjal] *adj* facial

fácil ['faθil] *adj* 1. (*sin dificultades*) fácil; **eso es muy ~ de decir** isso é muito fácil de falar 2. (*probable*) provável; **es ~ que** +*subj* é provável que +*subj*; **es ~ que nieve** é provável que neve 3. (*carácter*) fácil

facilidad [faθili'ðað] *f* 1. (*en general*) facilidade *f*; **tener ~ para algo** ter facilidade para a. c. 2. *pl* (*de pago*) facilidades *fpl*

facilitar [faθili'tar] *vt* 1. (*favorecer*) facilitar 2. (*suministrar*) fornecer

fácilmente [faθil'mente] *adv* 1. (*sin dificultad*) facilmente 2. (*con probabilidad*) provavelmente

facsímil(e) [faᵧ'simil(e)] *m* fac-símile *m*

factible [fak'tiβle] *adj* factível

factor [fak'tor] *m* fator *m*

factura [fak'tura] *f* fatura *f*

facturación [faktura'θjon] *f* 1. (*de equipaje, mercancía*) expedição *f* 2. (*de cuentas*) faturamento *m*

facturar [faktu'rar] *vt* 1. AERO **~ (el equipaje)** expedir (a bagagem) 2. (*cobrar*) faturar

facultad [fakul'tað] *f t.* UNIV faculdade *f*; **conceder ~es a alguien (para hacer algo)** outorgar poderes a alguém (para fazer a. c.)

facultativo, -a [fakulta'tiβo, -a] *adj* 1. (*potestativo*) facultativo, -a 2. (*del médico*) médico, -a; **esta medicina sólo se vende bajo prescripción facultativa** este remédio só é vendido com receita médica

faena [fa'ena] *f* 1. (*tarea*) serviço *m*, trabalho *m*; **~s domésticas** trabalhos domésticos 2. *inf* (*mala pasada*) encrenca *f*; **hacer una ~ a alguien** fazer uma sujeira com alguém

fagot [fa'ɣoᵗ] *m* fagote *m*

faisán [fai̯'san] *m* faisão *m*

faja ['faxa] *f* cinta *f*; (*para abrigar*) faixa *f*

fajín [fa'xin] *m* faixa *f*

fajo ['faxo] *m* feixe *m*

falacia [fa'laθja] *f* falácia *f*

falange [fa'lanxe] *f* falange *f*; **la Falange (Española)** HIST a Falange (Espanhola)

falda ['falda] *f* 1. (*vestido*) saia *f* 2. (*regazo*) colo *m* 3. (*de una montaña*) sopé *m*

falla ['faʎa] *f t.* GEO falha *f*

> **Cultura** Fallas é o nome dado à maior festa popular de Valência que acontece no dia 19 de março e coincide com a comemoração do **día del padre** (dia dos pais) na Espanha. Fallas são figuras confeccionadas em papel-machê as quais representam caricaturas humorísticas, principalmente de pessoas públicas bastante conhecidas. Elas são queimadas durante a "**noche del fuego**" no dia 19 de março.

fallar [fa'ʎar] I. *vi* 1. JUR ~ **a favor/en contra de alguien** decidir a favor de/contra alguém 2. (*malograrse*) falhar 3. (*no funcionar*) falhar; **~ le la memoria a alguien** falhar a memória de alguém; **le ~ on los nervios y no logró desempatar** perdeu o controle e não conseguiu desempatar 4. (*romperse*) falhar, quebrar 5. (*no cumplir con su palabra*) **~ a alguien** falhar com alguém II. *vt* 1. JUR decidir 2. DEP errar
fallecer [faʎe'θer] *irr como crecer vi* falecer
fallecimiento [faʎeθi'mjento] *m* falecimento *m*
fallido, -a [fa'ʎiðo, -a] *adj* frustrado, -a
fallo ['faʎo] *m* 1. JUR sentença *f* 2. (*error*) falha *f*; **~ humano** falha humana
falo ['falo] *m elev* falo *m*
falsear [false'ar] *vt* falsear
falsedad [false'ðað] *f* falsidade *f*
falsificación [falsifika'θjon] *f* falsificação *f*
falsificado, -a [falsifi'kaðo, -a] *adj* falsificado, -a
falsificador(a) [falsifika'ðor(a)] *m(f)* falsificador(a) *m(f)*
falsificar [falsifi'kar] <c→qu> *vt* falsificar
falso, -a ['falso, -a] *adj* falso, -a; **un movimiento en ~** um movimento em falso
falta ['falta] *f* 1. (*carencia*) falta *f*; **echar en ~ algo/a alguien** sentir saudade de a. c./alguém; **me hace ~ dinero** preciso de dinheiro; **¡ni ~ que hace!** nem faz falta!; **mañana sin ~** amanhã sem falta 2. (*equivocación*) falta *f*; **~ de ortografía** falta de ortografia 3. DEP falta *f*; **cometer** [*o* **hacer**] **una ~** cometer uma falta
faltar [fal'tar] *vi* 1. (*no estar*) faltar; **~ a clase** faltar à aula 2. (*necesitarse*) **~ (por) hacer** faltar fazer; **me falta tiempo para hacerlo** me falta tempo para fazê-lo; **falta (por) saber si...** falta saber se...; **¡no ~ía** [*o* **faltaba**] **más!** (*asentimiento*) claro que sim!; (*rechazo*) era só o que faltava!; **¿me llevarías hasta la estación? – ¡no ~ía más!** você me levaria até a rodoviária? – claro que sim!; **este cuarto también lo tienes que limpiar tú -¡no ~ía más!** ya hice mi parte este quarto também é você que tem que limpar - era só o que faltava! já fiz a minha parte; **¡lo que faltaba!** a gota d'água! 3. (*temporal*) faltar; **faltan cuatro días para tu cumpleaños** faltam quatro dias para o seu aniversário; **falta poco para las doce** falta pouco para a meia-noite; **me faltó poco para llorar** faltou pouco para eu chorar 4. (*no cumplir*) **~ a una promesa** faltar a uma promessa; **nunca falta a su palabra** nunca falta com sua palavra 5. (*ofender*) ofender; **~ a alguien** ofender alguém
falto, -a ['falto, -a] *adj* (*escaso*) **~ de algo** carente de a. c.
fama ['fama] *f* fama *f*; **tener ~ de fanfarrón** ter fama de fanfarrão
famélico, -a [fa'meliko, -a] *adj* faminto, -a
familia [fa'milja] *f* família *f*; **~ numerosa** família grande; **~ política** *família que se adquire pelos laços matrimoniais*; **en ~** em família; **ser de la ~** ser da família; **eso viene de ~** isso vem de família
familiar [fami'ljar] I. *adj* 1. (*íntimo, conocido*) familiar 2. LING coloquial II. *mf* familiar *mf*
familiaridad [familjari'ðað] *f* familiaridade *f*
familiarizarse [familjari'θarse] <z→c> *vr* **~ con algo** familiarizar-se com a. c.
famoso, -a [fa'moso, -a] *adj, m, f* famoso, -a *m, f*
fan [fan] *mf* <fans> fã *mf*
fanático, -a [fa'natiko, -a] *adj, m, f* fanático, -a *m, f*
fanatismo [fana'tismo] *m* fanatismo *m*
fanfarrón, -ona [famfa'rron, -ona] *adj, m, f inf* fanfarrão, -ona *m, f*
fanfarronear [famfarrone'ar] *vi inf* fan-

farronar
fango ['faŋgo] *m* lama *f*
fangoso, -a [faŋ'goso, -a] *adj* enlameado, -a
fantasía [fanta'sia] *f* fantasia *f*; **¡déjate de ~ s!** deixe de fantasias!
fantasma [fan'tasma] *m* fantasma *m*
fantástico, -a [fan'tastiko, -a] *adj* fantástico, -a
faquir [fa'kir] *m* faquir *m*
faraón [fara'on] *m* faraó *m*
faraónico, -a [fara'oniko, -a] *adj* faraônico, -a
faringe [fa'rinxe] *f* faringe *f*
faringitis [farin'xitis] *f inv* faringite *f*
farmacéutico, -a [farma'θeutiko, -a] *adj, m, f* farmacêutico, -a *m, f*
farmacia [far'maθja] *f* farmácia *f*; **~ de guardia** farmácia de plantão
fármaco ['farmako] *m* fármaco *m*
faro ['faro] *m* AUTO, NÁUT farol *m*; **~ antiniebla** farol de neblina
farol [fa'rol] *m* **1.** (*lámpara*) lampião *m* **2.** *inf* (*fanfarronada*) **tirarse un ~** fazer farol
farola [fa'rola] *f* poste *m* de luz
farsa ['farsa] *f* farsa *f*
farsante [far'sante] *mf* farsante *mf*
fascículo [fas'θikulo] *m* fascículo *m*
fascinación [fasθina'θjon] *f* fascinação *f*
fascinante [fasθi'nante] *adj* fascinante
fascinar [fasθi'nar] *vt* fascinar
fascismo [fas'θismo] *m* fascismo *m*
fascista [fas'θista] *adj, mf* fascista *mf*
fase ['fase] *f* fase *f*
fastidiar [fasti'ðjar] **I.** *vt* **1.** (*molestar*) aborrecer; **¡no te fastidia!** *inf* dá para acreditar? **2.** (*estropear*) quebrar **II.** *vr*: **~ se 1.** (*aguantarse*) aguentar-se, virar-se; **¡fastídiate!** *inf* que se aguente!; **¿no lo eligiste? ¡ahora, fastídiate!** *inf* você não o escolheu? agora aguente!; **¡hay que ~ se!** *inf* é o fim da picada! **2.** (*estropearse*) quebrar-se
fastidio [fas'tiðjo] *m* chatice *f*
fastidioso, -a [fasti'ðjoso, -a] *adj* chato, -a
fastuoso, -a [fastu'oso, -a] *adj* fastuoso, -a
fatal [fa'tal] **I.** *adj* **1.** (*inevitable, mortal*) fatal **2.** *inf* (*muy malo*) muito ruim; **una película ~** um filme muito ruim **II.** *adv inf* **el examen me fue ~** fui muito mal na prova; **me encuentro ~** me sinto muito mal

fatalidad [fatali'ðað] *f* fatalidade *f*
fatalismo [fata'lismo] *m* fatalismo *m*
fatídico, -a [fa'tiðiko, -a] *adj* fatídico, -a
fatiga [fa'tiɣa] *f* fadiga *f*
fatigado, -a [fati'ɣaðo, -a] *adj* fadigado, -a
fatigante [fati'ɣante] *adj* fatigante
fatigar [fati'ɣar] <g→gu> *vt* fatigar
fatigoso, -a [fati'ɣoso, -a] *adj* fatigoso, -a
fauces ['fauθes] *fpl* fauces *fpl*
fauna ['fauna] *f* fauna *f*
favor [fa'βor] *m* favor *m*; **a** [*o* **en**] **~ de alguien** a favor de alguém; **por ~** por favor; **estar a ~ de algo** estar a favor de a. c.; **hacer un ~ a alguien** fazer um favor para alguém; **votar a ~ de alguien** votar a favor de alguém; **¡haga el ~ de dejarme en paz!** faça o favor de me deixar em paz!; **te lo pido por ~** eu lhe peço por favor
favorable [faβo'raβle] *adj* favorável
favorecer [faβore'θer] *irr como crecer vt* favorecer
favorito, -a [faβo'rito, -a] *adj, m, f* favorito, -a *m, f*
fax [faks] *m* <-es *o* inv> fax *m*
faz [faθ] *f elev* face *f*
fe [fe] *f* **1.** (*creencia*) fé *f*; **de buena/mala ~** de boa-/má-fé; **dar ~ de algo** dar fé de a. c.; **tener ~ en alguien** ter fé em alguém **2.** (*certificado*) certidão *f*; **~ de erratas** errata *f*; **~ de matrimonio** certidão de casamento
fealdad [feal'daðº] *f* feiura *f*
febrero [fe'βrero] *m* fevereiro *m*; *v.t.* **marzo**
febril [fe'βril] *adj* febril
fecha ['fetʃa] *f* **1.** (*data*) data *f*; **~ de caducidad** data de validade; **~ de cierre** data de encerramento; **~ clave** data-chave *f*; **~ límite** [*o* **tope**] data limite; **~ de nacimiento** data de nascimento; **hasta la ~** até o momento **2.** *pl* (*época*) data *f*; **en** [*o* **por**] **estas ~s** nesta data
fechar [fe'tʃar] *vt* datar
fechoría [fetʃo'ria] *f* **1.** (*delito*) infração *f* **2.** (*travesura*) travessura *f*
fecundación [fekunda'θjon] *f* fecundação *f*; **~ artificial** inseminação artificial; **~ in vitro** fecundação in vitro
fecundar [fekun'dar] *vt* fecundar
fecundidad [fekundi'ðað] *f* fecundidade *f*
fecundo, -a [fe'kundo, -a] *adj* fecun-

do, -a
federación [feðera'θjon] *f* federação *f*
federal [feðe'ral] *adj* federal
federarse [feðe'rarse] *vr* federar-se
felicidad [feliθi'ðað] *f* felicidade *f*; ¡~ es! felicidades!; (*en Navidad*) feliz Natal!; (*en cumpleaños*) felicidades!; ¡~ es por el trabajo! parabéns pelo trabalho!
felicitación [feliθita'θjon] *f* 1. (*enhorabuena*) felicitação *f* 2. (*tarjeta*) cartão *m* de felicitações
felicitar [feliθi'tar] I. *vt* ~ **a alguien por algo** felicitar alguém por a. c. II. *vr* ~ **se por algo** felicitar-se por a. c.; ~ **se de que** +*subj* estar feliz por +*fut de subj*
feligrés, -esa [feli'ɣres, -esa] *m, f* paroquiano, -a *m, f*
felino, -a [fe'lino, -a] *adj, m, f* felino, -a *m, f*
feliz [fe'liθ] *adj* feliz; ¡~ **cumpleaños!** feliz aniversário!; ¡~ **Navidad!** feliz Natal!; ¡~ **viaje!** boa viagem!
felpa ['felpa] *f* pelúcia *f*
felpudo [fel'puðo] *m* capacho *m*
femenino, -a [feme'nino, -a] *adj* feminino, -a
feminidad [femini'ðað] *f* feminilidade *f*
feminismo [femi'nismo] *m* feminismo *m*
feminista [femi'nista] *adj, mf* feminista *mf*
fémur ['femur] *m* ANAT fêmur *m*
fenomenal [fenome'nal] *inf* I. *adj* (*grande, excelente*) fenomenal II. *adv* muito bem; **me encuentro** ~ me sinto muito bem
fenómeno [fe'nomeno] *m* (*acontecimiento, genio*) fenômeno *m*
feo ['feo] *m* **hacer un** ~ **a alguien** *inf* fazer uma desfeita para alguém
feo, -a ['feo, -a] *adj* feio, -a; **la cosa se está poniendo fea** a coisa está ficando feia
féretro ['feretro] *m* féretro *m*
feria ['ferja] *f* 1. (*exposición*) feira *f*; ~ **de muestras** exposição *f* 2. (*verbena*) quermesse *f*
feriado [fe'rjaðo] *m* AmL feriado *m*
feriado, -a [fe'rjaðo, -a] *adj* AmL feriado, -a
feriante [fe'rjante] *mf* (*de mercado*) feirante *mf*; (*de exposición*) expositor(a) *m(f)*
fermentación [fermenta'θjon] *f* fermentação *f*
fermentar [fermen'tar] *vi, vt* fermentar

ferocidad [feroθi'ðað] *f* ferocidade *f*
feroz [fe'roθ] *adj* feroz
férreo, -a ['ferreo, -a] *adj* 1. *t. fig* férreo, -a 2. (*del ferrocarril*) ferroviário, -a
ferretería [ferrete'ria] *f* loja *f* de ferragens
ferretero, -a [ferre'tero, -a] *m, f* ferrageiro, -a *m, f*
ferrocarril [ferroka'rril] *m* 1. (*vía*) ferrovia *f* 2. (*tren*) trem *m*
ferroviario, -a [ferro'βjarjo, -a] *adj, m, f* ferroviário, -a *m, f*
ferry ['ferri] *m* ferry *m*
fértil ['fertil] *adj* fértil
fertilidad [fertili'ðað] *f* fertilidade *f*
fertilización [fertiliθa'θjon] *f* fertilização *f*
fertilizante [fertili'θante] *m* fertilizante *m*
fertilizar [fertili'θar] <z→c> *vt* fertilizar
ferviente [fer'βjente] *adj* fervente; **una discusión** ~ uma discussão calorosa
fervor [fer'βor] *m* fervor *m*
fervoroso, -a [ferβo'roso, -a] *adj* fervoroso, -a
festejar [feste'xar] *vt* festejar
festejo [fes'texo] *m* festejo *m*
festín [fes'tin] *m* banquete *m*
festival [festi'βal] *m* festival *m*
festividad [festiβi'ðað] *f* festividade *f*
festivo, -a [fes'tiβo, -a] *adj* festivo, -a
fetiche [fe'titʃe] *m* fetiche *m*
fétido, -a ['fetiðo, -a] *adj* fétido, -a
feto ['feto] *m* feto *m*
feudal [feu'ðal] *adj* feudal
feudalismo [feuða'lismo] *m* feudalismo *m*
fiable [fi'aβle] *adj* confiável
fiaca [fi'aka] *f* CSur (*pereza*) preguiça *f*
fiador(a) [fja'ðor(a)] *m(f)* fiador(a) *m(f)*; **salir** ~ **por alguien** ser fiador de alguém
fiambre [fi'ambre] *m* 1. GASTR frios *mpl* 2. *inf* (*cadáver*) presunto *m*; **estar** ~ virar presunto
fianza [fi'anθa] *f* fiança *f*; **en libertad bajo** ~ em liberdade sob fiança
fiar [fi'ar] <1. pres: fío> I. *vi* 1. (*al vender*) fiar 2. (*confiar*) **es de** ~ é de confiança II. *vt* (*dar crédito*) fiar III. *vr* ~ **se de algo/alguien** confiar em a. c./alguém
fiasco ['fjasko] *m* fiasco *m*
fibra ['fiβra] *f* fibra *f*; ~ **óptica** fibra ótica; ~ **de vidrio** fibra de vidro

ficción [fikˈθjon] *f* ficção *f*
ficha [ˈfitʃa] *f* **1.** (*de ruleta*) ficha *f*; (*de dominó*) peça *f* **2.** (*para una máquina, de guardarropa*) ficha *f* **3.** (*tarjeta informativa*) ficha *f*; ~ **policial** ficha policial
fichaje [fiˈtʃaxe] *m* DEP contratação *f*
fichar [fiˈtʃar] **I.** *vi* **1.** DEP ~ **por** ser contratado por **2.** (*en el trabajo*) marcar cartão **II.** *vt* **1.** (*policía*) fichar; **estar fichado** estar fichado **2.** *inf* (*desconfiar*) **estar fichado** estar marcado; **tener fichado a alguien** marcar alguém **3.** DEP contratar
fichero [fiˈtʃero] *m* **1.** (*archivador*) fichário *m* **2.** INFOR arquivo *m*
ficticio, -a [fikˈtiθjo, -a] *adj* fictício, -a
fidelidad [fiðeliˈðað] *f* fidelidade *f*; **alta** ~ alta fidelidade
fideo [fiˈðeo] *m* macarrão *m* cabelo-de-anjo
fiebre [ˈfjeβre] *f* febre *f*; ~ **aftosa** febre aftosa; ~ **amarilla** febre amarela; ~ **del heno** febre de feno; ~ **del oro** febre do ouro; ~ **palúdica** febre palustre; **tener** ~ estar com febre
fiel [fjel] **I.** *adj* fiel; **ser** ~ **a una promesa** ser fiel a uma promessa **II.** *m* **1.** (*de una balanza*) fiel *m* **2.** *pl* REL fiéis *mpl*
fieltro [ˈfjeltro] *m* feltro *m*
fiera [ˈfjera] *f* fera *f*; **llegó hecho una** ~ *inf* chegou feito uma fera
fiero, -a [ˈfjero, -a] *adj* feroz
fiesta [ˈfjesta] *f* **1.** (*día*) feriado *m*; **¡Felices Fiestas!** Boas Festas!; **hoy hago** ~ hoje tirei o dia de folga **2.** (*celebración*) festa *f*
figura [fiˈɣura] *f* figura *f*
figurado, -a [fiɣuˈraðo, -a] *adj* figurado, -a
figurante [fiɣuˈrante] *mf* figurante *mf*
figurar [fiɣuˈrar] **I.** *vi* figurar; **figura en el puesto número tres** figura em terceiro lugar **II.** *vr*: ~ **se** imaginar; **¡figúrate!** imagine!; **me figuro que sí** imagino que sim
fijador [fixaˈðor] *m t.* FOTO fixador *m*
fijar [fiˈxar] **I.** *vt* **1.** (*sujetar*) fixar; **prohibido** ~ **carteles** proibido fixar cartazes **2.** (*la mirada*) fixar; ~ **la atención en algo** fixar a atenção em a. c. **3.** (*residencia, precio*) fixar **II.** *vr*: ~ **se 1.** (*atender*) prestar atenção; **no se ha fijado en mi nuevo peinado** não prestou atenção no meu penteado novo; **ese se fija en todo** esse repara em tudo; **fíjate bien en lo que te digo** preste bem atenção no que eu lhe digo **2.** (*mirar*) reparar; **no se fijó en mí** não reparou em mim
fijo, -a [ˈfixo, -a] *adj* fixo, -a
fila [ˈfila] *f* **1.** (*hilera*) fila *f*; **en** ~ em fila; **en** ~ **india** em fila indiana; **aparcar en doble** ~ estacionar em fila dupla **2.** *pl* MIL fileiras *fpl*; **¡en** ~**s!** em fila!; **¡rompan** ~**s!** dispersar! **3.** *pl* (*de un partido*) fileiras *fpl*
filamento [filaˈmento] *m* filamento *m*
filántropo [fiˈlantropo] *mf* filantropo, -a *m, f*
filatelia [filaˈtelja] *f* filatelia *f*
filete [fiˈlete] *m* **1.** (*carne*) filé *m* **2.** (*dibujo*) filete *m*
filial [fiˈljal] *f* filial *f*
Filipinas [filiˈpinas] *fpl* **las** ~ as Filipinas
filipino, -a [filiˈpino, -a] *adj, m, f* filipino, -a *m, f*
film [film] *m* filme *m*
filmar [filˈmar] *vt* filmar
filme [ˈfilme] *m* filme *m*
filmografía [filmoɣraˈfia] *f* filmografia *f*
filmoteca [filmoˈteka] *f* filmoteca *f*
filo [ˈfilo] *m* fio *m*; **llegó al** ~ **de las dos** chegou por volta das duas da tarde
filología [filoloˈxia] *f* filologia *f*
filólogo, -a [fiˈloloɣo, -a] *m, f* filólogo, -a *m, f*
filón [fiˈlon] *m* veio *m*; (*negocio*) filão *m*
filosofía [filosoˈfia] *f* filosofia *f*
filosófico, -a [filoˈsofiko, -a] *adj* filosófico, -a
filósofo, -a [fiˈlosofo, -a] *m, f* filósofo, -a *m, f*
filtración [filtraˈθjon] *f* filtragem *f*
filtrar [filˈtrar] **I.** *vt* filtrar **II.** *vr*: ~ **se 1.** (*líquido, luz*) infiltrar-se **2.** (*noticia*) vazar
filtro [ˈfiltro] *m* filtro *m*; ~ **solar** filtro solar
fin [fin] *m* fim *m*; ~ **de semana** fim de semana; **a** ~(**es**) **de mes** no final do mês; **a** ~ **de que** +*subj* a fim de que +*subj*; **al** ~ **y al cabo, a** ~ **de cuentas** no fim das contas; **en** ~ em resumo; **sin** ~ sem fim; **poner** ~ **a algo** colocar fim a a. c.
final[1] [fiˈnal] *adj, m* final *m*; **a** ~**es de** no final do mês; **al** ~ **no nos lo dijo** no fim não nos contou
final[2] [fiˈnal] *f* DEP final *f*
finalidad [finaliˈðað] *f* finalidade *f*
finalista [finaˈlista] *mf* finalista *mf*

finalización [finaliθa'θjon] *f* finalização *f*

finalizar [finali'θar] <z→c> *vi, vt* finalizar

financiación [finanθja'θjon] *f* financiamento *m*

financiar [finan'θjar] *vt* financiar

financiero, -a [finan'θjero, -a] I. *adj* financeiro, -a II. *m, f* financista *mf*

finanzas [fi'nanθas] *fpl* finanças *fpl*

finca ['fiŋka] *f* propriedade *f*

finés, -esa [fi'nes, -esa] *adj, m, f* finês, -esa *m, f*

fingimiento [fiŋxi'mjento] *m* fingimento *m*

fingir [fiŋ'xir] <g→j> *vi, vt* fingir

finlandés, -esa [finlan'des, -esa] *adj, m, f* finlandês, -esa *m, f*

Finlandia [fin'landja] *f* Finlândia *f*

fino ['fino] *m* xerez *m*

fino, -a ['fino, -a] *adj* fino, -a

firma ['firma] *f* 1. (*en documentos*) assinatura *f* 2. (*empresa*) firma *f*

firmamento [firma'mento] *m* firmamento *m*

firmante [fir'mante] *mf* signatário, -a *m, f*; **el/la abajo** ~ o abaixo assinado/a abaixo assinada

firmar [fir'mar] *vi, vt* assinar

firme ['firme] I. *adj* firme; ¡~ s! MIL sentido! II. *m* macadame *m*

firmeza [fir'meθa] *f* firmeza *f*; ~ **de carácter** firmeza de caráter

fiscal [fis'kal] I. *adj* fiscal II. *mf* JUR promotor(a) *m(f)*

fiscalía [fiska'lia] *f* promotoria *f*

fiscalización [fiskaliθa'θjon] *f* fiscalização *f*

fiscalizar [fiskali'θar] *vt* fiscalizar

fisco ['fisko] *m* fisco *m*

fisgar [fis'ɣar] <g→gu> *vi inf* ~ **en algo** xeretar em a. c.

fisgón, -ona [fis'ɣon, -ona] *m, f inf* xereta *mf*

física ['fisika] *f* física *f*

físico ['fisiko] *m* físico *m;* **tener un buen** ~ ter um bom físico

físico, -a ['fisiko, -a] *adj, m, f* físico, -a *m, f*

fisioterapeuta [fisjotera'peuta] *mf* fisioterapeuta *mf*

fisioterapia [fisjote'rapja] *f* fisioterapia *f*

flaco, -a ['flako, -a] *adj* 1. (*delgado*) magro, -a 2. (*débil*) fraco, -a

flagrante [fla'ɣrante] *adj* (*evidente*) flagrante; **en** ~ em flagrante

flamante [fla'mante] *adj inf* (*nuevo*) novo, -a em folha

flamenco [fla'meŋko] *m* 1. ZOOL flamingo *m* 2. (*cante*) flamenco *m* 3. (*lengua*) flamengo *m*

> **Cultura** O **flamenco**, uma das formas de canto e dança mais tradicionais da **Andalucía**, é conhecido no mundo inteiro. As origens do **flamenco** podem ser encontradas nas ricas tradições de três grupos nacionais: os andaluzos, os mouros e os ciganos. As canções e os movimentos de dança (solo ou dueto) são sempre acompanhados por palmas e estalar de dedos rítmicos juntamente com gritos variados.

flamenco, -a [fla'meŋko, -a] I. *adj* 1. (*andaluz*) flamenco, -a 2. (*de Flandes*) flamengo, -a II. *m, f* flamengo, -a *m, f*

flan [flan] *m* flã *m;* **estar hecho** [*o* **como**] **un** ~ *inf* estar tremendo como uma gelatina

Flandes ['flandes] *m* Flandres *f*

flaquear [flake'ar] *vi* fraquejar

flaqueza [fla'keθa] *f* fraqueza *f*

flash [flaʃ] *m inv* flash *m*

flauta¹ ['flauta] *f* flauta *f;* ~ (**dulce**) flauta doce; ~ (**travesera**) flauta transversal

flauta² ['flauta] *mf* flauta *mf*

flautista [flau'tista] *mf* flautista *mf*

flecha ['fletʃa] *f* 1. (*arma*) flecha *f;* **como una** ~ como uma flecha 2. (*indicador*) seta *f*

flechazo [fle'tʃaθo] *m inf:* amor à primeira vista

fleco ['fleko] *m* franja *f*

flema ['flema] *f* 1. (*calma*) fleuma *f* 2. (*mucosidad*) catarro *m*

flemón [fle'mon] *m* fleimão *m*

flequillo [fle'kiʎo] *m* franja *f*

flete ['flete] *m* frete *m*

flexibilidad [fleɣsiβili'ðað] *f* flexibilidade *f*

flexibilización [fleɣsiβiliθa'θjon] *f* flexibilização *f*

flexible [fleɣ'siβle] *adj* flexível

flexión [fleɣ'sjon] *f* flexão *f*

flexo ['fleɣso] *m* luminária com haste flexível

flipper ['fliper] *m* fliperama *m*

flirt [flir'] *m* <flirts> flerte *m*
flirtear [flirte'ar] *vi* flertar
flojear [floxe'ar] *vi* **1.** (*disminuir*) fraquejar **2.** (*en una materia*) ~ **en algo** relaxar em a. c.
flojera [flo'xera] *f inf* fraqueza *f*
flojo, -a ['floxo, -a] *adj* **1.** (*cuerda, nudo*) frouxo, -a **2.** (*café, argumento, viento*) fraco, -a; **estoy ~ en inglés** estou fraco em inglês
flor [flor] *f* (*planta*) flor *f*; **estar en ~** estar em flor; **la ~ y la nata de la sociedad** a fina flor da sociedade; **en la ~ de la vida** na flor da vida; **a ~ de piel** à flor da pele
flora ['flora] *f* flora *f*
florecer [flore'θer] *irr como crecer* **I.** *vi* florescer **II.** *vr:* **-se** mofar
floreciente [flore'θjente] *adj* florescente
florecimiento [floreθi'mjento] *m* florescimento *m*
Florencia [flo'renθja] *f* Florença *f*
florero [flo'rero] *m* vaso *m*; **estar de ~** *fig* estar de enfeite
floricultor(a) [florikul'tor(a)] *m(f)* floricultor(a) *m(f)*
floricultura [florikul'tura] *f* floricultura *f*
florista [flo'rista] *mf* florista *mf*
floristería [floriste'ria] *f* floricultura *f*
flota ['flota] *f* frota *f*
flotación [flota'θjon] *f* flutuação *f*
flotador [flota'ðor] *m* **1.** (*objeto*) boia *f* **2.** *RíoPl, inf* (*michelines*) pneuzinho *m*
flotar [flo'tar] *vi* flutuar, boiar
flote [flo'te] *m* **estar a ~** estar flutuando; *fig* estar fora de perigo; **mantenerse a ~** *fig* seguir adiante; **sacar a ~ una empresa** levantar uma empresa
flotilla [flo'tiʎa] *f* flotilha *f*
fluctuar [fluktu'ar] < *l. pres:* fluctúo> *vi* flutuar
fluidez [flwi'ðeθ] *f* fluidez *f*; *fig* fluência *f*
fluido [flu'iðo] *m* fluido *m*
fluido, -a [flu'iðo, -a] *adj* fluido, -a
fluir [flu'ir] *irr como huir vi* fluir
flujo ['fluxo] *m* fluxo *m*; **~ de caja** ECON fluxo de caixa
flúor [flu'or] *m* flúor *m*
fluorescente [flwores'θente] **I.** *adj* fluorescente **II.** *m* lâmpada *f* fluorescente
fluvial [flu'βjal] *adj* fluvial
FMI [efe(e)me'i] *m abr de* **Fondo Monetario Internacional** FMI *m*
fobia ['foβja] *f* fobia *f*

foca ['foka] *f* foca *f*
foco ['foko] *m* **1.** (*en general*) foco *m* **2.** *AmL* (*bombilla*) lâmpada *f*
fofo, -a ['fofo, -a] *adj* fofo, -a
fogata [fo'ɣata] *f* fogueira *f*
fogón [fo'ɣon] *m* **1.** (*de la cocina*) fogão *m* **2.** (*de máquinas de vapor*) caldeira *f* **3.** *AmL* (*fogata*) fogueira *f*
fogoso, -a [fo'ɣoso, -a] *adj* fogoso, -a
foie-gras [fwa'ɣras] *m* foie gras *m*
folclor(e) [fol'klor(e)] *m* folclore *m*
folclórico, -a [fol'kloriko, -a] *adj* folclórico, -a
fólder ['folder] *f AmL* (*carpeta*) pasta *f*
folio ['foljo] *m* fólio *m*, folha *f*
follaje [fo'ʎaxe] *m* folhagem *f*
follar [fo'ʎar] *vi, vt vulg* foder
folleto [fo'ʎeto] *m* folheto *m*
follón [fo'ʎon] *m inf* **1.** (*alboroto*) confusão *f*; **armar un ~** armar uma confusão **2.** (*asunto enojoso*) apuro *m*
fomentar [fomen'tar] *vt* fomentar
fomento [fo'mento] *m* fomento *m*
fonda ['fonda] *f* pensão *f*
fondeadero [fondea'ðero] *m* ancoradouro *m*
fondo ['fondo] *m* **1.** (*de un cajón*) fundo *m*; **los bajos ~** o submundo; **en el ~ de su corazón** no fundo do seu coração; **irse a ~** afundar; **tocar ~** chegar ao fundo **2.** (*de un edificio*) fundo; **al ~ del pasillo** ao final do corredor; **mi habitación está al ~ de la casa** meu quarto fica nos fundos da casa **3.** (*lo esencial*) âmago *m*; **en el ~** no fundo; **ir al ~ de un asunto** ir a fundo em um assunto; **tratar un tema a ~** tratar um tema a fundo **4.** (*de un cuadro*) fundo *m* **5.** DEP fundo *m*; **medio ~** meio-fundo *m* **6.** FIN, POL fundo; **~ común** fundo comum; **~ de inversión** fundo de investimento; **Fondo Monetario Internacional** Fundo Monetário Internacional **7.** *pl* (*medios*) fundos *mpl*
fonema [fo'nema] *m* fonema *m*
fonética [fo'netika] *f* fonética *f*
fontanería [fontane'ria] *f* **1.** (*acción, conducto*) encanamento *m* **2.** (*establecimiento*) loja de materiais hidráulicos
fontanero, -a [fonta'nero, -a] *m, f* encanador(a) *m(f)*
footing ['futin] *m* footing *m*; **hacer ~** fazer footing
forajido, -a [fora'xiðo, -a] *m, f* foragido,

-a *m, f*

forastero, -a [foras'tero, -a] *m, f* forasteiro, -a *m, f*

forcejear [forθexe'ar] *vi* forçar

forcejeo [forθe'xeo] *m* forcejo *m*

fórceps ['forθeβs] *m inv* fórceps *m inv*

forense [fo'rense] **I.** *adj* forense **II.** *mf* legista *mf*

forestal [fores'tal] *adj* florestal

forjar [for'xar] *vt* forjar

forma ['forma] *f* forma *f*; **~ de pago** forma de pagamento; **las ~s de una mujer** as formas de uma mulher; **en ~ de gota** em forma de gota; **dar ~ a algo** (*formar*) dar forma a a. c.; (*organizar*) delinear a. c.; **estar en ~** (*física*) estar em forma; **en ~ escrita** por escrito; **de ~ que** de maneira que; **de todas ~s,...** de qualquer forma,...; **lo haré de una ~ u otra** vou fazê-lo de uma forma ou de outra; **no hay ~ de abrir la puerta** não tem jeito de abrir a porta

formación [forma'θjon] *f* **1.** (*preparación, educación*) formação *f*; **~ escolar/de adultos** formação escolar/de adultos; **~ profesional** formação profissional **2.** (*agrupación*) **~ política** partido político

formal [for'mal] *adj* **1.** (*en general*) formal; **una invitación ~** um convite formal; **requisito ~** requisito formal; **tiene novio ~** tem namorado firme **2.** (*serio*) formal

formalidad [formali'ðað] *f* **1.** (*seriedad*) formalidade *f* **2.** *pl* ADMIN, JUR formalidades *fpl*

formalizar [formali'θar] <z→c> *vt* formalizar

formar [for'mar] **I.** *vt* formar **II.** *vr:* **~se 1.** (*en general*) formar-se **2.** (*hacerse*) fazer; **~se una idea de algo** fazer uma ideia de a. c.

formatear [formate'ar] *vt* INFOR formatar

formateo [forma'teo] *m* INFOR formatação *f*

formato [for'mato] *m* formato *m*

formica® [for'mika] *f* fórmica *f*

formidable [formi'ðaβle] *adj* formidável

fórmula ['formula] *f* fórmula *f*

formulación [formula'θjon] *f* formulação *f*

formular [formu'lar] *vt* formular, apresentar; **~ denuncia contra alguien** apresentar denúncia contra alguém

formulario [formu'larjo] *m* formulário *m*

fornido, -a [for'niðo, -a] *adj* fornido, -a

foro ['foro] *m* (*local*) foro *m*, fórum *m*; (*discusión*) fórum *m*

forofo, -a [fo'rofo, -a] *m, f inf* fanático, -a *m, f*

forraje [fo'rraxe] *m* forragem *f*

forrar [fo'rrar] **I.** *vt* forrar **II.** *vr:* **~se** *inf* encher-se de dinheiro

forro ['forro] *m* forro *m*

fortalecer [fortale'θer] *irr como crecer* **I.** *vt* fortalecer **II.** *vr:* **~se** (*volverse más fuerte*) fortalecer-se

fortaleza [forta'leθa] *f* fortaleza *f*

fortificación [fortifika'θjon] *f* fortificação *f*

fortín [for'tin] *m* fortim *m*

fortuito, -a [for'twito, -a, fortu'ito, -a] *adj* fortuito, -a

fortuna [for'tuna] *f* (*suerte, capital, destino*) fortuna *f*; **por ~** por sorte

forzar [for'θar] *irr vt* forçar

forzoso, -a [for'θoso, -a] *adj* forçoso, -a

fosa ['fosa] *f* **1.** (*hoyo*) fossa *f*; **~ séptica** fossa séptica **2.** (*sepultura*) cova *f* **3.** ANAT **~s nasales** fossas *fpl* nasais

fosfato [fos'fato] *m* fosfato *m*

fosforescente [fosfores'θente] *adj* fosforescente

fósforo ['fosforo] *m* fósforo *m*

fósil ['fosil] *m* fóssil *m*

foso ['foso] *m* **1.** *t.* MÚS, TEAT fosso *m* **2.** (*en un garaje*) fosso *m* de inspeção

foto ['foto] *f* foto *f*

fotocopia [foto'kopja] *f* fotocópia *f*

fotocopiadora [fotokopja'ðora] *f* xerox *f*

fotocopiar [fotoko'pjar] *vt* fotocopiar

fotoeléctrico, -a [fotoe'lektriko, -a] *adj* fotoelétrico, -a

fotogénico, -a [foto'xeniko, -a] *adj* fotogênico, -a

fotografía [fotoɣra'fia] *f* fotografia *f*; **~ en color** fotografia colorida; **hacer** [*o* **sacar**] **una ~** tirar uma fotografia

fotografiar [fotoɣrafi'ar, fotoɣra'fjar] <*1. pres:* fotografío> *vi, vt* fotografar

fotográfico, -a [foto'ɣrafiko, -a] *adj* fotográfico, -a

fotógrafo, -a [fo'toɣrafo, -a] *m, f* fotógrafo, -a *m, f*

fotograma [foto'ɣrama] *m* fotograma *m*

fotomatón [fotoma'ton] *m* cabine de fotos instantâneas

fotomontaje [fotomon'taxe] *m* foto-

montagem *f*
fotonovela [fotono'βela] *f* fotonovela *f*
fotosíntesis [foto'sintesis] *f inv* fotossíntese *f*
frac [frakᵏ] *m* <fracs *o* fraques> fraque *m*
fracasar [fraka'sar] *vi* fracassar
fracaso [fra'kaso] *m* fracasso *m*
fracción [fraɣ'θjon] *f* fração *f*
fraccionar [fraɣθjo'nar] *vt* fracionar
fracs *pl de* **frac**
fractura [frak'tura] *f* fratura *f*
fracturar [fraktu'rar] I. *vt* fraturar II. *vr:* ~**se** fraturar
fragancia [fra'ɣanθja] *f* fragrância *f*
fragata [fra'ɣata] *f* fragata *f*
frágil ['fraxil] *adj* frágil
fragmento [fraɣ'mento] *m* fragmento *m*
fragua ['fraɣwa] *f* frágua *f*, forja *f*
fraguar [fra'ɣwar] <gu→gü> I. *vi* forjar II. *vt* forjar, tramar; **¿qué estás fraguando?** *fig* o que você está tramando?
fraile ['fraile] *m* frade *m*
frambuesa [fram'bwesa] *f* framboesa *f*
francés, -esa [fran'θes, -esa] *adj, m, f* francês, -esa *m, f*
Francia ['franθja] *f* França *f*
franco ['franko] *m* HIST (*moneda*) franco *m*
franco, -a ['franko, -a] *adj* franco, -a
francotirador(a) [frankotira'ðor(a)] *m(f)* franco-atirador(a) *m(f)*
franela [fra'nela] *f* flanela *f*
franja ['franxa] *f* faixa *f*; (*guarnición*) franja *f*
franquear [franke'ar] *vt* franquear; **a** ~ **en destino** franquear no destino
franqueo [fran'keo] *m* franqueamento *m*
franqueza [fran'keθa] *f* franqueza *f*
franquicia [fran'kiθja] *f* franquia *f*
franquismo [fran'kismo] *m* HIST franquismo *m*
franquista [fran'kista] *adj, mf* HIST franquista *mf*
fraques ['frakes] *pl de* **frac**
frasco ['frasko] *m* frasco *m*
frase ['frase] *f* frase *f*; ~ **hecha** frase feita
fraternal [frater'nal] *adj* fraternal
fraterno, -a [fra'terno, -a] *adj* fraterno, -a
fraude ['frauðe] *m* fraude *f*; ~ **fiscal** fraude fiscal
fraudulento, -a [frauðu'lento, -a] *adj* fraudulento, -a
frazada [fra'θaða] *f AmL* cobertor *m*
frecuencia [fre'kwenθja] *f* frequência *f*
frecuentar [frekwen'tar] *vt* frequentar
frecuente [fre'kwente] *adj* (*usual*) frequente
fregadero [freɣa'ðero] *m* pia *f* de cozinha
fregar [fre'ɣar] *irr* **vt** 1. (*frotar*) lavar, esfregar; ~ **los platos** lavar os pratos 2. *AmL, inf* (*molestar*) encher
fregona [fre'ɣona] *f* 1. (*utensilio*) esfregão *m* 2. *pey* (*sirvienta*) doméstica *f*
freidora [frei'ðora] *f* fritadeira *f*
freír [fre'ir] *irr* I. *vt* fritar II. *vr:* ~**se** fritar; ~**se de calor** *inf* derreter de calor
frenar [fre'nar] I. *vt* frear II. *vi* frear; ~ **en seco** frear bruscamente
frenazo [fre'naθo] *m* freada *f*; **dar** [*o* **pegar**] **un** ~ dar uma freada
frenesí [frene'si] *m* frenesi *m*
frenético, -a [fre'netiko, -a] *adj* frenético, -a
freno ['freno] *m* freio *m*; ~ **de mano** freio de mão
frente¹ ['frente] *f* testa *f*, fronte *f*; ~ **a** ~ frente a frente
frente² ['frente] I. *m* frente *f*; **al** ~ à frente; **de** ~ de frente; **en** ~ **de** em frente de; **estar al** ~ **de algo** estar à frente de a. c.; **hacer** ~ **a alguien/algo** fazer frente a alguém/a. c.; **ponerse al** ~ tomar a frente II. *prep* ~ **a** (*enfrente de*) em frente de; (*contra*) contra; (*ante*) frente a
fresa ['fresa] *f* morango *m*
fresco ['fresko] *m* 1. (*frescor*) fresco *m*; **hoy hace** ~ hoje está fresco; **salir a tomar el** ~ sair para arejar 2. ARTE afresco *m* 3. *AmL* (*refresco*) refresco *m*
fresco, -a ['fresko, -a] I. *adj* 1. (*en general*) fresco, -a; **queso** ~ queijo fresco 2. *inf* (*desvergonzado*) descarado, -a II. *m, f inf* cara *mf* de pau
frescura [fres'kura] *f* 1. (*frescor*) frescura *f* 2. *inf* (*desvergüenza*) atrevimento *m* 3. (*desembarazo*) naturalidade *f*; **con** ~ com naturalidade
frialdad [frjal'daðᵈ] *f* frieza *f*
fricción [friɣ'θjon] *f* fricção *f*
frigidez [frixi'ðeθ] *f* frigidez *f*
frígido, -a ['frixiðo, -a] *adj* frígido, -a
frigorífico [friɣo'rifiko] *m* geladeira *f*
frigorífico, -a [friɣo'rifiko, -a] *adj* frigorífico, -a
frijol [fri'xol] *m*, **fríjol** ['frixol] *m AmL*

feijão *m*

frío ['frio] *m* frio *m;* **coger ~** pegar frio; **hace ~** está frio; **hace un ~ que pela** *inf* está um frio de trincar os dentes; **tener ~** estar com frio

frío, -a ['frio, -a] *adj* frio, -a

friolero, -a [frjo'lero, -a] *adj, m, f* friorento, -a *m, f*

frito, -a ['frito, -a] **I.** *pp de* **freír II.** *adj* **1.** (*comida*) frito, -a **2.** *inf* (*dormido*) **quedarse ~** cair no sono **3.** *inf* (*harto*) **estar ~ con algo** estar cheio de a. c.; **me tienen ~ con sus preguntas** estou cheio das suas perguntas

frivolidad [friβoli'ðaθ] *f* frivolidade *f*

frívolo, -a ['friβolo, -a] *adj* frívolo, -a

frondoso, -a [fron'doso, -a] *adj* frondoso, -a

frontal [fron'tal] *adj* frontal

frontera [fron'tera] *f* fronteira *f*

fronterizo, -a [fronte'riθo, -a] *adj* fronteiriço, -a

frontón [fron'ton] *m* frontão *f*

frotamiento [frota'mjento] *m* esfregação *f*

frotar [fro'tar] *vt* esfregar

fructífero, -a [fruk'tifero, -a] *adj* frutífero, -a

frugal [fru'γal] *adj* frugal

fruncir [frun'θir] <c→z> *vt* **~ el ceño** franzir a testa

frustración [frustra'θjon] *f* frustração *f*

frustrante [frus'trante] *adj* frustrante

frustrar [frus'trar] *vt* frustrar

fruta ['fruta] *f* fruta *f;* **~ del tiempo** fruta da época

frutería [frute'ria] *f* quitanda *f*

frutero [fru'tero] *m* fruteira *f*

frutero, -a [fru'tero, -a] *m, f* fruteiro, -a *m, f*

frutilla [fru'tiʎa] *f AmL* morango *m*

fruto ['fruto] *m* fruto *m;* **~s secos** frutos secos

fue [fwe] **1.** *3. pret de* **ir 2.** *3. pret de* **ser**

fuego ['fweγo] *m* fogo *m;* **~s artificiales** fogos de artifício; **a ~ lento** em fogo baixo; **¿me das ~?** você tem fogo?; **prender** [*o* **pegar**] **~ a algo** pôr fogo em a. c.

fuel [fwel] *m* combustível *m*

fuelle ['fweʎe] *m* fole *m*

fuente ['fwente] *f* **1.** fonte *f* **2.** (*plato*) travessa *f*

fuera ['fwera] *adv* fora; **un ~ de juego** DEP um impedimento; **~ de plazo** fora de prazo; **un ~ de serie** um fora de série; **¡~ con esto!** fora com isto!; **hacia ~** para fora; **por ~** por fora; **salir ~** ir para fora; **el nuevo maestro es de ~** o novo professor é de fora; **me voy ~ una semana** (*de viaje*) vou viajar durante uma semana

fueraborda [fwera'βorða] *m* motor *m* de popa

fuero ['fwero] *m* foro *m*

fuerte ['fwerte] **I.** *adj* <fortísimo> **1.** forte; **tener un carácter muy ~** ter um gênio muito forte; **estar ~ en matemáticas** (*versado*) estar forte em matemática **2.** (*apretado*) firme; **este nudo está muy ~** este nó está muito forte **II.** *m* **1.** (*de persona*) forte *m;* **la física cuántica es su ~** a física quântica é o seu forte **2.** MIL forte *m* **III.** *adv* (*con fuerza*) forte; (*en voz alta*) alto

fuerza ['fwerθa] *f* **1.** força *f;* **~ mayor** força maior; **~ de voluntad** força de vontade; **lo ha conseguido todo a ~ de trabajo** conseguiu tudo à força de trabalho; **recurrir a la ~** recorrer à força; **tiene más ~ que yo** tem mais força que eu; **se le va la ~ por la boca** fala muito e faz pouco; **a** [*o* **por**] **la ~** à força; **por ~** (*por necesidad*) por força **2.** *pl* MIL forças *fpl;* **las ~s de orden público** as forças públicas

fuga ['fuγa] *f* fuga *f;* **~ de cerebros** fuga de cérebros; **darse a la ~** fugir

fugarse [fu'γarse] <g→gu> *vr* fugir

fugaz [fu'γaθ] *adj* fugaz

fugitivo, -a [fuxi'tiβo, -a] **I.** *adj* fugitivo, -a; (*belleza*) efêmero, -a **II.** *m, f* fugitivo, -a *m, f*

fulano, -a [fu'lano, -a] *m, f inf* fulano, -a *m, f;* **~ y zutano** fulano e beltrano

fular [fu'lar] *m* echarpe *f*

fulgor [ful'γor] *m* fulgor *m*

fulgurante [fulγu'rante] *adj* fulgurante

fulminante [fulmi'nante] *adj* fulminante

fulminar [fulmi'nar] *vt* fulminar

fumador(a) [fuma'ðor(a)] *m(f)* fumante *mf;* **~ pasivo** fumante passivo; **¿~ o no ~?** fumante ou não fumante?; **zona de no ~es** área de não-fumantes

fumar [fu'mar] **I.** *vi, vt* fumar **II.** *vr:* **~se 1.** (*fumar*) fumar **2.** *inf* (*gastar*) queimar **3.** *inf* **~se una clase** cabular aula

fumigar [fumi'γar] <g→gu> *vt* fumigar

funámbulo, -a [fu'nambulo, -a] *m, f* funâmbulo, -a *m, f*

función [fun'θjon] *f* **1.** função *f;* estar

en ~ de algo estar em função de a. c.; **el presidente en funciones** o presidente em exercício **2.** CINE sessão *f;* **~ de noche** sessão da noite
funcional [fuɲθjo'nal] *adj* funcional
funcionamiento [fuɲθjona'mjento] *m* funcionamento *m;* **estar en ~** estar em funcionamento; **poner en ~** colocar em funcionamento
funcionar [fuɲθjo'nar] *vi* funcionar; **No Funciona** (*cartel*) Não Funciona
funcionario, -a [fuɲθjo'narjo, -a] *m, f* funcionário, -a *m, f*
funda ['funda] *f* fronha *f*, capa *f*
fundación [funda'θjon] *f* fundação *f*
fundador(a) [funda'ðor(a)] *m(f)* fundador(a) *m(f)*
fundamental [fundamen'tal] *adj* fundamental
fundamentalismo [fundamenta'lismo] *m* fundamentalismo *m*
fundamentalista [fundamenta'lista] *adj, mf* fundamentalista *mf*
fundamentar [fundamen'tar] *vt* fundamentar; **~ algo en algo** fundamentar algo em a. c.
fundamento [funda'mento] *m* **1.** (*en general*) fundamento *m;* **hablar sin ~** falar sem fundamento **2.** *pl* (*conocimientos*) fundamentos *pl* **3.** *pl* ARQUIT fundações *fpl*
fundar [fun'dar] **I.** *vt* fundar **II.** *vr:* **~ se** fundamentar-se; **~ se en algo** fundamentar-se em a. c.
fundición [fundi'θjon] *f* fundição *f*
fundir [fun'dir] **I.** *vt* **1.** (*en general*) fundir **2.** (*empresas*) fundir **3.** *inf* (*gastar*) torrar **II.** *vr:* **~ se 1.** (*deshacerse*) fundir-se **2.** (*bombilla*) queimar **3.** (*empresas*) fundir-se
fúnebre ['funeβre] *adj* fúnebre
funeral [fune'ral] *m* funeral *m*
funeraria [fune'rarja] *f* funerária *f*
funerario, -a [fune'rarjo, -a] *adj* funerário, -a
funesto, -a [fu'nesto, -a] *adj* funesto, -a
funicular [funiku'lar] *m* funicular *m*
furgón [fur'ɣon] *m* **1.** (*vehículo*) furgão *m* **2.** (*vagón*) vagão *m*
furgoneta [furɣo'neta] *f* caminhonete *f*
furia ['furja] *f* fúria *f;* **estaba hecha una ~** estava furiosa
furibundo, -a [furi'βundo, -a] *adj* furibundo, -a
furioso, -a [fu'rjoso, -a] *adj* furioso, -a
furor [fu'ror] *m* furor *m;* **hacer ~** causar furor
furtivo, -a [fur'tiβo, -a] *adj* furtivo, -a
furúnculo [fu'ruŋkulo] *m* furúnculo *m*
fuselaje [fuse'laxe] *m* fuselagem *f*
fusible [fu'siβle] *m* fusível *m*
fusil [fu'sil] *m* fuzil *m*
fusilamiento [fusila'mjento] *m* fuzilamento *m*
fusilar [fusi'lar] *vt* fuzilar
fusión [fu'sjon] *f* fusão *f*
fusionar [fusjo'nar] **I.** *vt* fusionar **II.** *vr:* **~ se** fusionar-se, fundir-se
fusta ['fusta] *f* açoite *m*
fútbol ['fuðβol] *m* futebol *m;* **~ americano** futebol americano; **~ sala** futebol de salão
futbolín [fuðβo'lin] *m* pebolim *m*
futbolista [fuðβo'lista] *mf* futebolista *mf*
futileza [futi'leθa] *f Chile* futilidade *f*
futilidad [futili'ðað] *f* futilidade *f*
futuro [fu'turo] *m* futuro *m*
futuro, -a [fu'turo, -a] *adj* futuro, -a

G

G, g [xe] *f* G, g *m*
gabacho, -a [ga'βatʃo, -a] *adj, m, f pey* francés, -esa *m, f*
gabán [ga'βan] *m* gabão *m*
gabardina [gaβar'ðina] *f* gabardina *f*
gabinete [gaβi'nete] *m* **1.** (*de médico*) consultório *m* **2.** (*de abogado*) escritório *m;* **~ de prensa** sala *f* de imprensa **3.** POL gabinete *m*
Gabón [ga'βon] *m* Gabão *m*
gacela [ga'θela] *f* gazela *f*
gaceta [ga'θeta] *f* gazeta *f*
gaditano, -a [gaði'tano, -a] *adj* gaditano, -a
gaélico, -a [ga'eliko, -a] *adj* gaélico, -a
gafar [ga'far] *vt inf* dar azar
gafas ['gafas] *fpl* óculos *mpl;* **~ s de bucear** óculos de mergulho; **~ s de esquí** óculos de esqui; **~ s de sol** óculos de sol
gafe ['gafe] *adj, mf* pé-frio *mf;* **ser ~** ser pé-frio
gaita ['gaita] *f* gaita *f* de foles

gaitero, -a [gaiˈtero, -a] *m, f* gaiteiro, -a *m, f*
gajes [ˈgaxes] *mpl* ~ **del oficio** ossos *mpl* do ofício
gajo [ˈgaxo] *m* (*de naranja, limón*) gomo *m*; (*de uvas*) cacho *m*
gala [ˈgala] *f* **1.** (*fiesta*) gala *f*; **hacer** ~ **de algo** vangloriar-se de a. c. **2.** *pl* (*vestido*) (traje *m* de) gala *f*; **traje de** ~ traje *m* de gala; **vestir de** ~ vestir traje de gala; **vestirse con sus mejores** ~**s** vestir-se com suas roupas mais finas
galán [gaˈlan] *m* galã *m*
galante [gaˈlante] *adj* galante
galantear [galanteˈar] *vt* galantear
galápago [gaˈlapaɣo] *m* cágado *m*
galardón [galarˈðon] *m* galardão *m*
galardonar [galarðoˈnar] *vt* galardoar; ~ **a alguien con algo** galardoar a alguém com a. c.
galaxia [gaˈlaʏsja] *f* galáxia *f*
galeón [galeˈon] *m* galeão *m*
galera [gaˈlera] *f* galé *f*
galería [galeˈria] *f* galeria *f*
galés, -esa [gaˈles, -esa] *adj, m, f* galês, -esa *m, f*
Gales [ˈgales] *m* (**el País de**) ~ (o País de) Gales
galgo [ˈgalɣo] *m* galgo *m*
Galicia [gaˈliθja] *f* Galiza *f*
galimatías [galimaˈtias] *m inv, inf* **1.** (*lenguaje*) galimatias *m inv* **2.** (*enredo*) confusão *f*
gallardía [gaʎarˈðia] *f* galhardia *f*
gallego, -a [gaˈʎeɣo, -a] *adj, m, f* galego, -a *m, f*
galleta [gaˈʎeta] *f* bolacha *f*
gallina [gaˈʎina] *f* galinha *f*; ~ **clueca** galinha-choca; **acostarse/levantarse con las** ~**s** dormir/acordar com as galinhas; **jugar a la** ~ **ciega** brincar de cabra-cega
gallinero [gaʎiˈnero] *m* **1.** (*para gallinas*) galinheiro *m* **2.** *inf* TEAT poleiro *m*
gallo [ˈgaʎo] *m* **1.** (*ave*) galo *m*; **en menos que canta un** ~ em um minuto **2.** (*pez*) peixe-galo *m*
galón [gaˈlon] *m* MIL galão *m*
galopante [galoˈpante] *adj* galopante
galopar [galoˈpar] *vi* galopar
galope [gaˈlope] *m* galope *m*; **al** ~ a galope
gama [ˈgama] *f* gama *f*; **una** ~ **amplia/reducida de productos** uma ampla/reduzida gama de produtos
gamba [ˈgamba] *f* camarão *m*

gamberrada [gambeˈrraða] *f* baderna *f*; **hacer** ~**s** fazer baderna
gamberro, -a [gamˈberro, -a] *m, f* baderneiro, -a *m, f*
gamuza [gaˈmuθa] *f* **1.** (*animal, piel*) camurça *f* **2.** (*paño*) pano *m* de pó
gana [ˈgana] *f* vontade *f*; **de buena/mala** ~ de boa/má vontade; **tener** ~**s de hacer algo** ter vontade de fazer a. c.; **quedarse con las** ~**s de algo** ficar com vontade de a. c.; **no me da la** (**real**) ~ *inf* não estou com (a menor) vontade; **es feo con** ~**s** *inf* é feio de doer
ganadería [ganaðeˈria] *f* **1.** (*ganado*) gado *m* **2.** (*crianza*) criação *f* de gado
ganadero, -a [ganaˈðero, -a] **I.** *adj* pecuário, -a **II.** *m, f* pecuarista *mf*
ganado [gaˈnaðo] *m* gado *m*; ~ **bovino** [*o* **vacuno**] gado bovino; ~ **cabrío** gado caprino; ~ **ovino** gado ovino; ~ **porcino** gado porcino
ganador(a) [ganaˈðor(a)] *adj, m(f)* ganhador(a) *m(f)*
ganancia [gaˈnanθja] *f* ganho *m*
ganar [gaˈnar] **I.** *vi* **1.** (*vencer*) ganhar **2.** (*mejorar*) ~ **en algo** superar em a. c.; **con esto sólo puedes salir ganando** só pode sair ganhando com isso; **no gana para sustos** é uma coisa atrás da outra **II.** *vt* ganhar; ~ **a alguien en algo** ganhar de alguém em a. c.; ~ **peso** ganhar peso; **¿qué esperas** ~ **con esto?** que espera ganhar com isso? **III.** *vr:* ~**se 1.** (*a alguien*) conquistar **2.** *inf* **¡te la vas a** ~**!** você vai arrumar uma encrenca!
ganchillo [ganˈtʃiʎo] *m* **1.** (*aguja*) agulha *f* de crochê **2.** (*labor*) crochê *m*; **hacer** ~ fazer crochê
gancho [ˈgantʃo] *m* **1.** (*instrumento*) gancho *m* **2.** *inf* (*atractivo*) **tener** ~ ter charme
gandul(a) [ganˈdul(a)] *adj, m(f) inf* safado, -a *m, f*
ganga [ˈganga] *f* pechincha *f*
gangrena [ganˈgrena] *f* gangrena *f*
gangrenarse [ganˈgrenarse] *vr* gangrenar-se
gángster [ˈgaⁿster] *m* gângster *m*
gansada [ganˈsaða] *f inf* palhaçada *f*
ganso, -a [ˈganso, -a] *m, f* **1.** (*ave*) ganso, -a *m, f* **2.** *inf* (*estúpido*) **hacer el** ~ bancar o palhaço
ganzúa [ganˈθua] *f* (*llave*) gazua *f*
garabatear [garaβateˈar] *vi, vt* rabiscar

garabato [gara'βato] *m* rabisco *m*
garaje [ga'raxe] *m* **1.** (*para guardar*) garagem *f* **2.** (*para reparar*) oficina *f*
garante [ga'rante] *mf* garantidor(a) *m(f)*
garantía [garan'tia] *f* garantia *f*
garantizar [garanti'θar] <z→c> *vt* garantir

> **Cultura** **garapiña** (ou **garrapiña**) é uma bebida refrescante feita com casca de abacaxi, água e açúcar.

garbanzo [gar'βanθo] *m* grão-de-bico *m;* **ganarse los ~s** *inf* ganhar o pão
garbo ['garβo] *m* garbo *m*
gardenia [gar'ðenja] *f* gardênia *f*
garete [ga'rete] *m* **ir(se) al ~** *inf* ir por água abaixo
garfio ['garfjo] *m* gancho *m*
garganta [gar'ɣanta] *f* garganta *f;* **tener atravesado a alguien en la ~** *inf* ter alguém atravessado na garganta
gargantilla [garɣan'tiʎa] *f* gargantilha *f*
gárgaras ['garɣaras] *fpl* gargarejos *mpl;* **hacer ~** fazer gargarejos; **¡vete a hacer ~!** *inf* vá ver se eu estou na esquina!
garita [ga'rita] *f* guarita *f*
garito [ga'rito] *m* casa *f* de jogo
garra ['garra] *f* **1.** (*de animal*) garra *f;* **caer en las ~s de alguien** cair nas garras de alguém **2.** *pey* (*mano*) pata *f* **3.** *inf* (*brío*) **tener ~** ter garra
garrafa [ga'rrafa] *f* garrafão *m*
garrafal [garra'fal] *adj* garrafal
garrapata [garra'pata] *f* carrapato *m*
garrote [ga'rrote] *m* **1.** (*palo*) bordão *m* **2.** (*de ejecución*) garrote *m;* **~ vil** garrote vil
garza ['garθa] *f* garça *f*
gas [gas] *m* **1.** (*fluido*) gás *m;* **~ ciudad** gás de botijão; **~ lacrimógeno** gás lacrimogêneo; **~ natural** gás natural; **agua con/sin ~** água com/sem gás **2.** *inf* AUTO **dar ~** dar gás; **ir a todo ~** a todo vapor **3.** *pl* (*en el estómago*) gases *mpl*
gasa ['gasa] *f* gaze *f*
gaseosa [gase'osa] *f* gasosa *f*
gaseoso, -a [gase'oso, -a] *adj* gasoso, -a
gasoducto [gaso'ðukto] *m* gasoduto *m*
gasoil [ga'soil] *m*, **gasóleo** [ga'soleo] *m* óleo *m* diesel
gasolina [gaso'lina] *f* gasolina *f;* **~ sin plomo** gasolina sem chumbo; **~ súper** gasolina aditivada; **echar/poner ~** colocar/pôr gasolina
gasolinera [gasoli'nera] *f* posto *m* de gasolina
gastado, -a [gas'taðo, -a] *adj* gasto, -a
gastar [gas'tar] **I.** *vt* gastar; **~ dinero** gastar dinheiro; **¿qué talla/número gastas?** que tamanho/número usa? **II.** *vr:* **~se 1.** (*dinero*) gastar **2.** (*desgastarse*) desgastar-se
gasto ['gasto] *m* gasto *m;* **~s de envío** gastos *mpl* de envio; **cubrir ~s** cobrir gastos
gástrico, -a ['gastriko, -a] *adj* gástrico, -a
gastroenteritis [gastroente'ritis] *f inv* gastrenterite *f*
gastronomía [gastrono'mia] *f* gastronomia *f*
gastronómico, -a [gastro'nomiko, -a] *adj* gastronômico, -a
gata ['gata] *f* gata *f*
gatas ['gatas] **andar a ~** andar de gatinhas
gatear [gate'ar] *vi* engatinhar
gatillo [ga'tiʎo] *m* gatilho *m;* **apretar el ~** apertar o gatilho
gato ['gato] *m* **1.** (*félido*) gato; **dar ~ por liebre a alguien** *inf* vender gato por lebre a alguém; **llevarse el ~ al agua** *inf* levar a cruz ao calvário; **éramos cuatro ~s** *inf* éramos quatro gatos pingados; **aquí hay ~ encerrado** *inf* aqui tem mutreta; **~ escaldado del agua fría huye** *prov* gato escaldado tem medo de água fria; **de noche todos los ~s son pardos** à noite todos os gatos são pardos **2.** (*de coche*) macaco *m*
gaucho, -a ['gautʃo, -a] *adj, m, f* gaúcho, -a *m, f*

> **Cultura** **Gauchos** eram os vaqueiros ou "cowboys" dos **pampas** da América do Sul.

gaviota [ga'βjota] *f* gaivota *f*
gay [gai] *adj, m* gay *m*
gazapo [ga'θapo] *m* caçapo *m*
gazpacho [gaθ'patʃo] *m* gaspacho *m*

> **Cultura** **Gazpacho**, uma sopa fria de vegetais feita com **tomates** (tomates), **pepinos** (pepinos), **pimientos** (pimentões), **aceite de**

> **oliva** (azeite de oliva) e **pan** (pão) é preparada no verão, especialmente no sul da Espanha, em **Andalucía** e **Extremadura**.

GB [dʒiya'bajt] *m* **1.** *abr de* **gigabyte** GB **2.** *abr de* **Gran Bretaña** GB
géiser ['xejser] *m* gêiser *m*
gel [xel] *m* gel *m*
gelatina [xela'tina] *f* gelatina *f*
gema ['xema] *f* gema *f*
gemelo, -a [xe'melo, -a] *adj, m, f* gêmeo, -a *m, f*
gemelos [xe'melos] *mpl* **1.** (*prismáticos*) binóculo *m* **2.** (*de la camisa*) abotoadura *f*
gemido [xe'miðo] *m* gemido *m*
Géminis ['xeminis] *m inv* Gêmeos *mpl*; **ser ~** ser (de) Gêmeos
gemir [xe'mir] *irr como* **pedir** *vi* gemer
gen [xen] *m* gene *m*
genealogía [xenealo'xia] *f* genealogia *f*
genealógico, -a [xenea'loxiko, -a] *adj* genealógico, -a
generación [xenera'θjon] *f* geração *f*
generacional [xeneraθjo'nal] *adj* de geração
generador [xenera'ðor] *m* gerador *m*
general [xene'ral] **I.** *adj* (*universal*) geral; **en** [*o* **por lo**] **~** em geral **II.** *m* general *m*; **~ de brigada** general *m* de brigada
generalización [xeneraliθa'θjon] *f* generalização *f*
generalizar [xenerali'θar] <z→c> **I.** *vi* generalizar **II.** *vr:* **~ se** generalizar-se
generar [xene'rar] *vt* gerar
género ['xenero] *m* **1.** (*clase, manera*) gênero *m*; **~ humano** espécie *f* humana; **el ~ narrativo** o gênero narrativo; **sin ningún ~ de dudas** sem sombra de dúvidas; **tomar todo ~ de precauciones** tomar todo tipo de precauções **2.** (*mercancía*) mercadorias *fpl* **3.** (*tela*) tecido *m*; **~ s de punto** artigos *mpl* de malha
generosidad [xenerosi'ðað] *f* generosidade *f*
generoso, -a [xene'roso, -a] *adj* generoso, -a; **ser ~ con alguien** ser generoso com alguém
génesis ['xenesis] *f inv* gênese *f*
genética [xe'netika] *f* BIO genética *f*
genético, -a [xe'netiko, -a] *adj* genético, -a

genial [xe'njal] *adj* genial
genio ['xenjo] *m* gênio *m*; **tener mal ~** ter mau gênio; **tener mucho ~** ter gênio forte
genital [xeni'tal] *adj* genital
genitales [xeni'tales] *mpl* genitais *mpl*
genocidio [xeno'θiðjo] *m* genocídio *m*
genoma [xe'noma] *m* genoma *m*
genotipo [xeno'tipo] *m* genótipo *m*
gente ['xente] *f* gente *f*; **un cantante que gusta a la ~** um cantor que agrada às pessoas; **la ~ joven/mayor** os jovens/adultos; **~ menuda** (*niños*) criança *f*; **tener don de ~ s** saber lidar com as pessoas; **¿qué dirá la ~?** o que as pessoas dirão?; **¿qué tal tu ~?** (*parentela*) como está seu pessoal?
gentil [xen'til] *adj* gentil
gentileza [xenti'leθa] *f* gentileza *f*; **¿tendría Ud. la ~ de ayudarme?** você faria a gentileza de me ajudar?
gentío [xen'tio] *m* gentio *m*
gentuza [xen'tuθa] *f* gentalha *f*
genuino, -a [xe'nwino, -a] *adj* genuíno, -a
geografía [xeoɣra'fia] *f* geografia *f*
geográfico, -a [xeo'ɣrafiko, -a] *adj* geográfico, -a
geógrafo, -a [xe'oɣrafo, -a] *m, f* geógrafo, -a *m, f*
geología [xeolo'xia] *f* geologia *f*
geológico, -a [xeo'loxiko, -a] *adj* geológico, -a
geólogo, -a [xe'oloɣo, -a] *m, f* geólogo, -a *m, f*
geometría [xeome'tria] *f* geometria *f*
geométrico, -a [xeo'metriko, -a] *adj* geométrico, -a
Georgia [xe'orxja] *f* Geórgia *f*
georgiano, -a [xeor'xjano, -a] *adj, m, f* georgiano, -a *m, f*
geranio [xe'ranjo] *m* gerânio *m*
gerencia [xe'renθja] *f* gerência *f*
gerente [xe'rente] *mf* gerente *mf*
geriatra [xe'rjatra] *mf* geriatra *mf*
geriatría [xeria'tria] *f* geriatria *f*
geriátrico, -a [xe'rjatriko, -a] *adj* geriátrico, -a
germen ['xermen] *m* germe *m*
germinar [xermi'nar] *vi* germinar
gerundio [xe'rundjo] *m* gerúndio *m*
gesta ['xesta] *f* gesta *f*
gestación [xesta'θjon] *f* gestação *f*
gesticulación [xestikula'θjon] *f* gesticulação *f*
gesticular [xestiku'lar] *vi* gesticular

gestión [xes'tjon] *f* 1.(*diligencia*) gestão *f*; **hacer gestiones** tomar providências 2.(*de una empresa*) t. INFOR gerência *f*; **~ de ficheros** gerenciamento *m* de arquivos

gestionar [xestjo'nar] *vt* 1.(*asunto*) providenciar 2. INFOR gerenciar

gesto ['xesto] *m* gesto *m*; **torcer el ~** fechar a cara

gestor(a) [xes'tor(a)] *m(f)* administrador(a) *m(f)*

gestoría [xesto'ria] *f* consultoria *f* administrativa

ghanés, -esa [ga'nes, -esa] *adj, m, f* ganês, -esa *m, f*

Gibraltar [xiβral'tar] *m* Gibraltar *m*

gibraltareño, -a [xiβralta'reɲo, -a] *adj, m, f* gibraltarino, -a *m, f*

gigabyte [dʒiɣa'bait] *m* INFOR gigabyte *m*

gigante [xi'ɣante] *adj, m* gigante *m*

gigantesco, -a [xiɣan'tesko, -a] *adj* gigantesco, -a

gilipollas [xili'poʎas] *adj, mf inv, vulg* babaca *mf*

gilipollez [xilipo'ʎeθ] *f vulg* babaquice *f*

gimnasia [xim'nasja] *f* ginástica *f*; **~ rítmica** ginástica rítmica; **hacer ~** fazer ginástica

gimnasio [xim'nasjo] *m* 1.(*privado*) academia *f* de ginástica 2.(*en colegio*) ginásio *m*

gimnasta [xim'nasta] *mf* ginasta *mf*

gimotear [ximote'ar] *vi* gemelhicar

ginebra [xi'neβra] *f* genebra *f*

Ginebra [xi'neβra] *f* Genebra *f*

ginecología [xinekolo'xia] *f* ginecologia *f*

ginecológico, -a [xineko'loxiko, -a] *adj* ginecológico, -a

ginecólogo, -a [xine'koloɣo, -a] *m, f* ginecologista *mf*

gira ['xira] *f* (*de un artista*) turnê *f*; **estar de ~** estar em turnê

girar [xi'rar] I. *vi* 1.(*dar vueltas*) girar 2.(*conversación*) **~ en torno a algo** girar em torno de a. c. II. *vt* 1.(*dar la vuelta*) girar 2.(*dinero*) enviar

girasol [xira'sol] *m* girassol *m*

giratorio, -a [xira'torjo, -a] *adj* giratório, -a

giro ['xiro] *m* 1.(*vuelta*) giro *m*; (*cariz*) rumo *m*; **tomar un ~ favorable/negativo** tomar um rumo favorável/desfavorável 2. LING gíria *f* 3. FIN transferência *f*; **~ postal** ordem *f* de pagamento

gis [xis] *m Méx* (*tiza*) giz *m*

gitano, -a [xi'tano, -a] *adj, m, f* cigano, -a *m, f*

glaciación [glaθja'θjon] *f* glaciação *f*

glacial [gla'θjal] *adj* glacial

glaciar [gla'θjar] *m* geleira *f*

gladiolo [gla'ðjolo] *m* gladíolo *m*

glande ['glande] *m* glande *f*

glándula ['glandula] *f* glândula *f*

global [glo'βal] *adj* global

globalización [gloβaliθa'θjon] *f* globalização *f*

globalizar [gloβali'θar] <z→c> *vt* globalizar

globo ['gloβo] *m* 1.(*esfera, planeta*) globo *m*; **~ ocular** globo ocular; **~ terrestre** globo terrestre 2.(*para niños*) balão *m*; **~ aerostático** balão aerostático; **~ sonda** balão-sonda *m*

glóbulo ['gloβulo] *m* ANAT glóbulo *m*; **~ blanco/rojo** glóbulo branco/vermelho

gloria ['glorja] *f* glória *f*; **conseguir la ~** conseguir a fama; **estar en la ~** *inf* estar em estado de graça; **oler/saber a ~** *inf* ter cheiro/gosto maravilhoso

glorieta [glo'rjeta] *f* 1.(*plazoleta*) quiosque *m* 2.(*rotonda*) rotatória *f* 3.(*cenador*) alpendre *m*

glorificar [glorifi'kar] <c→qu> *vt* glorificar

glorioso, -a [glo'rjoso, -a] *adj* glorioso, -a

glosa ['glosa] *f* glosa *f*

glosar [glo'sar] *vt* glosar

glosario [glo'sarjo] *m* glossário *m*

glotón, -ona [glo'ton, -ona] *adj, m, f* glutão, -ona *m, f*

glotonería [glotone'ria] *f* glutonaria *f*

glucosa [glu'kosa] *f* glicose *f*

gobernación [goβerna'θjon] *f* governo *m*

gobernador(a) [goβerna'ðor(a)] *m(f)* governador(a) *m(f)*

gobernante [goβer'nante] *mf* governante *mf*

gobernar [goβer'nar] <e→ie> *vt* 1. POL governar 2.(*nave*) dirigir

gobierno [go'βjerno] *m* governo *m*; **~ autonómico** ≈ governo estadual; **~ en la sombra** governo paralelo

goce ['goθe] *m* gozo *m*

gol [gol] *m* gol *m*; **~ en propia meta** [*o* **puerta**] gol contra; **meter un ~** marcar um gol

goleada [gole'aða] *f* goleada *f*

goleador(a) [golea'ðor(a)] *m(f)* goleador(a) *m(f)*
golear [gole'ar] *vt* golear
golf [golf] *m* golfe *m*
golfa ['golfa] *f inf* piranha *f*
golfista [gol'fista] *mf* golfista *mf*
golfo ['golfo] *m* GEO golfo *m*
golfo(a) ['golfo, -a] *m(f) inf* (*persona*) pilantra *mf*
golondrina [goloṇ'drina] *f* andorinha *f*
golosina [golo'sina] *f* guloseima *f*
goloso, -a [go'loso, -a] *adj, m, f* guloso, -a *m, f*
golpe ['golpe] *m* golpe *m*; **~ de Estado** golpe de Estado; **~ de tos** acesso *m* de tosse; **~ de vista** golpe de vista; **abrirse de ~** abrir-se de súbito; **andar a ~s** andar às turras; **cerrar la puerta de ~** bater a porta com força; **me he dado un ~ en la cabeza** bati com a cabeça; **tragarse algo de un ~** engolir a. c. de uma vez só; **de ~** (**y porrazo**) *inf* de golpe; **no pegó ni ~** *inf* não levantou nem um dedo
golpear [golpe'ar] *vt* golpear
golpista [gol'pista] *mf* golpista *mf*
goma ['goma] *f* 1. (*sustancia*) borracha *f*; **~ de borrar** borracha de apagar; **~ elástica** elástico *m*; **~ de mascar** goma *f* de mascar; **~ de pegar** cola *f* 2. *inf* (*preservativo*) camisinha *f*
gomina [go'mina] *f* gel *m* de cabelo
gordinflón, -ona [gorðiɱ'flon, -ona] *adj, m, f inf* balofo, -a *m, f*
gordo [gorðo] *m* (*de lotería*) **el ~** prêmio principal da loteria espanhola
gordo, -a ['gorðo, -a] I. *adj* 1. (*persona*) gordo, -a 2. *fig* **una mentira gorda** uma mentira das boas; **ha pasado algo muy ~** aconteceu alguma coisa séria; **se armó la gorda** *inf* armou-se o maior bafafá; **me cae ~** *inf* não me cai bem II. *m, f* gordo, -a *m, f*
gordura [gor'ðura] *f* gordura *f*
gorila [go'rila] *m* 1. (*animal*) gorila *m* 2. *inf* (*portero*) leão-de-chácara *m* 3. *inf* (*guardaespaldas*) gorila *m*
gorra ['gorra] *f* boné *m*; **de ~** *inf* (*gratis*) de graça; **vivir de ~** *inf* viver às custas dos outros
gorrión [gorri'on] *m* pardal *m*
gorro ['gorro] *m* gorro *m*; **estar hasta el ~ de algo/alguien** *inf* estar cheio de a. c./alguém
gorrón, -ona [go'rron, -ona] *m, f inf* aproveitador(a) *m(f)*

gorronear [gorrone'ar] *vi inf* aproveitar-se dos outros
gota ['gota] *f* gota *f*; **cayeron cuatro ~s** caíram algumas gotas de chuva; **se parecen como dos ~s de agua** são muito parecidos; **no tiene ni** (**una**) **~ de paciencia** não tem um pingo de paciência; **ser la ~ que colma el vaso** ser a gota d'água; **sudar la ~ gorda** *inf* dar duro
gotear [gote'ar] I. *vi* gotejar II. *v impers* chuviscar
gotera [go'tera] *f* 1. (*filtración, grieta*) goteira *f* 2. (*mancha*) nódoa *f*
gótico ['gotiko] *m* gótico *m*
gótico, -a ['gotiko, -a] *adj* gótico, -a
gozar [go'θar] <z→c> *vi* gozar; **~ de algo** gozar de a. c.; **~ con algo** divertir-se com a. c.
gozne ['goθne] *m* dobradiça *f*
gozo ['goθo] *m* gozo *m*
grabación [graβa'θjon] *f* gravação *f*
grabado [gra'βaðo] *m* 1. (*acción*) gravura *f* 2. (*copia*) impressão *f*
grabador(a) [graβa'ðor(a)] *m(f)* gravador(a) *m(f)*
grabadora [graβa'ðora] *f* gravador *m*
grabar [gra'βar] I. *vt* gravar II. *vr*: **~se** ficar gravado
gracia ['graθja] *f* 1. *pl* (*agradecimiento*) **¡**(**muchas**) **~s!** (muito) obrigado!; **¡~s a Dios!** graças a Deus!; **te debo las ~s** tenho que agradecer-lhe; **no me ha dado ni las ~s** nem sequer me agradeceu; **~s a** graça *f* 2. REL graça *f* 3. (*garbo*) graça *f*; **está escrito con ~** está escrito engraçado 4. (*de chiste*) graça *f*; **no tiene ni pizca de ~** não tem um pingo de graça; **no me hace nada de ~** não acho nem um pouco engraçado; **este cómico tiene poca ~** este comediante não é muito engraçado; **la ~ es que...** o engraçado é que...
gracioso, -a [gra'θjoso, -a] *adj* 1. (*atractivo*) gracioso, -a *m, f* 2. (*chistoso*) engraçado, -a *m, f*
grada ['graða] *f* 1. (*de un estadio*) arquibancada *f* 2. (*peldaño*) degrau *m*
gradación [graða'θjon] *f* gradação *f*
graderío [graðe'rio] *m* arquibancada *f*
grado ['graðo] *m* 1. *t.* FÍS, MAT grau *m*; **en ~ sumo** no último grau 2. ENS grau *m*; **~ elemental** primeiro grau
graduación [graðwa'θjon] *f* graduação *f*; **~ alcohólica** teor *m* alcoólico
gradual [graðu'al] *adj* gradual

graduar [graðu'ar] <*1. pres:* gradúo> I. *vt* 1. (*regular*) ajustar 2. TÉC graduar; (*gafas*) testar o grau; ~ **la vista a alguien** fazer teste de vista em alguém 3. UNIV graduar II. *vr:* ~ **se** graduar-se

gráfica ['grafika] *f* gráfica *f*

gráfico [grafiko] *m* gráfico *m;* ~ **de barras** gráfico de barras; ~ **de tarta** gráfico de torta

gráfico, -a [grafiko, -a] *adj* gráfico, -a

grafito [gra'fito] *m* grafite *m*

grajo ['graxo] *m* gralha *f*

gral. [xene'ral] *abr de* **general** gen.

gramática [gra'matika] *f* gramática *f*

gramatical [gramati'kal] *adj* gramatical

gramático, -a [gra'matiko, -a] *m, f* gramático *m*

gramo ['gramo] *m* grama *m*

gran [gran] *adj v.* **grande**

granada [gra'naða] *f* 1. (*fruto*) romã *f* 2. (*proyectil*) granada *f;* ~ **de mano** granada de mão

granadino, -a [grana'ðino, -a] *adj* granadino, -a

granate [gra'nate] *adj, m* grená *m*

Gran Bretaña [gram bre'taɲa] *f* Grã-Bretanha *f*

grande ['grande] *adj* <*más grande o* mayor, grandísimo> (*precediendo un sustantivo singular:* gran) grande; **un gran hombre/una gran idea** um grande homem/uma grande ideia; **a lo** ~ com toda pompa; **ir** ~ **a alguien** *fig* ser demais para alguém; **pasarlo en** ~ *inf* divertir-se muito

> **Gramática** **grande** é usado após o substantivo e enfatiza o tamanho de alguém/a.c.: "un restaurante grande; una fiesta grande"; **gran** (= de valor, importante) é usado antes do substantivo e acentua a qualidade de alguém/a.c.: "un gran restaurante; una gran fiesta".

grandeza [gran'deθa] *f* grandeza *f*

grandioso, -a [gran'djoso, -a] *adj* grandioso, -a

grandullón, -ona [grandu'ʎon, -ona] *adj, m, f inf* grandalhão, -ona *m, f*

granel [gra'nel] *m* **a** ~ *t. fig* a granel

granero [gra'nero] *m* celeiro *m*

granito [gra'nito] *m* granito *m*

granizada [grani'θaða] *f* granizada *f*

granizado [grani'θaðo] *m refresco feito com gelo picado e suco de frutas*

granizar [grani'θar] <z→c> *vimpers* cair granizo

granizo [gra'niθo] *m* granizo *m*

granja ['granxa] *f* granja *f*

granjearse [granxe'arse] *vr* conquistar

granjero, -a [gran'xero, -a] *m, f* granjeiro, -a *m, f*

grano ['grano] *m* 1. (*de cereales, sal, arena*) grão *m;* ~ **de café** grão de café; **apartar el** ~ **de la paja** *t. fig* separar o joio do trigo; **aportó su** ~ **de arena** fez sua parte; **ir al** ~ ir ao assunto 2. (*en piel*) espinha *f*

granuja [gra'nuxa] *m* pivete *m*

grapa ['grapa] *f* grampo *m*

grapadora [grapa'ðora] *f* grampeador *m*

grapar [gra'par] *vt* grampear

grasa ['grasa] *f* 1. (*animal, vegetal*) gordura *f* 2. (*lubricante*) graxa *f*

grasiento, -a [gra'sjento, -a] *adj* engordurado, -a

graso, -a ['graso, -a] *adj* 1. (*piel, cabello*) oleoso, -a 2. (*leche*) integral

gratificación [gratifika'θjon] *f* gratificação *f*

gratificar [gratifi'kar] <c→qu> *vt* gratificar; ~ **a alguien por algo** gratificar alguém por a. c.; **se** ~ **á a quien lo encuentre** haverá recompensa a quem encontrá-lo

gratinado, -a [grati'naðo, -a] *adj* gratinado, -a

gratinar [grati'nar] *vt* gratinar

gratis ['gratis] *adj, adv* grátis

gratitud [grati'tuð] *f* gratidão *f*

grato, -a ['grato, -a] *adj* grato, -a; **me es** ~ **comunicarle que...** é um prazer comunicar-lhe que...

gratuito, -a [gra'twito, -a] *adj* gratuito, -a

grava ['graβa] *f* cascalho *m*

gravamen [gra'βamen] *m* gravame *m*

gravar [gra'βar] *vt* gravar

grave ['graβe] *adj t.* LING grave

gravedad [graβe'ðað] *f* gravidade *f*

gravilla [gra'βiʎa] *f* brita *f*

gravitar [graβi'tar] *vi* FÍS gravitar; ~ **sobre algo** (*cuerpo*) gravitar sobre a. c.

gravoso, -a [gra'βoso, -a] *adj* 1. (*pesado*) incômodo, -a 2. (*costoso*) oneroso, -a

graznar [graθ'nar] *vi* grasnar

Grecia ['greθja] *f* Grécia *f*

gremio ['gremjo] *m* grêmio *m*
greña ['greɲa] *f* cabelo *m* emaranhado; **andar a la ~ con alguien** *inf* andar às turras com alguém
gresca ['greska] *f inf* **1.** (*bulla*) tumulto *m* **2.** (*riña*) briga *f*
griego ['grjeɣo, -a] *m* grego *m*
griego, -a [grjeɣo, -a] *adj, m, f* grego, -a *m, f*
grieta ['grjeta] *f* **1.** (*en la pared, una taza*) fenda *f* **2.** (*en la piel*) rachadura *f*
grifo ['grifo] *m* **1.** TÉC torneira *f*; **abrir/ cerrar el ~** abrir/fechar a torneira **2.** *Perú, Ecua, Bol* (*gasolinera*) posto *m* de gasolina
grill [gril] *m* grill *m*
grillete [gri'ʎete] *m* grilhão *m*
grillo ['griʎo] *m* grilo *m*
grima ['grima] *f* **me da ~** me dá arrepio
gringo, -a ['griŋgo, -a] *adj, m, f inf* ianque *mf*
gripe ['gripe] *f* gripe *f*; **~ aviar** gripe *f* aviar [*ou* avícola]
griposo, -a [gri'poso, -a] *adj* gripado, -a
gris [gris] *adj* cinza
grisáceo, -a [gri'saθeo, -a] *adj* cinzento, -a
gritar [gri'tar] *vi, vt* gritar
griterío [grite'rio] *m* gritaria *f*
grito ['grito] *m* grito *m*; **a ~ limpio** [*o* **pelado**] aos gritos; **pedir algo a ~s** pedir a. c. urgentemente; **pegar un ~** gritar; **poner el ~ en el cielo** botar a boca no mundo; **ser el último ~** *fig* ser a última moda; **me lo dijo a ~s** me disse aos gritos
groenlandés, -esa [groenlan'des, -esa] *adj, m, f* groenlandês, -esa *m, f*
Groenlandia [groen'landja] *f* Groenlândia *f*
grogui ['groɣi] *adj inf* grogue
grosella [gro'seʎa] *f* groselha *f*
grosería [grose'ria] *f* grosseria *f*
grosero, -a [gro'sero, -a] *adj* grosseiro, -a
grosor [gro'sor] *m* grossura *f*
grotesco, -a [gro'tesko, -a] *adj* grotesco, -a
grúa ['grua] *f* **1.** (*máquina*) guindaste *m* **2.** (*vehículo*) guincho *m*
grueso ['grweso] *m* **1.** (*espesor*) grossura *f* **2.** (*parte principal*) grosso *m*
grueso, -a ['grweso, -a] *adj* **1.** (*objeto*) grosso, -a **2.** (*persona*) corpulento, -a
grulla ['gruʎa] *f* grou *m*
grumete [gru'mete] *m* grumete *m*

grumo ['grumo] *m* grumo *m*
gruñido [gru'ɲiðo] *m* grunhido *m*; *fig* (*queja*) resmungo *m*
gruñir [gru'ɲir] <*3. pret:* gruñó> *vi* grunhir; *fig* (*quejarse*) resmungar
gruñón, -ona [gru'ɲon, -ona] *adj, m, f inf* resmungão, -ona *m, f*
grupa ['grupa] *f* garupa *f*
grupo ['grupo] *m* grupo *m*; **~ electrógeno** gerador *m*; **~ sanguíneo** grupo sanguíneo
grupúsculo [gru'puskulo] *m* grupelho *m*
gruta ['gruta] *f* gruta *f*
guacamole [gwaka'mole] *m* guacamole *m*
guadaña [gwa'ðaɲa] *f* gadanha *f*
guagua ['gwaɣwa] *f Cuba* (*autobús*) ônibus *m*
guante ['gwante] *m* luva *f*; **echar el ~ a alguien** *inf* pôr a mão em alguém; **ir** [*o* **sentar**] **como un ~** *inf* cair como uma luva; **recoger el ~** aceitar o desafio
guantera [gwan'tera] *f* porta-luvas *m inv*
guapo ['gwapo] *m AmL, pey* (*pendenciero*) valentão *m*
guapo, -a ['gwapo, -a] *adj* bonito, -a
guarda¹ ['gwarða] *mf* guarda *mf*; **~ forestal** guarda-florestal; **~ jurado** vigilante *m*
guarda² ['gwarða] *f* guarda *f*
guardabarros [gwarða'βarros] *m inv* para-lama *m*
guardabosque(s) [gwarða'βoske(s)] *mf* (*inv*) guarda-florestal *m*
guardacostas [gwarða'kostas] *m inv* guarda *f* costeira
guardaespaldas [gwarðaes'paldas] *mf inv* guarda-costas *m inv*
guardameta [gwarða'meta] *mf* goleiro *m*
guardapolvo [gwarða'polβo] *m* guarda-pó *m*
guardar [gwar'ðar] *vt* guardar; **~ cambios** INFOR salvar alterações
guardarropa [gwarða'rropa] *m* guarda-roupa *m*
guardería [gwarðe'ria] *f* (**~** (*infantil*)) creche *f*
guardia¹ ['gwarðja] *f* **1.** (*vigilancia*) guarda *f*; **estar de ~** estar de plantão; **¿cuál es la farmacia de ~?** qual é a farmácia de plantão? **2.** (*cuerpo armado*) **la Guardia Civil** a Guarda Civil; **~ municipal** [*o* **urbana**] guarda

municipal

guardia² ['gwarðja] *mf* guarda *mf*; **~ civil** guarda civil; **~ municipal** [*o urbano*] guarda municipal; **~ de tráfico** guarda rodoviário

guardián, -ana [gwar'ðjan, -ana] *m, f* guardião, guardiã *m, f*

guarecer [gware'θer] *irr como crecer* **I.** *vt* proteger; **~ de** proteger de **II.** *vr* **~se de** proteger-se de

guarida [gwa'riða] *f* covil *m*

guarismo [gwa'rismo] *m* algarismo *m*

guarnecer [gwarne'θer] *irr como crecer vt* **~ algo con** [*o de*] **algo** (*adornar*) enfeitar algo com a. c.; GASTR acompanhar algo com a. c.

guarnición [gwarni'θjon] *f* (*adorno*) enfeite *m*; GASTR acompanhamento *m*

guarrada [gwa'rraða] *f*, **guarrería** [gwarre'ria] *f inf* porcaria *f*

guarro, -a ['gwarro, -a] *inf* **I.** *adj* **1.** (*cosa*) nojento, -a **2.** (*persona*) porco, -a **II.** *m, f* porco, -a *m, f*

guasa ['gwasa] *f* gozação *f*; **estar de ~** estar de gozação

guasón, -ona [gwa'son, -ona] *adj, m, f* gozador(a) *m(f)*

Guatemala [gwate'mala] *f* Guatemala *f*

> **Cultura** Guatemala (nome oficial: **República de Guatemala**) situa-se na América Central. A capital é chamada de **Guatemala**. O idioma oficial do país é o espanhol e a unidade monetária da **Guatemala** é o **quezal**.

guatemalteco, -a [gwatemal'teko, -a] *adj, m, f* guatemalteco, -a *m, f*

guay [gwai̯] *adj inf* legal

guayaba [gwa'ɟaβa] *f* goiaba *f*

Guayana [gwa'ɟana] *f* Guiana *f*

guayanés, -esa [gwaɟa'nes, -esa] *adj, m, f* guianense *mf*

gubernamental [guβernameṇ'tal] *adj* governamental

gubernativo, -a [guβerna'tiβo, -a] *adj* governativo, -a

güero, -a ['gwero, -a] *adj, m, f AmL* louro, -a *m, f*

guerra ['gerra] *f* guerra *f*; **~ civil** guerra civil; **~ fría** guerra fria; **~ nuclear** guerra nuclear; **~ psicológica** guerra de nervos; **~ química** guerra química; **la Segunda Guerra Mundial** a Segunda Guerra Mundial; **en ~** em guerra; **dar mucha ~** *inf* dar muito trabalho; **ir a la ~** ir à guerra; **tener la ~ declarada a alguien** *fig* estar em guerra declarada com alguém

guerrear [gerre'ar] *vi* guerrear

guerrero, -a [ge'rrero, -a] *adj, m, f* guerreiro, -a *m, f*

guerrilla [ge'rriʎa] *f* guerrilha *f*

guerrillero, -a [gerri'ʎero, -a] *m, f* guerrilheiro, -a *m, f*

gueto ['geto] *m* gueto *m*

guía¹ ['gia] *mf* (*persona*) guia *mf*; **~ turístico** guia turístico

guía² ['gia] *f* (*libro*) guia *m*; **~ telefónica** lista *f* telefônica; **~ turística** guia turístico

guiar [gi'ar] <*1. pres:* guío> **I.** *vt* guiar **II.** *vr* **~se por algo** guiar-se por a. c.

guijarro [gi'xarro] *m* seixo *m* rolado

guillotina [giʎo'tina] *f* guilhotina *f*

guillotinar [giʎoti'nar] *vt* guilhotinar

guinda ['giṇda] *f* guinda *f*

guindilla [giṇ'diʎa] *f* malagueta *f*

guiñapo [gi'ɲapo] *m* farrapo *m*; **estar hecho un ~** *inf* (*persona*) estar feito um farrapo

guiñar [gi'ɲar] *vt* piscar; **~ el ojo a alguien** piscar o olho para alguém

guiño ['giɲo] *m* piscadela *f*; **hacer un ~ a alguien** dar uma piscadela para alguém

guiñol [gi'ɲol] *m* fantoche *m*

guión [gi'on] *m* **1.** CINE, TV roteiro *m* **2.** LING hífen *m*

guionista [gjo'nista] *mf* CINE, TV roteirista *mf*

guiri ['giri] *adj, mf pey, inf* gringo, -a *m, f*

guirnalda [gir'nalda] *f* grinalda *f*

guisa ['gisa] *f* **a ~ de** à guisa de; **de tal ~** de tal forma

guisado [gi'saðo] *m* guisado *m*

guisante [gi'saṇte] *m* ervilha *f*

guisar [gi'sar] *vt* (*cocinar*) guisar

guiso ['giso] *m* guisado *m*

guitarra [gi'tarra] *f* violão *m*; **~ eléctrica** guitarra *f*

guitarrista [gita'rrista] *mf* guitarrista *mf*

gula ['gula] *f* gula *f*

gusano [gu'sano] *m* verme *m*; **~ de luz** vaga-lume *m*; **~ de seda** bicho-da-seda *m*

gustar [gus'tar] **I.** *vi* **1.** (*agradar*) **me gusta nadar/el helado** gosto de nadar/de sorvete; **¡así me gusta!** assim é que eu gosto! **2.** (*ser aficion-*

ado) ~ **de hacer algo** gostar de fazer a. c. **3.**(*atraer*) **me gusta tu hermano** gosto do seu irmão **4.**(*condicional*) **me ~ía saber...** gostaria de saber... **II.** *vt* gostar

> **Gramática** O verbo **gustar** é usado somente em duas pessoas: na terceira do singular e na terceira do plural, conforme o sujeito gramatical. Quando o sujeito é um substantivo, ele é sempre utilizado com o artigo definido: "Me gusta mucho el chocolate; A Mario no le gustan los niños." Ele também é usado com o verbo no infinitivo: "A Beatriz le gusta bailar el tango."

gusto ['gusto] *m* **1.**(*sentido*) gosto *m;* **una broma de mal ~** uma piada de mau gosto; **no hago nada a tu ~** nada do que eu faço te agrada; **sobre ~s no hay nada escrito** gosto não se discute **2.**(*sabor*) gosto *m;* **tener ~ a algo** ter gosto de a. c. **3.**(*placer*) prazer *m;* **con ~** com prazer; **coger ~ a algo** pegar gosto por a. c.; **estar a ~** estar à vontade; **tanto ~ en conocerla – el ~ es mío** prazer em conhecê-la – o prazer é meu; **cantan que da ~** cantam muito bem

gutural [gutu'ral] *adj* gutural

H

H, h ['tʃe] *f* H, h *m*
haba ['aβa] *f* fava *f;* **son ~s contadas** *inf* são favas contadas; **en todas partes cuecen ~s** *inf* é a mesma coisa em todo lugar
Habana [a'βana] *f* **La ~** Havana *f*
habanero, -a [aβa'nero, -a] *adj, m, f* havanês, -esa *m, f*
habano [a'βano] *m* havana *m*
haber [a'βer] *irr* **I.** *aux* **1.**(*en tiempos compuestos*) haver; **he comprado el periódico** comprei o jornal **2.**(*de obligación*) **~ de hacer algo** ter que fazer a. c. **3.**(*futuro*) **han de llegar pronto** devem chegar logo **4.**(*imperativo*) **¡~venido antes!** deveria ter vindo antes! **II.** *vimpers* **1.**(*ocurrir*) **ha habido un terremoto en Japón** houve um terremoto no Japão; **¿qué hay?** *inf* como vai?; **¿qué hay, Pepe?** *inf* como vai, Pepe? **2.**(*efectuarse*) **hoy no hay cine** hoje não há cinema; **ayer hubo reunión** ontem houve reunião **3.**(*existir*) **aquí no hay agua** aqui não há água; **¿hay algo entre tú y ella?** há algo entre você e ela?; **hay poca gente que...** +*subj* há pouca gente que... +*subj;* **hay quien cree que...** há quem acredite que...; **¡muchas gracias! – no hay de qué** muito obrigado; – não há de quê; **no hay quien me gane al ping-pong** não há quem ganhe de mim no pingue-pongue **4.**(*hallarse, estar*) **hay un cuadro en la pared** há um quadro na parede; **no hay platos en la mesa** não há pratos na mesa; **¿había mucha gente?** havia muita gente? **5.**(*tiempo*) **había una vez...** era uma vez... **6.**(*obligatoriedad*) **¡hay que ver cómo están los precios!** tem que ver como estão os preços!; **hay que trabajar más** tem que trabalhar mais; **no hay que olvidar que...** não pode esquecer que... **III.** *vr* **habérselas con alguien** ter que ver-se com alguém **IV.** *m* **1.**(*capital*) haveres *mpl* **2.**(*en cuenta corriente*) conta *f;* **pasaré la cantidad a tu ~** passarei a quantia para sua conta

> **Gramática** **hay** é usado tanto para o singular quanto para o plural. Pode também ser usado com o artigo indefinido, com numerais, sem artigo ou com pronomes indefinidos, tais como 'mucho' e 'poco': "Hay un libro/diez libros de español en la mesa; Hay gente/mucha gente en la calle."

habichuela [aβi'tʃwela] *f* feijão *m*
hábil ['aβil] *adj* hábil; **ser ~ para algo** ser hábil para a. c.; **ser ~ en algo** ser hábil em a. c.
habilidad [aβili'ðaðᵈ] *f* habilidade *f;* **~es directivas** habilidades *fpl* de liderança;

tener ~ con algo ter habilidade com a. c.

habilitar [aβili'tar] *vt* JUR habilitar
habitable [aβi'taβle] *adj* habitável
habitación [aβita'θjon] *f* quarto *m*
habitante [aβi'tante] *mf* habitante *mf*
habitar [aβi'tar] *vi, vt* habitar
hábitat ['aβitat] *m* <hábitats> habitat *m*
hábito ['aβito] *m t.* REL hábito *m*; **el ~ no hace al monje** *prov* o hábito não faz o monge
habitual [aβitu'al] *adj* habitual
habituar [aβitu'ar] <*l. pres:* habituo> I. *vt ~* **a alguien a algo** habituar alguém a a. c. II. *vr ~***se a algo** habituar-se a a. c.
habla ['aβla] *f* 1.(*facultad*) fala *f*; **quedarse sin ~** ficar sem fala 2.(*acto*) fala *f*; **un país de ~ inglesa** um país de língua inglesa; **¡Juan al ~!** TEL aqui é Juan!
hablador(a) [aβla'ðor(a)] *adj, m(f)* falador(a) *m(f)*
habladurías [haβlaðu'rias] *fpl* boato *m*
hablante [a'βlante] *mf* falante *mf*
hablar [a'βlar] I. *vi* 1.(*decir*) falar; **~ entre dientes** resmungar; **~ claro** falar francamente; **por no ~ de...** para não falar de...; **los números hablan por sí solos** os números falam por si só; **¡no ~ás en serio!** não está falando sério!; **¡ni ~!** nem pensar! 2.(*conversar*) **~ con alguien** falar com alguém; **~ por los codos** *inf* falar pelos cotovelos; **~ por teléfono** falar por telefone II. *vt* 1.(*idioma*) falar 2.(*asunto*) **lo ~ é con tu padre** falarei com seu pai sobre isso III. *vr:* **~se** falar-se; **no se hablan** não se falam; **no se habla con su madre** não fala com a mãe
hacendado, -a [aθeɲ'daðo, -a] *adj, m, f* fazendeiro, -a *m, f*
hacendoso, -a [aθeɲ'doso, -a] *adj* trabalhador(a)
hacer [a'θer] *irr* I. *vt* 1.(*producir, crear*) fazer; **la casa está hecha de madera** a casa é feita de madeira; **quiero la carne bien hecha** quero a carne bem passada 2.(*realizar*) fazer; **~ una llamada** fazer uma ligação; **a medio ~** quase feito; **¿qué hacemos hoy?** que faremos hoje?; **¿qué haces por aquí?** que faz por aqui?; **hazlo por mí** faça isso por mim; **lo hecho, hecho está** não adianta chorar sobre o leite derramado; **la has hecho buena** você aprontou uma boa 3.(*pregunta, observación*) fazer 4.(*ocasionar: ruido, daño*) fazer; **~ sombra** fazer sombra; **me hace daño la rodilla** me dói o joelho; **no puedes ~me esto** não pode me fazer isto 5.(*procurar*) fazer; **¿puedes ~me sitio?** pode me dar lugar? 6.(*transformar*) **~ pedazos algo** fazer a. c. em pedaços; **estás hecho un hombre** estás um homem feito 7.(*conseguir: dinero, amigos*) fazer 8. TEAT **~ una obra** fazer uma obra; **el papel de Antígona** fazer o papel de Antígona 9. ENS fazer; **¿haces francés o inglés?** faz francês ou inglês? 10.(*más sustantivo*) **~ el amor** fazer amor; **~ caso a alguien** prestar atenção em alguém; **~ deporte** fazer esporte; **~ frente a algo/alguien** fazer frente a a. c./alguém; **~ noche en...** passar a noite em...; **~ uso de algo** fazer uso de a. c. 11.(*más verbo*) **~ creer algo a alguien** fazer alguém acreditar em a. c.; **~ venir a alguien** fazer alguém vir; **hazle pasar** deixe-o passar II. *vi* 1.(*convenir*) **eso no hace al caso** isso não vem ao caso 2.(*oficio*) **~ de algo** fazer-se de a. c. 3.(*con preposición*) **por lo que hace a Juan...** no que se refere a Juan...; **hizo como que no me vio** fez que não me viu III. *vr:* **~se** 1.(*volverse*) tornar-se; **~se del Madrid** tornar-se torcedor do Madri 2.(*simular*) **~se el sueco** *inf* fazer-se de surdo; **~se la víctima** fazer-se de vítima 3.(*habituarse*) **~se a algo** acostumar-se a a. c. 4.(*dejarse hacer*) **~se una foto** tirar uma foto 5.(*conseguir*) **~se respetar** fazer-se respeitar; **~se con el poder** conseguir o poder 6.(*resultar*) ser; **se me hace muy difícil creer eso** é muito difícil para mim acreditar nisso IV. *vimpers* 1.(*tiempo*) **hace frío/calor** faz frio/calor; **hoy hace un buen día** hoje está um dia bonito 2.(*temporal*) **hace tres días** há três dias atrás; **no hace mucho** não faz muito tempo; **desde hace un día** desde ontem

hacha ['atʃa] *f* machado *m*
hachazo [a'tʃaθo] *m* machadada *f*
hachís [a'tʃis] *m* haxixe *m*
hacia ['aθja] *prep* 1.(*dirección*) para; **salir ~ el sur** ir em direção ao sul 2.(*tiempo*) por volta de; **llegará ~ las tres** chegará por volta das três

3. (*respecto a*) respeito por; **el amor ~ los animales** o amor pelos animais; **la actitud ~ el trabajo** a atitude perante o trabalho; **sentía odio ~ él** sentia ódio dele; **sentir respecto ~ alguien** sentir respeito por alguém

hacienda [aˈθjenda] *f* **1.** (*finca*) fazenda *f* **2.** FIN, POL **~ pública** fazenda pública; **¿pagas mucho a Hacienda?** paga muito para a Fazenda?

hada [ˈaða] *f* fada *f*; **~ madrina** fada madrinha

Haití [aiˈti] *m* Haiti *m*

haitiano, -a [aiˈtjano, -a] *adj, m, f* haitiano, -a *m, f*

halagar [alaˈɣar] <g→gu> *vt* bajular

halago [aˈlaɣo] *m* bajulação *f*

halagüeño, -a [alaˈɣweɲo, -a] *adj* agradável

halcón [alˈkon] *m* falcão *m*

hálito [ˈalito] *m* hálito *m*

hall [xol] *m* hall *m*

hallar [aˈʎar] I. *vt* achar II. *vr:* **~se** achar-se

hallazgo [aˈʎaθɣo] *m* achado *m*

halógeno, -a [aˈloxeno, -a] *adj* halógeno, -a

halterofilia [alteroˈfilja] *f* halterofilia *f*

hamaca [aˈmaka] *f* rede *f*; (*tumbona*) espreguiçadeira *f*

hambre [ˈambre] *f t. fig* fome *f*; **~ de poder** fome de poder; **matar el ~** *inf* matar a fome; **morirse de ~** morrer de fome; **ser más listo que el ~** *inf* não ter nada de bobo; **tener ~** ter fome; **a buen ~ no hay pan duro** *prov* gato com fome come pimenta *prov*

hambriento, -a [amˈbrjento, -a] *adj t. fig* faminto, -a; **estar ~ de poder** estar faminto de poder

hambruna [amˈbruna] *f* fome *f*

hamburguesa [amburˈɣesa] *f* hambúrguer *m*

hamburguesería [amburɣeseˈria] *f* lanchonete *f*

hampa [ˈampa] *m* bandidagem *f*

hampón [amˈpon] *m* bandido, -a *m, f*

hámster [ˈxamster] *m* hamster *m*

hándicap [ˈxandikap] *m* handicap *m*

hangar [aŋˈɡar] *m* hangar *m*

haragán, -ana [araˈɣan, -ana] *m, f* vagabundo, -a *m, f*

harapiento, -a [araˈpjento, -a] *adj* esfarrapado, -a

harapo [aˈrapo] *m* farrapo *m*

hardware [ˈxar⁽ᵈ⁾wer] *m* hardware *m*

harén [aˈren] *m* harém *m*

harina [aˈrina] *f* farinha *f*; **~ integral** farinha integral; **esto es ~ de otro costal** *inf* isto é farinha de outro saco

hartar [arˈtar] *irr* I. *vt* **1.** (*saciar*) fartar **2.** (*fastidiar*) encher II. *vr:* **~se** **1.** (*saciarse*) fartar-se **2.** (*cansarse*) encher-se; **~ de reír** morrer de rir

hartazgo [arˈtaθɣo] *m* saturação *f*; **darse un ~** (**de algo**) ficar saturado (de a. c.)

harto, -a [ˈarto, -a] I. *adj* **1.** (*repleto*) farto, -a **2.** (*cansado*) **estar ~ de alguien/algo** estar farto de alguém/a. c. II. *adv* (*muy*) muito

hartura [arˈtura] *f* fartura *f*

hasta [ˈasta] I. *prep* **1.** (*de lugar*) até; **te llevo ~ la estación** levo você até a estação; **~ cierto punto** até certo ponto **2.** (*de tiempo*) até; **~ ahora** até daqui a pouco; **no consiguió un trabajo fijo ~ que cumplió 40 años** não conseguiu um emprego fixo até completar 40 anos **3.** (*en despedidas*) **¡~ luego!** até logo!; **¡~ la próxima!** até a próxima!; **¡~ la vista!** até a vista! II. *adv* até

hastiar [astiˈar] <*1. pres:* hastío> I. *vt* enfastiar II. *vr* **~se de alguien/algo** enfastiar-se de alguém/a. c.

hastío [asˈtio] *m* fastio *m*

hatillo [aˈtiʎo] *m* trouxa *f*

Hawai [xaˈwai] *m* Havaí *m*

hawaiano, -a [xawaˈjano, -a] *adj, m, f* havaiano, -a *m, f*

Haya [ˈaja] *f* **La ~** Haia *f*

haz [aθ] *m* feixe *m*

hazaña [aˈθaɲa] *f* façanha *f*

hazmerreír [aθmerreˈir] *m inv, inf* **es el ~ de la gente** é o motivo de riso das pessoas

he [e] *1. pres de* **haber**

hebilla [eˈβiʎa] *f* fivela *f*

hebra [ˈeβra] *f* fio *m*

hebreo [eˈβreo] *m* hebreu *m*

hebreo, -a [eˈβreo, -a] *adj, m, f* hebreu, hebreia *m, f*

hecatombe [ekaˈtombe] *f* hecatombe *f*

hechicero, -a [etʃiˈθero, -a] *m, f* feiticeiro, -a *m, f*

hechizar [etʃiˈθar] <z→c> *vt* enfeitiçar

hechizo [eˈtʃiθo] *m* feitiço *m*

hecho [ˈetʃo] *m* **1.** (*obra*) feito *m* **2.** (*acontecimiento*) fato *m*; **~ consumado** fato consumado; **de ~...** de fato...

hecho, -a ['etʃo, -a] *adj* 1.(*cocido*) bem passado, bem passada; **me gusta la carne hecha** gosto de carne bem passada 2.(*acabado*) feito, -a 3.(*adulto*) **un hombre ~ y derecho** *inf* um homem feito

hechura [e'tʃura] *f* feitio *m*

hectárea [ek'tarea] *f* hectare *m*

hectolitro [ekto'litro] *m* hectolitro *m*

hectómetro [ek'tometro] *m* hectômetro *m*

heder [e'ðer] <e→ie> *vi* feder

hediondo, -a [e'ðjondo, -a] *adj* hediondo, -a

hedonismo [eðo'nismo] *m* hedonismo *m*

hedonista [eðo'nista] *adj* hedonista

hedor [e'ðor] *m* fedor *m*

hegemonía [exemo'nia] *f* hegemonia *f*

hegemónico, -a [exe'moniko, -a] *adj* hegemônico, -a

helada [e'laða] *f* geada *f*; **anoche cayó una ~** ontem à noite caiu uma geada

heladera [ela'ðera] *f Arg* geladeira *f*; **este sitio es una ~** este lugar é uma geladeira

heladería [elaðe'ria] *f* sorveteria *f*

helado [e'laðo] *m* sorvete *m*

helado, -a [e'laðo, -a] *adj* (*congelado*) gelado, -a; **me quedé ~** fiquei gelado; *fig* (*pasmado*) fiquei perplexo

helar [e'lar] <e→ie> I. *vt* congelar II. *vimpers* gear III. *vr*: **~se** 1.(*congelarse*) congelar-se 2.(*pasar frío*) **~se de frío** congelar-se de frio

helecho [e'letʃo] *m* samambaia *f*

hélice ['eliθe] *f* hélice *f*

helicóptero [eli'koptero] *m* helicóptero *m*

helio ['eljo] *m* hélio *m*

helipuerto [eli'pwerto] *m* heliporto *m*

helvético, -a [el'βetiko, -a] *adj, m, f* helvécio, -a *m, f*

hematoma [ema'toma] *m* hematoma *m*

hembra ['embra] *f* fêmea *f*

hemeroteca [emero'teka] *f* hemeroteca *f*

hemiciclo [emi'θiklo] *m* 1. MAT semicírculo *m* 2. POL hemiciclo *m*

hemiplejía [emi'plexia] *f* hemiplegia *f*

hemipléjico, -a [emi'plexiko, -a] *adj, m, f* hemiplégico, -a *m, f*

hemisferio [emis'ferjo] *m* hemisfério *m*

hemodiálisis [emodi'alisis] *f inv* hemodiálise *f*

hemofilia [emo'filja] *f* hemofilia *f*

hemofílico, -a [emo'filiko, -a] *adj, m, f* hemofílico, -a *m, f*

hemorragia [emo'rraxja] *f* hemorragia *f*

hemorroides [emo'rroiðes] *fpl* hemorroidas *fpl*

hendidura [endi'ðura] *f* fenda *f*

heno ['eno] *m* feno *m*

hepatitis [epa'titis] *f inv* hepatite *f*

heptagonal [eptaɣo'nal] *adj* heptagonal

heptágono [ep'taɣono] *m* heptágono *m*

herbicida [erβi'θiða] *m* herbicida *m*

herbívoro, -a [er'βiβoro, -a] *adj, m, f* herbívoro, -a *m, f*

herboristería [erβoriste'ria] *f* herbanário *m*

hercio ['erθjo] *m* hertz *m*

heredar [ere'ðar] *vt* herdar

heredero, -a [ere'ðero, -a] *m, f* herdeiro, -a *m, f*; **el ~ del trono** o herdeiro do trono

hereditario, -a [ereði'tarjo, -a] *adj* hereditário, -a

hereje [e'rexe] *mf* herege *mf*

herejía [ere'xia] *f* heresia *f*

herencia [e'renθja] *f* herança *f*

herida [e'riða] *f* ferida *f*; **tocar a alguien en la ~** *fig* tocar na ferida de alguém *fig*

herido, -a [e'riðo, -a] I. *adj* ferido, -a; **~ de gravedad** ferido gravemente II. *m, f* ferido, -a *m, f*

herir [e'rir] *irr como sentir vt* ferir

hermana [er'mana] *f* irmã *f*; *v.t.* **hermano**

hermanar [erma'nar] *vt* irmanar

hermanastro, -a [erma'nastro, -a] *m, f* meio-irmão, meia-irmã *m, f*

hermandad [erman'dað] *f* irmandade *m*

hermano, -a [er'mano, -a] *m, f* irmão, irmã *m, f*; **~ gemelo** irmão gêmeo; **~ político** cunhado *m*

hermético, -a [er'metiko, -a] *adj* hermético, -a

hermoso, -a [er'moso, -a] *adj* belo, -a

hermosura [ermo'sura] *f* beleza *f*

hernia ['ernja] *f* hérnia *f*

herniarse [er'njarse] *vr* 1. MED formar uma hérnia 2. *irón* (*cansarse*) estourar

héroe ['eroe] *m* herói *m*

heroína¹ [ero'ina] *f* (*mujer*) heroína *f*

heroína² [ero'ina] *f* (*droga*) heroína *f*

heroinómano, -a [eroi'nomano, -a] *m, f* heroinômano, -a *m, f*

heroísmo [ero'ismo] *m* heroísmo *m*
herradura [erra'ðura] *f* ferradura *f*
herramienta [erra'mjenta] *f* ferramenta *f*
herrería [erre'ria] *f* serralheria *f*
herrero [e'rrero] *m* serralheiro *m*
herrumbre [e'rrumbre] *f* ferrugem *f*
hervidero [erβi'ðero] *m* 1. (*lugar*) formigueiro *m*; **un ~ de intrigas** um foco de intrigas 2. (*multitud*) fervedouro *m*
hervidor [erβi'ðor] *m ~* **(de agua)** chaleira *f*
hervir [er'βir] *irr como sentir* I. *vi* ferver; **~ a fuego lento** cozinhar em fogo brando II. *vt* ferver
hervor [er'βor] *m* fervura *f*; **dar un ~ a algo** dar uma fervura em a. c.
heterodoxia [etero'ðoˠsja] *f* heterodoxia *f*
heterodoxo, -a [etero'ðoˠso, -a] *adj* heterodoxo, -a
heterogeneidad [eteroxenei̯'ðað] *f* heterogeneidade *f*
heterogéneo, -a [etero'xeneo, -a] *adj* heterogêneo, -a
heterosexual [eteroseˠ'swal] *adj, mf* heterossexual *mf*
heterosexualidad [eteroseˠswali'ðað] *f* heterossexualidade *f*
hexagonal [eˠsaɣo'nal] *adj* hexagonal
hexágono [eˠ'saɣono] *m* hexágono *m*
hibernación [iβerna'θjon] *f* hibernação *f*
hibernar [iβer'nar] *vi* hibernar
híbrido, -a ['iβriðo, -a] *adj* híbrido, -a
hidratación [iðrata'θjon] *f* hidratação *f*
hidratante [iðra'tante] *adj* hidratante
hidratar [iðra'tar] *vt* hidratar
hidrato [i'ðrato] *m* hidrato *m*; **~ de carbono** hidrato de carbono
hidráulica [i'ðrau̯lika] *f* hidráulica *f*
hidráulico, -a [i'ðrau̯liko, -a] *adj* hidráulico, -a
hidroavión [iðroaβi'on] *m* hidroavião *m*
hidrocarburo [iðrokar'βuro] *m* hidrocarboneto *m*
hidroeléctrico, -a [iðroe'lektriko, -a] *adj* hidrelétrico, -a
hidrofobia [iðro'foβja] *f* hidrofobia *f*
hidrógeno [i'ðroxeno] *m* hidrogênio *m*
hidrográfico, -a [iðro'ɣrafiko, -a] *adj* hidrográfico, -a
hidromasaje [iðroma'saxe] *m* hidromassagem *f*
hiedra ['ɟeðra] *f* hera *f*

hiel [ɟel] *f* bílis *f inv*
hielo ['ɟelo] *m* gelo *m*; **quedarse de ~** ficar gelado; **romper el ~** *t. fig* quebrar o gelo
hiena ['ɟena] *f* hiena *f*
hierba ['ɟerβa] *f* erva *f*; **~ medicinal** erva medicinal; **mala ~** erva daninha; **mala ~ nunca muere** *prov* vaso ruim não quebra *prov*
hierbabuena [ɟerβa'βwena] *f* hortelã *f*
hierro ['ɟerro] *m* ferro *m*; **salud/voluntad de ~** saúde/vontade de ferro
hígado ['iɣaðo] *m* ANAT fígado *m*
higiene [i'xjene] *f* higiene *f*
higiénico, -a [i'xjeniko, -a] *adj* higiênico, -a
higo ['iɣo] *m* figo *m*; **~ chumbo** figo-da-índia *m*; **estar hecho un ~** *inf* parecer um maracujá de gaveta
higuera [i'ɣera] *f* figueira *f*
hijastro, -a [i'xastro, -a] *m, f* enteado, -a *m, f*
hijo, -a ['ixo, -a] *m, f* filho, -a *m, f*; **un ~ de papá** *inf* um filhinho de papai; **~ político** genro *m*; **~ de puta** *vulg* filho da puta; **~ único** filho único
hilar [i'lar] *vt* 1. (*hilo, araña*) fiar 2. (*inferir*) relacionar
hilera [i'lera] *f* fileira *f*; **colocarse en ~** colocar-se em fila
hilo ['ilo] *m* 1. (*para coser*) linha *f*; **~ conductor** fio *m* condutor; **~ dental** fio *m* dental; **mover los ~s** *fig* mexer os pauzinhos; **pender de un ~** *fig* estar por um fio 2. (*tela*) linho *m* 3. (*curso*) fio *m*; **perder el ~ (de la conversación)** perder o fio (da conversa)
hilvanar [ilβa'nar] *vt* alinhavar
Himalaya [xima'laɟa] **el ~** o Himalaia
himen ['imen] *m* ANAT hímen *m*
himno ['imno] *m* hino *m*; **~ nacional** hino nacional
hincapié [iŋka'pje] *m* **hacer ~ en algo** bater pé em a. c.
hincar [iŋ'kar] <c→qu> I. *vt* fincar; **~ el diente en algo** *fig, inf* cravar o dente em a. c. II. *vr* **~se de rodillas** ajoelhar-se
hincha ['intʃa] *mf* (*seguidor*) fã *mf*
hinchada [in'tʃaða] *f* torcida *f*
hinchado, -a [in'tʃaðo, -a] *adj* inchado, -a
hinchar [in'tʃar] I. *vt* 1. (*globo, neumático*) encher 2. (*exagerar*) aumentar II. *vr*: **~se** 1. (*pierna*) inchar; **se me ha hinchado el pie** meu pé está inchado

2. *inf* (*de comer*) ~**se de algo** saturar-se de a. c. **3.** (*hacer mucho*) ~**se a escuchar algo** encher-se de escutar a. c.; ~**se a insultar a alguien** insultar alguém demasiadamente
hinchazón [inˈtʃaˈθon] *f* inchaço *m*
hindú [inˈdu] *mf* hindu *mf*
hinduismo [induˈismo] *m* hinduísmo *m*
hinojo [iˈnoxo] *m* funcho *m*
híper [ˈiper] *m* (*hipermercado*) hipermercado *m*
hiperactividad [iperaktiβiˈðaᵈ] *f* hiperatividade *f*
hiperactivo, -a [iperakˈtiβo, -a] *adj* hiperativo, -a
hiperenlace [iperenˈlaθe] *m* INFOR hyperlink *m*
hipermercado [ipermerˈkaðo] *m* hipermercado *m*
hipermetropía [ipermetroˈpia] *f* hipermetropia *f*
hipersensible [ipersenˈsiβle] *adj* hipersensível
hipertensión [ipertenˈsjon] *f* hipertensão *f*
hipertexto [iperˈtesto] *m* INFOR hipertexto *m*
hipertrofia [iperˈtrofja] *f* hipertrofia *f*
hípica [ˈipika] *f* hipismo *m*
hípico, -a [ˈipiko, -a] *adj* hípico, -a
hipnosis [iβˈnosis] *f inv* hipnose *f*
hipnótico, -a [iβˈnotiko, -a] *adj* hipnótico, -a
hipnotismo [iβnoˈtismo] *m* hipnotismo *m*
hipnotizador(a) [iβnotiθaˈðor(a)] *m(f)* hipnotizador(a) *m(f)*
hipnotizar [iβnotiˈθar] <z→c> *vt* hipnotizar
hipo [ˈipo] *m* soluço *m;* **tener** ~ estar com soluço; **que quita el** ~ *fig* que tira o fôlego
hipocresía [ipokreˈsia] *f* hipocrisia *f*
hipócrita [iˈpokrita] *adj, mf* hipócrita *mf*
hipódromo [iˈpoðromo] *m* hipódromo *m*
hipopótamo [ipoˈpotamo] *m* hipopótamo *m*
hipoteca [ipoˈteka] *f* hipoteca *f*
hipotecar [ipoteˈkar] <c→qu> *vt* hipotecar
hipotecario, -a [ipoteˈkarjo, -a] *adj* hipotecário, -a
hipótesis [iˈpotesis] *f inv* hipótese *f*
hipotético, -a [ipoˈtetiko, -a] *adj* hipotético, -a

hiriente [iˈrjente] *adj* ferino, -a
hispánico, -a [isˈpaniko, -a] *adj* hispânico, -a
hispanista [ispaˈnista] *mf* hispanista *mf*
hispano, -a [isˈpano, -a] *adj, m, f* hispânico, -a *m, f*
Hispanoamérica [ispanoaˈmerika] *f* América *f* Hispânica

Cultura Hispanoamérica é um termo genérico que inclui todos os países da América Central e América do Sul, onde o espanhol é falado (oficialmente). São vinte países ao todo: **Argentina, Bolivia, Chile, Colombia, Costa Rica, Cuba, Ecuador, El Salvador, Guatemala, Honduras, México, Nicaragua, Panamá, Paraguay, Perú, Puerto Rico, República, Dominicana, Uruguay** e **Venezuela**. Por outro lado, o termo coletivo **Latinoamérica** (ou **América Latina**) aplica-se a todos aqueles países da América Central e América do Sul que foram colonizados por Espanhóis, Portugueses e Franceses.

hispanoamericano, -a [ispanoameriˈkano, -a] *adj, m, f* hispano-americano, hispano-americana *m, f*
hispanófilo, -a [ispaˈnofilo, -a] *adj, m, f* hispanófilo, -a *m, f*
histeria [isˈterja] *f* histeria *f*
histérico, -a [isˈteriko, -a] *adj, m, f* histérico, -a *m, f*
histerismo [isteˈrismo] *m* histerismo *m*
historia [isˈtorja] *f* história *f;* ~ **antigua** história antiga; ~ **universal** história universal; **pasar a la** ~ passar à história; **¡déjate de** ~**s!** deixa de histórias!; **ésa es la misma** ~ **de siempre** essa é a mesma história de sempre; **¡no me vengas con** ~**s!** não me venha com histórias!
historiador(a) [istorjaˈðor(a)] *m(f)* historiador(a) *m(f)*
historial [istoˈrjal] *m* histórico *m;* ~ **delictivo** ficha *f* criminal; ~ **profesional** experiência profissional
histórico, -a [isˈtoriko, -a] *adj* histórico, -a

historieta [isto'rjeta] *f* (*anécdota, cómic*) historieta *f*
hito ['ito] *m* marco *m*
hobby ['xoβi] *m* hobby *m*
hocico [o'θiko] *m* focinho *m*
hockey ['xokei] *m* hóquei *m;* ~ **sobre hielo** hóquei sobre gelo; ~ **sobre hierba** hóquei sobre grama; ~ **sobre patines** hóquei sobre patins
hogar [o'ɣar] *m* **1.**(*casa*) lar *m* **2.**(*de chimenea*) lareira *f*
hogareño, -a [oɣa'reɲo, -a] *adj* caseiro, -a
hogaza [o'ɣaθa] *f* fogaça *f*
hoguera [o'ɣera] *f* fogueira *f*
hoja ['oxa] *f* **1.** BOT folha *f* **2.**(*de papel*) folha *f* **3.**(*formulario*) formulário *m;* ~ **de cálculo** INFOR planilha *f;* ~ **de servicios** folha de serviços **4.**(*de cuchillo*) lâmina *f;* ~ **de afeitar** lâmina de barbear
hojalata [oxa'lata] *f* lata *f*
hojaldre [o'xaldre] *m* massa *f* folhada
hojear [oxe'ar] *vt* folhear
hola ['ola] *interj* olá
Holanda [o'landa] *f* Holanda *f*
holandés, -esa [olandes, -esa] *adj, m, f* holandês, -esa *m, f*
holgado, -a [ol'ɣaðo, -a] *adj* folgado, -a
holgar [ol'ɣar] *irr como colgar vi* (*sobrar*) folgar; **huelga decir que...** nem é preciso dizer que...
holgazán, -ana [olɣa'θan, -ana] *m, f* folgado, -a *m, f*
holgazanear [olɣaθane'ar] *vi* vagabundear
holgura [ol'ɣura] *f* folga *f;* **vivir con** ~ viver com folga
hollín [o'ʎin] *m* fuligem *f*
holocausto [olo'kausto] *m* holocausto *m*
hombre ['ombre] **I.** *m* homem *m;* **el** ~ (*especie humana*) o homem; **el** ~ **de la calle** o homem do povo; ~ **de estado** homem de estado; ~ **lobo** lobisomem *m;* ~ **de negocios** homem de negócios; ~ **rana** homem-rã *m;* **¡está hecho un** ~**!** é um homem feito! **II.** *interj* homem; **¡**~**!, ¿qué tal?** olá! como vai?; **¡cállate,** ~**!** dá um tempo!; **¡sí,** ~**!** sim, com certeza!
hombrera [om'brera] *f* ombreira *f*
hombría [om'bria] *f* hombridade *f*
hombro ['ombro] *m* ombro *m;* **ancho de** ~**s** largo de ombros; **cargado de** ~**s** de ombros curvados; **encogerse de** ~**s** dar de ombros
hombruno, -a [om'bruno, -a] *adj* masculino, -a
homenaje [ome'naxe] *m* homenagem *f;* **rendir** ~ **a alguien** render homenagem a alguém
homenajear [omenaxe'ar] *vt* homenagear
homeópata [ome'opata] *mf* homeopata *mf*
homeopatía [omeopa'tia] *f* homeopatia *f*
homeopático, -a [omeo'patiko, -a] *adj* homeopático, -a
homicida [omi'θiða] *adj, mf* homicida *mf*
homicidio [omi'θiðjo] *m* homicídio *m;* ~ **involuntario** homicídio involuntário
homilía [omi'lia] *f* homilia *f*
homogéneo, -a [omo'xeneo, -a] *adj* homogêneo, -a
homologación [omoloɣa'θjon] *f* homologação *f*
homologar [omolo'ɣar] <g→gu> *vt* homologar
homólogo, -a [o'moloɣo, -a] *m, f* homólogo, -a *m, f*
homosexual [omoseɣ'swal] *adj, mf* homossexual *mf*
homosexualidad [omoseɣ'swali'ðað] *f* homossexualidade *f*
honda ['onda] *f* estilingue *m*
hondo, -a ['ondo, -a] *adj* fundo, -a; **respirar** ~ respirar fundo
hondonada [ondo'naða] *f* depressão *f*
hondura [on'dura] *f* profundidade *f*
Honduras [on'duras] *f* Honduras *f*

> **Cultura** **Honduras** situa-se na América Central e faz fronteira com **El Salvador, Nicaragua** e **Guatemala**, bem como com o Caribe e o Oceano Pacífico. A capital é **Tegucigalpa**. O espanhol é a língua oficial do país e a unidade monetária de **Honduras** é o **lempira**.

hondureño, -a [ondu'reɲo, -a] *adj, m, f* hondurenho, -a *m, f*
honestidad [onesti'ðað] *f* honestidade *f*
honesto, -a [o'nesto, -a] *adj* honesto, -a
hongo ['oŋgo] *m* **1.** BOT fungo *m* **2.**(*sombrero*) chapéu-coco *m*
honor [o'nor] *m* honra *f*

honorable [ono'raβle] *adj* honorável
honorario, -a [ono'rarjo, -a] *adj* honorário, -a
honorarios [ono'rarjos] *mpl* honorários *mpl*
honra ['onrra] *f* (*honor*) honra *f*; ~s **fúnebres** REL honras fúnebres
honradez [onrra'deθ] *f* honradez *f*
honrado, -a [on'rraðo, -a] *adj* honrado, -a
honrar [on'rrar] *vt* honrar
honroso, -a [on'rroso, -a] *adj* honroso, -a
hora ['ora] *f* 1.(*de un día*) hora *f*; ~s **extra**(**ordinarias**) horas extras; ~ **punta** horário de pico; **un cuarto de** ~ quinze minutos; **a última** ~ na última hora; **a primera/última** ~ **de la tarde** no início/final da tarde 2.(*del reloj*) hora *f*; **adelantar/retrasar la** ~ adiantar/atrasar o relógio; **¿qué ~ es?** que horas são?; **¿a qué** ~ **vendrás?** a que horas virá?; **me ha dado** ~ **para el martes** consegui um horário para terça-feira 3.(*tiempo*) hora *f*; **a la** ~ **de la verdad...** na hora da verdade...; **no lo dejes para última** ~ não deixe para a última hora; **ven a cualquier** ~ venha a qualquer hora; **ya va siendo** ~ **de que** +*subj* já está na hora de +*infin*
horadar [ora'ðar] *vt* perfurar
horario, -a ['orarjo] *m* horário *m*; ~ **flexible** horário flexível; ~ **de oficina** horário de expediente
horario, -a ['orarjo, -a] *adj* horário, -a
horca ['orka] *f* forca *f*
horcajadas [orka'xaðas] **a** ~ escarranchado, -a

Cultura **Horchata** é uma bebida refrescante de Valência, feita com **chufas** (um tipo específico de amêndoa), **azúcar** (açúcar) e **agua** (água).

horda ['orða] *f* horda *f*
horizontal [oriθon'tal] *adj* horizontal
horizonte [ori'θonte] *m* horizonte *m*
horma ['orma] *f* forma *f*
hormiga [or'miɣa] *f* formiga *f*
hormigón [ormi'ɣon] *m* concreto *m*; ~ **armado** concreto armado
hormigonera [ormiɣo'nera] *f* betoneira *f*
hormigueo [ormi'ɣeo] *m* formigamento *m*; **tengo un** ~ **en la espalda** estou com formigamento nas costas
hormiguero [ormi'ɣero] *m* formigueiro *m*; **la plaza era un** ~ **de gente** a praça parecia um formigueiro de gente
hormona [or'mona] *f* hormônio *m*
hormonal [ormo'nal] *adj* hormonal
hornada [or'naða] *f* fornada *f*
hornillo [or'niʎo] *m* fogareiro *m*
horno ['orno] *m* forno *m*; ~ **microondas** forno de micro-ondas; **asar al** ~ assar no forno; **no está el** ~ **para bollos** *inf* não está em seus melhores dias
horóscopo [o'roskopo] *m* horóscopo *m*
horquilla [or'kiʎa] *f* 1.(*del pelo*) grampo *m* 2.(*de bicicleta*) garfo *m*
horrendo, -a [o'rrendo, -a] *adj* horrendo, -a
horrible [o'rriβle] *adj* horrível
horripilante [orripi'lante] *adj* horripilante
horror [o'rror] *m* 1.(*miedo, aversión*) horror *m*; **tener** ~ **a algo** ter horror a a. c.; **siento** ~ **a la oscuridad** tenho horror ao escuro; **¡qué ~!** *inf* que horror! 2.*pl* (*actos*) **los** ~**es de la guerra** os horrores da guerra 3.*inf* (*mucho*) **ganar un** ~ **de dinero** ganhar um horror de dinheiro
horrorizar [orrori'θar] <z→c> I. *vt* horrorizar II. *vr:* ~ **se** horrorizar-se
horroroso, -a [orro'roso, -a] *adj* horroroso, -a
hortaliza [orta'liθa] *f* hortaliça *f*
hortelano, -a [orte'lano, -a] *m, f* hortelão, -loa *m, f*
hortensia [or'tensja] *f* hortênsia *f*
hortera [or'tera] *adj, m inf* cafona *mf*
horterada [orte'raða] *f inf* cafonice *f*
hortofrutícula [ortofru'tikula] *adj* hortifrutícula
hosco, -a ['osko, -a] *adj* tosco, -a
hospedar [ospe'ðar] I. *vt* hospedar II. *vr:* ~ **se** hospedar-se
hospital [ospi'tal] *m* hospital *m*
hospitalario, -a [ospita'larjo, -a] *adj* 1.(*del hospital*) hospitalar 2.(*acogedor*) hospitaleiro, -a
hospitalidad [ospitali'ðað] *f* hospitalidade *f*
hospitalización [ospitaliθa'θjon] *f* hospitalização *f*
hospitalizar [ospitali'θar] <z→c> *vt* hospitalizar
hostal [os'tal] *m* hospedaria *f*
hostelería [ostele'ria] *f* hotelaria *f*
hostia ['ostja] I. *f* 1. REL hóstia *f* 2. *vulg*

(*bofetada*) tabefe *m;* (*golpe*) porrada *f* **3.** *fig, vulg* ¡me cago en la ~! que merda!; ¡este examen es la ~! este exame é a porra!; hace un tiempo de la ~ (*malo*) está fazendo um tempo de merda; (*bueno*) está fazendo um tempo do caralho; iba a toda ~ ia a toda velocidade **II.** *interj vulg* porra

hostigar [osti'ɣar] <g→gu> *vt* **1.** (*fustigar*) açoitar **2.** (*molestar*) amolar; (*con observaciones*) assediar

hostil [os'til] *adj* hostil

hostilidad [ostili'ðað] *f* hostilidade *f*

hotel [o'tel] *m* hotel *m*

hotelero, -a [ote'lero, -a] *adj, m, f* hoteleiro, -a *m, f*

hoy [oi] *adv* hoje; ~ (en) día hoje em dia; llegará de ~ a mañana chegará de hoje para amanhã; los niños de ~ (en día) as crianças de hoje (em dia); de ~ en adelante de hoje em diante

hoyo ['oʝo] *m* buraco *m*

hoyuelo [o'ʝwelo] *m* covinha *f*

hoz [oθ] *f* foice *f*

huacal ['wakal] *m And, Méx* (*cajón*) caixote *m*

hubo ['uβo] **3.** *pret de* **haber**

hucha ['utʃa] *f* cofre *m*

hueco ['weko] *m* (*agujero, lugar*) espaço *m;* hazme un ~ dá um lugarzinho pra mim; hazme un ~ para mañana (*de tiempo*) preciso de uma horinha do seu tempo amanhã

hueco, -a ['weko, -a] *adj* **1.** (*ahuecado*) oco, -a **2.** (*sonido*) ressoante

huelga ['welɣa] *f* greve *f;* ~ de brazos caídos greve de braços cruzados; ~ de celo operação tartaruga; ~ general greve geral; ~ de hambre greve de fome; declararse en ~ declarar greve; estar en ~ estar em greve; hacer ~ fazer greve

huelguista [wel'ɣista] *mf* grevista *mf*

huella ['weʎa] *f* **1.** (*pisada*) pegada *f;* ~s digitales impressões digitais **2.** (*vestigio*) rastro *m*

huelveño, -a [wel'βeɲo, -a] *adj* de Huelva

huérfano, -a ['werfano, -a] **I.** *adj* órfão, órfã *m, f;* ser ~ de padre ser órfão de pai **II.** *m, f* órfão, órfã *m, f*

huerta ['werta] *f* (*de frutales*) pomar *m;* (*de hortalizas*) horta *f*

huerto ['werto] *m* horto *m*

hueso ['weso] *m* **1.** ANAT osso *m;* estar en los ~s estar pele e ossos **2.** (*de fruto*) caroço *m*

huésped(a) ['wespeð(a)] *m(f)* hóspede *mf*

huesudo, -a [we'suðo, -a] *adj* ossudo, -a

hueva ['weβa] *f* ova *f*

huevera [we'βera] *f* oveiro *m;* (*cartón*) caixa *f* de ovos

huevo ['weβo] *m* **1.** BIO ovo *m;* ~ duro ovo cozido; ~ frito ovo frito; ~ pasado por agua ovo quente; ~s revueltos ovos mexidos **2.** *vulg* (*testículo*) saco *m;* ¡estoy hasta los ~s! estou de saco cheio!; ¡me importa un ~! estou cagando e andando!; me costó un ~ (*dinero*) custou um absurdo; (*dificultades*) foi muito difícil

huida [u'iða] *f* fuga *f*

huidizo, -a [ui'ðiθo, -a] *adj* fugidio, -a

huir [u'ir] *irr vi* fugir; ~ de alguien fugir de alguém; ~ de casa fugir de casa

hule ['ule] *m* **1.** (*para la mesa*) toalha de mesa feita de material oleado e impermeável **2.** (*tela*) oleado *m*

hulla ['uʎa] *f* hulha *f*

humanidad [umani'ðað] *f* humanidade *f;* la ~ a humanidade

humanitario, -a [umani'tarjo, -a] *adj* humanitário, -a

humano, -a [u'mano, -a] *adj* humano, -a

humareda [uma'reða] *f* fumaceira *f*

humeante [ume'ante] *adj* fumegante

humedad [ume'ðað] *f* umidade *f*

humedecer [umeðe'θer] *irr como crecer vt* umedecer

húmedo, -a ['umeðo, -a] *adj* úmido, -a

húmero ['umero] *m* ANAT úmero *m*

humildad [umil'dað] *f* humildade *f*

humilde [u'milde] *adj* humilde

humillación [umiʎa'θjon] *f* humilhação *f*

humillante [umi'ʎante] *adj* humilhante

humillar [umi'ʎar] *vt* humilhar

humo ['umo] *m* **1.** (*de combustión*) fumaça *f* **2.** *pl, inf* (*vanidad*) pretensão *f;* bajar los ~s a alguien baixar a bola de alguém; tener muchos ~s ser muito pretensioso

humor [u'mor] *m* **1.** (*cualidad, humorismo*) humor *m;* ~ negro humor negro **2.** (*ánimo*) disposição *f;* estar de buen/mal ~ estar de bom/mau humor; no estoy de ~ para bailar não estou com disposição para dançar

humorismo [umo'rismo] *m* humo-

rismo *m*
humorista [umo'rista] *mf* humorista *mf*
humorístico, -a [umo'ristiko, -a] *adj* humorístico, -a
hundimiento [unɲdi'mjento] *m* 1.(*de un barco*) afundamento *m* 2.(*de un edificio*) t. ECON desabamento *m*
hundir [un'dir] I. *vt* 1.(*barco*) afundar 2.(*destrozar*) desmoronar II. *vr*: ~se 1.(*barco*) afundar-se 2.(*edificio*) t. ECON desabar
húngaro, -a ['uŋgaro, -a] *adj, m, f* húngaro, -a *m, f*
Hungría [uŋ'gria] *f* Hungria *f*
huracán [ura'kan] *m* furacão *m*
huraño, -a [u'raɲo, -a] *adj* esquivo, -a
hurgar [ur'γar] <g→gu> I. *vi* ~ en algo remexer em a. c. II. *vt* remexer; ~ la nariz pôr o dedo no nariz
hurón [u'ron] *m* furão *m*
hurtadillas [urta'ðiʎas] a ~ às escondidas; lo hizo a ~ de su novia fez isso às escondidas de sua namorada
hurtar [ur'tar] *vt* furtar
hurto ['urto] *m* furto *m*
husmear [usme'ar] I. *vt* farejar II. *vi* fuçar
huso ['uso] *m* fuso *m*; ~ **horario** fuso horário
huy [uj] *interj* (*de dolor*) ui!; (*de asombro*) ai!

I

I, i [i] *f* I, i *m*
ibérico, -a [i'βeriko, -a] *adj* ibérico, -a
Iberoamérica [iβeroa'merika] *f* América *f* Ibérica
iberoamericano, -a [iβeroameri'kano, -a] *adj, m, f* ibero-americano, -a *m, f*
ibicenco, -a [iβi'θeŋko, -a] *adj* nascido, -a em Ibiza
Ibiza [i'βiθa] *f* Ibiza *f*
iceberg [iθe'βer(ɣ)] *m* <icebergs> iceberg *m*
icono [i'kono] *m* REL, INFOR, **ícono** ['ikono] *m* REL, INFOR ícone *m*
iconoclasta [ikono'klasta] *adj, mf* iconoclasta *mf*

ictericia [ikte'riθja] *f* icterícia *f*
ictiología [iktjolo'xia] *f* ictiologia *f*
I+D [i mas ðe] *abr de* **Investigación y Desarrollo** Pesquisa *f* e Desenvolvimento
ida ['iða] *f* ida *f*; **de ~ y vuelta** de ida e volta
idea [i'ðea] *f* 1. ideia *f*; **no tener ni ~** não ter nem ideia 2. *pl* (*convicciones*) ideias *fpl*
ideal [iðe'al] *adj, m* ideal *m*
idealismo [iðea'lismo] *m* idealismo *m*
idealista [iðea'lista] *adj, mf* idealista *mf*
idealizar [iðeali'θar] <z→c> *vt* idealizar
idear [iðe'ar] *vt* idear
ídem ['iðen] *pron* idem; ~ de ~ *inf* também
idéntico, -a [i'ðentiko, -a] *adj* idêntico, -a
identidad [iðenti'ðað] *f* identidade *f*
identificación [iðentifika'θjon] *f* identificação *f*
identificar [iðentifi'kar] <c→qu> I. *vt* identificar II. *vr*: ~se identificar-se; ~ con alguien/algo identificar-se com alguém/a. c.
ideología [iðeolo'xia] *f* ideologia *f*
ideológico, -a [iðeo'loxiko, -a] *adj* ideológico, -a
idílico, -a [i'ðiliko, -a] *adj* idílico, -a
idilio [i'ðiljo] *m* idílio *m*
idioma [i'ðjoma] *m* idioma *m*
idiosincrasia [iðjosiŋ'krasja] *f* idiossincrasia *f*
idiota [i'ðjota] *adj, mf* idiota *mf*
idiotez [iðjo'teθ] *f* 1. MED idiotia *f* 2.(*estupidez*) idiotice *f*
idolatrar [iðola'trar] *vt* idolatrar
ídolo ['iðolo] *m* ídolo *m*
idóneo, -a [i'ðoneo, -a] *adj* idôneo, -a
iglesia [i'ɣlesja] *f* igreja *f*
iglú [i'ɣlu] *m* iglu *m*
ignominia [iɣno'minja] *f* ignomínia *f*
ignorancia [iɣno'ranθja] *f* ignorância *f*
ignorante [iɣno'rante] *adj, mf* ignorante *mf*
ignorar [iɣno'rar] *vt* ignorar
igual¹ [i'ɣwal] I. *adj* 1.(*idéntico*) igual; **al ~ que...** assim como... 2.(*constante*) igual II. *mf* igual *mf* III. *adv* (*quizá*) ~ **no viene** talvez não venha
igual² [i'ɣwal] *m* MAT igual *m*
igualada [iɣwa'laða] *f* empate *m*
igualado, -a [iɣwa'laðo, -a] *adj* igualado, -a

igualar [iɣwa'lar] I. *vi, vt* igualar II. *vr:* ~ **se** igualar-se
igualdad [iɣwal'daᵈ] *f* igualdade *f;* ~ **de derechos** igualdade de direitos
igualitario, -a [iɣwali'tarjo, -a] *adj* igualitário, -a
igualmente [iɣwal'mente] *adv* igualmente
iguana [i'ɣwana] *f* iguana *f*
ikurriña [iku'rriɲa] *f* bandeira oficial do país basco
ilegal [ile'ɣal] *adj* ilegal
ilegible [ile'xiβle] *adj* ilegível
ilegítimo, -a [ile'xitimo, -a] *adj* ilegítimo, -a
ileso, -a [i'leso, -a] *adj* ileso, -a; **salir ~ de un accidente** sair ileso de um acidente
ilícito, -a [i'liθito, -a] *adj* ilícito, -a
ilimitado, -a [ilimi'taðo, -a] *adj* ilimitado, -a
ilógico, -a [i'loxiko, -a] *adj* ilógico, -a
iluminación [ilumina'θjon] *f* iluminação *f*
iluminar [ilumi'nar] *vt* iluminar
ilusión [ilu'sjon] *f* 1. (*alegría*) alegria *f;* **hacer ~** causar alegria 2. (*esperanza*) expectativa *f;* **hacerse ilusiones** criar expectativas 3. (*espejismo*) ilusão *f*
ilusionar [ilusjo'nar] I. *vt* iludir; **estar ilusionado con algo** estar iludido com a. c. II. *vr:* ~ **se** 1. (*alegrarse*) alegrar-se 2. (*esperanzarse*) iludir-se
ilusionista [ilusjo'nista] *mf* ilusionista *mf*
iluso, -a [i'luso, -a] *adj, m, f* ingênuo, -a *m, f*
ilusorio, -a [ilu'sorjo, -a] *adj* ilusório, -a
ilustración [ilustra'θjon] *f* 1. (*imagen*) ilustração *f* 2. HIST **la Ilustración** o Iluminismo
ilustrado, -a [ilus'traðo, -a] *adj* ilustrado, -a
ilustrar [ilus'trar] I. *vt* ilustrar II. *vr:* ~ **se** ilustrar-se
ilustre [i'lustre] *adj* ilustre
imagen [i'maxen] *f* imagem *f;* **ser la viva ~ de alguien** ser a imagem viva de alguém
imaginación [imaxina'θjon] *f* 1. (*capacidad*) imaginação *f* 2. *pl* (*sospechas*) suposições *fpl*
imaginar [imaxi'nar] I. *vt* imaginar II. *vr:* ~ **se** imaginar-se
imaginario, -a [imaxi'narjo, -a] *adj* imaginário, -a

imaginativo, -a [imaxina'tiβo, -a] *adj* imaginativo, -a
imán [i'man] *m* 1. (*mineral*) ímã *m* 2. (*musulmán*) imame *m*
imbatible [imba'tiβle] *adj* imbatível
imbatido, -a [imba'tiðo, -a] *adj* invicto, -a
imbécil [im'beθil] *adj, mf* imbecil *mf*
imberbe [im'berβe] *adj* imberbe
imborrable [imbo'rraβle] *adj* inapagável
imbuir [imbu'ir] *irr como* huir *vt* imbuir; ~ **a alguien de algo** imbuir alguém de a. c.
IME [iⁿsti'tuto mone'tarjo eɣro'peo] *m abr de* **Instituto Monetario Europeo** Instituto *m* Monetário Europeu
imitación [imita'θjon] *f* imitação *f*
imitador(a) [imita'ðor(a)] *m(f)* imitador(a) *m(f)*
imitar [imi'tar] *vt* imitar
impaciencia [impa'θjenθja] *f* impaciência *f*
impacientar [impaθjen'tar] I. *vt* impacientar II. *vr:* ~ **se** impacientar-se
impaciente [impa'θjente] *adj* impaciente
impacto [im'pakto] *m t. fig* impacto *m*
impar [im'par] *adj, m* ímpar *m*
imparcial [impar'θjal] *adj* imparcial
imparcialidad [imparθjali'ðaᵈ] *f* imparcialidade *f*
impartir [impar'tir] *vt* dar
impasibilidad [impasiβili'ðaᵈ] *f* impassibilidade *f*
impasible [impa'siβle] *adj* impassível
impávido, -a [im'paβiðo, -a] *adj* impávido, -a
impecable [impe'kaβle] *adj* impecável
impedimento [impeði'mento] *m* impedimento *m*
impedir [impe'ðir] *irr como* pedir *vt* impedir
impeler [impe'ler] *vt* impelir
impenetrable [impene'traβle] *adj* impenetrável
impensable [impen'saβle] *adj* impensável
imperante [impe'rante] *adj* imperante
imperar [impe'rar] *vi* imperar
imperativo [impera'tiβo] *m* LING imperativo *m*
imperativo, -a [impera'tiβo, -a] *adj* imperativo, -a
imperceptible [imperθep'tiβle] *adj* imperceptível

imperdible [imperˈðiβle] *m* alfinete *m* de segurança
imperdonable [imperðoˈnaβle] *adj* imperdoável
imperfección [imperfekˈθjon] *f* imperfeição *f*
imperfecto [imperˈfekto] *m* LING imperfeito *m*
imperfecto, -a [imperˈfekto, -a] *adj* imperfeito, -a
imperial [impeˈrjal] *adj* imperial
imperialismo [imperjaˈlismo] *m* imperialismo *m*
imperialista [imperjaˈlista] *adj, m* imperialista *mf*
imperio [imˈperjo] *m* império *m*
imperioso, -a [impeˈrjoso, -a] *adj* imperioso, -a
impermeable [impermeˈaβle] I. *adj* impermeável II. *m* impermeável *m*, capa *f* de chuva
impersonal [impersoˈnal] *adj t.* LING impessoal
impertérrito, -a [imperˈterrito, -a] *adj* impertérrito, -a
impertinencia [impertiˈnenθja] *f* impertinência *f*
impertinente [impertiˈnente] *adj* impertinente
imperturbable [imperturˈβaβle] *adj* imperturbável
ímpetu [ˈimpetu] *m* ímpeto *m*
impetuosidad [impetwosiˈðað] *f* impetuosidade *m*
impetuoso, -a [impeˈtwoso, -a] *adj* impetuoso, -a
impío, -a [imˈpio, -a] *adj* ímpio, -a
implacable [implaˈkaβle] *adj* implacável
implantación [implantaˈθjon] *f* implantação *f*
implantar [implanˈtar] I. *vt* implantar II. *vr:* ~ **se** estabelecer-se
implante [imˈplante] *m* implante *m*
implicar [impliˈkar] <c→qu> I. *vt* implicar II. *vr:* ~ **se** envolver-se
implícito, -a [imˈpliθito, -a] *adj* implícito, -a
implorar [imploˈrar] *vt* implorar
imponente [impoˈnente] *adj* imponente
imponer [impoˈner] *irr como* poner I. *vt* impor II. *vr:* ~ **se** impor-se
imponible [impoˈniβle] *adj* FIN tributável
impopular [impopuˈlar] *adj* impopular

impopularidad [impopulariˈðað] *f* impopularidade *f*
importación [importaˈθjon] *f* importação *f*
importador(a) [importaˈðor(a)] *m(f)* importador(a) *m(f)*
importancia [imporˈtanθja] *f* importância *f*; **dar** ~ **a algo** dar importância a a. c.; **darse** ~ gabar-se; **restar** ~ **a algo** reduzir a importância de a. c.
importante [imporˈtante] *adj* importante
importar [imporˈtar] I. *vt (mercancía)* importar II. *vi* importar; **¿a ti qué te importa?** que te importa?
importe [imˈporte] *m* preço *m*
importunar [importuˈnar] *vt* importunar
imposibilidad [imposiβiliˈðað] *f* impossibilidade *f*
imposibilitado, -a [imposiβiliˈtaðo, -a] *adj* impossibilitado, -a
imposibilitar [imposiβiliˈtar] *vt* impossibilitar
imposible [impoˈsiβle] I. *adj* 1. *(irrealizable)* impossível; **hacer lo** ~ fazer o impossível 2. *inf (insoportable)* insuportável II. *m* impossível *m*; **pedir** ~ **s** pedir o impossível
imposición [imposiˈθjon] *f (obligación)* imposição *f*
impostor(a) [imposˈtor(a)] *m(f)* impostor(a) *m(f)*
impotencia [impoˈtenθja] *f* impotência *f*
impotente [impoˈtente] *adj* impotente
impracticable [impraktiˈkaβle] *adj* impraticável
imprecisión [impreθiˈsjon] *f* imprecisão *f*
impreciso, -a [impreˈθiso, -a] *adj* impreciso, -a
impregnar [impreɣˈnar] I. *vt* impregnar II. *vr:* ~ **se** impregnar-se
imprenta [imˈprenta] *f* imprensa *f*
imprescindible [impresθinˈdiβle] *adj* imprescindível
impresentable [impresenˈtaβle] *adj* inapresentável
impresión [impreˈsjon] *f* impressão *f*; **cambiar impresiones** trocar impressões; **causar buena/mala** ~ causar boa/má impressão
impresionable [impresjoˈnaβle] *adj* impressionável
impresionante [impresjoˈnante] *adj*

impressionante
impresionar [impresjo'nar] **I.** *vt* impressionar **II.** *vr:* ~ **se** impressionar-se
impresionismo [impresjo'nismo] *m* impressionismo *m*
impresionista [impresjo'nista] *adj, m* impressionista *mf*
impreso [im'preso] *m* impresso *m*
impresora [impre'sora] *f* impressora *f*; ~ **de chorro de tinta** impressora de jato de tinta; ~ **láser** impressora a laser
imprevisible [impreβi'siβle] *adj* imprevisível
imprevisto, -a [impre'βisto, -a] *adj* imprevisto, -a
imprevistos [impre'βistos] *mpl* gastos *mpl* imprevistos
imprimir [impri'mir] *irr vt* imprimir
improbable [impro'βaβle] *adj* improvável
improcedente [improθe'ðente] *adj* improcedente
improductivo, -a [improðuk'tiβo, -a] *adj* improdutivo, -a
impronunciable [impronuṇ'θjaβle] *adj* impronunciável
impropiedad [impropje'ðað] *f* impropriedade *f*
impropio, -a [im'propjo, -a] *adj* impróprio, -a
improrrogable [improrro'γaβle] *adj* improrrogável
improvisación [improβisa'θjon] *f* improvisação *f*
improvisado, -a [impro'βisaðo, -a] *adj* improvisado, -a
improvisar [improβi'sar] *vt* improvisar
improviso, -a [impro'βiso, -a] *adj* **de** ~ de improviso
imprudencia [impru'ðenθja] *f* imprudência *f*; ~ **temeraria** JUR negligência *f*
imprudente [impru'ðente] *adj* imprudente
impúdico, -a [im'puðiko, -a] *adj* impudico, -a
impudor [impu'ðor] *m* impudor *m*
impuesto [im'pwesto] *m* imposto *m*; ~ **sobre el valor añadido** imposto sobre a circulação de mercadorias; ~ **sobre la renta** imposto de renda
impugnación [impuɣna'θjon] *f* impugnação *f*
impugnar [impuɣ'nar] *vt* impugnar
impulsar [impul'sar] *vt* **1.** (*empujar*) impulsionar **2.** (*incitar*) estimular; ~ **a alguien a hacer algo** estimular alguém a fazer a. c.
impulsivo, -a [impul'siβo, -a] *adj* impulsivo, -a
impulso [im'pulso] *m* impulso *m*
impune [im'pune] *adj* impune
impunidad [impuni'ðað] *f* impunidade *f*
impureza [impu'reθa] *f* impureza *f*
impuro, -a [im'puro, -a] *adj* impuro, -a
imputar [impu'tar] *vt* imputar
inabarcable [inaβar'kaβle] *adj* inabordável
inacabable [inaka'βaβle] *adj* inacabável
inaccesible [inaɣθe'siβle] *adj* inacessível
inacción [inaɣ'θjon] *f* inação *f*
inaceptable [inaθep'taβle] *adj* inaceitável
inactividad [inaktiβi'ðað] *f* inatividade *f*
inactivo, -a [inak'tiβo, -a] *adj* inativo, -a
inadaptación [inaðapta'θjon] *f* inadaptação *f*
inadaptado, -a [inaðap'taðo, -a] *adj* inadaptado, -a
inadecuado, -a [inade'kwaðo, -a] *adj* inadequado, -a
inadmisible [inaðmi'siβle] *adj* inadmissível
inadvertido, -a [inaðβer'tiðo, -a] *adj* inadvertido, -a; **pasar** ~ passar despercebido
inagotable [inaɣo'taβle] *adj* inesgotável
inaguantable [inaɣwaṇ'taβle] *adj* insuportável
inalámbrico, -a [ina'lambriko, -a] *adj* TEL sem fio
inalterable [inalte'raβle] *adj* inalterável
inamovible [inamo'βiβle] *adj* inamovível
inanición [inani'θjon] *f* inanição *f*
inanimado, -a [inani'maðo, -a] *adj* inanimado, -a
inapreciable [inapre'θjaβle] *adj* inapreciável
inaudito, -a [inau̯'ðito, -a] *adj* inaudito, -a
inauguración [inauɣura'θjon] *f* inauguração *f*
inaugurar [inauɣu'rar] *vt* inaugurar
inca ['iŋka] *adj, mf* inca *mf*

> **Cultura** Os **Incas** eram originalmente uma pequena tribo guerreira que habitava uma região do **Perú**.

> Esse povo expandiu seu império ao longo do século XV, que passou a cobrir então as regiões onde se encontram hoje a Colômbia, o Equador, o Peru e parte da Argentina e do Chile.

incaico, -a [iŋ'kai̯ko, -a] *adj* incaico, -a
incalculable [iŋkalku'laβle] *adj* incalculável
incandescente [iŋkaṇdes'θeṇte] *adj* incandescente
incansable [iŋkan'saβle] *adj* incansável
incapacidad [iŋkapaθi'ðað] *f* incapacidade *f*
incapacitado, -a [iŋkapaθi'taðo, -a] *adj* incapacitado, -a
incapacitar [iŋkapaθi'tar] *vt* incapacitar
incapaz [iŋka'paθ] *adj* incapaz; **ser ~ de algo** ser incapaz de a. c.
incautación [iŋkau̯ta'θjon] *f* confisco *m*
incautarse [iŋkau̯'tarse] *vr* **~ de algo** confiscar a. c.
incauto, -a [iŋ'kau̯to, -a] *adj* incauto, -a
incendiar [iṇθen'djar] I. *vt* incendiar II. *vr:* **~se** incendiar-se
incendiario, -a [iṇθen'djarjo, -a] *adj, m, f* incendiário, -a *m, f*
incendio [iṇ'θeṇdjo] *m* incêndio *m*
incentivar [iṇθeṇti'βar] *vt* incentivar
incentivo [iṇθeṇ'tiβo] *m* incentivo *m*
incertidumbre [iṇθerti'ðumbre] *f* incerteza *f*
incesante [iṇθe'saṇte] *adj* incessante
incesto [iṇ'θesto] *m* incesto *m*
incestuoso, -a [iṇθestu'oso, -a] *adj* incestuoso, -a
incidencia [iṇθi'ðeṇθja] *f* incidência *f*
incidente [iṇθi'ðeṇte] *m* incidente *m*
incidir [iṇθi'ðir] *vi* **~ en un error** incidir num erro
incienso [iṇ'θjenso] *m* incenso *m*
incierto, -a [iṇ'θjerto, -a] *adj* incerto, -a
incineradora [iṇθinera'ðora] *f* incinerador *m*
incinerar [iṇθine'rar] *vt* incinerar
incisión [iṇθi'sjon] *f t.* MED incisão *f*
incisivo [iṇθi'siβo] *m* incisivo *m*
incisivo, -a [iṇθi'siβo, -a] *adj* incisivo, -a
inciso [iṇ'θiso] *m* inciso *m;* **hacer un ~** abrir um parêntese
incitar [iṇθi'tar] *vt* incitar; **~ a alguien a hacer algo** incitar alguém a fazer a. c.
incívico, -a [iṇ'θiβiko, -a] *adj* incivil
incivilizado, -a [iṇθiβili'θaðo, -a] *adj* incivilizado, -a
inclemencia [iŋkle'meṇθja] *f* inclemência *f*
inclemente [iŋkle'meṇte] *adj* inclemente
inclinación [iŋklina'θjon] *f* (*declive, afición*) inclinação *f;* **sentir ~ por algo** sentir inclinação por a. c.
inclinado, -a [iŋkli'naðo, -a] *adj* inclinado, -a
inclinar [iŋkli'nar] I. *vt* inclinar II. *vr:* **~se 1.** (*reverencia*) inclinar-se **2.** (*propender*) **~se a algo** inclinar-se a a. c.; **~se por alguien/algo** estar inclinado por alguém/por a. c.
incluir [iŋklu'ir] *irr como huir vt* incluir
inclusión [iŋklu'sjon] *f* inclusão *f*
inclusive [iŋklu'siβe] *adv* inclusive
incluso [iŋ'kluso] I. *adv* inclusive II. *prep* até mesmo
incógnita [iŋ'koɣnita] *f* incógnita *f*
incógnito, -a [iŋ'koɣnito, -a] *adj* incógnito, -a; **de ~** incógnito
incoherencia [iŋkoe'reṇθja] *f* incoerência *f*
incoherente [iŋkoe'reṇte] *adj* incoerente
incoloro, -a [iŋko'loro, -a] *adj* incolor
incólume [iŋ'kolume] *adj* incólume
incombustible [iŋkombus'tiβle] *adj* incombustível
incomodar [iŋkomo'ðar] I. *vt* incomodar II. *vr:* **~se** incomodar-se
incomodidad [iŋkomoði'ðað] *f,* **incomodo** [iŋko'moðo] *m* incomodidade *f*
incómodo, -a [iŋ'komoðo, -a] *adj* incômodo, -a
incomparable [iŋkompa'raβle] *adj* incomparável
incompatibilidad [iŋkompatiβili'ðað] *f* incompatibilidade *f*
incompatible [iŋkompa'tiβle] *adj* incompatível
incompetencia [iŋkompe'teṇθja] *f* incompetência *f*
incompetente [iŋkompe'teṇte] *adj* incompetente
incompleto, -a [iŋkom'pleto, -a] *adj* incompleto, -a
incomprendido, -a [iŋkompreṇ'diðo, -a] *adj, m, f* incompreendido, -a *m, f*
incomprensible [iŋkompren'siβle] *adj*

incompreensível
incomunicado, -a [iŋkomuni'kaðo, -a] *adj* incomunicável
incomunicar [iŋkomuni'kar] <c→qu> *vt* incomunicar
inconcebible [iŋkonθe'βiβle] *adj* inconcebível
inconciliable [iŋkonθi'ljaβle] *adj* inconciliável
inconcluso, -a [iŋkoŋ'kluso, -a] *adj* inconcluso, -a, inacabado, -a
incondicional [iŋkondiθjo'nal] *adj* incondicional
inconexo, -a [iŋko'neˠso, -a] *adj* desconexo, -a
inconfesable [iŋkomfe'saβle] *adj* inconfessável
inconformismo [iŋkomfor'mismo] *m* inconformismo *m*
inconformista [iŋkomfor'mista] *mf* inconformista *mf*
inconfundible [iŋkomfuŋ'diβle] *adj* inconfundível
incongruencia [iŋkoŋ'grweɲθja] *f* incongruência *f*
incongruente [iŋkoŋ'grwente] *adj* incongruente
inconmensurable [iŋkoⁿmensu'raβle, iŋkoᵐmensu'raβle] *adj* incomensurável
inconsciencia [iŋkoⁿs'θjeɲθja] *f* inconsciência *f*
inconsciente [iŋkoⁿs'θjente] *adj* inconsciente
inconsecuente [iŋkonse'kwente] *adj* inconsequente
inconsistencia [iŋkonsis'teɲθja] *f* inconsistência *f*
inconsistente [iŋkonsis'tente] *adj* inconsistente
inconsolable [iŋkonso'laβle] *adj* inconsolável
inconstancia [iŋkoⁿs'taɲθja] *f* inconstância *f*
inconstante [iŋkoⁿs'tante] *adj* inconstante
incontable [iŋkoɲ'taβle] *adj* incontável
incontestable [iŋkoɲtes'taβle] *adj* incontestável
incontinencia [iŋkoɲti'neɲθja] *f t.* MED incontinência *f*
incontrolable [iŋkoɲtro'laβle] *adj* incontrolável
inconveniencia [iŋkombe'njeɲθja] *f* inconveniência *f*
inconveniente [iŋkombe'njente] *adj*, *m* inconveniente *m*
incordiar [iŋkor'ðjar] *vt inf* irritar
incorporación [iŋkorpora'θjon] *f* incorporação *f*; ~ **a filas** MIL recrutamento *m*
incorporar [iŋkorpo'rar] I. *vt* **1.** (*agregar*) incorporar **2.** (*enderezar*) endireitar II. *vr:* ~ **se 1.** (*agregarse*) incorporar-se **2.** (*enderezarse*) endireitar-se
incorrección [iŋkorreˠ'θjon] *f* incorreção *f*
incorrecto, -a [iŋko'rrekto, -a] *adj* incorreto, -a
incorregible [iŋkorre'xiβle] *adj* incorrigível
incorruptible [iŋkorrup'tiβle] *adj* incorruptível
incredulidad [iŋkreðuli'ðað] *f* incredulidade *f*
incrédulo, -a [iŋ'kreðulo, -a] *adj*, *m*, *f* incrédulo, -a *m*, *f*
increíble [iŋkre'iβle] *adj* incrível
incrementar [iŋkremen'tar] *vt* incrementar
incremento [iŋkre'mento] *m* incremento *m*
increpar [iŋkre'par] *vt* repreender
incruento, -a [iŋ'krwento, -a] *adj* incruento, -a
incrustar [iŋkrus'tar] I. *vt* incrustar II. *vr:* ~ **se** incrustar-se
incubadora [iŋkuβa'ðora] *f* incubadora *f*
incubar [iŋku'βar] *vt* incubar
inculcar [iŋkul'kar] <c→qu> *vt* incutir; ~ **algo a alguien** incutir a. c. em alguém
inculpar [iŋkul'par] *vt* inculpar
inculto, -a [iŋ'kulto, -a] *adj*, *m*, *f* inculto, -a *m*, *f*
incumbencia [iŋkum'beɲθja] *f* incumbência *f*; **no es de tu** ~ não é da tua incumbência
incumbir [iŋkum'bir] *vi* incumbir; **eso no te incumbe** isso não incumbe a você
incumplimiento [iŋkumpli'mjento] *m* descumprimento *m*
incumplir [iŋkum'plir] *vt* descumprir
incurable [iŋku'raβle] *adj* incurável
incurrir [iŋku'rrir] *vi* ~ **en algo** incorrer em a. c.
indagación [indaɣa'θjon] *f* indagação *f*
indagar [inda'ɣar] <g→gu> *vt* indagar
indecencia [inde'θeɲθja] *f* indecência *f*
indecente [inde'θente] *adj* indecente

indeciso, -a [iṇde'θiso, -a] *adj* indeciso, -a
indefenso, -a [iṇde'fenso, -a] *adj* indefeso, -a
indefinido, -a [iṇdefi'niðo, -a] *adj t.* LING indefinido, -a
indemne [iṇ'demne] *adj* ileso, -a
indemnización [iṇdemniθa'θjon] *f* indenização *f*
indemnizar [iṇdemni'θar] <z→c> *vt* indenizar
independencia [iṇdepeṇ'deṇθja] *f* independência *f*
independiente [iṇdepeṇ'djeṇte] *adj* independente
independizarse [iṇdepeṇdi'θarse] <z→c> *vr* independentizar-se
indescifrable [iṇdesθi'fraβle] *adj* indecifrável
indescriptible [iṇdeskrip'tiβle] *adj* indescritível
indeseable [iṇdese'aβle] I. *adj* indesejável II. *mf* pessoa *f* indesejável
indestructible [iṇdestruk'tiβle] *adj* indestrutível
indeterminado, -a [iṇdetermi'naðo, -a] *adj* indeterminado, -a
indexación [iṇdeᵛsa'θjon] *f* INFOR indexação *f*
indexar [iṇdeᵛ'sar] *vt* INFOR indexar
India ['iṇdja] *f* la ~ a Índia
indicación [iṇdika'θjon] *f* indicação *f*; **por ~ de...** por indicação de...
indicado, -a [iṇdi'kaðo, -a] *adj* indicado, -a; **lo más** ~ o mais indicado
indicador [iṇdika'ðor] *m* indicador *m*
indicar [iṇdi'kar] <c→qu> *vt* indicar
indicativo [iṇdika'tiβo] *m* LING indicativo *m*
indicativo, -a [iṇdika'tiβo, -a] *adj* indicativo, -a
índice ['iṇdiθe] *m* índice *m*; ~ **de audiencia** índice de audiência; ~ **de natalidad/mortalidad** índice de natalidade/mortalidade; ~ **de precios al consumo** índice de preços ao consumidor
indicio [iṇ'diθjo] *m* indício *m*
Índico ['ṇdiko] *m* el ~ o oceano Índico
indiferencia [iṇdife'reṇθja] *f* indiferença *f*
indiferente [iṇdife'reṇte] *adj* indiferente
indígena [iṇ'dixena] *adj, mf* indígena *mf*
indigencia [iṇdi'xeṇθja] *f* indigência *f*
indigente [iṇdi'xeṇte] *mf* indigente *mf*
indigestarse [iṇdixes'tarse] *vr* indigestar
indigestión [iṇdixes'tjon] *f* indigestão *f*
indigesto, -a [iṇdi'xesto, -a] *adj* indigesto, -a
indignación [iṇdiɣna'θjon] *f* indignação *f*
indignar [iṇdiɣ'nar] I. *vt* indignar II. *vr:* ~ **se** indignar-se
indigno, -a [iṇ'diɣno, -a] *adj* indigno, -a
indio, -a ['iṇdjo, -a] I. *adj* 1.(*de la India*) indiano, -a 2.(*de América*) indígena II. *m, f* 1.(*de la India*) indiano, -a *m, f* 2.(*de América*) indígena *mf*; **hacer el** ~ *inf* fazer brincadeiras
indirecta [iṇdi'rekta] *f* indireta *f*; **lanzar una** ~ dar uma indireta
indirecto, -a [iṇdi'rekto, -a] *adj* indireto, -a
indisciplina [iṇdisθi'plina] *f* indisciplina *f*
indisciplinado, -a [iṇdisθipli'naðo, -a] *adj* indisciplinado, -a
indiscreción [iṇdiskre'θjon] *f* indiscrição *f*; **si no es** ~... se não for indiscrição...
indiscreto, -a [iṇdis'kreto, -a] *adj* indiscreto, -a
indiscriminado, -a [iṇdiskrimi'naðo, -a] *adj* indiscriminado, -a
indiscutible [iṇdisku'tiβle] *adj* indiscutível
indisoluble [iṇdiso'luβle] *adj* indissolúvel
indispensable [iṇdispen'saβle] *adj* indispensável
indisponer [iṇdispo'ner] *irr como poner* I. *vt* indispor II. *vr:* ~ **se** indispor-se
indisposición [iṇdisposi'θjon] *f* indisposição *f*
indistinto, -a [iṇdis'tiṇto, -a] *adj* indistinto, -a
individual [iṇdiβi'ðwal] *adj* individual
individualismo [iṇdiβiðwa'lismo] *m* individualismo *m*
individualista [iṇdiβiðwa'lista] *adj, mf* individualista *mf*
individuo [iṇdi'βidwo] *m* indivíduo *m*
índole ['iṇdole] *f* índole *f*
indomable [iṇdo'maβle] *adj* indomável
indómito, -a [iṇ'domito, -a] *adj* indômito, -a
inducir [iṇdu'θir] *irr como traducir vt* ELEC induzir; ~ **a error** induzir em erro
indudable [iṇdu'ðaβle] *adj* indubitável

indulgencia [iṇdul'xeŋθja] *f* indulgência *f*
indultar [iṇdul'tar] *vt* indultar
indulto [iṇ'dulto] *m* indulto *m*
industria [iṇ'dustrja] *f* indústria *f*
industrial [iṇdus'trjal] *adj, mf* industrial *mf*
industrialización [iṇdustrjaliθa'θjon] *f* industrialização *f*
industrializar [iṇdustrjali'θar] <z→c> I. *vt* industrializar II. *vr:* ~se industrializar-se
inédito, -a [i'neðito, -a] *adj* inédito, -a
inefable [ine'faβle] *adj* inefável
ineficaz [inefi'kaθ] *adj* ineficaz
ineficiente [inefi'θjente] *adj* ineficiente
ineludible [inelu'ðiβle] *adj* ineludível
INEM [i'nem] *m abr de* **Instituto Nacional de Empleo** Instituto Nacional de Emprego
ineptitud [inepti'tuð] *f* inaptidão *f*
inepto, -a [i'nepto, -a] *adj* inepto, -a
inequívoco, -a [ine'kiβoko, -a] *adj* inequívoco, -a
inercia [i'nerθja] *f t. FÍS* inércia *f*
inerme [i'nerme] *adj* inerme
inerte [i'nerte] *adj* inerte
inescrutable [ineskru'taβle] *adj elev* inescrutável
inesperado, -a [inespe'raðo, -a] *adj* inesperado, -a
inestabilidad [inestaβili'ðað] *f* instabilidade *f*
inestable [ines'taβle] *adj* instável
inestimable [inesti'maβle] *adj* inestimável
inevitable [ineβi'taβle] *adj* inevitável
inexactitud [ineʸsakti'tuð] *f* inexatidão *f*
inexacto, -a [ineʸ'sakto, -a] *adj* inexato, -a
inexistente [ineʸsis'tente] *adj* inexistente
inexorable [ineʸso'raβle] *adj elev* inexorável
inexperiencia [inespe'rjeŋθja] *f* inexperiência *f*
inexperto, -a [ines'perto, -a] *adj* inexperiente
inexplicable [inespli'kaβle] *adj* inexplicável
infalible [iɱfa'liβle] *adj* infalível
infame [iɱ'fame] *adj* infame
infamia [iɱ'famja] *f* infâmia *f*
infancia [iɱ'faṇθja] *f* infância *f*
infante, -a [iɱ'faṇte, -a] *m, f* infante, -a *m, f*

infantería [iɱfaṇte'ria] *f* MIL infantaria *f*
infantil [iɱfaṇ'til] *adj t. pey* infantil
infarto [iɱ'farto] *m* enfarte *m*
infatigable [iɱfati'yaβle] *adj* infatigável
infección [iɱfeʸ'θjon] *f* infecção *f*
infeccioso, -a [iɱfeʸ'θjoso, -a] *adj* infeccioso -a
infectar [iɱfek'tar] I. *vt* infectar II. *vr:* ~se infectar-se
infeliz [iɱfe'liθ] I. *adj* 1. *(no feliz)* infeliz 2. *(ingenuo)* crédulo, -a II. *mf* 1. *(no feliz)* infeliz *mf* 2. *(ingenuo)* crédulo, -a *m, f*
inferior [iɱfe'rjor] *adj, mf* inferior *mf*
inferioridad [iɱferjori'ðað] *f* inferioridade *f*
inferir [iɱfe'rir] *irr como sentir vt* inferir; ~ **algo de algo** inferir algo de a. c.
infernal [iɱfer'nal] *adj* infernal
infestar [iɱfes'tar] *vt* infestar
infidelidad [iɱfiðeli'ðað] *f* infidelidade *f*
infiel [iɱ'fjel] *adj, mf* infiel *mf*
infierno [iɱ'fjerno] *m* inferno *m*; **vete al ~** *inf* vá pro inferno!
infiltración [iɱfiltra'θjon] *f t.* POL infiltração *f*
infiltrar [iɱfil'trar] I. *vt* infiltrar II. *vr:* ~se infiltrar-se
ínfimo, -a ['iɱfimo, -a] *adj* ínfimo, -a
infinidad [iɱfini'ðað] *f* infinidade *f*
infinitesimal [iɱfinitesi'mal] *adj* infinitesimal
infinitivo [iɱfini'tiβo] *m* infinitivo *m*
infinito [iɱfi'nito] *m* infinito *m*
infinito, -a [iɱfi'nito, -a] *adj* infinito, -a
inflación [iɱfla'θjon] *f* inflação *f*
inflacionario, -a [iɱflaθjo'narjo, -a] *adj* inflacionário, -a
inflacionista [iɱflaθjo'nista] *adj* inflacionista
inflamable [iɱfla'maβle] *adj* inflamável
inflamación [iɱflama'θjon] *f* inflamação *f*
inflamar [iɱfla'mar] I. *vt* inflamar II. *vr:* ~se inflamar-se
inflar [iɱ'flar] I. *vt* inflar II. *vr:* ~se encher-se; ~**se de algo** *inf* encher-se de a. c.
inflexible [iɱfleʸ'siβle] *adj* inflexível
infligir [iɱfli'xir] <g→j> *vt* infligir
influencia [iɱ'flweŋθja] *f* influência *f*
influenciar [iɱflweŋ'θjar] *vt* influenciar
influir [iɱflu'ir] *irr como huir vi* influir; ~ **en algo** influir em a. c.
influjo [iɱ'fluxo] *m* influxo *m*

influyente [imflu'ʝeɲte] *adj* influente
información [imforma'θjon] *f* informação *f*
informal [imfor'mal] *adj* **1.** (*desenfadado*) informal **2.** (*no cumplidor*) indolente
informante [imfor'maɲte] *mf* informante *mf*
informar [imfor'mar] **I.** *vt* informar; ~ **a alguien de algo** informar a alguém sobre a. c. **II.** *vi* JUR pleitear **III.** *vr:* ~**se** informar-se; ~ **se de** [*o* **sobre**] **algo** informar-se sobre a. c.
informática [imfor'matika] *f* informática *f*
informático, -a [imfor'matiko, -a] *adj, m, f* informático, -a *m, f*
informativo [imforma'tiβo] *m* noticiário *m*
informativo, -a [imforma'tiβo, -a] *adj* informativo, -a
informatización [imformatiθa'θjon] *f* informatização *f*
informatizar [imformati'θar] <z→c> *vt* informatizar
informe [im'forme] *m* informe *m*
infortunio [imfor'tunjo] *m* infortúnio *m*
infracción [imfraɣ'θjon] *f* infração *f*
infrahumano, -a [imfrau'mano, -a] *adj* submano, -a
infranqueable [imfraŋke'aβle] *adj* infranqueável
infrarrojo, -a [imfra'rroxo, -a] *adj* infravermelho, -a
infrautilizar [imfrautili'θar] <z→c> *vt* subutilizar
infravalorar [imfraβalo'rar] *vt* subestimar
infringir [imfriŋ'xir] <g→j> *vt* infringir
infructuoso, -a [imfruktu'oso, -a] *adj* infrutífero, -a
infundado, -a [imfuɲ'daðo, -a] *adj* infundado, -a
infundir [imfuɲ'dir] *vt* infundir
infusión [imfu'sjon] *f* infusão *f*
ingeniar [iŋxe'njar] **I.** *vt* engenhar **II.** *vr:* ~**se** arranjar-se; **ingeniárselas para algo** tramar para conseguir a. c.
ingeniería [iŋxenje'ria] *f* engenharia *f*
ingeniero, -a [iŋxe'njero, -a] *m, f* engenheiro, -a *m, f*
ingenio [iŋ'xenjo] *m* engenho *m*
ingenioso, -a [iŋxe'njoso, -a] *adj* engenhoso, -a
ingenuidad [iŋxenwi'ðað] *f* ingenuidade *f*

ingenuo, -a [iŋ'xenwo, -a] *adj* ingênuo, -a
ingerir [iŋxe'rir] *irr como sentir vt* ingerir
Inglaterra [iŋgla'terra] *f* Inglaterra *f*
ingle ['iŋgle] *f* ANAT virilha *f*
inglés, -esa [iŋ'gles, -esa] *adj, m, f* inglês, -esa *m, f*
ingratitud [iŋgrati'tuð] *f* ingratidão *f*
ingrato, -a [iŋ'grato, -a] *adj* ingrato, -a
ingrediente [iŋgre'ðjeɲte] *m* ingrediente *m*
ingresar [iŋgre'sar] **I.** *vi* ingressar **II.** *vt* **1.** FIN (*cheque*) depositar **2.** (*hospitalizar*) ~ **a alguien en el hospital** hospitalizar alguém
ingreso [iŋ'greso] *m* **1.** (*en organización, hospital*) ingresso *m* **2.** FIN (*en una cuenta*) depósito *m* **3.** *pl* (*retribuciones*) renda *f*
inhabilitar [inaβili'tar] *vt* inabilitar
inhabitable [inaβi'taβle] *adj* inabitável
inhabitado, -a [inaβi'taðo, -a] *adj* inabitado, -a
inhalar [ina'lar] *vt t.* MED inalar
inherente [ine'reɲte] *adj* inerente
inhibir [ini'βir] **I.** *vt* inibir **II.** *vr:* ~**-se** abster-se; ~ **se de algo** abster-se de a. c.
inhumano, -a [inu'mano, -a] *adj* desumano, -a
INI ['ini] *m abr de* **Instituto Nacional de Industria** Instituto *m* Nacional da Indústria
inicial [ini'θjal] *adj, f* inicial *f*
iniciar [ini'θjar] **I.** *vt* iniciar **II.** *vr:* ~**se** iniciar-se
iniciativa [iniθja'tiβa] *f* iniciativa *f;* ~ **privada** ECON iniciativa privada
inicio [i'niθjo] *m* início *m*
inigualable [iniɣwa'laβle] *adj* inigualável
ininterrumpido, -a [iniɲterrum'piðo, -a] *adj* ininterrupto, -a
injerencia [iŋxe'reɲθja] *f* ingerência *f*
injertar [iŋxer'tar] *vt* enxertar
injerto [iŋ'xerto] *m* enxerto *m*
injuria [iŋ'xurja] *f* injúria *f*
injuriar [iŋxu'rjar] *vt* injuriar
injurioso, -a [iŋxu'rjoso, -a] *adj* injurioso, -a
injusticia [iŋxus'tiθja] *f* injustiça *f*
injustificado, -a [iŋxustifi'kaðo, -a] *adj* injustificado, -a
injusto, -a [iŋ'xusto, -a] *adj* injusto, -a
inmadurez [inᵐmaðu'reθ, iᵐmaðu'reθ] *f* imaturidade *f*

inmaduro, -a [iⁿma'ðuro, -a, iᵐma'ðuro, -a] *adj* (*persona*) imaturo, -a

inmediaciones [iⁿmeðja'θjones, iᵐmeðja'θjones] *fpl* imediações *fpl*

inmediato, -a [iⁿme'ðjato, -a, iᵐme'ðjato, -a] *adj* imediato, -a; **de** ~ de imediato

inmejorable [iⁿmexo'raβle, iᵐmexo'raβle] *adj* perfeito, -a

inmenso, -a [iⁿ'menso, -a, iᵐ'menso, -a] *adj* imenso, -a

inmerecido, -a [iⁿmere'θiðo, -a, iᵐmere'θiðo, -a] *adj* imerecido, -a

inmersión [iⁿmer'sjon, iᵐmer'sjon] *f* imersão *f*

inmigración [iⁿmiɣra'θjon, iᵐmiɣra'θjon] *f* imigração *f*

inmigrante [iⁿmi'ɣrante, iᵐmi'ɣrante] *mf* imigrante *mf*

inmigrar [iⁿmi'ɣrar, iᵐmi'ɣrar] *vi* imigrar

inminente [iⁿmi'nente, iᵐmi'nente] *adj* iminente

inmiscuirse [iⁿmisku'ir, iᵐmisku'ir] *irr como huir vr* imiscuir-se; ~ **en algo** imiscuir-se em a. c.

inmobiliaria [iⁿmoβi'ljarja, iᵐmoβi'ljarja] *f* imobiliária *f*

inmobiliario, -a [iⁿmoβi'ljarjo, -a, iᵐmoβi'ljarjo, -a] *adj* imobiliário, -a

inmoral [iⁿmo'ral, iᵐmo'ral] *adj* imoral

inmortal [iⁿmor'tal, iᵐmor'tal] *adj* imortal

inmortalizar [iⁿmortali'θar, iᵐmortali'θar] <z→c> I. *vt* imortalizar II. *vr*: ~**se** imortalizar-se

inmóvil [iⁿ'moβil, iᵐ'moβil] *adj* imóvel

inmovilizar [iⁿmoβili'θar, iᵐmoβili'θar] <z→c> *vt* imobilizar

inmueble [iⁿ'mweβle, iᵐ'mweβle] *adj*, *m* imóvel *m*

inmundicia [iⁿmuṇ'diθja, iᵐmuṇ'diθja] *f* imundice *f*

inmundo, -a [iⁿ'muṇdo, -a, iᵐ'muṇdo, -a] *adj* imundo, -a

inmune [iⁿ'mune, iᵐ'mune] *adj* MED imune

inmunidad [iⁿmuni'ðaᵈ, iᵐmuni'ðaᵈ] *f* imunidade *f*

inmunitario, -a [iⁿmuni'tarjo, -a, iᵐmuni'tarjo, -a] *adj* imunitário, -a

inmunizar [iⁿmuni'θar, iᵐmuni'θar] <z→c> *vt* imunizar

inmunodeficiencia [iⁿmunoðefi'θjeṇθja, iᵐmunoðefi'θjeṇθja] *f* imunodeficiência *f*

inmutable [iⁿmu'taβle, iᵐmu'taβle] *adj* imutável

inmutarse [iⁿmu'tarse, iᵐmu'tarse] *vr* alterar-se; **sin** ~ sem se alterar

innato, -a [in'nato, -a] *adj* inato, -a

innegable [inne'ɣaβle] *adj* inegável

innovación [innoβa'θjon] *f* inovação *f*

innumerable [innume'raβle] *adj* inumerável

inocencia [ino'θeṇθja] *f* inocência *f*

inocentada [inoθeṇ'taða] *f peça de 1º de abril;* **gastar una** ~ pregar uma peça de 1º de abril

inocente [ino'θeṇte] *adj* inocente

inodoro [ino'ðoro] *m* vaso *m* sanitário

inodoro, -a [ino'ðoro, -a] *adj* inodoro, -a

inofensivo, -a [inofen'siβo, -a] *adj* inofensivo, -a

inolvidable [inolβi'ðaβle] *adj* inesquecível

inoperante [inope'raṇte] *adj* inoperante

inopinado, -a [inopi'naðo, -a] *adj* inopinado, -a

inoportuno, -a [inopor'tuno, -a] *adj* inoportuno, -a

inorgánico, -a [inor'ɣaniko, -a] *adj* inorgânico, -a

inoxidable [inoʸsi'ðaβle] *adj* inoxidável

inquebrantable [iŋkeβraṇ'taβle] *adj* inquebrantável

inquietante [iŋkje'taṇte] *adj* inquietante

inquietar [iŋkje'tar] I. *vt* inquietar II. *vr*: ~**se** inquietar-se; ~**se por algo** inquietar-se por a. c.

inquieto, -a [iŋ'kjeto, -a] *adj* inquieto, -a

inquietud [iŋkje'tuᵈ] *f* inquietude *f*

inquilino, -a [iŋki'lino, -a] *m*, *f* inquilino, -a *m*, *f*

Inquisición [iŋkisi'θjon] *f* **la** ~ HIST a Inquisição

insaciable [insa'θjaβle] *adj* insaciável

insalubre [insa'luβre] *adj* insalubre

insano, -a [in'sano, -a] *adj* insano, -a

insatisfecho, -a [insatis'fetʃo, -a] *adj* insatisfeito, -a

inscribir [iⁿskri'βir] *irr como escribir* I. *vt* inscrever II. *vr*: ~**se** inscrever-se

inscripción [iⁿskriβ'θjon] *f* inscrição *f*

insecticida [insekti'θiða] *m* inseticida *m*

insecto [in'sekto] *m* inseto *m*

inseguridad [inseɣuri'ðaᵈ] *f* inseguran-

ça *f*
inseguro, -a [inseˈɣuro, -a] *adj* inseguro, -a
inseminación [inseminaˈθjon] *f* inseminação *f;* ~ **artificial** inseminação artificial
insensato, -a [insenˈsato, -a] *adj* insensato, -a
insensibilidad [insensiβiliˈðaᵈ] *f* insensibilidade *f*
insensible [insenˈsiβle] *adj* insensível; **ser** ~ **a algo** ser insensível a a. c.
inseparable [insepaˈraβle] *adj* inseparável
insertar [inserˈtar] *vt* inserir
inservible [inserˈβiβle] *adj* imprestável
insidioso, -a [insiˈðjoso, -a] *adj* insidioso, -a
insignia [inˈsiɣnja] *f* insígnia *f*
insignificante [insiɣnifiˈkante] *adj* insignificante
insinuación [insinwaˈθjon] *f* insinuação *f*
insinuante [insinuˈante] *adj* insinuante
insinuar [insinuˈar] <*1. pres:* insinúo> I. *vt* insinuar II. *vr:* ~ **se** insinuar-se
insípido, -a [inˈsipiðo, -a] *adj* insípido, -a
insistencia [insisˈtenθja] *f* insistência *f*
insistente [insisˈtente] *adj* insistente
insistir [insisˈtir] *vi* insistir; ~ **en algo** insistir em a. c.
insociable [insoˈθjaβle] *adj* insociável
insolación [insolaˈθjon] *f* insolação *f*
insolencia [insoˈlenθja] *f* insolência *f*
insolente [insoˈlente] *adj* insolente
insólito, -a [inˈsolito, -a] *adj* insólito, -a
insoluble [insoˈluβle] *adj* insolúvel
insolvencia [insolˈβenθja] *f* insolvência *f*
insolvente [insolˈβente] *adj* insolvente
insomnio [inˈsomnjo] *m* MED insônia *f*
insondable [insonˈdaβle] *adj* insondável
insonorizar [insonoriˈθar] <z→c> *vt* insonorizar
insoportable [insoporˈtaβle] *adj* insuportável
insospechado, -a [insospeˈtʃaðo, -a] *adj* insuspeitado, -a
inspección [insˈpeɣθjon] *f* inspeção *f;* **Inspección Técnica de Vehículos** Inspeção Técnica de Veículos
inspeccionar [insˈpeɣθjoˈnar] *vt* inspecionar
inspector(a) [insˈpekˈtor(a)] *m(f)* inspetor(a) *m(f);* ~ **de Hacienda** fiscal *mf* da Fazenda
inspiración [insˈpiraˈθjon] *f* inspiração *f*
inspirar [insˈpiˈrar] I. *vt* inspirar II. *vr:* ~ **se** inspirar-se; ~ **se en algo** inspirar-se em a. c.
instalación [insˈtalaˈθjon] *f* instalação *f;* **instalaciones deportivas** instalações desportivas
instalador(a) [insˈtalaˈðor(a)] *m(f)* instalador(a) *m(f)*
instalar [insˈtaˈlar] I. *vt* instalar II. *vr:* ~ **se** instalar-se
instancia [insˈtanθja] *f* instância *f;* **en última** ~ JUR em última instância
instantánea [insˈtanˈtanea] *f* FOTO instantâneo *m*
instantáneo, -a [insˈtanˈtaneo, -a] *adj* instantâneo, -a
instante [insˈtante] *m* instante *m;* **en un** ~ num instante
instar [insˈtar] *vt* instar; ~ **a alguien a algo** instar alguém a a. c.
instauración [insˈtauraˈθjon] *f* instauração *f*
instaurar [insˈtauˈrar] *vt* instaurar
instigar [insˈtiˈɣar] <g→gu> *vt* instigar
instinto [insˈtinto] *m* instinto *m*
institución [insˈtituˈθjon] *f* instituição *f*
instituir [insˈtituˈir] *irr como huir vt* instituir
instituto [insˈtiˈtuto] *m* instituto *m;* ~ **de bachillerato** instituto de ensino secundário; ~ **de belleza** instituto de beleza
institutriz [insˈtituˈtriθ] *f* preceptora *f*
instrucción [insˈtruɣˈθjon] *f* 1. instrução *f* 2. *pl* instruções *fpl;* **dar instrucciones** dar instruções
instructivo, -a [insˈtrukˈtiβo, -a] *adj* instrutivo, -a
instruir [insˈtruˈir] *irr como huir vt* instruir
instrumento [insˈtruˈmento] *m* instrumento *m*
insubordinación [insuβorðinaˈθjon] *f* insubordinação *f*
insubordinarse [insuβorðiˈnarse] *vr* insubordinar-se
insuficiencia [insufiˈθjenθja] *f* insuficiência *f*
insuficiente [insufiˈθjente] I. *adj* insuficiente II. *m* ENS nota *f* insuficiente
insufrible [insuˈfriβle] *adj* insofrível
insular [insuˈlar] *adj* insular
insulina [insuˈlina] *f* MED insulina *f*

insultante [insul'taṇte] *adj* insultante
insultar [insul'tar] *vt* insultar
insulto [in'sulto] *m* insulto *m*
insumisión [insumi'sjon] *f* MIL insubmissão *f*
insumiso [insu'miso] *m* insubmisso *m*
insuperable [insupe'raβle] *adj* insuperável
insurgente [insur'xeṇte] *adj, mf* insurgente *mf*
insurrección [insurreɣ'θjon] *f* insurreição *f*
insustituible [insustitu'iβle] *adj* insubstituível
intacto, -a [iṇ'takto, -a] *adj* intacto, -a
integración [iṇteɣra'θjon] *f* integração *f*
integral [iṇte'ɣral] *adj, f* MAT integral *f*
integrar [iṇte'ɣrar] I. *vt* integrar II. *vr*: ~se integrar-se
integridad [iṇteɣri'ðað] *f* integridade *f*
integrismo [iṇte'ɣrismo] *m* integrismo *m*
integrista [iṇte'ɣrista] *adj, mf* integrista *mf*
íntegro, -a ['iṇteɣro, -a] *adj* íntegro, -a
intelectual [iṇtelektu'al] *adj, mf* intelectual *mf*
inteligencia [iṇteli'xeṇθja] *f* inteligência *f*
inteligente [iṇteli'xeṇte] *adj* inteligente
inteligible [iṇteli'xiβle] *adj* inteligível
intemperie [iṇtem'perje] *f* intempérie *f*; **a la ~** ao ar livre
intempestivo, -a [iṇtempes'tiβo, -a] *adj* intempestivo, -a
intención [iṇten'θjon] *f* intenção *f*; **buena/mala ~** boa/má intenção
intencionado, -a [iṇtenθjo'naðo, -a] *adj* intencionado, -a; **bien/mal ~** bem/mal intencionado
intencional [iṇteṇθjo'nal] *adj* intencional
intensidad [iṇtensi'ðað] *f* intensidade *f*
intensificación [iṇtensifika'θjon] *f* intensificação *f*
intensivo, -a [iṇten'siβo, -a] *adj* intensivo, -a
intenso, -a [iṇ'tenso, -a] *adj* intenso, -a
intentar [iṇten'tar] *vt* tentar
intento [iṇ'tento] *m* tentativa *f*
intentona [iṇten'tona] *f* intentona *f*
interactivo, -a [iṇterak'tiβo, -a] *adj* interativo, -a
intercalar [iṇteraka'lar] *vt* intercalar
intercambio [iṇter'kambjo] *m* intercâmbio *m*
interceder [iṇterθe'ðer] *vi* interceder; **~ por alguien** interceder por alguém
interceptar [iṇterθep'tar] *vt* interceptar
intercesión [iṇterθe'sjon] *f* intercessão *f*
interés [iṇte'res] *m* 1. (*en general*) interesse *m*; **tener ~ por algo** ter interesse por a. c. 2. FIN juro *m*
interesado, -a [iṇtere'saðo, -a] I. *adj* 1. (*con interés*) interessado, -a; **~ por algo** interessado por a. c. 2. (*egoísta*) interesseiro, -a II. *m, f* (*egoísta*) interesseiro, -a *m, f*
interesante [iṇtere'saṇte] *adj* interessante
interesar [iṇtere'sar] I. *vi* interessar II. *vr* **~se por algo** interessar-se por a. c.
interface [iṇter'fejs] *m* INFOR interface *f*
interferencia [iṇterfe'reṇja] *f* interferência *f*
interferir [iṇterfe'rir] *irr como sentir vi* interferir
interfono [iṇter'fono] *m* interfone *m*
interino, -a [iṇte'rino, -a] *adj, m, f* interino, -a *m, f*
interior [iṇte'rjor] *adj, m* 1. (*lo de dentro*) interior *m*; **en el ~ de...** no interior de... 2. DEP meio-de-campo *m*
interjección [iṇterxeɣ'θjon] *f* LING interjeição *f*
interlocutor(a) [iṇterloku'tor(a)] *m(f)* interlocutor(a) *m(f)*
intermediario, -a [iṇterme'ðjarjo, -a] *adj, m, f* intermediário, -a *m, f*
intermedio [iṇter'meðjo] *m* intervalo *m*
intermedio, -a [iṇter'meðjo, -a] *adj* intermediário, -a
interminable [iṇtermi'naβle] *adj* interminável
intermitente [iṇtermi'teṇte] *m* AUTO pisca-pisca *m*
internacional [iṇternaθjo'nal] *adj* internacional
internado [iṇter'naðo] *m* internato *m*
internado, -a [iṇter'naðo, -a] *adj, m, f* internado, -a *m, f*
internar [iṇter'nar] I. *vt* internar II. *vr*: **~se** 1. (*penetrar*) t. DEP embrenhar-se 2. (*en tema*) aprofundar-se
internauta [iṇter'nauta] *mf* internauta *mf*
Internet [iṇter'net] *f* Internet *f*; **en ~** na Internet
interno, -a [iṇ'terno, -a] *adj, m, f* inter-

interpelación no, -a *m, f*
interpelación [iṇterpela'θjon] *f* interpelação *f*
interponer [iṇterpo'ner] *irr como poner* I. *vt* interpor II. *vr:* ~ **se** interpor-se
interpretación [iṇterpreta'θjon] *f* interpretação *f*
interpretar [iṇterpre'tar] *vt* interpretar
intérprete[1] [iṇ'terprete] *m* INFOR intérprete *m*
intérprete[2] [iṇ'terprete] *mf* intérprete *mf*
interrogación [iṇterroɣa'θjon] *f* interrogação *f*
interrogante [iṇterro'ɣaṇte] I. *adj* interrogante II. *m* questão *f*
interrogar [iṇterro'ɣar] <g→gu> *vt* interrogar
interrogatorio [iṇterroɣa'torjo] *m* interrogatório *m*
interrumpir [iṇterrum'pir] I. *vt* interromper II. *vr:* ~ **se** interromper-se
interrupción [iṇterruβ'θjon] *f* interrupção *f*
interruptor [iṇterrup'tor] *m* ELEC interruptor *m*
intersección [iṇterseɣ'θjon] *f* intersecção *f*
interurbano, -a [iṇterur'βano, -a] *adj* interurbano, -a
intervalo [iṇter'βalo] *m t.* MÚS intervalo *m;* a ~ **s de cinco minutos/metros** a intervalos de cinco minutos/metros
intervención [iṇterβeṇ'θjon] *f* intervenção *f*
intervencionismo [iṇterβeṇθjo'nismo] *m* intervencionismo *m*
intervenir [iṇterβe'nir] *irr como venir* I. *vi* intervir; ~ **en algo** intervir em a. c. II. *vt* **1.** MED operar **2.** (*incautar*) confiscar **3.** (*teléfono*) grampear
interventor(a) [iṇterβeṇ'tor(a)] *m(f)* interventor(a) *m(f)*
interviú [iṇter'βju] *f* entrevista *f*
intestinal [iṇtesti'nal] *adj* intestinal
intestino [iṇtes'tino] *m* ANAT intestino *m*
íntimamente [iṇtima'meṇte] *adv* intimamente
intimar [iṇti'mar] *vi* intimar
intimidación [iṇtimiða'θjon] *f* intimidação *f*
intimidad [iṇtimi'ðað] *f* intimidade *f*
intimidar [iṇtimi'ðar] *vt* intimidar
intimista [iṇti'mista] *adj* intimista
íntimo, -a ['iṇtimo, -a] *adj* íntimo, -a

intocable [iṇto'kaβle] *adj* intocável
intolerable [iṇtole'raβle] *adj* intolerável
intolerancia [iṇtole'raṇθja] *f* intolerância *f*
intolerante [iṇtole'raṇte] *adj* intolerante
intoxicación [iṇtoɣsika'θjon] *f* intoxicação *f*
intoxicar [iṇtoɣsi'kar] I. *vt* intoxicar II. *vr:* ~ **se** intoxicar-se
intranet [iṇtra'net] *f* INFOR intranet *f*
intranquilidad [iṇtraŋkili'ðað] *f* intranquilidade *f*
intranquilizar [iṇtraŋkili'θar] <z→c> I. *vt* intranquilizar II. *vr:* ~ **se** intranquilizar-se
intranquilo, -a [iṇtraŋ'kilo, -a] *adj* intranquilo, -a
intranscendente [iṇtraⁿsθeṇ'deṇte] *adj* ordinário, -a
intransferible [iṇtraⁿsfe'riβle] *adj* intransferível
intransigencia [iṇtransi'xeṇθja] *f* intransigência *f*
intransigente [iṇtransi'xeṇte] *adj* intransigente
intransitable [iṇtransi'taβle] *adj* intransitável
intransitivo, -a [iṇtransi'tiβo, -a] *adj* LING intransitivo, -a
intravenoso, -a [iṇtraβe'noso, -a] *adj* intravenoso, -a
intrepidez [iṇtrepi'ðeθ] *f* intrepidez *f*
intrépido, -a [iṇ'trepiðo, -a] *adj* intrépido, -a
intriga [iṇ'triɣa] *f* **1.** (*maquinación*) intriga *f* **2.** (*curiosidad*) curiosidade *f*
intrigar [iṇtri'ɣar] <g→gu> *vi, vt* intrigar
intrincado, -a [iṇtriŋ'kaðo, -a] *adj* intrincado, -a
intrínseco, -a [iṇ'trinseko, -a] *adj* intrínseco, -a
introducción [iṇtroðuɣ'θjon] *f* introdução *f*
introducir [iṇtroðu'θir] *irr como traducir* I. *vt* introduzir II. *vr:* ~ **se** introduzir-se
intromisión [iṇtromi'sjon] *f* intromissão *f*
introvertido, -a [iṇtroβer'tiðo, -a] *adj* introvertido, -a
intruso, -a [iṇ'truso, -a] *adj, m, f* intruso, -a *m, f*
intubar [iṇtu'βar] *vt* MED entubar
intuición [iṇtwi'θjon] *f* intuição *f*

intuir [intu'ir] *irr como huir vt* intuir
inundación [inuɲda'θjon] *f* inundação *f*
inundar [inuɲ'dar] **I.** *vt* inundar **II.** *vr:* ~**se** inundar-se
inusitado, -a [inusi'taðo, -a] *adj* inusitado, -a
inusual [inusu'al] *adj* incomum
inútil [i'nutil] *adj* inútil
inutilidad [inutili'ðað] *f* inutilidade *f*
inutilizar [inutili'θar] <z→c> *vt* inutilizar
invadir [imba'ðir] *vt* invadir
invalidar [imbali'dar] *vt* invalidar
invalidez [imbali'ðeθ] *f* invalidez *f*
inválido, -a [im'baliðo, -a] *adj, m, f* inválido, -a *m, f*
invariable [imbarja'βle] *adj* invariável
invasión [imba'sjon] *f* invasão *f*
invasor(a) [imba'sor(a)] *adj, m(f)* invasor(a) *m(f)*
invencible [imbeɲ'θiβle] *adj* invencível
invención [imbeɲ'θjon] *f* invenção *f*
inventar [imbeɲ'tar] *vt* inventar
inventario [imbeɲ'tarjo] *m t.* COM inventário *m*
inventiva [imbeɲ'tiβa] *f* inventiva *f*
invento [im'bento] *m* invento *m*
inventor(a) [imbeɲ'tor(a)] *m(f)* inventor(a) *m(f)*
invernadero [imberna'ðero] *m* estufa *f*; (*lugar para invernar*) invernadouro *m*
invernal [imber'nal] *adj* invernal
invernar [imber'nar] <e→ie> *vi* ZOOL hibernar
inverosímil [imbero'simil] *adj* inverossímil
inverosimilitud [imberosimili'tuð] *f* inverossimilhança *f*
inversión [imber'sjon] *f* COM, FIN investimento *m;* (*al revés*) inversão *f*
inverso, -a [im'berso, -a] *adj* inverso, -a; **en orden** ~ na ordem inversa
inversor(a) [imber'sor(a)] *m(f)* investidor(a) *m(f)*
invertebrado, -a [imberte'βraðo, -a] *adj* invertebrado, -a
invertir [imber'tir] *irr como sentir vt* **1.**(*orden*) inverter **2.**(*dinero*) investir
investidura [imbesti'ðura] *f* nomeação *f*
investigación [imbestiɣa'θjon] *f* **1.**(*en la ciencia*) pesquisa *f;* ~ **y desarrollo** pesquisa e desenvolvimento **2.**(*indagación*) investigação *f*
investigador(a) [imbestiɣa'ðor(a)] *m(f)* **1.**(*en la ciencia*) pesquisador(a) *m(f)* **2.**(*policía*) investigador(a) *m(f)*
investigar [imbesti'ɣar] <g→gu> *vt* **1.**(*en la ciencia*) pesquisar **2.**(*indagar*) investigar
investir [imbes'tir] *irr como pedir vt* laurear; ~ **a alguien doctor honoris causa** nomear alguém doutor honoris causa
inviabilidad [imbjaβili'ðað] *f* inviabilidade *f*
inviable [imbi'aβle] *adj* inviável
invicto, -a [im'bikto, -a] *adj* invicto, -a
invidente [imbi'ðente] *adj, m(f)* cego, -a *m, f*
invierno [im'bjerno] *m* inverno *m*
inviolabilidad [imbjolaβili'ðað] *f* inviolabilidade *f*
inviolable [imbjo'laβle] *adj* inviolável
invisible [imbi'siβle] *adj* invisível
invitación [imbita'θjon] *f* convite *m*
invitado, -a [imbi'taðo, -a] *adj, m, f* convidado, -a *m, f*
invitar [imbi'tar] **I.** *vi* convidar; **esta vez invito yo** desta vez convido eu **II.** *vt* convidar; ~ **a alguien a algo** convidar alguém para a. c.; ~ **a alguien a un café** convidar alguém para tomar um café; ~ **a alguien a su casa** convidar alguém para ir a sua casa
invocar [imbo'kar] <c→qu> *vt* invocar
involucrar [imbolu'krar] **I.** *vt* envolver; ~ **a alguien en algo** envolver alguém em a. c. **II.** *vr:* ~**se intrometer-se**; ~**se en algo** intervir em a. c.
involuntario, -a [imboluɲ'tarjo, -a] *adj* involuntário, -a
invulnerable [imbulne'raβle] *adj* invulnerável
inyección [inɟeɣ'θjon] *f* injeção *f*
inyectar [inɟek'tar] *vt* injetar
iodo [i'joðo] *m* iodo *m*
ion [i'on] *m* íon *m*
IPC [ipe'θe] *m* ECON *abr de* **Índice de Precios al Consumo** IPC *m*
ir [ir] *irr* **I.** *vi* **1.**(*en general*) ir; **¡voy!** já venho!; ~ **a pie** ir a pé; ~ **en coche/avión** ir de carro/avião; **¿cómo va la tesis?** como anda a tese?; **¿cómo te va?** com vai você? **2.**(*ir a buscar*) **iré por el pan** vou buscar pão **3.**(*diferencia*) **de dos a cinco van tres** cinco menos dois são três **4.** *inf* (*referirse*) **eso no va por ti** isto não se refere a você; **¿tú sabes de qué va?** você sabe a que se refere? **5.**(*sorpresa*) **¡vaya**

coche! que carro!; **¡qué va!** que bobagem! **6.** (*con verbo*) **iban charlando** iam conversando; **voy a hacerlo** vou fazer isso II. *vr:* **~se 1.** (*marcharse*) ir-se **2.** (*resbalar*) cair; **se me fue de las manos** caiu das minhas mãos **3.** (*perder*) escapar; **se le va el calor por la ventana** o calor escapa pela janela

ira ['ira] *f* ira *f*
iracundo, -a [ira'kuṇdo, -a] *adj* iracundo, -a
Irak [i'rak] *m* Iraque *m*
Irán [i'ran] *m* Irã *m*
iraní [ira'ni] *adj, mf* iraniano, -a *m, f*
iraquí [ira'ki] *adj, mf* iraquiano, -a *m, f*
irascible [iras'θiβle] *adj* irascível
irgo ['irɣo] *1. pres de* **erguir**
irguió [ir'ɣjo] *3. pret de* **erguir**
iris ['iris] *m inv* ANAT íris *f*
Irlanda [ir'laṇda] *f* Irlanda *f*; **~ del Norte** Irlanda do Norte
irlandés, -esa [irlaṇ'des, -esa] *adj, m, f* irlandês, -esa *m, f*
ironía [iro'nia] *f* ironia *f*
irónico, -a [i'roniko, -a] *adj* irônico, -a
IRPF [ierrepe'efe, ierre'pefe] *m abr de* **Impuesto sobre la Renta de las Personas Físicas** IRPF *m*
irracional [irraθjo'nal] *adj* irracional
irracionalidad [irraθjonali'ðað] *f* irracionalidade *f*
irreal [irre'al] *adj* irreal
irrealizable [irreali'θaβle] *adj* irrealizável
irreconocible [irrekono'θiβle] *adj* irreconhecível
irrecuperable [irrekupe'raβle] *adj* irrecuperável
irreemplazable [irrempla'θaβle] *adj* insubstituível
irreflexión [irrefleɣ'sjon] *f* irreflexão *f*
irregular [irreɣu'lar] *adj* irregular
irregularidad [irreɣulari'ðað] *f* irregularidade *f*
irremediable [irreme'ðjaβle] *adj* irremediável
irrenunciable [irrenuṇ'θjaβle] *adj* irrenunciável
irreparable [irrepa'raβle] *adj* irreparável
irrepetible [irrepe'tiβle] *adj* sem igual
irreprochable [irrepro'tʃaβle] *adj* irreprochável
irresistible [irresis'tiβle] *adj* irresistível
irresoluble [irreso'luβle] *adj* insolúvel
irresolución [irresolu'θjon] *f* indecisão *f*
irresoluto, -a [irreso'luto, -a] *adj* irresoluto, -a
irrespetuoso, -a [irrespetu'oso, -a] *adj* desrespeitoso, -a
irresponsabilidad [irresponsaβili'ðað] *f* irresponsabilidade *f*
irresponsable [irrespon'saβle] *adj, mf* irresponsável *mf*
irreversible [irreβer'siβle] *adj* irreversível
irrevocable [irreβo'kaβle] *adj* irrevogável
irrigar [irri'ɣar] <g→gu> *vt* irrigar
irrisorio, -a [irri'sorjo, -a] *adj* irrisório, -a
irritación [irrita'θjon] *f* irritação *f*
irritante [irri'taṇte] *adj* irritante
irritar [irri'tar] I. *vt* irritar II. *vr:* **~se 1.** (*enojarse*) irritar-se **2.** MED irritar-se, ficar irritado
irrumpir [irrum'pir] *vi* **~ en** irromper em
irrupción [irruβ'θjon] *f* irrupção *f*
IRTP *abr de* **Impuesto sobre el Rendimiento del Trabajo Personal** Imposto *m* sobre o Rendimento do Trabalho Pessoal
isla ['isla] *f* ilha *f*
Islam [is'lan] *m* **el ~** o Islã
islámico, -a [is'lamiko, -a] *adj* islâmico, -a
islandés, -esa [islaṇ'des, -esa] *adj, m, f* islandês, -esa *m, f*
Islandia [is'laṇdja] *f* Islândia *f*
isleño, -a [is'leɲo, -a] *adj, m, f* insulano, -a *m, f*
islote [is'lote] *m* ilhota *f*
isobara [iso'βara] *f* METEO isóbara *f*
isótopo [i'sotopo] *f* QUÍM isótopo *m*
Israel [i(s)rra'el] *m* Israel *m*
israelí [i(s)rrae'li] *adj, mf* israelense *mf*
israelita [i(s)rrae'lita] *adj, mf* israelita *mf*
istmo ['ismo] *m* GEO istmo *m*
Italia [i'talja] *f* Itália *f*
italiano, -a [ita'ljano, -a] *adj, m, f* italiano, -a *m, f*
ítem ['ten] *m* item *m*
itinerancia [itine'raṇθja] *f* TEL roaming *m*
itinerario [itine'rarjo] *m* itinerário *m*
ITV [ite'uβe] *f abr de* **Inspección Técnica de Vehículos** Inspeção *f* Técnica de Veículos

IVA ['iβa] *m abr de* **Impuesto sobre el Valor Añadido** ICM *m*
izar [i'θar] <z→c> *vt* içar
izda. [iθ'kjerða] *adj*, **izdo.** [iθ'kjerðo] *adj abr de* **izquierda, izquierdo** esquerda, esquerdo
izquierda [iθ'kjerða] *f* esquerda *f*; **a la ~** à esquerda; **ser de ~s** POL ser de esquerda
izquierdista [iθkjer'ðista] *adj*, *mf* POL esquerdista *mf*
izquierdo, -a [iθ'kjerðo, -a] *adj* esquerdo, -a

J

J, j ['xota] *f* J, j *m*
jabalí [xaβa'li] *m* <jabalíes> javali *m*
jabalina [xaβa'lina] *f* javalina *f*
jabón [xa'βon] *m* sabão *m*; **dar ~ a alguien** *inf* passar um sabão em alguém
jabonar [xaβo'nar] *vt* ensaboar
jacinto [xa'θinto] *m* jacinto *m*
jactancioso, -a [xaktaŋ'θjoso, -a] *adj* jactancioso, -a
jactarse [xak'tarse] *vr* **~ de algo** jactar-se de a. c.
jade ['xaðe] *m* jade *m*
jadear [xaðe'ar] *vi* ofegar
jaguar [xa'ɣwar] *m* jaguar *m*
jalar [xa'lar] **I.** *vt* **1.** *AmL* (*cuerda*) puxar **2.** *inf* (*comer*) papar **II.** *vr*: **~se** *AmL* (*emborracharse*) embebedar-se
jalea [xa'lea] *f* geleia *f*; **~ real** geleia real
jalear [xale'ar] *vt* (*animar*) animar
jaleo [xa'leo] *m inf* **1.** (*barullo*) algazarra *f* **2.** (*desorden*) confusão *f*; **armar ~** armar confusão
jalón [xa'lon] *m* **1.** (*vara*) baliza *f* **2.** (*hito*) marco *m*
jalonar [xalo'nar] *vt* **1.** (*un terreno*) balizar **2.** (*marcar*) marcar
jamaicano, -a [xamaj'kano, -a] *adj*, *m*, *f* jamaicano, -a *m*, *f*
jamás [xa'mas] *adv* jamais; **nunca ~** nunca mais
jamón [xa'mon] *m* presunto *m*; **~ dulce** [*o* **de York**] presunto cozido; **~ serrano** presunto defumado; **¡y un ~!** *inf* uma ova!
Japón [xa'pon] *m* Japão *m*
japonés, -esa [xapo'nes, -esa] *adj*, *m*, *f* japonês, -esa *m*, *f*
jaque ['xake] *m* DEP xeque *m*; **~ mate** xeque-mate *m*; **dar ~** dar xeque-mate; **tener en ~ a alguien** *inf* encher a paciência de alguém
jaqueca [xa'keka] *f* enxaqueca *f*
jarabe [xa'raβe] *m* xarope *m*
jarcia ['xarθja] *f* NÁUT enxárcia *f*
jardín [xar'ðin] *m* jardim *m*; **~ botánico** jardim botânico; **~ de infancia** jardim de infância; **~ zoológico** jardim zoológico
jardinería [xarðine'ria] *f* jardinagem *f*
jardinero, -a [xarði'nero, -a] *m*, *f* jardineiro, -a *m*, *f*
jarra ['xarra] *f* jarra *f*; **ponerse en ~s** colocar as mãos na cintura
jarro ['xarro] *m* jarro *m*; **echar un ~ de agua fría a alguien** *fig* jogar um balde de água fria em alguém
jarrón [xa'rron] *m* vaso *m*
jaspe ['xaspe] *m* jaspe *m*
jauja ['xauxa] *f* **ser ~** *inf* ser o paraíso
jaula ['xaula] *f* (*para animales*) jaula *f*; (*para pájaros*) gaiola *f*
jauría [xau'ria] *f* matilha *f*
jazmín [xaθ'min] *m* jasmim *m*
jazz [dʒas] *m* MÚS jazz *m*
J.C. [xesu'kristo] *abr de* **Jesucristo** J.C.
jeep [dʒip] *m* <jeeps> jipe *m*
jefatura [xefa'tura] *f* **1.** (*cargo*) chefia *f* **2.** (*sede*) chefatura *f*; **~ de policía** delegacia *f* de polícia; **~ de tráfico** departamento *m* de tráfego
jefazo [xe'faθo] *m inf* chefão *m*
jefe, -a ['xefe, -a] *m*, *f* chefe *mf*; **~ de estación** chefe de estação; **~ de Estado** chefe de Estado; **~ de gobierno** chefe de governo; **comandante en ~** comandante-chefe *m*
jengibre [xeŋ'xiβre] *m* gengibre *m*
jeque ['xeke] *m* xeque *m*
jerarquía [xerar'kia] *f* hierarquia *f*
jerárquico, -a [xe'rarkiko, -a] *adj* hierárquico, -a
jerez [xe'reθ] *m* xerez *m*
jerga ['xerɣa] *f* (*lenguaje*) jargão *m*
jerigonza [xeri'ɣonθa] *f* jargão *m*
jeringa [xe'riŋɡa] *f* seringa *f*
jeringar [xeriŋ'ɡar] <g→gu> *vt inf* (*molestar*) incomodar
jeringuilla [xeriŋ'ɡiʎa] *f* seringa *f*
jeroglífico [xero'ɣlifiko] *m* (*signo*) hie-

róglifo *m*
jeroglífico, -a [xero'ɣlifiko, -a] *adj* hieroglífico, -a
jersey [xer'sei] *m* suéter *mf*
Jerusalén [xerusa'len] *m* Jerusalém *f*
Jesucristo [xesu'kristo] *m* Jesus Cristo *m*
jesuita [xesu'ita] *adj, m* jesuíta *m*
Jesús [xe'sus] *m* Jesus *m*; ¡~! (*al estornudar*) Saúde!; (*interjección*) Credo!
jet[1] [dʒet] *m* <jets> (*avión*) jato *m*
jet[2] [dʒet] *f sin pl* (*alta sociedad*) jet set *m*
jeta ['xeta] *f inf* (*cara*) cara *f* de pau; **ése tiene una ~ increíble** *fig* esse tem uma cara de pau incrível
jíbaro, -a ['xiβaro, -a] *adj* **1.** *AmL* (*campesino*) camponês, -esa; (*costumbres*) rural **2.** *AmL* (*animal*) selvagem
jilguero [xil'ɣero] *m* pintassilgo-europeu *m*
jinete [xi'nete] *m* ginete *m*
jirafa [xi'rafa] *f* girafa *f*
jirón [xi'ron] *m* trapo *m*
jitomate [xitoy'mate] *m Méx* (*tomate*) tomate *m*
JJ.OO. ['xweyos o'limpikos] *abr de* **Juegos Olímpicos** Jogos *mpl* Olímpicos
jockey ['xokei] *m* jóquei *m*
jocoso, -a [xo'koso, -a] *adj* jocoso, -a
joder [xo'ðer] *vulg* **I.** *vt* **1.** (*copular*) foder **2.** (*fastidiar*) sacanear; ¡**no me jodas!** não me sacaneie! **3.** (*echar a perder*) pôr a perder **II.** *vr:* ~ **se** foder-se; ¡**jódete!** foda-se!
jolgorio [xol'ɣorjo] *m* bagunça *f*
Jordania [xor'ðanja] *f* Jordânia *f*
jordano, -a [xor'ðano, -a] *adj, m, f* jordaniano, -a *m, f*
jornada [xor'naða] *f* **1.** (*de trabajo*) jornada *f;* ~ **partida** jornada interrompida; **trabajo a media** ~ trabalho *m* de meio turno **2.** (*viaje*) jornada *f* **3.** *pl* (*congreso*) conferência *f*
jornal [xor'nal] *m* (*paga*) diária *f*
jornalero, -a [xorna'lero, -a] *m, f* boia-fria *mf*
joroba [xo'roβa] *f* **1.** (*de persona*) corcunda *f* **2.** (*de camello*) corcova *f*
jorobado, -a [xoro'βaðo, -a] *adj, m, f* corcunda *mf*
jota ['xota] *f* **1.** (*letra*) jota *m;* **no saber ni** ~ *inf* não ter a menor ideia; **no ver ni** ~ *inf* não ver nada **2.** (*baile*) jota *f*
joven [xo'βen] **I.** *adj* jovem; **de** ~ **le gustaba bailar** quando era jovem gostava de dançar **II.** *mf* jovem *mf*

jovial [xo'βjal] *adj* jovial
jovialidad [xoβjali'ðað] *f* jovialidade *f*
joya ['xoɟa] *f t. fig* joia *f*
joyería [xoɟe'ria] *f* joalheria *f*
joyero [xo'ɟero] *m* porta-joias *m inv*
joyero, -a [xo'ɟero, -a] *m, f* joalheiro, -a *m, f*
joystick ['dʒɔistik] *m* joystick *m*
juanete [xwa'nete] *m* (*del pie*) joanete *m*
jubilación [xuβila'θjon] *f* aposentadoria *f;* ~ **anticipada** aposentadoria antecipada
jubilado, -a [xuβi'laðo, -a] *adj, m, f* aposentado, -a *m, f*
jubilar [xuβi'lar] **I.** *vt t. fig* aposentar **II.** *vr:* ~ **se** aposentar-se
júbilo ['xuβilo] *m* júbilo *m*
jubiloso, -a [xuβi'loso, -a] *adj* jubiloso, -a
judía [xu'ðia] *f* feijão *m;* ~ **s blancas** feijões brancos; ~ **s verdes** feijões-verdes
judicial [xuði'θjal] *adj* judicial
judío, -a [xu'ðio, -a] *adj, m, f* judeu, -dia *m, f*
judo ['dʒuðo] *m* DEP judô *m*
juego ['xweɣo] *m* **1.** (*diversión*) jogo *m;* ~ **de mesa** jogo de mesa; ~ **de palabras** jogo de palavras; **hacer** ~ **s malabares** fazer malabarismo; **perder dinero en el** ~ perder dinheiro no jogo; **se le ve fácilmente el** ~ *fig* vê-se facilmente seu jogo **2.** DEP jogo *m;* ~ **limpio** jogo limpo; **fuera de** ~ impedimento *m;* **estar en fuera de** ~ estar em impedimento **3.** (*conjunto*) jogo *m;* ~ **de café** jogo de café; ~ **de mesa** jogo de mesa; **hacer** ~ combinar **4.** (*en tenis*) game *m*
juerga ['xwerɣa] *f inf* farra *f;* **correrse unas cuantas ~s** cair numa boa farra
jueves ['xweβes] *m inv* quinta-feira *f;* **Jueves Santo** Quinta-Feira Santa; **no ser nada del otro** ~ *inf* não ser nada do outro mundo; *v.t.* **lunes**
juez [xweθ] *mf t.* JUR juiz, juíza *m, f;* ~ **de línea** DEP bandeirinha *m;* **ser** ~ **y parte** ser tendencioso
jugada [xu'ɣaða] *f* **1.** DEP jogada *f* **2.** (*jugarreta*) trapaça *f;* **gastar una** ~ **a alguien** fazer uma trapaça com alguém
jugador(a) [xuɣa'ðor(a)] *m(f) t.* DEP jogador(a) *m(f)*
jugar [xu'ɣar] *irr* **I.** *vi* **1.** (*a un juego, deporte*) jogar; ¿**puedo** ~? posso jogar?; ¿**quién juega?** quem joga?; ¿a

qué juegas? *fig* qual é a sua? **2.** (*bromear*) brincar **3.** (*hacer juego*) combinar **II.** *vt* (*un juego, apostar*) jogar **III.** *vr:* ~ **se 1.** (*la lotería, apostar*) jogar; **jugársela a alguien** *fig* trapacear alguém **2.** (*arriesgar*) pôr em jogo

jugarreta [xuɣa'rreta] *f inf* trapaça *f*

juglar [xu'ɣlar, xuɣla'resa] *m* trovador *m*

jugo ['xuɣo] *m* **1.** (*de fruta*) suco *m* **2.** (*esencia*) substância *f*

jugoso, -a [xu'ɣoso, -a] *adj* **1.** (*carne, fruta*) suculento, -a **2.** (*comentario, libro*) proveitoso, -a

juguete [xu'ɣete] *m* brinquedo *m*

juguetear [xuɣete'ar] *vi* brincar

juguetería [xuɣete'ria] *f* loja *f* de brinquedos

juguetón, -ona [xuɣe'ton, -ona] *adj* brincalhão, -ona

juicio ['xwiθjo] *m* **1.** (*razón*) juízo *m*; **tú no estás en tu sano** ~ você não está em seu juízo perfeito; **perder el** ~ perder o juízo **2.** (*opinión*) opinião *f*; **a mi** ~ na minha opinião **3.** JUR juízo *m*; **el** (**día del**) **Juicio Final** REL o (dia do) Juízo Final

juicioso, -a [xwi'θjoso, -a] *adj* ajuizado, -a

julio ['xuljo] *m* **1.** (*mes*) julho *m; v.t.* **marzo 2.** FÍS joule *m*

jumo, -a ['xumo, -a] *adj AmL* (*borracho*) bêbado, -a

junco ['xuŋko] *m* BOT junco *m*

jungla ['xuŋgla] *f* selva *f*

junio ['xunjo] *m* junho *m*; *v.t.* **marzo**

junta ['xuɳta] *f* **1.** (*comité*) junta *f;* ~ **directiva** COM conselho *m* de diretores; ~ **militar** junta militar **2.** (*reunión*) reunião *f;* ~ **de accionistas** assembleia *f* de acionistas

juntar [xuɳ'tar] **I.** *vt* (*personas, dinero*) juntar **II.** *vr:* ~ **se** juntar-se

junto ['xuɳto] *prep* **1.** (*local*) ~ **a** junto a; ~ **a la entrada** junto à entrada; **pasaron** ~ **a nosotros** passaram perto de nós **2.** (*con movimiento*) ~ **a** ao lado de **pon la silla** ~ **a la mesa** ponha a cadeira próxima à mesa **3.** (*con*) ~ **con** junto com

junto, -a ['xuɳto, -a] *adj* junto, -a; **todos** ~ **s** todos juntos

Júpiter ['xupiter] *m* Júpiter *m*

jurado [xu'raðo] *m* JUR (*miembro*) jurado, -a *m, f;* (*tribunal, de examen*) júri *m*

jurado, -a [xu'raðo, -a] *adj* juramentado, -a

juramento [xura'meɳto] *m* **1.** *t.* JUR (*jura*) juramento *m*; **falso** ~ falso testemunho; **prestar** ~ prestar testemunho **2.** (*blasfemia*) blasfêmia *f*

jurar [xu'rar] **I.** *vi* jurar; ~ **en falso** jurar em falso **II.** *vt* jurar; **jurársela(s) a alguien** *inf* jurar vingança a alguém

jurídico, -a [xu'riðiko, -a] *adj* jurídico, -a

jurisdicción [xurisðiɣ'θjon] *f* jurisdição *f*

jurisdiccional [xurisðiɣθjo'nal] *adj* jurisdicional

jurisprudencia [xurispru'ðenθja] *f* jurisprudência *f*

jurista [xu'rista] *mf* jurista *mf*

justamente [xusta'meɳte] *adv* precisamente

justicia [xus'tiθja] *f* justiça *f*; **tomarse la** ~ **por la mano** fazer justiça pelas próprias mãos

justiciero, -a [xusti'θjero, -a] *adj* justiceiro, -a

justificación [xustifika'θjon] *f* justificação *f*

justificante [xustifi'kaɳte] *m* justificativa *f*

justificar [xustifi'kar] <c→qu> **I.** *vt* justificar **II.** *vr:* ~ **se** justificar-se

justo ['xusto] *adv* justo; ~ **a tiempo** bem na hora

justo, -a ['xusto, -a] *adj* **1.** (*persona, decisión*) justo, -a **2.** (*exacto*) justo, -a, exato, -a **3.** (*vestido*) apertado, -a

juvenil [xuβe'nil] *adj* juvenil

juventud [xuβen'tuð] *f* juventude *f*

juzgado [xuθ'ɣaðo] *m* tribunal *m;* ~ **de guardia** tribunal aberto durante a noite ou nos horários em que os tribunais ordinários encontram-se fechados; **ser de** ~ **de guardia** *inf* ser o fim da picada

juzgar [xuθ'ɣar] <g→gu> *vt* julgar; **a** ~ **por...** a julgar por...

K

K, k [ka] *f* K, k *m*

karaoke [kara'oke] *m* caraoquê *m*

karate [ka'rate] *m,* **kárate** ['karate] *m*

karateca DEP caratê *m*
karateca *mf*, **karateka** [kara'teka] *mf* DEP carateca *mf*
kart [kaɾt] *m* <karts> carte *m*
kayak [ka'ʝakʲ] *m* <kayaks> caiaque *m*
Kazakistán [kaθaxis'tan] *m* Cazaquistão *m*
kazako, -a [ka'θako, -a] *adj, m, f,* cazaque *mf*
KB [kiloˈβaɪt] *m* INFOR *abr de* **kilobyte** KB *m*
keniano, -a [ke'njano, -a] *adj, m, f,* **keniata** [ke'njata] *adj, mf* queniano, -a *m, f*
ketchup [ˈkeᵈʧup] *m* <ketchups> ketchup *m*
kg [ˈkiloɣɾamo] *abr de* **kilogramo** kg
kibutz [kiˈβuθ] *m* <kibutzs> kibutz *m*
kikirikí [kikiɾiˈki] *m* cocorocó *m*
kilo [ˈkilo] *m* quilo *m*
kilobyte [kiloˈβaɪt] *m* INFOR quilobyte *m*
kilocaloría [kilokaloˈɾia] *f* quilocaloria *f*
kilogramo [kiloˈɣɾamo] *m* quilograma *m*
kilometraje [kilomeˈtɾaxe] *m* AUTO quilometragem *f*
kilómetro [kiˈlometɾo] *m* quilômetro *m;* ~**s por hora** quilômetros por hora
kilovatio [kiloˈβatjo] *m* quilovátio *m*
kilt [kilt] *m* <kilts> kilt *m*
kimono [kiˈmono] *m* quimono *m*
kinder [ˈkinder] *m inv,* **kindergarten** [kinderˈɣarten] *m inv, AmL* jardim *m* de infância
kit [kit] *m* <kits> kit *m*
kiwi [ˈkiβi] *m* quiuí *m*
kleenex® [ˈklineʸs] *m inv,* **klínex** [ˈklineʸs] *m inv* lenço *m* de papel
km [kiˈlometɾo] *abr de* **kilómetro** km
kosovar [kosoˈβar] *adj, mf* kosovar *mf*
Kosovo [ˈkosoβo] *m* Kosovo *m*
Kremlin [ˈkremlin] *m* Kremlin *m*
Kurdistán [kurðisˈtan] *m* Curdistão *m*
kurdo, -a [ˈkurðo, -a] *adj, m, f* curdo, -a *m, f*
Kuwait [kuˈβaɪt] *m* Kuwait *m*
kuwaití [kuβaɪˈti] *adj, mf* kuwaitiano, -a *m, f*
kv [kiloˈβatjo] *abr de* **kilovatio** kw

L

L, l [ˈele] *f* L, l *m*
la [la] I. *art def v.* **el, la, lo** II. *pron pers, f sing* 1. *(objeto directo)* a; **mi bicicleta y ~ tuya** minha bicicleta e a sua 2. *(con relativo)* ~ **que...** a que...; ~ **cual...** a qual... III. *m* MÚS lá *m*
laberinto [laβeˈɾinto] *m* labirinto *m*
labia [ˈlaβja] *f* **tener mucha ~** *inf* ter muita lábia
labial [laˈβjal] *adj* labial
labio [ˈlaβjo] *m* lábio *m;* **no despegar los ~s** *inf* não abrir a boca
labor [laˈβor] *f* 1. *(trabajo)* trabalho *m;* **no estoy por la ~** não estou a fim; **profesión: 'sus ~es'** profissão: 'dona de casa' 2. *(labranza)* lavoura *f*
laborable [laβoˈraβle] *adj* **día ~** dia útil
laboral [laβoˈɾal] *adj* de trabalho
laboratorio [laβoɾaˈtoɾjo] *m* laboratório *m*
laborioso, -a [laβoˈɾjoso, -a] *adj* 1. *(trabajador)* trabalhador(a) 2. *(difícil)* trabalhoso, -a
laborista [laβoˈɾista] *adj, mf* trabalhista *mf*
labrado, -a [laˈβɾaðo, -a] *adj* 1. *(madera)* esculpido, -a 2. *(cristal)* lapidado, -a 3. AGR lavrado, -a
labrador(a) [laβɾaˈðor(a)] *m(f)* lavrador(a) *m(f)*
labranza [laˈβɾanθa] *f* lavoura *f*
labrar [laˈβɾar] *vt* 1. *(cultivar, arar)* lavrar 2. *(causar)* cultivar
labriego, -a [laˈβɾjeɣo, -a] *m, f* lavrador(a) *m(f)*
laca [ˈlaka] *f* 1. *(pintura)* laca *f* 2. *(para el pelo)* laquê *m; (para las uñas)* esmalte *m*
lacayo [laˈkaʝo] *m* lacaio *m*
lacio, -a [ˈlaθjo, -a] *adj (cabello)* liso, -a
lacónico, -a [laˈkoniko, -a] *adj* lacônico, -a
lacra [ˈlakɾa] *f* sequela *f*
lacrar [laˈkɾar] *vt* lacrar
lacre [ˈlakɾe] *m* lacre *m*
lacrimal [lakɾiˈmal] *adj* lacrimal
lacrimógeno, -a [lakɾiˈmoxeno, -a] *adj* lacrimogêneo, -a
lactancia [lakˈtanθja] *f* lactância *f*
lactante [lakˈtante] *mf* lactente *mf*
lácteo, -a [ˈlakteo, -a] *adj* lácteo, -a

láctico, -a ['laktiko, -a] *adj* láctico, -a
lactosa [lak'tosa] *f* lactose *f*
ladear [laðe'ar] I. *vt* (*inclinar*) inclinar II. *vr*: ~ **se** inclinar-se
ladera [la'ðera] *f* ladeira *f*
ladilla [la'ðiʎa] *f* chato *m*
ladino, -a [la'ðino, -a] *adj* (*taimado*) ladino, -a
lado ['laðo] *m* lado *m*; **ir de un ~ a otro** ir de um lado para (o) outro; **por todos ~ s** por todos os lados; **al ~** ao lado; **la casa de al ~** a casa ao lado; **al ~ de** (*junto a*) ao lado de; **su ~ débil** seu ponto fraco; **dejar de ~** deixar de lado; **me puse de tu ~** fiquei do seu lado; **por un ~..., y por el otro ~...** por um lado..., e por outro lado...
ladrador(a) [laðra'ðor(a)] *adj* ladrador(a)
ladrar [la'ðrar] *vi* (*perro*) ladrar
ladrido [la'ðriðo] *m* latido *m*
ladrillo [la'ðriʎo] *m* tijolo *m*
ladrón [la'ðron] *m* ELEC benjamim *m*
ladrón, -ona [la'ðron, -ona] *m, f* (*bandido*) ladrão, ladra *m, f*
lagar [la'ɣar] *m* lagar *m*
lagartija [laɣar'tixa] *f* lagartixa *f*
lagarto [la'ɣarto] *m* **1.** (*reptil*) lagarto *m* **2.** *AmL* (*caimán*) caimão *m*
lago ['laɣo] *m* lago *m*
lágrima ['laɣrima] *f* lágrima *f*; **~ s de cocodrilo** *inf* lágrimas *fpl* de crocodilo
lagrimal [laɣri'mal] *adj, m* lacrimal *m*
laguna [la'ɣuna] *f* **1.** (*de agua*) laguna *f* **2.** (*omisión*) lacuna *f*
laico, -a ['laiko, -a] I. *adj* laico, -a II. *m, f* leigo, -a *m, f*

> **Gramática** O termo **laísmo** refere-se ao uso incorreto de **la(s)** como objeto indireto, ao invés de **le(s)**, e.g. "**La regalé una novela de Borges**" ao invés de "**Le regalé una novela de Borges.**" Tal uso é comumente aceito em certas regiões mas não aceito pela maioria dos falantes de espanhol.

lamentable [lamen'taβle] *adj* lamentável
lamentación [lamenta'θjon] *f* lamentação *f*
lamentar [lamen'tar] I. *vt* lamentar; **lo lamento** sinto muito II. *vr* ~ **se de algo** lamentar-se de a. c.
lamento [la'mento] *m* lamento *m*
lamer [la'mer] *vt* lamber
lámina ['lamina] *f* **1.** (*hojalata*) lâmina *f* **2.** (*ilustración*) impressão *f*
laminar [lami'nar] *vt* laminar
lámpara ['lampara] *f* **1.** (*luz*) lamparina *f*; **~ de mesa** abajur *m* de mesa **2.** (*bombilla*) lâmpada *f*
lamparón [lampa'ron] *m* (*mancha*) mancha *f*
lampiño, -a [lam'piɲo, -a] *adj* (*sin barba*) imberbe; (*sin pelo*) glabro, -a
lana ['lana] *f* **1.** (*material*) lã *f* **2.** *Méx, inf* (*dinero*) grana *f*
lance ['lanθe] *m* **1.** (*trance*) lance *m* **2.** (*pelea*) disputa *f*
lancha ['lantʃa] *f* lancha *f*; **~ motora** barco a motor; **~ salvavidas** bote *m* salva-vidas
lanero, -a [la'nero, -a] *adj* lanar
langosta [laŋ'gosta] *f* **1.** (*insecto*) gafanhoto *m* **2.** (*crustáceo*) lagosta *f*
langostino [laŋgos'tino] *m* lagostim *m*
languidecer [laŋgiðe'θer] *irr como crecer vi* languescer
languidez [laŋgi'ðeθ] *f* languidez *f*
lánguido, -a ['laŋgiðo, -a] *adj* lânguido, -a
lanilla [la'niʎa] *f* (*pelillo*) felpa *f*
lanudo, -a [la'nuðo, -a] *adj* lanoso, -a
lanza ['lanθa] *f* lança *f*
lanzacohetes [lanθako'etes] *m inv* lança-bombas *m inv*
lanzadera [lanθa'ðera] *f* (*en telar*) lançadeira *f*; **~ espacial** lançadeira espacial
lanzado, -a [lan'θaðo, -a] *adj inf* **1.** (*impetuoso*) atirado, -a **2.** (*rápido*) rápido, -a
lanzagranadas [lanθaɣra'naðas] *m inv* bazuca *f*
lanzallamas [lanθa'ʎamas] *m inv* lança-chamas *m inv*
lanzamiento [lanθa'mjento] *m* lançamento *m*; **~ de disco** DEP arremesso *m* de disco; **~ de jabalina** DEP arremesso *m* de dardo; **~ de un libro** lançamento de um livro; **~ de martillo** DEP arremesso *m* de martelo; **~ de peso** DEP arremesso *m* de peso
lanzamisiles [lanθami'siles] *m inv* lança-mísseis *m inv*
lanzar [lan'θar] <z→c> I. *vt* lançar II. *vr*: ~ **se** lançar-se; **~ se al agua** atirar-se na água

lapa ['lapa] *f* lapa *f*
lapicero [lapi'θero] *m* lápis *m inv*
lápida ['lapiða] *f* lápide *f*
lapidación [lapiða'θjon] *f* lapidação *f*
lapidar [lapi'ðar] *vt* lapidar
lapidario, -a [lapi'ðarjo, -a] *adj* lapidar
lápiz ['lapiθ] *m* lápis *m inv;* **lapices de colores** lápis de cor; ~ **de labios** batom *m;* ~ **de ojos** lápis de sobrancelhas; ~ **óptico** INFOR caneta *f* ótica
lapo ['lapo] *m inf* cusparada *f*
lapón, -ona [la'pon, -ona] *adj, m, f* lapão, -ona *m, f*
Laponia [la'ponja] *f* Lapônia *f*
lapso ['laβso] *m* (*de tiempo*) lapso *m*
lapsus ['laβsus] *m inv* lapso *m;* ~ **linguae** lapsus *m* linguae
largar [lar'γar] <g→gu> I. *vt* **1.** (*soltar*) soltar **2.** *inf* (*golpe*) meter **3.** *inf* (*discurso*) dar II. *vr:* ~ **se 1.** (*irse*) ir embora **2.** *AmL* (*comenzar*) começar III. *vi inf* soltar o verbo
largo ['larγo] I. *adv* (*en abundancia*) muito; ~ **y tendido** demoradamente II. *m* (*longitud*) longo *m* III. *interj* **¡**~ (**de aquí**)**!** fora (daqui)!
largo, -a ['larγo, -a] *adj* **1.** (*tamaño, duración*) longo, -a, comprido, -a; **a lo** ~ **de los años** ao longo dos anos; **a** ~ **plazo** a longo prazo; **costó cinco millones de euros** ~**s** custou muito mais de cinco milhões de euros; **pasar de** ~ passar reto **2.** *inf* (*astuto*) astucioso, -a
largometraje [larγome'traxe] *m* longa-metragem *m*
larguero [lar'γero] *m* DEP travessão *m*
larguirucho, -a [larγi'rutʃo, -a] *adj inf* comprido, -a
largura [lar'γura] *f* longitude *f,* comprimento *m*
laringe [la'rinxe] *f* laringe *f*
laringitis [larinˈxitis] *f inv* laringite *f*
larva [ˈlarβa] *f* larva *f*
las [las] I. *art def v.* **el, la, lo** II. *pron pers f pl* **1.** (*objeto directo*) as **2.** (*con relativo*) ~ **que...** as que...; ~ **cuales...** as quais...
lasaña [laˈsaɲa] *f* lasanha *f*
lascivia [lasˈθiβja] *f* lascívia *f*
lascivo, -a [lasˈθiβo, -a] *adj* lascivo, -a
láser ['laser] *m* laser *m*
lástima ['lastima] *f* **1.** (*compasión*) pena *f;* **me da** ~ me dá pena; **por** ~ por pena; **¡qué** ~**!** que pena! **2.** (*lamentación*) queixa *f*
lastimar [lasti'mar] I. *vt* machucar II. *vr:*
~ **se** machucar-se
lastimero, -a [lasti'mero, -a] *adj,* **lastimoso, -a** [lasti'moso, -a] *adj* lastimável
lastre ['lastre] *m* **1.** NÁUT lastro *m;* **soltar** ~ soltar lastro **2.** (*estorbo*) peso *m*
lata ['lata] *f* **1.** (*envase*) lata *f* **2.** *inf* (*pesadez*) chatice *f;* **dar la** ~ encher a paciência; **¡vaya** ~**!** que droga!
latente [la'tente] *adj* latente
lateral [late'ral] I. *adj* lateral II. *m* lado *m*
látex ['lateʸs] *m inv* látex *m inv*
latido [la'tiðo] *m* pulsação *f*
latifundio [lati'fundjo] *m* latifúndio *m*
latifundista [latifuɲ'dista] *mf* latifundiário, -a *m, f*
latigazo [lati'γaθo] *m* chicotada *f*
látigo ['latiγo] *m* chicote *m*
latín [la'tin] *m* latim *m*
latino, -a [la'tino, -a] *adj, m, f* latino, -a *m, f*
Latinoamérica [latinoa'merika] *f* América *f* Latina
latinoamericano, -a [latinoameri'kano, -a] *adj, m, f* latino-americano, latino-americana *m, f*
latir [la'tir] *vi* pulsar
latitud [lati'tuᵈ] *f* GEO latitude *f*
latón [la'ton] *m* latão *m*
latoso, -a [la'toso, -a] *adj inf* chato, -a
latrocinio [latro'θinjo] *m* latrocínio *m*
laúd [la'uᵈ] *m* MÚS alaúde *m*
laurel [lau'rel] *m* **1.** (*árbol*) louro *m* **2.** *pl* (*gloria*) **dormirse en los** ~**es** deitar-se nos louros
lava ['laβa] *f* lava *f*
lavabo [la'βaβo] *m* **1.** (*pila*) pia *f* **2.** (*cuarto*) lavabo *m*
lavadero [laβa'ðero] *m* lavadouro *m*
lavado [la'βaðo] *m* lavagem *f;* ~ **de cerebro** *fig* lavagem cerebral; ~ **de estómago** lavagem estomacal
lavadora [laβa'ðora] *f* lavadora *f*
lavanda [la'βanda] *f* lavanda *f*
lavandería [laβande'ria] *f* lavanderia *f*
lavaplatos [laβa'platos] *m inv* lava-louças *f inv*
lavar [la'βar] I. *vt* (*limpiar*) lavar II. *vr:*
~ **se** lavar-se; ~ **se los dientes** escovar os dentes
lavavajillas [laβaβa'xiʎas] *m inv* **1.** (*aparato*) lava-louças *f inv* **2.** (*detergente*) detergente *m*
laxante [laʸ'sante] *adj, m* laxante *m*
lazada [la'θaða] *f* laço *m*

lazarillo [laθ'riʎo] *m* (*persona*) guia *mf;* **perro ~** cão *m* guia

lazo ['laθo] *m* laço *m*

le [le] *pron pers objeto indirecto* lhe; **¡da~ un beso!** dá-lhe um beijo!; **~ puedo llamar el lunes** posso chamá-lo na segunda-feira

leal [le'al] *adj* leal

lealtad [leal'taᵈ] *f* lealdade *f*

leasing ['lisiŋ] *m* leasing *m*

lebrel [le'βrel] *m* lebréu *m*

lección [lek'θjon] *f* lição *f;* **dar una ~ a alguien** *fig* dar uma lição em alguém

leche ['letʃe] *f* **1.** (*líquido*) leite *m;* **~ condensada** leite condensado; **~ desnatada** leite desnatado; **~ entera** leite integral; **~ en polvo** leite em pó; **~ semidesnatada** leite semidesnatado; **¡~s!** *inf* (que) droga!; **ser la ~** *inf* ser o fim da picada **2.** *inf* (*golpe*) **darse una ~** dar uma porrada **3.** *inf* (*bofetada*) **dar una ~ a alguien** dar um soco na cara de alguém **4.** *inf* (*humor*) **estar de mala ~** estar de mau humor; **tener mala ~** ter mau humor **5.** *vulg* (*esperma*) porra *f*

lechera [le'tʃera] *f* leiteira *f*

lechería [letʃe'ria] *f* leiteria *f*

lechero, -a [le'tʃero, -a] *m, f* leiteiro, -a *m, f*

lecho ['letʃo] *m* (*cama, de río, lago*) leito *m*

lechón, -ona [le'tʃon, -ona] *m, f* leitão, leitoa *m, f*

lechoso, -a [le'tʃoso, -a] *adj* leitoso, -a

lechuga [le'tʃuɣa] *f* alface *f*

lechuza [le'tʃuθa] *f* coruja *f*

lectivo, -a [lek'tiβo, -a] *adj* ENS letivo, -a

lector [lek'tor] *m* (*aparato*) leitor *m;* **~ de CD** leitor de CD; **~ óptico** leitor ótico

lector(a) [lek'tor(a)] *m(f) t.* UNIV leitor(a) *m(f)*

lectura [lek'tura] *f* leitura *f*

leer [le'er] *irr vt* ler

legado [le'ɣaðo] *m* legado *m*

legajo [le'ɣaxo] *m* dossiê *m*

legal [le'ɣal] *adj* legal

legalidad [leɣali'ðaᵈ] *f* legalidade *f*

legalización [leɣaliθa'θjon] *f* legalização *f*

legalizar [leɣali'θar] <z→c> *vt* **1.** (*autorizar*) legalizar **2.** (*atestar*) reconhecer

legaña [le'ɣaɲa] *f* remela *f*

legar [le'ɣar] <g→gu> *vt* **1.** (*herencia*) legar **2.** (*enviar*) delegar

legendario, -a [lexeṇ'darjo, -a] *adj* legendário, -a

legible [le'xiβle] *adj* legível

legión [le'xjon] *f t.* MIL legião *f*

legionario, -a [lexjo'narjo, -a] *m, f* legionário, -a *m, f*

legislación [lexisla'θjon] *f* legislação *f*

legislador(a) [lexisla'ðor(a)] *m(f)* legislador(a) *m(f)*

legislar [lexis'lar] *vi* legislar

legislativo, -a [lexisla'tiβo, -a] *adj* legislativo, -a

legislatura [lexisla'tura] *f* **1.** (*período*) legislatura *f* **2.** *AmL* (*parlamento*) corpo *m* legislativo

legitimación [lexitima'θjon] *f* legitimação *f*

legitimar [lexiti'mar] *vt* legitimar

legitimidad [lexitimi'ðaᵈ] *f* legitimidade *f*

legítimo, -a [le'xitimo, -a] *adj* legítimo, -a

lego, -a ['leɣo, -a] *adj, m, f* leigo, -a *m, f*

legua ['leɣwa] *f* légua *f;* **se ve a la ~ que...** se vê de longe que...

legumbre [le'ɣumbre] *f* legume *m*

leguminosa [leɣumi'nosa] *f* leguminosa *f*

leído, -a [le'iðo, -a] *adj* lido, -a

> **Gramática** O termo **leísmo** refere-se ao uso incorreto ou pelo menos não padronizado de **le(s)** como o objeto direto ao invés de **lo(s)** ou **la(s)**, e.g. "Les visité ayer, a mis hermanas" ao invés de "Las visité ayer, a mis hermanas." Tal uso é comumente aceito em certas regiões mas não aceito pela maioria dos falantes de espanhol.

lejanía [lexa'nia] *f* distância *f*

lejano, -a [le'xano, -a] *adj* (*en el espacio, en el tiempo*) distante; **un pariente ~** um parente distante

lejía [le'xia] *f* água *f* sanitária

lejos ['lexos] I. *adv* **1.** (*en el espacio*) longe; **~ de algo** longe de a. c.; **a lo ~** ao longe; **de ~** de longe; **sin ir más ~** *fig* sem ir mais longe **2.** (*en el tiempo*) longe II. *conj* **de ~** de longe de

lelo, -a ['lelo, -a] *adj, m, f* inflesso, -a *m, f*

lema ['lema] *m* lema *m*

lempira [lem'pira] *m* lempira *f*
lencería [leɲθe'ria] *f* **1.** (*ropa*) lingerie *m* **2.** (*tienda*) loja *f* de lingerie
lengua ['leŋgwa] *f* ANAT, LING língua *f*; ~ **de gato** GASTR língua de gato; ~ **materna** língua materna; ~ **muerta** língua morta; ~ **oficial** língua oficial; ~ **viperina** língua viperina; **darle a la** ~ *inf* falar sem parar; **irse de la** ~ *inf* dar com a língua nos dentes; **morderse la** ~ *fig* segurar a língua; **lo tengo en la punta de la** ~ está na ponta da língua; **tener la** ~ **demasiado larga** *fig* ser língua comprida; **no tener pelos en la** ~ *fig* não ter papas na língua; **tirar a alguien de la** ~ *fig* puxar pela língua de alguém; **se me trabó la** ~ me travou a língua
lenguado [leŋ'gwaðo] *m* linguado *f*
lenguaje [leŋ'gwaxe] *m* linguagem *f*; ~ **de programación** INFOR linguagem de programação
lenguaraz [leŋgwa'raθ] *adj* linguarudo, -a
lengüeta [leŋ'gweta] *f* **1.** (*de zapato*) lingueta *f* **2.** MÚS palheta *f*
leninista [leni'nista] *adj* leninista
lente ['lente] *f* (*cristal*) lente *f*; ~**s de contacto** lentes de contato
lenteja [len'texa] *f* lentilha *f*
lentejuela [lente'xwela] *f* lantejoula *f*
lentes ['lentes] *mpl AmL* óculos *mpl*; ~ **de sol** óculos de sol; **llevar** ~ usar óculos
lentilla [len'tiʎa] *f* lente *f* de contato
lentitud [lenti'tuð] *f* lentidão *f*
lento, -a ['lento, -a] *adj* lento, -a; **a fuego** ~ em fogo lento
leña ['leɲa] *f sin pl* lenha *f*; **echar** ~ **al fuego** *fig* pôr lenha na fogueira; **dar** [*o* **repartir**] ~ *fig* jogar pesado
leñador(a) [leɲa'ðor(a)] *m(f)* lenhador(a) *m(f)*
leño ['leɲo] *m* tora *f*
Leo ['leo] *m* Leão *m*; **ser** ~ (de) Leão
león [le'on] *m* **1.** (*africano*) leão *m*; **no es tan fiero el** ~ **como lo pintan** *prov* o diabo não é tão feio como o pintam **2.** *AmL* (*puma*) onça-parda *f* **3.** ZOOL ~ **marino** leão-marinho
leonera [leo'nera] *f* **1.** (*para leones*) leoneira *f* **2.** *inf* (*cuarto*) ninho *m* de rato
leonino, -a [leo'nino, -a] *adj* leonino, -a
leopardo [leo'parðo] *m* leopardo *m*
leotardo(s) [leo'tarðo(s)] *m(pl)* collant *m*
lepra ['lepra] *f* lepra *f*
leprosería [leprose'ria] *f* leprosário *m*
leproso, -a [le'proso, -a] *adj, m, f* leproso, -a *m, f*
lerdo, -a ['lerðo, -a] *adj* lerdo, -a
les [les] *pron pers* **1.** *mf pl* (*objeto indirecto*) lhes **2.** *m pl, reg* (*objeto directo*) os, as
lesbiana [les'βjana] *f* lésbica *f*
lesión [le'sjon] *f* lesão *f*
lesionar [lesjo'nar] **I.** *vt* **1.** (*herir*) lesionar **2.** (*perjudicar*) lesar **II.** *vr*: ~**se** lesionar-se
letal [le'tal] *adj* letal
letanía [leta'nia] *f* ladainha *f*
letárgico, -a [le'tarxiko, -a] *adj* letárgico, -a
letargo [le'tarɣo] *m* **1.** (*somnolencia*) letargia *f* **2.** (*hibernación*) hibernação *f*
letón, -ona [le'ton, -ona] *adj, m, f* letão, letã *m, f*
Letonia [le'tonja] *f* Letônia *f*
letra ['letra] *f* **1.** (*en general*) letra *f*; ~ **de cambio** COM letra de câmbio; ~ **cursiva** letra cursiva; ~ **de imprenta** letra de imprensa; ~ **mayúscula** letra maiúscula; ~ **minúscula** letra minúscula; ~ **negrita** letra em negrito; ~ **al portador** COM letra ao portador; **al pie de la** ~ ao pé da letra; ~ **por** ~ letra por letra **2.** *pl* (*humanidades*) letras *fpl*
letrado, -a [le'traðo, -a] *adj, m, f* letrado, -a *m, f*
letrero [le'trero] *m* letreiro *m*
leucemia [leu'θemja] *f* MED leucemia *f*
leucocito [leuko'θito] *m* leucócito *m*
levadizo, -a [leβa'ðiθo, -a] *adj* levadiço, -a
levadura [leβa'ðura] *f* levedura *f*; ~ **en polvo** levedura em pó
levantador(a) [leβanta'ðor(a)] *m(f)* levantador(a) *m(f)*; ~ **de pesas** levantador de pesas
levantamiento [leβanta'mjento] *m* levantamento *m*; ~ **de pesas** levantamento de pesas
levantar [leβan'tar] **I.** *vt* **1.** (*alzar*) levantar; ~ **anclas** levantar âncora; ~ **la voz** levantar a voz; ~ **el vuelo** levantar voo **2.** (*construir*) levantar **3.** (*poner fin a*) ~ **un embargo** revogar um embargo **4.** (*acta*) redigir **II.** *vr*: ~**se 1.** (*en general*) levantar-se **2.** (*viento*) levantar
levante [le'βante] *m sin pl* (*Este, viento*) levante *m*

levar [le'βar] *vt* (*anclas*) levantar
leve ['leβe] *adj* leve
levedad [leβe'ðaðº] *f* leveza *f*
levitar [leβi'tar] *vi* levitar
lexema [leɣ'sema] *m* lexema *m*
léxico ['leɣsiko] *m* léxico *m*
ley [leḭ] *f* 1. JUR, REL, FÍS lei *f*; ~ **marcial** lei marcial; ~ **orgánica** lei orgânica; ~ **seca** lei seca; ~ **del talión** lei de talião; ~ **de la ventaja** DEP lei da vantagem; **con todas las de la** ~ como manda a lei; **ser de** ~ *inf* ser de lei 2. *pl* (*estudio*) direito *m*
leyenda [le'ʝeɲda] *f* 1. LIT, REL lenda *f* 2. (*en moneda*) inscrição *f*
liar [li'ar] <*1. pres:* lío> I. *vt* 1. (*fardo*) amarrar 2. (*cigarrillo*) enrolar 3. *inf* (*enredar*) enrolar-se II. *vr:* ~ **se** (*juntarse*) enrolar-se; ~ **se con alguien** enrolar-se com alguém
libanés, -esa [liβa'nes, -esa] *adj, m, f* libanês, -esa *m, f*
Líbano ['liβano] *m* El ~ O Líbano
libar [li'βar] *vi* (*abeja*) libar
libelo [li'βelo] *m* libelo *m*
libélula [li'βelula] *f* libélula *f*
liberación [liβera'θjon] *f* liberação *f*
liberal [liβe'ral] *adj, mf* liberal *mf*
liberalidad [liβerali'ðaðº] *f* liberalidade *f*
liberalismo [liβera'lismo] *m* liberalismo *m*
liberalización [liβeraliθa'θjon] *f* liberalização *f*
liberalizar [liβerali'θar] <z→c> *vt* liberalizar
liberar [liβe'rar] *vt* libertar
Liberia [li'βeria] *f* Libéria *f*
libertad [liβer'taðº] *f* liberdade *f*; ~ **bajo fianza** liberdade sob fiança; ~ **condicional** liberdade condicional; ~ **de expresión** liberdade de expressão; ~ **de prensa** liberdade de imprensa; **estar en** ~ estar em liberdade; **poner en** ~ pôr em liberdade; **quedar en** ~ permanecer em liberdade; **tomarse la** ~ **de hacer algo** tomar a liberdade de fazer a. c.
libertar [liβer'tar] *vt* libertar
libertario, -a [liβer'tarjo, -a] *adj, m, f* libertário, -a *m, f*
libertinaje [liβerti'naxe] *m* libertinagem *f*
libertino, -a [liβer'tino, -a] *adj, m, f* libertino, -a *m, f*
Libia ['liβja] *f* Líbia *f*
libidinoso, -a [liβiði'noso, -a] *adj* libidinoso, -a
libido [li'βiðo] *f* libido *f*
libio, -a ['liβjo, -a] *adj, m, f* líbio, -a *m, f*
libra ['liβra] *f* libra *f*; ~ **esterlina** libra esterlina
Libra ['liβra] *f* Libra *f*; **ser** ~ ser (de) Libra
libramiento [liβra'mjeɲto] *m*, **libranza** [li'βraɲθa] *f* ordem *f* de pagamento
librar [li'βrar] I. *vt* 1. (*dejar libre*) livrar 2. COM (*letra*) emitir II. *vi* (*tener libre*) **hoy libro** hoje tenho o dia livre III. *vr* ~ **se de algo/alguien** livrar-se de a. c./alguém
libre ['liβre] <libérrimo> *adj* (*en general*) livre; ~ **de impuestos** livre de impostos
librecambio [liβre'kambjo] *m* livre-câmbio *m*
librecambismo [liβrekam'βismo] *m* livre-cambismo *m*
librepensador(a) [liβrepensa'ðor(a)] *adj, m(f)* livre-pensador(a) *m(f)*
librería [liβre'ria] *f* 1. (*tienda*) livraria *f* 2. (*estantería*) estante *f*
librero, -a [li'βrero, -a] *m, f* livreiro, -a *m, f*
libreta [li'βreta] *f* (*cuaderno*) caderneta *f*; ~ **de ahorros** caderneta de poupança
libro ['liβro] *m* livro *m*; ~ **de bolsillo** livro de bolso; ~ **de cabecera** livro de cabeceira; ~ **de consulta** livro de consulta; ~ **de escolaridad** histórico *m* escolar; ~ **de familia** *livro em que se registra o casamento, nascimento dos filhos e morte dos integrantes de uma família*; ~ **sagrado** livro sagrado; ~ **de texto** livro didático; **ser como un** ~ **abierto** ser (como) um livro aberto
licencia [li'θeɲθja] *f* 1. (*permiso*) licença *f*; ~ **de armas** licença para porte de armas; **estar de** ~ MIL estar de licença 2. (*libertad*) liberdade *f*; ~ **poética** licença poética; **tomarse la** ~ **de hacer algo** tomar a liberdade de fazer a. c.
licenciado, -a [liθeɲ'θjaðo, -a] *m, f* 1. (*estudiante*) graduado, -a *m, f* 2. (*soldado*) licenciado, -a *m, f*
licenciar [liθeɲ'θjar] I. *vt* (*soldado*) licenciar II. *vr:* ~ **se** 1. (*estudiante*) graduar-se 2. (*soldado*) licenciar-se
licenciatura [liθeɲθja'tura] *f* graduação *f*
licencioso, -a [liθeɲ'θjoso, -a] *adj* licencioso, -a

liceo [li'θeo] *m AmL* (*colegio*) colégio *m*
licitación [liθita'θjon] *f* licitação *f*
licitar [liθi'tar] *vt* licitar
lícito, -a ['liθito, -a] *adj* lícito, -a
licor [li'kor] *m* licor *m*
licuadora [likwa'ðora] *f* liquidificador *m*
licuar [li'kwar] <*l. pres:* licúo> *vt* liquefazer
líder ['liðer] *mf* líder *mf*
liderar [liðe'rar] *vt* liderar
liderato [liðe'rato] *m*, **liderazgo** [liðe'raθγo] *m* liderança *f*
lidia ['liðja] *f* TAUR lide *f*
lidiar [li'ðjar] *vi*, *vt* lidar
liebre [lje'βre] *f* lebre *f*
liendre ['ljeṇdre] *f* lêndea *f*
lienzo ['ljenθo] *m* 1. (*tela*) lona *f* 2. (*cuadro*) tela *f*
liga ['liγa] *f t.* DEP liga *f*
ligadura [liγa'ðura] *f* 1. (*atadura*) atadura *f* 2. *fig* (*compromiso*) ligação *f* 3. MED ligadura *f*; ~ **de trompas** ligadura de trompas
ligamento [liγa'meṇto] *m* ANAT ligamento *m*
ligar [li'γar] <g→gu> I. *vi inf* ligar; ~ **con alguien** paquerar alguém II. *vt* (*atar, unir*) ligar; ~ **un metal** ligar um metal III. *vr*: ~**se** 1. (*unirse*) ligar-se 2. *inf* (*enamorar*) ~**se a alguien** conquistar alguém
ligereza [lixe'reθa] *f* 1. (*rapidez*) ligeireza *f* 2. (*levedad*) leveza *f* 3. (*error*) leviandade *f*
ligero, -a [li'xero, -a] *adj* 1. (*leve*) leve; ~ **de ropa** com roupa leve; **a la ligera** superficialmente; **tomarse algo a la ligera** não levar a. c. a sério 2. (*ágil*) ligeiro, -a
ligón, -ona [li'γon, -ona] *adj*, *m*, *f inf* paquerador(a) *m(f)*
ligue ['liγe] *m inf* paquera *f*
liguero [li'γero] *m* cinta-liga *f*
lija ['lixa] *f* lixa *f*
lijadora [lixa'ðora] *f* lixadeira *f*
lijar [li'xar] *vt* lixar
lila[1] ['lila] *adj, m* lilás *m*
lila[2] ['lila] *f* BOT lilás *m*
lima ['lima] *f* 1. (*instrumento*) lima *f*; **comer como una** ~ *inf* empanturrar-se 2. BOT (*fruta*) lima *f*
Lima ['lima] *f* Lima *f*
limar [li'mar] *vt* 1. (*pulir*) limar; ~ **asperezas** *fig* aparar as arestas 2. (*perfeccionar*) aperfeiçoar

limbo ['limbo] *m* REL limbo *m*; **estar en el** ~ (*distraído*) estar distraído
limitación [limita'θjon] *f* limitação *f*
limitado, -a [limi'taðo, -a] *adj* limitado, -a
limitar [limi'tar] I. *vi, vt* limitar II. *vr* ~ **se a** limitar-se a
límite ['limite] *m* limite *m*
limítrofe [li'mitrofe] *adj* limítrofe
limón [li'mon] *m* limão *m*
limonada [limo'naða] *f* limonada *f*
limonero [limo'nero] *m* limoeiro *m*
limosna [li'mosna] *f* esmola *f*; **pedir** ~ pedir esmola
limpiabotas [limpja'βotas] *mf inv* engraxate *mf*
limpiacristales[1] [limpjakris'tales] *m inv* (*producto*) limpa-vidros *m inv*
limpiacristales[2] [limpjakris'tales] *mf inv* (*persona*) limpador(a) *m(f)* de janelas
limpiaparabrisas [limpjapara'βrisas] *m inv* limpador *m* de para-brisas
limpiar [lim'pjar] I. *vt* 1. (*suciedad*) limpar; ~ **algo de algo** limpar algo de a. c.; ~ **el polvo** tirar o pó 2. *inf* (*robar*) limpar II. *vi* (*quitar la suciedad*) limpar-se III. *vr*: ~**se** limpar; **límpiate la boca/las manos/la nariz** limpe a boca/as mãos/o nariz
limpieza [lim'pjeθa] *f* 1. (*en general*) limpeza *f*; ~ **étnica** limpeza étnica 2. (*honradez*) honestidade *f* 3. (*habilidad*) destreza *f*
limpio ['limpjo] *adv* limpo; **jugar** ~ (*sin trampas*) jogar limpo; **escribir en** ~ passar a limpo
limpio, -a ['limpjo, -a] *adj* 1. (*sin manchas*) *t. fig* limpo, -a; **tener la conciencia limpia** ter a consciência limpa 2. (*neto*) líquido, -a 3. *inf* **se pelearon a puñetazo** ~ se pegaram a socos
linaje [li'naxe] *m* linhagem *f*
linaza [li'naθa] *f* linhaça *f*
lince ['linθe] *m* lince *m*; **ser un** ~ *fig* ser perspicaz
linchamiento [linʧa'mjeṇto] *m* linchamento *m*
linchar [lin'ʧar] *vt* linchar
lindar [lin'dar] *vi* ~ **con algo** fazer limite com a. c.
linde ['liṇde] *m o f*, **lindero** [liṇ'dero] *m* limite *m*
lindo, -a ['liṇdo, -a] *adj* lindo, -a; **divertirse de lo** ~ divertir-se muito
línea ['linea] *f* linha *f*; ~ **aérea** linha

aérea; ~ **de banda** DEP linha lateral; ~ **de flotación** NÁUT linha de flutuação; ~ **de fondo** DEP linha de fundo; **autobús de** ~ ônibus interurbano; **en** ~**s generales** em linhas gerais; **leer entre** ~**s** ler nas entrelinhas; **por** ~ **materna** por parte de mãe; **no hay** ~ TEL não tem linha

lingote [liŋ'gote] *m* lingote *m*

lingüista [liŋ'gwista] *mf* linguista *mf*

lingüística [liŋ'gwistika] *f* linguística *f*

lingüístico, -a [liŋ'gwistiko, -a] *adj* linguístico, -a

linier [li'njer] *m* DEP bandeirinha *mf*

linimento [lini'mento] *m* linimento *m*

lino ['lino] *m* linho *m*

linóleo [li'noleo] *m* linóleo *m*

linterna [liŋ'terna] *f* (*de mano*) lanterna *f*

lío ['lio] *m* **1.** (*problema*) encrenca *f*; **meterse en un** ~ meter-se em uma confusão; **meterse en** ~**s** meter-se em confusões **2.** (*desorden*) bagunça *f* **3.** *inf* (*relación*) caso *m*

liofilizar [ljofili'θar] <z→c> *vt* liofilizar

lipoaspiración [lipoaspira'θjon] *f* lipoaspiração *f*

lipoescultura [lipoeskul'tura] *f* lipoescultura *f*

liposucción [liposuɣ'θjon] *f* lipoaspiração *f*

lipotimia [lipo'timja] *f* lipotimia *f*

liquen ['liken] *m* líquen *m*

liquidación [likiða'θjon] *f* liquidação *f*

liquidar [liki'ðar] *vt* **1.** (*en general*) liquidar; ~ **las existencias** vender tudo **2.** *inf* (*acabar, matar*) liquidar

liquidez [liki'ðeθ] *f* COM liquidez *f*

líquido ['likiðo] *m* **1.** (*agua*) líquido *m* **2.** (*saldo*) dinheiro *m* (disponível)

líquido, -a ['likiðo, -a] *adj* (*material, dinero*) *t.* LING líquido, -a

lira ['lira] *f* **1.** (*instrumento*) lira *f* **2.** HIST (*moneda*) lira *f*

lírica ['lirika] *f* lírica *f*

lírico, -a ['liriko, -a] *adj* lírico, -a

lirio ['lirjo] *m* lírio *m*

lirismo [li'rismo] *m* lirismo *m*

lirón [li'ron] *m* rato *m* do campo

Lisboa [lis'βoa] *f* Lisboa *f*

lisboeta [lisβo'eta] *adj, m* lisboeta *mf*

lisiado, -a [li'sjaðo, -a] *adj, m, f* aleijado, -a *m, f*

lisiar [li'sjar] **I.** *vt* (*mutilar*) aleijar **II.** *vr*: ~**se** aleijar-se

liso, -a ['liso, -a] *adj* **1.** (*en general*) liso, -a **2.** DEP (*sin obstáculos*) **los 100 metros** ~**s** os 100 metros rasos

lisonja [li'sonxa] *f* lisonja *f*

lisonjear [lisoŋxe'ar] *vt* lisonjear

lisonjero, -a [lisoŋ'xero, -a] *adj, m, f* lisonjeiro, -a *m, f*

lista ['lista] *f* **1.** (*en general*) lista *f*; ~ **de boda** lista de casamento; ~ **de espera** lista de espera; ~ **negra** lista negra; **pasar** ~ fazer chamada **2.** (*de madera*) tira *f*; (*estampado*) listra *f*

listado [lis'taðo] *m* listagem *f*

listado, -a [lis'taðo, -a] *adj* listrado, -a

listar [lis'tar] *vt* listar

listín [lis'tin] *m* ~ (**telefónico**) lista *f* (telefônica)

listo, -a ['listo, -a] *adj* **1.** (*inteligente*) esperto, -a; **pasarse de** ~ dar uma de esperto **2.** (*preparado*) pronto, -a; **¡ya estoy** ~**!** já estou pronto!

listón [lis'ton] *m* listel *m*

litera [li'tera] *f* beliche *m*

literal [lite'ral] *adj* literal

literario, -a [lite'rarjo, -a] *adj* literário, -a

literato, -a [lite'rato, -a] *m, f* literato, -a *m, f*

literatura [litera'tura] *f* literatura *f*

litigar [liti'yar] <g→gu> *vt* JUR litigar

litigio [li'tixjo] *m* litígio *m*

litografía [litoɣra'fia] *f* litografia *f*

litoral [lito'ral] **I.** *adj* litorâneo, -a **II.** *m* litoral *m*

litro ['litro] *m* litro *m*

Lituania [li'twanja] *f* Lituânia *f*

lituano, -a [li'twano, -a] *adj, m, f* lituano, -a *m, f*

liturgia [li'turxja] *f* liturgia *f*

litúrgico, -a [li'turxiko, -a] *adj* litúrgico, -a

liviano, -a [li'βjano, -a] *adj* (*trivial, ligero*) leve

lívido, -a ['liβiðo, -a] *adj* (*pálido*) lívido, -a

llaga ['ʎaya] *f* ferida *f*

llama ['ʎama] *f* **1.** (*fuego*) chama *f* **2.** ZOOL lhama *f*

llamada [ʎa'maða] *f* **1.** (*en general*) chamada *f*; ~ **de atención** alerta *m*; ~ **de socorro** pedido de socorro **2.** (*telefónica*) ligação *f*; ~ **a cobro revertido** ligação a cobrar; ~ **local** [*o* **urbana**] ligação local; **hacer una** ~ fazer uma ligação **3.** (*apelación*) apelo *m*; **hacer una** ~ **a algo** fazer um apelo para a. c.

llamamiento [ʎama'mjento] *m* **1.** (*apelación*) apelo *m* **2.** (*a soldado*) convo-

cação *f*; ~ **a filas** convocação *f*
llamar [ʎa'mar] **I.** *vt* chamar; ~ **la atención** chamar a atenção; ~ **a filas** MIL convocar **II.** *vi* chamar; ~ **a la puerta** chamar à porte; ~ **por teléfono** telefonar; **¿quién llama?** quem fala? **III.** *vr:* ~**se** chamar-se; **¿cómo te llamas?** como você se chama?
llamarada [ʎama'raða] *f* **1.** (*llama*) labareda *f* **2.** (*rubor*) rubor *m*
llamativo, -a [ʎama'tiβo, -a] *adj* chamativo, -a
llamear [ʎame'ar] *vi* chamejar
llano ['ʎano] *m* plano *m*
llano, -a ['ʎano, -a] *adj* **1.** (*liso*) plano, -a **2.** (*campechano*) simples **3.** LING paroxítona
llanta ['ʎanta] *f* **1.** (*aro*) aro *m* **2.** *AmL* (*rueda*) pneu *m*
llanto ['ʎanto] *m* pranto *m*
llanura [ʎa'nura] *f* planície *f*
llave ['ʎaβe] *f* **1.** (*en general*) chave *f*; ~ **de contacto** AUTO chave do contato; ~ **inglesa** chave inglesa; ~ **maestra** chave mestra; **echar la** ~ trancar à chave; **estar guardado bajo** ~ estar bem guardado **2.** (*grifo*) torneira *f*; ~ **de paso** registro *m* geral
llavero [ʎa'βero] *m* chaveiro *m*
llegada [ʎe'yaða] *f* chegada *f*
llegar [ʎe'yar] <g→gu> *vi* **1.** (*al destino*) chegar; ~ **a Madrid/al hotel** chegar a Madri/ao hotel; ~ **pronto/tarde** chegar logo/tarde; **¡todo** ~ **á!** tudo a seu tempo! **2.** (*alcanzar*) chegar; ~ **a los ochenta** chegar aos oitenta **3.** (*ascender*) chegar; **no llega a 20 euros** não chega a 20 euros; ~ **lejos** chegar longe; ~ **a ser muy rico** chegar a ser muito rico **4.** (*alcanzar*) ~ **a/hasta algo** chegar a/até a. c.
llenar [ʎe'nar] **I.** *vt* **1.** (*atestar*) encher; ~ **algo de algo** encher algo de a. c. **2.** (*rellenar*) preencher **3.** (*satisfacer*) completar **4.** (*colmar*) ~ **a alguien de algo** encher alguém de a. c. **II.** *vi* (*comida*) encher **III.** *vr:* ~**se** (*de comida*) encher-se
lleno, -a ['ʎeno, -a] *adj* cheio, -a; **estoy** ~ estou cheio; **de** ~ em cheio
llevadero, -a [ʎeβa'ðero, -a] *adj* suportável
llevar [ʎe'βar] **I.** *vt* **1.** (*a un destino*) levar; ~ **a alguien en el coche** levar alguém no carro; ~ **a alguien en brazos** carregar alguém nos braços; **dos pizzas para** ~ duas pizzas para viagem; ~ **a algo** levar a. c. **2.** (*costar*) levar; **me llevó dos días hacer esto** levei dois dias a fazer isto **3.** (*tener*) ~ **consigo** levar consigo **4.** (*ropa*) usar **5.** (*estar*) estar; **llevo dos días aquí** estou aqui há dois dia **6.** (*gestionar*) gerenciar; **yo llevo la contabilidad** eu cuido da contabilidade **II.** *vr:* ~**se** **1.** (*coger*) levar; ~**se dos años** estar há dois anos **2.** (*estar de moda*) usar-se muito **3.** (*soportarse*) ~**se bien/mal con alguien** dar-se bem/mal com alguém
llorar [ʎo'rar] **I.** *vi* chorar; **me lloran los ojos** sai lágrimas dos meus olhos **II.** *vt* (*lamentar*) chorar
llorera [ʎo'rera] *f inf* choradeira *f*
llorica [ʎo'rika] *adj, m inf* choramingão, -ona *m, f*
lloriquear [ʎorike'ar] *vi* choramingar
lloriqueo [ʎori'keo] *m* choramingo *m*
lloro(s) ['ʎoro(s)] *m(pl)* choro *m*
llorón, -ona [ʎo'ron, -ona] *adj, m, f* chorão, -ona *m, f*
lloroso, -a [ʎo'roso, -a] *adj* choroso, -a
llover [ʎo'βer] <o→ue> **I.** *v impers* chover; **está lloviendo** estar chovendo; **llueve a mares** [*o* **a cántaros**] chove a cântaros; **como llovido del cielo** como caído do céu **II.** *vt* chover; **le llueven las ofertas de trabajo** chovem-lhe ofertas de trabalho
llovizna [ʎo'βiθna] *f* chuvisco *m*
lloviznar [ʎoβiθ'nar] *v impers* chuviscar
lluvia ['ʎuβja] *f* **1.** (*chubasco*) chuva *f*; ~ **ácida** chuva ácida; ~ **de estrellas** chuva de estrelas; ~ **radiactiva** chuva radioativa **2.** (*cantidad*) chuva *f* **3.** *AmL* (*ducha*) chuveiro *m*
lluvioso, -a [ʎu'βjoso, -a] *adj* chuvoso, -a
lo [lo] **I.** *art def v.* **el, la, lo 1.** + *adj* ~ **bueno/** ~ **malo** o bom/o mau; ~ **antes** [*o* **más pronto**] **posible** o mais cedo possível; **hazlo** ~ **mejor que puedas** faça o melhor que puder **2.** + *que* ~ **que digo es...** o que digo é...; ~ **que pasa es que...** o que acontece é que... **II.** *pron pers m y neutro sing* **1.** (*objeto*) o; **¡haz** ~**!** faça-o; **¡lláma** ~**!** chame-o! **2.** (*con relativo*) ~ **que...** o que...; ~ **cual...** o qual...
loa ['loa] *f* louvor *m*
loable [lo'aβle] *adj* louvável
loar [lo'ar] *vt* louvar

lobato [lo'βato] *m* lobacho *m*
lobezno [lo'βeθno] *m* lobato *m*
lobo, -a ['loβo, -a] *m, f* lobo *m*; ~ **de mar** (*marinero*) lobo do mar *m*; ~ **marino** (*animal*) lobo-marinho *m*; **meterse en la boca del** ~ *fig* meter-se na toca do leão
lóbrego, -a ['loβreɣo, -a] *adj* lúgubre
lóbulo ['loβulo] *m* ANAT lóbulo *m*
local [lo'kal] *adj, m* local *m*
localidad [lokali'ðað] *f* 1.(*municipio*) localidade *f* 2.(*entrada*) bilhete *m* 3.(*asiento*) lugar *m*
localización [lokaliθa'θjon] *f* localização *f*
localizar [lokali'θar] <z→c> *vt* localizar
locatis [lo'katis] *adj, m inv, inf* maluco, -a *m, f*
loción [lo'θjon] *f* 1.(*líquido*) loção *f*; ~ **para después del afeitado** loção pósbarba 2.(*masaje*) massagem *f*
loco, -a ['loko, -a] I. *adj* louco, -a; **estar** ~ **por algo** estar louco por a. c.; **estar** ~ **de contento** estar louco de alegria; **volver** ~ **a alguien** deixar alguém louco; **a lo** ~ feito um louco II. *m, f* louco, -a *m, f*
locomoción [lokomo'θjon] *f* locomoção *f*
locomotora [lokomo'tora] *f* locomotiva *f*
locuacidad [lokwaθi'ðað] *f* loquacidade *f*
locuaz [lo'kwaθ] *adj* loquaz
locución [loku'θjon] *f* (*expresión*) locução *f*
locura [lo'kura] *f* loucura *f*; **con** ~ (*mucho*) loucamente
locutor(a) [loku'tor(a)] *m(f)* locutor(a) *m(f)*
locutorio [loku'torjo] *m* TEL cabine *f* telefônica
lodo ['loðo] *m* lodo *m*
logaritmo [loɣa'riðmo] *m* logaritmo *m*
lógica ['loxika] *f* lógica *f*
lógico, -a ['loxiko, -a] *adj* lógico, -a
logística [lo'xistika] *f* logística *f*
logístico, -a [lo'xistiko, -a] *adj* logístico, -a
logotipo [loɣo'tipo] *m* logotipo *m*
logrado, -a [lo'ɣraðo, -a] *adj* perfeito, -a
lograr [lo'ɣrar] *vt* conseguir
logro ['loɣro] *m* êxito *m*
loma ['loma] *f* colina *f*
lombriz [lom'briθ] *f* minhoca *f*; ~ **intestinal** lombriga *f*
lomo ['lomo] *m* 1.(*espalda, solomillo*) lombo *m* 2.(*de libro*) lombada *f* 3.(*de cuchillo*) costas *fpl*
lona ['lona] *f* lona *f*
loncha ['lontʃa] *f* fatia *f*
londinense [londi'nense] *adj, mf* londrino, -a *m, f*
Londres ['londres] *m* Londres *f*
longaniza [loŋga'niθa] *f* linguiça *f*
longevidad [loŋxeβi'ðað] *f* longevidade *f*
longitud [loŋxi'tuð] *f* 1.(*dimensión*) comprimento *m*; **cuatro metros de** ~ quatro metros de comprimento 2. GEO longitude *f*
longitudinal [loŋxituði'nal] *adj* **corte** ~ corte *m* longitudinal
lonja ['loŋxa] *f* 1. COM mercado *m*; ~ **de pescado** mercado de peixe 2.(*loncha*) fatia *f*
loro ['loro] *m* papagaio *m*
los [los] I. *art def v.* **el, la, lo** II. *pron pers m y neutro pl* 1.(*objeto directo*) os; **¡lláma~!** chame-os! 2.(*con relativo*) ~ **que...** os que...; ~ **cuales...** os quais...
losa ['losa] *f* laje *f*
lote ['lote] *m* lote *m*
lotería [lote'ria] *f* loteria *f*; **le tocó la** ~ ganhou na loteria
loza ['loθa] *f* porcelana *f*
lozano, -a [lo'θano, -a] *adj* vigoroso, -a
lubina [lu'βina] *f* robalo *m*
lubricación [luβrika'θjon] *f* lubrificação *f*
lubricante [luβri'kante] *m* lubrificante *m*
lubricar [luβri'kar] <c→qu> *vt* lubrificar
lucero [lu'θero] *m* luzeiro *m*; ~ **del alba** estrela-d'alva *f*
lucha ['lutʃa] *f* luta *f*; ~ **de clases** luta de classes; ~ **libre** luta livre
luchar [lu'tʃar] *vi* lutar
lucidez [luθi'ðeθ] *f* lucidez *f*
lúcido, -a ['luθiðo, -a] *adj* 1.(*clarividente*) lúcido, -a 2.(*sobrio*) sóbrio, -a
luciérnaga [lu'θjernaɣa] *f* vaga-lume *m*
lucir [lu'θir] *irr* I. *vi* brilhar II. *vt* (*exhibir*) mostrar III. *vr:* ~ **se** 1.(*destacarse*) sobressair-se 2. *irón* (*hacer el ridículo*) dar-se mal
lucrativo, -a [lukra'tiβo, -a] *adj* lucrativo, -a
lucro ['lukro] *m* lucro *m*; **con ánimo de**

lúdico 189 **macarrones**

~ com fins lucrativos
lúdico, -a ['luðiko, -a] *adj* lúdico, -a
ludópata [lu'ðopata] *mf* jogador *m* compulsivo, jogadora *f* compulsiva
ludopatía [luðopa'tia] *f* ludomania *f*
luego ['lweγo] **I.** *adv* (*después*) depois; ¡hasta ~!: até logo!; ~ **que** logo que **II.** *conj* (*así que*) logo; **desde** ~ (*sin duda*) com certeza; (*enfado*) tenha dó
lugar [lu'γar] *m* lugar *m*; **en primer/segundo** ~ em primeiro/segundo lugar; **dar** ~ **a...** dar lugar a...; **en** ~ **de...** ao invés de...; **sin** ~ **a dudas** sem sombra de dúvidas; **yo en su** ~ **...** eu no seu lugar...; **tener** ~ ocorrer
lugarteniente [luγarte'njẽnte] *mf* substituto, -a *m, f*
lúgubre ['luγuβre] *adj* (*sombrío*) lúgubre
lujo ['luxo] *m* luxo *m*; **con todo** ~ **de detalles** com riqueza de detalhes; **permitirse el** ~ **de algo** dar-se ao luxo de a. c.
lujoso, -a [lu'xoso, -a] *adj* luxuoso, -a
lujuria [lu'xurja] *f* luxúria *f*
lujurioso, -a [luxu'rjoso, -a] *adj* luxurioso, -a
lumbago [lum'baγo] *m* MED lumbago *m*
lumbar [lum'bar] *adj* lombar
lumbre ['lumbre] *f* **1.** (*llamas*) lume *m* **2.** (*fuego*) fogo *m*; ¿**me das** ~? você tem fogo?
lumbrera [lum'brera] *f* (*talento*) gênio *mf*
luminosidad [luminosi'ðað] *f* luminosidade *f*
luminoso, -a [lumi'noso, -a] *adj* luminoso, -a
luna ['luna] *f* **1.** ASTRON lua *f*; ~ **creciente** lua crescente; ~ **llena** lua cheia; ~ **menguante** lua minguante; ~ **de miel** lua-de-mel *f*; ~ **nueva** lua nova; **estar en la** ~ *fig* estar com a cabeça na lua; **pedir la** ~ pedir a lua **2.** (*cristal*) vidraça *f* **3.** (*espejo*) espelho *m*
lunar [lu'nar] **I.** *adj* lunar **II.** *m* **1.** (*en la piel*) pinta *f* **2.** (*en una tela*) bolinha *f*
lunático, -a [lu'natiko, -a] *adj, m, f* lunático, -a
lunes ['lunes] *m inv* segunda-feira *f*; ~ **de carnaval** segunda-feira de carnaval; ~ **de Pascua** segunda-feira de Páscoa; **el** ~ na segunda-feira; **el** ~ **pasado** na segunda-feira passada; **el** ~ **que viene** na próxima segunda-feira; **el** ~ **por la noche/al mediodía/por la mañana/por la tarde** na segunda-feira à noite/ao meio-dia/de manhã/à tarde; **el próximo** ~ na próxima segunda-feira; (**todos**) **los** ~ (todas) as segundas-feiras; **en la noche del** ~ **al martes** na madrugada de segunda para terça-feira; **cada dos** ~ (**del mes**) segunda-feira sim, segunda-feira não; **caer en** ~ cair na segunda-feira; **hoy es** ~, **once de marzo** hoje é segunda-feira, onze de março
luneta [lu'neta] *f* vidro *m* traseiro; ~ **térmica** vidro térmico
lupa ['lupa] *f* lupa *f*
lúpulo ['lupulo] *m* lúpulo *m*
lustrabotas [lustra'βotas] *mf inv, AmL* engraxate *mf*
lustrar [lus'trar] *vt* lustrar
lustre ['lustre] *m* **1.** (*brillo*) lustre *m*; **sacar** ~ dar brilho **2.** *AmL* (*betún*) graxa *f*
lustroso, -a [lus'troso, -a] *adj* lustroso, -a
luteranismo [lutera'nismo] *m* luteranismo *m*
luterano, -a [lute'rano, -a] *adj, m, f* luterano, -a *m, f*
luto ['luto] *m* luto *m*; **estar de** ~ estar de luto; **vestirse de** ~ vestir-se de luto
luxación [luɣsa'θjon] *f* luxação *f*
Luxemburgo [luɣsem'burγo] *m* Luxemburgo *m*
luxemburgués, -esa [luɣsembur'γes, -esa] *adj, m, f* luxemburguês, -a *m, f*
luz [luθ] *f* luz *f*; **luces cortas** [*o* **de cruce**] farol *m* baixo; **luces largas** [*o* **de carretera**] farol *m* alto; **luces de posición** luz de posição; **apagar/encender la** ~ apagar/acender a luz; **dar a** ~ dar à luz; **salir a la** ~ *fig* vir à tona; **a la** ~ **del día** em plena luz do dia; **a todas luces** evidente

M

M, m ['eme] *f* M, m *m*
macabro, -a [ma'kaβro, -a] *adj* macabro, -a
macarrones [maka'rrones] *mpl* macar-

rão *m*
macedonia [maθe'ðonja] *f* macedônia *f*
macerar [maθe'rar] *vt* macerar
maceta [ma'θeta] *f* vaso *m*
macetero [maθe'tero] *m* suporte *m* de vasos
machacar [matʃa'kar] <c→qu> *vt* **1.** (*triturar*) triturar **2.** *inf* (*insistir, estudiar*) martelar
machete [ma'tʃete] *m* facão *m*
machismo [ma'tʃismo] *m* machismo *m*
machista [ma'tʃista] *adj, mf* machista *mf*
macho ['matʃo] I. *m* **1.** ZOOL, TÉC macho *m* **2.** *inf* (*machote*) macho *m* II. *adj* macho
macizo [ma'θiθo] *m* **1.** GEO maciço *m* **2.** (*plantas*) canteiro *m*
macizo, -a [ma'θiθo, -a] *adj* **1.** (*sólido*) maciço, -a **2.** *inf* (*atractivo*) sedutor(a)
macramé [makra'me] *m* macramê *m*
macro ['makro] *f* INFOR macro *f*
macrobiótica [makro'βjotika] *f* macrobiótica *f*
macroeconomía [makroekono'mia] *f* macroeconomia *f*
mácula ['makula] *f* mancha *f*
macuto [ma'kuto] *m* mochila *f*
Madagascar [maðaɣas'kar] *m* Madagascar *f*
madeja [ma'ðexa] *f* madeixa *f*
madera [ma'ðera] *f* **1.** (*de los árboles*) madeira *f*; **tener ~ de** *fig* ter talento para; **tocar ~** *fig* bater na madeira **2.** *argot* (*policía*) **la ~** os tiras
maderero, -a [maðe'rero, -a] *adj* madeireiro, -a
madero [ma'ðero] *m* **1.** (*tablón*) viga *f* **2.** *argot* (*policía*) tira *m*
madrastra [ma'ðrastra] *f* madrasta *f*
madre [ma'ðre] *f* **1.** (*de familia*) mãe *f*; **~ adoptiva** mãe adotiva; **~ de alquiler** mãe de aluguel; **~ patria** pátria mãe; **~ política** sogra *f*; **~ soltera** mãe solteira; **¡~ mía!** nossa mãe!; **¡tu ~!** *inf* sua mãe!; **de puta ~** *vulg* do caralho **2.** GEO leito *m*
madreperla [maðre'perla] *f* madrepérola *f*
madreselva [maðre'selβa] *f* madressilva *f*
Madrid [ma'ðriᵈ] *m* Madri *f*
madriguera [maðri'ɣera] *f* **1.** (*de animales*) toca *f* **2.** (*de delincuentes*) esconderijo *m*
madrileño, -a [maðri'leɲo, -a] *adj, m, f* madrileno, -a *m, f*
madrina [ma'ðrina] *f* madrinha *f*
madrugada [maðru'ɣaða] *f* (*alba*) madrugada *f*; **en la** [*o* **de**] **~** na [*ou* de] madrugada; **a las cinco de la ~** às cinco da madrugada
madrugador(a) [maðruɣa'ðor(a)] *adj, m(f)* madrugador(a) *m(f)*
madrugar [maðru'ɣar] <g→gu> *vi* madrugar; **a quien madruga Dios le ayuda** *prov* Deus ajuda quem cedo madruga; **no por mucho ~ amanece más temprano** *prov* não adianta colocar a carroça na frente dos bois
madrugón [maðru'ɣon] *m inf* **darse un ~** acordar com as galinhas
madurar [maðu'rar] *vi, vt* amadurecer
madurez [maðu'reθ] *f* **1.** (*de fruta*) madureza *f* **2.** (*de persona*) maturidade *f*; **estar en la ~** estar na meia-idade
maduro, -a [ma'ðuro, -a] *adj* maduro, -a
maestría [maes'tria] *f* **1.** (*habilidad*) mestria *f* **2.** (*título*) mestre, -a *m, f*
maestro, -a [ma'estro, -a] I. *adj* (*obra*) mestre, -a; **llave maestra** chave mestre II. *m, f* mestre, -a *m, f*; ENS professor(a) *m(f)*; **~ de ceremonias** mestre de cerimônias
mafia ['mafja] *f* **la Mafia** a Máfia
mafioso, -a [ma'fjoso, -a] *adj, m, f* mafioso, -a *m, f*
magdalena [maɣða'lena] *f* madalena *f*
magia ['maxja] *f* magia *f*
mágico, -a ['maxiko, -a] *adj* mágico, -a
magisterio [maxis'terjo] *m* magistério *m*
magistrado, -a [maxis'traðo, -a] *m, f*; JUR magistrado, -a *m, f*
magistral [maxis'tral] *adj* magistral
magma ['maɣma] *m* magma *m*
magnanimidad [maɣnanimi'ðaᵈ] *f* magnanimidade *f*
magnánimo, -a [maɣ'nanimo, -a] *adj* magnânimo, -a
magnate [maɣ'nate] *m* magnata *m*
magnesia [maɣ'nesja] *f* magnésia *f*
magnesio [maɣ'nesjo] *m* magnésio *m*
magnético, -a [maɣ'netiko, -a] *adj* magnético, -a
magnetismo [maɣne'tismo] *m* magnetismo *m*
magnetizar [maɣneti'θar] <z→c> *vt* magnetizar

magnetofón [maɣneto'fon] *m* gravador *m*
magnetofónico, -a [maɣneto'foniko, -a] *adj* magnetofônico, -a
magnetoscopio [maɣnetos'kopjo] *m* videocassete *m*
magnicidio [maɣni'θiðjo] *m* magnicídio *m*
magnificar [maɣnifi'kar] <c→qu> *vt* magnificar
magnífico, -a [maɣ'nifiko, -a] *adj* magnífico, -a
magnitud [maɣni'tuð] *f* magnitude *f*
magno, -a ['maɣno, -a] *adj* magno, -a
magnolia [maɣ'nolja] *f* magnólia *f*
magnolio [maɣ'noljo] *m* magnólia *f*
mago, -a ['maɣo, -a] *m, f* mago, -a *m, f*
Magreb [ma'ɣreβ] *m* **el** ~ o Magreb
magrebí [maɣre'βi] *adj, mf* magrebino, -a *m, f*
magro, -a ['maɣro, -a] *adj* magro, -a
magulladura [maɣuʎa'ðura] *f* machucado *m*
magullar [maɣu'ʎar] *vt* machucar
mahometano, -a [maome'tano, -a] *adj, m, f* maometano, -a *m, f*
mahonesa [mao'nesa] *f* maionese *f*
maicena [mai̯'θena] *f* maisena *f*
mailing ['mei̯liŋ] <mailings> *m* mala *f* direta
maillot [ma'ʎot] *m* (*de ciclista*) camiseta *f*
maíz [ma'iθ] *m* milho *m*
maizal [mai̯'θal] *m* milharal *m*
majadería [maxaðe'ria] *f* idiotice *f*
majadero, -a [maxa'ðero, -a] *adj, m, f* idiota *mf*
majareta [maxa'reta] *adj, m inf* maluco, -a *m, f*
majestad [maxes'tað] *f* majestade *f*; **Su Majestad** Sua Majestade
majestuosidad [maxestwosi'ðað] *f* majestade *f*
majestuoso, -a [maxestu'oso, -a] *adj* majestoso, -a
majo, -a ['maxo, -a] *adj* **1.** (*bonito*) belo, -a **2.** (*agradable*) simpático, -a
mal [mal] **I.** *adj v.* **malo II.** *m* mal *m*; ~ **de (las) altura(s)** vertigem *f*; ~ **de ojo** mau-olhado *m*; ~ **de las vacas locas** *inf* mal da vaca louca; ~ **de vientre** dor *f* de barriga; **no hay ~ que por bien no venga** *prov* há males que vêm para bem; **menos** ~ menos mal **III.** *adv* mal; **estar** ~ **de dinero** estar mal de dinheiro; **tomarse algo a** ~ levar a. c. a mal; **me cae** ~ não vou com a cara; **vas a acabar** ~ vai acabar mal; ~ **que bien, sigue funcionando** mal ou bem, continua funcionando; ~ **que bien, tendré que ir** mal ou bem, terei que ir
malabarismo [malaβa'rismo] *m* malabarismo *m*
malabarista [malaβa'rista] *mf* (*artista*) malabarista *mf*
malaconsejar [malakonse'xar] *vt* dar mal conselho
malacostumbrado, -a [malakostum'braðo, -a] *adj* mal-acostumado, -a
malacostumbrar [malakostum'brar] *vt* acostumar mal
malaria [ma'larja] *f* malária *f*
Malasia [ma'lasja] *f* Malásia *f*
malayo, -a [ma'laʝo, -a] *adj, m, f* malaio, -a *m, f*
malcriado, -a [malkri'aðo, -a] *adj, m, f* malcriado, -a *m, f*
malcriar [malkri'ar] <*1. pres:* malcrío> *vt* educar mal
maldad [mal'dað] *f* maldade *f*
maldecir [malde'θir] *irr* **I.** *vt* maldizer **II.** *vi* maldizer; ~ **de** maldizer de
maldición [maldi'θjon] *f* maldição *f*
maldito, -a [mal'dito, -a] **I.** *adj, m, f* maldito, -a; **¡maldita sea!** *inf* maldita seja!; **¡maldita la gracia (que me hace)!** *inf* não acho nem um pouco de graça!
maleable [male'aβle] *adj* maleável
maleante [male'ante] *mf* meliante *mf*
malecón [male'kon] *m* **1.** (*dique*) dique *m* **2.** (*rompeolas*) quebra-mar *m*
maledicencia [maleði'θenθja] *f* maledicência *f*
maleducado, -a [maleðu'kaðo, -a] *adj, m, f* mal-educado, -a *m, f*
maleficio [male'fiθjo] *m* malefício *m*
maléfico, -a [ma'lefiko, -a] *adj* maléfico, -a
malentendido [malenten'diðo] *m* mal-entendido *m*
malestar [males'tar] *m* mal-estar *m*
maleta [ma'leta] *f* mala *f*; **hacer la** ~ fazer a mala
maletera [male'tera] *f Col, Méx* AUTO porta-malas *m inv*
maletero [male'tero] *m* AUTO porta-malas *m inv*
maletín [male'tin] *m* maleta *f*
malévolo, -a [ma'leβolo, -a] *adj* malévolo, -a
maleza [ma'leθa] *f* mato *m*

malformación [malforma'θjon] *f* má-formação *f*
malgastar [malɣas'tar] *vt* desperdiçar
malhablado, -a [mala'βlaðo, -a] *adj, m, f* desbocado, -a *m, f*
malhechor(a) [male'tʃor(a)] *m(f)* malfeitor(a) *m(f)*
malherir [male'rir] *irr como sentir vt* ferir gravemente
malhumor [malu'mor] *m* mal-humor *m*
malhumorado, -a [malumo'raðo, -a] *adj* mal-humorado, -a
malicia [ma'liθja] *f* malícia *f*
malicioso, -a [mali'θjoso, -a] *adj* malicioso, -a
maligno, -a [ma'liɣno, -a] *adj* maligno, -a
malintencionado, -a [maliɳtenθjo'naðo, -a] *adj* mal-intencionado, -a
malinterpretar [maliɳterpre'tar] *vt* interpretar mal
malla ['maʎa] *f* **1.** (*de un tejido, vestido, para gimnasia*) malha *f* **2.** *AmL* (*de baño*) maiô *m*
Mallorca [ma'ʎorka] *f* Maiorca *f*
mallorquín, -ina [maʎor'kin, -ina] *adj, m, f* maiorquino, -a *m, f*
malnutrido, -a [malnu'triðo, -a] *adj* malnutrido, -a
malo, -a ['malo, -a] I. *adj* <peor, pésimo> (*delante de sustantivo masculino: mal*) **1.** (*en general*) mau, má; **de mala gana** de má vontade; **tener mala suerte** ter má sorte; **hace un tiempo malísimo** faz um tempo péssimo; **estar a malas con alguien** estar de mal com alguém; **se pusieron a malas por una tontería** ficaram de mal por uma bobagem **2.** (*de mala calidad, perjudicial*) mau, má **3.** (*enfermo*) doente; **estar ~** estar mal **4.** (*travieso*) mau, má II. *m, f* mau, má *m, f*
malograr [malo'ɣrar] I. *vt* **1.** (*desaprovechar, frustrar*) malograr **2.** *And* (*estropear*) estragar II. *vr:* **~se 1.** (*fallar*) malograr-se **2.** *And* (*estropearse*) estragar-se
maloliente [malo'ljente] *adj* malcheiroso, -a
malparado, -a [malpa'raðo, -a] *adj* **salir ~ de algo** sair-se mal de a. c.
malpensado, -a [malpen'saðo, -a] *adj, m, f* maldoso, -a *m, f*
malsano, -a [mal'sano, -a] *adj* doentio, -a
malsonante [malso'naɳte] *adj* grosseiro, -a
malta ['malta] *f* **1.** *t.* AGR malte *m* **2.** *Arg* (*cerveza*) cerveja *f*
Malta ['malta] *f* Malta *f*
maltés, -esa [mal'tes, -esa] *adj, m, f* maltês, -esa *m, f*
maltratar [maltra'tar] *vt* maltratar
maltrato [mal'trato] *m* maus-tratos *mpl*
maltrecho(a) [mal'tretʃo, -a] *adj* maltratado, -a
malva ['malβa] I. *adj* malva II. *f* malva *f;* **criar ~s** *inf* estar morto e enterrado
malvado, -a [mal'βaðo, -a] *adj* malvado, -a
malvavisco [malβa'βisko] *m* BOT malvavisco *m*
malvender [malβen'der] *vt* vender mal
malversación [malβersa'θjon] *f* malversação *f;* **~ de fondos** malversação de fundos
malversar [malβer'sar] *vt* malversar
Malvinas [mal'βinas] *fpl* **las ~** as Malvinas
malvivir [malβi'βir] *vi* sobreviver
mama ['mama] *f* mama *f*
mamá [ma'ma] *f inf* mamãe *f*
mamar [ma'mar] I. *vi* mamar; **dar de ~** dar de mamar II. *vt* mamar
mamario, -a [ma'marjo, -a] *adj* mamário, -a
mamarracho [mama'rratʃo] *m* **1.** (*persona ridícula*) palhaço, -a *m, f* **2.** (*cosa fea*) monstruosidade *f* **3.** (*persona despreciable*) vil *mf*
mambo ['mambo] *m* mambo *m*
mamífero, -a [ma'mifero, -a] *adj, m, f* mamífero, -a *m, f*
mamíferos [ma'miferos] *mpl* mamíferos *mpl*
mamografía [mamoɣra'fia] *f* mamografia *f*
mamón, -ona [ma'mon, -ona] *m, f* **1.** *vulg* (*insulto*) parasita *m* **2.** *AmL, inf* (*borracho*) beberrão, -ona *m, f*
mamotreto [mamo'treto] *m inf* **1.** (*libro*) calhamaço *m* **2.** (*objeto*) trambolho *m*
mampara [mam'para] *f* boxe *m*
mamporro [mam'porro] *m inf* porrada *f;* **darse un ~ contra algo** dar uma porrada contra a. c.
mampostería [mamposte'ria] *f* alvenaria *f*
mamut [ma'muð] <mamuts> *m* mamute *m*
maná [ma'na] *m* maná *m*

manada [ma'naða] *f* (*de animales*) manada *f*; (*de gente*) multidão *f*

manager ['manadʒer] *mf* empresário, -a *m, f*

Managua [ma'naɣwa] *m* Manágua *f*

manantial [manan'tjal] *m* manancial *m*

manar [ma'nar] *vi, vt* jorrar

manazas [ma'naθas] *mf inv, inf* desajeitado, -a *m, f*

mancha ['mantʃa] *f* mancha *f*

manchado, -a [man'tʃaðo, -a] *adj* manchado, -a

manchar [man'tʃar] I. *vt* manchar II. *vr:* **~se** manchar-se

manchego, -a [man'tʃeɣo, -a] *adj* manchego, -a

mancillar [manθi'ʎar] *vt* macular

manco, -a ['maŋko, -a] *adj* **1.** (*de mano, brazo*) maneta; **no ser** (**cojo ni**) **~** (*ser hábil*) ser exímio **2.** (*incompleto*) manco, -a

mancomunar [maŋkomu'nar] I. *vt* mancomunar II. *vr:* **~se** mancomunar-se

mancomunidad [maŋkomuni'ðað] *f* **1.** (*comunidad*) mancomunidade *f* **2.** JUR responsabilidade *f* conjunta

mandado [man'daðo] *m* (*encargo*) mandado *m*

mandado, -a [man'daðo, -a] *m, f* (*persona*) mandado, -a *m, f*

mandamás [manda'mas] *mf inf* mandachuva *mf*

mandamiento [manda'mjento] *m* **1.** (*orden*) mandado *m* **2.** REL mandamento *m*

mandar [man'dar] *vt* **1.** (*en general*) mandar; **mandó a la niña por pan** mandou a menina buscar pão; **~ a alguien a paseo** *inf* mandar alguém passear **2.** (*gobernar*) mandar

mandarín [manda'rin] *m* (*idioma*) mandarim *m*

mandarina [manda'rina] *f* tangerina *f*

mandatario, -a [manda'tarjo, -a] *m, f* mandatário *m*; **primer ~** POL primeiro mandatário

mandato [man'dato] *m* mandato *m*

mandíbula [man'diβula] *f* mandíbula *f*

mandil [man'dil] *m* avental *m*

mandioca [man'djoka] *f* mandioca *f*

mando ['mando] *m* **1.** (*poder*) comando *m*; **estar al ~ de algo** estar no comando de a. c. **2.** (*persona*) comando *m*; **~s intermedios** gerentes médios; **alto ~** MIL alto comando **3.** TÉC controle *m*; **~ a distancia** controle *m* remoto

mandolina [mando'lina] *f* mandolina *f*

mandón, -ona [man'don, -ona] *adj, m, f inf* mandão, -ona *m, f*

manecilla [mane'θiʎa] *f* (*del reloj*) ponteiro *m*

manejable [mane'xaβle] *adj* **1.** (*objeto*) manejável **2.** (*persona*) tratável

manejar [mane'xar] I. *vt* **1.** (*usar*) manejar **2.** (*persona*) tratar **3.** *AmL* (*conducir*) dirigir II. *vi AmL* (*conducir*) dirigir III. *vr:* **~se** mover-se

manejo [ma'nexo] *m* **1.** (*uso*) manejo *m* **2.** (*desenvoltura*) traquejo *m* **3.** *AmL* (*de un coche*) direção *f*

manera [ma'nera] *f* **1.** (*modo*) maneira *f*; **~ de pensar** maneira de pensar; **~ de ver las cosas** maneira de ver as coisas; **a mi ~** à minha maneira; **de la ~ que sea** da maneira que for; **de cualquier ~, de todas ~s** de todas as maneiras; **de ~ que** de maneira que; **de ninguna ~** de maneira nenhuma; **en cierta ~** de certo modo; **no hay ~ de...** não há meio de não...; **¡qué ~ de llover!** como chove!; **sobre ~** sobremaneira; **de mala ~** mal **2.** *pl* (*modales*) maneiras *fpl*

manga ['manga] *f* **1.** (*del vestido*) manga *f*; **~ corta/larga** manga curta/comprida; **en ~s de camisa** em mangas de camisa; **sacarse algo de la ~** *fig* inventar a. c.; **tener ~ ancha** *fig* fazer vista grossa **2.** (*manguera*) mangueira *f* **3.** (*filtro*) coador *m* **4.** (*pastelera*) bico *m* de confeiteiro **5.** DEP etapa *f*

manganeso [manga'neso] *m* manganês *m*

mangar [man'gar] <g→gu> *vt inf* surrupiar

mango ['mango] *m* **1.** (*pieza*) cabo *m* **2.** (*fruta*) manga *f* **3.** (*árbol*) mangueira *f*

mangonear [mangone'ar] *inf* I. *vt* interferir em II. *vi* intrometer-se

manguera [man'gera] *f* mangueira *f*

maní [ma'ni] *m RíoPl* amendoim *m*

manía [ma'nia] *f* **1.** (*en general*) mania *f*; **~ persecutoria** mania de perseguição **2.** *inf* (*aversión*) implicância *f*; **coger ~ a alguien** ter implicância com alguém

maniaco, -a [ma'njako, -a] *adj, m, f,* **maníaco, -a** [ma'niako, -a] *adj, m, f* maníaco, -a *m, f*

maniatar [manja'tar] *vt* maniatar

maniático, -a [ma'njatiko, -a] *adj, m, f* maníaco, -a *m, f*

manicomio [mani'komjo] *m* hospital *m* psiquiátrico; *fig (casa de locos)* manicômio *m*

manicura [mani'kura] *f* manicure *f*

manicuro, -a [mani'kuro, -a] *m, f* manicuro, -e *m, f*

manido, -a [ma'niðo, -a] *adj* batido, -a

manifestación [manifesta'θjon] *f* manifestação *f*

manifestante [manifes'tante] *mf* manifestante *mf*

manifestar [manifes'tar] <e→ie> **I.** *vt* manifestar **II.** *vr:* ~**se** manifestar-se

manifiesto [mani'fjesto] *m* manifesto *m*

manifiesto, -a [mani'fjesto, -a] *adj* manifesto, -a; **poner de** ~ demonstrar

manija [ma'nixa] *f (de puerta, ventana)* maçaneta *f*; *(de jarro)* asa *f*

Manila [ma'nila] *f* Manilha *f*

manillar [mani'ʎar] *m* guidom *m*

maniobra [mani'oβra] *f* manobra *f*

maniobrar [manjo'βrar] *vi* manobrar

manipulación [manipula'θjon] *f* manipulação *f*

manipulador(a) [manipula'ðor(a)] *m(f)* manipulador(a) *m(f)*

manipular [manipu'lar] *vt* manipular

maniqueísmo [manike'ismo] *m* maniqueísmo *m*

maniqueo, -a [mani'keo, -a] *adj, m, f* maniqueísta *mf*

maniquí [mani'ki] <maniquíes> **I.** *m (muñeco)* manequim *m* **II.** *mf (modelo)* modelo *m*

manirroto, -a [mani'rroto, -a] *adj* manirroto, -a

manitas [ma'nitas] *inf* **I.** *f inv* **hacer** ~ fazer carícias **II.** *mf inv (persona)* habilidoso, -a *m, f*; **ser un** ~ ser habilidoso

manivela [mani'βela] *f* manivela *f*

manjar [maŋ'xar] *m* manjar *m*

mano ['mano] *f* **1.** mão *f*; ~ **de obra** mão-de-obra *f*; **a** ~ **alzada** *(votación)* de mão levantada; **a** ~ **armada** à mão armada; **apretón de** ~**s** aperto de mãos; **bajo** ~ por baixo do pano; **de segunda** ~ de segunda mão; **echar una** ~ dar uma mão; **echar** ~ **de algo** lançar mão de a. c.; **hecho a** ~ feito à mão; **meter** ~ meter a mão; **tener** ~ **con algo** ter jeito com a. c.; **tener** ~ **izquierda** ter jogo de cintura; **traer entre** ~**s** estar tramando; ~ **a** ~ *fig* mano a mano; **¡**~**s a la obra!** mãos à obra!; **con las** ~**s en la masa** *fig* com as mãos na massa; **poner las** ~**s en el fuego por alguien** pôr a mão no fogo por alguém **2.** *(lado)* **a** ~ **derecha/izquierda** mão direita/esquerda **3.** *(de pintura)* demão *f*

manojo [ma'noxo] *m* punhado *m*; **estar hecho un** ~ **de nervios** estar uma pilha de nervos

manopla [ma'nopla] *f* luva *f*

manoseado, -a [manose'aðo, -a] *adj* **1.** *(sobado)* manuseado, -a **2.** *(trillado)* batido, -a

manosear [manose'ar] *vt* manusear

manotazo [mano'taθo] *m* tapa *m ou f*

mansalva [man'salβa] *adv* **a** ~ aos montes

mansedumbre [manse'ðumbre] *f* mansidão *f*

mansión [man'sjon] *f* mansão *f*

manso, -a [ˈmanso, -a] *adj* manso, -a

manta ['manta] *f* **1.** *(de cama)* cobertor *m*; ~ **eléctrica** cobertor elétrico **2.** ZOOL arraia-manta *f* **3.** *inf* **a** ~ *inf* de monte; **una** ~ **de palos** um monte de paus

manteca [man'teka] *f* **1.** *(grasa)* gordura *f*, banha *f* **2.** *RíoPl (mantequilla)* manteiga *f*

mantecado [mante'kaðo] *m* **1.** *(bollo)* amanteigado *m* **2.** *(helado)* sorvete *m*

mantel [man'tel] *m* toalha *f* de mesa

mantener [mante'ner] *irr como* tener **I.** *vt* manter **II.** *vr:* ~**se** manter-se

mantenimiento [manteni'mjento] *m* **1.** *(alimentos)* conservação *f* **2.** TÉC manutenção *f*

mantequilla [mante'kiʎa] *f* manteiga *f*

mantilla [man'tiʎa] *f* **1.** *(de mujer)* mantilha *f* **2.** *(de niño)* cueiro *m*

manto ['manto] *m* manto *m*; ~ **terrestre** GEO crosta *f* terrestre

mantón [man'ton] *m* xale *m*

manual [manu'al] *adj, m* manual *m*

manubrio [ma'nuβrjo] *m* manivela *f*

manufactura [manufak'tura] *f* manufatura *f*

manufacturar [manufaktu'rar] *vt* manufaturar

manuscrito [manus'krito] *m* manuscrito *m*

manuscrito, -a [manus'krito, -a] *adj* manuscrito, -a

manutención [manuten'θjon] *f (alimentos)* sustento *m*

manzana [man'θana] *f* **1.** *(fruta)* maçã

manzanilla   195   **marcha**

f; ~ **de la discordia** pomo da discórdia **2.** (*de casas*) quarteirão *m* **3.** *AmL* ANAT (*nuez*) pomo-de-adão *m*

manzanilla [maɲθa'niʎa] *f* **1.** (*planta*) camomila *f* **2.** (*infusión*) chá *m* camomila **3.** (*vino*) manzanilha *f*

manzano [maɲ'θano] *m* macieira *f*

maña ['maɲa] *f* (*habilidad, astucia*) manha *f*

mañana¹ [ma'ɲana] I. *f* manhã *f;* ~ **por la** ~ amanhã pela manhã; **a las 5 de la** ~ às 5 da manhã; **de la noche a la** ~ a noite inteira; **de** ~ de manhã II. *adv* amanhã; **¡hasta** ~**!** até amanhã!

mañana² [ma'ɲana] *m* amanhã *m;* ~ **será otro día** amanhã será outro dia; **el (día de)** ~ o (dia de) amanhã; **pasado** ~ depois de amanhã

mañanero, -a [maɲa'nero, -a] *adj* madrugador(a)

maño, -a ['maɲo, -a] *adj, m, f* aragonês, -esa *m, f*

mañoso, -a [ma'ɲoso, -a] *adj* (*hábil*) habilidoso, -a

mapa ['mapa] *m* mapa *m;* ~ **físico** mapa físico; ~ **político** mapa político; ~ **del tiempo** mapa do tempo

mapache [ma'patʃe] *m* ZOOL racum *m*

mapamundi [mapa'muɳdi] *m* mapa--múndi *m*

maqueta [ma'keta] *f* **1.** ARQUIT maquete *f* **2.** (*de libro*) cópia *f*

maquetación [maketa'θjon] *f* projeto *m*

maquetar [make'tar] *vt* editorar

maquiavélico, -a [makja'βeliko, -a] *adj* maquiavélico, -a

maquillaje [maki'ʎaxe] *m* maquiagem *f*

maquillar [maki'ʎar] I. *vt* maquilar II. *vr:* ~ **se** maquilar-se

máquina ['makina] *f* máquina *f;* ~ **de afeitar** barbeador *m;* ~ **de coser** máquina de costura; ~ **fotográfica** [*o* **de fotos**] máquina fotográfica; ~ **registradora** máquina registradora; ~ **de tabaco** *distribuidor automático de cigarros;* ~ **tragaperras** *inf* caça-níquel *m;* **a toda** ~ a todo vapor; **escribir/coser a** ~ escrever/costurar à máquina

maquinación [makina'θjon] *f* maquinação *f*

maquinal [maki'nal] *adj* maquinal

maquinar [maki'nar] *vt* maquinar

maquinaria [maki'narja] *f* **1.** (*máquinas*) maquinário *m* **2.** (*mecanismo*) mecanismo *m*

maquinilla [maki'niʎa] *f* ~ **(de afeitar)** barbeador *m;* ~ **eléctrica** barbeador elétrico

maquinista [maki'nista] *mf* maquinista *mf*

mar [mar] *m o f* GEO mar *m;* **Mar Adriático** Mar Adriático; **Mar Báltico** Mar Báltico; **Mar Caribe** Mar do Caribe; **Mar Caspio** Mar Cáspio; **Mar Mediterráneo** Mar Mediterrâneo; **Mar Muerto** Mar Morto; **Mar del Norte** Mar do Norte; **en alta** ~ em alto mar; **hacerse a la** ~ fazer-se ao mar; **por** ~ por mar; **llueve a** ~**es** chove a cântaros; **ser la** ~ **de aburrido** ser muito chato; **ser la** ~ **de bonita** ser muito bonita

marabunta [mara'βuɳta] *f* (*de hormigas*) praga *f*

maraca [ma'raka] *f* maraca *f*

maraña [ma'raɲa] *f* emaranhado *m*

maratón [mara'ton] *m o f* maratona *f*

maravilla [mara'βiʎa] *f* (*portento, admiración*) maravilha *f;* **a las mil** ~**s** às mil maravilhas

maravillar [maraβi'ʎar] I. *vt* maravilhar II. *vr:* ~ **se** maravilhar-se

maravilloso, -a [maraβi'ʎoso, -a] *adj* maravilhoso, -a

marca ['marka] *f* **1.** (*en general*) marca *f;* ~ **registrada** marca registrada; **ropa de** ~ roupa de marca **2.** DEP marca *f*

marcado, -a [mar'kaðo, -a] *adj* marcado, -a

marcador [marka'ðor] *m* marcador *m;* **abrir el** ~ abrir o marcador

marcaje [mar'kaxe] *m* marcação *f*

marcapasos [marka'pasos] *m inv* marca-passo *m*

marcar [mar'kar] <c→qu> *vt* **1.** (*en general*) marcar; ~ **época** marcar época **2.** (*resaltar*) marcar **3.** (*teléfono*) discar **4.** (*cabello*) pentear **5.** DEP (*gol*) marcar

marcha ['martʃa] *f* **1.** (*en general*) marcha *f;* ~ **atrás** marcha a ré; **dar** ~ **atrás** *fig* dar para trás; **a** ~**s forzadas** a marchas forçadas; **a toda** ~ a toda velocidade; **poner en** ~ pôr em funcionamento; **la** ~ **de los acontecimientos** o ritmo dos acontecimentos; **sobre la** ~ no decorrer dos acontecimentos **2.** (*salida*) saída *f* **3.** *inf* (*animación*) gás *m;* **un bar/una persona con mucha** ~ um bar/uma pessoa com muita animação; **salir de** ~ sair

marchar [mar'tʃar] I. *vi* 1.(*ir*) andar; ¡marchando! vamos! 2.(*funcionar*) funcionar II. *vr:* ~ se ir-se

marchitar [martʃi'tar] I. *vi* murchar II. *vr:* ~ se murchar-se

marchito, -a [mar'tʃito, -a] *adj* murcho, -a

marchoso, -a [mar'tʃoso, -a] *adj inf* animado, -a

marcial [mar'θjal] *adj* marcial

marcialidad [marθjali'ðað] *f* marcialidade *f*

marciano, -a [mar'θjano, -a] *adj, m, f* marciano, -a *m, f*

marco ['marko] *m* 1.(*recuadro*) moldura *f* 2.(*armazón*) armação *f* 3.(*ambiente*) cenário *m* 4. HIST (*moneda*) marco *m*

marea [ma'rea] *f* maré *f*; ~ **alta/baja** maré alta/baixa; ~ **negra** maré negra

mareado, -a [mare'aðo, -a] *adj* enjoado, -a; **estoy** ~ estou enjoado

marear [mare'ar] I. *vt* 1. MED enjoar 2. *inf* (*molestar*) amolar II. *vr:* ~ se 1.(*enfermarse*) enjoar-se 2.(*quedar aturdido*) ficar tonto 3.(*emborracharse*) embriagar-se

maremoto [mare'moto] *m* maremoto *m*

mareo [ma'reo] *m* enjoo *m*

marfil [mar'fil] *m* marfim *m*

margarina [marɣa'rina] *f* margarina *f*

margarita [marɣa'rita] *f* margarida *f*; **deshojar la** ~ *inf* desfolhar a margarida

margen ['marxen] I. *m* margem *f*; ~ **de actuación** margem de atuação; ~ **de beneficio** COM margem de lucro; ~ **de maniobra** margem de manobra; **al** ~ à margem; **dejar al** ~ deixar de lado; **mantenerse al** ~ *fig* manter-se afastado II. *m o f* (*de río*) margem *f*

marginación [marxina'θjon] *f* marginalização *f*

marginado, -a [marxi'naðo, -a] I. *adj* marginalizado, -a II. *m, f* marginal *mf*

marginal [marxi'nal] *adj* marginal

marginalidad [marxinali'ðað] *f* marginalidade *f*

marginar [marxi'nar] *vt* (*algo*) desconsiderar; (*a alguien*) marginalizar

mariachi [ma'rjatʃi] *m* MÚS mariachi *m*

marica [ma'rika] *m inf* (*homosexual*) maricas *m inv*

maricón [mari'kon] *m vulg* (*homosexual*) bicha *mf*

marido [ma'riðo] *m* marido *m*

marihuana [mari'wana] *f* maconha *f*

marimacho [mari'matʃo] *m pey, inf* machona *f*; (*lesbiana*) lésbica *f*

marimorena [marimo'rena] *f inf* **armarse la** ~ armar confusão

marina [ma'rina] *f* (*flota, arte*) marinha *f*; **la** ~ **mercante/de guerra** a marinha mercante/de guerra

marinero [mari'nero] *m* marinheiro *m*

marinero, -a [mari'nero, -a] *adj* marinheiro, -a

marino [ma'rino] *m* marinheiro *m*

marino, -a [ma'rino, -a] *adj* marinho, -a

marioneta [marjo'neta] *f* marionete *f*

mariposa [mari'posa] *f* 1.ZOOL borboleta *f* 2. DEP nado *m* borboleta

mariquita[1] [mari'kita] *f* ZOOL joaninha *f*

mariquita[2] [mari'kita] *m inf* maricas *m inv*

mariscal [maris'kal] *m* marechal *m*

marisco [ma'risko] *m* frutos *mpl* do mar

marisma [ma'risma] *f* marisma *f*

marital [mari'tal] *adj* marital

marítimo, -a [ma'ritimo, -a] *adj* marítimo, -a

marketing ['arketiŋ] *m* marketing *m*

marmita [mar'mita] *f* marmita *f*

mármol ['marmol] *m* mármore *m*

marmota [mar'mota] *f* 1. ZOOL marmota *f* 2. *inf* (*dormilón*) dorminhoco, -a *m, f*

marqués, -esa [mar'kes, -esa] *m, f* marquês, -esa *m, f*

marquesina [marke'sina] *f* marquise *f*

marranada [marra'naða] *f inf* porcaria *f*

marrano, -a [ma'rrano, -a] *adj, m, f t. pey* porco, -a *m, f*

marrón [ma'rron] *adj* marrom

marroquí [marro'ki] *adj, mf* marroquino, -a

Marruecos [ma'rrwekos] *m* Marrocos *m*

Marsella [mar'seʎa] *f* Marselha *f*

Marte ['marte] *m* Marte *m*

martes ['martes] *m inv* terça-feira *f*; *v.t.* **lunes**

martill(e)ar [marti'ʎar, martiʎe'ar] *vt* martelar

martillo [mar'tiʎo] *m* martelo *m*; ~ **neumático** britadeira *f*

mártir ['martir] *mf* mártir *mf*

martirio [mar'tirjo] *m* martírio *m*

martirizar [martiri'θar] <z→c> *vt* martirizar

marxismo [mar'sismo] *m* marxismo *m*

marxista [mar'sista] *adj, mf* marxista *mf*

marzo ['marθo] *m* março *m;* **en ~** em março; **a principios/a fin(al)es de ~** no começo/no fim de março; **a mediados de ~** em meados de março; **el 21 de ~** o (dia) 21 de março; **el mes de ~ tiene 31 días** o mês de março tem 31 dias; **el pasado ~ fue muy frío** março passado fez muito frio

mas [mas] *conj* LIT mas

más [mas] I. *adv* 1.(*cantidad, comparativo*) mais; **~ adelante** mais adiante; **~ grande/pequeño** maior/menor; **~ guapo que tú** mais bonito (do) que você; **~ inteligente** mais inteligente; **correr ~** correr mais; **esto me gusta ~** gosto mais deste; **son ~ de las diez** são mais de dez 2.(*superlativo*) **el/la ~ o/a** mais; **la ~ bella** a mais bela; **el ~ listo de la clase** o mais inteligente da classe; **lo ~ pronto posible** o mais rápido possível; **~ nunca** mais do que nunca; **a ~ no poder** a mais não poder 3.(*con interrogativo, indefinido*) **¿algo ~?** algo mais? 4. MAT mais 5.(*locuciones*) **~ bien** pelo contrário; **~ o menos** mais ou menos; **estar de ~** estar a mais; **hay comida de ~** há comida demais; **por ~ que...** por mais que...; **el ~ allá** o além; **quien ~ y quien menos** cada um de nós; **~ aún** mais ainda II. *m* MAT mais *m*

masa ['masa] *f* t. ELEC massa *f;* **en ~** em massa

masacre [ma'sakre] *f* massacre *m*

masaje [ma'saxe] *m* massagem *f;* **dar un ~ a alguien** fazer uma massagem em alguém

masajista [masa'xista] *mf* massagista *mf*

mascar [mas'kar] <c→qu> *vt* mascar

máscara ['maskara] *f* máscara *f;* **~ antigás** máscara contra gases; **~ facial** máscara facial; **~ de oxígeno** máscara de oxigênio

mascarada [maska'raða] *f* 1.(*baile*) baile *m* de máscaras 2.(*farsa*) farsa *f*

mascarilla [maska'riʎa] *f* máscara *f;* **~ facial** máscara facial; **~ de oxígeno** máscara de oxigênio

mascarón [maska'ron] *m* mascarão *m;* **~ de proa** figura *f* de proa

mascota [mas'kota] *f* mascote *f*

masculinidad [maskulini'ðað] *f* masculinidade *f*

masculino [masku'lino] *m* LING masculino *m*

masculino, -a [masku'lino, -a] *adj* masculino, -a

mascullar [masku'ʎar] *vt* murmurar

masificación [masifika'θjon] *f* massificação *f*

masificar [masifi'kar] *vt* massificar

masilla [ma'siʎa] *f* massa *f* de vidraceiro

masivo, -a [ma'siβo, -a] *adj* maciço, -a

masoca [ma'soka] *mf inf* masoquista *mf*

masón, -ona [ma'son, -ona] *m, f* maçom *m*

masonería [masone'ria] *f* maçonaria *f*

masónico, -a [ma'soniko, -a] *adj* maçônico, -a

masoquista [maso'kista] *adj, mf* masoquista *mf*

mastectomía [mastekto'mia] *f* mastectomia *f*

máster ['master] <másters> *m* mestrado *m*

masticar [masti'kar] <c→qu> *vt* mastigar

mástil ['mastil] *m* 1. NÁUT mastro *m* 2.(*de guitarra*) braço *m*

mastín [mas'tin] *m* ZOOL mastim *m*

masturbación [masturβa'θjon] *f* masturbação *f*

masturbarse [mastur'βarse] *vr* masturbar-se

mata ['mata] *f* arbusto *m;* **~ de pelo** cabeleira *f*

matadero [mata'ðero] *m* matadouro *m*

matador(a) [mata'ðor(a)] *m(f)* TAUR matador(a) *m(f)*

matamoscas [mata'moskas] *m inv* 1.(*insecticida*) inseticida *m* 2.(*objeto*) enxota-mosca *m*

matanza [ma'tanθa] *f* matança *f*

matar [ma'tar] I. *vt* 1.(*asesinar*) matar; **~ el hambre/la sed** matar a fome/a sede; **~ el tiempo** matar o tempo 2.(*sellos*) carimbar II. *vr:* **~se** matar-se; **~se a trabajar/estudiar** matar-se de trabalhar/estudar; **se mata por sus hijos** se mata por seus filhos

matarratas [mata'rratas] *m inv* mata-ratos *m inv*

matasanos [mata'sanos] *m inv, inf* mata-sanos *m inv*

matasellos [mata'seʎos] *m inv* carimbo *m*

matasuegras [mata'sweɣras] *m inv* língua de sogra *f*

mate ['mate] I. *adj* mate II. *m* 1.(*ajedrez*) xeque-mate *m* 2.(*infusión*) mate *m* **3.** *pl, inf* (*matemáticas*) matemática *f*

> **Cultura** Na América do Sul **mate** tem quatro significados distintos: planta do mate, as folhas da planta com a qual se faz o chá-mate, o próprio chá e o recipiente no qual o chá é mantido.

matemáticas [mate'matikas] *fpl* matemática *f*
matemático, -a [mate'matiko, -a] *adj, m, f* matemático, -a *m, f*
materia [ma'terja] *f* matéria *f*; ~ **gris** ANAT massa *f* cinzenta; ~ **prima** matéria prima; **en** ~ **de** em matéria de; **entrar en** ~ entrar no assunto
material [mate'rjal] **I.** *adj* material **II.** *m* material *m*; ~ **de oficina** material de escritório
materialismo [materja'lismo] *m* materialismo *m*
materialista [materja'lista] *adj, mf* materialista *mf*
materializar [materjali'θar] <z→c> **I.** *vt* materializar **II.** *vr:* ~ **se** materializar-se
materialmente [materjal'mente] *adv* literalmente
maternal [mater'nal] *adj* maternal
maternidad [materni'ðað] *f* maternidade *f*
materno, -a [ma'terno, -a] *adj* materno, -a
matinal [mati'nal] *adj* matinal
matiz [ma'tiθ] *m* matiz *m*
matizar [mati'θar] <z→c> *vt* **1.** (*con colores*) matizar **2.** (*puntualizar*) nuançar
matojo [ma'toxo] *m* mato *m*
matón, -ona [ma'ton, -ona] *m, f inf* **1.** (*chulo*) brigão, -ona *m, f* **2.** (*guardaespaldas*) capanga *m*
matorral [mato'rral] *m* matagal *m*
matraca [ma'traka] *f* (*carraca*) matraca *f*
matraz [ma'traθ] *m* matraz *m*
matrícula [ma'trikula] *f* **1.** (*documento, inscripción*) matrícula *f*; ~ **de honor** nota máxima **2.** AUTO placa *f*
matriculación [matrikula'θjon] *f* **1.** (*inscripción*) matrícula *f* **2.** AUTO licença *f*
matricular [matriku'lar] *vt* **1.** (*alumno*) matricular **2.** AUTO licenciar
matrimonial [matrimo'njal] *adj* matrimonial
matrimonio [matri'monjo] *m* **1.** casamento *m*; ~ **civil** casamento civil; ~ **religioso** casamento religioso; **contraer** ~ contrair matrimônio **2.** (*marido y mujer*) casal *m*
matriz [ma'triθ] *f* **1.** (*útero*) útero *m* **2.** (*molde*) matriz *f* **3.** TIPO, MAT matriz *f*
matrona [ma'trona] *f* **1.** (*comadrona*) parteira *f* **2.** (*de familia*) matrona *f*
Matusalén [matusa'len] *m inf* **ser más viejo que** ~ ser mais velho que Matusalém
matutino, -a [matu'tino, -a] *adj* matutino, -a *m, f*
maullar [mau'ʎar] *irr como aullar vi* miar
mausoleo [mauso'leo] *m* mausoléu *m*
maxilar [maksi'lar] *adj, m* maxilar *m*
máxima ['maksima] *f* máxima *f*
máxime ['maksime] *adv* principalmente
máximo ['maksimo] *m* máximo *m*; **como** ~ no máximo
máximo, -a ['maksimo, -a] *adj* máximo, -a
maya ['maja] *adj, m* maia *mf*

> **Cultura** Os **mayas** eram uma raça indígena de povos nativos da América Central (hoje, México, Guatemala e Honduras), com uma civilização altamente avançada em diversos campos. O grande número de ruínas existentes testemunha esse fato, como por exemplo, as pirâmides construídas com blocos de pedra, numerosas inscrições e desenhos, e ainda um calendário de grande precisão utilizado por eles.

mayo ['majo] *m* maio *m*; *v.t.* **marzo**
mayonesa [majo'nesa] *f* maionese *f*
mayor [ma'jor] **I.** *adj* **1.** (*tamaño*) maior; ~ **que** maior que; **la** ~ **parte** a maior parte; **comercio al por** ~ comércio por atacado **2.** (*edad*) mais velho; ~ **de edad** maior de idade; ~ **que** mais velho que; **ser** ~ ser adulto; **mi hermano** ~ meu irmão mais velho; **persona** ~ pessoa idosa **3.** MÚS maior **II.** *m* **1.** MIL major *m* **2.** (*superior*) superior *m* **3.** *pl* (*ascendientes*) ancestrais *mpl*

> **Gramática** **mayor** (= mais velho, mais alto): "Margarita es la mayor de todos los nietos." Porém, **más grande** é usado com objetos para indicar tamanho: "La cocina es más grande que el cuarto de baño."

mayoral [majo'ral] *m* (*capataz*) capataz *m*
mayordomo, -a [major'ðomo, -a] *m, f* mordomo, governanta *m, f*
mayoría [majo'ria] *f* maioria *f*; ~ **absoluta** maioria absoluta; ~ **de edad** maioridade *f*; ~ **relativa** maioria relativa
mayorista [majo'rista] *adj, mf* atacadista *mf*
mayoritario, -a [majori'tarjo, -a] *adj* majoritário, -a
mayúscula [ma'juskula] *f* maiúscula *f*; **en ~s** em maiúsculas
mayúsculo, -a [ma'juskulo, -a] *adj* (*grande*) enorme
maza ['maθa] *f* maça *f*
mazapán [maθa'pan] *m* marzipã *m*
mazazo [ma'θaθo] *m* marretada *f*
mazmorra [maθ'morra] *f* masmorra *f*
mazo ['maθo] *m* **1.** (*martillo*) marreta *f* **2.** (*del mortero*) pilão *m* **3.** (*manojo*) maço *m*
mazorca [ma'θorka] *f* espiga *f*
me [me] **I.** *pron pers* **1.** (*objeto directo*) me; ¡**míra**~! olhe para mim! **2.** (*objeto indirecto*) me; **da**~ **el libro** dê-me o livro **II.** *pron refl* ~ **lavo** eu me lavo; ~ **voy** vou indo; ~ **he comprado un piso** comprei um apartamento para mim
meandro [me'andro] *m* meandro *m*
mear [me'ar] *inf* **I.** *vi* mijar **II.** *vr:* ~ **se** *inf* mijar-se; ~ **se de risa** mijar-se de rir
mecachis [me'katʃis] *interj inf* droga
mecánica [me'kanika] *f* mecânica *f*
mecánico, -a [me'kaniko, -a] *adj, m, f* mecânico, -a *m, f*
mecanismo [meka'nismo] *m* mecanismo *m*
mecanización [mekaniθa'θjon] *f* mecanização *f*
mecanografía [mekanoɣra'fia] *f* mecanografia *f*
mecanografiar [mekanoɣra'fjar] *vt* datilografar
mecanógrafo, -a [meka'noɣrafo, -a] *m, f* datilógrafo, -a *m, f*
mecate [me'kate] *m AmC, Col, Méx, Ven* (*cuerda*) corda *f*
mecedora [meθe'ðora] *f* cadeira *f* de balanço
mecenas [me'θenas] *m inv* mecenas *m inv*
mecenazgo [meθe'naθɣo] *m* mecenato *m*
mecer [me'θer] <c→z> **I.** *vt* balançar **II.** *vr:* ~ **se** balançar-se
mecha ['metʃa] *f* **1.** (*pabilo*) pavio *m*; **a toda** ~ *inf* a todo vapor **2.** *pl* (*de pelo*) mechas *fpl*
mechero [me'tʃero] *m* isqueiro *m*
mechón [me'tʃon] *m* mecha *f*
medalla [me'ðaʎa] *f* medalha *f*; ~ **de oro/plata/bronce** medalha de ouro/prata/bronze
medallista [meða'ʎista] *mf* medalhista *mf*
medallón [meða'ʎon] *m* medalhão *m*
media ['meðja] *f* **1.** (*promedio*) média *f*; ~ **aritmética** média aritmética; ~ **geométrica** média geométrica **2.** (*calceta*) meia *f* **3.** *AmL* (*calcetín*) meia *f*
mediación [meðja'θjon] *f* mediação *f*
mediado, -a [me'ðjaðo, -a] *adj* meado, -a; **a ~s de** em meados de
mediador(a) [meðja'ðor(a)] *m(f)* mediador(a) *m(f)*
mediana [me'ðjana] *f* **1.** AUTO canteiro *m* central **2.** MAT mediana *f*
mediano, -a [me'ðjano, -a] *adj* (*calidad, tamaño*) mediano, -a
medianoche [meðja'notʃe] *f* **1.** (*noche*) meia-noite *f* **2.** (*bollo*) pão pequeno e adocicado dentro do qual se coloca um recheio
mediante [me'ðjante] *prep* mediante
mediar [me'ðjar] *vi* **1.** (*intermediar*) mediar **2.** (*por alguien*) interceder **3.** (*existir*) existir
medicación [meðika'θjon] *f* medicação *f*
medicamento [meðika'mento] *m* medicamento *m*
medicar [meði'kar] **I.** *vt* medicar **II.** *vr:* ~ **se** medicar-se
medicina [meði'θina] *f* **1.** (*ciencia*) medicina *f*; ~ **alternativa** medicina alternativa; ~ **general** clínica *f* geral; ~ **interna** clínica *f* médica **2.** (*medicamento*) remédio *m*
medicinal [meðiθi'nal] *adj* medicinal
medición [meði'θjon] *f* medição *f*

médico, -a ['meðiko, -a] I. *adj* médico, -a II. *m, f* médico, -a *m, f;* ~ **de cabecera** médico de cabeceira; ~ **de familia** médico de família; ~ **forense** médico forense; ~ **naturista** médico naturalista

medida [me'ðiða] *f* 1. (*en general*) medida *f;* **a la** ~ (*ropa*) sob medida; **hasta cierta** ~ até certo ponto; **en la** ~ **de lo posible** na medida do possível; **a** ~ **que** à medida que 2. *pl* (*acción*) medidas *fpl;* **tomar** ~ **s** tomar providências

medieval [meðje'βal] *adj* medieval

medio ['meðjo] I. *m* 1. (*mitad*) meio *m;* **en** ~ **de** no meio de; **meterse por** ~ colocar-se entre; **quitar de en** ~ matar 2. (*instrumento*) meio *m;* **por** ~ **de** por meio de 3. TV ~ **s de comunicación** meios *mpl* de comunicação 4. (*entorno*) ~ **ambiente** meio *m* ambiente 5. DEP meio-campo *m* II. *adv* meio; ~ **vestido** meio vestido

medio, -a ['meðjo, -a] *adj* 1. (*mitad*) meio, -a; **a las cuatro y media** às quatro e meia; **litro y** ~ um litro e meio; **ir a medias** dividir em partes iguais 2. (*promedio*) médio, -a

> **Gramática** medio é usado sem artigo definido: "medio kilo de tomates; media botella de agua."

medioambiental [meðjoambjen'tal] *adj* ambiental

mediocampista [meðjokam'pista] *mf* DEP meio-campista *mf*

mediocre [me'ðjokre] *adj* medíocre

mediocridad [meðjokri'ðað] *f* mediocridade *f*

mediodía [meðjo'ðia] *m* 1. (*hora*) meio-dia *m;* **al** ~ ao meio-dia 2. (*sur*) sul *m*

mediopensionista [meðjopensjo'nista] *adj, mf* semi-interno, -a *m, f*

medir [me'ðir] *irr como pedir* I. *vt* medir; ¿**cuánto mides?** quanto mede? II. *vi* medir III. *vr:* ~ **se** (*con alguien*) comparar-se com

meditabundo, -a [meðita'βundo, -a] *adj* meditabundo, -a

meditación [meðita'θjon] *f* meditação *f*

meditar [meði'tar] *vi, vt* meditar

meditativo, -a [meðita'tiβo, -a] *adj* meditativo, -a

mediterráneo, -a [meðite'rraneo, -a] *adj* mediterrâneo, -a

Mediterráneo [meðite'rraneo] *m* **el** ~ o Mediterrâneo

médula ['meðula] *f* ANAT medula *f;* ~ **espinal** medula espinhal; **hasta la** ~ excessivamente

medusa [me'ðusa] *f* medusa *f*

megabyte [meɣa'βai̯t] *m* INFOR megabyte *m*

megaciclo [meɣa'θiklo] *m* megaciclo *m*

megáfono [me'ɣafono] *m* megafone *m*

megalomanía [meɣaloma'nia] *f* megalomania *f*

megalómano, -a [meɣa'lomano, -a] *adj, m, f* megalômano, -a *m, f*

mejicano, -a [mexi'kano, -a] *adj, m, f* mexicano, -a *m, f*

Méjico ['mexiko] *m* México *m*

mejilla [me'xiʎa] *f* bochecha *f*

mejillón [mexi'ʎon] *m* mexilhão *m*

mejor [me'xor] I. *adj* 1. (*compar*) melhor; ~ **que** melhor do que; **es** ~ **que** +*subj* é melhor que +*subj;* **pasar a** ~ **vida** passar desta para melhor 2. (*superl*) **el/la/lo** ~ o/a/o melhor; **el** ~ **día** o melhor dia II. *adv* melhor; **a lo** ~ talvez; ~ **que** ~ melhor ainda; **en el** ~ **de los casos** na melhor das hipóteses

mejora [me'xora] *f* melhora *f;* ~ **s salariales** aumentos salariais

mejorable [mexo'raβle] *adj* melhorável

mejorar [mexo'rar] I. *vi, vt* melhorar II. *vr:* ~ **se** melhorar-se

mejoría [mexo'ria] *f* melhoria *f*

mejunje [me'xunxe] *m pey* mistureba *f*

melancolía [melaŋko'lia] *f* melancolia *f*

melancólico, -a [melaŋ'koliko, -a] *adj* melancólico, -a

melaza [me'laθa] *f* melaço *m*

melena [me'lena] *f* 1. (*de persona*) cabeleira *f* 2. (*de león*) juba *f*

melenudo, -a [mele'nuðo, -a] *adj, m, f pey, inf* cabeludo, -a *m, f*

mella ['meʎa] *f* **hacer** ~ impressionar

mellizo, -a [me'ʎiθo, -a] *adj, m, f* gêmeo, -a *m, f*

melocotón [meloko'ton] *m* pêssego *m*

melocotonero [melokoto'nero] *m* pessegueiro *m*

melodía [melo'ðia] *f* melodia *f*

melódico, -a [me'loðiko, -a] *adj* melódico, -a

melodioso, -a [melo'ðjoso, -a] *adj* melodioso, -a

melodrama [melo'ðrama] *m* melodra-

ma *m*
melodramático, -a [meloðra'matiko, -a] *adj* melodramático, -a
melón [me'lon] *m* melão *m*
meloso, -a [me'loso, -a] *adj* meloso, -a
membrana [mem'brana] *f* membrana *f*
membrete [mem'brete] *m* timbre *m*
membrillo [mem'briʎo] *m* marmelo *m;* **carne** [*o* **dulce**] **de** ~ marmelada *f*
memo, -a ['memo, -a] *adj, m, f* tonto, -a *m, f*
memorable [memo'raβle] *adj* memorável
memorándum [memo'randun] *m* <memorandos> memorando *m*
memoria [me'morja] *f* **1.** *t.* INFOR *(facultad)* memória *f;* ~ **de elefante** memória de elefante; ~ **fotográfica** memória fotográfica; **de** ~ de cabeça; **hacer** ~ puxar pela memória; **venir a la** ~ vir à memória **2.** *(informe)* relatório *m* **3.** *pl* *(autobiografía)* memórias *fpl*
memorizar [memori'θar] <z→c> *vt* memorizar
menaje [me'naxe] *m* utensílios *mpl* domésticos
mención [men'θjon] *f* menção *f;* **hacer** ~ **de** fazer menção de
mencionar [menθjo'nar] *vt* mencionar
mendicidad [mendiθi'ðað] *f* mendicância *f*
mendigar [mendi'ɣar] <g→gu> *vi, vt* mendigar
mendigo, -a [men'diɣo, -a] *m, f* mendigo, -a *m, f*
mendrugo [men'druɣo] *m* pedaço *m* de pão duro
menear [mene'ar] **I.** *vt* mexer **II.** *vr:* ~**se 1.** *(moverse)* mexer-se; **un susto de no te menees** *inf* um susto daqueles **2.** *(apresurarse)* mexer-se
menester [menes'ter] *m* **1.** *(necesidad)* mister *m;* **ser** ~ ser mister **2.** *pl (tareas)* obrigações *fpl*
menestra [me'nestra] *f* minestrone *m*
mengua ['mengwa] *f* míngua *f*
menguante [men'gwante] *adj (luna)* minguante
menguar [men'gwar] <gu→gü> *vi, vt* minguar
meningitis [menin'xitis] *f inv* MED meningite *f*
menopausia [meno'pausja] *f* MED menopausa *f*
menor [me'nor] **I.** *adj* **1.** *(tamaño, edad)* menor; ~ **de edad** menor de idade; **el** ~ **de mis hermanos** o mais novo de meus irmãos; **al por** ~ COM varejo **2.** MÚS menor **II.** *mf (persona)* menor *mf;* **apta para** ~**es** *(película)* liberado para menores

> **Gramática** **menor** (= mais jovem, mais baixo): "Antonio es el menor de sus hermanos." Porém, **más pequeño** é usado com objetos para indicar tamanho: "Tu coche es más pequeño que el mío."

Menorca [me'norka] *f* Minorca *f*
menorquín, -ina [menor'kin, -ina] *adj, m, f* minorquino, -a *m, f*
menos ['menos] **I.** *adv* menos; ~ **de 20 personas** menos de 20 pessoas; **a** ~ **que** a menos que; **al** [*o* **por lo**] ~ ao [*ou* pelo] menos; **echar de** ~ sentir saudades; **ir a** ~ diminuir; **¡ni mucho** ~**!** de jeito nenhum!; **son las ocho** ~ **diez** faltam dez minutos para as oito; **todo** ~ **eso** tudo menos isso; ~ **mal** menos mal **II.** *m* MAT menos *m*
menoscabar [menoska'βar] *vt* menoscabar
menospreciar [menospre'θjar] *vt* menosprezar
menosprecio [menos'preθjo] *m* menosprezo *m*
mensaje [men'saxe] *m* mensagem *f;* ~ **de error** INFOR mensagem de erro
mensajería [mensaxe'ria] *f* serviço *m* de entrega
mensajero, -a [mensa'xero, -a] *adj, m, f* mensageiro, -a *m, f*
menstruación [menstrwa'θjon] *f* menstruação *f*
menstrual [menstru'al] *adj* menstrual
menstruar [menstru'ar] <*l. pres:* menstrúo> *vi* menstruar
mensual [mensu'al] *adj* mensal
mensualidad [menswali'ðað] *f* mensalidade *f*
menta ['menta] *f* menta *f*
mental [men'tal] *adj* mental
mentalidad [mentali'ðað] *f* mentalidade *f*
mentalización [mentaliθa'θjon] *f* mentalização *f*
mentalizar [mentali'θar] <z→c> **I.** *vt* mentalizar; ~ **a alguien de algo** conscientizar alguém de a. c. **II.** *vr:* ~**se** mentalizar-se

mente ['mente] *f* mente *f;* **tener en** ~ ter em mente; **tengo la ~ en blanco** me deu um branco

mentecato, -a [mente'kato, -a] *adj, m, f* mentecapto, -a *m, f*

mentir [men'tir] *irr como sentir vi* mentir

mentira [men'tira] *f* mentira *f;* **¡parece ~!** parece mentira!

mentiroso, -a [menti'roso, -a] *adj, m, f* mentiroso, -a *m, f*

mentón [men'ton] *m* queixo *m*

mentor [men'tor] *m* mentor(a) *m(f)*

menú [me'nu] *m* <menús> *t.* INFOR menu *m;* **~ del día** menu do dia

menudo, -a [me'nuðo, -a] *adj* **1.** *(pequeño)* miúdo, -a **2.** *(para enfatizar)* **¡~ mentiroso!** grande mentiroso!; **¡menuda película!** grande filme! **3.** *fig* **a ~** com frequência

meñique [me'ɲike] *m* (dedo) mínimo *m*

meollo [me'oʎo] *m* âmago *m*

mercader [merka'ðer] *m* mercador(a) *m(f)*

mercadillo [merka'ðiʎo] *m* feira *f*

mercado [mer'kaðo] *m* mercado *m;* **~ de divisas** mercado de divisas; **~ exterior/interior** mercado externo/ interno; **~ negro** mercado negro; **~ de trabajo** mercado de trabalho; **~ único** mercado único

mercancía [merkan'θia] *f* mercadoria *f*

mercantil [merkan'til] *adj* mercantil

mercantilismo [merkanti'lismo] *m* mercantilismo *m*

mercenario, -a [merθe'narjo, -a] *adj, m, f* mercenário, -a *m, f*

mercería [merθe'ria] *f (tienda)* armarinho *m*

mercurio [mer'kurjo] *m* mercúrio *m*

Mercurio [mer'kurjo] *m* Mercúrio *m*

merecedor(a) [mereθe'ðor(a)] *adj* merecedor(a); **~ de algo** ser merecedor de a. c.

merecer [mere'θer] *irr como crecer* **I.** *vt* merecer **II.** *vr:* **-se** merecer-se

merecido [mere'θiðo] *m* castigo *m;* **se llevó su ~** levou seu castigo

merendar [meren'dar] <e→ie> *vi, vt* merendar

merengue [me'reŋge] *m* merengue *m*

meridiano [meri'djano] *m* meridiano *m*

meridional [meriðjo'nal] *adj* meridional

merienda [me'rjenda] *f* merenda *f;* **ser una ~ de negros** *fig* ser uma bagunça

mérito ['merito] *m* mérito *m;* **hacer ~s** provar seu valor

merluza [mer'luθa] *f* **1.** ZOOL merluza *f* **2.** *inf (borrachera)* **coger una buena ~** tomar uma boa bebedeira

merluzo, -a [mer'luθo, -a] *adj, m, f inf* tolo, -a *m, f*

merma ['merma] *f* diminuição *f*

mermar [mer'mar] *vi, vt* diminuir

mermelada [merme'laða] *f* geleia *f*

mero ['mero] *m* mero *m*

mero, -a ['mero, -a] *adj* **1.** *(simple)* mero, -a **2.** *AmC (propio, mismo)* mesmo, -a

merodear [meroðe'ar] *vi* vagar

mes [mes] *m* **1.** *(período)* mês *m* **2.** *inf (menstruación)* **estar con el ~** estar menstruada

mesa ['mesa] *f* mesa *f;* **~ electoral** POL zona *f* eleitoral; **vino de ~** vinho de mesa; **bendecir la ~** dar graças; **poner/quitar la ~** pôr/tirar a mesa; **sentarse a la ~** sentar-se à mesa; **¡a la ~!** a comida está pronta!

mesero, -a [me'sero, -a] *adj, m, f AmL (camarero)* garçom, garçonete *m, f*

meseta [me'seta] *f* GEO meseta *f*

mesilla [me'siʎa] *f* mesinha *f;* **~ de noche** criado-mudo *m*

mesón [me'son] *m* taberna *f*

mesonero, -a [meso'nero, -a] *m, f* garçom, garçonete *m, f*

mestizaje [mesti'θaxe] *m* miscigenação *f*

mestizo, -a [mes'tiθo, -a] *adj, m, f* mestiço, -a *m, f*

> **Cultura** Um **mestizo** na América Latina é uma pessoa de raça mista cujos pais são de origem branca (i.e. europeia) e indígena. (No Brasil, **mestizos** são conhecidos como **mamelucos**).

mesura [me'sura] *f* mesura *f*

meta¹ ['meta] *f* **1.** *(línea de llegada)* meta *f* **2.** *(portería)* gol *m* **3.** *(objetivo)* meta *f*

meta² ['meta] *mf (portero)* goleiro, -a *m, f*

metabólico, -a [meta'βoliko, -a] *adj* metabólico, -a

metabolismo [metaβo'lismo] *m* metabolismo *m*

metafísico, -a [meta'fisiko, -a] *adj*

metafísico, -a
metáfora [me'tafora] *f* metáfora *f*
metafórico, -a [meta'foriko, -a] *adj* metafórico, -a
metal [me'tal] *m* 1.(*material*) metal *m;* **el vil ~** *inf*(*dinero*) dinheiro *m* 2.(*de voz*) metal *m* 3.(*instrumento*) metais *mpl*
metálico [me'taliko] *m* (*monedas*) dinheiro *m;* **en ~** em dinheiro
metálico, -a [me'taliko, -a] *adj* metálico, -a
metalurgia [meta'lurxja] *f* metalurgia *f*
metalúrgico, -a [meta'lurxiko, -a] *adj, m, f* metalúrgico, -a *m, f*
metamorfosis [metamor'fosis] *f inv* metamorfose *f*
metano [me'tano] *m* metano *m*
metedura [mete'ðura] *f* **~ de pata** *inf* pisada *f* na bola
meteórico, -a [mete'oriko, -a] *adj* meteórico, -a
meteorito [meteo'rito] *m* meteorito *m*
meteoro [mete'oro] *m* meteoro *m*
meteorología [meteorolo'xia] *f* meteorologia *f*
meteorológico, -a [meteoro'loxiko, -a] *adj* meteorológico, -a
meteorólogo, -a [meteo'roloɣo, -a] *m, f* meteorologista *mf*
meter [me'ter] I.*vt* 1.(*introducir*) meter 2.(*invertir*) investir 3. DEP (*gol*) meter 4.*inf* (*encasquetar*) meter; (*vender*) vender 5.*inf*(*dar*) **~ prisa a alguien** apressar alguém 6.(*provocar*) **~ miedo** meter medo; **~ ruido** fazer ruído 7.*fig, inf* **a todo ~** a todo vapor; **ir a todo ~** ir a todo vapor II. *vr:* **~se** 1.(*introducirse*) meter-se; **~ se en la cabeza que...** meter na cabeça que... 2.(*entrar en un lugar*) meter-se; ¿**dónde se habrá metido?** aonde terá se metido? 3.(*inmiscuirse*) meter-se; **~se con alguien** meter-se com alguém; ¡**no te metas donde no te llaman!** não se meta onde não é chamado! 4.(*convertirse en*) **~se a actor** meter-se a ator
meticuloso, -a [metiku'loso, -a] *adj* meticuloso, -a
metódico, -a [me'toðiko, -a] *adj* metódico, -a
metodismo [meto'ðismo] *m* metodismo *m*
metodista [meto'ðista] *adj, mf* metodista *mf*

método ['metoðo] *m* método *m*
metodología [metoðolo'xia] *f* metodologia *f*
metodológico, -a [metoðo'loxiko, -a] *adj* metodológico, -a
metralla [me'traʎa] *f* metralha *f*
metralleta [metra'ʎeta] *f* metralhadora *f*
métrico, -a ['metriko, -a] *adj* métrico, -a
metro ['metro] *m* 1.(*unidad*) metro *m;* **~ cuadrado/cúbico** metro quadrado/cúbico 2.(*para medir*) metro *m* 3.(*medio de transporte*) metrô *m*
metrópoli [me'tropoli] *f* metrópole *f*
metropolitano, -a [metropoli'tano, -a] *adj* metropolitano, -a
mexicano, -a [mexi'kano, -a] *adj, m, f* mexicano, -a *m, f*
México ['mexiko] *m* México *m*

> **Cultura** México ou Méjico (nome oficial: **Estados Unidos Mexicanos**) situa-se na América Central e faz fronteira ao norte com os Estados Unidos. A capital, **Ciudad de México** (Cidade do México), tem mais de vinte milhões de habitantes. O espanhol é o idioma oficial do país e a unidade monetária é o **peso**. Os habitantes primitivos do México, os **aztecas** (Astecas), se autointitulavam **mexica**.

mezcla ['meθkla] *f* mescla *f*
mezclar [meθ'klar] I.*vt* misturar II. *vr:* **~se** misturar-se; **~se entre los espectadores** misturar-se entre os espectadores
mezcolanza [meθko'lanθa] *f inf* mistureba *f*
mezquindad [meθkin'daᵈ] *f* mesquinharia *f*
mezquino, -a [meθ'kino, -a] *adj, m, f* mesquinho, -a *m, f*
mezquita [meθ'kita] *f* mesquita *f*
mg. [mili'ɣramo] *abr de* **miligramo** mg
mi [mi] I. *adj* meu, minha II. *m inv* MÚS mi *m*
mí [mi] *pron pers* mim; **para ~** para mim; ¿**y a ~ qué?** e daí?; **por ~** por mim
miaja ['mjaxa] *f* migalha *f*
miau [mjaṷ] miau
michelín [mitʃe'lin] *m inf* pneu *m*

mico ['miko] *m* (*mono*) mico *m*
micra ['mikra] *f* micrômetro *m*
micro ['mikro] *m* (*micrófono*) microfone *m*
microbio [mi'kroβjo] *m* micróbio *m*
microbiología [mikroβjolo'xia] *f* microbiologia *f*
microbús [mikro'βus] *m* micro-ônibus *m*
microchip [mikro'tʃip] *m* microchip *m*
microfilm [mikro'film] *m* <microfilm(e)s> microfilme *m*
micrófono [mi'krofono] *m* microfone *m*
microonda [mikro'oṇda, mi'kroṇda] *f* FÍS micro-onda *f*
microondas [mikro'oṇdas, mi'kroṇdas] *m inv* micro-ondas *m inv*
microprocesador [mikroproθesa'ðor] *m* microprocessador *m*
microscópico, -a [mikros'kopiko, -a] *adj* microscópico, -a
microscopio [mikros'kopjo] *m* microscópio *m*
miedo ['mjeðo] *m* **1.** (*angustia*) medo *m;* **dar ~** dar medo; **morirse de ~** morrer de medo; **tener ~** ter medo; **tener ~ de algo** ter medo de a. c.; **por ~ de que** +*subj* por medo que +*subj* **2.** *inf* **de ~** (*maravilloso*) divino
miedoso, -a [mje'ðoso, -a] *adj, m, f* medroso, -a *m, f*
miel [mjel] *f* mel *m*
miembro ['mjembro] *m* **1.** *pl* (*extremidades*) membros *mpl* **2.** *t.* LING, MAT (*socio*) membro *m* **3.** (*pene*) **~ (viril)** pênis *m*
mientras ['mjeṇtras] I. *adv* enquanto; **~ (tanto)** enquanto isso II. *conj* **~ que** enquanto
miércoles ['mjerkoles] *m inv* quarta-feira *f;* **~ de ceniza** quarta-feira de cinzas; *v.t.* **lunes**
mierda ['mjerða] *f vulg* **1.** (*heces, porquería*) merda *f* **2.** (*expresiones*) **¡a la ~!** à merda!; **¡(vete) a la ~!** vai à merda!; **¡~!** merda!
miga ['miya] *f* **1.** (*trocito*) migalha *f;* **hacer buenas ~s con alguien** *inf* entender-se bem com alguém; **estar hecho ~** *inf* (*cansado*) estar um caco **2.** (*esencia*) conteúdo *m;* **esto tiene su ~** isto tem conteúdo
migaja [mi'yaxa] *f* **1.** (*trocito*) migalha *f;* **una ~ de** uma migalha de **2.** *pl* (*sobras*) migalhas *fpl*

migración [miyra'θjon] *f* migração *f*
migrar [mi'yrar] *vi* migrar
migratorio, -a [miyra'torjo, -a] *adj* migratório, -a
mil [mil] *adj inv* mil
milagro [mi'layro] *m* milagre *m;* **de ~** por milagre; **hacer ~s** fazer milagres
milagroso, -a [mila'yroso, -a] *adj* milagroso, -a
milenario, -a [mile'narjo, -a] *adj* milenar
milenio [mi'lenjo] *m* milênio *m*
miles ['miles] *mpl* milhares *mpl;* **~ de** milhares de
mili ['mili] *f inf* serviço *m* militar; **hacer la ~** servir o exército
milicia [mi'liθja] *f* milícia *f*
miliciano, -a [mili'θjnao, -a] *adj, m, f* miliciano, -a *m, f*
miligramo [mili'yramo] *m* miligrama *m*
mililitro [mili'litro] *m* mililitro *m*
milimetrado, -a [milime'traðo, -a] *adj* milimetrado, -a
milimétrico, -a [mili'metriko, -a] *adj* milimétrico, -a
milímetro [mi'limetro] *m* milímetro *m*
militante [mili'taṇte] *adj, mf* militante *mf*
militar [mili'tar] I. *vi* militar II. *adj, m* militar *m*
militarista [milita'rista] *adj* militarista
militarización [militariθa'θjon] *f* militarização *f*
milla ['miʎa] *f* milha *f*
millar [mi'ʎar] *m* milhar *m*
millón [mi'ʎon] *m* milhão *m*
millonario, -a [miʎo'narjo, -a] *adj, m, f* milionário, -a *m, f*
mimado, -a [mi'maðo, -a] *adj* mimado, -a
mimar [mi'mar] *vt* mimar
mimbre ['mimbre] *m* vime *m*
mímica ['mimika] *f* mímica *f*
mimo ['mimo] I. *m* **1.** (*caricia, condescendencia*) mimo *m;* **necesitar ~** precisar de mimo **2.** TEAT mímica *f* II. *mf* (*actor*) mímico, -a *m, f*
mina ['mina] *f* **1.** MIN mina *f;* **~ de carbón** mina de carvão **2.** (*explosivo*) mina *f;* **~ antipersona** [*o* **antipersonal**] mina antipessoal **3.** (*de lápiz*) mina *f* **4.** *CSur, inf* (*mujer*) mulher *f*
minar [mi'nar] *vt* minar
mineral [mine'ral] *adj, m* mineral *m*
minero, -a [mi'nero, -a] *adj, m, f* mineiro, -a *m, f*

miniatura [minja'tura] *f* miniatura *f*
minifalda [mini'falda] *f* minissaia *f*
minifundio [mini'fundjo] *m* minifúndio *m*
minimizar [minimi'θar] <z→c> *vt* minimizar
mínimo ['minimo] *m* mínimo *m*; **como ~** no mínimo
mínimo, -a ['minimo, -a] *adj superl de* **pequeño** mínimo, -a; **sin el más ~ ruido** sem o mínimo de ruído; **no ayudar en lo más ~** não ajudar nem um pouco
minino, -a [mi'nino, -a] *m, f inf* bichano, -a *m, f*
ministerial [ministe'rjal] *adj* ministerial
ministerio [minis'terjo] *m* ministério *m*; **Ministerio de Asuntos Exteriores** Ministério de Assuntos Exteriores; **Ministerio de Economía y Hacienda** Ministério da Economia e Fazenda; **Ministerio del Interior** Ministério do Interior
ministro, -a [mi'nistro, -a] *m, f* ministro, -a *m, f*; **Ministro de Asuntos Exteriores** Ministro de Assuntos Exteriores; **Ministro de Economía y Hacienda** Ministro da Economia e Fazenda; **Ministro del Interior** Ministro do Interior; **Primera Ministra** Primeira-Ministra
minoría [mino'ria] *f* minoria *f*; **estar en ~** estar em minoria
minorista [mino'rista] *adj, mf* varejista *mf*
minoritario, -a [minori'tarjo, -a] *adj* minoritário, -a
minucia [mi'nuθja] *f* minúcia *f*
minucioso, -a [minu'θjoso, -a] *adj* minucioso, -a
minúscula [mi'nuskula] *f* minúscula *f*; **en ~s** em minúsculas
minúsculo, -a [mi'nuskulo, -a] *adj* minúsculo, -a
minusvalía [minusβa'lia] *f* deficiência *f*
minusválido, -a [minus'βaliðo, -a] *adj, m, f* deficiente *mf*
minuta [mi'nuta] *f* 1. (*cuenta*) conta *f* 2. (*menú*) cardápio *m*
minutero [minu'tero] *m* ponteiro *m*
minuto [mi'nuto] *m* minuto *m*; **sin perder un ~** sem perder um minuto
mío, -a ['mio, -a] *pron pos* 1. (*de mi propiedad*) meu, minha; **el libro es ~** o livro é meu; **la botella es mía** a garrafa é minha 2. (*tras artículo*) **el ~/la mía** o meu/a minha; **los ~s** (*parientes*) os meus; **ésta es la mía** *inf* chegou a minha vez 3. (*tras sustantivo*) meu, minha; **una amiga mía** uma amiga minha; (**no**) **es culpa mía** (não) é culpa minha; **¡amor ~!** meu amor!
miope [mi'ope] *adj, mf* míope *mf*
miopía [mjo'pia] *f* miopia *f*
mira ['mira] *f* 1. (*para apuntar*) mira *f*; **estar en la ~ de alguien** estar na mira de alguém 2. *pl* (*intención*) propósito *m*; **ser amplio/corto de ~s** ter cabeça aberta/fechada; **con ~s a** com o propósito de
mirada [mi'raða] *f* olhar *f*; **apartar la ~** desviar o olhar; **echar una ~ a algo** dar uma olhada em a. c.
mirado, -a [mi'raðo, -a] *adj* (*respetuoso*) cauteloso, -a
mirador [mira'ðor] *m* (*atalaya*) varanda *f* cercada por vidro
miramiento [mira'mjento] *m* consideração *f*; **sin ningún ~** sem nenhuma consideração
mirar [mi'rar] I. *vt* olhar; **~ fijamente** olhar fixamente; **~ el dinero** valorizar o dinheiro II. *vi* 1. (*dirigir la vista*) olhar; **~ atrás** olhar para trás; **~ alrededor** olhar ao redor; **la casa mira al este** a casa tem face para o leste 2. (*buscar*) procurar 3. (*expresiones*) **mira (a ver) si...** olhe (para ver) se...; **¡mira por dónde!** *inf* surpresa!; **mira que si se cae este jarrón** imagine que se este vaso cair; **mira que es tonta, ¿eh?** ela é realmente tonta, não é? III. *vr*: **~se** olhar-se; **se mire como se mire** não importa como se veja isso
mirilla [mi'riʎa] *f* olho *m* mágico
mirlo ['mirlo] *m* melro *m*
mirón, -ona [mi'ron, -ona] *adj, m, f inf* curioso, -a *m, f*
misa ['misa] *f* missa *f*; **~ de difuntos** missa dos mortos; **~ del gallo** missa do galo; **decir ~** celebrar a missa; **oír ~** assistir à missa; **no saber de la ~ la mitad** *inf* não saber da missa a metade; **eso va a ~** *inf* isso é indiscutível
misal [mi'sal] *m* missal *m*
miserable [mise'raβle] *adj, mf* miserável *mf*
miseria [mi'serja] *f* miséria *f*
misericordia [miseri'korðja] *f* misericórdia *f*
misericordioso, -a [miserikor'ðjoso, -a] *adj* misericordioso, -a
misil [mi'sil] *m* míssil *m*

misión [mi'sjon] *f* missão *f*
misionero, -a [misjo'nero, -a] *m*, *f* missionário, -a *m*, *f*
misiva [mi'siβa] *f* missiva *f*
mismo ['mismo] *adv* **ayer** ~ ontem mesmo; **ahí** ~ aí mesmo; **así** ~ assim mesmo
mismo, -a ['mismo, -a] *adj* mesmo, -a; **al** ~ **tiempo** ao mesmo tempo; **da lo** ~ tanto faz; **por lo** ~ por essa razão; **lo** ~ **no vienen** eles podem não vir; **¡eso ~!** isso mesmo!; **te perjudicas a ti** ~ prejudica a si mesmo; **yo misma lo vi** eu mesma o vi
misógino, -a [mi'soxino, -a] *adj, m, f* misógino, -a *m, f*
misterio [mis'terjo] *m* mistério *m*
misterioso, -a [miste'rjoso, -a] *adj* misterioso, -a
místico, -a ['mistiko, -a] *adj, m, f* místico, -a *m, f*
mitad [mi'taᵈ] *f* metade *f*; **a** ~ **de precio** a metade do preço; **reducir a la** ~ reduzir pela metade
mítico, -a ['mitiko, -a] *adj* mítico, -a
mitigar [miti'ɣar] <g→gu> *vt* mitigar
mitin ['mitin] *m* comício *m*
mito ['mito] *m* mito *m*
mitología [mitolo'xia] *f* mitologia *f*
mitológico, -a [mito'loxiko, -a] *adj* mitológico, -a
mixto, -a ['miksto, -a] *adj* misto, -a
ml. [mili'litro] *abr de* **mililitro** ml
mm. [mi'limetro] *abr de* **milímetro** mm
mobiliario [moβi'ljarjo] *m* mobiliário *m*
mocasín [moka'sin] *m* mocassim *m*
mochila [mo'tʃila] *f* mochila *f*
mochuelo [mo'tʃwelo] *m* coruja *f*; **cargar a alguien con el** ~ *inf* fazer alguém descascar o abacaxi
moción [mo'θjon] *f t.* POL moção *f*; ~ **de censura** moção de censura
moco ['moko] *m* muco *m*; **limpiarse los** ~ **s** assoar o nariz; **no ser** ~ **de pavo** *fig* não ser pouca coisa; **llorar a** ~ **tendido** *inf* debulhar-se em lágrimas
moda ['moða] *f* moda *f*; **estar de** ~ estar na moda; **estar pasado de** ~ estar fora de moda; **ponerse de** ~ ficar na moda
modal [mo'ðal] *adj* modal
modales [mo'ðales] *mpl* modos *mpl*
modalidad [moðali'ðaᵈ] *f* modalidade *f*
modelar [moðe'lar] *vt* modelar
modelo¹ [mo'ðelo] *mf* modelo *mf*
modelo² [mo'ðelo] *m (ejemplo)* modelo *m*

módem ['moðen] *m* INFOR modem *m*
moderado, -a [moðe'raðo, -a] *adj, m, f* moderado *m*
moderar [moðe'rar] I. *vt* moderar II. *vr:* ~ **se** moderar-se
modernismo [moðer'nismo] *m* modernismo *m*
modernización [moðerniθa'θjon] *f* modernização *f*
modernizar [moðerni'θar] <z→c> I. *vt* modernizar II. *vr:* ~ **se** modernizar-se
moderno, -a [mo'ðerno, -a] *adj* moderno, -a
modestia [mo'ðestja] *f* modéstia *f*
modesto, -a [mo'ðesto, -a] *adj* modesto, -a
módico, -a ['moðiko, -a] *adj* módico, -a
modificación [moðifika'θjon] *f* modificação *f*
modificar [moðifi'kar] <c→qu> *vt* modificar
modismo [mo'ðismo] *m* modismo *m*
modisto, -a [mo'ðisto, -a] *m, f* modista *mf*
modo ['moðo] *m* modo *m*; **de este** ~ deste modo; **de ningún** ~ de maneira nenhuma; **hacer algo de cualquier** ~ fazer a. c. de qualquer jeito; **de cualquier** ~ **no hubieran ido** de qualquer forma não teriam ido; **de** ~ **que** de modo que; **en cierto** ~ de certo modo; **de todos** ~ **s no hubo heridos** de qualquer forma não houve feridos; **de todos** ~ **s, lo volvería a intentar** de qualquer forma, voltaria a tentar
modorra [mo'ðorra] *f inf* modorra *f*; **tener** ~ ter modorra
módulo ['moðulo] *m* módulo *m*
mofarse [mo'farse] *vr* ~ **de alguien** caçoar de alguém
moflete [mo'flete] *m* bochecha *f*
mogollón [moɣo'ʎon] *m inf* **1.** *inf (cantidad)* montão *m*; ~ **de gente** montão de gente **2.** *(lío)* confusão *f*
moho ['mo(o)] *m* mofo *m*
mohoso, -a [mo'oso, -a] *adj* mofado, -a
mojar [mo'xar] I. *vt* **1.** *(con un líquido)* molhar **2.** *inf (celebrar)* bebemorar II. *vr:* ~ **se 1.** *(con un líquido)* molhar-se **2.** *inf (comprometerse)* implicar-se
mojón [mo'xon] *m (hito)* marco *m*; ~ **kilométrico** marco quilométrico
Moldavia [mol'daβja] *f* Moldávia *f*
moldavo, -a [mol'daβo, -a] *adj, m, f*

moldávio, -a *m, f*
molde ['moḷde] *m* forma *f*
moldear [moḷde'ar] *vt* (*formar, vaciar*) moldar
mole[1] ['mole] *f* (*masa*) mole *f*
mole[2] ['mole] *m Méx* GASTR 1. (*salsa*) molho picante feito com especiarias e tomate 2. (*guiso*) guisado de carne com molho apimentado

> Cultura Mole é o nome dado a um molho picante mexicano. A pimenta-de-Caiena obtida da planta do chile dá a esse molho seu gosto forte característico.

molécula [mo'lekula] *f* molécula *f*
molecular [moleku'lar] *adj* molecular
moler [mo'ler] <o→ue> *vt* moer
molestar [moles'tar] I. *vt* incomodar II. *vr:* ~**se** 1. (*tomarse la molestia*) incomodar-se; **ni siquiera te has molestado en...** nem mesmo se ofendeu em...; **no te molestes por mí** não se incomode comigo 2. (*ofenderse*) ofender-se
molestia [mo'lestja] *f* incômodo *m;* **tomarse la ~ de hacer algo** incomodar-se em fazer a. c.; **perdonen las ~s** desculpem o incômodo
molesto, -a [mo'lesto, -a] *adj* 1. *ser* (*fastidioso*) incômodo, -a 2. *estar* (*enfadado*) irritado, -a 3. *estar* (*incómodo*) aborrecido, -a
molido, -a [mo'liðo, -a] *adj inf* (*cansado*) moído, -a
molinillo [moli'niʎo] *m* 1. (*aparato*) ~ **de café** moedor *m* (de café) 2. (*juguete*) cata-vento *m*
molino [mo'lino] *m* moinho *m;* ~ **de viento** moinho de vento
molusco [mo'lusko] *m* molusco *m*
momentáneo, -a [momeṇ'taneo, -a] *adj* momentâneo, -a
momento [mo'meṇto] *m* 1. (*instante*) momento *m;* **al ~** na hora; **de ~** de momento; **de un ~ a otro** de uma hora para a outra; **en cualquier** [*o* **en todo**] ~ a qualquer momento; **en este ~** neste momento; **en este ~ estaba...** neste momento estava...; **en todo ~** a todo momento; **hace un ~** há um momento atrás; **atravieso un mal ~** atravesso um mal momento 2. (*actualidad*) momento *m;* **la música del ~** a

música do momento
momia ['momja] *f* múmia *f*
mona ['mona] *f* 1. *inf* (*borrachera*) bebedeira *m;* **coger una ~** tomar uma bebedeira 2. GASTR ~ **de Pascua** *figuras de chocolate que enfeitam o bolo de Páscoa*
Mónaco ['monako] *m* Mônaco *m*
monaguillo, -a [mona'ɣiʎo, -a] *m, f* coroinha *m*
monarca [mo'narka] *m* monarca *m*
monarquía [monar'kia] *f* monarquia *f;* ~ **absoluta** monarquia absoluta; ~ **parlamentaria** monarquia parlamentar
monárquico, -a [mo'narkiko, -a] I. *adj* monárquico, -a II. *m, f* monarquista *mf*
monasterio [monas'terjo] *m* mosteiro *m*
mondadientes [moṇda'ðjeṇtes] *m inv* palito *m* de dentes
mondar [moṇ'dar] I. *vt* descascar II. *vr* ~**se** (**de risa**) *inf* morrer de rir
moneda [mo'neða] *f* moeda *f;* ~ **de curso legal** moeda corrente; ~ **extranjera/nacional** moeda estrangeira/nacional; **pagar a alguien con la misma ~** *fig* pagar alguém com a mesma moeda
monedero [mone'ðero] *m* porta-níqueis *m inv*
monetario, -a [mone'tarjo, -a] *adj* monetário, -a
Mongolia [moŋ'golja] *f* Mongólia *f*
mongólico, -a [moŋ'goliko, -a] I. *adj* 1. (*de Mongolia*) mongol 2. (*enfermo*) mongoloide II. *m, f* 1. (*de Mongolia*) mongol *mf* 2. (*enfermo*) mongoloide *mf*
mongolismo [moŋgo'lismo] *m* mongolismo *m*
monigote [moni'ɣote] *m* 1. (*dibujo*) boneco, -a *m, f* 2. *inf* (*persona*) fantoche *mf*
monitor [moni'tor] *m* monitor *m*
monitor(a) [moni'tor(a)] *m(f)* (*instructor*) monitor(a) *m(f)*
monja ['monxa] *f* freira *f*
monje ['moṇxe] *m* monge *m*
mono ['mono] *m* 1. (*traje*) macacão *m* 2. *inf* (*de drogas*) síndrome *f* de abstinência
mono, -a ['mono, -a] I. *adj* bonito, -a II. *m, f* ZOOL macaco, -a *m, f*
monocolor [monoko'lor] *adj* monocromático, -a
monóculo [mo'nokulo] *m* monóculo *m*

monogamia [monoˈɣamja] *f* monogamia *f*

monógamo, -a [moˈnoɣamo, -a] *adj, m, f* monógamo, -a *m, f*

monografía [monoɣraˈfia] *f* monografia *f*

monográfico, -a [monoˈɣrafiko, -a] *adj* monográfico, -a

monolito [monoˈlito] *m* monólito *m*

monólogo [moˈnoloɣo] *m* monólogo *m*

monopatín [monopaˈtin] *m* skate *m*

monoplaza [monoˈplaθa] *m* veículo que acomoda apenas uma pessoa

monopolio [monoˈpoljo] *m* monopólio *m*

monopolizar [monopoliˈθar] <z→c> *vt* monopolizar

monotonía [monotoˈnia] *f* monotonia *f*

monótono, -a [moˈnotono, -a] *adj* monótono, -a

monovolumen [monoboˈlumen] *m* automóvel no qual o motor, o espaço para passageiros e porta-malas constituem um único volume

monóxido [moˈnoʸsiðo] *m* monóxido *m*

monseñor [monseˈɲor] *m* monsenhor *m*

monstruo [ˈmonstrwo] I. *m* monstro *m* II. *adj inv, inf* monstro

monstruosidad [monstrwosiˈðað] *f* monstruosidade *f*

monstruoso, -a [monstruˈoso, -a] *adj* monstruoso, -a

monta [ˈmonta] *f* monta *f*; **de poca ~** *fig* de pouca monta

montacargas [montaˈkarɣas] *m inv* monta-cargas *m inv*

montaje [monˈtaxe] *m t.* TÉC, CINE montagem *f*

montante [monˈtante] *m (importe)* montante *m*

montaña [monˈtaɲa] *f* montanha *f*; **~ rusa** montanha russa; **hacer una ~ de un grano de arena** *inf* fazer uma tempestade em um copo de água

montañero, -a [montaˈɲero, -a] *adj, m, f* alpinista *mf*

montañés, -esa [montaˈɲes, -esa] *adj, m, f* montanhês, -esa *m, f*

montañismo [montaˈɲismo] *m* alpinismo *m*

montañoso, -a [montaˈɲoso, -a] *adj* montanhoso, -a

montar [monˈtar] I. *vi* montar; **~ a caballo** montar a cavalo II. *vt* 1.(*un caballo*) montar 2.(*máquina, tienda*) montar; **~ un mueble** montar um móvel 3.(*huevo*) bater 4. *inf* (*organizar*) montar; **~ un número** montar um número III. *vr:* **~se** 1.(*subir*) montar 2. *inf* **montárselo** (*arreglárselas*) virar-se

monte [ˈmonte] *m* monte *m*; **~ alto** monte alto; **~ bajo** monte baixo; **no todo el ~ es orégano** *inf* não é brincadeira

Montevideo [monteβiˈðeo] *m* Montevidéu *f*

montículo [monˈtikulo] *m* montículo *m*

monto [ˈmonto] *m* montante *m*

montón [monˈton] *m* montão *m*; **un ~ de** um montão de; **problemas a montones** *inf* problemas de montão; **ser del ~** *inf* ser ordinário

monumental [monumenˈtal] *adj* monumental

monumento [monuˈmento] *m* monumento *m*

monzón [monˈθon] *m* monção *f*

moño [ˈmoɲo] *m* coque *m*; **estar hasta el ~ de algo** *inf* estar de saco cheio de a. c.

moqueta [moˈketa] *f* carpete *m*

mora [ˈmora] *f* amora *f*

morada [moˈraða] *f* morada *f*

morado, -a [moˈraðo, -a] *adj* roxo, -a; **pasarlas moradas** *inf* passar maus bocados; **ponerse ~** *inf* empanturrar-se

moral [moˈral] I. *adj* moral *f*; **levantar la ~ a alguien** levantar a moral de alguém; **tener la ~ por los suelos** estar com a moral muito baixa

moraleja [moraˈlexa] *f* moral *f*

moralidad [moraliˈðað] *f* (*cualidad*) moralidade *f*

moralista [moraˈlista] *mf* moralista *mf*

moralizar [moraliˈθar] <z→c> *vi, vt* moralizar

moratón [moraˈton] *m* hematoma *m*

moratoria [moraˈtorja] *f t.* FIN moratória *f*

morbo [ˈmorβo] *m* morbidez *f*

morboso, -a [morˈβoso, -a] *adj inf* (*placer*) mórbido, -a

morcilla [morˈθiʎa] *f* morcela *f*

mordaz [morˈðaθ] *adj* mordaz

mordaza [morˈðaθa] *f* 1.(*en la boca*) mordaça *f* 2. TÉC grampo *m*

morder [morˈðer] <o→ue> I. *vt* 1.(*con los dientes*) morder **está que muerde** *inf* está babando de raiva 2. *AmL* (*estafar*) trapacear II. *vr:* **~se**

mordisco 209 **motorizar**

morder-se
mordisco [mor'ðisko] *m* mordida *f*
mordisquear [morðiske'ar] <o→ue> *vt* mordiscar
morena [mo'rena] *f* ZOOL moreia *f*
moreno, -a [mo'reno, -a] I. *adj* moreno, -a II. *m, f* 1. (*de piel oscura*) moreno, -a *m, f* 2. *Cuba (mulato)* mulato, -a *m, f*
morera [mo'rera] *f* amoreira *f*
moretón [more'ton] *m* mancha *f* roxa
morfina [mor'fina] *f* morfina *f*
morfología [morfolo'xia] *f* morfologia *f*
moribundo, -a [mori'βuṇdo, -a] *adj* moribundo, -a
morir [mo'rir] *irr* I. *vi* morrer II. *vr:* ~ **se** (*perecer*) morrer; ¡**así te mueras!** *inf* tomara que morras!; ~ **se de hambre/ frío/risa** morrer de fome/de frio/de rir; **me muero por...** morreria por...
mormón, -ona [mor'mon, -ona] *adj, m, f* mórmon(a) *m(f)*
moro, -a ['moro, -a] *adj, m, f* mouro, -a *m, f*
morosidad [morosi'ðað] *f* morosidade *f*
moroso, -a [mo'roso, -a] *adj, m, f* atrasado, -a *m, f*
morriña [mo'rriɲa] *f inf* saudade *f*
morro ['morro] *m* 1. (*hocico*) focinho *m* 2. *inf* (*de persona*) beiço *m*; **beber a** ~ beber no gargalo; **estar de** ~(**s**) estar muito zangado; **partirle los** ~ **s a alguien** quebrar a cara de alguém 3. *inf* (*caradura*) cara *m* de pau; **tener** ~ ter cara de pau
morrocotudo, -a [morroko'tuðo, -a] *adj* fenomenal
morsa ['morsa] *f* ZOOL morsa *f*
morse ['morse] *m* morse *m*
mortadela [morta'ðela] *f* mortadela *f*
mortaja [mor'taxa] *f* 1. (*sábana*) mortalha *f* 2. *AmL* (*de cigarrillo*) papel *m* de cigarro
mortal [mor'tal] *adj, mf* mortal *mf*
mortalidad [mortali'ðað] *f* mortalidade *f*
mortandad [mortaṇ'dað] *f* mortandade *f*
mortero [mor'tero] *m* 1. (*de cocina*) pilão *m* 2. (*en construcción*) argamassa *f* 3. (*arma*) morteiro *m*
mortífero, -a [mor'tifero, -a] *adj* mortífero, -a
mortificante [mortifi'kaṇte] *adj* mortificante
mortificar [mortifi'kar] <c→qu> I. *vt* mortificar II. *vr:* ~ **se** mortificar-se

mosaico [mo'sai̯ko] *m* mosaico *m*
mosca ['moska] *f* mosca *f*; ~ **tsé-tsé** mosca tsé-tsé; **estar** ~ *inf* (*receloso*) estar desconfiado, -a; (*enfadado*) estar zangado, -a; **por si las** ~ **s** *inf* na dúvida; ¿**qué** ~ **le ha picado?** *inf* que bicho te mordeu?; **tener la** ~ **detrás de la oreja** *inf* estar com a pulga atrás da orelha
moscardón [moskar'ðon] *m* moscavarejeira *f*
moscatel [moska'tel] *m* moscatel *m*
moscovita [mosko'βita] *adj, mf* moscovita *mf*
Moscú [mos'ku] *m* Moscou *f*
mosquearse [moske'arse] *vr inf* (*enfadarse*) ofender-se
mosquita [mos'kita] *f* **hacerse la** ~ **muerta** *inf* fazer-se de mosca morta
mosquitero [moski'tero] *m* mosquiteiro *m*
mosquito [mos'kito] *m* mosquito *m*
mostaza [mos'taθa] *f* mostarda *f*
mosto ['mosto] *m* mosto *m*
mostrador [mostra'ðor] *m* balcão *m*
mostrar [mos'trar] <o→ue> I. *vt* mostrar II. *vr:* ~ **se** mostrar-se
mota ['mota] *f* grão *m*
mote ['mote] *m* apelido *m*
motín [mo'tin] *m* motim *m*
motivación [motiβa'θjon] *f* motivação *f*
motivar [moti'βar] *vt* motivar
motivo [mo'tiβo] *m* motivo *m*; **con** ~ **de...** na [*ou* por] ocasião de...; **por este** ~ por este motivo
moto ['moto] *f inf* moto *f*; ~ **acuática** jet-ski *m*
motocicleta [motoθi'kleta] *f* motocicleta *f*
motociclismo [motoθi'klismo] *m* motociclismo *m*
motociclista [motoθi'klista] *mf* motociclista *mf*
motocross [moto'cros] *m* motocross *m*
motor [mo'tor] *m* motor *m*; ~ **de búsqueda** INFOR motor de busca; ~ **de explosión** AUTO motor de explosão; ~ **de inyección** AUTO motor de injeção
motor(a) [mo'tor(a)] *adj* motor(a)
motora [mo'tora] *f* barco *m* a motor
motorismo [moto'rismo] *m* motociclismo *m*
motorista [moto'rista] *mf* motociclista *mf*
motorizar [motori'θar] <z→c> *vt*

motosierra 210 **mulo**

motorizar
motosierra [moto'sjerra] *f* motosserra *f*
motriz [mo'triθ] *adj* motriz
mousse [m ʂ] *m o f* musse *f*
movedizo, -a [moβe'ðiθo, -a] *adj* movediço, -a
mover [mo'βer] <o→ue> I. *vt* **1.** (*desplazar*) mover **2.** (*incitar*) causar II. *vr:* ~ **se** mover-se; **¡venga, muévete!** venha, mova-se!
movido, -a [mo'βiðo, -a] *adj* **1.** (*foto*) tremido, -a **2.** (*activo*) agitado, -a **3.** MÚS agitado, -a
móvil ['moβil] I. *adj* móvel II. *m* **1.** (*para colgar*) móbile *m* **2.** (*crimen*) motivo *m* **3.** TEL telefone *m* celular
movilidad [moβili'ðaᵈ] *f* mobilidade *f*
movilización [moβiliθa'θjon] *f* mobilização *f*
movilizar [moβili'θar] <z→c> *vt* mobilizar
movimiento [moβi'mjento] *m* **1.** *t.* FÍS, COM movimento *m;* ~ **de cuenta** movimento de conta; ~ **reflejo** movimento reflexo; ~ **sísmico** abalo *m* sísmico; **poner en** ~ pôr em movimento **2.** MÚS movimento *m*
moviola [mo'βjola] *f* moviola *f*
Mozambique [moθam'bike] *m* Moçambique *f*
mozambiqueño, -a [moθambi'keɲo, -a] *adj, m, f* moçambicano, -a *m, f*
mozo ['moθo] *m* **1.** (*de café*) garçom, garçonete *m, f* **2.** (*soldado*) recruta *mf*
mozo, -a ['moθo, -a] *adj, m, f* moço, -a *m, f*
mu [mu] *m* **no decir ni** ~ *inf* não dar nem um pio
muchacho, -a [mu'tʃatʃo, -a] *m, f* moço, -a *m, f*
muchedumbre [mutʃe'ðumbre] *f* multidão *f*
mucho, -a ['mutʃo, -a] I. *adj* muito, -a II. *adv* muito; **trabajar** ~ trabalhar muito; **lo sentimos** ~ sentimos muito; **no hace** ~ não faz muito (tempo); **como** ~ no máximo; **ni** ~ **menos** nem pensar; **por** ~ **que** +*subj* por mais que +*subj*
mucosa [mu'kosa] *f* mucosa *f*
mucosidad [mukosi'ðaᵈ] *f* mucosidade *f*
muda ['muða] *f* muda *f*
mudanza [mu'ðanθa] *f* (*de casa*) mudança *f*
mudar [mu'ðar] I. *vi* mudar; ~ **de** mudar de II. *vt* mudar III. *vr:* ~ **se** (*de casa, de ropa*) mudar-se
mudo, -a ['muðo, -a] I. *adj* mudo, -a; **quedarse** ~ ficar mudo II. *m, f* mudo, -a *m, f*
mueble ['mweβle] I. *m* móvel *m;* ~ **bar** bar *m;* ~ **de cocina** móvel de cozinha II. *adj* **bienes** ~ **s** JUR bens móveis
mueca ['mweka] *f* careta *f;* **hacer** ~ **s** fazer caretas
muela ['mwela] *f* **1.** (*diente*) molar *m;* ~ **s del juicio** dente *m* de siso; **dolor de** ~ **s** dor de dente **2.** (*de molino*) mó *f*
muelle ['mweʎe] *m* **1.** (*resorte*) mola *f* **2.** (*puerto*) cais *m*
muérdago ['mwerðaɣo] *m* visco *m*
muerte ['mwerte] *f* morte *f;* ~ **natural** morte natural; **morir de** ~ **natural** morrer de morte natural; ~ **violenta** morte violenta; **a** ~ de morte; **de mala** ~ *inf* horrível; **un susto de** ~ *inf* um susto horrível
muerto, -a ['mwerto, -a] I. *pp de* **morir** II. *adj* morto, -a; **no tener dónde caerse** ~ *inf* não ter onde cair morto III. *m, f* morto, -a *m, f;* **hacerse el** ~ fazer-se de morto; (*nadando*) boiar; **ser un** ~ **de hambre** *inf* ser um morto de fome
muesca ['mweska] *f* entalhe *m*
muestra ['mwestra] *f* **1.** (*mercancía*) amostra *f;* ~ **gratuita** amostra grátis **2.** (*prueba*) amostra *f;* ~ **de sangre** MED amostra de sangue **3.** (*demostración*) demonstração *f;* ~ **de amistad** demonstração de amizade; **dar** ~(**s**) **de...** dar demonstrações de...
muestrario [mwes'trarjo] *m* mostruário *m*
muestreo [mwes'treo] *m* amostragem *f*
mugido [mu'xiðo] *m* mugido *m*
mugir [mu'xir] <g→j> *vi* (*vaca*) mugir
mugre ['muɣre] *f* sujeira *f*
mugriento, -a [mu'ɣrjento, -a] *adj* sujo, -a
mujer [mu'xer] *f* mulher *f;* ~ **de la calle** mulher de rua; ~ **fatal** mulher fatal; ~ **de la limpieza** faxineira *f*
mujeriego [muxe'rjeɣo] *m* mulherengo *m*
mulato, -a [mu'lato, -a] *adj, m, f* mulato, -a *m, f*
muleta [mu'leta] *f* (*apoyo*) *t.* TAUR muleta *f*
mullido, -a [mu'ʎiðo, -a] *adj* mole
mulo, -a ['mulo, -a] *m, f* mulo, -a *m, f*

multa ['multa] *f* multa *f*
multar [mul'tar] *vt* multar
multicine [multi'θine] *m cinema que contém diversas salas de projeção*
multicolor [multiko'lor] *adj* multicolor
multicopista [multiko'pista] *f* copiadora *f*
multilateral [multila'teral] *adj* multilateral
multimedia [multi'medja] *adj inv* multimídia
multimillonario, -a [multimiʎo'narjo, -a] *adj, m, f* multimilionário, -a *m, f*
multinacional [multinaθjo'nal] *adj, f* multinacional *f*
múltiple ['multiple] *adj* múltiplo, -a
multiplicación [multiplika'θjon] *f* multiplicação *f*
multiplicar [multipli'kar] <c→qu> I. *vi, vt* multiplicar II. *vr:* **~se** multiplicar-se
multiplicidad [multipliθi'ðað] *f* multiplicidade *f*
múltiplo ['multiplo] *m* múltiplo *m*
múltiplo, -a ['multiplo, -a] *adj* múltiplo, -a
multitud [multi'tuð] *f* multidão *f*
multitudinario, -a [multituði'narjo, -a] *adj* multitudinário, -a
mundanal [munda'nal] *adj*, **mundano, -a** [mun'dano, -a] *adj* mundano, -a
mundial [mun'djal] *adj, m t.* DEP mundial *m*
mundo ['mundo] *m* mundo *m;* **el ~ antiguo** a antiguidade; **el otro ~** o outro mundo; **el primer/tercer ~** o primeiro/terceiro mundo; **todo el ~** todo o mundo; **con toda la tranquilidad del ~** com a maior tranquilidade do mundo; **irse de este ~** morrer; **no ser nada del otro ~** *inf* não ser nada do outro mundo; **por nada del ~** por nada deste mundo; **tener mucho ~** ter muita vivência; **venir al ~** vir ao mundo; **ver ~** correr mundo; **el ~ es un pañuelo** *inf* este mundo é muito pequeno
munición [muni'θjon] *f (de armas)* munição *f*
municipal [muniθi'pal] *adj* municipal
municipio [muni'θipjo] *m* município *m*
muñeca [mu'ɲeka] *f* **1.** *(brazo)* munheca *f;* **jugar a las ~s** brincar de bonecas
muñeco [mu'ɲeko] *m* **1.** *(juguete)* boneco *m;* **~ de nieve** boneco de neve **2.** *pey (monigote)* fantoche *m*
muñequera [muɲe'kera] *f* munhequeira *f*
muñón [mu'ɲon] *m* coto *m*
mural [mu'ral] *adj, m* mural *m*
muralla [mu'raʎa] *f* muralha *f*
murciélago [mur'θjelaɣo] *m* morcego *m*
murmullo [mur'muʎo] *m* murmúrio *m*
murmuración [murmura'θjon] *f* murmuração *f*
murmurar [murmu'rar] *vi, vt* murmurar
muro ['muro] *m* muro *m;* **Muro de Berlín** Muro de Berlim; **Muro de las Lamentaciones** Muro das Lamentações
mus [mus] *m* mus *m inv*
musa ['musa] *f* musa *f*
musaraña [musa'raɲa] *f* musaranho *m;* **pensar en las ~s** *fig* estar no mundo da lua
musculación [muskula'θjon] *f* musculação *f*
muscular [musku'lar] *adj* muscular
musculatura [muskula'tura] *f* musculatura *f*
músculo ['muskulo] *m* músculo *m*
musculoso, -a [musku'loso, -a] *adj* musculoso, -a
museo [mu'seo] *m* museu *m*
musgo ['musɣo] *m* musgo *m*
música ['musika] *f* música *f;* **~ ambiental** música ambiente; **~ clásica** música clássica; **~ de fondo** música de fundo; **~ ligera** música comercial; **¡vete con la ~ a otra parte!** *inf* vai ver se eu estou na esquina!
musical [musi'kal] *adj, m* musical *m*
musicalidad [musikali'ðað] *f* musicalidade *f*
músico, -a ['musiko, -a] I. *adj* musical II. *m, f* músico, -a *m, f*
musitar [musi'tar] *vi* sussurrar
muslo ['muslo] *m* coxa *f*
mustio, -a ['mustjo, -a] *adj* murcho, -a
musulmán, -ana [musul'man, -ana] *adj, m, f* muçulmano, -a *m, f*
mutación [muta'θjon] *f* mutação *f*
mutilación [mutila'θjon] *f* mutilação *f*
mutilar [muti'lar] *vt* mutilar
mutismo [mu'tismo] *m* mutismo *m*
mutua ['mutwa] *f* mútua *f*
mutualidad [mutwali'ðað] *f* reciprocidade *f*
mutuo, -a ['mutwo, -a] *adj* mútuo, -a
muy [mwi] *adv* muito; **~ a pesar mío**

muito a contra gosto; ~ **atentamente**, (*en cartas*) atenciosamente,; **¡eso es ~ de María!** *inf* isso é bem típico da Maria!

> **Gramática** muy é um advérbio usado com adjetivos e outros advérbios: "El edificio es muy antiguo; Ella hace siempre su trabajo muy bien." **mucho** é usado com verbos: "Hoy hemos trabajado mucho" e também com substantivos: "Actualmente no tengo mucho tiempo libre."

N

N, n ['ene] *f* N, n *m*
nabo ['naβo] *m* nabo *m*
nácar ['nakar] *m* nácar *m*
nacer [na'θer] *irr como crecer vi* nascer; **~ de familia humilde** nascer de uma família humilde; **volver a ~** nascer de novo; **nació para cantante** nasceu para ser cantor
nacido, -a [na'θiðo, -a] I. *pp de* nacer II. *m, f* **recién ~** recém-nascido *m*
naciente [na'θjente] *adj fig* nascente
nacimiento [naθi'mjento] *m* 1.(*de persona, animal*) nascimento *m;* **de ~** de nascimento; **ciego de ~** cego de nascimento; **lugar de ~** lugar de nascimento 2.(*belén*) presépio *m*
nación [na'θjon] *f* nação *f;* **Naciones Unidas** Nações *fpl* Unidas
nacional [naθjo'nal] *adj* nacional
nacionalidad [naθjonali'ðað] *f* nacionalidade *f*
nacionalismo [naθjona'lismo] *m* nacionalismo *m*
nacionalista [naθjona'lista] *adj, mf* nacionalista *mf*
nacionalización [naθjonaliθa'θjon] *f* nacionalização *f*
nacionalizar [naθjonali'θar] <z→c> I. *vt* nacionalizar II. *vr* **~se español** naturalizar-se espanhol
nada ['naða] I. *pron indef* nada; **¡gracias! – ¡de ~!** obrigado! – de nada!; **se queja por ~** se queixa por nada; **como si ~** como se não fosse nada; **subió las escaleras al cuarto piso como si ~** subiu as escadas até o quarto andar como se não fosse nada; **le costó ~ más y ~ menos que...** custou-lhe nada mais nada menos que...; **no servir para ~** não servir para nada II. *adv* nada; **antes de ~** (*sobre todo*) antes de mais nada; (*primero*) antes de qualquer coisa; **~ más** nada mais; **~ de** absolutamente nada; **todo el esfuerzo del último año para ~** todo o esforço do último ano para nada; **¿te gusta este vestido? – para ~** você gosta deste vestido? – de modo algum; **no ser ~ difícil** não ser nada difícil; **¡y ~ de llegar tarde!** e nada de chegar tarde!; **¡casi ~!** quase nada! III. *f* nada *m;* **salir de la ~** sair do nada
nadador(a) [naða'ðor(a)] *m(f)* nadador(a) *m(f)*
nadar [na'ðar] *vi* nadar
nadie ['naðje] *pron indef* ninguém; **no vino ~** não veio ninguém; **tú no eres ~ para decir...** você não é ninguém para dizer...; **un don ~** um joão-ninguém
nado ['naðo] *adv* **a ~** a nado; **cruzar algo a ~** cruzar a. c. a nado
nafta ['nafta] *f CSur* (*gasolina*) gasolina *f*
naftalina [nafta'lina] *f* naftalina *f*
naipe ['naipe] *m* 1.(*carta*) carta *m* 2. *pl* (*baraja*) baralho *m*
nalga ['nalɣa] *f* nádega *f*
Namibia [na'miβja] *f* Namíbia *f*
namibio, -a [na'miβjo, -a] *adj, m,* namibiano, -a *m, f*
nana ['nana] *f* canção *f* de ninar
napia(s) ['napja(s)] *f(pl) inf* narigão *m*
Nápoles ['napoles] *m* Nápoles *f*
naranja [na'raŋxa] I. *adj* laranja II. *f* laranja *f;* **tu media ~** *fig* tua outra metade da laranja
naranjada [naraŋ'xaða] *f* laranjada *f*
naranjo [na'raŋxo] *m* laranjeira *f*
narcisismo [narθi'sismo] *m* narcisismo *m*
narcisista [narθi'sista] *adj, mf* narcisista *mf*
narciso [nar'θiso] *m* BOT narciso *m*
narcótico [nar'kotiko] *m* narcótico *m*
narcótico, -a [nar'kotiko, -a] *adj* narcótico, -a
narcotizar [narkoti'θar] <z→c> *vt* narcotizar

narcotraficante [narkotrafiˈkan̪te] *mf* narcotraficante *mf*
narcotráfico [narkoˈtrafiko] *m* narcotráfico *m*
narigón, -ona [nariˈɣon, -ona] *adj*, **narigudo, -a** [nariˈɣuðo, -a] *adj* narigudo, -a
nariz [naˈriθ] *f* **1.** ANAT nariz *m* **2.** *inf* **dar a alguien con la puerta en las narices** bater a porta na cara de alguém; **estar hasta las narices** estar de saco cheio; **romper las narices a alguien** quebrar a cara de alguém; **hasta que se me hinchen las narices** até que me encha o saco; **lo hizo por narices** o fez por obrigação; **¡(qué) narices!** era o que faltava!
narración [narraˈθjon] *f* narração *f*
narrador(a) [narraˈðor(a)] *m(f)* narrador(a) *m(f)*
narrar [naˈrrar] *vt* narrar
narrativa [narraˈtiβa] *f* narrativa *f*
narrativo, -a [narraˈtiβo, -a] *adj* narrativo, -a
nasal [naˈsal] *adj* nasal
nata [ˈnata] *f* **1.** (*producto*) creme *m*; ~ **montada** chantilly *m* **2.** (*sobre la leche*) nata *f*
natación [nataˈθjon] *f* natação *f*
natal [naˈtal] *adj* natal
natalidad [nataliˈðað] *f* natalidade *f*
natillas [naˈtiʎas] *fpl* doce de leite e ovos
natividad [natiβiˈðað] *f* natividade *f*
nativo, -a [naˈtiβo, -a] *adj*, *m*, *f* nativo, -a *m*, *f*
nato, -a [ˈnato, -a] *adj* nato, -a
natural [natuˈral] *adj* natural; **ser ~ del Reino Unido** ser natural do Reino Unido
naturaleza [naturaˈleθa] *f* natureza *f*; ~ **muerta** ARTE natureza-morta
naturalidad [naturaliˈðað] *f* naturalidade *f*
naturalizar [naturaliˈθar] <z→c> **I.** *vt* naturalizar **II.** *vr*: ~**se** naturalizar-se
naturismo [natuˈrismo] *m* naturismo *m*
naturista [natuˈrista] *mf* naturista *mf*
naufragar [nauˈfraɣar] <g→gu> *vi* naufragar
naufragio [nauˈfraxjo] *m* naufrágio *m*
náufrago, -a [ˈnaufraɣo, -a] *adj*, *m*, *f* náufrago, -a *m*, *f*
nauseabundo, -a [nauseaˈβun̪do, -a] *adj* nauseabundo, -a
náuseas [ˈnauseas] *fpl* náuseas *fpl*; **dar ~ a alguien** causar náuseas a alguém; **tener ~** sentir náuseas
náutica [ˈnautika] *f* náutica *f*
náutico, -a [ˈnautiko, -a] *adj* náutico, -a
navaja [naˈβaxa] *f* navalha *f*; ~ **de afeitar** lâmina *f* de barbear
navajazo [naβaˈxaθo] *m* navalhada *f*
navajero, -a [naβaˈxero, -a] *m*, *f* navalhista *mf*
naval [naˈβal] *adj* naval
navarro, -a [naˈβarro, -a] *adj*, *m*, *f* navarro, -a *m*, *f*
nave [ˈnaβe] *f* **1.** NÁUT navio *m* **2.** AERO ~ (**espacial**) nave *f* (espacial) **3.** (*en una iglesia*) nave *f* **4.** (*almacén*) depósito *m*; ~ **industrial** galpão *m*
navegable [naβeˈɣaβle] *adj* navegável
navegación [naβeɣaˈθjon] *f* navegação *f*
navegador [naβeɣaˈðor] *m* INFOR navegador *m*
navegante [naβeˈɣan̪te] *mf* navegante *mf*
navegar [naβeˈɣar] <g→gu> *vi* navegar; ~ **por Internet** navegar na Internet
Navidad [naβiˈðað] *f* Natal *m*; **¡Feliz ~!** Feliz Natal!
navideño, -a [naβiˈðeɲo, -a] *adj* natalino, -a
navío [naˈβio] *m* navio *m*
nazi [ˈnaθi] *adj*, *mf* nazista *mf*
nazismo [naˈθismo] *m* nazismo *m*
NE [norˈðeste] *abr de* **Nordeste** NE
neblina [neˈβlina] *f* neblina *f*
nebulosa [neβuˈlosa] *f* nebulosa *f*
nebuloso, -a [neβuˈloso, -a] *adj* nebuloso, -a
necedad [neθeˈðað] *f* necedade *f*
necesario, -a [neθeˈsarjo, -a] *adj* necessário, -a; **es ~ que haya más acuerdo** é necessário que haja mais acordo
neceser [neθeˈser] *m* nécessaire *m*
necesidad [neθesiˈðað] *f* **1.** (*en general*) necessidade *f*; **tener ~ de algo** ter necessidade de a. c. **2.** *pl*, *inf* **hacer sus ~es** fazer suas necessidades
necesitado, -a [neθesiˈtaðo, -a] *adj*, *m*, *f* necessitado, -a *m*, *f*; **los ~s** os necessitados
necesitar [neθesiˈtar] **I.** *vt* necessitar; **se necesita piso** procura-se apartamento **II.** *vi* ~ **de algo** necessitar de a. c.
necio, -a [ˈneθjo, -a] *adj*, *m*, *f* néscio, -a

m, f
necrología [nekrolo'xia] *f* necrologia *f*
necrológico, -a [nekro'loxiko, -a] *adj* necrológico, -a
néctar ['nektar] *m* néctar *m*
nectarina [nekta'rina] *f* nectarina *f*
neerlandés, -esa [ne(e)rlaṇ'des, -esa] *adj, m, f* holandês, -esa *m, f*
nefasto, -a [ne'fasto, -a] *adj* nefasto, -a
nefrítico, -a [ne'fritiko, -a] *adj* MED nefrítico, -a
negación [neɣa'θjon] *f* negação *f*
negado, -a [ne'ɣaðo, -a] I. *adj* inepto, -a II. *m, f* negação *f*; **ser un ~ para algo** ser uma negação para a. c.
negar [ne'ɣar] *irr como fregar* I. *vt* negar II. *vr* **~se a algo** negar-se a a. c.
negativa [neɣa'tiβa] *f* negativa *f*
negativo [neɣa'tiβo] *m* negativo *m*
negativo, -a [neɣa'tiβo, -a] *adj* negativo, -a
negligencia [neɣli'xenθja] *f* negligência *f*
negligente [neɣli'xente] *adj* negligente
negociable [neɣo'θjaβle] *adj* negociável
negociación [neɣoθja'θjon] *f* negociação *f*
negociado [neɣo'θjaðo] *m* departamento *m*
negociante [neɣo'θjante] *mf* negociante *mf*
negociar [neɣo'θjar] *vi, vt* negociar
negocio [ne'ɣoθjo] *m* negócio *m*; **hombre/mujer de ~s** homem/mulher de negócios; **eso no es ~ mío** isso não é problema meu
negra ['neɣra] *f* MÚS semínima *f*
negrita [ne'ɣrita] *f* TIPO negrito *m*
negro ['neɣro] *m (color)* preto *m*
negro, -a ['neɣro, -a] I. *adj (color, raza)* negro, -a; **~ como la boca del lobo** negro como o breu; **estar/ponerse ~** *inf* estar/ficar roxo [*ou* verde] de raiva; **pasarlas negras** *inf* passar maus bocados; **verse ~** [*o* **pasarlas negras**] **para hacer algo** *inf* passar maus bocados para fazer a. c.; **verlo todo ~** ver tudo negro II. *m, f* negro, -a *m, f*
negrura [ne'ɣrura] *f* negrura *f*
nene, -a ['nene, -a] *m, f inf* nenê *mf*
nenúfar [ne'nufar] *m* nenúfar *m*
neoclásico, -a [neo'klasiko, -a] *adj* neoclássico, -a
neoliberalismo [neoliβera'lismo] *m* neoliberalismo *m*

neolítico [neo'litiko] *m* neolítico *m*
neologismo [neolo'xismo] *m* neologismo *m*
neón [ne'on] *m* néon *m*
neonazi [neo'naθi] *adj, mf* neonazista *mf*
neopreno [neo'preno] *m* neoprene *m*
neoyorquino, -a [neo ̦or'kino, -a] *adj, m, f* nova-iorquino, -a *m, f*
neozelandés, -esa [neoθelaṇ'des, -esa] *adj, m, f* neozelandês, -esa *m, f*
Nepal ['nepal] *m* Nepal *m*
nepalés, -esa [nepa'les, -esa] *adj, m, f* nepalês, -esa *m, f*
nepotismo [nepo'tismo] *m* nepotismo *m*
Neptuno [nep'tuno] *m* Netuno *m*
nervio ['nerβjo] *m* nervo *m*; **tener ~s de acero** ter nervos de aço; **crispar los ~s a alguien** *inf* enervar alguém; **poner a alguien los ~s de punta** *inf* dar nos nervos de alguém
nerviosismo [nerβjo'sismo] *m* nervosismo *m*
nervioso, -a [ner'βjoso, -a] *adj* nervoso, -a
neto, -a ['neto, -a] *adj* 1.(*claro*) nítido, -a 2.(*peso, importe*) líquido, -a
neumático [neu'matiko] *m* pneu *m*
neumonía [neumo'nia] *f* pneumonia *f*
neura ['neura] *f inf* neura *f*
neurocirujano, -a [neuroθiru'xano, -a] *m, f* neurocirurgião, neurocirurgiã *m, f*
neurología [neurolo'xia] *f* neurologia *f*
neurológico, -a [neuro'loxiko, -a] *adj* neurológico, -a
neurólogo, -a [neu'roloɣo, -a] *m, f* neurologista *mf*
neurona [neu'rona] *f* neurônio *m*
neurótico, -a [neu'rotiko, -a] *adj* neurótico, -a
neutral [neu'tral] *adj* neutro
neutralidad [neutrali'ðað] *f* neutralidade *f*
neutralización [neutraliθa'θjon] *f* neutralização *f*
neutralizar [neutrali'θar] <z→c> *vt* neutralizar
neutro, -a ['neutro, -a] *adj* neutro, -a
neutrón [neu'tron] *m* nêutron *m*
nevada [ne'βaða] *f* nevada *f*
nevado, -a [ne'βaðo, -a] *adj* nevado, -a
nevar [ne'βar] <e→ie> *vimpers* nevar
nevera [ne'βera] *f* geladeira *f*
nevisca [ne'βiska] *f queda de neve curta e leve*

nexo ['neʲso] m nexo m
ni [ni] I. conj ~... ~... não... nem...; **no fumo ~ bebo** não fumo nem bebo II. adv nem; ~ (**siquiera**) nem (sequer); ¡~ **lo pienses!** nem pense nisso!; **sin más ~ más** sem mais nem menos; ¡~ **que fueras tonto!** nem se você fosse um idiota!; ~ **bien...** Arg nem bem...
nica ['nika] adj, mf AmL, inf nicaraguense mf
Nicaragua [nika'raɣwa] f Nicarágua f

Cultura A **Nicarágua** situa-se na América Central, fazendo divisa ao norte com Honduras, ao sul com a Costa Rica, ao leste com o Caribe e ao oeste com o Oceano Pacífico. A capital da Nicarágua é **Manágua**. A língua oficial do país é o espanhol e a unidade monetária é o **córdoba**.

nicaragüense [nikara'ɣwense] adj, mf nicaraguense mf
nicho ['nitʃo] m nicho m
nicotina [niko'tina] f nicotina f
nido ['niðo] m ninho m
niebla ['njeβla] f névoa f; **hay ~** há névoa
nieto, -a ['njeto, -a] m, f neto, -a m, f
nieve ['njeβe] f neve f; **a punto de ~** GASTR em ponto de neve
NIF [nif] m abr de **Número de Identificación Fiscal** CPF m
Nigeria [ni'xerja] f Nigéria f
nigeriano, -a [nixe'rjano, -a] adj, m, f nigeriano, -a m, f
Nilo ['nilo] m **el ~** o Nilo
nimiedad [nimje'ðað] f insignificância f
nimio, -a ['nimjo, -a] adj insignificante
ninfa ['nimfa] f ninfa f
ninfómana [nim'fomana] f ninfômana f
ningún [niŋ'gun] adj indef v. **ninguno**
ninguno, -a [niŋ'guno, -a] I. adj indef (precediendo un sustantivo masculino singular: ningún) nenhum(a); **por ningún lado** por nenhum lado; **de ninguna manera** de nenhuma maneira; **ninguna vez** nenhuma vez; **no hay ningún peligro** não há perigo algum II. pron indef nenhum(a); **no quiso venir ~** ninguém quis vir
niña ['niɲa] f 1. (chica) menina f 2. ANAT pupila f; **eres (como) la ~ de mis ojos** você é a menina dos meus olhos
niñera [ni'ɲera] f babá f
niñería [niɲe'ria] f criancice f
niñez [ni'ɲeθ] f meninice f
niño ['niɲo] m menino m; (chico) garoto m; ~ **bonito** protegido m; **el Niño Jesús** o Menino Jesus; ~ **de pecho** criança f de peito; ~ **pera** inf rapaz m de ouro; ~ **pijo** inf mauricinho m; ~ **prodigio** menino-prodígio
nipón, -ona [ni'pon, -ona] adj, m, f nipônico, -a m, f
níquel ['nikel] m níquel m
nitidez [niti'ðeθ] f nitidez f
nítido, -a ['nitiðo, -a] adj nítido, -a
nitrato [ni'trato] m nitrato m
nitrógeno [ni'troxeno] m nitrogênio m
nitroglicerina [nitroɣliθe'rina] f nitroglicerina f
nivel [ni'βel] m nível m; ~ **de vida** nível de vida; **sobre el ~ del mar** sobre o nível do mar
nivelar [niβe'lar] vt nivelar
no [no] adv 1. (respuesta) não; ~... **nada** não... nada; ~... **nunca** não... nunca; **ya ~** não mais; **o, si ~** senão; ~ **tiene más que un abrigo** não tem mais que um casaco; **¡a que ~!** aposto que não!; ¿**cómo ~?** como não? 2. (retórica) ¿~? não?
NO [noro'este] abr de **Noroeste** NO
noble ['noβle] <nobilísimo> adj, mf nobre mf
nobleza [no'βleθa] f nobreza f
noche ['notʃe] f noite f; **de la ~ a la mañana** de hoje para amanhã; **es de ~** é de noite; **buenas ~s** boa noite; **a media ~** no meio da noite; **ayer (por la) ~** ontem à noite; **hacerse de ~** anoitecer; **hacer ~ en...** passar a noite em...; **ser como la ~ y el día** ser como a água e o vinho
Nochebuena [notʃe'βwena] f noite f de Natal
Nochevieja [notʃe'βjexa] f noite f de 31 de dezembro
noción [no'θjon] f noção f
nocivo, -a [no'θiβo, -a] adj nocivo, -a
noctámbulo, -a [nok'tambulo, -a] m, f noctívago, -a m, f
nocturno [nok'turno] m noturno m
nocturno, -a [nok'turno, -a] adj noturno, -a
nodriza [no'ðriθa] f ama f de leite
nogal [no'ɣal] m nogueira f
nómada ['nomaða] adj, mf nômade mf
nombramiento [nombra'mjento] m

nomeação *f*
nombrar [nom'brar] *vt* nomear
nombre ['nombre] *m* 1.(*designación*) nome *m*; ~ **artístico** nome artístico; ~ **de familia** nome de família; ~ **de guerra** nome de guerra; ~ **de pila, primer** ~ nome de batismo; ~ **propio** nome próprio; ~ **de soltera** nome de solteira; **a** ~ **de alguien** no nome de alguém; **en** ~ **de alguien** em nome de alguém; **llamar a las cosas por su** ~ *fig* dar nome aos bois; **no tener** ~ *inf* não ter nome 2. LING nome *m*
nomenclatura [nomeŋkla'tura] *f* nomenclatura *f*
nomeolvides [nomeol'βiðes] *f inv* miosótis *m inv*
nómina ['nomina] *f* 1.(*sueldo*) salário *m* 2.(*plantilla*) pessoal *m* 3.(*documento*) contracheque *m*
nominación [nomina'θjon] *f* indicação *f*
nominal [nomi'nal] *adj* nominal
nominar [nomi'nar] *vt* indicar
nominativo, -a [nomina'tiβo, -a] *adj* nominativo, -a
non [non] *adj, m* ímpar *m*
nonagésimo, -a [nona'xesimo, -a] *adj* nonagésimo, -a; *v.t.* octavo
nordeste [nor'ðeste] *m* nordeste *m*
nórdico, -a ['norðiko, -a] *adj, m, f* nórdico, -a *m, f*
noreste [no'reste] *m* nordeste *m*
noria ['norja] *f* 1.(*para agua*) nora *f* 2.(*de feria*) roda-gigante *f*
norirlandés, -esa [norirlan'des, -esa] *adj, m, f* norte-irlandês, -esa *m, f*
norma ['norma] *f* norma *f*
normal [nor'mal] *adj* normal
normalidad [normali'ðað] *f* normalidade *f*
normalización [normaliθa'θjon] *f* normalização *f*
normalizar [normali'θar] <z→c> *vt* normalizar
normalmente [normal'mente] *adv* normalmente
normando, -a [nor'mando, -a] *adj, m, f* normando, -a *m, f*
normativa [norma'tiβa] *f* normativa *f*
normativo, -a [norma'tiβo, -a] *adj* normativo, -a
noroeste [noro'este] *m* noroeste *m*
norte ['norte] *m* norte *m*; **al** ~ **de** ao norte de; **en el** ~ **de Inglaterra** no norte da Inglaterra; **perder el** ~ *fig* perder o rumo
Norteamérica [nortea'merika] *f* América *f* do Norte
norteamericano, -a [nortea'merikano, -a] *adj, m, f* norte-americano, -a *m, f*
Noruega [no'rweɣa] *f* Noruega *f*
noruego, -a [no'rweɣo, -a] *adj, m, f* norueguês, -esa *m, f*
nos [nos] I. *pron pers* nos; **tu primo** ~ **pegó** teu primo nos bateu; ~ **escribieron una carta** escreveram-nos uma carta II. *pron refl* nos
nosotros, -as [no'sotros, -as] *pron pers, 1. pl* nós
nostalgia [nos'talxja] *f* nostalgia *f*
nostálgico, -a [nos'talxiko, -a] *adj* nostálgico, -a
nota ['nota] *f* nota *f*; ~ **al pie de la página** nota de rodapé; ~ **preliminar** nota preliminar; **dar la** ~ chamar a atenção; **sacar malas** ~**s** ENS tirar notas más; **tomar** ~ tomar nota; **tomar (buena)** ~ **de algo** tomar nota de a. c.
notable [no'taβle] *adj, m* notável *m*
notar [no'tar] I. *vt* notar II. *vr*: ~**se** notar-se; **no se te nota nada** não se nota nada em você
notarial [nota'rjal] *adj* notarial
notario, -a [no'tarjo, -a] *m, f* notário, -a *m, f*
noticia [no'tiθja] *f* 1.(*información*) notícia *f*; ~ **bomba** *inf* notícia bomba; **ser** ~ ser notícia; **no tener** ~ **de alguien** não ter notícia de alguém; **tener** ~ **de algo** ter notícia de a. c. 2. TV **las** ~**s** as notícias
noticiario [noti'θjarjo] *m* noticiário *m*
notición [noti'θjon] *m inf* bomba *f fig*
notificar [notifi'kar] <c→qu> *vt* notificar
notoriedad [notorje'ðað] *f* notoriedade *f*
notorio, -a [no'torjo, -a] *adj* notório, -a
novatada [noβa'taða] *f* 1.(*broma*) trote *m* 2. *inf*(*error*) erro *m* de principiante
novato, -a [no'βato, -a] *adj, m, f* novato, -a *m, f*
novecientos, -as [noβe'θjentos, -as] *adj* novecentos, -as
novedad [noβe'ðað] *f* novidade *f*; **¿hay alguna** ~**?** há alguma novidade?
novedoso, -a [noβe'ðoso, -a] *adj* inovador(a)
novel [no'βel] *adj* novel
novela [no'βela] *f* romance *f*; ~ **policía-**

novelesco 217 **nupcial**

ca romance policial
novelesco, -a [noβe'lesko, -a] *adj* novelesco, -a
novelista [noβe'lista] *mf* novelista *mf*
noveno, -a [no'βeno, -a] *adj* nono, -a; *v.t.* **octavo**
noventa [no'βenta] *adj inv, m* noventa *m; v.t.* **ochenta**
noviazgo [no'βjaθɣo] *m* noivado *m*
novicio, -a [no'βiθjo, -a] *m, f t.* REL noviço, -a *m, f*
noviembre [no'βjembre] *m* novembro *m; v.t.* **marzo**
novillada [noβi'ʎaða] *f* TAUR *corrida de novilhos*
novillero, -a [noβi'ʎero, -a] *m, f* toureador *m* de novilhos
novillo, -a [no'βiʎo, -a] *m, f* novilho, -a *m, f;* **hacer ~ s** *inf* matar aula
novio, -a ['noβjo, -a] *m, f* 1. (*pareja sentimental*) namorado, -a *m, f* 2. (*a punto de casarse*) noivo, -a *m, f;* **los ~ s salieron de la iglesia** os noivos saíram da igreja
nubarrón [nuβa'rron] *m* nuvem *f* densa
nube ['nuβe] *f* nuvem *f;* **estar por las ~ s** (*precios*) estar muito caro; **poner a alguien por las ~ s** pôr alguém nas nuvens
nublado, -a [nu'βlaðo, -a] *adj* nublado, -a
nublar [nu'βlar] I. *vt* nublar II. *vr:* **~ se** nublar-se
nubosidad [nuβosi'ðað] *f* nebulosidade *f*
nuca ['nuka] *f* nuca *f*
nuclear [nukle'ar] *adj* nuclear
núcleo ['nukleo] *m* núcleo *m*
nudillo [nu'ðiʎo] *m* junta *f*
nudismo [nu'ðismo] *m* nudismo *m*
nudista [nu'ðista] *adj, mf* nudista *mf*
nudo ['nuðo] *m* 1. (*atadura, madera*) *t.* NÁUT nó *m;* **se me hizo un ~ en la garganta** fiquei com um nó na garganta 2. (*centro*) entroncamento *m;* **~ ferroviario** entroncamento *m* ferroviário
nudoso, -a [nu'ðoso, -a] *adj* nodoso, -a
nuera ['nwera] *f* nora *f*
nuestro, -a ['nwestro, -a] I. *adj* nosso, -a; **la casa es nuestra** a casa é nossa; **¡ya es ~!** *fig* está no papo! II. *pron pos* nosso, -a *m, f;* **el ~/la nuestra/lo ~** o nosso/a nossa/o nosso; **cantar y bailar, esto es lo nuestro** cantar e dançar, esta é a nossa praia; **los ~ s** (*padres*) os nossos; **una amiga nuestra** uma amiga

nossa; **es culpa nuestra** é nossa culpa; **ésta es la nuestra** *fig, inf* esta é a nossa vez
nueva ['nweβa] *f* nova *f;* **esto me coge de ~ s** isto me pegou de surpresa; **no te hagas de ~ s** não te faças de inocente
Nueva Delhi ['nweβa 'deli] *f* Nova Déli *f*
nuevamente [nweβa'mente] *adv* novamente
Nueva York ['nweβa †ork] *f* Nova Iorque *f*
Nueva Zelanda ['nweβa θe'landa] *f* Nova Zelândia *f*
nueve ['nweβe] *adj inv, m* nove *m; v.t.* **ocho**
nuevo, -a ['nweβo, -a] *adj* novo, -a; **de ~** de novo; **sentirse como ~** sentir-se como novo; **¿qué hay de ~?** que há de novo?
nuez [nweθ] *f* 1. BOT noz *f;* **~ moscada** noz-moscada *f* 2. ANAT pomo-de-adão *m*
nulidad [nuli'ðað] *f* 1. (*no válido*) nulidade *f;* **declarar la ~ de algo** declarar a nulidade de a. c. 2. (*persona*) **ser una ~** ser uma nulidade
nulo, -a ['nulo, -a] *adj* 1. (*inválido*) nulo, -a 2. (*incapaz*) **ser ~ en matemáticas** ser um zero à esquerda em matemática
núm. ['numero] *abr de* **número** núm.
numeración [numera'θjon] *f* numeração *f;* **~ arábiga** numeração *f* arábica
numerador [numera'ðor] *m* numerador *m*
numeral [nume'ral] *m* numeral *m*
numerar [nume'rar] *vt* numerar
numérico, -a [nu'meriko, -a] *adj* numérico, -a
número ['numero] *m* número *m;* **~ atómico** número atômico; **~ entero** número inteiro; **~ quebrado** número quebrado; **~ romano** número romano; **estar en ~ s rojos** estar no vermelho; **hacer ~ s para ver si...** fazer contas para ver se...; **montar un ~** *inf* fazer uma cena
numeroso, -a [nume'roso, -a] *adj* numeroso, -a
numismática [numis'matika] *f* numismática *f*
nunca ['nunka] *adv* nunca; **~ jamás** nunca mais; **más que ~** mais do que nunca
nuncio ['nunθjo] *m* núncio *m*
nupcial [nuβ'θjal] *adj* nupcial

nupcias ['nuβθjas] *fpl* núpcias *fpl;* **segundas** ~ segundas núpcias
nutria ['nutrja] *f* lontra *f*
nutrición [nutri'θjon] *f* nutrição *f*
nutrido, -a [nu'triðo, -a] *adj* **1.** (*alimentado*) nutrido, -a; **bien** ~ bem nutrido; **mal** ~ mal nutrido **2.** (*abundante*) farto, -a
nutrir [nu'trir] *vt* nutrir
nutritivo, -a [nutri'tiβo, -a] *adj* nutritivo, -a
nylon ['nai̯lon] *m* náilon *m*

Ñ

Ñ, ñ ['eɲe] *f* Ñ, ñ *m*

Cultura O *eñe* é a marca registrada do **alfabeto** espanhol. Até poucos anos atrás, o 'ch' – **la che**–(logo após o 'c') e o 'll' – **la elle** – (após o 'l') também faziam parte do alfabeto por serem sons independentes por si sós. No entanto, isso teve que ser mudado para internacionalizar o alfabeto espanhol e poder adaptá-lo às outras línguas.

ñandú [ɲan'du] *m* ema *f*
ñato, -a ['ɲato, -a] *adj CSur* de nariz achatado
ñoñería [ɲoɲe'ria] *f* tolice *f*
ñoño, -a ['ɲoɲo, -a] *adj inf* **1.** (*soso*) sem graça **2.** (*remilgado*) cheio, -a de coisa
ñoqui ['ɲoki] *m* nhoque *m*
ñu [ɲu] *m* <núes> gnu *m*

O

O, o [o] *f* O, o *m*
o, ó [o] *conj* ou; ~..., ~... ou..., ou...; ~ **bien** ou senão; ~ **mejor dicho** ou melhor dizendo; ~ **sea** ou seja

Gramática A conjunção **o** torna-se **u** antes de palavras que começam com o- ou ho-: "siete u ocho, Marta u Olga, oriental u occidental, ayer u hoy." Entre números, o 'o' leva um acento para ser distinguido do número zero: "20 ó 30."

O [o'este] *abr de* **oeste** O
oasis [o'asis] *m inv* oásis *m inv*
obcecado, -a [oβθe'kaðo, -a] *adj* obcecado, -a
obcecar [oβθe'kar] <c→qu> **I.** *vt* obcecar **II.** *vr:* ~ **se** obcecar-se
obedecer [oβeðe'θer] *irr como* crecer **I.** *vi* obedecer; ~ **a algo** (*ser debido*) obedecer a a. c. **II.** *vt* obedecer
obediencia [oβe'ðjenθja] *f* obediência *f*
obediente [oβe'ðjente] *adj* obediente
obelisco [oβe'lisko] *m* obelisco *m*
obertura [oβer'tura] *f* abertura *f*
obesidad [oβesi'ðað] *f* obesidade *f*
obeso, -a [o'βeso, -a] *adj, m, f* obeso, -a *m, f*
óbice ['oβiθe] *m* **no ser** ~ **para...** não ser impedimento para...
obispado [oβis'paðo] *m* bispado *m*
obispo [o'βispo] *m* bispo *m*
objeción [oβxe'θjon] *f* objeção *f*
objetar [oβxe'tar] *vt* objetar; **tengo algo que** ~ tenho a. c. a objetar
objetividad [oβxetiβi'ðað] *f* objetividade *f*
objetivo [oβxe'tiβo] *m* **1.** (*finalidad, blanco*) objetivo *m* **2.** FOTO objetiva *f*
objetivo, -a [oβxe'tiβo, -a] *adj* objetivo, -a
objeto [oβ'xeto] *m* **1.** (*cosa*) objeto *m;* ~ **s perdidos** achados e perdidos; ~ **de valor** objetos de valor **2.** (*motivo*) objeto *m;* **con** [*o* **al**] ~ **de...** com objetivo de... **3.** LING objeto *m;* ~ **directo/indirecto** objeto direto/indireto
objetor [oβxe'tor] *m* ~ **de conciencia** objetor *m* de consciência

oblicuo, -a [o'βlikwo, -a] *adj* oblíquo, -a
obligación [oβliɣa'θjon] *f* **1.** (*deber*) obrigação *f*; **faltar a sus obligaciones** faltar com suas obrigações; **tener la ~ de hacer algo** ter a obrigação de fazer a. c. **2.** (*deuda*) obrigação *f*
obligar [oβli'ɣar] <g→gu> *vt* obrigar
obligatorio, -a [oβliɣa'torjo, -a] *adj* obrigatório, -a; **es ~ llevar puesto el casco** é obrigatório o uso de capacete
oboe [o'βoe] *m* oboé *m*
obra ['oβra] *f* **1.** (*creación, labor*) obra *f*; **~ benéfica** obra de caridade; **~ maestra** obra-prima *f*; **~ de teatro** peça *f* de teatro **2.** (*construcción*) obra *f*; **~s públicas** obras *fpl* públicas
obrar [o'βrar] *vi* obrar
obrero, -a [o'βrero, -a] *adj, m, f* obreiro, -a *m, f*
obscenidad [oβsθeni'ðað] *f* obscenidade *f*
obsceno, -a [oβs'θeno, -a] *adj* obsceno, -a
obsequiar [oβse'kjar] *vt* obsequiar
obsequio [oβ'sekjo] *m* presente *m*
obsequioso, -a [oβse'kjoso, -a] *adj* obsequioso, -a
observación [oβserβa'θjon] *f* observação *f*
observador(a) [oβserβa'ðor(a)] *adj, m(f)* observador(a) *m(f)*
observancia [oβser'βaṇθja] *f* observância *f*
observar [oβser'βar] *vt* observar
observatorio [oβserβa'torjo] *m* observatório *m*; **~ astronómico** observatório astronômico; **~ meteorológico** observatório meteorológico
obsesión [oβse'sjon] *f* obsessão *f*
obsesionar [oβsesjo'nar] **I.** *vt* obcecar **II.** *vr:* **~se** obcecar-se
obsesivo, -a [oβse'siβo, -a] *adj* obsessivo, -a
obseso, -a [oβ'seso, -a] *adj* obcecado, -a
obsoleto, -a [oβso'leto, -a] *adj* obsoleto, -a
obstaculizar [oβstakuli'θar] <z→c> *vt* obstaculizar
obstáculo [oβs'takulo] *m* obstáculo *m*; **poner ~s a alguien** impor obstáculos a alguém
obstante [oβs'taṇte] *adv* **no ~** não obstante
obstetra [o⁽ᵝ⁾s'tetra] *mf* obstetra *mf*
obstetricia [oβste'triθja] *f* obstetrícia *f*

obstinación [oβstina'θjon] *f* obstinação *f*
obstinado, -a [oβsti'naðo, -a] *adj* obstinado, -a
obstinarse [oβsti'narse] *vr* obstinar-se; **~ en algo** obstinar-se em a. c.
obstrucción [oβstruɣ'θjon] *f* obstrução *f*
obstruir [oβstru'ir] *irr como* huir *vt* obstruir
obtener [oβte'ner] *irr como* tener *vt* obter
obturación [oβtura'θjon] *f* obturação *f*
obturador [oβtura'ðor] *m* obturador *m*
obturar [oβtu'rar] *vt* obturar
obtuso, -a [oβ'tuso, -a] *adj* obtuso, -a
obús [o'βus] *m* obus *m*
obviar [oβ'βjar] *vt* obviar
obvio, -a ['oββjo, -a] *adj* óbvio, -a
oca ['oka] *f* **1.** ZOOL ganso *m* **2.** (*juego*) jogo da glória *m*
ocasión [oka'sjon] *f* ocasião *f*; **coche/libros de ~** carro/livros com preço de ocasião; **con ~ de** por ocasião de; **en esta ~** nesta ocasião; **en ocasiones** às vezes; **en la primera ~** na primeira oportunidade; **dar a alguien ~ para quejarse** dar a alguém motivo para queixar-se
ocasionar [okasjo'nar] *vt* ocasionar
ocaso [o'kaso] *m* ocaso *m*
occidental [oɣθiðeṇ'tal] *adj, mf* ocidental *mf*
occidente [oɣθi'ðeṇte] *m* GEO ocidente *m*; **(el) ~** o ocidente
OCDE [oθeðe'e] *f abr de* **Organización para la Cooperación y el Desarrollo Económicos** OCDE *f*
Oceanía [oθea'nia] *f* Oceania *f*
oceánico, -a [oθe'aniko, -a] *adj* oceânico, -a
océano [o'θeano] *m* oceano *m*
oceanografía [oθeanoɣra'fia] *f* oceanografia *f*
oceanógrafo, -a [oθea'noɣrafo, -a] *m, f* oceanógrafo, -a *m, f*
ochenta [o'tʃeṇta] *adj inv, m* oitenta *m*; **los años ~** os anos oitenta; **un hombre de alrededor de ~ años** um homem de aproximadamente oitenta anos; **una mujer en sus ~** uma mulher em seus oitenta anos
ocho ['otʃo] *adj inv, m* oito *m*; **jornada de ~ horas** jornada de oito horas; **~ veces mayor/menor que...** oito vezes maior/menor que...; **a las ~** às

oito; son las ~ y media de la mañana/tarde são oito e meia da manhã/noite; las ~ y cuarto oito e quinze; las ~ menos cuarto quinze para as oito; a las ~ en punto às oito em ponto; el ~ de agosto o oito de agosto; dentro de ~ días dentro de oito dias; de aquí a ~ días daqui a oito dias

ochocientos, -as [otʃo'θjeɲtos, -as] *adj* oitocentos, -as

ocio ['oθjo] *m* ócio *m*

ociosidad [oθjosi'ðað] *f* ociosidade *f*

ocioso, -a [o'θjoso, -a] *adj* ocioso, -a

ocre ['okre] *adj, m* ocre *m*

octagonal [oktaɣo'nal] *adj* octogonal

octanaje [okta'naxe] *m* octanagem *f*

octano [ok'tano] *m* octano *m*

octava [ok'taβa] *f* oitava *f*

octavilla [okta'βiʎa] *f* folheto *m*

octavo, -a [ok'taβo, -a] *adj* oitavo -a; en ~ lugar em oitavo lugar; estoy en ~ curso estou na oitava série; la octava parte a oitava parte

octubre [ok'tuβre] *m* outubro *m; v.t.* marzo

ocular [oku'lar] *adj* ocular

oculista [oku'lista] *mf* oculista *mf*

ocultar [okul'tar] I. *vt* ocultar II. *vr:* ~se ocultar-se

ocultismo [okul'tismo] *m* ocultismo *m*

oculto, -a [o'kulto, -a] *adj* oculto, -a

ocupación [okupa'θjon] *f* ocupação *f*

ocupado, -a [oku'paðo, -a] *adj* ocupado, -a

ocupante [oku'paɲte] *adj, mf* ocupante *mf*

ocupar [oku'par] I. *vt* ocupar II. *vr:* ~se de alguien/algo ocupar-se de alguém/a. c.

ocurrencia [oku'rrenθja] *f* ideia *f;* tener la ~ de... ter a ideia de...; se bañó en el mar en pleno invierno, ¡qué ~! tomou banho de mar em pleno inverno, que ideia!

ocurrir [oku'rrir] I. *vi* ocorrer; ¿qué ocurre? o que ocorre?; ¿qué te ocurre? o que te ocorre?; lo que ocurre es que... o que ocorre é que... II. *vr:* ~se ocorrer-se; no se me ocurre nada não me ocorre nada; nunca se me hubiese ocurrido pensar que... nunca teria me ocorrido pensar que...

oda ['oða] *f* ode *f*

odiar [o'ðjar] *vt* odiar

odio ['oðjo] *m* ódio *m;* tener ~ a alguien ter ódio de alguém

odioso, -a [o'ðjoso, -a] *adj* odioso, -a

odisea [oði'sea] *f* odisseia *f*

odontología [oðoɲtolo'xia] *f* odontologia *f*

odontólogo, -a [oðoɲ'toloɣo, -a] *m, f* odontólogo, -a *m, f*

OEA [oe'a] *f abr de* **Organización de los Estados Americanos** OEA *f*

oeste [o'este] *m* oeste *m;* en el ~ de Inglaterra no oeste da Inglaterra; al ~ de ao oeste de; el lejano ~ o faroeste; película del ~ filme de faroeste

ofender [ofeɲ'der] I. *vt* ofender II. *vr:* ~se ofender-se

ofensa [o'fensa] *f* ofensa *f*

ofensiva [ofen'siβa] *f* ofensiva *f;* tomar la ~ tomar a ofensiva

ofensivo, -a [ofen'siβo, -a] *adj* ofensivo, -a

oferta [o'ferta] *f* oferta *f;* la ~ y la demanda a oferta e a procura; ~ de trabajo oferta de trabalho; estar de ~ estar em oferta

offset ['ofsetˈ] *m* ofsete *m*

oficial [ofi'θjal] I. *adj* oficial II. *m* oficial *m*

oficina [ofi'θina] *f* escritório *m;* ~ de empleo agência *f* de emprego; ~ de turismo agência *f* de turismo

oficinista [ofiθi'nista] *mf* funcionário, -a *m, f*

oficio [o'fiθjo] *m t. REL* ofício *m;* Santo Oficio Santo Ofício

oficioso, -a [ofi'θjoso, -a] *adj* oficioso, -a

ofimática [ofi'matika] *f* automação *f* de escritório

ofrecer [ofre'θer] *irr como* crecer I. *vt* oferecer II. *vr:* ~se oferecer-se; ¿se le ofrece algo?, ¿qué se le ofrece? em que posso lhe ajudar?

ofrecimiento [ofreθi'mjento] *m* oferecimento *m*

ofrenda [o'frenda] *f* oferenda *f*

ofrendar [ofren'dar] *vt* oferendar

oftalmología [oftalmolo'xia] *f* oftalmologia *f*

oftalmólogo, -a [oftal'moloɣo, -a] *m, f* oftalmologista *mf*

ofuscación [ofuska'θjon] *f,* **ofuscamiento** [ofuska'mjento] *m* ofuscação *f*

ofuscar [ofus'kar] <c→qu> *vt* ofuscar; ~ (la mente) a alguien ofuscar (a mente) de alguém

ogro ['oɣro] *m* ogro *m*

oída [o'iða] *f* conocer a alguien/saber

algo de ~s conhecer alguém/saber a. c. de ouvir falar

oído [o'iðo] *m* ouvido *m*; **aguzar el ~** aguçar os ouvidos; **duro de ~** duro de ouvido; **hacer ~s sordos a algo** fazer ouvidos moucos a a. c.; **llegar algo a los ~s de alguien** chegar a. c. aos ouvidos de alguém; **ser todo ~s** *inf* ser todo ouvidos; **tener buen ~** ter bom ouvido; **le entra por un ~ y le sale por el otro** *inf* entra por um ouvido e sai pelo outro

oír [o'ir] *irr* **I.** *vi* ouvir; **¡oye!** escuta!; **~, ver y callar** *prov* ouvir, ver e calar **II.** *vt* ouvir; **~ decir que...** ouvir dizer que...

ojal [o'xal] *m* (*de botón*) casa *f*

ojalá [oxa'la] *interj* tomara; **¡~ tuvieras razón!** tomara que você tenha razão!

ojeada [oxe'aða] *f* olhada *f*; **echar** [*o* **dar**] **una ~ a algo** dar uma olhada em a. c.

ojear [oxe'ar] *vt* olhar

ojeras [o'xeras] *fpl* **tener ~** ter olheiras

ojeriza [oxe'riθa] *f* **tener ~ a alguien** ter ojeriza a alguém

ojeroso, -a [oxe'roso, -a] *adj* olheirento, -a

ojo ['oxo] **I.** *m* **1.** ANAT olho *m*; **~ de buey** NÁUT olho-de-boi; **~ de pez** FOTO olho de peixe; **a ~ de olho; con los ~s cerrados** de olhos fechados; **costar un ~ de la cara** custar o olho da cara; **echar el ~ a algo/alguien** botar o olho em a. c./alguém; **echar un ~ a algo/alguien** dar uma olhada em a. c./alguém; **en un abrir y cerrar de ~s** num piscar de olhos; **mirar con buenos/malos ~s** ver com bons/maus olhos; **no pegar ~** não pregar o olho; **no quitar ~ a algo/alguien** não tirar os olhos de a. c./alguém; **ser el ~ derecho de alguien** ser a menina dos olhos de alguém; **~ por ~ (y diente por diente)** *prov* olho por olho, dente por dente; **~s que no ven, corazón que no siente** *prov* o que os olhos não veem, o coração não sente; **cuatro ~s ven más que dos** *prov* quatro olhos veem mais que dois **2.** (*agujero*) buraco *m* de agulha; **~ de cerradura** buraco de fechadura **II.** *interj* abre o olho

ojota [o'xota] *f AmL:* sandália rústica de couro, borracha ou outro material

okupa [o'kupa] *mf inf* invasor(a) *m(f)* (*pessoa que ocupa à força uma casa desabitada*)

ola ['ola] *f* onda *f*; **~ de calor** onda de calor

oleaje [ole'axe] *m* marulho *m*

olé [o'le] *interj* viva

> **Cultura** Olé (ou ole) não é somente um grito de encorajamento durante uma tourada ou uma dança de flamenco, mas também um grito de entusiasmo e alegria. ¡Olé! está mundialmente ligado à Espanha e seu folclore.

oleada [ole'aða] *f* onda *f*

óleo ['oleo] *m* óleo *m*; (**cuadro al**) **~** quadro a óleo; **pintar al ~** pintar a óleo

oleoducto [oleo'ðukto] *m* oleoduto *m*

oleoso, -a [ole'oso, -a] *adj* oleoso, -a

oler [o'ler] *irr* **I.** *vi* **~ (a algo)** cheirar (a a. c.). **II.** *vt* cheirar **III.** *vr:* **~se** *inf* cheirar-se

olfatear [olfate'ar] *vt* farejar

olfativo, -a [olfa'tiβo, -a] *adj* olfativo, -a

olfato [ol'fato] *m* olfato *m*; **tener (buen) ~ para algo** *fig* ter bom faro para a. c.

oligarca [oli'γarka] *mf* oligarca *mf*

oligarquía [oliγar'kia] *f* oligarquia *f*

oligárquico, -a [oli'γarkiko, -a] *adj* oligárquico, -a

olimpiada [olim'pjaða] *f* olimpíada *f*; **las ~s** as olimpíadas

olímpico, -a [o'limpiko, -a] *adj* olímpico, -a

oliva [o'liβa] *f* oliva *f*

olivo [o'liβo] *m* oliveira *f*

olla ['oʎa] *f* **1.** (*para cocinar*) panela *f*; **~ exprés** panela de pressão; **~ a presión** panela de pressão **2.** GASTR cozido *m*

olmo ['olmo] *m* olmo *m*

olor [o'lor] *m* cheiro *m*; **tener ~ a** ter cheiro de; **al ~ de** ao cheiro de; **en ~ de multitudes** com a aclamação da multidão

oloroso, -a [olo'roso, -a] *adj* cheiroso, -a

olote [o'lote] *m Méx* sabugo *m*

OLP [oele'pe] *f abr de* **Organización para la Liberación de Palestina** OLP *f*

olvidadizo, -a [olβiða'ðiθo, -a] *adj* esquecido, -a

olvidar [olβi'ðar] **I.** *vt* esquecer **II.** *vr:* **~se** esquecer-se; **~se de algo** esquecer-se de a. c.

olvido [ol'βiðo] *m* esquecimento *m*; **caer en el ~** cair no esquecimento

ombligo [om'bliɣo] *m* umbigo *m*

ominoso, -a [omi'noso, -a] *adj* ominoso, -a

omisión [omi'sjon] *f* omissão *f*

omiso, -a [o'miso, -a] *adj* **hacer caso ~ de algo** não tomar conhecimento de a. c.

omitir [omi'tir] *vt* omitir

omnipotente [omnipo'tente] *adj* onipotente

omnipresente [omnipre'sente] *adj* onipresente

omnívoro, -a [om'niβoro, -a] *adj, m, f* onívoro, -a *m, f*

omoplato [omo'plato] *m*, **omóplato** [o'moplato] *m* omoplata *f*

OMS [oms] *f abr de* **Organización Mundial de la Salud** OMS *f*

once ['onθe] *adj inv, m* onze *m*; *v.t.* **ocho**

oncología [oŋkolo'xia] *f* oncologia *f*

oncólogo, -a [oŋko'loɣo, -a] *m, f* oncologista *mf*

onda ['onda] *f* onda *f*

ondear [onde'ar] *vi* ondear

ondulación [ondula'θjon] *f* ondulação *f*

ondulado, -a [ondu'laðo, -a] *adj* ondulado, -a

ondular [ondu'lar] *vt* ondular

oneroso, -a [one'roso, -a] *adj* oneroso, -a

ONG [oene'xe] *f abr de* **Organización No Gubernamental** ONG *f*

onomatopeya [onomato'peʝa] *f* onomatopeia *f*

ONU ['onu] *f abr de* **Organización de las Naciones Unidas** ONU *f*

OPA ['opa] *f abr de* **Oferta Pública de Adquisición** OPA *f*

opaco, -a [o'pako, -a] *adj* opaco, -a

ópalo ['opalo] *m* opala *f*

opción [oβ'θjon] *f* opção *f*; **dar ~ a algo** dar opção de a. c.; **tener ~ a algo** ter opção de a. c.

opcional [oβθjo'nal] *adj* opcional

OPEP [o'pep] *f abr de* **Organización de Países Exportadores de Petróleo** OPEP *f*

ópera ['opera] *f* ópera *f*

operación [opera'θjon] *f* operação *f*

operador(a) [opera'ðor(a)] *m(f)* **1.** CINE operador *m* de projeção; **~ (de cámara)** cinegrafista *mf* **2.** INFOR, TEL operador *m*

operar [ope'rar] **I.** *vi, vt* operar **II.** *vr:* **~se** operar-se

operario, -a [ope'rarjo, -a] *m, f* operário, -a *m, f*

opereta [ope'reta] *f* opereta *f*

opinar [opi'nar] **I.** *vi* opinar; **~ bien/mal de algo/alguien** opinar bem/mal sobre a. c./alguém; **¿tú qué opinas de [o sobre] esto?** o que você acha disso?; **¿qué opinas del nuevo jefe?** o que você acha do novo chefe? **II.** *vt* opinar

opinión [opi'njon] *f* opinião *f*; **~ pública** opinião pública; **tener buena/mala ~ de algo/alguien** ter boa/má opinião sobre a. c./alguém

opio ['opjo] *m* ópio *m*

oponente [opo'nente] *mf* oponente *mf*

oponer [opo'ner] *irr como* **poner** **I.** *vt* opor; **~ resistencia** opor resistência **II.** *vr:* **~se** opor-se; **~se a algo** opor-se a a. c.

oporto [o'porto] *m* vinho *m* do porto

oportunidad [oportuni'ðað] *f* oportunidade *f*; **(no) tener ~ de...** (não) ter oportunidade de...

oportunismo [oportu'nismo] *m* oportunismo *m*

oportunista [oportu'nista] *adj, mf* oportunista *mf*

oportuno, -a [opor'tuno, -a] *adj* oportuno, -a

oposición [oposi'θjon] *f* **1.** *t.* POL oposição *f* **2.** *(pl) (examen)* concurso *m*; **oposiciones a algo** concurso para a. c.

opositar [oposi'tar] *vi* **~ a algo** prestar concurso para a. c.

opositor(a) [oposi'tor(a)] *m(f)* opositor(a) *m(f)*

opresión [opre'sjon] *f* opressão *f*

opresivo, -a [opre'siβo, -a] *adj* opressivo, -a

opresor(a) [opre'sor(a)] *adj, m(f)* opressor(a) *m(f)*

oprimir [opri'mir] *vt* oprimir

oprobio [o'proβjo] *m* opróbrio *m*

optar [op'tar] *vi* **1.** *(escoger)* optar; **~ por algo/alguien** optar por a. c./alguém **2.** *(aspirar)* aspirar; **~ a algo** aspirar a a. c.

optativa [opta'tiβa] *f* matéria *f* optativa

optativo, -a [opta'tiβo, -a] *adj* optativo, -a

óptica ['optika] *f* óptica *f*

óptico, -a ['optiko, -a] *adj, m, f* ótico, -a *m, f*

optimismo [opti'mismo] *m* otimismo *m*

optimista [opti'mista] *adj, mf* otimista *mf*

óptimo, -a ['optimo, -a] I. *superl de* **bueno** II. *adj* ótimo, -a

opuesto, -a [o'pwesto, -a] I. *pp de* **oponer** II. *adj* oposto, -a

opulencia [opu'lenθja] *f* opulência *f*

opulento, -a [opu'lento, -a] *adj* opulento, -a

oración [ora'θjon] *f* oração *f*

oráculo [o'rakulo] *m* oráculo *m*

orador(a) [ora'ðor(a)] *m(f)* orador(a) *m(f)*

oral [o'ral] I. *adj* oral; **por vía ~** por via oral II. *m* ENS oral *f*

órale ['orale] *interj Méx* ora

orangután [orangu'tan] *m* orangotango *m*

orar [o'rar] *vi elev* orar

oratoria [ora'torja] *f* oratória *f*

órbita ['orβita] *f* órbita *f*

orca ['orka] *f* orca *f*

orden[1] ['orðen] <órdenes> *m* ordem *f*; **~ del día** ordem do dia; **~ público** ordem pública; **del ~ de** da ordem de; **en** [o **por**] **su** (**debido**) **~** em sua (devida) ordem; **llamar al ~ a alguien** chamar a atenção de alguém; **por ~ de antigüedad** por ordem de antiguidade

orden[2] ['orðen] <órdenes> *f* ordem *f*; **~ de arresto** ordem de prisão; **estar a las órdenes de alguien** estar às ordens de alguém; **estar a la ~ del día** *fig* estar na ordem do dia; **hasta nueva ~** até nova ordem; **por ~** por ordem; **por ~ de** por ordem de; **¡a la ~!** às ordens!

ordenación [orðena'θjon] *f* ordenação *f*

ordenado, -a [orðe'naðo, -a] *adj* ordenado, -a

ordenador [orðena'ðor] *m* computador *m*; **~ personal** microcomputador *m*; **~ portátil** laptop *m*

ordenamiento [orðena'mjento] *m* regulamento *m*; **el ~ constitucional** a constituição

ordenanza [orðe'nanθa] *f* MIL (*soldado*) ordenança *mf*; (*botones*) office-boy *m*

ordenanzas [orðe'nanθas] *fpl* ADMIN, MIL ordenanças *fpl*

ordenar [orðe'nar] I. *vt* ordenar II. *vr*: **~se** REL ordenar-se

órdenes ['orðenes] *m pl de* **orden**

ordeñar [orðe'ɲar] *vt* ordenhar

ordinal [orði'nal] *adj* ordinal

ordinario, -a [orði'narjo, -a] *adj* ordinário, -a; **de ~** normalmente

orégano [o'reɣano] *m* orégano *m*

oreja [o'rexa] *f* 1. ANAT orelha *f*; **calentar las ~s a alguien** *inf* dar uma bronca em alguém; **una sonrisa de ~ a ~** *inf* um sorriso de orelha a orelha; **planchar la ~** *inf* dormir; **ver las ~s al lobo** *inf* ver-se em perigo iminente 2. (*lateral*) aba *f*; **sillón de ~s** bergère *f*

orfanato [orfa'nato] *m* orfanato *m*

orfanatorio [orfana'torjo] *m Méx* (*orfanato*) orfanato *m*

orfandad [orfan'dað] *f* orfandade *f*

orfebre [or'feβre] *mf* ourives *m inv*

orfebrería [orfeβre'ria] *f* ourivesaria *f*

orgánico, -a [or'ɣaniko, -a] *adj* orgânico, -a

organigrama [orɣani'ɣrama] *m* organograma *m*

organillo [orɣa'niʎo] *m* realejo *m*

organismo [orɣa'nismo] *m* organismo *m*

organista [orɣa'nista] *mf* organista *mf*

organización [orɣaniθa'θjon] *f* organização *f*; **~ no gubernamental** organização não-governamental

organizar [orɣani'θar] <z→c> I. *vt* organizar II. *vr*: **~se** organizar-se; **¡menuda se organizó!** *inf* danou-se tudo!

órgano ['orɣano] *m* órgão *m*

orgasmo [or'ɣasmo] *m* orgasmo *m*

orgía [or'xia] *f* orgia *f*

orgullo [or'ɣuʎo] *m* orgulho *m*

orgulloso, -a [orɣu'ʎoso, -a] I. *adj* orgulhoso, -a; **~ de algo** orgulhoso de a. c. II. *m, f* orgulhoso, -a *m, f*

orientación [orjenta'θjon] *f* orientação *f*; **~ profesional** orientação profissional

oriental [orjen'tal] *adj, mf* oriental *mf*

orientar [orjen'tar] I. *vt* orientar II. *vr*: **~se** orientar-se

oriente [o'rjente] *m* oriente *m*; **el Oriente Medio** o Oriente Médio; **el Oriente Próximo** o Oriente Próximo; **el Cercano Oriente** o Oriente Próximo; **el Extremo** [*o* **Lejano**] **Oriente** o Extremo Oriente

orificio [ori'fiθjo] *m* orifício *m*

origen [o'rixen] *m* origem *f*; **dar ~ a algo** dar origem a a. c.

original [orixi'nal] *adj, m* original *m*

originalidad [orixinali'ðaᵟ] *f* originalidade *f*
originar [orixi'nar] I. *vt* originar II. *vr:* ~se originar-se
originario, -a [orixi'narjo, -a] *adj* originário, -a; **es ~ de Chile** é originário do Chile
orilla [o'riʎa] *f* 1.(*borde*) beira *f* 2.(*ribera*) margem *f*; **a ~s del Ebro** às margens do Ebro
orín [o'rin] *m* 1.(*óxido*) ferrugem *f* 2.*(pl)* (*orina*) urina *f*
orina [o'rina] *f* <orines> urina *f*
orinal [ori'nal] *m* urinol *m*
orinar [ori'nar] I. *vi, vt* urinar II. *vr:* ~se urinar-se
oriundo, -a [o'rjundo, -a] *adj* oriundo, -a; **es ~ de México** é oriundo do México
ornamentación [ornamenta'θjon] *f* ornamentação *f*
ornamental [ornamen'tal] *adj* ornamental
ornamento [orna'mento] *m* ornamento *m*
ornar [or'nar] *vt* ornar
ornitología [ornitolo'xia] *f* ornitologia *f*
ornitólogo, -a [orni'toloɣo, -a] *m, f* ornitólogo, -a *m, f*
oro ['oro] *m* ouro *m;* ~ **de ley** ouro de lei; ~ **negro** ouro negro; **bañado en ~** banhado a ouro; **color ~** cor dourada; **de ~** de ouro; *fig* de ouro; **tener un corazón de ~** ter um coração de ouro; **guardar algo como ~ en paño** *inf* guardar a. c. a sete chaves; **prometer a alguien el ~ y el moro** *inf* prometer a alguém mundos e fundos; **no es ~ todo lo que reluce** *prov* nem tudo que reluz é ouro
orografía [oroɣra'fia] *f* orografia *f*
oropel [oro'pel] *m* ouropel *m*
orquesta [or'kesta] *f* orquestra *f*; ~ **de cámara** orquestra de câmara
orquestación [orkesta'θjon] *f* orquestração *f*
orquestar [orkes'tar] *vt* orquestrar
orquídea [or'kiðea] *f* orquídea *f*
ortiga [or'tiɣa] *f* urtiga *f*
ortodoncia [orto'ðonθja] *f* ortodontia *f*
ortodoxia [orto'ðoksja] *f* ortodoxia *f*
ortodoxo, -a [orto'ðokso, -a] *adj* ortodoxo, -a
ortografía [ortoɣra'fia] *f* ortografia *f*
ortográfico, -a [orto'ɣrafiko, -a] *adj* ortográfico, -a

ortopedia [orto'peðja] *f* ortopedia *f*
ortopédico, -a [orto'peðiko, -a] *adj* ortopédico, -a
ortopedista [ortope'ðista] *mf* ortopedista *mf*
oruga [o'ruɣa] *f* larva *f*
orzuelo [or'θwelo] *m* terçol *m*
os [os] I. *pron* (*objeto directo e indirecto*) vós II. *pron refl* vos; **¿~ marcháis?** vocês vão embora?
osa ['osa] *f* 1.ZOOL ursa *f* 2.ASTRON **la Osa Mayor** a Ursa Maior; **la Osa Menor** a Ursa Menor
osadía [osa'ðia] *f* ousadia *f*
osado, -a [o'saðo, -a] *adj* ousado, -a
osar [o'sar] *vi* ousar
óscar ['oskar] *m* CINE óscar *m*
oscilación [osθila'θjon] *f* oscilação *f*
oscilar [osθi'lar] *vi* oscilar
oscurecer [oskure'θer] *irr como crecer* I. *vt, vimpers* escurecer II. *vr:* ~se escurecer-se
oscuridad [oskuri'ðaᵟ] *f* obscuridade *f*
oscuro, -a [os'kuro, -a] *adj* 1.(*habitación, cielo, día, color*) escuro, -a 2.(*significado, palabras*) obscuro, -a
óseo, -a ['oseo, -a] *adj* ósseo, -a
osezno [o'seθno] *m* filhote *m* de urso
oso ['oso] *m* urso *m;* ~ **blanco** urso-branco *m;* ~ **hormiguero** tamanduá *m;* ~ **panda** panda *m;* ~ **pardo** urso-pardo *m;* ~ **de peluche** urso de pelúcia; ~ **polar** urso-polar *m*
ostensible [osten'siβle] *adj* ostensivo, -a
ostentación [ostenta'θjon] *f* ostentação *f*; **hacer ~ de algo** fazer ostentação de a. c.
ostentar [osten'tar] *vt* ostentar
ostentoso, -a [osten'toso, -a] *adj* ostentoso, -a
osteópata [oste'opata] *mf* osteopata *mf*
osteopatía [osteopa'tia] *f* osteopatia *f*
osteoporosis [osteopo'rosis] *f inv* osteoporose *f*
ostra ['ostra] I. *f* ostra *f*; **aburrirse como una ~** *inf* entediar-se completamente II. *interj inf* puxa
OTAN [o'tan] *f abr de* **Organización del Tratado del Atlántico Norte** OTAN *f*
otear [ote'ar] *vt* observar
otitis [o'titis] *f inv* otite *f*
otoñal [oto'ɲal] *adj* outonal
otoño [o'toɲo] *m* outono *m*
otorgamiento [otorɣa'mjento] *m* ou-

torga *f*
otorgar [otor'ɣar] <g→gu> *vt* outorgar
otorrino, -a [oto'rrino, -a] *m, f inf* otorrino *mf*
otorrinolaringólogo, -a [otorrinolariŋ'goloɣo, -a] *m, f* otorrinolaringologista *mf*
otro, -a ['otro, -a] I. *adj* outro, -a; **al ~ día** no outro dia; **el ~ día** o outro dia; **en ~ sitio** em outro lugar; **~ tanto** outro tanto; **¡otra vez será!** talvez uma outra vez!; **eso ya es otra cosa** isso já é outra coisa; **¡hasta otra (vez)!** até outra vez! II. *pron indef* outro, -a; ~**s** outros; **el ~/la ~/lo ~** o outro/a outra/o outro; **de un sitio a ~** de um lugar a outro; **otras tres personas** outras três pessoas; **¡otra, otra!** mais um, mais um!; **¡otra que tal baila!** *inf* farinha do mesmo saco!

> **Gramática** otro é usado com o artigo definido ou sem o artigo, mas nunca com o artigo indefinido: "¿Me trae otro café con leche, por favor?; El otro día conocí a tu madre."

ovación [oβa'θjon] *f* ovação *f*
ovacionar [oβaθjo'nar] *vt* ovacionar
oval [o'βal] *adj* oval
ovalado, -a [oβa'laðo, -a] *adj* ovalado, -a
óvalo ['oβalo] *m* óvalo *m*
ovario [o'βarjo] *m* ovário *m*
oveja [o'βexa] *f* ovelha *f*; ~ **negra** ovelha negra
overol [oβe'rol] *m AmL* macacão *m*
ovillo [o'βiʎo] *m* novelo *m;* **hacerse un ~** *(encogerse)* encolher-se
ovni ['oβni] *m* óvni *m*
ovulación [oβula'θjon] *f* ovulação *f*
ovular [oβu'lar] *vi* ovular
óvulo ['oβulo] *m* óvulo *m*
oxidación [oksiða'θjon] *f* oxidação *f*
oxidar [oksi'ðar] I. *vt* oxidar II. *vr:* ~ **se** oxidar-se
óxido ['oksiðo] *m* 1. QUÍM óxido *m* 2. *(herrumbre)* ferrugem *m*
oxigenado, -a [oksixe'naðo, -a] *adj (cabello)* oxigenado, -a
oxigenar [oksixe'nar] *vt* oxigenar
oxígeno [ok'sixeno] *m* oxigênio *m*
oyente [o'ʝente] *mf* ouvinte *mf*
ozono [o'θono] *m* ozônio *m*

P

P, p [pe] *f* P, p *m*
pabellón [paβe'ʎon] *m (edificio, bandera) t.* ANAT pavilhão *m*
paca ['paka] *f* ZOOL paca *f*
pacer [pa'θer] *irr como crecer vi* pastar
pachá [pa'tʃa] *m* paxá *m;* **vivir como un ~** *inf* viver como um paxá
paciencia [pa'θjenθja] *f* paciência *f;* **acabar con la ~ de alguien** acabar com a paciência de alguém
paciente [pa'θjente] *adj, mf* paciente *mf*
pacificación [paθifika'θjon] *f* pacificação *f*
pacificar [paθifi'kar] <c→qu> *vt* pacificar
pacífico, -a [pa'θifiko, -a] *adj* pacífico, -a
Pacífico [pa'θifiko] *m* **el ~** o Pacífico
pacifismo [paθi'fismo] *m* pacifismo *m*
pacifista [paθi'fista] *adj, mf* pacifista *mf*
pacotilla [pako'tiʎa] *f* **de ~** *inf* de araque
pactar [pak'tar] *vi, vt* pactuar
pacto ['pakto] *m* pacto *m;* ~ **de/entre caballeros** acordo de/entre cavalheiros; ~ **social** pacto social
padecer [paðe'θer] *irr como crecer* I. *vi* padecer; ~ **de algo** padecer de a. c. II. *vt* padecer
padecimiento [paðeθi'mjento] *m* padecimento *m*
padrastro [pa'ðrastro] *m* padrasto *m*
padre ['paðre] *m* pai *m;* ~ **de familia** pai-de-família *m;* ~ **político** sogro *m;* ~ **soltero** pai solteiro; **¡tu ~!** *inf* é o teu pai!; **de ~ y muy señor mío** *inf* daqueles
padrenuestro [paðre'nwestro] *m* painosso *m*
padrino [pa'ðrino] *m* padrinho *m*
padrón [pa'ðron] *m* censo *m*
paella [pa'eʎa] *f* paelha *f*

> **Cultura** Paella é uma iguaria típica espanhola que consiste em um ensopado de arroz e vários tipos de carne e peixe, **marisco** (marisco) e **azafrán** (açafrão), o que dá ao arroz sua cor amarela-escura característica.

> Originalmente de **Valencia**, a paelha é conhecida hoje em todo o mundo.

paga ['paɣa] *f* (*sueldo*) pagamento *m*; ~ **extra** pagamento extra

pagadero, -a [paɣa'ðero, -a] *adj* pagável

pagano, -a [pa'ɣano, -a] *adj, m, f* pagão, pagã *m, f*

pagar [pa'ɣar] <g→gu> *vt* pagar; ~ **el pato** [*o* **los platos**] *inf* pagar o pato; ¡**me las ~ás!** *inf* você me paga!

pagaré [paɣa're] *m* nota *f* promissória

página ['paxina] *f* página *f*; ~**s amarillas** páginas *fpl* amarelas; ~ **de sucesos** PREN página policial; ~ **web** INFOR página web

pago ['paɣo] *m* pagamento *m*; ~ **al contado** pagamento à vista; ~ **contra reembolso** pagamento por reembolso postal; ~ **a plazos** pagamento a prazo; ~ **por visión** TV pay-per-view *m*

país [pa'is] *m* país *m*; ~ **comunitario** país comunitário; ~ **desarrollado** país desenvolvido; ~ **subdesarrollado** país subdesenvolvido; ~ **en vías de desarrollo** país em desenvolvimento

paisaje [pai'saxe] *m* paisagem *f*

paisajista [pai̯sa'xista] *mf* paisagista *mf*

paisano, -a [pai̯'sano, -a] *m, f* **1.** (*no militar*) paisano, -a *m, f*; **de** ~ à paisana **2.** (*compatriota*) compatriota *mf*

Países Bajos [pa'ises 'βaxos] *mpl* Países Baixos *mpl*

paja ['paxa] *f* **1.** (*tallo*) palha *f* **2.** (*para beber*) canudo *m* **3.** *fig* (*relleno*) recheio *m* **4.** *vulg* (*masturbación*) punheta *f*; **hacerse una** ~ bater uma punheta

pajar [pa'xar] *m* palheta *f*

pajarita [paxa'rita] *f* **1.** (*para vestir*) gravata *f* borboleta **2.** (*de papel*) dobradura de papel em forma de pássaro

pájaro ['paxaro] *m* pássaro *m*; ~ **carpintero** pica-pau *m*; **matar dos ~s de un tiro** *fig* matar dois coelhos de uma cajadada; **más vale ~ en mano que ciento volando** *prov* mais vale um pássaro na mão do que dois voando *prov*

paje ['paxe] *m* pajem *m*

pajita [pa'xita] *f* canudinho *m*

Pakistán [pakis'tan] *m* Paquistão *m*

pakistaní [pakista'ni] *adj, mf* paquistanês, -esa *m, f*

pala ['pala] *f* **1.** (*para cavar*) pá *f* **2.** (*del timón*) leme *m* **3.** (*raqueta*) raquete *f*

palabra [pa'laβra] *f* palavra *f*; ~ **clave** palavra-chave *f*; ~ **de honor** palavra de honra; **explicar algo de** ~ explicar a. c. oralmente; **ser un hombre de** ~ ser um homem de palavra; **una persona de pocas** ~**s** uma pessoa de poucas palavras; **dejar a alguien con la** ~ **en la boca** deixar alguém falando sozinho; **dirigir la** ~ **a alguien** dirigir a palavra a alguém; **quitar a alguien la** ~ **de la boca** tirar a palavra da boca de alguém

palabrota [pala'βrota] *f* palavrão *m*

palacio [pa'laθjo] *m* palácio *m*; ~ **de congresos** palácio do congresso; ~ **de deportes** palácio de esportes; **Palacio de Justicia** Palácio da Justiça

paladar [pala'dar] *m* paladar *m*

paladear [palade'ar] *vt* (*degustar*) saborear; (*disfrutar*) apreciar

palanca [pa'laŋka] *f* **1.** (*pértiga*) alavanca *f*; ~ **de cambio** alavanca de câmbio; ~ **de mando** alavanca de comando **2.** *AmL* (*influencia*) poder *m*

palangana [palaŋ'gana] *f* bacia *f*

palco ['palko] *m* camarote *m*

paleolítico [paleo'litiko] *m* paleolítico *m*

paleontología [paleontolo'xia] *f* paleontologia *f*

paleontólogo, -a [paleon'toloɣo, -a] *m, f* paleontólogo, -a *m, f*

Palestina [pales'tina] *m* Palestina *f*

palestino, -a [pales'tino, -a] *adj, m, f* palestino, -a *m, f*

paleta [pa'leta] *f* **1.** (*del albañil*) espátula *f* **2.** (*del pintor*) paleta *f*

paleto, -a [pa'leto] *adj, m, f pey* caipira *mf*

paliar [pa'ljar] <*I. pres:* palío, palio> *vt* paliar

paliativo [palja'tiβo] *m* paliativo *m*

palidecer [paliðe'θer] *irr como crecer vi* empalidecer

palidez [pali'ðeθ] *f* palidez *f*

pálido, -a ['paliðo, -a] *adj* pálido, -a

palillo [pa'liʎo] *m* **1.** ~ (**de dientes**) palito *m* (de dentes) **2.** (*para tambor*) baqueta *f* **3.** *inf* (*persona*) palito *m*

palio ['paljo] *m* pálio *m*

paliza [pa'liθa] *f* **1.** (*zurra*) surra *f*; **dar una buena** ~ **a alguien** (*pegar*) dar uma boa surra em alguém; **¡no me des la ~!** *fig* não me encha o saco! **2.** *inf* (*derrotar*) derrota *f* **3.** *inf* (*esfuerzo*)

canseira *f*; ¡**qué ~ me he pegado subiendo la montaña!** a subida na montanha me deixou exausto!
palma ['palma] *f* **1.**(*palmera*) palmeira *f* **2.**(*triunfo*) **llevarse la ~** levar a palma **3.** ANAT palma *f*; **conozco el barrio como la ~ de mi mano** *inf* conheço o bairro como a palma da minha mão **4.** *pl* (*aplausos*) palmas *fpl*; **batir** [*o* **dar**] **~s** bater palmas
palmada [pal'maða] *f* **1.**(*golpe*) palmada *f* **2.** *pl* (*aplausos*) palmas *fpl*; **dar ~s** bater palmas
palmar [pal'mar] *vi inf* **-la** bater as botas
palmear [palme'ar] *vi* aplaudir
palmense [pal'mense] *adj* palmense
palmera [pal'mera] *f* palmeira *f*
palmo ['palmo] *m* palmo *m*; **dejar con un ~ de narices** *inf* deixar com a cara no chão; **quedarse con un ~ de narices** *inf* ficar com a cara no chão
palmotear [palmote'ar] *vi* aplaudir
palmoteo [palmo'teo] *m* aplauso *m*
palo ['palo] *m* **1.**(*bastón*) bastão *m* **2.** NÁUT mastro *m* **3.**(*madera*) pau *m* **4.**(*golpe*) surra *f*; **echar a alguien a ~s** expulsar alguém a socos e pontapés **5.**(*de golf*) taco *m* **6.** *fig* **a ~ seco** *inf* sem nada mais; **de tal ~, tal astilla** *prov* tal pai, tal filho
paloma [pa'loma] *f* pomba *f*; **~ mensajera** pombo-correio *m*; **la ~ de la paz** a pomba da paz
palomilla [palo'miʎa] *f* **1.** ZOOL mariposa *f* **2.**(*tornillo*) borboleta *f*
palomitas [palo'mitas] *fpl* **~ (de maíz)** pipoca *f*
palpar [pal'par] *vt* apalpar
palpitación [palpita'θjon] *f* palpitação *f*
palpitante [palpi'tante] *adj* palpitante
palpitar [palpi'tar] *vi* palpitar
palta ['palta] *f AmS* abacate *m*
palúdico, -a [pa'luðiko, -a] *adj* palustre; **fiebre palúdica** febre palustre
paludismo [palu'ðismo] *m* malária *f*
pamela [pa'mela] *f* capelina *f*
pampa ['pampa] *f* pampa *m*

Cultura O **pampa** é uma vasta planície no centro da Argentina coberta por vegetação rasteira que se eleva desde a costa do Atlântico em direção à Cordilheira dos Andes. É uma região extremamente fértil, com solo úmido e arenoso, ideal para o cultivo de cereais.

pan [pan] *m* pão *m*; **~ francés** pão francês; **~ integral** pão integral; **~ de molde** pão de forma; **~ rallado** farinha *f* de rosca; **a falta de ~, buenas son tortas** quem não tem cão caça com gato; (**llamar**) **al ~, ~ y al vino, vino** *inf*(ser) pão, pão, queijo, queijo; **ser el ~ nuestro de cada día** ser o pão nosso de cada dia; **ser ~ comido** *inf* ser moleza; **ser un pedazo de ~, ser más bueno que el ~** *inf* ser um amor de pessoa
pana ['pana] *f* veludo *m* cotelê
panadería [panaðe'ria] *f* padaria *f*
panadero, -a [pana'ðero, -a] *m, f* padeiro, -a *m, f*
panal [pa'nal] *m* favo *m*
Panamá [pana'ma] *m* Panamá *m*

Cultura O **Panamá** é dividido em dois pelo Canal do Panamá e liga a América Central à América do Norte. A capital, que também se chama **Panamá**, é a maior cidade do país. O espanhol é a língua oficial do país, embora o inglês seja amplamente usado. A unidade monetária do Panamá é o **balboa**.

panameño, -a [pana'meɲo, -a] *adj, m, f* panamenho, -a *m, f*
pancarta [paŋ'karta] *f* cartaz *m*
panceta [pan'θeta] *f* toucinho *m*
páncreas ['paŋkreas] *m inv* pâncreas *m inv*
panda¹ ['panda] *m* ZOOL panda *m*
panda² ['panda] *f v.* **pandilla**
pandereta [pande'reta] *f* pandeiro *m*
pandilla [pan'diʎa] *f* turma *f*
panecillo [pane'θiʎo] *m* pãozinho *m*
panel [pa'nel] *m* painel *m*
panera [pa'nera] *f* cesto *m* de pão
panfleto [pam'fleto] *m* panfleto *m*
pánico ['paniko] *m* pânico *m*; **tener ~ a algo** ter pânico de a. c.; **¡que no cunda el ~!** que não se espalhe o pânico!
panocha [pa'notʃa] *f*, **panoja** [pa'noxa] *f* espiga *f*
panorama [pano'rama] *m* panorama *m*
panorámica [pano'ramika] *f* panorâmi-

ca *f*
panorámico, -a [pano'ramiko, -a] *adj* panorâmico, -a
pantalla [pan'taʎa] *f* **1.**(*de cine, ordenador*) tela *f;* **la pequeña ~** a telinha **2.**(*de lámpara*) quebra-luz *m*
pantalón [panta'lon] *m* calça *f; ~* **tejano** [*o* **vaquero**] calça jeans; **bajarse los pantalones** *inf* abaixar a cabeça; **llevar los pantalones** *inf* dar as ordens
pantano [pan'tano] *m* **1.**(*ciénaga*) pântano *m* **2.**(*embalse*) represa *f*
pantanoso, -a [panta'noso, -a] *adj* pantanoso, -a
panteón [pante'on] *m* jazigo *m*
pantera [pan'tera] *f* pantera *f*
pantis ['pantis] *mpl* meia-calça *f*
pantomima [panto'mima] *f* pantomima *f*
pantorrilla [panto'rriʎa] *f* panturrilha *f*
pantufla [pan'tufla] *f* chinelo *m*
panza ['panθa] *f* pança *f*
panzudo, -a [pan'θuðo, -a] *adj* pançudo, -a
pañal [pa'ɲal] *m* fralda *f;* **estar en ~es** *inf* (*sin saber, comenzando*) estar engatinhando
pañería [paɲe'ria] *f* (*tienda*) loja *f* de tecidos
paño ['paɲo] *m* **1.**(*tejido*) tecido *m;* **en ~s menores** *inf* em trajes menores **2.**(*trapo*) pano *m; ~* **de cocina** pano de prato
pañuelo [pa'ɲwelo] *m* lenço *m; ~* **de bolsillo** lenço de bolso
papa¹ ['papa] *m* papa *m*
papa² ['papa] *f reg, AmL* batata *f;* **no entender ni ~** *inf* não entender patavina
papá [pa'pa] *m inf* papai *m;* **Papá Noel** Papai Noel
papada [pa'paða] *f* papada *f*
papagayo [papa'ɣaʝo] *m* papagaio *m;* **hablar como un ~** falar como um papagaio
papal [pa'pal] *adj* papal
papalote [papa'lote] *m Ant, Méx* pipa *f*
papanatas [papa'natas] *m inv, inf* bobalhão, -ona *m, f*
paparrucha [papa'rrutʃa] *f inf,* **paparruchada** [paparru'tʃaða] *f inf* bobagem *f*
papaya [pa'paʝa] *f* papaia *f*
papel [pa'pel] *m* **1.**(*para escribir, material*) papel *m; ~* **de aluminio** papel de alumínio; **~ (de) celofán**

papel celofane; **~ de envolver** papel de embrulho; **~ de estraza** papel pardo; **~ de fumar** papel de cigarro; **~ higiénico** papel higiênico; **~ de lija** lixa *f; ~* **moneda** papel-moeda *m; ~* **pintado** papel de parede; **~ de plata** papel de alumínio; **~ de regalo** papel de presente; **~ vegetal** papel vegetal **2.**(*rol*) papel *m; ~* **protagonista/secundario** papel principal/secundário; **hacer buen/mal ~** fazer bonito/feio; **hacer su ~** fazer sua parte **3.** *pl* (*documentos*) papéis *mpl*
papeleo [pape'leo] *m* papelada *f*
papelera [pape'lera] *f* **1.**(*recipiente*) cesto *m* de papéis **2.**(*fábrica*) fábrica *f* de papel
papelería [papele'ria] *f* papelaria *f*
papeleta [pape'leta] *f* **1.**(*electoral*) cédula *f* **2.**(*de notas*) caderneta *f* **3.** *inf* (*problema*) abacaxi *m;* **menuda ~ le ha tocado** um belo abacaxi sobrou para ele
paperas [pa'peras] *fpl* caxumba *f*
papilla [pa'piʎa] *f* papinha *f*
papiro [pa'piro] *m* papiro *m*
paquete [pa'kete] *m* pacote *m; ~* **de acciones** com lote *m* de ações; **~ bomba** pacote bomba; **~ informático** pacote de aplicativos; **~ de medidas** pacote de medidas; **~ postal** encomenda *f* postal
paquidermo [paki'ðermo] *m* zool paquiderme *m*
Paquistán [pakis'tan] *m* Paquistão *m*
paquistaní [pakista'ni] *adj, mf* paquistanês, -esa *m, f*
par [par] **I.** *adj* par; **a la ~** ao mesmo tempo; **esta película entretiene a la ~ que instruye** este filme diverte ao mesmo tempo que instrui; **de ~ en ~** totalmente aberto; **abrir una ventana de ~ en ~** abrir completamente uma janela; **sin ~** sem igual **II.** *m* par *m;* **un ~ de zapatos** um par de sapatos
para ['para] *prep* **1.**(*destino*) para; **un regalo ~ el niño** um presente para a criança **2.**(*finalidad*) para; **servir ~ algo** servir para a. c.; **¿~ qué es esto?** para que é isto?; **he venido ~ darte las gracias** veio para te agradecer **3.**(*dirección*) para; **voy ~ Buenos Aires** vou para Buenos Aires; **mira ~ acá** olhe para cá **4.**(*duración*) para; **~ siempre** para sempre; **con esto tenemos ~ rato** com isto temos o bastante por

enquanto; **vendrá ~ Navidad/finales de marzo** virá para o Natal/final de março; **estará listo ~ el viernes** estará pronto para sexta-feira; **diez minutos ~ las once** AmL dez para as onze 5. (*contraposición*) para; **es muy activo ~ la edad que tiene** é muito ativo para a idade que tem 6. (*trato*) ~ (**con**) para (com); **es muy amable ~ con nosotros** é muito amável para conosco 7. (+ *estar*) **estar ~...** (*a punto de*) estar para...; **no estoy ~ bromas** não estou para brincadeiras; **está ~ llover** está para chover; **está ~ llegar** está para chegar 8. (*a juicio de*) ~ **mí, esto no es lo mismo** para mim, isto não é a mesma coisa; ~ **mí que va a llover** eu acho que vai chover

parabién [para'βjen] *m* parabéns *mpl;* **dar el ~ a alguien** dar os parabéns a alguém

parábola [pa'raβola] *f* parábola *f*

parabólica [para'βolika] *f* parabólica *f*

parabólico, -a [para'βoliko, -a] *adj* parabólico, -a

parabrisas [para'βrisas] *m inv* para-brisa *m*

paracaídas [paraka'iðas] *m inv* para-quedas *m inv*

paracaidismo [parakai̯'ðismo] *m* para-quedismo *m*

paracaidista [parakai̯'ðista] *mf* para-quedista *mf*

parachoques [para'tʃokes] *m inv* para-choque *m*

parada [pa'raða] *f* 1. (*lugar*) parada *f;* ~ **de autobús/taxis** ponto *m* de ônibus/táxis 2. DEP (*de portero*) defesa *f;* **hacer una ~** fazer uma defesa

paradero [pa'ðero] *m* paradeiro *m;* **está en ~ desconocido** seu paradeiro é desconhecido

paradigma [para'ðiɣma] *m* paradigma *m*

paradisiaco, -a [paraði'sjako, -a] *adj*, **paradisíaco, -a** [paraði'siako, -a] *adj* paradisíaco, -a

parado, -a [pa'raðo, -a] *adj* 1. (*que no se mueve*) parado, -a; **estar ~** estar parado; **quedarse ~** ficar paralisado 2. (*sin empleo*) desempregado, -a 3. (*tímido*) parado, -a 4. (*resultado*) **salir bien/mal ~ de algo** sair-se bem/mal de a. c.

paradoja [pa'ðoxa] *f* paradoxo *m*

paradójico, -a [para'ðoxiko, -a] *adj* paradoxal

parador [para'ðor] *m* hotel de luxo mantido pelo Estado

parafernalia [parafer'nalja] *f* parafernália *f*

parafrasear [parafrase'ar] *vt* parafrasear

paráfrasis [pa'rafrasis] *f inv* paráfrase *f*

paraguas [para'ɣwas] *m inv* guarda-chuva *m*

Paraguay [para'ɣwai̯] *m* Paraguai *m*

> **Cultura** O **Paraguay** situa-se na América do Sul e faz fronteira com a Bolívia, o Brasil e a Argentina. O Paraguai não é banhado pelo mar. Sua capital é **Asunción** e as línguas oficiais do país são o espanhol e o **guaraní**. A unidade monetária do também é chamada de **guaraní**.

paraguayo, -a [para'ɣwaʝo, -a] *adj*, *m*, *f* paraguaio, -a *m, f*

paraíso [para'iso] *m* paraíso *m;* ~ **fiscal** paraíso fiscal; ~ **terrenal** paraíso terrestre

paraje [pa'raxe] *m* paragem *f*

paralelismo [parale'lismo] *m* paralelismo *m*

paralelo [para'lelo] *m* paralelo *m*

paralelo, -a [para'lelo, -a] *adj* paralelo, -a

parálisis [pa'ralisis] *f inv* paralisia *f;* **sufre ~ de las piernas** sofre de paralisia nas pernas

paralítico, -a [para'litiko, -a] *adj, m, f* paralítico, -a *m, f*

paralización [paraliθa'θjon] *f* paralisação *f*

paralizar [parali'θar] <z→c> *vt* paralisar

parámetro [pa'rametro] *m* parâmetro *m*

paramilitar [paramili'tar] *adj* paramilitar

páramo ['paramo] *m* páramo *m*

parangón [paraŋ'gon] *m* **sin ~** sem comparação

paraninfo [para'nimfo] *m* paraninfo *m*

paranoia [para'noja] *f* paranoia *f*

paranoico, -a [para'noi̯ko, -a] *adj* paranoico, -a

paranormal [paranor'mal] *adj* paranormal

parapente [para'pente] *m* parapente *m*

parapléjico, -a [para'plexiko, -a] *adj, m, f* paraplégico, -a *m, f*

parapsicología [paraβsikolo'xia] *f* parapsicologia *f*

parapsicólogo, -a [paraβpsi'koloɣo, -a] *m, f* parapsicólogo, -a *m, f*

parar ['parar] I. *vi* 1.(*detenerse, cesar*) parar; **no para** (**de trabajar**) não para (de trabalhar) 2.(*acabar*) **si sigues así irás a ~ a la cárcel** se continuar assim vai parar na cadeia; **la maleta fue a ~ a Bilbao** a mala foi parar em Bilbao; **¿dónde irá a ~ esto?** onde isto vai parar? 3.(*vivir*) parar; **no para en casa** não para em casa II. *vt* parar III. *vr*: ~**se** parar

pararrayos [para'rrajos] *m inv* para-raios *m inv*

parasitario, -a [parasi'tarjo, -a] *adj* parasitário, -a

parásito, -a [pa'rasito, -a] *adj, m, f* parasita *mf*

parasol [para'sol] *m* guarda-sol *m*

parcela [par'θela] *f* lote *m*

parcelación [parθela'θjon] *f* loteamento *m*

parcelar [parθe'lar] *vt* lotear

parche ['partʃe] *m* remendo *m*

parchís [par'tʃis] *m* ludo *m*

parcial [par'θjal] I. *adj* parcial II. *m* (*examen*) teste *m*

parcialidad [parθjali'ðað] *f* parcialidade *f*

parco, -a ['parko, -a] *adj* (*moderado, escaso*) parco, -a; ~ **en palabras** econômico nas palavras

pardillo, -a [par'ðiʎo, -a] *adj, m, f inf* ingênuo, -a *m, f*

pardo, -a ['parðo, -a] *adj* pardo, -a

parear [pare'ar] *vt* emparelhar

parecer [pare'θer] I. *irr como crecer vi* parecer; **a lo que parece**, **al** ~ ao que parece; **parece mentira que... +***subj* parece mentira que... +*subj*; **¿qué te parece?** o que você acha?; **si te parece bien,...** se está bem para você,... II. *irr como crecer vr*: ~**se** parecer-se; ~ **se a alguien** parecer-se com alguém III. *m* parecer *m;* **a mi** ~ a meu ver

parecido [pare'θiðo] *m* semelhança *f;* **tener un gran ~ con alguien** ter uma grande semelhança com alguém

parecido, -a [pare'θiðo, -a] *adj* 1.(*semejante*) parecido, -a 2.(*de aspecto*) **ser bien/mal ~** ter boa/má aparência

pared [pa'reð] *f* parede *f;* ~ **maestra** parede mestra; **como si le hablara a la** ~ *inf* como se estivesse falando com a parede; **poner a alguien contra la** ~ *fig* pôr alguém contra a parede; **subirse por las ~es** *fig* subir pelas paredes

pareja [pa'rexa] *f* 1.(*par*) par *m* 2.(*compañero*) namorado, -a *m, f* 3.(*de novios*) casal *m;* ~ **de hecho** casal de fato

parejo, -a [pa'rexo, -a] *adj* parecido, -a

parentela [paren'tela] *f* parentada *f*

parentesco [paren'tesko] *m* parentesco *m*

paréntesis [pa'rentesis] *m inv* parêntese *m;* **entre ~** entre parênteses

paria ['parja] *f* pária *mf*

paridad [pari'ðað] *f* paridade *f;* ~ **de cambio** paridade cambial

pariente [pa'rjente] *mf* parente *mf*

parir [pa'rir] *vi, vt* parir

París [pa'ris] *m* Paris *f*

parisiense [pari'sjense] *adj, mf* parisiense *mf*

paritario, -a [pari'tarjo, -a] *adj* paritário, -a

parking ['parkiŋ] *m* <parkings> estacionamento *m*

parlamentar [parlamen'tar] *vi* parlamentar

parlamentario, -a [parlamen'tarjo, -a] *adj, m, f* parlamentário, -a *m, f*

parlamento [parla'mento] *m* parlamento *m*

parlanchín, -ina [parlan'tʃin, -ina] *adj, m, f inf* tagarela *mf*

parlar [par'lar] *vi*, **parlotear** [parlote'ar] *vi inf* falar

paro ['paro] *m* 1.(*parada*) parada *f;* ~ **cardiaco** parada cardíaca 2.(*desempleo*) desemprego *m;* **apuntarse al** ~ inscrever-se no seguro-desemprego; **cobrar el** ~ receber o seguro-desemprego; **estar en** (**el**) ~ estar desempregado 3.(*huelga*) ~ (**laboral**) greve *f*

parodia [pa'roðja] *f* paródia *f*

parodiar [paro'ðjar] *vt* parodiar

parpadear [parpaðe'ar] *vi* (*ojos, luz*) piscar

parpadeo [parpa'ðeo] *m* (*de ojos, de luz*) piscadela *f*

párpado ['parpaðo] *m* pálpebra *f*

parque ['parke] *m* 1.(*jardín*) parque *m;* ~ **de atracciones** parque de diversões;

~ **nacional** parque nacional; ~ **natural** parque natural; ~ **zoológico** jardim *m* zoológico **2.** *(depósito)* armazém *m;* ~ **de bomberos** corpo *m* de bombeiros **3.** *(para niños)* cercado *m*

parqué [par'ke] *m*, **parquet** [par'ke⁽ᵗ⁾] *m* parquê *m*

parquímetro [par'kimetro] *m* parquímetro *m*

parra ['parra] *f* parreira *f;* **subirse a la ~** *inf (enfadarse)* subir nas tamancas; *(darse importancia)* achar-se o máximo

párrafo ['parrafo] *m* parágrafo *m*

parranda [pa'rranda] *f inf* farra *f;* **ir de ~** sair para a farra

parricida [parri'θiða] *mf* parricida *mf*

parricidio [parri'θiðjo] *m* parricídio *m*

parrilla [pa'rriʎa] *f* **1.** *(para la brasa)* grelha *f* **2.** *AmL* AUTO bagageiro *m*

parrillada [parri'ʎaða] *f* grelhado *m;* ~ **de carne** grelhado de carne; ~ **de pescado** grelhado de peixe

párroco ['parroko] *m* pároco *m*

parroquia [pa'rrokja] *f* paróquia *f*

parroquial [parro'kjal] *adj* paroquial

parroquiano, -a [parro'kjano, -a] *m, f* paroquiano, -a *m, f*

parte¹ ['parte] *f* **1.** *(porción, elemento)* parte *f;* **una cuarta ~** uma quarta parte; **en ~** em parte; **en gran ~** em grande parte; **tomar ~ en algo** participar de a. c. **2.** *(repartición)* parte *f;* **llevarse la peor/mejor ~** levar a pior/melhor parte; **tener ~ en algo** participar de a. c. **3.** *(lugar)* lugar *m;* **en cualquier ~** em qualquer lugar; **a/en ninguna ~** em lugar nenhum; **en otra ~** em outro lugar; **no llevar a ninguna ~** não levar a lugar nenhum **4.** *(lado)* parte *f;* ~ **de delante/de atrás** parte da frente/de trás; **por otra ~** por outro lado; **estar de ~ de alguien** estar do lado de alguém; **ponerse de ~ de alguien** colocar-se ao lado de alguém; **dale recuerdos de mi ~** dê-lhe lembranças da minha parte; **somos primos por ~ de mi padre/de mi madre** somos primos por parte do meu pai/da minha mãe; **por mi ~** puedes hacer lo que quieras por mim pode fazer o que quiser **5.** *pl (genitales)* partes *fpl*

parte² ['parte] *m* parecer *m;* ~ **médico** parecer médico; ~ **meteorológico** boletim *m* meteorológico; **dar ~ (de algo)** dar parecer (de a. c.)

partera [par'tera] *f* parteira *f*

parterre [par'terre] *m* canteiro *m*

partición [parti'θjon] *f (reparto)* t. MAT partição *f*

participación [partiθipa'θjon] *f* **1.** *(intervención)* participação *f;* ~ **en los beneficios** participação nos lucros **2.** *(de lotería)* bilhete *m*

participante [partiθi'pante] *mf* participante *mf*

participar [partiθi'par] *vi* participar; ~ **de/en algo** participar de/em a. c.

partícipe [par'tiθipe] *mf* partícipe *mf;* **hacer a alguien ~ de algo** *(compartir)* fazer alguém participar de a. c.; *(informar)* participar alguém de a. c.

participio [parti'θipjo] *m* particípio *m*

particular¹ [partiku'lar] *adj* particular; **en ~** em particular

particular² [partiku'lar] *m* particular *m*

particularidad [partikulari'ðað] *f* particularidade *f*

particularizar [partikulari'θar] <z→c> *vt* particularizar

partida [par'tiða] *f* **1.** *(en general)* partida *f* **2.** *(certificado)* certidão *f;* ~ **de nacimiento/defunción** certidão de nascimento/óbito

partidario, -a [parti'ðarjo, -a] **I.** *adj* partidário, -a; **ser ~ de algo** ser partidário de a. c. **II.** *m, f* partidário, -a *m, f*

partidismo [parti'ðismo] *m* partidarismo *m*

partidista [parti'ðista] *adj* partidarista

partido [par'tiðo] *m* **1.** POL partido *m* **2.** DEP partida *f;* ~ **amistoso** partida amistosa **3.** *(determinación)* partido *m;* **tomar ~ a favor de alguien** tomar o partido de alguém **4.** *(provecho)* partido *m;* **sacar ~ de algo** tirar partido de a. c.

partido, -a [par'tiðo, -a] *adj* partido, -a

partir [par'tir] **I.** *vi* partir; **a ~ de ahora/de mañana** a partir de agora/de amanhã **II.** *vt* partir **III.** *vr:* ~**se** partir-se; ~ **se (de risa)** *inf* morrer (de rir)

partitura [parti'tura] *f* MÚS partitura *f*

parto ['parto] *m* parto *m;* **estar de ~** estar em trabalho de parto

pasa ['pasa] *f* passa *f*

pasable [pa'saβle] *adj* passável

pasada [pa'saða] *f* **1.** *(paso)* **de ~** de passagem **2.** *(mano)* **dar una ~ a algo** dar uma passada em a. c. **3.** *inf (comportamiento)* **hacer una mala ~ a alguien** aprontar com alguém; **¡vaya (mala) ~!** que sacanagem! **4.** *inf*

(*exageración*) ¡es una ~! é espetacular!
pasadizo [pasa'ðiθo] *m* passagem *f*
pasado [pa'saðo] *m* passado *m*
pasado, -a [pa'saðo, -a] *adj* 1.(*de atrás*) passado, -a; ~ **mañana** depois de amanhã; ~ **de moda** fora de moda 2.(*estropeado: alimentos*) passado, -a; **el yogur está ~ de fecha** o iogurte está com data vencida 3. GASTR passado, -a; **un huevo ~ por agua** um ovo passado na água; **¿quieres el filete muy ~?** deseja o filé muito bem passado?
pasador [pasa'ðor] *m* 1.(*para el cabello*) fivela *f* 2.(*cerrojo*) ferrolho *m*
pasaje [pa'saxe] *m* 1.(*calle, billete, de libro*) passagem *f* 2.(*pasajeros*) passageiros *mpl*
pasajero, -a [pasa'xero, -a] *adj, m, f* passageiro, -a *m, f*
pasamano(s) [pasa'mano(s)] *m(pl)* corrimão *m*
pasamontañas [pasamoɲ'taɲas] *m inv* balaclava *f*
pasaporte [pasa'porte] *m* passaporte *m*
pasar [pa'sar] I. *vi* 1.(*en general*) passar; ~ **corriendo** passar correndo; ~ **desapercibido** passar desapercebido; ~ **de largo** passar direto; **dejar** ~ deixar passar; **no dejes ~ la oportunidad** não deixe passar a oportunidade; **cuando pasen las vacaciones...** quando passarem as férias...; **han pasado dos semanas sin llover** passaram-se duas semanas sem chover; **lo pasado, pasado está** o que está feito, está feito 2.(*por un hueco*) passar; **el sofá no pasa por la puerta** o sofá não passa pela porta; **el Ebro pasa por Zaragoza** o Ebro passa por Zaragoza 3.(*trasladarse*) passar; **pasemos al comedor** passemos à sala de jantar 4.(*acaecer*) acontecer; **¿qué pasa?** o que está acontecendo?; **¿qué te pasa?** o que está acontecendo com você?; **pase lo que pase** aconteça o que acontecer; **lo que pasa es que...** o que acontece é que... 5.(*poder existir*) virar-se; **vamos pasando** estamos nos virando 6.(*aparentar*) ~ **por** passar por; **hacerse ~ por médico** passar-se por médico; **pasa por nuevo** passa por novo; **arreglándolo aún puede ~** consertando-o até pode passar 7.(*cambiar*) passar; **paso a explicar porqué** passo a explicar porque; ~ **a mayores** ficar mais sério 8. *inf* (*no necesitar*) **yo paso de salir** não estou a fim de sair; **paso de esta película** não ligo para este filme; **paso de todo** não liga para nada II. *vt* 1.(*atravesar*) passar; ~ **el semáforo en rojo** passar o semáforo vermelho 2.(*por un hueco*) ~ **algo por debajo de la puerta** passar a. c. por debaixo da porta; ~ **la tarjeta por la ranura** passar o cartão pela fenda 3.(*trasladar*) passar; ~ **a limpio** passar a limpo 4.(*dar*) passar; ~ **la pelota** passar a bola 5.(*una temporada*) passar; ~ **lo en grande** passar muito bem; ~ **lo mal** passar mal; **¡que lo paséis bien!** divirtam-se! 6.(*sufrir*) passar; ~ **hambre** passar fome; **pasé un mal rato** passei um mau bocado 7.(*transmitir*) passar; (*una película*) passar; ~ **un recado** passar um recado; **me has pasado el resfriado** me passou o resfriado; **le paso a la Sra. Ortega** passo-lhe a Sra. Ortega 8.(*sobrepasar*) passar; **he pasado los treinta** passei dos trinta; **paso en altura** te passo em altura 9.(*hacer deslizar*) ~ **la aspiradora** passar o aspirador; ~ **la mano por la mesa** passar a mão pela mesa 10.(*las hojas de un libro*) virar III. *vr*: ~ **se** 1.(*acabarse*) passar; ~ **se de fecha** passou da data; ~ **se de moda** sair de moda; **se me han pasado las ganas** me passou a vontade; **ya se le ~á el enfado** a raiva dele já passou 2.(*exagerar*) exagerar; ~ **se de listo** considerar-se muito esperto; ~ **se de la raya** passar dos limites; **te has pasado un poco con la sal** você exagerou um pouco com o sal 3.(*por un sitio*) ~ **se la mano por el pelo** passar a mão pelo cabelo; **pásate un momento por mi casa** dê uma passada pela minha casa; **se me pasó por la cabeza que...** me passou pela cabeça que... 4.(*cambiar*) passar; **se ha pasado de trabajadora a perezosa** passou de trabalhadora a preguiçosa 5.(*olvidarse*) **se me pasó tu cumpleaños** esqueci seu aniversário 6.(*estropearse*) estragar-se; (*fruta, mantequilla*) **se ha pasado el arroz** o arroz cozinhou demais 7.(*escaparse*) **se me pasó la oportunidad** perdi a oportunidade; **se me pasó el turno** perdi a vez
pasarela [pasa'rela] *f* passarela *f*
pasatiempo [pas'tjempo] *m* passatem-

po *m;* **los ~s del periódico** a seção de passatempo do jornal

Pascua ['paskwa] *f* 1.(*de resurrección*) Páscoa *f;* **de ~s a Ramos** *inf* de vez em quando 2. *pl* (*navidad*) festas *fpl* de fim de ano; **felices ~s** boas festas

pase ['pase] *m* 1. DEP passe *m* 2. CINE projeção *f* 3.(*permiso*) passe *m* 4.(*de modelos*) desfile *m*

pasear [pase'ar] I. *vi, vt* passear II. *vr:* **~se** passear

paseo [pa'seo] *m* passeio *m;* **~ marítimo** orla *f* marítima; **de aquí al colegio sólo hay un ~** daqui ao colégio é só um pulinho; **dar un ~** dar um passeio; **mandar a alguien a ~** *inf* mandar alguém passear; **¡vete a ~!** *inf* vai passear!

pasillo [pa'siʎo] *m* corredor *m*

pasión [pa'sjon] *f* paixão *f;* **sentir ~ por algo** ser apaixonado por a. c.

pasional [pasjo'nal] *adj* passional

pasiva [pa'siβa] *f* LING passiva *f*

pasividad [pasiβi'ðaðº] *f* passividade *f*

pasivo [pa'siβo] *m* passivo *m*

pasivo, -a [pa'siβo, -a] *adj* passivo, -a

pasmar [pas'mar] I. *vt* pasmar II. *vr:* **~se** pasmar-se

pasmo [pas'mo] *m* pasmo *m*

pasmoso, -a [pas'moso, -a] *adj* pasmoso, -a

paso ['paso] *m* 1.(*acción de pasar*) passo *m;* **de ~** (*indirectamente*) de passagem; **ceder el ~** dar passagem; **estar de ~** estar de passagem; **de ~ que vas al centro,...** de passagem ao centro,... 2.(*movimiento, medida*) passo *m;* **~ a ~** passo a passo; **bailar a ~ de vals** dançar uma valsa; **dar un ~ adelante/atrás** dar um passo à frente/atrás; **dar un ~ en falso** *fig* dar um passo em falso; **dar todos los ~s necesarios** dar todos os passos necessários; **marcar el ~** marcar o passo; **he dado un enorme ~ en mis investigaciones** dei um enorme passo em minhas investigações 3.(*velocidad*) passo *m;* **a ~s agigantados** a passos largos; **a ~ de tortuga** *inf* a passo de tartaruga; **a este ~ no llegarás** neste passo não chegarás; **a este ~ no conseguirás nada** *fig* neste passo não conseguirá nada 4.(*pisada*) passo *m;* **seguir los ~s de alguien** *fig* seguir os passos de alguém 5.(*distancia*) **vive a dos ~s de mi casa** vive a dois passos da minha casa 6.(*en el mar, entre montañas*) passo *m;* **abrirse ~** abrir passagem; **esta puerta da ~ al jardín** esta porta dá passagem ao jardim; **¡prohibido el ~!** proibida a passagem!; **con este dinero puedo salir del ~** com este dinheiro posso resolver a situação; **sólo lo has dicho para salir del ~** só disse isso para sair da situação 7.(*para atravesar algo*) passagem *f;* **~ de cebra** faixa *f* de pedestre; **~ fronterizo** cruzamento *m* de fronteira; **~ a nivel** passagem de nível; **¡~!** dê passagem! 8.(*de un contador*) pulso *m*

pasota [pa'sota] *mf inf* largado, -a *m, f;* **es un ~ total** é um completo largado

pasta ['pasta] *f* 1.(*masa*) pasta *f;* **~ de dientes** pasta de dentes 2.(*comida italiana*) massa *f* 3.(*pastel*) biscoito *m* 4.(*encuadernación*) capa *f;* **de ~ dura/blanda** de capa dura/mole 5. *inf* (*dinero*) grana *f*

pastar [pas'tar] *vi* pastar

pastel [pas'tel] *m* (*dulce*) bolo *m;* (*salado*) empadão *m*

pastelería [pastele'ria] *f* confeitaria *f*

pastelero, -a [paste'lero, -a] *m, f* confeiteiro, -a *m, f*

pasteurizado, -a [pasteu̯ri'θaðo, -a] *adj* pasteurizado, -a

pasteurizar [pasteu̯ri'θar] <z→c> *vt* pasteurizar

pastilla [pas'tiʎa] *f* 1. MED comprimido *m* 2.(*de chocolate, jabón*) barra *f;* **ir a toda ~** *inf* ir a toda velocidade

pasto ['pasto] *m* pasto *m;* **ser ~ de las llamas** ser alimento das chamas; **ser ~ de la murmuración** ser vítima de fofoca

pastor [pas'tor] *m* 1. REL pastor *m* 2. ZOOL **~ alemán** pastor-alemão

pastor(a) [pas'tor(a)] *m(f)* pastor(a) *m(f)*

pata ['pata] *f* 1.(*de animal*) pata *f;* **~s de gallo** (*del rostro*) pé-de-galinha *m;* **mala ~** *inf* má sorte; **la habitación está ~s arriba** *inf* o quarto está de pernas para o ar 2. *inf* (*de persona*) perna *f;* **a cuatro ~s** de quatro; **a la ~ coja** num pé só; **estirar la ~** *fig* esticar a canela; **meter la ~** *fig* dar um fora 3.(*de mueble*) perna *f*

patada [pa'taða] *f* pontapé *m;* **dar una ~ contra algo/alguien** dar um pontapé em a. c./alguém; **romper una puerta a ~s** quebrar a porta a pontapés; **dar la ~ a alguien** *inf* dar pontapé em alguém; **echar a alguien a ~s** *inf* expulsar alguém a pontapés; **me da cien ~s** *inf* me desagrada muito; **me sentó como una ~ en el estómago** *inf* foi como um chute no meu estômago; **tratar a alguien a ~s** *inf* tratar alguém a patadas

Patagonia [pata'ɣoŋja] *f* ~ a Patagônia

> **Cultura** A **Patagonia** situa-se no extremo sul do Chile e Argentina, ao sul do Pampa. Diferentemente do Pampa, este vasto terreno de estepe, escassamente cultivado e árido, é desfavorável ao cultivo de cereais, sendo por isso usado principalmente para criação de ovelhas.

patalear [patale'ar] *vi* espernear
pataleta [pata'leta] *f inf* esperneio *m*
patata [pa'tata] *f* batata *f*; **~s fritas** batatas fritas
patatús [pata'tus] *m inf* troço *m*; **le dio un ~** ele teve um troço
paté [pa'te] *m* patê *m*
patear [pate'ar] *vi, vt* patear
patentar [paten'tar] *vt* patentear
patente [pa'tente] I. *adj* patente II. *f* licença *f*
patera [pa'tera] *f* embarcação pequena de fundo plano, sem quilha
paternal [pater'nal] *adj* paternal
paternalismo [paterna'lismo] *m* paternalismo *m*
paternalista [paterna'lista] *adj* paternalista
paternidad [paterni'ðað] *f* paternidade *f*
paterno, -a [pa'terno, -a] *adj* paterno, -a
patético, -a [pa'tetiko, -a] *adj* patético, -a
patilla [pa'tiʎa] *f* **1.** (*gafas*) haste *f* **2.** *pl* (*pelo*) costeletas *fpl*
patín [pa'tin] *m* **1.** (*de hielo, ruedas*) patim *m* **2.** (*embarcación*) pedalinho *m*
patinador(a) [patina'ðor(a)] *m(f)* patinador(a) *m(f)*
patinaje [pati'naxe] *m* patinação *f*; **~ artístico** patinação artística; **~ sobre hielo** patinação no gelo; **~ sobre ruedas** patinação sobre rodas
patinar [pati'nar] *vi* **1.** (*sobre patines*) patinar **2.** (*en vehículo*) derrapar
patinete [pati'nete] *m* patinete *f*

patio ['patjo] *m* pátio *m*
pato, -a ['pato, -a] *m, f* pato, -a *m, f*; **pagar el ~** *inf* pagar o pato
patológico, -a [pato'loxiko, -a] *adj* patológico, -a
patoso, -a [pa'toso, -a] *adj, m, f inf* desajeitado, -a *m, f*
patraña [pa'traɲa] *f* patranha *f*
patria ['patrja] *f* pátria *f*
patriarca [pa'trjarka] *m* patriarca *m*
patrimonial [patrimo'njal] *adj* patrimonial
patrimonio [patri'monjo] *m* patrimônio *m*
patriota [pa'trjota] *mf* patriota *mf*
patriótico, -a [pa'trjotiko, -a] *adj* patriótico, -a
patriotismo [patrjo'tismo] *m* patriotismo *m*
patrocinador(a) [patroθina'ðor(a)] *m(f)* patrocinador(a) *m(f)*
patrocinar [patroθi'nar] *vt* patrocinar
patrocinio [patro'θinjo] *m* patrocínio *m*
patrón [pa'tron] *m* patrão *m*
patrón, -ona [pa'tron, -ona] *m, f* **1.** (*jefe*) patrão, patroa *m, f* **2.** REL padroeiro, -a *m, f*
patronal [patro'nal] *adj* ECON patronal
patronato [patro'nato] *m* patronato *m*
patrono, -a [pa'trono, -a] *m, f* **1.** (*jefe*) patrão, patroa *m, f* **2.** REL padroeiro, -a *m, f*
patrulla [pa'truʎa] *f* patrulha *f*; **estar de ~** estar de patrulha
patrullar [patru'ʎar] *vi, vt* patrulhar
pausa ['pausa] *f* pausa *f*
pausado, -a [pau'saðo, -a] *adj* pausado, -a
pauta ['pauta] *f* pauta *f*
pavimentar [paβimen'tar] *vt* **1.** (*casa*) revestir **2.** (*calle*) pavimentar
pavimento [paβi'mento] *m* **1.** (*de casa*) assoalho *m* **2.** (*de calle*) pavimento *m*
pavo, -a ['paβo, -a] *m, f* **1.** ZOOL peru(a) *m(f)*; **~ real** pavão *m* **2.** *inf* (*persona*) sonso, -a *m, f*; **estar en la edad del ~** estar na adolescência
pavor [pa'βor] *m* pavor *m*
pavoroso, -a [paβo'roso, -a] *adj* pavoroso, -a
payaso, -a [pa'ʝaso, -a] *m, f* palhaço, -a *m, f*
Paz [paθ] *f* **La ~** La Paz
paz [paθ] *f* paz *f*; **hacer las paces** fazer as pazes; **¡déjame en ~!** deixa-me em

paz!; **descansar en** ~ descansar em paz; **que en** ~ **descanse** que descanse em paz

P.D. [pos'ðata] *abr de* **posdata** P.S.

peaje [pe'axe] *m* pedágio *m*

peatón, -ona [pea'ton, -ona] *m, f* pedestre *mf*

peca ['peka] *f* sarda *f*

pecado [pe'kaðo] *m* pecado *m*; ~ **capital** pecado capital; ~ **original** pecado original; **sería un** ~ **rechazarlos** seria um pecado rechaçá-los

pecador(a) [peka'ðor(a)] *m(f)* pecador(a) *m(f)*

pecaminoso, -a [pekami'noso, -a] *adj* pecaminoso, -a

pecar [pe'kar] <c→qu> *vi* pecar; ~ **por exceso/defecto** pecar por excesso/falta; **éste no peca de hablador** este não é do tipo falante

pecera [pe'θera] *f* aquário *m*

pecho ['petʃo] *m* peito *m*; **tomarse algo muy a** ~ levar a c. muito a sério; **dar el** ~ **al bebé** dar o peito ao bebê

pechuga [pe'tʃuɣa] *f* peito *m*

pecoso, -a [pe'koso, -a] *adj* sardento, -a

pectoral [pekto'ral] *adj* peitoral

peculiar [peku'ljar] *adj* peculiar

peculiaridad [pekuljari'ðað] *f* peculiaridade *f*

pedagogía [peðaɣo'xia] *f* pedagogia *f*

pedagógico, -a [peða'ɣoxiko, -a] *adj* pedagógico, -a

pedagogo, -a [peða'ɣoɣo, -a] *m, f* pedagogo, -a *m, f*

pedal [pe'ðal] *m* pedal *m*

pedalada [peða'laða] *f* pedalada *f*

pedalear [peðale'ar] *vi* pedalar

pedante [pe'ðante] *adj, mf* pedante *mf*

pedantería [peðante'ria] *f* pedantismo *m*

pedazo [pe'ðaθo] *m* pedaço *m*; **caerse a** ~**s** *inf* (*persona, objeto*) cair aos pedaços; **hacer** ~**s** fazer em pedaços; **hacerse** ~**s** fazer-se em pedaços; **saltar en** ~**s** explodir pelos ares; **ser un** ~ **de pan** *fig* ser um amor

pedernal [peðer'nal] *m* pedernal *m*

pedestal [peðes'tal] *m* pedestal *m*

pediatra [pe'ðjatra] *mf* pediatra *mf*

pediatría [peðja'tria] *f* pediatria *f*

pedicuro, -a [peði'kuro, -a] *m, f* pedicuro, -a *m, f*

pedido [pe'ðiðo] *m* pedido *m*

pedigrí [peði'ɣri] *m* pedigree *m*

pedir [pe'ðir] *irr* I. *vt* pedir; ~ **algo a alguien** pedir a. c. a alguém; ~ **limosna** pedir esmola; ~ **la mano de alguien** pedir a mão de alguém II. *vi* pedir

pedo ['peðo] *m inf* 1.(*ventosidad*) peido *m*; **tirarse un** ~ soltar um peido 2.(*borrachera*) porre *m*; **coger un** ~ tomar um porre

pedrada [pe'ðraða] *f* pedrada *f*; **matar a alguien a** ~**s** matar alguém a pedradas; **pegar una** ~ **a alguien** dar uma pedrada em alguém

pedrisco [pe'ðrisko] *m* granizo *m*

pega ['peɣa] *f inf* (*dificultades*) problema *m*; **poner** ~**s a algo** colocar obstáculos em a. c.

pegadizo, -a [peɣa'ðiθo, -a] *adj* pegadiço, -a

pegajoso, -a [peɣa'xoso, -a] *adj* pegajoso, -a

pegamento [peɣa'mento] *m* cola *f*

pegar [pe'ɣar] <g→gu> I. *vt* 1.(*poner*) aderir, colar; ~ **la mesilla a la cama** encostar a mesinha na cama; ~ **un sello** colar um selo; **no** ~ **ojo** não pregar o olho 2.(*contagiar*) pegar 3.(*fuego*) ~ **fuego a algo** pegar fogo em a. c. 4.(*golpear*) bater; ~ **una paliza a alguien** dar uma surra em alguém 5.(*grito*) soltar 6.(*tiro*) dar; ~ **una bofetada/patada a alguien** dar uma bofetada/patada em alguém; ~ **un salto** dar um salto; ~ **un susto a alguien** dar um susto em alguém II. *vi* 1.(*hacer juego*) combinar; **te pegan bien los zapatos con el bolso** os sapatos e a bolsa combinam bem com você; **esto no pega ni con cola** *inf* não combina nem um pouco 2. *inf* (*dar*) **no** ~ **golpe** não fazer nada; **¡cómo pega el sol hoy!** como o sol está quente hoje! III. *vr*: ~**se** 1.(*impactar*) ~**se con alguien** brigar com alguém; ~**se un tortazo en el coche** *inf* dar uma cacetada com o carro 2.(*quemarse*) queimar 3.(*contagiarse*) **finalmente se me pegó el sarampión** finalmente o sarampo me pegou 4. *inf* (*darse*) ~**se un tiro** atirar em si mesmo; ~**se la gran vida** levar uma vida boa

pegatina [peɣa'tina] *f* adesivo *m*

pego ['peɣo] *m* **dar el** ~ *inf* enganar bem

pegote [pe'ɣote] *m* 1.(*emplasto*) grude *m* 2. *pey, inf* (*persona pesada*) grudento, -a *m, f* 3. *inf* (*chapuza*) remendo *m*

peinado [pei̯'naðo] *m* penteado *m*

peinar [pei̯'nar] **I.** *vt* **1.** (*pelo*) pentear **2.** (*rastrear*) investigar **II.** *vr:* ~**se** pentear-se

peine ['pei̯ne] *m* pente *m*; ¡**te vas a enterar de lo que vale un ~!** *inf* você vai ver o que é bom para a tosse!

peineta [pei̯'neta] *f* pente *m*

p.ej. [por e'xemplo] *abr de* **por ejemplo** p.ex.

Pekín [pe'kin] *m* Pequim *f*

pelado, -a [pe'laðo, -a] *adj* **1.** (*rapado*) pelado, -a **2.** (*escueto, despojado*) nu, nua **3.** *inf* (*sin dinero*) duro, -a

pelaje [pe'laxe] *m* pelagem *f*

pelambre [pe'lambre] *m* cabeleira *f*

pelar [pe'lar] **I.** *vt* **1.** (*animales*) tosar **2.** (*frutas, verduras*) descascar **3.** (*robar*) depenar **II.** *vi inf* **hace un frío que pela** faz um frio de doer **III.** *vr:* ~**se 1.** (*pelo*) cortar **2.** (*piel*) descascar

peldaño [pel'daɲo] *m* degrau *m*

pelea [pe'lea] *f* briga *f*; (*verbal*) discussão *f*

pelear [pele'ar] **I.** *vi* brigar; (*discutir*) discutir-se **II.** *vr:* ~**se 1.** (*luchar*) ~**se (por algo)** brigar (por a. c.); (*verbal*) discutir (por a. c.) **2.** (*enemistarse*) indispor-se

peletería [pelete'ria] *f* peleteria *f*

peliagudo, -a [pelja'ɣuðo, -a] *adj* espinhoso, -a

pelícano [peli'kano] *m* pelicano *m*

película [pe'likula] *f* filme *m*; ~ **de miedo** filme de terror; ~ **del oeste** filme de faroeste; ~ **de suspense** filme de suspense; **de** ~ *inf* de cinema; ¡**allá** ~ **s!** *inf* que se dane!

peligrar [peli'ɣrar] *vi* perigar

peligro [pe'liɣro] *m* perigo *m*; ~ **de incendio** perigo de incêndio; ~ **de muerte** perigo de morte; **correr (un gran)** ~ correr (um grande) perigo; **poner en** ~ pôr em perigo

peligrosidad [peliɣrosi'ðað] *f* periculosidade *f*

peligroso, -a [peli'ɣroso, -a] *adj* perigoso, -a

pelirrojo, -a [peli'rroxo, -a] *adj, m, f* ruivo, -a *m, f*

pellejo [pe'ʎexo] *m* pele *f*; **arriesgar el** ~ *inf* arriscar a pele; **salvar el** ~ *inf* salvar a pele

pellizcar [peʎiθ'kar] <c→qu> *vt* beliscar

pellizco [pe'ʎiθko] *m* **1.** (*en la piel*) beliscão *m*; **dar un** ~ **a alguien** dar um beliscão em alguém **2.** (*pequeña cantidad*) tiquinho *m*

pelma ['pelma] *m, f inf*, **pelmazo** [pel'maθo] *m inf* chato, -a *m, f*

pelo ['pelo] *m* (*de persona*) cabelo *m*; (*de animal*) pelo *m*; **se te va a caer el** ~ *inf* vai querer te matar; **escaparse por un** ~ *inf* escapar por um triz; **me pusieron los ~s de punta** *inf* meus pelos ficaram em pé; **no tener un** ~ **de tonto** *inf* ser muito inteligente; **tomar el** ~ **a alguien** *inf* tirar sarro de alguém; **no se te ve el** ~, ¿**por dónde andas?** *inf* você sumiu do mapa, por onde anda?; **venir al** ~ *inf* ser uma mão na roda

pelón, -ona [pe'lon, -ona] *adj* careca

pelota [pe'lota] *f* **1.** (*balón*) bola *f*; **hacer la** ~ **a alguien** *inf* puxar o saco de alguém **2.** (*deporte*) ~ (**vasca**) pelota *f* basca **3.** *pl, vulg* (*testículos*) bolas *fpl*; **en ~s** nu; **estar hasta las ~s de algo** estar de saco cheio de a. c.; **tocarse las ~s** *fig* coçar o saco; **y esto lo hago así porque me sale de las ~s** e eu faço assim porque eu quero

pelotazo [pelo'taθo] *m* bolada *f*

pelotón [pelo'ton] *m* (*de soldados, de ciclistas*) pelotão *m*

peluca [pe'luka] *f* peruca *f*

peluche [pe'lutʃe] *m* pelúcia *f*

peludo, -a [pe'luðo, -a] *adj* peludo, -a

peluquería [peluke'ria] *f* salão *m* de cabeleireiro

peluquero, -a [pelu'kero, -a] *m, f* cabeleireiro, -a *m, f*

peluquín [pelu'kin] *m* peruca *f*

pelusa [pe'lusa] *f* **1.** (*vello*) penugem *f*; (*tejido, de polvo*) fiapo *m* **2.** *inf* (*celos*) **sentir** ~ sentir ciúmes

pelvis ['pelβis] *f inv* pélvis *f inv*

pena ['pena] *f* **1.** (*tristeza, lástima*) lástima *f*, pena *f*; **ser una** ~ ser uma pena; **me da mucha** ~ **el gato** me dá muita pena do gato; ¡**qué** ~! que pena! **2.** (*sanción*) pena *f*; ~ **de muerte** pena de morte **3.** (*dificultad*) pena *f*; **valer la** ~ valer a pena **4.** *AmL* (*vergüenza*) vergonha *f*; **tener** ~ ter vergonha

penal [pe'nal] **I.** *adj* penal **II.** *m* **1.** (*prisión*) presídio *m* **2.** *AmL* FUT pênalti *m*

penalidad [penali'ðað] *f* penalidade *f*

penalización [penaliθa'θjon] *f* penalização *f*

penalizar [penali'θar] <z→c> *vt* penalizar
penalti [pe'nalti] *m* pênalti *m*
penar [pe'nar] I. *vt* apenar II. *vi* (*padecer*) penar
pendiente[1] [pen'djente] I. *adj* 1. pendente 2. (*ocupado*) **estar ~ de algo** estar esperando a. c.; **estoy ~ de si me conceden la beca o no** estou esperando para ver se me concedem a bolsa (de estudos) ou não II. *m* brinco *m*
pendiente[2] [pen'djente] *f* declive *m*
péndulo ['pendulo] *m* pêndulo *m*
pene ['pene] *m* pênis *m inv*
penetración [penetra'θjon] *f* penetração *f*
penetrante [pene'trante] *adj* penetrante
penetrar [pene'trar] I. *vi* penetrar; **~ en** penetrar em II. *vt* penetrar
penicilina [peniθi'lina] *f* penicilina *f*
península [pe'ninsula] *f* península *f*; **la Península Ibérica** a Península Ibérica

> **Cultura** A **Península Ibérica** inclui a Espanha e Portugal. A língua espanhola faz uso desse termo (e do adjetivo correspondente **peninsular**), para estabelecer a diferença entre o continente espanhol e os dois grupos de ilhas espanholas (**Baleares y Canarias**), bem como os territórios do país situados na África (**Ceuta y Melilla**).

peninsular [peninsu'lar] *adj* peninsular
penique [pe'nike] *m* pêni *m*
penitencia [peni'tenθja] *f* penitência *f*
penitenciaría [penitenθja'ria] *f* penitenciária *f*
penitenciario, -a [peniten'θjarjo, -a] *adj* penitenciário, -a
penoso, -a [pe'noso, -a] *adj* penoso, -a
pensador(a) [pensa'ðor(a)] *m(f)* pensador(a) *m(f)*
pensamiento [pensa'mjento] *m* 1. (*acción, idea, objeto*) pensamento *m* 2. (*mente*) mente *f*; **¿cuándo te vino esa idea al ~?** quando te veio essa ideia à mente? 3. BOT amor-perfeito *m*
pensar [pen'sar] <e→ie> I. *vi* pensar; **~ en algo/alguien** pensar em a. c./alguém; **~ en hacer algo** pensar em fazer a. c.; **piensa mal y acertarás** *prov* pensa mal e acertarás II. *vt* pensar; **~ hacer algo** pensar em fazer a. c.; **pensándolo bien** pensando bem; **¡ni ~lo!** nem pensar!; **sin ~lo me dio una bofetada** sem pensar me deu uma bofetada; **pienso que deberíamos irnos** penso que deveríamos ir
pensativo, -a [pensa'tiβo, -a] *adj* pensativo, -a
pensión [pen'sjon] *f* 1. (*paga*) pensão *f*; **~ alimenticia** pensão alimentícia; **~ de jubilación** pensão de aposentadoria 2. (*para huéspedes*) pensão *f* 3. (*en hotel*) **~ completa** pensão *f* completa; **media ~** meia-pensão *f*
pensionista [pensjo'nista] *mf* pensionista *mf*
pentágono [pen'tayono] *m* pentágono *m*
pentagrama [penta'yrama] *m* pentagrama *m*
penúltimo, -a [pe'nultimo, -a] *adj, m, f* penúltimo, -a *m, f*
penumbra [pe'numbra] *f* penumbra *f*
penuria [pe'nurja] *f* penúria *f*
peña ['peɲa] *f* 1. (*roca*) rocha *f* 2. (*grupo*) turma *f*
peñasco [pe'ɲasko] *m* penhasco *m*
peñón [pe'ɲon] *m* penhasco *m*; **el Peñón** o Estreito (de Gibraltar)
peón [pe'on] *m* 1. (*obrero*) peão, peona *m, f*; **~ caminero** operário que trabalha na manutenção das estradas 2. (*en ajedrez*) peão *m*
peonza [pe'onθa] *f* pião *m*
peor [pe'or] I. *adj* 1. (*compar*) pior; **~ que** pior que; **~ es nada** é melhor do que nada; **ir de mal en ~** ir de mal a pior 2. (*superl*) **el/la/lo ~** o/a/o pior; **el ~ día** o pior dia II. *adv* pior; **en el ~ de los casos** no pior dos casos
pepinillo [pepi'niʎo] *m* pepino *m* em conserva
pepino [pe'pino] *m* 1. (*planta*) pepineiro *m* 2. (*fruto*) pepino *m*; **eso me importa un ~** *inf* estou me lixando para isso
pepita [pe'pita] *f* 1. (*de fruto*) semente *f* 2. (*de oro*) pepita *f*
pequeñez [peke'ɲeθ] *f* 1. (*tamaño*) pequenez *f* 2. (*minúcia*) pormenor *m*
pequeño, -a [pe'keɲo, -a] *adj, m, f* pequeno, -a *m, f*
pera ['pera] *f* pera *f*; **pedir ~s al olmo** *fig* pedir o impossível; **ser la ~** *inf* ser o cúmulo; **ser una ~ en dulce** *inf* ser o

máximo
peral [pe'ral] *m* pereira *f*
per cápita [per 'kapita] *adv* per capita
percatarse [perka'tarse] *vr* ~ **de algo** aperceber-se de a. c.
percebe [per'θeβe] *m* perceve *m*
percepción [perθeβ'θjon] *f* **1.**(*conocimiento*) percepção *f* **2.**(*cobro*) recebimento *m*
perceptible [perθep'tiβle] *adj* perceptível
percha ['pertʃa] *f* **1.**(*en el armario*) cabide *m* **2.**(*perchero*) mancebo *m*
perchero [per'tʃero] *m* cabide *m*
percibir [perθi'βir] *vt* perceber
percusión [perku'sjon] *f* percussão *f*
percusionista [perkusjo'nista] *mf* percussionista *mf*
perdedor(a) [perðeðor(a)] *adj*, *m(f)* perdedor(a) *m(f)*
perder [per'ðer] <e→ie> **I.** *vt* perder **II.** *vi* perder; **llevar todas las de** ~ lutar uma batalha perdida; **lo echó todo a** ~ pôs tudo a perder **III.** *vr:* ~**se 1.**(*en general*) perder-se; **¿qué se le habrá perdido por allí?** *fig* o que ele está fazendo lá?; **si no te vienes, tú te lo pierdes** se não vier, você perderá **2.**(*arruinarse*) ~ **se por algo/alguien** perder-se por a. c./alguém
perdición [perði'θjon] *f* perdição *f*
pérdida ['perðiða] *f* perda *f;* ~ **s humanas** perdas humanas; ~ **de tiempo** perda de tempo; **esto es una** ~ **de tiempo** isto é uma perda de tempo; **es fácil de encontrar, no tiene** ~ é fácil de encontrar, não tem erro
perdido, -a [per'ðiðo, -a] *adj* **1.**(*en general*) perdido, -a; **dar algo por** ~ dar a. c. por perdido; **estar loco** ~ *inf* estar louco varrido **2.** *inf*(*sucio*) **poner algo** ~ sujar a. c.; **ponerse** ~ **de pintura** sujar-se de pintura
perdigón [perði'ɣon] *m* perdigoto *m*
perdiz [per'ðiθ] *f* perdiz *f;* **...y fueron felices y comieron perdices** (*al final de un cuento*) ...e foram felizes para sempre
perdón [per'ðon] **I.** *m* perdão *m;* **pedir** ~ **a alguien por algo** pedir perdão a alguém por a. c.; **con** ~ com perdão da palavra **II.** *interj* desculpa
perdonar [perðo'nar] *vt* perdoar; **perdona que te interrumpa** perdoa por te interromper; **perdona, ¿puedo pasar?** desculpe-me, posso passar?; **te** **perdono los 20 dólares** te perdoo a dívida de 20 dólares
perdurable [perðu'raβle] *adj* **1.**(*duradero*) perdurável **2.**(*eterno*) perpétuo, -a
perdurar [perðu'rar] *vi* **1.**(*todavía*) perdurar **2.**(*indefinidamente*) perpetuar; **su recuerdo** ~ **á para siempre entre nosotros** sua lembrança ficará para sempre entre nós
perecedero, -a [pereθe'ðero, -a] *adj* (*alimento*) perecível
perecer [pere'θer] *irr como crecer vi* perecer
peregrinación [pereɣrina'θjon] *f* peregrinação *f*; **ir en** ~ fazer peregrinação
peregrinaje [pereɣri'naxe] *m* peregrinação *f*
peregrino, -a [pere'ɣrino, -a] *adj*, *m*, *f* peregrino, -a *m*, *f*
perejil [pere'xil] *m* salsa *f*
perenne [pe'renne] *adj* perene
perentorio, -a [pereṇ'torjo, -a] *adj* peremptório, -a
pereza [pe'reθa] *f* preguiça *f;* **me dio** ~ **ir** me deu preguiça ir
perezoso [pere'θoso] *m* ZOOL preguiça *f*
perezoso, -a [pere'θoso, -a] *adj* preguiçoso, -a; **y ni corto ni** ~ **me soltó un sopapo** *inf* e sem pensar muito me deu um soco
perfección [perfek'θjon] *f* perfeição *f;* **hacer algo a la** ~ fazer a. c. com perfeição
perfeccionamiento [perfekθjona'mjento] *m* aperfeiçoamento *m*
perfeccionar [perfekθjo'nar] *vt* aperfeiçoar
perfeccionismo [perfekθjo'nismo] *m* perfeccionismo *m*
perfeccionista [perfekθjo'nista] *adj*, *mf* perfeccionista *mf*
perfecto, -a [per'fekto, -a] *adj* perfeito, -a
perfidia [per'fiðja] *f* perfídia *f*
pérfido, -a ['perfiðo, -a] *adj* pérfido, -a
perfil [per'fil] *m* perfil *m;* **de** ~ de perfil
perfilar [perfi'lar] **I.** *vt* **1.**(*retocar*) arrematar **2.**(*sacar perfil*) perfilar **II.** *vr:* ~**se** perfilar-se
perforación [perfora'θjon] *f* perfuração *f*
perforadora [perfora'ðora] *f* perfuradora *f*
perforar [perfo'rar] *vt* perfurar
perfumar [perfu'mar] **I.** *vt* perfumar

II. *vr:* ~**se** perfumar-se
perfume [per'fume] *m* perfume *m*
perfumería [perfume'ria] *f* perfumaria *f*
pergamino [perɣa'mino] *m* pergaminho *m*
pericia [pe'riθja] *f* perícia *f*
periferia [peri'ferja] *f* periferia *f*
periférico [peri'feriko] *m* INFOR periférico *m*
periférico, -a [peri'feriko, -a] *adj* periférico, -a
perilla [pe'riʎa] *f* cavanhaque *m*
perímetro [pe'rimetro] *m* perímetro *m*
periodicidad [perjoðiθi'ðað] *f* periodicidade *f*
periódico [pe'rjoðiko] *m* jornal *m*
periódico, -a [pe'rjoðiko, -a] *adj* periódico, -a
periodismo [perjo'ðismo] *m* jornalismo *m*
periodista [perjo'ðista] *mf* jornalista *mf*
periodístico, -a [perjo'ðistiko, -a] *adj* jornalístico, -a
periodo [pe'rjoðo] *m*, **período** [pe'rioðo] *m* período *m*
peripecia [peri'peθja] *f* peripécia *f*
periquete [peri'kete] *m* **en un ~** *inf* em um piscar de olhos
periquito [peri'kito] *m* periquito *m*
periscopio [peris'kopjo] *m* periscópio *m*
perito, -a [pe'rito, -a] *adj, m, f* perito, -a *m, f*
perjudicar [perxuði'kar] <c→qu> *vt* prejudicar; **fumar perjudica la salud** fumar prejudica a saúde
perjudicial [perxuði'θjal] *adj* prejudicial; **~ para la salud** prejudicial para a saúde
perjuicio [per'xwiθjo] *m* prejuízo *m*; **ir en ~ de alguien** prejudicar alguém
perjurar [perxu'rar] *vi* perjurar
perla ['perla] *f* pérola *f*
permanecer [permane'θer] *irr como crecer vi* permanecer
permanencia [perma'nenθja] *f* permanência *f*
permanente [perma'nente] *adj, f* permanente *m*
permeable [perme'aβle] *adj* permeável
permisible [permi'siβle] *adj* permissível
permiso [per'miso] *m* 1. (*aprobación, autorización*) permissão *f* 2. (*licencia*) licença *f*; **~ de conducir** carteira *f* de motorista 3. (*vacaciones*) licença *f*;

estar de ~ estar de licença
permitir [permi'tir] I. *vt* permitir; **¿me permite entrar/salir/pasar?** me permite entrar/sair/passar?; **no está permitido fumar** não é permitido fumar; **si me permite la expresión** se me permite a expressão; **no permito que me levantes la voz** não permito que levante a voz para mim II. *vr:* ~**se** permitir-se
pernera [per'nera] *f* (*del pantalón*) perna *f*
pernicioso, -a [perni'θjoso, -a] *adj* (*tumor*) pernicioso, -a; ~ (**para algo/alguien**) pernicioso (para a. c./alguém)
perno ['perno] *m* perno *m*
pernoctar [pernok'tar] *vi* pernoitar
pero ['pero] I. *conj* mas; **¡~ si ya la conoces!** mas você já a conhece! II. *m* porém *m*; **poner ~s a algo** colocar poréns em a. c.; **el proyecto tiene sus ~s** o projeto tem seus poréns
perol [pe'rol] *m*, **perola** [pe'rola] *f* caldeirão *m*
peroné [pero'ne] *m* perônio *m*
perpendicular [perpendiku'lar] *adj, f* perpendicular *f*
perpetrar [perpe'trar] *vt* perpetrar
perpetuar [perpetu'ar] <*l. pres:* perpetúo> I. *vt* perpetuar II. *vr:* ~**se** perpetuar-se
perpetuo, -a [per'petwo, -a] *adj* perpétuo, -a
perplejidad [perplexi'ðað] *f* perplexidade *f*
perplejo, -a [per'plexo, -a] *adj* perplexo, -a
perra ['perra] *f* 1. ZOOL cadela *f* 2. *inf* (*obstinación*) ideia *f* fixa 3. *inf* (*rabieta*) birra *f;* **coger una ~** embirrar 4. *inf* (*dinero*) tostão *m;* **no tener una ~** não ter um tostão
perrera [pe'rrera] *f* 1. (*casita*) canil *m* 2. (*de perros callejeros*) carrocinha *f*
perrito [pe'rrito] *m* ~ **caliente** cachorro-quente *m*
perro, -a ['perro, -a] *m, f* cão, cadela *m, f;* ~ **callejero** vira-lata *m;* ~ **guardián** cão de guarda; ~ **policía** cão policial; ~ **salchicha** bassê *m;* ~ **vagabundo** vira-lata *m;* **se llevan como el ~ y el gato** *inf* brigam como cão e gato; ~ **ladrador, poco mordedor** *prov* cão que ladra não morde
persa ['persa] *adj, mf* persa *mf*
persecución [perseku'θjon] *f* persegui-

ção f
perseguir [perse'ɣir] *irr como seguir vt* perseguir; **¿qué persigues con esto?** o que espera conseguir com isto?
perseverancia [perseβe'ranθja] f perseverança f
perseverante [perseβe'rante] *adj* perseverante
perseverar [perseβe'rar] *vi* perseverar; ~ **en** perseverar em
Persia ['persja] f Pérsia f
persiana [per'sjana] f persiana f
pérsico, -a ['persiko, -a] *adj* pérsico, -a m, f
persignarse [persiɣ'narse] *vr* persignar-se
persistencia [persis'tenθja] f persistência f
persistente [persis'tente] *adj* persistente
persistir [persis'tir] *vi* persistir; ~ **en algo** persistir em a. c.
persona [per'sona] f pessoa f; ~ **jurídica** pessoa jurídica; ~ **mayor** pessoa mais velha; **ser buena/mala** ~ ser boa/má pessoa; **en** ~ em pessoa
personaje [perso'naxe] *m* personagem *mf*
personal [perso'nal] I. *adj* pessoal II. *m* 1. (*plantilla*) palmilha f 2. *inf* (*gente*) pessoal *m* III. f DEP falta f pessoal
personalidad [personali'ðað] f personalidade f
personalizar [personali'θar] <z→c> *vi, vt* personalizar
personarse [perso'narse] *vr* apresentar-se; ~ **en juicio** apresentar-se em juízo; **persónese ante el director** apresente-se perante o diretor
personificar [personifi'kar] <c→qu> *vt* personificar
perspectiva [perspek'tiβa] f 1. (*general*) perspectiva f 2. *pl* (*posibilidad*) probabilidade f
perspicacia [perspi'kaθja] f perspicácia f
perspicaz [perspi'kaθ] *adj* perspicaz
persuadir [perswa'ðir] I. *vt* persuadir II. *vr*: ~**se** persuadir-se; ~**se de algo** persuadir-se de a. c.
persuasión [perswa'sjon] f persuasão f
persuasivo, -a [perswa'siβo, -a] *adj* persuasivo, -a
pertenecer [pertene'θer] *irr como crecer vi* pertencer; ~ **a algo/alguien** pertencer a a. c./alguém

perteneciente [pertene'θjente] *adj* ~ **a** pertencente a
pertenencia [perte'nenθja] f 1. (*propiedad*) pertences *mpl* 2. (*afiliación*) afiliação f
pértiga ['pertiɣa] f pértiga f
pertinaz [perti'naθ] *adj* pertinaz
pertinente [perti'nente] *adj* pertinente
perturbación [perturβa'θjon] f perturbação f
perturbado, -a [pertur'βaðo, -a] *adj, m, f* perturbado, -a *m, f*
perturbador(a) [perturβa'ðor(a)] *adj* perturbador(a)
perturbar [pertur'βar] *vt* perturbar
Perú [pe'ru] *m* Peru *m*

> **Cultura** Perú situa-se na parte ocidental da América do Sul. É o terceiro maior país depois do Brasil e Argentina. A capital e também a maior cidade do Peru é Lima. Tanto o espanhol quanto o quechua são os idiomas oficiais do país e a unidade monetária é o sol. Os primeiros habitantes do Peru foram os incas.

peruano, -a [pe'rwano, -a] *adj, m, f* peruano, -a *m, f*
perversión [perβer'sjon] f perversão f
perverso, -a [per'βerso, -a] *adj* perverso, -a
pervertido, -a [perβer'tiβo, -a] *adj, m, f* pervertido, -a *m, f*
pervertir [perβer'tir] *irr como sentir vt* perverter
pesa ['pesa] f peso *m*; **hacer** ~**s** fazer levantamento de pesos
pesadez [pesa'ðeθ] f 1. (*de objeto*) peso *m* 2. (*aburrido*) chatice f
pesadilla [pesa'ðiʎa] f pesadelo *m*
pesado, -a [pe'saðo, -a] *adj* 1. (*en general*) pesado, -a 2. (*molesto, aburrido*) chato, -a
pesadumbre [pesa'ðumbre] f pesar *m*
pésame ['pesame] *m* pêsames *mpl*; **dar el** ~ dar os pêsames; **reciba mi más sincero** ~ **por la muerte de su hermana** receba meus mais sinceros pêsames pela morte de sua irmã
pesar [pe'sar] I. *vi* 1. (*tener peso*) pesar 2. (*cargo, responsabilidad*) ~ **sobre alguien** pesar sobre alguém II. *vt* 1. (*objeto, persona*) pesar 2. (*disgus-*

pesca 241 **picardía**

tar) pesar; **me pesa haberte mentido** me pesa ter mentido para você; **mal que te pese...** querendo ou não... III. *m* 1.(*pena*) pesar *m*; **muy a ~ mío** muito a contragosto 2.(*prep, conj*) **a ~ de** apesar de; **a ~ de que...** apesar de que...

pesca ['peska] *f* pesca *f*; **~ de altura** pesca de alto-mar; **~ de arrastre** pesca de arrasto; **~ de bajura** pesca costeira

pescadería [peskaðe'ria] *f* peixaria *f*

pescadero, -a [peska'ðero, -a] *m, f* peixeiro, -a *m, f*

pescadilla [peska'ðiʎa] *f* merlúcio *m*

pescado [pes'kaðo] *m* peixe *m*

pescador(a) [peska'ðor(a)] *m(f)* pescador(a) *m(f)*

pescar [pes'kar] <c→qu> I. *vt* 1.(*con caña, en barco*) pescar 2.(*enfermedad*) pegar 3. *inf*(*novio*) arrumar 4. *inf* (*entender*) pescar II. *vi* pescar

pescuezo [pes'kweθo] *m* pescoço *m*

pesebre [pe'seβre] *m* manjedoura *f*

peseta [pe'seta] *f* peseta *f*

pesimismo [pesi'mismo] *m* pessimismo *m*

pesimista [pesi'mista] *adj, mf* pessimista *mf*

pésimo, -a ['pesimo, -a] *adj* péssimo, -a

peso ['peso] *m* 1.(*en general*) peso *m*; **~ bruto/neto** peso bruto/líquido; **tener una razón de ~** ter uma razão forte; **me quito un ~ de encima** tiro um peso de cima de mim; **vale su ~ en oro** vale seu peso em ouro 2.(*moneda*) peso *m*

pesquero [pes'kero] *m* pesqueiro *m*

pesquero, -a [pes'kero, -a] *adj* pesqueiro, -a

pesquisa [pes'kisa] *f* pesquisa *f*

pestaña [pes'taɲa] *f* cílio *m*

pestañ(e)ar [pesta'ɲar, pestaɲe'ar] *vi* pestanejar; **sin ~** *fig* sem pestanejar

peste ['peste] *f* 1.(*plaga*) peste *f* 2.(*olor*) fedor *m* 3.(*crítica*) **echar ~s de alguien** *inf* falar horrores de alguém

pesticida [pesti'θiða] *m* pesticida *m*

pestilencia [pesti'lenθja] *f* pestilência *f*

pestillo [pes'tiʎo] *m* trinco *m*

petaca [pe'taka] *f* 1.(*para bebidas*) garrafa *f* de bolso 2.(*para tabaco*) estojo *m* que se usa para levar cigarros ou tabaco picado

pétalo ['petalo] *m* pétala *f*

petanca [pe'taŋka] *f* bocha *f*

petardo [pe'tarðo] *m* 1.(*cohete*) petardo *m* 2. *inf*(*persona o cosa mala*) **ser un ~** ser um bagulho

petición [peti'θjon] *f* 1.(*ruego, solicitud*) pedido *m*; **a ~ de...** a pedido de... 2.(*escrito*) petição *f*

petrificar [petrifi'kar] <c→qu> *vt* petrificar

petróleo [pe'troleo] *m* petróleo *m*

petrolero [petro'lero] *m* petroleiro *m*

petrolero, -a [petro'lero, -a] *adj* petroleiro, -a

petrolífero, -a [petro'lifero, -a] *adj* petrolífero, -a

petroquímico, -a [petro'kimiko, -a] *adj* petroquímico, -a

peyorativo, -a [peʝora'tiβo, -a] *adj* pejorativo, -a

pez [peθ] *m* peixe *m*; **~ espada** peixe-espada *m*; **un ~ gordo** *inf* um figurão; **estar ~** *inf* estar por fora; **estar como (el) ~ en el agua** *inf* estar como o peixe na água

pezón [pe'θon] *m* mamilo *m*

pezuña [pe'θuɲa] *f* casco *m*

pianista [pja'nista] *mf* pianista *mf*

piano [pi'ano] *m* piano *m*; **~ de cola** piano de cauda

piar [pi'ar] <*1. pres*: **pío**> *vi* piar

PIB [pei'βe] *m abr de* **Producto Interior Bruto** PIB *m*

pibe, -a ['piβe, -a] *m, f Arg, inf* garoto, -a *m, f*

picadero [pika'ðero] *m* picadeiro *m*

picadillo [pika'ðiʎo] *m* picadinho *m*

picado, -a [pi'kaðo, -a] *adj* 1.(*fruta*) podre; (*muela*) cariado, -a 2. *inf* (*enfadado*) aborrecido, -a

picador [pika'ðor] *m* picador *m*

picadura [pika'ðura] *f* (*de insecto, serpiente*) picada *f*

picante [pi'kante] *adj* picante

picaporte [pika'porte] *m* trinco *m*

picar [pi'kar] <c→qu> I. *vi* 1.(*sol*) queimar 2.(*chile, pimienta*) arder 3.(*pez, clientes*) fisgar 4.(*comida*) beliscar II. *vt* 1.(*con punzón*) furar 2.(*comida*) lambiscar 3.(*insecto, serpiente*) picar; **¿qué mosca te ha picado?** *inf* que bicho te mordeu? 4.(*carne*) picar 5. *inf*(*ofender*) irritar; **estar picado con alguien** estar irritado com alguém III. *vr:* **~se** 1.(*muela*) cariar-se 2. *inf*(*ofenderse*) ofender-se; **~se por nada** ofender-se por nada

picardía [pikar'ðia] *f* 1.(*malicia*) picardia *f* 2.(*travesura*) travessura *f*

pícaro, -a ['pikaro, -a] I. *adj* 1.(*granuja*) pilantra 2.(*astuto*) malandro, -a 3.(*comentario*) malicioso, -a II. *m*, *f* pícaro, -a *m*, *f*
pichón [pi'tʃon] *m* filhote *m* de pomba
picnic ['piẏniɣ] *m* piquenique *m*
pico ['piko] *m* 1.(*del pájaro*) bico *m* 2. *inf*(*boca*) bico *m*; **cierra el ~** fecha o bico 3.(*herramienta*) picareta *f* 4.(*montaña*) pico *m* 5.(*punta*) bico *m* 6. *inf*(*cantidad*) **llegar a las cuatro y ~** chegar às quatro e pouco; **tiene cuarenta y ~ de años** tem quarenta e poucos anos; **salir por un ~** sair por uma boa grana
picor [pi'kor] *m* coceira *f*
picotear [pikote'ar] *vt* bicar
pie [pje] *m* pé *m*; **~ de página** rodapé *m* da página; **~ plano** pé chato; **a ~** a pé; **a ~s juntillas** de pés juntos; **al ~ de la letra** ao pé da letra; **al ~ del cañón** *inf* firme e forte; **en ~ de guerra** em pé de guerra; **estar de ~** estar de pé; **ponerse de ~** ficar de pé; **no hacer ~** não dar pé; **no tener ni ~s ni cabeza** *inf* não ter nem pé nem cabeça; **andarse con ~s de plomo** *inf* andar com muito cuidado; **¿qué ~ calza Ud.?** que número você calça?; **hoy no doy ~ con bola** *inf* hoje não dou uma dentro
piedad [pje'ðað] *f* piedade *f*; **¡ten ~ de nosotros!** tende piedade de nós!
piedra ['pjeðra] *f* pedra *f*; **~ pómez** pedra-pomes *f*; **~ preciosa** pedra preciosa; **no dejar ~ sobre ~** *inf* não deixar pedra sobre pedra; **poner la primera ~** pôr a primeira pedra; **quedarse de ~** ficar petrificado
piel [pjel] *f* 1.(*de persona, fruta*) pele *f*; **se me puso la ~ de gallina** fiquei com a pele arrepiada 2.(*cuero*) pele *f*; **un abrigo de ~** um casado de pele
pienso ['pjenso] *m* ração *f*
piercing [pir'siŋ] *m* piercing *m*
pierna ['pjerna] *f* perna *f*; **dormir a ~ suelta** *inf* dormir profundamente; **estirar las ~s** *inf* esticar as pernas
pieza ['pjeθa] *f* 1.(*en general*) peça *f*; **un traje de dos ~s** um conjunto de duas-peças; **vender a ~s** vender peças; **me quedé de una ~** *inf* fiquei de boca aberta 2. *AmL* (*habitación*) cômodo *m*
pigmento [pig'mento] *m* pigmento *m*
pigmeo, -a [piɣ'meo, -a] *adj*, *m*, *f* pigmeu, -eia *m*, *f*
pijama [pi'xama] *m* pijama *m*

pijo, -a ['pixo, -a] *adj*, *m*, *f* *pey, inf* mauricinho, patricinha *m*, *f*
pila ['pila] *f* 1.(*lavadero*) pia *f*; **~ bautismal** pia batismal 2. ELEC pilha *f*; **~ alcalina** pilha alcalina; **~ recargable** pilha recarregável 3. *inf* (*montón*) pilha *f*
pilar [pi'lar] *m* pilar *m*
píldora ['pildora] *f* pílula *f*
pileta [pi'leta] *f* *RíoPl* 1.(*de cocina*) pia *f* 2.(*piscina*) piscina *f*
pillaje [pi'ʎaxe] *m* pilhagem *f*
pillar [pi'ʎar] I. *vt* 1.(*atropellar*) pegar 2.(*sorprender*) pegar; **la noche nos pilló en el monte** a noite nos pegou na montanha; **eso no me pilla de sorpresa** isso não me pega de surpresa 3.(*hallarse*) **tu casa nos pilla de camino** tua casa fica no caminho; **Correos no nos pilla cerca** os Correios ficam longe II. *vr:* **~se** (*dedo*) prender; **me pillé el dedo con la puerta** prendi o dedo na porta
pillo, -a ['piʎo, -a] *adj*, *m*, *f* *inf* malandro, -a *m*, *f*
pilotar [pilo'tar] *vt* pilotar
piloto¹ [pi'loto] *mf* piloto *mf*; **~ automático** piloto automático; **~ de carreras** piloto de corridas
piloto² [pi'loto] *m* TÉC piloto *m*
pimentón [pimen'ton] *m* páprica *f*
pimienta [pi'mjenta] *f* pimenta *f*; **~ blanca** pimenta branca; **~ negra** pimenta-do-reino *f*
pimiento [pi'mjento] *m* pimentão *m*
pinacoteca [pinako'teka] *f* pinacoteca *f*
pinar [pi'nar] *m* pinhal *m*
pincel [pin'θel] *m* pincel *m*
pincelada [pinθe'laða] *f* pincelada *f*
pinchadiscos [pintʃa'ðiskos] *mf inv* disc-jóquei *mf*
pinchar [pin'tʃar] I. *vt* 1.(*con alfiler*) espetar 2.(*fastidiar*) alfinetar 3.(*con inyección*) injetar II. *vr:* **~se** 1.(*con alfiler*) espetar-se 2.(*rueda*) **se nos ha pinchado una rueda** nosso pneu furou 3. MED injetar-se 4. *inf* (*drogarse*) picar-se
pinchazo [pin'tʃaθo] *m* 1.(*espina*) pontada *f*; **me dieron unos ~s insoportables en el estómago** tive umas pontadas insuportáveis no estômago 2.(*de neumático*) furo *m*
pincho [pin'tʃo] *m* 1.(*de rosa*) espinho *m* 2. GASTR espetinho *m*
ping-pong [piŋ'poŋ] *m* pingue-pongue

m

pingüino [piŋ'gwino] *m* pinguim *m*

pino ['pino] *m* **1.** (*árbol, madera*) pinheiro *m*; **en el quinto ~** *fig* no fim do mundo **2.** DEP **hacer el ~** plantar bananeira

pinta[1] ['pinta] *f* **1.** (*mancha*) pinta *f*; **a ~s** pintado **2.** *inf* (*aspecto*) pinta *f*; **tener buena ~** ter boa pinta; **tener ~ de caro** ter jeito de caro

pinta[2] ['pinta] *f* (*medida*) quartilho *m*

pintada [piŋ'taða] *f* (*letrero*) pichação *f*

pintado, -a [piŋ'taðo, -a] *adj* pintado, -a; **el traje te sienta que ni ~** *inf* a roupa realmente te cai muito bem

pintalabios [pinta'laβjos] *m inv* batom *m*

pintar [piŋ'tar] **I.** *vi* **1.** ARTE pintar **2.** (*bolígrafo*) escrever **II.** *vt* **1.** (*pared, cuadro, dibujo*) pintar; **~ algo de azul** pintar a. c. de azul; **¡recién pintado!** recém-pintado! **2.** *fig* **no ~ nada** (*persona*) não apitar nada; **¿qué pinta eso aquí?** o que significa isso aqui? **III.** *vr*: **~se** pintar-se

pintor(a) [piŋ'tor(a)] *m(f)* pintor(a) *m(f)*; **~ de brocha gorda** *inf* pintor de parede

pintoresco, -a [piŋto'resko, -a] *adj* pitoresco, -a

pintura [piŋ'tura] *f* **1.** (*arte, cuadro*) pintura *f*; **~ al fresco** pintura a fresco; **~ al óleo** pintura a óleo; **~s rupestres** pinturas rupestres; **no lo puedo ver ni en ~** *inf* não posso vê-lo nem pintado **2.** (*producto para pintar*) tinta *f*

pinza(s) ['pinθa(s)] *f(pl)* **1.** (*en general*) pinça *f* **2.** (*para la ropa*) pregador *m*

piña ['piɲa] *f* **1.** (*del pino*) pinha *f* **2.** (*fruta*) abacaxi *m*

piñón [pi'ɲon] *m* **1.** (*del pino*) pinhão *m*; **estar a partir un ~** *inf* ser como unha e carne **2.** TÉC roda *f* dentada

pío [pio] *m* pio *m*; **no decir ni ~** *inf* não dar um pio

pío, -a [pio, -a] *adj* pio, -a

piojo ['pjoxo] *m* piolho *m*

piojoso, -a [pjo'xoso, -a] *adj* piolhento, -a

pionero, -a [pjo'nero, -a] *m, f* pioneiro, -a *m, f*

pipa ['pipa] *f* **1.** (*de fumador*) cachimbo *m*; **fumar en ~** fumar cachimbo **2.** (*de fruta*) caroço *m* **3.** *pl* (*de girasol*) semente *f* **4.** *inf* (*muy bien*) **lo pasamos ~** nos divertimos muito

pipí [pi'pi] *m inf* pipi *m*; **hacer ~** fazer pipi

pique ['pike] *m inf* **1.** (*rivalidad*) ressentimento *m* **2.** (*hundirse*) **irse a ~** ir a pique

piqueta [pi'keta] *f* picareta *f*

piquete [pi'kete] *m* (*en huelga*) *t.* MIL piquete *m*

pirado, -a [pi'raðo, -a] *adj, m, f inf* pirado, -a *m, f*

piragua [pi'raywa] *f* canoa *f*

piragüismo [pira'ɣwismo] *m* canoagem *f*

pirámide [pi'ramiðe] *f* pirâmide *f*

piraña [pi'raɲa] *f* piranha *f*

pirarse [pi'rarse] *vr inf* puxar o carro

pirata [pi'rata] *mf* pirata *mf*; **~ aéreo** pirata aéreo; **~ informático** hacker *m*

piratería [pirate'ria] *f* pirataria *f*; **~ informática** pirataria *f*

Pirineos [piri'neos] *mpl* **los ~** os Pirineus

pirómano, -a [pi'romano, -a] *m, f* pirômano, -a *m, f*

piropo [pi'ropo] *m* elogio *m*

pirueta [pi'rweta] *f* pirueta *f*

piruleta [piru'leta] *f* pirulito *m*

pis [pis] *m inf* xixi *m*; **hacer ~** fazer xixi

pisada [pi'saða] *f* **1.** (*acción*) pisada *f* **2.** (*huella*) pisada *f*

pisapapeles [pisapa'peles] *m inv* pesa-papéis *m inv*

pisar [pi'sar] *vt* **1.** (*en general*) pisar; **~ los talones a alguien** *fig* estar no encalço de alguém **2.** *inf* (*adelantarse*) antecipar

piscifactoría [pisθifakto'ria] *f* estabelecimento *m* de piscicultura

piscina [pis'θina] *f* piscina *f*; **~ climatizada** piscina aquecida; **~ cubierta** piscina coberta; **~ olímpica** piscina olímpica

Piscis ['pisθis] *m inv* Peixes *m inv*; **ser ~** ser de Peixes

piso ['piso] *m* **1.** (*pavimento*) piso *m* **2.** (*planta*) andar *m* **3.** (*vivienda*) apartamento *m*

pisotear [pisote'ar] *vt* pisotear

pisotón [piso'ton] *m* pisão *m*; **dar un ~ a alguien** dar um pisão em alguém

pista ['pista] *f* **1.** (*huella*) pista *f*; **seguir la ~ a alguien** seguir a pista de alguém **2.** (*para atletismo, coches*) pista *f*; (*de tenis*) quadra *f*; (*de baile*) pista *f*; **~ de aterrizaje** pista de aterrissagem; **~ de esquí** pista de esqui **3.** INFOR trilha *f*

pistacho [pis'tatʃo] *m* pistache *m*
pisto ['pisto] *m prato cujos principais ingredientes são pimentão, tomate e cebola fritos e bem picados*
pistola [pis'tola] *f* pistola *f*
pistolera [pisto'lera] *f* coldre *m*
pistolero, -a [pisto'lero, -a] *m, f* pistoleiro, -a *m, f*
pistón [pis'ton] *m* pistão *m*
pitar [pi'tar] I. *vt* 1. (*arbitrar*) apitar; **el árbitro pitó falta** o árbitro apitou falta 2. (*abuchear*) vaiar 3. *AmS* (*fumar*) fumar II. *vi* 1. (*claxon*) buzinar 2. *AmS* (*fumar*) fumar 3. *inf* **salir pitando** sair como um foguete
pitido [pi'tiðo] *m* apito *m*
pitillera [piti'ʎera] *f* cigarreira *f*
pitillo [pi'tiʎo] *m* cigarro *m*
pito ['pito] *m* 1. (*silbato*) apito *m;* **entre ~s y flautas** *inf* entre uma coisa e outra; **me importa un ~** *inf* não estou nem aí 2. (*cigarro*) cigarro *m*
pitón [pi'ton] *m* chifre *m*
pitonisa [pito'nisa] *f* vidente *f*
pitorrearse [pitorre'arse] *vr inf* gozar; **~ de alguien/de algo** gozar de alguém/de a. c.
pitorreo [pito'rreo] *m inf* gozação *f;* **¡esto es un ~!** isto é uma gozação!
pívot ['piβot] *m* DEP pivô *mf*
píxel ['pi'sel] *m* INFOR pixel *m*
pizarra [pi'θarra] *f* 1. (*roca*) ardósia *f* 2. (*encerado*) lousa *f*
pizca ['piθka] *f inf* (*poco*) pouquinho *m;* **no tienes ni ~ de vergüenza** não tem um pouquinho de vergonha
pizza ['pitsa] *f* pizza *f*
placa ['plaka] *f* 1. (*tabla, plancha*) placa *f;* **~ base** INFOR placa-mãe *f;* **~ conmemorativa** placa comemorativa; **~ dental** placa dentária; **~ de vitrocerámica** chapa de vitrocerâmica 2. AUTO placa *f*
placenta [pla'θenta] *f* placenta *f*
placentero, -a [plaθen'tero, -a] *adj* prazeroso, -a
placer [pla'θer] I. *m* prazer *m* II. *irr como crecer vi* aprazer; **¡haré lo que me plazca!** farei o que me dá prazer!
plácido, -a ['plaθiðo, -a] *adj* plácido, -a
plaga ['playa] *f* praga *f*
plagar [pla'ɣar] <g→gu> *vt* encher; **~ de algo** encher de a. c.; **el texto estaba plagado de faltas** o texto está cheio de erros
plagiar [pla'xjar] *vt* 1. (*copiar*) plagiar 2. *AmL* (*secuestrar*) sequestrar
plagio ['plaxjo] *m* 1. (*copia*) plágio *m* 2. *AmL* (*secuestro*) sequestro *m*
plan [plan] *m* 1. (*proyecto*) plano *m;* **~ de pensiones** plano de aposentadoria; **si no tienes ~ para esta noche paso a buscarte** se não tiver programa para esta noite passo para te buscar 2. *inf* (*ligue*) paquera *f* 3. *inf* (*actitud*) **en ~ de...** com jeito de...; **está en un ~ que no lo soporto** está de um jeito de não suporto
plana ['plana] *f* página *f*
plancha ['plantʃa] *f* 1. (*tabla*) prancha *f* 2. (*para ropa*) ferro *m* de passar roupa 3. GASTR grelha *f*; **a la ~** na grelha
planchado [plan'tʃaðo] *m* ação de passar roupa
planchar [plan'tʃar] *vt* passar roupa
plancton ['plaŋkton] *m* plâncton *m*
planeador [planea'ðor] *m* planador *m*
planear [plane'ar] I. *vi* planar II. *vt* planejar
planeta [pla'neta] *m* planeta *m*
planetario [plane'tarjo] *m* planetário *m*
planicie [pla'niθje] *f* planície *f*
planificación [planifika'θjon] *f* planejamento *m;* **~ familiar** planejamento familiar
planificar [planifi'kar] *vt* planejar
plano ['plano] *m* (*en general*) plano *m;* **primer ~** CINE primeiro plano; **en primer/segundo ~** em primeiro/segundo plano; **de ~** em cheio
plano, -a ['plano, -a] *adj* plano, -a
planta ['planta] *f* 1. BOT planta *f* 2. (*de pie*) planta *f* 3. (*piso*) piso *m;* **~ baja** piso térreo 4. (*fábrica*) indústria *f* 5. (*aspecto*) **tener buena ~** ter boa aparência
plantación [planta'θjon] *f* plantação *f*
plantar [plan'tar] I. *vt* 1. (*bulbo*) plantar; **han plantado el monte de árboles** plantaram árvores na montanha 2. (*clavar*) montar; **~ una tienda de campaña** montar uma barraca 3. *inf* (*golpe*) meter; **~ un tortazo a alguien** meter um soco em alguém 4. *inf* (*en cita*) deixar plantado; **desapareció y me dejó plantado** desapareceu e me deixou plantado II. *vr:* **~se** 1. (*resistirse*) **~se ante algo** plantar-se diante de a. c. 2. (*aparecer*) **se ~on en mi casa en poco tiempo** chegaram na minha casa em pouco tempo
planteamiento [plantea'mjento] *m*

plantear 245 **pluralismo**

ponto *m* de vista
plantear [plaɲte'ar] **I.** *vt* expor **II.** *vr:* ~ **se** considerar
plantilla [plaɲ'tiʎa] *f* **1.** (*empleados*) quadro *m* de funcionários; **estar en** ~ ser empregado fixo **2.** (*de zapato*) palmilha *f* **3.** DEP equipe *f*
plantón [plan'ton] *m inf* **dar un** ~ **a alguien** dar um cano em alguém; **y ahora estoy de** ~ e agora estou de plantão
plañir [pla'ɲir] <3. *pret:* plañó> *vi* chorar
plaqueta [pla'keta] *f* BIO plaqueta *f*
plasma ['plasma] *m* plasma *m*
plástico ['plastiko] *m* plástico *m*
plástico, -a ['plastiko, -a] *adj* **1.** (*materia*) *t.* ARTE plástico, -a **2.** (*expresivo*) significativo, -a
plastificar [plastifi'kar] *vt* plastificar
plastilina [plasti'lina] *f* plastilina *f*
plata ['plata] *f* **1.** (*metal*) prata *f;* ~ **de ley** prata de lei **2.** AmL (*dinero*) dinheiro *m*
plataforma [plata'forma] *f* plataforma *f;* ~ **continental** plataforma continental; ~ **petrolífera** plataforma petrolífera
plátano ['platano] *m* **1.** (*fruto*) banana *f* **2.** (*árbol*) bananeira *f*
platea [pla'tea] *f* plateia *f*
plateado, -a [plate'aðo, -a] *adj* prateado, -a
platense [pla'tense] *adj* **1.** (*de La Plata*) platense **2.** (*del Río de La Plata*) rio-platense
plática ['platika] *f AmC* conversa *f*
platicar [plati'kar] <c→qu> *vi AmC* conversar
platillo [pla'tiʎo] *m* **1.** (*de una taza*) pires *m;* ~ **volante** [*o* **volador**] disco *m* voador **2.** (*de una balanza*) *t.* MÚS prato *m*
platina [pla'tina] *f* platina *f*
platino [pla'tino] *m* **1.** QUÍM platina *f* **2.** *pl* AUTO platinado *m*
plato ['plato] *m* prato *m;* ~ **del día** prato do dia; ~ **fuerte** *fig* prato principal; ~ **único** prato único; **primer/segundo** ~ prato de entrada/principal; **pagar los** ~**s rotos** *fig* pagar o pato; **tener cara de no haber roto un** ~ **en la vida** *inf* ter cara de nunca haver saído da linha
plató [pla'to] *m* estúdio *m*
platónico, -a [pla'toniko, -a] *adj* platônico, -a

playa ['plaʝa] *f* **1.** (*mar*) praia *f* **2.** *AmL* ~ **de estacionamiento** pátio *m* de estacionamento
playera [pla'ʝera] *f Guat, Méx* (*camiseta*) camiseta *f*
playeras [pla'ʝeras] *fpl* (*zapatillas*) alpargata *f*
plaza ['plaθa] *f* **1.** (*en población*) praça *f;* ~ **mayor** praça central; ~ **de toros** arena *f* **2.** (*de garaje, parking*) vaga *f* **3.** (*asiento*) lugar *m*
plazo ['plaθo] *m* **1.** (*de tiempo*) prazo *m;* **a corto/largo** ~ a curto/longo prazo; ~ **de entrega** prazo de entrega; **en el** ~ **de un mes** no prazo de um mês; **tengo dos millones a** ~ **fijo** tenho dois milhões a prazo fixo; **¿cuándo vence el** ~**?** quando vence o prazo? **2.** (*pago*) prazo *m;* **a** ~**s** a prazo
plazoleta [plaθo'leta] *f dim de* **plaza**
pleamar [plea'mar] *f* preamar *f*
plebe ['pleβe] *f* plebe *f*
plebeyo, -a [ple'βeʝo, -a] *adj* plebeu, -eia
plebiscito [pleβis'θito] *m* plebiscito *m*
plegable [ple'ɣaβle] *adj* dobrável
plegar [ple'ɣar] *irr como fregar vt* dobrar
plegaria [ple'ɣarja] *f* oração *f*
pleito ['plei̯to] *m* pleito *m*
plenitud [pleni'tuð] *f* plenitude *f;* **en la** ~ **de sus facultades físicas** na plenitude de suas faculdades físicas
pleno ['pleno] *m* pleno *m*
pleno, -a ['pleno, -a] *adj* pleno, -a; **en** ~ **verano** em pleno verão; **le robaron a plena luz del día** o roubaram em plena luz do dia
pliego ['pljeɣo] *m* folha *f*
pliegue ['pljeɣe] *m* prega *f*
plomero [plo'mero] *m AmL* (*fontanero*) encanador(a) *m(f)*
plomo ['plomo] *m* **1.** (*metal*) chumbo *m* **2.** *pl* ELEC fusível *m* **3.** *inf* (*persona*) chato, -a *m, f.*
pluma ['pluma] *f* **1.** (*ave*) pluma *f* **2.** (*para escribir*) caneta *f;* ~ **estilográfica** caneta-tinteiro *f*
plumaje [plu'maxe] *m* plumagem *f*
plumero [plu'mero] *m* espanador *m;* **vérsele el** ~ **a alguien** *inf* ver o que alguém está tramando
plumón [plu'mon] *m* penugem *f*
plural [plu'ral] *adj, m* plural *m*
pluralidad [plurali'ðað] *f* pluralidade *f*
pluralismo [plura'lismo] *m* pluralismo

m
pluralizar [plurali'θar] <z→c> *vi* pluralizar
pluriempleo [pluriem'pleo] *m* ação de ter mais de um emprego ou ocupação
plus [plus] *m* adicional *m*
pluscuamperfecto [pluskwamper'fekto] *m* mais-que-perfeito *m*
plusmarca [plus'marka] *f* recorde *m*
plusmarquista [plusmar'kista] *mf* recordista *mf*
plusvalía [plusβa'lia] *f* mais-valia *f*
plutocracia [pluto'kraθja] *f* plutocracia *f*
Plutón [plu'ton] *m* Plutão *m*
plutonio [plu'tonjo] *m* plutônio *m*
PNB [pe(e)ne'be] *m abr de* **Producto Nacional Bruto** PNB *m*
población [poβla'θjon] *f* **1.** *t.* BIO (*habitantes*) população *f*; ~ **activa** população ativa **2.**(*ciudad*) cidade *f*; (*pueblo*) povoado *m*
poblado [po'βlaðo] *m* povoado *m*
poblado, -a [po'βlaðo, -a] *adj* **1.**(*habitado*) povoado, -a **2.**(*cejas, barba*) espesso, -a
poblador(a) [poβla'ðor(a)] *m(f)* habitante *mf*
poblar [po'βlar] <o→ue> **I.** *vi, vt* povoar **II.** *vr:* ~ **se** povoar-se
pobre [po'βre] **I.** *adj* pobre; ~ **en algo** pobre em a. c. **II.** *mf* pobre *mf*; **¡~ de ti si dices mentiras!** pobre de ti se estiver mentindo!
pobreza [po'βreθa] *f* pobreza *f*
pocilga [po'θilγa] *f* pocilga *f*
pocillo [po'θiʎo] *m AmL* (*taza*) xícara *f*
pócima [po'θima] *f*, **poción** [po'θjon] *f* poção *f*
poco ['poko] **I.** *m* pouco *m*; **es un envidioso como hay ~s** é um invejoso como poucos **II.** *adv* pouco; ~ **a** ~ pouco a pouco; ~ **después** pouco depois; **dentro de** ~ dentro em pouco; **desde hace** ~ agora há pouco; **hace** ~ faz pouco; **es** ~ **simpático** é pouco simpático; **nos da** ~ **más o menos lo mismo** realmente não faz muita diferença para nós; **a** ~ **de llegar...** logo depois de chegar; **por** ~ **me estrello** por pouco não me espatifo; **y por si fuera** ~ **...** e como se fosse pouco...
poco, -a ['poko, -a] <poquísimo> *adj* pouco, -a
podar [po'ðar] *vt* podar
poder [po'ðer] **I.** *irr vi* (*ser capaz*) poder; **a** ~ **ser** se possível; **no puede ser** não pode ser; **yo a ti te puedo** *inf* com você eu posso; **¡bien pod(r)ías habérmelo dicho!** você poderia ter me dito!; **no puedo verlo todo el día sin hacer nada** não aguento vê-lo todo dia sem fazer fazer; **no puedo con mi madre** não aguento minha mãe; **no** ~ **con el alma** *inf* não aguentar mais de cansaço; **de** ~ **ser, no dudes que lo hará** se realmente for possível, não tenha dúvida que o fará **II.** *irr vimpers* **puede (ser) que después vuelva** pode (ser) que depois volte; **¿se puede?** posso? **III.** *m* poder *m*; ~ **adquisitivo** poder aquisitivo; ~ **ejecutivo** poder executivo; ~ **judicial** poder judiciário; ~ **legislativo** poder legislativo; **subir al** ~ subir ao poder; **haré todo lo que está en mi** ~ farei tudo o que estiver ao meu alcance
poderoso, -a [poðe'roso, -a] *adj* poderoso, -a
podio ['podjo] *m* pódio *m*
podólogo, -a [po'ðoloγo, -a] *m, f* podólogo, -a *m, f*
podrido, -a [po'ðriðo, -a] *adj* podre
podrir [po'ðrir] *irr vt, vr v.* pudrir
poema [po'ema] *m* poema *m*; **ser todo un** ~ *inf* ser ridículo
poesía [poe'sia] *f* poesia *f*
poeta, -isa [po'eta, poe'tisa] *m, f* poeta, -isa *m, f*
poético, -a [po'etiko, -a] *adj* poético, -a
poetisa [poe'tisa] *f v.* poeta
póker ['poker] *m* pôquer *m*
polaco, -a [po'lako, -a] *adj, m, f* polonês, -esa *m, f*
polar [po'lar] *adj* polar
polaridad [polari'ðaᵈ] *f* polaridade *f*
polea [po'lea] *f* polia *f*
polémica [po'lemika] *f* polêmica *f*
polémico, -a [po'lemiko, -a] *adj* polêmico, -a
polen ['polen] *m* pólen *m*; **tengo alergia al** ~ tenho alergia ao pólen
poli[1] ['poli] *f inf* **la** ~ os tiras
poli[2] ['poli] *mf inf* tira *mf*
policía[1] [poli'θia] *f* polícia *f*; ~ **autonómica** polícia autônoma; ~ **militar** polícia militar; ~ **nacional** *polícia espanhola dependente do Ministério do Interior que se encarrega da segurança das grandes cidades*; ~ **secreta** polícia secreta; ~ **de tráfico** polícia de trânsito

policía² [poli'θia] *mf* policial *mf*
policiaco, -a [poli'θjako, -a] *adj*, **policíaco, -a** [poli'θiako, -a] *adj* policial
policial [poli'θjal] *adj* policial
policlínica [poli'klinika] *f* policlínica *f*
polideportivo [poliðepor'tiβo] *m* ginásio *m* de esportes
poliéster [po'ljester] *m* poliéster *m*
polietileno [poljeti'leno] *m* polietileno *m*
polifacético, -a [polifa'θetiko, -a] *adj* multifacetado, -a
poligamia [poli'γamja] *f* poligamia *f*
poligonal [poliγo'nal] *adj* poligonal
polígono [po'liγono] *m* 1. MAT polígono *m* 2. (*terreno*) ~ **industrial** polígono *m* industrial
polilla [po'liʎa] *f* traça *f*
polinización [poliniθa'θjon] *f* polinização *f*
polinomio [poli'nomjo] *m* polinômio *m*
polio ['poljo] *f* pólio *f*
poliomielitis [poljomje'litis] *f inv* poliomielite *f*
politécnico, -a [poli'teγniko, -a] *adj* politécnico, -a
política [po'litika] *f* política *f*
político, -a [po'litiko, -a] I. *adj* 1. POL político, -a 2. (*parentesco*) *relação de parentesco que se estabelece entre um cônjuge e os parentes do outro;* **es su padre** – é seu sogro II. *m*, *f* político, -a *m*, *f*
polivalente [poliβa'lente] *adj* polivalente
póliza ['poliθa] *f* 1. (*de seguro*) apólice *f*; **hacerse una ~ de seguros** fazer uma apólice de seguros 2. (*sello*) chancela *f*
polizón [poli'θon] *m* clandestino, -a *m*, *f*
pollera [po'ʎera] *f AmL* (*falda*) saia *f*
pollería [poʎe'ria] *f* aviário *m*
pollo ['poʎo] *m* 1. GASTR frango *m* 2. (*cría*) pinto *m*
polo ['polo] *m* 1. GEO, FÍS, ASTRON polo *m*; ~ **norte/sur** polo norte/sul; ~ **negativo/positivo** polo negativo 2. DEP polo *m* 3. (*camiseta*) polo *m* 4. (*helado*) picolé *m*
Polonia [po'lonja] *f* Polônia *f*
poltrona [pol'trona] *f* poltrona *f*
polución [polu'θjon] *f* poluição *f*
polvera [pol'βera] *f* estojo *m* de pó de arroz
polvo ['polβo] *m* 1. (*suciedad*) pó *m*; **quitar el ~** tirar pó; **hacer algo ~** *inf* destruir a. c.; **hacer ~ a alguien** *inf* destruir alguém; **estoy hecho ~** *inf* estou acabado 2. (*sustancia*) pó *m*; **~ s picapica** pó de mico *m* 3. *vulg* (*coito*) trepada *f*; **echar un ~** dar uma trepada 4. *pl* (*cosmética*) pó de arroz *m*
pólvora ['polβora] *f* pólvora *f*
polvoriento, -a [polβo'rjento, -a] *adj* poeirento, -a
pomada [po'maða] *f* pomada *f*
pomelo [po'melo] *m* toranja *f*
pómez ['pomeθ] *f* **piedra ~** pedra-pomes *f*
pomo ['pomo] *m* maçaneta *f*
pompa ['pompa] *f* 1. (*burbuja*) bolha *f* 2. (*esplendor*) pompa *f* 3. **~ s fúnebres** (*ceremonia*) funeral *m*
pompón [pom'pon] *m* pompom *m*
pomposo, -a [pom'poso, -a] *adj* pomposo, -a
pómulo ['pomulo] *m* pômulo *m*
ponche ['pontʃe] *m* ponche *m*
poncho ['pontʃo] *m* poncho *m*
ponderar [ponde'rar] *vt* 1. (*sopesar*) ponderar 2. (*encomiar*) elogiar
ponencia [po'nenθja] *f* apresentação *f*
poner [po'ner] *irr* I. *vt* 1. (*colocar, exponer*) pôr; (*inyección*) tomar; (*huevos*) pôr; **lo pongo en tus manos** *fig* ponho em tuas mãos; ~ **la mesa** pôr a mesa; ~ **la ropa a secar al sol** pôr a roupa para secar ao sol; ~ **la leche al fuego** pôr o leite no fogo; ~ **en peligro** pôr em perigo; ~ **algo a disposición de alguien** pôr a. c. à disposição de alguém 2. (*encender*) ligar; ~ **en marcha** pôr em funcionamento; **pon el despertador para las cuatro** ponha o despertador para as quatro 3. (*convertir*) deixar; ~ **de buen/mal humor a alguien** deixar alguém de bom/mau humor 4. (*suponer*) supor; **pon que no viene** suponho que não vem 5. (*contribuir*) contribuir; **¿cuánto has puesto tú en el fondo común?** você pôs quanto no fundo comum?; **pusimos todo de nuestra parte** de nossa parte fizemos tudo 6. (*una expresión*) fazer; ~ **mala cara** fazer cara feia 7. (*denominar*) dar; **le pusieron por** [*o* **de**] **nombre Manolo** deram a ele o nome de Manolo; **¿qué nombre le van a ~?** que nome vão dar a ele? 8. (*espectáculo*) passar; ~ **en escena** exibir; **¿qué ponen hoy en el cine?** o

que está passando no cinema hoje? 9.(*imponer*) dar; **nos han puesto muchos deberes** nos deram muitos deveres 10.(*instalar, añadir, escribir*) pôr; ~ **un anuncio** pôr um anúncio; ~ **por escrito** pôr por escrito; ~ **la firma** assinar 11.(*vestido, zapato*) pôr 12.(*teléfono*) pôr II. *vr:* ~**se** 1.(*vestido, zapato*) pôr; **ponte guapo** ponha-se bonito 2. ASTRON (*el*) **el sol se pone por el oeste** o sol se põe no oeste 3.(*mancharse*) **se pusieron perdidos de barro** ficaram cheios de barro 4.(*comenzar*) começar; **por la tarde se puso a llover** à tarde começou a chover 5.(+ *adj o adv*) ficar; ~**se insolente** ficar insolente; **ponte cómodo** acomode-se

poniente [po'njẹnte] *m* poente *m*

pontificado [poṇtifi'kaðo] *m* pontificado *m*

pontífice [poṇ'tifiθe] *m* pontífice *m*

ponzoña [poṇ'θoɲa] *f* peçonha *f*

pop [pop] *adj, m inv* pop *m inv*

popa ['popa] *f* popa *f*

popular [popu'lar] *adj* popular

popularidad [populari'ðaᵈ] *f* popularidade *f*

popularizar [populari'θar] <z→c> I. *vt* popularizar II. *vr:* ~**se** popularizar-se

populismo [popu'lismo] *m* populismo *m*

populista [popu'lista] *adj* populista

póquer ['poker] *m* pôquer *m*

por [por] *prep* 1.(*lugar: a través de*) por; ~ **aquí** por aqui; ~ **dentro** por dentro; ~ **fuera** por fora; **pasé ~ Madrid hace poco** passei por Madri há pouco; **adelantar ~ la izquierda** ultrapassar pela esquerda; **volar ~ encima de los Alpes** voar por cima dos Alpes 2.(*tiempo*) por; ~ **la(s) mañana(s)** pela(s) manhã(s); **mañana ~ la mañana** amanhã pela manhã; ~ **la tarde** à tarde; **ayer ~ la noche** ontem à noite; ~ **fin** finalmente 3.(*a cambio de*) por; **cambié el libro ~ el álbum** troquei o livro pelo álbum 4.(*agente*) de; **una novela ~ Dickens** um romance de Dickens 5. MAT (*multiplicación*) por 6.(*reparto*) por; **toca a cuatro ~ cabeza** resulta em quatro para cada um; **el ocho ~ ciento** oito por cento 7.(*finalidad*) para; **lo hice ~ agradar** fiz isso para agradar 8.(*causa*) por; ~ **consi-guiente** por conseguinte; ~ **eso** por isso; ~ (**lo**) **tanto** por tanto; ~ **lo que a eso se refiere** a que isso se refere; ~ **mí que se vayan** por mim eles podem ir; **lo hago ~ ti** faço isso por você; **lo merece** ~ **los esfuerzos que ha hecho** merece isso pelos esforços que fez 9.(*preferencia*) por; **estoy ~ comprarlo** sou por comprá-lo; **estar loco ~ alguien** estar louco por alguém 10.(*dirección*) **voy (a) ~ tabaco** vou buscar cigarro 11.(*pendiente*) **este pantalón está ~ lavar** esta calça está para lavar 12.(*aunque*) por mais que; ~ **muy cansado que esté no lo dejará a medias** por mais cansado que esteja não deixará pela metade 13.(*medio*) por; **poner ~ escrito** deixar por escrito; **al ~ mayor** por atacado 14.(*interrogativo*) ¿~ (**qué**)? por (quê)? 15. ~ **si acaso** se por acaso 16.(*casi*) ~ **poco** por pouco; ~ **poco me ahogo** por pouco não me afogo

porcelana [porθe'lana] *f* porcelana *f*

porcentaje [porθeṇ'taxe] *m* porcentagem *f*

porcentual [porθeṇtu'al] *adj* percentual

porche ['portʃe] *m* alpendre *m*

porción [por'θjon] *f* porção *f*

pordiosero, -a [porðjo'sero, -a] *m, f* mendigo, -a *m, f*

porfía [por'fia] *f* porfia *f*

porfiar [porfi'ar] <*l. pres:* porfío> *vi* 1.(*insistir*) ~ **en algo** porfiar em a. c. 2.(*disputar*) porfiar

pormenor [porme'nor] *m* pormenor *m*

porno ['porno] *adj, m inf* pornô *m*

pornografía [pornoɣra'fia] *f* pornografia *f*

pornográfico, -a [porno'ɣrafiko, -a] *adj* pornográfico, -a

poro ['poro] *m* poro *m*

poroso, -a [po'roso, -a] *adj* poroso, -a

porque ['porke] *conj* 1.(*causal*) porque; **lo hizo ~ sí** fez isso porque quis 2.+*subj* (*final*) para que +*subj*; **recemos ~ llueva** rezemos para que chova

porqué [por'ke] *m* porquê *m*

porquería [porke'ria] *f inf* porcaria *f*

porra ['porra] *f* 1.(*bastón*) cassetete *m* 2. *inf* (*expresión*) **¡vete a la ~!** vá pro inferno!; **¡~(s)!** poxa!

porrazo [po'rraθo] *m* cacetada *f*; **darse un ~** *inf* dar uma cacetada

porro ['porro] *m inf* (*canuto*) baseado *m*

porrón [po'rron] *m* garrafão *m*
portaaviones [porta(a)βi'ones] *m inv* porta-aviões *m inv*
portada [por'taða] *f* 1.(*fachada*) portada *f* 2. PREN página *f* de rosto
portador(a) [porta'ðor(a)] *m(f)* portador(a) *m(f)*
portaequipajes [portaeki'paxes] *m inv* porta-malas *m inv*
portafolios [porta'foljos] *m inv* portafólio *m*
portal [por'tal] *m* portal *m*
portamaletas [portama'letas] *m inv* porta-malas *m inv*
portarse [por'tarse] *vr* portar-se; ~ **bien/mal con alguien** portar-se bem/mal com alguém
portátil [por'tatil] *adj* portátil
portavoz [porta'βoθ] *mf* porta-voz *mf*
portazo [por'taθo] *m batida violenta de uma porta ao fechar-se;* **dar un** ~ bater a porta com força; **dar un** ~ **a algo** *inf* negar a. c. com veemência
porte ['porte] *m* 1.(*transporte*) transporte *m* 2.(*gasto*) porte *m*
portento [por'tento] *m* portento *m*
portentoso, -a [porten'toso, -a] *adj* portentoso, -a
porteño, -a [por'teɲo, -a] *adj, m, f* portenho, -a *m, f*
portería [porte'ria] *f* 1.(*en edificio*) portaria *f* 2. DEP gol *m*
portero, -a [por'tero, -a] *m, f* 1.(*conserje*) porteiro, -a *m, f;* ~ **automático** [*o* **electrónico**] porteiro eletrônico 2. DEP goleiro, -a *m, f*
pórtico ['portiko] *m* (*porche*) pórtico *m*
portilla [por'tiʎa] *f* escotilha *f*
portillo [por'tiʎo] *m* 1.(*postigo*) postigo *m* 2.(*en montaña*) portilho *m*
portorriqueño, -a [portorri'keɲo, -a] *adj, m, f* porto-riquenho, -a *m, f*
Portugal [prtu'yal] *m* Portugal *m*
portugués, -esa [portu'yes, -esa] *adj, m, f* português, -esa *m, f*
porvenir [porβe'nir] *m* porvir *m*
pos [pos] *adv* **ir en** ~ **de algo/de alguien** ir atrás de a. c./de alguém
posada [po'saða] *f* pousada *m;* **dar** ~ **a alguien** (*hospedaje*) hospedar alguém
posaderas [posa'ðeras] *fpl inf* nádegas *fpl*
posar [po'sar] I. *vi, vt* posar II. *vr:* ~ **se** pousar
posavasos [posa'βasos] *m inv* descanso *m* de copos

posdata [pos'ðata] *f* pós-escrito *m*
pose ['pose] *f* pose *f*
poseedor(a) [pose(e)'ðor(a)] *m(f)* possuidor(a) *m(f)*
poseer [po'ser, pose'er] *irr como leer vt* possuir
poseído, -a [pose'iðo, -a] *adj* possuído, -a
posesión [pose'sjon] *f* posse *f;* **tomar** ~ **de algo** tomar posse de a. c.
posesivo, -a [pose'siβo, -a] *adj* possessivo, -a
posibilidad [posiβili'ðað] *f* possibilidade *f;* **tener grandes ~es de éxito** ter grandes possibilidades de êxito
posibilitar [posiβili'tar] *vt* possibilitar
posible [po'siβle] *adj* possível; **lo antes** ~ o mais breve possível; **en lo** ~ dentro do possível; **hacer lo** ~ **para que** +*subj* fazer o possível para que +*subj;* **hacer todo lo** ~ fazer todo o possível; **es** ~ **que** +*subj* é possível que +*subj;* **¡no es ~!** não é possível!; **¿será ~?** será possível?; **si es** ~ se for possível; **no lo veo** ~ não vejo como possível
posición [posi'θjon] *f* posição *f*
positivo, -a [posi'tiβo, -a] *adj* positivo, -a
posmoderno, -a [posmo'ðero, -a] I. *adj* pós-moderno, -a II. *m, f* pós-modernista *mf*
poso ['poso] *m* depósito *m*
posponer [pospo'ner] *irr como poner vt* adiar
postal [pos'tal] I. *adj* postal II. *f* cartão-postal *m*
poste ['poste] *m* poste *m*
póster ['poster] *m* pôster *m*
postergar [poster'yar] <g→gu> *vt* postergar
posteridad [posteri'ðað] *f* posteridade *f;* **pasar a la** ~ passar para a posteridade
posterior [poste'rjor] *adj* posterior; ~ **a alguien/algo** atrás de alguém/de a. c.
posterioridad [posterjori'ðað] *f* posterioridade *f;* **con** ~ com posterioridade
postizo [pos'tiθo] *m* peruca *f*
postizo, -a [pos'tiθo, -a] *adj* postiço, -a
postor(a) [pos'tor(a)] *m(f)* proponente *mf;* **al mejor** ~ a quem deu a melhor oferta
postrado, -a [pos'traðo, -a] *adj* prostrado, -a; ~ **de dolor** prostrado de dor
postrar [pos'trar] *vt* prostrar
postre ['postre] *m* sobremesa *f;* **a la** ~ no final

postrero, -a [pos'trero, -a] *adj* último, -a
postrimerías [postrime'rias] *fpl* final *m*
postulado [postu'laðo] *m* postulado *m*
póstumo, -a ['postumo, -a] *adj* póstumo, -a
postura [pos'tura] *f* postura *f*
potable [po'taβle] *adj* 1. (*bebible*) potável 2. *inf* (*aceptable*) razoável
potaje [po'taxe] *m* (*sopa*) sopa *f*; (*guiso*) ensopado *m*
potasa [po'tasa] *f* potassa *f*
potasio [po'tasjo] *m* potássio *m*
pote ['pote] *m* pote *m*
potencia [po'tenθja] *f* potência *f*; **en ~** em potencial
potencial [poten'θjal] *adj, m* potencial *m*
potenciar [poten'θjar] *vt* potencializar
potente [po'tente] *adj* potente
potestad [potes'tað] *f* autoridade *f*
potra ['potra] *f inf* sorte *f*
potro ['potro] *m* DEP cavalo *m*
potro, -a ['potro, -a] *m, f* ZOOL potro, -a *m, f*
pozo ['poθo] *m* poço *m*; **~ petrolífero** [*o* **de petróleo**] poço de petróleo; **ser un ~ sin fondo** *fig* ser um poço sem fundo
práctica ['praktika] *f* prática *f*; **en la ~** na prática; **adquirir ~** adquirir prática; **llevar a la ~** pôr em prática; **perder la ~** perder a prática; **poner en ~** pôr em prática
practicable [prakti'kaβle] *adj* praticável
practicante [prakti'kante] I. *adj* praticante II. *mf* 1. (*de religión*) praticante *mf* 2. MED enfermeiro, -a *m, f*
practicar [prakti'kar] <c→qu> I. *vi* praticar; **estudió medicina, pero no practica** estudou medicina, mas não exerce II. *vt* praticar; **~ deporte** praticar esporte
práctico ['praktiko] *m* NÁUT prático *m*
práctico, -a ['praktiko, -a] *adj* prático, -a
pradera [pra'ðera] *f* pradaria *f*
prado ['praðo] *m* prado *m*
Praga ['praγa] *f* Praga *f*
pragmático, -a [praγ'matiko, -a] *adj, m, f* pragmático, -a *m, f*
pragmatismo [praγma'tismo] *m* pragmatismo *m*
preámbulo [pre'ambulo] *m* preâmbulo *m*; **sin más ~s...** *fig* sem mais preâmbulos...
precalentamiento [prekalenta'mjento] *m* aquecimento *m*
precalentar [prekalen'tar] <e→ie> *vt* aquecer
precampaña [prekam'paɲa] *f* pré-campanha *f*
precariedad [prekarje'ðað] *f* precariedade *f*
precario, -a [pre'karjo, -a] *adj* precário, -a
precaución [prekaʊ'θjon] *f* precaução *f*; **tomar precauciones** tomar precauções
precaver [preka'βer] I. *vt* precaver II. *vr* **~se de** [*o* **contra**] **algo/alguien** precaver-se contra a. c./alguém
precavido, -a [preka'βiðo, -a] *adj* precavido, -a
precedencia [preθe'ðenθja] *f* precedência *f*
precedente [preθe'ðente] *adj, m* precedente *m*; **sentar (un) ~** estabelecer (um) precedente; **sin ~s** sem precedentes
preceder [preθe'ðer] *vt* preceder
precepto [pre'θepto] *m* preceito *m*
preciado, -a [pre'θjaðo, -a] *adj* apreciado, -a
preciarse [pre'θjarse] *vr* **~ de algo** orgulhar-se de a. c.
precintar [preθin'tar] *vt* selar
precinto [pre'θinto] *m* selo *m*
precio ['preθjo] *m* preço *m*; **~ de catálogo** preço de catálogo; **~ de fábrica** preço de fábrica; **~ de lanzamiento** preço de lançamento; **~ de venta al público** preço de venda ao público; **¿qué ~ tiene este libro?** qual é o preço deste livro?; **a cualquier ~** *fig* a qualquer preço; **a ~ de oro** a preço de ouro; **no tener ~** *fig* não ter preço
preciosidad [preθjosi'ðað] *f* preciosidade *f*
precioso, -a [pre'θjoso, -a] *adj* 1. (*valioso*) precioso, -a 2. (*hermoso*) lindo, -a
precipicio [preθi'piθjo] *m* precipício *m*
precipitación [preθipita'θjon] *f* precipitação *f*
precipitado, -a [preθipi'taðo, -a] *adj* precipitado, -a
precipitar [preθipi'tar] I. *vt* precipitar II. *vr:* **~se** precipitar-se; **~se sobre algo/alguien** precipitar-se sobre a. c./alguém; **¡no se precipite!** não se precipite!
precisamente [preθisa'mente] *adv* precisamente

precisar [preθi'sar] *vt* (*determinar, necesitar*) precisar
precisión [preθi'sjon] *f* precisão *f*
preciso, -a [pre'θiso, -a] *adj* **1.** (*necesario*) preciso, -a; **es ~ que** +*subj* é preciso que +*subj*; **si es ~...** se for preciso... **2.** (*exacto*) preciso, -a
precocinado, -a [prekoθi'naðo, -a] *adj* pré-cozido, -a
preconcebido, -a [prekonθe'βiðo, -a] *adj* preconcebido, -a
preconcebir [prekonθe'βir] *vt* preconceber
precoz [pre'koθ] *adj* precoce
precursor(a) [prekur'sor(a)] *m(f)* precursor(a) *m(f)*
predecesor(a) [preðeθe'sor(a)] *m(f)* predecessor(a) *m(f)*
predecible [preðe'θiβle] *adj* previsível
predecir [preðe'θir] *irr como decir vt* predizer
predestinado, -a [preðesti'naðo, -a] *adj* predestinado, -a; **estar ~ a algo** estar predestinado a a. c.
predestinar [preðesti'nar] *vt* predestinar
predeterminar [preðetermi'nar] *vt* predeterminar
predicado [preði'kaðo] *m* predicado *m*
predicador(a) [preðika'ðor(a)] *m(f)* pregador(a) *m(f)*
predicar [preði'kar] <c→qu> *vi, vt* pregar
predicción [preðik'θjon] *f* predição *f*
predilección [preðilek'θjon] *f* predileção *f*
predilecto, -a [preði'lekto, -a] *adj* predileto, -a
predisponer [preðispo'ner] *irr como poner vt* predispor; **~ a alguien a favor/en contra de alguien** predispor alguém a favor/contra alguém
predisposición [preðisposi'θjon] *f* predisposição *f*; **tener ~ a engordar** ter predisposição para engordar
predominante [preðomi'nante] *adj* predominante
predominar [preðomi'nar] *vi* predominar; **~ en algo/sobre alguien** predominar em a. c./sobre alguém
predominio [preðo'minjo] *m* predomínio *m*; **~ sobre alguien** predomínio sobre alguém
preeminente [pre(e)mi'nente] *adj* proeminente
preescolar [pre(e)sko'lar] *adj* pré-escolar
preestreno [pre(e)s'treno] *m* pré-estreia *f*
prefabricado, -a [prefaβri'kaðo, -a] *adj* pré-fabricado, -a
prefacio [pre'faθjo] *m* prefácio *m*
preferencia [prefe'renθja] *f* preferência *f*; **~ de paso** preferência de passagem; **dar ~** dar preferência; **tener ~ ante alguien** ter preferência frente alguém; **mostrar ~ por alguien** mostrar preferência por alguém; **sentir ~ por alguien** ter preferência por alguém
preferible [prefe'riβle] *adj* preferível; **sería ~ que lo hicieras** seria preferível que você o fizesse
preferir [prefe'rir] *irr como sentir vt* preferir; **~ algo a algo** preferir algo a a. c.; **prefiero ir a pie** prefiro ir a pé
prefijo [pre'fixo] *m* TEL, LING prefixo *m*
pregón [pre'ɣon] *m* pregão *m*
pregonar [preɣo'nar] *vt* apregoar
pregunta [pre'ɣunta] *f* pergunta *f*
preguntar [preɣun'tar] **I.** *vi* perguntar; **~ por alguien** perguntar por alguém **II.** *vt* perguntar **III.** *vr* **~ se si/cuándo/qué...** perguntar-se se/quando/o que...
preguntón, -ona [preɣun'ton, -ona] *adj inf* perguntador(a)
prehistoria [preis'torja] *f* pré-história *f*
prehistórico, -a [preis'toriko, -a] *adj* pré-histórico, -a
prejubilación [prexuβila'θjon] *f* aposentadoria *f* proporcional
prejuicio [pre'xwiθjo] *m* preconceito *m*
preliminar [prelimi'nar] *adj* preliminar
preliminares [prelimi'nares] *mpl* preliminares *fpl*
preludio [pre'luðjo] *m* prelúdio *m*
premamá [prema'ma] *adj inv, inf* **vestido ~** vestido de gestante
prematrimonial [prematrimo'njal] *adj* pré-matrimonial
prematuro, -a [prema'turo, -a] *adj* prematuro, -a
premeditación [premeðita'θjon] *f* premeditação *f*; **con ~** com premeditação
premeditado, -a [premeði'taðo, -a] *adj* premeditado, -a
premeditar [premeði'tar] *vt* premeditar
premiar [pre'mjar] *vt* premiar
premio ['premjo] *m* prêmio *m*; **~ gordo** primeiro prêmio; **~ Nobel** prêmio Nobel
premisa [pre'misa] *f* premissa *f*
premonición [premoni'θjon] *f* pre-

monição *f*
premonitorio, -a [premoni'torjo, -a] *adj* premonitório, -a
premura [pre'mura] *f* presteza *f*
prenatal [prena'tal] *adj* pré-natal
prenda ['prenda] *f* **1.** (*fianza*) penhor *m*; **dar en ~** dar em garantia; **no soltar ~ inf** não dar com a língua nos dentes **2.** (*pieza de ropa*) roupa *f*; **~s interiores** roupas íntimas
prendar [pren'dar] *vt* cativar
prendedor [prende'ðor] *m* prendedor *m*
prender [pren'der] **I.** *vi* prender **II.** *vt* **1.** (*sujetar, detener*) prender **2.** (*fuego*) **~ fuego a algo** pegar fogo em a. c. **3.** AmL (*luz*) acender
prensa ['prensa] *f* **1.** (*máquina*) prensa *f*; **estar en ~** estar no prelo **2.** (*periódicos*) imprensa *f*; **~ amarilla** imprensa marrom; **~ del corazón** revistas de fofoca; **tener buena/mala ~** ter boa/má fama
prensar [pren'sar] *vt* prensar
preñado, -a [pre'naðo, -a] *adj* **1.** BIO prenhe, -a **2.** (*lleno*) pleno, -a; **~ de emoción** pleno de emoção
preocupación [preokupa'θjon] *f* preocupação *f*; **~ por algo/alguien** preocupação por a. c./alguém
preocupado, -a [preoku'paðo, -a] *adj* preocupado, -a; **~ por algo/alguien** preocupado com a. c./alguém
preocupante [preoku'pante] *adj* preocupante
preocupar [preoku'par] **I.** *vt* preocupar **II.** *vr*: **~se 1.** (*inquietarse*) **~se por algo/alguien** preocupar-se por [*ou* com] a. c./alguém **2.** (*encargarse*) **~se de algo** encarregar-se de a. c.
preparación [prepara'θjon] *f* preparação *f*
preparado [prepa'raðo] *m* preparado *m*
preparado, -a [prepa'raðo, -a] *adj* (*listo*) preparado, -a; **¡~s, listos, ya!** um, dois, três, já!
preparar [prepa'rar] **I.** *vt* preparar **II.** *vr*: **~se** preparar-se; **~se para algo** preparar-se para a. c.; **se prepara una tormenta** está armando um temporal
preparativo [prepara'tiβo] *m* preparativo *m*
preparativo, -a [prepara'tiβo, -a] *adj* preparatório, -a
preponderancia [preponde'ranθja] *f* preponderância *f*
preponderante [preponde'rante] *adj* preponderante
preposición [preposi'θjon] *f* preposição *f*
prepotencia [prepo'tenθja] *f* prepotência *f*
prepotente [prepo'tente] *adj* prepotente
prepucio [pre'puθjo] *m* prepúcio *m*
prerrogativa [prerroɣa'tiβa] *f* prerrogativa *f*
presa ['presa] *f* **1.** (*objeto, de caza*) presa *f*; **ser ~ fácil de alguien** ser presa fácil para alguém **2.** (*dique*) represa *f*
presagiar [presa'xjar] *vt* pressagiar
presagio [pre'saxjo] *m* presságio *m*
prescindir [presθin'dir] *vi* **~ de algo/de alguien** prescindir de a. c./de alguém
prescribir [preskri'βir] *irr como escribir vt* prescrever
prescripción [preskriβ'θjon] *f* prescrição *f*
preselección [preseleɣ'θjon] *f* pré-seleção *f*
presencia [pre'senθja] *f* presença *f*; **~ de ánimo** presença de espírito; **buena ~** boa presença
presencial [presen'θjal] *adj* presencial; **testigo ~** testemunha *f* presencial
presenciar [presen'θjar] *vt* presenciar
presentación [presenta'θjon] *f* apresentação *f*
presentador(a) [presenta'ðor(a)] *m(f)* apresentador(a) *m(f)*
presentar [presen'tar] **I.** *vt* apresentar; **te presento a mi marido** apresento-lhe o meu marido **II.** *vr*: **~se** apresentar-se; **~se a algo** apresentar-se para a. c.
presente¹ [pre'sente] **I.** *adj* presente; **hay que tener ~ las circunstancias** deve-se ter presente as circunstâncias; **ten ~ lo que te he dicho** tenha presente o que eu lhe disse; **por la ~ deseo comunicarle que...** pela presente desejo comunicar-lhe que... **II.** *mf* **los/las ~s** os/as presentes
presente² [pre'sente] *m* presente *m*; **hasta el ~** até o momento; **por el ~** no momento
presentimiento [presenti'mjento] *m* pressentimento *m*; **tengo el ~ de que...** tenho o pressentimento de que...
presentir [presen'tir] *irr como sentir vt* pressentir

preservación [preserβa'θjon] *f* preservação *f*

preservar [preser'βar] *vt* preservar

preservativo [preserβa'tiβo] *m* preservativo *m*

presidencia [presi'ðenθja] *f* presidência *f*

presidente [presi'ðente] *mf* presidente *mf*; **el ~ del gobierno** o presidente do governo

presidiario, -a [presi'ðjarjo, -a] *m, f* presidiário, -a *m, f*

presidio [pre'siðjo] *m* presídio *m*; **condenar a alguien a 20 años de ~** condenar alguém a 20 anos de prisão

presidir [presi'ðir] *vt* presidir

presión [pre'sjon] *f* pressão *f*; **~ arterial** pressão arterial; **~ atmosférica** pressão atmosférica; **~ fiscal** pressão fiscal; **~ sanguínea** pressão sanguínea

presionar [presjo'nar] *vt* pressionar

preso, -a ['preso, -a] *m, f* preso, -a *m, f*

prestación [presta'θjon] *f* **1.** (*de ayuda, servicio*) prestação *f* **2.** (*subsidio*) **~ por desempleo** seguro-desemprego

prestado, -a [pres'taðo, -a] *adj* emprestado, -a; **pedir algo ~** pedir a. c. emprestado; **tomar algo ~** pegar a. c. emprestado; **vivir de ~ en casa de alguien** morar provisoriamente na casa de alguém; **voy de ~, el traje me lo han dejado** vou com a roupa emprestada que me arrumaram

prestamista [presta'mista] *mf* prestamista *mf*

préstamo ['prestamo] *m* empréstimo *m*; **~ hipotecario** empréstimo hipotecário

prestar [pres'tar] **I.** *vt* **1.** (*dejar*) emprestar; **¿me prestas la bici, por favor?** me empresta a bicicleta, por favor? **2.** (*dedicar*) **~ apoyo** prestar apoio; **~ ayuda** prestar ajuda; **~ servicios** prestar serviços **3.** (*tener*) **~ atención** prestar atenção; **~ silencio** fazer silêncio **II.** *vr:* **~se a algo** prestar-se a a. c.

presteza [pres'teθa] *f* presteza *f*

prestidigitador(a) [prestiðixita'ðor(a)] *m(f)* prestidigitador(a) *m(f)*

prestigio [pres'tixjo] *m* prestígio *m*

prestigioso, -a [presti'xjoso, -a] *adj* prestigioso, -a

presto, -a ['presto, -a] *adj* presto, -a

presumible [presu'miβle] *adj* presumível

presumido, -a [presu'miðo, -a] *adj* convencido, -a

presumir [presu'mir] **I.** *vi* **~ de algo** gabar-se [*ou* vangloriar-se] de a. c. **II.** *vt* presumir

presunción [presun'θjon] *f* presunção *f*

presunto, -a [pre'sunto, -a] *adj* suposto, -a, pretenso, -a; **el ~ asesino** o suposto assassino

presuntuoso, -a [presuntu'oso, -a] *adj, m, f* presunçoso, -a *m, f*

presuponer [presupo'ner] *irr como* **poner** *vt* pressupor

presuposición [presuposi'θjon] *f* pressuposição *f*

presupuestar [presupwes'tar] *vt* orçar

presupuestario, -a [presupwes'tarjo, -a] *adj* orçamentário, -a

presupuesto [presu'pwesto] *m* orçamento *m*

presuroso, -a [presu'roso, -a] *adj* pressuroso, -a

pretencioso, -a [preten'θjoso, -a] *adj, m, f* pretensioso, -a *m, f*

pretender [preten'der] *vt* pretender; **¿qué pretendes que haga?** o que você pretende que eu faça?; **~ hacer algo** (*intentar*) pretender fazer a. c.

pretendiente [preten'djente] **I.** *m* (*de mujer*) pretendente *m* **II.** *mf* (*de trabajo*) candidato, -a *m, f*

pretensión [preten'sjon] *f* **1.** (*derecho*) pretensão *f* **2.** *pl* (*desmedidas, vanidad*) pretensões *fpl*; **tiene pretensiones de actor** tem pretensões de ator

pretérito¹ [pre'terito] *m* pretérito *m*; **~ indefinido** pretérito perfeito

pretérito, -a² [pre'terito, -a] *adj* pretérito, -a

pretexto [pre'testo] *m* pretexto *m*; **con el ~ de...** com o pretexto de...

pretil [pre'til] *m* parapeito *m*

prevalecer [preβale'θer] *irr como* **crecer** *vi* prevalecer; **~ sobre algo** prevalecer sobre a. c.

prevaricación [preβarika'θjon] *f* prevaricação *f*

prevaricar [preβari'kar] *vi* prevaricar

prevención [preβen'θjon] *f* prevenção *f*; **~ del cáncer** prevenção do câncer

prevenido, -a [preβe'niðo, -a] *adj* **1.** *estar* (*alerta*) prevenido, -a **2.** *ser* (*previsor*) prevenido, -a

prevenir [preβe'nir] *irr como* **venir I.** *vt* prevenir; **~ contra algo** prevenir contra a. c.; **más vale ~ que curar**

prov é melhor prevenir que remediar II. *vr:* ~ **se** prevenir-se; ~ **se contra alguien** prevenir-se contra alguém
preventivo, -a [preβeŋ'tiβo, -a] *adj* preventivo, -a
prever [pre'βer] *irr como ver vt* prever
previo, -a ['preβjo, -a] *adj* prévio, -a; **sin** ~ **aviso** sem prévio aviso; **previa presentación del pasaporte** com apresentação do passaporte
previsible [preβi'siβle] *adj* previsível
previsión [preβi'sjon] *f* previsão *f;* **en** ~ **de...** para prevenir...
previsor(a) [preβi'sor(a)] *adj* previdente
previsto, -a [pre'βisto, -a] *adj* previsto, -a
prima ['prima] *f* 1. *v.* primo 2. (*gratificación, de seguro*) prêmio *m*
primacía [prima'θia] *f* primazia *f*
primado [pri'mado] *m* REL primaz *m*
primar [pri'mar] *vi* primar
primario, -a [pri'marjo, -a] *adj* primário, -a
primate [pri'mate] *m* primata *m*
primavera [prima'βera] *f* primavera *f*
primaveral [primaβe'ral] *adj* primaveril
primer [pri'mer] *adj v.* **primero, -a**
primera [pri'mera] *f* 1. AUTO primeira *f;* **ir en** ~ andar em primeira 2. FERRO, AERO primeira classe *f;* **viajar en** ~ viajar de primeira classe
primero [pri'mero] *adv* (*en primer lugar, antes*) primeiro
primero, -a [pri'mero, -a] I. *adj ante sustantivo masculino: primer* primeiro, -a; **de primera calidad** de primeira qualidade; **a primera hora de la mañana** na primeira hora da manhã; **en primer lugar** em primeiro lugar; **a** ~**s de mes** no começo do mês; **el Primer Ministro** o Primeiro Ministro; **desde un primer momento** desde o primeiro momento; **lo hice a la primera** fiz isso à primeira; **lo** ~ **es lo** ~ o mais importante vem em primeiro lugar; **lo** ~ **es ahora la familia** a família agora está em primeiro lugar; **para mí tú eres lo** ~ para mim você está em primeiro lugar II. *m, f* primeiro, -a *m, f;* **el** ~ **de la clase** o primeiro da classe; **eres el** ~ **en llegar** você é o primeiro a chegar

> **Gramática** **primero** é sempre usado depois de um substantivo masculino ou em seu lugar, como um pronome: "Voy al piso primero; Su teléfono móvil es el primero de la estantería." Por outro lado, **primer** é sempre usado antes de um substantivo masculino singular: "Hoy es el primer día de mis vacaciones."

primicia [pri'miθja] *f* (*informativa*) primícias *fpl*
primitivo, -a [primi'tiβo, -a] *adj* primitivo, -a
primo, -a ['primo, -a] I. *m, f* 1. (*pariente*) primo, -a *m, f;* ~ **hermano** primo irmão 2. *inf* (*ingenuo*) bobo, -a *m, f;* **hacer el** ~ fazer papel de bobo II. *adj* 1. (*primero*) **materia prima** matéria-prima 2. MAT **número** ~ número primo
primogénito, -a [primo'xenito, -a] *adj, m, f* primogênito, -a *m, f*
primor [pri'mor] *m* primor *m;* **hacer algo con** ~ fazer a. c. com primor
primordial [primor'ðjal] *adj* primordial
primoroso, -a [primo'roso, -a] *adj* primoroso, -a
princesa [prin'θesa] *f v.* **príncipe**
principado [prinθi'paðo] *m* principado *m*
principal [prinθi'pal] I. *adj* principal II. *m* (*piso*) sobreloja *f*
príncipe, princesa ['prinθipe, prin'θesa] *m, f* príncipe, princesa *m, f;* ~ **azul** príncipe encantado; ~ **heredero** príncipe herdeiro
principesco, -a [prinθi'pesko, -a] *adj* principesco, -a
principiante [prinθi'pjante] *mf* principiante *mf*
principio [prin'θipjo] *m* 1. (*comienzo*) princípio *m;* **al** ~ no princípio; **desde un** ~ desde o princípio; **ya desde el** ~ já desde o princípio; **a** ~**s de diciembre** no começo de dezembro; **dar** ~ **a algo** dar início a a. c. 2. (*de ética*) princípio *m;* **en** ~ em princípio; **por** ~ por princípio
pringar [priŋ'gar] <g→gu> I. *vt* (*manchar*) ~ **algo de** [*o* **con**] **algo** lambuzar algo de [*ou* com] a. c. II. *vr:* ~**se de** [*o* **con**] **algo** lambuzar-se de [*ou* com] a. c.
pringoso, -a [priŋ'goso, -a] *adj* 1. (*grasiento*) engordurado, -a 2. (*pegajoso*) lambuzado, -a

pringue ['priŋge] *m* 1. (*grasa*) gordura *f* 2. (*suciedad*) sujeira *f*
prioridad [prjori'ðaᵈ] *f* prioridade *f*
prioritario, -a [prjori'tarjo, -a] *adj* prioritário, -a
prisa ['prisa] *f* pressa *f*; **de ~** depressa; **de ~ y corriendo** às pressas; **meter ~ a alguien** dar pressa em alguém; **no corre ~** não tem pressa; **¡date ~!** apresse-se!; **tengo ~** estou com pressa
prisión [pri'sjon] *f* prisão *f*
prisionero, -a [prisjo'nero, -a] *m, f* prisioneiro, -a *m, f*
prismáticos [pris'matikos] *mpl* binóculo *m*
privación [priβa'θjon] *f* (*pérdida, carencia*) privação *f*
privado, -a [pri'βaðo, -a] *adj* privado, -a; **en ~** em particular
privar [pri'βar] **I.** *vt* privar; **~ a alguien de algo** privar alguém de a. c.; **~ a alguien de hacer algo** privar alguém de fazer a. c. **II.** *vr* **~ se de algo** privar-se de a. c.; **no se privan de nada** não se privam de nada
privativo, -a [priβa'tiβo, -a] *adj* privativo, -a; **~ de alguien** privativo de alguém
privatización [priβatiθa'θjon] *f* privatização *f*
privatizar [priβati'θar] <z→c> *vt* privatizar
privilegiado, -a [priβile'xjaðo, -a] *adj, m, f* privilegiado, -a *m, f*
privilegiar [priβile'xjar] *vt* privilegiar
privilegio [priβi'lexjo] *m* privilégio *m*
pro [pro] **I.** *m* 1. (*provecho*) pró *m*; **valorar los ~ s y los contras** avaliar os prós e os contras 2. (*favor*) **en ~ de** em pró de **II.** *prep* pró
proa ['proa] *f* 1. NÁUT proa *f* 2. AERO nariz *m*
probabilidad [proβaβili'ðaᵈ] *f* probabilidade *f*; **con toda ~** com toda probabilidade
probable [pro'βaβle] *adj* provável; **lo más ~ es que** +*subj* o mais provável é que +*subj*
probador [proβa'ðor] *m* provador *m*
probar [pro'βar] <o→ue> **I.** *vt* provar **II.** *vi* (*intentar*) **~ a hacer algo** experimentar fazer a. c. **III.** *vr:* **~ se** (*ropa*) provar
probeta [pro'βeta] *f* proveta *f*
problema [pro'βlema] *m* problema *m*
problemático, -a [proβle'matiko, -a] *adj* problemático, -a
procedencia [proθe'ðenθja] *f* procedência *f*
procedente [proθe'ðente] *adj* procedente; **~ de** procedente de
proceder [proθe'ðer] **I.** *m* proceder *m* **II.** *vi* 1. (*de un lugar*) proceder; **~ de** proceder de 2. (*actuar*) **~ con** proceder com 3. (*ser oportuno*) proceder; **ahora procede guardar silencio** agora é melhor ficar em silêncio 4. (*pasar a*) **~ a** proceder a
procedimiento [proθeði'mjento] *m* procedimento *m*
procesado, -a [proθe'saðo, -a] *m, f* réu, ré *m, f*
procesador [proθesa'ðor] *m* processador *m*; **~ de textos** processador de textos
procesar [proθe'sar] *vt* processar
procesión [proθe'sjon] *f* procissão *f*; **la ~ va por dentro** *inf* isto é só aparência
procesionaria [proθesjo'narja] *f* lagarta *f*
proceso [pro'θeso] *m* processo *m*
proclamación [proklama'θjon] *f* proclamação *f*
proclamar [prokla'mar] **I.** *vt* proclamar **II.** *vr:* **~ se** proclamar-se
procreación [prokrea'θjon] *f* procriação *f*
procrear [prokre'ar] *vt* procriar
procurador(a) [prokura'ðor(a)] *m(f)* procurador(a) *m(f)*
procurar [proku'rar] *vt* 1. (*intentar*) procurar, esforçar-se por; **procura hacerlo lo mejor que puedas** procure fazer isso o melhor que você puder; **procura que no te oigan** procure não ser escutado 2. (*proporcionar*) proporcionar
prodigar [proði'ɣar] <g→gu> **I.** *vt* prodigalizar **II.** *vr:* **~ se en elogios hacia alguien** desfazer-se em elogios a alguém; **se prodigó en toda clase de atenciones con nosotros** tratou-nos com toda a atenção
prodigio [pro'ðixjo] *m* prodígio *m*
prodigioso, -a [proði'xjoso, -a] *adj* prodigioso, -a
pródigo, -a ['proðiɣo, -a] *adj* 1. (*malgastador*) pródigo, -a; **el hijo ~** o filho pródigo 2. (*generoso*) pródigo, -a; **la pródiga naturaleza** a natureza pródiga
producción [proðuɣ'θjon] *f* produção *f*

producir [proðu'θir] *irr como traducir* I. *vt* produzir II. *vr:* ~**se** produzir-se; **se ha producido una mejora** produziu-se uma melhora

productividad [proðuktiβi'ðað] *f* produtividade *f*

productivo, -a [proðuk'tiβo, -a] *adj* produtivo, -a

producto [pro'ðukto] *m* produto *m*; **Producto Interior Bruto** Produto Interno Bruto; ~ **manufacturado** produto manufaturado; **Producto Nacional Bruto** Produto Nacional Bruto

productor(a) [proðuk'tor(a)] *adj, m(f)* produtor(a) *m(f)*

productora [proðuk'tora] *f* produtora *f*

proeza [pro'eθa] *f* proeza *f*

profanación [profana'θjon] *f* profanação *f*

profanar [profa'nar] *vt* profanar

profano, -a [pro'fano, -a] *adj* **1.** (*secular, irreverente*) profano, -a **2.** (*ignorante*) profano, -a; **ser** ~ **en algo** ser profano em a. c.

profecía [profe'θia] *f* profecia *f*

proferir [profe'rir] *irr como sentir vt* proferir

profesar [profe'sar] *vt* professar

profesión [profe'sjon] *f* profissão *f*; ~ **liberal** profissão liberal

profesional [profesjo'nal] *adj* profissional

profesionalidad [profesjonali'ðað] *f* profissionalismo *m*

profesionalismo [profesjona'lismo] *m* profissionalismo *m*

profesionalización [profesjonaliθa'θjon] *f* profissionalização *f*

profesionalizar [profesjonali'θar] <z→c> *vt* profissionalizar

profesor(a) [profe'sor(a)] *m(f)* professor(a) *m(f)*; ~ **particular** professor particular

profesorado [profeso'raðo] *m* professorado *m*

profeta, -isa [pro'feta, profe'tisa] *m, f* profeta, -isa *m, f*

profético, -a [pro'fetiko, -a] *adj* profético, -a

profetizar [profeti'θar] <z→c> *vt* profetizar

profiláctico [profi'laktiko] *m* preservativo *m*

profilaxis [profi'laʏsis] *f* profilaxia *f*

prófugo ['profuɣo] *m* MIL desertor *m*

prófugo, -a ['profuɣo, -a] *m, f* JUR fugitivo, -a *m, f*

profundidad [profuṇdi'ðað] *f* profundidade *f*; **una cueva de cinco metros de** ~ um buraco de cinco metros de profundidade

profundizar [profuṇdi'θar] <z→c> I. *vi* ~ **en algo** aprofundar em a. c. II. *vt* ~ **algo** aprofundar a. c.

profundo, -a [pro'fuṇdo, -a] *adj* profundo, -a; **en lo más** ~ **de mi corazón** no mais profundo do meu coração

profusión [profu'sjon] *f* profusão *f*; **con** ~ **de detalles** com profusão de detalhes

profuso, -a [pro'fuso, -a] *adj* profuso, -a

progenitor(a) [proxeni'tor(a)] *m(f)* progenitor(a) *m(f)*

programa [pro'ɣrama] *m* programa *m*

programación [proɣrama'θjon] *f* programação *f*

programador(a) [proɣrama'ðor(a)] *m(f)* programador(a) *m(f)*

programar [proɣra'mar] *vt* programar

progre ['proɣre] *inf* I. *adj* pra-frente II. *m* liberal *mf*

progresar [proɣre'sar] *vi* progredir; ~ **en algo** progredir em a. c.

progresión [proɣre'sjon] *f* progressão *f*; ~ **aritmética** progressão aritmética; ~ **geométrica** progressão geométrica

progresismo [proɣre'sismo] *m* progressismo *m*

progresista [proɣre'sista] *adj, mf* progressista *mf*

progresivo, -a [proɣre'siβo, -a] *adj* progressivo, -a

progreso [pro'ɣreso] *m* progresso *m*

prohibición [proiβi'θjon] *f* proibição *f*

prohibido, -a [proi'βiðo, -a] *adj* proibido, -a; **prohibida la entrada** proibida a entrada; ~ **fumar** proibido fumar

prohibir [proi'βir] *irr vt* proibir

prohibitivo, -a [proiβi'tiβo, -a] *adj* proibitivo, -a

prójimo ['proximo] *m* próximo *m*

prolegómenos [prole'ɣomenos] *mpl* prolegômenos *mpl*

proletariado [proleta'rjaðo] *m* proletariado *m*

proletario, -a [prole'tarjo, -a] *adj, m, f* proletário, -a *m, f*

proliferación [prolifera'θjon] *f* proliferação *f*

proliferar [prolife'rar] *vi* proliferar

prolífico, -a [pro'lifiko, -a] *adj* prolífi-

co, -a
prolijo, -a [pro'lixo, -a] *adj* prolixo, -a; ~ **en detalles** prolixo em detalhes
prólogo ['proloɣo] *m* prólogo *m*
prolongación [proloŋga'θjon] *f* **1.** (*en el espacio*) prolongamento *m* **2.** (*en el tiempo*) prorrogação *f*
prolongado, -a [proloŋ'gaðo, -a] *adj* prolongado, -a
prolongar [proloŋ'gar] <g→gu> **I.** *vt* (*en el espacio, tiempo*) prolongar **II.** *vr:* ~ **se** (*en el espacio, tiempo*) prolongar--se
promedio [pro'meðjo] *m* média *f*
promesa [pro'mesa] *f* promessa *f*
prometedor(a) [promete'ðor(a)] *adj* prometedor(a)
prometer [prome'ter] **I.** *vi*, *vt* prometer **II.** *vr:* ~ **se** comprometer-se
prometido, -a [prome'tiðo, -a] *m*, *f* noivo, -a *m*, *f*
prominente [promi'nente] *adj* proeminente
promiscuidad [promiskwi'ðað] *f* promiscuidade *f*
promiscuo, -a [pro'miskwo, -a] *adj* promíscuo, -a
promoción [promo'θjon] *f* (*de producto, licenciados*) promoção *f*
promocional [promoθjo'nal] *adj* promocional
promocionar [promoθjo'nar] *vt* promover
promontorio [promon'torjo] *m* promontório *m*
promotor(a) [promo'tor(a)] *m(f)* promotor(a) *m(f)*
promover [promo'βer] <o→ue> *vt* **1.** (*querella, escándalo*) provocar **2.** (*en el cargo*) promover
promulgación [promulɣa'θjon] *f* promulgação *f*
promulgar [promul'ɣar] <g→gu> *vt* promulgar
pronombre [pro'nombre] *m* pronome *m*
pronominal [pronomi'nal] *adj* pronominal
pronosticar [pronosti'kar] <c→qu> *vt* prognosticar
pronóstico [pro'nostiko] *m* prognóstico *m*
prontitud [pronti'tuð] *f* prontidão *f*
pronto ['pronto] *adv* **1.** (*rápido*) pronto; **tan** ~ **como** +*subj* tão logo +*subj*; **de** ~ de repente; **¡hasta** ~! até logo! **2.** (*temprano*) cedo
pronto, -a ['pronto, -a] *adj* rápido, -a
pronunciación [pronunθja'θjon] *f* pronúncia *f*
pronunciamiento [pronunθja'mjento] *m* pronunciamento *m*
pronunciar [pronun'θjar] **I.** *vt* pronunciar **II.** *vr:* ~ **se** pronunciar-se
propagación [propaɣa'θjon] *f* propagação *f*
propaganda [propa'ɣanda] *f* propaganda *f*; **hacer** ~ fazer propaganda
propagandístico, -a [propaɣan'distiko, -a] *adj* propagandístico, -a
propagar [propa'ɣar] <g→gu> **I.** *vt* propagar **II.** *vr:* ~ **se** propagar-se
propano [pro'pano] *m* propano *m*
propasarse [propa'sarse] *vr* exceder-se
propensión [propen'sjon] *f* ~ **a algo** propensão a a. c.
propenso, -a [pro'penso, -a] *adj* propenso, -a; ~ **a algo** propenso a a. c.
propiamente [propja'mente] *adv* propriamente; ~ **dicho** propriamente dito
propiciar [propi'θjar] *vt* propiciar
propicio, -a [pro'piθjo, -a] *adj* propício, -a; **en el momento** ~ no momento propício
propiedad [propje'ðað] *f* **1.** (*en general*) propriedade *f*; ~ **industrial** propriedade industrial; ~ **inmobiliaria** propriedade imobiliária; ~ **intelectual** propriedade intelectual; **tener algo en** ~ ter a. c. em sua propriedade **2.** (*corrección*) **con** ~ com propriedade
propietario, -a [propje'tarjo, -a] *m*, *f* proprietário, -a *m*, *f*
propina [pro'pina] *f* gorjeta *f*; **dejar** ~ deixar gorjeta; **me dio dos euros de** ~ deu-me dois euros de gorjeta
propio, -a ['propjo, -a] *adj* próprio, -a; **tengo piso** ~ tenho apartamento próprio; **el** ~ **jefe** o próprio chefe; **al** ~ **tiempo** ao mesmo tempo; **eso (no) es** ~ **de ti** isso (não) é próprio de você
proponer [propo'ner] *irr como* **poner** **I.** *vt* propor **II.** *vr:* ~ **se** propor-se; **¿qué te propones?** o que você pretende?
proporción [propor'θjon] *f* proporção *f*; **no guardar** ~ **con algo** não ter proporção com a. c.; **en una** ~ **de 8 a 1** em uma proporção de 8 para 1
proporcional [proporθjo'nal] *adj* proporcional
proporcionar [proporθjo'nar] *vt* proporcionar

proposición [proposi'θjon] *f* **1.** (*propuesta*) proposta *f*; **proposiciones deshonestas** propostas ilícitas; ~ **de matrimonio** proposta de casamento **2.** (*oración*) proposição *f*

propósito [pro'posito] **I.** *m* (*intención*) propósito *m*; **tener el** ~ **de...** ter o propósito de... **II.** *adv* **a** ~ (*adrede*) de propósito; (*adecuado*) a propósito **III.** *prep* **a** ~ **de** a propósito de

propuesta [pro'pwesta] *f* proposta *f*; **a** ~ **de alguien** por sugestão de alguém

propugnar [propuɣ'nar] *vt* propugnar

propulsar [propul'sar] *vt t.* TÉC propulsar

propulsión [propul'sjon] *f* propulsão *f*

prórroga ['prorroɣa] *f* prorrogação *f*

prorrogar [prorro'ɣar] <g→gu> *vt* prorrogar

prorrumpir [prorrum'pir] *vi* ~ **en algo** prorromper em a. c.

prosa ['prosa] *f* prosa *f*; **texto en** ~ texto em prosa

prosaico, -a [pro'sai̯ko, -a] *adj* prosaico, -a

proscrito, -a [pros'krito, -a] *m, f* proscrito, -a *m, f*

prosecución [proseku'θjon] *f* prossecução *f*

proseguir [prose'ɣir] *irr como seguir vi, vt* prosseguir

prospección [prospeɣ'θjon] *f* prospecção *f*

prospecto [pros'pekto] *m* prospecto *m*

prosperar [prospe'rar] *vi* prosperar

prosperidad [prosperi'ðað] *f* prosperidade *f*

próspero, -a [prospero, -a] *adj* próspero, -a; **¡Próspero Año Nuevo!** Próspero Ano-Novo!

próstata ['prostata] *f* próstata *f*

prostíbulo [pros'tiβulo] *m* prostíbulo *m*

prostitución [prostitu'θjon] *f* prostituição *f*

prostituirse [prostitu'irse] *irr como huir vr* prostituir-se

prostituta [prosti'tuta] *f* prostituta *f*

protagonismo [protaɣo'nismo] *m* protagonismo *m*

protagonista [protaɣo'nista] *mf* protagonista *mf*

protagonizar [protaɣoni'θar] <z→c> *vt* protagonizar

protección [proteɣ'θjon] *f* proteção *f*; **Protección Civil** Defesa *f* Civil

proteccionismo [proteɣθjo'nismo] *m* protecionismo *m*

proteccionista [proteɣθjo'nista] *adj, mf* protecionista *mf*

protector(a) [protek'tor(a)] *adj, m(f)* protetor(a) *m(f)*

proteger [prote'xer] <g→j> **I.** *vt* proteger **II.** *vr:* ~ **se** proteger-se; ~ **se de algo** proteger-se de a. c.

protegido, -a [prote'xiðo, -a] **I.** *adj* protegido, -a; ~ **contra escritura** INFOR somente para leitura **II.** *m, f* protegido, -a *m, f*

proteína [prote'ina] *f* proteína *f*

prótesis ['protesis] *f inv* prótese *f*

protesta [pro'testa] *f* protesto *m*

protestante [protes'tante] *adj, mf* protestante *mf*

protestantismo [protestan'tismo] *m* protestantismo *m*

protestar [protes'tar] *vi, vt* protestar

protocolario, -a [protoko'larjo, -a] *adj* protocolar

protocolo [proto'kolo] *m* protocolo *m*

protón [pro'ton] *m* próton *m*

prototipo [proto'tipo] *m* protótipo *m*

protuberancia [protuβe'ranθja] *f* protuberância *f*

provecho [pro'βetʃo] *m* **1.** (*aprovechamiento*) proveito *m*; **de** ~ de proveito; **en** ~ **de alguien** em proveito de alguém; **nada de** ~ nada de proveito; **sacar** ~ **de algo/alguien** tirar proveito de a. c./alguém **2.** (*en comidas*) **¡buen** ~**!** bom apetite!

proveedor(a) [proβe(e)'ðor(a)] *m(f)* fornecedor(a) *m(f)*

proveer [pro'βer, proβe'er] *irr* **I.** *vt* prover; ~ **a alguien de algo** prover alguém de a. c. **II.** *vr:* ~ **se** prover-se; ~ **se de algo** prover-se de a. c.

provenir [proβe'nir] *irr como venir vi* ~ **de algo** provir de

proverbial [proβer'βjal] *adj* proverbial

proverbio [pro'βerβjo] *m* provérbio *m*

providencia [proβi'ðenθja] *f t.* REL providência *f*

providencial [proβiðen'θjal] *adj* providencial

provincia [pro'βinθja] *f* província *f*

> **Cultura** As 17 **Comunidades Autónomas** na Espanha estão subdivididas em 52 **provincias**. Consequentemente, a **Comunidad de Castilla-León**, por exemplo, está

composta das seguintes nove **provincias: Ávila, Burgos, León, Palencia, Salamanca, Segovia, Soria, Valladolid e Zamora.**

provincial [proβin'θjal] *adj* provincial
provinciano, -a [proβin'θjano, -a] *adj* provinciano, -a
provisión [proβi'sjon] *f* **1.** *pl* (*reserva*) provisão *f* **2.** (*suministro*) provisão *f* **3.** (*medida*) provimento *m* **4.** (*de un cargo*) provisão *f*
provisional [proβisjo'nal] *adj* provisório, -a
provocación [proβoka'θjon] *f* provocação *f*
provocador(a) [proβoka'ðor(a)] *adj, m(f)* provocador(a) *m(f)*
provocar [proβo'kar] <c→qu> *vt* provocar; ~ algo a alguien *AmL* apetecer a. c. a alguém
provocativo, -a [proβoka'tiβo, -a] *adj* provocante
proxeneta [proɣse'neta] *mf* proxeneta *mf*
próximamente [proɣsima'mente] *adv* brevemente
proximidad [proɣsimi'ðað] *f* **1.** (*cercanía*) proximidade *f* **2.** *pl* (*de ciudad*) proximidades *fpl*
próximo, -a ['proɣsimo, -a] *adj* próximo, -a; **estar ~ a...** estar próximo de...; **¡hasta la próxima!** até à próxima!
proyección [proɣeɣ'θjon] *f* projeção *f*
proyectar [proɣek'tar] *vt* projetar
proyectil [proɣek'til] *m* projétil *m*
proyecto [pro'ɣekto] *m* projeto *m*; **~ de ley** projeto de lei; **en ~** em projeto; **tener algo en ~** ter a. c. como projeto
proyector [proɣek'tor] *m* projetor *m*; **~ de cine** projetor de cinema
prudencia [pru'ðenθja] *f* prudência *f*
prudente [pru'ðente] *adj* (*cauteloso, razonable*) prudente
prueba ['prweβa] *f* **1.** (*en general*) prova *f*; **~ clasificatoria/eliminatoria** prova classificatória/eliminatória; **~ de fuego** *fig* prova de fogo; **~ de imprenta** prova; **período de ~** período de experiência; **a ~ de agua** à prova de água; **dar ~s de afecto** dar provas de amor; **en ~ de nuestro reconocimiento** como prova de nosso reconhecimento; **poner a ~** pôr à prova; **ser ~ de algo** ser prova de a. c.; **someter a ~** submeter a prova; **sufrir una dura ~** passar por uma dura prova; **tener ~s de que...** ter provas de que... **2.** (*médica*) exame *m*
prurito [pru'rito] *m* prurido *m*
(p)seudónimo [seɣ'ðonimo] *m* pseudónimo *m*
(p)sicoanálisis [sikoa'nalisis] *m inv* psicanálise *f*
(p)sicoanalista [sikoana'lista] *mf* psicanalista *mf*
(p)sicoanalizar [sikoanali'θar] <z→c> *vt* psicanalisar
(p)sicodélico, -a [siko'ðeliko, -a] *adj* psicodélico, -a
(p)sicología [sikolo'xia] *f* psicologia *f*
(p)sicológico, -a [siko'loxiko, -a] *adj* psicológico, -a
(p)sicólogo, -a [si'koloɣo, -a] *m, f* psicólogo, -a *m, f*
(p)sicópata [si'kopata] *mf* psicopata *mf*
(p)sicosis [si'kosis] *f inv* psicose *f*
(p)sicosomático, -a [sikoso'matiko, -a] *adj* psicossomático, -a
(p)siquiatra [si'kjatra] *mf* psiquiatra *mf*
(p)siquiatría [sikja'tria] *f* psiquiatria *f*
(p)siquiátrico [si'kjatriko] *m* hospício *m*
(p)siquiátrico, -a [si'kjatriko, -a] *adj* psiquiátrico, -a
(p)síquico, -a [si'kiko, -a] *adj* psíquico, -a
PSOE [pe'soe] *m abr de* **Partido Socialista Obrero Español** *Partido Socialista Operário Espanhol*
púa ['pua] *f* **1.** (*de planta, animal*) espinho *m* **2.** (*del peine*) dente *m* **3.** MÚS palheta *f*
pub [paβ] <pubs> *m* pub *m*
pubertad [puβer'tað] *f* puberdade *f*
pubis ['puβis] *f inv* púbis *m inv*
publicación [puβlika'θjon] *f* publicação *f*
publicar [puβli'kar] <c→qu> *vt* publicar
publicidad [puβliθi'ðað] *f* publicidade *f*; **dar ~ a algo** dar publicidade para a. c.; **hacer ~ de algo** fazer propaganda de a. c.
publicista [puβli'θista] *mf* publicitário, -a *m, f*
publicitario, -a [puβliθi'tarjo, -a] *adj* publicitário, -a
público ['puβliko] *m* público *m*; **el gran ~** o grande público
público, -a ['puβliko, -a] *adj* público, -a; **hacer ~** tornar público; **hacerse ~** tor-

narse público
puchero [pu'tʃero] *m* **1.** (*olla*) caldeirão *m* **2.** GASTR cozido *m*
púdico, -a ['puðiko, -a] *adj* pudico, -a
pudiente [pu'ðjente] *adj* abastado, -a
pudin ['pudin] *m* pudim *m*
pudor [pu'ðor] *m* pudor *m*
pudoroso, -a [puðo'roso, -a] *adj* pudoroso, -a
pudrir [pu'ðrir] *irr* **I.** *vt* apodrecer **II.** *vr*: ~**se** apodrecer-se; **¡ahí te pudras!** *inf* apodreça no inferno!
pueblo ['pweβlo] *m* **1.** (*nación*) povo *m*; **un hombre del** ~ um homem do povo **2.** (*población*) povoado *m*; ~ **de mala muerte** *inf* confins do Judas
puente ['pwente] *m* **1.** (*en general*) ponte *f*; ~ **aéreo** ponte aérea; ~ **colgante** ponte pênsil; ~ **levadizo** ponte levadiça; ~ **de mando** ponte de comando; **hacer un ~ a un coche** fazer chupeta em um carro **2.** (*fiesta*) feriado *m* prolongado; **hacer** ~ emendar o feriado
puenting ['pwentin] *m* bungee-jump *m*
puerco, -a ['pwerko, -a] **I.** *adj inf*(*sucio, indecente*) porco, -a **II.** *m, f* porco, -a *m, f*
puercoespín [pwerkoes'pin] *m* porco-espinho *m*
puericultor(a) [pwerikul'tor(a)] *m(f)* puericultor(a) *m(f)*
puericultura [pwerikul'tura] *f* puericultura *f*
pueril [pwe'ril] *adj* pueril
puerro ['pwerro] *m* alho-poró *m*
puerta ['pwerta] *f* porta *f*; ~ **de embarque** (*en aeropuerto*) portão *m* de embarque; ~ **giratoria** porta giratória; ~ **trasera** porta traseira; **a** ~ **abierta** de porta aberta; **a** ~ **cerrada** de porta fechada; **de** ~**s adentro** da porta para dentro; **dar a alguien con la** ~ **en las narices** *inf* dar com a porta na cara de alguém; **estar a las** ~~**s de algo** estar às portas de a. c.
puerto ['pwerto] *m* **1.** NÁUT porto *m*; ~ **deportivo** marina *f*; ~ **fluvial** porto fluvial; ~ **franco** porto franco **2.** (*de montaña*) passo *m* **3.** INFOR porta *f*
Puerto Rico ['pwerto 'rriko] *m* Porto Rico *m*

Cultura Puerto Rico, um estado associado aos Estados Unidos desde 1952, consiste em uma ilha principal e diversas pequenas ilhas situadas nas Grandes Antilhas. A capital de Porto Rico é **San Juan**. As línguas oficiais do país são o espanhol e o inglês.

puertorriqueño, -a [pwertorri'keno, -a] *adj, m, f* porto-riquenho, -a *m, f*
pues [pwes] *adv* **1.** (*bueno*) pois; ~ **bien** pois bem; ~ **entonces, nada** então é isso; **la consecuencia es,** ~,... a consequência é, pois,...; **Ana quiere conocerte** – ~ **que venga** Ana quer conhecer você – pois então que venha **2.** (*expletivo*) **estudio inglés** – **¡ah,** ~ **yo también!** estudo inglês – ah, pois eu também!; **¿estuviste por fin en Toledo?** – ~ **no/sí** você esteve por fim em Toledo? – não/sim; **¡~ esto no es nada!** mas isto não é nada!; **estoy muy cansado** – ~ **aún queda mucho camino** estou muito cansado – pois ainda falta muito para andar; **¡qué caro! – ¿sí? –** ~ **a mí me parece barato** que caro! – você acha? pois para mim é barato **3.** (*exclamativo*) **¡~ vaya lata!** mas que chato! **4.** (*interrogativo*) **no voy a salir –** ¿~ **cómo es eso?** não vou sair – mas como é isso?; **¿~ qué quieres?** mas o que você quer?; **¿y ~ ?** e daí?
puesta ['pwesta] *f* **1.** (*en general*) colocação *f*; ~ **a cero** ato de regular algo a partir do ponto zero; ~ **en escena** montagem *f*; ~ **en funcionamiento** início *m* de funcionamento; ~ **en libertad** colocação em liberdade; ~ **en marcha** partida *f*; ~ **en práctica** colocação em prática; ~ **a punto** AUTO revisão *f*; ~ **de sol** pôr *m* do sol **2.** (*en el juego*) aposta *f*
puesto ['pwesto] *m* **1.** (*lugar*) posto *m*; ~ **de información** posto de informação **2.** (*empleo*) emprego *m* **3.** (*tenderete*) barraca *f*, quiosque *m*; ~ **de periódicos** banca *f* de jornal **4.** *t.* MIL posto *m*; ~ **de policía** posto de polícia; ~ **de socorro** posto de socorro
puesto, -a ['pwesto, -a] **I.** *pp de* **poner** **II.** *adj inf* **ir muy bien** ~ ir muito bem arrumado; **tienen la casa muy bien puesta** têm a casa muito bem arrumada **III.** *conj* ~ **que** posto que
pugna ['puɣna] *f* pugna *f*
pugnar [puɣ'nar] *vi* pugnar, brigar; ~ **por algo** brigar por a. c.; ~ **por hacer**

algo brigar para fazer a. c.
pujar [pu'xar] *vi* (*en una subasta*) dar lance
pulcro, -a ['pulkro, -a] <pulquérrimo> *adj* asseado, -a
pulga ['pulɣa] *f* pulga *f*; **tener malas ~s** *inf* ter gênio ruim
pulgada [pul'ɣaða] *f* polegada *f*
pulgar [pul'ɣar] *m* polegar *m*
pulgón [pul'ɣon] *m* pulgão *m*
pulir [pu'lir] I. *vt* polir II. *vr*: **~se** *inf* (*gastarse*) torrar
pulla ['puʎa] *f* pulha *f*
pulmón [pul'mon] *m* pulmão *m*
pulmonar [pulmo'nar] *adj* pulmonar
pulmonía [pulmo'nia] *f* pneumonia *f*
pulpa ['pulpa] *f* polpa *f*
pulpería [pulpe'ria] *f AmL* mercearia *f*

> **Cultura** Na América Latina, uma **pulpería** é uma mercearia que vende bebida alcoólica e onde podem ser comprados vários tipos de mercadorias. As **Pulperías** são muito semelhantes às pequenas **tiendas de pueblo** frequentemente encontradas nas pequenas cidades da Espanha.

púlpito ['pulpito] *m* púlpito *m*
pulpo ['pulpo] *m* polvo *m*
pulquería [pulke'ria] *f AmC, Méx* mercearia *f*
pulsación [pulsa'θjon] *f* 1. ANAT pulsação *f* 2. (*de una tecla*) toque *m*; **doscientas pulsaciones por minuto** duzentos toques por minuto
pulsador [pulsa'ðor] *m* botão *m*
pulsar [pul'sar] *vt* apertar; **~ el timbre** apertar a campainha
pulsera [pul'sera] *f* pulseira *f*
pulso ['pulso] *m* pulso *m*; **a ~** (*sin apoyarse*) no ar; (*por su propio esfuerzo*) com as próprias forças; **tener buen ~** ter bom pulso; **tomar el ~ a alguien** tomar o pulso de alguém
pulverizador [pulβeriθa'ðor] *m* pulverizador *m*
pulverizar [pulβeri'θar] <z→c> *vt* pulverizar
puma ['puma] *m* onça-parda *f*
puna ['puna] *f AmS*: mal-estar físico causado pelas condições do ar em altas altitudes
punible [pu'niβle] *adj* punível
punición [puni'θjon] *f* punição *f*
punitivo, -a [puni'tiβo, -a] *adj* punitivo, -a
punk [punᵏ] I. *adj, mf* punk *mf* II. *m* (*movimiento musical*) punk *m*
punki ['puŋki] I. *adj* punk II. *mf* punk *mf*
punta ['punta] *f* ponta *f*; **acabar en ~** terminar em ponta; **de ~ en blanco** impecável; **lo tenía en la ~ de la lengua** estava na ponta da língua; **sacar ~ a un lápiz** apontar um lápis
puntada [pun'taða] *f* pontada *f*
puntal [pun'tal] *m* pontalete *m*; *fig* muleta *f*
puntapié [punta'pje] *m* pontapé *m*; **dar** [*o* **pegar**] **un ~ a alguien** dar um pontapé em alguém; **tratar a alguien a ~s** *fig* tratar alguém a pontapés
puntear [punte'ar] *vt* MÚS pontilhar
puntera [pun'tera] *f* ponteira *f*, biqueira *f*
puntería [punte'ria] *f* pontaria *f*; **tener (buena) ~** ter (boa) pontaria; **tener mala ~** ter má pontaria
puntero [pun'tero] *m* cinzel *m*
puntero [pun'tero] *m* ponteiro *m*
puntero, -a [pun'tero, -a] *adj* primeiro, -a
puntiagudo, -a [puntja'ɣuðo, -a] *adj* pontiagudo, -a
puntilla [pun'tiʎa] *f* 1. (*encaje*) renda *f* 2. (*del pie*) **de ~s** na ponta dos pés; **ponerse de ~s** ficar na ponta dos pés
punto ['punto] *m* 1. (*general*) ponto *m*; **~ cardinal** ponto cardeal; **~ de intersección** ponto de intersecção; **~ de mira** ponto de mira; **~ muerto** AUTO ponto morto; **~ negro** (*en carretera*) trecho de uma estrada em que ocorrem muitos acidentes; **~ de referencia** ponto de referência; **~ de venta** ponto-de-venda; **~ de vista** ponto de vista; **hasta cierto ~** até certo ponto; **hasta tal ~ que...** a tal ponto que...; **¿hasta qué ~?** até que ponto?; **la una en ~** uma em ponto; **ganar por ~s** ganhar por pontos; **no hay ~ de comparación** não há ponto de comparação; **está a ~ de llover** está a ponto de chover; **¡y ~!** *inf* e ponto (final)! 2. TIPO ponto *m*; **~ y aparte** ponto e parágrafo; **~ y coma** ponto e vírgula *m*; **~ final** ponto final; **~ y seguido** ponto e na mesma linha; **~s suspensivos** reticências *fpl*; **dos ~s** dois pontos; **poner ~ final a algo** *fig* pôr ponto final em a. c.

3. (*labor*) tricô *m;* **chaqueta de** ~ casaco de tricô; **hacer** ~ tricotar **4.** (*puntada*) ponto *m;* ~ **de sutura** ponto de sutura **5.** GASTR **en su** ~ no ponto; **batir a** ~ **de nieve** bater em ponto de neve **6.** (*preparado*) **a** ~ no ponto; **poner a** ~ TÉC colocar no ponto

puntocom [punto'kom] *f* INFOR (**compañía** [*o* **empresa**]) ~ empresa *f* ponto-com

puntuación [puṇtwa'θjon] *f* pontuação *f*

puntual [puṇtu'al] *adj* pontual

puntualidad [puṇtwali'ðaᵈ] *f* pontualidade *f*

puntualización [puṇtwaliθa'θjon] *f* especificação *f*

puntualizar [puṇtwali'θar] <z→c> *vt* especificar

puntuar [puṇtu'ar] <*1. pres:* puntúo> *vt* **1.** (*un escrito*) pontuar **2.** (*calificar*) dar pontos

punzada [puṇ'θaða] *f* pontada *f*

punzante [puṇ'θaṇte] *adj* **1.** (*puntiagudo*) pungente **2.** (*mordaz*) agudo, -a

punzar [puṇ'θar] <z→c> *vt* furar

punzón [puṇ'θon] *m* punção *m*

puñado [pu'ɲaðo] *m* punhado *m;* **a ~s** aos punhados

puñal [pu'ɲal] *m* punhal *m*

puñalada [puɲa'laða] *f* punhalada *f;* ~ **trapera** *inf* punhalada pelas costas

puñetazo [puɲe'taθo] *m* soco *m*

puño ['puɲo] *m* punho *m;* **de su ~ y letra** com seu próprio punho; **como ~s** *inf* (*verdad, mentira*) enorme; **comerse los ~s** *inf* estar uma pilha de nervos; **tener a alguien en un ~** *inf* ter alguém na palma da mão

pupila [pu'pila] *f* pupila *f*

pupilo, -a [pu'pilo, -a] *m, f* pupilo, -a *m, f*

pupitre [pu'pitre] *m* carteira *f*

purasangre [pura'saŋgre] *m* puro-sangue *m*

puré [pu're] *m* purê *m;* ~ **de patatas** purê de batatas

pureza [pu'reθa] *f* pureza *f*

purga ['purɣa] *f* **1.** (*medicamento*) purgante *m* **2.** (*eliminación*) purgação *f*

purgante [pur'ɣaṇte] *m* purgante *m*

purgar [pur'ɣar] <g→gu> *vt t.* MED purgar

purgatorio [purɣa'torjo] *m* purgatório *m*

purificación [purifika'θjon] *f* purificação *f*

purificar [purifi'kar] <c→qu> *vt* purificar

puritanismo [purita'nismo] *m* puritanismo *m*

puritano, -a [puri'tano, -a] *adj, m, f* puritano, -a *m, f*

puro ['puro] *m* charuto *m*

puro, -a ['puro, -a] *adj* puro, -a; **de ~ miedo** de puro medo

púrpura ['purpura] *adj, f* púrpura *f*

purpúreo, -a [pur'pureo, -a] *adj* purpúreo, -a

purpurina [purpu'rina] *f* purpurina *f*

pus [pus] *m* pus *m*

pústula ['pustula] *f* pústula *f*

puta ['puta] *f vulg* puta *f*; **pasarlas ~s** comer o pão que o diabo amassou

putada [pu'taða] *f vulg* ¡**qué ~!** que sacanagem!; **hacer una ~ a alguien** fazer uma sacanagem para alguém

putrefacción [putrefaɣ'θjon] *f* putrefação *f*

putrefacto, -a [putre'fakto, -a] *adj* putrefato, -a

pútrido, -a [pu'triðo, -a] *adj* pútrido, -a

puya ['puɟa] *f* aguilhão *m*

puzzle ['puθle] *m* puzzle *m*, quebra-cabeça *m*

PVP ['preθjo ðe 'βeṇta (a)l 'puβliko] *m abr de* **Precio de Venta al Público** *Preço de Venda ao Público*

PYME ['pime] *f abr de* **Pequeña y Mediana Empresa** *Pequena e Média Empresa*

Q

Q, q [ku] *f* Q, q *m*

que [ke] I. *pron rel* 1. (*con antecedente: personas, cosas*) que; **la pelota ~ está pinchada** a bola que está furada; **la historia de ~ te hablé** a história de que te falei; **reacciones a las ~ estamos acostumbrados** reações às quais estamos acostumados; **la empresa para la ~ trabajo** a empresa para a qual trabalho 2. (*con antecedente: personas*) que; **la mujer ~ trabaja con-**

migo a mulher que trabalha comigo; **el rey al ~ sirvo** o rei ao qual sirvo 3. (*sin antecedente*) **el/la/lo ~...** o/a/o qual...; **los ~ hayan terminado** os que tenham terminado; **el ~ quiera, ~ se marche** aquele que quiser, que se vá; **él es de los ~...** ele é dos que...; **el ~ más y el ~ menos** todos; **es todo lo ~ sé** é tudo o que sei; **no sabes lo difícil ~ es** não sabe como é difícil 4. (*con preposición*) **de lo ~ habláis** do que falam II. *conj* 1. (*completivo*) que; **me pidió ~ le ayudara** me pediu que o ajudasse 2. (*estilo indirecto*) que; **ha dicho ~...** disse que... 3. (*comparativo*) **más alto ~** mais alto que; **lo mismo ~** o mesmo que; **yo ~ tú...** se eu fosse você... 4. (*porque*) porque; **le ayudaré, seguro, ~ se lo he prometido** o ajudarei com certeza, pois prometi a ele 5. (*para que*) **dio órdenes a los trabajadores ~ trabajaran más rápido** deu ordens aos trabalhadores para que trabalhassem mais rápido 6. (*frecuentativo*) **y él dale ~ dale con la guitarra** e ele teimava em tocar o violão 7. (*explicativo*) **hoy no vendré, es ~ estoy cansado** hoje não irei, porque estou cansado; **no es ~ no pueda, es ~ no quiero** não é que não possa, é que não quero 8. (*enfático*) **¡~ sí/no!** claro que sim/não!; **sí ~ lo hice** claro que eu fiz isto 9. (*de duda*) **¿~ no está en casa?** ele não está? 10. (*exclamativo*) **¡~ me canso!** estou ficando cansado! 11. (*con verbo*) **hay ~ trabajar más** tem que trabalhar mais; **dar ~ hablar** dar o que falar; **tener ~ hacer algo** ter que fazer a. c.

qué [ke] *adj, pron interrog* 1. (*general*) que; **¿~ edad tienes?** que idade você tem?; **¿a ~ esperas?** o que está esperando?; **¿a ~ vienes?** por que você está aqui?; **¿de ~ hablas?** de que está falando?; **¿en ~ piensas?** em que está pensando?; **¿para ~?** para quê?; **¿por ~?** por quê?; **según ~ gente no la soporto** eu não suporto certas pessoas 2. (*exclamativo*) **¡~ alegría!** que alegria!; **¡~ gracia!** que engraçado!; **¡~ suerte!** que sorte! 3. (*cuán*) **¡~ magnífica vista!** que vista magnífica!; **¡mira ~ contento está!** olha que contente ele está! 4. **¿~?** o quê?; **¿~ tal?** como vai?; **~, ¿vienes o no?** afinal, você vem ou não?; **¿y ~?** e daí?; **¿y a**

mí ~? o que eu tenho a ver com isto?
quebrada [keˈβraða] *f* desfiladeiro *f*
quebradero [keβraˈðero] *m* **~ de cabeza** *inf* preocupação *f*
quebradizo, -a [keβraˈðiθo, -a] *adj* quebradiço, -a
quebrado [keˈβraðo] *m* MAT fração *f*
quebrado, -a [keˈβraðo, -a] *adj* 1. (*terreno*) acidentado, -a 2. (*línea*) segmentado, -a
quebrantar [keβranˈtar] *vt* quebrantar
quebranto [keˈβranto] *m* 1. (*decaimiento*) debilidade *f* 2. (*pérdida*) perda *f*
quebrar [keˈβrar] <e→ie> I. *vi, vt* quebrar II. *vr:* **~se** quebrar-se
quechua [ˈketʃwa] *adj, mf* quíchua *mf*

> **Cultura** Quechua é o nome dado tanto aos habitantes nativos do **Perú** quanto à sua língua. **Quechua** é a segunda língua oficial do **Perú**.

quedar [keˈðar] I. *vi* 1. (*permanecer*) ficar; **los problemas quedan atrás** os problemas ficaram pra trás; **¿cuánta gente queda?** quantas pessoas restam? 2. (*sobrar*) restar; **no nos queda dinero** não nos sobra dinheiro; **no nos queda otro remedio** não nos resta outro remédio; **no queda pan** não tem mais pão 3. (*resultar, estar*) **~ en ridículo** cair no ridículo; **todo quedó en una simple discusión** tudo acabou em uma simples discussão 4. (*faltar*) faltar; **aún queda mucho por hacer** ainda falta fazer muito; **por mí que no quede** por mim tudo bem 5. (*acordar*) combinar; **~ en algo** combinar a. c.; **¿en qué habéis quedado?** o que ficou combinado?; **quedamos a las 10** combinamos às 10 6. (+ *bien/mal*) **~ bien/mal** ficar bem/mal 7. (+ *como*) **~ como un señor** deixar uma boa impressão; **~ como un idiota** ficar com cara de idiota II. *vr:* **~se** 1. (*permanecer*) ficar; **~se atrás** ficar pra trás; **durante la tormenta nos quedamos a oscuras** durante a tempestade ficamos no escuro 2. (*resultar*) **~se ciego** ficar cego; **~se viuda** ficar viúva 3. **~se con algo** (*adquirir*) ficar com a. c.; **~se sin nada** ficar sem nada 4. *inf* (*burlarse*) **~se con alguien** rir da cara de alguém

quehacer [kea'θer] *m* tarefa *f;* **los ~es de la casa** os afazeres domésticos

queja ['kexa] *f* queixa *f*

quejarse [ke'xarse] *vr* queixar-se; **~ de algo** queixar-se de a. c.

quejica [ke'xika] *adj, mf inf* lamuriento, -a *m, f*

quejido [ke'xiðo] *m* gemido *m*

quejoso, -a [ke'xoso, -a] *adj* queixoso, -a; **estar ~ de alguien** estar queixoso de alguém

quema ['kema] *f* queima *f*

quemado, -a [ke'maðo, -a] I. *pp de* **quemar** II. *adj* queimado, -a; **estar ~ con alguien** *inf* (*enfadado*) estar queimado com alguém

quemador [kema'ðor] *m* queimador *m*

quemadura [kema'ðura] *f* queimadura *f;* **~ de primer/segundo grado** queimadura de primeiro/segundo grau

quemar [ke'mar] I. *vi, vt* queimar II. *vr:* **~se** queimar-se; **~se con algo** queimar-se com a. c.

quemarropa [kema'rropa] **a ~** à queima-roupa

quemazón [kema'θon] *f* queimação *f*

quepo ['kepo] *1. pres de* **caber**

querella [ke'reʎa] *f* querela *f*

querellarse [kere'ʎarse] *vr* queixar-se; **~ contra alguien** dar queixa de alguém

querer [ke'rer] *irr vt* **1.** (*desear*) querer; **como tú quieras** como queiras; **has ganado, ¿qué más quieres?** você já ganhou, o que quer mais?; **lo hice sin ~** foi sem querer; **quisiera tener 20 años menos** quisera ter 20 anos menos; **quiero que sepáis que...** quero que saibais que...; **¡y yo qué quieres que le haga!** que quer que eu faça? **2.** (*amar*) amar **3.** (*pedir*) querer

querido, -a [ke'riðo, -a] *adj, m, f* querido, -a *m, f*

queroseno [kero'seno] *m* querosene *m*

queso ['keso] *m* queijo *m;* **~ de bola** queijo-do-reino *m;* **~ manchego** queijo manchego; **~ parmesano** queijo parmesão

quetzal [keðˈθal] *m* quetzal *m*

quicio ['kiθjo] *m* quício *m;* **sacar a alguien de ~** *inf* tirar a alguém do sério

quid [kið] *m* **el ~ de la cuestión** o xis da questão

quiebra ['kjeβra] *f* COM quebra *f*

quiebro ['kjeβro] *m* esquiva *f*

quien [kjen] *pron rel* quem; **el chico de ~ te hablé** o menino de quem lhe falei; **las chicas con ~es...** as meninas com quem...; **hay ~ dice que...** há quem diga que...; **no hay ~ lo aguante** não há quem o aguente; **~ opine eso...** quem diz isso...; **~ más, ~ menos, todos tenemos problemas** uns mais, outros menos, todos têm problemas

quién [kjen] *pron interrog* quem; **¿~ es?** (*llama*) quem é?; **¿~es son tus padres?** quem são seus pais?; **¿a ~ has visto?** quem você viu?; **¿~ eres tú para decirme esto?** quem é você para me dizer isto?; **¿por ~ me tomas?** por quem me toma?; **¡~ tuviera 20 años!** se eu tivesse 20 anos!

quienquiera [kjeŋ'kjera] <quienesquiera> *pron indef* qualquer pessoa; **~ que diga eso se equivoca** qualquer pessoa que diga isso se engana

quieto, -a [kjeto, -a] *adj* quieto, -a; **estar/quedarse ~** estar/ficar quieto

quietud [kje'tuð] *f* quietude *f*

quijada [ki'xaða] *f* mandíbula *f*

quilate [ki'late] *m* quilate *m*

quilla ['kiʎa] *f* quilha *f*

quimera [ki'mera] *f* quimera *f*

quimérico, -a [ki'meriko, -a] *adj* quimérico, -a

química ['kimika] *f* química *f*

químico, -a ['kimiko, -a] *adj, m, f* químico, -a *m, f*

quimioterapia [kimjote'rapja] *f* quimioterapia *f*

quimono [ki'mono] *m* quimono *m*

quince ['kinθe] *adj, m* quinze *m; v.t.* **ocho**

quinceañero, -a [kinθea'ɲero, -a] *m, f* adolescente *mf*

quincena [kin'θena] *f* quinzena *f*

quincenal [kinθe'nal] *adj* quinzenal

quincuagésimo, -a [kiŋkwa'xesimo, -a] *adj* quinquagésimo, -a; *v.t.* **octavo**

quiniela [ki'njela] *f* espécie de loteria esportiva; **jugar a las ~s** jogar na loteria esportiva

quinientos, -as [ki'njentos, -as] *adj* quinhentos, -as

quinina [ki'nina] *f* quinina *f*

quinqué [kiŋ'ke] *m* lamparina *f*

quinquenal [kiŋke'nal] *adj* quinquenal

quinquenio [kiŋ'kenjo] *m* quinquênio *m*

quinqui ['kiŋki] *mf inf* delinquente *mf*

quinta ['kinta] *f* quinta *f*

quintaesencia [kintae'senθja] *f* quinta-essência *f*

quinteto [kin'teto] *m* quinteto *m*
quintillizo, -a [kinti'ʎiθo, -a] *m, f* quíntuplo, -a *m, f*
quinto ['kinto] *m* recruta *m*
quinto, -a ['kinto, -a] *adj* quinto, -a; *v.t.* octavo
quiosco ['kjosko] *m* banca *f*
quirófano [ki'rofano] *m* sala *f* de cirurgia
quiromancia [kiro'manθja] *f* quiromancia *f*
quirúrgico, -a [ki'rurxiko, -a] *adj* cirúrgico, -a
quiso ['kiso] *3. pret de* querer
quisquilloso, -a [kiski'ʎoso, -a] *adj* **1.** (*susceptible*) suscetível **2.** (*meticuloso*) minucioso, -a
quiste ['kiste] *m* cisto *m*
quitaesmalte [kitaes'malte] *m* acetona *f*
quitamanchas [kita'mantʃas] *m inv* tira-manchas *m inv*
quitanieves [kita'njeβes] *f inv* máquina que se usa para retirar a neve das ruas
quitar [ki'tar] **I.** *vt* **1.** (*separar, apartar*) tirar; ~ **la mesa** tirar a mesa; **de quita y pon** removível **2.** (*robar*) tirar; **me lo has quitado de la boca** *fig* me tirou a palavra da boca **3.** (*mancha, obstáculo, dolor*) tirar **II.** *vr:* ~**se** (*ropa*) tirar; (*apartarse*) retirar-se; ~ **se la vida** suicidar-se; ~ **se de encima algo/a alguien** livrar-se de a. c./alguém; **quítate de mi vista** suma da minha vista
quitasol [kita'sol] *m* guarda-sol *m*
Quito ['kito] *m* Quito *f*
quizá(s) [ki'θa(s)] *adv* quiçá, talvez; ~ **sí/no** talvez sim/não
quórum ['kworun] *m* quórum *m*

R

R, r ['erre] *f* R, r *m*
rabadilla [rraβa'ðiʎa] *f* cóccix *m*
rábano ['rraβano] *m* rabanete *m;* **me importa un** ~ *inf* não estou nem aí
rabia ['rraβja] *f* raiva *f;* ¡**qué** ~**!** que raiva!; **tener** ~ **a alguien** ter raiva de alguém; **me da** ~ **sólo pensarlo** me dá raiva só de pensar
rabiar [rra'βjar] *vi* **1.** (*enfadarse*) irritar-se; **hacer** ~ **a alguien** deixar alguém irritado **2.** (*desear*) ~ **por hacer algo** morrer de vontade de fazer a. c.
rabieta [rra'βjeta] *f inf* chilique *m;* **coger una** ~ ter um chilique
rabillo [rra'βiʎo] *m* ~ **del ojo** rabo *m* do olho; **mirar algo con el** ~ **del ojo** olhar a. c. com o rabo do olho
rabino [rra'βino] *m* rabino *m*
rabioso, -a [rra'βjoso, -a] *adj* raivoso, -a
rabo ['rraβo] *m* rabo *m;* **salir con el** ~ **entre las piernas** *inf* sair com o rabo entre as pernas
rácano, -a ['rrakano, -a] *adj, m, f inf* avarento, -a *m, f*
racha ['rratʃa] *f* **1.** (*de aire*) rajada *f* **2.** (*fase*) período *m;* **a** ~**s** mais ou menos; **pasar una buena/mala** ~ passar um bom/mau período
racial [rra'θjal] *adj* racial
racimo [rra'θimo] *m* cacho *m*
raciocinio [rraθjo'θinjo] *m* raciocínio *m*
ración [rra'θjon] *f* porção *f;* **una** ~ **de queso** uma porção de queijo
racionado, -a [rraθjo'naðo, -a] *adj* racionado, -a
racional [rraθjo'nal] *adj* racional
racionalismo [rraθjona'lismo] *m* racionalismo *m*
racionalización [rraθjonaliθa'θjon] *f* racionalização *f*
racionalizar [rraθjonali'θar] <z→c> *vt* racionalizar
racionamiento [rraθjona'mjento] *m* racionamento *m*
racionar [rraθjo'nar] *vt* racionar
racismo [rra'θismo] *m* racismo *m*
racista [rra'θista] *adj, mf* racista *mf*
radar [rra'ðar] *m* radar *m*
radiación [rraðja'θjon] *f* radiação *f*
radiactividad [rraðjaktiβi'ðað] *f* radioatividade *f*
radiactivo, -a [rraðjak'tiβo, -a] *adj* radioativo, -a
radiador [rraðja'ðor] *m* (*en casa, en coche*) radiador *m*
radiante [rra'ðjante] *adj* radiante; ~ **de alegría** radiante de alegria
radical [rraði'kal] *adj, mf* radical *mf*
radicalismo [rraðika'lismo] *m* radicalismo *m*
radicalización [rraðikaliθa'θjon] *f* radicalização *f*

radicalizar [rraðikaliˈθar] <z→c> I. *vt* radicalizar II. *vr:* ~**se** radicalizar-se
radicar [rraðiˈkar] <c→qu> I. *vi* ~ **en algo** residir em a. c. II. *vr:* ~**se** radicar-se
radio[1] [ˈrraðjo] *f* rádio *m*
radio[2] [ˈrraðjo] *m* 1. MAT, ANAT raio *m* 2. (*ámbito, en la rueda*) raio *m*; ~ **de acción** raio de ação
radioaficionado, -a [rraðjoafiθjoˈnaðo, -a] *m, f* radioamador(a) *m(f)*
radiocasete [rraðjokaˈsete] *m* radiogravador *m*
radiodespertador [rraðjoðespertaˈðor] *m* rádio-relógio *m*
radiodifusión [rraðjoðifuˈsjon] *f* radiodifusão *f*
radioemisora [rraðjoemiˈsora] *f* radioemissora *f*
radiofónico, -a [rraðjoˈfoniko, -a] *adj* radiofónico, -a
radiografía [rraðjoɣraˈfia] *f* radiografia *f*
radiografiar [rraðjoɣrafiˈar] <*I. pres:* radiografío> *vt* radiografar
radiotaxi [rraðjoˈtaʝsi] *m* radiotáxi *m*
radioterapia [rraðjoteˈrapja] *f* radioterapia *f*
radioyente [rraðjoˈʝente] *mf* radiouvinte *mf*
RAE [ˈrrae] *f abr de* **Real Academia Española** Real Academia Espanhola, ≈ ABL

> **Cultura** Desde sua criação em 1714, a **Real Academia Española (RAE)** faz da padronização e pureza da língua Espanhola um de seus objetivos.

ráfaga [ˈrrafaɣa] *f* rajada *f*
rafting [ˈrraftiŋ] *m* rafting *m*, canoagem *f*
raído, -a [rraˈiðo, -a] *adj* surrado, -a
raigambre [rraiˈɣambre] *f* raizame *m*
raíl [rraˈil] *m* trilho *m*
raíz [rraˈiθ] *f* raiz *f*; ~ **cuadrada/cúbica** MAT raiz quadrada/cúbica; **a** ~ **de** por causa de; **arrancar de** ~ arrancar pela raiz; **echar raíces en algún lugar** criar raízes em algum lugar; **tener su** ~ **en algo** ter sua origem em a. c.
raja [ˈrraxa] *f* 1. (*grieta*) rachadura *f* 2. (*rodaja*) fatia *f*
rajar [rraˈxar] I. *vt* rachar II. *vr:* ~**se** 1. (*abrirse*) rachar-se 2. *inf* (*echarse atrás*) dar para trás
rajatabla [rraxaˈtaβla] **a** ~ *inf* à risca
ralentí [rralenˈti] *m* <ralentíes> 1. AUTO marcha *f* lenta 2. CINE câmara *f* lenta; **al** ~ em câmara lenta
rallador [rraʎaˈðor] *m* ralador *m*
rallar [rraˈʎar] *vt* ralar
rally [ˈrrali] *m* rali *m*
ralo, -a [ˈrralo, -a] *adj* ralo, -a
rama [ˈrrama] *f* 1. (*de planta*) ramo *m*; **en** ~ em rama; **andarse** [*o* **irse**] **por las** ~**s** *inf* embromar 2. (*de ciencia, economía*) ramo *m*
ramaje [rraˈmaxe] *m* ramagem *f*
ramal [rraˈmal] *m* ramal *m*
rambla [ˈrrambla] *f* bulevar *m*
ramera [rraˈmera] *f* rameira *f*
ramificación [rramifikaˈθjon] *f* ramificação *f*
ramificarse [rramifiˈkarse] <c→qu> *vr* ramificar-se
ramillete [rramiˈʎete] *m* ramalhete *m*
ramo [ˈrramo] *m* 1. (*de flores*) buquê *m* 2. (*árbol, sector*) ramo *m*
rampa [ˈrrampa] *f* rampa *f*; ~ **de acceso/de lanzamiento** rampa de acesso/de lançamento; **en** ~ em declive
ramplón, -ona [rramˈplon, -ona] *adj* vulgar
rana [ˈrrana] *f* rã *f*; **salir** ~ **a alguien** *inf* decepcionar alguém
ranchera [ranˈtʃera] *f* (*canción*) rancheira *f*
ranchero, -a [rranˈtʃero, -a] *m, f* rancheiro, -a *m, f*
rancho [ˈrrantʃo] *m* 1. (*comida*) refeição *f* 2. (*granja*) rancho *m*
rancio, -a [ˈrranθjo, -a] *adj* 1. (*grasas*) rançoso, -a 2. (*antiguo*) antigo, -a
rango [ˈrrango] *m* nível *m*; **de** (**alto**) ~ de (alto) nível; **de primer** ~ de primeiro escalão
ranking [ˈrrankin] *m* ranking *m*
ranura [rraˈnura] *f* ranhura *f*
rapapolvo [rrapaˈpolβo] *m* bronca *f*; **echar un** ~ **a alguien** dar uma bronca em alguém
raparse [rraˈparse] *vr* rapar-se
rapaz [rraˈpaθ] I. *adj* de rapina II. *f* ave *f* de rapina
rape [ˈrrape] *m* 1. ZOOL peixe-pescador *m* 2. *inf* **al** ~ (*pelo*) rente
rapé [rraˈpe] *m* rapé *m*
rapidez [rrapiˈðeθ] *f* rapidez *f*; **con** (**gran**) ~ com (grande) rapidez
rápido [ˈrrapiðo] *m* 1. (*tren*) rápido *m*

2. pl (de un río) corredeira f
rápido, -a ['rrapiðo, -a] adj rápido, -a
rapiña [rra'piɲa] f rapina f
raptar [rrap'tar] vt raptar
rapto ['rrapto] m rapto m
raqueta [rra'keta] f raquete f
raquítico, -a [rra'kitiko, -a] adj raquítico, -a m, f
raquitismo [rraki'tismo] m raquitismo m
rareza [rra'reθa] f **1.** (curiosidad, peculiaridad) raridade f **2.** (manía) esquisitice f
raro, -a ['rraro, -a] adj estranho, -a; **rara vez** raras vezes; **no es ~ que** +subj não é de se estranhar que +subj
ras [rras] m **al ~** ao rés; **a ~ del agua/del suelo** rente à água/ao chão
rascacielos [rraska'θjelos] m inv arranha-céus m inv
rascar [rras'kar] <c→qu> I. vt coçar II. vr: **~se** coçar-se
rasgar [rras'ɣar] <g→gu> I. vt rasgar II. vr: **~se** rasgar-se
rasgo ['rrasɣo] m (del rostro, carácter) traço m; **a grandes ~s** em traços largos
rasguño [rras'ɣuɲo] m arranhão m
raspado [rras'paðo] m MED curetagem f
raspadura [rraspa'ðura] f raspa f
raspar [rras'par] vt raspar
rastra ['rrastra] f **a ~s** (arrastrando) arrastando-se; (a la fuerza) a contragosto
rastrear [rrastre'ar] vt rastrear
rastreo [rras'treo] m rastreamento m
rastrero, -a [rras'trero, -a] adj **1.** (planta) rasteiro, -a **2.** (despreciable) vulgar
rastrillar [rrastri'ʎar] vt rastrear
rastrillo [rras'triʎo] m **1.** (herramienta) rastelo m **2.** (mercadillo) mercado ao ar livre onde se comercializa todos os tipos de objetos novos e usados
rastro ['rrastro] m **1.** (indicio, pista) rastro m; **a ~s** sem deixar (nem) rastro; **seguir el ~ a** [o **de**] **alguien** seguir o rastro de alguém **2.** (mercadillo) mercado ao ar livre onde se comercializa todos os tipos de objetos novos e usados
rastrojo [rras'troxo] m restolho m
rasurar [rrasu'rar] I. vt barbear II. vr: **~se** barbear-se
rata ['rrata] f rato m
ratear [rrate'ar] vt inf surrupiar
ratero, -a [rra'tero, -a] adj, m, f inf larápio, -a m, f

raticida [rrati'θiða] m raticida m
ratificar [rratifi'kar] <c→qu> vt ratificar
rato ['rrato] m momento m; **a ~s** às vezes; **a cada ~** com frequência; **al (poco) ~** (pouco) depois; **de ~ en ~** de vez em quando; **un buen ~** um bom momento; **un ~ largo** inf um tempão; **todo el ~** o tempo todo; **hacer pasar un mal ~ a alguien** fazer alguém passar um mau pedaço; **pasar un buen/mal ~** passar um bom/mau pedaço; **pasar el ~** matar o tempo; **tener para ~** ter muita coisa para fazer; **aún tengo para ~** ainda tem muita coisa para fazer; **¡hasta otro ~!** até mais!
ratón [rra'ton] m **1.** (animal) rato m **2.** INFOR mouse m; **~ de bola** trackball m
ratonera [rrato'nera] f **1.** (trampa) ratoeira f **2.** (agujero) buraco m de ratos
raudal [rrau̯'ðal] m caudal m ou f; **a ~es** em abundância
raya ['rraja] f **1.** (línea) linha f; **a ~ de listas; pasarse de la ~** inf ir longe demais; **tener a alguien a ~** inf manter alguém sob controle **2.** (guión) travessão m **3.** (del pelo) risca f **4.** (pez) arraia f **5.** inf (de cocaína) carreira f; **hacerse una ~** cheirar uma carreira
rayar [rra'jar] I. vt riscar II. vi **1.** (limitar) **~ con algo** fazer limite com a. c. **2.** (rozar) **~ en algo** beirar a. c.
rayo ['rrajo] m raio m; **~ láser** raio laser; **~s uva** raios UVA; **~s X** raios X; **como un ~** inf como um raio; **¡que te parta un ~!** inf vá pro raio que te parta!; **saber/oler a ~s** inf ter o sabor/cheiro ruim
raza ['rraθa] f raça f; **de ~** de raça
razón [rra'θon] I. f razão f; **~ de Estado** razão de Estado; **~ de ser** razão de ser; **~ social** razão social; **dar la ~ a alguien** dar razão a alguém; **entrar en ~** ser razoável; **llevar la ~** ter razão; **tener (mucha) ~** ter (muita) razão; **la ~ por la que...** a razão pela qual...; **en eso (no) tienes ~** nisso (não) tem razão; **por razones de seguridad** por razões de segurança II. prep **en ~ de** por causa de
razonable [rraθo'naβle] adj razoável
razonamiento [rraθona'mjento] m raciocínio m
razonar [rraθo'nar] vi, vt raciocinar

RDSI [erreðe(e)se'i] *f abr de* **Red Digital de Servicios Integrados** RDSI *f*

re [rre] *m* MÚS ré *m*

reacción [rreaʸ'θjon] *f* reação *f*; ~ **en cadena** reação em cadeia

reaccionar [rreaʸθjo'nar] *vi* reagir; ~ a [*o* ante] algo reagir a [*ou* frente a] a. c.

reaccionario, -a [rreaʸθjo'narjo, -a] *adj, m, f* reacionário, -a *m, f*

reacio, -a [rre'aθjo, -a] *adj* resistente; **ser** ~ **a hacer algo** ser resistente em fazer a. c.

reactivación [rreaktiβa'θjon] *f* reativação *f*

reactivar [rreakti'βar] *vt* reativar

reactor [rreak'tor] *m* reator *m*; ~ **nuclear** reator nuclear

readaptación [rreaðapta'θjon] *f* readaptação *f*

readaptar [rreaðap'tar] **I.** *vt* readaptar **II.** *vr*: ~ **se** readaptar-se

readmitir [rreaðmi'tir] *vt* readmitir

reafirmar [rreafir'mar] **I.** *vt* reafirmar **II.** *vr*: ~ **se** reafirmar; ~ **se en algo** reafirmar a. c.

reagrupar [rreaɣru'par] *vt* reagrupar

reajustar [rreaxus'tar] *vt* reajustar

reajuste [rrea'xuste] *m* reajuste *m*

real [rre'al] *adj* real

realce [rre'alθe] *m* **dar** ~ **a algo** realçar a. c.

realeza [rrea'leθa] *f* realeza *f*

realidad [rreali'ðaᵈ] *f* realidade *f*; ~ **virtual** realidade virtual; **en** ~ na realidade; **hacer algo** ~ tornar a. c. realidade; **hacerse** ~ fazer-se realidade

realismo [rrea'lismo] *m* realismo *m*

realista [rrea'lista] *adj, mf* realista *mf*

realización [rrealiθa'θjon] *f* **1.** (*ejecución, cumplimiento*) realização *f* **2.** CINE direção *f*

realizador(a) [rrealiθa'ðor(a)] *m(f)* diretor(a) *m(f)*

realizar [rreali'θar] <z→c> **I.** *vt* **1.** (*efectuar, hacer realidad*) realizar **2.** CINE, TV dirigir **II.** *vr*: ~ **se** realizar-se

realmente [rreal'mente] *adv* realmente

realquilar [rrealki'lar] *vt* sublocar

realzar [rreal'θar] <z→c> *vt* realçar

reanimación [rreanima'θjon] *f* reanimação *f*

reanimar [rreani'mar] **I.** *vt* reanimar **II.** *vr*: ~ **se** reanimar-se

reanudación [rreanuða'θjon] *f* retomada *f*

reanudar [rreanu'ðar] **I.** *vt* retomar **II.** *vr*: ~ **se** retomar-se

reaparecer [rreapare'θer] *vi* reaparecer

reaparición [rreapari'θjon] *f* reaparição *f*

reapertura [rreaper'tura] *f* reabertura *f*

rearme [rre'arme] *m* rearmamento *m*

reavivar [rreaβi'βar] **I.** *vt* reavivar **II.** *vr*: ~ **se** reavivar-se

rebaja [rre'βaxa] *f* **1.** (*oferta*) liquidação *f*; **estar de** ~ **s** estar em liquidação **2.** (*descuento*) desconto *m*

rebajar [rreβa'xar] **I.** *vt* rebaixar **II.** *vr*: ~ **se** (*humillarse*) rebaixar-se

rebanada [rreβa'naða] *f* fatia *f*

rebañar [rreβa'ɲar] *vt* ~ **el plato** limpar o prato

rebaño [rre'βaɲo] *m* rebanho *m*

rebasar [rreβa'sar] *vt* ultrapassar

rebatir [rreβa'tir] *vt* rebater

rebeca [rre'βeka] *f* cardigã *m*

rebelarse [rreβe'larse] *vr* rebelar-se

rebelde [rre'βelde] *adj, mf* rebelde *mf*

rebeldía [rreβel'dia] *f* rebeldia *f*

rebelión [rreβe'ljon] *f* rebelião *f*

reblandecer [rreβlande'θer] *irr como* **crecer I.** *vt* amolecer **II.** *vr*: ~ **se** amolecer-se

rebobinar [rreβoβi'nar] *vt* rebobinar

rebosante [rreβo'sante] *adj* transbordante; ~ **de alegría/salud** transbordante de alegria/saúde

rebosar [rreβo'sar] *vi* transbordar; ~ **de alegría** transbordar alegria

rebotar [rreβo'tar] *vi* quicar

rebote [rre'βote] *m* rebote *m*; **de** ~ *inf* por tabela

rebozar [rreβo'θar] <z→c> *vt* empanar

rebuscado, -a [rreβus'kaðo, -a] *adj* rebuscado, -a

rebuscar [rreβus'kar] <c→qu> **I.** *vi* rebuscar **II.** *vr*: **rebuscárselas** *CSur, Col, Perú, Ven, inf* rebuscar-se

rebuznar [rreβuθ'nar] *vi* zurrar

rebuzno [rre'βuθno] *m* zurro *m*

recabar [rreka'βar] *vt* solicitar

recadero, -a [rreka'ðero, -a] *m, f* mensageiro, -a *m, f*

recado [rre'kaðo] *m* **1.** (*mensaje*) recado *m* **2.** (*encargo*) tarefa *f*

recaer [rreka'er] *irr como* **caer** *vi* **1.** (*enfermedad*) recair **2.** (*delito*) reincidir; ~ **en el mismo error una y otra vez** repetir o mesmo erro outra vez; ~ **en la bebida** recair na bebida **3.** ~ **en alguien** (*culpa*) recair em alguém; (*herencia, premio*) caber a alguém

recaída [rreka'iða] *f* recaída *f*

recalcar [rrekal'kar] <c→qu> *vt* enfatizar

recalcitrante [rrekalθi'traṇte] *adj* recalcitrante

recalentamiento [rrekaleṇta'mjeṇto] *m* reaquecimento *m*

recalentar [rrekaleṇ'tar] <e→ie> **I.** *vt* **1.** (*comida*) requentar **2.** (*aparato*) superaquecer **II.** *vr:* ~ **se** (*motor*) superaquecer

recámara [rre'kamara] *f* **1.** (*de arma*) tambor *m* **2.** *Chile, Méx, Pan* (*dormitorio*) dormitório *m*

recambio [rre'kambjo] *m* substituição *f*; **de** ~ de substituição

recapacitar [rrekapaθi'tar] *vi* recapacitar

recapitulación [rrekapitula'θjon] *f* recapitulação *f*

recapitular [rrekapitu'lar] *vt* recapitular

recargable [rrekar'ɣaβle] *adj* (*pila*) recarregável

recargado, -a [rrekar'ɣaðo, -a] *adj* carregado, -a

recargar [rrekar'ɣar] <g→gu> *vt* **1.** (*pila*) recarregar **2.** (*decorar*) carregar demais **3.** (*impuesto*) sobretaxar **4.** (*carga*) sobrecarregar; ~ **a alguien de trabajo** sobrecarregar alguém de trabalho

recargo [rre'karɣo] *m* sobretaxa *f*

recatado, -a [rreka'taðo, -a] *adj* recatado, -a

recato [rre'kato] *m* recato *m*

recauchutado [rrekautʃu'taðo] *m* recauchutagem *f*

recauchutado, -a [rrekautʃu'taðo, -a] *adj* recauchutado, -a

recauchutar [rrekautʃu'tar] *vt* recauchutar

recaudación [rrekauða'θjon] *f* arrecadação *f*

recaudador(a) [rrkauða'ðor(a)] *m(f)* arrecadador(a) *m(f)*

recaudar [rrekau'ðar] *vt* arrecadar

recaudo [rre'kauðo] *m* **a buen** ~ em local seguro

recelar [rreθe'lar] **I.** *vt* recear **II.** *vi* desconfiar; ~ **de alguien/algo** desconfiar de alguém/a. c.

recelo [rre'θelo] *m* receio *m*

receloso, -a [rreθe'loso, -a] *adj* receoso, -a; **estar** ~ **de alguien** estar receoso de alguém

recepción [rreθeβ'θjon] *f* recepção *f*

recepcionista [rreθeβθjo'nista] *mf* recepcionista *mf*

receptáculo [rreθep'takulo] *m* receptáculo *m*

receptividad [rreθeptiβi'ðað] *f* receptividade *f*

receptivo, -a [rreθep'tiβo, -a] *adj* receptivo, -a

receptor [rreθep'tor] *m* receptor *m;* ~ **de televisión** receptor de televisão

receptor(a) [rreθep'tor(a)] *m(f)* receptor(a) *m(f)*

recesión [rreθe'sjon] *f* recessão *f*

receta [rre'θeta] *f* receita *f*; **venta con** ~ venda com receita; **con** ~ **médica** com receita médica

recetar [rreθe'tar] *vt* receitar

recetario [rreθe'tarjo] *m* livro *m* de receitas

rechazar [rretʃa'θar] <z→c> *vt* rechaçar

rechazo [rre'tʃaθo] *m* rechaço *m*

rechinar [rretʃi'nar] *vi* ranger

rechistar [rretʃis'tar] *vi* reclamar; **sin** ~ sem reclamar

rechoncho, -a [rre'tʃontʃo, -a] *adj inf* rechonchudo, -a

rechupete [rretʃu'pete] **de** ~ *inf* de lamber os beiços

recibidor [rreθiβi'ðor] *m* hall *m* de entrada

recibimiento [rreθiβi'mjeṇto] *m* recebimento *m*

recibir [rreθi'βir] *vt* receber

recibo [rre'θiβo] *m* recibo *m;* **acusar** ~ **de algo** confirmar o recebimento de a. c.; **no ser de** ~ não ser aceitável

reciclado, -a [rreθikla'ðo, -a] *adj* reciclado, -a

reciclaje [rreθi'klaxe] *m* reciclagem *f*; **curso de** ~ curso de reciclagem

reciclar [rreθi'klar] *vt* reciclar

recién [rre'θjen] *adv* recém; **los** ~ **casados** os recém-casados; **el** ~ **nacido** o recém-nascido; ~ **cocido/pintado** recém-cozido/-pintado

reciente [rre'θjeṇte] *adj* recente

recientemente [rreθjeṇte'meṇte] *adv* recentemente

recinto [rre'θiṇto] *m* recinto *m*

recio, -a ['rreθjo, -a] *adj* forte

recipiente [rreθi'pjeṇte] *m* recipiente *m*

reciprocidad [rreθiproθi'ðað] *f* reci-

recíproco, -a [rre'θiproko, -a] *adj* recíproco, -a

recital [rreθi'tal] *m* recital *m;* **dar un ~** *inf* dar um recital

recitar [rreθi'tar] *vt* recitar

reclamación [rreklama'θjon] *f* reclamação *f*

reclamar [rrekla'mar] **I.** *vi* reclamar; **~ por algo** reclamar sobre [*ou* de] a. c. **II.** *vt* reclamar

reclamo [rre'klamo] *m* **1.** (*de caza*) reclamo *m* **2.** (*de ave*) pio *m* **3.** COM propaganda *f*

reclinable [rrekli'naβle] *adj* reclinável

reclinar [rrekli'nar] **I.** *vt* reclinar **II.** *vr:* **~se** reclinar-se

recluir [rreklu'ir] *irr como* huir **I.** *vt* enclausurar **II.** *vr:* **~se** enclausurar-se

reclusión [rreklu'sjon] *f* reclusão *f*

recluta [rre'kluta] *mf* recruta *m/f*

reclutamiento [rrekluta'mjento] *m* recrutamento *m*

recobrar [rreko'βrar] **I.** *vt* recobrar **II.** *vr:* **~se** recobrar-se

recochinearse [rrekotʃine'arse] *vr inf* **~ de alguien** caçoar de alguém

recochineo [rrekotʃi'neo] *m inf* caçoada *f*

recodo [rre'koðo] *m* curva *f*

recogedor [rrekoxe'ðor] *m* pá *f*

recogepelotas [rrekoxepe'lotas] *mf inv* gandula *mf*

recoger [rreko'xer] <g→j> **I.** *vt* **1.** (*buscar*) buscar; **te voy a ~ a la estación** vou buscar você na estação **2.** (*coger, ordenar, guardar*) recolher **3.** (*cosecha*) colher; **~ el fruto de su trabajo** colher o fruto de seu trabalho **4.** (*cabello*) prender **II.** *vr:* **~se** (*en casa*) recolher-se; **~se el pelo** prender o cabelo

recogida [rreko'xiða] *f* colheita *m;* **~ de equipajes** retirada *f* de bagagem

recogido, -a [rreko'xiðo, -a] *adj* **1.** (*acogedor*) acolhedor(a) **2.** (*retirado*) recolhido, -a

recolección [rrekoleɣ'θjon] *f* colheita *f*

recolectar [rrekolek'tar] *vt* colher

recomendable [rrekomen'daβle] *adj* recomendável

recomendación [rrekomenda'θjon] *f* recomendação *f;* **por ~ de mi médico** por recomendação de meu médico

recomendado, -a [rrekomen'daðo, -a] *m, f* recomendado, -a *m, f*

recomendar [rrekomen'dar] <e→ie> *vt* recomendar

recomenzar [rrekomen'θar] <z→c> *vt* recomeçar

recompensa [rrekom'pensa] *f* recompensa *f;* **en ~ por** em recompensa por

recompensar [rrekompen'sar] *vt* recompensar; **~ a alguien por algo** recompensar alguém por a. c.

recomponer [rrekompo'ner] *irr como* poner *vt* consertar

reconciliación [rrekonθilja'θjon] *f* reconciliação *f*

reconciliar [rrekonθi'ljar] **I.** *vt* reconciliar **II.** *vr:* **~se** reconciliar-se

recóndito, -a [rre'kondito, -a] *adj* recôndito, -a; **en lo más ~ del bosque/de mi corazón** no mais recôndito do bosque/de meu coração

reconfortante [rrekomfor'tante] *adj* reconfortante

reconfortar [rrekomfor'tar] *vt* reconfortar

reconocer [rrekono'θer] *irr como* crecer *vt* reconhecer; **~ a alguien como hijo** reconhecer alguém como filho

reconocido, -a [rrekono'θiðo, -a] *adj* reconhecido, -a

reconocimiento [rrekonoθi'mjento] *m* **1.** POL, JUR reconhecimento *m* **2.** MED exame *m* **3.** (*gratitud*) reconhecimento *m;* **en ~ de mi labor** em reconhecimento por meu trabalho

reconquista [rrekoŋ'kista] *f* reconquista *f*

> **Cultura** A **Reconquista** terminou após oito séculos de ocupação moura, através da retomada do Reino de **Granada**. Durante oito séculos o único objetivo dos soberanos cristãos foi a retirada dos árabes da **Península Ibérica**. Aqueles mouros e judeus que quiseram permanecer na Espanha tiveram que se converter ao cristianismo.

reconquistar [rrekoŋkis'tar] *vt* reconquistar

reconsiderar [rrekonsiðe'rar] *vt* reconsiderar

reconstituyente [rrekonstitu'jente] *m* reconstituinte *m*

reconstrucción [rrekoⁿstruɣˈθjon] *f* reconstrução *f*

reconstruir [rrekoⁿstruˈir, rrekoⁿsˈtrwir] *irr como huir vt* reconstruir

recopilación [rrekopilaˈθjon] *f* compilação *f*

recopilar [rrekopiˈlar] *vt* compilar

récord [ˈrrekor⁽ð⁾] <récords> *m* recorde *m*; **en un tiempo ~** *fig* em um tempo recorde

recordar [rrekorˈðar] <o→ue> **I.** *vi* recordar; **si mal no recuerdo** se eu bem me lembro **II.** *vt* recordar; **recuérdale que me traiga el libro** lembre a ele de trazer-me o livro

recordatorio [rrekorðaˈtorjo] *m* **1.** (*de comunión, fallecimiento*) santinho *m* **2.** (*advertencia*) lembrete *m*

recorrer [rrekoˈrrer] *vt* percorrer

recortado, -a [rrekorˈtaðo, -a] *adj* (*carretera, costa*) recortado, -a

recortar [rrekorˈtar] *vt* (*figuras*) recortar; (*barba, uñas*) cortar

recorte [rreˈkorte] *m* **1.** (*de periódico*) recorte *m* **2.** (*reducción*) corte *m*

recostar [rrekosˈtar] <o→ue> **I.** *vt* recostar; **~ algo contra** [*o* **en**] **algo** recostar algo em a. c. **II.** *vr*: **~ se** recostar-se; **~ se contra** [*o* **en**] **algo** recostar-se em a. c.

recoveco [rrekoˈβeko] *m* esconderijo *m*

recreación [rrekreaˈθjon] *f* recreação *f*

recrear [rrekreˈar] **I.** *vt* **1.** (*reproducir*) recriar **2.** (*divertir*) recrear **II.** *vr*: **~ se** divertir-se

recreativo, -a [rrekreaˈtiβo, -a] *adj* recreativo, -a

recreo [rreˈkreo] *m* recreio *m*; **de ~** de recreio

recriminar [rrekrimiˈnar] *vt* recriminar

recrudecer [rrekruðeˈθer] *irr como crecer* **I.** *vi* recrudescer **II.** *vr*: **~ se** recrudescer

recrudecimiento [rrekruðeθiˈmjento] *m* recrudescimento *m*

recta [ˈrrekta] *f* reta *f*; **entrar en la ~ final** *t. fig* entrar na reta final

rectangular [rrektaŋguˈlar] *adj* retangular

rectángulo [rrekˈtaŋgulo] *m* retângulo *m*

rectángulo, -a [rrekˈtaŋgulo, -a] *adj* retângulo, -a

rectificación [rrektifikaˈθjon] *f* retificação *f*

rectificar [rrektifiˈkar] <c→qu> *vt* retificar

rectilíneo, -a [rrektiˈlineo, -a] *adj* retilíneo, -a

rectitud [rrektiˈtuð] *f* retidão *f*

recto [ˈrrekto] *m* reto *m*

recto, -a [ˈrrekto, -a] *adj* reto, -a

rector(a) [rrekˈtor(a)] *m(f)* UNIV reitor(a) *m(f)*

rectorado [rrektoˈraðo] *m* UNIV **1.** (*cargo*) reitorado *m* **2.** (*oficina*) reitoria *f*

recuadro [rreˈkwaðro] *m* quadro *f*

recubrir [rrekuˈβrir] *irr como abrir vt* recobrir

recuento [rreˈkwento] *m* recontagem *f*; **~ de votos** recontagem de votos

recuerdo [rreˈkwerðo] *m* **1.** (*evocación*) lembrança *f*; **en** [*o* **como**] **~ de nuestro encuentro** como lembrança de nosso encontro; **tener un buen ~ de algo** ter uma boa lembrança de a. c. **2.** (*de un viaje*) recordação *f* **3.** *pl* (*saludos*) lembranças *fpl*; **dales muchos ~s de mi parte** dê-lhes lembranças de minha parte; **María te manda muchos ~s** Maria te manda lembranças

recular [rrekuˈlar] *vi inf* recuar

recuperación [rrekuperaˈθjon] *f* recuperação *f*; **~ de datos** INFOR recuperação de dados

recuperar [rrekupeˈrar] **I.** *vt* recuperar **II.** *vr*: **~ se** recuperar-se

recurrir [rrekuˈrrir] **I.** *vi* **1.** JUR recorrer **2.** (*acudir*) **~ a algo/a alguien** recorrer a a. c./a alguém **II.** *vt* JUR recorrer; **~ una sentencia** recorrer de uma sentença

recurso [rreˈkurso] *m* **1.** JUR recurso *m*; **~ de apelación** recurso de apelação **2.** (*remedio*) recurso *m*; **no me queda otro ~ que...** não me resta outro recurso senão...; **como último ~** como último recurso **3.** *pl* (*bienes*) recursos *mpl*

recusar [rrekuˈsar] *vt* recusar

red [rreð] *f* rede *f*; **la Red** (*Internet*) a Rede; **~ ferroviaria** rede ferroviária; **~ informática** rede de computadores; **~ vial** rede viária; **caer en las ~es de alguien** *fig* cair na armadilha de alguém

redacción [rreðakˈθjon] *f* redação *f*

redactar [rreðakˈtar] *vt* redigir

redactor(a) [rreðakˈtor(a)] *m(f)* redator(a) *m(f)*; **~ jefe** redator(a)-chefe

redada [rreˈðaða] *f* blitz *f*

redención [rreðenˈθjon] *f* redenção *f*

redentor(a) [rreðeɲ'tor(a)] *m(f)* redentor(a) *m(f)*
redil [rre'ðil] *m* redil *m*
redimir [rreði'mir] I. *vt* redimir II. *vr:* ~ **se** redimir-se
redistribución [rreðistriβu'θjon] *f* redistribuição *f*
redistribuir [rreðistri'βwir] *vt* redistribuir
rédito ['rreðito] *m* rédito *m*
redoblar [rreðo'βlar] *vt* redobrar
redomado, -a [rreðo'maðo, -a] *adj* perfeito, -a
redonda [rre'ðoɲda] *f* 1. MÚS semibreve *f* 2. (*espacio*) **en tres kilómetros a la** ~ num raio de três quilómetros
redondear [rreðoɲde'ar] *vt* arredondar
redondel [rreðoɲ'del] *m* círculo *m*
redondo [rre'ðoɲdo] *m* GASTR alcatra *f*
redondo, -a [rre'ðoɲdo, -a] *adj* redondo, -a; **caer** ~ *inf* cair duro; **negarse en** ~ *inf* negar-se terminantemente
reducción [rreðuɣ'θjon] *f* redução *f*
reducido, -a [rreðu'θiðo, -a] *adj* reduzido, -a
reducir [rreðu'θir] *irr como traducir* I. *vt* reduzir II. *vr* ~ **se a algo** reduzir-se a a. c.
reducto [rre'ðukto] *m* reduto *m*
redundancia [rreðuɲ'daɲθja] *f* redundância *f*
redundante [rreðuɲ'daɲte] *adj* redundante
reedición [rre(e)ði'θjon] *f* reedição *f*
reeditar [rre(e)ði'tar] *vt* reeditar
reelección [rre(e)leɣ'θjon] *f* reeleição *f*
reelegir [rre(e)le'xir] *irr como elegir vt* reeleger
reembolsar [rre(e)mbol'sar] *vt* reembolsar
reembolso [rre(e)m'bolso] *m* reembolso *m;* **enviar algo contra** ~ enviar a. c. por reembolso postal
reemplazar [rre(e)mpla'θar] <z→c> *vt* substituir
reemplazo [rre(e)m'plaθo] *m* substituição *f*
reencarnarse [rre(e)ŋkar'narse] *vr* reencarnar-se
reencuentro [rre(e)ŋ'kwentro] *m* reencontro *m*
reengancharse [rre(e)ŋgan'tʃarse] *vr* reengajar-se
reestrenar [rre(e)stre'nar] *vt* relançar
reestreno [rre(e)s'treno] *m* relançamento *m*
reestructuración [rre(e)struktura'θjon] *f* reestruturação *f*
reestructurar [rre(e)struktu'rar] *vt* reestruturar
referencia [rrefe'reɲθja] *f* referência *f;* **con** ~ **a** com referência a; **hacer** ~ **a** fazer referência a
referéndum [rrefe'rendun] <referéndums> *m* referendo *m*
referente [rrefe'reɲte] *adj* ~ **a algo** referente a a. c.; **en lo** ~ **a su queja** no que diz respeito à sua queixa
referir [rrefe'rir] *irr como sentir* I. *vt* 1. (*relatar*) referir 2. (*remitir*) remeter II. *vr* ~ **se a algo/a alguien** referir-se a a. c./a alguém; **en** [*o* **por**] **lo que se refiere a nuestras relaciones** no que se refere às nossas relações
refilón [rrefi'lon] **mirar de** ~ **a alguien** olhar alguém de soslaio
refinado, -a [rrefi'naðo, -a] *adj* refinado, -a
refinamiento [rrefina'mjento] *m* refinamento *m*
refinar [rrefi'nar] *vt* refinar
refinería [rrefine'ria] *f* refinaria *f*
reflector [rreflek'tor] *m* refletor *m*
reflejar [rrefle'xar] I. *vt* refletir II. *vr:* ~ **se** refletir-se
reflejo [rre'flexo] *m* reflexo *m;* **rápido de** ~ **s** rápido de reflexos
reflejo, -a [rre'flexo, -a] *adj* (*movimiento, dolor*) reflexo, -a
reflexión [rrefleɣ'sjon] *f* reflexão *f*
reflexionar [rrefleɣsjo'nar] I. *vi* refletir; ~ **sobre algo** refletir sobre a. c. II. *vt* refletir
reflexivo, -a [rrefleɣ'siβo, -a] *adj* reflexivo, -a
reflujo [rre'fluxo] *m* refluxo *m*
reforma [rre'forma] *f* reforma *f;* ~ **agraria/fiscal** reforma agrária/fiscal; **hacer** ~ **s en algo** fazer reformas em a. c.
reformar [rrefor'mar] I. *vt* reformar II. *vr:* ~ **se** reformar-se
reformatorio [rreforma'torjo] *m* reformatório *m*
reformismo [rrefor'mismo] *m* reformismo *m*
reformista [rrefor'mista] *adj, mf* reformista *mf*
reforzar [rrefor'θar] *irr como forzar vt* reforçar
refracción [rrefraɣ'θjon] *f* refração *f*
refractario, -a [rrefrak'tarjo, -a] *adj* 1. QUÍM, FÍS refratário, -a 2. (*opuesto*)

ser ~ a algo ser contrário a a. c.
refrán [rreˈfran] *m* provérbio *m*
refranero [rrefraˈnero] *m* conjunto *m* de provérbios
refregar [rrefreˈɣar] *irr como fregar vt* esfregar
refrenar [rrefreˈnar] **I.** *vt* refrear **II.** *vr:* **~se** refrear-se
refrendar [rrefrenˈdar] *vt* referendar
refrescante [rrefresˈkante] *adj* refrescante
refrescar [rrefresˈkar] **I.** *vt* refrescar; **~ la memoria** refrescar a memória **II.** *vi, vimpers* refrescar **III.** *vr:* **~se** refrescar-se
refresco [rreˈfresko] *m* refresco *m;* **de ~** (*tropas*) como substituto
refriega [rreˈfrjeɣa] *f* refrega *f*
refrigeración [rrefrixeraˈθjon] *f* refrigeração *f*
refrigerador [rrefrixeraˈðor] *m*, **refrigeradora** [rrefrixeraˈðora] *f Perú* geladeira *f*
refrigerar [rrefrixeˈrar] *vt* refrigerar
refuerzo [rreˈfwerθo] *m* reforço *m*
refugiado, -a [rrefuˈxjaðo, -a] *adj, m, f* refugiado, -a *m, f;* **~ político** refugiado político
refugiarse [rrefuˈxjarse] *vr* (*en un lugar*) refugiar-se; **~ de algo** refugiar-se de a. c.; **~ en la bebida** refugiar-se na bebida; **~ en una mentira** esconder-se atrás de uma mentira
refugio [rreˈfuxjo] *m* refúgio *m;* **~ antiaéreo** abrigo antiaéreo; **~ de montaña** refúgio na montanha; **~ nuclear** *abrigo geralmente subterrâneo usado para se proteger de explosões e radiações*
refulgir [rrefulˈxir] <g→j> *vi* refulgir
refunfuñar [rrefumfuˈɲar] *vi* resmungar
refutable [rrefuˈtaβle] *adj* refutável
refutar [rrefuˈtar] *vt* refutar
regadera [rreɣaˈðera] *f* regador *m;* **estar como una ~** *inf* estar pirado
regadío [rreɣaˈðio] *m* terra *f* regadia; **de ~** irrigável
regalado, -a [rreɣaˈlaðo, -a] *adj* barato, -a; **a este precio el vestido es ~** a este preço o vestido é quase de graça
regalar [rreɣaˈlar] *vt* presentear; **en esta tienda regalan la fruta** *fig* nesta barraca a fruta é muito barata
regalía [rreɣaˈlia] *f* regalia *f*
regaliz [rreɣaˈliθ] *m* alcaçuz *m*
regalo [rreˈɣalo] *m* **1.** (*obsequio*) presente *m;* **a este precio el coche es un ~ a este preço o carro é quase um presente 2.** (*gusto*) prazer *m;* **un ~ para la vista** um colírio para os olhos
regañadientes [rreɣaɲaˈðjentes] **a ~** a contragosto
regañar [rreɣaˈɲar] **I.** *vt* repreender **II.** *vi* brigar
regañina [rreɣaˈɲina] *f inf* bronca *f*
regañón, -ona [rreɣaˈɲon, -ona] *adj* rabugento, -a
regar [rreˈɣar] *irr como fregar vt* regar
regata [rreˈɣata] *f* DEP regata *f*
regate [rreˈɣate] *m* DEP drible *m*
regatear [rreɣateˈar] **I.** *vi* **1.** (*mercadear*) regatear **2.** (*con el balón*) driblar **II.** *vt* regatear
regateo [rreɣaˈteo] *m* regateio *m*
regazo [rreˈɣaθo] *m* regaço *m*
regencia [rreˈxenθja] *f* regência *f*
regeneración [rrexeneraˈθjon] *f* regeneração *f*
regenerar [rrexeneˈrar] **I.** *vt* regenerar **II.** *vr:* **~se** regenerar-se
regentar [rrexenˈtar] *vt* **1.** (*dirigir*) administrar **2.** (*ejercer*) exercer
regente [rreˈxente] *mf* **1.** (*que gobierna*) regente *mf* **2.** (*que dirige*) administrador(a) *m(f)*
régimen [ˈrreximen] *m* <regímenes> (*dieta*) regime *m;* **estar a ~** estar de regime; **poner a alguien a ~** pôr alguém de regime
regimiento [rrexiˈmjento] *m* regimento *m*
regio, -a [ˈrrexjo, -a] *adj* régio, -a
región [rreˈxjon] *f* região *f*
regional [rrexjoˈnal] *adj* regional
regir [rreˈxir] *irr como elegir* **I.** *vt* **1.** (*gobernar*) dirigir **2.** LING reger **II.** *vi* **1.** (*tener validez*) vigorar **2.** *inf* (*estar cuerdo*) **¡tú no riges!** você está louco!
registrador(a) [rrexistraˈðor(a)] *m(f)* registrador(a) *m(f)*
registrar [rrexisˈtrar] **I.** *vt* **1.** (*examinar*) pesquisar **2.** (*inscribir*) registrar **3.** (*señalar, grabar*) gravar **II.** *vr:* **~se** **1.** (*inscribirse*) registrar-se **2.** (*observarse*) examinar-se
registro [rreˈxistro] *m* (*t. oficina, archivo*) registro *m;* **~ civil** registro civil; **~ de la propiedad** registro de imóveis
regla [ˈrreɣla] *f* **1.** (*instrumento*) régua *f* **2.** (*norma*) regra *f;* **~ de oro** regra de ouro; **estar en ~** estar em ordem; **salirse de la ~** fugir à regra; **por ~ general** por via de regra; **la excepción**

confirma la ~ *prov* a exceção confirma a regra *prov* **3.** MAT ~ **de tres** regra de três; **las cuatro ~s** as quatro operações **4.** *inf* (*menstruación*) regras *fpl;* **estar con la ~** estar menstruada

reglamentación [rreɣlameṇta'θjon] *f* regulamentação *f*

reglamentar [rreɣlameṇ'tar] *vt* regulamentar

reglamentario, -a [rreɣlameṇ'tarjo, -a] *adj* regulamentar

reglamento [rreɣla'meṇto] *m* regulamento *m*

reglar [rre'ɣlar] *vt* regrar

regocijar [rreɣoθi'xar] **I.** *vt* regozijar **II.** *vr:* **~se** (*alegrarse*) regozijar-se; **~se con algo** regozijar-se com a. c.

regocijo [rreɣo'θixo] *m* regozijo *m*

regodearse [rreɣoðe'arse] *vr* ~ **con** [*o* **en**] **algo** (*gozar*) deleitar-se com a. c.

regodeo [rreɣo'ðeo] *m* deleite *m*

regordete, -a [rreɣor'ðete, -a] *adj inf* gorducho, -a

regresar [rreɣre'sar] *vi* regressar

regresivo, -a [rreɣre'siβo, -a] *adj* regressivo, -a

regreso [rre'ɣreso] *m* regresso *m;* **estar de ~** estar de regresso

reguero [rre'ɣero] *m* rastro *m;* **como un ~ de pólvora** como um rastilho de pólvora

regulación [rreɣula'θjon] *f* regularização *f*

regulador [rreɣula'ðor] *m* regulador *m*

regular [rreɣu'lar] **I.** *vt* regular **II.** *adj* regular; **por lo ~** por via de regra **III.** *adv* mais ou menos

regularidad [rreɣulari'ðað] *f* regularidade *f*

regularizar [rreɣulari'θar] <z→c> *vt* regularizar

regusto [rre'ɣusto] *m* gosto *m*

rehabilitación [rreaβilita'θjon] *f* reabilitação *f*

rehabilitar [rreaβili'tar] *vt* reabilitar

rehacer [rrea'θer] *irr como hacer* **I.** *vt* refazer **II.** *vr:* **~se** refazer-se

rehén [rre'en] *m* refém *mf*

rehogar [rreo'ɣar] <g→gu> *vt* refogar

rehuir [rreu'ir] *irr como huir vt* evitar

rehusar [rreu'sar] *vt* recusar

reina ['rreina] *f* rainha *f;* ~ **madre** rainha-mãe *f*

reinado [rrei'naðo] *m* reinado *m*

reinante [rrei'ṇante] *adj* reinante

reinar [rrei'nar] *vi* reinar

reincidencia [rreinθi'ðeṇθja] *f* reincidência *f*

reincidente [rreinθi'ðeṇte] *adj, mf* reincidente *mf*

reincidir [rreinθi'ðir] *vi* ~ **en algo** reincidir em a. c.

reincorporarse [rreiŋkorpo'rarse] *vr* reincorporar-se; ~ **a algo** reincorporar-se a a. c.

reinicializar [rreiniθjali'θar] <z→c> *vt* INFOR reinicializar

reino ['rreino] *m* reino *m;* **Reino Unido** Reino Unido

reinserción [rreinser'θjon] *f* reinserção *f*

reinsertar [rreinser'tar] *vt* reinserir; ~ **a alguien en algo** reinserir alguém em a. c.

reinstauración [rreinstaura'θjon] *f* reimplantação *f*

reinstaurar [rreinstau'rar] *vt* reimplantar

reintegración [rreinteɣra'θjon] *f* reintegração *f*

reintegrar [rreinte'ɣrar] **I.** *vt* reintegrar; ~ **a alguien a su puesto de trabajo** reintegrar alguém no seu posto de trabalho **II.** *vr:* **~se** reintegrar-se; **~se al trabajo** reintegrar-se ao trabalho

reintegro [rrein'teɣro] *m* **1.** (*reintegración*) reintegração *f* **2.** (*en lotería*) reintegro *m*

reír [rre'ir] *irr* **I.** *vi* rir; **echarse a ~** cair na risada **II.** *vr:* **~se** rir; **~se de algo** rir de a. c.; **se ríe hasta de su sombra** *inf* ri até de sua sombra; **me río de tu dinero** *fig* não estou nem aí para o teu dinheiro

reiterar [rreite'rar] *vt* reiterar

reivindicación [rreiβindika'θjon] *f* reivindicação *f;* ~ **salarial** reivindicação salarial; ~ **de algo** reivindicação de a. c.

reivindicar [rreiβiṇdi'kar] <c→qu> *vt* reivindicar

reivindicativo, -a [rreiβiṇdika'tiβo, -a] *adj* reivindicativo, -a

reja ['rrexa] *f* grade *f;* **estar entre ~s** *inf* estar atrás das grades

rejilla [rre'xiʎa] *f* **1.** (*enrejado*) grade *f* **2.** (*parrilla*) grelha *f* **3.** (*tejido*) palhinha *f*

rejuvenecer [rrexuβene'θer] *irr como crecer vt* rejuvenescer; **este peinado te rejuvenece** este penteado rejuvenesce você

relación [rrela'θjon] *f* **1.** (*en general*)

relación *f;* **calidad-precio** relação qualidade-preço; **guardar ~ con algo** corresponder a a. c.; **hacer ~ a algo** fazer relação com a. c.; **con/en ~ a tu petición...** com/em relação à sua petição **2.** *pl* (*noviazgo, amorío*) relação *f;* **relaciones públicas** relações públicas; **tienen buenas/malas relaciones** tem boas/más relações; **mantener relaciones sexuales con alguien** manter relações sexuais com alguém; **mantienen relaciones** mantém relações; **han roto sus relaciones** cortaram relações

relacionar [rrelaθjo'nar] *vt* ~ algo (con algo) relacionar algo (com a. c.)

relajación [rrelaxa'θjon] *f* relaxamento *m*

relajado, -a [rrela'xaðo, -a] *adj* relaxado, -a

relajante [rrela'xante] *adj* relaxante

relajar [rrela'xar] I. *vt* relaxar II. *vr:* ~ **se** relaxar-se

relamer [rrela'mer] I. *vt* lamber II. *vr:* ~ **se** lamber-se

relamido, -a [rrela'miðo, -a] *adj* **1.** (*arreglado*) arrumado, -a **2.** (*afectado*) afetado, -a

relámpago [rre'lampaɣo] *m* relâmpago *m;* **ser** (**veloz como**) **un** ~ ser (veloz como) um relâmpago

relampaguear [rrelampaɣe'ar] *vi, vimpers* relampejar

relatar [rrela'tar] *vt* relatar

relatividad [rrelatiβi'ðað] *f* relatividade *f*

relativizar [rrelatiβi'θar] *vt* relativizar

relativo, -a [rrela'tiβo, -a] *adj* relativo, -a; **ser ~ a algo** ser relativo a a. c.

relato [rre'lato] *m* relato *m*

relax [rre'laʸs] *m* relax *m*

relegar [rrele'ɣar] <g→gu> *vt* relegar; **~ a alguien a algo** relegar alguém a a. c.; **ser relegado al olvido** ser relegado ao esquecimento

relevancia [rrele'βanθja] *f* relevância *f*

relevante [rrele'βante] *adj* relevante

relevar [rrele'βar] I. *vt* **1.** (*liberar*) liberar; **~ a alguien de un trabajo** liberar alguém de um trabalho **2.** (*destituir*) destituir; **~ a alguien de un cargo** destituir alguém de um cargo **3.** (*reemplazar*) substituir II. *vr:* ~ **se** substituir; **~ se en algo** substituir em a. c.

relevo [rre'leβo] *m* **1.** (*pl*) DEP revezamento *m;* **carrera de ~s** corrida de revezamento **2.** MIL troca *f*

relieve [rre'ljeβe] *m* **1.** ARTE, GEO relevo *m;* **en alto/bajo ~** em alto-/baixo-relevo **2.** (*renombre*) reputação *f;* **de ~** de reputação; **poner de ~** pôr em relevo

religión [rreli'xjon] *f* religião *f*

religiosidad [rrelixjosi'ðað] *f* religiosidade *f*

religioso, -a [rreli'xjoso, -a] *adj, m, f* religioso, -a *m, f*

relinchar [rrelin'tʃar] *vi* relinchar

relincho [rre'lintʃo] *m* relincho *m*

reliquia [rre'likja] *f* relíquia *f*

rellano [rre'ʎano] *m* patamar *m*

rellenar [rreʎe'nar] *vt* **1.** (*llenar*) encher; **~ algo de/con algo** encher algo de/com a. c. **2.** (*volver a llenar*) reencher **3.** (*completar*) preencher

relleno [rre'ʎeno] *m* recheio *m;* **de ~** *inf* de recheio

relleno, -a [rre'ʎeno, -a] *adj* **1.** GASTR recheado, -a **2.** *inf* (*gordo*) gorducho, -a

reloj [rre'lox] *m* relógio *m;* **~ de arena** ampulheta *f;* **~ de cuco** cuco *m;* **~ despertador** despertador *m;* **~ de pared** relógio de parede; **~ de pulsera** relógio de pulso; **~ de sol** relógio de sol; **ser un ~** *inf* ser um relógio

relojero, -a [rrelo'xero, -a] *m, f* relojoeiro, -a *m, f*

reluciente [rrelu'θjente] *adj* reluzente

relucir [rrelu'θir] *irr como* lucir *vi* reluzir; **sacar algo a ~** trazer a. c. à tona; **salir a ~** trazer à tona

relumbrar [rrelum'brar] *vi* reluzir

remachar [rrema'tʃar] *vt* **1.** (*golpear*) martelar **2.** (*subrayar*) realçar

remanente [rrema'nente] *m* saldo *m*

remangar [rreman'ɣar] <g→gu> I. *vt* arremangar; **~ la camisa** arremangar a camisa II. *vr:* ~ **se** arremangar-se

remanso [rre'manso] *m* remanso *m;* ~ **de paz** remanso de paz

remar [rre'mar] *vi* remar

rematado, -a [rrema'taðo, -a] *adj* arrematado, -a

rematar [rrema'tar] I. *vt* **1.** (*persona, animal*) rematar **2.** (*concluir*) finalizar **3.** DEP arrematar II. *vi* DEP finalizar

remate [rre'mate] *m* **1.** (*conclusión*) arremate *m;* **de ~** *inf* totalmente; **estar loco de ~** *inf* estar louco de pedra **2.** (*pl*) arremate *m*

remediar [rreme'ðjar] *vt* remediar; **no me cae bien, no puedo ~lo** não gosto dele, não posso fazer nada

remedio [rreˈmeðjo] *m* remédio *m;* **sin ~** (*inútil*) irremediável; (*sin falta*) inevitável; **no tener ~** não ter remédio; **no llores, ya no tiene ~** não chore, já não há o que fazer; **no tenemos/no hay más ~ que...** não temos/não há outra saída além de...; **¡qué ~!** *inf* que remédio!; **ser peor el ~ que la enfermedad** *inf* ser a emenda pior que o soneto

remedo [rreˈmeðo] *m* arremedo *m*

remendar [rremenˈdar] <e→ie> *vt* remendar

remesa [rreˈmesa] *f* remessa *f*

remiendo [rreˈmjendo] *m* remendo *m*

remilgado, -a [rremilˈɣaðo, -a] *adj* afetado, -a

remilgo [rreˈmilɣo] *m* cerimônia *f;* **hacer ~s** fazer cerimônia

reminiscencia [rreminisˈθenθja] *f* reminiscência *f;* **la ópera tiene ~s wagnerianas** a ópera tem reminiscências wagnerianas

remiso, -a [rreˈmiso, -a] *adj* resistente; **mostrarse ~ a hacer algo** mostrar-se resistente a fazer a. c.

remite [rreˈmite] *m nome e endereço do remetente*

remitente [rremiˈtente] *mf* remetente *mf*

remitir [rremiˈtir] **I.** *vt* enviar **II.** *vr:* **~se a algo** (*atenerse*) referir-se a a. c.

remo [ˈrremo] *m* remo *m;* **a ~** a remo

remodelación [rremoðelaˈθjon] *f* remodelação *f*

remodelar [rremoðeˈlar] *vt* remodelar

remojar [rremoˈxar] *vt* molhar

remojo [reˈmoxo] *m* molho *m;* **poner en ~** pôr de molho

remolacha [rremoˈlatʃa] *f* beterraba *f*

remolcador [rremolkaˈðor] *m* rebocador *m*

remolcar [rremolˈkar] <c→qu> *vt* rebocar

remolino [rremoˈlino] *m* **1.** (*movimiento*) remoinho *m;* **~ de viento** furacão *m* **2.** (*de pelo*) redemoinho *m* **3.** (*de gente*) multidão *f*

remolón, -ona [rremoˈlon, -ona] *m, f inf* **hacerse el ~** fazer corpo mole

remolque [rreˈmolke] *m* reboque *m;* **hacer algo a ~** *fig* fazer a. c. a contragosto; **llevar algo a ~** rebocar a. c.

remontar [rremonˈtar] **I.** *vt* **1.** (*superar*) vencer **2.** (*subir*) subir **II.** *vr:* **~se 1.** (*ave*) remontar-se **2.** (*gastos*) **~se a los mil dólares** montar aos mil dólares **3.** (*pertenecer, retroceder*) **~se al pasado** remontar-se ao passado

remorder [rremorˈðer] <o→ue> *vt* remoer; **le remuerde la conciencia** a consciência lhe remoe

remordimiento [rremorðiˈmjento] *m* remorso *m;* **tener ~s** (**de conciencia**) **por algo** sentir remorso por a. c.

remoto, -a [rreˈmoto, -a] *adj* remoto, -a; **en tiempos ~s** em tempos remotos; **no tengo ni la más remota idea** não tenho a menor ideia

remover [rremoˈβer] <o→ue> *vt* **1.** (*mover*) revolver **2.** (*agitar*) mexer; (*activar*) remexer

remozar [rremoˈθar] <z→c> *vt* remoçar

remuneración [rremuneraˈθjon] *f* remuneração *f*

remunerar [rremuneˈrar] *vt* remunerar

renacentista [rrenaθenˈtista] *adj, mf* renascentista *mf*

renacer [rrenaˈθer] *irr como crecer vi* renascer

renacimiento [rrenaθiˈmjento] *m* **1.** ARTE, LIT **el Renacimiento** o Renascimento *m* **2.** (*regeneración*) renascimento *m*

renacuajo [rrenaˈkwaxo] *m* **1.** (*rana*) girino *m* **2.** *inf* (*niño*) pirralho, -a *m, f*

renal [rreˈnal] *adj* renal

rencilla [rrenˈθiʎa] *f* desavença *f*

rencor [rrenˈkor] *m* rancor *m;* **guardar ~ a alguien** guardar rancor de alguém

rencoroso, -a [rrenkoˈroso, -a] **I.** *adj* rancoroso, -a **II.** *m, f* pessoa *f* rancorosa

rendición [rrendiˈθjon] *f* rendição *f*

rendido, -a [rrenˈdiðo, -a] *adj* (*cansado, sumiso*) rendido, -a; **cayó ~ ante su belleza** rendeu-se frente a sua beleza

rendija [rrenˈdixa] *f* fresta *f*

rendimiento [rrendiˈmjento] *m* rendimento *m*

rendir [rrenˈdir] *irr como pedir* **I.** *vt* **1.** (*en general*) render; **la inversión ha rendido mucho** a aplicação rendeu muito **2.** (*cansar*) render **II.** *vr:* **~se 1.** (*entregarse*) render-se; **~se a las razones de alguien** render-se às razões de alguém **2.** (*cansarse*) **~se de cansancio** render-se ao cansaço

renegado, -a [rreneˈɣaðo, -a] *adj, m, f* renegado, -a *m, f*

renegar [rreneˈɣar] *irr como fregar* **I.** *vi*

renegar; ~ **de algo** renegar a. c. **II.** *vt* renegar

renegociación [rreneɣoθja'θjon] *f* renegociação *f*

renegociar [rreneɣo'θjar] *vt* renegociar

RENFE ['rremfe] *f abr de* **Red Nacional de Ferrocarriles Españoles** Companhia *f* Estatal Ferroviária Espanhola

renglón [rreŋ'glon] *m* linha *f*; **a ~ seguido** em seguida

reno ['rreno] *m* rena *f*

renombrado, -a [rrenom'braðo, -a] *adj* renomado, -a

renombre [rre'nombre] *m* renome *m*; **de ~** de renome

renovable [rreno'βaβle] *adj* renovável

renovación [rrenoβa'θjon] *f* renovação *f*

renovar [rreno'βar] <o→ue> *vt* renovar

renta ['rrenta] *f* 1.(*beneficio*) renda *f*; **~ per cápita** COM renda per capita 2.(*alquiler*) aluguel *m*

rentabilidad [rrentaβili'ðaᵈ] *f* rentabilidade *f*

rentable [rren'taβle] *adj* rentável

rentar [rren'tar] *vt* 1.(*beneficio*) render 2. *Méx* (*alquilar*) alugar

renuencia [rre'nwenθja] *f* resistência *f*

renuncia [rre'nunθja] *f* renúncia *f*

renunciar [rrenun'θjar] *vi* 1.(*desistir*) ~ **a algo** renunciar a a. c.; ~ **a un cargo** renunciar a um cargo; ~ **al tabaco** abandonar o fumo; ~ **al trono** renunciar ao trono 2.(*rechazar*) ~ **a algo** rejeitar a. c.

reñido, -a [rre'niðo, -a] *adj* 1.(*enojado*) **estoy ~ con él** estou brigado com ele 2.(*encarnizado*) obstinado, -a 3.(*incompatible*) **estar ~ con algo** não combinar com a. c.

reñir [rre'nir] *irr como ceñir* **I.** *vi* (*discutir*) brigar; ~ **con alguien** brigar com alguém **II.** *vt* repreender

reo, -a ['rreo, -a] *m, f* réu, ré *m, f*

reojo [rre'oxo] *m* **mirar de ~** olhar de soslaio

reorganización [rreorɣaniθa'θjon] *f* reorganização *f*

reorganizar [rreorɣani'θar] <z→c> *vt* reorganizar

reparación [rrepara'θjon] *f* 1.(*arreglo*) conserto *m* 2.(*indemnización*) reparação *f*

reparar [rrepa'rar] **I.** *vt* 1.(*arreglar*) consertar 2.(*indemnizar*) reparar **II.** *vi* ~ **en** reparar em; **no ~ en sacrificios/gastos** não poupar sacrifícios/gastos

reparo [rre'paro] *m* 1.(*dificultad*) problema *m;* **sin ~ alguno** sem problema algum; **me da ~ decírselo** tenho receio de dizer isso a ele 2.(*objeción*) objeção *f;* **sin ~** sem objeção; **no andar con ~s** não ter objeções; **poner ~s a algo** fazer objeção a a. c.

repartición [rreparti'θjon] *f* repartição *f*

repartidor(a) [rreparti'ðor(a)] *m(f)* distribuidor(a) *m(f)*

repartir [rrepar'tir] *vt* distribuir

reparto [rre'parto] *m* 1.(*distribución*) distribuição *f* 2. CINE, TEAT elenco *m*

repasar [rrepa'sar] *vt* 1.(*ropa*) recoser 2.(*texto, lección*) repassar 3.(*cuenta, lista*) conferir

repaso [rre'paso] *m* (*revisión*) revisão *f*; **dar un ~ a algo** revisar a. c.; **dar un ~ a alguien** *inf* dar uma dura em alguém

repatriación [rrepatrja'θjon] *f* repatriação *f*

repatriar [rrepa'trjar] *vt* repatriar

repelente [rrepe'lente] *adj* 1.(*sustancia*) repelente 2. *inf* (*repugnante*) repugnante

repeler [rrepe'ler] *vt* 1.(*rechazar*) repelir 2.(*repugnar*) repugnar

repente [rre'pente] *m* **de ~** de repente

repentino, -a [rrepen'tino, -a] *adj* repentino, -a

repercusión [rreperku'sjon] *f* repercussão *f*; **tener gran ~** ter grande repercussão

repercutir [rreperku'tir] *vi* 1.(*efecto*) ~ **en algo** repercutir em a. c. 2.(*eco*) ecoar

repertorio [rreper'torjo] *m* repertório *m*

repesca [rre'peska] *f* repescagem *f*

repetición [rrepeti'θjon] *f* repetição *f*

repetido, -a [rrepe'tiðo, -a] *adj* repetido, -a

repetidor [rrepeti'ðor] *m* TEL repetidora *f*

repetir [rrepe'tir] *irr como pedir* **I.** *vi* 1.(*volver a hacer*) repetir 2.(*comida*) **los ajos repiten mucho** o alho causa muito arroto **II.** *vt* repetir; ~ **curso** repetir curso **III.** *vr:* ~ **se** repetir-se

repetitivo, -a [rrepeti'tiβo, -a] *adj* repetitivo, -a

repicar [rrepi'kar] <c→qu> *vi, vt* repicar

repipi [rre'pipi] *adj, m inf* pedante *mf*

repique [rre'pike] *m* repique *m*

repiquetear [rrepikete'ar] *vi* repicar
repiqueteo [rrepike'teo] *m* repique *m*
repisa [rre'pisa] *f* consolo *m*
replantar [rreplan'tar] *vt* replantar
replanteamiento [rreplantea'mjento] *f* reconsideração *f*
replantear [rreplante'ar] *vt* reconsiderar
replegar [rreple'γar] *irr como fregar* I. *vt* retirar II. *vr:* ~ **se** isolar-se
repleto, -a [rre'pleto, -a] *adj* repleto, -a; ~ **de algo** repleto de a. c.
réplica ['rreplika] *f* réplica *f*
replicar [rrepli'kar] <c→qu> *vi, vt* replicar
repliegue [rre'pljeγe] *m* retirada *f*
repoblación [rrepoβla'θjon] *f* repovoamento *m;* ~ **forestal** reflorestamento *m*
repoblar [rrepo'βlar] <o→ue> *vt* repovoar
repollo [rre'poʎo] *m* repolho *m*
reponer [rrepo'ner] *irr como poner* I. *vt* 1. (*reemplazar*) repor 2. (*responder*) replicar II. *vr:* ~ **se** recompor-se
reportaje [rrepor'taxe] *m* reportagem *f;* ~ **gráfico** reportagem fotográfica
reportero, -a [rrepor'tero, -a] *m, f* repórter *mf;* ~ **gráfico** repórter gráfico
reposacabezas [rreposaka'βeθas] *m inv* apoio *m* de cabeça
reposado, -a [rrepo'saðo, -a] *adj* sossegado, -a
reposapiés [rreposa'pjes] *m inv* apoio *m* de pés
reposar [rrepo'sar] *vi* repousar; **aquí reposan los restos mortales de...** aqui repousam os restos mortais de...
reposición [rreposi'θjon] *f* reposição *f*
reposo [rre'poso] *m* repouso *m;* **en** ~ em repouso
repostar [rrepos'tar] *vi, vt* reabastecer
repostería [rreposte'ria] *f* confeitaria *f*
repostero, -a [rrepos'tero, -a] *m, f* confeiteiro, -a *m, f*
reprender [rrepren'der] *vt* repreender; ~ **algo a alguien** repreender a. c. em alguém
reprensible [rrepren'siβle] *adj* repreensível
represa [rre'presa] *f* represa *f*
represalia [rrepre'salja] *f* represália *f*
representación [rrepresenta'θjon] *f* representação *f;* **en** ~ **de** em nome de
representante [rrepresen'tante] *mf* 1. (*comercial*) representante *mf* 2. (*de actor, deportista*) empresário, -a *m, f*

representar [rrepresen'tar] *vt* representar; **representa ser más joven** aparenta ser mais jovem
representatividad [rrepresentatiβi'ðað] *f* representatividade *f*
representativo, -a [rrepresenta'tiβo, -a] *adj* representativo, -a
represión [rrepre'sjon] *f* repressão *f*
represivo, -a [rrepre'siβo, -a] *adj* repressivo, -a
reprimenda [rrepri'menda] *f* reprimenda *f*
reprimido, -a [rrepri'miðo, -a] *adj* reprimido, -a
reprimir [rrepri'mir] I. *vt* reprimir II. *vr:* ~ **se** reprimir-se; ~ **se de hacer algo** reprimir-se em [*ou* a] fazer a. c.
reprobable [rrepro'βaβle] *adj* reprovável
reprobación [rreproβa'θjon] *f* reprovação *f*
reprobar [rrepro'βar] <o→ue> *vt* reprovar
réprobo, -a ['rreproβo, -a] *adj, m, f* réprobo, -a *m, f*
reprochar [rrepro'tʃar] I. *vt* censurar II. *vr:* ~ **se** censurar-se
reproche [rre'protʃe] *m* censura *f;* **hacer** ~ **s a alguien** (**por algo**) censurar alguém (por a. c.)
reproducción [rreproðuk'θjon] *f* reprodução *f*
reproducir [rreproðu'θir] *irr como traducir* I. *vt* reproduzir II. *vr:* ~ **se** reproduzir-se
reproductor(a) [rreproðuk'tor(a)] *adj* reprodutor(a)
reptar [rrep'tar] *vi* rastejar
reptil [rrep'til] *m* réptil *m*
república [rre'puβlika] *f* república *f;* **República Checa** República Tcheca; **República Dominicana** República Dominicana
republicano, -a [rrepuβli'kano, -a] *adj, m, f* republicano, -a *m, f*
repudiar [rrepu'ðjar] *vt* repudiar
repudio [rre'puðjo] *m* repúdio *m*
repuesto [rre'pwesto] *m* (*pieza*) peça *f* de reposição
repuesto, -a [rre'pwesto, -a] *pp de* **reponer**
repugnancia [rrepuγ'nanθja] *f* repugnância *f;* **me dan** ~ **las cucarachas** as baratas me dão nojo
repugnante [rrepuγ'nante] *adj* repugnante

repugnar [rrepuɣ'nar] *vi* repugnar; **me repugnan las cucarachas** as baratas me causam nojo

repujar [rrepu'xar] *vt* lavrar

repulsa [rre'pulsa] *f*, **repulsión** [rrepul'sjon] *f* repulsa *f*

repulsivo, -a [rrepul'siβo, -a] *adj* repulsivo, -a

reputación [rreputa'θjon] *f* reputação *f*; **tener buena/mala** ~ ter boa/má reputação

reputado, -a [rrepu'taðo, -a] *adj* reputado, -a

requemado, -a [rreke'maðo, -a] *adj* queimado, -a

requerimiento [rrekeri'mjento] *m* pedido *m*; **a ~ de...** a pedido de...

requerir [rreke'rir] *irr como sentir vt* **1.**(*necesitar*) requerer **2.**(*intimar*) intimar; **~ a alguien que** +*subj* requerer a alguém que +*subj*

requesón [rreke'son] *m* requeijão *m*

réquiem ['rrekjen] *m* réquiem *m*

requisa [rre'kisa] *f* (*inspección*) vistoria *f*

requisar [rreki'sar] *vt* vistoriar

requisito [rreki'sito] *m* requisito *m*; **ser ~ indispensable** ser requisito indispensável

res [rres] *f* rês *f*

resabio [rre'saβjo] *m* **1.**(*sabor*) ranço *m* **2.**(*costumbre*) vício *m*

resaca [rre'saka] *f* ressaca *f*

resaltar [rresal'tar] *vi, vt* ressaltar

resarcir [rresar'θir] <c→z> **I.** *vt* **1.**(*compensar*) **~ a alguien de algo** ressarcir alguém de a. c. **2.**(*reparar*) ressarcir **II.** *vr:* **~se de algo** ressarcir-se de a. c.

resbalar [rresβa'lar] **I.** *vi* escorregar **II.** *vr:* **~se** escorregar

resbalón [rresβa'lon] *m* escorregão *m*; **dar un ~** dar um escorregão

rescatar [rreska'tar] *vt* resgatar

rescate [rres'kate] *m* resgate *m*

rescindir [rresθin'dir] *vt* rescindir

rescisión [rresθi'sjon] *f* rescisão *f*

rescoldo [rres'koldo] *m* rescaldo *m*

resecar [rrese'kar] <c→qu> *vt* ressecar

reseco, -a [rre'seko, -a] *adj* ressecado, -a

resentido, -a [rresen'tiðo, -a] *adj, m, f* ressentido, -a *m, f*

resentimiento [rresenti'mjento] *m* ressentimento *m*

resentirse [rresen'tirse] *irr como sentir vr* **1.**(*ofenderse*) **~ por algo** ressentir-se de a. c. **2.**(*sentir dolor*) **~ de algo** sentir a. c.

reseña [rre'seɲa] *f* resenha *f*

reseñar [rrese'ɲar] *vt* resenhar

reserva [rre'serβa] **I.** *f* reserva *f*; **~ nacional** parque *m* nacional; **pasar a la ~** MIL passar para a reserva; **tener algo en ~** guardar a. c.; **aceptó sin ~s** aceitou sem reservas **II.** *mf* DEP reserva *mf*

reservado [rreser'βaðo] *m* (*habitación*) reservado *m*

reservado, -a [rreser'βaðo, -a] *adj* reservado, -a

reservar [rreser'βar] *vt* reservar; **~ un asiento** reservar um lugar

resfriado [rresfri'aðo] *m* resfriado *m*

resfriarse [rresfri'arse] <*3. pres:* se resfría> *vr* resfriar-se

resguardar [rresɣwar'ðar] **I.** *vt* resguardar **II.** *vr:* **~se de algo** resguardar-se de a. c.

resguardo [rres'ɣwarðo] *m* **1.**(*protección*) abrigo *m*; **al ~ del viento** ao abrigo do vento **2.**(*recibo*) recibo *m*

residencia [rresi'ðenθja] *f* residência *f*; **~ de ancianos** asilo *m* de idosos; **~ de estudiantes** república *f*; **~ habitual** residência habitual; **cambiar de ~** mudar de residência

residencial [rresiðen'θjal] *adj* residencial

residente [rresi'ðente] *adj, mf* residente *mf*

residir [rresi'ðir] *vi* **1.**(*habitar*) residir **2.**(*radicar*) **~ en** residir em

residual [rresiðu'al] *adj* residual

residuo [rre'siðwo] *m* resíduo *m*

resignación [rresiɣna'θjon] *f* resignação *f*

resignarse [rresiɣ'narse] *vr* resignar-se; **~ a algo** resignar-se a a. c.

resina [rre'sina] *f* resina *f*

resistencia [rresis'tenθja] *f* resistência *f*; **oponer ~** opor resistência

resistente [rresis'tente] *adj* resistente

resistir [rresis'tir] **I.** *vi* **1.**(*oponer resistencia*) resistir **2.**(*aguantar*) suportar; **¡no lo resisto más!** não o suporto mais! **II.** *vt* **1.**(*oponer resistencia*) resistir **2.**(*aguantar*) suportar; **no puedo ~ a esta persona** não posso suportar esta pessoa; **¡no resisto más!** não suporto mais! **III.** *vr:* **~se** resistir; **~se a algo** resistir a a. c.

resollar [rreso'ʎar] *vi* ofegar
resolución [rresolu'θjon] *f* **1.**(*en general*) resolução *f* **2.**(*judicial*) decisão *f* judicial
resoluto, -a [rreso'luto, -a] *adj* resoluto, -a
resolver [rresol'βer] *irr como* volver **I.** *vt* **1.**(*en general*) resolver **2.**(*decidir*) decidir **II.** *vr*: **~se 1.**(*solucionarse*) resolver-se **2.**(*decidirse*) decidir-se; **~se a hacer algo** decidir-se a fazer a. c.
resonancia [rreso'nanθja] *f* ressonância *f*; **tener ~** (*suceso*) ter repercussão
resonante [rreso'nante] *adj* ressoante
resonar [rreso'nar] <o→ue> *vi* ressoar
resoplar [rreso'plar] *vi* bufar; **~ de rabia** bufar de raiva
resorte [rre'sorte] *m* **1.**(*muelle*) mola *f* **2.** *fig* (*medio*) meio *m*; **tocar todos los ~s** tentar todos os meios
respaldar [rrespal'dar] **I.** *vt* sustentar **II.** *vr*: **~se** (*apoyarse*) encostar-se
respaldo [rres'paldo] *m* **1.**(*de un asiento*) encosto *m* **2.**(*apoyo*) apoio *m*
respectivo, -a [rrespek'tiβo, -a] *adj* respectivo, -a
respecto [rres'pekto] *m* **al ~**, **a este ~** e este respeito; **con ~ a** [*o* **de**] com respeito a
respetable [rrespe'taβle] **I.** *adj* respeitável **II.** *m* **el ~** *inf* o espectador
respetar [rrespe'tar] *vt* respeitar; **hacerse ~** fazer-se respeitar
respeto [rres'peto] *m* respeito *m*; **faltar al ~ a alguien** faltar ao respeito com alguém; **ofrecer los ~s a alguien** dar lembranças a alguém
respetuoso, -a [rrespetu'oso, -a] *adj* respeitoso, -a; **ser ~ con algo** ser respeitoso com a. c.
respingo [rres'piŋgo] *m* **dar un ~** dar um pulo
respingón, -ona [rrespiŋ'gon, -ona] *adj* arrebitado, -a
respiración [rrespira'θjon] *f* respiração *f*; **~ artificial** respiração artificial; **~ asistida** respiração assistida; **~ boca a boca** respiração boca a boca; **sin ~** *inf* (*asombrado*) sem fôlego
respirar [rrespi'rar] **I.** *vi* respirar; **sin ~** *fig* sem parar; **mi jefe no me deja ni ~** *inf* meu chefe não me deixa nem respirar **II.** *vt* respirar
respiratorio, -a [rrespira'torjo, -a] *adj* respiratório, -a

respiro [rres'piro] *m* **1.**(*pausa*) respiro *m* **2.**(*alivio*) alívio *m*
resplandecer [rresplande'θer] *irr como* crecer *vi* resplandecer; **~ de felicidad** estar radiante de felicidade
resplandeciente [rresplande'θjente] *adj* resplandecente
resplandor [rresplan'dor] *m* resplendor *m*
responder [rrespon'der] **I.** *vi* responder; **~ de algo** responder por a. c.; **~ por alguien** responder por alguém; **el perro responde al nombre de...** o cachorro responde pelo nome de... **II.** *vt* responder
respondón, -ona [rrespon'don, -ona] *adj inf* respondão, -ona
responsabilidad [rresponsaβili'ðað] *f* responsabilidade *f*; **un cargo de ~** um cargo de responsabilidade
responsabilizar [rresponsaβili'θar] <z→c> **I.** *vt* responsabilizar; **~ a alguien de algo** responsabilizar alguém por a. c. **II.** *vr*: **~se de algo** responsabilizar-se por a. c.
responsable [rrespon'saβle] **I.** *adj* responsável; **~ de algo** responsável por a. c.; **hacerse ~ de algo** assumir a responsabilidade de a. c. **II.** *mf* responsável *mf*
respuesta [rres'pwesta] *f* resposta *f*; **en ~ a su carta del...** em resposta a sua carta do...
resquebrajamiento [rreskeβraxa'mjento] *m* rachadura *f*
resquebrajar [rreskeβra'xar] **I.** *vt* rachar **II.** *vr*: **~se** rachar-se
resquemor [rreske'mor] *m* ressentimento *m*
resquicio [rres'kiθjo] *m* fresta *f*
resta ['rresta] *f* subtração *f*
restablecer [rrestaβle'θer] *irr como* crecer **I.** *vt* restabelecer **II.** *vr*: **~se** restabelecer-se; **~se de algo** restabelecer-se de a. c.
restablecimiento [rrestaβleθi'mjento] *m* restabelecimento *m*
restallar [rresta'ʎar] *vi* estalar; **hacer ~ el látigo** estalar o chicote
restante [rres'tante] *adj* restante; **cantidad ~** quantidade restante
restar [rres'tar] **I.** *vi* restar **II.** *vt* subtrair
restauración [rrestaura'θjon] *f* restauração *f*
restaurador(a) [rrestaura'ðor(a)] *m(f)* restaurador(a) *m(f)*

restaurante [rrestau̯'rante] *m* restaurante *m*

restaurar [rrestau̯'rar] *vt* restaurar

restitución [rrestitu'θjon] *f* restituição *f*

restituir [rrestitu'ir] *irr como huir vt* restituir

resto ['rresto] *m* resto *m;* ~ **s mortales** restos mortais

restregar [rrestre'ɣar] *irr como fregar* I. *vt* esfregar II. *vr:* ~ **se** esfregar; ~ **se los ojos** esfregar os olhos

restricción [rrestrik'θjon] *f* restrição *f*

restrictivo, -a [rrestrik'tiβo, -a] *adj* restritivo, -a

restringir [rrestriɲ'xir] <g→j> *vt* restringir

resucitar [rresuθi'tar] *vi, vt* ressuscitar

resuello [rre'sweʎo] *m* fôlego *m;* **sin** ~ sem fôlego

resuelto, -a [rre'swelto, -a] I. *pp de* **resolver** II. *adj* resolvido, -a; **estar** ~ **a algo** estar decidido a a. c.

resultado [rresul'taðo] *m* resultado *m;* **dar (buen)** ~ dar (bom) resultado; **dar mal** ~ dar mau resultado

resultar [rresul'tar] *vi* 1.(*surgir*) ~ **de algo** resultar de a. c. 2.(*dar como resultado*) ~ **un éxito/un fracaso** resultar um sucesso/um fracasso; ~ **herido/muerto** acabar ferido/morto; **su plan no resultó** seu plano não deu resultado 3.(*ser*) ser; **resulta demasiado pequeño** é muito pequeno

resumen [rre'sumen] *m* resumo *m;* **en** ~ em resumo

resumir [rresu'mir] I. *vt* resumir II. *vr* ~ **se en** resumir-se em

resurgimiento [rresurxi'mjento] *m* ressurgimento *m*

resurgir [rresur'xir] <g→j> *vi* ressurgir

resurrección [rresurreɣ'θjon] *f* ressurreição *f*

retablo [rre'taβlo] *m* retábulo *m*

retaguardia [rretaɣ'warðja] *f* retaguarda *f;* **a** ~ **de** atrás de

retahíla [rreta'ila] *f* sequência *f*

retal [rre'tal] *m* retalho *m*

retar [rre'tar] *vt* desafiar

retardar [rretar'ðar] *vt* retardar

retardo [rre'tarðo] *m* atraso *m*

retazo [rre'taθo] *m* 1.(*retal*) retalho *m* 2.(*fragmento*) fragmento *m*

retén [rre'ten] *m* (*de soldados, bomberos*) reserva *f*

retener [rrete'ner] *irr como tener vt* reter

reticencia [rreti'θenθja] *f* reticência *f*

reticente [rreti'θente] *adj* reticente; **ser** ~ **a algo** ser reticente com a. c.

retina [rre'tina] *f* retina *f*

retintín [rretin'tin] *m* 1.(*tonillo*) ironia *f* 2.(*son*) retintim *m*

retirada [rreti'raða] *f* retirada *f*

retirado, -a [rreti'raðo, -a] *adj* 1.(*lejos*) retirado, -a 2.(*jubilado*) aposentado, -a

retirar [rreti'rar] I. *vt* 1.(*en general*) retirar 2.(*jubilar*) aposentar II. *vr:* ~ **se** 1.(*en general*) retirar-se 2.(*jubilarse*) aposentar-se

retiro [rre'tiro] *m* 1.(*pensión*) aposentadoria *f* 2.(*refugio*) retiro *m*

reto ['rreto] *m* desafio *m*

retocar [rreto'kar] <c→qu> *vt* retocar

retomar [rreto'mar] *vt* retomar

retoño [rre'toɲo] *m* 1.(*vástago*) broto *m* 2.(*niño*) rebento *m*

retoque [rre'toke] *m* retoque *m*

retorcer [rretor'θer] *irr como cocer* I. *vt* torcer II. *vr:* ~ **se** retorcer-se; ~ **se de dolor** retorcer-se de dor

retorcido, -a [rretor'θiðo, -a] *adj* 1.(*complicado*) retorcido, -a 2.(*maligno*) mal-intencionado, -a

retórica [rre'torika] *f* retórica *f*

retórico, -a [rre'toriko, -a] *adj* retórico, -a

retornable [rretor'naβle] *adj* retornável; **botella (no)** ~ garrafa (não) retornável

retornar [rretor'nar] I. *vi* retornar II. *vt* devolver

retorno [rre'torno] *m* retorno *m*

retortijón [rretorti'xon] *m* (*dolor*) cólica *f*; **tener un** ~ **de estómago** ter uma cólica estomacal

retozar [rreto'θar] <z→c> *vi* brincar

retozón, -ona [rreto'θon, -ona] *adj* brincalhão, -ona

retracción [rretraɣ'θjon] *f* retração *f*

retractarse [rretrak'tarse] *vr* retratar-se; ~ **de algo** retratar-se de a. c.

retraer [rretra'er] *irr como traer* I. *vt* retrair II. *vr:* ~ **se** retrair-se

retraído, -a [rretra'iðo, -a] *adj* retraído, -a

retraimiento [rretrai̯'mjento] *m* retraimento *m*

retransmisión [rretrans'mi'sjon] *f* retransmissão *f*

retransmitir [rretransmi'tir] *vt* retransmitir

retrasado, -a [rretra'saðo, -a] *adj*

1. (*región*) atrasado, -a **2.** MED retardado, -a; ~ **mental** retardado mental

retrasar [rretra'sar] I. *vt* **1.** (*demorar*) retardar **2.** (*reloj*) atrasar II. *vi* atrasar III. *vr:* ~ **se** atrasar-se

retraso [rre'traso] *m* **1.** (*demora*) atraso *m* **2.** (*mental*) retardamento *m*

retratar [rretra'tar] I. *vt* retratar II. *vr:* ~ **se** retratar-se

retrato [rre'trato] *m* retrato *m;* **ser el vivo ~ de alguien** *inf* ser o retrato vivo de alguém

retrato-robot [rre'trato-rro'βot] <retratos-robot> *m* retrato *m* falado

retreta [rre'treta] *f* retreta *f*

retrete [rre'trete] *m* latrina *f*

retribución [rretriβu'θjon] *f* retribuição *f*

retribuir [retriβu'ir] *irr como* huir *vt* retribuir

retroactividad [rretroaktiβi'ðað] *f* retroatividade *f*

retroactivo, -a [rretroak'tiβo, -a] *adj* retroativo, -a

retroceder [rretroθe'ðer] *vi* retroceder

retroceso [rretro'θeso] *m* retrocesso *m*

retrógrado, -a [rre'troɣrado, -a] *adj, m, f pey* retrógrado, -a *m, f*

retropropulsión [rretropropul'sjon] *f* retropropulsão *f*

retropropulsor [rretropropul'sor] *m* retrofoguete *m*

retrospectiva [rretrospek'tiβa] *f* retrospectiva *f*

retrospectivo, -a [rretrospek'tiβo, -a] *adj* retrospectivo, -a

retrovisor [rretroβi'sor] *m* retrovisor *m;* ~ **interior/exterior** retrovisor interno/externo

retumbar [rretum'bar] *vi* retumbar

reuma ['rreuma] *m o f* reumatismo *m*

reumático, -a [rreu'matiko, -a] *adj, m, f* reumático, -a *m, f*

reumatismo [rreuma'tismo] *m* reumatismo *m*

reunificación [rreunifika'θjon] *f* reunificação *f*

reunificar [rreunifi'kar] <c→qu> *vt* reunificar

reunión [rreu'njon] *f* reunião *f*

reunir [rreu'nir] *irr* I. *vt* reunir II. *vr:* ~ **se** reunir-se

revalidar [rreβali'ðar] *vt* revalidar

revalorización [rreβaloriθa'θjon] *f* revalorização *f*

revancha [rre'βantʃa] *f* revanche *f;* **tomarse la ~** ir à revanche

revanchismo [reβan'tʃismo] *m* revanchismo *m*

revelación [rreβela'θjon] *f* revelação *f*

revelado [rreβe'laðo] *m* revelação *f*

revelar [rreβe'lar] I. *vt* revelar II. *vr:* ~ **se** revelar-se; ~ **se como algo** revelar-se como a. c.

reventa [rre'βenta] *f* revenda *f*

reventado, -a [rreβen'taðo, -a] *adj inf* arrebentado, -a

reventar [rreβen'tar] <e→ie> I. *vi* arrebentar; ~ **de risa/alegría** *inf* explodir de rir/de alegria; ~ **por hacer algo** *inf* morrer de vontade de fazer a. c. II. *vt* arrebentar III. *vr:* ~ **se** arrebentar-se

reventón [rreβen'ton] *m* estouro *m;* **tener un ~** ter um pneu furado

reverberación [rreβerβera'θjon] *f* reverberação *f*

reverberar [rreβerβe'rar] *vi* reverberar

reverencia [rreβe'renθja] *f* reverência *f*

reverenciar [rreβeren'θjar] *vt* reverenciar

reverendo, -a [rreβe'rendo, -a] *adj* reverendo, -a

reverente [rreβe'rente] *adj* reverente

reversible [rreβer'siβle] *adj* reversível

reverso [rre'βerso] *m* reverso *m*

revertir [rreβer'tir] *irr como* sentir *vi* reverter; **revirtió en mi beneficio** reverteu em meu benefício

revés [rre'βes] *m* **1.** (*reverso*) revés *m;* **al/del ~** (*dentro para fuera*) no/do avesso; (*con lo de arriba abajo*) de ponta cabeça **2.** (*golpe, infortunio*) revés *m* **3.** DEP revés *m*

revestimiento [rreβesti'mjento] *m* revestimento *m*

revestir [rreβes'tir] *irr como* pedir I. *vt* **1.** (*recubrir*) revestir; ~ **algo con/de algo** revestir algo com/de a. c. **2.** (*tener*) ~ **importancia** ser importante II. *vr:* ~ **se con/de algo** revestir-se com/de a. c.

revisar [rreβi'sar] *vt* revisar

revisión [rreβi'sjon] *f* revisão *f;* ~ **médica** exame médico

revisor(a) [rreβi'sor(a)] *m(f)* revisor(a) *m(f)*

revista [rre'βista] *f* **1.** PREN revista *f;* ~ **del corazón** revista de fofoca **2.** (*inspección*) revista *f;* **pasar ~ a las tropas** passar as tropas em revista **3.** (*espectáculo*) teatro *m* de revista

revistero [rreβis'tero] *m* porta-revistas *m inv*

revivir [rreβi'βir] *vi, vt* reviver

revocación [rreβoka'θjon] *f* revogação *f*

revocar [rreβo'kar] <c→qu> *vt* revogar

revolcarse [rreβol'karse] *irr como volcar vr* revolver-se; **~ en** [*o* **por**] algo obstinar-se em a. c.

revolotear [rreβolote'ar] *vi* revolutear

revoltijo [rreβol'tixo] *m inf* confusão *f*

revoltoso, -a [rreβol'toso, -a] *adj* travesso, -a

revolución [rreβolu'θjon] *f* revolução *f*

revolucionar [rreβoluθjo'nar] *vt* revolucionar

revolucionario, -a [rreβoluθjo'narjo, -a] *adj, m, f* revolucionário, -a *m, f*

revolver [rreβol'βer] *irr como volver* **I.** *vt* **1.** (*mezclar, desordenar*) misturar **2.** (*soliviantar*) instigar **II.** *vr:* **~ se 1.** (*moverse*) revirar-se; **se me revuelve el estómago** me revira o estômago **2.** (*el tiempo*) ficar instável

revólver [rre'βolβer] *m* revólver *m*

revuelo [rre'βwelo] *m* rebuliço *m*

revuelta [rre'βwelta] *f* (*rebelión*) revolta *f*

revuelto, -a [rre'βwelto, -a] **I.** *pp de* **revolver** **II.** *adj* **1.** (*desordenado*) revirado, -a **2.** (*tiempo*) instável **3.** (*huevos*) mexido, -a

rey [rrei̯] *m* rei *m;* **los Reyes Magos** os Reis Magos

reyerta [rre'ʝerta] *f* briga *f*

rezagado, -a [rreθa'ɣaðo, -a] *m, f* retardatário, -a *m, f*

rezagarse [rreθa'ɣarse] <g→gu> *vr* ficar para trás

rezar [rre'θar] <z→c> **I.** *vt* rezar **II.** *vi* **1.** (*decir*) dizer **2.** (*orar*) rezar; **~ a alguien** rezar para alguém

rezo ['rreθo] *m* reza *f*

rezongar [rreθoŋ'gar] <g→gu> *vi* resmungar

rezumar [rreθu'mar] *vi* ressumar

ría ['rria] *f* ria *f*

riachuelo [rrja'tʃwelo] *m* riacho *m*

riada [rri'aða] *f* inundação *f*

ribera [rri'βera] *f* ribeira *f*

ribereño, -a [rriβe'reɲo, -a] *adj* ribeirinho, -a

ribete [rri'βete] *m* debrum *m*

ribetear [rriβete'ar] *vt* debruar

ricino [rri'θino] *m* rícino *m*

rico, -a ['rriko, -a] **I.** *adj* **1.** (*acaudalado, abundante*) rico, -a **2.** (*sabroso*) gostoso, -a **3.** (*simpático*) gracioso, -a **II.** *m, f* **1.** (*rico*) rico, -a *m, f;* **nuevo ~** novo-rico *m* **2.** *inf* (*apelativo*) querido, -a *m, f*

ridiculez [rriðiku'leθ] *f* **1.** (*lo ridículo*) ridicularia *f* **2.** (*nadería*) ninharia *f*

ridiculizar [rriðikuli'θar] <z→c> *vt* ridicularizar

ridículo [rri'ðikulo] *m* ridículo *m;* **hacer el ~** bancar o ridículo; **poner** [*o* **dejar**] **en ~ a alguien** ridicularizar alguém; **ponerse** [*o* **quedar**] **en ~** expor-se ao ridículo

ridículo, -a [rri'ðikulo, -a] *adj* ridículo, -a

riego ['rrjeɣo] *m* irrigação *f*

riel [rrjel] *m* trilho *m*

rienda ['rrjenda] *f* **1.** (*correa*) rédea *f;* **a ~ suelta** à rédea solta; **dar ~ suelta a alguien** dar rédeas largas a alguém **2.** *pl* (*gobierno*) rédeas *fpl;* **llevar las ~ s** tomar as rédeas

riesgo ['rrjesɣo] *m* risco *m;* **a todo ~** com cobertura total; **a ~ de** com risco de; **correr (el) ~ de** correr o risco de

rifa ['rrifa] *f* rifa *f*

rifar [rri'far] *vt* rifar

rifle ['rrifle] *m* rifle *m*

rigidez [rrixi'ðeθ] *f* (*de material, de persona*) rigidez *f*

rígido, -a ['rrixiðo, -a] *adj* (*material, persona*) rígido, -a

rigor [rri'ɣor] *m* rigor *m;* **de ~** de costume; **en ~** a rigor

riguroso, -a [rriɣu'roso, -a] *adj* rigoroso, -a

rima ['rrima] *f* rima *f*

rimar [rri'mar] *vi* rimar

rimbombante [rrimbom'bante] *adj inf* espalhafatoso, -a

rímel® ['rrimel] *m* rímel *m*

Rin [rrin] *m* Reno *m*

rincón [rriŋ'kon] *m* **1.** (*esquina*) canto *m* **2.** (*lugar*) rincão *m*

rinconera [rriŋko'nera] *f* cantoneira *f*

rinoceronte [rrinoθe'ronte] *m* rinoceronte *m*

riña ['rriɲa] *f* briga *f*

riñón [rri'ɲon] *m* **1.** ANAT rim *m;* **costar un ~** *inf* custar os tubos **2.** *pl* (*parte de la espalda*) rins *mpl*

riñonera [rriɲo'nera] *f* (*bolsa*) pochete *f*

río ['rrio] *m* rio *m;* **Río de la Plata** Rio da Prata; **~ abajo/arriba** rio abaixo/acima; **pescar en ~ revuelto** *fig* tirar proveito da situação; **cuando el ~**

suena, algo lleva *prov* onde há fumaça há fogo *prov*

rioja [rri'oxa] *m* vinho tinto ou branco originário da região de La Rioja

riojano, -a [rrio'xano, -a] *adj, m, f* relativo à região de La Rioja ou que é seu natural ou habitante

rioplatense [rriopla'tense] *adj, mf* platino, -a *m, f*

riqueza [rri'keθa] *f* riqueza *f*

risa [rri'sa] *f* risada *f*; **una película de** ~ um filme cômico; **un precio de** ~ *inf* um preço ridículo; **mondarse** [*o* partirse] **de** ~ *inf* morrer de rir; **tomar algo a** ~ levar a. c. na brincadeira; **¡qué** ~**!** que piada!

risco ['rrisko] *m* penhasco *m*

risotada [rriso'taða] *f* gargalhada *f*

ristra ['rristra] *f* réstia *f*

risueño, -a [rri'sweɲo, -a] *adj* risonho, -a

rítmico, -a ['rriðmiko, -a] *adj* rítmico, -a

ritmo ['rriðmo] *m* ritmo *m*

rito ['rrito] *m* **1.** (*costumbre*) ritual *m* **2.** REL rito *m*

ritual [rritu'al] *adj, m* ritual *m*

rival [rri'βal] *adj, mf* rival *mf*

rivalidad [rriβali'ðað] *f* rivalidade *f*

rivalizar [rriβali'θar] <z→c> *vi* rivalizar; ~ **con alguien por algo** rivalizar com alguém por a. c.; ~ **en algo** rivalizar em a. c.

rizado, -a [rri'θaðo, -a] *adj* cacheado, -a

rizador [rriθa'ðor] *m* ~ **eléctrico** aparelho elétrico usado para fazer cachos nos cabelos

rizar [rri'θar] <z→c> I. *vt* cachear II. *vr:* ~**se** tornar-se cacheado

rizo ['rriθo] *m* **1.** (*en pelo*) cacho *m*; **rizar el** ~ *inf* complicar demais as coisas **2.** (*acrobacia aérea*) parafuso *m*

RNE ['rraðjo naθjo'nal de (e)s'paɲa] *f abr de* **Radio Nacional de España** *Estação de Rádio Pública Espanhola*

robar [rro'βar] *vt* roubar; **esto roba mucho tiempo** isto rouba muito tempo

roble ['rroβle] *m* carvalho *m*; **estar como un** ~ *inf* ser forte como um touro

robo ['rroβo] *m* roubo *m*; **ser un** ~ *fig* ser um roubo; **¿20 euros? ¡qué** ~**!** 20 euros? que roubo!

robot [rro'βot] <robots> *m* robô *m*; ~ **de cocina** processador *m* de alimentos

robótica [rro'βotika] *f* robótica *f*

robustecer [rroβuste'θer] *irr como crecer* I. *vt* robustecer II. *vr:* ~**se** robustecer-se

robusto, -a [rro'βusto, -a] *adj* robusto, -a

roca ['rroka] *f* rocha *f*

rocambolesco, -a [rrokambo'lesko, -a] *adj inf* rocambolesco, -a

roce ['rroθe] *m* **1.** (*fricción*) atrito *m* **2.** (*señal*) risco *m* **3.** (*discusión*) desavença *f*; **tener un** ~ **con alguien** ter uma desavença com alguém

rociar [rroθi'ar] <3. pres: rocía> I. *vt* rociar II. *vimpers* orvalhar

rocín [rro'θin] *m* rocim *m*

rocío [rro'θio] *m* orvalho *m*

rock [rrok] *m* rock *m*; ~ **and roll** rock *m*

rockero, -a [rro'kero, -a] *adj, m, f* roqueiro, -a *m, f*

rockódromo [rro'koðromo] *m* MÚS *lugar ao ar livre onde se realizam concertos, principalmente de rock*

rococó [rroko'ko] *adj, m* rococó *m*

rocódromo [rro'koðromo] *m* DEP *construção artificial para a prática de escalada esportiva*

rocoso, -a [rro'koso, -a] *adj* rochoso, -a

rodado, -a [rro'ðaðo, -a] *adj* **tráfico** ~ tráfego de veículos sobre rodas

rodaja [rro'ðaxa] *f* rodela *f*

rodaje [rro'ðaxe] *m* **1.** (*de película*) filmagem *f* **2.** (*de coche*) amaciamento *m*; **en** ~ em amaciamento

rodapié [rroða'pje] *m* (*zócalo*) rodapé *m*

rodar [rro'ðar] <o→ue> I. *vi* rolar; ~ **por el suelo** rolar pelo chão II. *vt* rodar

rodear [rroðe'ar] I. *vi* rodear; ~ **por algo** rodear por a. c. II. *vt* rodear; ~ **a alguien de algo** rodear alguém de a. c. III. *vr:* ~**se de algo/alguien** rodear-se de a. c./alguém

rodeo [rro'ðeo] *m* rodeio *m*; **dar un** ~ dar uma volta; **hablar sin** ~**s** falar sem rodeios; **¡no** (**te**) **andes con** [*o* **déjate de**] ~**s!** deixe de rodeios!

rodilla [rro'ðiʎa] *f* joelho *m*; **de** ~**s** de joelhos; **ponerse de** ~**s** pôr-se de joelhos

rodillera [rroði'ʎera] *f* **1.** (*protección*) joelheira *f* **2.** (*remiendo*) remendo *m*

rodillo [rro'ðiʎo] *m* rolo *m*

roedor [rroe'ðor] *m* ZOOL roedor *m*

roer [rro'er] *irr vt* **1.** (*ratonear*) ~ **algo** roer a. c. **2.** (*concomer*) **las preocupaciones me roen el alma** as preocupações me corroem a alma

rogar [rro'γar] <o→ue> *vt* rogar; **hacerse (de)** ~ fazer-se de rogado
rojizo, -a [rro'xiθo, -a] *adj* avermelhado, -a
rojo ['rroxo] *m* vermelho *m*
rojo, -a ['rroxo, -a] *adj* vermelho, -a; **al** ~ **(vivo)** em brasa; *fig* corado, -a; **poner** ~ **a alguien** deixar alguém vermelho; **ponerse** ~ ficar vermelho
rol [rrol] *m* (*papel*) papel *m;* **desempeñar un** ~ desempenhar um papel
rollizo, -a [rro'λiθo, -a] *adj* roliço, -a
rollo ['rroλo] *m* **1.** (*de papel, alambre, película*) rolo *m* **2.** *inf* (*aburrimiento*) chatice *f;* **¡qué** ~ **de película!** que chatice de filme! **3.** *inf* (*discurso*) enrolação *f;* **¡corta el** ~**!** corta o barato!; **soltar siempre el mismo** ~ vir sempre com a mesma história **4.** *inf* (*mentira*) lorota *f* **5.** *inf* (*relación amorosa*) rolo *m;* **tener un** ~ **con alguien** ter um caso com alguém
Roma ['rroma] *f* Roma *f*
romance [rro'manθe] **I.** *adj* românico, -a **II.** *m* romance *m*
romancero [rroman'θero] *m* romanceiro *m*
románico [rro'maniko] *m* românico *m*
románico, -a [rro'maniko, -a] *adj* românico, -a
romano, -a [rro'mano, -a] *adj, m, f* romano, -a *m, f*
romanticismo [rromanti'θismo] *m* romantismo *m*
romántico, -a [rro'mantiko, -a] *adj* romântico, -a
rombo ['rrombo] *m* losango *m*
romería [rrome'ria] *f* romaria *f*
romero [rro'mero] *m* alecrim *m*
romero, -a [rro'mero, -a] *adj, m, f* romeiro, -a *m, f*
romo, -a ['rromo, -a] *adj* rombudo, -a
rompecabezas [rrompeka'βeθas] *m inv* quebra-cabeça *m*
rompehielos [rrompe'jelos] *m inv* quebra-gelos *m inv*
rompeolas [rrompe'olas] *m inv* quebra-mar *m*
romper [rrom'per] **I.** *vi* **1.** (*olas*) quebrar **2.** (*empezar*) começar; ~ **a llorar** começar a chorar **3.** (*día*) romper; **al** ~ **el día** ao romper do dia **4.** (*separarse*) romper; ~ **con alguien** romper com alguém **II.** *vt* **1.** (*destrozar, quebrar*) quebrar **2.** (*negociaciones, relaciones, contrato*) romper; ~ **el silencio** romper o silêncio **III.** *vr:* ~**se** quebrar; ~**se la cabeza** *fig* quebrar a cabeça; ~**se la pierna** quebrar a perna
rompimiento [rrompi'mjento] *m* rompimento *m*
ron [rron] *m* rum *m*
roncar [rron'kar] <c→qu> *vi* roncar
roncha ['rrontʃa] *f* erupção *f*
ronco, -a ['rronko, -a] *adj* rouco, -a
ronda ['rronda] *f* **1.** (*de vigilancia, patrulla*) ronda *f* **2.** (*de naipes, bebidas*) rodada *f;* **pagar una** ~ pagar uma rodada
rondar [rron'dar] *vi, vt* rondar
ronquido [rron'kiðo] *m* ronco *m*
ronronear [rronrrone'ar] *vi* ronronar
roña ['rroɲa] *f* **1.** *inf* (*mugre*) sujeira *f* **2.** *inf* (*tacañería*) pão-durismo *m* **3.** (*sarna*) sarna *f*
roñica [rro'ɲika] *adj, mf inf* pão-duro, -a *m, f*
roñoso, -a [rro'ɲoso, -a] **I.** *adj* **1.** *inf* (*tacaño*) pão-duro, -a **2.** *inf* (*sucio*) encardido, -a **3.** (*sarnoso*) sarnento, -a **II.** *m, f inf* (*tacaño*) pão-duro, -a *m, f*
ropa ['rropa] *f* roupa *f;* ~ **blanca** roupa branca; ~ **de cama** roupa de cama; ~ **de color** roupa de cor; ~ **interior** roupa de baixo
ropaje [rro'paxe] *m* roupagem *f*
ropero [rro'pero] *m* roupeiro *m*
roque ['rroke] *adj inf* (*dormido*) adormecido, -a; **estar/quedarse** ~ pegar no sono
roquero, -a [rro'kero, -a] *adj, m, f* roqueiro, -a *m, f*
rosa ['rrosa] **I.** *adj* rosa **II.** *f* rosa *f;* ~ **de los vientos** rosa dos ventos; **ver todo de color de** ~ ver tudo cor-de-rosa **III.** *m* rosa *m*
rosáceo, -a [rro'saθeo, -a] *adj* rosáceo, -a
rosado [rro'saðo] *m* (*vino*) rosado *m*
rosado, -a [ro'saðo, -a] *adj* rosado, -a
rosal [rro'sal] *m* roseira *f*
rosaleda [rrosa'leða] *f* roseiral *m*
rosario [rro'sarjo] *m* rosário *m;* **rezar el** ~ rezar o rosário; **acabar como el** ~ **de la aurora** *inf* acabar mal
rosca ['rroska] *f* **1.** TÉC rosca *f;* **hacer la** ~ **a alguien** *inf* puxar o saco de alguém; **pasarse de** ~ *inf* extrapolar **2.** (*bollo, torta*) rosca *f;* **no comerse una** ~ *inf* não conseguir nada
roscón [rros'kon] *m* rosca *f*
rosetón [rrose'ton] *m* rosácea *f*

rosquilla [rros'kiʎa] *f* rosquinha *f*
rostro ['rrostro] *m* **1.** (*cara*) rosto *m* **2.** *inf* (*morro*) cara de pau *f;* **tener mucho ~** ter muita cara de pau; **tiene un ~ que se lo pisa** tem uma cara de pau incrível
rotación [rrota'θjon] *f* rotação *f*
rotativa [rrota'tiβa] *f* máquina *f* rotativa
rotativo [rrota'tiβo] *m* jornal *m*
rotativo, -a [rrota'tiβo, -a] *adj* rotativo, -a
rotatorio, -a [rrota'torjo, -a] *adj* rotatório, -a
roto ['rroto] *m* rasgão *m*
roto, -a ['rroto, -a] **I.** *pp de* **romper II.** *adj* **1.** (*despedazado*) quebrado, -a **2.** *inf* (*agotado*) quebrado, -a, cansado, -a
rotonda [rro'tonda] *f* (*glorieta*) rotunda *f*
rótula ['rrotula] *f* rótula *f*
rotulador [rrotula'ðor] *m* marca-texto *m*
rotular [rrotu'lar] *vt* rotular
rótulo [rro'tulo] *m* rótulo *m*
rotundidad [rrotundi'ðað] *f* firmeza *f*
rotundo, -a [rro'tundo, -a] *adj* firme
rotura [rro'tura] *f* ruptura *f*
roturar [rrotu'rar] *vt* arar
rozadura [rroθa'ðura] *f* esfoladura *f*
rozamiento [rroθa'mjento] *m* atrito *m*
rozar [rro'θar] <z→c> **I.** *vi* roçar; **~ con algo** roçar com **II.** *vt* beirar; **~ la ridiculez** beirar o ridículo **III.** *vr:* **~se 1.** (*restregarse*) desgastar **2.** (*relacionarse*) relacionar-se
rte. [rremi'tente] *abr de* **remitente** rem.
RTVE [erreteuβe'e] *f abr de* **Radio Televisión Española** *Rádio e Televisão Públicas Espanholas*
rubeola [rruβe'ola] *f,* **rubéola** [rru'βeola] *f* rubéola *f*
rubí [rru'βi] *m* rubi *m*
rubio, -a ['rruβjo, -a] **I.** *adj* (*persona, pelo*) loiro, -a; **~ platino** loiro platinado **II.** *m, f* loiro, -a *m, f*
rubor [rru'βor] *m* rubor *m*
ruborizar [rruβori'θar] <z→c> **I.** *vt* ruborizar **II.** *vr:* **~se** ruborizar-se
ruboroso, -a [rruβo'roso, -a] *adj* ruborizado, -a
rúbrica ['rruβrika] *f* rubrica *f*
rubricar [rruβri'kar] <c→qu> *vt* **1.** (*firmar*) rubricar **2.** (*sellar*) confirmar
rudeza [rru'ðeθa] *f* rudeza *f*
rudimentario, -a [rruðimen'tarjo, -a] *adj* rudimentar
rudo, -a ['rruðo, -a] *adj* rude
rueda ['rrweða] *f* roda *f;* **~ de molino** mó *f* de moinho; **~ de prensa** entrevista *f* coletiva; **~ de repuesto** estepe *m;* **marchar sobre ~s** *inf* ir de vento em popa
ruedo ['rrweðo] *m* arena *f*
ruego ['rrweɣo] *m* rogo *m*
rufián [rru'fjan] *m* rufião *m*
rugby ['rruʸβi] *m* rúgbi *m*
rugido [rru'xiðo] *m* rugido *m*
rugir [rru'xir] <g→j> *vi* rugir
rugosidad [rruɣosi'ðað] *f* rugosidade *f*
rugoso, -a [rru'ɣoso, -a] *adj* rugoso, -a
ruido ['rrwiðo] *m* ruído *m;* **~ de fondo** ruído de fundo; **hacer ~** fazer ruído; **mucho ~ y pocas nueces** *inf* muito barulho por nada
ruidoso, -a [rrwi'ðoso, -a] *adj* barulhento
ruin [rrwin] *adj* ruim
ruina ['rrwina] *f* ruína *f;* **una casa en ~s** uma casa em ruínas; **este hombre está hecho una ~** este homem está feito um trapo; **estar en la ~** ECON estar falido; **ir a la ~** ECON ir à falência
ruinoso, -a [rrwi'noso, -a] *adj* **1.** (*edificios*) ruinoso, -a **2.** ECON desastroso, -a
ruiseñor [rrwise'ɲor] *m* rouxinol *m*
ruleta [rru'leta] *f* roleta *f;* **~ rusa** roleta-russa *f*
rulo ['rrulo] *m* cacho *m*
rulot [rru'lot] *f* trailer *m*
Rumania [rru'manja] *f,* **Rumanía** [rruma'nia] *f* Romênia *f*
rumano [rru'mano] *m* romeno *m*
rumano, -a [rru'mano, -a] *adj, m, f* romeno, -a *m, f*
rumba ['rrumba] *f* rumba *f*
rumbo ['rrumbo] *m* rumo *m;* **caminar sin ~ fijo** caminhar sem rumo certo; **ir con ~ a** ir rumo a; **perder el ~** perder o rumo; **tomar otro ~** *fig* tomar outro rumo
rumboso, -a [rrum'boso, -a] *adj* generoso, -a
rumiante [rru'mjante] *m* ruminante *m*
rumiar [rru'mjar] *vt* **1.** (*vacas*) ruminar **2.** *inf* (*cavilar*) ruminar
rumor [rru'mor] *m* rumor *m;* **corren ~es de que...** correm rumores de que...
rumorearse [rrumore'arse] *vr* rumorejar; **se rumorea que...** corre o boato de que...

runrún [rrun'rrun] *m inf* zunzum *m*
rupestre [rru'pestre] *adj* (*pinturas, dibujos*) rupestre
rupia ['rrupja] *f* rupia *f*
ruptura [rrup'tura] *f* ruptura *f*
rural [rru'ral] *adj* rural
Rusia ['rrusja] *f* Rússia *f*
ruso ['rruso] *m* russo *m*
ruso, -a ['rruso, -a] *adj, m, f* russo, -a *m, f*
rústico, -a ['rrustiko, -a] **I.** *adj* rústico, -a; **en rústica** TIPO brochado, -a **II.** *m, f* rústico, -a *m, f*
ruta ['rruta] *f* rota *f*
rutina [rru'tina] *f* rotina *f*
rutinario, -a [rruti'narjo, -a] *adj* rotineiro, -a

S

S, s ['ese] *f* S, s *m*
S. [san] *abr de* **San** S.
S.A. ['ese'a] **1.** *abr de* **Sociedad Anónima** S.A. **2.** *abr de* **Su Alteza** Sua Alteza
sábado ['saβaðo] *m* sábado *m;* **Sábado Santo** Sábado Santo; *v.t.* **lunes**
sabana [sa'βana] *f* savana *f*
sábana ['saβana] *f* lençol *m;* ~ **bajera** lençol de baixo; ~ **encimera** lençol de cima; **la ~ santa** o santo sudário; **se me han pegado las ~s** *inf* dormi mais que a cama
sabandija [saβaɲ'dixa] *f* **1.** (*insecto*) bicho *m* **2.** *pey* (*persona*) verme *m*
sabañón [saβa'ɲon] *m* frieira *f*
sabelotodo [saβelo'toðo] *mf inv, inf* sabe-tudo *mf inv*
saber [sa'βer] *irr* **I.** *vt* saber; **sabe ruso** sabe russo; **¿se puede ~ por qué...?** pode-se saber por que...?; **sin ~ lo yo** sem eu saber; **para que lo sepas** para sua informação; **¡y qué sé yo!** e sei lá o quê mais!; **lo supe por mi hermano** soube pelo meu irmão **II.** *vi* saber; ~ **bien/mal** saber bem/mal; **me supo mal aquella respuesta** aquela resposta não me agradou; ~ **de algo** saber de a. c.; **que yo sepa** que eu saiba; **vete tú a ~** vai saber **III.** *vr:* ~ **se** saber; ~ **se algo muy bien** saber a. c. muito bem **IV.** *m* saber *m*
sabiduría [saβiðu'ria] *f* sabedoria *f*
sabiendas [sa'βjeɲdas] **a ~** com conhecimento de causa
sabio, -a ['saβjo, -a] *adj, m, f* sábio, -a *m, f*
sable ['saβle] *m* sabre *m*
sabor [sa'βor] *m* sabor *m;* **tiene (un) ~ a...** tem (um) sabor de...; **dejar mal ~ de boca** deixar um gosto amargo
saborear [saβore'ar] *vt* saborear
sabotaje [saβo'taxe] *m* sabotagem *f*
saboteador(a) [saβotea'ðor(a)] *m(f)* sabotador(a) *m(f)*
sabotear [saβote'ar] *vt* sabotar
sabroso, -a [sa'βroso, -a] *adj* saboroso, -a
sabueso [sa'βweso] *m* sabujo *m*
saca ['saka] *f* saca *f*
sacacorchos [saka'kortʃos] *m inv* saca-rolhas *m inv*
sacapuntas [saka'puɲtas] *m inv* apontador *m*
sacar [sa'kar] <c→qu> **I.** *vt* **1.** (*de un sitio*) tirar; ~ **a alguien a bailar** tirar alguém para dançar; **¿de dónde lo has sacado?** de onde você tirou isso? **2.** (*de una situación*) tirar; ~ **buenas notas** ENS tirar boas notas; ~ **a alguien de un apuro** tirar alguém de um aperto; ~ **adelante algo/a alguien** levar adiante a. c./alguém **3.** (*solucionar*) solucionar **4.** (*premio*) ganhar; ~ **en claro** perceber claramente **5.** (*entrada*) comprar; (*dinero*) sacar; (*fotografía, fotocopia*) tirar **6.** (*producto*) apresentar; ~ **a la venta** pôr à venda **II.** *vi* (*en tenis*) sacar; (*en fútbol*) chutar **III.** *vr:* ~ **se** tirar
sacarina [saka'rina] *f* sacarina *f*
sacerdocio [saθer'ðoθjo] *m* sacerdócio *m*
sacerdotal [saθerðo'tal] *adj* sacerdotal
sacerdote [saθer'ðote] *m* sacerdote *m*
saciar [sa'θjar] **I.** *vt* saciar **II.** *vr:* ~ **se** saciar-se
saciedad [saθje'ðað] *f* saciedade *f;* **hasta la ~** até à saciedade
saco ['sako] *m* **1.** (*bolsa*) sacola *f;* ~ **de dormir** saco *m* de dormir; ~ **terrero** saco *m* de areia **2.** *AmL* (*prenda*) paletó *m*
sacramental [sakramen'tal] *adj* sacramental
sacramento [sakra'mento] *m* sacra-

mento *m*
sacrificar [sakrifi'kar] <c→qu> I. *vt* sacrificar II. *vr:* ~ **se** sacrificar-se; ~ **se por alguien** sacrificar-se por alguém
sacrificio [sakri'fiθjo] *m* sacrifício *m*
sacrilegio [sakri'lexjo] *m* sacrilégio *m*
sacrílego, -a [sa'krileɣo, -a] *adj* sacrílego, -a
sacristán [sakris'tan] *m* sacristão *m*
sacristía [sakris'tia] *f* sacristia *f*
sacro, -a ['sakro, -a] *adj* sacro, -a; **hueso** ~ ANAT osso sacro
sacudida [saku'ðiða] *f* sacudida *f*; ~ **eléctrica** choque *m* elétrico; ~ **sísmica** abalo *m* sísmico
sacudir [saku'ðir] I. *vt* 1. (*agitar*) sacudir 2. *inf* (*pegar*) bater II. *vr:* ~**se a alguien** livrar-se de alguém; **sacúdete el jersey** sacode o casaco
sádico, -a ['saðiko, -a] *adj, m, f* sádico, -a *m, f*
sadismo [sa'ðismo] *m* sadismo *m*
sadomasoquismo [saðomaso'kismo] *m* sadomasoquismo *m*
sadomasoquista [saðomaso'kista] *adj, mf* sadomasoquista *mf*
saeta [sa'eta] *f* 1. (*flecha*) seta *f* 2. (*manecilla*) ponteiro *m* 3. MÚS cântico espanhol das procissões da Semana Santa
safari [sa'fari] *m* safári *m;* ~ **fotográfico** safári fotográfico
saga ['saɣa] *f* saga *f*
sagacidad [saɣaθi'ðað] *f* sagacidade *f*
sagaz [sa'ɣaθ] *adj* sagaz
Sagitario [saxi'tarjo] *m* Sagitário *m;* **ser** ~ ser (de) Sagitário
sagrado, -a [sa'ɣraðo, -a] *adj* sagrado, -a
Sáhara ['saxara] *m* **el** ~ o Saara
sahariano, -a [saxa'rjano, -a] *adj* saariano, -a
sajón, -ona [sa'xon, -ona] I. *adj* saxônio, -a II. *m, f* saxão, saxã *m, f*
Sajonia [sa'xonja] *f* Saxônia *f*
sal [sal] *f* 1. (*condimento*) sal *m;* ~ **de cocina** sal de cozinha; ~ **común** sal comum; ~ **gema** sal gema; ~ **gorda** sal grosso; ~ **marina** sal marinho; **ser la** ~ **de la vida** ser o sal da vida 2. (*gracia*) sal *m* 3. AmL (*mala suerte*) desgraça *f*
sala ['sala] *f* 1. (*habitación*) sala *f*; ~ **de embarque** AERO sala de embarque; ~ **de espera** sala de espera; ~ **de fiestas** salão *m* de festas; ~ **de juntas** sala de reunião; ~ **de máquinas** casa *f* de máquinas 2. JUR tribunal *m*
salado, -a [sa'laðo, -a] *adj* 1. (*comida*) salgado, -a 2. (*gracioso*) engraçado, -a 3. AmL (*infortunado*) desgraçado, -a
salamandra [sala'maɳdra] *f* ZOOL salamandra *f*
salami [sa'lami] *m* salame *m*
salar [sa'lar] *vt* salgar
salarial [sala'rjal] *adj* salarial
salario [sa'larjo] *m* salário *m;* ~ **base** salário-base *m;* ~ **mínimo** salário-mínimo *m*
salchicha [sal'tʃitʃa] *f* salsicha *f*
salchichón [saltʃi'tʃon] *m* salsichão *m*
saldar [sal'dar] *vt* 1. (*cuenta, deuda*) saldar 2. (*diferencias*) ajustar 3. (*mercancía*) liquidar
saldo ['saldo] *m* 1. (*de cuenta*) saldo *m* 2. *pl* (*rebajas*) ofertas *fpl*
salero [sa'lero] *m* 1. (*objeto*) saleiro *m* 2. (*gracia*) graça *f*
saleroso, -a [sale'roso, -a] *adj* gracioso, -a
salida [sa'liða] *f* 1. (*en general*) saída *f*; ~ **de emergencia** saída de emergência; ~ **del sol** nascer *m* do sol; ~ **de tono** inconveniência *f* 2. DEP largada *f*; **dar la** ~ dar a largada 3. *inf* (*ocurrencia*) saída *f*
salido, -a [sa'liðo, -a] *adj inf* tesudo, -a *chulo*
saliente [sa'ljente] *adj* 1. (*que sobresale*) saliente 2. (*ministro, presidente*) notável
salina [sa'lina] *f* salina *f*
salinidad [salini'ðað] *f* salinidade *f*
salino, -a [sa'lino, -a] *adj* salino, -a
salir [sa'lir] *irr* I. *vi* 1. (*en general*) sair; ~ **adelante** *fig* sair na frente; ~ **con alguien** *inf* sair com alguém; ~ **de viaje** sair de viagem; ~ **ileso** sair ileso; ~ **ganando** sair ganhando; ~ **a la luz** *fig* vir à luz 2. (*parecerse*) sair; **ha salido a su padre** saiu ao pai 3. sair; **salió por 500 dólares** saiu por 500 dólares II. *vr:* ~**se** 1. (*líquido*) derramar-se; (*leche*) derramar 2. (*de una organización*) sair
salitre [sa'litre] *m* salitre *m*
saliva [sa'liβa] *f* saliva *f*; **gastar** ~ *inf* gastar saliva
salmantino, -a [salmaɳ'tino, -a] *adj* salmantino, -a
salmo ['salmo] *m* salmo *m*
salmón [sal'mon] *adj, m* salmão *m*
salmonelosis [salmone'losis] *f inv* salmonelose *f*

salmonete [salmoˈnete] *m* salmonete *m*

salmuera [salˈmwera] *f* salmoura *f*

salomónico, -a [saloˈmoniko, -a] *adj* salomônico, -a

salón [saˈlon] *m* salão *m*; ~ **de actos** auditório *m*; ~ **de belleza** salão de beleza

salpicadero [salpikaˈðero] *m* AUTO painel *m*

salpicadura [salpikaˈðura] *f* salpicadura *f*

salpicar [salpiˈkar] <c→qu> *vt* salpicar

salpicón [salpiˈkon] *m* **1.** GASTR *espécie de salada à base de carne, crustáceos ou peixe* **2.** *Col, Ecua* (*bebida*) *bebida fria feita de suco de frutas*

> **Cultura** Na **Colombia** e no **Ecuador** o **salpicón** é uma bebida refrescante com pedaços de frutas. Na Espanha, entretanto, o **salpicón** é um prato que se consome frio como entrada e é feito com fatias de carne, frios, peixe ou frutos do mar temperados com sal, pimenta, azeite, vinagre e cebola.

salsa [ˈsalsa] *f* **1.** GASTR molho *m*; ~ **bechamel** molho bechamel; ~ **mayonesa** maionese *f*; ~ **rosa** molho rosé; **encontrarse en su** ~ *inf* sentir-se em casa **2.** (*gracia*) tempero *m* **3.** MÚS salsa *f*

saltador(a) [saltaˈðor(a)] *m(f)* DEP saltador(a) *m(f)*; ~ **de altura** saltador em altura; ~ **de longitud** saltador em distância; ~ **de pértiga** saltador de vara

saltamontes [saltaˈmontes] *m inv* gafanhoto *m*

saltar [salˈtar] **I.** *vi* **1.** (*en general*) pular, saltar; ~ **por los aires** *fig* ficar furioso; ~ **de alegría** pular de alegria; ~ **a la cuerda** pular corda **2.** (*explotar*) arrebentar **3.** (*enojarse*) ofender-se **4.** (*irrumpir, desprenderse*) pular **II.** *vt* pular **III.** *vr*: ~**se 1.** (*botón, palabra*) pular **2.** (*ley, semáforo*) desrespeitar

salteador(a) [salteaˈðor(a)] *m(f)* salteador(a) *m(f)*

saltear [salteˈar] *vt* GASTR saltear

saltimbanqui [saltimˈbaŋki] *m* saltimbanco *m*

salto [ˈsalto] *m* pulo *m*, salto *m*; ~ **de agua** salto; ~ **de altura** salto em altura; ~ **de cama** (*bata*) robe *m*; ~ **de longitud** salto em distância; ~ **mortal** salto mortal; ~ **de página** salto de página; ~ **de pértiga** salto de vara; **dar un** ~ dar um pulo

saltón, -ona [salˈton, -ona] *adj* saltado, -a

salubre [saˈluβre] *adj* salubre

salud [saˈluð] **I.** *f* saúde *f*; **beber a la** ~ **de alguien** beber à saúde de alguém; **tener una** ~ **de hierro** ter uma saúde de ferro **II.** *interj* saúde

saludable [saluˈðaβle] *adj* saudável

saludar [saluˈðar] *vt* cumprimentar; **saluda a tu madre de mi parte** mande lembranças minhas a sua mãe; **le saluda atentamente su...** *form* atenciosamente...

saludo [saˈluðo] *m* cumprimento *m*; **con un cordial** ~ *form* cordiais saudações; **dale** ~**s de mi parte** mande-lhe meus cumprimentos

salva [ˈsalβa] *f* salva *f*; **una** ~ **de aplausos** uma salva de palmas

salvación [salβaˈθjon] *f t.* REL salvação *f*

salvado [salˈβaðo] *m* farelo *m*

salvador(a) [salβaˈðor(a)] *adj, m(f)* salvador(a) *m(f)*

Salvador [salβaˈðor] *m* El ~ O Salvador

> **Cultura** A república de **El Salvador** está localizada no nordeste da América Central. A capital é **San Salvador**. A língua oficial do país é o espanhol e a moeda de **El Salvador** é o **colón**. É o menor e o mais populoso país da América Central.

salvadoreño, -a [salβaðoˈreno, -a] *adj, m, f* salvadorenho, -a *m, f*

salvaguardar [salβaɣwarˈðar] *vt* salvaguardar

salvajada [salβaˈxaða] *f* selvageria *f*

salvaje [salˈβaxe] *adj, mf* selvagem *mf*

salvajismo [salβaˈxismo] *m* selvageria *f*

salvamanteles [salβamanˈteles] *m inv* descanso *m*

salvamento [salβaˈmento] *m* salvamento *m*

salvar [salˈβar] **I.** *vt t.* REL salvar **II.** *vr*: ~**se** salvar-se

salvavidas [salβaˈβiðas] *m inv* salva-vidas *m inv*

salvedad [salβeˈðað] *f* ressalva *f*; **con la**

salvia

~ **de...** com a ressalva de...; **hacer una** ~ fazer uma ressalva

salvia ['salβja] *f* salva *f*

salvo ['salβo] *prep* salvo; ~ **que** +*subj* a menos que +*subj*

salvo, -a ['salβo, -a] *adj* salvo, -a

salvoconducto [salβokon'dukto] *m* salvo-conduto *m*

samba ['samba] *f* samba *m*

sambenito [sambe'nito] *m* sambenito *m*

san [san] *adj* são

> **Gramática** San usa-se ante os nomes próprios de santos, com exceção dos que começam com do- ou to-: "San Antonio, San Francisco"; **santo** usa-se ante os nomes que começam com do- ou to-: "Santo Domingo, Santo Tomás."

sanar [sa'nar] I. *vi* sarar II. *vt* curar

sanatorio [sana'torjo] *m* sanatório *m*

sanción [san'θjon] *f* sanção *f*

sancionar [sanθjo'nar] *vt* sancionar

sandalia [san'dalja] *f* sandália *f*

sandez [san'deθ] *f* tolice *f*

sandía [san'dia] *f* melancia *f*

sandinista [sandi'nista] *adj, mf* sandinista *mf*

sándwich ['sangwitʃ] *m* sanduíche *m*

saneamiento [sanea'mjento] *m* saneamento *m*

sanear [sane'ar] *vt* sanear

Sanfermines [samfer'mines] *mpl* festa realizada em homenagem a San Fermín, na cidade de Pamplona

sangrar [san'grar] *vi, vt* sangrar

sangre ['sangre] *f* sangue *m*; ~ **azul** sangue azul; ~ **fría** sangue-frio; **a** ~ **fría** a sangue-frio; **un pura** ~ um puro sangue; **no llegará la** ~ **al río** *inf* não chegará aos extremos; **sudar** ~ *inf* suar sangue

sangría [san'gria] *f* 1. MED sangria *f* 2. TIPO indentação *f* 3. (*bebida*) sangria *f*

> **Cultura** Sangría é uma bebida composta de vinho tinto, água, açúcar, limão e laranja, normalmente servida numa **jarra de barro**.

sangriento, -a [san'grjento, -a] *adj* sangrento, -a

sanguijuela [sangi'xwela] *f* sanguessuga *f*

sanguinario, -a [sangi'narjo, -a] *adj* sanguinário, -a

sanguíneo, -a [san'gineo, -a] *adj* sanguíneo, -a

sanidad [sani'ðað] *f* sanidade *f*; **la ~ pública** a saúde pública; **ministerio de** ~ ministério da saúde

sanitario [sani'tarjo] *m* (*wáter*) vaso *m* sanitário

sanitario, -a [sani'tarjo, -a] *adj* sanitário, -a

sano, -a ['sano, -a] *adj* são, sã; ~ **y salvo** são e salvo

Santiago [san'tjaɣo] *m* ~ **de Chile** Santiago do Chile; ~ **de Compostela** Santiago de Compostela; ~ **de Cuba** Santiago de Cuba

santiaguino, -a [santja'ɣino, -a] *adj* santiaguino, -a

santiamén [santja'men] *m inf* **en un** ~ num santiâmem

santidad [santi'ðað] *f* santidade *f*

santificar [santifi'kar] <c→qu> *vt* santificar

santiguarse [santi'ɣwarse] <gu→gü> *vr* benzer-se

santo, -a ['santo, -a] I. *adj* santo, -a II. *m, f* 1. santo *m*; **día de Todos los Santos** dia de Todos os Santos; **¿a ~ de qué...?** *inf* por que motivo...?; **se le fue el ~ al cielo** *inf* perdeu o fio da meada 2. *fig* ~ **y seña** santo e senha *m*

santoral [santo'ral] *m* santoral *m*

santuario [santu'arjo] *m* santuário *m*

santurrón, -ona [santu'rron, -ona] *adj, m, f pey, inf* santarrão, santarrona *m, f*

saña ['sana] *f* sanha *f*

sapo ['sapo] *m* sapo *m*

saque ['sake] *m* saque *m*; (*en el fútbol*) chute *m*; ~ **de banda** chute de banda; ~ **de esquina** escanteio *m*; ~ **de puerta** tiro *m* de meta; **tener buen** ~ *fig* ser um bom garfo

saquear [sake'ar] *vt* saquear

saqueo [sa'keo] *m* saqueio *m*

sarampión [saram'pjon] *m* sarampo *m*

sarcasmo [sar'kasmo] *m* sarcasmo *m*

sarcástico, -a [sar'kastiko, -a] *adj* sarcástico, -a

sarcófago [sar'kofaɣo] *m* sarcófago *m*

sarcoma [sar'koma] *m* MED sarcoma *m*

sardina [sar'ðina] *f* sardinha *f*

sardónico, -a [sar'ðoniko, -a] *adj* sar-

dónico, -a
sargento [sar'xento] *m* sargento *m*
sarmiento [sar'mjento] *m* (*tallo*) sarmento *m*
sarna ['sarna] *f* MED sarna *f*
sarnoso, -a [sar'noso, -a] *adj* sarnento, -a
sarpullido [sarpu'ʎiðo] *m* MED erupção *f* cutânea
sarro ['sarro] *m* sarro *m*
SARS ['sars] *m* MED (*síndrome respiratorio agudo severo*) SARS *f*; **crisis/epidemia/virus del ~** crise/epidemia/vírus da SARS
sarta ['sarta] *f* 1.(*de perlas*) sarta *f* 2.(*de disparates*) monte *m*
sartén [sar'ten] *f* frigideira *f*; **tener la ~ por el mango** *fig*, *inf* ter a faca e o queijo na mão
sastre, -a ['sastre, -a] *m*, *f* alfaiate, -a *m*, *f*
sastrería [sastre'ria] *f* (*tienda*) alfaiataria *f*
Satanás [sata'nas] *m* Satanás *m*
satélite [sa'telite] *m* satélite *m*
sátira ['satira] *f* sátira *f*
satírico, -a [sa'tiriko, -a] *adj* satírico, -a
satirizar [satiri'θar] <z→c> *vt* satirizar
satisfacción [satisfaʸ'θjon] *f* satisfação *f*
satisfacer [satisfa'θer] *irr como hacer* I. *vt* satisfazer II. *vr:* **~se** satisfazer-se
satisfecho, -a [satis'fetʃo, -a] I. *pp de* **satisfacer** II. *adj* satisfeito, -a
saturación [satura'θjon] *f* saturação *f*
saturado, -a [satu'raðo, -a] *adj* saturado, -a
saturar [satu'rar] *vt* saturar
Saturno [sa'turno] *m* Saturno *m*
sauce ['sauθe] *m* salgueiro *m*; **~ llorón** salgueiro-chorão *m*
saudí [sau'ði] <saudíes>, **saudita** [sau'ðita] *adj*, *mf* saudita *mf*
sauna ['sauna] *f* sauna *f*
savia ['saβja] *f* seiva *f*
saxofón [saʸso'fon] *m v.* **saxófono**
saxofonista [saʸsofo'nista] *mf* saxofonista *mf*
saxófono [saʸ'sofono] *m* saxofone *m*
sazonado, -a [saθo'naðo, -a] *adj* sazonado, -a
sazonar [saθo'nar] *vt* sazonar
scanner [es'kanner] *m* escâner *m*
se [se] *pron pers* se; **~ lava los dientes** escova os dentes; **~ encontraron en el cine** se encontraram no cinema; **~ les ve felices** estão felizes; **~ aprende mucho en esta clase** se aprende muito nesta aula; **~ confirmó la sentencia** confirmou-se a sentença; **mi hermana ~ lo prestó a su amiga** minha irmã emprestou-o a sua amiga
sé [se] *1. pres de* **saber**
sebo ['seβo] *m* sebo *m*; **hacer ~** *Arg*, *inf* ensebar
seboso, -a [se'βoso, -a] *adj* seboso, -a
secador [seka'ðor] *m* secador *m*
secadora [seka'ðora] *f* secadora *f*
secano [se'kano] *m* sequeiro *m*
secar [se'kar] <c→qu> I. *vt* secar II. *vr:* **~se** secar-se
sección [seʸ'θjon] *f* seção *f*
secesión [seθe'sjon] *f* secessão *f*
secesionismo [seθesjo'nismo] *m* secessionismo *m*
seco, -a ['seko, -a] *adj* seco, -a; **a secas** e nada mais; **lavar en ~** lavar a seco; **parar en ~** parar de repente
secreción [sekre'θjon] *f* secreção *f*
secretaría [sekreta'ria] *f* secretaria *f*
secretario, -a [sekre'tarjo, -a] *m*, *f* secretário, -a *m*, *f*
secreter [sekre'ter] *m* escrivaninha *f*
secreto [se'kreto] *m* segredo *m*; **~ de confesión** segredo de confessionário; **~ profesional** segredo profissional; **~ a voces** *inf* segredo de polichinelo; **guardar un ~** guardar um segredo
secreto, -a [se'kreto, -a] *adj* secreto, -a
secta ['sekta] *f* seita *f*
sectario, -a ['sek'tarjo, -a] *adj* sectário, -a
sectarismo [sekta'rismo] *m* sectarismo *m*
sector [sekʸ'tor] *m* setor *m*; **~ primario** setor primário; **~ secundario** setor secundário; **~ terciario** [*o* **servicios**] setor terciário
secuaz [se'kwaθ] *m* pey sequaz *m*
secuela [se'kwela] *f* sequela *f*
secuencia [se'kwenθja] *f* sequência *f*
secuestrador(a) [sekwestra'ðor(a)] *m(f)* sequestrador(a) *m(f)*
secuestrar [sekwes'trar] *vt* sequestrar
secuestro [se'kwestro] *m* sequestro *m*
secular [seku'lar] *adj* secular
secularizar [sekulari'θar] <z→c> *vt* secularizar
secundar [sekun'dar] *vt* secundar
secundario, -a [sekun'darjo, -a] *adj* secundário, -a
sed [seð] *f* sede *f*; **tener ~** ter sede

seda ['seða] *f* seda *f*; **ir como la** ~ *inf* ir que é uma beleza

sedal [se'ðal] *m* sedela *f*

sedante [se'ðante] *adj*, *m* calmante *m*

sedar [se'ðar] *vt* sedar

sedativo, -a [seða'tiβo, -a] *adj* sedativo, -a

sede ['seðe] *f* sede *f*; **la Santa Sede** a Santa Sé

sedentario, -a [seðeɲ'tarjo, -a] *adj* sedentário, -a

sediento, -a [se'ðjento, -a] *adj* sedento, -a

sedimentación [seðimenta'θjon] *f* sedimentação *f*

sedimentar [seðimen'tar] I. *vt* sedimentar II. *vr:* ~ **se** sedimentar-se

sedimentario, -a [seðimen'tarjo, -a] *adj* sedimentar

sedimento [seði'mento] *m* sedimento *m*

sedoso, -a [se'ðoso, -a] *adj* sedoso, -a

seducir [seðu'θir] *irr como traducir vt* seduzir

seductor(a) [seðuk'tor(a)] *adj*, *m(f)* sedutor(a) *m(f)*

sefardí [sefar^ɣði], **sefardita** [sefar'ðita] *adj*, *mf* sefardi *mf*, sefardita *mf*

> **Cultura** Sefardí é o nome dado aos judeus descendentes dos primeiros israelitas de Portugal e da Espanha. O idioma também é chamado **sefardí** (ou **ladino**). Os **sefardíes** foram expulsos da Península Ibérica no final do século XV, instalando-se posteriormente no Norte da África e em alguns países europeus.

segadora [seɣa'ðora] *f* segadeira *f*

segar [se'ɣar] *irr como fregar vt* segar

seglar [se'ɣlar] *adj*, *mf* secular *mf*

segmentación [seɣmenta'θjon] *f* segmentação *f*

segmentar [seɣmen'tar] *vt* segmentar

segmento [seɣ'mento] *m* segmento *m*

segregación [seɣreɣa'θjon] *f* segregação *f*

segregar [seɣre'ɣar] <g→gu> *vt* segregar

seguido, -a [se'ɣiðo, -a] *adj* seguido, -a; **en seguida** em seguida; **todo** ~ sempre em frente

seguidor(a) [seɣi'ðor(a)] *m(f)* seguidor(a) *m(f)*; DEP torcedor(a) *m(f)*

seguimiento [seɣi'mjento] *m* seguimento *m*

seguir [se'ɣir] *irr* I. *vt* seguir; ~ **adelante** seguir adiante II. *vi* (*por una calle*) seguir III. *vr:* ~ **se** seguir-se

según [se'ɣun] I. *prep* segundo; ~ **eso** de acordo com isso; ~ **tus propias palabras** segundo suas próprias palavras II. *adv* 1. (*como*) segundo; ~ **lo convenido te llamo mañana** conforme combinado te ligo amanhã 2. (*eventualidad*) depende; **¿vendrás a la fiesta? –** ~ **y como** você virá à festa? – depende

segunda [se'ɣunda] *f* 1. AUTO segunda *f*; **ir en** ~ ir em segunda 2. FERRO, AERO segunda *f*; **viajar en** ~ viajar de segunda; **con** ~ **s** *fig* com segundas intenções

segundero [seɣun'dero] *m* segundeiro *m*

segundo [se'ɣundo] *m* segundo *m*

segundo, -a [se'ɣundo, -a] *adj* segundo, -a; *v.t.* **octavo**

seguramente [seɣura'mente] *adv* seguramente

seguridad [seɣuri'ðað] *f* segurança *f*; ~ **ciudadana** segurança pública; **Seguridad Social** Previdência *f* Social

seguro [se'ɣuro] I. *m* 1. (*contrato*) seguro *m*; ~ **de desempleo** seguro-desemprego *m*; ~ **médico** seguro-saúde *m*; ~ **de viaje** seguro de viagem; ~ **de vida** seguro de vida 2. (*mecanismo*) segurança *f* II. *adv* seguro

seguro, -a [se'ɣuro, -a] *adj* seguro, -a; ~ **de sí mismo** seguro de si mesmo; **¿estás** ~**?** tem certeza?; **sobre** ~ sem risco

seis [seis] *adj inv*, *m inv* seis *m inv*; *v.t.* **ocho**

seiscientos, -as [seis'θjentos, -as] *adj* seiscentos, -as

seísmo [se'ismo] *m* sismo *m*

selección [selek'θjon] *f* seleção *f*; ~ **nacional** seleção nacional; ~ **natural** seleção natural

seleccionador(a) [selekθjona'ðor(a)] *m(f)* DEP técnico, -a *m, f* da seleção

seleccionar [selekθjo'nar] *vt* selecionar

selectividad [selektiβi'ðað] *f* UNIV ≈ vestibular *m*

> **Cultura** A **selectividad** é um exame final de escola pública a que todos os alunos devem se submeter

após o término do **bachillerato** para serem admitidos numa universidade espanhola.

selectivo, -a [selek'tiβo, -a] *adj* seletivo, -a
selecto, -a [se'lekto, -a] *adj* seleto, -a
sellar [se'ʎar] *vt* selar
sello ['seʎo] *m* selo *m*
selva ['selβa] *f* selva *f*; ~ **virgen** floresta *f* virgem
selvático, -a [sel'βatiko, -a] *adj* selvático, -a
semáforo [se'maforo] *m* semáforo *m*
semana [se'mana] *f* semana *f*; **Semana Santa** Semana Santa
semanal [sema'nal] *adj* semanal
semanario [sema'narjo] *m* semanário *m*
semblante [sem'blaṇte] *m* semblante *m*
sembrar [sem'brar] <e→ie> *vt* semear
semejante [seme'xaṇte] *adj, m* semelhante *m*
semejanza [seme'xaṇθa] *f* semelhança *f*
semejar [seme'xar] I. *vi* semelhar II. *vr*: ~ **se** semelhar-se
semen ['semen] *m* sêmen *m*
semental [semeṇ'tal] *m* semental *m*
semestral [semes'tral] *adj* semestral
semestre [se'mestre] *m* semestre *m*
semiautomático, -a [semiaṳto'matiko, -a] *adj* semiautomático, -a
semicírculo [semi'θirkulo] *m* semicírculo *m*
semiconductor [semikoṇduk'tor] *m* semicondutor *m*
semiconsciente [semikoⁿs'θjeṇte] *adj* semiconsciente
semidesnatado, -a [semiðesna'taðo, -a] *adj* semidesnatado, -a
semidiós, -osa [semi'ðjos, -osa] *m, f* semideus(a) *m(f)*
semidormido, -a [semiðor'miðo, -a] *adj* meio-adormecido, -a
semifinal [semifi'nal] *f* semifinal *f*
semilla [se'miʎa] *f* semente *f*
semillero [semi'ʎero] *m* sementeira *f*
seminario [semi'narjo] *m* REL, ENS seminário *m*
seminarista [semina'rista] *mf* seminarista *mf*
sémola ['semola] *f* sêmola *f*
sempiterno, -a [sempi'terno, -a] *adj* sempiterno, -a
Sena ['sena] *m* **el** ~ o Sena
senado [se'naðo] *m* senado *m*
senador(a) [sena'ðor(a)] *m(f)* senador(a) *m(f)*
sencillez [senθi'ʎeθ] *f* simplicidade *f*
sencillo, -a [sen'θiʎo, -a] *adj* simples *inv*
senda ['seṇda] *f* senda *f*, vereda *f*
senderismo [seṇde'rismo] *m* caminhada *f*
sendero [seṇ'dero] *m v.* **senda**
sendos, -as ['seṇdos, -as] *adj* senhos, -as
senil [se'nil] *adj* senil
senilidad [senili'ðaᵈ] *f* senilidade *f*
seno ['seno] *m* **1.** ANAT seio *m*; **en el** ~ **de** *fig* no seio de **2.** MAT seno *m*
sensación [sensa'θjon] *f* sensação *f*; **causar** ~ causar sensação; **tengo la** ~ **de que....** tenho a sensação de que....
sensacional [sensaθjo'nal] *adj* sensacional
sensacionalismo [sensaθjona'lismo] *m* sensacionalismo *m*
sensacionalista [sensaθjona'lista] *adj* sensacionalista
sensatez [sensa'teθ] *f* sensatez *f*
sensato, -a [sen'sato, -a] *adj* sensato, -a
sensibilidad [sensiβili'ðaᵈ] *f* sensibilidade *f*
sensibilización [sensiβiliθa'θjon] *f* sensibilização *f*
sensibilizar [sensiβili'θar] <z→c> *vt* sensibilizar
sensible [sen'siβle] *adj* sensível
sensiblero, -a [sensi'βlero, -a] *adj* exageradamente sentimental
sensitivo, -a [sensi'tiβo, -a] *adj* sensitivo, -a
sensor [sen'sor] *m* sensor *m*
sensorial [senso'rjal] *adj* sensorial
sensual [sensu'al] *adj* sensual
sensualidad [senswali'ðaᵈ] *f* sensualidade *f*
sentada [seṇ'taða] *f* assentada *f*
sentado, -a [seṇ'taðo, -a] I. *pp de* **sentar** II. *adj* (*sensato*) assentado, -a; **dar por** ~ dar por certo
sentar [seṇ'tar] <e→ie> I. *vi* (*ropa, comida*) cair; ~ **bien/mal** (*ropa, comida*) cair bem/mal II. *vt* sentar III. *vr*: ~ **se** sentar-se; ¡**siéntese!** sente--se!
sentencia [seṇ'teṇθja] *f* sentença *f*
sentenciar [seṇteṇ'θjar] *vt* sentenciar;

~ a alguien a algo sentenciar alguém a a. c.

sentencioso, -a [senten'θjoso, -a] *adj* sentencioso, -a

sentido [sen'tiðo] *m (dirección)* sentido *m; (capacidad)* senso *m;* **~ común** senso comum; **~ del humor** senso de humor; **~ del ridículo** senso de ridículo; **~ único** sentido único; **doble ~ del reloj** no sentido dos ponteiros do relógio; **perder/recobrar el ~** perder/recobrar os sentidos; **sin ~** sem sentido

sentido, -a [sen'tiðo, -a] *adj* sentido, -a

sentimental [sentimen'tal] *adj* sentimental

sentimiento [senti'mjento] *m* sentimento *m;* **le acompaño en el ~** meus sentimentos

sentir [sen'tir] *irr* **I.** *vt* sentir; **lo siento mucho** sinto muito **II.** *vr* **~se bien/mal** sentir-se bem/mal **III.** *m* sentir *m*

seña ['sena] *f* **1.** *(gesto)* senha *f,* gesto *m;* **hablar por ~s** falar por gestos **2.** *(particularidad)* sinal *m;* **por más ~s** para ser mais específico **3.** *pl (dirección)* endereço *m*

señal [se'nal] *f* sinal *m;* **~ de alarma** sinal de alarme; **~ comunicando** TEL sinal de ocupado; **~ de la cruz** sinal da cruz *m;* **~ de ocupado** TEL sinal de ocupado; **~ de tráfico** sinal de tráfego; **en ~ de** em sinal de; **dar ~es de vida** dar sinal de vida; **ni ~** *(ni huella)* nem sinal

señalado, -a [sena'laðo, -a] *adj* assinalado, -a

señalar [sena'lar] *vt* assinalar

señalización [senaliθa'θjon] *f* sinalização *f*

señalizar [senali'θar] <z→c> *vt* sinalizar

señor(a) [se'nor(a)] **I.** *adj inf* senhor(a) **II.** *m(f)* **1.** senhor(a) *m(f);* **~a de la limpieza** senhora da limpeza; **¡~as y ~es!** senhoras e senhores!; **Muy ~ mío:** Prezado Senhor: **2.** REL **el Señor** o Senhor

señorita [seno'rita] *f* **1.** *(chica)* senhorita *f* **2.** *(profesora)* professora *f*

señorito [seno'rito] *m* jovem senhor *m*

señuelo [se'nwelo] *m t. fig* chamariz *m*

separación [separa'θjon] *f* separação *f*

separado, -a [sepa'raðo, -a] *adj* separado, -a; **por ~** em separado

separar [sepa'rar] **I.** *vt* separar **II.** *vr:* **~se** separar-se

separatismo [separa'tismo] *m* separatismo *m*

separatista [separa'tista] *adj, mf* separatista *mf*

sepia ['sepja] *f* sépia *f*

septentrional [septentrjo'nal] *adj elev* setentrional

septiembre [sep'tjembre] *m* setembro *m; v.t.* **marzo**

séptimo, -a ['septimo, -a] *adj* sétimo, -a; *v.t.* **octavo**

septuagésimo, -a [septwa'xesimo, -a] *adj* septuagésimo, -a; *v.t.* **octavo**

sepulcral [sepul'kral] *adj* sepulcral

sepulcro [se'pulkro] *m* sepulcro *m*

sepultar [sepul'tar] *vt* sepultar

sepultura [sepul'tura] *f* sepultura *f*

sepulturero, -a [sepultu'rero, -a] *m, f* coveiro, -a *m, f*

sequedad [seke'ðað] *f* secura *f*

sequía [se'kia] *f* seca *f*

séquito ['sekito] *m* séquito *m*

ser [ser] *irr* **I.** *vi* **1.** *(existir, constituir)* ser; **4 y 4 son ocho** 4 e 4 são oito; **éramos cuatro** éramos quatro; **¿quién es?** *(puerta)* quem é?; *(teléfono)* quem fala?; **soy Pepe** *(a la puerta, al teléfono)* é Pepe; **son las cuatro** são quatro **2.** *(costar)* **¿a cuánto es el pollo?** quanto é a galinha? **3.** *(convertirse en)* ser; **¿qué es de él?** como é que ele vai?; **¿qué ha sido de ella?** o que ela tem feito? **4.** *(con 'de')* **el paquete es de él** o pacote é dele; **el anillo es de plata** o anel é de prata **5.** *(con 'para')* **¿para quién es el vino?** para quem é o vinho?; **no es para ponerse así** não é para ficar assim **6.** *(con 'que')* **esto es que no lo has entendido bien** é que você não entendeu bem; **es que ahora no puedo** é que agora eu não posso **7.** *(enfático, interrogativo)* **¡esto es!** *(así se hace)* é isso mesmo!; *(correcto)* é!; **¿pero qué es esto?** mas o quê é isso?; **¡no puede ~!** não pode ser! **8.** *(en infinitivo)* **manera de ~** maneira de ser; **a no ~ que** +*subj* a não ser que +*subj* **9.** *(en indicativo, subjuntivo)* **es más** é mais; **siendo así** sendo assim; **y eso es todo** e isso é tudo **II.** *aux* ser; **las casas fueron vendidas** as casas foram vendidas; **era de esperar** era de se esperar **III.** *m* ser *m;* **~ humano** ser humano; **~ vivo** ser vivo

Serbia ['serβja] *f* Sérvia *f*

serbio, -a ['serβjo, -a] *adj, m, f* sérvio, -a

m, f
serenarse [sere'narse] *vr* 1.(*calmarse*) serenar-se 2.(*tiempo*) serenar
serenidad [sereni'ðað] *f* serenidade *f*
sereno [se'reno] *m* (*vigilante*) guarda-noturno *m*
sereno, -a [se'reno, -a] *adj* (*persona, tiempo*) sereno, -a
serial [se'rjal] *m* RADIO, TV seriado *m*
serie ['serje] *f* série *f*; **fabricar en** ~ fabricar em série; **fuera de** ~ *fig* fora de série
seriedad [serje'ðað] *f* seriedade *f*
serigrafía [seriyra'fia] *f* serigrafia *f*
serio, -a ['serjo, -a] *adj* sério, -a; **tomarse algo en** ~ levar a. c. a sério; **¿en ~?** sério?
sermón [ser'mon] *m* sermão *m*
sermonear [sermone'ar] *vi* dar sermão
seronegativo, -a [seroneɣa'tiβo, -a] *adj, m, f* soronegativo, -a *m, f*
seropositivo, -a [seroposi'tiβo, -a] *adj, m, f* soropositivo, -a *m, f*
serpentear [serpente'ar] *vi* serpentear
serpentina [serpen'tina] *f* (*de papel*) serpentina *f*
serpiente [ser'pjente] *f* serpente *f*; ~ **de cascabel** cascavel *m* ou *f*
serranía [serra'nia] *f* serrania *f*
serrano, -a [se'rrano, -a] *adj* serrano, -a
serrar [se'rrar] <e→ie> *vt* serrar
serrería [serre'ria] *f* serraria *f*
serrín [se'rrin] *m* serragem *f*
serrucho [se'rrutʃo] *m* (*sierra*) serrote *m*
servicio [ser'βiθjo] *m* 1.serviço *m*; ~ **doméstico** serviço doméstico; ~ **a domicilio** serviço a domicílio; ~ **militar** serviço militar; ~ **postventa** serviço de pós-venda; **entrada de** ~ entrada de serviço; **estar de** ~ estar de serviço; **hacer un flaco** ~ **a alguien** fazer mais mal do que bem a alguém 2.(*cubierto, retrete*) T.DEP serviço *m*
servidor [serβi'ðor] *m* INFOR servidor *m*
servidor(a) [serβi'ðor(a)] *m(f)* (*criado*) criado, -a *m, f*; **¿quién es el último?** – ~ quem é o último? – eu(, às suas ordens)
servidumbre [serβi'ðumbre] *f* 1.(*personal*) criadagem *f* 2.(*esclavitud*) escravidão *f*
servil [ser'βil] *adj* servil
servilismo [serβi'lismo] *m* servilismo *m*
servilleta [serβi'ʎeta] *f* guardanapo *m*
servilletero [serβiʎe'tero] *m* porta-guardanapo *m*
servir [ser'βir] *irr como pedir* I. *vi* servir; **¿en qué puedo** ~**le?** em que lhe posso servir? II. *vt* servir III. *vr* ~**se de algo/alguien** servir-se de a. c./alguém
servodirección [serβoðireʸ'θjon] *f* AUTO direção *f* hidráulica
servofreno [serβo'freno] *m* AUTO freio *m* hidráulico
sésamo ['sesamo] *m* gergelim *m*
sesenta [se'senta] *adj inv, m* sessenta *m; v.t.* **ochenta**
sesgo ['sesɣo] *m* (*orientación*) rumo *m;* **al** ~ ao viés
sesión [se'sjon] *f* sessão *f*; ~ **continua** CINE sessão contínua; **se abre/se levanta la** ~ abre-se/encerra-se a sessão
seso ['seso] *m* cérebro *m*; **calentarse los** ~**s** *inf* quebrar a cabeça
sesudo, -a [se'suðo, -a] *adj* 1.(*inteligente*) sagaz 2.(*sensato*) sisudo, -a
set [set] *m* <sets> set *m*
seta ['seta] *f* cogumelo *m*
setecientos, -as [sete'θjentos, -as] *adj* setecentos, -as
setenta [se'tenta] *adj, m inv* setenta *m; v.t.* **ochenta**
seto ['seto] *m* cerca *f*
seudónimo [seu'ðonimo] *m* pseudônimo *m*
Seúl [se'ul] *m* Seul *f*
severidad [seβeri'ðað] *f* severidade *f*
severo, -a [se'βero, -a] *adj* severo, -a
Sevilla [se'βiʎa] *f* Sevilha *f*
sevillana [seβi'ʎana] *f* sevilhana *f*
sevillano, -a [seβi'ʎano, -a] *adj, m, f* sevilhano, -a *m, f*
sexagésimo, -a [seʸsa'xesimo, -a] *adj* sexagésimo, -a; *v.t.* **octavo**
sexi ['seʸsi] *adj* sexy
sexismo [seʸ'sismo] *m* sexismo *m*
sexista [seʸ'sista] *adj* sexista
sexo ['seʸso] *m* sexo *m*; **el** ~ **débil/fuerte** o sexo fraco/forte; ~ **seguro** sexo seguro
sexólogo, -a [seʸ'soloɣo, -a] *m, f* sexólogo, -a *m, f*
sextante [ses'tante] *m* sextante *m*
sexteto [ses'teto] *m* sexteto *m*
sexto, -a ['sesto, -a] *adj* sexto, -a; *v.t.* **octavo**
sexual [seʸsu'al] *adj* sexual
sexualidad [seʸswali'ðað] *f* sexualidade *f*
sexy ['seʸsi] *adj* sexy
sheriff ['ʃerif] *m* xerife *m*

si [si] **I.** *conj* se; ~ **acaso** se acaso; **por** ~ **acaso** pelo sim pelo não; ~ **bien** se bem; ~ **no** se não; **¿y** ~**...?** e se...?; **como** ~ +*subj* como se +*subj*; **¡**~ **hiciera más calor!** se fizesse mais calor!; **¡pero** ~ **se está riendo!** mas ele/ela está rindo! **II.** *m* MÚS si *m*

sí [si] **I.** *adv* sim; **¡(claro) que** ~**!** claro que sim!; **creo que** ~ creio que sim; **porque** ~ (*lo digo yo*) porque sim; **volver a** ~ voltar a si **II.** *pron* si; **a** ~ **mismo** a si mesmo; **de** ~ de si; **dar de** ~ dar de si; **estar fuera de** ~ estar fora de si; **mirar por** ~ ver por si **III.** *m* sim *m;* **dar el** ~ dar o sim

siamés, -esa [sja'mes, -esa] *adj, m, f* siamês, -esa *m, f*

sibarita [siβa'rita] *adj, mf* sibarita *mf*

Siberia [si'βerja] *f* Sibéria *f*

siberiano, -a [siβe'rjano, -a] *adj, m, f* siberiano, -a *m, f*

sicario [si'karjo] *m* sicário *m*

Sicilia [si'θilja] *f* Sicília *f*

sida ['siða] *m abr de* **síndrome de inmunodeficiencia adquirida** aids *f;* **tener (el)** ~ ter aids

sidecar [siðe'kar] *m* sidecar *m*

siderurgia [siðe'rurxja] *f* siderurgia *f*

siderúrgico, -a [siðe'rurxiko, -a] *adj* siderúrgico, -a

sidra ['siðra] *f* sidra *f*

siembra ['sjembra] *f* semeadura *f*

siempre ['sjempre] *adv* sempre; **a la hora de** ~ na hora de sempre; **desde** ~ desde sempre; **¡hasta** ~**!** adeus!; **para** ~ para sempre; **por** ~ **jamás** para todo o sempre; ~ **que** +*subj* sempre que +*subj*; ~ **y cuando** +*subj* contanto que +*subj*

sien [sjen] *f* ANAT têmpora *f*

sierra ['sjerra] *f* serra *f*

siervo, -a ['sjerβo, -a] *m, f* servo, -a *m, f*

siesta ['sjesta] *f* sesta *f;* **echar** [*o* **dormir**] **la** ~ fazer a sesta

siete ['sjete] *adj inv, m* sete *m; v.t.* **ocho**

sífilis ['sifilis] *f* sífilis *f*

sifón [si'fon] *m* **1.** (*botella*) *t.* TÉC sifão *m* **2.** (*soda*) soda *f*

sigilo [si'xilo] *m* sigilo *m*

sigiloso, -a [sixi'loso, -a] *adj* sigiloso, -a

sigla ['siɣla] *f* sigla *f*

siglo ['siɣlo] *m* século *m;* **el** ~ **XXI** o século XXI; **el Siglo de Oro** o Século de Ouro; **por los** ~**s de los** ~**s** pelos séculos dos séculos

significación [siɣnifika'θjon] *f* significação *f*

significado [siɣnifi'kaðo] *m* significado *m*

significar [siɣnifi'kar] <c→qu> *vi, vt* significar

significativo, -a [siɣnifika'tiβo, -a] *adj* significativo, -a

signo ['siɣno] *m t.* MAT, LING sinal *m;* ~ **de exclamación** sinal de exclamação

siguiente [si'ɣjente] **I.** *adj* seguinte **II.** *mf* **el/la** ~ o/a seguinte

sílaba ['silaβa] *f* sílaba *f*

silbar [sil'βar] *vi, vt* assobiar

silbato [sil'βato] *m* apito *m*

silbido [sil'βiðo] *m* assobio *m*

silenciador [silenθja'ðor] *m* silenciador *m*

silenciar [silen'θjar] *vt* silenciar

silencio [si'lenθjo] *m* **1.** silêncio *m;* **en** ~ em silêncio; **guardar** ~ guardar silêncio; **romper el** ~ romper o silêncio; **¡**~**!** silêncio! **2.** MÚS pausa *f*

silencioso, -a [silen'θjoso, -a] *adj* silencioso, -a

silicio [si'liθjo] *m* silício *m*

silicona [sili'kona] *f* silicone *m*

silla ['siʎa] *f* **1.** (*asiento*) cadeira *f;* ~ **eléctrica** cadeira elétrica; ~ **giratoria** cadeira giratória; ~ **plegable** cadeira dobrável; ~ **de ruedas** cadeira de rodas **2.** (*montura*) sela *f*

sillín [si'ʎin] *m* selim *m*

sillón [si'ʎon] *m* (*butaca*) poltrona *f*

silo ['silo] *m* silo *m*

silogismo [silo'xismo] *m* silogismo *m*

silueta [si'lweta] *f* silhueta *f*

silvestre [sil'βestre] *adj* silvestre

simbólico, -a [sim'boliko, -a] *adj* simbólico, -a

simbolismo [simbo'lismo] *m* simbolismo *m*

simbolizar [simboli'θar] <z→c> *vt* simbolizar

símbolo ['simbolo] *m* símbolo *m*

simetría [sime'tria] *f* simetria *f*

simétrico, -a [si'metriko, -a] *adj* simétrico, -a

simiente [si'mjente] *f* semente *f*

símil ['simil] *m* símile *m*

similar [simi'lar] *adj* similar

similitud [simili'tuð] *f* similitude *f*

simio ['simjo] *m* símio *m*

simpatía [simpa'tia] *f* simpatia *f;* **tener** ~ **por** ter simpatia por

simpático, -a [sim'patiko, -a] *adj* simpático, -a

simpatizante [simpati'θante] *mf* simpatizante *mf*
simpatizar [simpati'θar] <z→c> *vi* simpatizar; ~ **con** simpatizar com
simple ['simple] **I.** *adj* simples *inv*; **a ~ vista** à simples vista **II.** *m* (*tenis*) simples *m inv* **III.** *mf* (*persona*) simples *mf inv*
simpleza [sim'pleθa] *f* **1.** (*bobería*) bobagem *f* **2.** (*tontería*) besteira *f*
simplicidad [simpliθi'ðað] *f* simplicidade *f*
simplificación [simplifika'θjon] *f* simplificação *f*
simplificar [simplifi'kar] <c→qu> *vt* simplificar
simplista [sim'plista] *adj* simplista
simposio [sim'posjo] *m* simpósio *m*
simulación [simula'θjon] *f* simulação *f*
simulacro [simu'lakro] *m* simulacro *m*
simulado, -a [simu'laðo, -a] *adj* simulado, -a
simulador [simula'ðor] *m* simulador *m*; ~ **de vuelo** simulador de voo
simular [simu'lar] *vt* simular
simultanear [simultane'ar] *vt* conciliar; ~ **una cosa con otra** conciliar uma coisa com outra
simultaneidad [simultanei̯'ðað] *f* simultaneidade *f*
simultáneo, -a [simul'taneo, -a] *adj* simultâneo, -a
sin [sin] *prep* sem; ~ **dormir** sem dormir; ~ **querer** sem querer; ~ **más ni más** sem mais nem menos; **estar ~ algo** estar sem a. c.
sinagoga [sina'γoγa] *f* REL sinagoga *f*
sincerarse [sinθe'rarse] *vt* ~ **con alguien** desabafar com alguém
sinceridad [sinθeri'ðað] *f* sinceridade *f*
sincero, -a [sin'θero, -a] *adj* sincero, -a
síncope ['sinkope] *m* síncope *f*
sincretismo [sinkre'tismo] *m* sincretismo *m*
sincronía [sinkro'nia] *f* sincronia *f*
sincronización [sinkroniθa'θjon] *f* sincronização *f*
sincronizar [sinkroni'θar] <z→c> *vt* sincronizar
sindical [sindi'kal] *adj* sindical
sindicalismo [sindika'lismo] *m* sindicalismo *m*
sindicalista [sindika'lista] *adj*, *mf* sindicalista *mf*
sindicato [sindi'kato] *m* sindicato *m*
síndrome ['sindrome] *m* síndrome *f*; ~ **de abstinencia** síndrome de abstinência; ~ **de burnout** [*o* **del trabajador quemado**] síndrome de burnout; ~ **de Down** síndrome de Down; ~ **de fatiga crónica** síndrome da fadiga crônica; ~ **de inmunodeficiencia adquirida** síndrome de imunodeficiência adquirida
sinfín [sim'fin] *m* **un ~ de** um sem-fim de
sinfonía [simfo'nia] *f* sinfonia *f*
sinfónico, -a [sim'foniko, -a] *adj* sinfônico, -a
Singapur [singa'pur] *m* Cingapura *f*
singular [singu'lar] *adj*, *m t.* LING singular *m*
singularidad [singulari'ðað] *f* singularidade *f*
singularizar [singulari'θar] <z→c> **I.** *vt* singularizar **II.** *vr:* ~ **se** singularizar-se; ~ **se por algo** singularizar-se por a. c.
siniestro [si'njestro] *m* sinistro *m*
siniestro, -a [si'njestro, -a] *adj elev* sinistro, -a
sinnúmero [sin'numero] *m* **un ~ de** um sem-número de
sino ['sino] **I.** *m* sina *f* **II.** *conj* senão; **no espero ~ que me creas** não espero senão que você acredite em mim
sínodo ['sinoðo] *m* sínodo *m*
sinónimo [si'nonimo] *m* sinônimo *m*
sinónimo, -a [si'nonimo, -a] *adj* sinônimo, -a
sinopsis [si'nopsis] *m inv* sinopse *f*
sinrazón [sinrra'θon] *f* irracionalidade *f*
sinsabor [sinsa'βor] *m* dissabor *m*
sinsentido [sinsen'tiðo] *m* absurdo *m*
sintáctico, -a [sin'taktiko, -a] *adj* sintático, -a
sintagma [sin'taγma] *m* sintagma *m*
sintaxis [sin'ta'ysis] *f inv* sintaxe *f*
síntesis ['sintesis] *f inv* síntese *f*; **en ~** em síntese
sintético, -a [sin'tetiko, -a] *adj* sintético, -a
sintetizador [sintetiθa'ðor] *m* sintetizador *m*
sintetizar [sinteti'θar] <z→c> *vt* sintetizar
síntoma ['sintoma] *m* sintoma *m*
sintomático, -a [sinto'matiko, -a] *adj* sintomático, -a
sintonía [sinto'nia] *f* sintonia *f*
sintonizador [sintoniθa'ðor] *m* sintonizador *m*
sintonizar [sintoni'θar] <z→c> *vt* sin-

tonizar

sinuoso, -a [sinu'oso, -a] *adj* sinuoso, -a

sinvergüenza [simber'ɣweṇθa] *adj, mf* sem-vergonha *mf*

sionismo [sjo'nismo] *m* sionismo *m*

sionista [sjo'nista] *adj, mf* sionista *mf*

siquiera [si'kjera] **I.** *adv* sequer; **ni (tan)** ~ nem sequer **II.** *conj* + *subj* mesmo se + *subj*

sirena [si'rena] *f* **1.** (*bocina*) sirene *f* **2.** (*mujer pez*) sereia *f*

Siria ['sirja] *f* Síria *f*

sirio, -a ['sirjo, -a] *adj, m, f* sírio, -a *m, f*

siroco [si'roko] *m* METEO siroco *m*

sirviente [sir'βjeṇte] *mf* criado, -a *m, f*

sisear [sise'ar] *vt* assoviar

sísmico, -a ['sismiko, -a] *adj* sísmico, -a

sismógrafo [sis'moɣrafo] *m* sismógrafo *m*

sistema [sis'tema] *m* sistema *m*; ~ **métrico decimal** sistema métrico decimal; ~ **montañoso** sistema montanhoso; ~ **operativo** INFOR sistema operacional; ~ **periódico** QUÍM tabela *f* periódica; **por** ~ por sistema

sistemático, -a [siste'matiko, -a] *adj* sistemático, -a

sistematización [sistematiθa'θjon] *f* sistematização *f*

sistematizar [sistemati'θar] <z→c> *vt* sistematizar

sitiar [si'tjar] *vt* sitiar

sitio ['sitjo] *m* **1.** (*en general*) lugar *m*; ~ **web** INFOR site *m* web **2.** MIL sítio *m*

situación [sitwa'θjon] *f* situação *f*; ~ **límite** situação limite

situado, -a [situ'aðo, -a] *adj* situado, -a

situar [situ'ar] <*I. pres:* sitúo> **I.** *vt* situar **II.** *vr:* ~ **se** situar-se

S.M. [ese'eme] *abr de* **Su Majestad** SM

SME [ese(e)me'e] *m abr de* **Sistema Monetario Europeo** SME *m*

snowboard ['snouβoard] *m* snowboard *m*

so [so] **I.** *interj* xô **II.** *prep* sob; ~ **pena de...** sob pena de...; ~ **pretexto de...** sob pretexto de... **III.** *m inf* ¡~ **imbécil!** seu imbecil!

SO [suðo'este] *abr de* sudoeste S.O.

sobaco [so'βako] *m* sovaco *m*

sobar [so'βar] **I.** *vt* **1.** (*un objeto*) sovar **2.** *inf* (*a persona*) surrar **II.** *vi inf* (*dormir*) dormir

soberanía [soβera'nia] *f* soberania *f*

soberano, -a [soβe'rano, -a] **I.** *adj* **1.** (*estado, belleza, monarca*) soberano, -a **2.** *inf* (*grande*) grande **II.** *m, f* soberano, -a *m, f*

soberbia [so'βerβja] *f* (*orgullo, suntuosidad*) soberba *f*

soberbio, -a [so'βerβjo, -a] *adj* soberbo, -a

sobornar [soβor'nar] *vt* subornar

soborno [so'βorno] *m* suborno *m*

sobra ['soβra] *f* **1.** (*exceso*) sobra *f*; **saber de** ~ saber de sobra **2.** *pl* (*desperdicios*) sobras *fpl*

sobrante [so'βraṇte] *adj, m* excedente *m*

sobrar [so'βrar] *vi* sobrar

sobrasada [soβra'saða] *f* espécie de paio típico das Ilhas Baleares

sobre ['soβre] **I.** *m* **1.** (*para carta*) envelope *m* **2.** *inf* (*cama*) cama *f* **II.** *prep* sobre; **estar** ~ **alguien** estar no encalço de alguém; ~ **las tres de la tarde** por volta das três da tarde

sobrecarga [soβre'karɣa] *f* sobrecarga *f*

sobrecargar [soβre'karɣar] <g→gu> *vt* sobrecarregar

sobrecargo [soβre'karɣo] *m* sobrecarga *m*

sobrecogedor(a) [soβrekoxe'ðor(a)] *adj* surpreendente

sobrecoger [soβre'koxer] <g→j> **I.** *vt* surpreender **II.** *vr:* ~ **se** surpreender-se

sobredosis [soβre'ðosis] *f inv* overdose *f*

sobreentender [soβre(e)nṭen'der] <e→ie> **I.** *vt* subentender **II.** *vr:* ~ **se** subentender-se

sobre(e)stimar [soβre(e)sti'mar] *vt* sobre(e)stimar

sobrehumano, -a [soβreu'mano, -a] *adj* sobre-humano, -a

sobrellevar [soβreʎe'βar] *vt* sobrelevar

sobremesa [soβre'mesa] *f* tempo que se fica na mesa depois do término de uma refeição; **ordenador de** ~ INFOR desktop *m*; **película de** ~ sessão *f* da tarde

sobrenatural [soβrenatu'ral] *adj* sobrenatural

sobrenombre [soβre'nombre] *m* apelido *m*

sobrentender [soβreṇten'der] <e→ie> *vt, vr v.* **sobreentender**

sobrepasar [soβrepa'sar] *vt* ultrapassar

sobrepeso [soβre'peso] *m* sobrepeso *m*

sobreponer [soβrepo'ner] *irr como*

poner I. *vt* sobrepor II. *vr*: ~ **se** sobrepor-se; ~ **se a algo** sobrepor-se a a. c.
sobresaliente [soβresa'ljente] I. *adj* sobresaliente II. *m* ENS nota máxima nos exames
sobresalir [soβresa'lir] *irr como* salir *vi* sobressair
sobresaltar [soβresal'tar] I. *vt* sobressaltar II. *vr*: ~ **se** sobressaltar-se
sobresalto [soβre'salto] *m* sobressalto *m*
sobresueldo [soβre'sweldo] *m* gratificação *f*
sobretodo [soβre'toðo] *m* sobretudo *m*
sobrevenir [soβreβe'nir] *irr como* venir *vi* sobrevir
sobreviviente [soβreβi'βjente] *mf* sobrevivente *mf*
sobrevivir [soβreβi'βir] *vi* sobreviver; ~ **algo/a alguien** sobreviver a a. c./a alguém
sobrevolar [soβreβo'lar] <o→ue> *vt* sobrevoar
sobriedad [soβrje'ðað] *f* sobriedade *f*
sobrino, -a [so'βrino, -a] *m*, *f* sobrinho, -a *m*, *f*
sobrio, -a ['soβrjo, -a] *adj* sóbrio, -a
socarrar [soka'rrar] *vt* chamuscar
socarrón, -ona [soka'rron, -ona] *adj* socarrão, socarrona
socavar [soka'βar] *vt* socavar; *fig* minar
socavón [soka'βon] *m* socavão *m*
sociabilidad [soθjaβili'ðað] *f* sociabilidade *f*
sociable [so'θjaβle] *adj* sociável
social [so'θjal] *adj* social
socialdemocracia [soθjaldemo'kraθja] *f* social-democracia *f*
socialdemócrata [soθjalde'mokrata] *adj*, *mf* social-democrata *mf*
socialismo [soθja'lismo] *m* socialismo *m*
socialista [soθja'lista] *adj*, *mf* socialista *mf*
socializar [soθjali'θar] <z→c> *vt* socializar
sociedad [soθje'ðað] *f* sociedade *f*; ~ **anónima** sociedade anônima; ~ **del bienestar** sociedade de bem-estar social; ~ **de consumo** sociedade de consumo; ~ **limitada** companhia limitada
socio, -a ['soθjo, -a] *m*, *f* 1. (*de asociación, empresa*) sócio, -a *m*, *f* 2. *inf* (*compañero*) parceiro, -a *m*, *f*
sociocultural [soθjokul̪tu'ral] *adj* sociocultural
socioeconómico, -a [soθjoeko'nomiko, -a] *adj* socioeconômico, -a
sociología [soθjolo'xia] *f* sociologia *f*
sociólogo, -a [so'θjoloγo, -a] *m*, *f* sociólogo, -a *m*, *f*
sociopolítico, -a [soθjopo'litiko, -a] *adj* sociopolítico, -a
socorrer [soko'rrer] *vt* socorrer
socorrido, -a [soko'rriðo, -a] *adj* socorrido, -a
socorrismo [soko'rrismo] *m* socorrismo *m*
socorrista [soko'rrista] *mf* socorrista *mf*
socorro [so'korro] *m* socorro *m*; **pedir** ~ pedir socorro
soda ['soða] *f* (*bebida*) soda *f*
sódico, -a ['soðiko, -a] *adj* sódico, -a
sodio ['soðjo] *m* sódio *m*
sofá [so'fa] *m* sofá *m*
sofá-cama [so'fa-'kama] <sofás-camas> *m* sofá-cama *m*
sofisticación [sofistika'θjon] *f* sofisticação *f*
sofisticado, -a [sofisti'kaðo, -a] *adj* sofisticado, -a
sofisticar [sofisti'kar] <c→qu> *vt* sofisticar
sofocante [sofo'kante] *adj* sufocante
sofocar [sofo'kar] <c→qu> I. *vt* sufocar II. *vr*: ~ **se** sufocar-se
sofoco [so'foko] *m* sufoco *m*
sofreír [sofre'ir] *irr como* reír *vt* fritar levemente
sofrito [so'frito] *m* refogado *m*
software ['softwer] *m* software *m*
soga ['soγa] *f* corda *f*; **con la ~ al cuello** *inf* com a corda no pescoço
sois [sois] 2. *pres pl de* **ser**
soja ['soxa] *f* soja *f*
sojuzgar [soxuθ'γar] <g→gu> *vt* subjugar
sol [sol] *m* 1. (*astro*) sol *m*; **día de** ~ dia de sol; **un** ~ **de justicia** *inf* um sol de rachar; **tomar el** ~ tomar sol; **de** ~ **a** ~ de sol a sol 2. (*moneda*) sol *m* 3. *inf* (*persona*) amor *m* 4. MÚS sol *m*
solamente [sola'mente] *adv* somente
solapa [so'lapa] *f* 1. (*de chaqueta*) lapela *f* 2. (*de libro*) orelha *f*
solapado, -a [sola'paðo, -a] *adj* solapado, -a
solar [so'lar] *adj*, *m* solar *m*
solárium [so'larium] *m* solário *m*
solaz [so'laθ] *m* solaz *m*

solazar [sola'θar] <z→c> I. vt distrair II. vr: ~ **se** distrair-se
soldado, -a [sol'daðo, -a] m, f MIL soldado m; ~ **raso** soldado raso
soldador [solda'ðor] m TÉC soldador m
soldador(a) [solda'ðor(a)] m(f) soldador(a) m(f)
soldadura [solda'ðura] f soldadura f
soldar [sol'dar] <o→ue> vt soldar
soleado, -a [sole'aðo, -a] adj ensolarado, -a
soledad [sole'ðað] f solidão f
solemne [so'lemne] adj solene
solemnidad [solemni'ðað] f solenidade f
soler [so'ler] <o→ue> vi costumar; **solemos...** costumamos...; **suele ocurrir que...** costuma ocorrer que...
solfeo [sol'feo] m MÚS solfejo m
solicitar [soliθi'tar] vt solicitar
solícito, -a [so'liθito, -a] adj solícito, -a
solicitud [soliθi'tuð] f 1. (diligencia) solicitude f 2. (petición) solicitação f; ~ **de empleo** solicitação de emprego
solidaridad [soliðari'ðað] f solidariedade f
solidario, -a [soli'ðarjo, -a] adj solidário, -a
solidarizarse [soliðari'θarse] <z→c> vr solidarizar-se; ~ **con alguien** solidarizar-se com alguém
solidez [soli'ðeθ] f solidez f
solidificar [soliðifi'kar] <c→qu> I. vt solidificar II. vr: ~ **se** solidificar-se
sólido ['soliðo] m sólido m
sólido, -a ['soliðo, -a] adj sólido, -a
soliloquio [soli'lokjo] m solilóquio m
solista [so'lista] mf MÚS solista mf
solitaria [soli'tarja] f ZOOL solitária f
solitario [soli'tarjo] m solitário m
solitario, -a [soli'tarjo, -a] adj, m, f solitário, -a m, f
sollozar [soʎo'θar] <z→c> vi soluçar
sollozo [so'ʎoθo] m soluço m
solo¹ ['solo] m t. MÚS (baile) solo m
solo² ['solo] m (café) cafezinho m
solo³ ['solo] adv só; ~ **que...** só que...; **tan** ~ somente; **aunque** ~ **sean 10 minutos** mesmo que só sejam 10 minutos
solo, -a ['solo, -a] adj só; **a solas** a sós; **por sí** ~ por si só; **un café** ~ um café preto
sólo ['solo] adv v. **solo³**
solomillo [solo'miʎo] m lombinho m
solsticio [sols'tiθjo] m solstício m

soltar [sol'tar] irr I. vt 1. (en general) soltar; **¡suéltame!** me solta! 2. inf (dinero) soltar II. vr: ~ **se** soltar-se
soltería [solte'ria] f solteirismo m
soltero, -a [sol'tero, -a] adj, m, f solteiro, -a m, f
solterón, -ona [solte'ron, -ona] m, f solteirão, -ona m, f
soltura [sol'tura] f soltura f
soluble [so'luβle] adj solúvel
solución [solu'θjon] f solução f
solucionar [soluθjo'nar] vt solucionar
solvencia [sol'βenθja] f solvência f
solventar [solβen'tar] vt (problema, deuda) solver
solvente [sol'βente] adj solvente
sombra ['sombra] f sombra f; ~ **de ojos** sombra de olhos; **a la** ~ inf (en la cárcel) à sombra; **hacer** ~ fazer sombra; **hacer** ~ **a alguien** fig fazer sombra a alguém; **tener buena** ~ fig ser boa gente; **trabajar en la** ~ (clandestinidad) trabalhar ilegalmente
sombrero [som'brero] m chapéu m; ~ **de copa** cartola f; ~ **hongo** chapéu-coco m; **quitarse el** ~ inf tirar o chapéu
sombrilla [som'briʎa] f sombrinha f
sombrío, -a [som'brio, -a] adj sombrio, -a
somero, -a [so'mero, -a] adj superficial
someter [some'ter] I. vt submeter; ~ **a alguien a algo** submeter alguém a a. c. II. vr: ~ **se** submeter-se; ~ **se a algo** submeter-se a a. c.
sometimiento [someti'mjento] m submissão m
somier [so'mjer] <somieres> m somiê m
somnífero [som'nifero] m sonífero m
somnífero, -a [som'nifero, -a] adj sonífero, -a
somnolencia [somno'lenθja] f sonolência f
somnoliento, -a [somno'ljento, -a] adj sonolento, -a
somos ['somos] 1. pres pl de **ser**
son [son] I. m (sonido) som m; **en** ~ **de paz** em tom de paz II. 3. pres pl de **ser**
sonajero [sona'xero] m chocalho m
sonambulismo [sonambu'lismo] m sonambulismo m
sonámbulo, -a [so'nambulo, -a] m, f sonâmbulo, -a m, f
sonar [so'nar] <o→ue> I. vi 1. (timbre, instrumento) soar; **así como suena** fig

com todas as letras **2.** (*parecerse*) soar; **esto me suena** isto me soa **II.** *vt* (*la nariz*) assoar **III.** *vr:* ~ **se** assoar-se
sonata [so'nata] *f* sonata *f*
sonda ['sonda] *f* sonda *f*
sondear [sonde'ar] *vt* sondar
sondeo [son'deo] *m* sondagem *f*
soneto [so'neto] *m* soneto *m*
sonido [so'niðo] *m* som *m*
sonorización [sonoriθa'θjon] *f* sonorização *f*
sonorizar [sonori'θar] <z→c> *vt* sonorizar
sonoro, -a [so'noro, -a] *adj* sonoro, -a
sonreír [sonrre'ir] *irr como reír* **I.** *vi* sorrir **II.** *vr:* ~ **se** sorrir-se
sonriente [son'rrjente] *adj* sorridente
sonrisa [son'rrisa] *f* sorriso *m*
sonrojar [sonrro'xar] **I.** *vt* ruborizar **II.** *vr:* ~ **se** ruborizar-se
sonrojo [son'rroxo] *m* rubor *m*
sonrosado, -a [sonrro'saðo, -a] *adj* rosado, -a
sonsacar [sonsa'kar] <c→qu> *vt* arrancar
soñador(a) [soɲa'ðor(a)] *adj, m(f)* sonhador(a) *m(f)*
soñar [so'ɲar] <o→ue> **I.** *vi* sonhar; ~ **con algo** sonhar com a. c.; ~ **despierto** sonhar acordado **II.** *vt* sonhar; ¡**ni** ~ **lo!** nem sonhando!
soñoliento, -a [soɲo'ljento, -a] *adj* sonolento, -a
sopa ['sopa] *f* sopa *f;* ~ **juliana** sopa juliana; **dar** ~ **s con honda a alguien** *inf* botar alguém no chinelo; **estar hasta en la** ~ *inf* estar em todo canto; **ponerse hecho una** ~ *inf* ficar como um pinto
sopapo [so'papo] *m inf* sopapo *m*
sopera [so'pera] *f* sopeira *f*
sopero, -a [so'pero, -a] *adj* sopeiro, -a
sopesar [sope'sar] *vt* sopesar
soplar [so'plar] *vi, vt* soprar
soplete [so'plete] *m* maçarico *m*
soplido [so'pliðo] *m* sopro *m*
soplo ['soplo] *m* **1.** (*acción*) sopro *m;* ~ **de viento** sopro de vento **2.** *inf* (*denuncia*) dica *f*
soplón, -ona [so'plon, -ona] *m, f inf* dedo-duro *mf*
soponcio [so'ponθjo] *m inf* chilique *m;* ¡**me va a dar un** ~ **!** vou ter um chilique!
sopor [so'por] *m* sopor *m*
soporífero [sopo'rifero] *m* soporífero *m*

soporífero, -a [sopo'rifero, -a] *adj* soporífero, -a
soportable [sopor'taβle] *adj* suportável
soportar [sopor'tar] *vt* suportar
soporte [so'porte] *m* suporte *m;* ~ **físico** INFOR hardware *m;* ~ **lógico** INFOR software *m*
soprano [so'prano] *mf* MÚS soprano *mf*
sor [sor] *f* REL soror *f*
sorber [sor'βer] *vt* sorver
sorbete [sor'βete] *m* **1.** GASTR *bebida ou sobremesa refrigerante* **2.** *AmL* (*paja*) canudo *m*
sorbo ['sorβo] *m* gole *m;* **beber a** ~ **s** beber em goles
sordera [sor'ðera] *f* surdez *f*
sordidez [sorði'ðeθ] *f* sordidez *f*
sórdido, -a ['sorðiðo, -a] *adj* sórdido, -a
sordo, -a ['sorðo, -a] **I.** *adj* surdo, -a; **estar** ~ **como una tapia** *inf* estar surdo como uma porta; **hacer oídos** ~ **s** fazer ouvidos moucos **II.** *m, f* surdo, -a *m, f*; **hacerse el** ~ fazer-se de surdo
sordomudo, -a [sorðo'muðo, -a] *adj, m, f* surdo-mudo, surda-muda *m, f*
sorna ['sorna] *f* indolência *f*
sorprendente [sorpren'dente] *adj* surpreendente
sorprender [sorpren'der] **I.** *vt* surpreender **II.** *vr:* ~ **se** surpreender-se
sorprendido, -a [sorpren'diðo, -a] *adj* surpreendido, -a
sorpresa [sor'presa] *f* surpresa *f;* **dar una** ~ **a alguien** fazer uma surpresa para alguém; **por** ~ de surpresa
sortear [sorte'ar] *vt* **1.** (*rifar*) sortear **2.** (*esquivar*) evitar
sorteo [sor'teo] *m* sorteio *m*
sortija [sor'tixa] *f* anel *m*
sosa ['sosa] *f* soda *f;* ~ **cáustica** soda cáustica
sosegado, -a [sose'ɣaðo, -a] *adj* sossegado, -a
sosegar [sose'ɣar] *irr como fregar* **I.** *vi, vt* sossegar **II.** *vr:* ~ **se** sossegar-se
sosiego [so'sjeɣo] *m* sossego *m*
soslayar [sosla'jar] *vt* esguelhar
soslayo [sos'lajo] **de** ~ de soslaio
soso, -a ['soso, -a] *adj* (*persona, comida*) insosso, -a
sospecha [sos'petʃa] *f* suspeita *f;* **bajo** ~ **de...** sob suspeita de...
sospechar [sospe'tʃar] **I.** *vt* suspeitar **II.** *vi* suspeitar; ~ **de alguien** suspeitar de alguém
sospechoso, -a [sospe'tʃoso, -a] *adj,*

m, f suspeito, -a m, f
sostén [sos'ten] m **1.** t. fig (apoyo) sustento m **2.** (prenda) sutiã m
sostener [soste'ner] irr como tener **I.** vt sustentar **II.** vr: ~ **se** sustentar-se
sostenido [soste'niðo] m MÚS sustenido m
sostenido, -a [soste'niðo, -a] adj t. MÚS sustentado, -a
sota ['sota] f (naipe) dama f
sotana [so'tana] f sotaina f
sótano ['sotano] m porão m
sotavento [sota'βento] m NÁUT sotavento m
soviético, -a [so'βjetiko, -a] adj, m, f soviético, -a m, f
soy [soi̯] *I. pres de* **ser**
spot [es'pot] m <spots> spot m
spray [es'prai̯] m <sprays> spray m
sprint [es'prin̪t] m <sprints> sprint m
squash [es'kwaʃ] m DEP squash m
Sr. [se'ɲor] abr de **señor** Sr.
Sra. [se'ɲora] abr de **señora** Sra.
S.R.C. [se rrweɣa kon̪testa'θjon] abr de **se ruega contestación** R.S.V.P.
Srta. [seɲo'rita] abr de **señorita** Srta.
Sta. ['san̪ta] abr de **santa** Sta.
stand [es'tan] m <stands> stand m
status [es'tatus] m inv status m inv
Sto. ['san̪to] abr de **santo** Sto.
stop [es'top] m stop m
su [su] adj (de él, Ud.) seu; (de ella) sua
suave [su'aβe] adj suave
suavidad [swaβi'ðað] f suavidade f
suavizante [swaβi'θan̪te] m **1.** (para la ropa) amaciante m **2.** (para el cabello) condicionador m
suavizar [swaβi'θar] <z→c> vt suavizar
subalimentación [suβalimen̪ta'θjon] f subalimentação f
subalimentado, -a [suβalimen̪'taðo, -a] adj subalimentado, -a
subasta [su'βasta] f leilão m
subastar [suβas'tar] vt **1.** (vender) leiloar **2.** (contrato público) licitar
subcampeón, -ona [suβkampe'on, -ona] m, f vice-campeão, vice-campeã m, f
subcampeonato [suβkampeo'nato] m vice-campeonato m
subconsciencia [suβkoⁿs'θjenθja] f subsconsciência f
subconsciente [suβkoⁿs'θjen̪te] adj, m subconsciente m
subcontratar [suβkon̪tra'tar] vt subcontratar
subdesarrollado, -a [suβðesarro'ʎaðo, -a] adj subdesenvolvido, -a
subdesarrollo [suβðesa'rroʎo] m subdesenvolvimento m
subdirección [suβðireɣ'θjon] f subdireção f
subdirector(a) [suβðirek'tor(a)] m(f) subdiretor(a) m(f)
súbdito, -a ['suβðito, -a] m, f súdito, -a m, f
subdividir [suβðiβi'ðir] **I.** vt subdividir **II.** vr: ~ **se** subdividir-se
subdivisión [suβðiβi'sjon] f subdivisão f
subempleo [suβem'pleo] m subemprego m
subestimar [suβesti'mar] vt subestimar
subida [su'βiða] f subida f; ~ **al poder** POL subida ao poder
subido, -a [su'βiðo, -a] adj **1.** (color) forte **2.** inf (persona) atrevido, -a; ~ **de tono** de tom grosseiro
subir [su'βir] **I.** vi, vt subir **II.** vr: ~ **se** subir
súbito, -a ['suβito, -a] adj súbito, -a
subjetividad [suβxetiβi'ðað] f subjetividade f
subjetivo, -a [suβxe'tiβo, -a] adj subjetivo, -a
subjuntivo [suβxun'tiβo] m subjuntivo m
sublevación [suβleβa'θjon] f sublevação f
sublevar [suβle'βar] **I.** vt sublevar **II.** vr: ~ **se** sublevar-se
sublime [su'βlime] adj sublime
subliminal [suβlimi'nal] adj subliminar
submarinismo [suᵇmari'nismo, suᵐmari'nismo] m mergulho m
submarinista [suᵇmari'nista, suᵐmari'nista] mf submarinista mf, mergulhador(a) m(f)
submarino [suᵇma'rino, suᵐma'rino] m submarino m
submarino, -a [suᵇma'rino, -a, suᵐma'rino, -a] adj submarino, -a
subnormal [suβnor'mal] adj, mf subnormal mf
subnormalidad [suβnormali'ðað] f subnormalidade f
suboficial [suβofi'θjal] mf suboficial m
subordinación [suβorðina'θjon] f subordinação f
subordinado, -a [suβorði'naðo, -a] adj, m, f subordinado, -a m, f

subordinar [suβorði'nar] *vt* subordinar
subrayar [suβrra'ɟar] *vt* sublinhar
subrepticio, -a [suβrrep'tiθjo, -a] *adj* sub-reptício, -a
subsanar [suβsa'nar] *vt* sanar
subscribir [suᵝskri'βir] *vt, vr v.* **suscribir**
subscripción [suᵝskriβ'θjon] *f v.* **suscripción**
subscriptor(a) [suᵝskrip'tor(a)] *m(f) v.* **suscriptor**
subsidiar [suβsi'ðjar] *vt* subsidiar
subsidiariedad [suβsiðjarje'ðaᵈ] *f* subsídio *m*
subsidiario, -a [suβsi'ðjarjo, -a] *adj* subsidiário, -a
subsidio [suβ'siðjo] *m* subsídio *m;* ~ **de desempleo** seguro *m* desemprego
subsiguiente [suβsi'ɟjente] *adj* subsequente
subsistencia [suβsis'tenθja] *f* subsistência *f*
subsistir [suβsis'tir] *vi* subsistir
subsuelo [suβ'swelo] *m* subsolo *m*
subteniente [suβte'njente] *m* subtenente *m*
subterráneo [suβte'rraneo] *m* subterrâneo *m*
subterráneo, -a [suβte'rraneo, -a] *adj* subterrâneo, -a
subtítulo [suβ'titulo] *m t.* CINE legenda *f*
suburbano, -a [suβur'βano, -a] *adj* suburbano, -a
suburbio [su'βurβjo] *m* subúrbio *m*
subvención [suββen'θjon] *f* subvenção *f*
subvencionar [suββenθjo'nar] *vt* subvencionar
subversión [suββer'sjon] *f* subversão *f*
subversivo, -a [suββer'siβo, -a] *adj* subversivo, -a
subvertir [suββer'tir] *vt* subverter
subyacer [suβɟa'θer] *vi* subjazer
subyugar [suβɟu'ɟar] <g→gu> *vt* subjugar
succión [suɣ'θjon] *f* sucção *f*
succionar [suɣθjo'nar] *vt* sugar
sucedáneo [suθe'ðaneo] *m* sucedâneo *m*
sucedáneo, -a [suθe'ðaneo, -a] *adj* sucedâneo, -a
suceder [suθe'ðer] **I.** *vi* 1.(*acontecer*) suceder; **¿qué sucede?** o que sucede?; **suceda lo que suceda** suceda o que suceder; **sucede que...** sucede que... 2.(*sustituir*) suceder; ~ **a alguien en un cargo** suceder a alguém em um cargo **II.** *vt* suceder
sucesión [suθe'sjon] *f* sucessão *f*
sucesivo, -a [suθe'siβo, -a] *adj* sucessivo, -a; **en lo** ~ daqui por diante
suceso [su'θeso] *m* sucesso *m*
sucesor(a) [suθe'sor(a)] *m(f)* sucessor(a) *m(f)*
suciedad [suθje'ðaᵈ] *f* sujeira *f*
sucinto, -a [su'θinto, -a] *adj* sucinto, -a
sucio, -a ['suθjo, -a] *adj t. fig* sujo, -a
sucre ['sukre] *m* sucre *m*
suculento, -a [suku'lento, -a] *adj* suculento, -a
sucumbir [sukum'bir] *vi* sucumbir
sucursal [sukur'sal] *f* sucursal *f*
sudadera [suða'ðera] *f* (*prenda*) blusão *m* de agasalho
Sudáfrica [su'ðafrika] *f* África *f* do Sul
sudafricano, -a [suðafri'kano, -a] *adj, m, f* sul-africano, -a *m, f*
Sudamérica [suða'merika] *f* América *f* do Sul
sudamericano, -a [suðameri'kano, -a] *adj, m, f* sul-americano, -a *m, f*
Sudán [su'ðan] *m* Sudão *m*
sudanés, -esa [suða'nes, -esa] *adj, m, f* sudanês, -esa *m, f*
sudar [su'ðar] **I.** *vi* suar **II.** *vt* suar; ~ **sangre** [*o* **tinta**] *inf* suar sangue
sudeste [su'ðeste] *m* sudeste *m*
sudoeste [suðo'este] *m* sudoeste *m*
sudor [su'ðor] *m* suor *m;* **con el** ~ **de mi frente** *inf* com o suor do meu rosto
sudoroso, -a [suðo'roso, -a] *adj* suado, -a
Suecia ['sweθja] *f* Suécia *f*
sueco, -a ['sweko, -a] *adj, m, f* sueco, -a *m, f;* **hacerse el** ~ *inf* fazer-se de desentendido
suegro, -a ['sweɣro, -a] *m, f* sogro, -a *m, f*
suela ['swela] *f* sola *f;* **no llegar a la** ~ **del zapato** *inf* não chegar aos pés
sueldo ['sweldo] *m* salário *m;* ~ **base** salário-base *m;* ~ **mínimo** salário-mínimo *m*
suelo ['swelo] *m* 1.(*de la tierra*) solo *m;* ~ **edificable** solo próprio para construir 2.(*de la casa*) chão *m*
suelto ['swelto] *m* (*dinero*) trocado *m*
suelto, -a ['swelto, -a] *adj* 1.(*tornillo, pelo, lenguaje*) solto, -a; **dinero** ~ dinheiro trocado; **un prisionero anda** ~ um prisioneiro anda solto 2.(*separado*) solto, -a

sueño ['sweɲo] *m* **1.** (*acto de dormir*) sono *m;* ~ **ligero/pesado** sono leve/pesado; **conciliar el** ~ conciliar o sono; **descabezar** [*o echarse*] **un** ~ tirar um cochilo **2.** (*ganas de dormir*) sono *m;* **caerse de** ~ cair de sono; **quitar el** ~ *fig* tirar o sono; **tener** ~ ter sono **3.** (*cosa soñada, deseo*) sonho *m;* **ni en** ~**s** nem em sonho

suero ['swero] *m* soro *m*

suerte ['swerte] *f* sorte *f;* **echar algo a** ~(**s**) confiar a. c. à sorte; **estar de** ~ estar com sorte; **probar** ~ tentar a sorte; **tener** ~ ter sorte; **de tal** ~ **que** de tal sorte que; **por** ~ por sorte; **¡(buena)** ~**!** boa sorte!

suéter ['sweter] *m* suéter *m ou f*

suficiente [sufi'θjente] **I.** *adj* suficiente **II.** *m* ENS (*nota*) suficiente *m*

sufijo [su'fixo] *m* sufixo *m*

sufragar [sufra'ɣar] <g→gu> **I.** *vt* sufragar **II.** *vi* AmL (*votar*) ~ **por alguien** sufragar alguém

sufragio [su'fraxjo] *m* sufrágio *m;* ~ **universal** sufrágio universal

sufrido, -a [su'friðo, -a] *adj* **1.** (*persona*) sofrido, -a **2.** (*color, tela*) resistente

sufrimiento [sufri'mjento] *m* sofrimento *m*

sufrir [su'frir] **I.** *vt* sofrer; ~ **una operación** sofrer uma operação **II.** *vi* ~ **de algo** sofrer de a. c.

sugerencia [suxe'renθja] *f* sugestão *f*

sugerente [suxe'rente] *adj* sugestivo, -a

sugerir [suxe'rir] *irr como sentir vt* sugerir

sugestión [suxes'tjon] *f* sugestão *f*

sugestionable [suxestjo'naβle] *adj* sugestionável

sugestionar [suxestjo'nar] **I.** *vt* sugestionar **II.** *vr:* ~ **se** sugestionar-se

sugestivo, -a [suxes'tiβo, -a] *adj* sugestivo, -a

suicida [swi'θiða] *adj, mf* suicida *mf*

suicidarse [swiθi'ðarse] *vr* suicidar-se

suicidio [swi'θiðjo] *m* suicídio *m*

Suiza ['swiθa] *f* Suíça *f*

suizo ['swiθo] *m* GASTR bolo de forma ovalada feito com farinha, ovos e açúcar

suizo, -a ['swiθo, -a] *adj, m, f* suíço, -a *m, f*

sujeción [suxe'θjon] *f* sujeição *f*

sujetador [suxeta'ðor] *m* sutiã *m*

sujetapapeles [suxetapa'peles] *m inv* peso *m* para papel

sujetar [suxe'tar] **I.** *vt* **1.** (*en general*) sujeitar **2.** (*asegurar*) segurar **II.** *vr:* ~ **se** sujeitar-se; ~ **se a algo/alguien** sujeitar-se a a. c./alguém

sujeto [su'xeto] *m* **1.** (*tema*) sujeito *m* **2.** *pey* (*individuo*) sujeito *m*, indivíduo *m*

sujeto, -a [su'xeto, -a] *adj* sujeito, -a; ~ **a** sujeito a

sulfato [sul'fato] *m* sulfato *m*

sulfúrico, -a [sul'furiko, -a] *adj* sulfúrico, -a

sulfuro [sul'furo] *m* sulfureto *m*

sultán [sul'tan] *m* sultão *m*

sultanato [sulta'nato] *m* sultanato *m*

suma ['suma] *f* suma *f;* **en** ~ em suma

sumar [su'mar] **I.** *vt* somar **II.** *vr:* ~ **se** somar-se; ~ **se a algo** somar-se a a. c.

sumario [su'marjo] *m t.* JUR sumário *m*

sumergible [sumer'xiβle] *adj, m* submersível *m*

sumergir [sumer'xir] <g→j> **I.** *vt* submergir **II.** *vr:* ~ **se** *t. fig* submergir-se

sumidero [sumi'ðero] *m* sarjeta *f*

suministrador(a) [suministra'ðor(a)] *m(f)* subministrador(a) *m(f)*

suministrar [suminis'trar] *vt* subministrar

suministro [sumi'nistro] *m* subministração *f*

sumir [su'mir] **I.** *vt* mergulhar **II.** *vr* ~ **se en algo** mergulhar em a. c.

sumisión [sumi'sjon] *f* submissão *f*

sumiso, -a [su'miso, -a] *adj* submisso, -a

sumo, -a ['sumo, -a] *adj* sumo, -a; **a lo** ~ no mais alto grau

suntuosidad [suntwosi'ðað] *f* suntuosidade *f*

suntuoso, -a [sun̩tu'oso, -a] *adj* suntuoso, -a

supeditar [supeði'tar] **I.** *vt* submeter; ~ **algo a algo** submeter algo a a. c. **II.** *vr:* ~ **se** submeter-se

súper[1] ['super] **I.** *adj inf* excelente **II.** *m* supermercado *m*

súper[2] ['super] *f* gasolina *f* super

superación [supera'θjon] *f* superação *f*

superar [supe'rar] **I.** *vt* superar **II.** *vr:* ~ **se** superar-se

superávit [supe'raβit] *m* <superávit(s)> superavit *m*

superchería [supertʃe'ria] *f* fraude *m*

superdotado, -a [superðo'taðo, -a] *adj,*

m, f superdotado, -a *m, f*
superficial [superfi'θjal] *adj* superficial
superficialidad [superfiθjali'ðaᵈ] *f* superficialidade *f*
superficie [super'fiθje] *f* superfície *f*
superfluo, -a [su'perflwo, -a] *adj* supérfluo, -a
superhombre [super'ombre] *m* super--homem *m*
superintendente [superinten'dente] *mf* superintendente *mf*
superior [supe'rjor] *adj* superior
superior(a) [supe'rjor(a)] *m(f)* superior(a) *m(f)*
superioridad [superjori'ðaᵈ] *f* superioridade *f*
superlativo [superla'tiβo] *m* LING superlativo *m*
superlativo, -a [superla'tiβo, -a] *adj t.* LING superlativo, -a
supermán [super'man] *m* super--homem *m*
supermercado [supermer'kaðo] *m* supermercado *m*
superponer [superpo'ner] *irr como poner* I. *vt* superpor II. *vr:* ~ **se** superpor-se
superproducción [superproðuɣ'θjon] *f* superprodução *f*
supersónico, -a [super'soniko, -a] *adj* supersônico, -a
superstición [supersti'θjon] *f* superstição *f*
supersticioso, -a [supersti'θjoso, -a] *adj* supersticioso, -a
supervisar [superβi'sar] *vt* supervisionar
supervisión [superβi'sjon] *f* supervisão *f*
supervisor(a) [superβi'sor(a)] *m(f)* supervisor(a) *m(f)*
supervivencia [superβi'βenθja] *f* sobrevivência *f*
superviviente [superβi'βjente] *adj, mf* sobrevivente *mf*
suplantación [suplanta'θjon] *f* suplantação *f*
suplantar [suplan'tar] *vt* suplantar
suplementario, -a [suplemen'tarjo, -a] *adj* suplementário, -a
suplemento [suple'mento] *m* suplemento *m*
suplente [su'plente] *adj, mf* suplente *mf*
supletorio [suple'torjo] *m* TEL extensão *f*

supletorio, -a [suple'torjo, -a] *adj* supletório, -a
súplica ['suplika] *f* 1. (*ruego*) súplica *f* 2. JUR petição *f*
suplicar [supli'kar] <c→qu> *vt* 1. (*rogar*) suplicar 2. JUR peticionar
suplicio [su'pliθjo] *m* suplício *m*
suplir [su'plir] *vt* suprir
supo ['supo] *3. pret de* **saber**
suponer [supo'ner] *irr como poner vt* 1. (*en general*) supor; **dar algo por supuesto** tomar a. c. como certo; **supongamos que...** suponhamos que...; **puedes ~ que...** pode supor que...; **no le suponía tan fuerte** não o supunha tão forte 2. (*significar*) representar; ~ **un duro golpe** representar um duro golpe
suposición [suposi'θjon] *f* suposição *f*
supositorio [suposi'torjo] *m* MED supositório *m*
supremacía [suprema'θia] *f* supremacia *f*
supremo, -a [su'premo, -a] *adj* supremo, -a
supresión [supre'sjon] *f* supressão *f*
suprimir [supri'mir] *vt* suprimir
supuesto [su'pwesto] *m* suposto *m*
supuesto, -a [su'pwesto, -a] *adj* suposto, -a; **dar algo por ~** dar a. c. como certo; **por ~** certamente
supurar [supu'rar] *vi* supurar
sur [sur] *m* sul *m;* **el ~ de España** o sul da Espanha; **en el ~ de Argentina** no sul da Argentina; **al ~ de** ao sul de
surafricano, -a [surafri'kano, -a] *adj, m, f* sul-africano, -a *m, f*
surcar [sur'kar] <c→qu> *vt* sulcar
surco ['surko] *m* sulco *m*
sureste [su'reste] *m* sudeste *m*
surf [surf] *m* surfe *m*
surfear [surfe'ar] *vi inf* INFOR surfar
surgir [sur'xir] <g→j> *vi* surgir
suroeste [suro'este] *m* sudoeste *m*
surrealismo [surrea'lismo] *m* surrealismo *m*
surrealista [surrea'lista] *adj, mf* surrealista *mf*
surtido [sur'tiðo] *m* sortimento *m*
surtido, -a [sur'tiðo, -a] *adj* sortido, -a
surtidor [surti'ðor] *m* 1. (*aparato*) bomba *f* de gasolina 2. (*fuente*) repuxo *m*
surtir [sur'tir] I. *vt* abastecer II. *vi* abastecer-se
susceptible [susθep'tiβle] *adj* susce-

tível; ~ **de** suscetível de
suscitar [susθi'tar] *vt* suscitar
suscribir [suskri'βir] *irr como escribir* **I.** *vt* subscrever **II.** *vr:* ~ **se** subscrever- -se; ~ **se a una revista** assinar uma revista
suscripción [suskriβ'θjon] *f* assinatura *f*
suscriptor(a) [suskrip'tor(a)] *m(f)* assinante *mf*
susodicho, -a [suso'ðitʃo, -a] *adj* supracitado, -a
suspender [suspeɲ'der] *vt* suspender
suspense [sus'pense] *m* suspense *m*
suspensión [suspen'sjon] *f* suspensão *f;* ~ **de pagos** suspensão de pagamentos
suspenso [sus'penso] *m* **1.** ENS nota *f* vermelha; **sacar un** ~ tirar uma nota vermelha **2.** *AmL (suspense)* suspense *m*
suspenso, -a [sus'penso, -a] *adj* suspenso, -a
suspicacia [suspi'kaθja] *f* suspicácia *f*
suspicaz [suspi'kaθ] *adj* suspicaz
suspirar [suspi'rar] *vi* suspirar; ~ **por algo** suspirar por a. c.
suspiro [sus'piro] *m* suspiro *m*
sustancia [sus'tanθja] *f* substância *f;* ~ **gris** ANAT massa *f* cinzenta
sustancial [sustan'θjal] *adj* substancial
sustancioso, -a [sustan'θjoso, -a] *adj* substancioso, -a
sustantivo [sustan'tiβo] *m* substantivo *m*
sustantivo, -a [sustan'tiβo, -a] *adj* substantivo, -a
sustentar [susten'tar] **I.** *vt* sustentar **II.** *vr:* ~ **se** sustentar-se
sustento [sus'tento] *m (mantenimiento, apoyo)* sustento *m*
sustitución [sustitu'θjon] *f* substituição *f*
sustituir [sustitu'ir] *irr como huir vt t.* DEP substituir
sustituto, -a [susti'tuto, -a] *m, f* substituto, -a *m, f*
susto ['susto] *m* susto *m;* **dar un** ~ **a alguien** dar um susto em alguém; **llevarse un** ~ levar um susto
sustraer [sustra'er] *irr como traer vt* subtrair
susurrar [susu'rrar] *vi* sussurrar
susurro [su'surro] *m* sussurro *m*
sutil [su'til] *adj (sabor, aroma, diferencia)* sutil

sutileza [suti'leθa] *f*, **sutilidad** [sutili-'ðaᵈ] *f* sutileza *f*
sutura [su'tura] *f* sutura *f*
suturar [sutu'rar] *vt* suturar
suyo, -a ['sujo, -a] *adj, pron (de él, Ud.)* seu; *(de ella)* sua; **siempre habla de los** ~ **s** sempre fala dos seus; ~ **afectísimo** cordialmente; **ya ha hecho otra de las suyas** *inf* já fez outra das suas; **ir a lo** ~ seguir seu próprio caminho; **eso es muy** ~ isso é muito dele/ dela
Swazilandia [swaθi'laɲdja] *f* Suazilândia *f*

T

T, t [te] *f* T, t *m*
tabaco [ta'βako] *m* **1.** *(producto)* tabaco *m*, fumo *m;* ~ **negro** fumo de rolo; ~ **de pipa** fumo de cachimbo; ~ **rubio** *fumo mesclado de cor amarelada* **2.** *(cigarrillo)* cigarro *m*
tábano ['taβano] *m* mutuca *f*
tabaquismo [taβa'kismo] *m* tabagismo *m*
tabasco [ta'βasko] *m* tabasco *m*
taberna [ta'βerna] *f* taberna *f*
tabernero, -a [taβer'nero, -a] *m, f* taberneiro, -a *m, f*
tabique [ta'βike] *m* tabique *m;* ~ **nasal** septo *m* nasal
tabla ['taβla] *f* **1.** *(plancha)* tábua *f;* ~ **de planchar** tábua de passar; ~ **de surf** prancha de surfe; ~ **de windsurf** prancha de windsurfe; **a raja** ~ *fig* à risca **2.** *(lista)* tabela *f;* **las Tablas de la Ley** as Tábuas da Lei; ~ **de multiplicar** tabuada *f;* ~ **periódica de los elementos** tabela periódica dos elementos **3.** *(de vestido)* prega *f* **4.** *pl* DEP tabela *f* **5.** *pl* TEAT palco *m;* **tener** ~ **s** *(experiencia)* ter experiência de palco
tablado [ta'βlaðo] *m* tablado *m*
tablao [ta'βlao] *m* tablado *m* de flamenco
tablero [ta'βlero] *m* **1.** *(de madera)* tábua *f;* ~ **de anuncios** quadro *m* de

avisos 2. (*pizarra*) quadro-negro *m;* ~ **de ajedrez/damas** tabuleiro *m* de xadrez/damas 3. AUTO painel *m* de instrumentos

tableta [ta'βleta] *f* 1. (*de chocolate*) tablete *m* 2. MED comprimido *m*

tablón [ta'βlon] *m* (*de andamio*) tábua *f;* ~ **de anuncios** quadro *m* de avisos

tabú [ta'βu] *m* <tabúes> tabu *m*

tabulador [taβula'ðor] *m* tabulador *m*

tabular [taβu'lar] *vt* tabular

taburete [taβu'rete] *m* tamborete *m*

tacañería [takaɲe'ria] *f* tacanhice *f*

tacaño, -a [ta'kaɲo, -a] *adj, m, f* tacanho, -a *m, f*

tacha ['taʧa] *f* 1. (*defecto*) imperfeição *f,* defeito *m;* **sin** ~ sem defeito 2. (*tachuela*) tacha *f*

tachar [ta'ʧar] *vt* 1. (*rayar*) riscar 2. (*acusar*) tachar; ~ **a alguien de algo** tachar a alguém de a. c.

tacho ['taʧo] *m* AmL 1. (*vasija*) tacho *m* 2. (*cubo*) lata *f* de lixo

tachón [ta'ʧon] *m* (*tachadura*) rabisco *m*

tachuela [ta'ʧwela] *f* tacha *f*

tácito, -a ['taθito, -a] *adj* tácito, -a

taciturno, -a [taθi'turno, -a] *adj* taciturno, -a

taco ['tako] *m* 1. (*pedazo*) naco *m* 2. (*de papel, billetes*) bloco *m* 3. (*de jamón, queso*) pedaço *m* 4. TÉC bucha *f* 5. (*de billar*) taco *m* 6. *inf* (*palabrota*) palavrão *m;* **decir** ~**s** dizer palavrões 7. *inf* (*lío*) confusão *f;* **hacerse un** ~ armar uma confusão 8. *AmL* (*tacón*) salto *m*

tacómetro [ta'kometro] *m* AUTO tacômetro *m*

tacón [ta'kon] *m* salto *m*

taconazo [tako'naθo] *m* sapatada *f*

taconear [takone'ar] *vi* sapatear

taconeo [tako'neo] *m* sapateado *m*

táctica ['taktika] *f* tática *f*

táctico, -a ['taktiko, -a] *adj, m, f* tático, -a *m, f*

táctil ['taktil] *adj* táctil

tacto ['takto] *m* t. *fig* tato *m*

taekwondo [tai'wondo] *m* tae kwon do *m*

tafetán [tafe'tan] *m* (*tela*) tafetá *m*

tahona [ta'ona] *f* padaria *f*

tahúr [ta'ur, ta'ura] *m, f* jogador(a) *m(f)*

tailandés, -esa [tailan'des, -esa] *adj, m, f* tailandês, -esa *m, f*

Tailandia [tai'landja] *f* Tailândia *f*

taimado, -a [tai'maðo, -a] *adj* taimado, -a

Taiwán [tai'wan] *m* Taiwan *f*

taiwanés, -esa [taiwa'nes, -esa] *adj, m, f* taiwanês, -esa *m, f*

tajada [ta'xaða] *f inf* 1. (*porción*) pedaço *m;* **sacar** ~ **de algo** tirar proveito de a. c. 2. *inf* (*borrachera*) bebedeira *f;* **pillar una** ~ tomar uma bebedeira

tajante [ta'xante] *adj* taxativo, -a

tajar [ta'xar] *vt* 1. (*cortar*) cortar 2. *AmL* (*afilar*) afiar

Tajo ['taxo] *m* el ~ o Tejo

tajo ['taxo] *m* 1. (*corte*) corte *m;* **ir al** ~ *inf* ir ao trabalho 2. GEO escarpa *f*

tal [tal] I. *adj* tal; **en** ~ **caso** nesse caso; **no digas** ~ **cosa** não diga tal coisa II. *pron* **el** ~ o tal III. *adv* tal; **son para cual** são tal e qual; **estar** ~ **cual** estar tal qual; ~ **y como** tal como; **¿qué** ~ (**te va**)? que tal (está você)?; **¿qué te lo has pasado?** como foi? IV. *conj* **con** ~ **de** +*infin,* **con** ~ **de que** +*subj* contanto que; ~ **vez** (*quizás*) talvez

tala ['tala] *f* tala *f*

taladradora [talaðra'ðora] *f* perfuradora *f*

taladrar [tala'ðrar] *vt* perfurar

taladro [ta'laðro] *m* furadeira *f*

talante [ta'lante] *m* 1. (*modo*) temperamento *m* 2. (*humor*) humor *m*

talar [ta'lar] *vt* talar

talco ['talko] *m* talco *m*

talega [ta'leɣa] *f* saco *m*

talego [ta'leɣo] *m* 1. (*talega*) taleiga *m* 2. *inf* (*cárcel*) xadrez *m*

talento [ta'lento] *m* talento *m;* **tener** ~ **para algo** ter talento para a. c.

talentoso, -a [talen'toso, -a] *adj* talentoso, -a

talero [ta'lero] *m Arg, Chile, Urug* rebenque *m*

Talgo ['talɣo] *m abr de* **Tren Articulado Ligero Goicoechea Oriol** *trem espanhol de alta velocidade*

talismán [talis'man] *m* talismã *m*

talla ['taʎa] *f* 1. (*de diamante*) lapidação *f* 2. (*en madera, piedra*) talha *f* 3. (*estatura*) altura *f;* **ser de poca** ~ ser de pouca estatura 4. (*de vestido*) tamanho *m* 5. (*moral*) valor *m*

tallar [ta'ʎar] *vt* 1. (*diamante*) lapidar 2. (*madera*) talhar 3. (*estatura*) medir

tallarín [taʎa'rin] *m* talharim *m*

talle ['taʎe] *m* 1. (*cintura*) cintura *f*

2. (*figura*) talhe *m*
taller [ta'ʎer] *m* oficina *f*
tallo ['taʎo] *m* talo *m*
talón [ta'lon] *m* **1.** (*del pie*) calcanhar *m*; ~ **de Aquiles** *fig* calcanhar de Aquiles; **pisar los talones a alguien** *inf* ir ao encalço de alguém **2.** (*cheque*) cheque *m*
talonario [talo'narjo] *m* (*de cheques, de recibos*) talão *m*
tamaño [ta'maɲo] *m* tamanho *m*
tamaño, -a [ta'maɲo, -a] *adj* tamanho, -a
tamarindo [tama'rindo] *m* tamarindo *m*
tambalearse [tambale'arse] *vr* cambalear
también [tam'bjen] *adv* também
tambor [tam'bor] *m* tambor *m*
tamboril [tambo'ril] *m* tamboril *m*
tamiz [ta'miθ] *m* peneira *f*
tamizar [tami'θar] <z→c> *vt* peneirar
tampoco [tam'poko] *adv* tampouco; ~ **me gusta éste** este tampouco me agrada
tampón [tam'pon] *m* **1.** (*de tinta*) almofada *f* **2.** (*para la mujer*) tampão *m*
tan [tan] *adv* tão; ~... **como...** tão... quanto...; **ni ~ siquiera** pelo menos
tanatorio [tana'torjo] *m* capela *f* mortuária
tanda ['tanda] *f* **1.** (*turno*) turno *m*, vez *f*; **¿me puedes guardar la ~?** você pode guardar meu lugar? **2.** (*serie*) série *f*; **por ~s** por turnos
tándem ['tandem] *m* (*bicicleta*) tandem *m*
tanga ['tanga] *m* tanga *f*
tangencial [tanxen'θjal] *adj* tangencial
tangente [tan'xente] *f* tangente *f*; **salirse por la ~** *fig* sair pela tangente
Tánger ['tanxer] *m* Tânger *f*
tangible [tan'xiβle] *adj* tangível
tango ['tango] *m* tango *m*
tanque ['tanke] *m t.* MIL, AUTO tanque *m*
tanqueta [tan'keta] *f* veículo blindado mais ágil e veloz do que o tanque de guerra
tanteador [tantea'ðor] *m* marcador *m*
tantear [tante'ar] *vt* **1.** (*calcular*) estimar **2.** (*probar*) sondar **3.** (*ir a tientas*) tatear
tanteo [tan'teo] *m* **1.** (*cálculo*) estimativa *f* **2.** (*sondeo*) sondagem *f* **3.** DEP (*de puntos*) pontuação *f*
tanto ['tanto] **I.** *m* **1.** (*cantidad*) tanto *m*; **un ~** um tanto; ~ **por ciento** tanto por cento; **estoy un ~ sorprendido** estou um tanto surpreendido **2.** (*punto, gol*) ponto *m* **3.** *fig* **estar al ~ de algo** estar ao par de a. c. **II.** *adv* **1.** (*de tal modo*) tanto; **no es para ~** não é para tanto **2.** (*de duración*) tanto; **tu respuesta tardó ~ que...** sua resposta tardou tanto que... **3.** (*comparativo*) ~ **mejor/peor** tanto melhor/pior; ~ **como** tanto quanto; ~ **si llueve como si no...** faça chuva ou não...; ~... **como...** tão... quanto... **4.** (*locuciones*) **en ~ (que** +*subj*) enquanto +*subj*; **entre ~** enquanto isso; **por (lo) ~** portanto
tanto, -a ['tanto, -a] **I.** *adj* **1.** (*comparativo*) tanto, -a; **no tengo ~ dinero como...** não tenho tanto dinheiro quanto...; ~**s días como...** tantos dias quanto... **2.** (*tal cantidad*) tanto, -a; **¡hace ~ tiempo!** faz tanto tempo!; ~ **gusto en conocerle** muito prazer em conhecê-lo **3.** *pl* (*número indefinido*) tantos, -as; **uno de ~s** um entre tantos; **a ~s de enero** a tantos de janeiro; **tener 40 y ~s años** ter 40 e tantos anos; **quedarse despierto hasta las tantas** ficar acordado até as tantas **II.** *pron dem* tanto, -a; ~**s** tantos; **coge ~s como quieras** pegue tantos quanto quiser
Tanzania [tan'θanja] *f* Tanzânia *f*
taoísmo [tao'ismo] *m* taoísmo *m*
tapa ['tapa] *f* **1.** (*cubierta*) tampa *f* **2.** (*de libro*) capa *f* **3.** (*de zapato*) sola *f* **4.** GASTR tira-gosto *m*

> **Cultura** **Tapa** é sinônimo de **pincho**, isto é, aperitivo ou lanche que se come entre as refeições principais. Em **Andalucía**, no entanto, uma **tapa** consiste exclusivamente de um **embutido y/o jamón** (salsicha e/ou presunto), o qual é servido com vinho ou cerveja.

tapacubos [tapa'kuβos] *m inv* AUTO calota *f*
tapadera [tapa'ðera] *f* **1.** (*de vasija*) tampa *f* **2.** (*negocio*) fachada *f*
tapar [ta'par] **I.** *vt t. fig* tapar **II.** *vr:* ~**se** **1.** (*con ropa, en cama*) cobrir-se **2.** (*oídos, la cara*) tapar

tapete [ta'pete] *m* toalha *f* (de centro); **estar sobre el ~** *fig* estar em discussão

tapia ['tapja] *f* muro *m*; **estar sordo como una ~** estar surdo como uma porta

tapiar [ta'pjar] *vt* murar

tapicería [tapiθe'ria] *f* tapeçaria *f*

tapiz [ta'piθ] *m* tapeçaria *f*

tapizar [tapi'θar] <z→c> *vt* forrar

tapón [ta'pon] *m* **1.** (*para botella, desague*) tampa *f* **2.** (*cerumen*) cerume *m* **3.** (*en baloncesto*) bloqueio *m* **4.** *inf* (*persona*) pipa *f*

taquicardia [taki'karðja] *f* MED taquicardia *f*

taquigrafía [takiɣra'fia] *f* taquigrafia *f*

taquigrafiar [takiɣrafi'ar] <*1. pres:* taquigrafío> *vt* taquigrafar

taquígrafo, -a [ta'kiɣrafo, -a] *m, f* taquígrafo, -a *m, f*

taquilla [ta'kiʎa] *f* **1.** TEAT, FERRO, DEP guichê *m* **2.** (*recaudación*) bilheteria *f* **3.** (*armario*) armário *m*

taquillero, -a [taki'ʎero, -a] **I.** *adj* campeão, campeã de bilheteria **II.** *m, f* bilheteiro, -a *m, f*

taquimecanografía [takimekanoɣra'fia] *f* estenodatilografia *f*

taquimecanógrafo, -a [takimeka'noɣrafo, -a] *m, f* estenodatilógrafo, -a *m, f*

tara ['tara] *f* **1.** (*en persona*) tara *f* **2.** (*en cosa*) defeito *m* **3.** COM (*peso*) tara *f*

tarado, -a [ta'raðo, -a] *adj, m, f inf* tarado, -a *m, f*

tarántula [ta'rantula] *f* tarântula *f*

tararear [tarare'ar] *vt* cantarolar

tardanza [tar'ðanθa] *f* demora *f*, tardança *m*

tardar [tar'ðar] *vi* tardar; **~ en llegar** atrasar-se; **no tardo nada** não me demoro; **¡no tardes!** volte logo!; **a más ~** no mais tardar; **sin ~** sem demora

tarde ['tarðe] **I.** *f* tarde *f*; **por la ~ de** tarde; **¡buenas ~s!** boa tarde! **II.** *adv* tarde; **~ o temprano** cedo ou tarde; **de ~ en ~** de vez em quando; **se me hace ~** me atrasei

tardío, -a [tar'ðio, -a] *adj* tardio, -a

tardo, -a ['tarðo, -a] *adj* lento, -a *m, f*

tardón, -ona [tar'ðon, -ona] *adj, m, f inf* lento, -a *m, f*

tarea [ta'rea] *f* tarefa *f*

tarifa [ta'rifa] *f* tarifa *f*

tarima [ta'rima] *f* plataforma *f*

tarjeta [tar'xeta] *f* t. INFOR cartão *m*; **~ amarilla** DEP cartão amarelo; **~ de crédito** cartão de crédito; **~ de embarque** AERO cartão de embarque; **~ inteligente** cartão de inteligente; **~ postal** cartão postal; **~ roja** DEP cartão vermelho; **~ de sonido** placa *f* de som; **~ telefónica** cartão de telefone; **~ de visita** cartão de visita

tarot [ta'rot] *m* tarô *m*

tarro ['tarro] *m* tarro *m*

tarta ['tarta] *f* torta *f*

tartamudear [tartamuðe'ar] *vi* gaguejar

tartamudez [tartamu'ðeθ] *f* gagueira *f*

tartamudo, -a [tarta'muðo, -a] *adj, m, f* gago, -a *m, f*

tasa ['tasa] *f* taxa *f*; **~s de aeropuerto** taxas de embarque; **~ de desempleo** taxa de desemprego; **~ de inflación** taxa de inflação; **~ de interés** taxa de juros; **~ de natalidad** taxa de natalidade

tasación [tasa'θjon] *f* taxação *f*

tasar [ta'sar] *vt* taxar

tasca ['taska] *f* tasca *f*

tata¹ ['tata] *f inf* (*niñera*) babá *f*

tata² ['tata] *m AmL* (*papá*) papai *m*

tatarabuelo, -a [tatara'βwelo, -a] *m, f* tataravô, -ó *m, f*

tataranieto, -a [tatara'njeto, -a] *m, f* tataraneto, -a *m, f*

tatuaje [tatu'axe] *m* tatuagem *f*

tatuar [tatu'ar] <*1. pres:* tatúo> *vt* tatuar

taurino, -a [tau̯'rino, -a] *adj* taurino, -a

Tauro ['tau̯ro] *m* Touro *m*; **ser ~** ser (de) Touro

tauromaquia [tau̯ro'makja] *f* tauromaquia *f*

taxi ['taksi] *m* taxi *m*

taxímetro [tak'simetro] *m* taxímetro *m*

taxista [tak'sista] *mf* taxista *mf*

taxonomía [taksono'mia] *f* taxonomia *f*

taza ['taθa] *f* **1.** (*de café*) xícara *f* **2.** (*del wáter*) vaso *m* sanitário

tazón [ta'θon] *m* tigela *f*

te [te] **I.** *f* tê *f*; **la letra ~** a letra tê **II.** *pron pers* te; **¡míra~!** olha para você! **III.** *pron refl* **~ vistes** você se veste; **~ levantas** você se levanta; **¿~ has lavado los dientes?** você escovou os dentes?

té [te] *m* chá *m*

tea ['tea] *f* tocha *f*

teatral [tea'tral] *adj* teatral

teatralidad [teatrali'ðað] *f* teatralidade *f*

teatro [te'atro] *m* teatro *m*; **hacer ~** *fig*

tebeo [te'βeo] *m* revista *f* em quadrinhos; **estar más visto que el** ~ *inf* ser mais conhecido que o pai-nosso

techo ['tetʃo] *m* teto *m*

tecla ['tekla] *f* tecla *f*; **~ de intro** tecla Enter; **~ de mayúsculas** tecla de maiúsculas; **~ de retroceso** tecla de retrocesso; **tocar demasiadas ~s** *fig* se virar por todos os lados

teclado [te'klaðo] *m* teclado *m*

teclear [tekle'ar] *vi* teclar

técnica ['teɣnika] *f* técnica *f*

técnicamente [teɣnika'mente] *adv* tecnicamente

técnico, -a ['teɣniko, -a] *adj, m, f* técnico, -a *m, f*

tecnicolor [teɣniko'lor] *m* tecnicólor *m*

tecno ['teɣno] *m* MÚS tecno *m*

tecnocracia [teɣno'kraθja] *f* tecnocracia *f*

tecnócrata [teɣ'nokrata] **I.** *adj* tecnocrático, -a **II.** *mf* tecnocrata *mf*

tecnología [teɣnolo'xia] *f* tecnologia *f*; **~s de la información** tecnologia da informação; **~ punta** tecnologia de ponta

tecnológico, -a [teɣno'loxiko, -a] *adj* tecnológico, -a

tectónica [tek'tonika] *f* tectônica *f*

tectónico, -a [tek'toniko, -a] *adj* tectônico, -a

tedio ['teðjo] *m* tédio *m*

tedioso, -a [te'ðjoso, -a] *adj* tedioso, -a

Tegucigalpa [teɣuθi'ɣalpa] *f* Tegucigalpa *f*

Teherán [te(e)'ran] *m* Teheran *f*

teja ['texa] *f* telha *f*

tejado [te'xaðo] *m* telhado *m*

tejano, -a [te'xano, -a] *adj, m, f* texano, -a *m, f*

tejanos [te'xanos] *mpl* calça *f* jeans

tejemaneje [texema'nexe] *m* *inf* **1.** (*actividad*) agitação *f* **2.** (*intriga*) maquinação *f*

tejer [te'xer] *vt* (*tela*) fiar; (*tricotar*) tecer; **~ intrigas** tecer intrigas

tejido [te'xiðo] *m* tecido *m*

tejón [te'xon] *m* texugo *m*

tel. [te'lefono] *abr de* **teléfono** tel.

tela ['tela] *f* **1.** (*tejido*) tecido *m*; **~ de araña** teia *f* de aranha **2.** (*lienzo*) tela *f*; **poner algo en ~ de juicio** pôr a. c. em questionamento; **este asunto tiene ~** *inf* este assunto dá pano pra manga

telar [te'lar] *m* (*máquina*) tear *m*

telaraña [tela'raɲa] *f* teia *f* de aranha

tele ['tele] *f inf* tv *f*

telebanca [tele'βaŋka] *f*, **telebanco** [tele'βaŋko] *m Bol, Col, Perú, PRico* telebanco *m*

telebasura [teleβa'sura] *f programas de televisão de baixa qualidade*

telecabina [teleka'βina] *m* teleférico *m*

telecompra [tele'kompra] *f* telecompra *f*

telecomunicación [telekomunika'θjon] *f* telecomunicação *f*

teleconferencia [telekomfe'renθja] *f* COM teleconferência *f*

telecontrol [tele'kontrol] *m* controle *m* remoto

telediario [tele'ðjarjo] *m* telejornal *m*

teledifusión [teleðifu'sjon] *f* teledifusão *f*

teledirigido, -a [teleðiri'xiðo, -a] *adj* teledirigido, -a

teléf. [te'lefono] *abr de* **teléfono** tel.

teleférico [tele'feriko] *m* teleférico *m*

telefilm [tele'film] *m* telefilme *m*

telefonazo [telefo'naθo] *m inf* telefonada *f*; **dar un ~ a alguien** dar uma telefonada para alguém

telefonear [telefone'ar] *vi* telefonar

Telefónica [tele'fonika] *f companhia espanhola de telefonia*

telefónico, -a [tele'foniko, -a] *adj* telefônico, -a

telefonista [telefo'nista] *mf* telefonista *mf*

teléfono [te'lefono] *m* telefone *m*; **~ inalámbrico** telefone sem fio; **~ móvil** telefone celular; **~ público** telefone público; **~ rojo** *fig* telefone vermelho; **~ sin manos** telefone viva-voz; **hablar por ~** falar por telefone; **llamar por ~** telefonar, ligar

telegrafía [teleɣra'fia] *f* telegrafia *f*

telegrafiar [teleɣrafi'ar] <*3. pret:* telegrafió> *vi, vt* telegrafar

telegráfico, -a [tele'ɣrafiko, -a] *adj* telegráfico, -a

telegrafista [teleɣra'fista] *mf* telegrafista *mf*

telégrafo [te'leɣrafo] *m* telégrafo *m*

telegrama [tele'ɣrama] *m* telegrama *m*

teleimpresor [teleimpre'sor] *m* teletipo *m*

telele [te'lele] *m inf* chilique *m*; **me va a dar un ~** vai me dar um chilique

telemando [tele'mando] *m* controle *m* remoto

telenovela [teleno'βela] *f* TV telenovela *f*

teleobjetivo [teleoβxe'tiβo] *m* FOTO teleobjetiva *f*

telepatía [telepa'tia] *f* telepatia *f*

telepático, -a [tele'patiko, -a] *adj* telepático, -a

telescópico, -a [teles'kopiko, -a] *adj* telescópico, -a

telescopio [teles'kopjo] *m* telescópio *m*

telesilla [tele'siʎa] *f cadeira usada para transportar os esquiadores para as pistas*

telespectador(a) [telespekta'ðor(a)] *m(f)* telespectador(a) *m(f)*

telesquí [teles'ki] *m* teleférico *m* de estação de esqui

teletexto [tele'testo] *m* teletexto *m*

teletipo [tele'tipo] *m* teletipo *m*

teletrabajador(a) [teletrabaxa'ðor(a)] *m(f)* teletrabalhador(a) *m(f)*

teletrabajo [teletra'βaxo] *m* teletrabalho *m*

televenta [tele'benta] *f* televenda *f*

televidente [teleβi'ðente] *mf v.* **telespectador**

televisar [teleβi'sar] *vt* televisionar

televisión [teleβi'sjon] *f* televisão *f*; ~ **en color** televisão a cores; ~ **digital** televisão digital; ~ **de pago** televisão por assinatura

televisivo, -a [teleβi'siβo, -a] *adj* televisivo, -a

televisor [teleβi'sor] *m* televisor *m*; ~ **en color** televisor a cores

télex ['teleɣs] *m* telex *m*

telón [te'lon] *m* cortina *f*; ~ **de acero** cortina de ferro; ~ **de fondo** pano *m* de fundo

tema ['tema] *m* tema *m*; ~ **s de actualidad** temas da atualidade

> **Gramática** Palavras como por exemplo **tema** terminada em -ma são sempre masculinas: "el tema." Outros exemplos incluem: "el clima, el drama, el idioma, el problema, el programa, el sistema."

temario [te'marjo] *m* temário *m*

temática [te'matika] *f* temática *f*

temático, -a [te'matiko, -a] *adj* temático, -a

temblar [tem'blar] <e→ie> *vi* tremer; ~ **por alguien** tremer por alguém; ~ **de frío** tremer de frio

tembleque [tem'bleke] *m inf* (*temblor*) tremedeira *f*

temblor [tem'blor] *m* tremor *m*; ~ **de tierra** tremor de terra

tembloroso, -a [temblo'roso, -a] *adj* trêmulo, -a

temer [te'mer] I. *vi, vt* temer II. *vr:* ~ **se** temer

temerario, -a [teme'rarjo, -a] *adj* temerário, -a

temeridad [temeri'ðað] *f* temeridade *f*

temeroso, -a [teme'roso, -a] *adj* temeroso, -a

temible [te'miβle] *adj* temível

temor [te'mor] *m* temor *m*; **tener ~ a algo** ter temor de a. c.

témpano ['tempano] *m* bloco *m*

temperamental [temperamen'tal] *adj* temperamental

temperamento [tempera'mento] *m* temperamento *m*; **tener mucho ~** ter uma personalidade forte

temperatura [tempera'tura] *f* temperatura *f*; ~ **ambiente** temperatura ambiente

tempestad [tempes'tað] *f* tempestade *f*

tempestuoso, -a [tempestu'oso, -a] *adj* tempestuoso, -a

templado, -a [tem'plaðo, -a] *adj* 1. (*de temperatura media*) morno, -a 2. (*persona: moderado*) comedido, -a; (*tranquilo, sereno*) sereno, -a

templanza [tem'planθa] *f* 1. (*moderación*) moderação *f* 2. (*clima*) clima *m* ameno

templar [tem'plar] I. *vt* 1. (*moderar, calmar*) amenizar 2. (*calentar*) aquecer 3. (*entibiar*) amornar 4. (*acero*) temperar 5. MÚS afinar II. *vr:* ~ **se** 1. (*calentarse*) aquecer-se 2. *AmL* (*enamorarse*) apaixonar-se

templario [tem'plarjo] *m* templário *m*

temple ['temple] *m* 1. (*carácter, pintura*) têmpera *f* 2. MÚS afinação *f*

templo ['templo] *m* templo *m*

temporada [tempo'raða] *f* temporada *f*; ~ **alta** alta temporada; ~ **baja** baixa temporada; **de ~** da estação

temporal [tempo'ral] *adj, m t.* REL temporal *m*

temporalidad [temporali'ðað] *f* temporalidade *m*

temporizador [temporiθa'ðor] *m* temporizador *m*

tempranero, -a [tempra'nero, -a] I. *adj*

temprano 312 **tercero**

(*fruta*) temporão, temporã **II.** *m, f* madrugador(a) *m(f)*

temprano [tem'prano] *adv* cedo

temprano, -a [tem'prano, -a] *adj* temporão, temporã

tenacidad [tenaθi'ðaᵈ] *f* tenacidade *f*

tenacillas [tena'θiʎas] *fpl* pinça *f*

tenaz [te'naθ] *adj* tenaz

tenaza(s) [te'naθa(s)] *f(pl)* alicate *m*

tendedero [teŋde'ðero] *m* **1.** (*lugar*) *local destinado à secagem das roupas lavadas* **2.** (*armazón*) varal *m*

tendencia [teŋ'deŋθja] *f* tendência *f*; ~ **a algo** tendência a a. c.

tendencioso, -a [teŋdeŋ'θjoso, -a] *adj* tendencioso, -a

tender [teŋ'der] <e→ie> **I.** *vt* **1.** (*ropa*) estender; (*puente*) construir; ~ **la cama** *AmL* fazer a cama; ~ **la mesa** *AmL* pôr a mesa **2.** (*tumbar*) deitar **3.** (*aproximar*) estender; ~ **la mano a alguien** *fig* estender a mão a alguém **II.** *vi* tender; ~ **a algo** tender a a. c.

tenderete [teŋde'rete] *m* banca *f*

tendero, -a [teŋ'dero, -a] *m, f* comerciante *mf*

tendido [teŋ'diðo] *m* **1.** (*de un cable*) fiação *f* **2.** taur arquibancada *f* **3.** *AmL* (*de la cama*) roupa *f* de cama

tendido, -a [teŋ'diðo, -a] *adj* **1.** (*ropa*) estendido, -a **2.** (*tumbado*) deitado, -a

tendón [teŋ'don] *m* anat tendão *m*; ~ **de Aquiles** tendão de Aquiles

tenebroso, -a [tene'βroso, -a] *adj* tenebroso, -a

tenedor [tene'ðor] *m* garfo *m*

tenedor(a) [tene'ðor(a)] *m(f)*; portador(a) *m(f)*; ~ **de tierras** proprietário *m* de terras

teneduría [teneðu'ria] *f* contabilidade *f*

tenencia [te'neŋθja] *f* jur porte *m*

tener [te'ner] *irr* **I.** *vt* **1.** (*poseer, sentir*) ter; ~ **los ojos azules** ter olhos azuis; ~ **29 años** ter 29 anos; ~ **hambre/calor/sueño** ter fome/calor/sono; ¿(**con que**) **ésas tenemos?** então é assim?; **no** ~ **las todas consigo** *inf* não ter certeza **2.** (*considerar*) ter; ~ **a alguien en menos/mucho** ter alguém por pouco/muito; **me tienes preocupada** estou preocupada com você **3.** (*guardar*) guardar **4.** (*sujetar*) segurar **II.** *vr*: ~ **se 1.** (*por algo*) achar-se **2.** (*sostenerse*) manter-se; ~ **se firme** *t. fig* manter-se firme **III.** *aux* **1.** (*con participio*) ~ **pensado hacer algo** ter pensado em fazer a. c. **2.** (*obligación*) ~ **que** ter que; ~ **mucho que hacer** ter muito o que fazer

tenia ['tenja] *f* tênia *f*

teniente [te'njeŋte] *m* mil tenente *m*; ~ **de alcalde** vice-prefeito *m*; ~ **coronel** tenente-coronel *m*; ~ **general** tenente-general *m*

tenis ['tenis] *m* tênis *m*; ~ **de mesa** tênis de mesa

tenista [te'nista] *mf* tenista *mf*

tenístico, -a [te'nistiko, -a] *adj* tenístico, -a

tenor [te'nor] *m* mús tenor *m*

tensar [ten'sar] *vt* estender

tensión [ten'sjon] *f* tensão *f*; ~ (**arterial**) pressão *f* arterial; **estar en** ~ estar tenso; **tener la** ~ **alta/baja** ter a pressão alta/baixa

tenso, -a ['tenso, -a] *adj* tenso, -a

tentación [teŋta'θjon] *f* tentação *f*; **caer en la** ~ cair em tentação

tentáculo [teŋ'takulo] *m* tentáculo *m*

tentador(a) [teŋta'ðor(a)] *adj* tentador(a)

tentar [teŋ'tar] <e→ie> *vt* tentar

tentativa [teŋta'tiβa] *f* tentativa *f*

tentempié [teŋtem'pje] *m inf* lanche *m*

tenue ['tenwe] *adj* tênue

teñir [te'ɲir] *irr como ceñir* **I.** *vt* tingir **II.** *vr*: ~ **se** tingir-se

teología [teolo'xia] *f* teologia *f*; ~ **de la liberación** teologia da libertação

teológico, -a [teo'loxiko, -a] *adj* teológico, -a

teólogo, -a [te'oloɣo, -a] *m, f* teólogo, -a *m, f*

teorema [teo'rema] *m* teorema *m*

teoría [teo'ria] *f*; **en** ~ em teoria

teórico, -a [te'oriko, -a] *adj, m, f* teórico, -a *m, f*

teorizar [teori'θar] <z→c> *vi* teorizar

tequila [te'kila] *m* tequila *f*

terapeuta [tera'peuta] *mf* terapeuta *mf*

terapéutica [tera'peutika] *f* terapêutica *f*

terapéutico, -a [tera'peutiko, -a] *adj* terapêutico, -a

terapia [te'rapja] *f* terapia *f*; ~ **de grupo** terapia de grupo; ~ **ocupacional** terapia ocupacional

tercer [ter'θer] *adj v.* **tercero**

tercermundista [terθermuŋ'dista] *adj* referente ao terceiro mundo

tercero [ter'θero] **I.** *m t.* jur terceiro *m* **II.** *adv* terceiro

tercero, -a [ter'θero, -a] *adj* (*delante de*

un sustantivo masculino: tercer) tercero, -a; *v.t.* **octavo**

> **Gramática** **tercero** é usado sempre após um substantivo masculino singular ou sozinho como pronome: "Vive en el piso tercero; Es el tercero de su clase." No entanto, **tercer** é usado sempre antes de um substantivo masculino singular: "Lo consiguió al tercer intento."

terceto [ter'θeto] *m* MÚS terceto *m*
terciar [ter'θjar] **I.** *vt AmL* (*aguar*) diluir **II.** *vi* **1.** (*intervenir*) intervir **2.** (*mediar*) mediar **III.** *vr; vimpers:* ~ **se** propiciar-se; **si se tercia** se surgir a oportunidade
terciario [ter'θjarjo] *m* GEO terciário *m*
terciario, -a [ter'θjarjo, -a] *adj* terciário, -a
tercio ['terθjo] *m* terço *m; v.t.* **octavo**
terciopelo [terθjo'pelo] *m* veludo *m*
terco, -a ['terko, -a] *adj, m, f* teimoso, -a *m, f*
tergal® [ter'ɣal] *m* tergal® *m*
tergiversación [terxiβersa'θjon] *f* tergiversação *f*
tergiversar [terxiβer'sar] *vt* distorcer
termal [ter'mal] *adj* termal
termas ['termas] *fpl* termas *fpl*
térmico, -a ['termiko, -a] *adj* térmico, -a
terminación [termina'θjon] *f* **1.** (*acción, final*) término *m* **2.** LING terminação *f*
terminal[1] [termi'nal] **I.** *adj* terminal; **un enfermo** ~ um doente terminal **II.** *m* INFOR terminal *m*
terminal[2] [termi'nal] *f* terminal *m*
terminante [termi'nante] *adj* terminante
terminar [termi'nar] **I.** *vt* terminar **II.** *vi* **1.** (*tener fin*) terminar; ~ **bien/mal** terminar bem/mal; ~ **de hacer algo** terminar de fazer a. c.; **la escuela termina a las dos** a escola termina às duas **2.** (*destruir, separarse*) terminar; ~ **con algo/alguien** terminar com a. c./alguém **III.** *vr:* ~ **se** terminar
término ['termino] *m* **1.** (*fin*) término *m;* **llevar a** ~ levar a término; **poner a algo** pôr termo a a. c. **2.** (*plazo*) término *m* **3.** (*linde*) término *m;* ~ **municipal** área *f* municipal **4.** (*vocablo*) termo *m;* **en** ~**s generales** em termos gerais; **en otros** ~ **s** em outros termos; **en malos** ~ **s** em maus termos **5.** *pl* (*de un contrato*) termos *mpl* **6.** *fig* **en primer** ~ em primeiro lugar; **en último** ~ em último caso; **por** ~ **medio** em termos médios
terminología [terminolo'xia] *f* terminologia *f*
termita [ter'mita] *f* **1.** ZOOL cupim *m* **2.** QUÍM termita *f*
termo ['termo] *m* garrafa *f* térmica
termodinámica [termoði'namika] *f* termodinâmica *f*
termómetro [ter'mometro] *m* termômetro *m*
termonuclear [termonukle'ar] *adj* termonuclear
termostato [termos'tato] *m,* **termóstato** [ter'mostato] *m* termostato *m*
ternera [ter'nera] *f* vitela *f*
ternero, -a [ter'nero, -a] *m, f* bezerro, -a *m, f*
terno ['terno] *m* (*traje*) terno *m*
ternura [ter'nura] *f* ternura *f*
terquedad [terke'ðað] *f* obstinação *f*
terracota [terra'kota] *f* terracota *f*
terrado [te'rraðo] *m* terraço *m*
Terranova [terra'noβa] *f* Terra *f* Nova
terraplén [terra'plen] *m* terraplenagem *f*
terráqueo, -a [te'rrakeo, -a] *adj* terráqueo, -a
terrario [te'rrarjo] *m* terrário *m*
terrateniente [terrate'njente] *mf* terratenente *mf*
terraza [te'rraθa] *f* **1.** (*balcón*) sacada *f* **2.** (*azotea, de café*) terraço *m* **3.** (*de cultivo*) encosta *f*
terremoto [terre'moto] *m* terremoto *m*
terrenal [terre'nal] *adj* terreno, -a
terreno [te'rreno] *m* **1.** (*en general*) terreno *m;* **estar en su propio** ~ estar em seu próprio terreno; **ganar/perder** ~ ganhar/perder terreno; **saber el** ~ **que pisa** conhecer o terreno onde pisa; **tantear el** ~ explorar o terreno; **sobre el** ~ in loco **2.** DEP cancha *f;* ~ **de juego** cancha de jogo
terreno, -a [te'rreno, -a] *adj* terreno, -a
terrestre [te'rrestre] *adj* terrestre
terrible [te'rriβle] *adj* terrível
terrícola [te'rrikola] *mf* terráqueo, -a *m, f*
territorial [territo'rjal] *adj* territorial
territorio [terri'torjo] *m* território *m*
terrón [te'rron] *m* torrão *m;* ~ **de azú-**

car torrão de açúcar; **~ de tierra** torrão de terra

terror [te'rror] *m* terror *m*

terrorífico, -a [terro'rifiko, -a] *adj* horrendo, -a

terrorismo [terro'rismo] *m* terrorismo *m*

terrorista [terro'rista] *adj, mf* terrorista *mf*

terroso, -a [te'rroso, -a] *adj* terroso, -a

terruño [te'rruɲo] *m* **1.** (*trozo*) terreno *m* **2.** *inf* (*patria*) terra natal *f*

terso, -a ['terso, -a] *adj* (*liso*) terso, -a

tertulia [ter'tulja] *f* tertúlia *f*; **~ literaria** tertúlia literária; **estar de ~** ficar de papo

tesina [te'sina] *f* tese que leva ao grau acadêmico de licenciado

tesis ['tesis] *f inv* tese *f*

tesitura [tesi'tura] *f* contexto *m*

tesón [te'son] *m* perseverança *f*

tesorería [tesore'ria] *f* tesouraria *f*

tesorero, -a [teso'rero, -a] *m, f* tesoureiro, -a *m, f*

tesoro [te'soro] *m* tesouro *m*; **el ~ (público)** o Tesouro Público

test [tes^t] *m* exame *m*

testaferro [testa'ferro] *m* testa-de-ferro *mf*

testamentario, -a [testamen'tarjo, -a] *adj, m, f* testamentário, -a *m, f*

testamento [testa'mento] *m* testamento *m*; **Antiguo/Nuevo Testamento** Antigo/Novo Testamento

testar [tes'tar] *vi* testar

testarudo, -a [testa'ruðo, -a] *adj, m, f* teimoso, -a *m, f*

testículo [tes'tikulo] *m* testículo *m*

testificar [testifi'kar] <c→qu> *vi, vt* testemunhar

testigo[1] [tes'tiɣo] *m* DEP bastão *m*

testigo[2] [tes'tiɣo] *mf t.* JUR testemunha *mf*; **~ de cargo** testemunha de acusação; **~ de descargo** testemunha de defesa; **~ de Jehová** testemunha de Jeová; **~ ocular** [*o* **presencial**] testemunha ocular; **ser ~ de algo** ser testemunha de a. c.

testimonial [testimo'njal] *adj* testemunhal

testimoniar [testimo'njar] *vt* testemunhar

testimonio [testi'monjo] *m* testemunho *m*; **falso ~** falso testemunho; **dar ~** dar testemunho

testosterona [testoste'rona] *f* testosterona *f*

teta ['teta] *f inf* (*pecho*) teta *f*; **dar la ~** dar o peito

tétano(s) ['tetano(s)] *m* (*inv*) MED tétano *m*

tetera [te'tera] *f* chaleira *f*

tetilla [te'tiʎa] *f* **1.** (*de biberón*) bico *m* **2.** (*de animal*) teta *f*

tetina [te'tina] *f* tetina *f*

tetrapléjico, -a [tetra'plexiko, -a] *adj, m, f* tetraplégico, -a *m, f*

tétrico, -a ['tetriko, -a] *adj* tétrico, -a

textil [tes'til] *adj, m* têxtil *m*

texto ['testo] *m* texto *m*

textual [testu'al] *adj* textual; **con palabras ~es** com palavras textuais

textura [tes'tura] *f* textura *f*

tez [teθ] *f* tez *f*; **de ~ morena** de tez morena

ti [ti] *pron pers* ti; **a ~** a ti; **de ~** de ti; **para/por ~** para/por ti

tía ['tia] *f* **1.** (*pariente*) tia *f*; ¡(**cuéntaselo a**) **tu ~!** *inf* conta outra! **2.** *inf* (*mujer*) tia *f*; ¡**qué ~ más buena!** que gata!

tibia ['tiβja] *f* tíbia *f*

tibieza [ti'βjeθa] *f* tibieza *f*

tibio, -a ['tiβjo, -a] *adj* **1.** (*temperatura, carácter*) tíbio, -a **2.** AmL, *inf* (*enfadado*) brabo, -a

tiburón [tiβu'ron] *m* tubarão *m*

tic [tik] *m* <tics> tique *m*

tictac [tik'tak] *m* tique-taque *m*

tiempo ['tjempo] *m* **1.** (*en general*) tempo *m*; **~ libre** tempo livre; **~ muerto** DEP tempo morto; **al poco ~** pouco tempo depois; **a ~** a tempo; **a su ~** a seu tempo; **cada cosa a su ~** cada coisa a seu tempo; **al ~ que...** no tempo que...; **llegar antes de ~** chegar antes do tempo; **desde hace mucho ~** há muito tempo; **en estos ~s** nestes tempos; **dar ~ al ~** dar tempo ao tempo; **hace ~ que...** faz tempo que...; ¡**cuánto ~ sin verte!** quanto tempo sem te ver!; **hay ~** tem tempo; **matar el ~** matar o tempo; **mucho/demasiado ~** muito/demasiado tempo; **perder el ~** perder tempo; **ya es ~ que** +*subj* já é tempo de +*infin*; **tomarse ~** dar-se um tempo **2.** METEO tempo *m*; **si el ~ no lo impide** se o tempo permitir **3.** (*edad*) anos *mpl*

tienda ['tjenda] *f* **1.** (*establecimiento*) loja *f*; **~ de comestibles** mercearia *f*; **ir de ~s** fazer compras **2.** (*para acampar*)

tienta ~ (**de campaña**) barraca *f* (de camping)

tienta ['tjenta] *f* andar a ~ s *fig* tatear

tiento ['tjento] *m* tato *m*

tierno, -a ['tjerno, -a] *adj* **1.**(*blando*) terno, -a; (*pan*) mole **2.**(*cariñoso*) terno, -a

tierra ['tjerra] *f* terra *f*; **la Tierra** (*planeta*) a Terra; ~ **de cultivo** terra de cultivo; ~ **firme** terra firme; **Tierra del Fuego** Terra do Fogo; ~ **de nadie** terra de ninguém; ~ **natal** terra natal; **Tierra Prometida** Terra Prometida; **Tierra Santa** Terra Santa; **echar por** ~ **algo** *fig* deitar a. c. por terra; **tomar** ~ AERO aterrissar; **¡~ trágame!** *inf* eu quero entrar pra debaixo da terra!

tieso ['tjeso] *adv* firme

tieso, -a ['tjeso, -a] *adj* (*estirado*) teso, -a; (*engreído*) arrogante

tiesto ['tjesto] *m* vaso *m*

tifoideo, -a [tifoi'ðeo, -a] *adj* tifoide

tifón [ti'fon] *m* tufão *m*

tifus ['tifus] *m inv* tifo *m*

tigre, -a ['tiɣre, ti'ɣresa] *m, f AmL* (*jaguar*) jaguar *m*

tigre(sa) ['tiɣre(sa)] *m(f)* tigre(sa) *m(f);* **oler a** ~ *inf* feder

tijera(s) [ti'xera(s)] *f(pl)* tesoura *f*

tijeretazo [tixere'taθo] *m* tesourada *f*

tijeretear [tixerete'ar] *vt* tesourar

tila ['tila] *f* tília *f*

tildar [til'dar] *vt* ~ **a alguien de algo** tachar alguém de a. c.

tilde ['tilde] *f* **1.**(*acento*) acento *m* **2.**(*de la ñ*) til *m*

tilín [ti'lin] *m* (*sonido*) tilinte *m*; **hacer** ~ **a alguien** *inf* agradar a alguém

tilo ['tilo] *m* tília *f*

timador(a) [tima'ðor(a)] *m(f)* trapaceiro, -a *m, f*

timar [ti'mar] *vt* trapacear

timbal [tim'bal] *m* MÚS timbale *m*

timbrar [tim'brar] *vt* timbrar

timbre [ti'mbre] *m* **1.**(*sonido, sello*) timbre *m* **2.**(*aparato*) campainha *f*

timidez [timi'ðeθ] *f* timidez *f*

tímido, -a ['timiðo, -a] *adj* tímido, -a

timo [ti'mo] *m* trapaça *f*

timón [ti'mon] *m* leme *m;* **llevar el** ~ *inf* ter as rédeas

timonel [timo'nel] *mf* timoneiro, -a *m, f*

tímpano ['timpano] *m* ANAT, MÚS tímpano *m*

tina ['tina] *f* **1.**(*vasija*) tina *f* **2.***AmL* (*bañera*) tina *f*, banheira *f*

tinaja [ti'naxa] *f* vasilha *f* de barro

tinglado [tiŋ'glaðo] *m* **1.**(*cobertizo*) galpão *m* **2.***inf* (*lío*) bagunça *f* **3.**(*artimaña*) picaretagem *f*

tiniebla [ti'njeβla] *f* treva *f*; **en** ~ **s** às escuras

tino ['tino] *m* **1.**(*puntería*) pontaria *f* **2.**(*destreza, moderación*) tino *m*

tinta ['tinta] *f* tinta *f*; ~ **china** nanquim *m*; **medias** ~ **s** meias palavras; **cargar las** ~ **s** *inf* exagerar; **saber algo de buena** ~ *inf* saber a. c. de fonte quente; **sudar** ~ *inf* suar a camisa

tinte ['tinte] *m* **1.**(*teñidura, colorante*) tintura *f* **2.**(*tintorería*) lavanderia *f* **3.**(*matiz*) tom *m*

tintero [tin'tero] *m* tinteiro *m;* **dejarse algo en el** ~ *fig* ficar a. c. no tinteiro

tintinear [tintine'ar] *vi* tilintar

tintineo [tinti'neo] *m* tilintido *m*

tinto ['tinto] *m* (*vino*) tinto *m*

tinto, -a ['tinto, -a] *adj* vermelho-escuro, vermelha-escura

tintorería [tintore'ria] *f* tinturaria *f*

tintorero, -a [tinto'rero, -a] *m, f* tintureiro, -a *m, f*

tintura [tin'tura] *f* tintura *f*

tío ['tio] *m* **1.**(*pariente*) tio *m* **2.***inf* (*hombre*) tio *m;* **¡qué** ~ **más bueno!** *inf* que gato!

tiovivo [tio'βiβo] *m* carrossel *m*

típico, -a ['tipiko, -a] *adj* típico, -a

tiple¹ ['tiple] *mf* MÚS (*persona*) soprano *mf*

tiple² ['tiple] *m* MÚS (*voz*) soprano *m*

tipo ['tipo] *m* **1.**(*en general*) tipo *m* **2.**(*cuerpo*) corpo *m*; **aguantar el** ~ *inf* aguentar a barra; **arriesgar el** ~ *inf* arriscar a pele; **tener buen** ~ ter um corpo bonito **3.** FIN taxa *f*; ~ **de cambio** taxa de câmbio; ~ **de interés** taxa de juros

tipo, -a ['tipo, -a] *m, f inf* tipo, -a *m, f*

tipografía [tipoɣra'fia] *f* tipografia *f*

tipográfico, -a [tipo'ɣrafiko, -a] *adj* tipográfico, -a

tipógrafo, -a [ti'poɣrafo, -a] *m, f* tipógrafo, -a *m, f*

tipología [tipolo'xia] *f* tipologia *f*

tíquet [ti'ket] *m* <tíquets> tíquete *m;* ~ **de compra** tíquete de compra

tiquismiquis¹ [tikis'mikis] *mf inv* (*remilgado*) melindroso, -a *m, f*

tiquismiquis² [tikis'mikis] *mpl* **1.**(*remilgo*) melindre *m* **2.**(*ñoñería*) besteira *f*

tira ['tira] *f* 1. (*banda*) tira *f*; ~ **cómica** tira cômica 2. *inf* (*mucho*) **esto me ha gustado la** ~ gostei demais

tirabuzón [tiraβu'θon] *m* 1. (*rizo*) cacho *m* 2. (*sacacorchos*) saca-rolhas *m inv*

tirachinas [tira'tʃinas] *m inv* estilingue *m*

tirada [ti'raða] *f* 1. (*edición*) tiragem *f*; **de una** ~ *fig* de uma só vez 2. *inf* (*distancia*) tirada *f* 3. (*en juego*) jogada *f*

tirado, -a [ti'raðo, -a] *adj adv* 1. (*barato*) barato, -a 2. (*fácil*) fácil; **estar** ~ estar uma moleza

tirador [tira'ðor] *m* puxador *m*

tirador(a) [tira'ðor(a)] *m(f)* (*disparador*) atirador(a) *m(f)*

tiralíneas [tira'lineas] *m inv* tira-linhas *m inv*

tiranía [tira'nia] *f* tirania *f*

tiránico, -a [ti'raniko, -a] *adj* tirânico, -a

tiranizar [tirani'θar] <z→c> *vt* tiranizar

tirano, -a [ti'rano, -a] *adj, m, f* tirano, -a *m, f*

tirante [ti'rante] I. *adj* 1. (*tieso*) esticado, -a 2. (*conflictivo*) tenso, -a II. *m* 1. (*travesaño*) viga *f* 2. *pl* (*elásticos*) suspensórios *mpl* 3. (*de un vestido*) alça *f*

tirantez [tiran'teθ] *f* tensão *f*

tirar [ti'rar] I. *vi* 1. (*arrastrar*) puxar; ~ **de algo** puxar a. c.; **¿qué tal? – vamos tirando** *inf* como está? – vamos indo 2. (*atraer*) atrair 3. (*chimenea*) combustar 4. (*disparar*) atirar II. *vt* 1. (*lanzar, disparar*) atirar 2. (*malgastar*) botar fora 3. (*derribar*) atirar no chão 4. (*imprimir*) tirar, imprimir 5. FOTO tirar III. *vr:* ~**se** 1. (*lanzarse*) atirar-se 2. (*echarse*) deitar-se 3. *inf* (*pasarse*) passar

tirita [ti'rita] *f* band-aid *m*

tiritar [tiri'tar] *vi* tiritar; ~ **de frío** tiritar de frio

tiro ['tiro] *m* 1. (*en general*) tiro *m*; ~ **al aire** tiro no ar; ~ **de gracia** tiro de misericórdia; ~ **libre** (*en baloncesto*) lançamento *m*; ~ **al blanco** tiro ao alvo; ~ **al plato** tiro ao prato; **a** ~ *t. fig* na mira; **dar un** ~ dar um tiro; **pegarse un** ~ dar-se um tiro; **me salió el** ~ **por la culata** *inf* o tiro saiu pela culatra; **sentar como un** ~ (*comida, noticia*) cair mal 2. **de chimenea** combustão *f*

tiroides [ti'roiðes] *m inv* MED tireoide *f*

tirón [ti'ron] *m* tirão *m*; **de un** ~ (*bruscamente*) de supetão; (*de una vez*) de uma vez

tirotear [tirote'ar] *vt* tirotear

tiroteo [tiro'teo] *m* tiroteio *m*

tirria ['tirrja] *f inf* implicância *f*; **tener** ~ **a alguien** ter implicância com alguém

tísico, -a [ti'siko, -a] *m, f* tísico, -a *m, f*

tisis ['tisis] *f inv* MED tuberculose *f*

titán [ti'tan] *m* titã *m*

titánico, -a [ti'taniko, -a] *adj* titânico, -a

titanio [ti'tanjo] *m* titânio *m*

títere ['titere] *m* 1. (*muñeco*) títere *m* 2. *pey* (*persona*) marionete *f* 3. *pl* (*espectáculo*) teatro *m* de marionetes

titilar [titi'lar] *vi* 1. (*temblar*) tremer 2. (*centellear*) reluzir

titiritero, -a [titiri'tero, -a] *m, f* 1. (*que maneja los títeres*) titereiro, -a *m, f* 2. (*acróbata*) acrobata *mf*

titubeante [tituβe'ante] *adj* titubeante

titubear [tituβe'ar] *vi* titubear

titubeo [titu'βeo] *m* titubeio *m*

titulación [titula'θjon] *f* titulação *f*

titulado, -a [titu'laðo, -a] *adj, m, f* titulado, -a *m, f*

titular[1] [titu'lar] I. *m* titular *m* II. *vt* titular III. *vr:* ~ **se** 1. (*académicamente*) diplomar-se 2. (*llamarse*) intitular-se

titular[2] [titu'lar] *adj, mf* titular *mf*

título ['titulo] *m* (*rótulo, diploma*) título *m*; ~ **universitario** diploma *m* universitário; **a** ~ **de** a título de; **a** ~ **gratuito** gratuitamente

tiza ['tiθa] *f* giz *m*

tiznar [tiθ'nar] I. *vt* tisnar II. *vr:* ~**se** tisnar-se

tizón [ti'θon] *m* tição *m*

toalla [to'aʎa] *f* toalha *f*; ~ **de baño** toalha de banho; **arrojar** [*o* **tirar**] **la** ~ *fig* jogar a toalha

toallero [toa'ʎero] *m* toalheiro *m*

tobillera [toβi'ʎera] *f* tornozeleira *f*

tobillo [to'βiʎo] *m* tornozelo *m*

tobogán [toβo'ɣan] *m* escorregador *m*

toca ['toka] *f* touca *f*

tocadiscos [toka'ðiskos] *m inv* toca-discos *m inv*

tocado [to'kaðo] *m* penteado *m*

tocado, -a [to'kaðo, -a] *adj* tocado, -a

tocador [toka'ðor] *m* (*mueble, habitación*) toucador *m*

tocante [to'kante] *adj* **en lo** ~ **a** no que toca a

tocar [to'kar] <c→qu> I. *vt* tocar; ~ **a la puerta** tocar à porta; **el reloj tocó**

tocateja [toka'texa] *inf* a ~ à vista
tocayo, -a [to'kaʝo, -a] *m, f* homônimo, -a *m, f*
tocino [to'θino] *m* toucinho *m;* ~ **de cielo** ≈ quindim *m*
tocólogo, -a [to'koloɣo, -a] *m, f* MED tocólogo, -a *m, f*
todavía [toða'βia] *adv* ainda; ~ **no** ainda não; **es ~ más caro que...** é ainda mais caro que...
todo ['toðo] **I.** *pron indef* tudo; ~ **cuanto** [*o* **lo que**]... tudo o que...; (**o**) ~ **o nada** tudo ou nada; ~ **lo más** tudo o mais; **es ~ uno** dá no mesmo; **ante** [*o* **sobre**] ~ sobretudo; ~ **lo contrario** muito pelo contrário; **después de** ~ *inf* depois de tudo; **con** ~ contudo; **estar en** ~ *inf* estar em todas **II.** *adv inf* de todo **III.** *m* (*la totalidad*) todo *m;* **del** ~ de todo; **no del** ~ não de todo; **jugarse el ~ por el ~** arriscar tudo
todo, -a ['toðo, -a] *art indef* todo, -a; **toda la familia** toda a família; **toda España** toda a Espanha; **~s los días** todos os dias; **a todas horas** a qualquer hora; **en todas partes** em toda parte; **de ~s modos** de todos os modos
todopoderoso, -a [toðopoðe'roso, -a] *adj* todo-poderoso, -a
todoterreno [toðote'rreno] **I.** *adj inv* todo-terreno **II.** *m* veículo *m* todo-terreno
toga ['toɣa] *f* toga *f*
Tokio ['tokjo] *m* Tóquio *f*
toldo ['toldo] *m* toldo *m*
tolerable [tole'raβle] *adj* tolerável
tolerancia [tole'ranθja] *f* tolerância *f*
tolerante [tole'rante] *adj* tolerante
tolerar [tole'rar] *vt* tolerar
toma ['toma] *f* tomada *f;* ~ **de posesión** posse *f;* ~ **de tierra** ELEC tomada *f*
tomar [to'mar] **I.** *vi* AmL (*beber alcohol*) tomar **II.** *vt* tomar; ~ **una decisión** tomar uma decisão; ~ **el autobús/el avión** tomar o ônibus/o avião; ~ **un café** tomar um café; ~ **el sol** tomar sol; ~ **algo prestado** tomar a. c. emprestado; ~ **algo a mal** levar a. c. a mal; ~ **en serio** levar a sério; ~ **conciencia de** tomar consciência de **III.** *vr:* ~**se 1.** (*coger, beber, comer*) tomar **2.** *AmL* (*emborracharse*) **tomársela** embriagar-se
tomate [to'mate] *m* **1.** (*fruto*) tomate *m;* **ponerse como un** ~ *inf* ficar vermelho como um tomate **2.** *inf* (*agujero*) buraco *m*
tomatera [toma'tera] *f* tomateiro *m*
tomavistas [toma'βistas] *m inv* FOTO filmadora *f*
tomillo [to'miʎo] *m* tomilho *m*
tomo ['tomo] *m* tomo *m*
tomografía [tomoɣra'fia] *f* tomografia *f*
ton [ton] *inf* **sin ~ ni son** sem motivo
tonada [to'naða] *f* **1.** (*canción*) toada *f* **2.** (*melodía*) melodia *f*
tonalidad [tonali'ðað] *f* tonalidade *f*
tonel [to'nel] *m* tonel *m*
tonelada [tone'laða] *f* tonelada *f;* ~ **métrica** tonelada métrica
tonelaje [tone'laxe] *m* tonelagem *f*
tonelero [tone'lero] *m* toneleiro *m*
tongo ['toŋgo] *m* DEP falcatrua *f*
tónica ['tonika] *f* tônica *f*
tónico ['toniko] *m* MED tônico *m*
tónico, -a ['toniko, -a] *adj* tônico, -a
tonificar [tonifi'kar] <c→qu> *vt* tonificar
tono ['tono] *m* **1.** (*en general*) tom *m;* **bajar el ~** baixar o tom; **dar el ~** dar o tom; **en ~ de reproche** em tom de represália; **fuera de ~** fora de tom; **subido de ~** de baixo nível **2.** (*del teléfono*) sinal *m*
tontería [tonte'ria] *f* bobagem *f*
tonto, -a ['tonto, -a] *adj, m, f* tonto, -a *m, f;* ~ **de remate** *inf* pateta *mf;* **hacer el ~** fazer brincadeiras; **hacerse el ~** fazer-se de bobo
topacio [to'paθjo] *m* topázio *m*
topar [to'par] **I.** *vi* ~ **con algo/alguien** topar com a. c./alguém **II.** *vr:* ~**se con algo/alguien** topar-se com a. c./alguém
tope ['tope] **I.** *adj* máximo, -a; **fecha ~** data limite **II.** *m* **1.** (*pieza*) trava *f* **2.** (*límite*) limite *m;* **estoy a ~ de trabajo** estou lotado de trabalho **3.** (*dificultad*) obstáculo *m*
tópico ['topiko] *m* tópico *m*
tópico, -a ['topiko, -a] *adj* tópico, -a; **de uso ~** MED de uso tópico
topless ['toβles] *m inv* topless *m inv;* **ponerse en ~** fazer topless
topo ['topo] *m* **1.** (*roedor*) toupeira *f* **2.** (*infiltrado*) espião, espiã *m, f*

topógrafo, -a [to'poɣrafo, -a] *m, f* topógrafo, -a *m, f*
topónimo [to'ponimo] *m* topônimo *m*
toque ['toke] *m* toque *m;* ~ **de atención** chamada *f;* ~ **de diana** toque de despertar; ~ **de difuntos** toque de defuntos; ~ **de queda** toque de queda; **dar un** ~ **a alguien** *inf* (*llamar la atención*) dar um toque em alguém
toquetear [tokete'ar] *vt inf* apalpar
tórax ['toraʸs] *m inv* tórax *m inv*
torbellino [torβe'ʎino] *m* torvelinho *m*
torcedura [torθe'ðura] *f* MED torcedura *f*
torcer [tor'θer] *irr como cocer* I. *vi* torcer; ~ **a la derecha/izquierda** virar à direita/esquerda II. *vt* 1. (*encorvar*) torcer 2. (*dar vueltas, desviar*) desviar; ~ **la vista** desviar os olhos III. *vr:* ~**se** 1. (*pie*) torcer 2. (*fracasar*) malograr
torcido, -a [tor'θiðo, -a] *adj* torcido, -a
tordo ['torðo] *m* (*pájaro*) turdo *m*
tordo, -a ['torðo, -a] *adj* tordilho, -a
torear [tore'ar] I. *vi* tourear II. *vt* 1. (*toros*) tourear 2. *inf* (*evitar*) evitar
toreo [to'reo] *m* toureação *f*
torero, -a [to'rero, -a] *adj, m, f* toureiro, -a *m, f*
tormenta [tor'menta] *f* tormenta *f;* **una** ~ **monetaria** uma tormenta monetária
tormento [tor'mento] *m* tormento *m*
tormentoso, -a [tormen'toso, -a] *adj* tormentoso, -a
tornado [tor'naðo] *m* tornado *m*
tornar [tor'nar] I. *vi, vt* tornar II. *vr:* ~**se** tornar-se
tornasol [torna'sol] *m* 1. (*girasol*) girassol *m* 2. (*reflejo*) reflexo *m*
torneo [tor'neo] *m* torneio *m*
tornillo [tor'niʎo] *m* parafuso *m;* **apretar los** ~**s a alguien** *fig* mostrar a alguém como a banda toca; **te falta un** ~ *inf* você tem um parafuso a menos
torniquete [torni'kete] *m t.* MED torniquete *m*
torno ['torno] *m* torno *m;* **en** ~ **a** (*aproximadamente*) em torno de
toro ['toro] *m* 1. (*animal*) touro *m;* **agarrar** [*o* **coger**] **el** ~ **por los cuernos** *inf* pegar o touro pelos chifres; **nos va a pillar el** ~ *inf* o nosso prazo vai acabar; **mirar** [*o* **ver**] **los** ~**s desde la barrera** *inf* ver o problema de fora 2. *pl* (*toreo*) tourada *f*
toronja [to'ronxa] *f* toranja *f*
torpe ['torpe] *adj* (*persona: sin agilidad*) desajeitado, -a; (*sin inteligencia*) burro, -a
torpedear [torpeðe'ar] *vt* torpedear
torpedero [torpe'ðero] *m* torpedeiro *m*
torpedo [tor'peðo] *m* torpedo *m*
torpeza [tor'peθa] *f* 1. (*falta de agilidad*) inabilidade *f* 2. (*falta de inteligencia*) burrice *f*
torre ['torre] *f* torre *f;* ~ **de alta tensión** torre de alta tensão; ~ **de control** torre de controle; ~ **de marfil** *fig* torre de marfim
torrefacto, -a [torre'fakto, -a] *adj* torrefato, -a
torrencial [torren'θjal] *adj* torrencial
torrente [to'rrente] *m* torrente *f*
torreón [torre'on] *m* torreão *m*
tórrido, -a ['torriðo, -a] *adj elev* tórrido, -a
torrija [to'rrixa] *f* rabanada *f*
torso ['torso] *m* torso *m*
torta ['torta] *f* 1. (*tarta*) torta *f;* **ni** ~ *inf* nada 2. *AmL* (*pastel*) pastelão *m* 3. *inf* (*bofetada*) sopapo *m;* **dar una** ~ **a alguien** *inf* dar um sopapo em alguém
tortazo [tor'taθo] *m inf* 1. (*bofetada*) sopapo *m;* **dar un** ~ **a alguien** dar um sopapo em alguém 2. (*choque*) pancada *f;* **se dieron un** ~ **con la moto** deram uma pancada com a moto
tortícolis [tor'tikolis] *f inv* torcicolo *m*
tortilla [tor'tiʎa] *f* 1. (*de huevos*) omelete *m;* ~ **española** omelete à espanhola; ~ (**a la**) **francesa** omelete à francesa; ~ **de patata** omelete de batata; **dar la vuelta a la** ~ *inf* virar o jogo 2. *AmL* (*de harina*) tortilha *f*

> **Cultura** Tortilla é uma espécie de omelete espanhol. Uma **tortilla de patatas** é um omelete com batatas e cebolas, porém há também **tortillas** feitas com outros ingredientes, como por exemplo, espinafre, atum, aspargo, etc. Na América Latina, particularmente no México, uma **tortilla** é uma panqueca fina preparada com milho e é um dos pratos típicos daquela região.

tortillera [torti'ʎera] *f vulg* sapatão *m*
tórtola ['tortola] *f* espécie de pomba
tortuga [tor'tuɣa] *f* tartaruga *f*
tortuoso, -a [tortu'oso, -a] *adj* tortuo-

so, -a
tortura [tor'tura] *f* tortura *f*
torturador(a) [tortura'ðor(a)] *m(f)* torturador(a) *m(f)*
torturar [tortu'rar] *vt* torturar
tos [tos] *f* tosse *f*; ~ **ferina** coqueluche *f*
tosco, -a ['tosko, -a] *adj* tosco, -a
toser [to'ser] *vi* tossir
tostada [tos'taða] *f* torrada *f*
tostadero [tosta'ðero] *m* torrador *m*
tostado, -a [tos'taðo, -a] *adj* torrado, -a
tostador [tosta'ðor] *m* torradeira *f*
tostadora [tosta'ðora] *f* torradeira *f*
tostar [tos'tar] <o→ue> I. *vt* 1. (*pan*) torrar 2. (*piel*) bronzear II. *vr:* ~**se** bronzear-se
tostón [tos'ton] *m* 1. (*de pan*) crouton *m* 2. *inf* (*aburrimiento*) chatice *f*
total [to'tal] I. *adj* total II. *m* total *m;* **en** ~ no total III. *adv* resumindo
totalidad [totali'ðað] *f* totalidade *f*
totalitario, -a [totali'tarjo, -a] *adj* totalitário, -a
totalitarismo [totalita'rismo] *m* totalitarismo *m*
totalizar [totali'θar] <z→c> *vt* totalizar
tótem ['totem] *m* totem *m*
tour [tur] *m* tour *m*
tóxico [to'ʸsiko] *m* tóxico *m*
tóxico, -a ['to'ʸsiko, -a] *adj* tóxico, -a
toxicología [to'ʸsikolo'xia] *f* toxicologia *f*
toxicomanía [to'ʸsikoma'nia] *f* toxicomania *f*
toxicómano, -a [to'ʸsi'komano, -a] *adj, m, f* toxicômano, -a *m, f*
toxina [to'ʸsina] *f* toxina *f*
tozudez [toθu'ðeθ] *f* teimosia *f*
tozudo, -a [to'θuðo, -a] *adj, m, f* teimoso, -a *m, f*
traba ['traβa] *f* 1. (*trabamiento*) trava *f* 2. (*obstáculo*) empecilho *m;* **poner** ~**s a alguien/algo** pôr empecilhos a alguém/a. c.
trabajador(a) [traβaxa'ðor(a)] *adj, m(f)* trabalhador(a) *m(f);* ~ **autónomo** trabalhador autônomo
trabajar [traβa'xar] I. *vi* trabalhar; ~ **de vendedora** trabalhar de vendedora; ~ **por cuenta propia** trabalhar por conta própria; ~ **a tiempo completo/parcial** trabalhar em tempo integral/parcial II. *vt* 1. (*la tierra, arcilla, cuero*) trabalhar 2. (*músculos*) malhar III. *vr* ~**se a alguien** *inf* trabalhar alguém
trabajo [tra'βaxo] *m* trabalho *m;* ~ **de chinos** *inf* trabalho minucioso; ~ **en equipo** trabalho de equipe; ~**s forzados** trabalhos forçados; ~**s manuales** trabalhos manuais; **costar** ~ dar trabalho; **tomarse el** ~ **de hacer algo** dar-se o trabalho de fazer a. c.
trabajoso, -a [traβa'xoso, -a] *adj* trabalhoso, -a
trabalenguas [traβa'leŋgwas] *m inv* trava-língua *m*
trabar [tra'βar] I. *vt* 1. (*sujetar*) agarrar 2. (*unir*) unir 3. (*impedir*) entravar 4. (*entablar*) travar; ~ **amistad** travar amizade II. *vr:* ~**se** travar-se; **se le traba la lengua** a língua dele trava
tracción [tra'ʸθjon] *f* tração *f;* ~ **a las cuatro ruedas** tração nas quatro rodas
tractor [trak'tor] *m* trator *m*
tractorista [trakto'rista] *mf* tratorista *mf*
tradición [traði'θjon] *f* tradição *f*
tradicional [traðiθjo'nal] *adj* tradicional
tradicionalismo [traðiθjona'lismo] *m* tradicionalismo *m*
tradicionalista [traðiθjona'lista] *mf* tradicionalista *mf*
traducción [traðuʸ'θjon] *f* tradução *f;* ~ **automática** tradução automática; ~ **directa** tradução direta; ~ **inversa** versão *f;* ~ **simultánea** tradução simultânea
traducir [traðu'θir] *irr vt* traduzir
traductor(a) [traðuk'tor(a)] *adj, m(f)* tradutor(a) *m(f);* ~ **jurado** tradutor juramentado
traer [tra'er] *irr* I. *vt* 1. (*en general*) trazer; **¿qué te trae por aquí?** *inf* que traz você aqui?; ~ **de cabeza a alguien** *inf* causar dor de cabeça em alguém; **me trae sin cuidado** *inf* pouco me importa 2. (*vestido*) trazer II. *vr:* ~**se** 1. (*llevar a cabo*) ~**se algo entre manos** estar tramando a. c. 2. *inf* (*ser difícil*) **este examen se las trae** este exame é puxado; **hace un frío que se las trae** faz um frio de rachar
traficante [trafi'kante] *mf* traficante *mf*
traficar [trafi'kar] <c→qu> *vi* traficar; ~ **con drogas/personas** traficar drogas/pessoas
tráfico ['trafiko] *m* 1. (*de vehículos*) trânsito *m,* tráfego *m* 2. (*comercio*) tráfico *m;* ~ **de drogas** tráfico de drogas; ~ **de influencias** tráfico de

influências

tragaluz [traɣa'luθ] *m* claraboia *f*

tragaperras [traɣa'perras] *f inv, inf* caça-níquel *m*

tragar [tra'ɣar] <g→gu> I. *vt* 1. (*engullir*) tragar 2. (*mentira*) engolir 3. (*soportar*) **no ~ a alguien** não engolir alguém 4. (*consumir*) gastar II. *vr*: **~se** *t. fig* engolir

tragedia [tra'xeðja] *f* tragédia *f*

trágico, -a ['traxiko, -a] *adj, m, f* TEAT, LIT trágico, -a *m, f*

tragicomedia [traxiko'meðja] *f* tragicomédia *f*

tragicómico, -a [traxi'komiko, -a] *adj* tragicômico, -a

trago ['traɣo] *m* 1. (*de bebida*) gole *m;* **a ~s cortos** em pequenos goles; **de un ~** de um só gole 2. *inf* (*bebida*) trago *m* 3. *inf* (*experiencia*) mau bocado *m;* **pasar un mal ~** passar um mau bocado

traición [trai̯'θjon] *f* traição *f;* **a ~ pelas costas**

traicionar [trai̯θjo'nar] *vt* trair

traicionero, -a [trai̯θjo'nero, -a] *adj, m, f* traiçoeiro, -a *m, f*

traidor(a) [trai̯'ðor(a)] *adj, m(f)* traidor(a) *m(f)*

traigo ['trai̯ɣo] *1. pres de* **traer**

trailer ['trai̯ler] *m* trailer *m*

traje ['traxe] *m* 1. (*vestido exterior*) traje *m;* **~ de baño** traje de banho; **~ de época** traje de época; **~ de luces** traje do toureiro; **~ de noche** traje de noite 2. (*vestido de hombre*) terno *m* 3. (*vestido de mujer*) blazer *m*

trajín [tra'xin] *m* 1. (*de mercancías*) movimentação *f* 2. (*ajetreo*) agitação *f*

trajinar [traxi'nar] I. *vt* transportar II. *vi* correr de um lado para outro

trama ['trama] *f* trama *f*

tramar [tra'mar] *vt* tramar

tramitación [tramita'θjon] *f* tramitação *f*

tramitar [trami'tar] *vt* tramitar

trámite ['tramite] *m* trâmite *m*

tramo ['tramo] *m* 1. (*de camino*) trecho *m* 2. (*de escalera*) lance *m*

tramoya [tra'moʝa] *f* 1. TEAT maquinismo *m* 2. (*engaño*) tramoia *f*

trampa ['trampa] *f* 1. (*para animales, engaño*) armadilha *f;* **caer en la ~** cair em uma armadilha; **hacer ~** (*engañar*) fazer trapaça 2. (*trampilla*) alçapão *m*

trampilla [tram'piʎa] *f* alçapão *m*

trampolín [trampo'lin] *m* trampolim *m*

tramposo, -a [tram'poso, -a] *adj, m, f* trapaceiro, -a *m, f*

tranca ['traŋka] *f* 1. (*palo*) pau *m;* **a ~s y barrancas** *inf* aos trancos e barrancos 2. *inf* (*borrachera*) porre *m*

trance ['tranθe] *m* 1. (*momento*) transe *m;* **pasar un ~ difícil** passar um momento difícil 2. (*hipnótico*) transe *m* 3. (*situación*) situação *f*

tranco ['traŋko] *m* tranco *m;* **a ~s** aos trancos

tranquilamente [traŋkila'mente] *adv* tranquilamente

tranquilidad [traŋkili'ðaðᵈ] *f* tranquilidade *f*

tranquilizador(a) [traŋkiliθa'ðor(a)] *adj* tranquilizador(a)

tranquilizante [traŋkili'θante] *m* tranquilizante *m*

tranquilizar [traŋkili'θar] <z→c> I. *vt* tranquilizar II. *vr:* **~se** tranquilizar-se

tranquillo [traŋ'kiʎo] *m inf* **coger el ~ a algo** pegar o macete de a. c.

tranquilo, -a [traŋ'kilo, -a] *adj* tranquilo, -a; **¡déjame ~!** deixe-me em paz!

transacción [transak'θjon] *f* transação *f*

transatlántico [transað'lantiko] *m* transatlântico *m*

transatlántico, -a [transað'lantiko, -a] *adj* transatlântico, -a

transbordador [traⁿsβorða'ðor] *m* balsa *m;* **~ espacial** foguete *m*

transbordar [traⁿsβor'ðar] *vi, vt* baldear

transbordo [tra⁽ⁿ⁾s'βorðo] *m* baldeação *m;* **hacer ~** fazer baldeação

transcribir [traⁿskri'βir] *irr como* **escribir** *vt* transcrever

transcurrir [traⁿsku'rrir] *vi* transcorrer

transcurso [traⁿs'kurso] *m* transcurso *m*

transeúnte [transe'unte] *mf* transeunte *mf*

transferencia [traⁿsfe'renθja] *f* transferência *f;* **~ bancaria** transferência bancária

transferir [traⁿsfe'rir] *irr como* **sentir** *vt* transferir

transformación [traⁿsforma'θjon] *f* transformação *f*

transformador [traⁿsforma'ðor] *m* ELEC transformador *m*

transformar [traⁿsfor'mar] I. *vt* transformar II. *vr:* **~ se** transformar-se; **~se en algo** transformar-se em a. c.

tránsfuga ['traⁿsfuɣa] *mf* POL deser-

tor(a) *m(f)*
transfusión [traⁿsfu'sjon] *f* transfusão *f*
transgénico, -a [tra⁽ⁿ⁾s'xeniko, -a] *adj* transgênico, -a
transgredir [traⁿsɣre'ðir] *irr como abolir vt* transgredir
transgresión [traⁿsɣre'sjon] *f* transgressão *f*
transición [transi'θjon] *f* transição *f*
transigente [transi'xente] *adj* transigente
transigir [transi'xir] <g→j> *vi* transigir
transistor [transis'tor] *m* ELEC transistor *m*
transitable [transi'taβle] *adj* transitável
transitar [transi'tar] *vi* transitar
transitivo, -a [transi'tiβo, -a] *adj* LING transitivo, -a
tránsito ['transito] *m* trânsito *m;* **en ~** em trânsito
transitorio, -a [transi'torjo, -a] *adj* transitório, -a
transmisión [traⁿsmi'sjon] *f* transmissão *f;* **~ de bienes** JUR transmissão de bens
transmisor [traⁿmi'sor] *m* TÉC transmissor *m*
transmitir [traⁿsmi'tir] *vt* transmitir
transparencia [traⁿspa'reɲθja] *f* transparência *f*
transparentar [traⁿsparen'tar] I. *vt* transparentar II. *vr:* **~se 1.** (*ser transparente*) transparecer **2.** (*adivinar*) deixar transparecer
transparente [traⁿspa'rente] *adj* transparente
transpiración [traⁿspira'θjon] *f* transpiração *f*
transpirar [traⁿspi'rar] *vi* (*persona*) transpirar
transponer [traⁿspo'ner] *irr como poner vt* transpor
transportar [traⁿspor'tar] I. *vt* transportar II. *vr:* **~se** transportar-se
transporte [traⁿs'porte] *m* transporte *m*
transportista [traⁿspor'tista] *mf* transportador *mf*
transversal [traⁿsβer'sal] *adj* transversal
tranvía [tram'bia] *m* bonde *m*
trapecio [tra'peθjo] *m* trapézio *m*
trapecista [trape'θista] *mf* trapezista *mf*
trapero, -a [tra'pero, -a] *m, f* trapeiro, -a *m, f*
trapicheo [trapi'tʃeo] *m inf* (*negocio*) trambique *m*
trapo ['trapo] *m* **1.** (*tela, paño*) trapo *m;* **~ de cocina** pano *m* de cozinha; **lavar los ~s sucios** *inf* lavar roupa suja; **a todo ~** *inf* a toda **2.** *pl, inf* (*vestidos*) trapos *mpl*
tráquea ['trakea] *f* ANAT traqueia *f*
traqueteo [trake'teo] *m* balanço *m*
tras [tras] *prep* **1.** (*temporal*) depois de, após; **día ~ día** dia após dia **2.** (*espacial: detrás de*) atrás de; **ir ~ alguien** (*perseguir*) ir atrás de alguém; **ponerse uno ~ otro** colocar-se um atrás do outro
trascendencia [trasθeɲ'deɲθja] *f* transcendência *f*
trascendental [trasθeɲdeɲ'tal] *adj* transcendental
trascendente [trasθeɲ'dente] *adj* transcendente
trascender [trasθeɲ'der] <e→ie> *vi* transcender
trasegar [trase'ɣar] *irr como fregar vt* **1.** (*objetos*) mudar de lugar **2.** (*líquidos*) transvasar
trasera [tra'sera] *f* traseira *f*
trasero [tra'sero] *m inf* traseiro *m*
trasero, -a [tra'sero, -a] *adj* traseiro, -a
trasfondo [tras'fondo] *m* fundo *m*
trasladar [trasla'ðar] I. *vt* **1.** (*persona, cosa*) mudar **2.** (*funcionario, fecha*) transferir II. *vr:* **~se** mudar-se
traslado [tras'laðo] *m* **1.** (*de persona, de cosas*) mudança *f* **2.** (*de funcionario, de fecha*) transferência *f*
traslúcido, -a [traslu'θiðo, -a] *adj* translúcido, -a
traslucir [traslu'θir] *irr como lucir* I. *vt* transluzir II. *vr:* **~se 1.** (*ser translúcido*) transluzir-se **2.** (*verse, notarse*) notar-se
trasluz [tras'luθ] *m* translucidez *f;* **mirar algo al ~** olhar a. c. contra a luz
trasnochado, -a [trasno'tʃaðo, -a] *adj* (*idea*) ultrapassado, -a
trasnochador(a) [trasnotʃa'ðor(a)] *m(f)* notívago, -a *m, f*
trasnochar [trasno'tʃar] *vi* tresnoitar
traspasar [traspa'sar] *vt* trespassar
traspaso [tras'paso] *m* **1.** (*de personal, dinero*) transferência *f* **2.** DEP (*de jugador*) passe *m*
traspié [tras'pje] *m t. fig* tropeção *m*
trasplantar [trasplaɲ'tar] *vt* transplantar
trasplante [tras'plante] *m* transplante

trastada [tras'taða] *f inf* **1.** (*travesura*) arte *f* **2.** (*mala pasada*) peça *f*; **hacer una ~ a alguien** pregar uma peça em alguém

trastazo [tras'taθo] *m inf* porrada *f*; **se dio un ~ con la moto** deu uma porrada com a moto

traste ['traste] *m* **1.** (*de guitarra*) trasto *m*; **dar al ~ con algo** *fig* acabar com a. c.; **irse al ~** *fig* fracassar **2.** *AmL* (*trasto*) traste *m*

trastero [tras'tero] *m* despejo *m*

trastero, -a [tras'tero, -a] *adj* **cuarto ~** quarto de despejo

trastienda [tras'tjenda] *f* quartinho *m*

trasto ['trasto] *m inf* **1.** (*mueble, aparato*) trasto *m*; **tirarse los ~s a la cabeza** *fig* quebrar o pau **2.** *pl* (*utensilios*) apetrechos *mpl* **3.** (*niño*) traquinas *mf inv*

trastornado, -a [trastor'naðo, -a] *adj* transtornado, -a

trastornar [trastor'nar] **I.** *vt* transtornar **II.** *vr:* **~se** transtornar-se

trastorno [tras'torno] *m* transtorno *m*

trastrocar [trastro'kar] <c→qu> *vt* inverter

trasvasar [trasβa'sar] *vt* transvazar

trasvase [tras'βase] *m* (*de río*) canalização *f*

trata *f* tráfico *m*; **~ de blancas** tráfico de mulheres

tratable [tra'taβle] *adj* tratável

tratado [tra'taðo] *m* tratado *m*

tratamiento [trata'mjento] *m* tratamento *m*; **~ de residuos** tratamento de resíduos; **~ de textos** processamento *m* de texto

tratar [tra'tar] **I.** *vt* tratar; **~ a alguien de tú** tratar alguém de você **II.** *vi* **1.** tratar; **~ de** [*o* **sobre**] algo tratar de a. c.; **~ de hacer algo** tratar de fazer a. c.; **~ con alguien** tratar com alguém **2.** COM comercializar; **~ en algo** negociar com a. c. **III.** *vr:* **~se 1.** (*tener trato*) relacionar-se; **~se con alguien** relacionar-se com alguém **2.** (*ser cuestión de*) tratar-se; **¿de qué se trata?** de que se trata?; **tratándose de ti...** tratando-se de você...

trato ['trato] *m* **1.** (*personal*) trato *m*; **malos ~s** maus tratos **2.** (*pacto*) trato *m*; **¡~ hecho!** combinado!

trauma ['trauma] *m* trauma *m*

traumatismo [trauma'tismo] *m* traumatismo *m*

traumatizante [traumati'θante] *adj* traumatizante

traumatizar [traumati'θar] <z→c> *vt* traumatizar

traumatología [traumatolo'xia] *f* traumatologia *f*

traumatólogo, -a [trauma'toloɣo, -a] *m, f* traumatologista *mf*

través [tra'βes] **I.** *m* través *m*; **de ~** de través; **mirar a alguien de ~** olhar alguém de través **II.** *prep* **a ~ de** através de

travesaño [traβe'saɲo] *m* ARQUIT, DEP travessão *m*

travesía [traβe'sia] *f* **1.** (*viaje*) travessia *f* **2.** (*calle*) travessa *f*

travesti [tra'βesti] *mf*, **travestido, -a** [traβes'tiðo, -a] *m, f* travesti *mf*

travesura [traβe'sura] *f* travessura *f*

traviesa [tra'βjesa] *f* FERRO dormente *m*

travieso, -a [tra'βjeso, -a] *adj* travesso, -a

trayecto [tra'ɟekto] *m* trajeto *m*

trayectoria [traɟek'torja] *f* trajetória *f*

traza ['traθa] *f* **1.** *t.* ARQUIT (*plan*) traçado *m* **2.** (*habilidad, aspecto*) jeito *m*; **no lleva ~s de salir el sol** não está com jeito de que vai sair o sol

trazado [tra'θaðo] *m* traçado *m*

trazar [tra'θar] <z→c> *vt* traçar

trazo ['traθo] *m* traço *m*

trébol ['treβol] *m* trevo *m*

trece ['treθe] *adj inv, m* treze *m*; **seguir en sus ~** *inf* fincar o pé; *v.t.* **ocho**

trecho ['tretʃo] *m* (*distancia, tiempo*) trecho *m*

tregua ['treɣwa] *f* trégua *f*

treinta ['treinta] *adj inv, m* trinta *m*; *v.t.* **ochenta**

tremendo, -a [tre'mendo, -a] *adj* **1.** (*temible, enorme*) tremendo, -a **2.** (*niño*) travesso, -a

trémulo, -a ['tremulo, -a] *adj elev* trêmulo, -a

tren [tren] *m* **1.** FERRO trem *m*; **~ de alta velocidad** trem de alta velocidade; **~ de aterrizaje** trem de aterrissagem; **~ de cercanías** trem de subúrbio; **~ directo** trem direto; **~ de lavado** máquina *f* automática de lavagem de veículos; **~ de mercancías** trem de carga; **~ de pasajeros** trem de passageiros; **~ rápido** trem rápido; **coger el ~** tomar o trem; **ir en ~** ir de trem; **estar como un ~** *inf* ser muito atraente; **para parar un** ~ *inf* de parar o trânsito **2.** (*modo de vivir*) ~ **de vida** nível de vida

trenca ['treŋka] *f* casaco de lã com capuz e fechado com presilhas

trenza ['trenθa] *f* trança *f*

trenzar [tren'θar] <z→c> *vt* trançar

trepar [tre'par] *vi, vt* trepar

trepidar [trepi'ðar] *vi* trepidar

tres [tres] *adj inv, m inv* três *m*; ~ **en raya** (*juego*) jogo da velha *m*; **de ~ al cuarto** *inf* de pouca qualidade; **ni a la de** ~ *inf* de jeito nenhum; *v.t.* **ocho**

trescientos, -as [tres'θjentos, -as] *adj* trezentos, -as

tresillo [tre'siʎo] *m* **1.** (*mueble*) jogo de sofá de três lugares e duas poltronas **2.** MÚS conjunto de três notas musicais

treta ['treta] *f* treta *f*

triangular [triaŋgu'lar] *adj* triangular

triángulo [tri'aŋgulo] *m t.* MÚS triângulo *m*; ~ **equilátero** triângulo equilátero; ~ **escaleno** triângulo escaleno; ~ **isósceles** triângulo isósceles; ~ **rectángulo** triângulo retângulo

tribal [tri'βal] *adj* tribal

tribu ['triβu] *f* tribo *f*

tribuna [tri'βuna] *f* POL, DEP tribuna *f*; ~ **de prensa** tribuna de imprensa

tribunal [triβu'nal] *m* **1.** JUR tribunal *m*; **Tribunal Constitucional** Tribunal Constitucional; **Tribunal de Cuentas** Tribunal de Contas; **Tribunal Internacional de Justicia** Tribunal Internacional de Justiça; **Tribunal Supremo** Supremo Tribunal **2.** (*de examen*) banca *f*

tributar [triβu'tar] *vt* (*impuestos, honor*) tributar

tributario, -a [triβu'tarjo, -a] *adj* tributário, -a

tributo [tri'βuto] *m* tributo *m*

triciclo [tri'θiklo] *m* triciclo *m*

tricolor [triko'lor] *adj* tricolor

tricot [tri'kot] *m* tricô *m*

tricotar [triko'tar] *vt* tricotar

tridente [tri'ðente] *m* tridente *m*

trifulca [tri'fulka] *f inf* briga *f*

trigal [tri'ɣal] *m* trigal *m*

trigésimo, -a [tri'xesimo, -a] *adj* trigésimo, -a; *v.t.* **octavo**

trigo ['triɣo] *m* trigo *m*

trigonometría [triɣonome'tria] *f* trigonometria *f*

trigueño, -a [tri'ɣeɲo, -a] **I.** *adj* trigueiro, -a **II.** *m, f AmL* trigueiro, -a *m, f*

trillado, -a [tri'ʎaðo, -a] *adj* (*asunto*) batido, -a

trilladora [triʎa'ðora] *f* moedor *m*

trillar [tri'ʎar] *vt* moer

trillizo, -a [tri'ʎiθo, -a] *m, f* trigêmeo, -a *m, f*

trillón [tri'ʎon] *m* quintilhão *m*

trilogía [trilo'xia] *f* trilogia *f*

trimestral [trimes'tral] *adj* trimestral

trimestre [tri'mestre] *m* trimestre *m*

trinar [tri'nar] *vi* estrilar; **está que trina** *inf* está estrilando de raiva

trincar [triŋ'kar] <c→qu> *vt inf* **1.** (*detener*) prender **2.** (*robar*) afanar

trinchar [trin'tʃar] *vt* trinchar

trinchera [trin'tʃera] *f* trincheira *f*

trineo [tri'neo] *m* trenó *m*

trinidad [trini'ðað] *f* trindade *f*; **la Santísima Trinidad** a Santíssima Trindade

trino ['trino] *m* MÚS trino *m*

trío ['trio] *m* trio *m*

tripa ['tripa] *f* **1.** (*intestino*) tripa *f*; **hacer de ~s corazón** *inf* fazer das tripas coração **2.** (*vientre*) barriga *f*; **echar** ~ *inf* criar barriga; **¿qué ~ se te ha roto?** *inf* que bicho te mordeu?; **se me revuelven las ~s** *inf* me revira o estômago

triple ['triple] *adj, m* triplo *m*

triplicado, -a [tripli'kaðo, -a] *adj* triplicado, -a; **por ~** em três vias

triplicar [tripli'kar] <c→qu> **I.** *vt* triplicar **II.** *vr:* **~se** triplicar-se

trípode ['tripoðe] *m* FOTO tripé *m*

tríptico ['triptiko] *m* tríptico *m*

tripulación [tripula'θjon] *f* tripulação *f*

tripulante [tripu'lante] *mf* tripulante *mf*

tripular [tripu'lar] *vt* tripular

triquiñuela [triki'ɲwela] *f inf* truque *m*

tris [tris] *m inv* **estar en un ~ de hacer algo** estar por um triz de fazer a. c.

triste ['triste] *adj* triste

tristeza [tris'teθa] *f* tristeza *f*

trituradora [tritura'ðora] *f* triturador *m*

triturar [tritu'rar] *vt* triturar

triunfal [trjum'fal] *adj* triunfal

triunfalismo [trjumfa'lismo] *m* triunfalismo *m*

triunfante [trjum'fante] *adj* triunfante

triunfar [trjum'far] *vi* triunfar

triunfo ['trjumfo] *m* (*victoria, naipe*) triunfo *m*

trivial [tri'βjal] *adj* trivial

trivializar [triβjali'θar] <z→c> *vt* trivializar

trizas ['triθas] *fpl* **hacer ~ algo** fazer

pedacinhos de a. c.; **estar hecho** ~ *inf* (*triste*) estar em pedaços; (*cansado*) estar um caco
trocar [tro'kar] *irr como volcar* I. *vt* trocar II. *vr:* ~ **se** transformar-se
trocear [troθe'ar] *vt* dividir em pequenos pedaços
trocha ['trotʃa] *f AmL* FERRO bitola *f*
trochemoche [trotʃe'motʃe] **a** ~ *inf* a torto e a direito
trofeo [tro'feo] *m* troféu *m*
troglodita [troɣlo'ðita] *mf* troglodita *mf*
trola ['trola] *f inf* lorota *f*
tromba ['tromba] *f* tromba *f;* ~ **de agua** tromba d'água; **en** ~ *inf* com tudo
trombón [trom'bon] *m* MÚS trombone *m*
trombosis [trom'bosis] *f inv* MED trombose *f*
trompa[1] ['trompa] *f* **1.** (*de elefante*) tromba *f* **2.** MÚS (*instrumento*) trompa *f* **3.** ANAT trompa *f;* ~ **de Eustaquio** trompa de Eustáquio; ~ **de Falopio** trompa de Falópio **4.** *AmL, inf* (*labios*) beiço *f* **5.** *inf* (*borrachera*) bebedeira *f;* **agarrar una** ~ embebedar-se
trompa[2] ['trompa] *mf* MÚS (*músico*) trompa *mf*
trompada [trom'paða] *f,* **trompazo** [trom'paθo] *m inf* golpe *m;* **darse una** ~ dar uma topada
trompeta[1] [trom'peta] *mf* (*músico*) trompetista *mf*
trompeta[2] [trom'peta] *f* (*instrumento*) trompete *m*
trompetista [trompe'tista] *mf* trompetista *mf*
trompicón [trompi'kon] *m* tropicão *m;* **a trompicones** aos tropicões
trompo ['trompo] *m* pião *m*
tronar [tro'nar] <o→ue> I. *vi* ressoar II. *vimpers* trovejar
tronchante [tron'tʃante] *adj inf* hilariante
tronchar [tron'tʃar] I. *vt* partir II. *vr:* ~ **se** (**de risa**) *inf* morrer de rir
tronco ['troŋko] *m* tronco *m;* **dormir como un** ~ *inf* dormir como uma pedra
trono ['trono] *m* trono *m*
tropa ['tropa] *f* tropa *f*
tropel [tro'pel] *m* tropa *f;* **en** ~ em tropa
tropelía [trope'lia] *f* abuso *m*
tropezar [trope'θar] *irr como empezar* I. *vi* tropeçar; ~ **con algo** tropeçar em a. c.; ~ **con alguien** tropeçar em alguém II. *vr:* ~ **se** *inf* topar-se; ~ **se con**

alguien topar-se com alguém
tropezón [trope'θon] *m* tropeção *f;* **dar un** ~ dar um tropeção
tropical [tropi'kal] *adj* tropical
trópico ['tropiko] *m* trópico *m;* ~ **de Cáncer** trópico de Câncer; ~ **de Capricornio** trópico de Capricórnio
tropiezo [tro'pjeθo] *m* tropeço *m;* **dar un** ~ dar um tropeção
troposfera [tropos'fera] *f* troposfera *f*
trotamundos [trota'mundos] *mf inv* globe-trotter *m*
trotar [tro'tar] *vi* **1.** (*caballos*) trotear **2.** *inf* (*con prisas*) andar rápido
trote ['trote] *m* (*de caballos*) trote *m;* **al** ~ *fig* a toda pressa
trozo ['troθo] *m* pedaço *m*
trucaje [tru'kaxe] *m* trucagem *f*
trucar [tru'kar] <c→qu> *vt* adulterar
trucha ['trutʃa] *f* **1.** (*pez*) truta *f* **2.** *AmC* COM (*caseta*) cabina *f*
truco ['truko] *m* truque *m;* **coger el** ~ **a algo** pegar o truque de a. c.
truculento, -a [truku'lento, -a] *adj* truculento, -a
trueno ['trweno] *m* **1.** (*en tormenta*) trovão *m* **2.** (*explosión*) estrondo *m*
trueque ['trweke] *m* troca *f*
trufa ['trufa] *f* trufa *f*
truhán, -ana [tru'an, -ana] *m, f* vigarista *mf*
trullo ['truʎo] *m argot* xadrez *m*
truncar [truŋ'kar] <c→qu> *vt* **1.** (*cortar*) interromper **2.** (*texto*) encurtar **3.** (*desarrollo*) impedir; (*esperanzas*) frustrar
tu [tu] *art pos* o seu, a sua; ~ **casa** a sua casa; ~ **coche** o seu carro; ~**s manos** a suas mãos; ~**s pies** os seus pés
tú [tu] *pron pers* você; **tratar a alguien de** ~ tratar a alguém de você; **de** ~ **a** ~ de igual para igual
tuba ['tuβa] *m* MÚS tuba *f*
tubérculo [tu'βerkulo] *m* tubérculo *m*
tuberculosis [tuβerku'losis] *f inv* tuberculose *f*
tubería [tuβe'ria] *f* tubulação *f*
tubo ['tuβo] *m* tubo *m;* ~ **digestivo** tubo digestivo; ~ **de ensayo** tubo de ensaio; ~ **de escape** cano m de escapamento; ~ **de rayos catódicos** tubo de raios catódicos; **por un** ~ *inf* a rodo
tucán [tu'kan] *m* tucano *m*
tuerca ['twerka] *f* porca *f*
tuerto, -a ['twerto, -a] *adj, m, f* caolho, -a *m, f*

tuétano ['twetano] *m* **1.** (*médula, esencia*) tutano *m* **2.** (*corazón, esencia*) âmago *m;* **hasta los ~s** *inf* até os tutanos

tufo ['tufo] *m* (*olor malo*) fedor *m*

tugurio [tu'yurjo] *m pey* espelunca *f*

tul [tul] *m* tule *m*

tulipán [tuli'pan] *m* tulipa *f*

tullido, -a [tu'ʎiðo, -a] *adj, m, f* inválido, -a *m, f*

tumba ['tumba] *f* tumba *f;* **ser** (**como**) **una ~** *inf* (*callado*) ser um túmulo

tumbar [tum'bar] **I.** *vt* **1.** (*tirar*) derrubar **2.** *inf* ENS (*suspender*) suspender **II.** *vr:* **~se** deitar-se

tumbo ['tumbo] *m* **1.** (*caída*) tombo *m* **2.** (*vaivén*) cambaleio *m;* **dar un ~** tropeçar

tumbona [tum'bona] *f* cadeira *f* reclinável

tumor [tu'mor] *m* MED tumor *m*

tumulto [tu'multo] *m* tumulto *m*

tuna ['tuna] *f* tuna *f*

> **Cultura** A **tuna** é um grupo de estudantes que se reúne para cantar e fazer música. Até recentemente somente estudantes do sexo masculino eram admitidos nas **tunas**, nos últimos anos, porém, novas **tunas** foram formadas por estudantes do sexo feminino. Para tornar-se membro de uma **tuna** é necessário concluir com êxito certos ritos de iniciação envolvendo provas de coragem.

tunante [tu'nante] *mf inf* pilantra *mf*

tunda ['tunda] *f* tunda *f*

tundra ['tundra] *f* tundra *f*

túnel ['tunel] *m* túnel *m;* **~ de lavado** sistema *m* de lavagem automática

Túnez ['tuneθ] *m* Tunísia *f*

túnica ['tunika] *f* túnica *f*

tuno, -a ['tuno, -a] *m, f* esperto, -a *m, f*

tuntún [tun'tun] *m inf* **al** (**buen**) **~** sem refletir

tupé [tu'pe] *m* topete *m*

tupido, -a [tu'piðo, -a] *adj* **1.** (*denso*) espesso, -a **2.** *AmL* (*obstruido*) entupido, -a

turba ['turβa] *f* **1.** (*muchedumbre*) turba *f* **2.** (*carbón*) turfa *f*

turbación [turβa'θjon] *f* turvação *f*

turbante [tur'βante] *m* turbante *m*

turbar [tur'βar] **I.** *vt* turbar **II.** *vr:* **~se** turbar-se

turbina [tur'βina] *f* turbina *f*

turbio, -a ['turβjo, -a] *adj* **1.** (*líquido*) turvo, -a **2.** (*asunto, negocio*) suspeito, -a

turbo ['turβo] *m t.* AUTO turbo *m*

turbopropulsor [turβopropul'sor] *m* AERO turbopropulsor *m*

turbulencia [turβu'lenθja] *f* turbulência *f*

turbulento, -a [turβu'lento, -a] *adj* turbulento, -a

turco ['turko] *m* turco *m*

turco, -a ['turko, -a] *adj, m, f* turco, -a *m, f*

turismo [tu'rismo] *m* **1.** (*viajar*) turismo *m;* **~ rural** turismo rural; **~ verde** turismo ecológico; **hacer ~** fazer turismo **2.** AUTO van *f*

turista [tu'rista] *mf* turista *mf*

turístico, -a [tu'ristiko, -a] *adj* turístico, -a

turnar [tur'nar] **I.** *vi* revezar **II.** *vr:* **~se** revezar-se; **~se con alguien para hacer algo** revezar-se com alguém para fazer a. c.

turno ['turno] *m* **1.** (*en la fábrica*) turno *m;* **~ de día/de noche** turno do dia/da noite; **estar de ~** estar de serviço **2.** (*orden*) turno *m;* **es tu ~** é a sua vez; **pedir ~** pedir a vez

turquesa [tur'kesa] *f* MIN turquesa *f*

Turquía [tur'kia] *f* Turquia *f*

> **Cultura** O **turrón** é uma especialidade que não pode faltar na Espanha durante o Natal. O **turrón** tradicional tem formato retangular e contém frutas secas, mel e amêndoas que podem ser adicionadas ao doce inteiras ou moídas, dependendo da região. O **turrón** é feito especialmente em **Levante**, **Jijona** e **Alicante**.

tute ['tute] *m* (*juego*) jogo *m* de cartas

tutear [tute'ar] **I.** *vt* tutear **II.** *vr:* **~se** tutear-se

tutela [tu'tela] *f* tutela *f*

tutelar [tute'lar] *adj* JUR tutelar

tutor(a) [tu'tor(a)] *m(f)* JUR, UNIV tutor(a) *m(f)*

tutoría [tuto'ria] *f* JUR, UNIV tutoria *f*
tuyo, -a ['tuɟo, -a] *pron pos* teu; **el** ~/**la tuya**/**lo** ~ o teu/a tua/o teu; **los** ~ **s** os teus; **tú a lo** ~ preocupe-se com o que é seu; **esto no es lo** ~ esta não é a sua
TV [te'uβe] *f abr de* **televisión** TV *f*
TVE [teuβe'e] *f abr de* **Televisión Española** Televisão *f* Espanhola

U

U, u [u] *f* <úes> U, u *m*
u [u] *conj* (*antes de 'o' u 'ho'*) ou
ubicación [uβika'θjon] *f* localização *f*
ubicar [uβi'kar] <c→qu> I. *vt* localizar II. *vr:* ~ **se** localizar-se
ubicuidad [uβikwi'ðaᵈ] *f* ubiquidade *f*
ubicuo, -a [u'βikwo, -a] *adj* ubíquo, -a
ubre [u'βre] *f* úbere *m*
UCI ['uθi] *f abr de* **Unidad de Cuidados Intensivos** UTI *f*
Ucrania [u'kranja] *f* Ucrânia *f*
ucraniano, -a [ukra'njano, -a] *adj, m, f* ucraniano, -a *m, f*
Ud(s). [us'teᵈ(es)] *abr de* **usted(es)** o(s) Sr(s)., a(s) Sra(s).; **al final de la página Ud. encontrará la dirección de nuestras oficinas** no final da página o Sr./a Sra. encontrará o endereço de nossos escritórios
UE [u'e] *f abr de* **Unión Europea** UE *f*
UEFA ['uefa] *f abr de* **Unión de Asociaciones Europeas de Fútbol** UEFA *f*
UEO [ue'o] *f abr de* **Unión Europea Occidental** UEO *f*
ufanarse [ufa'narse] *vr* gabar-se; ~ **de algo** gabar-se de a. c.
ufano, -a [u'fano, -a] *adj* 1. (*orgulloso*) orgulhoso, -a 2. (*engreído*) presunçoso, -a
Uganda [u'ɣanda] *f* Uganda *f*
UGT [uxe'te] *f abr de* **Unión General de Trabajadores** União Geral dos Trabalhadores
ujier [u'xjer] *m* porteiro de um edifício público
úlcera ['ulθera] *f* MED úlcera *f*
ulcerar [ulθe'rar] I. *vt* ulcerar II. *vr:* ~ **se** ulcerar-se

ulterior [ulte'rjor] *adj* ulterior
últimamente [ultima'mente] *adv* ultimamente
ultimar [ulti'mar] *vt* 1. (*proyecto, acuerdo*) ultimar 2. *AmL* (*matar*) matar
ultimátum [ulti'matun] *m inv* ultimato *m*
último, -a ['ultimo, -a] *adj* último, -a; **a** ~ **s de mes** no final do mês; **la última moda** a última moda; **estar en las últimas** estar nas últimas; **estar a la última** *inf* estar por dentro; **por** ~ por último; **por última vez** pela última vez; **ser lo** ~ *inf* (*lo más moderno*) ser o último
ultra ['ultra] *adj, mf* ultra *mf*
ultracongelado, -a [ultrakoŋxe'laðo, -a] *adj* ultracongelado, -a
ultracongelar [ultrakoŋ'xelar] *vt* ultracongelar
ultraderecha [ultrade're͡tʃa] *f* extrema direita *f*
ultrajar [ultra'xar] *vt* ultrajar
ultraje [ul'traxe] *m* ultraje *m*
ultramar [ultra'mar] *m* além-mar *m*
ultramarinos [ultrama'rinos] *mpl* 1. (*tienda*) mercearia *f* 2. (*víveres*) conservas *fpl*
ultranza [ul'tranθa] 1. (*a muerte*) **defender algo a** ~ defender a. c. até a morte; **luchar por algo a** ~ lutar por a. c. até a morte 2. (*resueltamente*) **ecologista a** ~ ecologista incondicional
ultrasónico, -a [ultra'soniko, -a] *adj* ultrassônico, -a
ultrasonido [ultraso'niðo] *m* ultrassom *m*
ultratumba [ultra'tumba] *f* **la vida de** ~ a vida de além-túmulo
ultravioleta [ultraβjo'leta] *adj inv* ultravioleta *inv*
ulular [ulu'lar] *vi* 1. (*búho*) ulular 2. (*viento*) uivar
umbilical [umbili'kal] *adj* umbilical
umbral [um'bral] *m* 1. (*de puerta*) soleira *f* 2. (*de proceso*) limiar *m*
un, una [un, 'una] <unos, -as> I. *art indef* um, uma; **necesito un coche nuevo** preciso de um carro novo; **¿no vieron una cinta por aquí?** vocês não viram uma fita por aqui? II. *adj v.* **uno, -a**
unánime [u'nanime] *adj* unânime
unanimidad [unanimi'ðaᵈ] *f* unanimidade *f;* **por** ~ por unanimidade
unción [un'θjon] *f* unção *f*

uncir [uŋ'θir] <c→z> *vt* ungir
undécimo, -a [un'deθimo, -a] *adj* décimo, -a primeiro, undécimo, -a; *v.t.* **octavo**
UNED [u'neᵈ] *f abr de* **Universidad Nacional de Educación a Distancia** *Universidade Nacional de Educação à Distância*
ungir [uŋ'xir] <g→j> *vt t.* REL ungir
ungüento [uŋ'gwento] *m* unguento *m*
únicamente [unika'mente] *adv* unicamente
UNICEF [uni'θef] *f abr de* **United Nations Children's Fund** UNICEF *f*
único, -a ['uniko, -a] *adj* único, -a
unicornio [uni'kornjo] *m* unicórnio *m*
unidad [uni'ðaᵈ] *f* unidade *f*; ~ **central de proceso** INFOR unidade central de processamento; ~ **de cuidados intensivos** MED unidade de terapia intensiva; ~ **monetaria** COM unidade monetária; ~ **de vigilancia intensiva** MED unidade de terapia intensiva
unido, -a [u'niðo, -a] *adj* unido, -a
unifamiliar [unifami'ljar] *adj* (*casa*) unifamiliar
unificación [unifika'θjon] *f* unificação *f*
unificar [unifi'kar] <c→qu> *vt* unificar
uniformado, -a [unifor'maðo, -a] *adj* uniformizado, -a
uniformar [unifor'mar] *vt* uniformizar
uniforme [uni'forme] *adj, m* uniforme *m*
uniformidad [uniformi'ðaᵈ] *f* uniformidade *f*
uniformizar [uniformi'θar] <z→c> *vt* uniformizar
unilateral [unilate'ral] *adj* unilateral
unión [u'njon] *f* união *f*; **Unión Europea** União Europeia; ~ **monetaria** união monetária; **en** ~ **con** em união com
unir [u'nir] I. *vt* 1. (*en general*) unir 2. (*ingredientes*) juntar II. *vr*: ~**se** unir-se
unisex [uni'seʸs] *adj* unissex
unísono, -a [u'nisono, -a] *adj* **al** ~ em uníssono
universal [uniβer'sal] *adj* universal
universalidad [uniβersali'ðaᵈ] *f* universalidade *f*
universidad [uniβersi'ðaᵈ] *f* universidade *f*
universitario, -a [uniβersi'tarjo, -a] *adj, m, f* universitário, -a *m, f*
universo [uni'βerso] *m* universo *m*

uno ['uno] *m* um *m;* **escribe el** ~ **en cifra romana** escreva o um em algarismo romano
uno, -a ['uno, -a] I. *adj* uno, -a; **llegó a la una de la mañana** (*hora*) chegou à uma da manhã; *v.* **ocho** II. *pron indef* 1. (*alguno*) um, uma; **el premio le tocó a** ~ **de Sevilla** o prêmio saiu para um de Sevilha; ~**s cuantos** uns quantos; ~ **de tantos** um entre tantos; **de** ~ **en** ~ de um em um; **no acierto una** *inf* não dou uma dentro 2. (*uso impersonal*) a gente; ~ **está a gusto en este restaurante** a gente se sente à vontade neste restaurante 3. *pl* (*algunos*) uns
untar [un'tar] I. *vt* 1. (*con mantequilla, grasa*) untar 2. *inf* (*sobornar*) molhar a mão II. *vr:* ~**se** (*mancharse*) sujar-se; ~**se con** [*o* **de**] **algo** sujar-se com [*ou* de] a. c.
uña ['uɲa] *f* 1. (*de persona, gato*) unha *f*; **con** ~**s y dientes** *fig* com unhas e dentes; **enseñar las** ~**s** *inf* mostrar as unhas [*ou* garras]; **ser** ~ **y carne** *inf* ser unha e carne 2. (*pezuña*) casco *m*
uperizado, -a [uperi'θaðo, -a] *adj* **leche uperizada** *leite esterilizado por um processo que o eleva à temperatura de 150° em menos de um segundo*
Urales [u'rales] *mpl* Urais *mpl*
uralita® [ura'lita] *f* cimento-amianto *m*
uranio [u'ranjo] *m* urânio *m*
Urano [u'rano] *m* Urano *m*
urbanidad [urβani'ðaᵈ] *f* urbanidade *f*
urbanismo [urβa'nismo] *m* urbanismo *m*
urbanista [urβa'nista] *mf* urbanista *mf*
urbanístico, -a [urβa'nistiko, -a] *adj* urbanístico, -a
urbanización [urβaniθa'θjon] *f* 1. (*acción*) urbanização *f* 2. (*de casas*) condomínio *m*
urbanizar [urβani'θar] <z→c> I. *vt* urbanizar II. *vr:* ~**se** urbanizar-se
urbano, -a [ur'βano, -a] *adj* urbano, -a
urbe ['urβe] *f* urbe *f*
urdir [ur'ðir] *vt* urdir
uretra [u'retra] *f* uretra *f*
urgencia [ur'xenθja] *f* 1. (*en general*) urgência *f*; **en caso de** ~ em caso de urgência 2. *pl* (*en hospital*) pronto-socorro *m*
urgente [ur'xente] *adj* urgente
urgir [ur'xir] <g→j> *vi* urgir
urinario [uri'narjo] *m* mictório *m*
urinario, -a [uri'narjo, -a] *adj* uriná-

rio, -a
urna ['urna] *f* urna *f*; **acudir a las ~s** comparecer às urnas
urogallo [uroˈɣaʎo] *m* tetraz *m*
urología [uroloˈxia] *f* urologia *f*
urólogo, -a [uˈroloɣo, -a] *m, f* urologista *mf*
urraca [uˈrraka] *f* gralha *f*
URSS [urrs] *f abr de* **Unión de Repúblicas Socialistas Soviéticas** URSS *f*
Uruguay [uruˈɣwai̯] *m* Uruguai *m*

> **Cultura** **Uruguay** (nome oficial: **República Oriental del Uruguay**) fica na parte sudoeste da América do Sul. A capital e também a cidade mais importante do Uruguai é **Montevideo**. A língua oficial do país é o espanhol e a unidade monetária é o **peso uruguayo**.

uruguayo, -a [uruˈɣwaʝo, -a] *adj, m, f* uruguaio, -a *m, f*
usado, -a [uˈsaðo, -a] *adj* usado, -a
usanza [uˈsanθa] *f* **a la antigua ~** à moda antiga; **a ~ del siglo XIX** à moda do século XIX
usar [uˈsar] I. *vt* usar II. *vr:* **~se** usar-se
uso ['uso] *m* uso *m*; **~ de razón** uso da razão; **al ~** em uso; **de ~ externo** MED de uso externo; **fuera de ~** fora de uso; **en pleno ~ de sus facultades** em pleno gozo [*ou* uso] de suas faculdades
usted [usˈteð] *pron* 1. *sing, pl, form* o senhor, a senhora; **tratar de ~ a alguien** tratar alguém de senhor/senhora 2. *pl, AmL* (*vosotros*) vocês
usual [usuˈal] *adj* usual
usuario, -a [usuˈarjo, -a] *m, f* t. INFOR usuário, -a *m, f*
usurero, -a [usuˈrero, -a] *m, f* agiota *mf*
usurpación [usurpaˈθjon] *f* usurpação *f*
usurpar [usurˈpar] *vt* usurpar
utensilio [utenˈsiljo] *m* utensílio *m*
útero ['utero] *m* útero *m*
útil ['util] I. *adj* útil II. *mpl* utensílios *mpl*; **cogió sus útiles y se fue** pegou seus utensílios e foi embora
utilidad [utiliˈðað] *f* 1. (*de un objeto*) utilidade *f* 2. INFOR programa *m* utilitário 3. (*de inversión*) lucro *m*
utilitario *m* carro *m* de passeio
utilitario, -a *adj* utilitário, -a
utilizar [utiliˈθar] <z→c> *vt* utilizar

utopía [utoˈpia] *f* utopia *f*
utópico, -a [uˈtopiko, -a] *adj* utópico, -a
uva ['uβa] *f* uva *f*; **~ pasa** uva-passa *f*; **estar de mala ~** *inf* estar de mau humor; **tener mala ~** *inf* ter más intenções

> **Cultura** Na Espanha, na véspera do Ano Novo, é costume comer exatamente aos doze segundos antes da meia-noite, uma **uva** branca para cada **campanada** (toque do sino), que pode ser ouvido pela televisão a intervalos de um segundo. Acredita-se que esse hábito traga boa sorte no ano que está iniciando.

uve ['uβe] *f* vê *m*; **~ doble** dáblio *m*; **la ~ viene antes de la ~ doble** o vê vem antes do dáblio
UVI ['uβi] *f abr de* **Unidad de Vigilancia Intensiva** UTI *f*
Uzbekistán [uθβekisˈtan] *m* Uzbequistão *m*

V

V, v ['uβe] *f* V, v *m*; **~ doble** dáblio *m*
vaca ['baka] *f* vaca *f*; **~s gordas/flacas** *fig* vacas gordas/magras
vacaciones [bakaˈθjones] *fpl* férias *fpl*; **estar de ~** estar de férias; **irse de ~** sair de férias
vacante [baˈkante] I. *adj* vago, -a II. *f* vaga *f*
vaciar [baθiˈar] <*1. pres:* vacío> *vt* 1. (*armario, botella*) esvaziar 2. (*edificio*) desocupar
vaciedad [baθjeˈðað] *f* (*estupidez*) imbecilidade *f*
vacilación [baθilaˈθjon] *f* vacilação *f*
vacilante [baθiˈlante] *adj* vacilante
vacilar [baθiˈlar] *vi* vacilar
vacío [baˈθio] *m* (*espacio*) vazio *m*; FÍS vácuo *m*; **envasado al ~** embalado a vácuo; **hacer el ~ a alguien** fazer pouco de alguém

vacío, -a [ba'θio, -a] *adj* vazio, -a
vacuna [ba'kuna] *f* vacina *f*
vacunación [bakuna'θjon] *f* vacinação *f*
vacunar [baku'nar] I. *vt* vacinar II. *vr:* ~ **se** vacinar-se
vacuno, -a [ba'kuno, -a] *adj* bovino, -a
vacuo, -a ['bakwo, -a] *adj* vazio, -a
vadear [baðe'ar] *vt* vadear
vademécum [baðe'mekun] *m* vade-mécum *m*
vado ['baðo] *m* **1.** (*río*) vau *m* **2.** AUTO ~ **permanente** guia *f* rebaixada
vagabundo, -a [baɣa'βundo, -a] *adj, m, f* vagabundo, -a *m, f*
vagancia [ba'ɣanθja] *f* preguiça *f*
vagar [ba'ɣar] <g→gu> *vi* vagar
vagina [ba'xina] *f* ANAT vagina *f*
vaginal [baxi'nal] *adj* ANAT vaginal
vago, -a ['baɣo, -a] I. *adj* **1.** (*perezoso*) preguiçoso, -a **2.** (*impreciso*) vago, -a II. *m, f* preguiçoso, -a *m, f*
vagón [ba'ɣon] *m* vagão *m;* ~ **restaurante** vagão-restaurante *m*
vagoneta [baɣo'neta] *f* vagonete *f*
vaguear [baɣe'ar] *vi* vagabundear
vaguedad [baɣe'ðað] *f* imprecisão *f*
vaho ['bao] *m* vapor *m*
vaina[1] ['baina] *f* **1.** (*de espada*) bainha *f* **2.** (*de judía, guisante*) vagem *f*
vaina[2] ['baina] *mf inf* inútil *mf*
vainilla [bai'niʎa] *f* baunilha *f*
vaivén [bai'βen] *m* vaivém *m;* **los vaivenes de la vida** os vaivéns da vida
vajilla [ba'xiʎa] *f* louça *f*
vale ['bale] *m* **1.** (*canjeable*) vale *m;* ~ **de regalo** vale-presente *m* **2.** (*comprobante, pagaré*) comprovante *m* **3.** (*entrada*) convite *m*
valedero, -a [bale'ðero, -a] *adj* válido, -a
Valencia [ba'lenθja] *f* Valência *f*
valenciano, -a [balen'θjano, -a] *adj, m, f* valenciano, -a *m, f*
valentía [balen'tia] *f* **1.** (*valor*) valentia *f* **2.** (*hazaña*) façanha *f*
valentón, -ona [balen'ton, -ona] *adj, m, f pey* valentão, -ona *m, f*
valer [ba'ler] *irr* I. *vt* valer; **hacer ~ sus derechos** fazer valer seus direitos II. *vi* servir, valer; **no sé para qué vale este trasto** não sei para que serve isto; **¡vale ya!** já chega!; **¡vale!** certo!; **más vale que** +*subj* é melhor que +*subj* III. *vr:* ~ **se** valer-se; ~ **se de algo/alguien** valer-se de a. c./alguém

valeroso, -a [bale'roso, -a] *adj* valente
valía [ba'lia] *f* valia *f*
validar [bali'ðar] *vt* validar
validez [bali'ðeθ] *f* validez *f;* **tener ~** ter validez
válido, -a ['baliðo, -a] *adj* válido, -a
valiente [ba'ljente] *adj* valente
valija [ba'lixa] *f* maleta *f;* ~ **diplomática** mala diplomática
valioso, -a [ba'ljoso, -a] *adj* valioso, -a
valla ['baʎa] *f* **1.** (*tapia*) cerca *f* **2.** (*publicitaria*) painel *m* **3.** DEP obstáculo *m*
vallar [ba'ʎar] *vt* cercar
valle ['baʎe] *m* vale *m*
valor [ba'lor] *m* **1.** valor *m;* ~ **absoluto** valor absoluto; ~ **adquisitivo** poder *m* aquisitivo; ~ **añadido** valor agregado; ~ **nominal** valor nominal **2.** (*valentía*) coragem *f;* **armarse de ~** tomar coragem **3.** (*desvergüenza*) descaramento *m*
valoración [balora'θjon] *f* valorização *f*
valorar [balo'rar] *vt* (*tasar, apreciar*) valorizar
vals [bals] *m* MÚS valsa *f*
válvula ['balβula] *f* ANAT, TÉC válvula *f*
vampiresa [bampi'resa] *f inf* vampe *f*
vampiro [bam'piro] *m* vampiro *m*
vanagloriarse [banaɣlo'rjarse] *vr* vangloriar-se; ~ **de algo** vangloriar-se de a. c.
vandálico, -a [ban'daliko, -a] *adj* vandálico, -a
vandalismo [banda'lismo] *m* vandalismo *m*
vándalo, -a ['bandalo, -a] *m, f* vândalo, -a *m, f*
vanguardia [baŋ'gwarðja] *f* vanguarda *f;* **de ~** de vanguarda
vanguardista [baŋgwar'ðista] *adj, mf* vanguardista *mf*
vanidad [bani'ðað] *f* vaidade *f*
vanidoso, -a [bani'ðoso, -a] *adj, m, f* vaidoso, -a *m, f*
vano ['bano] *m* ARQUIT vão *m*
vano, -a ['bano, -a] *adj* vão, vã; **en ~** em vão
vapor [ba'por] *m* vapor *m;* ~ **de agua** vapor de água; **al ~** GASTR ao vapor
vaporizador [baporiθa'ðor] *m* vaporizador *m*
vaporizar [bapori'θar] <z→c> I. *vt* vaporizar II. *vr:* ~ **se** vaporizar-se
vaporoso, -a [bapo'roso, -a] *adj* vaporoso, -a
vapulear [bapule'ar] *vt* **1.** (*zurrar*) sur-

vapuleo

rar **2.** (*criticar*) censurar
vapuleo [bapu'leo] *m* **1.** (*zurra*) surra *f* **2.** (*crítica*) censura *f*
vaquero, -a [ba'kero, -a] *adj, m, f* vaqueiro, -a *m, f*
vaquero(s) [ba'kero(s)] *m(pl)* jeans *mpl*
vaquilla [ba'kiʎa] *f* **1.** *novilha que se toureia na Espanha em festas populares* **2.** *Chile, Nic* (*ternera*) vitela *f*
vara ['bara] *f* **1.** (*palo*) vara *f;* ~ **mágica** varinha *f* mágica **2.** (*bastón de mando*) cetro *m*
varadero [bara'ðero] *m* NÁUT varadouro *m*
varado, -a [ba'raðo, -a] *adj* NÁUT varado, -a
varar [ba'rar] *vi* NÁUT varar
variable [ba'rjaβle] *adj, f* variável *f*
variación [barja'θjon] *f* variação *f*
variado, -a [ba'rjaðo, -a] *adj* variado, -a
variante [ba'rjaṇte] *f* (*variedad, carretera*) variante *f*
variar [bari'ar] <*l. pres:* varío> **I.** *vi* variar; **para** ~ ... para variar... **II.** *vt* variar
varicela [bari'θela] *f* MED varicela *f*
variedad [barje'ðað] *f* **1.** (*clase, pluralidad*) variedade *f* **2.** *pl* (*espectáculo*) variedades *fpl*
varilla [ba'riʎa] *f* vareta *f*
variopinto, -a [barjo'pinto, -a] *adj* variado, -a
varios, -as ['barjos, -as] *adj* vários, -as
varita [ba'rita] *f* varinha *f;* ~ **mágica** varinha mágica
variz [ba'riθ] *f* MED variz *f*
varón [ba'ron] *m* varão *m*
varonil [baro'nil] *adj* varonil
Varsovia [bar'soβja] *f* Varsóvia *f*
vasallo, -a [ba'saʎo, -a] *adj, m, f* vassalo, -a *m, f*
vasco ['basko] *m* basco *m*
vasco, -a ['basko, -a] *adj, m, f* basco, -a *m, f*
Vascongadas [baskoŋ'gaðas] *fpl* ≈ País Basco *m*
vascuence [bas'kweṇθe] *m* (*lengua*) basco *m*
vasectomía [basekto'mia] *f* MED vasectomia *f*
vaselina [base'lina] *f* vaselina *f*
vasija [ba'sixa] *f* (*recipiente*) vasilha *f*
vaso ['baso] *m* **1.** (*recipiente*) copo *m;* **ahogarse en un** ~ **de agua** *inf* fazer tempestade em copo de água **2.** ANAT vaso *m;* ~ **sanguíneo** vaso sanguíneo

330

vela

vástago ['bastaɣo] *m* **1.** BOT broto *m* **2.** (*hijo*) descendente *mf* **3.** TÉC haste *f*
vasto, -a ['basto, -a] *adj* vasto, -a
váter ['bater] *m* vaso *m* sanitário
Vaticano [bati'kano] *m* Vaticano *m;* **el** ~ o Vaticano; **la Ciudad del** ~ a Cidade do Vaticano
vaticano, -a [bati'kano, -a] *adj* vaticano, -a
vaticinio [bati'θinjo] *m* vaticínio *m*
vatio ['batjo] *m* watt *m*
Vd. [us'teð] *pron pers abr de* **usted** o Sr., a Sra.
vecinal [beθi'nal] *adj* vicinal
vecindad [beθiṇ'dað] *f* vizinhança *f*
vecindario [beθiṇ'darjo] *m* vizinhança *f*
vecino, -a [be'θino, -a] *adj, m, f* vizinho, -a *m, f*
vector [bek'tor] *m* vetor *m*
veda ['beða] *f* proibição *f*
vedado [be'ðaðo] *m* reserva *f*
vedar [be'ðar] *vt* vedar
vedette [be'ðet, be'ðete] *f* vedete *f*
vega ['beɣa] *f* várzea *f*
vegetación [bexeta'θjon] *f* vegetação *f*
vegetal [bexe'tal] *adj, m* vegetal *m*
vegetar [bexe'tar] *vi inf* vegetar
vegetarianismo [bexetarja'nismo] *m* vegetarismo *m*
vegetariano, -a [bexeta'rjano, -a] *adj, m, f* vegetariano, -a *m, f*
vegetativo, -a [bexeta'tiβo, -a] *adj* vegetativo, -a
vehemencia [be(e)'menθja] *f* veemência *f*
vehemente [be(e)'mente] *adj* veemente
vehículo [be'ikulo] *m* veículo *m;* ~ **todo terreno** carro *m* todo-terreno
veinte ['beiṇte] *adj inv, m* vinte *m; v.t.* **ochenta**
veintena [bei̯ṇ'tena] *f* vintena *f*
vejación [bexa'θjon] *f,* **vejamen** [be'xamen] *m* vexação *f*
vejar [be'xar] *vt* vexar
vejatorio, -a [bexa'torjo, -a] *adj* vexatório, -a
vejestorio, -a [bexes'torjo, -a] *m, f inf* velhote, -a *m, f*
vejez [be'xeθ] *f* velhice *f*
vejiga [be'xiɣa] *f* bexiga *f*
vela ['bela] *f* vela *f;* **a toda** ~ NÁUT à vela; *inf* a todo vapor; **estar a dos** ~**s** *inf* estar duro; **pasar la noche en** ~ *fig* passar a noite em claro; **¿quién te ha**

dado ~ en este entierro? *inf* quem disse que isto é da tua conta?
velada [be'laða] *f* noitada *f*
velador [bela'ðor] *m* velador *m*
velar [be'lar] I. *vi* 1. (*no dormir*) velar 2. (*cuidar*) velar; **~ por alguien** velar por alguém II. *vt* velar III. *vr:* **~ se** FOTO velar-se
velatorio [bela'torjo] *m* velório *m*
velcro ['belkro] *m* velcro *m*
veleidad [beleiˈðað] *f* veleidade *f*
velero [be'lero] *m* NÁUT veleiro *m*
veleta¹ [be'leta] *f* cata-vento *m*
veleta² [be'leta] *mf inf* (*persona*) volúvel *mf*
vello ['beʎo] *m* pelo *m*
velo ['belo] *m* véu *m*; **~ del paladar** ANAT véu do paladar; **correr** [*o* **echar**] **un tupido ~ sobre algo** *inf* pôr uma pedra sobre a. c.
velocidad [beloθiˈðað] *f* 1. *t.* FÍS, INFOR velocidade *f*; **~ de la luz** velocidade da luz; **a toda ~** a toda velocidade 2. AUTO (*marcha*) marcha *f*
velocímetro [beloˈθimetro] *m* velocímetro *m*
velódromo [beˈloðromo] *m* velódromo *m*
veloz [beˈloθ] *adj* veloz
vena ['bena] *f* 1. ANAT veia *f* 2. (*filón*) veio *m*; **~ de agua** veio de água 3. *inf* (*disposición*) veia *f*, vocação *f*; **tener ~ de algo** ter vocação para a. c.
venado [beˈnaðo] *m* veado *m*
vencedor(a) [benθeˈðor(a)] *adj, m(f)* vencedor(a) *m(f)*
vencer [benˈθer] <c→z> *vi, vt* vencer
vencimiento [benθiˈmjento] *m* COM vencimento *m*
venda ['benda] *f* MED venda *f*
vendaje [benˈdaxe] *m* bandagem *f*
vendar [benˈdar] *vt* vendar
vendaval [bendaˈβal] *m* vendaval *m*
vendedor(a) [bendeˈðor(a)] *m(f)* vendedor(a) *m(f)*; **~ ambulante** vendedor ambulante; **~ a domicilio** *vendedor que oferece produtos de porta em porta*
vender [benˈder] I. *vt* vender; **se vende** vende-se II. *vr:* **~ se** (*persona*) vender-se
vendimia [benˈdimja] *f* vindima *f*
vendimiador(a) [bendimjaˈðor(a)] *m(f)* vindimador(a) *m(f)*
vendimiar [bendiˈmjar] *vi* vindimar
Venecia [beˈneθja] *f* Veneza *f*

veneno [beˈneno] *m* veneno *m*
venenoso, -a [beneˈnoso, -a] *adj* venenoso, -a
venerable [beneˈraβle] *adj* venerável
veneración [beneraˈθjon] *f* veneração *f*
venerar [beneˈrar] *vt* venerar
venéreo, -a [beˈnereo, -a] *adj* MED venéreo, -a
venezolano, -a [beneθoˈlano, -a] *adj, m, f* venezuelano, -a *m, f*
Venezuela [beneˈθwela] *f* Venezuela *f*

> **Cultura** Venezuela (nome oficial: **República de Venezuela**) faz limite com o Mar do Caribe e com o Oceano Atlântico ao norte, com a Guyana ao leste, com o Brasil ao sul e com a Colômbia ao oeste. A capital é **Caracas**. O Espanhol é a língua oficial do país e a unidade monetária é o **bolívar**.

venganza [benˈganθa] *f* vingança *f*
vengar [benˈgar] <g→gu> I. *vt* vingar II. *vr:* **~ se** vingar-se; **~ se de alguien** vingar-se de alguém
vengativo, -a [bengaˈtiβo, -a] *adj* vingativo, -a
venia ['benja] *f elev* vênia *f*; **con la ~** com a vênia
venial [beˈnjal] *adj* venial
venida [beˈniða] *f* vinda *f*
venidero, -a [beniˈðero, -a] *adj* vindouro, -a
venir [beˈnir] *irr* I. *vi* 1. (*trasladarse*) vir; **el mes que viene** o mês que vem 2. (*ocurrir*) vir; **vino la guerra** veio a guerra 3. (*proceder*) vir; **~ de una familia rica** vir de uma família rica 4. (*entrar*) **me vinieron ganas de reír** me deu vontade de rir 5. (*prenda*) cair; **me viene bien/mal** me cai bem/mal 6. *fig* **es una familia venida a menos** é uma família empobrecida; **a mí eso ni me va ni me viene** pra mim tanto faz II. *vr:* **~ se** vir; **~ se abajo** vir abaixo
venta ['benta] *f* 1. COM venda *f*; **~ al contado** venda à vista; **~ por correo** venda pelo correio; **~ a plazos** venda a prazo; **en ~** à venda 2. (*posada*) pousada *f*
ventaja [benˈtaxa] *f t.* DEP vantagem *f*
ventajoso, -a [bentaˈxoso, -a] *adj* vantajoso, -a

ventana [beṇ'tana] *f* janela *f;* **~ corrediza** janela corrediça; **~ de la nariz** narina *f;* **echar** [*o* **tirar**] **algo por la ~** *fig* jogar a. c. pela janela

ventanilla [beṇta'niʎa] *f* **1.** (*de coche*) vidro *m* **2.** (*taquilla*) guichê *m*

ventilación [beṇtila'θjoṇ] *f* ventilação *f*

ventilador [beṇtila'ðor] *m* ventilador *m*

ventilar [beṇti'lar] **I.** *vt* ventilar **II.** *vr:* **~se** (*persona*) ventilar-se

ventisca [beṇ'tiska] *f* nevasca *f*

ventisquero [beṇtis'kero] *m* neve *f* eterna

ventosa [beṇ'tosa] *f* ventosa *f*

ventosidad [beṇtosi'ðað] *f* ventosidade *f*

ventoso, -a [beṇ'toso, -a] *adj* ventoso, -a

ventrículo [beṇ'trikulo] *m* ANAT ventrículo *m*

ventrílocuo, -a [beṇ'trilokwo, -a] *m, f* ventríloquo, -a *m, f*

ventura [beṇ'tura] *f* ventura *f;* **mala ~** má sorte; **por ~** por ventura; **probar ~** tentar a sorte

venturoso, -a [beṇtu'roso, -a] *adj* venturoso, -a

Venus ['benus] *m* Vênus *m*

ver [ber] *irr* **I.** *vi* ver; **a ~** vamos ver; **a ~ cómo lo hacemos** vamos ver como faremos; **ya ~emos** veremos; **a mi modo de ~** no meu modo de ver; **tener que ~ con alguien/algo** ter a ver com a. c./alguém **II.** *vt* ver; **¡habráse visto!** nunca se viu tal coisa!; **no veas la que se armó** nem imagina o que aconteceu; **hay que ~ lo tranquilo que es Pedro** tem que ver como Pedro é tranquilo; **si te he visto, no me acuerdo** *fig* se te vi, não me lembro; **¿no ves que...?** não vê que...?; **te veo venir** *fig* já sei o que você quer **III.** *vr:* **~se** ver-se; **~se apurado** ver-se em apuros; **se ve que no tenéis tiempo** se vê que vocês não têm tempo

vera ['bera] *f* **1.** (*orilla*) margem *f* **2.** (*lado*) **a la ~ de** ao lado de

veracidad [beraθi'ðað] *f* veracidade *f*

veraneante [berane'aṇte] *mf* veranista *mf*

veranear [berane'ar] *vi* veranear

veraneo [bera'neo] *m* veraneio *m*

veraniego, -a [bera'njeɣo, -a] *adj* de verão

verano [be'rano] *m* verão *m*

veras ['beras] *fpl* **de ~** de verdade; **esto va de ~** isto é sério

veraz [be'raθ] *adj* veraz

verbal [ber'βal] *adj* verbal

verbalizar [berβali'θar] <z→c> *vt* verbalizar

verbena [ber'βena] *f* festa popular noturna que se celebra ao ar livre na véspera de algumas festividades

verbo ['berβo] *m* verbo *m;* **~ impersonal** verbo impessoal; **~ intransitivo** verbo intransitivo; **~ pronominal** verbo pronominal; **~ transitivo** verbo transitivo

verboso, -a [ber'βoso, -a] *adj* verboso, -a

verdad [ber'ðað] *f* verdade *f;* **~ de Perogrullo** obviedade *f;* **a decir ~,...** pra dizer a verdade...?; **¿de ~...?** verdade...?; **faltar a la ~** faltar com a verdade; **pues la ~, no lo sé** a verdade é que eu não sei; **un héroe de ~** um herói de verdade; **¿~ que no fuiste tú?** verdade que não foi você?; **¿~?** verdade?

verdadero, -a [berða'ðero, -a] *adj* verdadeiro, -a

verde ['berðe] **I.** *adj* **1.** (*color, fruta*) t. POL verde; **poner ~ a alguien** *inf* meter o pau em alguém **2.** (*chiste*) sujo, -a **II.** *m* verde *m*

verdear [berðe'ar] *vi*, **verdecer** [berðe'θer] *irr como crecer vi* esverdear

verdor [ber'ðor] *m* verdor *m*

verdoso, -a [ber'ðoso, -a] *adj* esverdeado, -a

verdugo [ber'ðuɣo] *m* carrasco *m*

verdulería [berðule'ria] *f* quitanda *f*

verdulero, -a [berðu'lero, -a] *m, f* verdureiro, -a *m, f*

verdura [ber'ðura] *f* verdura *f*

vereda [be'reða] *f* **1.** (*sendero*) vereda *f;* **hacer entrar en ~ a alguien** *fig* botar alguém na linha **2.** *AmL* (*acera*) calçada *f*

veredicto [bere'ðikto] *m* JUR veredicto *m*

verga ['berɣa] *f* vara *f*

vergel [ber'xel] *m elev* vergel *m*

vergonzoso, -a [berɣoṇ'θoso, -a] *adj* **1.** (*tímido*) envergonhado, -a **2.** (*acción*) vergonhoso, -a

vergüenza [ber'ɣweṇθa] *f* vergonha *f;* **me da ~...** me dá vergonha...; **pasar ~** passar vergonha; **¡qué ~!** que vergonha!

verídico, -a [be'riðiko, -a] *adj* verídi-

co, -a
verificación [berifika'θjon] *f* verificação *f*
verificar [berifi'kar] <c→qu> I. *vt* verificar II. *vr:* ~ **se** verificar-se
verja ['berxa] *f* grade *f*
vermú [ber'mu] *m*, **vermut** [ber'mu] *m* <vermús> (*licor*) vermute *m*
verosímil [bero'simil] *adj* verossímil
verosimilitud [berosimili'tuð] *f* verossimilhança *f*
verruga [be'rruɣa] *f* verruga *f*
versado, -a [ber'saðo, -a] *adj* versado, -a
versar [ber'sar] *vt* versar
versátil [ber'satil] *adj* versátil
versatilidad [bersatili'ðað] *f* versatilidade *f*
versículo [ber'sikulo] *m* versículo *m*
versión [ber'sjon] *f* versão *f*
verso ['berso] *m* verso *m*
vértebra ['berteβra] *f* ANAT vértebra *f*
vertebrado [berte'βraðo] *m* vertebrado *m*
vertebral [berte'βral] *adj* vertebral
vertedero [berte'ðero] *m* depósito *m* de lixo
verter [ber'ter] <e→ie> I. *vt* (*vaciar, traducir*) verter II. *vi* verter; **el Amazonas vierte en el Atlántico** o Amazonas verte no Atlântico
vertical [berti'kal] *adj*, *f* vertical *f*
vértice ['bertiθe] *m* vértice *m*
vertido [ber'tiðo] *m* vertedura *f*
vertiente [ber'tjente] *f* vertente *f*
vertiginoso, -a [bertixi'noso, -a] *adj* vertiginoso, -a
vértigo ['bertiɣo] *m* vertigem *f*; **ir a una velocidad de** ~ ir a uma velocidade vertiginosa
vesícula [be'sikula] *f* ANAT vesícula *f*; ~ **biliar** vesícula biliar
vespa® ['bespa] *f* vespa® *f*
vespertino, -a [besper'tino, -a] *adj* vespertino, -a
vespino® [bes'pino] *m* ≈ motoca *f*
vestíbulo [bes'tiβulo] *m* vestíbulo *m*
vestido [bes'tiðo] *m* vestido *m*
vestido, -a [bes'tiðo, -a] *adj* vestido, -a
vestigio [bes'tixjo] *m* vestígio *m*
vestimenta [besti'menta] *f* vestimenta *f*
vestir [bes'tir] *irr como pedir* I. *vt* vestir II. *vi* vestir; ~ **de uniforme** usar uniforme; **esta chaqueta viste mucho** este casaco veste bem III. *vr:* ~ **se** vestir-se

vestuario [bes'twarjo] *m* 1.(*conjunto de ropa*) vestuário *m* 2.(*en película, obra*) guarda-roupa *m* 3. DEP vestiário *m*
veta ['beta] *f* veio *m*
vetar [be'tar] *vt* vetar
veterano, -a [bete'rano, -a] *adj*, *m*, *f* veterano, -a *m*, *f*
veterinaria [beteri'narja] *f* veterinária *f*
veterinario, -a [beteri'narjo, -a] *m*, *f* veterinário, -a *m*, *f*
veto ['beto] *m* veto *m*
vetusto, -a [be'tusto, -a] *adj elev* vetusto, -a
vez [beθ] *f* vez *f*; **a la** ~ ao mesmo tempo; **a veces** às vezes; **cada** ~ **que...** cada vez que...; **de una** ~ de uma vez; **de** ~ **en cuando** de vez em quando; **érase una** ~... era uma vez...; **en** ~ **de** em vez de; **hacer las veces de...** fazer as vezes de...; **rara** ~ raramente; **tal** ~ talvez; **una y otra** ~ uma vez ou outra; **por enésima** ~ pela enésima vez
vía ['bia] *f* 1. via *f*; **Vía Láctea** Via Láctea; ~ **pública** via pública; **dejar** ~ **libre a alguien** *inf* deixar o caminho livre para alguém; **en** ~ **s de** em vias de; **por** ~ **aérea** (*correos*) por via aérea; **por** ~ **oral** por via oral 2. FERRO via *f*; ~ **férrea** via férrea; ~ **muerta** desvio *m*
viabilidad [bjaβili'ðað] *f* viabilidade *f*
viable [bi'aβle] *adj* viável
viaducto [bja'ðukto] *m* viaduto *m*
viajante [bja'xante] *mf* viajante *mf*
viajar [bja'xar] *vi* viajar
viaje [bi'axe] *m* viagem *f*; ~ **de ida y vuelta** viagem de ida e volta; ~ **de negocios** viagem de negócios; ~ **de novios** viagem de núpcias; ~ **de placer** viagem de férias; **estar de** ~ estar de viagem; **¡buen** ~! boa viagem!
viajero, -a [bja'xero, -a] *adj*, *m*, *f* viajante *mf*
vial [bi'al] I. *adj* da via pública II. *m* frasco *m*
víbora ['biβora] *f* víbora *f*
vibración [biβra'θjon] *f* vibração *f*
vibrador [biβra'ðor] *m* vibrador *m*
vibrante [bi'βrante] *adj* vibrante
vibrar [bi'βrar] *vi* vibrar
vicario [bi'karjo] *m* vigário *m*
vicedirector(a) [biθeðirek'tor(a)] *m(f)* vice-diretor(a) *m(f)*
vicepresidencia [biθepresi'ðenθja] *f* vice-presidência *f*

vicepresidente, -a [biθepresi'ðen̪te, -a] *m, f* vice-presidente *mf*
viceversa [biθe'βersa] *adv* vice-versa
viciado, -a [bi'θjaðo, -a] *adj* viciado, -a
viciar [bi'θjar] **I.** *vt* **1.** (*falsear*) viciar **2.** (*deformar*) empenar **II.** *vr:* **~se** (*persona*) viciar-se; **~se con algo** viciar-se em a. c.
vicio ['biθjo] *m* vício *m*
vicioso, -a [bi'θjoso, -a] *adj* vicioso, -a
vicisitud [biθisi'tuð] *f* vicissitude *f*
víctima ['biktima] *f* vítima *f*
victoria [bik'torja] *f* vitória *f*; **cantar ~** *fig* cantar vitória
victorioso, -a [bikto'rjoso, -a] *adj* vitorioso, -a
vicuña [bi'kuɲa] *f* vicunha *f*
vid [bið] *f* videira *f*
vida ['biða] *f* vida *f*; **~ sentimental** vida sentimental; **~ social** vida social; **a ~ o muerte** de vida ou morte; **amargar la ~ a alguien** *inf* infernizar a vida de alguém; **buscarse la ~** *inf* virar-se; **dar la ~** dar a vida; **de por ~** para sempre; **de toda la ~** de toda a vida; **¡mi ~!**, **¡~ mía!** (*tratamiento*) minha vida!; **pasar a mejor ~** passar desta para melhor; **salir con ~** sair com vida; **¿qué es de tu ~?** como vai a vida?
vidente [bi'ðen̪te] *mf* vidente *mf*
vídeo ['biðeo] *m* vídeo *m*
videocámara [biðeo'kamara] *f* videocâmara *f*
videocasete [biðeoka'sete] *m* videocassete *m*
videoclip [biðeo'klip] *m* videoclipe *m*
videoclub [biðeo'kluβ] *m* videoclube *m*
videoconferencia [biðeokoɱfe'ren̪θja] *f* videoconferência *f*
videojuego [biðeo'xweɣo] *m* video game *m*
videoteléfono [biðeote'lefono] *m* videofone *m*
videotexto [biðeo'testo] *m* videotexto *m*
vidriera [bi'ðrjera] *f* **1.** (*ventana*) vidraça *f*; (*de iglesia*) vitral *m* **2.** *AmL* (*escaparate*) vitrina *f*
vidriero, -a [bi'ðrjero, -a] *m, f* vidraceiro, -a *m, f*
vidrio ['biðrjo] *m* vidro *m*
vidrioso, -a [bi'ðrjoso, -a] *adj* **1.** (*que se rompe*) vidrento, -a **2.** (*mirada, ojos*) vidrado, -a
viejo, -a ['bjexo, -a] *adj, m, f* velho, -a *m, f*

Viena ['bjena] *f* Viena *f*
vienés, -esa [bje'nes, -esa] *adj, m, f* vienense *mf*
viento ['bjen̪to] *m* vento *m*; **a los cuatro ~s** aos quatro ventos; **contra ~ y marea** custe o que custar; **el negocio va ~ en popa** *inf* o negócio vai de vento em popa; **¡vete a tomar ~!** *inf* vai catar coquinho!
vientre ['bjen̪tre] *m* ventre *m*; **hacer de ~** *inf* fazer cocô
viernes ['bjernes] *m inv* sexta-feira *f*; **Viernes Santo** Sexta-feira santa; *v.t.* **lunes**
Vietnam [bjeð'nan] *m* Vietnã *m*
vietnamita [bjeðna'mita] *adj, mf* vietnamita *mf*
viga ['biɣa] *f* viga *f*
vigencia [bi'xen̪θja] *f* vigência *f*; **entrar en ~** entrar em vigência
vigente [bi'xen̪te] *adj* vigente
vigésimo, -a [bi'xesimo, -a] *adj* vigésimo, -a; *v.t.* **octavo**
vigía¹ [bi'xia] *f* vigia *f*
vigía² [bi'xia] *mf* vigia *mf*
vigilancia [bixi'lanθja] *f* vigilância *f*
vigilante [bixi'lan̪te] *adj, mf* vigilante *mf*
vigilar [bixi'lar] *vi, vt* vigiar
vigilia [bi'xilja] *f* vigília *f*
vigor [bi'ɣor] *m* vigor *m*; **entrar en ~** entrar em vigor
vigoroso, -a [biɣo'roso, -a] *adj* vigoroso, -a
VIH [uβei'atʃe] *m abr de* **virus de inmunodeficiencia humana** HIV *m*
vikingo, -a [bi'kiŋgo, -a] *adj, m, f* viking *mf*
vil [bil] *adj* vil
vileza [bi'leθa] *f* vileza *f*
vilipendiar [bilipen̪'djar] *vt* vilipendiar
villa ['biʎa] *f* **1.** (*población*) vila *f* **2.** (*casa*) casa *f* de campo
villancico [biʎan̪'θiko] *m* canção *f* de Natal
villano, -a [bi'ʎano, -a] *m, f* vilão, vilã *m, f*
villorrio [bi'ʎorrjo] *m pey* vilório *m*
vilo ['bilo] *adv* **en ~** no ar; **pasar la noche en ~** passar a noite em claro
vinagre [bi'naɣre] *m* vinagre *m*
vinagrera [bina'ɣrera] *f* **1.** (*recipiente*) vinagreira *f* **2.** *pl* (*para la mesa*) galheteiro *m*
vinagreta [bina'ɣreta] *f* vinagrete *m*
vincha ['bin̪tʃa] *f AmS* (*cinta*) tiara *f*

vinculación [biŋkula'θjon] f vinculação f
vincular [biŋku'lar] I. vt vincular II. vr: ~se vincular-se
vínculo ['biŋkulo] m vínculo m
vinícola [bi'nikola] adj vinícola
vinicultor(a) [binikul'tor(a)] m(f) vinicultor(a) m(f)
vinicultura [binikul'tura] f vinicultura f
vinilo [bi'nilo] m vinil m
vino ['bino] m vinho m; ~ **blanco** vinho branco; ~ **de la casa** vinho da casa; ~ **de mesa** vinho de mesa; ~ **peleón** vinho de má qualidade; ~ **rosado** vinho rosado; ~ **tinto** vinho tinto
viña ['biɲa] f vinha f
viñedo [bi'ɲeðo] m vinhedo m
viñeta [bi'ɲeta] f vinheta f
viola ['bjola] f MÚS viola f
violación [bjola'θjon] f violação f
violador(a) [bjola'ðor(a)] m(f) violador(a) m(f)
violar [bjo'lar] vt **1.** (ley, norma) violar **2.** (mujer) violentar
violencia [bjo'lenθja] f violência f
violentar [bjolen'tar] I. vt violentar II. vr: ~se constranger-se
violento, -a [bjo'lento, -a] adj **1.** violento, -a **2.** (incómodo) desagradável
violeta [bjo'leta] adj, f violeta f
violín [bjo'lin] m MÚS violino m
violinista [bjoli'nista] mf MÚS violinista mf
violón [bjo'lon] m MÚS contrabaixo m
violonchelista [bjolontʃe'lista] mf MÚS violoncelista mf
violonchelo [bjolon'tʃelo] m MÚS violoncelo m
VIP [biᵖ] mf abr de **Very Important Person** VIP mf
viraje [bi'raxe] m t. fig virada f
virar [bi'rar] vi, vt virar
virgen ['birxen] adj, f virgem f; **la Virgen** a Virgem; **la Santísima Virgen** a Virgem Santíssima
virginal [birxi'nal] adj virginal
virginidad [birxini'ðað] f virgindade f
Virgo ['birɣo] m Virgem f; **ser** ~ **(de)** ser (de) Virgem
viril [bi'ril] adj viril
virilidad [birili'ðað] f virilidade f
virrey [bi'rrei̯] m vice-rei m
virtual [birtu'al] adj virtual
virtud [bir'tuð] f virtude f; **en** ~ **de** em virtude de
virtuosismo [birtwo'sismo] m virtuosismo m
virtuoso, -a [birtu'oso, -a] adj, m, f virtuoso, -a m, f
viruela [bi'rwela] f MED varíola f
virulencia [biru'lenθja] f virulência f
virulento, -a [biru'lento, -a] adj virulento, -a
virus ['birus] m inv MED, INFOR vírus m inv
visa ['bisa] f AmL (visado) visto m
visado [bi'saðo] m visto m
visceral [bisθe'ral] adj visceral
vísceras ['bisθera] fpl vísceras fpl
viscoso, -a [bis'koso, -a] adj viscoso, -a
visera [bi'sera] f viseira f
visibilidad [bisiβili'ðað] f visibilidade f
visible [bi'siβle] adj visível
visillo [bi'siʎo] m cortina f
visión [bi'sjon] f visão f; **ver visiones** fig estar vendo coisas
visionario, -a [bisjo'narjo, -a] adj, m, f visionário, -a m, f
visita [bi'sita] f visita f; ~ **guiada** visita guiada; ~ **relámpago** visita-relâmpago; **hacer una ~ a alguien** fazer uma visita a alguém
visitante [bisi'tante] adj, mf visitante mf
visitar [bisi'tar] vt visitar
vislumbrar [bislum'brar] I. vt vislumbrar II. vr: ~se vislumbrar-se
vislumbre [bis'lumbre] f vislumbre m
viso ['biso] m **tener ~s de...** ter jeito de...
visón [bi'son] m visão f
visor [bi'sor] m **1.** MIL mira f **2.** FOTO visor m
víspera ['bispera] f véspera f; **en ~s de** na véspera de
vista ['bista] f **1.** vista f; ~ **cansada** MED vista cansada; ~ **panorámica** vista panorâmica; **al alcance de la ~** ao alcance da vista; **a primera ~** à primeira vista; **a simple ~** à simples vista; **apartar la ~** desviar os olhos; **con ~s a hacer algo** com o objetivo de fazer a. c.; **con ~s al mar** com vista para o mar; **en ~ de que...** em vista de que...; **hacer la ~ gorda** inf fazer vista grossa; **pagadero a la ~** COM pagamento à vista; **no perder de ~ a alguien** não perder alguém de vista; **saltar a la ~** saltar aos olhos; **tener ~** ter visão; **volver la ~ (atrás)** olhar para trás; **¡hasta la ~!** até à vista!; **¡fuera de mi ~!** fora da minha vista! **2.** JUR audiência

f; ~ **oral** audiência principal
vistazo [bis'taθo] *m* olhada *f;* **dar un ~ a algo** dar uma olhada em a. c.
visto, -a ['bisto, -a] **I.** *pp de* **ver II.** *adj* visto, -a; **estar muy ~** estar muito visto; **está ~ que...** está visto que...; **por lo ~** pelo visto **III.** *conj* **~ que...** visto que...
vistoso, -a [bis'toso, -a] *adj* vistoso, -a
visual [bi'swal] *adj* visual
visualización [biswaliθa'θjon] *f* visualização *f*
visualizar [biswali'θar] <z→c> *vt* visualizar
vital [bi'tal] *adj t.* MED vital
vitalicio, -a [bita'liθjo, -a] *adj* ADMIN, FIN vitalício, -a
vitalidad [bitali'ðað] *f* vitalidade *f*
vitamina [bita'mina] *f* vitamina *f*
vitamínico, -a [bita'miniko, -a] *adj* vitamínico, -a
viticultor(a) [bitikul'tor(a)] *m(f)* viticultor(a) *m(f)*
viticultura [bitikul'tura] *f* viticultura *f*
vítor ['bitor] *m* viva *m*
vitorear [bitore'ar] *vt* aclamar
vítreo, -a ['bitreo, -a] *adj* vítreo, -a
vitrina [bi'trina] *f* **1.** (*armario*) cristaleira *f;* (*en un museo*) vitrina *f* **2.** *AmL* (*escaparate*) vitrina *f*
vituperio [bitu'perjo] *m* (*censura*) vitupério *m*
viudedad [bjuðe'ðað] *f* **1.** (*estado*) viuvez *f* **2.** (*pensión*) pensão que recebe uma pessoa que ficou viúva
viudez [bju'ðeθ] *f* viuvez *f*
viudo, -a ['bjuðo, -a] *adj, m, f* viúvo, -a *m, f*
viva ['biβa] **I.** *interj* viva; **¡~ el rey!** viva o rei! **II.** *m* viva *m*
vivacidad [biβaθi'ðað] *f* vivacidade *f*
vivaracho, -a [biβa'ratʃo, -a] *adj* vivo, -a
vivaz [bi'βaθ] *adj* vivaz
vivencia [bi'βenθja] *f* vivência *f*
víveres ['biβeres] *mpl* víveres *mpl*
vivero [bi'βero] *m* (*de plantas, de peces*) viveiro *m*
vivienda [bi'βjenda] *f* habitação *f*
viviente [bi'βjente] *adj* vivente
vivir [bi'βir] **I.** *vi* viver; **~ para ver** *inf* viver para ver **II.** *vt* viver
vivo ['biβo] *m* **1.** (*borde*) beira *f* **2.** (*tira*) debrum *m*
vivo, -a ['biβo, -a] *adj* vivo, -a; **ser/estar ~** ser/estar vivo; **al rojo ~** em brasa; **en ~** MÚS ao vivo
V.O. [ber'sjon orixi'nal] *abr de* **versión**
f; **~ original** versão *f* original
vocablo [bo'kaβlo] *m* vocábulo *m*
vocabulario [bokaβu'larjo] *m* vocabulário *m*
vocación [boka'θjon] *f* vocação *f;* **tener ~ para algo** ter vocação para a. c.
vocal[1] [bo'kal] **I.** *adj* MÚS vocal **II.** *f* LING vogal *f*
vocal[2] [bo'kal] *mf* vogal *mf*
vocalista [boka'lista] *mf* MÚS vocalista *mf*
vocalizar [bokali'θar] <z→c> *vt* vocalizar
vocear [boθe'ar] **I.** *vi* gritar **II.** *vt* **1.** (*pregonar*) bradar **2.** (*aclamar*) aclamar
vocerío [boθe'rio] *m* vozerio *m*
vocero [bo'θero] *mf AmL* porta-voz *mf*
vociferar [boθife'rar] *vi* vociferar
vodka ['boðka] *m* vodca *f*
vol. [bo'lumen] *abr de* **volumen** vol.
volador(a) [bola'ðor(a)] *adj* voador(a)
voladura [bola'ðura] *f* explosão *f*
volandas [bo'landas] *fpl* **en ~** (*en el aire*) no ar; (*rápidamente*) num instante
volante [bo'lante] **I.** *adj* (*móvil*) voador(a) **II.** *m* **1.** AUTO volante *m* **2.** (*en ropa*) babado *m* **3.** (*documento*) requisição *f* **4.** (*en bádminton*) peteca *f*
volar [bo'lar] <o→ue> **I.** *vi* voar; **¡voy volando!** *inf* vou voando! **II.** *vt* explodir
volátil [bo'latil] *adj* **1.** QUÍM volátil **2.** (*inconstante*) volúvel
volcán [bol'kan] *m* vulcão *m*
volcánico, -a [bol'kaniko, -a] *adj* vulcânico, -a
volcar [bol'kar] *irr* **I.** *vi* entornar; (*vehículo*) virar **II.** *vt* virar **III.** *vr:* **~se 1.** (*caer*) derramar **2.** (*esforzarse*) dedicar-se; **~se con alguien** dedicar-se a alguém
volea [bo'lea] *f* voleio *m*
voleibol [bolei'βol] *m* DEP voleibol *m*
volquete [bol'kete] *m* caminhão *m* basculante
voltaje [bol'taxe] *m* voltagem *f*
voltear [bolte'ar] **I.** *vi* **1.** *AmL* (*torcer*) virar **2.** *AmL* (*pasear*) dar uma volta **II.** *vt* **1.** (*invertir*) girar **2.** *AmL* (*volcar*) entornar; (*volver*) virar **III.** *vr:* **~se** *AmL* (*volcar*) entornar; (*darse la vuelta*) virar-se
voltereta [bolte'reta] *f* pirueta *f*

voltio ['boltjo] *m* volt *m*

voluble [bo'luβle] *adj* volúvel

volumen [bo'lumen] *m* volume *m*; ~ **de ventas** volume de vendas; **a todo** ~ a todo volume

voluminoso, -a [bolumi'noso, -a] *adj* volumoso, -a

voluntad [boluṇ'tad] *f* vontade *f*; **a** ~ à vontade; **buena/mala** ~ boa/má vontade; **última** ~ último desejo

voluntariado [boluṇta'rjaðo] *m* voluntariado *m*

voluntario, -a [boluṇ'tarjo, -a] *adj, m, f* voluntário, -a *m, f*

voluntarioso, -a [boluṇta'rjoso, -a] *adj* voluntarioso, -a

voluptuosidad [boluptwosi'ðað] *f* voluptuosidade *f*

voluptuoso, -a [boluptu'oso, -a] *adj* voluptuoso, -a

volver [bol'βer] *irr* I. *vi* 1. (*dar la vuelta*) virar 2. (*regresar*) voltar; ~ **a casa** voltar pra casa; ~ **en sí** voltar a si 3. (*repetir*) ~ **a hacer algo** voltar a fazer a. c. II. *vt* virar; ~ **loco a alguien** enlouquecer alguém III. *vr:* ~**se** 1. (*darse la vuelta*) virar-se; ~**se atrás** *t. fig* voltar atrás 2. (*regresar*) voltar 3. (*convertirse*) ficar; ~**se loco** ficar louco; ~**se viejo** ficar velho

vomitar [bomi'tar] *vi, vt* vomitar

vomitivo, -a [bomi'tiβo, -a] *adj inf* vomitivo, -a

vómito ['bomito] *m* vômito *m*

voracidad [boraθi'ðað] *f* voracidade *f*

vorágine [bo'raxine] *f* redemoinho *m*

voraz [bo'raθ] *adj* voraz

vórtice ['bortiθe] *m* vórtice *m*

vos [bos] *pron pers, AmL* (*tú*) você; **esto es para** ~ isto é para você; **voy con** ~ vou com você

> **Cultura** O termo **vosear** significa dirigir-se a alguém de forma familiar utilizando '**vos**' ao invés de '**tu**'. Esta é uma prática muito comum na **Argentina** e em outros países de língua espanhola na América Latina.

vosotros, -as [bo'sotros, -as] *pron pers, pl* vocês

votación [bota'θjon] *f* votação *f*; ~ **a mano alzada** votação por mão levantada

votante [bo'taṇte] *mf* votante *mf*

votar [bo'tar] I. *vi* votar; ~ **por alguien** votar para alguém II. *vt* votar

voto ['boto] *m* voto *m*; ~ **en blanco** voto em branco; ~ **de calidad** voto de qualidade; ~ **de confianza** voto de confiança; ~ **nulo** voto nulo; ~ **secreto** voto secreto; **hacer** ~**s por** fazer votos que

voy [boi̯] *1. pres de* **ir**

voyeur [bwa'ɟer] *mf* voyeur *mf*

voyeurismo [bwaɟe'rismo] *m* voyeurismo *m*

voz [boθ] *f* 1. voz *f*; ~ **activa/pasiva** LING voz ativa/passiva; **dar la** ~ **de alarma** dar o sinal de alarme; **hablar en** ~ **alta/baja** falar em voz alta/baixa; **levantar/bajar la** ~ levantar/baixar a voz; **a** ~ **en grito** *inf* aos gritos 2. (*vocablo*) palavra *f*

vudú [bu'ðu] *m* vodu *m*

vuelco ['bwelko] *m* virada *f*; **dar un** ~ dar uma virada; **me dio un** ~ **en el corazón** *inf* me deu um aperto no coração

vuelo ['bwelo] *m* 1. (*en el aire*) voo *m*; ~ **chárter** voo charter; ~ **sin motor** voo planado; **levantar el** ~ (*pájaro, avión*) levantar voo; **de altos** ~**s** *fig* de muita importância 2. (*de la ropa*) amplidão *f*

vuelta ['bwelta] *f* 1. volta *f*; **dar la** ~ dar a volta; **darse la** ~ voltar-se; **dar media** ~ dar meia volta; **dar una** ~ dar uma volta; **dar** ~**s a algo** pensar incessantemente sobre a. c.; **dar cien** ~**s a alguien** *inf* ser mil vezes superior a alguém; **me da** ~**s la cabeza** *inf* está me revirando na cabeça; **dar una** ~ **de campana** capotar; **de** ~ **a casa** na volta pra casa; **estar de** ~ estar de volta; **a la** ~ **de la esquina** *inf* na próxima esquina; **poner a alguien de** ~ **y media** *inf* falar mal de alguém 2. (*dinero*) troco *m*; **dar la** ~ dar o troco 3. DEP volta *f*; ~ **ciclista** volta ciclística 4. (*en elecciones*) turno *m*

vuelto ['bwelto] *m AmL* (*cambio*) troco *m*; **dar el** ~ dar o troco

vuelto, -a ['bwelto, -a] *pp de* **volver**

vuestro, -a ['bwestro, -a] I. *adj* de vocês; ~ **coche** o carro de vocês; **vuestra hija** a filha de vocês; ~**s libros** os livros de vocês II. *pron pos* **el** ~ o de vocês; **la vuestra** a de vocês

vulgar [bul'ɣar] *adj* vulgar

vulgaridad [bulɣari'ðað] *f* vulgaridade *f*

vulgarizar [bulɣari'θar] <z→c> vt vulgarizar

vulgo ['bulɣo] m vulgo m

vulnerabilidad [bulneraβili'ðaᵈ] f vulnerabilidade f

vulnerable [bulne'raβle] adj vulnerável

vulneración [bulnera'θjon] f vulneração f

vulnerar [bulne'rar] vt 1. (*persona*) vulnerar 2. (*derecho*) ferir

vulva ['bulβa] f ANAT vulva f

W

W, w ['uβe 'ðoβle] f W, w m

walkie-talkie ['walki-'talki] m walkie-talkie m

walkman® ['wokman] m walkman m

wáter ['bater] m vaso m sanitário

waterpolo [bater'polo] m DEP polo m aquático

web ['weβ] I. m (*sitio*) web f II. f **la Web** a Web

webcam ['weβkam] f webcam f

western ['western] m western m

whisky ['wiski] m uísque m

windsurf ['wiɲᵈsurf] m windsurfe m

windsurfista [wiɲᵈsur'fista] mf windsurfista mf

WWW abr de **World Wide Web** WWW

X

X, x ['ekis] f X, x m

xenofobia [seno'foβja] f xenofobia f

xenófobo, -a [se'nofoβo, -a] adj, m, f xenófobo, -a m, f

xerografía [seroɣra'fia] f xerografia f

xilófono [si'lofono] m MÚS xilofone m

Y

Y, y [i 'ɣrjeɣa] f Y, y m

y [i] *conj* e; **¿~ qué?** e daí?

y

> **Gramática** **y** transforma-se em **e** quando usado antes de uma palavra começando por i- ou hi-: "par e impar, Javier e Isabel." Porém antes de y- usa-se 'y': "ella y yo, Rubén y Yolanda."

ya [ʝa] I. *adv* já; **~ en 1800** já em 1800; **¡~ voy!** já vou!; **~ verás** você vai ver; **~ falta poco para Navidades** já falta pouco para o Natal II. *conj* **~ no... sino también...** não apenas..., mas também...; **~ que...** já que...; **~ que lo mencionas...** já que você está falando disto... III. *interj* tá

yacer [ʝa'θer] *irr vi elev* jazer

yacimiento [ʝaθi'mjento] m jazida f

yagual [ʝa'ɣwal] m *AmC* coque m

Yakarta [ʝa'karta] f Jacarta f

yanqui [ʝaŋki] adj, mf ianque mf

yate ['ʝate] m iate m

yegua ['ʝeɣwa] f 1. ZOOL égua f 2. *AmC* (*colilla*) bituca f

yelmo ['ʝelmo] m elmo m

yema ['ʝema] f 1. (*de un huevo*) gema f 2. (*de un dedo*) polpa f

Yemen ['ʝemen] m Iêmen m

yen [ʝen] m iene m

yendo ['ʝendo] *gerundio de* **ir**

yergo ['ʝerɣo] *1. pres de* **erguir**

yermo ['ʝermo] m ermo m

yermo, -a ['ʝermo, -a] adj ermo, -a

yerno ['ʝerno] m genro m

yesca ['ʝeska] f matéria muito seca preparada para que pegue fogo com facilidade

yeso ['ʝeso] m 1. (*mineral*) gipsita f 2. (*molido*) gesso m

yo [ʝo] *pron pers* eu; **entre tú y ~** entre tu e eu; **~ de ti/él** eu no seu lugar/no lugar dele; **~ que tú/él** eu no seu lugar/no lugar dele

yodo ['ʝoðo] m iodo m

yoga ['ʝoɣa] m ioga f

yogui ['ʝoɣi] mf iogue mf

yogur ['ʝoɣur] m iogurte m

yoyó [ɟoˈɟo] m ioiô m
yuca [ˈɟuka] f iúca f
yudo [ˈɟuðo] m judô m
yugo [ˈɟuɣo] m jugo m
Yugoslavia [ɟuɣosˈlaβja] f Iugoslávia f
yugular [ɟuɣuˈlar] f jugular f
yunque [ˈɟuŋke] m t. ANAT bigorna f
yunta [ˈɟuṇta] f junta f
yuppie [ˈɟupi] mf yuppie mf
yute [ˈɟute] m juta f
yuxtaponer [ɟustapoˈner] irr como poner I. vt justapor II. vr: ~**se** justapor-se
yuxtaposición [ɟustaposiˈθjon] f justaposição f
yuxtapuesto, -a [ɟustaˈpwesto, -a] adj justaposto, -a

Z

Z, z [ˈθeta, ˈθeða] f Z, z m
zafarse [θaˈfarse] vr: ~ **de algo/alguien** safar-se de a. c./alguém
zafiedad [θafjeˈðaᵈ] f grosseria f
zafio, -a [ˈθafjo, -a] adj grosseiro, -a
zafiro [θaˈfiro] m MIN safira f
zaga [ˈθaɣa] f retaguarda f; **ir a la ~ de alguien** inf ir atrás de alguém; **no irle a la ~ a alguien** inf não ficar atrás de alguém
zagal(a) [θaˈɣal(a)] m(f) garoto(a) m(f)
zaguán [θaˈɣwan] m saguão m
zaguero, -a [θaˈɣero, -a] m, f zagueiro, -a m, f
zaherir [θaeˈrir] irr como sentir vt repreender
zaino, -a [ˈθai̯no, -a] adj zaino, -a
Zaire [ˈθai̯re] m Zaire m
zalamería [θalameˈria] f bajulação f
zalamero, -a [θalaˈmero, -a] adj bajulador(a)
zamarra [θaˈmarra] f samarra f
Zambia [ˈθambja] f Zâmbia f
zambomba [θamˈbomba] f zabumba f
zambullida [θambuˈʎiða] f mergulho m; **darse una ~** dar um mergulho
zambullirse [θambuˈʎirse] <3. pret: se zambulló> vr (en el agua, en un asunto) mergulhar

zamparse [θamˈparse] vr inf (comer) entupir-se
zanahoria [θanaˈorja] f cenoura f
zancada [θaŋˈkaða] f passo m largo
zancadilla [θaŋkaˈðiʎa] f **poner la ~ a alguien** passar a perna em alguém
zancadillear [θaŋkaðiʎeˈar] vt: **~ a alguien** passar a perna em alguém
zanco [ˈθaŋko] m pernas fpl de pau
zancudo [θaŋˈkuðo] m AmL ZOOL pernalta m
zancudo, -a [θaŋˈkuðo, -a] adj pernalta
zángano [ˈθaŋgano] m ZOOL zangão m
zángano, -a [ˈθaŋgano, -a] m, f inf folgado, -a m, f
zanja [ˈθaŋxa] f **1.** (excavación) vala f **2.** AmL (arroyada) arroio m
zanjar [θaŋˈxar] vt (asunto) resolver
zapallito [θapaˈʎito] m AmL (calabacín) abobrinha f
zapallo [θaˈpaʎo] m AmL (calabaza) abóbora f
zapata [θaˈpata] f AUTO sapata f; **~ de freno** sapata de freio
zapateado [θapateˈaðo] m sapateado m
zapatear [θapateˈar] vi sapatear
zapatería [θapateˈria] f sapataria f
zapatero, -a [θapaˈtero, -a] m, f sapateiro, -a m, f; **~ a tus zapatos** fig cada macaco no seu galho
zapatilla [θapaˈtiʎa] f **1.** (para casa) chinelo m **2.** (de deporte) tênis m inv **3.** (de bailarina) sapatilha f
zapato [θaˈpato] m sapato m
zapear [θapeˈar] vi inf zapear
zapping [ˈθapiŋ] m zapping m; **hacer ~** zapear
zar [θar] m czar m
Zaragoza [θaraˈɣoθa] f Saragoça f
zaragozano, -a [θaraɣoˈθano, -a] adj, m, f saragoçano, -a m, f
zarandear [θaraṇdeˈar] vt sacudir
zarina [θaˈrina] f czarina f
zarpa [ˈθarpa] f (del león) garra f; **echar la ~ a algo** inf agarrar a. c.
zarpar [θarˈpar] vi NÁUT zarpar
zarpazo [θarˈpaθo] m patada f
zarza [ˈθarθa] f sarça f
zarzal [θarˈθal] m sarçal m
zarzamora [θarθaˈmora] f amora f
zarzuela [θarˈθwela] f MÚS zarzuela f
zen [θen] m zen m
zepelín [θepeˈlin] m zepelim m
zigzag [θiɣˈθaɣ] m <zigzagues o zigzags> ziguezague m

zigzaguear [θiɣθaɣe'ar] *vi* ziguezaguear
Zimbabue [θim'baᵝwe] *m* Zimbábue *m*
zinc [θiŋ] *m* zinco *m*
zipear [θipe'ar] *vt fam* INFOR (*comprimir*) zipar
zócalo ['θokalo] *m* 1.(*de pedestal*) soco *m*; (*de pared*) rodapé *m* 2. *Méx* (*plaza*) praça *f* central
zodíaco [θo'diako] *m*, **zodiaco** [θo'ðjako] *m* zodíaco *m*
zombi ['θombi] *m* zumbi *m*
zona ['θona] *f* zona *f*, área *f*; ~ **franca** zona franca; ~ **peatonal** área de pedestres; ~ **verde** área verde
zoo ['θoo] *m* zoo *m*
zoología [θo(o)lo'xia] *f* zoologia *f*
zoológico [θo(o)'loxiko] *m* zoológico *m*
zoológico, -a [θo(o)'loxiko, -a] *adj* zoológico, -a
zoólogo, -a [θo'ologo, -a] *m, f* zoólogo, -a *m, f*
zoom [θum] *m* zoom *m*
zopenco, -a [θo'peŋko, -a] *adj, m, f inf* tonto, -a *m, f*
zoquete [θo'kete] *adj, mf inf* pateta *mf*
zorra ['θorra] *f* 1. ZOOL raposa *f* 2. *inf* (*prostituta*) puta *f*
zorro ['θorro] *m* raposa *f*
zozobra [θo'θoβra] *f t. fig* soçobro *m*
zozobrar [θoθo'brar] *vi t. fig* soçobrar
zueco ['θweko] *m* tamanco *m*
zulo ['θulo] *m* esconderijo *m* subterrâneo
zumbar [θum'bar] **I.** *vi* (*abeja, oídos*) zumbir **II.** *vt inf* (*golpear*) bater
zumbido [θum'biðo] *m* zumbido *m*
zumo ['θumo] *m* suco *m*
zurcido [θur'θiðo] *m* cerzido *m*
zurcir [θur'θir] <c→z> *vt* cerzir
zurda ['θurða] *f* canhota *f*
zurdo, -a ['θurðo, -a] *adj, m, f* canhoto, -a *m, f*
zurra ['θurra] *f* surra *f*
zurrar [θu'rrar] *vt* surrar
zutano, -a [θu'tano, -a] *m, f* beltrano, -a *m, f*

Correspondencia
Correspondência

Como solicitar um estágio?

João Carlos Rocha
Praça Nove de Julho, 35
49683–386 Campinas (SP)
Brasil

IBERIA
Apartado de Correos 675
E-28080 Madrid

Campinas, a 13 de febrero de 2010

Solicitud de un puesto en prácticas

Estimados señores:

Con la presente quisiera solicitar un puesto en prácticas en su delegación en Madrid.

Estoy cursando el penúltimo curso en el instituto de Campinas. Mis asignaturas principales son el francés y las matemáticas, y desde hace tres años estudio también español. Después del instituto me gustaría estudiar Ingeniería mecánica.

Antes de empezar con mi último curso en el instituto me gustaría aprovechar mis vacaciones de verano, del 20 de julio al 30 de agosto, para perfeccionar mis conocimientos de español y para poder conocer al mismo tiempo el mundo laboral.

En el caso de que ustedes acepten mi solicitud, les estaría muy agradecido si pudieran ayudarme a buscar alojamiento.

Les agradezco de antemano todo su interés.

Les saluda muy atentamente,

João Carlos Rocha

Anexos: Currículum vitae
          Expedientes escolares compulsados

¿Qué escribo cuando quiero solicitar un puesto en prácticas?

Pablo Sánchez Iglesias
Av. Colón 711
Rosario/Buenos Aires
CEP 7600
Argentina

À
Tropical Tour
Av. Washington Luís, 308
04578–458 Rio de Janeiro (RJ)
Brasil

         Buenos Aires, 13 de fevereiro de 2010.

Solicitação de estágio

Senhores:

Escrevo-lhes para solicitar uma vaga de estágio em sua agência do Rio de Janeiro.

Estou cursando o quarto ano de Letras (inglês, francês e português) em Buenos Aires. Pretendo terminar os meus estudos no final do ano e logo em seguida matricular-me no curso de Turismo.

Mas antes de passar para a fase final da universidade, gostaria de aproveitar as minhas férias de verão, de 24 de julho a 31 de agosto, para aperfeiçoar os meus conhecimentos de português e para ao mesmo tempo conhecer o funcionamento de uma agência de viagens.

Ficarei imensamente grato se puder estagiar em sua agência e se puderem me indicar algumas possibilidades de alojamento.

Angradeço pela sua atenção.

Atenciosamente,

Pablo Sánchez

Anexos: Curriculum vitae
     Histórico escolar

Currículum vitae

João Carlos Rocha
Praça Nove de Julho, 35
49683–386 Campinas (SP)
Brasil

DATOS PERSONALES
Fecha de nacimiento   28.03.1988
Nacionalidad: Brasil
Estado civil: soltero

FORMACIÓN ESCOLAR
1994–1998   Escuela primaria en Campinas
desde 1998   Escuela secundaria en Campinas

IDIOMAS
excelente dominio del francés y del español (tanto a nivel escrito como oral)

OTROS CONOCIMIENTOS
conocimientos de Informática a nivel de usuario
(Windows XP, Vista; lenguaje de programación Java)

AFICIONES
idiomas, automovilismo

Curriculum vitae

Pablo Sánchez Iglesias

Informações pessoais:
Data de nascimento: 02/03/1988
Local de nascimento: Buenos Aires
Endereço: Av. Colón 7116
Rosario/Buenos Aires, CEP 7600
Nacionalidade: argentino

Formação escolar:
1995–2002   Escola primária em Buenos Aires
2002–2007   Escola secundária em Buenos Aires
desde 2007   Universidade de Buenos Aires (previsão para o término dos meus estudos: 2006)

Idiomas: Inglês, francês e português fluentes

Outros conhecimentos: Informática: usuário de Windows XP, Vista; linguagem de programação Java

Hobbies: Idiomas, ciclismo

Como pedir um trabalho como aupair?

Mariana Rodríguez Santos
Rua da Praia do Campeche, 37
23487–080 Florianópolis

Florianópolis, a 8 de noviembre 2009

Familia González
Calle Lambda, 183
P.O. Box 17–05–83121
Quito
Ecuador

Puesto de au-pair

Estimada Familia González:

Con fecha del 4 de noviembre de 2009 he leído su anuncio en el periódico Notícias, en el que solicitan una chica aupair.

Actualmente estoy terminando la escuela secundaria. Estudio español desde hace cuatro años. Concluiré mis estudios en julio. Para perfeccionar mis conocimientos de español me gustaría trabajar en Ecuador como aupair. Podría ocuparme de sus hijos a partir del día 1 de agosto, por un periodo de un mes.

Tengo dos hermanos más pequeños, un hermano de 10 años y una hermana de 6. Como mis padres trabajan los dos, estoy acostumbrada a cuidar de ellos. Mi padre trabaja en un banco y mi madre en una boutique.

Al mismo tiempo que cuidaría de sus hijos, me gustaría aprovechar la ocasión de conocer su país, que, por cierto, me encanta.

Espero su respuesta.

Atentamente,

Mariana Rodríguez

¿Qué escribo cuando quiero solicitar un puesto de aupair?

Carmen Solar Santos
Horacio, 1221–2° piso
Montevideo 11500
Uruguay

Montevideo, 8 de novembro de 2009.

À
Sra. Fernanda de Carvalho Souza
Alameda Santos, 354, apto 143
02078–657 São Paulo (SP)
Brasil

Trabalhar como aupair

Estimada Sra. Fernanda de Carvalho Souza:

Através da minha professora de português fiquei sabendo que a senhora está procurando uma aupair do Uruguai para falar espanhol com os seus filhos.

Estou cursando o último ano da escola superior em Montevideo. Como o meu pai é brasileiro, falo português e comecei a frequentar cursos de português em 2009. Gostaria de trabalhar como aupair na casa de uma família brasileira para aperfeiçoar os meus conhecimentos de português e para conhecer mais a cultura brasileira. Eu poderia começar no dia 1° de julho e ficaria dois meses em sua casa.

Tenho dois irmãos menores, um irmão de dez anos e uma irmã de seis. Como os meus pais trabalham muito (o meu pai num jornal e a minha mãe num hotel), estou acostumada a cuidar de crianças.

Espero ansiosamente pela sua resposta.

Atenciosamente,

Carmen Solar Santos

Como solicitar informações mais detalhadas sobre um curso de língua?

Gabriela de Almeida
Rua da Independência, 45
18020–465 Manaus
Brasil

Manaus, a 5 de noviembre 2009

Curso de Verano de Español en Santander

Estimados señores:

Mi profesor de español me informó acerca de su Facultad. Me gustaría matricularme, para agosto del próximo año, en un curso de español en Santander.

Voy al instituto, segundo grado. Estudio español desde hace tres años, sin embargo, mis calificaciones en esta asignatura no son demasiado buenas.

¿Podrían enviarme folletos informativos acerca de sus cursos? Quisiera saber si tengo que realizar un examen para poder asistir a los cursos, aparte, me interesaría saber de antemano los horarios exactos de clase. Me ha comentado mi profesor que ustedes se encargarían de mi alojamiento. ¿Sería posible vivir en casa de una familia que tuviera una hija de mi edad?

Me gustaría recibir pronto noticias suyas.

Saludos cordiales,

Gabriela de Almeida

¿Qué escribo cuando deseo solicitar información más detallada acerca de un curso de verano de idiomas?

Laura Marcos Gómez
San Antonio 553, Depto 112 – Piso 3
Santiago
Chile

Santiago, 14 de outubro de 2009.

Curso de português em Campinas

Senhores:

No seu site encontrei informações sobre os cursos intensivos que serão oferecidos em 2010. Gostaria de fazer a minha inscrição para o curso "Língua e Cultura" que começa no dia 14 de fevereiro.

Estou no 2º ano da Faculdade de Letras. Estudo português e inglês e gostaria de aperfeiçoar os meus conhecimentos desses idiomas, primeiramente o português, já que vou escrever a minha tese final sobre literatura brasileira.

Gostaria que me informassem se tenho que prestar um exame para ingressar nesse curso e também que me informassem sobre os horários das aulas. Li também no site que os senhores organizam alojamento em casas de família, o que me interessaria muito.

Aguardo resposta e agradeço-lhes pela sua atenção.

Atenciosamente,

Laura Marcos

Como escrever pela primeira vez a uma amiga?

Querida María:

Me llamo Carmen Morales Dias y tengo 16 años. Ayer nuestro profesor de español nos entregó una lista en clase con nombres de chicos y chicas hispanohablantes que desean mantener correspondencia con chicos y chicas en Brasil. Yo te he escogido a ti, porque prácticamente somos de la misma edad y porque compartimos las mismas aficiones.

Vivo con mis padres y mi hermano pequeño Mateo en Santos. Mi padre es ingeniero. Mi madre es ama de casa. Mi hermano Mateo solo tiene ocho años. Yo voy al instituto y hace 3 años que he empezado a estudiar español. Mis asignaturas preferidas son, naturalmente, el español, la educación física y las matemáticas. ¿En qué curso estás tú, y cuáles son tus asignaturas preferidas? ¿También tienes hermanos, y en qué trabajan tus padres? Mis aficiones, igual que las tuyas, son leer, escuchar música y montar en bici, además toco el piano desde hace ya seis años. ¿Tú también tocas algún instrumento?

Espero recibir pronto noticias tuyas, pues me gustaría saber muchas más cosas acerca de ti y de Colombia, por ejemplo, qué música te gusta y qué sueles hacer con tus amigas los fines de semana.

Muchos saludos,
Carmen

¿Qué escribo cuando me dirijo por primera vez a una amiga por correspondencia?

Querida Sara:

O meu nome é Belén Pérez Santos e tenho 16 anos. Navegando na internet encontrei um site com nomes de garotas brasileiras interessadas em se comunicar com falantes de espanhol. Eu escolhi você porque praticamente somos da mesma idade e porque temos os mesmos gostos musicais e hobbies. Além disso, você nasceu em Porto Alegre, na mesma cidade da minha mãe. É, a minha mãe é brasileira!

Moro com os meus pais e o meu irmão caçula em Caracas. O meu pai é engenheiro, a minha mãe é tradutora. Juan, o meu irmão, tem oito anos e também fala português. As minhas matérias preferidas na escola são educação física e matemática. E as suas? Você também tem irmãos? E onde trabalham o seus pais? Os meus hobbies, iguais aos seus, são ler, escutar música e jogar tênis. Além disso, toco piano já há seis anos. Você toca algum instrumento?

A gente pode se escrever em português e em espanhol. Eu escrevo em português e você em espanhol. Depois a gente pode trocar. Assim as duas treinam. O que você acha?

Espero receber logo uma cartinha sua e se possível, com um cartão postal de Porto Alegre! Mande também o seu e-mail. É mais fácil e rápido.

Beijos e abraços

PS:
Espero que você goste da foto que eu mandei...

Belén

Como agradecer à minha família anfitriã?

Estimado José, estimada Carmen, querido Luis:

Quisiera agradeceros de nuevo la agradable estancia en vuestra casa. ¡Qué pena que el tiempo con vosotros se me haya hecho tan corto!

Sabréis que he disfrutado muchísimo de la estancia en vuestro refugio el último fin de semana. Os envío algunas de las fotos que hice allí.

Mi profesora me ha comentado que mi español ha mejorado mucho después de haber pasado estas dos semanas con vosotros. Le ha recomendado a todos mis compañeros participar en el mismo programa de intercambio.

Tengo muchas ganas de que llegue abril y Luis venga a São Paulo. Mis padres y yo ya hemos pensado en todo aquello que queremos enseñarle. Espero que se lo pase al menos tan bien como me lo he pasado yo con vosotros.

Saludos también para Ana e Isabel de mi parte. Espero poder volver a veros muy pronto.

Un fuerte abrazo,
Regina de Miranda

¿Qué escribo cuando quiero enviar una carta de agradecimiento a mi familia antfitriona?

Querido José, querida Carmem e querida Regina:

Gostaria de lhes agradecer mais uma vez pela sua hospitalidade. O tempo passou muito rápido!

Aproveitei muito os meses que passei com vocês. Estou mandando as fotos que fiz na Páscoa em Ilha Bela.

A minha professora de tradução me disse que o meu português melhorou muito! Algumas amigas da faculdade já se inscreveram para o mesmo programa de intercâmbio.

Não vejo a hora em que chegue dezembro e a Laura venha a Buenos Aires. Os meus pais e eu já estamos planejando uns passeios. Queremos que você se sinta tão bem aqui como eu me senti aí.

Mando lembranças à Marina e à Rosa. Não vejo a hora de a gente se ver de novo!

Um beijão a todos,

Raquel Otero Blasilio

Fórmulas útiles para la correspondencia

Fórmulas úteis para a correspondência

O CABEÇALHO DE UMA CARTA

EL ENCABEZAMIENTO EN UNA CARTA

Quando você escreve...	Cuando escribes...
...a um conhecido ou a um amigo	...a un conocido o a un amigo
• Querido Felipe: • Querida Inés: • ¡Hola Silvia! Gracias por tu carta. Me alegra saber que te encuentras bien. Perdóname por/Siento no haberte escrito antes.	• Querido Felipe, • Querida Inés, • Oi, Silvia! Obrigado/Obrigada pela sua carta. Fico contente em saber que você está bem. Desculpe-me por não ter-lhe escrito antes.
...a alguém a quem você conhece a nível pessoal ou profissional	...a alguien a quien conoces a nivel personal o profesional
• Sra. Hernández: • Estimada Sra. Gómez: • Estimado Sr. González:	• Prezada Sra. Maria Hernández, • Prezada/Estimada Sra. Ana Gómez, • Prezado/Estimado Sr. José González,
...a uma empresa ou a uma pessoa cujo nome você desconhece	...a una empresa o a una persona cuyo nombre desconoces
• Muy señores míos: • Estimados Sres:/Estimados señores: Me gustaría saber si... Quisiera saber si... Por favor, ¿podría(n) enviarme...?	• Caras Senhoras e caros Senhores, • Prezados Srs.,/Prezados Senhores, • Ilustríssimos/Ilmos. Senhores Gostaria de saber se... Poderia(m) me informar se... Poderia(m) ter a gentileza/fazer o favor de enviar-me...?
...a uma pessoa cujo título ou grau acadêmico você conhece	...a una persona cuyo título o grado académico conoces
• Distinguido/Estimado Dr. Pedro Santos: • Distinguida/Estimada Catedrática D.ª Cristina Suárez:	• Prezado/Ilustríssimo/Ilmo. Dr. Pedro Santos, • Prezada/Ilustríssima/Ilma. Professora Cristina Suárez,

A DESPEDIDA NUMA CARTA — LA DESPEDIDA EN UNA CARTA

Informal:	Informal:
• Un abrazo muy fuerte, • Un fuerte abrazo, • Besos,	• Um grande abraço, • Um forte abraço, • Beijos,
• ¡Chao!	• Um abração!/Abraços e beijos,
• Un abrazo, • Un cordial saludo, • Un afectuoso saludo, • Saludos cordiales,	• Um abraço, • Um abraço cordial, • Um abraço afetuoso/carinhoso, • Um grande abraço,
• Muchos saludos, • Saludos, • ¡Hasta pronto!	• Muitas lembranças, • Lembranças, • Até breve!
Formal:	**Formal:**
• Atentamente, • Le saluda atentamente, • Muy atentamente,	• Atenciosamente, • Saudações cordiais,/Cordialmente, • Muito atenciosamente,
Muito respeitoso:	**Muy respetuoso:**
• Sin otro particular, aprovechamos la oportunidad para saludarles muy atentamente/muy cordialmente. • Sin otro particular, le saludo muy atentamente. • Quedando en todo momento a su disposición, aprovecho la oportunidad para saludarles muy atentamente.	• Sem mais assunto por ora, aproveitamos a oportunidade para apresentar-lhes os protestos da nossa maior consideração e nossos melhores cumprimentos. Atenciosamente,/Cordialmente, • Sem outro assunto por ora, agradeço antecipadamente pela sua atenção. Cordialmente, • Ficando à sua disposição, aproveito a oportunidade para apresentar-lhes minhas saudações cordiais. Atenciosamente, • No aguardo de/Aguardando contato de sua parte, coloco-me à disposição para prestar-lhes mais esclarecimentos. Atenciosamente,

Expresiones útiles

Expressões úteis

Que digo quando quero cumprimentar alguém?

¡Buenos días!	Bom dia!
¡Buenas tardes!	Boa tarde!
¡Buenas noches!	Boa noite!
¡Hola!	Oi!
Hola, ¿qué tal?	Oi, tudo bem?
¿Cómo está(n) usted(es)/estás tú?/¿Cómo le(s)/te va?	Como vai(vão) você(s)?/Como está(estão) você(s)?
¿Qué tal?/¿Qué hay?	Tudo bem?/Como vai?

¿Qué digo cuando quiero saludar a alguien?

Que digo quando quero me despedir de alguém?

¡Adiós!	Tchau!
¡Hasta luego!	Até logo!
¡Hasta mañana!	Até amanhã!
¡Que te lo pases/os lo paséis bien!/¡Que te diviertas/os divirtáis!	Divirta(m)-se!
¡Buenas noches!	Boa noite!
Salude(n) a/Saluda a María de mi parte.	Dê(deem) lembranças pra Maria de minha parte.

¿Qué digo cuando quiero despedirme de alguien?

Que digo quando quero pedir ou agradecer alguma coisa?

Sí, por favor.	Sim, por favor.
No, gracias.	Não, obrigado(-a).
Gracias, con mucho gusto.	Obrigado(-a).
Gracias, ¡igualmente!	Obrigado(-a), igualmente!
Por favor, ¿podría ayudarme?/¿podría echarme una mano?	Por favor, poderia ajudar-me?/poderia me dar uma mão?
De nada./No hay de qué.	De nada./Não há de quê.
¡Muchas gracias!	Muito obrigado(-a)!
No tiene importancia.	De nada.

¿Qué digo cuando quiero pedir o agradecer algo?

Que digo quando quero desculpar-me?	¿Qué digo cuando quiero disculparme?
¡Perdón!	Perdão!
Debo disculparme.	Queira desculpar.
Lo siento.	Sinto muito.
No era esa mi intención.	Não era essa a minha intenção.
¡Qué pena!/¡Qué lástima!	Que pena!/Que lástima!

Que digo quando quero felicitar alguém?	¿Qué digo cuando quiero felicitar a alguien?
¡Felicidades!/¡Enhorabuena!	Felicidades!/Parabéns!/Congratulações!
¡Suerte!/¡Le/te deseo mucha suerte!	Boa sorte!/Desejo-lhe muita sorte!
¡Que se mejore/te mejores!	Desejo-lhe melhoras!/Melhoras!
¡Que lo pases/paséis bien en las vacaciones!/¡Que disfrutes/disfrutéis de las vacaciones!	Boas férias! Que se divirta(m) nas férias!
¡Felices Pascuas!	Feliz Páscoa!
¡Feliz Navidad y un próspero año nuevo!	Feliz Natal e um próspero Ano Novo!
¡Feliz cumpleaños!	Feliz aniversário!
¡Que cumpla(s) muchos más!	Muitos anos de vida!
¡Suerte!	Vou torcer por você(s)!

Que digo quando quero falar de mim mesmo?	¿Qué digo cuando quiero hablar de mí mismo?
Me llamo...	Me chamo...
Soy español/española./Soy de España.	Sou espanhol/espanhola./Sou da Espanha.
Vivo en Málaga.	Vivo em Málaga.
Está cerca de...	Fica perto de...
Está al norte/sur/oeste/este de...	Fica ao norte/sul/oeste/leste de...
Estoy aquí de vacaciones.	Estou aqui de férias.
Estoy matriculado en un curso de idiomas.	Estou matriculado num curso de idiomas.
Estoy aquí como estudiante de intercambio.	Estou aqui como estudante fazendo intercâmbio.
Estoy aquí con mi equipo de fútbol.	Estou aqui com meu time de futebol.
Me quedaré un día/cinco días/una semana/dos semanas.	Vou ficar um dia/cinco dias/uma semana/duas semanas.
Durante mi estancia vivo en.../en casa de...	Durante minha estadia aqui estou em.../estou parando na casa de...
Mi padre es.../trabaja (como...) en la empresa...	Meu pai é.../trabalha (como...) na empresa...

Mi madre es...	Minha mãe é...
Tengo una hermana/dos hermanas y un hermano/dos hermanos.	Tenho uma irmã/duas irmãs e um irmão/dois irmãos.
Voy a la escuela en...	Vou à escola em...
Estoy en primer/segundo/tercer curso.	Estou no primeiro/segundo/terceiro ano.
Tengo... años.	Tenho... anos.
Me gusta jugar al fútbol./Me gusta jugar al ajedrez.	Eu gosto de jogar futebol./Eu gosto de jogar xadrez.

Que digo quando quero alguma informação a respeito de outras pessoas? / ¿Qué digo cuando quiero averiguar algo acerca de otras personas?

¿Cómo te llamas?	Como você se chama?
¿De dónde eres?	De onde você é?/De onde você vem?
¿Dónde vives?	Onde você vive/mora?
¿Dónde queda eso?	Onde fica isso?
¿Qué estás haciendo aquí?/¿Qué haces aquí?	O que você está fazendo aqui?/O que você faz aqui?
¿Cuánto tiempo te vas a quedar (aquí)?	Quanto tempo você vai ficar aqui?
¿Y aquí dónde vives?	Onde você está hospedado?/Onde você mora?
¿En qué trabaja tu padre/madre? ¿Dónde trabaja?	Seu pai/Sua mãe trabalha em quê? Onde você trabalha?
¿Tienes hermanos?	Você tem irmãos?
¿A qué escuela vas?	Em que escola você estuda?
¿En qué curso estás?	Em que curso você está?
¿Cuántos años tienes?	Quantos anos você tem?
¿Qué (es lo que) te gusta hacer?	O que você gosta de fazer?
¿Cuáles son tus aficiones?	Quais são os seus hobbies?

Que digo quando sou da mesma opinião? / ¿Qué digo cuando soy de la misma opinión?

¡Cierto!/¡Eso es!/¡Exactamente!	Certo!/Isso mesmo!/Exatamente!
¡Yo también!	Eu também!
¡Yo tampoco!	Eu também não!/Nem eu!
Sí, a mí también me parece bien/fantástico/estupendo/genial.	Sim, eu também acho isso bom/fantástico/extraordinário/maravilhoso!

Que digo quando não sou da mesma opinião?	¿Qué digo cuando no comparto la misma opinión?
¡Eso no es así (en absoluto)!	Isto não está certo!/Em absoluto!
¡(Qué) no!	Não! (Pois sim!)
¡(Qué) sí!	Sim! (Pois não!)
¡No!, a mí me parece estúpido/horrible.	Não! Eu acho isso horrível/o fim.

Que digo quando quero manifestar minha opinião?	¿Qué digo cuando quiero manifestar mi opinión?
Yo creo/pienso/opino que…	Eu acho/penso/creio que…
Yo no creo/pienso/opino que…	Eu não acho/penso/creio que…
En mi opinión…	Na minha opinião…

Que digo quando quero demonstrar que estou prestando atenção?	¿Qué digo cuando quiero demostrar que estoy prestando atención?
¿De verdad?	É mesmo?/Verdade?
¡Ah!/¡No me digas!	Puxa!/Não diga!

Que digo quando quero perguntar por um endereço?	¿Qué digo cuando quiero preguntar por una dirección?
¿Dónde está el… más próximo?	Onde fica o… mais próximo?
¿Por dónde se va al… más cercano?	Como se chega ao… mais próximo?
¿Me podría decir/explicar dónde está/se encuentra el… más cercano?	Poderia me dizer/explicar onde fica/está/se encontra o… mais próximo?

Que digo quando quero expressar que estou me sentindo bem?	¿Qué digo cuando quiero expresar que me encuentro bien?
¡Hoy me encuentro realmente bien!	Hoje estou me sentindo super bem!
¡Hoy me encuentro fenomenal!	Hoje estou me sentindo ótimo!
¡Hoy me siento estupendamente/fenomenal!	Hoje estou me sentindo maravilhosamente bem!

Que digo quando quero expressar que não estou me sentindo bem?	¿Qué digo cuando quiero expresar que me encuentro mal?
¡Hoy no me encuentro bien!	Hoje não estou me sentindo bem!
¡Hoy me encuentro fatal!	Hoje não estou me sentindo nem um pouco bem!
¡Hoy estoy en un humor de perros!	Hoje estou com um humor do cão!
¡Hoy (es que) me siento fatal/mal!	Hoje estou me sentindo péssimo!

Que digo quando alguma coisa me agrada?	¿Qué digo cuando algo me gusta?
¡Es realmente genial/guay/fantástico/intrigante/flipante!	Isto é realmente ótimo/fantástico/extraordinário/maravilhoso! Que coisa fantástica/extraordinária/maravilhosa!

Que digo quando alguma coisa não me agrada?	¿Qué digo cuando algo no me gusta?
¡Es realmente estúpido/aburrido/insoportable!	Isto é realmente péssimo/horrível!/Que coisa péssima/horrível!

Que digo ao/no telefone quando ligo para um amigo/uma amiga?	¿Qué digo cuando llamo a un amigo/una amiga por teléfono?
Hola, soy...	Alô, aqui é o/a...
Hola, soy yo,...	Alô, aqui sou eu,...
¡Bueno, entonces hasta la(s).../mañana/más tarde!	Bom, então até à(s).../amanhã/mais tarde!
¡Hasta luego!/¡Chao!	Até logo!/Tchau!

Que digo ao/no telefone quando falo com pessoas adultas?	¿Qué digo cuando hablo con personas adultas por teléfono?
Buenas tardes, señor/señora..., soy...	Boa tarde, senhor/senhora..., aqui quem fala é o/a...
Por favor, ¿podría hablar con...?	Por favor, eu poderia falar com...?
¿Está...?/¿Podría ponerse...?	O/a... está?/Poderia chamar o/a...?
(¿Quiere(s) dejar un mensaje?)	(Quer deixar uma mensagem?)
No, gracias. No es necesario.	Não, obrigado(-a). Não é necessário.
Volveré a llamar más tarde.	Torno/tornarei a chamar mais tarde.
Sí, ¿podría decirle/comentarle que...?	Sim, poderia dizer a ele/ela que...?
¡Muchas gracias! ¡Adiós!	Muito obrigado(-a)! Até logo!

Que digo quando tenho que deixar uma mensagem na secretária (eletrônica)?	¿Qué digo cuando tengo que dejar un mensaje en el contestador (automático)?
¡Buenas tardes!/¡Hola! Soy...	Boa tarde!/Alô ! Aqui quem fala é o/a...
(Solo) llamaba para preguntar si.../para comentarte/comentaros/comentarle/ comentarles que...	Estou chamando (apenas) para perguntar se.../para dizer-lhe/dizer-lhes/dizer ao Senhor/dizer à Senhora que...
Me puede(s) localizar (hasta la(s)...) en el número...	Você/o Senhor/a Senhora pode me ligar (até à(s)...) no número.../Eu me encontro no número... (até a(s) ...)
¡Gracias y hasta pronto/hasta luego!	(Muito) obrigado(-a) e até logo!

Que digo quando quero dar a alguém meu endereço de correio eletrônico/na Internet?	¿Qué digo cuando quiero dar a alguien mi dirección de correo electrónico/de Internet?
Mi dirección de correo electrónico es (la siguiente): tom.robert@aol.com (es decir, tom punto robert arroba a o l punto com)	Meu endereço de correio eletrônico é (o seguinte): tom.robert@aol.com (quer dizer, tom ponto robert arroba a o l ponto com)
Mi página de web es: http://www.aol.com/~robert (es decir, h t t p dos puntos dos barras w w w punto a o l punto com barra tilde robert)	Minha página de web é: http://www.aol.com/~robert (quer dizer, h t t p dois pontos duas barras w w w ponto a o l ponto com barra til robert)

A

A, a [a] *m* A, a *f*
a [a] **I.** *art f* la; ~ **mesa/pessoa/menina** la mesa/persona/niña **II.** *pron pess* (*ela*) la; (*você*) te; **eu ~ vi** la vi; **ele ~ visitou?** ¿te visitó? **III.** *pron dem* ~ **que** la que **IV.** *prep* **1.** (*direção*) a; **ir à casa de alguém** ir a casa de alguien; **ir à escola/ao cinema** ir al colegio/al cine; **ir ~ Fortaleza** ir a Fortaleza **2.** (*posição*) a; **à direita/esquerda** a la derecha/izquierda; **à janela/mesa** en la ventana/la mesa **3.** (*distância*) a; ~ **dois metros** a dos metros **4.** (*tempo*) a; ~ **uma hora** a la una; **daqui ~ uma semana** dentro de una semana; **à noite** por la noche; **aos 18 anos** a los 18 años **5.** (*modo*) **à mão** a mano; ~ **pé** a pie; **à francesa** a la francesa; **à força** a la fuerza **6.** (*preço*) a; ~ **100 reais** a 100 reales **7.** (*consecutividade*) **dia ~ dia** día a día; **passo ~ passo** paso a paso; **pouco ~ pouco** poco a poco **8.** (*complemento indireto*) a; **dar a. c. ~ alguém** dar algo a alguien **9.** (*frequência*) **tenho aula de inglês às terças e quintas** tengo clase de inglés los martes y los jueves **10.** (*meio*) **fogão ~ gás** cocina de gas; **impressão ~ laser** impresión (a) láser; **escrever ~ máquina** escribir a máquina **11.** (*infinitivo*) **começar ~ beber/chover** comenzar a beber/llover; **ficar nervoso ao falar** ponerse nervioso al hablar
à [a] = **prep a + art** *v.* **a**

> **Gramática** Cuando la preposición **a** aparece al lado del artículo determinado "a", las dos formas se unen y forman la contracción **à**: "Hoje à noite; Às cinco da tarde vou à casa dele."

aba ['aba] *f* (*do chapéu*) ala *f*; **chapéu de ~ larga** sombrero de ala ancha
abacate [aba'katʃi] *m* aguacate *m*, palta *f CSur*
abacateiro [abaka'tejru] *m* aguacate *m*, paltero *m CSur*
abacaxi [abaka'ʃi] *m* **1.** (*fruta*) piña *f*, ananá(s) *m RíoPl* **2.** *inf* (*problema*) marrón *m*; **descascar um ~** resolver un marrón
abade(ssa) [a'badʒi, aba'dɛsa] *m* (*f*) abad(esa) *m(f)*
abadia [aba'dʒia] *f* abadía *m*
abafado, -a [aba'fadu, -a] *adj* **1.** (*som, choro, riso*) apagado, -a **2.** (*atmosfera, quarto*) cargado, -a **3.** (*escândalo*) encubierto, -a **4.** *inf* (*pessoa*) agobiado, -a; ~ **por problemas** agobiado por problemas
abafar [aba'far] **I.** *vt* **1.** (*som, fogo*) apagar; (*pessoa*) ahogar; (*informação, notícia*) encubrir; (*soluços*) contener **2.** *inf* (*dinheiro, objeto*) afanar **II.** *vi* **1.** (*sufocar: pessoa*) ahogarse **2.** *gíria* (*arrasar: successo, pessoa*) arrasar; **aquele ator está abafando** ese actor está arrasando
abaixa-língua [a'bajʃa-'lĩjgwa] *f* depresor *m* lingual
abaixar [abaj'ʃar] **I.** *vt* bajar; ~ **os preços** bajar los precios; ~ **o rádio** bajar la radio **II.** *vi* bajar; **a temperatura vai ~** la temperatura va a bajar **III.** *vr*: ~-**se** **1.** (*curvar-se*) agacharse **2.** (*humilhar-se*) rebajarse
abaixo [a'bajʃu] **I.** *adv* **1.** (*direção, posição, sequência*) abajo; ~ **de** por debajo de; **os itens ~** los ítems abajo; **mais ~** más abajo; **descer rio ~** descender río abajo; **ir/vir ~** ir/venir abajo; **rolou escada/morro ~** rodó escalera/colina abajo **2.** (*hierarquia*) por debajo; **primeiro o presidente e ~ os ministros** primero el presidente y por debajo los ministros **II.** *interj* ~ **a ditadura!** ¡abajo la dictadura!
abaixo-assinado [a'bajʃwasi'nadu] *m* **1.** (*documento*) petición *f* **2.** (*pessoa*) firmante *mf*
abajur [aba'ʒur] *m* lámpara *f*
abalado, -a [aba'ladu, -a] *adj* (*objeto, saúde*) debilitado, -a; (*pessoa*) conmovido, -a
abalar [aba'lar] **I.** *vt* **1.** (*agitar*) sacudir **2.** (*comover: pessoa*) conmover **3.** (*saúde*) debilitar **II.** *vi* huir **III.** *vr*: ~-**se** conmoverse; ~-**se com a. c.** conmoverse con algo
abalizado, -a [abaʎi'zadu, -a] *adj* (*comentário, parecer*) cualificado, -a
abalo [a'balu] *m* **1.** (*comoção, agitação*) conmoción *f*; **o mundo sofreu um grande ~ econômico nos anos 70** el mundo sufrió una grande conmo-

ción económica en los años 70; **a separação dos pais causou um ~ no filho** la separación de los padres conmocionó al hijo **2.**(*tremor de terra*) temblor *m;* **~ sísmico** movimiento sísmico

abalroamento [abawxoa'mējtu] *m* coque *m*

abalroar [abawxo'ar] <*1. pess pres:* abalroo> *vt* chocar con

abanador [abãna'dor] <-es> *m* abanico *m*

abanar [abã'nar] **I.** *vt* (*cabeça, mão*) agitar; (*rabo*) menear; **abanou a criança para refrescar o calor** abanicó al niño para refrescarlo **II.** *vr:* **~-se** abanicarse; **abanou-se com o leque** se abanicó

abandonado, -a [abãdõ'nadu, -a] *adj* abandonado, -a; **menores ~s** menores abandonados

abandonar [abãdõ'nar] **I.** *vt* abandonar; **~ uma competição** abandonar una competición; **~ os estudos** abandonar los estudios **II.** *vr:* **~-se a algo** abandonarse a algo

abandono [abã'donu] *m* abandono *m;* **~ das estradas** abandono de las carreteras; **~ do lar** abandono de hogar; **ao ~** abandonado; **deixar a. c. no ~** dejar algo abandonado

abano [a'bãnu] *m* abanico *m;* **orelhas de ~** orejas de soplillo

abarcar [abar'kar] <c→qu> *vt* (*abranger, compreender*) abarcar

abarrotado, -a [abaxo'tadu, -a] *adj* abarrotado, -a

abarrotar [abaxo'tar] *vt* abarrotar

abastado, -a [abas'tadu, -a] *adj* acomodado, -a

abastança [abas'tãsa] *f* abundancia *f*

abasteça [abas'tesa] *1.e 3. pres subj de* **abastecer**

abastecedor(a) [abastece'dor(a)] <-es> *m(f)* abastecedor(a) *m(f)*

abastecer [abaste'ser] <c→ç> **I.** *vt* abastecer; (*carro*) echar gasolina a; **~ a loja com** [*ou* **de**] **mercadorias** abastecer la tienda de mercancías **II.** *vr:* **~-se** abastecerse; **~-se de** [*ou* **com**] **a. c.** abastecerse de algo

abastecimento [abastesi'mējtu] *m* abastecimiento *m;* **~ de água/de energia** abastecimiento de agua/de energía

abasteço [abas'tesu] *1. pres de* **abastecer**

abate [a'batʃi] *m* **1.** (*do gado, aves*) sacrificio *m* **2.** (*de árvores*) tala *f*

abatedouro [abate'dowru] *m* matadero *m*

abater [aba'ter] **I.** *vt* (*preço*) descontar; (*árvore*) talar; (*gado*) sacrificar **II.** *vi* caerse **III.** *vr:* **~-se** abatirse; **abateu-se com o prejuízo** se abatió por los daños sufridos

abatido, -a [aba'tʃidu, -a] *adj* **1.** (*cansado*) debilitado, -a **2.** (*deprimido*) abatido, -a

abatimento [abatʃi'mējtu] *m* (*do preço*) descuento *m;* **fazer um ~** hacer un descuento

abatis [aba'tʃis] *m* **1.** MIL *barrera hecha con troncos y alambrada* **2.** GASTR menudos *mpl*

abaulamento [abawla'mējtu] *m* abombamiento *m*

abaular [abaw'lar] *conj como saudar vt* abombar

abdicação <-ões> [abdʒika'sãw, -õjs] *f* abdicación *f*

abdicar [abdʒi'kar] <c→qu> *vi* (*de cargo*) abdicar; **~ de a. c.** abdicar de algo

abdome [ab'domi] *m,* **abdômen** [ab'domẽj] <abdômenes *o* abdomens> *m* abdomen *m*

abdominal <-ais> [abdomi'naw, -'ajs] **I.** *adj* abdominal **II.** *m* abdominal *m;* **fazer abdominais** hacer abdominales

abdução <-ões> [abdu'sãw, -õjs] *f* JUR rapto *m*

abdutor(a) [abidu'tor(a)] *adj* abductor(a); **músculo ~** ANAT músculo abductor

abecê [abe'se] *m* abecedario *m;* **aprender o ~** aprenderse el abecedario

abecedário [abese'dariw] *m* abecedario *m*

abeirar [abej'rar] **I.** *vt* acercar **II.** *vr:* **~-se** acercarse; **~-se de** acercarse a

abelha [a'beʎa] *f* abeja *f*

abelha-mestra [a'beʎa-'mɛstra] <abelhas-mestras> *f* abeja *f* reina

abelhão <-ões> [abe'ʎãw, -õjs] *m* abejorro *m*

abelheira [abe'ʎejra] *f* colmena *f*

abelhões [abe'ʎõjs] *m pl de* **abelhão**

abelhudo, -a [abe'ʎudu, -a] *adj inf* **1.** (*intrometido*) entrometido, -a **2.** (*astuto*) despierto, -a

abençoado, -a [abẽjsu'adu, -a] *adj*

bendecido, -a

abençoar [abẽjsu'ar] <*1. pess pres:* abencoo> *vt* bendecir

aberração <-ões> [abexa'sãw, -õjs] *f* aberración *f*; **ser uma ~ da natureza** ser una aberración de la naturaleza

abertamente [abɛrta'mẽjtʃi] *adv* abiertamente

aberto, -a [a'bɛrtu, -a] I. *pp de* **abrir** II. *adj* abierto, -a

abertura [aber'tura] *f* 1. (*de porta, loja*) apertura *f*; **~ política** apertura política 2. (*orificio*) abertura *f* 3. MÚS obertura *f*

abestalhado, -a [abesta'ʎadu, -a] *adj* (*abobado*) embobado, -a

abilolado, -a [abilo'ladu, -a] *adj inf* calado, -a

abismado, -a [abiz'madu, -a] *adj* asombrado, -a; **~ com a. c.** (*espantado*) asombrado con algo; **ficar ~** quedarse asombrado

abismal <-ais> [abiz'maw, -'ajs] *adj* abismal

abismar [abiz'mar] *vt* 1. (*espantar*) sorprender 2. (*precipitar*) lanzar al abismo

abismo [a'bizmu] *m* abismo *m*; **há um ~ entre nós** entre nosotros hay un abismo

abissal <-ais> [abi'saw, -'ajs] *adj* 1. (*enorme*) inmenso, -a; **uma distância ~ separa ricos e pobres** un abismo separa a ricos y pobres 2. (*misterioso*) misterioso, -a

abjeção <-ões> [abʒe'sãw, -õjs] *f* abyección *f*

abjeto, -a [ab'ʒɛtu, -a] *adj* abyecto, -a

abjudicação <-ões> [abʒudʒika'sãw, -õjs] *f* JUR expropiación *f*

abjudicar [abʒudʒi'kar] <c→qu> *vt* JUR expropiar

abjurar [abʒu'rar] *vt* abjurar

ABL [abe'ɛʎi] *abr de* **Academia Brasileira de Letras** *Academia Brasileña de las Letras*, ≈ *RAE f*

ablação <-ões> [abla'sãw, -õjs] *f* MED, GEO ablación *f*

abnegação <-ões> [abnega'sãw, -õjs] *f* abnegación *f*

abnegado, -a [abne'gadu, -a] *adj* abnegado, -a

abnegar [abne'gar] <g→gu> *vt* abnegar

abóbada [a'bɔbada] *f* bóveda *f*

abobalhado, -a [aboba'ʎadu, -a] *adj* atontado, -a

abóbora [a'bɔbora] I. *adj* (*cor*) naranja II. *f* BOT calabaza *f*, zapallo *m CSur*

abobrinha [abɔ'brina] *f* 1. BOT calabacín *m*, calabacita *f Méx*, zapallito *m RíoPl* 2. *inf* (*conversa*) parida *f*

abocanhar [abokã'nar] *vt* 1. (*abocar*) coger con la boca 2. *inf* (*apoderar-se*) quedarse con; **abocanhou todo o dinheiro da herança da família** se quedó con todo el dinero de la herencia de la familia

aboletamento [aboleta'mẽtu] *m* MIL acuartelamiento *m*

aboletar-se [abole'tarsi] *vr* instalarse; **aboletou-se na minha casa** se instaló en mi casa

abolição <-ões> [aboʎi'sãw, -õjs] *f* abolición *f*; **~ da escravatura** abolición de la esclavitud

abolicionista [aboʎisjo'nista] *adj, mf* abolicionista *mf*

aboliçoes [aboʎi'sõjs] *f pl de* **abolição**

abolir [abo'ʎir] *irr vt* abolir

abominação <-ões> [abomina'sãw, -õjs] *f* abominación *f*

abominar [abomi'nar] *vt* abominar

abominável <-eis> [abomi'navew, -ejs] *adj* abominable

abonado, -a [abo'nadu, -a] *adj* 1. (*rico*) acomodado, -a 2. (*confiável*) de confianza

abonar [abo'nar] I. *vt* confirmar; (*garantir*) garantizar; (*justificar*) justificar II. *vr:* **~-se** dárselas; **~-se de genial** dárselas de genio

abono [a'bonu] *m* 1. (*subsídio*) complemento *m*; **~ de família** complemento salarial que el trabajador recibe en función del número de hijos; **~ salarial** complemento salarial 2. (*garantia*) garantía *f* 3. (*de faltas no trabalho*) justificación *f* 4. (*de opinião*) refuerzo *m*

abordagem [abor'daʒẽj] <-ens> *f* 1. (*de assunto, problema*) enfoque *m* 2. NÁUT abordaje *m*

abordar [abor'dar] I. *vt* abordar II. *vi* NÁUT efectuar un abordaje

abordoar [abor'doar] <*1. pess pres:* abordoo> *vt* golpear con el bastón a

aborígine [abo'riʒini] *adj, mf* aborigen *mf*

aborrecer [aboxe'ser] <c→ç> I. *vt* 1. (*irritar*) enfadar 2. (*enfadar*) aburrir II. *vr:* **~-se** 1. (*irritar-se*) enfadarse; **~-se com alguém/a. c.** enfadarse con alguien/algo 2. (*enfadar-se*) aburrirse;

~-se com [*ou* **de**] **alguém/a. c.** aburrirse con alguien/algo
aborrecido, -a [aboxe'sidu, -a] *adj* **1.**(*livro, filme, situação*) aburrido, -a **2.**(*pessoa*) enfadado, -a; **estar ~ com alguém/com a. c.** estar enfadado con alguien/por algo
aborrecimento [aboxesi'mẽjtu] *m* **1.**(*irritação*) enfado *m*; **não conseguiu evitar os ~s durante as férias** no consiguió evitar los enfados durante las vacaciones **2.**(*tédio*) aburrimiento *m*
abortar [abor'tar] I. *vi* **1.** MED abortar **2.**(*plano*) fracasar **3.** INFOR pararse II. *vt tb.* MED, INFOR abortar
abortivo, -a [abor'tʃivu, -a] *adj* abortivo, -a
aborto [a'bortu] *m* aborto *m*
abotoaduras [abotoa'duras] *fpl* gemelos *mpl*
abotoar [aboto'ar] <*l. pess pres:* abotoo> *vt* abrochar; **~ o paletó** *inf*estirar la pata
abracadabra [abraka'dabra] *f* abracadabra *m*
abraçar [abra'sar] <ç→c> I. *vt* abrazar; **~ uma profissão** abrazar una profesión II. *vr:* **~-se** abrazarse; **~-se a alguém** abrazarse a alguien
abraço [a'brasu] *m* **1.** abrazo *m*; **dar um ~ em alguém** dar un abrazo a alguien; **mandar um ~ para alguém** mandar un abrazo a alguien; **um** (**grande**) **~** (*cartas*) un fuerte abrazo **2.** *inf* **~ de tamanduá** traición *f*
abrandar [abrɐ̃ŋ'dar] I. *vt* **1.**(*a velocidade*) disminuir **2.**(*sofrimento, ira*) calmar **3.**(*amaciar*) suavizar II. *vi* **1.**(*chuva, vento*) disminuir **2.**(*pessoa*) calmarse
abrangência [abrɐ̃ŋ'ʒẽjsia] *f* amplitud *f*
abrangente [abrɐ̃ŋ'ʒẽjtʃi] *adj* completo, -a
abranger [abrɐ̃ŋ'ʒer] <g→j> *vt* **1.**(*conter*) contener **2.**(*alcançar*) abarcar
abrasador(a) [abraza'dor(a)] <-es> *adj* (*calor, sol*) abrasador(a)
abrasileirar [abrazilej'rar] I. *vt* volver brasileño II. *vr:* **~-se** volverse brasileño
abrasivo [abra'zivu] *m* abrasivo *m*
abrasivo, -a [abra'zivu, -a] *adj* abrasivo, -a
abre-alas ['abri-'alas] *m inv* carroza y comparsa que abren un desfile de carnaval
abreviação <-ões> [abrevia'sɐ̃w, -õjs] *f* abreviatura *f*
abreviado, -a [abrevi'adu, -a] *adj* abreviado, -a
abreviar [abrevi'ar] *vt* abreviar
abreviatura [abrevia'tura] *f* abreviatura *f*
abricó [abri'kɔ] *m* albaricoque *m*, chabacano *m Méx*, damasco *m CSur*
abridor [abri'dor] <-es> *m* abridor *m*; **~ de cartas** abrecartas *m inv*; **~ de garrafas** abrebotellas *m inv*; **~ de latas** abrelatas *m inv*
abrigar [abri'gar] <g→gu> I. *vt* abrigar; **~ sentimentos** abrigar sentimientos II. *vr:* **~-se** (*da chuva*) abrigarse
abrigo [a'brigo] *m* abrigo *m*; **~ antiaéreo** refugio *m* antiaéreo; **~ de menores** orfanato *m*; **~ nuclear** refugio *m* nuclear; **dar ~ a alguém** dar abrigo a alguien; **estar ao ~ de** estar al abrigo de; **servir de ~ para alguém** servir de abrigo a alguien
abril [a'briw] *m* abril *m*; *v.tb.* **março**
abrilhantar [abriʎɐ̃ŋ'tar] *vt* abrillantar
abrir [a'brir] <*pp:* aberto> I. *vt* abrir; **~ caminho** abrir camino; **~ uma exceção** crear una excepción; **~ os olhos/a boca** abrir los ojos/la boca; **~ vantagem** (**sobre o adversário**) sacar ventaja (al adversario); **não ~ o bico/a boca** no abrir el pico/la boca; **num ~ e fechar de olhos** *inf* en un abrir y cerrar de ojos II. *vi* **1.**(*porta, janela, loja*) abrir **2.**(*dia, flor*) abrirse **3.**(*sinal*) ponerse verde III. *vr:* **~-se** (*porta, janela*) abrirse; **~-se com alguém** (*pessoa*) abrirse a alguien
ab-rogar [abxo'gar] <g→gu> *vt* JUR derogar
abrupto, -a [a'bruptu, -a] *adj* **1.**(*repentino*) súbito, -a **2.**(*áspero*) brusco, -a **3.**(*íngreme*) abrupto, -a
abrutalhado, -a [abruta'ʎadu, -a] *adj* embrutecido, -a
abscesso [ab'sɛsu] *m* MED absceso *m*
absenteísmo [absẽjte'izmu] *m sem pl* absentismo *m*, ausentismo *m AmL*
absinto [ab'sĩjtu] *m* absenta *f*
absolutamente [absoluta'mẽjtʃi] *adv* absolutamente; **~ nada** absolutamente nada; **concorda com isso? – ~** ¿estás de acuerdo con eso? – en absoluto
absolutismo [absolu'tʃizmu] *m sem pl* HIST absolutismo *m*

absoluto, -a [abso'lutu, -a] *adj* absoluto, -a; **ser senhor ~ da situação** ser el dueño absoluto de la situación; **viver na absoluta miséria** vivir en la absoluta miseria; **concorda com isso? – em ~** ¿estás de acuerdo con eso? – en absoluto; **não podemos em ~ seguir assim** de ningún modo podemos seguir así

absolutório, -a [absolu'tɔriw, -a] *adj* absolutorio, -a; **sentença absolutória** JUR sentencia absolutoria

absolver [absow'ver] I. *vt* absolver; **o juiz absolveu o réu da acusação** el juez absolvió al reo de la acusación II. *vr:* **~-se librarse; ela tentou ~-se da culpa** intentó librarse de la culpa

absolvição <-ões> [absowvi'sɐ̃w, -õjs] *f* absolución *f*

absolvido, -a [absow'vidu, -a] *adj* **ser ~** ser absuelto

absorção <-ões> [absor'sɐ̃w, -õjs] *f* absorción *f*

absorto, -a [ab'sortu, -a] *adj* absorto, -a

absorvente [absor'vẽjtʃi] I. *adj* absorbente; **leitura ~** lectura absorbente; **papel ~** papel absorbente II. *m* absorbente *m;* **~ higiênico** compresa *f,* toalla *f* higiénica *AmL*

absorver [absor'ver] I. *vt* absorber II. *vr:* **~-se** concentrarse; **~-se na leitura** concentrarse en la lectura

absorvível <-eis> [absor'vivew, -ejs] *adj* absorbible

abstêmio, -a [abs'temiw, -a] *adj, m, f* abstemio, -a *m, f*

abstenção <-ões> [abstẽj'sɐ̃w, -õjs] *f* POL abstención *f*

abstencionista [abstẽjsjo'nista] *mf* abstencionista *mf*

abstenções [abstẽj'sõjs] *f pl de* **abstenção**

abster [abs'ter] *irr como* **ter** I. *vt* abstenerse; **ele o abstevo de falar** se abstuvo de hablar II. *vr:* **~-se** abstenerse; **~-se de beber/de fumar** abstenerse de beber/de fumar; **muitos se abstiveram de votar** muchos se abstuvieron de votar

abstinência [abstʃi'nẽjsia] *f* abstinencia *f*

abstinente [abstʃi'nẽjtʃi] *adj* abstinente

abstração <-ões> [abstra'sɐ̃w, -õjs] *f* abstracción *f*

> **Gramática** **Abstração** y todas las palabras derivadas del latín terminadas en -ação tienen en portugués género femenino: "A ação dos atores durante a representação da peça foi genial."

abstracionismo [abstrasjo'nizmu] *m sem pl* abstraccionismo *m*

abstrações [abstra'sõjs] *f pl de* **abstração**

abstraído, -a [abstra'idu, -a] *adj* abstraído, -a; **~ em pensamentos** abstraído en sus pensamientos

abstrair [abstra'ir] <*conj como* **sair**> I. *vt* (*separar*) abstraer II. *vr:* **~-se** abstraerse; **~-se em divagações** abstraerse en divagaciones

abstrato, -a [abs'tratu, -a] *adj* abstracto, -a

absurdo [ab'surdu] *m* absurdo *m*

absurdo, -a [ab'surdu, -a] *adj* absurdo, -a

abundância [abũw'dɐ̃sia] *f* abundancia *f;* **~ de** [*ou* **em**] **alimentos** abundancia de alimentos; **~ em** [*ou* **de**] **minerais** abundancia de minerales

abundante [abũw'dɐ̃tʃi] *adj* abundante; **~ em** abundante en

abundar [abũw'dar] *vi* abundar; **a região abunda em** [*ou* **de**] **rios** la región abunda en ríos

abusado, -a [abu'zadu, -a] *adj* abusón, -ona; (*confiado*) entrometido, -a

abusador(a) [abuza'dor(a)] <-es> *adj* abusón, -ona

abusar [abu'zar] I. *vt* abusar; **~ de alguém** abusar de alguien; **~ da comida/bebida** abusar de la comida/bebida; **~ da confiança/amizade de alguém** abusar de la confianza/amistad de alguien II. *vi* (*tirar vantagem*) abusar

abusivo, -a [abu'zivu, -a] *adj* (*preços, juros*) abusivo, -a

abuso [a'buzu] *m* abuso *m;* **~ de autoridade** abuso de autoridad; **~ de confiança** abuso de confianza

abutre [a'butri] *m tb. pej* buitre *m*

a. C. [a'se] *abr de* **antes de Cristo** a. C.

a/c [a'se] *abr de* **aos cuidados de** a la atención de

acabado, -a [aka'badu, -a] *adj* **1.** (*feito*) acabado, -a **2.** (*pessoa*) abatido, -a

acabamento [akaba'mẽjtu] *m* acabado *m*

acabar [aka'bar] I. *vt* **1.** (*geral*) acabar;

~ com alguém/a. c. acabar con alguien/algo; ~ por fazer a. c. acabar haciendo algo; ~am com os cinemas de bairro acabaron con los cines del barrio; ~am com o ensopado no almoço se acabaron el guiso de la comida; **acabei de falar com ele** acabé de hablar con él 2.(*alcançar, conseguir*) convertirse en; **estudou muito e acabou doutora** estudió mucho y se convirtió en doctora II. *vi* acabar; ~ **bem/mal** acabar bien/mal; **acabou o café/açúcar** se acabó el café/azúcar; **o filme acabou às oito horas** la película acabó a las ocho III. *vr:* ~-**se** acabarse; **acabou-se tentando salvar o negócio** se consumió intentando salvar el negocio; **acabou-se o que era doce** *fig* se acabó lo bueno

acabrunhado, -a [akabrũˈnadu, -a] *adj* abatido, -a

acácia [aˈkasia] *f* acacia *f*

academia [akadeˈmia] *f* academia *f*; ~ **de ginástica** gimnasio *m*

acadêmico, -a [akaˈdemiku, -a] I. *adj* académico, -a II. *m, f* (*estudante universitário*) universitario, -a *m, f*; (*membro da academia*) académico, -a *m, f*

açafrão <-ões> [asaˈfrɐ̃w, -õjs] *m* azafrán *m*

açaí [asaˈi] *m* fruto de color rojo oscuro y pulpa comestible de una palmera nativa de la región amazónica

acaju [akaˈʒu] I. *adj inv* caoba II. *m* caoba *f*

acalanto [acaˈlɐ̃tu] *m* canción *f* de cuna

acalcar [akawˈkar] <c→qu> *vt* pisotear

acalentar [akalẽjˈtar] *vt* (*criança*) arrullar; (*sonho, paixão*) albergar

acalmar [akawˈmar] I. *vt* calmar II. *vi* calmarse III. *vr:* ~-**se** calmarse

acalorado, -a [akaloˈradu, -a] *adj* acalorado, -a

acalorar [akaloˈlar] *vt* calentar

acamado, -a [akaˈmadu, -a] *adj* en cama; **estar** ~ estar en cama

açambarcamento [asɐ̃barkaˈmẽjtu] *m* acaparamiento *m*

açambarcar [asɐ̃barˈkar] <c→qu> *vt* acaparar

acampamento [akɐ̃paˈmẽjtu] *m* 1. MIL campamento *m* 2.(*de férias*) camping *m*; **levantar** ~ levantar el campamento

acampar [akɐ̃ˈpar] *vi* acampar

acanhado, -a [akɐˈɲadu, -a] *adj* 1.(*tímido*) vergonzoso, -a 2.(*em tamanho*) minúsculo, -a

acanhamento [akɐɲaˈmẽjtu] *m* 1.(*timidez, embaraço*) vergüenza *f* 2.(*em tamanho*) pequeñez *f*

acanhar [akɐˈɲar] I. *vt* 1.(*pessoa*) avergonzar 2.(*em tamanho*) empequeñecer II. *vr:* ~-**se** 1.(*envergonhar-se*) avergonzarse 2.(*acovardar-se*) intimidarse

acantonamento [akɐ̃tonaˈmẽjtu] *m* MIL acantonamiento *m*

acantonar [akɐ̃toˈnar] MIL I. *vt* acantonar II. *vi* acantonarse

ação <-ões> [aˈsɐ̃w, -õjs] *f* acción *f*; ~ **de despejo** JUR orden *f* de desalojo; ~ **ao portador** ECON acción al portador; ~ **do detergente sobre** [*ou* **em**] **a gordura** acción del detergente sobre la grasa; **fazer uma boa** ~ hacer una buena acción; **ficar sem** ~ quedarse sin poder reaccionar; **investir em ações** COM invertir en acciones; **mover uma** ~ **contra alguém** iniciar acciones legales contra alguien; **pôr um plano em** ~ poner un plan en acción; **sofrer a** ~ **do tempo** sufrir la acción del tiempo

acarajé [akaraˈʒɛ] *m* GASTR buñuelo hecho con aceite de palma y judías negras fritas, con gambas y servido con salsa picante

acareação <-ões> [akareaˈsɐ̃w, -õjs] *f* JUR careo *m*

acarear [akareˈar] *conj como passear vt* JUR carear

acariciar [akarisiˈar] *vt* acariciar

acarinhar [akarĩˈɲar] *vt* (*mimar*) tratar con cariño a; (*acariciar*) acariciar

ácaro [ˈakaru] *m* ácaro *m*

acarpetar [akarpeˈtar] *vt* enmoquetar

acarretar [akaxeˈtar] *vt* (*consequências*) acarrear

acasalamento [akazalaˈmẽjtu] *m* apareamiento *m*

acasalar [akazaˈlar] I. *vt* aparear II. *vr:* ~-**se** aparearse

acaso [aˈkazu] *m* casualidad *f*; **ao** ~ sin dirección; **por** ~ por casualidad

acastanhado, -a [akastɐ̃ˈɲadu, -a] *adj* castaño, -a

acatamento [akataˈmẽjtu] *m* acatamiento *m*

acatar [akaˈtar] *vt* acatar

acautelado, -a [akawteˈladu, -a] *adj*

prevenido, -a

acautelar [akawte'lar] **I.** *vt* (*prevenir*) prevenir; ~ **alguém contra** [*ou* **de**] **imprevistos** prevenir a alguien contra imprevistos **II.** *vr*: ~-**se** prevenirse; ~-**se contra** [*ou* **de**] **exploradores** prevenirse contra explotadores

acavalar-se [akava'larsi] *vr* montarse a caballo; ~ **em a. c.** montarse a caballo sobre algo

ace ['ejs] *m* ESPORT ace *m*

aceder [ase'der] *vi* (*concordar*) acceder; ~ **a um pedido** acceder a un pedido; **ele acedeu em colaborar** accedió a colaborar

acéfalo, -a [a'sɛfalu, -a] *adj* acéfalo, -a

aceitação <-ões> [asejta'sɜ̃w, -õjs] *f* aceptación *f*; **ter boa ~** tener gran aceptación

aceitar [asej'tar] <pp: **aceito** *ou* **aceitado**> *vt* aceptar; ~ **de volta** aceptar de vuelta; **aceitam-se cartões de crédito** se aceptan tarjetas de crédito

aceitável <-eis> [asej'tavew, -ejs] *adj* aceptable

aceito, -a [a'sejtu, -a] **I.** *adj pp de* **aceitar II.** *adj* aceptado, -a

aceleração <-ões> [aselera'sɜ̃w, -õjs] *f* aceleración *f*

acelerado, -a [asele'radu, -a] *adj* acelerado, -a

acelerador [aselera'dor] <-es> *m* (*automóvel*) acelerador *m*; **pisar no ~** pisar el acelerador

acelerar [asele'rar] **I.** *vt* (*um processo*) acelerar; ~ **o passo** acelerar el paso **II.** *vi* acelerar

acelga [a'sɛwga] *f* acelga *f*

acém [a'sẽj] *m sem pl* corte de la carne de la vaca que comienza en la primera costilla

acenar [ase'nar] **I.** *vi* **1.** (*com a mão*) saludar; **acenei a ela de longe** la saludé desde lejos **2.** (*com a cabeça*) hacer señales **II.** *vt* (*atrair*) seducir; **acenou-lhe com uma proposta tentadora** le sedujo con una propuesta tentadora

acendedor [asẽjde'dor] <-es> *m* (*para gás*) encendedor *m*

acender [asẽj'der] <pp: **aceso** *ou* **acendido**> **I.** *vt* encender **II.** *vr*: ~-**se** (*discussão*) exaltarse; (*desejo*) encenderse

aceno [a'senu] *m* **1.** (*com a mão*) saludo *m* **2.** (*com a cabeça*) gesto *m* **3.** (*apelo*) llamada *f*

acento [a'sẽju] *m* acento *m*; ~ **agudo** acento agudo; ~ **circunflexo** acento circunflejo; ~ **grave** acento grave; ~ **tônico** acento tónico

acentuação <-ões> [asẽjtwa'sɜ̃w, -õjs] *f* acentuación *f*

acentuado, -a [asẽjtu'adu, -a] *adj* acentuado, -a

acentuar [asẽjtu'ar] *vt* acentuar

acepção <-ões> [asep'sɜ̃w, -õjs] *f* acepción *f*; **na ~ da palavra** en el sentido literal de la palabra

acepipe [ase'pipi] *m* manjar *m*

acerbo, -a [a'serbu, -a] *adj* (*trabalho*) duro, -a; (*comentário*) acerbo, -a

acerca [a'sɛrka] *prep* ~ **de** acerca de

acercar-se [aser'karsi] <c→qu> *vr* acercarse; **acercou-se da janela** se acercó a la ventana

acerola [ase'rɔla] *f* acerola *f*

acérrimo, -a [a'sɛrimu, -a] *superl de* **acre**

acertado, -a [aser'tadu, -a] *adj* acertado, -a; **ficou ~ que eles vinham** se acordó que vendrían

acertador(a) [aserta'dor(a)] <-es> *m(f)* (*de loteria*) acertante *mf*

acertar [aser'tar] **I.** *vt* **1.** (*atinar com*) acertar **2.** (*caminho*) encontrar **3.** (*ajustar*) ajustar; ~ **o relógio** poner el reloj en hora; ~ **contas com alguém** ajustar cuentas con alguien **4.** (*combinar*) acordar; ~ **am de se encontrar hoje** acordaron encontrarse hoy **II.** *vi* acertar; **acertou!** ¡acertaste!; ~ **no alvo** acertar en el blanco; ~ **em cheio** acertar de lleno; ~ **com o caminho** dar con el camino

acerto [a'sertu] *m* **1.** (*sensatez*) acierto *m*; **agir com ~** actuar con acierto **2.** (*ajuste*) ajuste *m*; ~ **de contas** ajuste de cuentas; **fazer ~s no vestido** hacer ajustes al vestido

acervo [a'servu] *m* **1.** (*patrimônio*) acervo *m* **2.** (*grande quantidade*) montón *m*

aceso, -a [a'sezu, -a] **I.** *pp irr de* **acender II.** *adj* **1.** (*vela, luz*) encendido, -a **2.** (*excitado, discussão*) acalorado, -a

acessar [ase'sar] *vt* INFOR acceder

acessível <-eis> [ase'sivew, -ejs] *adj* accesible

acesso [a'sɛsu] *m tb.* INFOR acceso *m*; ~ **de fúria** acceso de furia; ~ **à Internet**

acceso a Internet; **ter ~ a a. c.** tener acceso a algo

acessório [ase'sɔriw] *m* accesorio *m*

acessório, -a [ase'sɔriw, -a] *adj* accesorio, -a

acetato [ase'tatu] *m* acetato *m*

acético, -a [a'sɛtʃiku, -a] *adj* acético, -a

acetileno [asetʃi'lenu] *m* acetileno *m*

acetinado, -a [asetʃi'nadu, -a] *adj* satinado, -a

acetona [ase'tona] *f* acetona *f*

acha ['aʃa] *f* tronco *m*

achacar [aʃa'kar] <c→qu> *vt* **1.** (*roubar*) robar con intimidación **2.** *inf* (*dinheiro*) extorsionar

achado [a'ʃadu] *m* hallazgo *m*; ~**s e perdidos** objetos *mpl* perdidos; **ser um ~** ser una ganga

achado, -a [a'ʃadu, -a] *adj* hallado, -a; **não se dar por ~** no caer en la cuenta

achaque [a'ʃaki] *m* **1.** (*mal-estar*) achaque *m* **2.** (*vício*) defecto *m* **3.** (*extorsão*) extorsión *f*

achar [a'ʃar] **I.** *vt* **1.** (*encontrar*) encontrar; (*descobrir*) hallar **2.** (*pensar, julgar*) pensar; ~ **am por bem fechar o acordo** les pareció bien cerrar el acuerdo; **acho que sim/não** creo que sí/no; **o que você acha disso?** ¿qué piensas de eso? **II.** *vr:* ~**-se** (*considerar-se*) creerse

achatado, -a [aʃa'tadu, -a] *adj* achatado, -a

achatar [aʃa'tar] *vt* achatar

achegar-se [aʃe'garsi] <g→gu> *vr* acercarse

achincalhar [aʃĩjka'ʎar] *vt* ridiculizar

achocolatado, -a [aʃokola'tadu, -a] *adj* (*sabor*) a chocolate

acidentado, -a [asidẽj'tadu, -a] *adj* accidentado, -a; **uma viagem acidentada** un viaje accidentado

acidental <-ais> [asidẽj'taw, -ajs] *adj* accidental; **encontro ~** encuentro accidental; **morte ~** muerte accidental

acidentar-se [asidẽj'tarsi] *vr* tener un accidente

acidente [asi'dẽtʃi] *m* accidente *m*; **~ aéreo** accidente aéreo; **~ geográfico** accidente geográfico; **~ de trânsito** accidente de tráfico; **sofrer um ~** sufrir un accidente; **por ~** por accidente

acidez [asi'des] *f sem pl* acidez *f*

acidificar [asidʒifi'kar] <c→qu> *vt* acidificar

ácido ['asidu] *m* ácido *m*; **~ acético** ácido acético; **~ carbônico** ácido carbónico; **~ clorídrico** ácido clorhídrico; **~ sulfúrico** ácido sulfúrico

ácido, -a ['asidu, -a] *adj* ácido, -a

acima [a'sima] *adv* arriba; **~ de** por encima de; **mais ~** más arriba; **morro ~** colina arriba; **os nomes ~** los nombres arriba mencionados; **pelas escadas ~** escaleras arriba; **estar ~ de qualquer suspeita** estar libre de cualquier sospecha; **ganha ~ de 5 salários-mínimos** gana más de 5 salarios mínimos; **cultura ~ da média** cultura por encima de la media

acinte [a'sĩtʃi] *m* provocación *f*

acintoso, -a [asĩ'jtozu, -ɔza] *adj* provocador(a)

acinzentado, -a [asĩzẽj'tadu, -a] *adj* grisáceo, -a

acionador(a) [asjona'dor(a)] <-es> *adj* que acciona

acionamento [asjona'mẽjtu] *m* TÉC accionamiento *m*

acionar [asjo'nar] *vt* **1.** (*máquina, motor*) encender **2.** JUR procesar

acionário, -a [asjo'nariw, -a] *adj* (*mercado*) accionarial

acionista [asjo'nista] *mf* accionista *mf*

acirrado, -a [asi'xadu, -a] *adj* encarnizado, -a

acirrar [asi'xar] *vt* **1.** (*provocar*) exacerbar; **~ os ânimos** exacerbar los ánimos **2.** (*estimular*) estimular

aclamação <-ões> [aklãma'sãw, - õjs] *f* aclamación *f*; **eleito por ~** elegido por aclamación

aclamar [aklã'mar] *vt* aclamar

aclarar [akla'rar] *vt* (*esclarecer*) aclarar

aclimatação <-ões> [aklimata'sãw, -õjs] *f* aclimatación *f*

aclimatar [aklima'tar] **I.** *vt* aclimatar **II.** *vr:* ~**-se** aclimatarse; ~**-se ao ambiente** aclimatarse al ambiente

aclive [a'klivi] **I.** *adj* en cuesta **II.** *m* cuesta *f*; **em ~** en cuesta

acne ['akni] *f* MED acné *m*

aço ['asu] *m* acero *m*; **~ inoxidável** acero inoxidable

acobertar [akober'tar] **I.** *vt* (*tapar*) cubrir; **~ crimes** encubrir crímenes **II.** *vr:* ~**-se** ocultarse; ~**-se sob a. c.** ocultarse bajo algo

acochambrar [akoʃãŋ'brar] *vt* encubrir

acocorar [akoko'rar] **I.** *vt* poner en cuclillas **II.** *vr:* ~**-se** ponerse en cuclillas

acode [a'kɔdʒi] *3. pres de* **acudir**

ações [a'sõjs] *f pl de* **ação**
açoitar [asoj'tar] *vt* azotar
açoite [a'sojtʃi] *m* azote *m*
acolá [ako'la] *adv* allá; **aqui e ~** aquí y allá; **para aqui, para ~** hacia aquí y hacia allá
acolchoado [akowʃu'adu] *m* colcha *f*
acolchoado, -a [akowʃu'adu, -a] *adj* acolchado, -a
acolchoar [akowʃu'ar] <*I. pess pres:* acolchoo> *vt* acolchar
acolhedor(a) [akoʎe'dor(a)] <-es> *adj* acogedor(a)
acolher [ako'ʎer] *vt* acoger
acolhida [ako'ʎida] *f*, **acolhimento** [akoʎi'mẽtu] *m* 1. (*de visita, ideia*) acogida *f* 2. (*refúgio*) abrigo *m*
acólito [a'kɔʎitu] *m* REL acólito *m*
acometer [akome'ter] *vt* 1. (*atacar*) acometer 2. (*doença*) atacar; **a doença acometeu o fígado** la enfermedad le atacó el hígado; **ele foi acometido de** [*ou* **por**] **uma vertigem** le acometió un vértigo
acomodação <-ões> [akomoda'sãw, -õjs] *f* 1. (*alojamento*) alojamiento *f* 2. (*adaptação*) adaptación *f* 3. (*conformismo*) conformismo *f*
acomodado, -a [akomo'dadu, -a] *adj* (*alojado*) acomodado, -a; (*conformado*) conformista; (*adaptado*) adaptado, -a
acomodar [akomo'dar] I. *vt* 1. (*alojar, adaptar*) acomodar; **~ os pés aos sapatos** poner los pies en los zapatos 2. (*arrumar*) ordenar II. *vr:* **~-se** acomodarse; **~-se num canto** acomodarse en una esquina; **~-se à situação** acomodarse a la situación
acompanhamento [akõwpãɲa'mẽtu] *m* 1. (*de pessoa, musical*) acompañamiento *m;* (*séquito*) cortejo *m;* **~ fúnebre** cortejo fúnebre 2. MED seguimiento *m;* **~ médico** seguimiento médico
acompanhante [akõwpã'ɲãtʃi] *mf* acompañante *mf*
acompanhar [akõwpã'ɲar] *vt* 1. (*pessoa*) acompañar; **~ alguém à casa** acompañar a alguien a casa; **~ alguém ao piano** acompañar a alguien al piano; **o CD acompanha o dicionário** el CD acompaña al diccionario 2. (*um acontecimento, as aulas*) seguir
aconchegado, -a [akõwʃe'gadu, -a] *adj* acurrucado, -a; **~ na poltrona** acurrucado en el sillón
aconchegante [akõwʃe'gãtʃi] *adj* acogedor(a)
aconchegar [akõwʃe'gar] <g→gu> I. *vt* acurrucar; **~ a criança ao colo** acurrucar al niño en los brazos II. *vr:* **~-se** acurrucarse; **~-se na manta** acurrucarse en la manta
aconchego [akõw'ʃegu] *m* abrigo *m*
acondicionamento [akõwdʒisjona'mẽtu] *m* acondicionamiento *m*
acondicionar [akõwdʒisjo'nar] I. *vt* 1. (*embalar*) embalar 2. (*adaptar*) acondicionar II. *vr:* **~-se** acondicionarse; **~-se à temperatura** acondicionarse a la temperatura
aconselhamento [akõwseʎa'mẽtu] *m* orientación *f*
aconselhar [akõwse'ʎar] I. *vt* aconsejar; **~ alguém** aconsejar a alguien; **~ a. c. a alguém** aconsejar algo a alguien II. *vr:* **~-se** aconsejarse; **~-se com alguém** aconsejarse de [*o* con] alguien
aconselhável <-eis> [akõwse'ʎavew, -ejs] *adj* aconsejable
acontecer [akõwte'ser] <c→ç> *vi* 1. (*suceder*) ocurrir, suceder, pasar; **acontece que** ocurre que; **aconteça o que ~** [*ou* **aconteça**] pase lo que pase; **caso isso aconteça** si ocurriera eso; **fique tranquilo, nada vai ~ a você** tranquilízate, no te va a pasar nada 2. *inf* (*fazer sucesso*) arrasar; **a modelo aconteceu no seu desfile pela passarela** la modelo arrasó en su desfile por la pasarela
acontecimento [akõwtesi'mẽtu] *m* acontecimiento *m*
aconteço [akõw'tesu] *I. pres de* **acontecer**
acoplamento [akopla'mẽtu] *m* acoplamiento *m*
acoplar [ako'plar] *vt* acoplar
acordado, -a [akor'dadu, -a] *adj* 1. (*desperto*) despierto, -a; **sonhar ~** soñar despierto 2. (*combinado*) acordado, -a
acórdão [a'kordãw] *m* JUR sentencia final emitida por un tribunal superior
acordar [akor'dar] I. *vt* 1. (*despertar*) despertar 2. (*combinar*) acordar 3. (*pôr em harmonia*) armonizar; (*adversários*) conciliar II. *vi* 1. (*despertar*) despertarse; **~ para uma vida nova** comenzar una vida nueva 2. (*concordar*) concordar

acorde [a'kɔrdʒi] *m* MÚS acorde *m*
acordeão <-ões> [akorde'ãw, -õjs] *m* acordeón *m*
acordo [a'kordu] *m* acuerdo *m;* ~ **amigável** acuerdo amigable; ~ **de cavalheiros** pacto *m* de caballeros; ~ **pré-nupcial** acuerdo prematrimonial; **de ~ com** de acuerdo con; **de comum ~** de común acuerdo; **assinar um ~** firmar un acuerdo; **chegar a um ~** llegar a un acuerdo; **estar de ~ com alguém** estar de acuerdo con alguien; **de ~!** ¡de acuerdo!
Açores [a'sɔris] *mpl* os ~ las Azores
açoriano, -a [asori'ɜnu, -a] I. *adj* de las Azores II. *m, f* habitante *mf* de las Azores
acorrentar [akoxẽj'tar] *vt* encadenar
acorrer [ako'x'er] *vi* acudir corriendo; ~ **(a) alguém** acudir corriendo a alguien
acossar [ako'sar] *vt* acosar
acostamento [akosta'mẽjtu] *m* arcén *m*, berma *f Chile*, acotamiento *m Méx*, banquina *f RíoPl*
acostumado, -a [akustu'madu, -a] *adj* acostumbrado, -a; ~ **a trabalhar** acostumbrado a trabajar
acostumar [akustu'mar] I. *vt* acostumbrar; ~ **alguém a a. c.** acostumbrar a alguien a algo II. *vr:* ~-**se** acostumbrarse; ~-**se ao trabalho** acostumbrarse al trabajo; ~-**se com o frio** acostumbrarse al frío
acotovelamento [akotovela'mẽjtu] *m (na multidão)* codazo *m*
acotovelar [akotove'lar] I. *vt* dar codazos a II. *vr:* ~-**se** *(na multidão)* darse codazos
açougue [a'sowgi] *m* carnicería *f*
açougueiro, -a [asow'gejru, -a] *m, f* carnicero, -a *m, f*
acovardado [akovar'dadu] *adv* acobardado, -a
acovardar [akovar'dar] I. *vt* acobardar II. *vr:* ~-**se** acobardarse
acre ['akri] I. *adj* acre II. *m* AGR acre *m*
Acre ['akri] *m* Acre *m*
acreditar [akredʒi'tar] I. *vt* creer; ~ **em alguém** creer en alguien II. *vr:* ~-**se** creerse
acrescentar [akresẽj'tar] *vt* añadir
acrescer [akre'ser] <c→ç> I. *vt* añadir II. *vi* sumarse
acréscimo [a'krɛsimu] *m* añadido *m*
acrílico [a'kriʎiku] *m* acrílico *m*
acrílico, -a [a'kriʎiku, -a] *adj* acrílico, -a

acrimônia [akri'monia] *f* acrimonia *f*
acrobacia [akroba'sia] *f* acrobacia *f*
acrobata [akro'bata] *mf* acróbata *mf;* ~ **aéreo** acróbata aéreo
acrobático, -a [akro'batʃiku, -a] *adj* acrobático, -a
acromático, -a [akro'matʃiku, -a] *adj* acromático, -a
acuado, -a [aku'adu, -a] *adj* arrinconado, -a
acuar [aku'ar] *vt* arrinconar
açúcar [a'sukar] *m* azúcar *m o f;* ~ **cristal** azúcar blanquilla; ~ **em cubos** azúcar en terrones; ~ **mascavo** azúcar moreno; ~ **refinado** azúcar refinado; **sem ~** sin azúcar
açucarar [asuka'rar] *vt* azucarar
açucareiro [asuka'rejru] *m* azucarero *m*
açucareiro, -a [asuka'rejru, -a] *adj* azucarero, -a; **indústria açucareira** industria azucarera
açucena [asu'sena] *f* BOT azucena *f*
açude [a'sudʒi] *m* presa *f*
acudir [aku'dʒir] *irr como subir vi* 1. *(em socorro)* ayudar; **acudam!** ¡ayuda! 2. *(comparecer)* acudir; ~ **à convocação** acudir a la convocatoria
acuidade [akuj'dadʒi] *f* agudeza *f*
aculturação [akuwtura'sãw] *f* aculturación *f*
acumulação <-ões> [akumula'sãw, -õjs] *f* acumulación *f*
acumulado, -a [akumu'ladu, -a] *adj* acumulado, -a
acumular [akumu'lar] I. *vt* acumular II. *vr:* ~-**se** acumularse
acúmulo [a'kumulu] *m* acumulación *f*
acupuntor(a) [akupũw'tor(a)] *m(f)* acupuntor(a) *m(f)*
acupuntura [akupũw'tura] *f* acupuntura *f*
acurácia [aku'rasia] *f* precisión *f*
acurado, -a [aku'radu, -a] *adj (exame)* preciso, -a
acusação <-ões> [akuza'sãw, -õjs] *f* acusación *f;* **fazer uma ~ contra alguém** hacer una acusación contra alguien
acusado, -a [aku'zadu, -a] *m, f* JUR acusado, -a *m, f*
acusar [aku'zar] *vt* 1. JUR, ECON acusar; ~ **alguém de a. c.** acusar a alguien de algo; ~ **o recebimento** acusar el recibo 2. *(revelar)* revelar; **o computador acusou uma falha no sistema** el

acusativo [akuza'tʃivu] *m* LING acusativo *m*

acústica [a'kustʃika] *f* acústica *f*

acústico, -a [a'kustʃiku, -a] *adj* acústico, -a

adaga [a'daga] *f* daga *f*

adágio [a'daʒiw] *m* adagio *m*

adaptação <-ões> [adapta'sɜ̃w, -õjs] *f* adaptación *f*; ~ **ao meio** adaptación al medio

adaptador [adapta'dor] *m* ELETR adaptador *m*

adaptar [adap'tar] I. *vt* adaptar; ~ **a moldura ao quadro** adaptar el marco al cuadro II. *vr*: ~-**se** adaptarse; ~-**se às suas possibilidades** adaptarse a sus posibilidades

adaptável <-eis> [adap'tavew, , -ejs] *adj* adaptable

adega [a'dɛga] *f* bodega *f*

adelgaçar [adewga'sar] <ç→c> *vt* 1. (*tornar delgado*) adelgazar 2. (*diminuir*) disminuir 3. (*rarefazer*) dispersar

ademais [ade'majs] *adv* además

adendo [a'dẽdu] *f* a(d)denda *f*

adenite [ade'nitʃi] *f* MED adenitis *f*

adentrar [adẽj'trar] *vt* hacer entrar

adentro [a'dẽjtru] *adv* adentro; **terra** ~ tierra adentro

adepto, -a [a'dɛptu, -a] *m*, *f* 1. POL adepto, -a *m*, *f* 2. ESPORT aficionado, -a *m*, *f*

adequação <-ões> [adekwa'sɜ̃w, -õjs] *f* adecuación *f*

adequadamente [adekwada'mẽjtʃi] *adv* adecuadamente

adequado, -a [ade'kwadu, -a] *adj* adecuado, -a; ~ **às necessidades** adecuado a las necesidades

adequar [ade'kwar] I. *vt* adecuar; ~ **a roupa à ocasião** adecuar la ropa a la ocasión II. *vr*: ~-**se** adecuarse; ~-**se aos novos tempos** adecuarse a los nuevos tiempos

adereço [ade'resu] *m* 1. (*adorno*) adorno *m* 2. *pl* TEAT atre(z)zo *m*

aderência [ade'rẽjsia] *f* 1. TÉC (*de objeto, automóvel*) adherencia *f* 2. (*à ideia*) adhesión *f*; ~ **aos costumes** adhesión a las costumbres

aderente [ade'rẽjtʃi] I. *adj* adherente II. *mf* seguidor(a) *m(f)*

aderir [ade'rir] *irr como preferir vi* adherirse; ~ **a um partido** adherirse a un partido; **a roupa molhada aderia ao corpo** la ropa mojada se adhería al cuerpo

adernar [ader'nar] *vi* NÁUT inclinarse

adesão <-ões> [ade'zɜ̃w, -õjs] *f* adhesión *f*; ~ **à greve** adhesión a la huelga; ~ **do Brasil ao Mercosul** adhesión de Brasil al Mercosur

adesivo [ade'zivu] *m* adhesivo *m*

adesivo, -a [ade'zivu, -a] *adj* adhesivo, -a; **fita adesiva** cinta adhesiva

adesões [ade'zõjs] *f pl de* **adesão**

adestramento [adestra'mẽjtu] *m* adiestramiento *m*

adestrar [ades'trar] *vt* adiestrar

adeus [a'dews] I. *m* adiós *m*; **dizer ~ a alguém** decir adiós a alguien II. *interj* adiós

adiamento [adʒja'mẽjtu] *m* 1. (*de reunião*) aplazamiento *m* 2. (*de prazo*) prolongación *f*

adiantadamente [adʒjɜ̃tada'mẽjtʃi] *adv* por adelantado

adiantado, -a [adʒjɜ̃'tadu, -a] *adj* adelantado, -a; **estar ~** (*pessoa, aluno*) estar adelantado; (*país*) estar desarrollado; (*relógio*) ir adelantado; **dar um sinal ~** dejar una señal por adelantado

adiantado [adʒjɜ̃'tadu] I. *m* **o ~ da hora** el adelantamiento de la hora II. *adv* por adelantado; **pagar ~** pagar por adelantado

adiantamento [adʒjɜ̃ta'mẽjtu] *m* adelanto *m*

adiantar [adʒjɜ̃'tar] I. *vt* adelantar; ~ **trabalho** adelantar trabajo II. *vi* servir; **não adianta nada** no sirve de nada III. *vr*: ~-**se** adelantarse; ~-**se aos colegas** adelantarse a los colegas

adiante [adʒi'ɜ̃tʃi] I. *adv* 1. (*direção*) adelante; **mais ~** más adelante; **ir ~ com a. c.**, **levar a. c. ~** llevar algo adelante 2. (*em primeiro lugar*) delante II. *interj* adelante; ~ **com a fila!** ¡vayan avanzando!

adiar [adʒi'ar] *vt* aplazar; ~ **o pagamento** aplazar el pago; **adiou a prova para quarta-feira** aplazó la prueba hasta el jueves

adiável <-eis> [adʒi'avew, -ejs] *adj* aplazable

adição <-ões> [ad'sɜ̃w, -õjs] *f* MAT adición *f*

adicional <-ais> [adsjo'naw, -'ajs] I. *adj* adicional II. *m* impuesto *m* adicional; (*dinheiro*) plus *m*

adicionar [adsjo'nar] *vt* 1. MAT adicionar 2. (*acrescentar, anexar*) añadir

adições [ad'sõjs] *f pl de* **adição**
adicto, -a [a'dʒiktu, -a] I. *m, f* viciado, -a *m, f* II. *adj* 1. (*pessoa*) adicto, -a *m, f*; ~ **em cigarro** adicto al tabaco; ~ **no jogo** ludópata *mf*; **estar** ~ **em a. c.** ser adicto a algo 2. (*ar*) viciado, -a
adido [a'dʒidu] *m* agregado *m*; ~ **cultural/militar** agregado cultural/militar
adiposo, -a [adʒi'pozu, -'ɔza] *adj* adiposo, -a
adira [a'dʒira] *1., 3.pres subj de* **aderir**
adiro [a'dʒiru] *1. pres de* **aderir**
aditamento [adʒita'mẽjtu] *m* adición *f*; JUR suplemento *m*
aditivado, -a [adʒitʃi'vadu, -a] *adj* (*gasolina*) con aditivos
aditivo [adʒi'tʃivu] *m* QUÍM aditivo *m*
aditivo, -a [adʒi'tʃivu, -a] *adj* adicional; **sinal** ~ MAT señal *f* de más
adivinhação <-ões> [adʒivĩɲa'sãw, -õjs] *f* adivinación *f*
adivinhar [adʒivĩ'ɲar] *vt* adivinar; ~ **o futuro** adivinar el futuro; **já estava adivinhando** ya lo estaba adivinando; **adivinhou!** ¡lo adivinaste!
adivinho, -a [adʒi'vĩɲu, -a] *m, f* adivino, -a *m, f*
adjacência [adʒa'sẽjsia] *f* proximidad *f*
adjacências [adʒa'sẽjsias] *fpl* inmediaciones *fpl*
adjacente [adʒa'sẽjtʃi] *adj* adyacente
adjetivar [adʒetʃi'var] *vt* adjetivar
adjetivo [adʒe'tʃivu] *m* adjetivo *m*
adjudicação <-ões> [adʒudʒika'sãw, -õjs] *f* JUR adjudicación *f*
adjudicar [adʒudʒi'kar] <c→qu> *vt* 1. JUR adjudicar; ~ **um contrato** adjudicar un contrato 2. (*vincular*) vincular; ~ **o fornecimento ao pagamento** vincular la entrega al pago
adjudicatário, -a [adʒudʒika'tariw, -a] *m, f* adjudicatario, -a *m, f*
adjunto, -a [a'dʒũwtu, -a] I. *adj* adjunto, -a; **professor** ~ profesor adjunto II. *m, f* (*assistente*) adjunto, -a *m, f*
administração <-ões> [adʒiminis-tra'sãw, -õjs] *f* administración *f*; ~ **pública** administración pública; ~ **municipal/estadual/federal** administración municipal/estatal/federal
administrador(a) [adʒiministra'dor(a)] <-es> *m(f)* administrador(a) *m(f)*
administrar [adʒiminis'trar] *vt* administrar
administrativo, -a [adʒiministra'tʃivu, -a] *adj* administrativo, -a

admiração <-ões> [adʒimira'sãw, -õjs] *f* admiración *f*; ~ **por seu pai** admiración por su padre
admirado, -a [adʒimi'radu, -a] *adj* admirado, -a; **ficou** ~ **com o que viu** se quedó admirado de lo que vio
admirador(a) [adʒimira'dor(a)] <-es> *m(f)* admirador(a) *m(f)*; ~ **secreto** admirador secreto
admirar [adʒimi'rar] I. *vt* (*adorar*) admirar; (*surpreender*) sorprender; **muito me admira** me sorprende mucho II. *vi* **não admira!** ¡no me sorprende! III. *vr:* ~**-se** admirarse; **admira-se com** [*ou* **de**] **a coragem dele** se admira de su valor
admirável <-eis> [adʒimi'ravew, -ejs] *adj* admirable
admissão <-ões> [adʒimi'sãw, -õjs] *f* admisión *f*; ~ **de ar** TÉC admisión de aire; ~ **na Academia de Letras** admisión en la Academia de Letras; **exame de** ~ examen de ingreso
admissível <-eis> [adʒimi'sivew, -ejs] *adj* admisible
admissões [adʒimi'sõjs] *f pl de* **admissão**
admitir [adʒimi'tʃir] *vt* 1. (*geral*) admitir 2. (*contratar*) contratar; ~ **um aprendiz** contratar a un aprendiz
admoestação <-ões> [adʒimoesta'sãw, -õjs] *f* amonestación *f*
admoestar [adʒimoes'tar] *vt* amonestar
adoçante [ado'sãtʃi] *m* edulcorante *m*
adoção <-ões> [ado'sãw, -õjs] *f* adopción *f*
adoçar [ado'sar] <ç→c> *vt* endulzar
adocicado, -a [adosi'kadu, -a] *adj* dulzón, -ona
adocicar [adosi'kar] <c→qu> *vt* endulzar
adoções [ado'sõjs] *f pl de* **adoção**
adoecer [adoe'ser] <c→ç> *vi* enfermar
adoentado, -a [adoẽj'tadu, -a] *adj* enfermo, -a
adoidado, -a [adoj'dadu, -a] *adj* enloquecido, -a
adoidado [adoj'dadu] *adv inf* (*em demasia*) una pasada; **beber/chover** ~ beber/llover una pasada
adolescência [adole'sẽjsia] *f* adolescencia *f*
adolescente [adole'sẽjtʃi] *adj, mf* adolescente *mf*
adoração <-ões> [adora'sãw, -õjs] *f* REL adoración *f*

adorar [ado'rar] I. *vt* 1.(*geral*) adorar; ~ um ídolo adorar un ídolo; **adorava a filha caçula** adoraba a su hija pequeña 2. *inf* (*gostar*) **adoro pizza!** ¡me encanta la pizza!; **gostou do filme? – adorei!** ¿te gustó la película? – ¡me encantó! II. *vr*: ~-**se** adorarse; **os dois irmãos se adoravam** los dos hermanos se adoran

adorável <-eis> [ado'ravew, -ejs] *adj* adorable

adormecer [adorme'ser] <c→ç> I. *vt* adormecer II. *vi* 1.(*cair no sono*) adormecerse 2.(*dedos, pés*) dormirse

adormecido, -a [adorme'sidu, -a] *adj* adormecido, -a

adornar [ador'nar] *vt* adornar

adorno [a'dornu] *m* adorno *m*

adotar [ado'tar] *vt* 1.(*crianças, método, ideia, medida*) adoptar 2.(*um conselho*) seguir

adotivo, -a [ado'tʃivu, -a] *adj* adoptivo, -a; **filhos/pais** ~**s** hijos/padres adoptivos

adquirir [adʒiki'rir] *vt* adquirir; ~ **a. c. em leilão** adquirir algo en subasta

adrenalina [adrena'ʎina] *f* adrenalina *f*

adriático, -a [adri'atʃiku, -a] *adj* adriático, -a; **Mar Adriático** Mar Adriático

adro ['adru] *m* atrio *m*

adstringente [adstrĩ'ʒẽjtʃi] *adj* astringente

aduana [adu'ɐna] *f* aduana *f*

aduaneiro, -a [aduɐ̃'nejru, -a] *adj, m, f* aduanero, -a *m, f*

adubar [adu'bar] *vt* abonar

adubo [a'dubu] *m* abono *m*; ~ **químico** abono químico

aduela [adu'ɛla] *f* cincho *m*

adulação <-ões> [adula'sɐ̃w, -õjs] *f* adulación *f*

adular [adu'lar] *vt* adular

adulteração <-ões> [aduwtera'sɐ̃w, -õjs] *f* adulteración *f*

adulterado, -a [aduwte'radu, -a] *adj* (*combustível*) adulterado, -a; (*documento*) manipulado, -a

adulterar [aduwte'rar] I. *vt* adulterar; ~ **a verdade** adulterar la verdad II. *vr*: ~-**se** corromperse

adultério [aduw'tɛriw] *m* adulterio *m*; **cometer** ~ cometer adulterio

adúltero, -a [a'duwteru, -a] *adj, m, f* adúltero, -a *m, f*

adulto, -a [a'duwtu, -a] *adj, m, f* adulto, -a *m, f*

adunco, -a [a'dũwku, -a] *adj* (*nariz*) aguileño, -a

adutor(a) [adu'tor(a)] *adj* aductor(a); **músculo** ~ ANAT músculo aductor

adutora [adu'tora] *f* tubería *f*

adventício [adʒivẽj'tʃisiw] *m* forastero, -a *m, f*

adventício, -a [adʒivẽj'tʃisiw, -a] *adj* 1.(*estrangeiro*) forastero, -a 2.(*casual*) fortuito, -a

adventista [adʒivẽj'tʃista] *mf* REL adventista *mf*

advento [adʒi'vẽtu] *m* adviento *m*

adverbial <-ais> [adʒiverbi'aw, -'ajs] *adj* adverbial

advérbio [adʒi'vɛrbiw] *m* adverbio *m*

adversário, -a [adʒiver'sariw, -a] *adj, m, f* adversario, -a *m, f*

adversativo, -a [adʒiversa'tʃivu, -a] *adj* opuesto, -a; LING adversativo, -a

adversidade [adʒiversi'dadʒi] *f* adversidad *f*

adverso, -a [adʒi'vɛrsu, -a] *adj* adverso, -a; ~ **a a. c.** adverso a algo; **condições adversas** condiciones adversas

advertência [adʒiver'tẽjsia] *f* advertencia *f*

advertido, -a [adʒiver'tʃidu, -a] *adj* advertido, -a

advertir [adʒiver'tʃir] *irr como vestir* *vt* advertir; ~ **alguém de um perigo** advertir a alguien de un peligro; ~ **alguém sobre falhas** advertir a alguien sobre fallos; ~ **sobre os atrasos** advertir sobre los atrasos

advir [adʒi'vir] *irr como vir* *vi* 1.(*suceder*) ocurrir 2.(*como consequência*) resultar; **seu prejuízo advém da desordem** sus pérdidas resultan del desorden

advocacia [adʒivoka'sia] *f* JUR abogacía *f*; **exercer** [*ou* **praticar**] ~ ejercer la abogacía

advogado, -a [adʒivo'gadu, -a] *m, f* JUR abogado, -a *m, f*; ~ **de acusação** abogado de la acusación; ~ **de defesa** abogado defensor; ~ **do diabo** abogado del diablo

advogar [adʒivo'gar] <g→gu> *vt* abogar por

aedes [a'ɛds] *m inv* tipo de mosquito abundante en las regiones tropicales

aéreo, -a [a'ɛriw, -a] *adj* 1.(*do ar*) aéreo, -a; **tráfego** ~ tráfico aéreo; **vista aérea** vista aérea 2.(*pessoa*) distraído, -a

aeróbica [ae'rɔbika] *f* aerobic *m*
aeróbico, -a [ae'rɔbiku, -a] *adj* aeróbico, -a
aerodinâmica [aɛrodʒi'nɜ̃mika] *f* aerodinámica *f*
aerodinâmico, -a [aɛrodʒi'nɜ̃miku, -a] *adj* aerodinámico, -a
aeródromo [ae'rɔdromu] *m* aeródromo *m*
aeroespacial, -ais [aɛrujspasi'aw, -'ajs] *adj* aeroespacial
aerofólio [aɛro'fɔʎiw] *m* alerón *m*
aerograma [aɛro'grɜ̃ma] *m* aerograma *m*
aerômetro [ae'rometru] *m* FÍS aerómetro *m*
aeromoça [aɛro'mosa] *f* azafata *f*, aeromoza *f AmL*
aeromodelismo [aɛromode'ʎizmu] *m sem pl* aeromodelismo *m*
aeromotor [aɛromo'tor] <-es> *m* propulsor *m*
aeronauta [aɛro'nawta] *mf* aeronauta *mf*
aeronáutica [aɛro'nawtʃika] *f* aeronáutica *f*
aeronáutico, -a [aɛro'nawtʃiku, -a] *adj* aeronáutico, -a
aeronave [aɛro'navi] *f* aeronave *f*
aeroplano [aɛro'plɜ̃nu] *m* aeroplano *m*
aeroporto [aɛro'portu] *m* aeropuerto *m*
aerossol <-óis> [aɛro'sɔw, -'ɔjs] *m* aerosol *m*
aerostática [aɛros'tatʃika] *f* FÍS aerostática *f*
aeróstato [ae'rɔstatu] *m* aeróstato *m*
aerotecnia [aɛrotek'nia] *f* aerotecnia *f*
aerovia [aɛro'via] *f* aerovía *f*
aeroviário [aɛrovi'ariw] *m* trabajador(a) *m(f)* de línea aérea
aeroviário, -a [aɛrovi'ariw, -a] *adj* aéreo, -a
afã [a'fɜ̃] *m* afán *m*
afabilidade [afabiʎi'dadʒi] *f* afabilidad *f*
afagar [afa'gar] <g→gu> *vt* **1.** (*acariciar*) acariciar **2.** (*lisonjear*) elogiar
afago [a'fagu] *m* caricia *f*
afamado, -a [afɜ̃'madu, -a] *adj* afamado, -a
afamar [afɜ̃'mar] **I.** *vt* dar fama a **II.** *vr:* ~-**se** hacerse famoso, -a
afanado, -a [afɜ̃'nadu, -a] *adj inf* (*furtado*) afanado, -a
afanar [afɜ̃'nar] **I.** *vt inf* (*furtar*) afanar **II.** *vr:* ~-**se 1.** (*trabalhar*) afanarse; **afanou-se para concluir o curso** se afanó por acabar el curso **2.** (*cansar-se*) agotarse
afasia [afa'zia] *f* MED afasia *f*
afastado, -a [afas'tadu, -a] *adj* alejado, -a; **parentes ~s** parientes lejanos; **estar ~ do trabalho** estar alejado del trabajo; **manter-se ~** mantenerse alejado; **ele mora ~ da cidade** vive alejado de la ciudad
afastamento [afasta'mẽjtu] *m* **1.** (*de um partido*) separación *f* **2.** (*distância*) alejamiento *m*
afastar [afas'tar] **I.** *vt* separar; ~ **alguém do trabalho** separar a alguien del trabajo; **afaste a cadeira da mesa** separe la silla de la mesa **II.** *vr:* ~-**se 1.** alejarse; ~-**se dos amigos** alejarse de los amigos; ~-**se do bom caminho** alejarse del buen camino **2.** (*retirar-se*) apartarse; ~-**se das responsabilidades** apartarse de las responsabilidades; **afaste-se, por favor!** ¡apártese, por favor!
afável <-eis> [a'favew, -ejs] *adj* afable
afavelado, -a [afave'ladu, -a] *adj* convertido, -a en favela
afazeres [afa'zeris] *mpl* **1.** (*ocupação*) ocupación *f* **2.** (*obrigações*) quehaceres *mpl*; ~ **domésticos** quehaceres domésticos
afebril [afe'briw] *adj* sin fiebre
afecção <-ões> [afek'sɜ̃w, -õjs] *f* MED afección *f*
Afeganistão [afegɜ̃nis'tɜ̃w] *m* Afganistán *m*
afeição <-ões> [afej'sɜ̃w, -õjs] *f* **1.** (*afeto*) afecto *m*; **ter ~ por animais de estimação** tener afecto a los animales domésticos; **ele tem ~ pela sua mãe** le tiene afecto a su madre **2.** (*inclinação*) inclinación *f*; **ter ~ pelas artes** tener inclinación por las artes
afeiçoado, -a [afejso'adu, -a] *adj* encariñado, -a; ~ **a alguém** encariñado con alguien
afeiçoar [afejso'ar] <*1. pess pres:* afeiçoo> **I.** *vt* (*tomar gosto*) hacer sentir afecto por; **o professor afeiçoou os alunos à pesquisa** el profesor hizo que los alumnos se interesaran por la investigación **II.** *vr:* ~-**se** encariñarse; ~-**se às crianças** encariñarse con los niños
afeições [afej'sõjs] *f pl de* **afeição**
afeito, -a [a'fejtu, -a] *adj* acostumbrado,

aferição <-ões> [aferi'sɜ̃w, -õjs] *f* comparación *f*

aferido, -a [afe'ridu, -a] *adj* comparado, -a

aferidor [aferi'dor] <-es> *m* 1.(*instrumento*) medidor *m* 2.(*critério*) criterio *m*

aferir [afe'rir] *irr como* preferir *vt* 1.(*pesos, medidas*) comparar 2.(*medir*) juzgar

aferrado, -a [afe'xadu, -a] *adj* aferrado, -a; ~ **às ideias do passado** aferrado a las ideas del pasado

aferrar [afe'xar] I. *vt* aferrar II. *vr:* ~-**se** aferrarse; **o garoto aferrou-se ao pai para não cair** el niño se aferró al padre para no caerse

aferro [a'fexu] *m* insistencia *f*

aferroar [afexo'ar] < 1. *pess pres:* aferroo> *vt* picar

aferrolhar [afexo'ʎar] *vt* 1.(*porta*) cerrar con llave 2.(*criminosos*) encerrar 3.(*dinheiro*) ahorrar

afetação <-ões> [afeta'sɜ̃w, -õjs] *f* afectación *f*

afetado, -a [afe'tadu, -a] *adj* afectado, -a

afetar [afe'tar] *vt* afectar

afetivo, -a [afe'tʃivu, -a] *adj* afectivo, -a

afeto [a'fɛtu] *m* afecto *m*

afetuoso, -a [afetu'ozu, -'ɔza] *adj* afectuoso, -a

afiado, -a [afi'adu, -a] *adj* 1.(*faca, lâmina, lápis, língua*) afilado, -a 2.(*bem preparado*) preparado, -a

afiançar [afiɜ̃n'sar] <ç→c> *vt* 1.(*ficar por fiador*) avalar 2.(*garantir*) garantizar

afiançável <-eis> [afiɜ̃n'savew, -ejs] *adj* que puede ser objeto de fianza

afiar [afi'ar] *vt* afilar, tajar *AmL*

aficionado, -a [afisjo'nadu, -a] *adj, m, f* aficionado, -a *m, f*

afigurar-se [afigu'rarsi] *vr* parecer

afilhado, -a [afi'ʎadu, -a] *m, f* ahijado, -a *m, f*

afiliação <-ões> [afiʎia'sɜ̃w, -õjs] *f* afiliación *f*

afiliado, -a [afi'ʎiadu, -a] *m, f* afiliado, -a *m, f*

afiliar [afiʎi'ar] I. *vt* (*um membro*) afiliar II. *vr:* ~-**se** afiliarse; ~-**se a um partido político** afiliarse a un partido político

afim [a'fĩj] <-ins> I. *adj* afín; **ciências afins** ciencias afines II. *mf* similar *mf*; **afins** similares *mpl*; **eles vendem publicações e afins** venden publicaciones y similares

afinação <-ões> [afina'sɜ̃w, -õjs] *f* 1. TÉC ajuste *m* 2. MÚS afinación *f*

afinado, -a [afi'nadu, -a] *adj* afinado, -a

afinal [afi'naw] *adv* al final; ~ **de contas** a fin de cuentas; **o que você quer** ~? ¿qué es lo que realmente quieres?

afinar [afi'nar] I. *vt* 1. TÉC ajustar; ~ **as maneiras** pulir los modales; **o seu comportamento não afinava com o dos demais** su comportamiento no encajaba con el de los demás 2. MÚS afinar II. *vi inf* ESPORT acobardarse; **os jogadores** ~ **am diante do adversário** los jugadores se acobardaron frente al contrario

afinco [a'fĩjku] *m* ahínco *m*; **fazer a. c. com** ~ hacer algo con ahínco

afinidade [afini'dadʒi] *f* afinidad *f*; ~ **ideológica** afinidad ideológica; **suas** ~**s fizeram deles grandes amigos** sus afinidades los convirtieron en grandes amigos

afins [a'fĩjs] *m pl de* afim

afirmação <-ões> [afirma'sɜ̃w, -õjs] *f* 1.(*asseveração, confirmação*) afirmación *f* 2.(*de uma pessoa*) autoafirmación *f*

afirmar [afir'mar] I. *vt* afirmar II. *vr:* ~-**se** (*pessoa*) afirmarse

afirmativa [afirma'tʃiva] *f* afirmativa *f*

afirmativamente [afirmatʃiva'mejtʃi] *adv* afirmativamente; **responder** ~ responder afirmativamente

afirmativo, -a [afirma'tʃivu, -a] *adj* afirmativo, -a; **resposta afirmativa** respuesta afirmativa

afivelar [afive'lar] *vt* abrochar

afixação <-ões> [afiksa'sɜ̃w, -õjs] *f* fijación *f*; ~ **de preços** fijación de precios

afixar [afik'sar] *vt* (*cartaz*) fijar

aflição <-ões> [afli'sɜ̃w, -õjs] *f* 1.(*sofrimento, dor*) aflicción *f* 2.(*agitação*) nerviosismo *m*

afligir [afli'ʒir] <*pp:* aflito *ou* afligido; g→j> I. *vt* 1.(*preocupar, atormentar*) afligir; **a fome aflige as regiões secas** el hambre aflige las regiones secas 2.(*agitar*) poner nervioso a II. *vr:* ~-**se** afligirse; **afligiu-se com a crise** la crisis lo afligió

aflito, -a [a'flitu, -a] *adj* afligido, -a; ~ **com a doença do pai** afligido por la

aflorar enfermedad del padre; **estar ~ com as notícias** estar afligido por las noticias
aflorar [aflo'rar] I. *vt* 1.(*superfície*) nivelar 2.(*cabeleira*) acariciar 3.(*assunto*) abordar 4.(*sorriso*) esbozar II. *vi* salir a la superficie
afluência [aflu'ẽjsia] *f* afluencia *f*; **~ às urnas** afluencia a las urnas; **~ de palavras** afluencia de palabras
afluente [aflu'ẽjtʃi] I. *adj* (*sociedade*) opulento, -a II. *m* GEO afluente *m*
afluir [aflu'ir] *conj como incluir vi* afluir; **o Rio Negro aflui ao Amazonas** el río Negro afluye al Amazonas
afluxo [a'fluksu] *m* flujo *m*
afobação <-ões> [afoba'sãw, -õjs] *f* (*ansiedade*) angustia *f*
afobado, -a [afo'badu, -a] *adj* angustiado, -a; **ficar ~** angustiarse
afobar [afo'bar] I. *vt* (*pressa*) meter prisa a II. *vr:* **~-se** apurarse; **não se afobe!** ¡no te apures!
afogadilho [afoga'dʒiʎu] *m* precipitación *f*; **de ~** precipitadamente
afogado, -a [afo'gadu, -a] *adj* 1.(*pessoa*) ahogado, -a; **morrer ~** morir ahogado 2.(*de trabalho*) agobiado, -a
afogador [afoga'dor] <-es> *m* (*de motor*) estárter *m*
afogamento [afoga'mẽjtu] *m* ahogamiento *m;* **morrer por ~** morir ahogado
afogar [afo'gar] <g→gu> I. *vt* ahogar II. *vr:* **~-se** (*morrer*) ahogarse; (*embriagar-se*) emborracharse
afogueado, -a [afogi'adu, -a] *adj fig* (*pessoa*) ruborizado, -a
afoito, -a [a'fojtu, -a] *adj* (*apressado*) precipitado, -a; (*ousado*) valiente
afonia [afo'nia] *f sem pl* afonía *f*
afônico, -a [a'foniku, -a] *adj* afónico, -a; **ficar ~** quedarse afónico
afora [a'fɔra] I. *adv* 1.(*local*) fuera; **rua ~** en la calle; **por aí ~** por ahí fuera 2.(*temporal*) continuamente; **pela vida ~** durante toda la vida II. *conj* (*exceto*) excepto; **~ a música, nada lhe interessava** con la excepción de la música, nada le interesaba
aforamento [afora'mẽjtu] *m* JUR enfiteusis *f inv*
aforismo [afo'rizmu] *m* aforismo *m*
afortunado, -a [afortu'nadu, -a] *adj* afortunado, -a
afortunar [afortu'nar] I. *vt* dar fortuna a II. *vr:* **~-se** volverse afortunado

agência

afrescalhado, -a [afreska'ʎadu, -a] *adj inf* afeminado, -a
afresco [a'fresku] *m* fresco *m*
África ['afrika] *f* África *f*; **~ do Sul** Sudáfrica *f*
africano, -a [afri'kãnu, -a] *adj, m, f* africano, -a *m, f*
afro-brasileiro, -a ['afro-brazi'lejru, -a] *adj, m, f* afrobrasileño, -a *m, f*
afrodisíaco [afrod'ziaku] *m* afrodisiaco *m*
afrodisíaco, -a [afrod'ziaku, -a] *adj* afrodisiaco, -a
afronta [a'frõwta] *f* afrenta *f*
afrontado, -a [afrõw'tadu, -a] *adj* (*ultrajado*) ofendido, -a
afrontar [afrõw'tar] *vt* afrentar
afrouxamento [afrowʃa'mẽjtu] *f* 1.(*de cinto, corda, laços, parafusos*) aflojamiento *m* 2.(*de medidas*) relajación *f*
afrouxar [afrow'ʃar] I. *vt* (*cinto, regras, o passo*) aflojar; (*músculos, disciplina*) relajar II. *vi* (*ceder*) aflojarse; (*acovardar-se*) aflojar
afta ['afta] *f* afta *f*
afugentar [afuʒẽj'tar] *vt* ahuyentar
afundar [afũw'dar] I. *vt* hundir II. *vr:* **~-se** hundirse; **~-se em pensamentos** sumirse en pensamientos
afunilado, -a [afuni'ladu, -a] *adj* estrechado, -a
agachar [aga'ʃar] I. *vt* agachar II. *vr:* **~-se** agacharse
agarrado, -a [aga'xadu, -a] *adj* 1.(*pessoa a pessoa*) unido, -a; (*ao dinheiro*) agarrado, -a 2.(*roupa*) ceñido, -a
agarramento [agaxa'mẽjtu] *m inf* (*entre pessoas*) unión *f*; (*namoro*) magreo *m*
agarrar [aga'xar] I. *vt* agarrar; **~ uma oportunidade** aprovechar una oportunidad; **~ am os bandidos** cogieron a los delincuentes; **agarrou a filha e foi embora** cogió a la hija y se fue II. *vr:* **~-se** agarrarse; **~-se com unhas e dentes a a. c.** agarrarse con uñas y dientes a algo
agasalhado, -a [agaza'ʎadu, -a] *adj* abrigado, -a; **estar bem ~** ir bien abrigado
agasalhar [agaza'ʎar] I. *vt* (*com roupa*) abrigar II. *vr:* **~-se** abrigarse
agasalho [aga'zaʎu] *m* abrigo *m*
ágata ['agata] *f* ágata *f*
ágeis ['aʒejs] *adj pl de* **ágil**
agência [a'ʒẽjsia] *f* agencia *f*; **~ de**

agenciador 17 **agradeça**

informações agencia de información; ~ **de notícias** agencia de noticias; ~ **de publicidade** agencia de publicidad; ~ **de transportes** agencia de transportes; ~ **de turismo** agencia de turismo; ~ **de viagens** agencia de viajes

agenciador(a) [aʒẽjsja'dor(a)] <-es> m(f) representante mf, agente mf

agenciar [aʒẽjsi'ar] vt (intermediar) representar; (obter com esforço) conseguir

agenda [a'ʒẽjda] f agenda f; ~ **eletrônica** agenda electrónica

agendar [aʒẽj'dar] vt (um encontro) incluir en la agenda

agente¹ [a'ʒẽjtʃi] m agente m

agente² [a'ʒẽjtʃi] mf agente mf; ~ **comercial** agente comercial; ~ **de polícia** agente de policía; ~ **secreto** agente secreto; ~ **de seguros** agente de seguros; ~ **de viagens** agente de viajes

agigantar [aʒigãn'tar] I. vt (aumentar) agigantar; (exagerar) exagerar II. vr: ~-**se** agigantarse; ~-**se na defesa** volverse un gigante en la defensa

ágil <-eis> ['aʒiw, -'ejs] adj ágil

agilidade [aʒiʎi'dadʒi] f agilidad f

agilizar [aʒiʎi'zar] vt agilizar

ágio ['aʒiw] m ECON agio m

agiota [aʒi'ɔta] mf agiotista mf

agiotagem [aʒio'taʒẽj] <-ens> f agiotaje m

agiotar [aʒio'tar] vi ejercer el agiotaje

agir [a'ʒir] <g→j> vi actuar, obrar; **ele age no seu meio** está en su medio

agitação <-ões> [aʒita'sãw, -õjs] f agitación f

agitado, -a [aʒi'tadu, -a] adj agitado, -a

agitador(a) [aʒita'dor(a)] <-es> m(f) agitador(a) m(f)

agitar [aʒi'tar] I. vt agitar; ~ **bem antes de usar** agítese bien antes de usar II. vr: ~-**se** agitarse

agito [a'ʒitu] m inf agitación f

aglomeração <-ões> [aglomera'sãw, -õjs] f aglomeración f

aglomerado [aglome'radu] m aglomerado m; ~ **urbano** aglomeración urbana

aglomerado, -a [aglome'radu, -a] adj aglomerado, -a

aglomerar [aglome'rar] I. vt aglomerar II. vr: ~-**se** aglomerarse

aglutinação <-ões> [aglutʃina'sãw, -õjs] f aglutinación f

aglutinar [aglutʃi'nar] vt aglutinar

agnóstico, -a [ag'nɔstʃiku, -a] m, f agnóstico, -a m, f

agogô [ago'go] m MÚS instrumento afrobrasileño de percusión compuesto por dos campanillas de hierro que se tocan con una vara de metal

agonia [ago'nia] f 1. (aflição, morte) agonía f; **entrar em** ~ comenzar a agonizar 2. inf (indecisão) angustia f; **sai desta ~, decide logo** acaba con esa angustia, decídete ya

agoniado, -a [agoni'adu, -a] adj 1. (angustiado) angustiado, -a; **estar** ~ estar angustiado 2. (apressado) con prisa

agoniar [agoni'ar] I. vt (afligir) angustiar II. vr: ~-**se** angustiarse; ~-**se com a situação** angustiarse con la situación

agonizante [agoni'zãntʃi] I. adj agonizante II. mf persona f que agoniza

agonizar [agoni'zar] I. vt angustiar II. vi agonizar

agora [a'gɔra] I. adv ahora; **de ~ em diante** de ahora en adelante; **até ~** hasta ahora; **saiu ~ mesmo** inf ha salido ahora mismo; **e ~, o que faremos?** y ahora, ¿qué vamos hacer?; **mais esta ~!** ¡lo que nos faltaba!; **já amanheceu, ainda ~ estava escuro** ya ha amanecido, hasta hace poco estaba oscuro II. conj (mas) ahora; **reclamar todos sabem, ~ elogiar nem pensar** todos saben reclamar, ahora, elogiar ni pensarlo; ~ **que** ahora que

agorafobia [agorafo'bia] f agorafobia f

agosto [a'gostu] m agosto m; v.tb. **março**

agourar [agow'rar] I. vt augurar II. vi dar mala suerte

agourento, -a [agow'rẽjtu, -a] adj de mal agüero

agouro [a'gowru] m agüero m; **mau ~** mal agüero

agraciar [agrasi'ar] vt galardonar

agradar [agra'dar] I. vt agradar II. vi agradar; **ser difícil de ~** ser difícil de agradar III. vr: ~-**se** deleitarse; ~-**se de um quadro** deleitarse con un cuadro; ~-**se com pequenas coisas** deleitarse con las pequeñas cosas

agradável <-eis> [agra'davew, -ejs] I. m unir o útil ao ~ unir lo útil a lo agradable II. adj agradable

agradeça [agra'dεsa] 1., 3. pres subj de **agradecer**

agradecer [agrade'ser] <*pp:* grato *ou* agradecido; c→ç> *vt* agradecer; ~ **a. c. a alguém** agradecer algo a alguien

agradecido, -a [agrade'sidu, -a] *adj* agradecido, -a; **estou muito** ~ estoy muy agradecido

agradecimento [agradesi'mẽjtu] *m* agradecimiento *m;* **meus** ~**s** con agradecimiento

agradeço [agra'desu] *1. pres de* **agradecer**

agrado [a'gradu] *m* **1.** (*satisfação*) agrado *m;* **ser do** ~ **de alguém** ser del agrado de alguien; **não é do meu** ~ no es de mi agrado **2.** (*carícia*) caricia *f;* **fazer um** ~ **a alguém** hacer una caricia a alguien

agrário, -a [a'grariw, -a] *adj* agrario, -a

agravamento [agrava'mẽjtu] *m* agravamiento *m;* ~ **da pena** JUR incremento *m* de la pena

agravante [agra'vãŋtʃi] **I.** *adj* agravante **II.** *m ou f* JUR agravante *m o f*

agravar [agra'var] **I.** *vt* (*o estado*) agravar; (*a pena*) incrementar **II.** *vr:* ~**-se** (*situação, doença*) agravarse

agravo [a'gravu] *m* **1.** (*ofensa*) agravio *m* **2.** JUR recurso *m*

agredir [agre'dʒir] *irr como* prevenir *vt* agredir

agregação <-ões> [agrega'sãw, -õjs] *f* agregación *f*

agregado [agre'gadu] *m* **1.** (*conjunto*) agregado *m;* ~ **familiar** familiar *m* **2.** (*material*) mortero *m*

agregado, -a [agre'gadu, -a] *adj* agregado, -a

agregar [agre'gar] <g→gu> *vt* agregar

agremiação <-ões> [agremia'sãw, -õjs] *f* sociedad *f*

agressão <-ões> [agre'sãw, -õjs] *f* agresión *f;* ~ **ao meio ambiente** agresión al medio ambiente

agressividade [agresivi'dadʒi] *m sem pl* agresividad *f*

agressivo, -a [agre'sivu, -a] *adj* agresivo, -a

agressões [agre'sõjs] *f pl de* **agressão**

agressor(a) [agre'sor(a)] <-es> *m(f)* agresor(a) *m(f)*

agreste [a'grɛstʃi] **I.** *adj* agreste **II.** *m* zona de la región Nordeste de Brasil caracterizada por un suelo pedregoso y una vegetación escasa y de pequeño tamaño

agrião <-ões> [agri'ãw, -õjs] *m* berro *m*

agrícola [a'grikula] *adj* agrícola

agricultor(a) [agrikuw'tor(a)] <-es> *m(f)* agricultor(a) *m(f)*

agricultura [agrikuw'tura] *f* agricultura *f;* ~ **de subsistência** agricultura de subsistencia

agrida [a'grida] *1., 3. pres subj de* **agredir**

agride [a'gridʒi] *3. pres de* **agredir**

agrido [a'gridu] *1. pres de* **agredir**

agridoce [agri'dosi] *adj* agridulce

agrimensar [agrimẽj'sar] *vt* medir

agrimensor(a) [agrimẽj'sor(a)] <-es> *m(f)* agrimensor(a) *m(f)*

agriões [agri'õjs] *m pl de* **agrião**

agroindústria [agroĩj'dustria] *f* agroindustria *f*

agronomia [agrono'mia] *f* agronomía *f*

agrônomo, -a [a'gronumu, -a] *m, f* agrónomo, -a *m, f*

agropecuária [agrupeku'aria] *f* sector *m* agropecuario

agrotóxico [agro'tɔksiku] *m* herbicida *m*

agroturismo [agrutu'rizmu] *m sem pl* agroturismo *m*

agrovia [agro'via] *f* vía de comunicación entre un centro de producción agrícola, el centro de almacenaje, y el de distribución al consumidor final

agrupamento [agrupa'mẽjtu] *m* agrupamiento *m*

agrupar [agru'par] **I.** *vt* agrupar **II.** *vr:* ~**-se** agruparse

agrura [a'grura] *f* acidez *f;* **as** ~**s da vida** *fig* los sinsabores de la vida

água ['agwa] *f* agua *f;* ~ **benta** agua bendita; ~ **corrente/parada** agua corriente/estancada; ~ **destilada** agua destilada; ~ **doce** agua dulce; ~ **encanada** agua canalizada; ~ **filtrada** agua filtrada; ~**s de março** *las últimas lluvias del verano;* ~**s medicinais** aguas medicinales; ~ **mineral com/sem gás** agua mineral con/sin gas; ~ **de nascente** agua de manantial; ~ **oxigenada** agua oxigenada; ~**s passadas** *fig* agua pasada; ~ **potável** agua potable; ~**s residuais** aguas residuales; ~ **salgada** agua salada; ~ **sanitária** lejía *f,* lavandina *f Arg,* cloro *m Chile, Méx;* ~**s termais** aguas termales; ~**s territoriais** aguas territoriales; ~ **de torneira** agua del grifo; **beber** ~ **na fonte** *fig* informarse directamente de las fuentes; **dar** [*ou* **fazer**] ~ **na boca** *fig* hacerse la boca agua; **ir por ~ abaixo** *inf* irse al garete; **pôr ~ na fervura** *inf* calmar los ánimos; **ser aquela ~** *inf* no funcionar; **tirar ~ de pedra** pedir peras al olmo; **tirar ~ do joelho** *inf* cambiar el agua al canario; **até debaixo de ~** *inf* muchísimo; **ainda vai passar** [*ou* **rolar**] **muita ~** (**debaixo da ponte**) todavía tienen que pasar muchas cosas; **~ mole em pedra dura tanto bate até que fura** *prov* tanto va el cántaro a la fuente, que al final se rompe *prov*; **~ s passadas não movem moinhos** *prov* agua pasada no mueve molino *prov*

aguaceiro [agwa'sejru] *m* aguacero *m*

água com açúcar ['agwa kwa'sukar] *adj inv* empalagoso, -a

água de coco ['agwa dʒi 'koku] <**águas de coco**> *f* agua *f* de coco

água-de-colônia ['agwa-dʒi-ko'lonia] <**águas-de-colônia**> *f* agua *f* de colonia

aguado, -a [a'gwadu, -a] *adj* **1.** (*misturado com água*) aguado, -a **2.** *fig* (*sem graça*) soso, -a; **ficar ~** *inf* (*desejar*) quedarse embobado

água-forte ['agwa-'fɔrtʃi] <**águas-fortes**> *f* **1.** QUÍM agua *f* fuerte **2.** (*desenho*) aguafuerte *m* o *f*

água-furtada ['agwa-fur'tada] <**águas-furtadas**> *f* buhardilla *f*

água-marinha ['agwa-ma'rĩɲa] <**águas-marinhas**> *f* aguamarina *f*

aguapé [agwa'pɛ] *m* BOT designación común a varias plantas acuáticas flotantes

aguar [a'gwar] *vt* (*dissolver*) aguar; (*regar*) regar; (*leite, vinho*) aguar

aguardar [agwar'dar] **I.** *vt* aguardar **II.** *vi* aguardar; **~ pelos acontecimentos** aguardar a los acontecimientos

aguardente [agwar'dẽtʃi] *f* aguardiente *m*

aguardo [a'gwardu] *m* espera *f*; **estar ao** [*ou* **no**] **~** estar a la espera

aguarrás [agwa'xas] *f* aguarrás *m*

água-viva ['agwa-'viva] <**águas-vivas**> *f* medusa *f*, aguaviva *f* *RíoPl*

aguçado, -a [agu'sadu, -a] *adj* (*paladar, olfato*) aguzado, -a; (*espírito*) sagaz; **ouvido/sentido ~** oído/sentido alerta

aguçar [agu'sar] <ç→c> *vt* (*incitar*) estimular; **~ o apetite/a curiosidade** despertar el apetito/la curiosidad

agudizar [aguʒi'zar] *vt fig* agudizar

agudo [a'gudu] *m* MÚS agudo *m*

agudo, -a [a'gudu, -a] *adj* agudo, -a

aguentar [agwẽj'tar] **I.** *vt* aguantar; **não aguento essa meninada** no aguanto a esos niños **II.** *vi* aguantar; **aguenta um pouco que ele chega** aguanta un poco que llega ya **III.** *vr*: **~-se** (*manter-se*) mantenerse; **aguentou-se no cargo enquanto deu** se mantuvo en el cargo todo lo que pudo; **ele que se aguente** que se aguante

aguerrido, -a [age'xidu, -a] *adj* (*espírito*) aguerrido, -a

águia ['agia] *f* águila *f*

aguilhoar [agiʎo'ar] <*l. pess pres*: aguilhoo> *vt* aguijonear

agulha [a'guʎa] *f* aguja *f*; **~ giroscópica** NÁUT aguja de bitácora; **enfiar a linha na ~** enhebrar la aguja; **procurar ~ no palheiro** buscar una aguja en un pajar

agulhada [agu'ʎada] *f* (*dor*) punzada *f*

agulhão <-ões> [agu'ʎãw, -õjs] *m* ZOOL pez *m* espada

agulhar [agu'ʎar] *vt* (*afligir*) atormentar

agulhões [agu'ʎõjs] *m pl de* **agulhão**

ah ['a] *interj* ah

ai ['aj] **I.** *m* ay *m*; **não quero ouvir um ~ de vocês** no quiero oír ni un ay de vosotros **II.** *interj* ay; **~ de mim!** ¡ay de mí!; **~ de quem/daquele que** ay de quien/de aquel que

aí [a'i] **I.** *adv* **1.** (*lá*) ahí; **~ dentro/fora** ahí dentro/fuera; **~ embaixo/em cima** ahí bajo/encima; **~ mesmo** ahí mismo; **~ vem ele** ahí viene; **e ~?** ¿qué tal?; **espera ~!** ¡espera ahí!; **por ~** por ahí; **e por ~** (**afora**) y así **2.** (*aproximadamente*) cerca de; **~ por 10 dias** cerca de 10 días; **~ pelas quatro horas** cerca de las cuatro **II.** *interj* venga; **~, rapaziada, muito bem!** ¡venga, muchachos, muy bien!

aia ['aja] *f* aya *f*

aiatolá [ajato'la] *m* ayatolá *m*

aidético, -a [aj'dɛtʃiku, -a] *m, f* MED enfermo, -a *m, f* de sida

aids ['ajds] *abr de* **Síndrome da Imunodeficiência Adquirida** sida *m*

ai-jesus ['aj-ʒe'zus] **I.** *m inv* ojo *m* derecho **II.** *interj* Dios mío

ainda [a'ĩjda] *adv* todavía; **~ agora** justo ahora; **~ assim** aun así; **~ bem que...** menos mal que...; **~ mais** todavía más; **~ não** todavía no; **~ por cima** para colmo; **~ que** +*subj* aunque (+ *subj*)

aipim [aj'pīj] <-ins> *m* mandioca *f*
aipo ['ajpu] *m* apio *m*
airbag [ɛr'bɛgi] *m* airbag *m*
airoso, -a [aj'rozu, -ˈɔza] *adj* (*pessoa*) airoso, -a; (*atitude*) digno, -a
aja ['aʒa] *1., 3. pres subj de* **agir**
ajardinado, -a [aʒardʒi'nadu, -a] *adj* ajardinado, -a
ajardinar [aʒardʒi'nar] *vt* ajardinar
ajeitar [aʒej'tar] **I.** *vt* (*a roupa*) arreglar; (*um trabalho*) conseguir **II.** *vr:* ~-**se** arreglárselas; ~-**se às circunstâncias** acomodarse a las circunstancias; ~-**se com a vizinhança** integrarse con el vecindario
ajo ['aʒu] *1. pres de* **agir**
ajoelhado, -a [aʒueˈʎadu, -a] *adj* arrodillado, -a
ajoelhar-se [aʒueˈʎarsi] *vr* arrodillarse
ajuda [a'ʒuda] *f* ayuda *f*; ~ **de custo** dietas *fpl*; **dar uma** ~ **a alguém** ayudar a alguien; **pedir** ~ **a alguém** pedir ayuda a alguien; **com a** ~ **de** con la ayuda de
ajudante [aʒu'dãntʃi] *mf* ayudante *mf*
ajudar [aʒu'dar] **I.** *vt* ayudar; ~ **alguém em a. c.** ayudar a alguien en algo; ~ **alguém a fazer a. c.** ayudar a alguien a hacer algo **II.** *vi* ayudar; **posso** ~ ? ¿puedo ayudar?
ajuizado, -a [aʒui'zadu, -a] *adj* sensato, -a
ajuntamento [aʒũwta'mẽjtu] *m* (*de pessoas*) aglomeración *f*
ajuntar [aʒũw'tar] *vt* juntar
ajustado, -a [aʒus'tadu, -a] *adj* (*pessoa*) conforme; (*negócio*) acordado, -a
ajustagem [aʒus'taʒẽj] <-ens> *f* ajuste *m*
ajustar [aʒus'tar] **I.** *vt* **1.** (*adaptar*) ajustar; ~ **a chave à fechadura** ajustar la llave a la cerradura **2.** (*combinar*) acordar; (*liquidar*) saldar; ~ **contas com alguém** *fig* ajustar cuentas con alguien **II.** *vr:* ~-**se** ajustarse; ~-**se ao meio** adaptarse al medio
ajustável <-eis> [aʒus'tavew, -ejs] *adj* ajustable
ajuste [aˈʒustʃi] *m* **1.** (*combinação*) acuerdo *m* **2.** (*liquidação, de máquina*) ajuste *m*; ~ **de contas** ajuste de cuentas
ala ['ala] **I.** *f* **1.** (*fila*) fila *f*; **abrir** ~ **s** abrir paso **2.** (*de um partido, edifício, tropa*) ala *f*; ~ **conservadora/radical** ala conservadora/radical **II.** *mf* ESPORT lateral *mf*
alabastro [ala'bastru] *m* alabastro *m*
à la carte [a la 'kartʃi] *adv* a la carta
alado, -a [a'ladu, -a] *adj* **1.** (*com asas*) alado, -a **2.** (*leve*) ligero, -a
alagado, -a [ala'gadu, -a] *adj* (*encharcado*) inundado, -a; (*molhado*) empapado, -a
alagamento [alaga'mẽjtu] *m* inundación *f*
alagar [ala'gar] <g→gu> **I.** *vt* inundar **II.** *vr:* ~-**se** inundarse; **as ruas ~-am-se** las calles quedaron inundadas
Alagoas [ala'goas] Alagoas
alambique [alãŋ'biki] *m* alambique *m*
alambrado [alãŋ'bradu] *m* alambrada *f*
alameda [ala'meda] *f* alameda *f*
álamo ['alamu] *m* BOT álamo *m*
alar [a'lar] **I.** *vt* subir; (*o pensamento*) levantar **II.** *vr:* ~-**se** elevarse; ~-**se ao céu** elevarse al cielo
alaranjado, -a [alarãŋ'ʒadu, -a] *adj* anaranjado, -a
alarde [a'lardʒi] *m* alarde *m;* **fazer** ~ hacer alarde de
alardear [alardʒi'ar] *conj como passear vt* alardear de
alargamento [alarga'mẽjtu] *m* ensanchamiento *m*
alargar [alar'gar] <g→gu> **I.** *vt* **1.** (*tornar largo*) ensanchar; ~ **os horizontes** ampliar los horizontes **2.** (*afrouxar*) soltar **II.** *vi* (*tecido*) ensancharse **III.** *vr:* ~-**se** (*orador, discurso*) extenderse; ~-**se em detalhes** entrar en detalles
alarido [ala'ridu] *m* alarido *m*
alarmante [alar'mãntʃi] *adj* alarmante
alarmar [alar'mar] **I.** *vt* alarmar; ~ **alguém com boatos** alarmar a alguien con rumores **II.** *vr:* ~-**se** alarmarse; **ele se alarma com a inflação** se alarma con la inflación
alarme [a'larmi] *m* alarma *f*; ~ **de incêndio** alarma contra incendios; **falso** ~ falsa alarma; **sinal de** ~ señal de alarma
alarmista [alar'mista] *mf* alarmista *mf*
Alasca [a'laska] *m* Alaska *f*
alastramento [alastra'mẽjtu] *m* propagación *f*
alastrar [alas'trar] **I.** *vt* propagar **II.** *vi* (*fogo*) propagarse **III.** *vr:* ~-**se** propagarse; **a doença alastrou-se pela região** la enfermedad se propagó por la región
alaúde [ala'udʒi] *m* laúd *m*

alavanca [ala'vɐ̃ŋka] *f* **1.** TÉC palanca *f*; ~ **de comando** AERO palanca de mando; **puxar a ~ em caso de emergência** tirar de la palanca en caso de emergencia **2.** (*expediente*) trampolín *m*; **a criatividade é uma ~ para o progresso** la creatividad es un trampolín hacia el progreso

alavancagem [alavɐ̃ŋ'kaʒẽj] <-ens> *f* ECON apalancamiento *m*

alavancar [alavɐ̃ŋ'kar] *vt* (*promover*) promover; (*custear*) financiar

alazão, alazã <-ões, -es> [ala'zɐ̃w, -'ɐ̃, -õjs] *m, f* (*cavalo*) alazán, -ana *m, f*

albanês, -esa [awbɐ̃'nes, -'eza] *adj, m, f* albanés, -esa *m, f*

Albânia [aw'bɐ̃nia] *f* Albania *f*

albarda [aw'barda] *f* albarda *f*

albatroz [awba'trɔs] <-es> *m* albatros *m inv*

albergar [awber'gar] <g→gu> I. *vt* albergar II. *vr:* ~**-se** albergarse; ~**-se em hotéis** albergarse en hoteles

albergue [aw'bɛrgi] *m* (*pousada, abrigo*) albergue *m;* ~ **da juventude** albergue juvenil; ~ **noturno** albergue *m*

albinismo [awbi'nizmu] *m sem pl* MED albinismo *m*

albino, -a [aw'binu, -a] *adj, m, f* MED albino, -a *m, f*

álbum ['awbũw] <-uns> *m* álbum *m;* ~ **de fotografias** álbum de fotos

albumina [awbu'mina] *f* BIO albúmina *f*

álbuns ['awbũws] *f pl de* **álbum**

Alca ['awka] *abr de* **Área de Livre Comércio das Américas** ALCA *f*

alça ['awsa] *f* (*de roupa*) tirante *m;* (*de mala, de xícara*) asa *f;* **estar na ~ de mira de alguém** *inf* estar en el punto de mira de alguien

alcachofra [awka'ʃofra] *f* alcachofa *f*, alcaucil *m RíoPl*

alcaçuz [awka'sus] <-es> *m* BOT regaliz *m*

alçada [aw'sada] *f* competencia *f;* **estar sob a ~ de alguém** ser de la competencia de alguien; **isso não é da minha ~** eso no es de mi competencia

alçado [aw'sadu] *m* ARQUIT alzado *m*

alcaguete [awka'gwetʃi] *m inf* chivato *m*

álcali ['awkaʎi] *m* QUÍM álcali *m*

alcalino, -a [awka'ʎinu, -a] *adj* QUÍM alcalino, -a

alcaloide [awka'lɔjdʒi] *m* QUÍM alcaloide *m*

alcançado, -a [awkɐ̃ŋ'sadu, -a] *adj* alcanzado, -a

alcançar [awkɐ̃ŋ'sar] <ç→c> *vt* **1.** (*objetivo, pessoa*) alcanzar **2.** (*bastar*) bastar

alcançável <-eis> [awkɐ̃ŋ'savew, -ejs] *adj* alcanzable

alcance [aw'kɐ̃nsi] *m* alcance *m;* **ao ~ de todos** al alcance de todos; **fora do ~** fuera del alcance; **estar ao ~ da vista** estar al alcance de la vista

alçapão <-ões> [awsa'pɐ̃w, -õjs] *m* **1.** ARQUIT trampilla *f* **2.** (*armadilha*) trampa *f;* **cair no ~** caer en una trampa

alcaparra [awka'paxa] *f* BOT alcaparra *f*

alçapões [awsa'põjs] *m pl de* **alçapão**

alçar [aw'sar] <ç→c> I. *vt* **1.** (*elevar*) alzar; (*bandeira*) izar **2.** (*edificar*) construir **3.** (*aclamar*) exaltar II. *vr:* ~**-se** ascender; ~**-se a cargo elevado** ascender a un alto cargo

alcateia [awka'teja] *f* manada *f*

alcatra [aw'katra] *f* corte de la vaca situado donde termina el lomo, pegado a los riñones

alcatrão <-ões> [awka'trɐ̃w, -õjs] *m* alquitrán *m*

alce ['awsi] *m* alce *m*

álcool <alcoóis> ['awkow, -ɔjs] *m* alcohol *m;* **sem ~** sin alcohol

alcoólatra [aw'kɔlatra] *mf* alcohólico, -a *m, f*

alcoólico, -a [aw'kɔʎiku, -a] I. *adj* alcohólico, -a; **bebida alcoólica** bebida alcohólica II. *m, f* alcohólico, -a *m, f;* ~ **crônico** bebedor crónico

alcoolismo [awko'ʎizmu] *m sem pl* alcoholismo *m*

alcoolizado, -a [awkoʎi'zadu, -a] *adj* alcoholizado, -a

alcoolizar [awkoʎi'zar] I. *vt* alcoholizar II. *vr:* ~**-se** alcoholizarse

Alcorão [awko'rɐ̃w] *m* REL Corán *m*

alcova [aw'kɔva] *f* alcoba *f*

alcovitar [awkovi'tar] I. *vt* hacer de alcahuete para II. *vi* (*mexericar*) cotillear

alcoviteiro, -a [awkovi'tejru, -a] *m, f* (*mexeriqueiro*) cotilla *m, f*

alcunha [aw'kũɲa] *f* apodo *m*

aldeão, aldeã <-ões, -ães> [awde'ɐ̃w, -'ɐ̃, -õjs, -'ɐ̃s] *adj, m, f* aldeano, -a *m, f;* (*camponês*) pueblerino, -a *m, f*

aldeia [aw'deja] *f* aldea *f;* ~ **global** aldea global

aldeões [awde'õjs] *m pl de* **aldeão**

aleatório, -a [alea'tɔriw, -a] *adj* aleatorio, -a

alecrim [ale'krĩj] <-ins> *m* romero *m*

alegação <-ões> [alega'sãw, -õjs] *f* JUR alegación *f*

alegar [ale'gar] <g→gu> I. *vt* alegar; ~ **doença** alegar enfermedad II. *vi* alegar

alegoria [alego'ria] *f* alegoría *f*

alegórico, -a [ale'gɔriku, -a] *adj* alegórico, -a

alegrar [ale'grar] I. *vt* (*causar alegria a*) alegrar; ~ **a festa** alegrar la fiesta; **alegra-me que...** +*subj* me alegra que... +*subj* II. *vr:* ~-**se** alegrarse; **alegro-me ao** [*ou* **de**] **ouvir isso** me alegro de oír eso; **alegro-me por você** me alegro por ti

alegre [a'lɛgri] *adj* alegre

alegria [ale'gria] *f* alegría *f*

alegro [a'lɛgru] *m* MÚS al(l)egro *m*

aleijado, -a [alej'ʒadu, -a] *adj, m, f* mutilado, -a *m, f*

aleijão <-ões> [alej'ʒãw, -õjs] *m* deformación *f*

aleijar [alej'ʒar] I. *vt* mutilar II. *vr:* ~-**se** mutilarse

aleijões [alej'ʒõjs] *m pl de* **aleijão**

aleitamento [alejta'mẽjtu] *m* amamantamiento *m*

aleluia [ale'luja] I. *f* aleluya *m o f* II. *interj* aleluya

além [a'lẽj] I. *m* más allá *m;* **ir para o** ~ ir al más allá II. *adv* más allá; (*longe*) a lo lejos; **mais** ~ más allá; **não há nada** ~ **disso** no hay nada más además de eso; ~ **de** (*para lá de*) más allá de; (*do outro lado de*) al otro lado de; (*ademais de*) además de; ~ **disso** [*ou* **do mais**]**,...** además,...

alemã [ale'mã] *adj, f v.* **alemão**

alemães [ale'mãjs] *adj, mf pl de* **alemão**

Alemanha [ale'mãɲa] *f* Alemania *f;* **antiga** ~ **Ocidental/Oriental** antigua Alemania Occidental/Oriental

alemão, alemã <-ães> [ale'mãw, -'ã, -'ãjs] *adj, m, f* alemán, -ana *m, f*

além-mar [a'lẽj-'mar] I. *m* <-es> ultramar *m* II. *adv* al otro lado del mar

alentado, -a [alẽj'tadu, -a] *adj* **1.** (*forte*) resistente **2.** (*encorajado*) valiente

alentar [alẽj'tar] I. *vt* alentar; (*esperanças*) dar II. *vr:* ~-**se** cobrar aliento

alento [a'lẽjtu] *m* (*coragem*) aliento *m;* **dar** ~ **a alguém** dar aliento a alguien; **dar o último** ~ exhalar el último suspiro

alergia [aler'ʒia] *f* MED alergia *f;* **ter** ~ **a a. c.** tener alergia a algo; **ter** ~ **aos estudos** tener alergia a los estudios

alérgico, -a [a'lɛrʒiku, -a] *adj* alérgico, -a; **ser** ~ **a a. c.** ser alérgico a algo

alerta [a'lɛrta] I. *m* (*sinal*) alerta *f;* **dar o** ~ dar la alerta II. *adj* alerta III. *interj* alerta IV. *adv* alerta; **ficar/continuar** ~ estar/continuar alerta

alertar [aler'tar] *vt* alertar

alfabético, -a [awfa'bɛtʃiku, -a] *adj* alfabético, -a; **por** [*ou* **em**] **ordem alfabética** por orden alfabético

alfabetização <-ões> [awfabetza'sãw, -õjs] *f* alfabetización *f*

alfabetizado, -a [awfabet'zadu, -a] *adj* alfabetizado, -a

alfabetizar [awfabet'zar] I. *vt* alfabetizar; (*crianças*) enseñar a leer y escribir a II. *vr:* ~-**se** aprender a leer y escribir

alfabeto [awfa'bɛtu] *m* alfabeto *m*

alface [aw'fasi] *f* lechuga *f*

alfafa [aw'fafa] *f* alfalfa *f*

alfaiataria [awfajata'ria] *f* sastrería *f*

alfaiate [awfaj'atʃi] *m* sastre *m*

alfândega [aw'fãndega] *f* aduana *f;* **passar pela** ~ pasar por la aduana

alfandegário, -a [awfãnde'gariw, -a] *adj* aduanero, -a; **controle** ~ control aduanero

alfazema [awfa'zema] *f* espliego *m*

alfinetada [awfine'tada] *f* punzada *f;* **dar uma** ~ **em alguém** *fig* lanzar una pulla a alguien

alfinetar [awfine'tar] *vt* **1.** (*pregar*) prender con un alfiler **2.** (*criticar*) lanzar pullas a

alfinete [awfi'netʃi] *m* alfiler *m;* ~ **de segurança** imperdible *m*

alfineteira [awfine'tejra] *f* (*almofada*) alfiletero *m*

alforriar [awfoxi'ar] *vt* (*escravos*) libertar

alga ['awga] *f* alga *f*

algarismo [awga'rizmu] *m* número *m;* ~ **arábico/romano** número arábigo/romano

algazarra [awga'zaxa] *f* barullo *m;* **fazer uma** ~ armar barullo

álgebra ['awʒebra] *f* álgebra *f*

algemar [awʒe'mar] *vt* esposar

algemas [aw'ʒemas] *fpl* esposas *fpl*

algibeira [awʒi'bejra] *f* faltriquera *f*

algo ['awgu] I. *pron indef* algo; **eu gostaria de comer** ~ me gustaría comer

algo **II.** *adv* algo; **ela é ~ arrogante** es algo arrogante
algodão <-ões> [awgu'dɐ̃w, -ɔ̃js] *m* BOT algodón *m;* **de ~** de algodón
algodão-doce <algodões-doces> [awgu'dɐ̃w-'dosi, -ɔ̃js-] *m* algodón *m* dulce
algodoeiro [awgodo'ejru] *m* BOT algodonero *m*
algodoeiro, -a [awgodo'ejru, -a] *adj* algodonero, -a
algodões [awgu'dõjs] *m pl de* **algodão**
algoritmo [awgo'ritʃimu] *m* algoritmo *m*
algoz [aw'gɔs] <-es> *m* verdugo *m*
alguém [aw'gẽj] *pron indef* alguien; **ser ~ na vida** ser alguien en la vida
algum [aw'gũw] *pron indef* alguno, -a; **~ dia** algún día; **~ a coisa** alguna cosa; **~ as vezes** algunas veces; **alguns anos** algunos años; **ele deve ter aprontado ~a** *inf* debe haber hecho alguna de las suyas
alhear-se [aʎe'arsi] *conj como passear vr* apartarse
alheio [a'ʎeju] *m* **o ~** lo ajeno
alheio, -a [a'ʎeju, -a] *adj* **1.** (*estranho, afastado*) ajeno, -a; **terra alheia** tierra extraña; **vida alheia** vida ajena; **ser/estar ~ a a. c.** ser ajeno a algo **2.** (*oposto*) contrario, -a; **opinião alheia às do grupo** opinión contraria a las del grupo
alho ['aʎu] *m* ajo *m;* **misturar ~s com bugalhos** confundir el tocino con la velocidad
alho-poró ['aʎu-po'rɔ] <alhos-porós> *m* puerro *m*
alhures [a'ʎuris] *adv* en otro lugar
ali [a'ʎi] *adv* allí; (*para ~*) hacia allí; **vou ~ e volto já** voy allí y ahora vuelvo
aliado, -a [aʎi'adu, -a] **I.** *adj* aliado, -a; **estar ~ a alguém/a. c.** estar aliado con alguien/algo; **ser ~ a alguém/a. c.** ser aliado de alguien/algo **II.** *m, f* aliado, -a *m, f*
aliança [aʎi'ɐ̃sa] *f* **1.** (*acordo*) alianza *f* **2.** (*anel*) alianza *f,* aro *m* AmL; **~ de casamento** alianza matrimonial; **~ de noivado** alianza de compromiso
aliar [aʎi'ar] **I.** *vt* aliar; **~ uma coisa a outra** aliar una cosa con otra **II.** *vr:* **~-se** aliarse; **~-se a um partido político** aliarse a un partido político
aliás [aʎi'as] *adv* **1.** (*a propósito*) por cierto; **~, por falar nele, eu o encontrei ontem** por cierto, hablando de él, me lo encontré ayer **2.** (*correção*) mejor dicho; **formou-se em engenharia, ~, computação** se licenció en ingeniería, mejor dicho, en informática **3.** (*de outra forma*) de lo contrario; **eles resolveram suas diferenças, ~ não poderiam trabalhar juntos** limaron diferencias, de lo contrario no podrían trabajar juntos **4.** (*além disso*) además; **contava piadas inteligentes e, ~, muito engraçadas** contaba chistes inteligentes y, además, muy divertidas
álibi ['aʎibi] *m* coartada *f*
alicate [aʎi'katʃi] *m* alicates *mpl;* **~ de unhas** cortaúñas *m inv*
alicerce [aʎi'sɛrsi] *m* cimientos *mpl;* **lançar os ~s para a. c.** poner los cimientos de algo
aliciamento [aʎisja'mẽjtu] *f* captación *f;* **~ de menores** corrupción *f* de menores
aliciar [aʎisi'ar] *vt* **1.** (*seduzir*) seducir; **~ alguém para fazer a. c.** seducir a alguien para hacer algo **2.** (*atrair: menores*) atraer **3.** (*instigar*) incitar; **aliciou transeuntes para provocar um tumulto** incitó a los transeúntes para que provocaran un tumulto
alienação <-ões> [aʎjena'sɐ̃w, -õjs] *f* **1.** (*afastamento, transferência*) enajenación *f* **2.** *inf* (*indiferença aos problemas*) alienación *f*
alienado, -a [aʎje'nadu, -a] **I.** *adj* (*bens*) enajenado, -a; *inf* (*pessoa*) alienado, -a **II.** *m, f* PSICO alienado, -a *m, f*
alienar [aʎje'nar] **I.** *vt* (*afastar*) alienar; (*desvairar, transferir*) enajenar **II.** *vr:* **~-se** PSICO volverse loco
alienatário, -a [aʎjena'tarjw, -a] *m, f* ECON enajenante *mf*
alienável <-eis> [aʎje'navew, -ejs] *adj* ECON (*bens*) enajenable
alienígena [aʎje'niʒena] *mf* alienígena *mf*
alijar-se [aʎi'ʒarsi] *vr* (*desembaraçar-se*) librarse
alimentação <-ões> [aʎimẽjta'sɐ̃w, -õjs] *f* alimentación *f;* **~ forçada** alimentación a la fuerza; **~ de papel** INFOR alimentador *m* de papel
alimentar¹ [aʎimẽj'tar] **I.** *vt* alimentar **II.** *vr:* **~-se** alimentarse; **~-se de vegetais** alimentarse de vegetales

alimentar² [aʎimẽj'tar] *adj* alimentario, -a

alimentício, -a [aʎimɛj'tʃisiw, -a] *adj* alimenticio, -a

alimento [aʎi'mẽtu] *m* alimento *m*; **~s** sustento *m*

alinhado, -a [aʎi'ɲadu, -a] *adj* (*texto, direção, país, competidores*) alienado, -a; (*pessoa*) elegante

alinhamento [aʎiɲa'mẽtu] *m* **1.** (*geral*) alineación *f* **2.** POL alineamiento *m*

alinhar [aʎi'ɲar] **I.** *vt* **1.** (*geral*) alinear; **~ a direção** (*automóvel*) alinear la dirección **2.** (*enfeitar*) adornar **II.** *vi* (*em fila*) alinearse **III.** *vr:* **~-se 1.** (*arrumar-se*) arreglarse **2.** POL alinearse

alinhavar [aʎiɲa'var] *vt* hilvanar

alíquota [a'ʎikota] *f* porcentaje *m*

alisador(a) [aʎiza'dor(a)] <-es> *adj* (*de cabelo*) alisador(a)

alisar [aʎi'zar] *vt* **1.** (*tornar liso*) alisar **2.** (*numa carícia*) acariciar

alistamento [aʎista'mẽtu] *m* MIL alistamiento *m*

alistar [aʎis'tar] **I.** *vt* MIL alistar **II.** *vr:* **~-se** MIL alistarse

aliteração <-ões> [aʎitera'sãw, -õjs] *f* LIT aliteración *f*

aliviado, -a [aʎivi'adu, -a] *adj* aliviado, -a

aliviar [aʎivi'ar] **I.** *vt* aliviar **II.** *vi* (*dor*) disminuir **III.** *vr:* **~-se 1.** librarse; **~-se de a. c.** librarse de algo **2.** *inf*(*defecar*) hacer sus necesidades

alívio [a'ʎiviw] *m* alivio *m*; **sentir um ~** sentir un alivio

alma ['awma] *f* alma *f*; **~ penada** alma en pena; **dar** [*ou* **vender**] **a ~ ao diabo** vender el alma al diablo; **dar ~ nova a a. c.** renovar algo; **fazer a. c. com ~** hacer algo con entrega; **ser uma boa ~** tener un buen corazón; **a propaganda é a ~ do negócio** la propaganda es el alma del negocio

almaço [aw'masu] *m* papel **~** *papel especial para documentos y certificados*

almanaque [awma'naki] *m* almanaque *m*

almejar [awme'ʒar] *vt* anhelar

almirante [awmi'rãntʃi] *m* almirante *m*

almíscar [aw'miskar] <-es> *m* almizcle *m*

almoçar [awmu'sar] <ç→c> *vi* comer, almorzar

almoço [aw'mosu] *m* comida *f*, almuerzo *m*; **~ comercial** *menú básico con un plato combinado, postre, bebida y pan*; **~ de negócios** comida de negocios

almofada [awmu'fada] *f* cojín *m*, almohadón *m*

almofadão <-ões> [awmufa'dãw, -õjs] *m* almohadón *m*

almofadar [awmufa'dar] *vt* decorar con cojines

almofadinha [awmufa'dʒiɲa] *m* dandi *m*

almofadões [awmufa'dõjs] *m pl de* **almofadão**

almôndega [aw'mõwdega] *f* GASTR albóndiga *f*

almoxarifado [awmoʃari'fadu] *m* depósito *m*

almoxarife [awmoʃa'rifi] *m* responsable *mf* del depósito

alô [a'lo] **I.** *m* **dar um ~** saludar **II.** *interj* (*ao telefone*) ¿diga?, ¿bueno? *Méx*, ¿holá? *RíoPl*

alocação <-ões> [aloka'sãw, -õjs] *f* (*de recursos*) asignación *f*

alocar [alo'kar] *vt* (*verbas*) asignar

aloé [alo'ɛ] *m* aloe *m*

aloirado, -a [aloj'radu, -a] *adj* (*cabelo*) tirando a rubio

aloirar [aloj'rar] **I.** *vi* volverse rubio **II.** *vt* volver rubio

alojamento [aloʒa'mẽtu] *m* **1.** (*geral*) alojamiento *m* **2.** MIL acuartelamiento *m*

alojar [alo'ʒar] **I.** *vt* **1.** (*hospedar*) alojar **2.** MIL acuartelar **II.** *vr:* **~-se** alojarse

alongado, -a [alõw'gadu, -a] *adj* alargado, -a

alongamento [alõwga'mẽtu] *m* estiramiento *m*; (*em comprimento*) alargamiento *m*

alongar [alõw'gar] <g→gu> **I.** *vt* **1.** (*tornar longo, prolongar, atrasar*) alargar **2.** (*estender: o corpo*) estirar **II.** *vr:* **~-se 1.** (*prolongar-se*) alargarse **2.** (*orador*) extenderse; **~-se em detalhes** entrar en detalles

alopata [alo'pata] *mf* alópata *mf*

aloprado, -a [alo'pradu, -a] *adj gíria* pirado, -a

alourado, -a [alow'radu, -a] *adj v.* **aloirado**

alourar [alow'rar] *vi, vt v.* **aloirar**

alpaca [aw'paka] *f* alpaca *f*

alpargata [awpar'gata] *f* alpargata *f*

alpendre [aw'pẽjdri] *m* tejado *m* saledizo
alpercata [awper'kata] *f v.* **alpargata**
Alpes ['awps] *mpl* Alpes *mpl*
alpinismo [awpi'nizmu] *m* alpinismo *m*, andinismo *m AmL*
alpinista [awpi'nista] *mf* alpinista *mf*, andinista *mf AmL*
alpino, -a [aw'pinu, -a] *adj* alpino, -a
alpiste [aw'pistʃi] *m* alpiste *m*
alquebrado, -a [awke'bradu, -a] *adj* debilitado, -a
alqueire [aw'kejri] *m* unidad de medida de superficie agraria
alquimia [awki'mia] *f* alquimia *f*
alquimista [awki'mista] *mf* alquimista *mf*
alta ['awta] *f* **1.** (*de preços, cotação*) alza *f* **2.** (*conjuntura favorável*) alta *f* **3.** MED alta *f*; **dar** ~ dar el alta; **receber** ~ recibir el alta
alta-costura ['awta-kus'tura] *f* alta costura *f*
altamente [awta'mẽjtʃi] *adv* altamente
altaneiro, -a [awta'nejru, -a] *adj* **1.** (*ave*) que vuela a gran altura **2.** (*árvore, torre*) alto *a* **3.** (*pessoa*) altanero, -a
altar [aw'tar] <-es> *m* altar *m*; **subir ao** ~ subir al altar
alta-roda ['awta-xɔda] <altas-rodas> *f* alta sociedad *f*; **circular pelas altas-rodas** moverse por la alta sociedad
alteração <-ões> [awtera'sãw, -'õjs] *f* **1.** (*modificação, transformação*) alteración *f* **2.** (*perturbação*) desorden *m*; **causar** ~ causar desórdenes
alterado, -a [awte'radu, -a] *adj* (*modificado, nervoso*) alterado, -a; (*adulterado*) adulterado, -a
alterar [awte'rar] **I.** *vt* **1.** (*modificar*) alterar **2.** (*adulterar*) adulterar; ~ **a verdade** adulterar la voz **II.** *vr:* ~-**se** alterarse
altercação <-ões> [awterka'sãw, -'õjs] *f* altercado *m*
altercar [awter'kar] <c→qu> *vt* altercar
alter ego [awte'rεgu] *m* álter ego *m*
alternadamente [awternada'mẽjtʃi] *adv* alternadamente
alternado, -a [awter'nadu, -a] *adj* alternado, -a
alternador [awterna'dor] *m* ELETR alternador *m*
alternância [awter'nãŋsia] *f* alternancia *f*
alternar [awter'nar] *vt* alternar
alternativa [awterna'tʃiva] *f* alternativa *f*; **ser uma boa** ~ **a a. c.** ser una buena alternativa a algo; **não haver outra** ~ no tener otra alternativa
alternativo, -a [awterna'tʃivu, -a] *adj* alternativo, -a
alteza [aw'teza] *f* alteza *f*; **Sua Alteza** Su Alteza
altímetro [aw'tʃimetru] *m* altímetro *m*
altitude [awtʃi'tudʒi] *f* altitud *m*
altivez [awtʃi'ves] *f sem pl* altivez *f*
altivo, -a [aw'tʃivu, -a] *adj* altivo, -a
alto ['awtu] **I.** *m* **1.** (*topo*) alto *m;* **do** ~ desde lo alto; **lá no** ~ allá en lo alto; **chutar a. c. para o** ~ abandonar algo; **ter** ~**s e baixos** *fig* sufrir altibajos **2.** (*direção*) **do** ~ de arriba **II.** *adv* alto; **por** ~ por encima; **falar** ~ hablar alto; **voar** ~ *fig* volar alto; **olhar alguém de** ~ **a baixo** mirar a alguien de arriba abajo **III.** *interj* ~ (**lá**)! ¡alto (ahí)!
alto, -a ['awtu, -a] *adj* **1.** (*geral*) alto, -a; ~ **escalão** máximo nivel; **alta sociedade** alta sociedad; **alta tecnologia** alta tecnología **2.** *inf* (*embriagado*) alegre; **estar/ficar** ~ estar/ponerse alegre
alto-astral [awtwas'traw, -'ajs] **I.** *adj* <alto-astrais> *inf* guay; **o meu vizinho é o maior** ~ mi vecino es súper guay **II.** *m* <altos-astrais> *inf* (*boa disposição*) buen humor *m*; (*sucesso*) exitazo *m*
alto-falante ['awtu-fa'lãntʃi] *m* altavoz *m*, altoparlante *m AmL*
alto-forno ['awtu-'fornu] <altos-fornos> *m* alto horno *m*
alto-mar ['awtu-'mar] <altos-mares> *m* alta mar *f*
alto-relevo ['awtu-xe'levu] <altos-relevos> *m* altorrelieve *m*
altruísmo [awtru'izmu] *m sem pl* altruismo *m*
altruísta [awtru'ista] *adj, mf* altruista *mf*
altura [aw'tura] *f* altura *f*; **ter 100 metros de** ~ tener 100 metros de altura; **ter um metro e meio de** ~ (*pessoa*) medir un metro y medio de altura; **a certa** ~ en cierto momento; **nessa/nesta** ~ a esas/estas alturas; **cair das** ~**s** *fig* llevarse una decepción; **estar à** ~ **de alguém/a. c.** estar a la altura de alguien/algo; **pôr alguém nas** ~**s** poner a alguien por las nubes;

alucinação 26 **amamentar**

responder à ~ responder a la altura; **na ~ dos acontecimentos/da situação** a la altura de los acontecimientos/de la situación; **nesta ~ do campeonato** *inf* a estas alturas
alucinação <-ões> [alusina'sɜ̃w, -õjs] *f* alucinación *f*
alucinado, -a [alusi'nadu, -a] *adj* alucinado, -a
alucinante [alusi'nɜ̃ntʃi] *adj* alucinante
alucinar [alusi'nar] *vt* provocar alucinaciones
alucinógeno [alusi'nɔʒenu] *m* alucinógeno *m*
aludir [alu'dʒir] *vt* aludir
alugar [alu'gar] <g→gu> *vt* 1.(*casa, bicicleta, filme, carro*) alquilar; **aluga-se** se alquila 2. *gíria* (*tomar o tempo*) robar el tiempo a; **ele sempre me aluga** siempre está robándome el tiempo
aluguel <-éis> [alu'gɛw, -'ɛjs] *m* alquiler *m*; **~ de automóveis** alquiler de automóviles; **pagar o ~** pagar el alquiler
alumiar [alumi'ar] *vi, vt* iluminar
alumínio [alu'miniw] *m* aluminio *m*
aluno, -a [a'lunu, -a] *m, f* alumno, -a *m, f*
alusão <-ões> [alu'zɜ̃w, -õjs] *f* alusión *f*; **fazer uma ~ a alguém/a. c.** hacer una alusión a alguien/algo
alusivo, -a [alu'zivu, -a] *adj* alusivo, -a; **ser ~ a a. c./alguém** aludir a algo/alguien
alusões [alu'zõjs] *f pl de* **alusão**
aluvião <-ões> [aluvi'ɜ̃w, -õjs] *m* aluvión *m*; **terra de ~** GEO tierra de aluvión
alvará [awva'ra] *m* (*para negócio, de construção*) permiso *m*
alvejante [awve'ʒɜ̃ntʃi] *m* blanqueador *m*
alvejar [awve'ʒar] *vt* (*com arma*) apuntar
alvenaria [awvena'ria] *f* albañilería *f*
alveolar [awveo'lar] *adj* LING alveolar
alvéolo [aw'vɛwlu] *m* alveolo *m*, alvéolo *m*
alvissareiro [awvisa'rejru] *m* portador *m* de buenas nuevas
alvitre [aw'vitri] *m* noticia *f*
alvo ['awvu] *m* blanco *m*; **acertar no ~** dar en el blanco; **errar o ~** no dar en el blanco; **ser ~ das atenções** ser el blanco de las atenciones
alvo, -a ['awvu, -a] *adj* 1.(*branco*) blanco, -a 2.(*puro*) puro, -a
alvorada [awvo'rada] *f* 1.(*manhã*) alborada *f* 2. MIL diana *f*; **toque de ~** toque de diana 3.(*princípio*) albores *mpl*; **a ~ da vida** los albores de la vida
alvorecer [awvore'ser] <c→ç> *vi* amanecer
alvoroçar [awvoro'sar] <ç→c> *vt* 1.(*inquietar, agitar, amotinar*) alborotar 2.(*entusiasmar*) alborozar
alvoroço [awvo'rosu] *m* 1.(*inquietação, agitação, motim*) alboroto *m* 2.(*entusiasmo*) alborozo *m*
alvura [aw'vura] *f* 1.(*brancura*) blancura *f* 2.(*pureza*) pureza *f*
ama ['ɜ̃ma] *f* 1.(*ama-seca*) ama *f* 2.(*dona da casa*) ama *f* de casa 3.(*governanta*) gobernanta *f*
amabilidade [ɜ̃mabiʎi'dadʒi] *f* amabilidad *f*
amabilíssimo, -a [ɜ̃mabi'ʎisimu, -a] *adj superl de* **amável**
amaciante [amasi'ɜ̃ntʃi] *m* (*de roupas*) suavizante *m*
amaciar [amasi'ar] I. *vt* (*a roupa*) suavizar; (*o couro*) ablandar; (*o motor*) hacer el rodaje de II. *vi* hacer el rodaje
ama de leite ['ɜ̃ma dʒi 'lejtʃi] <amas de leite> *f* ama *f* de cría
amado, -a [ɜ̃'madu, -a] *adj, m, f* amado, -a *m, f*
amador(a) [ama'dor(a)] <-es> *adj, m(f)* aficionado, -a *m, f*
amadorismo [amado'rizmu] *m* amateurismo *m*
amadorístico, -a [amado'ristʃiku, -a] *adj* de aficionado
amadurecer [amadure'ser] <c→ç> I. *vt* (*frutos, uma ideia*) madurar II. *vi fig* madurar
amadurecimento [amaduresi'mẽjtu] *m* maduración *f*
âmago ['ɜ̃magu] *m* centro *m*; **o ~ da questão** el quid de la cuestión
amainar [amɜj'nar] *vi* (*tempestade, ira*) amainar
amaldiçoar [amawdsu'ar] <*1. pess pres:* amaldiçoo> *vi, vt* maldecir
amálgama [a'mawgama] *f* amalgama *f*
amalgamar [amawga'mar] *vt* amalgamar
amamentação [amamẽjta'sɜ̃w] *f sem pl* amamantamiento *m*
amamentar [amamẽj'tar] *vt* amamantar

amanhã [amã'nã] I. *m* mañana *m* II. *adv* mañana; **~ de manhã** mañana por la mañana; **depois de ~** pasado mañana

amanhecer [amãɲe'ser] I. *m* amanecer *m;* **ao ~** al amanecer II. *vi* <c→ç> amanecer

amansar [amã'sar] I. *vt* (*domar*) amansar; (*serenar*) calmar II. *vi* amansarse; (*tempestade*) calmarse

amante [a'mãntʃi] *mf* amante *mf;* **~ da arte** amante del arte

amanteigado, -a [amãŋte'gadu, -a] *adj* (*biscoito*) preparado con mucha mantequilla

Amapá [ama'pa] *m* Amapá *m*

amar [a'mar] I. *vt* amar; **~ o próximo** amar al prójimo II. *vi* amar III. *vr:* **~-se** amarse

amarelado, -a [amare'ladu, -a] *adj* amarillento, -a

amarelar [amare'lar] *vi* 1. (*tornar amarelo*) volverse amarillo 2. (*acovardar-se*) acobardarse

amarelo [ama'rɛlu] *m* amarillo *m*

amarelo, -a [ama'rɛlu, -a] *adj* amarillo, -a; **sorriso ~** sonrisa forzada

amarfanhar [amarfã'ɲar] *vt* 1. (*amassar*) arrugar 2. (*humilhar*) maltratar

amargar [amar'gar] <g→gu> *vt* 1. (*tornar amargo*) amargar 2. (*sofrer*) sufrir; **os discursos dele eram de ~** sus discursos eran insufribles

amargo, -a [a'margu, -a] *adj* amargo, -a

amargor [amar'gor] <-es> *m* amargor *m*

amargura [amar'gura] *f* amargura *f*

amargurado, -a [amargu'radu, -a] *adj* amargado, -a

amargurar [amargu'rar] I. *vt* amargar II. *vr:* **~-se** amargarse

amaríssimo, -a [ama'risimu, -a] *adj superl de* **amargo**

amarra [a'maxa] *f* NÁUT amarra *f;* **soltar as ~s** soltar amarras

amarração <-ões> [amaxa'sãw, -õjs] *f infl*igue *m*

amarrado, -a [ama'xadu, -a] I. *pp de* **amarrar** II. *adj fig, inf* apasionado, -a; **ele está totalmente ~ na Paula** está coladito por Paula

amarrar [ama'xar] I. *vt* 1. (*atar*) atar; NÁUT amarrar; **~ a cara** *inf* poner mala cara; **~ o bode** *inf* poner cara de pocos amigos 2. (*firmar: um negócio*) cerrar 3. (*entravar*) dificultar II. *vi* NÁUT amarrar III. *vr:* **~-se** 1. (*com corda*) atarse 2. (*a pessoa*) enamorarse; **~-se em alguém** enamorarse de alguien

amarrotar [amaxo'tar] *vt* (*tecido*) arrugar

ama-seca ['ãma-'seka] <amas-secas> *f* ama *f*

amassado, -a [ama'sadu, -a] *adj* 1. (*chapa*) abollado, -a 2. (*tecido*) arrugado, -a

amassar [ama'sar] *vt* 1. (*a massa*) amasar 2. (*chapa, o carro*) abollar 3. (*tecido*) arrugar 4. *inf* (*a cara*) partir

amasso [a'masu] *m gíria* magreo *m*

amável <-eis> [a'mavew, -ejs] *adj* amable

amazona [ama'zona] *f* amazona *f*

Amazonas [ama'zonas] *m* Amazonas *m;* **o ~** el Amazonas

Amazônia [ama'zonia] *f* Amazonia *f*

amazônico, -a [ama'zoniku, -a] *adj* amazónico, -a

âmbar ['ãŋbar] <-es> *m* ámbar *m*

ambição <-ões> [ãŋbi'sãw, -õjs] *f* ambición *f*

ambicionar [ãŋbisjo'nar] *vt* ambicionar

ambicioso, -a [ãŋbisi'ozu, -'ɔza] *adj* ambicioso, -a

ambições [ãŋbi'sõjs] *f pl de* **ambição**

ambidestro, -a [ãŋbi'dɛstru, -a] *adj* ambidiestro, -a

ambiental <-ais> [ãŋbiẽj'taw, -'ajs] *adj* ambiental; **preservação ~** preservación del medio ambiente

ambientar [ãŋbiẽj'tar] I. *vt* ambientar II. *vr:* **~-se** ambientarse

ambiente [ãŋbi'ẽjtʃi] I. *adj* (*temperatura*) ambiente; (*poluição*) ambiental II. *m* ambiente *m;* INFOR entorno *m;* **~ pesado** ambiente cargado

ambiguidade [ãŋbigwi'dadʒi] *f* ambigüedad *f;* (*dúvida*) duda *f*

ambíguo, -a [ãŋ'bigwu, -a] *adj* ambiguo, -a; (*duvidoso*) dudoso, -a

âmbito ['ãŋbitu] *m* ámbito *m;* **~ de aplicação** ámbito de aplicación; **~ doméstico** ámbito doméstico; **no ~ do projeto** en el ámbito del proyecto

ambivalente [ãŋbiva'lẽjtʃi] *adj* ambivalente

ambos ['ãŋbus] *pron indef* ambos

ambrosia [ãŋbro'zia] *f* GASTR ambrosía *f*

ambrosia-americana [ãŋbro'zia-ameri'kana] <ambrosias-americanas> *f hierba de la familia de las compuestas nativa de Brasil, cuyas flores tienen*

propiedades curativas
ambulância [ãŋbuˈlãŋsia] *f* ambulancia *f*
ambulante [ãŋbuˈlãtʃi] *adj* ambulante; **teatro** ~ (*mambembe*) teatro ambulante; **vendedor** ~ vendedor ambulante
ambulatorial <-ais> [ãŋbulatoriˈaw, -ˈajs] *adj* MED (*tratamento*) ambulatorio, -a
ambulatório [ãŋbulaˈtɔriw] *m* MED ambulatorio *m*
ameaça [ameˈasa] *f* amenaza *f*; ~ **de bomba** amenaza de bomba; ~ **de morte** amenaza de muerte; **fazer uma** ~ **a alguém** amenazar a alguien
ameaçador(a) [ameasaˈdor(a)] <-es> *adj* amenazador(a)
ameaçar [ameaˈsar] <ç→c> *vt* amenazar; ~ **alguém de morte** amenazar a alguien de muerte; **a estante ameaçava cair** la estantería amenazaba caerse; **ele ameaçou uma resposta, mas preferiu ficar calado** amagó una respuesta pero prefirió callarse
amealhar [ameaˈʎar] I. *vi* 1. (*regatear*) regatear 2. (*economizar*) ahorrar II. *vt* (*uma fortuna*) acumular
ameba [aˈmɛba] *f* ZOOL ameba *f*
amedrontar [amedrõˈtar] *vt* amedrentar
ameixa [aˈmejʃa] *f* ciruela *f*
ameixa-preta [aˈmejʃa-ˈpreta] <ameixas-pretas> *f* ciruela *f* pasa
ameixeira [amejˈʃejra] *f* ciruelo *m*
amélia [aˈmɛʎia] *f inf* mujer *f* entregada
amém [aˈmẽj] I. *m* aprobación *f*; **fechou o negócio depois do** ~ **do sócio** cerró el negocio después de la aprobación del socio; **dar** [*ou* **dizer**] ~ **a tudo** decir amén a todo II. *interj* amén
amêndoa [aˈmẽjdua] *f* almendra *f*
amendoeira [amẽjduˈejra] *f* almendro *m*
amendoim [amẽjduˈĩj] <-ins> *m* cacahuete *m*, maní *m CSur*, cacahuate *m Méx*
amenidade [ameniˈdadʒi] *f* 1. (*no trato*) suavidad *f* 2. *pl* (*assuntos leves*) banalidades *mpl*; **gostava somente de conversar sobre** ~**s** sólo le gustaba conversar sobre banalidades
amenizar [ameniˈzar] *vt* suavizar
ameno, -a [aˈmenu, -a] *adj* agradable
amenorreia [amenoˈxɛja] *f* MED amenorrea *f*

América [aˈmɛrika] *f* América *f*; ~ **Central** América Central; ~ **Latina** América Latina; ~ **do Norte** América del Norte; ~ **do Sul** América del Sur
americanice [amerikãˈnisi] *f pej, inf* americanada *f*
americanismo [amerikãˈnizmu] *m* americanismo *m*
americano, -a [ameriˈkɐnu, -a] *adj, m, f* americano, -a *m, f*
amestrado, -a [amesˈtradu, -a] *adj* amaestrado, -a
amestrar [amesˈtrar] *vt* amaestrar
ametista [ameˈtʃista] *f* MIN amatista *f*
amianto [amiˈãtu] *m* amianto *m*
amicíssimo, -a [amiˈsisimu, -a] *adj superl de* **amigo**
amido [aˈmidu] *m* almidón *m*
amigão <-ões> [amiˈgãw, -õjs] *m* gran amigo *m*
amigável <-eis> [amiˈgavew, -ejs] *adj* amigable; **separação** ~ separación amigable
amígdala [aˈmigdala] *f* amígdala *f*
amigdalite [amidaˈʎitʃi] *f* MED amigdalitis *f*
amigo, -a [ãˈmigu, -a] I. *adj* amigo, -a; **ser** ~ **das artes** ser amigo de las letras II. *m, f* amigo, -a *m, f*; ~ **do peito** amigo íntimo; **cara de poucos** ~**s** cara de pocos amigos
amigo da onça, amiga da onça [ãˈmigu da ˈõwsa, -a da] <amigos da onça, amigas da onça> *m, f inf* mal amigo *m*, mala amiga *f*
amigões [amiˈgõjs] *m pl de* **amigão**
amigo-oculto [ãˈmigw-oˈkuwtu] <amigos-ocultos> *m* amigo *m* invisible
aminoácido [aminoˈasidu] *m* aminoácido *m*
amistoso, -a [amisˈtozu, -ˈɔza] *adj* (*relações, acordo, jogo*) amistoso, -a
amiúde [amiˈudʒi] *adv* a menudo
amizade [amiˈzadʒi] *f* 1. amistad *f*; **travar** ~ **com alguém** entablar amistad con alguien; **fazer** ~**s** hacer amigos 2. *inf* **ei,** ~, **quanto é o café?** eh, amigo, ¿cuánto es el café?
amnésia [amiˈnɛzia] *f* amnesia *f*
amniocentese [amnjosẽjˈtɛzi] *f* MED amniocentesis *f*
amo [ˈɐmu] *m* 1. (*dono da casa*) amo *m* 2. (*patrão*) patrón *m*
amofinado, -a [amofiˈnadu, -a] *adj* infeliz
amolação [amolaˈsãw] *f* molestia *f*

amolar [amo'lar] *vt* **1.** (*afiar*) afilar **2.** (*molestar*) molestar

amolecer [amole'ser] <c→ç> **I.** *vt* ablandar **II.** *vi* ablandarse

amônia [a'monia] *f* solución *f* acuosa de amoniaco

amoníaco [amo'niaku] *m* amoniaco *m*, amoníaco *m*

amônio [a'moniw] *m* amonio *m*

amontoado [amõwtu'adu] *m* montón *m*; **um ~ de pessoas** un montón de personas

amontoado, -a [amõwtu'adu, -a] *adj* amontonado, -a

amontoar [amõwtu'ar] <*1. pess pres:* amontoo> **I.** *vt* amontonar **II.** *vr:* ~-se (*pessoas*) amontonarse

amor [a'mor] *m* amor *m;* **meu ~** amor mío; **~ à primeira vista** amor a primera vista; **fazer algo por ~ a alguém/a. c.** hacer algo por amor a alguien/algo; **fazer ~ com alguém** hacer el amor con alguien; **morrer de ~ por alguém** morir de amor por alguien; **ter ~ por alguém/a. c.** sentir amor por alguien/algo; **ter ~ ao próximo** amar al prójimo; **ter ~ à vida** amar la vida; **não morre de ~es por mim** *irôn* no le caigo muy bien; **pelo ~ de Deus!** ¡por el amor de Dios!; **ela é um ~ de pessoa** es un encanto de persona; **o ~ é cego** el amor es ciego

amora [a'mɔra] *f* mora *f*

amoral <-ais> [amo'raw, -'ajs] *adj, mf* amoral *mf*

amordaçar [amorda'sar] <ç→c> *vt* amordazar

amoreira [amo'rejra] *f* morera *f*

amorfo, -a [a'mɔrfu, -a] *adj* amorfo, -a

amoroso, -a [amo'rozu, -'ɔza] *adj* amoroso, -a

amor-perfeito [a'mor-per'fejtu] <amores-perfeitos> *m* BOT pensamiento *m*

amor-próprio [a'mor-'prɔpriw] <amores-próprios> *m* amor *m* propio

amortalhar [amorta'ʎar] *vt* amortajar

amortecedor [amortese'dor] <-es> *m* amortiguador *m*

amortecedor(a) [amortese'dor(a)] *adj* amortiguador(a)

amortecer [amorte'ser] <c→ç> *vt* (*ruído, choque, queda*) amortiguar; (*dor*) adormecer

amortecido, -a [amorte'sidu, -a] *adj* (*dor, raiva, pés*) adormecido, -a; (*golpe*) amortiguado, -a

amortização <-ões> [amortza'sãw, -õjs] *f* ECON amortización *f;* **~ de ágios** amortización de intereses; **~ de dívidas** amortización de deudas; **~ de empréstimos** amortización de préstamos

amortizar [amort'zar] *vt* ECON (*uma dívida*) amortizar

amostra [a'mɔstra] *f* muestra *f;* **~ de mercadoria** muestra de la mercancía; **de ~** de muestra

amostragem [amos'traʒẽj] <-ens> *f* (*estatística*) muestreo *m*

amotinado, -a [amotʃi'nadu, -a] *adj* (*presos*) amotinado, -a

amotinar [amotʃi'nar] **I.** *vt* amotinar **II.** *vr:* ~-se amotinarse

amparar [ãŋpa'rar] **I.** *vt* (*apoiar*) sujetar; (*sustentar, patrocinar*) sustentar; (*proteger*) amparar **II.** *vr:* ~-se apoyarse; ~-se na [*ou* contra a] parede apoyarse en la pared

amparo [ãŋ'paru] *m* **1.** (*apoio*) apoyo *m*; (*ajuda*) sustento *m* **2.** (*proteção*) amparo *m*

amperagem [ãŋpe'raʒẽj] <-ens> *f* amperaje *m*

ampere [ãŋ'pɛri] *m* FÍS amperio *m*

ampere-hora [ãŋ'pɛri-'ɔra] <amperes--hora(s)> *m* FÍS amperio *m* hora

amperímetro [ãŋpɛ'rimetru] *m* FÍS amperímetro *m*

ampliação <-ões> [ãŋplia'sãw, -õjs] *f* ampliación *f*

ampliar [ãŋpli'ar] *vt* ampliar

ampliável <-eis> [ãŋplia'vew, -ejs] *adj* ampliable

amplificação <-ões> [ãŋplifika'sãw, -õjs] *f* **1.** (*de som*) amplificación *f* **2.** (*ampliação*) ampliación *f*

amplificador [ãŋplifika'dor] <-es> *m* ELETR amplificador *m*

amplificar [ãŋplifi'kar] <c→qu> *vt* **1.** (*som*) amplificar **2.** (*ampliar*) ampliar

amplitude [ãŋpli'tudʒi] *f* amplitud *f*

amplo, -a ['ãŋplu, -a] *adj* **1.** (*geral*) amplio, -a **2.** (*abundante, rico*) numeroso, -a

ampola [ãŋ'pola] *f* MED ampolla *f*

ampulheta [ãŋpu'ʎeta] *f* reloj *m* de arena

amputação <-ões> [ãŋputa'sãw, -õjs] *f* MED amputación *f*

amputar [ãŋpu'tar] *vt* MED amputar

amuado, -a [amu'adu, -a] *adj* malhumorado, -a

amuar-se [amu'arsi] *vr* ponerse de mal humor
amuleto [amu'letu] *m* amuleto *m*
anabolizante [anaboli'zɜ̃ŋtʃi] *m* MED anabolizante *m*
anacrônico, -a [ana'kroniku, -a] *adj* (*ideias*) anacrónico, -a
anacronismo [anakro'nizmu] *m* anacronismo *m*
anaeróbio, -a [anae'ɔbiw, -a] *adj* (*vida, microrganismo*) anaerobio, -a
anafilático, -a [anafi'latʃiku, -a] *adj* MED (*choque*) anafiláctico, -a
anáfora [a'nafora] *f* LING anáfora *f*
anagrama [ãna'grãma] *m* anagrama *m*
anais [ɜ̃'najs] *mpl* anales *mpl*
anal <-ais> [ɜ̃'naw, -'ajs] *adj* anal
analfabetismo [anawfabe'tʃizmu] *m* analfabetismo *m*
analfabeto, -a [anawfa'bɛtu, -a] I. *adj* analfabeto, -a II. *m, f* analfabeto, -a *m, f*; ~ **funcional** analfabeto funcional; ~ **de pai e mãe** analfabeto total
analgésico [anaw'ʒɛziku] *m* MED analgésico *m*
analgésico, -a [anaw'ʒɛziku, -a] *adj* MED analgésico, -a
analisador [anaʎiza'dor] <-es> *m* FÍS analizador *m*
analisar [anaʎi'zar] *vt* analizar
analisável <-eis> [anaʎi'zavew, -ejs] *adj* analizable
análise [a'naʎizi] *f* análisis *m inv*; ~ **de custo-benefício** análisis de costo-beneficio; ~ **de dados** MAT análisis de datos; ~ **laboratorial** análisis de laboratorio; ~ **de mercado** análisis de mercado; ~ **química** análisis químico; ~ **de sangue** análisis de sangre; ~ **sintática** análisis sintáctico; **fazer** ~ ir al psicólogo; **fazer uma** ~ hacer un análisis; **em última** ~ en última instancia
analista [ana'ʎista] *mf* analista *mf*
analítico, -a [ana'ʎitʃiku, -a] *adj* analítico, -a
analogia [analo'ʒia] *f* analogía *f*
analógico, -a [ana'lɔʒiku, -a] *adj* analógico, -a; **relógio** ~ reloj analógico
analogismo [analo'ʒizmu] *m* analogía *f*; LING *doctrina de los analogistas*
análogo, -a [a'nalugu, -a] *adj* análogo, -a; **ser ~ a a. c.** ser análogo a algo
anamnese [anami'nɛzi] *f* MED anamnesis *f inv*
anão, anã <-ões, -ãos> [a'nɜ̃w, -ɜ̃ -õjs, -ɜ̃w] *adj, m, f* enano, -a *m, f*

anarquia [anar'kia] *f* anarquía *f*
anárquico, -a [a'narkiku, -a] *adj* anárquico, -a
anarquista [anar'kista] *adj, mf* anarquista *mf*
anatomia [anato'mia] *f* anatomía *f*; ~ **de um crime** anatomía de un crimen
anatômico, -a [ana'tomiku, -a] *adj* (*colchão*) anatómico, -a
anca ['ɜ̃ŋka] *f* cadera *f*
ancestrais [ɜ̃ŋses'trajs] *mpl* ancestros *mpl*
ancestral <-ais> [ɜ̃ŋses'traw, -'ajs] *adj* ancestral
anchova [ɜ̃ŋ'ʃova] *f* anchoa *f*
ancião, anciã <-ãos *ou* -ões, -ães> [ɜ̃nsi'ɜ̃w, -'ɜ̃, -'ɜ̃ws, -'ɜ̃js, -'õjs] *adj, m, f* anciano, -a *m, f*
ancilose [ɜ̃nsi'lɔzi] *f* MED anquilosamiento *m*
ancilóstomo [ɜ̃nsi'lɔstomu] *m* BIO anquilostoma *m*
ancinho [ɜ̃n'sĩɲu] *m* rastrillo *m*
anciões [ɜ̃nsi'õjs] *m pl de* **ancião**
âncora¹ ['ɜ̃ŋkora] *f* 1. NÁUT ancla *f*; **levantar** ~ levar anclas 2. ECON ~ **cambial** fijación *f* de la tasa de cambio
âncora² ['ɜ̃ŋkora] *mf* TV presentador(a) *m(f)*
ancorado, -a [ɜ̃ŋko'radu, -a] *adj* NÁUT anclado, -a
ancoradouro [ɜ̃ŋkora'dowru] *m* NÁUT fondeadero *m*
ancoragem [ɜ̃ŋko'raʒẽj] <-ens> *f* NÁUT 1. (*lançamento de âncora*) anclaje *m* 2. (*imposto*) impuesto cobrado por fondear en un puerto
ancorar [ɜ̃ŋko'rar] I. *vt* 1. NÁUT anclar 2. TV presentar II. *vi* NÁUT anclar
andada [ɜ̃n'dada] *f* **dar uma** ~ hacer una caminata
andador [ɜ̃nda'dor] <-es> *m* (*aparelho*) andador *m*
andaime [ɜ̃n'dɜ̃jmi] *m* andamio *m*; ~ **suspenso** andamio suspendido
andamento [ɜ̃nda'mẽjtu] *m* 1.(*progresso*) evolución *f*; (*curso*) curso *m*; **dar ~ a a. c.** tramitar algo; **estar em ~** estar en tramitación; **pôr a. c. em ~** poner algo en marcha 2. MÚS tempo *m*
andanças [ɜ̃n'dɜ̃nsas] *fpl* andanzas *fpl*
andante¹ [ɜ̃n'dɜ̃ntʃi] *adj* andante
andante² [ɜ̃n'dɜ̃ntʃi] *m* MÚS andante *m*
andar [ɜ̃n'dar] I. *m* 1.(*de edifício*) piso *m*; ~ **térreo** planta baja 2.(*movimen-*

andarilho — **angolano**

to) andar *m*; **o ~ das coisas** la marcha de las cosas; **ter um ~ despreocupado** tener andares despreocupados **II.** *vi* **1.**(*movimentar-se*) andar, caminar; (*com transporte*) ir; **~ de avião/barco/bicicleta/carro** ir en avión/barco/bicicleta/coche; **~ a cavalo** ir a caballo; **~ a pé** ir a pie; **~ atrás de alguém** *tb. fig* ir atrás de alguien; **onde será que ele anda?** ¿por dónde andará?; **anda!** ¡venga! **2.**(*exercer uma atividade*) andar; **ela anda fazendo ginástica ultimamente** anda haciendo gimnasia últimamente **3.**(*funcionar*) andar; **a máquina não anda** la máquina no anda **4.**(*decorrer*) pasar; **deixar ~** dejar pasar **5.**(*progredir*) ir; **o processo andou rápido** el proceso fue rápido **6.**(*estar*) estar; **~ fora de si** estar fuera de sí; **~ mal das pernas** estar mal de las piernas; **~ de mal a pior** ir de mal en peor; **~ triste** estar triste; **eu ando bem** estoy bien; **a quantas anda aquele negócio?** ¿cómo anda ese negocio? **7.** *inf* (*estar com alguém*) andar; **as duas andavam sempre juntas** las dos siempre andaban juntas; **ele gosta de ~ com as amigas da irmã** le gusta andar con las amigas de su hermana

andarilho [ɐ̃nda'riʎu] *m* andarín *m*

Andes ['ɐ̃ndɛs] *mpl* **os ~** los Andes

andor [ɐ̃n'dor] *m* andas *fpl;* **devagar com o ~ que o santo é de barro** *prov* ≈ correr demasiado

andorinha [ɐ̃ndu'riɲa] *f* golondrina *f*; **uma ~ (só) não faz verão** *prov* una golondrina no hace verano

andrajos [ɐ̃n'draʒus] *mpl* andrajos *mpl*

andrógino, -a [ɐ̃n'drɔʒinu, -a] *adj, m, f* andrógino, -a *m, f*

androide [ɐ̃n'drɔjdʒi] *m* androide *m*

anedota [ane'dɔta] *f* chiste *m*

anedotário [anedo'tariw] *m* colección *f* de chistes

anel <-éis> [ɐ'nɛw, -'ɛjs] *m* **1.** anillo *m;* **vão-se os anéis, ficam os dedos** *prov* más vale quedarse con lo importante **2.**(*de cabelo*) rizo *m* **3.**(*de corrente*) eslabón *m* **4.**(*de rodovia*) **~ viário** anillo vial

anemia [ane'mia] *f* MED anemia *f*

anêmico, -a [a'nemiku, -a] *adj* **1.** MED anémico, -a **2.** *fig* (*sem brilho*) flojo, -a

anemômetro [ane'mometru] *m* METEO anemómetro *m*

anêmona-do-mar [a'nemuna-du-'mar] <anêmonas-do-mar> *f* ZOOL anémona *f* de mar

anestesia [aneste'zia] *f* MED anestesia *f*; **~ geral/local** anestesia general/local

anestesiar [anestezi'ar] *vt* MED anestesiar

anestésico [anes'tɛziku] *m* MED anestésico *m*

anestésico, -a [anes'tɛziku, -a] *adj* MED anestésico, -a

anestesista [aneste'zista] *mf* anestesista *mf*

aneurisma [anew'rizma] *m* MED aneurisma *m*

anexação <-ões> [aneksa'sɐ̃w, -õjs] *f* POL anexión *f*

anexar [anek'sar] <*pp*: anexo *ou* anexado> **I.** *vt* **1.** POL anexionar **2.**(*um documento*) anexar **II.** *vr:* **~-se** juntarse; **~-se a uma região** juntarse a una región

anexo [a'nɛksu] *m* anexo *m;* **em ~** anexo

anexo, -a [a'nɛksu, -a] *adj* anexo, -a

anfetamina [ɐ̃nfeta'mina] *f* anfetamina *f*

anfíbio [ɐ̃n'fibiw] *m* anfibio *m*

anfíbio, -a [ɐ̃n'fibiw, -a] *adj* anfibio, -a

anfiteatro [ɐ̃nfitʃi'atru] *m* anfiteatro *m*

anfitrião, anfitriã <-ões> [ɐ̃nfitri'ɐ̃w, -'ɐ̃, -õjs] *m, f* anfitrión, -ona *m, f*

ânfora ['ɐ̃nfora] *f* (*vaso*) ánfora *f*

angariação <-ões> [ɐ̃ngaria'sɐ̃w, -õjs] *f* (*de pessoas*) reclutamiento *m;* **~ de fundos** recaudación de fondos

angariar [ɐ̃ngari'ar] *vt* **1.**(*obter, conseguir*) conseguir; **~ simpatias** granjearse simpatías **2.**(*pessoa*) reclutar **3.**(*dinheiro*) recaudar **4.**(*votos*) solicitar

angelical <-ais> [ɐ̃nʒeʎi'kaw, -'ajs] *adj* angelical

angina [ɐ̃'ʒina] *f* MED angina *f*; **~ do peito** angina de pecho

anglicano, -a [ɐ̃ngli'kɐ̃nu, -a] *adj, m, f* anglicano, -a *m, f*

anglicismo [ɐ̃ngli'sizmu] *m* LING anglicismo *m*

anglo-saxão, anglo-saxã <-ões> ['ɐ̃nglu-sak'sɐ̃w, -'ɐ̃, -õjs] *m, f* anglosajón, -ona *m, f*

anglo-saxônico, -a ['ɐ̃nglu-sak'soniku, -a] *adj* anglosajón, -ona

Angola [ɐ̃'gɔla] *f* Angola *f*

angolano, -a [ɐ̃ngo'lɐ̃nu, -a] *adj, m, f*

angoleño, -a *m, f*
angorá [ãŋgo'ra] *adj* (*gato*) de Angora
angra ['ãŋgra] *f* ensenada *f*
angu [ãŋ'gu] *m* GASTR *papilla hecha con harina de maíz;* **estar num ~** *inf* estar metido en un follón
angulação <-ões> [ãŋgula'sãw, -õjs] *f* angulación *f*
angular [ãŋgu'lar] <-es> *adj* angular
ângulo ['ãŋgulu] *m* ángulo *m;* **~ agudo/obtuso/reto** ángulo agudo/obtuso/recto
anguloso, -a [ãŋgu'lozu, -'ɔza] *adj* (*rosto*) anguloso, -a
angústia [ãŋ'guʃtʃia] *f* angustia *f*
angustiado, -a [ãŋguʃtʃi'adu, -a] *adj* angustiado, -a
angustiante [ãŋguʃtʃi'ãntʃi] *adj* angustiante
angustiar [ãŋguʃtʃi'ar] **I.** *vt* angustiar **II.** *vr:* **~-se** angustiarse
anidrido, -a [ãni'dridu, -a] *adj* QUÍM anhídrido *m*
anil [ã'niw] *sem pl* **I.** *adj* (*cor*) añil **II.** *m* añil *m*
anilha [ã'niʎa] *f* anilla *f*
anilina [ani'ʎina] *f* anilina *f*
animação <-ões> [ãnima'sãw, -õjs] *f* animación *f*
animado, -a [ãni'madu, -a] *adj* animado, -a
animador(a) [ãnima'dor(a)] <-es> *adj, m(f)* animador(a) *m(f)*
animal <-ais> [ãni'maw, -'ajs] **I.** *adj* animal **II.** *m* animal *m;* **~ doméstico** [*ou* **de estimação**] animal doméstico
animalesco, -a [ãnima'lesku, -a] *adj* animal
animar [ãni'mar] **I.** *vt* animar **II.** *vr:* **~-se** animarse
anímico, -a [ã'nimiku, -a] *adj* anímico, -a
ânimo ['ãnimu] **I.** *m* ánimo *m;* **recobrar o ~** recobrar el ánimo **II.** *interj* ánimo
animosidade [ãnimozi'dadʒi] *f* animosidad *f*
aninhar [ãniˈɲar] **I.** *vt* (*acolher*) amparar **II.** *vr:* **~-se** anidar
ânion ['ãniõw] *m* QUÍM anión *m*
aniquilação [anikila'sãw] *f sem pl* aniquilación *f*
aniquilado, -a [ãniki'ladu, -a] *adj* (*inimigo*) aniquilado, -a; (*moralmente*) destruido, -a
aniquilar [ãniki'lar] **I.** *vt* (*o inimigo*) aniquilar; (*moralmente*) destruir **II.** *vr:* **~-se** destruirse
anis [ã'nis] *m* anís *m*
anistia [ãnis'tʃia] *f* amnistía *f*
anistiado, -a [ãnistʃi'adu, -a] *adj* amnistiado, -a
anistiar [ãnistʃi'ar] *vt* amnistiar
aniversariante [ãniversari'ãntʃi] *mf* persona que cumple años
aniversário [ãniver'sariw] *m* (*de nascimento*) cumpleaños *m inv;* (*de um evento*) aniversario *m;* **~ de casamento** aniversario de boda; **quando é o seu ~?** ¿cuándo es tu cumpleaños?; **faço ~ no dia 14 de junho** cumplo años el 14 de junio; **ela faz ~ amanhã** mañana es su cumpleaños
anjinho [ãŋ'ʒiɲu] *m dim de* **anjo** **1.** (*criança comportada*) angelito *m* **2.** *irôn* (*inocente*) pobrecito *m*
anjo ['ãŋʒu] *m* ángel *m;* **~ da guarda** ángel de la guardia; **dormir como um ~** dormir como un ángel
ano ['ãnu] *m* año *m;* **~ bissexto** año bisiesto; **~ civil** año civil; **~ corrente** año en curso; **~ fiscal** año fiscal; **~ letivo** año lectivo; **ao/por ~** al/por año; **os ~s cinquenta** los años cincuenta; **no ~ de 1980** en el año 1980; **no ~ passado** el año pasado; **no próximo ~** el próximo año; **passar de ~** pasar de año; **quantos ~s ele tem?** ¿cuántos años tiene?; **ele tem 18 ~s** tiene 18 años; **fazer 20 ~s** cumplir 20 años
ano-base ['ãnu-'bazi] <anos-base(s)> *m* año *m* de partida
anões [a'nõjs] *m pl de* **anão**
anoitecer¹ [anojte'ser] *m* anochecer *m;* **ao ~** al anochecer
anoitecer² [anojte'ser] <c→ç> *vi* anochecer
ano-luz ['ãnu-'lus] <anos-luz> *m* año *m* luz
anomalia [anoma'ʎia] *f* anomalía *f*
anômalo, -a [a'nomalu, -a] *adj* anómalo, -a
anonimato [anoni'matu] *m* anonimato *m*
anônimo, -a [a'nonimu, -a] *adj* anónimo, -a
ano-novo ['ãnu-'novu] <anos-novos> *m* año *m* nuevo
anorexia [ãnorek'sia] *f* MED anorexia *f*
anoréxico, -a [ãno'reksiku, -a] *adj* MED anoréxico, -a
anorexígeno [anorek'siʒenu] *m* MED

anorexígeno *m*

anormal <-ais> [anor'maw, -'ajs] *adj* anormal

anormalidade [anormaʎi'dadʒi] *f* anormalidad *f*

anotação <-ões> [anota'sãw, -õjs] *f* anotación *f*

anotar [ano'tar] *vt* anotar

anseio [ãŋ'seju] *m* anhelo *m*

ânsia ['ãŋsia] *f* **1.** (*desejo, aflição*) ansia *f*; ~ **de aprender** ansia de aprender; ~ **de poder** ansia de poder **2.** *pl* (*mal-estar*) ansias *fpl*

ansiar [ãŋsi'ar] *irr como odiar* **I.** *vt* **1.** (*desejar*) ansiar **2.** (*afligir*) provocar ansia a **II.** *vi* (*desejar*) ansiar; ~ **por dias melhores** ansiar días mejores

ansiedade [ãŋsie'dadʒi] *f* ansiedad *f*

ansioso, -a [ãŋsi'ozu, -'ɔza] *adj* ansioso, -a; **estar ~ por algo** estar ansioso por algo

anta¹ ['ãŋta] *f* ZOOL tapir *m*

anta² ['ãŋta] *mf inf* (*pessoa*) bruto, -a *m, f*

antagônico, -a [ãŋta'goniku, -a] *adj* antagónico, -a

antagonismo [ãŋtago'nizmu] *m* antagonismo *m*

antagonista [ãŋtago'nista] *mf* antagonista *mf*

antagonizar [ãŋtagoni'zar] *vt* antagonizar

antártico, -a [ãŋ'tartʃiku, -a] *adj* (*pólo*) sur; (*continente*) antártico, -a

Antártida [ãŋ'tartʃika] *f* Antártida *f*

ante ['ãŋtʃi] *prep* (*diante de*) ante

antebraço [ãŋte'brasu] *m* antebrazo *m*

antecâmara [ãŋte'kãmara] *f* antecámara *f*

antecedência [ãŋtese'dẽjsia] *f* antecedencia *f*

antecedente [ãŋtese'dẽjtʃi] *adj* antecedente

antecedentes [ãŋtese'dẽjts] *mpl* antecedentes *mpl*; **ter ~ criminais** tener antecedentes (penales); **sem ~** sin antecedentes

anteceder [ãŋtese'der] **I.** *vt* preceder **II.** *vr*: **~-se** anticiparse

antecessor(a) [ãŋtese'sor(a)] <-es> *m(f)* antecesor(a) *m(f)*

antecipação <-ões> [ãŋtesipa'sãw, -õjs] *f* anticipación *f*

antecipadamente [ãŋtesipada'mẽjtʃi] *adv* anticipadamente

antecipado, -a [ãŋtesi'padu, -a] *adj* anticipado, -a

antecipar [ãŋtesi'par] **I.** *vt* anticipar **II.** *vr*: **~-se** anticiparse; **~-se a fazer a. c.** anticiparse a hacer algo

antemão [ãŋte'mãw] *adv* **de ~** de antemano

antena [ãŋ'tena] *f* antena *f*; **~ parabólica** antena parabólica; **de ~ ligada** con la antena puesta

antenado, -a [ãŋte'nadu, -a] *adj inf* (*bem informado*) enterado, -a

anteontem [ãŋtʃi'õwtẽj] *adv* anteayer

anteparo [ãŋte'paru] *m* biombo *m*

antepassado, -a [ãŋtepa'sadu, -a] **I.** *adj* ya pasado **II.** *m, f* antepasado, -a *m, f*

antepasto [ãŋte'pastu] *m* entrante *m*

antepenúltimo, -a [ãŋtepe'nuwtʃimu, -a] *adj* antepenúltimo, -a

anteprojeto [ãŋtʃipro'ʒɛtu] *m* anteproyecto *m*

anterior [ãŋteri'or] <-es> *adj* anterior

anteriormente [ãŋterjor'mẽjtʃi] *adv* anteriormente

antes ['ãŋts] *adv* **1.** (*temporal*) antes; **alguns dias ~** algunos días antes; **ele vai chegar ~** él va a llegar antes **2.** (*de preferência*) mejor; **~ fico em casa** mejor me quedo en casa; **~ tarde do que nunca** *prov* más vale tarde que nunca **3.** (*pelo contrário*) por el contrario; **~ assim** mejor así **4.** (+ *de*) **~ de antes de;** **~ de comer** antes de comer; **~ do tempo** antes de tiempo; **~ de tudo** [*ou* **de mais nada**] antes de nada **5.** (+ *que*) **~ que** + *subj* antes que + *subj*; **~ que chova** antes que llueva

antessala [ãŋt-'sala] *f* antesala *f*

antever [ãŋte'ver] *irr como ver* vt prever

antevéspera [ãŋtʃi'vɛspera] *f* antevíspera *f*; **na ~ de** en la antevíspera de

antiácido [ãŋtʃi'asidu] *m* antiácido *m*

antiácido, -a [ãŋtʃi'asidu, -a] *adj* antiácido, -a

antiaderente [ãŋtʃjade'rẽjtʃi] *m* antiadherente *m*

antiaéreo, -a [ãŋtʃja'ɛriw, -a] *adj* antiaéreo, -a; **abrigo ~** refugio antiaéreo; **defesa antiaérea** defensa antiaérea

antiAids [ãŋtʃi'ajdʒis] *adj inv* MED antisida *inv*

antialérgico [ãŋtʃja'lɛrʒiku] *m* antialérgico *m*

antiamericanismo [ãŋtʃjamerikã'nizmu] *m sem pl* antiamericanismo *m*

antibiótico [ãŋtʃibi'ɔtʃiku] *m* MED anti-

biótico *m*
antibiótico, -a [ɜ̃ntʃibi'ɔtʃiku, -a] *adj* MED antibiótico, -a
anticaspa [ɜ̃ntʃi'kaspa] *adj inv* (*xampu*) anticaspa *inv*
anticiclone [ɜ̃ntsi'kloni] *m* METEO anticiclón *m*
anticlerical <-ais> [ɜ̃ntʃikleri'kaw, -'ajs] *adj* anticlerical
anticlímax <-ces> [ɜ̃ntʃi'klimaks, -ses] *m* anticlímax *m*
anticoagulante [ɜ̃ntʃikwagu'lɜ̃ntʃi] *m* anticoagulante *m*
anticoncepcional <-ais> [ɜ̃ntʃikõwsepsjo'naw, -'ajs] I. *adj* anticonceptivo, -a II. *m* anticonceptivo *m*
anticongelante [ɜ̃ntʃikõwʒe'lɜ̃ntʃi] *adj*, *m* anticongelante *m*
anticonstitucional <-ais> [ɜ̃ntʃikõwstʃitusjo'naw, -'ajs] *adj* anticonstitucional
anticorpo [ɜ̃ntʃi'korpu] *m* anticuerpo *m*
anticorrosivo, -a [ɜ̃ntʃikoxo'zivu, -a] *adj* anticorrosivo, -a
anticorrupção <-ões> [ɜ̃ntʃikoxup'sɜ̃w, -'õjs] *f* POL anticorrupción *f*
anticristo [ɜ̃ntʃi'kristu] *m* anticristo *m*
antidemocrata [ɜ̃ntʃidemo'krata] *mf* antidemócrata *mf*
antidemocrático, -a [ɜ̃ntʃidemo'kratʃiku, -a] *adj* antidemocrático, -a
antidepressivo [ɜ̃ntʃidepre'sivu] *m* antidepresivo *m*
antiderrapante [ɜ̃ntʃidexa'pɜ̃ntʃi] *adj* TÉC antideslizante
antídoto [ɜ̃n'tʃidotu] *m* MED antídoto *m*
antiespasmódico, -a [ɜ̃ntʃiespaz'mɔdʒiku, -a] *adj* MED antiespasmódico, -a
antiesportivo, -a [ɜ̃ntʃiespor'tʃivu, -a] *adj* antideportivo, -a
antiestático, -a [ɜ̃ntʃijes'tatʃiku, -a] *adj* FÍS antiestático, -a
antiestético, -a [ɜ̃ntʃijes'tɛtʃiku, -a] *adj* antiestético, -a
antiético, -a [ɜ̃ntʃi'ɛtʃiku, -a] *adj* (*atitude*) sin ética
antifúngico [ɜ̃ntʃi'fũwʒiku] *m* fungicida *m*
antifurto [ɜ̃ntʃi'furtu] *adj inv* (*travas*) antirrobo *inv*
antigamente [ɜ̃ntʃiga'mẽntʃi] *adv* antiguamente
antígeno [ɜ̃n'tʃiʒenu] *m* antígeno *m*
antigo, -a [ɜ̃n'tʃigu, -a] I. *adj* antiguo, -a; **os ~s alunos** los antiguos alumnos; **o**

Antigo Testamento el Antiguo Testamento; **civilizações antigas** civilizaciones antiguas; **costumes ~s** costumbres antiguas II. *adv* **à antiga** a la antigua
antigripal <-ais> [ɜ̃ntʃigri'paw, -'ajs] *adj*, *m* antigripal *m*
antiguidade [ɜ̃ntʃigwi'dadʒi] *f* antigüedad *f*
antiguidades [ɜ̃ntʃigwi'dads] *fpl* antigüedades *fpl*
anti-herói ['ɜ̃ntʃje'rɔj] *m* antihéroe *m*
anti-higiênico, -a ['ɜ̃ntʃi'ʒjeniku, -a] *adj* antihigiénico, -a
anti-histamínico ['ɜ̃ntʃsta'miniko] *m* antihistamínico *m*
anti-horário [ɜ̃ntʃjo'rariw] *adj* (*sentido*) contrario al de las agujas del reloj
anti-inflacionário, -a [ɜ̃ntʃĩjflasjo'nariw, -a] *adj* antiinflacionista
anti-inflamatório [ɜ̃ntʃĩjflɜ̃ma'tɔriw] *m* antiinflamatorio *m*
antílope [ɜ̃n'tʃilopi] *m* antílope *m*
antimilitarismo [ɜ̃ntʃimiʎita'rizmu] *m* antimilitarismo *m*
antimonárquico, -a [ɜ̃ntʃimo'narkiku, -a] *adj* antimonárquico, -a
antimônio [ɜ̃ntʃi'moniw] *m* QUÍM antimonio *m*
antinatural <-ais> [ɜ̃ntʃinatu'raw, -'ajs] *adj* antinatural
antinomia [ɜ̃ntʃino'mia] *f* JUR antinomia *f*
antinuclear [ɜ̃ntʃinukle'ar] <-es> *adj* antinuclear
antioxidante [ɜ̃ntʃjoksi'dɜ̃ntʃi] *m* antioxidante *m*
antipatia [ɜ̃ntʃipa'tʃia] *f* antipatía *f*; **ter** [*ou* **sentir**] **~ por alguém** tener antipatía a alguien
antipático, -a [ɜ̃ntʃi'patʃiku, -a] *adj* antipático, -a
antipatizar [ɜ̃ntʃipat'zar] *vi* sentir antipatía; **~ com alguém** tener antipatía a alguien
antipatriótico, -a [ɜ̃ntʃipatri'ɔtʃiku, -a] *adj* antipatriótico, -a
antiquado, -a [ɜ̃ntʃi'kwadu, -a] *adj* anticuado, -a
antiquário, -a [ɜ̃ntʃi'kwariw, -a] *m, f* anticuario, -a *m, f*
antiquíssimo, -a [ɜ̃ntʃi'kwisimu, -a] *adj* antiquísimo, -a
antirrábico, -a [ɜ̃ntʃi'xabiku, -a] *adj* (*vacina*) antirrábico, -a
antirreligioso, -a [ɜ̃ntʃixeʎiʒi'ozu, -'ɔza]

antirroubo 35 **apaixonado**

adj antirreligioso, -a
antirroubo [ɐ̃tʃi'xowbu] *m* antirrobo *m*
antirrugas [ɐ̃tʃi'xugas] *adj inv* antiarrugas *inv*
antissemita [ɐ̃tse'mita] *adj, mf* antisemita *mf*
antissemitismo [ɐ̃tsemi'tʃizmu] *m sem pl* antisemitismo *m*
antisséptico, -a [ɐ̃tsɛptʃi̥ku, -a] *adj* MED antiséptico, -a
antissequestro [ɐ̃tse'kwɛstru] *adj* contra secuestros *inv*; antisecuestros *inv*; **divisão ~ da polícia** brigada contra secuestros de la policía
antissísmico, -a [ɐ̃t'sizmiku, -a] *adj* antisísmico, -a
antissocial <-ais> [ɐ̃tsosi'aw, -'ajs] *adj* antisocial
antitabagista [ɐ̃tʃi̥taba'ʒista] *adj* (*política*) antitabaco *inv*
antitérmico [ɐ̃tʃi̥'tɛrmiku] *m* antitérmico *m*
antitérmico, -a [ɐ̃tʃi̥'tɛrmiku, -a] *adj* antitérmico, -a
antiterrorismo [ɐ̃tʃi̥texo'rizmu] *m sem pl* antiterrorismo *m*
antítese [ɐ̃'tʃitezi] *f* antítesis *f inv*
antitetânico, -a [ɐ̃tʃi̥te'tɐ̃niku, -a] *adj* (*vacina*) antitetánico, -a
antitruste [ɐ̃tʃi̥'trustʃi̥] *adj* (*lei*) antitrust
antiviral <-ais> [ɐ̃tʃivi'raw, -'ajs] *adj* antiviral
antolhos [ɐ̃'tɔʎus] *mpl* anteojeras *fpl*
antologia [ɐ̃tolo'ʒia] *f* LIT antología *f*
antológico, -a [ɐ̃to'lɔʒi̥ku, -a] *adj* (*admirável*) antológico, -a
antônimo [ɐ̃'tonimu] *m* antónimo *m*
antônimo, -a [ɐ̃'tonimu, -a] *adj* antónimo, -a
antraz [ɐ̃'tras] *f* MED ántrax *m*
antro ['ɐ̃tru] *m* antro *m*; **~ de bandidos** antro de criminales
antropocêntrico, -a [ɐ̃tropo'sẽjtriku, -a] *adj* antropocéntrico, -a
antropófago, -a [ɐ̃tro'pɔfagu, -a] *m, f* antropófago, -a *m, f*
antropoide [ɐ̃tro'pɔjdʒi̥] *adj, m* antropoide *mf*
antropologia [ɐ̃tropolo'ʒia] *f sem pl* antropología *f*
antropólogo, -a [ɐ̃tro'pɔlugu, -a] *m, f* antropólogo, -a *m, f*
antropometria [ɐ̃tropome'tria] *f* antropometría *f*

antropomorfismo [ɐ̃tropomor'fizmu] *m* FILOS antropomorfismo *m*
antúrio [ɐ̃'turiw] *m* anturio *m*
anual <-ais> [ɐ̃nu'aw, -'ajs] *adj* anual; **encontro ~** encuentro anual; **relatório ~** informe anual
anuário [ɐ̃nu'ariw] *m* anuario *m*; **~ comercial** anuario comercial
anuência [ɐ̃nu'ẽjsia] *f* anuencia *f*
anuidade [ɐ̃nuj'dadʒi̥] *f* anualidad *f*
anuir [ɐ̃nu'ir] *irr como incluir vi* asentir; **~ com a. a c.** asentir a algo
anulação <-ões> [ɐ̃nula'sɐ̃w, -õjs] *f* anulación *f*
anular[1] [ɐ̃nu'lar] *vt* anular
anular[2] [ɐ̃nu'lar] *adj* (*dedo*) anular
anunciação <-ões> [anũwsja'sɐ̃w, -õjs] *f* REL Anunciación *f*
anunciante [anũwsi'ɐ̃tʃi̥] *mf* anunciante *mf*
anunciar [anũwsi'ar] *vt* anunciar
anúncio [a'nũwsiw] *m* anuncio *m*; **~ de casamento** anuncio de boda; **~s classificados** anuncios clasificados; **~ luminoso** anuncio luminoso
anúria [ɐ̃'nuria] *f* MED anuria *f*
ânus ['ɐ̃nus] *m inv* ano *m*
anuviar [ɐ̃nuvi'ar] I. *vt* (*nublar*) nublar; (*escurecer*) entristecer II. *vr*: **~-se** (*céu*) nublarse
anzol <-óis> [ɐ̃'zɔw, -ɔjs] *m* anzuelo *m*
ao [aw] = **a + o** *v.* **a**

> **Gramática** ao es la contracción de la preposición "a" y del artículo determinado "o": "ao amanhecer; aos domingos; Sua casa é ao lado da minha."

aonde [a'õwdʒi̥] *adv* 1. *rel* adonde 2. *interrog* adónde
aorta [a'ɔrta] *f* ANAT aorta *f*
apadrinhar [apadrĩ'ɲar] *vt* apadrinar
apagado, -a [apa'gadu, -a] *adj* apagado, -a
apagador [apaga'dor] <-es> *m* borrador *m*
apagar [apa'gar] <g→gu> I. *vt* 1. (*fogo, rádio, luz*) apagar 2. (*escrita, arquivo*) borrar 3. *inf* (*uma pessoa*) eliminar II. *vi* 1. (*motor*) calarse 2. (*pessoa*) desmayarse III. *vr*: **~-se** apagarse
apaixonado, -a [apajʃo'nadu, -a] I. *adj*

1. (*pessoa*) enamorado, -a **2.** (*discurso*) apasionado, -a **II.** *m, f* enamorado, -a *m, f*

apaixonar-se [apajʃo'narsi] *vr* (*por alguém*) enamorarse, templarse *AmS;* (*por uma ideia, cidade*) apasionarse

apalermado, -a [apaler'madu, -a] *adj* alelado, -a

apalpadela [apawpa'dɛla] *f* palpación *f*

apalpar [apaw'par] *vt* palpar

apanágio [apɐ'naʒiw] *m* privilegio *m*

apanhado [apɜ'ɲadu] *m* resumen *m*

apanhado, -a [apɜ'ɲadu, -a] *adj* resumido, -a; **ser ~ com a boca na botija** *prov* ser cogido con las manos en la masa

apanhar [apɜ'ɲar] **I.** *vt* **1.** (*geral*) coger; **~ algo do chão** recoger algo del suelo; **~ ar fresco** tomar aire fresco; **~ um avião/um táxi** coger un avión/taxi; **~ uma doença** contraer una enfermedad; **~ frutas/flores** coger frutas/flores; **~ um peixe** pescar un pez; **~ sol** tomar el sol; **~ alguém em flagrante** coger a alguien in flagranti; **apanhamos chuva** nos llovió; **a polícia apanhou o ladrão** la policía cogió al ladrón **2.** (*captar*) captar; **apanha rápido os novos conceitos** capta rápidamente los nuevos conceptos **II.** *vi* recibir una paliza; **apanhei até aprender a mexer no computador** *inf* me las vi y moradas hasta aprender a usar el ordenador; **o meu time apanhou em casa** mi equipo recibió una paliza en casa

apara [a'para] *f* (*de madeira*) serrín *m;* (*de papel*) recortes *mpl*

aparador [apara'dor] <-es> *m* aparador *m*

aparafusar [aparafu'zar] *vt* atornillar

aparar [apa'rar] *vt* cortar

aparato [apa'ratu] *m* **1.** (*ostentação*) ostentación *f* **2.** (*aparelho*) aparato *m*

aparecer [apare'ser] <c→ç> *vi* aparecer

aparecimento [aparesi'mẽjtu] *m* aparición *f*

aparelhado, -a [apare'ʎadu, -a] *adj* preparado, -a

aparelhagem [apare'ʎaʒẽj] <-ens> *f* **1.** (*de som*) equipo *m* **2.** (*equipamento*) aparatos *mpl*

aparelhar [apare'ʎar] *vt* (*equipar*) equipar; **ele aparelhou o escritório todo** equipó toda la oficina

aparelho [apa'reʎu] *m* aparato *m;* **~ administrativo** aparato administrativo; **~ de barbear** maquinilla *f* de afeitar; **~ digestivo** aparato digestivo; **~ do Estado** aparato del Estado; **~ de jantar** cubiertos *mpl;* **~ respiratório** aparato respiratorio; **~ de som** equipo *m* de sonido

aparência [apa'rẽjsia] *f* apariencia *f;* **guardar** [*ou* **manter**] **as ~s** mantener las apariencias; **salvar as ~s** guardar las apariencias; **as ~s enganam** las apariencias engañan

aparentado, -a [aparẽ'tadu, -a] *adj* emparentado, -a

aparentar [aparẽj'tar] *vt* aparentar; **ele aparenta ser mais velho** aparenta ser mayor

aparente [apa'rẽjtʃi] *adj* aparente

aparição <-ões> [apari'sɜ̃w, -õjs] *f* aparición *f*

apartamento [aparta'mẽjtu] *m* apartamento *m*, piso *m*, departamento *m Arg*

apartar [apar'tar] **I.** *vt* (*uma briga*) apartar **II.** *vr:* **~-se** (*separar-se*) apartarse; **~-se de alguém** apartarse de alguien

aparte [a'partʃi] *m* **fazer um ~** hacer un aparte

apartheid [apar'tajdʒi] *m* apartheid *m*

apart-hotel <-éis> [a'partʃjo'tɛw, -'ɛjs] *m* aparthotel *m*

apartidário, -a [apartʃi'dariw, -a] *adj* apartidario, -a

aparvalhado, -a [aparva'ʎadu, -a] *adj* alelado, -a

aparvalhar [aparva'ʎar] *vt* alelar

apatia [apa'tʃia] *f* apatía *f*

apático, -a [a'patʃiku, -a] *adj* apático, -a

apátrida [a'patrida] *adj* apátrida

apavorado, -a [apavo'radu] *adj* aterrorizado, -a

apavorante [apavo'rɜ̃ntʃi] *adj* aterrorizador(a)

apavorar [apavo'rar] *vt* aterrorizar

apaziguador(a) [apazigwa'dor(a)] <-es> *adj, m(f)* apaciguador(a) *m(f)*

apaziguamento [apazigwa'mẽjtu] *m* apaciguamiento

apaziguar [apazi'gwar] *irr como averiguar vt* apaciguar

apear [ape'ar] *conj como passear* **I.** *vt* (*fazer descer*) apear **II.** *vr:* **~-se** (*do cavalo*) apearse

apedrejar [apedre'ʒar] *vt* apedrear

apegado, -a [ape'gadu, -a] *adj* apegado, -a

apegar-se [ape'garsi] <g→gu> *vr* apegarse; ~ **a a. c./alguém** apegarse a algo/alguien

apego [a'pegu] *m* apego *m*; **ter ~ à família** tener apego a la familia; **ter ~ às próprias ideias** tener apego a sus propias ideas

apelação <-ões> [apela'sãw, -õjs] *f* 1. JUR apelación *f* 2. *inf* (*contra a boa-fé*) vulgaridad *f*; **há muita ~ nos programas de televisão** hay mucha vulgaridad en los programas de televisión

apelar [ape'lar] *vi* 1. JUR apelar; ~ **da sentença** apelar la sentencia 2. (*invocar, recorrer*) apelar; ~ **para alguém** apelar a alguien 3. *inf* recurrir; ~ **para a ignorância** recurrir a la ignorancia

apelidar [apeʎi'dar] *vt* apodar; ~ **alguém de a. c.** apodar a alguien de algo

apelido [ape'ʎidu] *m* apodo *m*

apelo [a'pelu] *m* 1. (*chamada*) llamada *f* 2. JUR apelación *f* 3. (*de um produto*) atractivo *m*

apenas [a'penas] I. *adv* sólo; **tenho ~ 20 reais** sólo tengo 20 reales; **ela tem ~ 6 anos** sólo tiene 6 años II. *conj* apenas; ~ **chegou, foi dormir** apenas llegó, se fue a dormir

apêndice [a'pẽjdsi] *m* apéndice *m*

apendicite [apẽjd'sitʃi] *f* MED apendicitis *f*

aperceber-se [aperse'bersi] *vr* darse cuenta; ~ **de a. c.** darse cuenta de algo

aperfeiçoado, -a [aperfejso'adu, -a] *adj* perfeccionado, -a

aperfeiçoamento [aperfejswa'mẽjtu] *m* perfeccionamiento *m*

aperfeiçoar [aperfejsu'ar] <*1. pess pres:* aperfeiçoo> I. *vt* perfeccionar II. *vr:* ~-**se** perfeccionarse

aperitivo [aperi'tʃivu] *m* aperitivo *m*

aperreado [apexe'adu] *adj* (*contrariado*) molesto, -a

aperrear [apexe'ar] *conj como passear vt* (*aborrecer*) molestar

apertado, -a [aper'tadu, -a] *adj* 1. (*geral*) apretado, -a 2. (*numa multidão*) estrujado, -a 3. (*coração*) en un puño

apertado [aper'tadu] *adv* por poco; **vencer ~** vencer por poco

apertão <-ões> [aper'tãw, -õjs] *m inf* apretujón *m*; **dar um ~** apretar; **levar um ~** ser apretado

apertar [aper'tar] I. *vt* 1. (*geral*) apretar; ~ **a mão de alguém** apretar la mano de alguien; ~ **o cinto de segurança** abrocharse el cinturón de seguridad; ~**am-no até que ele falou a verdade** lo apretaron hasta que contó la verdad 2. (*disciplina, vigilância*) intensificar II. *vi* 1. (*sapatos, vestido, chuva*) apretar 2. (*coração*) encogerse III. *vr:* ~-**se** (*diminuir as despesas*) apretarse el cinturón; ~-**se para pagar uma dívida** apretarse el cinturón para pagar una deuda; ~-**am-se todos dentro do carro** se apretaron todos dentro del coche

aperto [a'pertu] *m* 1. (*pressão*) apretón *m*; ~ **de mão** apretón de manos 2. (*situação difícil*) aprieto *m*; **estar num ~** estar en un aprieto 3. (*de pessoas*) aglomeración *f* 4. (*espaço*) lugar *m* apretado 5. (*intimidar*) **dar um ~ em alguém** apretar a alguien

apertões [aper'tõjs] *m pl de* **apertão**

apesar [ape'zar] *adv* ~ **de** (**que**) a pesar de (que)

apetecer [apete'ser] <c→ç> *vt* apetecer; **não me apetece sair** no me apetece salir

apetite [ape'tʃitʃi] *m* apetito *m*; **abrir o ~** abrir el apetito; **bom ~!** ¡que aproveche!

apetitoso, -a [apetʃi'tozu, -ɔza] *adj* apetitoso, -a

apetrecho [ape'treʃu] *m* pertrecho *m*

apiário [api'arjw] *m* colmenar *m*

ápice ['apisi] *m* ápice *m*

apicultor(a) [apikuw'tor(a)] <-es> *m(f)* apicultor(a) *m(f)*

apicultura [apikuw'tura] *f* apicultura *f*

apiedar-se [apie'darsi] *vr* apiadarse

apimentado, -a [apimẽj'tadu, -a] *adj tb. fig* picante

apimentar [apimẽj'tar] *vt* poner pimienta en; (*com pimenta*) poner picante en

apinhado, -a [api'ɲadu, -a] *adj* abarrotado, -a

apinhar [api'ɲar] I. *vt* (*encher*) abarrotar; (*amontoar*) amontonar II. *vr:* ~-**se** apiñarse

apitar [api'tar] I. *vi* pitar; (*sirene*) sonar II. *vt* (*um jogo, falta*) pitar

apito [a'pitu] *m* 1. (*instrumento*) silbato *m* 2. (*som*) pitido *m*

aplacar [apla'kar] <c→qu> *vt* aplacar

aplainado, -a [aplãj'nadu, -a] *adj* apla-

aplainar 38 **apostar**

nado, -a
aplainar [aplãj'nar] *vt* aplanar
aplaudir [aplaw'dʒir] *vi, vt* aplaudir
aplauso [a'plawzu] *m* aplauso *m*
aplicação <-ões> [aplika'sãw, -õjs] *f* 1.(*geral*) aplicación *f* 2.(*de capitais*) inversión *f*
aplicado, -a [apli'kadu, -a] *adj* aplicado, -a
aplicador [aplika'dor] <-es> *m* aplicador *m*
aplicar [apli'kar] <c→qu> I. *vt* 1.(*geral*) aplicar 2.(*injeção*) poner 3.(*golpe*) dar 4.(*dinheiro*) invertir II. *vr:* ~-**se** aplicarse; ~-**se aos** [*ou* **nos**] **estudos** aplicarse en los estudios; **esse caso se aplica a várias pessoas** este caso se aplica a varias personas
aplicativo [aplika'tʃivu] *m* INFOR aplicación *f*, software *m*
aplicável <-eis> [apli'kavew, -ejs] *adj* aplicable; **ser ~ a a. c.** ser aplicable a algo
aplique [a'pliki] *m* (*de cabelo*) postizo *m*
apocalipse [apoka'ʎipsi] *m* apocalipsis *m inv*
apocalíptico, -a [apoka'ʎiptʃiku, -a] *adj* apocalíptico, -a
apócrifo, -a [a'pɔkrifu, -a] *adj* apócrifo, -a
apoderar-se [apode'rarsi] *vr* apoderarse; ~ **de a. c.** apoderarse de algo
apodrecer [apodre'ser] <c→ç> *vi* pudrirse
apodrecimento [apodresi'mẽjtu] *m* 1.(*de alimento, material*) putrefacción *f* 2.(*moral*) corrupción *f*
apogeu [apo'ʒew] *m* (*auge*) apogeo *m*
apoiado, -a [apoj'adu, -a] *adj* apoyado, -a
apoiado [apoj'adu] *interj* bravo
apoiar [apoj'ar] I. *vt* apoyar; ~ **um candidato nas eleições** apoyar a un candidato en las elecciones II. *vr:* ~-**se** apoyarse; ~-**se em a. c./alguém** apoyarse en algo/alguien
apoio [a'poju] *m* apoyo *m*
apólice [a'pɔʎisi] *f* póliza *f*; ~ **de seguro** póliza de seguro
apologia [apolo'ʒia] *f* apología *f*
apologista [apolo'ʒista] *mf* apologista *mf*
apontado, -a [apõw'tadu, -a] *adj* (*indicado*) señalado, -a; (*encaminhado*) dirigido, -a

apontador [apõwta'dor] <-es> *m* sacapuntas *m inv*
apontar [apõw'tar] I. *vt* 1.(*geral*) apuntar; ~ **uma arma a** [*ou* **para**] **alguém** apuntar un arma hacia alguien; ~ **erros num texto** apuntar errores en un texto 2.(*um lápis*) sacar punta a 3.(*citar*) mencionar; **diante do juiz, apontou os seus cúmplices** delante del juez, mencionó a sus cómplices 4.(*indicar*) indicar; **a lista não aponta todos os nomes** la lista no indica todos los nombres 5.(*para um cargo*) nominar II. *vi* (*com o dedo*) apuntar; **não é educado ~ para alguém** es de mala educación señalar con el dedo a alguien
apoquentação <-ões> [apokẽjta'sãw, -õjs] *f* molestia *f*
apoquentar [apokẽj'tar] I. *vt* molestar II. *vr:* ~-**se** molestarse
aporrinhação [apoxĩɲa'sãw] *f inf* cabreo *m*
aporrinhar [apoxĩ'ɲar] *vt inf* cabrear
aportar [apor'tar] *vi* NÁUT 1.(*cidade*) llegar al puerto de; **o navio aportou em Recife** el navío llegó al puerto de Recife 2.(*porto*) llegar; **o navio aporta no porto de Santos** el navío llega al puerto de Santos
aporte [a'pɔrtʃi] *m* aporte *m*
aportuguesar [aportuge'zar] *vt* aportuguesar
após [a'pɔs] I. *prep* tras; ~ **uma semana** tras una semana; **ano ~ ano** año tras año II. *adv* después; **fomos para casa logo ~ o cinema** fuimos a casa inmediatamente después del cine
aposentado, -a [apozẽj'tadu, -a] *adj, m, f* jubilado, -a *m, f*
aposentadoria [apozẽjtado'ria] *f* jubilación *f*
aposentar [apozẽj'tar] I. *vt* jubilar II. *vr:* ~-**se** jubilarse
aposento [apo'zẽjtu] *m* (*quarto*) aposento *m*
aposição <-ões> [apozi'sãw, -õjs] *f* 1.(*justaposição*) yuxtaposición *f* 2. LING aposición *f*
apossar-se [apo'sarsi] *vr* tomar posesión; ~ **de a. c.** tomar posesión de algo
aposta [a'pɔsta] *f* apuesta *f*; **fazer uma ~** hacer una apuesta
apostador(a) [aposta'dor(a)] <-es> *m(f)* apostante *mf*
apostar [apos'tar] *vt* apostar; **aposto 500 reais** apuesto 500 reales; **aposto**

que ele não vem apuesto que no viene

apostasia [aposta'zia] *f* REL apostasía *f*

apóstata [a'pɔstata] *mf* apóstata *mf*

apostila [apos'tʃila] *f* apuntes *mpl*

aposto [a'postu] *m* LING *sustantivo o locución sustantiva que cualifica a su antecedente*

apostolar [apostu'lar] *vi* REL evangelizar

apostólico, -a [apos'tɔʎiku, -a] *adj* REL apostólico, -a

apóstolo [a'pɔstulu] *m* REL apóstol *m*

apóstrofe [a'pɔstrofi] *f* apóstrofe *m o f*

apóstrofo [a'pɔstrufu] *m* apóstrofo *m*

apoteose [apote'ɔzi] *f* apoteosis *f inv*

aprazer [a'prazer] *vi impess* complacer

aprazível <-eis> [apra'zivew, -ejs] *adj* placentero, -a

apreciação <-ões> [apresja'sãw, -õjs] *f* apreciación *f*

apreciador(a) [apresja'dor(a)] <-es> *m(f)* conocedor(a) *m(f)*

apreciar [apresi'ar] *vt* apreciar

apreço [a'presu] *m* aprecio *m*; **ter ~ por alguém** sentir aprecio por alguien

apreender [apreẽj'der] *vt* aprehender

apreensão <-ões> [apreẽj'sãw, -õjs] *m* **1.** (*preocupação*) aprensión *f* **2.** (*de mercadoria*) aprehensión *f* **3.** (*compreensão*) comprensión *f*

apreensivo, -a [apreẽj'sivu, -a] *adj* aprensivo, -a

apreensões [apreẽj'sõjs] *f pl de* **apreensão**

apregoador(a) [apregwa'dor(a)] <-es> *m(f)* pregonero, -a *m, f*

apregoar [apregu'ar] <*1. pess pres:* apregoo> *vt* pregonar

aprender [aprẽj'der] I. *vi* aprender; **~ de cor** aprender de memoria II. *vt* aprender; **~ uma língua** aprender una lengua

aprendiz(a) [aprẽj'dʒis, -iza] <-es> *m(f)* aprendiz(a) *m(f)*

aprendizado [aprẽjd'zadu] *m* aprendizaje *m*

aprendizagem [aprẽjd'zaʒɛj] <-ens> *f* aprendizaje *m*

aprendizes [aprɛj'dʒizis] *m pl de* **aprendiz**

apresentação <-ões> [aprezẽjta'sãw, -õjs] *f* **1.** (*de pessoas, documentos, introdução*) presentación *f* **2.** (*de filme*) pase *m*; (*peça de teatro*) representación *f* **3.** (*aparência*) presencia *f*; **ter boa ~** tener buena presencia

apresentador(a) [aprezẽjta'dor(a)] <-es> *m(f)* presentador(a) *m(f)*

apresentar [aprezẽj'tar] I. *vt* presentar; **~ uma pessoa a alguém** presentar una persona a alguien II. *vr:* **~-se** presentarse

apresentável <-eis> [aprezẽj'tavew, -ejs] *adj* presentable

apressado, -a [apre'sadu, -a] *adj* apresurado, -a, apurado, -a *AmL*

apressar [apre'sar] I. *vt* apresurar II. *vr:* **~-se** apresurarse

aprimorar [aprimo'rar] I. *vt* perfeccionar II. *vr:* **~-se** perfeccionarse

a priori [apri'ɔri] *adv* a priori

aprisionado, -a [aprizjo'nadu, -a] *adj* capturado, -a

aprisionamento [aprizjona'mẽjtu] *m* captura *f*

aprisionar [aprizjo'nar] *vt* capturar

aprofundamento [aprofũwda'mẽjtu] *m* profundización *f*

aprofundar [aprofũw'dar] I. *vt* profundizar II. *vr:* **~-se** sumergirse; **~-se em um assunto** sumergirse en un asunto

aprontar [aprõw'tar] I. *vt* (*preparar*) preparar II. *vi* armar follón; **a molecada gosta de ~** a los críos les encanta armar follón III. *vr:* **~-se** prepararse

apropriação <-ões> [apropria'sãw, -õjs] *f* (*de bens*) apropiación *f*

apropriado, -a [apropri'adu, -a] *adj* apropiado, -a

apropriar-se [apropri'arsi] *vr* apropiarse; **~ de a. c.** apropiarse de algo

aprovação <-ões> [aprova'sãw, -õjs] *f* **1.** (*de uma proposta, autorização*) aprobación *f*; **não dá um passo sem a ~ da família** no da un paso sin la aprobación de la familia **2.** (*num exame*) aprobado *m*

aprovado, -a [apro'vadu, -a] *adj* aprobado, -a

aprovar [apro'var] *vt* aprobar

aproveitador(a) [aprovejta'dor(a)] <-es> *m(f)* aprovechado, -a *m, f*

aproveitamento [aprovejta'mẽjtu] *m* aprovechamiento *m*; **~ do solo** aprovechamiento del suelo; **ter bom ~** aprovechar mucho

aproveitar [aprovej'tar] I. *vt* aprovechar; **~ bem as aulas** aprovechar bien las clases; **~ o papel para rascunho** aprovechar el papel para borrador II. *vi* aprovechar; **aproveita enquanto é**

tempo! ¡aprovecha mientras puedas! III. *vr:* ~ **-se** aprovecharse; **aproveitou-se do descuido do guarda e fugiu** se aprovechó del descuido del guardia y huyó

aproveitável <-eis> [aprovej'tavew, -ejs] *adj* aprovechable

aprovisionamento [aprovizjona'mẽjtu] *m* aprovisionamiento *m*

aprovisionar [aprovizjo'nar] *vt* aprovisionar

aproximação <-ões> [aprosima'sãw, -õjs] *f* aproximación *f;* **tentar uma ~ entre duas pessoas** intentar una aproximación entre dos personas; **fazer uma ~** hacer una aproximación

aproximadamente [aprosimada'mẽjtʃi] *adv* aproximadamente

aproximar [aprosi'mar] I. *vt* aproximar II. *vr:* ~ **-se** aproximarse; ~ **-se de a. c./alguém** aproximarse a algo/alguien

aprumado, -a [apru'madu, -a] *adj* 1.(*na vertical*) vertical 2.(*correto*) digno, -a

aprumar [apru'mar] I. *vt* enderezar II. *vr:* ~ **-se** enderezarse

aprumo [a'prumu] *m* 1.(*posição vertical*) verticalidad *f* 2.(*compostura*) elegancia *f*

aptidão <-ões> [aptʃi'dãw, -õjs] *f* aptitud *f;* **ter ~ para a. c.** tener aptitud para algo

apto, -a ['aptu, -a] *adj* apto, -a; **ser** [*ou* **estar**] **~ para os serviços domésticos** ser apto para los servicios domésticos

apunhalar [apũɲa'lar] *vt* 1.(*com punhal*) apuñalar 2.(*trair*) traicionar; **~ pelas costas** dar una puñalada por la espalda

apuração <-ões> [apura'sãw, -õjs] *f* 1.(*contagem*) escrutinio *m;* **~ dos votos** escrutinio de los votos 2.(*de informações*) investigación *f;* (*da verdade*) averiguación *f* 3. ECON cálculo *m;* **~ dos custos** cálculo de costes 4.(*de verbas*) liquidación *f*

apurado, -a [apu'radu, -a] *adj* 1.(*obra*) refinado, -a 2.(*olfato, humor*) fino, -a 3.(*pessoa*) elegante 4.(*fato*) investigado, -a

apurar [apu'rar] *vt* 1.(*verdade*) averiguar 2.(*informações*) investigar 3.(*aperfeiçoar*) perfeccionar 4.(*sentidos*) refinar 5.(*comida*) reducir 6.(*dinheiro*) recaudar 7.(*apressar: o passo*) acelerar

apuro [a'puru] *m* 1.(*requinte*) elegancia *f* 2.(*esmero*) esmero *m*

apuros [a'purus] *mpl* apuros *mpl;* **estar** [*ou* **ver-se**] **em ~ s** estar en apuros

aquaplanagem [akwapla̋'naʒẽj] <-ens> *f* (*de um veículo*) aquaplaning *m*

aquarela [akwa'rɛla] *f* acuarela *f*

aquariano, -a [akwari'anu, -a] *adj, m, f* Acuario *mf inv;* **ser ~** ser Acuario

aquário [a'kwariw] *m* acuario *m*

Aquário [a'kwariw] *m* Acuario *m;* **ser (de) ~** ser Acuario

aquartelamento [akwartela'mẽjtu] *m* MIL acuartelamiento *m*

aquartelar-se [akwarte'larsi] *vr* MIL acuartelarse

aquático, -a [a'kwatʃiku, -a] *adj* acuático, -a

aquecedor [akese'dor] <-es> *m* 1.(*para quarto*) radiador *m* 2.(*para água*) calentador *m*

aquecer [ake'ser] <c→ç> I. *vt* calentar II. *vi* 1.(*esquentar a comida*) calentarse 2. ESPORT (*os músculos*) calentar 3. METEO aumentar la temperatura III. *vr:* ~ **-se** calentarse

aquecimento [akesi'mẽjtu] *m* 1.(*sistema*) calefacción *f;* **~ central** calefacción central; **~ elétrico** calefacción eléctrica; **~ a gás** calefacción a gas 2. ECON calentamiento *m;* **~ da economia** calentamiento de la economía

aqueduto [ake'dutu] *m* acueducto *m*

aquela [a'kɛla] *pron dem v.* **aquele**

àquela [a'kɛla] = **a + aquela** *v.* **a**

aquele, -a [a'keʎi, a'kɛla] *pron dem* aquel, aquella; **~ homem/carro** aquel hombre/coche; **aquela mulher/mesa** aquella mujer/mesa; **~ que...** aquel que...

àquele [a'keʎi] = **a + aquele** *v.* **a**

> **Gramática** El acento abierto de **àquele** representa la contracción del pronombre demostrativo "aquele" con la preposición "a": "Maria refere-se àquela empregado e àquele cargo; Prefiro qualquer coisa àquilo que ele sugeriu."

aquém [a'kẽj] *adv* de este lado

aqui [a'ki] *adv* aquí; **até ~** hasta aquí; **para ~** hacia aquí

aquicultura [akwikuw'tura] *f* acuicul-

tura *f*
aquiescer [akie'ser] <c→ç> *vt* consentir
aquietar [akie'tar] **I.** *vt* calmar **II.** *vr:* ~-**se** calmarse
aquífero, -a [a'kwiferu, -a] *adj* acuífero, -a
aquilo [a'kilu] *pron dem* aquello; ~ **que...** aquello que...
àquilo [a'kilu] = **a + aquilo** *v.* **a**
aquisição <-ões> [akizi'sãw, -õjs] *f* adquisición *f;* ~ **de conhecimentos** adquisición de conocimientos
aquisitivo, -a [akizi'tʃivu, -a] *adj* adquisitivo, -a
aquoso, -a [a'kwozu, -'ɔza] *adj* acuoso, -a
ar ['ar] *m* aire *m;* ~ **comprimido** aire comprimido; ~-**condicionado** aire acondicionado; **corrente de** ~ corriente de aire; **ao** ~ **livre** al aire libre; **atirar tudo pelos** ~**es** echar toda a perder; **dar o** ~ **da sua graça** *inf* dignarse a aparecer; **deixar a. c. no** ~ *fig* dejar algo en el aire; **entrar no** ~ TV, RÁDIO salir al aire; **estar no** ~ TV, RÁDIO estar en el aire; **estar fora do** ~ no estar en el aire; **ir pelos** ~**es** saltar por los aires; **mudar de** ~**es** cambiar de aires; **pegar a. c. no** ~ *fig* cazar algo al vuelo; **ter um** ~ **cansado/de superioridade** tener un aire de cansado/de superioridad; **tomar** ~ (**fresco**) tomar el aire
árabe ['arabi] *adj, mf* árabe *mf*
árabe-israelense ['arabi-isxae'lẽjsi] <árabe-israelenses> *adj* árabe-israelí
Arábia [a'rabia] *f* Arabia *f;* ~ **Saudita** Arabia Saudita [*o* Saudí]
Aracajú [araka'ʒu] Aracajú
aracnídeo [arak'nidʒiw] *m* arácnido *m*
arado [a'radu] *m* arado *m*
aragem [a'raʒẽj] <-ens> *f* brisa *f*
arame [a'rãmi] *m* alambre *m;* ~ **farpado** alambre de púas
aranha [a'rɐ̃ɲa] *f* ZOOL araña *f*
aranha-caranguejeira [a'rɐ̃ɲa-karɐ̃ŋge'ʒejra] <aranhas-caranguejeiras> *f* araña de gran tamaño, carnívora e inofensiva para el hombre
araponga [ara'põwga] *mf* ave cantora típica del sudeste brasileño
arapuca [ara'puka] *f* **1.** (*para pássaros*) trampa *f* **2.** *inf* (*armadilha*) trampa *f;* **cair na** ~ caer en la trampa
araque [a'raki] *m inf* casualidad *f;* **de** ~ (*de aparência*) de postín
arar [a'rar] *vt* arar
arara [a'rara] *f* guacamayo *m;* **ficar uma** ~ ponerse hecho una fiera
araucária [araw'karia] *f* araucaria *f*
arbitragem [arbi'traʒẽj] <-ens> *f* arbitraje *m*
arbitral <-ais> [arbi'traw, -'ajs] *adj* arbitral
arbitrar [arbi'trar] *vt* arbitrar
arbitrariamente [arbitrarja'mẽtʃi] *adv* arbitrariamente
arbitrariedade [arbitrarje'dadʒi] *f* arbitrariedad *f*
arbitrário, -a [arbi'trariw, -a] *adj* arbitrario, -a
arbítrio [ar'bitriw] *m* **1.** (*sentença*) parecer *m* **2.** (*vontade*) albedrío *m;* **de livre** ~ a su libre albedrío
árbitro, -a ['arbitru, -a] *m, f* árbitro, -a *m, f*
arborização <-ões> [arboriza'sãw, -õjs] *f* plantación *f* de árboles, arbolización *f* AmL
arborizar [arbori'zar] *vt* arbolar
arbusto [ar'bustu] *m* arbusto *m*
arca ['arka] *f* arca *f;* ~ **de Noé** arca de Noé
arcabouço [arka'bowsu] *m* **1.** ANAT esqueleto *m* **2.** (*estrutura de construção*) armazón *m*
arcada [ar'kada] *f* ARQUIT arcada *f;* ~ **dentária** arcada dentaria
arcaico, -a [ar'kajku, -a] *adj* arcaico, -a
arcaísmo [arka'izmu] *m* LING arcaísmo *m*
arcanjo [ar'kɐ̃ʒu] *m* arcángel *m*
arcar [ar'kar] <c→qu> *vi* cargar; ~ **com as conseqüências/a responsabilidade/o prejuízo** cargar con las consecuencias/la responsabilidad/las pérdidas
arcebispo [arse'bispu] *m* arzobispo *m*
archote [ar'ʃɔtʃi] *m* antorcha *f*
arco ['arku] *m* arco *m;* ~ **do triunfo** arco del triunfo
arco-da-velha ['arku-da-'vɛʎa] <arcos-da-velha> *m* **coisas do** ~ *inf* cosas inverosímiles
arco e flecha ['arkwi'flɛʃa] *m inv* ESPORT tiro *m* con arco
arco-íris [arkw'iris] *m inv* arco *m* iris
ar-condicionado ['ar-kõwdsjo'nadu] <ares-condicionados> *m* aire *m* acondicionado
ardência [ar'dẽjsia] *f* ardor *m*

ardente [ar'dẽjtʃi] *adj* ardiente; (*sol*) abrasador(a)

arder [ar'der] *vi* **1.**(*geral*) arder; ~ **de raiva/de paixão** arder de rabia/de pasión **2.**(*pimenta*) picar

ardil <-is> [ar'diw, -'is] *m* ardid *m*

ardiloso, -a [ardʒi'lozu, -'ɔza] *adj* astuto, -a

ardis [ar'dis] *m pl de* **ardil**

ardor [ar'dor] <-es> *m* ardor *m*

ardoroso, -a [ardo'rozu, -'ɔza] *adj* (*entusiasta*) ardoroso, -a

ardósia [ar'dɔzia] *f* pizarra *f*

árduo, -a ['arduu, -a] *adj* arduo, -a

are ['ari] *m* área *f*

área ['aria] *f* área *f*; ~ **cultivada** AGR área cultivada; ~ **de livre comércio** área de libre comercio; ~ **de pesquisa** área de investigación; ~ **residencial** área residencial; ~ **de serviço** *parte de la casa, adyacente a la cocina, que se destina para lavar y secar la ropa y para guardar los productos de limpieza*; ~ **verde** área verde; **grande/pequena** ~ ESPORT área grande/pequeña

areia [a'reja] *f* arena *f*; ~ **fina** arena fina; ~ **movediça** arenas movedizas; **botar** ~ **em a. c.** *inf* fastidiar algo; **entrar** ~ **em a. c.** *inf* surgir un imprevisto en algo; **ser muita** ~ **para o caminhão (de alguém)** *inf* ser demasiado (para alguien)

arejado, -a [are'ʒadu, -a] *adj* (*ambiente*) ventilado, -a

arejar [are'ʒar] **I.** *vt* ventilar **II.** *vi* ventilarse

arena [a'rena] *f* arena *f*

arenoso, -a [are'nozu, -'ɔza] *adj* arenoso, -a

arenque [a'rẽjki] *m* arenque *m*; ~ **defumado** arenque ahumado

aresta [a'rɛsta] *f* (*quina da mesa*) canto *m*; **aparar as** ~ limar asperezas

aresto [a'rɛstu] *m* JUR *decisión de un tribunal superior que sienta jurisprudencia*

arfar [ar'far] *vi* (*ofegar*) jadear

argamassa [arga'masa] *f* argamasa *f*

Argélia [ar'ʒɛʎia] *f* Argelia *f*

argelino, -a [arʒe'ʎinu, -a] *adj, m, f* argelino, -a *m, f*

argênteo, -a [ar'ʒẽjteu, -a] *adj* argénteo, -a

Argentina [arʒẽj'tʃina] *f* Argentina *f*

argentino, -a [arʒẽj'tʃinu, -a] *adj, m, f* argentino, -a *m, f*

argila [ar'ʒila] *f* arcilla *f*; ~ **branca** arcilla blanca

argiloso, -a [arʒi'lozu, -'ɔza] *adj* arcilloso, -a

argola [ar'gɔla] *f* **1.**(*aro*) argolla *f* **2.** *pl* ESPORT anillas *fpl* **3.**(*brinco*) aro *m* **4.**(*de porta*) aldaba *f*

argonauta [argo'nawta] *mf* (*aventureiro*) aventurero, -a *m, f*

argônio [ar'goniw] *m* QUÍM argón *m*

argúcia [ar'gusia] *f* argucia *f*

arguição <-ões> [argwi'sãw, -õjs] *f* **1.** JUR (*argumentação*) argumentación *f*; (*impugnação*) impugnación *f* **2.**(*exame oral*) examen *m* oral

arguir [ar'gwir] **I.** *vt* **1.** JUR (*acusar*) acusar; (*impugnar*) impugnar **2.**(*examinar*) examinar **II.** *vi* argüir

argumentação <-ões> [argumẽjta'sãw, -õjs] *f* argumentación *f*

argumentar [argumẽj'tar] *vi, vt* argumentar

argumento [argu'mẽjtu] *m* argumento *m*

arguto, -a [ar'gutu, -a] *adj* (*astucioso*) astuto, -a; (*engenhoso*) ingenioso, -a

ária ['aria] *f* MÚS aria *f*

ariano(a) [ari'anu, -a] *adj, m(f)* Aries *mf inv*; **ser** ~ ser Aries

aridez [ari'des] *f sem pl* aridez *f*

árido, -a ['aridu, -a] *adj* árido, -a

Áries ['aries] *f* Aries *m*; **ser (de)** ~ ser Aries

ariranha [ari'rɜɲa] *f* ZOOL nutria *f* gigante

arisco, -a [a'risku, -a] *adj* arisco, -a

aristocracia [aristokra'sia] *f* aristocracia *f*

aristocrata [aristo'krata] *mf* aristócrata *mf*

aristocrático, -a [aristo'kratʃiku, -a] *adj* aristocrático, -a

aritmética [aritʃi'mɛtʃika] *f* aritmética *f*

aritmético, -a [aritʃi'mɛtʃiku, -a] *adj, m, f* aritmético, -a *m, f*

arlequim [arle'kĩj] <-ins> *m* arlequín *m*

arma ['arma] *f* arma *f*; ~**s biológicas** armas biológicas; ~ **branca** arma blanca; ~ **de fogo** arma de fuego; ~**s nucleares** armas nucleares; ~**s pesadas** armas pesadas; **pegar em** ~**s** hacer el servicio militar; **às** ~ **s!** ¡a las armas!

armação <-ões> [arma'sãw, -õjs] *f* **1.**(*equipamento, estrutura*) armazón *m o f* **2.**(*de óculos*) montura *f* **3.** *inf*

armada 43 **arrancar**

(*trapaça*) montaje *m*
armada [aɾˈmada] *f* NÁUT armada *f*
armadilha [aɾmaˈdʒiʎa] *f* trampa *f*; **cair na** ~ caer en la trampa
armado, -a [aɾˈmadu, -a] *adj* 1. MIL armado, -a 2. (*tecido*) rígido, -a
armador [aɾmaˈdoɾ] <-es> *m* NÁUT armador *m*
armadura [aɾmaˈduɾa] *f* (*do guerreiro*) armadura *f*
armamentista [aɾmamẽjˈtʃista] *adj* armamentista; **corrida** ~ carrera armamentista; **indústria** ~ industria armamentista
armamento [aɾmaˈmẽju] *m* MIL armamento *m*
armar [aɾˈmaɾ] I. *vt* 1. (*com armas, equipar*) armar 2. (*cama*) hacer; (*tenda*) montar 3. (*armadilha*) tender; ~ **uma** (**baita**) **confusão** armar un follón (tremendo); ~ **um berreiro** ponerse a berrear; ~ **intrigas** intrigar 4. ESPORT (*um time, uma jogada*) montar II. *vr:* ~**-se** armarse; ~**-se de paciência** armarse de paciencia
armarinho [aɾmaˈɾiɲu] *m* mercería *f*
armário [aɾˈmaɾiw] *m* armario *m*; ~ **embutido** armario empotrado; **sair do** ~ *inf* salir del armario
armas [ˈaɾmas] *fpl* 1. (*brasão*) armas *fpl* 2. (*força militar*) fuerzas *fpl* armadas
armazém [aɾmaˈzẽj] <-ens> *m* almacén *m*
armazenamento [aɾmazenaˈmẽju] *m* almacenamiento *m*
armazenar [aɾmazeˈnaɾ] *vt* almacenar
armazéns [aɾmaˈzẽjs] *m pl de* **armazém**
Armênia [aɾˈmenia] *f* Armenia *f*
armênio, -a [aɾˈmeniu, -a] *adj, m, f* armenio, -a *m, f*
armistício [aɾmisˈtʃisiw] *m* armisticio *m*
arnica [aɾˈnika] *f* árnica *f*
aro [ˈaɾu] *m* 1. (*arco, anel, da roda*) aro *m* 2. (*de janela, porta*) marco *m*
aroeira [aɾoˈejɾa] *f* árbol ornamental del cual se aprovecha su madera y sus frutos
aroma [aˈɾoma] *m* aroma *m*
aromático, -a [aɾoˈmatʃiku, -a] *adj* aromático, -a
aromatizar [aɾomatiˈzaɾ] *vt* GASTR aromatizar
arpão <-ões> [aɾˈpãw, -õjs] *m* arpón *m*
arqueado, -a [aɾkeˈadu, -a] *adj* (*pernas*) arqueado, -a

arqueamento [aɾkeaˈmẽju] *f* (*curvatura*) arqueo *m*
arquear [aɾkeˈaɾ] I. *vt* (*curvar*) arquear II. *vr:* ~**-se** arquearse
arquejar [aɾkeˈʒaɾ] *vi* (*respirar*) jadear
arquejo [aɾˈkeʒu] *m* jadeo *m*
arqueologia [aɾkeoloˈʒia] *f* arqueología *f*
arqueólogo, -a [aɾkeˈɔlogu, -a] *m, f* arqueólogo, -a *m, f*
arquétipo [aɾˈkɛtʃipu] *m* arquetipo *m*
arquidiocese [aɾkidʒjoˈsɛzi] *f* archidiócesis *f inv*
arquiduque(sa) [aɾkiˈduki, -ˈeza] *m (f)* archiduque(sa) *m(f)*
arqui-inimigo [aɾkiniˈmigu] *m* archienemigo *m*
arquipélago [aɾkiˈpɛlagu] *m* archipiélago *m*
arquitetar [aɾkiteˈtaɾ] *vt* 1. (*edificar*) construir 2. (*um plano*) orquestar
arquiteto, -a [aɾkiˈtɛtu, -a] *m, f* arquitecto, -a *m, f*
arquitetônico, -a [aɾkiteˈtoniku, -a] *adj* arquitectónico, -a
arquitetura [aɾkiteˈtuɾa] *f* arquitectura *f*
arquivamento [aɾkivaˈmẽju] *m* archivamiento *m*
arquivar [aɾkiˈvaɾ] *vt* archivar; ~ **um assunto** archivar un asunto
arquivista [aɾkiˈvista] *mf* archivero, -a *m, f*
arquivo [aɾˈkivu] *m* (*de documentos, informático*) archivo *m*; (*móvel*) archivador *m*; ~ **de dados** archivo de datos; ~ **morto** archivo de documentos antiguos; ~ **de programa** archivo de programa; ~ **público** archivo público; **queima de** ~ *inf* eliminación *f* de pruebas; **ser um** ~ **vivo** *inf* ser testigo de un crimen
arrabalde [axaˈbawdʒi] *m* 1. (*da cidade*) arrabal *m* 2. (*arredores*) cercanías *fpl*
arraia [aˈxaja] *f* raya *f*
arraial <-ais> [axajˈaw, -ˈajs] *m* 1. (*lugarejo*) pueblo *m* 2. (*local de festividades populares*) lugar en el que se realizan fiestas populares
arraigado, -a [axajˈgadu, -a] *adj* arraigado, -a
arraigar [axajˈgaɾ] <g→gu> I. *vi* arraigar II. *vr:* ~**-se** arraigarse
arrancar [axãˈkaɾ] <c→qu> I. *vt* arrancar; ~ **alguém da cama** arrancar a alguien de la cama; **não conseguir** ~

uma palavra de alguém no conseguir arrancarle una palabra a alguien **II.** *vi* arrancar **III.** *vr:* ~ **-se** (*fugir*) largarse

arranca-rabo [a'xɜ̃ŋka-'xabu] *m inf* pelea *f*

arranha-céus [a'xɜ̃ɲa-'sɛws] *m* rascacielos *m inv*

arranhão <-ões> [axɜ̃'ɲɜ̃w, -õjs] *m* arañazo *m*

arranhar [axɜ̃'ɲaɾ] *vt* **1.**(*a pele*) arañar **2.**(*uma língua*) defenderse en; **eu arranho o inglês** me defiendo en inglés

arranhões [axɜ̃'ɲõjs] *m pl de* **arranhão**

arranjado, -a [axɜ̃'ʒadu, -a] *adj* acomodado, -a; **estar bem ~ (na vida)** vivir bien

arranjar [axɜ̃ŋ'ʒaɾ] **I.** *vt* **1.**(*ordenar, compor, arrumar*) ordenar **2.**(*conseguir*) conseguir; **~ problemas** buscarse problemas **3.**(*consertar*) arreglar **4.**(*cabelo, unhas*) arreglar **5.**(*almoço*) preparar **6.**(*emprego*) conseguir **II.** *vr:* ~**-se 1.**(*na vida*) arreglárselas **2.**(*para sair*) arreglarse

arranjo [a'xɜ̃ŋʒu] *m* **1.**(*arrumação*) ordenación *f* **2.**(*acordo, musical*) arreglo *m;* ~ **de flores** arreglo de flores **3.**(*conchavo*) acuerdo *m*

arranque [a'xɜ̃ŋki] *m* arranque *m*

arrasado, -a [axa'zadu, -a] *adj* (*cidade*) arrasado, -a; (*pessoa*) destrozado, -a

arrasa-quarteirão <arrasa-quarteirões> [a'xaza-kwartej'rɜ̃w -'õjs] *adj inf* de superéxito

arrasar [axa'zaɾ] **I.** *vt* **1.**(*casa, cidade*) arrasar **2.**(*pessoa*) destrozar **II.** *vr:* ~**-se** (*arruinar-se*) hundirse

arrastado, -a [axas'tadu, -a] *adj* (*passos*) cansino, -a; (*voz*) arrastrado, -a; (*trabalho*) lento, -a

arrastão <-ões> [axas'tɜ̃w, -õjs] *m* **1.**(*puxão*) tirón *m* **2.**(*rede de pesca*) arrastre *m* **3.** *inf* (*assalto*) atraco realizado por un grupo numeroso de delincuentes que roban a todos cuantos se encuentran a su paso

arrasta-pé [a'xasta-pɛ] *m inf:* baile popular en el que predominan músicas y ritmos como el forró o la samba

arrastar [axas'taɾ] **I.** *vt* arrastrar; **~ os pés** arrastrar los pies; **~ a voz** arrastrar la voz **II.** *vi* INFOR arrastrar **III.** *vr:* ~**-se** (*pessoa*) arrastrarse

arrastões [axas'tõjs] *m pl de* **arrastão**

arre ['axi] *interj* **1.**(*irritação*) caramba **2.**(*para animais*) arre

arrebanhar [axebɜ̃'ɲaɾ] *vt* juntar

arrebatado, -a [axeba'tadu, -a] *adj* arrebatado, -a

arrebatador(a) [axebata'doɾ(a)] <-es> *adj* arrebatador(a)

arrebatar [axeba'taɾ] *vt* (*coração, plateia*) conquistar

arrebentação [axebẽjta'sɜ̃w] *f sem pl* (*das ondas*) choque *m*

arrebique [axe'biki] *m* (*enfeite*) ornamento *m*

arrebitado, -a [axebi'tadu, -a] *adj* respingón, -ona; **nariz ~** nariz respingona

arrecadação <-ões> [axekada'sɜ̃w, -õjs] *f* recaudación *f*

arrecadar [axeka'daɾ] *vt* **1.**(*tributos, renda*) recaudar **2.**(*prêmios*) conseguir

arredar [axe'daɾ] **I.** *vt* (*pessoa*) apartar; **~ pé** *fig* ceder **II.** *vr:* ~**-se** apartarse

arredio, -a [axe'dʒiw, -a] *adj* (*pessoa*) esquivo, -a

arredondado, -a [axedõw'dadu, -a] *adj* redondeado, -a

arredondar [axedõw'daɾ] **I.** *vt* redondear **II.** *vi* MAT redondear

arredores [axe'dɔɾis] *mpl* alrededores *mpl*

arrefecer [axefe'seɾ] <c→ç> *vi* (*entusiasmo*) enfriar

arregaçar [axega'saɾ] <ç→c> *vt* (*calças*) remangar; (*mangas*) subirse

arregalar [axega'laɾ] *vt* abrir de par en par; **~ os olhos** abrir los ojos de par en par

arreganhar [axegɜ̃'ɲaɾ] *vt* abrir; **~ os dentes** mostrar los dientes

arregimentar [axeʒimẽj'taɾ] *vt* reclutar

arreio [a'xeju] *m* arreo *m*

arrematante [axema'tɜ̃ntʃi] *mf* rematante *mf*

arrematar [axema'taɾ] **I.** *vt* **1.**(*trabalho*) concluir; (*vestido*) acabar **2.**(*comprar em leilão*) comprar en remate, rematar **II.** *vi* concluir

arremedar [axeme'daɾ] *vt* imitar

arremedo [axe'medu] *m* (*imitação*) imitación *f*

arremessador(a) [axemesa'doɾ(a)] <-es> *m(f)* lanzador(a) *m(f)*

arremessar [axeme'saɾ] **I.** *vt* (*objeto*) lanzar **II.** *vr:* ~**-se da janela** tirarse por la ventana

arremesso [axe'mesu] *m* lanzamiento

m; ~ **lateral** saque *m* de banda; ~ **livre** tiro *m* libre

arremeter [axeme'ter] I. *vt* azuzar II. *vi* arremeter; ~ **contra o inimigo** arremeter contra el enemigo

arremetida [axeme'tʃida] *f* arremetida *f*

arrendamento [axẽjda'mẽjtu] *f* arrendamiento *m*

arrendar [axẽj'dar] *vt* arrendar

arrendatário, -a [axẽjda'tariw, -a] *m, f* arrendatario, -a *m, f*

arrepender-se [axepẽj'dersi] *vr* arrepentirse; ~ **de a. c.** arrepentirse de algo

arrependido, -a [axepẽj'dʒidu, -a] *adj* arrepentido, -a; **estar** ~ **de a. c.** estar arrepentido de algo

arrependimento [axepẽjdʒi'mẽjtu] *f* arrepentimiento *m*

arrepiado, -a [axepi'adu, -a] *adj* (*cabelo*) erizado, -a; **pele arrepiada** piel de gallina; **estou** ~ estoy horrorizado

arrepiante [axepi'ɜ̃ntʃi] *adj* escalofriante

arrepiar [axepi'ar] I. *vt* (*cabelos, penas*) erizar; (*pessoa*) horrorizar; **crimes de** ~ crímenes de poner los pelos de punta II. *vr:* ~**-se** horrorizarse

arrepio [axe'piw] *m* escalofrío *m;* **causar/sentir** ~**s de pavor** causar/sentir escalofríos de pavor

arresto [a'xεstu] *m* (*de bens*) embargo *m*

arretado, -a [axe'tadu, -a] *adj reg, inf* (*elogio*) guay

arriar [axi'ar] I. *vt* (*abaixar*) bajar; (*as calças*) bajarse; (*vela, bandeira*) arriar II. *vi* 1. (*render-se*) desistir 2. (*estante*) caerse 3. (*bateria de carro*) descargarse

arribação <-ões> [axiba'sɜ̃w, -õjs] *f* ZOOL migración *f;* **ave de** ~ ave migratoria

arrimo [a'ximu] *m* apoyo *m;* ~ **de família** sostén de la familia; **muro de** ~ muro de contención

arriscado, -a [axis'kadu, -a] *adj* arriesgado, -a

arriscar [axis'kar] <c→qu> I. *vt* arriesgar; ~ **a vida** arriesgar la vida II. *vi* arriesgarse; **quem não arrisca, não petisca** *prov* para ganar hay que arriesgarse III. *vr:* ~**-se** arriesgarse

arritmia [axitʃi'mia] *f* MED arritmia *f*

arroba [a'xoba] *f* INFOR arroba *f*

arrocho [a'xoʃu] *m* apuro *m;* ~ **salarial** contención salarial; **levar um** ~ ser presionado

arrogância [axo'gɜ̃nsia] *f sem pl* arrogancia *f*

arrogante [axo'gɜ̃ntʃi] *adj* arrogante

arrogar [axo'gar] <g→gu> *vt* arrogar; ~ **a si direitos** arrogarse derechos

arrojado, -a [axo'ʒadu, -a] *adj* (*pessoa*) arrojado, -a; (*negócio*) osado, -a

arrojo [a'xoʒu] *m* arrojo *m;* **ter o** ~ **de fazer a. c.** tener el arrojo para hacer algo

arrolamento [axola'mẽjtu] *m* 1. (*inventário*) inventario *m* 2. (*listagem de bens*) relación *f*

arrolar [axo'lar] *vt* 1. (*inventariar*) inventariar 2. (*bens*) relacionar

arromba [a'xõwba] *f* estilo musical vivo y ruidoso, tocado con la guitarra; **festa de** ~ superfiesta *f*

arrombamento [axõwba'mẽjtu] *m* (*de casa*) allanamiento *m*

arrombar [axõw'bar] *vt* abrir forzando

arrotar [axo'tar] *vi* eructar; *fig* alardear

arroto [a'xotu] *m* eructo *m*

arroubo [a'xowbu] *m* éxtasis *m inv*

arroxeado, -a [axoʃi'adu, -a] *adj* (*lábios*) rojizo, -a

arroz [a'xos] <-es> *m* arroz *m;* ~ **à grega** arroz con pasas, jamón, tocino, pimiento, cebolla y guisantes

arrozal <-ais> [axo'zaw, -'ajs] *m* arrozal *m*

arroz-de-festa [a'xoz-dʒi-'fεsta] <arrozes-de-festa> *m inf* fiestero, -a *m, f*

arroz-doce [a'xoz-'dosi] <arrozes-doces> *m* GASTR arroz *m* con leche

arruaça [axu'asa] *f* alboroto *m*

arruaceiro, -a [axua'sejru, -a] *m, f* alborotador(a) *m(f)*

arruda [a'xuda] *f* BOT ruda *f*

arruela [axu'εla] *f* arandela *f*

arrufo [a'xufu] *m* mal humor *m*

arruinado, -a [axuj'nadu, -a] *adj* arruinado, -a

arruinar [axuj'nar] I. *vt* arruinar II. *vr:* ~**-se** arruinarse

arrulhar [axu'ʎar] I. *vt* arrullar II. *vi* arrullarse

arrumação <-ões> [axuma'sɜ̃w, -õjs] *f* 1. (*ação de arrumar*) colocación *f* 2. (*ordem*) orden *m*

arrumada [axu'mada] *f* **dar uma** ~ **em a. c.** ordenar algo

arrumadeira [axuma'dejra] *f* mujer *f* de la limpieza

arrumado, -a [axu'madu, -a] *adj*

1. (*casa*) ordenado, -a **2.** (*pessoa*) arreglado, -a

arrumar [axu'mar] I. *vt* **1.** (*casa, quarto*) ordenar; ~ **a casa** *fig* recomponerse **2.** (*emprego*) conseguir **3.** (*problema, assunto*) resolver **4.** (*desculpa*) inventar **5.** (*confusão*) organizar **6.** (*carro, televisão*) arreglar **7.** *inf* ~ **um namorado** echarse novio II. *vr:* ~ **-se 1.** (*para sair*) arreglarse **2.** (*na vida*) arreglárselas; **você que se arrume!** ¡ahí te las arregles!

arsenal <-ais> [arse'naw, -'ajs] *m* arsenal *m*

arsênico [ar'seniku] *m*, **arsênio** [ar'seniw] *m* arsénico *m*

arte ['artʃi] *f* **1.** (*atividade*) arte *m o f;* ~ **dramática** arte dramático; ~ **s gráficas** artes gráficas; ~ **marcial** arte marcial; ~ **moderna/abstrata** arte moderno/abstracto; ~ **s plásticas** artes plásticas; **sétima** ~ séptimo arte; **ter a** ~ **de falar em público** tener arte para hablar en público **2.** (*travessura*) travesura *f*; **as crianças fizeram muita** ~ los niños hicieron muchas travesuras

artefato [arte'fatu] *m* artefacto *m*

artelho [ar'teʎu] *m* ANAT articulación *f*

artemísia [arte'mizia] *f* artemis(i)a *f*

artéria [ar'tɛria] *f* arteria *f*

arterial <-ais> [arteri'aw, -'ajs] *adj* arterial

arteriosclerose [artɛrjoskle'rɔzi] *f* MED arterioesclerosis *f*

artesanal <-ais> [arteza'naw, -'ajs] *adj* (*trabalho*) artesanal

artesanato [arteza'natu] *m* artesanía *f*

Cultura En el **artesanato** brasileño se destacan la cerámica, la cestería, los encajes, los textiles (principalmente las **redes**) y los trabajos en madera, piedra y piel. Hay ferias de artesanía, llamadas a veces **feiras hippies** en todo el país, cada una de ellas reflejando la estética típica de su región.

artesão, artesã [arte'zãw, -ɛ̃] <-s> *m, f* artesano, -a *m, f*

artesiano, -a [artezi'ɐ̃nu, -a] *adj* artesiano, -a; **poço** ~ pozo artesiano

ártico, -a ['artʃiku, -a] *adj* ártico, -a; **Polo Ártico** Polo Norte

articulação <-ões> [artʃikula'sãw, -õjs] *f* articulación *f*

articulado, -a [artʃiku'ladu, -a] *adj* **1.** TÉC articulado, -a **2.** (*pensamento, palavra*) claro, -a **3.** (*pessoa*) elocuente **4.** (*jogada*) preparado, -a

articulador(a) [artʃikula'dor(a)] <-es> *m(f)* POL coordinador(a) *m(f)*

articular¹ [artʃiku'lar] *adj* articular

articular² [artʃiku'lar] *vt* articular

articulista [artʃiku'ʎista] *mf* articulista *mf*

artículo [ar'tʃikulu] *m* artículo *m*

artífice [ar'tʃifisi] *mf* artífice *mf*

artificial <-ais> [artʃifisi'aw, -'ajs] *adj* artificial; **sorriso** ~ sonrisa artificial

artificialidade [artʃifisjaʎi'dadʒi] *f sem pl* (*de pessoa*) artificialidad *f*

artifício [artʃi'fisiw] *m* artificio *m*

artigo [ar'tʃigu] *m* artículo *m;* ~ **s congelados** artículos congelados; ~ **definido/indefinido** artículo definido/indefinido; ~ **de luxo** artículos de lujo; ~ **de marca** artículo de marca; ~ **s de moda** artículos de moda; ~ **s de papelaria** artículos de papelería; ~ **de primeira necessidade** artículo de primera necesidad

artilharia [artiʎa'ria] *f* artillería *f*

artilheiro, -a [artʃi'ʎejru, -a] *m, f* ESPORT artillero, -a *m, f*

artimanha [artʃi'mɐ̃ɲa] *f* artimaña *f*

artista [ar'tʃista] *mf* artista *mf*

artístico, -a [ar'tʃistʃiku, -a] *adj* artístico, -a

artrite [ar'tritʃi] *f* MED artritis *f*

artrópode [ar'trɔpudʒi] *m* ZOOL artrópodo *m*

artroscopia [artrosko'pia] *f* MED artroscopia *f*

árvore ['arvori] *f* BOT árbol *m;* ~ **genealógica** árbol genealógico; ~ **de Natal** árbol de Navidad

arvoredo [arvo'redu] *m* arboleda *f*

as [as] *art f pl* las *fpl; v.tb.* **os**

ás ['as] *m* as *m;* **ser um** ~ **no volante** ser un as del volante

asa ['aza] *f* **1.** (*de ave, avião*) ala *f;* **arrastar a** ~ **para alguém** tirar los tejos a alguien; **bater** ~ **s** *fig* ahuecar el ala; **cortar as** ~ **s** *fig* cortar las alas; **dar** ~ **s à imaginação** dar alas a la imaginación; **estar de** ~ **caída** estar desanimado [*o* alicaído]; **ter os filhos debaixo da** ~ *fig* estar encima de los hijos **2.** (*da xícara*) asa *f*

asa-delta ['aza-'dɛwta] <asas-delta(s)> f ala f delta
asbesto [az'bestu] m asbesto m
ascendência [asēj'dējsia] f **1.** (*antepassados, origem, influência*) ascendencia f **2.** (*subida*) ascensión f **3.** (*superioridade*) superioridad f
ascendente¹ [asēj'dējtʃi] m (*influência*) ascendiente m; (*astros*) ascendente m
ascendente² [asēj'dējtʃi] **I.** adj ascendente **II.** mf ascendiente mf
ascender [asēj'der] vi ascender; ~ **a um novo cargo** ascender a un nuevo cargo; ~ **ao poder** ascender al poder; **os preços ~am a níveis muito altos** los precios ascendieron a niveles muy altos
ascensão <-ões> [asēj'sãw, -õjs] f ascensión f; ~ **do ar** FÍS ascensión del aire
ascensorista [asējso'rista] mf ascensorista mf
asco ['asku] m asco m; **ter ~ de alguém/a. c.** tener asco a alguien/algo; **que ~!** ¡qué asco!
asfaltar [asfaw'tar] vt asfaltar
asfalto [as'fawtu] m asfalto m
asfixia [asfik'sia] f asfixia f
asfixiante [asfiksi'ãntʃi] adj asfixiante
asfixiar [asfiksi'ar] **I.** vi asfixiarse **II.** vt asfixiar **III.** vr: ~-**se** asfixiarse
Ásia ['azia] f Asia f
asiático, -a [azi'atʃiku, -a] adj, m, f asiático, -a m, f
asilar [azi'lar] **I.** vt asilar **II.** vr: ~-**se** asilarse
asilo [a'zilu] m asilo m
asma ['azma] f asma f
asmático, -a [az'matʃiku, -a] adj, m, f asmático, -a m, f
asneira [az'nejra] f **1.** (*disparate*) burrada f; **dizer/fazer ~s** decir/hacer burradas **2.** (*palavrão*) palabrota f
asno, -a ['aznu, -a] m, f **1.** ZOOL asno, -a m, f **2.** pej (*pessoa*) burro, -a m, f
aspargo [as'pargu] m espárrago m
aspas ['aspas] fpl comillas fpl; **abrir ~** abrir comillas; **fechar ~** cerrar comillas; **entre ~** entre comillas
aspecto [as'pɛktu] m aspecto m; **ter ~ de doente** tener aspecto de enfermo; **ter bom/mau ~** tener buen/mal aspecto; **em todos os ~s** en todos los aspectos
aspereza [aspe'reza] f aspereza f

aspergir [asper'ʒir] *irr como convergir* vt rociar
áspero, -a ['asperu, -a] adj áspero, -a
aspiração <-ões> [aspira'sãw, -õjs] f aspiración f
aspirador [aspira'dor] m aspirador m, aspiradora f; ~ **de pó** aspirador m, aspiradora f
aspirante [aspi'rãntʃi] adj, mf aspirante mf
aspirar [aspi'rar] **I.** vt aspirar **II.** vi aspirar; ~ **a um novo cargo** aspirar a un nuevo cargo
aspirina® [aspi'rina] f MED aspirina® f
asqueroso, -a [aske'rozu, -'ɔza] adj asqueroso, -a
assadeira [asa'deira] f fuente f para asar
assado [a'sadu] m GASTR asado m
assado, -a [a'sadu, -a] adj **1.** asado, -a **2.** inf (*bebê*) irritado, -a
assadura [asa'dura] f (*de bebê*) irritación f
assalariado, -a [asalari'adu, -a] m, f asalariado, -a m, f
assalariar [asalari'ar] vt **1.** (*empregar*) contratar **2.** inf (*pagar*) sobornar
assaltante [asaw'tãntʃi] mf **1.** (*de banco, na rua*) atracador(a) m(f), asaltante mf **2.** (*de casa*) asaltante mf
assaltar [asaw'tar] vt **1.** (*pessoa, banco*) atracar, asaltar; (*casa*) asaltar **2.** (*atacar*) asaltar **3.** (*dor*) dar
assalto [a'sawtu] m **1.** (*a pessoa, banco*) atraco m, asalto m; (*a casa*) asalto m; ~ **a um banco** atraco a un banco; ~ **à mão armada** atraco a mano armada **2.** (*ataque*) asalto m; ~ **a uma posição inimiga** asalto a una posición enemiga; **tomar de ~** tomar por [o al] asalto **3.** ESPORT (*pugilismo*) asalto m
assanhado, -a [asã'ɲadu, -a] adj inf salido, -a m
assanhamento [asãɲa'mējtu] m excitación f
assanhar [asã'ɲar] **I.** vt excitar **II.** vr: ~-**se** excitarse
assar [a'sar] vt asar; (*causar calor*) freír
assassinar [asasi'nar] vt asesinar; ~ **a gramática** asesinar la gramática
assassinato [asasi'natu] m, **assassínio** [asas'siniw] m asesinato m
assassino, -a [asa'sinu, -a] adj, m, f asesino, -a m, f
assaz [a'sas] adv **1.** (*bastante*) bastante; **este problema é ~ complicado** este

asseado

problema es bastante complicado 2. *elev* (*em alto grau*) altamente; **o excesso de estrangeirismos é ~ reprovável** el exceso de extranjerismos es altamente reprobable

asseado, -a [aseˈadu, -a] *adj* aseado, -a

assear [aseˈar] *conj como passear* **I.** *vt* asear **II.** *vr:* ~ **-se** asearse

assediar [aseˈdʒiar] *vt* asediar; ~ **com perguntas** asediar a preguntas

assédio [aˈsɛdʒiw] *m* asedio *m;* ~ **sexual** acoso *m* sexual

assegurado, -a [aseguˈradu, -a] *adj* (*garantido*) asegurado, -a; (*convencido*) convencido, -a

assegurar [aseguˈrar] **I.** *vt* asegurar **II.** *vr:* ~ **-se** asegurarse

asseio [aˈseju] *m* aseo *m*

assembleia [asẽjˈblɛja] *f* asamblea *f;* **Assembleia Constituinte** Asamblea Constituyente; ~ **geral** asamblea general; **Assembleia Legislativa** Asamblea Legislativa

assemelhar [asemeˈʎar] **I.** *vt* (*tornar semelhante*) asemejar; (*comparar*) comparar **II.** *vr:* ~ **-se** asemejarse; ~ **-se a alguém** asemejarse a alguien

assentado, -a [asẽjˈtadu, -a] *adj* (*pessoa*) equilibrado, -a

assentamento [asẽjtaˈmẽjtu] *m* (*de colonos*) asentamiento *m*

assentar [asẽjˈtar] <*pp:* **assente** *ou* **assentado**> **I.** *vt* asentar **II.** *vi* asentarse **III.** *vr:* ~ **-se** (*estabelecer-se*) asentarse

assentimento [asẽjtʃiˈmẽjtu] *m* asentimiento *m*

assentir [asẽjˈtʃir] *irr como sentir vi* asentir

assento [aˈsẽjtu] *m* **1.** (*de cadeira*) asiento *m* **2.** (*cargo*) cargo *m*

assepsia [asepˈsia] *f* MED asepsia *f*

asséptico, -a [aˈsɛptʃiku, -a] *adj* MED aséptico, -a

asserção <-ões> [aserˈsãw, -õjs] *f* aserción *f*

assessor(a) [aseˈsor(a)] <-es> *m(f)* asesor(a) *m(f);* ~ **de imprensa** asesor de prensa

assessoramento [asesoraˈmẽjtu] *m* asesoramiento *m*

assessorar [aseso'rar] *vt* asesorar

assessoria [aseso'ria] *f* asesoría *f*

asseveração <-ões> [aseveraˈsãw, -õjs] *f* aseveración *f*

asseverar [aseveˈrar] *vt* aseverar

assoar

assexuado, -a [aseksuˈadu, -a] *adj* BIO asexuado, -a

assiduidade [asidujˈdadʒi] *f* **1.** (*constância*) asiduidad *f* **2.** (*empenho*) diligencia *f*

assíduo, -a [aˈsiduu, -a] *adj* **1.** (*constante*) asiduo, -a **2.** (*empenhado*) diligente

assim [aˈsĩj] **I.** *adv* así; ~, ~ así, así; ~ **ou assado** así o así; ~ **como** así como; ~ **que** +*conj* en cuanto; ~ **seja!** ¡así sea!; **ainda** [*ou* **mesmo**] ~ aún así; **como** ~? ¿por qué?; **e** ~ **por diante** y así en adelante; **por** ~ **dizer** por decirlo así **II.** *conj* por eso

assimetria [asimeˈtria] *f* asimetría *f*

assimétrico, -a [asiˈmɛtriku, -a] *adj* asimétrico, -a

assimilação <-ões> [asimilaˈsãw, -õjs] *f* asimilación *f*

assimilar [asimiˈlar] *vt* asimilar

assinalar [asinaˈlar] *vt* señalar; ~ **com uma cruz** señalar con una cruz

assinante [asiˈnãtʃi] *mf* **1.** (*de uma revista*) suscriptor(a) *m(f)* **2.** (*de um documento*) firmante *mf* **3.** (*do telefone*) abonado, -a *m, f*

assinar [asiˈnar] *vt* **1.** (*documento*) firmar **2.** (*revista*) suscribirse a

assinatura [asinaˈtura] *f* **1.** (*em documento*) firma *f* **2.** (*de uma revista*) suscripción *f*

assintomático, -a [asĩjtoˈmatʃiku, -a] *adj* asintomático, -a

assistência [asisˈtẽjsia] *f* **1.** (*auxílio*) asistencia *f;* ~ **médica** asistencia médica; ~ **religiosa** asistencia religiosa; ~ **social** asistencia social; ~ **técnica** asistencia técnica; **prestar** ~ **a alguém** prestar asistencia a alguien **2.** (*público*) asistentes *mpl* **3.** ESPORT (*passe*) asistencia *f;* **fazer uma** ~ dar una asistencia

assistencial <-ais> [asistẽjsiˈaw, -ˈajs] *adj* asistencial

assistente [asisˈtẽjtʃi] **I.** *adj* asistente **II.** *mf* asistente *mf;* ~ **de laboratório** ayudante *mf* de laboratorio; ~ **social** asistente social

assistir [asisˈtʃir] **I.** *vt* **1.** asistir; ~ **a uma aula** asistir a una clase; ~ **a um espetáculo** asistir a un espectáculo **2.** TV ver; ~ **televisão/uma novela** ver la televisión/una telenovela **II.** *vi* (*um doente*) asistir

assoalho [asoˈaʎu] *m* parqué *m*

assoar [asuˈar] <*1. pess pres:* **assoo**>

assobiada [asubi'ada] *f* pitada *f*
assobiar [asubi'ar] *vi, vt* silbar
assobio [asu'biw] *m* **1.** (*som*) silbido *m* **2.** (*instrumento*) silbato *m*
associação <-ões> [asosia'sãw, -õjs] *f* asociación *f*; ~ **comercial** asociación comercial; ~ **criminosa** asociación criminal; ~ **de empregadores** asociación patronal; ~ **de empresários** asociación de empresarios
associado, -a [asosi'adu, -a] **I.** *adj* asociado, -a; **estar** ~ **a um grupo** estar asociado a un grupo **II.** *m, f* asociado, -a *m, f*
associar [asosi'ar] **I.** *vt* asociar; ~ **uma coisa a outra** asociar una cosa a otra **II.** *vr:* ~-**se** asociarse
assolar [aso'lar] *vt* asolar
assomar [aso'mar] *vt* asomarse
assombração <-ões> [asõwbra'sãw, -õjs] *f* asombro *m*; (*fantasma*) fantasma *m*
assombrado, -a [asõw'bradu, -a] *adj* **1.** (*casa, castelo*) encantado, -a **2.** (*assustado*) asustado, -a **3.** (*pasmado*) asombrado, -a
assombrar [asõw'brar] **I.** *vt* (*pasmar*) asombrar; (*assustar*) asustar **II.** *vr:* ~-**se** asombrarse; ~-**se com a. c.** asombrarse con algo
assombro [a'sõwbru] *m* asombro *m*; **é um** ~ **o seu talento** su talento es asombroso
assombroso, -a [asõw'brozu, -'ɔza] *adj* (*espantoso*) asombroso, -a
assomo [a'somu] *m* (*ímpeto*) asomo *m*; ~ **de raiva** asomo de rabia
assumir [asu'mir] *vt* asumir
assunção [asũw'sãw] *f sem pl* REL asunción *f*; ~ **de Maria** asunción de María
assunto [a'sũwtu] *m* asunto *m*; ~ **de família** asunto de familia; **estar sem** ~ no tener de qué hablar; **mudar de** ~ cambiar de asunto
assustado, -a [asus'tadu, -a] *adj* asustado, -a; **ficar** ~ **com alguém/a. c.** asustarse con alguien/algo
assustador(a) [asusta'dor(a)] <-es> *adj* alarmante; (*atemorizante*) aterrador(a)
assustar [asus'tar] **I.** *vt* asustar **II.** *vr:* ~-**se** asustarse; ~-**se com alguém/a. c.** asustarse con alguien/algo
asterisco [aste'risku] *m* asterisco *m*
asteroide [aste'rɔjdʒi] *m* ASTRON asteroide *m*
astigmatismo [astʃigma'tʃizmu] *m* MED astigmatismo *m*
astral <-ais> [as'traw, -'ajs] **I.** *adj* astral; **inferno** ~ periodo terrible **II.** *m* humor *m*; **andar num bom/mau** ~ estar de buen/mal humor
astro ['astru] *m* astro *m*
astrofísica [astro'fizika] *f sem pl* astrofísica *f*
astrolábio [astro'labiw] *m* astrolabio *m*
astrologia [astrolo'ʒia] *f sem pl* astrología *f*
astrólogo, -a [as'trɔlogu, -a] *m, f* astrólogo, -a *m, f*
astronauta [astro'nawta] *mf* astronauta *mf*
astronomia [astrono'mia] *f* astronomía *f*
astronômico, -a [astro'nomiku, -a] *adj* astronómico, -a; **preços** ~**s** precios astronómicos
astrônomo, -a [as'tronumu, -a] *m, f* astrónomo, -a *m, f*
astúcia [as'tusia] *f* astucia *f*
astuto, -a [as'tutu, -a] *adj* astuto, -a
ata ['ata] *f* acta *f*
atabalhoado, -a [atabaʎo'adu, -a] *adj* (*pessoa*) precipitado, -a
atabaque [ata'baki] *m* atabal *m*
atacadista [ataka'dʒista] *mf* ECON mayorista *mf*
atacado [ata'kadu] *m* ECON comercio *m* mayorista; **por** ~ al por mayor
atacante [ata'kãntʃi] *mf* ESPORT atacante *mf*
atacar [ata'kar] <c→qu> *vt* **1.** (*geral*) atacar **2.** (*pedras*) lanzar **3.** *inf* (*comida*) atacar
atado, -a [a'tadu, -a] *adj* atado, -a
atadura [ata'dura] *f* venda *f*
atalhar [ata'ʎar] **I.** *vt* (*impedir*) atajar; (*abreviar*) resumir, abreviar; (*interromper*) interrumpir **II.** *vi* atajar; (*falando*) atascarse
atalho [a'taʎu] *m* atajo *m*
atapetar [atape'tar] *vt* alfombrar
ataque [a'taki] *m* ataque *m*; ~ **do coração** ataque al corazón; ~ **epiléptico** ataque epiléptico; ~ **de tosse** ataque de tos; **ter um** ~ **de raiva/de riso** tener un ataque de rabia/de risa; **ele teve um** ~ **ao ver o carro todo riscado** *inf* le dio un ataque al ver todo el coche rayado
atar [a'tar] *vt* atar; **não ata nem desata**

no se decide
atarantado, -a [atarɜ̃ŋ'tadu, -a] *adj* aturdido, -a; **ficar ~** quedarse aturdido
atarantar [atarɜ̃ŋ'tar] *vt* aturdir
atarefado, -a [atare'fadu, -a] *adj* atareado, -a; **andar ~** estar atareado
atarefar-se [atare'farsi] *vr* atarearse
atarracado, -a [ataxa'kadu, -a] *adj* achaparrado, -a
atarraxar [ataxa'ʃar] *vt* atornillar
ataúde [ata'udʒi] *m* ataúd *m*
atávico, -a [a'taviku, -a] *adj* atávico, -a
ataxia [atak'sia] *f* MED ataxia *f*
atazanar [atazɜ̃'nar] *vt* atormentar
até [a'tɛ] I. *prep* (*temporal, local*) hasta; **~ já** hasta ahora; **~ logo** hasta luego; **~ que** +*conj* hasta que +*subj*; **~ que enfim!** ¡ya era hora!; **~ certo ponto** hasta cierto punto; **~ em cima** hasta arriba II. *adv* hasta; **~ mesmo** hasta incluso
atear [ate'ar] *conj como passear vt* 1. (*fogo*) prender 2. (*ódio*) atizar
ateia [a'tɐja] *f v.* **ateu**
ateísmo [ate'iʒmu] *m sem pl* ateísmo *m*
ateliê [ateʎi'e] *m* estudio *m*
atemorizar [atemori'zar] *vt* atemorizar
atemporal <-ais> [atẽjpo'raw, -'ajs] *adj* atemporal
atenção <-ões> [atẽj'sɜ̃w, -õjs] I. *f* 1. (*geral*) atención *f*; **chamar a ~ de alguém** llamar la atención a alguien; **dar ~ a alguém** prestar atención a alguien; **prestar ~ em a. c./alguém** prestar atención a algo/alguien; **em ~ a** en atención a 2. (*consideração*) **ter em ~ a. c.** tener [*o* tomar] algo en consideración II. *interj* atención
atenciosamente [atẽjsiɔza'mẽjtʃi] *adv* (*em carta*) atenciosamente
atencioso, -a [atẽjsi'ozu, -'ɔza] *adj* atento, -a
atendente [atẽj'dẽjtʃi] *mf* auxiliar *mf*; **~ de enfermagem** auxiliar de enfermería
atender [atẽj'der] *vt* atender; **~ uma chamada** atender una llamada; **~ às necessidades** atender a las necesidades; **~ a uma reivindicação/a um pedido** atender a una reivindicación/una petición; **~ o telefone** atender el teléfono; **o diretor não quis me ~** el director no quiso atenderme; **o senhor já foi atendido?** ¿le atienden?; **eu atendo!** TEL ¡ya cojo yo!
atendimento [atẽjdʒi'mẽjtu] *m* atención *f*
atentado [atẽj'tadu] *m* atentado *m*; **~ a bomba** atentando con bomba; **~ à** [*ou* **contra a**] **moral** atentado contra la moral; **~ terrorista** atentado terrorista; **cometer um ~ contra alguém** cometer un atentado contra alguien
atentamente [atẽjta'mẽjtʃi] *adv* atentamente
atentar [atẽj'tar] I. *vt* 1. (*observar*) observar con atención 2. (*considerar*) tomar en cuenta II. *vi* 1. (*cometer um atentado*) atentar; **~ contra a vida de alguém** atentar contra la vida de alguien 2. (*ponderar*) **~ em** reflexionar sobre
atento, -a [a'tẽjtu, -a] *adj* atento, -a; **estar ~ a a. c.** estar atento a algo
atenuação <-ões> [atenua'sɜ̃w, -õjs] *f* atenuación *f*
atenuante [atenu'ɜ̃ŋtʃi] I. *adj* atenuante II. *f* JUR atenuante *f*
atenuar [atenu'ar] *vt* atenuar
aterosclerose [atɛroskle'rɔzi] *f* atero(e)sclerosis *f*
aterrador(a) [atexa'dor(a)] <-es> *adj* aterrador(a)
aterrar [ate'xar] *vt* (*vala*) cubrir con tierra
aterrissagem [atexi'saʒẽj] <-ens> *f* AERO aterrizaje *m*; **~ forçada/de emergência** aterrizaje forzoso/de emergencia
aterrissar [atexi'sar] *vi* AERO aterrizar
aterro [a'texu] *m* terraplén *m*; (*para lixo*) vertedero *m*; **~ sanitário** vertedero controlado
aterrorizar [atexori'zar] *vt* aterrorizar
ater-se [a'tersi] *irr como ter vr* atenerse; **~ a alguém/a. c** atenerse a alguien/algo
atestado [ates'tadu] *m* certificado *m*; **~ médico** certificado médico
atestado, -a [ates'tadu, -a] *adj* certificado, -a
atestar [ates'tar] *vt* (*passar atestado*) certificar
ateu, ateia [a'tew, a'tɐja] *adj, m, f* ateo, -a *m, f*
atiçar [atsi'sar] <ç→c> *vt* 1. (*fogo, ódio*) atizar 2. (*pessoa, animal*) azuzar
atinado, -a [atʃi'nadu, -a] *adj* 1. (*prudente*) atinado, -a 2. (*esperto*) inteligente
atinar [atʃi'nar] *vi* atinar; **~ com a. c.** atinar con algo

atingir [atʃĩj'ʒir] <g→j> vt 1.(*objetivos, com tiro*) alcanzar 2.(*comprender*) comprender 3.(*dizer respeito a*) afectar; **essa crítica não me atinge** esa crítica no me afecta 4.(*alastrar-se*) extenderse; **a epidemia atingiu todo o país** la epidemia se extendió por todo el país

atípico, -a [a'tʃipiku, -a] *adj* atípico, -a

atirador(a) [atʃira'dor(a)] <-es> *m(f)* tirador(a) *m(f)*

atirar [atʃi'rar] I. *vt* tirar II. *vi* (*com arma*) disparar III. *vr:* ~**-se** tirarse; ~**-se a** [*ou* **sobre**] **alguém/a. c.** tirarse sobre alguien/algo; ~**-se nos braços de alguém** echarse en los brazos de alguien; ~**-se de cabeça ao** [*ou* **no**] **mar** tirarse al mar de cabeza; ~**-se na cama/no trabalho** lanzarse sobre la cama/sobre el trabajo

atitude [atʃi'tuʒi] *f* actitud *f;* **tomar uma** ~ tomar una actitud

ativação <-ões> [atʃiva'sãw, -õjs] *f* activación *f*

ativar [atʃi'var] *vt* activar

atividade [atʃivi'dadʒi] *f* actividad *f;* ~ **culturais** actividades culturales; ~ **s de lazer** actividades del ocio; ~ **profissional** actividad profesional; **cheio de** ~ muy activo; **estar em plena** ~ estar en plena actividad; **qual o seu ramo de** ~**?** ¿cuál es tu sector de actividad?

ativista [atʃi'vista] *mf* activista *mf*

ativo [a'tʃivu] *m* ECON activo *m*

ativo, -a [a'tʃivu, -a] *adj* activo, -a

atlântico, -a [a'tlãŋtʃiku, -a] *adj* atlántico, -a

Atlântico [a'tlãŋtʃiku] *m* o (**Oceano**) ~ el (Océano) Atlántico

atlas ['atlas] *m inv* atlas *m inv*

atleta [a'tlɛta] *mf* atleta *mf*

atlético, -a [a'tlɛtʃiku, -a] *adj* atlético, -a

atletismo [atle'tʃizmu] *m sem pl* atletismo *m*

atmosfera [atʃmos'fɛra] *f* atmósfera *f*

atmosférico, -a [atʃmos'fɛriku, -a] *adj* atmosférico, -a

ato ['atu] *m* acto *m;* ~ **falho** acto fallido; ~ **jurídico** acto jurídico; ~ **público** acto público; **ser pego no** ~ ser cogido en el acto

à-toa [a'toa] *adj* 1.(*pessoa*) despreciable 2.(*trabalho*) fácil 3.(*dor*) sin importancia

atol <-óis> [a'tɔw, -'ɔjs] *m* GEO atolón *m*

atolado, -a [ato'ladu, -a] *adj* atascado, -a; **estar** ~ **de trabalho** estar hasta arriba de trabajo; **ficar** ~ **em dívidas** endeudarse hasta el cuello

atolar [ato'lar] I. *vt* atascar II. *vr:* ~**-se** atascarse

atoleiro [ato'lejru] *m* atolladero *m;* **sair do** ~ salir del atolladero

atômico, -a [a'tomiku, -a] *adj* atómico, -a

átomo ['atomu] *m* átomo *m*

atonia [ato'nia] *f* atonía *f*

atônito, -a [a'tonitu, -a] *adj* atónito, -a

átono ['atonu] *adj* LING átono, -a

ator, atriz [a'tor, a'tris] <-es> *m, f* actor, actriz *m, f*

atordoado, -a [atordu'adu, -a] *adj* aturdido, -a

atordoar [atordu'ar] <*1. pess pres:* atordoo> *vt* aturdir

atormentado, -a [atormẽj'tadu, -a] *adj* atormentado, -a

atormentar [atormẽj'tar] I. *vt* atormentar II. *vr:* ~**-se** atormentarse

atóxico, -a [a'tɔksiku, -a] *adj* atóxico, -a

atracadouro [atraka'dowru] *m* NÁUT atracadero *m*

atração <-ões> [atra'sãw, -õjs] *f* atracción *f;* ~ **pronominal** LING atracción pronominal; ~ **sexual** atracción sexual; ~ **turística** atracción turística; **sentir** ~ **por alguém** sentir atracción por alguien; **a** ~ **da festa foi o show pirotécnico** la atracción de la fiesta fue el espectáculo pirotécnico

atracar [atra'kar] <c→qu> *vi* NÁUT atracar; **o navio atracou no porto** el navío atracó en el puerto

atrações [atra'sõjs] *f pl de* **atração**

atraente [atra'ẽjtʃi] *adj* atractivo, -a

atraiçoar [atrajso'ar] <*1. pess pres:* atraiçoo> *vt* traicionar

atrair [atra'ir] *vt* atraer

atrapalhação <-ões> [atrapaʎa'sãw, -õjs] *f* 1.(*confusão*) confusión *f* 2.(*acanhamento*) timidez *f*

atrapalhado, -a [atrapa'ʎadu, -a] *adj* 1.(*confuso*) confuso, -a 2.(*embaraçado*) liado, -a; **ficar** ~ liarse

atrapalhar [atrapa'ʎar] I. *vt* 1.(*confundir*) confundir 2.(*estorvar*) estorbar 3.(*embaraçar*) liar II. *vr:* ~**-se** 1.(*confundir-se*) confundirse 2.(*embaraçar-se*) liarse

atrás [a'tras] *adv* atrás; **uns** ~ **dos outros** unos atrás de otros; **dois meses** ~ dos meses atrás; ~ **de** detrás de; **andar**

atrasado [*ou* ir] ~ **de alguém** ir atrás de alguien; **voltar** ~ volver atrás

atrasado, -a [atra'zadu, -a] *adj* atrasado, -a; **chegar** ~ llegar tarde; **estar** ~ **em** [*ou* **com**] **a. c.** ir atrasado en algo; **estou** ~ llego tarde; **o meu relógio está** ~ mi reloj va atrasado

atrasar [atra'zar] I. *vt* atrasar II. *vr:* ~-**se** atrasarse

atraso [a'trazu] *m* atraso *m;* **estar em** ~ (*no pagamento*) estar atrasado; **vir com/estar com uma hora de** ~ venir con/llevar una hora de atraso; **ser um** ~ **(de vida)** ser un atraso; **esbaldou-se para tirar o** ~ *fig* se dejó la piel para ponerse al día

atrativo [atra'tʃivu] *m* atractivo *m;* **o grande** ~ **era o salário** el gran atractivo era el salario

atrativo, -a [atra'tʃivu, -a] *adj* atractivo, -a

atravancar [atravãŋ'kar] <c→qu> *vt* obstruir

atravanco [atra'vãŋku] *m* obstáculo *m*

através [atra'vɛs] *adv* a través; ~ **dos séculos** a través de los siglos; **ver a chuva** ~ **da janela** ver la lluvia a través de la ventana; **eu conheci o Pedro** ~ **da Maria** conocí a Pedro a través de María; **subiu na vida** ~ **de troca de favores** ascendió en la vida intercambiando favores

atravessado, -a [atrave'sadu, -a] *adj* atravesado, -a; (*deitado*) acostado, -a; **olhar** ~ mirada atravesada; **resposta atravessada** mala respuesta; **isso está** ~ **na minha garganta** *fig* tengo eso atravesado en la garganta

atravessador(a) [atravesa'dor(a)] <-es> *m(f)* intermediario, -a *m, f*

atravessar [atrave'sar] I. *vt* 1. (*geral*) atravesar; ~ **o rio a nado** atravesar el río a nado 2. (*mercadoria*) revender II. *vr:* ~-**se** atravesarse; ~-**se no caminho de alguém** *fig* atravesarse en el camino de alguien

atrelar [atre'lar] I. *vt* enganchar; ~ **um carro a outro** atar un coche a otro; ~ **a moeda ao dólar** vincular la moneda al dólar II. *vr:* ~-**se** pegarse; ~-**se a alguém** pegarse a alguien

atrever-se [atre'versi] *vr* atreverse; ~ **a fazer a. c.** atreverse a hacer algo

atrevido, -a [atre'vidu, -a] *adj* atrevido, -a

atrevimento [atrevi'mẽjtu] *m* atrevimiento *m*

atribuição <-ões> [atribuj'sãw, -õjs] *f* atribución *f*

atribuições [atribuj'sõjs] *fpl* atribuciones *fpl*

atribuir [atribu'ir] *conj como* incluir *vt* 1. (*culpa, tarefas, significado*) atribuir 2. (*direitos, título, prêmio*) conceder

atribulação <-ões> [atribula'sãw, -õjs] *f* tribulación *f*

atribulado, -a [atribu'ladu, -a] *adj* atribulado, -a

atribular [atribu'lar] *vt* atribular

atributo [atri'butu] *m* atributo *m*

átrio ['atriw] *m* atrio *m*

atrito [a'tritu] *m tb.* FÍS roce *m;* **entrar em** ~ **com alguém** tener un roce con alguien

atriz [a'tris] <-es> *f* actriz *f*

atrocidade [atrosi'dadʒi] *f* atrocidad *f*

atrofia [atro'fia] *f* MED atrofia *f*

atrofiado, -a [atrofi'adu, -a] *adj* (*órgão, membro*) atrofiado, -a

atrofiar [atrofi'ar] *vi* (*órgão, membro*) atrofiar

atropelamento [atropela'mẽjtu] *m* atropello *m*

atropelar [atrope'lar] *vt* atropellar; ~ **a verdade** faltar a la verdad

atropelo [atro'pelu] *m* 1. (*da lei*) atropello *m* 2. (*de palavras*) confusión *f;* **aos** ~**s** atropelladamente

atropina [atro'pina] *f* MED atropina *f*

atroz [a'trɔs] <-es> *adj* atroz

atuação <-ões> [atua'sãw, -õjs] *f* actuación *f;* ~ **ao vivo** actuación en directo

atual <-ais> [atu'aw, -'ajs] *adj* actual

atualidade [atuaʎi'dadʒi] *f* actualidad *f;* **de grande** ~ de gran actualidad; **viver na** ~ vivir en la actualidad

atualização <-ões> [atuaʎiza'sãw, -õjs] *f* actualización *f;* ~ **de conhecimentos** actualización de conocimientos

atualizar [atuaʎi'zar] I. *vt* actualizar II. *vr:* ~-**se** actualizarse

atualmente [atuaw'mẽjtʃi] *adv* actualmente

atuar [atu'ar] *vi* actuar; ~ **sobre os nervos** actuar sobre los nervios; ~ **ao vivo** actuar en directo

atulhar [atu'ʎar] *vt* abarrotar

atum [a'tũw] <atuns> *m* atún *m*

aturar [atu'rar] *vt* tolerar

aturável <-eis> [atu'ravew, -ejs] *adj*

tolerable

aturdido, -a [atur'dʒidu, -a] *adj* aturdido, -a

aturdimento [aturdʒi'mējtu] *m* aturdimiento *m*

aturdir [atur'dʒir] *vt* aturdir

audácia [aw'dasia] *f* audacia *f*

audaz [aw'das] <-es> *adj* audaz

audição <-ões> [awd'sɜ̃w, -õjs] *f* audición *f*; **primeira ~** MÚS primera audición

audiência [awdʒi'ējsia] *f tb.* JUR audiencia *f*; **conceder uma ~ a alguém** conceder una audiencia a alguien

audiovisual <-ais> [awdʒjuvizu'aw, -'ajs] *adj* audiovisual

auditivo, -a [awdʒi'tʃivu, -a] *adj* auditivo, -a

auditor(a) [awdʒi'tor(a)] <-es> *m(f)* auditor(a) *m(f)*

auditoria [awdʒito'ria] *f* auditoría *f*

auditório [awdʒi'tɔriw] *m* auditorio *m*; **programa de ~** programa con auditorio

auê [aw'e] *m inf* follón *m*; **fazer** [*ou* **armar**] **um ~** armar un follón

auferir [awfe'rir] *irr como preferir vt* (*lucros*) obtener

auge [awʒi] *m* auge *m*

augúrio [aw'guriw] *m* augurio *m*

augusto, -a [aw'gustu, -a] *adj elev* augusto, -a

aula ['awla] *f* clase *f*, lección *f*; **dar ~ s a** [*ou* **para**] **alguém** dar clases a alguien; **ter ~ s com alguém** dar clases con alguien

aumentar [awmẽj'tar] *vi, vt* aumentar

aumento [aw'mẽjtu] *m* aumento *m*

aura ['awra] *f* aura *f*

áureo, -a ['awriw, -a] *adj* áureo, -a

auréola [aw'rɛwla] *f* aureola *f*

aurícula [aw'rikula] *f* aurícula *f*

auricular [awriku'lar] *adj* auricular

aurora [aw'rɔra] *f* aurora *f*; **~ boreal** aurora boreal

auscultação [awskuwta'sɜ̃w] *f sem pl* MED auscultación *f*

auscultar [awskuw'tar] *vt* MED auscultar

ausência [aw'zẽjsia] *f* ausencia *f*; **~ de a. c.** ausencia de algo

ausentar-se [awzẽj'tarsi] *vr* ausentarse

ausente [aw'zẽjtʃi] *adj* ausente

auspício [aws'pisiw] *m* auspicio *m*; **sob os ~ s de** bajo los auspicios de

auspicioso, -a [auspisi'ozu, -'ɔza] *adj* auspicioso, -a

austeridade [awsteri'dadʒi] *f sem pl* austeridad *f*

austero, -a [aws'tɛru, -a] *adj* austero, -a

austral <-ais> [aws'traw, -'ajs] *adj* austral

Austrália [aws'traʎia] *f* Australia *f*

australiano, -a [awstra/i'ɜ̃nu, -a] *adj, m, f* australiano, -a *m, f*

Áustria ['awstria] *f* Austria *f*

austríaco, -a [aws'triaku, -a] *adj, m, f* austríaco, -a *m, f*, austríaco, -a *m, f*

autarquia [awtar'kia] *f* autarquía *f*

autárquico, -a [aw'tarkiku, -a] *adj* autárquico, -a

autenticação <-ões> [awtẽjtʃika'sɜ̃w, -õjs] *f* JUR autenticación *f*

autenticar [awtẽjtʃi'kar] <c→qu> *vt* JUR autenticar

autenticidade [awtẽjtsi'dadʒi] *f* autenticidad *f*

autêntico, -a [aw'tẽjtʃiku, -a] *adj* auténtico, -a

autismo [aw'tʃizmu] *m sem pl* autismo *m*

autista [aw'tʃista] *mf* autista *mf*

auto ['awtu] *m* **1.** JUR auto *m*; **~ de infração** auto en el que se describen irregularidades y que inicia un proceso administrativo **2.** (*de reunião*) acta *f*; **lavrar um ~** levantar acta

autoafirmação ['awtwafirma'sɜ̃w] *f sem pl* autoafirmación *f*

autoajuda ['awtwa'ʒuda] *f sem pl* autoayuda *f*

autoatendimento [awtwatẽjdʒi'mẽjtu] *m* autoservicio *m*

autoavaliação <-ões> ['awtwava/ia'sɜ̃w, -õjs] *f* autoevaluación *f*

autobiografia [awtubiogra'fia] *f* autobiografía *f*

autobiográfico, -a [awtubio'grafiku, -a] *adj* autobiográfico, -a

autocolante [awtuko'lɜ̃tʃi] *adj* autoadhesivo, -a; **figurinhas ~ s** cromos *mpl* autoadhesivos

autoconfiança [awtukõwfi'ɜ̃sa] *f sem pl* autoconfianza *f*, confianza *f* en sí mismo

autoconhecimento [awtukõnesi'mẽjtu] *m* autoconocimiento *m*

autocontrole [awtukõw'tro/i] *m* autocontrol *m*

autocracia [awtokra'sia] *f* autocracia *f*

autocrata [awto'krata] *mf* autócrata *mf*

autocrático, -a [awto'kratʃiku, -a] *adj*

autocrático, -a
autocrítica [awtu'kritʃįka] *f* autocrítica *f*
autóctone [aw'tɔktoni] *adj, mf* autóctono, -a *m, f*
auto-de-fé ['awtu-dʒi-'fɛ] <autos-de-fé> *m* HIST auto *m* de fe
autodefesa [awtude'feza] *f* autodefensa *f*
autodeterminação <-ões> [awtudetermina'sɜ̃w, -õjs] *f* POL autodeterminación *f*
autodidata [awtudʒi'data] *mf* autodidacta *mf*
autodidático, -a [awtudʒi'datʃįku, -a] *adj* autodidacta
autodomínio [awtudo'miniw] *m* autodominio *m*
autódromo [aw'tɔdrumu] *m* autódromo *m*
autoescola ['awtwis'kɔla] *f* autoescuela *f*
autoestima ['awtwis'tʃima] *f* autoestima *f*
autoestrada ['awtwis'trada] *f* autopista *f*
autogestão <-ões> [awtuʒes'tɜ̃w, -õjs] *f* autogestión *f*
autografar [awtogra'far] *vt* autografiar
autógrafo [aw'tɔgrafu] *m* autógrafo *m*
autoimune ['awtuį'muni] *adj* autoinmune
autointitular-se [awtwĩjtʃitu'larsi] *vr* autotitularse
automaticamente [automatʃįka'mẽjtʃį] *adv* automáticamente
automático, -a [awto'matʃįku, -a] *adj* automático, -a
automatismo [awtoma'tʃizmu] *m* automatismo *m*
automatização <-ões> [awtomatʃįza'sɜ̃w, -õjs] *f* automatización *f*
autômato [aw'tomatu] *m* autómata *m*
automedicação [awtumedʒika'sɜ̃w] *f sem pl* automedicación *f*
automobilismo [awtomobi'ʎizmu] *m* ESPORT automovilismo *m*
automobilista [awtomobi'ʎista] *mf* automovilista *mf*
automobilístico, -a [awtomobi'ʎistʃįku, -a] *adj* automovilístico, -a
automotriz [awtomo'tris] *m* (*ferro*) automotor *m*
automóvel <-eis> [awto'mɔvew, -ejs] *m* automóvil *m*
autonomia [awtono'mia] *f* autonomía

f; ~ **de voo** AERO autonomía de vuelo
autônomo, -a [aw'tonumu, -a] *adj* autónomo, -a; **profissional** ~ profesional autónomo
autopeça [awto'pɛsa] *f* pieza *f* de automóvil
autopreservação [awtuprezerva'sɜ̃w] *f sem pl* preservación *f* propia
autopromoção [awtupromo'sɜ̃w] *f sem pl* autopromoción *f*
autópsia [aw'tɔpsia] *f* MED autopsia *f*
autopsiar [awtopsi'ar] *vt* MED hacer la autopsia a
autor(a) [aw'tor(a)] <-es> *m(f)* autor(a) *m(f)*
autoral <-ais> [awto'raw, -'ajs] *adj* de autor; **direitos autorais** derechos de autor
autores [aw'toris] *m pl de* autor
autoria [awto'ria] *f* autoría *f*
autoridade [awtori'dadʒį] *f* autoridad *f*
autoridades [awtori'dads] *fpl* autoridades *fpl*; ~ **locais/municipais** autoridades locales/municipales
autoritário, -a [awtori'tariw, -a] *adj* autoritario, -a
autoritarismo [awtorita'rizmu] *m* autoritarismo *m*
autorização <-ões> [awtoriza'sɜ̃w, -õjs] *f* autorización *f*; ~ **para viajar** autorización para viajar
autorizado, -a [awtori'zadu, -a] *adj* (*pessoa*) autorizado, -a
autorizar [awtori'zar] *vt* autorizar
autosserviço ['awtuser'visu] *m* autoservicio *m*; **restaurante com** ~ autoservicio *m*
autossuficiente ['awtusufisi'ẽjtʃį] *adj* autosuficiente
autuação <-ões> [awtua'sɜ̃w, -õjs] *f* proceso *m*
autuar [awtu'ar] *vt* 1.(*multar*) multar 2. JUR (*processar*) procesar
auxiliar¹ [awsiʎi'ar] *vt* auxiliar
auxiliar² [awsiʎi'ar] <-es> *adj, mf* auxiliar *mf*
auxílio [aw'siʎiw] *m* auxilio *m*
auxílio-desemprego [aw'siʎiw-dʒizĩj-'pregu] <auxílios-desemprego> *m* subsidio *m* de desempleo
auxílio-doença [aw'siʎiw-du'ẽjsa] <auxílios-doença> *m* subsidio *m* de enfermedad
avacalhado, -a [avaka'ʎadu, -a] *adj inf* ridiculizado, -a
avacalhar [avaka'ʎar] *vt inf* ridiculizar

aval [a'vaw, -'ajs] *m* <-ais> ECON aval *m*
avalancha [ava'lãɲʃa] *f*, **avalanche** [ava'lãɲʃi] *f* avalancha *f*, alud *m*
avaliação <-ões> [avaʎia'sãw, -õjs] *f* **1.** (*de valor*) tasación *f* **2.** (*de rendimento*) evaluación *f*; **~ pericial** evaluación pericial [*o* por un experto]
avaliar [ava'ʎiar] *vt* **1.** (*valor*) tasar **2.** (*calcular, estimar*) evaluar
avalista [ava'ʎista] *mf* ECON avalista *mf*
avalizar [avaʎi'zar] *vt* avalar
avançado, -a [avã'sadu, -a] *adj* avanzado, -a
avançar [avã'sar] <ç→c> **I.** *vt* **1.** (*processo*) avanzar **2.** (*notícia*) adelantar **3.** (*sinal*) saltarse **II.** *vi* avanzar; **~ contra alguém** avanzar sobre alguien; **~ com a. c.** avanzar en algo
avanço [a'vãsu] *m* avance *m*
avantajado, -a [avãta'ʒadu, -a] *adj* aventajado, -a
avantajar [avãta'ʒar] **I.** *vt* aventajar **II.** *vr*: **~-se** aventajarse; **~-se a alguém** sacar ventaja a alguien
avante [a'vãtʃi] **I.** *adv* adelante; **ir ~** ir adelante **II.** *interj* adelante
avarento, -a [ava'rẽtu, -a] *adj*, *m*, *f* avaro, -a *m*, *f*
avaria [ava'ria] *f* avería *f*
avaro, -a [a'varu, -a] *adj*, *m*, *f* avaro, -a *m*, *f*
avassalador(a) [avasala'dor(a)] <-es> *adj* avasallador(a)
ave ['avi] *f* ave *f*; **~ de arribação** ave migratoria; **~ de rapina** ave de rapiña
ave-do-paraíso ['avi-du-para'izu] <aves-do-paraíso> *f* ave *f* del paraíso
aveia [a'veja] *f* avena *f*
avelã [ave'lã] *f* avellana *f*
aveludado, -a [avelu'dadu, -a] *adj* aterciopelado, -a
ave-maria ['avi-ma'ria] *f* REL avemaría *f*
avenca [a'vẽka] *f* helecho *m*
avenida [ave'nida] *f* avenida *f*
avental <-ais> [avẽj'taw, -'ajs] *m* delantal *m*
aventura [avẽj'tura] *f* aventura *f*
aventurar [avẽjtu'rar] **I.** *vt* aventurar **II.** *vr*: **~-se** aventurarse; **~-se a fazer a. c.** aventurarse a hacer algo
aventureiro, -a [avẽjtu'rejru, -a] *adj*, *m*, *f* aventurero, -a *m*, *f*
averiguação <-ões> [averigwa'sãw, -õjs] *f* averiguación *f*
averiguar [averi'gwar] *irr vt* averiguar
avermelhado, -a [averme'ʎadu, -a] *adj* rojizo, -a
aversão <-ões> [aver'sãw, -õjs] *f* aversión *f*; **ter ~ a alguém/a. c.** tener aversión a alguien/algo
avessas [a'vɛsas] *adv* **às ~** al revés; **sair às ~** salir al revés
avesso [a'vesu] *m* revés *m*; **estar do ~** estar al revés; **virar pelo** [*ou* **do**] **~** dar la vuelta
avesso, -a [a'vesu, -a] *adj* contrario, -a; **ser ~ a grandes festas** ser contrario a grandes fiestas
avestruz [aves'trus] <-es> *f* avestruz *m*
aviação [avia'sãw] *sem pl* **f** aviación *f*; **~ civil/militar** aviación civil/militar
aviador(a) [avia'dor(a)] <-es> *m(f)* aviador(a) *m(f)*
aviamento [avia'mẽjtu] *m* preparación *f*
avião <-ões> [avi'ãw, -õjs] *m* avión *m*; **~ de caça** avión de caza; **~ de carga** avión de carga; **~ a jato** avión a reacción; **~ de longo alcance** avión de largo alcance; **~ de passageiros** avión de pasajeros; **~ supersônico** avión supersónico
aviar [avi'ar] *vt* preparar
aviário [avi'ariw] *m* aviario *m*
avicultor(a) [avikuw'tor(a)] <-es> *m(f)* avicultor(a) *m(f)*
avicultura [avikuw'tura] *f* avicultura *f*
avidez [avi'des] *f sem pl* avidez *f*
ávido, -a ['avidu, -a] *adj* ávido, -a; **~ para fazer a. c.** ávido por hacer algo
aviltamento [aviwta'mẽjtu] *m* humillación *f*
aviltar [aviw'tar] **I.** *vt* envilecer; **~ mercadoria** ECON bajar el precio de las mercancías **II.** *vr*: **~-se** envilecerse; (*humilhar-se*) humillarse
avinagrado, -a [avina'gradu, -a] *adj* avinagrado, -a
avinagrar [avina'grar] *vt* GASTR avinagrar
aviões [avi'õjs] *m pl de* **avião**
avisar [avi'zar] *vt* avisar; **~ de a. c.** avisar de algo
aviso [a'vizu] *m* aviso *m*; **~ de cobrança** aviso de cobro; **~ prévio** (*comunicação*) aviso de rescisión de contrato; (*quantia*) indemnización *f*; **receber o ~ prévio** ser comunicado el despido con antelación
avistar [avis'tar] **I.** *vt* avistar **II.** *vr*: **~-se** encontrarse; **~-se com alguém** encontrarse con alguien
avitaminose [avitãmi'nɔzi] *f* MED avi-

taminosis *f*
avivar [avi'var] I. *vt* avivar II. *vr:* ~ -**se** avivarse
avô, avó [a'vo, a'vɔ] *m, f* abuelo, -a *m, f;* ~ **materno** abuelo materno; ~ **paterno** abuelo paterno; **os avós** los abuelos
avoado, -a [avu'adu, -a] *adj inf* distraído, -a
avolumar [avolu'mar] I. *vt* aumentar II. *vr:* ~ -**se** acumularse
avos ['avus] *mpl* MAT **um doze** ~ un doceavo; **três doze** ~ tres doceavos
avulso, -a [a'vuwsu, -a] *adj* 1. (*solto*) suelto, -a; **comprar a. c.** ~ comprar algo suelto 2. (*arrancado*) arrancado, -a
avultado, -a [avuw'tadu, -a] *adj* abultado, -a
avultar [avuw'tar] *vi, vt* aumentar
axadrezado, -a [aʃadre'zadu, -a] *adj* ajedrezado, -a
axé [a'ʃɛ] I. *m* 1. REL *la fuerza sagrada de cada divinidad en los cultos afrobrasileños* 2. MÚS música *f* axé (*ritmo musical propio de Bahía*) II. *interj* ojalá
axial <-ais> [aksi'aw, -'ajs] *adj* axial
axila [ak'sila] *f* ANAT axila *f*
axioma [aksi'oma] *m* FILOS axioma *m*
axiomático, -a [aksio'matʃiku, -a] *adj* axiomático, -a
áxis ['aksis] *m inv* axis *m inv*
azáfama [a'zafɜma] *f* prisa *f*
azálea [a'zalea] *f*, **azaleia** [aza'lɛja] *f* BOT azalea *f*
azar [a'zar] *m* mala suerte *f;* **ter** ~ tener mala suerte
azarado, -a [aza'radu, -a] *adj* desafortunado, -a
azarão <-ões> [aza'rɜ̃w, -ɔ̃js] *m* sorpresa *f*
azedar [aze'dar] I. *vt* cortar II. *vi* cortarse
azedo, -a [a'zedu, -a] *adj* ácido, -a
azedume [aze'dumi] *m* acidez *f*
azeite [a'zejtʃi] *m* aceite *m* (de oliva)
azeite-de-dendê [a'zejtʃi-dʒi-dẽj'de] <azeites-de-dendê> *m* aceite *m* de palma
azeiteiro, -a [azej'tejru, -a] *adj* aceiteiro, -a
azeitona [azej'tona] *f* aceituna *f*, oliva *f*
azerbaidjano, -a [azerbaj'dʒɜnu, -a] *adj, m, f* azerbaiyano, -a *m, f*
Azerbaidjão [azerbaj'dʒɜ̃w] *m* Azerbaiyán *m*

azeviche [aze'viʃi] *m* MIN azabache *m*
azia [a'zia] *f* MED acidez *f*
azougue [a'zogi] *m* azogue *m*
azucrinar [azukri'nar] *vt inf* molestar
azul <-uis> [a'zuw, -'ujs] *adj, m* azul *m*
azulado, -a [azu'ladu, -a] *adj* azulado, -a
azulão <-ões> [azu'lɜ̃w, -'ɔ̃js] *m ave cuyos machos son de coloración azul y cuyas hembras son de color marrón*
azular [azu'lar] *vi* volverse azul
azul-celeste [a'zuw-se'lɛstʃi] *adj inv* azul celeste
azulejista [azule'ʒista] *mf* azulejero, -a *m, f*
azulejo [azu'leʒu] *m* azulejo *m*
azul-marinho [a'zuw-ma'riɲu] *adj inv* azul marino, -a
azulões [a'zulõjs] *m pl de* **azulão**
azul-turquesa [a'zuw-tur'keza] *adj inv* azul turquesa

B

B, b ['be] *m* B, b *f*
baba ['baba] *f* (*saliva*) baba *f;* **uma** ~ *gíria* pan *m* comido
babá [ba'ba] *f* niñera *f*
babaca [ba'baka] *adj gíria* gilipollas *inv*
baba de moça ['baba dʒi 'mosa] <babas de moça> *f* dulce hecho con caramelo, leche de coco y yemas de huevo
babado [ba'badu] *m* 1. (*de roupa*) volante *m* 2. *inf* (*inverdade*) cotilleo *m*, chisme *m*
babado, -a [ba'badu, -a] *adj* babeado, -a; **ele ficou** ~ **pelo carro** *gíria* se le caía la baba con el coche
babador [baba'dor] *m* babero *m*
baba-ovo ['baba-'ovu] *m* adulador *m*
babaquice [baba'kisi] *f inf* tontería *f*
babar [ba'bar] I. *vi* babear II. *vr:* ~ -**se** babear; **ele baba-se por ela** *inf* se le cae la baba con ella
babau [ba'baw] *interj inf* se acabó
babeiro [ba'bejru] *m v.* **babador**
babel <-éis> [ba'bɛw, -'ɛis] *f* babel *m o f*
babilônia [babi'lonia] *f* metrópolis *f inv*

caótica
baboseira [babo'zejra] *f* tontería *f*
babuíno [babu'inu] *m* babuino *m*
baby-doll [bejbi'dɔw] *m* 1.(*pijama*) babydoll *m* 2.(*malícia*) picardías *m inv*
bacalhau [baka'ʎaw] *m* 1.zool bacalao *m*; ~ **fresco** bacalao fresco 2.(*pessoa*) aficionado del Vasco de Gama
bacalhoada [bakaʎo'ada] *f* bacalao preparado con aceite, patatas y cebolla
bacana [ba'kɐ̃na] I. *mf inf* ricachón, -ona *m, f* II. *adj* 1.(*roupa*) fino, -a 2.(*pessoa, atitude*) legal
bacanal <-ais> [bakɐ̃'naw, -'ajs] *m* bacanal *f*
bacará [baka'ra] *m* 1.(*jogo*) bacará *m* 2.(*cristal*) baccarat *m*
bacharel <-éis> [baʃa'rɛw, -'ɛjs] *m* ≈ licenciado, -a *m, f*
bacharelado [baʃaɾe'ladu] *m* ≈ licenciatura *f*
bacia [ba'sia] *f* 1.ANAT pelvis *f inv* 2.(*recipiente*) plato *m* 3.GEO ~ **hidrográfica** cuenca *f* hidrográfica
baciada [basi'ada] *f* plato *m*; **de** ~ en cantidad
bacilo [ba'silu] *m* bacilo *m*
backup [be'kapi] *m* INFOR copia *f* de seguridad; **fazer um** ~ **dos arquivos** hacer una copia de seguridad de los archivos
baço ['basu] *m* bazo *m*
baço, -a ['basu, -a] *adj* mate
bactéria [bak'tɛria] *f* bacteria *f*
bactericida [bakteri'sida] *adj, m* bactericida *m*
bacteriologia [bakterjolo'ʒia] *f sem pl* bacteriología *f*
bacu ['baku] *m* pez recubierto de placas óseas en forma de armadura
bacuri [baku'ri] *m* 1.BOT bacurí *m* 2.(*menino*) crío *m*
badalação [badala'sɐ̃w] *f inf* 1.(*festa*) marcha *f* 2.(*promoção*) autopromoción *f*
badalada [bada'lada] *f* campanada *f*
badalado, -a [bada'ladu, -a] *adj* comentado, -a
badalar [bada'lar] I. *vi* 1.(*relógio, sino*) tocar 2.(*pessoa*) ir de marcha II. *vt* (*promover*) promover
badalo [ba'dalu] *m* badajo *m*
badejo [ba'deʒu] *m* abadejo *m*
baderna [ba'dɛrna] *f* follón *m inf*
badernar [bader'nar] *vi* armar follón *inf*
baderneiro [bader'nejru] *m* follonero, -a *m, f*
badminton [bɛdʒ'mĩjtõw] *m* bádminton *m*
badulaques [badu'laks] *fpl* trastos *mpl*
bafafá [bafa'fa] *m inf* follón *m*
bafejar [bafe'ʒar] I. *vt* 1.(*aquecer*) calentar con el aliento 2.(*ajudar*) ayudar II. *vi* resoplar
bafejo [ba'feʒu] *m* 1.(*bafo*) resoplido *m* 2.(*ajuda*) ayuda *f*; ~ **da sorte** golpe *m* de suerte
bafo ['bafu] *m* aliento *m*; ~ **de onça** *gíria* mal aliento
bafômetro [ba'fometru] *m inf* alcoholímetro *m*
baforada [bafo'rada] *f* (*de vento, fumo*) bocanada *f*
baga ['baga] *f* BOT baya *f*
bagaceira [baga'sejra] *f* aguardiente *m* de caña de azúcar
bagaço [ba'gasu] *m* bagazo *m*; **um** ~ un guiñapo
bagageiro [baga'ʒejru] *m* maletero *m*
bagagem [ba'gaʒẽj] *f* 1.<-ens> (*malas*) equipaje *m*; **despachar a** ~ facturar el equipaje 2.<sem pl> (*conhecimentos*) bagaje *m*
bagana [ba'gɐ̃na] *f* colilla *f*
bagatela [baga'tɛla] *f* bagatela *f*
bago ['bagu] *m* BOT grano *m*
bagre ['bagri] *m* 1.ZOOL bagre *m* 2.*gíria* (*pessoa feia*) coco *m*; **cabeça de** ~ *pej* burro, -a *m, f*
baguete [ba'gɛtʃi] *f* baguette *f*
bagulho [ba'guʎu] *m* 1.BOT pepita *f* 2.(*coisa sem valor*) trasto *m* 3.(*pessoa feia*) coco *m* 4.*gíria* (*cigarro de maconha*) porro *m*
bagunça [ba'gũwsa] *f gíria* follón *m*
bagunçar [bagũw'sar] <ç→c> *vt* desordenar
bagunceiro, -a [bagũw'sejru, -a] *m, f* desordenado, -a *m, f*
Bahía [ba'ia] *f* Bahía *f*
baia ['baja] *f* box *m*
baía [ba'ia] *f* GEO bahía *f*
baiacu [baja'ku] *m* pez venenoso que hincha el cuerpo cuando se siente amenazado
baiana [baj'ɐ̃na] *f* típica mujer de la región de Bahía; **ala das** ~**s** en un desfile de carnaval, grupo de mujeres mayores, con el traje típico de Bahía, que desfilan juntas; **rodar a** ~ *gíria*

armar un escándalo

baianada [baj'ãnada] *f pej* chapucería *f*

baiano, -a [baj'ãnu, -a] *m, f* **1.** *habitante de la región de Bahía* **2.** *reg, pej* (*nortista*) *brasileño del norte del país*

baião <-ões> [baj'ãw, -õjs] *m música y baile típicos de la región Nordeste de Brasil*

baila ['bajla] *f inf* **trazer à** ~ traer a colación; **vir à** ~ salir a colación

bailado [baj'ladu] *m* baile *m*

bailar [baj'lar] *vi* bailar

bailarino, -a [bajla'rinu, -a] *m, f* bailarín, -ina *m, f*

baile ['bajʎi] *m* baile *m;* ~ **a fantasia** baile de disfraces; ~ **de máscaras** baile de máscaras; **dar um** ~ ESPORT dar un baño

bainha [ba'iɲa] *f* **1.** (*da roupa*) dobladillo *m* **2.** (*da espada*) vaina *f*

baio, -a ['baju, -a] *adj* bayo, -a

baiões [baj'õjs] *m pl de* **baião**

baioneta [bajo'neta] *f* bayoneta *f*

bairrismo [baj'xizmu] *m* chauvinismo *m*

bairrista [baj'xista] *mf* chauvinista *mf*

bairro ['bajxu] *m* barrio *m*

baita ['bajta] *adj* enorme

baixa ['bajʃa] *f* **1.** (*de terreno*) depresión *f* **2.** (*de preços, da produção, na Bolsa*) caída *f*; **a** ~ **dos salários** la caída de los salarios **3.** (*por doença*) baja *f*; **dar** ~ **em hospital** ingresar en el hospital **4.** MIL baja *f*; **dar** ~ **de** dar de baja a **5.** (*numa lista*) baja *f*; **dar** ~ **de a. c.** darse de baja de algo

baixada [baj'ʃada] *f* bajada *f*; **Baixada Fluminense** *zona suburbana en la ciudad de Rio de Janeiro*

baixar [baj'ʃar] I. *vt* **1.** (*os preços, a produção, a voz*) bajar; ~ **o rádio** bajar la radio; ~ **no conceito de alguém** perder prestigio en la opinión de alguien **2.** INFOR (*arquivos*) bajar **3.** (*ordem de serviço, medida*) aprobar **4.** (*em hospital*) ingresar; **as vítimas** ~ **am no Hospital Santa Casa** las víctimas ingresaron en el Hospital Santa Casa **5.** *gíria* (*aparecer*) dejarse caer; **ele baixou na minha casa ontem** ayer se dejó caer por mi casa II. *vi* bajar III. *vr:* ~ **-se** **1.** (*curvar-se*) agacharse **2.** (*humilhar-se*) rebajarse

baixaria [bajʃa'ria] *f* canallada *f*

baixela [baj'ʃɛla] *f* vajilla *f*

baixo ['bajʃu] I. *m* MÚS bajo *m* II. *adv* **1.** (*voz*) bajo; **falar** ~ hablar bajo **2.** (*lugar*) **para** ~ hacia abajo **3.** (*abatido*) **estar por** ~ estar deprimido

baixo, -a ['bajʃu, -a] *adj* bajo, -a; **falar em voz baixa** hablar en voz baja; **pôr o volume mais** ~ bajar el volumen

baixo-astral <baixo(s)-astrais> ['bajʃwas'traw, -'ajs] I. *m* depresión *f;* **hoje estou num** ~ hoy estoy deprimido II. *adj* deprimido, -a

baixo-relevo ['bajʃu-xe'levu] <baixos-relevos> *m* bajorrelieve *m*

bajulação <-ões> [baʒula'sãw, -õjs] *f* adulación *f*

bajulador(a) [baʒula'dor(a)] <-es> *m(f)* adulador(a) *m(f)*

bajular [baʒu'lar] *vt* adular

bala ['bala] *f* **1.** (*de arma*) bala *f;* ~ **de festim** bala de fogueo; ~ **perdida** bala perdida; **ter** [*ou* **estar com**] ~ **na agulha** estar preparado para reaccionar; **sair como uma** ~ salir como una bala; **mandar** ~ *inf* reaccionar **2.** (*guloseima*) caramelo *m*

balacobaco [balaku'baku] *m* **do** ~ *inf* genial

balada [ba'lada] *f* **1.** MÚS, LIT balada *f* **2.** *gíria* (*diversão*) fiesta *f*

balaio [ba'laju] *m* cesta *f*

balaio de gatos [ba'laju dʒi 'gatus] <balaios de gatos> *m* jaula *f* de grillos

balança [ba'lãsa] *f* **1.** (*instrumento*) balanza *f*; **colocar** [*ou* **pôr**] **na** ~ sopesar **2.** ECON balanza *f;* ~ **comercial** balanza comercial

balançar [balã'sar] <ç→c> I. *vi* **1.** (*oscilar*) balancearse **2.** (*hesitar*) oscilar II. *vr:* ~ **-se** balancearse

balancê [balã'se] *m* MÚS *movimiento del cuerpo sin desplazar los pies*

balanceado, -a [balãsi'adu, -a] *adj* (*dieta*) equilibrado, -a

balanceamento [balãsja'mẽjtu] *m* (*de rodas*) alineación *f*

balancete [balã'setʃi] *m* ECON balance *m*

balanço [ba'lãsu] *m* **1.** *tb.* ECON balance *m;* **fazer o** ~ hacer el balance **2.** (*brinquedo*) columpio *m*

balangandãs [balãgã'dãs] *mpl* colgantes *mpl*

balão <-ões> [ba'lãw, -õjs] *m* **1.** *tb.* AERO globo *m;* ~ **de oxigênio** MED aparato *m* de oxígeno **2.** QUÍM ~ **de ensaio** matraz *f* **3.** (*retorno*) cambio *m*

de sentido; **fazer o ~** cambiar de sentido
balaustrada [balaws'trada] *f* balaustrada *f*
balaústre [bala'ustri] *m* balaustre *m*
balbuciar [bawbusi'ar] *vi* balbucear
balbúrdia [baw'burdʒia] *f* bullicio *m*
balcão <-ões> [baw'kãw, -õjs] *m* **1.** (*de loja, café*) mostrador *m* **2.** (*no teatro*) balcón *m* **3.** (*do banco*) ventanilla *f* **4.** ARQUIT balcón *m*
balconista [bawko'nista] *mf* dependiente, -a *m, f*
balde ['bawdʒi] *m* cubo *m*; **~ de lixo** cubo de la basura; **chutar o ~** *gíria* estirar la pata; **levar um ~ de água fría** recibir un jarro de agua fría
baldeação [bawdʒja'sãw] *f* transbordo *m*
baldear [bawdʒi'ar] *conj como passear* **I.** *vt* transferir **II.** *vr:* **~-se** transbordar
baldio, -a [baw'dʒiw, -a] *adj* (*terreno*) baldío, -a
balé [ba'lɛ] *m* ballet *m*; **~ clássico** ballet clásico
baleado, -a [baʎi'adu, -a] *adj* herido, -a de bala, baleado, -a *AmL*
balear [baʎi'ar] *vt* herir de bala a, balear *AmL*
baleia [ba'leja] *f* **1.** ZOOL ballena *f* **2.** *pej* (*pessoa*) vaca *f*
balela [ba'lɛla] *f* mentira *f*
balir [ba'ʎir] *vi* balar
balística [ba'ʎistʃika] *f* balística *f*
balístico [ba'ʎistʃiku] *m* misil *m* balístico
baliza [ba'ʎiza] *f* **1.** (*linha, estaca*) baliza *f* **2.** (*trânsito*) aparcamiento *m*
balneário [bawne'ariw] **I.** *adj* de playa **II.** *m* balneario *m*
balões [ba'lõjs] *m pl de* **balão**
balofo, -a [ba'lofu, -a] *adj* (*pessoa*) gordinflón, -ona
balonismo [balo'nizmu] *m sem pl* vuelo *m* en globo
balsa ['bawsa] *f* balsa *f*
bálsamo ['bawsãmu] *m* bálsamo *m*
balseiro [baw'sejru] *m* barquero *m*
báltico, -a ['bawtʃiku, -a] *adj* báltico, -a; **Mar Báltico** Mar Báltico
baluarte [balu'artʃi] *m* baluarte *m*
bambambã [bãŋbãŋ'bã] *mf* valiente *mf*
bambo, -a ['bãŋbu, -a] *adj* flojo, -a
bambolê [bãŋbo'le] *m* hula-hoop *m*
bambolear [bãŋbole'ar] *conj como passear vi* bambolearse
bamboleio [bãŋbo'leju] *m* bamboleo *m*
bambu [bãŋ'bu] *m* bambú *m*
bambuzal [bãŋbu'zaw, -'ajs] *m* bosque *m* de bambúes
banal <-ais> [ba'naw, -'ajs] *adj* banal
banalidade [banaʎi'dadʒi] *f* banalidad *f*
banalizar [banaʎi'zar] *vt* banalizar
banana[1] [ba'nãna] *f* BOT plátano *m*, banana *f*
banana[2] [ba'nãna] *mf* (*pessoa*) cobarde *mf*
bananada [banã'nada] *f* dulce hecho con la pulpa del plátano
banana-da-terra [ba'nãna-da-'tɛxa] <bananas-da-terra> *f variedad de plátano grande, con cáscara gruesa y aristada, comestible después de su cocción*
banana-figo [ba'nãna'figu] <bananas-figo(s)> *f variedad de plátano gordo con cáscara gruesa, que se come frito o cocido*
banana-maçã [ba'nãna-ma'sã] <bananas-maçã(s)> *f variedad de plátano con cáscara fina y pulpa blanquecina, de sabor astringente*
banana-nanica [ba'nãna-nã'nika] <bananas-nanicas> *f variedad de plátano muy pequeño, con cáscara fina y pulpa amarilla de sabor dulce, comestible al natural y muy utilizada en la elaboración de dulces industriales o caseros*
banana-prata [ba'nãna-prata] <bananas-prata(s)> *f variedad de plátano grande, con cáscara gruesa y pulpa dulce*
bananeira [banã'nejra] *f* bananero *m*; **~ que já deu cacho** *inf* decadente *mf*; **plantar ~** hacer el pino
banca ['bãŋka] *f* **1.** (*jogo*) banca *f* **2.** (*de jornais*) quiosco *m* **3.** (*de examinadores*) tribunal *m*; (*de advogados*) bufete *m* **4.** (*de frutas*) puesto *m* **5.** *gíria* botar **~** darse pisto
bancada [bãŋ'kada] *f* **1.** (*de trabalho*) banco *m* **2.** POL grupo *m* parlamentario
bancar [bãŋ'kar] <c→qu> *vt* **1.** (*financiar*) financiar **2.** (*fingir*) **~ o importante** hacerse el importante
bancário, -a [bãŋ'kariw, -a] **I.** *adj* bancario, -a; **crédito ~** crédito bancario **II.** *m, f* empleado, -a *m, f* de banco
bancarrota [bãŋka'xota] *f* bancarrota *f*;

ir à ~ ir a la bancarrota
banco ['bɐ̃ku] *m* **1.** ECON banco *m;* **Banco Central** Banco Central; **Banco Mundial** Banco Mundial; **~ virtual** banco virtual **2.** (*assento*) banco *m;* **~ de praça** banco de sentarse; **~ dos réus** banquillo *m* de los acusados **3.** (*automóvel*) asiento *m;* **~ da frente** asiento delantero; **~ reclinável** asiento reclinable; **~ de trás** asiento trasero **4.** MED banco *m;* **~ de órgãos** banco de órganos; **~ de sangue** banco de sangre; **~ de sêmen** banco de semen **5.** GEO banco *m;* **~ de areia** banco de arena **6.** INFOR **~ de dados** banco *m* de datos **7.** ESPORT **~ de reservas** banquillo *m;* **ficar no ~** quedarse en el banquillo

banda ['bɐ̃da] *f* **1.** MÚS banda *f* **2.** (*lado, margem*) lado *m;* **não ser dessas ~s** no ser de esas tierras; **andar por essas ~s** andar por esas tierras; **pôr de ~** dejar de lado; **sair de ~** salir disimuladamente **3.** ECON **~ cambial** banda *f* de fluctuación

bandagem [bɐ̃n'daʒẽj] <-ens> *f* vendaje *m*

band-aid [bɐ̃n'd-ejdʒi] *m* tirita *f*, curita *f* AmL

bandalheira [bɐ̃nda'ʎejra] *f* pillería *f*

bandear [bɐ̃ndʒi'ar] *conj como passear* **I.** *vt* ladear **II.** *vr:* **~-se** pasarse

bandeira [bɐ̃n'dejra] *f* **1.** (*distintivo*) bandera *f;* **~ branca** bandera blanca; **~ a meio pau** [*ou* **mastro**] bandera a media asta; **carregar a ~** *gíria* defender la bandera **2.** (*táxi*) bandera *f;* **~ dois** tarifa más cara que la normal **3.** (*gafe*) metedura *f* de pata; **dar ~** *gíria* meter la pata

bandeirada [bɐ̃ndej'rada] *f* (*táxi*) bajada *f* de bandera

bandeirinha [bɐ̃ndej'riɲa] *mf* ESPORT juez *mf* de línea

bandeja [bɐ̃n'deʒa] *f* bandeja *f;* **dar de** [*ou* **na**] **~** poner en bandeja

bandejão <-ões> [bɐ̃nde'ʒɐ̃w, -õjs] *m* (*restaurante*) comedor *m;* (*refeição*) *comida de comedor que se sirve en una bandeja*

bandidagem [bɐ̃ndʒi'daʒẽj] <-ens> *f* criminales *mpl*, delicuentes *mpl*

bandido [bɐ̃n'dʒidu] **I.** *m* criminal *mf*, delincuente *mf* **II.** *adj* de criminal

banditismo [bɐ̃ndʒi'tʃizmu] *m* delincuencia *f*

bando ['bɐ̃ndu] *m* **1.** (*de aves*) bandada *f* **2.** (*de pessoas*) bando *m;* **agir em ~** actuar en grupo

bandoleiro [bɐ̃ndo'lejru] *m* bandolero *m*

bandolim [bɐ̃ndu'ʎĩj] *m* mandolina *f*

bangalô [bɐ̃ŋga'lo] *m* bungalow *m*

bangue-bangue ['bɐ̃ŋgi-'bɐ̃ŋgi] *m* película *f* del oeste, western *m*

banguela [bɐ̃ŋ'gɛla] *adj* desdentado, -a; **na ~** en punto muerto

banha ['bɐ̃ɲa] *f* grasa *f*

banhar [bɐ̃'ɲar] **I.** *vt* bañar; **~ de lágrimas** bañar de lágrimas **II.** *vr:* **~-se** bañarse; **banhou-se no mar** se bañó en el mar

banheira [bɐ̃'ɲejra] *f* **1.** (*para banho*) bañera *f*, tina *f* AmL **2.** (*automóvel*) *coche antiguo de gran tamaño* **3.** ESPORT fuera de juego *m*

banheiro [bɐ̃'ɲejru] *m* baño *m*, cuarto *m* de baño

banhista [bɐ̃'ɲista] *mf* bañista *mf*

banho ['bɐ̃ɲu] *m* baño *m;* **~ de chuveiro** ducha *f;* **~ de sangue** baño de sangre; **~ de sol** baño de sol; **~ de vapor** baño de vapor; **levar um ~** ESPORT recibir una paliza; **tomar ~** ducharse; **precisou de um ~ de loja** *inf* tuvo que ir de tiendas; **tomar um ~ de cultura** darse un baño de cultura; **vai tomar ~!** *inf* ¡vete a paseo!

banho-maria ['bɐ̃ɲu-ma'ria] <banhos-maria(s)> *m* baño *m* María; **cozinhar em ~** cocinar al baño María; **deixar a. c. em ~** *fig* aparcar algo

banir [bɐ̃'nir] *irr como* **abolir** *vt* expulsar

banjo ['bɐ̃ʒu] *m* banjo *m*

banqueiro, -a [bɐ̃ŋ'kejru, -a] *m, f* banquero, -a *m, f*

banqueta [bɐ̃ŋ'keta] *f* banqueta *f*

banquete [bɐ̃ŋ'ketʃi] *m* banquete *m*

baobá [bao'ba] *f* baobab *m*

baque ['baki] *m* **1.** (*ruído*) estrépito *m* **2.** (*queda*) caída *f* **3.** (*choque*) golpe *m*

baquear [baki'ar] *conj como* passear *vt* golpear

baqueta [ba'keta] *f* baqueta *f*

bar ['bar] <-es> *m* bar *m*

> **Cultura** **Bar** y **barzinho** son lugares de encuentro muy comunes en Brasil. Algunos son más sofisticados (**barzinhos**), y otros más simples (**bar**), pero todos tienen un ambiente relajado y a menudo cuentan con

música en directo, tapas y comidas. Es importante destacar que no todos los bares, ni todos los restaurantes, permiten la entrada de hombres vestidos con pantalones cortos, bermudas o sandalias.

barafunda [baraˈfũwda] *f* barahúnda *f*
baralhar [baraˈʎar] *vt* **1.** (*cartas*) barajar **2.** *fig* confundir
baralho [baˈraʎu] *m* baraja *f*
baranga [baˈrɐ̃ŋga] *f pej, gíria* bruja *f*
barão, baronesa <-ões> [baˈrɐ̃w, baroˈneza -õjs] *m, f* barón, -onesa *m, f*
barata [baˈrata] *f* cucaracha *f*; **como uma ~ tonta** *inf* más perdido que un pulpo en un garaje; **entregue às ~s** *inf* abandonado, -a; **o projeto está entregue às ~s** el proyecto está abandonado
baratear [baratʃiˈar] *conj como passear vt* abaratar
barateiro, -a [baraˈtejru, -a] I. *adj* barato, -a II. *m, f* baratero -a *m, f*
baratinado, -a [baratʃiˈnadu, -a] *adj gíria* desorientado, -a
barato, -a [baˈratu, -a] *adj* barato, -a
barato [baˈratu] I. *m* **ser um ~** *gíria* ser guay II. *adv* barato; **esta blusa saiu ~** esta blusa salió barata
barba [ˈbarba] *f* barba *f*; **~ cerrada** barba cerrada; **fazer a ~** afeitarse; **fazer a ~ de alguém** afeitar la barba a alguien; **fazer ~, cabelo e bigode** ESPORT derrotar tres veces; **os assaltantes agiram nas ~s da polícia** los asaltantes actuaron en las mismas barbas de la policía
barba-azul <barbas-azuis> [barbaˈzuw, ˈbarbaˈzujs] *m* conquistador *m*
barbado, -a [rˈbadu, -a] *adj* barbudo, -a
barbante [barˈbɐ̃ntʃi] *m* cordel *m*
barbaridade [barbariˈdadʒi] *f* barbaridad *f*; **que ~!** ¡qué barbaridad!
barbárie [barˈbarii] *f* barbarie *f*
barbarizar [barbariˈzar] *vt* embrutecer
bárbaro [ˈbarbaru] *m* bárbaro *m*
bárbaro, -a [ˈbarbaru, -a] *adj* bárbaro, -a
barbatana [barbaˈtɐ̃na] *f* aleta *f*
barbear [barbeˈar] *conj como passear* I. *vt* afeitar II. *vr*: **-se** afeitarse
barbearia [barbeaˈria] *f* barbería *f*
barbeiragem [barbejˈraʒẽj] <-ens> *f*

1. (*falta*) falta *f*, error *m* **2.** (*qualidade*) falta *f* de competencia
barbeiro [barˈbejru] *m* barbero *m*; **ir ao ~** ir al barbero
barbeiro, -a [barˈbejru, -a] *adj inf* **1.** (*motorista*) dominguero, -a **2.** (*profissional*) chapucero, -a
barbicha [barˈbiʃa] *f* perilla *f*
barbitúrico [barbiˈturiku] *m* barbitúrico *m*
barbudo, -a [barˈbudu, -a] *adj* barbudo, -a
barca [ˈbarka] *f* barca *f*
barcaça [barˈkasa] *f* barcaza *f*
barco [ˈbarku] *m* barco *m*; **~ a motor** barco a motor; **~ pesqueiro** [*ou* **de pesca**] barco pesquero; **~ a remo** barco de remos; **~ salva-vidas** bote *m* salvavidas; **~ à vela** barco de vela; **deixar o ~ correr** dejar que las aguas sigan su curso; **estar no mesmo ~** *fig* estar en el mismo barco; **tocar o ~ (para a frente)** seguir adelante
bardo [ˈbardu] *m* bardo *m*
bares [ˈbares] *m pl de* **bar**
barganha [barˈgɐ̃na] *f* trueque *m* fraudulento
barganhar [bargɐ̃ˈɲar] *vt* regatear
bário [ˈbariw] *m* bario *m*
barítono [baˈritunu] *m* barítono *m*
barman [barˈmẽj] *m* barman *m*
barões [baˈrõjs] *m pl de* **barão**
barômetro [baˈrometru] *m* barómetro *m*
baronesa [baroˈneza] *f v.* **barão**
barqueiro, -a [barˈkejru, -a] *m, f* barquero, -a *m, f*
barra [ˈbaxa] *f* **1.** (*de aço, ferro*) barra *f* **2.** (*de ouro*) lingote *m* **3.** (*do porto*) entrada *f* **4.** ESPORT **~ fixa** barra *f* fija; **~s paralelas** barras paralelas **5.** (*salto em altura*) listón *m* **6.** (*da saia*) dobladillo *m* **7.** MÚS, TIPO barra *f* **8.** JUR **~ do tribunal** estrado *m* del tribunal **9.** *inf* (*situação*) situación *f*; **uma ~** un rollo; **aguentar a ~** aguantar; **forçar a ~** pasarse de la raya; **limpar a ~** resolver una situación difícil; **segurar a ~** aguantar; **sujar a ~** complicarse la cosa
barraca [baˈxaka] *f* **1.** (*de madeira, chapa*) cabaña *f* **2.** (*de feira*) barraca *f* **3.** (*de camping*) tienda *f* de campaña, carpa *f* AmL **4.** (*de praia*) caseta *f*
barracão <-ões> [baxaˈkɐ̃w, -õjs] *m* barracón *m*
barraco [baˈxaku] *m* chabola *f*; **armar o**

maior ~ *gíria* armar la de San Quintín

barracões [baxa'kõjs] *m pl de* **barracão**

barragem [baxa'ʒēj] <-ens> *f* embalse *m*

barra-limpa ['baxa-'ʎĩjpa] *inf* I. *adj* (*pessoa*) legal II. *mf* tío, -a *m*, *f* legal

barranco [ba'xɜ̄ŋku] *m* barranco *m*

barra-pesada ['baxa-pe'zada] <barras--pesadas> I. *f* (*situação*) situación *f* complicada II. *mf* (*pessoa*) tipo, -a *m*, *f* problemático, -a

barrar [ba'xar] *vt* (*a passagem*) impedir; ESPORT bloquear

barreira [ba'xejra] *f* barrera *f*; **~ do som** barrera del sonido; **ultrapassar as ~s** sobrepasar los límites

barricada [baxi'kada] *f* barricada *f*

barriga [ba'xiga] *f* ANAT barriga *f*; **estar de ~** estar embarazada; **chorar de ~ cheia** quejarse de vicio; **empurrar a. c. com a ~** aplazar algo; **tirar a ~ da miséria** desquitarse

barriga-d'água [ba'xiga-'dagwa] <barrigas-d'água> *f* árbol nativo de Brasil, cuyo tronco puede abrigar una gran cantidad de agua

barrigudo, -a [baxi'gudu, -a] *adj*, *m*, *f* barrigudo, -a *m*, *f*

barril <-is> [ba'xiw, -'is] *m* barril *m*; **~ de pólvora** barril de pólvora

barro ['baxu] *m* barro *m*

barroco [ba'xoku] *m* barroco *m*

barroco, -a [ba'xoku, -a] *adj* barroco, -a

barulheira [baru'ʎejra] *f* barullo *m*

barulhento, -a [baru'ʎējtu, -a] *adj* ruidoso, -a

barulho [ba'ruʎu] *m* **1.** (*constante*) ruido *m*; **fazer ~** hacer ruido; **ouvir um ~** oír un ruido **2.** (*tumulto*) barullo *m*; **armar ~** armar barullo **3.** (*alarde*) pompa *f*; **ela é do ~** es muy extrovertida

barzinho [bar'zĩɲu] *m* bar *m*

basalto [ba'zawtu] *m* basalto *m*

basculante [basku'lɜ̄ŋtʃi] *adj* basculante

base ['bazi] *f* **1.** (*suporte*) base *f*; **tremer nas ~s** temblar de miedo **2.** (*princípio*) base *f*; **à ~ de** a base de; **com ~ em** basado en; **não ter ~ no** tener fundamento; **estabelecer as ~s de um acordo** poner las bases de un acuerdo; **não tinha ~ para acompanhar as aulas** no tenía la base necesaria para seguir las clases **3.** INFOR **~ de dados** base *f* de datos **4.** ARQUIT, QUÍM (*de uma coluna*) base *f* **5.** MIL base *f*; **~ aérea** base aérea; **~ de operações** base de operaciones **6.** POL base *f*; **consultar as ~s** consultar a las bases

baseado, -a [bazi'adu, -a] *adj* basado, -a

baseado [bazi'adu] *m inf* porro *m*

basear [bazi'ar] *conj como passear* I. *vt* basar; **~ em a. c.** basar en algo II. *vr* **~-se em a. c.** basarse en algo

básico, -a ['baziku, -a] *adj tb.* QUÍM básico, -a; **conhecimentos ~s** conocimientos básicos

basílica [ba'ziʎika] *f* basílica *f*

basquetebol [baskɛtʃi'bɔw] *m* ESPORT baloncesto *m*, básquetbol *m AmL*

basta¹ ['basta] *f* basta *f*

basta² ['basta] I. *m* **dar um ~** decir basta II. *interj* basta

bastante [bas'tɜ̄ŋtʃi] I. *adj*, *adv* bastante II. *m* **conversamos o ~ por hoje** ya hemos conversado bastante hoy

bastão <-ões> [bas'tɜ̄w, -õjs] *m* bastón *m*

bastar [bas'tar] I. *vi* bastar; **não basta ser bonito** no basta ser guapo II. *vt* **basta de guerras** basta de guerras III. *vr* **~-se** bastarse; **o artista se basta com seu talento** el artista se basta con su talento

bastardo, -a [bas'tardu, -a] *adj* bastardo, -a

bastião <-ões, -ães> [bastʃi'ɜ̃w, -õjs, -ɜ̃js] *m* bastión *m*

bastidores [bastʃi'doris] *mpl* bastidores *mpl*; **nos ~** entre bastidores

bastiões *m pl de* **bastião**

bastões *m pl de* **bastão**

bata ['bata] *f* bata *f*

batalha [ba'taʎa] *f* batalla *f*; **~ naval** batalla naval; **a-dia a-dia** la batalla del día a día; **travar uma ~ com alguém** librar una batalla con alguien

batalhador(a) [bataʎa'dor(a)] *m(f)* batallador(a) *m(f)*

batalhão <-ões> [bata'ʎɜ̃w, -õjs] *m tb.* MIL batallón *m*

batalhar [bata'ʎar] I. *vi* batallar II. *vt* luchar por; **~ para conseguir a. c.** batallar para conseguir algo

batalhões *m pl de* **batalhão**

batata [ba'tata] *f* patata *f*, papa *f AmL*; **~s fritas** patatas *fpl* fritas; **~ da perna** pantorrilla *f*; **ficar com [*ou* ter] uma ~ quente nas mãos** tener una patata caliente en las manos; **vai plantar ~!** ¡vete a freír espárragos!

batata-doce [ba'tata-'dosi] <batatas--doces> *f* batata *f*, boniato *m*, camote *m Méx*

bate-boca ['batʃi-'boka] *m* discusión *f*

batedeira [bate'dejra] *f* (*instrumento*) batidora *f*; ~ **elétrica** batidora eléctrica

batedor(a) [bate'dor(a)] <-es> *m(f)* (*de comitiva*) escolta *mf*; (*de carteiras*) carterista *mf*

bate-estaca [bat'staka] *m* 1. TÉC *aparato para clavar estacas en el suelo* 2. MÚS tecno *m*

batelada [bate'lada] *f* montón *m*

batente [ba'tẽjtʃi] *m* 1. (*da porta*) batiente *m* 2. *inf* (*trabalho*) curro *m*; **pegar no ~** comenzar a currar

bate-papo ['batʃi-'papu] *m inf* charla *f*

bater [ba'ter] I. *vt* 1. (*golpear*) golpear; **~ asas** batir las alas; **~ os dentes** castañetear; **~ palmas** aplaudir; **~ o pé** empeñarse; **~ a porta** dar un portazo 2. (*a massa, as claras*) batir 3. (*roupa*) usar 4. (*vencer*) batir 5. (*um recorde*) batir; **o desemprego bateu a casa dos 13%** el desempleo superó el 13% 6. (*foto*) sacar 7. (*carteira*) levantar 8. ESPORT tirar; **~ um pênalti/uma falta** tirar un penalti/una falta 9. (*telefone*) colgar II. *vi* 1. (*dar pancada*) pegar; **~ em alguém** pegar a alguien; **~ à máquina** escribir a máquina; **~ à** [*ou* **na**] **porta** llamar a la puerta 2. (*ir de encontro a*) chocar; **~ contra a parede** chocar contra la pared; **~ com a cabeça na parede** *fig* darse de cabeza en la pared; **~ com a perna na cadeira** golpearse en la pierna con la silla; **~ com o nariz na porta** *fig* encontrarse con que no hay nadie; **eles bateram** tuvieron un accidente; **eu bati com o carro** tuve un accidente con el coche 3. (*palpitar*) latir; **não ~ bem da cabeça** *inf* estar pirado; **o meu coração bate por ele** me ha robado el corazón; **as informações não batem** las informaciones no concuerdan; **há qualquer coisa que não bate** hay algo aquí que no encaja 4. (*sol*) golpear; **o sol bate em toda a casa** el sol golpea en la casa de lleno 5. (*ondas*) batir; **as ondas batem contra o penhasco** las olas baten contra el peñasco 6. (*horas*) dar 7. *inf* (*drogas*) preparar III. *vr*: **~-se** luchar

bateria [bate'ria] *f* 1. batería *f*; **~ antiaérea** batería antiaérea; **carregar as ~s** *fig* cargar las pilas 2. MÚS *conjunto de músicos que tocan los instrumentos de percusión*

baterista [batʃe'rista] *mf* batería *mf*, baterista *mf AmL*

batida [ba'tʃida] *f* 1. (*bebida*) batido *m* 2. (*polícia*) batida *f*; **~ policial** batida policial 3. (*ritmo*) ritmo *m* 4. (*de veículos*) choque *m*

batido, -a [ba'tʃidu, -a] *adj* 1. (*rua, caminho*) batido, -a 2. (*roupa, veículo*) usado, -a 3. (*expressão*) manido, -a 4. (*assunto*) trillado, -a

batimento [batʃi'mẽjtu] *m* (*coração*) pulsación *f*

batina [ba'tʃina] *f* sotana *f*

batismo [ba'tʃizmu] *m* bautismo *m*; **~ de fogo** bautismo de fuego

batizado [batʃi'zadu] *m* bautizo *m*

batizado, -a [batʃi'zadu, -a] *adj* bautizado, -a; (*leite, gasolina*) adulterado, -a

batizar [batʃi'zar] *vt* bautizar

batom [ba'tõw] *m* lápiz *m* de labios

batráquio [ba'trakiw] *m* ZOOL batracio *m*

batucada [batu'kada] *f fiesta, normalmente en las calles, en la que se toca samba con instrumentos de percusión*

batucar [batu'kar] <c→qu> *vi bailar y cantar samba al ritmo de la percusión*

batuque [ba'tuki] *m* 1. (*tambor*) tambor *m* 2. (*dança*) *baile africano acompañado de cánticos e instrumentos de percusión* 3. (*culto*) *concepto que designa diferentes cultos afro-brasileños*; **fazer um ~** hacer brujería

batuta¹ [ba'tuta] *f* MÚS batuta *f*

batuta² [ba'tuta] *mf inf* (*amigo*) colega *mf*

baú [ba'u] *m* baúl *m*; **tirar do fundo do ~** *fig* reciclar; **dar o golpe do ~** dar el braguetazo

baunilha [baw'niʎa] *f* vainilla *f*

bauru [baw'ru] *m reg*: *sándwich con carne, queso, un huevo frito, tomate y ensalada*

bazar [ba'zar] *m* bazar *m*

bazófia [ba'zɔfia] *f inf* fantasmada *f*

bazuca [ba'zuka] *f* MIL bazuca *f*

bê-á-bá [bea'ba] *m* abecedario *m*; **aprender o ~** aprender el abecedario

beatificar [beatʃifi'kar] <c→qu> *vt* beatificar

beato, -a [be'atu, -a] *m, f* beato, -a *m, f*

bêbado, -a ['bebadu, -a] I. *m, f* (*alcoólatra*) alcohólico, -a *m, f*; (*embriagado*) borracho, -a *m, f* II. *adj* borracho, -a

bebê [be'be] *m* bebé *m*; ~ **de proveta** bebé probeta

bebedeira [bebe'dejra] *f* borrachera *f*, bomba *f AmL*; **tomar uma** ~ emborracharse

bebedouro [bebe'dowru] *m* bebedero *m*

beber [be'ber] *vt* 1. (*pessoas, animais*) beber; ~ **à saúde de alguém** beber a la salud de alguien; **desta água não ~ei** *fig* de esta agua no beberé 2. (*veículos*) consumir

bebericar [beberi'kar] <c→qu> *vt* beber a tragos

beberrão, -ona [bebe'xɐ̃w, -'ona, -õjs] *m, f* borrachín, -ina *m, f*

bebes ['bɛbis] *mpl v.* **comes**

bebida [be'bida] *f* bebida *f*; ~**s alcoólicas** bebidas alcohólicas

bebível <-eis> [be'bivew, -ejs] *adj* bebible

bebum [be'bũw] *mf* borrachín, -ina *m, f*

beca ['bɛka] *f* toga *f*

bechamel <-éis> [beʃa'mɛw, -'ɛis] *f* besamel *f*

beco ['beku] *m* callejón *m*; ~ **sem saída** callejón sin salida; **estar num** ~ **sem saída** estar en un callejón sin salida

bedel <-éis> [be'dɛw, -'ɛis] *m* bedel *m*

bedelho [be'deʎu] *m* cerrojo *m*; **meter o** ~ *fig* meter las narices

beduíno [bedu'inu] *m* beduino *m*

bege [bɛʒi] *adj, m* beige *m*, beis *m*

begônia [be'gonia] *f* begonia *f*

beicinho [bej'sĩɲu] *m* **fazer** ~ *inf* hacer pucheros

beiço ['bejsu] *m inf* labio *m*; **lamber os** ~**s** *fig* chuparse los dedos

beiçudo, -a [bej'sudu, -a] *adj inf* morrudo, -a

beijada [bej'ʒada] *adv* **de mão** ~ a cambio de nada; **dar a. c. de mão** ~ dar algo a cambio de nada; **receber a. c. de mão** ~ recibir algo a cambio de nada

beija-flor ['bejʒa-'flor] <beija-flores> *m* colibrí *m*, picaflor *m*, chupaflor *m AmL*

beijar [bej'ʒar] *vt* besar

beijinho [bej'ʒĩɲu] *m* dulce consistente en una bola frita de coco, nueces o cacahuetes

beijo ['bejʒu] *m* beso *m*; ~ **da morte** golpe *m* de gracia; **dar um** ~ **em alguém** dar un beso a alguien

beijoca [bej'ʒɔka] *f inf* besazo *m*

beijoqueiro, -a [bejʒo'kejru, -a] *m, f* besucón, -ona *m, f*

beira ['bejra] *f* 1. (*do copo, da mesa, do chapéu*) borde *m*; **à** ~ **de** al borde de; **estar à** ~ **da morte** estar al borde de la muerte; **estar à** ~ **de um ataque de nervos** estar al borde de un ataque de nervios 2. (*de rio, mar*) orilla *f*

beirada [bej'rada] *f* orilla *f*

beira-mar ['bejra-'mar] <beira-mares> *f* orilla *f* del mar; **à** ~ en la orilla del mar

beirar [bej'rar] *vt* bordear

beisebol [bejzi'bɔw] *m* ESPORT béisbol *m*, pelota *f Cuba*

belas-artes ['bɛlaz-'arts] *fpl* bellas artes *fpl*

belas-letras ['bɛlaz-'letras] *fpl elev* clásicas *fpl*

beldade [bew'dadʒi] *f* beldad *f*

beleléu [bele'lɛw] *m* **ir para o** ~ *inf* estirar la pata

Belém [be'lẽj] Belém

beleza [be'leza] *f* belleza *f*; **é uma** ~**!** ¡es maravilloso!; **este trabalho está uma** ~ este trabajo está genial; **cansar a** ~ **de alguém** *inf* hartar a alguien

belezoca [bele'zɔka] *mf inf* guaperas *mf inv*

belga ['bɛwga] *adj, mf* belga *mf*

Bélgica ['bɛwʒika] *f* Bélgica *f*

beliche [be'ʎiʃi] *m* litera *f*

bélico, -a ['bɛʎiku, -a] *adj* bélico, -a

beligerância [beʎiʒe'rɐ̃sia] *f* beligerancia *f*

beligerante [beʎiʒe'rɐ̃tʃi] *adj* beligerante

beliscão <-ões> [beʎis'kɐ̃w, -õjs] *m* pellizco *m*

beliscar [beʎis'kar] <c→qu> I. *vt* pellizcar; (*alimentos*) picotear II. *vr:* ~**-se** pellizcarse

beliscões [beʎis'kõjs] *m pl de* **beliscão**

belo, -a ['bɛlu, -a] *adj* bello, -a

Belo Horizonte [belori'zõwtʃi] *m* Belo Horizonte

bel-prazer [bɛwpra'zer] <-es> *m* **a seu** ~ a su antojo

beltrano [bew'trɐnu] *m* mengano *m*

belvedere [bewve'dɛri] *m* mirador *m*

bem ['bẽj] I. *m* 1. (*moral*) bien *m*; **homem de** ~ hombre de bien; **o** ~ **e o mal** el bien y el mal; **praticar** [*ou* **fazer**] **o** ~ hacer el bien 2. (*bem-estar*) bien *m;* **é para o seu ~!** ¡es por tu bien! **3.** (*benefício*) bien *m;* **meu ~** (*pessoa*) mi amor **4.** ECON bien *m;* **~ de primeira necessidade** producto *m* de primera necesidad; **bens de consumo** bienes de consumo; **bens de raízes** bienes raíces **II.** *adv* **1.** (*de modo agradável*) bien; **cheirar ~** oler bien; **sentir-se ~** sentirse bien **2.** (*correctamente*) bien; **estar/responder ~** estar/responder bien; **muito ~!** ¡muy bien!; (**é**) **~ feito!** ¡bien hecho! **3.** (*com saúde*) bien; **passe ~!** ¡que te vaya bien!; (**está**) **tudo bem?** ¿está todo bien?; **tudo ~!** ¡muy bien! **4.** (*muito*) bien; **~ grande/fundo/caro/frio** bien grande/profundo/caro/frío **5.** (*exatamente*) justo; **~ no meio** justo en medio; **não é ~ assim** no es exactamente así; **eu ~ te disse/avisei** yo bien que te lo había dicho/te había avisado **6.** (*de bom grado*) bien; **falar ~ de alguém** hablar bien de alguien; **fazer ~ à saúde** hacer bien a la salud; **isto vai fazer ~ a você** esto te va a hacer bien; **querer ~ a alguém** querer mucho a alguien; **viver ~** vivir bien; **a ~ da verdade...** para no faltar a la verdad...; **ainda ~!** ¡menos mal!; **ainda ~ que...** menos mal que...; **está ~!** ¡está bien!; **ele terá de vir por ~ ou por mal** tendrá que venir por las buenas o por las malas; **eu ~ (que) queria ir, mas não posso** yo bien que quería ir, pero no puedo **III.** *adj* bien; **gente de ~** gente de bien; **estar de ~ com alguém/a. c.** haber hecho las paces con alguien/algo; **estar de ~ com a vida** ser feliz **IV.** *conj* **se ~ que** si bien **V.** *interj* **muito ~!** ¡muy bien!; **~, de que estávamos falando?** bien, ¿de qué estábamos hablando?

bem-aventurado, -a [bɛɲavẽjtuˈradu, -a] *adj, m, f* bienaventurado, -a *m, f*

bem-bom [bẽjˈbõw] *m* tranquilidad *f;* **viver no ~** vivir bien

bem-comportado, -a [bẽjkõwporˈtadu, -a] *adj* educado, -a

bem-dizer [bẽjˈdʒizer] *irr como dizer vt* bendecir

bem-educado, -a [bẽneduˈkadu, -a] *adj* educado, -a

bem-estar [bẽɲisˈtar] *m* bienestar *m*

bem-falante [bẽjfaˈlãɲtʃi] *adj* elocuente

bem-humorado, -a [bẽnumoˈradu, -a] *adj* de buen humor

bem-intencionado, -a [bẽɲĩjtẽjsjoˈnadu, -a] *adj* bienintencionado, -a

bem-me-quer [bẽjmiˈkɛr] <bem-me--queres> *m* hierba brasileña de flores amarillas

bemol [beˈmɔw] *m* MÚS bemol *m*

bem-posto, -a [bẽjˈpostu, -ˈɔsta] *adj* elegante

bem-querer¹ [bɛjkeˈrer] *m* amistad *f*

bem-querer² [bɛjkeˈrer] *irr como querer* vt querer mucho a

bem-sucedido, -a [bẽjsuseˈdʒidu, -a] *adj* exitoso, -a

bem-te-vi [bẽjtʃiˈvi] *m* ZOOL benteveo *m*

bem-vindo, -a [bẽjˈvĩjdu, -a] *adj, interj* bienvenido, -a; (**seja**) **~!** ¡(sé) bienvenido!

bem-visto, -a [bẽjˈvistu, -a] *adj* bien visto, -a

bênção [ˈbẽjsãw] <-s> *f* bendición *f;* **dar a ~ a alguém** dar la bendición a alguien

bendito, -a [bẽjˈdʒidu, -a] *adj* bendito, -a

bendizer [bẽdʒiˈzer] *irr como dizer vt v.* **bem-dizer**

beneditino [benedʒiˈtʃinu] *m* benedictino *m*

beneficência [benefiˈsẽjsia] *f sem pl* beneficiencia *f*

beneficiar [benefisiˈar] **I.** *vt* (*favorecer*) beneficiar; (*melhorar*) reformar **II.** *vr:* **~-se** beneficiarse; **~-se de a. c.** beneficiarse de algo

beneficiário, -a [benefisiˈariw, -a] *m, f* beneficiario, -a *m, f;* **~ do seguro** beneficiario del seguro

benefício [beneˈfisiw] *m* **1.** beneficio *m;* **em ~ de** en beneficio de **2.** (*melhoramento*) reforma *f*

benéfico, -a [beˈnɛfiku, -a] *adj* benéfico, -a

benemérito [beneˈmɛritu] *m* benemérito *m*

benemérito, -a [beneˈmɛritu, -a] *adj* benemérito, -a

beneplácito [beneˈplasitu] *m* beneplácito *m*

benevolência [benevoˈlẽjsia] *f sem pl* benevolencia *f*

benevolente [benevoˈlẽjtʃi] *adj* benevolente

benfeitor(a) [bẽjfejˈtor(a)] *m(f)* benefactor(a) *m(f)*

bengala [bẽjˈgala] *f* bastón *m*

benigno, -a [be'nignu, -a] *adj* MED benigno, -a
benjamim [bẽjʒã'mĩj] <-ins> *m* ELETR ladrón *m*
benzer [bẽj'zer] **I.** *vt* bendecir **II.** *vr:* ~-se santiguarse
benzina [bẽj'zina] *f* bencina *f*
beque ['bɛki] *m* ESPORT defensa *mf*
berço ['bersu] *m* cuna *f*; **nascer em ~ de ouro** *fig* nacer rico; **ter ~** *fig* ser de buena familia
bereba [be'rɛba] *f* herida *f*
berimbau [berĩj'baw] *m* instrumento de percusión de origen africano

> **Cultura** El **berimbau** es un instrumento de percusión de origen africano formado por una calabaza y una sola cuerda. Los toques ejecutados con una vara en el **berimbau** marcan el ritmo de los diferentes movimientos de la **capoeira**.

beringela [berĩj'ʒɛla] *f* berenjena *f*
Berlim [ber'ʎĩj] *f* Berlín *m*
berlinense [berʎi'nẽjsi] *adj, mf* berlinés, -esa *m, f*
berloque [ber'lɔki] *m* colgante *m*
bermudão <-ões> [bermu'dãw, -õjs] *m* bermudas *fpl* grandes y holgadas
bermudas [ber'mudas] *fpl* bermudas *fpl*
Berna ['berna] *f* Berna *f*
berrante [be'xãntʃi] *adj (cor)* chillón, -ona
berrar [be'xar] *vi* chillar; **~ com alguém** gritar a alguien
berreiro [be'xejru] *m* berridos *mpl*; **abrir o [***ou* **um] ~, cair no ~** *inf* ponerse a berrear
berro ['bɛxu] *m* berrido *m*; **dar um ~** dar un berrido
besouro [be'zowru] *m* abejorro *m*
besta ['besta] **I.** *f* bestia *f*; **~ de carga** bestia de carga **II.** *adj* bestia
bestalhão, -ona <-ões> [besta'ʎãw, -'ona -õjs] *m, f* memo, -a *m, f*
besteira [bes'tejra] *f inf* tontería *f*; **dizer ~s** decir tonterías; **fazer uma ~** hacer una tontería
bestial <-ais> [bestʃi'aw, -'ajs] *adj* bestial
best-seller [bɛst'sɛler] *m* best-seller *m*
besuntado, -a [bezũw'tadu, -a] *adj* untado, -a; *(de óleo, graxa)* pringado, -a

besuntar [bezũw'tar] *vt* untar; *(de óleo, graxa)* pringar
beterraba [bete'xaba] *f* remolacha *f*, betabel *f Méx*
betoneira [beto'nejra] *f* hormigonera *f*
bétula ['bɛtula] *f* abedul *m*
betume [be'tume] *m* **1.** *(para vidro)* masilla *f* **2.** QUÍM betún *m*
betuminoso, -a [betumi'nozu, -'ɔza] *adj* bituminoso, -a
bexiga [bi'ʃiga] *f* **1.** ANAT vejiga *f* **2.** *(balão)* globo *m* **3.** MED viruela *f*
bezerra [be'zexa] *f* ZOOL becerra *f*; **(estar) pensando na morte da ~** (estar) en las nubes
bezerro [be'zexa] *m* ZOOL becerro *m*; **chorar como um ~ desmamado** llorar como una magdalena
biatlo [bi'atlu] *m* biatlón *m*
bibelô [bibe'lo] *m* bibelot *m*
Bíblia ['biblia] *f* Biblia *f*
bíblico, -a ['bibliku, -a] *adj* bíblico, -a
bibliografia [bibliogra'fia] *f* bibliografía *f*
bibliográfico, -a [biblio'grafiku, -a] *adj* bibliográfico, -a
biblioteca [biblio'tɛka] *f* biblioteca *f*
bibliotecário, -a [bibliote'kariw, -a] *adj, m, f* bibliotecario, -a *m, f*
biboca [bi'bɔka] *f* taberna *f*
bica ['bika] *f (fonte de água)* caño *m*; **suar em ~s** sudar a chorros
bicada [bi'kada] *f* picotazo *m*; *(comida)* picoteo *m*; *(bebida)* trago *m*; **dar uma ~ no vinho para provar** beber un trago de vino para probarlo
bicão, -ona <-ões> [bi'kãw, -'ona, -õjs] *m, f* colón, -ona *m, f*
bicar [bi'kar] <c→qu> *vt* picotear
bicarbonato [bikarbo'natu] *m* bicarbonato *m*; **~ de sódio** bicarbonato de sodio
bicentenário [bisẽjte'nariw] *m* bicentenario *m*
bíceps ['bisɛps] *m inv* ANAT bíceps *m inv*
bicha [bi'ʃa] *f* **1.** ZOOL lombriz *f* **2.** *pej, gíria* marica *m*
bichado, -a [bi'ʃadu, -a] *adj (frutas, legumes)* con bicho
bicha-louca ['biʃa-'loka] <bichas-loucas> *f pej, gíria* maricón *m*
bichano [bi'ʃãnu] *m* minino *m*
bicharada [biʃa'rada] *f sem pl* bichos *mpl*
bicho ['biʃu] *m* **1.** ZOOL bicho *m*; **ver**

bicho-carpinteiro que ~ **dá** *gíria* ver qué pasa; **virar** ~ *gíria* cabrearse; **é o ~!** *gíria* ¡es cojonudo! **2.** (*calouro*) novato, -a *m, f* **3.** *gíria* (*meu chapa*) colega *mf*; **é isso aí,** ~ es eso, colega

bicho-carpinteiro ['biʃu-karpĩj'tejru] <bichos-carpinteiros> *m* escarabajo *m*

bicho-da-seda ['biʃu-da-'seda] <bichos-da-seda> *m* gusano *m* de seda

bicho do mato ['biʃu du 'matu] <bichos do mato> *m fig* grosero *m*

bicho-do-pé ['biʃu-du-'pɛ] <bichos-do-pé> *m tipo de pulga originaria de Sudamérica que penetra en la piel de las personas*

bicho-papão ['biʃu-pa'pɐ̃w] <bichos-papões> *m inf* coco *m*

bicho-preguiça [biʃupre'gisa] <bichos-preguiça> *m* perezoso *m*

bicicleta [bisi'klɛta] *f* **1.** (*veículo*) bicicleta *f*; **andar de** ~ ir en bicicleta **2.** ESPORT (*gol*) chilena *f*

bico ['biku] *m* **1.** (*de pássaro*) pico *m* **2.** (*ponta*) punta *f* **3.** (*de pena*) puchero *m* **4.** (*de chaleira*) punta *f*; (*de gás*) espita *f* **5.** *inf* (*boca*) pico *m*; ~ **calado** pico cerrado; **abrir o** ~ abrir el pico; **ser bom de** ~ ser un charlatán **6.** *inf* (*trabalho informal*) trabajillo *m* **7.** ESPORT puntera *f*; **chutar de** ~ dar un punterazo

bico-de-papagaio ['biku-dʒi-papa'gaju] <bicos-de-papagaio> *m* MED *formación ósea en forma de gancho en torno a los discos de la columna vertebral que se desarrolla en ciertos casos de reumatismo*

bicões [bi'kõjs] *m pl de* **bicão**
bicolor [biko'lor] *adj* bicolor
bicona [bi'kona] *f v.* **bicão**
bicudo, -a [bi'kudu, -a] *adj* **1.** (*pontiagudo*) puntiagudo, -a; **caso** ~ caso peliagudo **2.** (*pessoa*) enfadado, -a

BID ['bidʒi] *m abr de* **Banco Interamericano de Desenvolvimento** BID *m*

bidê [bi'de] *m* bidet *m*

Bielorrússia [bi'ɛlu-'rusia] *f* Bielorrusia *f*

bienal <-ais> [bie'naw, -'ajs] *adj, f* bienal *f*

biênio [bi'eniw] *m* bienio *m*

bife ['bifi] *m* GASTR bistec *m*, bife *CSur;* ~ **a cavalo** *bistec con un huevo frito encima;* ~ **à milanesa** bistec a la milanesa

bifurcação <-ões> [bifurka'sɐ̃w, -õjs] *f* bifurcación *f*

bifurcar [bifur'kar] <c→qu> *vi* bifurcarse

bigamia [biɡɐ̃'mia] *f sem pl* bigamia *f*
bígamo, -a ['biɡɐ̃mu, -a] *m, f* bígamo, -a *m, f*

bigode [bi'ɡɔdʒi] *m* bigote *m*
bigodudo [biɡo'dudu] *m* bigotudo *m*
bigorna [bi'ɡɔrna] *f* ANAT yunque *m*
bijuteria [biʒute'ria] *f* bisutería *f*
bilateral <-ais> [bilate'raw, -'ajs] *adj* bilateral
bile ['biʎi] *f* MED bilis *f inv*
bilhão <-ões> [bi'ʎɐ̃w, -õjs] *m* mil millones *mpl*
bilhar [bi'ʎar] *m* billar *m*
bilhete [bi'ʎetʃi] *m* **1.** (*recado*) nota *f*; **deixar/escrever um** ~ dejar/escribir una nota **2.** (*entrada, de loteria*) billete *m*, entrada *f*; ~ **para a peça de teatro** billete para la obra de teatro **3.** (*de metrô, avião*) billete *m*, boleto *m AmL;* ~ **de ida e volta** billete de ida y vuelta

bilheteria [biʎete'ria] *f* taquilla *f*, boletería *f AmL*

bilhões [bi'ʎõjs] *m pl de* **bilhão**

biliar [bi'ʎiar] *adj* MED biliar; **cálculos** ~ **es** cálculos biliares

bilíngue [bi'ʎĩɡwi] *adj, mf* bilingüe *mf*

bilionário, -a [biʎjo'nariw, -a] *m, f* billonario, -a *m, f*

bimestral <-ais> [bimes'traw, -'ajs] *adj* bimestral

bimestre [bim'ɛstri] *m* bimestre *m*
bimotor [bimo'tor] *adj, m* bimotor *m*
binário, -a [bi'nariw, -a] *adj* MAT, INFOR, MÚS binario, -a; **compasso** ~ compás binario

bingo ['bĩɡu] **I.** *m* bingo *m* **II.** *interj* bingo

bingueiro, -a [bĩ'ɡejru, -a] *m, f* dueño, -a *m, f* de un bingo

binóculo [bi'nɔkulu] *m* binóculo *m*
binômio [bi'nomiw] *m* binomio *m*
biodegradável <-eis> [biodeɡra'davew, -ejs] *adj* biodegradable
biografia [bioɡra'fia] *f* biografía *f*
biográfico, -a [bio'ɡrafiku, -a] *adj* biográfico, -a
biógrafo, -a [bi'ɔɡrafu, -a] *m, f* biógrafo, -a *m, f*
biologia [biolo'ʒia] *f sem pl* biología *f*
biológico, -a [bio'lɔʒiku, -a] *adj* biológico, -a

biólogo, -a [bi'ɔlugu, -a] *m, f* biólogo, -a *m, f*
biomassa [bio'masa] *f* biomasa *f*
biombo [bi'õwbu] *m* biombo *m*
biomédico [bio'mɛdʒiku] *m* especialista *m* en biomedicina
biopsia [biop'sia] *f* MED, **biópsia** [bi'ɔpsia] *f* biopsia *f*
bioquímica [bio'kimika] *f sem pl* bioquímica *f*
bioquímico, -a [bio'kimiku, -a] *m, f* bioquímico, -a *m, f*
biosfera [bios'fɛra] *f* biosfera *f*
biotecnologia [bioteknolo'ʒia] *f sem pl* biotecnología *f*
biótipo [bi'ɔtʃipu] *m* BIO biotipo *m*
bipartidário [bipartʃi'dariw] *adj* bipartidista
bípede ['bipedʒi] I. *adj* bípedo, -a II. *m* bípedo *m*
bipolar [bipo'lar] <-es> *adj* bipolar
biquíni [bi'kini] *m* biquini *m*
biriba [bi'riba] *f juego de cartas surgido del juego de la canasta*
birita [bi'rita] *f reg, inf* copa *f*; **tomar umas ~s** tomar unas copas
birosca [bi'rɔska] *f* bar *m*
birra ['bixa] *f* rabieta *f*; **fazer ~** enrabietarse
biruta [bi'ruta] *f* METEO manga *f*
biruta [bi'ruta] *adj, mf inf* majareta *mf*
bis ['bis] I. *adv* bis II. *interj* otra
bisão <-ões> [bi'zãw, -õjs] *m* bisón *m*
bisavô, -ó [biza'vo, biza'vɔ] *m, f* bisabuelo, -a *m, f*; **os bisavós** los bisabuelos
bisbilhotar [bizbiʎo'tar] *vi* 1. (*intrometer-se*) fisgonear; (*mexericar*) cotillear 2. (*investigar*) examinar 3. (*observar*) observar
bisbilhoteiro, -a [bizbiʎo'tejru, -a] *adj, m, f* 1. (*que se intromete*) fisgón, -ona *m, f*; (*mexeriqueiro*) cotilla *mf* 2. (*que investiga*) investigador(a) *m(f)* 3. (*que observa*) observador(a) *m(f)*
bisbilhotice [bizbiʎo'tʃisi] *f* 1. (*mexerico*) cotilleo *m* 2. (*observação*) observación *f*
biscate [bis'katʃi] *m* chapuza *f*; **fazer uns ~s** hacer unas chapuzas
biscoito [bis'kojtu] *m* galleta *f*
bisnaga [biz'naga] *f* 1. (*tubo*) tubo *m* 2. (*pão*) barra *f*
bisneto, -a [biz'nɛtu, -a] *m, f* bisnieto, -a *m, f*
bisões *m pl de* **bisão**
bisonho [bi'zõɲu] *m* bisoño *m*

bisonte *m v.* **bisão**
bispado [bis'padu] *m* obispado *m*
bispo ['bispu] *m* 1. REL obispo *m* 2. (*xadrez*) alfil *m*
bissexto [bi'sestu] I. *m el 29 de febrero* II. *adj* **ano ~** año bisiesto; **escritor ~** escritor ocasional
bissexual <-ais> [biseksu'aw, -'ajs] *adj, mf* bisexual *mf*
bisteca [bis'tɛka] *f* bistec *m;* **~ de porco** bistec de cerdo
bisturi [bistu'ri] *m* bisturí *m*
bite ['bitʃi] *m* INFOR bit *m*
bitola [bi'tɔla] *f* 1. (*padrão*) patrón *m* 2. (*norma*) regla *f*
bitolado, -a [bito'ladu, -a] *adj inf* cerrado, -a
bituca [bi'tuka] *f* colilla *f*; yegua *f AmC*
bizarro, -a [bi'zaxu, -a] *adj* raro, -a
blablablá [blabla'bla] *m* cháchara *f*
blasfemar [blasfe'mar] *vi* blasfemar
blasfêmia [blas'femia] *f* 1. REL blasfemia *f* 2. (*maldição*) maldición *f*
blazer ['blejzer] *m* chaqueta *f*
blecaute [ble'kawtʃi] *m* apagón *m*
blefar [ble'far] *vi* ir de farol
blefe ['blɛfi] *m* farol *m*
blindado [blĩ'dadu] *m* blindado *m*
blindado, -a [blĩ'dadu, -a] *adj* blindado, -a
blindagem [blĩ'daʒẽj] *f* blindaje *m*
blindar [blĩ'dar] *vt* blindar
blitz ['blits] *f inv* (*da polícia*) operación *f* relámpago
bloco ['blɔku] *m* 1. (*concreto, gelo, edifício*) bloque *m* 2. POL (*países, partidos*) bloque *m* 3. (*carnaval*) comparsa *f*; **botar o ~ na rua** *inf* palmarla
bloquear [bloke'ar] <c→qu> *vt* bloquear
bloqueio [blo'keju] *m* 1. (*obstrução*) bloqueo *m*; **retirar o ~** desbloquear 2. MIL, ESPORT bloqueo *m*; **furar o ~** saltarse un bloqueo
blues ['bluws] *m inv* MÚS blues *m inv*
blusa ['bluza] *f* blusa *f*; **~ de lã** jersey *m*
blusão <-ões> [blu'sãw, -õjs] *m* cazadora *f*
BNDES [beenide'ɛsi] *m abr de* **Banco Nacional de Desenvolvimento Econômico e Social** *banco público brasileño de fomento que otorga importantes préstamos*
boa ['boa] I. *f inf* **dizer poucas e ~s** decir de todo; **estar numa ~** estar feliz; **meter-se numa ~** meterse en una

buena; **tenho uma ~ para te contar** tengo que contarte una buena **II.** *adj inf* **essa é ~!** ¡esa sí que es buena!; *v.* **bom²**

boa-fé ['boa-'fɛ] <boas-fés> *f* buena fe *f*; **agir de ~** actuar de buena fe

boa-pinta ['boa-'pĩjta] <boas-pintas> *adj, mf inf* guapo, -a *m, f*

boa-praça ['boa-'prasa] <boas-praças> *adj, mf inf* majo, -a *m, f*

boas-festas ['boas-'fɛstas] *fpl* (*Natal*) felices fiestas *fpl*; (*Ano-Novo*) feliz Año *m* Nuevo; **cartão de ~** tarjeta de felicitación; **desejar (as) ~ a alguém** desear felices fiestas a alguien

boas-vindas ['boaz-vĩjdas] *fpl* bienvenida *f*; **dar (as) ~ a alguém** dar la bienvenida a alguien

boate [bu'atʃi] *f* discoteca *f*

boato [bu'atu] *m* rumor *m*

boa-vida ['boa-'vida] <boas-vidas> *mf* **é um ~** le gusta vivir la vida

Boa Vista ['boa 'vista] Boa Vista

boazuda [boa'zuda] *inf* **I.** *adj* guay **II.** *f* tía *f* buena

bobagem [bo'baʒẽj] <-ens> *f* tontería *f*

bobalhão, -ona <-ões> [boba'ʎãw, -'ona -õjs] *m, f* bobo, -a *m, f*

bobeada [bobi'ada] *f inf* bobada *f*; **dar uma ~** hacer una bobada

bobear [bobi'ar] *conj como passear vi* hacer el bobo

bobeira [bo'bejra] *f inf* bobada *f*; **marcar ~** *gíria* hacer el bobo

bobina [bu'bina] *f* bobina *f*

bobo, -a ['bobu, -a] **I.** *m, f* bobo, -a *m, f*; **~ alegre** payaso *m* **II.** *adj* bobo, -a

bobó [bo'bɔ] *m comida de origen africano hecha con alubias, aceite de palma y especias; a menudo contiene gambas*

boboca [bo'bɔka] *adj, mf* tonto, -a *m, f*

boca ['boka] *f* **1.** ANAT boca *f*; **~ do estômago** ANAT boca del estómago; **abrir a ~** *fig* abrir la boca; **não abrir a ~** *fig* no abrir la boca; **bater ~** discutir; **botar a ~ no mundo** [*ou* **no trombone**] gritar como un descosido; **cala a ~!** *inf* ¡cierra el pico!; **cair na ~ do povo** hacerse popular; **espalhar ho ~ a ~** transmitir de boca en boca; **falar da ~ pra fora** hablar por hablar; **fazer um ~ a ~** hacer el boca a boca; **ficar/estar de ~ aberta** *fig* quedarse/estar boquiabierto; **ser pego com a ~ na botija** *fig* ser sorprendido in fraganti; **tapar a ~ de alguém** *fig* cerrar la boca a alguien; **ter seis ~s para sustentar** *inf* tener seis bocas para alimentar; **ter ~ suja** *fig* decir palabrotas; **em ~ fechada não entra mosca** en boca cerrada no entran moscas **2.**(*de túnel*) boca *f* **3.**(*entrada*) boca *f*; **na ~ do gol** en la portería **4.**(*de calça*) pierna *f* **5.**(*do fogão*) quemador *m* **6.**(*emprego*) trabajillo *m*; **arranjar uma ~** conseguir un trabajillo

boca-de-fumo ['boka-dʒi-'fumu] <bocas-de-fumo> *f gíria* punto *m* de venta de drogas

boca-de-siri ['boka-dʒi-si'ri] <bocas-de-siri> *f inf* silencio *m*; **fazer ~** no abrir la boca

boca-de-urna ['boka-dʒi-'urna] <bocas-de-urna> *f* **fazer ~** hacer propaganda electoral en el día de las elecciones

bocado [bo'kadu] *m* **1.**(*pedaço*) trozo *m*; **um ~** un trozo **2.**(*temporal*) momento *m*; **eu esperei um ~** esperé un momento; **passado um ~** pasado un momento; **passar por maus ~s** pasar por un mal momento

boca-do-lixo ['boka-du-'liʃu] <bocas-do-lixo> *f* barrio *m* de prostitución

bocal <-ais> [bo'kaw, -'ajs] *m* **1.**(*de frasco*) abertura *f* **2.** TÉC embocadura *f* **3.** MÚS boquilla *f*

boçal <-ais> [bo'saw, -'ajs] *adj* (*tosco*) ignorante

boçalidade [bosaʎi'dadʒi] *f sem pl* ignorancia *f*

boca-livre ['boka-'ʎivri] <bocas-livres> *f* reunión en la que se puede comer y beber gratis

boca-mole ['boka-'mɔʎi] *adj inf* chivato, -a

bocejar [bose'ʒar] *vi* bostezar

bocejo [bo'seʒu] *m* bostezo *m*

boceta [bu'seta] *f chulo* coño *m*, concha *f AmS*

bochecha [bu'ʃeʃa] *f* mejilla *f*

bochechar [boʃe'ʃar] *vi* hacer gárgaras

bochechudo, -a [buʃe'ʃudu, -a] *adj* mofletudo, -a

bócio ['bɔsiw] *m* MED bocio *m*

bocó [bo'kɔ] *adj inf* estúpido, -a

boda ['boda] *f* boda *f*; **~s de prata/de ouro** bodas de plata/de oro

bode ['bɔdʒi] *m* **1.** ZOOL macho *m* cabrío; **~ expiatório** chivo *m* expiatorio **2.** *inf* (*confusão*) follón *m*; **deu o**

maior ~ se armó un follón enorme 3. *inf* (*depressão*) depre *f*
bodega [bu'dɛga] *f* 1. (*taberna*) bodega *f*, boliche *m* *AmL* 2. (*porcaria*) porquería *f*
boemia [boe'mia] *f*, **boêmia** [bo'emia] *f* bohemia *f*
boêmio, -a [bo'emiw, -a] *adj*, *m*, *f* bohemio, -a *m*, *f*
bofes ['bɔfis] *mpl inf* **com os ~ para fora** con la lengua fuera
bofetada [bufe'tada] *f* bofetada *f*; **dar uma ~ em alguém** dar una bofetada a alguien; **levar uma ~** recibir una bofetada
boi ['boj] *m* buey *m*
boia ['bɔja] *f* 1. NAÚT boya *f* 2. *inf* (*comida*) comida *f*
boia-fria ['bɔja] <boias-frias> *mf* jornalero, -a *m*, *f*
boiar [bɔj'ar] *vi* 1. (*pessoa, barco*) flotar 2. *inf* (*não entender*) no cazar nada
boicotar [bojko'tar] *vt* boicotear
boicote [boj'kɔtʃi] *m* boicot *m*
boina ['bojna] *f* boina *f*
bojo ['boʒu] *m* 1. (*saliência*) bulto *m* 2. (*de garrafa*) barriga *f*
bola ['bɔla] *f* 1. (*para brincar*) pelota *f*, balón *m*; (*esfera*) bola *f*; **~ de futebol** balón de fútbol; **~ de neve** bola de nieve; **bater ~** ESPORT pelotear; **comer ~** *inf* ser un genio con la pelota; **estar com a ~ toda** estar en la cresta de la ola; **não dar ~ para alguém** *gíria* no hacer caso a alguien; **pisar na ~** *inf* meter la pata; **ter ~ de cristal** ser adivino; **trocar as ~s** equivocarse 2. *inf* (*cabeça*) coco *m*; **não bater bem da ~** estar mal del coco
bolacha [bo'laʃa] *f* 1. GASTR galleta *f* 2. *inf* (*bofetada*) galleta *f*, bofetada *f*
bolada [bo'lada] *f* 1. (*com bola*) pelotazo *m*; **levar uma ~** recibir un pelotazo 2. (*de dinheiro*) dineral *m*; **receber uma ~** cobrar un dineral
bola de neve ['bɔla dʒi 'nɛvi] <bolas de neve> *f* bola *f* de nieve
bolar [bo'lar] *vt inf* (*um plano*) idear
bolas ['bɔlas] I. *fpl inf* (*testículos*) bolas *fpl* II. *interj* (ora) ~! ¡mecachis!
bolchevismo [bowʃe'vizmu] *m sem pl* bolchevismo *m*
bolchevista [bowʃe'vista] *adj*, *mf* bolchevique *mf*
boldo ['bowdu] *m* BOT boldo *m*
boleia [bo'lɛja] *f* cabina *f*

bolero [bo'lɛru] *m tb.* MÚS bolero *m*
boletim <-ins> [bole'tʃĩj] *m* boletín *m*; **~ financeiro** boletín financiero; **~ de inscrição** boletín de inscripción; **~ meteorológico** boletín metereológico; **~ de notas** (*comunicado*) boletín de evaluación; **~ oficial** boletín oficial
boleto [bo'letu] *m* (*de pagamento*) orden *f*
bolha[1] ['boʎa] *f* 1. MED ampolla *f* 2. (*de ar*) burbuja *f*
bolha[2] ['boʎa] *mf inf* pesado, -a *m*, *f*
boliche [bo'liʃi] *m* 1. (*jogo*) bolos *mpl* 2. (*lugar*) bolera *f*
bolinha [bo'liɲa] *f* **~ de gude** canica *f*, bolita *f RíoPl*
bolinho [bo'liɲu] *m* GASTR buñuelo *m* (*de bacalao, arroz o carne*)
Bolívia [bo'livia] *f* Bolivia *f*
boliviano, -a [bolivi'ʒnu, -a] *adj*, *m*, *f* boliviano, -a *m*, *f*
bolo ['bolu] *m* 1. GASTR pastel *m*; **dar o ~ (em alguém)** dejar plantado (a alguien) 2. *inf* (*quantidade*) montón *m*; **um ~ de gente** un montón de gente
bolor [bo'lor] *m* moho *m*; **criar ~** criar moho
bolorento, -a [bolo'rẽtu, -a] *adj* mohoso, -a
bolsa ['bowsa] *f* 1. (*carteira*) bolso *m*, cartera *f RíoPl*; **rodar ~ ou bolsinha** *inf* hacer la calle 2. ECON bolsa *f*; **~ de valores** bolsa de valores 3. (*de plástico*) bolsa *f* 4. (*de estudos*) beca *f*; **~ anual** beca anual; **candidatar-se a uma ~** presentarse a una beca 5. ZOOL **~ marsupial** bolsa *f* marsupial
bolsa-d'água ['bowsa-'dagwa] <bolsas-d'água> *f* saco *m* amniótico
bolsão <-ões> [bow'sãw, -õjs] *m* (*área*) bolsa *f*; **~ de pobreza** bolsa de pobreza
bolsista [bow'sista] *mf* 1. ECON bolsista *mf* 2. (*de estudos*) becario, -a *m*, *f*
bolso ['bowsu] *m* bolsillo *m*, bolsa *f Méx*; **botar** [*ou* **pôr**] **no ~** *inf* superar; **encher os ~s de alguém** enriquecer a alguien; **meter a mão no ~** robar
bolsões [bow'sõjs] *m pl de* **bolsão**
bom ['bõw] I. *m* **do ~ e do melhor** de lo bueno lo mejor; **ele se acha o ~** se cree el mejor II. *interj* bueno; **~, vamos embora que é tarde** bueno, vámonos que ya es tarde
bom, boa ['bõw, 'boa] *adj* 1. (*agradável, bondoso, competente*) bueno, -a;

~ dia! ¡buenos días!; **boa noite!** ¡buenas noches!; **boa tarde!** ¡buenas tardes!; **ser ~ de a. c.** ser muy bueno en algo; **ser ~ em matemática** ser bueno en matemáticas; **ele é muito ~ com todo mundo** es muy bueno con todo el mundo; **que ~!** ¡qué bien! **2.** (*tempo*) bueno, -a; **o tempo está ~** hace buen tiempo **3.** (*qualidade*) bueno, -a; **é um ~ livro** es un buen libro; **um ~ médico** un buen médico; **uma boa professora** una buena profesora; **água boa para beber** agua potable; **a comida está muito boa** la comida está muy buena **4.** (*com saúde*) bien, bueno, -a; **ele está ~** está bien; **eu já estou ~/boa** ya estoy bueno/buena; **não estar ~ da cabeça** no estar bien de la cabeza **5.** (*não exatamente, muito*) bueno, -a; **um ~ quarto de hora** un buen cuarto de hora; **ele recebeu um ~ dinheiro** recibió un buen dinero; **não a vejo há uns bons anos** no la veo hace muchos años

bomba ['bõwba] *f* **1.** (*máquina*) bomba *f*; **~ de água** bomba de agua; **~ de ar** bomba de aire; **~ de gasolina** surtidor *m*; **~ de incêndio** autobomba *f*; **~ de sucção** bomba de succión **2.** (*explosivo*) bomba *f*; **~ atômica** bomba atómica; **~ de hidrogênio** bomba de hidrógeno; **cair como uma ~** caer como una bomba **3.** *inf* (*de má qualidade*) patata *f*; **este livro é uma ~** este libro es una patata **4.** *inf* (*reprovado*) cate *m*; **levei ~ em física** me catearon en física

bombardear [bõwbardʒi'ar] *conj como passear vt* bombardear

bombardeio [bõwbar'deju] *m* bombardeo *m*; **~ aéreo** bombardeo aéreo

bombardeiro [bõwbar'dejru] *m* bombardero *m*

bomba-relógio ['bõwba-xe'lɔʒju] <bombas-relógio(s)> *f* bomba *f* de relojería

bombástico, -a [bõw'bastʃiku, -a] *adj* estruendoso, -a

bombeamento [bõwbea'mẽjtu] *m* bombeo *m*

bombear [bõwbe'ar] *conj como passear vt* (*líquido*) bombear

bombeiro [bõw'bejru] *m* bombero *m*; **corpo de ~s** cuerpo de bomberos

bom-bocado [bõwbo'kadu] <bons-bocados> *m* dulce hecho de azúcar, yemas de huevo, leche de coco o almendras

bombom [bõw'bõw] <-ons> *m* bombón *m*

bombordo [bõw'bɔrdu] *m* NAÚT babor *m*

bom-mocismo [bõwmo'sizmu] *m* irón carácter *m* bondadoso

bom-tom [bõw'tõw] *m* refinamiento *m*; **(não) é de ~** (no) es elegante

bonachão, -ona <-ões> [bona'ʃãw, -'ona, -õjs] *adj* bonachón, -ona *m, f*

bonança [bo'nãŋsa] *f* **1.** NAÚT bonanza *f* **2.** (*sossego*) tranquilidad *f*

bondade [bõw'dadʒi] *f* bondad *f*; **tenha a ~ de entrar** tenga la bondad de entrar

bonde ['bõwdʒi] *m* tranvía *m*; **pegar o ~ andando** *fig* subirse al tren en marcha

bondinho [bõw'dʒĩɲu] *m* (*teleférico*) teleférico *m*

bondoso, -a [bõw'dozu, -'ɔza] *adj* bondadoso, -a

boné [bo'nɛ] *m* gorra *f*

boneca [bu'nɛka] *f* muñeca *f*

boneco [bu'nɛku] *m* (*brinquedo*) muñeco *m*

bongô [bõw'go] *m* MÚS bongó *m*

bonificação <-ões> [bonifika'sãw, -õjs] *f* **1.** (*gratificação*) bonificación *f* **2.** (*dos preços*) descuento *m*

bonitão, -ona <-ões> [buni'tãw, -'ona -õjs] *m, f* guaperas *mf inv*

bonito, -a [bu'nitu, -a] *adj* (*pessoa*) guapo, -a; (*paisagem, objeto, música*) bonito, -a

bonito [bu'nitu] **I.** *interj* genial; **~ serviço!** *irón* ¡qué genial! **II.** *adv* bien; **fazer ~** hacerlo muy bien; **ele canta ~** canta bien

bonitões [buni'tõjs] *m pl de* **bonitão**

bonitona [buni'tona] *f v.* **bonitão**

bonito-pintado [bo'nitupĩ'tado] <bonitos-pintados> *m* ZOOL bacoreta *f*

bonsai [bõw'saj] *m* BOT bonsái *m*

bônus ['bonus] *m* **1.** (*prêmio*) gratificación *f* **2.** (*desconto*) prima *f*

boom ['bum] *m* ECON boom *m*

boquete [bo'ketʃi] *m* *chulo* mamada *f*

boquiaberto, -a [bokja'bɛrtu, -a] *adj* boquiabierto, -a; **ficar/estar ~** quedarse/estar boquiabierto

boquilha [bo'kiʎa] *f* tb. MÚS boquilla *f*

borboleta [borbo'leta] *f* mariposa *f*

borbotão <-ões> [borbo'tãw, -õjs] *m*

borbotón *m;* **aos borbotões** a borbotones
borbulha [bor'buʎa] *f* burbuja *f*
borbulhar [borbu'ʎar] *vi* burbujear
borda ['bɔrda] *f* **1.**(*beira*) borde *m* **2.**(*bainha*) dobladillo *m* **3.**(*margem*) orilla *f*
bordadeira [borda'dejra] *f* **1.**(*pessoa*) bordadora *f* **2.**(*máquina*) máquina *f* de bordar
bordado [bor'dadu] *m* bordado *m*
bordão <-ões> [bor'dʒw, -õjs] *m* muletilla *f;* MÚS estribillo *m*
bordar [bor'dar] *vt* bordar; **pintar e ~** *inf* pasárselo bomba
bordéis [bor'dɛjs] *m pl de* **bordel**
bordejar [borde'ʒar] *vi* NAÚT dar bordadas
bordel <-éis> [bor'dɛw, -'ɛjs] *m* burdel *m*
bordo ['bɔrdu] *m* NAÚT borda *f;* **a ~ a** bordo
bordoada [bordu'ada] *f* bastonazo *m*
bordões [bor'dõjs] *m pl de* **bordão**
boreal <-ais> [bore'aw, -'ajs] *adj* boreal
boro ['bɔru] *m* QUÍM boro *m*
borocoxô [boroko'ʃo] *adj inf* desanimado, -a
borra ['bɔxa] *f* posos *mpl*
borra-botas ['bɔxa-'bɔtas] *m inv* don nadie *m*
borracha [bo'xaʃa] *f* caucho *m;* (*para apagar*) goma *f;* **passar a ~ em a. c.** olvidar algo
borracharia [boxaʃa'ria] *f* tienda *f* de neumáticos
borracheiro [boxa'ʃejru] *m* **1.**(*profissional*) especialista *m* en neumáticos **2.**(*serviço*) tienda *f* de neumáticos
borrachudo [boxa'ʃudu] *m* ZOOL mosquito *m*
borrador [boxa'dor] *m* ECON libro *m* de entradas y salidas
borrão <-ões> [bo'xʒw, -õjs] *m* **1.**(*de tinta*) borrón *m* **2.**(*rascunho, esboço*) borrador *m* **3.**(*mácula*) mancha *f*
borrar [bo'xar] **I.** *vt* (*manchar*) manchar **II.** *vr:* **~-se** *inf* (*defecar*) cagarse
borrifador [boxifa'dor] <-es> *m* (*da roupa*) pulverizador *m*
borrifar [boxi'far] *vt* rociar
borrões [bo'xõjs] *m pl de* **borrão**
Bósnia ['bɔznia] *f* Bosnia *f*
Bósnia-Herzegóvina ['bɔznia-erze'gɔvina] *f* Bosnia y Herzegovina *f*
bósnio, -a ['bɔzniw, -a] *adj, m, f* bosnio, -a *m, f*
bosque ['bɔski] *m* bosque *m*
bossa ['bɔsa] *f* **1.**(*do camelo*) joroba *f* **2.** MED chichón *m* **3.**(*talento*) talento *m;* **ter ~ para** tener talento para
bossa nova ['bɔsa-'nɔva] *f* bossa nova *f*

> **Cultura** La **bossa nova** es un estilo de música brasileño que se popularizó en Europa y los Estados Unidos a final de los años 50 y comienzos de los 60. Con el disco "Chega de Saudade", de João Gilberto, la **bossa nova** inauguró oficialmente un periodo muy influyente en el desarrollo de la música popular brasileña. Fusión de jazz con un toque de música erudita, la **bossa nova** produjo innumerables éxitos; "Garota de Ipanema" (intérprete: João Gilberto, letra: Vinícius de Moraes y Toquinho) es el ejemplo más famoso.

bosta ['bɔsta] *f chulo* mierda *f;* **é uma ~!** ¡es una mierda!; **que ~!** ¡qué mierda!
bota ['bɔta] *f* bota *f;* **~s de borracha** botas *fpl* de goma; **~s de cano curto/longo** botas *fpl* de caña baja/alta; **~s de montar** botas *fpl* de montar; **bater a ~** *inf* estirar la pata; **lamber as ~s de alguém** halagar a alguien
bota-fora ['bɔta-'fɔra] *m inf* (*festa de despedida*) despedida *f*
botânica [bo'tʒnika] *f* botánica *f*
botânico, -a [bo'tʒniku, -a] **I.** *m, f* botánico, -a *m, f* **II.** *adj* botánico, -a; **jardim ~** jardín botánico
botão <-ões> [bo'tʒw, -õjs] *m tb.* BOT botón *m;* **apertar o ~** apretar el botón; **falar com os seus botões** decirse a uno mismo
botar [bo'tar] *vt* **1.**(*pôr*) poner **2.**(*roupa, sapatos*) ponerse **3.**(*atribuir*) encontrar; **~ defeito em a. c.** sacarle defectos a algo
bote ['bɔtʃi] *m* **1.** NAÚT bote *m* **2.**(*investida*) golpe *m;* **dar o ~** dar un salto
boteco [bu'tɛku] *m inf* bar *m*
botequim [butʃi'kĩj] *m* bar *m*
boticário, -a [butʃi'kariw, -a] *m, f* boticario, -a *m, f*

botijão <-ões> [butʃi'ʒãw, -õjs] m (de gás) bombona f
botina [bu'tʃina] f botín m
boto ['botu] m ZOOL delfín m
botões m pl de **botão**
botulismo [botu'λizmu] m sem pl MED botulismo m
Bovespa [bo'vespa] f abr de **Bolsa de Valores do Estado de São Paulo** la Bolsa de Valores de São Paulo, la más importante de Brasil
bovino [bo'vinu] m bovino m
bovino, -a [bo'vinu, -a] adj bovino, -a; **gado** ~ ganado bovino
boxe ['bɔksi] m boxeo m
boxeador [boksja'dor] <-es> m boxeador(a) m(f)
boxear [boksi'ar] conj como passear vi boxear
braçada [bra'sada] f tb. ESPORT brazada f; **dar uma** ~ dar una brazada
braçadeira [brasa'dejra] f 1. (no braço) flotador m 2. TÉC abrazadera f
braçal <-ais> [bra'saw, -'ajs] adj **trabalho** ~ trabajo físico
bracelete [brase'letʃi] m brazalete m
braço ['brasu] m 1. ANAT brazo m; **de** ~**s abertos** con los brazos abiertos; **de** ~**s cruzados** de brazos cruzados; **de** ~ **dado** del brazo; **estar nos** ~**s de alguém** estar en los brazos de alguien; **não dar o** ~ **a torcer** no dar el brazo a torcer; **ser o** ~ **direito de alguém** ser el brazo derecho de alguien 2. (da cadeira) brazo m 3. (ramo) brazo m; ~ **armado** POL brazo armado 4. TÉC, GEO brazo m; ~ **articulado** brazo articulado; ~ **de mar** brazo de mar; ~ **de rio** brazo de río 5. (do violino) mango m
braço-de-ferro ['brasu-dʒi-'fɛxu] <braços-de-ferro> m persona f autoritaria
bradar [bra'dar] vi gritar
bragueta [bra'geta] f, **braguilha** [bra'giλa] f bragueta f
braile ['brajλi] m braile m
bramido [brã'midu] m bramido m
bramir [brã'mir] irr como abolir vi bramar
branco ['brãŋku] m blanco m; **o** ~ **do olho** el blanco del ojo; **dar um** ~ quedarse en blanco; **em** ~ en blanco
branco, -a ['brãŋku, -a] adj 1. (cor, pessoa) blanco, -a 2. (alma) puro, -a
brancura [brãŋ'kura] f blancura f
brandir [brãŋ'dʒir] irr como abolir I. vt blandir II. vi oscilar

brando, -a ['brãŋdu, -a] adj 1. (mole) blando, -a 2. (frouxo) lento, -a 3. (tempo) suave
brandura [brãŋ'dura] f 1. (doçura) blandura f 2. (suavidade) suavidad f 3. (fraqueza) lentitud f
branquear [brãŋke'ar] conj como passear vt blanquear
branquelo, -a [brãŋ'kɛlu, -a] adj (pessoa) muy blanco, -a
brânquias ['brãŋkias] fpl ZOOL branquias fpl
brasa ['braza] f brasa f; **em** ~ incandescente; **churrasquinho na** ~ asado a la brasa; **rosto em** ~ ruborizado, -a m, f; **mandar** ~ gíria meter caña; **puxar a** ~ **para a sua sardinha** inf arrimar el ascua a su sardina
brasão <-ões> [bra'zãw, -õjs] m HIST blasón m
braseiro [bra'zejru] m brasero m
brasil [bra'ziw] m árbol brasileño en peligro de extinción, de madera roja, muy apreciado en la época colonial, y que dio el nombre al país
Brasil <-is> [bra'ziw, -'is] m Brasil m
brasileirismo [brazilej'rizmu] m sem pl LING término m del portugués de Brasil
brasileiro, -a [brazi'lejru, -a] I. m, f brasileño, -a m, f, brasilero, -a m, f RíoPl II. adj brasileño, -a, brasilero, -a RíoPl
Brasília [bra'ziλia] f Brasilia f
brasilianista [braziλjã'nista] mf especialista mf en Brasil
brasilidade [braziλi'dadʒi] f sem pl carácter m brasileño
brasões [bra'zõjs] m pl de **brasão**
bravata [bra'vata] f bravata f
bravatear [bravatʃi'ar] conj como passear vi fanfarronear
braveza [bra'veza] f braveza f
bravio [bra'viw] m terreno m agreste
bravio, -a [bra'viw, -a] adj 1. (terreno) agreste 2. (animal) bravío, -a 3. (clima) bravo, -a
bravo, -a ['bravu, -a] I. adj bravo, -a II. interj bravo
bravura [bra'vura] f bravura f
brazuca [bra'zuka] mf inf brasuca m, brazuca m (brasileño, sobre todo si está fuera de Brasil)
breca ['brɛka] f **ser levado da** ~ ser un diablillo
brecada [bre'kada] f frenazo m; **dar uma** ~ dar un frenazo
brecar [bre'kar] <c→qu> vi frenar

brecha ['brɛʃa] *f* brecha *f*
brechó [bre'ʃɔ] *m* tienda de ropa y objetos de segunda mano
brega ['brɛga] *adj* hortera
brejeiro, -a [bre'ʒejru, -a] *adj* travieso, -a
brejo ['brɛʒu] *m* pantano *m*; **ir para o** ~ *fig* irse al garete
breque ['brɛki] *m* 1. freno *m*; ~ **de mão** freno de mano 2. MÚS *en la samba, interrupción de la música para que el cantante pueda hacer comentarios jocosos sobre la letra de la canción*
breu ['brew] *m* brea *f*; **escuro como** ~ muy oscuro
breve ['brɛvi] I. *adj* breve II. *adv* en breve; **até** ~ hasta pronto; **(dentro) em** ~ en breve
brevê [bre've] *m* AERO permiso *m* para pilotar
brevemente [brɛvi'mẽjtʃi] *adv* brevemente
brevidade [brevi'dadʒi] *f sem pl* brevedad *f*
bricabraque [brika'braki] *m* objetos *mpl* antiguos
bricolagem [briko'laʒẽj] *m* bricolaje *m*
brida ['brida] *f* rienda *f*
briga ['briga] *f* pelea *f*; ~ **de foice** pelea encarnizada; **comprar** ~ buscar pelea
brigada [bri'gada] *f* brigada *f*; ~ **de trânsito** división *f* de tráfico
brigadeiro [briga'dejru] *m* 1. MIL brigadier *m* 2. GASTR *dulce hecho con chocolate y leche condensada*
brigão, -ona <-ões> [bri'gãw, -'ona, -õjs] *m, f* pendenciero, -a *m, f*
brigar [bri'gar] <g→gu> *vi* 1. (*ter briga*) pelearse; ~ **por a. c.** pelearse por algo 2. (*lutar*) pelear
brigões [bri'gõjs] *m pl de* **brigão**
brigona [bri'gona] *f v.* **brigão**
brilhante [bri'ʎãntʃi] *adj, m* brillante *m*
brilhantina [briʎãn'tʃina] *f* brillantina *f*
brilhar [bri'ʎar] *vi* brillar
brilho ['briʎu] *m* brillo *m*
brim ['brĩj] *m* brin *m*
brincadeira [brĩjka'dejra] *f* 1. (*gracejo*) broma *f*; ~ **de mau gosto** broma de mal gusto; **não estar para** ~ **s** no estar para bromas; **não gosto de** ~ **s** no me gustan las bromas; **não é** ~ **colocar o trabalho em dia** no va a ser ninguna broma poner el trabajo al día; **o que eu passei não foi** ~ lo que me pasó no fue ninguna broma; **chega de** ~! ¡basta de bromas!; **fora de** ~ bromas aparte; **por** [*ou* **de**] ~ en broma 2. (*crianças*) juego *m*; ~ **de roda** corro *m*
brincalhão, -ona <-ões> [brĩjka'ʎãw, -'ona, -õjs] *adj, m, f* bromista *mf*
brincar [brĩj'kar] <c→qu> *vi* 1. (*crianças*) jugar; ~ **de casinha** jugar a las casas; ~ **com fogo** *fig* jugar con fuego; ~ **de professor/médico** jugar a los profesores/médicos; **não** ~ **em serviço** no perder el tiempo 2. (*gracejar*) bromear; **dizer a. c. brincando** decir algo en broma; **eu estava só brincando!** ¡estaba bromeando!; **com isso não se brinca!** ¡con eso no se bromea! 3. (*em carnaval*) divertirse
brinco ['brĩjku] *m* 1. (*joia*) pendiente *m* 2. (*arrumado*) joya *f*; **a casa ficou um** ~ la casa quedó como nueva
brinco-de-princesa ['brĩjku-dʒi-prĩj-'seza] <brincos-de-princesa> *m* BOT fucsia *f*
brindar [brĩj'dar] I. *vt* regalar; ~ **alguém com a. c.** regalar algo a alguien II. *vi* (*com os copos*) brindar; ~ **a alguém/a. c.** brindar por alguien/algo; ~ **à saúde de alguém** brindar a la salud de alguien
brinde ['brĩjdʒi] *m* 1. (*com copos*) brindis *m inv*; **fazer um** ~ **a alguém** hacer un brindis por alguien 2. (*presente*) regalo *m*
brinquedo [brĩj'kedu] *m* juguete *m*; **loja de** ~ **s** tienda *f* de juguetes, juguetería *f*
brinquedoteca [brĩjkedo'tɛka] *f* espacio, en escuelas públicas o privadas, dotado de juguetes con valor didáctico, donde los alumnos y los niños menos favorecidos de los alrededores pueden jugar
brio ['briw] *m* brío *m*; **ter** ~ ser brioso
brisa ['briza] *f* brisa *f*; **viver de** ~ vivir del aire
brita ['brita] *f* gravilla *f*
britadeira [brita'dejra] *f* martillo *m* neumático
britânico, -a [bri'tãniku, -a] *adj, m, f* británico, -a *m, f*
broa ['broa] *f* pan de harina de maíz o de arroz
broca ['brɔka] *f* broca *f*; **ser** ~ ser difícil
brocado [bro'kadu] *m* brocado *m*
brocar [bro'kar] <c→qu> *vt* perforar
broche ['brɔʃi] *m* broche *m*
brochura [bro'ʃura] *f* 1. (*folheto*) fo-

lleto *m* **2.**(*de livros*) encuadernación *f*
brócolis [ˈbrɔkuʎis] *mpl* BOT brécol *m*
bronca [ˈbrõwka] *f inf* **1.** bronca *f*; **dar uma ~** echar una bronca **2.**(*implicância*) hartazgo *m;* **tem ~ dos vizinhos que falam alto** está harto de los vecinos que hablan en voz alta
bronco, -a [ˈbrõwku, -a] *adj* (*pessoa*) rudo, -a
broncopneumonia [brõwkupinewmuˈnia] *f* MED bronconeumonía *f*
broncoscopia [brõwkoskoˈpia] *f sem pl* broncoscopia *f*
brônquico, -a [ˈbrõwkiku, -a] *adj* bronquial
brônquio [ˈbrɔwkiw] *m* ANAT bronquio *m*
bronquite [brõwˈkitʃi] *f* MED bronquitis *f inv*
bronze [ˈbrõwzi] *m* bronce *m;* **de ~** de bronce; **medalha de ~** medalla de bronce; **pegar um ~** broncearse
bronzeado [brõwziˈadu] *m* bronceado *m; ~* **artificial** bronceado artifical
bronzeado, -a [brõwziˈadu, -a] *adj* moreno, -a, bronceado, -a
bronzeador [brõwziˈador] <-es> *m* bronceador *m*
bronzeamento [brõwzjaˈmɛjtu] *m v.* **bronzeado**
bronzear-se [brõwziˈarsi] *conj como passear vr* ponerse moreno, broncearse
brotar [broˈtar] *vi, vt* brotar
broto [ˈbrotu] *m* **1.** BOT brote *m* **2.** *inf* (*adolescente*) chico, -a *m, f*
brotoeja [brotoˈeʒa] *f* MED sarpullido *m*
broxa[1] [ˈbrɔʃa] *f* brocha *f*
broxa[2] [ˈbrɔʃa] *m chulo* pichafría *m*
broxar [broˈʃar] *vi* **1.**(*pintar*) pintar con brocha **2.** *chulo* **broxou** no se le levantó, pegó un gatillazo
bruaca [bruˈaka] *f inf* bruja *f*
bruços [ˈbrusus] *de* **~** = boca abajo
brucutu [brukuˈtu] *m inf* coco *m*
bruma [ˈbruma] *f* bruma *f*
brusco, -a [ˈbrusku, -a] *adj* **1.**(*movimento, pessoa*) brusco, -a **2.**(*palavras*) grosero, -a
brutal <-ais> [bruˈtaw, -ˈajs] *adj* brutal
brutalidade [brutaʎiˈdaʒi] *f* brutalidad *f*
brutalizar [brutaʎiˈzar] *vt* embrutecer
brutalmente [brutawˈmẽjtʃi] *adv* brutalmente; **ser ~ assassinado** ser brutalmente asesinado
brutamontes [brutaˈmõwts] *m inv* bruto *m*
bruto, -a [ˈbrutu, -a] *adj tb.* ECON bruto, -a; **matéria bruta** materia bruta; **peso ~** peso bruto; **renda bruta** renta bruta; **salário ~** salario bruto; **usar da força bruta** usar la fuerza bruta
bruxaria [bruʃaˈria] *f* brujería *f*; **fazer ~** practicar la brujería
Bruxelas [bruˈʃɛlas] *f* Bruselas *f*
bruxo, -a [ˈbruʃu, -a] *m, f* brujo, -a *m, f*
bucha [ˈbuʃa] *f* **1.**(*de fixação*) taco *m* **2.** MIL mecha *f; ~* **de canhão** *fig* carne *f* de cañón; **fazer a. c. na ~** hacer algo en el acto
bucho [ˈbuʃu] *m inf* **1.**(*barriga*) tripa *f* **2.**(*pessoa*) coco *m*
buço [ˈbusu] *m* bozo *m*
bucólico, -a [buˈkɔliku, -a] *adj* bucólico, -a
budismo [buˈdʒizmu] *m sem pl* budismo *m*
budista [buˈdʒista] *adj, mf* budista *mf*
bueiro [buˈejru] *m* **1.**(*cano*) desagüe *m* **2.**(*na rua*) alcantarilla *f*
búfalo [ˈbufalu] *m* ZOOL búfalo *m*
bufão, -ona <-ões> [buˈfãw, -ˈona, -ˈõjs] *m, f* bufón, -ona *m, f*
bufar [buˈfar] *vi* **1.**(*soprar*) resoplar **2.**(*de raiva*) bufar
bufê [buˈfe] *m* bufé *m*
bufões [buˈfõjs] *m pl de* **bufão**
bufona [buˈfõjs] *f v.* **bufão**
bugalho [buˈgaʎu] *m* BOT agalla *f;* **misturar alhos com ~s** mezclar churras con merinas
bugiganga [buʒiˈgãŋga] *f* baratija *f;* **loja de ~s** tienda de baratijas
bujão <-ões> [buˈʒãw, -õjs] *m* (*de gás*) bombona *f*
bula [ˈbula] *f* (*de remédio*) prospecto *m* de medicamento
bulbo [ˈbuwbu] *m* BOT bulbo *m*
buldogue [buwˈdɔgi] *m* bulldog *m*
bule [ˈbuʎi] *m* cafetera *f*
Bulgária [buwˈgaria] *f* Bulgaria *f*
búlgaro, -a [ˈbuwgaru, -a] *adj, m, f* búlgaro, -a *m, f*
bulhufas [buˈʎufas] *pron indef, inf* ni jota
bulicoso, -a [buʎiˈsozu, -ˈɔza] *adj* bullicioso, -a
bulimia [buʎiˈmia] *f* MED bulimia *f*
bulir [buˈʎir] *irr como subir* **I.** *vt* mover **II.** *vi* moverse
bulufas [buˈlufas] *pron indef v.* **bulhufas**

bum ['būw] *interj* bum

bumba-meu-boi ['būwba-mew-'boj] *m* baile popular cuyo personaje central es un buey que muere y resucita

bumbo ['būwbu] *m* MÚS bombo *m*

bumbum [būw'būw] *m inf* trasero *m*, pompis *m inv inf*

bumerangue [bume'rãŋgi] *m* bumerán *m*

bunda ['būwda] *f inf* culo *m*, cola *f* AmL; **nascer com a ~ para Lua** nacer con estrella; **sentar a ~ e estudar** sentarse a estudiar

bunda-mole ['būwda-'mɔʎi] <bundas-moles> *mf inf* miedica *mf*

bundão, -ona <-ões> [būw'dãw, -'ona -'õjs] *m, f inf* pesado, -a *m, f*

bundear [būwdʒi'ar] *conj como passear vi inf* vagabundear

bundões [būw'dõjs] *m pl de* **bundão**

bundona [būw'dona] *f v.* **bundão**

buquê [bu'ke] *m* ramo *m*; (*de vinho*) buqué *m*; **~ de flores** ramo de flores

buraco [bu'raku] *m* **1.** agujero *m*; **~ da fechadura** ojo *m* de la cerradura; **~ negro** ASTRON agujero *m* negro; **~ de ozônio** agujero de ozono; **~ na parede** agujero en la pared; **sentir um ~ no estômago** tener un agujero en el estómago **2.** *inf* (*habitação*) cuchitril *m*; **mora num ~ qualquer** vive en un cuchitril de mala muerte **3.** (*dificuldade*) lío *m*; **sair do ~** salir del aprieto; **tapar ~** *fig* pagar una deuda **4.** (*jogo*) juego de cartas que pueden jugar de 2 a 8 personas

burburinho [burbu'rĩɲu] *m* bullicio *m*

bureta [bu'reta] *f* QUÍM bureta *f*

burguês, -esa [bur'ges, -'eza] <-eses> *adj, m, f* burgués, -esa *m, f*

burguesia [burge'zia] *f* burguesía *f*

burilar [buri'lar] *vt* labrar

buriti [buri'tʃi] *m* palmera nativa de Brasil que tiene un fruto amarillo del cual se extrae aceite

burla ['burla] *f* fraude *m*; **~ fiscal** fraude fiscal

burlar [bur'lar] *vt* defraudar

burocracia [burokra'sia] *f sem pl* burocracia *f*

burocrata [buro'krata] *mf* burócrata *mf*

burocrático, -a [buro'kratʃiku, -a] *adj* burocrático, -a

burocratizar [burokrat'zar] **I.** *vt* burocratizar **II.** *vr:* **-se** (*tornar-se burocrata*) volverse burocrático

burrada [bu'xada] *f* burrada *f*

burrice [bu'xisi] *f* estupidez *f*

burro, -a ['buxu, -a] **I.** *m, f* burro, -a *m, f*; **~ de carga** burro de carga; **dar com os ~s n'água** irse al garete **II.** *adj* burro, -a; **pra ~** *gíria* a mogollón

busca ['buska] *f* búsqueda *f*

buscador [buska'dor] *m* INFOR buscador *m*

busca-pé ['buska-'pɛ] *m* (*fogo de artifício*) buscapiés *m inv*

buscar [bus'kar] <c→qu> *vt* buscar; **ir a.c./alguém** ir a buscar algo/a alguien

bússola ['busula] *f* brújula *f*; **~ marítima** brújula *f*

bustiê [bustʃi'e] *m* top *m*

busto ['bustu] *m* busto *m*

butim [bu'tʃĩj] <-ins> *m* botín *m*

butique [bu'tʃiki] *f* boutique *f*

buzina [bu'zina] *f* (*de veículo*) bocina *f*; **tocar a ~** tocar la bocina

buzinaço [buzi'nasu] *m* bocinazo *m*

buzinar [buzi'nar] *vi* tocar la bocina; **~ aos ouvidos de alguém** gritarle a alguien

C

C, c ['ce] *m* C, c *f*

cá ['ka] *adv* aquí; (*para ~*) para aquí; **de lá para ~** de aquí para allá; **vem ~!** ¡ven aquí!

caatinga ['kaa'tʃĩga] *f* vegetación característica del nordeste del Brasil

cabaça [ka'basa] *f* **1.** BOT calabacera *f* **2.** (*recipiente*) utensilio hecho con una calabacera cortada por la mitad **3.** REL, MÚS instrumento musical hecho a partir de la calabacera y que produce un sonido parecido al del cencerro, utilizado en los ritos del candomblé

cabal <-ais> [ka'baw, -'ajs] *adj* **1.** (*completo*) cabal **2.** (*certo*) severo, -a

cabana [ka'bãna] *f* cabaña *f*

cabaré [kaba'rɛ] *m* cabaret *m*

cabeça¹ [ka'besa] *f* **1.** ANAT, TÉC cabeza *f*; **~ de gravação** INFOR cabeza grabadora; **andar com a ~ no ar** ser distraído;

cair de ~ meterse a fondo; **esquentar a** ~ calentarse la cabeza; **fazer a** ~ **de alguém** *inf* comer el coco a alguien; **levar** [*ou* **tomar**] **na** ~ estrellarse; **meter a. c. na** ~ meterse algo en la cabeza; **não estar bom da** ~ *inf* estar mal de la cabeza; **perder a** ~ perder la cabeza; **quebrar a** ~ *fig* romperse la cabeza; **querer a** ~ **de alguém** pedir la cabeza de alguien; **saber a. c. de** ~ saber algo de memoria; **ser** ~ **fria** tener la cabeza fría; **subir à** ~ subirse a la cabeza; **ter** ~ *fig* ser sensato; **ter a** ~ **no lugar** tener la cabeza en su sitio; **usar a** ~ usar la cabeza; **ele é uma das** ~**s mais brilhantes** es una de las cabezas más brillantes **2.** (*numericamente*) cabeza *f;* ~ **de gado** cabeza de ganado

cabeça² [ka'bɛsa] *mf* (*líder*) cabecilla *mf;* ~ **do partido** líder *mf* del partido

cabeçada [kabe'sada] *f tb.* ESPORT cabezazo *m;* **dar uma** ~ *inf* hacer un mal negocio

cabeça de bagre [ka'bɛsa dʒi 'bagri] <cabeças de bagre> *mf tb.* FUT paquete *mf*

cabeça de casal [ka'bɛsa dʒi ka'saw] <cabeças de casal> *m* cabeza *mf* de familia

cabeça de vento [ka'bɛsa dʒi 'vẽjtu] <cabeças de vento> *mf* imprudente *mf*

cabeça-dura [ka'bɛsa-'dura] <cabeças-duras> *mf* cabezota *mf*

cabeça-feita [ka'bɛsa-'fejta] <cabeças-feitas> *mf* responsable *mf*

cabeçalho [kabe'saʎu] *m* encabezamiento *m;* (*do jornal*) cabecera *f*

cabeceador(a) [kabesea'dor(a)] *m(f)* FUT cabeceador(a) *m(f)*

cabecear [kabese'ar] *conj como passear vi* **1.** (*pessoa, barco*) dar cabezadas **2.** FUT cabecear

cabeceira [kabesej'ra] *f* (*da cama, da mesa, do rio*) cabecera *f*

cabeçote [kabe'sɔtʃi] *m* **1.** ZOOL renacuajo *m* **2.** AUTO culata *f*

cabeçudo, -a [kabe'sudu, -a] *adj* cabezudo, -a

cabedal [kabe'daw] *m sem pl* patrimonio *m*

cabeleira [kabe'lejra] *f* **1.** (*cabelo*) cabellera *f* **2.** (*artificial*) peluca *f*

cabeleireiro, -a [kabe'lejru, -a] *m, f* peluquero, -a *m, f*

cabelo [ka'belu] *m* pelo *m;* **de arrepiar o** ~ **de poner los pelos de punta; de** ~**s brancos** *fig* anticuado; **levar pelos** ~**s** llevar a la fuerza

cabeludo, -a [kabe'ludu, -a] *adj* **1.** peludo, -a **2.** *fig* **mentira cabeluda** mentira descarada; **xingou o infeliz de todos os nomes** ~**s** le dijo las mayores obscenidades al pobre

caber [ka'ber] *irr vt* (*objeto, pessoa*) caber; ~ **a alguém** (*tarefa*) tocar a alguien; **cabe a ela resolver o problema** le corresponde a ella solucionar el problema

cabide [ka'bidʒi] *m* percha *f;* ~ **de empregos** *inf:* organismo público en el que los políticos colocan a parientes y conocidos

cabidela [kabi'dɛla] *f* GASTR *guiso típico del nordeste de Brasil hecho con gallina y una salsa que contiene la propia sangre del animal*

cabimento [kabi'mẽjtu] *m sem pl* plausibilidad *f;* **ter** ~ tener sentido; **isso não tem** ~**!** ¡eso no tiene sentido!

cabine [ka'bini] *f* cabina *f;* ~ **telefônica** cabina telefónica

cabisbaixo, -a [kabiz'bajʃu, -a] *adj* cabizbajo, -a

cabo ['kabu] *m* **1.** (*extremidade*) cabo *m;* (*de faca, vassoura*) mango *m;* **de** ~ **a rabo** de cabo a rabo; **dar** ~ **de** acabar con; **levar a** ~ llevar a cabo **2.** *tb.* MIL cabo *m;* ~ **eleitoral** *persona que trabaja en la campaña de un candidato a cambio de dinero o favores;* ~ **da polícia** agente *mf* de policía **3.** GEO cabo *m* **4.** ELETR cable *m* **5.** (*fio*) cable *m;* ~ **de aço** cable de acero; ~ **de reboque** cable para remolcar

caboclo, -a [ka'boklu, -a] *m, f* **1.** (*mestiço*) mestizo, -a *m, f* **2.** (*caipira*) pueblerino, -a *m, f*

cabograma [kabo'grama] *m* cablegrama *m*

cabotagem [kabo'taʒẽj] *f sem pl* cabotaje *m*

Cabo Verde ['kabu 'verdʒi] *m* Cabo *m* Verde

cabo-verdiano, -a ['kabu-verdʒi'ãnu, -a] *adj, m, f* caboverdiano, -a *m, f*

cabra¹ ['kabra] *f* cabra *f*

cabra² ['kabra] *m gíria* (*sujeito*) tío *m;* ~ **da peste** tío lanzado

cabra-cega ['kabra-'sɛga] <cabras-cegas> *f* (*jogo*) gallinita *f* ciega

cabra-macho ['kabra-'maʃu] <cabras-

-machos> *m gíria* valentón *m*
cabreiro, -a [ka'brejru, -a] *adj inf* desconfiado, -a
cabresto [ka'brestu] *m* cabestro *m;* **trazer no** [*ou* **pelo**] ~ *fig* tener dominado
cabriolé [kabrio'lɛ] *m* cabriolé *m*
cabrito [ka'britu] *m* cabrito *m*
cabrocha [ka'brɔʃa] *f inf:* mulata a la que le gusta bailar samba y salir en los desfiles del carnaval
caça¹ ['kasa] *f* (*atividade, animais*) caza *f;* ~ **submarina** caza submarina; **ir à** ~ ir de caza
caça² ['kasa] *m* AERO caza *m*
caçador(a) [kasa'dor(a)] *m(f)* cazador(a) *m(f);* ~ **de cabeças** [*ou* **de talentos**] *fig* cazatalentos *m inv*
caçamba [ka'sɐ̃ba] *f* (*recipiente*) contenedor *m*
caça-minas ['kasa-'minas] *m inv* MIL dragaminas *m inv*
caça-níqueis ['kasa-'nikejs] *m inv,* **caça-níquel** ['kasa-'nikew] <caça-níqueis> *m* (*máquina*) tragaperras *f inv; pej* (*empreendimento, produção artística*) sacaperras *m inv*
cação <-ões> [ka'sɐ̃w, -õjs] *m* (*tubarão*) cazón *m*
caçar [ka'sar] <ç→c> *vt* cazar; (*livro, palavra*) ir a la caza de
cacareco [kaka'rɛku] *m* trasto *m*
cacarejar [kakare'ʒar] *vi* cacarear
cacarejo [kaka'reʒu] *m* 1. cacareo *m* 2. *fig* charlatanería *f*
caçarola [kasa'rɔla] *f* cacerola *f*
cacatua [kaka'tua] *f* cacatúa *f*
cacau [ka'kaw] *m* cacao *m*
cacaueiro [kakaw'ejru] *m* (*planta*) cacao *m*
cacetada [kase'tada] *f* 1. (*pancada*) porrazo *m* 2. *inf* (*quantidade*) mogollón *m;* **e** ~ y un buen pico 3. *inf* FUT cañonazo *m*
cacete [ka'setʃi] I. *m* 1. (*pau*) bastón *m;* (*da polícia*) porra *f* 2. *inf* (*cacetada*) porrazo *m* II. *adj inf* pesado, -a III. *interj chulo* hostia
cachaça [ka'ʃasa] *f* cachaza *f* (*aguardiente de caña*)

> **Cultura** La **cachaça** es una bebida alcohólica obtenida de la destilación de la caña de azúcar y es la bebida alcohólica brasileña más popular.

> Tiene numerosos nombres, como **aguardente de cana, branquinha, caninha, pinga,** etc. Es el ingrediente básico de la **caipirinha** y de muchos cócteles con frutas. También es normal beberla sola. Con la cachaça hervida, jengibre, canela y azúcar se prepara también el **quentão**, una bebida típica de las **festas juninas**.

cachaceiro, -a [kaʃa'sejru, -a] *m, f* borracho, -a *m, f*
cachalote [kaʃa'lɔtʃi] *m* cachalote *m*
cachê [ka'ʃe] *m* caché *m*
cacheado, -a [kaʃi'adu, -a] *adj* (*cabelo*) ondulado, -a
cachecol <-óis> [kaʃi'kɔw, -ɔjs] *m* bufanda *f*
cachimbo [ka'ʃĩbu] *m* pipa *f,* cachimba *f AmL;* ~ **da paz** pipa de la paz; **fumar** ~ fumar en pipa
cacho ['kaʃu] *m* 1. (*de uvas, bananas*) racimo *m* 2. (*de cabelo*) rizo *m* 3. *inf* (*caso*) affaire *m*
cachoeira [kaʃu'ejra] *f* cascada *f*
cachola [ka'ʃɔla] *f inf* coco *m*
cachorrada [kaʃo'xada] *f* 1. (*animais*) perros *mpl* 2. *inf* (*canalhice*) guarrada *f*
cachorro, -a [ka'ʃoxu, -a] *m, f* 1. (*animal*) perro, -a *m, f* 2. (*cafajeste*) canalla *mf;* ~ **sem dono** miserable *m* abandonado 3. *inf* **matar** ~ **a grito** estar con la soga al cuello; **soltar os** ~ **s em cima de alguém** *fig* echarse encima de alguien; **pra** ~ mogollón
cachorro-quente [ka'ʃoxu-'kẽjtʃi] <cachorros-quentes> *m* perrito *m* caliente, pancho *m RíoPl*
cacife [ka'sifi] *m* 1. (*jogo*) apuesta *f* inicial 2. *inf* (*condições*) condiciones *fpl*
cacilda [ka'siwda] *interj gíria* ostras
cacimba [ka'sĩba] *f* (*poço*) pozo *m*
cacique [ka'siki] *m tb. pej* cacique *m*
caco ['kaku] *m* 1. (*de louça*) trozo *m* 2. *inf* (*juízo*) cabeza *f* 3. *inf* (*pessoa*) ruina *f;* **ele está um** ~ está hecho una ruina 4. *gíria* TEAT improvisación *f*
caçoada [kasu'ada] *f* burla *f*
caçoar [kasu'ar] <*1. pess pres:* caçoo> *vi* burlarse; ~ **de alguém** burlarse de alguien
cações [ka'sõjs] *m pl de* **cação**

cacofonia [kakofo'nia] *f* cacofonía *f*
cacto ['kaktu] *m* cactus *m inv*
caçula [ka'sula] *mf* (*irmão, filho*) benjamín, -ina *m, f*
cada ['kada] *pron indef* cada; **~ qual** cada cual; **~ um** cada uno; **~ vez** cada vez; **~ 10 reais** = **um** 100 reales cada uno; **a ~ dois dias** cada dos días; **~ vez mais** cada vez más; **um de ~ vez** uno cada vez, uno a uno; **~ uma!** *inf* ¡cada cosa!
cadafalso [kada'fawsu] *m* cadalso *m*
cadarço [ka'darsu] *m* cordón *m*
cadastrado, -a [kadas'tradu, -a] *adj* inscrito, -a
cadastramento [kadastra'mẽjtu] *m* inscripción *f*
cadastrar [kadas'trar] *vt* registrar
cadastro [ka'dastru] *m* 1. (*de imóveis*) catastro *m* 2. (*de pessoas*) censo *m;* **~ de pessoas físicas** ≈ número *m* de identificación fiscal 3. (*lista*) lista *f*
cadáver [ka'daver] *m* cadáver *m*
cadavérico, -a [kada'vɛriku, -a] *adj* cadavérico, -a
cadê [ka'de] *adv* = **que é de ~?** *inf* ¿dónde está?
cadeado [kaʤi'adu] *m* candado *m;* **~ de segredo** candado de combinación
cadeia [ka'deja] *f* 1. (*corrente*) cadena *f;* **reação em ~** reacción en cadena 2. (*prisão*) cárcel *f* 3. GEO **~ de montanhas** cadena *f* montañosa, cordillera *f* 4. RÁDIO, TV cadena *f;* **~ nacional** cadena nacional
cadeira [ka'dejra] *f* 1. (*móvel*) silla *f;* **~ de balanço** mecedora *f;* **~ de braços** butaca *f;* **~ giratória** silla giratoria; **~ elétrica** silla eléctrica; **~ de palha** silla de paja; **~ de rodas** silla de ruedas; **falar** [*ou* **dizer**] **de ~** hablar con conocimiento de causa 2. (*em espetáculo*) asiento *m;* **~ cativa** asiento reservado 3. (*da universidade*) cátedra *f* 4. *pl* ANAT caderas *fpl*
cadeirão <-ões> [kadej'rɐ̃w, -'õjs] *m* (*de bebê*) silla *f* alta
cadela [ka'dɛla] *f* 1. ZOOL perra *f* 2. *pej* (*mulher*) perra *f*, ramera *f*
cadência [ka'dẽjsja] *f* 1. (*ritmo, movimiento compassado*) cadencia *f* 2. (*vocação*) talento *m*
cadenciado, -a [kadẽjsi'adu, -a] *adj* cadencioso, -a
cadente [ka'dẽjtʃi] *adj* que cae; (*estrela*) fugaz

caderneta [kader'neta] *f* 1. (*bloco, caderno*) libreta *f* 2. (*registro bancário*) libreta *f;* **~ de poupança** libreta de ahorros
caderno [ka'dɛrnu] *m* cuaderno *m;* **~ de encargos** ECON cuaderno de obra; **~ de espiral** cuaderno de espiral; **~ de livro/jornal** suplemento de libro/periódico; **~ de notas** cuaderno de notas
cadete [ka'detʃi] *m* MIL cadete *m*
cádmio ['kaʤimiw] *sem pl* QUÍM cadmio *m*
caducar [kadu'kar] <c→qu> *vi* caducar
caducidade [kadusi'daʤi] *f* caducidad *f*
caduco, -a [ka'duku, -a] *adj* 1. (*pessoa, lei*) caduco, -a 2. BOT (*árvore*) de hoja caduca; (*folha*) caduco, -a
caduquice [kadu'kisi] *f* caducidad *f*
cães ['kɐ̃js] *m pl de* **cão**
cafajeste [kafa'ʒɛstʃi] *m* canalla *m*
café [ka'fɛ] *m* 1. (*produto, bebida, local*) café *m;* **~ em grão** café en grano; **~ instantâneo** café instantáneo; **~ com leite** café con leche; **~ da manhã** desayuno *m;* **~ pingado** café cortado; **~ preto** café solo; **~ solúvel** café soluble 2. *inf* (*gorjeta*) propina *f*

Cultura Café com leite (más leche que café, y la leche siempre caliente) es la bebida tradicional del desayuno brasileño.

café-concerto [ka'fɛ-kõw'sertu] <cafés-concerto> *m* café-concierto *m*
cafeeiro [kafe'ejru] *m* BOT cafeto *m*
cafeicultor(a) [kafejkuw'tor(a)] *m(f)* cafetalero, -a *m, f*
cafeína [kafe'ina] *f sem pl* cafeína *f;* **sem ~** sin cafeína
cafetão [kafe'tɐ̃w] *m gíria* chulo *m*, macarra *m*
cafeteira [kafe'tejra] *f* cafetera *f*
cafetina [kafe'tʃina] *f gíria* madame *f*
cafezal <-ais> [kafe'zaw, -'ajs] *m* cafetal *m*
cafezinho [kafɛ'zĩɲu] *m* (tacita *f* de) café *m;* **tomar um ~** tomar un café

Cultura El **cafezinho** se bebe en tazas pequeñas, y a veces ya viene con azúcar. Se toma después de las comidas y también en varios momentos del día, como en descansos, viajes, reuniones, etc.

cafona [ka'fona] *adj inf* hortera
cafonice [kafo'nisi] *f inf* horterada *f*
cafua [ka'fua] *f* 1.(*cova*) caverna *f* 2.(*habitação*) cuartucho *m*
cafundó [kafũw'dɔ] *m* fin *m* del mundo; **nos ~s** *inf* en el quinto pino
cafuné [kafu'nɛ] *m* caricia *f* en la cabeza
cagaço [ka'gasu] *m chulo* acojone *m*
cagada [ka'gada] *f chulo* cagada *f*; **fazer uma ~** hacer una cagada; **levar uma ~** ganarse una bronca
cágado ['kagadu] *m* tortuga *de agua dulce que vive en terrenos pantanosos*
caganeira [kagã'nejra] *f chulo* 1.(*diarreia*) cagalera *f* 2.(*grande medo*) canguelo *m*
cagão, -ona <-ões> [ka'gãw, -'ona, -'õjs] *m, f chulo* cagado, -a *m, f*
cagar [ka'gar] <g→gu> *chulo* I.*vi* cagar II.*vt* cagar; **~ e andar** pasarse por la entrepierna III.*vr:* **~-se** cagarse; (*sair-se mal*) cagarla
cagões [ka'gõjs] *m pl de* **cagão**
cagona [ka'gona] *f v.* **cagão**
caiapó [kaja'pɔ] *m indio de la tribu caiapó*
caiaque [kaj'aki] *m* kayak *m*
cãibra ['kãjbra] *f* calambre *m*
caída [ka'ida] *f* 1.(*ação de cair, declínio*) caída *f*; **~ de barreira** deslizamiento *m* de tierras; **~ de cabelo** caída del pelo; **a ~ do Muro de Berlim** la caída del Muro de Berlín; **sofrer uma ~** sufrir una caída; **ser duro na ~** ser duro de pelar 2.(*inclinação*) inclinación *f*; **ele tem ~ para política** tiene una inclinación por la política; **ela tem uma ~ por você** tiene una debilidad por ti 3.(*de energia*) corte *m*
caído, -a [ka'idu, -a] *adj* 1.(*pendurado*) caído, -a 2.(*abatido*) decaído, -a 3.*inf* (*apaixonado*) enamorado, -a; **estar ~ por alguém** estar colado por alguien
câimbra ['kãjbra] *f* calambre *m*
caipira [kaj'pira] *mf tb. fig* pueblerino, -a *m, f*
caipirinha [kajpi'riɲa] *f* caipiriña *f*

> Cultura La **caipirinha** es una bebida preparada con rodajas de lima machacadas y batidas junto con azúcar, hielo y **cachaça**. En los últimos tiempos han aparecido nuevas recetas de **caipirinha**: maracuyá con **cachaça**, **caipirinha** de bayas, etc. La variedad más famosa de la **caipirinha** tradicional es la **caipirosca**, preparada con vodka.

cair [ka'ir] *conj como* **sair** I. *vi* 1.(*avião*) caer 2.(*cabelo, folhas, botão*) caerse 3.(*pessoa*) caerse; **~ fora** *inf* largarse; **~ de maduro** caerse solito; **~ morto** caer muerto; **~ de podre** irse al garete; **~ de sono/cansaço** caerse de sueño/cansancio; **~ para trás** *fig* caerse del susto 4.(*nível, preços*) caer 5.(*telhado*) caerse 6.(*raio*) caer; **ao ~ da tarde/da noite** al caer la tarde/la noche 7.(*ligação telefônica*) interrumpirse; (*sistema*) caerse 8.(*ser afastado do cargo*) caer 9.(*deixar-se enganar*) caer; **ela caiu na conversa dele** se dejó seducir por él II. *vt* 1.(*ceder, incorrer*) **~ na armadilha** caer en la trampa; **~ num erro** incurrir en un error; **~ na farra** ir de juerga; **~ na miséria** caer en la miseria; **~ no ridículo** hacer el ridículo; **~ em si** volver en sí 2.(*condizer*) **esse vestido lhe cai bem** ese vestido le sienta bien; **~ mal** sentar mal 3.(*ocorrer*) **este ano o carnaval caiu em março** este año el carnaval cayó en marzo
cais ['kajs] *m inv* muelle *m*
caixa¹ ['kajʃa] *f* 1.(*recipiente*) caja *f*; **~ acústica** caja acústica; **~ do correio** buzón *m*; **~ de ferramentas** caja de herramientas; **~ de música** caja de música; **~ postal** apartado *m* de correos; **~ de som** caja acústica 2.(*numa loja*) caja *f*; **~ registradora** caja registradora 3.FIN caja *f*; **Caixa Econômica** caja postal de ahorros pública brasileña 4.TÉC **~ de câmbio** caja *f* de cambios 5.INFOR buzón *m*; **~ de entrada** buzón de entrada; **~ de mensagens** buzón de mensajes; **~ de saída** buzón de salida
caixa² ['kajʃa] *m* ECON cajero *m*; (*livro*) libro *m* de caja; **~ eletrônico** cajero automático
caixa³ ['kajʃa] *mf* cajero, -a *m, f*
caixa-d'água ['kajʃa-'dagwa] <caixas-d'água> *f* depósito *m* de agua

caixa-forte ['kajʃa-'fɔrtʃi] <caixas--fortes> f caja f fuerte
caixão <-ões> [kaj'ʃɜ̃w, -'õjs] m 1. (*caixa grande*) cajón m 2. (*de defunto*) féretro m, ataúd m
caixeiro-viajante [kajʃejru-via'ʒɜ̃ntʃi] <caixeiros-viajantes> m viajante m
caixilho [kaj'ʃiʎu] m (*de quadro, porta, janela*) marco m
caixões [kaj'ʃõjs] m pl de **caixão**
caixote [kaj'ʃɔtʃi] m caja f; (*para transporte*) cajón m, huacal m And, Méx
cajá [ka'ʒa] m *fruto de la cajazeira, árbol tropical de uso medicinal, de color amarillo, aromático y bastante ácido*
cajadada [kaʒa'dada] f bastonazo m
cajado [ka'ʒadu] m 1. (*de pastor*) cayado m 2. (*amparo*) protección f
cajazeira [kaʒa'zejra] f, **cajazeiro** [kaʒa'zejru] m *árbol tropical cuyo fruto tiene numerosas propiedades medicinales*
caju [ka'ʒu] m (*fruto*) anacardo m
cajueiro [kaʒu'ejru] m (*árvore*) anacardo m
cal ['kaw] f cal f
calabouço [kala'bowsu] m calabozo m
calada [ka'lada] f (*silêncio*) silencio m; **na ~ da noite** en el silencio de la noche; **pelas ~s** a escondidas
caladão, -ona <-ões> [kala'dɜ̃w, -ona, -õjs] m, f persona f muy callada
calado, -a [ka'ladu, -a] adj callado, -a; (*discreto*) reservado, -a; **ficar ~** estar callado; **entrar mudo e sair ~** no decir ni pío
caladões [kala'dõjs] m pl de **caladão**
caladona [kala'dona] f v. **caladão**
calafetar [kalafe'tar] vt tapar
calafrio [kala'friw] m tb. MED escalofrío m; **tenho ~s** tengo escalofríos
calamidade [kalami'dadʒi] f calamidad f; **sua educação é uma ~** su educación es una calamidad
calamitoso, -a [kalami'tozu, -ɔza] adj calamitoso, -a
cálamo ['kalɜmu] m cálamo m
calar [ka'lar] I. vt (*fato*) callar; (*pessoa*) hacer callar a; **cala a boca!** *inf* ¡cierra el pico! II. vi callar; **quem cala consente** quien calla otorga III. vr: **~-se** callarse
calça ['kawsa] f v. **calças**
calçada [kaw'sada] f acera f, banqueta f Méx, vereda f RíoPl
calçadão <-ões> [kawsa'dɜ̃w, -'õjs] m paseo m; **~ da praia** paseo marítimo

calçadeira [kawsa'dejra] f calzador m
calçado [kaw'sadu] m calzado m; **~ de corrida** zapatillas fpl de deporte
calcanhar [kawkɜ'ɲar] <-es> m talón m; **~ de Aquiles** talón de Aquiles; **ir** [*ou* **estar**] **nos ~es de alguém** pisar los talones a alguien
calção <-ões> [kaw'sɜ̃w, -'õjs] m pantalón m corto; **~ de banho** traje m de baño
calcar [kaw'kar] <c→qu> vt 1. (*pisar*) pisar 2. (*apertar*) apretar, estrujar 3. (*oprimir*) oprimir, humillar 4. (*desprezar*) despreciar 5. (*decalcar*) calcar
calçar [kaw'sar] <ç→c> I. vt 1. (*luvas, meias*) ponerse; (*sapatos*) calzarse 2. (*rua*) pavimentar 3. (*colocar calço*) calzar 4. FUT cazar II. vr ~**-se** calzarse
calcário [kaw'kariw] m piedra f calcárea
calcário, -a [kaw'kariw, -a] adj calcáreo, -a
calças ['kawsas] fpl pantalones mpl; **~ compridas** pantalones largos; **~ curtas** pantalones cortos; **~ jeans** pantalones vaqueros; **pegar alguém de ~ curtas** pillar a alguien desprevenido
calcificação <-ões> [kawsifika'sɜ̃w, -'õjs] f MED calcificación f
calcificar [kawsifi'kar] <c→qu> vi calcificarse
calcinação <-ões> [kawsina'sɜ̃w, -'õjs] f QUÍM calcinación f
calcinar [kawsi'nar] vt calcinar
calcinha [kaw'sĩɲa] f braga f, bombacha f RíoPl, calzón m AmS, Guat, Méx
cálcio ['kawsiw] m sem pl calcio m
calço ['kawsu] m calzo m; FUT zancadilla f
calções [kaw'sõjs] m pl de **calção**
calcografia [kawkogra'fia] f calcografía m
calculadamente [kawkulada'mẽjtʃi] adv calculadamente
calculadora [kawkula'dora] f calculadora f; **~ de bolso** calculadora de bolsillo
calcular [kawku'lar] I. vt calcular; **calculo que sim** calculo que sí II. vi calcular
calculável <-eis> [kawku'lavew, -ejs] adj calculable
calculista [kawku'ʎista] adj pej calculador(a)
cálculo ['kawkulu] m 1. MAT cálculo m; **~ de cabeça** cálculo mental; **~ dife-**

calda 82 **câmara**

rencial cálculo diferencial; ~ **integral** cálculo integral **2.** MED cálculo *m;* ~ **renal** cálculo renal

calda ['kawda] *f* **1.** (*xarope*) almíbar *m* **2.** (*do ferro*) punto *m* de fusión

caldas ['kawdas] *fpl* aguas *fpl* termales

caldear [kawde'ar] *conj como passear vt* **1.** (*ligar metais*) amalgamar **2.** (*cal*) ligar **3.** (*tornar rubro*) poner al rojo

caldeira [kaw'dejra] *f tb.* GEO caldera *f*

caldeirão <-ões> [kawdej'rɜ̃w, -'õjs] *m* **1.** caldero *m* **2.** *fig* (*político, social*) caldo *m* de cultivo; (*efervescência*) ebullición *f* **3.** MÚS calderón *m*

caldo ['kawdu] *m* GASTR caldo *m;* ~ **de cana-de-açúcar** jugo *m* de caña de azúcar; ~ **verde** sopa hecha con patatas y col verde; **entornar o** ~ *inf* fastidiarlo todo; **dar/levar um** ~ *inf* hacer/recibir una aguadilla

calefação <-ões> [kalefa'sɜ̃w, -'õjs] *f* calefacción *f*

caleidoscópio [kalejdos'kɔpiw] *m v.* **calidoscópio**

calejado, -a [kale'ʒadu, -a] *adj* **1.** (*mãos, pés*) calloso, -a **2.** (*coração, alma*) encallecido, -a **3.** (*profissional: experimentado*) curtido, -a

calendário [kalẽj'dariw] *m* calendario *m*

calha ['kaʎa] *f* (*para escoamento*) canalón *m*

calhamaço [kaʎa'masu] *m inf* tocho *m*

calhambeque [kaʎɜ̃ŋ'bɛki] *m* cafetera *f*

calhar [ka'ʎar] *vi impess* suceder; **vir** (**mesmo** [*ou* **bem**]) **a** ~ ser oportuno; ~ **bem** sentar bien; **quando** ~ cuando sea

calibração <-ões> [kaʎibra'sɜ̃w] *f,* **calibragem** [kaʎi'braʒẽj] <-ens> *f* calibración *f*

calibrar [kaʎi'brar] *vt* calibrar

calibre [ka'ʎibri] *m tb. fig* calibre *m*

cálice ['kaʎisi] *m* **1.** (*copo*) copa *f* **2.** REL, BOT cáliz *m*

calidez [kaʎi'des] *f* calidez *f*

cálido, -a ['kaʎidu, -a] *adj* **1.** (*quente, apaixonado*) cálido, -a **2.** (*astuto*) sagaz

calidoscópio [kaʎidos'kɔpiw] *m* caleidoscopio *m*

caligrafia [kaʎigra'fia] *f* caligrafía *f*

calista [ka'ʎista] *mf* callista *mf*

calma ['kawma] *f sem pl tb.* NÁUT calma *f;* **manter a** ~ mantener la calma; **perder a** ~ perder la calma; **vá/vai com** ~! ¡tómatelo/tómeselo con calma!; ~! ¡calma!

calmante [kaw'mɜ̃ŋtʃi] **I.** *m* MED calmante *m* **II.** *adj* calmante

calmaria [kawma'ria] *f sem pl* **1.** (*no mar*) calma *f* **2.** (*calor*) bochorno *m*

calmo, -a ['kawmu, -a] *adj* (*sossegado, descontraído*) tranquilo, -a

calo ['kalu] *m* **1.** (*na pele*) callo *m;* **criar** ~ *fig* habituarse; **pisar nos** ~**s de alguém** tocar el punto débil de alguien **2.** MED callo *m*

calombo [ka'lõwbu] *m* bulto *m*

calor [ka'lor] *m* calor *m;* ~ **humano** calor humano; ~ **sufocante** calor sofocante; **está** ~ hace calor; **estou com** ~ tengo calor

caloria [kalo'ria] *f* caloría *f*

caloroso, -a [kalo'rozu, -'ɔza] *adj* caluroso, -a

calosidade [kalozi'dadʒi] *f* callo *m*

calota [ka'lɔta] *f* (*roda*) tapacubos *m inv;* ~ **polar** casquete *m* polar

calote [ka'lɔtʃi] *m inf* **levar/dar um** ~ no recibir/no pagar una deuda

caloteiro [kalo'tejru, -a] *m, f* moroso, -a *m, f*

calouro, -a [ka'lowru, -a] *m, f* novato, -a *m, f;* (*artista amador*) aficionado, -a *m, f*

calúnia [ka'lunia] *f* calumnia *f*

caluniar [kaluni'ar] *vt* calumniar

calunioso, -a [kaluni'ozu, -'ɔza] *adj* calumnioso, -a

calvário [kaw'variw] *m tb. fig* calvario *m*

calvície [kaw'visi] *f* calvicie *f*

calvo, -a ['kawvu, -a] *adj* calvo, -a; **ser** ~ ser calvo

cama ['kɜ̃ma] *f* cama *f;* ~ **de casal** cama de matrimonio; ~ **elástica** cama elástica; ~ **de solteiro** cama de soltero; **cair da** ~ *fig* fracasar; **cair de** ~ caer enfermo; **cair na** ~ entrar en la cama; **estar de** ~ estar en cama; **fazer a** ~ hacer la cama; **fazer a** ~ **de alguém** *fig* ponerle la zancadilla a alguien; **fazer a** ~ **para alguém** *inf* hacer el trabajo de alguien; **ir para a** ~ **com alguém** *inf* acostarse con alguien

camada [kɜ̃'mada] *f* capa *f;* ~ **de ozônio** capa de ozono; ~**s sociais** capas sociales

camaleão, -oa <-ões> [kɜ̃male'ɜ̃w, -'oa -'õjs] *m, f tb. fig* camaleón *m*

câmara ['kɜ̃mara] *f* **1.** (*quarto, instituição*) cámara *f;* ~ **acústica** cámara acústica; ~ **do comércio** cámara de comercio; ~ **dos Deputados** cámara de los diputados; ~ **escura** cámara oscura; ~ **frigorífica** cámara frigorífica; ~ **municipal** ayuntamiento *m* **2.** FOTO cámara *f*; ~ **digital** cámara digital; ~ **fotográfica** cámara fotográfica; ~ **de televisão** cámara de televisión; ~ **de vídeo** cámara de vídeo **3.** (*de uma casa*) habitación *f*

câmara-ardente ['kɜ̃mara-ar'dẽjtʃi] <câmaras-ardentes> *f* capilla *f* ardiente

camarada [kɜ̃ma'rada] **I.** *mf* camarada *mf*; *inf* colega *mf*; (*de militância política*) camarada *mf* **II.** *adj* (*preço, acordo, tempo*) favorable

camaradagem [kɜ̃mara'daʒẽj] <-ens> *f* camaradería *f*

câmara-de-ar [kɜ̃mara-dʒi'ar] <câmaras-de-ar> *f* cámara *f* de aire

camarão <-ões> [kɜ̃ma'rɜ̃w, -'õjs] ZOOL gamba *f*; *inf* (*pessoa*) cangrejo *m*

camarim [kɜ̃ma'rĩj] <-ins> *m* camarín *f*; (*teatro*) camerino *m*

camarões [kɜ̃ma'rõjs] *m pl de* **camarão**

camarote [kɜ̃ma'rɔtʃi] *m* **1.** TEAT palco *m* **2.** NÁUT camarote *m*

cambada [kɜ̃'bada] *f inf* **1.** (*quantidade*) montón *m* **2.** (*pessoas*) chusma *f*

cambalacho [kɜ̃ba'laʃu] *m pej* trapicheo *m*

cambalear [kɜ̃baʎi'ar] *conj como passear vi* tambalearse

cambalhota [kɜ̃ba'ʎɔta] *f* voltereta *f*; **dar uma** ~ dar una voltereta

cambial <-ais> [kɜ̃bi'aw, -'ajs] *adj* ECON (*taxa, política, títulos*) de cambio

cambiar [kɜ̃bi'ar] *vt* (*dinheiro*) cambiar; ~ **euros por pesos** cambiar euros en pesos

câmbio ['kɜ̃biw] *m tb.* ECON cambio *m*

cambraia [kɜ̃'braja] *f* cambray *m*

camélia [ka'mɛʎja] *f* camelia *f*

camelo [kɜ̃'melu] *m* camello *m*

camelô [kɜ̃me'lo] *mf* vendedor(a) *m(f)* ambulante

> Cultura Un **camelô** es un vendedor ambulante de diversos artículos, como bisutería, CDs, perfumes, relojes o ropas, que se instala provisionalmente en la calle o en la acera, casi siempre sin permiso legal.

camicase [kɜmi'kazi] *m* kamikaze *m*

caminhada [kɜmĩ'ɲada] *f* paseo *m*

caminhão <-ões> [kɜmĩ'ɲɜ̃w, -'õjs] *m* **1.** AUTO camión *m*; ~ **basculante** camión articulado; ~ **de lixo** camión de la basura **2.** (*grande quantidade*) **um** ~ **de dinheiro** un montonazo de dinero

caminhão-tanque <caminhões-tanque(s)> [kɜmĩ'ɲɜ̃w-'tɜ̃ŋki, -'õjs] *m* camión *m* cisterna

caminhar [kɜmĩ'ɲar] *vi* caminar

caminho [kɜ'mĩɲu] *m* **1.** (*via, distância*) camino *m*; **abrir** ~ abrir camino; **andar por maus** ~**s** ir por mal camino; **cortar** ~ atajar; **estar a** ~ estar en camino; **estar no bom** ~ ir por el buen camino; **pelo** [*ou* **no**] ~ en el camino; **ficar pelo** ~ quedarse en el camino; (**já**) **é meio** ~ **andado** ya tenemos medio camino andado; **todos os** ~**s levam a Roma** *prov* todos los caminos llevan a Roma *prov* **2.** (*modo*) **um** ~ **para combater a fome** una forma de combatir el hambre

caminhões [kɜmĩ'ɲõjs] *m pl de* **caminhão**

caminhoneiro, -a [kɜmĩɲo'nejru, -a] *m, f* camionero, -a *m, f*

caminhonete [kɜmĩɲo'nɛtʃi] *f* **1.** (*de passageiros*) microbús *m* **2.** (*de carga*) camioneta *f*

camisa [kɜ'miza] *f* camisa *f*; **suar a** ~ sudar la camisa; **vestir a** ~ *fig* adherirse

camisa de força [kɜ'miza dʒi 'fɔrsa] <camisas de força> *f* camisa *f* de fuerza

camisa de vênus [kɜ'miza dʒi 'venus] <camisas de vênus> *f inf* condón *m*

camiseta [kɜmi'zeta] *f* camiseta *f*, playera *f Guat, Méx*

camisinha [kɜmi'ziɲa] *f inf* condón *m*

camisola [kɜmi'zɔla] *f* camisón *m*

camomila [kɜmo'mila] *f sem pl* manzanilla *f*; **flor de** ~ flor *f* de la manzanilla; **chá de** ~ (infusión *f* de) manzanilla *f*

campainha [kɜ̃pɜ'iɲa] *f* **1.** (*de casa*) timbre *m*; **tocar a** ~ tocar el timbre **2.** (*sino*) campanilla *f* **3.** BOT campanilla *f*

campal <-ais> [kɜ̃'paw, -'ajs] *adj* campal

campana [kɜ̃'pɜ̃na] *f* campana *f*

campanário [kɜ̃pɜ̃'riw] *m* campanario *m*

campanha [kɐ̃ɲ'paɲa] f tb. MIL, ESPORT campaña f; ~ **eleitoral** campaña electoral; ~ **publicitária** campaña publicitaria

campânula [kɐ̃ɲ'pɐ̃nula] f (cobertura) campana f

campeão, campeã <-ões> [kɐ̃ɲpi'ɐ̃w, -'ɐ̃, -'õjs] m, f ESPORT campeón, -ona m, f; ~ **mundial** campeón mundial

campeonato [kɐ̃ɲpjo'natu] m campeonato m; ~ **mundial** campeonato mundial

campestre [kɐ̃ɲ'pɛstri] adj campestre

campi ['kɐ̃ɲpi] m pl de **campus**

campina [kɐ̃ɲ'pina] f campiña f

Campinas [kɐ̃ɲ'pinas] Campinas

camping [kɐ̃ɲ'pĩŋ] m camping m; **fazer** ~ ir de camping

campista [kɐ̃ɲ'pista] mf campista mf

campo ['kɐ̃ɲpu] m 1. (terreno) campo m; ~ **de batalha** campo de batalha; **andar em ~ minado** andar por un campo minado; **ter o ~ livre** tener el campo libre 2. (de trabalho) campo m; ~ **de ação** ámbito m; **abrir ~ a a. c.** fig abrir campo a algo 3. (aldeia) campo m; **no ~** en el campo; **para o ~** hacia el campo 4. ESPORT campo m; ~ **de futebol** campo de fútbol; ~ **de golfe** campo de golf; **entrar em ~** entrar en el campo 5. (acampamento) campo m; ~ **de concentração** campo de concentración; ~ **de refugiados** campo de refugiados 6. INFOR campo m

Campo Grande ['kɐ̃ɲpu 'grɐ̃ŋdʒi] m Campo Grande

camponês, -esa [kɐ̃ɲpo'nes, -eza] <-eses> m, f campesino, -a m, f

campônio [kɐ̃ɲ'poniw] m pej pueblerino m

campus <inv ou campi> ['kɐ̃ɲpus, 'kɐ̃ɲpi] m campus m inv

camuflagem [kɐ̃mu'flaʒẽj] <-ens> f camuflaje m

camuflar [kɐ̃mu'flar] vt tb. fig camuflar

camundongo [kɐ̃mũw'dõwgu] m ratón m

camurça [kɐ̃'mursa] f tb. ZOOL gamuza f

cana¹ ['kɐ̃na] f 1. BOT caña f 2. inf (cadeia) chirona f; **ir** [ou **entrar**] **em ~** ser enchironado 3. (situação difícil) **nós aqui nesta ~ dura** aquí estamos en este apuro

cana² ['kɐ̃na] m inf (policial) poli m

Canadá [kɐ̃na'da] m Canadá m

cana-da-índia ['kɐ̃na-da-'ĩjdʒia] <canas-da-índia> f caña f de la India

cana-de-açúcar ['kɐ̃na-dʒi-a'sukar] <canas-de-açúcar> f caña f de azúcar

canadense [kɐ̃na'dẽjsi] adj, mf canadiense mf

canal <-ais> [kɐ̃'naw, -'ajs] m ARQUIT, ANAT, GEO, TV canal m; ~ **de comunicações** canal de comunicaciones; **Canal da Mancha** Canal de la Mancha

canalha [kɐ̃'naʎa] I. mf (patife) canalla mf II. f pej (gente) canalla f

canalização <-ões> [kɐ̃naʎiza'sɐ̃w, -'õjs] f canalización f

canalizar [kɐ̃naʎi'zar] vt (abrir canais, encaminhar) canalizar

canapé [kɐ̃na'pɛ] m GASTR canapé m

canário [kɐ̃'nariw] m canario m

canastra [kɐ̃'nastra] f (tb. cartas) canasta f

canastrão <-ões> [kanas'trɐ̃w, -'õjs] m (ator) mal actor m

canavial <-ais> [kɐnavi'aw, -'ajs] m cañaveral m

canção <-ões> [kɐ̃'sɐ̃w, -'õjs] f canción f; ~ **de ninar** canción de cuna; ~ **popular** canción popular

cancela [kɐ̃'sɛla] f 1. (de sítio) reja f 2. (trilhos, trânsito) barrera f

cancelamento [kɐ̃sela'mẽjtu] f (encomenda, matrícula, conta) cancelación f

cancelar [kɐ̃se'lar] vt (encomenda, matrícula, conta) cancelar

câncer ['kɐ̃ser] m MED cáncer m; ~ **de próstata** cáncer de próstata; ~ **de pulmão** cáncer de pulmón; ~ **no seio** [ou **de mama**] cáncer de mama

Câncer ['kɐ̃ser] m Cáncer m; **ser (de)** ~ ser Cáncer

canceriano, -a [kɐ̃seri'anu, -a] adj, m, f Cáncer mf inv; **ser** ~ ser Cáncer

cancerígeno, -a [kɐ̃se'riʒenu, -a] adj cancerígeno, -a

canceroso, -a [kɐ̃se'rozu, -a] adj canceroso, -a

cancha ['kɐ̃ɲʃa] f 1. (terreno para a prática de esportes) pista f, cancha f; **abrir ~** abrir paso 2. (experiência) experiencia f

canções [kɐ̃'sõjs] f pl de **canção**

candeeiro [kɐ̃dʒe'ejru] m quinqué m

candeia [kɐ̃'deja] f candil m

candelabro [kɐ̃de'labru] m (na mesa) candelabro m; (no teto) araña f

candelária [kɐ̃de'laria] m 1. REL Candelaria f 2. BOT candelaria f

candente [kɐ̃'dẽjtʃi] *adj* candente
candidatar [kɐ̃dʒida'tar] I. *vt* presentar como candidato a II. *vr* ~-**se a a. c.** presentarse como candidato a algo
candidato, -a [kɐ̃dʒi'datu, -a] *m, f* candidato, -a *m, f*
candidato-laranja [kɐ̃dʒi'datu-la'rɐ̃ʒa] <candidatos-laranja> *m* POL candidato *m* fantasma [*o* naranja *AmL*]
candidatura [kɐ̃dʒida'tura] *f* candidatura *f*
cândido, -a ['kɐ̃dʒidu, -a] *adj* 1.(*alvo*) inmaculado, -a 2.(*puro, ingênuo*) cándido, -a
candomblé [kɐ̃dõw'blɛ] *m* REL candomblé *m* (*religión de origen africano*)

Cultura El **candomblé** es una religión animista, originaria de las actuales Nigeria y Benín, y traída a Brasil a principios del siglo XIX por esclavos africanos. En ceremonias, que pueden ser tanto públicas como privadas, sus seguidores escenifican la convivencia con las fuerzas de la naturaleza y con fuerzas ancestrales. **Iemanjá** es, en el **candomblé** ortodoxo, la **orixá** (divinidad) de los mares, considerada madre de los otros **orixás**.

candura [kɐ̃'dura] *f sem pl* 1.(*alvura*) blancura *f* 2.(*ingenuidade, inocência*) candidez *f*
caneca [kaˈnɛka] *f* (*de cerveja*) jarra *f*; (*de leite*) taza *f*
caneco [kaˈnɛku] *m* tazón *m*; ESPORT copa *f*
canela [kaˈnɛla] *f* 1. GASTR canela *f* 2. ANAT espinilla *f*
canelado, -a [kaneˈladu, -a] *adj* acanalado, -a
caneleira [kaneˈlejra] *f* ESPORT espinillera *f*
caneta [kaˈneta] *f* pluma *f*; (*esferográfica*) bolígrafo *m*, birome *m RíoPl*
caneta-tinteiro [kaˈneta-tʃĩˈtejru] <canetas-tinteiro(s)> *f* pluma *f* estilográfica, pluma *f* fuente *Méx*
cânfora [ˈkɐ̃fora] *f sem pl* alcanfor *m*
canga [ˈkɐ̃ga] *f* (*saída de praia*) pareo *m*
cangaceiro [kɐ̃gaˈsejru] *m* bandido de comienzo del siglo XX que actuaba en el nordeste de Brasil y siempre iba fuertemente armado
cangalhas [kɐ̃ˈgaʎas] *fpl* (*dos animais*) angarillas *fpl*
canguru [kɐ̃guˈru] *m* canguro *m*
cânhamo [ˈkɐ̃ɲamu] *m sem pl* cáñamo *m*
canhão <-ões> [kɐ̃ˈɲɐ̃w, -ˈõjs] *m* 1. MIL cañón *m* 2.(*da fechadura*) cilindro *m* 3.(*refletor de luz*) cañón *m* 4.(*da bota*) extremo *m* 5. *pej, inf* (*pessoa feia*) coco *m* 6. ESPORT (*chute muito potente*) cañonazo *m*
canhestro, -a [kaˈɲɛstru, -a] *adj* retraído, -a
canhões [kaˈɲõjs] *m pl de* **canhão**
canhoto [kaˈɲotu] *m* (*talão*) matriz *f*
canhoto, -a [kaˈɲotu, -a] I. *m, f* zurdo, -a *m, f* II. *adj* zurdo, -a; (*desajeitado*) descuidado, -a
canibal <-ais> [kaniˈbaw, -ˈajs] *mf* caníbal *mf*
canibalismo [kanibaˈlizmu] *m sem pl* canibalismo *m*
caniço [kaˈnisu] *m* 1.(*cana*) caña *f* de pescar 2. *inf* (*perna*) palillo *m fig*; **magro como um ~** hecho un palillo
canil <-is> [kaˈniw, -ˈis] *m* (*casa*) caseta *f*; (*instituição*) perrera *f*
canino [kaˈninu] *m* (*dente*) canino *m*
canino, -a [kaˈninu, -a] *adj* canino, -a; **fome canina** hambre canina
canis [kaˈnis] *m pl de* **canil**
canivete [kaniˈvɛtʃi] *m* navaja *f*; ~ **suíço** navaja multiusos; **mesmo que chova ~** aunque llueva a cántaros
canja [ˈkɐ̃ʒa] *f* 1. GASTR caldo *m*; ~ **de galinha** caldo de gallina 2. MÚS actuación *f* improvisada; **dar uma ~** realizar una actuación improvisada 3. *inf* **isto é ~!** ¡esto está chupado!
canjica [kɐ̃ˈʒika] *f* GASTR crema con maíz rallado, azúcar y leche de vaca o de coco
cano [ˈkɐ̃nu] *m* 1.(*tubo*) tubería *f*; ~ **de descarga** [*ou* **de esgoto**] tubería de desagüe 2.(*de arma*) cañón *m* 3.(*de bota*) caña *f* 4. *gíria* **dar o ~** dar un plantón; **entrar pelo ~** fastidiarla
canoa [kaˈnoa] *f* canoa *f*; **não embarcar em ~ furada** no meterse en líos; **não ir nessa ~** no dejarse engañar
cânone [ˈkɐ̃noni] *m* canon *m*
canônico, -a [kaˈnoniku, -a] *adj* canónico, -a

canonização <-ões> [kɐ̃noniza'sɐ̃w, -'õjs] *f* REL canonización *f*
canonizar [kɐ̃noni'zar] *vt* REL canonizar
canoro, -a [kɐ̃'nɔru, -a] *adj* cantor(a); **pássaro canoro** pájaro cantor
cansaço [kɐ̃'sasu] *m* cansancio *m*
cansado, -a [kɐ̃'sadu, -a] *adj* cansado, -a; **vista cansada** vista cansada; **estar ~ de alguém/a. c.** estar cansado de alguien/algo
cansar [kɐ̃'sar] **I.** *vt* (*fatigar, enfastiar*) cansar **II.** *vr:* **~-se** cansarse; **~-se de alguém/a. c.** cansarse de alguien/algo; **não me canso de ouvi-lo** no me canso de oirle
cansativo, -a [kɐ̃sa'tʃivu, -a] *adj* (*que da sonho*) cansino, -a; (*chato*) pesado, -a
canseira [kɐ̃'sejra] *f* cansancio *m*
cantada [kɐ̃'tada] *f inf* piropo *m*; **levar uma ~** recibir un piropo; **passar uma ~ em alguém** echar un piropo a alguien
cantão [kɐ̃'tɐ̃w] *m* cantón *m*
cantar [kɐ̃'tar] **I.** *vi* cantar **II.** *vt inf* (*notícia, fato*) cantar; (*pessoa*) camelar
cântaro ['kɐ̃taru] *m* cántaro *m*; **chove a ~s** llueve a cántaros
cantarolar [kɐ̃taro'lar] *vi* canturrear
canteiro [kɐ̃'tejru] *m* (*de flores*) parterre *m*; **~ de obras** solar *m*
cântico ['kɐ̃tʃiku] *m* cántico *m*
cantiga [kɐ̃'tʃiga] *f* (*canção*) cántico *m*; LIT cantiga *f*; **~ de ninar** canción *f* de cuna
cantil <-is> [kɐ̃'tʃiw, -'is] *m* cantimplora *f*
cantina [kɐ̃'tʃina] *f* comedor *m*
cantis [kɐ̃'tʃis] *m pl de* **cantil**
canto ['kɐ̃tu] *m* **1.** (*da sala*) rincón *m*; **dos quatro ~s do mundo** desde todos los rincones de la tierra **2.** (*da mesa*) esquina *f*; **~ arredondado** canto *m* rodado **3.** (*ângulo*) comisura *f*; **~ da boca** comisura de los labios **4.** (*vocal, do galo*) canto *m*; **~ da sereia** canto de sirena **5.** (*morada*) **só quero ficar no meu ~** sólo quiero quedarme en mi casa
cantoneira [kɐ̃to'nejra] *m* **1.** (*armário, prateleira*) rinconera *f* **2.** (*reforço*) escuadra *f*
cantor(a) [kɐ̃'tor(a)] *m(f)* cantante *mf*
cantoria [kɐ̃to'ria] *f* canturreo *m*
canudo [kɐ̃'nudu] *m* **1.** (*tubo*) tubo *m* **2.** (*para beber*) paja *f*, sorbete *m AmL*

cão <cães> ['kɐ̃w, 'kɐ̃js] *m* **1.** perro *m*; **~ que ladra não morde** *prov* perro ladrador, poco mordedor *prov*; **viver como ~ e gato** andar como el perro y el gato **2.** *inf* (*pessoa*) cerdo *m*
caos ['kaws] *m inv* caos *m inv*
caótico, -a [ka'ɔtʃiku, -a] *adj* caótico, -a
capa ['kapa] *f* **1.** (*vestuário*) capa *f*; **~ de chuva** impermeable *m* **2.** (*de livro*) tapa *f*; (*de revista*) portada *f*; **~ dura** tapa dura **3.** (*cobertura*) forro *m*
capacete [kapa'setʃi] *m* casco *m*
capacho [ka'paʃu] *m* **1.** (*tapete*) felpudo *m* **2.** (*pessoa*) pelotillero *m*
capacidade [kapasi'dadʒi] *f sem pl* capacidad *f*; **ter ~ para a. c.** tener talento para algo
capacitar [kapasi'tar] **I.** *vt* **1.** (*tornar capaz*) capacitar; **~ alguém para a. c.** capacitar a alguien para algo **2.** (*persuadir*) convencer **II.** *vr:* **~-se** convencerse; **~-se de a. c.** convencerse de algo
capanga [ka'pɐ̃ga] **I.** *f* (*bolsa*) bandolera *f* **II.** *m* (*pessoa*) matón *m*
capar [ka'par] *vt* (*animal*) capar
capataz [kapa'tas] <-es> *m* capataz *m*
capaz [ka'pas] <-es> *adj* capaz; **ser ~ de a.c.** ser capaz de algo; **ela é ~ de tudo** es capaz de todo; **ser ~** ser probable, ser capaz *AmL*
capela [ka'pɛla] *f* (*igreja, grupo de cantores*) capilla *f*
capelão <-ães> [kape'lɐ̃w, -'ɐ̃js] *m* capellán *m*
capenga [ka'pẽga] **I.** *adj* (*obra, lei, solução*) incompleto, -a; (*pessoa*) cojo, -a **II.** *mf* (*pessoa*) cojo, -a *m, f*
capeta [ka'peta] *m* diablo *m*; (*traquinas*) diablillo *m*
capilar [kapi'lar] <-es> *adj* **1.** (*do cabelo*) capilar **2.** (*fino*) muy fino, -a
capim <-ins> [ka'pĩj] *m* hierba *f*; **vá comer ~!** *inf* ¡vete a paseo!
capitã [kapi'tɐ̃] *f v.* **capitão**
capitães [kapi'tɐ̃js] *m pl de* **capitão**
capital <-ais> [kapi'taw, -'ajs] **I.** *f* (*de um país*) capital *f* **II.** *m* ECON capital *m*; **~ de giro** capital circulante; **~ social** capital social **III.** *adj* capital; **pena ~** pena capital
capitalismo [kapita'ʎizmu] *m sem pl* capitalismo *m*
capitalista [kapita'ʎista] *mf* capitalista *mf*
capitalizar [kapitaʎi'zar] *vt tb.* ECON

capitalizar
capitania [kapita'nia] *f* NAÚT capitanía *f*
capitão, -ã <-ães> [kapi'tɜ̃w, -ɜ̃, -ɜ̃js] *m, f* MIL, ESPORT, NÁUT capitán, -ana *m, f*; **~ do porto** capitán de puerto
capitão-de-mar-e-guerra <capitães-de-mar-e-guerra> [kapi'tɜ̃w-dʒi-mar-i-gɛxa, -'ɜ̃js] *m* en el ejército brasileño, graduación entre el coronel y el coronel aviador
capitel <-éis> [kapi'tɛw, -'ɛjs] *m* ARQUIT capitel *m*
capitulação <-ões> [kapitula'sɜ̃w, -'õjs] *f* capitulación *f*
capitular [kapitu'lar] *vi* capitular
capítulo [ka'pitulu] *m* capítulo *m*
capô [ka'po] *m* capó *m*, cofre *m* Méx
capoeira [kapu'ejra] *f* capoeira *f* (*arte marcial*)

> **Cultura** La **capoeira** es un arte marcial introducido en Brasil por esclavos procedentes de África. El **berimbau** es su instrumento tradicional.

capota [ka'pɔta] *f* (*do carro*) capota *f*
capotar [kapo'tar] *vi* **1.** (*automóvel*) capotar **2.** *gíria* (*pessoa*) quedarse sobado
capote [ka'pɔtʃi] *m tb.* MIL capote *m*
caprichado, -a [kapri'ʃadu, -a] *adj* esmerado, -a, cuidado, -a
caprichar [kapri'ʃar] *vi* **1.** (*ter capricho*) encapricharse **2.** (*esmerar-se*) esmerarse; **~ em a. c.** esmerarse en algo
capricho [ka'priʃu] *m* **1.** (*vontade súbita, inconstância*) capricho *m*; **~ do destino** capricho del destino **2.** (*esmero*) esmero *m*; **no ~** *inf* súper esmerado
caprichoso, -a [kapri'ʃozu, -ɔza] *adj* **1.** (*inconstante, extravagante*) caprichoso, -a **2.** (*esmerado*) cuidadoso, -a
capricorniano, -a [kaprikɔrni'anu, -a] *adj, m, f* Capricornio *m inv*; **ser ~** ser Capricornio
Capricórnio [kapri'kɔrniw] *m* Capricornio *m*; **ser (de) ~** ser Capricornio
cápsula ['kapsula] *f tb.* MED cápsula *f*; **~ espacial** cápsula espacial
captar [kap'tar] *vt* captar
captura [kap'tura] *f* captura *f*
capturar [kaptu'rar] *vt* capturar
capuz [ka'pus] <-es> *m* capucha *f*
caqui [ka'ki] *m* BOT caqui *m*
cáqui ['kaki] **I.** *adj inv* caqui *inv* **II.** *m* (*cor, tecido*) caqui *m*
cara ['kara] **I.** *f* **1.** ANAT cara *f*; **~ a ~** cara a cara; **~ de tacho** *inf* cara larga; **dar as ~s** dar la cara; **dar de ~ com alguém/a. c.** toparse con alguien/algo; **dizer a. c. na ~ de alguém** decir algo a la cara de alguien; **encher a ~** *inf* emborracharse; **estar na ~** ser obvio; **jogar a. c. na ~ de alguém** echar algo en cara a alguien; **meter a ~ em a. c.** volcarse en algo; **quebrar a ~** fracasar; **ser muito ~ de pau** tener mucha cara dura; **(logo) de ~** al principio; **com a ~ e a coragem** sin tener un duro; **é a sua ~** es clavado a él; **ficou com a ~ no chão** se le cayó la cara de vergüenza; **não vou com a ~ dele** no me cae bien; **quem vê ~ não vê coração** *prov* las apariencias engañan **2.** (*expressão*) cara *f*; **estar com** [*ou* **ter**] **~ de poucos amigos** tener cara de pocos amigos; **estar com má ~** tener mala cara; **fazer ~ feia** poner cara de desagrado; **ter ~ de** tener pinta de; **ter duas ~s** tener dos caras **3.** (*da moeda*) cara *f* **II.** *m inf* (*pessoa*) tío *m*
carabina [kara'bina] *f* carabina *f*
caracol <-óis> [kara'kɔw, -'ɔjs] *m* **1.** ZOOL caracol *m* **2.** (*de cabelo*) rizo *m*
caracteres [karak'tɛris] *mpl* TIPO caracteres *mpl*; **~ de imprensa** letra *f* de imprenta
característica [karakte'ristʃika] *f* característica *f*
característico, -a [karakte'ristʃiku, -a] *adj* característico, -a
caracterização <-ões> [karakteriza'sɜ̃w, -'õjs] *f* caracterización *f*
caracterizar [karakteri'zar] *vt* caracterizar
cara de pau ['kara dʒi 'paw] <caras de pau> *mf* caradura *mf*
caraíba [kara'iba] *f* BOT árbol típico de la región brasileña del cerrado
caralho [ka'raʎu] *m* chulo polla *f*; **pra ~!** ¡un huevo!
caramanchão <-ões> [karamɜ̃ŋ'ʃɜ̃w, -'õjs] *m* glorieta *f*
caramba [ka'rɜ̃ba] *interj* (*espanto, desagrado*) caramba
caramelo [kara'mɛlu] *m* (*açúcar, bala*) caramelo *m*
cara-metade ['kara-me'tadʒi] <caras-metades> *f inf* **a minha ~** mi media naranja

caraminguás [karamĩj'gwas] *mpl inf* dinero *m*
caramujo [karɜ'muʒu] *m* caracol *m*
caranguejo [karɜ̃ŋ'geʒu] *m* cangrejo *m*
carapaça [kara'pasa] *f* caparazón *m*
cara-pintada ['kara-pĩj'tada] <caras--pintadas> *mf* POL carapintada *mf*
carapuça [kara'pusa] *f* caperuza *f*; **vestir a** ~ sentirse aludido
caráter [ka'rater] *m* carácter *m*; **um texto de** ~ **religioso** un texto de carácter religioso
caravana [kara'vɜ̃na] *f* (*camping, pessoas*) caravana *f*
caravela [kara'vɛla] *f* carabela *f*
carbonato [karbo'natu] *m* QUÍM carbonato *m*
carboneto [karbo'netu] *m* QUÍM carburo *m*
carbonizado, -a [karboni'zadu, -a] *adj* carbonizado, -a
carbonizar [karboni'zar] *vt* carbonizar
carbono [kar'bonu] *m* carbono *m*
carburador [karbura'dor] <-es> *m* carburador *m*
carcaça [kar'kasa] *f* (*de animal*) esqueleto *m*; (*armação*) estructura *f*
cárcere ['karseri] *m* cárcel *m*; ~ **privado** detención *f* ilegal
carcereiro, -a [karse'rejru, -a] *m, f* carcelero, -a *m, f*
carcinoma [karsi'noma] *m* carcinoma *m*
carcomer [karko'mer] *vt* carcomer
carcomido, -a [karko'midu, -a] *adj* carcomido, -a
cardápio [kar'dapiw] *m* 1. (*lista*) carta *f*, menú *m* 2. (*pratos*) menú *m*
cardeal <-ais> [kardʒj'aw, -'ajs] I. *m* REL cardenal *m* II. *adj* cardinal; **pontos cardeais** puntos cardinales
cardíaco, -a [kar'dʒiaku, -a] *adj, m, f* MED cardíaco, -a *m, f*
cardigã [kardʒi'gɜ̃] *m* cárdigan *m*
cardinal <-ais> [kardʒi'naw, -'ajs] *adj* cardinal; **numeral** ~ MAT número cardinal
cardiologista [kardʒjolo'ʒista] *mf* cardiólogo, -a *m, f*
cardo ['kardu] *m* cardo *m*
cardume [kar'dumi] *m* (*de peixes*) banco *m*
careca [ka'rɛka] I. *f* calva *f* II. *m* (*pessoa*) calvo, -a *m, f* III. *adj* 1. (*pessoa*) calvo, -a; **estar** ~ **de saber** *inf* estar cansado de saber 2. *inf*(*pneu*) desgastado, -a
carecer [kare'ser] <c→ç> *vi* carecer; ~ **de a. c.** carecer de algo; **eles carecem de ajuda** carecen de ayuda
careiro, -a [ka'rejru, -a] *adj* carero, -a
carenagem [kare'naʒẽj] <-ens> *f* (*de moto, avião*) carenado *m*
carência [ka'rẽjsia] *f* carencia *f*; ~ **de a. c.** carencia de algo; **ter/haver** ~ **de a. c.** tener/haber carencia de algo
careta [ka'reta] I. *f* mueca *f*; **fazer** ~**s** hacer muecas II. *adj inf* conservador(a)
carga ['karga] *f* 1. (*carregamento*) carga *f*; ~ **de água** chaparrón *m*; ~ **explosiva** carga explosiva; **por que** ~**s d'água...?** *inf* ¿por qué rayos...? 2. (*fardo*) carga *f* 3. (*responsabilidade, peso*) carga *f*; ~ **horária** carga horaria; **com toda a** ~ con todo el peso; **com** ~ **total** a tope; **voltar à** ~ *inf* volver a la carga; **cuidar dos órfãos é uma** ~ **enorme** cuidar de los huérfanos es una carga enorme 4. ECON ~ **tributária** carga fiscal 5. ELETR, MIL carga *f*
cargo ['kargu] *m* 1. (*função, emprego*) cargo *m*; ~ **de chefia** cargo de dirección; ~ **público** cargo público 2. (*responsabilidade*) cargo *m*; **deixar a. c. a** ~ **de alguém** dejar algo a cargo de alguien; **isso está a** ~ **dele** eso está a cargo de él; **isso fica a meu** ~ eso queda a mi cargo
cargueiro [kar'gejru] *m* NÁUT carguero *m*
cargueiro, -a [kar'gejru, -a] *adj* de carga
cariado, -a [kari'adu, -a] *adj* (*dente*) cariado, -a
cariar [kari'ar] *vi* (*dente*) cariarse
caricato, -a [kari'katu, -a] *adj* caricaturesco, -a
caricatura [karika'tura] *f* caricatura *f*
caricaturar [karikatu'rar] *vt* caricaturizar
carícia [ka'risia] *f* caricia *f*
caridade [kari'dadʒi] *f sem pl* caridad *f*
caridoso, -a [kari'dozu, -'ɔza] *adj* caritativo, -a
cárie ['karij] *f* MED caries *f inv*
carimbar [karĩj'bar] *vt* sellar
carimbo [ka'rĩjbu] *m* sello *m*
carinho [ka'rĩɲu] *m* 1. (*sentimento*) cariño *m*; **ter** ~ **por alguém** sentir cariño por alguien 2. (*ato*) caricia *f*; **fazer um** ~ **em alguém** hacer una caricia a alguien

carinhoso, -a [karĩ'ɲnozu, -'ɔza] *adj* cariñoso, -a; **ser ~ com alguém** ser cariñoso con alguien

carioca [kari'ɔka] **I.** *mf* (*pessoa*) carioca *mf* **II.** *m* (*café*) café *m* americano **III.** *adj* carioca

carisma [ka'rizma] *m* carisma *m*

carismático, -a [kariz'matʃiku, -a] *adj* carismático, -a

carmesim <-ins> [karme'zĩj] *adj, m*, **carmim** [kar'mĩj] *adj inv, m* carmesí *m*

carnal <-ais> [kar'naw, -'ajs] *adj* carnal

carnaval <-ais> [karna'vaw, -'ajs] *m* carnaval *m*; **fazer um ~** *inf* armar alboroto

> **Cultura** Famoso en el mundo entero, el carnaval brasileño tiene su origen en una fiesta popular callejera portuguesa, en la que las personas se tiraban agua, harina, huevos, etc. La fiesta ocurría justo antes de la Cuaresma, periodo del calendario católico reservado para la penitencia. Simbolizaba, por lo tanto, un momento de liberación. Traído a Brasil en el siglo XVII, la fiesta fue influenciada a partir del siglo XIX por los carnavales de Italia y de Francia. Es en este momento cuando las **máscaras**, los disfraces y los personajes como la **colombina**, el **pierrô** y el **Rei Momo** entran en la fiesta brasileña. Surgen también las primeras comparsas y los desfiles de carrozas, cada vez con más fuerza, y llegando a todas las regiones del país. El repertorio musical aumenta año tras año, con nuevos ritmos, como las **marchinhas** de carnaval. En 1928 desfila "Deixa Falar", la primera **escola de samba** de Río de Janeiro. La costumbre de las **escolas de samba** se extiende por otras ciudades, sin que desaparezca la tradición del carnaval en la calle; en Recife y Olinda se destacan los ritmos **frevo** y **maracatu** y en Salvador hay comparsas callejeras y carrozas con música.

carnavalesco [karnava'lesku] *m* persona responsable de la preparación del desfile de carnaval de una escuela de samba

carnavalesco, -a [karnava'lesku, -a] *adj* carnavalesco, -a

carne ['karni] *f* carne *f*; **~ assada** carne asada; **~ defumada** carne ahumada; **~ moída** [*ou* **picada**] carne picada; **~ de porco** carne de cerdo; **~ de vaca** carne de vaca; **~ de minha ~** carne de mi carne; **em ~ e osso** en carne y hueso; **em ~ viva** en carne viva; **ser de ~ e osso** ser de carne y hueso; **sofrer na própria ~** sufrir en la propia carne

carnê [kar'ne] *m* agenda *f*; (*de pagamento*) libreta *f* para la compra a plazos

carneiro [kar'nejru] *m* carnero *m*; **~ assado** carnero asado

carne-seca ['karni-'seka] <carnes--secas> *f* cecina *f*; **estar por cima da ~** ser el amo del cotarro

carniceiro [karni'sejru] *m* **1.** (*de animais*) matarife *m* **2.** *pej* (*cirurgião*) carnicero *m*

carniceiro, -a [karni'sejru, -a] *adj* **1.** (*carnívoro*) carnívoro, -a **2.** (*sanguinário, violento*) sanguinario, -a

carnificina [karnifi'sina] *f* carnicería *f*

carnívoro, -a [kar'nivoru, -a] *adj* carnívoro, -a

carnudo, -a [kar'nudu, -a] *adj* carnoso, -a

caro ['karu] *adv* caro; **vender ~** vender caro; **a falta de planejamento pode sair ~** la falta de planificación puede salir cara

caro, -a ['karu, -a] *adj* **1.** (*no preço*) caro, -a **2.** (*querido*) querido, -a; **~/cara colega** querido/querida colega

carochinha [karɔ'ʃiɲa] *f* **história da ~** cuento *m* de hadas

caroço [ka'rosu] *m* hueso *m*, carozo *m* *RíoPl*

carola [ka'rɔla] *adj, mf* (*pessoa*) beato, -a *m, f*

carolice [karo'ʎisi] *f* beatería *f*

carona [ka'rona] *f inf* **andar de ~** viajar a dedo; **dar ~** llevar; **de ~** (*sem pagar*) de gorra

carótida [ka'rɔtʃida] *f* carótida *f*

carpa ['karpa] *f* zool carpa *f*

carpete [kar'pɛtʃi] *f* moqueta *f*

carpintaria [karpĩjta'ria] *f* carpintería *f*

carpinteiro, -a [karpĩj'tejru, -a] *m, f*

carpintero, -a *m, f*
carpo ['karpu] *m* **1.** ANAT carpo *m* **2.** BOT fruto *m*
carqueja [kar'keʒa] *f* BOT *planta de sabor amargo, utilizada en infusiones por sus propiedades digestivas y para combatir la gripe*
carquilha [kar'kiʎa] *f* arruga *f*
carrada [ka'xada] *f* carretada *f*; **às ~s** a carretadas; **ter ~s de razão** tener toda la razón del mundo
carrancudo, -a [kaxɑ̃ŋ'kudu, -a] *adj (pessoa)* ceñudo, -a
carrapato [kaxa'patu] *m* **1.** ZOOL garrapata *f* **2.** BOT ricino *m* **3.** *(pessoa)* pesado *m*
carrapicho [kaxa'piʃu] *m (no cabelo)* moño *m*, chongo *m* Méx
carrasco [ka'xasku] *m* **1.** *(verdugo)* verdugo *m* **2.** *(pessoa cruel)* tirano *m*
carregado, -a [kaxe'gadu, -a] *adj* **1.** *(automóvel, pessoa, céu)* cargado, -a **2.** *(cor)* intenso, -a **3.** *(sotaque)* fuerte
carregador [kaxega'dor] <-es> *m* ELETR cargador *m*
carregador(a) [kaxega'dor(a)] <-es> *m(f) (de bagagem)* mozo *m* de equipaje, maletero, -a *m, f*
carregamento [kaxega'mẽjtu] *m* **1.** *(carga)* cargamento *m*; **~ de alimentos** cargamento de alimentos **2.** *(embarque)* carga *f* **3.** *(de arma)* carga *f*
carregar [kaxe'gar] <g→gu> *vt* **1.** *(navio, caminhão, mercadoria)* cargar; **~ demais o carro** sobrecargar el coche; **~ a criança no colo** llevar al niño en el brazo **2.** ELETR cargar; **~ a bateria do carro** cargar la batería del coche **3.** INFOR cargar; **~ arquivos** cargar archivos **4.** *(arma, máquina fotográfica)* cargar **5.** *(exagerar)* **~ em** a. c. pasarse en algo; **preparou a comida e carregou na pimenta** preparó la comida y se pasó con el picante **6.** *(suportar; levar)* **parecia ~ o mundo nas costas** parecía como si llevase el mundo a sus espaldas
carreira [ka'xejra] *f* **1.** *(profissão)* carrera *f*; **fazer ~** hacer carrera **2.** ESPORT carrera *f*; **sair de ~** salir a correr **3.** *(fila)* hilera *f*; **em ~** en hilera
carreiro [ka'xejru] *m* atajo *m*; *(de formigas)* fila *f*
carreta [ka'xeta] *f* camión *m* articulado
carreteiro [kaxe'tejru] *m* transportista *m*
carretel <-éis> [kaxe'tɛw, -'ɛjs] *m* carrete *m*
carreto [ka'xetu] *m* transporte *m*; **fazer o ~** transportar
carrinho [ka'xĩɲu] *m* **1.** *(carro)* carrito *m*; **~ de bebê** cochecito *m*; **~ de compras** carro *m* de la compra; **~ de mão** carretilla *f* **2.** FUT **dar um ~** quitar la pelota entrando con los pies por delante
carriola [kaxi'ɔla] *f* carro *m*
carro ['kaxu] *m* coche *m*, carro *m* AmL, auto *m* CSur; **~ alegórico** carroza *f*; **~ de aluguel** coche *m* de alquiler; **~ blindado** coche *m* blindado; **~ de corrida** coche *m* de carreras; **~ de passeio** turismo *m*; **~ usado/de segunda mão** coche usado/de segunda mano

> **Gramática** carro y casi todas las palabras que terminan en -o tienen en portugués género masculino: "o cavalo; o campo; o ovo; o pão."

carro-bomba ['kaxu-'bõwba] <carros--bomba(s)> *m* coche *m* bomba
carroça [ka'xɔsa] *f* carreta *f*; *inf (veículo velho)* cafetera *f fig*; **colocar a ~ na frente dos bois** *fig* poner el carro delante del caballo
carroceiro [kaxo'sejru] *m* carretero *m*; *fig (pessoa grosseira)* grosero *m*
carroceria [kaxose'ria] *f* carrocería *f*; *(parte traseira)* caja *f*
carro-chefe ['kaxu-'ʃɛfi] <carros--chefe> *m fig* buque *m* insignia
carro-forte ['kaxu-'fɔrtʃi] <carros--fortes> *m* furgón *m* blindado
carro-pipa ['kaxu-'pipa] <carros--pipa(s)> *m* camión *m* cisterna
carrossel <-éis> [kaxo'sɛw, -'ɛjs] *m* tiovivo *m*, calesita *f RíoPl*
carruagem [kaxu'aʒẽj] <-ens> *f* carruaje *m*; **pelo andar da ~** tal y como van las cosas
carta ['karta] *f* **1.** *(correspondência)* carta *f*; **~ de apresentação** carta de presentación; **~ de demissão** carta de dimisión; **~ de recomendação** carta de recomendación; **~ registrada** carta certificada; **~ de vinhos** carta de vinos **2.** *(do baralho)* carta *f*; **dar as ~s** dar las cartas; *fig* cortar el bacalao; **dar ~**

cartada

branca a alguém dar carta blanca a alguien; **pôr as ~s na mesa** *fig* poner las cartas encima de la mesa; **ser uma ~ fora do baralho** estar fuera de juego; **ter as ~s na mão** *fig* tener la sartén por el mango **3.** (*mapa*) carta *f* **4.** (*documento oficial*) carta *f;* **~ constitucional** carta magna; **~ de crédito** carta de crédito

cartada [kar'tada] *f* lance *m;* **dar uma ~** jugar una carta; **jogar a última ~** jugar la última carta

cartão <-ões> [kar'tãw, -'õjs] *m* **1.** (*papelão*) cartón *m;* **~ ondulado** cartón ondulado **2.** (*de instituição*) tarjeta *f;* **~ de crédito** tarjeta de crédito; **~ eletrônico** tarjeta electrónica; **~ de ponto** ficha *f;* **~ telefônico** tarjeta telefónica; **~ de visita** tarjeta de visita

cartão-postal <cartões-postais> [kar'tãw-pos'taw, kar'tõjs-pos'tajs] *m* tarjeta *f* postal; **O Rio de Janeiro é o ~ do país** Río de Janeiro es la imagen típica del país

cartaz [kar'tas] <-es> *m* cartel *m*, afiche *m AmL;* **afixar um ~** colocar un cartel; **estar em ~** estar en cartelera; **ter ~** tener cartel

carteira [kar'tejra] *f* **1.** (*para dinheiro*) cartera *f*, billetera *f;* **bater a ~** robar la cartera **2.** (*para cigarros*) cajetilla *f* **3.** (*documento*) carnet *m*, carné *m;* **~ de estudante** carnet *m* de estudiante; **~ de identidade** documento *m* de identidad; **~ de motorista** [*ou* **de habilitação**] carnet *m* de conducir; **~ de reservista** cartera *f* de reservista; **tirar a ~** sacarse el carnet **4.** (*escrivaninha*) pupitre *m* **5.** ECON cartera *f*

carteiro [kar'tejru] *m* cartero *m*

cartel <-éis> [kar'tɛw, -'ɛjs] *m* ECON cartel *m*, cártel *m*

cartilagem [kartʃi'laʒẽj] <-ens> *f* cartílago *m*

cartilha [kar'tʃiʎa] *f* cartilla *f; fig* estilo *m;* **ler** [*ou* **rezar**] **pela mesma ~** comportarse igual

cartões [kar'tõjs] *m pl de* **cartão**

cartografia [kartogra'fia] *f sem pl* cartografía *f*

cartola [kar'tɔla] **I.** *f* (*chapéu*) sombrero *m* de copa **II.** *m pej* ESPORT directivo *m*

cartolina [kartu'ʎina] *f* cartulina *f*

cartomante [karto'mãntʃi] *mf* lector(a) *m(f)* de cartas

cartório [kar'tɔriw] *m* **1.** (*tabelião*) notaría *f* **2.** (*registro civil*) registro *m* civil; **casar no ~** casarse por lo civil; **ter culpa no ~** ser culpable **3.** (*arquivo*) archivo *m*

cartucho [kar'tuʃu] *m* **1.** (*invólucro*) cucurucho *m* **2.** (*de arma, de impressora*) cartucho *m;* **queimar o último ~** *fig* quemar el último cartucho

cartum [kar'tũw] <-uns> *m* tira *f* cómica

cartunista [kartu'nista] *mf* humorista *mf* gráfico

cartuns [kar'tũws] *m pl de* **cartum**

carvalho [kar'vaʎu] *m* roble *m*

carvão <-ões> [kar'vãw, -'õjs] *m* carbón *m;* **~ mineral** carbón mineral; **~ vegetal** carbón vegetal

carvões [kar'võjs] *m pl de* **carvão**

casa ['kaza] *f* **1.** ARQUIT casa *f;* **~ alugada** casa de alquiler; **~ de campo** casa de campo; **~s geminadas** chalets *mpl* pareados; **~ das máquinas** sala *f* de máquinas; **~ popular** casa de protección oficial; **~ própria** casa propia; **arrumar a ~** limpiar la casa; *fig* recomponerse; **em ~** en casa; **estar na ~ de alguém** estar en la casa de alguien; **ir na** [*ou* **à**] **~ de alguém** ir a casa de alguien; **para ~** a casa; **ser de ~** ser de casa; **~ de ferreiro, espeto de pau** *prov* en casa del herrero, cuchara de palo *prov;* **a ~ da mãe joana** [*ou* **da sogra**] *inf* la casa de tócame Roque **2.** (*estabelecimento*) casa *f;* **~ Civil** Ministerio de la Presidencia; **~ de câmbio** casa de cambio; **~ de detenção** centro *m* de detención; **~ de espetáculos** casa de espectáculos; **Casa da Moeda** Casa de la Moneda; **~ noturna** discoteca *f;* **~ de penhores** casa de empeño; **~ de saúde** centro *m* de salud; **santa ~** *institución benéfica dedicada a la asistencia sanitaria* **3.** (*do botão*) ojal *m* **4.** (*xadrez*) casilla *f* **5.** MAT **~ decimal** decimal *m;* **ele está na ~ dos 20** tiene una veintena de años

casaca [ka'zaka] *f* casaca *f;* **virar a ~** *fig* cambiar de chaqueta

casacão <-ões> [kaza'kãw, -'õjs] *m* abrigo *m*

casaco [ka'zaku] *m* chaqueta *f;* **~ de malha** chaqueta de punto

casacões [kaza'kõjs] *m pl de* **casacão**

casado, -a [ka'zadu, -a] *adj* casado, -a

casadouro, -a [kaza'dowru, -a] *adj*

casal 92 **castiçal**

casadero, -a
casal <-ais> [ka'zaw, -'ajs] *m* (*de pessoas, animais*) pareja *f;* (*casado*) matrimonio *m*
casamata [kaza'mata] *f* casamata *f*
casamenteiro, -a [kazamẽj'tejru, -a] *m, f* casamentero, -a *m, f*
casamento [kaza'mẽjtu] *m* **1.**(*união*) alianza *f;* ~ **político** alianza política **2.**(*cerimônia*) boda *f;* ~ **civil/religioso** boda civil/religiosa **3.**(*bodas*) casamiento *m*
casanova [kaza'nɔva] *m* casanova *m*
casar [ka'zar] **I.***vt* casar; (*estar conforme*) encajar; ~ **o ritmo com a música** armonizar el ritmo y la música **II.** *vi* casarse; ~ **na Igreja** casarse por la iglesia; **ela casa hoje** se casa hoy **III.** *vr:* ~**-se** casarse; ~**-se com alguém** casarse con alguien
casarão <-ões> [kaza'rɜ̃w, -'õjs] *m* caserón *m*
casca ['kaska] *f* (*de árvore, queijo*) corteza *f;* (*de ovo, fruta*) cáscara *f;* (*de batata*) piel *f;* (*de ferida*) costra *f;* ~ **de ferida** *fig* antipático, -a *m, f;* **sair da ~ do ovo** *fig* salir del cascarón
casca-grossa ['kaska-'grɔsa] <cascas-grossas> *mf inf* grosero, -a *m, f*
cascalho [kas'kaʎu] *m* (*pedras*) grava *f;* (*no fundo do mar*) arena *f*
cascão <-ões> [kas'kɜ̃w, -õjs] *m* costra *f*
cascar [kas'kar] <c→qu> *vt inf* (*bater*) cascar
cascata [kas'kata] *f* **1.**(*água*) cascada *f* **2.** *inf* (*mentira*) trola *f*
cascateiro [kaska'tejru] *m* trolero *m*
cascavel <-éis> [kaska'vɛw, -'ɛjs] **I.** *m ou f* ZOOL serpiente *f* de cascabel **II.** *m* (*chocalho*) cascabel *m* **III.** *f* (*mulher má*) bruja *f*
casco ['kasku] *m* **1.**(*crânio*) cráneo *m* **2.**(*de navio, de cavalo*) casco *m;* **dar nos ~s** *gíria* pirárselas **3.**(*garrafa vazia*) ~ **de refrigerante** casco *m* de refresco
cascões [kas'kõjs] *m pl de* **cascão**
cascudo [kas'kudu] *m* (*bordoada*) coscorrón *m*
cascudo, -a [kas'kudu, -a] *adj* (*de casca grossa*) con la piel dura
casebre [ka'zɛbri] *m* choza *f*
caseiro, -a [ka'zejru, -a] **I.** *m, f* (*arrendatário*) casero, -a *m, f;* (*empregado*) guardés, -esa *m, f* **II.** *adj* (*pessoa, alimento*) casero, -a

caserna [ka'zɛrna] *f* barracón *m*
casimira [kazi'mira] *f* cachemir *m*
casinha [ka'zĩɲa] *f* **1.**(*de cachorro*) caseta *f;* ~ **de boneca** casa *f* de muñecas **2.** *inf* (*latrina*) váter *m*
casmurro, -a [kaz'muxu, -a] *adj* **1.**(*teimoso*) cabezudo, -a **2.**(*triste*) triste
caso ['kazu] **I.** *m* **1.**(*acontecimento*) caso *m;* ~ **de consciência** caso de conciencia; ~ **contrário** en caso contrario; ~ **sério** caso serio; **criar** ~ complicar las cosas; **de** ~ **pensado** a propósito; **em** ~ **de dúvida** en caso de duda; **em** ~ **de necessidade** en caso necesario; **em todo o** ~ en todo caso; **em último** ~ en último caso; **fazer pouco** ~ **de alguém/de a. c.** hacer poco caso a alguien/a algo; **nesse/neste** ~ en ese/en este caso; **no** ~ **de** en caso de; **isso foge** [*ou* **isso não vem**] **ao** ~ eso no viene al caso; **não fazer** ~ **de...** no hacer caso a... **2.**(*relação amorosa*) affaire *m* **3.** MED, LING, JUR caso *m* **II.** *conj* +*subj* ~ **seja preciso, irei ao seu encontro** si fuera preciso, iría a su encuentro
casório [ka'zɔriw] *m inf* boda *f*
caspa ['kaspa] *f* caspa *f*
casquinha [kas'kĩɲa] *f* costra *f;* ~ **de siri** GASTR plato consistente en hojaldre relleno con una pasta de cangrejo; **tirar** ~ *inf* aprovecharse
cassação <-ões> [kasa'sɜ̃w] *f* casación *f;* ~ **do mandato** casación del mandato
cassar [ka'sar] *vt* anular
cassete [ka'sɛtʃi] *f* casete *m;* **fita** ~ casete *m o f*
cassetete [kase'tetʃi] *m* porra *f*
cassino [ka'sinu] *m* casino *m*
casta ['kasta] *f* casta *f*
castanha [kas'tɜ̃ɲa] *f* castaña *f;* ~ **de caju** anacardo *m;* ~ **do pará** nuez *f* de Brasil
castanho [kas'tɜ̃ɲu] *m* (*madeira, cor*) castaño *m*
castanho, -a [kas'tɜ̃ɲu, -a] *adj* castaño, -a
castanholas [kastɜ̃'ɲɔlas] *fpl* castañuelas *fpl*
castelhano, -a [kasteʎ'ɜ̃ɲu, -a] *adj, m, f* castellano, -a *m, f*
castelo [kas'tɛlu] *m* castillo *m;* (*amontoado de coisas*) montón *m;* **fazer** ~**s no ar** hacer castillos en el aire
castiçal <-ais> [kast'saw, -'ajs] *m* can-

delabro *m*
castiço, -a [kas'tʃisu, -a] *adj* **1.** (*animal*) de pura raza **2.** (*puro*) castizo, -a
castidade [kastʃi'dadʒi] *f* castidad *f*
castigar [kastʃi'gar] <g→gu> **I.** *vt* castigar; ~ **alguém por a. c.** castigar a alguien por algo **II.** *vr*: ~**-se** castigarse
castigo [kas'tʃigu] *m* **1.** (*pena, repreensão*) castigo *m*; **dar um ~ a alguém** poner un castigo a alguien; **é um ~ trabalhar aos sábados** es un castigo trabajar los sábados; **levou um ~ severo na escola** le pusieron un duro castigo en el colegio **2.** *inf* (*derrota injusta*) correctivo *m*
casto, -a ['kastu, -a] *adj* casto, -a
castor [kas'tor] <-es> *m* castor *m*
castração <-ões> [kastra'sãw, -'õjs] *f* castración *f*
castrar [kas'trar] *vt* castrar
casual <-ais> [kazu'aw, -'ajs] *adj* casual
casualidade [kazuaʎi'dadʒi] *f* casualidad *f*
casulo [ka'zulu] *m* **1.** (*insetos*) capullo *m*; **viver num ~** *fig* vivir encerrado en un caparazón *f* **2.** BOT vaina *f*
cata ['kata] *f* caza *f*; **andar à ~ de a. c.** ir a la caza de algo
cataclismo [kata'klizmu] *m* **1.** GEO, SOCIOL cataclismo *m* **2.** (*inundação*) diluvio *m*
catacumba [kata'kũwba] *f* catacumba *f*
catalepsia [katalep'sia] *f* catalepsia *f*
catalisador [kataʎiza'dor] <-es> *m tb. fig* catalizador *m*
catalisar [kataʎi'zar] *vt* QUÍM catalizar
catálise [ka'taʎizi] *f* QUÍM catálisis *f*
catalogar [katalo'gar] <g→gu> *vt* catalogar
catálogo [ka'talugu] *m* catálogo *m*
cataplasma [kata'plazma] *f* cataplasma *f*
catapulta [kata'puwta] *f* catapulta *f*
catapultar [katapuw'tar] *vt tb. fig* catapultar
catar [ka'tar] *vt* **1.** (*buscar*) buscar **2.** (*espiolhar*) despiojar **3.** *inf* (*tomar*) coger; ~ **o ônibus** coger el autobús; **vai te catar!** ¡vete a paseo!
catarata [kata'rata] *f tb.* MED catarata *f*
catarro [ka'taxu] *m* MED catarro *m*
catástrofe [ka'tastrofi] *f* catástrofe *f*
catastrófico, -a [katas'trɔfiku, -a] *adj* catastrófico, -a
catatônico [kata'toniku] *adj, m* catatónico *m*

cata-vento ['kata-'vẽjtu] *m* veleta *f*
catecismo [kat'sizmu] *m* catecismo *m*
cátedra ['katedra] *f* cátedra *f*
catedral <-ais> [kate'draw, -'ajs] *f* catedral *f*
categoria [katego'ria] *f* categoría *f*; ~ **profissional** categoría profesional; ~ **social** clase social; **de ~** de categoría; **de quinta ~** de tres al cuarto
categórico, -a [kate'gɔriku, -a] *adj* categórico, -a
catequese [kate'kɛzi] *f* catequesis *f inv*
catequização <-ões> [katekiza'sãw] *f* REL catequesis *f inv*; (*doutrinação*) adoctrinamiento *m*
cateto [ka'tetu] *m* MAT cateto *m*
catimba [ka'tʃĩba] *f* ESPORT triquiñuelas *fpl*
catinga [ka'tʃĩga] **I.** *f sem pl* (*odor desagradável*) peste *f* **II.** *adj* (*sovina*) avaro, -a
cativante [katʃi'vãntʃi] *adj* cautivador(a)
cativar [katʃi'var] **I.** *vt* **1.** (*prender*) capturar **2.** (*ganhar a simpatia*) cautivar **II.** *vr*: ~**-se** someterse; (*apaixonar-se*) enamorarse
cativeiro [katʃi'vejru] *m sem pl* cautiverio *m*; (*tirania*) tiranía *f*
cativo, -a [ka'tʃivu, -a] *adj, m, f* cautivo, -a *m, f*
catolicismo [katoʎi'sizmu] *m sem pl* catolicismo *m*
católico, -a [ka'tɔʎiku, -a] *adj, m, f* católico, -a *m, f*
catorze [ka'torzi] *num card* catorce
caubói [kaw'bɔj] *m* vaquero *m*
caução <-ões> [kaw'sãw, -'õjs] *f* **1.** (*valor*) fianza *f* **2.** (*garantia*) garantía *f*; JUR caución *f*
cauda ['kawda] *f* **1.** (*de animais*) rabo *m*, cola *f* **2.** (*de vestido, cometa, avião*) cola *f* **3.** (*rastro*) pista *f*
caudal <-ais> [kaw'daw, -'ajs] **I.** *m ou f* caudal *m*; (*torrente*) torrente *m* **II.** *adj* caudaloso, -a; (*abundante*) torrencial
caule ['kawʎi] *m* BOT tallo *m*
causa ['kawza] *f* **1.** (*motivo*) causa *f*; **a ~ de a. c.** a causa de algo; **por ~ de** por causa de **2.** JUR causa *f*; **justa ~** justa causa
causador(a) [kawza'dor(a)] *adj, m(f)* causante *mf*
causal <-ais> [kaw'zaw, -'ajs] *adj tb.* LING causal
causar [kaw'zar] *vt* causar; ~ **admiração** causar admiración; ~ **danos** cau-

sar daños; ~ **a morte de alguém** causar la muerte a alguien; **o abalo sísmico causou muitas mortes** el temblor de tierra causó muchos muertos

cáustico ['kawstʃiku] *m* cáustico *m*

cáustico, -a ['kawstʃiku, -a] *adj* cáustico, -a

cautela [kaw'tɛla] *f sem pl* **1.** (*precaução*) cautela *f;* **com** ~ con cautela; **por** ~ por precaución **2.** ECON título *m* provisional **3.** (*de penhor*) recibo *m*

cauteloso, -a [kawte'lozu, -'ɔza] *adj* cauteloso, -a

cauterizar [kawteri'zar] *vt* MED cauterizar

cauto, -a ['kawtu, -a] *adj* cauto, -a

cava ['kava] *f* **1.** (*escavação*) excavación *f* **2.** (*para mangas*) sisa *f* **3.** ANAT cava *f*

cavaco [ka'vaku] *m* **1.** (*de madeira*) viruta *f* **2.** *inf* (*conversação*) charla *f;* **catar** ~ tambalearse

cavado, -a [ka'vadu, -a] *adj* excavado, -a; (*decote*) pronunciado, -a

cavalar [kava'lar] *adj fig* brutal

cavalaria [kavala'ria] *f* MIL caballería *f*

cavalariça [kavala'risa] *f* establo *m*

cavaleiro, -a [kava'lejru, -a] *m, f* jinete *mf*

cavaleiro [kava'lejru] *m* HIST caballero *m*

cavalete [kava'letʃi] *m* caballete *m*

cavalgada [kavaw'gada] *f* **1.** (*pessoas*) grupo *m* a caballo **2.** (*passeio*) cabalgata *f*

cavalgadura [kavawga'dura] *f* cabalgadura *f; fig, pej* bruto, -a *m, f*

cavalgar [kavaw'gar] <g→gu> *vi* cabalgar

cavalheiresco, -a [kavaʎej'resku, -a] *adj* caballeresco, -a

cavalheirismo [kavaʎej'rizmu] *f sem pl* caballerosidad *f*

cavalheiro [kavaʎejru] *m* caballero *m*

cavalo [ka'valu] *m* **1.** ZOOL caballo *m;* ~ **de sela** caballo para montar; **a** ~ **a** caballo; **andar a** ~ ir a caballo; **cair do** ~ *fig* quedarse de piedra; **fazer de a. c. um** ~ **de batalha** *fig* complicar una cosa; **passar de** ~ **para burro** ser rebajado; **tirar o** ~ **da chuva** *inf* arrojar la toalla **2.** *pej* (*pessoa*) bruto, -a *m, f* **3.** FÍS caballo *m;* **motor de 8** ~**s** motor de 8 caballos

cavalo-marinho [ka'valu-ma'riɲu] <cavalos-marinhos> *m* caballito *m* de mar

cavalo-vapor [ka'valu-va'por] <cavalos-vapor> *m* FÍS caballo *m* de vapor

cavanhaque [kavãˈɲaki] *m* perilla *f*

cavaquinho [kava'kiɲu] *m guitarra pequeña de cuatro cuerdas*

cavar [ka'var] I. *vt* **1.** (*abrir a terra*) cavar; ~ **a própria cova** cavar su propia tumba **2.** *fig* (*esforçar-se*) **cavou um bom emprego** se esforzó por conseguir un buen trabajo; **cavou um pênalti** forzó un penalti II. *vi* (*lutar duramente*) luchar

caveira [ka'vejra] *m* calavera *f;* **fazer a** ~ **de alguém** *inf* poner verde a alguien

caverna [ka'vɛrna] *f* (*gruta*) caverna *f*

caviar [kavi'ar] *m* GASTR caviar *m*

cavidade [kavi'dadʒi] *f* cavidad *f;* ~ **abdominal** ANAT cavidad abdominal

cavilha [ka'viʎa] *f* clavija *f*

cavo ['kavo] *adj* **1.** (*oco*) hueco, -a **2.** (*fundo*) cóncavo, -a

cavoucar [kavow'kar] <c→qu> *vt* cavar; (*cutucar*) meterse el dedo en

Cazaquistão [kazaks'tɐ̃w] *m* Kazajistán *m*

CBF [sebe'ɛfi] *abr de* **Confederação Brasileira de Futebol** Federación Brasileña de Fútbol

CD [se'de] *m abr de* **compact disc** CD *m*

CD-ROM [sede'xõw] *m* CD-ROM *m*

cear [se'ar] *conj como* **passear** *vi* cenar

Ceará [sea'ra] *m* Ceará *m*

cearense [sea'rẽjsi] I. *mf* habitante *mf* de Ceará II. *adj* de Ceará

cebola [se'bola] *f* cebolla *f*

cebolada [sebo'lada] *f* sofrito *m* de cebollas

cebolinha [sebo'kiɲa] *f* cebolleta *f*

cecear [sese'ar] *conj como* **passear** *vi* cecear

ceco ['seku] *m* ANAT ciego *m*

ceder [se'der] *vi, vt* ceder

cedilha [se'dʒiʎa] *f* cedilla *f*

cedinho [se'dʒiɲu] *adv* muy temprano

cedo ['sedu] *adv* temprano; **mais** ~ **ou mais tarde** tarde o temprano

cedro ['sɛdru] *m* cedro *m*

cédula ['sɛdula] *f* **1.** (*documento*) cédula *f;* ~ **eleitoral** papeleta *f,* boleta *f AmL;* ~ **de identidade** documento *m* de identidad **2.** (*de dinheiro*) billete *m*

cefaleia [sefa'lɛja] *f* cefalea *f*

cefálico, -a [se'faʎiku, -a] *adj* cefálico, -a

cegar [se'gar] <pp: cego *ou* cegado;

g→gu> *vi, vt* cegar

cegas ['sεgas] *adv* **às** ~ a ciegas

cego, -a ['sεgu, -a] I. *m, f* ciego, -a *m, f* II. *adj* 1.(*que não vê*) ciego, -a; **amor** ~ amor ciego; **obediência cega** obediencia ciega; **às cegas** a ciegas 2.(*sem fio*) **lâmina cega** cuchilla desafilada 3.(*passagem bloqueada*) **fundo** ~ fondo bloqueado

cegonha [se'gõɲa] *f* cigüeña *f*

cegueira [se'gejra] *f* ceguera *f*

ceia ['seja] *f* cena *f*

ceifadeira [sejfa'dejra] *f* (*máquina*) segadora *f*

ceifar [sej'far] *vt tb. fig* segar

cela ['sεla] *f* celda *f*

celebérrimo, -a [sele'bεximu, -a] *superl de* **célebre**

celebração <-ões> [selebra'sɐ̃w, -'ɔjs] *f* celebración *f*

celebrar [sele'brar] *vt* 1.(*festejar, realizar*) celebrar; ~ **a missa** celebrar misa 2.(*promover*) promover

célebre ['sεlebri] <celebérrimo> *adj* 1.(*afamado*) célebre 2. *inf* (*extravagante*) extraño, -a

celebridade [selebri'dadʒi] *f* (*fama, pessoa*) celebridad *f*

celeiro [se'lejru] *m* granero *m;* ~ **de talentos** fuente *f* de talentos

célere ['sεleri] *adj* rápido, -a

celeste [se'lεstʃi] *adj,* **celestial** <-ais> [selestʃi'aw, -'ajs] *adj* celeste

celeuma [se'lewma] *f* griterío *m*

celibatário, -a [seʎiba'tariw, -a] *adj, m, f* célibe *mf*

celibato [seʎi'batu] *m sem pl* celibato *m*

celofane [selo'fɐni] *m* celofán *m*

célula ['sεlula] *f* BIO, POL célula *f*

celular [selu'lar] <-es> I. *m* (*telefone*) móvil *m*, celular *m AmL* II. *adj* celular

celulite [selu'ʎitʃi] *f sem pl* celulitis *f*

celuloide [selu'lɔjdʒi] *f sem pl* celuloide *m*

celulose [selu'lɔzi] *f sem pl* celulosa *f*

cem ['sẽj] *num card* cien

Gramática
cem se emplea cuando al contar aparece solo: "noventa e nove, cem"; como cifra suelta: "apartamento número cem"; delante de sustantivos: "cem pessoas" y delante de números grandes: "cem mil lugares". **cento** se usa a partir de 101 y hasta 199: "cento e um homens; cento e oitenta e nove reais."

cementar [semẽj'tar] *vt* (*metal*) cementar

cemitério [semi'tεriw] *m* cementerio *m;* ~ **de automóveis** cementerio de automóviles; ~ **radioativo** cementerio radioactivo

cena ['sena] *f tb.* CINE, TEAT escena *f*; **entrar em** ~ entrar en escena; **fazer uma** ~ *fig* montar una escena

cenário [se'nariw] *m tb. fig* escenario *m*

cenho ['seɲu] *m* ceño *m;* **franzir o** ~ fruncir el ceño

cênico, -a ['seniku, -a] *adj* escénico, -a

cenografia [senogra'fia] *f sem pl* escenografía *f*

cenoura [se'nora] *f* zanahoria *f*

censo ['sẽsu] *m* censo *m;* ~ **populacional** censo de población

censor [sẽj'sor] <-es> *m* censor *m*

censura [sẽj'sura] *f* (*de textos, repreensão*) censura *f*

censurar [sẽjsu'rar] *vt* censurar

censurável <-eis> [sẽjsu'ravew, -ejs] *adj* censurable

centavo [sẽj'tavu] *m* (*moeda*) centavo *m*

centeio [sẽj'teju] *m sem pl* centeno *m*

centelha [sẽj'teʎa] *f* centella *f;* (*inspiração*) inspiración *f*

centena [sẽj'tena] *f* centena *f;* **às** ~**s** centenares

centenário [sẽjte'nariw] *m* centenario *m;* ~ **da morte** centenario de la muerte

centenário, -a [sẽjte'nariw, -a] *adj* centenario, -a

centesimal <-ais> [sẽjtezi'maw, -'ajs] *adj* centesimal

centésimo [sẽj'tεzimu] *m* centésimo *m*

centésimo, -a [sẽj'tεzimu, -a] *num ord* centésimo, -a

centígrado [sẽj'tʃigradu] *adj* centígrado, -a; **grau** ~ grado centígrado

centímetro [sẽj'tʃimetru] *m* centímetro *m*

cento ['sẽtu] *m* ciento *m;* **cinco por** ~ cinco por ciento

centopeia [sẽjto'pεja] *f* ciempiés *m inv*

central <-ais> [sẽj'traw, -'ajs] I. *f* central *f;* TEL centralita *f;* ~ **elétrica** central eléctrica; ~ **nuclear** central nuclear II. *adj* central; **questão** ~ cuestión *f*

central
centralização <-ões> [sẽjtraʎiza'sɜ̃w, -'õjs] f centralización f
centralizar [sẽjtraʎi'zar] vt centralizar
centrar [sẽj'trar] vt centrar
centrífuga [sɛj'trifuga] f, **centrifugadora** [sẽjtrifuga'dora] f centrifugadora f; **~ de roupa** centrifugadora de ropa
centrifugar [sẽjtrifu'gar] <g→gu> vt centrifugar
centrífugo, -a [sɛj'trifugu, -a] adj centrífugo, -a; **força centrífuga** fuerza centrífuga
centrípeto, -a [sẽj'tripetu, -a] adj centrípeto, -a; **força centrípeta** fuerza centrípeta
centro ['sẽjtru] m 1. (ponto no meio) centro m; **~ da cidade** centro de la ciudad; **~ de gravidade** FÍS centro de gravedad; **ser o ~ das atenções** ser el centro de las atenciones 2. (instituição) centro m; **~ cirúrgico** quirófano; **~ cívico** centro m cívico; **~ comercial** centro comercial; **~ de convenções** centro de congresos; **~ de saúde** centro de salud 3. POL centro m; **de ~ de** centro
centroavante [sẽjtrwa'vɜ̃tʃi] mf ESPORT delantero, -a m, f centro
centro-esquerda ['sẽjtru-is'kerda] mf POL centroizquierda mf
CEP ['sɛpi] m abr de **Código de endereçamento postal** CP m
cepa ['sepa] f cepa f; **de boa ~** de pura cepa
cepo ['sepu] m cepo m
cera ['sera] f cera f; **fazer ~** fig, inf holgazanear; ESPORT perder tiempo
cerâmica [se'rɜ̃mika] f cerámica f
cerâmico, -a [se'rɜ̃miku, -a] adj cerámico, -a
cerca ['serka] I. m 1. (construção) cerca f; **pular a ~** fig tener un affaire amoroso 2. (terreno) cercado m II. adv **~ de** (aproximadamente) cerca de; **são ~ de 500 km** son cerca de 500 km
cercado [ser'kadu] m cercado m
cercado, -a [ser'kadu, -a] adj cercado, -a
cercanias [serkɜ̃'nias] fpl cercanías fpl
cercar [ser'kar] <c→qu> I. vt 1. (com cerca) cercar 2. (rodear) rodear; **~ o jardim de flores** rodear el jardín de flores 3. (cumular) llenar II. vr: **~-se de** rodearse de

cercear [serse'ar] conj como passear vt cercenar
cerco ['serku] m tb. MIL cerco m
cerda ['sɛrda] f cerda f
cereal <-ais> [sere'aw, -'ajs] m cereal m
cerebelo [sere'belu] m cerebelo m
cerebral <-ais> [sere'braw, -'ajs] adj cerebral
cérebro ['sɛrebru] m tb. fig cerebro m
cereja [se'reʒa] f cereza f
cerejeira [sere'ʒejra] f cerezo m
cerimônia [seri'monia] f (celebração, etiqueta) ceremonia f; **fazer ~** ser ceremonioso; **sem ~** sin formalidades
cerimonial <-ais> [serimoni'aw, -'ajs] adj, m ceremonial m
cerimonioso, -a [serimoni'ozu, -'ɔza] adj ceremonioso, -a
cerne ['sɛrni] m 1. (árvore) cerne m 2. (parte central) meollo m; **o ~ da questão** el meollo de la cuestión
ceroulas [se'rowlas] fpl calzones mpl
cerração <-ões> [sexa'sɜ̃w] f cerrazón f
cerrado, -a [se'xadu, -a] adj cerrado, -a; **noite cerrada** noche cerrada; **ter um acento ~** tener un acento cerrado; **ter os olhos ~s** tener los ojos cerrados
cerrado [se'xadu] m vegetación de matorral común en la meseta central de Brasil y en la región del nordeste
cerrar [se'xar] vt cerrar; **~ os olhos** cerrar los ojos; **~ os punhos** cerrar los puños
certame [ser'tɜ̃mi] m certamen m
certamente [sɛrta'mẽjtʃi] adv ciertamente
certeiro, -a [ser'tejru, -a] adj certero, -a; **tiro ~** tiro certero
certeza [ser'teza] f certeza f; **com ~** por supuesto; **ter (a) ~ (de que...)** estar seguro (de que...)
certidão <-ões> [sertʃi'dɜ̃w, -'õjs] f certificado m; **~ de casamento** certificado de matrimonio; **~ de nascimento** certificado de nacimiento; **~ negativa** certificado que prueba la inexistencia de acciones penales contra alguien; **~ de óbito** certificado de defunción
certificação <-ões> [sertʃifika'sɜ̃w, -'õjs] f certificación f
certificado [sertʃifi'kadu] m certificado m; **~ de garantia** certificado de garantía; **~ de habilitação** carnet m de conducir; **~ de qualidade** certificado de calidad

certificar [sertʃifi'kar] <c→qu> I. *vt* certificar II. *vr* ~**-se de a. c.** asegurarse de algo

certo ['sɛrtu] I. *m* o ~ lo cierto; **trocar o** ~ **pelo duvidoso** cambiar lo seguro por lo desconocido II. *adv* **1.** (*certamente*) ciertamente; **ao** ~ exactamente; **por** ~ por cierto **2.** (*de maneira exata*) bien; **dar** ~ salir bien; **funcionar** ~ funcionar bien

certo, -a ['sɛrtu, -a] I. *adj* **1.** (*sem dúvida*) seguro, -a; **estou** ~ **de que...** estoy seguro de que... **2.** (*exato*) correcto, -a; **resposta certa** respuesta correcta; **o relógio está** ~ el reloj va bien; **está** ~ **!** ¡de acuerdo! II. *pron* (*determinado*) cierto, -a; ~ **dia** cierto día; **de certa forma, de** ~ **modo** en cierto modo; (**uma**) **certa pessoa** cierta persona

cerveja [ser'veʒa] *f* cerveza *f*; ~ **choca** cerveza *f* insípida [*o* desabrida]; ~ **clara** cerveza rubia; ~ **preta** cerveza negra

cervejaria [serveʒa'ria] *f* (*fábrica, bar*) cervecería *f*

cervical <-ais> [servi'kaw, -'ajs] *adj* cervical

cervo ['sɛrvu] *m* ciervo *m*

cerzideira [serzi'dejra] *f* zurcidora *f*

cerzir [ser'zir] *irr como* prevenir *vt* zurcir

cesárea [se'zaria] *f*, **cesariana** [sezari-'ɜna] *f* cesárea *f*

césio ['sɛziw] *m sem pl* cesio *m*

cessar [se'sar] I. *vt* cesar II. *vi* cesar; **sem** ~ sin cesar

cessar-fogo [se'sar-'fogu] *m sem pl* MIL alto *m* el fuego, cese *m* de fuego *AmL*

cesta ['sesta] *f* **1.** cesta *f*; ~ **básica** ECON cesta de la compra **2.** ESPORT canasta *f*

cestinha [ses'tʃiɲa] *mf* (*basquetebol*) máximo *m* anotador

cesto ['sestu] *m* cesto *m*

cetáceo [se'tasiw] *m* cetáceo *m*

ceticismo [set'sizmu] *m sem pl* escepticismo *m*

cético, -a ['sɛtʃiku, -a] *adj, m, f* escéptico, -a *m, f*

cetim <-ins> [se'tʃĩj] *m* satén *m*

cetro ['sɛtru] *m* cetro *m*

céu ['sɛw] I. *m* cielo *m*; ~ **da boca** ANAT paladar *m*; **a** ~ **aberto** a cielo abierto; **cair dos** ~**s** caer del cielo; **elevar ao** ~ exaltar; **estar no sétimo** ~ estar en el séptimo cielo; **ir para o** ~ ir al cielo; **mover** ~**s e terras** mover cielo y tierra; **que os** ~**s nos protejam!** ¡que Dios nos proteja! II. *interj* cielos

cevada [se'vada] *f* cebada *f*

CFC [seefi'se] *m abr de* **clorofluorocarboneto** CFC *m*

chá ['ʃa] *m* **1.** (*planta, bebida*) té *m*; ~ **dançante** fiesta que comienza a la hora del té en la que se baila y se cena; ~ **preto** té negro; **tomar** ~ **de cadeira** *inf* sufrir un plantón; **tomar** ~ **de sumiço** *inf* esfumarse **2.** (*infusão*) infusión *f*; ~ **de camomila** (infusión *f* de) manzanilla *f*; ~ **de tília** infusión de tilo

chã ['ʃɜ̃] *adj v.* **chão**²

chacal <-ais> [ʃa'kaw, -'ajs] *m* chacal *m*

chácara ['ʃakara] *f* **1.** (*casa de campo*) casa *f* de campo **2.** (*terreno*) granja *f*, chacra *f RíoPl*

chacareiro, -a [ʃaka'rejru, -a] *m, f* granjero, -a *m, f*

chacina [ʃa'sina] *f* cecina *f*; *fig* matanza *f*

chacinar [ʃasi'nar] *vt* **1.** (*animais*) matar **2.** (*pessoas*) asesinar

chacoalhar [ʃakwa'ʎar] *vt* (*sacudir*) agitar; (*chatear*) molestar

chacota [ʃa'kɔta] *f* burla *f*; **fazer** ~ **de alguém** burlarse de alguien

chacrinha [ʃa'kriɲa] *f inf* (*roda de conversa*) charla *f*; **fazer** ~ armar follón

chafariz [ʃafa'riz] <-es> *m* fuente *f*

chafurdar [ʃafur'dar] I. *vt* (*honra, nome*) manchar II. *vi* atascarse

chaga ['ʃaga] *f* **1.** (*ferida*) llaga *f* **2.** (*desgraça, problema*) lacra *f*

chagas ['ʃagas] *fpl* BOT capuchina *f*

chagásico, -a [ʃa'gaziku, -a] *adj* que padece la enfermedad de Chagas

chalé [ʃa'lɛ] *m* chalet *m*

chaleira [ʃa'lejra] *f* tetera *f*

chama ['ʃɜma] *f* llama *f*; **estar em** ~**s** estar en llamas

chamada [ʃɜ'mada] *f* **1.** (*telefônica*) llamada *f*; ~ **a cobrar** llamada a cobro revertido; ~ **interurbana** llamada interurbana; ~ **local** llamada local **2.** (*na escola*) lista *f* **3.** (*repreensão*) llamada *f*; ~ **de atenção** llamada de atención **4.** (*num texto*) titular *mf* **5.** MIL llamada *f*

Cultura La **chamada a cobrar** es una llamada telefónica a través de operadora que puede efectuarse desde cualquier teléfono público o particular. La llamada a cobro revertido la paga quien la recibe, por lo que no hace falta usar una tarjeta telefónica para efectuar la llamada.

chamar [ʃɜ'mar] I. vt llamar; ~ **o elevador** llamar al ascensor; ~ **a responsabilidade para si** asumir la responsabilidad; ~ **alguém de ladrão** llamar a alguien ladrón II. vi (telefone) sonar III. vr: ~**-se** llamarse; **eu me chamo José** me llamo José
chamariz [ʃɜma'ris] <-es> m 1.(engodo, isca) cebo m 2.(atrativo) reclamo m
chá-mate ['ʃa-'matʃi] <chás-mate(s)> m mate m helado
chamego [ʃɜ'megʊ] m 1.(namoro) relación f amorosa 2.(afeição) cariño m; **ter um ~ por alguém/a. c.** sentir cariño por alguien/algo
chaminé [ʃɜmi'nɛ] f 1.(conduto) chimenea f 2. pej (pessoa) **é uma ~** fuma como un carretero
champanha [ʃɜɲ'pɜɲa] m, **champanhe** [ʃɜɲ'pɜɲi] m champán m
chamuscado, -a [ʃɜmuʃ'kadʊ, -a] adj chamuscado, -a
chamuscar [ʃɜmuʃ'kar] <c→qu> vt chamuscar
chanceler [ʃɜnse'lɛr] <-es> mf POL canciller mf
chanchada [ʃɜɲ'ʃada] f CINE, TEAT guarrada f
chantagear [ʃɜntaʒi'ar] conj como passear vt chantajear
chantagem [ʃɜɲ'taʒẽj] <-ens> f chantaje m; **fazer ~ com alguém** hacer chantaje a alguien
chantagista [ʃɜɲta'ʒista] mf chantajista mf
chantilly [ʃɜɲtʃi'ʎi] m chantillí m
chão¹ ['ʃɜw, 'ʃɜs] m suelo m; (na casa) piso m; **cair no ~** caerse al suelo; **ganhar ~** irse; **ter os pés no ~** tener los pies en la tierra; **ter muito ~ pela frente** tener mucho por delante
chão, chã² ['ʃɜw, 'ʃɜ] adj plano, -a
chapa¹ ['ʃapa] f 1.(de metal) chapa f 2. AUTO matrícula f; ~ **fria** matrícula falsa 3. GASTR plancha f; **fazer um bife na ~** hacer un bistec a la plancha 4. inf (radiografia) placa f 5.(dinheiro) pasta f, plata f AmL 6.(foto) ~ **fotográfica** (filme) carrete m; (placa) placa f fotográfica 7.(nas eleições) ~ **eleitoral** lista f electoral 8. fig **de** ~ de lleno
chapa² ['ʃapa] mf gíria colega mf; **o que você tem, meu ~?** ¿qué te pasa, colega?
chapa-branca ['ʃapa-'brɜŋka] <chapas-brancas> m vehículo público cuya matrícula originalmente era blanca
chapada [ʃa'pada] f 1. GEO meseta f 2. inf (tapa) tortazo m
chapado, -a [ʃa'padʊ, -a] adj 1.(estatelado) **ficou ~ no chão** quedó estirado en el suelo 2. inf (completo) completo, -a; **é um idiota ~** es un tonto de remate 3. inf (embriagado, drogado) colocado, -a; **cara chapada** cara de colocón
chapelaria [ʃapela'ria] f sombrerería f
chapeleira [ʃape'lejra] f sombrerera f
chapéu [ʃa'pɛw] m 1. sombrero m; ~ **de coco** bombín m; ~ **de palha** sombrero de paja; **passar o ~** pasar el sombrero; **pôr/tirar o ~** ponerse/quitarse el sombrero; **é de tirar o ~!** ¡es de quitarse el sombrero! 2. ESPORT **dar um ~ no adversário** hacer un sombrero al contrario
chapinhar [ʃapĩ'ɲar] vi chapotear
charada [ʃa'rada] f acertijo m
charanga [ʃa'rɜŋga] f 1. MÚS charanga f 2. inf (automóvel velho) cafetera f; (troço) chisme m
charco ['ʃarku] m charco m; (lodaçal) pantano m
charlatanice [ʃarlatɜ'nisi] f charlatanería f
charlatão, -tã <-ões, -ães> [ʃarla'tɜw, -ɜ̃, -õjs, -ɜ̃js] m, f estafador(a) m(f)
charme ['ʃarmi] m sem pl encanto m; **fazer ~** inf hacerse el difícil
charmoso, -a [ʃar'mozu, -'ɔza] adj seductor(a)
charque ['ʃarki] f GASTR carne de vaca cortada en tiras a la que se le añade sal y se seca al sol
charrete [ʃa'xɛtʃi] f carro m
charrua [ʃa'xua] f arado m
charter ['ʃarter] m chárter m; **voo ~** vuelo m charter
charuto [xa'rutu] m puro m
chassi [ʃa'si] m chasis m inv
chateação <-ões> [ʃatʃja'sɜw, -'õjs] f aburrimiento m; inf lata f; **que ~!** ¡qué lata!
chateado, -a [ʃatʃi'adu, -a] adj inf (zan-

gado) mosqueado, -a; **estar/ficar ~ com alguém/a. c.** estar mosqueado con alguien/algo

chatear [ʃatʃi'ar] *conj como passear vt inf* **1.** (*irritar*) fastidiar **2.** (*maçar*) mosquear **3.** (*importunar*) molestar

chatice [ʃa'tʃisi] *f v.* **chateação**

chato ['ʃatu] *m* ZOOL ladilla *f*

chato, -a ['ʃatu, -a] *adj* **1.** (*plano*) plano, -a, chato, -a; **pé ~** pie plano **2.** *inf* (*maçante*) pesado, -a; **que ~!** ¡qué pesado!; **que chuvinha chata!** ¡qué lluvia tan pesada!; **ele é um ~ de galochas** es más pesado que una vaca en brazos; **o ~ é que eu preciso sair agora** la lata es que ahora tengo que salir **3.** (*sem originalidade*) aburrido, -a

chauvinismo [ʃovi'nizmu] *m sem pl* chauvinismo *m*

chavão <-ões> [ʃa'vãw, -'õjs] *m* **1.** (*clichê*) tópico *m* **2.** (*molde*) molde *m*

chave ['ʃavi] *f* **1.** (*instrumento*) llave *f*; **~ falsa** llave maestra; **~ de fenda** destornillador *m*, atornillador *m CSur*; **~ de ignição** llave de contacto; **~ inglesa** llave inglesa; **~ mestra** llave maestra; **fechar à ~** cerrar con llave; **fechar a sete ~s** cerrar bajo siete llaves; **fechar com ~ de ouro** *fig* poner el broche de oro **2.** (*solução*) clave *f*; **~ do enigma** clave del enigma; **a ~ do sucesso** la clave del éxito **3.** ELETR llave *f* **4.** INFOR (*senha*) clave *f* **5.** ESPORT (*organização*) grupo *m*; **a ~ do Brasil é fraca** el grupo de Brasil es débil

chaveiro [ʃa'vejru] *m* (*porta-chaves*) llavero *m*

chaveiro, -a [ʃa'vejru, -a] *m, f* (*pessoa*) cerrajero, -a *m, f*

chavões [ʃa'võjs] *m pl de* **chavão**

checar [ʃe'kar] <c→qu> *vt* comprobar, checar *Méx*

Chechênia [ʃe'ʃenia] *f v.* **Tchetchênia**

chechênio, -a [ʃe'ʃeniw, -a] *adj, m, f v.* **tchetcheno**

chefão <-ões> [ʃɛ'fãw, -õjs] *m* jefazo *m*

chefe ['ʃɛfi] *mf* jefe, -a *m, f*; **~ de família** cabeza *m* de familia; **~ de Estado/de governo** jefe de Estado/de gobierno

chefia [ʃe'fia] *f* jefatura *f*

chefiar [ʃefi'ar] *vt* (*grupo, departamento*) dirigir; (*comissão*) presidir

chefões [ʃɛ'fõjs] *m pl de* **chefão**

chega ['ʃega] *interj* basta

chegada [ʃe'gada] *f* llegada *f*; **a ~ a Buenos Aires** la llegada a Buenos Aires; **dar uma ~** acercarse

chegado, -a [ʃe'gadu, -a] *adj* **1.** (*próximo*) cercano, -a **2.** (*íntimo*) íntimo, -a; **ser ~ a alguém/a. c.** ser íntimo de alguien/algo **3.** (*propenso*) aficionado, -a; **era ~ numa confusão** era aficionado al follón

chega-pra-lá ['ʃega-pra-'la] *m inf* **1.** (*encontrão*) trompazo *m*; **levei um ~ na rua** me di un trompazo en la calle **2.** (*repriminda*) bronca *f*; **dar um ~ em alguém** echar la bronca a alguien; **tomou um ~ da namorada** su novia le echó la bronca

chegar [ʃe'gar] <g→gu> I. *vt* **1.** (*vir*) llegar; **~ a Santiago** llegar a Santiago; **~am boas notícias** llegaron buenas noticias **2.** (*atingir*) llegar; **a água chega (até) ao joelho** el agua llega hasta la rodilla; **~ a fazer a. c.** llegar a hacer algo; **~ a velho** llegar a viejo; **não sei onde você quer ~** no sé adónde quieres llegar; **ele não chega aos seus pés** no le llega a la suela de los zapatos; **quase chegou a desmaiar** casi se desmayó **3.** (*ser suficiente*) bastar; **não há dinheiro que chegue para você** no te contentas con ninguna cantidad de dinero; **chega e sobra!** ¡basta y sobra!; **até dizer chega** hasta hartarse **4.** (*aproximar*) aproximar II. *vi* **1.** (*vir: pessoa, avião, primavera*) llegar; **cheguei aqui!** ¡ya llegué! **2.** (*ir embora*) **vou chegando que já é tarde!** ¡me marcho que ya es tarde! III. *vr* **~-se a alguém/a. c.** aproximarse a alguien/algo

cheia ['ʃeja] *f* (*de rio, maré*) inundación *f*

cheio, -a ['ʃeju, -a] *adj* **1.** (*recipiente*) lleno, -a; **~ de água** lleno de agua; **em ~** (*plenamente*) de lleno; **acertar em ~** acertar de lleno **2.** *inf* (*pessoa*) harto, -a; **estar ~ de a. c./alguém** estar harto de algo/alguien; **com a cara cheia** (*embriagado*) borracho, -a

cheirar [ʃej'rar] I. *vt* oler; **~ a a. c.** oler a algo II. *vi* oler; **~ bem** oler bien; **esta história me cheira mal** esta historia me huele mal

cheiro ['ʃejru] *m* olor *m*; **ter ~ de** tener olor a

cheiroso, -a [ʃej'rozu, -'ɔza] *adj* perfumado, -a

cheiro-verde ['ʃejru-'verdʒi] <cheiros-

-verdes> *m* hierbas *fpl* verdes
cheque ['ʃɛki] *m* cheque *m;* ~ **em branco** cheque en blanco; ~ **cruzado** cheque cruzado; ~ **especial** *cheque que cubre incluso fondos que no posee su titular;* ~ **sem fundos** cheque sin fondos; ~ **ao portador** cheque al portador; ~ **pré-datado** cheque posfechado; ~ **de viagem** cheque de viaje; **cobrar** [*ou* **trocar**] **um** ~ cobrar un cheque
cherne ['ʃɛrni] *m* cherna *f* pintada
chiadeira [ʃia'dejra] *f* griterío *m*
chiar [ʃi'ar] *vi* 1.(*animais*) chillar 2.(*porta, pneus*) chirriar 3. *inf* (*pessoas*) reclamar
chibatada [ʃiba'tada] *f* golpe *m* con la vara
chicana [ʃi'kɐ̃na] *f* 1.(*astúcia*) astucia *f;* **fazer** ~ actuar astutamente 2. ESPORT chicane *f*
chiclete [ʃi'klɛtʃi] *m* chicle *m*
chicória [ʃi'kɔria] *f* achicoria *f*
chicotada [ʃiko'tada] *f* latigazo *m*
chicote [ʃi'kɔtʃi] *m* látigo *m*
chifre ['ʃifri] *m* cuerno *m;* **botar** [*ou* **pôr**] ~**s em alguém** *inf* poner cuernos a alguien
chifrudo [ʃi'frudu] *m inf* cornudo *m*
Chile ['ʃi'ʎe] *m* Chile *m*
chilique [ʃi'ʎiki] *m inf* patatús *m inv;* **teve um** ~ le dio un patatús
chilrear [ʃiwxe'ar] *conj como passear vi* trinar
chimarrão <-ões> [ʃima'xɐ̃w] *m* mate *m* (*infusión típica del sur de Brasil*)

> **Cultura** Chimarrão es el nombre de una especie de mate amargo muy parecido al de la región del Río de la Plata. Es una bebida indispensable entre los habitantes del Río Grande del Sur.

chimpanzé [ʃĩjpɐ̃ŋ'zɛ] *m* chimpancé *m*
China ['ʃina] *f* China *f*
chinela [ʃi'nɛla] *f* chancleta *f*
chinelo [ʃi'nɛlu] *m* chancleta *f;* **botar alguém no** ~ dejar a alguien a la altura del barro
chinês, -esa [ʃi'nes, -'eza] *adj, m, f* chino, -a *m, f*
chinfrim <-ins> [ʃĩj'frĩj] *m inf* (*barulho, confusão*) follón *m*
chip ['ʃipi] *m* INFOR chip *m*

Chipre ['ʃipri] *m* Chipre *m*
chique ['ʃiki] *adj* chic
chiquê [ʃi'ke] *m* afectación *f*
chiqueiro [ʃi'kejru] *m* pocilga *f*
chispa ['ʃispa] *f* chispa *f*
chispar [ʃis'par] *vi* 1.(*cintilar*) chispear 2. *inf* (*partir em disparada*) salir disparado; **chispa daqui já!** ¡largo de aquí ahora mismo!
chiste ['ʃistʃi] *m* broma *f*
chita ['ʃita] *f* (*tecido*) indiana *f*
choça ['ʃɔsa] *f* 1.(*casa*) choza *f* 2. *inf* (*prisão*) chirona *f*
chocalhar [ʃoka'ʎar] I.*vt* sacudir II.*vi* 1.(*chocalho*) tintinear 2.(*mexericar*) chismorrear
chocalho [ʃo'kaʎu] *m* 1.(*de bebê*) sonajero *m* 2. MÚS cascabel *m* 3.(*badalo*) cencerro *m*
chocante [ʃo'kɐ̃ŋtʃi] *adj* impresionante
chocar [ʃo'kar] <c→qu> I.*vt* 1.(*ovos*) empollar 2.(*uma pessoa*) ofender II.*vi* 1.(*comida, bebida*) estropearse 2.(*dar choque*) ~ **em** [*ou* **contra**] **a. c.** chocar contra algo
chocho, -a ['ʃoʃu, -a] *adj* 1.(*seco*) seco, -a 2.(*experiência, palavras, tentativa*) vano, -a 3.(*festa, pessoa*) soso, -a
choco ['ʃoku] *m* (*incubação*) incubación *f*
choco, -a ['ʃoku, 'ʃɔka] *adj* 1.(*ovo*) empollado, -a 2.(*estragado*) estropeado, -a; **cerveja choca** cerveza *f* insípida [*o* desabrida] 3. *inf* (*pessoa*) soso, -a
chocolate [ʃoko'latʃi] *m* chocolate *m*
chofer [ʃo'fɛr] *m* chófer *m*
chofre ['ʃofri] *m* choque *m;* **de** ~ de repente
choldra ['ʃowdra] *f* 1. *inf* (*canalha*) canalla *f* 2. *inf* (*mixórdia*) follón *m*
chopada [ʃo'pada] *f* fiesta en la que se bebe mucha cerveza
chope ['ʃopi] *m* caña *f*, chop *m RíoPl*
choperia [ʃope'ria] *f* cervecería *f*
choque ['ʃɔki] *m* 1.(*colisão*) choque *m;* ~ **frontal** choque frontal; ~ **de ideias** choque de ideas 2.(*comoção*) choque *m;* **estar em estado de** ~ estar en estado de choque 3. ELETR calambre *m* 4. MED **anafilático** choque anafiláctico
choradeira [ʃora'dejra] *f* llanto *m*
chorado [ʃo'radu] *adj* (*pranteado*) llorado, -a; **venceu com um gol** ~ ganó con un gol muy trabajado

choramingar [ʃoramĩj'gar] <g→gu> vi lloriquear

chorão¹ <-ões> [ʃo'rãw, -'õjs] m BOT sauce m llorón

chorão² [ʃo'rãw] m compositor de *"choro"*

chorão, -ona³ <-ões> [ʃo'rãw, -ona, -õjs] adj, m, f llorón, -ona m, f

chorar [ʃo'rar] **I.** vt 1. (*lágrimas*) llorar 2. (*arrepender-se de*) arrepentirse de 3. (*sentir saudade de*) añorar; ~ **o passado** añorar el pasado 4. *inf* (*pechinchar*) regatear; ~ **o preço** regatear el precio **II.** vi llorar; ~ **por alguém/a. c.** llorar por alguien/algo; **é de** ~ es lamentable; **quem não chora não mama** el que no llora no mama

chorinho [ʃo'rĩɲu] m variedad del género musical *"choro"*, en general de ritmo alegre

choro ['ʃoru] m 1. (*de lágrimas*) lloro m 2. (*lamento, som*) lamento m; **o ~ dos violinos** el lamento de los violines 3. MÚS género musical popular

> **Cultura** Nacido alrededor de 1870, como una forma de tocar músicas de baile europeas que estaban de moda en la época, el **choro** se convirtió en un género musical fascinante, que desde su comienzo contó con ilustres colaboradores, destacándose el compositor e instrumentista Pixinguinha (Río de Janeiro, 1897-1973). Actualmente el **choro** lo toca una formación con una mandolina, una o dos guitarras de seis cuerdas y otra de siete cuerdas, un **cavaquinho**, una pandereta y uno o dos instrumentos de viento.

chorões [ʃo'rõjs] m pl de **chorão¹**, **chorão³**

chorona [ʃo'rona] adj, f v. **chorão³**

chorrilho [ʃo'xiʎu] m chorro m

chorudo, -a [ʃo'rudu, -a] adj 1. *inf* (*gordo*) rellenito, -a 2. *inf* (*rendoso*) ventajoso, -a

chorumela [ʃoru'mɛla] f *inf* 1. (*ninharia*) niñería f 2. (*lengalenga*) letanía f

choupana [ʃow'pãna] f cabaña f

choupo ['ʃowpu] m chopo m

chouriço [ʃu'risu] m 1. GASTR morcilla f 2. (*para portas, janelas*) saco m

chove-não-molha ['ʃovi-nũ-'mɔʎa] m sem pl indecisión f; **cheio de** ~ lleno de indecisiones; **ficar no** ~ no decidirse

chover [ʃo'ver] vi impess llover; **está chovendo** está lloviendo; ~ **a cântaros** llover a cántaros; ~ **no molhado** llover sobre mojado; **nem que chova canivete** pase lo que pase; **na entrevista, choviam perguntas** llovían las preguntas en la entrevista

chuchar [ʃu'ʃar] vt *inf* 1. (*chupar*) chupar 2. (*cutucar*) tocar

chuchu [ʃu'ʃu] m 1. GASTR chayote m 2. *inf* (*pessoa bonita*) bombón m 3. *gíria* **pra** ~ (*muito*) muy; **ele é inteligente pra** ~ es muy inteligente

chuchu-beleza [ʃu'ʃu-be'leza] m sem pl, *inf* cosa f muy guay

chucro, -a ['ʃukru, -a] adj (*animal*) salvaje; (*pessoa*) bruto, -a

chucrute [ʃu'krutʃi] m GASTR chucrut m

chué [ʃu'ɛ] adj malo, -a

chulé [ʃu'lɛ] *chulo* **I.** m olor m a pies **II.** adj (*de má qualidade*) malo, -a

chulear [ʃule'ar] conj como passear vt remallar

chuleta [ʃu'leta] f GASTR chuleta f

chulipa [ʃu'ʎipa] f (*pontapé*) patada f

chulo, -a ['ʃulu, -a] adj vulgar

chumaço [ʃu'masu] m guata f

chumbar [ʃũw'bar] vt 1. (*metal*) soldar 2. (*balear*) tirotear 3. (*prender*) sujetar 4. **chumbei na cama** me caí redondo, -a en la cama

chumbo ['ʃũwbu] m 1. (*metal*) plomo m; **com/sem** ~ con/sin plomo 2. (*para caça*) perdigón m; **comer** [*ou* **tomar**] ~ recibir tiros 3. *inf* (*em exame*) cate m; **levar** ~ catear

chupado [ʃu'padu] adj *inf* chupado, -a

chupão <-ões> [ʃu'pãw, -õjs] m beso m con lengua

chupar [ʃu'par] vt 1. (*pessoa: bala, dedo, fruta*) chupar 2. (*esponja*) absorber 3. *inf* (*malbaratar*) derrochar

chupeta [ʃu'peta] f chupete m

chupim <-ins> [ʃu'pĩj] m parásito m *fig*

chupões [ʃu'põjs] m pl de **chupão**

churrascaria [ʃuxaska'ria] f (*restaurante*) parrilla f, asador m de carne; ~ **rodízio** buffet de carnes asadas

> **Cultura** Una **churrascaria** es un restaurante en el que se sirve carne

asada, el **churrasco**. En los restaurantes de tipo **rodízio** funciona un sistema de bufé libre, que permite comer, por un precio fijo, los diferentes cortes de carne que los camareros traen a la mesa en grandes espetones. Además, los **rodízios** suelen tener también un bufé libre de ensaladas.

churrasco [ʃu'xasku] *m* carne *f* asada, churrasco *m RíoPl*
churrasqueira [ʃuxas'kejra] *f* (*grelha*) parrilla *f*
churrasqueiro, -a [ʃuxas'kejru, -a] *m, f* cocinero, -a *m, f* que asa la carne
churrasquinho [ʃuxas'kiɲu] *m* pincho *m* moruno
churro ['ʃuxu] *m* churro *m*
chutar [ʃu'tar] *vt* 1. (*bola*) chutar; ~ **um problema para outra pessoa** pasar un problema a otra persona; ~ **alto** *inf* contar bolas 2. (*uma resposta*) decir a voleo 3. (*livrar-se de*) dejar
chute ['ʃutʃi] *m* 1. (*pontapé*) chut *m*, disparo *m*; ~ **de bico** punterazo *m*; ~ **a gol** disparo a puerta; **dar um** ~ **em alguém** dejar a alguien; **levar um** ~ ser dejado; **responder no** ~ *fig* responder a ciegas 2. *inf* (*mentira*) bola *f*
chuteira [ʃu'tejra] *f* bota *f* de fútbol
chuva ['ʃuva] *f* lluvia *f*; ~ **ácida** lluvia ácida; ~ **radioativa** lluvia radioactiva; ~ **torrencial** lluvia torrencial
chuvarada [ʃuva'rada] *f* aguacero *m*
chuveiro [ʃu'vejru] *m* ducha *f*, lluvia *f AmL*
chuviscar [ʃuvis'kar] <c→qu> *vi impess* lloviznar; **está chuviscando** está lloviznando
chuvisco [ʃu'visku] *m* llovizna *f*
chuvoso, -a [ʃu'vozu, -ɔza] *adj* lluvioso, -a
cianeto [sia'netu] *m sem pl* cianuro *m*
ciático, -a [si'atʃiku, -a] *adj* ciático, -a
cibercafé [siberka'fɛ] *m* cibercafé *m*
ciberespaço [siberes'pasu] *m* ciberespacio *m*
cibernética [siber'nɛtʃika] *f sem pl* cibernética *f*
cicatriz [sika'tris] <-es> *f* cicatriz *f*
cicatrizar [sikatri'zar] *vi* cicatrizar
cicatrizes [sika'trizis] *f pl de* **cicatriz**

cicerone [sise'roni] *mf* cicerone *mf*
cíclico, -a ['sikliku, -a] *adj* cíclico, -a
ciclismo [si'klizmu] *m sem pl* ciclismo *m*
ciclista [si'klista] *mf* ciclista *mf*
ciclo ['siklu] *m* ciclo *m*; ~ **básico** ENS primer ciclo; ~ **econômico** ciclo económico
ciclone [si'kloni] *m* ciclón *m*
ciclope [si'klɔpi] *m* cíclope *m*
ciclovia [siklo'via] *f* carril *m* bici
cidadã [sida'dʒ̃ɐ] *f v.* **cidadão**
cidadania [sidadʒ̃ɐ'nia] *f* ciudadanía *f*; **dupla** ~ doble ciudadanía
cidadanizar-se [sidadʒɐni'zarsi] *vr* ciudadanizarse *AmL*
cidadão, -dã [sida'dʒ̃ɐw, -dʒ̃ɐ] <-s> *m, f* ciudadano, -a *m, f*; **o que quer este** ~? ¿qué quiere ese señor?
cidade [si'dadʒi] *f* 1. (*urbe*) ciudad *f*; **cidade-universitária** ciudad universitaria; ~ **velha** casco *m* viejo; **Cidade Maravilhosa** nombre con el que se conoce a Río de Janeiro 2. (*centro comercial*) centro *m*
cidadela [sida'dɛla] *f* ciudadela *f*
cidade-satélite [si'dadʒi-sa'tɛlitʃi] <cidades-satélite(s)> *f* ciudad *f* satélite
cidra ['sidra] *f* sidra *f*
cidreira [si'drejra] *f* cidro *m*
ciência [si'ẽsia] *f* ciencia *f*; ~**s exatas** ciencias exactas; ~**s naturais** ciencias naturales; ~**s sociais** ciencias sociales; **tomar** ~ **de a. c.** enterarse de algo
ciente [si'ẽtʃi] *adj* consciente; **estar** ~ **de** ser consciente de
científico, -a [siẽj'tʃifiku, -a] *adj* científico, -a
cientista [siẽj'tʃista] *mf* científico, -a *m, f*
cifra ['sifra] *f* 1. (*algarismo*) cifra *f* 2. (*soma*) total *m*
cifrão [si'frʒ̃ɐw] <-ões> [si'frʒ̃ɐw, -'õjs] *m el símbolo* "$" *que es usado para expresar las unidades monetarias de diferentes países*
cigano, -a [si'gɐnu, -a] *m, f* gitano, -a *m, f*
cigarra [si'gaxa] *f* ZOOL cigarra *f*
cigarreira [siga'xejra] *f* cigarrera *f*
cigarrilha [siga'xiʎa] *f* puro *m*
cigarro [si'gaxu] *m* cigarrillo *m*
cilada [si'lada] *f* emboscada *f*; **armar uma** ~ **para alguém** tender una emboscada a alguien; **cair numa** ~

caer en una emboscada
cilindrada [siʎĩj'drada] *f* cilindrada *f*
cilíndrico, -a [si'ʎĩjdriku, -a] *adj* cilíndrico, -a
cilindro [si'ʎĩjdru] *m* cilindro *m*
cílios ['siʎiws] *mpl* pestañas *fpl*
cima ['sima] *f* cima *f*; **de ~** de arriba; **de ~ a baixo** de arriba abajo; **em ~** arriba; **em ~ de** encima de; **lá em ~** allá encima; **para ~** hacia arriba; **na parte de ~** en la parte de arriba; **por ~ de** por encima de; **ainda por ~** y además; **dar em ~ de alguém** *inf* intentar ligar con alguien; **estar por ~ da carne-seca** estar en una situación excelente
cimentar [simẽj'tar] *vt* pavimentar
cimento [si'mẽjtu] *m* cemento *m*
cimo ['simu] *m* (*de monte*) cima *f*; (*de torre*) alto *m*
cinco ['sĩku] *num card* cinco *m*; *v.tb.* **dois**
cindir [sĩj'dʒir] *vt* escindir
cineasta [sine'asta] *mf* cineasta *mf*
cineclube [sini'klubi] *m* cineclub *m*
cinéfilo [si'nɛfilu] *m* cinéfilo *m*
cinegrafista [sinegra'fista] *mf* cámara *mf*
cinema [si'nema] *m* cine *m*, biógrafo *m CSur*; **~ mudo** cine mudo; **fazer ~** hacer cine; **ir ao ~** ir al cine
cinemateca [sinema'tɛka] *f* filmoteca *f*
cinematografia [sinematroga'fia] *f sem pl* (*arte, indústria*) cinematografía *f*
cinematográfico, -a [sinemato'grafiku, -a] *adj* cinematográfico, -a
cinética [si'nɛtʃika] *f* cinética *f*
cingir [sĩj'ʒir] <g→j> **I.** *vt* ceñir; (*ligar em volta*) ceñirse; (*cercar*) rodear **II.** *vr*: **~-se** ceñirse; **não se cingiram a agredir a honra** no se ciñeron a faltar al honor
cínico, -a ['siniku, -a] *adj* cínico, -a
cinismo [si'nizmu] *m sem pl* cinismo *m*
cinquenta [sĩj'kwẽjta] *num card* cincuenta
cinquentenário [sĩjkwẽjte'nariw] *m* cincuentenario *m*; **~ da morte** cincuentenario de la muerte
cinta ['sĩjta] *f* **1.** (*de pano, couro, papel*) cinta *f*; (*de aço*) tira *f* **2.** (*cintura*) cintura *f*
cintado, -a [sĩj'tadu, -a] *adj* (*vestido*) ajustado, -a
cinta-liga ['sĩjta-'ʎiga] <cintas-ligas> *f* liguero *m*, portaligas *m inv AmL*
cintilante [sĩjtʃi'lɐ̃ntʃi] *adj* centelleante

cintilar [sĩjtʃi'lar] *vi* centellear
cinto ['sĩjtu] *m* cinturón *m*; **~ de segurança** cinturón de seguridad; **apertar o ~** *fig* apretarse el cinturón; **colocar** [*ou* **pôr**] **o ~** abrocharse el cinturón
cintura [sĩj'tura] *f* cintura *f*
cinturão <-ões> [sĩjtu'rɐ̃w, -'õjs] *m* cinturón *m*; **~ industrial** cinturón industrial; **~ verde** cinturón verde
cinza ['sĩjza] **I.** *f* ceniza *f* **II.** *adj* (*cinzento*) gris
cinzeiro [sĩj'zejru] *m* cenicero *m*
cinzel <-éis> [sĩj'zɛw, -'ɛjs] *m* cincel *m*
cinzento, -a [sĩj'zẽjtu, -a] *adj* grisáceo, -a
cio ['siw] *m sem pl* celo *m*; **andar** [*ou* **estar**] **no ~** (*cadela*) estar en celo
cipó [si'pɔ] *m* liana *f*
cipreste [si'prɛstʃi] *m* ciprés *m*
ciranda [si'rɐ̃nda] *f* **1.** (*dança*) corro *m* **2.** ECON **~ financeira** bicicleta *f* financiera
circo ['sirku] *m* circo *m*; **ser de ~** *inf* no tener un pelo de tonto; **ver o ~ pegar fogo** *fig* ver arder Troya
circuito [sir'kwitu] *m* **1.** (*perímetro*) perímetro *m* **2.** (*volta*) *tb.* ESPORT, ELETR circuito *m*; **~ elétrico** circuito eléctrico
circulação <-ões> [sirkula'sɐ̃w, -'õjs] *f* circulación *f*; **~ monetária** circulación monetaria; **~ do sangue** circulación de la sangre; **em ~** en circulación; **fora de ~** fuera de circulación; **depois do sucesso na TV, saiu de ~** *inf* después del éxito en la tele, desapareció del mapa
circular¹ [sirku'lar] <-es> **I.** *f* (*carta*) circular *f* **II.** *adj* circular; **movimento ~** movimiento circular
circular² [sirku'lar] *vi* circular; **~ pelas** [*ou* **nas**] **ruas de Salvador** circular por las calles de Salvador; **o ônibus circula entre as duas cidades** el autobús circula entre las dos ciudades
circulatório, -a [sirkula'tɔriw, -a] *adj* circulatorio, -a
círculo ['sirkulu] *m* círculo *m*; **~ de amigos** círculo de amigos; **~ polar** círculo polar; **~ vicioso** círculo vicioso
circum-navegação <-ões> [sirkũwna-vega'sɐ̃w, -'õjs] *f* circunnavegación *f*
circuncisão <-ões> [sirkũwsi'zɐ̃w, -'õjs] *f* circuncisión *f*
circundado, -a [sirkũw'dadu, -a] *adj* circundado, -a; **~ de a. c.** circundado de algo

circundante [sirkũw'dãɲtʃi] *adj* circundante
circundar [sirkũw'dar] *vt* circundar
circunferência [sirkũwfe'rẽjsia] *f* 1. (*periferia*) perímetro *m* 2. MAT circunferencia *f*
circunflexo, -a [sirkũw'flɛksu, -a] *adj* circunflejo, -a; **acento ~** acento circunflejo
circunscrever [sirkũwskre'ver] <*pp:* circunscrito*> I. vt* circunscribir **II.** *vr* **~-se a a. c.** circunscribirse a algo
circunscrição <-ões> [sirkũwskri'sãw, -'õjs] *f* circunscripción *f*
circunspecção <-ões> [sirkũwspek'sãw, -'õjs] *f* circunspección *f*
circunstância [sirkũws'tãŋsia] *f* circunstancia *f*; **nestas ~s** en estas circunstancias
círio ['siriw] *m* cirio *m*
cirrose [si'xɔzi] *f* MED cirrosis *f inv*
cirurgia [sirur'ʒia] *f* cirugía *f*; **~ plástica** cirugía plástica
cirurgião, -giã <-ões, -ães> [sirur-ʒi'ãw, -'ã, -'õjs, -'ãjs] *m, f* cirujano, -a *m, f*
cirúrgico, -a [si'rurʒiku, -a] *adj* quirúrgico, -a
cirurgiões [sirurʒi'õjs] *m pl de* **cirurgião**
cisão <-ões> [si'zãw, -'õjs] *f* escisión *f*; **~ nuclear** fisión *f* nuclear
cisma ['sizma] **I.** *f* (*preocupação*) inquietud *f*; (*ideia fixa*) obsesión *f* **II.** *m* cisma *m*
cismar [siz'mar] *vi* empeñarse; **~ com a. c.** empeñarse en algo; **andar cismado** estar desconfiado
cisne ['sizni] *m* cisne *m*
cisões [si'zõjs] *f pl de* **cisão**
cisterna [sis'tɛrna] *f* cisterna *f*
cistite [sis'tʃitʃi] *f* MED cistitis *f*
citação <-ões> [sita'sãw, -'õjs] *f* 1. (*de um texto*) cita *f* 2. JUR citación *f*
citadino, -a [sita'dʒinu, -a] *adj* ciudadano, -a
citar [si'tar] *vt tb.* JUR citar
cítara ['sitara] *f* MÚS cítara *f*
citrato [si'tratu] *m* citrato *m*
citrino [si'trinu] *m* cítrico *m*
ciúme [si'umi] *m* celos *mpl*; **ter ~s** tener celos; **ter ~ de alguém/a. c.** tener celos de alguien/algo
ciumento, -a [siu'mẽjtu, -a] *adj* celoso, -a
cívico, -a ['siviku, -a] *adj* cívico, -a

civil <-is> [si'viw, -'is] *adj, mf* civil *mf*
civilização <-ões> [siviʎiza'sãw, -'õjs] *f* civilización *f*
civilizado, -a [siviʎi'zadu, -a] *adj* civilizado, -a
civis [si'vis] *adj, mf pl de* **civil**
civismo [si'vizmu] *m* civismo *m*
clã ['klã] *m* clan *m*
clamar [klã'mar] *vi* clamar
clamor [klã'mor] <-es> *m* clamor *m*
clandestinidade [klãŋdestʃini'dadʒi] *f* clandestinidad *f*
clandestino, -a [klãŋdes'tʃinu, -a] *adj* clandestino, -a; **passageiro ~** pasajero clandestino
claque ['klaki] *f* claque *f*; ESPORT hinchada *f*
clara ['klara] *f* clara *f*; **bater as ~s em neve** batir las claras a punto de nieve; **fazer a. c. às ~s** hacer algo a las claras
claraboia [klara'bɔja] *f* claraboya *f*
clarão <-ões> [kla'rãw, -'õjs] *m* resplandor *m*
clarear [klare'ar] *conj como passear vi* 1. (*céu*) clarear 2. (*enigma*) aclararse
clareira [klarej'ra] *f* claro *m*
clareza [kla'reza] *f* claridad *f*; **com ~** con claridad
claridade [klari'dadʒi] *f* claridad *f*
clarim [kla'rĩj] <-ins> *m* clarín *m*
clarinete [kari'netʃi] *m* clarinete *m*
clarins [kla'rĩjs] *m pl de* **clarim**
clarividência [klarivi'dẽjsia] *f sem pl* clarividencia *f*
claro, -a ['klaru, -a] **I.** *adj* claro, -a; **~ como água** claro como el agua; **é** [*ou* **está**] **~!** ¡está claro! **II.** *adv* claro; **passar a noite em ~** pasar la noche en vela; **tomei a liberdade de falar ~** me tomé la libertad de hablar claro **III.** *interj* claro; **~ que sim/não!** ¡claro que sí/no!
clarões [kla'rõjs] *m pl de* **clarão**
classe ['klasi] *f* 1. (*grupo*) clase *f*; **~ dos advogados** clase de los abogados; **~ média** clase media; **~ social** clase social 2. (*aula*) clase *f*; **~ de história** clase de historia 3. (*categoria*) clase *f*; **de segunda ~** de segunda clase; **viajar em primeira ~** viajar en primera clase 4. (*elegância*) clase *f*; **ter ~** tener clase
classicismo [klasi'sizmu] *m sem pl* clasicismo *m*
clássico, -a ['klasiku, -a] *adj* clásico, -a
classificação <-ões> [klasifika'sãw, -'õjs] *f tb.* ESPORT clasificación *f*

classificado, -a [klasifiˈkadu, -a] *adj* clasificado, -a; **ficar ~ em segundo lugar** quedar clasificado en segundo lugar

classificados [klasifiˈkadus] *mpl* (anuncios *mpl*) clasificados *mpl*

classificar [klasifiˈkar] <c→qu> **I.** *vt* clasificar **II.** *vr*: **~-se** calificarse; **~-se para as semifinais** clasificarse para las semifinales

claustrofobia [klawstrofoˈbia] *f* claustrofobia *f*

claustrofóbico, -a [klawstroˈfɔbiku, -a] *adj, m, f* claustrofóbico, -a *m, f*

cláusula [ˈklawzula] *f* (*contrato, acordo*) cláusula *f*

clausura [klawˈzura] *f* clausura *f*

clave [ˈklavi] *f* MÚS clave *f*; **~ de sol** clave de sol

clavícula [klaˈvikula] *f* clavícula *f*

clemência [kleˈmẽjsia] *f sem pl* clemencia *f*; **pedir ~** pedir clemencia

clemente [kleˈmẽjtʃi] *adj* clemente

cleptomania [klɛptomaˈnia] *f* cleptomanía *f*

cleptomaníaco, -a [klɛptomaˈniaku, -a] *m, f* cleptómano, -a *m, f*

clerical <-ais> [kleriˈkaw, -ˈajs] *adj* clerical

clero [ˈklɛru] *m sem pl* clero *m*

clichê [kliˈʃe] *m* cliché *m*

cliente [kliˈẽjtʃi] *mf* **1.** (*de loja, advogado*) cliente, -a *m, f* **2.** (*de médico*) paciente *mf*

clientela [kliẽjˈtɛla] *f* clientela *f*

clientelismo [kliẽjteˈʎizmu] *m* clientelismo *m*

clima [ˈklima] *m* clima *m*; **~ frio/quente** clima frío/cálido; **a cidade vive um clima de euforia** la ciudad vive un clima de euforia

climático, -a [kliˈmatʃiku, -a] *adj* climático, -a

clímax [ˈklimaks] *m inv* clímax *m inv*

clínica [ˈklinika] *f* **1.** (*local*) clínica *f*; **~ dentária** clínica dental; **~ particular** [*ou* **privada**] clínica privada **2.** (*prática*) **~ geral** medicina *f* general

clínico [ˈkliniku] *m* clínico *m*

clínico, -a [ˈkliniku, -a] *adj* clínico, -a

clínico-geral, clínica-geral [ˈkliniku-ʒeˈraw] <clínicos-gerais> *m, f* MED médico, -a *m, f* general, médico, -a *m, f* de familia

clipe [ˈklipi] *m* MÚS clip *m*

clitóris [kliˈtɔris] *m inv* clítoris *m inv*

cloaca [kloˈaka] *f tb.* ZOOL cloaca *f*

clonagem [kloˈnaʒẽj] <-ens> *f* clonación *f*

clonar [kloˈnar] *vt* **1.** BIO clonar **2.** (*cartão de crédito*) copiar

cloreto [kloˈretu] *m sem pl* cloruro *m*

cloro [ˈklɔru] *m sem pl* cloro *m*

clorofila [kloroˈfila] *f sem pl* clorofila *f*

clorofórmio [kloroˈfɔrmiw] *m sem pl* cloroformo *m*

clubber [ˈklʒber] **I.** *adj* clubber; **cenário ~** escena clubber **II.** *mf* clubber *mf*

clube [ˈklubi] *m* club *m*; **~ de futebol** club de fútbol; **~ de tênis** club de tenis

coabitar [koabiˈtar] *vi* cohabitar

coação <-ões> [koaˈsãw, -ˈõjs] *f tb.* JUR coacción *f*

coadjuvante [koadʒuˈvãtʃi] *mf* cómplice *mf*; (*cinema, teatro*) actor *m* secundario, actriz *f* secundaria

coador [kwaˈdor] <-es> *m* colador *m*

coagir [koaˈʒir] <g→j> *vt tb.* JUR coaccionar

coagulação <-ões> [koagulaˈsãw, -ˈõjs] *f* coagulación *f*

coagular [koaguˈlar] *vi* coagularse

coágulo [koˈagulu] *m* coágulo *m*

coala [koˈala] *m* koala *m*

coalhada [koaˈʎada] *f* GASTR cuajada *f*

coalizão <-ões> [koaʎiˈzãw] *f* (*de partidos, nações*) coalición *f*

coar [kuˈar] <*1. pess pres:* coo> *vt* (*líquido*) colar

coarrendar [koaxẽjˈdar] *vt* alquilar conjuntamente

coautor(a) [koawˈtor(a)] <-es> *m(f)* coautor(a) *m(f)*

coautoria [koawtoˈria] *f* autoría *f* conjunta

coaxar [koaˈʃar] *vi impess* croar

cobaia [koˈbaja] *f tb. fig* cobaya *mf*, conejillo *m* de Indias; **fazer alguém de ~** utilizar a alguien como conejillo de Indias; **servir de ~** servir de conejillo de Indias

cobalto [koˈbawtu] *m sem pl* cobalto *m*

coberta [kuˈbɛrta] *f* **1.** (*de cama*) colcha *f*, cobija *f AmL* **2.** NÁUT cubierta *f*

coberto [kuˈbɛrtu] **I.** *pp de* **cobrir II.** *m* (*alpendre*) porche *m*

coberto, -a [kuˈbɛrtu, -a] *adj* cubierto, -a

cobertor [koberˈtor] <-es> *m* manta *f*, frazada *f AmL*

cobertura [koberˈtura] *f* **1.** (*de proteção*) cubierta *f* **2.** (*teto*) tejado *m*

3. ECON, MIL cobertura *f* **4.** GASTR cobertura *f* **5.** (*em um edifício*) ático *m*
cobiça [ko'bisa] *f sem pl* codicia *f*
cobiçar [kobi'sar] <ç→c> *vt* codiciar
cobra ['kɔbra] *f* serpiente *f*
cobrador(a) [kobra'dor(a)] <-es> *m(f)* cobrador(a) *m(f)*
cobrança [ko'brãŋsa] *f* cobro *m*
cobrar [ko'brar] *vt* **1.** (*dinheiro, uma dívida*) cobrar; (*impostos*) recaudar; **a ~ por** cobrar **2.** (*força*) recuperar, recobrar; **~ ânimo** animarse **3.** FUT **~ o escanteio** lanzar el córner
cobre ['kɔbri] *m* cobre *m*; **de ~** de cobre
cobres ['kɔbris] *mpl inf* centavos *mpl*; **passar a. c. nos ~** (*vender*) vender algo
cobrir [ko'brir] <*pp:* coberto> *irr como* dormir **I.** *vt* **1.** (*ocultar, resguardar*) cubrir; **ela cobriu o bebê com o cobertor** cubrió al bebé con la manta **2.** (*cumular*) **~ alguém de beijos** cubrir a alguien de besos **3.** (*liquidar*) **~ os custos** cubrir los gastos **4.** MIL cubrir; **~ a retaguarda** cubrir la retaguardia **II.** *vr:* **~-se** cubrirse
coca ['kɔka] *f* coca *f*
coça ['kɔsa] *f inf* paliza *f*; **dar uma ~ em alguém** dar una paliza a alguien; **levar uma ~** recibir una paliza
cocada [ko'kada] *f* **1.** GASTR *dulce seco hecho con coco rallado y azúcar;* **ser o rei da ~ preta** *fig* ser el no va más **2.** *inf* (*cabeçada*) cabezazo *m*
cocaína [koka'ina] *f sem pl* cocaína *f*
cocar [ko'kar] *m* penacho *m*
coçar [ko'sar] <ç→c> **I.** *vt* rascar **II.** *vr:* **~-se** rascarse; **na hora de pagar a conta, ele não se coçava** *inf* a la hora de pagar la cuenta, no se rascaba el bolsillo
cóccix ['kɔksis] *m* ANAT cóccix *m*
cócegas ['kosegas] *fpl* **1.** (*sensação*) cosquillas *fpl*; **fazer ~** hacer cosquillas; **ter** [*ou* **sentir**] **~** tener cosquillas **2.** *fig* (*impaciência*) impaciencia *f*; **ter ~ na língua** *inf* tener la lengua muy larga
coceira [ko'sejra] *f* picazón *f*
coche ['kɔʃi] *m* carroza *f*
cocheiro [ko'ʃejru] *m* cochero *m*
cochichar [koʃi'ʃar] *vi* cuchichear
cochicho [ko'ʃiʃu] *m* cuchicheo *m*
cochilada [kuʃi'lada] *f* cabezada *f*; (*descuido*) distracción *f*
cochilar [kuʃi'lar] *vi* dormitar
cochilo [ku'ʃilu] *m* **1.** (*cabeceio*) cabezada *f*; **tirar um ~** echar una cabezada **2.** (*distração*) descuido *m*; **o seu ~ lhe custou caro** su distracción le costó cara
cockpit [kɔk'pitʃi] *m* cabina *f*
coco ['koku] *m* **1.** BOT coco *m* **2.** *inf* (*cabeça*) coco *m*, chola *f*

> **Cultura** El coco es un fruto indispensable en la cocina brasileña. Del coco se puede obtener: **água de coco, leite de coco** (muy usada en postres, helados, guisos, etc.), **coco ralado** (para dulces y pasteles), **raspas de coco** (para dulces) y hasta productos de limpieza, como jabón de coco líquido y sólido, y productos cosméticos, como champú y jabón. La cáscara del coco se usa en el **artesanato**; la fibra que se obtiene de la cáscara también se utiliza en la industria automovilística (para la fabricación de asientos).

cocô [ko'ko] *m inf* caca *f*; **fazer ~** hacerse caca; **o trabalho ficou um ~** *pej* el trabajo quedó fatal
cócoras ['kɔkoras] *adv* **estar de ~** estar en cuclillas
cocoricó [kokori'kɔ] *m*, **cocorocó** [kokorɔ'kɔ] *m* quiquiriquí *m*
codificar [kodʒifi'kar] <c→qu> *vt* codificar
código ['kɔdʒigu] *m* código *m*; **~ de barras** código de barras; **~ genético** código genético; **~ penal** JUR código penal; **~** (**de endereçamento**) **postal** código postal; **~ secreto** código secreto; **~ de trânsito** código de circulación
codinome [kodʒi'nɔmi] *m* nombre *m* en clave
codorna [ko'dɔrna] *f* codorniz *f*
coeficiente [koefisi'ẽtʃi] *m* **1.** *tb.* MAT coeficiente *m* **2.** (*fator*) factor *m*
coelho, -a [ko'eʎu, -a] *m, f*; conejo, -a *m, f*; **matar dois ~s de uma cajadada só** *prov* matar dos pájaros de un tiro
coentro [ko'ẽjtru] *m* cilantro *m*
coerção <-ões> [koer'sãw, -'õjs] *f* coerción *f*
coercivo, -a [koer'sivu, -a] *adj* coercitivo, -a
coerência [koe'rẽjsia] *f sem pl* coheren-

cia *f*
coerente [koe'rējtʃi] *adj* coherente
coesão <-ões> [koe'zãw, -'õjs] *f tb.* FÍS cohesión *f*
coeso, -a [ko'ezu, -a] *adj* coherente
coesões [koe'zõjs] *f pl de* **coesão**
coetâneo [koe'tãniw] *m* coetáneo *m*
coetâneo, -a [koe'tãniw, -a] *adj* coetáneo, -a
coexistência [koezis'tējsja] *f* coexistencia *f*
coexistir [koezis'tʃir] *vi* coexistir
cofre ['kɔfri] *m* caja *f* fuerte; ~ **de aluguel** caja de seguridad; ~**s públicos** arcas *fpl* públicas
cogitação <-ões> [koʒita'sãw, -'õjs] *f* consideración *f*; **estar fora de** ~ no ser tomado en consideración
cogitar [koʒi'tar] **I.** *vt* considerar; ~ **as possibilidades** considerar las posibilidades; ~ (**de** [*ou* **em**] **fazer**) **uma viagem** considerar hacer un viaje; ~ **em sair de casa** considerar salir de casa; ~ **sobre o futuro** considerar el futuro **II.** *vi* reflexionar
cognição [kogni'sãw] *f sem pl* cognición *f*
cognitivo, -a [kogni'tʃivu, -a] *adj* cognitivo, -a
cogumelo [kogu'mɛlu] *m* seta *f*; ~ **radioativo** hongo atómico
coibir [koi'bir] <i→í> **I.** *vt* cohibir **II.** *vr*: ~-**se** cohibirse; **coibiu-se de falar no assunto** se cohibió al hablar del asunto
coice ['kojsi] *m* coz *f*; **dar um** ~ **em alguém** dar una coz a alguien; **levar um** ~ recibir una coz
coifa ['kojfa] *f* (*fogão*) campana *f* extractora
coincidência [kõjsi'dējsia] *f* **1.** (*de acontecimentos*) coincidencia *f* **2.** (*acaso*) casualidad *f*
coincidir [kõjsi'dʒir] *vi, vt* coincidir
coió [koj'ɔ] *m* **1.** ZOOL pez *m* volador **2.** (*pessoa tola*) bobo *m*
coisa ['kojza] *f* cosa *f*; **alguma** ~ algo; ~ **nenhuma** ninguna cosa; **outra** ~ otra cosa; **a mesma** ~ la misma cosa; **cheio de** ~ melindroso; **não ser grande** ~ no ser gran cosa; **há** ~ **de cinco minutos** hace cosa de cinco minutos; **não dizer** ~ **com** ~ *inf* decir tonterías; **o vestido era uma** ~ el vestido era espectacular; **pegue as suas** ~**s e suma daqui** coge tus cosas y desaparece
coitadinho, -a [kojta'dʒiɲu, -a] *adj inf* pobrecito, -a
coitado, -a [koj'tadu, -a] **I.** *m, f* pobre *mf* **II.** *adj* pobre; ~ **de mim!** ¡pobre de mí!
coito ['kojtu] *m* coito *m*
cola ['kɔla] *f* **1.** (*de papel, madeira*) cola *f*; ~ **branca** cola blanca [*o* de carpintero]; **2.** (*rasto*) pista *f*; **andar na** ~ **de alguém** andar tras la pista de alguien **3.** *inf* (*em exames*) chuleta *f*; **fazer** ~ copiar; **passar** ~ **para alguém** soplar a alguien
colaboração <-ões> [kolabora'sãw, -õjs] *f* colaboración *f*; **com a** ~ **de** con la colaboración de
colaboracionista [kolaborasjo'nista] *mf* POL colaboracionista *mf*
colaborações [kolabora'sõjs] *f pl de* **colaboração**
colaborador(a) [kolabora'dor(a)] <-es> *m(f)* colaborador(a) *m(f)*
colaborar [kolabo'rar] *vi* colaborar; ~ **com alguém** colaborar con alguien; ~ **em a. c.** colaborar en algo; ~ **para a. c.** colaborar a algo
colação <-ões> [kola'sãw] *f* concesión *f*
colagem [ko'laʒēj] <-ens> *f* **1.** (*ação de colar*) pegado *m* **2.** (*pintura, teatro*) collage *m*
colapso [ko'lapsu] *m* colapso *m*; ~ **nervoso** colapso nervioso
colar[1] [ko'lar] *m* collar *m*
colar[2] [ko'lar] **I.** *vt* **1.** (*papel, madeira, plástico*) pegar; **colou a cara no vidro para ver melhor** pegó la cara al cristal para ver mejor; **odeio quando colam na traseira do carro** odio cuando otro coche se pega al mío **2.** *inf* (*em exames*) copiar **3.** INFOR pegar **II.** *vi inf* (*ser aceito*) colar
colarinho [kola'riɲu] *m* **1.** (*de camisa*) cuello *m* **2.** *gíria* (*de chope, cerveja*) espuma *f*
colarinho-branco [kola'riɲu-'brãŋku] <colarinhos-brancos> *m* oficinista *m*
cola-tudo ['kɔla-'tudu] *f sem pl* cola *f* fuerte
colcha ['kowʃa] *f* colcha *f*; ~ **de retalhos** *fig* patchwork *m*
colchão <-ões> [kow'ʃãw, -õjs] *m* colchón *m*; ~ **de água** colchón de agua; ~ **de ar** colchón de aire; ~ **de molas** colchón de muelles
colcheia [kow'ʃeja] *f* MÚS corchea *f*
colchete [kow'ʃetʃi] *m tb.* TIPO corchete

m
colchões [kowˈʃõjs] *m pl de* **colchão**
colchonete [kowʃoˈnɛtʃi] *m* colchoneta *f*
coldre [ˈkowdri] *m* funda *f*
coleção <-ões> [koleˈsãw, -õjs] *f* colección *f*
colecionador(a) [kolesjonaˈdor(a)] <-es> *m(f)* coleccionista *mf*
colecionar [kolesjoˈnar] *vt* coleccionar; **~ selos** coleccionar sellos
coleções [koleˈsõjs] *f pl de* **coleção**
colega [koˈlɛga] *mf (de trabalho, curso)* colega *mf*
colegial <-ais> [koleʒiˈaw, -ˈajs] *adj, mf* colegial *mf*
colégio [koˈlɛʒiw] *m* colegio *m*, liceo *m* AmL; **~ eleitoral** colegio electoral; **~ interno** internado *m*, colegio interno
coleira [koˈlejra] *f* collar *m*
cólera [ˈkɔlera] *f tb.* MED cólera *f*
colérico [koˈlɛriku] *m* enfermo *m* de cólera
colérico, -a [koˈlɛriku, -a] *adj* colérico, -a
colesterol [kolesteˈrɔw] *m sem pl* colesterol *m*
coleta [koˈlɛta] *f* 1.(*ato de colher*) colecta *f* 2.(*imposto*) recaudación *f* 3.(*de dados, informações*) recogida *f*
coletânea [koleˈtãnia] *f* recopilación *f*
coletar [koleˈtar] I. *vt (recolher)* recaudar; (*tributar*) tributar; BOT, ZOOL recolectar II. *vr:* **~-se** (*cotizar-se*) hacer una colecta
colete [koˈletʃi] *m* chaleco *m*; **~ salva-vidas** chaleco salvavidas; **~ à prova de balas** chaleco antibalas
coletiva [koleˈtʃiva] *f (entrevista)* rueda *f* de prensa
coletividade [koletʃiviˈdadʒi] *f* colectividad *f*
coletivismo [koletʃiˈvizmu] *m sem pl* POL colectivismo *m*
coletivo [koleˈtʃivu] *m* 1.(*transporte*) autobús *m* 2.(*treino*) entrenamiento *m*
coletivo, -a [koleˈtʃivu, -a] *adj* colectivo, -a
coletor(a) [koleˈtor(a)] <-es> *m(f) tb.* ELETR colector *m*
colhão <-ões> [kuˈʎãw, -õjs] *m chulo* cojón *m*
colheita [koˈʎejta] *f* AGR cosecha *f*
colher¹ [koˈʎer] *vt* recoger; **~ os louros da vitória** recoger los laureles de la victoria

colher² [koˈʎer] <-es> *f* cuchara *f*; **~ de café** cuchara de café; **~ de chá** cuchara de té; **~ de sobremesa** cuchara de postre; **~ de sopa** cuchara sopera; **dar uma ~ de chá** *fig, inf* dar una oportunidad; **meter a ~** *fig, inf* meter la cuchara; **esse problema é de ~** *inf* ese problema está chupado
colherada [koʎeˈrada] *f* cucharada *f*
colheres [koˈʎɛres] *f pl de* **colher²**
colhões [kuˈʎõjs] *m pl de* **colhão**
colibri [koʎiˈbri] *m* colibrí *m*
cólica [ˈkɔʎika] *f* cólico *m*
colidir [koʎiˈdʒir] *vi* chocar; **~ com alguém/a. c.** chocar con alguien/algo; **~ contra uma árvore** chocar contra un árbol
coligação <-ões> [koʎigaˈsãw, -õjs] *f tb.* POL coalición *f*
colina [koˈʎina] *f* colina *f*
colírio [koˈʎiriw] *m* colirio *m*; **ele é um ~ para os olhos** *inf* alegra la vista a cualquiera
colisão <-ões> [koliˈzãw, -õjs] *f* colisión *f*
coliseu [koʎiˈzew] *m* coliseo *m*
colisões [koliˈzõjs] *f pl de* **colisão**
collant [koˈlã] *m* leotardos *mpl*
colmeia [kowˈmeja] *f* colmena *f*
colmo [ˈkowmu] *m* tallo *m*
colo [ˈkɔlu] *m* 1.(*regaço*) regazo *m*; **no ~** en el regazo; **trazer ao ~** traer en el regazo 2. ANAT (*pescoço*) cuello *m*; **~ do útero** cuello del útero
colocação <-ões> [kolokaˈsãw, -õjs] *f* 1.(*emprego*) empleo *m* 2.(*ato de colocar*) colocación *f* 3.(*classificação*) lugar *m*
colocar [koloˈkar] <c→qu> I. *vt* 1.(*pôr*) colocar; (*pneus*) poner; **o seu gol colocou o time na final** *inf* su gol metió al equipo en la final 2.(*num emprego*) colocar 3.(*expor*) plantear; **~ uma questão/uma ideia a alguém** plantear una cuestión/una idea a alguien 4. ECON (*dinheiro, ações*) colocar 5. INFOR (*dados*) colocar II. *vr:* **~-se** (*considerar-se*) considerarse; **sempre se colocou acima dos demais** siempre se consideró por encima de los demás
Colômbia [koˈlõwbia] *f* Colombia *f*
colombiano, -a [kolõwbiˈãnu, -a] *adj, m, f* colombiano, -a *m, f*
cólon [ˈkɔlõw] *m* ANAT colon *m*

colônia [ko'lonia] *f* colonia *f*; ~ **de férias** colonia de vacaciones; ~ **de imigrantes** colonia de inmigrantes; **as antigas ~s** las antiguas colonias

colonial <-ais> [koloni'aw, -'ajs] *adj* colonial

colonização <-ões> [koloniza'sãw, -õjs] *f* colonización *f*

colonizar [koloni'zar] *vt* colonizar

colono, -a [ko'lonu, -a] *m, f* colono, -a *m, f*

coloquial <-ais> [koloki'aw, -'ajs] *adj* coloquial

colóquio [ko'lɔkiw] *m* coloquio *m*

coloração <-ões> [kolora'sãw, -õjs] *f* coloración *f*

colorido, -a [kolo'ridu, -a] *adj* colorido, -a

colorir [kolo'rir] *vt* colorear; (*enfeitar*) dar color a; (*realçar*) dar colorido a; ~ **de vermelho** colorear de rojo

colossal <-ais> [kolo'saw, -'ajs] *adj* colosal

colosso [ko'losu] *m* coloso *m*; ~ **em tecnologia** coloso de la tecnología; **a comida estava um ~** la comida estaba genial

coluna [ko'luna] *f tb.* ARQUIT, ANAT, TIPO, MIL columna *f*; ~ **vertebral** columna vertebral

colunável <-eis> [kolu'navew, -ejs] *mf inf* famoso, -a *m, f*

colunista [kolu'nista] *mf* columnista *mf*

com [kõw] *prep* 1. (*acompanhamento*) con; **estar ~ os amigos** estar con los amigos; **estar ~ fome/sono** tener hambre/sueño; **estar ~ frio/calor** tener frío/calor; **estar ~ medo** tener miedo; **falar ~ alguém** hablar con alguien 2. (*circunstância*) con; ~ **mau tempo** con mal tiempo; **isso é ~ ela** eso tiene que ver con ella 3. (*por meio de*) con; ~ **a reforma** con la reforma

coma ['koma] *m sem pl* MED coma *m*

comadre [ko'madri] *f* 1. *tb. pej* comadre *f* 2. (*urinol*) orinal *m*

comandante [komãn'dãntʃi] *mf* MIL, AERO, NÁUT comandante *mf*

comandar [komãn'dar] *vt* 1. MIL comandar 2. (*ordenar*) mandar 3. (*uma máquina, um navio*) estar al mando de 4. (*ter domínio*) controlar; **já não consegiua ~ as pernas** ya no conseguía tenerme en pie

comando [ko'mãndu] *m* 1. MIL, INFOR comando *m* 2. TÉC mando *m*; ~ **automático** cambio *m* automático; ~ **eletrônico** control *m* electrónico

comando-chefe [ko'mãndu-'ʃɛfi] <comandos-chefes> *m* MIL comandante *m* en jefe

comarca [ko'marka] *f* JUR comarca *f*

combalido, -a [kõwba'ʎidu, -a] *adj* debilitado, -a

combate [kõw'batʃi] *m* lucha *f*; MIL combate *m*; ~ **ao crime** lucha contra el crimen; ~ **ao fogo** lucha contra el fuego; **estar fora de ~** *fig* estar fuera de combate

combatente [kõwba'tẽntʃi] *mf* MIL combatiente *mf*

combater [kõwba'ter] I. *vt* combatir II. *vr*: ~**-se** enfrentarse

combativo, -a [kõwba'tʃivu, -a] *adj* combativo, -a

combinação <-ões> [kõwbina'sãw, -õjs] *f* 1. (*ligação*) combinación *f* 2. (*acordo*) acuerdo *m* 3. (*roupa*) combinación *f*

combinar [kõwbi'nar] *vt* 1. (*unir*) combinar 2. (*entrar em acordo*) acordar; **combinado!** ¡de acuerdo!; **combinei com a Maria de ir ao teatro** quedé con Maria para ir al teatro 3. (*cores, roupas*) combinar; ~ **com** combinar con 4. (*ideias*) confrontar

comboio [kõw'boju] *m* convoy *m*

combustão [kõwbus'tãw] *f sem pl* combustión *f*

combustível <-eis> [kõwbus'tʃivew, -ejs] I. *m* combustible *m* II. *adj* combustible

começar [kome'sar] <ç→c> I. *vt* empezar, comenzar; ~ **um trabalho** empezar un trabajo II. *vi* empezar, comenzar; **começa às 20 horas** empieza a las 20 horas; **começou a chover** empezó a llover; **ela começou como faxineira** empezó de limpiadora

começo [ko'mesu] *m sem pl* comienzo *m*; **cheguei quando o filme estava no ~** llegué cuando la película estaba empezando

comedeira [kome'dejra] *f* negocio *m* fraudulento

comédia [ko'mɛdʒia] *f tb.* TEAT, CINE comedia *f*; ~ **musical** comedia musical

comediante [komedʒi'ãntʃi] *mf* comediante *mf*

comédia-pastelão <comédias-pastelão *ou* comédias-pastelões> [ko'mɛdʒia-paste'lãw, -õjs] *f* astracanada *f*

comedido, -a [kome'dʒidu, -a] *adj* (*moderado*) comedido, -a
comedir [kome'dʒir] *irr como pedir* **I.** *vt* medir **II.** *vr:* ~ **-se** comedirse
comedouro [kome'dowru] *m* (*lugar, recipiente*) comedero *m*
comemoração <-ões> [komemora'sãw, -õjs] *f* (*cerimônia*) conmemoración *f*; (*festa*) celebración *m*; **em** ~ **a** en conmemoración de
comemorar [komemo'rar] *vt* conmemorar; (*festejar*) celebrar
comemorativo, -a [komemora'tʃivu, -a] *adj* conmemorativo, -a
comenda [ko'mẽjda] *f* condecoración *f*
comendador [komẽjda'dor] <-es> *m* comendador *m*
comentar [komẽj'tar] *vt* comentar
comentário [komẽj'tariw] *m* comentario *m*; **fazer um** ~ **sobre alguém/a. c.** hacer un comentario sobre alguien/algo
comentarista [komẽjta'rista] *mf* comentarista *mf*
come-quieto ['kɔmi-'kjɛtu] <come-quietas> *m sem pl* zapatillas *fpl* de deporte
comer [ko'mer] **I.** *vt* **1.** (*pessoa, animal*) comer; **o pão que o diabo amassou** pasarlas negras **2.** (*palavras*) comerse; **comeu dois parágrafos** se comió dos párrafos **3.** (*xadrez, damas*) comer **4.** (*desgaste*) comerse **5.** (*esbanjar*) gastar **6.** *chulo* (*sexo*) follar con **II.** *vi* **1.** (*pessoa, animal*) comer; ~ **fora** comer fuera; **dar de** ~ dar de comer; ~ **como um boi** comer como una lima **2.** *inf* (*acontecer*) armarse; **o pau vai** ~ se va a armar la marimorena **III.** *vr:* ~ **-se de inveja/de raiva** morirse de envidia/de rabia
comercial <-ais> [komersi'aw, -'ajs] **I.** *adj* comercial **II.** *m* anuncio *m*, comercial *m AmL*
comercializar [komersjaʎi'zar] *vt* comercializar
comerciante [komersi'ãntʃi] *mf* comerciante *mf*
comerciar [komersi'ar] **I.** *vi* comerciar; ~ **com alguém** comerciar con alguien **II.** *vt* comerciar
comércio [ko'mɛrsiw] *m* **1.** (*atividade*) comercio *m*; ~ **atacadista** comercio al por mayor; ~ **clandestino** comercio clandestino; ~ **eletrônico** comercio electrónico; ~ **exterior** comercio exterior; ~ **interno** comercio interno; ~ **varejista** comercio al por menor; **livre** ~ libre comercio **2.** (*lojas*) comercio *m*; **de fechar o** ~ *inf* alucinante
comes ['kɔmis] *mpl* ~ **e bebes** comida *f* y bebida
comestíveis [komes'tʃivejs] *mpl* comestibles *mpl*
comestível <-eis> [komes'tʃivew, -ejs] *adj* comestible
cometa [ko'meta] *m* cometa *m*
cometer [kome'ter] *vt* (*um crime, um erro*) cometer; ~ **suicídio** cometer suicidio
comezinho, -a [kome'ziɲu, -a] *adj* (*vida, fato*) corriente
comichão <-ões> [komi'ʃãw, -õjs] *f tb.* MED comezón *f*; **senti um** ~ **de sair às compras** sentí una comezón por ir de compras
comício [ko'misiw] *m* mitin *m*
comício-monstro [ko'misiw-'mõwstru] <comícios-monstros> *m* POL megamitin *m*
cômico, -a ['komiku, -a] *adj, m, f* cómico, -a *m, f*
comida [ko'mida] *f* comida *f*; ~ **caseira** comida casera; ~ **natural** comida natural
comigo [ko'migu] = **com + mim** *v.* **com**
comilança [komi'lãnsa] *f* comilona *f*
comilão, -ona <-ões> [komi'lãw, -ona, -õjs] *inf* **I.** *m, f* glotón, -ona *m, f* **II.** *adj* glotón, -ona; *fig* chanchullero, -a
cominho [ko'miɲu] *m sem pl* comino *m*
comiseração <-ões> [komizera'sãw, -õjs] *f* conmiseración *f*
comiserar [komize'rar] **I.** *vt* compadecer **II.** *vr* ~ **-se de alguém** compadecerse de alguien
comissão <-ões> [komi'sãw, -õjs] *f* **1.** (*comitê*) comisión *f*; **Comissão Europeia** Comisión Europea; ~ **executiva** comisión ejecutiva; ~ **de fábrica** comité de empresa *m*; ~ **de frente** *miembros de una escuela de samba que abren el desfile de carnaval*; ~ **parlamentar de inquérito** comisión parlamentaria de investigación **2.** ECON comisión *f*; **em** ~ a comisión; **trabalhar à base de** ~ trabajar a comisión; **ter** ~ **nas vendas** llevarse una comisión por ventas; **5% de** ~ 5% de comisión

comissariado [komisari'adu] *m* comisaría *f*

comissário, -a [komi'sariw, -a] *m, f* comisario, -a *m, f*; **~ de bordo** AERO auxiliar *mf* de vuelo; **~ de polícia** subcomisario, -a *m, f* de policía

comissões [komi'sõjs] *f pl de* **comissão**

comitê [komi'te] *m* comité *m*; **~ eleitoral** comité electoral

comitiva [komi'tʃiva] *f* comitiva *f*

como ['komu] I. *conj* 1. (*comparação*) como; **assim ~** así como; **tanto... ~** tanto... como; **tão... ~** tan... como; **ele é ~ o pai** es como su padre 2. (*visto que*) como; **~ era tarde, ele dormiu aqui** como era tarde, durmió aquí 3. (*na qualidade de*) como; **ele trabalha ~ gerente de loja** trabaja como gerente de una tienda II. *adv* 1. (interrogativo ~? ¿cómo?; **~ assim?** ¿cómo?; **~ não?** ¿cómo que no? 2. (*modo*) cómo; **~ ele gosta dela!** ¡cómo le gusta ella!, ¡qué bien le cae!; **~ é que funciona?** ¿cómo funciona?; **~ se diz...?** ¿cómo se dice...?; **~ se** +*conj* como si +*conj*

comoção <-ões> [komo'sãw, -õjs] *f* 1. (*sentimental*) conmoción *f*; **com grande ~** con gran conmoción 2. (*abalo*) revuelta *f*

cômoda ['komoda] *f* cómoda *f*

comodidade [komodʒi'dadʒi] *f* comodidad *f*; **com todas as ~s** con todas las comodidades

comodismo [komo'dʒizmu] *m* comodidad *f*

comodista [komo'dʒista] *adj* comodón, -ona

cômodo ['komodu] *m* (*de casa, de hotel*) cuarto *m*, pieza *f AmL*

cômodo, -a ['komodu, -a] *adj* cómodo, -a

comovente [komo'vẽjtʃi] *adj* conmovedor(a)

comover [komo'ver] I. *vt* conmover II. *vr*: **~-se** conmoverse

compactar [kõwpak'tar] *vt* INFOR compactar

compacto [kõw'paktu] *m* 1. (*disco*) sencillo *m* 2. RÁDIO, TV resumen *m*

compacto, -a [kõw'paktu, -a] *adj* (*maciço, denso*) compacto, -a

compadecer [kõwpade'ser] <c→ç> I. *vt* (*ter compaixão*) compadecer; (*suportar*) aguantar II. *vr* **~-se de alguém** compadecerse de alguien

compadre [kõw'padri] *m* compadre *m*; *pej* (*mancomunado*) compinche *m*

compaixão <-ões> [kõwpaj'ʃãw, -õjs] *f* compasión *f*; **sentir** [*ou* **ter**] **~ por alguém** sentir compasión por alguien

companheirismo [kõwpɐ̃ɲej'rizmu] *m sem pl* compañerismo *m*

companheiro, -a [kõwpɐ̃'ɲejru, -a] *adj, m, f* compañero, -a *m, f*

companhia [kõwpɐ̃'nia] *f* 1. (*acompanhamento*) compañía *f*; **andar em boa ~** estar en buena compañía; **fazer ~ a alguém** hacer compañía a alguien 2. TEAT, ECON, MIL compañía *f*; **~ aérea** compañía aérea; **~ limitada** sociedad *f* limitada; **~ de seguros** compañía de seguros

comparação <-ões> [kõwpara'sãw, -õjs] *f* comparación *f*; **em ~ com** en comparación con; **isso não tem ~** *inf* eso es incomparable; **era de uma beleza sem ~** era de una belleza incomparable

comparar [kõwpa'rar] *vt* comparar; **~ os preços com a tabela** comparar los precios con la tabla

comparativo [kõwpara'tʃivu] *m* LING comparativo *m*; **~ de igualdade** comparativo de igualdad

comparativo, -a [kõwpara'tʃivu, -a] *adj* 1. (*em comparação*) comparativo, -a 2. LING comparado, -a; **linguística comparativa** lingüística comparada

comparável <-eis> [kõwpa'ravew, -ejs] *adj* comparable; **~ a alguém/a. c.** comparable a alguien/algo

comparecer [kõwpare'ser] <c→ç> *vt* comparecer; **~ a algum lugar** comparecer en un lugar; **~ ao tribunal** comparecer ante un tribunal; **todos ~am com 10 reais** todos colaboraron con 10 reales

comparecimento [kõwparesi'mẽjtu] *m* comparecencia *f*

comparsa [kõw'parsa] *mf* (*cúmplice*) cómplice *mf*; (*em negócio*) comparsa *mf*

compartilhar [kõwpartʃi'ʎar] I. *vt* compartir II. *vi* **~ de a. c.** compartir algo

compartimento [kõwpartʃi'mẽjtu] *m* 1. (*de casa*) habitación *f*; (*de móvel*) compartimento *m* 2. NÁUT compartimento *m*

compassado, -a [kõwpa'sadu, -a] *adj* MÚS acompasado, -a

compassivo, -a [kõwpa'sivu, -a] *adj* compasivo, -a

compasso [kõw'pasu] *m* compás *m;* **no** ~ al compás; **marcar o** ~ marcar el compás; **estar em** ~ **de espera** estar en un compás de espera

compatibilidade [kõwpatʃibiʎi'dadʒi] *f tb.* INFOR compatibilidad *f*

compatível <-eis> [kõwpa'tʃivew, -ejs] *adj tb.* INFOR compatible; ~ **com a. c.** compatible con algo

compatriota [kõwpatri'ɔta] *mf* compatriota *mf*

compelir [kõwpe'ʎir] *irr como preferir vt* obligar

compêndio [kõw'pẽjdʒiw] *m* compendio *m*

compenetrado, -a [kõwpene'tradu, -a] *adj* **1.** (*convicto*) convencido, -a **2.** (*concentrado*) concentrado, -a; ~ **em a. c.** concentrado en algo

compensação <-ões> [kõwpẽjsa'sãw, -õjs] *f* compensación *f;* **em** ~ **recebe...** en compensación recibe...

compensado [kõwpẽj'sadu] *m* aglomerado *m*

compensado, -a [kõwpẽj'sadu, -a] *adj* compensado, -a

compensar [kõwpẽj'sar] *vt tb.* ECON compensar; ~ **alguém de a. c.** compensar a alguien por algo; **não sei como compensá-los por isso** no sé cómo compensarles por esto

competência [kõwpe'tẽjsia] *f* competencia *f*

competente [kõwpe'tẽjtʃi] *adj* **1.** (*capaz, apto*) competente; **ser** ~ **para a. c.** ser competente para algo **2.** (*próprio*) adecuado, -a; **vias** ~**s** vías adecuadas

competição <-ões> [kõwpet'sãw, -õjs] *f* **1.** (*concurso*) competición *f* **2.** (*rivalidade*) competencia *f*

competidor(a) [kõwpetʃi'dor(a)] <-es> *m(f)* competidor(a) *m(f)*

competir [kõwpe'tʃir] *irr como preferir vi* **1.** (*concorrer*) competir; ~ **com alguém** (**por a. c.**) competir con alguien (por algo); **as empresas competem pelo mercado** las empresas compiten por el mercado **2.** (*competência*) competir; ~ **a alguém** competir a alguien; **isso não me compete** eso no me compete

competitividade [kõwpetʃitʃivi'dadʒi] *f* competitividad *f*

competitivo, -a [kõwpetʃi'tʃivu, -a] *adj* competitivo, -a

compilação <-ões> [kõwpila'sãw, -õjs] *f* compilación *f*

compilar [kõwpi'lar] *vt* compilar

complacente [kõwpla'sẽjtʃi] *adj* complaciente

compleição <-ões> [kõwplej'sãw, -õjs] *f* **1.** (*física*) complexión *f* **2.** (*psicológica*) carácter *m*

complementar [kõwplemẽj'tar] <-es> *adj* complementario, -a

complemento [kõwple'mẽjtu] *m* complemento *m;* ~ **direto/indireto** complemento directo/indirecto

completamente [kõwplɛta'mẽjtʃi] *adv* completamente; **estar** ~ **cheio** estar completamente lleno

completar [kõwple'tar] *vt* completar; **ela completou 20 anos** cumplió 20 años

completo, -a [kõw'plɛtu, -a] *adj* completo, -a; **obras completas** obras completas; **é um** ~ **idiota** es un completo idiota; **vivia uma felicidade** ~ era completamente feliz; **deu uma volta completa** dio una vuelta completa

complexado, -a [kõwplek'sadu, -a] *adj* acomplejado, -a

complexidade [kõwpleksi'dadʒi] *f* complejidad *f*

complexo [kõw'plɛksu] *m* **1.** PSICO complejo *m;* ~ **de inferioridade** complejo de inferioridad; **ter** ~**s** tener complejos **2.** (*área*) ~ **industrial** complejo industrial *m*

complexo, -a [kõw'plɛksu, -a] *adj* **1.** (*problema*) complejo, -a **2.** (*explicação*) confuso, -a

complicação <-ões> [kõwplika'sãw, -õjs] *f* complicación *f*

complicado, -a [kõwpli'kadu, -a] *adj* complicado, -a

complicar [kõwpli'kar] <c→qu> I. *vt* **1.** complicar; ~ **a vida de alguém** complicarle la vida a alguien **2.** (*comprometer*) comprometer; **assim você vai me** ~ así me vas a poner en un compromiso II. *vr* ~**-se 1.** MED complicarse **2.** (*ficar confuso*) confundirse

complô [kõw'plo] *m* complot *m;* **armar um** ~ **contra alguém** organizar un complot contra alguien

componente [kõwpo'nẽjtʃi] *adj, mf* componente *mf*

compor [kõw'por] *irr como pôr* I. *vt*

1. *tb.* MÚS, TIPO componer **2.** (*um texto*) redactar **3.** (*personagem*) encarnar **II.** *vr:* ~-**se 1.** (*postura*) recomponer **2.** (*arranjar-se*) arreglarse; **componha--se!** ¡arréglate! **3.** (*ser composto*) ~-**se de** componerse de

comporta [kõw'pɔrta] *f* compuerta *f*

comportamento [kõwpɔrta'mẽjtu] *m* comportamiento *m*

comportar [kõwpor'tar] **I.** *vt* tener capacidad para; **o estádio comporta 40 000 pessoas** el estadio tiene capacidad para 40.000 personas **II.** *vr:* ~-**se** portarse, comportarse; ~-**se bem/mal** portarse bien/mal; ~-**se como uma criança** portarse como un niño

composição <-ões> [kõwpozi'sãw, -õjs] *f* **1.** *tb.* MÚS, TIPO, QUÍM composición *f* **2.** (*de um texto*) redacción *f* **3.** (*vagões do trem*) convoy *m* **4.** POL alianza *f*

compositor(a) [kõwpozi'tor(a)] <-es> *m(f)* **1.** MÚS compositor(a) *m(f)* **2.** TIPO componedor(a) *m(f)*

composto [kõw'postu] **I.** *pp de* **compor II.** *m* QUÍM compuesto *m*

composto, -a [kõw'postu, -'ɔsta] *adj tb.* LING compuesto, -a; **palavra composta** palabra compuesta

compostura [kõwpos'tura] *f sem pl* compostura *f;* **perder a** ~ perder la compostura

compota [kõw'pɔta] *f* compota *f*

compra ['kõwpra] *f* compra *f;* ~**s de Natal** compras de Navidad; ~ **e venda** compraventa *f;* **fazer** ~**s** hacer compras; **ir às** ~**s** ir de compras

comprador(a) [kõwpra'dor(a)] <-es> *m(f)* comprador(a) *m(f)*

comprar [kõw'prar] *vt* comprar; ~ **a prestações** comprar a plazos; ~ **à vista** comprar al contado; ~ **a. c. para alguém** comprar algo para alguien; **comprou o policial de trânsito** compró al policía de tráfico

comprazer [kõwpra'zer] *irr* **I.** *vi* (*consentir*) complacer; (*transigir*) transigir **II.** *vr:* ~-**se** deleitarse; ~-**se com a. c.** deleitarse con algo; ~-**se de a. c.** complacerse de algo

compreender [kõwpreẽj'der] *vt* comprender

compreensão [kõwpreẽj'sãw] *f* comprensión *f;* **de fácil/difícil** ~ de fácil/difícil comprensión; **de** ~ **lenta** de comprensión lenta; **ter** [*ou* **mostrar**] ~ mostrar comprensión

compreensível <-eis> [kõwpreẽj'sivew, -ejs] *adj* comprensible

compreensivo, -a [kõwpreẽj'sivu, -a] *adj* comprensivo, -a

compressa [kõw'prɛsa] *f* compresa *f*

compressão <-ões> [kõwpre'sãw, -õjs] *f* **1.** *tb.* TÉC compresión *f* **2.** (*opressão*) opresión *f*

compressor [kõwpre'sor] <-es> *m* compresor *m*

comprido, -a [kũw'pridu, -a] *adj* largo, -a; **ao** ~ a lo largo

comprimento [kõwpri'mẽjtu] *m* largo *m;* **ter 5 metros de** ~ tener 5 metros de largo

comprimido [kõwpri'midu] *m* comprimido *m*

comprimido, -a [kõwpri'midu, -a] *adj* comprimido, -a

comprimir [kõwpri'mir] *vt* comprimir

comprometedor(a) [kõwpromete'dor(a)] <-es> *adj* comprometedor(a)

comprometer [kõwprome'ter] **I.** *vt* comprometer; **não me comprometa** *inf* no me comprometas **II.** *vr:* ~-**se** comprometerse; ~-**se a fazer a. c.** comprometerse a hacer algo

comprometido, -a [kõwprome'tʃidu, -a] *adj* comprometido, -a; ~ **com alguém** comprometido con alguien

compromissado, -a [kõwpromi'sadu, -a] *adj* comprometido, -a

compromisso [kõwpro'misu] *m* compromiso *m;* **assumir um** ~ adquirir [*ou* asumir] un compromiso; **chegar a um** ~ llegar a un compromiso; **ter um** ~ tener un compromiso; **sem** ~ sin compromiso

comprovação <-ões> [kõwprova'sãw, -õjs] *f* comprobación *f*

comprovante [kõwpro'vãntʃi] *m* comprobante *m*

comprovar [kõwpro'var] *vt* (*provar, confirmar*) comprobar

comprovatório, -a [kõwprova'tɔriw, -a] *adj* que comprueba, comprobatorio, -a

compulsão <-ões> [kõwpuw'sãw, -õjs] *f* compulsión *f*

compulsivo, -a [kõwpuw'sivu, -a] *adj* compulsivo, -a

compulsões [kõwpuw'sõjs] *f pl de* **compulsão**

compulsório, -a [kõwpuw'sɔriw, -a]

adj obligatorio, -a
computador [kõwputa'dor] <-es> *m* ordenador *m*, computadora *f AmL;* ~ **pessoal** ordenador personal; ~ **portátil** ordenador portátil
computadorizado, -a [kõwputadori'zadu, -a] *adj* informatizado, -a, computarizado, -a *AmL*
computar [kõwpu'tar] *vt* computar
cômputo ['kõwputu] *m* cómputo *m;* ~ **geral** cómputo global
comum [ko'mũw] I. *adj* común; **de acordo** de común acuerdo; **fazer a. c. em** ~ hacer algo en común; **ter a. c. em** ~ **com alguém** tener algo en común con alguien; **isso é** ~ **a essas pessoas** eso es común a esas personas II. *m* común *m;* **o** ~ **entre eles é brigar** lo común entre ellos es discutir
comuna¹ [ko'muna] *f* municipio *m*
comuna² [ko'muna] *mf inf* rojo, -a *m, f*
comungar [komũw'gar] <g→gu> *vi* REL comulgar
comunhão <-ões> [komũ'ɲ̃ãw, -õjs] *f* 1. REL comunión *f;* **primeira** ~ primera comunión; **fazer a** ~ recibir la comunión 2. JUR ~ **de bens** comunidad de bienes
comunicação <-ões> [komunika'sãw, -õjs] *f* 1. (*ato de comunicar*) comunicación *f;* ~ **interna** comunicación interna; **estabelecer** ~ **com alguém** ponerse en comunicación con alguien 2. (*ligação, passagem*) pasaje *m*
comunicado [komuni'kadu] *m* comunicado *m;* ~ **de imprensa** comunicado de prensa
comunicar [komuni'kar] <c→qu> I. *vi* comunicarse II. *vt* comunicar; (*transferir*) transferir III. *vr* ~**-se** comunicarse; ~**-se com alguém** comunicarse con alguien
comunicativo, -a [komunika'tʃivu, -a] *adj* comunicativo, -a
comunidade [komuni'dadʒi] *f* comunidad *f;* **Comunidade Europeia** Comunidad Europea
comunismo [komu'nizmu] *m sem pl* comunismo *m*
comunista [komu'nista] *adj, mf* comunista *mf*
comunitário, -a [komuni'tariw, -a] *adj* comunitario, -a
comutador [komuta'dor] <-es> *m* ELETR conmutador *m*
comutar [komu'tar] *vt tb.* JUR conmutar

côncavo, -a ['kõwkavu, -a] *adj* cóncavo, -a
conceber [kõwse'ber] *vt tb.* BIO concebir
concebível <-eis> [kõwse'bivew, -ejs] *adj* concebible
conceder [kõwse'der] *vt* (*autorizar*) permitir; (*uma autorização, um favor, direito*) conceder
conceição [kõwsej'sãw] *f* REL concepción *f*
conceito [kõw'sejtu] *m* 1. (*ideia*) concepto *m* 2. (*opinião*) opinión *f* 3. (*em escolas*) nota *f* 4. (*reputação*) reputación *f*
conceituado, -a [kõwsejtu'adu, -a] *adj* valorado, -a; **ser muito** ~ estar muy bien valorado
conceitual <-ais> [kõwsejtu'aw, -'ajs] *adj* conceptual
concentração <-ões> [kõwsẽjtra'sãw, -õjs] *f tb.* QUÍM concentración *f*
concentrado [kõwsẽj'tradu] *m* concentrado *m*
concentrado, -a [kõwsɛj'tradu, -a] *adj* concentrado, -a; ~ **em a. c.** concentrado en algo
concentrar [kõwsẽj'trar] I. *vt* concentrar II. *vr* ~**-se** concentrarse; ~**-se na palestra** concentrarse en la conferencia
concepção <-ões> [kõwsep'sãw, -õjs] *f tb.* BIO concepción *f*
conceptual <-ais> [kõwseptu'aw, -'ajs] *adj* conceptual
concernir [kõwser'nir] *irr como vestir vt* concernir; ~ **a alguém/a. c.** concernir a alguien/algo; **no que concerne a...** en lo que concierne a...
concertar [kõwser'tar] *vt* 1. (*combinar*) acordar 2. (*um plano*) tramar
concerto [kõw'sertu] *m* concierto *m*
concessão <-ões> [kõwse'sãw, -õjs] *f* 1. *tb.* ECON concesión *f* 2. (*permissão*) permiso *m*
concessionária [kõwsesjo'naria] *f* ECON empresa *f* concesionaria; ~ **de automóveis** concesionario *m* de automóviles
concessionário [kõwsesjo'nariw] *m* JUR concesionario *m*
concessões [kõwse'sõjs] *f pl de* **concessão**
concha ['kõwʃa] *f* 1. *tb.* ZOOL concha *f* 2. (*da sopa*) cucharón *m* 3. (*concavidade*) concavidad *f;* ~ **acústica** ARQUIT

concha acústica (*estructura en forma de concha para actuaciones musicales*)

conchavo [kõˈʃavu] *m* (*acordo*) acuerdo *m*; (*trama*) maquinación *f*

conciliar [kõwsiʎiˈar] *vt* (*inimigos, interesses*) conciliar

conciliável <-eis> [kõwsiʎiˈavew, -ejs] *adj* conciliable

concílio [kõwˈsiʎiw] *m* REL concilio *m*

conciso, -a [kõwˈsizu, -a] *adj* conciso, -a

concludente [kõwkluˈdejtʃi] *adj* concluyente

concluir [kõwkluˈir] <*pp:* concluso *ou* concluído> *conj* como incluir *vt* concluir; ~ **que** concluir que; **daí podemos ~ que...** de lo que podemos concluir que...

conclusão <-ões> [kõwkluˈzãw, -õjs] *f* conclusión *f*; **tirar uma ~ de a. c.** sacar una conclusión de algo

conclusivo, -a [kõwkluˈzivu, -a] *adj* conclusivo, -a

conclusões [kõwkluˈzõjs] *f pl de* **conclusão**

concomitante [kõwkomiˈtãtʃi] *adj* 1. (*que acompanha*) concomitante 2. (*simultâneo*) simultáneo, -a

concordância [kõwkorˈdãsia] *f tb.* LING concordancia *f*

concordar [kõwkorˈdar] *vi* estar de acuerdo; ~ **com alguém/a. c.** estar de acuerdo con alguien/algo; ~ **em a. c.** estar de acuerdo con algo

concordata [kõwkorˈdata] *f* JUR suspensión *m* de pagos; **pedir ~** declarar la suspensión de pagos

concórdia [kõwˈkɔrdʒia] *f* concordia *f*

concorrência [kõwkoˈxẽjsia] *f* 1. ECON competencia *f*; ~ **desleal** competencia desleal 2. ADMIN concurso *m*; ~ **pública** concurso público; **fora de ~** fuera de concurso 3. (*convergência*) afluencia *f*

concorrente [kõwkoˈxẽjtʃi] *mf* 1. concurrente *mf* 2. (*num concurso*) concursante *mf* 3. ECON competidor(a) *m(f)*

concorrer [kõwkoˈxer] *vi* 1. ECON competir; ~ **com alguém/a. c.** competir con alguien/algo 2. (*afluir*) acudir; **os cidadãos concorreram à praça para o comício** los ciudadanos acudieron a la plaza para el mitin 3. (*candidatar-se*) presentarse; ~ **a uma vaga** presentarse a una vacante 4. (*contribuir*) contribuir; ~ **para o progresso social** contribuir al progreso social 5. (*disputar*) disputarse; **os filhos concorrem pela atenção dos pais** los hijos se disputan la atención de los padres

concorrido, -a [kõwkoˈxidu, -a] *adj* disputado, -a

concretização <-ões> [kõwkretʃizaˈsãw] *f* concreción *f*

concretizar [kõwkretˈzar] *vt* concretar

concreto [kõwˈkrɛtu] *m* 1. *sem pl* (*cimento*) hormigón *m*; ~ **armado** hormigón armado 2. (*o real*) sólido *m*; **não há nada de ~ nesta história** no hay nada de sólido en esta historia

concreto, -a [kõwˈkrɛtu, -a] *adj* concreto, -a

concubina [kõwkuˈbina] *f* concubina *f*

concurso [kõwˈkursu] *m* 1. (*competição*) concurso *m*; **abrir ~** convocar un concurso 2. (*encontro*) concurrencia *f*

condado [kõˈdadu] *m* (*território*) condado *m*

condão <-ões> [kõˈdãw, -õjs] *m* don *m*

conde(ssa) [ˈkõwdʒi, kõˈdesa] *m (f)* conde(sa) *m(f)*

condecoração <-ões> [kõwdekoraˈsãw, -õjs] *f* condecoración *f*

condecorar [kõwdekoˈrar] *vt* condecorar

condenação <-ões> [kõwdenaˈsãw, -õjs] *f* tb. JUR condena *f*

condenado, -a [kõwdeˈnadu, -a] I. *m, f* 1. *tb. fig* condenado, -a *m, f*; **trabalhar feito um ~** trabajar como un condenado 2. (*desenganado*) desahuciado, -a *m, f* II. *adj tb.* JUR condenado, -a; **ser/estar ~ a 10 anos de prisão** ser/estar condenado a 10 años de cárcel

condenar [kõwdeˈnar] I. *vt* 1. *tb.* JUR condenar; ~ **alguém a a. c.** condenar a alguien a algo; ~ **à morte** condenar a muerte 2. (*incriminar*) delatar II. *vr* ~**-se** condenarse

condenável <-eis> [kõwdeˈnavew, -ejs] *adj* condenable

condensação [kõwdẽjsaˈsãw] *f sem pl* condensación *f*

condensado, -a [kõwdẽjˈsadu, -a] *adj* condensado, -a

condensador [kõwdẽjsaˈdor] <-es> *m* condensador *m*

condensar [kõwdẽjˈsar] *vt* condensar

condescendência [kõwdesẽjˈdẽjsia] *f sem pl* condescendencia *f*

condescendente [kõwdesēj'dẽjtʃi] *adj* condescendiente; **ser ~ com alguém** ser condescendiente con alguien

condescender [kõwdesēj'der] *vi* 1.(*transigir*) condescender; **~ a fazer as pazes** condescender a hacer las paces 2.(*consentir*) consentir; **~ em seguir viagem** consentir en seguir el viaje

condessa [kõw'desa] *f v.* **conde**

condição <-ões> [kõwd'sãw, -õjs] *f* condición *f*; **~ física** condición física; **estar em condições de fazer a. c.** estar en condiciones de hacer algo; **nestas condições** en estas condiciones; **sob** [*ou* **com**] **a ~ de... +***inf* con la condición de que... +*subj*; **~ sine qua non** condición sine qua non; **sem ~!** *inf* ¡imposible!

condicional, -ais [kõwdsjo'naw, -'ajs] I. *m, f* LING condicional *m* II. <-ais> *adj tb.* LING condicional; **liberdade ~** libertad condicional; **oração ~** oración condicional

condicionar [kõwdsjo'nar] *vt* condicionar

condições [kõwd'sõjs] *f pl de* **condição**

condigno, -a [kõw'dʒignu, -a] *adj* digno, -a

condimentar [kõwdʒimēj'tar] *vt* condimentar

condimento [kõwdʒi'mẽtu] *m* condimento *m*

condizer [kõwd'zer] *irr como* **dizer** I. *vt* combinar; **o sofá não condiz com os móveis da sala** el sofá no combina con los muebles del salón II. *vi* concordar; **suas atitudes condizem** sus actitudes concuerdan

condoer-se [kõwdo'ersi] *conj como* **roer** *vr* **~ de alguém** compadecerse de alguien

condões [kõw'dõjs] *m pl de* **condão**

condolências [kõwdo'lẽjsias] *f* condolencias *fpl*; **apresentar as ~ a alguém** expresar sus condolencias a alguien

condomínio [kõwdo'miniw] *m* 1.(*apartamentos, casas*) urbanización *f*; **~ fechado** urbanización cerrada 2.(*administração*) gastos *mpl* de comunidad

condômino [kõwdo'miniw] *m* copropietario *m*

condor [kõw'dor] <-es> *m* cóndor *m*

condução <-ões> [kõwdu'sãw, -õjs] *f* 1.(*direção*) dirección *f* 2.(*de um automóvel*) conducción *f* 3.(*transporte*) medio *m* de transporte

conduta [kõw'duta] *f* conducta *f*; **ter boa/má ~** tener buena/mala conducta

conduto [kõw'dutu] *m* (*cano*) conducto *m*; **~ de gás/do lixo** conducto del gas/de la basura

condutor [kõwdu'tor] *m* ELETR conductor *m*

condutor(a) [kõwdu'tor(a)] <-es> I. *adj* conductor(a); **fio ~** hilo conductor II. *m(f)* conductor(a) *m(f)*

conduzir [kõwdu'zir] I. *vt* 1.(*um automóvel, barco*) conducir; (*uma máquina*) manejar 2.(*negócio, nação*) dirigir 3.(*encaminhar, levar a*) conducir II. *vr* **~-se** comportarse; **~-se com lisura** comportarse con honradez

cone ['koni] *m* (*geometria*) cono *m*

conector [konek'tor] <-es> *m* ELETR, INFOR conector *m*

cônego ['konegu] *m* canónigo *m*

conexão <-ões> [konek'sãw] *f* 1.(*ligação*) conexión *f* 2.(*rota*) ruta *f*

confabular [kõwfabu'lar] *vt* conversar; (*trama*) maquinar

confecção <-ões> [kõwfek'sãw, -õjs] *f* 1.(*vestuário*) ropa *f* de confección 2.(*fabrico*) confección *f*

confeccionar [kõwfeksjo'nar] *vt* confeccionar

confecções [kõwfek'sõjs] *f pl de* **confecção**

confederação <-ões> [kõwfedera'sãw, -õjs] *f* POL confederación *f*; **Confederação Brasileira de Futebol** Federación Brasileña de Fútbol; **Confederação Helvética** Confederación Helvética

confeitaria [kõwfejta'ria] *f* confitería *f*

confeito [kõw'fejtu] *m* confitura *f*

conferência [kõwfe'rẽjsia] *f* 1.(*discurso*) conferencia *f*; **~ de cúpula** POL cumbre *f*; **fazer uma ~** dar una conferencia 2.(*verificação*) comprobación *f*

conferenciar [kõwferẽjsi'ar] *vt* conferenciar; **~ com alguém** conferenciar con alguien

conferencista [kõwferẽj'sista] *mf* conferenciante *mf*

conferir [kõwfe'rir] *irr como* **preferir** I. *vt* (*controlar*) verificar; (*direitos*) conferir; (*debate*) debatir II. *vi* coincidir

confessar [kõwfe'sar] I. *vt* (*a culpa, um*

erro, os pecados) confesar; **confesso que sim/não** confieso que sí/no II. *vr:* **~-se** confesarse

confessionário [kõwfesjo'nariw] *m* confesionario *m*

confete [kõw'fɛtʃi] *m* confeti *m;* **jogar ~** *fig* (*elogiar*) echar flores

confiança [kõwfi'ɜ̃nsa] *f sem pl* confianza *f;* **ser de ~** ser de confianza; **ter ~ em alguém** tener confianza en alguien; **ter ~ em si próprio** tener confianza en uno mismo; **não dê ~ a pessoas estranhas** no confíes en extraños; **que ~, abrir a minha bolsa!** ¡qué atrevimiento, abrirme el bolso!

confiante [kõwfi'ɜ̃ntʃi] *adj* confiado, -a; **estar ~ em** confiar en

confiar [kõwfi'ar] *vt* confiar; **confiei-lhe todos os meus segredos** le confié todos mis secretos

confidência [kõwfi'dẽjsia] *f* confidencia *f;* **fazer uma ~** hacer una confidencia

confidencial <-ais> [kõwfidẽjsi'aw, -'ajs] *adj* confidencial

confidente [kõwfi'dẽjtʃi] *mf* confidente *mf*

configuração <-ões> [kõwfigura'sɜ̃w, -õjs] *f tb.* INFOR configuración *f*

configurar [kõwfigu'rar] *vt tb.* INFOR configurar

confinado, -a [kõwfi'nadu, -a] *adj* confinado, -a

confinar [kõwfi'nar] I. *vt* (*limitar*) rodear; (*enclausurar*) aislar; **confinou o doente em casa** obligó al enfermo a quedarse en casa II. *vr:* **~-se** confinarse; **~-se para escrever um livro** confinarse para escribir un libro

confins [kõw'fĩjs] *mpl* confines *mpl;* **nos ~ do mundo** en los confines del mundo

confirmação <-ões> [kõwfirma'sɜ̃w, -õjs] *f tb.* REL confirmación *f*

confirmar [kõwfir'mar] *vt tb.* REL confirmar

confiscar [kõwfis'kar] <c→qu> *vt* confiscar

confisco [kõw'fisku] *m* JUR confiscación *f*

confissão <-ões> [kõwfi'sɜ̃w, -õjs] *f tb.* REL confesión *f*

conflitante [kõwfli'tɜ̃ntʃi] *adj* encontrado, -a

conflito [kõw'flitu] *m* conflicto *m;* **~ de gerações** conflicto generacional; **~ de interesses** conflicto de intereses

conflituoso, -a [kõwflitu'ozu, -'ɔza] *adj* conflictivo, -a

conformar-se [kõwfor'marsi] *vr* conformarse; **~ com a. c.** conformarse con algo; **não me conformo!** ¡me cuesta aceptarlo!

conforme [kõw'fɔrmi] I. *adj* conforme; **estar** [*ou* **ser**] **~ com a. c.** estar conforme con algo; **a declaração está ~** la declaración está conforme; **estar tudo nos** [*ou* **dentro dos**] **~s** *inf* estar todo debe ser II. *conj* conforme; **~ recebia, já gastava** conforme cobraba, gastaba III. *prep* conforme; **correu tudo ~ o previsto** todo ocurrió [*o* fue] conforme estaba previsto

conformidade [kõwformi'dadʒi] *f sem pl* conformidad *f;* **em ~ com** de conformidad con

confortar [kõwfor'tar] *vt* reconfortar

confortável <-eis> [kõwfor'tavew, -ejs] *adj* cómodo, -a, confortable

conforto [kõw'fortu] *m* **1.** (*de uma casa*) confort *m* **2.** (*consolo*) consuelo *m*

confraria [kõwfra'ria] *f* cofradía *f*

confraternização <-ões> [kõwfraterniza'sɜ̃w, -õjs] *f* confraternización *f*

confraternizar [kõwfraterni'zar] I. *vt* confraternizar II. *vi* **~ com alguém** confraternizar con alguien III. *vr:* **~-se** confraternizar

confrontação <-ões> [kõwfrõwta'sɜ̃w, -õjs] *f* **1.** (*conflito, choque*) enfrentamiento *m* **2.** (*acareação*) careo *m*

confrontar [kõwfrõw'tar] I. *vt* confrontar; (*comparar*) comparar II. *vr:* **~-se** enfrentarse; **~-se com alguém/a. c.** enfrentarse a alguien/algo

confronto [kõw'frõwtu] *f* enfrentamiento *m;* (*comparação*) comparación *f*

confundir [kõwfũw'dʒir] <*pp:* confuso *ou* confundido> I. *vt* confundir; **~ com** confundir con II. *vr:* **~-se** confundirse

confusão <-ões> [kõwfu'zɜ̃w, -õjs] *f* confusión *f;* **armar** [*ou* **criar**] **uma ~** armar follón *inf;* **houve uma ~ de mesas** ha habido una equivocación con las mesas; **arrume já a ~ do seu quarto** arregla ese desorden en tu cuarto de una vez

confuso, -a [kõw'fuzu, -a] *adj* confuso, -a

congelado, **-a** [kõwʒe'ladu, -a] *adj* congelado, -a

congelador [kõwʒela'dor] <-es> *m* congelador *m*

congelar [kõwʒe'lar] **I.** *vt tb. fig* congelar **II.** *vr:* ~**-se** congelarse

congênere [kõw'ʒeneri] *adj* idéntico, -a

congênito, **-a** [kõw'ʒenitu, -a] *adj* congénito, -a

congestão <-ões> [kõʒes't3w, -õjs] *f* MED congestión *f*

congestionado, **-a** [kõʒestʃjo'nadu, -a] *adj* congestionado, -a

congestionamento [kõʒestʃjona'mẽjtu] *m* (*do trânsito*) congestión *f*

congestionar [kõʒestʃjo'nar] **I.** *vt* **1.** MED congestionar **2.** (*trânsito*) atascar **II.** *vr:* ~**-se** congestionarse

congestões [kõʒes'tõjs] *f pl de* **congestão**

congratulações [kõwgratula'sõjs] *fpl* enhorabuena *f*

congratular [kõwgratu'lar] **I.** *vt* felicitar **II.** *vr:* ~**-se** felicitarse

congregação <-ões> [kõwgrega'sãw, -õjs] *f* **1.** REL congregación *f* **2.** (*ajuntamento*) reunión *f*

congresso [kõw'grɛsu] *m* congreso *m*; **Congresso Nacional** Congreso Nacional (*congreso de los diputados brasileños*)

congruência [kõwgru'ẽjsia] *f sem pl* congruencia *f*

congruente [kõwgru'ẽjtʃi] *adj* congruente

conhaque [kõ'ɲaki] *m* coñac *m*

conhecer [kõɲe'ser] <c→ç> **I.** *vt* **1.** (*ter conhecimento*) conocer; **dar a** ~ dar a conocer; **vir** [*ou* **chegar**] **a** ~ llegar a conocer; ~ **alguém por dentro e por fora** *inf* conocer a alguien como la palma de la mano **2.** (*reconhecer*) reconocer; ~ **algo/alguém por a. c.** reconocer algo/a alguien por algo; **ele conhece o amigo pelo andar** reconoce al amigo por el modo de andar **II.** *vr:* ~**-se** conocerse

conhecido, **-a** [kõɲe'sidu, -a] *m, f* conocido, -a *m, f*

conhecido, **-a** [kõɲe'sidu, -a] *adj* conocido, -a; **ser muito** ~ ser muy conocido

conhecimento [kõɲesi'mẽjtu] *m* **1.** (*saber*) conocimiento *m*; **ter** ~**s** tener conocimientos; **ter** ~ **de a. c.** saber algo; **tomar** ~ **de a. c.** enterarse de algo; **dei** ~ **do fato ao diretor** comuniqué el hecho al director **2.** (*consciência*) conocimiento *m*; **perder o** ~ perder el conocimiento **3.** ECON ~ **de mercadoria** conocimiento *m* de embarque

conivência [koni'vẽjsia] *f sem pl* connivencia *f*

conivente [koni'vẽjtʃi] *adj* cómplice; **ser** ~ **em a. c.** ser cómplice en algo

conjectura [kõʒek'tura] *f* conjetura *f*; **fazer** ~**s** hacer conjeturas

conjecturar [kõʒektu'rar] *vt* conjeturar

conjugação <-ões> [kõʒuga'sãw, -õjs] *f tb.* LING conjugación *f*

conjugado [kõʒu'gadu] *m* (*apartamento*) estudio *m*

conjugado, **-a** [kõʒu'gadu, -a] *adj* conjugado, -a; **eixo** ~ eje conjugado

conjugal <-ais> [kõʒu'gaw, -'ajs] *adj* conyugal

conjugar [kõʒu'gar] <g→gu> *vt tb.* LING conjugar

cônjuge ['kõʒuʒi] *m* cónyuge *m*; **os** ~**s** los cónyuges

conjunção <-ões> [kõʒũw'sãw, -õjs] *f tb.* LING conjunción *f*

conjuntamente [kõʒũwta'mẽjtʃi] *adv* conjuntamente

conjuntivite [kõʒũwtʃi'vitʃi] *f* conjuntivitis *f*

conjuntivo [kõʒũw'tʃivu] *m* LING subjuntivo *m*

conjunto [kõ'ʒũwtu] *m* conjunto *m*; ~ **residencial** conjunto residencial, urbanización *f*

conjunto, **-a** [kõw'ʒũwtu, -a] *adj* conjunto, -a; **conta conjunta** cuenta conjunta

conjuntura [kõʒũw'tura] *f* ECON coyuntura *f*; ~ **favorável** coyuntura favorable

conluio [kõw'luju] *m* conspiración *f*

conosco [ko'nosku] = **com + nós** *v.* **com**

conquanto [kõw'kwãntu] *conj* (*ainda que, embora*) aunque

conquista [kõw'kista] *f* (*ação, objeto*) conquista *f*

conquistador(a) [kõwkista'dor(a)] <-es> *m(f)* conquistador(a) *m(f)*; ~ **barato** *pej* conquistador de tres al cuarto

conquistar [kõwkis'tar] *vt* conquistar

consagração <-ões> [kõwsagra'sãw,

-ōjs] *f tb.* REL consagración *f*
consagrado, -a [kõwsa'gradu, -a] *adj* consagrado, -a
consagrar [kõwsa'grar] *vt tb.* REL consagrar
consanguíneo, -a [kõwsãŋ'gwiniw, -a] *adj* consanguíneo, -a
consciência [kõwsi'ẽjsia] *f* 1. (*moral*) conciencia *f*; **agir com ~** actuar con la conciencia; **por desencargo de ~** para descargo de la conciencia; **ter a ~ limpa/pesada** tener/no tener la conciencia limpia 2. (*faculdades*) conciencia *f*; **perder/voltar a ~** perder/recobrar la conciencia 3. (*filos*) conciencia *f*
conscioso, -a [kõwsiẽjsi'ozu, -'ɔza] *adj* concienzudo, -a
consciente [kõwsi'ẽjtʃi] I. *m* PSICO, MED conciencia *f* II. *adj* consciente; **estar (bem) ~ de a. c.** ser consciente de algo
conscientizar [kõwsiẽjt'zar] *vt* concienciar
consecutivamente [kõwsekutʃiva'mẽjtʃi] *adv* consecutivamente; **e assim ~ y** así en adelante
consecutivo, -a [kõwseku'tʃivu, -a] *adj* consecutivo, -a; **dois dias ~s** dos días consecutivos; **duas horas consecutivas** dos horas consecutivas
conseguinte [kõwse'gĩtʃi] *adj* consiguiente; **por ~** por consiguiente
conseguir [kõwse'gir] *irr como seguir* I. *vt* (*obter, alcançar*) conseguir; **~ entender o texto** conseguir entender el texto; **não consigo dormir** no consigo dormir; **conseguiu falar com ele?** ¿conseguiste hablar con él? II. *vi inf* **eu vou conseguir!** ¡lo voy a conseguir!; **consegui!** ¡lo conseguí!
conselheiro, -a [kõwse'ʎejru, -a] *m, f* consejero, -a *m, f*
conselho [kõw'seʎu] *m* 1. (*recomendação*) consejo *m;* **dar/pedir um ~ a alguém** dar/pedir un consejo a alguien; **seguir o ~ de alguém** seguir el consejo de alguien; **se ~ fosse bom, ninguém dava, vendia** *prov* no hagas demasiado caso de los consejos 2. ADMIN consejo *m*; **Conselho Administrativo** Consejo Administrativo; **Conselho Diretivo** Consejo de Dirección; **Conselho de Ministros** Consejo de Ministros; **Conselho de Segurança** Consejo de Seguridad
consenso [kõw'sẽjsu] *m* consenso *m;* **chegar a um ~** llegar a un consenso
consentimento [kõwsẽjtʃi'mẽjtu] *m* consentimiento *m*; **dar o ~** dar el consentimiento
consentir [kõwsẽj'tʃir] *irr como sentir* *vt* consentir
consequência [kõwse'kwẽjsia] *f* consecuencia *f;* **arcar com as ~s** atenerse a las consecuencias; **não medir as ~s** no calcular las consecuencias; **ter ~s** tener consecuencias; **ter a. c. como ~** tener algo como consecuencia; **em ~ de** a consecuencia de; **por ~** como consecuencia
consequente [kõwse'kwẽjtʃi] *adj* consecuente
consequentemente [kõwsekwẽjtʃi'mẽjtʃi] *adv* consecuentemente
consertar [kõwser'tar] *vt* arreglar; (*remendar*) reparar
conserto [kõw'sertu] *m* arreglo *m;* (*remendo*) reparación *f;* **isto não tem ~** esto no tiene arreglo
conserva [kõw'sɛrva] *f* conserva *f;* **de** [*ou* **em**] **~** en conserva
conservação <-ões> [kõwserva'sãw, -õjs] *f* conservación *f*
conservador(a) [kõwserva'dor(a)] <-es> I. *adj* conservador(a) II. *m(f) tb.* POL conservador(a) *m(f)*
conservadorismo [kõwservado'rizmu] *m* conservadurismo *m*
conservante [kõwser'vãtʃi] *m* conservante *m*; **sem ~s** sin conservantes
conservar [kõwser'var] I. *vt* conservar; **~ a boa forma** conservar la buena forma II. *vr:* **~-se** conservarse
conservatório [kõwserva'tɔriw] *m* conservatorio *m*
consideração <-ões> [kõwsidera'sãw, -õjs] *f* consideración *f;* **falta de ~** falta de consideración; **levar/ter a. c. em ~** tomar/tener algo en consideración; **ter ~ por alguém** tener a alguien en consideración; **tecer as suas considerações** hacer sus consideraciones; **com toda a ~** con toda la consideración
considerado, -a [kõwside'radu, -a] *adj* considerado, -a
considerar [kõwside'rar] I. *vt* considerar II. *vr:* **~-se** considerarse
considerável <-eis> [kõwside'ravew, -ejs] *adj* considerable
consignação [kõwsigna'sãw] *f sem pl* consignación *f;* **em ~** ECON en depósito

consignar [kõsig'nar] *vt* ECON consignar; (*dinheiro*) depositar

consignatário, -a [kõwsigna'tariw, -a] *m, f* consignatario, -a *m, f*

consigo [kõw'sigu] *pron pess* consigo

consistência [kõwsis'tẽjsia] *f* **1.** (*de objetos, alimentos, resultados*) consistencia *f* **2.** (*de fato, projeto, ideia*) firmeza *f*

consistente [kõwsis'tẽj'tʃi] *adj* **1.** (*firme*) consistente **2.** (*substancioso*) sustancioso, -a; **comer algo ~** comer algo sustancioso **3.** (*estável*) constante **4.** (*história, argumento, ideia*) sólido, -a

consistir [kõwsis'tʃir] *vi impess* consistir; **~ em a. c.** consistir en algo; **o plano consiste em cercar o inimigo** el plan consiste en cercar al enemigo

consoante [kõwso'ãntʃi] **I.** *f* LING consonante *f* **II.** *adj* consonante **III.** *prep* **1.** (*segundo*) según **2.** (*conforme*) conforme

consolação <-ões> [kõwsola'sãw, -õjs] *f* consolación *f*; **prêmio de ~** premio de consolación; **servir de ~** servir de consolación

consolado, -a [kõwso'ladu, -a] *adj* consolado, -a

consolador(a) [kõwsola'dor(a)] <-es> *adj* consolador(a)

consolar [kõwso'lar] **I.** *vt* consolar **II.** *vr:* **~-se** consolarse; **~-se com alguém/a. c.** consolarse con alguien/algo

console [kõw'sɔʎi] *m* consola *f*

consolidação <-ões> [kõwsoʎida'sãw, -õjs] *f* **1.** ECON consolidación *f* **2.** (*leis*) recopilación *f*

consolidar [kõwsoʎi'dar] **I.** *vt tb.* ECON consolidar **II.** *vr:* **~-se** consolidarse

consolo [kõw'solu] *m* consuelo *m*

consonância [kõwso'nãnsia] *f* consonancia *f*

consonante [kõwso'nãntʃi] *adj* consonante

consorciado, -a [kõwsorsi'adu, -a] **I.** *m, f* participante *mf* en un consorcio **II.** *adj* que participa en un consorcio

consórcio [kõw'sɔrsiw] *m* ECON consorcio *m*; **~ de veículos** cooperativa *f* de coches

consorte [kõw'sɔrtʃi] *mf* consorte *mf*

conspícuo, -a [kõws'pikwu, -a] *adj* conspicuo, -a

conspiração <-ões> [kõwspira'sãw, -õjs] *f* conspiración *f*

conspirador(a) [kõwspira'dor(a)] <-es> *m(f)* conspirador(a) *m(f)*

conspirar [kõwspi'rar] **I.** *vt* conspirar; **~ contra alguém/a. c.** conspirar contra alguien/algo; **o tempo conspira contra nós** el tiempo está en contra nuestra **II.** *vi* conspirar

conspurcação <-ões> [kõwspurka'sãw, -õjs] *f fig* difamación *f*

conspurcar [kõwspur'kar] <c→qu> *vt* **1.** (*roupa*) ensuciar **2.** (*reputação*) manchar

constância [kõws'tãnsia] *f sem pl* constancia *f*

constante [kõws'tãntʃi] *adj, f* constante *f*

constar [kõws'tar] *vi* **1.** (*dizer-se*) decirse; **consta que...** se dice que... **2.** (*consistir*) constar; **~ de** constar de; **isso não consta dos registros** eso no consta en los registros

constatar [kõwsta'tar] *vt* constatar

constelação <-ões> [kõwstela'sãw, -õjs] *f tb.* ASTRON constelación *f*

consternado, -a [kõwster'nadu, -a] *adj* consternado, -a

consternar [kõwster'nar] *vt* consternar

constipação <-ões> [kõwstʃipa'sãw, -õjs] *f* estreñimiento *m*

constipado, -a [kõwstʃi'padu, -a] *adj* estreñido, -a

constipar [kõwstʃi'par] **I.** *vt* estreñir **II.** *vr:* **~-se** estreñirse

constitucional <-ais> [kõwstʃitusjo'naw, -'ajs] *adj* constitucional

constitucionalidade [kõwstʃitusjonaʎi'daʒi] *f* constitucionalidad *f*

constitucionalismo [kõwstʃitusjona'ʎizmu] *m* constitucionalismo *m*

constituição <-ões> [kõwstʃituj'sãw] *f tb.* POL constitución *f*

constituinte [kõwstʃitu'ĩjtʃi] *adj* POL constituyente

constituir [kõwstʃitu'ir] *conj como incluir vt* constituir; **~ família** constituir una familia

constitutivo, -a [kõwstʃitu'tʃivu, -a] *adj* constitutivo, -a

constrangedor(a) [kõwstrãnʒe'dor(a)] <-es> *adj* embarazoso, -a

constranger [kõwstrãŋ'ʒer] <g→j> *vt* **1.** (*obrigar*) constreñir; **~ alguém a fazer a. c.** constreñir a alguien a hacer algo; **~ os clientes a esperar horas na fila** obligar a los clientes a hacer fila durante horas **2.** (*acanhar*) incomodar

constrangido, -a [kõwstrɐ̃ŋ'ʒidu, -a] *adj* constreñido, -a

constrangimento [kõwstrɐ̃ŋʒi'mẽjtu] *m* **1.** (*obrigação*) coacción *f*; **sem ~** sin coacción **2.** (*acanhamento*) vergüenza *f*

construção <-ões> [kõwstru's ɐ̃w, -õjs] *f* construcción *f*

construir [kõwstru'ir] *irr vt* construir

construtivo, -a [kõwstru'tʃivu, -a] *adj* constructivo, -a

construtor(a) [kõwstru'tor(a)] <-es> *m(f)* constructor(a) *m(f)*

construtora [kõwstru'tora] *f* (*empresa*) constructora *f*

construtores [kõwstru'toris] *m pl de* **construtor**

cônsul, consulesa ['kõwsuw, kõwsu'leza] <-es> *m, f* cónsul *mf*; **~ honorário** cónsul honorario

consulado [kõwsu'ladu] *m* consulado *m*

consulado geral <consulados gerais> [kõwsu'ladu ʒe'raw, -'ajs] *m* consulado *m* general

cônsules ['kõwsuʎis] *m pl de* **cônsul**

consulesa [kõwsu'leza] *f v.* **cônsul**

cônsul-geral <cônsules-gerais> ['kõwsuw-ʒe'raw, -'ajs] *m* cónsul *m* general

consulta [kõ'suwta] *f* **1.** (*inquérito*) consulta *f*; **fazer uma ~ a alguém** hacer una consulta a alguien; **fazer uma ~ a um livro/dicionário** consultar un libro/diccionario **2.** (*no médico*) consulta *f*; **marcar uma ~** pedir hora para una consulta; **tenho uma consulta no médico/dentista amanhã** mañana tengo una consulta con el médico/dentista

consultar [kõwsuw'tar] *vt* consultar; **~ alguém** consultar a alguien; **~ um médico** consultar a un médico

consultor(a) [kõwsuw'tor(a)] <-es> *m(f)* consultor(a) *m(f)*

consultoria [kõwsuwto'ria] *f* consultoría *f*

consultório [kõwsuw'tɔriw] *m* consultorio *m*; **~ médico** consultorio médico

consumação [kõwsuma'sɐ̃w] *f sem pl* **1.** (*levar a termo*) consumación *f* **2.** (*casa de show, bar*) consumición *f*; **~ mínima** consumición mínima

consumado, -a [kõwsu'madu, -a] *adj* consumado, -a; **fato ~** hecho consumado

consumar [kõwsu'mar] **I.** *vt* consumar **II.** *vr:* **~-se** consagrarse; **~-se como um ás do volante** consagrarse como un as del volante

consumição <-ões> [kõwsumi'sɐ̃w, -õjs] *f* consumición *f*

consumido, -a [kõwsu'midu, -a] *adj* consumido, -a

consumidor(a) [kõwsumi'dor(a)] <-es> *m(f)* consumidor(a) *m(f)*

consumir [kõwsu'mir] **I.** *vt* consumir **II.** *vr:* **~-se** consumirse; **consumiu-se de tristeza** se consumió de tristeza

consumismo [kõwsu'mizmu] *m sem pl* consumismo *m*

consumista [kõwsu'mista] *adj* consumista

consumo [kõ'sumu] *m sem pl tb.* ECON consumo *m*; **~ de drogas** consumo de drogas; **~ de energia** consumo de energía

conta ['kõwta] *f* **1.** (*bancária*) cuenta *f*; **~-corrente** cuenta corriente; **~ conjunta** cuenta conjunta; **~ especial** cuenta que tiene un límite de descubierto que puede ser usado pagando una alta tasa de interés; **~ fantasma** cuenta fantasma; **abrir/fechar uma ~** abrir/cerrar una cuenta; **depositar dinheiro na ~** depositar dinero en la cuenta; **sacar dinheiro da ~** sacar dinero de la cuenta **2.** (*cálculo, fatura*) cuenta *f*; **ajustar ~s com alguém** ajustar las cuentas con alguien; **errar a ~** equivocarse en la cuenta; **fazer uma ~** hacer una cuenta; **pedir a ~** pedir la cuenta; **pôr na ~** poner en la cuenta; **prestar ~s a alguém** rendir cuentas a alguien; **afinal de ~s** a fin de cuentas; **a ~, por favor** la cuenta, por favor; **esta loja tem preços em ~** esta tienda tiene precios baratos; **pediu as ~s ao patrão** presentó la dimisión al jefe; **ele não apareceu e ela ficou por ~** él no apareció y ella se enfadó muchísimo **3.** (*encargo*) **à ~ de** a causa de; **por ~ de** por cuenta de; **por ~ própria** por cuenta propia; **as compras ficam por sua ~** las compras quedan a tu cargo; **tomar ~ de alguém** encargarse de alguien; **é demais da ~** *inf* es demasiado; **não se meta, não é da sua ~** *inf* no te metas, no tiene nada que ver contigo **4.** (*conseguir*) **dar ~ do recado** estar a la altura de las circunstancias; **não vou dar ~ de terminar hoje no voy a conseguir acabar hoy; deu-se ~ quando era tarde demais** se dio cuenta cuando ya era demasiado tarde **5.** (*reputação*) **ter alguém em alta ~** *fig* tener a alguien en alta estima **6.** (*fingir*) **fazer de ~ que** hacer como si

contábil <-eis> [kõw'tabiw, -ejs] *adj* contable; **escritório ~** departamento *m* contable

contabilidade [kõwtabiʎi'dadʒi] *f sem pl* contabilidad *f*

contabilista [kõwtabi'ʎista] *mf* contable *mf*, contador(a) *m(f) AmL*

contabilizar [kõwtabiʎi'zar] *vt* contabilizar

contador [kõwta'dor] *m* (*da água, luz, gás*) contador *m*

contador(a) [kõwta'dor(a)] <-es> *m(f)* **1.** (*funcionário, contabilista*) contable *mf*, contador(a) *m(f) AmL* **2.** (*de histórias*) contador(a) *m(f)*

contagem [kõw'taʒẽj] <-ens> *f* recuento *m*; **~ regressiva** cuenta *f* atrás

contagiante [kõwtaʒi'ãntʃi] *adj* contagioso, -a

contagiar [kõwtaʒi'ar] *vt* contagiar; **~ alguém com a. c.** contagiar algo a alguien

contágio [kõw'taʒiw] *m* contagio *m*

contagioso, -a [kõwtaʒi'ozu, -'ɔza] *adj* contagioso, -a

conta-giros ['kõwta-'ʒirus] *m inv* cuentarrevoluciones *m inv*

conta-gotas ['kõwta-'gotas] *m inv* cuentagotas *m inv*

contaminação <-ões> [kõwtamina'sãw, -õjs] *f* contaminación *f*

contaminar [kõwtami'nar] *vt* contaminar

contanto [kõw'tãntu] *conj* **~ que** +*subj* con tal de que +*subj*; **ele pode ir ~ que tome as devidas precauções** puede ir con tal de que tome las debidas precauciones

contar [kõw'tar] **I.** *vt* **1.** (*uma história*) contar; **~ a. c. a alguém** contar algo a alguien **2.** (*números*) contar; **~ (a. c.) nos dedos** contar (algo) con los dedos; **já conta com 10 anos de experiência** ya cuenta con 10 años de experiencia; **a empresa conta com 15 funcionários** la empresa cuenta con 15 funcionarios **3.** (*esperar*) **~ fazer a. c.** contar con hacer algo; **~ com alguém/ a. c.** contar con alguien/algo; **conto com a sua ajuda** cuento con su ayuda **4.** (*considerar*) contar; **ele tem dois empregos sem ~ o trabalho em casa** tiene dos empleos sin contar con el trabajo en casa **II.** *vi* contar

contatar [kõwta'tar] *vt* contactar

contato [kõw'tatu] *m tb.* ELETR contacto *m*; **entrar em ~ com alguém** entrar en contacto con alguien; **estar em ~ com alguém** estar en contacto con alguien; **tem ~ com gente importante** está en contacto con gente importante

contemplação [kõwtẽjpla'sãw] *f sem pl* contemplación *f*

contemplar [kõwtẽj'plar] *vt* **1.** (*observar*) contemplar **2.** (*recompensar*) premiar

contemporâneo, -a [kõwtẽjpo'rãniw, -a] *adj, m, f* contemporáneo, -a *m, f*

contemporizar [kõwtẽjpori'zar] *vt* contemporizar

contenção [kõwtẽ'sãw] *f sem pl* contención *f*; **fazer ~ de despesas** contener los gastos

contencioso, -a [kõwtẽjsi'ozu, -'ɔza] *m, f* JUR contencioso *m*

contencioso, -a [kõwtẽjsi'ozu, -'ɔza] *adj* JUR contencioso, -a

contenda [kõw'tẽjda] *f* contienda *f*; JUR litigio *m*

contentamento [kõwtẽjta'mẽjtu] *m sem pl* alegría *f*

contentar [kõwtẽj'tar] **I.** *vt* contentar **II.** *vr* **~-se com a. c.** contentarse con algo; **~-se com pouco** contentarse con poco

contente [kõw'tẽjtʃi] *adj* contento, -a; **estar** [*ou* **ficar**] **~ com a. c.** estar contento con algo

contentor [kõwtẽj'tor] <-es> *m* contenedor *m*

conter [kõw'ter] *irr como* ter **I.** *vt* contener **II.** *vr* **~-se** contenerse

conterrâneo, -a [kõwte'xãniw, -a] *m, f* compatriota *mf*

contestação <-ões> [kõwtesta'sãw, -õjs] *f* contestación *f*; **sem ~** sin contestación

contestar [kõwtes'tar] **I.** *vt* (*protesto, resposta*) contestar; (*sentença*) apelar **II.** *vi* contestar

contestável <-eis> [kõwtes'tavew, -ejs] *adj* cuestionable; (*sentença*) apelable

conteúdo [kõwte'udu] *m* contenido *m*

contexto [kõw'testu] *m* contexto *m*; **não estar dentro do ~** (*pessoa*) estar completamente perdido, -a

contigo [kõw'tʃigu] = com + ti *v.* **com**

contiguidade [kõtʃigwi'dadʒi] *f sem pl* contigüidad *f*

contíguo, -a [kõw'tʃigwu, -a] *adj* contiguo, -a

continência [kõwtʃi'nẽjsia] *f sem pl* **1.** (*moderação*) continencia *f* **2.** MIL saludo *m*; **fazer ~ a** saludar a

continental <-ais> [kõwtʃinẽj'taw, -'ajs] *adj* continental

continente [kõwtʃi'nẽjtʃi] *adj, m* continente *m*

contingência [kõwtʃĩj'ʒẽjsia] *f* contingencia *f*

contingente [kõwtʃĩj'ʒẽjtʃi] *adj, m tb.* MIL contingente *m*

continuação <-ões> [kõwtʃinua'sãw, -õjs] *f* continuación *f*

continuar [kõwtʃinu'ar] **I.** *vi* continuar **II.** *vt* continuar; **~ doente/aqui** continuar enfermo/aquí; **~ em férias** continuar de vacaciones; **~ com a. c.** continuar con algo; **~ a fazer a. c.** continuar haciendo algo; **ela continua a estudar** continúa estudiando; **a casa continua até a outra quadra** la casa continúa hasta la próxima manzana

continuidade [kõwtʃinuj'dadʒi] *f sem pl* continuidad *f*; **ter ~** tener continuidad

contínuo [kõw'tʃinuu] *m* ordenanza *m*

contínuo, -a [kõw'tʃinuu, -a] *adj* continuo, -a; **de ~** continuo

conto ['kõwtu] *m* cuento *m*

conto do vigário ['kõwtu du vi'gariw] <contos do vigário> *m* timo *m*; **cair no ~** ser timado

contorção <-ões> [kõwtor'sãw, -õjs] *f* contorsión *f*

contorcer [kõwtor'ser] <c→ç> **I.** *vt* retorcer **II.** *vr:* **-se** retorcerse

contorcionista [kõwtorsjo'nista] *mf* contorsionista *mf*

contorções [kõwtor'sõjs] *f pl de* **contorção**

contornar [kõwtor'nar] *vt* **1.** (*uma praça*) dar la vuelta a **2.** (*um assunto, uma situação*) solucionar **3.** (*no papel*) contornear

contorno [kõw'tornu] *m* **1.** (*de um objeto*) contorno *m* **2.** (*desvio*) desvío *m*

contra ['kõwtra] **I.** *m* contra *m*; **os prós e os ~s** los pros y los contras; **ser do ~** *inf* llevar siempre la contraria **II.** *adj* en propia meta; **marcar um gol ~** marcar un gol en propia meta **III.** *prep* contra; **bater/ir ~ a. c.** golpear/ir contra algo; **ele está ~ mim** está contra mí; **isso vai ~ os meus princípios** eso va contra mis principios; **não tenho nada ~ ela** no tengo nada contra ella **IV.** *adv* en contra

contra-almirante ['kõwtrawmi'rãɳtʃi] *m* MIL contraalmirante *m*

contra-argumentar [kõwtrargumẽj'tar] *vi* utilizar un argumento contrario

contra-atacar ['kõwtrata'kar] <c→qu> *vi* contraatacar

contra-ataque ['kõwtra'taki] *m* contraataque *m*

contrabaixo [kõwtra'bajʃu] *m* contrabajo *m*

contrabalançar [kõwtrabalãɳ'sar] <ç→c> *vt* contrarrestar

contrabandear [kõwtrabãɳdʒi'ar] *conj como passear vt* hacer contrabando de

contrabandista [kõwtrabãɳ'dʒista] *mf* contrabandista *mf*

contrabando [kõwtra'bãɳdu] *m* contrabando *m*; **tabaco de ~** tabaco de contrabando; **fazer ~ (de a. c.)** hacer contrabando (de algo)

contração <-ões> [kõwtra'sãw, -õjs] *f tb.* LING, MED contracción *f*; **~ muscular** contracción muscular

contracapa [kõwtra'kapa] *f* (*de livro, de revista*) contraportada *f*

contracenar [kõwtrase'nar] *vi* TEAT, CINE actuar; **~ com alguém** TEAT compartir el escenario con alguien; CINE actuar con alguien

contracepção <-ões> [kõwtrasep'sãw, -õjs] *f* contracepción *f*

contraceptivo [kõwtrasep'tʃivu] *m* anticonceptivo *m*

contraceptivo, -a [kõwtrasep'tʃivu, -a] *adj* anticonceptivo, -a

contracheque [kõwtra'ʃeki] *m* nómina *f*

contrações [kõwtra'sõjs] *f pl de* **contração**

contracultura [kõwtrakuw'tura] *f* contracultura *f*

contradança [kõwtra'dãsa] *f* **1.** (*dança*) contradanza *f* **2.** *inf* (*vaivém*) cambios *mpl*

contradição <-ões> [kõwtrad'sãw, -õjs] *f* contradicción *f*

contraditório, -a [kõwtradʒi'tɔriw, -a]

contradizer

adj contradictorio, -a
contradizer [kõwtrad'zer] *irr como dizer* I. *vt* (*uma pessoa, fato*) contradecir II. *vr*: ~-**se** contradecirse
contraespionagem [kõwtraespio'naʒēj] <-ens> *f* contraespionaje *m*
contrafação <-ões> [kõwtrafa'sãw, -õjs] *f* falsificación *f*
contrafé [kõwtra'fɛ] *f* JUR copia *f* de una citación judicial
contrafeito, -a [kõwtra'fejtu, -a] *adj* forzado, -a
contrafilé [kõwtrafi'lɛ] *m* GASTR entrecot *m*
contrafluxo [kõwtra'fluksu] *m* contracorriente *f*
contragolpe [kõwtra'gɔwpi] *m* contragolpe *m*
contragosto [kõwtra'gostu] *m* disgusto *m*; **foi à festa a ~** fue a la fiesta a disgusto
contraído, -a [kõwtra'idu, -a] *adj* contraído, -a
contraindicação <-ões> ['kõwtraĩdʒika'sãw] *f* MED contraindicación *f*
contrair [kõwtra'ir] *conj como sair* I. *vt* contraer II. *vr*: ~-**se** contraerse
contralto [kõw'trawtu] *m* contralto *m*
contramão [kõwtra'mãw] *f sem pl* **ir na ~** ir en dirección contraria; **a empresa segue na ~ do mercado** la empresa va en dirección contraria a la del mercado
contramarcha [kõwtra'marʃa] *f* marcha *f* en sentido contrario
contramedida [kõwtrame'dʒida] *f* contramedida *f*
contramestre [kõwtra'mɛstri] *m* NAÚT contramaestre *m*
contraofensiva [kõwtrofẽj'siva] *f* MIL contraofensiva *f*
contraordem ['kõwtra'ɔrdẽj] *f* contraorden *f*
contrapartida [kõwtrapar'tʃida] *f* contrapartida *f*; **em ~ como** contrapartida
contrapeso [kõwtra'pezu] *m* contrapeso *m*
contraponto [kõwtra'põwtu] *m sem pl, tb. fig* contrapunto *m*
contrapor [kõwtra'por] *irr como pôr* *vt* contraponer
contraproducente [kõwtraprodu'sẽjtʃi] *adj* contraproducente
contraproposta [kõwtrapro'pɔsta] *f* contrapropuesta *f*

contravir

contraprova [kõwtra'prɔva] *f* 1.JUR segunda prueba *f* 2.(*verificação*) verificación *f* 3.(*de um texto*) contraprueba *f*
contrarregra [kõwtra'xɛgra] *mf* regidor(a) *m(f)*
contrariado, -a [kõwtrari'adu, -a] *adj* contrariado, -a
contrariamente [kõwtraria'mẽjtʃi] *adv* contrariamente; **~ a alguém/a. c.** contrariamente a alguien/algo
contrariar [kõwtrari'ar] *vt* 1.(*ir contra*) contrariar 2.(*não respeitar*) ir contra
contrariedade [kõwtrarie'dadʒi] *f* contrariedad *f*
contrário [kõw'trariw] *m* contrario *m*; **ao ~** al contrario; **ao ~ de** al contrario de; **(muito) pelo ~** por el contrario
contrário, -a [kõw'trariw, -a] *adj* contrario, -a; **caso ~** en caso contrario; **do ~** de lo contrario; **em sentido ~** en sentido contrario
contrassenha ['kõwtra'sẽɲa] *f* MIL contraseña *f*
contrassenso ['kõwtra'sẽjsu] *m* contrasentido *m*
contrastante [kõwtras'tãɲtʃi] *adj* contrastante
contrastar [kõwtras'tar] *vt* contrastar; **~ com** contrastar con
contraste [kõw'trastʃi] *m* contraste *m*; **estabelecer** [*ou* **fazer**] **o ~ entre** contrastar
contratação <-ões> [kõwtrata'sãw, -õjs] *f* contratación *f*
contratado, -a [kõwtra'tadu, -a] I. *m, f* asalariado, -a *m, f* II. *adj* contratado, -a
contratante [kõwtra'tãɲtʃi] *mf* contratante *mf*
contratar [kõwtra'tar] *vt* contratar
contratempo [kõwtra'tẽjpu] *m tb.* MÚS contratiempo *m*
contrato [kõw'tratu] *m* contrato *m*; **~ de aluguel** contrato de alquiler; **~ a termo** contrato temporal; **~ de trabalho** contrato de trabajo; **conforme o ~, nos termos do ~** en los términos del contrato; **de acordo com o ~** de acuerdo con el contrato
contratual <-ais> [kõwtratu'aw, -'ajs] *adj* contractual
contravenção <-ões> [kõwtravẽj'sãw, -õjs] *f* contravención *f*
contraventor(a) [kõwtravẽj'tor(a)] <-es> *adj, m(f)* contraventor(a) *m(f)*
contravir [kõwtra'vir] *irr como vir* *vt*

elev contravenir

contribuição <-ões> [kõwtribui'sãw, -õjs] *f* contribución *f*; ~ **federal** contribución federal; **dar uma ~ para a. c.** hacer una contribución para algo

contribuinte [kõwtribu'ĩtʃi] *mf* contribuyente *mf*

contribuir [kõwtribu'ir] *conj como incluir vt* contribuir; ~ **para a. c.** contribuir a algo

contrição [kõwtri'sãw] *f sem pl* REL contrición *f*

controlador(a) [kõwtrola'dor(a)] <-es> *m(f)* controlador(a) *m(f)*

controlar [kõwtro'lar] **I.** *vt* controlar **II.** *vr:* ~ **-se** controlarse

controle [kõw'trɔʎi] *m* control *m*; ~ **de doping** control antidopaje; ~ **de qualidade** control de calidad; ~ **por radar** control por radar; ~ **remoto** ELETR control remoto; **perder o ~** perder el control; **ter ~ de a. c.** tener el control de algo; **ter a. c./alguém sob ~** tener algo/a alguien bajo control; **está tudo sob ~** está todo bajo control

controvérsia [kõwtro'vɛrsia] *f* controversia *f*

controverso, -a [kõwtro'vɛrsu, -a] *adj* controvertido, -a

controvertido, -a [kõwtrover'tʃidu, -a] *adj* controvertido

contudo [kõw'tudu] *conj* no obstante; **ela não gosta de viajar; ~ saiu de férias** no le gusta viajar, no obstante se fue de vacaciones

contumácia [kõwtu'masia] *f tb.* JUR contumacia *f*

contumaz [kõwtu'mas] <-es> *adj* contumaz

contundente [kõwtũw'dẽjtʃi] *adj* contundente

contundir [kõwtũw'dʒir] *vt* contusionar

conturbado, -a [kõwtur'badu, -a] *adj* perturbado, -a

conturbar [kõwtur'bar] *vt* **1.** *(perturbar)* perturbar **2.** *(amotinar)* sublevar

contusão <-ões> [kõwtu'zãw, -õjs] *f* contusión *f*

convalescença [kõwvale'sẽjsa] *f sem pl* convalecencia *f*; **estar em ~** estar en periodo de convalecencia

convalescente [kõwvale'sẽjtʃi] *mf* persona *f* convalesciente, convaleciente *mf*

convalescer [kõwvale'ser] <c→ç> *vi* convalecer

convecção <-ões> [kõwvek'sãw, -õjs] *f* convección *f*

convenção <-ões> [kõwvẽj'sãw, -õjs] *f (acordo, formalidades, encontro)* convención *f*

convencer [kõwvẽj'ser] <*pp:* convicto *ou* convencido; c→ç> **I.** *vt (fazer crer, persuadir)* convencer; **suas palavras o convenceram** sus palabras lo convencieron; **tentou convencê-la a ir ao cinema** intentó convencerla para ir al cine **II.** *vr:* ~ **-se** convencerse; **~-se da inocência do rapaz** convencerse de la inocencia del muchacho

convencido, -a [kõwvẽj'sidu, -a] *adj* **1.** *(convicto)* convencido, -a; **estar ~ de a. c.** estar convencido de algo; **estou ~ que sim** estoy convencido de que sí **2.** *inf (imodesto)* creído, -a

convencional <-ais> [kõwvẽjsjo'naw, -'ajs] *adj* convencional

convencionalismo [kõwvẽjsjona'ʎizmu] *m sem pl* convencionalismo *m*

convencionar [kõwvẽjsjo'nar] *vt* convenir

convenções [kõwvẽj'sõjs] *f pl de* **convenção**

conveniado, -a [kõwveni'adu, -a] *adj* asociado, -a

conveniado, -a [kõwveni'adu, -a] *adj, m, f* asociado, -a *m, f*

conveniência [kõwveni'ẽjsia] *f* **1.** *(vantagem, utilidade)* conveniencia *f* **2.** *(decência)* decencia *f*

conveniente [kõwveni'ẽjtʃi] *adj* **1.** *(preciso, decente)* decente **2.** *(vantajoso, útil)* conveniente

convênio [kõw'veniw] *m* convenio *m*; ~ **médico** seguro *m* médico

convento [kõw'vẽtu] *m* convento *m*

conventual <-ais> [kõwvẽtju'aw, -'ajs] *adj* conventual

convergência [kõwver'ʒẽjsia] *f tb.* MAT convergencia *f*

convergente [kõwver'ʒẽjtʃi] *adj tb.* MAT convergente

convergir [kõwver'ʒir] *irr vi tb.* MAT converger

conversa [kõw'vɛrsa] *f* conversación *f*, plática *f Méx;* ~ **fiada** [*ou* **mole**] *inf,* ~ **para boi dormir** *inf* cuento *m* chino; ~ **telefônica** conversación telefónica; **deixar de ~** *inf* ir al grano; **ir na ~ de alguém** dejarse engañar por alguien; **jogar ~ fora** *inf* estar de palique; **ouvir a ~ dos outros** *fig* dejarse influenciar por otros; **passar uma ~ em alguém** camelar a alguien; **puxar ~ com alguém** *inf* entablar conversación con alguien; **ter uma ~ com alguém** tener una conversación con alguien

conversação <-ões> [kõwversa'sɜ̃w, -õjs] *f* conversación *f*; **estar em conversações** POL estar en conversaciones

conversador(a) [kõwversa'dor(a)] <-es> *adj* conversador(a)

conversão <-ões> [kõwver'sɜ̃w, -õjs] *f* **1.** *tb.* REL conversión *f* **2.** (*trânsito*) giro *m*

conversar [kõwver'sar] **I.** *vi* conversar; **~ com alguém sobre a. c.** conversar con alguien sobre algo **II.** *vt* conversar con; **conversou o porteiro que o deixou entrar** conversó con el portero que lo dejó entrar

conversível <-eis> [kõwver'sivew, -ejs] *adj, m* convertible *m*

conversões [kõwver'sõjs] *f pl de* **conversão**

converter [kõwver'ter] **I.** *vt* convertir; **~ em a. c.** convertir en algo; **~ o calor em energia** convertir el calor en energía **II.** *vi* ESPORT encestar **III.** *vr:* **~-se** REL convertirse

convés [kõw'vɛs] <-eses> *m* NAÚT cubierta *f*

convexo, -a [kõw'vɛksu, -a] *adj* convexo, -a

convicção <-ões> [kõwvik'sɜ̃w, -õjs] *f* convicción *f*

convicto, -a [kõw'viktu, -a] *adj* convencido, -a; **estar ~ de a. c.** estar convencido de algo

convidado, -a [kõwvi'dadu, -a] **I.** *m, f* invitado, -a *m, f* **II.** *adj* invitado, -a; **estar** [*ou* **ser**] **~ para a. c.** ser invitado a algo

convidar [kõwvi'dar] **I.** *vt* invitar; **~ alguém para/a a. c.** invitar a alguien a algo; **o frio convida ao aconchego** el frío invita a recogerse **II.** *vr:* **~-se** invitarse

convidativo, -a [kõwvida'tʃivu, -a] *adj* atractivo, -a

convincente [kõwvĩ'sẽjtʃi] *adj* convincente

convir [kõw'vir] *irr como vir vi* **1.** (*ser vantajoso, ficar bem*) convenir; **~ a alguém/a. c.** convenir a alguien/algo; **convém notar que...** conviene señalar que...; **não me convém** no me conviene **2.** (*concordar*) estar de acuerdo;

~ em a. c. estar de acuerdo en algo; **convenhamos que...** convengamos que...

convite [kõw'vitʃi] *m* invitación *f*; **~ de casamento** invitación de boda; **aceitar um ~** aceptar una invitación; **receber um ~ para a. c.** recibir una invitación para algo

conviva [kõw'viva] *mf* comensal *mf*

convivência [koni'vẽjsia] *f* convivencia *f*

conviver [kõwvi'ver] *vt* convivir; **~ com alguém** convivir con alguien

convívio [kõw'viviw] *m* (*convivência*) convivencia *f*; **ter ~ com alguém** convivir con alguien

convocação <-ões> [kõwvoka'sɜ̃w, -õjs] *f* **1.** (*convite*) convocatoria *f* **2.** MIL llamamiento *m*

convocar [kõwvo'kar] <c→qu> *vt tb.* ESPORT convocar

convocatória [kõwvoka'tɔria] *f* **1.** (*para greve*) convocatoria *f* **2.** MIL llamamiento *m*

convosco [kõw'vosku] *pron pess* HIST = **com + vós** con vosotros, con vosotras, con ustedes *AmL*

convulsão <-ões> [kõwvuw'sɜ̃w, -õjs] *f* MED, POL convulsión *f*

convulsionar [kõwvuwsjo'nar] *vt tb.* MED convulsionar

convulsivo, -a [kõwvuw'sivu, -a] *adj tb.* MED convulsivo, -a

convulsões [kõwvuw'sõjs] *f pl de* **convulsão**

cooperação <-ões> [koopera'sɜ̃w, -õjs] *f* cooperación *f*; **em ~ com alguém/a.c.** en cooperación con alguien/algo; **ter ~ em a. c.** cooperar en algo

cooperar [koope'rar] *vt* cooperar; **~ com alguém/a.c.** cooperar con alguien/algo; **~ em a. c.** cooperar en algo; **~ para a. c.** cooperar para algo

cooperativa [koopera'tʃiva] *f* cooperativa *f*; **~ agrícola** cooperativa agrícola

cooperativo, -a [koopera'tʃivu, -a] *adj* **1.** (*pessoa*) cooperador(a) **2.** (*instituição*) cooperativo, -a

coordenação <-ões> [koordena'sɜ̃w, -õjs] *f* coordinación *f*

coordenadas [koorde'nadas] *fpl* **1.** MAT, GEO coordenadas *fpl* **2.** (*directrizes*) directrices *fpl*

coordenador(a) [koordena'dor(a)]

coordenar <-es> *adj, m(f)* coordinador(a) *m(f)*

coordenar [koorde'nar] *vt* coordinar

copa ['kɔpa] *f* **1.** (*de árvore, de chapéu*) copa *f* **2.** (*da casa*) office *m* **3.** ESPORT copa *f* **4.** *pl* (*cartas*) copas *fpl*

coparticipação <-ões> [kopartsipa'sãw] *f* (*do Estado*) coparticipación *f*

coparticipar [kopartsi'par] *vi* (*Estado*) coparticipar

copeiro [ko'pejru] *m* camarero *m*

cópia ['kɔpia] *f* copia *f*; ~ **pirata** copia pirata; **fazer uma** ~ **de a. c.** hacer una copia de algo; **tirar uma** ~ **de a. c.** sacar una copia de algo

copiadora [kopia'dora] *f* (*máquina*) fotocopiadora *f*; (*serviço*) copistería *f*

copiar [kopi'ar] *vt* copiar

copiloto [kopi'lotu] *mf* copiloto *mf*

copioso, -a [kopi'ozu, -'ɔza] *adj* **1.** (*abundante*) copioso, -a **2.** (*extenso*) extenso, -a

copo ['kɔpu] *m* vaso *m*; **um** ~ **de água/de vinho** un vaso de agua/de vino; **ser um bom** ~ *inf* ser un borrachín; **vamos tomar uns** ~**s!** ¡vamos a tomar unas copas!

copo-d'água ['kɔpu-'dagwa] <copos- -d'água> *m* fiesta *f*

coproprietário, -a [koproprie'tariw, -a] *m, f* copropietario, -a *m, f*

cópula ['kɔpula] *f* **1.** (*ligação*) vínculo *m* **2.** (*acasalamento*) cópula *f* **3.** LING cópula *f*

copulação <-ões> [kopula'sãw, -õjs] *f* copulación *f*

copular [kopu'lar] *vi* copular

coque ['kɔki] *m* **1.** *sem pl* QUÍM coque *m* **2.** (*na cabeça*) moño *m*

coqueiro [ko'kejru] *m* cocotero *m*

coqueluche [koke'luʃi] *f sem pl* **1.** MED tosferina *f* **2.** *fig* (*paixão*) fiebre *f*; **ser a** ~ **do momento** ser la fiebre del momento

coquetel <-éis> [koki'tɛw, -'ɛjs] *m* cóctel *m*

cor[1] ['kor] <-es> *f* color *m*; ~ **de tijolo** color ladrillo; ~ **de vinho** color vino; **televisão em** ~**es** televisión en color; **dar** ~ **a a. c.** dar color a algo; **mudar de** ~ cambiar de color; **de que** ~ **é?** ¿de qué color es?; **de** ~ (*objeto*) en color; (*pessoa*) de color; **não ver a** ~ **do dinheiro** *fig* no ver el dinero

cor[2] ['kɔr] *adv* **de** ~ (**e salteado**) de memoria

coração <-ões> [kora'sãw, -õjs] *m* **1.** corazón *m*; **pessoa de bom** ~ persona de buen corazón; **no** ~ **da floresta** en el corazón del bosque; **com o** ~ **na mão** con el corazón en la mano; **de** ~ **e alma** de todo corazón; **do fundo do** ~ de todo corazón; **abrir o** ~ **para alguém** abrir el corazón a alguien; **cortar o** ~ *fig* romper el corazón; **não ter** ~ no tener corazón; **ter** ~ **mole** tener un buen corazón; **ter um** ~ **de ouro** tener un corazón de oro; **ter um** ~ **de pedra** tener un corazón de piedra **2.** BOT corazón *m*

corado, -a [ko'radu, -a] *adj* colorado, -a; (*cebola*) rojo, -a

coragem [ko'raʒẽj] *f sem pl* coraje *m*; **teve a** ~ **de me mentir na cara** tuvo el coraje de mentirme a la cara

corajoso, -a [kora'ʒozu, -'ɔza] *adj* valiente

coral <-ais> [ko'raw, -'ajs] **I.** *m* **1.** ZOOL coral *m* **2.** MÚS coral *f* **II.** *adj* coral; **canto** ~ canto *m* coral; **grupo** ~ coral *f*

corante [ko'rãntʃi] *m* colorante *m*

corar [ko'rar] **I.** *vt* (*roupa*) colorear **II.** *vi* (*pessoa*) ruborizarse

corcel <-eis> [kor'sɛw, -ejs] *m* corcel *m*

corcova [kor'kɔva] *f* joroba *f*

corcunda [kor'kũwda] *adj, mf* jorobado, -a *m, f*

corda ['kɔrda] *f* **1.** (*para prender*) cuerda *f*, mecate *m* AmC, Col, Méx, Ven; **andar na** ~ **bamba** *fig* estar en la cuerda floja; **estar com a** ~ **no pescoço** *fig* estar con la soga al cuello; **roer a** ~ *fig* incumplir una promesa **2.** *pl* MÚS cuerda *f*; **instrumento de** ~**s** instrumento *m* de cuerda **3.** (*do relógio*) cuerda *f*; **dar** ~ **no relógio** dar cuerda al reloj; **dar** ~ **a alguém** *fig* dar cuerda a alguien **4.** (*da roupa*) cuerda *f* **5.** (*jogo*) comba *f* **6.** *pl* ANAT, MAT cuerdas *fpl*; ~ **s vocais** cuerdas vocales

cordame [kor'dãmi] *m* NAÚT cordaje *m*

cordão <-ões> [kor'dãw, -õjs] *m* **1.** (*fio*) cordón *m*; ~ **umbilical** cordón umbilical; ~ **de puxa-sacos** *pej* panda *f* de pelotas **2.** (*da polícia*) cordón *m* **3.** (*joia*) cadena *f* **4.** ELETR cable *m*

cor da pele ['kor da 'pɛʎi] *adj inv* color carne *inv*

cordeiro [kor'dejru] *m* cordero *m*

cordel <-éis> [kor'dɛw, -'ɛjs] *m* LIT literatura popular del nordeste de Brasil

Cultura El **cordel** es un tipo de literatura impresa en folletos ilustrados con xilograbados (estampa obtenida por medio de hendiduras hechas en la madera). El nombre viene de la forma en la que los poemas son presentados al público: los libritos son colgados de cordeles en ferias y mercados populares. Traída por los portugueses en la segunda mitad del siglo XIX, la **literatura de cordel** sigue siendo muy popular en la región Nordeste de Brasil. Los poemas narran hechos de la vida cotidiana, como inundaciones y la sequía, hechos heroicos vinculados a la vida de los **cangaceiros** (bandoleros que andaban en grupos por el Nordeste en las tres primeras décadas del siglo XX) y de bandidos famosos, milagros y hechos relacionados con la historia reciente de Brasil.

cor de laranja ['kor dʒi la'rãnʒa] *adj inv* naranja *inv*
cor-de-rosa ['kor-dʒi-'ɔza] *adj inv* rosa *inv*
cordial <-ais> [kordʒi'aw, -'ajs] *adj* cordial
cordialidade [kordʒjaʎi'dadʒi] *f* cordialidad *f*
cordilheira [kordʒi'ʎejra] *f* cordillera *f*
cordões [kor'dõjs] *m pl de* **cordão**
coreano, -a [kore'ãnu, -a] *adj, m, f* coreano, -a *m, f*
coreia [ko'rεja] *f* MED corea *f*
Coreia [ko'rεja] *f* Corea *f*
coreografia [koreogra'fia] *f* coreografía *f*
coreógrafo, -a [kore'ɔgrafu, -a] *m, f* coreógrafo, -a *m, f*
cores ['koris] *f pl de* **cor**[1]
coreto [ko'retu] *m especie de quiosco al aire libre para conciertos musicales;* **bagunçar o ~** *inf* alborotar el gallinero
corinto [ko'rĩjtu] *m* GASTR pasa *f* de Corinto
coriscar [koris'kar] <c→qu> *vi impess* chispear
corisco [ko'risku] *m* chispa *f*

corista [ko'rista] *mf* corista *mf*
coriza [ko'riza] *f sem pl* coriza *f*
corja ['kɔrʒa] *f pej* pandilla *f*
córnea ['kɔrnia] *f* ANAT córnea *f*
corneta [kor'neta] *f* MÚS corneta *f*; **~ acústica** trompetilla *f*
corneteiro [korne'tejru] *m* corneta *m*
cornija [kor'niʒa] *f* ARQUIT cornisa *f*
corno ['kornu] *m* **1.** cuerno *m*; **pôr** [*ou* **botar**] **(os) ~s em alguém** poner (los) cuernos a alguien **2.** *chulo* (*pessoa*) cornudo *m*; **~ manso** calzonazos *m inv*
cornucópia [kornu'kɔpia] *f sem pl* cornucopia *f*
cornudo, -a [kor'nudu, -a] *adj chulo* cornudo, -a
coro ['koru] *m* MÚS, ARQUIT coro *m*; **em ~** a coro; **fazer ~ com** hacer coro a
coroa [ko'roa] **I.** *f* **1.** (*joia, de dente, de flores*) corona *f*; **~ de louros** corona de laurel **2.** ASTRON corona *f* **3.** (*de moeda*) cruz *f*; **cara ou ~?** ¿cara o cruz? **II.** *mf inf* carroza *mf*
coroação <-ões> [koroa'sãw, -õjs] *f* coronación *f*
coroado, -a [koro'adu, -a] *adj* coronado, -a; **~ de êxito** con mucho éxito
coroar [koro'ar] <*I. pess pres:* **coroo**> *vt fig* coronar; **~ rei** coronar como rey
coroca [ko'rɔka] *adj pej* carcamal; **velho ~** viejo carcamal
coroinha [koro'ĩɲa] *m* monaguillo *m*
corolário [koro'lariw] *m* corolario *m*
coronel <-éis> [koro'nεw, -'εjs] *m* coronel *m*
coronelismo [korone'ʎizmu] *m sem pl* caciquismo *m*
coronha [ko'roɲa] *f* culata *f*
coronhada [koro'ɲada] *f* culatazo *m*
corpanzil <-is> [korpãn'ziw, -'is] *m* **1.** (*corpo*) corpachón *m* **2.** (*pessoa*) gigante *m*
corpo ['korpu] *m* cuerpo *m*; **~ de bombeiros** cuerpo de bomberos; **~ de delito** JUR cuerpo del delito; **~ docente** cuerpo docente; **~ sólido/líquido/gasoso** FÍS cuerpo sólido/líquido/gaseoso; **fazer ~ mole, tirar o ~ fora** escaquearse *inf*; **ganhar** [*ou* **tomar**] **~** tomar cuerpo; **ter o ~ fechado** estar inmunizado; **~ a ~** cuerpo a cuerpo; **de ~ e alma** en cuerpo y alma
corporação <-ões> [korpora'sãw, -õjs] *f* corporación *f*; **~ de artesãos** cooperativa *f* de artesanos

corporal <-ais> [korpo'raw, -'ajs] *adj*, *m* corporal *m*
corporativismo [korporatʃi'vizmu] *m sem pl* corporativismo *m*
corporativização [korporatʃiviza'sãw] *f* POL corporativización *f*
corporativo, -a [korpora'tʃivu, -a] *adj* corporativo, -a; **Estado ~** Estado corporativo
corpóreo, -a [kor'pɔriw, -a] *adj* corpóreo, -a
corpulência [korpu'lẽjsia] *f* corpulencia *f*
corpulento, -a [korpu'lẽjtu, -a] *adj* corpulento, -a
Corpus Christi ['kɔrpus 'kristʃi] *m* Corpus *m* Christi
corpúsculo [kor'puskulu] *m* corpúsculo *m*
correção <-ões> [koxe'sãw, -õjs] *f* corrección *f*; **casa de ~** correccional *f*
correccional <-ais> [koxesjo'naw, -'ajs] *adj* JUR correccional; **tribunal ~** tribunal correcional
correções [koxe'sõjs] *f pl de* **correção**
corre-corre ['kɔxi-'kɔxi] <corre(s)--corres> *m inf* **1.**(*pressa*) ajetreo *m* **2.**(*corrida*) desbandada *f*
corredeira [koxe'dejra] *f* (*de água*) arroyo *m*
corrediça [koxe'dʒisa] *f* corredera *f*
corrediço, -a [koxe'dʒisu, -a] *adj* corredizo, -a
corredor [koxe'dor] *m* (*passagem*) pasillo *m*
corredor(a) [koxe'dor(a)] <-es> *adj*, *m(f)* (*pessoa*) corredor(a) *m(f)*
corregedor(a) [koxeʒe'dor(a)] <-es> *m(f)* magistrado, -a *m, f*
corregedoria [koxeʒedo'ria] *f* magistratura *f*
córrego ['kɔxegu] *m* arroyo *m*
correia [ko'xeja] *f* correa *f*
correio [ko'xeju] *m* **1.**(*correspondência*) correo *m*; (*edifício*) correos *mpl*; (**agência dos**) **~s** correos *mpl*; **~ aéreo** correo aéreo; **~ eletrônico** correo electrónico; **~ de voz** correo de voz; **caixa de ~** buzón *m*; **pôr uma carta no ~** echar una carta al correo **2.**(*carteiro*) correo *m*
correlação <-ões> [koxela'sãw, -õjs] *f* correlación *f*
correligionário, -a [koxeʎiʒjo'nariw, -a] *m, f* correligionario, -a *m, f*
corrente [ko'xẽjtʃi] **I.***f* **1.** ELETR corriente *f*; **~ alternada** corriente alterna; **~ contínua** corriente continua **2.**(*metálica*) cadena *f* **3.**(*da água, ideias, pessoas*) corriente *f*; **~ de ar** corriente de aire; **ir/nadar contra a ~** ir/nadar contra corriente **II.** *adj* (*mês, água, estilo, moeda*) corriente; **linguagem ~** lenguaje corriente **III.** *adv* **1.**(*sem dificuldade*) con fluidez; **falar ~ uma língua** hablar con fluidez una lengua **2.**(*informado*) **estar ao ~ de** estar al corriente de
correntemente [koxẽjtʃi'mẽjtʃi] *adv* corrientemente
correnteza [koxẽj'teza] *f* **1.**(*de rio*) corriente *f* **2.**(*de coisas, fatos*) serie *f*
correntista [koxẽj'tʃista] *mf* cuentacorrentista *mf*
correr [ko'xer] **I.** *vt* **1.**(*um percurso*) recorrer; **correu todas as lojas pela manhã** recorrió todas las tiendas por la mañana; **só tive tempo de ~ os olhos pelo jornal** sólo tuve tiempo de echar un vistazo al periódico; **~ um risco** correr un riesgo **2.**(*as persianas, cortinas*) correr **3.**(*afugentar*) ahuyentar; **correu com o gatuno da loja** ahuyentó al ladrón de la tienda **II.** *vi* **1.**(*pessoa*) correr; **~ atrás de alguém/a. c.** correr detrás de alguien/algo **2.**(*processo*) pasar; **a conversa corria solta** la conversación fluía naturalmente **3.**(*exame*) salir; **como é que correu?** ¿cómo salió? **4.**(*água*) correr **5.**(*boato*) circular
correria [koxe'ria] *f* (*pressa*) ajetreo *m*; (*tumulto*) desbandada *f*
correspondência [koxespõw'dẽjsia] *f* correspondencia *f*
correspondente [koxespõw'dẽjtʃi] **I.** *mf* corresponsal *mf* **II.** *adj* correspondiente
corresponder [koxespõw'der] **I.** *vi* corresponder; **~ a a. c.** corresponder a algo; **~ às expectativas** estar a la altura de las expectativas; **~ à verdade** corresponder a la verdad **II.** *vr* **~-se com alguém** escribirse con alguien
corretivo [koxe'tʃivu] *m* correctivo *m*; (*castigo*) castigo *m*
corretivo, -a [koxe'tʃivu, -a] *adj* correctivo, -a
correto, -a [ko'xɛtu, -a] *adj* correcto, -a; **politicamente ~** políticamente correcto
corretor [koxe'tor] *m* corrector *m*; **~**

corretor ortográfico corrector ortográfico
corretor(a) [koxe'tor(a)] <-es> *m(f)* **1.** corrector(a) *m(f)* **2.** ECON agente *mf* inmobiliario, -a
corretora [koxe'tora] *f* ECON correduría *f*; ~ **de seguros** correduría de seguros
corretores [koxe'toris] *m pl de* **corretor**
corrida [ko'xida] *f* **1.** ESPORT carrera *f*; ~ **automobilística** carrera automovilística; ~ **de cavalos** carrera de caballos; **dar uma** ~ pegar una carrera **2.** (*competição*) carrera *f*; ~ **a a. c.** carrera hacia algo; ~ **aos bancos** carrera hacia los bancos; ~ **do ouro** fiebre *f* del oro **3.** (*reprimenda*) bronca *f*; **levou uma bela** ~ **da professora** la profesora le echó una buena bronca
corrido, -a [ko'xidu, -a] *adj* **1.** (*expulso*) expulsado, -a **2.** (*escoado, passado*) pasado, -a **3.** (*envergonhado*) avergonzado, -a
corrigir [koxi'ʒir] <g→j> I. *vt* **1.** (*um teste, um erro*) corregir **2.** (*dentes, cabelo, gravata*) arreglarse **3.** (*repreender*) regañar; **corrigiu o aluno na frente da classe** regañó al alumno delante de toda la clase II. *vr:* ~-**se** corregirse
corrigível <-eis> [koxi'ʒivew, -ejs] *adj* corregible
corrimão <-ões> [koxi'mɜ̃w, -ɔ̃js] *m* pasamanos *m inv*
corrimento [koxi'mẽjtu] *m* MED secreción *f*
corrimões [koxi'mɔ̃js] *m pl de* **corrimão**
corriola [koxi'ɔla] *f* pandilla *f*
corriqueiro, -a [koxi'kejru, -a] *adj* común
corroboração <-ões> [koxobora'sɜ̃w, -ɔ̃js] *f* corroboración *f*
corroborar [koxobo'rar] *vt* corroborar
corroer [koxo'er] *conj como* roer *vt* corroer
corroído, -a [koxo'idu, -a] *adj* corroído, -a
corromper [koxõw'per] I. *vt* (*alimentos, pessoas*) corromper; (*texto, documento*) adulterar II. *vr:* ~-**se** corromperse
corrompível <-eis> [koxõw'pivew, -ejs] *adj* (*pessoa*) que se puede corromper
corrosão <-ões> [koxo'zɜ̃w, -ɔ̃js] *f* corrosión *f*

corrosivo, -a [koxo'zivu, -a] *adj* corrosivo, -a
corrosões [koxo'zɔ̃js] *f pl de* **corrosão**
corrupção <-ões> [koxup'sɜ̃w, -ɔ̃js] *f* corrupción *f*
corrupio [koxu'piw] *m juego infantil que consiste en hacer girar algo o a alguien*
corruptela [koxup'tɛla] *f* alteración *f*
corruptível <-eis> [koxup'tʃivew, -ejs] *adj* (*alimento, pessoa*) que se puede corromper
corrupto, -a [ko'xuptu, -a] *adj* corrupto, -a
corruptor(a) [koxup'tor(a)] <-es> *adj*, *m(f)* corruptor(a) *m(f)*
corsário [kor'sariw] *m* corsario *m*
cortador [korta'dor] <-es> *m* **1.** cortador *m;* ~ **de grama** cortacésped *m* **2.** ESPORT bloqueador *m*
corta-luz ['kɔrta-'lus] <-es> *m* ESPORT interposición *f*
cortante [kor'tɜ̃ŋtʃi] *adj* **1.** (*objeto, frio*) cortante **2.** (*som, dor*) agudo, -a
corta-papel <-éis> ['kɔrta-pa'pɛw, -'ɛjs] *m* cortapapel *m*
cortar [kor'tar] I. *vt* **1.** (*tecido, papel, cabelo, carne*) cortar; ~ **ao meio** cortar por el medio **2.** (*gás, água, telefone*) cortar **3.** (*de uma lista*) suprimir; **cortou metade dos funcionários** suprimió a la mitad de los funcionarios **4.** (*cruzar*) cortar; **a rua corta a avenida** la calle corta la avenida **5.** (*encurtar*) acortar; ~ **caminho** atajar **6.** (*interromper*) cortar; ~ **a mesada** cortar la propina; ~ **a palavra a alguém** interrumpir a alguien; ~ **relações com alguém** cortar relaciones con alguien; **corta essa!** *gíria* ¡vale ya! **7.** (*anular*) anular; **café ajuda a** ~ **o sono** el café ayuda a combatir el sueño **8.** (*deixar de usar*) dejar; **não consegue** ~ **o cigarro de vez** no consigue dejar el tabaco **9.** (*afligir*) partir; **isso é de** ~ **o coração** eso parte el corazón **10.** ESPORT, INFOR cortar II. *vr:* ~-**se** cortarse
corte¹ ['kɔrtʃi] *m* **1.** (*num dedo, de cabelo, de luz*) corte *m;* ~ **de árvores** tala *f* de árboles; **ter um novo** ~ **de cabelo** lucir un nuevo corte de pelo **2.** (*de relações*) corte *m* **3.** (*de pessoal, de verbas*) recorte *m* **4.** (*da roupa*) corte *m* **5.** (*de faca*) filo *m* **6.** (*do gado*) corte *m*
corte² ['kɔrtʃi] *f* **1.** (*nobreza*) corte *f;* ~

celeste corte celestial; ~ **marcial** consejo m de guerra **2.** (*justiça*) tribunal m
cortejar [korte'ʒar] *vt* cortejar
cortejo [kor'teʒu] m cortejo m; ~ **fúnebre** cortejo fúnebre; ~ **nupcial** cortejo nupcial
cortês [kor'tes] <-eses> *adj* cortés
cortesão, -ã <-ãos *ou* -ões, -ãs> [korte'zãw, -ʒ, -'ʒws, -'õjs] m, f cortesano, -a m, f
corteses [kor'tezis] *adj pl de* **cortês**
cortesia [korte'zia] *f sem pl* cortesía f; **fazer ~ com o chapéu alheio** *fig* usar la generosidad de otros
cortesões [korte'zõjs] m pl de **cortesão**
córtex <córtices> ['kɔrteks, 'kɔrtʃisis] m córtex m
cortiça [kur'tʃisa] *f sem pl* corcho m
córtices ['kɔrtʃisis] m pl de **córtex**
cortiço [kur'tʃisu] m **1.** (*de abelhas*) colmena f **2.** (*bloco de habitação*) bloque de viviendas ocupado por personas con pocos ingresos
cortina [kur'tʃina] f cortina f; ~ **de ferro** HIST telón m de acero; **atrás da ~** *fig*, *inf* entre bastidores
cortinado [kortʃi'nadu] m cortinaje m
cortisona [kortʃi'zona] *f sem pl* cortisona f
coruja [ku'ruʒa] **I.** f lechuza f **II.** *adj* noctámbulo, -a; **mãe ~** madraza f; **pai ~** padrazo m
corujão <-ões> [kuru'ʒãw, -õjs] m búho m de anteojos
corveta [kor'veta] f NÁUT corbeta f
corvo ['kɔrvu] m cuervo m
cós ['kɔs] *m sem pl* cintura f
cosecante [kose'kãtʃi] f MAT cosecante f
coseno [ko'senu] m MAT coseno m
coser [ko'zer] *vi*, *vt* coser
cosmética [koz'mɛtʃika] f cosmética f
cosmético [koz'mɛtʃiku] m cosmético m
cosmético, -a [koz'mɛtʃiku, -a] *adj* cosmético, -a
cósmico, -a ['kɔzmiku, -a] *adj* cósmico, -a
cosmologia [kozmolo'ʒia] f cosmología f
cosmonauta [kozmo'nawta] *mf* cosmonauta m/f
cosmonáutica [kozmo'nawtʃika] f cosmonáutica f
cosmopolita [kozmopo'ʎita] *adj* cosmopolita
cosmos ['kɔzmus] *m sem pl* cosmos m *inv*
cossaco [ko'saku] m cosaco m
costa ['kɔsta] f GEO costa f; **dar à ~** NÁUT encallar
costa-riquenho, -a ['kɔsta-xi'kɐɲu, -a] *adj*, m, f costarricense m/f
costas ['kɔstas] *fpl* **1.** ANAT espalda f; **estar de ~ para alguém/a. c.** dar la espalda a alguien/algo; **carregar nas ~** *fig* llevar todo el peso; **falar mal pelas ~** hablar mal a espaldas; **querer ver alguém pelas ~** *fig* desear que alguien desaparezca; **ser apunhalado pelas ~** *fig* recibir una puñalada trapera; **ter as ~ largas** *fig* tener muchas responsabilidades; **ter as ~ quentes** *fig* estar enchufado; **virar as ~ a** [*ou* **para**] **alguém** dar la espalda a alguien; **nas ~** en las espaldas **2.** (*da cadeira*) respaldo m
costear [kostʃi'ar] *conj como passear* *vi* costear
costeiro, -a [kos'tejru, -a] *adj* costero, -a
costela [kos'tɛla] f costilla f
costeleta [koste'leta] f costilla f
costumar [kustu'mar] *vt* ~ **fazer a. c.** soler hacer algo; **ele costuma ser simpático** suele ser simpático; **costuma fazer calor** suele hacer calor
costumaz [kustu'mas] *adj* habitual
costume [kus'tume] m **1.** (*roupa*) traje m **2.** (*hábito*) costumbre f; **os bons ~s** las buenas costumbres; **ter o ~ de fazer a. c.** tener la costumbre de hacer algo; **de ~** de costumbre; **como de ~** como de costumbre; **é ~** es costumbre
costumeiro, -a [kostu'mejru, -a] *adj* de costumbre
costura [kos'tura] f **1.** (*de roupa, soldadura*) costura f; **alta ~** alta costura **2.** (*cicatriz*) cicatriz f
costurar [kostu'rar] **I.** *vt* **1.** (*roupa*) coser **2.** (*acordo, conchavo*) articular **II.** *vi* (*trânsito*) dar bandazos
costureiro, -a [kostu'rejru, -a] m, f costurero, -a m, f
cota ['kɔta] f cuota f; ~ **anual** cuota anual; ~ **parte** cuota f
cotação <-ões> [kota'sãw, -õjs] f cotización f
cotado, -a [ko'tadu, -a] *adj* cotizado, -a
cotangente [kotãŋ'ʒẽjtʃi] f MAT cotangente f

cotar [ko'tar] *vt* ECON cotizar; **~ em** cotizar en

cotejar [kote'ʒar] *vt* cotejar

cotejo [ko'teʒu] *m* cotejo *m*

cotidiano [kotʃidʒi'ʒnu] *m* rutina *f*

cotidiano, -a [kotʃidʒi'ʒnu, -a] *adj* cotidiano, -a

cotonete [koto'nɛtʃi] *m* bastoncillo *m*

cotovelada [kotove'lada] *f* codazo *m;* **dar uma ~ em a. c.** dar un codazo a alguien; **sair dando ~s** salir dando codazos

cotovelo [koto'velu] *m tb.* ANAT codo *m;* **dor de ~** *fig* celos *mpl;* **falar pelos ~s** hablar por los codos

cotovia [koto'via] *f* alondra *f*

coube ['kowbi] *3. pret de* **caber**

couraça [kow'rasa] *f* coraza *f*

couraçado [kowra'sadu] *m* NAÚT acorazado *m*

couraçado, -a [kowra'sadu, -a] *adj* acorazado, -a

couro ['kowru] *m* 1.(*de animal*) piel *f* 2.(*trabalhado*) cuero *m* 3.(*de pessoa*) cuero *m;* **~ cabeludo** cuero cabelludo; **dar no ~** *gíria* estar a la altura de las circunstancias; **tirar o ~ de alguém** poner a parir a alguien; **o ~ comeu** se armó un follón

couve ['kowvi] *f* col *f;* **~ à mineira** col cortada en tiras muy finas y rehogada en mantequilla o aceite

couve-de-bruxelas ['kowvi-dʒi-bru'ʃɛlas] <couves-de-bruxelas> *f* col *f* de Bruselas

couve-flor ['kowvi-'flor] <couves-flor(es)> *f* coliflor *f*

couvert [ku'vɛr] *m* cubierto *m;* **~ artístico** cantidad que se añade a la cuenta de un restaurante cuando en él hay música en directo

cova ['kɔva] *f* 1.(*na terra*) hoyo *m* 2.(*sepultura*) sepultura *f;* **ter os pés na ~** tener un pie en la tumba 3.(*caverna*) cueva *f*

covarde [ko'vardʒi] *adj, mf* cobarde *mf*

covardia [kovar'dʒia] *f sem pl* cobardía *f*

coveiro, -a [ko'vejru, -a] *m, f* sepulturero *m*

covil <-is> [ko'viw, -'is] *m* (*de animais, ladrões*) madriguera *f*

covinha [kɔ'viɲa] *f* hoyuelo *m*

covis [ko'vis] *m pl de* **covil**

coxa ['kɔʃa] *f* muslo *m;* **fazer a. c. nas ~s** *inf* hacer algo a toda prisa

coxear [koʃe'ar] *conj como passear vi* cojear

coxia [ko'ʃia] *f* pasillo *m*

coxinha [ko'ʃiɲa] *f* croqueta *f* de patata y pollo

coxo, -a ['koʃu, -a] *adj* cojo, -a

cozedura [koze'dura] *f* cocción *f*

cozer [ko'zer] *vt* cocer

cozido [ku'zidu] *m* cocido *m*

cozido, -a [ku'zidu, -a] *adj* cocido, -a

cozimento [kozi'mẽjtu] *m* cocción *f*

cozinha [ku'ziɲa] *f* cocina *f;* **~ baiana** cocina de Bahía; **~ pré-montada** cocina a medida

cozinhar [kozĩ'ɲar] I. *vi* cocinar II. *vt* 1. GASTR cocinar 2.(*tramar*) urdir

cozinheiro, -a [kuzĩ'ɲejru, -a] *m, f* cocinero, -a *m, f*

CPF [sepe'ɛfi] *m abr de* **Cadastro de Pessoa Física** *documento de identificación fiscal similar al NIF español*

craca ['kraka] *f* estría *f*

crachá [kra'ʃa] *m* identificación *f*

crânio ['krãniw] *m* 1. ANAT cráneo *m* 2. *inf* (*pessoa*) cerebro *m*

crápula ['krapula] *m* crápula *m*

craque ['kraki] *mf* (*pessoa*) estrella *f*

crase ['krazi] *f* LING contracción *f*

crasso, -a ['krasu, -a] *adj* 1.(*grande*) grande 2.(*grosso*) craso, -a; **erro ~** craso error 3.(*grosseiro*) tosco, -a 4.(*denso*) espeso, -a

cratera [kra'tɛra] *f* cráter *m*

cravar [kra'var] *vt* 1.(*pregar*) clavar; **~ as unhas em a. c.** clavar las uñas en algo; **~ os olhos em a. c.** clavar los ojos en algo 2.(*pedras preciosas*) engastar

cravinho [kra'viɲu] *m* BOT clavo *m*

cravo ['kravu] *m* 1. BOT (*flor*) clavel *m* 2.(*cravo-da-índia*) clavo *m* 3. MÚS clave *m*

cravo-da-índia ['kravu-da-'ĩjdʒia] <cravos-da-índia> *m* clavo *m*

creche ['krɛʃi] *f* guardería *f*

credenciais [kredẽjsi'ajs] *fpl* credenciales *fpl*

crediário [kredʒi'ariw] *m* venta *f* a plazos

credibilidade [kredʒibiʎi'dadʒi] *f sem pl* credibilidad *f*

creditar [kredʒi'tar] *vt* depositar

crédito ['krɛdʒitu] *m tb.* ECON crédito *m;* **débito e ~** débito y crédito; **comprar/vender a ~** comprar/vender a crédito

credo ['krɛdu] I. *m* REL credo *m* II. *interj* Dios

credor(a) [kre'dor(a)] <-es> *m(f)* acreedor(a) *m(f)*

credulidade [kreduʎi'dadʒi] *f sem pl* credulidad *f*

crédulo, -a ['krɛdulu, -a] *adj* crédulo, -a

cremação <-ões> [krema'sãw, -õjs] *f* cremación *f*

cremalheira [krema'ʎejra] *f* cremallera *f*

cremar [kre'mar] *vt* cremar

crematório [krema'tɔriw] *m* crematorio *m*

creme ['kremi] *m* **1.** (*cosmética*) crema *f*; ~ **de barbear** crema de afeitar; ~ **dental** crema dental; ~ **hidratante** crema hidratante **2.** GASTR crema *f*; ~ **chantili** nata *f* montada; ~ **de legumes** crema de verduras; ~ **de leite** nata *f* líquida **3.** (*cor*) crema *m inv*

cremoso, -a [kre'mozu, -ɔza] *adj* cremoso, -a

crença ['krẽjsa] *f* creencia *f*; **ter ~ em** creer en

crendice [krɛj'dʒisi] *f* superstición *f*

crente ['krẽjtʃi] **I.** *mf* creyente *mf* **II.** *adj* creyente; **estar ~ que** creer que

crepe ['krɛpi] *m* **1.** GASTR crepe *f* **2.** (*tecido*) crepé *m*

crepitação <-ões> [krepita'sãw, -õjs] *f* crepitación *f*

crepitar [krepi'tar] *vi* crepitar

crepom <-ons> [kre'põw] *adj* (*papel*) crepé

crepuscular [krepusku'lar] *adj* crepuscular

crepúsculo [kre'puskulu] *m* crepúsculo *m*

crer ['krer] *irr* **I.** *vi* creer; ~ **em a. c.** creer en algo **II.** *vt* creer; **creio que sim/não** creo que sí/no **III.** *vr:* ~ **-se** creerse

crescente [kre'sẽjtʃi] *adj, m* creciente *m*

crescer [kre'ser] <c→ç> *vt* crecer; **cresça e apareça** *inf* cuando crezcas, ven a verme

crescido, -a [kre'sidu, -a] *adj* (*pessoa*) crecido, -a

crescimento [kresi'mẽjtu] *m* crecimiento *m*

crespo, -a ['krespu, -a] *adj* **1.** (*cabelo*) crespo, -a **2.** (*superfície*) áspero, -a

cretinice [kretʃi'nisi] *f* estupidez *f*

cretino, -a [kre'tʃinu, -a] *m, f* cretino, -a *m, f*

cria ['kria] *f* cría *f*; **dar ~** parir

criação <-ões> [kria'sãw, -õjs] *f* **1.** (*invenção*) creación *f* **2.** (*de crianças, animais*) crianza *f*; **irmãos de ~** hermanos *mpl* adoptivos

criadagem [kria'daʒẽj] <-ens> *f* criados *mpl*

criado, -a [kri'adu, -a] *adj, m, f* criado, -a

criado-mudo [kri'adu-'mudu] <criados-mudos> *m* mesilla *f*

criador [kria'dor(a)] *m* (*do mundo*) creador *m*

criador(a) [kria'dor(a)] <-es> **I.** *m(f)* (*de animais*) criador(a) *m(f)* **II.** *adj* creador(a)

criança [kri'ãsa] *f* niño, -a *m, f*; ~ **de colo** niño pequeño

criançada [kriã'sada] *f sem pl* chiquillería *f*

criançao [kriã'sãw] *m* crío *m*

criancice [kriã'sisi] *f pej* chiquillada *f*

criar [kri'ar] *vt* (*produzir, inventar, fundar*) crear; (*crianças, animais, flores*) criar

criatividade [kriatʃivi'dadʒi] *f* creatividad *f*

criativo, -a [kria'tʃivu, -a] *adj* creativo, -a

criatura [kria'tura] *f* criatura *f*

crime ['krimi] *m* crimen *m*; **cometer um ~** cometer un crimen

criminal <-ais> [krimi'naw, -'ajs] *adj* criminal

criminalidade [kiminaʎi'dadʒi] *f sem pl* criminalidad *f*

criminologia [kriminolo'ʒia] *f* JUR criminología *f*

criminoso, -a [krimi'nozu, -ɔza] *adj, m, f* criminal *mf*

crina ['krina] *f* crin *f*

crioulo, -a [kri'olu, -a] **I.** *m, f* criollo, -a *m, f* **II.** *adj* criollo, -a; *pej* (*negro*) negro, -a

cripta ['kripta] *f* cripta *f*

crisálida [kri'zaʎida] *f* crisálida *f*

crisântemo [kri'zãŋtemu] *m* crisantemo *m*

crise ['krizi] *f* crisis *f inv*; ~ **de ciúmes** crisis de celos; ~ **econômica** crisis económica; ~ **de nervos** crisis nerviosa; **entrar em ~** entrar en crisis

crisma ['krizma] *m* REL confirmación *f*

crismar [kriz'mar] *vt* **1.** REL confirmar **2.** (*mudar o nome*) apodar

crispar [kris'par] **I.** *vt* arrugar **II.** *vr:* ~ **-se** arrugarse

crista ['krista] *f* cresta *f*
cristã [kris'tã] *adj, f v.* **cristão**
cristal <-ais> [kris'taw, -'ajs] *m* cristal *m;* **de** ~ de cristal; **os cristais** los cristales
cristaleira [krista'lejra] *f* cristalera *f*
cristalino [krista'ʎinu] *m* cristalino *m*
cristalino, -a [krista'ʎinu, -a] *adj* cristalino, -a
cristalizado, -a [kristaʎi'zadu, -a] *adj (fruta)* escarchado, -a
cristandade [kristãn'dadʒi] *f sem pl* cristiandad *f*
cristão, -tã [kris'tãw, -ã] *adj, m, f* cristiano, -a *m, f*
cristianismo [kristʃjã'nizmu] *m sem pl* cristianismo *m*
cristianização [kristʃjãniza'sãw] *f sem pl* cristianización *f*
Cristo ['kristu] *m* Cristo *m*
critério [kri'tɛriw] *m* criterio *m;* **deixar a. c. ao ~ de alguém** dejar algo al criterio de alguien
criterioso, -a [kriteri'osu, -'ɔza] *adj* sensato, -a
crítica ['kritʃika] *f* crítica *f;* ~ **de cinema** crítica cinematográfica; **fazer uma ~ a alguém/a. c.** criticar a alguien/algo; **seu trabalho está abaixo da ~** su trabajo es lamentable
criticar [kritʃi'kar] <c→qu> *vt* criticar
criticável <-eis> [kritʃi'kavew, -ejs] *adj* criticable
crítico ['kritʃiku] *m* crítico *m*
crítico, -a ['kritʃiku, -a] *adj* crítico, -a; **estado ~** estado crítico
crivar [kri'var] *vt* acribillar
crível <-eis> ['krivew, -ejs] *adj* creíble
Croácia [kro'asia] *f* Croacia *f*
croata [kro'ata] *adj, mf* croata *mf*
crocante [kro'kãntʃi] *adj* crujiente
crochê [kro'ʃe] *m* ganchillo *m,* crochet *m;* **fazer ~** hacer ganchillo [*o* crochet]
crocodilo [kroko'dʒilu] *m* cocodrilo *m;* **chorar lágrimas de ~** llorar lágrimas de cocodrilo
croissant [krua'sã] *m* cruasán *m*
cromado, -a [kro'madu, -a] *adj* cromado, -a
cromática [kro'matʃika] *f* cromática *f*
cromo ['kromu] *m* cromo *m*
cromossomo [kromo'somu] *m* cromosoma *m*
crônica ['kronika] *f* crónica *f*
crônico, -a ['kroniku, -a] *adj* crónico, -a
cronista [kro'nista] *mf* cronista *mf*

cronologia [kronolo'ʒia] *f sem pl* cronología *f*
cronológico, -a [krono'lɔʒiku, -a] *adj* cronológico, -a
cronometrar [kronome'trar] *vt* cronometrar
cronômetro [kro'nometru] *m* cronómetro *m*
croquete [kro'kɛtʃi] *m* croqueta *f*
crosta ['krosta] *f* costra *f;* ~ **terrestre** corteza terrestre *f*
cru(a) ['kru(a)] *adj (pessoa, material, alimento)* crudo, -a; **você é muito ~ neste assunto** estás muy verde en este asunto
crucial <-ais> [krusi'aw, -'ajs] *adj* crucial
crucificação <-ões> [krusifika'sãw, -õjs] *f* crucifixión *f*
crucificar [krusifi'kar] <c→qu> *vt* crucificar
crucifixo [krusi'fiksu] *m* crucifijo *m*
cruel <-éis> [kru'ɛw, -'ɛjs] *adj* cruel
crueldade [kruew'dadʒi] *f* crueldad *f*
cruento, -a [kru'ẽjtu, -a] *adj* cruento, -a
crustáceo [krus'tasiw] *m* crustáceo *m*
cruz ['krus] *f* cruz *f;* ~ **suástica** cruz gamada; **Cruz Vermelha** Cruz Roja; **em ~** en cruz; **carregar a sua ~** *fig* llevar su cruz; **ficar entre a ~ e a espada** *fig* estar entre la espada y la pared
cruzada [kru'zada] *f* cruzada *f*
cruzado [kru'zadu] *m (pessoa, moeda)* cruzado *m*
cruzado, -a [kru'zadu, -a] *adj* cruzado, -a
cruzamento [kruza'mẽjtu] *m tb.* BIO cruce *m*
cruzar [kru'zar] **I.** *vt* BIO, ECON, ESPORT cruzar; ~ **os braços** *tb. fig* cruzar los brazos; ~ **as pernas** cruzar las piernas; ~ **com alguém** cruzarse con alguien **II.** *vr:* ~**-se** cruzarse; ~**-se com a. c.** concordar con algo
cruz-credo ['krus-'krɛdu] *interj* Dios mío
cruzeiro [kru'zejru] *m* crucero *m*
cruzes ['kruzis] **I.** *fpl* ANAT cadera *f* **II.** *interj* Dios santo
cu ['ku] *m chulo* culo *m;* **ficar com o ~ na mão** acojonarse; **tirar o ~ da reta** lavarse las manos; **vai tomar no ~!** ¡vete a tomar por culo!
cuba ['kuba] *f* cuba *f*
Cuba ['kuba] *f* Cuba *f*
cubano, -a [ku'banu, -a] *adj, m, f* cu-

bano, -a *m, f*
cúbico, -a ['kubiku, -a] *adj* cúbico, -a; **metro ~** metro cúbico; **raiz cúbica** raíz cúbica
cubículo [ku'bikulu] *m* cubículo *m*
cubo ['kubu] *m* MAT cubo *m*
cuca ['kuka] *f gíria* coco *m*; **encher a ~** coger un pedo; **fundir a ~ de alguém** enloquecer a alguien
cucaracho [kuka'raʃu] *m pej*: turista hispanoamericano
cuco ['kuku] *m* cuco *m*
cu-do-mundo ['ku-du-'mũwdu] <cus-do-mundo> *m chulo* culo *m* del mundo
cueca [ku'ɛka] *f* calzoncillos *mpl*
Cuiabá [kuja'ba] Cuiabá
cuíca [ku'ika] *f* zambomba *f*

> **Cultura** La **cuíca** es un instrumento musical que tiene la forma de un pequeño barril cubierto de piel en una de sus extremidades. En esta extremidad está fijada una tira de cuero o un mástil de madera que, al ser frotados con un paño húmedo, producen un sonido ronco. De origen bantú, fue traída a Brasil por los esclavos que venían del Congo y Angola.

cuidado [kuj'dadu] I. *m* cuidado *m*; **deixar a. c. aos ~s de alguém** dejar algo al cuidado de alguien; **requerer ~s** requerir cuidados; **ter [ou tomar] ~ com a. c.** tener cuidado con algo; **ao(s) ~(s) de** al cuidado de; *(em carta)* en el domicilio de; **com ~** con cuidado II. *interj* cuidado
cuidadoso, -a [kujda'dozu, -'ɔza] *adj* cuidadoso, -a; **ser ~ com alguém/a. c.** ser cuidadoso con alguien/algo
cuidar [kuj'dar] I. *vi* cuidar; **~ de alguém/a. c.** cuidar de alguien/algo; **cuida dos negócios da família** cuida de los negocios de la familia II. *vt* tener cuidado con; **é preciso ~ o que se diz** hay que tener cuidado con lo que se dice III. *vr*: **~-se** cuidarse; **cuide-se!** ¡cuídese!
cujo, -a ['kuʒu, -a] I. *pron rel* cuyo, -a II. *m, f inf* tío, -a *m, f*; **o dito ~** el susodicho
culatra [ku'latra] *f* culata *f*; **o tiro saiu pela ~** le salió el tiro por la culata
culinária [kuʎi'naria] *f* cocina *f*
culinário, -a [kuʎi'nariw, -a] *adj* culinario, -a
culinarista [kuʎina'rista] *mf* experto *m* culinario, experta *f* culinaria
culminação <-ões> [kuwmina'sãw, -õjs] *f*, **culminância** [kuwmi'nãnsia] *f* culminación *f*
culminante [kuwmi'nãntʃi] *adj* culminante
culminar [kuwmi'nar] *vi* **~ em** culminar en
culpa ['kuwpa] *f* culpa *f*; **jogar a ~ em cima de alguém** echar las culpas a alguien; **ter (a) ~ de** tener (la) culpa de; **ter ~ no cartório** *inf* ser culpable; **não teve ~ no acidente** no tuvo la culpa del accidente; **por ~ de** por culpa de
culpado, -a [kuw'padu, -a] I. *m, f* culpable *mf* II. *adj* culpable; **ser ~ de a. c.** ser culpable de algo
culpar [kuw'par] I. *vt* culpar; **~ alguém de [ou por] a. c.** culpar a alguien de algo II. *vr*: **~-se por a. c.** culparse de algo
culpável <-eis> [kuw'pavew, -ejs] *adj (ato)* condenable
cultivar [kuwtʃi'var] I. *vt* cultivar II. *vr*: **~-se** cultivarse
cultivável <-eis> [kuwtʃi'vavew, -ejs] *adj* cultivable
cultivo [kuw'tʃivu] *m* cultivo *m*
culto ['kuwtu] *m* culto *m*; **praticar um ~** practicar un culto
culto, -a ['kuwtu, -a] *adj* culto, -a
cultura [kuw'tura] *f* 1. *(de um povo, uma pessoa)* cultura *f*; **~ geral** cultura general 2. *(da terra)* cultivo *m*
cultural <-ais> [kuwtu'raw, -'ajs] *adj* cultural
cumbuca [kũw'buka] *f* recipiente hecho con un fruto al que se le abre un agujero circular en la parte superior
cume ['kumi] *m* cumbre *f*
cumeeira [kumi'ejra] *f* cumbre *f*
cúmplice ['kũwplisi] I. *mf* cómplice *mf* II. *adj* cómplice; **ser ~ em a. c.** ser cómplice de algo
cumplicidade [kũwplisi'dadʒi] *f* complicidad *f*
cumpridor(a) [kũwpri'dor(a)] <-es> *adj* cumplidor(a)
cumprimentar [kũwprimẽj'tar] I. *vt (saudar)* saludar; *(felicitar)* felicitar II. *vi* saludar

cumprimento [küwpri'mẽjtu] *m* **1.** (*de uma ordem, lei, tarefa*) cumplimiento *m* **2.** (*saudação*) saludo *m;* **mandar ~s a alguém** mandar saludos a alguien **3.** (*felicitação*) felicitación *f*

cumprir [kũw'prir] **I.** *vt* cumplir **II.** *vi* cumplir; **~ com as suas obrigações** cumplir con sus obligaciones

cúmulo ['kumulu] *m* colmo *m;* **isso é o ~!** ¡eso es el colmo!; **isso é o ~ da estupidez!** ¡eso es el colmo de la estupidez!; **isso é o ~ dos ~s!** ¡eso es el colmo de los colmos!

cunha ['kũɲa] *f* cuña *f*

cunhado, -a [kũ'ɲadu, -a] *m, f* cuñado, -a *m, f*

cunhagem [kũ'ɲaʒẽj] <-ens> *f* acuñación *f*

cunhar [kũ'ɲar] *vt* acuñar

cunho ['kũɲu] *m* cuño *m*

cupê [ku'pe] *m* cupé *m*

cupido [ku'pidu] *m* cupido *m*

cupim [ku'pĩj] <-ins> *m* **1.** ZOOL termita *f* **2.** GASTR *corte de carne extraída de la joroba de los bueyes*

cupincha [ku'pĩʃa] *m* compinche *m*

cupins [ku'pĩjs] *m pl de* **cupim**

cupom [ku'põw] <-ons> *m* cupón *m*

cúpula ['kupula] *f* **1.** ARQUIT cúpula *f* **2.** (*conferência*) cumbre *f* **3.** (*de partido*) cúpula *f*

cura[1] ['kura] *f* cura *f;* (**não**) **ter ~** (no) tener cura; **~ de desintoxicação** cura de desintoxicación

cura[2] ['kura] *m* REL cura *m*

curado, -a [ku'radu, -a] *adj* **1.** (*pessoa, doença, queijo*) curado, -a **2.** (*metal*) preparado, -a

curador(a) [kura'dor(a)] <-es> *m(f)* JUR tutor(a) *m(f)*

curandeiro, -a [kurãŋ'dejru, -a] *m, f* curandero, -a *m, f*

curar [ku'rar] **I.** *vt* (*pessoa, ferida, queijo*) curar **II.** *vr:* **~-se** curarse

curativo [kura'tʃivu] *m* cura *f;* **fazer um ~** hacer la cura

curativo, -a [kura'tʃivu, -a] *adj* curativo, -a

curável <-eis> [ku'ravew, -ejs] *adj* curable

curetagem [kure'taʒẽj] <-ens> *f* MED raspado *m*

cúria ['kuria] *f* curia *f*

curinga [ku'rĩjga] *m* comodín *m*

curió [kuri'ɔ] *m* ZOOL *pájaro tropical cuyo macho es de color negro y la hembra de color marrón*

curiosidade [kuriozi'dadʒi] *f* **1.** (*sentimento, raridade*) curiosidad *f;* **estar com ~** sentir curiosidad **2.** (*turismo*) lugar *m* de interés

curioso, -a [kuri'ozu, -'ɔza] *adj* curioso, -a

Curitiba [kuri'tʃiba] Curitiba

curitibano, -a [kuritʃi'bãnu, -a] **I.** *adj* de Curitiba **II.** *m, f* habitante *mf* de Curitiba

curral <-ais> [ku'xaw, -'ajs] *m* corral *m*

currar [ku'xar] *vt inf* violar

currículo [ku'xikulu] *m* currículo *m*

curriculum vitae [kuxiku'lũw 'vite] *m* currículum *m* vitae

cursar [kur'sar] *vt* (*disciplina, curso*) cursar; (*universidade*) estudiar en; **ele cursa medicina** cursa medicina

curso [kur'su] *m* **1.** (*direção*) curso *m* **2.** (*aulas*) curso *m;* **~ de especialização** curso de especialización; **fazer um ~** hacer un curso **3.** UNIV curso *m;* **terminar o ~** terminar el curso; **fazer o ~ de medicina** hacer la carrera de medicina

cursor [kur'sor] <-es> *m* INFOR cursor *m*

curta-metragem [kurtame'traʒẽj] <curtas-metragens> *m* cortometraje *m*

curtição <-ões> [kurt'sãw, -õjs] *f inf* gozada *f*

curtir [kur'tʃir] **I.** *vt* **1.** (*couro*) curtir **2.** (*azeitonas*) adobar **3.** *inf* (*férias, música, pessoa*) disfrutar de **II.** *vi inf* (*divertir-se*) pasarlo guay

curto, -a ['kurtu, -a] *adj* **1.** (*tamanho, duração*) corto, -a; **de vista curta** corto de vista **2.** (*inteligência*) corto, -a **3.** (*lacônico*) conciso, -a; **ele foi ~ e grosso** fue directo

curto-circuito ['kurtu-sir'kwitu] <curtos-circuitos> *m* cortocircuito *m*

curtume [kur'tumi] *m* curtido *m;* **fábrica de ~s** fábrica de curtidos

curva ['kurva] *f* curva *f;* **~ fechada** curva cerrada; **fazer a ~** tomar la curva

curvado, -a [kur'vadu, -a] *adj* curvado, -a

curvar [kur'var] **I.** *vt* curvar **II.** *vr:* **~-se 1.** (*inclinar-se*) curvarse **2.** (*submeter-se*) doblegarse; **~-se a** [*ou* **ante**] **alguém/a. c.** doblegarse ante alguien/algo

curvatura [kurva'tura] *f* curvatura *f*

curvo, -a ['kurvu, -a] *adj* curvo, -a

cuspe ['kuspi] *m sem pl* saliva *f*

cuspido, -a [kus'pidu, -a] *adj* expelido, -a; **ser** ~ salir proyectado

cuspir [kus'pir] *irr como subir* **I.** *vt* (*lançar*) escupir; ~ **sangue** escupir sangre **II.** *vi* escupir

custar [kus'tar] **I.** *vt* costar; **quanto custa?** ¿cuánto cuesta?; ~ **os olhos da cara** costar los ojos de la cara; ~ **a vida** costar la vida **II.** *vi* costar; ~ **a fazer** ser costoso de hacer; **custa a crer** cuesta creer; **custou-lhe a aceitar o fato** le costó aceptar el hecho; **isso não custa (nada)** eso no cuesta nada; **custe o que** ~ cueste lo que cueste

custas ['kustas] *fpl* JUR costas *fpl*; **à(s)** ~(**s**) **de** a costa de

custear [kustʃi'ar] *conj como passear* *vt* costear

custo ['kustu] *m* 1. (*preço*) coste *m*, costo *m*; ~ **s de viagem** gastos de viaje; **ajudas de** ~ dietas *fpl* 2. (*esforço*) esfuerzo *m*; **a/com muito** ~ con un gran esfuerzo; **a todo** ~ a toda costa

custo-benefício ['kustu-bene'fisiw] **I.** *adj inv* costo-beneficio *inv* **II.** *m sem pl* costo-beneficio *m*

custódia [kus'tɔdʒia] *f tb.* REL custodia *f*; **o pai/a mãe tem a** ~ **dos filhos** el padre/la madre tiene la custodia de los hijos

custoso, -a [kus'tozu, -'ɔza] *adj* (*caro, difícil*) costoso, -a

cutâneo, -a [ku'tãniw, -a] *adj* ANAT cutáneo, -a; **erupção cutânea** erupción cutánea

cutelo [ku'tɛlu] *m* cuchillo *m*

cutícula [ku'tʃikula] *f* cutícula *f*

cútis ['kutʃis] *f inv* cutis *m inv*

cutucar [kutu'kar] <c→qu> *vt* 1. (*tocar*) dar un toque a; (*nariz, ouvidos*) meterse el dedo en 2. (*incentivar*) estimular

cv [se've] *abr de* **cavalo-vapor** cv

C.V. [ku'xikulũw 'vitɛ] *abr de* **curriculum vitae** C.V.

czar [ki'zar] *m* zar *m*

D

D, d ['de] *m* D, d *f*

D. [dɔn] *abr de* Don D.

D.ª ['dɔna] *abr de* Dona D.ª

da [da] = **de + a** *v.* **de**

dádiva ['dadʒiva] *f* (*dom*) dádiva *f*; **é uma ~ de Deus!** ¡es un regalo de Dios!

dado ['dadu] **I.** *m* 1. (*de jogo*) dado *m* 2. (*fato, base*) dato *m*; **~s pessoais** datos personales **II.** *conj* ~ **que...** dado que...

dado, -a ['dadu, -a] *adj* 1. (*concedido, propenso*) dado, -a; **em ~ momento** en un momento dado; **ser ~ a a. c.** ser dado a algo 2. (*sociável*) sociable

daí [da'i] *adv* 1. (*desse lugar*) de ahí; **anda ~!** ¡sal de ahí! 2. (*por isso*) por eso; **e ~?** ¿y qué?

daiquiri [dajki'ri] *m* daiquiri *m*

dalai-lama [da'laj-'lama] *m* dalai lama *m*

dali [da'ʎi] *adv* de allí

dália ['daʎja] *f* dalia *f*

dálmata ['dawmata] *m* dálmata *m*

daltônico, -a [daw'toniku, -a] *adj* daltónico, -a

daltonismo [dawto'nizmu] *m sem pl* daltonismo *m*

dama ['dama] *f* dama *f*; ~ **de companhia** señora *f* de compañía; ~ **de honra** dama de honor; **primeira** ~ primera dama

dama-da-noite ['dama-da-'nojtʃi] <damas-da-noite> *f* BOT dama *f* de noche

damas ['damas] *fpl* (*jogo*) damas *fpl*; **jogar** ~ jugar a las damas

damasco [da'masku] *m* 1. (*tecido*) damasco *m* 2. BOT albaricoque *m*, damasco *m CSur*; chabacano *m Méx*

danação [dana'sãw] *f sem pl* (*condenação*) condenación *f*; (*aborrecimento*) irritación *f*

danado, -a [da'nadu, -a] *adj* 1. (*condenado*) condenado, -a 2. (*estragado*) destrozado, -a; **o sapato ficou todo** ~ el zapato quedó completamente destrozado 3. (*furioso*) furioso, -a; **ele ficou ~ da vida com a atitude do colega** le enfureció la actitud de su colega 4. *inf* (*travesso*) travieso, -a; **eta moleque ~!** ¡pero qué niño tan travieso! 5. (*extraor-*

dinário) increíble; **ser ~ de bom** ser increíblemente bueno; **ter uma sorte danada** tener una suerte increíble
danar [dɜ'nar] **I.** *vt* estropear; **pra ~** *inf* súper **II.** *vr* **~-se** *inf* (*sair-se mal*) fastidiarse; **que se dane(m)!** ¡que se fastidie(n)!
dança [dɜ̃ŋ'sa] *f* danza *f*; **~ de roda** danza en corro; **~ de salão** baile *m* de salón; **~ típica** baile *m* típico; **~ do ventre** danza del vientre; **a ~ dos ministros** *inf* (*movimentação*) el baile de los ministros; **entrar na ~** *inf* participar
dançante [dɜ̃ŋ'sɜ̃ŋtʃi] *adj* (*ritmo*) de baile; (*jantar*) con baile
dançar [dɜ̃ŋ'sar] <ç→c> **I.** *vt* bailar, danzar; **~ uma música com alguém** bailar una canción con alguien **II.** *vi* **1.** (*bailar*) bailar, danzar; **~ conforme a música** bailar al son que tocan **2.** (*ficar folgado*) quedar suelto, -a **3.** *inf* (*não dar certo*) irse al garete; **aquela proposta de trabalho dançou** aquella propuesta de trabajo se fue al garete **4.** (*dar-se mal*) fastidiarla; **ele dançou na prova de matemática** la fastidió en la prueba de matemáticas **5.** (*ser preso*) ser arrestado, -a; **foi pego em flagrante e dançou** lo cogieron con las manos en la masa y lo arrestaron
dançarino, -a [dɜ̃ŋsa'rinu, -a] *m, f* bailarín, -ina *m, f*
danceteria [dɜ̃ŋsete'ria] *f* discoteca *f*
danificação [dɜnifika'sɜ̃w] *f sem pl* **1.** (*ação de danificar*) deterioro *m* **2.** (*estrago*) daños *mpl*
danificar [dɜnifi'kar] <c→qu> **I.** *vt* dañar, estropear **II.** *vr:* **~-se** estropearse
daninho, -a [dɜ'nĩɲu, -a] *adj* BOT dañino, -a; **ervas daninhas** malas hierbas
dano ['dɜnu] *m* daño *m;* **~ material** daños materiales; **~ moral** daños morales
dantes ['dɜ̃nts] *adv* antes
dantesco, -a [dɜ̃ŋ'tesku, -a] *adj* dantesco, -a
daquele, -a [da'keʎi, -'ɛla] = **de + aquele** *v.* **de**
daqui [da'ki] *adv* de aquí; **~ a pouco** dentro de poco; **~ em diante** de aquí en adelante; **~ até lá** desde aquí hasta ahí; **sai** [*ou* **some**] **~!** ¡sal de aquí!
daquilo [da'kilu] = **de + aquilo** *v.* **de**
dar ['dar] *irr* **I.** *vt* **1.** (*ceder*) dar; **~ o braço a torcer** dar el brazo a torcer; **~ lugar a a. c.** dar lugar a algo; **dava**

tudo para ser feliz tenía todo para ser feliz **2.** (*oferecer*) dar; **~ as boas-vindas** dar la bienvenida; **~ conselhos** dar consejos; **~ oportunidade a alguém** dar la oportunidad a alguien **3.** (*entregar*) dar; **~ aulas** dar aulas; **~ entrada no carro** pagar la entrada del coche; **~ uma explicação a alguém** dar una explicación a alguien; **~ a vida por alguém** dar la vida por alguien; **quanto você dá por isto?** ¿cuánto das por esto?; **dá aqui!** ¡dame eso! **4.** (*conceder*) dar; **~ um crédito/garantias** dar un crédito/beneficios; **~ ouvidos a alguém** prestar oídos a alguien; **~ palpites** opinar; **~ satisfação** explicarse; **~ razão a alguém** dar la razón a alguien; **~ um tempo** *gíria* dejar pasar un tiempo; **dá licença, por favor** con permiso **5.** (*comunicar*) dar; **~ os cumprimentos a alguém** felicitar a alguien; **~ ordens** dar órdenes; **~ os parabéns a alguém** dar la enhorabuena a alguien; **~ um recado a alguém** dar un recado a alguien **6.** (*fazer*) dar; **~ uma festa** dar una fiesta; **~ um passeio** dar un paseo **7.** (*soma*) ser igual a **8.** (*causar*) dar; **~ dor de cabeça** dar dolor de cabeza; **~ medo/pena** dar miedo/pena **9.** (*produzir*) dar; **~ fruto** dar fruto; **~ sinal de vida** dar señales de vida; **~ um sorriso** sonreír **10.** (*acontecer*) ocurrir; **esse ano deu muita enchente na região** ese año hubo muchas inundaciones en la región **11.** (*as cartas*) dar **12.** (*uma bofetada, remédio*) dar **13.** (*prosseguir*) dar; **deu continuidade ao trabalho do pai** continuó el trabajo de su padre **14.** (*horas*) dar **II.** *vi* **1.** (*ser possível*) poderse; **não dá!** ¡no se puede!; **tentei chegar na hora, mas não deu** intenté llegar puntual, pero no lo conseguí **2.** (*ser suficiente*) llegar; **a comida não dá para todos** la comida no llega para todos; **isso não dá para nada** eso no sirve para nada; **esse dinheiro dá para** (**comprar**) **um vestido** este dinero llega para (comprar) un vestido **3.** (*reparar em*) reparar; **não ~ por a. c.** no reparar en algo; **~ pela presença de alguém** reparar en la presencia de alguien **4.** (*encontrar*) dar; **~ com uma casa/rua** dar con una casa/calle **5.** (*ir ter*) llevar; **este caminho dá para o rio** este camino lleva al río **6.** (*estar*

voltado) dar; **a janela dá para o jardim** la ventana da al jardín **7.** (*no jornal*) poner; **o que deu hoje no jornal sobre ele?** ¿qué pone en el periódico hoy sobre él?; **o que está dando no cinema/na televisão?** ¿qué ponen en el cine/en la televisión? **8.** *chulo* (*entregar-se*) acostarse; **~ para deus e o mundo** ser más puta que las gallinas **9.** *fig* **~ azar** dar mala suerte; **~ certo** salir bien; **~ em cima de alguém** intentar ligar con alguien; **~ (um) duro (danado)** *inf* trabajar como un negro; **~ que falar** dar que hablar; **~ mole** *inf* ser un blandengue; **~ para trás** echarse atrás; **para o que der e vier** para lo que venga; **não ~ em nada** fracasar; **não ~ para a. c.** (*ter jeito*) no servir para algo; **quem me dera!** ¡ojalá! **III.** *vr:* **~-se 1.** (*plantas*) crecer; **esta planta não se dá bem dentro de casa** esta planta no crece bien dentro de casa **2.** (*acontecer*) ocurrir **3.** (*com alguém*) llevarse; **~-se bem/mal com alguém** llevarse bien/mal con alguien
dardo ['dardu] *m* **1.** ESPORT jabalina *f* **2.** (*jogo*) dardo *m;* **jogar ~s** jugar a los dardos **3.** (*de inseto*) aguijón *m*
darwinismo [darvi'nizmu] *m sem pl* darwinismo *m*
data ['data] *f* fecha *f;* **~ de nascimento** fecha de nacimiento; **~ de validade** fecha de validez; **de longa ~** de hace mucho tiempo; **naquela ~ eu estava viajando** en aquella fecha estaba viajando
data-base ['data-'bazi] <datas-base(s)> *f* ECON *fecha en la que entran en vigor cambios en las condiciones de trabajo, especialmente salarios, de determinadas categorías profesionales, negociadas anualmente entre los sindicatos y los empresarios*
datado, -a [da'tadu, -a] *adj* (*ultrapassado*) anticuado, -a
datar [da'tar] *vt* fechar, datar; **o documento data de 1956** el documento data de 1956
datilografar [dat∫ilogra'far] *vt* mecanografiar
datilografia [dat∫ilogra'fia] *f* mecanografía *f*
datilógrafo, -a [dat∫i'lɔgrafu, -a] *m, f* mecanógrafo. -a *m, f*
dativo [da't∫ivu] *m* LING dativo *m*
d.C. [de'se] *abr de* depois de Cristo d.C.
DDD [dede'de] *abr de* **discagem direta a distância** llamada *f* interurbana
DDI [dede'i] *abr de* **discagem direta internacional** llamada *f* internacional
DDT [dede'te] QUÍM *abr de* **diclorodifeniltricloroetano** DDT *m*
de [dʒi] *prep* **1.** (*proveniência, origem*) de; **ela é ~ Brasília** es de Brasilia; **ele saiu ~ casa** salió de casa; **recebi uma carta do João** recibí una carta de João **2.** (*material*) de; **um bolo ~ chocolate** un pastel de chocolate; **uma mesa ~ madeira/vidro** una mesa de madera/cristal **3.** (*posse*) de; **a casa/o carro do Manuel** la casa/el coche de Manuel **4.** (*temporal*) de; **~... a...** de... a...; **~ dia** de día; **~ manhã** por la mañana; **~ tarde** por la tarde; **~ hoje em diante** de hoy en adelante; **~ hoje a duas (semanas)** en dos semanas a partir de hoy **5.** (*modo*) de; **estar ~ pé** estar de pie; **estar ~ chapéu/óculos** llevar sombrero/gafas; **ir ~ carro/trem** ir en coche/tren; **estar ~ lado** estar de lado; **ver a. c. ~ lado/frente/costas** ver algo de lado/frente/por detrás; **começar ~ novo** comenzar de nuevo; **nada ~ novo** nada de nuevo **6.** (*descritivo*) **sala ~ jantar** comedor *m;* **um copo ~ vinho/água** un vaso de vino/agua; **a cidade ~ de Nova York** la ciudad de Nueva York; **isso é difícil/fácil ~ entender** eso es difícil/fácil de entender; **é ~ comer/beber** es para comer/beber **7.** (*causa*) de **8.** (*distância, com números*) de; **~ zero a vinte** de cero a veinte; **~ cá para lá e ~ lá para cá** de un lado para otro **9.** (*comparação*) **mais ~ vinte** más de veinte

> **Gramática** **de** se contrae con el artículo determinado "a" y "o": "a casa do João; a boneca das meninas", y con los pronombres demostrativos "este", "esta", "aquele" y sus respectivas formas neutras y femeninas: "Isto é dele, e não dela; As ideias daqueles jovens nasceram destas leituras."

deambular [deãŋbu'lar] *vi* deambular
debaixo [dʒi'baj∫u] *adv* debajo; **~ de** debajo de

debandada [debãŋ'dada] *f* desbandada *f;* **em** ~ en desbandada

debandar [debãŋ'dar] I. *vt* hacer huir en desbandada a II. *vr:* ~**-se** desbandarse

debate [de'batʃi] *m* debate *m*

debater [deba'ter] I. *vt* debatir II. *vr:* ~**-se** debatirse

debelar [debe'lar] *vt* (*uma crise*) controlar

debênture [de'bẽjturi] *f* ECON obligación *f*

débil <-éis> ['dεbiw, -ejs] I. *adj* débil II. *mf* débil *mf;* ~ **mental** débil mental

debilidade [debiʎi'dadʒi] *f sem pl* debilidad *f;* ~ **mental** debilidad mental

debilitante [debiʎi'tãɲtʃi] *adj* debilitante

debilitar [debiʎi'tar] I. *vt* debilitar II. *vr:* ~**-se** debilitarse

debiloide [debi'lɔjdʒi] *adj pej* subnormal

debitar [debi'tar] *vt* debitar

débito ['dεbitu] *m* débito *m;* (*dívida*) deuda *f*

debochado, -a [debo'ʃadu, -a] *adj* burlón, -ona

debochar [debo'ʃar] *vi* ~ **de a. c./ alguém** burlarse de algo/alguien

deboche [de'bɔʃi] *m* (*troça*) burla *f*

debruçar [debru'sar] <ç→c> I. *vt* acostar II. *vr:* ~**-se** 1. (*na janela*) asomarse; ~**-se sobre a mesa** inclinarse sobre la mesa 2. *fig* sumergirse; ~**-se sobre um assunto** sumergirse en un asunto

debulhadora [debuʎa'dora] *f* AGR desgranadora *f*

debulhar [debu'ʎar] I. *vt* desgranar II. *vr:* ~**-se** (*em lágrimas*) deshacerse

debutante [debu'tãɲtʃi] *f* debutante *f;* **baile de** ~**s** baile de debutantes

debutar [debu'tar] *vi* debutar

década ['dεkada] *f* década *f*

decadência [deka'dẽjsja] *f* decadencia *f;* **entrar/estar em** ~ entrar/estar en decadencia

decadente [deka'dẽjtʃi] *adj* decadente

decágono [de'kagonu] *m* decágono *m*

decaída [deka'ida] *f* decaimiento *m*

decaído [deka'idu] *adj* (*pessoa*) decaído, -a; (*prédio*) en decadencia

decair [deka'ir] *conj como sair vi* (*qualidade, nível*) decaer

decalcar [dekaw'kar] <c→qu> *vt* calcar

decálogo [de'kalugu] *m* decálogo *m*

decalque [de'kawki] *m* calco *m*

decano [de'kanu] *m* decano *m*

decantar [dekãɲ'tar] *vt* decantar

decapagem [deka'paʒẽj] *f* decapado *m*

decapar [deka'par] *vt* decapar

decapitação <-ões> [dekapita'sãw, -'õjs] *f* decapitación *f*

decapitar [dekapi'tar] *vt* decapitar

decasségui [deka'sɛgi] *mf brasileño descendiente de japoneses que se marcha a trabajar a Japón*

decassílabo [deka'silabu] *m* decasílabo *m*

decatlo [de'katlu] *m* ESPORT decatlón *m*

decência [de'sẽjsja] *f sem pl* decencia *f*

decênio [de'seniw] *m* decenio *m*

decente [de'sẽjtʃi] *adj* decente

decepado, -a [dese'padu, -a] *adj* cortado, -a

decepar [dese'par] *vt* cortar

decepção <-ões> [desep'sãw, -'õjs] *f* decepción *f*

decepcionado, -a [desepsjo'nadu, -a] *adj* decepcionado, -a; **ficar** ~ **com a. c./alguém** decepcionarse con algo/alguien

decepcionante [desepsjo'nãɲtʃi] *adj* decepcionante

decepcionar [desepsjo'nar] I. *vt* decepcionar II. *vr* ~**-se com a. c./alguém** decepcionarse con algo/alguien

decerto [de'sεrtu] *adv* seguramente; ~ **ele ainda não sabe o que aconteceu** seguramente todavía no sabe lo que ocurrió

decibel <-éis> [desi'bεw, -'εjs] *m* decibelio *m*

decididamente [desidʒida'mẽjtʃi] *adv* decididamente

decidido, -a [desi'dʒidu, -a] *adj* decidido, -a; **estar** ~ **a fazer a. c.** estar decidido a hacer algo; **ela é uma pessoa muito decidida** es una persona muy decidida

decidir [desi'dʒir] I. *vt* decidir; ~ **uma disputa** (*julgar*) decidir una disputa II. *vi* decidir; ~ **entre duas coisas** decidir entre dos cosas III. *vr:* ~**-se** decidirse; ~**-se a fazer a. c.** decidirse a hacer algo; ~**-se entre duas coisas** decidirse entre dos cosas; ~**-se por terminar os estudos** decidirse a acabar los estudios

decifrar [desi'frar] *vt* descifrar

decilitro [desi'ʎitru] *m* decilitro *m*

décima ['dεsima] *f* MAT décima *f*

decimal <-ais> [desi'maw, -'ajs] *adj* MAT decimal

decímetro [de'simetɾu] *m* decímetro *m*

décimo, -a ['dɛsimu, -a] *num ord* décimo, -a; *v.tb.* segundo

decisão <-ões> [desi'zãw, -'õjs] *f* **1.** (*escolha, resolução*) decisión *f;* **tomar uma** ~ tomar una decisión; **faltou** ~ **entre os jogadores** les faltó decisión a los jugadores **2.** ESPORT (*jogo final*) final *f*

decisivo, -a [desi'zivu, -a] *adj* decisivo, -a

declamação <-ões> [deklɜma'sãw, -'õjs] *f* declamación *f*

declamar [deklɜ'mar] *vi* declamar

declaração <-ões> [deklaɾa'sãw, -'õjs] *f* declaración *f;* ~ **do imposto de renda** declaración del impuesto de renta; ~ **de bens** declaración del patrimonio; **fazer uma** ~ **de amor** hacer una declaración de amor; **prestar declarações** prestar declaración

declaradamente [deklaɾada'mējtʃi] *adv* declaradamente

declarado, -a [dekla'ɾadu, -a] *adj* declarado, -a

declarar [dekla'ɾar] **I.** *vt* declarar; ~ **guerra** declarar la guerra; **nada a** ~ nada a declarar **II.** *vr:* ~-**se** declararse; ~-**se culpado** declararse culpable; **ele finalmente se declarou a ela** finalmente se le declaró

declinação <-ões> [deklina'sãw, -'õjs] *f* **1.** (*inclinação*) inclinación *f* **2.** LING, ASTRON, GEO declinación *f*

declinar [dekli'nar] **I.** *vt elev* declinar **II.** *vi* (*decair*) declinar

declínio [de'kliniw] *m* decadencia *f*

declive [de'klivi] *m* declive *m;* **em** ~ **em** declive

decodificador [dekodʒifika'dor] <-es> *m* de(s)codificador *m*

decodificar [dekodʒifi'kar] <c→qu> *vt* de(s)codificar

decolagem [deko'laʒēj] <-ens> *f* AERO despegue *m,* decolaje *m AmL*

decolar [deko'lar] *vi* **1.** AERO despegar, decolar *AmL* **2.** (*carreira, candidatura*) despegar

decompor [dekõw'por] *irr como* pôr **I.** *vt* QUÍM descomponer **II.** *vr:* ~-**se** descomponerse

decomposição <-ões> [dekõwpozi'sãw, -'õjs] *f* descomposición *f;* **em estado de** ~ en estado de descomposición

decoração <-ões> [dekoɾa'sãw, -'õjs] *f* decoración *f;* ~ **de interiores** decoración de interiores

decorador(a) [dekoɾa'dor(a)] <-es> *m(f)* decorador(a) *m(f);* ~ **de interiores** decorador de interiores

decorar [deko'ɾar] *vt* **1.** (*ornamentar*) decorar **2.** (*uma matéria*) memorizar

decorativo, -a [dekoɾa'tʃivu, -a] *adj* decorativo, -a

decoreba [deko'ɾɛba] *f inf* memorización *f*

decoro [de'koɾu] *m* decoro *m;* ~ **parlamentar** decoro parlamentario

decoroso, -a [deko'ɾozu, -'ɔza] *adj* decoroso, -a

decorrência [deko'xẽjsja] *f* consecuencia *f;* **em** ~ **de...** como consecuencia de...

decorrente [deko'xẽjtʃi] *adj* resultado

decorrer[1] [deko'xer] *vi* **1.** (*realizar-se*) celebrarse; **a exposição decorre de 10 a 20 de maio** la exposición se celebra del 10 al 20 de mayo **2.** (*acontecimentos*) ocurrir **3.** (*tempo*) transcurrir

decorrer[2] [deko'xer] *m* **no** ~ **de...** en el transcurso de...

decotado, -a [deko'tadu, -a] *adj* (*vestido*) escotado, -a

decote [de'kɔtʃi] *m* escote *m*

decrépito, -a [de'kɾɛpitu, -a] *adj* decrépito, -a

decrepitude [dekɾepi'tudʒi] *f* decrepitud *f*

decrescente [dekɾe'sẽjtʃi] *adj* decreciente

decrescer [dekɾe'ser] <c→ç> *vi* decrecer

decréscimo [de'kɾɛsimu] *m* disminución *f*

decretar [dekɾe'tar] *vt* decretar

decreto [de'kɾɛtu] *m* decreto *m;* **nem por** ~ de ninguna manera

decreto-lei [de'kɾɛtu-'lej] <decretos--lei(s)> *m* decreto *m* ley

decurso [de'kursu] *m* curso *m;* **no** ~ **do mês** en el curso del mes

dedada [de'dada] *f* **1.** (*no olho*) golpe *m* con el dedo **2.** (*marca*) marca *f* de dedos

dedal <-ais> [de'daw, -'ajs] *m* dedal *m*

dedão [de'dãw] *m* (*do pé*) dedo *m* gordo

dedar [de'dar] *irr como* dar *vt inf* chivarse de; **o aluno dedou os colegas à**

diretora el alumno se chivó de los colegas a la directora
dedetização <-ões> [dedetʃiza'sɜ̃w, -'õjs] *f* fumigación *f*
dedetizar [dedetʃi'zar] *vt* fumigar
dedéu [de'dɛw] *m gíria* **pra ~** a mogollón
dedicação [dedʒika'sɜ̃w] *f sem pl* dedicación *f*
dedicado, -a [dedʒi'kadu, -a] *adj (nos estudos, no trabalho)* dedicado, -a
dedicar [dedʒi'kar] <c→qu> **I.** *vt* dedicar; **~ uma música a alguém** dedicar una canción a alguien **II.** *vr* dedicarse; **~-se às letras** dedicarse a las letras
dedicatória [dedʒika'tɔria] *f* dedicatoria *f*
dedilhar [dedʒi'ʎar] *vt* puntear
dedo ['dedu] *m* ANAT dedo *m;* **~ anular** dedo anular; **~ indicador** dedo índice; **~ médio** dedo corazón; **~ mínimo** [*ou* **mindinho**] dedo meñique; **~ do pé** dedo del pié; **~ polegar** dedo pulgar; **dois ~s de conversa/vinho** un poco de conversación/vino; **cheio de ~** *fig* confuso, -a; **escolher a ~** elegir con mucho cuidado; **ficar chupando o ~** quedarse a dos velas; **de lamber os ~s** de chuparse los dedos; **meter o ~ em tudo** inmiscuirse en todo; **não levantar um ~** *fig* no mover un dedo; **pôr o ~ na ferida** *fig* poner el dedo en la llaga; **ter ~ para a c.** *(aptidão)* tener aptitudes para algo
dedo-duro ['dedu-'duru] <dedos-duros> *mf inf* chivato, -a *m, f,* soplón, -ona *m, f*
dedução <-ões> [dedu'sɜ̃w, -'sõjs] *f* deducción *f*
deduragem [dedu'raʒẽj] <-ens> *f* delación *f*
dedurar [dedu'rar] *vt inf* chivarse de
dedutível <-eis> [dedu'tʃivew, -ejs] *adj* deducible
dedutivo, -a [dedu'tʃivu, -a] *adj* deductivo, -a
deduzir [dedu'zir] *vt* **1.** *(de uma quantia)* deducir; **~ do imposto de renda** deducir del impuesto de la renta **2.** *(inferir)* daí se deduz que... de lo que se deduce que...
defasado, -a [defa'zadu, -a] *adj* desfasado, -a
defasagem [defa'zaʒẽj] <-ens> *f* desfase *m*
default [de'fawtʃi] *m* INFOR valor *m* por defecto
defecação [defeka'sɜ̃w] *f sem pl* defecación *f*
defecar [defe'kar] <c→qu> *vi* defecar
defectivo, -a [defek'tʃivu, -a] *adj* LING defectivo, -a
defeito [de'fejtu] *m* defecto *m;* **~ de fabricação** defecto de fabricación; **para ninguém botar** [*ou* **pôr**] **~** *inf* excelente
defeituoso, -a [defejtu'ozu, -'ɔza] *adj (produto)* defectuoso, -a
defender [defẽj'der] **I.** *vt* defender; **~ alguém contra a. c./alguém** defender a alguien de algo/alguien; **~ um pênalti** ESPORT parar un penalti **II.** *vr:* **~-se** defenderse; **~-se contra a. c.** defenderse de algo; **ele se defende bem** se defiende bien
defensável <-eis> [defẽj'savew, -ejs] *adj (ideia)* defendible
defensiva [defẽj'siva] *f* defensiva *f;* **estar/ficar na ~** estar/ponerse a la defensiva
defensivo [defẽj'sivu] *m* **~ agrícola** pesticida *m*
defensivo, -a [defẽj'sivu, -a] *adj* defensivo, -a
defensor(a) [defẽj'sor(a)] <-es> *m(f)* defensor(a) *m(f)*
deferência [defe'rẽjsja] *f elev* deferencia *f*
deferido, -a [defe'ridu, -a] *adj elev* aprobado, -a
deferimento [deferi'mẽjtu] *m elev* aprobación *f*
deferir [defe'rir] *irr como preferir vt elev* aprobar
defesa [de'feza] **I.** *f* defensa *f;* **~ do ambiente** defensa del medio ambiente; **a ~ civil** la defensa civil; **~ do consumidor** defensa del consumidor; **~ do patrimônio** defensa del patrimonio; **~ de tese** defensa de la tesis; **advogado da ~** abogado defensor; **legítima ~** legítima defensa; **Ministério da Defesa** Ministerio de Defensa; **partir em ~ de alguém** salir en defensa de alguien; **jogar na ~** ESPORT jugar en la defensa **II.** *mf* ESPORT defensa *mf*
deficiência [defisi'ẽjsja] *f* deficiencia *f*
deficiente [defisi'ẽjtʃi] **I.** *adj* deficiente **II.** *mf* MED deficiente *mf;* **~ mental** deficiente mental
déficit ['dɛfisitʃi] *m* déficit *m*
deficitário, -a [defisi'tariw, -a] *adj*

definhado 143 **deixar**

(*orçamento*) deficitario, -a
definhado, -a [defĩ'nadu, -a] *adj* (*pessoa, plantas*) mustio, -a
definhar [defĩ'nar] *vi* (*pessoa, plantas*) mustiarse
definição <-ões> [defini'sãw, -'õjs] *f* definición *f*; ~ **de imagem** definición de imagen; **alta** ~ alta definición
definido, -a [defi'nidu, -a] *adj* LING definido, -a
definir [defi'nir] I. *vt* definir II. *vr:* ~ **-se** (*assumir posição*) definirse
definitivamente [definitʃiva'mẽjtʃi] *adv* definitivamente
definitivo, -a [defini'tʃivu, -a] *adj* definitivo, -a; **em** ~ definitivamente
deflação <-ões> [defla'sãw, -'õjs] *f* ECON deflación *f*
deflacionar [deflasjo'nar] *vt* deflacionar
deflagração <-ões> [deflagra'sãw, -'õjs] *f* **1.** (*de uma guerra, rebelião*) estallido *m* **2.** (*de um incêndio*) propagación *f*
deflagrar [defla'grar] *vi* **1.** (*incêndio*) propagar **2.** (*guerra, rebelião*) hacer estallar
defletir [defle'tʃir] *irr como* preferir *vt* desviar
deformação <-ões> [deforma'sãw, -'õjs] *f* deformación *f*; ~ **congênita** deformación congénita
deformar [defor'mar] *vt* deformar
deformável <-eis> [defor'mavew, -ejs] *adj* deformable
deformidade [deformi'dadʒi] *f* deformidad *f*
defraudação <-ões> [defrawda'sãw, -'õjs] *f* defraudación *f*
defraudar [defraw'dar] *vt* defraudar
defrontar-se [defrõw'tarsi] *vr:* ~ **com** enfrentarse con
defronte [dʒi'frõwtʃi] *adv* **1.** (*em frente*) enfrente; ~ **a** [*ou* **de**] frente a **2.** (*diante*) enfrente; ~ **de** enfrente de
defumado, -a [defu'madu, -a] *adj* ahumado, -a
defumar [defu'mar] *vt* ahumar
defunto, -a [de'fũwtu, -a] I. *adj* difunto, -a II. *m, f* difunto, -a *m, f*; **matar** ~ contar algo ya sabido; **não poder ver** ~ **sem chorar** *fig* querer estar metido en todas
degelar [deʒe'lar] *vi* descongelarse
degelo [de'ʒelu] *m* deshielo *m*
degeneração <-ões> [deʒenera'sãw, -'õjs] *f* degeneración *f*

degenerado, -a [deʒene'radu, -a] *adj* (*depravado*) degenerado, -a
degenerar [deʒene'rar] I. *vi* degenerar; ~ **em** degenerar en II. *vr:* ~ **-se** (*depravar-se*) degenerar
deglutir [deglu'tʃir] *vt* deglutir
degola [de'gɔla] *f* decapitación *f*; *fig, inf* (*corte em massa*) masacre *f*
degolar [dego'lar] *vt* degollar
degradação <-ões> [degrada'sãw, -'õjs] *f* degradación *f*
degradado, -a [degra'dadu, -a] *adj* degradado, -a
degradante [degra'dãntʃi] *adj* degradante
degradar [degra'dar] I. *vt* degradar II. *vr:* ~ **-se** degradarse
dégradé [degra'de] I. *adj* en degradado II. *m* degradado *m*
degrau [de'graw] *m* escalón *m*, peldaño *m*; *fig* (*meio*) medio *m*
degredado, -a [degre'dadu, -a] *adj* desterrado, -a
degredar [degre'dar] *vt* desterrar
degringolar [degrĩgo'lar] *vt fig* arruinarse
degustação <-ões> [degusta'sãw, -'õjs] *f* degustación *f*
degustar [degus'tar] *vt* degustar
dei ['dej] *1. pret perf de* **dar**
deidade [dej'dadʒi] *f* deidad *f*
deificação <-ões> [dejfika'sãw, -'õjs] *f sem pl* deificación *f*
deificar [dejfi'kar] <c→qu> *vt* deificar
deísmo [de'izmu] *m* deísmo *m*
deitado, -a [dej'tadu, -a] *adj* acostado, -a; **estar** ~ estar acostado
deitar [dej'tar] I. *vr:* ~ **-se** acostarse II. *vt* (*colocar na horizontal*) tumbar; (*na cama*) acostar; ~ **e rolar** *inf* hacer lo que le da la gana
deixa ['dejʃa] *f* (*teatro*) pie *m*; **aproveitar a** ~ aprovechar la oportunidad
deixar [dej'ʃar] I. *vt* dejar; ~ **a. c. com alguém** dejar algo con alguien; ~ **o emprego** dejar el empleo; ~ (**muito**) **a desejar** dejar (mucho) que desear; ~ **de fora** dejar fuera; **ela deixou o marido** dejó a su marido; ~ **recado** dejar recado; ~ **rolar** *inf* dejar hacer; ~ **alguém triste/sem jeito** dejar a alguien triste/cortado; ~ **saudades** ser echado en falta; **deixou mulher e dois filhos pequenos** dejó mujer y dos hijos pequeños; **onde foi que deixei os meus óculos?** ¿dónde habré

dejado las gafas?; **vamos deixar isso para depois** dejemos eso para más tarde; **deixemos a reunião para amanhã** dejemos la reunión para mañana; **o acidente deixou um ferido** el accidente dejó un herido; **isso não dá para ~ passar** *inf* eso no se puede permitir **II.** *vi (desistir)* dejar; ~ **estar** *inf* no preocuparse; ~ **de fumar** dejar de fumar; **não posso ~ de ir** no puedo dejar de ir; ~ **de lado** dejar de lado; **deixa disso!** ¡basta ya!; ~ **para lá** *inf* no preocuparse **III.** *vr:* ~**-se** dejarse; ~**-se cativar por alguém** dejarse cautivar por alguien; ~**-se convencer por alguém** dejarse convencer por alguien; ~**-se levar** dejarse llevar

dejeto [de'ʒɛtu] *m* deyección *f*

dela ['dɛla] = **de + ela** *v.* **de**

delação <-ões> [dela'sãw, -'õjs] *f* delación *f*

delatar [dela'tar] *vt* delatar

delator(a) [dela'tor(a)] <-es> *m(f)* delator(a) *m(f)*

dele ['deʎi] = **de + ele** *v.* **de**

delegação <-ões> [delega'sãw, -'õjs] *f* delegación *f*

delegacia [delega'sia] *f* **1.** *(da polícia)* comisaría *f* **2.** *(repartição)* delegación *f*

delegado, -a [dele'gadu, -a] *m, f* **1.** *(da polícia)* comisario, -a *m, f* **2.** *(representante)* delegado, -a *m, f*

delegar [dele'gar] <g→gu> *vt* delegar; ~ **a. c. a alguém** delegar algo en alguien

deleitar [delej'tar] **I.** *vt* deleitar **II.** *vr:* ~**-se** deleitarse

deleite [de'lejtʃi] *m* deleite *m*

deletar [de'lejtar] *vt* INFOR borrar

deletério, -a [dele'tɛriw, -a] *adj* deletéreo, -a

delfim <-ins> [dew'fĩj] *m* ZOOL delfín *m*

delgado, -a [dew'gadu, -a] *adj* fino, -a

deliberação <-ões> [deʎibera'sãw, -'õjs] *f* deliberación *f*; **em ~** deliberando

deliberadamente [deʎiberada'mejtʃi] *adv* deliberadamente

deliberar [deʎibe'rar] **I.** *vt (decidir)* decidir **II.** *vi (refletir)* deliberar

delicadeza [deʎika'deza] *f* delicadeza *f*

delicado, -a [deʎi'kadu, -a] *adj* delicado, -a

delícia [de'ʎisja] *f* delicia *f*; **ser uma ~** *(comida)* ser delicioso; **é uma ~ ver as crianças brincando** es una gozada ver a los niños jugando

deliciar [deʎisi'ar] **I.** *vt* deleitar; ~ **alguém com chocolate** deleitar a alguien con chocolate **II.** *vr:* ~**-se com a. c.** deleitarse con algo

delicioso, -a [deʎisi'ozu, -'ɔza] *adj* delicioso, -a

delimitação <-ões> [deʎimita'sãw, -'õjs] *f* delimitación *f*

delimitar [deʎimi'tar] *vt* delimitar

delineador [deʎinea'dor] *m (de olhos)* lápiz *m* de ojos; *(de lábios)* lápiz *m* de labios

delinear [deʎine'ar] *conj como passear vt* delinear

delinquência [deʎĩj'kwẽjsja] *f* delincuencia *f*

delinquente [deʎĩj'kwẽjtʃi] *mf* delincuente *mf*

delirante [deʎi'rãtʃi] *adj* delirante

delirar [deʎi'rar] *vi* delirar

delírio [de'ʎiriw] *m* delirio *m*; ~ **febril** delirio *m*

delirium tremens [de'ʎiriũw 'tremẽjs] *m sem pl* MED delírium *m* tremens

delito [de'ʎitu] *m* JUR delito *m*; **em flagrante ~** en flagrante delito

delituoso, -a [deʎitu'ozu, -'ɔza] *adj* JUR delictivo, -a

delonga [de'lõwga] *f* demora *f*

delta ['dɛwta] *m* delta *m*

deltoide [dew'tɔjdʒi] *m* ANAT deltoides *m inv*

demagogia [demago'ʒia] *f sem pl* demagogia *f*

demagógico, -a [dema'gɔʒiku, -a] *adj (discurso, atitude)* demagógico, -a

demagogo, -a [dema'gogu, -a] *m, f* demagogo, -a *m, f*

demais [dʒi'majs] **I.** *adv* demasiado; **isso já está ~!** ¡eso es demasiado!; **é bom ~ para ser verdade** es demasiado bueno para ser verdad; **nunca é ~ se prevenir** más vale prevenir que curar; **isso/ele é ~!** *inf* ¡eso/él es demasiado! **II.** *pron indef* **os ~** los demás

demanda [de'mãda] *f* demanda *f*

demandante [demãn'dãtʃi] *mf* JUR demandante *mf*

demandar [demãn'dar] *vt* demandar

demarcação <-ões> [demarka'sãw, -'õjs] *f* demarcación *f*; ~ **de terras** demarcación de tierras

demarcado, -a [demar'kadu, -a] *adj* demarcado, -a

demarcar [demar'kar] <c→qu> *vt* demarcar

demasia [dema'zia] *f* exceso *m;* **em** ~ en demasía

demasiadamente [demazjada'mējtʃi] *adv* demasiado; **ele é** ~ **egoísta** es demasiado egoísta

demasiado [demazi'adu] *adv* demasiado; **por** ~ demasiado

demasiado, -a [demazi'adu, -a] *adj* demasiado, -a

demência [de'mējsja] *f sem pl* demencia *f*

demente [de'mējtʃi] *adj* demente

demérito [de'mɛritu] *m* demérito *m*

demissão <-ões> [demi'sãw, -'õjs] *f* dimisión *f;* (*exoneração*) despido *m;* **pedir** ~ renunciar al cargo

demissionário, -a [demisjo'narjw, -a] *m, f* dimisionario, -a *m, f*

demitir [demi'tʃir] I. *vt* (*empregados*) despedir; (*governo*) cesar II. *vr:* ~**-se** (*empregado*) despedirse; (*político*) dimitir

demo [' demu] *m* INFOR demo *f*

democracia [demokra'sia] *f* democracia *f*

democrata [demo'krata] *mf* demócrata *mf*

democrático, -a [demo'kratʃiku, -a] *adj* democrático, -a

democratização [demokratʃiza'sãw] *f sem pl* democratización *f*

democratizar [demokratʃi'zar] *vt* democratizar

demografia [demogra'fia] *f sem pl* demografía *f*

demográfico, -a [demo'grafiku, -a] *adj* demográfico, -a

demolição <-ões> [demoʎi'sãw, -'õjs] *f* demolición *f*

demolir [demo'ʎir] *irr como abolir vt tb. fig* demoler

demoníaco, -a [demo'niaku, -a] *adj* demoniaco, -a

demônio [de'moniw] *m* demonio *m;* **com os** ~**s!** ¡demonios!

demonizar [demoni'zar] *vt* demonizar

demonstração <-ões> [demõwstra'sãw, -'õjs] *f* demonstración *f*

demonstrar [demõws'trar] *vt* demostrar

demonstrativo [demõwstra'tʃivu] *m* (*de contas*) cuenta *f* detallada

demonstrativo, -a [demõwstra'tʃivu, -a] *adj* LING demostrativo, -a

demora [de'mɔra] *f* (*atraso*) demora *f;* **sem** ~ sin demora

demorado, -a [demo'radu, -a] *adj* lento, -a

demorar [demo'rar] I. *vi* tardar; ~ **a chegar** tardar en llegar; ~ **a fazer a. c.** tardar en hacer algo; (**ainda**) **demora muito?** ¿va a tardar mucho?; **eu não demoro** no tardo II. *vr:* ~**-se** 1. (*permanecer*) tardar; ~**-se em fazer a. c.** tardar en hacer algo; **demorou-se com o cálculo das despesas** se atrasó con el cálculo de los gastos 2. (*atrasar-se*) atrasarse

demover [demo'ver] *vt* disuadir; ~ **alguém de a. c.** disuadir a alguien de algo

dendê [dēj'de] *m* GASTR (**azeite de**) ~ aceite extraído del fruto de una palmera, muy utilizado en la cocina afrobrasileña

denegar [dene'gar] <g→gu> *vt* denegar; ~ **um depoimento** negar una declaración

denegrir [dene'grir] *irr como prevenir vt* (*reputação*) manchar

dengoso, -a [dēj'gozu, -'ɔza] *adj* melindroso, -a

dengue ['dējgi] *f* MED dengue *m;* ~ **hemorrágico** dengue hemorrágico

denguice [dēj'gisi] *f* melindres *mpl*

denominação <-ões> [denomina'sãw, -'õjs] *f* denominación *f*

denominado, -a [denomi'nadu, -a] *adj* denominado, -a

denominador [denomina'dor] *m* MAT denominador *m;* ~ **comum** denominador común

denominar [denomi'nar] I. *vt* denominar II. *vr:* ~**-se** denominarse

denotação <-ões> [denota'sãw, -'õjs] *f* indicación *f;* LING denotación *f*

denotar [deno'tar] *vt* denotar

densidade [dējsi'dadʒi] *f sem pl* densidad *f;* ~ **populacional** densidad de población; ~ **de tráfego** densidad de tráfico

densímetro [dēj'simetru] *m* FÍS densímetro *m*

densitometria [dējsitome'tria] *f* MED densitometría *f;* ~ **óssea** densitometría ósea

denso, -a ['dējsu, -a] *adj* (*compacto*) denso, -a; **nevoeiro** ~ niebla densa

dentada [dēj'tada] *f* mordisco *m*

dentado, -a [dēj'tadu, -a] *adj* dentado,

-a; **engrenagem dentada** rueda dentada

dentadura [dẽjta'dura] *f* dentadura *f*

dental <-ais> [dẽj'taw, -'ajs] *adj* dental

dentar [dẽj'tar] *vi* **está dentando** le están saliendo los dientes

dentário, -a [dẽj'tariw, -a] *adj* dentario, -a; **clínica dentária** clínica dental

dente ['dẽjtʃi] *m* diente *m;* ~ **canino** diente canino; ~ **de coelho** *inf* chanchullo *m;* ~ **de leite** diente de leche; ~ **de siso** muela *f* del juicio; **bater os ~s** castañetear; **dizer a. c. entre ~s** decir algo entre dientes; **escovar os ~s** cepillarse los dientes; **mostrar os ~s a alguém** enseñarle los dientes a alguien; **ranger os ~s** rechinar los dientes; **armado até os ~s** armado hasta los dientes

dente-de-leão ['dẽjtʃi-dʒi-ʎi'ãw] <dentes-de-leão> *m* BOT diente *m* de león

dente de leite ['dẽjtʃi dʒi 'lejtʃi] <dentes de leite> *m* FUT alevín *m*

dentição <-ões> [dẽjtʃi'sãw, -'õjs] *f* dentición *f*

dentifrício [dẽjtʃi'frisiw] *m* dentífrico *m*

dentista [dẽj'tʃista] *mf* dentista *mf*

dentre ['dẽjtri] = **de** + **entre** *v.* **de**

dentro ['dẽjtru] *adv* dentro; **aí** ~ ahí dentro; **de** ~ de dentro; ~ **em pouco** [*ou* **de pouco tempo**] dentro de poco; **para** ~ hacia adentro; **vai lá para** ~ entra ahí; **eles estão lá** ~ están ahí dentro; ~ **de cinco dias** dentro de cinco días

dentuço, -a [dẽj'tusu, -a] *adj* dentudo, -a

denúncia [de'nũwsja] *f* denuncia *f;* ~ **vazia** JUR denuncia infundada

denunciante [denũsi'ãntʃi] *mf* denunciante *mf*

denunciar [denũwsi'ar] **I.** *vt* denunciar **II.** *vr:* **~-se** (*trair-se*) delatarse; **denunciou-se pelo rubor nas faces** se delató por el rubor en su cara

deparar [depa'rar] **I.** *vt* ~ **com** encontrarse con **II.** *vr* **~-se com** encontrarse con

departamento [departa'mẽjtu] *m* departamento *m;* **isso não é do meu** ~ *inf* eso no me toca a mí

depauperado, -a [depawpe'radu, -a] *adj* depauperado, -a

depauperar [depawpe'rar] *vt* depauperar

depenado, -a [depe'nadu, -a] *adj fig, inf* (*carro*) desvalijado, -a

depenar [depe'nar] *vt* **1.** (*extorquir*) desplumar **2.** *fig, inf* (*carro*) desvalijar

dependência [depẽj'dẽsja] *f* dependencia *f*

dependente [depẽj'dẽtʃi] **I.** *adj* dependiente; **ele ainda é ~ dos pais** todavía depende de sus padres **II.** *mf* (*de drogas*) dependiente *mf;* (*estudante*) *estudiante que todavía tiene pendiente una asignatura del curso anterior*

depender [depẽj'der] *vt* depender; ~ **de a. c./alguém** depender de algo/alguien; (**isso**) **depende** depende

depilação <-ões> [depila'sãw, -'õjs] *f* depilación; **fazer** ~ depilarse

depilar [depi'lar] **I.** *vt* depilar **II.** *vr:* **~-se** depilarse

depilatório [depila'tɔriw] *m* depilatorio *m*

deplorar [deplo'rar] *vt* deplorar

deplorável <-eis> [deplo'ravew, -ejs] *adj* deplorable

depoente [depo'ẽjtʃi] *mf* testigo *mf*

depoimento [depoi'mẽjtu] *m* testimonio *m;* **dar um** ~ prestar testimonio

depois [de'pojs] *adv* después; ~ **de** después de; ~ **de amanhã** pasado mañana; **e** ~**?** ¿y luego?

depor [de'por] *irr como* **pôr I.** *vt* **1.** (*armas, uma pessoa, o governo*) deponer **2.** JUR declarar; **tal atitude depõe contra você** esa actitud es una prueba contra ti **II.** *vi* JUR declarar

deportação <-ões> [deporta'sãw, -'õjs] *f* deportación *f*

deportado, -a [depor'tadu, -a] *adj* deportado, -a

deportar [depor'tar] *vt* deportar

depositante [depozi'tãntʃi] *mf* depositante *mf*

depositar [depozi'tar] *vt* depositar; ~ **em dinheiro** ingresar en dinero; **depositou o livro sobre a mesa** depositó el libro en la mesa; ~ **as esperanças em alguém** depositar las esperanzas en alguien

depósito [de'pɔzitu] *m* depósito *m;* **fazer um** ~ **bancário** hacer un depósito bancario

depravação [deprava'sãw] *f sem pl* depravación *f*

depravado, -a [depra'vadu, -a] *adj* depravado, -a

depravar [depra'var] *vt* depravar

depreciação <-ões> [depresja'sãw, -'õjs] f 1. (*desvalorização*) depreciación f 2. (*menosprezo*) desprecio m

depreciar [depresi'ar] I. vt 1. (*desvalorizar*) depreciar 2. (*menosprezar*) despreciar II. vr: ~-**se** depreciarse

depreciativo, -a [depresja'tʃivu, -a] adj despreciativo, -a

depredação <-ões> [depreda'sãw, -'õjs] f destrucción f

depredado, -a [depre'dadu, -a] adj destruido, -a

depredar [depre'dar] vt destrozar

depreender [depreẽj'der] vt desprenderse; **daí se depreende que...** de eso se desprende que...

depressa [de'prɛsa] adv deprisa

depressão <-ões> [depre'sãw, -'õjs] f depresión f

depressivo, -a [depre'sivo, -a] adj depresivo, -a

deprimente [depri'mẽjtʃi] adj deprimente

deprimido, -a [depri'midu, -a] adj deprimido, -a

deprimir [depri'mir] I. vt deprimir II. vr: ~-**se** deprimirse

depuração [depura'sãw] f sem pl depuración f

depurar [depu'rar] vt depurar

deputação [deputa'sãw] f sem pl delegación f

deputado, -a [depu'tadu, -a] m, f diputado, -a m, f

deque ['dɛki] m ARQUIT cubierta f

derby ['dɛrbi] m ESPORT derby m

deriva [de'riva] m deriva f; **à** ~ a la deriva

derivação <-ões> [deriva'sãw, -'õjs] f derivación f

derivada [deri'vada] f MAT derivada f

derivado [deri'vadu] m derivado m

derivar [deri'var] I. vt (*um rio*) desviar; ELETR, LING derivar II. vr: ~-**se** (*originar-se*) derivarse; ~ **de a. c.** derivarse de algo

dermatite [derma'tʃitʃi] f MED dermatitis f

dermatologia [dermatolo'ʒia] f sem pl MED dermatología f

dermatologista [dermatolo'ʒista] mf MED dermatólogo, -a m, f

derradeiro, -a [dexa'dejru, -a] adj postrero, -a

derramamento [dexama'mẽjtu] m derramamiento m; ~ **de sangue** derramamiento de sangre

derramar [dexa'mar] I. vt derramar II. vr: ~-**se** (*exceder-se*) deshacerse; **derramou-se em elogios diante da atriz** se deshizo en elogios ante la actriz

derrame [de'xami] m MED derrame m; ~ **cerebral** derrame cerebral

derrapagem [dexa'paʒẽj] <-ens> f derrapaje m

derrapar [dexa'par] vi derrapar

derreter [dexe'ter] I. vt derretir II. vi (*neve, gelo, coração*) derretirse III. vr: ~-**se** derretirse; ~-**se por alguém** derretirse por alguien

derrocada [dexo'kada] f 1. (*casa*) demolición f 2. fig (*ruína*) desmoronamiento m

derrogação <-ões> [dexoga'sãw, -'õjs] f JUR derogación f

derrogar [dexo'gar] <g→gu> vt JUR derogar

derrogatório, -a [dexoga'tɔriw, -a] adj JUR derogatorio, -a

derrota [de'xɔta] f (*em luta, jogo, discussão*) derrota f; **sofrer uma** ~ sufrir una derrota

derrotado, -a [dexo'tadu, -a] adj derrotado, -a

derrotar [dexo'tar] vt derrotar

derrotismo [dexo'tʃizmu] m derrotismo m

derrotista [dexo'tʃista] adj, mf derrotista mf

derrubada [dexu'bada] f (*de um governo, de árvores*) derribo m

derrubado, -a [dexu'badu, -a] adj gíria (*festa, pessoa*) soso, -a

derrubar [dexu'bar] vt 1. (*um objeto, o governo*) derribar 2. (*a resistência*) vencer 3. fig (*abater*) hundir

desabafar [dʒizaba'far] I. vi desahogarse II. vr: ~-**se** desahogarse; ~-**se com alguém** desahogarse con alguien

desabafo [dʒiza'bafu] m desahogo m; **foi um** ~! ¡estaba desahogándome!

desabamento [dʒizaba'mẽjtu] m desmoronamiento m; ~ **do morro** desprendimiento de tierras

desabar [dʒiza'bar] vi 1. (*terra*) desprenderse 2. (*telhado, muro*) derrumbarse 3. (*projeto*) hundirse 4. (*chuva*) desatarse 5. (*deixar-se abater*) derrumbarse

desabastecer [dʒizabaste'ser] <c→ç> vi quedarse desabastecido

desabastecimento [dʒizabastesi'mẽj-

tu] *m* ECON desabastecimiento *m*
desabitado, -a [dʒizabi'tadu, -a] *adj* deshabitado, -a
desabituado, -a [dʒizabitu'adu, -a] *adj* desacostumbrado, -a
desabituar [dʒizabitu'ar] **I.** *vt* desacostumbrar **II.** *vr:* ~ **-se** desacostumbrarse; ~ **-se de levantar cedo** desacostumbrarse a levantarse temprano
desabonado, -a [dʒizabo'nadu, -a] *adj* (*sem recursos financeiros*) sin recursos; (*desacreditado*) desprestigiado, -a
desabonador(a) [dʒizabona'dor(a)] <-es> *adj* que desprestigia
desabonar [dʒizabo'nar] *vt* desprestigiar
desabotoar [dʒizabotu'ar] <*1. pess pres:* desabotoo> *vt* desabotonar
desabrido, -a [dʒiza'bridu, -a] *adj* **1.** (*rude, áspero*) grosero, -a **2.** (*tempestuoso*) desagradable
desabrigado, -a [dʒizabri'gadu, -a] *adj* (*pessoa*) sin casa; (*local*) desabrigado, -a
desabrigar [dʒizabri'gar] <g→gu> *vt* dejar sin casa a
desabrochar¹ [dʒizabro'ʃar] *m* despertar *m;* **o** ~ **da vida** el despertar de la vida
desabrochar² [dʒizabro'ʃar] *vi* (*flor, pessoa*) florecer
desabusado, -a [dʒizabu'zadu, -a] *adj* insolente
desacatar [dʒizaka'tar] *vt* desacatar
desacato [dʒiza'katu] *m* desacato *m;* ~ **à autoridade** desacato a la autoridad
desacelerar [dʒizasele'rar] *vt* desacelerar
desacerto [dʒiza'sertu] *m* desacierto *m*
desacompanhado, -a [dʒizakõwpã-'nadu, -a] *adj* solo, -a
desaconchegar [dezakõwʃe'gar] <g→gu> *vt* **1.** (*separar*) separar **2.** (*desarranjar*) desordenar
desaconselhar [dʒizakõwse'ʎar] *vt* desaconsejar; ~ **alguém de a. c.** desaconsejar algo a alguien
desaconselhável <-eis> [dʒizakõwse-'ʎavew, -ejs] *adj* desaconsejable
desacordado, -a [dʒizakor'dadu, -a] *adj* inconsciente
desacordo [dʒiza'kordu] *m* **1.** (*falta de acordo*) desacuerdo *m;* **estar em** ~ **com alguém** estar en desacuerdo con alguien **2.** (*divergência*) divergencia *f*
desacreditado, -a [dʒizakredʒi'tadu, -a] *adj* desacreditado, -a
desacreditar [dʒizakredʒi'tar] *vt* desacreditar
desafeiçoado, -a [dʒizafejsu'adu, -a] *adj* contrario, -a
desafeiçoar-se [dʒizafejsu'arsi] <*1. pess pres:* desafeiçoo-me> *vr* ~ **de a. c** perder el gusto por algo; ~ **de alguém** perder el afecto por alguien
desaferrar [dezafe'xar] *vt* disuadir; ~ **alguém de uma ideia** disuadir a alguien de una idea
desafeto [dʒiza'fɛtu] *m* adversario *m*
desafiador(a) [dʒizafia'dor(a)] <-es> *adj* desafiante
desafiar [dʒizafi'ar] *vt* desafiar; ~ **para um debate** desafiar a un debate; ~ **a morte** desafiar a la muerte
desafinado, -a [dʒizafi'nadu, -a] *adj* desafinado, -a
desafinar [dʒizafi'nar] *vi* desafinar
desafio [dʒiza'fiw] *m* desafío *m*
desafogado, -a [dʒizafo'gadu, -a] *adj* **1.** (*sem problemas financeiros, aliviado*) desahogado, -a **2.** (*desobstruído*) descongestionado, -a
desafogar [dʒizafo'gar] <g→gu> *vt* (*as mágoas*) desahogar; (*o tráfego*) descongestionar
desaforado, -a [dʒizafo'radu, -a] *adj* insolente
desaforo [dʒiza'foru] *m* insolencia *f*
desafortunado, -a [dʒizafortu'nadu, -a] *adj* desafortunado, -a
desagasalhado, -a [dʒizagaza'ʎadu, -a] *adj* desabrigado, -a
desagasalhar-se [dʒizagaza'ʎarsi] *vr* desabrigarse
deságio [de'zaʒiw] *m* ECON depreciación *f*
desagradar [dʒizagra'dar] *vi* desagradar
desagradável <-eis> [dʒizagra'davew, -ejs] *adj* desagradable
desagravar [dʒizagra'var] *vt* atenuar; ~ **uma sentença** atenuar una sentencia
desagravo [dʒisa'gravu] *m* **1.** (*de situação*) desagravio *m* **2.** JUR (*de sentença*) atenuación *f*
desagregação <-ões> [dʒizagrega-'sãw, -õjs] *f* disolución *f*
desagregar [dʒizagre'gar] <g→gu> **I.** *vt* disolver **II.** *vr:* ~ **-se** disolverse
desaguar [dʒiza'gwar] *vt* desembocar
desairoso, -a [dʒizaj'rozu, -ɔza] *adj*

desairado, -a
desajeitado, -a [dʒizaʒej'tadu, -a] *adj* torpe
desajuizado, -a [dʒizaʒui'zadu, -a] *adj* insensato, -a
desajustado, -a [dʒizaʒus'tadu, -a] *adj* desajustado, -a
desajuste [dʒiza'ʒustʃi] *m* desajuste *m*; ~ **fiscal** desajuste fiscal
desalentador(a) [dʒizalẽjta'dor(a)] <-es> *adj* desalentador(a)
desalento [dʒiza'lẽjtu] *m* desaliento *m*
desalinhado, -a [dʒizaʎĩ'ɲadu, -a] *adj* **1.** (*carro*) no alineado, -a; **a direção está desalinhada** la dirección no está alineada **2.** (*cabelo, traje*) desaliñado, -a
desalinhar [dʒizaʎĩ'nar] *vt* desaliñar
desalinho [dʒiza'ʎĩɲu] *m* desaliño *m*
desalmado, -a [dʒizaw'madu, -a] *adj* desalmado, -a
desalojado, -a [dʒizalo'ʒadu, -a] *adj* desalojado, -a
desalojar [dʒizalo'ʒar] *vt* desalojar
desamarrar [dʒizama'xar] *vt* desatar
desamarrotar [dʒizamaxo'tar] *vt* alisar
desamassar [dʒizama'sar] *vt* alisar
desambientado, -a [dʒizãbjẽj'tadu, -a] *adj* desambientado, -a
desamontoar [dʒizamõwtu'ar] <*1. pess pres:* desamontoo> *vt* desamontonar
desamor [dʒiza'mor] <-es> *m* desamor *m*
desamparado, -a [dʒizãpa'radu, -a] *adj* desamparado, -a
desamparar [dʒizãpa'rar] *vt* desamparar
desamparo [dʒizãp'paru] *m* desamparo *m*
desancar [dʒizã'kar] <c→qu> *vt fig* (*reprovar*) criticar
desandar [dʒizã'dar] *vi inf* (*talhar*) cortarse
desanexar [dʒizanek'sar] *vt* separar
desanimado, -a [dʒizzni'madu, -a] *adj* desanimado, -a
desanimar [dʒizzni'mar] **I.** *vt* desanimar **II.** *vi* desanimarse; **não desanime!** ¡no te desanimes!
desânimo [dʒi'zznimu] *m* desánimo *m*
desanuviado, -a [dʒizznuvi'adu, -a] *adj* (*céu, pessoa*) despejado, -a
desanuviar [dʒizznuvi'ar] *vi* (*céu, pessoa*) despejarse
desaparecer [dʒizapare'ser] <c→ç> *vi* desaparecer; **do mapa** desaparecer del mapa
desaparecido, -a [dʒizapare'sidu, -a] **I.** *m, f tb.* POL desaparecido, -a *m, f* **II.** *adj* desaparecido, -a; **andar** ~ estar desaparecido; **dado como** ~ dado por desaparecido
desaparecimento [dʒizaparesi'mẽjtu] *m* desaparición *f*
desapegado, -a [dʒizape'gadu, -a] *adj* desprendido, -a
desapegar-se [dʒizape'garsi] <g→gu> *vr:* ~ **de** apartarse de
desapego [dʒiza'pegu] *m* desapego *m*
desapercebido, -a [dʒizaperse'bidu, -a] *adj* desapercibido, -a
desapertar [dʒizaper'tar] **I.** *vt* **1.** (*o cinto, o casaco, a gravata*) aflojar; (*os sapatos, as calças*) soltar **2.** (*um parafuso*) soltar **3.** (*financeiro*) sacar del aprieto a; **o empréstimo desapertou-o por uns meses** el préstamo lo sacó del aprieto por unos meses **II.** *vr:* ~**-se** *inf* (*defecar*) hacer las necesidades
desapontado, -a [dʒizapõw'tadu, -a] *adj* decepcionado, -a; **estar** ~ **com a. c./alguém** estar decepcionado con algo/alguien
desapontamento [dʒizapõwta'mẽjtu] *m* decepción *f*
desapontar [dʒizapõw'tar] *vt* decepcionar
desapossar [dʒizapo'sar] *vt* despojar
desapreço [dʒiza'presu] *m* desprecio *m*
desaprender [dʒizaprẽj'der] *vt* olvidar
desapropriação <-ões> [dʒizapropria'sãw, -'õjs] *f* expropiación *f*
desapropriar [dʒizapropri'ar] *vt* expropiar
desaprovação <-ões> [dʒizaprova'sãw, -'õjs] *f* desaprobación *f*
desaprovar [dʒizapro'var] *vt* desaprobar
desaquecimento [dʒizakesi'mẽjtu] *m* (*da economia*) enfriamiento *m*
desarborizado, -a [dʒizarbori'zadu, -a] *adj* sin árboles
desarborizar [dʒizarbori'zar] *vt* cortar los árboles de
desarmado, -a [dʒizar'madu, -a] *adj* desarmado, -a; **à vista desarmada** a simple vista
desarmamento [dʒizarma'mẽjtu] *m* MIL desarme *m*; ~ **nuclear** desarme nuclear
desarmar [dʒizar'mar] **I.** *vt* desarmar

desarranjado 150 **desbrecado**

II. *vi* MIL desarmarse
desarranjado, -a [dʒizaxãŋ'ʒadu, -a] *adj* desordenado, -a
desarranjar [dʒizaxãŋ'ʒar] *vt* desordenar; (*o estômago*) revolver
desarranjo [dʒiza'xãŋʒu] *m* desorden *m*; ~ **intestinal** descomposición *f*
desarrazoado, -a [dʒizaxazu'adu, -a] *adj* injusto, -a
desarregaçar [dʒizaxega'sar] <ç→c> *vt* (*mangas, calças*) soltar
desarrochar [dʒizaxo'ʃar] *vt* soltar
desarrolhar [dʒizaxo'ʎar] *vt* descorchar
desarrumação <-ões> [dʒizaxuma'sãw, -'õjs] *f* desorden *m*
desarrumado, -a [dʒizaxu'madu, -a] *adj* desordenado, -a
desarrumar [dʒizaxu'mar] *vt* desordenar
desarticular [dʒizartʃiku'lar] *vt* desarticular
desarvorado, -a [dʒizarvo'radu, -a] *adj* desorientado, -a
desassociar-se [dʒizasosi'arsi] *vr* disociarse
desassossegado, -a [dʒizasose'gadu, -a] *adj* desasosegado, -a
desassossegar [dʒizasose'gar] <g→gu> *vt* desasosegar
desassossego [dʒizaso'segu] *m* desasosiego *m*
desastrado, -a [dʒizas'tradu, -a] *adj* (*pessoa*) torpe; (*comentário, palavras*) infeliz
desastre [dʒi'zastri] *m* desastre *m*; ~ **ambiental** desastre ecológico; ~ **de automóvel** accidente *m* de coche; ~ **de avião** catástrofe *f* aérea, accidente *m* aéreo; **a festa foi um** ~ la fiesta fue un desastre
desastroso, -a [dʒizas'trozu, -'ɔza] *adj* desastroso, -a
desatar [dʒiza'tar] *vt* (*um nó, o sapato*) desatar; ~ **a fazer a. c.** romper a hacer algo; ~ **a correr** echarse a correr; ~ **a chorar/rir** romper a llorar/reír; **não ata nem desata** no se decide
desatarraxar [dʒizataxa'ʃar] *vt* desatornillar
desatenção [dʒizatẽj'sãw] *f sem pl* falta *f* de atención
desatento, -a [dʒiza'tẽjtu, -a] *adj* distraído, -a
desatinado, -a [dʒizatʃi'nadu, -a] *adj* 1. (*sem juízo*) desatinado, -a 2. *inf* (*zangado*) mosqueado, -a

desatinar [dʒizatʃi'nar] *vi* 1. (*não atinar*) desatinar 2. (*perder o juízo*) enloquecer 3. (*descontrolar-se*) desquiciar; **aquela paixão o desatinava** esa pasión lo desquiciaba
desatino [dʒiza'tʃinu] *m* desatino *m*
desativação <-ões> [dʒizativa'sãw, -'õjs] *f* desactivación *f*
desativado, -a [dʒizatʃi'vadu, -a] *adj* 1. (*uma bomba*) desactivado, -a 2. (*uma fábrica*) cerrado, -a
desativar [dʒizatʃi'var] *vt* 1. (*uma bomba*) desactivar 2. (*uma fábrica*) cerrar
desatolar [dʒizato'lar] *vt* desatascar
desatracar [dʒizatra'kar] <c→qu> *vi, vt* desatracar
desatravancar [dʒizatravãŋ'kar] <c→qu> *vt* despejar
desatrelar [dʒizatre'lar] *vt* 1. (*desengatar*) desenganchar 2. (*cavalo*) soltar
desatualizado, -a [dʒizatwaʎi'zadu, -a] *adj* desfasado, -a
desautorizar [dʒizawtori'zar] *vt* desautorizar
desavença [dʒiza'vẽjsa] *f* desavenencia *f*
desavergonhado, -a [dʒizavergõ'nadu, -a] *adj* desvergonzado, -a
desavisado, -a [dʒizavi'zadu, -a] *adj* imprudente
desbancar [dʒizbãŋ'kar] <c→qu> *vt* desbancar
desbaratamento [dʒizbarata'mẽjtu] *m* derroche *m*
desbaratar [dʒizbara'tar] *vt* 1. (*os bens*) malgastar 2. (*uma quadrilha*) desmantelar; (*o inimigo*) poner en desbandada a
desbarrancado [dʒizbaxãŋ'kadu] *m* despeñadero *m*
desbastar [dʒizbas'tar] *vt* 1. (*madeira*) desbastar 2. (*mato, o cabelo*) soltar
desbloquear [dʒizbloki'ar] *conj como passear vt* desbloquear
desbocado, -a [dʒizbo'kadu, -a] *adj* desbocado, -a
desbotado, -a [dʒizbo'tadu, -a] *adj* (*cor, roupa*) desteñido, -a
desbotar [dʒizbo'tar] *vi* (*cor, roupa*) desteñir
desbragado, -a [dʒizbra'gadu, -a] *adj* exagerado, -a
desbravar [dʒizbra'var] *vt* 1. (*terras*) explorar 2. (*caminho*) limpiar
desbrecado, -a [dʒizbre'kadu, -a] *adj*

sin el freno

desbrecar [dʒizbɾe'kar] <c→qu> vt (*carro*) quitar el freno a

desbunde [dʒiz'būwdʒi] m locura f; **ela estava um ~ na festa** estaba alucinante en la fiesta; **depois do ~ patriótico veio a ressaca** después de la locura patriótica vino la resaca

desburocratizar [dʒizburokratʃi'zar] vt desburocratizar

descabelado, -a [dʒiskabe'ladu, -a] adj descabellado, -a

descabelar-se [dʒiskabe'larsi] vr fig desesperarse

descabido, -a [dʒiska'bidu, -a] adj impropio, -a

descafeinado [dʒiskafei'nadu] m descafeinado m

descafeinado, -a [dʒiskafei'nadu, -a] adj descafeinado, -a

descalabro [dʒiska'labɾu] m descalabro m

descalçar [dʒiskaw'sar] <ç→c> I. vt quitarse; (*rua*) quitar las piedras de II. vr: **~-se** descalzarse

descalcificação [dʒiskawsifika'sãw] f sem pl MED descalcificación f

descalço, -a [dʒis'kawsu, -a] adj 1. (*sem calçado*) descalzo, -a; **andar ~** ir descalzo 2. (*desprevenido*) sin un centavo

descamar [dʒiska'mar] vt descamar

descambar [dʒiskãŋ'bar] vt degenerar; **~ em** degenerar en

descamisado [dʒiskɔmi'zadu] m fig descamisado m

descampado [dʒiskãŋ'padu] m descampado m

descansado, -a [dʒiskãŋ'sadu, -a] adj descansado, -a; **dormir ~** dormir tranquilamente; **fique ~!** ¡no te preocupes!

descansar [dʒiskãŋ'sar] I. vt descansar; **~ armas!** MIL ¡descansen armas! II. vi descansar

descanso [dʒis'kãŋsu] m 1. (*sossego, repouso, folga*) descanso m; **~ semanal** descanso semanal; **sem ~** sin descanso 2. (*do telefone*) base f; (*da bicicleta*) pie m; (*para os pés*) reposapiés m inv

descaracterizar [dʒiskarakteri'zar] vt quitar carácter a

descaradamente [dʒiskarada'mẽjtʃi] adv descaradamente

descarado, -a [dʒiska'radu, -a] adj descarado, -a

descaramento [dʒiskara'mẽjtu] m descaro m; **ter o ~ de** tener el descaro de

descarga [dʒis'karga] f 1. (*de caminhão, disparos, sentimento*) descarga f; **~ elétrica** descarga eléctrica 2. (*de vaso sanitário*) cadena f; **dar** [*ou* **puxar**] **a descarga** tirar de la cadena

descaroçar [dʒiskaro'sar] <ç→c> vt quitar el hueso a

descarregamento [dʒiskarega'mẽjtu] m descarga f

descarregar [dʒiskare'gar] <g→gu> vt descargar

descarrego [dʒiska'xegu] m inf descarga f

descarrilamento [dʒiskaxila'mẽjtu] m descarrilamiento m

descarrilar [dʒiskaxi'lar] vi tb. fig descarrilar

descarrilhamento [dʒiskaxiʎa'mẽjtu] m v. **descarrilamento**

descarrilhar [dʒiskaxi'ʎar] vi v. **descarrilar**

descartar [dʒiskar'tar] I. vt tb. fig descartar II. vr **~-se de a. c./alguém** deshacerse de algo/alguien

descartável <-eis> [dʒiskar'tavew, -ejs] adj desechable

descasar [dʒiska'zar] vi separarse

descascador [dʒiskaska'dor] m pelador m

descascar [dʒiskas'kar] <c→qu> I. vt 1. (*fruta, batata*) pelar; (*uma árvore*) descortezar 2. inf (*pessoa: criticar*) poner a parir a II. vi (*pele*) pelarse; (*tinta*) soltarse

descaso [dʒis'kazu] m abandono m, desprecio m

descendência [desẽj'dẽjsja] f descendencia f

descendente [desẽj'dẽjtʃi] I. mf descendiente mf II. adj 1. (*decrescente*) decreciente 2. (*proveniente*) descendiente; **ser ~ de** ser descendiente de

descentralização <-ões> [desẽjtraʎiza'sãw, -'õjs] f descentralización f

descentralizar [desẽjtraʎi'zar] vt descentralizar

descer [de'ser] <c→ç> I. vt bajar II. vi 1. (*temperatura, pressão, preço, avião*) descender; **o preço desceu para 10 reais** el precio descendió hasta los 10 reales 2. (*rua, terreno*) bajar 3. (*da bicicleta, do cavalo*) bajarse; **~ do ônibus** bajarse del autobús

descerrar [dese'xar] *vt* (*uma placa*) descubrir

descida [de'sida] *f* 1. (*na rua, dos preços, da temperatura*) bajada *f* 2. (*declive*) cuesta *f* 3. ESPORT (*de divisão*) descenso *m* 4. (*de uma montanha*) ladera *f* 5. (*decadência*) declive *m*

desclassificado, -a [dʒisklasifi'kadu, -a] *adj* descalificado, -a

desclassificar [dʒisklasifi'kar] <c→qu> *vt* descalificar

descoberta [dʒisko'bɛrta] *f* descubrimiento *m*

descoberto [dʒisko'bɛrtu] *pp de* **descobrir**

descoberto [dʒisko'bɛrtu] *adv* a ~ al descubierto

descoberto, -a [dʒisko'bɛrtu, -a] *adj* descubierto, -a

descobridor(a) [dʒiskobri'dor(a)] <-es> *m(f)* descubridor(a) *m(f)*

descobrimento [dʒiskobri'mẽjtu] *m* descubrimiento *m*

descobrir [dʒisko'brir] *irr como dormir* I.<*pp:* coberto> *vt* 1. (*encontrar*) descubrir 2. (*das cobertas*) destapar II. *vr:* ~-se destaparse

descolar [dʒisko'lar] *vt* 1. (*material*) despegar 2. (*separar-se*) despegarse; **eles não descolam um do outro** no se despegan el uno del otro 3. *gíria* (*obter*) agenciarse; **descolou um bom emprego** se agenció un buen empleo

descoloração <-ões> [dʒiskolora'sãw, -'õjs] *f* decoloración *f*

descolorir [dʒiskolo'rir] *irr como abolir vt* descolorir

descomedido, -a [dʒiskome'dʒidu, -a] *adj* descomedido, -a

descomedimento [dʒiskomedʒi'mẽjtu] *m* descomedimiento *m*

descomissionar [dʒiskomisjo'nar] *vt* quitar de la comisión a

descompactar [dʒiskõwpak'tar] *vt* INFOR descompactar

descompassado, -a [dʒiskõwpa'sadu, -a] *adj* descompasado, -a

descompasso [dʒiskõw'pasu] *m fig* desacuerdo *m*

descomplicar [dʒiskõwpli'kar] <c→qu> *vt* simplificar

descompor [dʒiskõw'por] *irr como pôr vt* 1. (*desarranjar*) descomponer 2. (*censurar*) reñir

descomposto [dʒiskõw'postu] I. *pp de* **descompor** II. *adj* descompuesto, -a

descompostura [dʒiskõwpus'tura] *f* reprimenda *f*; **passar uma ~ em alguém** reñir a alguien

descompressão <-ões> [dʒiskõwpre'sãw, -'õjs] *f* Fís descompresión *f*

descomprimir [dʒiskõwpri'mir] *vi* descomprimir

descomprometido, -a [dʒiskõwprome'tʃidu, -a] *adj* (*pessoa*) sin compromiso

descomunal <-ais> [dʒiskomu'naw, -'ajs] *adj* descomunal

desconceituado, -a [dʒiskõwsejtu'adu, -a] *adj* desprestigiado, -a

desconcentrar [dʒiskõwsẽj'trar] I. *vt* desconcentrar II. *vr:* ~-se desconcentrarse

desconcertado, -a [dʒiskõwser'tadu, -a] *adj* desconcertado, -a

desconcertante [dʒiskõwser'tãntʃi] *adj* desconcertante

desconcertar [dʒiskõwser'tar] *vt* desconcertar

desconectar [dʒiskonek'tar] *vt* desconectar

desconexão <-ões> [dʒiskonek'sãw, -'õjs] *f* desconexión *f*

desconexo, -a [dʒisko'nɛksu, -a] *adj* inconexo, -a

desconfiado, -a [dʒiskõwfi'adu, -a] *adj* desconfiado, -a

desconfiança [dʒiskõwfi'ãnsa] *f* desconfianza *f*

desconfiar [dʒiskõwfi'ar] *vi* 1. (*duvidar*) desconfiar; ~ **de alguém** desconfiar de alguien 2. (*supor*) sospechar; **desconfio que...** sospecho que...

desconfiômetro [dʒiskõwfi'ometru] *m irôn, inf* medidor *m* de desconfianza

desconforme [dʒiskõw'fɔrmi] *adj* 1. (*desproporcional*) desproporcionado, -a 2. (*desigual*) disconforme 3. (*monstruoso*) exagerado, -a

desconfortável <-eis> [dʒiskõwfor'tavew, -ejs] *adj* incómodo, -a

desconforto [dʒiskõw'fortu] *m* 1. (*de uma casa*) incomodidad *f* 2. (*aflição*) desaliento *m*

descongelamento [dʒiskõwʒela'mẽjtu] *m* (*de comida, preços, salários*) descongelación *f*; (*de geleira*) derretimiento *m*

descongelar [dʒiskõwʒe'lar] *vt* descongelar

descongestionante
[dʒiskõwʒestʃjo'nãntʃi] m descongestionante m

descongestionar [dʒiskõwʒestʃjo'nar] vt descongestionar

desconhecer [dʒiskõɲe'ser] <c→ç> vt 1.(*ignorar*) desconocer; ~ **as leis** desconocer las leyes 2.(*não reconhecer*) no reconocer; **desconhece os esforços dos amigos em agradá-lo** no reconoce los esfuerzos de los amigos por agradar

desconhecido, -a [dʒiskõɲe'sidu, -a] I. adj desconocido, -a II. m, f desconocido, -a m, f; **ilustre ~** ilustre desconocido

desconhecimento [dʒiskõɲesi'mẽjtu] m desconocimiento m

desconjuntar [dʒiskõwʒũw'tar] I. vt (*uma articulação*) descoyuntar; (*um sofá*) desencajar II. vr: **~-se** descoyuntarse

desconserto [dʒiskõw'sertu] m fig contrariedad f

desconsideração [dʒiskõwsidera'sãw] f sem pl desconsideración f

desconsiderado, -a [dʒiskõwside'radu, -a] adj 1.(*não ponderado*) no considerado, -a 2.(*desrespeitado*) desconsiderado, -a 3.(*não estimado*) desprestigiado, -a

desconsiderar [dʒiskõwside'rar] vt 1.(*não considerar*) no considerar 2.(*tratar sem respeito*) tratar con desconsideración a

desconsolado, -a [dʒiskõwso'ladu, -a] adj 1.(*triste*) desconsolado, -a 2.(*sem graça*) soso, -a

desconsolo [dʒiskõw'solu] m desconsuelo m

descontaminação <-ões> [dʒiskõwtɜmina'sãw, -'õjs] f descontaminación m

descontaminar [dʒiskõwtɜmi'nar] vt descontaminar

descontar [dʒiskõw'tar] vt 1.ECON descontar; (*um cheque*) cobrar; **~ do imposto de renda** desgravar del impuesto de la renta; **~ do total da conta** descontar del total de la cuenta 2.(*não fazer caso*) ignorar; **sua história convence se ~mos os exageros** su historia convence si ignoramos las exageraciones 3.inf(*reagir*) descargar; **descontou sua raiva dando socos na parede** descargó su rabia dando puñetazos en la pared

descontentamento [dʒiskõwtẽjta'mẽjtu] m descontento m

descontente [dʒiskõw'tẽjtʃi] adj descontento, -a

descontinuidade [dʒiskõwtʃinuj'dadʒi] f sem pl discontinuidad f

descontínuo, -a [dʒiskõw'tʃinuu, -a] adj discontinuo, -a

desconto [dʒis'kõwtu] m 1.(*dedução*) descuento m; **dar** [*ou* **fazer**] **um ~ a** [*ou* **para**] **alguém** hacer un descuento a alguien; **~ na fonte** descuento en origen 2.ESPORT **os ~s** (*tempo extra*) el descuento

descontração [dʒiskõwtra'sãw] f sem pl descontracción f

descontraído, -a [dʒiskõwtra'idu, -a] adj relajado, -a

descontrair [dʒiskõwtra'ir] conj como sair I. vt relajar II. vr: **~-se** relajarse

descontrolado, -a [dʒiskõwtro'ladu, -a] adj descontrolado, -a

descontrolar [dʒiskõwtro'lar] I. vt descontrolar II. vr: **~-se** descontrolarse

descontrole [dʒiskõw'trɔʎi] m descontrol m

desconversar [dʒiskõwver'sar] vi cambiar de tema

desconvidar [dʒiskõwvi'dar] vt retirar la invitación a

descoordenação [dʒiskoordena'sãw] f sem pl descoordinación f

descoordenar [dʒiskoorde'nar] vt desorganizar

descorado, -a [dʒisko'radu, -a] adj descolorido, -a

descoroar [dʒiskoro'ar] <*1. pess pres:* descoroo> vt quitar la corona a

descortês [dʒiskor'tes] <-eses> adj descortés

descortesia [dʒiskorte'zia] f descortesía f

descortinar [dʒiskurtʃi'nar] vt fig descubrir

descosturado, -a [dʒiskustu'radu, -a] adj descosido, -a

descosturar [dʒiskustu'rar] I. vt descoser II. vr: **~-se** (*costura*) descoserse

descredenciar [dʒiskredẽjsi'ar] vt quitar la credencial a

descrédito [dʒis'krɛdʒitu] m descrédito m

descrença [dʒis'krẽjsa] f incredulidad f

descrente [dʒis'krẽjtʃi] adj, mf incrédulo, -a m, f

descrever [dʒiskre'ver] <*pp:* descrito> *vt* describir

descrição <-ões> [dʒiskri'sɐ̃w, -'õjs] *f* descripción *f*

descriminalizar [dʒiskriminaʎi'zar] *vt* despenalizar

descritivo, -a [dʒiskri'tʃivu, -a] *adj* descriptivo, -a

descrito [dʒis'kritu] *pp de* **descrever**

descruzar [dʒiskru'zar] *vt* separar

descuidado, -a [dʒiskuj'dadu, -a] *adj* descuidado, -a

descuidar [dʒiskuj'dar] I. *vt* descuidar II. *vr:* ~**-se** descuidar; ~**-se da saúde** descuidar la salud; ~**-se com as horas** *inf* descuidar los horarios

descuido [dʒis'kujdu] *m* descuido *m;* **por** ~ por descuido

desculpa [dʒis'kuwpa] *f* 1. (*perdão*) perdón *m*, disculpa *f;* **pedir** ~**(s) a alguém por a. c.** pedir perdón [*o* disculpa] a alguien por algo; **o governo pediu** ~**s à nação por abusos passados** el gobierno pidió perdón a la nación por los abusos del pasado 2. (*pretexto*) disculpa *f;* ~ **esfarrapada** disculpa pobre; **dar uma** ~ **a alguém** dar una disculpa a alguien

desculpar [dʒiskuw'par] I. *vt* 1. (*perdoar*) perdonar, disculpar; **desculpe!** ¡perdón! 2. (*justificar*) disculpar; **ser bem-intencionado não desculpa a sua falta de tato** tener buena intención no disculpa su falta de tacto II. *vr:* ~**-se por a. c.** disculparse por algo

desculpável <-eis> [dʒiskuw'pavew, -ejs] *adj* disculpable

descumprir [dʒiskũw'prir] *vt* incumplir

desde ['dezdʒi] I. *prep* desde; ~ **então** desde entonces; ~ **há muito** desde hace mucho tiempo; ~ **logo** desde luego; **percorremos tudo,** ~ **o norte ao sul** recorrimos todo, desde el norte al sur II. *conj* 1. (*temporal*) ~ **que** desde que; **ainda não disse nada** ~ **que chegou** todavía no ha dicho nada desde que llegó 2. (*se*) ~ **que...** siempre que...; **eu vou,** ~ **que me convidem** yo voy, siempre que me inviten

desdém [dez'dẽj] *m* desdén *m*

desdenhar [dezdẽ'ɲar] *vt* desdeñar

desdenhoso, -a [dezdẽ'ɲozu, -'ɔza] *adj* desdeñoso, -a

desdentado, -a [dʒizdẽj'tadu, -a] *adj* desdentado, -a

desdita [dʒiz'dʒita] *f* desdicha *f*

desdito [dʒiz'dʒitu] *pp de* **desdizer**

desdizer [dʒizdʒi'zer] <*pp:* desdito> *irr como dizer vt* desdecirse de

desdobrar [dʒizdo'brar] I. *vt* desdoblar II. *vr:* ~**-se** desdoblarse; ~**-se para pagar a escola dos filhos** desdoblarse para pagar el colegio de los hijos

desdobrável <-eis> [dʒizdo'bravew, -ejs] *adj, m* desplegable *m*

desedificar [dʒizedʒifi'kar] <c→qu> *vt* dar mal ejemplo a

deseducar [dʒizedu'kar] <c→qu> *vt* educar mal a

desejado, -a [deze'ʒadu, -a] *adj* deseado, -a

desejar [deze'ʒar] *vt* desear; **o que deseja?** ¿qué desea?; **isso deixa muito a** ~ eso deja mucho que desear

desejável <-eis> [deze'ʒavew, -ejs] *adj* deseable

desejo [de'zeʒu] *m* deseo *m;* **o seu** ~ **é uma ordem** tus deseos son órdenes; **ter** ~ **de fazer a. c.** desear hacer algo; **grávida, tinha** ~ **de comer pitanga** embarazada, tenía el antojo de comer pitanga

desejoso, -a [deze'ʒosu, -'ɔza] *adj* deseoso, -a; **estar** ~ **de fazer a. c.** estar deseoso de hacer algo

deselegância [dʒizele'gɐ̃nsia] *f* falta *f* de elegancia

deselegante [dʒizele'gɐ̃ntʃi] *adj* sin elegancia

desemaranhar [dʒizĩjmarɐ̃'ɲar] *vt* desenmarañar

desembaçador [dʒizĩjbasa'dor] *m* (*automóvel*) luneta *f* térmica

desembaçar [dʒizĩj'basar] <ç→c> *vt* (*vidro, espelho*) desempañar

desembalar [dʒizĩj'balar] *vt* desembalar

desembaraçado, -a [dʒizĩjbara'sadu, -a] *adj* desinhibido, -a; (*ágil*) libre

desembaraçar [dʒizĩjbara'sar] <ç→c> I. *vt* (*cabelo*) desenmarañar; (*caminho*) despejar; (*livrar*) librar; **desembaraçou o amigo daquela situação** libró al amigo de aquella situación II. *vr:* ~**-se de a. c./alguém** desembarazarse de algo/alguien

desembaraço [dʒizĩj'basu] *m* 1. (*desenvoltura*) desinhibición *f* 2. (*facilidade, agilidade*) agilidad *f*

desembaralhar [dʒizĩjbara'ʎar] *vt* desenredar

desembarcar [dʒizĩjbar'kar] <c→qu> I. *vt* desembarcar II. *vi* (*do avião, navio*) desembarcar; (*do trem*) bajarse

desembargador(a) [dʒizĩjbarga-'dor(a)] <-es> *m(f)* juez(a) *m(f)*

desembargar [dʒizĩjbar'gar] <g→gu> *vt* desembargar

desembargo [dʒizĩj'bargu] *m* desembargo *m*

desembarque [dʒizĩj'barki] *m* desembarque *m*

desembestar [dʒizĩjbes'tar] *vi* **1.** (*correr*) salir de estampida **2.** *fig* (*perder a calma*) perder el control

desembocadura [dʒizĩjboka'dura] *f* desembocadura *f*

desembocar [dʒizĩjbo'kar] <c→qu> *vi* (*rio, rua*) desembocar

desembolsar [dʒizĩjbow'sar] *vt* desembolsar

desembrenhar [dʒizĩjbrẽ'ɲar] *vt* salir de

desembrulhar [dʒizĩjbru'ʎar] *vt* **1.** (*um presente*) desenvolver **2.** (*estender*) desdoblar **3.** (*esclarecer*) aclarar

desembuchar [dʒizĩjbu'ʃar] *vi* desembuchar; **vamos, desembucha!** ¡venga, desembucha!

desempacar [dʒizĩjpa'kar] <c→qu> *vt* hacer andar

desempacotar [dʒizĩjpako'tar] *vt* desempaquetar

desempatar [dʒizĩjpa'tar] *vi, vt tb.* ESPORT desempatar

desempate [dʒizĩj'patʃi] *m* desempate *m*

desempenhar [dʒizĩjpẽ'ɲar] I. *vt* **1.** (*uma tarefa, as obrigações*) cumplir **2.** (*uma função, um papel, uma penhora*) desempeñar II. *vi* interpretar

desempenho [dʒizĩj'peɲu] *m* **1.** (*de uma tarefa, das obrigações*) cumplimiento *m* **2.** (*de uma função, de uma penhora*) desempeño *m* **3.** (*de uma máquina*) rendimiento *m* **4.** (*atuação*) actuación *f*

desemperrar [dʒizĩjpe'xar] *vt* (*porta*) desatascar; ~ **a língua** soltar la lengua

desempoeirar [dʒizĩjpoej'rar] *vt* quitar el polvo a

desempregado, -a [dʒizĩjpre'gadu, -a] *adj, m, f* desempleado, -a *m, f*, cesante *mf Chile, Cuba, Méx*

desempregar [dʒizĩjpre'gar] <g→gu> I. *vt* dejar sin empleo II. *vr:* ~**-se** quedarse sin empleo

desemprego [dʒizĩj'pregu] *m* desempleo *m*

desencadear [dʒizĩjkade'ar] *conj como passear* I. *vt* (*provocar*) desencadenar II. *vr:* ~**-se** desencadenarse

desencadernado, -a [dʒizĩjkader'nadu, -a] *adj* desencuadernado, -a

desencadernar [dʒizĩjkader'nar] *vt* desencuadernar

desencaixar [dʒizĩjkaj'ʃar] *vt* desencajar

desencaixilhar [dʒizĩjkajʃi'ʎar] *vt* quitar el marco a

desencaixotar [dʒizĩjkajʃo'tar] *vt* desencajonar

desencalacrar-se [dʒizĩjkala'krarsi] *vr* salir de apuros

desencalhar [dʒizĩjka'ʎar] I. *vt* NÁUT desencallar II. *vi* **1.** NÁUT dejar de estar encallado **2.** (*mercadorias*) tener salida **3.** *inf* (*casar-se*) casarse

desencaminhar [dʒizĩjkami'ɲar] I. *vt* desencaminar II. *vr:* ~**-se** desencaminarse

desencanar [dʒizĩjkɐ'nar] *vi gíria* abandonar

desencantamento [dʒizĩjkɐ̃ta'mẽjtu] *m* desencanto *m*

desencantar [dʒizĩjkɐ̃'tar] I. *vt* **1.** (*desenfeitiçar*) desencantar **2.** (*desiludir*) desilusionar **3.** (*encontrar*) hallar II. *vr:* ~**-se** desilusionarse; ~**-se da vida** desilusionarse con la vida

desencapar [dʒizĩjka'par] *vt* destapar

desencaracolar [dʒizĩjkarako'lar] *vi* (*cabelos*) alisarse

desencardir [dʒizĩjkar'dʒir] *vt* blanquear

desencargo [dʒizĩj'kargu] *m* cumplimiento *m*; **por ~ de consciência** para no tener cargo de conciencia

desencarnar [dʒizĩjkar'nar] *vi inf* (*desgrudar*) separarse

desencasquetar [dʒizĩjkaske'tar] *vt inf* (*uma ideia*) disuadir

desencavar [dʒizĩjka'var] *vt* excavar

desenclausurar [dʒizĩjklawzu'rar] *vt* hacer salir de la clausura a

desencontrar-se [dʒizĩj'kõw'trarsi] *vr* no encontrarse

desencontro [dʒizĩj'kõwtru] *m* desencuentro *m*

desencorajar [dʒizĩjkora'ʒar] *vt* desanimar

desencostar [dʒizĩjkos'tar] I. *vt* separar; ~ **a mesa da parede** separar la

desencravar 156 **desenvolver**

mesa de la pared **II.** *vr:* ~ **-se** levantarse; **custou em** ~ **-se e ir trabalhar** le costó levantarse e irse a trabajar

desencravar [dʒizĩjkra'var] *vt* (*um prego*) desclavar; (*uma unha*) dejar de estar clavado

desencrencar [dʒizĩjkrẽj'kar] <c→qu> *vt inf* librarse de

desenfaixar [dʒizĩjfaj'ʃar] *vt* quitar la venda a

desenfeitar [dʒizĩjfej'tar] *vt* quitar la decoración a

desenfeitiçar [dʒizĩjfejt'sar] <ç→c> *vt* quitar el hechizo a

desenferrujar [dʒizĩjfexu'ʒar] *vt* **1.** (*um metal*) quitar la herrumbre a **2.** (*as pernas*) desentumecer; ~ **a língua** soltarse a hablar

desenfreado, -a [dʒizĩjfre'adu, -a] *adj* desenfrenado, -a

desenfronhar [dʒizĩjfrõ'ɲar] *vt fig* sacar

desenfurnar-se [dʒizĩjfur'narsi] *vr inf* salir del aislamiento

desengajado, -a [dʒizĩjga'ʒadu, -a] *adj* libre

desenganado, -a [dʒizĩjgɜ'nadu, -a] *adj* (*doente*) desahuciado, -a

desenganar [dʒizĩjgɜ'nar] *vt* (*não dar esperanças*) desahuciar; (*desiludir*) desengañar

desenganchar [dʒizĩjgɜ̃ɲ'ʃar] *vt* desenganchar

desengano [dʒizĩj'gɜnu] *m* desengaño *m*

desengarrafar [dʒizĩjgaxa'far] *vt* (*trânsito*) descongestionar

desengasgar [dʒizĩjgaz'gar] <g→gu> *vt* liberar del atragantamiento a

desengatar [dʒizĩjga'tar] *vt* (*vagão*) desenganchar

desengate [dʒizĩj'gatʃi] *m* (*vagão*) desenganche *m*

desengonçado, -a [dʒizĩjgõw'sadu, -a] *adj* **1.** (*objeto*) desencajado, -a **2.** (*pessoa*) desgarbado, -a

desengonçar-se [dʒizĩjgõw'sarsi] <ç→c> *vr* desencajarse

desengordurar [dʒizĩjgordu'rar] *vt* quitar la grasa a

desengrenar [dʒizĩjgre'nar] *vt* desengranar

desenhar [dezẽ'ɲar] *vt* dibujar; (*um plano*) diseñar

desenhista [dezẽ'ɲista] *mf* dibujante *mf*; (*de móveis*) diseñador(a) *m(f)*

desenhista industrial <desenhistas industriais> [dezẽ'ɲista ĩjdustri'aw, -'ajs] *mf* diseñador(a) *m(f)* industrial

desenho [de'zẽɲu] *m* dibujo *m*; ~ **animado** dibujos animados; ~ **de uma casa** diseño de una casa; ~ **geométrico** dibujo lineal

desenlace [dʒizĩj'lasi] *m* desenlace *m*

desenquadrado, -a [dʒizĩjkwa'dradu, -a] *adj* desenmarcado, -a

desenrascado, -a [dʒizĩjxas'kadu, -a] *adj* desenredado, -a

desenrascar [dʒizĩjxas'kar] <c→qu> **I.** *vt* desenredar **II.** *vr:* ~ **-se** (*sair de apuros*) librarse; **o que fazer para me** ~ **dessa?** ¿qué hacer para librarme de esa?

desenredar [dʒizĩjxe'dar] *vt* desenredar

desenrolar [dʒizĩjxo'lar] **I.** *vt* desenrollar **II.** *vr:* ~ **-se** (*acontecimento*) desencadenarse

desenrugar [dʒizĩjxu'gar] <g→gu> *vt* desarrugar

desenrustir-se [dʒizĩjxus'tʃirsi] *vr gíria* salir del armario

desentalar [dʒizĩjta'lar] *vt* **1.** (*desprender*) soltar **2.** (*pessoa*) desatascar

desentender-se [dʒizĩjtẽj'dersi] *vr:* ~ **com alguém** discutir con alguien

desentendido, -a [dʒizĩjtẽj'dʒidu, -a] *adj* **fazer-se de** ~ hacerse el desentendido

desentendimento [dʒizĩjtẽjdʒi'mẽjtu] *m* **1.** (*mal-entendido*) malentendido *m* **2.** (*discussão*) discusión *f*; **ter um** ~ **com alguém** discutir con alguien

desenterrado, -a [dʒizĩjte'xadu, -a] *adj* desenterrado, -a

desenterrar [dʒizĩjte'xar] *vt tb. fig* desenterrar

desentorpecer [dʒizĩjtorpe'ser] <c→ç> *vt* (*o corpo*) desentumecer; *fig* (*reanimar*) reanimar

desentortar [dʒizĩjtor'tar] *vt* enderezar

desentulhar [dʒizĩjtu'ʎar] *vt* desescombrar

desentupidor [dʒizĩjtupi'dor] *m* desatascador *m*

desentupir [dʒizĩjtu'pir] *irr como subir vt* (*o nariz*) despejar; (*um cano*) desatascar

desenvolto, -a [dʒizĩj'vowtu, -a] *adj* desenvuelto, -a

desenvoltura [dʒizĩjvow'tura] *f* desenvoltura *f*

desenvolver [dʒizĩjvow'ver] **I.** *vt* desa-

rrollar II. *vr:* ~-**se** desarrollarse
desenvolvido, -a [dʒizĩjvowˈvidu, -a] *adj* desarrollado, -a
desenvolvimento [dʒizĩjvowviˈmẽjtu] *m* desarrollo *m;* ~ **sustentável** desarrollo sostenible; **em** ~ en vías de desarrollo
desenxabido, -a [dʒizĩʃaˈbidu, -a] *adj (pessoa)* soso, -a
desequilibrado, -a [dʒizikiʎiˈbradu, -a] *adj* desequilibrado, -a
desequilibrar [dʒizikiʎiˈbrar] **I.** *vt* desequilibrar **II.** *vr:* ~-**se** desequilibrarse
desequilíbrio [dʒizikiˈʎibriw] *m* desequilibrio *m*
deserção <-ões> [dʒizerˈsãw, -ˈõjs] *f* deserción *m*
deserdar [dʒizerˈdar] *vt* desheredar
desertar [dʒizerˈtar] **I.** *vi* MIL desertar **II.** *vt (de ideais)* renunciar; ~ **de** renunciar a
desértico, -a [deˈzɛrtʃiku, -a] *adj* desértico, -a
deserto [deˈzɛrtu] *m* desierto *m;* **pregar no** ~ predicar en el desierto
deserto, -a [deˈzɛrtu, -a] *adj* desierto, -a
desertor(a) [dʒizerˈtor(a)] <-es> *m(f)* desertor(a) *m(f)*
desesperado, -a [dʒizispeˈradu, -a] *adj* desesperado, -a
desesperador(a) [dʒizisperaˈdor(a)] <-es> *adj* desesperante
desesperança [dʒizispeˈrãsa] *f* desesperanza *f*
desesperançado, -a [dʒizisperãˈsadu, -a] *adj* desesperanzado, -a
desesperançar-se [dʒizisperãˈsarsi] <ç→c> *vr* desesperanzarse
desesperar [dʒizispeˈrar] **I.** *vi, vt* desesperar **II.** *vr:* ~-**se** desesperarse
desespero [dʒizisˈperu] *m* desesperación *f;* **em** ~ **de causa** como último recurso
desestabilizar [dʒizistabiʎiˈzar] *vt* desestabilizar
desestagnar [dʒizistagˈnar] *vt* acabar con el estancamiento de
desestatizar [dʒizistatʃiˈzar] *vt* privatizar
desestimular [dʒizistʃimuˈlar] **I.** *vt* desanimar **II.** *vr:* ~-**se** desanimarse
desestruturar [dʒizistrutuˈrar] **I.** *vt* desarticular **II.** *vr:* ~-**se** desarticularse
desfaçatez [dʒisfasaˈtes] *f sem pl* desfachatez *f*

desfalcar [dʒisfawˈkar] <c→qu> *vt* **1.** *(defraudar)* desfalcar **2.** *(diminuir)* reducir; **machucou-se e desfalcou o time** se lesionó perjudicando a su equipo; **ele teve de** ~ **sua coleção de selos para pagar as contas** tuvo que reducir su colección se sellos para pagar las cuentas
desfalecer [dʒisfaleˈser] <c→ç> *vi* desfallecer
desfalque [dʒisˈfawki] *m* desfalco *m;* **dar um** ~ desfalcar
desfavorável <-eis> [dʒisfavoˈravew, -ejs] *adj (situação, vento)* desfavorable; **a situação está** ~ [*ou* **para**] **gastos** la situación no es favorable a los gastos
desfavorecer [dʒisfavoreˈser] <c→ç> *vt* desfavorecer
desfavorecido, -a [dʒisfavoreˈsidu, -a] *adj* desfavorecido, -a
desfazer [dʒisfaˈzer] *irr como fazer* **I.** *vt* deshacer; ~ **as malas** deshacer las maletas **II.** *vr:* ~-**se** deshacerse; ~-**se de a. c.** deshacerse de algo; ~-**se em lágrimas/desculpas/gentilezas** deshacerse en lágrimas/disculpas/cortesías
desfechar [dʒisfeˈʃar] *vt* **1.** *(terminar)* terminar **2.** *(um murro, tiro)* dar **3.** *(uma ofensiva, insultos)* lanzar
desfecho [dʒisˈfeʃu] *m* desenlace *m*
desfeita [dʒisˈfejta] *f* desaire *m;* **fazer uma** ~ **a** [*ou* **para**] **alguém** hacer un desaire a alguien
desfeito [dʒisˈfejtu] *pp de* **desfazer**
desfeito, -a [dʒisˈfejtu, -a] *adj* **1.** *(destruído, dissolvido)* deshecho, -a; **o carro ficou completamente** ~ el coche quedó completamente deshecho **2.** *(dúvida)* resuelto, -a
desferir [dʒisfeˈrir] *irr como preferir vt (um golpe)* dar; ~ **um grito** lanzar un grito; ~ **voo** levantar vuelo
desfiar [dʒisfiˈar] *vt* **1.** *(tecido)* deshilar; *(bacalhau, frango)* desmenuzar **2.** *fig (contar em detalhes)* pormenorizar **II.** *vr:* ~-**se** deshilacharse
desfiguração [dʒisfiguraˈsãw] *f sem pl* desfiguración *f*
desfigurado, -a [dʒisfiguˈradu, -a] *adj* desfigurado, -a
desfigurar [dʒisfiguˈrar] *vt* desfigurar
desfiladeiro [dʒisfilaˈdejru] *m* desfiladero *m; fig* aprieto *m*
desfilar [dʒisfiˈlar] **I.** *vi* desfilar **II.** *vt (ostentar)* exhibir; **gosta de** ~ **no carro novo** le gusta exhibir su coche

nuevo
desfile [dʒisˈfiʎi] *m* desfile *m*; **~ de moda** desfile de moda
desflorestamento [dʒisflorestaˈmẽjtu] *m* deforestación *f*
desflorestar [dʒisflore̪sˈtar] *vt* deforestar
desfocado, -a [dʒisfoˈkadu, -a] *adj* desenfocado, -a
desfocar [dʒisfoˈkar] <c→qu> *vt* desenfocar
desfolhar [dʒisfoˈʎar] *vt* deshojar
desforra [dʒisˈfɔxa] *f* revancha *f*; **tirar** [*ou* **dar**] **a ~** tomarse la revancha
desforrar-se [dʒisfoˈxarsi] *vr:* **~ de a. c.** tomarse la revancha de algo
desfraldar [dʒisfrawˈdar] *vt* (*bandeira, vela*) soltar
desfrutar [dʒisfruˈtar] **I.** *vt* disfrutar **II.** *vi* **~ de a. c.** disfrutar de algo
desfrute [dʒisˈfrutʃi] *m* disfrute *m*
desgarrado, -a [dʒizgaˈxadu, -a] *adj* extraviado, -a
desgarrar [dʒizgaˈxar] **I.** *vt* desviar **II.** *vr:* **~-se de** desviarse de
desgastado, -a [dʒizgasˈtadu, -a] *adj* desgastado, -a
desgastante [dʒizgasˈtɐ̃ntʃi] *adj* desgastador(a)
desgastar [dʒizgasˈtar] **I.** *vt* desgastar **II.** *vr:* **~-se** desgastarse
desgaste [dʒizˈgastʃi] *m* desgaste *m*
desgostar [dʒizgosˈtar] *vt* disgustar; **eu não desgosto desta comida, mas prefiro outra** no me disgusta esta comida, pero prefiero otra
desgosto [dʒizˈgostu] *m* **1.** (*desagrado*) tristeza *f*; **é um ~ ver tamanho desperdício** es una tristeza ver tanto desperdicio **2.** (*aborrecimento, pesar*) disgusto *m*; **este país só nos tem dado ~s** este país sólo nos ha dado disgustos; **~ de amor** disgusto por amor; **ter** [*ou* **sofrer**] **um ~** llevarse un disgusto
desgostoso, -a [dʒizgosˈtozu, ˈɔza] *adj* disgustado, -a
desgovernado, -a [dʒizgoverˈnadu, -a] *adj* descontrolado, -a
desgoverno [dʒizgoˈvernu] *m* descontrol *m*
desgraça [dʒizˈgrasa] *f* **1.** (*infortúnio, miséria, descrédito*) desgracia *f*; **cair em ~** caer en desgracia; **por ~** por desgracia **2.** *inf* (*pessoa inábil*) desastre *m*; **ele é uma ~ quando abre a boca** es

un desastre cuando abre la boca
desgraçadamente [dʒizgrasadaˈmẽjtʃi] *adv* desgraciadamente
desgraçado, -a [dʒizgraˈsadu, -a] **I.** *m, f* desgraciado, -a *m, f* **II.** *adj* **1.** (*infeliz, malsucedido, inábil*) desgraciado, -a **2.** (*extraordinário*) increíble; **ele tem sempre uma sorte desgraçada** siempre tiene una suerte increíble
desgraçar [dʒizgraˈsar] <ç→c> **I.** *vt* causar la desgracia de **II.** *vr:* **~-se** caer en desgracia
desgraceira [dʒizgraˈsejra] *f* **1.** (*sucessão de desgraças*) desgracias *mpl* **2.** *inf* (*coisa malfeita*) chapuza *f*
desgramado, -a [dʒizgrɐˈmadu, -a] *adj inf* desgraciado, -a
desgravar [dʒizgraˈvar] *vt* (*uma fita cassete*) borrar
desgrenhado, -a [dʒizgrẽˈɲadu, -a] *adj* desgreñado, -a
desgrudar [dʒizgruˈdar] **I.** *vt* despegar **II.** *vr:* **~-se de a. c./alguém** despegarse de algo/alguien
desguarnecer [dʒizgwarneˈser] <c→ç> *vt* MIL desguarnecer
desidratação [dʒizidrataˈsãw] *f sem pl* deshidratación *f*
desidratado, -a [dʒizidraˈtadu, -a] *adj* deshidratado, -a
desidratar [dʒizidraˈtar] **I.** *vt* deshidratar **II.** *vr:* **~-se** deshidratarse
design [dʒiˈzajni] *m* diseño *m*
designação <-ões> [deziɡnaˈsãw, -ˈõjs] *f* designación *m*
designar [deziɡˈnar] *vt* **1.** (*indicar, nomear, significar*) designar **2.** (*determinar*) determinar
designer [dʒizajˈner] *mf* diseñador(a) *m(f)*
desígnio [deˈziɡniw] *m* designio *m*
desigual <-ais> [dʒiziˈgwaw, -ˈajs] *adj* desigual
desigualdade [dʒizigwawˈdadʒi] *f* desigualdad *f*
desiludido, -a [dʒiziluˈdʒidu, -a] *adj* desilusionado, -a; **estar ~ com a. c./alguém** estar desilusionado con algo/alguien
desiludir [dʒiziluˈdʒir] **I.** *vt* desilusionar **II.** *vr:* **~-se com alguém** desilusionarse con alguien
desilusão <-ões> [dʒiziluˈzãw, -ˈõjs] *f* desilusión *f*; **ter uma ~** sufrir una desilusión
desimpedido, -a [dʒizĩjpiˈdʒidu, -a]

desimpedir adj (*tráfego*) despejado, -a; (*processo*) sin obstáculos; (*pessoa*) libre

desimpedir [dʒizĩjpi'dʒir] *irr como pedir* vt despejar

desinchar [dʒizĩ'ʃar] vi 1. MED deshincharse 2.(*perder o orgulho*) **desinchou** se le bajaron los humos

desincumbir-se [dʒizĩjküw'birsi] *vr* llevar a cabo

desindexação <-ões> [dʒizĩjdeksa'sãw, -'õjs] *f* desindexación *f*

desindexar [dʒizĩjdek'sar] vt desindexar

desinência [dʒizi'nẽjsja] *f* LING desinencia *f*

desinfecção <-ões> [dʒizĩjfek'sãw, -'õjs] *f* desinfección *f*

desinfestação <-ões> [dʒizĩjfesta'sãw] *f* desinfección *f*

desinfestar [dʒizĩjfes'tar] vt desinfectar

desinfetante [dʒizĩjfe'tãntʃi] *adj, m* desinfectante *m*

desinfetar [dʒizĩjfe'tar] vi desinfectar; **desinfeta daqui!** *gíria* ¡lárgate de aquí!

desinflamar [dʒizĩjfla'mar] vi desinflamarse

desinformado, -a [dʒizĩjfor'madu, -a] *adj* desinformado, -a

desinformar [dʒizĩjfor'mar] vt desinformar

desinibido, -a [dʒizini'bidu, -a] *adj* desinhibido

desinibir [dʒizini'bir] I. vt desinhibir II. *vr:* ~-**se** desinhibirse

desintegração <-ões> [dʒizĩjtegra'sãw, -'õjs] *f tb.* FÍS desintegración *f*; ~ **social** desintegración social

desintegrar [dʒizĩjte'grar] I. vt desintegrar II. *vr:* ~-**se** desintegrarse

desinteressado, -a [dʒizĩjtere'sadu, -a] *adj* desinteresado, -a

desinteressante [dʒizĩjtere'sãntʃi] *adj* sin interés

desinteressar-se [dʒizĩjtere'sarsi] *vr:* ~ **de a. c.** desinteresarse por algo

desinteresse [dʒizĩjte'resi] *m* desinterés *m;* **ter** ~ **por a. c.** no estar interesado en algo

desintoxicação <-ões> [dʒizĩjtoksika'sãw, -'õjs] *f* desintoxicación *f;* **fazer um tratamento de** ~ hacer un tratamiento de desintoxicación

desintoxicar [dʒizĩjtoksi'kar] <c→qu> I. vt desintoxicar II. *vr:* ~-**se** desintoxicarse

desistência [dʒizis'tẽjsja] *f* 1.(*de um cargo, curso*) abandono *m* 2.(*renúncia*) desistimiento *m*

desistir [dʒizis'tʃir] vi 1.(*de um cargo*) renunciar; **o deputado desistiu de seu cargo** el diputado renunció a su cargo 2.(*não continuar, renunciar*) desistir; ~ **de fazer a. c.** desistir de hacer algo

desjejum [deze'ʒuw] <-uns> *m* desayuno *m*

deslanchar [dʒizlãŋ'ʃar] *vi inf* (*avançar*) avanzar

deslavadamente [dʒizlavada'mẽjtʃi] *adv* descaradamente; **mentir** ~ mentir descaradamente

deslavado, -a [dʒizla'vadu, -a] *adj* (*descarado*) descarado, -a

desleal <-ais> [dʒizle'aw, -'ajs] *adj* desleal

deslealdade [dʒisleaw'dadʒi] *f* deslealtad *f*

desleixado, -a [dʒizlej'ʃadu, -a] *adj* descuidado, -a

desleixar [dʒizlej'ʃar] vt descuidar

desleixo [dʒiz'leʃu] *m* descuido *m*

desligado, -a [dʒizʎi'gadu, -a] *adj* 1.(*aparelho*) apagado, -a 2. *inf* (*pessoa*) distraído, -a; **ele é** ~ **de tudo!** ¡no se entera de nada! 3.(*afastado*) desconectado, -a; **vive** ~ **da família** vive desconectado de la familia 4.(*sem vínculos*) desvinculado, -a; **foi** ~ **do seu antigo cargo** fue desvinculado de su antiguo cargo

desligar [dʒizʎi'gar] <g→gu> I. vt 1.(*um aparelho, a luz, o motor*) apagar 2. TEL colgar; **não desligue!** ¡no cuelgue! 3.(*de um cargo*) desvincular II. *vr:* ~-**se** desvincularse; ~-**se a. c.** desvincularse de algo; **desliga-se dos problemas com facilidade** se desconecta de los problemas con facilidad; **vê se desliga!** *gíria* ¡desconecte de todo!

deslizamento [dʒizʎiza'mẽjtu] *m* deslizamiento *m;* ~ **de terra** deslizamiento de tierra

deslizar [dʒizʎi'zar] vi 1.(*mover-se*) deslizarse 2.(*escorregar*) patinar; **o carro deslizou sobre o asfalto molhado** el coche patinó en el asfalto mojado

deslize [dʒiz'ʎizi] *m* (*lapso*) desliz

deslocado, -a [dʒizlo'kadu, -a] *adj* 1.(*lugar*) fuera de lugar 2.(*pessoa*) transferido, -a; (*crítica*) inoportuno, -a 3.(*membro*) dislocado, -a

deslocamento [dʒizloka'mẽjtu] *f* **1.** (*de pessoa, do ar, da água*) desplazamiento *m* **2.** MED dislocación *f*

deslocar [dʒizlo'kar] <c→qu> I. *vt* **1.** (*um objeto, água, ar*) desplazar **2.** (*um osso, membro*) dislocar **3.** (*um funcionário*) transferir II. *vr:* ~-**se** desplazarse; **como você se desloca para o trabalho?** ¿cómo te desplazas hasta el trabajo?

deslumbrado, -a [dʒizlũw'bradu, -a] I. *adj* deslumbrado, -a II. *m, f* persona que queda deslumbrada fácilmente

deslumbramento [dʒizlũwbra'mẽjtu] *m* deslumbramiento *m*

deslumbrante [dʒizlũw'brãntʃi] *adj* (*fascinante*) deslumbrante

deslumbrar [dʒizlũw'brar] I. *vt* deslumbrar II. *vr:* ~-**se com a. c./alguém** quedarse deslumbrado con algo/alguien

desmagnetizar [dʒizmagnetʃi'zar] *vt* desmagnetizar

desmaiado, -a [dʒizmaj'adu, -a] *adj* (*sem sentidos*) desmayado, -a

desmaiar [dʒizmaj'ar] *vi* desmayarse

desmaio [dʒiz'maju] *m* desmayo *m*

desmamar [dʒizma'mar] *vt* destetar

desmancha-prazeres [dʒis'mãnʃa-pra-'zeris] *mf inv* aguafiestas *mf inv*

desmanchar [dʒizmãn'ʃar] I. *vt* **1.** (*nó, cama, penteado, plano*) deshacer **2.** (*namoro, noivado*) acabar **3.** (*máquina*) desmontar **4.** (*empresa*) disolver II. *vr:* ~-**se** (*derramar-se*) deshacerse; **desmanchou-se em elogios ao chefe** se deshizo en elogios con su jefe

desmanche [dʒiz'mãnʃi] *m* taller ilegal en el que se desmontan coches, generalmente robados, para vender sus piezas

desmantelamento [dʒizmãntela'mẽjtu] *m* **1.** (*de um grupo, uma construção*) desmantelamiento *m* **2.** (*de um plano*) trastorno *m*

desmantelar [dʒizmãnte'lar] *vt* **1.** (*um grupo, uma construção*) desmantelar **2.** (*um plano*) trastornar

desmarcar [dʒizmar'kar] <c→qu> *vt* (*encontro, consulta*) cancelar

desmascarar [dʒizmaska'rar] *vt* desenmascarar

desmatamento [dʒizmata'mẽjtu] *m* deforestación *f*

desmazelado, -a [dʒizmaze'ladu, -a] *adj* descuidado, -a

desmazelo [dʒizma'zelu] *m* descuido *m*

desmedido, -a [dʒizme'dʒidu, -a] *adj* (*excessivo*) desmedido, -a

desmembramento [dʒizmẽjbra'mẽjtu] *m* desmembración *f*

desmembrar [dʒizmẽj'brar] I. *vt* desmembrar II. *vr:* ~-**se** desmembrarse

desmemoriado, -a [dʒizmemori'adu, -a] *adj* desmemoriado, -a

desmentido [dʒizmĩj'tʃidu] *m* desmentido *m*

desmentir [dʒizmĩj'tʃir] *irr como sentir vt* **1.** (*negar*) negar; **não vá** ~ **o que eu disse** no vas a negar lo que dije **2.** (*contestar, não condizer a*) desmentir; **o assessor desmentiu os boatos** el asesor desmintió los rumores; **o tremor das mãos desmentia uma aparente calma** el temblor de las manos desmentía su calma aparente

desmerecedor(a) [dʒizmerese'dor(a)] <-es> *adj* desmerecedor(a); **ser ~ de a. c.** ser desmerecedor de algo

desmerecer [dʒizmere'ser] <c→ç> *vt* **1.** (*não ser digno de*) desmerecer **2.** (*menosprezar*) menospreciar; **costuma ~ os colegas nas reuniões** suele menospreciar a los colegas en las reuniones

desmerecimento [dʒizmeresi'mẽjtu] *m* falta *m* de mérito

desmesurado, -a [dʒizmezu'radu, -a] *adj* desmesurado, -a

desmilinguir-se [dʒizmiʎĩj'gwirsi] *vr inf* debilitarse

desmilitarização [dʒizmiʎitariza'sãw] *f sem pl* desmilitarización *f*

desmilitarizar [dʒizmiʎitari'zar] *vt* desmilitarizar

desmiolado, -a [dʒizmio'ladu, -a] *adj fig* imprudente

desmistificar [dʒizmistʃifi'kar] <c→qu> *vt* desenmascarar

desmitificar [dʒizmitʃifi'kar] <c→qu> *vt* desmitificar

desmobilização [dʒizmobiʎiza'sãw] *f sem pl* MIL desmovilización *f*

desmobilizar [dʒizmobiʎi'zar] *vt* MIL desmovilizar

desmontagem [dʒizmõw'taʒẽj] <-ens> *f* desmontaje *m*

desmontar [dʒizmõw'tar] I. *vt* **1.** (*uma máquina, peça, barraca*) desmontar **2.** MIL (*as defesas inimigas*) anular **3.** (*arruinar*) acabar; **a guerra des-**

montou com o turismo la guerra acabó con el turismo **II.** *vi* desmontar; **~ do cavalo** desmontar del caballo

desmontável <-eis> [dʒizmõw'tavew, -ejs] *adj* desmontable

desmoralização [dʒizmoraʎiza'sãw] *f sem pl* desmoralización *f*

desmoralizado, -a [dʒizmoraʎi'zadu, -a] *adj* desmoralizado, -a

desmoralizar [dʒizmoraʎi'zar] **I.** *vt* desmoralizar **II.** *vr:* **~-se** desmoralizarse

desmoronamento [dʒizmorona'mẽjtu] *m* desmoronamiento *m*

desmoronar [dʒizmoro'nar] *vi* desmoronarse

desmunhecar [dʒizmuɲe'kar] <c→qu> *vi gíria* afeminarse

desnatado, -a [dʒizna'tadu, -a] *adj* desnatado, -a

desnatar [dʒizna'tar] *vt* desnatar

desnaturado, -a [dʒiznatu'radu, -a] *adj* desnaturalizado, -a; (*cruel*) deshumano, -a

desnecessariamente [dʒiznesesarja'mẽjtʃi] *adv* innecesariamente

desnecessário, -a [dʒiznese'sariw, -a] *adj* innecesario, -a

desnível <-eis> [dʒiz'nivew, -ejs] *m* desnivel *m*

desnivelado, -a [dʒiznive'ladu, -a] *adj* desnivelado, -a

desnivelar [dʒiznive'lar] *vt* **1.** (*terreno*) desnivelar **2.** (*distinguir*) diferenciar

desnorteado, -a [dʒiznortʃi'adu, -a] *adj* desorientado, -a

desnudar [dʒiznu'dar] *vt* desnudar

desnutrição [dʒiznutri'sãw] *f sem pl* desnutrición *f*

desnutrido, -a [dʒiznu'tridu, -a] *adj* desnutrido, -a

desobedecer [dʒizobede'ser] <c→ç> *vi* desobedecer; **~ a uma lei/a alguém** desobedecer una ley/a alguien

desobediência [dʒizobedʒi'ẽjsia] *f* desobediencia *f*

desobediente [dʒizobedʒi'ẽjtʃi] *adj* desobediente

desobrigação <-ões> [dʒizobriga'sãw, -'õjs] *f* liberación *f*

desobrigar [dʒizobri'gar] <g→gu> *vt* liberar; **~ alguém de fazer a. c.** liberar a alguien de hacer algo

desobstrução <-ões> [dʒizobstru'sãw, -'õjs] *f* **1.** MED desobstrucción *f* **2.** (*de uma estrada*) liberación *f*

desobstruir [dʒizobstru'ir] *conj como* **incluir** *vt* **1.** MED desobstruir **2.** (*uma estrada*) despejar

desocupação <-ões> [dʒizokupa'sãw, -'õjs] *f* desocupación *f*

desocupado, -a [dʒizoku'padu, -a] *adj* **1.** (*desempregado*) desocupado, -a **2.** (*casa, banheiro*) desocupado, -a; (*telefone*) libre

desocupar [dʒizoku'par] *vt* desocupar

desodorante [dʒizodo'rãntʃi] *m* desodorante *m*

desolação [dʒizola'sãw] *f sem pl* desolación *f*

desolado, -a [dʒizo'ladu, -a] *adj* desolado, -a

desolar [dʒizo'lar] *vt* desolar

desonestidade [dʒizonestʃi'dadʒi] *f* deshonestidad *f*

desonesto, -a [dʒizo'nɛstu, -a] *adj* deshonesto

desonra [dʒi'zõwxa] *f* deshonra *f*

desonrado, -a [dʒizõw'xadu, -a] *adj* deshonroso, -a

desonrar [dʒizõw'xar] *vt* deshonrar

desopilação [dʒizopila'sãw] *f sem pl* alivio *m*

desopilar [dʒizopi'lar] **I.** *vt* (*dor*) aliviar **II.** *vi* relajarse; (*dores*) aliviarse

desordeiro, -a [dʒizor'dejru, -a] *adj, m, f* camorrista *mf*

desordem [dʒi'zɔrdẽj] <-ens> *f* desorden *m*

desordenado, -a [dʒizorde'nadu, -a] *adj* desordenado, -a

desordenar [dʒizorde'nar] *vt* desordenar

desorganização [dʒizorgɜniza'sãw] *f sem pl* desorganización *f*

desorganizado, -a [dʒizorgɜni'zadu, -a] *adj* desorganizado, -a

desorganizar [dʒizorgɜni'zar] *vt* desorganizar

desorientação [dʒizorjẽjta'sãw] *f sem pl* desorientación *f*

desorientado, -a [dʒizorjẽj'tadu, -a] *adj* desorientado, -a

desorientar [dʒizorjẽj'tar] **I.** *vt* desorientar **II.** *vr:* **~-se** desorientarse

desova [dʒi'zɔva] *f* **1.** ZOOL desove *m* **2.** *inf* (*de cadáver, carro*) eliminación *f*

desovar [dʒizo'var] *vi* **1.** ZOOL desovar **2.** *inf* (*cadáver, carro*) deshacerse de

despachado, -a [dʒispa'ʃadu, -a] *adj* **1.** (*uma encomenda*) despachado, -a **2.** (*pessoa*) sincero, -a

despachante [dʒispa'ʃɜ̃ntʃi] *mf* ges-

tor(a) *m(f)*
despachar [dʒispa'ʃar] *vt* **1.** (*uma encomenda, processo*) despachar **2.** (*incumbir de missão*) dar trabajo a **3.** (*mandar embora*) despachar
despacho [dʒis'paʃu] *m* **1.** (*de encomendas, mercadoria, do governo*) despacho *m* **2.** (*umbanda, candomblé*) ofrenda *f*
desparafusar [dʒisparafu'zar] *vt* desatornillar
despautério [dʒispaw'tɛriw] *m elev* disparate *m*
despedaçar [dʒispeda'sar] <ç→c> *vt* **1.** (*um objeto*) despedazar **2.** *fig* (*o coração*) romper
despedida [dʒispi'dʒida] *f* despedida *f*; ~ **de solteiro** despedida de soltero
despedir [dʒispi'dʒir] *irr como pedir* **I.** *vt* despedir **II.** *vr:* ~**-se** despedirse
despeitado, -a [dʒispej'tadu, -a] *adj* despechado, -a
despeitar [dʒispej'tar] *vt* despecharse con
despeito [dʒis'pejtu] *m* despecho *m*; **a** ~ **de** a despecho de
despejar [dʒispe'ʒar] *vt* **1.** (*um líquido*) verter; ~ **a calda no pudim** verter el almíbar sobre el pudin **2.** (*um recipiente*) vaciar **3.** (*os inquilinos*) desalojar
despejo [dʒis'peʒu] *m* (*desocupação*) desalojo *m*; **ação de** ~ orden de desalojo
despencar [dʒispẽj'kar] <c→qu> *vi* caerse; **o gato despencou do 5º andar** el gato se cayó del el 5º piso
despender [dʒispẽj'der] *vt* derrochar
despenhadeiro [dʒispẽɲa'dejru] *m* despeñadero *m*
despensa [dʒis'pẽjsa] *f* despensa *f*
despenteado, -a [dʒispẽjtʃi'adu, -a] *adj* despeinado, -a
despentear [dʒispẽjtʃi'ar] *conj como passear vt* (*o cabelo*) despeinar
despercebido, -a [dʒisperse'bidu, -a] *adj* desapercibido, -a; **passar** ~ pasar desapercibido
desperdiçar [dʒisperdʒi'sar] <ç→c> *vt* desperdiciar
desperdício [dʒisper'dʒisiw] *m* (*de dinheiro, tempo, energia*) desperdicio *m*
despertador [dʒisperta'dor] <-es> *m* despertador *m*
despertar [dʒisper'tar] <-es> *m* despertar; **o** ~ **para um novo mundo** el despertar de un nuevo mundo

despertar [dʒisper'tar] **I.** *vt* despertar; ~ **interesse/curiosidade/suspeita** despertar interés/curiosidad/sospechas **II.** *vi* despertarse
desperto, -a [dʒis'pɛrtu, -a] *adj* despierto, -a
despesa [dʒis'peza] *f* gasto *m*; ~**s de viagem** gastos de viaje; **arcar com as** ~**s de** correr con los gastos de; **dar** ~ **a alguém** dar trabajo a alguien
despido, -a [dʒis'pidu, -a] *adj* **1.** (*pessoa*) desvestido, -a; ~ **de preconceitos** desprovisto de prejuicios **2.** (*árvore, sala*) desnudo, -a
despir [dʒis'pir] *irr como preferir* **I.** *vt* (*roupa*) quitarse; (*pessoa*) desvestir **II.** *vr:* ~**-se** (*roupas*) desnudarse; (*despojar-se*) despojarse
despirocado, -a [dʒispiro'kadu, -a] *adj gíria* pirado, -a
despistar [dʒispis'tar] *vt* despistar
despiste [dʒis'pistʃi] *m* despiste *m*
desplante [dʒis'plãntʃi] *m* desplante *m*; **ter o** ~ **de fazer a. c.** tener la osadía de hacer algo
despojado, -a [dʒispo'ʒadu, -a] *adj* desprendido, -a; (*estilo*) sencillo, -a; **ele é** ~ **de qualquer ambição** carece de cualquier ambición
despojar [dʒispo'ʒar] **I.** *vt* (*roubar*) robar; (*privar*) despojar **II.** *vr* despojarse; ~**-se de a. c.** despojarse de algo
despojo [dʒis'poʒu] *m* (*espólio*) despojo *m*
despojos [dʒis'poʒus] *mpl* despojos *mpl*
despolitização [despoʎitʃiza'sãw] *f sem pl* POL despolitización *f*
despontar [dʒispõw'tar] *vi* despuntar
desposar [dʒispo'zar] *vt elev* desposar
déspota ['dɛspota] *mf* déspota *mf*
despótico, -a [dʒis'pɔtʃiku, -a] *adj* despótico, -a
despotismo [dʒispo'tʃizmu] *m sem pl* despotismo *m*
despovoado, -a [dʒispovo'adu, -a] *adj* despoblado, -a
despovoamento [dʒispovoa'mẽjtu] *m* despoblación *f*
despovoar [dʒispovo'ar] <*1. pess pres:* despovoo> *vt* despoblar
desprazer [dʒispra'zer] <-es> *m* desagrado *m*
desprender [dʒisprẽj'der] **I.** *vt* desprender; (*desatar*) soltar **II.** *vr:* ~**-se** desprenderse

desprendido, -a [dʒisprẽj'dʒidu, -a] *adj* (*pessoa*) desprendido, -a

despreocupação [dʒisprewkupa'sãw] *f sem pl* despreocupación *f*

despreocupado, -a [dʒisprewku'padu, -a] *adj* despreocupado, -a

despreparado, -a [dʒisprepa'radu, -a] *adj* sin preparación

desprestigiar [dʒisprestʃiʒi'ar] *vt* desprestigiar

despretensioso, -a [dʒispretẽjsi'ozu, -'ɔza] *adj* modesto, -a

desprevenido, -a [dʒispreviˈnidu, -a] *adj* desprevenido, -a; *inf* (*sem dinheiro*) sin blanca

desprezado, -a [dʒispre'zadu, -a] *adj* despreciado, -a

desprezar [dʒispre'zar] *vt* despreciar

desprezível <-eis> [dʒispre'zivew, -ejs] *adj* despreciable

desprezo [dʒis'prezu] *m* desprecio *m*

desprivilegiado, -a [dʒisprivileʒi'adu, -a] *adj* desfavorecido, -a

desprivilegiar [dʒisprivileʒi'ar] *vt* quitar los privilegios a

desprogramar [dʒisprograˈmar] *vt* cancelar; (*videocassete*) desprogramar

desproporção <-ões> [dʒispropor'sãw, -'õjs] *f* desproporción *f*

desproporcional <-ais> [dʒisproporsjo'naw, -'ajs] *adj* desproporcionado, -a

despropositadamente [dʒispropozitada'mẽjtʃi] *adv* inoportunamente

despropositado, -a [dʒispropozi'tadu, -a] *adj* inconveniente, -a

despropósito [dʒispro'pɔzitu] *m* despropósito *m*; *inf* (*excesso*) pasada *f*; **a professora costumava passar um ~ de lições de casa** la profesora solía mandarnos una pasada de deberes para casa

desprotegido, -a [dʒisprote'ʒidu, -a] *adj* desprotegido, -a

desprover [dʒispro'ver] *vt* privar

desprovido, -a [dʒispro'vidu, -a] *adj* desprovisto, -a

despudor [dʒispu'dor] <-es> *m* falta *m* de pudor

despudorado, -a [dʒispudo'radu, -a] *adj* impúdico, -a

desqualificação [dʒiskwaʎifika'sãw] *f sem pl* ESPORT descalificación *f*

desqualificado, -a [dʒiskwaʎifi'kadu, -a] *adj* 1. ESPORT descalificado, -a 2. (*sem reputação*) desacreditado, -a

desqualificar [dʒiskwaʎifi'kar] <c→qu> *vt* ESPORT descalificar

desquite [dʒis'kitʃi] *m* JUR (*separação*) separación *f*

desratizar [dʒisxatʃi'zar] *vt* desratizar

desregrado, -a [dʒisxe'gradu, -a] *adj* (*pessoa, vida*) descontrolado, -a

desregulado, -a [dʒisxegu'ladu, -a] *adj* desajustado, -a

desregulamentação <-ões> [dʒisxegulamẽjta'sãw, -'õjs] *m* desregulación *f*

desregulamentar [dʒisxegulamẽj'tar] *vt* desregular

desrespeitar [dʒisxespej'tar] *vt* 1. (*uma lei*) no respetar 2. (*uma pessoa*) faltar al respeto a

desrespeito [dʒisxes'pejtu] *m* falta *f* de respeto

dessa ['dɛsa] = **de + essa** *v. de*

dessacralizar [dʒisakraʎi'zar] *vt* desacralizar

dessalinização [dʒisaʎiniza'sãw] *f sem pl* desalinización *f*

desse ['desi] = **de + esse** *v. de*

desserviço [deser'visu] *m* flaco *m* favor

dessincronizado, -a [dʒisĩjkroni'zadu, -a] *adj* desincronizado, -a

desta ['dɛsta] = **de + esta** *v. de*

destacado [dʒista'kadu] *m* MÚS staccato *m*

destacado, -a [dʒista'kadu, -a] *adj* 1. (*evidente, saliente*) destacado, -a 2. (*solto*) suelto, -a

destacamento [dʒistaka'mẽjtu] *m* MIL destacamento *m*

destacar [dʒista'kar] <c→qu> I. *vt* (*fazer sobressair, sublinhar*) destacar; (*papel*) separar; **~ do papel pelo picotado** separar del papel por la línea de puntos II. *vr:* ~-**se** por destacarse por; **o diretor destacou-se pela simplicidade** el director se destacó por la simplicidad

destacável <-eis> [dʒista'kavew, -ejs] *adj* separable

destampado, -a [dʒistãm'padu, -a] *adj* destapado, -a

destampar [dʒistãm'par] *vt* destapar

destapado, -a [dʒista'padu, -a] *adj* (*recipiente*) destapado, -a

destapar [dʒista'par] *vt* destapar

destaque [dʒis'taki] *m* 1. realce *m*; **de ~** destacado, -a; **em ~** destacado, -a; **pôr em ~** destacar; **ele é uma figura de ~ na política** es una figura destacada en

la política 2. (*escola de samba*) *persona conocida que desfila en una escuela de samba en un lugar destacado*
deste ['destʃi] = **de** + **este** *v.* **de**
destelhado, -a [dʒiste'ʎadu, -a] *adj* sin tejas
destemido, -a [dʒiste'midu, -a] *adj* valiente
destemperado, -a [dʒistẽjpe'radu, -a] *adj* (*molho*) soso, -a; (*pessoa*) descontrolado, -a
desterrado, -a [dʒiste'xadu, -a] *adj* desterrado, -a
desterrar [dʒiste'xar] *vt* desterrar
desterro [dʒis'texu] *m* destierro *m*
destilação [dʒistʃila'sãw] *f sem pl* destilación *f*
destilado, -a [dʒistʃi'ladu, -a] *adj* destilado, -a
destilar [dʒistʃi'lar] *vt tb. fig* destilar
destilaria [dʒistʃila'ria] *f* destilería *f*
destinar [destʃi'nar] I. *vt* destinar II. *vr*: **~-se a a. c.** dedicarse a algo
destinatário, -a [dʒistʃina'tariw, -a] *m, f* destinatario, -a *m, f*
destino [dʒis'tʃinu] *m* destino *m*; **o ônibus com ~ a Salvador** el autobús con destino a Salvador
destituição <-ões> [dʒistʃituj'sãw, -'õjs] *f* destitución *f*
destituir [dʒistʃitu'ir] *conj como* **incluir** *vt* destituir; **~ alguém de um cargo** destituir a alguien de un cargo; **~ alguém de seus bens** despojar a alguien de sus bienes
destoante [dʒisto'ãntʃi] *adj* discordante
destoar [dʒisto'ar] <*í. pess pres:* **destoo**> *vi* 1. MÚS desentonar; **seus comentários destoaram** sus comentarios desentonaron 2. (*não condizer*) no concordar; **isso destoa do combinado** esto no concuerda con lo acordado
destrambelhado, -a [dʒistrãɲbe'ʎadu, -a] *adj* desorganizado, -a
destrancar [dʒistrãŋ'kar] <c→qu> *vt* desatrancar
destratar [dʒistra'tar] *vt* maltratar
destravado, -a [dʒistra'vadu, -a] *adj* (*porta*) sin trancar
destravar [dʒistra'var] *vt* (*porta*) abrir; (*língua*) soltar
destreinado, -a [dʒistrej'nadu, -a] *adj* desentrenado, -a
destreza [des'treza] *f* destreza *f*
destrinçar [dʒistrĩj'sar] <ç→c> *vt*,
destrinchar [dʒistrĩj'ʃar] *vt* (*um assunto*) desmenuzar
destro, -a ['dɛstru, -a] *adj* diestro, -a
destrocar [dʒistro'kar] <c→qu> *vt* cambiar
destroçar [dʒistro'sar] <ç→c> *vt* destrozar; (*o coração*) romper
destroço [dʒis'trɔsu] *m* destrozo *m*
destroços [dʒis'trɔsus] *mpl* restos *mpl*
destronar [dʒistro'nar] *vt* destronar
destroncar [dʒistrõw'kar] <c→qu> *vt* (*um membro*) dislocarse
destruição <-ões> [dʒistruj'sãw, -'õjs] *f* destrucción *f*
destruído, -a [dʒistru'idu, -a] *adj* destruido, -a
destruidor(a) [dʒistruj'dor(a)] <-es> I. *adj* destructor(a) II. *m(f)* destructor *m*
destruir [dʒistru'ir] *conj como* **incluir** *vt* destruir
destrutivo, -a [dʒistru'tʃivu, -a] *adj* destructivo, -a
desumano, -a [dʒizu'mʌnu, -a] *adj* inhumano, -a
desumidificador [dʒizumidʒifika'dor] *m* deshumidificador *m*
desunião <-ões> [dʒizuni'ʒw, -'õjs] *f* desunión *f*
desunir [dʒizu'nir] *vt* desunir
desuso [dʒi'zuzu] *m* desuso *m*; **cair/estar em ~** caer/estar en desuso
desvairado, -a [dʒizvaj'radu, -a] *adj* descontrolado, -a; (*olhar*) de loco, -a; (*multidão*) desorientado, -a; (*dor*) intenso, -a
desvalido, -a [dʒizva'ʎidu, -a] *adj, m, f* desvalido, -a *m, f*
desvalorização <-ões> [dʒizvaloriza'sãw, -'õjs] *f* (*moeda*) desvalorización *f*
desvalorizar [dʒizvalori'zar] I. *vt* (*moeda*) desvalorizar II. *vi* desvalorizarse
desvanecer [dʒizvʌne'ser] <c→ç> *vi* desvanecerse
desvantagem [dʒizvãŋ'taʒẽj] <-ens> *f* desventaja *f*; **estar/ficar em ~** estar/quedarse en desventaja
desvantajoso, -a [dʒizvãŋta'ʒozu, -'ɔza] *adj* desventajoso, -a
desvão <-s> [dʒiz'vãw] *m* 1. (*entre o forro e o telhado*) desván *m* 2. (*recanto*) escondrijo *m*
desvario [dʒizva'riw] *m* desvarío *m*
desvelo [dʒiz'velu] *m* desvelo *m*

desvencilhar [dʒizvẽjsiʎar] **I.** vt (*desprender*) soltar; *fig* (*desmaranhar*) desenredar **II.** vr: **~-se de alguém/a. c.** librarse de alguien/algo

desvendar [dʒizvẽj'dar] vt (*um mistério*) revelar

desventura [dʒizvẽj'tura] f desventura f

desviado, -a [dʒizvi'adu, -a] adj (*afastado*) apartado, -a

desviar [dʒizvi'ar] **I.** vt desviar; **~ o olhar/a cabeça** desviar la vista/la cabeza **II.** vr: **~-se** desviarse

desvincular [dʒizvĩjku'lar] **I.** vt desvincular **II.** vr: **~-se** desvincularse

desvio [dʒiz'viw] m **1.** (*de direção, do caminho, do assunto*) desvío m; **fazer um ~** tomar un desvío **2.** (*de dinheiro*) malversación f **3.** MAT **~ padrão** desviación f típica

desvirar [dʒizvi'rar] vt dar la vuelta a

desvirginar [dʒizvirʒi'nar] vt quitar la virginidad a

desvirtuar [dʒizvirtu'ar] vt desvirtuar

detalhadamente [detaʎada'mẽjtʃi] adv detalladamente

detalhado, -a [deta'ʎadu, -a] adj detallado, -a

detalhe [de'taʎi] m detalle m

detalhista [deta'ʎista] mf detallista mf

detecção <-ões> [detek'sãw, -'õjs] f detección f

detectar [detek'tar] vt detectar

detectável <-eis> [detek'tavew, -ejs] adj detectable

detector [detek'tor] <-es> m detector m; **~ de incêndio** detector de incendios; **~ de mentiras** detector de mentiras; **~ de metais** detector de metales

detenção <-ões> [detẽj'sãw, -'õjs] f JUR detención f; **casa de ~** cárcel f

detento, -a [de'tẽtu, -a] m, f detenido, -a m, f

detentor(a) [detẽj'tor(a)] <-es> m(f) poseedor(a) m(f)

deter [de'ter] *irr como* ter **I.** vt **1.** (*fazer parar, prender*) detener **2.** (*o poder*) detentar **3.** (*reprimir*) reprimir **4.** (*fazer demorar*) retener; **o trânsito o deteve por 2 horas** el tráfico lo retuvo dos horas **II.** vr: **~-se** detenerse

detergente [deter'ʒẽjtʃi] m detergente m; **~ líquido** detergente líquido; **~ em pó** detergente en polvo

deterioração [deterjora'sãw] f sem pl deterioro m

deteriorado, -a [deterjo'radu, -a] adj deteriorado, -a

deteriorar [deterjo'rar] **I.** vt deteriorar **II.** vr: **~-se** deteriorarse

deteriorável <-eis> [deterjo'ravew, -ejs] adj que se puede deteriorar

determinação <-ões> [determina'sãw, -'õjs] f determinación f

determinado, -a [determi'nadu, -a] adj determinado, -a; **estar ~ a fazer a. c.** estar determinado a hacer algo; **em ~ momento** en determinado momento

determinante [determi'nãtʃi] adj determinante

determinar [determi'nar] vt determinar

detestar [detes'tar] vt detestar

detestável <-eis> [detes'tavew, -ejs] adj detestable

detetive [dete'tʃivi] mf detective mf; **~ particular** detective privado

detido, -a [de'tʃidu, -a] **I.** pp de deter **II.** adj **1.** (*no trânsito*) retenido, -a **2.** JUR detenido, -a

detonação <-ões> [detona'sãw, -'õjs] f detonación f

detonador [detona'dor] <-es> m detonador m

detonar [deto'nar] **I.** vt **1.** (*uma arma*) detonar **2.** (*deflagrar*) hacer estallar; **a demissão do ministro detonou uma nova crise** la dimisión del ministro hizo estallar una nueva crisis **3.** *fig* (*acabar*) arruinar; **a falta de dinheiro detonou com os planos de viagem** la falta de dinero arruinó los planes de viaje **4.** *inf* (*devorar*) acabar con; **ele detonou tudo o que tinha na geladeira** acabó con todo lo que había en la nevera **II.** vi detonar

Detran [de'trã] abr de **Departamento Estadual de Trânsito** jefatura de tráfico de los estados brasileños

detrás [de'tras] adv detrás; **por ~** por detrás; **~ de** detrás de

detrator(a) [detra'tor(a)] <-es> m(f) detractor(a) m(f)

detrimento [detri'mẽjtu] m detrimento m; **em ~ de** en detrimento de

detritos [de'tritus] mpl GEO detritus m inv

deturpação [deturpa'sãw] f sem pl distorsión f

deturpar [detur'par] vt (*uma história, a verdade*) distorsionar

deus(a) ['dews, 'dewza] m(f) dios(a) m(f); **meu Deus (do céu)!** ¡Dios mío!; **santo Deus** Dios santo; **pelo amor de**

Deus! ¡por el amor de Dios!; **valha-me Deus!** ¡válgame Dios!; **Deus me livre!** ¡Dios me libre!; **graças a Deus** gracias a Dios; **Deus queira!, queira Deus!** ¡Dios lo quiera!; **se Deus quiser** si Dios quiere; **vá com Deus!** ¡vaya con Dios!

deus-dará ['dews-da'ra] *adv* **ao ~** a la buena de Dios

deus me livre ['dewz mi 'ʎivri] *m sem pl, reg* (*lugar distante*) quinto pino *m*; **mora para lá de ~** vive en el quinto pino

deus-nos-acuda ['dewz-nuz-a'kuda] *m sem pl* caos *m inv*

devagar [dʒiva'gar] *adv* despacio; **se vai ao longe** con calma se llega lejos

devanear [dʒivɐni'ar] *conj como passear vi* soñar

devaneio [devɐ'neju] *m* sueño *m*

devassa [de'vasa] *f* JUR investigación *f*

devassar [deva'sar] *vt* investigar

devassidão [devasi'dãw] *f sem pl* libertinaje *m*

devasso, -a [de'vasu, -a] *adj* libertino, -a

devastação <-ões> [devasta'sãw, -'õjs] *f* devastación *f*

devastador(a) [devasta'dor(a)] <-es> *adj* devastador(a)

devastar [devas'tar] *vt* devastar

devedor(a) [deve'dor(a)] <-es> *m(f)* deudor(a) *m(f)*

dever¹ [de'ver] *m* deber *m*; **fazer os ~es** (**de casa**) hacer los deberes; **cumprir com os ~es** cumplir los deberes

dever² [de'ver] **I.** *vt* deber; **~ dinheiro a alguém** deber dinero a alguien; **eu devo a vida a ele** le debo la vida **II.** *vi* deber; **ele devia ir ao médico** debería ir al médico; **ela deve estar em casa** debe estar en casa; **nós devemos ir almoçar fora no domingo** probablemente comeremos fuera el domingo

deveras [de'vɛras] *adv* de veras

devidamente [devida'mẽjtʃi] *adv* debidamente

devido [de'vidu] **I.** *m* (*quantia*) **o ~** lo debido **II.** *adv* **~ a** debido a

devido, -a [de'vidu, -a] *adj* (*adequado*) debido, -a; **com o ~ respeito** con el debido respeto; **na devida altura** a su debido tiempo

devoção <-ões> [devo'sãw, -'õjs] *f* devoción *f*

devolução <-ões> [devolu'sãw, -'õjs] *f* devolución *f*

devolver [devow'ver] *vt* devolver

devolvido, -a [devow'vidu, -a] *adj* (*correio*) devuelto, -a

devorador(a) [devora'dor(a)] <-es> **I.** *adj* (*olhar*) devorador(a) **II.** *m(f)* devorador(a) *m(f)*

devorar [devo'rar] *vt tb. fig* devorar

devotado, -a [devo'tadu, -a] *adj* dedicado, -a; **ser ~ a a. c./alguém** estar dedicado a algo/alguien

devotar [devo'tar] *vt* dedicar

devoto, -a [de'vɔtu, -a] *adj, m, f* devoto, -a *m, f*

dez ['dɛs] *num card* diez; *v.tb.* **dois**

dezembro [de'zẽjbru] *m* diciembre *m*; *v.tb.* **março**

dezena [de'zena] *f* MAT decena *f*

dezenove [dʒize'nɔvi] *num card* diecinueve; *v.tb.* **dois**

dezesseis [dʒize'sejs] *num card* dieciséis *m*; *v.tb.* **dois**

dezessete [dʒize'sɛtʃi] *num card* diecisiete *m*; *v.tb.* **dois**

dezoito [de'zojtu] *num card* dieciocho; *v.tb.* **dois**

dia ['dʒia] *m* día *m*; **de/durante o ~** de/durante el día; **bom ~!** ¡buenos días!; **~ de folga** día de descanso; **~ dos pais/das mães** día del padre/de la madre; **~ santo** día de guardar; **~ de semana** día de la semana; **~ morto** día parado; **no ~ de São Nunca** nunca jamás; **~ útil** día útil; **um belo ~** un buen día; **no ~ 2 de março** el 2 de marzo; **~ sim, ~ não** un día sí y otro no; **mais ~, menos ~** el día menos pensado; **de um ~ para o outro** de un día a otro; **hoje em ~** hoy en día; (**no**) **outro ~** el otro día; **até o fim dos meus ~s** hasta el final de mis días; **todo santo ~ é a mesma coisa** todos los días es la misma cosa; **claro como o ~** más claro que el agua; **estar naqueles ~s** tener el periodo; **estar com os ~s contados** tener los días contados; **pensar no ~ de amanhã** pensar en el día de mañana; **estar em ~** (*documento*) estar al día; **ter as contas em ~** tener las cuentas al día; **pôr a conversa em ~** ponerse al día

dia a dia ['dʒia a 'dʒia] <dia(s) a dias> *m* día a día *m*

diabete(s) ['dʒia'bɛtʃi(s)] *mf* MED diabetes *f*

diabético, -a [dʒia'bɛtʃiku, -a] **I.** *adj* dia-

bético, -a II. *m, f* diabético, -a *m, f*
diabo [dʒi'abu] I. *m* diablo *m;* **um pobre ~** un pobre diablo; **que ~!** ¡qué diablos!; **o ~ que te carregue!** ¡vete al diablo!; **o ~ a quatro** toda la pesca; **o ~ anda solto** están ocurriendo muchas desgracias; **anda o ~ à solta** están ocurriendo muchas desgracias; **por que ~(s)...?** ¿por qué diablos...?; **com os ~s!** ¡diablos!; **comer o que o ~ amassou** pasarlas canutas; **dizer o ~ dos outros** hablar fatal de los otros; **estar com o ~ no corpo** tener el demonio en el cuerpo; **fazer um calor dos ~s** hacer un calor endiablado; **como o ~ gosta** excelente; **ele fez o ~ para conquistá-la** hizo milagros para conquistarla; **correu como o ~ para não perder o trem** corrió como un diablo para no perder el tren; **o ~ do cachorro não o deixava em paz** el maldito perro no lo dejaba en paz; **o ~ do tenista acertou todas as bolas** el endiablado tenista acertó todas las bolas II. *interj* diablos; **~! estou atrasado de novo** ¡diablos, llego tarde de nuevo!
diabólico, -a [dʒia'bɔʎiku, -a] *adj* diabólico, -a
diabrete [dʒia'bretʃi] *m* (*criança*) diablillo *m*
diabrura [dʒia'brura] *f* diablura *f*
diacho [dʒi'aʃu] *m inf v.* **diabo**
diacrônico, -a [dʒia'kroniku, -a] *adj* diacrónico, -a
diadema [dʒia'dema] *m* diadema *f*
diáfano, -a [dʒi'afʌnu, -a] *adj elev* diáfano, -a
diafragma [dʒia'fragma] *m* diafragma *m*
diagnosticar [dʒiagnostʃi'kar] <c→qu> *vt* diagnosticar
diagnóstico [dʒiag'nɔstʃiku] *m* diagnóstico *m*
diagonal <-ais> [dʒiago'naw, -'ajs] *adj, f* diagonal *f*
diagrama [dʒia'grʌma] *m* diagrama *f;* **~ de barras** diagrama de barras
diagramação <-ões> [dʒiagrʌma'sãw, -'õjs] *f* maquetación *f*
diagramador(a) [dʒiagrʌma'dor(a)] <-es> *m(f)* maquetador(a) *m(f)*
dial [dʒi'aw] *m* RÁDIO dial *m*
dialética [dʒia'lɛtʃika] *f* FILOS dialéctica *f*
dialeto [dʒia'lɛtu] *m* dialecto *m*
diálise [dʒi'aʎize] *f* QUÍM, MED diálisis *f inv;* **~ peritoneal** diálisis peritoneal

dialogado, -a [dʒialo'gadu, -a] *adj* dialogado, -a
dialogar [dʒialo'gar] <g→gu> *vi* dialogar
diálogo [dʒi'alugu] *m* diálogo *m*
diamante [dʒia'mãntʃi] *m* diamante *m*
diametral <-ais> [dʒiame'traw, -'ajs] *adj* diametral
diametralmente [dʒiametraw'mẽjtʃi] *adv* diametralmente; **~ oposto** diametralmente opuesto
diâmetro [dʒi'ʒmetru] *m* MAT diámetro *m*
diante [dʒi'ʒntʃi] I. *adv* adelante; **para ~** hacia adelante; **de hoje em ~** de hoy en adelante; **e assim por ~** y así en adelante II. *prep* **de 1.** (*local*) delante de **2.** (*perante*) frente a
dianteira [dʒiʒn'tejra] *f* delantera *f;* **tomar a ~** tomar la delantera
dianteiro, -a [dʒiʒn'tejru, -a] *adj* delantero, -a
diapasão <-ões> [dʒiapa'zãw, -'õjs] *m* diapasón *m*
diapositivo [dʒiapozi'tʃivu] *m* FOTO diapositiva *f*
diária [dʒi'aria] *f* **1.** (*de hotel*) precio *m* por día **2.** (*de trabalhador*) salario *m;* (*de funcionário*) dietas *fpl*
diário [dʒi'ariw] *m* diario *m;* **~ de bordo** diario de a bordo; **Diário Oficial** boletín oficial del Estado brasileño
diário, -a [dʒi'ariw, -a] *adj* diario, -a
diarista [dʒia'rista] *mf* jornalero, -a *m, f*
diarreia [dʒia'xeja] *f* MED diarrea *f*
dica ['dʒika] *f inf* consejo *m;* **dar uma ~ a alguém** dar un consejo a alguien
dicção <-ões> [dʒik'sãw, -'õjs] *f* dicción *f*
dicionário [dʒisjo'nariw] *m* diccionario *m;* **~ bilíngue/monolíngue** diccionario bilingüe/monolingüe; **~ eletrônico** diccionario electrónico; **~ de verbos** diccionario de verbos
didática [dʒi'datʃika] *f* didáctica *f*
didático, -a [dʒi'datʃiku, -a] *adj* didáctico, -a
diesel ['dʒizew] *m* <sem pl> (*combustível*) diésel *m*
dieta [dʒi'ɛta] *f* dieta *f;* **estar de ~** estar a dieta; **fazer ~** hacer dieta
dietético, -a [dʒie'tɛtʃiku, -a] *adj* dietético, -a
difamação [dʒifʌma'sãw] *f sem pl* difamación *f*
difamador(a) [dʒifʌma'dor(a)] <-es>

m(f) difamador(a) *m(f)*
difamar [dʒifa'mar] *vt* difamar
difamatório, -a [dʒifɜma'tɔriw] *adj* difamatorio, -a
diferença [dʒife'rẽjsa] *f* diferencia *f*; **não faz ~ (nenhuma)** no importa
diferencial <-ais> [dʒiferẽjsi'aw, -'ajs] *adj, m* MAT, TÉC diferencial *m*
diferenciar [dʒiferẽjsi'ar] I. *vt* diferenciar II. *vr*: ~-se por diferenciarse por
diferente [dʒife'rẽjtʃi] *adj* diferente; **eles são muito ~s (um do outro)** son muy diferentes (el uno del otro); **ela está muito ~** está muy cambiada
diferir [dʒife'rir] *irr como preferir* vi, vt diferir
difícil <-eis> [dʒi'fisiw, -ejs] I. *m* o ~ lo difícil; **bancar o** [*ou* **fazer-se de**] **~** hacerse el duro II. *adj* difícil III. *adv* sin claridad; **falar ~** hablar sin claridad
dificílimo [dʒifi'siʎimu] *superl de* **difícil**
dificilmente [dʒifisiw'mẽjtʃi] *adv* difícilmente
dificuldade [dʒifikuw'dadʒi] *f* dificultad *f*; **com/sem ~** con/sin dificultad; **causar ~s** causar dificultades; **ter ~s** tener dificultades
dificultar [dʒifikuw'tar] I. *vt* dificultar II. *vr*: ~-se volverse difícil
difteria [dʒifte'ria] *f* MED difteria *f*
difundir [dʒifũw'dʒir] I. *vt* difundir II. *vr*: ~-se difundirse
difusão [dʒifu'zãw] *f sem pl* difusión *f*
difuso, -a [dʒi'fuzu, -a] *adj* difuso, -a
difusor [dʒifu'zor] *m* FÍS difusor *m*
digerir [dʒiʒe'rir] *irr como preferir* vt tb. *fig* digerir
digerível <-eis> [dʒiʒe'rivew, -ejs] *adj* digerible
digestão [dʒiʒes'tãw] *f sem pl* digestión *f*; **(não) fazer a ~** (no) hacer la digestión
digestivo [dʒiʒes'tʃivu] *m* digestivo *m*
digestivo, -a [dʒiʒes'tʃivu, -a] *adj* digestivo, -a
digitação <-ões> [dʒiʒita'sãw, -'õjs] *f* tecleo *m*
digitador(a) [dʒiʒita'dor(a)] <-es> *m(f)* mecanógrafo, -a *m, f*
digital <-ais> [dʒiʒi'taw, -ajs] *adj* digital; **impressão ~** huella dactilar
digitalizar [dʒiʒitaʎi'zar] *vt* INFOR digitalizar
digitar [dʒiʒi'tar] *vt* (*telefone*) marcar; (*computador*) teclear
dígito ['dʒiʒitu] *m* dígito *m*

digladiar [dʒigladʒi'ar] *vi* combatir
dignar-se [dʒig'narsi] *vr* dignarse
dignidade [dʒigni'dadʒi] *f* dignidad *f*; **~ humana** dignidad humana
dignificar [dʒignifi'kar] <c→qu> *vt* dignificar
dignitário [dʒigni'tariw] *m* dignatario *m*
digno, -a ['dʒignu, -a] *adj* digno, -a; **~ de confiança** digno de confianza
digressão <-ões> [dʒigre'sãw, -'õjs] *f* (*de um tema*) digresión *f*
dilacerante [dʒilase'rãŋtʃi] *adj* cruel
dilacerar [dʒilase'rar] *vt* dilacerar
dilapidar [dʒilapi'dar] *vt* dilapidar
dilatação <-ões> [dʒilata'sãw, -'õjs] *f* dilatación *f*
dilatado, -a [dʒila'tadu, -a] *adj* dilatado, -a; (*placar*) abultado, -a
dilatar [dʒila'tar] *vi* dilatar
dilema [dʒi'lema] *m* dilema *m*
diletante [dʒile'tãŋtʃi] *adj, mf* diletante *mf*
diletantismo [dʒiletãŋ'tʃizmu] *m sem pl* diletantismo *m*
diligência [dʒiʎi'ʒẽjsia] *f* diligencia *f*
diligências [dʒiʎi'ʒẽjsias] *fpl* 1. (*medidas*) diligencias *fpl*; **fazer ~** hacer diligencias 2. (*do tribunal*) investigaciones *fpl*
diligente [dʒiʎi'ʒẽjtʃi] *adj* diligente
diluente [dʒilu'ẽjtʃi] *m* disolvente *m*
diluir [dʒilu'ir] *conj como incluir* vt 1. (*substância, líquido*) disolver 2. (*um sentimento*) disipar
dilúvio [dʒi'luviw] *m tb. fig* diluvio *m*
dimensão <-ões> [dʒimẽj'sãw, -'õjs] *f* dimensión *f*; **ainda se desconhece a ~ da catástrofe** todavía se desconocen las dimensiones de la catástrofe
dimensional <-ais> [dʒimẽjsjo'naw, -'ajs] *adj* dimensional
dimensionar [dʒimẽjsjo'nar] *vt* calcular las dimensiones de
diminuição <-ões> [dʒiminuj'sãw, -'õjs] *f* disminución *f*
diminuidor [dʒiminuj'dor] *m* MAT sustraendo *m*
diminuir [dʒiminu'ir] *conj como incluir* I. *vt* 1. (*a quantidade, a qualidade, as despesas*) disminuir 2. (*subtrair*) restar 3. (*preços*) reducir II. *vi* disminuir III. *vr*: ~-se (*humilhar-se*) rebajarse
diminutivo [dʒiminu'tʃivu] *m* LING diminutivo *m*
diminuto, -a [dʒimi'nutu, -a] *adj* diminuto, -a

dimmer ['dʒimer] *m* ELETR potenciómetro *m*

Dinamarca [dʒina'marka] *f* Dinamarca *f*

dinamarquês, -esa [dʒinamar'kes, -'eza] *adj, m, f* danés, -esa *m, f*

dinâmica [dʒi'nɜmika] *f* dinámica *f*

dinâmico, -a [dʒi'nɜmiku, -a] *adj* dinámico, -a

dinamismo [dʒinɜ'mizmu] *m sem pl* dinamismo *m*

dinamitar [dʒinɜmi'tar] *vt* dinamitar

dinamite [dʒinɜ'mitʃi] *f* dinamita *f*

dinamizar [dʒinɜmi'zar] *vt* dinamizar

dínamo ['dʒinɜmu] *m* FÍS dinamo *m*

dinastia [dʒinas'tʃia] *f* dinastía *f*

dinheirama [dʒĩnej'rɜma] *f* dineral *m*

dinheirão [dʒĩnej'rɜ̃w] *m sem pl, inf* dineral *m*

dinheiro [dʒĩ'nejru] *m* dinero *m*, plata *f AmL*; ~ **miúdo** calderilla *f*; ~ **público** dinero público; ~ **sujo** *inf* dinero sucio; ~ **trocado** cambio *m*; ~ **vivo** dinero en metálico; **fazer** ~ ganar dinero; **lavar** ~ *inf* lavar dinero; **nadar em** ~ nadar en la abundancia; **pagar em** ~ pagar en dinero; **trocar** ~ cambiar dinero

dinossauro [dʒino'sawru] *m* dinosaurio *m*

diocese [dʒio'sɛzi] *f* REL diócesis *f inv*

diodo [dʒi'odu] *m* ELETR diodo *m*

dionisíaco, -a [dʒioni'ziaku, -a] *adj* dionisiaco, -a

dioptria [dʒiop'tria] *f* FÍS dioptría *f*

dióxido [dʒi'ɔksidu] *m* QUÍM dióxido *m*; ~ **de carbono** dióxido de carbono

diploma [dʒi'ploma] *m* diploma *m*

diplomacia [dʒiploma'sia] *f sem pl* diplomacia *f*

diplomado, -a [dʒiplo'madu, -a] *adj* diplomado, -a

diplomata [dʒiplo'mata] *mf* diplomático, -a *m, f*

diplomático, -a [dʒiplo'matʃiku, -a] *adj* diplomático, -a

dique ['dʒiki] *m* dique *m*

direção <-ões> [dʒire'sɜ̃w, -'õjs] *f* **1.** (*administração, diretores, sentido*) dirección *f*; ~ **artística** dirección artística; **em** ~ **a** con [*o* en] dirección a; **ir na** ~ **do mercado** seguir la dirección del mercado **2.** (*orientação*) indicaciones *fpl*; **eles deram a** ~ **de como chegar na festa** nos indicaron cómo llegar a la fiesta

direcionar [dʒiresjo'nar] *vt* orientar

direita [dʒi'rejta] *f* derecha *f*; **à** ~ a la derecha; **seguir pela** ~ seguir por la derecha; **ele é de** ~ es de derechas; **ele chuta muito bem com a** ~ dispara muy bien con la derecha; ~ **volver** MIL variación derecha

direitinho [dʒirej'tʃĩɲu] *adv* bien; **o vestido serviu** ~ el vestido le sentó bien; **ela se comportou** ~ **no dentista** se portó muy bien en el dentista

direito [dʒi'rejtu] **I.** *m* derecho *m*; ~**s alfandegários** derechos aduaneros; ~ **a autodefesa** derecho a la defensa propia; ~**s autorais** derechos de autor; ~ **civil** derecho civil; ~ **consuetudinário** derecho consuetudinario; ~**s humanos** derechos humanos; ~ **internacional** derecho internacional; ~ **penal** derecho penal; **ela estuda direito** estudia derecho; **ter** ~ **a a. c.** tener derecho a algo; **ter o** ~ **de fazer a. c.** tener derecho a hacer algo, tener el derecho de hacer algo; **ter o** ~ **de votar** tener el derecho al voto; **dar o** ~ **de** dar derecho a; **dar** ~ **a** dar derecho a **II.** *adv* (*de modo correto*) correctamente; **agir** ~ actuar correctamente; **fala** ~**!** ¡habla correctamente!

direito, -a [dʒi'rejtu, -a] *adj* **1.** (*lado*) derecho, -a; **mão direita** mano derecha **2.** (*em linha reta, na vertical*) derecho, -a **3.** (*pessoa*) honrado, -a **4.** (*justo*) justo, -a; **isso não está** ~ eso no es justo

diretamente [dʒireta'mẽtʃi] *adv* directamente

diretiva [dʒire'tʃiva] *f* directriz *f*

diretivo, -a [dʒire'tʃivu, -a] *adj* directivo, -a

direto, -a [dʒi'rɛtu, -a] **I.** *adj* (*eleição, caminho, contato*) directo, -a; **ônibus** ~ autobús directo; **transmitir em** ~ transmitir en directo **II.** *adv* directo; **ir** ~ **ao assunto** ir directo al asunto; **passou** ~ **por mim sem me cumprimentar** pasó a mi lado sin saludarme; **trabalha** ~ **sem pausa para o almoço** *inf* trabaja seguido, sin descansar para comer

diretor(a) [dʒire'tor(a)] <-es> *m(f)* director(a) *m(f)*; ~ **artístico** director artístico

diretoria [dʒireto'ria] *f* dirección *f*

diretório [dʒire'tɔriw] *m* dirección *f*; INFOR directorio *m*

diretriz [dʒire'tris] f directriz f
dirigente [dʒiri'ʒējtʃi] mf dirigente mf
dirigir [dʒiri'ʒir] <g→j> I. vt 1. (um negócio, a atenção, uma pergunta) dirigir; ~ **o olhar para outro lado** dirigir la mirada hacia otro lado; ~ **a palavra a alguém** dirigir la palabra a alguien; **favor** ~ **seus pedidos à diretoria** por favor dirijan sus pedidos a la dirección 2. (um veículo) conducir, manejar AmL II. vi conducir, manejar AmL III. vr: ~-se dirigirse; **para mais informações, dirija-se à recepção** para más información, diríjase a la recepción; **a chuva se dirige para outra região** la lluvia se dirige a otra región
dirigível <-eis> [dʒiri'ʒivew, -ejs] I. adj dirigible II. m AERO dirigible m
dirimir [dʒiri'mir] vt (dúvidas) dirimir
discagem [dʒis'kaʒēj] <-ens> f llamada f; ~ **direta** llamada directa
discar [dʒis'kar] <c→qu> vt TEL marcar
discernimento [dʒiserni'mējtu] m discernimiento m
discernir [dʒiser'nir] irr como vestir vt discernir
disciplina [dʒisi'plina] f disciplina f; ~ **obrigatória** asignatura f obligatoria
disciplinado, -a [dʒisipli'nadu, -a] adj disciplinado, -a
disciplinar [dʒisipli'nar] adj disciplinar
disciplinar [dʒisipli'nar] I. vt disciplinar II. vr: ~-se disciplinarse
discípulo [dʒi'sipulu] m discípulo, -a m, f
disc-jóquei ['dʒiski-'ʒɔkej] mf disc-jockey mf
disco ['dʒisku] m disco m; ~ **a laser** disco m láser; ~ **rígido** disco duro; ~ **de vinil** disco de vinilo; ~ **voador** platillo m volante; **virar o** ~ inf cambiar el disco
discordância [dʒiskor'dãsia] f discordancia f
discordar [dʒiskor'dar] vi discordar; ~ **de alguém** discordar de alguien
discórdia [dʒis'kɔrdʒia] f discordia f
discorrer [dʒisko'xer] vi discurrir; ~ **sobre a. c.** discurrir sobre algo
discoteca [dʒisko'tɛka] f discoteca f
discrepância [dʒiskre'pãsia] f discrepancia f
discrepante [dʒiskre'pãtʃi] adj discrepante
discretamente [dʒikrɛta'mējtʃi] adv discretamente; **fazer/dizer a. c.** ~ hacer/decir algo discretamente
discreto, -a [dʒis'krɛtu, -a] adj discreto, -a
discrição [dʒiskri'sãw] f sem pl discreción f; **fazer a. c. com** ~ hacer algo con discreción
discricionário, -a [dʒiskrisjo'nariw, -a] adj discrecional
discriminação <-ões> [dʒiskrimina'sãw, -'õjs] f 1. (de sexo, raça) discriminación f; ~ **contra minorias** discriminación contra minorías; ~ **racial** discriminación racial 2. (distinção) distinción f
discriminado, -a [dʒiskrimi'nadu, -a] adj (produtos, chamadas telefônicas) detallado, -a; **fatura discriminada** factura detallada
discriminar [dʒiskrimi'nar] vt 1. (pelo sexo, raça) discriminar; ~ **alguém pela cor da pele** discriminar a alguien por el color de la piel 2. (distinguir) distinguir 3. (produtos) detallar
discriminatório, -a [dʒiskrimina'tɔriw, -a] adj discriminatorio, -a
discursar [dʒiskur'sar] vi dar un discurso; ~ **sobre um assunto** dar un discurso sobre un asunto
discurso [dʒis'kursu] m discurso m; **fazer um** ~ dar un discurso; ~ **direto/indireto** LING discurso directo/indirecto
discussão <-ões> [dʒisku'sãw, -'õjs] f discusión f; **ter uma** ~ **com alguém** tener una discusión con alguien
discutido, -a [dʒisku'tʃidu, -a] adj discutido, -a
discutir [dʒisku'tʃir] vi, vt discutir
discutível <-eis> [dʒisku'tʃivew, -ejs] adj discutible
disenteria [dʒizĩ'tɛria] f MED disentería f
disfarçado, -a [dʒisfar'sadu, -a] adj disfrazado, -a
disfarçar [dʒisfar'sar] <ç→c> I. vt disfrazar II. vi disfrazarse III. vr: ~-se **de a. c.** disfrazarse de algo
disfarce [dʒis'farsi] m disfraz m
disforme [dʒis'fɔrmi] adj deforme
disjuntor [dʒiʒũw'tor] m ELETR disyuntor m
dislexia [dʒizlek'sia] f dislexia f
disléxico, -a [dʒiz'lɛksiku, -a] adj disléxico, -a
díspar ['dʒispar] <-es> adj dispar
disparada [dʒispa'rada] f estampida f;

em ~ disparado

disparado [dʒispa'radu] *adv* disparado; **sair de casa ~** salir de casa disparado; **ele ganhou ~** ganó por mucho

disparado, -a [dʒispa'radu, -a] *adj* disparado, -a; *(preços)* descontrolado, -a

disparador [dʒispara'dor] *m* FOTO disparador *m*; **~ automático** disparador automático

disparar [dʒispa'rar] I. *vt* disparar II. *vi* 1. *(pessoa, arma)* disparar; **ele disparou contra** [*ou* **sobre**] **os passageiros do ônibus** disparó contra los pasajeros del autobús 2. *(preços, flash)* dispararse

disparatado, -a [dʒispara'tadu, -a] *adj (pessoa, comentário)* disparatado, -a

disparatar [dʒispara'tar] *vi* 1. *(falando)* decir disparates 2. *(agindo)* hacer disparates

disparate [dʒispa'ratʃi] *m* disparate *m*; **dizer/fazer ~s** decir/hacer disparates; **que ~!** ¡qué disparate!

disparidade [dʒipari'dadʒi] *f* disparidad *f*

disparo [dʒis'paru] *m* disparo *m*

dispendioso, -a [dʒispẽdʒi'ozu, -ɔza] *adj* dispendioso, -a

dispensa [dʒis'pẽsa] *f* dispensa *f*

dispensado, -a [dʒispẽj'sadu, -a] *adj* dispensado, -a; **você está ~ de trabalhar amanhã** estás dispensado de trabajar mañana

dispensar [dʒispẽj'sar] *vt* 1. *(de um dever)* dispensar; **a professora não me dispensou da prova** la profesora no me dispensó de la prueba 2. *(prescindir)* prescindir de; **eu dispenso qualquer ajuda** prescindo de cualquier ayuda; **ela dispensa apresentações** no necesita presentaciones 3. *(demitir)* despedir; **a empresa dispensou metade dos funcionários** la empresa despidió a la mitad de los trabajadores 4. *(conceder)* conceder; **o cantor dispensa atenção aos seus fãs** el cantante concede atención a sus fans

dispensável <-eis> [dʒispẽj'savew, -ejs] *adj* dispensable

dispersão <-ões> [dʒisper's̃aw, -'õjs] *f* dispersión *f*

dispersar [dʒisper'sar] I. *vt* dispersar II. *vi* dispersarse III. *vr*: **~-se** *(distrair-se)* distraerse

dispersivo, -a [dʒisper'sivu, -a] *adj* distraído, -a

disperso, -a [dʒis'pɛrsu, -a] *adj* disperso, -a

displicência [dʒispli'sẽjsia] *f* displicencia *f*

displicente [dʒispli'sẽjtʃi] *adj* displicente

disponibilidade [dʒisponibiʎi'dadʒi] *f* disponibilidad *f*; **~s financeiras** disponibilidades financieras

disponibilizar [dʒisponibiʎi'zar] *vt* poner a disposición

disponível <-eis> [dʒispo'nivew, -ejs] *adj* disponible; **ele ainda está ~** *inf* todavía no está comprometido

dispor¹ [dʒis'por] *m sem pl (disposição)* disposición *f*; **estar ao ~ de alguém** estar a disposición de alguien

dispor² [dʒis'por] *irr como* **pôr** I. *vt* 1. *(arranjar, ordenar)* disponer 2. AGR, BOT trasplantar 3. *(regras)* disponer 4. *(empregar)* poner; **dispõe o seu talento a serviço da comunidade** pone su talento al servicio de la comunidad; **ele dispõe de tempo e dinheiro** dispone de tiempo y dinero 5. *(predispor)* predisponer; **dispuseram todo mundo contra** predispusieron a todo el mundo en contra II. *vi (ter à disposição)* **~ de** disponer de; **disponha!** ¡a su servicio! III. *vr*: **~-se** disponerse

disposição [dʒispozi's̃aw] *f* disposición *f*; **~ legal** disposición legal; **estar com boa/má ~** estar con buena/mala disposición; **estar à ~ de alguém** estar a disposición de alguien; **não estava com ~ para sair** no estaba con disposición para salir

dispositivo [dʒispozi'tʃivu] *m* dispositivo *m*; **~ de segurança** dispositivo de seguridad

disposto [dʒis'postu] *pp de* **dispor**

disposto, -a [dʒis'postu, -a] *adj* dispuesto, -a; **ela está disposta a ajudar** está dispuesta a ayudar; **era pouco ~ a perdoar** era poco dispuesto a perdonar; **estar bem/mal ~** estar bien/mal dispuesto; **livros ~s por ordem alfabética** libros dispuestos por orden alfabético; **regras dispostas na lei** reglas dispuestas en la ley

disputa [dʒis'puta] *f* disputa *f*

disputar [dʒispu'tar] *vt* 1. *(lutar por)* disputar; **~ uma corrida** disputar una carrera; **~ o primeiro lugar** disputar el primer lugar; **eles disputavam pelo**

amor dos pais se disputaban el amor de los padres **2.** (*rivalizar*) discutir; **eles vivem disputando** viven discutiendo

disque-denúncia ['dʒiski-de'nũwsia] *m* teléfono *m* de denuncias

disquete [dʒis'kɛtʃi] *m* INFOR disquete *m*

dissabor [dʒisa'bor] <-es> *m* sinsabor *m*

disse ['dʒisi] *1. pret perf de* **dizer**

dissecação <-ões> [dʒiseka'sãw, -'õjs] *f* disección *f*

dissecar [dʒise'kar] <c→qu> *vt* disecar

disseminação <-ões> [dʒisemina'sãw, -'õjs] *f* diseminación *f*

disseminar [dʒisemi'nar] *vt* diseminar

dissensão <-ões> [dʒisẽj'sãw, -'õjs] *f* disensión *f*

dissertação <-ões> [dʒiserta'sãw, -'õjs] *f* disertación *f*

dissertar [dʒiser'tar] *vi* (*falando*) disertar; ~ **sobre algum assunto** disertar sobre algún asunto

dissidência [dʒisi'dẽjsia] *f* (*cisão*) disidencia *f*

dissidente [dʒisi'dẽjtʃi] *adj, mf* disidente *mf*

dissídio [dʒi'sidʒiw] *m* JUR demanda *f* laboral

dissílabo [dʒi'silabu] *m* LING bisílabo *m*

dissimulado, -a [dʒisimu'ladu, -a] *adj* (*ato*) disimulado, -a

dissimular [dʒisimu'lar] *vi, vt* disimular

dissipação [dʒisipa'sãw] *f sem pl* disipación *f*

dissipar [dʒisi'par] I. *vt* disipar II. *vr*: ~**-se** (*nevoeiro*) disiparse

disso ['dʒisu] = **de** + **isso** *v.* **de**

dissociação <-ões> [dʒisosja'sãw, -'õjs] *f* disociación *f*

dissociar [dʒisosi'ar] *vt* disociar; ~ **um elemento do outro** QUÍM disociar un elemento de otro

dissociável <-eis> [dʒisosi'avew, -ejs] *adj* disociable

dissolução [dʒisolu'sãw] *f sem pl* disolución *f*

dissolver [dʒisow'ver] I. *vt* disolver II. *vr*: ~**-se em** disolverse en

dissonância [dʒiso'nãsia] *f* MÚS disonancia *f*

dissonante [dʒiso'nãtʃi] *adj* MÚS disonante

dissuadir [dʒiswa'dʒir] *vt* disuadir

dissuasão [dʒiswa'zãw] *f sem pl* disuasión *f*

dissuasivo, -a [dʒiswa'zivu, -a] *adj* disuasivo, -a

distância [dʒis'tãsia] *f* distancia *f*; **a 10 quilômetros de** ~ a 10 kilómetros de distancia; **guardar** [*ou* **manter a**] ~ mantener la distancia; **manter a. c. à** ~ mantener algo a distancia

distanciamento [dʒistãsja'mẽjtu] *m* distanciamiento *m*

distanciar [dʒitãsi'ar] I. *vt* distanciar II. *vr*: ~**-se de a. c.** distanciarse de algo; **é melhor** ~**-se dessa ideia louca** es mejor olvidarse de esa idea absurda

distante [dʒis'tãtʃi] I. *adj* distante; **a escola é muito** ~ **da minha casa** el colegio está muy lejos de mi casa II. *adv* lejos; **moro não muito** ~ **da minha família** no vivo muy lejos de mi familia

distar [dʒis'tar] *vi elev* distar

distender [dʒistẽj'der] *vt* distender

distensão <-ões> [dʒistẽj'sãw, -'õjs] *f* distensión *f*; ~ **muscular** distensión muscular

distensível <-eis> [dʒistẽj'sivew, -ejs] *adj* que se puede distender

distinção <-ões> [dʒistʃĩ'sãw, -'õjs] *f* distinción *f*; **fazer** ~ hacer distinción

distinguir [dʒistʃĩ'gir] I. *vt* (*diferenciar*) distinguir II. *vr*: ~**-se de** distinguirse de

distinguível <-eis> [dʒistʃĩ'givew, -ejs] *adj* distinguible

distintivo [dʒistʃĩ'tʃivu] *m* (*da polícia*) distintivo *m*

distinto, -a [dʒis'tʃĩtu, -a] *adj* **1.** (*diferente, nítido*) distinto, -a **2.** (*educado*) distinguido, -a

disto ['dʒistu] = **de** + **isto** *v.* **de**

distorção <-ões> [dʒistor'sãw, -'õjs] *f* (*de imagem, som*) distorsión *f*

distorcer [dʒistor'ser] <c→ç> *vt* distorsionar

distorcido, -a [dʒistor'sidu, -a] *adj* distorsionado, -a

distração <-ões> [dʒistra'sãw, -'õjs] *f* distracción *f*

distraidamente [dʒistraida'mẽjtʃi] *adv* distraídamente

distraído, -a [dʒistra'idu, -a] *adj* distraído, -a

distrair [dʒistra'ir] *conj como* **sair** I. *vt* distraer II. *vr*: ~**-se** distraerse

distribuição <-ões> [dʒistribui'sãw, -'õjs] *f* distribución *f* ~ **dos prêmios** entrega de los premios; ~ **de renda** distribución de la renta

distribuidor [dʒistribui'dor] <-es> *m* TÉC distribuidor *m*

distribuidor(a) [dʒistribui'dor(a)] <-es> *m(f)* distribuidor(a) *m(f)*; **~ autorizado** distribuidor autorizado

distribuir [dʒistribu'ir] *conj como incluir vt* distribuir

distrital <-ais> [dʒistri'taw, -'ajs] *adj* del distrito

distrito [dʒis'tritu] *m* distrito *m*; **Distrito Federal** (*no Brasil*) Brasilia *f*; **~ policial** comisaría *f*

distrofia [dʒistro'fia] *f* distrofia *f*; **~ muscular** distrofia muscular

distúrbio [dʒis'turbiw] *m* 1. (*motim*) disturbio *m* 2. MED trastorno *m*; **~ mental** trastorno mental

ditado [dʒi'tadu] *m* 1. (*na escola*) dictado *m* 2. (*provérbio*) dicho *m*; **~ popular** dicho popular

ditador(a) [dʒita'dor(a)] <-es> *m(f)* dictador(a) *m(f)*

ditadura [dʒita'dura] *f* dictadura

ditame [dʒi'tɐmi] *f* dictamen *m*

ditar [dʒi'tar] *vt* dictar

ditatorial <-ais> [dʒitatori'aw, -'ajs] *adj* dictatorial

dito ['dʒitu] I. *m* dicho *m*; **dar o ~ por não ~** negar lo dicho II. *pp de* **dizer ~ e feito** dicho y hecho; **tenho ~!** ¡he dicho!

dito, -a ['dʒitu, -a] *adj* dicho, -a; **o ~ documento** dicho documento

dito-cujo, dita-cuja ['dʒitu-'kuʒu, -a-'kuʒa] <ditos-cujos, ditas-cujas> *m, f inf* fulano, -a *m, f*

ditongo [dʒi'tõwgu] *m* LING diptongo *m*

diurético [dʒiu'rɛtʃiku] *m* diurético *m*

diurno, -a [dʒi'urnu, -a] *adj* (*trabalho*) diurno, -a

diva ['dʒiva] *f* diva *f*

divã [dʒi'vã] *m* diván *m*

divagação <-ões> [dʒivaga'sãw, -'õjs] *f* divagación *f*

divagar [dʒiva'gar] <g→gu> *vi* 1. (*falando, pensando*) divagar 2. (*andando*) deambular

divergência [dʒiver'ʒẽjsia] *f* divergencia *f*

divergente [dʒiver'ʒẽjtʃi] *adj* divergente

divergir [dʒiver'ʒir] *irr como* **convergir** *vi* divergir

diversão <-ões> [dʒiver'sãw, -'õjs] *f* 1. (*entretenimento*) diversión *f* 2. (*desvio*) desvío *m* 3. MIL distracción *f*

diversidade [dʒiversi'dadʒi] *f sem pl* diversidad *f*

diversificado, -a [dʒiversifi'kadu, -a] *adj* diversificado, -a

diversificar [dʒiversifi'kar] <c→qu> I. *vt* diversificar II. *vi* diversificarse

diverso, -a [dʒi'vɛrsu, -a] *adj* (*variado, distinto*) diverso, -a; (*discordante*) discordante

divertido, -a [dʒiver'tʃidu, -a] *adj* (*pessoa, festa, filme*) divertido, -a

divertimento [dʒivertʃi'mẽjtu] *m* diversión *f*

divertir [dʒiver'tʃir] *irr como* **vestir** I. *vt* divertir II. *vr*: **~-se com a. c./alguém** divertirse con algo/alguien

dívida ['dʒivida] *f* deuda *f*; **~ externa** deuda externa; **~ de jogo** deudas de juego; **~ pública** deuda pública; **contrair uma ~** contraer una deuda; **estar em ~ (para) com alguém** estar en deuda con alguien; **pagar uma ~** pagar una deuda

dividendo [dʒivi'dẽjdu] *m* 1. ECON, MAT dividendo *m* 2. *pl* (*vantagens*) ventaja *f*

dividido, -a [dʒivi'dʒidu, -a] *adj* dividido, -a

dividir [dʒivi'dʒir] *vt* dividir; **~ o resultado por dois** dividir el resultado entre [*o* por] dos

divindade [dʒiviĩ'dadʒi] *f* divinidad *f*

divino, -a [dʒi'vinu, -a] *adj* divino, -a

divisa [dʒi'viza] *f* 1. (*lema*) divisa *f* 2. MIL galón *m* 3. *pl* ECON divisas *fpl* 4. (*fronteira*) frontera *f*

divisão <-ões> [dʒivi'zãw, -'õjs] *f* división *f*

divisibilidade [dʒivizibiʎi'dadʒi] *f* divisibilidad *f*

divisível <-eis> [dʒivi'zivew, -ejs] *adj* divisible; **ser ~ por** ser divisible por

divisor [dʒivi'zor] <-es> *m* MAT divisor *m*; **~ de águas** divisoria *f* de aguas

divisória [dʒivi'zɔria] *f* 1. (*linha*) divisoria *f* 2. (*parede*) pared *f* medianera

divorciado, -a [dʒivorsi'adu, -a] *adj* divorciado, -a

divorciar-se [dʒivorsi'arsi] *vr*: **~ de alguém** divorciarse de alguien

divórcio [dʒi'vɔrsiw] *m* divorcio *m*; **pedir o ~** pedir el divorcio

divulgação <-ões> [dʒivuwga'sãw, -'õjs] *f* (*de uma notícia, um boato*) divulgación *f*

divulgado, -a [dʒivuw'gadu, -a] *adj* divulgado, -a

divulgar [dʒivuw'gar] <g→gu> *vt* (*uma notícia, um boato*) divulgar

dizer [dʒi'zer] *irr* **I.** *vt* **1.** decir; ~ **adeus a** [*ou* **para**] **alguém** decir adiós a alguien; **como se diz isso em inglês?** ¿cómo se dice eso en inglés?; **a beleza do rapaz não lhe dizia nada** la belleza del chico no le decía nada; ~ **uma oração** rezar una oración; **para quem você diz isso!** ¡me lo vas a decir a mí!; ~ **cobras e lagartos** *inf* poner a parir; ~ **duas palavras** hablar brevemente **2.** (*condizer*) concordar; **sua história não diz com a verdade** su historia no concuerda con la verdad **3.** (*importar*) **isso não diz ao caso** eso no viene al caso **II.** *vi* (*falar*) decir; ~ **bem/mal de alguém** hablar bien/mal de alguien; **dizem que...** dicen que...; **por assim** ~ por así decir; **quer** ~ es decir; ~ **respeito a** tener que ver con; ~ **ao que veio** *inf* hacer lo que se espera de uno, cumplir las expectativas; ~ **com seus botões** *inf* decirse a uno mismo; **dize-me com quem andas e eu te direi quem és** *prov* dime con quién andas y te diré quién eres **III.** *vr:* ~-**se** creerse; **ele se diz o melhor do time** se cree el mejor del equipo

dízima ['dʒima] *f* decimal *m;* ~ **periódica** decimal periódico

dizimar [dʒizi'mar] *vt* diezmar

dízimo ['dʒimu] *m* REL diezmo *m*

diz-que-me-diz-que ['dʒis-ki-mi-'diz-ki] *m inv* chisme *m*

DNER [de'enie'ɛxi] *abr de* **Departamento Nacional de Estradas de Rodagem** *departamento federal responsable de las carreteras*

do [du] = **de + o** *v.* **de**

dó ['dɔ] *m* **1.** (*compaixão*) lástima *f;* **dar** ~ dar lástima; **sem** ~ **nem piedade** sin ninguna compasión **2.** MÚS do *m*

doação <-ões> [doa'sãw, -õjs] *f* donación *f;* ~ **de órgãos** donación de órganos; ~ **de sangue** donación de sangre; **fazer uma** ~ **a** [*ou* **para**] **alguém** hacer una donación a alguien

doador(a) [doa'dor(a)] <-es> *m(f)* donante *mf;* ~ **de órgãos** donante de órganos; ~ **de sangue** donante de sangre

doar [do'ar] <*1. pess pres:* doo> *vt* (*bens, sangue, órgãos*) donar; ~ **a. c. a** [*ou* **para**] **alguém** donar algo a alguien

dobra ['dɔbra] *f* **1.** (*em papel, tecido*) doblez *f* **2.** (*das calças*) vuelta *f*

dobradiça [dobra'dʒisa] *f* **1.** (*de porta*) bisagra *f* **2.** (*assento*) asiento *m* plegable

dobradinha [dobra'dʒiɲa] *f* **1.** GASTR callos *mpl* **2.** *inf* (*dupla*) pareja *f*

dobrado, -a [do'bradu, -a] *adj* doblado, -a

dobrar [do'brar] **I.** *vt* doblar; (*o sino*) hacer sonar; ~ **o cabo** NÁUT doblar el cabo; ~ **a esquina** doblar la esquina **II.** *vi* doblar **III.** *vr:* ~-**se** (*ceder*) doblegarse

dobrável <-eis> [do'bravew, -ejs] *adj* plegable

dobro ['dobru] *m* doble *m;* **o revide foi em** ~ la reacción fue por partida doble

doca ['dɔka] *f* muelle *m*

doce ['dosi] **I.** *m* dulce *m;* ~ **de leite** dulce de leche; **dar um** ~ **a alguém** dar una recompensa a alguien; **fazer** ~ *inf* hacerse el difícil **II.** *adj* **1.** GASTR dulce **2.** *fig* encantador(a)

doce de coco ['dosi dʒi 'koku] <doces de coco> *m* **1.** GASTR *dulce hecho con coco, agua y azúcar* **2.** *fig, inf* (*pessoa*) encanto *m*

doceiro, -a [do'sejru, -a] *m, f* pastelero, -a *m, f*

docência [do'sẽjsia] *f* docencia *f*

docente [do'sẽjtʃi] **I.** *adj* docente; **corpo** ~ personal docente **II.** *mf* docente *mf*

doceria [dose'ria] *f* pastelería *f*

dócil <-eis> ['dɔsiw, -ejs] *adj* dócil

> **Cultura** Típicos de las fiestas de cumpleaños, los **docinhos** brasileños son delicias en miniatura. Se sirven en pequeños moldes de papel, enrollados o en forma de pequeños pasteles, y contienen ingredientes típicos de la cocina brasileña: **beijinhos** (coco rallado), **brigadeiros** (leche condensada y chocolate), **cajuzinhos** (anacardo), **maria-mole** (coco rallado), **queijadinhas** (queso y coco rallados), **quindins** (yemas y coco rallado), etc.

documentação <-ões> [dokumẽjta'sãw, -õjs] *f* documentación *f*

documentado, -a [dokumẽj'tadu, -a]

adj documentado, -a

documentar [dokumɛj'tar] *vt* documentar

documentário [dokumẽj'tariw] *m* documental *m*

documento [doku'mẽjtu] *m* documento *m*

doçura [do'sura] *f* dulzura *f*

dodói [do'dɔj] *m inf* pupa *f*

doença [du'ẽjsa] *f* MED enfermedad *f*; ~ **do coração** enfermedad del corazón; ~ **grave** enfermedad grave; ~ **da vaca louca** *inf* enfermedad [*o* mal] de las vacas locas; **o futebol era uma** ~ **em sua vida** *fig* el fútbol era una obsesión en su vida

doente [du'ẽjtʃi] I. *adj* 1. MED enfermo, -a; **ser** ~ **do coração** estar enfermo del corazón 2. (*obcecado*) obsesionado, -a; **ele é** ~ **por chocolate** está obsesionado por el chocolate II. *mf* enfermo, -a *m, f*

doentio, -a [duẽj'tʃiw, -a] *adj pej* enfermizo, -a

doer [du'er] *irr vi* doler; **a cabeça/o braço me dói** me duele la cabeza/el brazo; **ele é burro de** ~ *pej* es más bruto que un arado

dogma ['dɔgma] *m* dogma *m*

dogmático, -a [dog'matʃiku, -a] *adj* dogmático, -a

dogue ['dɔgi] *m* dogo *m*

dogueiro, -a [do'gejru, -a] *m, f* vendedor(a) *m(f)* de perritos calientes

doidão, -ona <-ões> [doj'dãw, -'ona, -'õjs] *adj gíria* colocado, -a

doidice [doj'dʒisi] *f* locura *f*

doidivanas [dojdʒi'vanas] *mf inv, inf* chalado, -a *m, f*

doido, -a ['dojdu, -a] I. *m, f* loco, -a *m, f*; ~ **varrido** [*ou* **de pedra**] loco de atar II. *adj* loco, -a; **ele é** ~ **por ela** está loco por ella; **ele ficou** ~ **com os presentes que ganhou** le encantaron los regalos que recibió

doído, -a [du'idu, -a] *adj* dolorido, -a

dois, duas ['dojs, 'duas] *num card* dos *m*; **ter uma conversa a** ~ tener una conversación cara a cara; **a** ~ **a** ~ de dos en dos; **são duas (horas)** son las dos; **às duas horas** a las dos; **às duas e meia/e quinze** a las dos y media/y cuarto; **de duas em duas horas** cada dos horas; **o dia** ~ **de maio** el dos de mayo; **ela tem/faz** ~ **anos** tiene/cumple dos años; **das duas uma** una de dos

dois-quartos ['dojs-'kwartus] *m inv* (*apartamento*) piso *m* con dos dormitorios

dólar ['dɔlar] *m* dólar *m*

dolarizar [dolari'zar] *vt* dolarizar

doleiro, -a [do'lejru, -a] *m, f* cambista *mf* de dólares

dolo ['dɔlu] *m* JUR dolo *m*

dolorido, -a [dolo'ridu, -a] *adj* dolorido, -a

doloroso, -a [dolo'rozu, -'ɔza] *adj* doloroso, -a

dom ['dõw] <-ons> *m* don *m*

domador(a) [doma'dor(a)] <-es> *m(f)* domador(a) *m(f)*

domar [do'mar] *vt tb. fig* domar

domesticar [domestʃi'kar] <c→qu> *vt* domesticar

doméstico, -a [do'mɛstʃiku, -a] I. *m, f* empleado, -a *m, f* del hogar II. *adj* doméstico, -a

domicílio [domi'siʎiw] *m* domicilio *m*; **entrega em** ~ entrega a domicilio

dominação <-ões> [domina'sãw, -'õjs] *f* dominación *f*

dominador(a) [domina'dor(a)] <-es> I. *adj* dominador(a) II. *m(f)* dominador(a) *m(f)*

dominante [domi'nãntʃi] *adj* dominante

dominar [domi'nar] I. *vt* dominar II. *vi* dominar

domingo [du'mĩjgu] *m* domingo *m*; ~ **de carnaval** domingo de carnaval; **Domingo de Páscoa** Domingo de Pascua; *v.tb.* **segunda-feira**

domingueira [dumĩj'gejra] *f* fiesta *f* dominical

domingueiro, -a [dumĩj'gejru, -a] *adj* de domingo

dominical <-ais> [domini'kaw, -'ajs] *adj* dominical; **missa** ~ misa dominical

domínio [do'miniw] *m* dominio *m*; **exercer** ~ **sobre a. c./alguém** ejercer dominio sobre algo/alguien; **estar sob o** ~ **de alguém** estar bajo el dominio de alguien; **isso é de** ~ **público** eso es de dominio público

dominó [domi'nɔ] *m* dominó *m*

dom-joão <dom-joões> ['dõw-ʒu'ãw, -'õjs] *m*, **dom-juan** ['dõw-ʒu'ã] <dom-juans> *m* don Juan *m*

domo ['domu] *m* cúpula *f*

dona ['dona] *f* doña *f*; ~ **de casa** ama *f* de casa; ~ **Ana** doña Ana

donatário, -a [dona'tariw, -a] *m, f* donatario, -a *m, f*
donativo [dona'tʃivu] *m* donativo *m*
dondoca [dõw'dɔka] *f* ricachona *f*
doninha [do'niɲa] *f* ZOOL turón *m*
dono, -a ['donu, -a] *m, f* dueño, -a *m, f*; **o ~ da bola** *fig* el amo del cotarro; **~ da verdade** dueño de la verdad; **ser ~ do seu nariz** *inf* ser responsable por uno mismo
donzela [dõw'zɛla] *f* doncella *f*
dopado, -a [do'padu, -a] *adj* dopado, -a
dopar [do'par] **I.** *vt* dopar **II.** *vr*: **~-se** doparse
doping ['dɔpĩj] *m* ESPORT doping *m*
dor ['dor] *f* dolor *m*; **~ de barriga** dolor de estómago; **~ de cabeça** dolor de cabeza; **~ de dente** dolor de muelas; **~ de ouvido** dolor de oídos
doravante [dora'vãntʃi] *adv* de ahora en adelante
dor de corno <dores de corno> ['dor dʒi 'kornu, 'doriz] *f gíria* celos *mpl*
dor de cotovelo <dores de cotovelo> ['dor dʒi koto'velu, 'doriz] *f inf* celos *mpl*
dormência [dor'mẽjsia] *f* somnolencia *f*
dormente [dor'mẽjtʃi] **I.** *m* traviesa *f* **II.** *adj* (*perna*) adormecido, -a
dormida [dor'mida] *f* cabezada *f*; **dar uma ~** echar una cabezada
dorminhoco, -a [durmĩ'ɲoku, -'ɔka] *m, f* dormilón, -ona *m, f*
dormir [dur'mir] *irr vi* dormir; **~ sobre a. c.** (*postergar*) aplazar algo; **~ fora** dormir fuera de casa; **~ com as galinhas** *inf* acostarse con las gallinas; **~ o sono dos justos** dormir el sueño de los justos; **~ como uma pedra** *inf* dormir como un tronco; **~ no ponto** *inf* despistarse; **fazer ~** *inf* dormir; **pôr alguém para ~** poner a alguien a dormir; **minha perna dormiu** se me ha dormido la pierna
dormitar [durmi'tar] *vi* dormitar
dormitório [durmi'tɔriw] *m* dormitorio *m*, recámara *f Chile, Méx, Pan*
dorsal <-ais> [dor'saw, -'ajs] *adj* dorsal
dorso ['dorsu] *m* dorso *m*
dosagem [do'zaʒẽj] <-ens> *f* dosificación *f*
dosar [do'zar] *vt* dosificar
dose ['dɔzi] *f* dosis *f inv*; **~ cavalar** *inf* dosis enorme; **ser ~ (para leão/elefante)** *inf* ser demasiado
dossel <dosséis> [do'sɛw, -'ɛjs] *m* dosel *m*
dossiê [dosi'e] *m* dossier *m*
dotado, -a [do'tadu, -a] *adj* dotado, -a; **o estúdio está ~ de muitos aparelhos** el estudio está dotado de muchos aparatos
dotar [do'tar] *vt* dotar
dote ['dɔtʃi] *m* **1.** (*de casamento*) dote *m* **2.** *pl* (*talento*) dotes *fpl*; **~s culinários/musicais** dotes culinarias/musicales
dou ['dow] *1. pres de* **dar**
dourado [dow'radu] *m* ZOOL dorado *m*
dourado, -a [dow'radu, -a] *adj* dorado, -a
dourar [dow'rar] *vt* dorar; **~ a pílula** *fig* dorar la píldora
douto, -a ['dowtu, -a] *adj elev* docto, -a
doutor(a) [dow'tor(a)] <-es> *m(f)* doctor(a) *m(f)*; **~ honoris causa** doctor honoris causa
doutorado [dowto'radu] *m* doctorado *m*
doutorando, -a [dowto'rãndu, -a] *m, f* doctorando, -a *m, f*
doutorar-se [dowto'rarsi] *vr* doctorarse
doutrina [dow'trina] *f* doctrina *f*
doutrinação <-ões> [dowtrina'sãw, -'õjs] *f* adoctrinamiento *m*
download [daw'lowdʒi] *m* INFOR descarga *f*; **fazer um ~** hacer una descarga
doze ['dozi] *num card* doce; *v.tb.* **dois**
Dr. [dow'tor] *abr de* **doutor** Dr.
Dra. [dow'tora] *abr de* **doutora** Dra.
draconiano, -a [drakoni'ʒnu, -a] *adj* draconiano, -a
draga ['draga] *f* draga *f*
dragão <-ões> [dra'gãw, -'õjs] *m* dragón *m*
dragar [dra'gar] <g→gu> *vt* dragar
drágea ['draʒia] *f* MED gragea *f*
drag queen ['drɛgi 'kwĩj] *f* drag queen *f*
drama ['drɐma] *m tb. fig* drama *m*; **fazer um ~ (de a. c.)** hacer un drama (de algo)

> **Gramática** drama y todas las palabras derivadas del griego antiguo que terminan en -ama, -ema, -ima y -oma tienen en portugués género masculino: "o diagrama; o sistema; o paradigma; o axioma."

dramalhão <-ões> [drɐma'ʎãw, -'õjs] *f* dramón *m*

dramático, -a [drɜ'matʃįku, -a] *adj* dramático, -a

dramatizar [drɜmatʃi'zar] *vt* dramatizar

dramaturgia [drɜmatur'ʒia] *f sem pl* dramaturgia *f*

dramaturgo, -a [drɜma'turgu, -a] *m, f* dramaturgo *a m, f*

drasticamente [drastʃika'mẽjtʃi] *adv* drásticamente

drástico, -a ['drastʃiku, -a] *adj* drástico, -a; **tomar medidas drásticas** tomar medidas drásticas

drenagem [dre'naʒẽj] <-ens> *f* drenaje *m*

drenar [dre'nar] *vt* drenar

dreno ['drenu] *m* drenaje *m*

driblar [dri'blar] *vt* **1.** ESPORT driblar **2.** (*enganar*) esquivar

drible ['dribli] *m* drible *m*

drinque ['drĩjki] *m* copa *f*

drive ['draivi] *m* INFOR unidad *f*

drive-in ['draivĩj] *m* drive-in *m* (*restaurante de comida rápida en el que se efectúa el pedido sin necesidad de salir del coche*)

droga ['drɔga] *f* droga *f*; **~s leves/pesadas** drogas blandas/duras; **que ~!** *inf* ¡qué lata!; **~, nada funciona!** *inf* ¡ostras, no funciona nada!

drogado, -a [dro'gadu, -a] **I.** *adj* drogado, -a **II.** *m, f* drogado, -a *m, f*

drogar [dro'gar] <g→gu> **I.** *vt* drogar **II.** *vr:* **~-se** drogarse

drogaria [droga'ria] *f* droguería *f*

dromedário [drome'dariw] *m* ZOOL dromedario *m*

dropes ['drɔpis] *m inv* (*bala*) pastilla *f*

DSV [deɛsi've] *abr de* **Departamento de Operações do Sistema Viário** *departamento encargado de supervisar el tráfico*

duas ['duas] *num card v.tb.* **dois**

duas-peças ['duas-'pɛsas] *m inv* (*roupa*) conjunto *m*

dúbio, -a ['dubiw, -a] *adj* dudoso, -a

dublagem [du'blaʒẽj] <-ens> *f* (*de um filme*) doblaje *m*

dublar [du'blar] *vt* (*um filme*) doblar

dublê [du'ble] *mf* CINE doble *mf*

ducado [du'kadu] *m* ducado *m*

ducha ['duʃa] *f* ducha *f*; **tomar uma ~** ducharse; **levar uma ~ de água fria** *fig* recibir un jarro de agua fría

ducto ['duktu] *m* conducto *m*

duelo [du'ɛlu] *m* duelo *m*; **travar um ~ com alguém** batirse en duelo con alguien

duende [du'ẽjdʒi] *m* duende *m*

dueto [du'etu] *m* MÚS dueto *m*

dulcíssimo [duw'sisimu] *superl de* **doce**

dum [dũw] = **de + um** *v.* **de**

duma ['duma] = **de + uma** *v.* **de**

dumping ['dʒ̃ŋpĩj] *m sem pl* ECON dumping *m*

duna ['duna] *f* duna *f*

dundum [dũw'dũw] <-uns> *f* bala *f* explosiva, bala *f* dum dum

dunga ['dũga] *m* comodín *m*

duo ['duu] *m* MÚS dúo *m*

duodeno [duo'denu] *m* ANAT duodeno *m*

dupla ['dupla] *f* MÚS pareja *f*

dúplex ['duplɛks] *m inv* dúplex *m inv*

duplicação <-ões> [duplika'sãw, -'õjs] *f* duplicación *f*

duplicado, -a [dupli'kadu, -a] *adj* duplicado, -a

duplicar [dupli'kar] <c→qu> **I.** *vt* duplicar **II.** *vi* duplicarse

duplicata [dupli'kata] *f* ECON duplicado *m*; **em ~** por duplicado

duplo, -a ['duplu, -a] *adj* doble

duque(sa) ['duki, du'keza] *m(f)* duque(sa) *m(f)*

dura ['dura] *f inf* bronca *f*; **dar uma ~ (em alguém)** echar una bronca (a alguien)

durabilidade [durabiʎi'dadʒi] *f sem pl* durabilidad *f*

duração [dura'sãw] *f sem pl* duración *f*

duradouro, -a [dura'dowru, -a] *adj* duradero, -a

durante [du'rãtʃi] *prep* durante

durão, -ona <-ões> [du'rãw, -'ona, -'õjs] *m, f inf* duro, -a *m, f*

durar [du'rar] *vi* durar

durex® [du'rɛks] *m* cinta *f* adhesiva; **a fita ~** la cinta adhesiva

dureza [du'reza] *f* dureza *f*; **estar na maior ~** *inf* no tener un centavo

duro, -a ['duru, -a] **I.** *m, f inf* (*pessoa sem dinheiro*) pobretón, -ona *m, f*; **dar um ~** *inf* trabajar como un esclavo; **no ~, vai-se casar?** *gíria* dime la verdad, ¿se va a casar? **II.** *adj* (*material, pessoa, trabalho*) duro, -a; **jogo ~** juego duro; **ser ~ com alguém** ser duro con alguien; **~ de roer** duro de roer **III.** *adv inf* duro; **falar ~** hablar enérgicamente

duto ['dutu] *m* conducto *m*

duty-free shop ['dɜtʃ-fri-ʃõpi] *m* duty-

-free *m inv*

dúvida ['duvida] *f* duda *f*; **estar em ~** no estar seguro; **pôr em ~** poner en duda; **sem ~** sin duda; **em caso de ~** en caso de dudas; **por via das ~s** por si acaso; **o atacante era ~ mas acabou jogando** el atacante era duda pero acabó jugando

duvidar [duvi'dar] *vi* dudar; **~ de a. c./alguém** dudar de algo/alguien; **duvido que ele venha!** ¡dudo que venga!

duvidoso, -a [duvi'dozu, -ɔza] *adj* dudoso, -a

duzentos, -as [du'zẽtus] *num card* doscientos, -as

dúzia ['duzia] *f* docena *f*; **meia ~ (de)** media docena (de)

DVD [deve'de] *m* DVD *m*

E

E, e ['e] *m* E, e *f*

e [i] *conj* **1.** (*mais*) y **2.** (*mas*) pero

é [i] *3. pres de* **ser**

ébano ['ɛbɔnu] *m* BOT ébano *m*; **negro como ~** ≈ negro como el azabache

ebonite [ebo'nitʃi] *f sem pl* ebonita *f*

ébrio, -a ['ɛbriw, -a] **I.** *adj* (*de álcool*) ebrio, -a; **~ de amor** ebrio de amor **II.** *m, f* borracho, -a *m, f*

ebulição <-ões> [ebuʎi'sãw, -'õjs] *f* ebullición *f*; **estar em ~** estar en ebullición

ECG [ese'ʒe] *abr de* **eletrocardiograma** ECG *m*

eclesiástico [eklezi'astʃiku] *m* (*clérigo*) eclesiástico *m*

eclesiástico, -a [eklezi'astʃiku, -a] *adj* eclesiástico, -a

eclipsar [eklip'sar] **I.** *vt tb. fig* eclipsar **II.** *vr:* **~-se** *tb. fig* eclipsarse

eclipse [e'klipsi] *m tb. fig* eclipse *m*

eclíptica [e'kliptʃika] *f* eclíptica *f*

eclodir [eklo'dʒir] *vi* (*um ovo*) abrirse; (*uma guerra, uma crise*) estallar

eclosão <-ões> [eklo'zãw, -'õjs] *f* (*de um ovo*) eclosión *f*; (*de uma guerra*) estallido *m*

eclusa [e'kluza] *f* esclusa *f*

eco ['ɛku] *m* eco; **fazer ~** tener eco

ecoar [eko'ar] <*1. pess pres:* ecoo> **I.** *vi* (*fazer eco*) retumbar **II.** *vt* (*repetir*) devolver el eco de

ecografia [ekogra'fia] *f* ecografía *f*; **fazer uma ~** hacer una ecografía

ecologia [ekolo'ʒia] *f sem pl* ecología *f*

ecológico, -a [eko'lɔʒiku, -a] *adj* ecológico, -a

economia [ekono'mia] *f* economía *f*; **~ de mercado** economía de mercado; **~ de palavras** economía de palabras

economias [ekono'mias] *fpl* ahorros *mpl*

economicamente [ekonomika'mẽtʃi] *adv* económicamente

economicismo [ekonomi'sista] *m* ECON economicismo *m*

economicista [ekonomi'sista] *adj* ECON economicista

econômico, -a [eko'nomiko, -a] *adj* **1.** (*geral*) económico, -a **2.** (*vantajoso*) lucrativo, -a; **negócio ~** negocio lucrativo

economista [ekono'mista] *mf* economista *mf*

economizar [ekonomi'zar] *vi, vt* ahorrar

ecossistema [ɛkosis'tema] *m* ecosistema *m*

ecstasy ['ekstazi] *m* (*droga*) éxtasis *m inv*

eczema [ek'zema] *m* eccema *m*, eczema *m*

éden ['ɛdẽj] *m* edén *m*

edição <-ões> [edʒi'sãw, -'õjs] *f* **1.** (*geral*) edición *f* **2.** (*de imagens*) montaje *m*

edificação <-ões> [edʒifika'sãw, -'õjs] *f* edificación *f*; (*de um império*) construcción *f*

edificante [edʒifi'kãtʃi] *adj* edificante

edificar [edʒifi'kar] <c→qu> *vt* edificar

edifício [edʒi'fisiw] *m* edificio *m*

edifício-garagem [edʒi'fisiw-ga'raʒẽj] <edifícios-garagens *ou* edifícios-garagem> *m* parking que ocupa todas las plantas de un edificio

Édipo ['ɛdʒipu] *m* **complexo de ~** complejo de Edipo

edital <-ais> [edʒitaw, -'ajs] *m* convocatoria *f*

editar [edʒi'tar] *vt* editar

edito [e'dʒitu] *m* edicto *m*

editor [edʒi'tor] *m* INFOR editor *m*; **~ de texto** editor de texto

editor(a) [edʒi'tor(a)] I. *adj* editorial II. *m(f)* editor(a) *m(f)*; ~ **de arte** editor de arte; ~ **de um livro/de som** editor de un libro/de sonido

editora [edʒi'tora] *f* (*empresa*) editorial *m*

editorial <-ais> [edʒitori'aw, -'ajs] I. *adj* editorial; **linha** ~ línea editorial II. *m* PREN editorial *m*

edredão <-ões> [edre'dãw, -õjs] *m*, **edredom** [edre'dõw] <-ns> *m* edredón *m*

educação [eduka'sãw] *sem pl f* educación *f*; ~ **a distância** educación a distancia; ~ **física/sexual** educación física/sexual; **falta de** ~ falta de educación

educacional <-ais> [edukasjo'naw, -'ajs] *adj* educacional

educado, -a [edu'kadu, -a] *adj* educado, -a; **ser bem/mal** ~ ser bien/mal educado

educador(a) [eduka'dor(a)] <-es> I. *adj* educativo, -a II. *m(f)* educador(a) *m(f)*

educando, -a [edu'kɐ̃ndu, -a] *m, f* educando, -a *m, f*

educar [edu'kar] <c→qu> *vt* educar

educativo, -a [eduka'tʃivu, -a] *adj* educativo, -a

EEG [ee'ʒe] *abr de* **eletroencefalograma** EEG *m*

efeito [e'fejtu] *m* efecto *m*; ~ **colateral** MED efecto colateral; ~ **dominó** efecto dominó; ~ **estufa** efecto invernadero; ~**s especiais** CINE efectos especiales; **estar sob o** ~ **do álcool** estar bajo los efectos del alcohol; **ter** ~ **sobre a. c.** tener efecto sobre algo; **este remédio faz** ~ esta medicina hace efecto; **levar a. c. a** ~ llevar algo a efecto; **ficar sem** ~ quedar sin efecto; **para todos os** ~**s** a todos los efectos

efeméride [efe'mɛridʒi] *f* 1. ASTRON efeméride *f* 2. *pl* (*enumeração de acontecimentos*) efemérides *fpl*

efêmero, -a [e'femeru, -a] *adj* efímero, -a

efeminado, -a [efemi'nadu, -a] *adj* afeminado, -a

efervescência [eferve'sẽjsia] *f* FÍS efervescencia *f*; **estar em** ~ estar en efervescencia

efervescente [eferve'sẽjtʃi] *adj* (*comprimido*) efervescente; *fig* agitado, -a

efervescer [eferve'ser] <c→ç> *vi* estar en efervescencia

efetivação <-ões> [efetʃiva'sãw, -õjs] *f* conversión *f* en fijo

efetivamente [efetʃiva'mẽjtʃi] *adv* efectivamente

efetivar [efetʃi'var] *vt* 1. (*efetuar*) realizar 2. (*um funcionário*) hacer fijo

efetivo [efe'tʃivu] *m* 1. MIL efectivos *mpl* 2. ECON efectivo *m*

efetivo, -a [efe'tʃivu, -a] *adj* 1. (*real*) efectivo, -a 2. (*funcionário*) fijo, -a; **passar a** ~ pasar a ser fijo 3. (*confiável*) de confianza; **estudo** ~ estudio de confianza; **tratamento** ~ tratamiento efectivo

efetuar [efetu'ar] I. *vt* (*realizar*) efectuar; ~ **buscas** efectuar búsquedas II. *vr:* ~**-se** (*realizar-se*) efectuarse

eficácia [efi'kasia] *f sem pl* eficacia *f*

eficaz [efi'kas] *adj* eficaz

eficiência [efisi'ẽjsia] *f* eficiencia *f*

eficiente [efisi'ẽjtʃi] *adj* eficiente

efígie [e'fiʒii] *f* efigie *f*

egípcio, -a [e'ʒipsiw, -a] *adj, m, f* egipcio, -a *m, f*

Egito [e'ʒitu] *m* Egipto *m*

ego ['ɛgu] *m* ego *m*; **isso faz bem ao** ~ eso le hace bien al ego; **massagear o** ~ inflar el ego

egocêntrico, -a [ego'sẽjtriku, -a] *adj, m, f* egocéntrico, -a *m, f*

egoísmo [ego'izmu] *m* egoísmo *m*

egoísta [ego'ista] *adj, mf* egoísta *mf*

égua ['ɛgwa] *f* 1. ZOOL yegua *f*; **lavar a** ~ *fig* hincharse 2. *chulo* (*prostituta*) puta *f*

eh ['e] *interj* eh

ei ['ej] *interj* 1. (*para chamar atenção*) eh 2. (*para cumprimentar*) hola

eia ['eja] *interj* vamos

ei-lo, -a ['ej-lu, -a] = **eis** + **o** *v.* **eis**

eira ['ejra] *f* 1. (*para cereais*) era *f* 2. (*pátio*) patio *m* 3. (*lugar para guardar cana*) almacén *m* para la caña de azúcar; **sem** ~ **nem beira** *fig* sin un duro

eis ['ejs] *adv* aquí está; **ei-lo** aquí está; ~**-me** (**aqui**) aquí estoy; ~ **senão quando** de repente

eito ['ejtu] *adv* **a** ~ sin parar

eixo ['ejʃu] *m* eje *m*; **entrar nos** ~**s** volver a la normalidad; **sair dos** ~**s** *fig* descontrolarse

ejaculação <-ões> [eʒakula'sãw, -õjs] *f* 1. (*de líquido*) expulsión *f* 2. (*de*

ejacular *sêmen*) eyaculación *f*; ~ **precoce** eyaculación precoz

ejacular [eʒaku'lar] **I.** *vt* (*líquido*) expulsar **II.** *vi* eyacular

ejetar [eʒe'tar] **I.** *vt* (*expelir, expulsar*) eyectar **II.** *vr:* ~**-se** AERO eyectarse

ela ['ɛla] <elas> *pron pess* ella; ~ **foi embora** se ha ido; **saí com** ~ salí con ella; **para** ~ para ella; **agora é que são** ~**s!** ¡ahí está el problema!; ~**s por** ~**s** la una por la otra

elã [e'lã] *m* **1.**(*impulso*) ímpetu *m* **2.**(*entusiasmo*) emoción *f* **3.**(*inspiração*) inspiración *f*

elaboração <-ões> [elabora'sãw, -õjs] *f* elaboración *f*

elaborar [elabo'rar] *vt* elaborar

elas ['ɛlas] *pron pess pl v.* **ela**

elasticidade [elastʃisi'dadʒi] *f* **1.**(*de um objeto, um corpo*) elasticidad *f*; (*de caráter*) flexibilidad *f* **2.**(*falta de escrúpulos*) falta *f* de escrúpulos **3.** ECON elasticidad *f*

elástico [e'lastʃiku] *m* (*tira para prender objetos*) elástico *m*, goma *f* elástica; (*de uma calça*) elástico *m*

elástico, -a [e'lastʃiko, -a] *adj* elástico, -a; **demanda/oferta elástica** demanda/oferta elástica

ele ['eʎi] <eles> *pron pess* él; ~ **foi embora** se ha ido; **saí com** ~ salí con él; **para** ~ para él; **que só** ~ como él solo

elefante [ele'fãntʃi] *m* **1.** ZOOL elefante *m* **2.** *pej* (*pessoa gorda*) ballena *f*

elegância [ele'gãnsia] *f* elegancia *f*

elegante [el'gãntʃi] **I.** *adj* elegante **II.** *mf* persona *f* elegante

eleger [ele'ʒer] <*pp:* eleito *ou* elegido; g→j> *vt* elegir

eleição <-ões> [elej'sãw, -õjs] *f* elección *f*; ~ **direta/indireta** elección directa/indirecta

eleito [e'lejtu] *pp irr de* **eleger**

eleito, -a [e'lejtu, -a] **I.** *adj* **1.**(*escolhido*) elegido, -a **2.** POL electo, -a **II.** *m, f* elegido, -a *m, f*

eleitor(a) [elej'tor(a)] *m(f)* elector(a) *m(f)*

eleitorado [elejto'radu] *m* electorado *m*

eleitoral <-ais> [elejto'raw, -'ajs] *adj* electoral

elementar [elemẽj'tar] <-es> *adj* elemental

elemento [ele'mẽjtu] *m* elemento *m*; **os quatro** ~**s** los cuatro elementos

elenco [e'lẽjku] *m* (*lista*) lista *f*; (*teatro*) reparto *m*, elenco *m*

eles ['eʎis] *pron pess pl v.* **ele**

eletrencefalograma [elɛtrẽjsɛfalo'grɐma] *m v.* **eletroencefalograma**

eletricidade [eletrisi'dadʒi] *f* electricidad *f*; ~ **estática** electricidad estática

eletricista [eletri'sista] *mf* electricista *mf*

elétrico, -a [e'lɛtriku, -a] *adj* **1.** ELETR eléctrico, -a; **cerca elétrica** cerca eléctrica; **fio** ~ cable eléctrico **2.** *inf* (*pessoa*) nervioso, -a

eletrificar [eletrifi'kar] <c→qu> *vt* electrificar

eletrocardiograma [elɛtrokardʒjo'grɐma] *m* electrocardiograma *m*

eletrochoque [elɛtro'ʃɔki] *m* electrochoque *m*

eletrocussão <-ões> [eletroku'sãw, -'õjs] *f* **1.**(*acidente*) electrocución *f* **2.**(*pena*) silla *f* eléctrica, electrocución *f*

eletrocutado, -a [eletroku'tadu, -a] *adj* electrocutado, -a; **ele morreu** ~ murió electrocutado; (*na cadeira elétrica*) murió (electrocutado) en la silla eléctrica

eletrocutar [eletroku'tar] *vt* **1.** electrocutar **2.**(*na cadeira elétrica*) ejecutar en la silla eléctrica, electrocutar *m*

eletrodo [ele'trodu] *m* electrodo *m*

eletrodoméstico [elɛtrodo'mɛstʃiku] *m* electrodoméstico *m*

eletroencefalograma [elɛtroẽj'sɛfalo'grɐma] *m* electroencefalograma *m*

eletroímã [elɛtro'imã] *m* electroimán *m*

eletrólise [ele'trɔʎizi] *f* electrolisis *f inv*, electrólisis *f inv*

eletrólito [ele'trɔʎitu] *m* electrolito *m*, electrólito *m*

eletromagnético, -a [elɛtromag'nɛtʃiku, -a] *adj* electromagnético, -a

eletromecânico, -a [elɛtrome'kɐniku, -a] *adj* electromecánico, -a

eletrômetro [ele'trometru] *m* electrómetro *m*

eletromotor [elɛtromo'tor] <-es> *m* electromotor *m*

elétron [e'lɛtrõw] *m* electrón *m*

eletrônica [ele'tronika] *f sem pl* electrónica *f*

eletrônico, -a [ele'tronika, -a] *adj* electrónico, -a

eletroscópio [elɛtros'kɔpiw] *m* electroscopio *m*

eletrotecnia [elɛtrotek'nia] f electrotecnia f

eletrotécnico, -a [elɛtro'tɛkniku, -a] adj electrotécnico, -a; **engenheiro** ~ ingeniero electrotécnico

eletroterapia [elɛtrotera'pia] f electroterapia f

elevado [ele'vadu] m vía f elevada

elevado, -a [ele'vadu, -a] adj elevado, -a

elevador [eleva'dor] <-es> m ascensor m, elevador m AmC

elevador(a) [eleva'dor(a)] <-es> adj elevador(a)

elevar [ele'var] vt elevar; (exaltar) elogiar; ~ **alguém/algo a a. c.** elevar a alguien/algo a algo

eliminação <-ões> [eʎimina'sãw, -'õjs] f tb. MAT eliminación f

eliminar [eʎimi'nar] vt eliminar; **o time foi eliminado da competição** el equipo fue eliminado de la competición

eliminatória [eʎimina'tɔria] f eliminatoria f

eliminatório, -a [eʎimina'tɔriw, -a] adj eliminatorio, -a

elipse [e'ʎipsi] f 1. LING elipsis f inv; ~ **do sujeito** elipsis del sujeto 2. MAT elipse f

elite [e'ʎitʃi] f élite f

elitista [eʎi'tʃista] adj elitista

elixir [eʎi'fir] <-es> m elixir m, elíxir m; ~ **paregórico** elixir paregórico; **o** ~ **da juventude** el elixir de la juventud

elmo ['ɛwmu] m yelmo m

elo ['ɛlu] m eslabón m; **o** ~ **perdido** el eslabón perdido

elocução <-ões> [eloku'sãw, -'õjs] f elocución f

elogiar [eloʒi'ar] vt elogiar; ~ **alguém por a.c.** elogiar a alguien por algo

elogio [elo'ʒiw] m elogio m; **fazer um** ~ **a alguém** hacer un elogio de alguien

eloqüência [elo'kwẽjsia] f sem pl 1. (facilidade para falar) elocuencia f 2. (arte de persuadir) persuasión f

eloqüente [elo'kwẽjtʃi] adj 1. (que fala com facilidade) elocuente 2. (persuasivo) persuasivo, -a

elóquio [e'lɔkiw] m elev discurso m

el-rei [ɛw'xej] m sem pl el rey

elucidar [elusi'dar] vt elucidar

elucidativo, -a [elusida'tʃivu, -a] adj aclaratorio, -a

em [ĩj] prep 1. (local) en; **estar na gaveta/no bolso** estar en el cajón/en el bolsillo; **entrar no avião/no ônibus** entrar en el avión/en el autobús; **pôr na mesa/no chão** poner en la mesa/en el suelo; ~ **casa** en casa; **no Brasil** en Brasil; **trabalhar** ~ **uma empresa** trabajar en una empresa; ~ **cima** encima 2. (temporal) en; ~ **dois dias** en dos días; ~ **março** en marzo; **no domingo/fim de semana** el domingo/fin de semana 3. (modo) ~ **português** en portugués; **estar** ~ **pé** estar de pie; ~ **silêncio** en silencio; ~ **forma** en forma; **trabalhar** ~ **harmonia** trabajar en armonía 4. (diferença) en; **aumentar/diminuir** ~ **5%** aumentar/disminuir en un 5%

> **Gramática** em se contrae con los artículos determinados "a" y "o": "Estarei no escritório nas próximas três horas.", y con los pronombres demostrativos "este", "esta", "aquele" y sus formas neutras y femeninas respectivas: "Neste caso Roberto tem razão, naquele não; Desde que chegou, só pensa nisto."

emagrecer [emagre'ser] <c→ç> I. vt 1. (tornar magro) adelgazar; **ele emagreceu três quilos** adelgazó tres kilos 2. (diminuir) disminuir II. vi adelgazar

emagrecimento [emagresi'mẽjtu] m sem pl 1. (por dieta) adelgazamiento m 2. fig disminución f

e-mail [e'meiw] m correo m electrónico

emanar [ema'nar] vi emanar; **o poder emana do povo** el poder emana del pueblo

emancipação <-ões> [emãsipa'sãw, -'õjs] f emancipación f; **feminina/social** emancipación femenina/social; ~ **da mulher** emancipación de la mujer; ~ **de um município** emancipación de un municipio

emancipado, -a [emãsi'padu, -a] adj emancipado, -a

emancipar [emãsi'par] I. vt otorgar libertad a; (libertar) emancipar; ~ **os escravos** emancipar a los esclavos II. vr: ~**-se** (indivíduo, município) emanciparse; ~**-se de alguém/a. c.** emanciparse de alguien/algo

emaranhado [emarã'ɲadu] m enredo

emaranhado *m*

emaranhado, -a [emaɾɜ̃'nadu, -a] *adj* enredado, -a

emaranhar [emaɾɜ̃'ɲar] I. *vt tb. fig* enredar II. *vr:* ~ **-se** enredarse

embaçado, -a [ĩjba'sadu, -a] *adj v.* **embaciado**

embaçar [ĩjba'sar] <ç→c> *vi, vt v.* **embaciar**

embaciado, -a [ĩjbasi'adu, -a] *adj* empañado, -a; **ficar** ~ empañarse

embaciar [ĩjbasi'ar] I. *vt* empañar II. *vi* empañarse

embainhar [ĩjbaĩ'nar] *vt* 1. (*uma saia, uma calça*) coser el dobladillo a 2. (*uma espada*) envainar

embaixada [ĩjbaj'ʃada] *f* 1. (*edifício, cargo*) embajada *f* 2. ESPORT *malabarismo consistente en mantener la pelota en el aire dándole repetidos toques con el pie*

embaixador(a) [ĩjbajʃa'dor(a)] *m(f)* embajador(a) *m(f)*

embaixatriz [ĩjbajʃa'tɾis] *f* embajadora *f*

embaixo [ĩj'bajʃu] I. *adv* debajo; **a portaria do prédio fica** ~ la portería del edificio está debajo II. *prep* ~ **de** debajo de; ~ **da escada** debajo de la escalera

embalado [ĩjba'ladu] *adv* **ir** ~ ir embalado

embalado, -a [ĩjba'ladu, -a] *adj* 1. (*empacotado*) empaquetado, -a 2. (*carro, bicicleta*) embalado, -a

embalagem [ĩjbala'ʒẽj] <-ens> *f* envoltorio *m;* ~ **de luxo** envoltorio de lujo; ~ **plástica** envase de plástico; ~ **de vidro** envase de vidrio

embalar [ĩjba'lar] I. *vt* 1. (*uma encomenda*) empaquetar, envolver; ~ **a vácuo** envasar al vacío 2. (*uma criança*) arrullar II. *vi* (*ganhar velocidade*) embalarse III. *vr:* ~ **-se** *gíria* colocarse

embalo [ĩj'balu] *m* 1. (*balanço*) balanceo *m* 2. *gíria* (*agitação*) marcha *f;* **festa de** ~ fiesta marchosa; **ir no** ~ salir de marcha

embalsamado, -a [ĩjbawsɜ'madu, -a] *adj* (*cadáver*) embalsamado, -a

embalsamar [ĩjbawsɜ'mar] *vt* (*cadáver*) embalsamar

embaraçado, -a [ĩjbaɾa'sadu, -a] *adj* 1. (*constrangido*) avergonzado, -a 2. (*emaranhado*) enredado, -a; **cabelo** ~ **pelo** enredado

embaraçar [ĩjbaɾa'sar] <ç→c> I. *vt* 1. (*constranger*) avergonzar 2. (*emaranhar*) enredar; (*obstruir*) obstruir II. *vr:* ~ **-se** enredarse

embaraço [ĩjba'ɾasu] *m* 1. (*constrangimento*) vergüenza *f;* **causar** [*ou* **provocar**] ~ dar vergüenza 2. (*obstáculo*) obstáculo *m;* ~ **à fiscalização** obstáculo para la inspección

embaraçoso, -a [ĩjbaɾa'sozu, -ɔza] *adj* embarazoso, -a

embaralhar [ĩjbaɾa'ʎar] *vt* 1. (*cartas*) barajar 2. *fig* confundir

embarcação <-ões> [ĩjbarkasɜ̃w, -'õjs] *f* (*barco, navio*) embarcación *f*

embarcar [ĩjbar'kar] <c→qu> I. *vt* 1. AERO, NÁUT embarcar; ~ **no avião para São Paulo** embarcar en el avión de Sao Paulo 2. *gíria* caer; ~ **am na história do malandro** cayeron en la historia del pillo II. *vi* embarcar; **os passageiros** ~ **am** los pasajeros embarcaron

embargar [ĩjbar'gar] <g→gu> *vt* embargar

embargo [ĩj'bargu] *m* embargo *m;* ~ **econômico** embargo económico; **levantar o** ~ levantar el embargo

embarque [ĩj'barki] *m* embarque *m*

embasbacado, -a [ĩjbazba'kadu, -a] *adj* boquiabierto, -a; **ficar** ~ quedarse boquiabierto

embasbacar [ĩjbazba'kar] <c→qu> I. *vt* dejar boquiabierto a II. *vi* quedarse boquiabierto III. *vr:* ~ **-se** quedarse boquiabierto

embate [ĩj'batʃi] *m* 1. (*colisão*) embate *m* 2. *fig* choque *m*

embater [ĩjba'ter] I. *vi* chocar II. *vr:* ~ **-se** chocar

embebedar [ĩjbebe'dar] I. *vt tb. fig* emborrachar; **a fama embebedou o cantor** la fama obnubiló al cantante II. *vi* subirse a la cabeza; **o vinho embebeda** el vino se sube a la cabeza III. *vr:* ~ **-se** emborracharse, jalarse *AmL;* **ela embebedou-se com cerveja** se emborrachó con cerveza

embeber [ĩjbe'ber] I. *vt* (*um pano, uma esponja, madeira*) empapar; **a água embebeu a areia da praia** el agua empapó la arena de la playa; ~ **algo em** [*ou* **com**] **a. c.** empapar algo en algo; ~ **o pincel na tinta** empapar el pincel en la pintura; ~ **um pano com álcool** empapar un paño con alcohol II. *vr:* ~ **-se** empaparse; *fig* emborracharse;

embelezamento 183 **emenda**

~ **-se no prazer** entregarse al placer
embelezamento [ĩjbeleza'mẽjtu] *m sem pl* embellecimiento *m*
embelezar [ĩjbele'zar] I. *vt* embellecer; ~ **o ambiente** embellecer el ambiente II. *vr*: ~ **-se** embellecerse
embevecer [ĩjbeve'ser] <c→ç> I. *vt* extasiar II. *vr*: ~ **-se** extasiarse
embevecido, -a [ĩjbeve'sidu, -a] *adj* extasiado, -a
embirrar [ĩjbi'xar] *vi* **1.** (*teimar*) empeñarse **2.** *inf* (*implicar, antipatizar*) pelearse; ~ **com alguém/a. c.** pelearse con alguien/algo
emblema [ĩj'blema] *m* emblema *m*
emblemático, -a [ĩjble'matʃiku, -a] *adj* emblemático, -a
embocadura [ĩjboka'dura] *f* **1.** (*de instrumento, rio*) embocadura *f* **2.** (*do freio de cavalo*) bocado *m*
embolia [ĩjbo'ʎia] *f* embolia *f*
êmbolo [ˈẽjbulu] *m* TÉC, MED émbolo *m*
embolsar [ĩjbow'sar] *vt* (*dinheiro, herança, lucros*) embolsarse; ~ **alguém** pagar a alguien
embora [ĩj'bɔra] I. *adv* ir(-se) ~ marcharse; **vá ~!** ¡vete!; **não vá ~!** ¡no te vayas!; **mandar alguém** ~ echar a alguien; ~ **para a escola!** ¡vamos al colegio! II. *conj* +*subj* aunque; **vamos passear, ~ esteja chovendo** vamos a pasear, aunque esté lloviendo; **eu não goste de festas, esta foi muito divertida** aunque no me gustan las fiestas, ésta fue muy divertida
emboscada [ĩjbos'kada] *f* emboscada *f*; **cair numa** ~ caer en una emboscada
embotado, -a [ĩjbo'tadu, -a] *adj* (*machado, faca*) desafilado, -a; (*raciocínio*) débil
embrandecer [ĩjbrɐ̃de'ser] <c→ç> *elev* I. *vt* ablandar II. *vi* ablandarse
embreagem [ĩjbre'aʒẽj] <-ns> *f* embrague *m*; **pedal de** ~ pedal del embrague
embrear [ĩjbre'ar] *conj como passear vi* TÉC embragar
embrenhado, -a [ĩjbrẽ'ɲadu, -a] *adj* metido, -a; **estar ~ em a. c.** estar metido en algo
embrenhar-se [ĩjbrẽ'ɲarsi] *vr* meterse; ~ **pelo mato** internarse en el matorral; ~ **no assunto** meterse en el asunto
embriagado, -a [ĩjbria'gadu, -a] *adj* embriagado, -a; **ficar** ~ embriagarse; ~ **de amor** embriagado de amor

embriagar [ĩjbria'gar] <g→gu> I. *vt* embriagar II. *vr*: ~ **-se** embriagarse, tomársela *AmL*
embriaguez [ĩjbria'ges] *f sem pl* embriaguez *f*; **estado de** ~ estado de embriaguez
embrião <-ões> [ĩjbri'ɐ̃w, -'õjs] *m* embrión *m*
embrionário, -a [ĩjbrio'narjw, -a] *adj* embrionario, -a
embromar [ĩjbro'mar] *inf* I. *vt* (*adiar por meio de embustes*) dar largas a; (*enganar*) engañar II. *vi* (*contar falsidades de si mesmo*) vanagloriarse; (*enrolar*) dar largas
embrulhada [ĩjbru'ʎada] *f* follón *m*; **estar metido** [*ou* **envolvido**] **numa** ~ estar metido en un follón
embrulhado, -a [ĩjbru'ʎadu, -a] *adj* **1.** (*envolto*) envuelto, -a; ~ **em papel** envuelto en papel **2.** *inf* (*confuso, difícil*) embrollado, -a; **estômago** ~ estómago revuelto
embrulhar [ĩjbru'ʎar] *vt* **1.** (*um objeto*) envolver; ~ **para presente** envolver para regalo; **embrulhou o bolo em papel-alumínio** envolvió la tarta en papel de aluminio **2.** *inf* (*uma pessoa*) engañar; **deixar-se** ~ *fig* dejarse engañar
embrulho [ĩj'bruʎu] *m* **1.** (*envoltório*) envoltorio *m*; **papel de** ~ papel de envolver **2.** *inf* (*coisa confusa*) lío *m*
embruxar [ĩjbru'ʃar] *vt* embrujar
embuchar [ĩjbu'ʃar] I. *vt* **1.** (*comida*) atiborrar **2.** *inf* (*engravidar*) dejar embarazada a II. *vi* **1.** (*andar desgostoso, aborrecido*) estar de mal humor **2.** *inf* (*engravidar*) quedarse embarazada
embuste [ĩj'bustʃi] *m* **1.** (*ardil*) engaño *m* **2.** (*mentira*) embuste *m*
embusteiro, -a [ĩjbus'tejru, -a] *m, f* embustero, -a *m, f*
embutido, -a [ĩjbu'tʃidu, -a] *adj* **1.** (*armário*) empotrado, -a; **armário** ~ armario empotrado **2.** *fig* escondido, -a
embutido [ĩjbu'tʃidu] *m* embutido *m*
embutir [ĩjbu'tʃir] *vt* **1.** (*armário*) empotrar **2.** *fig* meter
emenda [i'mẽjda] *f* **1.** (*correção, melhoramento*) ajuste *m*; **ela não tem** ~ no tiene solución; **servir de** ~ **a alguém** servir de lección a alguien **2.** (*remendo*) arreglo *m* **3.** JUR enmienda *f*; ~ **de lei** enmienda de ley **4.** (*de feriado*) puente *m*

emendar [imēj'dar] I. *vt* 1.(*um erro, uma lei*) enmendar 2.(*ajuntar*) juntar; ~ **um pano em outro** juntar un paño con otro II. *vr:* ~-**se** enmendarse

ementa [e'mējta] *f* resumen *m*

emergência [emer'ʒējsia] *f* emergencia *f*; ~ **médica** emergencia médica; **em caso de** ~ en caso de emergencia

emergir [emer'ʒir] <*pp:* emerso *ou* emergido; g→j> I. *vi* emerger II. *vt* sacar a flote

emérito, -a [e'mɛritu, -a] *adj* 1.(*jubilado*) emérito, -a; **professor** ~ profesor emérito 2. *elev* (*versado, sábio*) sabio, -a

emersão <-ões> [imer'sãw, -'õjs] *f tb.* ASTRON emersión *f*

emerso, -a [e'mɛrsu, -a] *adj* emergido, -a

emersões [imer'sõjs] *f pl de* **emersão**

emigração <-ões> [emigra'sãw, -'õjs] *f* emigración *f*

emigrante [emi'grɾ̃ɲtʃi] *mf* emigrante *mf*

emigrar [emi'grar] *vi* emigrar; ~ **de um país para outro** emigrar de un país a otro

eminência [emi'nẽjsia] *f* 1.(*título, superioridade*) eminencia *f*; ~ **parda** eminencia gris 2. (*saliência*) protuberancia *f*

eminente [emi'nẽjtʃi] *adj* 1.(*elevado*) protuberante 2.(*superior*) eminente

emissão <-ões> [emi'sãw, -'õjs] *f* emisión *f*; ~ **de gases de escape** emisión de gases de la combustión

emissora [emi'sora] *f* emisora *f*; ~ **nacional** emisora nacional; ~ **de rádio** emisora de radio; ~ **de televisão** emisora de televisión

emitir [emi'tʃir] *vt* emitir

emoção <-ões> [emo'sãw, -'õjs] *f* emoción *f*

emocional <-ais> [emosjo'naw, -ajs] *adj* emocional; **inteligência** ~ inteligencia emocional

emocionante [emosjo'nɲ̃tʃi] *adj* emocionante

emocionar [emosjo'nar] I. *vi, vt* emocionar II. *vr:* ~-**se** emocionarse; ~-**se com a. c.** emocionarse con algo

emoções [emo'sõjs] *f pl de* **emoção**

emoldurar [emowdu'rar] *vt* (*um quadro*) enmarcar; (*enfeitar*) adornar

emolumento [emolu'mẽjtu] *m* 1.(*taxa*) emolumento *m* 2. *pl* (*lucros eventuais*) beneficios *mpl* eventuales

emotividade [emotʃivi'dadʒi] *f sem pl* emotividad *f*

emotivo, -a [emo'tʃivu, -a] I. *adj* (*pessoa*) emotivo, -a II. *m, f* persona *f* emotiva

empacotado, -a [ĩjpako'tadu, -a] *adj* empaquetado, -a

empacotar [ĩjpako'tar] I. *vt* empaquetar II. *vi gíria* palmarla

empada [ĩj'pada] *f* 1. GASTR empanadilla *f* 2. *inf* (*pessoa*) pesado, -a *m, f*

empadão <-ões> [ĩjpa'dãw, -'õjs] *m* GASTR empanada *f*

empáfia [ĩj'pafia] *f* arrogancia *f*

empalhar [ĩjpa'ʎar] *vt* (*animal*) embalsamar; (*vidro, louça*) cubrir con paja

empalidecer [ĩjpaʎide'ser] <c→ç> I. *vi* palidecer; **a lua empalideceu** la luna perdió su brillo II. *vt* hacer palidecer

empanar [ĩjpɔ'nar] *vt* 1.(*ocultar*) ocultar; **as árvores empanavam a casa** los árboles ocultaban la casa 2.(*embaçar*) empañar; **o vapor empana os vidros** el vapor empaña los cristales 3.(*obstar, atrapalhar*) deslucir 4. GASTR empanar

empanque [ĩj'pɔ̃ki] *m* sustancia para sellar las juntas de las máquinas

empanturrar [ĩjpɔ̃tu'xar] I. *vt* atiborrar II. *vr:* ~-**se** 1.(*encher-se de comida*) atiborrarse; ~-**se de chocolate** atiborrarse de chocolate 2. *fig* hincharse

emparelhado, -a [ĩjpare'ʎadu, -a] *adj* emparejado, -a; **câmbio** ~ ECON cambio parejo; **cavalos** ~**s** caballos emparejados; **rimas emparelhadas** rimas emparejadas; ~ **com alguém/a. c.** igualado con alguien/algo

emparelhar [ĩjpare'ʎar] I. *vt* 1.(*pôr de par em par*) emparejar; ~ **os cavalos** emparejar los caballos 2.(*nivelar, equiparar*) igualar II. *vi* igualarse III. *vr:* ~-**se** igualarse

empastado, -a [ĩjpas'tadu, -a] *adj* (*tinta, cabelo*) pastoso, -a

empatado, -a [ĩjpa'tadu, -a] *adj* ESPORT, POL empatado, -a; **o jogo está** ~ el partido está empatado; **os candidatos ficaram** ~**s** los candidatos quedaron empatados

empatar [ĩjpa'tar] I. *vt* 1.(*uma pessoa*) obstaculizar 2.(*tempo*) ocupar; ~ **tempo com a. c.** ocupar el tiempo con

empate 185 **emprego**

algo **3.** (*dinheiro*) invertir; ~ **capital em um projeto** invertir capital en un proyecto **4.** ESPORT empatar **II.** *vi* ESPORT empatar

empate [ĩ'patʃi] *m* empate *m;* ~ **técnico** empate técnico

empecilho [ĩpe'siʎu] *m* estorbo *m*

empedrado [ĩpe'dradu] *m* empedrado *m*

empedrar [ĩpe'drar] **I.** *vt* empedrar **II.** *vi* endurecerse

empenagem <-ns> [ĩpena'ʒẽj] *f* cola *f*

empenar [ĩpe'nar] **I.** *vi* **1.** (*madeira*) combarse **2.** (*ave*) cubrirse de plumas **II.** *vt* **1.** (*entortar*) combar **2.** (*enfeitar com penas*) emplumar **III.** *vr:* ~-**se** cubrirse de plumas

empenhado, -a [ĩpẽ'ɲadu, -a] *adj* empeñado, -a; **estar** ~ **em a. c.** estar empeñado en algo

empenhamento [ĩpẽɲa'mẽjtu] *m v.* **empenho**

empenhar [ĩpẽ'ɲar] **I.** *vt* (*penhorar*) empeñar; ~ **a palavra** empeñar la palabra **II.** *vr:* ~-**se** empeñarse; ~-**se em fazer a. c.** empeñarse en hacer algo

empenho [ĩ'pẽɲu] *m* empeño *m*

emperrar [ĩpe'xar] **I.** *vt* trabar **II.** *vi* trabarse

empestar [ĩpes'tar] *vt,* **empestear** [ĩpestʃi'ar] *conj como passear vt* apestar; ~ **o ambiente** apestar el ambiente

empilhadeira [ĩpiʎa'dejra] *f* carretilla *f* elevadora

empilhador [ĩpiʎa'dor] *m* operador(a) *m(f)* de carretilla elevadora

empilhar [ĩpi'ʎar] **I.** *vt* amontonar **II.** *vr:* ~-**se** amontonarse

empinado, -a [ĩpi'nadu, -a] *adj* levantado, -a; **com o nariz** ~ *fig* con la nariz bien alta

empinar [ĩpi'nar] **I.** *vt* (*pôr a pino, erguer*) levantar; (*papagaio, pipa*) hacer volar **II.** *vr:* ~-**se** (*cavalo*) encabritarse

empiricamente [ĩjpirika'mẽjtʃi] *adv* empíricamente

empírico, -a [ĩj'piriku, -a] **I.** *adj* empírico, -a; **ciências empíricas** ciencias empíricas; **conhecimento** ~ conocimiento empírico **II.** *m, f* farsante *mf*

empirismo [ĩjpi'rizmu] *m sem pl* empirismo *m*

emplasto [ĩj'plastu] *m,* **emplastro** [ĩj'plastru] *m* **1.** MED emplasto *m* **2.** *inf* (*pessoa*) inútil *mf*

empobrecer [ĩjpobre'ser] <c→ç> **I.** *vt* empobrecer **II.** *vi* empobrecerse **III.** *vr* ~-**se** empobrecerse

empobrecimento [ĩjpobresi'mẽjtu] *m sem pl* empobrecimiento *m*

empola [ĩj'pola] *f* ampolla *f*

empolado, -a [ĩjpo'ladu, -a] *adj* **1.** MED (*pele*) ampollado, -a **2.** (*discurso*) ampuloso, -a

empolar [ĩjpo'lar] **I.** *vi* (*pele*) ampollarse **II.** *vt* volver ampuloso; ~ **o discurso** volver ampuloso el discurso

empoleirado, -a [ĩjpulej'radu, -a] *adj* posado, -a; **estar** ~ **no muro** estar posado en el muro

empoleirar [ĩjpulej'rar] **I.** *vt* posar **II.** *vr:* ~-**se** posarse; ~-**se em algum lugar** posarse en algún lugar; **ele empoleirou-se no cargo** se hizo con el cargo

empolgado, -a [ĩjpow'gadu, -a] *adj* emocionado, -a

empolgante [ĩjpow'gãntʃi] *adj* emocionante

empolgar [ĩjpow'gar] <g→gu> **I.** *vt* emocionar **II.** *vr:* ~-**se** emocionarse

empório [ĩj'pɔriw] *m* (*comercial*) ultramarinos *m inv*

empreendedor(a) [ĩjpreẽjde'dor(a)] *adj, m(f)* emprendedor(a) *m(f)*

empreendedorismo [impriẽjdo'rizmu] *m* ECON emprendedorismo *m*

empreender [ĩjpreẽj'der] *vt* emprender

empreendimento [ĩjpriẽjdʒi'mẽjtu] *m* proyecto *m;* ECON empresa *f;* ~ **imobiliário** proyecto inmobiliario

empregado, -a [ĩjpre'gadu, -a] **I.** *adj* **1.** (*na empresa*) empleado, -a; **o funcionário** ~ **na empresa** el trabajador empleado en la empresa **2.** (*aplicado*) invertido, -a; **dinheiro** ~ dinero invertido **II.** *m, f* empleado, -a *m, f;* **empregada doméstica** empleada doméstica; ~ **de escritório** oficinista *m*

empregador(a) [ĩjprega'dor(a)] *m(f)* empresario, -a *m, f*

empregar [ĩjpre'gar] <g→gu> **I.** *vt* emplear; (*dinheiro*) invertir; ~ **capital em ações** invertir capital en acciones; ~ **serviços** emplear servicios **II.** *vr:* ~-**se** emplearse

emprego [ĩj'pregu] *m* empleo *m;* ~ **em meio-expediente** [*ou* **em meio-período**] empleo a tiempo parcial; ~ **em tempo integral** empleo a tiempo completo; **arranjar** ~ conseguir un empleo; **chegou tarde no** ~ llegó tarde

empreitada 186 **encanado**

al trabajo
empreitada [ĩjprej'tada] *f* contrata *f*; **contrato de** ~ contrata *f*; **dar de** ~ contratar
empreiteiro, -a [ĩjprej'tejru, -a] *m, f* contratista *mf*
empresa [ĩj'preza] *f* empresa *f*; ~ **pontocom** ECON, INFOR (empresa *f*) puntocom *f*; ~ **privada/pública** empresa privada/pública
empresário, -a [ĩjpre'zariw, -a] *m, f* 1. ECON empresario, -a *m, f* 2.(*de atriz, cantor, tenista*) agente *mf*
emprestado, -a [ĩjpres'tadu, -a] *adj* prestado, -a; **pedir a. c. emprestada a alguém** pedir algo prestado a alguien
emprestar [ĩjpres'tar] *vt* prestar; ~ **a. c. a alguém** prestar algo a alguien; ~ **a. c. de alguém** tomar algo prestado de alguien
empréstimo [ĩj'prɛstʃimu] *m* préstamo *m*; **contrair um** ~ pedir un préstamo; **pedir um** ~ **ao banco** pedir un préstamo al banco
emproado, -a [ĩjpru'adu, -a] *adj* vanidoso, -a
emproar-se [ĩjpru'arsi] <*1. pess pres:* emproo-me> *vr* envanecerse; ~ **com a. c.** envanecerse con algo
empunhar [ĩjpu'ɲar] *vt* empuñar
empurra-empurra [ĩj'puxaĩj'puxa] *m* empujones *mpl*; **entraram depois de muito** ~ entraron después de muchos empujones
empurrão <-ões> [ĩjpu'xãw, -'õjs] *m* empujón *m*; **dar um** ~ **em alguém** dar un empujón a alguien; **aos empurrões** a empujones
empurrar [ĩjpu'xar] *vt* empujar; ~ **com a barriga** *inf* dejar de lado
empurrões [ĩjpu'xõjs] *m pl de* **empurrão**
emudecer [emude'ser] <c→ç> *vi, vt* enmudecer
emulação <-ões> [emula'sãw, -'õjs] *f* (*competição*) rivalidad *f*; (*estímulo*) estímulo *m*
emulsão <-ões> [emuw'sãw, -'õjs] *f* emulsión *f*
enaltecedor(a) [enawtese'dor(a)] *adj* enaltecedor(a)
enaltecer [enawte'ser] <c→ç> *vt* enaltecer
enamorado, -a [enamo'radu, -a] *adj* enamorado, -a; ~ **de alguém** enamorado de alguien

enamorar-se [enamo'rarsi] *vr* enamorarse; ~ **de alguém** enamorarse de alguien
encabeçar [ĩjkabe'sar] <ç→c> *vt* encabezar; **o título encabeça a folha** el título encabeza la hoja
encabulado, -a [ĩjkabu'ladu, -a] *adj* avergonzado, -a
encabular [ĩjkabu'lar] I. *vt* avergonzar II. *vr:* ~ **-se** avergonzarse
encadeamento [ĩjkadea'mẽjtu] *m* encadenamiento *m*
encadear [ĩjkade'ar] *conj como passear* I. *vt* encadenar II. *vr:* ~ **-se** encadenarse
encadernação <-ões> [ĩjkaderna'sãw, -'õjs] *f* encuadernación *f*
encadernado, -a [ĩjkader'nadu, -a] *adj* encuadernado, -a
encadernar [ĩjkader'nar] *vt* encuadernar
encafifado, -a [ĩjkafi'fadu, -a] *adj* intrigado, -a
encafuar [ĩjkafu'ar] *vt* esconder
encaixar [ĩjkaj'ʃar] I. *vt* (*uma peça*) encajar; **encaixou-me na história** me metió en la historia II. *vi* encajar III. *vr:* ~ **-se** encajar
encaixe [ĩj'kajʃi] *m* encaje *m*
encaixilhar [ĩjkajʃi'ʎar] *vt* enmarcar
encaixotado, -a [ĩjkajʃo'tadu, -a] *adj* en cajas
encaixotar [ĩjkajʃo'tar] *vt* colocar en cajas
encalço [ĩj'kawsu] *m inv* rastro *m*; **ir ao** ~ **de alguém** ir tras el rastro de alguien
encalhado, -a [ĩjka'ʎadu, -a] *adj* 1. NÁUT encallado, -a; (*baleia*) varado, -a; (*sem prosseguimento*) sin salida 2. *pej* (*solteiro*) solterón, -ona; **estar** ~ ser un solterón
encalhar [ĩjka'ʎar] *vi* 1. NÁUT encallar 2.(*processo, negociações*) estar en punto muerto; (*mercadorias*) quedarse sin salida
encaminhado, -a [ĩjkɜmĩ'nadu, -a] *adj* encaminado, -a; **bem/mal** ~ bien/mal encaminado
encaminhar [ĩjkɜmĩ'nar] I. *vt* encaminar II. *vr:* ~ **-se** encaminarse; ~ **-se para algum lugar** encaminarse hacia un lugar
encanado, -a [ĩjkɜ'nadu, -a] *adj* 1.(*água, gás*) canalizado, -a; (*vento*) concentrado, -a 2. (*preocupado, desconfiado*) desconfiado, -a 3. *inf* (*pri-*

encanador 187 **encerrado**

são) en chirona; **o rapaz foi ~** el joven fue enchironado

encanador(a) [ĩjkɜna'dor(a)] *m(f)* fontanero, -a *m, f*, plomero, -a *m, f AmL*

encanamento [ĩjkɜna'mẽjtu] *m* cañerías *fpl;* **~ de água/esgoto/gás** cañerías de agua/desagüe/gas

encandear [ĩjkɜnde'ar] *conj como passear vi, vt* deslumbrar

encantado, -a [ĩjkɜŋ'tadu, -a] *adj* encantado, -a; **lugar ~** lugar encantado; **estar ~ com alguém/a. c.** estar encantado con alguien/algo

encantador(a) [ĩjkɜ̃ŋta'dor(a)] *adj, m(f)* encantador(a) *m(f)*

encantamento [ĩjkɜ̃ŋta'mẽjtu] *m* **1.** (*artes mágicas*) encantamiento *m* **2.** (*entusiasmo*) encanto *m*

encantar [ĩjkɜ̃ŋ'tar] **I.** *vt* encantar **II.** *vr:* **~-se** entusiasmarse

encanto [ĩj'kɜ̃ŋtu] *m* encanto *m;* **ele/ ela é um ~** él/ella es un encanto

encapar [ĩjka'par] *vt* (*um livro*) forrar

encapelado, -a [ĩjkape'ladu, -a] *adj* revuelto, -a; **mar ~** mar revuelto

encaracolado, -a [ĩjkarako'ladu, -a] *adj* rizado, -a

encaracolar [ĩjkarako'lar] **I.** *vt* rizar **II.** *vr:* **~-se** (*cabelo*) rizarse

encarapitar-se [ĩjkarapĩj'tarsi] *vr* encaramarse; **~ em algum lugar** encaramarse a algún lugar

encarar [ĩjka'rar] *vt* encarar

encarcerar [ĩjkarse'rar] **I.** *vt* encarcelar **II.** *vr:* **~-se** encerrarse

encardido, -a [ĩjkar'dʒidu, -a] *adj* mugriento, -a; **menino ~** niño mugriento; **roupa encardida** ropa mugrienta

encarecer [ĩjkare'ser] <c→ç> **I.** *vt* **1.** (*preço*) encarecer **2.** (*pessoa*) elogiar **II.** *vi* encarecerse

encarecidamente [ĩjkaresida'mẽjtʃi] *adv* encarecidamente

encarecimento [ĩjkaresi'mẽjtu] *m* **1.** (*de preços, de produtos*) encarecimiento *m* **2.** (*das qualidades*) elogio *m*

encargo [ĩj'kargu] *m* **1.** (*incumbência, ocupação*) encargo *m;* (*sentimento de culpa*) cargo *m;* **tirar o ~ da consciência** librarse de un cargo de conciencia **2.** (*financeiro*) gasto *m;* **~s judiciais** costas judiciales

encarnação <-ões> [ĩjkarna'sɜ̃w, -'õjs] *f* encarnación *f;* **ela deve ter sido artista em outra ~** debe haber sido artista en otra encarnación

encarnado, -a [ĩjkar'nadu, -a] *adj* encarnado, -a

encarnar [ĩjkar'nar] *vt* **1.** (*personificar*) encarnar **2.** REL (*materializar o espírito*) encarnarse en **3.** (*cor*) poner de color encarnado

encarquilhado, -a [ĩjkarki'ʎadu, -a] *adj* arrugado, -a

encarquilhar [ĩjkarki'ʎar] *vi* arrugarse

encarregado, -a [ĩjkaxe'gadu, -a] *m, f* encargado, -a *m, f;* **~ de educação** encargado de educación

encarregado, -a [ĩjkaxe'gadu, -a] *adj* encargado, -a; **o funcionário ~ de a. c.** el empleado encargado de algo

encarregar [ĩjkaxe'gar] <*pp:* encarregue *ou* encarregado; g→gu> **I.** *vt* encargar; **~ alguém de a. c.** encargar algo a alguien **II.** *vr:* **~-se** encargarse; **~-se de a. c.** encargarse de algo; **~-se de fazer a. c.** encargarse de hacer algo

encarreirar [ĩjkaxej'rar] *vt* encarrilar

encarrilhar [ĩjkaxi'ʎar] *vt* (*pôr nos trilhos, engatar*) encarrilar

encasquetar [ĩjkaske'tar] *vt inf* **ele encasquetou a ideia de ir viajar** se le metió en la cabeza la idea de viajar

encastelar-se [ĩjkaste'larsi] *vr* encerrarse

encastrar [ĩjkas'trar] *vt* encajar

encavacado, -a [ĩjka'vadu, -a] *adj* enfadado, -a

encefálico, -a [ĩjse'faʎiku, -a] *adj* encefálico, -a; **massa encefálica** masa encefálica; **tronco ~** tronco encefálico

encefalite [ĩjsefa'ʎitʃi] *f* encefalitis *f*

encefalograma [ĩjsɛfalo'grɜma] *m* encefalograma *m*

encenação <-ões> [ĩjsena'sɜ̃w, -'õjs] *f* **1.** TEAT escenificación *f* **2.** (*fingimento*) teatro *m;* **fazer encenações** hacer teatro; **aquilo era pura ~** aquello era puro teatro

encenador(a) [ĩjsena'dor(a)] *m(f)* director(a) *m(f)*

encenar [ĩjse'nar] *vt* TEAT escenificar; *fig* fingir

enceradeira [ĩjsera'dejra] *f* enceradora *f*

encerado, -a [ĩjse'radu, -a] *adj* encerado, -a

encerar [ĩjse'rar] *vt* encerar

encerrado, -a [ĩjse'xadu, -a] *adj* (*audiência, assunto, reunião*) cerrado, -a; **assunto ~!** ¡asunto cerrado!

encerramento [ĩjsexa'mẽjtu] *m* (*de uma reunião, audiência*) cierre *m*

encerrar [ĩjse'xar] **I.** *vt* **1.** (*uma reunião, audiência, conta*) cerrar **2.** (*conter*) encerrar **II.** *vr:* ~-**se** encerrarse

encestar [ĩjses'tar] *vi, vt* ESPORT encestar

encetar [ĩjse'tar] *vt* (*iniciar*) comenzar

encharcado, -a [ĩjʃar'kadu, -a] *adj* **1.** (*pano, roupa*) empapado, -a; (*terreno*) encharcado, -a; ~ **de chuva** encharcado con agua de lluvia **2.** *fig, inf* (*embriagado*) trompa, bolo, -a *AmL*

encharcar [ĩjʃar'kar] <c→qu> **I.** *vt* encharcar **II.** *vr:* ~-**se** **1.** encharcarse; **encharcou-se de chuva** se encharcó con agua de lluvia **2.** *inf* (*embriagar-se*) entromparse, jalarse *AmL*; **encharcou-se de cachaça** se entrompó con cachaza

enchente [ĩj'ʃẽjtʃi] *f* inundación *f*; **uma ~ de a. c.** una marea de algo

encher [ĩj'ʃer] **I.** *vt* **1.** (*um recipiente, uma sala*) llenar; (*um pneu, um balão*) inflar; ~ **o tanque** llenar el depósito **2.** *fig, inf* (*aborrecer*) hartar; ~ **o bolso** forrarse; ~ **o bucho** atiborrarse; ~ **a cara** emborracharse; ~ **linguiça** meter paja; ~ **o(s) olho(s)** maravillar; ~ **o peito** sacar pecho; ~ **o saco** *chulo* tocar las pelotas **II.** *vi* (*maré*) subir **III.** *vr:* ~-**se** **1.** (*pessoa, recipiente, sala*) llenarse; **o teatro encheu-se de gente** el teatro se llenó de gente **2.** *inf* (*cansar-se, aborrecer-se*) hartarse; ~-**se de esperar** hartarse de esperar; **ele não se enche de ouvir aquela música** no se harta de escuchar esa canción

enchimento [ĩjʃi'mẽjtu] *m* relleno *m*; ~ **de espuma** relleno de espuma; ~ **de roupa** relleno de ropa; ~ **sintético** relleno sintético

enciclopédia [ĩjsiklo'pɛdʒia] *f* enciclopedia *f*; ~ **ambulante** *fig* enciclopedia ambulante

enclausurado, -a [ĩjklawzu'radu, -a] *adj* enclaustrado, -a

enclausurar [ĩjklawzu'rar] **I.** *vt* encerrar; ~ **alguém em algum lugar** encerrar a alguien en algún lugar **II.** *vr:* ~-**se** enclaustrarse

encoberto [ĩjku'bɛrtu] **I.** *pp* *de* **encobrir II.** *adj* **1.** (*céu, tempo*) cubierto, -a **2.** (*oculto*) escondido, -a

encobrir [ĩjku'brir] *irr como dormir vt* **1.** (*ocultar*) encubrir **2.** (*uma pessoa*) esconder; ~ **o goleiro** ESPORT superar al portero

encolher [ĩjko'ʎer] **I.** *vt* (*as pernas*) encoger; ~ **os ombros** encoger los hombros **II.** *vi* encoger **III.** *vr:* ~-**se** encogerse

encolhido, -a [ĩjko'ʎidu, -a] *adj* encogido, -a

encomenda [ĩjko'mẽjda] *f* (*pedido*) pedido *m*; ~ **postal** paquete postal; **sob ~** por encargo; **de** [*ou* **por**] ~ *inf* que ni pintado

encomendar [ĩjkomẽj'dar] *vt* encargar; ~ **a alma** REL encomendar el alma; **o professor encomendou o aluno ao seu mestre** el profesor encomendó el alumno a su maestro

encontrão <-ões> [ĩjkõw'trãw, -'õjs] *m* encontronazo *m*; **dar um ~ em alguém/a. c.** tener un encontronazo con alguien/algo; **aos encontrões** a empujones

encontrar [ĩjkõw'trar] **I.** *vt* encontrar **II.** *vr:* ~-**se** encontrarse; ~-**se com alguém** encontrarse con alguien

encontro [ĩj'kõwtru] *m* encuentro *m*; **ponto de ~** punto *m* de encuentro; **ir ao ~ de alguém/a. c.** estar a favor de alguien/algo; **ir de ~ a alguém/a. c.** ir contra alguien/algo; **marcar um ~ com alguém** acordar un encuentro con alguien; **ter um ~ (marcado) com alguém** tener una cita con alguien

encontrões [ĩjkõw'trõjs] *m pl de* **encontrão**

encorajar [ĩjkora'ʒar] **I.** *vt* animar; ~ **alguém a fazer a. c.** animar a alguien a hacer algo **II.** *vr:* ~-**se** animarse

encorpado, -a [ĩjkor'padu, -a] *adj* **1.** (*vinho*) con cuerpo; (*espesso*) grueso, -a **2.** (*pessoa*) corpulento, -a

encorrilhar [ĩjkoxi'ʎar] *vi* arrugarse

encosta [ĩj'kɔsta] *f* ladera *f*

encostado, -a [ĩjkos'tadu, -a] *adj* **1.** (*pessoa, objeto*) pegado, -a; **estar ~ a** [*ou* **em**] **alguém/a. c.** estar pegado a alguien/algo; **a mesa está encostada na parede** la mesa está pegada a la pared **2.** (*porta, janela*) entornado, -a **3.** (*mercadorias*) sin salida

encostar [ĩjkos'tar] **I.** *vt* **1.** (*um objeto*) juntar; ~ **a bicicleta no muro** apoyar la bicicleta al muro; ~ **alguém na parede** *fig* poner a alguien contra la pared **2.** (*a cabeça*) recostar; ~ **a cabeça no travesseiro** recostar la cabeza en la almohada **3.**(*abandonar*) abandonar **4.**(*estacionar o carro*) aparcar **5.**(*a porta, a janela*) entornar **II.** *vi* (*automóvel*) aparcar **III.** *vr:* ~ **-se** apoyarse; ~ **-se na cerca** apoyarse en la cerca; (*reclinar-se, deitar-se*) recostarse

encosto [ĩj'kostu] *m* **1.**(*da cadeira*) respaldo *m;* ~ **de braços** apoyabrazos *m inv;* ~ **de cabeça** apoyacabezas *m inv* **2.**(*amparo, proteção*) protección *f* **3.** REL espíritu perjudicial que acompaña a un ser vivo

encovado, -a [ĩjko'vadu, -a] *adj* (*olhos, rosto*) hundido, -a

encravado, -a [ĩjkra'vadu, -a] *adj* **1.**(*pelo, unha*) encarnado, -a **2.**(*carro*) atascado, -a **3.**(*com pregos, enfiado*) clavado, -a

encravar [ĩjkra'var] **I.** *vi* **1.**(*pelo, unha*) encarnarse **2.**(*máquina*) atascarse **II.** *vt* (*fixar*) fijar; **o ourives encravou um rubi no anel** el joyero engastó un rubí en el anillo

encrenca [ĩj'krẽjka] *f inf* follón *m;* **meter-se numa** [*ou* **em**] ~ meterse en un follón

encrencado, -a [ĩjkrẽj'kadu, -a] *adj inf* **1.**(*situação*) complicado, -a **2.**(*pessoa*) metido, -a en un follón; **estar** ~ estar metido en un follón

encrencar [ĩjkrẽj'kar] <c→qu> *inf* **I.** *vt* (*uma pessoa*) meter en un follón a; (*uma situação*) complicar; ~ **com alguém** meterse con alguien **II.** *vi* (*situação*) meterse en follones

encrespado, -a [ĩjkres'padu, -a] *adj* encrespado, -a

encrespar [ĩjkres'par] **I.** *vt* encrespar **II.** *vr:* ~ **-se** encresparse

encruar [ĩjkru'ar] **I.** *vt* (*carne, massa*) endurecer **II.** *vi* (*carne, massa*) endurecerse

encruzilhada [ĩjkruzi'ʎada] *f* encrucijada *f;* **estar numa** [*ou* **diante de uma**] ~ *fig* estar en una encrucijada

encurralado, -a [ĩjkuxa'ladu, -a] *adj* acorralado, -a

encurralar [ĩjkuxa'lar] *vt* acorralar

encurtar [ĩjkur'tar] *vt* acortar

endêmico, -a [ẽj'demiku, -a] *adj* endémico, -a

endereçar [ĩjdere'sar] <ç→c> **I.** *vt* dirigir; ~ **uma carta a alguém** dirigir una carta a alguien **II.** *vr:* ~ **-se** dirigirse

endereço [ĩjde'resu] *m* dirección *f;* ~ **eletrônico/de e-mail** dirección electrónica/de correo electrónico

endeusar [ĩjdew'zar] **I.** *vt* endiosar **II.** *vr:* ~ **-se** endiosarse

endiabrado, -a [ĩjdʒia'bradu, -a] *adj* (*travesso*) endiablado, -a

endinheirado, -a [ĩjdʒĩɲej'radu, -a] *adj* adinerado, -a

endireitar [ĩjdʒirej'tar] **I.** *vt* enderezar **II.** *vi* enderezarse **III.** *vr:* ~ **-se** enderezarse

endívia [ẽj'dʒivia] *f* endivia *f*

endividado, -a [ĩjdʒivi'dadu, -a] *adj* endeudado, -a

endividar [ĩjdʒivi'dar] **I.** *vt* endeudar **II.** *vr:* ~ **-se** endeudarse

endocarpo [ẽjdo'karpu] *m* endocarpio *m*

endoidecer [ĩjdojde'ser] <c→ç> *vi, vt* enloquecer

endossado, -a [ĩjdo'sadu, -a] *adj* (*cheque*) endosado, -a

endossante [ĩjdo'sãntʃi] *mf* ECON endosatario, -a *m, f*

endossar [ĩjdo'sar] *vt* apoyar; ECON endosar

endosso [ĩj'dosu] *m* ECON endoso *m*

endurecer [ĩjdure'ser] <c→ç> **I.** *vt* endurecer **II.** *vi* endurecerse **III.** *vr:* ~ **-se** endurecerse

endurecimento [ĩjduresi'mẽjtu] *m* endurecimiento *m*

energético, -a [ener'ʒetʃiku, -a] *adj* energético, -a

energético [ener'ʒetʃiku] *m* bebida *f* isotónica

energia [ener'ʒia] *f* energía *f;* ~ **atômica/nuclear** energía atómica/nuclear; ~ **elétrica** energía eléctrica; ~ **eólica** energía eólica; ~ **solar** energía solar; **acumular/poupar/gastar** ~ acumular/ahorrar/gastar energía

enérgico, -a [e'nɛrʒiku, -a] *adj* enérgico, -a

enervante [ener'vãntʃi] *adj* exasperante

enervar [ener'var] **I.** *vt* (*irritar*) exasperar **II.** *vr:* ~ **-se** (*irritar-se*) exasperarse

enevoado, -a [enevo'adu, -a] *adj* METEO con niebla

enfado [ĩj'fadu] *m* enfado *m*

enfadonho, -a [ĩjfa'doɲu, -a] *adj* molesto, -a

enfaixar [ĩjfaj'ʃar] *vt* (*envolver com faixas*) vendar

enfarinhado, -a [ĩjfari'ɲadu, -a] *adj* cubierto, -a de harina

enfarruscado, -a [ĩjfaxusˈkadu, -a] *adj* enfadado, -a

enfartado, -a [ĩjfarˈtadu, -a] *adj* MED que ha sufrido un infarto, infartado, -a; *inf* repleto, -a

enfartar [ĩjfarˈtar] I. *vi* MED sufrir un infarto, infartarse II. *vt* hartar; ~ **alguém com comida** hartar a alguien de comida

enfarte [ĩjˈfartʃi] *m* MED infarto *m*

ênfase [ˈẽjfazi] *m* énfasis *m inv;* **dar ~ a a. c.** poner énfasis en algo

enfastiado, -a [ĩjfastʃiˈadu, -a] *adj* harto, -a

enfastiar [ĩjfastʃiˈar] I. *vt (aborrecer, irritar)* hartar II. *vr:* ~-**se** hartarse

enfático, -a [ĩjˈfatʃiku, -a] *adj* enfático, -a

enfatizar [ĩjfatʃiˈzar] *vt* enfatizar

enfeitar [ĩjfejˈtar] I. *vt* adornar II. *vr:* ~-**se** arreglarse

enfeite [ĩjˈfejtʃi] *m* adorno *m*

enfeitiçado, -a [ĩjfejtʃiˈsadu, -a] *adj* hechizado, -a

enfeitiçar [ĩjfejtʃiˈsar] <ç→c> I. *vt* hechizar II. *vr:* ~-**se** encantarse

enfermagem [ĩjferˈmaʒẽj] *f sem pl* enfermería *f;* **pessoal de ~** personal de enfermería

enfermaria [ĩjfermaˈria] *f* enfermería *f*

enfermeiro, -a [ĩjferˈmejru, -a] *m, f* enfermero, -a *m, f*

enfermidade [ĩjfermiˈdadʒi] *f* enfermedad *f;* ~ **crônica** enfermedad crónica

enfermo, -a [ĩjˈfermu, -a] *adj* enfermo, -a

enferrujado, -a [ĩjfexuˈʒadu, -a] *adj tb. fig* oxidado, -a

enferrujar [ĩjfexuˈʒar] I. *vi tb. fig* oxidarse II. *vt* oxidar

enfiada [ĩjfiˈada] *f* serie *f;* **de ~** consecutivamente

enfiado, -a [ĩjfiˈadu, -a] *adj* metido, -a; **estar ~ em** estar metido en; **estar sempre ~ em casa** estar siempre metido en casa

enfiar [ĩjfiˈar] I. *vt* 1. *(meter)* meter; *(um anel)* ponerse; ~ **a. c. na cabeça de alguém** meter algo en la cabeza de alguien; ~ **a linha na agulha** enhebrar la aguja 2. *inf (vestir, calçar)* ponerse II. *vr:* ~-**se** meterse; ~-**se por ruas desconhecidas** meterse en calles desconocidas; **onde é que ele se enfiou?** ¿dónde se habrá metido?

enfim [ĩjˈfĩj] *adv* finalmente; **até que ~!** ¡por fin!; ~! ¡finalmente!

enforcado, -a [ĩjforˈkadu, -a] I. *m, f* ahorcado, -a *m, f* II. *adj* 1. ahorcado, -a; **morrer ~** morir ahorcado 2. *inf (apertado)* arruinado, -a

enforcar [ĩjforˈkar] <c→qu> I. *vt* 1. ahorcar 2. *inf (dia imprensado)* tomarse II. *vr:* ~-**se** 1. ahorcarse 2. *inf (casar)* casarse

enfraquecer [ĩjfrakeˈser] <c→ç> I. *vt* debilitar II. *vi* debilitarse III. *vr:* ~-**se** debilitarse

enfraquecimento [ĩjfrakesiˈmẽtu] *m sem pl* debilitamiento *m*

enfrascar [ĩjfrasˈkar] <c→qu> *vt (engarrafar)* embotellar

enfrentar [ĩjfrẽjˈtar] *vt (uma situação)* enfrentar; *(uma pessoa, time)* enfrentarse a

enfurecer [ĩjfureˈser] <c→ç> I. *vt* enfurecer II. *vr:* ~-**se** enfurecerse

enfurecido, -a [ĩjfureˈsidu, -a] *adj* enfurecido, -a

engalfinhar-se [ĩjgawfiˈɲarsi] *vr* agarrarse; ~ **com alguém** discutir con alguien; **engalfinharam-se numa longa discussão** se enfrascaron en una larga discusión

enganado, -a [ĩjgaˈnadu, -a] *adj* equivocado, -a; *(com falsas promessas)* engañado, -a; **estar ~** estar equivocado; **estar redondamente ~** estar completamente equivocado

enganador(a) [ĩjganaˈdor(a)] *adj* engañoso, -a

enganar [ĩjgaˈnar] I. *vt* engañar; ~ **a fome** engañar el hambre II. *vi* engañar III. *vr:* ~-**se** *(no caminho, ao escrever)* equivocarse; ~-**se a respeito de alguém** engañarse a respecto de alguien; **se não me engano** si no me engaño

enganchar [ĩjgãˈʃar] I. *vt* enganchar II. *vr:* ~-**se** engancharse

engano [ĩjˈganu] *m* error *m,* equivocación *f;* *(ilusão)* engaño *m;* **é ~** TEL se ha equivocado; **desculpe, foi ~** TEL perdón, me he equivocado; **por ~** por engaño; **cometer um ~** cometer una equivocación

enganoso, -a [ĩjgaˈnozu, -ˈɔza] *adj* engañoso, -a; **propaganda enganosa** propaganda engañosa

engarrafado, -a [ĩjgaxaˈfadu, -a] *adj* embotellado, -a

engarrafamento [ĩjgaxafaˈmẽtu] *m*

embotellamiento *m*
engarrafar [ĩjgaxa'far] **I.** *vt* embotellar **II.** *vi* congestionarse
engasgado, -a [ĩjgaz'gadu, -a] *adj* **estar** ~ (*com comida, bebida*) haberse atragantado; **ficar** ~ quedarse sin habla
engasgar [ĩjgaz'gar] <g→gu> **I.** *vt* **a bala engasgou o menino** se atragantó con el caramelo **II.** *vi* atragantarse **III.** *vr:* ~ **-se** atragantarse
engastar [ĩjgas'tar] *vt* (*pedra preciosa*) engastar
engatar [ĩjga'tar] *vt* **1.** (*enganchar*) enganchar **2.** (*marcha*) meter; ~ **a ré do carro** meter la marcha atrás del coche **3.** (*iniciar*) entablar
engate [ĩj'gatʃi] *m* (*do carro, de vagões de trem*) enganche *m*
engatinhar [ĩjgatʃi'ɲar] *vi* **1.** (*bebê, pessoa*) gatear **2.** (*ser principiante*) empezar
engavetamento [ĩjgaveta'mẽjtu] *m* (*acidente*) colisión *f* múltiple
engavetar [ĩjgave'tar] *vt* (*guardar na gaveta*) meter en el cajón; (*projeto, processo*) archivar; **o juiz engavetou o processo** el juez archivó el proceso
engelhado, -a [ĩjʒeˈʎadu, -a] *adj* (*tecido, papel, pele*) arrugado, -a
engelhar [ĩjʒeˈʎar] **I.** *vt* (*papel, tecido, pele*) arrugar **II.** *vi* mustiarse
engendrar [ĩjʒẽjˈdrar] *vt* (*gerar*) engendrar
engenharia [ĩjʒẽɲaˈria] *f* ingeniería *f*; ~ **ambiental** ingeniería (medio)ambiental; ~ **civil** ingeniería civil; ~ **genética** ingeniería genética
engenheiro, -a [ĩjʒẽˈɲeiru, -a] *m, f*; ingeniero, -a *m, f*; ~ **agrônomo** ingeniero agrónomo; ~ **civil** ingeniero civil; ~ **elétrico** ingeniero eléctrico; ~ **mecânico** ingeniero mecánico; ~ **de minas** ingeniero de minas; ~ **químico** ingeniero químico
engenho [ĩjʒẽˈɲu] *m* **1.** (*aptidão*) ingenio *m*; ~ **e arte** genio y figura **2.** (*máquina*) artefacto *m*; ~ **explosivo** artefacto explosivo **3.** (*moinho*) molino *m*; (*de cana*) ingenio *m*
engenhoca [ĩjʒẽˈɲɔka] *f inf* artefacto *m*
engenhoso, -a [ĩjʒẽˈɲozu, -ˈɔza] *adj* ingenioso, -a
engessado, -a [ĩjʒeˈsadu, -a] *adj* enyesado, -a; **ter um braço** ~ tener un brazo escayolado
engessar [ĩjʒeˈsar] *vt* enyesar; (*impedir, bloquear*) paralizar; ~ **um braço** escayolar un brazo
englobar [ĩjgloˈbar] *vt* (*abranger*) englobar; ~ **algo em a. c.** englobar algo en algo
engodo [ĩjˈgodu] *m fig* trampa *f*
engolir [ĩjguˈʎir] *irr como dormir vt* **1.** (*comida, bebida*) tragar; (*as palavras, uma ideia*) tragarse; **ele vai ter que me** ~ va a tener que aguantarme; ~ **sapos** *fig* capear el temporal; ~ **em seco** reprimirse **2.** *inf* (*uma história, uma situação*) tragarse; **não dá para** ~ **isso** no hay quien se trague eso
engomar [ĩjgoˈmar] *vt* **1.** (*com goma*) almidonar **2.** (*passar a ferro*) planchar
engonço [ĩjˈgõwsu] *m* bisagra *f*
engordar [ĩjgorˈdar] **I.** *vt* (*pessoa*) enriquecer; (*animal*) engordar **II.** *vi* (*pessoa, comida*) engordar
engordurar [ĩjgorduˈrar] **I.** *vt* llenar de grasa **II.** *vr:* ~ **-se** llenarse de grasa
engraçadinho [ĩjgrasaˈdʒĩɲu] *m inf* (*espertalhão*) gracioso *m*; **não venha bancar o** ~ **comigo** conmigo no te hagas el gracioso
engraçado, -a [ĩjgraˈsadu, -a] *adj* gracioso, -a
engraçar [ĩjgraˈsar] <ç→c> **I.** *vi* ~ **com alguém / a. c.** simpatizar con alguien / algo **II.** *vr:* ~ **-se** simpatizar
engrandecer [ĩjgrãdeˈser] <c→ç> *vt* (*enobrecer*) engrandecer
engravatado [ĩjgravaˈtadu] *adj* con corbata
engravidar [ĩjgraviˈdar] **I.** *vt* dejar embarazada a **II.** *vi* quedarse embarazada
engraxadela [ĩjgraʃaˈdɛla] *f* (*com graxa*) lustre *m*; **dar uma** ~ **nos sapatos** lustrar los zapatos
engraxar [ĩjgraˈʃar] *vt* lustrar
engraxate [ĩjgraˈʃatʃi] *mf* (*de sapatos*) limpiabotas *mf inv*, lustrabotas *mf inv*
engrenagem <-ns> [ĩjgreˈnaʒej] *f* engranaje *m*
engrenar [ĩjgreˈnar] **I.** *vt* **1.** TÉC engranar **2.** (*em assunto, conversa*) entablar **II.** *vi* prepararse
engrossar [ĩjgroˈsar] **I.** *vt* **1.** (*líquido*) espesar **2.** *inf* (*conversa*) volverse grosero, -a; ~ **com alguém** ser grosero con alguien **II.** *vi* (*aumentar*) aumentar; (*pessoa*) ser grosero, -a
enguia [ẽjˈgia] *f* anguila *f*
enguiçar [ĩjgiˈsar] <ç→c> **I.** *vt* estro-

pear II. *vi* estropearse

enguiço [ĩj'gisu] *m* 1.(*mau agouro*) mal *m* de ojo 2.(*carro, avaria*) avería *f*; **houve um ~ e desistimos de viajar** *inf* hubo un problema y desistimos de viajar

enigma [e'nigma] *m* enigma *m*

enigmático, -a [enig'matʃiku, -a] *adj* enigmático, -a

enjaulado, -a [ĩʒaw'ladu, -a] *adj* enjaulado, -a

enjaular [ĩʒaw'lar] *conj como saudar vt* enjaular

enjeitar [ĩʒej'tar] *vt* rechazar

enjoado, -a [ĩʒu'adu, -a] *adj* 1.(*em viagem, no mar*) mareado, -a 2.(*enfastiado*) harto, -a; **estou ~ disso** *inf* estoy harto de eso 3.(*cheio de caprichos, manhas*) desagradable

enjoar [ĩʒu'ar] <*l. pess pres*: enjoo> I. *vt* 1.(*remédio, comida, cheiro*) marear 2.(*enfastiar*) hartar II. *vi* 1.(*em viagem, no mar*) marearse; **ele enjoa muito em viagem** se marea mucho viajando 2.(*enfastiar-se*) **~ de a. c.** hartarse de algo

enjoativo, -a [ĩʒua'tʃivu, -a] *adj* asqueroso, -a

enjoo [ĩj'ʒow] *m* mareo *m*

enlaçar [ĩjla'sar] <ç→c> I. *vt* (*atar, unir*) enlazar; (*prender*) abrazar II. *vr*: **~-se** abrazarse

enlace [ĩj'lasi] *m* enlace *m*; **~ matrimonial** enlace matrimonial

enlameado, -a [ĩjlɜmi'adu, -a] *adj* lleno, -a de barro

enlatado, -a [ĩjla'tadu, -a] *adj* (*comida*) enlatado, -a

enlatado [ĩjla'tadu] *m* 1.(*alimento*) comida *f* en lata 2.(*filme*) película *f* importada de poca calidad

enlatar [ĩjla'tar] *vt* (*comida*) enlatar

enlevar [ĩjle'var] I. *vt* extasiar II. *vr*: **~-se** extasiarse

enlevo [ĩj'levu] *m* éxtasis *m inv*

enlouquecer [ĩjlowke'ser] <c→ç> *vi, vt* enloquecer

enobrecer [enobre'ser] <c→ç> I. *vt* (*pessoa*) ennoblecer II. *vr*: **~-se** ennoblecerse

enojado, -a [eno'ʒadu, -a] *adj* mareado, -a; **estar ~ com a. c./alguém** estar enfadado con algo/alguien

enojar [eno'ʒar] I. *vt* dar náuseas II. *vr*: **~-se** marearse

enologia [enolo'ʒia] *f sem pl* enología *f*

enorme [e'nɔrmi] *adj* enorme

enormidade [enormi'dadʒi] *f* enormidad *f*; **uma ~ de** una enormidad de

enquadramento [ĩjkwadra'mẽjtu] *m* (*foco*) encuadre *m*; **~ em a. c.** proceso por algo

enquadrar [ĩjkwa'drar] I. *vt* encuadrar; **~ a. c. num contexto** encuadrar algo en un contexto; **o juiz enquadrou o réu no código de direitos do consumidor** el juez procesó al reo basándose en el código de derechos del consumidor II. *vr*: **~-se** encuadrarse; **~-se em uma situação** identificarse con una situación; **~-se em um grupo** encuadrarse en un grupo; **~-se com a. c.** cuadrar con algo

enquanto [ĩj'kwɜ̃ntu] *conj* 1.(*temporal*) mientras; **~ isso** mientras tanto; **por ~** por ahora 2.(*ao passo que*) **~ (que)...** mientras (que)... 3.(*na qualidade de*) como; **~ professor** como profesor

enquete [ĩj'kɛtʃi] *f* (*pesquisa de opinião*) encuesta *f*

enraivecer [ĩjxajve'ser] <c→ç> I. *vt* llenar de rabia a II. *vr*: **~-se** enfurecerse

enraizado, -a [ĩjxaj'zadu, -a] *adj* (*árvore, planta*) con raíces; (*comportamento, ideia*) enraizado, -a

enraizar [ĩjxaj'zar] I. *vt* fijar por la raíz II. *vr*: **~-se** enraizarse

enrascada [ĩjxas'kada] *f* apuro *m*; **estar/meter-se numa ~** estar/meterse en un aprieto

enrascado, -a [ĩjxas'kadu, -a] *adj inf* enredado, -a

enrascar [ĩjxas'kar] <c→qu> I. *vt inf* enredar II. *vr*: **~-se** complicarse

enredo [ĩj'xedu] *m* 1.(*de um livro*) argumento *m* 2.(*intriga*) cotilleo *m*

enregelar [ĩjxeʒe'lar] I. *vt* congelar; *fig* enfriar II. *vr*: **~-se** congelarse; *fig* enfriarse

enriçado, -a [ĩjxi'sadu, -a] *adj* rizado, -a

enriçar [ĩjxi'sar] <ç→c> *vt* rizar

enrijecer [ĩjxiʒe'ser] <c→ç> I. *vt* endurecer II. *vi* endurecerse III. *vr*: **~-se** endurecerse

enriquecer [ĩjxike'ser] <c→ç> I. *vt* enriquecer II. *vi* enriquecerse III. *vr*: **~-se** enriquecerse

enriquecimento [ĩjxikesi'mẽjtu] *m* enriquecimiento *m*

enrodilhar [ĩjxodʒi'ʎar] I. *vt* enroscar; *fig* timar II. *vr*: **~-se** enroscarse

enrolamento [ĩʒola'mẽjtu] *m* enrollado *m;* TÉC bobina *f*

enrolar [ĩʒo'lar] I. *vt* 1.(*um tapete, papel, fio*) enrollar; **enrolou a xícara no jornal para não quebrar** envolvió la taza en el periódico para que no se rompiera 2.(*um cigarro*) liar 3.*inf* (*uma pessoa*) camelar II. *vr:* ~-**se** enrollarse; *fig* armarse un lío

enroscar [ĩʒos'kar] <c→qu> I. *vt* enredar II. *vr:* ~-**se** enredarse

enrouquecer [ĩʒowke'ser] <c→ç> I. *vt* enronquecer II. *vi* enronquecerse III. *vr:* ~-**se** enronquecerse

enrubescer [ĩʒrube'ser] <c→ç> *elev* I. *vt* enrojecer II. *vi* ruborizarse III. *vr:* ~-**se** ruborizarse

enrugado, -a [ĩʒxu'gadu, -a] *adj* arrugado, -a

enrugar [ĩʒxu'gar] <g→gu> I. *vt* arrugar II. *vr:* ~-**se** arrugarse

ensaboadela [ĩʒsaboa'dɛla] *f* (*com sabão*) limpieza *f* con jabón; **dar uma** ~ **em a. c.** enjabonar algo

ensaiar [ĩʒsaj'ar] *vt* 1.(*uma peça, uma música*) ensayar 2.(*começar, iniciar*) esbozar

ensaio [ĩʒ'saju] *m* ensayo *m;* ~ **final/geral** ensayo final/general

ensaísta [ĩʒsa'ista] *mf* ensayista *mf*

ensamblar [ĩʒsãŋ'blar] *vt* (*madeira*) ensamblar

ensanduichado, -a [ĩʒsãŋduj'ʃadu, -a] *adj inf* atrapado, -a

ensanduichar [ĩʒsãŋduj'ʃar] *vt inf* intercalar

ensanguentado, -a [ĩʒsãŋgwẽj'tadu, -a] *adj* ensangrentado, -a

ensanguentar [ĩʒsãŋgwẽj'tar] I. *vt* ensangrentar II. *vr:* ~-**se** ensangrentarse

enseada [ĩʒse'ada] *f* ensenada *f*

ensejo [ĩʒ'seʒu] *m* ocasión *f*

ensinado, -a [ĩʒsi'nadu, -a] *adj* 1.(*animal*) amaestrado, -a 2.(*pessoa*) educado, -a

ensinamento [ĩʒsina'mẽjtu] *m* enseñanza *f*

ensinar [ĩʒsi'nar] *vt* enseñar; ~ **alguém a fazer a. c.** enseñar a alguien a hacer algo

ensino [ĩʒ'sinu] *m* enseñanza *f;* ~ **fundamental** enseñanza primaria; ~ **médio** enseñanza media; ~ **superior** enseñanza superior

ensopado [ĩʒso'padu] *m* GASTR guisado *m*

ensopado, -a [ĩʒso'padu, -a] *adj* empapado, -a

ensopar [ĩʒso'par] *vt* empapar

ensurdecedor(a) [ĩʒsurdese'dor(a)] *adj* ensordecedor(a)

ensurdecer [ĩʒsurde'ser] <c→ç> *vi, vt* ensordecer

entaipar [ĩjtaj'par] *vt* encerrar

entalado, -a [ĩjta'ladu, -a] *adj* 1.(*preso*) atascado, -a 2.(*engasgado*) atragantado, -a; **ficar** ~ atragantarse

entalar [ĩjta'lar] I. *vt* apretar, estrechar; **a criança entalou a mão no pote de doces** la mano del niño se quedó atrapada dentro del tarro de dulces II. *vi* atascarse III. *vr:* ~-**se** atascarse

entalhar [ĩjta'ʎar] *vi, vt* tallar

entalhe [ĩj'taʎi] *m* talla *f*

então [ĩj'tãw] I. *adv* entonces; **até** ~ hasta entonces; **desde** ~ desde entonces II. *m* **naquele** ~... en aquél entonces... III. *interj* entonces; **vamos, ~!** ¡venga, vamos!; ~, **tudo bem?** *inf* ¿entonces está todo bien?

entardecer[1] [ĩjtarde'ser] *m* atardecer *m;* **ao** ~ al atardecer

entardecer[2] [ĩjtarde'ser] <c→ç> *vi* atardecer

ente ['ẽjtʃi] *m* ser *m*

enteado, -a [ĩjte'adu, -a] *m, f* hijastro, -a *m, f*

entediar [ĩjtedʒi'ar] I. *vt* aburrir II. *vr:* ~-**se** aburrirse

entendedor(a) [ĩjtẽjde'dor(a)] *m(f)* conocedor(a) *m(f);* **para bom ~, meia palavra basta** *prov* a buen entendedor, pocas palabras bastan

entender[1] [ĩjtẽj'der] *m* entender *m;* **no meu** ~ a mi entender

entender[2] [ĩjtẽj'der] I. *vt* entender; ~ **de a. c.** entender de algo; **ele não entende nada de música** no entiende nada de música; **dar a** ~ **a. c. a alguém** dar a entender algo a alguien; **fazer-se** ~ hacerse entender II. *vr:* ~-**se** entenderse; ~-**se com alguém** entenderse con alguien; ~-**se por gente** tener uso de razón

entendido [ĩjtẽj'dʒidu] *m gíria* (*homossexual*) gay *m*

entendido, -a [ĩjtẽj'dʒidu, -a] I. *adj* 1.(*conhecedor, douto*) entendido, -a; **bem** ~ entiéndase bien 2. *gíria* (*homossexual*) gay *inv* II. *m, f* (*conhecedor, douto*) entendido, -a *m, f*

entendimento [ĩjtẽjdʒi'mẽjtu] *m*

entendimiento *m*
enternecer [ĩjterne'ser] <c→ç> I. *vt* enternecer II. *vr:* ~-se enternecerse
enternecimento [ĩjternesi'mẽjtu] *m* enternecimiento *m*
enterrado, -a [ĩjte'xadu, -a] *adj* enterrado, -a
enterrar [ĩjte'xar] I. *vt* 1. enterrar; **enterrou o avô** enterró al abuelo; **tem tanta saúde que ainda vai ~ o filho** tiene tanta salud que va a acabar enterrando a su hijo 2. (*levar ao fracasso*) arruinar II. *vi* ESPORT machacar III. *vr:* ~-se enclaustrarse; ~-se em a. c. entregarse a algo
enterro [ĩj'texu] *m* entierro *m*
entidade [ẽjtʃi'daʒi] *f* 1. (*ser*) ser *m* 2. (*corporação*) entidad *f*
entoação <-ões> [ĩjtoa'sãw, -'õjs] *f* (*modulação*) entonación *f*
entoar [ĩjto'ar] <*I. pess pres:* entoo> *vt* entonar
entomologia [ẽjtomolo'ʒia] *f sem pl* entomología *f*
entomológico, -a [ẽjtomo'lɔʒiku, -a] *adj* entomológico, -a
entomologista [ẽjtomolo'ʒista] *mf* entomólogo, -a *m, f*
entonação <-ões> [ĩjtona'sãw, -'õjs] *f v.* **entoação**
entontecer [ĩjtõwte'ser] <c→ç> I. *vt* marear II. *vi* marearse
entornar [ĩjtor'nar] I. *vt* (*derramar*) derramar; (*um recipiente*) volcar; **~ o caldo** *fig* complicar las cosas II. *vi* beber; (*transbordar*) desbordarse
entorpecente [ĩjtorpe'sẽtʃi] *m* estupefaciente *m*
entorpecer [ĩjtorpe'ser] <c→ç> I. *vt* debilitar II. *vi* debilitarse
entorpecido, -a [ĩjtorpe'sidu, -a] *adj* debilitado, -a
entorpecimento [ĩjtorpesi'mẽjtu] *m* (*ação de entorpecer*) debilitamiento *m*; (*falta de sensibilidade*) entorpecimiento *m*
entorse [ĩj'tɔrsi] *f* esguince *m*
entortar [ĩjtor'tar] I. *vt* torcer II. *vi* torcerse III. *vr:* ~-se torcerse; *inf* (*embriagar-se*) entromparse
entozoário [ẽjtozo'ariw] *m* entozoario *m*
entrada [ĩj'trada] *f* 1. (*geral*) entrada *f*; ~ **em cena** (*teatro*) entrada en escena; ~ **em vigor** entrada en vigor; ~ **gratuita/franca** entrada gratuita/libre; ~ **proibida** entrada prohibida; **dar ~ no hospital** ser ingresado en el hospital; **dar uma ~** dar una entrada 2. (*do inverno*) comienzo *m*
entradas [ĩj'tradas] *fpl* 1. (*no cabelo*) entradas *fpl* 2. (*ano-novo*) año *m* nuevo; **Boas Entradas!** ¡Feliz Año Nuevo!
entrançado, -a [ĩjtrɐ̃ɲ'sadu, -a] *adj* (*cabelos*) trenzado, -a; (*fios, galhos*) entrelazado, -a
entrançar [ĩjtrɐ̃ɲ'sar] <ç→c> I. *vt* entrelazar II. *vr:* ~-se entrelazarse
entranhado, -a [ĩjtrɐ̃'ɲadu, -a] *adj* (*sujeira*) impregnado, -a; (*cheiro*) penetrante; (*sentimento*) profundo, -a; (*hábito, costume*) arraigado, -a
entranhar [ĩjtrɐ̃'ɲar] I. *vt* hundir II. *vr:* ~-se adentrarse; ~-se em a. c. adentrarse en algo; **entranhou-se na leitura** se sumergió en la lectura
entranhas [ĩj'trɐ̃ɲas] *fpl* entrañas *fpl*; ~ **do vulcão** entrañas del volcán
entrar [ĩj'trar] *vi* entrar; **mandar ~ alguém** hacer entrar a alguien; ~ **em pormenores** [*ou* **detalhes**] entrar en detalles; ~ **em cena** (*teatro*) entrar en escena; ~ **em vigor** entrar en vigor; **deixar ~ água** dejar entrar agua; ~ **na de alguém** seguirle el juego a alguien; ~ **pelo cano** *inf* fastidiarla; ~ **numa fria** *inf* meterse en un lío
entravar [ĩjtra'var] *vt* obstaculizar
entrave [ĩj'travi] *m* obstáculo *m*
entre ['ẽjtri] *prep* entre; **sentou-se ~ o professor e a diretora** se sentó entre el profesor y la directora; **encontrei este livro ~ seus pertences** encontré este libro entre sus cosas; ~ **parênteses/aspas** entre paréntesis/comillas; **deve chover ~ hoje e amanhã** debe de llover entre hoy y mañana; **este livro trata, ~ outras coisas, da violência** este libro trata, entre otras cosas, de la violencia; ~ **si** entre sí
entreaberto, -a [ẽjtrea'bɛrtu, -a] I. *adj* entreabierto, -a II. *pp de* **entreabrir**
entreabrir [ẽjtrea'brir] <entreaberto> *pp*: I. *vt* entreabrir II. *vi* entreabrirse III. *vr:* ~-se entreabrirse
entreato [ẽjtre'atu] *m* entreacto *m*
entrecortado, -a [ẽjtrekor'tadu, -a] *adj* entrecortado, -a
entrecortar [ẽjtrekor'tar] I. *vt* entrecortar II. *vr:* ~-se cortarse
entrecosto [ĩjtre'kostu] *m* entrecot *m*

entrecruzar-se [ĩjtɾekɾu'zarsi] *vr* entrecruzarse

entrega [ĩj'tɾɛga] *f* entrega *f*; **fazer a ~ de a. c.** hacer la entrega de algo

entregar [ĩjtɾe'gar] <*pp:* entregue *ou* entregado; g→gu> I. *vt* entregar; **~ alguém à polícia** entregar a alguien a la policía II. *vr:* **~-se** entregarse; **~-se a alguém/a a. c.** entregarse a alguien/a algo

entregue [ĩj'tɾɛgi] I. *pp de* **entregar** II. *adj* entregado, -a; **estar ~ a alguém/a a. c.** estar entregado a alguien/a algo; **estar ~ a si próprio** estar entregado a uno mismo

entrelaçar [ẽjtɾela'sar] <c→c> I. *vt* entrelazar II. *vr:* **~-se** entrelazarse

entrelinha [ẽjtɾe'ʎĩɲa] *f* interlineado *m*; **ler nas ~s** *fig* leer entre líneas

entremear [ẽjtɾeme'ar] *conj como passear* I. *vt* entremezclar II. *vr:* **~-se** mezclarse

entremeio [ẽjtɾe'meju] *m* medio *m*

entrementes [ẽjtɾe'mẽjts] *adv* mientras

entreolhar-se [ẽjtɾeo'ʎarsi] *vr* mirarse

entreposto [ẽjtɾe'postu] *m* depósito *m*

entretanto [ẽjtɾe'tãntu] I. *m* intervalo *m*; **no ~** mientras tanto II. *adv* mientras III. *conj* sin embargo

entretenimento [ĩjtɾeteni'mẽjtu] *m* entretenimiento *m*

entreter [ĩjtɾe'ter] *irr como* **ter** I. *vt* entretener II. *vi* entretener III. *vr:* **~-se** entretenerse; **~-se com a. c.** entretenerse con algo

entretido, -a [ĩjtɾe'tʃidu, -a] *adj* entretenido, -a; **estar ~** estar entretenido; **ficar ~** entretenerse

entrevado, -a [ĩjtɾe'vadu, -a] *adj* paralizado, -a

entrevista [ĩjtɾe'vista] *f* entrevista *f*; **~ coletiva** rueda *f* de prensa; **marcar uma ~** concertar una entrevista

entrevistador(a) [ĩjtɾevista'dor(a)] *m(f)* entrevistador(a) *m(f)*

entrevistar [ĩjtɾevis'tar] I. *vt* entrevistar II. *vr:* **~-se** entrevistarse

entristecer [ĩjtɾiste'ser] <c→ç> I. *vt* entristecer II. *vi* entristecerse III. *vr:* **~-se** entristecerse

entroncado, -a [ĩjtɾõ'kadu, -a] *adj* (*árvore*) grueso, -a; (*pessoa*) robusto, -a

entroncamento [ĩjtɾõ'kamẽjtu] *m* empalme *m*

entrosado, -a [ĩjtɾo'zadu, -a] *adj* integrado, -a

entrosamento [ĩjtɾoza'mẽjtu] *m* integración *f*; **o grupo tem um bom ~** el grupo está bien integrado

entulhar [ĩjtu'ʎar] *vt* 1.(*encher de entulho*) llenar de escombros 2.(*amontoar*) abarrotar

entulho [ĩj'tuʎu] *m* 1.(*lixo*) basura *f* 2.(*de construção*) escombros *mpl*

entupido, -a [ĩjtu'pidu, -a] *adj* (*cano, nariz*) taponado, -a

entupimento [ĩjtupi'mẽjtu] *m* obstrucción *f*

entupir [ĩjtu'pir] *irr como* **subir** I. *vt* obstruir II. *vi* (*cano, nariz*) taponarse; (*vaso sanguíneo*) obstruirse III. *vr:* **~-se** llenarse

enturmado, -a [ĩjtur'madu, -a] *adj* integrado, -a

enturmar-se [ĩjtur'marsi] *vr* integrarse

entusiasmado, -a [ĩjtuzjaz'madu, -a] *adj* entusiasmado, -a; **ficar ~ com a. c.** entusiasmarse con algo

entusiasmar [ĩjtuzjaz'mar] I. *vt* entusiasmar II. *vr:* **~-se** entusiasmarse; **~-se com a. c.** entusiasmarse con algo

entusiasmo [ĩjtuzi'azmu] *m* entusiasmo *m*

entusiasta [ĩjtuzi'asta] *adj, mf* entusiasta *mf*

entusiástico, -a [ĩjtuzi'astʃiku, -a] *adj* entusiasta; **aplauso ~** aplauso entusiasta

enumeração <-ões> [enumera'sãw, -'õjs] *f* enumeración *f*

enumerar [enume'rar] *vt* enumerar

enunciado [enũwsi'adu] *m* (*de um teste, de um exercício*) enunciado *m*

enunciar [enũwsi'ar] *vt* (*declarar, exprimir*) enunciar

envaidecer [ĩjvajde'ser] <c→ç> I. *vt* envanecer II. *vr:* **~-se** envanecerse

envelhecer [ĩjveʎe'ser] <c→ç> *vi, vt* envejecer

envelhecimento [ĩjveʎesi'mẽjtu] *m sem pl* envejecimiento *m*

envelope [ĩjve'lɔpi] *m* sobre *m*

envencilhar-se [ĩjvẽjsi'ʎar-si] *vr* enredarse

envenenado, -a [ĩjvene'nadu, -a] *adj* 1.envenenado, -a; **morrer ~** morir envenenado 2. *gíria* (*carro*) modificado, -a

envenenamento [ĩjvenena'mẽjtu] *m* envenenamiento *m*

envenenar [ĩjvene'nar] I. *vt* envenenar II. *vr:* **~-se** envenenarse

enveredar [ĩjvere'dar] *vi* encaminarse; ~ **por** encaminarse hacia

envergadura [ĩjverga'dura] *f* envergadura *f*; **de grande** ~ de gran envergadura

envergonhado, -a [ĩjvergõ'naðu, -a] *adj* avergonzado, -a; (*embaraçado, tímido*) vergonzoso, -a

envergonhar [ĩjvergõ'nar] **I.** *vt* avergonzar **II.** *vr*: ~ **-se** avergonzarse; ~ **-se de alguém/a. c.** avergonzarse de alguien/algo

envernizar [ĩjverni'zar] *vt* (*madeira, metal, móvel*) barnizar

enviado, -a [ĩjvi'aðu, -a] *m, f* enviado, -a *m, f*; ~ **especial** enviado especial

enviar [ĩjvi'ar] *vt* enviar

envidraçado, -a [ĩjviðra'saðu, -a] *adj* acristalado, -a

envidraçar [ĩjviðra'sar] <ç→c> *vt* (*uma sala*) acristalar

enviesado, -a [ĩjvie'zaðu, -a] *adj* (*saia*) al bies; (*pesquisa*) desviado, -a

enviesar [ĩjvie'zar] *vt* desviar

envio [ĩj'viw] *m* envío *m*

enviuvar [ĩjviu'var] *vi* enviudar

envolto, -a [ĩj'vowtu, -a] *adj* envuelto, -a

envolvente [ĩjvow'vẽjtʃi] *adj* (*livro, filme*) envolvente

envolver [ĩjvow'ver] <*pp*: envolto *ou* envolvido> **I.** *vt* **1.** (*embrulhar, cobrir*) envolver; ~ **em a. c.** envolver en algo **2.** (*comprometer*) meter; ~ **alguém em a. c.** meter a alguien en algo **3.** (*acarretar*) conllevar; **este projeto envolve muito trabalho e uma grande despesa** este proyecto conlleva mucho trabajo y muchos gastos **II.** *vr*: ~ **-se 1.** (*numa situação*) involucrarse; ~ **-se em a. c.** involucrarse en algo **2.** (*com uma pessoa*) liarse; ~ **-se com alguém** liarse con alguien

envolvido, -a [ĩjvow'viðu, -a] *adj* involucrado, -a; **estar ~ num crime** estar involucrado en un crimen

envolvimento [ĩjvowvi'mẽtu] *m* participación *f*; ~ **amoroso** aventura *f* amorosa

enxada [ĩj'ʃaða] *f* azada *f*

enxaguar [ĩjʃa'gwar] *vt* enjuagar

enxame [ĩj'ʃmi] *m* enjambre *m*

enxaqueca [ĩjʃa'keka] *f* jaqueca *f*

enxergar [ĩjʃer'gar] <g→gu> **I.** *vt* ver; **não ~ um palmo na frente do nariz** no ver absolutamente nada **II.** *vi* ver; **ele não enxerga bem** no ve bien

enxerido, -a [ĩjʃi'riðu, -a] *adj pej* entrometido, -a

enxertar [ĩjʃer'tar] *vt* injertar

enxerto [ĩj'ʃertu] *m* injerto *m*

enxofre [ĩj'ʃofri] *m* azufre *m*

enxotar [ĩjʃo'tar] *vt* expulsar

enxoval [ĩjʃo'vaw] *m* (*da noiva, do bebê*) ajuar *m*

enxovalhar [ĩjʃova'ʎar] *vt* ensuciar

enxugar [ĩjʃu'gar] <*pp*: enxuto *ou* enxugado; g→gu> *irr* **I.** *vt* secar **II.** *vi* secarse **III.** *vr*: ~ **-se** secarse

enxurrada [ĩjʃu'xaða] *f* torrente *m*; **uma ~ de gente** *fig* un torrente de gente

enxuto, -a [ĩj'ʃutu, -a] **I.** *pp de* **enxugar** **II.** *adj* (*indivíduo, estilo*) seco, -a

enzima [ẽj'zima] *f* enzima *m o f*

eólico, -a [e'ɔʎiku, -a] *adj* eólico, -a

epicentro [epi'sẽjtru] *m* epicentro *m*

épico ['ɛpiku] *m* clásico *m*

épico, -a ['ɛpiku, -a] *adj* épico, -a

epidemia [epide'mia] *f* MED epidemia *f*

epidêmico, -a [epi'demiku, -a] *adj* epidémico, -a

epiderme [epi'dɛrmi] *f* epidermis *f inv*

epiglote [epi'glɔtʃi] *f* epiglotis *f inv*

epígrafe [e'pigrafi] *f* epígrafe *f*

epigrafia [epigra'fia] *f* epigrafía *f*

epilepsia [epilep'sia] *f sem pl* epilepsia *f*

epiléptico, -a [epi'lɛptʃiku, -a] *adj, m, f* epiléptico, -a, *f*

epílogo [e'pilogu] *m* epílogo *m*

episcopado [episko'paðu] *m* episcopado *m*

episcopal <-ais> [episko'paw, -'ais] *adj* episcopal

episódio [epi'zɔdʒiw] *m* episodio *m*

epíteto [e'pitetu] *m* (*alcunha, apelido*) epíteto *m*

época ['ɛpuka] *f* época *f*; **naquela ~** en aquella época; **fazer ~** hacer época; **marcar ~** hacer época

epopeia [epo'peja] *f* epopeya *f*

equação <-ões> [ekwa'sãw, -'õjs] *f* ecuación *f*

equador [ekwa'dor] *m* ecuador *m*

Equador [ekwa'dor] *m* Ecuador *m*

equalizador [ekwaʎiza'dor] <-es> *m* ecualizador *m*

equatorial <-ais> [ekwatori'aw, -'ajs] *adj* ecuatorial

equatoriano, -a [ekwatori'ɜnu, -a] *adj, m, f* ecuatoriano, -a *m, f*

equiângulo, -a [ekwi'ɜŋgulu, -a] *adj*

equiângulo, -a

equidade [ekwi'dadʒi] *f* equidad *f*

equidistante [ekwidʒis'tãntʃi] *adj* equidistante

equilátero, -a [ekwi'lateru, -a] *adj* equilátero, -a

equilibrado, -a [ekiʎi'bradu, -a] *adj* equilibrado, -a

equilibrar [ekiʎi'brar] **I.** *vt* equilibrar **II.** *vr:* ~ **-se** mantenerse en equilibrio

equilíbrio [eki'ʎibriw] *m* equilibrio *m*; **manter/perder o** ~ mantener/perder el equilibrio

equilibrista [ekiʎi'brista] *mf* equilibrista *mf*

equinócio [eki'nɔsiw] *m* equinoccio *m*

equipamento [ekipa'mẽjtu] *m* (*apetrechos*) equipamiento *m*

equipar [eki'par] **I.** *vt* equipar; ~ **algo/alguém com a. c.** equipar algo/a alguien con algo **II.** *vr:* ~ **-se** (*jogador*) equiparse

equiparação <-ões> [ekipara'sãw, -'õjs] *f* equiparación *f*

equiparar [ekipa'rar] **I.** *vt* equiparar; ~ **algo/alguém a a. c.** equiparar algo/a alguien a algo **II.** *vr* ~ **-se a alguém** equipararse a alguien

equiparável <-eis> [ekipa'ravew, -ejs] *adj* equiparable; **ser ~ a alguém/a. c.** ser equiparable a alguien/algo

equipe [e'kipi] *f* equipo *m*

equitação [ekita'sãw] *f sem pl* equitación *f*; **praticar** [*ou* **fazer**] ~ practicar la equitación

equitativo, -a [ekwita'tʃivu, -a] *adj* equitativo, -a

equivalência [ekiva'lẽjsia] *f* equivalencia *f*

equivalente [ekiva'lẽjtʃi] **I.** *adj* equivalente; **ser ~ a a. c.** ser equivalente a algo **II.** *m* equivalente *m*

equivaler [ekiva'ler] *irr como valer vi* equivaler; ~ **a alguém/a. c.** equivaler a alguien/algo

equivocado, -a [ekivo'kadu, -a] *adj* equivocado, -a; **estar ~** estar equivocado

equivocar-se [ekivo'karsi] <c→qu> *vr* equivocarse

equívoco [e'kivoku] *m* **1.** (*mal-entendido*) equívoco *m* **2.** (*engano, erro*) error *m*

equívoco, -a [e'kivoku, -a] *adj* (*ambíguo, duvidoso*) equívoco, -a

era ['ɛra] **I.** *imp de* **ser II.** *f* era *f*; ~ **glacial** era glacial

erário [e'rariw] *m* erario *m*

ereção <-ões> [ere'sãw, -'õjs] *f* erección *f*

eremita [ere'mita] *mf* eremita *mf*

ereto, -a [e'rɛtu, -a] *adj* erecto, -a

ergonomia [ergono'mia] *f* ergonomía *f*

ergonômico, -a [ergo'nomiku, -a] *adj* ergonómico, -a

erguer [er'ger] **I.** *vt* levantar **II.** *vr:* ~ **-se** erguirse

erguido, -a [er'gidu, -a] *adj* levantado, -a

eriçado, -a [eri'sadu, -a] *adj* erizado, -a

eriçar [eri'sar] <c→c> **I.** *vt* (*arrepiar*) erizar; (*despertar, aguçar*) provocar **II.** *vr:* ~ **-se** erizarse

erigir [eri'ʒir] <g→j> *vt* erigir

ermida [er'mida] *f* ermita *f*

ermo ['ermu] *m* yermo *m*

ermo, -a ['ermu, -a] *adj* yermo, -a

erosão <-ões> [ero'zãw, -'õjs] *f* erosión *f*

erótico, -a [e'rɔtʃiku, -a] *adj* erótico, -a

erotismo [ero'tʃizmu] *m* erotismo *m*

erradicar [exadʒi'kar] <c→qu> *vt* erradicar

errado, -a [e'xadu, -a] *adj* equivocado, -a

errante [e'xãntʃi] *adj* errante

errar [e'xar] **I.** *vt* (*o caminho, uma pergunta*) errar; ~ **o alvo** errar el blanco; ~ **de porta** equivocarse de puerta **II.** *vi* **1.** (*enganar-se*) equivocarse **2.** (*vaguear*) errar

errata [e'xata] *f* errata *f*

erro ['exu] *m* **1.** error *m*; **cometer um** ~ cometer un error; **salvo** ~ salvo error **2.** MAT desviación *f*; ~ **médio** desviación media; ~ **padrão** desviación estándar

errôneo, -a [e'xoniw, -a] *adj* erróneo, -a

erudição <-ões> [erudʒi'sãw, -'õjs] *f* erudición *f*

erudito, -a [eru'dʒitu, -a] *adj, m, f* erudito, -a *m, f*

erupção <-ões> [erup'sãw, -'õjs] *f* GEO, MED erupción *f*; ~ **cutânea** erupción cutánea; **entrar em** ~ entrar en erupción

eruptivo, -a [erup'tʃivu, -a] *adj* GEO eruptivo, -a

erva ['ɛrva] *f* **1.** BOT hierba *f*; ~**s aromáticas** hierbas aromáticas; ~**s daninhas** malas hierbas **2.** *inf* (*droga*) hierba *f*

erva-doce ['ɛrva-'dosi] <ervas-doces> f hinojo m

ervanário [erva'nariw] m herbolario m

ervilha [er'viʎa] f guisante m, chícharo m *Méx*, arveja f *CSur*

és ['ɛs] *pres de* ser

esbaforido, -a [izbafo'ridu, -a] *adj* jadeante

esbanjar [izbã'ʒar] *vt* derrochar

esbarrar [izba'xar] I. *vi* 1.chocar; ~ **contra a. c.** chocar contra algo; ~ **em alguém/a. c.** chocar contra alguien/ algo 2.(*ir de encontro a*) dar con; (*encontrar casualmente*) toparse; ~ **com alguém** toparse con alguien II. *vr*: ~-**se** chocar; ~-**se em** [*ou* **contra**] **alguém/a. c.** chocar contra alguien/ algo

esbater [izba'ter] I. *vt* atenuar II. *vr*: ~-**se** atenuarse

esbelto, -a [iz'bɛwtu, -a] *adj* esbelto, -a

esboçar [izbo'sar] <ç→c> I. *vt* esbozar II. *vr*: ~-**se** esbozarse

esboço [iz'bosu] m (*de quadro, escultura, processo*) esbozo m; (*resumo*) resumen m

esbofetear [izbofetʃi'ar] *conj como passear vt* abofetear

esborrachado, -a [izboxa'ʃadu, -a] *adj* reventado, -a

esborrachar [izboxa'ʃar] I. *vt* reventar II. *vr*: ~-**se** caer de bruces

esbranquiçado, -a [izbrãŋki'sadu, -a] *adj* blanquecino, -a

esbugalhado, -a [izbuga'ʎadu, -a] *adj* abierto, -a de par en par; **olhos** ~**s** ojos abiertos de par en par

esbugalhar [izbuga'ʎar] *vt* (*os olhos*) abrir de par en par

esburacado, -a [izbura'kadu, -a] *adj* (*rua*) lleno, -a de baches; (*parede, roupa*) lleno, -a de agujeros

esburacar [izbura'kar] <c→qu> *vt* agujerear

escabeche [iska'bɛʃi] m 1.GASTR escabeche m; **de** ~ en escabeche 2.*inf* (*barulho*) follón m

escabroso, -a [iska'brozu, -'ɔza] *adj* escabroso, -a

escachar [iska'ʃar] *vt* 1.(*as pernas, os braços*) abrir 2.(*destruir moralmente*) destrozar

escada [is'kada] f escalera f; **de caracol** escalera de caracol; ~ **rolante** escalera mecánica; *fig* trampolín m *fig*

escadaria [iskada'ria] f escalinata f

escadote [iska'dɔtʃi] m escalera f de tijera

escafandro [iska'fãndru] m escafandra f

escafeder-se [iskafe'dersi] *vr inf* largarse

escala [is'kala] f escala f; **à** ~ **de 1 para 100** a escala 1/100; **fazer** ~ AERO, NÁUT hacer escala

escalada [iska'lada] f escalada f

escalão <-ões> [iska'lãw, -'õjs] m escalafón m; **subir de** ~ ascender de escalón

escalar [iska'lar] I. *vt* (*uma montanha, um muro*) escalar II. *vi* hacer escala

escaldado, -a [iskaw'dadu, -a] *adj* (*queimado, ressabiado*) escaldado, -a

escaldante [iskaw'dãntʃi] *adj* de justicia; **sol** ~ sol de justicia

escaldar [iskaw'dar] I. *vt* escaldar II. *vr*: ~-**se** 1.(*aquecer-se*) calentarse 2.(*prejudicar-se*) quemarse

escaleno, -a [iska'lenu, -a] *adj* escaleno, -a

escalfado, -a [iska'lfadu, -a] *adj* (*ovo*) escalfado, -a

escalões [iska'lõjs] m pl de **escalão**

escalonamento [iskalona'mẽjtu] m división f en niveles

escalonar [iskalo'nar] *vt* dividir en niveles

escalope [iska'lɔpi] m escalope m

escama [is'kama] f (*de peixe, na pele*) escama f

escamado, -a [iskɜ'madu, -a] *adj* (*peixe*) escamado, -a

escamar [iskɜ'mar] I. *vt* (*o peixe*) escamar II. *vi* (*pele*) descamarse

escamoso, -a [iskɜ'mozu, -'ɔza] *adj* escamoso, -a

escamotear [iskɜmotʃi'ar] *vt* escamotear

escancarado, -a [iskãŋka'radu, -a] *adj* 1.(*janelas*) abierto, -a de par en par 2.(*corrupção*) evidente

escancarar [iskãŋka'rar] *vt* 1.(*uma porta*) abrir de par en par 2.(*mostrar*) exponer

escanchar [iskãŋ'ʃar] *vt* (*as pernas*) separar

escandalizado, -a [iskãndaʎi'zadu, -a] *adj* escandalizado, -a

escandalizar [iskãndaʎi'zar] I. *vt* escandalizar II. *vr*: ~-**se** escandalizarse; ~-**se com alguém/a. c.** escandalizarse de alguien/algo

escândalo [is'kãdalu] *m* escândalo *m;* **dar um ~** armar un escándalo; **fazer um ~** armar un escándalo

escandaloso, -a [iskãda'lozu, -'ɔza] *adj* escandaloso, -a

Escandinávia [iskãdʒi'navia] *f* Escandinavia *f*

escandinavo, -a [iskãdʒi'navu, -a] *adj, m, f* escandinavo, -a *m, f*

escanear [iskani'ar] *conj como passear vt* escanear

escangalhar [iskãga'ʎar] I. *vt inf* destrozar II. *vr:* **~-se** desternillarse

escanteio [iskãn'teju] *m* FUT córner *m;* **deixar alguém de ~** *inf* dejar a alguien de lado

escanzelado, -a [iskãze'ladu, -a] *adj inf* esquelético, -a

escapada [iska'pada] *f* 1. (*fuga*) escapada *f* 2. (*amorosa*) aventura *f;* **dar uma ~** tener una aventura

escapamento [iskapa'mẽtu] *m* escape *m*

escapar [iska'par] *vi* escapar; **~ de alguém/a. c.** escapar de alguien/algo; **~ por um triz** escapar por los pelos; **~ das mãos** escaparse de las manos; **deixar ~ a. c.** dejar escapar algo; **não te escapa nada!** ¡no se te escapa nada!

escapatória [iskapa'tɔria] *f inf* escapatoria *f;* **não há ~ possível** no hay escapatoria posible

escape [is'kapi] *m* escape *m*

escapulário [iskapu'lariw] *m* escapulario *m*

escapulir [iskapu'ʎir] *irr como subir* I. *vt* escapar; **~ de um lugar/a. c.** escapar de un lugar/de algo II. *vr:* **~-se** escaparse

escara [is'kara] *f* costra *f*

escarafunchar [iskarafũ'ʃar] *vt* 1. (*esgravatar, revolver*) revolver 2. (*investigar*) investigar

escaravelho [iskara'veʎu] *m* escarabajo *m*

escarcéu <-éis> [iskar'sɛw, -'ɛjs] *m* 1. (*onda*) ola *f* 2. (*alarido*) escándalo *m;* **fazer um ~** armar un escándalo

escarlate [iskar'latʃi] I. *adj* escarlata II. *m* (*cor*) escarlata *m;* (*tecido*) escarlata *f*

escarlatina [iskarla'tʃina] *f* escarlatina *f*

escárnio [is'karniw] *m* desprecio *m*

escarpa [is'karpa] *f* (*declive, ladeira*) escarpa *f;* (*ribanceira*) barranco *m*

escarpado, -a [iskar'padu, -a] *adj* escarpado, -a

escarrapachado, -a [iskaxapa'ʃadu, -a] *adj* (*pernas*) abierto, -a de par en par

escarrapachar [iskaxapa'ʃar] *vt* (*as pernas*) abrir de par en par

escarrar [iska'xar] *vi, vt* escupir

escarro [is'kaxu] *m inf* canalla *m*

escassear [iskasi'ar] *conj como passear vi* (*tempo, material*) escasear

escassez [iska'ses] *f* escasez *f;* **haver ~ de a. c.** haber escasez de algo

escasso, -a [is'kasu, -a] *adj* (*tempo, material, vegetação*) escaso, -a; **dinheiro ~** poco dinero

escavação <-ões> [iskava'sãw, -'õjs] *f* excavación *f*

escavadeira [iskava'dejra] *f* excavadora *f*

escavar [iska'var] *vt* 1. (*um buraco, ruínas*) excavar 2. (*investigar*) investigar

esclarecedor(a) [isklarese'dor(a)] <-es> *adj* esclarecedor(a)

esclarecer [isklare'ser] <c→ç> *vt* 1. (*um problema, mistério*) esclarecer; **~ um mal-entendido** aclarar un malentendido 2. (*explicar*) aclarar

esclarecido, -a [isklare'sidu, -a] *adj* 1. (*situação*) aclarado, -a 2. (*pessoa*) informado, -a; **estar/ficar ~** estar/ser informado

esclarecimento [isklaresi'mẽtu] *m* 1. (*de um problema, mistério*) esclarecimiento *m;* (*de mal-entendido, de uma dúvida*) aclaración *f* 2. (*explicação*) explicación *f* 3. (*informação*) información *f;* **dar ~ sobre a. c.** dar información sobre algo

esclerose [iskle'rɔzi] *f* esclerosis *f*

esclerótica [iskle'rɔtʃika] *f* esclerótica *f*

escoadouro [iskoa'dowru] *m* desagüe *m*

escoamento [iskoa'mẽtu] *m* 1. (*de águas, líquidos*) desagüe *m* 2. (*de mercadoria*) salida *f*

escoar [isko'ar] <*l. pess pres:* escoo> *vt* 1. (*um líquido*) desaguar 2. (*mercadoria*) dar salida a

escocês, -esa [isko'ses, -'eza] *adj, m, f* escocés, -esa *m, f*

Escócia [is'kɔsia] *f* Escocia *f*

escola [is'kɔla] *f* escuela *f;* **~ primária** escuela primaria; **~ de samba** escuela de samba (*agrupación de sambistas que se presentan con ocasión del carnaval*); **~ secundária** escuela secundaria; **~ superior de música** escuela superior de música; **fazer ~** hacer escuela

> **Cultura** Las **escolas de samba** tienen su origen en una asociación carnavalesca surgida en 1928 en Río de Janeiro con "Deixa Falar" (más tarde: "Estácio de Sá"), creada por el sambista Ismael Silva. Desde Río de Janeiro se esparció la costumbre de los desfiles de las **escolas de samba** hacia otras ciudades de Brasil. Contrario a lo que sugiere el nombre, las **escolas de samba** no ofrecen clases de samba propiamente dichas. Cada escuela organiza su desfile anual, y en su sede hay fiestas y presentaciones de la escuela durante todo el año. Muchas de estas escuelas participan activamente en la comunidad y realizan proyectos sociales. Las **escolas de samba** tienen una estructura bien definida, con presidente, **carnavalesco** (director artístico), **samba-enredo** (la letra del samba que será presentada, compuesta especialmente para cada desfile anual), **puxador de samba** (la voz solista), **porta-bandeira** y **mestre sala**, que son los principales **passistas** (bailarines) de la escuela, **bateria** (el conjunto de instrumentistas de percusión), muchos **carros alegóricos** y varias **alas** (agrupaciones dentro de la escuela), sobre todo el ala de las Bahianas. Las **escolas de samba** se presentan a concurso de acuerdo con el reglamento y dependiendo del escrutinio, pueden bajar o subir de grupo, por lo cual la divulgación de los resultados es especialmente emocionante y agitada. Los requisitos son: **alegorias e adereços, bateria, comissão de frente, evolução, enredo, fantasias, harmonia, mestre-sala** y **porta-bandeira**, así como **samba-enredo**.

escolar [isko'lar] <-es> *adj* escolar; **livro** ~ libro *m* escolar

escolaridade [iskolari'dadʒi] *f* escolaridad *f*; ~ **obrigatória** escolaridad obligatoria; **grau de** ~ nivel de escolaridad
escolástica [isko'lastʃika] *f* escolástica *f*
escolástico [isko'lastʃiku] *m* escolástico *m*
escolástico, -a [isko'lastʃiku, -a] *adj* escolástico, -a
escolha [is'koʎa] *f* elección *f*; **à** ~ a elección; **teste de múltipla** ~ examen *m* tipo test
escolher [isko'ʎer] *vt* escoger
escolhido, -a [isko'ʎidu, -a] *adj* escogido, -a
escolho [is'koʎu] *m* escollo *m*
escólio [is'kɔʎiw] *m elev* anotación *f*
escolta [is'kɔwta] *f* **1.** MIL escolta *f* **2.** (*acompanhamento*) acompañamiento *m*
escoltar [iskow'tar] *vt* **1.** MIL escoltar **2.** (*acompanhar*) acompañar
escombros [is'kõwbrus] *mpl* escombros *mpl*
esconde-esconde [is'kõwdsi'kõwdʒi] *m inv* escondite *m*
esconder [iskõw'der] **I.** *vt* esconder; ~ **a. c. de alguém** esconder algo a alguien **II.** *vr*: ~-**se** esconderse; ~-**se de alguém** esconderse de alguien
esconderijo [iskõwde'riʒu] *m* escondrijo *m*
escondidas [iskõw'dʒidas] *fpl* escondite *m*; **brincar às** ~ jugar al escondite; **fazer a. c. às** ~ hacer algo a escondidas
escondido, -a [iskõw'dʒidu, -a] *adj* escondido, -a
esconjurar [iskõwʒu'rar] **I.** *vt* **1.** (*exorcizar*) conjurar **2.** (*amaldiçoar*) maldecir **II.** *vr*: ~-**se** lamentarse
esconjuro [iskõw'ʒuru] *m* **1.** (*exorcismo*) conjuro *m* **2.** (*maldição*) maldición *f*
escopo [is'kopu] *m* (*objetivo, propósito, intenção*) propósito *m*; (*alcance*) alcance *m*
escopro [is'kɔpru] *m* escoplo *m*; ~ **curvo** escoplo curvado
escora [is'kɔra] *f* **1.** (*apoio*) apoyo *m* **2.** (*cilada*) emboscada *f*
escorbuto [iskor'butu] *m sem pl* escorbuto *m*
escória [is'kɔria] *f* escoria *f*
escoriação <-ões> [iskoria'sãw, -'õjs] *f* excoriación *f*
escorpiano, -a [iskorpi'ʒnu, -a] *adj, m, f* Escorpio *mf inv*; **ser** ~ Escorpio
escorpião <-ões> [iskorpi'ãw, -'õjs] *m*

escorpión *m*

Escorpião [iskorpi'ʒ̃w] *m* Escorpio *m*; **ser (de) ~** ser Escorpio

escorpiões [iskorpi'õjs] *m pl de* **escorpião**

escorraçar [iskuxa'sar] <ç→c> *vt* echar

escorredor [iskoxe'dor] <-es> *m* escurridor *m*

escorregadela [iskoxega'dɛla] *f* resbalón *m;* **dar uma ~** dar un resbalón

escorregadio, -a [iskoxega'dʒiu, -a] *adj* resbaladizo, -a

escorregão <-ões> [iskoxe'gãw, -'õjs] *m* resbalón *m*

escorregar [iskoxe'gar] <g→gu> *vi* resbalar; *fig* patinar

escorregões [iskorpi'õjs] *m pl de* **escorregão**

escorrer [isko'xer] *vi, vt* escurrir

escoteiro, -a [isko'tejru, -a] *m, f* escultista *mf*

escotilha [isko'tʃiʎa] *f* escotilla *f*

escotilhão <-ões> [iskotʃi'ʎãw, -'õjs] *m* trampilla *f*

escova [is'kova] *f* cepillo *m;* **~ de cabelo** cepillo del pelo; **~ de dentes** cepillo de dientes; **fazer ~** cepillarse

escovadela [iskova'dɛla] *f* cepillado *m;* **dar uma ~ em a. c.** dar un cepillado en algo

escovar [isko'var] *vt* cepillar

escovilhão <-ões> [iskovi'ʎãw, -'õjs] *m* cepillo cilíndrico para limpiar las bocas de los cañones

escravatura [iskrava'tura] *f* esclavitud *f;* **abolição da ~** abolición de la esclavitud

escravidão <-ões> [iskravi'dãw, -'õjs] *f* esclavitud *f;* **viver na ~** vivir en la esclavitud

escravizar [iskravi'zar] *vt* esclavizar

escravo, -a [is'kravu, -a] I. *adj* esclavo, -a; **trabalho ~** trabajo esclavo II. *m, f* esclavo, -a *m, f*

escrever [iskre'ver] <*pp:* escrito> I. *vt* escribir; **~ uma carta a alguém** escribir una carta a alguien II. *vi* escribir; **~ à máquina/à mão** escribir a máquina/a mano

escrevinhar [iskrevĩ'ɲar] *vt* garabatear

escrita [is'krita] *f* 1. (*letra*) escritura *f;* **~ alfabética** escritura alfabética; **~ consonântica** escritura consonántica; **~ hieroglífica** escritura jeroglífica 2. ECON teneduría *f*

escrito, -a [is'kritu, -a] I. *pp de* **escrever** II. *adj* escrito, -a; **~ à máquina/à mão** escrito a máquina/a mano; **por ~** por escrito

escritor(a) [iskri'tor(a)] <-es> *m(f)* escritor(a) *m(f)*

escritório [iskri'tɔriw] *m* oficina *f;* (*de advogado, em casa*) despacho *m*

escritura [iskri'tura] *f* JUR escritura *f;* **Sagradas Escrituras** REL Sagradas Escrituras

escrituração <-ões> [iskritura'sãw, -'õjs] *f* ECON teneduría *f*

escriturário, -a [iskritu'rariw, -a] *m, f* oficinista *mf*

escrivã [eskri'vã] *f v.* **escrivão**

escrivães [eskri'vãjs] *m pl de* **escrivão**

escrivaninha [iskrivã'niɲa] *f* escritorio *m*

escrivão, escrivã <-ães> [eskri'vãw, -ã, -ãjs] *m, f* notario, -a *m, f*

escrúpulo [is'krupulu] *m* (*cuidado*) cuidado *m;* **com ~** con cuidado; **sem ~s** sin escrúpulos

escrupuloso, -a [iskrupu'lozu, -ɔza] *adj* escrupuloso, -a

escrutínio [iskru'tʃiniw] *m* 1. (*votação*) voto *m* 2. (*contagem dos votos, exame minucioso*) escrutinio *m*

escudar [isku'dar] *vt* proteger

escudo [is'kudu] *m* (*arma, moeda*) escudo *m*

esculpir [iskuw'pir] *vt* 1. (*em pedra, madeira*) esculpir 2. *fig* imprimir

escultor(a) [iskuw'tor(a)] <-es> *m(f)* escultor(a) *m(f)*

escultura [iskuw'tura] *f* escultura *f*

escultural <-ais> [iskuwtu'raw, -'ajs] *adj* escultural

escuma [is'kuma] *f v.* **espuma**

escumadeira [iskuma'dejra] *f* espumadera *f*

escumar [isku'mar] *vi* espumar

escuna [is'kuna] *f* goleta *f*

escuras [is'kuras] *adv* **às ~** (*sem luz*) a oscuras; *fig* a escondidas

escurecer [iskure'ser] <c→ç> *vi, vt* oscurecer

escuridão [iskuri'dãw] *f* oscuridad *f*

escuro [is'kuru] *m* oscuridad *f*

escuro, -a [is'kuru, -a] *adj* oscuro, -a; **vermelho-~** rojo oscuro; **~ como breu** oscuro como la boca del lobo

escusado, -a [isku'zadu, -a] *adj* innecesario, -a; **é ~ dizer que...** no hace falta decir que...

escusar [isku'zar] I. *vt* 1. (*perdoar*) excusar; **~ uma falha** excusar un fallo 2. (*dispensar*) hacer innecesario; **o fato**

em si escusa explicações el mero hecho hace que no sean necesarias explicaciones II. *vi* no ser necesario; **isso escusa de ser traduzido** no hace falta traducir eso

escuta [is'kuta] *f* escucha *f*; ~ **telefônica** escucha telefónica; **aparelho de** ~ aparato de escucha; **estar à** ~ estar a la escucha; **estar sob** ~ estar siendo escuchado

escutar [isku'tar] I. *vt* (*ouvir*) oír; (*com atenção*) escuchar II. *vi* escuchar; **fique atento e escute!** ¡estáte atento y escucha!

esdrúxulo, -a [iz'druʃulu, -a] *adj* 1. LING esdrújulo, -a 2. *inf* (*extravagante*) extravagante

esfacelar [isfase'lar] I. *vt* (*arruinar; estragar*) romper; (*gangrenar*) gangrenar II. *vr:* ~ **-se** romperse

esfalfar [isfaw'far] I. *vt* agotar II. *vr:* ~ **-se** (*estafar-se*) agotarse

esfaquear [isfaki'ar] *conj como passear vt* apuñalar

esfarelado, -a [isfare'ladu, -a] *adj* (*muro, parede, bolo, madeira*) deshecho, -a

esfarelar [isfare'lar] I. *vi* deshacerse II. *vt* deshacer III. *vr:* ~ **-se** deshacerse

esfarrapado, -a [isfaxa'padu, -a] *adj* 1. (*pessoa, tecido*) desharrapado, -a 2. (*desculpa*) sin sentido

esfera [is'fɛra] *f* 1. (*corpo redondo*) esfera *f* 2. (*área*) ámbito *m*; ~ **de atividade** ámbito *m*

esférico, -a [is'fɛriku, -a] *adj* esférico, -a

esferográfica [isfero'grafika] *f* bolígrafo *m*, pluma *f Méx*, birome *m RíoPl*

esfiapar [isfia'par] *vi* deshilacharse

esfinge [is'fĩʒi] *f* esfinge *f*

esfoladura [isfola'dura] *f* arañazo *m*

esfolar [isfo'lar] I. *vt* (*ferir*) arañar; (*um animal*) desollar; (*uma pessoa*) hacerse un arañazo en II. *vr:* ~ **-se** (*por arranhão*) hacerse un arañazo

esfomeado, -a [isfomi'adu, -a] *adj* famélico, -a

esforçado, -a [isfor'sadu, -a] *adj* esforzado, -a

esforçar-se [isfor'sarsi] <ç→c> *vr* esforzarse; ~ **para fazer a. c.** esforzarse para hacer algo

esforço [is'forsu] *m* esfuerzo *m*; **fazer um** ~ hacer un esfuerzo; **sem** ~ sin esfuerzo

esfrangalhar [isfrãŋga'ʎar] I. *vt* rasgar II. *vr:* ~ **-se** rasgarse

esfregão <-ões> [isfre'gãw, -'õjs] *m* fregona *f*

esfregar [isfre'gar] <g→gu> I. *vt* 1. (*para limpar*) fregar 2. (*friccionar*) frotarse; ~ **as mãos/os olhos** frotarse las manos/los ojos II. *vr:* ~ **-se** frotarse; ~ **-se em a. c.** frotarse con algo; ~ **-se com a. c.** frotarse con algo

esfregões [isfre'gõjs] *m pl de* **esfregão**

esfriar [isfri'ar] I. *vt* enfriar II. *vi* enfriarse

esfumar-se [isfu'marsi] *vr* 1. (*névoa*) levantarse 2. (*sentimento*) esfumarse

esgaçar [izga'sar] <ç→c> I. *vt* rasgar; (*carne*) desmenuzar II. *vi* rasgarse III. *vr:* ~ **-se** rasgarse

esganado, -a [izga'nadu, -a] *adj* 1. (*ávido*) glotón, -ona 2. (*avarento*) avaricioso, -a

esganar [izga'nar] *vt* (*estrangular, sufocar*) estrangular

esganiçado, -a [izgãni'sadu, -a] *adj* (*voz*) chillón, -ona

esgaravatar [izgarava'tar] *vt* 1. (*o solo*) remover 2. (*revolver*) revolver

esgarçar [izgar'sar] <ç→c> *vt v.* **esgaçar**

esgazeado, -a [izgaze'adu, -a] *adj* inquieto, -a

esgotado, -a [izgo'tadu, -a] *adj* (*bilhetes, livro, pessoa*) agotado, -a

esgotamento [izgota'mẽjtu] *m* agotamiento *m*; ~ **nervoso** agotamiento nervioso

esgotante [izgo'tãntʃi] *adj* agotador(a)

esgotar [izgo'tar] I. *vt* agotar; **já esgotamos todas as possibilidades** ya agotamos todas las posibilidades II. *vi* (*mercadoria*) agotarse; **a minha paciência já esgotou** se me ha agotado la paciencia III. *vr:* ~ **-se** agotarse; **a minha paciência esgotou-se** se me agotó la paciencia

esgoto [iz'gotu] *m* alcantarillado *m*

esgravatar [izgrava'tar] *vt v.* **esgaravatar**

esgrima [iz'grima] *f sem pl* esgrima *f*

esgrimir [izgri'mir] *vi* practicar la esgrima

esgrimista [izgri'mista] *mf* tirador(a) *m(f)*

esgrouviado, -a [izgrowvi'adu, -a] *adj inf* (*alto e magro*) larguirucho, -a; (*de cabelos desalinhados*) con el pelo revuelto

esgueirar-se [izgej'rarsi] *vr* escabullirse

esguelha [iz'geʎa] *adv* **de** ~ de reojo;

olhar para alguém de ~ mirar a alguien de reojo
esguichar [izgi'ʃar] I. *vt* lanzar II. *vi* salir
esguicho [iz'giʃu] *m* 1. (*jato*) chorro *m* 2. (*instrumento para esguichar*) boquilla *f*
esguio, -a [iz'giw, -a] *adj* esbelto, -a
eslavo, -a [iz'lavu, -a] *adj, m, f* eslavo, -a *m, f*
Eslavônia [izla'vonia] *f* Eslavonia *f*
eslovaco, -a [izlo'vaku, -a] *adj, m, f* eslovaco, -a *m, f*
Eslováquia [izlo'vakia] *f* Eslovaquia *f*
Eslovênia [izlo'venia] *f* Eslovenia *f*
esloveno, -a [izlo'venu, -a] *adj, m, f* esloveno, -a *m, f*
esmaecer [izmae'ser] <c→ç> *vi* 1. (*empalidecer*) palidecer 2. (*esmorecer*) debilitarse
esmagado, -a [izma'gadu, -a] *adj* aplastado, -a
esmagador(a) [izmaga'dor(a)] <-es> *adj* (*irrefutável*) aplastante
esmagar [izma'gar] <g→gu> *vt* aplastar
esmaltar [izmaw'tar] *vt* esmaltar
esmalte [iz'mawtʃi] *m* esmalte *m*
esmerado, -a [izme'radu, -a] *adj* esmerado, -a
esmeralda [izme'rawda] *f* (*pedra, cor*) esmeralda *f*
esmerar-se [izme'rarsi] *vr* esmerarse
esmero [iz'meru] *m* esmero *m*
esmigalhar [izmiga'ʎar] *vt* desmigajar
esmiuçar [izmiu'sar] <c→ç> *vt* 1. (*pulverizar um objeto*) hacer añicos 2. (*examinar com detalhes*) desmenuzar
esmo ['ezmu] *adv* **a** ~ sin rumbo
esmola [iz'mɔla] *f* limosna *f*; **dar uma** ~ **a alguém** dar una limosna a alguien; **pedir** ~ pedir limosna
esmorecer [izmore'ser] <c→ç> *vi* 1. (*enfraquecer*) debilitarse; (*desmaiar*) desmayarse 2. (*cor, luz, relação, sentimento*) apagarse
esmurrado, -a [izmu'xadu, -a] *adj* **foi** ~ **pelo vizinho** el vecino le dio un puñetazo
esmurrar [izmu'xar] *vt* dar un puñetazo a
esnobar [izno'bar] *vt* menospreciar
esnobe [iz'nɔbi] *adj* esnob
esnobismo [izno'bizmu] *m* esnobismo *m*

esôfago [e'zofagu] *m* esófago *m*
esotérico, -a [ezo'tɛriku, -a] *adj* esotérico, -a
esoterismo [ezote'rizmu] *m* esoterismo *m*
espaçadamente [ispasada'mējtʃi] *adv* de forma espaciada
espaçado, -a [ispa'sadu, -a] *adj* espaciado, -a; **a intervalos** ~**s** a intervalos espaciados
espacial <-ais> [ispasi'aw, -'ajs] *adj* espacial
espaço [is'pasu] *m* espacio *m*; ~ **aéreo** espacio aéreo; ~ **cultural** espacio cultural; ~ **de tempo** espacio de tiempo; ~ **verde** espacio verde; **um** ~ **de dois anos** un espacio de dos años; **ainda há** ~ **para três pessoas/carros** todavía hay espacio para tres personas/coches; **deixar um** ~ **entre a. c.** dejar un espacio entre algo
espaçoso, -a [ispa'sozu, -'ɔza] *adj* espacioso, -a; (*pessoa*) abusón, -ona
espada [is'pada] *f* espada *f*; **estar entre a** ~ **e a parede** estar entre la espada y la pared; **colocar alguém entre a** ~ **e a parede** colocar a alguien entre la espada y la pared
espadachim [ispada'ʃĩj] <-ins> *m* espadachín *m*
espadana [ispa'dɐna] *f* (*de cometa*) cola *f*
espadarte [ispa'dartʃi] *m* pez *m* espada
espadas [is'padas] *fpl* (*cartas*) picas *fpl*; (*em Espanha*) espadas *fpl*
espadim [ispa'dʒĩj] <-ins> *m* espada *f* pequeña
espádua [is'padwa] *f* escápula *f*
espaguete [ispa'gɛtʃi] *m* GASTR espagueti *m*
espairecer [ispajre'ser] <c→ç> I. *vt* despejar II. *vi* despejarse
espaldar [ispaw'dar] *m* respaldo *m*
espalhafato [ispaʎa'fatu] *m* 1. (*barulho, gritaria, confusão*) follón *m inf*; **fazer um** ~ armar follón *inf* 2. (*ostentação*) ostentación *f*
espalhafatoso, -a [ispaʎafa'tozu, -'ɔza] *adj* (*extravagante*) extravagante; (*exagerado*) exagerado, -a
espalhar [ispa'ʎar] I. *vt* 1. (*geral*) esparcir 2. (*pomada*) extender II. *vr*: ~-**se** 1. (*notícia, doença*) esparcirse 2. (*pôr-se à vontade*) acomodarse 3. (*dispersar-se*) dispersarse
espalmado, -a [ispaw'madu, -a] *adj* extendido, -a

espalmar [ispaw'mar] *vt* extender; ESPORT desviar

espampanante [ispãŋpɜ'nãtʃi] *adj* extravagante

espanador [ispɜna'dor] *m* plumero *m*

espancar [ispãŋ'kar] <c→qu> *vt* dar una paliza a

Espanha [is'pãɲa] *f* España *f*

espanhol(a) <-óis> [ispã'ɲɔw, -la, -ɔjs] *adj, m(f)* español(a) *m(f)*

espantado, -a [ispãŋ'tadu, -a] *adj* **1.** (*admirado*) impresionado, -a; **ficar ~ com a. c.** quedarse impresionado con algo **2.** (*assustado*) espantado, -a

espantalho [ispãŋ'taʎu] *m* espantapájaros *m inv*

espantar [ispãŋ'tar] **I.** *vt* **1.** (*admirar*) impresionar **2.** (*afugentar*) espantar; **~ o sono** quitar el sueño **II.** *vr*: **~-se** impresionarse; **~-se com a. c.** impresionarse con algo

espanto [is'pãŋtu] *m* impresión *f*; **causou ~ o sucesso desse filme** el éxito de la película impresionó

espantoso, -a [ispãŋ'tozu, -'ɔza] *adj* **1.** (*asombroso*) impresionante; (*estupendo*) extraordinario, -a **2.** (*indignado*) indignante

esparadrapo [ispara'drapu] *m* esparadrapo *m*

espargir [ispar'ʒir] <g→j> *vt* rociar

esparramar [ispaxɜ'mar] **I.** *vt* **1.** (*objetos: brinquedos, moedas*) desparramar **2.** (*líquidos*) derramar **II.** *vr*: **~-se** derramarse; **~-se numa poltrona** dejarse caer en un sillón

esparrela [ispa'xɛla] *f* (*armadilha, cilada*) trampa *f*; **cair na ~** caer en la trampa

esparso, -a [is'parsu, -a] *adj* **1.** (*espalhado*) disperso, -a **2.** (*solto*) suelto, -a

espartilho [ispar'tʃiʎu] *m* corsé *m*

espasmo [is'pazmu] *m* espasmo *m*

espatifar [ispatʃi'far] **I.** *vt* hacer pedazos **II.** *vr*: **~-se** hacerse pedazos

espátula [is'patula] *f* espátula *f*

espavorido, -a [ispavo'ridu, -a] *adj* aterrorizado, -a

especial <-ais> [ispesi'aw, -'ajs] *adj* especial; **em ~** en especial; **nada de ~** nada de especial

especialidade [ispesjaʎi'dadʒi] *f* especialidad *f*

especialista [ispesja'ʎista] *mf* especialista *mf*; **ser ~ em a. c.** ser especialista en algo

especialização <-ões> [ispesjaʎiza'sãw, -'õjs] *f* especialización *f*; **~ profissional** especialización profesional; **fazer uma ~ em a. c.** hacer una especialización en algo

especializado, -a [ispesjaʎi'zadu, -a] *adj* especializado, -a; **trabalhador ~** trabajador especializado

especializar-se [ispesjaʎi'zarsi] *vr* especializarse; **~ em a. c.** especializarse en algo

especialmente [ispesjaw'mẽjtʃi] *adv* especialmente

especiaria [ispesja'ria] *f* especia *f*

espécie [is'pɛsii] *f* especie *f*; **ele faz toda a ~ de erros** comete todo tipo de errores; **isso é uma ~ de porta** eso es una especie de puerta; **em ~** ECON en especie

especificação <-ões> [ispesifika'sãw, -'õjs] *f* especificación *f*

especificado, -a [ispesifi'kadu, -a] *adj* especificado, -a

especificar [ispesifi'kar] <c→qu> *vt* especificar

específico, -a [ispe'sifiku, -a] *adj* específico, -a

espécime [is'pɛsimi] *m* espécimen *m*

espectador(a) [ispekta'dor(a)] *m(f)* espectador(a) *m(f)*

espectro [is'pɛktru] *m* espectro *m*

especulação <-ões> [ispekula'sãw, -'õjs] *f* especulación *f*; **~ na Bolsa** especulación bursátil; **~ financeira** especulación financiera

especulador(a) [ispekula'dor(a)] *m(f)* especulador(a) *m(f)*

especular [ispeku'lar] *vi* especular; **~ na Bolsa** especular en bolsa; **~ sobre a. c.** especular sobre algo

especulativo, -a [ispekula'tʃivu, -a] *adj* especulativo, -a

espéculo [is'pɛkulu] *m* espéculo *m*

espelhar [ispe'ʎar] **I.** *vt* reflejar **II.** *vr*: **~-se** reflejarse

espelho [is'peʎu] *m* espejo *m*; **~ retrovisor** espejo retrovisor

espelunca [ispe'lũwka] *f* cuchitril *m*

espera [is'pɛra] *f* espera *f*; **estar à ~ de alguém/de a. c.** estar a la espera de alguien/de algo

esperado, -a [ispe'radu, -a] *adj* esperado, -a

esperança [ispe'rãŋsa] *f* esperanza *f*; **dar (falsas) ~s a alguém** dar (falsas) esperanzas a alguien; **ter ~(s)** tener esperanzas

esperançoso, -a [isperɜ̃'sozu, -'ɔza] *adj* esperanzado, -a

esperanto [ispe'rɜ̃ŋtu] *m* esperanto *m*

esperar [ispe'rar] I. *vt* esperar; **estar esperando bebê** estar esperando II. *vi* esperar; ~ **por alguém/a. c.** esperar a alguien/algo; **fazer alguém ~** hacer esperar a alguien; **espera aí!** ¡espera un momento!; **espero que sim/não** espero que sí/no

esperma [is'pɛrma] *m* esperma *m*

espermatozoide [ispermato'zɔjdʒi] *m* espermatozoide *m*

espernear [isperni'ar] *conj como passear vi* patalear

esperto, -a [is'pɛrtu, -a] *adj* inteligente

espesso, -a [is'pesu, -a] *adj* **1.** (*líquido, tecido, parede*) espeso, -a **2.** (*livro*) grueso, -a

espessura [ispe'sura] *f* espesura *f*

espetacular [ispetaku'lar] *adj* espectacular

espetáculo [ispe'takulu] *m* **1.** (*geral*) espectáculo *m;* **a festa foi um ~!** ¡la fiesta fue espectacular! **2.** *inf* (*escândalo*) espectáculo *m;* **dar ~** dar el espectáculo

espetada [ispe'tada] *f* **1.** (*agulha, alfinete*) pinchazo *m* **2.** GASTR **dar uma ~ na carne** espetar la carne

espetar [ispe'tar] I. *vt* **1.** (*pendurar, prender*) clavar; ~ **um aviso no quadro** clavar un aviso en el tablón; ~ **um broche no casaco** colocar un broche en la chaqueta **2.** GASTR espetar II. *vr:* ~**-se 1.** (*picar-se*) pincharse; ~**-se com uma agulha** pincharse con una aguja **2.** *inf* (*ficar em má situação, encrencar-se*) meterse en un lío

espevitado, -a [ispevi'tadu, -a] *adj* **1.** (*vivo: pessoa*) listo, -a **2.** (*atrevido*) atrevido, -a

espezinhar [ispezĩ'nar] *vt* (*calcar, humilhar*) pisotear

espia [is'pia] *f* amarra *f*

espiã [ispi'ɜ̃] *f v.* **espião**

espiada [ispi'ada] *f* (*olhada*) vistazo *m;* **dar uma ~ (em a. c./em alguém)** echar un vistazo (a algo/a alguien)

espião, espiã [ispi'ɜ̃w, ispi'ɜ̃, -õjs] *m, f* espía *m*

espiar [ispi'ar] *vt* espiar

espicaçar [ispika'sar] <ç→c> *vt* **1.** (*picar*) agujerear **2.** (*instigar*) aguijonear **3.** (*magoar*) hacer sufrir a

espiga [is'piga] *f* (*de milho*) espiga *f,* elote *m AmC*

espigado, -a [ispi'gadu, -a] *adj* **1.** (*alto, reto, esticado*) espigado, -a **2.** (*cabelo*) con las puntas abiertas

espigar [ispi'gar] <g→gu> *vi* **1.** BOT espigarse **2.** (*cabelo*) erizarse **3.** *inf* (*fazer crescer, tornar alto*) espigarse

espinafre [ispi'nafri] *m* espinaca *f*

espingarda [ispĩ'garda] *f* escopeta *f;* ~ **de dois canos** escopeta de dos cañones

espinha [is'piɲa] *f* **1.** (*do peixe*) espina *f;* ~ **dorsal** ANAT espina dorsal **2.** (*pele*) espinilla *f*

espinhal <-ais> [ispĩ'naw, -'ajs] *adj* espinal; **medula/nervo ~** médula/nervio espinal

espinho [is'piɲu] *m* **1.** (*de planta*) espina *f* **2.** (*de animal*) púa *f* **3.** (*dificuldade*) problema *m*

espinhoso, -a [ispi'nozu, -'ɔza] *adj tb. fig* espinoso, -a

espiões [ispi'õjs] *m pl de* **espião**

espionagem [ispio'naʒẽj] *f* espionaje *m*

espionar [ispio'nar] *vi, vt* espiar

espiral [ispi'raw] I. *adj* espiral II. *f* <-ais> espiral *f*

espírita [is'pirita] *adj, mf* espiritista *mf*

espiritismo [ispiri'tʃizmu] *m* espiritismo *m*

espírito [is'piritu] *m* espíritu *m;* ~ **de equipe** espíritu de equipo; **o Espírito Santo** el Espíritu Santo; **ter paz de ~** tener paz de espíritu; **ter ~ para a. c.** tener sensibilidad para algo; **ter ~ crítico** tener espíritu crítico

espiritual <-ais> [ispiritu'aw, -'ajs] *adj* espiritual

espiritualidade [ispiritwʎi'dadʒi] *f* espiritualidad *f*

espirituoso, -a [ispiritu'ozu, -'ɔza] *adj* **1.** (*pessoa*) divertido, -a **2.** (*bebida*) alcohólico, -a

espirrar [ispi'xar] I. *vt* soltar II. *vi* estornudar

espirro [is'pixu] *m* estornudo *m;* **dar um ~** soltar un estornudo

esplanada [ispla'nada] *f* (*em frente a edifício*) explanada *f*

esplêndido, -a [is'plẽjdʒidu, -a] *adj* espléndido, -a

esplendor [isplẽj'dor] *m* esplendor *m*

esplendoroso, -a [isplẽjdo'rozu, -'ɔza]

espoleta [isp'leta] f espoleta f
espoliação <-ões> [ispoʎia'sɜ̃w, -'õjs] f expoliación m
espoliar [ispoʎi'ar] vt expoliar
espólio [is'pɔʎiw] m 1.(*herança*) herencia f 2.(*de guerra*) resto m
espondilose [ispõwdʒ'lɔzi] f espondilosis f
esponja [is'põwʒa] f 1. tb. ZOOL esponja f; **beber como uma ~** inf beber como una esponja; **passemos uma ~ sobre o assunto!** inf ¡lo pasado, pasado está! 2. inf (*pessoa*) esponja f
esponjoso, -a [ispõw'ʒozu, -'ɔza] adj esponjoso, -a
esponsais [ispõw'sajs] mpl esponsales mpl
espontaneamente [ispõwtɜnja'mẽjtʃi] adv espontáneamente
espontaneidade [ispõwtɜnej'dadʒi] f espontaneidad f
espontâneo, -a [ispõw'tɜniw, -a] adj espontáneo, -a; **de livre e espontânea vontade** por voluntad propia
espontar [ispõw'tar] I. vt podar II. vi (*astro, dia, planta*) despuntar
espora [is'pɔra] f espuela f
esporádico, -a [ispo'radʒiku, -a] adj esporádico, -a
esporão <-ões> [ispo'rɜ̃w, -'õjs] m ZOOL, MED espolón m
esporte [is'pɔrtʃi] I. m deporte m; **praticar ~** hacer [o practicar] deporte II. adj traje ~ traje de sport
esportista [ispor'tʃista] mf deportista mf
esportivo, -a [ispor'tʃivu, -a] adj deportivo, -a; **ter espírito ~** tener espíritu deportivo
esposar [ispo'zar] vt 1.(*matrimoniar*) casar 2.(*defender*) defender
esposo, -a [is'pozu, -a] m, f esposo, -a m, f
espreguiçar-se [ispregi'sarsi] <ç→c> vr estirarse
espreita [is'prejta] f acecho m; **estar à ~** estar al acecho; **pôr-se à ~** ponerse al acecho
espreitar [isprej'tar] I. vt acechar II. vi espiar
espremedor [ispreme'dor] m exprimidor m
espremer [ispre'mer] I. vt 1.(*com espremedor*) exprimir 2.(*uma esponja, espinha*) apretar 3. inf(*uma pessoa*) exprimir II. vi apretarse
espuma [is'puma] f espuma f; **~ de banho** espuma para baño; **~ de barbear** espuma de afeitar; **~ de borracha** gomaespuma f; **fazer ~** hacer espuma
espumadeira [ispuma'dejra] f espumadera f
espumante [ispu'mɜ̃ntʃi] m espumoso m
espumar [ispu'mar] vi espumar
espumoso, -a [ispu'mozu, -'ɔza] adj espumoso, -a
espúrio, -a [is'puriw, -a] adj espúreo, -a
esq. [is'kerdu] abr de **esquerdo** izqdo.
esquadra [is'kwadra] f escuadra f
esquadrão <-ões> [iskwa'drɜ̃w, -'õjs] m escuadrón m
esquadria [iskwa'dria] f 1. MAT ángulo m recto 2.(*acabamento de porta ou janela*) marco m; **~ de alumínio** marco de aluminio
esquadro [is'kwadru] m escuadra f
esquadrões [iskwa'drõjs] m pl de **esquadrão**
esquálido, -a [is'kwaʎidu, -a] adj 1.(*sujo*) sucio, -a 2.(*desnutrido, magro, pálido*) escuálido, -a
esquartejar [iskwarte'ʒar] vt descuartizar
esquecer [iske'ser] <c→ç> I. vt olvidar; **vê se me esquece!** inf ¡olvídame! II. vr ~-**se de a. c.** olvidarse de algo
esquecido, -a [iske'sidu, -a] adj olvidado, -a; **fazer-se de ~** hacerse el olvidadizo
esquecimento [iskesi'mẽjtu] m olvido m; **cair no ~** caer en el olvido
esquelético, -a [iske'lɛtʃiku, -a] adj esquelético, -a
esqueleto [iske'letu] m 1.(*de corpo, armação, estrutura*) esqueleto m 2.(*esboço*) boceto m
esquema [is'kema] m (*figura*) esquema m; (*resumo, sinopse*) resumen m
esquemático, -a [iske'matʃiku, -a] adj esquemático, -a
esquematizar [iskematʃi'zar] vt esquematizar
esquentado, -a [iskẽj'tadu, -a] adj caliente
esquentar [iskẽj'tar] I. vt 1. calentar; **~ a cabeça** fig, inf calentarse la cabeza 2. inf (*animar*) calentar; **a música esquentou a festa** la música calentó la fiesta II. vi calentarse III. vr: ~-**se** (*pessoa*) calentarse

esquerda [is'kerda] *f* POL izquierda *f*; **virar à ~** dar un giro a la izquierda
esquerdista [isker'dʒista] *mf* izquierdista *mf*
esquerdo, -a [is'kerdu, -a] *adj* izquierdo, -a
esqui [is'ki] *m* esquí *m*; **~ aquático** esquí acuático; **fazer ~** hacer esquí
esquiador(a) [iskia'dor(a)] *m(f)* esquiador(a) *m(f)*
esquiar [iski'ar] *vi* esquiar
esquilo [is'kilu] *m* ardilla *f*
esquimó [iski'mɔ] *adj, mf* esquimal *mf*
esquina [is'kina] *f* esquina *f*; **virar na próxima ~** girar en la próxima esquina
esquisito, -a [iski'zitu, -a] *adj* 1.(*estranho, raro, invulgar*) raro, -a 2.(*requintado*) refinado, -a; **iguarias e vinhos ~s** manjares y vinos refinados
esquivar-se [iski'varsi] *vr* esquivar; **~ de alguém/a. c.** esquivar a alguien/algo; **~ do trabalho/de uma pergunta** esquivar el trabajo/una pregunta
esquivo, -a [is'kivu, -a] *adj* esquivo, -a
esquizofrenia [iskizofre'nia] *f* esquizofrenia *f*
esquizofrênico, -a [iskizo'freniku, -a] *adj, m, f* esquizofrénico, -a *m, f*
esse, -a ['esi, 'ɛsa] *pron dem* ese, -a; **~ livro/vinho** ese libro/vino; **essa senhora** esa señora; **1980 - ~ tempo foi feliz** 1980 - esos eran tiempos felices; **essa agora!** ¡lo que faltaba!; **essa é boa!** ¡qué bueno!; **ainda mais essa!** ¡y ahora esa!; **ora essa!** (*indignação*) ¡anda ya!; **é por essas e por outras** por esas y por otras razones; **~ tal...** ese tal...
essência [e'sẽjsia] *f* esencia *f*; **~ de flores** esencia de flores; **a ~ de um trabalho** la esencia de un trabajo
essencial <-ais> [esẽjsi'aw] I. *adj* esencial II. *m* esencial *m*; **o ~ é que a viagem seja proveitosa** lo esencial es aprovechar el viaje
essencialmente [esẽjsjaw'mẽjtʃi] *adv* esencialmente
estabelecer [istabele'ser] <c→ç> I. *vt* establecer II. *vr:* **~-se** establecerse
estabelecimento [istabelesi'mẽjtu] *m* establecimiento *m;* **~ de ensino** establecimiento de enseñanza; **~ penitenciário** establecimiento penitenciario; **~ público** establecimiento público
estabilidade [istabiʎi'dadʒi] *f* (*financeira, emocional*) estabilidad *f*; (*do tempo de serviço*) carácter *m* vitalicio
estabilizador [istabiʎiza'dor] *m* AERO, AUTO estabilizador *m*
estabilizar [istabiʎi'zar] I. *vt* (*situação, moeda*) estabilizar II. *vr:* **~-se** estabilizar
estábulo [is'tabulu] *m* establo *m*
estaca [is'taka] *f* 1.(*peça de madeira, aço*) estaca *f* 2.(*ponto inicial*) **~ zero** punto *m* de partida
estação <-ões> [ista'sãw, -'õjs] *f* 1.(*de trens, ônibus, do ano*) estación *f*; **~ espacial/orbital** estación espacial/orbital 2.(*de rádio, televisão*) emisora *f* 3.(*de águas*) balneario *m*
estacar [ista'kar] <c→qu> *vi* quedar paralizado, -a
estacionado, -a [istasjo'nadu, -a] *adj* (*carro*) aparcado, -a; **estar mal ~** estar mal aparcado
estacionamento [istasjona'mẽjtu] *m* 1.(*ação de estacionar*) estacionamiento *m;* **~ proibido** estacionamiento prohibido 2.(*lugar*) aparcamiento *m*
estacionar [istasjo'nar] I. *vt* (*o carro*) aparcar II. *vi* 1.(*com o carro*) aparcar; **não ~** prohibido aparcar 2.(*situação, doença*) estacionarse
estacionário, -a [istasjo'nariw, -a] *adj* estacionario, -a
estações [ista'sõjs] *f pl* de **estação**
estada [is'tada] *f* estancia *f*
estadia [ista'dʒia] *f* 1.(*descarga no porto*) periodo de tiempo que un barco mercante tiene en un puerto para efectuar la carga o descarga 2. v. **estada**
estádio [is'tadʒiw] *m* estadio *m*
estadista [ista'dʒista] *mf* estadista *mf*
estado [is'tadu] *m* 1.(*condição*) estado *m;* **~ de abandono** estado de abandono; **~ civil** estado civil; **~ de emergência** estado de emergencia; **~ de espírito** estado de espíritu; **~ de saúde** estado de salud 2. POL estado *m;* **Estado corporativo** Estado corporativo; **o Brasil está dividido em ~s** Brasil está divido en estados

---

Gramática estado se escribe siempre con minúscula, excepto cuando se refiere a instituciones políticas: "O Estado Maior das Forças Armadas tem um novo presidente; Ele é Ministro de Estado."

estado-maior [is'tadu-maj'ɔr] *m* estado *m* mayor
estado-membro [is'tadu-'mẽjbru] *m* Estado *m* miembro
estadual <-ais> [istadu'aw, -'ais] *adj* estatal
estafa [is'tafa] *f (esgotamento, fadiga)* agotamiento *m*
estafado, -a [ista'fadu, -a] *adj* agotado, -a
estafar [ista'far] **I.** *vt* agotar **II.** *vr:* ~ **-se** agotarse; ~ **-se com a. c.** agotarse con algo
estafeta [ista'feta] *mf (de entrega em domicílio)* cartero, -a *m, f*
estagiar [istaʒi'ar] *vi* hacer prácticas; ~ **em uma empresa** hacer prácticas en una empresa
estagiário, -a [istaʒi'ariw, -a] *m, f* aprendiz(a) *m(f)*
estágio [is'taʒiw] *m* **1.** *(aprendizagem)* prácticas *fpl;* **fazer** ~ hacer prácticas **2.** *(fase)* etapa *f*
estagnado, -a [istag'nadu, -a] *adj (água)* estancado, -a
estagnar [istag'nar] *vi* estancarse
estalactite [istalak'tʃitʃi] *f* estalactita *f*
estalada [ista'lada] *f* **1.** *(de um tiro)* estallido *m* **2.** *inf (bofetada)* galleta *f*
estalado, -a [ista'ladu, -a] *adj* roto, -a
estalagem [ista'laʒẽj] *f* posada *f*
estalagmite [istalag'mitʃi] *f* estalagmita *f*
estalar [ista'lar] **I.** *vt* chasquear; ~ **os dedos** chasquear los dedos **II.** *vi* **1.** *(fender)* rajarse **2.** *(dar estalos)* crepitar; *(com dor)* estallar **3.** *(guerra)* estallar
estaleiro [ista'lejru] *m* astillero *m*
estalido [ista'ʎidu] *m* estallido *m;* *(com a boca, os dedos)* chasquido *m;* *(da lenha)* crepitación *f*
estalinismo [istaʎi'nizmu] *m sem pl* estalinismo *m*
estalo [is'talu] *m* **1.** *(som)* estallido *m;* **dar um** ~ estallar **2.** *inf (bofetada)* torta *f;* **levar/dar um** ~ recibir/dar una torta
estampa [is'tãpa] *f (em tecido)* estampado *m;* *(em livro)* estampa *f*
estampado [istãŋ'padu] *m* estampado *m*
estampado, -a [istãŋ'padu, -a] *adj* **1.** *(tecido)* estampado, -a **2.** *(evidente)* reflejado, -a; **ela tem a felicidade estampada no rosto** su felicidad se refleja en su cara
estampagem [istãŋ'paʒẽj] *f* estampado *m*
estampar [istãŋ'par] *vt* estampar
estamparia [istãŋpa'ria] *f* fábrica *f* de estampados
estampido [istãŋ'pidu] *m* estampido *m*
estancar [istãŋ'kar] <c→qu> **I.** *vt* **1.** *(o sangue)* detener; *(a água)* estancar **2.** *(cessar, terminar)* acabar con **II.** *vi (sangue)* parar
estanca-rios [is'tãŋka-'xiws] *m inv* noria *f*
estância [is'tãsia] *f* **1.** *(local)* estación *f;* ~ **balneária** [*ou* **termal**] balneario *m* **2.** LIT estancia *f*
estandardização [istãŋdardʒiza'sãw] *f* estandarización *f*
estandardizar [istãŋdardʒi'zar] *vt* estandarizar
estandarte [istãŋ'dartʃi] *m* estandarte *m;* ~ **de escola de samba** estandarte de escuela de samba; **levar o** ~ *fig* tomar la iniciativa
estande [is'tãdʒi] *m* stand *m;* ~ **de exposição** stand de feria
estanho [is'tãɲu] *m* estaño *m*
estanque [is'tãŋki] *adj* estanco, -a
estante [is'tãŋtʃi] *f* estantería *f*
estapafúrdio, -a [istapa'furdʒiw, -a] *adj inf* estrafalario, -a
estar [is'tar] *irr vi* **1.** *(encontrar-se)* estar; ~ **em casa** estar en casa **2.** *(presença)* estar; **quem está aí?** ¿quién está ahí? **3.** *(modo)* estar; ~ **de calça jeans** llevar vaqueros; ~ **de chapéu/de óculos** llevar sombrero/gafas; ~ **deitado/sentado** estar acostado/sentado; ~ **sem dinheiro/emprego** no tener dinero/empleo; ~ **doente/contente** estar enfermo/contento; ~ **de férias** estar de vacaciones; ~ **com fome/sede** tener hambre/sed; ~ **de luto** estar de luto; ~ **com medo** tener miedo; ~ **de pé** estar de pie; ~ **a par (da situação)** estar al tanto (de la situación); **não** ~ **para brincadeiras** no estar para bromas; (**ainda**) ~ **por fazer** estar (todavía) sin hacer; **ela está sem dormir/comer há dois dias** está sin dormir/comer desde hace dos días; **como está?** ¿cómo está?; **está bem!** ¡de acuerdo! **4.** *(ação contínua)* estar; ~ **fazendo a. c.** estar haciendo algo; **ele está conversando/lendo/cozinhando** está conversando/leyendo/

cocinando **5.** (*temperatura*) hacer; **está frio/calor** hace frío/calor; **estou com frio/calor** tengo frío/calor

estardalhaço [istarda'ʎasu] *m inf* alboroto *m*

estarrecer [istaxe'ser] <c→ç> *vi* horrorizar

estarrecido, -a [istaxe'sidu, -a] *adj* horrorizado, -a

estatal [ista'taw] *adj* estatal

estatelado, -a [istate'ladu, -a] *adj* estupefacto, -a

estatelar-se [istate'larsi] *vr* caerse de bruces

estática [is'tatʃika] *f* **1.** TÉC estática *f* **2.** (*ruído*) interferencias *fpl*

estático, -a [is'tatʃiku, -a] *adj* estático, -a

estatística [ista'tʃistʃika] *f* estadística *f*

estatístico, -a [ista'tʃistʃiku, -a] *adj* estadístico, -a; **cálculos ~s** cálculos estadísticos

estátua [is'tatwa] *f* estatua *f*

estatuária [istatu'aria] *f* estatuaria *f*

estatueta [istatu'eta] *f* estatuilla *f*

estatuir [istatu'ir] *conj* como incluir *vt* estatuir

estatura [ista'tura] *f* estatura *f*; **~ alta/baixa/mediana** estatura alta/baja/media

estatuto [ista'tutu] *m* **1.** (*lei, de uma associação*) estatuto *m* **2.** (*condição, categoria*) condición *f*

estável <-eis> [is'tavew, -ejs] *adj* estable; (*funcionário*) fijo, -a

este ['estʃi] *m* este *m*

este, -a ['estʃi, 'esta] *pron dem* este, -a; **~ livro/vinho** este libro/vino; **esta senhora** esta señora; **esta noite** esta noche

esteio [is'teju] *m* sustento *m*; **~ da família** sustento de la familia

esteira [is'tejra] *f* **1.** (*tapete*) estera *f*; (*tapete rolante*) cinta *f* transportadora **2.** (*vestígio*) rastro *m*; (*caminho*) camino *m*; **ir na ~ de alguém** *fig* seguir el camino de alguien

estelionato [isteʎio'natu] *m* estafa *f*

estender [istẽj'der] **I.** *vt* **1.** (*geral*) extender **2.** (*a roupa*) tender **II.** *vr*: **~-se** extenderse; **a exposição estendeu-se por 6 semanas** la exposición se extendió durante 6 semanas

estenografar [istenogra'far] *vt* taquigrafiar

estenografia [istenogra'fia] *f sem pl* taquigrafía *f*

estenógrafo, -a [iste'nɔgrafu, -a] *m, f* taquígrafo, -a *m, f*

estepe[1] [is'tɛpi] *f* (*vegetação*) estepa *f*

estepe[2] [is'tɛpi] *m* (*pneu*) rueda *f* de recambio [*o* repuesto]

esterco [is'terku] *m* estiércol *m*

estéreis [is'tɛrejs] *adj pl de* **estéril**

estereofonia [istɛrjofo'nia] *f* estereofonía *f*

estereofônico, -a [istɛrjo'foniku, -a] *adj* estereofónico, -a

estereoscópio [isterjos'kɔpiw] *m* estereoscopio *m*

estereótipo [isteri'ɔtʃipu] *m* estereotipo *m*

estéril <-eis> [is'tɛriw, -ejs] *adj* estéril

esterilidade [isteriʎi'dadʒi] *f* esterilidad *f*

esterilização [isteriʎiza'sãw] *f* esterilización *f*

esterilizado, -a [isteriʎi'zadu, -a] *adj* esterilizado, -a

esterilizar [isteriʎi'zar] *vt* (*pessoa, animal, objeto*) esterilizar

esterlino, -a [ister'ʎinu, -a] *adj* esterlino, -a; **libra esterlina** libra esterlina

esterno [is'tɛrnu] *m* esternón *m*

esterqueira [ister'kejra] *f* estercolero *m*

estética [is'tɛtʃika] *f* estética *f*

esteticista [istet'sista] *mf* esteticista *mf*

estético, -a [is'tɛtʃiku, -a] *adj* estético, -a

estetoscópio [istetos'kɔpiw] *m* estetoscopio *m*

estiagem [istʃi'aʒẽj] *f* sequía *f*

estibordo [istʃi'bɔrdu] *m* estribor *m*

esticadela [istʃika'dɛla] *f inf* estirada *f*; **dar uma ~** estirarse

esticar [istʃi'kar] <c→qu> **I.** *vt* estirar **II.** *vr*: **~-se** estirarse

estigma [is'tʃigma] *m* estigma *m*

estigmatizar [istʃigmatʃi'zar] *vt* estigmatizar

estilhaçar [istiʎa'sar] <ç→c> **I.** *vt* hacer añicos **II.** *vr*: **~-se** hacerse añicos

estilhaço [istʃi'ʎasu] *m* trozo *m*

estilismo [istʃi'ʎizmu] *m* (*moda*) estilismo *m*

estilista [istʃi'ʎista] *mf* (*moda*) estilista *mf*

estilístico, -a [istʃi'ʎistʃiku, -a] *adj* estilístico, -a

estilizar [istiʎi'zar] *vt* (*aprimorar*) perfeccionar; (*modificar*) modificar

estilo [is'tʃilu] *m* **1.** (*maneira de expres-*

estima

sar-se, costume) estilo *m*; ~ **de vida** estilo de vida; ~ **natural/gótico** estilo natural/gótico; **isso não faz o meu** ~ ese no es mi estilo **2.** (*com pompa*) **em grande** ~ por todo lo alto

estima [is'tʃima] *f* estima *f*; **ter** ~ **por alguém** tener estima por alguien

estimação <-ões> [istʃima'sãw, -'õjs] *f* **1.** estimación *f*; **de** ~ preferido, -a **2.** (*animal*) doméstico, -a

estimado, -a [istʃi'madu, -a] *adj* estimado, -a; ~ **cliente** estimado cliente

estimar [istʃi'mar] **I.** *vt* estimar; ~ **o valor em dinheiro** estimar el valor en dinero; **estimo-lhe as melhoras** que se mejore **II.** *vr:* ~**-se** estimarse

estimativa [istʃima'tʃiva] *f* estimación *f*

estimativo, -a [istʃima'tʃivu, -a] *adj* estimativo, -a

estimulante [istʃimu'lãntʃi] *adj, m* estimulante *m*

estimular [istʃimu'lar] *vt* estimular; ~ **alguém a fazer a. c.** estimular a alguien a hacer algo

estímulo [is'tʃimulu] *m* (*incentivo*) estímulo *m*

estio [is'tʃiw] *m* estío *m*

estipular [istʃipu'lar] *vt* estipular

estirão <-ões> [istʃi'rãw, -'õjs] *m* estirón *m*

estirar [istʃi'rar] *vt* estirar

estirões [istʃi'rõjs] *m pl de* **estirão**

estirpe [is'tʃirpi] *f* **1.** BOT raíz *f* **2.** (*linhagem*) estirpe *m*

estivador [istʃiva'dor] *m* estibador *m*

estivagem [istʃi'vaʒẽj] *f* estiba *f*

estival <-ais> [is'tʃi'vaw, -'ajs] *adj* estival

estofado [isto'fadu] *m* tresillo *m* tapizado

estofado, -a [isto'fadu, -a] *adj* tapizado, -a; (*acolchoado*) acolchado, -a

estofador(a) [istofa'dor(a)] *m(f)* tapicero, -a *m, f*

estofamento [istofa'mẽjtu] *m* tapicería *f*; (*estofo*) acolchado *m*

estofar [isto'far] *vt* (*móveis*) tapizar; (*acolchoar*) acolchar

estofo [is'tofu] *m* **1.** (*para móveis*) tapizado *m*; (*estofamento*) relleno *m* **2.** (*de pessoa*) fibra *f*; **ele não tem** ~ **para isso** no tiene fibra para eso

estoicismo [istoi'sizmu] *m sem pl* estoicismo *m*

estoico, -a [is'tɔjku, -a] *adj, m, f* estoico, -a *m, f*

estojo [is'toʒu] *m* (*de óculos*) funda *f*; (*de lápis, canetas*) estuche *m*; (*caixa*) caja *f*; ~ **de costura** costurero *m*; ~ **de primeiros socorros** botiquín *m* de primeros auxilios

estola [is'tɔla] *f* estola *f*; ~ **de pele** estola de piel

estomacal <-ais> [istoma'kaw, -'ajs] *adj* estomacal

estômago [is'tomagu] *m* estómago *m*; **forrar o** ~ *inf* engañar el hambre; **ter** ~ **para fazer a. c.** *inf* tener estómago para hacer algo

estomatologia [istomatolo'ʒia] *f sem pl* estomatología *f*

Estônia [is'tonia] *f* Estonia *f*

estônio, -a [is'tonio, -a] *adj, m, f* estonio, -a *m, f*

estonteante [istõwtʃi'ãntʃi] *adj* deslumbrante

estontear [istõwtʃi'ar] *conj como passear* **I.** *vt* atontar **II.** *vr:* ~**-se** atontarse

estoque [is'tɔki] *m* existencias *fpl*

estore [is'tɔri] *m* estor *m*

estornar [istor'nar] *vt* (*uma quantia*) reembolsar

estorninho [istor'niɲu] *m* estornino *m*

estorno [is'tornu] *m* reembolso *m*

estorvar [istor'var] *vt* **1.** (*incomodar*) molestar **2.** (*dificultar*) estorbar

estorvo [is'torvu] *m* **1.** (*incômodo*) molestia *f* **2.** (*obstáculo, pessoa*) estorbo *m*

estourar [istow'rar] **I.** *vt* **1.** (*rebentar*) estallar **2.** (*extinguir*) desmantelar **II.** *vi* estallar

estouro [is'towru] *m* **1.** (*estrondo*) estallido *m* **2.** (*debandada*) estampida *f* **3.** *inf* **a festa foi um** ~ (*espetacular*) la fiesta fue espectacular **4.** *fig* (*discussão, raiva súbita*) **o chefe tinha** ~**s repentinos** el jefe tenía ataques repentinos

estouvado, -a [istow'vadu, -a] *adj* imprudente

estrábico, -a [is'trabiku, -a] *adj* estrábico, -a

estrabismo [istra'bizmu] *m* estrabismo *m*

estraçalhar [istrasa'ʎar] *vt* destrozar

estrada [is'trada] *f* **1.** (*rua*) carretera *f*; ~ **de ferro** ferrocarril *m* **2.** (*caminho*) camino *m*

estrado [is'tradu] *m* **1.** (*palanque, tablado*) estrado *m* **2.** (*de cama*) somier *m*

estragado, -a [istra'gadu, -a] *adj* estro-

peado, -a
estragar [istɾa'gar] <g→gu> **I.** vt (*uma máquina, os planos*) estropear; (*o apetite*) quitar; (*a saúde, a reputação*) dañar; (*com mimos*) malcriar **II.** vr: **~-se** (*comida*) estropearse
estrago [is'tɾagu] m estragos mpl
estrambólico, -a [istɾãŋ'bɔʎiku, -a] adj infestrambótico, -a
estrangeirado, -a [istɾãŋʒej'ɾadu, -a] adj extranjerizado, -a
estrangeiro [istɾãŋ'ʒejɾu] m extranjero m; **ir para o ~** ir al extranjero
estrangeiro, -a [istɾãŋ'ʒejɾu, -a] **I.** adj extranjero, -a; **país ~** país extranjero **II.** m, f extranjero, -a m, f
estrangulado, -a [istɾãŋgu'ladu, -a] adj estrangulado, -a; **morrer ~** morir estrangulado
estrangulador(a) [istɾãŋgula'dor(a)] m(f) estrangulador(a) m(f)
estrangulamento [istɾãŋgula'mẽjtu] m estrangulamiento m
estrangular [istɾãŋgu'lar] vt estrangular
estranhar [istɾã'ɲar] vt **1.** (*achar estranho*) extrañarse de; (*o clima, um ambiente*) no adaptarse a **2.** (*admirar-se com*) extrañar
estranheza [istɾã'ɲeza] f extrañeza f
estranho, -a [is'tɾãɲu, -a] **I.** adj extraño, -a; **proibida a entrada de ~s ao serviço** entrada prohibida a extraños **II.** m, f extraño, -a m, f
estranja[1] [is'tɾãŋʒa] f inf extranjero m
estranja[2] [is'tɾãŋʒa] mf infguiri mf
estratagema [istɾata'ʒema] m estratagema f
estratégia [istɾa'tɛʒia] f estrategia f
estratégico, -a [istɾa'tɛʒiku, -a] adj estratégico, -a
estratificação <-ões> [istɾatʃifika'sãw, -'õjs] f estratificación f
estratificar [istɾatʃifi'kar] <c→qu> **I.** vt estratificar **II.** vr: **~-se** (*estagnar-se*) estancarse
estrato [is'tɾatu] m estrato m
estratosfera [istɾatos'fɛɾa] f sem pl estratosfera f; **estar na ~** fig estar en la luna
estrear [istɾe'ar] conj como passear **I.** vt estrenar **II.** vi (*filme, peça*) estrenarse **III.** vr: **~-se** estrenarse; **~-se como cantor** estrenarse como cantante
estrebaria [istɾeba'ɾia] f caballeriza f
estrebuchar [istɾebu'ʃar] vi estremecerse

estreia [is'tɾɛja] f **1.** (*de filme, peça, ator*) estreno m **2.** (*de alguma atividade, de um uso*) debut m
estreitamento [istɾejta'mẽjtu] m estrechamiento m
estreitar [istɾej'tar] vt estrechar
estreiteza [istɾej'teza] f estrechez m
estreito [is'tɾejtu] m GEO estrecho m
estreito, -a [is'tɾejtu, -a] adj estrecho, -a
estrela [is'tɾela] f estrella f; **~ cadente** estrella f fugaz; **~ de cinema** fig estrella del cine; **~ polar** estrella polar; **ver ~s** (*ficar atordoado*) ver las estrellas; **fazer ~s** dar volteretas
estrelado, -a [istɾe'ladu, -a] adj **1.** (*céu*) estrellado, -a **2.** GASTR **ovo ~** huevo frito
estrela-do-mar [is'tɾela-du-'mar] <estrelas-do-mar> f estrella f de mar
estrelar [istɾe'lar] vt **1.** CINE, TEAT protagonizar **2.** (*pôr estrelas*) llenar de estrellas **3.** (*um ovo*) freír
estrelato [istɾe'latu] m estrelato m; **atingir o ~** alcanzar el estrellato
estremadura [istɾema'duɾa] f frontera f
estremecer [istɾeme'ser] <c→ç> vi estremecer; **eu estremeço quando penso nisso** me estremezco cuando pienso en eso
estremunhado, -a [istɾemũ'ɲadu, -a] adj somnoliento, -a
estrênuo, -a [is'tɾenuu, -a] adj valiente
estrepar-se [istɾe'parsi] vr inf (*darse mal*) **se estrepou** le salió mal
estressado, -a [istɾe'sadu, -a] adj estresado, -a
estressante [istɾe'sãtʃi] adj estresante
estresse [is'tɾɛsi] m estrés m
estria [is'tɾia] f estría f
estribeira [istɾi'bejɾa] f estribo m; **perder as ~s** infperder los estribos
estribo [is'tɾibu] m estribo m
estricnina [istɾiki'nina] f estricnina f
estridente [istɾi'dẽjtʃi] adj estridente
estridular [istɾi'dular] vi zumbar
estritamente [istɾita'mẽjtʃi] adv estrictamente; **~ proibido** estrictamente prohibido
estrito, -a [is'tɾitu, -a] adj estricto, -a; **em sentido ~** en el sentido estricto
estrofe [is'tɾɔfi] f estrofa f
estroina [is'tɾojna] adj, mf bohemio, -a m, f
estroinice [istɾoj'nisi] f extravagancia f
estroncar [istɾõw'kar] <c→qu> vt (*braço, perna*) dislocar
estrôncio [is'tɾõwsiw] m estroncio m

estrondo [is'trõwdu] *m* estruendo *m;* **armar** ~ armar barullo

estrondoso, -a [istrõw'dozu, -a] *adj* 1.(*ruidoso*) estruendoso, -a 2.(*espetacular*) espectacular

estropiar [istropi'ar] I. *vt* 1.(*fatigar*) agotar 2.(*adulterar: um texto*) adulterar; (*um recado*) dar mal II. *vr:* ~ **-se** hacerse daño

estrugido [istru'ʒidu] *m* 1. GASTR *salsa hecha con grasa para acompañar la carne* 2.(*estrondo*) estruendo *m*

estrumar [istru'mar] *vt* fertilizar

estrume [is'trumi] *m* estiércol *m*

estrupício [istru'pisiw] *m inf* (*algazarra*) follón *m;* (*asneira*) chorrada *f*

estrupido [istru'pidu] *m* estrépito *m*

estrutura [istru'tura] *f* estructura *f;* ~ **óssea** estructura ósea; ~ **social** estructura social

estrutural <-ais> [istrutu'ral, 'ajs] *adj* estructural

estruturar [istrutu'rar] I. *vt* estructurar II. *vr:* ~ **-se** organizarse

estuário [istu'ariw] *m* estuario *m*

estucador(a) [istuka'dor(a)] *m(f)* estucador(a) *m(f)*

estucar [istu'kar] <c→qu> *vt* estucar

estudante [istu'dɜ̃ŋtʃi] *mf* estudiante *mf*

estudantil <-is> [istudɜ̃ŋ'tʃiw, -'is] *adj* estudiantil; **movimento** ~ movimiento estudiantil

estudar [istu'dar] *vi, vt* estudiar

estúdio [is'tudiw] *m* estudio *m*

estudioso, -a [istudi'osu, -'ɔza] *adj* estudioso, -a; ~ **de a. c.** estudioso de algo

estudo [is'tudu] *m* estudio *m*

estudos [is'tudus] *mpl* estudios *mpl;* **acabar/terminar os** ~ acabar/terminar los estudios

estufa [is'tufa] *f* invernadero *m*

estufado [istu'fadu] *m* estofado *m*

estufado, -a [istu'fadu, -a] *adj* 1.estofado, -a; **carne estufada** estofado de carne; **peixe** ~ estofado de pescado 2.(*inchado*) hinchado, -a

estufar [istu'far] *vt* 1. GASTR estofar 2.(*inchar*) sacar; ~ **o peito/a barriga** sacar el pecho/la tripa

estupefação <-ões> [istupefa'sɜ̃w, -'õjs] *f* estupefacción *f*

estupefaciente [istupefasi'ẽjtʃi̥] *m* estupefaciente *m*

estupefações [istupefa'sõjs] *f pl de* **estupefação**

estupefato, -a [istupe'fatu, -a] *adj* estupefacto, -a

estupendo, -a [istu'pẽjdu, -a] *adj* estupendo, -a

estupidez [istupi'des] *f* estupidez *f*

estúpido, -a [is'tupidu, -a] *adj, m, f* estúpido, -a *m, f*

estupor [istu'por] *m* 1.(*inconsciência, espanto*) estupor *m* 2. *inf*(*pessoa*) sinvergüenza *m*

estuporar [istupo'rar] *vt inf* sorprender; (*morrer*) palmarla

estuprar [istu'prar] *vt* violar

estupro [is'tupru] *m* violación *f*

estuque [is'tuki] *m* estuco *m*

esturricado, -a [istuxi'kadu, -a] *adj* quemado, -a

esturricar [istuxi'kar] <c→qu> *vt* quemar

esturro [is'tuxu] *m* chamusquina *f;* **cheira-me a** ~ huele a chamusquina

esvaecer [izvae'ser] <c→ç> I. *vt* hacer desaparecer II. *vi* (*esmorecer*) perder el ánimo III. *vr:* ~ **-se** desvanecerse

esvaído, -a [izva'idu, -a] *adj* desvanecido, -a

esvair-se [izva'irsi] *conj como sair vr* desvanecerse; ~ **em sangue** desangrarse

esvanecer [ezvɜne'ser] <c→ç> *vi v.* **esvaecer**

esvaziar [izvazi'ar] I. *vt* vaciar II. *vr:* ~ **-se** vaciarse

esverdeado, -a [izverdʒi'adu, -a] *adj* verdoso, -a

esvoaçar [izvoa'sar] <ç→c> *vi* salir volando

etapa [e'tapa] *f* etapa *f;* **por** ~ **s** por etapas

etc. [et'sɛtera] *abr de* **et cetera** etc.

éter ['ɛter] *m* éter *m*

etéreo, -a [e'tɛriw, -ea] *adj* etéreo *m*

eternidade [eterni'dadʒi] *f* eternidad *f;* **isso dura uma** ~ ! ¡eso dura una eternidad!

eternizar [eterni'zar] *vt* eternizar

eterno, -a [e'tɛrnu, -a] *adj* eterno, -a

ética ['ɛtʃika] *f sem pl* ética *f*

ético, -a ['ɛtʃiku, -a] *adj* ético, -a

etileno [etʃi'lenu] *m* etileno *m*

etílico, -a [e'tʃiliku, -a] *adj* etílico, -a; **álcool** ~ alcohol etílico

étimo ['ɛtʃimu] *m* étimo *m*

etimologia [etʃimolo'ʒia] *f* etimología *f*

etimológico, -a [etʃimo'lɔʒiku, -a] *adj*

etimológico, -a
etíope [e'tʃiwpi] *adj, mf* etíope *mf*
Etiópia [etʃi'ɔpia] *f* Etiopía *f*
etiqueta [etʃi'keta] *f* etiqueta *f*
etiquetagem [etʃike'taʒēj] *f* etiquetado *m*
etiquetar [etʃike'tar] *vt* etiquetar
etmoide [etʃi'mɔjdʒi] *m* etmoides *m inv*
etnia [etʃi'nia] *f* etnia *f*
étnico, -a ['etʃiniku, -a] *adj* étnico, -a
etnologia [etʃinolo'ʒia] *f* etnología *f*
etnológico, -a [etʃino'lɔʒiku, -a] *adj* etnológico, -a
eu ['ew] I. *m* yo *m* II. *pron pess* yo; **sou ~!** ¡soy yo!
EUA [is'taduz u'nidus] *mpl abr de* **Estados Unidos da América** EE.UU. *mpl*
eucalipto [ewka'λiptu] *m* eucalipto *m*
eucaristia [ewkaris'tʃia] *f sem pl* eucaristía *f*
eucarístico, -a [ewka'ristʃiku, -a] *adj* eucarístico, -a
eufemismo [ewfe'mizmu] *m* eufemismo *m*
eufonia [ewfo'nia] *f* eufonía *f*
eufônico, -a [ew'foniku, -a] *adj* eufónico, -a
euforia [ewfo'ria] *f* euforia *f*
eufórico, -a [ew'fɔriku, -a] *adj* eufórico, -a
eunuco [ew'nuku] *m* eunuco *m*
euro ['ewru] *m* euro *m*
euro-asiático, -a [ewrwazi'atʃiku, -a] *adj* euroasiático, -a
Europa [ew'rɔpa] *f* Europa *f*; **~ Central** Europa Central; **~ Oriental/Ocidental** Europa Oriental/Occidental
europeu, europeia [ewro'pew, ewro'peja] *adj, m, f* europeo, -a *m, f*
eutanásia [ewtʒ'nazia] *f* eutanasia *f*
evacuação <-ões> [evakwa'sãw, -'õjs] *f* evacuación *f*
evacuar [evaku'ar] *vi, vt tb.* BIO evacuar
evadir-se [eva'dʒirsi] *vr* evadirse; **~ de a. c.** evadirse de algo
evangelho [evãŋ'ʒɛλu] *m* evangelio *m*
evangélico, -a [evãŋ'ʒɛλiku, -a] *adj, m, f* evangélico, -a *m, f*
evangelista [evãŋʒe'λista] *mf* evangelista *mf*
evangelizar [evãŋʒeλi'zar] *vt* evangelizar
evaporação <-ões> [evapora'sãw, -'õjs] *f* evaporación *f*
evaporar [evapo'rar] I. *vt* evaporar II. *vi* evaporarse III. *vr:* **~-se** evaporarse

evasão <-ões> [eva'zãw, 'õjs] *f* evasión *f*; **~ fiscal** evasión fiscal; **~ de pessoas** abandono *m* de personas
evasiva [eva'ziva] *f* (*subterfúgio, escapatória*) evasiva *f*
evasivo, -a [eva'zivu, -a] *adj* evasivo, -a
evasões [eva'zõjs] *f pl de* **evasão**
evento [e'vētu] *m* evento *m*
eventual <-ais> [evētu'aw, 'ajs] *adj* eventual
eventualidade [evētwaλi'dadʒi] *f* eventualidad *f*; **na ~ de** en la eventualidad de
eventualmente [evētwaw'mējtʃi] *adv* eventualmente
evidência [evi'dējsia] *f* evidencia *f*; **pôr a. c. em ~** poner algo en evidencia; **render-se às ~s** rendirse a las evidencias
evidenciar [evidēsi'ar] *vt* (*mostrar, salientar*) evidenciar
evidente [evi'dējtʃi] *adj* evidente; **é ~ que sim/não** es evidente que sí/no
evidentemente [evidējtʃi'mējtʃi] *adv* evidentemente
evitar [evi'tar] *vt* evitar
evitável <-eis> [evi'tavew, -ejs] *adj* evitable
evocação <-ões> [evoka'sãw, -õjs] *f* 1. (*de espíritos*) invocación *f* 2. (*de lembranças*) evocación *f*
evocar [evo'kar] <c⇒qu> *vt* 1. (*um espírito*) invocar 2. (*uma lembrança*) evocar
evolução <-ões> [evolu'sãw, -'õjs] *f* evolución *f*
evoluir [evolu'ir] *conj como* **incluir** *vi* evolucionar
evolutivo, -a [evolu'tʃivu, -a] *adj* evolutivo, -a
Ex.ª [ese'lējsia] *abr de* **Excelência** Exc.
exacerbar [ezaser'bar] I. *vt* exacerbar II. *vr:* **~-se** exacerbarse
exagerado, -a [ezaʒe'radu, -a] *adj, m, f* exagerado, -a *m, f*
exagerar [ezaʒe'rar] *vi, vt* exagerar
exagero [eza'ʒeru] *m* exageración *f*; **isso é um ~ de comida!** ¡qué exageración de comida!; **que ~!** ¡qué exageración!
exalar [eza'lar] *vt* exhalar
exaltação <-ões> [ezawta'sãw, -'õjs] *f* exaltación *f*
exaltado, -a [ezaw'tadu, -a] *adj* exaltado, -a
exaltar [ezaw'tar] I. *vt* exaltar II. *vr:*

~-se exaltarse
exame [e'zɜmi] *m* 1.(*proba*) examen *m;* ~ **de admissão** examen de ingreso; ~ **final** examen final; **fazer um** ~ hacer un examen; **passar no** ~ aprobar el examen; **reprovar no** ~ suspender el examen 2. MED control *m;* ~ **antidoping** control antidopaje; ~ **médico** examen médico; ~ **de sangue** análisis *m inv* de sangre
examinador(a) [izɜmina'dor(a)] *m(f)* examinador(a) *m(f)*
examinando, -a [izami'nɜŋdu, -a] *m, f* examinando, -a *m, f*
examinar [izɜmi'nar] *vt* examinar
exasperar [ezaspe'rar] **I.** *vt* exasperar **II.** *vr:* ~ **-se** exasperarse
exatamente [ezata'mẽjtʃi] *adv* exactamente; **são ~ quatro horas** son exactamente las cuatro; ~! ¡exacto!
exatidão <-ões> [izatʃi'dãw, -'õjs] *f* exactitud *f*
exato, -a [e'zatu, -a] *adj* exacto, -a
exaurir [ezaw'rir] **I.** *vt* agotar **II.** *vr:* ~ **-se** agotarse
exaustão <-ões> [ezaws'tãw, -'õjs] *f* agotamiento *m*
exaustivo, -a [ezaws'tʃivu, -a] *adj* exhaustivo, -a
exausto, -a [e'zawstu, -a] *adj* exhausto, -a
exaustões [ezaws'tõjs] *f pl de* **exaustão**
exaustor [ezaws'tor] *m* extractor *m*
exceção <-ões> [ese'sãw, -'õjs] *f* excepción *f*; **com ~ de** a [*o* con] excepción de; **sem ~** sin excepción; **abrir uma ~** hacer una excepción
excedente [esedẽjtʃi] *adj, m* excedente *m*
exceder [ese'der] **I.** *vt* 1.(*ultrapassar*) exceder 2.(*superar*) superar; ~ **em a. c.** superar en algo **II.** *vr:* ~ **-se** 1.(*superar-se*) superarse 2.(*descomedir-se*) excederse
excelência [ese'lẽjsia] *f* excelencia *f*; **Sua/Vossa Excelência** Su Excelencia; **por ~** (*no mais alto grau*) por excelencia; **é um intelectual por ~** es un intelectual por excelencia
excelente [ese'lẽjtʃi] *adj* excelente
excelentíssimo [eselẽj'tʃisimu] *adj* (*em carta*) excelentísimo, -a; **Excelentíssimo Senhor** Excelentísimo Señor
excelso, -a [e'sɛwsu, -a] *adj* excelso, -a
excentricidade [esẽjtrisi'dadʒi] *f* excentricidad *f*
excêntrico, -a [e'sẽjtriku, -a] *adj* excéntrico, -a
excepcional <-ais> [esepsjo'naw, 'ajs] *adj* 1.(*de exceção*) excepcional; **talento ~** talento excepcional 2.(*portador de deficiência*) discapacitado, -a; **criança ~** niño discapacitado
excepcionalmente [esepsjonaw'mẽjtʃi] *adv* excepcionalmente
excerto [e'sertu] *m* fragmento *m*
excessivamente [esesiva'mẽjtʃi] *adv* excesivamente
excessivo, -a [ese'sivu, -a] *adj* excesivo, -a
excesso [e'sɛsu] *m* 1.(*falta de moderação*) exceso *m;* ~ **de peso** exceso de peso; ~ **de velocidade** exceso de velocidad; **comer/beber em ~** comer/beber en exceso 2.(*excedente*) sobras *fpl*
exceto [e'sɛtu] *prep* excepto, -a; **vieram todos ~ ele** vinieron todos excepto él
excetuar [esetu'ar] **I.** *vt* exceptuar; ~ **a. c. de um contexto** exceptuar algo de un contexto **II.** *vr:* ~ **-se** exceptuarse
excisão <-ões> [esi'zãw, -'õjs] *f* escisión *f*
excitação <-ões> [esita'sãw, -'õjs] *f* excitación *f*
excitado, -a [esi'tadu, -a] *adj* excitado, -a
excitante [esi'tãŋtʃi] *adj, m* excitante *m*
excitar [esi'tar] **I.** *vt* excitar **II.** *vr:* ~ **-se** (*sexualmente*) excitarse
exclamação <-ões> [isklɜma'sãw, -'õjs] *f* exclamación *f*; **ponto de ~** signo de exclamación
exclamar [isklɜ'mar] *vt* exclamar
exclamativo, -a [isklɜma'tʃivu, -a] *adj* exclamativo, -a
excluir [isklu'ir] *conj como incluir vt* excluir; ~ **alguém de uma reunião** excluir a alguien de una reunión
exclusão <-ões> [isklu'zãw, -'õjs] *f* exclusión *m;* ~ **social** exclusión social
exclusivamente [iskluziva'mẽjtʃi] *adv* exclusivamente
exclusive [esklu'zive] *adv* exclusive
exclusividade [iskluzivi'dadʒi] *f* exclusividad *f*
exclusivo, -a [esklu'zivu, -a] *adj* exclusivo, -a
exclusões [isklu'zõjs] *f pl de* **exclusão**
excomungar [iskomũw'gar] <g→gu> *vt* excomulgar

excomunhão <-ões> [iskomũ'ɲãw, -'õjs] *f* excomunión *f*
excremento [iskre'mẽjtu] *m* excremento *m*
excrescência [iskre'sẽjsia] *f* excrecencia *f*
excursão <-ões> [iskur'sãw, -'õjs] *f* (*viagem*) excursión *f*; *fig* incursión *f*
ex-ditador(a) [ezdʒita'dor(a)] <-es> *m(f)* ex dictador(a) *m(f)*
execrar [eze'krar] *vt* execrar
execrável [eze'kravew] *adj* execrable
execução <-ões> [ezeku'sãw, -'õjs] *f* ejecución *f*
executar [ezeku'tar] *vt* ejecutar
executável <-eis> [ezeku'tavew, -ejs] *adj* ejecutable
executivo, -a [ezeku'tʃivu, -a] **I.** *adj* ejecutivo, -a; **poder ~** poder ejecutivo **II.** *m, f* ejecutivo, -a *m, f*
executor(a) [ezeku'tor(a)] *m(f)* ejecutor(a) *m(f)*
exemplar [ezẽj'plar] **I.** *adj* ejemplar; **um aluno ~** un alumno ejemplar **II.** *m* ejemplar *m*
exemplificar [ezẽjplifi'kar] <c→qu> *vt* ejemplificar
exemplo [e'zẽjplu] *m* ejemplo *m*; **por ~** por ejemplo; **dar um ~** dar un ejemplo; **dar o ~** dar ejemplo; **(não) servir de ~** (no) servir de lección; **seguir o ~ de alguém** seguir el ejemplo de alguien
exéquias [e'zɛkias] *fpl* exequias *fpl*
exequível <-eis> [eze'kwivew, -ejs] *adj* ejecutable
exercer [ezer'ser] <c→ç> *vt* (*uma atividade, poder*) ejercer; **~ medicina/advocacia** ejercer la medicina/abogacía; **~ influência sobre a. c.** ejercer influencia sobre algo
exercício [ezer'sisiw] *m* ejercicio *m*; **~ físico** ejercicio físico; **no ~ das suas funções** en el ejercicio de sus funciones
exercitar [ezersi'tar] *vt* ejercitar
exército [e'zɛrsitu] *m* ejército *m*
ex-favela [esfa'vɛla] *f* barrio que antiguamente fue una favela
exibição <-ões> [ezibi'sãw, -'õjs] *f* exhibición *f*; **estar em ~** estar en cartelera
exibicionismo [ezibisjo'nizmu] *m* exhibicionismo *m*
exibicionista [ezibisjo'nista] *adj, mf* exhibicionista *mf*
exibições [ezibi'sõjs] *f pl de* **exibição**
exibido, -a [ezi'bidu, -a] *adj* exhibicionista
exibir [ezi'bir] **I.** *vt* exhibir **II.** *vr*: **~-se** exhibirse
exigência [ezi'ʒẽjsia] *f* exigencia *f*; **fazer ~s** hacer exigencias; **satisfazer as ~s** satisfacer las exigencias
exigente [ezi'ʒẽjtʃi] *adj* exigente
exigir [ezi'ʒir] <g→j> *vt* exigir; **~ a. c. de alguém** exigir algo de alguien; **isto exige muito esforço** esto exige mucho esfuerzo
exíguo, -a [e'ziguu, -a] *adj* exiguo, -a
exilado, -a [ezi'ladu, -a] *adj, m, f* exiliado, -a *m, f*
exilar [ezi'lar] **I.** *vt* exiliar **II.** *vr*: **~-se** exiliarse
exílio [e'ziʎiw] *m* exilio *m*
exímio, -a [e'zimiw, -a] *adj* eximio, -a
existência [ezis'tẽjsia] *f* existencia *f*
existencial [ezistẽjsi'aw] *adj* existencial
existente [ɛzis'tẽjtʃi] *adj* existente
existir [ezis'tʃir] *vi* existir
êxito ['ezitu] *m* éxito *m*
ex-líbris [ɛks-'ʎibris] *m inv* ex libris *m inv*
Exmo. [eselẽj'tʃisimu] *abr de* **Excelentíssimo** Excmo.
êxodo ['ezodu] *m* éxodo *m*
exoneração <-ões> [ezonera'sãw, -'õjs] *f* exoneración *f*
exonerar [ezone'rar] *vt* exonerar; **~ alguém de a. c.** exonerar a alguien de algo
exorar [ezo'rar] *vt elev* implorar
exorbitância [ezorbi'tãŋsia] *f* (*excesso, exagero*) exageración *f*; **isso é uma ~** (*preço*) eso es un robo
exorbitante [ezorbi'tãŋtʃi] *adj* exorbitante
exorcismar [ezorsi'zar] *vt* (*um espírito*) exorcizar
exorcismo [ezor'sizmu] *m* exorcismo *m*; **fazer um ~ em alguém** realizar un exorcismo en alguien
exorcista [ezor'sista] *mf* exorcista *mf*
exorcizar [ezorsi'zar] *vt v.* **exorcismar**
exórdio [e'zɔrdʒiw] *m elev* exordio *m*
exortação <-ões> [ezorta'sãw, -'õjs] *f* exhortación *f*; **fazer uma ~ a alguém para a. c.** hacer una exhortación a alguien para algo
exortar [ezor'tar] *vt* exhortar; **~ alguém a a. c.** exhortar a alguien a algo

exótico, -a [e'zɔtʃiku, -a] *adj* exótico, -a
expandir [ispɑ̃'dʒir] I. *vt* expandir II. *vr:* ~ **-se** expandirse
expansão <-ões> [ispɑ̃ŋ'sɐ̃w, -'õjs] *f* expansión *f;* ~ **econômica** expansión económica
expansionismo [ispɑ̃sjo'nizmu] *m* expansionismo *m*
expansivo, -a [ispɑ̃ŋ'sivu, -a] *adj (pessoa)* expansivo, -a
expansões [ispɑ̃ŋ'sõjs] *f pl de* **expansão**
expatriado, -a [espatri'adu, -a] *m, f (da pátria)* expatriado, -a *m, f*
expatriar [espatri'ar] *vt* expatriar
expectativa [ispekta'tʃiva] *f* expectativa *m;* **ficar na** ~ quedarse a la expectativa; **isso corresponde às minhas ~s** eso corresponde a mis expectativas
expectoração <-ões> [ispektora'sɐ̃w, -'õjs] *f* expectoración *f*
expectorante [ispekto'rɑ̃ntʃi] *adj, m* expectorante *m*
expectorar [ispekto'rar] *vi* expectorar
expedição <-ões> [ispedʒi'sɐ̃w, -'õjs] *f* expedición *f*
expediente [ispedʒi'ẽjtʃi] *m* 1. *(de escritório)* jornada *f* laboral; *(despacho)* trabajo *m;* **horário de** ~ horario de trabajo 2. *(desembaraço)* desenvoltura *f;* **ela tem muitos ~s** está llena de recursos
expedir [ispe'dʒir] *irr como pedir vt* expedir; *(um telegrama)* mandar
expedito, -a [ispe'dʒitu, -a] *adj* expedito, -a
expelir [ispe'ʎir] <*pp:* expulso *ou* expelido> *irr como preferir vt* expulsar
experiência [isperi'ẽjsia] *f* experiencia *f;* ~ **profissional** experiencia profesional; **por** ~ **(própria)** por experiencia propia; **a título de** ~ como experiencia
experiente [isperi'ẽjtʃi] *adj* experimentado, -a
experimentado, -a [isperimẽj'tadu, -a] *adj* experimentado, -a; **profissional** ~ **em a. c.** profesional experimentado en algo
experimental <-ais> [isperimẽj'taw, -'ajs] *adj* experimental
experimentar [isperimẽj'tar] *vt* 1. *(comida, droga, uma atividade)* probar 2. *(roupa)* probarse 3. *(submeter à experiência, passar por)* experimentar 4. *(pôr à prova)* poner a prueba
expiração <-ões> [espira'sɐ̃w, -'õjs] *f* 1. *(respiração)* exhalación *f* 2. *(de um prazo)* expiración *f*
expirar [ispi'rar] *vi* 1. *(respiração)* exhalar; *fig (morrer)* expirar 2. *(prazo)* expirar
explanação <-ões> [ispḻana'sɐ̃w, -'õjs] *f* explicación *f*
explanar [ispḻa'nar] *vt* explicar
explicação <-ões> [isplika'sɐ̃w, -'õjs] *f* explicación *f;* **dar uma** ~ **a alguém** dar una explicación a alguien; **dever explicações** deber una explicación; **isso não tem** ~ eso no tiene explicación
explicar [ispli'kar] <c→qu> I. *vt* explicar II. *vr:* ~ **-se** explicarse
explicativo, -a [isplika'tʃivu, -a] *adj* explicativo, -a
explícito, -a [is'plisitu, -a] *adj* explícito, -a
explodir [isplo'dʒir] *vi* explotar
exploração <-ões> [isplora'sɐ̃w, -'õjs] *f* 1. *(de riquezas naturais, minas, pessoas)* explotación *f;* ~ **agrícola** explotación agrícola 2. *(de terreno, região)* exploración *f*
explorador(a) [isplora'dor(a)] *m(f)* 1. *(investigador)* explorador(a) *m(f)* 2. *(de pessoas)* explotador(a) *m(f)*
explorar [isplo'rar] *vt* 1. *(riquezas naturais, mina, pessoa, um negócio)* explotar 2. *(um terreno, uma região)* explorar
explosão <-ões> [isplo'zɐ̃w, -'õjs] *f* 1. *(de uma bomba)* explosión *f* 2. *(de sentimentos)* estallido *m*
explosivo [isplo'zivu] *m* explosivo *m*
explosivo, -a [isplo'zivu, -a] *adj* 1. *(material)* explosivo, -a 2. *(pessoa)* impulsivo, -a
explosões [isplo'zõjs] *f pl de* **explosão**
expoente¹ [ispo'ẽjtʃi] *m* MAT exponente *m*
expoente² [ispo'ẽjtʃi] *mf (pessoa)* exponente *mf*
expor [is'por] *irr como pôr* I. *vt* exponer; ~ **alguém ao ridículo** exponer a alguien al ridículo; ~ **alguém ao perigo** exponer a alguien (a un peligro) II. *vr:* ~ **-se** exponerse
exportação <-ões> [isporta'sɐ̃w, -'õjs] *f* exportación *f*
exportador(a) [isporta'dor(a)] *m(f)* exportador(a) *m(f)*
exportadora [isporta'dora] *f (empresa)* exportadora *f*
exportar [ispor'tar] *vt* exportar

exposição <-ões> [ispozi'sãw, -'õjs] *f* exposición *f;* ~ **ao sol** exposición al sol; **estar em** ~ estar expuesto

expositor(a) [ispozi'tor(a)] *m(f)* expositor(a) *m(f)*

exposto [is'postu] *m* **o acima** ~ lo expuesto más arriba

exposto, -a [is'postu, -ɔsta] I. *pp irr de* **expor** II. *adj* expuesto, -a; **estar ~ ao perigo** estar expuesto (al peligro)

expressamente [ispresa'mẽtʃi] *adv* expresamente

expressão <-ões> [ispre'sãw, -'õjs] *f* expresión *f;* ~ **artística** expresión artística; ~ **idiomática** expresión idiomática; **é força de** ~ es una exageración

expressar [ispre'sar] <*pp:* expresso *ou* expressado> I. *vt* expresar; ~ **uma opinião** expresar una opinión II. *vr:* ~-**se** expresarse

expressionismo [ispresjo'nizmu] *m* expresionismo *m*

expressividade [ispresivi'dadʒi] *f* expresividad *f*

expressivo, -a [ispre'sivu -a] *adj* expresivo, -a

expresso [is'prɛsu] *m (trem)* expreso *m*

expresso, -a [is'prɛsu, -a] I. *pp irr de* **exprimir** II. *adj* expreso, -a; **café ~** café expreso; **correio ~** correo urgente

expressões [ispre'sõjs] *f pl de* **expressão**

exprimir [ispri'mir] <*pp:* expresso *ou* exprimido> I. *vt (emoções)* expresar II. *vr:* ~-**se** expresarse

expropriação <-ões> [espropria'sãw, -'õjs] *f* expropiación *f*

expropriar [espropri'ar] *vt* expropiar

expugnar [espug'nar] *vt* **1.** *(conquistar, tomar)* expugnar **2.** *(vencer)* derrotar

expulsão <-ões> [ispuw'sãw, -'õjs] *f* expulsión *f*

expulsar [ispuw'sar] <*pp:* expulso *ou* expulsado> *vt* expulsar, botar *AmL;* ~ **alguém de um país** expulsar a alguien de un país; ~ **um aluno da escola** expulsar a un alumno del colegio

expulso [is'puwsu] *pp irr de* **expulsar**

expulsões [ispuw'sõjs] *f pl de* **expulsão**

êxtase ['estazi] *m* éxtasis *m inv;* **ficar em** ~ quedarse extasiado

extasiado, -a [istazi'adu, -a] *adj v.* **extático**

extasiar [istazi'ar] I. *vt* dejar extasiado, -a II. *vr:* ~-**se** quedarse extasiado

extático, -a [is'tatʃiku, -a] *adj* extasiado, -a; **estar/ficar ~** estar/quedarse extasiado

extensão <-ões> [istẽj'sãw, -'õjs] *f* extensión *f;* ~ **telefônica** extensión telefónica

extensivamente [istẽjsiva'mẽtʃi] *adv* de forma extensa

extensível [istẽj'sivew] *adj* extensible

extensivo, -a [istẽj'sivu, -a] *adj* extensivo, -a; **ser ~ a** ser extensivo a

extenso, -a [is'tẽjsu, -a] *adj* extenso, -a

extensões [istẽj'sõjs] *f pl de* **extensão**

extensor [istẽj'sor] *m (de ginástica)* extensor *m*

extenuação <-ões> [istenwa'sãw, -'õjs] *f (enfraquecimento, exaustão)* extenuación *f*

extenuado, -a [istenu'adu, -a] *adj (esgotado, exausto)* extenuado, -a

extenuante [istenu'ãtʃi] *adj* extenuante

extenuar [istenu'ar] I. *vt (debilitar, esgotar)* extenuar II. *vr:* ~-**se** extenuarse

exterior [isteri'or] I. *m* **1.** *(parte de fora, aspecto)* exterior *m* **2.** *(estrangeiro)* extranjero *m;* **no ~** en el extranjero II. *adj* exterior; **o lado ~** el lado exterior

exteriorização <-ões> [isterjoriza'sãw, -'õjs] *f* exteriorización *f*

exteriorizar [isterjori'zar] *vt* exteriorizar

exteriormente [isterjor'mẽtʃi] *adv* exteriormente

exterminação <-ões> [istermina'sãw, -'õjs] *m v.* **extermínio**

exterminar [istermi'nar] *vt* exterminar

extermínio [ister'miniw] *m* exterminio *m*

externato [ister'natu] *m* externado *m*

externo, -a [is'tɛrnu, -a] *adj* externo, -a; **para uso ~** MED de uso externo

extinção <-ões> [istʃĩ'sãw, -'õjs] *f* extinción *f;* **em vias de ~** en vías de extinción

extinguir [istʃĩ'gir] <*pp:* extinto *ou* extinguido; gu→g> I. *vt* extinguir II. *vr:* ~-**se** extinguirse

extinto, -a [is'tʃĩtu, -a] *adj* extinto, -a; **vulcão ~** volcán extinto

extintor [istʃĩ'tor] *m* extintor *m*

extirpar [istʃir'par] *vt* extirpar

extorquir [istor'kir] *vt* extorsionar

extorsão <-ões> [istor'sãw, -'õjs] *f* extorsión *f*

extra ['ɛstra] I. *adj inv* extra; **horas ~** horas extra(s) II. *mf* extra *mf*
extração <-ões> [istra's̃ãw, -õjs] *f* 1.(*da loteria*) sorteo *m* 2.(*de dente, minério, petróleo*) extracción *f*
extraconjugal <-ais> [ɛstrakõwʒu'gaw, -'ajs] *adj* extraconyugal
extracurricular [ɛstrakuxiku'lar] *adj* extracurricular
extradição <-ões> [istradʒi's̃ãw, -'õjs] *f* extradición *f*
extraditar [istradʒi'tar] *vt* extraditar
extrair [istra'ir] *conj como* sair *vt* extraer
extrajudicial <-ais> [ɛstraʒudʒisi'aw, -'ajs] *adj* extrajudicial
extraordinariamente [istraordʒinarja'mẽjtʃi] *adv* extraordinariamente
extraordinário, -a [istraordʒi'nariw, -a] *adj* extraordinario, -a; **horas extraordinárias** horas extraordinarias
extraprograma [ɛstrapro'grɔma] I. *adj* fuera del programa; **música ~** bis *m* II. *m* bis *m*
extraterrestre [ɛstrate'xɛstri] *adj, mf* extraterrestre *mf*
extrato [is'tratu] *m* extracto *m*
extravagância [istrava'gãnsia] *f* extravagancia *f*
extravagante [istrava'gãntʃi] *adj* extravagante
extravasar [istrava'zar] I. *vt* 1.(*um líquido*) desbordar 2.(*emoções*) exteriorizar II. *vi* (*um líquido*) desbordarse
extraviar [istravi'ar] I. *vt* 1.(*uma carta*) extraviar; (*dinheiro*) sustraer 2.(*desencaminhar*) desencaminar II. *vr:* **~-se** 1.(*objeto*) extraviarse 2.(*pessoa*) desencaminarse
extravio [istra'viw] *m* (*de uma carta, perda*) extravío *m*; (*de dinheiro*) sustracción *f*
extremamente [istrema'mẽjtʃi] *adv* extremadamente; **~ difícil/caro/perigoso** extremadamente difícil/caro/peligroso
extrema-unção <extremas-unções *ou* extrema-unções> [is'trema-ũw's̃ãw, -'õjs] *f* extrema unción *f*
extremidade [istremi'dadʒi] *f* extremidad *f*
extremismo [istre'mizmu] *m* extremismo *m*
extremista [istre'mista] *adj, mf* extremista *mf*
extremo [is'tremu] *m* extremo *m*; **levar a. c. ao ~** llevar algo al extremo
extremo, -a [is'tremu, -a] *adj* extremo, -a; **a extrema direita/esquerda** la extrema derecha/izquierda; **o Extremo Oriente** Extremo Oriente
extremoso, -a [istre'mozu, -'ɔza] *adj* cariñoso, -a
extrínseco, -a [is'trĩjseku, -a] *adj* extrínseco, -a
extrovertido, -a [istrover'tʃidu, -a] *adj* extrovertido, -a
exuberância [ezube'rãnsia] *f* exuberancia *f*
exuberante [ezube'rãntʃi] *adj* exuberante
exultar [ezuw'tar] *vi* exultar
exumação <-ões> [ezuma's̃ãw, -'õjs] *f* exhumación *f*
exumar [ezu'mar] *vt* exhumar

F

F, f ['ɛfi] *m* F, f *f*
fá ['fa] *m* MÚS fa *m*
fã ['fã] *mf* fan *mf*
fábrica ['fabrika] *f* fábrica *f*; **~ de cerveja/de conservas** fábrica de cerveza/de conservas
fabricação <-ões> [fabrika's̃ãw, -'õjs] *f* fabricación *f*; **de ~ brasileira** de fabricación brasileña
fabricante [fabri'kãntʃi] *mf* fabricante *mf*
fabricar [fabri'kar] <c→qu> *vt* fabricar; **~ roupa** fabricar ropa
fabrico [fa'briku] *m* fabricación *f*; **~ próprio** fabricación propia
fabril <-is> [fa'briw, -'is] *adj* fabril; **indústria ~** industria manufacturera
fábula ['fabula] *f* fábula *f*
fabuloso, -a [fabu'lozu, -'ɔza] *adj* fabuloso, -a
faca ['faka] *f* cuchillo *m*; **~ de dois gumes** *fig* arma de doble filo; **entrar na ~** *inf* pasar por el quirófano; **ter a ~ e o queijo na mão** *fig* tener la sartén por el mango
facada [fa'kada] *f* 1.(*golpe*) cuchillada *f*; **dar uma ~ em alguém** dar una

façanha 219 **falar**

cuchillada a alguien; **levar uma ~** recibir una cuchillada **2.** (*surpresa dolorosa*) puñalada *f* **3.** *gíria* (*ferrada*) **levar/dar uma ~ no bolso** recibir/dar un sablazo

façanha [fa'sɐ̃ɲa] *f* hazaña *f*

facção <-ões> [fak'sɐ̃w, -'õjs] *f* POL facción *f*

faccioso, -a [faksi'ozu, -'ɔza] *adj* **1.** POL faccioso, -a **2.** (*parcial*) parcial

facções [fak'sõjs] *f* POL *pl de* **facção**

face ['fasi] *f* **1.** (*rosto*) cara *f* **2.** (*bochecha*) mejilla *f*; **~ a ~** cara a cara; **à** [*ou* **em**] **~ de** frente a; **fazer ~ a a. c.** hacer frente a algo **3.** (*superfície*) faz *f*; **na ~ da Terra** en la faz de la Tierra

fáceis ['fasejs] *adj pl de* **fácil**

faceta [fa'seta] *f* faceta *f*

fachada [fa'ʃada] *f* fachada *f*; **de ~** *fig* falso, -a

facho ['faʃu] *m* antorcha *f*; **abaixar o ~** *inf* calmarse

facial <-ais> [fasi'aw, -ajs] *adj* facial; **creme ~** crema facial; **limpeza ~** limpieza de cutis

fácil <-eis> ['fasiw, -ejs] **I.** *adj* fácil; **ser ~ de fazer** ser fácil de hacer; **é mais ~ do que parece** es más fácil de lo que parece; **isso é ~ de dizer** eso se dice fácil **II.** *adv* fácil

facilidade [fasiʎi'dadʒi] *f sem pl* facilidad *f*; **fazer a. c. com ~** hacer algo con facilidad; **ter ~ para a. c.** tener facilidad para algo

facilidades [fasiʎi'dadʒis] *fpl* facilidades *fpl*; **~ de pagamento** facilidades de pago

facílimo, -a [fa'siʎimu, -a] *adj superl de* **fácil**

facilitar [fasiʎi'tar] **I.** *vt* facilitar; **~ a. c. a** [*ou* **para**] **alguém** facilitar algo a alguien; **~ o trabalho a alguém** facilitar el trabajo a [*o* de] alguien **II.** *vi* descuidarse; **não ~** no descuidarse

facilmente [fasiw'mẽjtʃi] *adv* fácilmente

fac-símile [fak'simiʎi] *m* facsímil *m*

factício, -a [fak'tʃisiw, -a] *adj* (*necessidades, identidade*) artificial

factual <-ais> [faktu'aw, -'ajs] *adj* factual

faculdade [fakuw'dadʒi] *f* **1.** (*capacidade*) facultad *f*; **ter ~ de fazer a. c.** tener facultades para hacer algo; **~s mentais** facultades mentales **2.** UNIV facultad *f*; **Faculdade de Letras** Facultad de Letras

facultar [fakuw'tar] *vt* **1.** (*possibilitar*) permitir **2.** (*conceder*) facilitar

facultativo, -a [fakuwta'tʃivu, -a] *adj* facultativo, -a

fada ['fada] *f* hada *f*

fadado, -a [fa'dadu, -a] *adj* condenado, -a

fadiga [fa'dʒiga] *f* **1.** (*cansaço*) fatiga *f* **2.** (*trabalho árduo*) trabajo *m* agotador

fado ['fadu] *m* **1.** (*destino*) hado *m* **2.** MÚS fado *m*

fagote [fa'gɔtʃi] *m* MÚS fagot *m*

fagulha [fa'guʎa] *f* chispa *f*

faina ['fajna] *f sem pl* faena *f*

faisão <-ões *ou* -ães> [faj'zɐ̃w, -õjs, -ɐ̃js] *m* faisán *m*

faísca [fa'iska] *f* **1.** (*chispa*) chispa *f*; **soltar** [*ou* **fazer**] **~** soltar chispas **2.** (*brilho, graça*) centella *f*

faiscar [fais'kar] <c→qu> *vi* **1.** (*metal, fogo*) chispear **2.** (*cintilar*) centellear

faisões [faj'sõjs] *m pl de* **faisão**

faixa ['fajʃa] *f* **1.** (*de tecido*) banda *f*; (*cinto*) faja *f*; (*tira*) tira *f*; (*atadura*) vendaje *m* **2.** (*na estrada*) carril *m*; **~ de pedestres** paso *m* de cebra; **~ de rodagem** carril de circulación; **~ de ultrapassagem** carril para adelantamientos **3.** (*de um disco*) corte *m* **4.** (*de terra*) franja *f* **5.** (*intervalo*) banda *f*

fajuto, -a [fa'ʒutu, -a] *adj inf* de pega

fala ['fala] *f* habla *f*; (*discurso*) discurso *m*; (*de um interlocutor*) intervención *f*; **ficar sem ~** quedarse sin habla; **perder a ~** perder el habla

falacioso, -a [falasi'ozu, -a] *adj* (*enganador*) falaz

falado, -a [fa'ladu, -a] *adj* comentado, -a; **muito ~** muy comentado

falador(a) [fala'dor(a)] <-es> *adj*, *m(f)* hablador(a) *m(f)*

falange [fa'lɐ̃ʒi] *f* ANAT falange *f*

falar [fa'lar] **I.** *m* <-es> habla *f*; **ela tem um ~ correto** habla correctamente **II.** *vt* (*uma língua*) hablar; **~ a. c. a alguém** decir algo a alguien; **~ a. c. de alguém** decir algo de alguien; **~ besteira** decir tonterías; **~ em inglês** hablar en inglés; **~ português** hablar portugués; **~ a verdade** decir la verdad; **o bebê já fala** el bebé ya habla; **ela fala demais** habla demasiado **III.** *vi* hablar; **~ de alguém/a. c.** hablar de alguien/algo; **~ sobre alguém/**

a. c. hablar sobre alguien/algo; ~ **com alguém** hablar con alguien; ~ **bem/mal de alguém** hablar bien/mal de alguien; ~ **ao público** hablar en público; **dar o que** ~ dar que hablar; **para não** ~ **de...** por no hablar de...; **por** ~ **nisso** hablando de eso; **falou!** *gíria* ¡vale! **IV.** *vr:* ~-**se hablarse; eles já não se falam há anos** ya no se hablan desde hace años

falastrão, -ona <-ões> [falas'trãw, -'ona, -'õjs] *adj* bocazas *inv*

falatório [fala'tɔrju] *m* murmullo *m*

falaz [fa'las] <-es> *adj* falaz

falcão <-ões> [faw'kãw, -'õjs] *m* halcón *m*

falcatrua [fawka'trua] *f* **1.** (*fraude*) fraude *m;* **fazer uma** ~ realizar un fraude **2.** (*ardil*) ardid *m*

falcões [faw'kõjs] *m pl de* **falcão**

falecer [fale'ser] <c→ç> *vi* fallecer

falecido, -a [fale'sidu, -a] *adj, m, f* fallecido, -a *m, f*

falecimento [falesi'mẽjtu] *m* fallecimiento *m*

falência [fa'lẽjsia] *f* quiebra *f;* **abrir** ~ declararse en quiebra; **ir à** ~ ir a la quiebra; **levar alguém à** ~ llevar a alguien a la quiebra

falésia [fa'lɛzia] *f* acantilado *m*

falha ['faʎa] *f* **1.** (*erro*) fallo *m;* (*defeito*) defecto *m* **2.** (*lacuna*) falta *f;* ~ **de memória** fallo *m* de la memoria **3.** GEO falla *f*

falhado, -a [fa'ʎadu, -a] *adj* **1.** (*tentativa, plano*) fallido, -a **2.** (*pessoa*) fracasado, -a

falhar [fa'ʎar] *vi* fallar; (*na vida*) fracasar; (*as esperanças*) frustrarse

falho, -a ['faʎu, -a] *adj v.* **falhado**

falido, -a [fa'ʎidu, -a] *adj* ECON en quiebra

falir [fa'ʎir] *irr como abolir vi* ECON quebrar

falível <-eis> [fa'ʎivew, -ejs] *adj* falible

falsamente [fawsa'mẽjtʃi] *adv* falsamente

falsário, -a [faw'sariw, -a] *m, f* falsificador(a) *m(f)*

falsete [faw'setʃi] *m* falsete *m*

falsidade [fawsi'dadʒi] *f* falsedad *f*

falsificação <-ões> [fawsifika'sãw, -'õjs] *f* falsificación *f*

falsificador(a) [fawsifika'dor(a)] <-es> *m(f)* falsificador(a) *m(f)*

falsificar [fawsifi'kar] <c→qu> *vt* falsificar

falso, -a ['fawsu, -a] *adj* falso, -a; **assinatura falsa** firma falsa; **fundo** ~ doble fondo; **juramento** ~ juramento falso; **nota falsa** billete falso; **porta falsa** puerta falsa; **dar um passo em** ~ dar un paso en falso

falta ['fawta] *f* **1.** (*escassez*) falta *f;* ~ **de luz/de ar** falta de luz/de aire; **fazer** ~ hacer falta; **haver** ~ **de a. c.** haber falta de algo; **sentir** ~ **de alguém/a. c.** echar en falta a alguien/algo; **por** ~ **de** por falta de **2.** (*carência*) falta *f;* ~ **de respeito** falta de respeto; **isso é** ~ **de educação** eso es falta de educación **3.** (*erro*) *tb.* ESPORT falta *f;* **cometer uma** ~ cometer una falta; **venho amanhã sem** ~ vendré mañana sin falta

faltar [faw'tar] **I.** *vt* **1.** (*sentir a falta*) faltar; ~ **pouco para** faltar poco para; **falta-lhe coragem** le falta valor; **faltam dez centavos** faltan diez centavos; **ainda faltam cinco minutos** todavía faltan cinco minutos; **era** (**só**) **o que faltava!** ¡lo que faltaba! **2.** (*não cumprir*) faltar; ~ **à palavra** faltar a la palabra **II.** *vi* faltar; ~ **às aulas/ao trabalho** faltar a clase/al trabajo; **quem falta?** ¿quién falta?

fama ['fɜma] *f sem pl* fama *f;* **ter** ~ tener fama; **ter** ~ **de** tener fama de; **ter má** ~ tener mala fama; **levar** ~ **sem proveito** ser acusado injustamente

família [fɜ'miʎia] *f* familia *f;* ~ **numerosa** familia numerosa; **pessoa de** ~ buena persona; **ele é** ~ *inf* es buena persona; **estamos em** ~ estamos en familia

> **Cultura** La **família** ocupa un lugar muy importante en la vida de los brasileños. Por eso es un tema de conversación muy común y no debe ser interpretado como una indiscreción.

familiar [fɜmiʎi'ar] <-es> **I.** *adj* familiar; **agregado** ~ pariente político; **ambiente** ~ ambiente familiar; **esse nome me é** [*ou* **soa**] ~ ese nombre me resulta familiar **II.** *mf* familiar *mf*

familiaridade [fɜmiʎiari'dadʒi] *f* familiaridad *f*

familiarizado, -a [fɜmiʎiari'zadu, -a] *adj* familiarizado, -a; **estar** ~ **com**

alguém/a. c. estar familiarizado con alguien/algo

familiarizar [fɜmiʎjari'zar] **I.** vt familiarizar; **~ alguém com a. c.** familiarizar a alguien con algo **II.** vr: **~-se** familiarizarse; **~-se a a. c.** familiarizarse con algo; **~-se com uma situação** familiarizarse con una situación; **~-se com o trabalho** familiarizarse con el trabajo

faminto, -a [fɜ'mĩjtu, -a] adj **1.**(com fome) hambriento, -a **2.**(ávido) necesitado, -a

famoso, -a [fɜ'mozu, -'ɔza] adj famoso, -a

fanático, -a [fɜ'natʃiku, -a] **I.** adj fanático, -a; **~ por música** fanático por la música **II.** m, f fanático, -a m, f

fanatismo [fɜna'tʃizmu] m fanatismo m

fandango [fɜŋ'dɜŋgu] m fandango m

fanfarra [fɜŋ'faxa] f fanfarria f

fanfarrão, -ona <-ões> [fɜŋfa'xɜ̃w, -'ona, -'ɔjs] m, f fanfarrón, -ona m, f

fanho, -a [fɜ'ɲu, -a] adj, **fanhoso, -a** [fɜ'ɲozu, -'ɔza] adj gangoso, -a

faniquito [fɜni'kitu] m inv patatús m inv; **tive um ~** me dio un patatús

fantasia [fɜ̃ta'zia] f **1.**(imaginação) fantasía f **2.**(traje) disfraz m; **~ de carnaval** disfraz de carnaval

fantasiar [fɜ̃tazi'ar] **I.** vi, vt fantasear **II.** vr: **~-se** disfrazarse; **~-se de a. c.** disfrazarse de algo

fantasioso, -a [fɜ̃tazi'ozu, -'ɔza] adj fantasioso, -a

fantasma [fɜ̃'tazma] m fantasma m

fantasmagórico, -a [fɜ̃tazma'gɔriku, -a] adj fantasmagórico, -a

fantástico, -a [fɜ̃'tastʃiku, -a] adj fantástico, -a

fantochada [fɜ̃to'ʃada] f **1.**(com fantoches) espectáculo m de marionetas **2.**(palhaçada) fantochada f

fantoche [fɜ̃'tɔʃi] m fantoche m

faqueiro [fa'kejru] m cubertería f

faquir [fa'kir] <-es> m faquir m

faraó [fara'ɔ] m faraón m

faraônico, -a [fara'oniku, -a] adj faraónico, -a

farda ['farda] f uniforme m

fardado, -a [far'dadu, -a] adj uniformado, -a

fardar-se [far'darsi] vr vestirse de uniforme

fardo ['fardu] m **1.**(de palha, tecido) fardo m **2.**(sobrecarga) carga f

farejar [fare'ʒar] vi husmear; fig olfatear

farelo [fa'rɛlu] m **1.**(de pão) salvado m **2.**(de madeira) serrín m

farináceo [fari'nasiw] m producto m farináceo

farináceo, -a [fari'nasew, -a] adj harinoso, -a

faringe [fa'rĩʒi] f ANAT faringe f

faringite [farĩ'ʒitʃi] f sem pl MED faringitis f

farinha [fa'rĩɲa] f harina f; **~ de mandioca** [ou **de mesa**] harina de mandioca; **~ de rosca** pan m rallado; **~ de trigo** harina de trigo; **ser ~ do mesmo saco** fig ser tal para cual

farinha de pau [fa'rĩɲa dʒi 'paw] <farinhas de pau> f harina f de mandioca

farinheira [farĩ'ɲejra] f recipiente m para la harina

farinhento, -a [farĩ'ɲẽjtu, -a] adj harinoso, -a

farmacêutico, -a [farma'sewtʃiku, -a] adj, m, f farmacéutico, -a m, f

farmácia [far'masia] f farmacia f

farmacologia [farmakolo'ʒia] f sem pl farmacología f

farnel <-éis> [far'nɛw, -'ɛjs] m provisiones fpl

faro ['faru] m **1.**olfato m **2.**fig intuición f

faroeste [faru'ɛstʃi] m sem pl **1.**(de vaqueiros) lejano oeste m; **filme de ~** película f del Oeste **2.** inf (região assolada) tierra f sin ley

farofa [fa'rɔfa] f **1.** GASTR plato elaborado con harina de mandioca frita **2.** inf (conversa fiada) palabrería f

> **Cultura** La **farofa** se sirve para acompañar a muchos platos brasileños, especialmente a la **feijoada**. Se hace con **farinha de mandioca** tostada, aceite o mantequilla, tocino, cebolla, perejil y cebolleta. Al igual que ocurre con la **feijoada**, la forma de preparar la **farofa** varía de una región a otra.

farofeiro, -a [faro'fejru, -a] adj pej dominguero, -a

farol <-óis> [fa'rɔw, -'ɔjs] m **1.**(torre) faro m; **dar ~** gíria fardar **2.**(de automóvel) luz f; **~ de neblina** luz de niebla; **com ~ alto/baixo** con las luces

cortas/largas
farolete [faro'letʃi] *m* faro *m* pequeño
farpa ['farpa] *f* 1.(*de madeira*) astilla *f* 2.(*sarcasmo*) pulla *f*; **soltar** ~**s** lanzar pullas
farpado, -a [far'padu, -a] *adj* con alambrada; **arame** ~ alambrada *f*
farra ['faxa] *f* 1.(*diversão*) juerga *f*; **cair** [*ou* **andar**] **na** ~ salir de juerga 2. *inf* (*troça*) burla *f*
farrapo [fa'xapu] *m* 1.(*de tecido*) harapo *m* 2.(*pessoa*) guiñapo *m*
farsa ['farsa] *f* farsa *f*
farsante [far'sɐ̃ŋtʃi] *mf* farsante *mf*
farta ['farta] *adv* **à** ~ hasta la saciedad
fartar [far'tar] I. *vt* hartar; (*fome, sede, desejos*) saciar II. *vr:* ~**-se** hartarse; ~**-se de alguém/a. c.** hartarse de alguien/algo; ~**-se de chorar/de rir** hartarse de llorar/de reír; **não se** ~**-se de fazer a. c.** no se hartar de hacer algo
farto, -a ['fartu, -a] *adj* 1.(*pessoa*) harto, -a; **estar** ~ **de fazer a. c.** estar harto de hacer algo 2.(*refeição*) abundante
fartura [far'tura] *f* 1.(*abundância*) abundancia *f*; **com** ~ con abundancia 2. GASTR (*doce*) bola de harina frita
fascículo [fa'sikulu] *m* fascículo *m*
fascinado, -a [fasi'nadu, -a] *adj* fascinado, -a; **estar** ~ **com** [*ou* **por**] **alguém/a. c.** estar fascinado con alguien/algo
fascinante [fasi'nɐ̃ŋtʃi] *adj* fascinante
fascinar [fasi'nar] *vt* fascinar
fascínio [fa'siniw] *m* fascinación *f*
fascismo [fa'sizmu] *m sem pl* fascismo *m*
fascista [fa'sista] *adj, mf* fascista *mf*
fase ['fazi] *f* fase *f*
fashion ['fɛʃõw] <-(s)> *adj* fashion *inv*
fastidioso, -a [fastʃidʒi'ozu, -ɔza] *adj* fastidioso, -a
fastio [fas'tʃiw] *m sem pl* 1.(*tédio*) hastío *m* 2.(*aversão*) repugnancia *f* 3.(*falta de apetite*) desgana *f*
fatal <-ais> [fa'taw, -'ajs] *adj* 1.(*mortal*) fatal 2.(*inevitável*) inevitable
fatalidade [fataʎi'dadʒi] *f* fatalidad *f*
fatalismo [fata'ʎizmu] *m sem pl* fatalismo *m*
fatalista [fata'ʎista] *mf* fatalista *mf*
fatalmente [fataw'mẽjtʃi] *adv* fatalmente
fatia [fa'tʃia] *f* 1.(*de pão*) rebanada *f* 2.(*parcela*) parte *f*

fatídico, -a [fa'tʃidʒiku, -a] *adj* fatídico, -a
fatigante [fatʃi'gɐ̃ŋtʃi] *adj* (*que cansa*) fatigante; (*que chateia*) pesado, -a
fato ['fatu] I. *m* hecho *m;* ~ **consumado** hecho consumado; **chegar às vias de** ~ llegar a las manos II. *adv* **de** ~ de hecho
fator [fa'tor] <-es> *m* factor *m;* ~ **de proteção solar** factor de protección
fátuo, -a ['fatuu, -a] *adj elev* 1.(*fogo, pessoa*) fatuo, -a 2.(*frívolo*) frívolo, -a
fatura [fa'tura] *f* factura *f*; **liquidar a** ~ *inf* librarse de un compromiso; **pagar uma** ~ pagar una factura
faturar [fatu'rar] I. *vt* 1.(*mercadoria*) facturar 2.(*dinheiro*) ganar; ~ **alto** ganar mucho; **a empresa faturou muito dinheiro no ano passado** la empresa ganó mucho dinero el año pasado 3. *chulo* (*copular com*) cepillarse II. *vi inf* forrarse
fauna ['fawna] *f* fauna *f*
fausto ['fawstu] *m sem pl* fastuosidad *f*
fausto, -a ['fawstu, -a] *adj* fausto, -a
fava ['fava] *f* 1. BOT haba *f* 2. *fig* **ir às** ~**s** irse a freír churros; **mandar alguém às** ~**s** mandar a alguien a freír churros
favela [fa'vɛla] *f* favela *f*

> **Cultura** La **favela** es un conjunto de casas populares construidas con materiales improvisados, ocupando un terreno de propiedad ajena (pública o particular) dentro de una zona urbana. La carencia de servicios públicos esenciales es una de las características de este tipo de asentamiento, en el que viven personas con pocos ingresos.

favelado, -a [fave'ladu, -a] *m, f* habitante *mf* de una favela
favo ['favu] *m* panal *m;* ~ **de mel** panal *m*
favor [fa'vor] <-es> *m* favor *m;* **fazer um** ~ **a alguém** hacer un favor a alguien; **a/em** ~ **de** a/en favor de; **a meu** ~ a mi favor; **por** ~! ¡por favor!
favorável <-eis> [favo'ravew, -ejs] *adj* favorable
favorecer [favore'ser] <c→ç> I. *vt* favorecer; ~ **o irmão** favorecer al hermano; ~ **o risco da doença** facilitar el

contagio de la enfermedad **II.** *vr:* **~-se favorecerse; ~-se da ajuda da comunidade** valerse de la ayuda de la comunidad

favores [fa'vores] *m pl de* **favor**

favoritismo [favori'tʃizmu] *m* favoritismo *m*

favorito, -a [favo'ritu, -a] **I.** *adj* favorito, -a; **franco ~** claro favorito **II.** *m, f* favorito, -a *m, f*

fax ['faks] *inv m* fax *m;* **mandar** [*ou* **enviar**] [*ou* **passar**] **um ~** mandar un fax; **enviar a. c. por ~** enviar algo por fax

faxina [fa'ʃina] *f* limpieza *f;* **fazer uma ~ na casa** hacer limpieza general en casa

faxineiro, -a [faʃi'nejɾu, -a] *m, f* limpiador(a) *m(f)*

fazenda [fa'zẽjda] *f* **1.** (*grande propriedade rural*) hacienda *f,* estancia *f CSur, Perú* **2.** (*pano*) tela *f;* **casaco de ~** chaqueta de punto **3.** ECON hacienda *f;* **Ministério da Fazenda** Ministerio de Hacienda

fazendeiro, -a [fazẽj'dejɾu, -a] *m, f* hacendado, -a *m, f,* estanciero, -a *m, f CSur, Perú*

fazer [fa'zer] *irr* **I.** *vt* **1.** (*executar, produzir*) hacer; **~ efeito** hacer efecto; **~ justiça** hacer justicia; **~ a. c. a alguém** hacer algo a alguien; **ter muito o que ~** tener mucho que hacer; **dito e feito** dicho y hecho; **(é) bem feito!** ¡bien hecho!; **faça-me o favor!** ¡por favor! **2.** (*uma atividade*) hacer; **~ a barba** afeitarse; **~ compras** hacer compras; **~ ginástica** hacer gimnasia; **~ as malas** hacer las maletas; **~ o supermercado** hacer la compra en el supermercado; **o que você está fazendo?** ¿qué estás haciendo? **3.** (*profissão*) hacer; **o que você faz?** ¿qué haces? **4.** (*personagem*) hacer de; **ele faz de professor** hace de profesor **5.** (*obrigar*) hacer; **ele me fez ficar aqui** me hizo quedarme aquí **6.** (*provocar*) hacer; **isso faz eu me sentir melhor** eso me hace sentirme mejor; **a grande procura faz com que os preços subam** la gran demanda hace que los precios suban **7.** (*estudar: letras, medicina*) hacer **8.** (*anos de vida*) cumplir; **~ aniversário** cumplir años; **faço anos hoje** cumplo años hoy; **fiz 18 anos ontem** cumplí 18 años ayer **9.** (*esforçar-se*) **~ por** esforzarse por; **ele fez por merecer** se esforzó por merecer **II.** *vi* (*consequências*) **~ bem/mal à saúde** ser bueno/malo para la salud; **~ e acontecer** actuar realmente; **isso não me faz bem** eso no me sienta bien; **não ~ por menos** no ser menos; **que é feito dele/disso?** ¿qué ha sido de él/de eso?; **você faz bem** haces bien **III.** *vi impess* **1.** METEO **faz frio/calor** hace frío/calor **2.** (*temporal*) **faz hoje um ano que me casei** hoy hace un año que me casé; **faz seis meses que ela está aqui** hace seis meses que está aquí **3.** (*locução*) **não faz mal!** ¡no ha sido nada!; **tanto faz** me da igual **IV.** *vr:* **~-se 1.** (*tornar-se*) hacerse; **~-se adulto** hacerse adulto **2.** (*fingir*) hacerse; **~-se de surdo** hacerse el sordo; **ela se faz de boazinha** se hace la buena

faz-tudo [fas-'tudu] *mf inv* **ser um ~** hacer de todo

fé ['fɛ] *f sem pl* fe *f;* **agir de boa/má ~** actuar de buena/mala fe; **dar ~ a alguém/a. c.** poner fe en alguien/algo; **fazer uma ~ em alguém/a. c.** confiar en alguien/algo; **levar** [*ou* **ter**] **~ em alguém/a. c.** tener fe en alguien/algo

FEBEM [fe'bẽj] *f sem pl abr de* **Fundação Estadual do Bem-Estar do Menor** red estatal de reformatorios

febre ['fɛbri] *f sem pl* fiebre *f;* **estar com** [*ou* **ter**] **~** tener fiebre; **~ aftosa** fiebre aftosa; **~ amarela** fiebre amarilla

febril <-is> [fe'briw, -'is] *adj* **1.** MED febril **2.** (*exaltado*) apasionado, -a

fechado, -a [fe'ʃadu, -a] *adj* **1.** (*porta, curva, pessoa*) cerrado, -a; **~ à chave** cerrado con llave **2.** *inf* (*sinal*) en rojo

fechadura [feʃa'duɾa] *f* cerradura *f,* chapa *f AmL;* **~ de segurança** cerradura de seguridad

fechar [fe'ʃar] **I.** *vt* cerrar; **~ à chave** cerrar con llaves; **~ a sete chaves** guardar bajo siete llaves; **~ o tempo** *fig* ponerse la cosa fea **II.** *vi* cerrar; **~ com** estar de acuerdo con **III.** *vr:* **~-se** cerrarse

fecho ['feʃu] *m* **1.** (*para roupa*) cremallera *f,* cierre *m AmL* **2.** (*de bolsa*) cierre *m* **3.** (*de obra*) finalización *f*

fécula ['fɛkula] *f* fécula *f;* **~ de batata** fécula de patata [*o* papa *AmL*]

fecundação <-ões> [fekũwda'sãw, -'õjs] *f* fecundación *f*

fecundar [fekũw'dar] *vt* fecundar

fecundidade [fekũwdʒi'dadʒi] *f sem pl* fecundidad *f*

fecundo, -a [fe'kũwdu, -a] *adj* fecundo, -a

fedelho [fe'deʎu] *m* mocoso *m*

feder [fe'der] *vi* apestar

federação <-ões> [federa'sãw, -'õjs] *f* federación *f*

federal [fede'raw] *adj* 1. POL federal 2. *gíria* (*muito grande*) bestial; **eles fizeram uma bagunça ~** armaron un follón alucinante

federalismo [federa'ʎizmu] *m* POL federalismo *m*

fedor [fe'dor] <-es> *m* hedor *m*

fedorento, -a [fedo'rẽjtu, -a] *adj* hediondo, -a

fedores [fe'dores] *m pl de* **fedor**

feedback [fidʒi'bɛki] *m sem pl* feedback *m*

feição <-ões> [fej'sãw, -õjs] *f* (*aparência, índole*) carácter *m;* (*maneira*) manera *f;* **fazer as coisas à sua ~** hacer las cosas a su manera

feições [fej'sõjs] *fpl* facciones *fpl*

feijão <-ões> [fej'ʒãw, -õjs] *m* alubia *f,* frijol *m AmL;* **~ preto** alubia negrita

feijoada [fejʒu'ada] *f* GASTR plato nacional brasileño

> Cultura La **feijoada** es el plato nacional brasileño, preparado con alubias negritas condimentadas con ajo y cebolla, y cocido con diferentes cortes salados del cerdo (chorizo, carne seca, tocino, etc.). En algunas regiones se sirve con legumbres. La **feijoada** se come con arroz blanco, **farofa**, berza, salsa picante, y naranjas o piña.

feijões [fej'ʒõjs] *m pl de* **feijão**

feio, -a ['feju, -a] I. *adj* 1. (*pessoa, objeto, tempo*) feo, -a; **fazer ~** hacer el ridículo 2. (*situação*) complicado, -a II. *adv* **o time perdeu ~** el equipo perdió de mala manera

feira ['fejra] *f* 1. (*mercado*) mercado *m;* **~ livre** mercado al aire libre 2. (*exposição*) feria *f;* **~ do livro** feria del libro

> Cultura La **feira livre** es un mercado callejero formado por un conjunto de puestos de venta de aves, carnes, hierbas, flores, frutas, huevos, pescado, verdura, y hasta ropa, calzados y artículos domésticos. Los puestos se levantan en unas calles determinadas de cada barrio una vez por semana.

feirante [fej'rãntʃi] *mf* vendedor(a) *m(f)*

feita ['fejta] *f* **desta ~** esta vez

feitiçaria [fejtʃisa'ria] *f* brujería *f*

feiticeiro, -a [fejtʃi'sejru, -a] I. *adj* hechizante II. *m, f* hechicero, -a *m, f*

feitiço [fej'tʃisu] *m* hechizo *m;* **o ~ virou contra o feiticeiro** el tiro salió por la culata

feitio [fej'tʃiu] *m* 1. (*forma*) tipo *m;* (*de roupa*) forma *f* 2. (*temperamento*) carácter *m;* **isto não é do meu ~** eso no va con mi carácter

feito ['fejtu] I. *pp de* **fazer** II. *m* hazaña *f* III. *conj* como; **chorou ~ criança** lloró como un niño

feito, -a ['fejtu, -a] *adj* (*prato*) precocinado, -a; (*trabalho, dever*) hecho, -a; **ele está um homem ~** es un hombre hecho y derecho; **estou ~!** ¡qué genial!; **bem ~!** ¡bien hecho!

feiura [fej'ura] *f sem pl* fealdad *f*

feixe ['fejʃi] *m* haz *m;* **~ de luz** haz de luz

fel ['fɛw] *m sem pl* hiel *f*

felicidade [feʎisi'dadʒi] *f sem pl* felicidad *f*

felicidades [feʎisi'dads] *fpl* felicidades *fpl;* **muitas ~!** ¡muchas felicidades!

felicíssimo, -a [feʎi'sisimu, -a] *adj superl de* **feliz**

felicitação <-ões> [feʎisita'sãw, -õjs] *f* felicitación *f;* **mensagem de felicitações** mensaje de felicitación; **dar as felicitações a alguém** felicitar a alguien

felicitar [feʎisi'tar] *vt* felicitar; **~ alguém por a. c.** felicitar a alguien por algo

felino [fe'ʎinu] *m* ZOOL felino *m*

felino, -a [fe'ʎinu, -a] *adj* felino, -a

feliz [fe'ʎis] <-es> *adj* feliz; **~ no amor/casamento** feliz en el amor/matrimonio; **um ar ~** un aire de felicidad

felizardo, -a [feʎi'zardu, -a] *m, f* afortunado, -a *m, f*

felizes [fe'ʎizes] *adj pl de* **feliz**
felizmente [feʎiz'mẽjtʃɪ] *adv* felizmente
felpudo, -a [few'pudu, -a] *adj* afelpado, -a
feltro ['fewtru] *m* fieltro *m*
fêmea ['femia] *f tb.* TÉC hembra *f*
feminilidade [feminiʎi'dadʒi] *f sem pl* feminidad *f*
feminino [femi'ninu] *m* LING femenino *m*
feminino, -a [femi'ninu, -a] *adj* femenino, -a
feminismo [femi'nizmu] *m sem pl* feminismo *m*
feminista [femi'nista] *adj, mf* feminista *mf*
fêmur ['femur] *f* <-es> *m* ANAT fémur *m*
fenda ['fẽjda] *f* grieta *f*; (*na louça*) raja *f*
fenecer [fene'ser] <c→ç> *vi elev* **1.** (*murchar: flores*) marchitarse **2.** (*morrer: pessoa*) fenecer **3.** (*terminar: esperança*) terminarse
feno ['fenu] *m sem pl* heno *m*
fenol <-óis> [fe'nɔw, -ɔjs] *m* QUÍM fenol *m*
fenomenal <-ais> [fenome'naw, -ajs] *adj fig* fenomenal
fenômeno [fe'nomenu] *m* fenómeno *m*
fera ['fɛra] *f* **1.** ZOOL fiera *f* **2.** (*pessoa*) bestia *f*; **ele é ~ em matemática** es una fiera en matemáticas
feracidade [ferasi'dadʒi] *f sem pl* feracidad *f*
féretro ['fɛretru] *m* féretro *m*
feriadão <-ões> [fɛrja'dãw, -õjs] *m inf* puente *m*
feriado [feri'adu] *m* festivo *m*; **~ nacional** día *m* festivo en todo el país; **~ prolongado** puente *m*; **~ religioso** festividad *f* religiosa

Cultura	1° de enero:
	Ano-Novo (Año Nuevo)
	febrero, marzo:
	Carnaval (Carnaval)
	Terça-Feira de Carnaval (Martes de Carnaval)
	Quarta-Feira de Cinzas (Miércoles de Ceniza)
	Quinta-Feira Santa (Jueves Santo)
	Sexta-Feira Santa (Viernes Santo)
	Páscoa (Pascua)
	21 de abril:
	Dia de Tiradentes
	1° de mayo:
	Dia do Trabalho (Día del Trabajo)
	mayo o junio:
	Corpo de Christo (Corpus Christi)
	07 de septiembre:
	Independência do Brasil (Independencia de Brasil)
	12 de octubre:
	Nossa Senhora da Aparecida, (Nuestra Señora de la Aparecida)
	02 de noviembre:
	Finados (Todos los Santos)
	15 de noviembre:
	Proclamação da República (Proclamación de la República)
	24 de diciembre:
	Véspera de Natal (Nochebuena)
	25 de diciembre:
	Natal (Navidad)
	31 de diciembre:
	Réveillon (Nochevieja)

feriadões [feria'dõjs] *m pl de* **feriadão**
férias ['fɛrias] *fpl* vacaciones *fpl*; **estar de ~** estar de vacaciones; **passar as ~ em...** pasar las vacaciones en...; **tirar ~** tomarse vacaciones
ferida [fe'rida] *f* herida *f*; **~ leve/grave** herida leve/grave; **pôr o dedo na ~** *fig*, **tocar na ~** *fig* poner el dedo en la llaga
ferido, -a [fe'ridu, -a] *adj, m, f* herido, -a *m, f*
ferimento [feri'mẽjtu] *m* herida *f*
ferir [fe'rir] *irr como preferir* **I.** *vt* **1.** MED herir **2.** (*contrariar*) ir contra; **~ os interesses** ir contra los intereses; **a voz estridente feria os ouvidos** la voz estridente hería los oídos **II.** *vr:* **~-se** hacerse una herida; **~-se na perna** hacerse una herida en la pierna
fermentação <-ões> [fermẽjta'sãw, -õjs] *f* fermentación *f*
fermentar [fermẽj'tar] *vi* fermentar
fermento [fer'mẽjtu] *m sem pl* fermento *m*; (*de pão*) levadura *f*; **~ em pó** levadura en polvo
ferocidade [ferosi'dadʒi] *f sem pl* feroci-

feroz [fe'rɔs] <-es> *adj* feroz
ferrado, -a [fe'xadu, -a] *adj gíria* fastidiado, -a
ferradura [fexa'dura] *f* cerradura *f*
ferragem <-ens> [fe'xaʒēj, -ējs] *f* herraje *m*
ferramenta [fexa'mējta] *f* **1.** (*utensílio*) herramienta *f*; **~ de busca** INFOR herramienta de búsqueda; **~ de trabalho** herramienta de trabajo **2.** (*instrumento*) instrumento *m*
ferrão <-ões> [fe'xãw, -'õjs] *m* aguijón *m*
ferrar [fe'xar] **I.** *vt* **1.** (*inseto*) dar un aguijonazo a; (*um cavalo, gado*) herrar **2.** *gíria* (*prejudicar*) fastidiar **II.** *vr*: **~-se** *gíria* fastidiarse; **quem se ferrou fui eu** el que se fastidió fui yo; **vai se ~!** ¡que te den por culo!
ferreiro, -a [fe'xejru, -a] *m, f* herrero, -a *m, f*; **em casa de ~, o espeto é de pau** *prov* en casa del herrero, cuchara de palo *prov*
ferrenho, -a [fe'xēɲu, -a] *adj* (*vontade*) férreo, -a; (*inimigo*) acérrimo, -a; (*luta*) cruel
férreo, -a [ˈfɛxiw, -a] *adj* férreo, -a; **via férrea** vía férrea
ferro [ˈfɛxu] *m* **1.** *sem pl* (*metal*) hierro *m*; **~ ondulado** chapa *f* ondulada; **~ de passar** plancha *f*; **passar a ~** planchar; **de ~** de hierro; **a ~ e fogo** a capa y espada **2.** (*âncora*) ancla *f*; **levantar ~** levar anclas
ferroada [fexo'ada] *f* (*de inseto*) picadura *f*; **levar uma ~** recibir una picadura
ferrões [fe'xõjs] *m pl* de **ferrão**
ferrolho [fe'xoʎu] *m* cerrojo *m*
ferro-velho [ˈfɛxu-ˈvɛʎu] *m* **1.** *sem pl* (*material*) chatarra *f* **2.** <ferros-velhos> (*pessoa*) chatarrero *m*
ferrovia [fexo'via] *f* vía *f* férrea
ferroviário, -a [fexovi'ariw, -a] *adj, m, f* ferroviario, -a *m, f*
ferrugem [fe'xuʒēj] <-ens> *f* herrumbre *f*; **criar** [*ou* **ganhar**] **~** oxidarse
ferrugento, -a [fexu'ʒējtu, -a] *adj* oxidado, -a
ferruginoso, -a [fexuʒi'nozu, -'ɔza] *adj* ferruginoso, -a
ferryboat [fɛri'bowtʃi] *m* ferry *m*
fértil <-eis> [ˈfɛrtʃiw, -ejs] *adj* fértil
fertilidade [fertʃiʎi'dadʒi] *f sem pl* fertilidad *f*
fertilizante [fertʃiʎi'zãntʃi] *m* fertilizante *m*
fertilizar [fertʃiʎi'zar] *vt* fertilizar
fervente [fer'vējtʃi] *adj* (*água*) hirviendo
ferver [fer'ver] **I.** *vt* hervir **II.** *vi* hervir; **~ de impaciência** hervir de impaciencia; **o asfalto fervia com o calor** el asfalto hervía con el calor
fervilhar [fervi'ʎar] *vi* hervir; **a rua fervilhava de gente** la calle hervía de gente
fervor [fer'vor] <-es> *m* fervor *m*
fervoroso, -a [fervo'rozu, -'ɔza] *adj* fervoroso, -a
fervura [fer'vura] *f* ebullición *f*; **levantar ~** comenzar a hervir
festa [ˈfɛsta] *f* **1.** (*celebração*) fiesta *f*; **~ de arromba** superfiesta *f*; **~ de despedida** fiesta de despedida; **dar uma ~** dar una fiesta; **dar** [*ou* **desejar**] **boas-festas a alguém** desear felices fiestas a alguien; **fazer a ~** *fig* ponerse las botas; **no melhor da ~** en el mejor momento; **Boas Festas!** ¡Felices Fiestas! **2.** (*carícia*) caricia *f*; **fazer ~ em alguém** acariciar a alguien **3.** (*manifestação de alegria*) alegría *f*; **eles fizeram-lhe ~ quando a viram** se alegraron mucho cuando la vieron

> **Cultura** Presentes en todo el país, las **festas juninas** se celebran en el mes de junio, en homenaje a tres santos: san Antonio, san Juan y san Pedro. Las fiestas son al aire libre, en un terreno decorado con banderas de colores, con una hoguera permanentemente encendida. Hay muchas comidas típicas, como la **canjica de milho**, el **doce de batata doce**, el **pé de moleque**, etc. Los adultos beben el tradicional **quentão** y **vinho quente**. El momento culminante de la fiesta son el baile de la **quadrilha** y los fuegos artificiales.

festança [fes'tãnsa] *f* gran fiesta *f*
festejar [feste'ʒar] *vt* festejar
festejo [fes'teʒu] *m* festejo *m*
festim [fes'tʃĩj] <-ins> *m* **1.** (*festa*) festín *m* **2.** (*cartucho sem projétil*) fogueo *m*; **tiro de ~** bala de fogueo

festival <-ais> [festʃi'vaw, -'ajs] *m* **1.**(*acontecimento*) festival *m;* ~ **da canção** festival de la canción; ~ **de cinema** festival de cine; ~ **de teatro** festival de teatro **2.**(*grande quantidade*) ~ **de besteira** festival de tonterías
festividade [festʃivi'dadʒi] *f* festividad *f;* ~ **religiosa** festividad religiosa
festivo, -a [fes'tʃivu, -a] *adj* festivo, -a
fetiche [fe'tʃiʃi] *m* fetiche *m*
fetichista [fetʃiʃ'ʃista] *mf* fetichista *mf*
fétido, -a ['fɛtʃidu, -a] *adj* fétido, -a
feto ['fɛtu] *m* **1.**(*embrião*) feto *m* **2.** BOT designación común a las pteridofitas del orden de los filicales
feudal <-ais> [few'daw, -ajs] *adj* feudal
feudalismo [fewda'ʎizmu] *m sem pl* feudalismo *m*
feudo ['fewdu] *m* feudo *m*
fevereiro [feve'rejru] *m* febrero *m; v.tb.* **março**
fez ['fes] *3. pret de* **fazer**
fezes ['fɛzis] *fpl* heces *fpl*
fezinha [fɛ'ziɲa] *f* **fazer uma** ~ hacer una pequeña apuesta
fiação <-ões> [fja'sãw, -'õjs] *f* hilatura *f;* ELETR tendido *m* eléctrico; ~ **da casa** instalación *f* eléctrica de la casa
fiado [fi'adu] *adv* al fiado; **comprar/vender** ~ comprar/vender al fiado
fiador(a) [fja'dor(a)] <-es> *m(f)* fiador(a) *m(f)*
fiança [fi'ɐ̃nsa] *f* fianza *f;* **sob** ~ bajo fianza
fiapo [fi'apu] *m* hilacha *f*
fiar [fi'ar] I. *vt* **1.**(*algodão*) hilar **2.**(*confiar*) fiarse **3.**(*vender a crédito*) fiar II. *vr:* ~-**se** fiarse; ~-**se em alguém/a. c.** fiarse de alguien/algo
fiasco [fi'asku] *m* fiasco *m*
fiável <-eis> [fi'avew, -ejs] *adj* fiable
fibra ['fibra] *f* **1.** BIO (*têxtil*) fibra *f;* ~ **sintética/natural** fibra sintética/natural; ~**s vegetais** fibras vegetales; ~ **de vidro** fibra de vidrio **2.**(*personalidade*) garra *f*
fibroma [fi'broma] *m* MED fibroma *m*
fibroso, -a [fi'brosu, -'bza] *adj* fibroso, -a
ficar [fi'kar] <c→qu> I. *vt* **1.**(*permanecer*) quedarse; ~ **de braços cruzados** quedarse de brazos cruzados; ~ **cara a cara** quedar cara a cara; ~ **na memória** quedar en el recuerdo; ~ **na mesma** quedarse igual; ~ **olhando/falando** quedarse mirando/hablando; ~ **parado** quedarse parado; ~ **para trás** quedarse atrás; ~ **por fazer** quedar por hacer; ~ **na sua** *gíria* no meterse **2.**(*sobrar*) quedar **3.**(*estar situado*) quedar; ~ **em algum lugar** quedar en algún lugar; **a loja fica no centro** la tienda queda en el centro **4.**(*tornar-se*) ponerse; ~ **bom/mal** quedar bien/mal; ~ **cego/surdo** quedarse ciego/sordo; ~ **com frio/calor** enfriarse/calentarse; ~ **com medo** tener miedo; ~ **contente/triste** ponerse contento/triste; ~ **fora de si** ponerse fuera de sí **5.**(*guardar*) ~ **com** quedarse con; **isso fica (só) entre nós** eso queda entre nosotros dos **6.**(*roupa, cor*) sentar; ~ **bem/mal em alguém** sentar bien/mal a alguien; **isso não fica bem!** ¡eso no queda bien! **7.**(*ser adiado*) ~ **para** quedar para; **isso fica para amanhã** eso queda para mañana; **isto fica para você** esto queda para ti **8.**(*acordo*) ~ **de** quedar en; **ele ficou de telefonar** quedó en telefonear; **em que ficamos?** ¿en qué quedamos? **9.**(*constantemente*) ~ **falando/pensando em a. c.** quedarse hablando/pensando en algo; **fiquei falando sozinho** me quedé hablando sólo **10.** *gíria* (*namorar*) ligar II. *vr:* ~-**se** quedarse; ~-**se por isso mesmo** quedar en eso

ficção <-ões> [fik'sãw, -'õjs] *f* ficción *f;* ~ **científica** ciencia *f* ficción
ficha ['fiʃa] *f* **1.**(*peça, de arquivo, formulário*) ficha *f* **2.**(*antecedentes*) expediente *m;* **ter** ~ **limpa** *inf* estar bien considerado
fichário [fi'ʃariw] *m* **1.**(*armário, caixa*) fichero *m* **2.**(*caderno, pasta*) libreta *f*
fichinha [fi'ʃiɲa] *f gíria* don nadie *m*
fictício, -a [fik'tʃisiw, -a] *adj* ficticio, -a
fidalgo [fi'dawgu] *m* **1.** HIST hidalgo *m* **2.** *pej* (*esnobe*) soberbio *m*
fidalguia [fidaw'gia] *f sem pl* hidalguía *f*
fidedigno, -a [fide'dʒignu, -a] *adj* fidedigno, -a
fidelidade [fideʎi'dadʒi] *f sem pl* fidelidad *f;* ~ **a alguém/a. c.** fidelidad a alguien/algo
fidelíssimo, -a [fide'ʎisimu, -a] *adj superl de* **fiel**
fiduciário, -a [fidusi'ariw, -a] *adj* ECON fiduciario, -a; **circulação fiduciária** circulación fiduciaria
fiel¹ <-éis> [fi'ew, -'ɛjs] *m* **1.**(*empregado*) ayudante *m* del tesorero **2.**(*da*

balança) fiel *m*

fiel² <-éis> [fi'ɛw, -'ɛjs] **I.** *mf* fiel *mf* **II.** *adj* fiel; ~ **a alguém/a. c.** fiel a alguien/algo

FIFA ['fifa] *f abr de* **Federação Internacional de Futebol Associação** FIFA *f*

fig. [fi'gura] *abr de* **figura** fig.

figa ['figa] *f gesto que se hace colocando el dedo pulgar entre el índice y el corazón para conjurar un mal;* **fazer ~ s** cruzar los dedos

fígado ['figadu] *m* hígado *m*

figo ['figu] *m* higo *m;* **~ seco** higo seco; **não vale um ~ podre** *inf* no vale un pimiento

figueira [fi'gejra] *f* higuera *f*

figura [fi'gura] *f* **1.** (*aparência*) figura *f;* **fazer boa ~** hacer un buen papel; **fazer triste ~** hacer el ridículo **2.** (*num livro*) ilustración *f* **3.** LING **~ de linguagem** figura del lenguaje

figurado, -a [figu'radu, -a] *adj* figurado, -a; **no sentido ~** en sentido figurado

figurante [figu'rɜ̃ntʃi] *mf* CINE figurante *mf*

figurão <-ões> [figu'rɜ̃w, -'õjs] *m inf* gran figura *f*

figurar [figu'rar] *vi* figurar

figurativo, -a [figura'tʃivu, -a] *adj* figurativo, -a

figurino [figu'rinu] *m* **1.** (*desenho*) figurín *m* **2.** (*moda*) vestuario *m;* **como manda o ~** *fig* como Dios manda

figurões [figu'rõjs] *m pl de* **figurão**

fila ['fila] *f* fila *f;* **~ indiana** fila india; **fazer ~** hacer cola; **furar ~** saltarse la cola; **em ~** en fila

filamento [fila'mẽtu] *m* filamento *m*

filantropia [filɜ̃ntro'pia] *f sem pl* filantropía *f*

filantrópico, -a [filɜ̃n'trɔpiku, -a] *adj* filantrópico, -a

filantropo [filɜ̃n'tropu] *m* filántropo *m*

filão <-ões> [fi'lɜ̃w, -'õjs] *m tb. fig* filón *m*

filarmônica [filar'monika] *f* filarmónica *f*

filarmônico, -a [filar'moniku, -a] *adj* filarmónico, -a; **orquestra filarmônica** orquesta filarmónica

filatelia [filate'ʎia] *f sem pl* filatelia *f*

filé [fi'lɛ] *m* filete *m;* **~ mignon** solomillo *m; inf* mejor parte *f*

fileira [fi'lejra] *f* hilera *f;* **em ~** en hilera

filete [fi'letʃi] *m* **um ~ de água** un hilo de agua

filha ['fiʎa] *f v.* **filho**

filha de santo [fiʎa dʒi 'sɜ̃ntu] *f v.* **filho de santo**

filharada [fiʎa'rada] *f* hijos *mpl*

filho, -a ['fiʎu, -a] *m, f* hijo, -a *m, f;* **~ de criação** hijo de tutela; **~ de papai** hijo de papá; **~ da (mãe)** *puta chulo* hijo de puta; **ser ~ único** ser hijo único; **também ser ~ de Deus** ser también un ser humano; **~ de peixe, peixinho é** *prov* de tal palo, tal astilla *prov*

filhó [fi'ʎɔ] *m ou f* GASTR *pastelito de harina y huevos, frito en aceite, y espolvoreado con azúcar y canela*

filho de santo, filha de santo ['fiʎu dʒi 'sɜ̃ntu, 'fiʎa] <filhos de santo, filhas de santo> *m, f en el ritual del candomblé, persona que ya ha pasado el rito de iniciación y está preparada para recibir en su cuerpo a las diferentes divinidades*

filhote [fi'ʎɔtʃi] *m* cría *f*

filiação <-ões> [fiʎia'sɜ̃w, -'õjs] *f* **1.** (*país*) filiación *f* **2.** (*entidade*) afiliación *f;* **~ partidária** afiliación a un partido

filial <-ais> [fiʎi'aw, -'ajs] *f* filial *f*

filiar-se [fiʎi'arsi] *vr* **~ a a. c.** afiliarse a algo

filigrana [fiʎi'grɜna] *f* filigrana *f*

Filipinas [fiʎi'pinas] *fpl* Filipinas *fpl*

filmagem [fiw'maʒẽj] <-ens> *f* filmación *f*

filmar [fiw'mar] *vt* filmar

filme ['fiwmi] *m* película *f;* **~ de ação** película de acción; **~ de comédia** comedia *f;* **~ de longa metragem** largometraje *m;* **~ policial** película policial; **~ de terror** película de terror

filões [fi'lõjs] *m pl de* **filão**

filologia [filolo'ʒia] *f sem pl* filología *f;* **~ moderna** filología moderna; **~ portuguesa** filología portuguesa

filológico, -a [filo'lɔʒiku, -a] *adj* filológico, -a

filólogo, -a [fi'lɔlogu, -a] *m, f* filólogo, -a *m, f*

filosofal <-ais> [filozo'faw] *adj* filosofal; **pedra ~** piedra filosofal

filosofar [filozo'far] *vi* filosofar

filosofia [filozo'fia] *f* filosofía *f*

filosófico, -a [filo'zɔfiku, -a] *adj* filosófico, -a

filósofo, -a [fi'lɔzofu, -a] *m, f* filósofo, -a *m, f*

filtrar [fiw'trar] *vt* filtrar

filtro ['fiwtru] *m* filtro *m*

fim [fĩj] <fins> *m* 1. (*final*) fin *m;* ~ **do ano** fin de año; ~ **de estação** final *f* de estación; ~ **de mundo** *fig* fin del mundo; ~ **de semana** fin de semana; **no** [*ou* **ao**] ~ **de** al final de; **no** ~ **de setembro** a finales de septiembre; **ao** ~ **da tarde/do dia** al final de la tarde/del día; **chegar ao** ~ llegar al final; **estar a** ~ **de fazer a. c.** *gíria* tener ganas de hacer algo; **pôr** [*ou* **dar**] ~ **a a. c.** poner fin a algo; **por** ~ por fin; **sem** ~ sin fin; **é o** ~ (**da picada**) es el colmo; **que levou ele?** ¿qué fue de él? 2. (*objetivo*) fin *m;* **a** ~ **de fazer a. c.** con el fin de hacer algo; **os fins justificam os meios** el fin justifica los medios

finado, -a [fi'nadu, -a] **I.** *adj* difunto, -a **II.** *m, f* difunto, -a *m, f;* **dia de Finados** Día de Difuntos

final <-ais> [fi'naw, -ajs] **I.** *m* final *m;* ~ **feliz** final feliz **II.** *f* ESPORT final *f;* **chegar à** ~ llegar a la final **III.** *adj* final; **juízo** ~ juicio final

finalidade [finaʎi'dadʒi] *f* finalidad *f;* **com a** ~ **de** con la finalidad de

finalíssima [fina'ʎisima] *f* ESPORT *superl de* **final** finalísima *f*

finalista [fina'ʎista] *mf* finalista *mf*

finalizar [finaʎi'zar] *vt* finalizar

finalmente [finaw'mẽtʃi] **I.** *adv* finalmente **II.** *interj* por fin

finanças [fi'nãŋsas] *fpl* finanzas *fpl;* **estar mal de** ~ andar mal de finanzas

financeiro [finãŋ'sejru] *m* ECON financiero *m*

financeiro, -a [finãŋ'sejru, -a] *adj* financiero, -a

financiamento [finãŋsja'mẽtu] *m* financiamiento *m*

financiar [finãŋsi'ar] *vt* financiar

finca-pé ['fĩjka-pɛ] *m* hincapié *m;* **fazer** ~ **em a. c.** hacer hincapié en algo

fincar [fĩj'kar] <c→qu> **I.** *vt* clavar; ~ **a. c. em alguém/a. c.** clavar algo en alguien/algo; ~ **o pé** hincar el pié **II.** *vr:* ~**-se** clavarse

findar [fĩj'dar] *vi, vt* terminar

findo, -a ['fĩjdu, -a] *adj* terminado, -a

fineza [fi'neza] *f sem pl* finura *f*

fingido, -a [fĩj'ʒidu, -a] *adj* (*pessoa*) falso, -a; (*sentimento*) fingido, -a

fingimento [fĩjʒi'mẽtu] *m* fingimiento *m*

fingir [fĩj'ʒir] <g→j> **I.** *vt* fingir; **ele finge que está doente** finge que está enfermo **II.** *vi* fingir **III.** *vr:* ~**-se** fingirse; ~**-se de morto** hacerse el muerto

finito, -a [fi'nitu, -a] *adj* finito, -a

finlandês, -esa [fĩjlãŋ'des, -'eza] *adj, m, f* finlandés, -esa *m, f*

Finlândia [fĩj'lãŋdʒia] *f* Finlandia *f*

fino ['finu] *m* **o** ~ **lo mejor; o** ~ **da sociedade** la flor y nata de la sociedad; **tirar um** ~ pasar rozando

fino, -a ['finu, -a] *adj* 1. (*delgado, educado, requintado*) fino, -a 2. (*voz*) agudo, -a

finório, -a [fi'nɔriw, -a] *adj* listo, -a

fins [fĩjs] *m pl de* **fim**

finta ['fĩjta] *f* 1. ESPORT finta *f* 2. (*logro*) engaño *m*

fintar [fĩj'tar] *vt* 1. ESPORT fintar 2. (*enganar*) engañar

fio ['fiw] *m* 1. (*têxtil*) hilo *m;* ~ **condutor** *fig* hilo conductor; ~ **dental** hilo dental; ~ **de prumo** plomada *f;* **horas a** ~ horas ininterrumpidas; **estar por um** ~ pender de un hilo; **perder o** ~ **da meada** perder el hilo de la conversación; **de** ~ **a pavio** de comienzo a fin; **a** ~ sin interrupción; **no** ~ desgastado 2. ELETR, TEL cable *m;* (*metálico*) hilo *m;* ~ **condutor** hilo conductor; ~ **terra** toma *f* de tierra 3. (*da faca*) filo *m* 4. (*de água, ouro*) hilo *m;* ~ **de cabelo** hilo de cabello

fiorde [fi'ɔrdʒi] *m* fiordo *m*

firma ['firma] *f* firma *f*

firmamento [firma'mẽtu] *m* firmamento *m*

firmar [fir'mar] *vt* 1. (*um contrato*) firmar 2. (*uma amizade*) establecer

firme ['firmi] *adj* firme

firmeza [fir'meza] *f sem pl* firmeza *f*

firula [fi'rula] *f* 1. ESPORT virguería *f;* **fazer** ~ hacer virguerías 2. *inf* (*floreio*) floritura *f*

fiscal <-ais> [fis'kaw, -ajs] **I.** *adj* 1. (*de impostos*) fiscal 2. (*de fiscalização*) de inspección; **conselho** ~ consejo de inspección **II.** *mf* inspector(a) *m(f)*

fiscalização <-ões> [fiskaʎiza'sãw, -'õjs] *f* inspección *f*

fiscalizar [fiskaʎi'zar] *vt* inspeccionar

fisco ['fisku] *m* fisco *m;* **fugir ao** [*ou* **do**] ~ escapar del fisco

fisgada [fiz'gada] *f* 1. ESPORT arponazo *f* 2. (*dor*) punzada *f*

fisgar [fiz'gar] <g→gu> *vt* 1. (*pesca*) arponear 2. (*pegar no ar*) cazar 3. *inf*

(*seduzir*) conquistar
física ['fizika] *f sem pl* física *f;* **~ nuclear** física nuclear
fisicamente [fizika'mējtʃi] *adv* físicamente
físico ['fiziku] *m* físico *m*
físico, -a ['fiziku, -a] *adj, m, f* físico, -a *m, f*
físico-químico, -a ['fiziku-'kimiku, -a] *adj* fisicoquímico, -a
fisiologia [fizjolo'ʒia] *f sem pl* fisiología *f*
fisiológico, -a [fizjo'lɔʒiku, -a] *adj* fisiológico, -a
fisionomia [fizjono'mia] *f* fisionomía *f*
fisioterapeuta [fizjoteɾa'pewta] *mf* fisioterapeuta *mf*
fisioterapia [fizjoteɾa'pia] *f* fisioterapia *f*
fissão <-ões> [fi'sãw, -'õjs] *f* fisión *f;* **~ nuclear** fisión nuclear
fissura [fi'suɾa] *f* 1. *tb.* MED fisura *f* 2. *inf* (*obsessão*) pasión *f*
fístula ['fistula] *f* fístula *f*
fita ['fita] *f* 1. (*de tecido, cassete*) cinta *f;* **~ adesiva** cinta adhesiva; **~ magnética** cinta magnética; **~ métrica** cinta métrica 2. (*fingimento*) teatro *m;* **fazer ~** hacer teatro
fitar [fi'tar] *vt* clavar los ojos en
fitness ['fitʃinɛs] *m sem pl* fitness *m*
fito ['fitu] *m* 1. (*alvo*) blanco *m* 2. (*finalidade*) objetivo *m*
fitologia [fitolo'ʒia] *f sem pl* fitología *f*
fivela [fi'vɛla] *f* hebilla *f*
fixação <-ões> [fiksa'sãw, -'õjs] *f tb. fig* fijación *f;* **ter ~ por alguém/a. c.** tener una fijación con alguien/algo
fixador [fiksa'dor] <-es> *m tb.* FOTO fijador *m*
fixamente [fiksa'mējtʃi] *adv* fijamente; **olhar ~ para alguém/a. c.** mirar fijamente a alguien/algo
fixar [fik'sar] <*pp*: fixo *ou* fixado> I. *vt* fijar II. *vr:* **~-se** establecerse; **~-se no interior/na capital** establecerse en el interior/en la capital
fixo, -a ['fiksu, -a] I. *adj* fijo, -a; **preço ~** precio fijo II. *adv* fijamente; **ele olhou ~ para ela** la miró fijamente
fiz ['fis] *1.pret de* **fazer**
flã ['flã] *m* flan *m*
flacidez [flasi'des] *f sem pl* flacidez *f*
flácido, -a ['flasidu, -a] *adj* 1. (*sem elasticidade*) flácido, -a 2. (*mole, lânguido*) flojo, -a; **gesto ~** gesto flojo
flagelar [flaʒe'lar] I. *vt* flagelar II. *vr*

~-se flagelarse
flagelo [fla'ʒɛlu] *m* flagelo *m*
flagrante [fla'grãntʃi] I. *adj* 1. (*ardente*) ardiente 2. (*evidente*) flagrante; **~ delito** JUR flagrante delito II. *m* acción vista en el momento que ocurre; **apanhar** [*ou* **pegar**] **alguém em ~** coger a alguien en flagrante
flamejante [flame'ʒãntʃi] *adj* en llamas
flamejar [flame'ʒar] *vi* arder
flamenco [fla'mẽjku] *m* MÚS flamenco *m*
flamengo, -a [fla'mẽjgu, -a] *adj, m, f* flamenco, -a *m, f*
flamingo [fla'mĩjgu] *m* flamenco *m*
flanar [flɜ'nar] *vi* vagar; **~ pelo bairro** vagar por el barrio
flanco ['flãŋku] *m* flanco *m;* **marcha de ~** marcha de lado
Flandres ['flãʃdɾis] *f* Flandes *m*
flanela [flɜ'nɛla] *f* franela *f*
flanquear [flãŋke'ar] *conj como passear vt* flanquear
flash ['flɛʃ] <-es> *m* 1. FOTO flash *m* 2. CINE escena *f* corta 3. *inf* (*ideia repentina*) flash *m;* **ter um ~** tener un flash
flashback [flɛʃi'bɛki] *m* 1. CINE, TEAT, LIT flashback *m* 2. (*lembrança*) recuerdo *m*
flashes ['flɛʃis] *m pl de* **flash**
flatulência [flatu'lẽjsia] *f sem pl* flatulencia *f*
flauta ['flawta] *f* flauta *f;* **ele leva o curso na ~** *inf* no se toma el curso en serio
flautim [flaw'tʃĩj] <-ins> *m* flautín *m*
flautista [flaw'tʃista] *mf* flautista *mf*
flébil <-eis> ['flɛbiw, -ejs] *adj* 1. (*choroso*) lastimoso, -a 2. (*fraco*) débil
flebite [fle'bitʃi] *f sem pl* MED flebitis *f*
flecha ['flɛʃa] *f* flecha *f;* **rápido como uma ~** rápido como una flecha
flectir [flek'tʃir] *irr como refletir vt v.* **flexionar**
flertar [fler'tar] I. *vi* flirtear II. *vt* **~ com alguém** flirtear con alguien
flerte ['flertʃi] *m* flirteo *m*
flexão <-ões> [flek'sãw, -'õjs] *f tb.* LING flexión *f;* **fazer flexões** hacer flexiones
flexibilidade [fleksibiʎi'dadʒi] *f sem pl, tb. fig* flexibilidad *f;* **~ nas negociações** flexibilidad en las negociaciones
flexibilizar [fleksibiʎi'zar] *vt* 1. (*material*) hacer más flexible 2. (*política, personalidade*) flexibilizar
flexionar [fleksjo'nar] *vt* flexionar; **~ os**

flexível 231 **focalização**

joelhos flexionar las rodillas
flexível <-eis> [flɛk'sivew, -ejs] *adj* flexible; **horário** ~ horario flexible
flexões [flɛk'sõjs] *fpl v.* **flexão**
flíper ['flipɛɾ] *m*, **fliperama** [flipe'ɾɐma] *m* **1.** (*jogo*) flíper *m* **2.** (*casa de jogos*) salón *m* recreativo
floco ['flɔku] *m* **1.** (*de neve*) copo *m*; ~s **de aveia/de cereais** copos de avena/de cereales **2.** (*de pelo*) mechón *m*
flor ['floɾ] <-es> *f* **1.** BOT flor *f*; ~ **campestre** flor silvestre; **um vestido de** ~**es** un vestido de flores; **ele não é** ~ **que se cheire** *fig* no inspira ninguna confianza **2.** (*superfície*) flor *f*; **à** ~ **da água** a flor de agua; **ter os nervos à** ~ **da pele** tener los nervios a flor de piel **3.** (*auge*) flor *f*; **estar na** ~ **da idade** estar en la flor de la edad **4.** (*elite*) flor *f*; **a** ~ **da sociedade** la flor y nata de la sociedad
flora ['flɔɾa] *f* BOT flora *f*; ~ **bacteriana/intestinal** MED flora bacteriana/intestinal
floreado, -a [floɾi'adu, -a] *adj* **1.** (*tecido*) floreado, -a **2.** (*estilo*) florido, -a
floreados [floɾi'adus] *mpl* florituras *fpl*
floreira [flo'ɾejɾa] *f* florero *m*
flores ['flɔɾes] *f pl de* **flor**
florescência [floɾe'sẽjsia] *f sem pl* florecimiento *m*
florescente [floɾe'sẽjtʃi] *adj* **1.** (*florido*) florido, -a **2.** (*em desenvolvimento*) floreciente; **indústria** ~ industria floreciente
florescer [floɾe'seɾ] <c→ç> *vi* florecer
floresta [flo'ɾɛsta] *f* **1.** (*de árvores*) selva *f*; ~ **tropical** selva tropical; ~ **virgem** selva virgen **2.** (*de flores, de histórias*) montón *m*
florestal <-ais> [floɾes'taw, -ajs] *adj* forestal; **engenheiro** ~ ingeniero de bosques; **guarda-**~ guarda forestal
Florianópolis [floɾiɐ'nɔpuʎis] Florianópolis
floricultor(a) [floɾikuw'toɾ(a)] <-es> *m(f)* floricultor(a) *m(f)*
floricultura [floɾikuw'tuɾa] *f* **1.** (*cultivo de flores*) floricultura *f* **2.** (*loja*) floristería *f*
florido, -a [flo'ɾidu, -a] *adj* florido, -a; **estilo** ~ estilo florido
florim [flo'ɾĩj] <-ins> *m* florín *m*
florir [flo'ɾiɾ] *irr como* abolir *vi* florecer
florista [flo'ɾista] *mf* florista *mf*
fluência [flu'ẽjsia] *f sem pl* fluidez *f*; **falar com** ~ hablar con fluidez
fluente [flu'ẽjtʃi] *adj* fluido, -a; ...~ **em espanhol/inglês** ...con soltura en español/inglés
fluentemente [flwẽjtʃi'mẽjtʃi] *adv* fluentemente; **falar uma língua** ~ hablar una lengua con soltura
fluidez [flui'des] *f sem pl* fluidez *f*; ~ **de estilo** fluidez de estilo
fluido [fluj'du, flu'idu] *m* fluido *m*
fluido, -a ['flujdu, -a] *adj* fluido, -a; **estilo** ~ estilo fluido
fluir [flu'iɾ] *conj como* incluir *vi* fluir
fluminense [flumi'nẽjsi] **I.** *adj* del estado de Río de Janeiro **II.** *mf* persona *f* del estado de Río de Janeiro
flúor ['fluoɾ] *m sem pl* QUÍM flúor *m*
fluorescente [fluoɾe'sẽjtʃi] *adj* fluorescente; **amarelo** ~ amarillo fluorescente; **caneta** ~ rotulador fluorescente; **lâmpada** ~ fluorescente *m*
flutuação <-ões> [flutua'sãw, -'õjs] *f* **1.** (*ação de flutuar*) flotación *f* **2.** (*instabilidade, indecisão*) vacilación *f*; ~ **de ideias** vacilación de ideas **3.** ECON fluctuación *f*; ~ **dos preços** fluctuación de los precios
flutuador [flutua'doɾ] <-es> *m* flotador *m*
flutuante [flutu'ɐ̃ntʃi] *adj* **1.** (*que flutua*) flotante **2.** (*oscilante*) fluctuante; **bandeira** ~ bandera ondeante
flutuar [flutu'aɾ] *vi* **1.** (*barco*) flotar **2.** (*variar*) fluctuar **3.** (*ao vento*) ondear; **a pipa flutua** la cometa se agita
fluvial <-ais> [fluvi'aw, -ajs] *adj* fluvial; **águas fluviais** aguas fluviales
fluxo ['fluksu] *m* flujo *m*; ~ **do rio** curso *m* del río; ~ **sanguíneo** flujo sanguíneo; ~ **do tráfego** flujo del tráfico; **seguir o** ~ seguir el flujo
fluxograma [flukso'gɾɐma] *m* diagrama *m* de flujo
FMI [ɛfʒemi'i] *m abr de* **Fundo Monetário Internacional** FMI *m*
fobia [fo'bia] *f* fobia *f*; **ter** ~ **de alguém/a. c.** tener fobia a alguien/algo
foca[1] ['fɔka] *f* ZOOL foca *f*
foca[2] ['fɔka] *mf* (*pessoa*) novato, -a *m, f*; **ele é um** ~ **nesse trabalho** es un novato en este trabajo
focagem [fo'kaʒẽj] <-ens> *f*, **focalização** <-ões> [fokaʎiza'sãw, -'õjs] *f* enfoque *m*

focalizar [fokaʎi'zar] *vt*, **focar** [fo'kar] <c→qu> *vt tb.* FOTO enfocar; ~ **bem** enfocar bien; ~ **um problema** enfocar un problema

focinho [fu'siɲu] *m* hocico *m*

foco ['fɔku] *m* **1.** (*de luz*) foco *m* **2.** (*centro*) foco *m*; (*de terremoto*) epicentro *m* **3.** (*evidência*) centro *m*; **estar em** ~ ser el centro de las atenciones; **pôr em** ~ colocar en el centro de las atenciones

foder [fo'der] *chulo* I. *vi* follar II. *vr* ~ -**se** joderse; **foda-se!** ¡jódete!

fofo, -a ['fofu, -a] *adj* **1.** (*material*) blando, -a **2.** (*massa*) fofo, -a **3.** *inf* (*pessoa*) mono, -a; **menino** ~ ricura *f*

fofoca [fo'fɔka] *f inf* cotilleo *m*; **fazer** ~ **s** cotillear

fofocar [fofo'kar] <c→qu> *vi inf* cotillear

fofoqueiro, -a [fofo'kejɾu, -a] *m, f inf* cotilla *mf*

fogão <-ões> [fo'gãw, -'õjs] *m* cocina *f*; ~ **a gás** cocina de gas; ~ **a lenha** cocina de leña

fogareiro [foga'ɾejɾu] *m* hornillo *m*

fogo ['fogu, 'fɔgus] *m* **1.** (*aberto*) fuego *m*; **apagar o** ~ apagar el fuego; **fazer** ~ hacer fuego; **pegar** ~ incendiarse; **pôr** ~ **em a. c.** pegar [*o* prender] fuego a algo; **à prova de** ~ a prueba de fuego **2.** MIL fuego *m*; ~ **cruzado** fuego cruzado; **abrir** ~ abrir fuego; **cessar** ~ parar el fuego **3.** (*entusiasmo*) fuego *m*; ~ **da juventude** fogosidad *f* de la juventud; ~ **de palha** entusiasmo *m* momentáneo **4.** *fig*, *gíria* **estar de** ~ estar como una cuba; **é** ~ ! ¡qué difícil!

fogo de artifício ['fogu dʒi artʃi'fisiw] <fogos de artifício> *m* fuegos *mpl* artificiales; **soltar fogos de artifício** tirar fuegos artificiales

fogões [fo'gõjs] *m pl de* **fogão**

fogo-fátuo [fogu-'fatu] <fogos-fátuos> *m* fuego *m* fatuo

fogosidade [fogozi'dadʒi] *f sem pl* fogosidad *f*

fogoso, -a [fo'gozu, -'ɔza] *adj* fogoso, -a

fogueira [fo'gejɾa] *f* hoguera *f*; **fazer uma** ~ hacer una hoguera

foguete [fo'getʃi] *m* cohete *m*; **soltar** ~ **s** tirar cohetes; **soltar** ~ **s antes da festa** *fig* cantar victoria antes de tiempo

foi ['foj] *3. pret de* **ir**, **ser**

foice ['fojsi] *f* hoz *f*

folclore [fow'klɔri] *m* folclore *m*

folclórico, -a [fow'klɔɾiku, -a] *adj* folclórico, -a; **dança folclórica** baile folclórico; **grupo** ~ grupo folclórico

fole ['fɔʎi] *m* fuelle *m*

fôlego ['folegu] *m* aliento *m*; **perder o** ~ quedarse sin aliento; **tomar** ~ tomar aliento; **sem** ~ sin aliento

folga ['fowga] *f* **1.** (*do trabalho*) descanso *m*; **estar de** ~ estar descansando **2.** (*espaço entre partes*) hueco *m*; **ter** ~ haber hueco **3.** (*atrevimento*) descaro *m*; **é muita** ~ **me tratar dessa maneira!** ¡es mucho descaro tratarme así! **4.** (*alívio*) respiro *m*; **já chega, me dá uma** ~ ! ya vale, ¡dame un respiro! **5.** (*ócio, boa vida*) buena vida *f*; **ele não faz nada, fica na maior** ~ ¡no hace nada, se da la buena vida!

folgado, -a [fow'gadu, -a] *adj* **1.** (*roupa*) holgado, -a **2.** (*vida*) desahogado, -a **3.** *inf* (*atrevido*) descarado, -a

folgar [fow'gar] <g→gu> *vi* **1.** (*descansar*) descansar **2.** (*divertir-se*) pasarlo bien **3.** *elev* (*alegrar-se*) alegrarse; **folgo que tenha feito boa viagem** me alegro que haya tenido un buen viaje **4.** *inf* (*atrever-se*) pasarse; **ele está folgando muito** se está pasando

folgazão, -ona <-ões> [fowga'zãw, -'ona, -'õjs] I. *adj* divertido, -a II. *m, f* bromista *mf*

folha ['foʎa] *f* **1.** (*de papel*) hoja *f*; ~ **de exercícios** hoja de ejercicios; ~ **de pagamento** ECON nómina *f* **2.** BOT hoja *f* **3.** (*de metal*) lámina *f*; ~ **de alumínio** lámina de aluminio **4.** INFOR ~ **de cálculo** hoja *f* de cálculo

folha de flandres ['foʎa dʒi'flɐ̃dɾis] <folhas de flandres> *f* hojalata *f*

folhado, -a [fo'ʎadu, -a] *adj* **1.** (*árvore*) frondoso, -a **2.** (*forma*) hojaldrado, -a; **massa folhada** hojaldre *m*

folhagem [fo'ʎaʒēj] <-ens> *f* follaje *m*

folheado [foʎi'adu] *m* (*lâmina*) chapa *f*

folheado, -a [foʎi'adu, -a] *adj* bañado, -a; **anel** ~ **a ouro** anillo bañado en oro

folhear [foʎi'ar] *conj como passear vt* hojear; ~ **um livro** hojear un libro

folhetim [foʎe'tʃĩj] <-ins> *m* suplemento *m*

folheto [fo'ʎetu] *m* folleto *m*; ~ **informativo** folleto informativo

folhinha [fo'ʎĩɲa] *f* calendario *m*

folho ['foʎu] *m* faralá *f*

folia [fu'ʎia] *f* fiesta *f*; ~ **de Reis** *grupo de jóvenes vestidos de blanco que*

folião <-ões> [fuʎi'ȝw, -'õjs] *m* juerguista *m*

fome ['fɔmi] *f sem pl* hambre *f*; ~ **canina** hambre canina; **enganar a** ~ engañar el hambre; **estar com** [*ou* **ter**] ~ tener hambre; **matar a** ~ matar el hambre; **passar** ~ pasar hambre; **ter** ~ **de leão** tener un hambre canina; **juntar-se a** ~ **com a vontade de comer** juntarse el hambre con las ganas de comer

fomentar [fo'mẽjtar] *vt* fomentar

fomento [fo'mẽjtu] *m* fomento *m*

fominha [fɔ'mĩɲa] I. *adj* tacaño, -a; **indivíduo** ~ tacaño *m* II. *mf* tacaño, -a *m, f*

fondue [fõw'dȝi] *m* fondue *f*; ~ **de carne** fondue de carne; ~ **de chocolate** fondue de chocolate; ~ **de queijo** fondue de queso

fonema [fo'nema] *m* fonema *m*

fonética [fo'nɛtʃika] *f* fonética *f*

fonético, -a [fo'nɛtʃiku, -a] *adj* LING fonético, -a

fonologia [fonolo'ȝia] *f sem pl* LING fonología *f*

fontanário, -a [fɔwta'nariw, -a] *adj* de la fuente

fonte ['fõwtʃi] *f* 1. (*nascente*) fuente *f*; ~ **de água** fuente de agua; ~ **de energia renovável** fuente de energía renovable; ~ **de renda** fuente de ingresos; **sabemos de** ~ **segura que...** según fuentes fidedignas... 2. ANAT sien *m* 3. TIPO fuente *f*

for ['for] *1 e 3 fut. subj. de* **ir, ser**

fora ['fɔra] I. *m* metedura *f* de pata; (*erro*) equivocación *f*; **dar o** ~ (*fugir*) largarse; **dar o** ~ **em alguém** acabar con alguien; **dar um** ~ equivocarse; (*cometer gafe*) meter la pata II. *adv* (*exteriormente*) fuera; **de** ~ de fuera; **lá** ~ allá fuera; (*não na cidade*) fuera de aquí; **por** ~ por fuera; **deixar de** ~ dejar fuera; **estar (para)** ~ estar fuera; **ficar de** ~ quedarse fuera; **ir lá para** ~ salir fuera; (**ir**) **jantar** ~ (salir a) cenar fuera; **jogar** ~ jugar fuera; **olhar lá para** ~ mirar hacia fuera; **pagar a. c. por** ~ pagar algo bajo mano; **vender comida para** ~ vender comida para otros III. *prep* 1. (*no exterior, longe*) fuera; ~ **de casa** fuera de casa; ~ **de horas** a deshoras; ~ **de mão** lejos; ~ **de moda** pasado de moda; ~ **de serviço** estropeado; **ficar** ~ **de si** estar fuera de sí; **isso está** ~ **de questão** de eso ni hablar 2. (*exceto*) con excepción de; ~ **Maria, todos chegaram** con excepción de Maria, llegaron todos 3. (*além de*) además de; ~ **isso** además de eso IV. *interj* fuera

foragido, -a [fora'ȝidu, -a] I. *adj* fugitivo, -a; **o sequestrador está** ~ el secuestrador se dio a la fuga II. *m, f* fugitivo, -a *m, f*

forasteiro, -a [foras'tejru, -a] *adj, m, f* forastero, -a *m, f*

forca ['fɔrka] *f* horca *f*; (**jogo da**) ~ (juego *m* del) ahorcado *m*

força ['forsa] *f* 1. (*energia*) fuerza *f*; ~ **centrífuga/centrípeta** fuerza centrífuga/centrípeta; ~ **de expressão** *irón* exageración *f*; ~ **da gravidade** fuerza de la gravedad; ~ **maior** fuerza mayor; **dar uma** ~ **a alguém** *inf* echar una mano a alguien; **fazer** ~ hacer fuerza; **usar a** ~ usar la fuerza; **à (viva)** ~ a la fuerza 2. MIL ~ **aérea** fuerza *f* aérea; ~**s armadas** MIL fuerzas *fpl* armadas 3. ELETR luz *f*; **acabou a** ~ se fue la luz

forcado [for'kadu] *m* AGR horquilla *f*

forçado, -a [for'sadu, -a] *adj* forzado, -a; **sorriso** ~ sonrisa forzada; **trabalhos** ~**s** trabajos forzados

forçar [for'sar] <ç→c> *vt* forzar; ~ **a entrada** entrar a la fuerza; ~ **alguém a fazer a. c.** forzar a alguien a hacer algo

forçosamente [forsɔza'mẽjtʃi] *adv* forzosamente

forçoso, -a [for'sozu, -'ɔza] *adj* 1. (*que tem força*) forzudo, -a 2. (*necessário*) forzoso, -a; **é** ~ **trabalhar** es forzoso trabajar

forja ['fɔrȝa] *f* forja *f*

forjado, -a [for'ȝadu, -a] *adj* 1. (*trabalhado na forja*) forjado, -a; **ferro** ~ hierro forjado 2. (*inventado*) falso, -a; **álibi** ~ coartada falsa

forjador(a) [forȝa'dor(a)] <-es> *m(f)* 1. (*de metal*) forjador(a) *m(f)* 2. (*inventor*) inventor(a) *m(f)*; ~ **de notícias** inventor de noticias

forjar [for'ȝar] *vt* 1. (*metal*) forjar 2. (*inventar*) inventar; ~ **um álibi** inventar una coartada

forma ['fɔrma] *f* forma *f*; **dar** ~ **a a. c.** dar forma a algo; **estar em** ~ estar en forma; **estar fora de** ~ no estar en forma; **manter a** ~ mantener la forma; **de alguma** ~ de alguna forma; **de** ~ **nenhuma** de ninguna manera; **desta** ~ de esta forma; **de outra** ~ de otra forma; **de qualquer** ~ de todos modos; **de** ~ **a fazer a. c.** para hacer algo

fôrma ['fɔrma] *f* 1.(*para bolos*) molde *m* 2.(*de sapatos*) horma *f* 3. TIPO forma *f*

formação <-ões> [forma'sãw, -'õjs] *f* formación *f*; ~ **profissional** formación profesional

formado, -a [for'madu, -a] *adj* 1. UNIV licenciado, -a; **ela é formada em medicina** es licenciada en medicina 2.(*constituído*) formado, -a; **o grupo é** ~ **por dez homens e dez mulheres** el grupo está formado por diez hombres y diez mujeres

formal <-ais> [for'maw, -'ajs] *adj* formal; **aspectos formais** aspectos formales; **linguagem** ~ lenguaje formal

formalidade [formaʎi'dadʒi] *f* formalidad *f*; **cumprir as** ~**s** cumplir las formalidades

formalizar [formaʎi'zar] *vt* 1.(*seguir as formalidades*) formalizar; **formalizou o apoio ao candidato** formalizó su apoyo al candidato 2. FILOS formular; ~ **um teorema** formular un teorema

formalmente [formaw'mẽtʃi] *adv* formalmente

formando, -a [for'mãndu, -a] *m, f* estudiante *mf* de último año; **formatura dos** ~**s** graduación *f*

formão <-ões> [for'mãw, -'õjs] *m* formón *m*

formar [for'mar] I. *vt* formar II. *vi* MIL formar III. *vr:* ~-**se** 1.(*surgir*) formarse 2. UNIV licenciarse; ~-**se médico** licenciarse en medicina

formatar [forma'tar] *vt* INFOR formatear; ~ **um arquivo** dar formato a un archivo; ~ **um disquete** formatear un disquete

formato [for'matu] *m tb.* INFOR formato *m*; ~ **HTML** formato HTML; ~ **Word** formato Word

formatura [forma'tura] *f* (*da faculdade*) graduación *f*; **baile de** ~ baile de fin de carrera

formidável <-eis> [formi'davew, -ejs] *adj* formidable

formiga [fur'miga] *f* hormiga *f*

formigamento [furmiga'mẽtu] *m* hormigueo *m*; **sinto um** ~ **nas pernas** siento un hormigueo en las piernas

formigar [furmi'gar] <g→gu> *vi* 1.(*dar comichão*) picar 2.(*pulular*) estar abarrotado de

formigueiro [furmi'gejru] *m* 1. *tb. fig* hormiguero *m* 2.(*no corpo*) hormigueo *m*

formões [for'mõjs] *m pl de* **formão**

formoso, -a [for'mozu, -'ɔza] *adj* hermoso, -a

formosura [formo'zura] *f sem pl* hermosura *f*

fórmula ['fɔrmula] *f tb.* MAT fórmula *f*; **Fórmula 1** Fórmula 1 *m*

formular [formu'lar] *vt* formular; ~ **uma questão** formular una pregunta

formulário [formu'lariw] *m* formulario *m*; **preencher um** ~ rellenar un formulario

fornada [for'nada] *f* 1.(*amassadura*) hornada *f*; ~ **de pães** hornada de panes 2. *fig* tirón *m*; **fez o trabalho de uma só** ~ hizo el trabajo de un tirón

fornalha [for'naʎa] *f tb. fig* horno *m*; **aqui está uma** ~! ¡esto es un horno!

fornecedor(a) [fornese'dor(a)] <-es> *m(f)* proveedor(a) *m(f)*

fornecer [forne'ser] <c→ç> *vt* proveer; ~ **a. c. a alguém** proveer a alguien de algo

fornecimento [fornesi'mẽtu] *m* suministro *m*

fornicar [forni'kar] <c→qu> *vi, vt* fornicar

forno ['fornu] *m* horno *m*; ~ **de micro- -ondas** horno microondas; **é cozinheira de** ~ **e fogão** cocina a las mil maravillas; **está um** ~ **aqui!** *fig* ¡esto es un horno!

foro ['foru] *m* 1.(*jurisdição*) jurisdicción *f*; ~ **civil** jurisdicción civil; **questão de** ~ **íntimo** cuestión de fuero interno 2.(*tribunal*) tribunal *m*

forquilha [fur'kiʎa] *f* horquilla *f*

forrado, -a [fo'xadu, -a] *adj* 1.(*revestido*) forrado, -a; **vestido** ~ **de tafetá** vestido forrado de tafetán 2.(*parede*) empapelado, -a

forrar [fo'xar] *vt* forrar; ~ **a parede de** [*ou* **com**] **papel** empapelar la pared

forreta [fo'xeta] *adj, mf* tacaño, -a *m, f*

forro ['foxu] *m* forro *m*

forró [fo'xɔ] *m* baile y género musical originario de la región Nordeste de Brasil

> **Cultura** El **forró** es un baile popular que se baila por parejas, al ritmo de música de la región Nordeste de Brasil, de géneros variados, como el **coco**, el **baião** o el **xote**, generalmente acompañada por un acordeón.

fortalecer [fortale'ser] <c→ç> *vt tb. fig* fortalecer
fortalecimento [fortalesi'mẽjtu] *m sem pl* fortalecimiento *m*
fortaleza [forta'leza] *f tb. fig* fortaleza *f*
Fortaleza [forta'leza] *f* Fortaleza
forte ['fɔrtʃi] I. *m* 1. MIL fuerte *m* 2. (*aptidão*) fuerte *m*; **matemática (não) é o meu** ~ las matemáticas (no) son mi fuerte II. *adj tb. fig* fuerte; **cena** ~ escena fuerte; **moeda** ~ moneda fuerte; **piada** ~ chiste fuerte; **meu santo é** ~ tengo el santo de cara III. *adv* fuerte; **bater** ~ **em a.c.** pegar fuerte a alguien
fortemente [fɔrtʃi'mẽjtʃi] *adv* fuertemente
fortificar [fortʃifi'kar] <c→qu> *vt* 1. MIL fortificar 2. (*fortalecer*) fortalecer
fortuito, -a [for'tujtu, -a] *adj* fortuito, -a; **acontecimento** ~ hecho fortuito; **caso** ~ JUR caso fortuito
fortuna [fur'tuna] *f* fortuna *f*; **fazer** ~ hacer fortuna; **a casa custa uma** ~ la casa cuesta una fortuna
fórum ['fɔrũw] <-uns> *m* 1. (*reunião, conferência*) foro *m*; ~ **de discussão** foro de discusión 2. (*tribunal*) tribunal *m*
fosco, -a ['fosku, -a] *adj* (*cor, metal*) mate; (*luz*) apagado, -a; **vidro** ~ cristal mate
fosfato [fos'fatu] *m* QUÍM fosfato *m*
fosforescência [fosfore'sẽjsia] *f sem pl* fosforescencia *f*
fosfórico, -a [fos'fɔriku, -a] *adj* 1. (*de fósforo*) fosfórico, -a 2. (*brilhante*) fosforescente
fósforo ['fɔsforu] *m* 1. QUÍM fósforo *m* 2. (*chama*) cerilla *f*, fósforo *m*; **acender/apagar um** ~ encender/apagar una cerilla
fossa ['fɔsa] *f* 1. *tb.* ANAT, GEO fosa *f*; ~**s nasais** fosas nasales 2. *inf* (*depressão*) depre *f*; **música de** ~ música depre; **curtir uma** ~ *inf* estar depre; **estar na** ~ tener la depre
fosse ['fɔsi] *1., 3. imp. subj. de* **ir, ser**
fóssil <-eis> ['fɔsiw, -ejs] *m* fósil *m*
fossilizar [fosiʎi'zar] *vr* ~-**se** *tb. fig* fosilizarse
fosso ['fosu] *m* foso *m*
foto ['fɔtu] *f* foto *f*; ~ **em branco e preto** foto en blanco y negro; ~ **colorida** foto en color
fotocópia [foto'kɔpia] *f* fotocopia *f*; ~ **a cores** fotocopia en color; **tirar uma** ~ hacer una fotocopia
fotocopiadora [fɔtukupja'dora] *f* fotocopiadora *f*
fotoelétrico, -a [fɔtwe'lɛtriku, -a] *adj* fotoeléctrico, -a
fotogênico, -a [foto'ʒeniku, -a] *adj* fotogénico, -a
fotografar [fotogra'far] I. *vt* fotografiar II. *vi* ser fotogénico; **ela fotografa bem** es fotogénica
fotografia [fotogra'fia] *f* fotografía *f*; **tirar** [*ou* **bater**] **uma** ~ hacer una fotografía
fotográfico, -a [foto'grafiku, -a] *adj* fotográfico, -a; **máquina fotográfica** máquina fotográfica; **memória fotográfica** memoria fotográfica
fotógrafo, -a [fo'tɔgrafu, -a] *m, f* fotógrafo, -a *m, f*
fotomontagem [fɔtumõw'taʒẽj] <-ens> *f* fotomontaje *m*
fotonovela [fɔtuno'vɛla] *f* fotonovela *f*
fotossíntese [fɔto'sĩjtezi] *f sem pl* fotosíntesis *f*
foxtrote [fɔks'trɔtʃi] *m* foxtrot *m*
foz ['fɔs] <fozes> *f* desembocadura *f*; ~ **em delta** delta *m*
fração <-ões> [fra'sãw, -õjs] *f* fracción *f*; ~ **decimal** fracción decimal; ~ **contínua** fracción continua
fracassar [fraka'sar] *vi* fracasar; **o projeto fracassou** el proyecto fracasó
fracasso [fra'kasu] *m* fracaso *m*
fracionário, -a [frasjo'nariw, -a] *adj* fraccionario, -a; **numeral** ~ número fraccionario
fraco ['fraku] *m* debilidad *f*; **ter um** ~ **por alguém** tener debilidad por alguien; **a bebida é o seu** ~ su debilidad es la debida
fraco, -a ['fraku, -a] I. *adj* 1. (*sem força*) débil 2. (*sem qualidade*) flojo, -a II. *m, f* débil *mf*
frações [fra'sõjs] *f pl de* **fração**
frade ['fradʒi] *m* REL fraile *m*

fraga ['fraga] *f* peñasco *m*

fragata [fra'gata] *f* NÁUT, ZOOL fragata *f*

frágil <-eis> ['fraʒiw, -ejs] *adj* frágil

fragilidade [fraʒiʎi'dadʒi] *f* **1.** *sem pl* (*qualidade de frágil*) fragilidad *f* **2.** (*fraqueza*) debilidad *f*; **a bebida é uma de suas ~s** la bebida es una de sus debilidades

fragmentação <-ões> [fragmẽjta'sãw, -'õjs] *f* fragmentación *f*

fragmentar [fragmẽj'tar] **I.** *vt* fragmentar **II.** *vr*: **~-se** fragmentarse

fragmento [frag'mẽjtu] *m* fragmento *m*; **~ de música** fragmento de música; **~ de um livro** fragmento de un libro

fragor [fra'gor] <-es> *m* fragor *m*

fragoroso, -a [frago'rozu, -'ɔza] *adj* **1.** (*estrondoso*) fragoroso, -a **2.** (*extraordinário*) espectacular; **cometi um erro ~** cometí un error espectacular

fragrância [fra'grãnsia] *f* fragancia *f*; **~ suave** fragancia suave

fralda ['frawda] *f* **1.** (*para bebê*) pañal *m*; **mudar as ~s do bebê** cambiar los pañales al bebé **2.** (*da camisa*) parte *f* inferior

framboesa [frãnbo'eza] *f* frambuesa *f*

França ['frãnsa] *f* Francia *f*

francamente [frãnka'mẽjtʃi̯] **I.** *adv* francamente; **responda-me ~** respóndeme con franqueza **II.** *interj* desde luego

francês, -esa [frãn'ses, -'eza] *adj, m, f* francés, -esa *m, f*

francesismo [frãnse'zizmu] *m* galicismo *m*

franchising [frãnʃ'ʃajzĩj] *m sem pl* franquicia *f*

franciscano [frãnsis'kʌnu] *m* franciscano *m*

franciscano, -a [frãnsis'kʌnu, -a] *adj* **1.** REL franciscano, -a **2.** (*miserável*) extremo, -a; **pobreza franciscana** pobreza extrema

franco ['frãnku] *m* franco *m*; **~ suíço** franco suizo

franco, -a ['frãnku, -a] *adj* **1.** (*sincero*) franco, -a **2.** (*isento de pagamento*) libre; **entrada franca** entrada libre **3.** (*direito alfandegário*) franco, -a; **zona franca** zona franca

francófilo, -a [frãŋ'kɔfilu, -a] *adj* francófilo, -a

frangalho [frãŋ'gaʎu] *m* harapo *m*; **ficar em ~s** quedar destrozado

frango ['frãŋgu] *m* pollo *m*; **~ assado** pollo asado; **engolir um ~** ESPORT cometer una cantada

frangote [frãŋ'gɔtʃi̯] *m* (*rapazelho*) chaval *m*

franja ['frãŋʒa] *f* **1.** (*de tecido*) fleco *m* **2.** (*de cabelo*) flequillo *m*, cerquillo *m* RíoPl

franquear [frãŋki'ar] *vt* **1.** (*isentar de imposto*) librar de impuestos **2.** (*conceder franquia*) conceder una franquicia; **~ uma loja** conceder la franquicia de una tienda

franqueza [frãŋ'keza] *f sem pl* franqueza *f*; **para falar com ~, não me agrada nada** con toda franqueza [*o* francamente], no me agrada nada

franquia [frãŋ'kia] *f* **1.** (*liberdade de direitos*) exención *f* **2.** ECON franquicia *f*

franzino, -a [frãn'zinu, -a] *adj* delgado, -a; **menino ~** niño enclenque

franzir [frãn'zir] *vt* fruncir; **~ uma saia** fruncir una falda; **~ as sobrancelhas** fruncir el ceño

fraque ['fraki] *m* frac *m*

fraquejar [frake'ʒar] *vi* **1.** (*enfraquecer*) flaquear **2.** (*desanimar*) desanimar

fraqueza [fra'keza] *f* flaqueza *f*; **a bebida é sua ~** la bebida es su debilidad

frasco ['frasku] *m* frasco *m*; **~ de perfume** frasco de perfume

frase ['frazi] *f* frase *f*; **~ declarativa** frase enunciativa; **~ feita** frase hecha; **~ interrogativa** frase interrogativa

fraternal <-ais> [frater'naw, -'ajs] *adj* fraternal; **abraço ~** abrazo fraternal

fraternidade [fraterni'dadʒi] *f sem pl* fraternidad *f*; **campanha da ~** campaña de fraternidad

fraternizar [fraterni'zar] *vi* fraternizar; **~ com alguém** fraternizar con alguien

fratricídio [fratri'sidʒiw] *m* fratricidio *m*

fratura [fra'tura] *f* **1.** MED fractura *f*; **~ craniana** fractura craneal **2.** (*quebra*) rotura *f*; **~ de um vidro** rotura de un vidrio

fraturar [fratu'rar] *vt* **1.** MED fracturar; **~ a perna** fracturar la pierna **2.** (*quebrar: porta, janela*) romper

fraudar [fraw'dar] *vt* defraudar; **~ um amigo** defraudar a un amigo; **~ o fisco** defraudar a hacienda

fraude ['frawdʒi] *f* fraude *m*; **cometer uma ~** cometer un fraude

fraudulento, -a [frawdu'lẽjtu, -a] *adj* fraudulento, -a

freada [fre'ada] *f* frenazo *m*; **dar uma ~** dar un frenazo

frear [fre'ar] *conj como passear* *vt* frenar; ~ **o automóvel** frenar el automóvil; ~ **os gastos** frenar los gastos

freguês, -esa [fre'ges, -'eza] <-eses> *m, f* cliente, -a *m, f*; **ao gosto do** ~ a gusto del cliente

freguesia [frege'zia] *f* **1.** (*clientela*) clientela *f* **2.** REL fieles *mpl*

frei ['frej] *m* fray *m*

freima ['frejma] *f sem pl* **1.** (*impaciência*) inquietud *f* **2.** (*pressa*) ansiedad *f*

freio ['freju] *m* freno *m*; ~ **de emergência** freno de emergencia; ~ **de mão** freno de mano; **pôr** ~ **em alguém** poner freno a alguien; **ele não tem** ~ **na língua** no tiene pelos en la lengua

freira ['frejra] *f* REL monja *f*

freixo ['frejʃu] *m* BOT fresno *m*

fremente [fre'mējtʃi] *adj* tembloroso, -a

frenesi [frene'zi] *m sem pl* frenesí *m*; **ele age com** ~ actúa con frenesí

frenético, -a [fre'nɛtʃiku, -a] *adj* frenético, -a

frente ['frējtʃi] *f* **1.** (*lado frontal*) parte *f* frontal; (*de prédio*) fachada *f*; ~ **a** ~ frente a frente; **estar de** ~ (**para**) estar en frente (de); **fazer** ~ **a a. c.** hacer frente a algo; **sair da** ~ quitarse de en medio; **à** ~ **de** al frente de; **para a** ~ adelante; **sempre em** ~ siempre adelante; **a casa em** ~ la casa de enfrente; **ele está à** [*ou* **na**] **minha** ~ está delante de mí **2.** (*dianteira*) delantera *f*; ~ **de trabalho** empleo público creado en épocas de desempleo; **ir** [*ou* **estar**] **à** [*ou* **na**] ~ MIL estar delante **3.** MIL frente *m*; ~ **de batalha** frente de batalla **4.** METEO frente *m*; ~ **fria/quente** frente frío/caliente

frentista [frēj'tʃista] *mf* empleado, -a *m, f* de gasolinera

frequência [fre'kwẽsja] *f* **1.** (*repetição*) frecuencia *f*; **com** ~ con frecuencia; **com que** ~? ¿con qué frecuencia? **2.** (*ação de frequentar*) asistencia *f* **3.** MAT, FÍS frecuencia *f*

frequentado, -a [fre'kwẽj'tadu, -a] *adj* (*local*) frecuentado, -a; **ser bem** ~ tener una buena clientela; **ser muito** ~ estar muy frecuentado

frequentador(a) [fre'kwẽjta'dor(a)] <-es> *m(f)* cliente, -a *m, f*

frequentar [frekwẽj'tar] *vt* **1.** (*uma escola, aula*) asistir; (*um restaurante*) frecuentar **2.** (*conviver*) convivir; **gosta de** ~ **artistas** le gusta convivir con artistas

frequente [fre'kwẽjtʃi] *adj* frecuente

frequentemente [frekwẽjtʃi'mẽjtʃi] *adv* frecuentemente

fresa ['frɛza] *f* TÉC fresa *f*

fresar [fre'zar] *vt* TÉC fresar

fresca ['freska] *adv elev* **à** ~ con poca ropa; **vestir-se à** ~ vestirse con poca ropa

frescão <-ões> [fres'kãw, -'õjs] *m* autobús *m* con aire acondicionado; **andar de** ~ viajar en autobús con aire acondicionado

fresco ['fresku] *m* **1.** *sem pl* (*ar*) fresco *m*; **pôr-se ao** ~ ponerse al fresco **2.** *gíria* (*pessoa*) mariquita *m*; **é um** ~ es mariquita

fresco, -a ['fresku, -a] *adj* **1.** (*pão, ar, roupa*) fresco, -a; (*pintura fresca*) pintura fresca; **verdura fresca** verdura fresca; **vestir uma roupa fresca** llevar ropa fresca **2.** *inf* (*maricas*) mariquita

frescões [fres'kõjs] *m pl de* **frescão**

frescura [fes'kura] *f* **1.** *sem pl* (*temperatura*) frescor *m* **2.** *inf* (*pieguice*) remilgo *m*; **não gosto de** ~**s** no me gustan los remilgos **3.** *inf* (*efeminação*) afeminamiento *m*

fresta ['frɛsta] *f* (*da porta, janela*) rendija *f*; (*no telhado*) tragaluz *m*

fretar [fre'tar] *vt* fletar

frete ['frɛtʃi] *m* flete *m*; **fazer** ~ transportar mercancías

frevo ['frevu] *m* **1.** MÚS baile surgido a finales del siglo XIX **2.** (*folia*) fiesta *f* **3.** (*desordem*) jaleo *m*

> **Cultura** El **frevo** es un baile típico de la región Nordeste, de ritmo rápido, surgido a finales del siglo XIX. En él los bailarines, con paraguas en la mano, ejecutan coreografías individuales, marcadas por movimientos ágiles de las piernas, que se doblan y estiran. El **frevo** arrastra multitudes durante los carnavales, especialmente en Pernambuco, que parecen "hervir" al son de la música (el nombre **frevo** debe su origen precisamente a esa idea del "hervor").

fria [fria] *f sem pl, inf* **estar numa** ~ estar en un lío; **entrar numa** ~ meterse

fricassê [frika'se] *m* GASTR fricasé *m*
fricativa [frika'tʃiva] *f* LING fricativa *f*
fricção <-ões> [frik'sɜ̃w, -õjs] *f* fricción *f*
friccionar [friksjo'nar] *vt* friccionar
fricções [frik'sõjs] *f pl de* **fricção**
frieira [fri'ejra] *f* 1. MED sabañón *m* 2. (*sensação de frio*) sensación *f* de frío
frieza [fri'eza] *f sem pl* frialdad *f*; **seus poemas revelam ~** sus poemas revelan frialdad
frigideira [friʒi'dejra] *f* sartén *f*
frigidez [friʒi'des] *f sem pl* frigidez *f*
frigidíssimo, -a [friʒi'dʒisimu, -a] *adj elev superl de* **frio**
frígido, -a ['friʒidu, -a] *adj* 1. (*temperatura, pessoa*) frío, -a 2. (*sem desejo sexual*) frígido, -a
frigorífico [frigo'rifiku] *m* 1. (*aparelho*) frigorífico *m* 2. (*estabelecimento*) cámara *f* frigorífica
frigorífico, -a [frigo'rifiku, -a] *adj* frigorífico, -a; **câmara frigorífica** cámara frigorífica
frincha ['frĩjʃa] *f* ranura *f*
frio ['friw] *m sem pl* frío *m*; **pegar ~** enfriarse; **estou com** [*ou* **tenho**] **~** tengo frío
frio, -a ['friw, -a] *adj* 1. (*temperatura, pessoa*) frío, -a; **está** [*ou* **faz**] **~** hace frío 2. (*falso*) falso, -a; **nota fria** billete falso; **cheque ~** cheque sin fondos
friorento, -a [frio'rẽjtu, -a] *adj* friolero, -a, friolento, -a *AmL*
frios ['friws] *mpl* embutidos *mpl*; **tábua de ~** tabla de embutidos
frisado, -a [fri'zadu, -a] *adj* rizado, -a
frisar [fri'zar] *vt* 1. (*o cabelo*) rizar 2. (*salientar*) destacar; **frisou a palavra "amor"** destacó la palabra "amor"
friso ['frizu] *m* ARQUIT friso *m*
fritar [fri'tar] <*pp*: frito *ou* fritado> *vt* 1. (*na frigideira*) freír 2. *inf* (*afastar*) cepillarse
frito, -a ['fritu, -a] I. *pp de* **fritar** II. *adj* 1. (*alimento*) frito, -a; **batatas fritas** patatas [*o* papas *AmL*] fritas 2. *inf* (*pessoa*) perdido, -a; **estou ~!** ¡estoy perdido!
fritura [fri'tura] *f* 1. GASTR fritura *f* 2. *inf* (*afastamento*) separación *f*
frivolidade [frivoʎi'dadʒi] *f sem pl* frivolidad *f*
frívolo, -a ['frivulu, -a] *adj* frívolo, -a
fronha ['frõɲa] *f* funda *f*
frontal <-ais> [frõw'taw, -'ajs] I. *adj* 1. (*de frente*) frontal; **choque ~** choque frontal 2. (*pessoa*) franco, -a II. *m* ARQUIT remate *m*
frontalidade [frõwtaʎi'dadʒi] *f sem pl* frontalidad *f*
frontão <-ões> [frõw'tɜ̃w, -'õjs] *m* frontón *m*; **~ clássico** frontón clásico
frontaria [frõwta'ria] *f* frontispicio *m*
fronte ['frõwtʃi] *f* frente *f*
fronteira [frõw'tejra] *f* 1. (*de país*) frontera *f*; **cidade de ~** ciudad fronteriza; **atravessar** [*ou* **passar**] **a ~** cruzar la frontera; **fazer ~ com a. c.** hacer frontera con algo 2. (*extremo*) límite *m*; **chegou às ~s da paciência** llegó al límite de la paciencia
fronteiriço, -a [frõwtej'risu, -a] *adj* fronterizo, -a
fronteiro, -a [frõw'tejru, -a] *adj* en frente; **sentou-se na cadeira fronteira à minha** se sentó en una silla en frente de la mía
frontispício [frõwtis'pisiw] *m tb.* ARQUIT frontispicio *m*
frontões [frõw'tõjs] *m pl de* **frontão**
frota ['frɔta] *f* flota *f*; **~ de ônibus** flota de autobuses; **~ pesqueira** flota pesquera; **~ de táxi** flota de taxis
frouxidão [frowʃi'dɜ̃w] *f sem pl* flojera *f*
frouxo, -a ['froʃu, -a] *adj* 1. (*músculo, corda*) flojo, -a 2. (*fraco*) débil; **luz/voz frouxa** luz/voz débil
fruição [frui'sɜ̃w] *f sem pl* gozo *m*
fruir [fru'ir] *conj como incluir vt* disfrutar; **~ os serviços** disfrutar los servicios
frustração <-ões> [frustra'sɜ̃w, -õjs] *f* frustración *f*
frustrado, -a [frus'tradu, -a] *adj* frustrado, -a
frustrante [frus'trɜ̃tʃi] *adj* frustrante
frustrar [frus'trar] I. *vt* frustrar; **~ as esperanças de alguém** frustrar las esperanzas de alguien II. *vr* **~-se** frustrarse
fruta ['fruta] *f* 1. (*comestível*) fruta *f*; **~ cristalizada** fruta confitada 2. *inf* (*homossexual*) sarasa *m*
fruticultura [frutʃikuw'tura] *f* fruticultura *f*
frutífero, -a [fru'tʃiferu, -a] *adj* 1. (*planta*) frutal; **árvore frutífera** árbol frutal 2. *fig* fructífero, -a
fruto ['frutu] *m* fruto *m*; **~s do mar** marisco *m*; **o ~ proibido** el fruto prohibido; **~s secos** frutos secos; **colher**

frutuoso os ~ **s** *fig* recoger los frutos; **dar ~s** dar fruto; **isto é ~ do meu trabalho** esto es el fruto de mi trabajo

frutuoso, -a [frutu'ozu, -ɔza] *adj* fructuoso, -a

fubá [fu'ba] *m sem pl* harina de maíz o de arroz

fuça ['fusa] *f inf* jeta *f;* **nas ~s** en la jeta

fuçar [fu'sar] <ç→c> I. *vt* husmear; **vive fuçando a vida dos outros!** *inf* ¡vive husmeando en la vida de los otros! II. *vi* husmear; **gosta de ~** le gusta husmear

fuga¹ ['fuga] *f* 1. (*evasão*) fuga *f;* **houve uma ~ de gás** hubo una fuga de gas 2. (*em recipiente*) agujero *m;* **ter uma ~** tener un agujero

fuga² ['fuga] *f* MÚS fuga *f*

fugacidade [fugasi'dadʒi] *f sem pl* fugacidad *f*

fugaz [fu'gas] <-es> *adj* fugaz; **sucesso ~** éxito fugaz

fugida [fu'ʒida] *f* huida *f;* **dar uma ~ até...** acercarse hasta...

fugidio, -a [fuʒi'dʒiw, -a] *adj* huidizo, -a

fugir [fu'ʒir] *irr* I. *vi* huir II. *vt* **~ de alguém/de a. c.** huir de alguien/de algo

fugitivo, -a [fuʒi'tʃivu, -a] *m, f* fugitivo, -a *m, f*

fui ['fuj] *1. pret de* **ir, ser**

fuinha¹ [fu'iɲa] *f* ZOOL garduña *f*

fuinha² [fu'iɲa] *mf* (*pessoa bisbilhoteira*) cotilla *mf;* (*pessoa avara*) tacaño, -a *m, f;* **é um ~!** ¡es un tacaño!

fulano, -a [fu'lʌnu, -a] *m, f* fulano, -a *m, f;* **~ e sicrano** fulano y mengano

fulcral <-ais> [fuw'kraw, -'ajs] *adj* central; **importância ~** importancia central; **questão ~** cuestión central

fulcro ['fuwkru] *m* base *f*

fuleiro, -a [fu'lejru, -a] *adj inf* (*ambiente, comentário, objeto*) cutre

fulgente [fuw'ʒẽjtʃi] *adj* fulgente

fulgor [fuw'gor] <-es> *m* fulgor *m*

fulgurante [fuwgu'rãntʃi] *adj* fulgurante

fuligem [fu'liʒẽj] <-ens> *f* hollín *m*

fulminante [fuwmi'nãntʃi] *adj* (*olhar, palavras*) fulminante

fulminar [fuwmi'nar] I. *vt* fulminar; **o raio fulminou a plantação** el rayo destruyó la plantación II. *vi* fulminar; **seu olhar fulmina** su mirada fulmina

fulo, -a ['fulu, -a] *adj inf* furioso, -a; **ficou ~ da vida** se puso hecho una furia

fumaça [fu'masa] *f* humo *m;* **50 e lá vai ~** *inf* 50 y pico; **onde há ~ há fogo** *prov* no hay humo sin fuego

fumaceira [fuma'sejra] *f* humareda *f*

fumante [fu'mãntʃi] *mf* fumador(a) *m(f);* **~ passivo** fumador pasivo

fumar [fu'mar] I. *vi* fumar, pitar *AmS;* (*vulcão*) humear; **ela fuma muito** fuma mucho II. *vt* fumar, pitar *AmS;* **~ um charuto** fumar un puro

fumegante [fume'gãntʃi] *adj* humeante

fumegar [fume'gar] <g→gu> *vi* 1. (*vapor, fumo*) humear 2. (*transparecer*) manifestarse; **seus olhos fumegavam amor** en sus ojos resplandecía el amor

fumeiro [fu'mejru] *m* (*fumaça*) humareda *f*

fumo ['fumu] *m* 1. (*de fogo*) humo *m* 2. (*tabaco*) tabaco *m* 3. *inf* (*maconha*) maría *f;* **puxar ~** *inf* fumar maría

função <-ões> [fũw'sʌ̃w, -'õjs] *f tb.* TEAT, ADMIN, MAT función *f;* **~ emotiva** LING función emotiva; **desempenhar uma ~** desempeñar una función; **vai começar a ~** va a comenzar la función

funcho ['fũwʃu] *m* BOT hinojo *m*

funcional <-ais> [fũwsjo'naw, -'ajs] *adj* 1. (*relativo à função*) funcional 2. ADMIN de funcionario, -a; **carreira ~** carrera de funcionario, -a

funcionalismo [fũwsjona'ʎizmu] *m sem pl* 1. ADMIN **~ público** funcionariado *m* 2. LING funcionalismo *m*

funcionamento [fũwsjona'mẽjtu] *m* funcionamiento *m;* **pôr a. c. em ~** poner algo en funcionamiento

funcionar [fũwsjo'nar] *vi* funcionar; **a lei funcionou** la ley funcionó

funcionário, -a [fũwsjo'nariw, -a] *m, f* (*de empresa*) empleado, -a *m, f;* POL funcionario, -a *m, f;* **~ público** funcionario público

funcionarismo [fũwsjona'rizmu] *m sem pl* funcionalismo *m;* **~ público** funcionariado *m*

funções [fũw'sõjs] *f pl de* **função**

fundação <-ões> [fũwda'sʌ̃w, -'õjs] *f* 1. (*instituição*) fundación *f* 2. ARQUIT cimientos *mpl*

fundador(a) [funda'dor(a)] <-es> I. *adj* fundador(a); **sócio ~** socio fundador II. *m(f)* fundador(a) *m(f)*

fundamental <-ais> [fũwdamẽj'taw,

-ajs] *adj* fundamental
fundamentalmente [fũwdamẽjtaw'mẽjtʃi̥] *adv* fundamentalmente
fundamentar [fũwdamẽj'tar] I. *vt* 1.(*justificar, basear*) fundamentar; **o juiz fundamentou sua decisão na Constituição** el juez fundamentó su decisión en la Constitución 2.(*colocar alicerces*) cimentar II. *vr:* ~ **-se** fundamentarse; **a pesquisa fundamentou-se em teorias recentes** la investigación se fundamentó en teorías recientes
fundamento [fũwda'mẽjtu] *m* fundamento *m;* **sem** ~ sin fundamento
fundão <-ões> [fũw'dʒ̃w, -'õjs] *m* ECON fondo *m* de inversión
fundar [fũw'dar] *vt* 1.(*instituir*) fundar; ~ **uma empresa** fundar una empresa 2.(*colocar alicerces*) cimentar 3.(*basear, fundamentar*) fundar
fundiário, -a [fũwdʒi'ariw, -a] *adj* agrario, -a; **questão fundiária** cuestión agraria
fundição <-ões> [fũwdʒi'sãw, -'õjs] *f* fundición *f*
fundir [fũw'dʒir] *vt* 1.(*vidro, metal, minério*) fundir 2.(*unir*) fundir; ~ **a cabeça** *inf* calentar la cabeza
fundo ['fũwdu] *m* fondo *m;* ~ **musical** música de fondo; **chegar ao** ~ **do poço** tocar fondo; **ir ao** ~ irse al fondo; *fig* ir hasta el fondo; **ao** [*ou* **no**] ~ **do corredor** al fondo del pasillo; **a** ~ **a fondo;** ~ **perdido** ECON a fondo perdido; **no** ~ en el fondo; **é ali ao** [*ou* **no**] ~ está ahí al fondo; **ouvia-se um barulho de** ~ se oía un ruido de fondo
fundo, -a ['fũwdu, -a] I. *adj* profundo, -a II. *adv* hondo; **ir** ~ *inf* seguir hasta el fondo
fundões [fũw'dõjs] *m pl de* **fundão**
fundos ['fũwdus] *mpl* 1. ECON fondos *mpl;* ~ **de reserva** reservas *fpl* 2.(*da casa*) fondo *m*
fúnebre ['funebri] *adj* fúnebre; **cortejo** ~ cortejo fúnebre; **honras** ~**s** honras fúnebres
funeral <-ais> [fune'raw, -'ajs] *m* funeral *m*
funerária [fune'raria] *f* funeraria *f*
funerário, -a [fune'rariw, -a] *adj* funerario, -a
funesto, -a [fu'nɛstu, -a] *adj* funesto, -a
fungar [fũw'gar] <g→gu> *vi* inhalar
fungo¹ ['fũwgu] *m* BOT hongo *m*

fungo² ['fũwgu] *m* (*ação de fungar*) inhalación *f*
funil <-is> [fu'niw, -'is] *m* embudo *m*
furação <-ões> [fura'kãw, -'õjs] *m* 1. METEO huracán *m* 2.(*ímpeto*) torbellino *m*
furada [fu'rada] *f* **entrar numa** ~ *inf* meterse en un lío
furadeira [fura'dejra] *f* taladro *m*
furado, -a [fu'radu, -a] *adj* 1.(*recipiente, saco, orelha*) agujereado, -a; (*pneu*) pinchado, -a 2.(*ação*) fracasado, -a; **negócio** ~ negocio fracasado; **papo** ~ cuento *m* chino
furador [fura'dor] <-es> *m* punzón *m*
fura-fila ['fura-'fila] <fura-filas> *m* proyecto en Sao Paulo de una especie de combinación entre tranvía y autobús articulado guiado en aéreo, capaz de pasar a través de las zonas congestionadas
furar [fu'rar] I. *vt* (*fazer um furo*) agujerear; (*perfurar*) perforar; ~ **a greve** *fig* no hacer huelga II. *vi* 1.(*pneu*) pincharse; **o pneu furou** pincharse 2.(*ação*) fracasar; **o passeio furou** el paseo fue un fracaso
furgão <-ões> [fur'gãw, -'õjs] *m* furgón *m*
fúria ['furia] *f sem pl* (*raiva*) furia *f*
furibundo, -a [furi'bũwdu, -a] *adj* 1.(*raivoso*) furibundo, -a 2.(*enfurecido*) enfurecido, -a; **mar** ~ mar enfurecido
furioso, -a [furi'ozu, -'ɔza] *adj* furioso, -a
furna ['furna] *f* caverna *f*
furo ['furu] *m* 1.(*orifício*) agujero *m;* (*num pneu*) pinchazo *m;* **o prego fez um** ~ **no pneu** el clavo pinchó el neumático 2.(*falha*) fallo *m;* **dar um** ~ meter la pata 3.(*imprensa*) primicia *f;* ~ **jornalístico** primicia informativa
furor [fu'ror] <-es> *m* furor *m*
furtar [fur'tar] I. *vt* hurtar; ~ **a. c. de alguém** hurtar algo a alguien II. *vi* hurtar; **tem o costume de** ~ tiene la costumbre de hurtar III. *vr:* ~ **-se** esquivar; ~ **-se a a. c.** esquivar algo
furtivo, -a [fur'tʃivu, -a] *adj* 1.(*praticado às ocultas*) clandestino, -a 2.(*dissimulado*) furtivo, -a; **olhar** ~ mirada furtiva
furto ['furtu] *m* hurto *m*
furúnculo [fu'rũwkulu] *m* MED furúnculo *m*
fusa ['fuza] *f* MÚS fusa *f*

fusão <-ões> [fu'zɐ̃w, -'õjs] *f* fusión *f;* ~ **nuclear** fusión nuclear; **ponto de** ~ punto de fusión

fusca ['fuska] *m inf* AUTO escarabajo *m*, bocho *m Méx*

fusco, -a ['fusku, -a] *adj* **1.** (*pardo*) oscuro, -a **2.** (*triste*) apagado, -a

fuselagem [fuze'laʒēj] <-ens> *f* fuselaje *m*

fusível <-eis> [fu'zivew, -ejs] *m* fusible *m;* **queimar o** ~ fundir los fusibles

fuso ['fuzu] *m* huso *m;* ~ **horário** huso horario

fusões [fu'zõjs] *f pl de* **fusão**

fustigar [fustʃi'gar] <g→gu> *vt* fustigar; ~ **os animais** fustigar a los animales

futebol [futʃi'bɔw] *m sem pl* fútbol *m;* ~ **de salão** fútbol sala; **jogador de** ~ jugador de fútbol; **time de** ~ equipo de fútbol

> **Cultura** Brasil ostenta varios récords importantes en el deporte más popular del planeta - el fútbol. Brasil es el único que se ha proclamado cinco veces campeón del mundo (Suecia, 1958; Chile, 1962; México, 1970; EE.UU., 1994; Japón y Corea del Sur, 2002); el único que disputó todos los Mundiales; el único que ganó el Mundial en tres continentes (América, Asia y Europa) y también el único que ganó fuera de su continente. Pelé es el único jugador del mundo que conquistó tres títulos mundiales y Zagallo es, junto con Beckenbauer de Alemania, campeón del mundo como entrenador y como jugador.

futebolista [futʃibo'ʎista] *mf* futbolista *mf*

fútil <-eis> ['futʃiw, -ejs] *adj* (*pessoa, discussão*) fútil; **motivo** ~ JUR motivo trivial

futilidade [futʃiʎi'dadʒi] *f* **1.** *sem pl* (*qualidade de fútil*) futilidad *f* **2.** (*niharia*) tontería *f;* **gosta de comprar** ~**s** le gusta comprar tonterías

futrica [fu'trika] *f* **1.** (*bodega*) taberna *f* **2.** (*coisas velhas*) trastos *mpl* **3.** (*provocação, intriga*) chisme *m;* **fazer** ~ chismear

futricar [futri'kar] <c→qu> **I.** *vt* (*trapacear, prejudicar*) hacer chanchullos con **II.** *vi* (*fazer intriga*) chismear

futurismo [futu'rizmu] *m* ARTE futurismo *m*

futurista [futu'rista] *adj* futurista

futuro [fu'turu] *m sem pl* futuro *m;* ~ **do presente** LING futuro (imperfecto); ~ **do pretérito** LING condicional *m;* **no** ~ en el futuro; **num** ~ **próximo** en un futuro próximo; **daqui para o** ~ de ahora en adelante

futuro, -a [fu'turu, -a] *adj* futuro, -a

fuxico [fu'ʃiku] *m* chisme *m*

fuxiqueiro, -a [fuʃi'kejru, -a] *m, f* chismoso, -a *m, f*

fuzil <-is> [fu'ziw, -is] *m* fusil *m*

fuzilamento [fuzila'mẽjtu] *m* fusilamiento *m*

fuzilar [fuzi'lar] *vt* **1.** (*matar*) fusilar **2.** (*soltar com fúria*) soltar; **saiu fuzilando ameaças** salió soltando amenazas

fuzileiro [fuzi'lejru] *m* infante *m* de marina; ~ **naval** infante de marina

fuzis [fu'zis] *m pl de* **fuzil**

fuzuê [fuzu'e] *m sem pl, gíria* **1.** (*festa*) juerga *f* **2.** (*confusão*) follón *m;* **armou um grande** ~ armó un follón enorme

G

G, g ['ʒe] *m* G, g *f*

gabar [ga'bar] **I.** *vt* elogiar **II.** *vr* ~**-se de a. c.** jactarse de algo

gabardina [gabar'dʒina] *f* gabardina *f*

gabaritado, -a [gabari'tadu, -a] *adj inf* cualificado, -a

gabarito [gaba'ritu] *m* **1.** (*de uma prova*) respuestas *fpl* **2.** *fig* (*classe*) clase *f;* **ter** ~ tener clase

gabinete [gabi'netʃi] *m* **1.** (*escritório*) oficina *f* **2.** POL gabinete *m*

gabiru [gabi'ru] *m reg, inf* (*desajeitado*) torpe *m*

gabro ['gabru] *m* GEO gabro *m*

gado ['gadu] *m* ganado *m;* ~ **bovino**

ganado bovino; ~ **de corte** ganado para consumo

gaélico, -a [ga'ɛʎiku, -a] *adj* gaélico, -a

gafanhoto [gafɜ'ɲotu] *m* ZOOL saltamontes *m inv*

gafe ['gafi] *f* metedura *f* de pata; **cometer uma** ~ cometer una metedura de pata

gafieira [gafi'ejra] *f baile popular brasileño*

gagá [ga'ga] *adj* gagá

gago, -a ['gagu, -a] *adj, m, f* tartamudo, -a *m, f*

gagueira [ga'gejra] *f* tartamudez *f*

gaguejar [gage'ʒar] *vi* tartamudear

gaiato, -a [gaj'atu, -a] **I.** *adj* travieso, -a **II.** *m, f* travieso, -a *m, f;* **entrar de** ~ *inf* meterse sin saber

gainambé [gajnɜ̃ɲ'bɛ] *m* ZOOL *ave amazónica de hasta 27 cm de longitud*

gaiola [gaj'ɔla] *f* **1.** (*para aves*) jaula *f* **2.** (*para pessoas*) cárcel *f*

gaita ['gajta] *f* armónica *f*

gaita de boca ['gajta dʒi 'boka] <gaitas de boca> *f* armónica *f*

gaita de foles ['gajta dʒi 'fɔʎis] <gaitas de foles> *f* gaita *f*

gaiteiro, -a [gaj'tejru, -a] *adj* (*festeiro*) fiestero, -a

gaivota [gai'vɔta] *f* ZOOL gaviota *f*

gala ['gala] *f* gala *f*

galã [ga'lɜ̃] *m* galán *m*

galáctico, -a [ga'laktʃiku, -a] *adj* galáctico, -a

galactose [galak'tɔzi] *f* galactosa *f*

galalau [gala'law] *m inf* gigantón *m*

galante [ga'lɜ̃tʃi] *adj* galante

galanteador(a) [galɜ̃tʃja'dor] <-es> *m(f)* galanteador(a) *m(f)*

galanteio [galɜ̃'teju] *m* galanteo *m*

galão <-ões> [ga'lɜ̃w, -'õjs] *m* galón *m*

galardão <-ões> [galar'dɜ̃w, -'õjs] *m* galardón *m*

galáxia [ga'laksia] *f* ASTRON galaxia *f*

galé [ga'lɛ] *f* NÁUT galera *f*

galeão <-ões> [gaʎi'ɜ̃w, -'õjs] *m* NÁUT galeón *m*

galego, -a [ga'legu, -a] *adj, m, f* gallego, -a *m, f*

galera [ga'lɛra] *f* **1.** NÁUT galera *f* **2.** *inf* (*pessoas*) panda *f*

galeria [gale'ria] *f* (*de arte, de edifício, subterrânea*) galería *f;* (*do teatro*) gallinero *m*

Gales ['gaʎis] **País de** ~ País *m* de Gales

galeto [ga'letu] *m* pollo *m*

galgar [gaw'gar] <g→gu> **I.** *vt* recorrer **II.** *vi* llegar; ~ **a cargos de chefia** llegar a un cargo de jefe

galhardia [gaʎar'dʒia] *f* gallardía *f*

galheta [ga'ʎeta] *f* (*para azeite*) aceitera *f;* (*para vinagre*) vinagrera *f*

galheteiro [gaʎe'tejru] *m* vinagreras *fpl*

galho ['gaʎu] *m* **1.** (*de árvore*) rama *f* **2.** *inf* (*biscate*) trabajillo *m* **3.** *inf* (*complicação*) follón *m;* **dar** (**um**) ~ provocar un lío; **quebrar um** ~ echar una mano **4.** *inf* (*relação extraconjugal*) lío *m*

galhofa [ga'ʎɔfa] *f* **1.** (*brincadeira*) broma *f* **2.** (*zombaria*) burla *f;* **fazer** ~ **com alguém/a. c.** burlarse de alguien/algo

galhofeiro, -a [gaʎo'fejru, -a] *m, f* bromista *mf*

galicismo [gaʎi'sizmu] *m* LING galicismo *m*

galináceo, -a [gaʎi'nasiw, -a] *adj* gallináceo, -a

galinha [ga'ʎĩɲa] *f* **1.** ZOOL gallina *f;* ~ **caipira** gallina común; ~ **ao molho pardo** GASTR *gallina cocinada en una salsa hecha con las extremidades del animal y las vísceras;* **deitar-se com as** ~**s** acostarse con las gallinas; **quando as** ~**s criarem dentes** *inf* cuando las ranas críen pelo **2.** *fig, inf* (*homem*) mujeriego *m;* (*mulher*) mujer *f* fácil **3.** (*covarde*) ~ **choca** gallina *mf fig*

galinha-d'angola [ga'ʎĩɲa-dɜ̃ɲ'gɔla] <galinhas-d'angola> *f* gallina *f* de Guinea

galinhagem [gaʎĩ'naʒɛj] <-ens> *f inf* libertinaje *m*

galinha-morta[1] [ga'ʎĩɲa-'mɔrta] <galinhas-mortas> *m reg* (*pessoa covarde*) gallina *mf*

galinha-morta[2] [ga'ʎĩɲa-'mɔrta] <galinhas-mortas> *f reg* (*pechincha*) ganga *f*

galinhar [gaʎĩ'ɲar] *vi gíria* tener muchos ligues

galinheiro [gaʎĩ'ɲejru] *m* gallinero *m*

galo ['galu] *m* **1.** ZOOL gallo *m;* ~ **de briga** gallo de pelea; ~ **garnisé** *gallo de pequeño tamaño;* **cantar de** ~ *inf* mandar; **ouvir o** ~ **cantar sem saber onde** oír campanas y no saber dónde **2.** *inf* (*na cabeça*) chichón *m*

galocha [ga'lɔʃa] *f* bota *f* de agua

galões [ga'õjs] *m pl de* **galão**

galopada [galo'pada] *f* galopada *f*
galopante [galo'pɜ̃tʃi] *adj* galopante
galopar [galo'par] *vi* galopar
galope [ga'lɔpi] *m* galope *m*; **a ~** al galope
galpão <-ões> [gaw'pãw, -'õjs] *m* almacén *m*, galpón *m AmL*
galvânico, -a [gaw'vɜniku, -a] *adj* galvánico, -a
galvanização <-ões> [gawvɜniza'sãw, -'õjs] *f sem pl* galvanización *f*
galvanizado, -a [gawvɜni'zadu, -a] *adj* galvanizado, -a
galvanizar [gawvɜni'zar] *vt* galvanizar
galvanômetro [gawvɜ'nometru] *m* galvanómetro *m*
gama ['gɜma] *f* gama *f*
gamação <-ões> [gɜma'sãw, -'õjs] *f gíria* pasión *f*
gamado, -a [gɜ'madu, -a] *adj inf* colado, -a; **estar ~ em alguém** estar colado por alguien
gamão [ga'mãw] *m sem pl* backgammon *m*
gamar [gɜ'mar] *vt* **~ em alguém** *gíria* quedarse colado por alguien
gamba ['gɜ̃ba] *f tipo de viola*
gambá [gɜ̃'ba] *m* ZOOL zarigüeya *f*; **bêbado como um ~** borracho como una cuba
game ['gejmi] *m* ESPORT *(tênis)* juego *f*
gamela [gɜ'mɛla] *f* escudilla *f*
gameta [gɜ'meta] *m* BIO gameto *m*
gamo ['gɜmu] *m* ZOOL gamo *m*
gana ['gɜna] *f* **1.** *pl (desejo)* ganas *fpl*; **ter ~s de fazer a. c.** tener ganas de hacer algo **2.** *(ódio)* rabia *f*; **aquilo me deu uma ~!** ¡aquello me dio una rabia!
Gana ['gɜna] *m* Ghana *m*
ganância [gɜ'nɜ̃sia] *f* **1.** *(avidez)* avaricia *f* **2.** *(usura)* usura *f*
ganancioso, -a [gɜnɜ̃si'ozu, -'ɔza] *adj* avaricioso, -a
gancho ['gɜ̃ʃu] *m* **1.** *(peça de metal)* gancho *m* **2.** *(de roupa)* costura *f* **3.** *(de telefone)* base *f*
gandaia [gɜ̃'daja] *f (farra)* juerga *f*; **cair na ~** irse de juerga
gandula [gɜ̃'dula] *m* ESPORT recogepelotas *m inv*
ganga ['gɜ̃ɡa] *f* MIN ganga *f*
gânglio ['gɜ̃ɡliw] *m* ANAT ganglio *m*; **~ linfático** ganglio linfático
gangorra [gɜ̃'ɡoxa] *f* subibaja *m*
gangrena [gɜ̃'ɡrena] *f* MED gangrena *f*
gangrenar [gɜ̃ɡre'nar] *vt* gangrenar

gângster ['gɜ̃ɡster] <-es> *mf* gángster *mf*
gangue ['gɜ̃ɡi] *m* banda *f*; *inf (grupo de jovens)* pandilla *f*, barra *f AmL*
ganhador(a) [gɜɲa'dor(a)] <-es> *m(f)* ganador(a) *m(f)*
ganha-pão <ganha-pães> ['gɜ̃ɲa-'pãw, 'gɜ̃ɲa-pãjs] *m* sustento *m*
ganhar [gɜ'ɲar] <*pp*: ganho *ou* ganhado> **I.** *vi* ganar; **~ mas não levar** *inf* ganar pero sin disfrutar del triunfo; **~ a vida** ganarse la vida **II.** *vt* **1.** *(adquirir)* ganar; **~ coragem para a. c.** reunir coraje para algo; **~ juízo** madurar; **~ uma bolsa de estudos** ganar una beca; **as ruas ~am nova iluminação** las calles adquirieron una nueva iluminación **2.** *(conquistar)* ganarse; **ganhou a simpatia de todos** se ganó la simpatía de todos; **tanto fez que ganhou a garota** tanto hizo que se ganó a la chica **3.** *inf (dar à luz)* **~ nenê** dar a luz (un bebé) **4.** *inf (tapa, bofetada)* ganarse **5.** *(avançar)* **~ terreno** ganar terreno
ganho ['gɜɲu] **I.** *pp* de **ganhar II.** *m* ganancia *f*; **~ de causa** JUR victoria *f*
ganido [gɜ'nidu] *m* aullido *m*
ganir [gɜ'nir] *vi* aullar
ganso ['gɜ̃su] *m* ganso *m*; **afogar o ~** *fig, chulo* echar un polvo
garagem [ga'raʒẽj] <-ens> *f* garaje *m*; **~ subterrânea** garaje subterráneo
garagista [gara'ʒista] *mf* aparcacoches *mf inv*
garanhão <-ões> [garɜ̃'ɲãw, -'õjs] *m* **1.** *(cavalo)* semental *m* **2.** *fig (homem)* mujeriego *m*; *irôn, chulo* semental *m*
garantia [garɜ̃'tʃia] *f* **1.** *(segurança, abonação, de um aparelho)* garantía *f*; **~ bancária** aval *m* bancario; **dar ~** dar la garantía **2.** *pl* JUR *(privilégios)* garantías *fpl*; **~s constitucionais** garantías constitucionales
garantir [garɜ̃'tʃir] *vt* garantizar
garapa [ga'rapa] *f* guarapo *m*
garbo ['garbu] *m* garbo *m*
garça ['garsa] *f* ZOOL garza *f*
garçom, garçonete [gar'sõw, garso'nɛtʃi] <-ons> *m, f* camarero, -a *m, f*, mesero, -a *m, f Méx*, mozo, -a *m, f RíoPl*
garçonnière [garsoni'ɛr] *f* picadero *m inf*
garçons [gar'sõws] *m pl de* **garçom**
gardênia [gar'denia] *f* BOT gardenia *f*
garfada [gar'fada] *f* bocado *m*; **dar**

garfar uma ~ dar un bocado

garfar [gar'far] vt 1.(*com garfo*) pinchar 2. *inf* (*prejudicar*) robar

garfo ['garfu] m 1.(*utensílio*) tenedor m; **ser um bom ~** *fig* tener buen saque 2.(*da bicicleta*) horquilla f

gargalhada [garga'ʎada] f carcajada f; **dar** [*ou* **soltar**] **uma ~** soltar una carcajada; **rir às ~s** reír a carcajadas

gargalo [gar'galu] m cuello m; *fig* (*obstáculo*) estorbo m

garganta [gar'gɐ̃nta] f 1. ANAT garganta f; **limpar a ~** carraspear; **molhar a ~** *inf* remojar el gaznate; **não passar pela ~** ser insoportable; **ter alguém/a. c. atravessado na ~** tener a alguien/algo atravesado en la garganta; **ter boa ~** (*voz*) tener buena voz 2. *inf* (*bravata*) bravuconería f 3. GEO garganta f

gargantilha [gargɐ̃n'tʃiʎa] f gargantilla f

gargarejar [gargare'ʒar] vi hacer gárgaras

gargarejo [garga'reʒu] m 1.(*ação*) gárgaras fpl 2.(*líquido*) gargarismo m 3. *inf* TEAT primera fila f

gari [ga'ri] m barrendero m

garimpar [garĩ'par] vt buscar

garimpeiro, -a [garĩ'pejru, -a] m, f persona que anda a la busca de oro o piedras preciosas

garimpo [ga'rĩpu] m yacimiento de oro o piedras preciosas

garnisé [garni'zɛ] m *ou* f ZOOL gallina f pequeña

garoa [ga'roa] f llovizna f, garúa f *RíoPl*

garoar [garo'ar] <*1. pess pres:* garoo> vi lloviznar, garuar *RíoPl*

garotada [garo'tada] f chiquillería f

garotão <-ões> [garo'tɐ̃w, -'õjs] m *inf* crío m

garoto [ga'rotu] m *gíria* caña f

garoto, -a [ga'rotu, -a] m, f niño, -a m, f, pibe, -a m, f *Arg*

garotões [garo'tõjs] m pl de **garotão**

garoto-propaganda, garota-propaganda [ga'rotu-propa'gɐ̃da, ga'rota-propa'gɐ̃da] <garotos-propaganda(s), garotas-propaganda(s)> m, f persona asociada a la publicidad de una marca determinada

garoupa [ga'rowpa] f ZOOL mero m

garra ['gaxa] f 1.(*unhas, dedos, mãos*) garra f; *fig* tener garra 2.(*domínio*) imperio m; **as ~s da lei** el imperio de la ley

garrafa [ga'xafa] f botella f; **~ térmica** termo m; **uma ~ de vinho** una botella de vino; **conversar com a ~** *inf* entromparse

garrafada [gaxa'fada] f botellazo m

garrafão <-ões> [gaxa'fɐ̃w, -'õjs] m 1.(*grande garrafa*) bidón m; **um ~ de água** un bidón de agua 2. ESPORT (*basquete*) botella f

garrafeiro, -a [gaxa'fejru, -a] m, f HIST persona que pasa por las calles recogiendo botellas vacías

garrafões [gaxa'fõjs] m pl de **garrafão**

garrancho [ga'xɐ̃ɲʃu] m garabato m

garrido, -a [ga'xidu, -a] adj (*vistoso*) elegante

garrote [ga'xɔtʃi] m 1.(*de madeira*) garrote m 2. MED torniquete m

garupa [ga'rupa] f 1.(*do cavalo*) grupa f 2.(*bicicleta*) **ir na ~ da bicicleta, ir de ~ na bicicleta** ir en la parte de atrás de la bicicleta

gás ['gas] m 1. FÍS, QUÍM gas m; **~ de escape** gas de escape; **~ lacrimogêneo** gas lacrimógeno; **~ natural** gas natural; **~ propulsor** gas propulsor; **~ tóxico** gas tóxico 2.(*de bebidas*) gas m; **água com/sem ~** agua con/sin gas 3. *inf* (*energia*) energía f; **essa menina tem muito ~** esa niña tiene mucha energía

gaseificação [gazejfika'sɐ̃w] f *sem pl* gasificación f

gaseificado, -a [gazejfi'kadu, -a] adj (*bebida*) con gas

gaseificar [gazejfi'kar] <c→qu> vt QUÍM gasificar

gases ['gazis] mpl gases mpl; **estar com ~** tener gases

gasoduto [gazo'dutu] m gaseoducto m

gasóleo [ga'zɔʎiw] m QUÍM gasóleo m

gasolina [gazo'ʎina] f gasolina, bencina f *Chile*, nafta f *RíoPl*; **~ com/sem chumbo** gasolina con/sin plomo; **pôr ~** poner gasolina

gasômetro [ga'zometru] m gasómetro m

gasoso, -a [ga'zozu, -'ɔza] adj gaseoso, -a

gastador, gastadeira, gastadora [gasta'dor, -dejra, -dora] <-es> adj gastador(a)

gastar [gas'tar] <*pp:* gasto *ou* gastado> I. vt gastar; **~ tempo com alguém/a. c.** gastar tiempo con alguien/algo; **~ o latim** perder el tiempo

gasto 245 **gemido**

II. vr: ~ -**se** gastarse
gasto, -a ['gastu, -a] **I.** pp de **gastar** **II.** adj **1.** (estoque) agotado, -a **2.** (objeto, piso, roupa) gastado, -a
gastos ['gastus] mpl gastos mpl
gástrico, -a ['gastriku, -a] adj gástrico, -a
gastrite [gas'tritʃi] f MED gastritis f
gastronomia [gastrono'mia] f gastronomía f
gastronômico, -a [gastro'nomiku, -a] adj gastronómico, -a
gastrônomo, -a [gas'tronomu, -a] m, f gastrónomo, -a m, f
gata-borralheira ['gata-boxa'ʎejra] <gatas-borralheiras> f cenicienta f
gatão, gatona <-ões> [ga'tɜ̃w, ga'tona, -'õjs] m, f inf tío m bueno, tía f buena
gatilho [ga'tʃiʎu] m gatillo m; ~ **salarial** reajuste salarial vinculado a la inflación
gatinhas [ga'tʃiɲas] adv **de** ~ a gatas
gato ['gatu] m inf ELETR conexión ilegal a la red eléctrica
gato, -a ['gatu, -a] m, f **1.** (espécie) gato, -a m, f; ~ **siamês** gato siamés; **comprar/vender** ~ **por lebre** recibir/dar gato por liebre; **ser** ~ **escaldado** estar escarmentado; **viver como** ~ **e cachorro** llevarse como el perro y el gato; **o pulo do** ~ el truco del almendruco; **aí tem** ~**!** ¡ahí hay gato encerrado! **2.** inf (pessoa atraente) guaperas mf inv
gatões [ga'tõjs] m pl de **gatão**
gatona [ga'tona] f v. **gatão**
gato-pingado ['gatu-pĩ'gadu] <gatos-pingados> m inf (em reunião) cuatro gatos mpl; **meia dúzia de gatos-pingados** cuatro gatos
gato-sapato ['gatu-sa'patu] <gatos-sapatos> m **fazer** ~ **de alguém** tratar a alguien como un juguete
gatunagem [gatu'naʒẽj] <-ens> f robo m
gatuno, -a [ga'tunu, -a] m, f ladrón, -ona m, f
gaúcho, -a [ga'uʃu, -a] **I.** adj del estado de Río Grande del Sur **II.** m, f habitante del estado de Río Grande del Sur
gávea ['gavia] f NÁUT gavia f
gaveta [ga'veta] f cajón m
gavião <-ões> [gavi'ɜ̃w, -'õjs] m ZOOL gavilán m
gay ['gej] adj, mf inf gay
gaze ['gazi] f gasa f

gazear [gazi'ar] conj como passear vt (o trabalho) no asistir a, faltar a; ~ **as aulas** hacer novillos
gazela [ga'zɛla] f ZOOL gacela f
gazeta [ga'zeta] f **1.** PREN gaceta f **2.** inf (aula) novillos mpl; **fazer** ~ (às aulas) hacer novillos; (no trabalho) no asistir, faltar
geada [ʒe'ada] f helada f
gear [ʒe'ar] conj como passear vi helar; **esta noite geou** anoche heló
gel <géis ou geles> ['ʒɛw, 'ʒɛjs, 'ʒɛʎis] m gel m
gelada [ʒe'lada] f inf **entrar numa** ~ meterse en un follón
geladeira [ʒela'dejra] f frigorífico m, nevera f, heladera f RíoPl, refrigeradora f Perú
geladinha [ʒela'dʒiɲa] f inf (cerveja) birra f
gelado [ʒe'ladu] m **1.** (sorvete) helado m **2.** (bebida) helado m
gelado, -a [ʒe'ladu, -a] adj helado, -a; **uma cerveja gelada** una cerveza muy fría
gelar [ʒe'lar] **I.** vi congelarse; (tornar gelado) congelarse **II.** vt congelar; (tornar frio) enfriar
gelatina [ʒela'tʃina] f gelatina f
gelatinoso, -a [ʒelatʃi'nozu, -'ɔza] adj gelatinoso, -a
geleia [ʒe'lɛja] f (de fruta) mermelada f; (de carne) gelatina f
geleira [ʒe'lejra] f glaciar m
geles ['ʒɛʎis] m pl de **gel**
gélido, -a ['ʒɛʎidu] adj gélido, -a
gelo ['ʒelu] m hielo m; **quebrar o** ~ romper el hielo; **dar um** ~ **em alguém** inf hacer el vacío a alguien
gelo-seco ['ʒelu'seku] <gelos-secos> m hielo m seco
gema ['ʒema] f **1.** (do ovo, planta) yema f **2.** (genuinidade) **de** ~ de pura cepa; **carioca da** ~ carioca de pura cepa **3.** (âmago) esencia f **4.** (pedra preciosa) gema f
gemada [ʒe'mada] f yemas fpl batidas
gemedeira [ʒeme'dejra] f gemidos mpl
gêmeo, -a ['ʒemiw, -a] **I.** adj gemelo, -a; **irmão** ~ hermano gemelo **II.** m, f gemelo, -a m, f
Gêmeos ['ʒemiws] mpl Géminis m; **ser (de)** ~ ser Géminis
gemer [ʒe'mer] vi gemir; ~ **de dor** gemir de dolor
gemido [ʒe'midu] m gemido m; **dar** [ou

soltar| um ~ dar un gemido
geminado, -a [ʒemi'nadu, -a] *adj* BOT geminado, -a; **casa geminada** casa pareada
geminar [ʒemi'nar] *vt* geminar
geminiano, -a [ʒemini'nu, -a] *adj, m, f* Géminis *mf inv;* **ser** ~ ser Géminis
gemologia [ʒemolo'ʒia] *f sem pl* gemología *f*
gene ['ʒeni] *m* BIO gen *m*
genealogia [ʒenealo'ʒia] *f* genealogía *f*
genealógico, -a [ʒenea'lɔʒiku, -a] *adj* genealógico, -a
general <-ais> [ʒene'raw, -ajs] *m* MIL general *m*
general de exército <generais de exército> [ʒene'raw dʒi i'zɛrsitu, ʒene'rajs dʒi i'zɛrsitu] *m* MIL general *m*
generalidade [ʒenerali'dadʒi] *f* generalidad *f*
generalista [ʒenera'lista] *mf* MED generalista *mf*
generalização <-ões> [ʒeneraliza'sãw, -õjs] *f* generalización *f*
generalizado, -a [ʒenerali'zadu, -a] *adj* generalizado, -a
generalizar [ʒenerali'zar] I. *vi, vt* generalizar II. *vr:* ~-se generalizarse
generativo, -a [ʒenera'tʃivu, -a] *adj* generativo, -a
genericamente [ʒenɛrika'mẽjtʃi] *adv* genéricamente
genérico [ʒe'nɛriku] *m* (medicamento *m*) genérico *m*
genérico, -a [ʒe'nɛriku, -a] *adj* genérico, -a; **medicamento** ~ medicamento genérico
gênero ['ʒeneru] *m* género *m;* **o** ~ **humano** el género humano
gêneros ['ʒeneruʃ] *mpl* géneros *mpl;* ~ **alimentícios** productos alimenticios; ~ **de primeira necessidade** productos de primera necesidad
generosidade [ʒenerozi'dadʒi] *f sem pl* generosidad *f*
generoso, -a [ʒene'rozu, -ɔza] *adj* generoso, -a
gênese ['ʒenezi] *f* génesis *f inv*
genética [ʒe'nɛtʃika] *f* genética *f*
geneticista [ʒenetʃi'sista] *mf* genetista *mf*
genético, -a [ʒe'nɛtʃiku, -a] *adj* genético, -a
gengibre [ʒẽj'ʒibri] *m* BOT jengibre *m*
gengiva [ʒĩ'ʒiva] *f* encía *f*
gengivite [ʒẽjʒi'vitʃi] *f* MED gingivitis *f*

genial <-ais> [ʒeni'aw, -ajs] *adj* genial; *inf (ideia)* genial
gênio ['ʒeniw] *m (pessoa, temperamento)* genio *m;* **ter bom/mau** ~ tener buen/mal genio
genioso, -a [ʒeni'ozu, -ɔza] *adj* malhumorado, -a
genital <-ais> [ʒeni'taw, -ajs] *adj* genital
genitália [ʒeni'taʎia] *f* genitales *mpl*
genitivo [ʒeni'tʃivu] *m* LING genitivo *m*
genitor(a) [ʒeni'tor(a)] <-es> *m(f)* progenitor(a) *m(f)*
genocídio [ʒeno'sidʒiw] *m* genocidio *m*
genoma [ʒe'noma] *m* genoma *m;* **o** ~ **humano** el genoma humano
genótipo [ʒe'nɔtʃipu] *m* genotipo *m*
genro ['ʒẽxu] *m* yerno *m*
gentalha [ʒẽj'taʎa] *f pej* gentuza *f*
gentarada [ʒẽjta'rada] *f inf* multitud *f*
gente ['ʒẽjtʃi] *f* 1. *(pessoas)* gente *f;* ~ **boa** *inf* buena gente; ~ **de casa** gente de casa; ~ **fina** *gíria* buena gente; ~ **grande** mayores *mpl;* **a** ~ **daqui** la gente de aquí; **a nossa** ~ los nuestros; **entender-se com** ~ *fig* tener uso de razón; **ser** ~ ser buena gente; **virar** ~ hacerse mayor; **havia muita** ~ **na festa** había mucha gente en la fiesta; **tem** ~! ¡hay cada uno! 2. *inf* **a** ~ *(nós)* nosotros; *(impessoal)* se; **a** ~ **vai embora** nos vamos; **a** ~ **não pode entrar** no podemos entrar
gentil <-is> [ʒẽj'tʃiw, -'is] *adj* gentil; **ser** ~ **com alguém** ser gentil con alguien
gentileza [ʒẽjʎi'leza] *f* gentileza *f;* **foi** ~ **dele telefonar** fue tan gentil [o tuvo la gentileza] de telefonear; **por** ~, **você poderia...?** ¿tendría la gentileza de...?
gentilmente [ʒẽjtʃiw'mẽjtʃi] *adv* gentilmente
gentinha [ʒẽj'tʃĩna] *f pej* gentuza *f*
gentio [ʒẽj'tʃiw] *m* gentío *m*
gentis [ʒẽj'tʃis] *adj pl de* **gentil**
genuflexório [ʒenuflek'sɔriw] *m* reclinatorio *m*
genuinidade [ʒenwini'dadʒi] *f sem pl* carácter *m* genuino
genuíno, -a [ʒenu'inu, -a] *adj* genuino, -a
geocêntrico, -a [ʒɛo'sẽjtriku, -a] *adj* ASTRON geocéntrico, -a
geode [ʒe'ɔdʒi] *m* GEO geoda *f*
geodinâmica [ʒɛodʒi'nɜmika] *f* GEO geodinámica *f*
geofísica [ʒɛo'fizika] *f* geofísica *f*

geografia [ʒeogra'fia] f geografía f
geográfico, -a [ʒeo'grafiku, -a] adj geográfico, -a
geógrafo, -a [ʒe'ɔgrafu, -a] m, f geógrafo, -a m, f
geologia [ʒeolo'ʒia] f geología f
geológico, -a [ʒeo'lɔʒiku, -a] adj geológico, -a
geólogo, -a [ʒe'ɔlogu, -a] m, f geólogo, -a m, f
geomagnetismo [ʒeomagne'tizmu] m geomagnetismo m
geometria [ʒeome'tria] f geometría f; ~ **analítica/descritiva** geometría analítica/descriptiva
geométrico, -a [ʒeom'mɛtriku, -a] adj geométrico, -a
geopolítica [ʒɛopo'λitʃika] f geopolítica f
geopolítico, -a [ʒɛopo'λitʃiku, -a] adj geopolítico, -a
geração <-ões> [ʒera'sãw, -'õjs] f generación f
gerador [ʒera'dor] <-es> m TÉC gerador m
geral¹ <-ais> [ʒe'raw, -'ajs] I. adj general; **de um modo** ~ por lo general II. m o ~ lo común; **no** ~ en general
geral² <-ais> [ʒe'raw, -'ajs] f 1. (nos estádios) general f de pie 2. (revisão) revisión f; (da polícia) batida f; **dar uma** ~ inf hacer limpieza general
geralmente [ʒeraw'mẽjtʃi] adv generalmente
gerânio [ʒe'rɐniw] m geranio m
gerar [ʒe'rar] I. vt generar II. vr: ~-**se** formarse; **gerou-se uma grande confusão** se formó un gran jaleo
gerência [ʒe'rẽjsia] f gerencia f
gerenciamento [ʒerẽjsja'mẽjtu] m administración f
gerente [ʒe'rẽjtʃi] mf gerente mf
gergelim [ʒerʒe'λĩj] m sem pl sésamo m
geriatria [ʒerja'tria] f sem pl geriatría f
geriátrico [ʒeri'atriku] adj geriátrico, -a
geringonça [ʒerĩj'gõwsa] f (objeto) chapuza f
gerir [ʒe'rir] irr como preferir vt 1. (uma empresa) gestionar 2. (dinheiro, uma casa) administrar
germânico, -a [ʒer'mɐniku, -a] adj germánico, -a
germe ['ʒɛrmi] m germen m
germicida [ʒermi'sida] m germicida f
germinação [ʒermina'sãw] f sem pl germinación f

germinar [ʒermi'nar] vi germinar
gerontologia [ʒerõwtolo'ʒia] f sem pl gerontología f
gerúndio [ʒe'rũwdʒiw] m LING gerundio m
gesso ['ʒesu] m yeso m
gestação <-ões> [ʒesta'sãw, -'õjs] f gestación f
gestante [ʒes'tɐ̃ŋtʃi] f gestante f
gestão <-ões> [ʒes'tãw, -'õjs] f gestión f; ~ **cultural** gestión cultural; ~ **de negócios** gestión de empresas
gesticular [ʒestʃiku'lar] vi gesticular
gesto ['ʒɛstu] m gesto m; **um** ~ **generoso/de amizade** un gesto generoso/de amistad
gestões [ʒes'tõjs] f pl de **gestão**
gestor(a) [ʒes'tor(a)] <-es> m(f) (gerente) gerente mf; (de bens alheios) administrador(a) m(f)
gestual <-ais> [ʒestu'aw, -'ajs] adj gestual
gibi [ʒi'bi] m (revista em quadrinhos) cómic m, tebeo m; **não estar no** ~ inf no estar en los escritos
gigabyte [ʒiga'bajtʃi] m INFOR gigabyte m
gigante [ʒi'gɐ̃ntʃi] adj, mf gigante mf
gigantesco, -a [ʒigɐ̃n'tesku, -a] adj gigantesco, -a
gigolô [ʒigo'lo] m gigoló m
gilete [ʒi'lɛtʃi] f 1. (lâmina) cuchilla f (de afeitar) 2. chulo (bissexual) bi mf
gim ['ʒĩj] <gins> m ginebra f
gim-tônica [ʒĩj-'tonika] <gins-tônicas> m gin-tonic m
ginasial <-ais> [ʒinazi'aw, -'ajs] adj HIST de educación secundaria
ginásio [ʒi'naziw] m 1. ESPORT gimnasio m; ~ **poliesportivo** pabellón m polideportivo 2. HIST (escola) colegio m de educación secundaria
ginasta [ʒi'nasta] mf gimnasta mf
ginástica [ʒi'nastʃika] f 1. ESPORT gimnasia f; ~ **aeróbica** aerobic m; ~ **artística** gimnasia artística; **fazer** ~ hacer gimnasia 2. (esforço excessivo) milagros mpl; **o governo terá que fazer uma** ~ **para cumprir as metas** el gobierno va a tener que hacer milagros para cumplir las metas
ginástico, -a [ʒi'nastʃiku, -a] adj gimnástico, -a
gincana [ʒĩj'kɐna] f gincana f
ginecologia [ʒinekolo'ʒia] f sem pl ginecología f

ginecológico, -a [ʒineko'lɔʒiku, -a] *adj* ginecológico, -a

ginecologista [ʒinekolo'ʒista] *mf* ginecólogo, -a *m, f*

ginga [ˈʒĩga] *f* bamboleo *m*

gingar [ʒĩˈgar] <g→gu> *vt* bambolear

ginger ale [ˈʒĩʒeˈreju] *m* ginger ale *m*

gins [ʒĩjs] *m pl de* **gim**

ginseng [ʒĩjˈsẽj] *m* ginseng *m*

girafa [ʒiˈrafa] *f* jirafa *f*

girar [ʒiˈrar] *vi* girar; ~ **em torno de alguém/a. c.** girar en torno a alguien/algo

girassol <-óis> [ʒiraˈsɔw, -ˈɔjs] *m* girasol *m*

giratório, -a [ʒiraˈtɔriw, -a] *adj* giratorio, -a

gíria [ˈʒiria] *f* jerga *f*; ~ **dos estudantes** jerga estudiantil

girino [ʒiˈrinu] *m* ZOOL renacuajo *m*

giro [ˈʒiru] *m* **1.** (*passeio*) vuelta *f*; **vamos dar um ~ pela cidade?** ¿vamos a dar una vuelta por la ciudad? **2.** ECON (*de dinheiro, crédito*) giro *m*

giroscópio [ʒirosˈkɔpiw] *m* FÍS giróscopo *m*

giz [ˈʒis] <-es> *f* tiza *f*, gis *m* *Méx*

glacê [glaˈse] *adj* (*doce*) confitado, -a

glacial <-ais> [glasiˈaw, -ajs] *adj* glacial

gladiador [gladʒjaˈdor] <-es> *m* gladiador *m*

glamoroso, -a [glamuˈrozu, -a] *adj* glamouroso, -a

glamour [glaˈmur] *m sem pl* glamour *m*

glande [ˈglãdʒi] *f* ANAT glande *m*

glândula [ˈglãdula] *f* ANAT glándula *f*; ~ **lacrimal** glándula lacrimal

glandular [glãduˈlar] <-es> *adj* ANAT glandular

glauco, -a [ˈglawku, -a] *adj* glauco, -a

glaucoma [glawˈkoma] *m* MED glaucoma *m*

gleba [ˈglɛba] *f* gleba *f*

glicemia [gliseˈmia] *f* MED glucemia *f*

glicerina [gliseˈrina] *f* glicerina *f*

glicose [gliˈkɔzi] *f* glucosa *f*

global <-ais> [gloˈbaw, -ajs] *adj* global

globalização [globaʎizaˈsãw] *f sem pl* globalización *f*

globalizado, -a [globaʎiˈzadu, -a] *adj* globalizado, -a

globalizar [globaʎiˈzar] *vt* globalizar

globalmente [globawˈmẽtʃi] *adv* globalmente

globo [ˈglobu] *m* globo *m*; ~ **ocular** globo ocular; ~ **terrestre** globo terrestre

glóbulo [ˈglɔbulu] *m* glóbulo *m*; ~**s brancos/vermelhos** glóbulos blancos/rojos; ~ **sanguíneo** glóbulo sanguíneo

glória [ˈglɔria] *f* gloria *f*; ~ **a Deus!** ¡gloria a Dios!; **Pelé é uma ~ nacional** Pelé es una gloria nacional; **trabalhar com ele foi uma ~** trabajar con él fue la gloria

glorificar [glorifiˈkar] <c→qu> *vt* glorificar

glorioso, -a [gloriˈozu, -ˈɔza] *adj* glorioso, -a

glossário [gloˈsariw] *m* glosario *m*

glote [ˈglɔtʃi] *f* ANAT glotis *f inv*

glutão, -ona <-ões> [gluˈtãw, -ˈona, -õjs] *adj, m, f* glotón, -ona *m, f*

glúten [ˈglutẽj] <-ens> *m* gluten *m*

glúteo [ˈglutʃiw] *m* ANAT glúteo *m*

glutões [gluˈtõjs] *m pl de* **glutão**

glutona [gluˈtona] *f v.* **glutão**

gnomo [ˈgnomu] *m* gnomo *m*

gnose [ˈgnɔzi] *f* gnosis *f*

gnosticismo [gnostˈsizmu] *m sem pl* gnosticismo *m*

gnu [giˈnu] *m* ZOOL ñu *m*

godê [goˈde] **I.** *adj* al bies; **saia ~** falda con vuelo **II.** *m* godet *m*

goela [guˈɛla] *f* ANAT garganta *f*; **enfiar a. c. ~ abaixo** *inf* meterse algo garganta abajo

gogó [goˈgɔ] *m inf* nuez *f* de Adán; **levar alguém no ~** (*lábia*) camelar a alguien

goiaba [gojˈaba] *f* BOT guayaba *f*

goiabada [gojaˈbada] *f* dulce *m* de guayaba; ~ **cascão** *dulce de guayaba con trozos de la cáscara del fruto*

> **Cultura** La **goiabada** es un dulce de **goiaba** en pasta o con una consistencia dura para ser cortado en rodajas. La **goiabada** se come normalmente con queso blanco, formando así una especialidad llamada **Romeu e Julieta**.

goiabeira [gojaˈbejra] *f* BOT guayabo *m*

goiano, -a [gojˈɐnu, -a] **I.** *adj del estado de Goiás* **II.** *m, f habitante del estado de Goiás*

Goiás [gojˈas] *m* Goiás *m*

gol [ˈgow] *m* gol *m*; ~ **contra** gol en propia meta; ~ **olímpico** gol olímpico;

~ de ouro gol de oro; **~ de placa** gol antológico; **chutar a ~** chutar a puerta; **fechar o ~** no encajar ni un gol; **marcar** [*ou* **fazer**] **um ~** marcar un gol; **sofrer** [*ou* **levar**] **um ~** encajar un gol

gola ['gɔla] *f* (*de roupa*) cuello *m;* **~ rulê** cuello alto

golaço [go'lasu] *m* FUT golazo *m*

gole ['gɔʎi] *m* trago *m;* **dar um ~** dar un trago; **tomar tudo num ~ só** tomar todo de un trago

goleada [go'ʎjada] *f* FUT goleada *f*

goleador(a) [goʎja'dor(a)] <-es> *m(f)* FUT goleador(a) *m(f)*

golear [goʎi'ar] *vt* FUT golear

goleiro, -a [go'lejru, -a] *m, f* FUT portero *m*, arquero *m AmL*

golfada [gow'fada] *f* chorro *m*

golfe ['gowfi] *m* ESPORT golf *m*

golfinho [gow'fiɲu] *m* ZOOL delfín *m*

golfo ['gowfu] *m* golfo *m;* **o Golfo Pérsico** el Golfo Pérsico

golpe ['gɔwpi] *m* **1.** (*pancada, desgraça*) golpe *m;* **~ baixo** golpe bajo; **golpe de Estado** POL golpe *m* de Estado; **~ de mestre** golpe maestro; **~ de misericórdia** golpe de gracia; **~ mortal** golpe mortal; **~ de vento** golpe de viento; **~ de vista** golpe de vista; **ele levou um duro golpe; de ~** de golpe **2.** (*manobra desonesta*) estafa *f;* **dar o ~ do baú** dar el braguetazo; **ele vive de ~s** vive de estafas

golpear [gowpi'ar] *conj como* passear *vt* golpear

golpista [gow'pista] *mf* golpista *mf*

goma ['goma] *f* **1.** (*substância*) goma *f;* **~ de mascar** goma de mascar **2.** (*doce*) harina *f* de mandioca **3.** (*para roupa*) almidón *m*

goma-arábica ['goma-a'rabika] <gomas-arábicas> *f* goma *f* arábiga

gomo ['gomu] *m* **1.** (*de laranja*) gajo *m* **2.** (*de ramo, flor*) brote *m*

gôndola ['gõwdula] *f* góndola *f*

gondoleiro [gõwdo'lejru] *m* gondolero *m*

gongo ['gõwgu] *m* gong *m;* **ser salvo pelo ~** *inf* ser salvado por la campana

gonorreia [gono'xɛja] *f* MED gonorrea *f*

gorar [go'rar] **I.** *vt* estropear **II.** *vi* (*plano*) fracasar

gordão, -ona <-ões> [gor'dãw, -'ona, -'õjs] *adj, m, f* gordinflón, -ona *m, f*

gordo, -a ['gordu, -a] **I.** *adj* **1.** (*pessoa*) gordo, -a **2.** (*carne*) graso, -a; **leite ~** leche entera **3.** (*quantia*) enorme **II.** *m, f* gordo, -a *m, f*

gordões [gor'dõjs] *f pl de* **gordão**

gordona [gor'dona] *f v.* **gordão**

gorducho, -a [gor'duʃu, -a] *adj, m, f inf* gordinflón, -ona *m, f*

gordura [gor'dura] *f* **1.** GASTR, ANAT grasa *f;* **~ vegetal** grasa vegetal **2.** (*de uma pessoa*) gordura *f*

gordurento, -a [gordu'rẽjtu, -a] *adj,* **gorduroso, -a** [gordu'rozu, -'ɔza] *adj* grasiento, -a

gorete [go'retʃi] *m* ZOOL pez teleósteo comestible común en la costa brasileña

gorgolejar [gorgole'ʒar] *vi* hacer gárgaras

gorila [gu'rila] *m tb. fig* gorila *m*

gorjear [gorʒe'ar] *conj como* passear *vi* gorjear

gorjeio [gor'ʒeju] *m* gorjeo *m*

gorjeta [gur'ʒeta] *f* propina *f*

gororoba [goro'rɔba] *f inf* (*comida malfeita*) bazofia *f*

gorro ['goxu] *m* gorro *m*

gosma ['gɔzma] *f* baba *f*

gosmento, -a [goz'mẽjtu, -a] *adj* pegajoso, -a

gostar [gos'tar] **I.** *vt* **eu gosto de...** me gusta...; **eu gosto muito de alguém/ a. c.** me gusta mucho alguien/algo; **eu ~ de fazer a. c.** me gusta hacer algo; **gosto deste livro** me gusta este libro; **gostou do filme?** ¿te gustó la película?; **eu ~ia de ir** me gustaría ir **II.** *vr:* **~-se** gustarse; **eles sempre se ~am** siempre se gustaron

gosto ['gostu] *m* gusto *m;* **ter bom/ mau ~** tener buen/mal gusto; **ter ~ de laranja** tener gusto a naranja; **tomar ~ por a. c.** (*entusiasmar-se*) coger gusto a algo; **a ~** a gusto; **ao ~ do freguês** a gusto del consumidor [*o* del cliente]; **tempere a ~** condimente a gusto; **~ não se discute** sobre gustos no hay nada escrito; **dá ~ ver uma criança tão educada** da gusto ver un niño tan educado; **com muito ~** con mucho gusto; **ele não tem ~ pela vida** no sabe disfrutar de la vida

gostosão, -ona <-ões> [gosto'zãw, gostɔ'zona, -'ɔjs] *m, f gíria* tío *m* bueno, tía *f* buena

gostoso, -a [gos'tozu, -'ɔza] *adj* **1.** (*comida*) rico, -a **2.** (*ambiente: agra-*

dável) agradable **3.** *inf* (*pessoa: atraente*) muy bueno, -a; (*presunçoso*) creído, -a; **não banque o ~ comigo** no te las des de superior conmigo
gostosões [gosto'zõjs] *m pl de* **gostosão**
gostosona [gostɔ'zona] *f v.* **gostosão**
gostosura [gostɔ'zura] *f inf* bombón *m*
gota ['gota] *f tb.* MED gota *f*; **~ de água** gota de agua; **em ~s** (*medicamento*) en gotas; **ser a ~ d'água** ser la gota que colma el vaso; **ser uma ~ d'água no oceano** ser un grano de arena en el desierto; **~ a ~** gota a gota
goteira [go'tejra] *f* gotera *f*
gotejar [gote'ʒar] *vi* gotear
gótico ['gɔtʃiku] *m* gótico *m*
gótico, -a ['gɔtʃiku, -a] *adj* gótico, -a
gotícula [go'tʃikula] *f* gotita *f*
gourmet [gur'me] *m* gourmet *mf*
governabilidade [governabiʎi'dadʒi] *f sem pl* gobernabilidad *f*
governador(a) [governa'dor(a)] <-es> *m(f)* gobernador(a) *m(f)*
governamental <-ais> [governamẽj'taw, -ajs] *adj* gubernamental
governanta [gover'nãnta] *f* gobernanta *f*
governante [gover'nãntʃi] *mf* gobernante *mf*
governar [gover'nar] **I.** *vt* gobernar; **~ a casa** gobernar la casa **II.** *vr*: **~-se** gobernarse
governista [gover'nista] *mf* partidario, -a *m, f* del gobierno
governo [go'vernu] *m* **1.** POL gobierno *m*; **~ militar** gobierno militar **2.** (*de um automóvel*) control *m*; (*de um navio*) gobierno *m*; **o carro ficou sem ~** el coche quedó descontrolado **3.** (*informação*) información *f*; **para o seu ~, estaremos fora do país** para su información, estaremos fuera del país
gozação <-ões> [goza'sãw, -'õjs] *f* guasa *f*
gozador(a) [goza'dor(a)] <-es> *m(f)* guasón, -ona *m, f*
gozar [go'zar] **I.** *vt* (*desfrutar*) disfrutar **II.** *vi* **1.** (*divertir-se*) gozar **2.** (*zombar*) burlarse; **~ da cara de alguém** burlarse de alguien **3.** (*atingir o orgasmo*) llegar al orgasmo **III.** *vr*: **~-se** (*aproveitar-se*) disfrutar
gozo ['gozu] *m* **1.** (*desfrute*) gozo *m*; **ter ~ em a. c.** disfrutar con algo **2.** (*zombaria*) guasa *f* **3.** (*orgasmo*) orgasmo *m*
Grã-Bretanha [grã-bre'tʒɲa] *f* Gran Bretaña *f*
graça ['grasa] *f* **1.** (*graciosidade, brincadeira, favor*) gracia *f*; **dar de ~** ESPORT regalar; **fazer ~** hacer gracia; **ficar sem ~** *inf* cortarse; **não ser de muita ~** no tener mucha gracia; **não ter ~** no tener gracia; **ser sem ~** ser un soso/una sosa; **o menino é uma ~** el niño es divino; **de ~** (*gratuitamente*) gratis *inv*; (*sem motivo*) sin motivo; (*muito barato*) tirado, -a; **estava tudo de ~ na liquidação** estaba todo tirado en las rebajas **2.** *elev* (*nome*) nombre *m*; **qual é a sua ~?** ¿cómo se llama?
graças ['grasas] *fpl* gracias *fpl*; **~ a Deus!** ¡gracias a Dios!; **dar ~ a alguém** dar gracias a alguien; **cair nas ~ de alguém** caer en gracia a alguien
gracejar [grase'ʒar] *vi* bromear
gracejo [gra'seʒu] *m* broma *f*
graciosidade [grasjozi'dadʒi] *f sem pl* gracia *f*
gracioso, -a [grasi'ozu, -'ɔza] *adj* gracioso, -a
grã-cruz [grã-'krus] <grã-cruzes> *f* gran cruz *f*
gradação <-ões> [grada'sãw, -'õjs] *f* (*de luz, cor*) gradación *f*
gradativo, -a [grada'tʃivu, -a] *adj* gradual
grade ['gradʒi] *f* **1.** (*de metal, madeira*) reja *f*; **atrás das ~s** *inf* entre rejas **2.** AGR grada *f* **3.** (*quadro*) **~ de horários** horario *m*
gradeamento [gradʒja'mẽjtu] *m* enrejado *m*
gradiente [gradʒi'ẽjtʃi] *m* gradiente *m*
gradil <-is> [gra'dʒiw, -'is] *m* enrejado *m*
grado ['gradu] *m* grado *m*; **de bom/mau ~** de buen/mal grado
graduação <-ões> [gradwa'sãw, -'õjs] *f* graduación *f*
graduado, -a [gradu'adu, -a] *adj* (*dividido em graus, em universidade*) graduado, -a; (*conceituado*) eminente
gradual <-ais> [gradu'aw, -'ajs] *adj* gradual
gradualmente [gradwaw'mẽjtʃi] *adv* gradualmente
graduando [gradu'ãndu] *m* graduando *m*
graduar [gradu'ar] **I.** *vt* graduar **II.** *vr*: **~-se** graduarse; **~-se em Biologia**

grafia [gra'fia] f grafía f
gráfica ['grafika] f (oficina) imprenta f
gráfico ['grafiku] m (representação) gráfico m
gráfico, -a ['grafiku, -a] I. adj gráfico, -a II. m, f impresor(a) m(f)
grã-finagem [grɜ̃-fi'naʒẽj] <-ens> f pej pijos mpl
grã-fino, -a [grɜ̃-fi'no, -a] m, f pijo, -a m, f
grafite [gra'fitʃi] f (de lápis) grafito m; (em local público) graffiti m
grafiteiro, -a [grafi'tejru, -a] m, f pintor(a) m(f) de graffitis
grafologia [grafolo'ʒia] f sem pl grafología f
grafólogo, -a [gra'fɔlogu, -a] m, f grafólogo, -a m, f
grafotécnico, -a [grafo'tɛkniku, -a] adj grafológico, -a
gralha ['graʎa] f 1. ZOOL grajo m 2. TIPO errata f 3. inf (pessoa) loro m
grama¹ ['grɜma] m (peso) gramo m
grama² ['grɜma] f BOT hierba f
gramado [grɜ'madu] I. adj con césped II. m césped m
gramar [grɜ'mar] vt 1. (terreno) plantar césped en 2. inf (trilhar) recorrer 3. inf (aturar) aguantar 4. inf (padecer) sufrir
gramática [grɜ'matʃika] f gramática f
gramatical <-ais> [grɜmatʃi'kaw, -'ajs] adj gramatical
gramático, -a [grɜ'matʃiku, -a] adj, m, f gramático, -a m, f
gramínea [grɜ'minia] f gramínea f
gramofone [grɜmo'foni] m gramófono m
grampeador [grɜ̃pja'dor] <-es> m grapadora f, engrapadora f Méx, abrochadora f RíoPl
grampear [grɜ̃pi'ar] conj como passear vt 1. (prender com grampos) grapar, engrapar Méx, abrochar RíoPl 2. inf (ligações telefônicas) pinchar
grampo ['grɜ̃pu] m grapa f, ganchito f RíoPl; ~ **de cabelo** horquilla f para el pelo; ~ **telefônico** pinchazo m telefónico
grana ['grɜna] f gíria pasta f, guita f AmL, lana f Méx
granada [grɜ'nada] f 1. MIL granada f; ~ **de mão** granada de mano 2. (mineral) granate m
granadeiro [grɜna'dejru] m MIL granadero m
grandalhão, -ona <-ões> [grɜ̃da'ʎɜ̃w, -'ona, -'õjs] adj, m, f grandullón, -ona
grande ['grɜ̃dʒi] adj grande, gran; **uma cidade** ~ una ciudad grande; **um** ~ **coração** un gran corazón; **uma** ~ **dor** un gran dolor; **um** ~ **espetáculo** un gran espectáculo
grandemente [grɜ̃dʒi'mejtʃi] adv grandemente
grandeza [grɜ̃'deza] f grandeza f
grandiosidade [grɜ̃dʒjozi'dadʒi] f sem pl grandiosidad f
grandioso, -a [grɜ̃dʒi'ozu, -'ɔza] adj grandioso, -a
grandote, -a [grɜ̃'dɔtʃi, -a] adj grandullón, -ona
granel¹ <-éis> [grɜ'nɛw, -'ɛjs] m 1. (para cereais) granero m 2. TIPO galerada f
granel² [grɜ'nɛw] adv a - tb. fig a granel
granito [grɜ'nitu] m granito m
granizo [grɜ'nizu] m granizo m
granja ['grɜ̃ʒa] f 1. (sítio) granja f 2. (celeiro) granero m
granjear [grɜ̃ʒe'ar] vt (conquistar) granjearse
granola [grɜ'nɔla] f cereales con avena, fruta y frutos secos
granulado [grɜnu'ladu] m granulado m
granulado, -a [grɜnu'ladu, -a] adj granulado, -a
grânulo ['grɜnulu] m gránulo m
grão ['grɜ̃w] <-s> m grano m; **de** ~ **em** ~ **a galinha enche o papo** prov poco a poco se consiguen las cosas
grão-de-bico ['grɜ̃w-dʒi-'biku] <grãos-de-bico> m BOT garbanzo m
grão-mestre, grã-mestra ['grɜ̃w-'mɛstri, grɜ̃-'mɛstra] m, f gran maestre m
grapa ['grapa] f aguardiente m de orujo
grasnar [graz'nar] vi (pato, ganso, corvo) graznar; (rã) croar
gratidão [gratʃi'dɜ̃w] f sem pl gratitud f; **ter** [ou **sentir**] ~ **por alguém** estar agradecido a alguien
gratificação <-ões> [gratʃifika'sɜ̃w, -'õjs] f gratificación f
gratificante [gratʃifi'kɜ̃tʃi] adj gratificante
gratificar [gratʃifi'kar] <c→qu> vt gratificar; ~ **alguém por a. c.** gratificar a alguien por algo
gratinado [gratʃi'nadu] m GASTR gratinado m

gratinado, -a [gratʃi'nadu, -a] *adj* GASTR gratinado, -a

gratinar [gratʃi'nar] *vt* GASTR gratinar

grátis ['gratS] *adv* gratis

grato, -a ['gratu, -a] *adj* **1.** (*agradecido*) agradecido, -a; **sou muito ~ por tudo** le estoy muy agradecido por todo **2.** (*agradável*) grato, -a

gratuito, -a [gra'tujtu, -a] *adj* gratuito, -a

grau ['graw] *m* grado *m*; **~ acadêmico** grado académico; **~ centígrado** grado centígrado; **~ de comparação** LING grado comparativo; **~ de conhecimento** grado de conocimiento; **~ de dificuldade** grado de dificultad; **~ de doutor em Psicologia** grado de doctor en psicología; **óculos de ~** gafas *fpl* graduadas; **primos em segundo ~** primos en segundo grado

graúdo, -a [gra'udu, -a] *adj* **1.** (*coisa*) grande **2.** (*pessoa*) crecido, -a

graúna [gra'una] *f* ZOOL *pájaro negro con un brillo violáceo*

gravação <-ões> [grava'sãw, -'õjs] *f* **1.** (*em CD, disco, cassete*) grabación *f* **2.** (*em metal, madeira, pedra*) grabado *m*

gravador [grava'dor] <-es> *m* grabador *m*

gravadora [grava'dora] *f* (*empresa*) casa *f* discográfica

gravar [gra'var] *vt* grabar; **~ um CD/ um álbum** grabar un CD/un álbum

gravata [gra'vata] *f* corbata *f*; **dar uma ~ em alguém** agarrar a alguien por el cuello con el brazo

gravata-borboleta [gra'vata-borbo'leta] <gravatas-borboleta(s)> *f* pajarita *f*, moñito *m* *Arg*, humita *f* *Chile*, corbata *f* de moño *Méx*

grave ['gravi] *adj* grave; **estar em estado ~** estar en estado grave

gravemente [gravi'mẽjtʃi] *adv* gravemente

graveto [gra'vetu] *m* ramita *f*

grávida ['gravida] **I.** *adj* (*mulher*) embarazada **II.** *f* embarazada *f*

gravidade [gravi'dadʒi] *f sem pl* gravedad *f*; **~ zero** gravedad cero

gravidez [gravi'des] <-es> *f* embarazo *m*; **~ indesejada** embarazo no deseado; **~ de risco** embarazo de riesgo

grávido, -a ['gravidu, -a] *adj* (*animal*) preñado, -a

graviola [gravi'ɔla] *f* chirimoyo *m*

gravitação [gravita'sãw] *f sem pl* FÍS gravitación *f*

gravitacional <-ais> [gravitasjo'naw, -'ajs] *adj* gravitatorio, -a

gravitar [gravi'tar] *vi* gravitar

gravura [gra'vura] *f* grabado *m*; **~s rupestres** pinturas *fpl* rupestres

graxa ['graʃa] *f* (*para sapatos*) betún *m*, lustre *m* *AmL*; (*para automóveis*) grasa *f*

Grécia ['grɛsia] *f* Grecia *f*

gregário, -a [gre'gariw, -a] *adj* gregario, -a

grego, -a ['gregu, -a] *adj, m, f* griego, -a *m, f*

gregoriano, -a [gregori'ʒnu, -a] *adj* gregoriano, -a; **canto ~** canto gregoriano

grelha ['grɛʎa] *f* parrilla *f*

grelhado [gre'ʎadu] *m* (*carne*) carne *f* a la parrilla; (*peixe*) pescado *m* a la parrilla

grelhado, -a [gre'ʎadu, -a] *adj* a la parrilla

grelhar [gre'ʎar] *vt* (*carne, peixe*) asar a la parrilla

grêmio ['gremiw] *m* gremio *m*; (*comissão*) comisión *f*

grená [gre'na] *adj* (*cor*) granate

greta ['greta] *f* (*no solo*) grieta *f*

gretar [gre'tar] *vi* (*solo*) agrietarse

greve ['grɛvi] *f* huelga *f*; **~ branca** paro *m*; **~ de fome** huelga de hambre; **~ geral** huelga general; **fazer ~** hacer huelga; **furar ~** saltarse una huelga

grevista [gre'vista] *mf* huelguista *mf*

grid ['gridʒi] *m* ESPORT parrilla *f*

grifar [gri'far] *vt* subrayar

grife ['grifi] *f* marca *f* de prestigio; **produtos de ~** productos de marca

grifo ['grifu] *m* **1.** (*animal fabuloso*) grifo *m* **2.** TIPO bastardilla *f*

grilado, -a [gri'ladu, -a] *adj gíria* mosqueado, -a

grilagem [gri'laʒẽj] <-ens> *f reg* (*posse ilegal*) apropiación *f* indebida de tierras

grilar [gri'lar] *gíria* **I.** *vi* mosquearse **II.** *vr:* **~-se** (*chatear-se*) mosquearse

grileiro, -a [gri'lejru, -a] *m, f reg*: persona que se apropia indebidamente de tierras

grilhão <-ões> [gri'ʎãw, -'õjs] *m* cadena *f*

grilo ['grilu] *m* **1.** ZOOL grillo *m* **2.** *gíria* (*preocupação*) mosqueo *m* **3.** *reg* (*terreno de posse ilegal*) tierras *fpl* apro-

piadas indebidamente
grinalda [gri'nawda] *f* guirnalda *f*
gringo, -a ['grĩjgu, -a] *m, f pej* guiri *mf*, gringo, -a *m, f AmL*
gripado, -a [gri'padu, -a] *adj* (*pessoa*) griposo, -a
gripar [gri'par] **I.** *vt* dejar con gripe a **II.** *vr* ~ **-se** coger la gripe
gripe ['gripi] *f* gripe *f*
grisalho, -a [gri'zaʎu, -a] *adj* entrecano, -a
grisu [gri'zu] *m* QUÍM grisú *m*
gritante [gri'tãntʃi] *adj* (*cor*) chillón, -ona
gritar [gri'tar] **I.** *vt* gritar; ~ **a. c. para** [*ou* **a**] **alguém** gritar algo a alguien; ~ **com alguém** gritar a alguien **II.** *vi* gritar; ~ **por socorro** gritar pidiendo socorro
gritaria [grita'ria] *f* griterío *m*
grito ['gritu] *m* grito *m*; ~ **de carnaval** grito que da inicio al carnaval; ~ **de guerra** MIL grito de guerra; **dar/soltar um** ~ dar/soltar un grito; **ganhar no** ~ ESPORT ganar por garra; **aos** ~**s** a gritos; **no** ~ *inf* (*na marra*) a la fuerza
Groenlândia [groë'lãdʒja] *f* Groenlandia *f*
grogue ['grɔgi] **I.** *adj* (*bêbado*) borracho, -a **II.** *m* grog *m*
groselha [gro'zɛʎa] *f* grosella *f*
grosseirão, -ona <-ões> [grosej'rãw, -'ona, -'õjs] *adj, m, f* grosero, -a *m, f*
grosseiro, -a [gro'sejru, -a] *adj* 1. (*pessoa, modos, pano*) grosero, -a 2. (*piada*) verde
grosseirões [grosej'rõjs] *adj, m pl de* **grosseirão**
grosseirona [grosej'rona] *f v.* **grosseirão**
grosseria [grose'ria] *f* grosería *f*; **dizer/fazer uma** ~ decir/hacer una grosería
grosso ['grosu] **I.** *m* grueso *m*; **o** ~ **das vendas aumentou este ano** el grueso de la ventas aumentó este año **II.** *adv* groseramente; ~ **modo** grosso modo; **falar** ~ hablar con autoridad
grosso, -a ['grosu, 'grɔsa] *adj* 1. (*livro, papel, madeira*) grueso, -a; (*líquido*) espeso, -a; (*pele*) áspero, -a 2. (*voz*) grave 3. (*pessoa*) grosero, -a
grossura [gro'sura] *f* 1. (*espessura, corpulência*) grosor *m* 2. *inf* (*grosseria*) grosería *f*
grota ['grɔta] *f* gruta *f*
grotão <-ões> [gro'tãw, -'õjs] *m* desfiladero *m*
grotesco [gro'tesko] *m* **o** ~ lo grotesco
grotesco, -a [gro'tesko, -a] *adj* grotesco, -a
grotões [gro'tõjs] *m pl de* **grotão**
grou, grua ['grow, 'grua] *m, f* ZOOL grulla *f*
grua ['grua] *f* (*guindaste*) grúa *f*
grudar [gru'dar] **I.** *vt* pegar **II.** *vi* (*ser aceito*) ser aceptado, -a; **a mentira grudou fácil** la mentira coló fácilmente
grude ['grudʒi] *m* 1. (*cola*) engrudo *m* 2. *inf* (*apego*) cariño *m* 3. *inf* (*comida*) papeo *m*
grudento, -a [gru'dẽjtu, -a] *adj* pegajoso, -a
grumo ['grumu] *m* grumo *m*
grunhido [grũ'ɲidu] *m* gruñido *m*
grunhir [grũ'ɲir] *vi* gruñir
grupo ['grupu] *m* 1. (*conjunto*) grupo *m*; ~ **de música** grupo de música; ~ **de risco** grupo de riesgo; ~ **sanguíneo** grupo sanguíneo; ~ **de trabalho** grupo de trabajo; ~ **de operações especiais** ≈ GEO *m o f* (*fuerza especial de intervención de la policía*) 2. *inf* (*mentira*) bola *f*; **tudo não passou de** ~ era todo una bola
gruta ['gruta] *f* gruta *f*
guache ['gwaʃi] *m* guache *m*
guaíba [gwa'iba] *f reg* (*pântano profundo*) región *f* pantanosa
guaraná [gwara'na] *m* guaraná *m*

> **Cultura** El **guaraná** es el refresco brasileño más popular. Transformadas en pasta, en rama o en polvo, las semillas de ese arbusto amazónico tienen usos medicinales, especialmente como tónico y excitante.

guarda¹ ['gwarda] *f* 1. (*pessoas, defesa*) guardia *f*; ~ **de honra** guardia de honor; ~ **Nacional** Guardia Nacional; **a velha** ~ la vieja guardia; **abrir/fechar a** ~ ESPORT abrir/cerrar la guardia; **pôr-se em** ~ ponerse en guardia 2. (*custódia*) custodia *f*
guarda² ['gwarda] *mf* guardia *mf*; ~ **do banco** vigilante *mf* del banco; ~ **de trânsito** guardia de tráfico
guarda-chuva ['gwarda-ʃuva] *m* paraguas *m inv*
guarda-civil <guardas-civis> ['gwarda-si'viw, -si'vis] *m cuerpo de policía*

guarda-costas¹ ['gwaɾda-'kɔstas] *m inv* (*embarcação*) guardacostas *m inv*

guarda-costas² ['gwaɾda-'kɔstas] *mf inv* (*pessoa*) guardaespaldas *mf inv*

guardador(a) [gwaɾda'doɾ(a)] <-es> *m(f) reg* (*de carros*) vigilante *mf* de coches

guarda-florestal ['gwaɾda-floɾes'taw] <guardas-florestais> *mf* guarda *mf* forestal

guarda-fogo ['gwaɾda-'fogu] *m* pantalla *f*

guarda-louça ['gwaɾda-'losa] *m* aparador *m*

guardanapo [gwaɾdɜ'napu] *m* servilleta *f*; ~ **de papel** servilleta de papel

guarda-noturno, -a ['gwaɾda-no'tuɾnu, -a] <guardas-noturnos, guardas-noturnas> *m, f* vigilante *mf* nocturno, -a

guardar [gwaɾ'daɾ] I. *vt* 1. (*conservar*) guardar; ~ **um segredo** guardar un secreto; ~ **os dias santos** observar los días de guardar; **Deus o guarde!** ¡Dios te proteja! 2. (*memorizar*) recordar II. *vr*: ~ -**se** (*abster-se*) guardarse

guarda-roupa ['gwaɾda-'xopa] *m* 1. (*armário, roupas*) guardarropa *m* 2. (*dos atores*) vestuario *m*

guarda-sol <guarda-sóis> ['gwaɾda-'sɔw, -'sɔjs] *m* sombrilla *f*

guarda-volumes ['gwaɾda-vo'lumis] *m inv* consigna *f*

guardião, -ã <-ões, -ães> [gwaɾdʒi-'ɐ̃w, -dʒi'ɐ̃, -'õjs, -'ɐ̃js] *m, f* guardián, -ana *m, f*

guaribada [gwaɾi'bada] *f reg, inf* (*ajeitada de leve*) limpieza *f*; **dar uma** ~ hacer una limpieza

guarida [gwa'ɾida] *f* (*abrigo*) refugio *m*; **dar** ~ **a alguém** dar refugio a alguien

guariroba [gwaɾi'ɾɔba] *f* palmera ornamental de hasta 20 m de altura nativa de Brasil

guarita [gwa'ɾita] *f* garita *f*

guarnecer [gwaɾne'seɾ] <c→ç> *vt* 1. (*fortificar, enfeitar*) guarnecer; ~ **a. c. de...** guarnecer algo de... 2. (*equipar*) abastecer; ~ **a. c. de...** abastecer algo de...

guarnição <-ões> [gwaɾni'sɐ̃w, -'õjs] *f* guarnición *f*

Guatemala [gwate'mala] *f* Guatemala *f*

guatemalense [gwatema'lẽsi] *adj, mf*,

guatemalteco, -a [gwatemaw'teku, -a] *adj, m, f* guatemalteco, -a *m, f*

guaxinim [gwaʃi'nĩj] <-ins> *m* ZOOL mapache *m*

gude ['gudʒi] *m* **bolinha de** ~ canica *f*

gueixa ['gejʃa] *f* geisha *f*

guelra ['gɛwxa] *f* agalla *f*

guerra ['gɛxa] *f* guerra *f*; ~ **atômica** guerra atómica; ~ **civil** guerra civil; ~ **fria** guerra fría; ~ **mundial** guerra mundial; ~ **de nervos** guerra de nervios; ~ **nuclear** guerra nuclear; ~ **santa** guerra santa; **declarar** ~ **contra alguém** declarar la guerra contra [*o a*] alguien; **estar em** ~ **com** estar en guerra con; **ser velho de** ~ *inf* ser un viejo amigo

guerra-relâmpago ['gɛxa-xe'lɐ̃pagu] <guerras-relâmpago> *f* guerra *f* relámpago

guerrear [gexi'aɾ] *conj como passear vi* guerrear

guerreiro, -a [ge'xejɾu, -a] *adj, m, f* guerrero, -a *m, f*

guerrilha [ge'xiʎa] *f* guerrilla *f*

guerrilheiro, -a [gexi'ʎejɾu, -a] *m, f* guerrillero, -a *m, f*

gueto ['getu] *m* gueto *m*

guia¹ ['gia] *m* (*livro, manual*) guía *f*

guia² ['gia] *f* 1. ECON (*documento*) formulario *m* 2. (*meio-fio*) bordillo *m*, cordón *m* (de la vereda) *RíoPl*

guia³ ['gia] *mf* (*pessoa*) guía *mf*

guiar [gi'aɾ] I. *vt* 1. (*uma pessoa*) guiar; (*um automóvel, uma bicicleta*) conducir, manejar *AmL* II. *vr*: ~ -**se por alguém/a. c.** guiarse por alguien/algo

guichê [gi'ʃe] *m* ventanilla *f*

guidom [gi'dõw] <-ons> *m* manillar *m*, manubrio *m AmL*

guilhotina [giʎo'tʃina] *f* guillotina *f*

guimba ['gĩjba] *f inf* colilla *f*

guinada [gi'nada] *f* 1. NÁUT bandazo *m* 2. (*com o automóvel*) volantazo *m*; **dar uma** ~ **para a direita/esquerda** dar un volantazo a derecha/izquierda

guinar [gi'naɾ] *vi* dar un giro; ~ **para a direita/esquerda** dar un giro a derecha/izquierda

guinchar [gĩj'ʃaɾ] *vt* (*automóvel*) remolcar

guincho ['gĩjʃu] *m* 1. (*som*) chillido *m* 2. (*máquina, reboque*) grúa *f*

guindaste [gĩj'dastʃi] *m* grúa *f*

Guiné [gi'nɛ] *f* Guinea *f*

Guiné-Bissau [gi'nɛ-bi'saw] *f* Guinea-Bissau *f*

guisado [gi'zadu] *m* GASTR guisado *m*
guita ['gita] *f* **1.** (*cordel*) cordel *m* **2.** *inf* (*dinheiro*) guita *f*
guitarra [gi'taxa] *f* guitarra *f*; **~ elétrica** guitarra eléctrica
guitarrista [gita'xista] *mf* guitarrista *mf*
guizo ['gizu] *m* cascabel *m*
gula ['gula] *f* gula *f*
gulodice [gulo'dʒisi] *f* **1.** (*de uma pessoa*) gula *f* **2.** (*comida*) golosina *f*
guloseima [gulo'zejma] *f* golosina *f*
guloso, -a [gu'lozu, -ɔza] **I.** *adj* **1.** (*comilão*) glotón, -ona **2.** (*que gosta de guloseimas*) goloso, -a **II.** *m, f* glotón, -ona *m, f*
gume ['gumi] *m* filo *m*
guri(a) [gu'ri, gu'ria] *m(f)* niño, -a *m, f*
guru [gu'ru] *mf inf* gurú *mf*
gusa ['guza] *f* hierro *m* colado
gustação <-ões> [gusta'sɐ̃w, -'õjs] *f* degustación *f*
gustativo, -a [gusta'tʃivu, -a] *adj* gustativo, -a
gutural <-ais> [gutu'raw, -'ajs] *adj* gutural

H

H, h [a'ga] *m* H, h *f*
há ['a] *3. pres de* **haver**

> **Gramática** **há** con el sentido de "existir" es invariable tanto en singular como en plural y puede utilizarse con artículos determinados e indeterminados, con los pronombres indefinidos y con "muito" y "pouco": "Há uma pessoa/umas pessoas/oito pessoas esperando; Há gente/muita gente que não sabe o que faz."

hã ['ɜ̃] *interj* ah
habeas corpus ['abeas 'kɔrpus] *m inv* JUR habeas corpus *m inv*
hábil <-eis> ['abiw, -'ejs] *adj* hábil
habilidade [abiʎi'dadʒi] *f* habilidad *f*; **ter ~ para fazer a. c.** tener habilidad para hacer algo; **ele tem ~ com o instrumento** es muy hábil con el instrumento
habilidoso, -a [abi'ʎi'dozu, -'ɔza] *adj* habilidoso, -a
habilitação <-ões> [abiʎita'sɐ̃w, -'õjs] *f* capacidad *f*; **~ para fazer a. c.** capacidad para hacer algo
habilitações [abiʎita'sõjs] *fpl* cualificaciones *fpl*
habilitado, -a [abiʎi'tadu, -a] *adj* capacitado, -a
habilitar [abiʎi'tar] **I.** *vt* **1.** (*tornar apto*) capacitar; **~ alguém a** [*ou* **para**] **a. c.** capacitar a alguien para algo **2.** (*dar direito a*) habilitar; **~ alguém a fazer a. c.** habilitar a alguien para hacer algo **3.** (*senha, telefone, cartão de crédito*) activar **II.** *vr:* **~-se a fazer a. c.** ofrecerse para hacer algo
habitação <-ões> [abita'sɐ̃w, -'õjs] *f* vivienda *f*
habitacional <-ais> [abitasjo'naw, -'ajs] *adj* de la vivienda
habitações [abita'sõjs] *f pl de* **habitação**
habitado, -a [abi'tadu, -a] *adj* habitado, -a
habitante [abi'tɜ̃ntʃi] *mf* habitante *mf*
habitar [abi'tar] **I.** *vt* habitar **II.** *vi* habitar; **~ em** habitar en
habitat ['abita] *m* BIO hábitat *m*
habitável <-eis> [abi'tavew, -ejs] *adj* habitable
habite-se [a'bitsi] *m sem pl* permiso *m* de habitabilidad
hábito ['abitu] *m* **1.** (*costume*) hábito *m;* **mau ~** mal hábito; **ter por ~...** tener el hábito de... **2.** REL hábito *m;* **o ~ não faz o monge** el hábito no hace al monje
habituado, -a [abitu'adu, -a] *adj* habituado, -a; **estar ~ a fazer a. c.** estar habituado a hacer algo
habitual <-ais> [abitu'aw, -'ajs] *adj* habitual
habituar [abitu'ar] **I.** *vt* habituar; **~ alguém a fazer a. c.** habituar a alguien a hacer algo **II.** *vr:* **~-se a fazer a. c.** habituarse a hacer algo
habitué, e [abitu'e] *m, f* habitual *mf*
hachura [a'ʃura] *f* rayado *m*
hacker ['xaker] *mf* INFOR hacker *mf*
hagiografia [aʒiogra'fia] *f sem pl* hagiografía *f*
Haiti [ai'tʃi] *m* Haití *m*

haitiano, -a [aitʃi'ɜnu, -a] *adj, m, f* haitiano, -a *m, f*
hálito ['aʎitu] *m* aliento *m*
hall ['ɔw] *m* hall *m*; **o ~ de entrada** el hall de entrada
halo ['alu] *m sem pl* ASTRON halo *m*
halogênico, -a [alo'ʒeniku, -a] *adj* halógeno, -a
halógeno [a'lɔʒenu] *m* halógeno *m*
haltere [aw'tɛri] *m* pesa *f*; **levantar os ~s** levantar las pesas
halterofilia [awterofi'ʎia] *f* halterofilia *f*
halterofilista [awterofi'ʎista] *mf* halterófilo, -a *m, f*
hamamélis [ɜma'mɛʎis] *f* BOT *arbusto de la familia de las hamamelidáceas*
hambúrguer [ɜŋ'burger] *m* hamburguesa *f*
hamster ['xɜmsˈter] *m* hámster *m*
handebol [xẽjdʒi'bɔw] *m sem pl* balonmano *m*
hangar [ɜŋ'gar] *m* hangar *m*
happy hour [xɛpi'awor] *m momento al final de la jornada laboral en el que los compañeros se encuentran en un bar para beber y conversar*
haraquiri [araki'ri] *m sem pl* haraquiri *m*
haras ['aras] *m inv* cuadra *f*
hardware ['xardʒiwɛr] *m* INFOR hardware *m*
harém [a'rẽj] *m* harén *m*
harmonia [armo'nia] *f tb.* MÚS armonía *f*
harmônica [ar'monika] *f* acordeón *m*; (*gaita de boca*) armónica *f*
harmônico, -a [ar'moniku, -a] *adj* armónico, -a
harmonioso, -a [armoni'ozu, -ˈɔza] *adj* armonioso, -a
harmonizar [armoni'zar] *vt tb.* MÚS armonizar; **~ com a. c.** armonizar con algo
harpa ['arpa] *f* arpa *f*
hasta ['asta] *f* JUR subasta *f*; **~ pública** subasta *f* pública
haste ['astʃi] *f* **1.** (*de bandeira*) asta *f* **2.** BOT tallo *m* **3.** (*dos óculos*) patilla *f*
hastear [astʃi'ar] *conj como passear vt* izar
Havaí [ava'i] *m* Hawai *m*
havana [a'vɜna] *m* (*charuto*) habano *m*
haver¹ [a'ver] *m* haber *m*
haver² [a'ver] *irr* I. *vt* **1.** *impess* (*existir*) haber; **há** hay; **há muitos alunos nessa escola** hay muchos alumnos en ese colegio; **havia muita gente lá** había mucha gente allí; **o que há para comer?** ¿qué hay para comer?; **espero que haja dinheiro para isso** espero que haya dinero para eso **2.** (*acontecer*) haber; **o que há?** ¿qué pasa?; **houve um acidente/uma conferência** hubo un accidente/una conferencia; **não houve nada de novo** no hubo nada de nuevo; **haja o que houver** pase lo que pase; **não há de quê** no hay de que **3.** (*duração*) hacer; **há muito (tempo)** hace mucho (tiempo); **há pouco (tempo)** hace poco (tiempo); **há tempos** hace tiempo; **havia muito tempo** hacía mucho tiempo; **há uma semana** hace una semana; **vi o Pedro há três dias** vi a Pedro hace tres días; **há anos que não a vejo** hace años que no la veo **4.** (*considerar*) **~ por bem** tener a bien II. *vi* **~ de** tener que; **eu hei de vencer!** ¡tengo que vencer!; **vocês hão de falar com ele** tenéis que hablar con él; **nós havemos de ir lá** tenemos que ir allí; **ele há de vir** tiene que venir; **você havia de ter visto** tenías que haber visto; **ele havia de ir ao médico** tenía que ir al médico; **eu não sei o que hei de fazer** no sé qué debo hacer III. *vi impess* **há que** hay que; **havemos que lutar** hay que luchar IV. *vr:* **~-se com alguém** habérselas con alguien; **se não se comportar, vai ter que se ~ comigo** si no se comporta, se las va a tener que haber conmigo V. *aux* haber; **ele havia comprado uma casa nova** había comprado una casa nueva
haveres [a'veris] *mpl* haberes *mpl*
haxixe [a'ʃiʃi] *m sem pl* hachís *m*
hebraico [e'brajku] *m* hebreo *m*
hebraico, -a [e'brajku, -a] *adj* hebraico, -a
hebreu, hebreia [e'brew, e'brɛja] *adj, m, f* hebreo, -a *m, f*
hecatombe [eka'tõwbi] *f* hecatombe *m*
hectare [ek'tari] *m* hectárea *f*
hediondo, -a [edʒi'õwdu, -a] *adj* hediondo, -a
hedonista [edo'nista] *mf* hedonista *mf*
hegemonia [eʒemo'nia] *f sem pl* hegemonía *f*
hei ['ej] *I. pres de* **haver**
hélice ['ɛʎisi] *f* hélice *f*
helicóptero [eʎi'kɔpteru] *m* helicóptero *m*
hélio ['ɛʎiw] *m* helio *m*
heliocêntrico, -a [eʎjo'sẽjtriku, -a] *adj* heliocéntrico, -a

heliponto [eʎi'põwtu] *m* heliponto *m*
heliporto [eʎi'pɔrtu] *m* helipuerto *m*
helmintíase [ewmĩj'tʃiazi] *f* MED helmintiasis *f*
hem ['ẽj] *interj* eh; **o que você disse, ~?** eh, ¿qué has dicho?; **você gosta de arrumar confusão, ~?** te gusta armar follón, ¿eh?
hemácia [e'masia] *f* hematíe *m*
hematologia [ematolo'ʒia] *f sem pl* hematología *f*
hematologista [ematolo'ʒista] *mf* hematólogo, -a *m, f*
hematoma [ema'toma] *m* hematoma *m*
hematose [ema'tɔzi] *f* hematosis *f*
hemisfério [emis'fɛriw] *m* hemisferio *m*; **~ norte/sul** hemisferio norte/sur
hemocentro [emo'sẽjtru] *m* centro *m* hematológico
hemodiálise [emodʒi'aʎizi] *f* MED hemodiálisis *f inv*
hemofilia [emofi'ʎia] *f sem pl* MED hemofilia *f*
hemofílico, -a [emo'fiʎiku, -a] *m, f* hemofílico, -a *m, f*
hemoglobina [emoglo'bina] *f* hemoglobina *f*
hemograma [emo'grama] *m* hemograma *m*
hemorragia [emoxa'ʒia] *f* hemorragia *f*
hemorroidas [emo'xɔjdas] *fpl* hemorroides *fpl*
hemostático [emos'tatʃiku] *m* hemostático *m*
hepatite [epa'tʃitʃi] *f* hepatitis *f*
hera ['ɛra] *f* hiedra *f*
herança [e'rãsa] *f* herencia *f*; **deixar a. c. de ~ (para alguém)** dejar algo en herencia (a alguien)
herbáceo, -a [er'basiw, -a] *adj* herbáceo, -a
herbanário [erbɜ'nariw] *m* herbolario *m*
herbicida [erbi'sida] *m* herbicida *m*
herbívoro [er'bivoru] *m* herbívoro *m*
herbívoro, -a [er'bivoru, -a] *adj* herbívoro, -a
hercúleo, -a [er'kuʎiw, -a] *adj* hercúleo, -a
herdar [er'dar] *vt* heredar
herdeiro, -a [er'dejru, -a] *m, f* heredero, -a *m, f*; **~ universal** heredero universal
hereditariedade [eredʒitarje'dadʒi] *f sem pl* carácter *m* hereditario
hereditário, -a [eredʒi'tariw, -a] *adj* hereditario, -a; **doença hereditária** enfermedad *f* hereditaria
herege [e'rɛʒi] *adj, mf* hereje *mf*
heresia [ere'zia] *f* herejía *f*
hermafrodita [ermafro'dʒita] *adj, mf* hermafrodita *mf*
hermenêutica [erme'newtʃika] *f* hermenéutica *f*
hermético, -a [er'mɛtʃiku, -a] *adj* hermético, -a
hérnia ['ɛrnia] *f* MED hernia *f*
herói, heroína [e'rɔj, ero'ina] *m, f* héroe, heroína *m, f*
heroico, -a [e'rɔjku, -a] *adj* heroico, -a
heroína [ero'ina] *f v.* **herói**
heroísmo [ero'izmu] *m* heroísmo *m*
herpes ['ɛrps] *m inv* herpes *m inv*
hertz ['xɛrts] *m* hertz *m*
hesitação <-ões> [ezita'sãw, -'õjs] *f* vacilación *f*; **sem ~** sin vacilación
hesitante [ezi'tãntʃi] *adj* vacilante
hesitar [ezi'tar] *vi* vacilar; **não ~ em fazer a. c.** no vacilar en hacer algo
heterodoxo, -a [etero'dɔksu, -a] *adj* heterodoxo, -a
heterogeneidade [eteroʒenej'dadʒi] *f sem pl* heterogeneidad *f*
heterogêneo, -a [etero'ʒeniw, -a] *adj* heterogéneo, -a
heterônimo [ete'ronimu] *m* heterónimo *m*; **os ~s de Fernando Pessoa** los heterónimos de Fernando Pessoa
heterossexual <-ais> [ɛteruseksu'aw, -'ajs] *adj, mf* heterosexual *mf*
heureca [ew'rɛka] *interj* eureka
hexagonal, -ais [ezago'naw, -'ajs] *adj* hexagonal
hexágono [e'zagonu] *m* hexágono *m*
hialino, -a [ia'ʎinu, -a] *adj* vítreo, -a; (*transparente*) transparente
hiato [i'atu] *m* LING hiato *m*; (*lacuna*) intervalo *m*
hibernação [iberna'sãw] *f sem pl* hibernación *f*
hibernar [iber'nar] *vi* hibernar
hibisco [i'bisku] *m* hibisco *m*
híbrido ['ibridu] *m* BIO híbrido *m*
híbrido, -a ['ibridu, -a] *adj* BIO, LING híbrido, -a
hidra ['idra] *f* ZOOL hidra *f*
hidramático, -a [idra'matʃiku, -a] *adj* (*veículo*) hidráulico, -a
hidrante [i'drãntʃi] *m* boca *f* de incendios
hidratação [idrata'sãw] *f sem pl* QUÍM hidratación *f*

hidratante [idɾa'tɐ̃ntʃi] *adj* hidratante; **creme** ~ crema hidratante
hidratar [idɾa'tar] *vt* hidratar
hidrato [i'dɾatu] *m* QUÍM hidrato *m;* ~ **de carbono** hidrato de carbono
hidráulica [i'dɾawʎika] *f* hidráulica *f*
hidráulico, -a [i'dɾawʎiku, -a] *adj* hidráulico, -a; **central hidráulica** central hidráulica; **direção hidráulica** dirección asistida; **freio** ~ freno hidráulico
hidrelétrica [idɾe'lɛtɾika] *f* central *f* hidroeléctrica
hidrelétrico, -a [idɾe'lɛtɾiku, -a] *adj* hidroeléctrico, -a; **energia hidrelétrica** energía *f* hidroeléctrica
hídrico, -a ['idɾiku, -a] *adj* hídrico, -a
hidroavião <-ões> [idɾwavi'ɐ̃w, -'õjs] *m* hidroavión *m*
hidrocefalia [idɾosefa'ʎia] *f* hidrocefalia *f*
hidrocor® [idɾo'kor] *m* rotulador *m*
hidrodinâmica [idɾodʒi'nɜmika] *f* hidrodinámica *f*
hidrodinâmico, -a [idɾodʒi'nɜmiku, -a] *adj* hidrodinámico, -a
hidrofílico, -a [idɾo'fiʎiku, -a] *adj* hidrófilo, -a
hidrofobia [idɾofo'bia] *f sem pl* hidrofobia *f*
hidrogênio [idɾo'ʒeniw] *m sem pl* hidrógeno *m*
hidrografia [idɾogɾa'fia] *f sem pl* hidrografía *f*
hidrográfico, -a [hidɾo'gɾafiku, -a] *adj* hidrográfico, -a; **bacia hidrográfica** cuenca hidrográfica; **mapa** ~ mapa hidrográfico
hidrólise [i'dɾɔʎizi] *f* hidrólisis *f*
hidrologia [idɾolo'ʒia] *f sem pl* hidrología *f*
hidromassagem [idɾoma'saʒẽj] <-ens> *f* hidromasaje *m*
hidrômetro [i'dɾometɾu] *m* hidrómetro *m*
hidrosfera [idɾos'fɛɾa] *f* hidrosfera *f*
hidrostática [idɾos'tatʃika] *f* hidrostática *f*
hidrovia [idɾo'via] *f* vía *f* fluvial
hidroviário, -a [idɾovi'aɾiw, -a] *adj* (*transporte*) fluvial
hidróxido [i'dɾɔksidu] *m* hidróxido *m*
hiena [i'ena] *f* hiena *f*
hierarquia [ieɾar'kia] *f* jerarquía *f*
hierárquico, -a [ie'rarkiku, -a] *adj* jerárquico, -a

hierarquizar [ieɾarki'zar] *vt* jerarquizar
hieróglifo [ie'ɾɔglifu] *m* jeroglífico *m*
hífen ['ifẽj] <hifens> *m* guión *m*
hígido, -a ['iʒidu, -a] *adj* saludable
higiene [iʒi'eni] *f* higiene *f;* ~ **pessoal** higiene personal
higiênico, -a [iʒi'eniku, -a] *adj* higiénico, -a; **absorvente** ~ compresa *f,* toalla *f* higiénica *AmL;* **papel** ~ papel higiénico
higrômetro [i'gɾometɾu] *m* higrómetro *m*
hilariante [ilaɾi'ɐ̃ntʃi] *adj* muy divertido, -a; **gás** ~ gas hilarante
hilário, -a [i'laɾiw, -a] *adj* muy divertido, -a
hímen ['imẽj] <himens> *m* himen *m*
hindu [ĩj'du] *adj, mf* hindú *mf*
hinduísmo [ĩjdu'izmu] *m sem pl* hinduismo *m*
hino ['inu] *m* himno *m;* ~ **nacional** himno nacional
hiperativo, -a [ipeɾa'tʃivu, -a] *adj* hiperactivo, -a
hipérbole [i'pɛrboʎi] *f* **1.** LIT hipérbole *f* **2.** MAT hipérbola *f*
hiperglicemia [ipeɾglise'mia] *f sem pl* MED hiperglucemia *f*
hiperinflação <-ões> [ipeɾĩjfla'sɐ̃w, -'õjs] *f* hiperinflación *f*
hipermercado [ipeɾmeɾ'kadu] *m* hipermercado *m*
hipermetrope [ipeɾ'mɛtɾopi] *mf* hipermétrope *mf*
hipermetropia [ipeɾmetɾo'pia] *f sem pl* hipermetropía *f*
hipersensibilidade [ipeɾsẽjsibiʎi'dadʒi] *f* hipersensibilidad *f*
hipersensível <-eis> [ipeɾsẽj'sivew, -ejs] *adj* hipersensible
hipertensão [ipeɾtẽj'sɐ̃w] *f sem pl* MED hipertensión *f*
hipertenso, -a [ipeɾ'tẽjsu, -a] *adj* hipertenso, -a
hipertexto [ipeɾ'testu] *m* hipertexto *m*
hipertireoidismo [ipeɾtʃiɾeɔj'dʒizmu] *m sem pl* MED hipertiroidismo *m*
hipertrofia [ipeɾtɾo'fia] *f sem pl* MED, BIO hipertrofia *f*
hípico, -a ['ipiku, -a] *adj* hípico, -a; **centro/concurso** ~ centro/concurso hípico
hipismo [i'pizmu] *m sem pl* hípica *f*
hipnose [ip'nɔzi] *f* hipnosis *f inv*
hipnótico, -a [ip'nɔtʃiku, -a] *adj* hipnótico, -a

hipnotismo [ipno'tʃizmu] *m sem pl* hipnotismo *m*
hipnotizado, -a [ipnotʃi'zadu, -a] *adj* hipnotizado, -a
hipnotizador(a) [ipnotʃiza'dor(a)] *m(f)* hipnotizador(a) *m(f)*
hipnotizar [ipnotʃi'zar] *vt* hipnotizar
hipocondria [ipokõw'dria] *f sem pl* MED hipocondría *f*
hipocondríaco, -a [ipokõw'driaku, -a] *adj, m, f* hipocondriaco, -a *m, f*
hipocrisia [ipokri'zia] *f* hipocresía *f*
hipócrita [i'pɔkrita] *adj, mf* hipócrita *mf*
hipódromo [i'pɔdromu] *m* hipódromo *m*
hipoglicemia [ipoglise'mia] *f sem pl* MED hipoglucemia *f*
hipopótamo [ipo'pɔtamu] *m* hipopótamo *m*
hipoteca [ipo'tɛka] *f* hipoteca *f*
hipotecado, -a [ipote'kadu, -a] *adj* hipotecado, -a
hipotecar <c→qu> [ipote'kar] *vt* hipotecar
hipotecário, -a [ipote'kariw, -a] *adj* hipotecario, -a
hipotensão [ipotẽj'sãw] *f sem pl* MED hipotensión *f*
hipotenso, -a [ipo'tẽjsu, -a] *adj* hipotenso, -a
hipotenusa [ipote'nuza] *f* MAT hipotenusa *f*
hipotermia [ipoter'mia] *f sem pl* MED hipotermia *f*
hipótese [i'pɔtezi] *f* hipótesis *f inv*; **na ~ de ele vir** en la hipótesis de que viniera; **na melhor/pior das ~s** en la mejor/peor de las hipótesis
hipotético, -a [ipo'tɛtʃiku, -a] *adj* hipotético, -a
hipotireoidismo [ipotʃireɔj'dʒizmu] *m sem pl* hipotiroidismo *m*
hipotrofia [ipotro'fia] *f sem pl* MED hipotrofia *f*
hipoxia [ipok'sia] *f sem pl* MED hipoxia *f*
hippie ['xipi] *adj, mf* hippy *mf*
hirsuto, -a [ir'sutu, -a] *adj* hirsuto, -a
hirto, -a ['irtu, -a] *adj* tieso, -a
hispânico, -a [is'pɐniku, -a] *adj* hispánico, -a
histerectomia [isterekto'mia] *f* MED histerectomía *f*
histeria [iste'ria] *f* histeria *f*; **~ coletiva** histeria colectiva
histérico, -a [is'tɛriku, -a] *adj* histérico, -a

histologia [istolo'gia] *f sem pl* histología *f*
história [is'tɔria] *f* historia *f*; **~ do arco-da-velha** historia increíble; **~ da arte** historia del arte; **~ da carochinha** cuento *m* de hadas; **~ contemporânea** historia contemporánea; **História Moderna** Historia Moderna; **~ natural** historia natural; **~ em quadrinhos** tira *f* cómica; **~ sagrada** historia sagrada; **~ universal** historia universal; **~ para boi dormir** cuento *m* chino; **contar uma ~** contar una historia; **a ~ do filme não foi convincente** la historia de la película no era convincente; **que pessoa difícil, ela é cheia de ~s** qué persona tan difícil, es muy complicada; **que ~ é esta de falar mal dos outros?** ¿qué es eso de hablar mal de los otros?; **assim não vai ficar ninguém para contar a ~** así no va a quedar nadie para contarlo; **deixa de ~!** ¡déjate de historias!; **isso é outra ~!** ¡eso es otra historia!
historiador(a) [istoria'dor(a)] *m(f)* historiador(a) *m(f)*
histórico [is'tɔriku] *m* historial *m*; **~ escolar** historial escolar; **~ médico** historial médico
histórico, -a [is'tɔriku, -a] *adj* histórico, -a
histriônico, -a [istri'oniku, -a] *adj* histriónico, -a
hit ['xitʃi] *m* hit *m*
hitlerista [xitle'rista] *adj* hitleriano, -a
hobby <hobbies> ['xɔbi] *m* hobby *m*
hodômetro [o'dometru] *m* odómetro *m*
hoje ['oʒi] *adv* hoy; **~ em dia** hoy en día; **~ à tarde** hoy por la tarde
Holanda [o'lɐ̃da] *f* Holanda *f*
holandês, -esa [olɐ̃'des, -'eza] *adj, m, f* holandés, -esa *m, f*
holding ['xrowdʒĩj] *m* holding *f*
holístico, -a [o'ʎistʃiku, -a] *adj* holístico, -a
holocausto [olo'kawstu] *m* holocausto *m*
holofote [olo'fɔtʃi] *m* foco *m*
holograma [olo'grɐma] *m* holograma *m*
homem ['ɔmẽj] <-ens> I. *m* hombre *m*; **~ de bem** hombre de bien; **~ de negócios** hombre de negocios; **um exército de 2000 homens** un ejército de 2.000 hombres II. *interj* **suma daqui, ~!** ¡váyase de aquí, hombre!
homem-mosca ['ɔmẽj-'muska] <ho-

homem-rã 260 **hora**

mens-mosca(s)> *m* hombre *m* araña
homem-rã ['ɔmẽj-xã] <homens-rã(s)> *m* hombre *m* rana
homenageado, -a [omenaʒi'adu, -a] *m, f* homenajeado, -a *m, f*
homenagear [omenaʒi'ar] *conj como passear* *vt* homenajear
homenagem [ome'naʒẽj] <-ens> *f* homenaje *m;* **prestar ~ a alguém** rendir homenaje a alguien; **em ~ ao seu trabalho** en homenaje a su trabajo
homens ['ɔmẽjs] *m pl de* **homem**
homenzarrão <-ões> [omẽjza'xãw, -'õjs] *m* hombretón *m*
homenzinho [ɔmẽj'zĩɲu] *m* hombrecito *m*
homeopata [omew'pata] *mf* homeópata *mf*
homeopatia [omewpa'tʃia] *f sem pl* homeopatía *f*
homepage ['xɔwmi 'pejʒi] *f* INFOR página *f* inicial
homérico, -a [o'mɛriku, -a] *adj* exagerado, -a
homicida [omi'sida] *adj, mf* homicida *mf*
homicídio [omi'sidʒiw] *m* homicidio *m;* **~ involuntário/por negligência** homicidio involuntario/por imprudencia
homilia [omi'ʎia] *f* REL homilía *f*
hominídeos [omi'nidʒius] *mpl* homínidos *mpl*
homofobia [omofo'bia] *f sem pl* homofobia *f*
homófono, -a [o'mɔfonu, -a] *adj* homófono, -a
homogeneidade [omoʒenej'dadʒi] *f sem pl* homogeneidad *f*
homogeneizar [omoʒenej'zar] *vt* homogeneizar
homogêneo, -a [omo'ʒeniw, -a] *adj* homogéneo, -a
homógrafo, -a [o'mɔgrafu, -a] *adj* LING homógrafo, -a
homologação <-ões> [omologa'sãw, -'õjs] *f* homologación *f*
homologar <g→gu> [omolo'gar] *vt* homologar
homologia [omolo'ʒia] *f* homología *f*
homólogo, -a [o'mɔlugu, -a] *adj, m, f* homólogo, -a *m, f*
homônimo, -a [o'monimu, -a] *adj* homónimo, -a
homossexual <-ais> [omoseksu'aw, -'ajs] *adj, mf* homosexual *mf*

homossexualidade [omoseksuaʎi'dadʒi] *f sem pl* homosexualidad *f*
Honduras [õw'duras] *f* Honduras *f*
hondurenho, -a [õwdu'reɲu, -a] *adj, m, f* hondureño, -a *m, f*
honestamente [onesta'mẽtʃi] *adv* honestamente
honestidade [onestʃi'dadʒi] *f sem pl* honestidad *f*
honesto, -a [o'nɛstu, -a] *adj* honesto, -a
honorário, -a [ono'rariw, -a] *adj* honorario, -a; **cidadão ~** ciudadano honorario; **sócio ~** socio honorario
honorários [ono'rariws] *mpl* honorarios *mpl*
honorífico, -a [ono'rifiku, -a] *adj* honorífico, -a; **cargo ~** cargo honorífico
honra ['õwxa] *f* honor *m;* **em ~ de** en honor a; **dar a palavra de ~ a alguém** dar su palabra de honor a alguien; **fazer as ~s da casa** hacer los honores de la casa; **tenho a ~ de apresentar...** tengo el honor de presentar...
honradez [õwxa'des] *f* honradez *f*
honrado, -a [õw'xadu, -a] *adj* honrado, -a
honrar [õw'xar] *vt* cumplir; **~ com seus compromissos** cumplir sus compromisos
honrarias [õwxa'rias] *fpl* honras *fpl*
honroso, -a [õw'xozu, -'ɔza] *adj* honroso, -a
hóquei ['xɔkej] *m* hockey *m;* **~ sobre patins/sobre gelo** hockey sobre patines/sobre hielo
hora ['ɔra] *f* 1. (*60 minutos*) hora *f;* **~s extraordinárias** horas extraordinarias; **meia ~** media hora; **dar as ~s** (*relógio*) dar las horas; **fazer ~ extra** hacer horas extras; **de ~ em ~** a cada hora; **por ~** por hora; **100 km por ~** 100 km por hora; **o carro ia a 100 por ~** el coche iba a 100 por hora; **ser pago por ~** cobrar por hora; **esperei duas ~s** esperé dos horas 2. (*momento*) hora *f;* **na ~ do almoço/jantar** a la hora de la comida/cena; **~ do aperto** momento difícil; **~ de chegada** hora de llegada; **~ do rush** hora punta, hora pico *AmL;* **a qualquer ~** a cualquier hora; **a que ~s?** ¿a qué hora?; **a toda a ~** en todo momento; **às dez ~s** a las diez; **na ~** en el acto; **que ~s são?** ¿qué hora es?; **é uma ~** es la una; **são dez ~s** son las diez; **tem ~s?** ¿tienes hora?; **estar com as ~s contadas** tener las horas

contadas; **chegar em cima da** ~ llegar en el último momento; **chegar na hora H** llegar en la hora H; **fazer ~ (para)** hacer tiempo (para); **marcar uma ~** pedir hora; **trabalhar até altas ~s (da noite)** trabajar hasta altas horas (de la madrugada); **é ~ de ir dormir** es hora de irse a dormir; **está tudo pela ~ da morte** está todo por las nubes; **está na ~ de ir embora** es hora de irse; **foi uma decisão de última ~** fue una decisión de última hora; **isso são ~s?** ¿qué horas son ésas?; **já são (mais que) ~s de...** ya es hora de que... +*subj;* **(não) ter ~ para chegar** (no) tener hora para llegar

> **Gramática** Para indicar los cuartos de hora, en Brasil se utilizan los números cardinales: "oito e quinze; quinze para as dez, nove e quarenta e cinco."

hora-aula ['ɔra-'awla] <horas-aula> *f* horas *fpl* de clase
horário [o'rarjw] **I.** *m* horario *m;* **~ de abertura** horario de apertura; **~ de atendimento** horario de atención; **~ de consulta** horario de consulta; **~ de expediente** horario de trabajo; **~ flexível** horario flexible; **~ nobre** horario de máxima audiencia; **~ de trabalho** horario de trabajo; **~ de verão** horario de verano **II.** *adj* por hora; **100 km ~s** 100 km por hora
horda ['ɔrda] *f* horda *f*
horizontal <-ais> [orizõw'taw, -'ajs] *adj, f* horizontal *f*
horizonte [ori'zõwtʃi] *m* horizonte *m;* **linha do ~** línea del horizonte; **ampliar os ~s** ampliar los horizontes; **era uma pessoa sem ~s** era una persona sin horizontes
hormonal <-ais> [ormo'naw, -'ajs] *adj* hormonal
hormônio [or'monjw] *m* hormona *f*
horóscopo [o'rɔskopu] *m* horóscopo *m*
horrendo, -a [o'xẽjdu, -a] *adj* horrendo, -a
horripilante [oxipi'lãntʃi] *adj* horripilante
horrível <-eis> [o'xivew, -ejs] *adj* horrible
horror [o'xor] *m* horror *m;* **que ~!** ¡qué horror!; **tem ~ as baratas** le dan terror las cucarachas

horrores [o'xoris] *mpl* **1.** (*temor*) horrores *mpl;* **~ da guerra** horrores de la guerra; **ela disse ~ do ex-marido** *inf* dijo barbaridades sobre su ex-marido **2.** (*quantidade*) barbaridad *f;* **ganha ~ com o novo negócio** *inf* gana un pastón con el nuevo negocio
horrorizar [oxori'zar] **I.** *vt* horrorizar **II.** *vr:* **~-se** horrorizarse
horroroso, -a [oxo'rozu, -'ɔza] *adj* horroroso, -a
hors-concours [ɔrkõw'kur] *adj inv* excepcional
horta ['ɔrta] *f* huerta *f*
hortaliça [orta'ʎisa] *f* hortaliza *f*
hortelã [orte'lɜ̃] *f* menta *f*
hortelã-pimenta [orte'lɜ̃-pi'mẽjta] <hortelãs-pimenta(s)> *f* menta *f* piperita
hortênsia [or'tẽjsia] *f* hortensia *f*
horticultura [ortʃikuw'tura] *f* horticultura *f*
hortifrutigranjeiro [ortʃifrutʃigrɜ̃ɲ'ʒejru] *m* producto *m* hortofrutícola
horto ['ortu] *m* huerto *m;* **~ florestal** bosque en el que se encuentran y estudian diferentes variedades de árboles
hosana [o'zɜna] *m* **1.** REL hosanna *m* **2.** (*louvor*) alabanza *f*
hospedado, -a [ospe'dadu, -a] *adj* **estar ~ na casa de alguém** estar hospedado en casa de alguien
hospedar [ospe'dar] **I.** *vt* hospedar **II.** *vr:* **~-se em um hotel** hospedarse en un hotel
hospedaria [ospeda'ria] *f* hostal *m*
hóspede ['ɔspedʒi] *mf* huésped *mf*
hospedeiro, -a [ospe'dejru, -a] *m, f* BIO huésped *m*
hospício [os'pisiw] *m* hospicio *m*
hospital <-ais> [ospi'taw, -'ajs] *m* hospital *m;* **~ militar** hospital militar; **estar no ~** estar en el hospital
hospitalar [ospita'lar] <-es> *adj* hospitalario, -a
hospitaleiro, -a [ospita'lejru, -a] *adj* hospitalario, -a
hospital-escola <hospitais-escola(s)> [ospi'taw-is'kɔla, ospi'tajz-is'kɔlas] *m* hospital *m* escuela
hospitalidade [ospitaʎi'dadʒi] *f sem pl* hospitalidad *f*
hospitalizado, -a [ospitaʎi'zadu, -a] *adj* **estar ~** estar hospitalizado
hospitalizar [ospitaʎi'zar] *vt* hospitalizar

hoste ['ɔstʃi] f hueste f
hóstia ['ɔstʃia] f hostia f; **receber a ~** recibir la hostia
hostil <-is> [os'tʃiw, -'is] adj hostil; **~ a pessoas estranhas** hostil con los desconocidos
hostilidade [ostʃiʎi'dadʒi] f hostilidad f
hostilizar [ostʃiʎi'zar] vt hostilizar
hostis [os'tʃis] adj pl de **hostil**
hotel <-éis> [o'tɛw, -'ɛjs] m hotel m; **~ de cinco estrelas** hotel de cinco estrellas
hotelaria [otela'ria] f sem pl hotelería f
hoteleiro, -a [ote'lejɾu, -a] adj hotelero, -a; **indústria hoteleira** industria hotelera
houve ['ouvi] 3. pret de **haver**
hum [m:] interj eh
humanamente [umɜna'mẽjtʃi] adv humanamente
humanidade [umɜni'dadʒi] f humanidad f; **tratar com ~** tratar con humanidad
humanidades [humɜni'dads] fpl humanidades fpl
humanismo [humɜ'nizmu] m sem pl humanismo m
humanista [umɜ'nista] adj, mf humanista mf
humanitário, -a [umɜni'tariw, -a] adj humanitario, -a; **ajuda humanitária** ayuda humanitaria
humanizar [umɜni'zar] I. vt humanizar II. vr: **~-se** humanizarse
humano, -a [u'mɜnu, -a] adj humano, -a; **a natureza humana** la naturaleza humana
humanos [u'mɜnus] mpl **os ~** los humanos
humildade [umiw'dadʒi] f sem pl humildad f
humilde [u'miwdʒi] adj humilde; **de família ~** de familia humilde
humilhação <-ões> [umiʎa'sɜ̃w, -'õjs] f humillación f; **sofrer uma ~** sufrir una humillación
humilhante [umi'ʎɜ̃ŋtʃi] adj humillante
humilhar [umi'ʎar] I. vt humillar II. vr: **~-se** humillarse
humo ['umu] m humus m inv
humor [u'mor] m humor m; **~ negro** humor negro; **estar de bom/mau ~** estar de buen/mal humor; **ter senso de ~** tener sentido del humor
humorado, -a [umo'radu, -a] adj **estar bem-/mal-~** estar de buen/de mal humor
humorismo [umo'rizmu] m sem pl humorismo m
humorista [umo'rista] mf humorista mf
humorístico, -a [umo'ristʃiku, -a] adj humorístico, -a
húngaro, -a ['ũwgaɾu, -a] adj, m, f húngaro, -a m, f
Hungria [ũw'gria] f Hungría f
hurra ['uxa] interj hurra
Hz ['xɛɾts] abr de **hertz** Hz

I

I, i ['i] m I, i m
iaiá [ja'ja] f forma arcaica de tratamiento que se daba a las mujeres en la época de la esclavitud
iambo ['jɜ̃bu] m yambo m
ianomâmi [jano'mɜmi] m tribu indígena que vive en la Amazonía y lengua hablada por esa tribu
ianque [i'ɜ̃ŋki] mf yanqui mf
iansã [jɜ̃'sɜ̃] f REL diosa del candomblé que encarna a los vientos, los rayos y las tempestades
iate [i'atʃi] m NÁUT yate m
Ibama [i'bɜma] m abr de **Instituto Brasileiro do Meio Ambiente e dos Recursos Naturais Renováveis** instituto brasileño de protección del medio ambiente
ibérico, -a [i'bɛriku, -a] adj ibérico, -a
ibero-americano, -a [i'bɛɾu-ameri'kɜnu, -a] adj iberoamericano, -a
IBGE [ibeʒe'ɛ] m abr de **Instituto Brasileiro de Geografia e Estatística** instituto brasileño que publica estadísticas demográficas y socioeconómicas
ibope [i'bɔpi] m 1. abr de **Instituto Brasileiro de Opinião Pública e Estatística** instituto brasileño que realiza mediciones de audiencia 2. (índice de audiência) índice m de audiencia 3. (prestígio) estatus m inv
içar [i'sar] <ç→c> vt izar
iceberg [ajsi'bɛɾgi] m iceberg m
ICMS [iseemi'ɛsi] m abr de **Imposto sobre Circulação de Mercadorias e**

Serviços *impuesto parecido al IVA que se aplica sobre mercancías y servicios*
ícone ['ikoni] *m tb.* INFOR icono *m*
iconografia [ikonogɾa'fia] *f* iconografía *f*
icterícia [ikte'risia] *f* MED ictericia *f*
ictiologia [iktʃjolo'ʒia] *f sem pl* ictiología *f*
ida ['ida] *f* ida *f;* ~ **e volta** ida y vuelta; **na** ~ a la ida
idade [i'dadʒi] *f* edad *f;* **Idade Média** Edad Media; **terceira** ~ tercera edad; **de** ~ de edad; **tenho 16 anos de** ~ tengo 16 años de edad; **um homem de meia** ~ un hombre de mediana edad; **ser maior/menor de** ~ ser mayor/menor de edad; **eles são da mesma** ~ tienen la misma edad; **na minha** ~ de mi edad; **ela tem a minha** ~ tiene mi edad; **que** ~ **ele tem?** ¿qué edad tiene?
ideal <-ais> [ide'aw, -'ajs] *adj, m* ideal *m*
idealismo [idea'ʎizmu] *m* idealismo *m*
idealista [idea'ʎista] *adj, mf* idealista *mf*
idealizar [ideaʎi'zar] *vt* idear
ideia [i'dɛja] *f* 1. (*pensamento, imaginação, opinião*) idea *f;* ~ **fixa** idea fija; ~ **s políticas** ideas políticas; **estar com** ~ **s de fazer a. c.** tener la idea de hacer algo; **fazer uma** ~ **de a. c.** hacerse una idea de algo; **mudar de** ~ cambiar de idea; **ter uma** ~ tener una idea; **trocar** ~ **s** *inf* intercambiar ideas; **não faço** ~ no tengo ni idea; **não faço a mínima** ~ no tengo la más mínima idea 2. (*lembrança*) recuerdo *m;* **tenho uma vaga** ~ **disso** tengo un vago recuerdo de eso
idem ['idẽj] *adv* ídem
idêntico, -a [i'dẽjtʃiku, -a] *adj* idéntico, -a; **ele é** ~ **à sua irmã** es idéntico a su hermana
identidade [idẽjtʃi'dadʒi] *f* identidad *f*
identificar [idẽjtʃifi'kar] <c→qu> I. *vt* identificar II. *vr* ~ **-se com alguém/a. c.** identificarse con alguien/algo
ideologia [ideolo'ʒia] *f* ideología *f*
ideológico, -a [ideo'lɔʒiku, -a] *adj* ideológico, -a
idílico, -a [i'dʒiʎiku, -a] *adj* idílico, -a
idílio [i'dʒiʎiw] *m* idilio *m*
idioma [idʒi'oma] *m* idioma *m*
idiomático, -a [idʒjo'matʃiku, -a] *adj* idiomático, -a
idiossincrasia [idʒjosĩ'kɾa'zia] *f* idiosincrasia *f*
idiota [idʒi'ɔta] *adj, mf* idiota *mf,* cojudo,

-a *m, f AmS*
idiotice [idʒio'tʃisi] *f* idiotez *f*
idolatrar [idola'trar] *vt* idolatrar
ídolo ['idulu] *m* ídolo *m*
idoneidade [idonej'dadʒi] *f* idoneidad *f*
idôneo, -a [i'doniw, -a] *adj* idóneo, -a
idoso, -a [i'dozu, -'ɔza] I. *adj* mayor II. *m, f* anciano, -a *m, f*
iê-iê-iê [jeje'je] *m sem pl* MÚS *música yeyé brasileña de los años 60*
Iemanjá [jemɐ̃'ʒa] *f en el candomblé, la diosa de los mares y madre del resto de las divinidades;* **festa de** ~ *fiesta dedicada a Iemanjá*
Iêmen ['jemẽj] *m* Yemen *m*
iene ['jeni] *m* yen *m*
igarapé [igaɾa'pɛ] *m* río *m* pequeño
ignição <-ões> [igni'sɐ̃w, -'õjs] *f* ignición *f*
ignóbil <-eis> [ig'nɔbiw, -ejs] *adj* innoble
ignorância [igno'rɐ̃sia] *f* ignorancia *f;* **apelar** [*ou* **partir**] **para a** ~ *gíria* recurrir a la violencia; **santa** ~! ¡pero qué ingenuidad!
ignorante [igno'rɐ̃ntʃi] *adj, mf* ignorante *mf*
ignorar [igno'rar] *vt* ignorar
igreja [i'greʒa] *f* iglesia *f;* **casar na** ~ casarse por la iglesia
igual <-ais> [i'gwaw, -ajs] I. *adj* igual; **dividir a. c. em partes iguais** dividir algo en partes iguales; **ser** ~ **a alguém/a. c.** ser igual a alguien/algo; **tratar alguém de** ~ **para** ~ tratar a alguien de igual a igual; **três mais três é** ~ **a seis** tres más tres es igual a seis; **um acontecimento sem** ~ un acontecimiento sin igual II. *adv* igual; **repartiu a comida por** ~ repartió la comida de forma igualitaria; **tratava os filhos** ~ trataba a los hijos por igual III. *conj* igual que; **a mulher estava** ~ **uma louca sem rumo** la mujer estaba alucinada
igualar [igwa'lar] I. *vt* igualar; ~ **a alguém/a. c.** igualar a alguien/algo II. *vr* ~ **-se a alguém** igualarse a alguien
igualdade [igwaw'dadʒi] *f* igualdad *f;* ~ **de direitos** igualdad de derechos
igualmente [igwaw'mẽjtʃi] *adv* igualmente
iguana [i'gwɐna] *f* iguana *f*
iguaria [igwa'ria] *f* manjar *m*
ilação <-ões> [ila'sɐ̃w, -'õjs] *f elev* ilación *f;* **tirar suas ilações de a. c.** sacar

ilegal <-ais> [ile'gaw, -'ajs] *adj* ilegal

ilegalidade [ilegaʎi'dadʒi] *f* ilegalidad *f*

ilegítimo, -a [ile'ʒitʃimu, -a] *adj* ilegítimo, -a

ilegível <-eis> [ile'ʒivew, -ejs] *adj* ilegible

ileso, -a [i'lezu, -a] *adj* ileso, -a; **sair ~ de um acidente** salir ileso de un accidente

iletrado, -a [ile'tradu, -a] *adj* iletrado, -a

ilha [i'ʎa] *f* **1.** GEO isla *f* **2.** (*calçada*) isleta *f*

ilhéu [i'ʎɛw] *m* (*ilhota*) islote *m*

ilhéu, ilhoa [i'ʎɛw, i'ʎoa] *m, f* isleño, -a *m, f*

ilhó [i'ʎɔ] *m* ojal *m*

ilhoa [i'ʎoa] *f v.* **ilhéu**

ilhota [i'ʎɔta] *f* islote *m*

ilibado, -a [iʎi'badu, -a] *adj* inmaculado, -a

ilibar [iʎi'bar] *vt* rehabilitar; **~ alguém de um crime** rehabilitar a alguien de un crimen

ilícito, -a [i'ʎisitu, -a] *adj* ilícito, -a; **cometer um ato ~** cometer un acto ilícito

ilimitado, -a [iʎimi'tadu, -a] *adj* ilimitado, -a

Ilmo. [ilus'trisimu] *adj abr de* **ilustríssimo** Ilmo.

ilógico, -a [i'lɔʒiku, -a] *adj* ilógico, -a

iludir [ilu'dʒir] **I.** *vt* engañar **II.** *vr* **~-se com alguém/a. c.** engañarse con alguien/algo

iluminação <-ões> [ilumina'sãw, -'õjs] *f* **1.** (*iluminamento*) iluminación *f*; **~ natural** iluminación natural **2.** (*inspiração*) inspiración *f* **3.** (*conhecimento*) ilustración *f*

iluminado, -a [ilumi'nadu, -a] *adj* **1.** (*rua*) iluminado, -a **2.** (*espírito*) inspirado, -a **3.** (*pessoa*) ilustrado, -a

iluminar [ilumi'nar] *vt* **1.** (*com luz*) iluminar **2.** (*esclarecer*) ilustrar

Iluminismo [ilumi'nizmu] *m sem pl* Ilustración *f*

ilusão <-ões> [ilu'zãw, -'õjs] *f* ilusión *f*; **~ de óptica** ilusión óptica

ilusionismo [iluzjo'nizmu] *m* ilusionismo *m*

ilusionista [iluzjo'nista] *mf* ilusionista *mf*

ilusões [ilu'zõjs] *fpl de* **ilusão**

ilusório, -a [ilu'zɔriw, -a] *adj* ilusorio, -a

ilustração <-ões> [ilustra'sãw, -'õjs] *f* ilustración *f*

ilustrado, -a [ilus'tradu, -a] *adj* ilustrado, -a

ilustrar [ilus'trar] *vt* ilustrar

ilustre [i'lustri] *adj* ilustre

ilustríssimo, -a [ilus'trisimu, -a] *adj* (*em carta*) **~ senhor** ilustrísimo señor

imã [i'mɐ̃] *m*, **ímã** ['imɐ̃] *m* imán *m*

imaculado, -a [imaku'ladu, -a] *adj* inmaculado, -a

imagem [i'maʒẽj] <-ens> *f* imagen *f*; **manter a ~** cuidar la imagen; **ela é a ~ da felicidade** es la imagen de la felicidad

imaginação <-ões> [imaʒina'sãw, -'õjs] *f* imaginación *f*; **usar a ~** usar la imaginación

imaginar [imaʒi'nar] **I.** *vt* imaginar; **imagina que...** imagina que...; **imagino que sim** imagino que sí; **não posso ~** no puedo imaginarlo; **você nem imagina!** ¡ni te lo imaginas!; **imagine!** ¡por favor! **II.** *vr:* **~-se** imaginarse

imaginário [imaʒi'nariw] *m* imaginario *m*

imaginário, -a [imaʒi'nariw, -a] *adj* imaginario, -a

imaginativo, -a [imaʒina'tʃivu, -a] *adj* imaginativo, -a

imane [i'mɐni] *adj* inmenso, -a; (*desmedido*) cruel

imanente [imɐ'nẽtʃi] *adj* inmanente

imaturidade [imaturi'dadʒi] *f* inmadurez *f*

imaturo, -a [ima'turu, -a] *adj* inmaduro, -a

imbatível <-eis> [ĩjba'tʃivew, -ejs] *adj* imbatible

imbecil <-is> [ĩjbe'siw, -'is] *adj, mf* imbécil *mf*

imberbe [ĩj'bɛrbi] *adj* **1.** (*sem barba*) imberbe **2.** (*jovem*) joven

imbricar [ĩjbri'kar] <c→qu> *vt* imbricar

imbróglio [ĩj'brɔʎiw] *m* embrollo *m*

imbuir [ĩjbu'ir] *conj como* **incluir I.** *vt* imbuir **II.** *vr:* **~-se** armarse; **ele imbuiu-se de coragem antes de falar** se armó de valor antes de hablar

imediações [imedʒia'sõjs] *fpl* **nas ~** en las inmediaciones

imediatamente [imedʒjata'mẽtʃi] *adv* inmediatamente; **~ a seguir** justo a continuación

imediato, -a [ime'dʒjatu, -a] *adj*

inmediato, -a; **de** ~ de inmediato

imemorável <-eis> [imemoˈravew, -ejs] *adj* inmemorial; **em tempos imemoráveis** en tiempos inmemoriales

imensidão <-ões> [imẽjsiˈdãw, -ˈõjs] *f* inmensidad *f*

imenso, -a [iˈmẽjsu, -a] *adj* inmenso, -a

imensurável <-eis> [imẽjsuˈravew, -ejs] *adj* inmensurable

imerecido, -a [imeɾeˈsidu, -a] *adj* inmerecido, -a

imergir [imerˈʒir] <*pp*: imerso *ou* imergido; g→j> *vi* hundirse

imersão <-ões> [imerˈsãw, -ˈõjs] *f* inmersión *f*

imerso, -a [iˈmɛrsu, -a] *adj* inmerso, -a; ~ **em pensamentos** inmerso en sus pensamientos

imersões [imerˈsõjs] *f pl de* **imersão**

imigração <-ões> [imigraˈsãw, -ˈõjs] *f* inmigración *f*

imigrante [imiˈgrãntʃi] *mf* inmigrante *mf*

imigrar [imiˈgrar] *vi* inmigrar

iminência [imiˈnẽjsia] *f* inminencia *f*; **o prédio está na** ~ **de ruir** el edificio amenaza ruina

iminente [imiˈnẽjtʃi] *adj* (*perigo, crise*) inminente

imiscível <-eis> [imiˈsivew, -ejs] *adj* no soluble

imiscuir-se [imisˈkwirsi] *conj como incluir vr* inmiscuirse

imitação <-ões> [imitaˈsãw, -ˈõjs] *f* imitación *f*; **fazer uma** ~ **de alguém** hacer una imitación de alguien; **a joia/o quadro é uma** ~ la joya/el cuadro es una imitación

imitador(a) [imitaˈdor(a)] *m(f)* imitador(a) *m(f)*

imitar [imiˈtar] *vt* imitar

imitável <-eis> [imiˈtavew, -ejs] *adj* imitable

imobiliária [imobiʎiˈaria] *f* inmobiliaria *f*

imobilidade [imobiʎiˈdadʒi] *f sem pl* inmovilidad *f*

imobilizado, -a [imobiʎiˈzadu, -a] *adj* **estar/ficar** ~ estar/quedar inmovilizado

imobilizar [imobiʎiˈzar] *vt* inmovilizar; **o policial imobilizou o assaltante** el policía inmovilizó al atracador; **ela teve de** ~ **o braço fraturado** le tuvieron que inmovilizar el brazo fracturado

imoderado, -a [imodeˈradu, -a] *adj* excesivo, -a

imodéstia [imoˈdɛstʃia] *f* inmodestia *f*

imodesto, -a [imoˈdɛstu, -a] *adj* inmodesto, -a

imódico, -a [iˈmɔdʒiku, -a] *adj* excesivo, -a

imolado, -a [imoˈladu, -a] *adj* inmolado, -a

imoral <-ais> [imoˈraw, -ˈajs] *adj* inmoral

imoralidade [imoraʎiˈdadʒi] *f* inmoralidad *f*

imortal <-ais> [imorˈtaw, -ˈajs] **I.** *mf* **1.** (*eterno*) inmortal *mf* **2.** (*membro da Academia Brasileira de Letras*) título que reciben los miembros de la Academia Brasileña de las Letras **II.** *adj* inmortal

imortalidade [imortaʎiˈdadʒi] *f sem pl* inmortalidad *f*

imortalizar [imortaʎiˈzar] **I.** *vt* inmortalizar **II.** *vr:* ~-**se** inmortalizarse; **imortalizou-se através de suas pinturas** se inmortalizó a través de sus cuadros

imóvel <-eis> [iˈmɔvew, -ejs] **I.** *adj* inmóvil **II.** *m* inmueble *m*

impaciente [ĩjpasiˈẽjtʃi] *adj* impaciente

impacto [ĩjˈpaktu] *m* impacto *m*; ~ **ambiental** impacto ambiental; **causar impacto em a. c./alguém** causar impacto en algo/alguien; **de grande** ~ de gran impacto

impagável <-eis> [ĩjpaˈgavew, -ejs] *adj* impagable

impalpável <-eis> [ĩjpawˈpavew, -ejs] *adj* impalpable

ímpar [ˈĩjpar] <-es> *adj* impar

imparcial <-ais> [ĩjparsiˈaw, -ˈajs] *adj* imparcial

imparcialidade [ĩjparsjaʎiˈdadʒi] *f* imparcialidad *f*

ímpares [ˈĩjparis] *adj pl de* **ímpar**

impasse [ĩjˈpasi] *m* impasse *m*; **estar num** ~ estar en un impasse

impassível <-eis> [ĩjpaˈsivew, -ejs] *adj* impasible

impávido, -a [ĩjˈpavidu, -a] *adj* impávido, -a; ~ **e sereno** impávido y sereno

impeachment [ĩjˈpitʃimẽj] *m* proceso *m* de destitución, impeachment *m*

impecável <-eis> [ĩjpeˈkavew, -ejs] *adj* impecable

impedido, -a [ĩjpiˈdʒidu, -a] *adj* **1.** (*pessoa*) imposibilitado, -a **2.** (*rua*) obstruido, -a **3.** FUT en fuera de juego

impedimento [ĩjpedʒi'mẽjtu] *m* **1.** impedimento *m* **2.** JUR proceso *m* de destitución, impeachment *m* **3.** FUT fuera *m* de juego

impedir [ĩjpi'dʒir] *irr como pedir vt* impedir; ~ **a. c.** impedir algo; ~ **alguém de fazer a. c.** impedir que alguien haga algo; **~ a passagem** impedir el paso; **ninguém o impede de sonhar** nadie le impide soñar

impeditivo, -a [ĩjpedʒi'tʃivu, -a] *adj* que impide

impelir [ĩjpe'ʎir] *irr como preferir vt* empujar

impenetrável <-eis> [ĩjpene'travew, -ejs] *adj tb. fig* impenetrable

impenitente [ĩjpeni'tẽjtʃi] *adj* impenitente

impensado, -a [ĩjpẽj'sadu, -a] *adj* impensado, -a

impensável <-eis> [ĩjpẽj'savew, -ejs] *adj* impensable

imperador [ĩjpera'dor] *m* emperador *m*

imperar [ĩjpe'rar] **I.** *vi* imperar **II.** *vt* imperar; **era uma situação em que imperava o caos** era una situación en la que imperaba el caos

imperativo [ĩjpera'tʃivu] *m* **1.** LING imperativo *m* **2.** (*dever*) imposición *f*

imperativo, -a [ĩjpera'tʃivu, -a] *adj* imperativo, -a

imperatriz [ĩjpera'tris] *f* emperatriz *f*

imperceptível <-eis> [ĩjpersep'tʃivew, -ejs] *adj* imperceptible

imperdível <-eis> [ĩjper'dʒivew, -ejs] *adj* imperdible

imperdoável <-eis> [ĩjperdo'avew, -ejs] *adj* imperdonable

imperecível <-eis> [ĩjpere'sivew, -ejs] *adj* imperecedero, -a

imperfeição <-ões> [ĩjperfej'sãw, -õjs] *f* imperfección *f*

imperfeito [ĩjper'fejtu] *m* LING imperfecto *m*

> **Gramática** El imperfecto de subjuntivo en portugués se forma en la mayoría de los verbos a partir de la 3ª persona del plural del perfecto de indicativo. "Elas fizeram seis pontos na Loto; que bom se eu também fizesse!"

imperfeito, -a [ĩjper'fejtu, -a] *adj* imperfecto, -a

imperial <-ais> [ĩjperi'aw, -ajs] *adj* imperial

imperialismo [ĩjperja'ʎizmu] *m* imperialismo *m*

imperialista [ĩjperja'ʎista] *adj, mf* imperialista *mf*

imperícia [ĩjpe'risia] *f* inexperiencia *f*

império [ĩj'pɛriw] *m* imperio *m*

imperioso, -a [ĩjperi'ozu, -ɔza] *adj* imperioso, -a

impermeabilidade [ĩjpermeabiʎi'dadʒi] *f* impermeabilidad *f*

impermeável <-eis> [ĩjpermi'avew, -ejs] *adj, m* impermeable *m*

impertinente [ĩjpertʃi'nẽjtʃi] *adj* impertinente

imperturbável <-eis> [ĩjpertur'bavew, -ejs] *adj* imperturbable

impessoal <-ais> [ĩjpesu'aw, -'ajs] *adj* impersonal

ímpeto ['ĩjpetu] *m* ímpetu *m*

impetrar [ĩjpe'trar] *vt* JUR interponer; **o advogado impetrou um habeas corpus** el abogado interpuso un recurso de habeas corpus

impetuoso, -a [ĩjpetu'ozu, -ɔza] *adj* impetuoso, -a

impiedade [ĩjpje'dadʒi] *f* falta *f* de piedad

impiedoso, -a [ĩjpje'dozu, -ɔza] *adj* despiadado, -a

impingir [ĩjpĩ'ʒir] <g→j> *vt* imponer; **o governo impingiu ao povo uma nova lei** el gobierno impuso a la población una nueva ley

ímpio, -a ['ĩjpiw, -a] *adj elev* impío, -a

implacável <-eis> [ĩjpla'kavew, -ejs] *adj* implacable

implantação <-ões> [ĩjplãjta'sãw, -'õjs] *f* **1.** (*de um sistema*) implantación *f*; **~ da República** establecimiento de la República **2.** MED implante *m*

implantar [ĩjplãj'tar] **I.** *vt* **1.** *tb.* MED implantar **2.** (*árvore*) plantar **II.** *vr:* **~-se** implantarse

implante [ĩj'plãjtʃi] *m* MED implante *m*

implicar [ĩjpli'kar] <c→qu> **I.** *vt* **1.** (*envolver*) implicar; **~ alguém em a. c.** implicar a alguien en algo; **as provas ~ am os funcionários em corrupção** las pruebas implicaron a los empleados en el caso de corrupción **2.** (*acarretar*) implicar; **isso implica um grande investimento** eso implica una gran inversión **3.** (*requerer*) requerir; **tal situação implica cautela** una

implicitamente   267   **imprecisões**

situación así requiere cautela **II.** *vi* meterse; **ele gosta de ~ com Deus e o mundo** le gusta meterse con todo el mundo **III.** *vr:* **~-se** implicarse; **desde jovem implicou-se na luta pela democracia** desde joven se implicó en la lucha por la democracia

implicitamente [ĩjplisita'mẽjtʃi] *adv* implícitamente

implícito, -a [ĩj'plisitu, -a] *adj* implícito, -a; **isso está ~** eso se sobrentiende

implodir [ĩjplo'dʒir] **I.** *vi* explotar **II.** *vt* volar

implorar [ĩjplo'rar] *vt* implorar; **~ perdão** implorar perdón; **~ ao professor uma segunda chance** implorar al profesor una segunda oportunidad

implosão <-ões> [ĩjplo'zãw, -'õjs] *f* voladura *f*

impoluto, -a [ĩjpo'lutu, -a] *adj* impoluto, -a

imponderado, -a [ĩjpõwde'radu, -a] *adj* irreflexivo, -a

imponderável <-eis> [ĩjpõwde'ravew, -ejs] *adj, m* imponderable *m*

imponência [ĩjpo'nẽjsia] *f* **1.** (*altivez*) arrogancia *f* **2.** (*magnificência*) grandiosidad *f*

imponente [ĩjpo'nẽjtʃi] *adj* **1.** (*altivo*) arrogante **2.** (*magnífico*) imponente

impontualidade [ĩjpõwtwaʎi'dadʒi] *f* impuntualidad *f*

impopular [ĩjpopu'lar] <-es> *adj* impopular

impopularidade [ĩjpopulari'dadʒi] *f sem pl* impopularidad *f*

impor [ĩj'por] *irr como pôr* **I.** *vt* imponer; **~ respeito** imponer respeto **II.** *vr:* **~-se** imponerse

importabando [ĩjporta'bãndu] *m* subfacturación *f* de importaciones

importação <-ões> [ĩjporta'sãw, -'õjs] *f* importación *f*

importador(a) [ĩjporta'dor(a)] *m(f)* importador(a) *m(f)*

importância [ĩjpor'tãnsia] *f* **1.** (*qualidade de importante*) importancia *f*; **dar ~ a a. c.** dar importancia a algo; **não tem ~** no importa; **sem ~** sin importancia; **isso não tem ~ nenhuma** eso no tiene ninguna importancia **2.** (*quantia*) suma *f*

importante [ĩjpor'tãntʃi] *adj* importante; **o ~ lo** importante; **o ~ é que não haja problemas** lo importante es que no haya problemas

importar [ĩjpor'tar] **I.** *vt* **1.** ECON, INFOR importar; **~ em** (*quantia*) sumar **2.** (*resultar*) provocar; **as atitudes do magistrado importavam em constrangimento geral** las actitudes del magistrado provocaban la vergüenza general **II.** *vi* importar; **não importa!** ¡no importa! **III.** *vr:* **~-se** importar; **~-se com a. c./alguém** preocuparse de algo/alguien; **não me importa** no me importa; **afinal, que te importa isso?** a fin de cuentas, ¿eso qué te importa?

importunar [ĩjportu'nar] *vt* importunar

importuno, -a [ĩjpor'tunu, -a] *adj* inoportuno, -a

imposição <-ões> [ĩjpozi'sãw, -'õjs] *f* **1.** (*obrigação*) imposición *f* **2.** (*de insígnia*) entrega *f*

impossibilidade [ĩjposibiʎi'dadʒi] *f* imposibilidad *f*

impossibilitado, -a [ĩjposibiʎi'tadu, -a] *adj* imposibilitado, -a; **~ de** imposibilitado para

impossibilitar [ĩjposibiʎi'tar] *vt* imposibilitar

impossível <-eis> [ĩjpo'sivew, -ejs] **I.** *m* imposible *m*; **fazer o ~** hacer lo imposible **II.** *adj* imposible; **o trânsito na cidade é ~** el tráfico en la ciudad está imposible; **as crianças estão impossíveis hoje** hoy los niños están imposibles; **melhor ~!** ¡mejor imposible!

imposto [ĩj'postu] **I.** *pp de impor* **II.** *m* impuesto *m;* **~ de renda** impuesto sobre la renta; **~ sobre circulação de mercadorias** impuesto parecido al IVA que se aplica a las mercancías

impostor(a) [ĩjpos'tor(a)] *m(f)* impostor(a) *m(f)*

impotência [ĩjpo'tẽjsia] *f* impotencia *f*

impotente [ĩjpo'tẽjtʃi] *adj tb.* MED impotente

impraticável <-eis> [ĩjpratʃi'kavew, -ejs] *adj* imposible

imprecação <-ões> [ĩjpreka'sãw, -'õjs] *f* maldición *f*

imprecar [ĩjpre'kar] <c→qu> *vt* maldecir

imprecisão <-ões> [ĩjpresi'zãw, -'õjs] *f* imprecisión *f*

impreciso, -a [ĩjpre'sizu, -a] *adj* impreciso, -a

imprecisões [ĩjpresi'zõjs] *f pl de* **imprecisão**

impregnado, -a [ĩjpɾeg'nadu, -a] *adj* impregnado, -a; **estar ~ de a. c.** estar impregnado de algo

impregnar [ĩjpɾeg'naɾ] *vt* impregnar; **~ a esponja de água** impregnar la esponja en agua; **~ um ambiente de perfume** impregnar un ambiente de perfume

imprensa [ĩj'pɾẽjsa] *f* prensa *f*; **~ marrom** prensa amarilla; **~ sensacionalista** prensa sensacionalista; **liberdade de ~** libertad de prensa; **o deputado fez declarações à ~** el diputado hizo declaraciones a la prensa

imprensar [ĩjpɾẽj'saɾ] *vt* prensar; (*constranger*) presionar; **imprensou o adversário contra a parede** puso al adversario contra la pared

imprescindível <-eis> [ĩjpɾesĩj'dʒivew, -ejs] *adj* imprescindible

imprescritível <-eis> [ĩjpɾeskɾi'tʃivew, -ejs] *adj* JUR imprescriptible

impressão <-ões> [ĩjpɾe'sãw, -'õjs] *f* **1.** *tb.* TIPO impresión *f*; **~ em cores** impresión en color; **~ digital** huella *f* digital **2.** (*sensação*) impresión *f*; **troca de impressões** intercambio de impresiones; **causar boa/má ~** causar buena/mala impresión; **tenho a ~ de que...** tengo la impresión de que...; **ela deu a ~ de ter entendido o recado** dio la impresión de que entendió el recado

impressionado, -a [ĩjpɾesjo'nadu, -a] *adj* impresionado, -a; **ficar ~ com alguém/a. c.** quedar impresionado con alguien/algo

impressionante [ĩjpɾesjo'nãntʃi] *adj* impresionante; **~!** ¡qué impresionante!

impressionar [ĩjpɾesjo'naɾ] **I.** *vt* impresionar **II.** *vr*: **~-se** impresionarse; **impressionou-se com o cantor e sua bela voz** le impresionó el cantante y su bella voz

impressionável <-eis> [ĩjpɾesjo'navew, -ejs] *adj* impresionable

impressionismo [ĩjpɾesjo'nizmu] *m sem pl* ARTE impresionismo *m*

impressionista [ĩjpɾesjo'nista] *mf* impresionista *mf*

impresso [ĩj'pɾesu] **I.** *pp irr de* **imprimir II.** *m* impreso *m*; **preencher um ~** rellenar un impreso

impresso, -a [ĩj'pɾesu, -a] *adj* impreso, -a

impressões [ĩjpɾe'sõjs] *f pl de* **impressão**

impressora [ĩjpɾe'soɾa] *f* impresora *f*; **~ a jato de tinta** impresora de chorro de tinta; **~ a laser** impresora láser; **~ matricial** impresora matricial

imprestável <-eis> [ĩjpɾes'tavew, -ejs] *adj* inútil

impreterível <-eis> [ĩjpɾete'ɾivew, -ejs] *adj* inaplazable

impreterivelmente [ĩjpɾeteɾivew'mẽntʃi] *adv* inaplazablemente

imprevidência [ĩjpɾevi'dẽjsia] *f* falta *f* de previsión

imprevidente [ĩjpɾevi'dẽjtʃi] *adj* **1.** imprevisor(a) **2.** (*descuidado*) descuidado, -a

imprevisível <-eis> [ĩjpɾevi'zivew, -ejs] *adj* imprevisible

imprevisto [ĩjpɾe'vistu] *m* imprevisto *m*; **surgiu um ~** surgió un imprevisto

imprevisto, -a [ĩjpɾe'vistu, -a] *adj* imprevisto, -a

imprimir [ĩjpɾi'miɾ] <*pp*: **impresso** *ou* **imprimido**> *vt* **1.** *tb.* INFOR imprimir **2.** (*incutir*) infundir; **o professor imprimia respeito** el profesor infundía respeto

improbabilidade [ĩjpɾobabiʎi'dadʒi] *f* improbabilidad *f*

improbidade [ĩjpɾobi'dadʒi] *f* deshonestidad *f*

ímprobo, -a ['ĩjpɾobu, -a] *adj* ímprobo, -a

improcedente [ĩjpɾose'dẽjtʃi] *adj* improcedente

improdutivo, -a [ĩjpɾodu'tʃivu, -a] *adj* improductivo, -a

impronunciável <-eis> [ĩjpɾonũwsi'avew, -ejs] *adj* impronunciable

impropério [ĩjpɾo'pɛɾiw] *m* improperio *m*

impropriedade [ĩjpɾopɾje'dadʒi] *f* impropiedad *f*

impróprio, -a [ĩj'pɾɔpɾiw, -a] *adj* impropio, -a; **~ para consumo** impropio para el consumo; **~ para menores de 18 anos** no apto para menores de 18 años

improrrogável <-eis> [ĩjpɾoxo'gavew, -ejs] *adj* improrrogable

improvável <-eis> [ĩjpɾo'vavew, -ejs] *adj* improbable

improvisar [ĩjpɾovi'zaɾ] *vt* improvisar

improviso [ĩjpɾo'vizu] *m* improvisación *f*; **de ~** de improviso

imprudência [ĩjpɾu'dẽjsia] *f* imprudencia *f*

imprudente [ĩjpɾu'dējtʃi̯] *adj* imprudente

impúbere [ĩj'puberi] *adj* impúber

impudor [ĩjpu'dor] <-es> *m* impudor *m*

impugnação <-ões> [ĩjpugna'sɜ̃w, -'õjs] *f* impugnación *f*

impugnar [ĩjpug'nar] *vt* impugnar

impulsão <-ões> [ĩjpuw's3̃w, -'õjs] *f* Fís impulso *m*

impulsionador(a) [ĩjpuwsjona'dor(a)] *m(f)* impulsor(a) *m(f)*

impulsionar [ĩjpuwsjo'nar] *vt* impulsar

impulsivo, -a [ĩjpuw'sivu, -a] *adj* impulsivo, -a

impulso [ĩj'puwsu] *m* 1. (*ímpeto, estímulo*) impulso *m*; **dar ~ a a. c.** dar impulso a algo 2. TEL paso *m*

impulsões [ĩjpuw'sõjs] *f pl de* **impulsão**

impulsor(a) [ĩjpuw'sor(a)] *adj* impulsor(a)

impune [ĩj'puni] *adj* impune; **sair ~** quedar impune

impureza [ĩjpu'reza] *f* impureza *f*; **~ da pele** impurezas de la piel

impuro, -a [ĩj'puru, -a] *adj* impuro, -a

imputar [ĩjpu'tar] *vt* (*responsabilidade, trabalho*) atribuir; (*culpa*) imputar; **~ am mentiras ao rapaz** le imputaron mentiras al chico

imundície [imũw'dʒisii] *f* inmundicia *f*

imundo, -a [i'mũwdu, -a] *adj* inmundo, -a

imune [i'muni] *adj tb. fig* inmune; **ser ~ a a. c.** ser inmune a algo

imunidade [imuni'dadʒi] *f* MED, JUR inmunidad *f*; **~ parlamentar/diplomática** inmunidad parlamentaria/diplomática

imunização <-ões> [imuniza'sɜ̃w, -'õjs] *f* inmunización *f*

imunodeficiência [imunodefisi'ẽjsia] *f* inmunodeficiencia *f*

imutável <-eis> [imu'tavew, -ejs] *adj* inmutable

inabalável <-eis> [inaba'lavew, -ejs] *adj* inquebrantable

inábil <-eis> [i'nabiw, -ejs] *adj* 1. (*incapaz*) incapaz 2. (*sem habilidade*) torpe

inabilidade [inabiʎi'dadʒi] *f* 1. (*inaptidão*) incapacidad *f* 2. (*falta de habilidade*) torpeza *f*

inabitado, -a [inabi'tadu, -a] *adj* deshabitado, -a

inabitável <-eis> [inabi'tavew, -ejs] *adj* inhabitable

inacabado, -a [inaka'badu, -a] *adj* inacabado, -a

inaceitável <-eis> [inasej'tavew, -ejs] *adj* inaceptable

inacessível <-eis> [inase'sivew, -ejs] *adj* inaccesible

inacreditável <-eis> [inakɾedʒi'tavew, -ejs] *adj* increíble

inadequado, -a [inade'kwadu, -a] *adj* inadecuado, -a; **ser ~ a** [*ou* **para**] **a. c.** ser inadecuado para algo

inadiável <-eis> [inadʒi'avew, -ejs] *adj* inaplazable

inadimplência [inadʒĩj'plẽjsia] *f* morosidad *f*

inadimplente [inadʒĩj'plẽjtʃi̯] *adj* moroso, -a

inadmissível <-eis> [inadʒimi'sivew, -ejs] *adj* inadmisible

inadvertência [inadʒiver'tẽjsia] *f* inadvertencia *f*

inadvertido, -a [inadʒiver'tʃidu, -a] *adj* inadvertido, -a

inafiançável <-eis> [inafjɜ̃n'savew, -ejs] *adj* (*crime*) que no permite salir en libertad bajo fianza

inalação <-ões> [inala'sɜ̃w, -'õjs] *f* inhalación *f*

inalador [inala'dor] *m* inhalador *m*

inalar [ina'lar] *vt* inhalar

inalcançável <-eis> [inawkɜ̃n'savew, -ejs] *adj* inalcanzable

inalterado, -a [inawte'radu, -a] *adj* inalterado, -a

inalterável <-eis> [inawte'ravew, -ejs] *adj* inalterable

inanimado, -a [inɜni'madu, -a] *adj* (*ser*) inanimado, -a

inaplicável <-eis> [inapli'kavew, -ejs] *adj* inaplicable; **ser ~ a** [*ou* **em**] **a. c.** ser inaplicable a algo

inapropriado, -a [inapropri'adu, -a] *adj* inapropiado, -a

inaproveitável <-eis> [inaprovej'tavew, -ejs] *adj* no aprovechable

inaptidão <-ões> [inaptʃi'dɜ̃w, -'õjs] *f sem pl* ineptitud *f*; **~ para a. c.** ineptitud para algo

inapto, -a [in'aptu, -a] *adj* incapacitado, -a; **ser ~ para a. c.** estar incapacitado para algo

inarticulado, -a [inartʃi̯ku'ladu, -a] *adj* inarticulado, -a

inatacável <-eis> [inata'kavew, -ejs] *adj* 1. (*irrepreensível*) irreprochable

2. (*incontestável*) inatacable
inatenção <-ões> [inatẽj'sãw, -'õjs] *f* desatención *f*
inatingível <-eis> [inatʃĩj'ʒivew, -ejs] *adj* **1.** (*inalcançável*) inalcanzable **2.** (*incompreensível*) inasequible
inativar [ina'tʃivar] *vt* dejar inactivo a
inatividade [inatʃivi'dadʒi] *f* inactividad *f*
inativo, -a [ina'tʃivu, -a] *adj* **1.** (*indolente*) inactivo, -a **2.** (*funcionário*) jubilado, -a
inato [i'natu] *adj* innato, -a
inaudito, -a [inaw'dʒitu, -a] *adj* inaudito, -a
inaudível <-eis> [inaw'dʒivew, -ejs] *adj* inaudible
inauguração <-ões> [inawgura'sãw, -'õjs] *f* (*de loja, exposição, monumento*) inauguración *f*; (*começo*) comienzo *m*
inaugural <-ais> [inawgu'raw, -ajs] *adj* inaugural
inaugurar [inawgu'rar] **I.** *vt* inaugurar **II.** *vi* inaugurarse
inca ['ĩka] *mf* inca *mf*
incalculado, -a [ĩkawku'ladu, -a] *adj* no calculado, -a
incalculável <-eis> [ĩkawku'lavew, -ejs] *adj* incalculable
incandescência [ĩkãnde'sẽjsia] *f* incandescencia *f*
incandescente [ĩkãnde'sẽjtʃi] *adj* (*em brasa*) incandescente; (*coração, alma*) ardiente
incansável <-eis> [ĩkãn'savew, -ejs] *adj* incansable
incapacidade [ĩkapasi'dadʒi] *f* incapacidad *f*; ~ **para** [*ou* **de**] **a. c.** incapacidad para algo
incapacitado, -a [ĩkapasi'tadu, -a] *adj* incapacitado, -a; ~ **de trabalhar** incapacitado para trabajar
incapacitante [ĩkapasi'tãntʃi] *adj* (*doença*) que incapacita
incapacitar [ĩkapasi'tar] *vt* incapacitar
incapaz [ĩka'pas] **I.** *mf* incapaz *mf* **II.** *adj* incapaz; **ser ~ de a. c.** ser incapaz de algo
incauto, -a [ĩj'kawtu, -a] *adj* incauto, -a
incendiar [ĩsẽjdʒi'ar] *irr como odiar* **I.** *vt* incendiar; (*ânimos*) encender **II.** *vr*: **~-se** incendiarse
incendiário, -a [ĩsẽjdʒi'ariw, -a] *m, f* pirómano, -a *m, f*
incêndio [ĩj'sẽj'diw] *m* incendio *m*

incenso [ĩj'sẽjsu] *m* incienso *m*
incentivar [ĩjsẽjtʃi'var] *vt* incentivar; ~ **alguém a fazer a. c.** incentivar a alguien a hacer algo
incentivo [ĩjsẽj'tʃivu] *m* incentivo *m*; ~ **fiscal** incentivo fiscal; **esta medida é um ~ à agricultura** esta medida es un incentivo para la agricultura
incerteza [ĩjser'teza] *f* incertidumbre *f*
incerto, -a [ĩj'sɛrtu, -a] *adj* incierto, -a
incessante [ĩjse'sãntʃi] *adj* incesante
incesto [ĩj'sestu] *m* incesto *m*; **cometer ~** cometer incesto
incestuoso, -a [ĩjsestu'ozu, -'ɔza] *adj* incestuoso, -a
inchaço [ĩj'ʃasu] *m* hinchazón *f*
inchado, -a [ĩj'ʃadu, -a] *adj tb. fig* hinchado, -a
inchar [ĩj'ʃar] *vi* MED hincharse
incidência [ĩjsi'dẽjsia] *f* incidencia *f*; **ângulo de ~** ángulo de incidencia
incidental <-ais> [ĩjsidẽj'taw, -ajs] *adj* incidental; **música ~** música ambiental
incidente [ĩjsi'dẽjtʃi] **I.** *m* incidente *m* **II.** *adj* (*luz*) incidente; (*questão*) accesorio, -a
incidir [ĩjsi'dʒir] *vt* **1.** (*luz*) incidir; ~ **em a. c.** incidir en algo **2.** (*suspeita*) recaer; ~ **sobre alguém** recaer sobre alguien **3.** (*doença*) afectar; **a desnutrição incide em crianças pequenas** la desnutrición afecta a los niños pequeños **4.** (*erros*) incidir
incineração <-ões> [ĩjsinera'sãw, -'õjs] *f* (*de lixo*) incineración *f*
incinerador [ĩjsinera'dor] *m* incineradora *f*
incinerar [ĩjsine'rar] *vt* (*lixo*) incinerar
incipiente [ĩjsipi'ẽjtʃi] *adj* incipiente
incisão <-ões> [ĩjsi'zãw, -'õjs] *f* incisión *f*
incisivo [ĩjsi'zivu] *m* (*dente*) incisivo *m*
incisivo, -a [ĩjsi'zivu, -a] *adj* **1.** (*dente*) incisivo, -a **2.** (*pessoa, ordem*) enérgico, -a
incisões [ĩjsi'zõjs] *f pl de* **incisão**
incitar [ĩjsi'tar] **I.** *vt* **1.** (*cão*) azuzar **2.** (*à revolta*) incitar; ~ **a. c.** incitar a algo; ~ **alguém a fazer a. c.** incitar a alguien a hacer algo **II.** *vr*: **~-se** (*encolerizar-se*) irritarse
incivilizado, -a [ĩjsiviʎi'zadu, -a] *adj* incivilizado, -a
inclassificável <-eis> [ĩjklasifi'kavew, -ejs] *adj* inclasificable; (*digno de censura*) incalificable

inclemência [ĩjkle'mẽjsia] *f* inclemencia *f*; *fig* (*dureza*) severidad *f*; **a ~ do destino** la severidad del destino; **as ~s do tempo** las inclemencias del tiempo

inclemente [ĩjkle'mẽjtʃi] *adj* (*pessoa, clima*) inclemente; *fig* (*duro*) severo, -a

inclinação <-ões> [ĩjklina'sãw, -'õjs] *f* **1.** (*tendência, desvio*) inclinación *f*; **ter ~ para a. c.** tener inclinación por algo **2.** (*interesse amoroso*) atracción *f*; **ter ~ por alguém** sentir atracción por alguien

inclinado, -a [ĩjkli'nadu, -a] *adj* inclinado, -a; **~ a acessos de mau humor** inclinado a ataques de mal humor

inclinar [ĩjkli'nar] **I.** *vt* inclinar **II.** *vi* inclinarse **III.** *vr:* **~-se 1.** (*dobrar-se*) inclinarse; **~-se para trás** inclinarse hacia atrás **2.** (*submeter-se*) doblegarse; **todos se inclinam aos seus caprichos** todos se doblegan ante sus caprichos

incluído, -a [ĩjklu'idu, -a] *adj* incluido, -a; **com tudo ~** con todo incluido

incluir [ĩjklu'ir] <*pp:* incluso *ou* incluído> *irr* **I.** *vt* incluir **II.** *vr* **~-se em a. c.** incluirse en algo; **o pintor inclui-se na vanguarda artística** el pintor se incluye en la vanguardia artística

inclusão <-ões> [ĩjklu'zãw, -'õjs] *f* inclusión *f*; **~ social** inclusión social

inclusive [ĩjklu'zivi] *adv* inclusive; **do dia 1 ao dia 30 ~** del día 1 al día 30 inclusive

incluso, -a [ĩj'kluzu, -a] *adj* **1.** incluido, -a **2.** (*dente*) que no ha salido

inclusões [ĩjklu'zõjs] *f pl de* **inclusão**

incoadunável <-eis> [ĩjkoadu'navew, -ejs] *adj* inconciliable; **ser ~ com a. c.** ser inconciliable con algo

incoerência [ĩjkoe'rẽjsia] *f* incoherencia *f*

incoerente [ĩjkoe'rẽjtʃi] *adj* incoherente

incogitável <-eis> [ĩjkoʒi'tavew, -ejs] *adj* incalculable

incógnita [ĩj'kɔgnita] *f tb.* MAT incógnita *f*

incógnito [ĩj'kɔgnitu] *adv* de incógnito

incógnito, -a [ĩj'kɔgnitu, -a] *adj, m, f* desconocido, -a *m, f*

incolor [ĩjko'lor] *adj* incoloro, -a

incólume [ĩj'kɔlumi] *adj* incólume

incomensurável <-eis> [ĩjkomẽjsu'ravew, -ejs] *adj* inconmensurable

incomestível <-eis> [ĩjkomes'tʃivew, -ejs] *adj* incomible

incomodado, -a [ĩjkomo'dadu, -a] *adj* molesto, -a; **ficar ~ com a. c.** molestarse por algo

incomodar [ĩjkomo'dar] **I.** *vt* molestar **II.** *vr* **~-se com a. c.** molestarse por algo; **apesar das altas horas, o rapaz não se incomodou em abaixar o volume da TV** a pesar de lo tarde que era, el chico no se molestó en bajar el volumen de la televisión

incômodo [ĩj'komudu] *m* **1.** (*transtorno*) molestia *f*; **causar ~ a alguém** molestar a alguien; **não é ~ nenhum** no es ninguna molestia **2.** (*mal-estar*) malestar *m*; **sentia um ~ no corpo depois da operação** sentía malestar en el cuerpo después de la operación

incômodo, -a [ĩj'komudu, -a] *adj* incómodo, -a

incomparável <-eis> [ĩjkõwpa'ravew, -ejs] *adj* incomparable; **ser ~ a alguém/a. c.** no ser comparable a alguien/algo

incompatibilidade [ĩjkõwpatʃibiʎi'dadʒi] *f* incompatibilidad *f*; **haver ~ com a. c./alguém** haber incompatibilidad con algo/alguien

incompatível <-eis> [ĩjkõwpa'tʃivew, -ejs] *adj* incompatible; **ser ~ com a. c./alguém** ser incompatible con algo/alguien

incompetência [ĩjkõwpe'tẽjsia] *f* incompetencia *f*

incompetente [ĩjkõwpe'tẽjtʃi] *adj, mf* incompetente *mf*

incompleto, -a [ĩjkõw'plɛtu, -a] *adj* incompleto, -a

incomportável <-eis> [ĩjkõwpor'tavew, -ejs] *adj* intolerable

incompreendido, -a [ĩjkõwprẽj'dʒidu, -a] *adj, m, f* incomprendido, -a *m, f*

incompreensível <-eis> [ĩjkõwprɛj'sivew, -ejs] *adj* incomprensible

incomum [ĩjko'mũw] <-uns> *adj* fuera de lo común

incomunicabilidade [ĩjkomunikabiʎi'dadʒi] *f* JUR incomunicación *f*

incomunicável <-eis> [ĩjkomuni'kavew, -ejs] *adj* **1.** (*pensamentos*) inexpresable **2.** (*preso*) incomunicado, -a **3.** (*direito*) intransferible **4.** (*pessoa*) insociable

incomuns [ĩjko'mũws] *adj pl de* **incomum**

incomutável <-eis> [ĩjkomu'tavew,

-ejs] *adj* inconmutable
inconcebível <-eis> [ĩjkõwse'bivew, -ejs] *adj* inconcebible
inconciliável <-eis> [ĩjkõwsiʎi'avew, -ejs] *adj* irreconciliable
inconcludente [ĩjkõwkklu'dẽjtʃi] *adj* no concluyente
inconclusivo, -a [ĩjkõwklu'zivu, -a] *adj* no concluyente
incondicional <-ais> [ĩjkõwdʒisjo'naw, -ajs] *adj* incondicional
inconfesso, -a [ĩjkõw'fɛsu, -a] *adj* inconfeso, -a
inconfiável <-eis> [ĩjkõwfi'avew, -ejs] *adj* no confiable
inconfidência [ĩjkõwfi'dẽjsia] *f* 1. (*deslealdade*) infidelidad *f*; ~ **mineira** HIST *movimiento de finales del siglo XVIII que luchó por la independencia de la región de Minas Gerais del virreinato portugués, y que fue liderado por Tiradentes* 2. (*indiscrição*) indiscreción *f*
inconformado, -a [ĩjkõwfor'madu, -a] *adj* insatisfecho, -a
inconfundível <-eis> [ĩjkõwfũw'dʒivew, -ejs] *adj* inconfundible
incongruente [ĩjkõwgru'ẽjtʃi] *adj* incongruente
inconsciência [ĩjkõwsi'ẽjsia] *f sem pl tb.* MED inconsciencia *f*
inconscencioso, -a [ĩjkõwsiẽjsi'ozu, -'ɔza] *adj* inconsciente
inconsciente [ĩjkõwsi'ẽjtʃi] I. *m sem pl* PSICO inconsciente *m*; ~ **coletivo** inconsciente colectivo II. *adj tb.* MED inconsciente
inconsequente [ĩjkõwse'kwẽjtʃi] *adj* inconsecuente
inconsiderado, -a [ĩjkõwside'radu, -a] *adj* imprudente
inconsistente [ĩjkõwsis'tẽjtʃi] *adj* inconsistente
inconsolável <-eis> [ĩjkõwso'lavew, -ejs] *adj* inconsolable
inconstância [ĩjkõws'tãŋsia] *f* 1. METEO falta *f* de continuidad 2. (*psicológica*) inconstancia *f*
inconstante [ĩjkõws'tãŋtʃi] *adj* 1. (*tempo*) cambiante 2. (*pessoa*) inconstante
inconstitucional <-ais> [ĩjkõwstʃitusjo'naw, -'ajs] *adj* inconstitucional
inconstitucionalidade [ĩjkõwstʃitusjonaʎi'dadʒis] *f* inconstitucionalidad *f*
incontável <-eis> [ĩjkõw'tavew, -ejs]

adj incontable; (*inarrável*) inenarrable
incontestável <-eis> [ĩjkõwtes'tavew, -ejs] *adj* incontestable
inconteste [ĩjkõw'tɛstʃi] *adj* incontestado, -a
incontinência [ĩjkõwtʃi'nẽjsia] *f tb.* MED incontinencia *f*
incontinente [ĩjkõwtʃi'nẽjtʃi] *adj tb.* MED incontinente
incontornável <-eis> [ĩjkõwtor'navew, -ejs] *adj* ineludible
incontrolável <-eis> [ĩjkõwtro'lavew, -ejs] *adj* incontrolable
incontroverso, -a [ĩjkõwtro'vɛrsu, -a] *adj* incontrovertible
inconveniência [ĩjkõwveni'ẽjsia] *f* inconveniencia *f*; **causar** ~ **a alguém** incomodar a alguien
inconveniente [ĩjkõwveni'ẽjtʃi] *adj, m* inconveniente *m*
incoordenado, -a [ĩjkoorde'nadu, -a] *adj* sin coordinación
incorporação <-ões> [ĩjkorpora'sãw, -'õjs] *f* ECON fusión *f*
incorporar [ĩjkorpo'rar] *vt* 1. (*integrar*) incorporar; ~ **algo a** [*ou* **em**] **a. c.** incorporar algo a algo 2. (*uma empresa*) constituir 3. (*um personagem*) incorporar 4. REL (*entidade*) materializar
incorpóreo, -a [ĩjkor'pɔriw, -a] *adj* incorpóreo, -a
incorreção <-ões> [ĩjkoxe'sãw, -'õjs] *f* incorrección *f*
incorrer [ĩjko'xer] *vi* incurrir; ~ **em a. c.** incurrir en algo; ~ **na mesma falta** incurrir en el mismo fallo; ~ **nas multas** incurrir en multas
incorreto, -a [ĩjko'xɛtu, -a] *adj* incorrecto, -a
incorrigível <-eis> [ĩjkoxi'ʒivew, -ejs] *adj* incorregible
incorruptível <-eis> [ĩjkoxup'tʃivew, -ejs] *adj* incorruptible
incrédulo, -a [ĩj'krɛdulu, -a] *adj, m, f* incrédulo, -a *m, f*
incrementar [ĩjkremẽj'tar] *vt* 1. incrementar 2. (*a economia*) desarrollar 3. *inf* (*roupa, moto, prato*) mejorar 4. *gíria* (*provocar animação*) animar
incremento [ĩjkre'mẽjtu] *m* 1. (*crescimento, aumento*) incremento *m* 2. (*desenvolvimento*) desarrollo *m*
incriminar [ĩjkrimi'nar] I. *vt* incriminar II. *vr:* ~**-se** delatarse; **incriminou-se ao tentar fugir** se delató al intentar

huir
incrível <-eis> [ĩj'krivew, -ejs] *adj* increíble; **por ~ que pareça** aunque parezca increíble
incrustar [ĩjkrus'tar] *vt* incrustar
incubação <-ões> [ĩjkuba's3̃w, -'õjs] *f* incubación *f*
incubadora [ĩjkuba'dora] *f* incubadora *f*
incubar [ĩjku'bar] *vt* incubar
inculcar [ĩjkuw'kar] <c→qu> *vt* inculcar
incultivável <-eis> [ĩjkuwtʃi'vavew, -ejs] *adj* incultivable
inculto, -a [ĩj'kuwtu, -a] *adj* inculto, -a
incumbência [ĩjkũw'bẽjsia] *f* 1. incumbencia *f* 2. (*encargo*) tarea *f*; **ter a ~ de fazer a. c.** estar encargado de hacer algo
incumbido, -a [ĩjkũw'bidu, -a] *adj* encargado, -a; **estar ~ de a. c.** estar encargado de algo
incumbir [ĩjkũw'bir] **I.** *vt* encargar; **~ alguém de a. c.** encargar algo a alguien **II.** *vr:* **~-se** encargarse; **~-se das tarefas domésticas** encargarse de las tareas domésticas
incurável <-eis> [ĩjku'ravew, -ejs] *adj* incurable
incúria [ĩj'kuria] *f* dejadez *f*
incursão <-ões> [ĩjkur's3̃w, -'õjs] *f* incursión *f*; **~ aérea** incursión aérea; **a polícia fez uma ~ pelo morro** la policía hizo una incursión en la favela
incutir [ĩjku'tʃir] *vt* infundir; **~ a. c. em alguém** infundir algo a alguien
indagar [ĩjda'gar] <g→gu> *vt* indagar
indébito, -a [ĩj'dɛbitu, -a] *adj* indebido, -a
indecência [ĩjde'sẽjsia] *f* indecencia *f*
indecente [ĩjde'sẽjtʃi] *adj* indecente; **isso foi ~ da parte dela** eso fue muy indecente de su parte
indecifrável <-eis> [ĩjdesi'fravew, -ejs] *adj* indescifrable
indecisão <-ões> [ĩjdesi'z3̃w, -'õjs] *f* indecisión *f*
indeciso, -a [ĩjde'sizu, -a] *adj* indeciso, -a
indecisões [ĩjdesi'zõjs] *f pl de* **indecisão**
indeclinável <-eis> [ĩjdekli'navew, -ejs] *adj tb.* LING indeclinable
indecoroso, -a [ĩjdeko'rozu, -'ɔza] *adj* indecoroso, -a
indefensável <-eis> [ĩjdefẽj'savew, -ejs] *adj* indefendible
indeferido, -a [ĩjdefi'ridu, -a] *adj* denegado, -a
indeferimento [ĩjdeferi'mẽjtu] *m* denegación *f*
indeferir [ĩjdefi'rir] *irr como preferir vt* denegar
indefeso, -a [ĩjde'fezu, -a] *adj* indefenso, -a
indefinição <-ões> [ĩjdefini's3̃w, -õjs] *f* indefinición *f*
indefinidamente [ĩjdefinida'mẽjtʃi] *adv* indefinidamente
indefinido, -a [ĩjdefi'nidu, -a] *adj* LING indefinido, -a; **por tempo ~** por tiempo indefinido
indefinível <-eis> [ĩjdefi'nivew, -ejs] *adj* indefinible
indelével <-eis> [ĩjde'lɛvew, -ejs] *adj* indeleble
indelicadeza [ĩjdeʎika'deza] *f* indelicadeza *f*
indelicado, -a [ĩjdeʎi'kadu, -a] *adj* descortés; **ser ~ com alguém** ser descortés con alguien
indene [ĩj'deni] *adj* indemne
indenização <-ões> [ĩjdeniza's3̃w, -'õjs] *f* indemnización *f*; **pagar ~ aos empregados por insalubridade** pagar una indemnización por insalubridad a los empleados
indenizar [ĩjdeni'zar] *vt* indemnizar; **~ alguém por a. c.** indemnizar a alguien por algo
independência [ĩjdepẽj'dẽjsia] *f sem pl* independencia *f*
independente [ĩjdepẽj'dẽjtʃi] *adj* independiente
independentemente [ĩjdepẽjdẽjtʃi'mẽjtʃi] *adv* independientemente
indescritível <-eis> [ĩjdeskri'tʃivew, -ejs] *adj* indescriptible
indesculpável <-eis> [ĩjdeskuw'pavew, -ejs] *adj* imperdonable
indesejável <-eis> [ĩjdeze'ʒavew, -ejs] *adj* indeseable
indestrutível <-eis> [ĩjdestru'tʃivew, -ejs] *adj* indestructible
indeterminado, -a [ĩjdetermi'nadu, -a] *adj* indeterminado, -a; **por tempo ~** por tiempo indeterminado
indevassável <-eis> [ĩjdeva'savew, -ejs] *adj* inexpugnable
indevidamente [ĩjdevida'mẽjtʃi] *adv* indebidamente

indevido, -a [ĩjde'vidu, -a] *adj* indebido, -a

índex <índices> ['ĩjdeks, 'ĩjdʒisis] *m tb.* ANAT índice *m*

indexação <-ões> [ĩjdeksa'sãw, -'õjs] *f* ECON indexación *f;* ~ **de tarifas** regulación *f* de tarifas

indexador [ĩjdeksa'dor] *m* indicador *m* de indexación

indexar [ĩjdek'sar] *vt* indexar

Índia ['ĩjdʒia] *f* India *f*

indianista [ĩjdʒja'nista] *mf* indigenista *mf*

indiano, -a [ĩjdʒi'ɜnu, -a] *adj, m, f* indio, -a *m, f*

indicação <-ões> [ĩjdʒika'sãw, -'õjs] *f* **1.** (*instrução*) indicación *f;* **por ~ do médico** por indicación del médico **2.** (*indício*) indicio *m;* **haver ~ de a. c.** haber indicios de algo; **não há ~ de que...** +*conj* no hay indicios de que... +*subj* **3.** (*informação*) recomendación *f*

indicado, -a [ĩjdʒi'kadu, -a] *adj* **1.** (*apontado*) indicado, -a; **é aqui o local ~ no mapa** el lugar indicado en el mapa es aquí **2.** (*próprio*) indicado, -a; **não é o momento ~** no es el momento indicado **3.** (*designado*) nominado, -a; **ser ~ para um cargo** ser nominado para un cargo; **ser ~ para resolver o impasse** ser elegido para resolver el impasse **4.** (*recomendado*) recomendado, -a; **estas são as lojas indicadas** estas son las tiendas recomendadas

indicador [ĩjdʒika'dor] **I.** *m* (*ponteiro*) puntero *m;* (*dedo*) índice *m;* ~ **econômico** indicador económico **II.** *adj* indicativo, -a; ~ **de** indicativo de; **a subida de preços é um fator ~ de crise** la subida de los precios es un factor indicativo de la crisis

indicar [ĩjdʒi'kar] <c→qu> *vt* **1.** (*referir*) indicar; ~ **as razões** indicar las razones **2.** (*sugerir*) recomendar **3.** (*o caminho*) indicar **4.** (*para um cargo*) nominar **5.** (*dar indícios de*) indicar; **tudo indica que...** todo indica que...

indicativo [ĩjdʒika'tʃivu] *m sem pl* **1.** LING indicativo *m* **2.** (*indício*) indicador *m*

índice ['ĩjdʒisi] *m* índice *m;* ~**s de preços** índices de precios; ~ **remissivo** índice de materias

índices ['ĩjdʒisis] *m pl de* **índex**

indiciar [ĩjdʒisi'ar] *vt* **1.** (*denunciar*) revelar **2.** JUR procesar

indício [ĩj'dʒisiw] *m tb.* JUR indicio *m;* **haver ~ de a. c.** haber indicios de algo

Índico ['ĩjdʒiku] *m sem pl* Índico *m*

indiferença [ĩjdʒife'rējsa] *f* indiferencia *f*

indiferente [ĩjdʒife'rẽjtʃi] *adj* indiferente; **ser ~ a a. c.** ser indiferente a algo

indígena [ĩj'dʒiʒena] *adj, mf* indígena *mf*

indigência [ĩjdʒi'ʒẽjsia] *f* indigencia *f*

indigenista [ĩjdʒiʒe'nista] *mf* indigenista *mf*

indigente [ĩjdʒi'ʒẽjtʃi] *adj* indigente

indigestão <-ões> [ĩjdʒiʒes'tãw, -õjs] *f* indigestión *f*

indigesto, -a [ĩjdʒi'ʒɛstu, -a] *adj tb. fig* indigesto, -a

indigestões [ĩjdʒiʒes'tõjs] *f pl de* **indigestão**

indignação <-ões> [ĩjdʒigna'sãw, -'õjs] *f* indignación *f*

indignado, -a [ĩjdʒig'nadu, -a] *adj* (*pessoa*) indignado, -a; **ficar ~ com alguém/a. c.** indignarse con alguien/algo

indignar [ĩjdʒig'nar] **I.** *vt* indignar **II.** *vr:* ~**-se** indignarse; ~**-se com alguém/a. c.** indignarse con alguien/algo

indignidade [ĩjdʒigni'dadʒi] *f* indignidad *f;* **cometer uma ~ com alguém** cometer una indignidad con alguien

indigno, -a [ĩj'dʒignu, -a] *adj* indigno, -a; **ser ~ de a. c.** ser indigno de algo

índigo ['ĩjdʒigu] *m* añil *m*

índio, -a ['ĩjdʒiw, -a] *m, f* indio, -a *m, f*

> **Cultura** Según el censo de 2000, en Brasil hay 701.000 **índios**, una cifra que equivale al 0,4% de la población brasileña. Ocupan 587 áreas indígenas, que suman un total de 101 millones de hectáreas (11,92% del territorio brasileño). Pertenecen a aproximadamente 215 etnias, y se comunican en 180 lenguas (divididas en tres troncos: **tupi**, **macro-jê** y **aruák**) y dialectos; se les encuentra en casi todo el país. Los mayores problemas que amenazan a los pueblos indígenas son las invasiones y los intentos de explotación de

sus tierras por parte de granjeros, madereros y buscadores de oro y diamantes. El hombre blanco ha diseminado enfermedades desconocidas entre los indios, destruyendo el medio ambiente y sus tradiciones culturales.

indireta [ĩjdʒi'rɛta] *f inf* indirecta *f*; **dar** [*ou* **soltar**] **~s para alguém** lanzar una indirecta a alguien

indiretamente [ĩjdʒirɛta'mẽjtʃi] *adv* indirectamente

indireto, -a [ĩjdʒi'rɛtu, -a] *adj* 1. indirecto, -a 2. (*dissimulado*) disimulado, -a 3. (*duvidoso*) dudoso, -a

indisciplina [ĩjdʒisi'plina] *f* indisciplina *f*

indisciplinado, -a [ĩjdʒisipli'nadu, -a] *adj* indisciplinado, -a

indiscreto, -a [ĩjdʒis'krɛtu, -a] *adj* indiscreto, -a

indiscrição <-ões> [ĩjdʒiskri'sãw, -'õjs] *f* indiscreción *f*

indiscriminadamente [ĩjdʒiskriminada'mẽjtʃi] *adv* indiscriminadamente

indiscriminado, -a [ĩjdʒiskrimi'nadu, -a] *adj* indiscriminado, -a

indiscutível <-eis> [ĩjdʒisku'tʃivew, -ejs] *adj* indiscutible

indispensável <-eis> [ĩjdʒispẽj'savew, -ejs] *adj* indispensable; (*habitual*) inseparable

indisponível <-eis> [ĩjdʒispo'nivew, -ejs] *adj* no disponible

indispor [ĩjdʒis'por] *irr como* pôr I. *vt* indisponer II. *vr*: **~-se** indisponerse

indisposição <-ões> [ĩjdʒispozi'sãw, -'õjs] *f* indisposición *f*

indisposto [ĩjdʒis'postu] *pp de* **indispor**

indisposto, -a [ĩjdʒis'postu, -'ɔsta] *adj* indispuesto, -a; **estar ~** estar indispuesto

indisputável <-eis> [ĩjdʒispu'tavew, -ejs] *adj* indisputable

indissociável <-eis> [ĩjdʒisosi'avew, -ejs] *adj* indisociable; **ser ~ de** ser indisociable de

indissolúvel <-eis> [ĩjdʒiso'luvew, -ejs] *adj* indisoluble

indistinguível <-eis> [ĩjdʒistʃĩj'givew, -ejs] *adj* indistinguible

indistinto, -a [ĩjdʒis'tʃĩjtu, -a] *adj* indistinto, -a

individual <-ais> [ĩjdʒividu'aw, -'ajs] *adj* individual

individualidade [ĩjdʒividwaʎi'dadʒi] *f* individualidad *f*

individualismo [ĩjdʒividwa'ʎizmu] *m* individualismo *m*

individualista [ĩjdʒividwa'ʎista] *adj, mf* individualista *mf*

individualmente [ĩjdʒividwaw'mẽjtʃi] *adv* individualmente

indivíduo [ĩjdʒi'viduu] *m* 1. (*ser humano*) individuo *m* 2. *inf* (*sujeito*) tipo *m*; **aquele ~ nasceu com a sorte grande** este tipo nació con la suerte de cara

indivisível <-eis> [ĩjdʒivi'zivew, -ejs] *adj* indivisible

indóceis [ĩj'dɔsejs] *adj pl de* **indócil**

Indochina [ĩjdo'ʃina] *f* Indochina *f*

indócil <-eis> [ĩj'dɔsiw, -ejs] *adj* indomable; (*irritado*) nervioso, -a

índole ['ĩjduʎi] *f* 1. (*temperamento*) carácter *m*; **de boa ~** afable; **de má ~** malhumorado, -a 2. (*natureza*) índole *f*; **colabora em trabalhos de ~ social** colabora en trabajos de índice social

indolência [ĩjdo'lẽjsia] *f* indolencia *f*

indolente [ĩjdo'lẽjtʃi] *adj* indolente

indolor [ĩjdo'lor] *adj* indoloro, -a

indomável <-eis> [ĩjdo'mavew, -ejs] *adj* indomable

indômito, -a [ĩj'domitu, -a] *adj elev* indómito, -a

Indonésia [ĩjdo'nɛzia] *f* Indonesia *f*

indonésio, -a [ĩjdo'nɛziw, -a] *adj, m, f* indonesio, -a *m, f*

indubitável <-eis> [ĩjdubi'tavew, -ejs] *adj* indudable

indubitavelmente [ĩjdubitavew'mẽjtʃi] *adv* indudablemente

indução <-ões> [ĩjdu'sãw, -õjs] *f tb.* ELETR, FILOS inducción *f*

indulgência [ĩjduw'ʒẽjsia] *f* indulgencia *f*

indulgente [ĩjduw'ʒẽjtʃi] *adj* indulgente

indultar [ĩjduw'tar] *vt* indultar

indulto [ĩj'duwtu] *m* indulto *m*; **~ de Natal** JUR *indulto que conceden las autoridades brasileñas en Navidad*

indumentária [ĩjdumẽj'taria] *f* indumentaria *f*

indústria [ĩj'dustria] *f* industria *f*; **~ alimentícia** industria alimenticia; **~ farmacêutica** industria farmacéutica; **~ pesada** industria pesada; **~ petro-**

química industria petroquímica; **pequena** ~ pequeña industria
industrial <-ais> [ĩjdustri'aw, -'ajs] *adj, mf* industrial *mf*
industrialização <-ões> [ĩjdustrjaʎiza'sãw, -'õjs] *f* industrialización *f*
industrializar [ĩjdustrjaʎi'zar] *vt* industrializar
indutivo, -a [ĩjdu'tʃivu, -a] *adj* inductivo, -a
induzir [ĩjdu'zir] *vt* **1.** (*persuadir, deduzir*) inducir; ~ **alguém a a. c.** inducir a alguien a algo; ~ **em erro** inducir a error **2.** (*provocar*) provocar
inebriante [inebri'ãtʃi] *adj* embriagador(a)
inebriar [inebri'ar] *vt* embriagar *fig;* **deixou-se ~ pelo sucesso** se dejó embriagar por el éxito
inédito, -a [i'nɛdʒitu, -a] *adj* inédito, -a
inefável <-eis> [ine'favew, -ejs] *adj* inefable
ineficácia [inefi'kasia] *f* ineficacia *f*
ineficaz [inefi'kas] <-es> *adj* ineficaz
ineficiência [inefisi'ẽjsia] *f* ineficiencia
ineficiente [inefisi'ẽjtʃi] *adj* ineficiente
inegável <-eis> [ine'gavew, -ejs] *adj* innegable
inegociável <-eis> [inegosi'avew, -ejs] *adj* innegociable
inelegível <-eis> [inele'ʒivew, -ejs] *adj* inelegible
inequívoco, -a [ine'kivoku, -a] *adj* inequívoco, -a
inércia [i'nɛrsia] *f* inercia *f*
inerente [ine'rẽjtʃi] *adj* inherente; **ser ~ a a. c.** ser inherente a algo
inerte [i'nɛrtʃi] *adj* inerte
inervação <-ões> [inerva'sãw, -'õjs] *f* nervadura *f*
inescrupuloso, -a [ineskrupu'lozu, -'ɔza] *adj* sin escrúpulos
inescrutável <-eis> [ineskru'tavew, -ejs] *adj* inescrutable
inesgotável <-eis> [inesgo'tavew, -ejs] *adj* inagotable
inespecífico, -a [inespe'sifiku, -a] *adj* no específico, -a
inesperado, -a [inespe'radu, -a] *adj* inesperado, -a
inesquecível <-eis> [ineske'sivew, -ejs] *adj* inolvidable
inestimável <-eis> [inestʃi'mavew, -ejs] *adj* inestimable
inevitável <-eis> [inevi'tavew, -ejs] *adj* inevitable; (*sempre presente*) característico, -a

inexato, -a [ine'zatu, -a] *adj* inexacto, -a
inexaurível, -eis [inezaw'rivew, -ejs] *adj* inagotable
inexequível <-eis> [ineze'kwivew, -ejs] *adj* imposible de realizar
inexistência [inezis'tẽjsia] *f* inexistencia *f;* ~ **de a. c.** inexistencia de algo
inexistente [inezis'tẽjtʃi] *adj* inexistente
inexorável <-eis> [inezo'ravew, -ejs] *adj* **1.** inflexible **2.** (*destino*) inexorable
inexperiência [inesperi'ẽjsia] *f* inexperiencia *f*
inexperiente [inesperi'ẽjtʃi] *adj* **1.** inexperto, -a **2.** (*ingênuo*) ingenuo, -a
inexplicável <-eis> [inespli'kavew, -ejs] *adj* inexplicable
inexplorado, -a [inesplo'radu, -a] *adj* **1.** (*país, tema*) inexplorado, -a **2.** (*campo, mina*) sin explotar
inexpressivo, -a [inespre'sivu, -a] *adj* **1.** inexpresivo, -a **2.** (*sem importância*) insignificante
inexpugnável <-eis> [inespug'navew, -ejs] *adj* inexpugnable
inextinguível <-eis> [inestʃĩj'givew, -ejs] *adj* inagotable
infalível <-eis> [ĩjfa'ʎivew, -ejs] *adj* infalible
infame [ĩj'fami] *adj* infame
infâmia [ĩj'famia] *f* infamia *f*
infância [ĩj'fãnsia] *f* infancia *f*
infantaria [ĩjfãnta'ria] *f* MIL infantería *f*
infante [ĩj'fãntʃi] *m* MIL infante *m*
infante, -a [ĩj'fãntʃi, -ta] *m, f* infante, -a *m, f*
infantil <-is> [ĩjfãŋ'tʃiw, -'is] *adj* infantil; **contos infantis** cuentos infantiles; **educação ~** educación infantil; **não seja ~!** ¡no seas crío!
infantilidade [ĩjfãntʃiʎi'dadʒi] *f* infantilismo *m*
infantis [ĩjfãŋ'tʃis] *adj pl de* **infantil**
infatigável <-eis> [ĩjfatʃi'gavew, -ejs] *adj* infatigable
infausto, -a [ĩj'fawstu, -a] *adj* infausto, -a
infecção <-ões> [ĩjfek'sãw, -'õjs] *f* **1.** (*em ferida*) infección *f* **2.** (*contágio*) contagio *m*
infeccionado, -a [ĩjfeksjo'nadu, -a] *adj* infectado, -a
infeccionar [ĩjfeksjo'nar] **I.** *vt* infectar **II.** *vi* infectarse

infeccioso, -a [ĩjfeksi'ozu, -'ɔza] *adj* infeccioso, -a

infecções [ĩjfek'sõjs] *f pl de* **infecção**

infectado, -a [ĩjfek'tadu, -a] *adj* infectado, -a

infectar [ĩjfek'tar] I. *vt* infectar II. *vr:* **~ -se** infectarse

infecundo, -a [ĩjfe'kũwdu, -a] *adj* estéril *fig*

infelicidade [ĩjfeʎisi'dadʒi] *f* **1.** (*falta de felicidade*) infelicidad *f* **2.** (*desgraça*) desgracia *f* **3.** (*azar*) mala suerte *f*

infeliz [ĩjfe'ʎis] <-es> *adj, mf* infeliz *mf*

infelizmente [ĩjfeʎiz'mẽjtʃi] *adv* desgraciadamente

inferior [ĩjferi'or] *adj* inferior; **no inverno, a temperatura chega a ser ~ a 5°C** en invierno la temperatura llega a ser inferior a 5°C; **a piscina está num nível ~ ao da casa** la piscina está en un nivel inferior al de la casa; **este vinho é ~ aos demais da mesma região** este vino es inferior a los otros de la misma región

inferioridade [ĩjferjori'dadʒi] *f* inferioridad *f*

inferiorizar [ĩjferjori'zar] I. *vt* (*pessoa, trabalho*) menospreciar II. *vr:* **~ -se** considerarse inferior; **inferioriza-se diante dos concorrentes** se considera inferior frente a la competencia

inferir [ĩjfe'rir] *irr como preferir vt* inferir

infernal <-ais> [ĩjfer'naw, -'ajs] *adj* **1.** (*calor, barulho*) infernal **2.** (*dores*) atroz **3.** (*noite, pessoa*) excepcional

inferninho [ĩjfεr'niɲu] *m* antro *m*

infernizar [ĩjferni'zar] *vt* atormentar; **~ a vida de alguém** atormentar la vida de alguien

inferno [ĩj'fεrnu] *m* infierno *m*; **ser o ~ em vida** *inf* ser el infierno en la tierra; **vá para o ~!** *inf* ¡vete al infierno!

infértil <-eis> [ĩj'fεrtʃiw, -ejs] *adj* (*pessoa, solo*) infértil

infertilidade [ĩjfertʃiʎi'dadʒi] *f* (*de pessoa, solo*) infertilidad *f*

infestação <-ões> [ĩjfesta'sãw, -õjs] *f* infestación *f*

infestado, -a [ĩjfes'tadu, -a] *adj* infestado, -a

infestar [ĩjfes'tar] *vt* infestar

infidelidade [ĩjfideʎi'dadʒi] *f* infidelidad *f*

infiel <-éis> [ĩjfi'εw, -'εjs] I. *mf* REL infiel *mf* II. *adj* infiel; **ser ~ a alguém** ser infiel a alguien

infiltração <-ões> [ĩjfiwtra'sãw, -'õjs] *f* infiltración *f*

infiltrar-se [ĩjfiw'trarsi] *vr tb. fig* infiltrarse; **a água infiltrou-se pela parede da sala** el agua se infiltró por la pared del salón

ínfimo, -a ['ĩjfimu, -a] *adj* ínfimo, -a; **descrever a. c. até o mais ~ detalhe** describir algo hasta el más pequeño detalle

infindável <-eis> [ĩjfĩj'davew, -ejs] *adj* interminable

infinidade [ĩjfini'dadʒi] *f* infinidad *f*; **uma ~ de coisas** una infinidad de cosas

infinitamente [ĩjfinita'mẽjtʃi] *adv* infinitamente; **ser ~ maior/melhor** ser infinitamente mayor/mejor

infinitivo [ĩjfini'tʃivu] *m* LING infinitivo *m*

infinito [ĩjfi'nitu] *m* infinito *m*

infinito, -a [ĩjfi'nitu, -a] *adj* infinito, -a

inflação <-ões> [ĩjfla'sãw, -õjs] *f* ECON inflación *f*

inflacionado, -a [ĩjflasjo'nadu, -a] *adj* inflacionario, -a

inflacionar [ĩjflasjo'nar] *vt* provocar la inflación en; (*mercado de trabalho*) saturar

inflacionário, -a [ĩjflasjo'nariw, -a] *adj* inflacionario, -a

inflações [ĩjfla'sõjs] *f pl de* **inflação**

inflado, -a [ĩj'fladu, -a] *adj* **1.** inflado, -a **2.** (*vaidoso*) hinchado, -a

inflamação <-ões> [ĩjflama'sãw, 'õjs] *f* inflamación *f*

inflamado, -a [ĩjflaˈmadu, -a] *adj* inflamado, -a

inflamar [ĩjflaˈmar] *vi* inflamarse

inflamatório, -a [ĩjflamaˈtɔriw, -a] *adj* inflamatorio, -a

inflamável <-eis> [ĩjflaˈmavew, -ejs] *adj* inflamable; (*pessoa*) explosivo, -a

inflar [ĩj'flar] *irr como refletir vt* inflar

inflável <-eis> [ĩj'flavew, -ejs] *adj* inflable

inflexão <-ões> [ĩjflek'sãw, -'õjs] *f* inflexión *f*

inflexível <-eis> [ĩjflek'sivew, -ejs] *adj* inflexible

inflexões [ĩjflek'sõjs] *f pl de* **inflexão**

infligir [ĩjfli'ʒir] <g→j> *vt* **1.** (*um castigo*) infligir; **~ penas maiores aos motoristas infratores reincidentes** imponer mayores castigos a los conduc-

tores reincidentes **2.**(*dor*) causar
influência [ĩjflu'ẽjsia] *f* influencia *f;* **tráfico de** ~ tráfico de influencias; **uma pessoa de** ~ una persona influyente; **estar sob a** ~ **de álcool/calmantes** estar bajo la influencia del alcohol/de calmantes; **exercer** ~ **sobre alguém/ a. c.** ejercer influencia sobre alguien/algo; **ter** ~ **nos destinos do mundo** tener influencia sobre los destinos del mundo
influenciar [ĩjfluẽjsi'ar] **I.** *vt* influir **II.** *vr:* ~ -**se** influir; **deixou** ~ -**se demais pelo professor** se dejó influir demasiado por el profesor
influenciável <-eis> [ĩjfluẽjsi'avew, -ejs] *adj* influenciable
influente [ĩjflu'ẽjtʃi] *adj* influyente
influir [ĩjflu'ir] *conj como incluir* **I.** *vt* ~ **em** [*ou* **sobre**] influir en **II.** *vi* influir
influxo [ĩj'fluksu] *m* influjo *m;* ~ **de capitais** influjo de capitales
informação <-ões> [ĩjforma'sãw, -'õjs] *f* **1.**(*comunicação, notícia*) información *f;* **dar uma** ~ **a alguém** dar una información a alguien; **pedir informações a alguém sobre a. c.** pedir información a alguien sobre algo; **tivemos informações sobre o seu paradeiro** hemos recibido informaciones sobre su paradero; **para sua** ~ para tu información **2.**(*instrução*) instrucción *f;* **estas são as informações para o preenchimento da guia** estas son las instrucciones para completar el formulario
informações [ĩjforma'sõjs] *fpl* TEL información *f*
informado, -a [ĩjfor'madu, -a] *adj* informado, -a; **estar/ser** ~ estar/ser informado; **estar bem/mal** ~ estar bien/mal informado
informal <-ais> [ĩjfor'maw, -ajs] *adj* informal; **conversa** ~ conversación informal; **economia** ~ economía sumergida; **um jantar** ~ una cena informal
informalidade [ĩjformaʎi'dadʒi] *f* informalidad *f*
informante [ĩjfor'mãntʃi] *mf* informante *mf*
informar [ĩjfor'mar] **I.** *vt* informar; ~ **alguém de** [*ou* **sobre**] **a. c.** informar a alguien de algo; **a professora informou os alunos sobre as novas normas** la profesora informó a los alumnos de las nuevas normas; **pode me** ~ **os horários dos ônibus?** ¿me podría informar de los horarios de autobús? **II.** *vr* ~-**se sobre a. c.** informarse sobre algo; **informa-se sobre os preços antes de ir às compras** se informa de los precios antes de salir de compras; **informou-se com o policial sobre o acidente** se informó con el policía sobre el accidente
informática [ĩjfor'matʃika] *f sem pl* informática *f*
informático, -a [ĩjfor'matʃiku, -a] *adj* informático, -a
informativo [ĩjforma'tʃivu] *m* informativo *m*
informativo, -a [ĩjforma'tʃivu, -a] *adj* informativo, -a
informatizado, -a [ĩjformatʃi'zadu, -a] *adj* informatizado, -a
informatizar [ĩjformatʃi'zar] *vt* informatizar
informe [ĩj'fɔrmi] *m* informe *m*
infortúnio [ĩjfor'tuniw] *m* infortunio *m*
infração <-ões> [ĩjfra'sãw, -'õjs] *f* (*de lei, regra*) infracción *f;* (*de contrato*) incumplimiento *m*
Infraero [ĩjfra'ɛru] *f sem pl abr de* **Empresa Brasileira de Infraestrutura Aeroportuária** *organismo público brasileño responsable de los aeropuertos, equivalente a AENA en España*
infraestrutura [ĩjfrajstru'tura] *f* infraestructura *f*
infrator(a) [ĩjfra'tor(a)] *m(f)* infractor(a) *m(f)*
infravermelho, -a [ĩjfraver'meʎu, -a] *adj* infrarrojo, -a
infrequente [ĩjfre'kwẽjtʃi] *adj* infrecuente
infringir [ĩjfrĩj'ʒir] <g→j> *vt* infringir
infrutífero, -a [ĩjfru'tʃiferu, -a] *adj* (*terra*) infértil; (*esforços*) infructuoso, -a
infundado, -a [ĩjfũw'dadu, -a] *adj* infundado, -a
infundir [ĩjfũw'dʒir] *vt* (*respeito, admiração*) infundir
infusão <-ões> [ĩjfu'zãw, -'õjs] *f* infusión *f*
ingenuidade [ĩjʒenuj'dadʒi] *f* ingenuidad *f*
ingênuo, -a [ĩj'ʒenuu, -a] *adj* ingenuo, -a
ingerência [ĩjʒe'rẽjsia] *f* injerencia *f*
ingerir [ĩjʒe'rir] *irr como preferir* **I.** *vt*

ingerir II. *vr*: ~-**se** entrometerse; ~-**se em vida alheia** entrometerse en la vida de los otros

ingestão <-ões> [ĩʒesˈtãw, -ˈõjs] *f* ingestión *f*

Inglaterra [ĩglaˈtɛra] *f* Inglaterra *f*

inglês, -esa [ĩjˈgles, -ˈeza] I. *m, f* inglés, -esa *m, f*; **para** ~ **ver** *inf* para guardar las apariencias II. *adj* inglés, -esa

inglório, -a [ĩjˈglɔriw, -a] *adj* sin gloria

ingovernável <-eis> [ĩjgoverˈnavew, -ejs] *adj* 1. (*país, pessoa*) ingobernable 2. (*automóvel*) descontrolado, -a 3. (*raiva*) incontrolable

ingratidão <-ões> [ĩjgratʃiˈdãw, -ˈõjs] *f* ingratitud *f*

ingrato, -a [ĩjˈgratu, -a] *adj, m, f* ingrato, -a *m, f*

ingrediente [ĩjgredʒiˈẽjtʃi] *m tb. fig* ingrediente *m*

íngreme [ˈĩjgrimi] *adj* empinado, -a

ingressar [ĩjgreˈsar] *vi* ingresar; ~ **em a. c.** ingresar en algo; ~ **na escola** ingresar en el colegio

ingresso [ĩjˈgrɛsu] *m* 1. (*ação de ingressar*) ingreso *m*; **o** ~ **em uma instituição** el ingreso en una institución 2. (*bilhete*) entrada *f*

inhaca [ĩˈnaka] *f* peste *f*

inhame [ĩˈɲami] *f* ñame *m*

inibição <-ões> [inibiˈsãw, -ˈõjs] *f* inhibición *f*

inibido, -a [iniˈbidu, -a] *adj* inhibido, -a

inibidor(a) [inibiˈdor(a)] *adj* inhibidor(a)

inibir [iniˈbir] I. *vt* inhibir II. *vr*: ~-**se** inhibirse

iniciação <-ões> [inisjaˈsãw, -ˈõjs] *f* iniciación *f*; **fazer a** ~ **em a. c.** iniciarse en algo

iniciado, -a [iniˈsjadu, -a] *adj* iniciado, -a; **ser** ~ **em a. c.** haber sido iniciado en algo

inicial <-ais> [iniˈsjaw, -ˈajs] *adj, f* inicial *f*

inicialmente [inisjawˈmẽjtʃi] *adv* inicialmente

iniciante [iniˈsjãntʃi] *mf* principiante *mf*

iniciar [iniˈsjar] I. *vt* iniciar; ~ **alguém em a. c.** iniciar a alguien en algo II. *vr* ~-**se em a. c.** iniciarse en algo

iniciativa [inisjaˈtʃiva] *f* iniciativa *f*; **ter espírito de** ~ tomar siempre la iniciativa; **tomar a** ~ **de fazer a. c.** tomar la iniciativa de hacer algo; **ela sempre foi uma pessoa de** ~ siempre fue una persona con iniciativa; **por** ~ **própria** por iniciativa propia

início [iˈnisiw] *m* comienzo *m*, inicio *m*; **no** ~ al comienzo; **a sessão vai ter** ~ la sesión va a comenzar

inigualável <-eis> [inigwaˈlavew, -ejs] *adj* inigualable

inimaginável <-eis> [inimaʒiˈnavew, -ejs] *adj* inimaginable

inimigo, -a [iniˈmigu, -a] I. *adj* enemigo, -a II. *m, f* enemigo, -a *m, f*; ~ **jurado** enemigo declarado; **ser** ~ **de alguém/a. c.** ser enemigo de alguien/algo

inimitável <-eis> [inimiˈtavew, -ejs] *adj* inimitable

inimizade [inimiˈzadʒi] *f* enemistad *f*

ininteligível <-eis> [inĩjteʎiˈʒivew, -ejs] *adj* ininteligible

ininterruptamente [inĩjtexuptaˈmẽjtʃi] *adv* ininterrumpidamente

ininterrupto, -a [inĩjteˈxuptu, -a] *adj* ininterrumpido, -a

iniquidade [inikwiˈdadʒi] *f* iniquidad *f*

injeção <-ões> [ĩʒeˈsãw, -ˈõjs] *f tb. fig* inyección *f*; **dar/levar uma** ~ poner/recibir una inyección

injetar [ĩʒeˈtar] I. *vt tb. fig* inyectar II. *vr*: ~-**se** inyectarse; **os olhos se** ~-**am de sono** los ojos se le inyectaron por el sueño

injetável <-eis> [ĩʒeˈtavew, -ejs] *adj* inyectable

injunção <-ões> [ĩʒũwˈsãw, -õjs] *f* requerimiento *m*

injúria [ĩjˈʒuria] *f* injuria *f*

injuriado, -a [ĩʒuriˈadu, -a] *adj* 1. (*ofendido*) injuriado, -a 2. *inf* (*zangado*) cabreado, -a

injuriar [ĩʒuriˈar] I. *vt* injuriar II. *vr*: ~-**se** *inf* cabrearse; **injuria-se comigo facilmente** se cabrea conmigo fácilmente

injurioso, -a [ĩʒuriˈozu, -ˈɔza] *adj* injurioso, -a

injustiça [ĩʒusˈtʃisa] *f* injusticia *f*; **cometer uma** ~ cometer una injusticia; **isto é uma** ~! ¡esto es una injusticia!

injustiçado, -a [ĩʒustʃiˈsadu, -a] *adj* fruto de una injusticia; **o político disse que foi** ~ **pela imprensa** el político dijo que la prensa no le trató con justicia

injustificado, -a [ĩʒustʃifiˈkadu, -a]

injustificável <-eis> [ĩʒustʃĩfi'kavew, -ejs] *adj* injustificable
injusto, -a [ĩ'ʒustu, -a] *adj* injusto, -a
in loco [ĩj'lɔku] *adv* in situ
inocência [ino'sẽjsia] *f* inocencia *f*; **provar a ~ de alguém** probar la inocencia de alguien
inocentar [inosẽj'tar] *vt* declarar inocente a
inocente [ino'sẽjtʃi] **I.** *mf* inocente *mf*; **~ útil** (*pessoa*) instrumento *m* **II.** *adj* inocente
inocular [inoku'lar] *vt* inocular
inócuo, -a [i'nɔkuu, -a] *adj* inocuo, -a
inodoro, -a [ino'dɔru, -a] *adj* inodoro, -a
inofensivo, -a [inofẽj'sivu, -a] *adj* inofensivo, -a
inominável <-eis> [inomi'navew, -ejs] *adj* (*afronta*) innombrable
inoperante [inope'rãtʃi] *adj* inoperante
inoperável <-eis> [inope'ravew, -ejs] *adj* inoperable
inopinado, -a [inopi'nadu, -a] *adj* inopinado, -a
inoportuno, -a [inopor'tunu, -a] *adj* inoportuno, -a
inorgânico, -a [inor'gɐniku, -a] *adj* inorgánico, -a
inóspito, -a [i'nɔspitu, -a] *adj* inhóspito, -a
inovação <-ões> [inova'sɐ̃w, -õjs] *f* innovación *f*
inovador(a) [inova'dor(a)] *adj* innovador(a)
inovar [ino'var] *vt* innovar
inoxidável <-eis> [inoksi'davew, -ejs] *adj* inoxidable
INPC [jenipe'se] *m sem pl abr de* Índice Nacional de Preços ao Consumidor IPC *m*
inqualificável <-eis> [ĩkwaʎifi'kavew, -ejs] *adj* incalificable
inquebrável <-eis> [ĩjke'bravew, -ejs] *adj* irrompible
inquérito [ĩj'kɛritu] *m* investigación *f*
inquestionável <-eis> [ĩjkestʃjo'navew, -ejs] *adj* incuestionable
inquietação <-ões> [ĩjõjeta'sɐ̃w, -õjs] *f* inquietud *f*
inquietante [ĩjkje'tɐ̃tʃi] *adj* inquietante
inquietar [ĩjkje'tar] **I.** *vt* inquietar **II.** *vr:* **~-se** inquietarse
inquieto, -a [ĩj'kjɛtu, -a] *adj* inquieto, -a

inquilino, -a [ĩjki'ʎinu, -a] *m, f* inquilino, -a *m, f*
inquirição <-ões> [ĩjkiri'sɐ̃w, -õjs] *f* investigación *f*
inquirir [ĩjki'rir] *vt* (*interrogar*) inquirir; (*investigar*) investigar
Inquisição [ĩjkizi'sɐ̃w] *f* HIST Inquisición *f*
inquisidor [ĩjkizi'dor] *m* HIST inquisidor *m*
insaciável <-eis> [ĩjsasi'avew, -ejs] *adj* insaciable
insalubre [ĩjsa'lubri] *adj* insalubre
insalubridade [ĩjsalubri'dadʒi] *f* insalubridad *f*; **adicional de ~** plus *m* de insalubridad
insanidade [ĩjsɐni'dadʒi] *f* demencia *f*
insano, -a [ĩj'sɐnu, -a] *adj* excesivo, -a; (*irresponsável*) insano, -a
insatisfação <-ões> [ĩjsatsfa'sɐ̃w, -õjs] *f* insatisfacción *f*
insatisfatório, -a [ĩjsatsfa'tɔriw, -a] *adj* insatisfactorio, -a
insatisfeito, -a [ĩjsats'fejtu, -a] *adj* insatisfecho, -a; **estar/ficar ~ com alguém/a. c.** estar/quedar insatisfecho con alguien/algo
insaturado, -a [ĩjsatu'radu, -a] *adj* insaturado, -a
inscrever [ĩjskre'ver] <*pp:* inscrito> **I.** *vt* inscribir **II.** *vr:* **~-se em a. c.** inscribirse en algo
inscrição <-ões> [ĩjskri'sɐ̃w, -õjs] *f* inscripción *f*; **fazer ~ em a. c.** hacer la inscripción en algo; **as inscrições estão abertas** está abierto el plazo de inscripción
inscrito [ĩjs'kritu] **I.** *pp de* **inscrever** **II.** *adj* inscrito, -a; **há desenhos ~s nas paredes das cavernas** hay dibujos inscritos en las paredes de las cuevas; **os alunos ~s devem pagar uma taxa no banco** los alumnos inscritos tienen que pagar una tasa en el banco
insegurança [ĩjsegu'rɐ̃sa] *f* inseguridad *f*; **causar ~ entre os funcionários** crear una sensación de inseguridad entre los empleados
inseguro, -a [ĩjsi'guru, -a] *adj* inseguro, -a
inseminação <-ões> [ĩjsemina'sɐ̃w, -õjs] *f* inseminación *f*; **~ artificial** inseminación artificial
inseminar [ĩjsemi'nar] *vt* inseminar
insensatez [ĩjsẽjsa'tes] <-es> *f* insensatez *f*

insensato, -a [ĩjsẽj'satu, -a] *adj* insensato, -a

insensibilidade [ĩjsẽjsibiʎi'dadʒi] *f* insensibilidad *f*

insensível <-eis> [ĩjsẽj'sivew, -ejs] *adj* insensible; **ser ~ a a. c.** ser insensible a algo

inseparável <-eis> [ĩjsepa'ravew, -ejs] *adj* inseparable; **eles são amigos inseparáveis** son amigos inseparables

insepulto, -a [ĩjse'puwtu, -a] *adj* insepulto, -a

inserção <-ões> [ĩjser'sãw, -'õjs] *f* inserción *f*; **~ laboral** inserción laboral

inserir [ĩjse'rir] <*pp:* inserto *ou* inserido> *irr como preferir* **I.** *vt* insertar **II.** *vr* **~-se em um grupo** insertarse en un grupo

inseticida [ĩjsetʃi'sida] *m* insecticida *m*

inseto [ĩj'sɛtu] *m* insecto *m*

insidioso, -a [ĩjsidʒi'ozu, -'ɔza] *adj* insidioso, -a

insígnia [ĩj'signia] *f* insignia *f*

insignificância [ĩjsignifi'kãsia] *f* insignificancia *f*

insignificante [ĩjsignifi'kãntʃi] *adj* insignificante

insincero, -a [ĩjsĩ'sɛru, -a] *adj* insincero, -a

insinuação <-ões> [ĩjsinwa'sãw, -'õjs] *f* insinuación *f*; **fazer uma ~** hacer una insinuación

insinuante [ĩjsinu'ãntʃi] *adj* insinuante

insinuar [ĩjsinu'ar] **I.** *vt* insinuar; **o que você está querendo ~?** ¿qué insinúas?; **o ministro insinuou haver irregularidades** el ministró insinuó que había irregularidades **II.** *vr:* **~-se** insinuarse; **insinuou-se pelo mato adentro** se adentró en el bosque; **ela insinuava-se sem que ele percebesse** se le insinuaba sin que se diera cuenta

insípido, -a [ĩj'sipidu, -a] *adj* insípido, -a

insistência [ĩjsis'tẽjsia] *f* insistencia *f*; **pedir a. c. com ~** pedir algo con insistencia

insistente [ĩjsis'tẽjtʃi] *adj* insistente

insistir [ĩjsis'tʃir] *vt* insistir; **~ em fazer a. c.** insistir en hacer algo; **tanto insistiu que ela cedeu** insistió tanto que ella acabó cediendo

insociável <-eis> [ĩjsosi'avew, -ejs] *adj* insociable

insolação <-ões> [ĩjsola'sãw, -'õjs] *f* sem *pl* insolación *f*; **ter uma ~** coger una insolación

insolência [ĩjso'lẽjsia] *f* insolencia *f*

insolente [ĩjso'lẽjtʃi] *adj* insolente

insólito, -a [ĩj'sɔʎitu, -a] *adj* insólito, -a

insolúvel <-eis> [ĩjso'luvew, -ejs] *adj* **1.** (*substância, problema*) insoluble **2.** (*dívida*) incobrable

insolvência [ĩjsow'vẽjsia] *f* insolvencia *f*

insolvente [ĩjsow'vẽjtʃi] *adj* insolvente

insondável <-eis> [ĩjsõw'davew, -ejs] *adj* insondable

insone [ĩj'soni] *adj* insomne

insônia [ĩj'sonia] *f* insomnio *m*; **ter ~** tener insomnio

insosso, -a [ĩj'sosu, -a] *adj* **1.** (*sem sal*) soso, -a, insípido, -a **2.** *inf* (*pessoa*) soso, -a

inspeção <-ões> [ĩjspe'sãw, -'õjs] *f* inspección *f*

inspecionar [ĩjspesjo'nar] *vt* inspeccionar

inspetor(a) [ĩjspe'tor(a)] *m(f)* inspector(a) *m(f)*

inspetoria [ĩjspeto'ria] *f* inspección *f*

inspiração <-ões> [ĩjspira'sãw, -'õjs] *f* inspiración *f*

inspirado, -a [ĩjspi'radu, -a] *adj* inspirado, -a

inspirar [ĩjspi'rar] **I.** *vt* inspirar; **o estado dela inspira cuidados** su estado requiere cuidados **II.** *vi* inspirar; **inspire fundo** inspire hondo **III.** *vr:* **~-se** inspirarse; **~-se em alguém/a. c.** inspirarse en alguien/algo

INSS [jenjɛ'sjɛsi] *m sem pl abr de* **Instituto Nacional de Seguro Social** INSS *m*

instabilidade [ĩjstabiʎi'dadʒi] *f sem pl* inestabilidad *f*; **clima de ~** clima de inestabilidad

instalação <-ões> [ĩjstala'sãw, -'õjs] *f* **1.** (*de máquina, cabos, telefone*) instalación *f*; **~ elétrica** instalación eléctrica **2.** (*inauguração*) toma *f* de posesión; **cerimônia de ~** ceremonia de toma de posesión

instalar [ĩjsta'lar] **I.** *vt tb.* INFOR instalar **II.** *vr:* **~-se** instalarse; **~-se no apartamento** instalarse en el piso

instância [ĩjs'tãsia] *f tb.* JUR instancia *f*; **em última ~** en última instancia

instantâneo [ĩjstãŋ'tɜniw] *m* instantánea *f*

instantâneo, -a [ĩjstãŋ'tɜniw, -a] *adj*

instantâneo, -a
instante [ĩjs'tãntʃi] *m* instante *m;* **neste ~** en este instante; **isso se faz num ~** eso se hace en un instante; **um ~, por favor** un instante, por favor
instar [ĩjs'tar] *elev* **I.** *vt* **1.**(*insistir*) instar **2.**(*desaprovar*) cuestionar; **~ contra a. c.** cuestionar algo **II.** *vi* **~ (com) alguém** instar a alguien
instauração <-ões> [ĩjstawra'sãw, -'õjs] *f* instauración *f*
instaurar [ĩjstaw'rar] *vt* **1.**(*um sistema*) instaurar **2.** JUR (*um processo*) emprender
instável <-eis> [ĩjs'tavew, -ejs] *adj* inestable
instigante [ĩjstʃi'gãntʃi] *adj* estimulante
instigar [ĩjstʃi'gar] <g→gu> *vt* instigar
instilar [ĩjstʃi'lar] *vt* inyectar
instintivo, -a [ĩjstʃĩj'tʃivu, -a] *adj* instintivo, -a
instinto [ĩjs'tʃĩjtu] *m* instinto *m;* **~ de conservação** instinto de conservación; **~ maternal** instinto maternal; **agir por ~** actuar por instinto; **seguir os seus ~s** seguir sus instintos; **tem um bom ~ para os negócios** tiene un buen instinto para los negocios; **o seu ~ dizia para que desconfiasse do sócio** su instinto le decía que desconfiase del socio
institucional <-ais> [ĩjstʃĩtusjo'naw, -'ajs] *adj* institucional; **ato ~** acto institucional
institucionalizar [ĩjstʃĩtusjonaʎi'zar] *vt* institucionalizar
instituição <-ões> [ĩjstʃĩtuj'sãw, -'õjs] *f* institución *f;* **~ bancária** institución bancaria; **~ de caridade** institución de caridad
instituir [ĩjstʃĩtu'ir] *conj como incluir vt* **1.**(*fundar, fixar*) instituir **2.**(*designar*) nombrar
instituto [ĩjstʃĩ'tutu] *m* instituto *m;* **~ de beleza** instituto de belleza; **~ de línguas** academia *f* de idiomas
instrução <-ões> [ĩjstru'sãw, -'õjs] *f* instrucción *f;* **~ primária** instrucción primaria; **dar instruções a alguém** dar instrucciones a alguien; **seguir as instruções de alguém** seguir las instrucciones de alguien
instruído, -a [ĩjstru'idu, -a] *adj* instruido, -a
instruir [ĩjstru'ir] *conj como incluir vt*
1.(*educar, ensinar*) instruir **2.**(*dar instruções*) dar instrucciones a **3.**(*informar*) informar **4.** JUR (*um processo*) instruir
instrumentação [ĩjstrumẽjta'sãw] *f* instrumentación *f*
instrumental <-ais> [ĩjstrumẽj'taw, -'ajs] *adj* MÚS instrumental
instrumentista [ĩjstrumẽj'tʃista] *mf* instrumentista *mf*
instrumento [ĩjstru'mẽjtu] *m* instrumento *m;* **~ de cordas** instrumento de cuerda; **~ de sopro** instrumento de viento; **tocar um ~** tocar un instrumento
instrutivo, -a [ĩjstru'tʃivu, -a] *adj* instructivo, -a
instrutor(a) [ĩjstru'tor(a)] *m(f)* **1.** ESPORT preparador(a) *m(f);* **~ pessoal** preparador personal **2.** MIL instructor(a) *m(f)* **3.**(*de autoescola*) profesor(a) *m(f)*
insubmissão <-ões> [ĩjsubmi'sãw, -'õjs] *f* insumisión *f*
insubmisso, -a [ĩjsub'misu, -a] *adj* insumiso, -a
insubordinação [ĩjsubordʒina'sãw] *f* insubordinación *f*
insubordinado, -a [ĩjsubordʒi'nadu, -a] *adj* insubordinado, -a
insubornável <-eis> [ĩjsubor'navew, -ejs] *adj* insobornable
insubstituível <-eis> [ĩjsubstʃĩtu'ivew, -ejs] *adj* insustituible
insucesso [ĩjsu'sɛsu] *m* fracaso *m*
insuficiência [ĩjsufisi'ẽsja] *f sem pl* insuficiencia *f;* **~ cardíaca** insuficiencia cardiaca; **~ de recursos** insuficiencia de recursos
insuficiente [ĩjsufisi'ẽjtʃi] *adj* insuficiente
insuflar [ĩjsu'flar] *vt* **1.**(*pulmões, balão*) hinchar **2.**(*luta, rebeldia*) instigar
insular [ĩjsu'lar] **I.** *vt* TÉC aislar **II.** *adj* insular
insulina [ĩjsu'ʎina] *f* insulina *f*
insultante [ĩjsuw'tãntʃi] *adj* insultante
insultar [ĩjsuw'tar] *vt* insultar
insulto [ĩj'suwtu] *m* insulto *m*
insumo [ĩj'sumu] *m* ECON recurso *m*
insuperável <-eis> [ĩjsupe'ravew, -ejs] *adj* insuperable
insuportável <-eis> [ĩjsupor'tavew, -ejs] *adj* insoportable
insurgente [ĩjsur'ʒẽjtʃi] *adj, m* insur-

gente *mf*

insurgir-se [ĩjsur'ʒirsi] <g→j> *vr* sublevarse; ~ **contra a. c.** sublevarse contra algo

insurreição <-ões> [ĩjsuxej'sãw, -'õjs] *f* insurrección *f*

insurreto, -a [ĩjsu'xɛtu, -a] *adj, m, f* insurrecto, -a *m, f*

insuspeito, -a [ĩjsus'pejtu, -a] *adj* fuera de sospecha

insustentável <-eis> [ĩjsustẽj'tavew, -ejs] *adj* insostenible

intangível <-eis> [ĩjtãŋ'ʒivew, -ejs] *adj* intangible

intato [ĩj'tatu] *adj* intacto, -a

íntegra ['ĩjtegra] *adv* **na ~** integralmente

integração <-ões> [ĩjtegra'sãw, -'õjs] *f* integración *f*; **fazer a ~ com** [*ou* **em**] **a. c.** integrarse con algo

integral <-ais> [ĩjte'graw, -'ajs] *adj* integral; **arroz/pão ~** arroz/pan integral; **cálculo ~** MAT cálculo integral

integrante [ĩjte'grãntʃi] I. *mf* integrante *mf* II. *adj* integrante; **ser parte ~ de a. c.** ser parte integrante de algo

integrar [ĩjte'grar] I. *vt* integrar; **~ algo em a. c.** integrar algo en algo II. *vr* **~-se em** [*ou* **a**] **a. c.** integrarse en algo

integridade [ĩjtegri'dadʒi] *f sem pl* integridad *f*

íntegro, -a ['ĩjtegru, -a] *adj* íntegro, -a

inteirado, -a [ĩjtej'radu, -a] *adj* enterado, -a; **estar ~ de a. c.** estar enterado de algo

inteiramente [ĩjtejra'mẽjtʃi] *adv* totalmente; **estar ~ de acordo com alguém** estar totalmente de acuerdo con alguien

inteirar [ĩjtej'rar] I. *vt* enterar; **~ alguém de a. c.** enterar a alguien de algo II. *vr* **~-se de a. c.** enterarse de algo

inteiriço, -a [ĩjtej'risu, -a] *adj* de una pieza

inteiro, -a [ĩj'tejru, -a] *adj* entero, -a; **dar ~ apoio a alguém** dar todo su apoyo a alguien; **o dentista arrancou o dente por ~** el dentista le arrancó todo el diente

intelecto [ĩjte'lɛktu] *m* intelecto *m*

intelectual <-ais> [ĩjtelektu'aw, -'ajs] *adj, mf* intelectual *mf*

intelectualoide [ĩjtelektwa'lɔjdʒi] I. *mf pej* intelectualoide *mf* II. *adj* de intelectualoide

inteligência [ĩjteʎi'ʒẽjsia] *f sem pl* inteligencia *f*; **~ artificial** inteligencia artificial; **ela era brilhante, uma das grandes ~s do país** era brillante, una de las mayores eminencias del país

inteligente [ĩjteʎi'ʒẽjtʃi] *adj* inteligente

inteligível <-eis> [ĩjteʎi'ʒivew, -ejs] *adj* inteligible

intempérie [ĩjtẽj'pɛrii] *f* 1. METEO intemperie *f* 2. (*infortúnio*) desgracia *f*

intempestivo, -a [ĩjtẽjpes'tʃivu, -a] *adj* intempestivo, -a

intenção <-ões> [ĩjtẽj'sãw, -'õjs] *f* intención *f*; **com a melhor das intenções** con la mejor intención; **ter a ~ de fazer a. c.** tener (la) intención de hacer algo

intencionado, -a [ĩjtẽjsjo'nadu, -a] *adj* intencionado, -a

intencional <-ais> [ĩjtẽjsjo'naw, -'ajs] *adj* intencional

intencionar [ĩjtẽjsjo'nar] *vt* tener la intención de

intendência [ĩjtẽj'dẽjsia] *f* intendencia *f*

intendente [ĩjtẽj'dẽjtʃi] *mf* intendente *mf*

intensidade [ĩjtẽjsi'dadʒi] *f sem pl* intensidad *f*

intensificar [ĩjtẽjsifi'kar] <c→qu> I. *vt* intensificar II. *vr:* **~-se** intensificarse

intensivo, -a [ĩjtẽj'sivu, -a] *adj* intensivo, -a; **agricultura intensiva** agricultura intensiva; **curso ~** curso intensivo

intenso, -a [ĩj'tẽjsu, -a] *adj* intenso, -a

intento [ĩj'tẽjtu] *m* intento *m*

interação <-ões> [ĩjtera'sãw, -'õjs] *f* interacción *f*; **haver ~ entre uma coisa e outra** haber interacción entre una cosa y otra

interagir [ĩjtera'ʒir] <g→j> *vi* 1. *tb.* INFOR interactuar; **~ com a. c./alguém** interactuar con algo/alguien 2. (*relacionar-se*) relacionarse

interamericano, -a [ĩjterameri'kanu, -a] *adj* interamericano, -a

interativo, -a [ĩjtera'tʃivu, -a] *adj tb.* INFOR interactivo, -a

intercalar [ĩjterka'lar] *vt* intercalar; **~ uma coisa com outra** intercalar una cosa con otra

intercâmbio [ĩjter'kãnbiw] *m* intercambio *m*

interceder [ĩjterse'der] *vi* interceder; **~ por alguém/a. c.** interceder por alguien/algo

interceptar [ĩjtersep'tar] *vt* interceptar
interclube [ĩjter'klubi] *adj* (*campeonato*) entre clubes
intercontinental <-ais> [ĩjterkõwtʃinẽj'taw, -'ajs] *adj* intercontinental
interdição <-ões> [ĩjterdʒi's3̃w, -'õjs] *f* prohibición *f*
interdisciplinar [ĩjterdisipli'nar] *adj* interdisciplinar
interditado, -a [ĩjterdʒi'tadu, -a] *adj* **1.**(*rua, área*) cerrado, -a **2.** JUR inhabilitado, -a
interditar [ĩjterdʒi'tar] *vt* prohibir; **~ a. c. a** [*ou* **para**] **alguém** prohibir algo a alguien; **~ uma área ao acesso do público** cerrar un área al público
interdito, -a [ĩjter'dʒitu, -a] *adj* **1.** prohibido, -a **2.** JUR inhabilitado, -a
interessado, -a [ĩjtere'sadu, -a] I. *m, f;* **os ~s devem fazer o requerimento** los interesados deben efectuar la petición II. *adj* interesado, -a; **estar ~ em alguém/a. c.** estar interesado en alguien/algo; **ser ~** estar interesado
interessante [ĩjtere's3̃ntʃi] *adj* interesante; **o ~ é...** lo interesante es...
interessar [ĩjtere'sar] I. *vt* interesar; **isso não me interessa** eso no me interesa II. *vr* **~-se por alguém/a. c.** interesarse por alguien/algo
interesse [ĩjte'resi] *m* interés *m;* **falta de ~** falta de interés; **questão de ~ público** cuestión de interés público; **sem ~** sin interés; **demonstrar ~ pelo bem-estar geral** demostrar interés por el bien de todos; **fazer a. c. por ~** hacer algo por interés; **perder o ~** perder el interés; **ter ~ em a. c./ alguém** tener interés en algo/alguien; **o livro despertou o ~ da meninada** el libro despertó el interés de los niños; **o meu ~ é pelo sucesso da empresa** lo que me interesa es el éxito de la empresa
interesseiro, -a [ĩjtere'sejru, -a] *adj* interesado, -a
interestadual <-ais> [ĩjteristadu'aw, -'ajs] *adj* interestatal
interestelar [ĩjteriste'lar] <-es> *adj* interestelar
interface [ĩjter'fasi] *f* interfaz *f*
interferência [ĩjterfe'rẽjsia] *f* (*ruído*) interferencia *f;* **fazer ~** interferir
interferir [ĩjterfe'rir] *irr como* preferir *vi* interferir; **~ em a. c.** interferir en algo

interfonar [ĩjterfo'nar] *vi* llamar por el portero electrónico
interfone [ĩjter'foni] *m* portero *m* electrónico
interino, -a [ĩjte'rinu, -a] *adj* POL interino, -a
interior [ĩjteri'or] I. *m* interior *m;* **no ~** en el interior II. *adj* interior; **pátio ~** patio interior
interiorano, -a [ĩjterjo'rɜnu, -a] *adj* del interior
interiorizar [ĩjterjori'zar] *vt* interiorizar
interjeição <-ões> [ĩjter3ej's3̃w, -'õjs] *f* LING interjección *f*
interligado, -a [ĩjterʎi'gadu, -a] *adj* interconectado, -a
interlocutor(a) [ĩjterloku'tor(a)] *m(f)* interlocutor(a) *m(f)*
interlúdio [ĩjter'ludʒiw] *m* MÚS interludio *m*
intermediar [ĩjtermedʒi'ar] *conj como* odiar *vt* **1.**(*intercalar*) intercalar **2.**(*interceder*) intermediar
intermediário, -a [ĩjtermedʒi'ariw, -a] I. *m, f* intermediario, -a *m, f* II. *adj* intermedio, -a; **nível ~** nivel intermedio
intermédio [ĩjter'mɛdʒiw] *m* **por ~ de alguém** por intermedio de alguien
intermédio, -a [ĩjter'mɛdʒiw, -a] *adj* intermedio, -a
interminável <-eis> [ĩjtermi'navew, -ejs] *adj* interminable
interministerial <-ais> [ĩjterministeri'aw, -ajs] *adj* interministerial
intermitente [ĩjtermi'tẽjtʃi] *adj* intermitente
internação <-ões> [ĩjterna's3̃w, -'õjs] *f* **1.**(*em hospital*) ingreso *m;* **fazer a ~ de alguém em um hospital/uma clínica** ingresar a alguien en un hospital/una clínica **2.**(*em hospício*) internamiento *m*
internacional <-ais> [ĩjternasjo'naw, -'ajs] *adj* internacional
internado, -a [ĩjter'nadu, -a] *adj* internado, -a; **estar ~** estar internado
internar [ĩjter'nar] I. *vt* **1.**(*em hospital*) ingresar **2.**(*em colégio, hospício*) internar II. *vr:* **~-se** ingresar; **internou-se para cuidar da saúde** ingresó en el hospital para cuidar de su salud
internato [ĩjter'natu] *m* **1.**(*escola*) internado *m* **2.** MED (*estágio*) residencia *f*
internauta [ĩjter'nawta] *mf* INFOR inter-

nauta *mf*
Internet [ĩjter'nɛtʃi] *f* Internet *f;* **navegar na ~** navegar por Internet
internetizado, -a [ĩjternetʃi'zadu,-a] *adj* INFOR internetizado, -a
interno, -a [ĩj'tɛrnu, -a] *adj* interno, -a; **medicina interna** medicina interna
interpelação <-ões> [ĩjterpela'sãw, -'õjs] *f* 1.(*confrontação*) interpelación *f* 2. JUR citación *f*
interpelar [ĩjterpe'lar] *vt* 1.(*dirigir-se a*) interpelar 2. *tb.* JUR citar
interpor [ĩjter'por] *irr como pôr vt* interponer
interposto, -a [ĩjter'postu, -a] I. *pp de* **interpor** II. *adj* interpuesto, -a
interpretação <-ões> [ĩjterpreta'sãw, -'õjs] *f* interpretación *f;* **~ simultânea** interpretación simultánea
interpretar [ĩjterpre'tar] *vt* interpretar
intérprete [ĩj'tɛrpretʃi] *mf* intérprete *mf*
inter-racial <-ais> ['ĩjter-xasi'aw, -ajs] *adj* interracial
inter-regional <-ais> ['ĩjter-xeʒjo'naw, -'ajs] *adj* interregional
interregno [ĩjter'xɛgnu] *m elev* interregno *m*
interrogação <-ões> [ĩjtexoga'sãw, -'õjs] *f* 1.(*pergunta, incerteza*) interrogación *f* 2.(*interrogatório*) interrogatorio *m*
interrogar [ĩjtexo'gar] <g→gu> *vt* interrogar
interrogatório [ĩjtexoga'tɔriw] *m* interrogatorio *m*
interromper [ĩjtexõw'per] *vt* interrumpir
interrupção <-ões> [ĩjtexup'sãw, -'õjs] *f* interrupción *f;* **sem ~** sin interrupción
interruptor [ĩjtexup'tor] *m* ELETR interruptor *m*
intersecção <-ões> [ĩjtersek'sãw, -õjs] *f tb.* MAT intersección *f*
interurbano [ĩjterur'bʌnu] *m* TEL llamada *f* interurbana
interurbano, -a [ĩjterur'bʌnu, -a] *adj* TEL interurbano, -a; **chamada** [*ou* **ligação**] **interurbana** llamada interurbana; **serviço ~** servicio interurbano
intervalo [ĩjter'valu] *m* intervalo *m;* **fazer um ~** hacer un intervalo
intervenção <-ões> [ĩjtervẽj'sãw, -'õjs] *f* intervención *f*
interventor(a) [ĩjtervẽj'tor(a)] *m(f)* interventor(a) *m(f)*
intervir [ĩjter'vir] *irr como vir* I. *vt* intervenir; **~ em decisões judiciárias** intervenir en las decisiones judiciales; **evita ~ quando há bate-bocas** evita intervenir cuando hay discusiones II. *vi* 1. intervenir 2.(*acontecer*) sobrevenir
intestinal <-ais> [ĩjtestʃi'naw, -'ajs] *adj* intestinal
intestino [ĩjtes'tʃinu] *m* intestino *m;* **~ delgado/grosso** intestino delgado/grueso
intimação <-ões> [ĩjtʃima'sãw, -'õjs] *f* notificación *f;* JUR citación *f*
intimamente [ĩjtʃima'mẽjtʃi] *adv* íntimamente; **estar ~ relacionado com a. c.** estar íntimamente relacionado con algo
intimar [ĩjtʃi'mar] *vt* 1. notificar 2. JUR citar
intimidação <-ões> [ĩjtʃimida'sãw, -'õjs] *f* intimidación *f*
intimidade [ĩjtʃimi'dadʒi] *f* 1.(*vida íntima*) intimidad *f;* **ter ~ com alguém** tener intimidad con alguien 2.(*familiaridade*) intimidad *f;* **antes desafetos, agora conversavam na maior ~** antes adversarios, ahora conversaban en la mayor intimidad; **o jogador tem muita ~ com a bola** el jugador está muy familiarizado con el balón 3.(*atrevimento*) confianza *f;* **não gosto deste tipo de ~s** no me gusta ese tipo de confianzas
intimidador(a) [ĩjtʃimida'dor(a)] *adj* intimidatorio, -a
intimidar [ĩjtʃimi'dar] I. *vt* intimidar; **deixar-se ~ por alguém/a. c.** dejarse intimidar por alguien/algo II. *vr* **~-se com a. c.** intimidarse ante algo; **intimida-se na presença de pessoas inteligentes** le intimida la presencia de personas inteligentes
íntimo ['ĩjtʃimu] *m* íntimo *m;* **no ~** en lo íntimo; **foram convidados apenas os mais ~s** sólo fueron invitados los más íntimos
íntimo, -a ['ĩjtʃimu, -a] *adj* íntimo, -a; **mantém íntimas ligações com o alto escalão do governo** está íntimamente ligado a la plana mayor del gobierno
intitular [ĩjtʃitu'lar] I. *vt* titular II. *vr:* **~-se** denominarse
intocável <-eis> [ĩjto'kavew, -ejs] *adj* intocable
intolerância [ĩjtole'rãnsia] *f* intolerancia *f*
intolerante [ĩjtole'rãntʃi] *adj* intole-

rante
intolerável <-eis> [ĩjtoleˈravew, -ejs] *adj* intolerable
intoxicação <-ões> [ĩjtoksikaˈsãw, -ˈõjs] *f* intoxicación *f*; ~ **alimentar** intoxicación alimentaria
intoxicar [ĩjtoksiˈkar] <c→qu> I. *vt* intoxicar II. *vr:* ~-**se** intoxicarse
intraduzível <-eis> [ĩjtraduˈzivew, -ejs] *adj* intraducible
intragável <-eis> [ĩjtraˈgavew, -ejs] *adj* **1.** (*comida*) incomible **2.** (*insuportável*) intragable
intramuscular [ĩjtramuskuˈlar] *adj* intramuscular
intranquilidade [ĩjtrãŋkwiʎiˈdadʒi] *f* intranquilidad *f*
intranquilo, -a [ĩjtrãˈŋkwilu, -a] *adj* intranquilo, -a
intransferível <-eis> [ĩjtrãsfeˈrivew, -ejs] *adj* intransferible
intransigência [ĩjtrãzziˈʒẽjsia] *f* intransigencia *f*
intransigente [ĩjtrãzziˈʒẽjtʃi] *adj* intransigente
intransitável <-eis> [ĩjtrãziˈtavew, -ejs] *adj* intransitable
intransitivo [ĩjtrãziˈtʃivu] *adj* LING intransitivo, -a
intransmissível <-eis> [ĩjtrãzmiˈsivew, -ejs] *adj* intransmisible
intransponível <-eis> [ĩjtrãzspoˈnivew, -ejs] *adj* infranqueable
intratável <-eis> [ĩjtraˈtavew, -ejs] *adj* intratable
intravenoso, -a [ĩjtraveˈnozu, -ˈɔza] *adj* intravenoso, -a
intrépido, -a [ĩjˈtrɛpidu, -a] *adj* intrépido, -a
intriga [ĩjˈtriga] *f* **1.** (*mexerico*) intriga *f* **2.** (*desavença*) desavenencia *f*
intrigado, -a [ĩjtriˈgadu, -a] *adj* intrigado, -a; **estar** ~ **com a. c.** estar intrigado por algo; **ficar** ~ **com a. c.** quedarse intrigado con algo
intrigante [ĩjtriˈgãtʃi] *adj, mf* intrigante *mf*
intrigar [ĩjtriˈgar] <g→gu> I. *vt* intrigar II. *vr:* ~-**se** quedar intrigado, -a
intrincado, -a [ĩjtrĩjˈkadu, -a] *adj* intrincado, -a
intrínseco, -a [ĩjˈtrĩjseku, -a] *adj* intrínseco, -a
introdução <-ões> [ĩjtroduˈsãw, -ˈõjs] *f* introducción *f*
introduzir [ĩjtroduˈzir] I. *vt* introducir; ~ **em a. c.** introducir en algo II. *vr:* ~-**se em a. c.** introducirse en algo
intrometer-se [ĩjtromeˈtersi] *vr* entrometerse; ~ **em a. c.** entrometerse en algo
intrometido, -a [ĩjtromeˈtʃidu, -a] *adj* entrometido, -a
intromissão <-ões> [ĩjtromiˈsãw, -ˈõjs] *f* intromisión *f*
introspecção <-ões> [ĩjtrospekˈsãw, -ˈõjs] *f* introspección *f*
introspectivo, -a [ĩjtrospekˈtʃivu, -a] *adj* introspectivo, -a
introvertido, -a [ĩjtroverˈtʃidu, -a] *adj* introvertido, -a
intrujão, -ona <-ões> [ĩjtruˈʒãw, -ˈona, -ˈõjs] *m, f* impostor(a) *m(f)*
intrusão [ĩjtruˈzãw] *f* intrusión *f*
intruso, -a [ĩjˈtruzu, -a] *m, f* intruso, -a *m, f*
intuição [ĩjtujˈsãw] *f* intuición *f*
intuir [ĩjtuˈir] *conj como* incluir *vt* intuir
intuitivo, -a [ĩjtujˈtʃivu, -a] *adj* intuitivo, -a
intuito [ĩjˈtujtu] *m* **1.** (*intenção*) intención *f* **2.** (*propósito*) objetivo *m*
inumano, -a [inuˈmɜnu, -a] *adj* inhumano, -a
inumerável <-eis> [inumeˈravew, -ejs] *adj* innumerable
inúmero, -a [iˈnumeru] *adj* innumerable; **inúmeras vezes** innumerables veces
inundação <-ões> [inũwdaˈsãw, -ˈõjs] *f* **1.** (*de água*) inundación *f* **2.** (*de ideias, elogios*) lluvia *f* **3.** (*de mosquitos*) invasión *f*
inundado, -a [inũwˈdadu, -a] *adj* **1.** (*com água*) inundado, -a **2.** (*cheio*) invadido, -a
inundar [inũwˈdar] I. *vt* inundar II. *vi* (*rio*) desbordar III. *vr:* ~-**se** (*espalhar-se*) inundarse; **a cidade inundou-se de luz** la ciudad se inundó de luz
inusitado, -a [inuziˈtadu, -a] *adj* inusitado, -a
inútil <-eis> [iˈnutʃiw, -ejs] *adj* inútil
inutilidade [inutʃiʎiˈdadʒi] *f* inutilidad *f*; **é uma ~ total continuar tentando** es completamente inútil seguir intentándolo
inutilizado, -a [inutʃiʎiˈzadu, -a] *adj* **estar ~** (*objeto, bilhete*) estar inutilizado; (*pessoa*) estar frustrado
inutilizar [inutʃiʎiˈzar] *vt* inutilizar
inutilizável <-eis> [inutʃiʎiˈzavew, -ejs] *adj* inutilizable

invadir [ĩjva'dʒir] *vt* invadir
invalidar [ĩjvaʎi'dar] *vt* invalidar
invalidez [ĩjvaʎi'des] *f sem pl* MED invalidez *f*
inválido, -a [ĩj'vaʎidu, -a] *adj, m, f* inválido, -a *m, f*
invariável <-eis> [ĩjvari'avew, -ejs] *adj* invariable
invariavelmente [ĩjvarjavew'mẽjtʃi] *adv* invariablemente
invasão <-ões> [ĩjva'zãw, -'õjs] *f* invasión *f*; ~ **de domicílio** JUR violación *f* de domicilio; ~ **da privacidade** invasión de la vida privada [*o* de la privacidad]; **as praias sofrem uma ~ de turistas no verão** las playas sufren una invasión de turistas en verano
invasivo, -a [ĩjva'zivu, -a] *adj* 1. invasivo, -a 2. (*comportamento*) agresivo, -a
invasões [ĩjva'zõjs] *f pl de* **invasão**
invasor(a) [ĩjva'zor(a)] *m(f)* invasor(a) *m(f)*
inveja [ĩj'vɛʒa] *f* envidia *f*; **ter ~ de alguém** tener envidia de alguien; **estou morrendo de ~** me muero de envidia; **matou de ~ os amigos com o carro novo** dio mucha envidia a sus amigos con su coche nuevo
invejar [ĩjve'ʒar] *vt* envidiar; **~ a. c. de alguém** envidiar algo de alguien
invejável <-eis> [ĩjve'ʒavew, -ejs] *adj* envidiable
invejoso, -a [ĩjve'ʒozu, -'ɔza] *adj, m, f* envidioso, -a *m, f*
invenção <-ões> [ĩjvẽ'sãw, -'õjs] *f* invención *f*
invencionice [ĩjvẽsjo'nisi] *f* mentira *f*
invencível <-eis> [ĩjvẽj'sivew, -ejs] *adj* 1. (*inimigo*) invencible 2. (*obstáculo*) insuperable
inventar [ĩjvẽj'tar] *vt* 1. inventar 2. (*cismar*) meterse en la cabeza; **ela inventou de pintar a casa toda de azul** se le metió en la cabeza pintar toda la casa de azul
inventariação <-ões> [ĩjvẽjtarja'sãw, -'õjs] *f* inventario *m*
inventariar [ĩjvẽjtari'ar] *vt* inventariar
inventário [ĩjvẽj'tarju] *m* inventario *m*
inventivo, -a [ĩjvẽj'tʃivu, -a] *adj* ingenioso, -a
invento [ĩj'vẽjtu] *m* invento *m*
inventor(a) [ĩjvẽj'tor(a)] *m(f)* inventor(a) *m(f)*
inverdade [ĩjver'dadʒi] *f* falsedad *f*
inverno [ĩj'vɛrnu] *m* invierno *m*

inverossímil <-eis> [ĩjvero'simiw, -ejs] *adj* inverosímil
inversão <-ões> [ĩjver'sãw, -'õjs] *f* 1. (*contraversão*) inversión *f*; ~ **térmica** inversión térmica 2. LING hipérbaton *m*
inverso [ĩj'vɛrsu] *m* contrario *m*
inverso, -a [ĩj'vɛrsu, -a] *adj* inverso, -a
inversões [ĩjver'sõjs] *f pl de* **inversão**
invertebrado [ĩjverte'bradu] *m* invertebrado *m*
invertebrado, -a [ĩjverte'bradu, -a] *adj* invertebrado, -a
inverter [ĩjver'ter] *vt* invertir
invertido, -a [ĩjver'tʃidu, -a] *adj* invertido, -a
invés [ĩj'vɛs] *adv* **ao ~ de** al contrario de
investida [ĩjves'tʃida] *f* 1. MIL embestida *f* 2. (*tentativa*) intento *m*; **fazer uma ~ sobre alguém/a. c.** efectuar algunas tentativas con alguien/algo; **fez algumas ~s como músico mas não deu em nada** hizo algunas incursiones en la música pero no resultaron en nada
investidor(a) [ĩjvestʃi'dor(a)] *m(f)* inversor(a) *m(f)*
investigação <-ões> [ĩjvestʃiga'sãw, -'õjs] *f* investigación *f*; ~ **científica** investigación científica; ~ **policial** investigación policial
investigador(a) [ĩjvestʃiga'dor(a)] *m(f)* investigador(a) *m(f)*; ~ **científico** investigador científico
investigar [ĩjvestʃi'gar] <g→gu> *vt* investigar; ~ **um caso** investigar un caso
investimento [ĩjvestʃi'mẽjtu] *m* inversión *f*
investir [ĩjves'tʃir] *irr como* **vestir** I. *vt* (*dinheiro*) invertir; ~ **em ações** invertir en acciones; ~ **em um projeto** invertir en un proyecto II. *vi* embestir; ~ **contra** embestir contra III. *vr:* ~**-se** armarse; ~**-se de coragem** armarse de valor
inveterado, -a [ĩjvete'radu, -a] *adj* inveterado, -a; **ser um fumante ~** ser un fumador inveterado
inviabilizar [ĩjvjabiʎi'zar] *vt* volver inviable
inviável <-eis> [ĩjvi'avew, -ejs] *adj* inviable
invicto, -a [ĩj'viktu, -a] *adj* invicto, -a
inviolável <-eis> [ĩjvjo'lavew, -ejs] *adj*

(*código*) inviolable
invisível <-eis> [ĩjvi'zivew, -ejs] *adj* invisible
in vitro [ĩj'vitru] in vitro; **fecundação** ~ fecundación in vitro
invocado, -a [ĩjvo'kadu, -a] *adj* **1.** (*cismado*) desconfiado, -a **2.** (*irritado*) enfadado, -a; **estar ~ com alguém/a. c.** estar enfadado con alguien/algo; **ficar ~ com alguém/a. c.** enfadarse con alguien/algo
invocar [ĩjvo'kar] <c→qu> I. *vt* **1.** (*uma razão, um espírito*) invocar **2.** *gíria* (*irritar*) enfadar; **adora ~ as pessoas** le encanta enfadar a la gente II. *vi* **~ com alguém** meterse con alguien; **invocava sempre com as roupas que a mulher vestia** se metía siempre con la ropa que vestía la mujer
invólucro [ĩj'vɔlukru] *m* envoltorio *m*
involuntário, -a [ĩjvolũw'tariw, -a] *adj* involuntario, -a
invulgar [ĩjvul'gar] *adj* poco común
invulnerável <-eis> [ĩjvuwne'ravew, -ejs] *adj* invulnerable
iodo ['jodu] *m sem pl* yodo *m*
IOF [io'ɛfi] *m sem pl abr de* **Imposto sobre Operações Financeiras** impuesto *m* que se aplica a las transacciones financieras
ioga [i'oga] *f sem pl* yoga *m*
iogurte [jo'gurtʃi] *m* yogur *m*
ioiô [jo'jo] *m* yoyó *m*
íon ['iõw] <-es> *m* ión *m*
ionização [joniza'sãw] *f* ionización *f*
ioruba [joru'ba] *mf* yoruba *mf*
iota [jɔ'ta] *m* iota *m*
ipê [i'pe] *m* BOT *árbol que es considerado símbolo del Brasil*
ípsilon ['ipsilõw] *m* y *f* griega
IPTU [ipete'u] *m sem pl abr de* **Imposto Predial e Territorial Urbano** contribución *f* urbana
IPVA [ipeve'a] *m sem pl abr de* **Imposto sobre a Propriedade de Veículos Automotores** impuesto *m* de circulación
IR [ĩj'postu dʒi 'xẽjda] *m abr de* **Imposto de Renda** Impuesto *m* sobre la Renta
ir ['ir] *irr* I. *vi* **1.** (*a pé, geral*) ir; **~ de avião** ir en avión; **~ de carro** ir en coche; **~ a cavalo** ir a caballo; **~ a pé** ir a pie; **~ embora** irse, marcharse; **vamos (embora)!** ¡vámonos!; **~ levando** *inf* ir tirando; **~ longe** *fig* llegar lejos; **já vou!** ¡ya voy!; **você vai à festa?** ¿vas a ir a la fiesta?; **onde você vai?** ¿adónde vas?; **ou vai ou racha** *inf* va a por todas; **não adianta se lamentar; vamos em frente** de nada sirve lamentarse; sigamos adelante; **vamos e venhamos, este cara é um chato** *inf* admítelo, ese tío es un pesado **2.** (*dirigir-se*) ir; **~ à escola** ir al colegio **3.** (*estar, passar*) ir; **como vai?** ¿cómo te va?; **ele não vai muito bem** no le va muy bien; **como é que vai o trabalho?** ¿cómo va el trabajo? **4.** (*futuro*) **~ fazer a. c.** ir a hacer algo; **vou sair** voy a salir; **eu vou trabalhar amanhã** voy a trabajar mañana **5.** (+ *gerúndio*) **~ fazendo a. c.** ir haciendo algo; **eu vou andando** [*ou* **indo**] voy yendo **6.** (*aplicar*) ir; **parte do meu salário vai para pagar as contas** parte de mi salario va para pagar las facturas **7.** (*destino*) ir; **tudo que está sobre a mesa vai para o lixo** todo lo que está sobre la mesa va a la basura **8.** (*simpatizar*) **~ na conversa dos outros** dejarse seducir por otros; **não vou com a cara dele** no me cae bien II. *vr:* **~-se 1.** (*partir*) **~-se** (**embora**) irse **2.** *inf* (*morrer*) irse **3.** (*desaparecer*) irse; **o amor terminou, foi-se tudo** el amor se terminó, desapareció todo
ira ['ira] *f* ira *f*
Irã [i'rã] *m* Irán *m*
irado, -a [i'radu, -a] *adj* furioso, -a
iraniano, -a [irɐni'ɜnu, -a] *adj, m, f* iraní
Iraque [i'raki] *m* Irak *m*
iraquiano, -a [iraki'ɜnu, -a] *adj, m, f* iraquí
irascível <-eis> [ira'sivew, -ejs] *adj* irascible
ir e vir <ires e vires> ['ir i 'vir, 'iriz i 'viris] *m* libertad *f* de movimientos
íris ['iris] *f inv* **1.** BOT iridácea *f* **2.** ANAT iris *m*
Irlanda [ir'lɜ̃da] *f* Irlanda *f*
irlandês, -esa [irlɜ̃n'des, -'eza] *adj, m, f* irlandés, -esa *m, f*
irmã [ir'mã] <-s> *f* hermana *f*; **~ gêmea** hermana gemela
irmandade [irmɜ̃n'dadʒi] *f* hermandad *f*
irmão <-s> [ir'mɜ̃w, -s] *m* hermano *m*; **~ gêmeo** hermano gemelo; **~s siameses** hermanos siameses; **e aí, ~, tudo em paz?** *gíria* ¿qué tal va todo,

ironia [iro'nia] *f* ironía *f*; **isso é ~ do destino** eso es una ironía del destino
ironicamente [ironika'mẽjtʃi] *adv* irónicamente
irônico, -a [i'roniku, -a] *adj* irónico, -a
ironizar [ironi'zar] *vt* ironizar
irracional <-ais> [ixasjo'naw, -'ajs] *adj* irracional
irracionalidade [ixasjonaʎi'dadʒi] *f* irracionalidad *f*
irradiação <-ões> [ixadʒja'sãw, -'õjs] *f* irradiación *f*
irradiar [ixadʒi'ar] *vt* irradiar
irreal <-ais> [ixe'aw, -'ajs] *adj* irreal
irreconciliável <-eis> [ixekõwsiʎi'avew, -ejs] *adj* irreconciliable
irreconhecível <-eis> [ixekõɲe'sivew, -ejs] *adj* irreconocible; **ele está ~** está irreconocible
irrecuperável <-eis> [ixekupe'ravew, -ejs] *adj* irrecuperable
irrecusável <-eis> [ixeku'zavew, -ejs] *adj* irrecusable
irredutível <-eis> [ixedu'tʃivew, -ejs] *adj* irreductible
irrefletido, -a [ixefle'tʃidu, -a] *adj* irreflexivo, -a
irrefutável <-eis> [ixefu'tavew, -ejs] *adj* irrefutable
irregular [ixegu'lar] *adj* irregular
irregularidade [ixegulari'dadʒi] *f* irregularidad *f*
irrelevante [ixele'vãtʃi] *adj* irrelevante
irremediável <-eis> [ixemedʒi'avew, -ejs] *adj* irremediable
irremissível <-eis> [ixemi'sivew, -ejs] *adj* irremisible
irreparável <-eis> [ixepa'ravew, -ejs] *adj* irreparable
irrepreensível <-eis> [ixepreẽj'sivew, -ejs] *adj* irreprensible
irrequieto, -a [ixi'kjɛtu, -a] *adj* inquieto, -a
irresistível <-eis> [ixezis'tʃivew, -ejs] *adj* irresistible
irresoluto, -a [ixezo'lutu, -a] *adj* indeciso, -a
irrespirável <-eis> [ixespi'ravew, -ejs] *adj* irrespirable
irresponsabilidade [ixespõwsabiʎi'dadʒi] *f* irresponsabilidad *f*
irresponsável <-eis> [ixespõw'savew, -ejs] *adj* irresponsable
irrestrito, -a [ixes'tritu, -a] *adj* ilimitado, -a
irreverência [ixeve'rẽjsia] *f* irreverencia *f*
irreverente [ixeve'rẽjtʃi] *adj* irreverente
irreversível <-eis> [ixever'sivew, -ejs] *adj* irreversible
irrevogável <-eis> [ixevo'gavew, -ejs] *adj* irrevocable
irrigação <-ões> [ixiga'sãw, -'õjs] *f* (*de terreno, jardim, sangue*) irrigación *f*; (*de rua*) riego *m*; **~ sanguínea** MED irrigación sanguínea
irrigar [ixi'gar] <g→gu> *vt* (*terreno, jardim, sangue*) irrigar; (*rua*) regar
irrisório, -a [ixi'zɔriw, -a] *adj* irrisorio, -a
irritabilidade [ixitabiʎi'dadʒi] *f* irritabilidad *f*
irritação <-ões> [ixita'sãw, -'õjs] *f* irritación *f*
irritadiço, -a [ixita'dʒisu, -a] *adj* irritable
irritado, -a [ixi'tadu, -a] *adj* irritado, -a
irritante [ixi'tãtʃi] *adj* irritante
irritar [ixi'tar] I. *vt* irritar II. *vr:* **~-se** irritarse
irritável <-eis> [ixi'tavew, -ejs] *adj* irritable
irromper [ixõw'per] *vi* **1.** (*pessoa*) irrumpir; **os alunos ~am na sala de aula** los alumnos irrumpieron en la clase **2.** (*ódio*) brotar
isca ['iska] *f* **1.** (*para pescar*) cebo *m* **2.** *fig* anzuelo *m*; **morder a ~** morder el anzuelo
isenção <-ões> [izẽj'sãw, -'õjs] *f* exención *f*; **~ de impostos** exención de impuestos
isento, -a [i'zẽjtu, -a] *adj* exento, -a; **~ de impostos/taxas** exento de impuestos/tasas
Islã [iz'lã] *m* islam *m*
islâmico, -a [iz'lɜmiku, -a] *adj* islámico, -a
islamismo [izlɜ'mizmu] *m sem pl* islamismo *m*
islandês, -esa [izlɜ̃j'des, -'eza] *adj, m, f* islandés, -esa *m, f*
Islândia [iz'lɜ̃ndʒia] *f* Islandia *f*
isolado, -a [izo'ladu, -a] *adj* aislado, -a; **estar/ficar ~ de tudo** estar/quedarse completamente aislado
isolamento [izola'mẽjtu] *m* aislamiento *m*
isolante [izo'lɜ̃tʃi] *adj* (*material*) aislante
isolar [izo'lar] I. *vt* aislar II. *vr:* **~-se** aislarse; **~-se de tudo** aislarse completa-

mente
isopor [izo'pɔr] <-es> *m* corcho *m* (blanco)
isósceles [i'zɔsɛʎis] *adj* isósceles
isótopo [i'zɔtopu] *m* isótopo *m*
isqueiro [is'kejru] *m* encendedor *m*, mechero *m*; **acender o** ~ encender el mechero
Israel [isxa'ɛw] *m* Israel *m*
israelense [isxae'lẽjsi] *adj*, *mf* israelí *mf*
israelita [isxae'ʎita] *adj*, *mf* israelita *mf*
isso ['isu] *pron dem* eso *m*; **por** ~ por eso; **o que é** ~**?** ¿qué es eso?; **me dá** ~ **aqui!** ¡dame eso!; ~ **não interessa** eso no interesa; ~ **é com você!** ¡eso es cosa tuya!; ~ **mesmo!** ¡eso mismo!
istmo ['stʃimu] *m* istmo *m*
isto ['istu] *pron dem* esto *m*; ~ **é** esto es; **com** ~ con esto; **o que é** ~**?** ¿qué es esto?
Itália [i'taʎja] *f* Italia *f*
italiano, -a [ita'ʎjɐnu, -a] *adj*, *m*, *f* italiano, -a *m*, *f*
itálico [i'taʎiku] *m* cursiva *f*; **escrever a. c. em** ~ escribir algo en cursiva
itálico, -a [i'taʎiku, -a] *adj* cursiva
item [i'tẽj] <-ens> *m* ítem *m*
itinerante [itʃine'rɐ̃ntʃi] *adj* itinerante
itinerário [itʃine'rariw] *m* itinerario *m*
lugoslávia [juguz'lavia] *f* Yugoslavia *f*
iugoslavo, -a [juguz'lavu, -a] *adj*, *m*, *f* yugoslavo, -a *m*, *f*

J

J, j ['ʒɔta] *m* J, j *f*
já [ʒa] **I.** *adv* **1.** (*antecipadamente, anteriormente*) ya; **você** ~ **esteve no Canadá?** ¿ya has estado en Canadá?; ~ **não sei mais** ya no sé **2.** (*agora*) ya; **é para** ~ es para ahora mismo; ~ **chega!** ¡ya va! **3.** (*dentro de pouco tempo*) ya; ~ **vou!** ¡ya voy!; **até** ~**!** ¡hasta ahora! **4.** (*imediatamente*) ya; **faça isso** ~**!** ¡haz eso ya mismo!; **isso fica pronto** ~**,** ~ eso va estar listo ahora mismo **II.** *conj* **1.** (*por outro lado*) ahora; **não gosto de filmes de terror;** ~ **os de ficção científica me agradam mais** no me gustan las películas de terror; ahora, las de ciencia ficción me gustan más **2.** ~ **que** ya que **3. desde** ~ **de** antemano; **desde** ~ **agradeço a sua ajuda** le agradezco su ayuda de antemano
jaburu [ʒabu'ru] *m* **1.** ZOOL yabirú *m* **2.** *pej* (*pessoa*) coco *m*
jabuti [ʒabu'tʃi] *m* ZOOL tortuga *f* de patas rojas
jabuticaba [ʒabutʃi'kaba] *f* BOT *fruto de la jabuticabeira, de color negro, con pulpa blanca suculenta y dulce*
jacarandá [ʒakarɐ̃n'da] *m* BOT jacarandá *m*
jacaré [ʒaka'rɛ] *m* ZOOL yacaré *m*
jacinto [ʒa'sĩjtu] *m* jacinto *m*
jactância [ʒak'tɐ̃nsia] *f elev* jactancia *f*
jade ['ʒadʒi] *m* jade *m*
jaguar [ʒa'gwar] <-es> *m* ZOOL jaguar *m*, tigre *m* *AmL*
jaguatirica [ʒagwatʃi'rika] *f* ZOOL ocelote *m*
jagunço [ʒa'gũwsu] *m* guardaespaldas *m inv*, gorila *m inf*
jaleco [ʒa'lɛku] *m* bata *f*
jamaicano, -a [ʒamaj'kɐnu, -a] *adj*, *m*, *f* jamaicano, -a *m*, *f*
jamais [ʒa'majs] *adv* jamás; ~ **pensei em tal coisa** jamás pensé eso; **eu** ~ **iria lá** yo jamás iría ahí; **é o mais bonito que** ~ **vi** es lo más bonito que he visto nunca
jamanta [ʒa'mɐ̃nta] *f* **1.** ZOOL manta *f* **2.** *pej* (*pessoa*) gigantón, -ona *m*, *f* **3.** (*caminhão*) trailer *m*
jambo ['ʒɐ̃nbu] **I.** *m* **1.** BOT pomarrosa *f* **2.** (*iambo*) yambo *m* **II.** *adj inv* (*cor*) **ela tem a pele** ~ tiene la piel muy morena
janeiro [ʒa'nejru] *m* enero *m*; *v.tb.* **março**
janela [ʒa'nɛla] *f* **1.** (*no edifício*) ventana *f*; ~ **dupla** doble ventana; **entrar pela** ~ *fig* entrar por enchufe **2.** (*lacuna em texto*) hueco *m* **3.** *inf* (*buraco*) agujero *m* **4.** INFOR ventana *f* **5.** (*tempo livre*) hueco *m*
jangada [ʒɐ̃n'gada] *f* balsa *f*
jangadeiro [ʒɐ̃nga'dejru] *m* balsero *m*
janota [ʒa'nɔta] *m* HIST dandi *m*
janta ['ʒɐ̃nta] *f inf* cena *f*
jantar¹ [ʒɐ̃n'tar] *m* cena *f*; **fazer o** ~ hacer la cena

jantar² [ʒɐ̃ŋˈtar] *vi* cenar
Japão [ʒaˈpɜ̃w] *m* Japón *m*
japona [ʒaˈpona] *f* (*roupa*) chaquetón *m*
japonês, -esa [ʒapoˈnes, -ˈeza] <-eses> *adj, m, f* japonés, -esa *m, f*
jaqueira [ʒaˈkejɾa] *f* BOT *árbol de hasta 15 metros de altura y madera amarilla, muy cultivado en Brasil*
jaqueta [ʒaˈketa] *f* chaqueta *f*
jaquetão <-ões> [ʒakeˈtɜ̃w] *m* chaquetón *m*
jararaca [ʒaɾaˈɾaka] *f* **1.** ZOOL yarará *f* **2.** *inf* (*pessoa*) víbora *f*
jarda [ˈʒaɾda] *f* METEO yarda *f*
jardim <-ins> [ʒaɾˈdʒĩj] *m* jardín *m*; **~ botânico/zoológico** jardín botánico/zoológico
jardim de infância [ʒaɾˈdʒĩj dʒĩjˈfɜ̃nsia] <jardins de infância> *m* jardín *m* de infancia, kindergarten *m inv AmL*
jardim de inverno [ʒaɾˈdʒĩj dʒĩjˈvɛɾnu] <jardins de inverno> *m* jardín *m* de invierno
jardinagem [ʒaɾdʒiˈnaʒẽj] <-ens> *f* jardinería *f*
jardinar [ʒaɾdʒiˈnar] *vi* ajardinar
jardineira [ʒaɾdʒiˈnejɾa] *f* **1.** (*caixa*) jardinera *f* **2.** (*roupa*) mono *m*, overol *m AmL* **3.** (*pessoa*) maestra *f* de un jardín de infancia, educadora *f* de párvulos *AmL*
jardineiro, -a [ʒaɾdʒiˈnejɾu, -a] *m, f* jardinero, -a *m, f*
jardins [ʒaɾˈdʒĩjs] *m pl de* **jardim**
jargão <-ões> [ʒaɾˈgɜ̃w, -ˈõjs] *m* jerga *f*
jarra [ˈʒaxa] *f* **1.** (*de água*) jarra *f* **2.** (*de flores*) jarrón *m*
jarrão <-ões> [ʒaˈxɜ̃w, -ˈõjs] *m* jarrón *m*
jarro [ˈʒaxu] *m* **1.** (*de água*) jarro *m* **2.** (*de flores*) jarrón *m* **3.** BOT *planta ornamental de la familia de las aristoloquiáceas*
jarrões [ʒaˈxõjs] *m pl de* **jarrão**
jasmim [ʒazˈmĩj] <-ins> *m* jazmín *m*
jato [ˈʒatu] *m* **1.** (*de água*) chorro *m* **2.** AERO reacción *f*; **propulsão a ~** propulsión a reacción **3.** (*luz*) rayo *m*
jatobá [ʒatoˈba] *f* curbaril *m*
jaula [ˈʒawla] *f* jaula *f*
Java [ˈʒava] *f* Java *f*
javali, na [ʒavaˈʎi, -ˈina] *m, f* jabalí, -ina *m, f*
javanês, -esa [ʒavɜˈnes, -ˈeza] <-eses> *adj, m, f* javanés, -esa *m, f*
jaz [ʒaz] <3. pess pres: jaz> *vi* yacer

jazida [ʒaˈzida] *f* yacimiento *m*; **~ mineral** yacimiento mineral
jazigo [ʒaˈzigu] *m* sepultura *f*
jazz [ˈdʒɛs] *m sem pl* MÚS jazz *m*
jazzista [dʒɛˈzista] *mf* jazzista *mf*
jazzístico, -a [dʒɛˈzistʃiku, -a] *adj* jazzístico, -a
jeca [ˈʒɛka] I. *adj* **1.** (*caipira*) pueblerino, -a **2.** (*cafona*) hortera II. *mf* pueblerino, -a *m, f*
jeca-tatu [ˈʒɛka-taˈtu] <jecas-tatus> *m habitante de la región interior de Brasil, de costumbres rudimentarias*
jegue [ˈʒɛgi] *m reg* **1.** ZOOL asno *m* **2.** *pej* (*pessoa*) burro *m*
jeitão <-ões> [ʒejˈtɜ̃w, -ˈõjs] *m inf* forma *f* de ser
jeito [ˈʒejtu] *m sem pl* **1.** (*aptidão, destreza*) habilidad *f*; **falta de ~** falta de habilidad; **sem ~** sin habilidad; **ter** [*ou* **levar**] **~ para** (**fazer**) **a. c.** tener habilidad para (hacer) algo; **ele não tem** [*ou* **leva**] **~ nenhum para isso** no tiene ninguna habilidad para eso **2.** (*de uma pessoa*) forma *f* de ser; **ele tem um ~ brincalhão** es muy bromista **3.** (*maneira*) forma *f*; **com ~ de** con forma de; **de ~ nenhum!** ¡de ninguna forma!; **de que ~?** ¿de qué forma?; **desculpar o mau ~** disculparse; **fazer algo daquele ~** hacer algo de aquella manera; (**falar**) **com ~** (hablar) con cuidado; **ficar** [*ou* **estar**] **sem ~** avergonzarse; **pelo ~, parece que vai chover** por lo que parece, va a llover **4.** (*arranjo*) arreglo *m*; **dar um ~ em a. c.** (*situação*) encontrar un arreglo para algo; **dar um ~ no cabelo** arreglarse el pelo; **dar um ~ na casa** arreglar la casa; **não dá ~** no tiene arreglo; **isso não tem ~!** ¡eso no tiene arreglo!; **não vejo ~** no tiene arreglo **5.** (*torcedura*) torcedura *f*; **dar um** (**mau**) **~ no pé** torcerse el pie
jeitões [ʒejˈtõjs] *m pl de* **jeitão**
jeitoso, -a [ʒejˈtozu, -a] *adj* **1.** (*pessoa: habilidoso*) habilidoso, -a **2.** (*casa, sala, sofá*) funcional **3.** (*aparência*) cuidado, -a
jejuar [ʒeʒuˈar] *vi* ayunar
jejum <-uns> [ʒeˈʒũw] *m* **1.** (*abstenção de alimentação*) ayuno *m*; **estar** [*ou* **ficar**] **em ~** hacer ayuno; **quebrar o ~** romper el ayuno **2.** (*privação*) ausencia *f*; **~ de vitórias** ausencia de victorias
jenipapo [ʒeniˈpapu] *m* BOT *fruto del jenipapeiro, con pulpa aromática y*

comestible
Jeová [ʒeo'va] *m* Jehová *m*
jequitibá [ʒekitʃi'ba] *f* BOT *árbol de hasta 45 metros de altura nativo de Brasil, con una gran copa*
jerico [ʒi'riku] *m* **1.** ZOOL asno *m* **2.** *pej (pessoa)* burro *m*
jérsei ['ʒɛrsej] *m* tejido *m* de punto
jesuíta [ʒezu'ita] *adj, m* jesuita *m*
Jesus [ʒe'zus] *m* Jesús *m;* **~!** ¡Jesús!
jetom <-ons> [ʒe'tõw] *m* remuneración *f*
jet ski [ʒɛts'ki] *m* moto *f* acuática
jiboia [ʒi'bɔja] *f* **1.** ZOOL boa *f* **2.** BOT poto *m*
jiboiar [ʒiboj'ar] *vi* hacer la digestión
jihad [ʒi'xadʒi] *m* REL yihad *m*
jiló [ʒi'lɔ] *m* BOT *planta herbácea anual de sabor amargo, muy cultivada en Brasil*
jingle ['dʒĩjgow] *m* jingle *m*
jipe ['ʒipi] *m* jeep *m*
joalheiro, -a [ʒua'ʎejru, -a] *adj, m, f* joyero, -a *m, f*
joalheria [ʒuaʎe'ria] *f* joyería *f*
joanete [ʒua'nɛtʃi] *m* MED juanete *m*
joaninha [ʒua'niɲa] *f* ZOOL mariquita *f*
joão-bobo <joões-bobos> [ʒu'ãw'bobu, ju'õjs-] *m* muñeco hinchable con una base pesada rellena de arena al que los niños dan golpes
joão-de-barro <joões-de-barro> [ʒu'ãw-dʒi-'baxu, ʒu'õjs-] *m* ZOOL hornero *m*
joão-ninguém <joões-ninguém> [ʒu'ãw-nĩj'gẽj, ʒu'õjs-] *m* don nadie *m*
João Pessoa [ju'ãw pe'soa] João Pessoa
joça ['ʒɔsa] *f gíria* **esta televisão é uma ~** esta televisión es una caca; **para que serve esta ~?** ¿para qué sirve este chisme?; **ele saiu, foi fazer uma ~ qualquer** ha salido, se ha ido a hacer cualquier tontería
jocosidade [ʒokozi'dadʒi] *f* jocosidad *f*
jocoso, -a [ʒo'kozu, -'ɔza] *adj* jocoso, -a
joelhada [ʒue'ʎada] *f* rodillazo *m*
joelheira [ʒue'ʎejra] *f* rodillera *f*
joelho [ʒu'eʎu] *m* rodilla *f;* **cair de ~s** ponerse de rodillas; **estar** [*ou* **ficar**] **de ~s** estar de rodillas
jogada [ʒo'gada] *f* jugada *f;* **estar fora da ~** *fig* no estar metido; **foi uma boa ~** fue una buena jugada; **morar na ~** *gíria* pescarlo; **tirar alguém da ~** *fig* sacar a alguien del medio

jogador(a) [ʒoga'dor(a)] <-es> *m(f)* jugador(a) *m(f)*
jogão <-ões> [ʒo'gãw, -'õjs] *m inf* partidazo *m*
jogar [ʒo'gar] <g→gu> I. *vt* **1.** *(um jogo)* jugar; *(uma carta)* tirar; **~ cartas** jugar a las cartas; **~ a última carta** *fig* jugarse la última carta **2.** *(arriscar)* jugar; **~ na bolsa** jugar a la Bolsa; **~ na loto** jugar a la lotería **3.** *(atirar)* tirar; **~ fora** tirar; **a multidão insatisfeita jogou ovos no político** la multitud insatisfecha tiró huevos al político II. *vi (balançar)* balancear III. *vr:* **~-se** tirarse; **~-se nos braços de alguém** tirarse a los brazos de alguien; **uma pessoa jogou-se da janela** una persona se tiró desde la ventana
jogatina [ʒoga'tʃina] *f* juego *m*
jogging ['ʒɔgĩj] *m* jogging *m;* **fazer ~** hacer jogging
jogo ['ʒogu] *m* juego *m;* **~ americano** juego de mantel y servilletas; **~ de azar** juego de azar; **~ do bicho** *lotería clandestina muy popular en Brasil;* **Jogos Olímpicos** Juegos Olímpicos; **~ de palavras** juego de palabras; **Jogos Pan-Americanos** Juegos Panamericanos; **~ sujo** juego sucio; **abrir o ~** *fig* poner las cartas sobre la mesa; **entrar no ~** entrar en el juego; **entregar o ~** tirar la toalla; **esconder o ~** ocultar las intenciones; **estar em ~** *fig* estar en juego; **fazer ~ duplo** jugar un doble juego; **ter ~ de cintura** *inf* ser flexible; **virar o ~** *inf* darle la vuelta a la tortilla
jogo da velha <jogos da velha> [ʒogu da 'vɛʎa, 'ʒjguz-] *m* tres *m* en raya
jogões [ʒo'gõjs] *m pl de* **jogão**
jogral <-ais> [ʒo'graw] *m* juglar *m*
joguete [ʒo'getʃi] *m (pessoa)* juguete *m fig*
joia ['ʒɔja] *f* **1.** *(para adorno)* joya *f;* **ele é uma ~** *inf* es una joya; **~, vamos juntos na festa!** *gíria* ¡guay, vamos juntos a la fiesta! **2.** *(de inscrição)* tasa *f*
joint venture ['ʒɔjtʃi 'vẽjtʃur] *f* empresa *f* conjunta
joio ['ʒoju] *m* BOT cizaña *f;* **separar o ~ do trigo** *prov* separar la paja del grano
jojoba [ʒo'ʒɔba] *f* BOT jojoba *f*
jóquei ['ʒɔkej] *m* ESPORT jockey *m*
jóquei-clube [ʒɔkei-'klubi] <jóqueis-clube(s)> *m* club *m* hípico
Jordânia [ʒor'dɐnia] *f* Jordania *f*
jornada [ʒor'nada] *f* jornada *f;* traba-

lhar em ~ integral trabajar a jornada completa

jornal <-ais> [ʒor'naw, -'ajs] *m* **1.**(*periódico*) periódico *m* **2.**(*noticiário*) noticias *fpl*

jornaleco [ʒorna'lɛku] *m pej, inf* periodicucho *m*

jornaleiro [ʒorna'lejru] *m* quiosco *m*

jornaleiro, -a [ʒorna'lejru, -a] *m, f* vendedor(a) *m(f)* de periódicos

jornalismo [ʒorna'ʎizmu] *m* periodismo *m*

jornalista [ʒorna'ʎista] *mf* periodista *mf*

jornalístico, -a [ʒorna'ʎistʃiku, -a] *adj* periodístico, -a

jorrar [ʒo'xar] *vi* (*água, palavras*) brotar

jorro ['ʒoxu] *m* chorro *m*

jovem ['ʒɔvẽj] <-ens> *adj, mf* joven *mf*

jovial <-ais> [ʒovi'aw, -'ajs] *adj* jovial

jovialidade [ʒovjaʎi'dadʒi] *f sem pl* jovialidad *f*

juazeiro [ʒwa'zejru] *m* BOT azufaifo *m*

juba ['ʒuba] *f* melena *f*

jubilação <-ões> [ʒubila'sãw] *f* (*de professor*) jubilación *f*; (*de aluno*) expulsión *f*

jubilado, -a [ʒubi'ladu, -a] *adj* (*professor*) jubilado, -a; (*aluno*) expulsado, -a

jubilar [ʒubi'lar] **I.** *vi* jubilarse **II.** *vr:* **~-se** jubilarse

jubileu [ʒubi'lew] *m* jubileo *m*; **~ de prata** bodas *fpl* de plata

júbilo ['ʒubilu] *m* júbilo *m*

jubiloso, -a [ʒubi'lozu, -'ɔza] *adj* jubiloso, -a

judaico, -a [ʒu'dajku, -a] *adj* judaico, -a

judaísmo [ʒuda'izmu] *m sem pl* judaísmo *m*

judas ['ʒudas] *m inv* judas *m inv*; **pegar alguém para ~** convertir a alguien en víctima; **onde ~ perdeu as botas** en el quinto pino

judeu, judia [ʒu'dew, ʒu'dʒia] *m, f* judío, -a *m, f*

judiação <-ões> [ʒudʒja'sãw, -'õjs] *f* maltrato *m*

judiado, -a [ʒudʒi'adu, -a] *adj* maltratado, -a

judiar [ʒudʒi'ar] *vi* maltratar; **~ de alguém** maltratar a alguien

judicial <-ais> [ʒudʒisi'aw, -'ajs] *adj* judicial

judiciário, -a [ʒudʒisu'ariw, -a] *adj* judicial; **poder ~** poder judicial

judicioso, -a [ʒudʒisi'ozu, -'ɔza] *adj* juicioso, -a

judô [ʒu'do] *m* judo *m*

judoca [ʒu'dɔka] *mf* ESPORT judoka *mf*

jugo ['ʒugo] *m* yugo *m*

jugular [ʒugu'lar] <-es> *adj* (*veia*) yugular

juiz, juíza [ʒu'iz, ʒu'iza] <-es> *m, f* **1.** JUR juez(a) *m(f)*; **~ de paz** juez de paz **2.** ESPORT árbitro, -a *m, f*

juizado [ʒuj'zadu] *m* juzgado *m*; **~ de menores** juzgado de menores

juízes [ʒu'izes] *m pl de* **juiz**

juízo [ʒu'izu] *m* **1.** (*sensatez*) juicio *m*; **ganhar ~** volverse sensato; **perder o ~** perder el juicio; **ter ~** ser sensato; **não ter ~** ser un insensato; **tomar ~** actuar con prudencia; **(não) estar com o ~ perfeito** (no) estar en su sano juicio; **toma ~!** ¡sé prudente!; **~!** ¡mucho cuidado! **2.** (*sentença, parecer*) juicio *m*; **o Juízo Final** el Juicio Final; **formar um ~ sobre alguém** formarse un juicio sobre alguien; **responder em ~** responder en un juicio

jujuba [ʒu'ʒuba] *f* caramelo *m*

julgamento [ʒuwga'mẽjtu] *m* juicio *m*

julgar [ʒuw'gar] <g→gu> **I.** *vt tb.* JUR juzgar; **ele está sempre julgando os outros** siempre está juzgando a los otros **II.** *vi* (*supor*) juzgar; **julgo que sim/não** juzgo que sí/no **III.** *vr:* **~-se** juzgarse; **ela se julga capaz de tudo** se juzga capaz de todo; **ele se julga o melhor** se juzga el mejor

julho ['ʒuʎu] *m* julio *m*; *v.tb.* **março**

jumento, -a [ʒu'mẽjtu, -a] *m, f* **1.** ZOOL jumento, -a *m, f* **2.** *pej* (*pessoa*) burro, -a *m, f*

junção <-ões> [ʒũw'sãw, -'õjs] *f* **1.** (*ação de juntar*) unión *f* **2.** (*ponto*) empalme *m*; (*de rios*) unión *f*

junco ['ʒũwku] *m* BOT junco *m*

junções [ʒũw'sõjs] *f pl de* **junção**

junho ['ʒuɲu] *m* junio *m*; *v.tb.* **março**

junino, -a [ʒu'ninu, -a] *adj* de junio; **festas juninas** fiestas de junio

júnior <juniores> ['ʒunjor, ʒu'njoris] **I.** *adj* principiante; **advogado ~** abogado principiante [*o* júnior] **II.** *m* júnior *m*

junta ['ʒũwta] *f* **1.** (*no corpo*) juntura *f* **2.** (*de bois*) yunta *f* **3.** (*corporação, comissão*) junta *f*; **~ comercial** cámara *f* de comercio; **~ médica** junta médica **4.** (*ligação*) juntura *f*

juntamente [ʒũwta'mẽjtʃi] *adv* juntamente; **~ com alguém/a. c.** juntamente con alguien/algo

juntar [ʒũw'tar] <*pp:* junto *ou* juntado>
I. *vt* juntar; ~ **algo a a. c.** juntar algo a algo; ~ **o útil ao agradável** junta lo útil a lo agradable; **vamos ~ as nossas forças** vamos a juntar nuestras fuerzas II. *vr:* ~-**se** juntarse; ~-**se a alguém/a. c.** juntarse a alguien/algo; ~-**se com alguém** juntarse con alguien; **suas reclamações ~am-se ao coro dos descontentes** sus reclamaciones se juntaron al coro de los descontentos

junto, -a ['ʒũwtu, -a] *adj* junto, -a; **todos ~s** todos juntos; **sentavam ~s na classe** se sentaban juntos en clase; **viveram ~s por muitos anos** vivieron juntos muchos años

junto ['ʒũwtu] *adv* junto; **tudo ~** todo junto; **o banheiro é ~ ao quarto** el baño está junto al cuarto; **sentou-se ~ à porta** se sentó junto a la puerta

Júpiter ['ʒupiter] *m* Júpiter *m*

jura ['ʒura] *f* **1.** (*juramento*) promesa *f*; **~s de amor** promesas de amor **2.** (*praga*) maldición *f*

jurado, -a [ʒu'radu, -a] I. *adj* (*de morte*) amenazado, -a II. *m, f* JUR jurado, -a *m, f*

juramentado, -a [ʒuramẽj'tadu, -a] *adj* jurado, -a

juramento [ʒura'mẽjtu] *m* juramento *m*; ~ **da bandeira** jura *f* de bandera; **falso ~** juramento falso; **fazer um ~** hacer un juramento; **sob ~** bajo juramento

jurar [ʒu'rar] I. *vt* jurar II. *vi* jurar; **eu juro** lo juro

jurássico, -a [ʒu'rasiku, -a] *adj* jurásico, -a

júri ['ʒuri] *m* jurado *m*

jurídico, -a [ʒu'ridʒiku, -a] *adj* jurídico, -a

jurisdição <-ões> [ʒurizdʒi'sãw, -'õjs] *f* jurisdicción *f*

jurisprudência [ʒurispru'dẽjsia] *f* JUR jurisprudencia *f*

jurista [ʒu'rista] *mf* JUR jurista *mf*

juro ['ʒuru] *m* ECON interés *m*; **taxa de ~s** tasa de interés; **pagar a. c. com ~s** pagar algo con intereses; *fig* pagar algo con creces; **os bancos cobram ~s de 6 %** los bancos cobran intereses del 6 %

jurubeba [ʒuru'bɛba] *f arbusto nativo de Brasil cuyos frutos son amargos y se usan contra la ictericia*

jururu [ʒuru'ru] *adj inf* tristón, -ona

jus ['ʒus] *m sem pl* **fazer ~ a a. c./ alguém** merecer algo/a alguien

jusante [ʒu'sãtʃi] *f* **a ~** río abajo

justamente [ʒusta'mẽjtʃi] *adv* justamente; **chegamos ~ quando eles iam saindo** llegamos justamente cuando estaban saliendo

justapor [ʒusta'por] *irr como pôr vt* yuxtaponer

justaposição <-ões> [ʒustapozi'sãw, -'õjs] *f* yuxtaposición *f*

justiça [ʒus'tʃisa] *f* justicia *f*; **fazer ~** hacer justicia; **fazer ~ pelas** [*ou* **com as**] **próprias mãos** tomarse la justicia por su mano

justiçado, -a [ʒustʃi'sadu, -a] *adj* ajusticiado, -a

justiceiro, -a [ʒustʃi'sejru, -a] *m, f* justiciero, -a *m, f*

justificação <-ões> [ʒustʃifika'sãw, -'ũks] *f* justificación *f*; **~ para** [*ou* **de**] **a. c.** justificación de algo

justificadamente [ʒustʃifikada'mẽjtʃi] *adv* justificadamente

justificar [ʒustʃifi'kar] <c→qu> I. *vt* justificar; ~ **a. c.** justificar algo; ~ **com a. c.** justificar con algo; ~ **uma falta** justificar una falta II. *vr:* ~-**se** justificarse; ~-**se por** [*ou* **de**] **a. c.** justificarse por algo

justificativa [ʒustʃifika'tʃiva] *f* justificante *m*; **~ para** [*ou* **de**] **a. c.** justificante de algo

justificável <-eis> [ʒustʃifi'kavew, -ejs] *adj* justificable

justo ['ʒustu] *adv* justo; **estava ~ pensando em você** justo estaba pensando en ti; **o telefone tocou ~ quando eu saía** el teléfono sonó justo cuando estaba saliendo; **era ~ o que eu precisava** era justo lo que precisaba

justo, -a ['ʒustu, -a] I. *adj* **1.** (*pessoa, lei*) justo, -a; **usou a palavra justa** usó la palabra justa; **não é ~!** ¡no es justo! **2.** (*apertado: roupa*) justo, -a; **ficar ~** estar justo II. *m, f* justo, -a *m, f*; **dormir o sono dos ~s** dormir el sueño de los justos

juta ['ʒuta] *f* yute *m*

juvenil <-is> [ʒuve'niw, -is] *adj* juvenil

juventude [ʒuvẽj'tudʒi] *f* juventud *f*

K

K, k ['ka] *m* K, k *f*
k-7 [ka'sɛtʃi] *m inf abr de* **cassete** casete *f*
kaiser ['kajzer] *m* HIST káiser *m*
kamikaze [kɜmi'kazi] *m* kamikaze *m*
karaokê [karao'ke] *m* karaoke *m*
kart ['kartʃi] *m* kart *m*
kartódromo [kar'tɔdromu] *m* kartódromo *m*
Kb [kilo'bitʃi] *abr de* **kilobit** Kb
KB [ka'be] *abr de* **kilobyte** KB
kcal [kilokalo'ria] *abr de* **quilocaloria** kcal
ketchup [kɛtʃi'ʃupi] *m* ketchup *m*
kg [kilo'grɜma] *abr de* **quilograma** kg
kHz [kilo'xɛrts] *abr de* **quilohertz** kHz
kibutz <-im> [ki'buts, -zij] *m* kibutz *m*
kit ['kitʃi] *m* kit *m*; ~ **de ferramentas** kit de herramientas; ~ **de primeiros socorros** kit de primeros auxilios
kitchenette [kitʃi'nɛtʃi] *f* estudio *m*
kitsch ['kitʃi] *adj inv* kitsch
kiwi [ki'wi] *m* kiwi *m*
km [ki'lometru] *abr de* **quilômetro** km
km/h [ki'lometrus pu'rɔra] *abr de* **quilômetros por hora** km/h
knockout [no'kawtʃi] *m* ESPORT knock-out *m*
know-how [now'xaw] *m sem pl* know-how *m*
kuwaitiano, -a [kwajtʃi'ɜnu, -a] *adj, m, f* kuwaití *mf*
kV [kilo'vowtʃi] *abr de* **quilovolt** kV
kW [kilo'vatʃi] *abr de* **quilowatt** kW

L

L, l ['ɛʎi] *m* L, l *f*
-la [la] *pron f* -la; **esta mesa está barata; você não quer comprá~?** está mesa es barata; ¿no quieres comprarla?; **a casa é da família; não devemos vendê~** la casa es de la familia; no debemos venderla; **a carta chegou ontem; você não vai abri~?** la carta llegó ayer; ¿no vas a abrirla?
lá ['la] **I.** *m* MÚS la *m* **II.** *adv* **1.** (*naquele lugar*) ahí, allí; ~ **atrás/ao fundo** ahí atrás/al fondo; ~ **em casa** ahí en casa; ~ **para baixo** ahí abajo; ~ **para cima** ahí arriba; ~ **embaixo/em cima** ahí abajo/encima; ~ **fora** ahí fuera; **de** ~ de ahí; **de** ~ **para cá** (**e de cá para** ~) de aquí para allá; **eu vou** ~ **amanhã** voy ahí mañana; **para** ~ hacia ahí **2.** (*ênfase*) **sei** ~! ¡yo que sé!; **vai** ~! ¡cuidado!; **um fato pra** ~ **de inusitado** un hecho más que inusitado **3.** (*aproximadamente*) allá; ~ **pelas 4 horas** allá por las cuatro; **ele está meio** ~ **meio cá com a namorada** está que si sí que si no con la novia **4.** (*temporal*) **até** ~ hasta entonces
lã ['lɜ̃] *f* lana *f*; ~ **virgem** lana virgen; **de** ~ de lana
labareda [laba'reda] *f* llamarada *f*
lábeis ['labejs] *adj pl de* **lábil**
lábia ['labia] *f sem pl, inf* **1.** (*palavreado*) labia *f*; **ter muita** ~ tener mucha labia **2.** (*astúcia*) astucia *f*
labial <-ais> [labi'aw, -'ajs] *adj, f* LING labial *f*
lábil <-eis> ['labiw, -ejs] *adj* lábil
lábio ['labiw] *m* labio *m*; ~ **inferior** labio inferior; ~ **leporino** labio leporino; ~ **superior** labio superior; **morder os** ~**s** morderse los labios
labirintite [labirĩ'tʃitʃi] *f sem pl* MED inflamación *f* del laberinto
labirinto [labi'rĩtju] *m* laberinto *m*
laborar [labo'rar] *vi* trabajar
laboratório [labora'tɔriw] *m* laboratorio *m*; ~ **de línguas** laboratorio de idiomas
laborioso, -a [labori'ozu, -ɔza] *adj* laborioso, -a
labuta [la'buta] *f* trabajo *m*
labutar [labu'tar] *vi* trabajar
laca ['laka] *f* laca *f*
lacaio [la'kaju] *m* lacayo *m*
laçar [la'sar] <ç→c> *vt* lazar
laçarote [lasa'rɔtʃi] *m* lazo *m*
laço ['lasu] *m* lazo *m*; **dar um** ~ hacer un lazo; **reforçar os** ~**s de amizade** reforzar los lazos de amistad
lacônico, -a [la'koniku, -a] *adj* lacónico, -a
lacraia [la'kraja] *f* ciempiés *m inv*
lacrar [la'krar] *vt* lacrar
lacre ['lakri] *m* lacre *m*
lacrimal <-ais> [lakri'maw, -'ajs] *adj*

lacrimal
lacrimejar [lakrime'ʒar] *vi* lagrimear
lacrimogêneo, -a [lakrimo'ʒeniw, -a] *adj* lacrimógeno, -a
lacrimoso, -a [lakri'mozu, -'ɔza] *adj* lacrimoso, -a
lactação [lakta'sãw] *f sem pl* lactancia *f*
lactante [lak'tɜ̃ntʃi] I. *adj* lactante II. *f* lactante *f*
lácteo, -a ['laktʃiw, -a] *adj* lácteo, -a; **Via Láctea** Vía Láctea
lactose [lak'tɔzi] *f* lactosa *f*
lacuna [la'kuna] *f* laguna *f*; **~ da lei** laguna legal; **preencher uma ~** rellenar un hueco
ladainha [lada'iɲa] *f* 1. letanía *f* 2. *fig* cantinela *f*; **é sempre a mesma ~** es siempre la misma cantinela
ladear [ladʒi'ar] *conj como passear vt* flanquear
ladeira [la'dejra] *f* cuesta *f*; (*de montaña*) ladera *f*; **ir ~ abaixo** ir cuesta abajo
ladino, -a [la'dʒinu, -a] *adj* ladino, -a
lado ['ladu] *m* lado *m*; **ao (de)** al lado (de); **de ~** de lado; **~ a ~** lado a lado; **dos dois ~s** por los dos lados; **de um ~ para o outro** de un lado a otro; **pelo meu ~** por mi parte; **por um ~ ..., por outro ~ ...** por un lado..., por otro lado...; **estar do ~ de alguém** estar del lado de alguien; **pôr de ~** (*dinheiro*) poner a un lado; (*ideia, pessoa*) dejar a un lado; **por esses ~s** por aquí; **para os ~s de** en dirección a; **olhar de ~ para alguém** mirar de lado a alguien
ladrão, ladra <-ões> [la'drɜ̃w, 'ladra, -'õjs] *m, f* 1. ladrón, -ona *m, f*; **~ que rouba ~ tem cem anos de perdão** *prov* el que roba a un ladrón tiene cien años de perdón 2. (*tubo de descarga*) desagüe *m*; **sair pelo ~** *fig* sobrar
ladrar [la'drar] *vi* ladrar; **cão que ladra não morde** *prov* perro ladrador, poco mordedor *prov*
ladrilhar [ladri'ʎar] *vt* embaldosar
ladrilho [la'driʎu] *m* baldosa *f*
ladroagem [ladro'aʒẽj] <-ens> *f*, **ladroeira** [ladro'ejra] *f* robo *m*
ladrões [la'drõjs] *m pl de* **ladrão**
lagarta [la'garta] *f* ZOOL, TÉC oruga *f*
lagartixa [lagar'tʃiʃa] *f* lagartija *f*
lagarto [la'gartu] *m* lagarto *m*
lago ['lagu] *m* lago *m*
lagoa [la'goa] *f* laguna *f*
lagosta [la'gosta] *f* langosta *f*
lagostim <-ins> [lagos'tʃĩj] *m* langostino *m*
lágrima ['lagrima] *f* lágrima *f*; **~s de crocodilo** lágrimas de cocodrilo; **banhado em ~s** cubierto de lágrimas; **chorar rios de ~s** llorar a lágrima viva; **desfazer-se em ~s** deshacerse en lágrimas; **verter uma ~** derramar una lágrima
laguna [la'guna] *f* laguna *f*
laia ['laja] *f sem pl* calaña *f*; **são os dois da mesma ~** los dos son de la misma calaña
laico, -a ['lajku, -a] *adj* laico, -a
laivos ['lajvus] *mpl* restos *mpl*; **~ de sangue** restos de sangre
laje ['laʒi] *f* 1. (*lousa*) losa *f* 2. (*de construção*) techo *m*
lajeado [laʒi'adu] *m* 1. (*pavimento*) suelo *m* de hormigón armado 2. (*superfície*) embaldosado *m*
lajota [la'ʒɔta] *f* baldosa *f*
lama¹ ['lama] *f* 1. (*lodo*) barro *m* 2. *fig* **mar de ~** ambiente *m* corrupto; **afundar na ~** hundir en el barro; **cair na ~** meterse en un lío
lama² ['lama] *m* REL lama *m*
lama³ ['lama] *f* ZOOL alpaca *f*
lamaçal <-ais> [lama'saw, -'ajs] *m* barrizal *m*
lamacento, -a [lama'sẽjtu, -a] *adj* embarrado, -a
lambada [lɜ̃ŋ'bada] *f* 1. (*bofetada*) tortazo *m*; **dar/levar uma ~** dar/recibir un tortazo 2. MÚS lambada *f*
lambança [lɜ̃ŋ'bɜ̃nsa] *f* porquería *f*; **fazer uma ~** hacer una chapuza
lambão, -ona <-ões> [lɜ̃ŋ'bɜ̃w, -'ona, -'õjs] *adj, m, f inf* puerco, -a *m, f*
lambari [lɜ̃ŋba'ri] *m* designación común a cerca de 300 especies de peces teleósteos, muy comunes en Brasil
lambe-botas ['lɜ̃ŋbi-'bɔtas] *mf inv, inf* (*bajulador*) pelota *mf*
lambe-lambe ['lɜ̃ŋbi-'lɜ̃ŋbi] *m reg* (*fotógrafo*) fotógrafo, -a *m, f* callejero, -a
lamber [lɜ̃ŋ'ber] I. *vt* lamer; **~ os dedos/beiços** chuparse los dedos/labios; **~ os sapatos de alguém** *inf* hacer la pelota a alguien II. *vr:* **~-se** lamerse
lambição <-ões> [lɜ̃ŋbi'sɜ̃w, -'õjs] *f inf* peloteo *m*
lambida [lɜ̃ŋ'bida] *f* lamida *f*; **dar uma ~ em a. c.** dar una lamida a algo
lambido, -a [lɜ̃ŋ'bidu, -a] *adj* lamido, -a

lambiscar [lãŋbis'kar] <c→qu> *vt inf* picotear
lambisgoia [lãŋbiz'gɔja] *f* cotilla *f*
lambões [lãŋ'bõjs] *m pl de* **lambão**
lambreta [lãŋ'breta] *f* motocicleta *f*
lambuja [lãŋ'buʒa] *f*, **lambujem** [lãŋ'buʒẽj] *f* (*vantagem*) ventaja *f*; **dar a. c. de ~ a alguém** dar algo de regalo a alguien
lambuzar [lãŋbu'zar] **I.** *vt* pringar **II.** *vr:* **~-se** pringarse
lamê [la'me] *m* lamé *m*
lamentação <-ões> [lamẽjta'sãw, -'õjs] *f* lamentación *f*
lamentar [lamẽj'tar] **I.** *vt* lamentar; **lamento muito!** ¡lo lamento mucho! **II.** *vr:* **~-se de a. c.** lamentarse de algo
lamentável <-eis> [lamẽj'tavew, -ejs] *adj* lamentable
lamento [la'mẽjtu] *m* lamento *m*
lâmina ['lɜmina] *f* **1.** (*cortante*) hoja *f*; **~ de barbear** cuchilla *f* de afeitar **2.** (*de metal*) lámina *f* **3.** (*de microscópio*) portaobjetos *m inv*
laminado, -a [lɜmi'nadu, -a] *adj* laminado, -a
laminar [lɜmi'nar] *vt* laminar
lâmpada ['lãŋpada] *f* lámpara *f*; (*elétrica*) bombilla *f*, foco *m AmL*; **~ fluorescente** tubo *m* fluorescente; **~ halógena** lámpara halógena
lamparina [lãŋpa'rina] *f* (*de óleo, querosene*) candil *m*
lampeiro, -a [lãŋ'pejru, -a] *adj* espabilado, -a
lampejo [lãŋ'peʒu] *m tb. fig* brote *m*
lampião <-ões> [lãŋpi'ãw, -'õjs] *m* quinqué *m*
lampreia [lãŋ'preja] *f* lamprea *f*
lamúria [la'muria] *f* lamento *m*
lamuriar-se [lamuri'arsi] *vr* lamentarse
lança ['lãsa] *f* lanza *f*
lança-chamas ['lãŋsa-'ʃamas] *m inv* lanzallamas *m inv*
lançamento [lãŋsa'mẽjtu] *m* lanzamiento *m*; **~ de dardo** lanzamiento de jabalina; **~ de disco** lanzamiento de disco; **fazer um ~** FUT hacer un lanzamiento
lança-perfume ['lãŋsa-per'fumi] *m tubo cargado con éter perfumado que se lanza a distancia, sobre todo en los desfiles de carnaval*
lançar [lãŋ'sar] <ç→c> **I.** *vt* lanzar; (*uma moda*) comenzar; (*um boato*) hacer correr **II.** *vr:* **~-se** lanzarse; **~-se**

para baixo saltar; **~-se a uma empreitada** meterse en un proyecto
lance ['lãsi] *m* **1.** (*arremesso*) lanzamiento *m* **2.** (*fato*) jugada *f*; **um ~ legal** *gíria* una jugada genial; **~ de sorte** jugada de suerte **3.** (*em leilão*) puja *f* **4.** (*de estrada*) trecho *m*; (*de casas*) hilera *f*; **~ de escadas** tramo *m* de escalera **5.** ESPORT tiro *m*; **~ livre** tiro libre; **estar em cima do ~** estar encima de la jugada
lancha ['lãŋʃa] *f* lancha *f*
lanchar [lãŋ'ʃar] *vi, vt* merendar
lanche ['lãŋʃi] *m* merienda *f*
lancheira [lãŋ'ʃejra] *f* fiambrera *f*
lanchonete [lãŋʃo'netʃi] *f* cafetería *f*

> **Cultura** **Lanchonete** es un tipo de cafetería o restaurante en el que se sirven comidas ligeras, bocadillos, helados, **sucos**, refrescos y café.

lancinante [lãŋsi'nãntʃi] *adj* lacerante
languidez [lãŋgi'des] *f* languidez *f*
lânguido, -a ['lãŋgidu, -a] *adj* lánguido, -a
lanolina [lɜno'ʎina] *f* lanolina *f*
lantejoula [lãŋte'ʒowla] *f* lentejuela *f*
lanterna [lãŋ'tɛrna] *f* linterna *f*; (*de automóvel*) luces *fpl* de posición
lanterninha [lãŋtɛr'nĩɲa] *mf* **1.** (*em competição esportiva*) farolillo *m* rojo **2.** (*no cinema*) acomodador(a) *m(f)*
lapão, -ã [la'pãw, -ã, -õjs] *adj, m, f* lapón, -ona *m, f*
laparoscopia [laparosko'pia] *f* laparoscopia *f*
lapela [la'pɛla] *f* solapa *f*
lapidação <-ões> [lapida'sãw, -'õjs] *f* lapidación *f*
lapidar¹ [lapi'dar] *vt* (*pedras preciosas*) tallar; (*aperfeiçoar*) pulir
lapidar² [lapi'dar] *adj* (*frase*) lapidario, -a
lápide ['lapidʒi] *f* lápida *f*
lápis ['lapis] *m inv* lápiz *m*; **~ de cor** lápiz de color; **~ de olho** lápiz de ojos
lapiseira [lapi'zejra] *f* portaminas *m inv*
lápis-lazúli ['lapiz-la'zuli] *m* lapislázuli *m*
Lapônia [la'ponia] *f* Laponia *f*
lapso ['lapsu] *m* **1.** (*deslize, erro*) lapsus *m inv*; **~ de memória** olvido *m*; **por ~** por olvido **2.** (*de tempo*) lapso *m*
laptop [lɛp'tɔpi] *m* ordenador *m* portá-

til, computadora *f* portátil *AmL*
laquê [la'ke] *m* laca *f*
laqueadura [lakia'dura] *f* ligadura *f*
laquear [laki'ar] *conj como passear vt* lacar
lar [lar] <-es> *m* hogar *m*
laranja[1] [la'rɪ̃ʒa] **I.** *adj inv* naranja **II.** *f* naranja *f*
laranja[2] [la'rɪ̃ʒa] *m* **1.** (*cor*) naranja *m* **2.** *inf*(*testa-de-ferro*) testaferro *m*
laranjada [larɪ̃'ʒada] *f* naranjada *f*
laranjal [larɪ̃'ʒaw] *m* naranjal *m*
laranjeira [larɪ̃'ʒejra] *f* naranjo *m*
larápio [la'rapiw] *m* ratero *m*
lareira [la'rejra] *f* chimenea *f*, hogar *m*; **acender a ~** encender la chimenea
lares ['laris] *m pl de* **lar**
larga ['larga] *f* **à ~** a la larga; **dar ~s à imaginação** dar largas a la imaginación
largada [lar'gada] *f* salida *f*, largada *f RíoPl*; **dar a ~** dar la salida
largado, -a [lar'gado, -a] *adj* abandonado, -a
largamente [larga'mẽtʃi] *adv* extensamente
largar [lar'gar] <g→gu> **I.** *vt* **1.** (*soltar*) soltar; **não largava os filhos um segundo** no soltaba a los hijos ni un instante **2.** (*abandonar, parar*) dejar; **larga (mão) de ser bobo** deja de hacer el tonto; **largou o trabalho pela metade** dejó el trabajo por la mitad **II.** *vi* **1.** ESPORT salir **2.** NÁUT zarpar
largo ['largu] *m* **1.** (*praça*) plaza *f* **2.** NÁUT alta mar *f* **3.** *fig* **passar ao ~** pasar de largo
largo, -a ['largu, -a] *adj* **1.** (*no espaço*) ancho, -a; (*extenso*) amplio, -a **2.** (*temporal*) largo, -a; **~s anos/meses** largos años/meses **3.** (*grande*) grande; **largas quantidades de tecido** grandes cantidades de tejido; **a passos ~s** a grandes pasos; **ter às costas largas** *fig* tener muchas responsabilidades **4.** (*roupa*) holgado, -a; **esse vestido ficou ~ para mim** ese vestido me quedaba holgado **5.** (*vasto*) grande; **ter ~s conhecimentos de a. c.** tener grandes conocimientos de algo
largura [lar'gura] *f* anchura *f*; **ter um metro de ~** tener un metro de ancho; **qual é a ~ da mesa?** ¿cuál es la anchura de la mesa?
larica [la'rika] *f* **1.** BOT cizaña *f* **2.** *inf*: hambre que produce el consumo de marihuana

laringe [la'rĩʒi] *f* laringe *f*
laringite [larĩ'ʒitʃi] *f* MED laringitis *f*
laringologia [larĩʒgolo'ʒia] *f sem pl* laringología *f*
larva ['larva] *f* larva *f*
-las [las] *pron fpl* -las; **para fechá-~** para cerrarlas
lasanha [la'zɲa] *f* GASTR lasaña *f*
lasca ['laska] *f* (*de louça, pedra*) lasca *f*; (*de madeira, metal*) astilla *f*
lascado, -a [las'kadu, -a] *adj* **1.** (*madeira, louça*) astillado, -a **2.** *inf*(*à toda velocidade*) a toda pastilla; (*muito intenso: amor, dor*) increíble
lascar [las'kar] <c→qu> *vi* (*madeira, louça*) astillar; **fez um frio de ~** hizo un frío espantoso; **esta é de ~** ésta es muy desagradable
lascivo, -a [la'sivu, -a] *adj* lascivo, -a
laser ['lejzer] *m* láser *m*; **a ~** láser
lassear [lasi'ar] *conj como passear vi* (*sapatos, roupa*) aflojar
lassidão [lasi'dɐ̃w] *f sem pl* cansancio *m*
lástima ['lastʃima] *f* lástima *f*; **estar uma ~** ser un desastre; **que ~!** ¡qué lástima!
lastimar [lastʃi'mar] **I.** *vt* lamentar **II.** *vr*: **~-se** lamentarse
lastimável <-eis> [lastʃi'mavew, -ejs] *adj* lamentable; **estar/encontrar-se num estado ~** estar/encontrarse en un estado lamentable
lastimoso, -a [lastʃi'mozu, -'ɔza] *adj* lastimoso, -a
lastro ['lastru] *m* **1.** lastre *m* **2.** (*base*) base *f* **3.** ECON garantía *f*
lata ['lata] *f* lata *f*; **~ de conservas** lata de conserva; **~ de lixo** cubo *m* de la basura; **na ~** sin rodeos
latão [la'tɐ̃w] *m sem pl* (*material*) latón *m*
lataria [lata'ria] *f* **1.** (*enlatados*) latas *fpl* **2.** (*automóvel*) carrocería *f*; **amassar a ~** abollar la carrocería
latejar [late'ʒar] *vi* (*sangue*) palpitar; **a cabeça lateja** la cabeza palpita
latente [la'tẽtʃi] *adj* latente
lateral <-ais> [late'raw, -'ajs] **I.** *mf* ESPORT lateral *mf* **II.** *adj* lateral
látex ['lateks] *m* látex *m inv*
laticínio [latʃi'siniw] *m* producto *m* lácteo
latido [la'tʃidu] *m* ladrido *m*
latifundiário, -a [latʃɨfũwdʒi'ariw, -a] *m, f* latifundista *mf*

latifúndio [latʃi'fũwdʒiw] *m* latifundio *m*

latim [la'tʃĩj] *m* latín *m*; **gastar o seu ~** perder el tiempo

latino, -a [la'tʃinu, -a] I. *m, f* latino, -a *m, f* II. *adj* latino, -a; **América Latina** América Latina; **línguas latinas** lenguas latinas

latino-americano, -a [la'tʃinu-ameri'kɐnu, -a] *adj, m, f* latinoamericano, -a *m, f*

latir [la'tʃir] *vi* ladrar

latitude [latʃi'tudʒi] *f* GEO latitud *f*

lato, -a ['latu, -a] *adj* (*abrangente*) lato, -a; **em senso ~** en sentido lato

latrina [la'trina] *f* letrina *f*

latrocínio [latro'siniw] *m* robo *m* seguido de asesinato

lauda ['lawda] *f* página *f*

láudano ['lawdɔnu] *m* MED láudano *m*

laudatório, -a [lawda'tɔriw, -a] *adj* laudatorio, -a

laudo ['lawdu] *m* JUR, MED **~ médico** informe médico

laureado, -a [lawre'adu, -a] *adj, m, f* laureado, -a *m, f*

lauto, -a ['lawtu, -a] *adj* **1.**(*abundante*) espléndido, -a **2.**(*suntuoso*) opíparo, -a

lava ['lava] *f* lava *f*

lavabo [la'vabu] *m* lavabo *m*

lavadeira [lava'dejra] *f* lavandera *f*

lavado, -a [la'vadu, -a] *adj* lavado, -a

lavadora [lava'dora] *f* lavadora *f*

lavagem [la'vaʒẽj] <-ens> *f* (*ação de lavar*) lavado *m*; **~ automática** lavado automático; **~ cerebral** lavado de cerebro; **~ de dinheiro** lavado de dinero; **~ a seco** lavado en seco; **~ intestinal** lavado de estómago

lava-louças ['lava-'losas] *f inv* lavavajillas *m inv*

lavanda [la'vɐ̃da] *f* lavanda *f*

lavanderia [lavɐ̃de'ria] *f* **1.**(*loja*) lavandería *f* **2.**(*área onde se lava e passa roupa*) lavadero *m*

lavar [la'var] I. *vt* **1.** lavar; **pôr a. c. para ~** poner a lavar algo **2.**(*a alma*) purificar II. *vr*: **~-se** lavarse

lavatório [lava'tɔriw] *m* lavabo *m*

lavável <-eis> [la'vavew, -ejs] *adj* lavable

lavoura [la'vora] *f* AGR labranza *f*

lavrado, -a [la'vradu, -a] *adj* (*cartório*) registrado, -a

lavrador, -eira [lavra'dor, -'ejra] *m, f* labrador(a) *m(f)*

lavrar [la'vrar] *vt* **1.**(*a terra*) labrar **2.**(*um documento*) redactar

laxante [la'ʃɐ̃ntʃi] *m* MED laxante *m*

laxativo, -a [laʃa'tʃivu, -a] *adj* laxativo, -a

lazer [la'zer] *m* (*descanso, divertimento*) ocio *m*; **horas de ~** horas libres

lazulita [lazu'ʎita] *f* lapislázuli *m*

leal <-ais> [le'aw, -'ajs] *adj* leal; **ser ~ a alguém** ser leal a alguien

lealdade [leaw'dadʒi] *f* lealtad *f*; **ter ~ para com alguém** ser leal a alguien

leão, leoa <-ões> [ʎi'ɜ̃w, le'oa, -'õjs] *m, f* león, -ona *m, f*

Leão [ʎi'ɜ̃w] *m* Leo *m*; **ser (de) ~** ser Leo

leão-de-chácara <leões-de-chácara> [ʎi'ɜ̃w-dʒi-'ʃakara, ʎi'õjs-] *m* portero *m*

leão-marinho <leões-marinhos> [ʎi'ɜ̃w-ma'riɲu, ʎi'õjs-] *m* león *m* marino

leasing ['ʎizĩg] *m* ECON leasing *m*

lebre ['lɛbri] *f* liebre *f*; **levantar a ~** *inf* levantar la liebre

lecionar [lesjo'nar] *vi* dar clases

lecitina [lesi'tʃina] *f* QUÍM lecitina *f*

ledo, -a ['ledu, -a] *adj* alegre; **~ engano** gran engaño

legação <-ões> [lega'sɜ̃w, -'õjs] *f* POL legación *f*

legado [le'gadu] *m* legado *m*

legal <-ais> [le'gaw, -'ajs] *adj* **1.**(*relativo à lei*) legal **2.** *inf* (*pessoa, local, roupa*) majo, -a; **ela é muito ~** es muy maja; **(es)tá ~!** ¡vale!

legalidade [legaʎi'dadʒi] *f sem pl* legalidad *f*

legalização <-ões> [legaʎiza'sɜ̃w, -'õjs] *f* legalización *f*

legalizar [legaʎi'zar] *vt* legalizar

legalmente [legaw'mẽtʃi] *adv* legalmente

legar [le'gar] <g→gu> *vt* legar

legenda [le'ʒẽjda] *f* leyenda *f*; (*de filme*) subtítulo *m*

legendar [leʒẽj'dar] *vt* subtitular

legendário, -a [leʒẽj'dariw, -a] *adj* legendario, -a

legião <-ões> [le'ʒi'ɜ̃w, -'õjs] *f* legión *f*

legionário [leʒjo'nariw] *m* legionario *m*

legislação <-ões> [leʒizla'sɜ̃w, -'õjs] *f* legislación *f*

legislador(a) [leʒizla'dor(a)] *m(f)* legislador(a) *m(f)*

legislar [leʒiz'lar] *vi, vt* legislar

legislativo, -a [leʒizla'tʃivu, -a] *adj* legislativo, -a; **assembleia legislativa**

asamblea legislativa; **o poder ~ el poder** legislativo

legislatura [leʒizla'tura] *f* legislatura *f*

legitimidade [leʒitʃimi'dadʒi] *f sem pl* legitimidad *f*

legítimo, -a [le'ʒitʃimu, -a] *adj* legítimo, -a; **em legítima defesa** en legítima defensa

legível <-eis> [le'ʒivew, -ejs] *adj* legible

légua ['lɛgwa] *f* legua *f;* **~ marítima** legua marina

legume [le'gumi] *m* legumbre *f*

leguminosas [legumi'nɔzas] *fpl* leguminosas *fpl*

leguminoso, -a [legumi'nozu, -'ɔza] *adj* leguminoso, -a

lei ['lej] *f* ley *f;* **~ natural** ley natural; **~ da selva** ley de la selva; **~ do mais forte** ley del más fuerte; **~ do menor esforço** ley del mínimo esfuerzo; **~ da oferta e da procura** ley de la oferta y de la demanda; **cumprir a ~** cumplir la ley; **infringir/violar uma ~** infringir/violar una ley

leigo, -a ['lejgu, -a] I. *m, f* lego, -a *m, f* II. *adj* lego, -a; **ser ~ em a. c.** ser lego en algo

leilão <-ões> [lej'lɐ̃w, -'õjs] *m* subasta *f*, remate *m RíoPl;* **vender a. c. em ~** vender algo en subasta

leiloar [lejlo'ar] <*1. pess pres:* leiloo> *vt* subastar, rematar *RíoPl*

leiloeiro, -a [lejlo'ejru, -a] *m, f* subastador(a) *m(f),* rematista *mf RíoPl*

leilões [lej'lõjs] *m pl de* **leilão**

leitão, leitoa <-ões> [lej'tɐ̃w, -'oa, -'õjs] *m, f* lechón, -ona *m, f*

leite ['lejtʃi] *m* leche *f;* **~ condensado** leche condensada; **~ desnatado** leche desnatada; **~ integral** leche integral; **~ em pó** leche en polvo; **~ semidesnatado** leche semidesnatada; **tirar ~ de pedra** conseguir lo imposible; **chorar pelo ~ derramado** lamentarse por algo que ya no tiene remedio

leiteria [lejte'ria] *f* lechería *f*

leito ['lejtu] *m* **1.** (*cama*) cama *f*, lecho *m elev;* **no ~ de morte** en su lecho de muerte **2.** (*de río*) lecho *m*

Cultura Leito es el nombre de los autobuses interurbanos, mucho más espaciosos que los autobuses normales, porque tienen menos asientos y ofrecen mucha más comodidad. Los ônibus-leito son una excelente alternativa para el que tiene que recorrer grandes distancias.

leitoa [lej'toa] *f v.* **leitão**

leitões [lej'tõjs] *m pl de* **leitão**

leitor [lej'tor] *m* **~ de cassetes** casete *m;* **~ de CD** lector *m* de CD; **~ de CD-ROM** lector *m* de CD-ROM

leitor(a) [lej'tor(a)] <-es> *m(f)* lector(a) *m(f)*

leitura [lej'tura] *f* lectura *f;* **dedicar-se à ~** dedicarse a la lectura; **ter o hábito da ~** tener el hábito de leer; **fazer a ~ do gás/de um código** hacer la lectura del gas/de un código

lelé [le'lɛ] *adj, mf inf* pirado, -a *m, f;* **~ da cuca** loco, -a *m, f* de remate

lema ['lema] *m* lema *m*

lembrança [lẽj'brɐ̃sa] *f* **1.** (*memória*) recuerdo *m* **2.** (*presente de alguém*) regalo *m;* (*de viagem*) recuerdo *m*

lembranças [lẽj'brɐ̃sas] *fpl* recuerdos *mpl;* **mandar ~ a alguém** dar recuerdos a alguien

lembrar [lẽj'brar] I. *vt* recordar; **~ alguém de a. c.** recordar algo a alguien; **fazer ~ a. c.** recordar algo; **não lembro nada** no me acuerdo de nada; **ele lembrava a mãe no seu modo de falar** recordaba a su madre en la forma de hablar II. *vr:* **~-se de a. c.** acordarse de algo; **nem me lembrei disso** ni me acordé de eso

lembrete [lẽj'bretʃi] *m* nota *f*

leme ['lemi] *m tb. fig* AERO, NÁUT timón *m;* **perder o ~** *fig* perder el rumbo

lenço ['lẽsu] *m* pañuelo *m;* **~ de papel** pañuelo de papel

lençol <-óis> [lẽj'sɔw, -'ɔjs] *m* **1.** (*de cama*) sábana *f;* **estar em maus lençóis** *fig* estar con el agua al cuello **2.** (*superfície*) **~ freático** manto *m* freático **3.** ESPORT globo *m;* **dar um ~ no adversário** hacerle un globo al adversario

lenda ['lẽjda] *f* leyenda *f;* **diz a ~ que...** según la leyenda...

lendário, -a [lẽj'dariw, -a] *adj* legendario, -a

lêndea ['lẽjdʒja] *f* liendre *f*

lengalenga [lẽjga'lẽjga] *f inf* cantinela *f*

lenha ['lẽɲa] *f* **1.** (*para fogo*) leña *f;* **pôr ~ na fogueira** echar leña al fuego **2.** (*surra*) paliza *f* **3.** (*crítica*) crítica *f;*

baixar a ~ em alguém/a. c. *inf* criticar a alguien/algo

lenhador(a) [lēɲa'dor(a)] *m(f)* leñador(a) *m(f)*

leniente [leni'ējtʃi] *adj* lenitivo, -a

leninismo [leni'nizmu] *m sem pl* POL leninismo *m*

lentamente [lējta'mējtʃi] *adv* lentamente

lente ['lējtʃi] *f* lente *f*; (*dos óculos*) cristal *m*; ~ **de aumento** lente de aumento; ~ **grande-angular** gran angular *m*; ~**s de contato** lentes *mpl* de contacto

lentidão [lējtʃi'dãw] *f sem pl* lentitud *f*

lentilha [lēj'tʃiʎa] *f* lenteja *f*

lento, -a ['lējtu, -a] *adj* lento, -a

leoa [le'oa] *f v.* **leão**

leões [ʎi'õjs] *m pl de* **leão**

leonino, -a [leo'ninu, -a] *adj* leonino, -a

leopardo [leo'pardu] *m* leopardo *m*

lépido, -a ['lɛpidu, -a] *adj* ágil

leporino, -a [lepo'rinu, -a] *adj* leporino, -a; **lábio** ~ labio leporino

lepra ['lɛpra] *f* MED lepra *f*

leproso, -a [le'prozu, -'ɔza] *adj pej* leproso, -a

leque ['lɛki] *m tb. fig* abanico *m*; **ter um grande** ~ **de escolha** tener un gran abanico de opciones

ler ['ler] *irr vi* leer; (**não**) **saber** ~ (no) saber leer; ~ **a. c. nos olhos de alguém** leer algo en los ojos de alguien; ~ **os pensamentos de alguém** leer el pensamiento de alguien; ~ **a sorte nas cartas** leer la suerte en las cartas

lerdeza [ler'deza] *f sem pl* lentitud *f*

lerdo, -a ['lɛrdu, -a] *adj* lento, -a

lero-lero ['lɛɾu-'lɛɾu] *m inf* palique *m*

lesão <-ões> [le'zãw, -'õjs] *f* 1. (*dano*) perjuicio *m* 2. MED lesión *f*

lesar [le'zar] *vt* 1. (*danar*) perjudicar 2. MED lesionar

lésbica ['lɛzbika] *f* lesbiana *f*

lésbico, -a ['lɛzbiku, -a] *adj* lésbico, -a

lesionado, -a [lezjo'nadu, -a] *adj* MED lesionado, -a

lesionar-se [lezjo'narsi] *vr* MED lesionarse

lesma ['lezma] *f* 1. ZOOL babosa *f* 2. *pej* (*pessoa*) tortuga *f*

lesões [le'zõjs] *f pl de* **lesão**

leste ['lɛstʃi] *m* este *m*

letal <-ais> [le'taw, -'ajs] *adj* letal

letalidade [letaʎi'dadʒi] *f* letalidad *f*

letargia [letar'ʒia] *f sem pl* letargo *m*

letárgico, -a [le'tarʒiku, -a] *adj* letárgico, -a

letivo, -a [le'tʃivu, -a] *adj* lectivo, -a; **ano** ~ año lectivo

Letônia [le'tonia] *f* Letonia *f*

letra ['letra] *f* 1. (*do alfabeto*) letra *f*; **seguir à** ~ seguir al pie de la letra; **levar a. c. ao pé da** ~ tomarse algo al pie de la letra; **com todas as** ~**s** *fig* claramente; **tirar de** ~ *inf* estar chupado; **pessoa de poucas** ~**s** persona con poca cultura 2. (*escrita*) letra *f*; ~ **de fôrma** letra de imprenta; ~ **maiúscula/minúscula** letra mayúscula/minúscula 3. (*de uma música*) letra *f* 4. ECON letra *f*; ~ **de câmbio** letra *f* de cambio

letrado, -a [le'tradu, -a] *m, f* letrado, -a *m, f*

Letras ['letras] *fpl* letras *fpl*; **Faculdade de** ~ Facultad de Letras

letreiro [le'trejru] *m* letrero *m*

léu ['lɛw] *adv* **ao** ~ al aire; **ficar ao** ~ estar sin rumbo

leucemia [lewse'mia] *f sem pl* MED leucemia *f*

leucócito [lew'kɔsitu] *m* leucocito *m*

leva ['lɛva] *f* grupo *m*

levadiço, -a [leva'dʒisu, -a] *adj* levadizo, -a

levado, -a [le'vadu, -a] *adj* (*travesso*) travieso, -a

levantador(a) [levãnta'dor(a)] <-es> *m(f)* ESPORT levantador(a) *m(f)*

levantamento [levãnta'mējtu] *m* 1. (*ação de levantar*) levantamiento *m*; ~ **de pesos** ESPORT levantamiento de pesas; **fazer um** ~ hacer un levantamiento 2. (*de dinheiro*) cálculo *m* 3. (*de dados*) análisis *m inv* 4. (*em terreno*) ~ **topográfico** levantamiento *m* topográfico

levantar [levãn'tar] I. *vt* 1. (*um objeto, uma pessoa*) levantar 2. (*içar*) izar; ~ **ferro** NÁUT levar anclas 3. (*soma de dinheiro*) reunir 4. (*a voz*) levantar 5. (*suscitar*) ~ **dúvidas** suscitar dudas; ~ **problemas** provocar problemas 6. AERO ~ **voo** levantar el vuelo 7. (*a moral*) levantar II. *vi* 1. (*nevoeiro*) levantarse 2. (*avião*) levantar el vuelo 3. *chulo* (*ereção*) levantarse III. *vr*: ~**-se** levantarse

levante [le'vãntʃi] *m* levantamiento *m*

levar [le'var] I. *vt* 1. (*objeto, pessoa*) llevar; ~ **alguém para casa** llevar a alguien a casa; **eu posso** ~ **as crianças à escola** puedo llevar a los niños al cole-

gio 2.(*bofetada, injeção*) recibir 3.(*culpa*) recibir, llevar 4.(*tempo*) llevar 5.(*a vida*) pasar; **ir levando** ir tirando 6.(*induzir*) llevar; **~ alguém a fazer a. c.** llevar a alguien a hacer algo; **deixar-se** ~ dejarse llevar 7.(*receber*) **~ a. c./alguém a bem** llevarse bien con algo/alguien; **~ a. c./alguém a mal** tomarse a mal algo/alguien; **~ a. c./alguém a sério** tomar algo/a alguien en serio 8. *inf*(*enganar*) camelar; **~ alguém na conversa** seducir a alguien 9.(*realizar*) **~ a. c. a cabo** llevar algo a cabo 10.(*roubar*) llevarse; **~ am todo o dinheiro do banco** se llevaron todo el dinero del banco 11.(*lucrar*) ganar; **quanto eu levo nisto?** ¿cuánto gano con esto? 12.(*conduzir*) **~ a** llevar a; **todos os caminhos levam a Roma** todos los caminos llevan a Roma **II.** *vi* (*apanhar*) **ele provocou e acabou levando do irmão** le provocó y su hermano acabó pegándole
leve ['lɛvi] **I.** *adj* leve **II.** *adv* **de ~** suavemente; **tocar em a. c. de ~** tocar superficialmente en algo
levedura [leve'dura] *f* levadura *f;* **~ de cerveja** levadura de cerveza
levemente [lɛvi'mẽtʃi] *adv* levemente
leveza [le'veza] *f sem pl* levedad *f*
leviandade [levjɐ̃n'dadʒi] *f* imprudencia *f*
leviano, -a [levi'ɐnu, -a] *adj* imprudente
levitação <-ões> [levita'sɐ̃w, -'õjs] *f* levitación *f*
levitar [levi'tar] **I.** *vt* hacer levitar **II.** *vi* levitar
lexical <-ais> [leksi'kaw, -'ajs] *adj* léxico, -a
léxico ['lɛksiku] *m* léxico *m*
lexicografia [leksikogra'fia] *f sem pl* lexicografía *f*
lexicógrafo, -a [leksi'kɔgrafu, -a] *m, f* lexicógrafo, -a *m, f*
lexicologia [leksikolo'ʒia] *f sem pl* lexicología *f*
lhama ['ʎɐma] *f* llama *f*
lhe [ʎi] *pron* le
lhes [ʎis] *pron pl* les *pl*
lhufas ['ʎufas] *pron indef* nada
libanês, -esa [libɐ'nes, -'eza] *adj, m, f* libanés, -esa *m, f*
Líbano ['libɐnu] *m* Líbano *m*
libelo [li'bɛlu] *m* JUR libelo *m*
libélula [li'bɛlula] *f* ZOOL libélula *f*
liberação [libera'sɐ̃w] *f sem pl* 1.(*liber-*

tação) liberación *f;* **~ da mulher** liberación de la mujer 2. COM liberalización *f*
liberado, -a [ʎibe'radu, -a] *adj* liberado, -a; (*dispensado*) exento, -a
liberal <-ais> [ʎibe'raw, -'ajs] **I.** *mf* POL liberal *mf* **II.** *adj* liberal; **profissão ~** profesión liberal; **profissional ~** profesional liberal
liberalidade [ʎiberaʎi'dadʒi] *f sem pl* liberalidad *f*
liberalismo [ʎibera'ʎizmu] *m sem pl* POL liberalismo *m*
liberalização [ʎiberaʎiza'sɐ̃w] *f sem pl* liberalización *f*
liberalizar [ʎiberaʎi'zar] *vt* liberalizar
liberar [ʎibe'rar] **I.** *vt* liberar; **liberou geral** *gíria* fue jauja **II.** *vr:* **~-se de** liberarse de; **finalmente já me liberei dos meus compromissos** finalmente me liberé de mis compromisos
liberdade [ʎiber'dadʒi] *f* libertad *f;* **~ condicional** JUR libertad condicional; **~ de culto** libertad de culto; **~ de expressão** libertad de expresión; **~ de imprensa** libertad de prensa; **pôr alguém em ~** poner a alguien en libertad; **tomar a ~ de fazer a. c.** tomarse la libertad de hacer algo; **que ~s são estas?** ¿qué libertades son éstas?
Libéria [ʎi'bɛria] *f* Liberia *f*
liberiano, -a [ʎiberi'ɐnu, -a] *adj, m, f* liberiano, -a *m, f*
líbero ['ʎiberu] *m* ESPORT líbero *m*
libertação <-ões> [ʎiberta'sɐ̃w -'õjs] *f* (*da prisão*) liberación *f*
libertar [ʎiber'tar] **I.** *vt* (*da prisão*) liberar; **a polícia libertou os reféns do cativeiro** la policía liberó a los rehenes de su cautiverio **II.** *vr:* **~-se de a. c./alguém** librarse de algo/alguien
libertinagem [ʎibertʃi'naʒẽj] <-ens> *f* libertinaje *m*
libertino, -a [ʎiber'tʃinu, -a] *adj* libertino, -a
liberto, -a [ʎi'bɛrtu, -a] **I.** *pp irr de* **libertar II.** *adj* (*da prisão*) en libertad
Líbia ['ʎibia] *f* Libia *f*
libidinoso, -a [ʎibidʒi'nozu, -'ɔza] *adj* libidinoso, -a
libido [ʎi'bidu] *f* libido *f*
líbio, -a ['ʎibiw, -a] *adj, m, f* libio, -a *m, f*
libra ['ʎibra] *f* libra *f;* **~ esterlina** libra esterlina
Libra ['ʎibra] *f* Libra *f;* **ser (de) ~** ser Libra
libreto [ʎi'bretu] *m* libreto *m*

libriano, -a [ʎibri'anu, -a] *adj, m, f* Libra *mf inv;* **ser ~** ser Libra

lição <-ões> [ʎi'sɐ̃w, -'õjs] *f* lección *f;* **aprender a ~** aprender la lección; **dar uma ~ a** [*ou* **em**] **alguém** dar una lección a alguien; **servir de ~ a alguém** servir de lección a alguien

licença [ʎi'sẽjsa] *f* **1.** (*permissão*) permiso *m;* **com ~!** ¡con permiso!; **dá ~?** ¿me permite?; **dar ~ a alguém para fazer a. c.** dar permiso a alguien para hacer algo **2.** (*autorização oficial*) licencia *f* **3.** (*do trabalho*) baja *f;* **estar de ~** estar de baja

licença-maternidade [ʎi'sẽjsa-materni'dadʒi] <licenças-maternidade(s)> *f* baja *f* por maternidad

licenciado, -a [ʎisẽjsi'adu, -a] **I.** *m, f* licenciado, -a *m, f* **II.** *adj* **1.** (*obra*) con licencia **2.** (*pessoa*) licenciado, -a; **~ em direito** licenciado en derecho; **sou ~ em pedagogia** soy licenciado en pedagogía

licenciamento [ʎisẽjsia'mẽjtu] *m* **~ de veículos** licencia *f* de vehículos

licenciar-se [ʎisẽjsi'arse] *vr:* **~ em** licenciarse en

licenciatura [ʎisẽjsia'tura] *f* licenciatura *f*

licencioso, -a [ʎisẽjsi'ozu, -'ɔza] *adj* licencioso, -a

liceu [ʎi'sew] *m* HIST instituto *m*

licitação <-ões> [ʎisita'sɐ̃w, -'õjs] *f* licitación *f*

licitar [ʎisi'tar] *vt* licitar

lícito, -a [ʎisitu, -a] *adj* lícito, -a

lições [ʎi'sõjs] *f pl de* **lição**

licor [ʎi'kor] *m* licor *m*

lidar [ʎi'dar] *vt* **~ com a. c./alguém** lidiar con algo/alguien

líder ['ʎider] <-es> *mf* líder *mf*

liderança [ʎide'rɐ̃nsa] *f* liderazgo *m*

liderar [ʎide'rar] *vt* liderar

líderes ['ʎideres] *mf pl de* **líder**

lido ['ʎidu] *pp de* **ler**

liga ['ʎiga] *f* **1.** *tb.* ESPORT liga *f;* **Liga dos Campeões** Liga de Campeones **2.** QUÍM aleación *f;* **~ leve** aleación ligera

ligação <-ões> [ʎiga'sɐ̃w, -'õjs] *f* **1.** TEL llamada *f;* **fazer uma ~** hacer una llamada; **cair a ~** interrumpirse la llamada **2.** (*entre pessoas*) relación *f* **3.** (*entre acontecimentos*) conexión *f;* **estabelecer uma ~** establecer una conexión **4.** (*de veículos*) **fazer uma ~ direta** hacer un puente **5.** (*de transportes*) enlace *m* **6.** ELETR conexión *f*

ligado, -a [ʎi'gadu, -a] *adj* **1.** (*luz, aparelho*) encendido, -a **2.** *gíria* (*pessoa*) colocado, -a **3.** (*unido*) relacionado, -a

ligamento [ʎiga'mẽjtu] *m* ANAT ligamento *m*

ligar [ʎi'gar] <g→gu> **I.** *vt* **1.** (*unir*) unir **2.** (*um aparelho, a luz, o carro*) encender **3.** (*à corrente, à internet*) conectar; **já podemos ~ os computadores à internet** ya podemos conectar los ordenadores a Internet **4.** (*estabelecer ligação*) vincular; **~ um acontecimento ao outro** vincular un acontecimiento a otro **5.** (*telefonar*) llamar; **vou ~ para você mais tarde** te llamaré más tarde **6.** (*dar importância*) dar importancia a; **ele não liga a mínima para isso** no le da la más mínima importancia a eso; **ela não liga para mim** no me hace ni caso; **se liga!** *gíria* ¡al loro! **II.** *vi* QUÍM ligarse **III.** *vr:* **~-se** (*relacionar-se*) relacionarse

ligeireza [ʎiʒej'reza] *f* ligereza *f*

ligeiro, -a [ʎi'ʒejru, -a] *adj* ligero, -a

ligeiro [ʎi'ʒejru] *adv* ligero; **vai chover, vamos ~** va a llover, vamos ligero

lilás [ʎi'las] <lilases> **I.** *adj* lila **II.** *m* **1.** (*cor*) lila *m* **2.** BOT lila *f*

liliputiano, -a [ʎiʎiputʃi'ɐnu, -a] *adj, m, f* liliputiense *mf*

lima ['ʎima] *f* lima *f;* **~ laranja** variedad de naranja

lima-da-pérsia ['ʎima-da-'pɛrsia] <limas-da-pérsia> *f* variedad de lima

limalha [ʎi'maʎa] *f* limadura *f*

limão <-ões> [ʎi'mɐ̃w, -õjs] *m* lima *f*

limão-galego <limões-galegos> [ʎi-'mɐ̃w-ga'legu, li'mõjs-] *m* limón *m*

limar [ʎi'mar] *vt* limar

limbo ['ʎĩbu] *m* **1.** (*borda*) borde *m* **2.** (*esquecimento*) olvido *m*

limeira [ʎi'mejra] *f* BOT limero *m*

limiar [ʎimi'ar] *m fig* umbral *m;* **no ~ do século XXI** en el umbral del siglo XXI

liminar [ʎimi'nar] <-es> *f* JUR medida *f* cautelar

limitação <-ões> [ʎimita'sɐ̃w, -'õjs] *f* limitación *f;* **conhecer as próprias limitações** conocer las propias limitaciones

limitado, -a [ʎimi'tadu, -a] *adj* limitado, -a

limitar [ʎimi'tar] **I.** *vt* limitar **II.** *vr:* **~-se com** (*região, país*) limitar con; **~-se a fazer a. c.** limitarse a hacer algo

limite [ʎi'mitʃi] *m* límite *m;* ~ **de idade** límite de edad; ~ **de velocidade** límite de velocidad; **tudo tem** ~ todo tiene un límite; **passar dos** ~**s** pasarse de la raya

limítrofe [ʎi'mitrofi] *adj* **1.** (*região*) limítrofe **2.** (*pessoa*) retrasado, -a

limo ['ʎimu] *m* lodo *m*

limoeiro [ʎimo'ejru] *m* limonero *m*

limões [ʎi'mõjs] *m pl de* **limão**

limonada [ʎimo'nada] *f* limonada *f*

limpador [ʎĩjpa'doɾ] *m* ~ **de para-brisas** limpiaparabrisas *m inv*

limpa-móveis [ʎĩjpa-'mɔvejs] *m inv* abrillantador *m*

limpar [ʎĩj'paɾ] <*pp:* limpo *ou* limpado> I. *vt* limpiar; ~ **a boca** limpiarse la boca; **a prefeitura quer** ~ **o centro da cidade** la alcaldía quiere limpiar el centro de la ciudad; **dois ladrões** ~**am a loja** *fig* dos ladrones limpiaron la tienda II. *vr:* ~-**se** (*reputação*) redimirse; ~-**se com alguém** reconciliarse con alguien

limpeza [ʎĩj'peza] *f* limpieza *f;* ~ **de pele** limpieza de cutis; ~ **pública** recogida *f* de basuras; **fazer uma** ~ **em a. c.** hacer limpieza en algo

limpidez [ʎĩjpi'des] *f* limpidez *f*

límpido, -a ['ʎĩjpidu, -a] *adj* límpido, -a

limpo ['ʎĩjpu] **I.** *pp irr de* **limpar II.** *adj* **1.** (*sem sujeira*) limpio, -a; **passar a. c. a** ~ pasar algo a limpio; **tirar a. c. a** ~ aclarar algo; **sair** ~ acabar bien **2.** (*céu*) limpio, -a **3.** (*consciência*) limpio, -a; **ter a consciência limpa** tener la conciencia limpia **4.** (*sem nada ilícito*) limpio, -a; **a polícia revistou dois suspeitos que estavam** ~**s** la policía registró a dos sospechosos que estaban limpios **5.** ECON (*líquido*) limpio, -a; **10 000 reais** ~**s** 10.000 reales limpios

limusine [ʎimu'zini] *f* limusina *f*

lince ['ʎĩjsi] *m* lince *m*

linchamento [ʎĩjʃa'mẽjtu] *m* linchamiento *m*

linchar [ʎĩj'ʃaɾ] *vt* linchar

lindeza [ʎĩj'deza] *f* belleza *f*

lindo, -a ['ʎĩjdu, -a] *adj* bonito, -a, lindo, -a *AmL*

linear [ʎine'aɾ] <-es> *adj* lineal

linfa ['ʎĩjfa] *f* linfa *f*

linfático, -a [ʎĩj'fatʃiku, -a] *adj* linfático, -a

linfoma [ʎĩj'foma] *m* MED linfoma *m*

lingerie [lãŋʒe'xi] *f* lencería *f*

lingote [ʎĩj'gɔtʃi] *m* lingote *m*

língua ['ʎĩjgwa] *f* **1.** (*idioma*) lengua *f;* ~ **estrangeira** lengua extranjera; ~ **materna** lengua materna; **falar várias** ~**s** hablar varias lenguas **2.** ANAT lengua *f;* **dar com a** ~ **nos dentes** *fig* irse de la lengua; **ficar com a** ~ **de fora** *fig* quedarse con la lengua fuera; **morder a** ~ morderse la lengua; **não falar a mesma** ~ no hablar el mismo idioma; **pôr a** ~ **de** [*ou* **para**] **fora** sacar la lengua; **saber a. c. na ponta da** ~ tener algo en la punta de la lengua; **soltar a** ~ darle a la lengua

língua de sogra [ʎĩjgwa dʒi'sɔgra] <**línguas de sogra**> *f* (*jogo*) matasuegras *m inv*

linguado [lĩj'gwadu] *m* ZOOL lenguado *m*

linguagem [ʎĩj'gwaʒẽj] <-ens> *f* lenguaje *m;* ~ **gestual** lenguaje gestual; ~ **de programação** INFOR lenguaje de programación

linguajar [ʎĩjgwa'ʒaɾ] <-es> *m* lenguaje *m*

linguarudo, -a [ʎĩjgwa'ɾudu, -a] *m,* *f* bocazas *mf inv*

lingueta [ʎĩj'gweta] *f* (*peça*) lengüeta *f*

linguiça [ʎĩj'gwisa] *f* chorizo *m;* **encher** ~ *inf* meter paja la

linguista [ʎĩj'gwista] *mf* lingüista *mf*

linguística [ʎĩj'gwistʃika] *f* lingüística *f;* ~ **comparada** lingüística comparada

linguístico, -a [ʎĩj'gwistʃiku, -a] *adj* lingüístico, -a

linha ['liɲa] *f* **1.** (*traço*) línea *f;* ~ **em ziguezague** zigzag *m;* ~**s aerodinâmicas** línea aerodinámica; **em reta** en línea recta; **Deus escreve certo por** ~**s tortas** *prov* los caminos del Señor son inescrutables **2.** (*fila*) fila *f;* ~ **de montagem** cadena *f* de montaje **3.** (*de texto*) línea *f* **4.** (*de costurar*) hilo *m* **5.** TEL línea *f;* ~ **cruzada** interferencia *f*; **esperar na** ~ esperar; **o telefone não está dando** ~ no hay línea *f*. **6.** (*de pesca*) hilo *m* **7.** (*de trem*) línea *f;* **é o fim da** ~ *fig* es el colmo **8.** ELETR ~**s de alta tensão** línea *f* de alta tensión **9.** (*de comportamento*) **andar na** ~, **manter a** ~ portarse bien; **manter alguém na** ~ mantener a alguien a raya; **perder a** ~ pasarse de la raya **10.** ECON ~ **de crédito** línea *f* de crédito **11.** ESPORT ~ **de impedimento** línea *f* del fuera de juego **12.** (*de partido, de ideias*) línea *f;* ~ **dura** línea dura

linhaça [ʎĩ'ɲasa] *f* linaza *f*
linhagem [ʎĩ'naʒɛj] <-ens> *f* linaje *m*
linho ['ʎĩɲu] *m* lino *m*
link ['ʎĩjki] *m* INFOR enlace *m*
linóleo [ʎi'nɔʎiw] *m* linóleo *m*
liofilizado, -a [ʎiofiʎi'zadu, -a] *adj* liofilizado, -a
lipídio [ʎi'pidʒiw] *m* BIO, QUÍM lípido *m*
lipoaspiração <-ões> [ʎipwaspira-'sɐ̃w, -'õjs] *f* MED liposucción *f*; **fazer uma** ~ hacerse una liposucción
lipoma [ʎi'poma] *m* MED lipoma *m*
liquefação [ʎikwefa'sɐ̃w] *f sem pl* licuefacción *f*
liquefazer [ʎikefa'zer] *irr como fazer* I. *vt* fundir II. *vr:* ~**-se** fundirse
liquefeito [ʎikwe'fejtu] I. *pp de* **liquefazer** II. *adj* fundido, -a
líquen ['ʎikẽj] <liquens> *m* BOT, MED liquen *m*
liquidação <-ões> [ʎikida'sɐ̃w, -'õjs] *f* liquidación *f*; ~ **total** liquidación total
liquidar [ʎiki'dar] *vt* liquidar
liquidez [ʎiki'des] *f sem pl* liquidez *f*
liquidificador [ʎikidʒifika'dor] *m* licuadora *f*
liquidificar [ʎikidʒifi'kar] <c→qu> *vt* licuar
líquido ['ʎikidu] I. *m* líquido *m* II. *adj* líquido, -a; **lucro** ~ beneficio líquido; **peso** ~ peso neto
liquor ['ʎikwɔr] *m* MED líquido *m* cefalorraquídeo; **exame de** ~ examen del líquido cefalorraquídeo
lira ['ʎira] *f* MÚS lira *f*
lírica ['ʎirika] *f* lírica *f*
lírico, -a ['ʎiriku, -a] *adj, m, f* lírico, -a *m, f*
lírio ['ʎiriw] *m* lirio *m*
lírio-d'água ['ʎiriw-'dagwa] <lírios--d'água> *m* nenúfar *m*
lírio-do-vale ['ʎiriw-du-'vaʎi] <lírios--do-vale> *m* lirio *m* de los valles
lirismo [ʎi'rizmu] *m sem pl* lirismo *m*
Lisboa [ʎiz'bowa] *f* Lisboa *f*
lisboeta [ʎizbo'eta] *adj, mf* lisboeta *mf*
liso, -a ['ʎizu, -a] *adj* 1. (*superfície, cabelo, folha*) liso, -a 2. *inf* (*sem dinheiro*) **estou completamente** ~ estoy sin un duro
lisonja [ʎi'zõwʒa] *f* lisonja *f*
lisonjear [ʎizõwʒi'ar] *conj como passear vt* lisonjear
lisonjeiro, -a [ʎizõw'ʒejru, -a] *adj* lisonjero, -a
lista ['ʎista] *f* lista *f*; ~ **de compras** lista de la compra; ~ **de discussão** INFOR lista de discusión; ~ **de espera** lista de espera; ~ **negra** lista negra; ~ **telefônica** listín *m* telefónico
listado, -a [ʎis'tadu, -a] *adj* listado, -a
listagem [ʎis'taʒẽj] <-ens> *f* INFOR listado *m*
listar [ʎis'tar] *vt* listar
listra ['ʎistra] *f* lista *f*
listrado, -a [ʎis'tradu, -a] *adj* listado, -a
lisura [ʎi'zura] *f* suavidad *f*
litania [ʎitɜ'nia] *f* letanía *f*
literal <-ais> [ʎite'raw, -'ajs] *adj* literal; **tradução** ~ traducción literal
literalmente [ʎiteraw'mẽjtʃi] *adv* literalmente; **traduzir a. c.** ~ traducir algo literalmente; **ela foi** ~ **expulsa** fue literalmente expulsada
literário, -a [ʎite'rariw, -a] *adj* literario, -a
literato, -a [ʎite'ratu, -a] *m, f* literato, -a *m, f*
literatura [ʎitera'tura] *f* literatura *f*
litigante [ʎitʃi'gɐ̃ntʃi] *mf* JUR litigante *mf*
litigar [ʎitʃi'gar] <g→gu> *vt* JUR litigar
litígio [ʎi'tʃiʒiw] *m* JUR litigio *m*
litigioso, -a [ʎitʃiʒi'ozu, -'ɔza] *adj* JUR litigioso, -a; **separação litigiosa** separación litigiosa
litografia [ʎitogra'fia] *f*, **litogravura** [ʎitogra'vura] *f* litografía *f*
litoral <-ais> [ʎito'raw, -'ajs] *adj, m* litoral *m*
litorâneo, -a [ʎito'rɜniw, -a] *adj* litoral
litosfera [ʎitos'fɛra] *f* GEO litosfera *f*
litro ['ʎitru] *m* litro *m*; ~ **e meio** litro y medio; **meio** ~ medio litro; **um** ~ **de leite** un litro de leche
Lituânia [ʎitu'ɜnia] *f* Lituania *f*
lituano, -a [ʎitu'ɜnu, -a] *adj, m, f* lituano, -a *m, f*
liturgia [ʎitur'ʒia] *f* liturgia *f*
litúrgico, -a [ʎi'turʒiku, -a] *adj* litúrgico, -a
lividez [ʎivi'des] *f* lividez *f*
lívido, -a ['ʎividu, -a] *adj* lívido, -a
livramento [ʎivrɜ'mẽjtu] *m* JUR libertad *f*
livrar [ʎi'vrar] I. *vt* librar; **só você pode me** ~ **dessa situação** sólo tú me puedes librar de esta situación; **o bombeiro pôde** ~ **as pessoas do perigo** el bombero puede librar a las personas del peligro; **Deus me livre!** ¡Dios me libre! II. *vr:* ~**-se** librarse; ~**-se de a. c./alguém** (*libertar-se, desembaraçar--se*) librarse de algo/alguien; (*escapar*)

liberarse de algo/alguien
livraria [ʎivra'ria] *f* librería *f*
livre ['ʎivri] *adj* **1.** (*com liberdade, desocupado*) libre; **eleições ~s** elecciones libres; **de ~ e espontânea vontade** por voluntad propia; **ter um dia ~** tener un día libre; **vivemos num país ~** vivimos en un país libre; **ao ar ~** al aire libre **2.** (*isento*) **~ de impostos** libre de impuestos; **~ de preconceitos** libre de prejuicios; **entrada ~** entrada libre **3.** (*desocupado*) libre; **este lugar está ~** este lugar está libre; **ter as mãos ~s** tener las manos libres
livre-arbítrio [ʎivri-ar'bitriw] <livres--arbítrios> *m* libre albedrío *m*
livre-câmbio [ʎivri-'kãŋbiw] <livres--câmbios> *m* librecambio *m*
livre-iniciativa [ʎivri-inisja'tʃiva] <livres-iniciativas> *f* libre iniciativa *f*
livreiro, -a [ʎi'vrejru, -a] *m, f* librero, -a *m, f*
livremente [ʎivri'mẽjtʃi] *adv* libremente; **circular ~** circular libremente
livreta [ʎi'vreta] *m* libreta *f*
livro ['livru] *m* libro *m*; **~ de bolso** libro de bolsillo; **~ de cabeceira** libro de cabecera; **~ de contas** libro de contabilidad; **~ didático/de texto** libro didáctico/de texto; **~ de instruções** manual *m* de instrucciones; **~ de receitas** libro de recetas; **ser um ~ aberto** ser un libro abierto
livro-caixa ['ʎivru-'kajʃa] <livros-caixas> *m* libro *m* de caja
lixa [ʎiʃa] *f* (*material*) lima *f*; **~ de unhas** lima de uñas
lixar [ʎi'ʃar] **I.** *vt* (*com lixa*) limar; *inf* (*prejudicar*) fastidiar **II.** *vr:* **~-se** *gíria* (*não dar importância*) pasar; **estou pouco me lixando** me importa un pimiento; **vá se ~!** ¡vete a paseo!
lixeira [ʎi'ʃejra] *f* cubo *m* de basura
lixeiro [ʎi'ʃejru] *m* basurero *m*
lixívia [ʎi'ʃivia] *f* lejía *f*
lixo ['liʃu] *m* basura *f*; **~ atômico/nuclear** basura atómica/nuclear; **~ espacial** basura espacial; **~ orgânico** basura orgánica; **~ radioativo** basura radioactiva; **separar o ~** separar la basura; **este trabalho está um ~** este trabajo es una basura
-lo [lu] *pron* lo -lo; **este forno está barato; você não quer comprá~?** este horno es barato; ¿no quieres comprarlo?; **o sítio é da família; não devemos vendê~** la finca es de la familia; no debemos venderla
ló ['lɔ] *m* NAÚT (*barlavento*) barlovento *m*
lobby ['lɔbi] *m* lobby *m;* **fazer ~** presionar
lobisomem [lobi'zɔmẽj] <-ens> *m* hombre *m* lobo
lobista [lo'bista] *mf* miembro *mf* de un lobby
lobo ['lobu] *m* ANAT (*do pulmão*) lóbulo *m*
lobo, -a ['lobu, -a] *m, f* ZOOL lobo, -a *m, f*
lobo do mar ['lobu du 'mar] <lobos do mar> *m* lobo *m* de mar
lobotomia [loboto'mia] *f* MED lobotomía *f*
lóbulo ['lɔbulu] *m* lóbulo *m*
locação <-ões> [loka'sãw, -'õjs] *f* **1.** alquiler *m* **2.** CINE exteriores *m inv*
locador(a) [loka'dor(a)] *m(f)* arrendador(a) *m(f)*
locadora [loka'dora] *f* **1.** (*de carro*) agencia *f* de alquiler **2.** (*de fitas de vídeo*) videoclub *m*
local <-ais> [lo'kaw, -'ajs] **I.** *m* local *m*; **~ de trabalho** local de trabajo; **~ de nascimento** lugar *m* de nacimiento **II.** *adj* local
localidade [lokaʎi'dadʒi] *f* localidad *f*
localização <-ões> [lokaʎiza'sãw, -'õjs] *f* localización *f*
localizado, -a [lokaʎi'zadu, -a] *adj* localizado, -a; **estar bem/mal ~** estar bien/mal localizado
localizar [lokaʎi'zar] *vt* localizar
loção <-ões> [lo'sãw, -'õjs] *f* loción *f*
locar [lo'kar] <c→qu> *vt* alquilar
locatário, -a [loka'tariw, -a] *m, f* inquilino, -a *m, f*
lockout [lo'kawtʃi] *m* lockout *m*
loções [lo'sõjs] *f pl de* **loção**
locomoção [lokomo'sãw] *f sem pl* traslado *m*
locomotiva [lokomo'tʃiva] *f* locomotora *f*
locomotor(a) [lokomo'tor(a)] <-es> *adj* locomotor(a)
locução <-ões> [loku'sãw, -'õjs] *f* locución *f*
locutor(a) [loku'tor(a)] <-es> *m(f)* locutor(a) *m(f)*
lodaçal <-ais> [loda'saw, -'ajs] *m* lodazal *m*
lodo ['lodu] *m* lodo *m*
logaritmo [loga'ritʃimu] *m* MAT logaritmo *m*

lógica ['lɔʒika] *f* lógica *f*; **ter ~** tener lógica

lógico, -a ['lɔʒiku, -a] *adj* lógico, -a; **é ~ que eu vou** claro que voy

logística [lo'ʒistʃika] *f* logística *f*

logístico, -a [lo'ʒistʃiku, -a] *adj* logístico, -a

logo ['lɔgu] I. *adv* 1. (*em seguida*) en seguida; **~ a seguir** en seguida; **calma, ~, ~ vamos comer** tranquilo, vamos a comer ahora mismo 2. (*mais tarde*) **~ mais** luego; **até ~!** ¡hasta luego! 3. (*justamente*) **~ agora** justo ahora; **~ ele!** ¡justo él! II. *conj* luego; **~ que** +*conj* en cuanto +*subj*; **~ que seja possível** en cuanto sea posible

logotipo [logo'tʃipu] *m* logotipo *m*

logradouro [logra'dowru] *m* (*lugar*) espacio *m* público

lograr [lo'grar] I. *vt* 1. (*alcançar, obter*) lograr 2. (*enganar*) engañar II. *vi* surtir efecto

logro ['logru] *m* (*engano*) engaño *m*

loiro, -a ['lojru, -a] *m, f v.* **louro, -a**

loja ['lɔʒa] *f* tienda *f*; **~ de departamentos** grandes almacenes *mpl*; **~ de produtos naturais** tienda de productos naturales; **abrir uma ~** abrir una tienda

lojista [lo'ʒista] *mf* comerciante *mf*

lombada [lõw'bada] *f* 1. (*de livro*) lomo *m* 2. (*na rua*) badén *m* (*resalto en la carretera para obligar a reducir la velocidad del tráfico*), lomo *m* de burro *RíoPl*, tope *m* *Méx*

lombar [lõw'bar] <-es> *adj* lumbar

lombinho [lõw'bĩɲu] *m* GASTR solomillo *m*

lombo ['lõwbu] *m* lomo *m*

lombriga [lõw'briga] *f* lombriz *f*

lona ['lona] *f* lona *f*; **estar na (última) ~** *inf* estar para el arrastre

Londres ['lõwdris] *f* Londres *f*

londrino, -a [lõw'drinu, -a] *adj, m, f* londinense *mf*

longa-metragem ['lõwga-me'traʒej] <longas-metragens> *f* CINE largometraje *m*

longe ['lõwʒi] I. *adv* lejos; **~ de** lejos de; **ao ~** a lo lejos; **de ~** de lejos; **ela é de ~ a melhor** ella es, de lejos, la mejor; **ir ~ demais** ir demasiado lejos; **~ de mim tal ideia!** ¡lejos de mí esa idea!; **ver ~** tener visión de futuro; **este menino vai ~** este niño llegará lejos II. *adj* lejano, -a

longevidade [lõwʒevi'dadʒi] *f sem pl* longevidad *f*

longevo, -a [lõw'ʒɛvu, -a] *adj elev* longevo, -a

longínquo, -a [lõw'ʒĩjkuu, -a] *adj* remoto, -a

longitude [lõwʒi'tudʒi] *f* GEO longitud *f*

longitudinal <-ais> [lõwʒitudʒi'naw, -'ajs] *adj* longitudinal

longo, -a ['lõwgu, -a] *adj* largo, -a

longo ['lõwgu] *m* vestido *m* largo

lontra ['lõwtra] *f* nutria *f*

looping ['lupĩj] *m* rizos *mpl*

loquaz [lo'kwas] <-es> *adj* locuaz

lorde ['lɔrdʒi] *m* lord *m*

lordose [lor'dɔzi] *f* lordosis *f inv*

lorota [lo'rɔta] *f* trola *f*

loroteiro, -a [loro'tejru, -a] *m, f* trolero, -a *m, f*

losango [lo'zãŋgu] *m* rombo *m*

lotação <-ões> [lota'sãw, -'õjs] *f* (*de recinto, ônibus*) capacidad *f*; **com a ~ esgotada** con las localidades agotadas

lotado, -a [lo'tadu, -a] *adj* (*cinema, teatro*) abarrotado, -a

lotar [lo'tar] *vt* abarrotar

lote ['lɔtʃi] *m* 1. (*de terreno*) parcela *f* 2. (*de mercadoria*) lote *m*

loteamento [lotʃja'mẽjtu] *m* parcelación *f*

lotear [lotʃi'ar] *conj como* **passear** *vt* (*um terreno*) parcelar

loteca [lo'tɛka] *f inf* quiniela *f*

loteria [lote'ria] *f* lotería *f*; **jogar na ~** jugar a la lotería; **ganhou na ~** le tocó la lotería; **casamento não é uma ~** el matrimonio no es una lotería

lotérico, -a [lo'tɛriku, -a] *adj* de la lotería; **casa lotérica** administración *f* de loterías

loto ['lɔtu] *m* 1. (*loteria*) loto *f* 2. BOT loto *m*

louça ['lowsa] *f* (*de cozinha*) vajilla *f*; **~ de barro** vajilla de barro; **lavar a ~** lavar los platos

louco, -a ['loku, -a] I. *m, f* loco, -a *m, f* II. *adj* 1. (*paixão, demente*) loco, -a; **ela é louca por ele** está loca por él; **ele é ~ por chocolate** el chocolate le enloquece 2. (*sucesso*) espectacular

loucura [low'kura] *f* locura *f*; **isso é uma ~!** ¡eso es una locura!; **a festa estava uma ~, me diverti muito** la fiesta fue genial, me divertí mucho

louro ['loru] *m* BOT laurel *m*; **folha de ~** hoja de laurel; **os ~s da glória** los laureles

louro, -a ['loɾu, -a] *adj, m, f* rubio, -a *m, f*, güero, -a *m, f Méx*

lousa ['loza] *f* pizarra *f*; **escrever na ~** escribir en la pizarra

louva-a-deus [lowva-a-'dews] *m inv* ZOOL mantis *f inv* religiosa

louvar [low'var] *vt* alabar

louvável <-eis> [low'vavew, -ejs] *adj* loable

louvor [low'vor] <-es> *m* elogio *m*

LSD [ɛʎjɛsi'de] *m abr de* lysergic acid diethylamid LSD *m*

Ltda. [ʎimi'tada] *abr de* **limitada** Ltda.; **sociedade ~** sociedad Ltda.

lua ['lua] *f* luna *f*; **~ cheia** luna llena; **~ crescente** luna creciente; **~ minguante** luna menguante; **~ nova** luna nueva; **andar** [*ou* **viver**] **com a cabeça na ~** estar en la luna; **ser de ~** ser imprevisible

lua-de-mel ['lua-dʒi-'mɛw] <luas-de-mel> *f* luna *f* de miel; **estar em ~** estar de luna de miel; **viajar na ~** irse de luna de miel

luar [lu'ar] *m sem pl* luz *f* de luna

lubrificação <-ões> [lubɾifika'sãw, -'õjs] *f* lubricación *f*

lubrificante [lubɾifi'kãntʃi] I. *adj* lubricante; **óleo ~** aceite lubricante II. *m* lubricante *m*

lubrificar [lubɾifi'kar] <c→qu> *vt* lubricar

lucidez [lusi'des] *f* lucidez *m*; **momento de ~** momento de lucidez

lúcido, -a ['lusidu, -a] *adj* lúcido, -a

lucrar [lu'krar] I. *vt* ganar; **~ com a. c.** ganar con algo; **nós lucramos com a nova estrada** ganamos con la nueva carretera; **lucrou bastante no seu negócio** ganó bastante con su negocio II. *vi* ganar; **saí lucrando** salí ganando

lucratividade [lukratʃivi'dadʒi] *f* rentabilidad *f*

lucrativo, -a [lukɾa'tʃivu, -a] *adj* **1.** (*financeiramente*) lucrativo, -a **2.** (*vantajoso*) provechoso, -a

lucro ['lukɾu] *m* beneficio *m*; **dar ~** dar beneficios

ludibriar [ludʒibɾi'ar] *vt* engañar

lúdico, -a ['ludʒiku, -a] *adj* lúdico, -a

ludoterapia [ludotera'pia] *f sem pl* ludoterapia *f*

lufada [lu'fada] *f* ráfaga *f*

lugar [lu'gar] <-es> *m* **1.** (*local*) lugar *m*; **~ de pé** localidad *f* de pie; **~ sentado** localidad sentada; **em** [*ou* **no**] **~ de** en lugar de; **estar fora do ~** estar en el lugar equivocado; **dar o ~ a alguém** ceder el lugar a alguien; **que ~ estranho!** ¡qué lugar tan extraño! **2.** (*ordenação*) lugar *m*; **em primeiro ~** en primer lugar **3.** (*emprego, situação*) lugar *m*; **no seu ~, eu não faria isso** yo en tu lugar no haría eso; **ponha-se no meu ~** ponte en mi lugar **4.** (*ocasião*) **dar ~ a a. c.** dar lugar a algo; **a cerimônia terá ~ no salão** la ceremonia tendrá lugar en la sala

lugar-comum [lu'gar-ko'mũw] <lugares-comuns> *m* tópico *m*, lugar *m* común

lugarejo [luga'reʒu] *m* aldea *f*

lugares [lu'gares] *m pl de* **lugar**

lúgubre ['lugubɾi] *adj* lúgubre

lula ['lula] *f* calamar *m*

lume ['lumi] *m* (*fogo*) lumbre *f*

lúmen ['lumẽj] *m* ANAT cavidad *f*

uminária [lumi'naɾia] *f* lámpara *f*

luminosidade [luminozi'dadʒi] *f sem pl* luminosidad *f*

luminoso, -a [lumi'nozu, -ɔza] *adj* luminoso, -a; **placa luminosa** rótulo luminoso; **ter uma ideia luminosa** tener una idea luminosa

lunar [lu'nar] <-es> *adj* lunar

lunático, -a [lu'natʃiku, -a] *adj, m, f* lunático, -a *m, f*

luneta [lu'neta] *f* telescopio *m*

lupa ['lupa] *f* lupa *f*

lúpus ['lupus] *m* MED lupus *m*

lusco-fusco ['lusku-'fusku] *m* crepúsculo *m*

lusitano, -a [luzi'tɐnu, -a] *adj, m, f* lusitano, -a *m, f*

luso, -a [l'uzu, -a] *adj* luso, -a

luso-brasileiro, -a ['luzu-bɾazi'leiɾu, -a] *adj* lusobrasileño, -a

lustra-móveis ['lustɾa-'mɔvejs] *m inv* abrillantador *m*

lustrar [lus'tɾar] *vt* (*móveis, sapatos*) lustrar

lustre ['lustɾi] *m* **1.** (*brilho*) lustre *m*; **dar ~ a a. c.** dar lustre a algo **2.** (*iluminação elétrica*) araña *f*

lustro ['lustɾu] *m inf v.* **lustre**

luta ['luta] *f* lucha *f*; **~ armada** lucha armada; **~ de classes** lucha de clases; **~ por direitos** lucha por derechos; **~ livre** ESPORT lucha libre; **~ pela sobrevivência** lucha por la supervivencia; **~ contra a. c.** lucha contra algo; **ir à ~** *fig* luchar

lutador(a) [luta'dor(a)] *m(f)* luchador(a) *m(f)*

lutar [lu'tar] **I.** *vt* luchar; **lutou muito para manter a família** luchó mucho para mantener a la familia **II.** *vi* luchar; **devemos ~ pelos nossos direitos** debemos luchar por nuestros derechos; **o novo boxeador vai ~ contra o veterano** el boxeador joven va a luchar contra el veterano

luteranismo [luteɐʒ'nizmu] *m sem pl* luteranismo *m*

luterano, -a [lute'ɾɐnu, -a] *adj, m, f* luterano, -a *m, f*

luto ['lutu] *m* luto *m;* **~ nacional** luto nacional; **estar de ~** estar de luto; **estar de ~ por alguém** estar de luto por alguien; **pôr ~** ponerse de luto

luva ['luva] *f* **1.** *(para as mãos)* guante *m;* **~ de borracha** guante de goma; **calçar** [*ou* **pôr**] **uma ~** ponerse un guante; **cair como uma ~ em alguém** sentarle a alguien como un guante **2.** *pl* COM pago *m;* **receber as ~s pelo passe do jogador** recibir el pago por el traspaso de un jugador

luxação <-ões> [luʃa'sɐ̃w, -'õjs] *f* MED luxación *f*

luxar [lu'ʃar] *vt* luxar

Luxemburgo [luʃẽj'burgu] *m* Luxemburgo *m*

luxemburguês, -esa [luʃẽjbur'ges, -'eza] *adj, m, f* luxemburgués, -esa *m, f*

luxo ['luʃu] *m* lujo *m;* **de ~** de lujo; **dar-se ao ~ de fazer a. c.** darse el lujo de hacer algo

luxuoso, -a [luʃu'ozu, -'ɔza] *adj* lujoso, -a

luxúria [lu'ʃuria] *f sem pl* lujuria *f*

luz ['lus] *f* luz *f;* **~ do dia** luz del día; **~ de emergência** luces *fpl* de emergencia; **~ ultravioleta** luz ultravioleta; **acender/apagar a ~** encender/apagar la luz; **à ~ de** *fig* a la luz de; **à meia ~** a media luz; **dar à ~** dar a luz; **dar uma ~ arrojar luz; dar ~ verde a** [*ou* **para**] **alguém** dar luz verde a alguien; **não ter ~ em casa** no tener luz en casa; **perder a ~ da razão** enloquecer; **ser a ~ dos olhos de alguém** ser la niña de los ojos de alguien; **trazer a. c. à ~** revelar algo

luzidio, -a [luzi'dʒiw, -a] *adj* reluciente

luzir [lu'zir] *vi* relucir

lycra ['lajkɾa] *f* lycra *f*

M

M, m ['emi] *m* M, m *f*

ma [ma] *elev* = **me** + **a** *v.* **me**

má ['ma] *adj f de* **mau**

maca ['maka] *f* camilla *f*

maçã [ma'sɐ̃] *f* manzana *f;* **~ do rosto** pómulo *m*

macabro, -a [ma'kabru, -a] *adj* macabro, -a

macacada [maka'kada] *f inf* tontería *f*

macaca de auditório [ma'kaka dʒi awdʒi'tɔriw] <macacas de auditório> *f* fan *mf* exaltado, -a

macacão <-ões> [maka'kɐ̃w, -'õjs] *m* mono *m*, overol *m AmL*

macaco [ma'kaku] *m (para automóvel)* gato *m*

macaco, -a [ma'kaku, -a] *m, f* ZOOL mono, -a *m, f;* **ser ~ velho** ser perro viejo; **~s me mordam se...** que se me trague la tierra si...; **vai pentear ~s!** *inf* ¡vete a freír espárragos!; **cada ~ no seu galho** *prov* cada uno a lo suyo

macacões [maka'kõjs] *m pl de* **macacão**

maçada [ma'sada] *f* **1.** *(pancada)* mazazo *m* **2.** *inf (surra)* lata *f;* **que ~!** ¡qué lata!

macadâmia [maka'dɐmia] *f* macadam *m*

macambúzio, -a [makɐ̃'buziw, -a] *adj* **1.** *(carrancudo)* cascarrabias *inv* **2.** *(tristonho)* triste

maçaneta [masɐ'neta] *f (de porta)* pomo *m*

maçante [ma'sɐ̃tʃi] *adj* pesado, -a

Macapá [maka'pa] Macapá

macaquear [makaki'ar] *conj como passear vi* enredar

macaquice [maka'kisi] *f* carantoña *f*

maçarico [masa'riku] *m* **1.** *(de chama)* soplete *m* **2.** ZOOL chorlitejo *m*

maçaroca [masa'ɾɔka] *f* **1.** *(emaranhado)* madeja *f* **2.** *inf (intriga)* intriga *f*

macarrão <-ões> [maka'xɐ̃w] *m (em forma de cilindro)* macarrón *m;* (*massa em geral*) pasta *f*

macarronada [makaxo'nada] *f* macarrones *mpl* con tomate

macarrônico, -a [maka'xoniku, -a] *adj (idioma)* macarrónico, -a

Macau [ma'kaw] *m* Macao *m*

Macedônia [mase'donia] *f* Macedonia *f*

Maceió [masej'ɔ] Maceió

maceração <-ões> [masera'sãw] *f* **1.** (*em líquido*) maceración *f* **2.** (*penitências*) mortificación *f*

macerar [mase'rar] *vt* **1.** (*em líquido*) macerar **2.** (*com penitências*) mortificar

macete [ma'setʃi] *m inf* (*artifício*) truco *m*

machadada [maʃa'dada] *f* hachazo *m*; **dar uma ~ em alguém/a. c.** dar un hachazo a alguien/algo

machadinha [maʃa'dʒĩɲa] *f* hacha *f* pequeña

machado [ma'ʃadu] *m* hacha *f*

machão <-ões> [ma'ʃãw, -õjs] *m inf* macho *m*

machista [ma'ʃista] *adj, m* machista *m*

macho ['maʃu] *adj, m* macho *m*

machões [ma'ʃõjs] *m pl de* **machão**

machucado [maʃu'kadu] *m* magulladura *f*

machucado, -a [maʃu'kadu, -a] *adj* (*ferido*) magullado, -a; (*magoado*) herido, -a

machucar [maʃu'kar] <c→qu> **I.** *vt* **1.** (*ferir*) magullar **2.** (*magoar*) herir **II.** *vr:* **~-se 1.** (*ferir-se*) magullarse **2.** (*magoar-se*) resultar herido

maciço [ma'sisu] *m* macizo *m*

maciço, -a [ma'sisu, -a] *adj* **1.** (*compacto*) macizo, -a **2.** (*em grande quantidade*) masivo, -a

macieira [masi'ejra] *f* manzano *m*

maciez [masi'es] *f sem pl* suavidad *f*

macilento, -a [masi'lẽjtu, -a] *adj* pálido, -a

macio, -a [ma'siw, -a] *adj* (*objeto, tecido, pele, cabelo*) suave; (*carne*) tierno, -a

maciota [masi'ɔta] *f inf* **na ~** sin esfuerzo

maço ['masu] *m* **1.** (*de cigarros*) paquete *m* **2.** (*de notas, folhas*) mazo *m* **3.** (*martelo*) mazo *m*

maçom <-ons> [ma'sõw] *m* masón *m*

maçonaria [masuna'ria] *f* masonería *f*

maconha [ma'kɔɲa] *f* marihuana *f*; **cigarro de ~** cigarrillo de marihuana

maconheiro, -a [makõ'ɲejru] *m, f pej* fumador(a) *m(f)* de marihuana

maçons [ma'sõws] *m pl de* **maçom**

macramê [makrɐ'me] *m* macramé *m*

má-criação <má(s)-criações> ['ma-kria'sãw, -'õjs] *f* falta *f* de educación

macrobiótica [makrobi'ɔtʃika] *f sem pl* macrobiótica *f*

macrobiótico, -a [makrobi'ɔtʃiku, -a] *adj* macrobiótico, -a

macroeconômico, -a [makroeko-'nomiku, -a] *adj* macroeconómico, -a

macromolécula [makromo'lɛkula] *f* macromolécula *f*

macuco [ma'kuku] *m* ave de gran tamaño en peligro de extinción

mácula ['makula] *f* mácula *f*

macular [maku'lar] *vt* manchar

macumba [ma'kũwba] *f* REL macumba *f*; **fazer uma ~** hacer un ritual de macumba

macumbeiro, -a [makũw'bejru, -a] *m, f* **1.** (*praticante da macumba*) practicante de la macumba **2.** (*feiticeiro*) hechicero, -a *m, f*

madalena [mada'lena] *f* magdalena *f*; **~ arrependida** *inf* persona *f* arrepentida

madame [ma'dɐmi] *f inf* (*patroa*) parienta *f*

madeira [ma'dejra] *f* madera *f*; **bater na ~** tocar madera

madeireira [madej'rejra] *f* maderera *f*

madeireiro, -a [madej'rejru, -a] *adj, m, f* maderero, -a *m, f*

madeixa [ma'dejʃa] *f* mechón *m*

madrasta [ma'drasta] *f* madrastra *f*

madre ['madri] *f* REL (*freira*) madre *f*; **~ superiora** madre superiora

madrepérola [madre'pɛrula] *f* madreperla *f*

madressilva [madre'silva] *f* madreselva *f*

madrinha [ma'drĩɲa] *f* madrina *f*

madrugada [madru'gada] *f* madrugada *f*; **de ~** de madrugada

madrugador(a) [madruga'dor(a)] <-es> *m(f)* madrugador(a) *m(f)*

madrugar [madru'gar] <g→gu> *vi* madrugar

maduro, -a [ma'duru, -a] *adj* maduro, -a

mãe ['mɐ̃j] *f* madre *f*; **~ adotiva** madre adoptiva; **~ solteira** madre soltera; **nossa mãe!** ¡madre mía!; **ser uma ~ (para alguém)** ser una madre (para alguien)

mãe-de-santo ['mɐ̃j-dʒi-'sɐ̃ntu] <mães-de-santo> *f* en los ritos afrobrasileños, mujer responsable del culto a los dioses

maestria [maes'tria] *f* maestría *f*

maestro, -ina [ma'estru, -'ina] *m, f* MÚS

maestro, -a *m, f,* director(a) *m(f)* de orquesta

má-fé ['ma-'fɛ] <más-fés> *f* mala fe *f;* **agir de ~** actuar de mala fe

máfia ['mafja] *f* mafia *f*

mafioso, -a [mafi'ozu, -'ɔza] *adj, m, f* mafioso, -a *m, f*

má-formação <más-formações> ['maforma'sɐ̃w, -'õjs] *f* malformación *f*

mafuá [mafu'a] *f reg* circo *m*

magazine [maga'zini] *m* (*loja de variedades*) tienda *f*

magérrimo, -a [ma'ʒɛrimu, -a] *adj* (*superl de magro*) delgadísimo, -a; *v.* **magro**

magia [ma'ʒia] *f* magia *f;* **~ negra** magia negra

mágica ['maʒika] *f* magia *f;* **fazer ~** hacer magia

mágico, -a ['maʒiku, -a] **I.** *adj* mágico, -a **II.** *m, f* mago, -a *m, f*

magistério [maʒis'tɛriw] *m* **1.**(*profissão*) magisterio *m* **2.**(*professorado*) profesorado *m*

magistrado [maʒis'tradu] *m* magistrado *m*

magistral <-ais> [maʒis'traw, -'ajs] *adj* magistral

magistratura [maʒistra'tura] *f* magistratura *f*

magma ['magma] *m* magma *m*

magnânimo, -a [mag'nɐnimu, -a] *adj* magnánimo, -a

magnata [mag'nata] *mf* magnate *mf*

magnésio [mag'nɛziw] *m* magnesio *m*

magnético, -a [mag'nɛtʃiku, -a] *adj* magnético, -a

magnetismo [magne'tʃizmu] *m sem pl* magnetismo *m*

magnetizado, -a [magnetʃi'zadu, -a] *adj* **ficar ~** quedarse magnetizado

magnetizar [magnetʃi'zar] *vt* magnetizar

magnificência [magnifi'sẽjsia] *f sem pl* magnificencia *f*

magnífico, -a [mag'nifiku, -a] *adj* magnífico, -a

magnitude [magni'tudʒi] *f sem pl* magnitud *f*

magno, -a ['magnu, -a] *adj* magno, -a

magnólia [mag'nɔʎia] *f* magnolia *f*

mago ['magu] *m* mago *m*

mago, -a ['magu, -a] *adj* mago, -a

mágoa ['magwa] *f* disgusto *m*

magoado, -a [magu'adu, -a] *adj* dolido, -a; **estou ~ com ele/com a atitude dele** estoy dolido con él/con su actitud

magoar [magu'ar] <*1. pess pres:* magoo> **I.** *vi* doler **II.** *vt* herir **III.** *vr:* **~-se** (*ofender-se*) ofenderse

magrelo, -a [ma'grɛlu, -a] *m, f* esqueleto *m fig*

magreza [ma'greza] *f sem pl* flacura *f*

magricela [magri'sɛla] *mf pej* esqueleto *m fig;* **ser um ~** ser un esqueleto *fig*

magro, -a ['magru, -a] *adj* **1.**(*pessoa*) delgado, -a **2.**(*carne*) magro, -a; (*queijo*) sin grasa; (*iogurte*) desnatado, -a; **salário ~** salario escaso

maia ['maja] *adj, mf* (*pessoa*) maya *mf*

maio ['maju] *m* mayo *m; v.tb.* **março**

maiô [maj'o] *m* bañador *m*, malla *f AmL*

maionese [majo'nɛzi] *f* **1.**(*molho*) mayonesa *f* **2.**(*salada*) ensaladilla *f* rusa

maior [maj'ɔr] <-es> *adj* **1.**(*comp de grande*) mayor, más grande; **~ (do) que...** mayor que...; **~ de idade** mayor de edad; **ser ~ e vacinado** ser mayorcito **2.**(*superl de grande*) mayor, más grande; **o/a ~** el/la mayor; **o ~ edifício** el mayor edificio; **a ~ parte das vezes** la mayor parte de las veces; **ela é a ~** ella es la mayor **3.** MÚS (*tom*) mayor; **sol ~** sol mayor

> **Gramática** Cuando se habla de la estatura de alguien o del tamaño de algo, en portugués nunca se dice "mais grande", sino **maior**: "Com seus dois metros de altura João é o maior jogador do time; A casa nova é bem maior que a antiga."

maioral <-ais> [majo'raw, -'ajs] *mf* jefe, -a *m, f*

maiores [maj'ɔres] *adj pl de* **maior**

maioria [majo'ria] *f* mayoría *f;* **~ absoluta** POL mayoría absoluta

maioridade [majori'dadʒi] *f sem pl* mayoría *f*

mais ['majs] **I.** *m* **o ~** (*o resto*) lo demás; (*a maior quantidade*) la mayoría **II.** *adv* **1.**(*comparativo*) más; **~ triste/bonito/velho (do) que...** más triste/bonito/viejo que... **2.**(*superlativo*) más; **o ~ triste/bonito/velho** el más triste/bonito/viejo; **o ~ tardar** a más tardar **3.**(*intensidade*) más; **~ de dez** más de diez; **~ dia menos dia** día más, día menos; ~ **ou menos** más o menos; **muito** ~ mucho más; **pouco** ~ **de...** poco más de...; **o que sabe/lê** ~ el que sabe/lee más; **até** ~ (**ver**) hasta la vista; **cada vez** ~ cada vez más; **nem** ~ **nem menos** (*exatamente*) ni más ni menos; **sem** ~ **nem menos** sin más ni menos; ~ **para lá do que para cá** con un pie en la tumba; **não vejo nada de** ~ **em sua atitude** no veo nada extraño en su actitud; **que garota** ~ **sem graça!** ¡qué niña tan sosa! 4.(*adicional*) más; ~ **alguma coisa?** ¿algo más?; ~ **nada** nada más; ~ **ninguém** nadie más; ~ **uma vez** una vez más; ~ **vezes** más veces; **que** ~ **?** ¿qué más?; **antes de** ~ **nada** antes de nada 5.(*negativa*) más; **ele não vai** ~ **lá** ya no va a ir; **nunca** ~ nunca más; **não quero** ~ no quiero más; **não tenho** ~ **dinheiro** no tengo más dinero 6.(*de sobra*) **estar a** ~ estar de más; **ter a. c. a** ~ tener algo de más; **de** ~ de más 7.(*de preferência*) más; **gosto** ~ **de ler** me gusta más leer; ~ **vale...** más vale... 8. MAT más; **dois** ~ **dois são quatro** dos más dos son cuatro 9.(*concessivo*) **por** ~ **que tente** por más que lo intente; **por** ~ **difícil que seja** por más difícil que sea III. *conj* más

maisena [maj'zena] *f* maicena *f*

mais-que-perfeito [majs-ki-per'fejtu] *m* pluscuamperfecto *m*

mais-valia ['maiz-va'ʎia] *f* plusvalía *f*

maiúscula [maj'uskula] *f* mayúscula *f*; **escrever a. c. em** ~ **s** escribir algo en mayúsculas

maiúsculo, -a [maj'uskulu, -a] *adj* mayúsculo, -a; **escrever a. c. com** [*ou* **em**] **letra maiúscula** escribir algo con letra mayúscula

majestade [maʒes'tadʒi] *f* majestad *f*; **Sua Majestade** Su Majestad; **sem perder a** ~ sin perder la compostura

majestoso, -a [maʒes'tozu, -'ɔza] *adj* majestuoso, -a

major [ma'ʒɔr] ['maw, 'maʎis] <-**es**> *m* MIL mayor *m*

majorar [maʒo'rar] *vt* (*preços*) subir

majores [ma'ʒɔres] *m pl de* **major**

majoritariamente [maʒoritarja'mẽjtʃi] *adv* mayoritariamente

majoritário, -a [maʒori'tariw, -a] *adj* (*sócio*) mayoritario, -a

mal <-**es**> ['maw, 'maʎis] I. *m* 1.(*moral, de situação*) mal *m*; **cortar o** ~ **pela raiz** cortar el mal de raíz; **praticar o** ~ hacer el mal; **nada de** ~ ningún mal; **não foi por** ~ no fue con mala intención; **que** ~ **tem isso?** ¿qué tiene eso de malo?; ~ **por** ~ entre un mal y otro 2.(*doença*) mal *m*, enfermedad *f*; **dos** ~ **es o menor** del mal, el menor II. *adv* 1.(*incorretamente, imperfeitamente*) mal; **isso está** ~ **feito** eso está mal hecho; **a resposta está** ~ **escrita** la respuesta está mal escrita; **você fez** ~ hiciste mal 2.(*de forma grosseira*) mal; **falar** ~ **de alguém** hablar mal de alguien; **responder** ~ **a alguém** responder mal a alguien; **tratar** ~ **a alguém** tratar mal a alguien 3.(*contra a virtude*) mal; **fazer** ~ **a alguém** hacer mal a alguien; **não fazer** ~ **a uma mosca** ser incapaz de matar una mosca; **proceder** ~ actuar mal 4.(*situação*) mal; **ir de** ~ **a pior** ir de mal en peor; **menos** ~ menos mal 5.(*saúde*) mal; **ele está** ~ está mal; **esse peixe me fez** ~ ese pescado me sentó mal 6.(*quase não*) casi no; ~ **posso esperar!** ¡no puedo esperar!; **eu** ~ **falei com ele** casi ni hablé con él III. *conj* apenas; ~ **você saiu, tocou o telefone** apenas saliste, sonó el teléfono

mala ['mala] *f* 1.(*de viagem*) maleta *f*, valija *f RíoPl*; ~ **de mão** bolso *m* de mano; **fazer/desfazer a** ~ hacer/deshacer la maleta; **de** ~ **e cuia** con todo 2.(*correspondência*) ~ **direta** propaganda *f* por correo, mailing *m*; ~ **postal** saca *f* de correo 3. *inf*(*pessoa importuna*) **ele é uma** ~ es un pesado

malabarismo [malaba'rizmu] *m* malabarismo *m*

malabarista [malaba'rista] *mf* malabarista *mf*

mal-acabado, -a [mawaka'badu, -a] *adj* mal acabado, -a

mal-acostumado, -a [mawakustu-'madu, -a] *adj* malacostumbrado, -a

mal-agradecido, -a [mawagrade'sidu, -a] *adj* desagradecido, -a

malagueta [mala'geta] *f* BOT **pimenta** ~ guindilla *f*

mal-ajambrado, -a [mawaʒãj'bradu, -a] *adj* 1.(*pessoa*) desarreglado, -a 2.(*objeto, trabalho*) mal presentado, -a

mal-amado, -a [mawa'madu, -a] *adj* no correspondido, -a

malandragem <-**ens**> [malã'draʒẽj] *f* 1.(*vigarice*) canallada *f* 2.(*vadiagem*)

holgazanería *f*
malandro, -a [ma'lãndɾu, -a] **I.** *adj* **1.** (*maroto*) pillo, -a **2.** (*preguiçoso*) holgazán, -ana **II.** *m, f* **1.** (*maroto*) pillo, -a *m, f* **2.** (*vigarista*) canalla *mf* **3.** (*preguiçoso*) holgazán, -ana *m, f*
malaquita [mala'kita] *f* MIN malaquita *f*
malária [ma'laɾia] *f* malaria *f*
mal-arrumado, -a [mawaxu'madu, -a] *adj* desarreglado, -a
malas-arte [mala'zaɾtʃi̯] *adj* miserable
mala sem alça ['mala sẽj 'awsa] <malas sem alça> *mf gíria* pesado, -a *m, f*
Malásia [ma'lazia] *f* Malasia *f*
mal-assombrado, -a [mawasõw'bɾadu, -a] *adj* **1.** (*enfeitiçado*) embrujado, -a **2.** (*sombrio*) sombrío, -a
mal-aventurado, -a [mawavẽjtu'ɾadu, -a] *adj* desventurado, -a
malcheiroso, -a [mawʃej'ɾozu, -'ɔza] *adj* maloliente
malcomportado, -a [mawkõwpoɾ'tadu, -a] *adj* maleducado, -a
malconservado, -a [mawkõwseɾ'vadu, -a] *adj* mal conservado, -a
malcriado, -a [mawkɾi'adu, -a] *adj, m, f* malcriado, -a *m, f*
maldade [maw'dadʒi] *f* maldad *f*
mal da montanha <males das montanhas> [maw da mõw'tʒɲa, 'maʎiz] *m* MED mal *m* de altura, soroche *m And*
maldição <-ões> [mawdʒi'sãw, -'õjs] *f* maldición *f*
maldisposto, -a [mawdʒis'postu, -a] *adj* **1.** (*humor*) contrariado, -a **2.** (*saúde*) **estou** ~ estoy indispuesto
maldito, -a [maw'dʒitu, -a] **I.** *pp de* **maldizer II.** *adj* maldito, -a; ~ **dia em que te conheci** maldito el día en el que te conocí; ~ **sejas!** ¡maldito seas!
maldizer [mawdʒi'zeɾ] *irr como* dizer *vt* maldecir
maldormido, -a [mawdoɾ'midu, -a] *adj* **noite maldormida** noche en vela
mal dos mergulhadores <males dos mergulhadores> ['maw duz meɾguʎa'doɾis, 'maʎiz] *m* enfermedad *f* de los buzos
maldoso, -a [maw'dozu, -'ɔza] *adj* malo, -a
maleabilidade [maʎjabiʎi'dadʒi] *f sem pl* maleabilidad *f*
maleável <-eis> [maʎi'avew, -ejs] *adj* maleable
maledicência [maledʒi'sẽjsia] *f* maledicencia *f*
mal-educado, -a [mawedu'kadu, -a] *adj* maleducado, -a
malefício [male'fisiw] *m* maleficio *m*
maléfico, -a [ma'lɛfiku, -a] *adj* (*prejudicial*) maléfico, -a
malemolência [malemo'lẽjsia] *f sem pl* **1.** (*ritmo*) ritmo lento característico de algunos cantantes de samba **2.** *reg* (*moleza*) calma *f*; **eles cantam com** ~ cantan con mucha calma
mal-encarado, -a [mawĩjka'ɾadu, -a] *adj* desagradable
mal-entendido [mawĩjtẽj'dʒidu] *m* malentendido *m*; **esclarecer um** ~ aclarar un malentendido
males ['maʎis] *m pl de* **mal**
mal-estar [maw-is'taɾ] <mal-estares> *m* malestar *m*; **sentir um** ~ sentir un malestar
maleta [ma'leta] *f* maletín *m*
malevolência [malevo'lẽjsia] *f sem pl* malevolencia *f*
malevolente [malevo'lẽjtʃi̯] *adj* malevolente
malévolo, -a [ma'lɛvolu, -a] *adj* malévolo, -a
malfadado, -a [mawfa'dadu, -a] *adj* desgraciado, -a
malfazejo, -a [mawfa'zeʒu, -a] *adj* malvado, -a
malfeito, -a [maw'fejtu, -a] *adj* mal hecho, -a
malfeitor(a) [mawfej'toɾ(a)] <-es> *m(f)* malhechor(a) *m(f)*
malformação <-ões> [mawfoɾma'sãw, -õjs] *f* malformación *f*
malha ['maʎa] *f* **1.** (*fio, da rede*) malla *f*; ~ **de algodón** malla de algodón; **blusa de** ~ blusa de punto **2.** *reg* (*suéter*) jersey *m* **3.** (*rede*) red *f*; ~ **rodoviária** red de carreteras; **cair nas** ~**s da justiça** caer en manos de la justicia
malhação <-ões> [maʎa'sãw, -'õjs] *f* **1.** (*crítica*) escarnio *m*; ~ **do Judas** fiesta en la que un muñeco representando a Judas es colocado en una plaza pública para que la población se ensañe con él **2.** *inf* ESPORT gimnasia *f*
malhado, -a [ma'ʎadu, -a] *adj* **1.** (*animal*) manchado, -a **2.** *inf* ESPORT **corpo** ~ cuerpo trabajado
malhar [ma'ʎaɾ] **I.** *vt* **1.** (*ferro*) martillear **2.** (*espancar*) pegar **3.** (*criticar*) criticar **II.** *vi inf* ESPORT hacer gimnasia
malharia [maʎa'ɾia] *f* fábrica *f* de jer-

seys

malho ['maʎu] *m* mazo *m*; **descer o ~ em alguém** *inf* poner a parir a alguien

mal-humorado, -a [mawumo'radu, -a] *adj* malhumorado, -a

malícia [ma'ʎisia] *f* **1.** (*maldade, manha*) malicia *f* **2.** (*zombaria picante*) picardía *f*

malicioso, -a [maʎisi'ozu, -ɔza] *adj* (*maldoso, manhoso*) malicioso, -a

maligno, -a [ma'ʎignu, -a] *adj* maligno, -a; **tumor ~** tumor maligno

má-língua¹ ['ma'ʎĩjgwa] <más-línguas> *f* maledicencia *f*

má-língua² ['ma'ʎĩjgwa] <más-línguas> *mf* (*pessoa*) maldiciente *mf*

mal-intencionado, -a [mawĩjtẽjsjo'nadu, -a] *adj* malintencionado, -a

malmequer <-es> [mawmi'kɛr] *m* margarita *f*

malnutrido, -a [mawnu'tridu, -a] *adj* malnutrido, -a

maloca [ma'lɔka] *f* choza *f*

malograr [malo'grar] **I.** *vt* malograr **II.** *vr:* ~-**se** malograrse

malogro [ma'logru] *m* fracaso *m*

maloqueiro, -a [malo'kejru, -a] *m, f gíria* ladronzuelo, -a *m, f*

malote [ma'lɔtʃi] *m* mensajería *f*; **os cheques vão por ~** los cheques van por mensajería

malpassado, -a [mawpa'sadu, -a] *adj* GASTR poco hecho, -a; **bife ~** bistec poco hecho

malsucedido, -a [mawsuse'dʒidu, -a] *adj* (*sem sucesso*) fracasado, -a

malta ['mawta] *f* escoria *f*

Malta ['mawta] *f* Malta *f*

malte ['mawtʃi] *m* malta *f*

maltrapilho, -a [mawtra'piʎu, -a] *adj, m, f* andrajoso, -a *m, f*

maltratar [mawtra'tar] *vt* maltratar

maluco, -a [ma'luku, -a] *adj, m, f* loco, -a *m, f*

maluquice [malu'kisi] *f* locura *f*

malva ['mawva] *f* malva *f*

malvadez <-es> [mawva'des] *f* maldad *f*

malvado, -a [maw'vadu, -a] *adj, m, f* malvado, -a *m, f*

malversação <-ões> [mawversa'sãw, -'õjs] *f* malversación *f*

malversar [mawver'sar] *vt* malversar

malvisto, -a [maw'vistu, -a] *adj* **ficar ~** quedar malvisto

mama ['mɐma] *f* mama *f*; **câncer de ~** cáncer de mama

mamada [mɐ'mada] *f* mamada *f*

mamadeira [mɐma'dejra] *f* biberón *m*, mamadera *f CSur*

mamado, -a [mɐ'madu, -a] *adj inf* cocido, -a

mamãe [mɐ'mɐ̃j] *f* mamá *f*

mamão [mɐ'mɐ̃w] *m* BOT papaya *f*

mamar [mɐ'mar] **I.** *vt* (*leite*) mamar; **dar de ~ a** dar de mamar a; **quem não chora não mama** *prov* el que no llora no mama **II.** *vi inf* **1.** (*obter lucro ilícito*) chorizar **2.** (*embriagar-se*) entromparse

mamário, -a [mɐ'mariw, -a] *adj* mamario, -a

mamata [mɐ'mata] *f inf* (*proveito ilícito*) choriceo *m*; **o negócio é a maior ~** el negocio es el mayor choriceo

mambembe [mɐ̃m'bẽjbi] **I.** *adj* mediocre **II.** *m* conjunto teatral ambulante, pobre y de mala calidad

mambo ['mɐ̃mbu] *m* MÚS mambo *m*

mameluco, -a [mame'luku, -a] *m, f* mestizo, -a *m, f*

mamífero [mɐ'miferu] *m* mamífero *m*

mamilo [mɐ'milu] *m* pezón *m*

maminha [mɐ'miɲa] *f* corte del cuarto trasero de la vaca

mamoeiro [mamo'ejru] *m* BOT papayo *m*

mamografia [mɐmogra'fia] *f* mamografía *f*

mamona [ma'mona] *f* BOT ricino *m*

mamute [ma'mutʃi] *m* mamut *m*

maná [mɐ'na] *m fig* maná *m*

manada [mɐ'nada] *f* manada *f*

manancial <-ais> [mɐnɐ̃nsi'aw, -'ajs] *m* manantial *m*

Manaus [mɐ'naws] Manaus

mancada [mɐ̃'kada] *f inf* metedura *f* de pata; **dar uma ~** meter la pata

mancar [mɐ̃'kar] <c→qu> **I.** *vi* cojear **II.** *vr:* ~-**se** *gíria* darse cuenta; **ele não se manca** no se da cuenta

mancha ['mɐ̃ʃa] *f tb. fig* mancha *f*

Mancha ['mɐ̃ʃa] *f* **Canal da ~** Canal *m* de la Mancha

manchado, -a [mɐ̃ŋ'ʃadu, -a] *adj* manchado, -a

manchar [mɐ̃ŋ'ʃar] *vt* manchar

mancha-roxa ['mɐ̃ʃa-'xoʃa] <manchas-roxas> *f* moradura *f*

manchete [mɐ̃ŋ'ʃetʃi] *f* PREN titular *m*

manco, -a ['mɐ̃ku, -a] **I.** *adj* **1.** (*sem mão, pé*) manco, -a **2.** (*coxo*) cojo, -a;

ele é ~ de uma perna está cojo de una pierna **3.** *pej* (*estúpido*) estúpido, -a; **estar** [*ou* **ser**] **~ (da cabeça)** ser tonto de remate **II.** *m, f* **1.** (*pessoa sem mão, pé*) manco, -a *m, f* **2.** (*coxo*) cojo, -a *m, f* **3.** *pej* (*estúpido*) estúpido, -a *m, f*

mancomunado, -a [mɐ̃ŋkomu'nadu, -a] *adj* confabulado, -a; **estar ~ com alguém** estar confabulado con alguien

mancomunar [mɐ̃ŋkomu'nar] **I.** *vt* tramar **II.** *vr* **~-se com alguém** confabularse con alguien

mandachuva ['mɐ̃ndaˈʃuva] *mf* mandamás *mf*

mandado [mɐ̃n'dadu] **I.** *adj* **bem ~** obediente **II.** *m* JUR orden *f*; **~ de busca e apreensão** orden de busca y captura; **~ de prisão** orden de arresto; **~ de segurança** *garantía constitucional para la protección de los derechos individuales frente a los abusos de poder por parte de las autoridades*

mandamento [mɐ̃nda'mẽjtu] *m* REL mandamiento *m*; **os dez ~s** los diez mandamientos

mandante [mɐ̃n'dɐ̃ntʃi] *mf* persona *f* que ordena

mandão, -ona <-ões> [mɐ̃n'dɐ̃w, -'ona, -'õjs] *adj, m, f* mandón, -ona *m, f*

mandar [mɐ̃n'dar] **I.** *vt* mandar; **~ em alguém** mandar sobre alguien; **~ (alguém) fazer a. c.** mandar (a alguien) hacer algo; **~ uma carta a alguém** mandar una carta a alguien; **~ embora alguém** (*despedir*) echar a alguien; **~ ver** *gíria* meter caña; **ele manda lembranças** te manda recuerdos **II.** *vi* mandar; **ele manda e desmanda** hace y deshace **III.** *vr:* **~-se** *inf* largarse; **para evitar brigas, ela se mandou rapidinho** para evitar peleas, se largó rápidamente

mandarim [mɐ̃nda'rĩj] *m* (*idioma*) mandarín *m*

mandarim [mɐ̃nda'rĩj] <-ins> *m pej* mandamás *m*

mandatário, -a [mɐ̃nda'tariw, -a] *m, f* mandatario, -a *m, f*

mandato [mɐ̃n'datu] *m* POL mandato *m*; **cumprir um ~** cumplir un mandato

mandato-tampão <mandatos-tampões, mandatos-tampão> [mɐ̃n'datu-tɐ̃ŋ'pɐ̃w, -'õjs] *m* POL *tiempo añadido a un mandato regular para evitar la inestabilidad política*

mandíbula [mɐ̃n'dʒibula] *f* mandíbula *f*

mandinga [mɐ̃n'dʒĩga] *f* conjuro *m*; **fazer uma ~** hacer un conjuro

mandioca [mɐ̃ndʒi'ɔka] *f* mandioca *f*

> **Cultura** La **mandioca** es la herencia culinaria más importante de los indios brasileños. Después de extraer su veneno, la raíz puede ser cocida, frita o molida. La harina de mandioca es la base de la **farofa**, acompañamiento básico de la **feijoada**.

mandioquinha [mɐ̃ndʒɔ'kĩɲa] *f reg* (*batata-baroa*) *hierba robusta de raíces tuberculosas, usadas en la alimentación*

mando ['mɐ̃ndu] *m* **a ~ de** por orden de

mandona [mɐ̃n'dona] *f v.* **mandão**

mandril <-is> [mɐ̃n'driw, -'is] *m* mandril *m*

mané [mɐ'nɛ] *m inf* memo *m*

maneira [ma'ejra] *f* manera *f*; **à ~ de** a la manera de; **de ~ nenhuma** de ninguna manera; **de qualquer ~** de cualquier manera; **de tal ~ que...** de manera que...; **é uma ~ de falar** es una forma de hablar; **não há ~ de convencê-lo** no hay manera de convencerlo

maneirar [manej'rar] *vi inf* (*agir com moderação*) controlarse

maneiras [ma'nejras] *fpl* modales *mpl*; **ter boas ~** tener buenos modales

maneirismo [manej'rizmu] *m* amaneramiento *m*

maneiro, -a [ma'nejru, -a] *adj inf* guay *inv*

maneiroso, -a [manej'rozu, -a] *adj* (*amável, delicado*) amable

manejar [mane'ʒar] *vt* manejar; **fácil de ~** fácil de manejar

manejável <-eis> [mane'ʒavew, -ejs] *adj* (*situação*) manejable

manejo [ma'neʒu] *m* manejo *m*

manequim[1] <-ins> [mani'kĩj] *m* **1.** (*de vitrine*) maniquí *m* **2.** (*medida para roupas*) talla *f*

manequim[2] [mani'kĩj] <-ins> *mf* (*pessoa*) modelo *mf*

maneta [ma'neta] *adj* manco, -a

manga ['mɐ̃ŋga] *f* **1.** (*roupa*) manga *f*; **em ~s de camisa** en mangas de camisa; **arregaçar as ~s** remangarse;

botar as ~s de fora *fig* soltarse la melena **2.** BOT mango *m*
mangaba [mɐ̃ŋ'gaba] *f* baya dulce del tamaño de una lima, con pulpa
mangabeira [mɐ̃ŋga'bejɾa] *f* tipo de árbol frecuente en el litoral del nordeste de Brasil, que da un fruto comestible
manga-larga ['mɐ̃ŋga-'larga] <mangas-largas> *m* caballo resultado del cruce de un purasangre con una yegua
manganês [mɐ̃ŋga'nes] *m sem pl* manganeso *m*
mango ['mɐ̃ŋgo] *m inf* centavo *m*, mango *m RíoPl*
mangue ['mɐ̃ŋge] *m* GEO manglar *m*
mangueira [mɐ̃ŋ'gejɾa] *f* **1.** *(tubo)* manguera *f* **2.** BOT *(árvore)* mango *m*
manha ['mɐɲa] *f* **1.** *(astúcia)* maña *f*; **ter ~** tener maña **2.** *(birra)* rabieta *f*; **fazer ~** coger una rabieta **3.** *inf (segredo)* truco *m*; **ter as ~s de fazer a. c.** *gíria* tener malicia para hacer algo
manhã [ma'ɲɐ̃] *f* mañana *f*; **de ~** *(cedo)* por la mañana (temprano); **da ~ à noite** de la mañana a la noche; **ontem de ~** ayer por la mañana; **na quarta de ~** el miércoles por la mañana
manhãzinha [mɐɲɐ̃'zĩɲa] *f* amanecer *m*; **de ~** de madrugada
manhoso, -a [mɐ'ɲozu, -'ɔza] *adj* mañoso, -a
mania [mɐ'nia] *f* manía *f*; **~ de perseguição** manía persecutoria; **ter ~ de grandeza** tener manías de grandeza; **ter a ~ de chegar atrasado** tener la manía de llegar tarde
maníaco, -a [mɐ'niaku, -a] **I.** *adj* maníaco, -a; **ser ~** estar loco **II.** *m, f* maníaco, -a *m, f*
maníaco-depressivo, -a [mɐ'niakudepɾe'sivu, -a] *adj* maniaco-depresivo, -a
manicômio [mɐni'komiw] *m* manicomio *m*
manicure [mɐni'kuɾi] *f* manicura *f*
manifestação <-ões> [mɐnifesta'sɐ̃w, -'õjs] *f* manifestación *f*
manifestante [mɐnifes'tɐ̃ntʃi] *mf* manifestante *mf*
manifestar [mɐnisfes'tar] **I.** *vt* manifestar **II.** *vr*: **~-se** manifestarse
manifesto [mɐni'fɛstu] *m* manifiesto *m*
manifesto, -a [mɐmani'fɛstu, -a] *adj* manifiesto, -a
manilha [mɐ'niʎa] *f* *(canalização)* tubo *m*
manipulação <-ões> [mɐnipula'sɐ̃w, -'õjs] *f* manipulación *f*
manipulador(a) [mɐnipula'dor(a)] <-es> *adj, m(f)* manipulador(a) *m(f)*
manipular [mɐnipu'lar] *vt* manipular
manipulável <-eis> [mɐnipu'lavew, -ejs] *adj* manipulable
maniqueísmo [mɐnike'izmu] *m* maniqueísmo *m*
manivela [mɐni'vɛla] *f* manivela *f*
manjado, -a [mɐ̃'ʒadu, -a] *adj inf (pessoa, assunto)* conocido, -a
manjar¹ [mɐ̃'ʒar] *m* manjar *m*
manjar² [mɐ̃'ʒar] *vt* **1.** *inf (entender)* entender de **2.** *inf (perceber)* cazar
manjar-branco [mɐ̃'ʒar-'bɾɐ̃ŋku] <manjares-brancos> *m* dulce hecho con maicena, leche, azúcar y leche de coco, servido con caldo de almíbar o de ciruela
manjedoura [mɐ̃ʒe'dowɾa] *f* pesebre *m*
manjericão <-ões> [mɐ̃ʒeɾi'kɐ̃w, -'õjs] *m* albahaca *f*
manjuba [mɐ̃'ʒuba] *f* ZOOL anchoa *f*
mano, -a ['mɐnu, a] *m, f* **1.** *(irmão)* hermano, -a *m, f* **2.** *inf (amigo)* colega *mf*
manobra [mɐ'nɔbɾa] *f* maniobra *f*
manobrar [mɐno'bɾar] *vt* maniobrar
manobrista [mɐno'bɾista] *mf* aparcacoches *mf inv*
manômetro [mɐ'nometɾu] *m* FÍS manómetro *m*
manquejar [mɐ̃ŋke'ʒar] *vi* cojear
mansão <-ões> [mɐ̃'sɐ̃w, -'õjs] *f* mansión *f*
mansidão <-ões> [mɐ̃si'dɐ̃w, -'õjs] *f* tranquilidad *f*
mansinho, -a [mɐ̃'siɲu, -a] *adv* **de ~** sin hacer ruido
manso, -a ['mɐ̃su, -a] *adj* manso, -a
mansões [mɐ̃'sõjs] *f pl de* **mansão**
manta ['mɐ̃ta] *f* manta *f*, frazada *f AmL*
manteiga [mɐ̃'tega] *f* mantequilla *f*, manteca *f RíoPl*; **~ de cacau** manteca de cacao; **ser uma ~ derretida** *inf* ser un llorica
manteigueira [mɐ̃te'geɾa] *f* mantequillera *f*, mantequera *f RíoPl*
manter [mɐ̃'ter] *irr como ter* **I.** *vt* mantener; **~ as aparências** mantener las apariencias; **~ a linha** *inf* mantener la línea; **~ a ordem** mantener el orden; **~ a palavra** mantener la palabra; **~ longe das crianças** mantener lejos de los

mantilha 317 **maquinaria**

niños II. *vr:* ~-**se mantenerse**; ~-**se em forma** *inf* mantenerse en forma
mantilha [mɜ̃nˈtʃiʎa] *f* mantilla *f*
mantimentos [mɜ̃ntʃiˈmẽjtus] *mpl* víveres *mpl*
manto [ˈmɜ̃ntu] *m* manto *m*
manual <-ais> [mɜnuˈaw, -ˈajs] **I.** *adj* manual; **trabalho** ~ trabajo manual **II.** *m* manual *m*
manualmente [mɜnuawˈmẽjtʃi] *adv* manualmente
manufatura [mɜnufaˈtura] *f* manufactura *f*
manufaturar [mɜnufatuˈrar] *vt* manufacturar
manuscrito [mɜnusˈkritu] *m* manuscrito *m*
manuscrito, -a [mɜnusˈkritu, -a] *adj* manuscrito, -a
manusear [mɜnuzeˈar] *conj como passear vt* manejar; (*livro*) ojear
manuseio [mɜnuˈzeju] *m* manejo *m*
manutenção <-ões> [mɜnutẽjˈsɜ̃w, -ˈõjs] *f* mantenimiento *m*
mão <-s> [ˈmɜ̃w] *f* **1.** ANAT mano *f;* **à** ~ (*lavagem, trabalho*) a mano; **a** ~ **armada** a mano armada; **com** ~ **de ferro** con mano de hierro; **de** ~ **em** ~ de mano en mano; **de** ~ **beijada** (*sem exigência*) sin tener que hacer nada; **de** ~**s dadas** de la mano; **de segunda** ~ de segunda mano; **em** ~ en mano; **abrir** ~ **de a. c.** desistir de algo; **dar a** ~ **a alguém** dar la mano a alguien; **dar uma** ~ **a alguém** echar una mano a alguien; **dar a** ~ **à palmatória** darse por vencido; **entregar em** ~**s** entregar en mano; **estar à** ~ (*perto*) quedar a mano; **estar em boas** ~**s** estar en buenas manos; **estar nas** ~**s de alguém** estar en las manos de alguien; **estar de** ~**s atadas** *fig* tener las manos atadas; **estar com a** ~ **na massa** *fig* estar con las manos en la masa; **ficar na** ~ *fig* quedarse tirado; **lançar** ~ **de a. c.** echar mano de algo; **lavar as** ~**s** *fig* lavarse las manos; **levantar as** ~**s pro** [*ou* **ao**] **céu** dar gracias a Dios; **meter a** ~ **no bolso de alguém** *fig* llevarse el dinero de alguien; **molhar a** ~ **de alguém** *fig* untar la mano de alguien; **passar a** ~ **em a. c.** robar algo; **passar a** ~ **na cabeça de alguém** *fig* perdonar los pecados de alguien; **pedir a** ~ **de alguém** pedir la mano de alguien; **com uma** ~ **na frente outra atrás** *fig* con una mano delante y otra detrás; **pôr** ~**s à obra** poner manos a la obra; **pôr as** ~**s em alguém** *fig* poner las manos encima a alguien; **pôr a** ~ **na consciência** reflexionar; **pôr a** ~ **no fogo por alguém** poner la mano en el fuego por alguien; **ser uma** ~ **na roda** ser una gran ayuda; **vir de** ~**s abanando**, **vir de** ~**s vazias** venir con las manos vacías; ~**s ao alto!** ¡manos arriba!; **uma** ~ **lava a outra** *prov* hoy por ti, mañana por mí **2.** (*de pintura*) mano *f* **3.** (*no trânsito*) sentido *m;* ~ **dupla** doble sentido; ~ **única** sentido único; **ser fora de** ~ quedar muy lejos; **na sua** ~ en su sentido
mão-aberta [ˈmɜ̃w-aˈbɛrta] <mãos--abertas> *adj* derrochador(a)
mão-cheia [ˈmɜ̃w-ˈʃeja] <mãos--cheias> *f inf* **cozinheiro de** ~ (*excelente*) cocinero de primera
mão-de-obra [ˈmɜ̃w-dʒi-ˈɔbra] <mãos--de-obra> *f* mano *f* de obra
mãos-de-vaca [ˈmɜ̃w-dʒi-ˈvaka] <mãos-de-vaca> *mf inf* avaro, -a *m, f*
mapa [ˈmapa] *m* mapa *m;* ~ **astral** carta *f* astral; ~ **das estradas** mapa de carreteras; ~ **da mina** *inf* truco *m* del almendruco; **não estar no** ~ *gíria* ser alucinante; **sumir do** ~ *inf* desaparecer del mapa
mapa-múndi <mapas-múndi> [ˈmapa-ˈmũwdʒi] *m* mapamundi *m*
mapear [mapiˈar] *vt* hacer un mapa de
maquete [maˈkɛtʃi] *f* ARQUIT maqueta *f*
maquiagem [makiˈaʒẽj] <-ens> *f* maquillaje *f;* **pôr** ~ ponerse maquillaje; **tirar a** ~ quitarse el maquillaje
maquiar [makiˈar] **I.** *vt* maquillar **II.** *vr:* ~-**se** maquillarse
maquiavélico, -a [makiaˈvɛʎiku, -a] *adj* maquiavélico, -a
maquilagem [makiˈlaʒẽj] <-ens> *f v.* **maquiagem**
máquina [ˈmakina] *f* máquina *f;* **à** ~ a máquina; ~ **de barbear** máquina de afeitar; ~ **de costura** máquina de coser; ~ **de escrever** máquina de escribir; ~ **do Estado** maquinaria *f* del Estado; ~ **fotográfica** máquina fotográfica; ~ **de lavar** lavadora *f;* **bater** [*ou* **escrever**] **a** ~ escribir a máquina
maquinação <-ões> [makinaˈsɜ̃w, -ˈõjs] *f* (*intriga*) maquinación *f*
maquinar [makiˈnar] *vt* maquinar
maquinaria [makinaˈria] *f* maquinaria *f*

maquinista [maki'nista] *mf* (*de trem*) maquinista *mf*

mar <-es> ['mar] *m* **1.** (*água*) mar *m o f*; ~ **adentro** mar adentro; **Mar Mediterrâneo** Mar Mediterráneo; **Mar do Norte** Mar del Norte; **Mar Vermelho/Morto/Negro** Mar Rojo/Muerto/Negro; **alto** ~ alta mar; **por** ~ por mar; **um** ~ **de lama** un mar de barro; **viver num** ~ **de rosas** vivir en la abundancia; **nem tanto ao** ~, **nem tanto à terra** ni tanto ni tan poco **2.** (*grande quantidade*) mar *m*; **um** ~ **de gente** un mar de gente; **um** ~ **de lágrimas** un mar de lágrimas

maracatu [maɾaka'tu] *m danza carnavalesca en la que una comparsa, bailando al ritmo de la percusión, sigue a una mujer que lleva en la mano un bastón con una muñeca*

maracujá [maɾaku'ʒa] *m* maracuyá *m*

maracujá-açu [maɾaku'ʒa-a'su] <maracujás-açus> *f planta trepadora cuyos frutos llegan a pesar hasta 5 kilos*

maracutaia [maɾaku'taja] *f* (*negociata*) trapicheo *m*

marajá [maɾa'ʒa] *m* **1.** (*título*) marajá *m* **2.** *pej* (*servidor público*) *funcionario con un salario exorbitante*

marajoara [maɾaʒu'aɾa] **I.** *adj de la isla de Marajó, en el estado de Pará* **II.** *mf persona de la isla de Marajó, en el estado de Pará*

Maranhão [maɾɐ̃'ɲɐ̃w] *m* Maranhão *m*

maranhense [maɾɐ̃'ɲẽjsi] **I.** *adj* del estado de Maranhão **II.** *mf* persona del estado de Maranhão

marasmo [ma'raʒmu] *m* marasmo *m*

maratona [maɾa'tona] *f* ESPORT maratón *m*

maratonista [maɾato'nista] *mf* corredor(a) *m(f)* de maratón

maravilha [maɾa'viʎa] *f* maravilla *f*; **isto é uma** ~ *inf* esto es maravilloso; **correu tudo às mil** ~ **s** *inf* salió todo a las mil maravillas

maravilhado, -a [maɾavi'ʎadu, -a] *adj* maravillado, -a; **ficar** ~ (**com alguém/a. c.**) quedarse maravillado (con alguien/algo)

maravilhar [maɾavi'ʎaɾ] **I.** *vt* maravillar **II.** *vr:* ~**-se** maravillarse

maravilhoso, -a [maɾavi'ʎozu, -ɔza] *adj* maravilloso, -a

marca ['marka] *f* marca *f*; ~ **registrada** marca registrada; **de** ~ **maior** de marca mayor; **atingir uma** ~ ESPORT alcanzar una marca

marcação <-ões> [marka'sɐ̃w, -ɔjs] *f* **1.** (*sinalização*) marcado *m* **2.** (*de data, lugar, consulta, prazo*) establecimiento *m* **3.** ESPORT marcaje *m*; ~ **homem a homem** marcaje hombre a hombre; **estar de** ~ **com alguém** *inf* haberla tomado con alguien

marcado, -a [mar'kadu, -a] *adj* (*lugar*) reservado, -a; **ficar** ~ *fig* quedar marcado

marcador <-es> [marka'dor] *m* **1.** (*caneta*) rotulador *m* **2.** ESPORT (*quadro*) marcador *m* **3.** (*páginas*) marcapáginas *m inv*; ~ **de livros** marcapáginas *m inv*

marcante [mar'kɐ̃ntʃi] *adj* impactante

marca-passo [marka-'pasu] *m* marcapasos *m inv*

marcar [mar'kar] <c→qu> *vt* **1.** (*assinalar*) marcar **2.** (*um lugar*) reservar **3.** (*uma data, uma consulta, um prazo*) establecer; (*hora*) marcar **4.** ESPORT (*um gol, pontos, jogador*) marcar **5.** ~ **bobeira** *gíria* hacer el tonto; ~ **passo** *inf* (*não progredir*) quedarse parado

marcenaria [masena'ria] *f* ebanistería *f*

marceneiro, -a [marse'nejru, -a] *m, f* ebanista *mf*

marcha ['marʃa] *f* marcha *f*; ~ **acelerada** paso *m* acelerado; ~ **fúnebre** marcha fúnebre; ~ **nupcial** marcha nupcial; ~ **de protesto** marcha de protesta; **dar** ~ **a ré** dar marcha atrás; **estar em** ~ estar en marcha; **ir em** ~ **a ré** ir marcha atrás; **pôr a. c. em** ~ poner algo en marcha

marchand [mar'ʃɐ̃] *mf* marchante *mf*

marchar [mar'ʃar] **I.** *vi* marchar **II.** *interj* MIL **ordinário, marche!** ¡marchando!

marchinha [mar'ʃĩɲa] *f* MÚS ~ **de carnaval** marcha *f* de carnaval

marcial <-ais> [marsi'aw, -'ajs] *adj* marcial

marciano, -a [marsi'ɐnu, -a] *adj, m, f* marciano, -a *m, f*

marco ['marku] *m* **1.** (*em terreno*) señal *f* **2.** HIST (*moeda*) marco *m*

março ['marsu] *m* marzo *m*; **em** ~ en marzo; **no mês de** ~ en el mes de marzo; **o dia 5 de** ~ el (día) 5 de marzo; **no dia 10 de** ~ en el (día) 10 de marzo; **hoje são 20 de** ~ hoy es 20 de marzo; **no início/fim de** ~ al principio/final de marzo; **em meados de**

maré ~ a mitades de marzo; **Rio de Janeiro, 30 de ~ de 2005** Río de Janeiro, 30 de marzo de 2005

maré [ma'rɛ] *f* marea *f*; **~ alta** marea alta; **~ de azar** racha *f* de mala suerte; **~ baixa** [*ou* **vazante**] marea baja; **~ cheia** marea alta; **~ de sorte** racha de suerte; **remar contra a ~** nadar contra corriente

marechal <-ais> [maɾe'ʃaw, -'ajs] *m* mariscal *m*

marejar [maɾe'ʒaɾ] *vt* (*lágrimas*) derramar

maremoto [maɾe'mɔtu] *m* maremoto *m*

mares ['maɾis] *m pl de* **mar**

maresia [maɾe'zia] *f* olor *m* a mar

marfim <-ins> [maɾ'fĩj] *m* marfil *m*

margarida [maɾga'ɾida] *f* margarita *f*

margarina [maɾga'ɾina] *f* margarina *f*

margear [maɾʒe'aɾ] <g→gu> *vt* bordear; **~ um rio** bordear un río

margem <-ens> ['maɾʒẽj] *f* **1.**(*de rio*) margen *m o f*; **ficar à ~ de a. c.** quedarse al margen de algo **2.**(*de página*) margen *m* **3.** ECON (*diferença*) margen *m;* **~ de lucro** margen de beneficios **4.**(*grau de diferença*) margen *m;* **~ de erro** margen de error **5.**(*motivo*) ocasión *f;* **dar ~ a a. c.** dar ocasión a algo

marginal¹ <-ais> [maɾʒi'naw, -'ajs] *f* (*de rio*) ribera *f*

marginal² <-ais> [maɾʒi'naw, -'ajs] **I.** *adj* marginal **II.** *mf* delincuente *mf*

marginália [maɾʒi'naʎia] *f inf* delincuencia *f*

marginalidade [maɾʒinaʎi'dadʒi] *sem pl f* marginalidad *f*

marginalizado, -a [maɾʒinaʎi'zadu, -a] *adj* marginado, -a; **ficar** [*ou* **ser**] **~** ser marginado; **sentir-se ~** sentirse marginado

marginalizar [maɾʒinaʎi'zaɾ] *vt* marginar

maria-chiquinha [ma'ria-ʃi'kĩɲa] <marias-chiquinhas> *f* peinado con dos coletas

maria-fumaça [ma'ria-fu'masa] <marias-fumaça(s)> *f* locomotora *f* de vapor

maria-mijona [ma'ria-mi'ʒona] <marias-mijonas> *f inf:* mujer con un vestido demasiado largo y poco elegante

maria-mole [ma'ria-'mɔʎi] <marias-moles> *f* dulce hecho con clara de huevo, azúcar y coco

maria-sem-vergonha [ma'ria-sẽj-veɾ-'gõɲa] <marias-sem-vergonha> *f* BOT balsamina *f*

maria-vai-com-as-outras [ma'ria-vaj-kw-az-'otɾas] *f inv, inf* borrego *m*

maricas [ma'rikas] *adj, m inv, inf* marica *m*

marido [ma'ɾidu] *m* marido *m*

marimba [ma'rĩjba] *f* MÚS marimba *f*

marimbondo [maɾĩj'bõwdu] *m* avispón *m*

marina [ma'rina] *f* puerto *m* deportivo

marinar [maɾi'naɾ] *vt* GASTR marinar

marinha [ma'riɲa] *f* marina *f;* **~ de guerra** marina de guerra; **~ mercante** marina mercante

marinheiro [maɾĩ'ɲejɾu] *m* marinero *m;* **~ de primeira viagem** *fig* novato *m*

marinho, -a [ma'rĩɲu, -a] *adj* marino, -a

marionete [maɾio'nɛtʃi] *f tb. fig* marioneta *f*

mariposa [maɾi'poza] *f* **1.** ZOOL mariposa *f* nocturna **2.** *reg* (*prostituta*) prostituta *f*

marisco [ma'ɾisku] *m* marisco *m*

maritaca [maɾi'taka] *f* ZOOL periquito *m*

marital <-ais> [maɾi'taw, -'ajs] *adj* marital

marítimo, -a [ma'ɾitʃimu, -a] *adj* marítimo, -a

marketing ['maɾketʃĩj] *m sem pl* marketing *m*

marmanjo [maɾ'mãʒu] *m* **1.**(*rapaz*) hombretón *m* **2.**(*patife*) canalla *m;* (*grosseiro*) bruto *m*

marmelada [maɾme'lada] *f* **1.** GASTR dulce *m* de membrillo **2.** *inf* (*negócio desonesto*) trapicheo *m* **3.**(*conluio*) fraude *m*

marmelo [maɾ'mɛlu] *m* membrillo *m*

marmita [maɾ'mita] *f* marmita *f*

mármore ['maɾmuɾi] *m* mármol *m*

marmota [maɾ'mɔta] *f* **1.** ZOOL marmota *f* **2.** *reg, inf* (*pessoa mal vestida*) espantajo *m*

marola [ma'ɾɔla] *f* ola *f*

maromba [ma'ɾõwba] *f gíria* (*musculação*) músculos *mpl*

marombeiro, -a [maɾõw'bejɾu, -a] *m, f* levantador(a) *m(f)* de pesas

maroto, -a [ma'ɾotu, -a] *adj, m, f* pícaro, -a *m, f*

marquês, -esa [maɾ'kes, -'eza] <-eses> *m, f* marqués, -esa *m, f*

marqueteiro, -a [maɾke'tejɾu, -a] *m, f*

marquise publicista *mf*

marquise [mar'kizi] *f* marquesina *f*

marra ['maxa] *f inf* **na ~ a la fuerza; foi à escola na ~** fue al colegio a la fuerza; **os invasores tiveram que sair na ~** los invasores tuvieron que salir a la fuerza

marreco [ma'xɛku] *m* ánade *m*

marreta [ma'xeta] *f* mazo *m*

marreteiro, -a [maxe'tejru, -a] *m, f reg* (*vendedor ambulante*) vendedor(a) *m(f)* ambulante

Marrocos [ma'ɔkus] *m* Marruecos *m*

marrom <-ons> [ma'xõw] **I.** *adj* marrón; **imprensa ~** prensa amarilla **II.** *m* marrón *m*

marrom-glacê [ma'xõw-gla'se] <marrons-glacês> *m* marrón *m* glacé

marrons [ma'xõws] *adj, m, pl de* **marrom**

marroquino, -a [maxo'kinu, -a] *adj, m, f* marroquí *mf*

marruá [maxu'a] *m* toro *m* bravo

marsupial <-ais> [marsupi'aw, -'ajs] *m* ZOOL marsupial *m*

Marte ['martʃi] *m* ASTRON Marte *m*

martelada [marte'lada] *f* martillazo *m;* **dar uma ~ em a. c.** dar un martillazo en algo

martelar [marte'lar] *vi* **1.** (*com martelo*) martillear; **~ em a. c.** martillear en algo **2.** *inf* (*insistir*) machacar; **estar sempre martelando na mesma tecla** estar siempre machacando lo mismo

martelo [mar'tɛlu] *m* martillo *m;* **bater o ~** bajar el martillo

martim-pescador [mar'tʃĩj-peska'dor] <martins-pescadores> *m* ZOOL martín *m* pescador

martíni [mar'tʃini] *m* martini *m*

mártir <-es> ['martʃir] *mf* mártir *mf*

martírio [mar'tʃiriw] *m* martirio *m*

martirizar [martʃiri'zar] **I.** *vt* martirizar **II.** *vr:* **~-se** martirizarse; **~ com a. c.** martirizarse con algo

marujo [ma'ruʒu] *m* marinero *m*

marxismo [mark'sizmu] *m sem pl* POL marxismo *m*

marxista [mark'sista] *mf* marxista *mf*

marzipã [marzi'pã] *m* mazapán *m*

mas [mas] **I.** *conj* pero; (*mas sim*) sino; **não só... ~ também** no sólo... sino también **II.** *m* pero *m;* **nem ~ nem meio ~** no hay peros que valgan

mascar [mas'kar] <c→qu> *vt* mascar; **~ chiclete** mascar chicle

máscara ['maskara] *f* máscara *f;* **~ contra gases** máscara antigás; **deixar cair a ~** *fig* quitarse la máscara; **tirar a ~ de alguém** *fig* quitar la máscara a alguien

mascarado, -a [maska'radu, -a] *adj* **1.** (*com máscara*) enmascarado, -a **2.** (*fantasiado*) disfrazado, -a **3.** (*falso*) fingido, -a; (*convencido*) creído, -a

mascarar [maska'rar] **I.** *vt* enmascarar **II.** *vr:* **~-se 1.** (*pôr máscara*) enmascararse **2.** *fig* volverse un creído

mascate [mas'katʃi] *mf* vendedor(a) *m(f)* ambulante

mascavo [mas'kavu] *adj* (*açúcar*) moreno, -a

mascote [mas'kɔtʃi] *f* mascota *f*

masculinidade [maskuʎini'dadʒi] *f sem pl* masculinidad *f*

masculino, -a [masku'ʎinu, -a] *adj* masculino, -a

másculo, -a ['maskulu, -a] *adj* viril

masmorra [maz'moxa] *f* mazmorra *f*

masoquismo [mazo'kizmu] *m sem pl* masoquismo *m*

masoquista [mazo'kista] *adj* masoquista

massa ['masa] *f* **1.** (*para bolos, de betume*) masa *f;* **~ de ar** METEO masa de aire; **~ cinzenta** (*cérebro*) materia *f* gris; **~ corrida** yeso *m;* **~ folhada** hojaldre *m;* **~ de tomate** concentrado *m* de tomate **2.** (*macarrão*) pasta *f* **3.** (*quantidade*) masa *f;* **as ~s** las masas; **em ~** en masa; **cultura de ~** cultura de masas

massa-bruta ['masa 'bruta] <massas-brutas> *mf inf* grosero, -a *m, f*

massacrar [masa'krar] *vt* masacrar

massacre [ma'sakri] *m* masacre *f*

massagear [masaʒi'ar] *conj como passear vt* masajear

massagem <-ens> [ma'saʒẽj] *f* masaje *m*

massagista [masa'ʒista] *mf* masajista *mf*

massificação <-ões> [masifika'sãw, -'õjs] *f* masificación *f*

massificar [masifi'kar] <c→qu> *vt* masificar

massudo, -a [ma'sudu, -a] *adj* (*bolo, pão*) compacto, -a; (*pessoa*) corpulento, -a

mastectomia [mastekto'mia] *f* MED mastectomía *f*

mastigar [mastʃi'gar] <g→gu> *vt*

1. (*os alimentos*) masticar **2.** (*as palavras*) mascullar
mastodonte [masto'dõwtʃi] *m* mastodonte *m*
mastro ['mastru] *m* mástil *m*
masturbação <-ões> [masturba'sãw, -'õjs] *f* masturbación *f*
masturbar-se [mastur'barsi] *vr* masturbarse
mata ['mata] *f* selva *f*; **~ virgem** selva virgen
mata-borrão <mata-borrões> ['mata-bo'xãw, -'õjs] *m* papel *m* secante; **passar um ~** *fig* hacer borrón y cuenta nueva
mata-burro ['mata-'buxu] *m* reja en el suelo para evitar que pase el ganado
matador(a) [mata'dor(a)] <-es> *m(f)* asesino, -a *m, f*
matadouro [mata'dowru] *m* matadero *m*
matagal <-ais> [mata'gaw, -ajs] *m* matorral *m*
mata-moscas ['mata-'moskas] *m inv* matamoscas *m inv*
mata-mosquitos ['mata-mus'kitus] *m inv* funcionario encargado de destruir focos de larvas de mosquitos
matança [ma'tãnsa] *f* matanza *f*
matar [ma'tar] **I.** *vt* **1.** (*uma pessoa, gado, a fome, a sede*) matar; **~ a bola no peito** ESPORT parar la pelota con el pecho; **~ de desgosto** matar a disgustos; **essa é de ~** *gíria* ése es mortal **2.** (*uma charada*) adivinar **3.** *gíria* (*uma aula*) fumarse **4.** *gíria* (*dar cabo*) cepillarse **II.** *vr:* **~-se** matarse; **~-se de trabalhar** matarse a trabajar
mata-ratos ['mata-xatus] *m inv* (*veneno*) matarratas *m inv*
mate ['matʃi] **I.** *adj* mate **II.** *m* (*no xadrez, infusão*) mate *m*
matelassê [matela'se] *m* tela *f* acolchada
matemática [mate'matʃika] *f* matemática(s) *f(pl)*
matemático, -a [mate'matʃiku, -a] *adj, m, f* matemático, -a *m, f*
matéria [ma'tɛria] *f* **1.** (*substância*) materia *f* **2.** (*assunto*) artículo *m*; **~ jornalística** artículo periodístico; **em ~ de** en materia de **3.** (*da escola*) asignatura *f*
material <-ais> [materi'aw, -'ajs] **I.** *adj* material **II.** *m* material *m*; **~ didático** material didáctico

materialismo [materja'ʎizmu] *m sem pl* materialismo *m*
materialista [materja'ʎista] *adj, mf* materialista *mf*
materializar [materjaʎi'zar] **I.** *vt* materializar **II.** *vr:* **~-se** materializarse
matéria-prima [ma'tɛria-'prima] <matérias-primas> *f* materia *f* prima
maternal <-ais> [mater'naw, -'ajs] **I.** *adj* maternal; **amor ~** amor materno **II.** *m* ENS guardería *f*; **estar no ~** ir a la guardería
maternidade [materni'dadʒi] *f* maternidad *f*
materno, -a [ma'tɛrnu, -a] *adj* materno, -a; **o avô ~** el abuelo materno
matilha [ma'tʃiʎa] *f* jauría *f*
matina [ma'tʃina] *f inf* madrugada *f*
matinal <-ais> [matʃi'naw, -'ajs] *adj* matinal
matinê [matʃi'ne] *f* sesión *f* de tarde
matiz <-es> [ma'tʃis] *m* matiz *m*
mato ['matu] *m* matorral *m*; **estar num ~ sem cachorro** *inf* estar con la soga al cuello
mato-grossense [matugro'sẽjsi] **I.** *adj* del Mato Grosso **II.** *mf* habitante *mf* del Mato Grosso
Mato Grosso do Norte ['matu 'grosu du 'nɔrtʃi] *m* Mato Grosso do Norte *m*
Mato Grosso do Sul ['matu 'grosu du 'suw] *m* Mato Grosso do Sul *m*
matraca [ma'traka] *f* **1.** (*instrumento*) matraca *f* **2.** *inf* (*boca*) pico *m*; **falar como uma ~** hablar por los codos
matreiro, -a [ma'trejru, -a] *adj* astuto, -a
matriarca [matri'arka] *f* matriarca *f*
matrícula [ma'trikula] *f* **1.** (*em escola, curso, universidade*) matrícula *f* **2.** (*registro*) registro *m*
matricular [matriku'lar] **I.** *vt* matricular **II.** *vr:* **~-se** matricularse
matrimonial <-ais> [matrimoni'aw] *adj* matrimonial
matrimônio [matri'moniw] *m* matrimonio *m*
matriz <-es> [ma'tris] **I.** *adj* **1.** (*principal*) principal; **igreja ~** iglesia mayor **2.** (*origem*) original **II.** *f* **1.** *tb.* MAT matriz *f* **2.** (*sede*) oficina *f* central
matrona [ma'trona] *f* matrona *f*
maturação <-ões> [matura'sãw, -'õjs] *m* maduración *f*
maturidade [maturi'dadʒi] *f sem pl* madurez *f*
matusalém <-ens> [matuza'lẽj] *m*

vejestorio *m*
matusquela [matusˈkɛla] *mf reg, inf* loco, -a *m, f*
matutar [matuˈtar] *vi* meditar; ~ **em uma proposta** meditar una propuesta
matutino, -a [matuˈtʃinu, -a] *adj* 1.(*frio*) matutino, -a 2.(*pessoa*) mañanero, -a
matuto, -a [maˈtutu, -a] *adj, m, f* provinciano, -a *m, f*
mau, má [ˈmaw, ˈma] I. *adj* <pior, péssimo> (*situação*) malo, -a; ~ **humor** mal humor; ~**s modos** malos modales; **má notícia** mala noticia; **vir em má hora** venir en mala hora II. *m, f* malo, -a *m, f*
mau-caráter [ˈmaw-kaˈrater] <maus--caracteres> *m* sinvergüenza *mf*
mau-olhado [ˈmaw-oˈʎadu] <maus--olhados> *m* mal *m* de ojo
mauricinho [mawriˈsĩɲu] *m inf* pijo *m*
mausoléu [mawzoˈlɛw] *m* mausoleo *m*
maus-tratos [ˈmaws-ˈtratus] *mpl* malos tratos *mpl;* **sofrer** ~ sufrir malos tratos
maxilar [maksiˈlar] <-es> I. *adj* maxilar II. *m* maxilar *m;* ~ **inferior/superior** maxilar inferior/superior
máxima [ˈmasima] *f* máxima *f*
maximizar [maksimiˈzar] *vt* maximizar
máximo [ˈmasimu] *m* máximo *m;* **ao** ~ al máximo; **no** ~ como máximo; **a festa foi o** ~ *inf* la fiesta fue lo máximo
máximo, -a [ˈmasimu, -a] *adj superl de* **grande** máximo, -a
maxixe [maˈxixi] *m* BOT *planta cucurbitácea cultivada por sus frutos comestibles*
mazela [maˈzɛla] *f* 1.(*falha moral*) mancha *f* 2.(*doença*) enfermedad *f*
me [mi] *pron pess* me
mea-culpa [meaˈkuwpa] *m* mea culpa *m;* **fazer o** ~ entonar el mea culpa
meada [meˈada] *f* 1.(*de fios*) madeja *f* 2. *fig* confusión *m;* **pegar/perder o fio da** ~ tomar/perder el hilo
meado [meˈadu] *m* **em** ~**s de janeiro** a mediados de enero
meandro [meˈɜ̃ndru] *m* meandro *m;* ~**s da política** intrigas *fpl* de la política
meca [ˈmɛka] *f* meca *f*
mecânica [meˈkɜnika] *f* mecánica *f*
mecânico, -a [meˈkɜniku, -a] I. *adj* mecánico, -a II. *m, f* mecánico, -a *m, f;* ~ **de automóveis** mecánico de coches
mecanismo [mekɐˈnizmu] *m* mecanismo *m*
mecanizar [mekɐniˈzar] *vt* mecanizar
mecenas [meˈsenas] *m inv* mecenas *mf inv*
mecha [ˈmɛʃa] *f* 1.(*pavio, rastilho*) mecha *f* 2.(*de cabelo*) mechón *m* 3.(*gaze*) gasa *f*
meço [ˈmɛsu] 1. *pres de* **medir**
medalha [meˈdaʎa] *f* medalla *f;* ~ **de ouro/prata/bronze** medalla de oro/plata/bronce
medalhão <-ões> [medaˈʎɜ̃w, -ˈõjs] *m* 1.(*medalha*) medallón *m* 2. *pej* (*figura de projeção*) gran figura *f* 3. GASTR medallón *m*
medalhista [medaˈʎista] *mf* medallista *mf*
medalhões [medaˈʎõjs] *m pl de* **medalhão**
média [ˈmɛdʒia] *f* 1.(*valor médio*) media *f;* **em** ~ como media; **estar acima/abaixo da** ~ estar por encima/por debajo de la media; **fazer** ~ *inf* hacer la pelota; **tirar a** ~ sacar la media 2. *inf* (*copo grande de café com leite*) café *m* con leche
mediação <-ões> [medʒiaˈsɜ̃w, -ˈõjs] *f* mediación *f*
mediador(a) [medʒiaˈdor(a)] <-es> *m(f)* mediador(a) *m(f);* (*de grupo de discussão*) moderador(a) *m(f)*
mediana [meˈdʒiɜna] *f* MAT mediana *f*
mediano, -a [meˈdʒiɜnu, -a] *adj* 1.(*regular*) medio, -a 2.(*em tamanho*) mediano, -a
mediante [meˈdʒiɜ̃ntʃi] *prep* mediante
mediar [meˈdʒiar] *irr como* odiar *vt* mediar
mediato, -a [meˈdʒiatu, -a] *adj* indirecto, -a
medicação <-ões> [medʒikaˈsɜ̃w, -ˈõjs] *f* medicación *f;* **estar sob** ~ estar tomando medicación
medicamento [medʒikaˈmẽjtu] *m* medicamento *m*
medicamentoso, -a [medʒikamẽjˈtozu, -ˈɔza] *adj* medicinal
medição <-ões> [medʒiˈsɜ̃w, -ˈõjs] *f* medición *f*
medicar [medʒiˈkar] <c→qu> I. *vt* recetar II. *vr:* ~**-se** medicarse
medicina [medʒiˈsina] *f sem pl* medicina *f;* ~ **de grupo** *medicina ejercida por médicos de diferentes especialidades que comparten instalaciones y equipamientos;* ~ **interna** medicina interna; ~ **legal** medicina legal; ~ **do trabalho**

medicina del trabajo; **exercer** ~ ejercer la medicina
medicinal <-ais> [medʒisi'naw, -'ajs] *adj* medicinal
médico, -a ['mɛdʒiku, -a] I. *adj* médico, -a; **exame** ~ examen médico II. *m, f* médico, -a *m, f;* ~ **de clínica geral** médico de cabecera; ~ **especialista** médico especialista
médico-cirurgião, médica-cirurgiã <médicos-cirurgiões, médicos-cirurgiães> ['mɛdʒiku-siruʁʒi'ʒ̃w, -ʒ̃, -õjs, -ʒ̃js] *m, f* cirujano, -a *m, f*
medições [medʒi'sõjs] *f pl de* **medição**
médico-legista ['mɛdʒiku-le'ʒista] <médicos-legistas> *m* médico, -a *m, f* forense
medida [mi'dʒida] *f* medida *f;* ~**s de precaução** medida de precaución; ~ **provisória** POL medida provisional; ~**s de segurança** medidas de seguridad; **ir além da** ~ pasarse; **tirar** ~**s de alguém/a. c.** tomar las medidas a alguien/algo; **à** ~ **a medida; à** ~ **que...** a medida que...; **na** ~ **do possível** en la medida de lo posible; **feito sob** ~ hecho a medida
medidor <-es> [midʒi'dor] *m* contador *m*
medieval <-ais> [medʒje'vaw, -'ajs] *adj* medieval
médio, -a ['mɛdʒiw, -a] *adj* medio, -a; **dedo** ~ dedo corazón
medíocre [me'dʒiwkri] *adj* mediocre
mediocridade [medʒiwkri'dadʒi] *f* mediocridad *f*
medir [mi'dʒir] *irr como* pedir I. *vt* medir; **ele mede 1,70 m** mide 1,70 m; ~ **alguém de alto a baixo** mirar a alguien de arriba abajo; ~ **as consequências** medir las consecuencias; **não** ~ **esforços** no regatear esfuerzos; ~ **forças com alguém** medir sus fuerzas con alguien; ~ **as palavras/os atos** medir las palabras/los actos II. *vr:* ~**-se** (*rivalizar*) medirse
meditação <-ões> [medʒita'sʒ̃w, -'õjs] *f* meditación *f*
meditar [medʒi'tar] *vi* meditar
meditativo, -a [medʒita'tʃivu, -a] *adj* meditativo, -a
Mediterrâneo [medʒite'xʒniw] *m* Mediterráneo *m*
mediterrâneo, -a [medʒite'xʒniw, -a] *adj* mediterráneo, -a
médium <-uns> ['mɛdʒiũw] *mf* médium *mf*
medo ['medu] *m* miedo *m;* **estar com** [*ou* **ter**] ~ **de alguém/a. c.** tener miedo a alguien/algo; **ficar com/sentir** ~ tener/sentir miedo; **meter** ~ **em alguém** meter miedo a alguien; **não ter** ~ **de cara feia** *fig* no dejarse intimidar; **ter** ~ **da própria sombra** no fiarse ni de su propia sombra; **sem** ~ **de nada** sin miedo de nada
medonho, -a [me'doɲu, -a] *adj* horrible
medroso, -a [me'drozu, -'ɔza] *adj* miedoso, -a
medula [me'dula] *f* ANAT médula *f;* ~ **óssea** médula ósea; **até a** ~ (**dos ossos**) *fig* hasta la médula
medusa [me'duza] *f* ZOOL medusa *f,* aguamala *f Méx*, aguaviva *f RíoPl*
meeiro, -a [me'ejru, -a] *m, f* AGR arrendador(a) *m(f)*
megabit [mɛga'bitʃi] *m* INFOR megabyte *f*
megafone [mega'foni] *m* megáfono *m*
megalomania [megalomʒ'nia] *f* megalomanía *f*
megalomaníaco, -a [megalomʒ'niaku, -a] *m, f* megalómano, -a *m, f*
meganha [me'gʒɲa] *m inf* madero *m*
megera [me'ʒɛra] *f* bruja *f*
meia¹ ['meja] *f* media *f;* (*curta*) calcetín *m,* media *f AmL;* ~ **elástica** media elástica; ~ **de seda** (*comprida*) media de seda; ~ **três quartos** (*joelhos*) media *f;* **calçar uma** ~ llevar una media
meia² ['meja] *num card* seis; **cinco** ~ **quatro** cinco seis cuatro
meia-calça ['meja-'kawsa] <meias-calças> *f* panty *m,* cancán *m RíoPl*
meia-direita ['meja-dʒi'rejta] <meias-direitas> *m* ESPORT medio *m* derecho
meia-entrada ['meja-ẽj'trada] <meias-entradas> *f* entrada para el cine y otros espectáculos a mitad de precio, para menores, estudiantes y jubilados
meia-esquerda ['meja-is'kerda] <meias-esquerdas> *m* ESPORT medio *m* izquierdo
meia-estação <meias-estações> ['meja-ista'sʒ̃w, -'õjs] *f* entretiempo *m;* **roupa/moda de** ~ ropa/moda de entretiempo
meia-idade ['meja-i'dadʒi] <meias-idades> *f* mediana edad *f;* **uma senhora de** ~ una señora de mediana edad
meia-irmã ['meja-ir'mʒ̃] *f v.* **meio-irmão**

meia-lua ['meja-'lua] <meias-luas> *f* media luna *f*

meia-luz ['meja-'lus] <meias-luzes> *f* media luz *f*; **à ~** a media luz

meia-noite ['meja-'nojtʃi] <meias-noites> *f* medianoche *f*; **à ~** a medianoche

meias ['mejas] *fpl* contrato en el que se dividen por igual los beneficios y las pérdidas entre las partes contratantes

meia-sola ['meja-'sɔla] <meias-solas> *f* media suela *f*

meia-tigela ['meja-tʃi'ʒɛla] <meias-tigelas> *f inf* **de ~** (*medíocre*) de tres al cuarto

meia-volta ['meja-'vɔwta] <meias-voltas> *f* media vuelta *f*; **dar ~** dar media vuelta

meigo, -a ['mejgu, -a] *adj* tierno, -a

meiguice [mej'gisi] *f* ternura *f*; **~s** mimos *mpl*

meio ['meju] **I.** *m* **1.** (*centro*) medio *m*; **no ~** en el medio; **no ~ de** en el medio de; **pelo ~** por el medio; **a janela do ~** la ventana del medio **2.** (*metade*) mitad *f*; **no ~ do caminho** a mitad de camino; **cortar/dividir a. c. ao ~** cortar/dividir algo por la mitad; **deixar um café/um pão no ~** dejar un café/un pan por la mitad; **deixar uma conversa no ~** dejar una conversación a la mitad; **deixar um trabalho no** [*ou* **pelo**] **~** dejar un trabajo por la mitad; **dividir a. c. ~ a** dividir algo por la mitad; **embolar o ~ de campo** *fig* complicar las cosas **3.** (*instrumento, método*) medio *m*; **~ ambiente** medio ambiente; **~s de comunicação** medios de comunicación; **~ de comunicação de massa** medio de comunicación de masas; **~ de transporte** medio de transporte; **~ de vida** medio de vida; **por ~ de** por medio de **II.** *adv* medio; **estar ~ cansado** estar medio cansado; **estar ~ dormindo** estar medio dormido

meio, -a ['meju, -a] *adj* medio, -a; **um e ~** uno y medio; **meia dúzia** media docena; **meia hora** media hora; **~ litro** medio litro; **à meia-noite e meia** a las doce y media de la noche; **às três e meia** a las tres y media

meio-campista ['meju-kãŋ'pista] <meios-campistas> *m* ESPORT centrocampista *m*

meio-de-campo ['meju-dʒi'-kãŋpu] <meios-de-campo> *m* ESPORT centro *m* del campo; **jogador de ~** centrocampista *m*

meio-dia ['meju-'dʒia] <meios-dias> *m* mediodía *f*; **~ e meia** doce y media de la tarde; **ao ~** al mediodía

meio-fio ['meju-'fiw] <meios-fios> *m* bordillo *m*, cordón *m* (de la vereda) *RíoPl*

meio-irmão, meia-irmã ['meju-ir'mãw, -ir'mã] <meios-irmãos, meias-irmãs> *m, f* hermanastro, -a *m, f*

meios ['mejus] *mpl tb.* FIN medios *mpl*

meio-termo ['meju-'tɛrmu] *m* término *m* medio; **não tem ~!** ¡no sabe moderarse!

meio-tom ['meju-'tõw] <meios-tons> *m* MÚS medio tono *m*

mel <**méis**, **meles**> ['mɛw, 'mɛjs, mɛʎes] *m* **1.** (*das abelhas*) miel *f* **2.** (*doçura*) dulzura *f*

melaço [me'lasu] *m* melaza *f*

melado, -a [me'ladu, -a] *adj* (*pegajoso*) pegajoso, -a

melancia [melãŋ'sia] *f* sandía *f*

melancolia [melãŋko'ʎia] *f* melancolía *f*

melancólico, -a [melãŋ'kɔʎiku, -a] *adj* melancólico, -a

melanina [melɜ'nina] *f* melanina *f*

melanoma [melɜ'noma] *m* MED melanoma *m*

melão <-ões> [me'lɜ̃w, -'õjs] *m* melón *m*

melar [me'lar] **I.** *vt* pringar **II.** *vr*: **~-se** pringarse

meleca [me'lɛka] *f inf* moco *m*; (*ruim*) porquería *f*; **este trabalho está uma ~!** ¡este trabajo es una porquería!

meleira [me'lejra] *f* colmena *f*

meles ['mɛʎis] *m pl de* **mel**

melhor [me'ʎɔr] <-es> **I.** *adj* mejor; **o/a ~** el/la mejor; **tanto ~!** ¡tanto mejor! **II.** *m* <-es> **o ~** lo mejor; **no ~ da festa** en el mejor momento; **fazer o ~ possível** hacer las cosas lo mejor posible **III.** *adv* mejor; **ele faz isso ~ que eu** él hace eso mejor que yo; **...,~ ,...** ..., o mejor,...

melhor [me'ʎɔr] <-es> *f* **levar a ~** llevarse la mejor parte; **passou desta para ~** pasó a mejor vida

melhora [me'ʎɔra] *f* mejoría *f*; **~ da temperatura** mejoría de las temperaturas

melhorada [meʎo'rada] *f inf* mejoría *f*;

deu uma ~ no tempo el tiempo mejoró

melhorado, -a [meʎo'radu, -a] *adj* mejorado, -a

melhoramento [meʎora'mẽtu] *m* mejora *f*

melhorar [meʎo'rar] **I.** *vt* mejorar; **~ de vida** mejorar las condiciones de vida **II.** *vi* mejorar

melhoras [me'ʎɔras] *fpl* **minhas ~!** ¡que se mejore!

melhores [me'ʎɔres] *m ou f pl de* **melhor**

melindrado, -a [meʎĩ'dradu, -a] *adj* ofendido, -a

melindrar [meʎĩ'drar] **I.** *vt* ofender **II.** *vr:* **~-se** ofenderse

melindre [me'ʎĩjdri] *m* (*suscetibilidade*) melindre *m*

melindroso, -a [meʎĩ'drozu, -'ɔza] *adj* **1.** (*pessoa*) melindroso, -a **2.** (*situação*) complicado, -a

melodia [melo'dʒia] *f* melodía *f*

melodioso, -a [melodʒi'ozu, -'ɔza] *adj* melodioso, -a

melodrama [melo'drama] *m* melodrama *m*

melodramático, -a [melodra'matʃiku, -a] *adj* melodramático, -a

melões [me'lõjs] *m pl de* **melão**

meloso, -a [me'lozu, -'ɔza] *adj* meloso, -a

melro, mélroa ['mɛwxu, 'mɛwxoa] *m, f* ZOOL mirlo *m*

membrana [mẽj'brana] *f* membrana *f*

membro ['mẽjbru] *m* miembro *m*; **~ viril** miembro viril

memorando [memo'rɐ̃du] *m* memorándum *m*

memorável <-eis> [memo'ravew, -ejs] *adj* memorable

memória [me'mɔria] *f* memoria *f*; **guardar a. c. na ~** guardar algo en la memoria; **perder a ~** perder la memoria; **recitar um poema de ~** recitar un poema de memoria; **refrescar a ~** refrescar la memoria; **ter boa ~** tener buena memoria; **ter ~ curta** tener poca memoria; **ter ~ de elefante** tener memoria de elefante; **em ~ de alguém/a. c.** en memoria de alguien/algo

memorial <-ais> [memori'aw] *m* ARQUIT monumento *m* conmemorativo

memórias [me'mɔria] *fpl* memorias *fpl*

memorizar [memori'zar] *vt* memorizar

menção <-ões> [mẽj'sɐ̃w, -'õjs] *f* mención *f*; **~ honrosa** mención honorífica; **fazer ~ a a. c.** hacer mención de algo

mencionar [mẽjsjo'nar] *vt* mencionar

menções [mẽj'sõjs] *f pl de* **menção**

mendicância [mẽjdʒi'kɐ̃nsia] *f* mendicidad *f*

mendigar [mẽjdʒi'gar] <g→gu> *vi, vt* mendigar

mendigo, -a [mẽj'dʒigu, -a] *m, f* mendigo, -a *m, f*

menestrel <-éis> [menes'trɛw, -'ɛjs] *m* trovador *m*

menina [mi'nina] *f* (*criança*) niña *f*; (*mocinha*) chica *f*

meninada [mini'nada] *f sem pl* chiquillería *f*

menina dos olhos [mi'nina duz 'ɔʎus] <meninas dos olhos> *f inf* niña *f* de los ojos

menina-moça [mi'nina-'mosa] <meninas-moças> *f* muchacha *f*

meninge [mi'nĩjʒi] *f* meninge *f*

meningite [mixĩj'ʒitʃi] *f* MED meningitis *f*

meninice [mini'nisi] *f* **1.** (*infância*) niñez *f* **2.** (*criancice*) chiquillada *f*

menino [mi'ninu] *m* (*criança*) niño *m*, chamaco, -a *m, f Méx;* (*mocinho*) chico *m;* **~ de ouro** niño ejemplar; **~ de rua** niño de la calle; **aquele estouro, ~, me deu um baita susto!** ese estallido, chico, ¡qué susto me dio!

menino-prodígio [mi'ninu-pro'dʒiʒiw] <meninos-prodígio(s)> *m* niño, -a *m, f* prodigio

menisco [me'nisku] *m* ANAT menisco *m*

menopausa [meno'pawza] *f* menopausia *f*

menor [me'nor] **I.** *mf* menor *mf;* **proibida a entrada de** [*ou* **para**] **~es** prohibida la entrada a menores; **impróprio para ~es de 18 anos** no apto para menores **II.** *adj* menor, más pequeño; **o/a ~** el/la menor; **~ de idade** menor de edad; **~ (do) que** menor que; **irmão ~** hermano menor; **ela não me dá a ~ atenção** no me hace el más mínimo caso; **não faço a ~ ideia** no tengo la menor idea

Gramática Cuando se habla de la estatura de alguien o del tamaño de algo, en portugués nunca se dice "mais pequeno", sino **menor**:

> "Paulo é meu irmão menor; Ana é menor que Maria; Quero a menor laranja."

menoridade [menori'dade] *f sem pl* minoría *f* de edad
menos ['menus] **I.** *m* o ~ (*mínimo*) lo menos; **é o ~ que dá para fazer** es lo menos que se puede hacer **II.** *pron indef* menos; **a inflação nos deixa com ~ dinheiro no bolso** la inflación nos deja con menos dinero en el bolsillo; **não somos ~ inteligentes do que ninguém** no somos menos inteligentes que los demás **III.** *adv* menos; ~ (**do**) **que** menos que; ~ **caro/difícil** menos caro/difícil; **o/a ~ inteligente** el/la menos inteligente; **o que estuda ~** el que estudia menos; **pelo** [*ou* **ao**] ~ por lo menos; **isso é o de ~!** ¡eso es lo de menos!; **não deixa por ~!** ¡no va a hacer menos!; **não é para ~!** ¡no es para menos!; **quatro ~ dois são dois** cuatro menos dos son dos **IV.** *prep* (*exceto*) menos; **todos ~ eu** todos menos yo **V.** *conj* **a ~ que** +*subj* a menos que +*subj*
menosprezar [menospre'zar] *vt* menospreciar
menosprezo [menos'prezu] *m* menosprecio *m*
mensageiro, -a [mẽjsa'ʒejɾu, -a] *adj, m, f* mensajero, -a *m, f*
mensagem <-ens> [mẽj'saʒẽj] *f* mensaje *m*; ~ **eletrônica** mensaje electrónico
mensal <-ais> [mẽj'saw, -'ajs] *adj* mensual
mensalidade [mẽjsaʎi'dadʒi] *f* mensualidad *f*
mensalista [mẽjsa'ʎista] *mf* asalariado, -a *m, f*
mensalmente [mẽjsaw'mẽtʃi] *adv* mensualmente
menstruação <-ões> [mẽjstrua'sãw, -'õjs] *f* menstruación *f*
menstruado, -a [mẽjstru'adu, -a] *adj* con la menstruación
mensurar [mẽjsu'rar] *vt* medir
mensurável <-eis> [mẽjsu'ravew, -ejs] *adj* mensurable
menta ['mẽjta] *f* menta *f*
mental <-ais> [mẽj'taw, 'ajs] *adj* mental
mentalidade [mẽjtaʎi'dadʒi] *f* mentalidad *f*
mentalmente [mẽjtaw'mẽtʃi] *adv* mentalmente
mente ['mẽtʃi] *f* mente *f*; **ter a. c. em** ~ tener algo en mente; **ter uma ~ fértil** tener una mente fértil
mentecapto, -a [mẽjtʃi'kaptu, -a] *adj, m, f* mentecato, -a
mentir [mĩj'tʃir] *irr como sentir vi* mentir
mentira [mĩj'tʃiɾa] *f* mentira *f*; ~ **deslavada** mentira descarada; **contar** [*ou* **dizer**] **uma ~** contar una mentira; **parece ~!** ¡parece mentira!; **é de ~!** ¡es de mentira!; **a ~ tem pernas curtas** *prov* las mentiras se descubren fácilmente
mentiroso, -a [mĩjtʃi'rozu, -'ɔza] *adj, m, f* mentiroso, -a *m, f*
mentol <mentóis> [mẽj'tɔw, -'ɔjs] *m sem pl* mentol *m*
mentor(a) [mẽj'tor(a)] <-es> *m(f)* mentor(a) *m(f)*
menu [me'nu] *m* GASTR, INFOR menú *m*
meramente [mɛra'mẽtʃi] *adv* meramente
mercadinho [merka'dʒĩɲu] *m inf* (*de bairro*) mercadillo *m*
mercado [mer'kadu] *m* mercado *m*; ~ **acionário** mercado accionario; **o Mercado Comum** el Mercado Común; ~ **financeiro** mercado financiero; ~ **informal** mercado informal; ~ **negro** mercado negro; ~ **paralelo** mercado desregulado; ~ **de trabalho** mercado de trabajo; **lançar um produto no ~** lanzar un producto al mercado
mercador(a) [merka'dor(a)] <-es> *m(f)* mercader *mf*
mercadoria [merkado'ria] *f* mercancía *f*
mercante [mer'kãtʃi] *adj* mercante; **marinha ~** marina mercante; **navio ~** barco mercante
mercantil <-is> [merkãn'tʃiw, -'is] *adj* mercantil; **cidade ~** ciudad mercantil; **povo ~** pueblo comerciante
mercantilismo [merkãntʃi'ʎizmu] *m sem pl* ECON mercantilismo *m*
mercê [mer'se] *f* **1.** *elev* (*graça*) merced *f*; ~ **de** gracias a **2.** (*arbítrio*) **estar à ~ de alguém** estar a la merced de alguien
mercearia [mersea'ria] *f* tienda *f* de comestibles, pulpería *f AmL*, pulquería *f AmC, Méx*
merceeiro, -a [merse'ejru, -a] *m, f* tendero, -a *m, f*

mercenário, -a [merse'nariw, -a] *adj, m, f* mercenario, -a *m, f*

merchandising [merʃ3'dajzīj] *m* merchandising *m*

Mercosul [merko'suw] *m abr de* **Mercado Comum do Sul** Mercosur *m*

mercúrio [mer'kuriw] *m sem pl* QUÍM mercurio *m*

Mercúrio [mer'kuriw] *m* ASTRON Mercurio *m*

mercurocromo [merkuru'kromu] *m* QUÍM mercurocromo *f*

merda ['mɛrda] *f chulo* mierda *f*; **a ~ do ônibus** la mierda del autobús; **é uma ~!** ¡es una mierda!; **ele é um artista de ~** es un artista de mierda; **estar na ~** estar sin un puto duro; **fazer ~** cagarla; **vá à ~!** ¡vete a la mierda!; **~!** ¡mierda!

merecedor(a) [merese'dor(a)] <-es> *adj* merecedor(a); **ser ~ de a. c.** ser merecedor de algo

merecer [mere'ser] <c→ç> *vt* merecer; **fazer por ~ a. c.** hacer méritos para algo; **eles se merecem** están hechos el uno para el otro; **eu não mereço isto** no me merezco esto

merecidamente [meresida'mējtʃi] *adv* merecidamente

merecido, -a [mere'sidu, -a] *adj* merecido, -a; **bem ~** bien merecido

merecimento [meresi'mējtu] *m* mérito *m*; **por ~** por mérito

merenda [me'rējda] *f* merienda *f*; **~ escolar** comida que reciben los alumnos de los colegios públicos a mediodía

merendar [merēj'dar] *vi, vt* merendar

merengue [me'rējgi] *m* GASTR merengue *m*

meretriz <-es> [mere'tris] *f* prostituta *f*

mergulhador(a) [merguʎa'dor(a)] <-es> *m(f)* buceador(a) *m(f)*

mergulhão <-ões> [mergu'ʎɜ̃w, -'õjs] *m* ZOOL zampullín *m*

mergulhar [mergu'ʎar] **I.** *vt* sumergir **II.** *vi* sumergirse; **o avião mergulhou para atacar** el avión se lanzó en picado para atacar

mergulho [mer'guʎu] *m* zambullida *f*; **dar um ~** darse una zambullida

mergulhões [mergu'ʎõjs] *m pl de* **mergulhão**

meridiano [meridʒi'ʒnu] *m* GEO meridiano *m*

meridional <-ais> [meridʒjo'naw, -'ajs] *adj* meridional

meritíssimo, -a [meri'tʃisimu, -a] *adj* ilustrísimo, -a

mérito ['mɛritu] *m* **1.** (*merecimento*) mérito *m*; **conseguiu isso por ~ próprio** consiguió eso por mérito propio **2.** (*valor*) fundamento *m*; **entrar no ~ da questão** abordar el fundamento de la cuestión

meritório, -a [meri'tɔriw, -a] *adj* meritorio, -a

mero, -a ['mɛru, -a] *adj* mero, -a; **por ~ acaso** por mera casualidad

merreca [me'xɛka] *f inf* (*quantia insignificante*) cuatro perras *fpl*

mês ['mes] <meses> *m* mes *m*; **ao/por ~** al/por mes; **no ~ passado** el mes pasado; **no ~ que vem** el mes que viene; **todo ~** todos los meses

mesa ['meza] *f* mesa *f*; **~ de jantar** mesa de comedor; **~ de jogo** mesa de juego; **estar/sentar-se à ~** estar/sentarse a la mesa; **pôr a ~** poner [*o* tender *AmL*] la mesa; **servir a ~** servir la mesa; **ter a ~ farta** haber mucha comida; **tirar a ~** quitar la mesa; **virar a ~** *inf* mudar las reglas del juego

mesada [me'zada] *f* paga *f*

mesa de cabeceira ['meza dʒi kabe'sejra] <mesas de cabeceira> *f* mesilla *f*, mesa *f* de luz *RíoPl*

mesa-redonda ['meza-xe'dõwda] <mesas-redondas> *f* mesa *f* redonda

mesário, -a [me'zariw, -a] *m, f* (*eleições*) miembro *m* de una mesa electoral

mesa-tenista ['meza-te'nista] *mf* jugador(a) *m(f)* de tenis de mesa

mescla ['mɛskla] *f* mezcla *f*

mesclado, -a [mes'kladu, -a] *adj* mezclado, -a

mesma ['mezma] *f inf* (*não entender*) **deixar alguém na ~** dejar a alguien igual; **ficar** [*ou* **estar**] **na ~** quedarse igual

mesmice [mez'misi] *f* monotonía *f*

mesmíssimo, -a [mez'misimu, -a] *adj superl de* **mesmo** mismísimo, -a; **é a mesmíssima coisa!** ¡son la misma cosa!

mesmo ['mezmu] *adv* **1.** (*ênfase*) mismo, -a; **aqui/hoje ~** aquí/hoy mismo; **por isso ~** por eso mismo; **fica ~ ao lado** queda al lado mismo; **isso é ~ dele!** ¡eso es típico de él!; **nem ~** ni siquiera; **só ~ ele** sólo él **2.** (*temporal*)

mesmo ela chegou agora ~ llegó ahora mismo **3.** (*concessivo*) ~ **assim** aún así; ~ **que eu queira** aunque yo quisiera **4.** (*até*) ni siquiera; ~ **ele não concordou** ni siquiera él estuvo de acuerdo **5.** (*exatamente*) mismo; (**é**) **isso ~!** ¡eso mismo!; **é ~?** ¿de verdad?

mesmo, -a ['mezmu, -a] **I.** *adj* mismo, -a; **ao ~ tempo** al mismo tiempo; **ele fez isso** él mismo hizo eso **II.** *m, f* **o ~** el mismo; **a mesma** la misma; **fazer o ~ a alguém** hacer lo mismo a alguien; **eles continuam os ~s** siguen igual; **eles estudam o ~** estudian lo mismo; **vai dar no ~** va a dar lo mismo

mesquinharia [meskiɲa'ria] *f*, **mesquinhez** [meski'ɲes] <-es> *f*, **mesquinheza** [meski'ɲeza] *f* mezquindad *f*

mesquinho, -a [mes'kiɲu, -a] *adj* mezquino, -a

mesquita [mes'kita] *f* mezquita *f*

messiânico <-a> [mesi'ɜniku, -a] *adj* mesiánico, -a

Messias [me'sias] *m* Mesías *m*

mestiço, -a [mes'tʃisu, -a] *adj, m, f* mestizo, -a *m, f*

mestrado [mes'tradu] *m* máster *m*

mestre, -a ['mɛstri, -a] **I.** *adj* maestro, -a; **chave mestra** llave maestra **II.** *m, f* (*de um ofício*) maestro, -a *m, f*; **de ~ genial; ele é ~ em arranjar confusões** es especialista en meterse en follones

mestre-cuca ['mɛstri-'kuka] <mestres--cucas> *m inf* cocinero *m* genial

mestre de obras ['mɛstri dʒi 'ɔbras] <mestres de obras> *m* maestro *m* de obras

mestre-sala ['mɛstri-'sala] <mestres--salas> *m* (*carnaval*) en los desfiles del carnaval, persona que hace pareja con la portadora del estandarte

mesura [me'zura] *f* mesura *f*

mesurado, -a [mezu'radu, -a] *adj* mesurado, -a

meta ['mɛta] *f* meta *f*; **alcançar a ~** alcanzar la meta; **tiro de ~** ESPORT saque *m* de meta

metabolismo [metabo'ʎizmu] *m* BIO metabolismo *m*

metabolizar [metaboʎi'zar] *vt* metabolizar

metade [me'tadʒi] *f* mitad *f*; **deixar/ fazer a. c. pela ~** dejar/hacer algo por la mitad

metadona [meta'tona] *f* metadona *f*

metafísica [meta'fizika] *f sem pl* metafísica *f*

metafísico, -a [meta'fiziku, -a] *adj* metafísico, -a

metáfora [me'tafora] *f* metáfora *f*

metafórico, -a [meta'fɔriku, -a] *adj* metafórico, -a

metais [me'tajs] *mpl* MÚS metales *mpl*

metal <-ais> [me'taw, -'ajs] *m* metal *m*; **~ precioso** metal precioso

metaleiro, -a [meta'lejru, -a] *m, f* heavy *mf*

metálico, -a [me'taʎiku, -a] *adj* metálico, -a

metalizado, -a [metaʎi'zadu, -a] *adj* metalizado, -a

metalurgia [metalur'ʒia] *f sem pl* metalurgia *f*

metalúrgico, -a [meta'lurʒiku, -a] *adj* metalúrgico, -a

metamorfose [metamor'fɔzi] *f* metamorfosis *f inv*

metanol <-óis> [meta'nɔw] *m* metanol *m*

metástase [me'tastazi] *f* MED metástasis *f*

meteórico, -a [mete'ɔriku, -a] *adj* meteórico, -a

meteorito [meteo'ritu] *m* meteorito *m*

meteoro [mete'ɔru] *m* meteoro *m*

meteorologia [meteorolo'ʒia] *f sem pl* meteorología *f*

meteorológico, -a [meteoro'lɔʒiku, -a] *adj* meteorológico, -a

meteorologista [meteorolo'ʒista] *mf* meteorólogo, -a *m, f*

meter [me'ter] **I.** *vt* meter; **~ a. c. na cabeça de alguém** meter algo en la cabeza de alguien; **~ o nariz em a. c.** meter la nariz en algo; **não vou ~ a colher no seu trabalho** *inf* no voy a meterme en tu trabajo; **~ os pés pelas mãos** confundirse; **~ medo em** [*ou* **a**] **alguém** meter miedo a alguien **II.** *vi chulo* (*copular*) follar **III.** *vr*: **~-se** meterse; **~-se com alguém** meterse con alguien; **~-se em enrascadas** meterse en follones; **onde é que ela se meteu?** ¿dónde se habrá metido?; **meta-se na sua vida!** ¡métete en tus asuntos!; **não se meta nisso!** ¡no te metas en eso!

meticuloso, -a [medʒiku'lozu, -a] *adj* meticuloso, -a

metido, -a [me'tʃidu, -a] *adj* **1.** (*envolvi-*

do) metido, -a; **estar ~ em a. c.** estar metido en algo; **estar ~ em apuros** estar metido en un lío **2.** (*intrometido*) entrometido, -a **3.** *inf* (*petulante*) creído, -a; **~ a besta** creído

metileno [metʃi'lenu] *m sem pl* QUÍM metileno *m*

metodicamente [metodika'mẽjtʃi] *adv* metódicamente

metódico, -a [me'tɔdʒiku, -a] *adj* metódico, -a

metodista [meto'dʒista] *mf* REL metodista *mf*

método ['mɛtodu] *m* método *m*

metodologia [metodolo'ʒia] *f* metodología *f*

metragem <-ens> [me'traʒẽj] *f* metraje *m*

metralhadora [metraʎa'dora] *f* ametralladora *f*

metralhar [metra'ʎar] *vt* ametrallar

métrica ['mɛtrika] *f* métrica *f*

métrico, -a ['mɛtriku, -a] *adj* métrico, -a

metrificação [metrifika'sãw] *f sem pl* metrificación *f*

metro ['mɛtru] *m* metro *m*; **~ cúbico** metro cúbico; **~ quadrado** metro cuadrado; **ter 10 ~s de altura/comprimento/largura** tener 10 metros de altura/largura/anchura

metrô [me'tro] *m* metro *m*, subte *m* RíoPl; **~ de superfície** metro de superficie; **ir de ~** ir en metro

metrologia [metrolo'ʒia] *f sem pl* metrología *f*

metrópole [me'trɔpoʎi] *f* metrópolis *f inv*

metropolitano, -a [metropoʎi'tɐnu, -a] *adj* metropolitano, -a

meu ['mew] **I.** *pron poss* mío; **o ~ quarto/pai/trabalho** mi cuarto/padre/trabajo; **um amigo ~** un amigo mío **II.** *interj* **ô meu, esquece isso!** ¡olvídate!

meus ['mews] *mpl* **os ~** (*a família*) los míos

mexer [me'ʃer] **I.** *vt* **1.** (*a sopa, bebida*) mezclar; (*a cabeça, um braço*) mover; **~ em a. c.** meterse en algo; **não mexa nisso! 2.** *inf* (*comover*) conmover; **essa história mexeu comigo** esa historia me conmovió **3.** (*caçoar*) meterse; **estou só mexendo com você!** ¡estoy tomándote el pelo! **4.** (*trabalhar*) trabajar; **seu irmão mexe com o quê?** ¿en qué trabaja tu hermano? **II.** *vi* moverse **III.** *vr*: **~-se** moverse; **mexam-se!** ¡muévanse!; **não se mexa!** ¡no se mueva!

mexerica [meʃi'rika] *f reg* BOT (*tangerina*) mandarina *f*

mexericos [meʃi'rikus] *mpl* chismorreos *mpl*

mexeriqueiro, -a [meʃiri'kejru, -a] *m, f* chismoso, -a *m, f*

mexicano, -a [meʃi'kɐnu, -a] *adj, m, f* mejicano, -a *m, f*, mexicano, -a *m, f*

México ['mɛʃiku] *m* México *m*

mexido [me'ʃidu] *m* GASTR (*alimentos misturados*) revuelto *m*

mexido, -a [me'ʃidu, -a] *adj* (*objetos*) revuelto, -a; **ovos ~s** huevos revueltos; **meus livros foram ~s** alguien revolvió mis libros

mexilhão <-ões> [meʃi'ʎãw, -'õjs] *m* mejillón *m*

mezanino [meza'ninu] *m* entresuelo *m*

mi ['mi] *m* MÚS mi *m*

miado [mi'adu] *m* maullido *m*

miar [mi'ar] *vi* maullar

miau [mi'aw] *m* miau *m*

miçanga [mi'sɐ̃ga] *f* cuenta *f*

micção <-ões> [mik'sãw, -'õjs] *f* micción *f*

michê [mi'ʃe] *m chulo* prostituto, -a *m, f*

mico ['miku] *m* ZOOL mico *m*; **pagar ~** *gíria* (*situação embaraçosa*) hacer el ridículo

mico-leão <micos-leões, micos-leão> ['miku-ʎi'ãw, -'õjs] *m* ZOOL, **mico-leão-dourado** <micos-leões-dourados, micos-leão-dourados> ['miku-ʎi'ãw-dow'radu] *m* ZOOL tití *m* león dorado

mico-preto ['miku-'pretu] *m sem pl* juego de cartas infantil

micose [mi'kɔzi] *f* MED micosis *f inv*

micro ['mikru] *m v.* **microcomputador**

micróbio [mi'krɔbiw] *m* BIO microbio *m*

microchip [mikro'ʃipi] *m* ELETR microchip *m*

microcomputador <-es> [mikrokõwputa'dor] *m* ordenador *m*, computadora *f AmL*

microeletrônica [mikwele'tronika] *f* microelectrónica *f*

microempresa [mikrwĩj'preza] *f* microempresa *f*

microempresário, -a [mikrwĩjpre'zariw, -a] *m, f* microempresario, -a *m, f*

microfilme [mikro'fiwmi] *m* microfilm *m*

microfone [mikro'foni] *m* micrófono *m*

micro-onda [mikro'õwda] *f* FÍS micro-

onda *f*
micro-ondas [mikro'õwdas] *m inv* (*forno*) microondas *m inv*
micro-ônibus [mikro'onibus] *m inv* microbús *m*
micro-organismo [mikrorga'nizmu] *m* BIO microorganismo *m*
microprocessador [mikroprosesa'dor] <-es> *m* INFOR microprocesador *m*
microscópico, -a [mikros'kɔpiku, -a] *adj* microscópico, -a
microscópio [mikros'kɔpiw] *m* microscopio *m*
mictório [mik'tɔriw] *m* urinario *m*
mídia ['miʤia] *f* medios *mpl* de comunicación; **~ eletrônica** medios de comunicación electrónicos; **homem de ~** hombre de los medios de comunicación
midiático, -a [miʤi'atʃiku, -a] *adj* de los medios de comunicación
migalha [mi'gaʎa] *f* migaja *f*; **~s de pão** migajas de pan
migração <-ões> [migra'sãw, -'õjs] *f* migración *f*
migrante [mi'grãntʃi] *mf* emigrante *mf*
migrar [mi'grar] *vi* migrar
migratório, -a [migra'tɔriw, -a] *adj* migratorio, -a
mijada [mi'ʒada] *f inf* meada *f*; **dar uma ~ em alguém** poner a parir a alguien
mijão, -ona <-ões> [mi'ʒãw, -'ona, -'õjs] *m, f inf* meón, -ona *m, f*
mijar [mi'ʒar] *inf* I. *vi* mear; **~ fora do penico** *fig* portarse mal; **~ na cabeça de alguém** *fig* faltarle al respeto a alguien II. *vr:* **-se** (*amedrontarse*) cagarse de miedo; **-se todo diante do grandalhão** cagarse de miedo frente al grandullón
mijo ['miʒu] *m inf* meado *m*
mijões [mi'ʒõjs] *m pl de* **mijão**
mijona [mi'ʒona] *f v.* **mijão**
mil [miw] *num card* mil; **estar a ~** estar muy contento
milagre [mi'lagri] *m* milagro *m*; **por ~** de milagro; **eu não faço ~s** no hago milagros
milagreiro, -a [mila'grejru, -a] *adj, m, f* milagrero, -a *m, f*
milagroso, -a [mila'grozu, -a] *adj* milagroso, -a
milanesa [milɜ'neza] *f* GASTR **à ~** a la milanesa
Milão [mi'lãw] *f* Milán *m*
milenar <-es> [mile'nar] *adj* milenario, -a
milênio [mi'leniw] *m* milenio *m*
milésimo, -a [mi'lɛzimu, -a] *num ord* milésimo, -a
mil-folhas [miw-'foʎas] *f inv* milhojas *m inv*
milha ['miʎa] *f* milla *f*; **~ marítima** milla marina
milhagem <-ens> [mi'ʎaʒẽj] *f* kilometraje *m*
milhão <-ões> [mi'ʎãw, -'õjs] *m* millón *m*; **um ~ de vezes** un millón de veces
milhar [mi'ʎar] <-es> *m* millar *m*; **~es de anos/pessoas** millares de años/personas
milharal <-ais> [miʎaraw, -'ajs] *m* maizal *m*
milhares [mi'ʎares] *m pl de* **milhar**
milho ['miʎu] *m* maíz *m*, choclo *m RíoPl*; **catar ~** *fig* escribir muy despacio

> **Cultura** El maíz, original de América del Sur, con innumerables variedades e híbridos, se cultiva en todo el mundo debido a sus propiedades nutritivas. La espiga de maíz se puede consumir cocida (maíz cocido) o asada; sus granos se usan principalmente para la producción de harina (**fubá**) y aceite de cocina. Con el maíz se preparan numerosos postres y cremas, y también las palomitas.

milhões [mi'ʎõjs] *m pl de* **milhão**
milícia [mi'lisja] *f* milicia *f*
milico [mi'liku] *m pej* militar *m*, milico *m RíoPl*
miligrama [miʎi'grɜma] *m* miligramo *m*
mililitro [miʎi'litru] *m* mililitro *m*
milímetro [mi'ʎimetru] *m* milímetro *m*; **examinar a. c. ~ por ~** examinar algo al milímetro
milionário, -a [miʎjo'nariw, -a] *adj, m, f* millonario, -a *m, f*
militância [miʎi'tɜ̃nsia] *f* POL militancia *f*
militante [miʎi'tɜ̃ntʃi] *mf* POL militante *mf*
militar [miʎi'tar] <-es> *adj, m* militar *m*
militar [miʎi'tar] *vi* POL militar
militarização <-ões> [miʎitariza'sãw, -'õjs] *f* militarización *f*
milk-shake ['miwki-'ʃejki] *m* batido *m*,

licuado m *RíoPl*
milongas [mi'lõwgas] *fpl* (*manhas*) astucia *f*
milongueiro [milõw'gejɾu] *m* **ser um ~** *reg* (*ter lábia*) tener un pico de oro
mim ['mĩj] *pron pess* mí; **para ~** para mí; **por ~, está bem** por mí, está bien
mimado, -a [mi'madu, -a] *adj* mimado, -a
mimar [mi'mar] *vt* mimar
mimetismo [mime'tʃizmu] *m* ZOOL mimetismo *m*
mímica ['mimika] *f* mímica *f*
mímico, -a ['mimiku, -a] *adj* mímico, -a
mimo ['mimu] *m* mimo *m*; **ser cheio de ~s** ser un mimado; **ter muito com alguém** tratar a alguien con mucho mimo
mimosa [mi'mɔza] *f* BOT mimosa *f*
mimoso, -a [mi'mozu, -'ɔza] *adj* 1. (*delicado*) delicado, -a 2. (*meigo*) mimoso, -a
mina ['mina] *f* 1. (*de minério*) mina *f*; (*de água*) depósito *m*; **este negócio é uma ~ de ouro** *fig* este negocio es una mina de oro 2. MIL mina *f*; **~ submarina** mina submarina; **~ terrestre** mina terrestre 3. *inf* (*garota*) tía *f*, mina *f Arg*
minar [mi'nar] *vt* 1. MIL minar 2. (*projeto*) minar; **~ as energias de alguém** *fig* minar las energías de alguien 3. (*água*) extraer
minarete [mina'ɾetʃi] *m* minarete *m*
Minas Gerais [minaʒe'ɾajs] *fpl* Minas Gerais
mineiro, -a [mi'nejɾu, -a] I. *adj* 1. minero, -a 2. (*de Minas Gerais*) del estado de Minas Gerais II. *m, f* 1. minero, -a *m, f* 2. (*de Minas Gerais*) persona *f* del estado de Minas Gerais
mineração <-ões> [mineɾa'sãw, -'õjs] *f* minería *f*
minerador(a) [mineɾa'dor(a)] <-es> *adj, m(f)* minero, -a *m, f*
mineral <-ais> [mine'ɾaw, -'ajs] *adj, m* mineral *m*
mineralogia [mineɾalo'ʒia] *f sem pl* mineralogía *f*
minério [mi'nɛɾiw] *m* mineral *m*
mingau [mĩj'gaw] *m* papilla *f*; **~ de aveia** papilla de avena; **~ de maizena** papilla de maicena
míngua ['mĩjgwa] *f* escasez *f*; **a população vive na ~** la población vive en la escasez; **viver/morrer à ~** vivir/morir en la escasez

minguado, -a [mĩj'gwadu, -a] *adj* escaso, -a
minguante [mĩj'gwãntʃi] I. *adj* menguante; **quarto ~** cuarto menguante II. *m* cuarto *m* menguante
minguar [mĩj'gwar] *vi* 1. (*escassear*) escasear 2. (*diminuir*) menguar
minguinho [mĩj'gwiɲu] *m inf* meñique *m*
minha ['mĩɲa] I. *pron poss* mía; **a ~ amiga/cama/mesa** mi amiga/cama/mesa; **uma amiga ~** una amiga mía; **entrar na ~** *inf* estar de acuerdo; **deixa eu ficar na ~** *inf* déjame fuera de esa II. *interj* **~ nossa, que bagunça!** ¡Dios mío, qué desorden!
minhoca [mĩ'ɲɔka] *f* 1. ZOOL lombriz *f* 2. *chulo* (*pênis*) polla *f* 3. *pl* (*bobagens*) tonterías *fpl*; **ter ~s na cabeça** tener ideas absurdas; **botar ~s na cabeça de alguém** meterle a alguien ideas absurdas en la cabeza
minhocão <-ões> [mĩɲo'kãw, -'õjs] *m* ARQUIT estructura viaria elevada y serpenteante
miniatura [minja'tuɾa] *f* miniatura *f*
mínima ['minima] *f* METEO, MÚS mínima *f*; **não dar a** [*ou* **ligar**] **~ para a. c.** *inf* no hacer ningún caso a algo
minimizar [minimi'zar] *vt* 1. (*reduzir*) reducir 2. (*subestimar*) minimizar
mínimo ['minimu] *m* mínimo *m*; **tomo no ~ um copo de leite pela manhã** tomo por lo menos un vaso de leche por la mañana; **você podia, no ~, ter me avisado** podías, como mínimo, haberme avisado; **é o ~ que posso fazer** es lo mínimo que puedo hacer; **com o ~ de esforço** con el mínimo esfuerzo
mínimo, -a ['minimu,-a] *adj superl de* **pequeno** mínimo, -a; **dedo ~** meñique *m*; **salário-~** salario mínimo; **temperatura/nota mínima** temperatura/nota mínima; **não faço a mínima ideia** no tengo la menor idea
mininovela [minino'vɛla] *f* TV miniserie *f*
minissaia [mini'saja] *f* minifalda *f*
minissérie [mini'sɛɾii] *f* miniserie *f*
ministerial <-ais> [ministeɾi'aw, -'ajs] *adj* ministerial
ministeriável <-eis> [ministeɾi'avew, -ejs] *adj* ministrable

ministério [minis'tɛriw] *m* ministerio *m;* **~ da Defesa** ministerio de Defensa; **~ da Educação** ministerio de Educación; **~ da Fazenda** ministerio de Hacienda; **~ do Interior** ministerio del Interior; **~ da Justiça** ministerio de Justicia; **~ do Meio Ambiente** ministerio de Medio Ambiente; **~ do Planejamento** ministerio de Planificación; **~ público** ministerio público; **~ das Relações Exteriores** ministerio de Asuntos Exteriores, ministerio de Relaciones Exteriores *AmL;* **~ da Saúde** ministerio de Salud; **~ do Trabalho** ministerio de Trabajo

ministrar [minis'trar] *vt* **1.** (*um medicamento*) administrar **2.** (*uma aula*) dar

ministro, -a [mi'nistru, -a] *m, f* ministro, -a *m, f;* **~ da Defesa** ministro de Defensa; **~ da Educação** ministro de Educación; **~ da Fazenda** ministro de Hacienda; **~ do Interior** ministro del Interior; **~ da Justiça** ministro de Justicia; **~ do Meio Ambiente** ministro de Medio Ambiente; **~ do Planejamento** ministro de Planificación; **~ das Relações Exteriores** ministro de Asuntos Exteriores; **~ da Saúde** ministro de Salud; **~ do Trabalho** ministro de Trabajo; **~ sem pasta** ministro sin cartera

minivan [mini'vã] *f* AUTO minivan *m*

minorar [mino'rar] *vt* disminuir

minoria [mino'ria] *f* minoría *f;* **~ racial** minoría racial; **estar em ~** estar en minoría

minta ['mĩjta] *1. e 3. pres. subj de* **mentir**

minto ['mĩjtu] *1. pres de* **mentir**

minúcia [mi'nusia] *f* minucia *f*

minucioso, -a [minusi'ozu, -a] *adj* minucioso, -a

minúscula [mi'nuskula] *f* minúscula *f;* **escrever a. c. com ~** [*ou* **em**] escribir algo en minúsculas

minúsculo, -a [mi'nuskulu, -a] *adj* minúsculo, -a

minuta [mi'nuta] *f* **1.** (*rascunho*) borrador *m* **2.** (*prato*) plato *m* rápido, minuta *f Arg, Urug*

minuto [mi'nutu] *m* minuto *m;* **um ~, por favor!** ¡un minuto, por favor!; **tem um ~?** queria falar com você ¿tienes un minuto? quería hablar contigo

miolo [mi'olu] *m* **1.** (*de pão*) miga *f;* (*de fruta*) pulpa *f* **2.** (*de revista*) meollo *m* **3.** *inf* (*cérebro*) coco *m;* **ter ~ mole** ser un descerebrado

miolos [mi'ɔlus] *mpl inf* sesos *mpl;* **estourar os ~** volar la tapa de los sesos

míope ['miwpi] *adj, mf* miope *mf*

miopia [miw'pia] *f* sem *pl* miopía *f*

miosótis [mio'zɔtʃis] *f inv* BOT miosotis *m inv*

mira ['mira] *f* **1.** (*de arma*) mira *f* **2.** (*intenção, objetivo*) objetivo *m;* **ter a. c. em ~** tener algo en el punto de mira

mirabolante [mirabo'lãtʃi] *adj* (*plano, ideias*) estrafalario, -a

miradouro [mira'dowru] *m* mirador *m*

miragem <-ens> [mi'raʒẽj] *f* espejismo *m*

mirante [mi'rãtʃi] *m* mirador *m*

mirar [mi'rar] **I.** *vt* **1.** (*olhar*) mirar **2.** (*aspirar a*) querer **3.** (*a arma*) apuntar **II.** *vr:* **~-se** mirarse; **~-se no espelho** mirarse al espejo

miríade [mi'riadʒi] *f* miríada *f*

mirim <-ins> [mi'rĩj] *adj* pequeño, -a

mirrado, -a [mi'xadu, -a] *adj* esquelético, -a

misantropia [mizãntro'pia] *f* misantropía *f*

misantropo, -a [mizãn'tropu, -a] *m, f* misántropo, -a *m, f*

miscelânea [mise'lɜnia] *f* miscelánea *f*

miscigenação <-ões> [misiʒena'sãw, -'õjs] *f* **~ racial** mestizaje *m*

miserável <-eis> [mize'ravew, -ejs] *adj, mf* miserable *mf*

miserê [mize're] *m gíria* pobreza *f*

miséria [mi'zɛria] *f* **1.** (*penúria, ninharia*) miseria *f;* **cair na ~** caer en la miseria; **pagar/ganhar uma ~** pagar/ganar una miseria **2.** (*porcaria*) porquería *f;* **fazer ~(s) para pagar as contas** hacer cualquier cosa para pagar las facturas; **o filme era uma ~** la película era una porquería

misericórdia [mizeri'kɔrdʒia] *f* misericordia *f;* **~ divina** misericordia divina

misericordioso, -a [mizerikordʒi'ozu, -'ɔza] *adj* misericordioso, -a

mísero, -a ['mizeru, -a] *adj* mísero, -a

missa ['misa] *f* misa *f;* **~ do galo** misa de gallo; **~ de sétimo dia** misa del séptimo día; **ir à ~** ir a misa

missão <-ões> [mi'sãw, -'õjs] *f* REL, POL misión *f;* **~ diplomática** misión diplomática; **vir em ~ de paz** venir en misión de paz

míssil <-eis> ['misiw, -ejs] *m* MIL misil

missionário 333 **moda**

m; ~ **de alcance médio** misil de alcance medio; ~ **balístico** misil balístico; ~ **de cruzeiro** misil de crucero; ~ **de longo alcance** misil de largo alcance

missionário, -a [misjo'nariw, -a] *m, f* misionero, -a *m, f*

missiva [mi'siva] *f* misiva *f*

missões [mi'sõjs] *f pl de* **missão**

mistério [mis'tɛriw] *m* misterio *m;* **desvendar um** ~ resolver un misterio; **isso não tem** ~ eso no tiene ningún misterio

misterioso, -a [misteri'ozu, -'ɔza] *adj* misterioso, -a

mística ['mistʃika] *f* mística *f*

misticismo [mistʃi'sizmu] *m sem pl* misticismo *m*

místico, -a ['mistʃiku, -a] *adj* místico, -a

mistificar [mistʃifi'kar] <c→qu> *vt* mistificar

misto ['mistu] *m* mezcla *f*

misto, -a ['mistu, -a] *adj* mixto *m;* **colégio** ~ colegio mixto; **salada mista** ensalada mixta

misto-quente ['mistu-'kẽtʃi] <mistos--quentes> *m* mixto *m*

mistura [mis'tura] *f* mezcla *f*

misturada [mis'turada] *f* **1.** (*mixórdia*) mezcla *f* **2.** *reg* (*cachaça*) aguardiente de caña mezclado con otra bebida

misturado, -a [mistu'radu, -a] *adj* mezclado, -a

misturar [mistu'rar] **I.** *vt* mezclar **II.** *vr:* ~**-se** mezclarse; ~**-se na multidão** mezclarse entre la muchedumbre

mistureba [mistu'rɛba] *f inf* mezcolanza *f*

mítico, -a ['mitʃiku, -a] *adj* mítico, -a

mitigar [mitʃi'gar] <g→gu> *vt* mitigar

mito ['mitu] *m* mito *m;* **isso tudo é** ~ todo eso es un mito

mitologia [mitolo'ʒia] *f sem pl* mitología *f*

mitológico, -a [mito'lɔʒiku, -a] *adj* mitológico, -a

miudeza [miu'deza] *f* **1.** menudencia *f* **2.** *pl* (*bugigangas*) baratijas *fpl*

miudinho, -a [miu'dʒĩɲu, -a] *adj* pequeñito, -a

miúdo, -a [mi'udu, -a] *adj* menudo, -a; **dinheiro** ~ calderilla *f*

miúdos [mi'udus] *mpl* **1.** GASTR menudos *mpl* **2.** *fig* **trocar em** ~ explicar claramente

mixagem <-ens> [mik'saʒẽj] *f* (*som,* *cinema, televisão*) mezcla *f*

mixar [mik'sar] *vt* (*som, cinema, televisão*) mezclar

mixaria [miʃa'ria] *f* menudencia *f*

mixo, -a ['miʃu, -a] *adj* **1.** (*roupa*) barato, -a **2.** (*festa*) aburrido, -a **3.** (*salário*) insignificante

mixórdia [mi'ʃɔrdʒia] *f* **1.** (*confusão*) caos *m inv* **2.** (*comida, bebida intragável*) porquería *f*

mixuruca [miʃu'ruka] *adj* cutre

mnemônico, -a [mine'moniku, -a] *adj* mnemónico, -a

mó ['mɔ] *f* muela *f*

moagem [mo'aʒẽj] <-ens> *f* molienda *f*

móbile ['mɔbiʎi] *m* móvil *m*

mobília [mo'biʎia] *f* mobiliario *m*

mobiliado, -a [mobiʎi'adu, -a] *adj* amueblado, -a

mobiliar [mobiʎi'ar] *vt* amueblar

mobiliário [mobiʎi'ariw] *m* mobiliario *m*

mobilidade [mobiʎi'dadʒi] *f sem pl* movilidad *f*

mobilização <-ões> [mobiʎiza'sãw, -'õjs] *f* movilización *f*

mobilizar [mobiʎi'zar] *vt* movilizar

moca ['mɔka] *m* (*café*) moca *m o f*

moçada [mo'sada] *f* muchachada *f*

moçambicano, -a [mosãɲbi'kanu, -a] *adj, m, f* mozambiqueño, -a *m, f*

Moçambique [mosãɲ'biki] *m* Mozambique *m*

moção <-ões> [mo'sãw, -'õjs] *f* POL moción *f*

mocassim <-ins> [moka'sĩj] *m* mocasín *m*

mochila [mu'ʃila] *f* mochila *f*

mocidade [mosi'dadʒi] *f sem pl* juventud *f*

mocinho [mo'sĩɲu] *m* héroe *m*

moço, -a ['mosu, -a] **I.** *adj* joven; **o filho mais** ~ el hijo más joven **II.** *m, f* (*criança*) chico, -a *m, f,* pibe, -a *m, f* *Arg, Bol, Urug;* (*jovem*) joven *mf;* ~ **de recados** chico de los recados; **o João é uma moça no futebol** Juan juega al fútbol como una niña

moções [mo'sõjs] *f pl de* **moção**

mocotó [moko'tɔ] *m* pata *f*

moda ['mɔda] *f* **1.** (*atual*) moda *f;* **entrar na** ~ ponerse de moda; **estar na** ~ estar de moda; **estar fora de** ~ estar pasado de moda; **sair de** ~ pasar de moda; **na última** ~ a la última moda; **deixa de** ~**!** ¡deja de inventar

cosas! **2.**(*maneira*) estilo *m;* **à ~ da casa** al estilo de la casa
modal <-ais> [mo'daw, -'ajs] *adj* modal
modalidade [modaʎi'dadʒi] *f* modalidad *f*
modelagem <-ens> [mode'laʒēj] *f* modelado *m*
modelar [mode'lar] *vt* moldear
modelo¹ [mo'delu] *m* modelo *m*
modelo² [mo'delu] *mf* (*pessoa*) modelo *mf;* **~ fotográfico** modelo fotográfico
modem <-ens> ['mɔdēj] *m* INFOR módem *m*
moderação <-ões> [modera'sãw, -'õjs] *f* moderación *f*
moderadamente [moderada'mējtʃi] *adv* moderadamente
moderado, -a [mode'radu, -a] *adj* moderado, -a
moderador(a) [modera'dor(a)] <-es> *adj, m(f)* moderador(a) *m(f)*
moderar [mode'rar] I. *vt* moderar II. *vr:* **~ -se** moderarse
modernice [moder'nisi] *f* modernidad *f*
modernidade [moderni'dadʒi] *f* modernidad *f*
Modernismo [moder'nizmu] *m sem pl* Modernismo *m*
modernizar [moderni'zar] I. *vt* modernizar II. *vr:* **~ -se** modernizarse
moderno, -a [mo'dɛrnu, -a] *adj* moderno, -a
modernoso, -a [moder'nozu, -'ɔza] *adj pej* pseudomoderno, -a
modestamente [modɛsta'mējtʃi] *adv* modestamente
modéstia [mo'dɛstʃia] *f* modestia *f;* **~ à parte** modestia aparte
modesto, -a [mo'dɛstu, -a] *adj* modesto, -a
módico, -a ['mɔdʒiku, -a] *adj* módico, -a
modificação <-ões> [modʒifika'sãw, -'õjs] *f* modificación *f*
modificar [modʒifi'kar] <c→qu> I. *vt* modificar II. *vr:* **~ -se** modificarse
modinha [mɔ'dʒĩɲa] *f* MÚS *tipo de canción urbana con temática amorosa*
modista [mo'dʒista] *f* modista *f*
modo ['mɔdu] *m* modo *m;* **~ de vida** modo de vida; **de ~ algum** de ningún modo; **de ~ que** de modo que; **de certo ~** en cierto modo; **do mesmo ~** del mismo modo; **de outro ~** de otro modo; **de qualquer ~** de cualquier modo
modorra [mo'doxa] *f* modorra *f*

modos ['mɔdus] *mpl* modales *mpl*
modulador [modula'dor] <-es> *m* ELETR modulador *m*
modular [modu'lar] *vt* modular
módulo ['mɔdulu] *m* módulo *m*
moeda [mo'ɛda] *f* moneda *f;* **~ corrente** moneda corriente; **~ forte** moneda fuerte; **pagar na mesma ~** *fig* pagar con la misma moneda; **honestidade é ~ rara** la honestidad es un valor raro
moedeiro [moe'dejru] *m* monedero *m*
moedor <-es> [moe'dor] *m* **~ de café** molinillo *m* de café; **~ de carne** picadora *f* de carne
moela [mu'ɛla] *f* ventrículo *m*
moer [mu'er] *conj como* roer *vt* (*café, milho*) moler
mofado, -a [mo'fadu, -a] *adj* enmohecido, -a
mofar [mo'far] *vi* enmohecerse; (*na prisão*) pudrirse
mofo ['mofu] *m* moho *m;* **criar ~** criar moho
mogno ['mɔgnu] *m* (*madeira, árvore*) caoba *f*
moído, -a [mu'idu, -a] *adj* **1.**(*café, milho, pessoa*) molido, -a **2.**(*carne*) picado, -a
moinho [mu'ĩɲu] *m* molino *m;* **~ de água** molino de agua; **~ de café** molinillo *m* de café; **~ de vento** molino de viento
moita ['mojta] *f* **1.** BOT matorral *m* **2.** *fig* **fazer a c. na ~** hacer algo a escondidas; **ficar na ~** quedarse callado
mola ['mɔla] *f* muelle *m*
molambento, -a [mulãɲ'bējtu, -a] *adj* harapiento, -a
molambo [mo'lãɲbu] *m* harapo *m*
molar <-es> [mo'lar] *m* (*dente*) molar *m*
moldar [mow'dar] I. *vt* moldear II. *vr:* **~ -se** amoldarse
Moldávia [mow'davia] *f* Moldavia *f*
molde ['mowdʒi] *m* molde *m*
moldura [mow'dura] *f* marco *m*
mole ['mɔʎi] *adj* **1.**(*objeto*) blando, -a **2.**(*sem energia*) débil **3.**(*coração*) sensible **4.**(*sem esforço*) fácil
moleca [mu'lɛka] *f* **1.**(*adolescente*) chica *f* **2.**(*de rua*) niña *f* **3.**(*brincalhona*) juguetona *f* **4.**(*canalha*) canalla *f*
molecada [mule'kada] *f* chiquillería *f*
molecagem <-ens> [mule'kaʒēj] *f*

(*ação*) chiquillada *f*
molécula [mo'lɛkula] *f* molécula *f*
molecular <-es> [moleku'lar] *adj* molecular
moleira [mo'lejɾa] *f* ANAT mollera *f*
moleirão, -ona <-ões> [molej'ɾɐ̃w, -'ona, -'ōjs] *m, f* holgazán, -ana *m, f*
molejo [mo'leʒu] *m* amortiguación *f*
molengão, -ona <-ões> [molẽj'gɐ̃w, -'ona, -'ōjs] *adj, m, f* holgazán, -ana *m, f*
moleque [mu'lɛki] *m* **1.** (*adolescente*) chico *m* **2.** (*de rua*) niño *m* **3.** (*brincalhão*) juguetón *m* **4.** (*canalha*) canalla *m*
molestar [moles'tar] *vt* molestar
moléstia [mo'lɛstʃia] *f* molestia *f*
moletom <-ons> [mole'tõw] *m* chándal *m*
moleza [mo'leza] *f* **1.** (*de objeto*) suavidad *f* **2.** (*falta de energia*) debilidad *f*; **ficar na** ~ no hacer ningún esfuerzo **3. ser** ~ *inf* (*ser fácil*) ser fácil; **este trabalho é** ~ este trabajo es muy fácil
molhado [mo'ʎadu] *m* parte *f* mojada
molhado, -a [mo'ʎadu, -a] *adj* mojado, -a
molhar [mo'ʎar] **I.** *vt* mojar; ~ **a mão** (*subornar*) untar la mano **II.** *vr:* ~**-se** mojarse
molho¹ ['moʎu] *m* **1.** GASTR salsa *f*; ~ **branco** besamel *f*; ~ **inglês** salsa Perrins **2.** (*de água*) **ficar de** ~ *inf* (*doença*) guardar cama; **pôr a. c. de** ~ poner algo en remojo
molho² ['mɔʎu] *m* (*de chaves*) manojo *m*; (*de papéis*) fajo *m*
molinete [moʎi'netʃi] *m* molinete *m*
molusco [mo'lusku] *m* ZOOL molusco *m*
momentaneamente [momẽjtɐnja'mẽjtʃi] *adv* momentáneamente
momentâneo, -a [momẽj'tɐniw, -a] *adj* momentáneo, -a
momento [mo'mẽjtu] *m* momento *m*; ~**s depois** momentos después; **de** ~ de momento; **de um** ~ **para o outro** de un momento a otro; **a todo** ~ en todo momento; **um** ~**, por favor!** un momento, ¡por favor!
Momo ['momu] *m* (*carnaval*) **rei** ~ el rey del carnaval
Mônaco ['monaku] *m* Mónaco *m*
monarca [mo'narka] *mf* monarca *mf*
monarquia [monar'kia] *f* monarquía *f*
monárquico, -a [mo'narkiku, -a] *adj* monárquico, -a
monástico, -a [mo'nastʃiku, -a] *adj* monástico, -a
monção <-ões> [mõw'sɐ̃w, -'õjs] *f* METEO monzón *m*
monetário, -a [mone'tariw, -a] *adj* monetario, -a
monge ['mõʒi] *m* monje *m*
Mongólia [mõw'gɔʎia] *f* Mongolia *f*
mongolismo [mõwgo'ʎizmu] *m* MED mongolismo *m*
mongoloide [mõwgo'lɔjdʒi] *adj* MED mongoloide
moníliase [moni'ʎiazi] *f* MED moniliasis *f*
monitor [moni'tor] <-es> *m* INFOR monitor *m*
monitor(a) [moni'tor(a)] <-es> *m(f)* monitor(a) *m(f)*
monitoramento [monitoɾa'mẽjtu] *m* seguimiento *m*
monitores [moni'toɾes] *m pl de* **monitor**
monitoria [monito'ria] *f v.* **monitoramento**
monja ['mõʒa] *f* monja *f*
monocromático, -a [monokɾo'matʃiku, -a] *adj* monocromático, -a
monocultura [monokuw'tuɾa] *f* AGR monocultivo *m*
monofásico, -a [mono'faziku, -a] *adj* ELETR monofásico, -a
monogamia [monogɐ'mia] *f* monogamia *f*
monógamo, -a [mo'nɔgɐmu, -a] *adj* monógamo, -a
monoglota [mono'glɔta] *mf* persona *f* monolingüe
monografia [monogɾa'fia] *f* monografía *f*
monograma [mono'gɾɐma] *m* monograma *m*
monolítico, -a [mono'ʎitʃiku, -a] *adj* monolítico, -a
monólogo [mo'nɔlugu] *m* monólogo *m*; **ter um** ~ monologar
monopólio [mono'pɔʎiw] *m* monopolio *m*
monopolizar [monopoʎi'zar] *vt* monopolizar
monossilábico, -a [monosi'labiku, -a] *adj* monosilábico, -a
monossílabo [mono'silabu] *m* monosílabo *m*
monoteísmo [monote'izmu] *m sem pl* monoteísmo *m*

monoteísta [monote'ista] *adj, mf* monoteísta *mf*

monotonia [monoto'nia] *f* monotonía *f*

monótono, -a [mo'nɔtonu, -a] *adj* monótono, -a

monóxido [mo'nɔksidu] *m* QUÍM monóxido *m;* ~ **de carbono** monóxido de carbono

monstro ['mõwstru] **I.** *adj inv (comício, espetáculo)* monstruo *inv* **II.** *m* monstruo *m;* ~ **sagrado** monstruo sagrado

monstruosidade [mõwstruozi'dadʒi] *f* monstruosidad *f*

monstruoso, -a [mõwstru'osu, -'ɔza] *adj* monstruoso, -a

montadora [mõwta'dora] *f* planta *f* de montaje

montagem <-ens> [mõw'taʒẽj] *f* montaje *m*

montanha [mõw'tɐɲa] *f* montaña *f;* **uma ~ de ofertas** una montaña de ofertas

montanha-russa [mõw'tɐɲa-'rusa] <montanhas-russas> *f* montaña *f* rusa; **andar na ~** subirse en la montaña rusa

montanhismo [mõwtɐ̃'ɲizmu] *m sem pl* montañismo *m*, alpinismo *m*, andinismo *m AmL*

montanhista [mõwtɐ̃'ɲista] *mf* montañero, -a *m, f*

montanhoso, -a [mõwtɐ̃'ɲozu, -'ɔza] *adj* montañoso, -a

montante [mõw'tɐ̃tʃi] *m* montante *m;* **a ~** *(de um rio)* río arriba

montão <-ões> [mõw'tɐ̃w, -'õjs] *m* montón *m;* **um ~ de dinheiro/gente** un montón de dinero/gente

montar [mõw'tar] **I.** *vt* **1.** *(uma máquina, tenda, casa, empresa)* montar **2.** *(subir para)* montarse **3.** *(cavalgar)* montar en; ~ **uma motocicleta** montar en una moto **4.** CINE montar **II.** *vi* montarse

monte ['mõwtʃi] *m* **1.** *(em terreno)* monte *m* **2.** *(pilha)* montón *m;* **um ~ de gente/livros** un montón de gente/libros; **aos ~s** a montones

montões [mõw'tõjs] *m pl de* **montão**

monumental <-ais> [monumẽj'taw, -'ajs] *adj* monumental

monumento [monu'mẽjtu] *m* monumento *m*

moqueca [mu'kɛka] *f* GASTR guisado muy especiado de pescado

> **Cultura** La **moqueca** es un guisado de pescado hecho con **leite de coco, dendê** (aceite extraído de la semilla del **dendezeiro,** palmera que llega hasta los 30 metros de altura), tomate, pimientos, gambas secas y mucho condimento (cilantro, cebolla y **pimenta-de-cheiro**). Original del Nordeste de Brasil, especialmente de Bahía, la **moqueca** se convirtió en un plato típico de la cocina brasileña. Se encuentra en varios estados del país.

mora ['mɔra] *f* demora *f*

morada [mo'rada] *f,* **moradia** [mora'dʒia] *f* vivienda *f*

morador(a) [mora'dor(a)] <-es> *m(f) (de uma casa)* habitante *mf; (de uma rua)* vecino, -a *m, f*

moral¹ [mo'raw] *f sem pl (princípios)* moral *f*

moral² [mo'raw] *m (ânimo)* moral *f;* **estar com o ~ baixo** estar con la moral baja

moral <-ais> [mo'raw, -'ajs] *adj* moral

moralidade [moraʎi'dadʒi] *f sem pl* moralidad *f*

moralista [mora'ʎista] *adj, mf* moralista *f*

morango [mo'rɐ̃ŋgu] *m* fresa *f,* frutilla *f CSur*

morar [mo'rar] *vi* **1.** vivir; **moro em Montreal** vivo en Montreal **2.** *gíria (entender)* **larga desta vida, morou?** abandoné esta vida, ¿lo cazas?

moratória [mora'tɔria] *f* moratoria *f;* **decretar a ~** decretar una moratoria

morbidez [morbi'des] *f sem pl* morbidez *f*

mórbido, -a ['mɔrbidu, -a] *adj* mórbido, -a

morcego [mor'segu] *m* murciélago *m*

mordaça [mor'dasa] *f* mordaza *f*

mordaz [mor'das] <-es> *adj* mordaz

mordente [mor'dẽjtʃi] *m* mordiente *m*

morder [mor'der] **I.** *vt (pessoa, cão)* morder; *(inseto)* picar; ~ **a língua** morderse la lengua; ~ **os lábios** morderse los labios; ~ **a isca** *fig* morder el anzuelo **II.** *vi* morder **III.** *vr:* ~-**se** consumirse; ~-**se de raiva** consumirse de rabia

mordida [mor'dʒida] *f* mordisco *m;* **dar uma ~ em a. c.** dar un mordisco a algo

mordiscar [mordʒis'kar] <c→qu> *vt* mordisquear

mordomia [mordo'mia] *f* privilegio *m*

mordomo [mordo'mu] *m* mayordomo *m*

moreia [mo'rɛja] *f* morena *f*

moreno, -a [mo'renu, -a] *adj, m, f* moreno, -a *m, f*

morfema [mor'fema] *m* LING morfema *m*

morfina [mor'fina] *f* morfina *f*

morfologia [morfolo'ʒia] *f sem pl* morfología *f*

morfológico, -a [morfo'lɔʒiku, -a] *adj* morfológico, -a

morgado, -a [mor'gadu, -a] *adj gíria* amuermado, -a

moribundo, -a [mori'būwdu, -a] *adj* moribundo, -a

moringa [mu'rĩjga] *f* tinaja *f*

mormacento, -a [morma'sẽjtu, -a] *adj* (*tempo*) bochornoso, -a

mormaço [mor'masu] *m* bochorno *m*

mormente [mor'mẽjtʃi] *adv* principalmente

morno, -a ['mornu, 'mɔrna] *adj* templado, -a

moroso, -a [mo'rozu, -'ɔza] *adj* lento, -a

morrer [mo'xer] *vi* 1. (*pessoa, animal, planta*) morir; **~ por alguém/a. c.** morir por alguien/algo; **~ de rir** morirse de risa; **~ de susto** morirse del susto 2. (*motor*) pararse 3. (*fogo, luz, sentimento*) extinguirse 4. (*pagar dívida*) **~ em** pagar; **morreu em 100 reais no restaurante** pagó 100 reales en el restaurante

morrinha [mo'xĩɲa] *f* 1. (*cheiro*) peste *f* 2. (*preguiça*) pereza *f*

morro ['moxu] *m* loma *f;* **descer o ~** *reg* ser un grosero

morsa ['mɔrsa] *f* morsa *f*

Morse ['mɔrsi] *m* **código ~** código *m* morse

mortadela [morta'dɛla] *f* mortadela *f*

mortal <-ais> [mor'taw, -'ajs] *adj, mf* mortal *mf*

mortalha [mor'taʎa] *f* (*de cadáver*) mortaja *f*

mortalidade [mortaʎi'dadʒi] *f sem pl* mortalidad *f;* **~ infantil** mortalidad infantil; **taxa de ~** índice *m* de mortalidad

mortalmente [mortaw'mẽjtʃi] *adv* mortalmente

mortandade [mortɐ̃n'dadʒi] *f* mortandad *f*

morte ['mɔrtʃi] *f* muerte *f;* **~ aparente** muerte aparente; **~ súbita** muerte súbita

morteiro [mor'tejru] *m* MIL mortero *m*

mortífero, -a [mor'tʃiferu, -a] *adj* mortífero, -a

mortificado, -a [mortʃifi'kadu, -a] *adj* mortificado, -a

morto, -a ['mortu, 'mɔrta] I. *pp irr de* **matar** II. *adj* muerto, -a; **estar ~ de frio/de raiva** estar muerto de frío/de rabia; **estar ~ de vontade de fazer a. c.** morirse de ganas de hacer algo; **~ e enterrado** *fig* cerrado y bien cerrado III. *m, f* muerto, -a *m, f*

mosaico [mo'zajku] *m* mosaico *m*

mosca ['moska] *f* mosca *f;* **acertar na ~** dar en el clavo; **andar** [*ou* **estar**] **às ~s** estar vacío; **ele não faz mal a uma ~** es incapaz de matar una mosca

mosca-das-frutas <moscas-das-frutas> ['moska-das-'frutas] *f* mosca *f* de la fruta

mosca-morta ['moska-'mɔrta] <moscas-mortas> *mf inf* mosquita *f* muerta

moscatel [moska'tɛw] I. *adj sem pl* **uva ~** uva de moscatel II. *m sem pl* moscatel *m*

mosca-varejeira ['moska-vare'ʒejra] <moscas-varejeiras> *f tipo de mosca que deposita sus huevos en los tejidos vivos o muertos de vertebrados o sustancias orgánicas*

Moscou [mos'kow] *m* Moscú *m*

moscovita [mosko'vita] *adj, mf* moscovita *mf*

mosquete [mos'ketʃi] *m* mosquete *m*

mosqueteiro [moske'tejru] *m* mosquetero *m*

mosquiteiro [moski'tejru] *m* mosquitero *m*

mosquito [mus'kitu] *m* mosquito *m*

mostarda [mus'tarda] *f* mostaza *f*

mosteiro [mos'tejru] *m* monasterio *m*

mostra ['mɔstra] *f* muestra *f;* **~ de cinema** muestra de cine; **dar ~s de progresso** dar muestras de progreso; **estar à ~** estar a la vista; **pôr/ter a. c. à ~** poner/tener algo a la vista

mostrador [mostra'dor] <-es> *m* (*de relógio*) esfera *f*

mostrar [mos'trar] I. *vt* mostrar II. *vr:* **~-se** mostrarse

mostrengo, -a [moʃ'trẽjgu, -a] *m, f pej* monstruo *m*

mostruário [moʃtru'ariw] *m* muestrario *m*

mote ['mɔtʃi] *m* lema *m*

motel <-éis> [mo'tɛw, -'ɛjs] *m* casa *f* de citas, albergue *m* transitorio *Arg*

> **Cultura** Un **motel** es un tipo de hotel localizado al borde de las carreteras con más tráfico, que alquila habitaciones para encuentros amorosos, y tiene una buena infraestructura, con aparcamiento, restaurante, etc.

motim <-ins> [mo'tʃĩ] *m* motín *m*

motivação <-ões> [motʃiva'sãw, -'õjs] *f* motivación *f*

motivado, -a [motʃi'vadu, -a] *adj* motivado, -a

motivar [motʃi'var] *vt* motivar; **~ alguém para o trabalho** motivar a alguien a trabajar

motivo [mo'tʃivu] *m* motivo *m*; **~ de força maior** causa *f* de fuerza mayor; **por ~ de doença** por estar enfermo; **por esse ~** por ese motivo

moto ['mɔtu] *m* lema *m*; **de ~ próprio** (de) motu proprio

moto ['mɔtu] *m abr de* **motocicleta** moto *f*

motocicleta [motosi'klɛta] *f* motocicleta *f*

motociclismo [motosi'klizmu] *m sem pl* motociclismo *m*

motociclista [motosi'klista] *mf* motociclista *mf*, motorista *mf*

motocross [moto'krɔs] *m* motocross *m*

motoneta [moto'neta] *f* escúter *m*

motoqueiro, -a [moto'kejru, -a] *m, f inf v.* **motociclista**

motor <-es> [mo'tor] *m* motor *m*; **~ de arranque** motor de arranque; **~ a diesel** motor diésel; **~ de injeção** motor de inyección

motorista [moto'rista] *mf* conductor(a) *m(f)*, chofer *mf AmL*

motorizado, -a [motori'zadu, -a] *adj* motorizado, -a; **estar ~** estar motorizado

motorneiro [motor'nejru] *m* conductor *m* de tranvía

motosserra [moto'sɛxa] *f* motosierra *f*

motricidade [motrisi'dadʒi] *f sem pl* motricidad *f*

motriz <-es> [mo'tris] *adj* motriz; **força ~** fuerza motriz

mouro, -a ['mowru, -a] *adj, m, f* moro, -a *m, f*

mouse ['mawzi] *m* INFOR ratón *m*, mouse *m AmL*

movediço, -a [move'dʒisu, -a] *adj* movedizo, -a

móvel <-eis> ['mɔvew, -ejs] **I.** *m* **1.**(*causa*) móvil *m* **2.**(*peça de mobília*) mueble *m* **II.** *adj* móvil; **unidades ~** unidades móviles

mover [mo'ver] **I.** *vt* mover; (*um processo*) emprender **II.** *vr:* **~-se** moverse

movimentação <-ões> [movimẽjta'sãw, -'õjs] *f* movimiento *m*

movimentado, -a [movimẽj'tadu, -a] *adj* movido, -a

movimentar [movimẽj'tar] **I.** *vt* mover **II.** *vr:* **~-se** moverse

movimento [movi'mẽjtu] *m* movimiento *m*; **pôr a. c. em ~** poner algo en movimiento; **essa loja tem muito ~** esta tienda tiene mucho movimiento

MST [emjɛs'te] *m abr de* **Movimento dos Trabalhadores Rurais sem Terra** movimiento de los trabajadores sin tierra brasileños

muamba [mu'ãŋba] *f* **1.**(*contrabando*) contrabando *m* **2.**(*objetos roubados*) productos *mpl* robados

muambeiro, -a [muãŋ'bejru, -a] *m, f* contrabandista *mf*

muco ['muku] *m* mucosidad *f*

mucosa [mu'kɔza] *f* mucosa *f*

mucoso, -a [mu'kozu, -'ɔza] *adj* mucoso, -a

muçulmano, -a [musuw'mɐnu, -a] *adj, m, f* musulmán, -ana *m, f*

muda ['muda] *f* **1.** BOT esqueje *m* **2.**(*peças*) muda *f*; **uma ~ de roupa** una muda

mudança [mu'dãŋsa] *f* **1.**(*alteração, transformação, variação*) cambio *m*; **~ de tempo** cambio de tiempo **2.**(*troca*) mudanza *f*; **~ de casa** mudanza de casa

mudar [mu'dar] **I.** *vt* cambiar; **~ a fralda** cambiar los pañales; **~ a roupa de cama** cambiar las sábanas **II.** *vi* cambiar; **~ de** cambiar de; **~ de casa** mudarse de casa; **~ de opinião/ideias** cambiar de opinión/ideas; **~ de roupa** cambiarse de ropa; **o tempo vai ~** el tiempo va a cambiar; **preciso ~ de ares** necesito cambiar de aires **III.** *vr:*

~-se (*casa*) mudarse; ~-se para o campo mudarse al campo
mudez [mu'des] *f sem pl* mudez *f*
mudo, -a ['mudu, -a] **I.** *adj* **1.** (*sem falar*) mudo, -a **2.** (*telefone*) sin línea **II.** *m, f* mudo, -a *m, f*
mugido [mu'ʒidu] *m* mugido *m*
mugir [mu'ʒir] *vi* mugir
muito ['mũjtu] **I.** *m* o ~ lo mucho; **não sabe o ~ que te quero** no sabes lo mucho que te quiero **II.** *adv* muy; ~ **cansada** muy cansada; ~ **caro** muy caro; ~ **melhor** mucho mejor; **comer/ler/trabalhar** ~ comer/leer/trabajar mucho; ~ **bem!** ¡muy bien!; **conheço-o há** ~ la conozco hace mucho; **quando** ~, **dormia 4 horas por noite** como mucho, dormía 4 horas por la noche
muito <-a> ['mũjtu, -a] **I.** *adj* mucho, -a; ~**s amigos** muchos amigos; ~ **esforço** mucho esfuerzo; **estar com muita fome** tener mucha hambre **II.** *pron indef* mucho, -a; **tenho ~ que fazer** tengo mucho que hacer; **vem ~ aqui?** ¿vienes mucho por aquí?; **muitos pensam que...** muchos piensan que...

> **Gramática** muito se utiliza como adverbio y como adjetivo: "O prédio é muito velho; Ricardo canta muito bem; Hoje não tenho muito tempo para conversar."

mula ['mula] *f* mula *f*; **picar a ~** *inf* largarse
mulato, -a [mu'latu, -a] *adj, m, f* mulato, -a *m, f*, moreno, -a *m, f Cuba*
muleta [mu'leta] *f* muleta *f*; **andar de ~s** andar con muletas
mulher <-es> [mu'ʎɛr] *f* mujer *f*; ~ **de negócios** mujer de negocios; ~ **da vida** [*ou* **da zona**] *pej* mujer de mala vida; **conversa de ~ para ~** conversación de mujer a mujer; **então ~, como foi a entrevista de emprego?** dime, mujer, ¿cómo te fue la entrevista de trabajo?
mulheraço [muʎe'rasu] *m inf* mujer *f* muy atractiva
mulherada [muʎe'rada] *f sem pl* mujeres *fpl*
mulherengo [muʎe'rẽjgu] *m* mujeriego *m*
mulherengo, -a [muʎe'rẽjgu, -a] *adj* mujeriego, -a
mulherio [muʎe'riw] *m inf* mujerío *m*
mulher-macho [mu'ʎɛr-'maʃu] <mulheres-machos> *f pej* marimacho *f*
mulher-objeto [mu'ʎɛr-obˈʒɛtu] <mulheres-objeto(s)> *f* mujer *f* objeto
multa ['muwta] *f* multa *f*; **levar uma ~ (de 500 reais)** recibir una multa (de 500 reales)
multar [muw'tar] *vt* multar; ~ **alguém** multar a alguien; ~ **alguém em 500 euros** poner a alguien una multa de 500 euros
multicolor <-es> [muwtʃiko'lor] *adj* multicolor
multicultural <-ais> [muwtʃikuwtu'raw, -'ajs] *adj* multicultural
multidão <-ões> [muwtʃi'dãw, -'õjs] *f* multitud *f*
multimídia [muwtʃi'midʒia] *adj, f* multimedia *m*
multimilionário, -a [muwtʃimiʎjo'nariw, -a] *adj, m, f* multimillonario, -a *m, f*
multinacional <-ais> [muwtʃinasjo'naw, -'ajs] *adj, f* multinacional *f*
multipartidário, -a [muwtʃipartʃi'dariw, -a] *adj* multipartidario, -a
multiplicação <-ões> [muwtʃiplika'sãw, -'õjs] *f* multiplicación *f*
multiplicador [muwtʃiplika'dor] <-es> *m tb.* MAT multiplicador *m*
multiplicador(a) [muwtʃiplika'dor(a)] *adj* multiplicador(a)
multiplicar [muwtʃipli'kar] <c→qu> **I.** *vt* multiplicar **II.** *vr:* ~-**se** multiplicarse
múltiplo, -a ['muwtʃiplu, -a] *adj* **1.** múltiple **2.** MAT múltiplo, -a; **20 é ~ de 5** 20 es múltiplo de 5
multirracial <-ais> [muwtʃixasia'w, -'ajs] *adj* multirracial
múmia ['mumia] *f* momia *f*
mundano, -a [mũw'dʒnu, -a] *adj* (*vida*) mundano, -a
mundaréu [mũwda'rɛw] *m* montón *m*; ~ **de gente** montón de gente
mundial <-ais> [mũwdʒi'aw, -'ajs] **I.** *adj* mundial **II.** *m* ESPORT (*campeonato*) mundial *m*
mundialmente [mũwdʒjaw'mẽtʃi] *adv* ~ **conhecido** mundialmente conocido
mundo ['mũwdu] *m* mundo *m*; **o ~ dos negócios** el mundo de los negocios; **o outro ~** el otro mundo; **Terceiro**

Mundo Tercer Mundo; **todo** ~ todo el mundo; **estar** [*ou* **viver**] **no** ~ **da lua** estar en la luna; **prometer** ~ **s e fundos** prometer el oro y el moro; **ter um** ~ **de coisas para fazer** tener un montón de cosas que hacer; **vir ao** ~ venir al mundo; **vir o** ~ **abaixo** caerse el mundo encima; **convidou meio** ~ **para a festa** invitó a medio mundo a la fiesta; **uma coisa do outro** ~ una cosa del otro mundo; **desde que o** ~ **é** ~ desde que el mundo es mundo
munheca [mũˈɲɛka] *f* muñeca *f*
munição <-ões> [muniˈsɐ̃w, -ˈõjs] *f* munición *f*
municipal <-ais> [munisiˈpaw, -ˈajs] *adj* municipal; **câmara** ~ ayuntamiento *m*; **prefeitura** ~ ayuntamiento *m*
município [muniˈsipiw] *m* municipio *m*
munições [muniˈsõjs] *f pl de* **munição**
munir [muˈnir] **I.** *vt* proveer, munir *RíoPl* **II.** *vr:* **~-se** proveerse, munirse *RíoPl*
muque [ˈmuki] *m inf* **a** ~ a la fuerza
muquirana [mukiˈrɐna] *mf reg, inf* (*avarento*) agarrado, -a *m, f*
mural <-ais> [muˈraw, -ˈajs] *m* mural *m*
muralha [muˈraʎa] *f* muralla *f*
murar [muˈrar] *vt* amurallar
murchar [murˈʃar] *vi* **1.** (*flor*) marchitarse **2.** (*diminuir*) debilitarse **3.** (*pessoa*) desanimarse
murcho, -a [ˈmurʃu, -a] *adj* **1.** (*flor*) marchitado, -a **2.** (*pessoa*) desanimado, -a
mureta [muˈreta] *f* muro *m*
murmurar [murmuˈrar] *vi, vt* murmurar
murmúrio [murˈmuriw] *m* murmullo *m*
muro [ˈmuru] *m* muro *m*
murro [ˈmuxu] *m* puñetazo *m;* **dar um** ~ **em alguém/a. c.** dar un puñetazo a alguien/algo; **dar** ~ **em ponta de faca** pedir peras al olmo
musa [ˈmuza] *f* musa *f*
musculação <-ões> [muskulaˈsɐ̃w, -ˈõjs] *f* musculación *f*
muscular <-es> [muskuˈlar] *adj* muscular
músculo [ˈmuskulu] *m* músculo *m*
musculoso, -a [muskuˈlozu, -ˈɔza] *adj* musculoso, -a
museologia [muzeoloˈʒia] *f sem pl* museología *f*
museu [muˈzew] *m* museo *m*
musgo [ˈmuzgu] *m* musgo *m*
música [ˈuzika] *f* **1.** (*geral*) música *f;* ~ **instrumental** música instrumental **2.** (*canção*) canción *f;* **dançar conforme a** ~ *fig* bailar al son que tocan
musical <-ais> [muziˈkaw, -ˈajs] *adj, m* musical *m*
músico, -a [ˈmuziku, -a] *m, f* músico, -a *m, f*
musli [ˈmuzʎi] *m* muesli *m*
musselina [museˈʎina] *f* muselina *f*
mutação <-ões> [mutaˈsɐ̃w, -ˈõjs] *f* mutación *f*
mutável <-eis> [muˈtavew, -ejs] *adj* mutable
mutilação <-ões> [mutʃilaˈsɐ̃w, -ˈõjs] *f* mutilación *f*
mutilado, -a [mutʃiˈladu, -a] *adj, m, f* mutilado, -a *m, f*
mutilar [mutʃiˈlar] *vt* mutilar
mutirão <-ões> [mutʃiˈrɐ̃w, -ˈõjs] *m* movilización *f* colectiva
mutreta [muˈtreta] *f gíria* trampa *f*
mutuamente [mutuaˈmẽjtʃi] *adv* mutuamente
mútuo, -a [ˈmutuw, -a] *adj* mutuo, -a
muvuca [muˈvuka] *f inf* follón *m*
muxoxo [muˈʃoʃu] *m* chasqueo *m*

N

N, n [ˈeni] *m* N, n *f*
na [na] = **em + a** *v.* **em**
nã [nɐ̃] *adv inf* no
nababesco, -a [nabaˈbesku, -a] *adj* lujoso, -a
nababo [naˈbabu] *m* millonario *m*
nabo [ˈnabu] *m* **1.** BOT nabo *m;* **levou um** ~ *inf* le echaron una bronca **2.** *chulo* (*pênis*) nabo *m*
nação <-ões> [naˈsɐ̃w, -ˈõjs] *f* nación *f;* **Nações Unidas** Naciones Unidas
nacional <-ais> [nasjoˈnaw, -ˈajs] *adj* nacional; **em cadeia** ~ en una cadena nacional
nacionalidade [nasjonaʎiˈdadʒi] *f* nacionalidad *f*
nacionalismo [nasjonaˈʎizmu] *m* nacionalismo *m*
nacionalista [nasjonaˈʎista] *adj, mf* nacionalista *mf*

nacionalização <-ões> [nasjonaʎiza'sɜ̃w, -'õjs] *f* ECON nacionalización *f*

nacionalizar [nasjonaʎi'zar] I. *vt* nacionalizar II. *vr:* ~ -**se** nacionalizarse; ~ -**se brasileiro** nacionalizarse brasileño

naco ['naku] *m* trozo *m*

nações [na's3õjs] *f pl de* **nação**

nada ['nada] I. *m sem pl* nada *f;* **vir do** ~ venir de la nada II. *pron indef* nada; ~ **disso** de eso nada; ~ **feito** ni hablar; ~ **de novo** nada nuevo; **antes de mais** ~ antes de nada; ~ **de televisão hoje** nada de televisión hoy; **ele não fez** ~ no hizo nada; **isso não tem** ~ **a ver com ele** eso no tiene nada que ver con él; **não sei de** ~ no sé nada; **não quer mesmo** ~ **para beber?** ¿de verdad que no quieres beber nada?; **nossa conversa (não) deu em** ~ nuestra conversación acabó en nada; **obrigada – de** ~ gracias – de nada III. *adv (de modo nenhum)* nada; **não é** ~ **fácil** no es nada fácil; ~ **menos (que)** nada menos (que); **a cara dele não era** ~ **boa** su cara no era nada buena

nada-consta ['nada-'kõwsta] *m certificado que prueba la inexistencia de acciones contra alguien o algo*

nadada [na'dada] *f* **dar uma** ~ ir a nadar

nadadeira [nada'dejɾa] *f* aleta *f*

nadador(a) [nada'dor(a)] <-es> *m(f)* nadador(a) *m(f)*

nadar [na'dar] *vi* nadar; ~ **em dinheiro** nadar en dinero; **os pastéis nadavam em óleo** los pasteles estaban bañados en aceite; **nem tudo que nada é peixe** *prov* no todo el monte es orégano *prov*

nádegas ['nadegas] *fpl* nalgas *fpl*

nadica [na'dʒika] *adv inf* nada de nada

nadinha [na'dʒiɲa] I. *m inf* **um** ~ un poquito II. *pron indef, inf* nada de nada

nado ['nadu] I. *m* natación *f;* ~ **borboleta** mariposa *f;* ~ **de costas** espalda *f;* ~ **crawl** crol *m;* ~ **livre** estilo *m* libre; ~ **de peito** braza *f;* ~ **sincronizado** natación sincronizada II. *adv* **a** ~ **a nado**; **atravessar um rio a** ~ cruzar un río a nado

nafta ['nafta] *f* QUÍM nafta *f*

naftalina [nafta'ʎina] *f sem pl* naftalina *f*

náilon ['najlõw] *m sem pl* nailon *m*

naipe ['najpi] *m* 1. *(cartas)* palo *m* 2. *(pessoas)* grupo *m;* **era acompanhado por um** ~ **de assessores** le acompañaba un grupo de asesores 3. *(qualidade)* clase *f;* **ser do mesmo** ~ ser de la misma clase

nalgum(a) [naw'gũw, -'guma] <-uns> = **em + algum** *v.* **algum**

Namíbia [nɜ'mibia] *f* Namibia *f*

namoradeiro, -a [namoɾa'dejɾu, -a] *adj* enamoradizo, -a

namorado, -a [namo'ɾadu, -a] *m, f* novio, -a *m, f;* **somos** ~ **s há um ano** somos novios hace un año

namorado [namo'ɾadu] *m* ZOOL namorado *m*

namorador(a) [namoɾa'dor(a)] <-es> *m(f) (homem)* donjuán *m; (mulher)* mujer *f* fácil

namorar [namo'ɾar] I. *vt* 1. *(cortejar)* ser el novio de; ~ **alguém** ser novio de alguien 2. *(desejar)* desear; **namorava os vestidos nas vitrines** le tentaban los vestidos de los escaparates II. *vi* ~ **com alguém** ser novio de alguien; **namoramos por dois anos** fuimos novios durante dos años

namorico [namo'ɾiku] *m* flirteo *m*

namoro [na'moɾu] *m* noviazgo *m*

nanar [nɜ'nar] *vi inf* dormir

nanico [nɜ'niku] *m* enano *m*

nanquim [nɜ̃'kĩj] *m sem pl (tinta)* tinta *f* china

não ['nɜ̃w] I. *m sem pl* no *m;* **recebeu um sonoro** ~ se llevó un sonoro no II. *adv* no; **ele vem?** – ~ ¿(él) va a venir? – no; **o dia está lindo,** ~ **é?** qué día tan bonito, ¿no?; **pois** ~ cómo no; **ele** ~ **vem** (él) no va a venir; **ela já** ~ **vem** ella ya no va a venir; ~ **só..., mas também...** no sólo..., sino también...; ~ **tem** [*ou* **há**] **de quê** no hay de qué

não agressão <-ões> [agɾe'sɜ̃w, -õjs] *f* **pacto de** ~ pacto *m* de no agresión

não autorizado, -a [nɜ̃w-awtoɾi'zadu, -a] *adj* no autorizado, -a

não conformista ['nɜ̃w-kõwfoɾ'mista] *mf* inconformista *mf*

não fumante ['nɜ̃w-fu'mɜ̃ntʃi] *mf* no fumador(a) *m(f)*

não identificado, -a [nɜ̃w-idẽjtʃifi'kadu, -a] *adj* no identificado, -a

não intervenção <-ões> ['nɜ̃w-ĩjteɾvẽj'sɜ̃w, -õjs] *f* no intervención *f*

não poluente ['nɜ̃w-polu'ẽjtʃi] *adj* que no contamina

não remunerado, -a [nɜ̃w-xemuneɾa-

não violência ['nɐ̃w-vjo'lẽjsia] *f* no violencia *f*

Nápoles ['napoʎis] *f* Nápoles *m*

napolitano, -a [napoʎi'tɜnu, -a] *adj* napolitano, -a

naquele, -a [na'keʎi, na'kɛla] = **em + aquele** *v.* **aquele**

naquilo [na'kilu] = **em + aquilo** *v.* **aquilo**

narcisismo [narsi'zizmu] *m sem pl* narcisismo *m*

narcisista [narsi'zista] *adj* narcisista

narciso [nar'sizu] *m tb.* BOT narciso *m*

narcodólar [narko'dɔlar] <-es> *m* narcodólar *m*

narcose [nar'kɔzi] *f* MED narcosis *f inv*

narcótico [nar'kɔtʃiku] *m* narcótico *m*

narcótico, -a [nar'kɔtʃiku, -a] *adj* narcótico, -a

narcotraficante [narkotrafi'kɜntʃi] *mf* narcotraficante *mf*

narcotráfico [narko'trafiku] *m* narcotráfico *m*

narigudo, -a [nari'gudu, -a] *adj* narigudo, -a

narina [na'rina] *f* fosa *f* nasal

nariz [na'ris] <-es> *m* nariz *f*; **colocar o dedo no ~** *fig* amenazar con el dedo; **dar com o ~ na porta** *fig* encontrarse con que no hay nadie; **estar com o ~ escorrendo** moquear; **meter o ~ onde não é chamado** meter las narices donde no le llaman; **torcer o ~** torcer el gesto

narração <-ões> [naxa'sɜ̃w, -'õjs] *f* narración *f*

narrador(a) [naxa'dor(a)] <-es> *m(f)* narrador(a) *m(f)*

narrar [na'xar] *vt* narrar

narrativa [naxa'tʃiva] *f* narrativa *f*

narrativo, -a [naxa'tʃivu, -a] *adj* narrativo, -a

nas [nas] = **em + as** *v.* **em**

nasal <-ais> [na'zaw, -'ajs] *adj* ANAT, LING nasal; **uma voz ~** una voz nasal

nasalar [naza'lar] *vt* (*um som*) nasalizar

nascença [na'sẽjsa] *f sem pl* nacimiento *m*; **de ~** de nacimiento

nascente[1] [na'sẽjtʃi] *f* nacimiento *m*; **água de ~** agua de manantial

nascente[2] [na'sẽjtʃi] I. *adj* naciente; **sol ~** sol naciente II. *m* **o ~** el naciente

nascer [na'ser] <c→ç> I. *m* **~ do sol** salida *f* del sol II. *vi* nacer; **~ para ser médico/cantor** nacer para ser médico/cantante; **nasci em abril/em 1989** nací en abril/en 1989; **eu não nasci ontem** no nací ayer; **onde você nasceu?** ¿dónde naciste?

nascido, -a [na'sidu, -a] *adj* nacido, -a

nascimento [nasi'mẽjtu] *m* **1.** (*de pessoa, movimento*) nacimiento *m*; **data de ~** fecha de nacimiento; **ele é canadense de ~** es canadiense de nacimiento **2.** (*do sol*) salida *f*

nata ['nata] *f* **1.** *sem pl* (*da sociedade, de um grupo*) flor *f* y nata **2.** (*leite*) nata *f*

natação [nata'sɜ̃w] *f sem pl* natación *f*; **praticar** [*ou* **fazer**] **~** practicar la natación

natal <-ais> [na'taw, -'ajs] *adj* natal; **minha terra/cidade ~** mi tierra/ciudad natal

Natal[1] [na'taw] *m* Navidad *f*; **no ~** en Navidad; **noite de ~** Nochebuena *f*; **véspera de ~** Nochebuena *f*; **Feliz ~!** ¡Feliz Navidad!

Natal[2] [na'taw] Natal

natalício, -a [nata'ʎisiw, -a] *adj* del nacimiento

natalidade [nataʎi'dadʒi] *f sem pl* natalidad *f*; **índice de ~** índice de natalidad

natalino, -a [nata'ʎinu, -a] *adj* navideño, -a; **as festas natalinas** las fiestas navideñas

natimorto [natʃi'mortu] *m* nacido *m* muerto

natividade [natʃivi'dadʒi] *f sem pl* natividad *f*

nativo, -a [na'tʃivu, -a] I. *adj* nativo, -a; **a sua língua nativa é japonês** su lengua nativa es el japonés II. *m, f* nativo, -a *m, f*

nato, -a ['natu, -a] *adj* nato, -a; **ele é um músico ~** es un músico nato

natural <-ais> [natu'raw, -'ajs] I. *adj* **~ de** natural de; **ao ~** (*alimentos*) del tiempo; **nada mais ~ que ele fique irritado** nada más natural que que se enfade II. *mf* natural *mf*

naturalidade [naturaʎi'dadʒi] *f sem pl* **1.** (*normalidade*) naturalidad *f*; **encarar a. c. com ~** encarar algo con naturalidad **2.** (*local de nascimento*) origen *m*; **a sua terra de ~ é desconhecida** se desconoce su lugar de origen

naturalismo [natura'ʎizmu] *m sem pl* naturalismo *m*

naturalista [natura'ʎista] *adj, mf* natu-

naturalização 343 **necessitado**

ralista *mf*
naturalização <-ões> [naturaʎiza'sãw, -'õjs] *f* naturalización *f*
naturalizar-se [naturaʎi'zarse] *vr* naturalizarse; **naturalizou-se brasileira** se naturalizó brasileña
naturalmente [naturaw'mẽjtʃi] **I.** *adv* (*de maneira natural*) naturalmente **II.** *interj* (*com certeza*) naturalmente
natureba [natu'rɛba] *mf inv* vegetariano, -a *m, f*
natureza [natu'reza] *f sem pl* naturaleza *f*; ~ **humana** naturaleza humana; **problemas desta ~** problemas de esta naturaleza; **por ~** por naturaleza
natureza-morta [natu'reza-'mɔrta] <naturezas-mortas> *f* bodegón *m*, naturaleza *f* muerta
naturista [natu'rista] *mf* naturista *mf*
nau ['naw] *f* nao *f*
naufragar [nawfra'gar] <g→gu> *vi* naufragar
naufrágio [naw'fraʒiw] *m* naufragio *m*
náufrago, -a ['nawfragu, -a] *m, f* náufrago, -a *m, f*
náusea ['nawzia] *f* náusea *f*; **sentir ~s** sentir náuseas; **isso me dá ~s** eso me da náuseas
nauseabundo, -a [nawzja'būwdu, -a] *adj* nauseabundo, -a
nausear [nawzi'ar] *conj como passear* **I.** *vt* marear **II.** *vr:* **~-se** marearse
náutica ['nawtʃika] *f sem pl* náutica *f*
náutico, -a ['nawtʃiku, -a] *adj* náutico, -a; **clube ~** club náutico
naval <-ais> [na'vaw, -'ajs] *adj* naval; **construção ~** construcción naval
navalha [na'vaʎa] *f* **1.** (*instrumento*) navaja *f*; **~ de barba** navaja de afeitar **2.** *inf* (*motorista*) animal *m*
navalhada [nava'ʎada] *f* navajazo *m*; **dar uma ~ em alguém** dar un navajazo a alguien
nave ['navi] *f* nave *f*; **~ espacial** AERO nave espacial
navegação <-ões> [navega'sãw, -'õjs] *f* NÁUT, INFOR navegación *f*; **~ aérea** navegación aérea; **~ fluvial** navegación fluvial
navegador(a) [navega'dor(a)] <-es> *m(f)* navegante *mf*; INFOR navegante *mf*, internauta *mf*
navegante [nave'gãntʃi] *mf tb.* INFOR navegante *mf*
navegar [nave'gar] <g→gu> **I.** *vt* navegar **II.** *vi* NÁUT, INFOR navegar

navegável <-eis> [nave'gavew, -ejs] *adj* navegable
nave-mãe ['navi-'mãj] <naves-mãe(s)> *f* ASTRON nave grande que transporta a otras menores
navio [na'viw] *m* navío *m*, buque *m*; **~ de carga** navío de carga; **~ de guerra** navío de guerra; **~ mercante** navío mercante; **abandonar o ~** abandonar el barco; **ficar a ver ~s** llevarse un chasco
navio-escola [na'viw-is'kɔla] <navios-escola> *m* buque *m* escuela
navio-tanque [na'viw-'tãŋki] <navios-tanque> *m* buque *m* cisterna
nazismo [na'zismu] *m sem pl* nazismo *m*
nazista [na'zista] *adj, mf* nazi *mf*
N.B. ['notʃi 'bej] *abr de* **Nota bene** N.B.
NE [nor'dɛstʃi] *abr de* **nordeste** NE
neblina [ne'blina] *f* neblina *f*
nebulizador [nebuʎiza'dor] <-es> *m* nebulizador *m*
nebulosa [nebu'lɔza] *f* ASTRON nebulosa *f*
nebulosidade [nebulozi'dadʒi] *f sem pl* nebulosidad *f*
nebuloso, -a [nebu'lozu, -'ɔza] *adj* **1.** (*dia, céu, ideia, discurso*) nebuloso, -a **2.** (*indistinto*) indefinido, -a
neca ['nɛka] *gíria* **I.** *adv* no; **fez a lição? – ~** ¿hiciste la lección? – no **II.** *pron indef* nada; **ele não sabe ~ (de pitibiriba)** no tiene la más remota idea
nécessaire [nese'sɛr] *f* neceser *m*
necessariamente [nesesarja'mẽjtʃi] *adv* necesariamente
necessário [nese'sariw] *m* **o ~** lo necesario
necessário, -a [nese'sariw, -a] *adj* necesario, -a; **não é ~ que você ajude** no es necesario que ayudes; **se for ~** si fuera necesario
necessidade [nesesi'dadʒi] *f* necesidad *f*; **~s básicas da população** necesidades básicas de la población; **de primeira ~** de primera necesidad; **por ~** por necesidad; **passar ~** pasar necesidades; **ter ~ de a. c.** tener necesidad de algo; **é de grande ~ que... +***subj* hace falta que... *+subj*; **não há ~ de... +***infin* no hace falta que... *+subj*
necessidades [nesesi'dadʒis] *fpl inf* **fazer as ~** hacer sus necesidades
necessitado, -a [nesesi'tadu, -a] *adj, m, f* necesitado, -a *m, f*

necessitar [nesesi'tar] I. *vt* necesitar II. *vi* ~ **de** necesitar de

necrológio [nekro'lɔʒiw] *m* necrológica *f*

necrópole [ne'krɔpoʎi] *f* necrópolis *f inv*

necropsia [necrop'sia, ne'krɔpsia] *f* necropsia *f*

necrose [ne'krɔzi] *f* MED necrosis *f inv*

necrotério [nekro'tɛriw] *m* depósito *m* de cadáveres

néctar ['nɛktar] <-es> *m* néctar

nectarina [nekta'rina] *f* nectarina *f*

nefando, -a [ne'fɨ̃ndu, -a] *adj* abominable

nefasto, -a [ne'fastu, -a] *adj* nefasto, -a

nefrite [ne'fritʃi] *f* MED nefritis *f inv*

nefrologista [nefrolo'ʒista] *mf* nefrólogo, -a *m, f*

negação <-ões> [nega'sɐ̃w, -'õjs] *f* negación *f*; **era uma ~ de** [*ou* **como**] **professor** era una negación de profesor

negacear [negasi'ar] *conj como passear vt* **1.** (*recusar*) negar **2.** (*ludibriar*) engañar

negações [nega'sõjs] *f pl de* **negação**

negar [ne'gar] <g→gu> I. *vt* negar; ~ **a. c. a alguém** negar algo a alguien II. *vi* negar III. *vr* ~-**se a fazer a. c.** negarse a hacer algo

negativa [nega'tʃiva] *f* negativa *f*

negativo [nega'tʃivu] I. *m tb.* FOTO negativo *m* II. *adv inf* no; **posso ir brincar? - ~** ¿puedo ir a jugar? – no

negativo, -a [nega'tʃivu, -a] *adj* negativo, -a; **está 5 graus ~s** hay 5 grados bajo cero

négligé [negli'ʒe] *m* negligé *m*

negligência [negli'ʒẽjsia] *f* negligencia *f*

negligenciar [negliʒẽjsi'ar] *vt* descuidar

negligente [negli'ʒẽjtʃi] *adj* negligente

nego, -a ['negu, -a] *m, f inf* (*pessoa*) tío, -a *m, f*, colega *mf*, negro, -a *m, f AmL*; **tudo bem, minha nega?** ¿qué tal va todo, tía?

negociação <-ões> [negosja'sɐ̃w, -'õjs] *f* negociación *f*; **estar em negociações** estar en negociaciones

negociador(a) [negosja'dor(a)] <-es> *m(f)* negociador(a) *m(f)*

negociante [negosi'ɐ̃ntʃi] *mf* negociante *mf*

negociar [negosi'ar] I. *vt* negociar; ~ **a. c. com alguém** negociar algo con alguien II. *vi* negociar

negociata [negosi'ata] *f* chanchullo *m*; **fazer uma ~** hacer un chanchullo

negociável <-eis> [negosi'avew, -ejs] *adj* negociable

negócio [ne'gɔsiw] *m* **1.** COM negocio *m*; ~ **da China** negocio redondo; ~ **de ocasião** ocasión *f*; **homem/mulher de ~s** hombre/mujer de negocios; **fazer ~** hacer negocios; **fazer um ~ no escuro** negociar a ciegas; **fechar um ~** cerrar un negocio; **comprar carro usado em más condições não é ~** comprar un coche usado en malas condiciones no es recomendable; **estou aqui a ~s** estoy aquí por cuestiones de negocios; **não quero ~ com você** *inf* no quiero tener nada que ver contigo **2.** (*loja*) negocio *m*; **casa de ~** tienda *f* **3.** (*coisa*) cosa *f*; **o bolo está delicioso, um ~!** *inf* el pastel está delicioso, ¡de rechupete! **4.** (*assunto*) tema *m*

negra ['negra] *f* ESPORT desempate *m*

negrada [ne'grada] *f pej, inf* (*pessoa*) gente *f*; **vamos lá, ~!** ¡vamos, gente!

negrito [ne'gritu] *m* TIPO negrita *f*

negritude [negri'tudʒi] *f sem pl* negritud *f*

negro, -a ['negru, -a] I. *adj* (*cor, pessoa*) negro, -a; **humor ~** humor negro; **lista ~** lista negra II. *m, f* (*pessoa*) negro, -a *m, f*

negrume [ne'grumi] *m* negrura *f*

neguinho [ne'gĩɲu] *m inf* (*pessoa*) colega *m*; **tudo bem, meu ~?** ¿qué tal vas, colega?

nele, -a ['neʎi, 'nɛla] = **em + ele** *v.* **em**

nem [nẽj] I. *adv* ni; ~ **sempre** no siempre; ~ **pense nisso** no pienses en eso; **não veio e ~ sequer telefonou** no vino y ni siquiera llamó por teléfono; ~ **... ~ ...** ni... ni... II. *conj* ~ **que** +*subj* aunque

nenê [ne'ne] *mf*, **neném** [ne'nẽj] <-ens> *mf inf* bebé *m*

nenhum(a) [nẽ'ɲũw, -ɲuma] <-uns> *pron indef* ninguno, -a; **de modo ~** de ningún modo; **em lugar ~** en ningún lugar

nenúfar [ne'nufar] <-es> *m* BOT nenúfar *m*

neoclássico, -a [nɛw'klasiku, -a] *adj* ARQUIT neoclásico, -a

neolatino, -a [nɛola'tʃinu, -a] *adj* (*língua, povo*) neolatino, -a

neolítico [nɛo'ʎitʃiku] *m* HIST neolítico

m

neolítico, -a [neoˈʎitʃiku, -a] *adj* neolítico, -a; **o período ~ el** periodo neolítico

neologia [neoloˈʒia] *f* LING neología *f*

neologismo [newloˈʒizmu] *m* LING neologismo *m*

neon [neˈõw] *m sem pl* neón *m*

neonatal <-ais> [newnaˈnaw, -ˈajs] *adj* neonatal

neonatologia [newnatoloˈʒia] *f sem pl* neonatología *f*

neonazismo [mɛwnaˈzizmu] *m sem pl* neonazismo *m*

neonazista [nɛwnaˈzista] *mf* neonazi *mf*

neoplasia [newplaˈzia] *f* MED neoplasia *f*

neorrealismo [nɛwxeaˈʎizmu] *m sem pl* neorrealismo *m*

neozelandês, -esa [nɛwzelɑ̃ˈdes, -ˈeza] <-eses> *adj, m, f* neozelandés, -esa *m, f*

nepalês, -esa [nepaˈles, -ˈeza] <-eses> *adj, m, f* nepalés, -esa *m, f*, nepalí *mf*

nepotismo [nepoˈtʃizmu] *m sem pl* nepotismo *m*

nervo [ˈnɛrvu] *m* nervio *m*; **dar nos ~s de alguém** atacar los nervios de alguien; **estar com os ~s à flor da pele** estar con los nervios a flor de piel; **ter ~s de aço** tener nervios de acero

nervosismo [nervoˈzizmu] *m* nerviosismo *m*

nervoso, -a [nerˈvozu,-ˈɔza] *adj* nervioso, -a; **uma crise nervosa** una crisis nerviosa; **o sistema ~** el sistema nervioso; **tecido ~** tejido nervioso; **um tique ~** un tic nervioso; **ele me deixa ~** me pone nervioso

néscio [ˈnɛsiw] *m* necio *m*

nêspera [ˈnespeɾa] *f* BOT níspero *m*

nesse, -a [ˈnesi, ˈnɛsa] = **em + esse** *v.* **esse**

neste, -a [ˈnestʃi, ˈnɛsta] = **em + este** *v.* **este²**

neto, -a [ˈnɛtu, -a] *m, f* nieto, -a *m, f*

Netuno [neˈtunu] *m sem pl* ASTRON Neptuno *m*

neura [ˈnewɾa] *f inf* neura *f*

neurite [newˈritʃi] *f* MED neuritis *f inv*

neurocirurgia [newrosiruɾˈʒia] *f sem pl* neurocirugía *f*

neurocirurgião, -giã <-ões, -ães> [newroʃiruɾʒiˈɑ̃w, ˈɑ̃, -ˈõjs, -ˈɑ̃js] *m, f* neurocirujano, -a *m, f*

neurologia [newroloˈʒia] *f sem pl* neurología *f*

neurológico, -a [newroˈlɔʒiku, -a] *adj* neurológico, -a

neurologista [newroloˈʒista] *mf* neurólogo, -a *m, f*

neurônio [newˈroniw] *m* neurona *f*

neurose [newˈrɔzi] *f* MED neurosis *f inv*

neurótico, -a [newˈrɔtʃiku, -a] *adj, m, f* neurótico, -a *m, f*

neutralidade [newtɾaʎiˈdadʒi] *f sem pl* neutralidad *f*

neutralização <-ões> [newtɾaʎizaˈsɑ̃w, -ˈõjs] *f* neutralización *f*

neutralizar [newtɾaʎiˈzar] *vt* neutralizar

neutro, -a [ˈnewtɾu, -a] *adj* neutro, -a

nêutron [ˈnewtɾõw] <-ons> *m* FÍS neutrón *m*

nevada [neˈvada] *f* nevada *f*

nevado, -a [neˈvadu, -a] *adj* nevado, -a

nevar [neˈvar] *vi impess* nevar

nevasca [neˈvaska] *f* nevasca *f*

neve [ˈnɛvi] *f* nieve *f*; **claras em ~** claras a punto de nieve

névoa [ˈnɛvua] *f* niebla *f*; **~ úmida** niebla húmeda

nevoeiro [nevuˈejɾu] *m* niebla *f*

nevralgia [nevɾawˈʒia] *f* MED neuralgia *f*

nevrálgico, -a [neˈvɾawʒiku, -a] *adj tb. fig* neurálgico, -a

nexo [ˈnɛksu] *m* nexo *m*; **com/sem ~** con/sin coherencia

nhenhenhém [ɲeɲeˈɲej] *m inf* protesta *f*

nhoque [ˈɲɔki] *m* ñoqui *m*

Nicarágua [nikaˈɾagwa] *f* Nicaragua *f*

nicaraguense [nikaɾaˈgwẽjsi] *adj, mf* nicaragüense *mf*

nicho [ˈniʃu] *m* nicho *m*; **~ de mercado** ECON nicho de mercado

nicotina [nikoˈtʃina] *f sem pl* nicotina *f*

Nigéria [niˈʒɛɾia] *f* Nigeria *f*

Nilo [ˈnilu] *m* Nilo *m*

nimbo [ˈnĩbu] *m* nimbo *m*

ninar [niˈnar] *vt* arrullar; **cantiga de ~** canción de cuna

ninfa [ˈnĩjfa] *f* ninfa *f*

ninfeia [nĩjˈfɛja] *f* BOT nenúfar *m*

ninfeta [nĩjˈfeta] *f* ninfa *f*

ninfomaníaca [nĩjfomɐˈniaka] *f* ninfómana *f*

ninguém [nĩjˈgẽj] *pron indef* nadie; **mais ~** nadie más; **~ está, não tem ~** no hay nadie; **~ sabe** nadie sabe

ninhada [nĩˈɲada] *f* (*de cães, gatos*) camada *f*; (*de pássaros*) nidada *f*

ninharia [nĩɲa'ria] *f* nadería *f*

ninho ['nĩɲu] *m* nido *m;* ~ **de cobras** nido de víboras; ~ **de rato** *inf* pocilga *f*

nipônico, -a [ni'poniku, -a] *adj* nipón, -ona

níquel <-eis> ['nikew, -ejs] *m* **1.** QUÍM níquel *m* **2.** *inf* (*dinheiro*) pasta *f*, plata *f AmL;* **não tenho nem um ~ no bolso** no tengo ni un centavo en el bolsillo

nirvana [nir'vɜna] *m sem pl* nirvana *m*

nissei [ni'sej] *mf* brasileño, hijo de padres japoneses

nisso ['nisu] = **em** + **isso** *v.* **isso**

nisto ['nistu] = **em** + **isto** *v.* **isto**

nitidamente [nitʃida'mẽjtʃi] *adv* nítidamente

nitidez [nitʃi'des] *f sem pl* nitidez *f*

nítido, -a ['nitʃidu, -a] *adj* nítido, -a

nitrato [ni'tratu] *m* QUÍM nitrato *m*

nitrogênio [nitro'ʒeniw] *m sem pl* QUÍM nitrógeno *m*

nitroglicerina [nitroglise'rina] *f sem pl* QUÍM nitroglicerina *f*

nível <-eis> ['nivew, -ejs] *m* (*grau, situação, categoria, instrumento*) nivel *m;* ~ **da água/do mar** nivel del agua/del mar; ~ **de conhecimentos** nivel de conocimientos; ~ **de desenvolvimento** nivel de desarrollo; ~ **de radiação** nivel de radiación; ~ **de vida** nivel de vida; **o alto/baixo ~ dos professores** el alto/bajo nivel de los profesores; **ensino de ~ universitário** educación de nivel universitario; **1000 metros acima do ~ do mar** 1000 metros por encima del nivel del mar; **uma pessoa/conversa de ~** una persona/conversación de nivel; **uma reunião no mais alto ~** una reunión al más alto nivel; **ele não tem ~ para acompanhar as discussões** no tiene nivel para seguir las discusiones

nivelador(a) [nivela'dor(a)] <-es> *adj* nivelador(a)

niveladora [nivela'dora] *f* niveladora *f*

niveladores [nivela'dores] *adj pl de* **nivelador**

nivelar [nive'lar] I. *vt* **1.** (*estrada, terreno*) nivelar **2.** (*diferenças*) igualar; ~ **por baixo** igualar por abajo II. *vr:* ~**-se** igualarse

níveo, -a ['nivew, -a] *adj* níveo, -a

no [nu] = **em** + **o** *v.* **em**

nº ['numeru] *abr de* **número** nº

nó ['nɔ] *m* **1.** (*em fio, na gravata, na madeira, de autoestrada*) nudo *m;* ~ **cego** nudo gordiano; **dar um ~** hacer un nudo; **ser ~ na madeira** *fig* ser un hueso duro de roer; **ter um ~ na garganta** *inf* hacérsele un nudo en la garganta; **o ~ da questão** el quid de la cuestión **2.** (*dos dedos*) nudillo *m* **3.** *inf* (*entre pessoas*) lazo *m*, vínculo *m;* ~**s de família** lazos *mpl* de familia **4.** NÁUT nudo *m*

nobilitar [nobiʎi'tar] *vt* ennoblecer

nobre ['nɔbri] I. *mf* noble *mf* II. *adj* **1.** (*pessoa, ato, sentimento, metal*) noble **2.** (*área, salão*) elegante; **horário ~** horario de máxima audiencia

nobreza [no'breza] *f* nobleza *f*

noção <-ões> [no'sɜw, -'õjs] *f* noción *f;* **não ter a mínima ~** no tener la mínima noción; **ter algumas noções de a. c.** tener algunas nociones de algo

nocaute [no'kawtʃi] *m* ESPORT K.O. *m*

nocautear [nokawtʃi'ar] *conj como passear vt* dejar K.O. a

nocivo, -a [no'sivu, -a] *adj* nocivo, -a

noções [no'sõjs] *f pl de* **noção**

noctívago, -a [no'tʃivagu, -a] *m, f* noctámbulo, -a *m, f*

nodo ['nɔdu] *m* ASTRON nodo *m*

nódoa ['nɔdua] *f* mancha *f*

nódulo ['nɔdulu] *m* MED nódulo *m*

nogueira [no'gejra] *f* nogal *m*

noitada [noj'tada] *f* noche *f;* **fazer uma ~** (*farra*) trasnochar

noite ['nojtʃi] *f* noche *f;* ~ **e dia** noche y día; ~ **fechada** noche cerrada; ~ **de Natal** Nochebuena *f;* **à ~** por la noche; **de ~** de noche; **da ~ para o dia** de la noche a la mañana; **alta ~** madrugada *f;* **às oito da ~** a las ocho de la noche; **hoje à ~** hoy por la noche; **quinta-feira à ~** el jueves por la noche; **tarde da ~** de madrugada; **passar a ~ em claro** pasar la noche en blanco; **boa ~!** ¡buenas noches!; **a ~ é uma criança** la noche es joven; **de ~ todos os gatos são pardos** *prov* de noche todos los gatos son pardos *prov*

noitinha [noj'tʃiɲa] *f* anochecer *m;* **à ~** al anochecer

noivado [noj'vadu] *m* **1.** (*compromisso*) compromiso *m;* **festa de ~** fiesta de compromiso **2.** (*espaço de tempo*) noviazgo *m*

noivo, -a ['nojvu, -a] *m, f* novio, -a *m, f;* **os ~s** los novios

nojeira [no'ʒejra] *f* asquerosidad *f*

nojento, -a [no'ʒējtu, -a] *adj* **1.** asqueroso, -a **2.** *inf* (*metido a besta*) repugnante

nojo ['noʒu] *m* (*repugnância*) asco *m*; **ter ~ de alguém/a. c.** tener asco a alguien/algo; **dar ~ a alguém** dar asco a alguien; **isto é** [*ou* **está**] **um ~** esto es una asquerosidad

nômade ['nomadʒi] *adj*, *mf* nómada *mf*

nome ['nɔmi] *m* nombre *m*; **em ~ de** en nombre de; **~ completo** nombre completo; **~ de guerra** nombre de guerra; **~ próprio** nombre propio; **~ de solteira** nombre de soltera; **conhecer a. c./alguém de ~** conocer algo/a alguien de nombre; **dar ~ aos bois** *fig* dar nombres; **dizer ~s feios** decir palabrotas; **ter um ~ a zelar** tener una buena reputación; **qual é o seu ~?** ¿cómo te llamas?

nomeação <-ões> [nomea'sãw, -'õjs] *f* nombramiento *m*; **~ para um cargo** nombramiento para un cargo

nomeado, -a [nomi'adu, -a] *adj* nombrado, -a

nomear [nomi'ar] *conj como passear vt* **1.** (*designar, mencionar*) nombrar; **~ alguém para a. c.** nombrar a alguien para algo **2.** (*para prêmio*) nominar

nomenclatura [nomējkla'tura] *f* nomenclatura *f*

nominal <-ais> [nomi'naw, -'ajs] *adj* nominal; **cheque ~** cheque nominal; **salário ~** salario nominal; **valor ~** valor nominal

nominativo [nomina'tʃivu] *m* LING nominativo *m*

nominativo, -a [nomina'tʃivu, -a] *adj* nominativo, -a

nonagenário, -a [nonaʒe'narjw, -a] *adj*, *m*, *f* nonagenario, -a *m*, *f*

nonagésimo, -a [nona'ʒɛzimu, -a] *num ord* nonagésimo, -a

nono, -a ['nonu, -a] *num ord* noveno, -a; *v.tb.* **segundo**

nora ['nɔra] *f* **1.** (*familiar*) nuera *f* **2.** (*de água*) noria *f*

nordeste [nor'dɛstʃi] *m* nordeste *m*; **a ~ de** al nordeste de

nordestino, -a [nordes'tʃinu, -a] I. *adj* de la región nordeste de Brasil II. *m*, *f* persona de la región nordeste de Brasil

nórdico, -a ['nɔrdʒiku, -a] *adj*, *m*, *f* nórdico, -a *m*, *f*

norma ['nɔrma] *f* norma *f*; **como ~** como norma

normal <-ais> [nor'maw, -ajs] I. *adj* **1.** (*habitual*) normal **2.** (*curso*) de magisterio II. *m* normal *m*

normalidade [normaʎi'dadʒi] *f* normalidad *f*

normalista [norma'ʎista] *mf* estudiante *mf* de magisterio

normalização <-ões> [normaʎiza'sãw, -'õjs] *f* normalización *f*

normalizar [normaʎi'zar] I. *vt* normalizar II. *vr*: **~-se** normalizarse

normalmente [normaw'mējtʃi] *adv* normalmente

normativo, -a [norma'tʃivu, -a] *adj* normativo, -a

normatizar [normatʃi'zar] *vt* regular

noroeste [noro'ɛstʃi] *m sem pl* noroeste; **a ~ de** al noroeste de

norte ['nɔrtʃi] *m sem pl* norte *m*; **a ~ de** al norte de; **perder o ~** perder el norte

norte-americano, -a [nɔrtʃjameri'kɐnu, -a] *adj*, *m*, *f* norteamericano, -a *m*, *f*

nortear [nortʃi'ar] *conj como passear* I. *vt* orientar II. *vr*: **~-se** orientarse

nortista [nor'tʃista] I. *adj* de la región norte de Brasil II. *mf* persona de la región norte de Brasil

Noruega [noru'ega] *f* Noruega *f*

norueguês, -esa [norwe'ges, -'eza] <-eses> *adj*, *m*, *f* noruego, -a *m*, *f*

nos [nus] I. *pron* nos; **nosso filho ~ dá muita alegria!** ¡nuestro hijo nos alegra mucho! II. = **em + os** *v.* **em**

nós ['nɔs] *pron pess* nosotros, -as; **isso é para ~?** ¿eso es para nosotros/nosotras?

nosso, -a ['nɔsu, -a] *pron poss* nuestro, -a; **~ amigo** nuestro amigo; **um amigo ~** un amigo nuestro

nostalgia [nostaw'ʒia] *f* nostalgia *f*

nostálgico, -a [nos'tawʒiku, -a] *adj*, *m*, *f* nostálgico, -a *m*, *f*

nota ['nɔta] *f* **1.** (*recado, de escola, musical*) nota *f*; **tomar ~ de a. c.** tomar nota de algo; **ter** [*ou* **tirar**] **boas ~s** sacar buenas notas **2.** (*dinheiro*) billete *m*; **o conserto da TV saiu uma ~ preta** *inf* la reparación de la tele costó un pastón; **ele ficou cheio da ~** *inf* se montó en el dólar **3.** (*no restaurante, hotel*) cuenta *f* **4.** ECON **~ fiscal** recibo *m*

notabilizar [notabiʎi'zar] I. *vt* distinguir II. *vr*: **~-se** distinguirse

notar [no'tar] *vt* notar; **fazer-se ~** hacerse notar; **note bem!** ¡escucha!

notável <-eis> [no'tavew, -ejs] *adj* notable

notícia [no'tʃisia] *f* noticia *f*; **as ~s do dia** las noticias del día; **mandar ~s** enviar noticias; **ter ~s de alguém** tener noticias de alguien

noticiar [notʃisi'ar] *vt* informar de

noticiário [notʃisi'ariw] *m* noticiario *m*

notificação <-ões> [notʃifika'sãw, -'õjs] *f* notificación *f*

notificar [notʃifi'kar] <c→qu> *vt* notificar; **~ alguém de a. c.** notificar a alguien de algo

notificável <-eis> [notʃifi'kavew, -ejs] *adj* que debe ser notificado

notoriedade [notorje'dadʒi] *f sem pl* (*fama*) notoriedad *f*; **de ~ mundial** de notoriedad mundial

notório, -a [no'tɔriw, -a] *adj* notorio, -a

noturno, -a [no'turnu, -a] *adj* nocturno, -a; **curso ~** curso nocturno; **guarda ~** vigilante nocturno; **trabalho ~** trabajo nocturno

noturno [no'turnu] *m MÚS* nocturno *m*

noutro, -a ['nowtru, -a] = **em + outro** *v.* **outro**

nova ['nɔva] *f* nueva *f*; **tenho boas ~s** tengo buenas nuevas

Nova Iorque ['nɔva 'jɔrki] *f* Nueva York *f*

nova-iorquino, -a [nɔvajor'kinu, -a] *adj, m, f* neoyorquino, -a *m, f*

novamente [nɔva'mẽjtʃi] *adv* nuevamente

novato, -a [no'vatu, -a] *m, f* novato, -a *m, f*

Nova Zelândia ['nova ze'lãndʒia] *f* Nueva Zelanda *f*

nove ['nɔvi] *num card* nueve; *v.tb.* **dois**

novecentos, -as [nɔvi'sẽjtus, -as] *num card* novecientos, -as

nove-horas ['nɔvi-'ɔras] *fpl inf* melindres *mpl*; **cheio de ~** quisquilloso, -a

novela [no'vɛla] *f* **1.** LIT novela *f* **2.** (*de televisão*) telenovela *f*; **a ~ da transferência ilegal de fundos teve outra reviravolta** el culebrón de la transferencia ilegal de fondos dio un nuevo vuelco

noveleiro, -a [nove'lejru, -a] *m, f* aficionado, -a *m, f* a las telenovelas

novelista [nove'ʎista] *mf* guionista *mf*

novelo [no'velu] *m* (*de fios*) ovillo *m*

novembro [no'vẽjbru] *m* noviembre *m*; *v.tb.* **março**

novena [no'vena] *f* REL novena *f*

noventa [no'vẽjta] *num card* noventa

noviciado [novisi'adu] *m* REL noviciado *m*

noviço, -a [no'visu, -a] *m, f* REL novicio, -a *m, f*

novidade [novi'dadʒi] *f* novedad *f*; **há ~s?** ¿hay novedades?; **isso para mim é ~** eso para mí es nuevo

novilho [no'viʎu] *m* novillo *m*

novo, -a ['novu, 'nɔva] *adj* **1.** (*objeto, situação*) nuevo, -a; **~ em folha** a estrenar; **de ~** de nuevo; **nada de ~** nada de nuevo; **o que há de ~?** ¿qué hay de nuevo? **2.** (*pessoa, animal*) joven; **o irmão mais ~** el hermano más joven

novocaína [novoka'ina] *f* MED novocaína *f*

novo-rico, nova-rica ['novu-'xiku, 'nɔva-'xika] <novos-ricos, novas-ricas> *m, f* nuevo rico *m*, nueva rica *f*

noz ['nɔs] <-es> *f* nuez *f*

noz-moscada ['nɔz-mos'kada] <nozes-moscadas> *f* nuez *f* moscada

nu ['nu, 'nua] *m* (*pintura*) desnudo *m*

nu(a) ['nu, 'nua] *adj* desnudo, -a; **a olho ~** a simple vista; **pôr a ~** poner al desnudo

nuança [nu'ãnsa] *f* matiz *m*

nublado, -a [nu'bladu, -a] *adj* nublado, -a

nublar [nu'blar] *vt tb. fig* nublar

nuca ['nuka] *f* nuca *f*

nuclear [nukle'ar] *adj* nuclear

núcleo ['nukliw] *m* núcleo *m*; **~ atômico** núcleo atómico

nudez [nu'des] <-es> *f* desnudez *f*

nudismo [nu'dʒizmu] *m sem pl* nudismo *m*; **praticar ~** practicar el nudismo

nudista [nu'dʒista] *mf* nudista *mf*

nugá [nu'ga] *m* turrón *m*

nulidade [nuʎi'dadʒi] *f* nulidad *f*; **ele é uma ~** es una nulidad

nulo, -a ['nulu, -a] *adj* nulo, -a; **os lucros foram ~s** los beneficios fueron nulos

num(a) [nũw, 'numa] <nuns> = **em + um** *v.* **em**

numeração <-ões> [numera'sãw, -'õjs] *f* numeración *f*

numerado, -a [nume'radu, -a] *adj* numerado, -a

numerador [numera'dor] <-es> *m* MAT numerador *m*

numeral <-ais> [nume'raw, -'ajs] *m* numeral *m*; **~ cardinal** numeral cardi-

nal; ~ **fracionário** numeral fraccionario; ~ **ordinal** numeral ordinal
numerar [nume'rar] *vt* numerar
numérico, -a [nu'mɛriku, -a] *adj* numérico, -a
número ['numeru] *m* número *m*; ~ **da casa** número de casa; ~ **primo** número primo; ~ **de telefone** número de teléfono; **sem** ~ innumerable; **fazer** ~ hacer número *CSur, Cuba;* **ser o** ~ **um** ser el número uno; **ser um** ~ *fig* ser la pera; **um grande** ~ **de** un gran número de
numerologia [numerolo'ʒia] *f sem pl* numerología *f*
numeroso, -a [nume'rozu, -ɔza] *adj* numeroso, -a
numismática [numiz'matʃika] *f sem pl* numismática *f*
nunca ['nũka] *adv* nunca; ~ **mais** nunca más; **até** ~ **mais** hasta nunca; **mais (do) que** ~ más que nunca; **quase** ~ casi nunca
núncio ['nũwsiw] *m* nuncio *m*; **o** ~ **apostólico** el nuncio apostólico
nuns [nũws] *pl de* **num**
nupcial <-ais> [nupsi'aw, -'ajs] *adj* nupcial
núpcias ['nupsias] *fpl* nupcias *fpl*; **noite de** ~ noche de bodas
nutrição <-ões> [nutri'sãw, -'õjs] *f sem pl* nutrición *f*
nutricional <-ais> [nutrisjo'naw, -'ajs] *adj* nutricional
nutricionismo [nutrisjo'nizmu] *m sem pl* nutricionismo *f*
nutricionista [nutrisjo'nista] *mf* nutricionista *mf*
nutrições [nutri'sõjs] *f pl de* **nutrição**
nutrido, -a [nu'tridu, -a] *adj* nutrido, -a; **bem/mal** ~ bien/mal nutrido
nutriente [nutri'ẽjtʃi] *m* nutriente *m*
nutrir [nu'trir] I. *vt* nutrir II. *vr*: ~ **-se** nutrirse
nutritivo, -a [nutri'tʃivu, -a] *adj* nutritivo, -a
nuvem ['nuvẽj] <-ens> *f* nube *f*; ~ **de fumaça/de pó** nube de humo/polvo; **andar nas nuvens** estar en las nubes; **cair das nuvens** llevarse una decepción; **estar nas nuvens** estar en las nubes; **passar em brancas nuvens** pasar como si nada; **pôr alguém nas nuvens** poner a alguien por las nubes

O

O, o ['o] *m* O, o *f*
o [u] I. *art m* el *m*; ~ **homem/cigarro/copo** el hombre/cigarro/vaso; ~ **Carlos não está** Carlos no está II. *pron pess (ele, você)* lo; **conheço-~ bem** lo conozco bien; **encontrou o livro/casaco? – eu – encontrei** ¿encontraste el libro/abrigo? – yo lo encontré

> **Gramática** Cuando los pronombres débiles **o** y **a** se utilizan detrás de un infinitivo, la forma de infinitivo pierde la "r" y al pronombre le precede una "l": "A viagem foi boa, mas seria bom tê-la desfrutado com mais tempo; O fecho emperrou e não posso abri-lo."

ô ['o] *interj* ~ **menina!** ¡eh, niña!; ~ **Marcos!** ¡eh, Marcos!
ó ['ɔ] *interj (olhar)* **fica logo ali,** ~**!** ¡quédate ahí, eh!
OAB [ɔa'be] *f abr de* **Ordem dos Advogados do Brasil** *colegio de abogados de Brasil*
oásis [o'azis] *m inv* oasis *m inv*
oba ['oba] *interj* 1. *(alegria)* viva 2. *inf (saudação)* hola
oba-oba ['oba-'oba] *m* juerga *f*; **chega de** ~ **e vamos trabalhar** basta de juerga y vamos a trabajar
obcecado, -a [obse'kadu, -a] *adj* obcecado, -a; **estar** ~ **por a. c./alguém** estar obcecado por algo/alguien
obedecer [obede'ser] <c→ç> I. *vt* obedecer; ~ **a alguém** obedecer a alguien; ~ **às normas** obedecer las normas II. *vi* obedecer; **o carro não obedecia** el coche no me/le obedecía
obediência [obedʒi'ẽjsia] *f sem pl* obediencia *f*; ~ **a alguém/a. c.** obediencia a alguien/algo
obediente [obedʒi'ẽjtʃi] *adj* obediente
obelisco [obe'ʎisku] *m* ARQUIT obelisco *m*
obesidade [obezi'dadʒi] *f sem pl* obesidad *f*
obeso, -a [o'bezu, -a] *adj* obeso, -a
óbito ['ɔbitu] *m* óbito *m*; **certidão de** ~

obituário [obitu'ariw] *m* obituario *m*

objeção <-ões> [obʒe'sɐ̃w, -'õjs] *f* objeción *m*; **levantar** [*ou* **fazer**] **objeções a a. c.** poner objeciones a algo

objetar [obʒe'tar] *vt* objetar

objetiva [obʒe'tʃiva] *f* FOTO objetivo *m*

objetividade [obʒetʃivi'dadʒi] *f sem pl* objetividad *f*

objetivo [obʒe'tʃivu] *m* objetivo *m*

objetivo, -a [obʒe'tʃivu, -a] *adj* objetivo, -a

objeto [ob'ʒɛtu] *m* objeto *m*; ~ **de desejo** objeto de deseo; ~ **de estudo** objeto de estudio; ~ **de valor** objeto de valor; ~ **voador não identificado** objeto volador no identificado

oblíqua [o'blikwa] *f* MAT línea *f* oblicua

oblíquo, -a [o'blikwo, -a] *adj* **1.** (*ângulo, linha, olhar*) oblicuo, -a **2.** (*caminho*) indirecto, -a **3.** (*conduta*) torcido, -a

obliterar [obʎite'rar] *vt* **1.** (*cano*) obstruir **2.** (*vaso sanguíneo*) obliterar

oblívio [o'ʎiviw] *m elev* olvido *m*

oblongo, -a [ob'lõwgu, -a] *adj* oblongo, -a

oboé [obo'ɛ] *m* oboe *m*

obra ['ɔbra] *f* obra *f*; ~ **de arte** obra de arte; ~**s completas** obras completas; **isso é ~ dele** eso es obra suya; **mãos à ~** manos a la obra; **por ~ e graça de...** por obra y gracia de...

obra-prima ['ɔbra-'prima] <obras-primas> *f* obra *f* maestra

obrar [o'brar] **I.** *vi* **1.** (*agir*) obrar **2.** (*defecar*) defecar **II.** *vt* (*construir, tramar*) obrar

obras ['ɔbras] *fpl* obras *fpl*; ~ **públicas** obras públicas; **estar em ~** estar en obras

obrigação <-ões> [obriga'sɐ̃w, -'õjs] *f* obligación *f*; **ter a ~ de fazer a. c.** tener la obligación de hacer algo

obrigado, -a [obri'gadu, -a] **I.** *adj* obligado, -a; **estar ~ a a. c.** estar obligado a algo; **ser ~ a fazer a. c.** ser obligado a hacer algo **II.** *interj* gracias; **obrigada por me ajudar** gracias por ayudarme; **muito ~!** ¡muchas gracias!

> **Gramática** Cuando una mujer da las gracias dice **obrigada**; un hombre, por su parte, dice **obrigado**.

obrigar [obri'gar] <g→gu> **I.** *vt* obligar; ~ **alguém a a. c.** obligar a alguien a algo **II.** *vr:* ~**-se** (*empenhar-se*) obligarse; **obrigou-se a levantar cedo todos os dias** se obligó a levantarse temprano todos los días

obrigatoriamente [obrigatɔrja'mẽjtʃi] *adv* obligatoriamente

obrigatório, -a [obriga'tɔriw, -a] *adj* obligatorio, -a; **é ~ preencher esta seção** es obligatorio rellenar esta sección

obs. [observa'sɐ̃w] *abr de* **observações** obs.

obscenidade [obseni'dadʒi] *f* obscenidad *f*

obsceno, -a [ob'senu, -a] *adj* (*ato, comentário, pessoa*) obsceno, -a

obscurantismo [obskurɐ̃n'tʃizmu] *m sem pl* oscurantismo *m*

obscurecer [obskure'ser] <c→ç> *vt* oscurecer

obscuridade [obskuri'dadʒi] *f sem pl* oscuridad *f*

obscuro, -a [obs'kuru, -a] *adj* oscuro, -a

obséquio [ob'zɛkiw] *m elev* favor *m*; **por ~** por favor; **fazer um ~ a alguém** hacer un favor a alguien

observação <-ões> [observa'sɐ̃w, -'õjs] *f* observación *f*; **fazer uma ~** hacer una observación; **o paciente está em ~** el paciente está en observación

observador(a) [observa'dor(a)] *adj, m(f)* observador(a) *m(f)*

observância [obser'vɐ̃nsia] *f sem pl* observancia *f*

observante [obser'vɐ̃ntʃi] *mf* observador(a) *m(f)*

observar [obser'var] *vt* observar

observatório [observa'tɔriw] *m* **1.** (*edifício*) observatorio *m*; ~ **astronômico** observatorio astronómico; ~ **meteorológico** observatorio meteorológico **2.** (*mirante*) mirador *m*

obsessão <-ões> [obse'sɐ̃w, -'õjs] *f* obsesión *f*

obsessivo, -a [obse'sivu, -a] *adj* obsesivo, -a

obsessões [obse'sõjs] *f pl de* **obsessão**

obsolescência [obsole'sẽjsia] *f* obsolescencia *f*

obsoleto, -a [obso'letu, -a] *adj* obsoleto, -a; (*vocábulo*) arcaico, -a

obstaculizar [obstakuʎi'zar] *vt* obstaculizar

obstáculo [obs'takulu] *m* obstáculo *m;* **vencer um** ~ superar un obstáculo

obstante [obs'tãntʃi] *conj* **não** ~ no obstante; **não ~ os esforços, o desemprego aumenta** a pesar de los esfuerzos, el desempleo está aumentando

obstar [obs'tar] I. *vi* ~ **a a. c.** impedir algo II. *vt* 1.(*obstaculizar*) obstaculizar 2.(*impedir*) impedir

obstetra [obs'tɛtra] *mf* obstetra *mf*

obstetrícia [obste'trisia] *f sem pl* obstetricia *f*

obstetriz [obste'tris] <-es-> *f* comadrona *f*

obstinação <-ões> [obstʃina'sãw, -'õjs] *f* obstinación *f*

obstinado, -a [obstʃi'nadu, -a] *adj* obstinado, -a

obstipação [obstʃipa'sãw] *f* MED estreñimiento *m*

obstrução <-ões> [obstru'sãw, -'õjs] *f* obstrucción *f*

obstruir [obstru'ir] *conj como incluir vt* obstruir

obtenção [obtẽj'sãw] *f sem pl* obtención *f*

obter [ob'ter] *irr como ter vt* obtener

obturador [obtura'dor] *m tb.* FOTO obturador *m*

obturar [obtu'rar] *vt* 1.(*fechar, obstruir*) obturar 2.(*um dente*) empastar

obtuso, -a [ob'tuzu, -a] *adj* obtuso, -a

obviamente [ɔbvja'mẽjtʃi] *adv* obviamente

obviedade [obvje'dadʒi] *f* obviedad *f*

óbvio, -a ['ɔbviw, -a] *adj* obvio, -a; **é ~ que...** es obvio que...

oca ['ɔka] *f* (*cabana*) cabaña *f*

ocasião <-ões> [okazi'ãw, -'õjs] *f* ocasión *f*; **por ~ de** con ocasión de; **aproveitar a ~** aprovechar la ocasión; **a ~ faz o ladrão** la ocasión [*o* la oportunidad *AmL*] hace al ladrón

ocasional <-ais> [okazjo'naw, -'ajs] *adj* ocasional

ocasionalmente [okazjonaw'mẽjtʃi] *adv* ocasionalmente

ocasionar [okazjo'nar] *vt* ocasionar

ocaso [o'kazu] *m* ocaso *m*

Oceania [osea'nia] *f* Oceanía *f*

oceânico, -a [ose'ɐniku, -a] *adj* oceánico, -a

oceano [osi'ɐnu] *m* océano *m*

oceanografia [osjɐnogra'fia] *f sem pl* oceanografía *f*

oceanógrafo, -a [osjɐno'grafiku, -a] *m, f* oceanógrafo, -a *m, f*

ocidental <-ais> [osidẽj'taw, -'ajs] *adj* occidental

ocidente [osi'dẽjtʃi] *m sem pl* occidente *m*

ócio ['ɔsiw] *m* ocio *m*

ociosidade [osjozi'dadʒi] *f sem pl* ociosidad *f*

ocioso, -a [osi'ozu, -'ɔza] *adj* ocioso, -a

oclusão <-ões> [oklu'zãw, -'õjs] *f* oclusión *f*

oclusivo, -a [oklu'zivu, -a] *adj* LING oclusivo, -a

oclusões [oklu'zõjs] *f pl de* **oclusão**

oco, -a ['oku, -a] *adj* hueco, -a; **ele é um cabeça oca** es un cabeza hueca

ocorrência [oko'xẽjsia] *f* 1.(*acontecimento*) acontecimiento *m* 2.(*incidente*) suceso *m*

ocorrer [oko'xer] *vi* (*acontecer*) ocurrir; **agora não me ocorre nada** ahora no se me ocurre nada

ocre ['ɔkri] *m sem pl* ocre *m*

octaedro [okta'ɛdru] *m* MAT octaedro *m*

octano [ok'tɐnu] *m* QUÍM octano *m*

octogenário, -a [oktoʒe'nariw, -a] *adj, m, f* octogenario, -a *m, f*

octogésimo, -a [okto'ʒɛzimu, -a] *num ord* octogésimo, -a

octogonal <-ais> [oktogo'naw, -'ajs] *adj* octogonal

ocular [oku'lar] I. *adj* ocular; **testemunha ~** testigo ocular II. *f* ocular *m*

oculista [oku'ʎista] *mf* oculista *mf*

óculo ['ɔkulu] *m* catalejo *m*

óculos ['ɔkulus] *mpl* gafas *fpl*, lentes *mpl AmL*, anteojos *mpl AmL*; **~ escuros/de sol** gafas oscuras/de sol; **usar ~** usar gafas

ocultar [okuw'tar] I. *vt* ocultar II. *vr:* **~-se** ocultarse

ocultismo [okuw'tʃizmu] *m sem pl* ocultismo *m*

oculto, -a [o'kuwtu, -a] *adj* oculto, -a

ocupação <-ões> [okupa'sãw, -'õjs] *f* ocupación *f*

ocupacional <-ais> [okupasjo'naw, -'ajs] *adj* ocupacional

ocupações [okupa'sõjs] *f pl de* **ocupação**

ocupado, -a [oku'padu, -a] *adj* 1.(*pessoa, lugar, casa*) ocupado, -a; **estar ~ com a. c.** estar ocupado con algo 2.(*telefone*) ocupado, -a; **dá sinal de**

~ está ocupado, está comunicando

ocupante [oku'pãntʃi] *mf* ocupante *mf*; ~ **ilegal** (*de casa*) ocupante ilegal

ocupar [oku'par] **I.** *vt* ocupar; ~ **alguém com a. c.** ocupar a alguien con algo; ~ **o primeiro lugar** ocupar el primer lugar **II.** *vr*: ~-**se** ocuparse; ~-**se de** [*ou* **com**] **a. c.** ocuparse de algo

ode ['ɔdʒi] *f* LIT oda *f*

odiar [odʒi'ar] *irr irr vt* odiar

odiento, -a [odʒi'ẽjtu, -a] *adj* lleno, -a de odio

ódio ['ɔdʒiw] *m* odio *m*; **ter ~ de** [*ou* **a**] **alguém/a. c.** tener odio a alguien/algo

odioso, -a [odʒi'ozu, -'ɔza] *adj* odioso, -a

odisseia [odʒi'sɛja] *f* odisea *f*

odontologia [odõwtolo'ʒia] *f sem pl* odontología *f*

odontológico, -a [odõwto'lɔʒiku, -a] *adj* odontológico, -a

odontologista [odõwtolo'ʒista] *mf* odontólogo, -a *m, f*

odor [o'dor] *m* olor *m*

OEA [ɔe'a] *f abr de* **Organização dos Estados Americanos** OEA *f*

oeste [o'ɛstʃi] *m sem pl* oeste *m*; **a ~ de** al oeste de

ofegante [ofe'gãntʃi] *adj* jadeante

ofegar [ofe'gar] <g→gu> *vi* jadear

ofender [ofẽj'der] **I.** *vt* ofender **II.** *vr* ~-**se com a. c.** ofenderse por algo

ofendido, -a [ofẽj'dʒidu, -a] *adj* ofendido, -a; **estar ofendido com a. c./com alguém** estar ofendido por algo/con alguien; **ficar ofendido com a. c./com alguém** ofenderse por algo/con alguien

ofensa [o'fẽjsa] *f* ofensa *f*

ofensiva [ofẽj'siva] *f* ofensiva *f*; **tomar a ~** pasar a la ofensiva

ofensivo, -a [ofẽj'sivu, -a] *adj* ofensivo, -a

ofensor(a) [ofẽj'sor(a)] *m(f)* ofensor *m(f)*

oferecer [ofere'ser] <c→ç> **I.** *vt* **1.** (*dar*) ofrecer; ~ **garantias** ofrecer garantías; ~ **resistência** ofrecer resistencia; ~ **vantagens** ofrecer ventajas **2.** (*dedicar*) dedicar; **ofereceu a música à namorada** dedicó la canción a su novia **II.** *vr*: ~-**se** ofrecerse; ~-**se para ajudar** ofrecerse a ayudar

oferecido, -a [ofere'sidu, -a] *adj* (*pessoa*) dispuesto, -a

oferenda [ofe'rẽjda] *f* ofrenda *f*

oferta [o'fɛrta] *f* **1.** (*doação, presente*) ofrecimiento *m* **2.** ECON oferta *f*; **lei da ~ e da procura** ley de la oferta y la demanda; **vá às compras, está tudo em ~** ve de compras, está todo en oferta

ofertar [ofer'tar] **I.** *vt* ofertar **II.** *vr*: ~-**se** ofrecerse

ofertório [ofer'tɔriw] *m sem pl* REL ofertorio *m*

office-boy ['ɔfisi-'bɔj] *m* chico *m* de los recados

off-line [ɔf'lajni] *adj* INFOR off line

oficial <-ais> [ofisi'aw, -'ajs] **I.** *adj* oficial **II.** *mf* MIL oficial *mf*; ~ **de justiça** JUR oficial de justicia

oficializar [ofisjaʎi'zar] *vt* oficializar

oficialmente [ofisjaw'mẽntʃi] *adv* oficialmente

oficina [ofi'sina] *f* taller *m*; ~ **de dança** taller de baile

ofício [o'fisiw] *m* **1.** (*arte*) oficio *m*; ~ **divino** REL misa *f* **2.** (*cargo*) misión *f* **3.** JUR (*carta*) comunicación *f*

oficioso, -a [ofisi'ozu, -'ɔza] *adj* oficioso, -a

oftalmologia [oftawmolo'ʒia] *f sem pl* oftalmología *f*

oftalmologista [oftawmolo'ʒista] *mf* oftalmólogo, -a *m, f*

ofuscante [ofus'kãntʃi] *adj* deslumbrante

ofuscar [ofus'kar] <c→qu> *vt* (*a verdade, o raciocínio*) ofuscar; ~ **a vista** (*sol*) deslumbrar

ogiva [o'ʒiva] *f* ARQUIT, MIL ojiva *f*; ~ **nuclear** ojiva nuclear

oi ['oj] *interj* hola

oitava [oj'tava] *f* MÚS octava *f*

oitavo [oj'tavu] *m* octavo *m*

oitavo, -a [oj'tavu, -a] *num ord* octavo, -a; *v.tb.* **segundo**

oitenta [oj'tẽjta] *num card* ochenta

oito ['ojtu] *num card* ocho; ~ **dias** ocho días; *v.tb.* **dois**

oitocentos, -as [ojtu'sẽjtus, -as] *num card* ochocientos, -as

ojeriza [oʒe'riza] *f* ojeriza *f*

olá [o'la] *interj* hola

olaria [ola'ria] *f* alfarería *f*

olé [o'lɛ] **I.** *m* ESPORT drible *m*; **o centroavante deu um ~ no zagueiro e marcou o gol** el delantero centro dribló al defensa y marcó el gol **II.** *interj* ESPORT olé

oleandro [oʎi'ãndru] *m* BOT adelfa *f*

oleiro, -a [o'lejɾu, -a] *m, f* alfarero, -a *m, f*

óleo ['ɔʎiw] *m* aceite *m;* **~ de cozinha** aceite de cocina; **~ diesel** aceite diésel; **~ lubrificante** aceite lubricante; **~ de rícino** aceite de ricino; **~ de rosas** aceite de rosas; **~ de soja** aceite de soja; **~ vegetal** aceite vegetal; **trocar o ~** cambiar el aceite; *chulo (copular)* follar

oleoduto [ɔleo'dutu] *m* oleoducto *m*

oleoso, -a [oʎi'ozu, -'ɔza] *adj* aceitoso, -a; *(gorduroso)* graso, -a

olfativo, -a [owfa'tʃivu, -a] *adj* olfativo, -a

olfato [ow'fatu] *m sem pl* olfato *m;* **tinha um bom ~ para guiá-lo nas suas decisões** tenía un buen olfato que le guiaba en sus decisiones

olhada [o'ʎada] *f* vistazo *m;* **dar uma ~ em a. c.** dar un vistazo a algo

olhar¹ [o'ʎar] <-es> *m* mirada *f;* **está sempre com um ~ de peixe morto** *inf* siempre tiene cara de vinagre

olhar² [o'ʎar] I. *vi* mirar II. *vt* mirar; **~ para alguém/a. c.** mirar a alguien/algo; **~ por alguém/a. c.** cuidar de alguien/algo; **olhava sempre as crianças da vizinha** cuidaba siempre de los niños de la vecina; **que Deus olhe por nós!** ¡que Dios nos proteja!; **precisei as palavras no dicionário para entender o texto** me hizo falta buscar las palabras en el diccionario para entender el texto; **pago 50 reais pelo quadro e olhe lá!** ¡pago 50 reales por el cuadro y nada más!; **olha!** ¡mira!

olhares [o'ʎaɾis] *m pl de* **olhar**

olheiras [o'ʎejɾas] *fpl* ojeras *fpl*

olheiro [o'ʎejɾu] *m* ESPORT ojeador *m*

olho ['oʎu] *m* 1. ANAT ojo *m;* **a ~ a ojo;** **~ grande** [*ou* **gordo**] *fig* envidia *f;* **~ mágico** mirilla *f;* **~ de vidro** ojo de cristal; **a ~ nu** a simple vista; **de ~s fechados** con los ojos cerrados; **arregalar os ~s** abrir los ojos de par en par; **abra os ~s, estão te enganando** abre los ojos, te están engañando; **custar os ~s da cara** costar un ojo de la cara; **estar de ~ em alguém/a. c.** estar con los ojos puestos en alguien/algo; **fechar os ~s para a. c.** cerrar los ojos ante algo; **ir para o ~ da rua** ser puesto de patitas en la calle; **não pregar ~** no pegar ojo; **pôr os ~s em alguém/a. c.** echar el ojo a alguien/algo; **ser de encher os ~s** ser maravilloso; **ter (bom) ~ para a. c.** tener buen ojo para algo; **ter o ~ maior que a barriga** *fig* comer con los ojos; **ver alguém com bons ~s** ver a alguien con buenos ojos; **num abrir e fechar de ~s** en un abrir y cerrar de ojos; **~s nos ~s** cara a cara; **a ~s vistos** a ojos vistos; **vivo!** ¡cuidado!; **~ por ~, dente por dente** ojo por ojo, diente por diente 2. *(de agulha)* ojo *m*

olho-de-boi ['oʎu-dʒi-'boj] <olhos-de-boi> *m* 1. *(claraboia)* ojo *m* de buey 2. BOT *planta trepadora nativa de Brasil*

olho-de-sogra ['oʎu-dʒi-'sɔgra] <olhos-de-sogra> *m dulce hecho con ciruelas o dátiles y cubierto por almíbar*

oligarca [oʎi'garka] *mf* oligarca *mf*

oligarquia [oʎigar'kia] *f* oligarquía *f*

oligárquico, -a [oʎi'garkiku, -a] *adj* oligárquico, -a

olimpíadas [oʎĩj'piadas] *fpl* olimpiadas *fpl*

olímpico, -a [o'lĩjpiku, -a] *adj* ESPORT olímpico, -a

Olinda [o'ʎĩda] Olinda

olival <-ais> [oʎi'vaw, -'ajs] *m* olivar *m*

oliveira [oʎi'vejɾa] *f* olivo *m*

olmo ['owmu] *m* olmo *m*

ombreira [õw'bɾejɾa] *f* 1. *(da porta)* umbral *m* 2. *(de vestuário)* hombrera *f*

ombro ['õwbɾu] *m* hombro *m;* **encolher os ~s, dar de ~s** encogerse de hombros; **olhar alguém por cima do ~** mirar a alguien por encima del hombro; **~ a ~** hombro a hombro

omelete [ome'lɛtʃi] *m ou f* GASTR tortilla *f,* omelet *m* AmL

ominoso, -a [omi'nozu, -'ɔza] *adj* ominoso, -a

omissão <-ões> [omi'sãw, -'õjs] *f* omisión *f*

omisso, -a [o'misu, -a] *adj* 1. *(lei)* incompleto, -a 2. *(pessoa)* negligente

omissões [omi'sõjs] *f pl de* **omissão**

omitir [omi'tʃir] I. *vt* omitir II. *vr:* **~-se** no manifestarse

OMS [ɔemi'ɛsi] *f abr de* **Organização Mundial de Saúde** OMS *f*

onça ['õwsa] *f* 1. *(medida de peso)* onza *f* 2. ZOOL jaguar *m;* **ficar uma ~** ponerse hecho una fiera; **ser amigo da ~** ser un mal amigo

onça-parda [õwsa-'pardu] <onças-pardas> *f* ZOOL puma *m,* león *m* AmL

oncologia [õwkolo'ʒia] *f sem pl* oncología *f*

oncologista [õwkolo'ʒista] *mf* oncólogo, -a *m, f*

onda ['õwda] *f* 1. (*vaga, de água*) ola *f*; ~ **de calor** ola de calor; **fazer** ~ *fig* armar follón; **ir na** ~ *fig* dejarse llevar; **pegar** ~ hacer surf 2. FÍS onda *f*; ~ **curta** onda corta; ~ **longa** onda larga; ~ **média** onda media 3. *inf* (*moda*) moda *f*; **estar na** ~ estar de moda; **isto é uma** ~ **passageira** esto es una moda pasajera 4. (*fingimento*) teatro *m*; **ele adora fazer** ~ le encanta hacer teatro 5. *gíria* **tirar** (**uma**) ~ dárselas de importante

onde ['õwdʒi] *adv* 1. *rel* donde; ~ **quer que seja** donde sea 2. *interrog* dónde; ~ **você está?** ¿dónde estás?

ondulação <-ões> [õwdula'sãw, -'õjs] *f* ondulación *f*

ondulado, -a [õwdu'ladu, -a] *adj* ondulado, -a

ondulante [õwdu'lãntʃi] *adj* ondulante

ondular [õwdu'lar] I. *vt* ondular II. *vi* ondularse

onerar [one'rar] *vt* (*dívida*) endeudar; (*pessoa, produto*) gravar

oneroso, -a [one'rozu, -'ɔza] *adj* oneroso, -a

ONG ['õwgi] *abr de* **organização não-governamental** ONG *f*

ônibus ['onibus] *inv m* autobús *m*, camión *m Méx*, colectivo *m Arg*, guagua *f Cuba*, ómnibus *m Urug*; ~ **espacial** transbordador *m* espacial; **ir de** ~ ir en autobús

onipotência [onipo'tẽjsia] *f sem pl* omnipotencia *f*

onipotente [onipo'tẽjtʃi] *adj* omnipotente

onipresente [onipre'zẽjtʃi] *adj* omnipresente

onírico, -a [o'niriku, -a] *adj* onírico, -a

onisciente [onisi'ẽjtʃi] *adj* omnisciente

ônix ['oniks] *m inv* ónix *m inv*

on-line [õw'lajni] *inv adj* INFOR on-line

onomástica [ono'mastʃika] *f sem pl* onomástica *f*

onomatopaico, -a [onomato'pajku, -a] *adj* LING onomatopéyico, -a; **palavra onomatopaica** onomatopeya *f*

onomatopeia [onomato'pɛja] *f* LING onomatopeya *f*

ontem ['õwtẽj] *adv* ayer; ~ **de manhã/à tarde/à noite** ayer por la mañana/por la tarde/por la noche; **estar olhando para** ~ mirar siempre al ayer; **tomou a decisão de** ~ **para hoje** tomó la decisión entre ayer y hoy; **isto é para** ~! ¡esto es para ayer!

ontologia [õwtolo'ʒia] *f sem pl* ontología *f*

ONU ['ɔnu] *abr de* **Organização das Nações Unidas** ONU *f*

ônus ['onus] *inv m sem pl* obligación *f*

onze ['õwzi] *num card* once; *v.tb.* **dois**

opa ['ɔpa] *interj* ala; *inf* (*saudação*) hola

opacidade [opasi'dadʒi] *f* opacidad *f*

opaco, -a [o'paku, -a] *adj* opaco, -a

opala [o'pala] *f* 1. (*pedra*) ópalo *m* 2. (*tecido*) opal *m*

opção <-ões> [op'sãw, -'õjs] *f* opción *f*; **fazer uma** ~ escoger una opción; **não ter** ~ no haber opción

opcional <-ais> [opsjo'naw, -'ajs] *adj* opcional

opções [op'sõjs] *f pl de* **opção**

open ['owpẽj] *m* 1. ECON mercado *m* abierto 2. ESPORT open *m*

Opep [o'pɛpi] *abr de* **Organização dos Países Exportadores de Petróleo** OPEP *f*

ópera ['ɔpera] *f* ópera *f*

operação <-ões> [opera'sãw, -'õjs] *f* operación *f*; ~ **tartaruga** huelga *f* de brazos caídos

operacional <-ais> [operasjo'naw, -'ajs] *adj* operacional

operações [opera'sõjs] *f pl de* **operação**

operador(**a**) [opera'dor(a)] *m(f)* operador(a) *m(f)*; ~ **de sistemas** operador del sistema

operadora [opera'dora] *f* (*empresa*) operadora *f*; ~ **de câmbio** agencia *f* de cambio; ~ **de turismo** operador *m* turístico; ~ **de telefonia celular** operadora de telefonía móvil

operar [ope'rar] I. *vt* 1. MED operar 2. (*uma máquina*) manejar 3. (*empresa*) realizar II. *vi* operar III. *vr*: ~ -**se** (*acontecer*) operarse

operariado [operari'adu] *m* proletariado *m*

operário, -a [ope'rariw, -a] *m, f* obrero, -a *m, f*; **classe operária** clase obrera

operatório, -a [opera'tɔriw, -a] *adj* quirúrgico, -a

operável <-eis> [ope'ravew, -ejs] *adj* operable

opereta [ope'reta] *f* MÚS opereta *f*

opinar [opi'nar] *vi* opinar; ~ **sobre a. c.**

opinião <-ões> [opini'ãw, -'õjs] *f* opinión *f*; **~ pública** opinión pública; **dar a sua ~** dar su opinión; **mudar de ~** cambiar de opinión; **na minha ~** en mi opinión; **eu sou de ~ que...** soy de la opinión de que...

ópio ['ɔpiw] *m sem pl* opio *m*

oponente [opo'nẽtʃi] **I.** *mf* oponente *mf* **II.** *adj* opuesto, -a

opor [o'por] *irr como pôr* **I.** *vt* oponer **II.** *vr*: **~-se** oponerse; **~-se a a. c.** oponerse a algo

oportunamente [oportuna'mẽtʃi] *adv* oportunamente

oportunidade [oportuni'dadʒi] *f* oportunidad *f*; **aproveitar/desperdiçar uma ~** aprovechar/desperdiciar una oportunidad; **dar uma ~ a alguém** dar una oportunidad a alguien; **ainda não tive ~ de agradecê-la** todavía no he tenido la oportunidad de darle las gracias

oportunismo [oportu'nizmu] *m sem pl* oportunismo *m*

oportunista [oportu'nista] *adj, mf* oportunista *mf*

oportuno, -a [opor'tunu, -a] *adj* oportuno, -a

oposição <-ões> [opozi'sãw -'õjs] *f* oposición *f*; **em ~ a** en contraste con

oposicionista [opozisjo'nista] *mf* oponente *mf*

oposições [opozi'sõjs] *f pl de* **oposição**

opositor(a) [opozi'tor(a)] *m(f)* opositor(a) *m(f)*

oposto [o'postu] **I.** *pp de* **opor II.** *m* o **~** lo opuesto; **os ~s se atraem** los extremos se tocan **III.** *adj* opuesto, -a

opressão <-ões> [opre'sãw, -'õjs] *f* opresión *f*

opressivo, -a [opre'sivu, -a] *adj* opresivo, -a

opressões [opre'sõjs] *f pl de* **opressão**

opressor(a) [opre'sor(a)] *m(f)* opresor(a) *m(f)*

oprimido, -a [opri'midu, -a] *adj, m, f* oprimido, -a *m, f*

oprimir [opri'mir] <*pp:* opresso *ou* oprimido> *vt* oprimir

opróbrio [o'prɔbriw] *m* oprobio *m*

optar [op'tar] *vi* optar; **~ por a. c.** optar por algo

optativo, -a [opta'tʃivu, -a] *adj* optativo, -a

óptica ['ɔtʃika] *f* óptica *f*

óptico, -a ['ɔtʃiku, -a] *adj* óptico, -a

opulência [opu'lẽsia] *f sem pl* opulencia *f*

opulento, -a [opu'lẽtu, -a] *adj* opulento, -a

opus ['ɔpus] *m inv* MÚS opus *m inv*

ora ['ɔra] **I.** *adv* ahora; **por ~** por ahora; **~..., ~...** ora..., ora... **II.** *conj* ahora bien **III.** *interj* vaya; **~ bolas!** *inf* ¡ostras!; **~ essa!, ~ veja!** (*indignação*) ¡cuidado!

oração <-ões> [ora'sãw, -'õjs] *f* oración *f*; **~ principal/subordinada** oración principal/subordinada

oráculo [o'rakulu] *m* oráculo *m*

orador(a) [ora'dor(a)] *m(f)* orador(a) *m(f)*

oral <-ais> [o'raw, -'ajs] *adj, f* oral *m*

oralidade [oraʎi'dadʒi] *f* oralidad *f*

orangotango [orãŋgu'tãŋgu] *m* orangután *m*

orar [o'rar] *vi* orar

oratória [ora'tɔria] *f* oratoria *f*

oratório [ora'tɔriw] *m* oratorio *m*

órbita ['ɔrbita] *f* órbita *f*; **entrar em ~** *inf*, **estar** [*ou* **ficar**] **fora de ~** *inf* estar en las nubes

orca ['ɔrka] *f* orca *f*

orçamentário, -a <-ais> [orsamẽj'tariw, -a, -ajs] *adj* (*déficit, crédito*) presupuestario, -a

orçamento [orsa'mẽtu] *m* presupuesto *m*

orçar [or'sar] <ç→c> *vt* presupuestar; **~ em** presupuestar en

ordeiro, -a [or'dejru, -a] *adj* pacífico, -a

ordem ['ɔrdẽj] <-ens> *f* **1.** (*comando*) orden *f*; **~ de despejo** orden de desalojo; **~ de pagamento** ECON orden de pago; **cumprir uma ~** cumplir una orden; **dar uma ~ a alguém** dar una orden a alguien; **estar às ordens de alguém** estar a las órdenes de alguien; **por ~ de alguém** por orden de alguien; **sempre às ordens!** ¡a sus órdenes! **2.** (*sequência*) orden *m;* **~ alfabética/numérica** orden alfabético/numérico; **estar por** [*ou* **na**] **~** estar en orden; **pôr a. c. por** [*ou* **na**] **~** poner algo en orden **3.** (*organização*) orden *m; ~* **do dia** orden del día; **a ~ política** el ordenamiento político; **~ e progresso** orden y progreso; **estar em ~** estar en orden; **pôr a. c. em ~** poner algo en orden; **pôr a casa em ~** *inf*

ordenação 356 **orixá**

poner orden **4.** (*profissional*) colegio *m;* **Ordem dos advogados** Colegio de Abogados; **Ordem dos médicos** Colegio de Médicos **5.** (*comunidade religiosa*) orden *f* **6.** (*categoria*) orden *m;* **de segunda** ~ de segundo orden
ordenação <-ões> [ordena'sɐ̃w, -'õjs] *f* (*ordem*) ordenación *f*
ordenada [orde'nada] *f* MAT ordenada *f*
ordenadamente [ordenada'mẽjtʃi] *adv* ordenadamente
ordenado [orde'nadu] *m* salario *m*
ordenado, -a [orde'nadu, -a] *adj* ordenado, -a
ordenança [orde'nɐ̃sa] *mf* ordenanza *mf*
ordenar [orde'nar] **I.** *vt* ordenar **II.** *vr:* **~-se** REL ordenarse
ordenha [or'deɲa] *f* ordeño *m*
ordenhar [orde'ɲar] *vt* ordeñar
ordens ['ɔrdẽjs] *f pl de* **ordem**
ordinal <-ais> [ordʒi'naw, -'ajs] *adj, m* ordinal *m*
ordinário, -a [ordʒi'nariw, -a] *adj tb. pej* ordinario, -a
orégano [o'rɛganu] *m sem pl* orégano *m*
orelha [o'reʎa] *f* **1.** ANAT oreja *f;* **~s de abano** orejas de soplillo; **estar até as ~s** estar hasta el cuello; **ficar de ~ em pé** estar con la mosca detrás de la oreja; **torcer a ~** arrepentirse **2.** (*de livro*) solapa *f*
orelhada [ore'ʎada] *f inf* **de ~** de oído
orelhão <-ões> [ore'ʎɐ̃w, -'õjs] *m* cabina *f* (telefónica)
orfanato [orfa'natu] *m* orfanato *m,* orfanatorio *m Méx*
órfão, órfã ['ɔrfɐ̃w, -'ɐ̃] <-ãos> *m, f* huérfano, -a *m, f;* **~ de mãe/pai** huérfano de madre/padre
organdi [orgɐ̃'dʒi] *m* organdí *m*
orgânico, -a [or'gɐniku, -a] *adj* orgánico, -a; **lixo ~** basura orgánica
organismo [orga'nizmu] *m* organismo *m*
organista [orga'nista] *mf* organista *mf*
organização <-ões> [organiza'sɐ̃w, -'õjs] *f* organización *f;* **Organização Mundial de Saúde** Organización Mundial de la Salud; **Organização das Nações Unidas** Organización de las Naciones Unidas
organizado, -a [organi'zadu, -a] *adj* organizado, -a
organizador(a) [organiza'dor(a)] *m(f)* organizador(a) *m(f)*

organizar [organi'zar] *vt* organizar
organograma [organo'grama] *m* organigrama *m*
organza [or'gɐ̃za] *f* organza *f*
órgão <-s> ['ɔrgɐ̃w] *m* órgano *m;* **~s de comunicação social** medios *mpl* de comunicación social; **~ s do Estado** órganos del Estado; **~s genitais** órganos genitales; **~ sexual** órgano sexual
orgasmo [or'gazmu] *m* orgasmo *m*
orgia [or'ʒia] *f* orgía *f;* **~ gastronômica** orgía gastronómica
orgulhar [orgu'ʎar] **I.** *vt* enorgullecer **II.** *vr:* **~-se** enorgullecerse; **~-se de a. c.** enorgullecerse de algo
orgulho [or'guʎu] *m sem pl* orgullo *m;* **ter ~ de a. c.** tener orgullo de algo
orgulhoso, -a [orgu'ʎozu, -'ɔza] *adj* orgulloso, -a; **ficar ~ de alguém/a. c.** estar orgulloso de alguien/algo
orientação <-ões> [oriẽjta'sɐ̃w, -'õjs] *f* orientación *f;* **~ profissional** orientación profesional; **sob a ~ de** bajo la orientación de
orientador(a) [oriẽjta'dor(a)] *m(f)* orientador(a) *m(f)*
oriental <-ais> [oriẽj'taw, -'ajs] *adj* oriental
orientando [oriẽj'tɐ̃du] *m* educando, -a *m, f*
orientar [oriẽj'tar] **I.** *vt* orientar **II.** *vr:* **~-se** orientarse; **~-se por a. c.** orientarse por algo
oriente [ori'ẽjtʃi] *m sem pl* oriente *m;* **Extremo Oriente** Extremo Oriente; **Oriente Médio/Próximo** Oriente Medio/Próximo
orifício [ori'fisiw] *m* orificio *m*
origem [o'riʒẽj] <-ens> *f* origen *m;* **dar ~ a a. c.** dar origen a algo; **ter ~** tener su origen
original <-ais> [oriʒi'naw, -'ajs] *adj, m* original *m*
originalidade [oriʒinali'dadʒi] *f sem pl* originalidad *f*
originar [oriʒi'nar] **I.** *vt* originar **II.** *vr:* **~-se** originarse
originário, -a [oriʒi'nariw, -a] *adj* originario, -a; **ser ~ de** ser originario de
Órion ['ɔriõw] *m* ASTRON Orión *m*
oriundo, -a [ori'ũwdu, -a] *adj* oriundo, -a; **ele é ~ da Grécia** es oriundo de Grecia
orixá [ori'ʃa] *m en los ritos religiosos afrobrasileños, la personificación en forma de divinidad de las fuerzas de la*

naturaleza

orla ['ɔrla] *f* **1.** franja *f*; ~ **marítima** orilla *f* **2.** (*em vestuário*) borde *m*

ornamentação <-ões> [ornamẽjta'sãw, -'õjs] *f* ornamentación *f*

ornamentar [ornamẽj'tar] *vt* ornamentar

ornamento [orna'mẽjtu] *m* ornamento *m*

ornitologia [ornitolo'ʒia] *f sem pl* ornitología *f*

ornitológico, -a [ornito'lɔʒiku, -a] *adj* ornitológico, -a

ornitologista [ornitolo'ʒista] *mf* ornitólogo, -a *m, f*

orquestra [or'kɛstra] *f* orquesta *f*; ~ **de câmara** orquesta de cámara; ~ **sinfônica** orquesta sinfónica

orquestração <-ões> [orkestra'sãw, -'õjs] *f* orquestación *f*

orquestral <-ais> [orkes'traw, -'ajs] *adj* orquestal

orquestrar [orkes'trar] *vt tb. fig* orquestar

orquidário [orki'dariw] *m* vivero *m* de orquídeas

orquídea [or'kidʒia] *f* orquídea *f*

ortodontia [ortodõw'tʃia] *f sem pl* ortodoncia *f*

ortodontista [ortodõw'tʃista] *mf* ortodoncista *mf*

ortodoxo, -a [orto'dɔksu, -a] *adj* ortodoxo, -a

ortogonal <-ais> [ortogo'naw, -'ajs] *adj* ortogonal

ortografia [ortogra'fia] *f* ortografía *f*

ortográfico, -a [orto'grafiku, -a] *adj* ortográfico, -a; **reforma ortográfica** reforma ortográfica

ortomolecular [ortomoleku'lar] <-es> *adj* ortomolecular

ortopedia [ortope'dʒia] *f sem pl* ortopedia *f*

ortopédico, -a [orto'pɛdʒiku, -a] *adj* ortopédico, -a

ortopedista [ortope'dʒista] *mf* ortopedista *mf*

orvalhar [orva'ʎar] *vi impess* rociar

orvalho [or'vaʎu] *m* rocío *m*

os, as [us, as] **I.** *art mf pl* los *mpl*, las *fpl* **II.** *pron pess pl* os, les *AmL*

óscar ['ɔskar] *m* óscar *m*

oscilação <-ões> [osila'sãw, -'õjs] *f* oscilación *f*

oscilador [osila'dor] *m* FÍS oscilador *m*

oscilar [osi'lar] *vi* oscilar

oscilatório, -a [osila'tɔriw, -a] *adj* oscilatorio, -a

ósculo ['ɔskulu] *m elev* ósculo *m*

osmose [oz'mɔzi] *f* QUÍM ósmosis *f inv*; **aprender a. c. por** ~ *inf* aprender algo por ósmosis

ossada [o'sada] *f* **1.** (*de pessoa*) osamenta *f* **2.** (*de edifício, navio*) esqueleto *m*

ossatura [osa'tura] *f* osamenta *f*

ósseo, -a ['ɔsiw, -a] *adj* óseo, -a

osso ['osu] *m* hueso *m;* **ser um ~ duro de roer** *fig* ser un hueso duro de roer; **isso são ~s do ofício** eso son gajes del oficio; **moer os ~s** (*dar uma surra*) moler a palos; **ela é só pele e ~!** ¡está en los huesos!; **este sapato está no ~** este zapato está para el arrastre

ossudo, -a [o'sudu, -a] *adj* huesudo, -a

ostensivo, -a [ostẽj'sivu, -a] *adj* ostensivo, -a; **patrulhamento ~** patrullas visibles

ostentação <-ões> [ostẽjta'sãw, -'õjs] *f* ostentación *f*

ostentar [ostẽj'tar] *vt* ostentar

osteologia [osteolo'ʒia] *f sem pl* osteología *f*

osteomielite [ɔsteomie'ʎitʃi] *f* MED osteomielitis *f*

osteoporose ['ɔsteopo'rɔzi] *f* MED osteoporosis *f*

ostra ['ostra] *f* **1.** (*molusco*) ostra *f* **2.** *pej* (*pessoa*) lapa *f*

ostracismo [ostra'sizmu] *m sem pl* ostracismo *m*

OTAN [o'tã] *f abr de* **Organização do Tratado do Atlântico Norte** OTAN *f*

otário, -a [o'tariw, -a] *m, f inf* percebe *m*

ótico, -a ['ɔtʃiku, -a] *adj* óptico, -a

otimismo [otʃi'mizmu] *m* optimismo *m*

otimista [otʃi'mista] *adj, mf* optimista *mf*

otimizar [otʃimi'zar] *vt* optimizar

ótimo, -a ['ɔtʃimu, -a] **I.** *adj superl de* **bom** óptimo, -a **II.** *interj* genial

otite [o'tʃitʃi] *f* MED otitis *f*

otorrinolaringologista [otoxinolarĩjgolo'ʒista] *mf* otorrinolaringólogo, -a *m, f*

otoscópio [otos'kɔpiw] *m* otoscopio *m*

ou [o] *conj* o; **~ ... ~ ...** o... o...; **~ seja** o sea

ouriçado, -a [ori'sadu, -a] *adj* **1.** (*cabelo*) de punta **2.** *inf* (*pessoa*) animado, -a

ouriçar [ori'sar] <ç→c> *vt* **1.** (*encres-*

ouriço [ow'risu] *m* **1.** ZOOL erizo *m* **2.** *inf* (*agitação*) animación *f*

ouriço-do-mar [ow'risu-du-'mar] <ouriços-do-mar> *m* ZOOL erizo *m* de mar

ourives [ow'rivis] *mf inv* orfebre *mf*

ourivesaria [owriveza'ria] *f* orfebrería *f*

ouro ['oru] *m* oro *m;* **entregar o ~** *inf* descubrir el pastel; (**vender**) **a peso de ~** (vender) a peso de oro; **nem coberto de ~** ni por todo el oro del mundo

ouros ['owrus] *mpl* (*cartas*) oros *mpl*

ousadia [owza'dʒia] *f sem pl* osadía *f;* **ter a ~ de fazer a. c.** tener la osadía de hacer algo

ousado, -a [ow'zadu, -a] *adj* osado, -a

ousar [ow'zar] *vt* osar; **~ fazer a. c.** osar hacer algo

outdoor [awtʃi'dɔr] *m* valla *f* publicitaria

outeiro [ow'tejru] *m* colina *f*

outonal <-ais> [owto'naw, -'ajs] *adj* otoñal

outono [ow'tonu] *m* otoño *m*

outorga [ow'tɔrga] *f* otorgamiento *m*

outorgante [owtor'gãɲtʃi] *mf* otorgante *mf*

outorgar [owtor'gar] <g→gu> *vt* otorgar

outrem ['owtrẽj] <-ens> *pron indef* otro(s) (*pl*); **trabalhar por conta de ~** trabajar por cuenta ajena

outro, -a ['otru, -a] **I.** *pron indef* otro, -a; **o ~** el otro; **um ~** otro; **a outra** la otra; **uma outra** otra; **um ao ~** uno a otro; **um com o ~** uno con otro; **os ~s** los otros; **~ qualquer** otro cualquiera; **~ tanto** otro tanto **II.** *adj* otro, -a; (**no**) **dia** (*há dias*) el otro día; (*no dia seguinte*) al otro día; **de ~ modo** de otro modo; **um ~ exemplo é...** otro ejemplo es...; **foi como eu disse; não deu outra** *gíria* fue como yo dije; di en el clavo

outrora [ow'trɔra] *adv* otrora

outrossim [owtro'sĩj] *adv* igualmente

outubro [ow'tubru] *m* octubre *m; v.tb.* **março**

ouvido [o'vidu] *m* oído *m;* (**não**) **dar ~s a** (no) dar oídos a; **buzinar nos ~s** *inf* dar la lata; **chegar aos ~s** llegar a los oídos; **entrar por um ~ e sair pelo outro** entrar por un oído y salir por el otro; **fazer ~s de mercador** hacerse el sueco, hacer oídos de mercader; **ser todo ~s** ser todo oídos; **ter** (**um**) **bom ~** tener buen oído; **de ~** de oído; **tocar de ~** tocar de oído

ouvidoria [owvido'ria] *f* ≈ defensor *m* del pueblo; **~ da Polícia do Estado** *institución responsable de investigar las quejas contra la policía de los estados*

ouvinte [ow'viĩtʃi] *mf* oyente *mf*

ouvir [o'vir] *irr vt* oír; (*com atenção*) escuchar; **~ rádio/música** escuchar la radio/música; **~ alguém falar/rir** oír a alguien hablar/reír; **~ os conselhos dos pais** escuchar los consejos de los padres; **ouvi dizer que...** oí decir que...; **de ~ falar de** oídas; **já ouviu falar de...?** ¿ya has oído hablar de...?; **por ~ dizer** de oídas; **assim que o encontrar, ele vai ~** cuando lo encuentre, me va a oír

ova ['ɔva] *f* **1.** ZOOL hueva *f* **2. uma ~** *gíria* un huevo

ovação <-ões> [ova'sãw, -'õjs] *f* ovación *f*

ovacionar [ovasjo'nar] *vt* ovacionar

ovações [ova'sõjs] *f pl de* **ovação**

oval <-ais> [o'vaw, -'ajs] *adj* oval

ovário [o'variw] *m* ANAT, BOT ovario *m*

ovelha [o'veʎa] *f* oveja *f;* **ser a ~ negra** ser la oveja negra

overdose [over'dɔzi] *f* sobredosis *f inv*

overnight [over'najtʃi] *m* ECON operación *f* a un día

ovino, -a [o'vinu, -a] *adj* (*gado*) ovino, -a

ovíparo, -a [o'viparu, -a] *adj* ovíparo, -a

óvni ['ɔvni] *abr of* **objeto voador não identificado** ovni *m*

ovo ['ovu] *m* **1.** (*de aves*) huevo *m;* **~ cozido** [*ou* **duro**] huevo duro; **~ frito** huevo frito; **~s mexidos** huevos revueltos; **~ de Páscoa** huevo de Pascua; **pôr ~s** poner huevos **2.** *fig* descobrir o **~ de Colombo** descubrir el huevo de Colón; **no frigir dos ~s...** a fin de cuentas...; **pisar em ~s** andar con pies de plomo; **no ~** al comienzo

óvulo ['ɔvulu] *m* ANAT óvulo *m*

oxalá [oʃa'la] *interj* ojalá; **~** (**que**) **eles venham!** ¡ojalá (que) vengan!

oxidação <-ões> [oksida'sãw, -'õjs] *f* oxidación *f*

oxidar [oksi'dar] **I.** *vt* QUÍM oxidar **II.** *vi* oxidarse

óxido ['ɔksidu] *m* QUÍM óxido *m*

oxigenar [oksiʒe'nar] *vt* oxigenar

oxigênio [ɔksi'ʒeniw] *m sem pl* QUÍM oxígeno *m*
ozônio [o'zoniw] *m sem pl* ozono *m*

P

P, p ['pe] *m* P, p *f*
p. ['paʒina] *abr de* **página** p.
pá ['pa] *f* **1.** (*para cavar, de escavadeira, de hélice, de remo*) pala *f;* ~ **do lixo** recogedor *m;* **pôr um ~ de cal sobre um assunto** echar tierra sobre un asunto **2.** *inf* (*quantidade*) **uma ~ de gente/dinheiro** un montón de gente/dinero
paca ['paka] **I.** *f* ZOOL paca *f* **II.** *adv inf* (à *beça*) **o sítio era longe ~(s)** la finca estaba en el culo del mundo
pacatamente [pakata'mẽjtʃi] *adv* pacatamente
pacatez [paka'tes] *f sem pl* (*de pessoa*) pacatería *f;* (*de lugar*) carácter *m* apático
pacato, -a [pa'katu, -a] *adj* (*pessoa*) pacato, -a; (*lugar*) apático, -a
pachorra [pa'ʃoxa] *f* **1.** (*paciência*) paciencia *f* **2.** (*lentidão*) parsimonia *f*
pachorrento, -a [paʃo'xẽjtu, -a] *adj* tranquilo, -a
paciência [pasi'ẽjsia] **I.** *f* **1.** (*qualidade de paciente*) paciencia *f;* **ter ~ com** [*ou* **para**] **alguém/a. c.** tener paciencia con alguien/algo; **torrar a ~** *inf* (*exaurir*) hartar; **tenha (a santa) ~!** ¡qué paciencia hay que tener! **2.** (*jogo de cartas*) solitario *m* **II.** *interj* paciencia
paciente [pasi'ẽjtʃi] **I.** *adj* paciente; **ser ~ com a. c./alguém** ser paciente con algo/alguien **II.** *mf* paciente *mf*
pacientemente [pasiẽjtʃi'mẽjtʃi] *adv* pacientemente
pacificar [pasifi'kar] <c→qu> *vt* pacificar
pacífico, -a [pa'sifiku, -a] *adj* pacífico, -a
pacifista [pasi'fista] *adj, mf* pacifista *mf*
paço ['pasu] *m* palacio *m*
paçoca [pa'sɔka] *f* GASTR *dulce hecho con cacahuetes molidos y mezclados con azúcar y harina*

pacote [pa'kɔtʃi] *m* paquete *m;* (*de leite*) tetrabrik *m;* ~ **fiscal/trabalhista/turístico** paquete fiscal/laboral/turístico; ~ **de medidas econômicas** paquete de medidas económicas; **ir no ~** *fig, gíria* ser engañado
pacto ['paktu] *m* pacto *m;* ~ **de sangue** pacto de sangre; **fazer um ~ com alguém** hacer un pacto con alguien
pactuar [paktu'ar] *conj como averiguar vt* pactar; ~ **com alguém** pactar con alguien; ~ **direitos** pactar derechos
pacu [pa'ku] *m* ZOOL *pez teleósteo con numerosas especies en Brasil*
padaria [pada'ria] *f* panadería *f*
padeça [pa'desa] *1. e 3. pres subj de* **padecer**
padecer [pade'ser] <c→ç> **I.** *vt* (*sofrer*) padecer; ~ **com** padecer con; **não ~ dúvidas** no admitir ninguna duda **II.** *vi* padecer; ~ **de doença** padecer una enfermedad; ~ **no paraíso** sufrir en el paraíso
padeço [pa'desu] *1. pres de* **padecer**
padeiro, -a [pa'dejru, -a] *m, f* panadero, -a *m, f*
padiola [padʒi'ɔla] *f* camilla *f*
padrão <-ões> [pa'drãw, -'õjs] *m* **1.** (*de peso, de medida*) patrón *m* **2.** (*nível*) nivel *m;* ~ **de qualidade** nivel de cualidad; ~ **de vida** nivel de vida; **de alto ~** de lujo **3.** (*modelo*) modelo *m* **4.** (*de tecido*) estampado *m* **5.** (*de pensamento*) línea *f*
padrão-ouro <padrões-ouro(s)> [pa'drãw-'owru, pa'drõjs-] *m* patrón *m* oro
padrasto [pa'drastu] *m* padrastro *m*
padre ['padri] *m* sacerdote *m;* **o ~ João** el padre Juan; **casar no ~** *inf* casarse por la iglesia
padre-nosso ['padri-'nɔsu] <padre(s)-nossos> *m* REL padrenuestro *m;* **ensinar o ~ ao vigário** *prov* enseñar a rezar a un monje
padrinho [pa'driɲu] *m* padrino *m*
padroeiro, -a [padro'ejru, -a] *m, f* patrón, -ona *m, f*
padrões [pa'drõjs] *m pl de* **padrão**
padronização <-ões> [padroniza'sãw, -'õjs] *f* estandarización *f*
padronizar [padroni'zar] *vt* estandarizar
paelha [pa'eʎa] *f* GASTR paella *f*
pães ['pãjs] *m pl de* **pão**
paetê [pae'te] *m* lentejuela *f*

pãezinhos [pɐ̃jˈzĩɲus] *m pl de* **pãozinho**

paga [ˈpaga] *f* **1.** (*de vingança*) ejecución *f* **2.** (*remuneração*) recompensa *f* **3.** (*gratidão*) agradecimiento *m*

pagã [paˈgɐ̃] *f v.* **pagão**

pagador(a) [pagaˈdor(a)] <-es> *m(f)* pagador(a) *m(f)*

pagamento [pagaˈmẽtu] *m* pago *m*; ~ **antecipado** pago por adelantado; ~ **contra entrega** pago contra reembolso; ~ **a prestações/à vista** pago a plazos/al contado; **fazer/efetuar um** ~ hacer/realizar un pago

paganismo [pagɜˈnizmu] *m sem pl* paganismo *m*

pagão, pagã <pagãos> [paˈgɐ̃w, -ˈɐ̃, -ˈõjs] *adj, m, f* pagano, -a *m, f*

pagar [paˈgar] <*pp:* pago *ou* pagado; g→gu> I. *vt* pagar; ~ **a alguém a. c.** pagar algo a alguien; ~ **a. c. adiantado/atrasado** pagar algo por adelantado/con atraso; ~ **a. c. a prestações** [*ou* **a prazo**] pagar algo a plazos; ~ **um sinal de 10%** pagar una señal del 10%; ~ **a alguém na mesma moeda** *fig* pagar a alguien con la misma moneda; ~ **o bem com o mal** pagar el bien con el mal; ~ **caro por a. c.** pagar caro por algo; ~ **para ver** *fig* dudarlo mucho; **você me paga!** *inf* ¡me las vas a pagar! II. *vi* pagar; ~ **no cartão de crédito** pagar con tarjeta de crédito; ~ **com cheque** pagar con cheque; ~ **em dinheiro** pagar con dinero; ~ **por um crime** pagar por un crimen; ~ **pelos erros dos outros** pagar por los errores de los otros; ~ **pelos pecados** pagar por los pecados

pagável <-eis> [paˈgavew, -ˈɛjs] *adj* pagable

pager [ˈpejʒer] *m* busca *m*

página [ˈpaʒina] *f* (*de livro, na Internet*) página *f*; ~ **s amarelas** páginas amarillas; **uma** ~ **negra da história** una página negra de la historia; ~ **virada** *fig* agua pasada

paginar [paʒiˈnar] *vt* compaginar

pago, -a [ˈpagu, -a] I. *pp de* **pagar** II. *adj* pagado, -a

pagode [paˈgɔdʒi] *m* **1.** MÚS género de samba surgido en Río de Janeiro **2.** (*reunião*) fiesta en la que se toca pagode **3.** (*zombaria*) burla *f*

pagodeiro, -a [pagoˈdejru, -a] *m, f* cantante *mf* de pagode

paguro [paˈguru] *m* ZOOL ermitaño *m*

pai [ˈpaj] *m* padre *m*; (*como tratamento*) papá *m*; ~ **adotivo** padre adoptivo; ~ **de família** padre de familia; **ser o** ~ **da criança** ser el padre de la criatura

pai-de-santo [ˈpai-dʒi-ˈsɐ̃ntu] <pais-de-santo> *m en los ritos afrobrasileños, hombre responsable del culto a los dioses*

pai-dos-burros [ˈpaj-duz-ˈbuxus] <pais-dos-burros> *m inf* diccionario *m*

paineira [pajˈnera] *f designación común a varios árboles de gran tamaño*

painel <-éis> [pajˈnew, -ˈɛjs] *m* **1.** panel *m*; ~ **de comando** panel de mando; ~ **de instrumentos** panel de instrumentos **2.** (*arte*) cuadro *m* **3.** (*panorama*) panorama *m*

pai-nosso [ˈpaj-ˈnɔsu] <pais-nossos> *m* REL padrenuestro *m*

paio [ˈpaju] *m tipo de chorizo*

paiol <-óis> [pajˈɔw, -ˈɔjs] *m* **1.** MIL polvorín *m* **2.** (*armazém*) almacén *m*

pairar [pajˈrar] *vi* flotar; **as andorinhas pairam no céu** las golondrinas flotan en el cielo

pais [ˈpajs] *mpl* padres *mpl*

país [paˈis] *m* país *m*; ~ **em desenvolvimento/subdesenvolvido** país en vías de desarrollo/subdesarrollado; **País de Gales** País de Gales; **o** ~ **natal** el país natal

> **Gramática** **país** se escribe siempre con minúscula excepto cuando se refiere a Brasil: "Lula encontra-se no País."

paisagem [pajˈzaʒẽj] <-ens> *f* paisaje *m*

paisagista [pajzaˈʒista] *mf* paisajista *mf*

paisagístico, -a [pajzaˈʒistʃiku, -a] *adj* paisajístico, -a

paisana [pajˈzɐna] *adv* **à** ~ **de** paisano

Países Baixos [paˈiziz ˈbajʃus] *mpl* Países *mpl* Bajos

paixão <-ões> [pajˈʃɐ̃w, -ˈõjs] *f* (*por uma pessoa, por uma atividade*) pasión *f*; **ter** ~ **por futebol** sentir pasión por el fútbol

paixonite [pajʃoˈnitʃi] *f inf* (*intensidade*) **sofrer de** ~ **aguda** estar perdidamente enamorado, -a

pajé [paˈʒɛ] *m* chamán *m*

pajear [paʒiˈar] *conj como* **passear** *vt*

cuidar de

pajem¹ ['paʒēj] <-ens> *m* HIST paje *m*

pajem² ['paʒēj] *f reg* (*babá*) niñera *f*

pala ['pala] *f* **1.**(*de boné*) visera *f* **2.**(*no automóvel*) parasol *m* **3.**(*de sapato, carteira*) lengüeta *f* **4.**(*para burro, cavalo*) anteojeras *fpl* **5.**(*vestuário*) solapa *f*

palacete [pala'setʃi] *m* palacete *m*

palácio [pa'lasiw] *m* palacio *m*; **Palácio da Alvorada** Palacio de la Alvorada (*residencia del presidente brasileño*); **Palácio da Justiça** Palacio de Justicia; **Palácio do Planalto** Palacio del Planalto (*sede del ejecutivo brasileño*)

paladar [pala'dar] <-es> *m* paladar *m*; **ter bom ~** tener buen paladar

paladino [pala'dʒinu] *m* caballero *m* andante

paládio [pa'ladʒiw] *m* QUÍM paladio *m*

palafita [pala'fita] *f* (*estaca*) estaca *f*; (*habitação*) palafito *m*

palanque [pa'lãŋki] *m* tribuna *f*

palatal <-ais> [pala'taw, -'ajs] *adj, f tb.* LING palatal *f*

palatável <-eis> [pala'tavew, -ejs] *adj* **1.**(*que sabe bem*) gustoso, -a **2.***fig* atractivo, -a

palato [pa'latu] *m* ANAT paladar *m*

palavra [pa'lavra] *f* palabra *f*; **~ a ~** palabra por palabra; **~s-cruzadas** crucigrama *m*; **a ~ de Deus** la palabra de Dios; **~ de honra** palabra de honor; **dar a ~ a alguém** dar la palabra a alguien; **dar a última ~** tener la última palabra; **não dar uma ~** no decir palabra; **medir as ~s** medir las palabras; **pedir a ~** pedir la palabra; **pegar na ~** tomar la palabra; **pôr ~s na boca de alguém** atribuir palabras a alguien; **ser uma pessoa de ~** ser una persona de palabra; **ter ~** tener palabras; **ter a ~** tener la palabra; **ter o dom da ~** tener el don de la palabra; **é a última ~ em tratamento dentário** es el último grito en tratamiento dental; **nem mais uma ~!** ¡ni una palabra más!

palavra-chave [pa'lavra-'ʃavi] <palavras-chave(s)> *f* palabra *f* clave

palavrão <-ões> [pala'vrãw, -'õjs] *m* **1.**(*calão*) palabrota *f* **2.**(*palavra difícil*) palabreja *f*

palavreado [palavri'adu] *m* palabrería *f*

palavrinha [pala'vriɲa] *f* **dar uma ~ com alguém** hablar rápidamente con alguien

palavrões [pala'vrõjs] *m pl de* **palavrão**

palco ['pawku] *m* escenario *m*; **~ de uma guerra** escenario de una guerra; **subir ao ~** subir al escenario

paleio [pa'leju] *m reg* conversación *f*; **estar no ~ (com alguém)** estar conversando (con alguien)

paleolítico [paleo'ʎitʃiku] *m* paleolítico *m*

paleolítico, -a [paleo'ʎitʃiku, -a] *adj* paleolítico, -a

paleologia [paleolo'ʒia] *f sem pl* paleología *f*

paleólogo, -a [pale'ɔlogu, -a] *m, f* paleólogo, -a *m, f*

paleontologia [paleõwtolo'ʒia] *f sem pl* paleontología *f*

paleontólogo, -a [paleõw'tɔlogu, -a] *m, f* paleontólogo, -a *m, f*

palerma [pa'lɛrma] *adj, mf* imbécil *mf*

Palestina [pales'tʃina] *f* Palestina *f*

palestino, -a [pales'tʃino, -a] *adj, m, f* palestino, -a *m, f*

palestra [pa'lɛstra] *f* conferencia *f*; **dar uma ~ sobre a. c.** dar una conferencia sobre algo

palestrante [pales'trãntʃi] *mf* conferenciante *mf*

paleta [pa'leta] *f* (*para tinta*) paleta *f*

palete [pa'letʃi] *m* palé *m*

paletó [pale'tɔ] *m* chaqueta *f*, saco *m AmL*; **abotoar o ~** *inf* irse al otro barrio; **vestir o ~ de madeira** *inf* palmarla

palha ['paʎa] *f* paja *f*; **~ de aço** estropajo *m* de aluminio; **cadeira de ~** silla de paja; **não levantar** [*ou* **mexer**] **uma ~** *inf* no mover un dedo; **puxar uma ~** *inf*(*dormir*) planchar la oreja

palhaçada [paʎa'sada] *f* payasada *f*; **fazer ~** hacer payasadas

palhaço, -a [pa'ʎasu, -a] *m, f tb. inf* payaso, -a *m, f*

palheiro [pa'ʎejru] *m* pajar *m*

palheta [pa'ʎeta] *f* **1.**(*espátula*) espátula *f* **2.**(*de instrumento de sopro*) lengüeta *f* **3.**(*de turbina, ventilador, roda hidráulica*) pala *f*

palhinha [pa'ʎiɲa] *f* (*em mobiliário*) paja *f*; **cadeira de ~** silla de paja

palhoça [pa'ʎɔsa] *f* cabaña *f*

paliativo [paʎja'tʃivu] *m* MED paliativo *m*

paliativo, -a [paʎja'tʃivu, -a] *adj* paliativo, -a; **tomar medidas paliativas para o problema** tomar medidas para

paliar el problema
paliçada [paʎi'sada] *f* empalizada *f*
palidez [paʎi'des] *f sem pl* palidez *f*
pálido, -a ['paʎidu, -a] *adj* pálido, -a
palitar [paʎi'tar] *vt* limpiar con un palillo; **~ os dentes** limpiar los dientes con un palillo
paliteiro [paʎi'tejɾu] *m* palillero *m*
palito [pa'ʎitu] *m* palillo *m;* **ser um ~** *fig* estar hecho un palillo [*o* fideo]
palma ['pawma] *f* palma *f;* **~ da mão** palma de la mano; **conhecer a. c./ alguém como a ~ da mão** conocer algo/a alguien como la palma de la mano; **ter a. c./alguém na ~ da mão** dominar algo/a alguien
palmada [paw'mada] *f* azote *m;* **dar uma ~ em alguém** dar un azote a alguien
palmas ['pawmas] *fpl* palmas *fpl;* **bater ~** batir palmas; **bater ~ para alguém/ a. c.** aplaudir a alguien/algo
Palmas ['pawmas] Palmas
palmatória [pawma'tɔɾja] *f* palmeta *f;* **dar a mão à ~** *inf* darse por vencido
palmeira [paw'mejɾa] *f* palmera *f*
palmilha [paw'miʎa] *f* plantilla *f*
palminho [paw'miɲu] *m* **ter um ~ de cara** *inf* ser muy mono
palmito [paw'mitu] *m* palmito *m*
palmo ['pawmu] *m* palmo *m;* **~ a ~** *inf* palmo a palmo; **estar debaixo de sete ~s de terra** *fig* estar enterrado; **não ver um ~ adiante do nariz** *fig* no ver nada
palmtop [pawmi'tɔpi] *m* asistente *m* personal
PALOP [pa'lɔpi] *m abr de* **País Africano de Língua Oficial Portuguesa** *sigla que identifica a los países africanos en los que el portugués es lengua oficial*
palpação <-ões> [pawpa'sɐ̃w, -'õjs] *f* MED palpación *f*
palpar [paw'par] *vt* palpar
palpável <-eis> [pal'pavew, -ejs] *adj* palpable
pálpebra ['pawpebɾa] *f* párpado *m*
palpitação <-ões> [pawpita'sɐ̃w, -'õjs] *f (do coração)* palpitación *f*
palpitante [pawpi'tɐ̃ntʃi] *adj* palpitante
palpitar [pawpi'tar] **I.** *vt (opinião)* opinar; **~ sobre temas pouco conhecidos** opinar sobre temas poco conocidos **II.** *vi (coração)* palpitar; *(vida)* renacer
palpite [paw'pitʃi] *m* **1.** *(pressentimento)* corazonada *f;* **ter um ~** tener una corazonada **2.** *(opinião)* opinión *f;* **dar ~s** *inf* opinar **3.** *(no jogo)* pista *f*
palpiteiro, -a [pawpi'tejɾu, -a] *m, f* entrometido, -a *m, f*
palrador(a) [pawxa'dor(a)] <-es> *m(f)* hablador(a) *m(f)*
pamonha¹ [pa'mõɲa] *f* GASTR dulce hecho con maíz, mantequilla y azúcar y cocido en las hojas del maíz o en una hoja de bananero
pamonha² [pa'mõɲa] *mf* bobalicón, -ona *m, f*
pampa ['pɐ̃npa] *m ou f* GEO pampa *f*
pampas ['pɐ̃npas] *adv* **às ~** *inf* un montón; **me divirto às ~ com você** *inf* me divierto mogollón contigo
panaca [pɐ'naka] *mf inf* simplón, -ona *m, f*
panaceia [pɐna'sɛja] *f* panacea *f*
panado, -a [pɐ'nadu, -a] *adj* GASTR empanado, -a
Panamá [pɐna'ma] *m* Panamá *m*
panamenho, -a [pɐna'mẽɲu, -a] *adj, m, f* panameño, -a *m, f*
pan-americano, -a [pɐnameɾi'kɐnu, -a] *adj* panamericano, -a
panar [pɐ'nar] *vt* GASTR empanar
panca ['pɐ̃nka] *f inf (pose)* pose *f*
pança ['pɐ̃nsa] *f* panza *f*
pancada¹ [pɐ̃n'kada] *f* **1.** *(golpe)* golpe *m;* **ela deu uma ~ na mesa** dio un golpe en la mesa; **dar uma ~ em alguém** dar un golpe a alguien; **levar** [*ou* **tomar**] **uma ~ de alguém** recibir un golpe de alguien **2.** *(de relógio)* toque *m* **3.** *inf (tempestade)* **uma ~ de chuva** un chaparrón
pancada² [pɐ̃n'kada] *mf inf (pessoa)* pirado, -a *m, f*
pancadaria [pɐ̃nkada'ɾia] *f* pelea *f*
pâncreas ['pɐ̃nkɾeas] *m inv* páncreas *m inv*
pancreatite [pɐ̃nkɾia'tʃitʃi] *f* pancreatitis *f inv*
pançudo, -a [pɐ̃n'sudu, -a] *adj* barrigudo, -a
panda ['pɐ̃nda] *m* panda *m*
pandarecos [pɐ̃nda'ɾɛkus] *mpl* **em ~** *(em pedaços, exausto)* hecho, -a trizas
pândega ['pɐ̃ndega] *f* fiesta *f*
pândego, -a ['pɐ̃ndegu, -a] *adj* alegre
pandeirista [pɐ̃ndej'ɾista] *mf* panderetero, -a *m, f*
pandeiro [pɐ̃n'dejɾu] *m* MÚS pandero *m*
pandêmico, -a [pɐ̃n'demiku, -a] *adj*

MED pandémico, -a
pandemônio [pɜ̃nde'moniw] *m* pandemónium *m*
pane ['pɐni] *f* AUTO, AERO (*interrupção súbita*) avería *f*; ~ **seca** avería por falta de combustible; **me deu uma** ~ *inf* me quedé en blanco
panegírico [pɐne'ʒiriku] *m* panegírico *m*
panela [pɐ'nɛla] *f* olla *f*, cacerola *f*; ~ **de barro/de pressão/de vidro** olla de barro/a presión/de vidrio
panelaço [pɐne'lasu] *m* cacerolada *f*
paneleiro [pɐne'lejru] *m* 1. (*pessoa*) ollero *m* (*fabricante o vendedor de ollas*) 2. (*móvel*) mueble para guardar las ollas
panelinha [pɐnɛ'ʎĩɲa] *f* (*grupo fechado*) grupito *m*
panetone [pɐne'toni] *m* panetone *m*
panfleto [pɜ̃n'fletu] *m* panfleto *m*
pangaré [pɜ̃nga'rɛ] *m* caballo *m* ordinario
pânico ['pɐniku] *m* pánico *m*; **entrar em** ~ ser presa del pánico; **estar em** ~ ser presa del pánico
panificação <-ões> [pɐnifika'sɜ̃w, -'õjs] *f* panificación *f*; **indústria de** ~ industria panificadora
panificadora [pɐnifika'dora] *f* panificadora *f*
pano ['pɐnu] *m* 1. (*tecido*) paño *m*; **colocar** ~**s quentes** *inf* poner paños calientes; **ter** ~ **para mangas** *fig* tener todo lo necesario; **por baixo do** ~ *fig* en secreto 2. (*trapo*) trapo *m*; ~ **de pó** trapo del polvo; ~ **de prato/de chão** trapo de cocina/para limpiar el suelo 3. (*teatro*) telón *m*; ~ **de fundo** telón de fondo; **o** ~ **desce/sobe** sube/baja el telón
panô [pɐ'no] *m* panel *m*
panorama [pɐno'rɐma] *m* panorama *m*
panorâmico, -a [pɐno'rɐmiku, -a] *adj* panorámico, -a; **vista panorâmica** vista panorámica
panqueca [pɜ̃n'kɛka] *f* GASTR crepe *m o f*, crepa *f* Méx, PRico, panqueque *m* RíoPl
pantalonas [pɜ̃nta'lonas] *fpl* bombachos *mpl*
pantanal <-ais> [pɜ̃nta'naw, -'ajs] *m* pantanal *m*
pantaneiro, -a [pɜ̃nta'nejru, -a] *adj* de la región del Pantanal
pântano ['pɜ̃ntanu] *m* pantano *m*

pantanoso, -a [pɜ̃nta'nozu, -a] *adj* pantanoso, -a
panteão <-ões> [pɜ̃nte'ɜ̃w, -'õjs] *m* panteón *m*
panteísmo [pɜ̃nte'izmu] *m sem pl* panteísmo *m*
panteísta [pɜ̃nte'ista] *adj, mf* panteísta *mf*
panteões [pɜ̃nte'õjs] *m pl de* **panteão**
pantera [pɜ̃n'tɛra] *f* 1. ZOOL pantera *f* 2. *inf* (*mulher atraente*) bombón *m*
pantomima [pɜ̃nto'mima] *f* pantomima *f*
pantufa [pɜ̃n'tufa] *f* pantufla *f*
panturrilha [pɜ̃ntu'xiʎa] *f* pantorrilla *f*
pão <pães> ['pɜ̃w, 'pɜ̃js] *m* 1. (*geral*) pan *m*; ~ **doce** pan dulce; ~ **dormido** pan del día anterior; ~ **de fôrma** pan de molde; ~ **francês** pan de barra; ~ **integral** pan integral; ~ **de mel** *especie de pastel seco hecho con trigo, miel y otras especias*; ~ **preto** pan moreno; ~ **de queijo** *panecillo que se come como aperitivo* 2. *fig* ~, ~, **queijo queijo** *inf* al pan, pan, y al vino, vino; **o** ~ **nosso de cada dia** el pan nuestro de cada día; **comer o** ~ **que o diabo amassou** pasarlas canutas; **estar a** ~ **e água** estar a pan y agua; **ser um** ~ (*homem bonito*) estar muy bueno
Pão de Açúcar ['pɜ̃w-dʒj-a'sukar] *m* GEO Pan *m* de Azúcar
pão de ló <pães de ló> ['pɜ̃w de 'lɔ, 'pɜ̃js-] *m* GASTR bizcocho *m*

> **Cultura** El **pão de queijo** es un panecillo cuya masa se prepara con **polvilho** (harina muy fina, obtenida de la **mandioca**), queso rallado, aceite, leche y huevos, y que se puede comer sin nada o con algún relleno (dulce de leche, **goiabada**, embutidos, queso, etc.). Se vende en panaderías, cafeterías, bares y supermercados.

pão-durismo [pɜ̃wdu'rizmu] *m inf* (*avareza*) racanería *f*
pão-duro <pães-duros> [pɜ̃w'duru, 'pɜ̃js-] *adj, mf inf* rácano, -a *m, f*
pãozinhos <pãezinhos> [pɜ̃w'zĩɲu, pɜ̃j'zĩɲus] *m* panecillo *m*
papa¹ ['papa] *m* 1. REL papa *m* 2. (*pro-*

fissional de grande prestígio) pope *m*; **ele é um ~ em computação** es un pope de la informática

papa² ['papa] *f inf* (*para bebê*) papilla *f*; **não ter ~ s na língua** *fig* no tener pelos en la lengua

papada [pa'pada] *f* papada *f*

papado [pa'padu] *m* papado *m*

papa-formigas ['papa-fur'migas] *m inv* ZOOL oso *m* hormiguero

papagaiada [papagaj'ada] *f inf* ostentación *m*

papagaio [papa'gaju] I. *m* 1. ZOOL papagayo *m*; **~ de pirata** *inf*: *persona que se coloca junto a autoridades o famosos para aparecer en las fotografías* 2. (*de papel*) cometa *f*, volantín *m* Chile, papalote *m* Méx, barrilete *m* RíoPl; **soltar um ~** hacer volar una cometa 3. (*pessoa tagarela*) loro *m* II. *interj* **~! quanta gente!** ¡ostras! ¡cuánta gente!

papaguear [papage'ar] *conj como passear* I. *vt* (*repetir*) repetir II. *vi* (*tagarelar*) parlotear

papa-hóstias ['papa-'ɔstʃjas] *mf inv*, *inf* comehostias *mf inv*

papai [pa'paj] *m* papá *m*; **Papai Noel** Papá Noel; **filhinho de ~** *inf* hijo de papá; **o ~ aqui sabe tudo** *inf* un servidor se lo sabe todo; **brincar de ~ e mamãe** *chulo* follar

papaia [pa'paja] *f* papaya *f*

papal <-ais> [pa'paw, -'ajs] *adj* papal

papa-léguas ['papa-'lɛgwas] *mf inv* andarín, -ina *m, f*

papão <-ões> [pa'pãw, -'õjs] *m* coco *m*

papar [pa'par] *vi* 1. *inf* (*extorquir*) robar; **~ uma fortuna** robar una fortuna 2. (*conquistar*) conquistar; **o meu time papou mais uma taça** mi equipo conquistó otra copa más 3. *chulo* (*ter relações sexuais*) follar

papariçar [papari'kar] <c→qu> *vt* mimar

paparico [papa'riku] *m* mimo *m*

papel <-éis> [pa'pɛw, -'ɛjs] *m* 1. papel *m*; **~ almaço** papel especial para documentos y certificados; **~ de alumínio** papel de aluminio; **~ de carta** papel de carta; **~ celofane** papel celofán; **~ crepom** papel pinocho; **~ de embrulho** papel de envolver; **~ de estanho** papel de estaño; **~ higiênico** papel higiénico; **~ de impressão** papel para imprimir; **~ machê** papel maché; **~ de parede** papel pintado; **~ pardo** papel de estraza; **~ picado** confeti *m*; **~ quadriculado** papel cuadriculado; **~ de rascunho** papel de borrador; **~ reciclado** papel reciclado; **~ sulfite** *papel que se obtiene con la pasta del sulfito*; **~ timbrado** papel timbrado; **~ vegetal** papel vegetal; **no ~** *fig* en teoría; **ficar no ~** no llegar a realizarse; **pôr no ~** poner por escrito; **de ~ passado** de pleno derecho 2. TEAT, CINE papel *m*; **~ principal/secundário** papel principal/secundario; **o ~ dos pais** el papel de los padres; **desempenhar um ~** desempeñar un papel; **fazer ~ de bobo** *inf* quedar como un tonto 3. *pl* (*documentos*) papeles *mpl*

papelada [pape'lada] *f* papeles *mpl*

papelão [pape'lãw] *m* cartón *m*; **fazer um ~** *inf* hacer un papelón

papelaria [papela'ria] *f* papelería *f*

papel-carbono <papéis-carbono(s)> [pa'pɛw-kar'bonu, -'ɛjs-] *m* papel *m* carbón

papeleira [pape'lejra] *f* papelera *f*

papeleta [pape'leta] *f* hoja en la que los médicos escriben observaciones sobre el paciente

papel-filtro <papéis-filtro(s)> [pa'pɛw-'fiwtru, -'ɛjs-] *m* papel *m* de filtro

papel-moeda <papéis-moeda(s)> [pa'pɛw-mu'ɛda, -'ɛjs-] *m* papel *m* moneda

papelote [pape'lɔtʃi] *m* 1. (*para cabelo*) papillote *m* 2. *inf* (*de drogas*) papelina *f*

papila [pa'pila] *f* ANAT, BOT papila *f*

papiro [pa'piru] *m* papiro *m*

papo ['papu] *m* 1. (*de ave*) buche *m* 2. *inf* (*de pessoa*) barriga *f*; **ficar de ~ para o ar** quedarse sin hacer nada; **isso já está no ~** eso ya está en el bolsillo 3. *inf* (*conversa*) charla *f*; **~ furado** cuento *m* chino; **bater (um) ~ com alguém** charlar con alguien; **levar alguém no ~** camelar a alguien

papo-de-anjo ['papo-dʒi-'ãŋʒu] <papos-de-anjo> *m* dulce hecho con yemas de huevo batidas que se asan y después se bañan en caramelo

papões [pa'põjs] *m pl de* **papão**

papoula [pa'powla] *f* amapola *f*

páprica ['paprika] *f* pimentón *m*

papudo, -a [pa'pudu, -a] *adj* (*bravateador*) fanfarrón, -ona

paquera [pa'kɛra] *f inf* ligue *m*

paquerar [pake'rar] *gíria* **I.** *vt* intentar ligar con; **paquerou a bolsa uma semana antes de comprá-la** comenzó a fijarse en el bolso una semana antes de comprarlo **II.** *vi* intentar ligarse a

paquiderme [paki'dɛrmi] *m* paquidermo *m*

paquistanês, -esa [pakistɜ'nes, -'eza] *adj, m, f* pakistaní *mf*, paquistaní *mf*

Paquistão [pakis'tɜ̃w] *m* Pakistán *m*, Paquistán *m*

par ['par] **I.** *m* **1.** (*dois*) par *m;* **aos ~ es** en pares; **sem ~** sin par; **um ~ de sapatos/brincos** un par de zapatos/ pendientes; **a ~ de** al lado de; **aberto de ~ em ~** abierto de par en par; **estar a ~** (**de a. c.**) estar al corriente (de algo); **pôr alguém a ~ de a. c.** poner a alguien al corriente de algo **2.** (*de dança*) pareja *f;* **um ~ inseparável** un par inseparable; **o meu ~** mi pareja **3.** ECON **ao ~** a la par **II.** *adj* (*número*) par

para [pra] *prep* **1.** (*direção*) hacia, a; ~ **baixo** hacia abajo; ~ **o campo/a cidade** hacia el campo/la ciudad; ~ **casa** a casa; ~ **cima** hacia arriba; ~ **dentro** hacia adentro; ~ **fora** hacia afuera; **ela vem ~ minha casa** viene a mi casa; **eu vou ~ Brasília/o Brasil** voy a Brasilia/al Brasil; **vai ~ cama** vete a la cama **2.** (*finalidade*) para; **um xarope ~ a tosse** un jarabe para la tos; ~ **quê?** ¿para qué?; **não estou ~ isso!** ¡no estoy de humor para eso! **3.** (*a fim de*) para; ~ **que** +*subj* para que +*subj;* **eu trabalho ~ pagar as contas** trabajo para pagar las cuentas **4.** (*temporal*) para; ~ **a semana/o ano** para la semana/el año; ~ **sempre** para siempre **5.** (*sentimento, atitude*) ~ **com** para con **6.** (*proporcionalidade*) a; **à escala de 10 ~ 1** a una escala de 10 a 1

Pará [pa'ra] *m* Pará

parabenizar [parabeni'zar] *vt* felicitar

parabéns [para'bẽjs] *mpl* felicidades *fpl;* **dar** (**os**) ~ **a alguém por a. c.** felicitar a alguien por algo; (**meus**) ~! ¡felicidades!

parábola [pa'rabola] *f* parábola *f*

parabólica [para'bɔʎika] *f* (*antena*) parabólica *f*

para-brisa ['para-'briza] *m* parabrisas *m inv*

para-choque ['para-'ʃɔki] *m* **1.** (*de automóvel*) parachoques *m inv* **2.** (*em ferrovias*) tope *m*

parada [pa'rada] *f* **1.** MIL desfile *m* **2.** (*de abastecimento, de transportes*) parada *f* **3.** TV ~ **de sucessos** lista *f* de éxitos **4.** *inf* (*pessoa, situação difícil*) problema *m;* **aguentar a ~** capear el temporal; **topar a ~** apuntarse al desafío; **vai ser uma ~ chegar lá em cima** va a costar Dios y ayuda llegar hasta ahí arriba **5.** *inf* (*pessoa, coisa muito atraente*) **esta sua câmara é uma ~** tu cámara es genial **6.** MED ~ **cardíaca** parada *f* cardíaca

paradeiro [para'dejru] *m* paradero *m*

paradigma [para'dʒigma] *m* paradigma *m*

paradisíaco, -a [paradʒi'ziaku, -a] *adj* paradisiaco, -a, paradisíaco, -a

parado, -a [pa'radu, -a] *adj* parado, -a; **estar ~** estar parado; **ficar ~** quedarse parado; **o caso está mal ~** el caso está mal explicado

paradoxal <-ais> [paradok'saw, -'ajs] *adj* paradójico, -a

paradoxo [para'dɔksu] *m* paradoja *f*

parafernália [parafer'naʎia] *f* parafernalia *f*

parafina [para'fina] *f* parafina *f*

paráfrase [pa'rafrazi] *f* LING paráfrasis *f inv*

parafrasear [parafrazi'ar] *conj como passear vt* parafrasear

parafusar [parafu'zar] *vt* atornillar

parafuso [para'fuzu] *m* tornillo *m;* **entrar em ~** quedarse desorientado; **ele tem um ~ frouxo** [*ou* **de menos**] *inf* le falta un tornillo

paragem [pa'raʒẽj] *f* **1.** (*parada*) parada *f* **2.** *pl* (*região*) paraje *m;* **nestas paragens** en este paraje

parágrafo [pa'ragrafu] *m* párrafo *m*

Paraguai [para'gwaj] *m* Paraguay *m*

paraguaio, -a [para'gwaju, -a] *adj, m, f* paraguayo, -a *m, f*

Paraíba [para'iba] *f* Paraíba *f*

paraíso [para'izu] *m* paraíso *m;* ~ **fiscal** *inf* paraíso fiscal

para-lama ['para-'lɐma] *m* guardabarros *m inv*

paralela [para'lɛla] *f* MAT paralela *f*

paralelamente [paralɛla'mẽjtʃi] *adv* paralelamente

paralelas [para'lɛlas] *fpl* ESPORT paralelas *fpl*

paralelepípedo [paralele'pipedu] *m* **1.** (*de pavimento*) adoquín *m* **2.** (*figura*)

geométrica) paralelepípedo *m*
paralelismo [paraleˈʎizmu] *m* paralelismo *m*
paralelo [paraˈlɛlu] *m* 1. GEO paralelo *m* 2. ECON mercado *m* desregulado; **o dólar subiu hoje no ~** el dólar subió hoy en el mercado desregulado
paralelo, -a [paraˈlɛlu, -a] *adj (linha, rua, atividade)* paralelo, -a; **a rua paralela à estrada** la calle paralela a la carretera
paralisação <-ões> [paraʎizaˈsãw, -ˈõjs] *f* paralización *f*
paralisado, -a [paraʎiˈzadu, -a] *adj* paralizado, -a
paralisar [paraʎiˈzar] I. *vt* paralizar II. *vi (atividade, processo)* paralizarse
paralisia [paraʎiˈzia] *f* MED parálisis *f inv*; **~ cerebral** parálisis cerebral; **~ infantil** parálisis infantil
paralítico, -a [paraˈʎitʃiku, -a] I. *adj* paralítico, -a; **ficar ~** quedarse paralítico II. *m, f* paralítico, -a *m, f*
paralogismo [paraloˈʒizmu] *m* FILOS paralogismo *m*
paramédico, -a [paraˈmɛdʒiku, -a] I. *adj* paramédico, -a II. *m, f* auxiliar *mf* sanitario, -a
paramentar-se [paramẽjˈtarsi] *vr* arreglarse
parâmetro [paˈrɜmetru] *m* parámetro *m*
paramilitar [paramiʎiˈtar] *adj* paramilitar
Paraná [paraˈna] *m* Paraná *m*
paraninfo, -a [paraˈnĩjfu, -a] *m, f* padrino *m*, madrina *f*
paranoia [paraˈnɔja] *f* paranoia *f*
paranoico, -a [paraˈnɔjku, -a] *adj, m, f* paranoico, -a *m, f*
paranormal <-ais> [paranorˈmaw, -ˈajs] *adj* paranormal
paraolimpíadas [paraoʎĩjˈpiadas] *fpl* ESPORT juegos *mpl* paraolímpicos
parapeito [paraˈpejtu] *m* parapeto *m*
parapente [paraˈpẽjtʃi] *m* parapente *m*
paraplegia [parapleˈʒia] *f* MED paraplejia *f*
paraplégico, -a [paraˈplɛʒiku, -a] *adj, m, f* parapléjico, -a *m, f*
parapsicologia [parapsikoloˈʒia] *f* parapsicología *f*
parapsicólogo, -a [parapsiˈkɔlogu, -a] *m, f* parapsicólogo, -a *m, f*
paraquedas [ˈparaˈkɛdas] *m inv* paracaídas *m inv*
paraquedismo [parakeˈdizmu] *m* paracaidismo *m*
paraquedista [parakeˈdʒista] *mf* paracaidista *mf*
parar [paˈrar] I. *vt* parar; **ela é de ~ o trânsito** *inf (atraente)* está como para parar un tren II. *vi* parar; **sem ~** sin parar; **~ de fazer a. c.** parar de hacer algo; **mandar alguém ~** mandar parar a alguien; **não ~ no emprego/em casa** no parar en el trabajo/en casa; **para com isso!** ¡basta ya!; **onde é que isso vai ~?** ¿adónde va a parar eso?; **como ela foi ~ lá?** ¿cómo fue a parar ahí?

> **Gramática** Antes de la reforma ortográfica, la 3.ª persona del singular del presente indicativo del verbo **parar**, se acentuaba (**pára**) para evitar la confusión con la preposición **para**. Hoy día el acento en este caso ya no se usa.

para-raios [ˈparaˈxajus] *m inv* pararrayos *m inv*
parasita [paraˈzita] *adj, mf* parásito, -a *m, f*
parasitar [paraziˈtar] *vt* parasitar
parasito [paraˈsitu] *m* parásito *m*
paratireoide [paratʃireˈɔjdʒi] *f* paratiroides *f inv*
parcamente [parkaˈmẽjtʃi] *adv* con parquedad
parceirada [parsejˈrada] *f* grupo *m* de compañeros
parceiro, -a [parˈsejru, -a] *m, f* 1. *(amoroso)* compañero, -a *m, f* 2. *(de negócios, político)* socio, -a *m, f* 3. *(em brincadeira)* cómplice *mf*
parcela [parˈsɛla] *f* 1. *(em soma)* sumando *m* 2. *(de terreno)* parcela *f* 3. *(dos lucros)* parte *f* 4. *(de pagamento)* plazo *m*
parcelado, -a [parseˈladu, -a] *adj (pagamento)* a plazos
parcelamento [parselaˈmẽjtu] *m (de pagamento)* pago *m* a plazos
parcelar [parseˈlar] *vt* pagar a plazos
parceria [parseˈria] *f* colaboración *f*; ECON sociedad *f*
parcial <-ais> [parsiˈaw, -ˈajs] *adj* parcial
parcialidade [parsjaʎiˈdadʒi] *f* parcialidad *f*
parcialmente [parsjawˈmẽjtʃi] *adv* parcialmente

parcimônia [parsi'monia] *f* parsimonia *f*

parco, -a ['parku, -a] *adj* parco, -a

pardacento, -a [parda'sẽtu, -a] *adj* parduzco, -a

pardal <-ais> [par'daw, -'ajs] *m* gorrión *m*

pardieiro [pardʒi'ejru] *m* antro *m*

pardo, -a ['pardu, -a] *adj* 1.(*pessoa*) mulato, -a; **eminência parda** eminencia gris 2.(*papel*) de estraza

pareça [pa'resa] *1. e 3. pres subj de* **parecer**

parecença [pare'sẽjsa] *f* parecido *m*; **ter ~ com alguém/a. c.** guardar parecido con alguien/algo

parecer¹ [pare'ser] *m* 1.(*opinião*) opinión *f*; **dar o seu ~** dar su opinión 2.(*escrito*) dictamen *m*

parecer² [pare'ser] <c→ç> I. *vt* parecer; **ela parece a mãe** se parece a su madre; **ela parece (ser) feliz** parece (estar) feliz; **me parece que...** me parece que...; **ao que parece...** por lo que parece...; **não me parece que ele esteja interessada** no me parece que esté interesada II. *vi* parecer; **parece que vai chover** parece que va a llover III. *vr:* **~-se** parecerse; **~-se com alguém/a. c.** parecerse a alguien/algo

parecido, -a [pare'sidu, -a] *adj* parecido, -a; **bem ~** muy parecido; **ser ~ com alguém/a. c.** ser parecido a alguien/algo; **...ou coisa parecida** *inf* ...o algo parecido

pareço [pa'resu] *1. pres de* **parecer²**

paredão <-ões> [pare'dãw, -'õjs] *m* paredón *m*

parede [pa'redʒi] *f* pared *f*; **as ~s têm ouvidos** las paredes oyen; **conversar com as ~s** *fig* hablar solo; **encostar alguém na ~** *inf* poner a alguien contra la pared; **subir pelas ~s** subirse por las paredes

paredões [pare'dõjs] *m pl de* **paredão**

paregórico, -a [pare'gɔriku, -a] *adj* (*elixir*) paregórico, -a

parelha [pa'reʎa] *f* (*de pessoas, cavalos*) pareja *f*; **fazer ~** hacer pareja

parelho, -a [pa'reʎu, -a] *adj* parejo, -a

parentada [parẽj'tada] *f* parentela *f*

parente [pa'rẽjtʃi] *mf* pariente *mf*; **~ afastado/próximo** pariente lejano/próximo; **~ por parte de pai/mãe** pariente por parte de padre/madre; **ser ~ de alguém** ser pariente de alguien

parentesco [parẽj'tesku] *m* parentesco *m*; **ter ~ com alguém** estar emparentado con alguien

parêntese [pa'rẽjtezi] *m* paréntesis *m inv*; **abrir/fechar ~s** abrir/cerrar el paréntesis; **pôr a. c. entre ~s** poner algo entre paréntesis

pareô [pare'o] *m* 1.(*na praia*) pareo *m* 2.(*no carnaval*) *disfraz de carnaval inspirado en la falda usada por los polinesios*

páreo ['pariw] *m* (*corrida*) carrera *f*; **entrar no ~** *fig* entrar en la disputa

pargo [pargu] *m* ZOOL pargo *m*

pária ['paria] *m fig* paria *mf*

paridade [pari'dadʒi] *f* paridad *f*; **a ~ entre o cruzado e o dólar** la paridad entre el cruzado y el dólar

parietal <-ais> [parje'taw, -'ajs] *adj* ANAT **osso ~** hueso parietal

parir [pa'rir] *vi, vt* parir

Paris [pa'ris] *f* París *m*

parisiense [parizi'ẽjsi] *adj, mf* parisiense *mf*

parkinsoniano, -a [parkĩjsoni'ɜnu, -a] *m, f* MED enfermo, -a *m, f* de Párkinson

parlamentar [parlamẽj'tar] *adj, mf* parlamentario, -a *m, f*

parlamentar [parlamẽj'tar] *vt* (*negociar*) parlamentar

parlamentarismo [parlamẽjta'rizmu] *m sem pl* parlamentarismo *m*

parlamentarista [parlamẽjta'rista] *adj, mf* partidario, -a *m, f* del parlamentarismo

parlamento [parla'mẽjtu] *m* parlamento *m*

parlatório [parla'tɔriw] *m* tribuna *f* de oradores

parmesão, parmesã [parme'zɜ̃w, -'ɜ̃] *adj* parmesano, -a; **queijo ~** queso parmesano

pároco ['paruku] *m* párroco *m*

paródia [pa'rɔdʒia] *f* parodia *f*

parodiar [parodʒi'ar] *vt* parodiar

parônimo [pa'ronimu] *m* LING parónimo *m*

paróquia [pa'rɔkia] *f* 1.(*comunidade*) parroquia *f* 2.(*localidade*) lugar *m* 3. *inf* (*bando*) panda *f*; **ele é o maior mentiroso da ~** es el más mentiroso de todos

paroquial <-ais> [paroki'aw, -'ajs] *adj fig* parroquial

paroquiano, -a [paroki'ɜnu, -a] *adj, m,*

f parroquiano, -a *m, f*
parótida [pa'rɔtʃida] *f* ANAT parótida *f*
par ou ímpar [parow'ĩjpar] <pares ou ímpares> *m* pares *mpl* o nones
parque ['parki] *m* parque *m;* ~ **aquático** parque acuático; ~ **de diversões** parque de atracciones; ~ **industrial** parque industrial; ~ **infantil** parque infantil; ~ **nacional** parque nacional; ~ **temático** parque temático
parquet ['parketʃi] *m* JUR magistratura *f*
parquete [par'ketʃi] *m* (*piso*) parquet *m*
parquímetro [par'kimetru] *m* parquímetro *m*
parra ['paxa] *f* parra *f*
parreira [pa'xejra] *f* parral *m*
parricida [paxi'sida] *mf* parricida *mf*
parrudo, -a [pa'xudu, -a] *adj* chaparro, -a
parte ['partʃi] *f* **1.** (*geral*) parte *f;* ~ **integrante** parte integrante; **as ~s íntimas** ANAT las partes íntimas; **a ~ do leão** la parte del león; **a primeira/segunda ~** (*de filme, de livro*) la primera/segunda parte; **da** [*ou* **por**] ~ **de alguém** por parte de alguien; **de minha ~** por mi parte; **de ~ a ~** mutuamente; **em ~** en parte; **em grande ~** en gran parte; **em qualquer ~** en cualquier parte; **em toda a ~** por todas partes; **uma grande ~ das pessoas** la mayor parte de la gente; **fiz a minha ~** hice mi parte; **pôr a. c. à ~** poner algo aparte; **pôr alguém à ~** poner a alguien aparte; **um mundo à ~** un mundo aparte; **ir por ~s** ir por partes **2.** (*participação*) **dar ~ de alguém** (**à polícia**) denunciar a alguien (a la policía); **fazer ~ de** formar parte de; **tomar ~ em** tomar parte en
parteira [par'tejra] *f* partera *f*
participação <-ões> [partʃisipa'sãw, -'õjs] *f* participación *f;* (*à polícia*) denuncia *f;* ~ **em atividades culturais** participación en actividades culturales; ~ **em clubes** participación en clubes; ~ **dos juros da empresa** participación en los intereses de la empresa; ~ **nos lucros** participación en los beneficios
participante [partʃisipˈpãŋtʃi] *mf* participante *mf*
participar [partʃisi'par] **I.** *vt* participar, notificar; (*à polícia*) denunciar; **participou a sua decisão à família** participó su decisión a la familia **II.** *vi* participar; ~ (**com alguém**) **de** [*ou* **em**] **a. c.** participar (con alguien) en algo; ~ **das** [*ou* **nas**] **aulas** participar en las clases
particípio [partʃi'sipiw] *m* LING participio *m*
partícula [par'tʃikula] *f* partícula *f*
particular [partʃiku'lar] **I.** *adj* **1.** (*pessoal, especial, peculiar*) particular; **assuntos ~es** asuntos particulares; **em ~** en particular **2.** (*privado*) privado, -a; **clínica ~** clínica privada; **conversa ~** conversación en privado; **escola ~** colegio privado; **falar com alguém em ~** hablar con alguien en privado **II.** *mf* particular *mf*
particulares [partʃiku'laris] *mpl* (*pormenores*) pormenores *mpl*
particularidade [paɪ'tʃikulari'dadʒi] *f* particularidad *f*
particularmente [partʃikular'mẽjtʃi] *adv* particularmente
partida [par'tʃida] *f* **1.** (*viagem*) partida *f;* (*de trem, de avião*) salida *f;* **estar de ~** (**para**)... estar saliendo (hacia)... **2.** (*de xadrez*) partida *f;* (*de futebol*) partido *m* **3.** (*carro*) arranque *m;* **dar a ~** arrancar **4.** ESPORT (*largada*) salida *f* **5.** *fig* **ganhar/perder a ~** tener/no tener éxito
partidão <-ões> [partʃi'dãw, -'õjs] *m inf* (*pessoa*) buen partido *m*
partidário, -a [paɔtʃi'dariw, -a] *adj, m, f* partidario, -a *m, f*
partido [par'tʃidu] *m* partido *m;* **tirar ~ da situação** sacar partido de la situación; **tomar o ~ de alguém** tomar partido por alguien; **ele/ela é um bom partido** él/ella es un buen partido
partido, -a [par'tʃidu, -a] **I.** *pp de* partir **II.** *adj* partido, -a
partidões [partʃi'dõjs] *m pl de* **partidão**
partilha [par'tʃiʎa] *f* reparto *m;* **a ~ dos lucros** el reparto de los beneficios
partilhar [partʃi'ʎar] *vt* compartir; ~ **a. c. com alguém** compartir algo con alguien; ~ **de** compartir; ~ **da mesma opinião** compartir la misma opinión; ~ **dos mesmos gostos** compartir los mismos gustos
partir [par'tʃir] **I.** *vt* partir; ~ **ao meio** partir por el medio; **a notícia partiu-lhe o coração** *fig* la noticia le partió el corazón **II.** *vi* **1.** (*de viagem*) partir; (*avião, trem, automóvel*) salir **2.** (*quebrar-se*) partirse; **o prato partiu ao cair no chão** el plato se partió al caer al suelo **3.** (*passar*) ~ **para** pasar a; **a**

moda partiu para roupas desbotadas la moda pasó a preferir ropas desteñidas; **ele perdeu a razão e partiu para a ignorância** perdió el juicio y recurrió a la grosería **4.** (*morrer*) **quem já partiu desse mundo** quien ya nos abandonó **5.** *fig* **a ~ de...** a partir de...

partitivo [partʃi'tʃivu] *m* LING partitivo *m*

partitivo, -a [partʃi'tʃivu, -a] *adj* (*que reparte*) partitivo, -a

partitura [partʃi'tura] *f* MÚS partitura *f*

parto ['partu] *m* parto *m*; **~ prematuro** parto prematuro; **estar em trabalho de ~** estar de parto; **a aprovação da lei foi um ~** *fig* la aprobación de la ley fue un parto difícil

parturiente [parturi'ẽjtʃi] *adj, f* parturienta *f*

parvo, -a ['parvu, -a] *adj, m, f* imbécil *mf*

parvoíce [parvo'isi] *f* imbecilidad *f*

pascal <-ais> [pas'kaw, -'ajs] *adj* pascual

Páscoa ['paskwa] *f* Pascua *f*; **na ~** en Pascua

pasmaceira [pazma'sejra] *f* apatía *f*

pasmado, -a [paz'madu, -a] *adj* pasmado, -a; **ficar ~ com a. c./alguém** quedarse pasmado con algo/alguien

pasmar [paz'mar] I. *vi* pasmarse II. *vr:* **~-se** pasmarse

pasmo ['pazmu] *m* pasmo *m*; **o meu ~ foi longo até me recuperar** me llevé tal pasmo que me costó recuperarme

pasmo, -a ['pazmu, -a] *adj* pasmado, -a; **fiquei ~ com a atitude dela** me quedé pasmado con su actitud

paspalhão, -ona <-ões> [paspa'ʎɐ̃w, -'ojs] *m, f* memo, -a *m, f*

paspalho [pas'paʎu] *m* memo, -a *m, f*

paspalhões [paspa'ʎõjs] *m pl de* **paspalhão**

paspalhona [paspa'ʎona] *f v.* **paspalhão**

pasquim [pas'kĩj] <-ins> *m* pasquín *m*; *pej* (*jornaleco*) periodicucho *m*

passa ['pasa] *f* pasa *f*

passada [pa'sada] *f* **1.** paso *m* **2.** *inf* **dar uma ~ em** [*ou por*]... (*visita rápida*) pasarse por...; **vou dar uma ~ na festa** voy a dar una vuelta por la fiesta

passadeira [pasa'dejra] *f* **1.** (*tapete*) alfombra *f* **2.** (*mulher*) planchadora *f*

passado [pa'sadu] *m* pasado *m*; **esquecer o ~** olvidar el pasado

passado, -a [pa'sadu, -a] *adj* **1.** (*temporal*) pasado, -a; **no ano/mês ~** el año/mes pasado; **na semana passada** la semana pasada; **~s três dias** pasados tres días **2.** GASTR **bem/mal ~** (*carne*) muy/poco hecho **3.** (*estragado*) desgastado, -a; **essas mangas já estão passadas** esas mangas ya están desgastadas **4.** (*roupa*) planchado, -a **5.** (*aturdido*) aturdido, -a; **ficou ~ ao saber das últimas notícias** se quedó muy sorprendido al saber las últimas noticias

passador [pasa'dor] <-es> *m* (*alça de calça, saia*) pasador *m*

passageiro, -a [pasa'ʒejru, -a] I. *adj* pasajero, -a; **amor ~** amor pasajero II. *m, f* pasajero, -a *m, f*

passagem [pa'saʒẽj] <-ens> *f* **1.** (*ação de passar, travessia, lugar*) paso *m*; **~ de ano** fin *m* de año; **~ de nível** paso a nivel; **~ de pedestres** paso de peatones; **~ proibida!** ¡prohibido el paso!; **~ subterrânea** paso subterráneo; **dar ~ a alguém** dar paso a alguien; **diga-se de ~** dicho sea de paso; **estar de ~** estar de paso **2.** (*bilhete*) billete *m*, pasaje *m AmL*; **~ de ida e volta** billete de ida y vuelta **3.** (*em livro*) pasaje *m* **4.** (*acontecimento*) hecho *m*

passamanaria [pasamana'ria] *f*, **passamanes** [pasa'manis] *mpl* pasamanería *f*

passaporte [pasa'portʃi] *m* pasaporte *m*

passar [pa'sar] I. *vt* **1.** (*geral*) pasar; **~ uma ponte** pasar un puente; **~ por** pasar por; **~ a. c. a limpo** pasar algo a limpio; **~ água em a. c.** pasar agua por algo; **~ o dia trabalhando** pasar el día trabajando; **~ fome** pasar hambre; **~ o Natal/as férias no Brasil** pasar las Navidades/las vacaciones en Brasil; **~ a noite fora** pasar la noche fuera; **~ um pano/uma esponja** (*limpar*) pasar un trapo/una esponja; **~ pomada na ferida** pasar pomada en la herida; **~ um vírus/uma doença para alguém** (*transmitir*) pasar un virus/una enfermedad a alguien; **este casaco deixa ~ a água/o frio** este abrigo deja pasar el agua/el frío; **vou ~ o livro a** [*ou para*] **você** te voy a pasar el libro; **por favor, me passe a manteiga** por favor, pásame la mantequilla; **para ~ o tempo** para pasar el tiempo **2.** (*exceder*) sobrepasar; **~ as fronteiras** sobrepasar las fronteras **3.** (*a roupa*) planchar 4.(*um cheque, recibo*) emitir; (*notas falsas*) poner en circulación 5.(*música*) ensayar 6.(*mostrar*) ~ **um filme** poner una película; **o que vai ~ hoje na televisão?** ¿qué ponen hoy en la tele? 7. GASTR (*carne*) asar; (*um café*) colar 8.(*enviar*) enviar; **~ um fax/ telegrama** enviar un fax/telegrama 9. inf (*droga*) pasar de contrabando 10.(*morrer*) morir; **~ desta para melhor** pasar a mejor vida 11.(*sobreviver*) sobrevivir; **~ a pão e água** sobrevivir a pan y agua 12.(*as marchas*) cambiar de II. *vi* 1.(*geral*) pasar; **ele passou aqui agora mesmo** acaba de pasar por aquí; **passa lá em casa** pásate por casa; **~ por Salvador** (*em viagem*) pasar por Salvador; **o rio passa pela cidade** el río pasa por la ciudad; **~ de** pasar de; **~ dos 50 anos** pasar de los 50 años; **~ dos limites** pasarse de los límites; **~ de moda** pasar de moda; **~ o prazo** pasarse el plazo; **já passa das dez** (horas) son más de las diez; **~ a ser** pasar a ser; **~ a ser um amigo** pasar a ser un amigo; **~ à frente de alguém** adelantar a alguien; **~ por cima de alguém** pasar por encima de alguien; **ele passou para o partido da oposição** se pasó al partido de la oposición; **~ de ano** ENS pasar de curso; **~ pela cabeça** pasar por la cabeza; **~ raspando** inf salir corriendo; **fazer-se ~ por alguém** hacerse pasar por alguien; **~ sem a. c.** pasar sin algo; **eu já não passo sem o computador** no sé pasar sin el ordenador; **isso vai ~ logo** eso se va a pasar enseguida; **isso passa** eso se pasa; **o pior já passou** ya ha pasado lo peor; **desta vez passa, mas a próxima não vou perdoar** por esta vez, pase, pero la próxima no voy a perdonarte; **ele não passa de um analfabeto** no pasa de un analfabeto 2.(*ser aprovado*) aprobar; **~ num exame** pasar un examen 3.(*saúde*) sentirse; **como tem passado?** ¿cómo se siente?; **ele passou bem/mal ontem à noite** se sintió bien/mal anoche 4.(*enganar*) **~ alguém para trás** inf engañar a alguien III. *vr:* ~-se pasar; **o que se passou ontem?** ¿qué pasó ayer?; **o que se passa?** ¿qué pasa?; **passa-se o mesmo comigo** me pasa lo mismo; **aqui não se passa nada** aquí no pasa nada; **a história se passa no século XIX** la historia ocurre en el siglo XIX

passarela [pasa'rɛla] *f* pasarela *f*
passarinho [pasa'riɲu] *m* pajarito *m*
pássaro ['pasaru] *m* pájaro *m;* **mais vale um ~ na mão que dois voando** *prov* más vale pájaro en mano que ciento volando
passatempo [pasa'tẽjpu] *m* pasatiempo *m;* **ter a. c. como** [*ou* **por**] **~** tener algo como pasatiempo
passável <-eis> [pa'savew, -ejs] *adj* pasable
passe ['pasi] *m* 1.(*cartão*) billete *m;* **~ de estudante** billete de estudiante 2.(*autorização*) permiso *m;* **entrar sem ~** entrar sin permiso 3. ESPORT (*jogada*) pase *m;* (*do jogador com o clube*) traspaso *m* 4. *fig* **por um ~ de mágica** como por arte de magia
passear [pasi'ar] *irr* I. *vt* pasear II. *vi* pasear; **~ pelo jardim/pela cidade/ pela praia** pasear por el jardín/la ciudad/la playa; **levar o cão para ~** llevar el perro a pasear; **mandar alguém ~** *inf* mandar a alguien a paseo; **vai ~!** *inf* ¡vete a paseo!
passeata [pasi'ata] *f* (*marcha coletiva*) marcha *f;* **~ de protesto** marcha de protesta
passeio [pa'seju] *m* 1.(*a pé, de carro, a cavalo*) paseo *m;* **dar um ~** dar un paseo 2.(*excursão*) excursión *f;* **~ da escola** excursión escolar 3.(*para pedestre*) paseo *m* 4.(*vitória muito fácil*) paseo *m;* **a equipe local deu um ~ nas adversárias** el equipo local se dio un paseo antes los adversarios
passe-partout [paspar'tu] *m* paspartú *m*
passional <-ais> [pasjo'naw, -'ajs] *adj* pasional; **crime ~** crimen pasional
passista [pa'sista] *mf* bailarín en un desfile de una escuela de samba
passiva [pa'siva] *f* LING pasiva *f*
passível <-eis> [pa'sivew, -ejs] *adj* **isso é ~ de ser encontrado** eso puede ser encontrado; **ser ~ de acontecer** poder ocurrir; **ser ~ de crítica/sançções** estar sujeto a críticas/sanciones
passividade [pasivi'dadʒi] *f sem pl* pasividad *f*
passivo [pa'sivu] *m* ECON pasivo *m*
passivo, -a [pa'sivu, -a] *adj* pasivo, -a
passo ['pasu] *m* paso *m;* **~ a ~** paso a paso; **ao ~ que** al tiempo que; **~s de balé/tango/valsa** paso de ballet/

pasta 371 **patinação**

tango/vals; **a ~s largos** con grandes pasos; **a dois ~s** a dos pasos; **apertar o ~** apretar el paso; **ceder o ~ a alguém** ceder el paso a alguien; **dar um ~** dar un paso; **dar os primeiros ~s** dar los primeros pasos; **dar um ~ em falso** dar un paso en falso; **dar um mau ~** dar un mal paso; **dar um ~ decisivo na vida** dar un paso decisivo en la vida; **marcar ~** *fig* quedarse estancado; **seguir os ~s de alguém** seguir los pasos de alguien; **nem mais um ~!** ¡no dé otro paso!; **a ~ de cágado** *inf* a paso de tortuga

pasta ['pasta] *f* 1. (*substância*) pasta *f*; **~ de dentes** pasta de dientes 2. (*para documentos, informática*) carpeta *f*; (*com asa*) cartera *f*; **~ de arquivo** archivador *m* 3. (*de ministro*) carpeta *f*; **entregar a ~** entregar la cartera

pastagem [pas'taʒēj] <-ens> *f* pasto *m*

pastar [pas'tar] I. *vt* comer II. *vi* 1. (*animal*) pastar 2. *inf* (*não ter sucesso*) quedarse estancado, -a

pastel[1] <-éis> [pas'tɛw, -'ɛjs] *m* 1. GASTR (*de massa folhada*) empanada *f*; (*bolo*) pastel *m*; **~ de carne/queijo/banana** empanada de carne/queso/plátano 2. *inf* (*pessoa aborrecida*) pesado, -a *m, f*

pastel[2] <-éis> [pas'tɛw, -'ɛjs] *adj inv* (*cor*) pastel

pastelão <-ões> [paste'lʃãw, -'õjs] *m* 1. GASTR pastel *m* grande 2. CINE, TV comedia *f*

pastelaria [pastela'ria] *f* pastelería *f*

pasteleiro, -a [paste'lejru, -a] *m, f* pastelero, -a *m, f*

pastelões [paste'lõjs] *m pl de* **pastelão**

pasteurização [pastewriza'sãw] *f sem pl* pasteurización *f*

pasteurizado, -a [pastewri'zadu, -a] *adj* (*leite*) pasteurizado, -a

pastilha [pas'tiʎa] *f* 1. (*para chupar*) pastilla *f*; **~ para a garganta/tosse** pastilla para la garganta/tos 2. (*construção*) tesela *f*

pasto ['pastu] *m* pasto *m*

pastor [pas'tor] <-es> *m* 1. REL pastor *m* 2. ZOOL **~-alemão** pastor alemán

pastor(a) [pas'tor(a)] <-es> *m(f)* pastor(a) *m(f)*

pastoral <-ais> [pasto'raw, -'ajs] *adj* (*entidade*) pastoral; (*campestre*) pastoril

pastores [pas'tores] *m pl de* **pastor**

pastoril <-is> [pasto'riw, -'is] *adj* pastoril

pastorinha [pasto'riɲa] *f cada una de las participantes tradicionales en los desfiles de las escolas de samba*

pastoris [pasto'ris] *adj pl de* **pastoril**

pastoso, -a [pas'tozu, -'ɔza] *adj* pastoso, -a

pata ['pata] *f* 1. (*de animal*) pata *f* 2. *pej* (*de pessoa*) pata *f*; **meter a ~** *inf* meter la pata; **tira as ~s daí!** ¡quita las patas de ahí!

patada [pa'tada] *f* 1. (*pancada*) patada *f*; **dar uma ~ em alguém** dar una patada a alguien; **levar uma ~ de alguém** recibir una patada de alguien 2. (*grosseria*) grosería *f*

patamar [pata'mar] <-es> *m* rellano *m*; *fig* (*nível*) nivel *m*

patativa [pata'tʃiva] *f* ZOOL *ave cantora de color gris*

patavina [pata'vina] *pron indef* nada; **não entender ~** no entender nada

patchuli [patʃu'ʎi] *m* pachulí *m*

patê [pa'te] *m* paté *m*; **~ de fígado** paté de hígado

patela [pa'tɛla] *f* ANAT rótula *f*

patente [pa'tẽtʃi] I. *f* 1. ECON patente *f*; **registrar uma ~** registrar una patente 2. MIL rango *m* II. *adj* patente

patentear [patẽtʃi'ar] *conj como passear vt* 1. (*um invento*) patentar 2. (*mostrar*) manifestar

paternal <-ais> [pater'naw, -'ajs] *adj* paternal; **amor ~** amor paternal

paternalismo [paterna'ʎizmu] *m* paternalismo *m*

paternalista [paterna'ʎista] *adj* paternalista

paternidade [paterni'dadʒi] *f* paternidad *f*

paterno, -a [pa'tɛrnu] *adj* paterno, -a; **o avô ~** el abuelo paterno; **a casa paterna** la casa paterna

pateta [pa'teta] *adj, m/f* bobo, -a *m, f*

patético, -a [pa'tɛtʃiku, -a] *adj* patético, -a

patifaria [patʃifa'ria] *f* canallada *f*

patife [pa'tʃifi] *m* canalla *m*

patim [pa'tʃĩj] <-ins> *m* patín *m*; **~ em linha** patín en línea; **andar de patins** patinar

patinação <-ões> [patʃina'sãw, -'õjs] *f* (*no gelo*) patinaje *m*; **~ artística** patinaje artístico; **pista de ~** pista de patinaje

patinador(a) [patʃinaˈdor(a)] <-es> *m(f)* patinador(a) *m(f)*
patinar [patʃiˈnar] *vi* 1.(*com patins*) patinar 2.(*oxidar*) oxidarse
patinete [patʃiˈnetʃi] *m* patinete *m*
patinhar [patʃiˈɲar] *vi* 1.(*na água*) chapotear 2.(*derrapar*) patinar
patinho [paˈtʃiɲu] *m* 1.(*pato*) patito *m* 2.(*pessoa*) memo *m;* **cair que nem um ~** *inf* dejarse engañar
patins [paˈtʃĩjs] *m pl de* **patim**
pátio [ˈpatʃiw] *m* patio *m;* **~ interior** patio interior
pâtisserie [patʃiseˈxi] *f* pastelería *f*
pato [ˈpatu] *m* **pagar o ~** *inf* pagar el pato
pato, -a [ˈpatu, -a] *m, f* pato, -a *m, f;* **pagar o ~** *inf* pagar el pato
patogênico, -a [patoˈʒeniku, -a] *adj* patogénico, -a
patologia [patoloˈʒia] *f* patología *f*
patológico, -a [patoˈlɔʒiku, -a] *adj* patológico, -a
patologista [patoloˈʒista] *mf* patólogo, -a *m, f*
patota [paˈtɔta] *f inf* panda *f*
patrão, patroa <-ões> [paˈtrãw, -ˈoa, -ˈõjs] *m, f* (*chefe*) jefe, -a *m, f;* (*dono da casa*) señor(a) *m(f)*
pátria [ˈpatrja] *f* patria *f*
patriarca [patriˈarka] *m* patriarca *m*
patricinha [patriˈsĩɲa] *f inf* pija *f*
patrício, -a [paˈtrisiw, -a] *adj* paisano, -a
patrimônio [patriˈmoniw] *m* patrimonio *m;* **~ do Estado** patrimonio del Estado; **~ mundial** patrimonio mundial; **~ nacional** patrimonio nacional
pátrio, -a [ˈpatriw, -a] *adj* patrio, -a
patriota [patriˈɔta] *mf* patriota *mf*
patriotada [patriˈotada] *f* muestra *f* de patrioterismo
patriótico, -a [patriˈɔtʃiku, -a] *adj* patriótico, -a
patriotismo [patrioˈtʃizmu] *m* patriotismo *m*
patroa [paˈtroa] *f v.* **patrão**
patrocinador(a) [patrosinaˈdor(a)] <-es> *m(f)* patrocinador(a) *m(f)*
patrocinar [patrosiˈnar] *vt* patrocinar
patrocínio [patroˈsiniw] *m* patrocinio *m*
patrões [paˈtrõjs] *m pl de* **patrão**
patronal <-ais> [patroˈnaw, -ˈajs] *adj* patronal
patronato [patroˈnatu] *m* patronato *m*
patrono, -a [paˈtronu, -a] *m, f* patrón, -ona *m, f*

patrulha [paˈtruʎa] *f* patrulla *f;* **~ rodoviária** patrulla de la policía de carreteras
patrulhamento [patruʎaˈmẽjtu] *m* patrullaje *m;* **~ ideológico** censura *f* ideológica
patrulhar [patruˈʎar] I. *vt* patrullar; *fig* censurar II. *vi* patrullar
patrulheiro, -a [patruˈʎejru, -a] *m, f* miembro *m* de una patrulla
patuscada [patusˈkada] *f* (*farra*) juerga *f*
pau [ˈpaw] *m* 1.(*de madeira*) palo *m;* **~ de vassoura** palo de escoba; **disputa ~ a ~** disputa igualada; **dar com o ~ a montones**; **chutar o ~ da barraca** *inf* ponerse hecho una furia; **dar ~** INFOR colgarse; **ficar ~ da vida** *chulo* coger un cabreo de cojones; **matar a ~** *inf* actuar con eficacia; **meter o ~ em alguém** *fig, inf* dar una paliza a alguien; **mostrar com quantos ~s se faz uma canoa** *fig* enseñar lo que vale un peine; **ser ~ para toda obra** *inf* servir tanto para un barrido como para un fregado; **nem a ~!** *gíria* ¡ni harto de vino! 2.(*briga*) pelea *f;* **quebrar o ~** *fig, inf* pelearse 3. *inf* (*em exames*) cate *m;* **levar** [*ou* **tomar**] **~** catear 4. *inf* (*dinheiro*) cuca *f;* **quinhentos ~s** quinientas cucas 5. *chulo* (*pênis*) polla *f*
pau-a-pique [ˈpaw-a-ˈpiki] <**paus- -a-pique**> *m* pared hecha con una trama de tiras entrelazadas y cubierta con barro
pau-brasil <**paus-brasil, paus-brasis**> [ˈpaw-braˈziw, ˈpawz-braˈzis] *m* palo *m* de Brasil
pau-de-arara¹ [ˈpaw-dʒi-aˈrara] <**paus- -de-arara**> *m* 1.(*para aves*) soporte de madera en el que se transportan loros, papagayos y otras aves para el mercado 2.(*para tortura*) instrumento de tortura consistente en un rodillo del que se cuelga a la víctima por las rodillas y los codos
pau-de-arara² [ˈpaw-dʒi-aˈrara] <**paus- -de-arara**> *mf* (*retirante*) habitante de la región Nordeste de Brasil que emigra a otra parte del país
paulada [pawˈlada] *f* garrotazo *m*
paulatino, -a [pawlaˈtʃinu, -a] *adj* paulatino, -a
paulista [pawˈlista] *adj, mf* paulista *mf* (*del Estado de São Paulo*)
paulistano, -a [pawlisˈtano, -a] *adj, m,*

pau-mandado ['paw-mɐ̃n'dadu] <paus-mandados> *m* mandado, -a *m, f*

pauperização [pawperiza'sɐ̃w] *f sem pl* pauperización *f*

paupérrimo, -a [paw'pɛximu, -a] *superl de* **pobre**

pau-preto ['paw-'pretu] <paus-pretos> *m* árbol de la familia de las leguminosas

paus ['paws] *mpl* (*cartas*) tréboles *mpl*

pausa ['pawza] *f* pausa *f;* **fazer uma ~** hacer una pausa

pausadamente [pawzada'mẽtʃi] *adv* pausadamente

pausado [paw'zadu] *adv* pausadamente; **falar ~** hablar pausadamente

pausado, -a [paw'zadu, -a] *adj* pausado, -a

pau-santo ['paw-'sɐ̃ntu] <paus-santos> *m* palo *m* santo

pausar [paw'zar] *vt* ralentizar

pauta ['pawta] *f* **1.** MÚS pentagrama *m* **2.** (*lista*) lista *f;* (*agenda*) orden *m* del día; **a ~ da reunião** el orden del día de la reunión **3.** (*tarifa*) arancel *m;* **~ aduaneira** arancel aduanero **4.** (*linhas*) pauta *f;* **papel sem ~** papel sin pautas

pautado, -a [paw'tadu, -a] *adj* **1.** (*folha*) pautado, -a **2.** (*regrado*) disciplinado, -a

pautar [paw'tar] *vt* (*orientar*) orientar; (*tarefas*) relacionar

pauzinhos [paw'zĩɲus] *mpl inf* cotilleos *mpl;* **mexer os ~** *fig* tocar muchas teclas

pavão, pavoa <-ões> [pa'vɐ̃w, -'oa, -'õjs] *m, f* **1.** ZOOL pavo *m* real **2.** *fig* vanidoso, -a *m, f*

pavê [pa've] *m* postre preparado con bizcochos emborrachados, dispuestos en capas, y cubiertos con nata, crema y gelatina de diversos sabores

pávido, -a ['pavidu, -a] *adj* aterrorizado, -a

pavilhão <-ões> [pavi'ʎɐ̃w, -'õjs] *m* pabellón *m*

pavimentado, -a [pavimẽj'tadu, -a] *adj* pavimentado, -a

pavimentar [pavimẽj'tar] *vt* pavimentar

pavimento [pavi'mẽjtu] *m* pavimento *m*

pavio [pa'viw] *m* mecha *f;* **ter ~ curto** *inf* saltar a la mínima

pavoa [pa'voa] *f v.* **pavão**

pavonear [pavone'ar] *conj como passear* **I.** *vt* pavonearse de **II.** *vr:* **~ -se** pavonearse

pavor [pa'vor] <-es> *m* pavor *m;* **ter ~ de a. c./alguém** tener pavor a algo/alguien

pavoroso, -a [pavo'rozu, -'ɔza] *adj* pavoroso, -a

paxá [pa'ʃa] *m fig, inf* mandamás *m inv*

paz ['pas] <-es> *f* paz *f;* **fazer as ~ es com alguém** hacer las paces con alguien; **ser de boa ~** ser pacífico; **viver na santa ~** vivir en paz; **viver em ~ com alguém** vivir en paz con alguien; **me deixa em ~!** ¡déjame en paz!

PC [pe'se] *m abr de* **personal computer** PC *m*

Pça. ['prasa] *abr de* **praça** Pza.

Pe. ['padri] *abr de* **padre** P.

pé ['pɛ] *m* **1.** (*de pessoa*) pie *m;* **~ chato** pie plano; **~ ante ~** despacio; **aos ~ s de** a los pies de; **ao ~ da letra** al pie de la letra; **ao ~ do ouvido** al oído; **bater o ~** empeñarse; **cair de ~** caer en pie; **dar ~** (*na água*) hacer pie; **dar no ~** *gíria* largarse; **entrar com o ~ direito** entrar con el pie derecho; **estar a ~** haber venido a pie; **estar de** [*ou* **em**] **~** (*pessoa, objeto*) estar de pie; (*proposta, convite*) estar en pie; **estar com o ~ na cova** *fig* tener un pie en la tumba; **estar de ~ atrás** (**com alguém/a. c.**) desconfiar (de alguien/ algo); **estar em ~ de guerra** estar en pie de guerra; **estar em ~ de igualdade** estar en pie de igualdad; **fazer a. c. com um ~ nas costas** hacer algo con los ojos cerrados; **ir a ~** ir a pie; **num ~ e voltar no outro** *inf* darse mucha prisa; **jurar de ~ s juntos** jurar; **lamber os ~ s de alguém** *fig* hacer la rosca a alguien; **levar um ~ na bunda** *inf* ser puesto de patitas en la calle; **meter os ~ s pelas mãos** no dar pie con bola; **não ter ~ nem cabeça** no tener ni pies ni cabeza; **pegar no ~ de alguém** *inf* presionar a alguien; **ser ~ quente** dar suerte; **ser um ~ no saco** *inf* ser un plasta; **não arredar ~** no ceder; **ter os ~ s no chão** tener los pies en tierra; **tirar o ~ da lama** *fig* salir de la miseria; **em que ~ estão as coisas?** ¿en qué situación están las cosas?; **isso não dá ~!** *inf* ¡eso no es posible!; **dos**

~s à cabeça de pies a cabeza; eu nunca pus os ~s lá nunca había puesto los pies allí 2.(*de planta*) tallo *m*; um ~ de alface una lechuga; um ~ de goiaba una planta de guayaba; um ~ de salsa un manojo de perejil 3.(*de mobília*) pata *f* 4.(*unidade de medida*) pie *m*

peão, peoa <-ões> [pi'ʒw, -'oa, -'õjs] *m, f* (*trabalhador, xadrez*) peón *m*

pebolim [pebo'ʎĩj] <-ins> *m* futbolín *m*

peça¹ ['pɛsa] *f* pieza *f*; ~ **musical** pieza musical; ~ **de roupa** prenda *f*; ~ **sobressalente** pieza de repuesto; ~ **de teatro** pieza de teatro; **pregar uma ~ em alguém** *inf* tenderle una trampa a alguien

peça² ['pɛsa] *1.e 3.pres subj de* **pedir**

pecado [pe'kadu] *m* 1.pecado *m*; ~ **mortal** pecado mortal; ~ **original** pecado original; **cometer um ~** cometer un pecado; **para mal dos meus ~s** para desgracia mía 2.(*lástima*) pena *f*; **é um ~ que ele não possa vir para a festa** es una pena que no pueda venir a la fiesta 3.(*crueldade*) pecado *m*; **que ~ deixar os idosos desamparados** qué pecado dejar a los ancianos desamparados

pecador(a) [peka'dor(a)] <-es> *adj, m(f)* pecador(a) *m(f)*

pecaminoso, -a [pekami'nozu, -'ɔza] *adj* pecaminoso, -a

pecar [pe'kar] <c→qu> *vi* pecar; **você peca por confiar demais nas pessoas** pecas confiando demasiado en las personas

pecha ['pɛʃa] *f* defecto *m*

pechincha [pi'ʃĩʃa] *f* ganga *f*

pechinchar [piʃĩ'ʃar] *vt* regatear

pecíolo [pe'siwlu] *m* BOT pecíolo *m*

peço ['pɛsu] *1. pres de* **pedir**

peçonhento, -a [pesõ'ɲẽjtu -a] *adj* venenoso, -a

pecuária [peku'aria] *f* ganadería *f*

pecuarista [pekua'rista] *mf* ganadero, -a *m, f*

peculato [peku'latu] *m* malversación *f* de fondos

peculiar [peku'ʎiar] <-es> *adj* peculiar

peculiaridade [pekuʎiari'dadʒi] *f* peculiaridad *f*

pecúlio [pe'kuʎiw] *m* peculio *m*

pecuniário, -a [pekuni'ariw, -a] *adj* pecuniario, -a

pedaço [pe'dasu] *m* 1.(*parte*) pedazo *m*; **um ~ de pão/bolo/papel** un pedazo de pan/tarta/papel; **fazer em ~s** hacer pedazos; **o carro está caindo aos ~s** *inf* el coche se está cayendo a pedazos 2.(*de tempo*) rato *m*; **eu esperei um ~** esperé un rato 3.*inf* (*dificuldade*) trago *m*; **passar um mau ~** pasar un mal trago 4.*inf* (*pessoa atraente*) ~ **de mau caminho** tentación *f*

pedágio [pe'daʒiw] *m* peaje *m*

pedagogia [pedago'ʒia] *f* pedagogía *f*

pedagógico, -a [peda'gɔʒiku, -a] *adj* pedagógico, -a

pedagogo, -a [peda'gogu, -a] *m, f* pedagogo, -a *m, f*

pé-d'água [pɛ'dagwa] <pés-d'água> *m* aguacero *m*

pedal <-ais> [pe'daw, -'ajs] *m* pedal *m*

pedalada [peda'lada] *f* pedalada *f*

pedalar [peda'lar] *vi* pedalear

pedalinho [peda'ʎĩɲu] *m* (*pequeno barco*) patín *m*

pedante [pe'dãntʃi] *adj, mf* pedante *mf*

pé de atleta ['pɛ dʒia'tlɛta] <pés de atleta> *m* MED pie *m* de atleta

pé de boi ['pɛ dʒi 'boj] <pés de boi> *m inf* (*trabalhador*) currante *mf*

pé de cabra ['pɛ dʒi 'kabra] <pés de cabra> *m* palanqueta *f*

pé de chinelo ['pɛ dʒi ʃi'nɛlu] <pés de chinelo> *m inf*(*pobre*) pobre *m*

pé de galinha ['pɛ dʒi ga'ʎĩɲa] <pés de galinha> *m* (*rugas*) pata *f* de gallo

pé de galo ['pɛ dʒi 'galu] <pés de galo> *m* lúpulo *m*

pé de meia ['pɛ dʒi 'meja] <pés de meia> *m* ahorros *mpl*; **fazer um ~** acumular unos ahorros

pé de moleque ['pɛ dʒi mu'lɛki] <pés de moleque> *m* dulce hecho con azúcar y cacahuetes tostados

pé de pato ['pɛ dʒi 'patu] <pés de pato> *m* (*para natação*) aleta *f*

pederasta [pede'rasta] *m* pederasta *m*

pederneira [peder'nejra] *f* pedernal *m*

pedestal <-ais> [pedes'taw, -'ajs] *m* pedestal *m*

pedestre [pe'dɛstri] *mf* peatón, -ona *m, f*

pé de valsa ['pɛ dʒi 'vawsa] <pés de valsa> *m inf* bailarín *m*

pé de vento ['pɛ dʒi 'vẽjtu] <pés de vento> *m* ráfaga *f* de viento

pediatra [pedi'atra] *mf* pediatra *mf*

pediatria [pedʒja'tria] *f sem pl* pediatría *f*
pediátrico, -a [pedʒi'atriku, -a] *adj* pediátrico, -a
pedicuro, -a [pedʒi'kuru, -a] *m, f* pedicuro, -a *m, f*, callista *mf*
pedida [pi'dʒida] *f inf* elección *m*
pedido [pi'dʒidu] *m* **1.** (*informal, requerimento*) petición *m*; (*apelo*) llamamiento *m*; ~ **de casamento** petición de mano; ~ **de desculpa(s)** petición de perdón; ~ **de demissão** renuncia *f*; **fazer um** ~ **a alguém** hacer una petición a alguien; **a meu** ~ a petición mía **2.** (*encomenda*) pedido *m*
pedido, -a [pi'dʒidu, -a] **I.** *pp de* **pedir II.** *adj* pedido, -a
pedigree [pedʒi'gri] *m* ZOOL pedigrí *m*
pedinte [pi'dʒĩtʃi] *mf* mendigo, -a *m, f*
pedir [pi'dʒir] *irr* **I.** *vt* **1.** (*solicitar, encomendar*) pedir; ~ **a. c. a alguém** pedir algo a alguien; ~ **a alguém que faça** [*ou* **para fazer**] **a. c.** pedir a alguien que haga algo; ~ **ajuda** pedir ayuda **2.** (*requerer*) requerir; **o estado dela pede cuidados** su estado requiere cuidados **II.** *vi* pedir; **ter o hábito de** ~ tener la costumbre de pedir; ~ **pelos trabalhadores** pedir por los trabajadores
pé-direito ['pɛ-dʒi'rejtu] <pés-direitos> *m* altura *f*
peditório [pedʒi'tɔriw] *m* colecta *f*
pedofilia [pedofi'ʎia] *f sem pl* pedofilia *f*
pedófilo, -a [pe'dɔfilu, -a] *m, f* pedófilo, -a *m, f*
pedra ['pɛdra] *f* **1.** piedra *f*; ~ **fundamental** primera piedra; ~ **preciosa** piedra preciosa; **atirar a primeira** ~ *fig* tirar la primera piedra; **botar uma** ~ **em cima de a. c.** *fig* echar tierra sobre algo; **dormir como uma** ~ *inf* dormir como un tronco; **ser de** ~ *tb. fig* ser de piedra; **ser uma** ~ **no sapato de alguém** *inf* ser un estorbo para alguien; **não deixar** ~ **sobre** ~ no dejar piedra sobre piedra; **uma** ~ **no caminho** *fig* un obstáculo; **com quatro** ~s **na mão** *fig* agresivamente **2.** (*de gelo*) cubito *m*; (*de granizo, sal*) piedra *f*; (*de açúcar*) terrón *m* **3.** (*de jogo*) pieza *f* **4.** MED piedra *f* **5.** *inf* (*crack, maconha*) piedra *f*
pedrada [pe'drada] *f* (*com pedra*) pedrada *f*; **e lá vai** ~ *inf* y mucho más
pedra-pomes ['pɛdra-'pomis] <pedras-pomes> *f* piedra *f* pómez
pedra-sabão <pedras-sabões, pedras-sabão> ['pɛdra-sa'bãw, -'õjs] *f* esteatita *f*
pedregoso, -a [pedre'gozu, -'ɔza] *adj* pedregoso, -a
pedregulho [pedre'guʎu] *m* pedrusco *m*
pedreira [pe'drejra] *f* cantera *f*
pedreiro [pe'drejru] *m* albañil *m*
pedúnculo [pe'dũwkulu] *m* BOT pedúnculo *m*
peeling ['piʎĩj] *m* peeling *m*
pé-frio ['pɛ-'friw] <pés-frios> *m inf* gafe *mf*
pega ['pɛga] **I.** *f* (*em mala*) asa *f* **II.** *m* **1.** (*briga*) pelea *f* **2.** *reg, gíria* (*corrida de carros*) carrera ilegal de coches en una vía pública
pegada [pe'gada] *f* pisada *f*
pegadinha [pega'dʒĩna] *f* pregunta capciosa o engañosa
pegado, -a [pe'gadu, -a] *adj* **1.** (*ao lado, colado*) pegado, -a; **a casa pegada** la casa de al lado; **o restaurante** ~ **à minha casa** el restaurante pegado a mi casa **2.** (*amizade*) **os dois são muito** ~s los dos están muy unidos
pega-gelo ['pɛga-'ʒelu] <pega-gelos> *m* pinzas *fpl* para el hielo
pegajoso, -a [pega'ʒozu, -'ɔza] *adj* pegajoso, -a
pega-ladrão <pega-ladrões> ['pɛga-la'drãw, -'õjs] *m* (*alarme*) alarma *f* antirrobo
pega-pega ['pɛga-'pɛga] <pegas-pegas> *m* (*jogo*) corre *m* que te pillo
pega pra capar ['pɛga pra ka'par] *m inv, inf* pelea *f*
pegar [pe'gar] <g→gu> **I.** *vt* **1.** (*objetos, uma doença*) coger, agarrar *AmL*; **ela pegou uma gripe** cogió la gripe **2.** (*o avião, ônibus, trem*) coger, tomar *AmL* **3.** (*surpreender*) coger, pescar *AmL*; ~ **o ladrão em flagrante** coger al ladrón in flagranti **4.** (*apanhar*) recoger; ~ **as crianças na escola** recoger a los niños en el colegio **5.** (*ser condenado*) **ele pegou 5 anos de cadeia** le cayeron 5 años en la cárcel **6.** (*ir*) ir; ~ **uma praia/um cinema** ir a la playa/al cine **7.** (*entender*) entender, coger; **ele não pega nada das conversas** no entendía nada de las conversaciones **8.** (*captar*) sintonizar; **a televisão não está pegando os**

canais la televisión no está sintonizando los canales **9.** (*um trabalho, um caminho*) coger; **pegue a primeira à direita e depois à esquerda** coja la primera a la derecha y después a la izquierda **II.** *vi* **1.** (*segurar*) ~ **em** coger, agarrar *AmL;* **é ~ ou largar** lo tomas o lo dejas **2.** (*color*) pegarse **3.** (*carro*) arrancar **4.** (*hábito, moda*) cuajar **5.** (*planta*) agarrar **6.** (*fogo*) prender; **fogo pega fácil em palha seca** el fuego prende más fácil en la paja seca **7.** *inf* (*história*) colar; **essa comigo não pega!** ¡conmigo esta historia no cuela! **8.** *fig* ~ **no sono** caer dormido; **isso pega bem/mal** eso queda bien/mal; **ele pegou e foi embora** cogió y se fue **III.** *vr:* ~**-se 1.** (*doença*) contagiarse **2.** (*pessoas*) pegarse; **pegaram-se aos socos** *inf* se dieron de puñetazos

pega-varetas ['pɛga-va'retas] *m inv* juego de palitos de diferentes colores consistente en retirarlos uno a uno del montón sin tocar los otros

pego, -a ['pɛgu, -a] *pp irr de* **pegar**

pegue ['pɛgi] *1. e 3. pres subj de* **pegar**

peguei [pe'gei] *1. pret perf de* **pegar**

peidar [pej'dar] *vi chulo* tirarse pedos

peido ['pejdu] *m chulo* pedo *m*

peitar [pej'tar] *vt* (*enfrentar*) enfrentarse a

peito ['pejtu] *m* **1.** ANAT pecho *m;* ~ **de galinha** pechuga *f;* ~ **do pé** empeine *m;* **dar o ~ ao bebê** dar el pecho al bebé **2.** *fig* (*coragem*) valor *m;* **tem que ter muito ~ para pular de paraquedas** hay que tener mucho valor para saltar en paracaídas; **no ~ e na raça** *gíria* con entrega; **de ~ aberto a** pecho descubierto; **matar no ~** FUT parar con el pecho

peitoral <-ais> [pejto'raw, -'ajs] *m* ANAT (*músculo*) pectoral *m*

peitoril <-is> [pejto'riw, -'is] *m* alféizar *m*

peitudo, -a [pej'tudu, -a] **I.** *adj* pechugón, -ona **II.** *m, f fig* bravucón, -ona *m, f*

peixada [pej'ʃada] *f* GASTR pescado *m* cocido

peixaria [pejʃa'ria] *f* pescadería *f*

peixe ['pejʃi] *m* pez *m;* ~-**dourado** dorado *m;* **sentir-se como ~ fora d'água** *inf* estar más perdido que un pulpo en un garaje; **não ter nada com o ~** no tener nada que ver; **vender o seu ~** defender lo suyo

peixe-boi ['pejʃi-'boj] <peixes-boi(s)> *m* manatí *m*

peixe-espada ['pejʃis'pada] <peixes-espada(s)> *m* pez *m* espada

peixeiro, -a [pe'ʃeɾu, -a] *m, f* pescador(a) *m(f)*

Peixes ['pejʃis] *mpl* Piscis *m inv;* **ser (de) ~** ser Piscis

peixe-serra ['pejʃi-'sɛxa] <peixes-serra(s)> *m* pez *m* sierra

pejo ['peʒu] *m* pudor *m;* **sem ~** sin pudor

pejorar [peʒo'rar] *vt* empeorar

pejorativo, -a [peʒora'tʃivu, -a] *adj* peyorativo, -a

pela ['pela] = **por + a** *v.* **por**

pelada [pe'lada] *f* partidita *f* de fútbol, picado *m RíoPl;* **jogar uma ~ na praia** jugar una partidita de fútbol en la playa

peladão, -ona <-ões> [pela'dãw, -'ona, -'õjs] *adj inf* en pelotas

peladeiro, -a [pela'dejru, -a] *m, f* jugador(a) *m(f)* de una partidita de fútbol

pelado, -a [pe'ladu, -a] *adj* **1.** (*fruta, batata, tomate*) pelado, -a **2.** *fig* (*nu*) en pelotas **3.** (*sem dinheiro*) sin pasta

peladões [pela'dõjs] *m pl de* **peladão**

peladona [pela'dona] *f v.* **peladão**

pelagem [pela'ʒẽj] <-ens> *f* pelaje *m*

pelanca [pe'lãŋka] *f* piel *f* caída

pelar [pe'lar] **I.** *vt* pelar **II.** *vi* (*quente demais*) arder; **a sopa está pelando** la sopa está ardiendo **III.** *vr:* ~**-se** volverse loco, -a; **ele se pela por chocolate** él chocolate la vuelve loca

pele ['pɛʎi] *f* piel *f;* ~ **de galinha** piel de gallina; **casaco de ~s** abrigo de piel; **arriscar/salvar a ~** *inf* jugarse/salvar la piel; **cair na ~ de alguém** *inf* burlarse de alguien; **sentir a. c. na própria ~** sentir algo en carne propia; **ser só ~ e osso** estar en los huesos; **tirar a ~ de alguém** explotar a alguien; **eu não queria estar na sua ~** no me gustaría estar en su pellejo

pelego [pe'legu] *m* **1.** *pej* (*agente infiltrado em sindicato*) representante del gobierno infiltrado en un sindicato **2.** *fig* (*capacho*) felpudo *m*

peleja [pe'leʒa] *f* lucha *f*

pelica [pe'ʎika] *f* cabritilla *f*

pelicano [peʎi'kɜnu] *m* pelícano *m*

película [pe'ʎikula] *f* película *f;* ~ **aderente** película adherente

pelo[1] ['pelu] = **por + o** *v.* **por**

> **Gramática** pelo es la contracción de la preposición "por" y del artículo determinado "a" ó "o": "Vamos pelo parque; Passei pelos cães sem acordá-los."

pelo² ['pelu] m (de pessoa) vello m; (de animal) pelo m; (de tecido, de tapete) pelusa f; (**nu**) **em** ~ desnudo, -a
pelota [pe'lɔta] f pelota f; **não dar** ~ **a a. c./alguém** inf no hacer caso a algo/alguien
pelotão <-ões> [pelo'tãw, -'õjs] m MIL pelotón m
pelourinho [pelow'riɲu] m picota f
pelúcia [pe'lusia] f peluche m; **bicho de** ~ peluche m
peludo, -a [pe'ludu, -a] adj (pessoa) velludo, -a; (animal) peludo, -a
pelugem [pe'luʒẽj] <-ens> f vello m
pelve ['pɛwvi] f pelvis m inv
pélvico, -a ['pɛwviku, -a] adj pélvico, -a
pena ['pena] f 1. (de ave) pluma f; **travesseiro de** ~**s** almohada de plumas 2. JUR pena f; ~ **capital/de morte** pena capital/de muerte; ~ **suspensa** pena suspendida; **cumprir uma** ~ cumplir una pena 3. (pesar, piedade) pena f; **eu tenho** [ou **sinto**] ~ **dele** me da pena; **tenho muita** ~! ¡me da mucha pena!; **é** [ou **que**] ~! ¡qué pena!; (**isso**) **não vale a** ~ (eso) no vale la pena; **é com muita** ~ **que eu digo isto** digo esto con mucho dolor
pé na cova ['pɛ na 'kɔva] <pés na cova> m persona f acabada
penado, -a [pe'nadu, -a] adj **alma penada** alma en pena
penal <-ais> [pe'naw, -'ajs] adj JUR (código) penal
penalidade [penaʎi'dadʒi] f pena f; ~ **máxima** FUT pena máxima
penalizar [penaʎi'zar] vt penalizar
pênalti ['penawtʃi] m FUT penalti m, penal m AmL
penar [pe'nar] vi penar
penca ['pẽjka] f 1. BOT racimo m; ~ **de bananas** racimo de plátanos 2. (quantidade) puñado m; **uma** ~ **de amigos** un puñado de amigos
pendão <-ões> [pẽj'dãw, -'õjs] m pendón m
pendência [pẽj'dẽsia] f litigio m
pendenga [pẽj'dẽga] f litigio m
pendente [pẽj'dẽtʃi] adj 1. (pendurado) colgado, -a 2. (assunto, questão, trabalho) pendiente
pender [pẽj'der] vi 1. (estar pendurado) colgar; ~ **de** colgar de 2. (estar inclinado) inclinarse; ~ **para** inclinarse hacia
pendões [pẽj'dõjs] m pl de **pendão**
pêndulo ['pẽjdulu] m péndulo m
pendura [pĩj'dura] f inf **ficar na** ~ quedarse sin nada
pendurado, -a [pĩjdu'radu, -a] adj 1. colgado, -a; **o quadro está** ~ **na parede** el cuadro está colgado en la pared; **ficar** ~ **no telefone** estar (colgado) al teléfono 2. gíria (empenhado) empeñado, -a; **estar** ~ **no armazém** tener deudas pendientes
pendurar [pĩjdu'rar] vt 1. colgar; ~ **as chuteiras** colgar las botas; ~ **as roupas no varal** colgar la ropa en el tendedor 2. gíria (uma conta) dejar a deber
penduricalho [pĩjduri'kaʎu] m (para adorno) colgante m
penedo [pe'nedu] m peñasco m
peneira [pe'nejra] f 1. (objeto) colador m 2. fig (crivo) filtro m
peneirar [penej'rar] vt cerner
penetra [pe'nɛtra] mf inf persona f que se cuela
penetração <-ões> [penetra'sãw, -'õjs] f penetración f
penetrante [pene'trãtʃi] adj penetrante
penetrar [pene'trar] I. vt penetrar II. vi penetrar; ~ **na selva** penetrar en la selva; ~ **pelos poros** penetrar por los poros
penhasco [pẽ'ɲasku] m peñasco m
penhoar [peɲo'ar] <-es> m bata f
penhor [pɛ'ɲor] m empeño m; **casa de** ~ **es** casa de empeño(s)
penhora [pɛ'ɲɔra] f JUR embargo m
penhorado, -a [pẽɲo'radu, -a] adj empeñado, -a
penhorar [pẽɲo'rar] vt (Estado, banco) embargar; (indivíduo) empeñar
penicilina [pinisi'ʎina] f penicilina f
penico [pi'niku] m orinal m
península [pe'nĩsula] f península f; **Península Ibérica** Península Ibérica
peninsular [penĩjsu'lar] adj, mf peninsular mf
pênis ['penis] m inv pene m
penitência [peni'tẽjsia] f REL penitencia f; **fazer** ~ hacer penitencia

penitenciária [penitẽjsi'aɾia] *f* penitenciaría *f*

penitenciário, -a [penitẽjsi'aɾiw, -a] **I.** *adj* penitenciario, -a; **sistema ~** sistema penitenciario **II.** *m, f* preso, -a *m, f*

penitente [peni'tẽtʃi] *mf* REL penitente *mf*

penoso, -a [pe'nozu, -'ɔza] *adj* penoso, -a

pensado, -a [pẽj'sadu, -a] *adj* pensado, -a; **de caso ~ a** propósito

pensador(a) [pẽjsa'dor(a)] <-es> *m(f)* pensador(a) *m(f)*

pensamento [pẽjsa'mẽtu] *m* pensamiento *m*

pensante [pẽj'sãtʃi] *adj* (*ser*) pensante

pensão <-ões> [pẽj'sãw, -'õjs] *f* pensión *f*; **~ alimentícia** [*ou* **alimentar**] pago *m* de alimentos; **~ completa** pensión completa; **meia-~** media pensión

pensar [pẽj'sar] **I.** *vt* pensar; **~ as consequências** reflexionar sobre las consecuencias **II.** *vi* pensar; **~ alto** pensar en voz alta; **pensar bem/mal de alguém** tener una buena/mala opinión de alguien; **isso dá o que ~** eso da qué pensar; **nem ~ nisso!** ¡ni lo pienses!; **fazer a. c. sem ~** hacer algo sin pensar; **pensando bem...** pensándolo bien...; **pense bem!** ¡piénsalo bien!; **penso que sim/não** pienso que sí/no; **pense na minha proposta** piensa en mi propuesta; **estou pensando em viajar** estoy pensando (en) viajar; **sem ~ duas vezes** sin pensarlo dos veces

pensativo, -a [pẽjsa'tʃivu, -a] *adj* pensativo, -a

pênsil ['pẽjsiw] *adj* (*ponte*) colgante

pensionato [pẽjsjo'natu] *m* internado *m*

pensionista [pẽjsjo'nista] *mf* pensionista *mf*

pensões [pẽj'sõjs] *f pl de* **pensão**

pentagonal <-ais> [pẽjtago'naw, -'ajs] *adj* pentagonal

pentágono [pẽj'tagonu] *m* pentágono *m*

pentatlo [pẽj'tatlu] *m* ESPORT pentatlón *m*

pente ['pẽjtʃi] *m* peine *m*; **~ de balas** cargador *m*

penteadeira [pẽjtʃja'dejɾa] *f* tocador *m*

penteado [pẽjtʃi'adu] *m* peinado *m*

penteado, -a [pẽjtʃi'adu, -a] *adj* (*pessoa, cabelo*) peinado, -a

pentear [pẽjtʃi'ar] *conj como* **passear** **I.** *vt* peinar; **vai ~ macacos!** *inf* ¡vete a freír espárragos! **II.** *vr:* **~-se** peinarse

Pentecostes [pẽjte'kɔsts] *m* Pentecostés *m*

pente-fino ['pẽjtʃi-'finu] <pentes-finos> *m fig, inf* criba *f*; **passar o ~ em a. c.** peinar algo

pentelhação <-ões> [pẽjteʎa'sãw, -'õjs] *f chulo* coñazo *m*

pentelhar [pẽjte'ʎar] *vt chulo* dar el coñazo a

pentelho [pẽj'teʎu] *m chulo* (*pessoa maçante*) coñazo *m*

penugem [pe'nuʒẽj] <-ens> *f* pelusa *f*

penúltimo, -a [pe'nuwtʃimu, -a] *adj* penúltimo, -a

penumbra [pe'nũwbɾa] *f* penumbra *f*

penúria [pe'nuɾja] *f* penuria *f*

peoa [pe'oa] *f v.* **peão**

peões [pi'õjs] *m pl de* **peão**

pepino [pi'pinu] *m* pepino *m*; **~ em conserva** pepino en conserva

pepita [pe'pita] *f* (*de ouro*) pepita *f*

pequenez [peke'nes] *f* **1.** (*tamanho*) pequeñez *f* **2.** (*mesquinhez*) mezquindad *f*

pequenino, -a [peke'ninu, -a] **I.** *adj* pequeñito, -a **II.** *m, f* pequeñuelo, -a *m, f*

pequeno, -a [pi'kenu, -a] **I.** *m, f* pequeño, -a *m, f*; **os ~s** los pequeños **II.** *adj* pequeño, -a, chico, -a *AmL;* (*salário*) bajo, -a; **quando eu era ~** cuando era pequeño

pequeno-burguês, -esa [pi'kenu--bur'ges, -'eza] *adj, m, f* pequeñoburgués, -esa *m, f*

pé-quente ['pɛ-'kẽjtʃi] <pés-quentes> *m* suertudo, -a *m, f*

pequerrucho, -a [peke'xuʃu, -a] **I.** *adj* pequeñito, -a **II.** *m, f* pequeñuelo, -a *m, f*

Pequim [pe'kĩj] *f* Pekín *m*

pequinês, -esa [piki'nes, -eza] <-es> *adj, m, f* pequinés, -esa *m, f*

per [per] *prep* (*por*) **~ capita** ECON per cápita

pera ['peɾa] *f* **1.** (*fruta*) pera *f* **2.** (*barba*) perilla *f* **3.** (*interruptor*) interruptor *m*

peralta [pe'rawta] *mf* diablillo, -a *m, f*

perambeira [piɾɐ̃'bejɾa] *f* precipicio *m*

perambular [peɾɐ̃bu'lar] *vi* deambular

perante [pe'ɾɐ̃tʃi] *prep* **1.** (*diante de*) ante; **~ esta situação, temos de tomar medidas rapidamente** ante esta situação, tenemos que tomar medidas rápidamente; **estamos ~ um grave problema** estamos ante un grave problema 2.(*na presença de*) delante de; **~ os pais, ele é sempre bem comportado** delante de los padres siempre se porta bien

pé-rapado [pɛ-xa'padu] <pés-rapados> *m inf* pobretón *m*

perca[1] ['pɛrka] *f* ZOOL perca *f*

perca[2] ['pɛrka] *1. e 3. pres subj de* **perder**

percalço [per'kawsu] *m* percance *m*

perceber [perse'ber] *vt* 1.(*entender*) entender 2.(*distinguir*) darse cuenta de

percentagem [persēj'taʒēj] <-ens> *f*, **percentual** <-ais> [persējtu'aw, -'ajs] *m* porcentaje *m*

percepção <-ões> [persep's3w, -'õjs] *f* percepción *f*

perceptível <-eis> [persep'tʃivew, -ejs] *adj* perceptible

perceptivo, -a [persep'tʃivu, -a] *adj* perceptivo, -a

percevejo [perse'veʒu] *m* 1.(*inseto*) chinche *m* 2.(*pequeno prego*) chincheta *f*

perco ['perku] *1. pres de* **perder**

percorrer [perko'xer] *vt* recorrer

percurso [per'kursu] *m* recorrido *m*

percussão <-ões> [perku's3w, -'õjs] *f* MÚS percusión *f*

percussionista [perkusjo'nista] *mf* percusionista *mf*

percussões [perku'sõjs] *f pl de* **percussão**

perda ['perda] *f* pérdida *f*; **~ de altitude** pérdida de altura; **~ de cabelo** pérdida de pelo; **~ de peso** pérdida de peso; **~ de vidas** pérdida de vidas; **~s e danos** daños y prejuicios; **~s e ganhos** pérdidas y ganancias; **sofrer uma ~** sufrir una pérdida; **sofrer a ~ de um ente querido** sufrir la pérdida de un ser querido; **sem ~ de tempo** sin perder tiempo

perdão <-ões> [per'd3w, -'õjs] *m* perdón *m*; **pedir ~ a alguém por a. c.** pedir perdón a alguien por algo; **~!** ¡perdón!

perdedor(a) [perde'dor(a)] <-es> *m(f)* perdedor(a) *m(f)*; **ser um bom/mau ~** ser un buen/mal perdedor

perder [per'der] *irr* I. *vt* perder; **~ as estribeiras** *inf* perder los estribos; **~ a mania** perder la manía; **~ tempo com a. c./alguém** perder el tiempo con algo/alguien; **~ a vergonha** perder la vergüenza; **~ a vida** perder la vida; **~ a vontade** perder las ganas; **pôr algo a ~** echar algo a perder; **ela perdeu 10 kg em um mês** perdió 10 kilos en un mes; **perdeu o bebê no sexto mês de gravidez** perdió el bebé en el sexto mes de embarazo; **o Brasil perdeu para o Uruguai em 1950** Brasil perdió contra Uruguay en 1950 II. *vi* perder III. *vr:* ~**-se** 1.(*geral*) perderse; ~**-se de alguém** perder el contacto con alguien; ~**-se em divagações** perderse en divagaciones 2. *inf* (*prostituir-se*) caer en la prostitución

perdição <-ões> [perdʒi's3w, -'õjs] *f* perdición *f*; **os computadores são a minha ~** *inf* los ordenadores son mi perdición

perdidamente [perdʒida'mējtʃi] *adv* perdidamente; **estar ~ apaixonado por alguém** estar perdidamente enamorado de alguien

perdido, -a [per'dʒidu, -a] *adj* perdido, -a; **estou ~!** ¡estoy perdido!

perdidos [per'dʒidus] *mpl* **achados e ~ objetos** *mpl* perdidos

perdigão <-ões> [perdʒi'g3w, -'õjs] *m* ZOOL perdigón *m*

perdigueiro [perdʒi'gejru] *m* ZOOL perdiguero *m*

perdiz [per'dʒis] <-es> *f* perdiz *f*

perdoar [perdu'ar] <*1. pess pres:* perdoo> I. *vt* perdonar; **~ a. c. a alguém** perdonar algo a alguien; **~ uma dívida** perdonar una deuda II. *vi* perdonar

perdoável <-eis> [perdu'avew, -ejs] *adj* perdonable

perdões [per'dõjs] *m pl de* **perdão**

perdulário, -a [perdu'lariw, -a] *m, f* derrochador(a) *m(f)*

perdurar [perdu'rar] *vi* perdurar

pereça [pe'resa] *1. e 3. pres subj de* **perecer**

perecer [pere'ser] <c→ç> *vi* (*pessoa*) perecer; (*sentimento*) extinguirse; (*alimentos*) estropearse

perecível <-eis> [pere'sivew, -'ejs] *adj* perecedero, -a

pereço [pe'resu] *1. pres de* **perecer**

peregrinação <-ões> [peregrina's3w, -'õjs] *f* peregrinación *f*; **fazer uma ~ a** hacer una peregrinación a

peregrino, -a [pere'grinu, -a] *m, f* pe-

pereira [pe'rejɾa] *f* peral *m*
perempção <-ões> [perẽjp's3̃w, -'õjs] *f* JUR prescripción *f*
perempto, -a [pe'rẽjptu, -a] *adj* JUR prescrito, -a
peremptório [perẽjp'tɔɾiw] *adj* (*ordem*) perentorio, -a
perene [pe'rɛni] *adj* 1.(*duradouro*) perenne 2.(*rio*) permanente
perereca [pere'ɾɛka] *f* 1. ZOOL ranita *f* de San Antonio 2. *inf* (*vulva*) conejo *m*
perfazer [perfa'zeɾ] *irr como* fazer *vt* (*uma quantia*) alcanzar; **isto perfaz a quantia de 20.000 reais** esto alcanza la cantidad de 20.000 reales
perfeccionismo [perfeksjo'nizmu] *m* perfeccionismo *m*
perfeccionista [perfeksjo'nista] *mf* perfeccionista *mf*
perfeição <-ões> [perfej's3̃w, -'õjs] *f* perfección *f*; **fazer a. c. na ~** hacer algo a la perfección
perfeitamente [perfejta'mẽjtʃi] *adv* 1.(*com perfeição*) perfectamente 2.(*sem dúvida*) claro que sí; **~!** ¡claro que sí!
perfeito [per'fejtu] *m* LING perfecto *m*
perfeito, -a [per'fejtu, -a] I. *pp de* perfazer II. *adj* perfecto, -a; **ele é um ~ idiota** es un perfecto idiota; **sair ~** salir perfecto
perfídia [per'fidʒia] *f* perfidia *f*
pérfido, -a ['pɛrfidu, -a] *adj* pérfido, -a
perfil <-is> [per'fiw, -'is] *m* perfil *m*; **de ~** de perfil; **traçar o ~ de alguém** trazar el perfil de alguien
perfilar [perfi'laɾ] I. *vt* trazar el perfil de II. *vr*: **~-se** alinearse
perfis [per'fis] *m pl de* **perfil**
performance [per'fɔrmãŋsi] *f* rendimiento *m*
perfumado, -a [perfu'madu, -a] *adj* perfumado, -a
perfumar [perfu'maɾ] I. *vt* perfumar II. *vr*: **~-se** perfumarse
perfumaria [perfuma'ɾia] *f* perfumería *f*
perfume [per'fumi] *m* perfume *m*
perfuração <-ões> [perfura's3̃w, -'õjs] *f* perforación *f*
perfurador [perfura'doɾ] <-es> *m*, **perfuradora** [perfura'dora] *f* (*de cartões*) perforadora *f*
perfurar [perfu'ɾaɾ] *vt* perforar
pergaminho [perɡɐ'mĩɲu] *m* pergamino *m*

pergunta [per'gũwta] *f* pregunta *f*; **~ de algibeira** pregunta capciosa; **~ retórica** pregunta retórica; **fazer uma ~ (a alguém)** hacer una pregunta (a alguien); **responder a uma ~** responder a una pregunta
perguntar [pergũw'taɾ] I. *vt* preguntar; **~ a. c. a alguém** preguntar algo a alguien; **~ por alguém/a. c.** preguntar por alguien/algo; **~ o caminho (a alguém)** preguntar el camino (a alguien) II. *vi* preguntar III. *vr*: **~-se** preguntarse
perianal <-ais> [peɾiɜ'naw, -'ajs] *adj* perianal
pericárdio [peri'kardʒiw] *m* ANAT pericardio *m*
pericarpo [peri'karpu] *m* BOT pericarpio *m*
perícia [pe'risia] *f* 1.(*conhecimento, destreza*) pericia *f* 2.(*exame*) peritaje *m*
pericial <-ais> [perisi'aw, -'ajs] *adj* pericial
periclitante [perikli't3̃ŋtʃi] *adj* inclinado, -a
peridural <-ais> [peridu'raw, -'ajs] *adj* (*anestesia*) epidural
periferia [perife'ria] *f* periferia *f*
periférico [peri'fɛriku] *m* INFOR periférico *m*
periférico, -a [peri'fɛriku, -a] *adj* periférico, -a
perífrase [pe'rifrazi] *f* perífrasis *f inv*
perifrástico, -a [peri'frastʃiku, -a] *adj* perifrástico, -a
perigo [pi'rigu] *m* peligro *m*; **~ de vida** [*ou* **de morte**] peligro de muerte; **correr ~** correr peligro; **estar em ~** estar en peligro; **estar a ~** *inf* no tener un centavo; **pôr a. c. em ~** poner algo en peligro
perigoso, -a [piri'gozu, -'ɔza] *adj* peligroso, -a
perímetro [pe'ɾimetru] *m* perímetro *m*; **~ urbano** perímetro urbano
períneo [pe'ɾiniw] *m* ANAT perineo *m*
periodicamente [periɔdʒika'mẽjtʃi] *adv* periódicamene
periodicidade [perjodʒisi'dadʒi] *f* periodicidad *f*
periódico [peri'ɔdʒiku] *m* (*jornal*) periódico *m*; (*revista*) revista *f*
periódico, -a [peri'ɔdʒiku, -a] *adj* periódico, -a
período [pe'riwdu] *m* 1.(*espaço de*

tempo, época) tb. LING periodo *m*, período *m* **2.** (*escolar*) evaluación *f*

periodontia [perjodõw'tʃia] *f* periodoncia *f*

peripécia [peri'pɛsia] *f* (*incidente*) peripecia *f*

périplo ['pɛriplu] *m* periplo *m*

periquito [piri'kitu] *m* periquito *m*

periscópio [peris'kɔpiw] *m* periscopio *m*

perito, -a [pe'ritu, -a] *m, f* **1.** (*profissional*) perito, -a *m, f* **2.** (*versado*) experto, -a *m, f*; **ser ~ em a. c.** ser experto en algo

perjúrio [per'ʒuriw] *m* JUR perjurio *m*

permaneça [permɜ'nesa] *1.e 3.pres subj de* **permanecer**

permanecer [permɜne'ser] <c→ç> *vi* permanecer; **o preço da carne permanece alto** el precio de la carne permanece alto

permaneço [permɜ'nesu] *1. pres de* **permanecer**

permanência [permɜ'nẽjsia] *f* permanencia *f*

permanente [permɜ'nẽjtʃi] **I.** *f* **1.** (*documento*) pase *m* **2.** (*nos cabelos*) permanente *f*; **fazer uma ~** hacerse la permanente **II.** *adj* permanente

permanentemente [permɜnẽjtʃi'mẽjtʃi] *adv* permanentemente

permanganato [permɜ̃ŋgɜ'natu] *m* permanganato *m*

permeabilidade [permjabiʎi'dadʒi] *f* permeabilidad *f*

permear [permi'ar] *conj como passear vi* permear

permeável <-eis> [permi'avew, -ejs] *adj* permeable

permeio [per'meju] *adv* **de ~** en el medio

permissão <-ões> [permi'sɜ̃w, -'õjs] *f* permiso *m*; **ter ~ para fazer a. c.** tener permiso para hacer algo

permissível <-eis> [permi'sivew, -ejs] *adj* permisible

permissivo, -a [permi'sivu, -a] *adj* permisivo, -a

permissões [permi'sõjs] *f pl de* **permissão**

permitido, -a [permi'tʃidu, -a] *adj* permitido, -a; **(não) é ~ fumar** (no) está permitido fumar

permitir [permi'tʃir] **I.** *vt* permitir; **~ a. c. a alguém** permitir algo a alguien **II.** *vr:* **~-se** permitirse; **~-se o luxo** permitirse el lujo

permuta [per'muta] *f* intercambio *m*

permutar [permu'tar] *vt* intercambiar

perna ['pɛrna] *f* (*de pessoa, porco, vitela*) pierna *f*; (*de mesa, compasso*) pata *f*; **~s arqueadas** [*ou* **tortas**] piernas zambas; **~ das calças** pernera *f*; **~ mecânica** pierna ortopédica; **~ de pau** pata de palo; **bater ~s** *inf* pasear; **desenferrujar as ~s** estirar las piernas; **com as ~s cruzadas** con las piernas cruzadas; **estar de ~s para o ar** *fig* estar patas arriba; **fazer a. c. com uma ~ às costas** hacer algo con los ojos cerrados; **passar a ~ em alguém** *inf* traicionar a alguien; **quebrar a ~** romperse la pierna; **não ir lá muito bem das ~s** *inf* no ir muy bien; **~s, para que te quero** *inf* pies para qué os quiero; **não ter ~s** *fig* no tener fuerza en las piernas

pernada [per'nada] *f* ESPORT golpe *m* con la pierna

perna-de-pau ['pɛrna-dʒi-'paw] <pernas-de-pau> *mf pej* **1.** (*perneta*) cojo, -a *m, f* **2.** FUT (*no futebol*) maleta *mf*

pernaltas [per'nawtas] *fpl* ZOOL zancudas *fpl*

pernalto, -a [per'nawtu, -a] *adj* (*dos pernaltas*) zancudo, -a

Pernambuco [pernɜ̃'buku] Pernambuco

perneta [per'neta] *adj, mf* cojo, -a *m, f*

pernicioso, -a [pernisi'ozu, -'ɔza] *adj* pernicioso, -a

pernil <-is> [per'niw, -'is] *m* pernil *m*

pernilongo [perni'lõwgu] *m* **1.** (*ave*) cigüeñuela *f* **2.** (*mosquito*) mosquito *m*, zancudo *m AmL*

pernis [per'nis] *m pl de* **pernil**

perno ['pɛrnu] *m* perno *m*

pernoca [per'nɔka] *f inf* pierna *f* gorda

pernoitar [pernoj'tar] *vi* pernoctar; **~ em** pernoctar en

pernóstico, -a [per'nɔstʃiku, -a] *adj* pedante

peroba [pe'rɔba] *f* designación común a muchas especies de árboles con madera de buena calidad

pérola ['pɛrula] *f* perla *f*; **deitar** [*ou* **lançar**] **~s a porcos** *fig* echar margaritas a los cerdos

peróxido [pe'rɔksidu] *m* peróxido *m*

perpassar [perpa'sar] **I.** *vt* pasar; **~ por** pasar por **II.** *vi* pasar

perpendicular [perpẽjdʒiku'lar] I. *adj* perpendicular; ~ **a** perpendicular a II. *f* perpendicular *f*

perpetração <-ões> [perpetra'sãw, -'õjs] *f* (*de um crime*) perpetración *f*

perpetrador(a) [perpetra'dor(a)] <-es> *m(f)* (*de um crime*) autor(a) *m(f)*

perpetrar [perpe'trar] *vt* (*um crime*) perpetrar

perpetuar [perpetu'ar] I. *vt* perpetuar II. *vr*: ~-**se** perpetuarse

perpétuo, -a [per'pɛtuu, -a] *adj* perpetuo, -a

perplexidade [perpleksi'dadʒi] *f* perplejidad *f*

perplexo, -a [per'plɛksu, -a] *adj* perplejo, -a; **deixar alguém** ~ dejar perplejo a alguien; **ficar** ~ quedarse perplejo

persa ['pɛrsa] *adj*, *mf* persa *mf*

perscrutador(a) [perskruta'dor(a)] <-es> *adj* escrutador(a)

perscrutar [persku'tar] *vt* escrutar

per se [per 'se] *adv* per se

persecutório, -a [perseku'tɔriw, -a] *adj* persecutorio, -a

perseguição <-ões> [persegi'sãw, -'õjs] *f* persecución *f*; ~ **política/religiosa** persecución política/religiosa

perseguidor(a) [persegi'dor(a)] <-es> *m(f)* perseguidor(a) *m(f)*

perseguir [perse'gir] *irr como* **seguir** *vt* perseguir

perseverança [perseve'rãnsa] *f* perseverancia *f*

perseverante [perseve'rãntʃi] *adj* perseverante

perseverar [perseve'rar] *vt* perseverar

Pérsia ['pɛrsia] *f* Persia *f*

persiana [persi'ɜna] *f* persiana *f*; **abrir/fechar a** ~ abrir/cerrar la persiana

pérsico ['pɛrsiku] *adj* pérsico, -a

persiga [per'siga] *1.e 3.pres subj de* **perseguir**

persigo [per'sigu] *1.pres de* **perseguir**

persistência [persis'tẽjsia] *f* persistencia *f*

persistente [persis'tẽjtʃi] *adj* persistente

persistir [persis'tʃir] *vi* persistir; ~ **em** persistir en

personagem [perso'naʒẽj] <-ens> *m ou f* personaje *m*; ~ **principal** personaje principal

personagem-título [perso'naʒẽj-'tʃitulu] <personagens-título(s)> *m ou f* personaje cuyo nombre da título a una obra

personalidade [personaʎi'dadʒi] *f* personalidad *f*

personalizado, -a [personaʎi'zadu, -a] *adj* (*serviço, atendimento*) personalizado, -a

personalizar [personaʎi'zar] *vt* personalizar

persona non grata [per'sona nõw 'grata] <personae non gratae> *f* persona *f* non grata

personificação <-ões> [personifika'sãw, -'õjs] *f* personificación *f*

personificar [personifi'kar] <c→qu> *vt* personificar

perspectiva [perspek'tʃiva] *f* perspectiva *f*

perspicácia [perspi'kasia] *f* perspicacia *f*

perspicaz [perspi'kas] <-es> *adj* perspicaz

perspiração <-ões> [perspira'sãw, -'õjs] *f* transpiración *f*

perspirar [perspi'rar] *vi* transpirar

persuadir [persua'dʒir] I. *vt* persuadir; ~ **alguém a fazer a. c.** persuadir a alguien para que haga algo II. *vr*: ~-**se** persuadirse; ~-**se de a. c.** persuadirse de algo

persuasão <-ões> [persua'zãw, -'õjs] *f* persuasión *f*

persuasivo, -a [persua'zivu, -a] *adj* persuasivo, -a

persuasões [persua'zõjs] *f pl de* **persuasão**

pertencente [pertẽj'sẽjtʃi] *adj* perteneciente; ~ **a alguém** perteneciente a alguien; ~ **ao jardim** perteneciente al jardín

pertencer [pertẽj'ser] <c→ç> *vi* pertenecer; ~ **a** pertenecer a

pertences [per'tẽjsis] *mpl* pertenencias *fpl*

pertinácia [pertʃi'nasia] *f* pertinacia *f*

pertinaz [pertʃi'nas] <-es> *adj* pertinaz

pertinência [pertʃi'nẽjsia] *f* pertinencia *f*

pertinente [pertʃi'nẽjtʃi] *adj* pertinente

perto ['pɛrtu] I. *adv* ~ **de** cerca de; **de** ~ de cerca

perturbação <-ões> [perturba'sãw, -'õjs] *f* perturbación *f*

perturbado, -a [pertur'badu, -a] *adj* perturbado, -a

perturbador(a) [perturba'dor(a)] <-es>

perturbar [pertur'bar] I. *vt* perturbar II. *vr*: ~-**se** alterarse; ~-**se com a. c.** alterarse por algo

peru, perua [pi'ru, pi'rua] *m, f* pavo, -a *m, f*; ~ **recheado** pavo relleno

Peru [pe'ru] *m* Perú

perua [pi'rua] *f* **1.** (*caminhonete*) microbús *m* **2.** *pej* (*mulher*) hortera *f*

peruano, -a [piru'ɜnu, -a] *adj, m, f* peruano, -a *m, f*

peruca [pi'ruka] *f* peluca *f*

perversão <-ões> [perver'sɜ̃w, -'õjs] *f* perversión

perversidade [perversi'dadʒi] *f* perversidad *f*

perverso, -a [per'vɛrsu, -a] *adj* perverso, -a

perversões [perver'sõjs] *f pl de* **perversão**

perverter [perver'ter] I. *vt* **1.** (*depravar, corromper*) pervertir **2.** (*sentido*) tergiversar II. *vr*: ~-**se** pervertirse

pervertido, -a [perver'tʃidu, -a] *adj, m, f* pervertido, -a *m, f*

pesadelo [peza'delu] *m* pesadilla *f*

pesado, -a [pe'zadu] **pegar no** ~ *inf* dar el callo

pesado, -a [pe'zadu, -a] *adj* pesado, -a

pesagem [pe'zaʒẽj] <-ens> *f* pesaje *m*

pêsames ['pezmis] *mpl* pésame *m*; **dar os** ~ **a alguém** dar el pésame a alguien; **meus** ~! ¡mi más sentido pésame!

pesar [pe'zar] I. *m* <-es> pesar *m* II. *vt* **1.** (*objeto, pessoa*) pesar; **ele pesa 80 quilos** pesa 80 kilos **2.** (*avaliar*) sopesar; ~ **as consequências** medir las consecuencias III. *vi* **1.** (*ser pesado*) pesar; **esta mesa não pesa, eu posso deslocá-la!** esta mesa no pesa, ¡yo puedo desplazarla! **2.** (*influir, recair*) pesar; ~ **em** pesar en; ~ **sobre** pesar sobre

pesaroso, -a [peza'rozu, -'ɔza] *adj* pesaroso, -a

pesca ['pɛska] *f* pesca *f*; ~ **com rede/vara** pesca con red/caña; ~ **submarina** pesca submarina; **ir à** ~ ir a pescar

pescada [pes'kada] *f* pescadilla *f*

pescado [pes'kadu] *m* pescado *m*

pescador(a) [peska'dor(a)] <-es> *m(f)* pescador(a) *m(f)*

pescar [pes'kar] <c→qu> I. *vt* **1.** (*peixe*) pescar **2.** *inf* (*compreender*) pescar II. *vi* **1.** pescar **2.** (*cochilar senta-do*) dormitar

pescaria [peska'ria] *f* pesca *f*

pescoção <-ões> [pesko'sɜ̃w, -'õjs] *m* (*sopapo*) bofetada *f*

pescoço [pes'kosu] *m* cuello *m*; **até o** ~ hasta el cuello; **estar com a corda no** ~ *fig* estar con la soga al cuello; **salvar o** ~ **de alguém** salvar el cuello de alguien; **torcer o** ~ **de alguém** *fig* retorcer el pescuezo a alguien

pescoções [pesko'sõjs] *m pl de* **pescoção**

peso ['pezu] *m* **1.** (*geral*) peso *m*; ~ **bruto/líquido** peso bruto/líquido; ~ **morto** peso muerto; ~ **para papéis** pisapapeles *m inv*; **um adversário de** ~ un adversario de peso; **os estudantes compareceram em** ~ **à manifestação** los estudiantes acudieron en bloque a la manifestación; **exercer** ~ **sobre alguém/a. c.** ejercer peso sobre alguien/algo; **ganhar/perder** ~ ganar/perder peso; **sentir o** ~ **dos anos** sentir el peso de los años; **ser um** ~ **para alguém** ser un peso para alguien; **ter dois** ~-**s e duas medidas** *fig* usar dos varas de medir; **ter um** ~ **na consciência** tener un cargo de conciencia; **tirar um** ~ **de cima de alguém** *fig* quitar un peso de encima a alguien; **valer o seu** ~ **em ouro** valer su peso en oro; **a** ~ **de ouro** a peso de oro **2.** ESPORT (*do boxe, do atletismo*) peso *m*; (*da ginástica*) pesa *f* **3.** (*para balança*) pesa *f*

pesponto [pes'põwtu] *m* pespunte *m*

pesqueiro, -a [pes'kejru, -a] *adj* pesquero, -a; **barco** ~ barco pesquero

pesque-pague ['pɛski-'pagi] <pesque-pague(s)> *m* ESPORT pesque *m* y paga *f*

pesquisa [pes'kiza] *f* investigación *f*; ~ **de mercado** investigación de mercado; ~ **de opinião** sondeo *m* de opinión

pesquisador(a) [peskiza'dor(a)] <-es> *m(f)* investigador(a) *m(f)*

pesquisar [peski'zar] *vt* investigar

pêssego ['pesegu] *m* melocotón *m*, durazno *m AmL*

pessegueiro [pese'gejru] *m* melocotonero *m*, durazno *m AmL*

pessimismo [pesi'mizmu] *m* pesimismo *m*

pessimista [pesi'mista] *adj, mf* pesimista *mf*

péssimo, -a ['pɛsimu, -a] *superl de* **mau**

pessoa [pe'sowa] *f* **1.**(*homem, mulher*) persona *f*; ~ **física/jurídica** persona física/jurídica; **uma ~ de bem** una persona de bien; **uma boa ~** una buena persona; **as ~s** la gente; **muitas ~s** muchas personas; **em ~** en persona **2.** LING persona *f*; **a primeira ~ do singular** la primera persona del singular

pessoal [pesu'aw] I.<-ais> *adj* personal; **objetos pessoais** objetos personales II. *m sem pl* personal *m*; **o ~ apareceu lá em casa** *inf*la peña apareció en casa

pessoalmente [pesuaw'mẽjtʃi] *adv* personalmente

pestana [pes'tɜna] *f* pestaña *f*; **queimar as ~s** *inf* quemarse las pestañas; **tirar uma ~** *inf*echar una siesta

pestanejar [pestɜne'ʒar] *vi* pestañear; **sem ~** sin pestañear

peste ['pɛstʃi] *f* MED peste *f*; **esse menino é uma ~** *inf* ese niño es una peste

pesticida [pestʃi'sida] *m* pesticida *m*

pestilência [pestʃi'lẽjsia] *f* **1.** (*doença contagiosa*) peste *f* **2.**(*fedor*) pestilencia *f*

pestilento, -a [pestʃi'lẽjtu, -a] *adj* pestilente

pétala ['pɛtala] *f* pétalo *m*

petardo [pe'tardu] *m* **1.**(*explosivo*) petardo *m* **2.** FUT (*chute forte*) cañonazo *m*

peteca [pe'tɛka] *f* bola sobre la que se encajan plumas, que se lanza al aire con la palma de la mano; **deixar a ~ cair** *inf*vacilar

peteleco [pete'lɛku] *m* toba *f*

petição <-ões> [petʃi'sɜ̃w, -'õjs] *f* (*pedido, documento*) petición *f*; **estar em ~ de miséria** estar en la miseria; **fazer uma ~** hacer una petición

peticionário, -a [petʃisjo'nariw, -a] *m, f* JUR peticionario, -a *m, f*

petições [petʃi'sõjs] *f pl de* **petição**

petiscar [petʃis'kar] <c→qu> *vi, vt* picotear

petisco [pe'tisku] *m* aperitivo *m*

petiz [pe'tʃis] <-es> *m* pequeñuelo *m*

pétreo, -a ['pɛtriw, -a] *adj* pétreo, -a

petrificação <-ões> [petrifika'sɜ̃w, -'õjs] *f* petrificación *f*

petrificado, -a [petrifi'kadu, -a] *adj* petrificado, -a

petrificar [petrifi'kar] <c→qu> *vi* petrificar

petrodólar [petro'dɔlar] <-es> *m* petrodólar *m*

petroleiro [petro'lejru] *m* NAÚT petrolero *m*

petróleo [pe'trɔʎiw] *m* petróleo *m*

petrolífero, -a [petro'ʎiferu, -a] *adj* petrolífero, -a; **bacia petrolífera** región petrolífera; **indústria petrolífera** industria petrolífera

petrologia [petrolo'ʒia] *f sem pl* GEO petrología *f*

petroquímico, -a [petro'kimiku, -a] *adj* petroquímico, -a

petulância [petu'lɜ̃sia] *f sem pl* petulancia *f*

petulante [petu'lɜ̃tʃi] *adj* petulante

petúnia [pe'tunia] *f* petunia *f*

pevide [pe'vidʒi] *f* **1.**(*de fruto*) pepita *f* **2.**(*massa*) masa de harina de trigo en forma de pepita

p. ex. [pore'zẽjplu] *abr de* **por exemplo** p. ej.

pez [pes] *m* pez *m*

pezinho [pɛ'zĩɲu] *m* **1.**(*tamanho*) piececito *m*; **teste do ~** *inf* MED prueba *f* del talón **2.** *reg* (*dança*) baile regional en el que el pie directo siempre avanza primero

pH [pea'ga] *m* pH *m*

pia [pia] *f* pila *f*; **~ batismal** pila bautismal

piaçaba [pia'saba] *f* fibra extraída de varias palmeras nativas de Brasil que se usa para fabricar escobas

piada [pi'ada] *f* chiste *m*; **~ de mau gosto** chiste de mal gusto; **contar ~(s)** contar chistes; **a sequência do filme é uma ~** la continuación de la película es muy divertida

piadista [pia'dʒista] *mf* chistoso, -a *m, f*

piamente [pia'mẽjtʃi] *adv* piadosamente

pianista [piɜ'nista] *mf* pianista *mf*

piano [pi'ɜnu] I. *m* piano *m*; **~ de cauda** piano de cola II. *adv* MÚS piano

piano-bar [pi'ɜnu-'bar] <pianos- -bares> *m* piano *m* bar

pião <-ões> [pi'ɜ̃w, -'õjs] *m* (*brinquedo*) peonza *f*

piar [pi'ar] *vi* **1.**(*pássaro*) piar **2.** *inf* (*falar*) abrir el pico; **não ~** no decir ni pío

Piauí [piaw'i] *m* Piauí *m*

PIB ['pibi] *m abr de* **Produto Interno Bruto** PIB *m*

pica ['pika] *f chulo* polla *f*

picada [pi'kada] *f* **1.**(*de inseto, cobra*)

picadura *f* **2.** (*atalho*) sendero *m;* **é o fim da ~** *inf* es el colmo
picadeiro [pika'dejɾu] *m* picadero *m*
picadinho [pika'dʒiɲu] *m* **~ de carne** GASTR picadillo *m* de carne
picado, -a [pi'kadu, -a] *adj* **1.** (*cebola, salsa*) picado, -a **2.** (*com picadas*) con picaduras
picanha [pi'kãɲa] *f* lomo *m*
picante [pi'kãntʃi] *adj* (*comida, anedota*) picante
pica-pau ['pika-'paw] *m* pájaro *m* carpintero
picape [pi'kapi] *f* camioneta *f*, pick-up *m* AmL
picar [pi'kar] ‹c→qu› **I.** *vt* **1.** (*agulha*) pinchar; (*pássaro, inseto, cobra*) picar **2.** (*carne, cebola*) picar **3.** (*espicaçar, irritar*) irritar **II.** *vi* picar **III.** *vr:* **~-se** (*ferir-se*) pincharse; **~-se numa** [*ou* **com uma**] **agulha** pincharse con una aguja
picareta[1] [pika'ɾeta] *f* (*instrumento*) pico *m*
picareta[2] [pika'ɾeta] *mf inf* (*aproveitador*) sinvergüenza *mf;* **é o maior ~** es un tremendo sinvergüenza
picaretagem [pikaɾe'taʒẽj] ‹-ens› *f* **fazer ~** *inf* portarse como un sinvergüenza
picas ['pikas] *pron indef, chulo* ni hostia; **não fez ~ todo o dia** se estuvo tocando los huevos todo el día
pichação ‹-ões› [piʃa'sãw, -'õjs] *f* **1.** pintada *f* **2.** *inf* (*crítica*) crítica *f*
pichado, -a [pi'ʃadu, -a] *adj* **1.** (*parede, muro*) pintado, -a **2.** *inf* **o treinador foi ~ depois da derrota** pusieron a parir al entrenador después de la derrota
pichador(a) [piʃa'dor(a)] ‹-es› *m(f)* grafitero, -a *m, f*
pichar [pi'ʃar] *vt* hacer una pintada en; *inf* (*criticar*) poner a parir
piche ['piʃi] *m* brea *f*
picles ['piklis] *m* encurtidos *mpl*
pico ['piku] *m* **1.** (*cume*) pico *m* **2. ~ de audiência** máximo *m* de audiencia **3.** *gíria* (*droga injetável*) pico *m;* **tomar um ~** meterse un pico
picolé [piko'lɛ] *m* polo *m*
picotado, -a [piko'tadu, -a] *adj* (*papel*) perforado, -a
picotar [piko'tar] *vt* (*uma senha, um cartão*) perforar
picote [pi'kɔtʃi] *m* perforación *f;* **abrir pelo ~** abrir por la perforación

picuinha [piku'ĩɲa] *f* provocación *f;* **ficar de ~ com alguém** provocar a alguien
pidão, -ona ‹-ões› [pi'dãw, -'ona, -'õjs] *m, f* pedigüeño, -a *m, f*
piedade [pie'dadʒi] *f sem pl* piedad *f;* **ter ~ de alguém** tener piedad de alguien
piedoso, -a [pie'dozu, -'ɔza] *adj* piadoso, -a
piegas [pi'ɛgas] *adj inv* (*pessoa, história*) sensiblero, -a
pieguice [pie'gisi] *f* sensiblería *f*
píer ['pier] ‹-es› *m* muelle *m*
piercing [pir'sĩj] *m* piercing *m*
pierrô [pie'xo] *m* disfraz de carnaval que representa al personaje de la comedia italiana
pifar [pi'far] *vi inf* (*aparelho, carro*) cascarse
pífaro ['pifaɾu] *m* pífano *m*
pífio, -a ['pifiw, -a] *adj* ordinario, -a
pigarrear [pigaxe'ar] *conj como passear vi* carraspear
pigarro [pi'gaxu] *m* carraspeo *m*
pigmentação ‹-ões› [pigmẽjta'sãw, -'õjs] *f* pigmentación *f*
pigmento [pig'mẽjtu] *m* pigmento *m*
pigmeu, -eia [pigi'mew, -'ɛja] *m, f* pigmeo, -a *m, f*
pijama [pi'ʒɨma] *m* pijama *m*
pila ['pila] *m ou f inf* (*dinheiro*) cuca *f*
pilantra [pi'lãntɾa] *mf inf* granuja *mf*
pilão ‹-ões› [pi'lãw, -'õjs] *m* (*para triturar*) mortero *m*
pilar [pi'lar] ‹-es› *m* ARQUIT pilar *m*
pilastra [pi'lastɾa] *f* pilastra *f*
pileque [pi'lɛki] *m inf* colocón *m;* **estar de ~** ir cocido
pilha ['piʎa] *f* pila *f;* **~ recarregável** pila recargable; **estar uma ~ de nervos** *inf* estar hecho un manojo de nervios
pilhagem [pi'ʎaʒẽj] ‹-ens› *f* pillaje *m*
pilhar [pi'ʎar] *vt* (*saquear*) saquear
pilhéria [pi'ʎɛɾia] *f* chiste *m*
pilões [pi'lõjs] *m pl de* **pilão**
piloro [pi'loɾu] *m* ANAT píloro *m*
piloso, -a [pi'lozu, -'ɔza] *adj* velludo, -a
pilotagem [pilo'taʒẽj] ‹-ens› *f* pilotaje *m*
pilotar [pilo'tar] *vt* pilotar
piloto [pi'lotu] **I.** *mf* piloto *mf;* **~ automático** piloto automático; **~ de provas** piloto de pruebas **II.** *adj inv* piloto; **escola ~** escuela piloto; **plano ~** plan piloto

pílula ['pilula] *f* píldora *f*; **~ anticoncepcional** píldora anticonceptiva

pimba ['pĩba] *interj* zas

pimenta [pi'mẽjta] *f* **1.** (*fruto*) guindilla *f*, ají *m RíoPl*; **~ nos olhos dos outros é refresco** *prov* bienvenidos los males de los otros **2.** (*condimento*) picante *m*

pimenta-do-reino [pi'mẽjta-du-'xeinu] <pimentas-do-reino> *f* pimienta *f*

pimenta-malagueta [pi'mẽjta-mala'geta] <pimentas-malagueta(s)> *f* guindilla *f*, ají *m RíoPl*

pimentão <-ões> [pimẽj'tãw, -'õjs] *m* pimiento *m*; **ficar um ~** (*queimado de sol*) ponerse como un cangrejo

pimenteira [pimẽj'tejra] *f* guindilla *f*, ají *m RíoPl*

pimentões [pimẽj'tõjs] *m pl de* **pimentão**

pimpolho [pĩ'poʎu] *m* pimpollo *m*

pináculo [pi'nakulu] *m* pináculo *m*

pinça ['pĩsa] *f* pinzas *fpl*

pinçar [pĩ'sar] <ç→c> *vt* (*tomar ao acaso*) escoger

píncaro ['pĩkaru] *m* pináculo *m*

pincel <-éis> [pĩ'sɛw, -'ɛjs] *m* pincel *m*; **~ de barba** brocha *f* de afeitar

pincelada [pĩse'lada] *f* pincelada *f*; **dar uma ~** dar una pincelada

pincelar [pĩse'lar] *vt* pintar con pincel

pindaíba [pĩda'iba] *f inf* (*sem dinheiro*) **estar na ~** no tener un centavo

pinga ['pĩga] *f inf* (*cachaça*) aguardiente *m* de caña; **estar na ~** estar borracho

pingar [pĩ'gar] <g→gu> **I.** *vt* salpicar; (*um dinheiro*) dar **II.** *vi* **1.** (*líquido, torneira, sangue*) gotear; **está começando a ~** (*chuva*) está comenzando a gotear **2.** (*ónibus*) parar en todas las paradas

pingente [pĩ'ʒẽtʃi] *m* **1.** (*objeto*) colgante *m* **2.** *inf* (*passageiro*) pasajero que viaja colgado de un autobús, tren o tranvía

pingo ['pĩgu] *m* gota *f*; (*porção ínfima*) pizca *f*; **~ de gente** mocoso *m*; **não ter um ~ de vergonha** no tener una pizca de vergüenza; **pôr os ~s nos is** poner los puntos sobre las íes

pinguço [pĩ'gusu] *m inf* borrachuzo *m*

pingue ['pĩgi] *1. e 3. pres subj de* **pingar**

pinguela [pĩ'gɛla] *f* puente rudimentario hecho con palos

pingue-pongue ['pĩgi-'põwgi] *m* ping-pong *m*

pinguim [pĩ'gwĩj] <-ins> *m* pingüino *m*

pinha ['pĩɲa] *f* BOT piña *f*

pinhal <-ais> [pĩ'ɲaw, -'ajs] *m* pinar *m*

pinhão <-ões> [pĩ'ɲãw, -'õjs] *m* fruto de la araucaria

pinheiro [pĩ'ɲejru] *m* pino *m*; **~ de Natal** pino usado como árbol de Navidad

pinho ['pĩɲu] *m* pino *m*

pinhões [pĩ'ɲõjs] *m pl de* **pinhão**

pinicar [pini'kar] <c→qu> *vt* (*a pele*) pellizcar

pino ['pinu] *m* **1.** (*peça*) clavija *f*; **bater ~** AUTO emitir un sonido intermitente **2.** (*auge*) cenit *m*; **o sol a ~** el sol en el cenit

pinote [pi'nɔtʃi] *m* cabriola *f*; **dar o ~** *inf* escabullirse

pinta ['pĩta] *f* **1.** (*mancha*) **uma ~ no rosto** un lunar en la cara **2.** *inf* (*aparência*) pinta *f*; **ter boa ~** tener buena pinta; **ter ~ de conquistador** tener pinta de conquistador; **pela ~, não para de chover tão cedo** no tiene cara de parar de llover

pintado, -a [pĩ'tadu, -a] *adj* pintado, -a; **~ de amarelo** pintado de amarillo; **~ à mão** pintado a mano

pintar [pĩ'tar] **I.** *vt* **1.** (*geral*) pintar; **~ a. c. de verde** pintar algo de verde **2.** (*descrever: uma situação, a realidade*) describir; **~ o sete** *inf* hacer diabluras **II.** *vi gíria* (*aparecer*) presentarse; **~ e bordar** hacer diabluras; **pintou um emprego/uma oportunidade** se presentó un empleo/una oportunidad; **pinta lá em casa hoje** pásate por casa hoy **III.** *vr:* **~-se** pintarse

pintassilgo [pĩjta'siwgu] *m* ZOOL jilguero *m*

pinto ['pĩtu] *m* **1.** (*animal*) pollito *m*; (*criança*) renacuajo *m*; **ficar molhado como um ~** calarse hasta los huesos **2.** *chulo* (*pênis*) polla *f*

pintor(a) [pĩ'tor(a)] <-es> *m(f)* pintor(a) *m(f)*

pintura [pĩ'tura] *f* **1.** (*de automóvel, casa, quadro, arte*) pintura *f*; **~ a óleo** pintura al óleo **2.** (*maquiagem*) maquillaje *m*

pio ['piw] *m* **1.** (*de ave*) pío *m* **2.** *inf* (*voz*) palabra *f*; **nem mais um ~!** ¡no quiero oír ni una palabra más!; **não dar um ~** no decir ni pío

pio, -a ['piw, -a] *adj* pío, -a
piões [pi'õjs] *m pl de* **pião**
piolhento, -a [pioˈʎẽjtu, -a] *adj* piojoso, -a
piolho [pi'oʎu] *m* piojo *m*
pioneiro, -a [pio'nejɾu, -a] **I.** *m, f* pionero, -a *m, f;* ~ **em** pionero en **II.** *adj* pionero, -a
pior [pi'ɔɾ] **I.** *m* o ~ lo peor; o ~ **já passou/ainda está por vir** lo peor ya pasó/todavía no ha pasado **II.** *adj* peor; ~ (**do**) **que** peor que; **tanto** ~ tanto peor; **essa é a** ~ **solução** esa es la peor solución; **ela é a** ~ **aluna da turma** es la peor alumna de la clase **III.** *adv* peor; **ele está muito** ~ está mucho peor; **o que fala** ~ **francês** el que peor habla francés; **estar na** ~ *inf* estar pasándolas moradas; **levar a** ~ llevarse la peor parte
piora [pi'ɔɾa] *f* empeoramiento *m*
piorar [pio'ɾaɾ] *vi, vt* empeorar
pipa ['pipa] *f* **1.** (*vasilha*) barril *m* **2.** (*papagaio*) cometa *f*, volantín *m Chile*, papalote *m Méx*, barrilete *m RíoPl*; **soltar** ~ hacer volar una cometa **3.** *inf* (*pessoa baixa e gorda*) retaco *m*
pipeta [pe'peta] *f* pipeta *f*
pipi [pi'pi] *m inf* **1.** (*urina*) pipí *m;* **fazer** ~ hacer pipí **2.** (*do menino, da menina*) cosita *f*
pipoca [pi'pɔka] *f* palomitas *fpl*, pochoclo *m Arg*

> **Cultura** **Pipoca** es una palabra de origen **tupi**, se refiere al grano de maíz que el calor ha hecho reventar y que se come dulce o salado.

pipocar [pipo'kaɾ] <c→qu> *vi* **1.** (*estouro*) reventar **2.** (*surgir*) surgir; **a notícia pipocou na faculdade** la noticia surgió en la facultad **3.** (*ferver*) barbotar
pipoqueiro, -a [pipo'kejɾu, -a] *m, f* vendedor(a) *m(f)* de palomitas
pique¹ ['piki] *m* **1.** (*corte*) pequeño corte *m* **2.** *fig* **a** ~ verticalmente; **estar no maior** ~ tener mucha energía; **esteve a** ~ **de perder a cabeça** estuvo a punto de perder la cabeza; **ir a** ~ irse a pique
pique² ['piki] *1. e 3. pres subj de* **picar**
piquê [pi'ke] *m* piqué *m*
piquenique [piki'niki] *m* picnic *m;* **fazer um** ~ hacer un picnic
piquete [pi'ketʃi] *m* MIL piquete *m;* **fazer** ~ (*grevistas*) formar un piquete
pira¹ ['piɾa] *f* (*fogueira*) pira *f;* ~ **olímpica** fuego olímpico
pira² ['piɾa] *m* **dar o** ~ *inf* pirarse
piração <-ões> [piɾa'sãw, -'õjs] *f gíria* alucine *m;* **ser uma** ~ ser un alucine
piracema [piɾa'sema] *f* subida *f* del río
pirações [piɾa'sõjs] *f pl de* **piração**
pirado, -a [pi'ɾadu, -a] *adj inf* pirado, -a
pirâmide [pi'ɾamidʒi] *f* pirámide *f*
piranha [pi'ɾɐɲa] *f* **1.** ZOOL piraña *f* **2.** *pej* (*mulher*) mujer *f* de vida alegre **3.** (*prendedor de cabelo*) pinza *f* para el pelo
pirão <-ões> [pi'ɾãw, -'õjs] *m* puré *m* de harina de mandioca hecho con caldo de legumbres, pescado, ave o carne roja
pirar [pi'ɾaɾ] **I.** *vi inf* (*enlouquecer*) volverse loco, -a; (*cair fora*) largarse **II.** *vr:* ~ -**se** *inf* largarse
pirarucu [piɾaɾu'ku] *m* pez de gran tamaño encontrado en la cuenca amazónica
pirata [pi'ɾata] **I.** *mf* pirata *mf;* ~ **do ar** pirata aéreo; ~ **eletrônico** INFOR pirata informático **II.** *adj inv* pirata *inv*; **disco/programa** ~ disco/programa pirata; **rádio** ~ radio pirata
pirataria [piɾata'ɾia] *f* ECON, INFOR piratería *f*
pirateado, -a [piɾa'tʃiadu, -a] *adj* (*disco, programa*) pirateado, -a
piratear [piɾatʃi'aɾ] *conj como* **passear** *vt* piratear
pires ['piɾis] *m inv* platillo *m*
pírex ['piɾeks] *m inv* **1.** (*material*) pírex *m* **2.** (*recipiente*) recipiente *m* de pírex
pirilampo [piɾi'lɐ̃pu] *m* luciérnaga *f*
Pirineus [piɾi'news] *mpl* Pirineos *mpl*
pirões [pi'rõjs] *m pl de* **pirão**
pirogênese [piɾo'ʒenezi] *f* FÍS pirogénesis *f*
pirólise [pi'ɾɔlizi] *f* QUÍM pirólisis *f*
piromania [piɾomɜ'nia] *f* MED piromanía *f*
piromaníaco, -a [piɾomɜ'niaku, -a] *m, f* pirómano, -a *m, f*
pirotecnia [piɾotek'nia] *f* pirotecnia *f;* **fábrica de** ~ fábrica pirotécnica
pirotécnico, -a [piɾo'tɛkniku, -a] *adj, m, f* pirotécnico, -a *m, f*
pirraça [pi'xasa] *f* berrinche *m;* **fazer** ~ coger un berrinche

pirralho [pi'xaʎu] *m* renacuajo *m*

pirueta [piru'eta] *f* pirueta *f;* **fazer uma ~** hacer una pirueta

pirulito [piru'ʎitu] *m* piruleta *f*

pisada [pi'zada] *f* pisada *f;* **dar uma ~ na bola** *gíria* meter la pata hasta el fondo

pisão <-ões> [pi'zɜ̃w, -'õjs] *m* pisotón *m;* **levei um ~ no pé** me dieron un pisotón

pisar [pi'zar] *vt* pisar; **~ em alguém** pisar a alguien; **~ no acelerador/freio** pisar el acelerador/el freno; **~ na bola** *inf* meter la pata; **~ no chão** pisar el suelo; **~ fundo** pisar a fondo; **~ no pé de alguém** pisar el pie de alguien; **proibido ~ na grama** prohibido pisar el césped; **vê por onde pisa!** ¡mira por dónde pisas!

piscadela [piska'dɛla] *f inf* **dar uma ~ para alguém** guiñar el ojo a alguien

pisca-pisca ['piska-'piska] <pisca(s)-piscas> *m* intermitente *m;* **ligar o ~** poner el intermitente

piscar[1] [pis'kar] I. *vt* guiñar; **~ o farol** dar las luces; **~ o olho** guiñar el ojo; **~ o olho para alguém** guiñar un ojo a alguien II. *vi* (*luz*) parpadear

piscar[2] [pis'kar] *m* guiño *m;* **num ~ de olhos** en un abrir y cerrar de ojos

piscatório, -a [piska'tɔriw, -a] *adj* pesquero, -a; **aldeia piscatória** aldea de pescadores

pisciano, -a [pisi'anu, -a] *adj, m, f* Piscis *mf inv;* **ser ~** ser Piscis

piscicultor(a) [pisikuw'tor(a)] <-es> *m(f)* piscicultor(a) *m(f)*

piscicultura [pisikuw'tura] *f* piscicultura *f*

piscina [pi'sina] *f* piscina *f,* pileta *f RíoPl;* **~ coberta** psicina cubierta; **~ olímpica** piscina olímpica

pisco ['pisku] *m* (*bebida peruana*) pisco *m*

piso ['pizu] *m* **1.** ARQUIT piso *m;* **~ de cimento/tábuas** piso de cemento/madera; **uma casa de três ~s** una casa de tres pisos; **no segundo ~** en el segundo piso **2.** ECON **~ salarial** salario *m* mínimo

pisões [pi'zõjs] *m pl de* **pisão**

pisotear [pizotʃi'ar] *conj como passear vt* pisotear

pista ['pista] *f* **1.** *tb. fig* pista *f;* **dar uma ~ a alguém** dar una pista a alguien; **estar na ~ de alguém** seguir la pista de alguien; **seguir uma ~** seguir una pista **2.** (*de rodovia*) carril *m;* **~ dupla** AUTO carril doble

pistache [pis'taʃi] *m* pistacho *m*

pistola [pis'tɔla] *f* pistola *f;* **~ de ar comprimido** pistola de aire comprimido

pistolão <-ões> [pisto'lɜ̃w, -'õjs] *m inf* enchufe *m;* **servir de ~ para alguém** servir de enchufe para alguien; **ter um ~** estar enchufado

pistoleiro, -a [pisto'lejru, -a] *m, f* pistolero, -a *m, f*

pistolões [pisto'lõjs] *m pl de* **pistolão**

pistom [pis'tõw] <-ons> *m* pistón *m*

pistonista [pisto'nista] *mf* trompetista *mf*

pistons [pis'tõws] *m pl de* **pistom**

pitada [pi'tada] *f* pizca *f;* **uma ~ de sal** una pizca de sal

pitanga [pi'tɜ̃nga] *f* BOT pitanga *f;* **chorar ~s** *reg* llorar como una magdalena

pitecantropo [pitekɜ̃n'tropo] *m* HIST pitecántropo *m*

piteira [pi'tejra] *f* boquilla *f*

pitéu [pi'tɛw] *m reg* GASTR guisado *m*

pito ['pitu] *m* **1.** (*cigarro*) cigarrillo *m* **2.** *inf* (*repreensão*) **dar** [*ou* **passar**] **um ~ em alguém** echar una bronca a alguien; **levei** [*ou* **tomei**] **um ~** me echaron una bronca

pitombeira [pitõw'bejra] *f* árbol nativo de Brasil con frutos comestibles

pitoresco, -a [pito'resku, -a] *adj* pintoresco, -a

pivete [pi'vetʃi] *m* (*criança*) crío *m;* *inf* (*menino ladrão*) ladronzuelo *m*

pivô [pi'vo] *m* **1.** (*dente*) espiga *f* **2.** ESPORT pívot *m* **3.** *fig* (*causa*) **o ~ de um crime** la causa de un crimen

pixaim [piʃa'ĩj] <-ins> *adj* (*cabelo*) crespo, -a

pixote [pi'ʃɔtʃi] *mf* niño, -a *m, f*

pizza ['pitsa] *f* pizza *f;* **acabar em ~** *inf* no resultar en nada

pizzaria [pitsa'ria] *f* pizzería *f*

placa ['plaka] *f* **1.** (*de concreto, bacteriana*) placa *f* **2.** (*de sinalização*) señal *f;* (*de carro*) matrícula *f;* **~ comemorativa** placa conmemorativa **3.** INFOR placa *f;* **~ de memória** tarjeta *f* de memoria

placa-mãe ['plaka-'mɜ̃j] <placas--mãe(s)> *f* INFOR placa *f* madre

placar [pla'kar] <-es> *m* ESPORT marcador *m;* **~ eleitoral** resultado *m* electoral

placebo [pla'sebu] *m* MED placebo *m*

placenta [pla'sẽjta] *f* ANAT placenta *f*

plácido, -a ['plasidu, -a] *adj* plácido, -a

plagiador(a) [plaʒia'dor(a)] <-es> *m(f)* plagiador(a) *m(f)*

plagiar [plaʒi'ar] *vt* plagiar

plágio ['plaʒiw] *m* plagio *m*

plaina ['plɜjna] *f* cepillo *m*

planador [plɜna'dor] <-es> *m* planeador *m*

planalto [plɜ'nawtu] *m* GEO altiplano *m;* **o Planalto** el Palacio del Planalto, en Brasilia, sede de la presidencia de la nación

planar [plɜ'nar] *vi (ave, avião)* planear

plâncton ['plɜŋktõw] *m* plancton *m*

planejamento [plɜneʒa'mẽjtu] *m* planificación *f;* **~ familiar** planificación familiar; **~ urbano** planificación urbana

planejar [plɜne'ʒar] *vt* planear

planeta [plɜ'neta] *m* planeta *m;* **o ~ Terra** el planeta Tierra

planetário [plɜne'tariw] *m* planetario *m*

planetário, -a [plɜne'tariw, -a] *adj* planetario, -a

planície [plɜ'nisii] *f* planicie *f*

planificação <-ões> [plɜnifika'sãw, -'õjs] *f* planificación *f*

planificar [plɜnifi'kar] <c→qu> *vt* planificar

planilha [plɜ'niʎa] *f* planilla *f;* **~ eletrônica** INFOR hoja *f* de cálculo

planimetria [plɜnime'tria] *f* planimetría *f*

plano ['plɜnu] *m* **1.** *(projeto)* plan *m;* **~ de metas** plan con objetivos; **o Plano Real** *plan económico que supuso la introducción del real como moneda brasileña;* **~ de saúde** seguro *m* de enfermedad; **fazer ~s** hacer planes; **mudar os ~s** cambiar los planes; **traçar um ~** trazar un plan **2.** *(nível)* plano *m;* **no ~ afetivo/financeiro** en el plano afectivo/financiero; **em primeiro/último ~** en primer/último plano **3.** MAT plano *m*

plano, -a ['plɜnu, -a] *adj* plano, -a

planta ['plɜ̃ŋta] *f* planta *f;* **~ do pé** planta del pie

plantação <-ões> [plɜ̃ŋta'sãw, -'õjs] *f* plantación *f*

plantado, -a [plɜ̃'tadu, -a] **I.** *pp de* **plantar II.** *adj inf* plantado, -a; **deixar alguém ~ esperando** dejar plantado a alguien

plantador(a) [plɜ̃ta'dor(a)] <-es> *m(f)* plantador(a) *m(f)*

plantão <-ões> [plɜ̃'tãw, -'õjs] *m* guardia *f;* **estar de** [*ou* **dar**] **~** estar de guardia

plantar [plɜ̃'tar] **I.** *vt* **1.** *(vegetal, terreno)* plantar; **~ árvores** plantar árboles; **~ bananeira** *inf* hacer el pino **2.** *fig (ideias)* sembrar **II.** *vr:* **~-se** *(ficar estacionado)* plantarse

plantel <-éis> [plɜ̃'tɛw, -'ɛjs] *m (de atletas)* plantilla *f*

plantio [plɜ̃'tʃiw] *m* plantación *f*

plantões [plɜ̃'tõjs] *m pl de* **plantão**

plantonista [plɜ̃to'nista] *mf* persona *f* de guardia

plaqueta [pla'keta] *f* **1.** plaqueta *f;* **~ sanguínea** plaqueta *f* **2.** AUTO *pequeña placa en la matrícula con comprobante de haber pagado el permiso de circulación anual*

plasma ['plazma] *m* plasma *m*

plástica ['plastʃika] *f* **1.** *(cirurgia)* cirugía *f* plástica; **fazer uma ~** hacerse la cirugía plástica **2.** *(corpo)* figura *f;* **a modelo tem uma ~ perfeita** la modelo tiene una figura perfecta

plasticidade [plastʃisi'dadʒi] *f* plasticidad *f*

plástico ['plastʃiku] *m* plástico *m*

plástico, -a ['plastʃiku, -a] *adj* plástico, -a; **artes plásticas** artes plásticas

plastificar [plastʃifi'kar] <c→qu> *vt (um cartão)* plastificar

plataforma [plata'fɔrma] *f* **1.** *(de estação)* andén *m* **2.** *(de edifício, de exploração de petróleo)* plataforma *f;* **~ continental** GEO plataforma continental; **~ de lançamento** plataforma de lanzamiento **3.** POL *(de um partido)* programa *m*

plátano ['platɜnu] *m* plátano *m*

plateia [pla'tɛja] *f* **1.** *(teatro)* platea *f* **2.** *(espectadores)* audiencia *f*

platina [pla'tʃina] *f* platino *m*

platinado [platʃi'nadu] *m* **1.** TÉC platinos *mpl* **2.** *(cabelos)* rubio *m* platino

platô [pla'to] *m* GEO altiplano *m*

platônico, -a [pla'toniku, -a] *adj* platónico, -a

plausível <-eis> [plaw'zivew, -ejs] *adj* plausible

playback [plej'bɛki] *m* MÚS play-back *m;* **cantar com ~** cantar en play-back

playboy [plej'bɔj] *m* playboy *m*

playground [plej'graũdʒi] *m* parque *m*

plebe ['plɛbi] *f* plebe *f*
plebeu, plebeia [ple'bew, -'ɛja] *adj, m, f* HIST plebeyo, -a *m, f*
plebiscito [plebi'situ] *m* plebiscito *m*
pleitear [plejtʃi'ar] *conj como passear vt (requerer)* disputar; ~ **um emprego/uma vaga** disputar un empleo/una plaza
pleito ['plejtu] *m* pleito *m*
plenamente [plena'mẽjtʃi] *adv* plenamente
plenário [ple'nariw] *m* plenario *m*
plenário, -a [ple'nariw, -a] *adj* plenario, -a; **sessão plenária** sesión plenaria
plenipotência [plenipo'tẽjsia] *f* plenos *mpl* poderes
plenitude [pleni'tudʒi] *f* plenitud *f*
pleno, -a ['plenu, -a] *adj* pleno, -a; **em ~ dia/inverno** en pleno día/invierno; **em plena forma** en plena forma; **em plena rua** en plena calle
pleonasmo [pleon'nazmu] *m* LING pleonasmo *m*
pleura ['plewra] *f* MED pleura *f*
plinto ['plĩtu] *m* ARQUIT, ESPORT plinto *m*
plissado [pli'sadu] *m* plisado *m*
plissado, -a [pli'sadu, -a] *adj* plisado, -a; **saia plissada** falda plisada
plissar [pli'sar] *vt* plisar
plotar [plo'tar] *vt (gráfico)* trazar
plugue ['plugi] *m* ELETR enchufe *m*
pluma ['pluma] *f* pluma *f*
plumagem [plu'maʒẽj] *f* plumaje *m*
plumoso, -a [plu'mozu, -'ɔza] *adj* BOT, ZOOL con plumas
plural <-ais> [plu'raw, -'ajs] *m* plural *m*
pluralidade [pluraʎi'dadʒi] *f* pluralidad *f*
pluralismo [plura'ʎizmu] *m* pluralismo *m*
pluripartidário, -a [pluripartʃi'dariw, -a] *adj* pluripartidista
pluripartidarismo [pluripartʃida'rizmu] *m sem pl* pluripartidismo *m*
plush <-es> ['pluʃĩ, 'pluʃis] *m* felpa *f*
Plutão [plu'tɐ̃w] *m* ASTRON Plutón *m*
plutocracia [plutokra'sia] *f* POL plutocracia *f*
plutocrata [pluto'krata] *mf* plutócrata *mf*
plutônio [plu'toniw] *m* QUÍM plutonio *m*
pluvial <-ais> [pluvi'aw, -'ajs] *adj* pluvial
pluviométrico, -a [pluvio'mɛtriku, -a] *adj* pluviométrico, -a
pneu [pe'new] *m* 1.*(de automóvel)* neumático *m*, llanta *f AmL*, caucho *m Col, Ven*; ~ **radial** neumático radial; **ter um ~ furado** haber pinchado; **trocar o ~** cambiar la rueda 2. *inf (no corpo)* michelín *m*
pneumática [penew'matʃika] *f* Fís neumática *f*
pneumático, -a [penew'matʃiku, -a] *adj* neumático, -a
pneumonia [penewmo'nia] *f* MED neumonía *f*
pó ['pɔ] *m* 1.*(sujeira, produto, cosmético)* polvo *m;* **limpar o ~** limpiar el polvo; **em ~** en polvo 2. *gíria (cocaína)* polvo *m*
pô [po] *interj chulo* joder
pobre ['pɔbri] I. *mf* pobre *mf* II. *adj* pobre; **ser ~ de espírito** ser pobre de espíritu; **~ do Carlos!** ¡pobre Carlos!; **~ de você!** ¡pobre de ti!
pobre-diabo ['pɔbri'dʒi'abu] <pobres-diabos> *m* pobre diablo *m*
pobretão, -ona <-ões> [pobre'tɐ̃w, -'ona, -'õjs] *m, f* pobretón, -ona *m, f*
pobreza [po'breza] *f* pobreza *f*
poça ['pɔsa] *f* charco *m;* ~ **d'água** charco de agua
poção <-ões> [po'sɐ̃w, -'õjs] *f* MED poción *f*
pochete [po'ʃetʃi] *f* bolso *m*
pocilga [po'siwga] *f* pocilga *f*
poço ['posu] *m* 1.*(geral)* pozo *m;* ~ **de ar** AERO bolsa *f* de aire; ~ **artesiano** pozo artesiano; ~ **petrolífero** pozo petrolífero; **um ~ sem fundo** un pozo sin fondo; **ser um ~ de sabedoria** ser un pozo de sabiduría 2.*(de elevador)* hueco *m*
poções [po'sõjs] *f pl de* **poção**
poda ['pɔda] *f* poda *f*
podar [po'dar] *vt* 1.*(uma árvore)* podar 2. *fig (cercear)* frenar
pôde ['podʒi] *3. pret perf de* **poder**

> **Gramática** **pôde** (3ª persona del singular del pretérito perfecto de indicativo) se acentúa para distinguirlo de **pode** (3ª persona del singular del presente de indicativo): "Hoje à tarde ela pode vir, mas ontem não pôde chegar a tempo."

pó de arroz ['pɔ dʒja'xos] <pós de arroz> *m* polvos *mpl* de arroz
poder¹ [po'der] *m* 1.*(geral)* poder *m;*

~ aquisitivo poder adquisitivo; **~ executivo** poder ejecutivo; **~ judiciário** poder judicial; **~ legislativo** poder legislativo; **o ~ público** el poder público; **pátrio ~** patria f potestad; **plenos ~es** JUR plenos poderes; **estar no ~** estar en el poder; **exercer ~ sobre alguém** ejercer poder sobre alguien; **ter a. c. em seu ~** tener algo en su poder; **tomar o ~** tomar el poder **2.** MIL **~ de fogo** potencia f de fuego

poder² [po'der] *irr vi* poder; **eu posso me encontrar com você amanhã** me podría encontrar contigo mañana; **já não posso mais!** ¡ya no puedo más!; **posso entrar?** ¿puedo entrar?; **aqui não se pode fumar** aquí no se puede fumar; **pode ser** puede ser; **ele pode estar ocupado** puede que esté ocupado; **pode ser que ela venha** puede ser que venga; **não ~ com alguém/a. c.** *inf* no poder con alguien/algo; **ela não pode comigo/com isto** no puede conmigo/con esto; **como é que pode?** *inf* (*dúvida*) ¿cómo es posible?; **até não ~ mais** *inf* hasta más no poder

poderio [pode'riw] *m* poderío *m*; **~ militar/econômico** poderío militar/económico

poderoso, -a [pode'rozu, -'ɔza] *adj* poderoso, -a

pódio ['pɔdʒiw] *m* ESPORT podio *m*

podre ['podri] I. *m* 1. podredumbre f 2. *fig* defecto *m*; **contar os ~s de alguém** contar los defectos de alguien II. *adj* 1. (*alimento, moralmente*) podrido, -a 2. (*muito cansado*) agotado, -a 3. *fig* **~ de** (*muitíssimo*) muy; **ser ~ de rico** estar montado en el dólar

podridão <-ões> [podri'dãw, -'õjs] f podredumbre f

poeira [pu'ejra] f polvo *m*; **~ radioativa** polvo radiactivo

poeirada [puej'rada] f polvareda f

poeirento, -a [puej'rẽjtu, -a] *adj* polvoriento, -a

poema [po'ema] *m* poema *m*

poente [po'ẽjtʃi] I. *adj* poniente; **o sol ~** el sol poniente II. *m* poniente *m*

poesia [poe'zia] f poesía f

poeta, poetisa [po'ɛta, poe'tʃiza] *m, f* poeta *m*, poetisa f

poética [po'ɛtʃika] f poética f

poético, -a [po'ɛtʃiku, -a] *adj* poético, -a

poetisa [poe'tʃiza] f *v*. **poeta**

pois ['pojs] I. *conj* pues; (*portanto*) por (lo) tanto; **~ bem!** ¡vale!; **~ claro!** ¡claro que sí!; **~, eu sei** sí, ya sé; **~ é!** ¡ya lo creo!; **~ não?** ¿dígame?; **~ não, em que posso ajudar?** ¿en qué puedo ayudarle?; **~ sim!** ¡ya lo creo! II. *adv* entonces

polainas [po'lajnas] *fpl* polainas *fpl*

polar [po'lar] <-es> *adj* polar

polarização <-ões> [polariza'sãw, -'õjs] f FÍS polarización f

polarizador [polariza'dor] <-es> *m* FÍS polarizador *m*

polarizador(a) [polariza'dor(a)] <-es> *adj* polarizador(a)

polaroide [pola'rɔjdʒi] f polaroid f

polca ['pɔwka] f MÚS polca f

polegada [pole'gada] f pulgada f

polegar [pole'gar] <-es> *m* pulgar *m*

poleiro [po'lejru] *m* palo *m*

polem ['pɔlẽj] *m v*. **pólen**

polêmica [po'lemika] f polémica f; **causar ~** causar polémica

polêmico, -a [po'lemiku, -a] *adj* polémico, -a

polemizar [polemi'zar] *vt* polemizar

pólen ['pɔlẽj] <polens> *m* BOT polen *m*

polenta [po'lẽjta] f polenta f

polia [pu'ʎia] f polea f

poliamida [poʎia'mida] f QUÍM poliamida f

polichinelo [poʎiʃi'nelu] *m* 1. TEAT polichinela f 2. ESPORT **fazer ~s** dar saltos sin moverse del lugar abriendo y cerrando piernas y brazos

polícia¹ [pu'ʎisia] f (*instituição*) policía f; **~ civil** cuerpo de policía brasileño encargado de la investigación de delitos; **~ de fronteira** policía de fronteras; **~ militar** cuerpo de policía brasileño, dependiente de los estados, encargado del combate al crimen; **~ rodoviária** policía de tráfico; **~ de trânsito** policía de tráfico; **chamar a ~** llamar a la policía; **ser caso de ~** ser un caso policial

polícia² [pu'ʎisia] *mf* (*membros*) policía *mf*

policial <-ais> [puʎisi'aw, -'ajs] I. *mf* policía *mf*; **~ militar** agente del cuerpo de policía responsable del combate al crimen en los estados II. *adj* policial; **filme ~** película policial; **romance ~** novela policial

policiamento [puʎisia'mẽjtu] *m* vigilancia f

policiar [puʎisi'ar] I. *vt* vigilar II. *vr*: **~-se** controlarse

policlínica [pɔʎi'klinika] *f* policlínica *f*
policromático, -a [pɔʎikɾo'matʃiku, -a] *adj* policromado, -a
polidez [poʎi'des] *f* gentileza *f*
polido, -a [po'ʎidu, -a] *adj* **1.** (*superfície*) pulido, -a **2.** (*comportamento*) gentil
poliedro [poʎi'ɛdɾu] *m* MAT poliedro *m*
poliéster [poʎi'ɛsteɾ] <-es> *m* poliéster *m*
poliestireno [pɔʎiestʃi'ɾenu] *m* poliestireno *m*
poligamia [poʎiɡɜ'mia] *f* poligamia *f*
polígamo, -a [po'ʎiɡɜmu, -a] *m, f* polígamo, -a *m, f*
poliglota [poʎi'ɡlɔta] *adj, mf* políglota *mf*
polígono [po'ʎiɡonu] *m* MAT polígono *m*
polimento [poʎi'mẽjtu] *m* **1.** (*de superfície*) pulimento *m* **2.** (*cortesia*) educación *f*
polímero [po'ʎimeɾu] *m* QUÍM polímero *m*
polimórfico, -a [poʎi'mɔɾfiku, -a] *adj* polimorfo, -a
Polinésia [poʎi'nɛzia] *f* Polinesia *f*
polinizar [poʎini'zaɾ] *vt* BOT polinizar
poliomielite [pɔʎiwmie'ʎitʃi] *f* MED poliomielitis *f*
pólipo ['pɔʎipu] *m* MED pólipo *m*
polir [pu'ʎiɾ] *irr vt* pulir
polissacarídeo [poʎisaka'ɾidʒiw] *m* polisacárido *m*
polissilábico, -a [polisi'labiku, -a] *adj* polisílabo, -a
polissílabo [poʎi'silabu] *m* polisílabo *m*
politécnico, -a [poʎi'tɛkniku, -a] *adj* politécnico, -a; **Instituto Politécnico** Instituto Politécnico
politeísmo [poʎite'izmu] *m sem pl* politeísmo *m*
politeísta [poʎite'ista] *adj, mf* politeísta *mf*
política [pu'ʎitʃika] *f* política *f*; ~ **ambiental** política ambiental; ~ **econômica** política económica; ~ **da educação** política educativa; ~ **exterior** política exterior
politicagem [poʎitʃi'kaʒẽj] <-ens> *f pej* politiqueo *m*
político, -a [po'ʎitʃiku, -a] *adj, m, f* político, -a *m, f*
politiqueiro, -a [poʎitʃi'kejɾu, -a] *m, f pej* politiquero, -a *m, f*

politizado, -a [poʎitʃi'zadu, -a] *adj* politizado, -a
politizar [poʎitʃi'zaɾ] **I.** *vt* politizar **II.** *vr:* ~-**se** politizarse
poliuretano [poʎiuɾe'tɜnu] *m* poliuretano *m*
polivalente [poʎiva'lẽjtʃi] *adj* polivalente
polo ['pɔlu] *m* **1.** FÍS, GEO, ESPORT polo *m;* ~ **aquático** waterpolo *m;* ~ **magnético** polo magnético; ~ **negativo** polo negativo; **Polo Norte** Polo Norte; ~ **positivo** polo positivo; **Polo Sul** Polo Sur **2.** (*assunto*) extremo *m;* **passar de um** ~ **a outro** pasar de un extremo a otro **3.** (*camisa*) polo *m*
polonês, -esa [polo'nes, -'eza] *adj, m, f* polaco, -a *m, f*
Polônia [po'lonia] *f* Polonia *f*
polpa ['powpa] *f* pulpa *f*; ~ **de tomate** pulpa de tomate
polpudo, -a [pow'pudu, -a] *adj* (*quantia*) considerable
poltrona [pow'tɾona] *f* poltrona *f*; (*em teatro, cinema*) butaca *f*; (*em avião*) asiento *m*
poluente [polu'ẽjtʃi] *adj* contaminante
poluição <-ões> [polui'sɜ̃w, -'õjs] *f* contaminación *f*; ~ **do ar** contaminación del aire; ~ **sonora** contaminación acústica
poluído, -a [polu'idu, -a] *adj* contaminado, -a
poluir [polu'iɾ] *conj como incluir vt* contaminar
polvilhar [powvi'ʎaɾ] *vt* espolvorear; ~ **com a. c.** espolvorear con algo
polvilho [pow'viʎu] *m* polvillo *m;* **biscoito de** ~ galleta hecha con una harina de mandioca muy fina
polvo ['powvu] *m* pulpo *m*
pólvora ['pɔwvuɾa] *f* pólvora *f*; **brincar com** ~ jugar con fuego; **descobrir a** ~ inventar la pólvora
polvorosa [powvo'ɾɔza] *f inf* agitación *f*; **estar em** ~ estar patas arriba
pomada [po'mada] *f* pomada *f*; ~ **para queimaduras** pomada para quemaduras; **aplicar uma** ~ aplicar una pomada
pomar [po'maɾ] <-es> *m* huerto *m*
pomba ['põwba] **I.** *f* paloma *f*; ~ **da paz** paloma de la paz **II.** *interj gíria* (*espanto*) ostras; ~(**s**), **roubaram o meu celular!** ostras, ¡me han robado el móvil!

pombal <-ais> [põw'baw, -'ajs] *m* palomar *m*

pombo ['põwbu] *m* palomo *m*

pombo-correio ['põwbu-ko'xeju] <pombos-correio(s)> *m* paloma *f* mensajera

pomo ['pomu] *m* pomo *m;* **~ de discórdia** manzana *f* de la discordia

pomo-de-adão ['pomu-dʒi-a'dãw] <pomos-de-adão> *m* manzana *f* de Adán

pompa ['põwpa] *f* pompa *f;* **com ~ e circunstância** con pompa y circunstancia

pompom [põw'põw] <-ons> *m* pompón *m*

pomposo, -a [põw'pozu, -'ɔza] *adj* pomposo, -a

ponche ['põwʃi] *m* ponche *m*

poncho ['põwʃw] *m* poncho *m*

ponderação <-ões> [põwderaˈsãw, -'õjs] *f* ponderación *f*

ponderado, -a [põwde'radu, -a] *adj* ponderado, -a

ponderar [põwde'rar] **I.** *vt* ponderar **II.** *vi* **~ sobre a. c.** meditar sobre [*o* en] algo

pônei ['ponej] *m* poni *m*

ponha ['põɲa] *1. e 3. pres subj de* **pôr**

ponho ['põɲu] *1. pres de* **pôr**

ponta ['põwta] *f* **1.** (*bico, extremidade*) punta *f;* **~ de cigarro** colilla *f;* **~ do dedo** punta del dedo; **~ da faca** punta del cuchillo; **na outra ~ da cidade** en la otra punta de la ciudad; **ficar na ~ dos pés** ponerse de puntillas; **saber a. c. na ~ da língua** saberse algo al dedillo; **até a ~ dos cabelos** *fig* hasta el cuello; **de ~ a ~** *fig* de punta a punta; **vencer de ~ a ~** vencer de comienzo a fin; **aguentar** [*ou* **segurar**] **as ~s** *gíria* aguantar el temporal, resistir **2.** (*pouco*) pizca *f;* **uma ~ de** una pizca de **3.** CINE **fazer uma ~ num filme** hacer una breve aparición en una película **4.** *inf* **~ de estoque** saldos *mpl*

ponta-cabeça ['põwta-ka'besa] <pontas-cabeça(s)> *f* **de ~** de cabeza

pontada [põw'tada] *f* (*dor*) punzada *f*

ponta-direita ['põwta-dʒi'rejta] <pontas-direitas> *mf* FUT extremo, -a *m, f* derecho, -a

ponta-esquerda ['põwta-is'kerda] <pontas-esquerdas> *mf* FUT extremo, -a *m, f* izquierdo, -a

pontal <-ais> [põw'taw, -'ajs] *m* GEO lengua *f*

pontão <-ões> [põw'tãw, -'õjs] *m* pontón *m*

pontapé [põwta'pɛ] *m* patada *f,* puntapié *m;* **~ inicial** ESPORT saque *m* inicial; **dar um ~ em alguém** dar una patada a alguien; **dar um ~ na bola** dar una patada a la pelota; **levar um ~** recibir una patada

pontaria [põwta'ria] *f* puntería *f;* **fazer ~** hacer puntería; **ter boa ~** tener buena puntería

ponte ['põwtʃi] *f* puente *m;* **~ aérea** puente aéreo; **~ levadiça** puente levadizo; **~ móvel** puente móvil; **~ pênsil** puente colgante; **~ de safena** MED bypass *m;* **fazer uma ~** (*de feriados*) hacer puente

pontear [põwtʃi'ar] *vt* **1.** (*meias*) coser **2.** MÚS puntear

ponteiro [põw'tejru] *m* puntero *m;* **~ do relógio** aguja *f* del reloj; **acertar os ~s com alguém** *fig* ponerse de acuerdo con alguien

pontiagudo, -a [põwtʃia'gudu, -a] *adj* puntiagudo, -a

pontífice [põw'tʃifisi] *m* REL pontífice *m;* **Sumo Pontífice** Sumo Pontífice

pontilhado, -a [põwtʃi'ʎadu, -a] *adj* punteado, -a

pontilhão <-ões> [põwtʃi'ʎãw, -'õjs] *m* puente *m*

pontinha [põw'tʃiɲa] *f inf* (*bocadinho*) poquito *m;* **uma ~ de ciúmes/de febre** un poquito de celos/de fiebre

ponto ['põwtu] *m* **1.** (*geral*) punto *m;* **~s cardeais** puntos cardinales; **~ crítico/crucial** punto crítico/crucial; **~ de ebulição** punto de ebullición; **~ de encontro** punto de encuentro; **~ de exclamação** signo *m* de exclamación; **~ de interrogação** signo *m* de interrogación; **~ morto** (*automóvel*) punto muerto; **~ pacífico** punto de acuerdo; **~ de partida** punto de partida; **~ de referência** punto de referencia; **~ de vista** punto de vista; **dois ~s** dos puntos; **filé ao ~** filete en su punto; **o ~ alto** el momento destacado; **o ~ fraco** el punto débil; **bater o ~** (*horário*) fichar; **entregar os ~s** *gíria* tirar la toalla; **estar a ~ de fazer a. c.** estar a punto de hacer algo; **estar em ~ de bala** *inf* estar a punto de caramelo; **fazer ~ em...** ir mucho por...; **não dar ~ sem nó** no hacer nada desinteresadamente; **pôr os ~s nos is** *fig* poner los puntos sobre las íes; **o jogador marcou três ~s** el jugador marcó tres puntos; **a situação chegou a tal ~ que...** la situación ha llegado a un punto tal que...; **a que ~ chegamos** a qué punto hemos llegado; **às cinco horas em ~** a las cinco en punto; **...e ~ final!** *fig* ¡...y se acabó! **2.** (*de ônibus, taxi*) parada *f*; **dormir no ~** *inf* despistarse **3.** (*de caramelo*) **estar no ~** estar a punto

pontocom [põwtu'kõw] *f* (*empresa*) puntocom *f*

pontões [põw'tõjs] *m pl* de **pontão**

ponto e vírgula ['põwtu i 'virgula] <ponto(s) e vírgulas> *m* punto *m* y coma

pontuação <-ões> [põwtua'sãw, -'õjs] *f* puntuación *f*

pontual <-ais> [põwtu'aw, -'ajs] *adj* puntual

pontualidade [põwtuaʎi'dadʒi] *f sem pl* puntualidad *f*

pontuar [põwtu'ar] *vt* (*frase, texto*) puntuar

pool ['puw] *m* pool *m*; **~ de empresas** pool de empresas

pop ['pɔpi] *m* MÚS pop *m*

popa ['popa] *f* NÁUT popa *f*

popelina [pope'ʎina] *f* popelín *m*

popô [po'pɔ] *m inf* (*nádegas*) trasero *m*

população <-ões> [popula'sãw, -'õjs] *f* población *f*

populacional <-ais> [populasjo'naw, -'ajs] *adj* poblacional

populações [popula'sõjs] *f pl* de **população**

popular [popu'lar] **I.** *adj* popular; **música ~** música popular; **preços ~es** precios populares **II.** *m* persona *f*

popularidade [populari'dadʒi] *f sem pl* popularidad *f*

popularizar [populari'zar] **I.** *vt* popularizar **II.** *vr*: **~-se** popularizarse

populismo [popu'ʎizmu] *m* populismo *m*

populista [popu'ʎista] *mf* populista *mf*

populoso, -a [popu'lozu, -'ɔza] *adj* populoso, -a

pôquer ['poker] <-es> *m* póquer *m*

por [pur] *prep* **1.** (*local*) por; **~ dentro/fora** por dentro/fuera; **~ terra/mar** por tierra/mar; **passear pela cidade** pasear por la ciudad **2.** (*temporal; durante*) por; **pelo dia 20 de maio** en torno al día 20 de mayo; **lá pelas 3 horas da tarde** hacia las tres de la tarde; **pela manhã** por la mañana; **pela noitinha** al anochecer; **~ dois anos** por dos años; **~ enquanto** por ahora; **~ hoje** por hoy; **~ pouco tempo** por poco tiempo; **~ vezes** a veces **3.** (*preço, distribuição*) por; **comprei este livro ~ 20 reais** compré este libro por 20 reales; **10 reais ~ pessoa** [*ou* **cabeça**] 10 reales por persona [*o* cabeza]; **10 metros ~ segundo** 10 metros por segundo; **20 ~ cento** 20 por ciento **4.** (*motivo*) por; **~ acaso** por casualidad; **~ exemplo** por ejemplo; **~ isso** por eso; **~ necessidade/doença** por necesidad/enfermedad; **ela fez isso ~ mim/você** hizo eso por mí/ti; **~ mim, o assunto está encerrado** por mí, este asunto está acabado **5.** (*pessoa*) por; **este quadro foi pintado ~ mim/você** este cuadro fue pintado por mí/ti **6.** MAT por; **dividir ~ dez** dividir entre diez; **multiplicar ~ dez** multiplicar por diez **7.** (*modo*) por; **~ escrito** por escrito; **~ medida** a medida; **~ via aérea** (*correio*) por vía aérea; **um ~ um** uno por uno **8.** (*troca*) por; **trocar um livro ~ um quadro** cambiar un libro por un cuadro **9.** (*concessivo*) por; **~ (mais) fácil que pareça** por más fácil que parezca **10.** + *infin* **isso (ainda) está ~ fazer** + *inf* todavía hay que hacer eso; **isso (ainda) está ~ dizer** todavía no se ha dicho eso **11.** (*para*) **ter amizade ~ alguém** ser amigo de alguien; **ter carinho ~ alguém** sentir cariño por alguien; **torcer ~ alguém/um time** ser hincha de alguien/un equipo

pôr¹ ['por] *irr* **I.** *vt* **1.** (*geral*) poner; **~ a.c. em dúvida** poner algo en duda; **~ em liberdade** poner en libertad; **~ a limpo** pasar a limpio; **~ a língua de fora** sacar la lengua; **~ no lixo** echar a la basura; **~ em perigo** poner en peligro; **~ na rua** poner en la calle; **~ à venda** poner a la venta; **~ mais alto/baixo** (*som*) subir/bajar el volumen; **~ uma carta no correio** echar una carta al correo; **~ o CD/a fita para tocar** poner el CD/la cinta; **onde foi que eu pus os meus óculos?** ¿dónde habré puesto mis gafas?; **você me põe nervoso** me pones nervioso **2.** (*roupa, sapatos, óculos, maquiagem*) ponerse **II.** *vr*: **~-se** ponerse; **~-se à vontade** ponerse cómodo; **~-se de joelhos** ponerse de rodillas; **~-se de pé/a meu lado** ponerse de pie/a mi lado; **~-se a fazer a. c.** ponerse a hacer algo; **~-se a rir/chorar** ponerse a reír/llorar; **ponha-se no meu lugar** ponte en mi lugar

pôr² ['por] *m* puesta *f*; **o ~ do sol** la puesta del sol

> **Gramática** El verbo **pôr** se escribe con acento para no confundirlo con la preposición **por**: "Por mim não é preciso pôr o carro na garagem."

porão <-ões> [po'rɐ̃w, -õjs] *m* **1.** (*de uma casa*) sótano *m*; **os porões da ditadura** *fig* las cloacas de la dictadura **2.** NÁUT bodega *f*

porca ['pɔrka] *f* **1.** (*para parafuso*) tuerca *f* **2.** ZOOL cerda *f*

porcalhão, -ona <-ões> [porka'ʎɐ̃w, -'ona, -'õjs] *adj, m, f* cochino, -a *m, f*

porção <-ões> [por'sɐ̃w, -'õjs] *f* **1.** (*parte*) porción *f*; **meia ~ de arroz** media ración de arroz **2.** (*quantidade*) montón *m*; **uma ~ de gente** un montón de gente

porcaria [porka'ria] *f* porquería *f*; **este vinho é uma ~** este vino es una porquería; **que ~ de vida!** ¡qué asco de vida!

porcelana [porse'lɐna] *f* porcelana *f*

porcentagem [porsẽj'taʒẽj] <-ens> *f* porcentaje *m*

porco, -a ['porku, -a] **I.** *adj* (*pessoa, lugar*) sucio, -a **II.** *m, f* ZOOL cerdo, -a *m, f*, chancho, -a *m, f AmL*

porções [por'sõjs] *f pl de* **porção**

porco-espinho ['porku-is'piɲu] <porcos-espinhos> *m* ZOOL puercoespín *m*

pôr-do-sol [por-du-'sɔw] <pores-do-sol> *m* puesta *f* de sol; **ao ~** al ponerse el sol

porém [po'rẽj] *conj* sin embargo

porém [po'rẽj] *m* (*obstáculo*) **sem nenhum ~** sin ningún pero

pormenor [porme'nɔr] <-es> *m* detalle *m*; **em ~** en detalle; **com todos os ~es** con todos los pormenores; **entrar em ~es** entrar en detalles

pormenorizado, -a [pormenori'zadu, -a] *adj* pormenorizado, -a

pornô [por'no] *adj inf* porno

pornografia [pornogra'fia] *f* pornografía *f*

pornográfico, -a [porno'grafiku, -a] *adj* pornográfico, -a

poro ['pɔru] *m* poro *m*; **suar por todos os ~s** sudar por todos los poros

porões [po'rõjs] *m pl de* **porão**

pororoca [poro'rɔka] *f* ola gigantesca que se produce periódicamente cerca de la desembocadura del Amazonas y que destruye todo lo que encuentra a su paso

poroso, -a [po'rozu, -'ɔza] *adj* poroso, -a

porquanto [por'kwɐ̃ntu] *conj* dado que

porque [pur'ke] *conj* porque; **eu vou de avião ~ é mais rápido** voy en avión porque es más rápido; **não foi à festa ~ ficou doente** no ha ido a la fiesta porque se puso enfermo

porquê [pur'ke] *m* porqué *m*; **o ~ da vida** el porqué de la vida

> **Gramática** Cuando la conjunción **porque** se sustantiva y se acompaña del artículo determinado o indeterminado, se escribe con acento: "Elas se foram mais cedo porque não queriam dizer o porquê de seu comportamento."

porquinho-da-índia [por'kiɲu-da-'ĩdʒia] <porquinhos-da-índia> *m* conejillo *m* de Indias

porra ['pɔxa] *interj chulo* (*impaciência*) joder; (*admiração*) hostia

porrada [po'xada] *f* **1.** *chulo* (*sova*) leche *f*; **dar uma ~ em alguém** darle una leche a alguien; **levar ~** ser golpeado **2.** *inf* (*grande quantidade*) montón *m*; **uma ~ de livros** un montón de libros

porra-louca ['pɔxa-'loka] <porras-loucas> *adj inf* chalado, -a

porre ['pɔxi] *m inf* **1.** (*bebedeira*) pedo *m*; **estar de ~** estar pedo **2.** (*chato*) rollo *m*; **a festa foi um ~** la fiesta fue un rollo

porreta [po'xeta] *adj inf* (*pessoa, livro, roupa*) guay

porrete [po'xetʃi] *m* porra *f*

porta ['pɔrta] *f* puerta *f*; **~ automática** puerta automática; **~ corrediça** puerta corrediza; **~ de entrada/saída** puerta de entrada/salida; **~ dos fundos** puerta de atrás; **~ giratória** puerta giratoria; **~ da rua** puerta de la calle; **abrir as ~s** *fig* abrir las puertas; **arrombar a ~** forzar la puerta; **bater à ~ de** llamar a la puerta de; **dar com a ~ na cara de alguém** *inf* cerrarle la puerta en la cara a alguien; **estar à ~** estar en la puerta; **ir de ~ em ~** ir de puerta en puerta; **a ~s fechadas** a puertas cerradas; **ser surdo como uma ~** *inf* ser sordo como una tapia

porta-aviões ['pɔrta-avi'õjs] *m inv* portaaviones *m inv*

porta-bandeira ['pɔrta-bɐ̃ŋ'dejɾa] *mf* abanderado, -a *m, f*

porta-copos ['pɔrta-'kɔpus] *m inv* portavasos *m inv*

portador(a) [porta'dor(a)] <-es> *m(f)* (*de documento*) portador(a) *m(f)*

porta-estandarte ['pɔrta-istɐ̃ŋ'dartʃi] *mf* portaestandarte *mf*

porta-guardanapos ['pɔrta-gwardɐ-'napus] *m inv* servilletero *m*

porta-joias ['pɔrta-'ʒɔjas] *m inv* joyero *m*

portal <-ais> [por'taw, -ajs] *m tb.* INFOR portal *m*

porta-luvas ['pɔrta-'luvas] *m inv* guantera *f*

porta-malas ['pɔrta-'malas] *m inv* (*automóvel*) maletero *m*, cajuela *f Méx*, maletera *f Col, Méx*, baúl *m RíoPl*

porta-moedas ['pɔrta-mu'ɛdas] *m inv* portamonedas *m inv*

portanto [por'tɐ̃ŋtu] *conj* por (lo) tanto

portão <-ões> [por'tɐ̃w, -'õjs] *m* portón *m;* **~ de embarque** puerta *f* de embarque

portar [por'tar] I. *vt* llevar II. *vr:* **~-se** portarse; **~-se bem/mal** portarse bien/mal

porta-retratos ['pɔrta-xe'tratus] *m inv* portarretratos *m inv*

portaria [porta'ria] *f* 1. (*de edifício*) portería *f* 2. (*do governo*) decreto *m*

portátil <-eis> [por'tatʃiw, -ejs] *adj* portátil

porta-voz ['pɔrta-vɔs] <-es> *mf* portavoz *mf*, vocero *mf AmL*

porte ['pɔrtʃi] *m* porte *m;* **~ pago** portes pagados; **~ registrado** franqueo *m* pagado; **de belo ~** de porte distinguido; **de grande ~** de gran porte

porteira [por'tejra] *f* (*de sítio, fazenda*) portón *m*

porteiro [por'tejru] *m* **~ eletrônico** portero electrónico

porteiro, -a [por'tejru, -a] *m, f* portero, -a *m, f*

portfólio [portʃi'fɔʎju] *m* 1. portafolios *m inv* 2. ECON cartera *f*

pórtico ['pɔrtʃiku] *m* 1. ARQUIT pórtico *m* 2. (*de carga*) muelle *m*

portinhola [portʃi'ɲɔla] *f* portezuela *f*

porto ['portu] *m* (*de navios*) puerto *m;* **~ fluvial** puerto fluvial; **~ de mar** puerto marítimo

Porto Alegre ['portu a'lɛgri] *m* Porto Alegre *m*

portões [por'tõjs] *m pl de* **portão**

Porto Rico ['portu 'xiku] *m* Puerto Rico *m*

porto-riquenho, -a [portuxi'keɲu, -a] *adj, m, f* portorriqueño, -a *m, f*

Porto Velho ['portu 'vɛʎu] *m* Porto Velho *m*

portuário, -a [portu'ariw, -a] *adj* portuario, -a

Portugal [purtu'gaw] *m* Portugal *m*

> **Gramática** Los nombres de los países se utilizan en portugués siempre con el artículo determinado, excepto **Portugal, Moçambique, Cuba** y **Angola**: "O Brasil, a Argentina e a França participam do campeonato mundial em Cuba; Portugal e Angola não."

português, -esa [purtu'ges, -'eza] *adj, m, f* portugués, -esa *m, f*

porventura [purvẽj'tura] *adv* 1. (*por acaso*) por casualidad; **se ~ vir o meu livro, me avise** si por casualidad ves mi libro, avísame 2. (*talvez, possivelmente*) acaso; **~ acha que eu faria isso?** ¿acaso piensas que haría eso?

posar [po'zar] *vt* posar

pós-data [pɔz'data] *f* fecha posterior a la actual, colocada en un documento

pose ['pozi] *f* pose *f*

pós-escrito [pɔz-is'kritu] *m* posdata *f*

posfácio [pos'fasiw] *m* nota *f* final

pós-graduação <-ões> [pɔzgradwa-'sɐ̃w, -'õjs] *f* pos(t)grado *m*

pós-graduado, -a [pɔzgradu'adu, -a] *m, f* pos(t)graduado, -a *m, f*

pós-graduando, -a [pɔzgradu'ɐ̃ŋdu, -a] *m, f* estudiante *mf* de pos(t)grado

pós-guerra [pɔz'gɛxa] *m* pos(t)guerra *f*

posição <-ões> [pozi'sɐ̃w, -'õjs] *f* posición *f;* **~ social** posición social

posicionamento [pozisjona'mẽjtu] *m*

posicionamento *m*
posicionar [pozisjo'nar] *vt* colocar
posições [pozi'sõjs] *f pl de* **posição**
positivismo [pozitʃi'vizmu] *m* FILOS positivismo *m*
positivo [pozi'tʃivu] *m* positivo *m*
positivo, -a [pozi'tʃivu, -a] *adj* positivo, -a; **pensamento ~** pensamiento positivo; **resposta positiva** respuesta positiva
positivo [pozi'tʃivu] *adv* de acuerdo; **~, o negócio está fechado** de acuerdo, el negocio está cerrado
pósitron ['pɔzitrõw] *m* positrón *m*
pós-moderno [pɔzmo'dɛrnu] *adj* pos(t)moderno, -a
pós-natal <-ais> [pɔzna'taw, -'ajs] *adj* pos(t)parto
posologia [pozolo'ʒia] *f* MED posología *f*
pós-operatório, -a [pɔzopera'tɔriw, -a] *adj* pos(t)operatorio, -a
possa ['pɔsa] *1. e 3. pres subj de* **poder**
possante [po'sãntʃi] *adj* **1.** (*poderoso*) poderoso, -a **2.** (*forte*) potente
posse ['pɔsi] *f* **1.** posesión *f*; **tomar ~ de um cargo** tomar posesión de un cargo **2.** (*cerimônia*) toma *f* de posesión
posseiro, -a [po'sejru, -a] *m, f* invasor(a) *m(f)*
posses ['pɔsis] *fpl* bienes *mpl*; **ser uma pessoa de ~** ser una persona con bienes; **(não) ter muitas ~** (no) tener muchos bienes
possessivo [pose'sivu] *m* LING posesivo *m*
possessivo, -a [pose'sivu, -a] *adj* posesivo, -a; **pronome ~** pronombre posesivo
possesso, -a [po'sɛsu, -a] *adj* poseso, -a; **~ de raiva** lleno de rabia
possibilidade [posibiʎi'dadʒi] *f* posibilidad *f*; **~s financeiras** posibilidades financieras; **~ de fazer a. c.** posibilidad de hacer algo
possibilitar [posibiʎi'tar] *vt* posibilitar
possível <-eis> [po'sivew, -ejs] **I.** *adj* posible; **a única forma ~** la única forma posible; **o mais depressa ~** lo más deprisa posible; **é ~ que... +***conj* es posible que... +*subj* **II.** *m* **o ~** lo posible; **fazer o ~ (e o impossível)** hacer lo posible (y lo imposible); **na medida do ~** en la medida de lo posible
possivelmente [posivew'mẽjtʃi] *adv* posiblemente
posso ['pɔsu] *1. pres de* **poder**
pós-soviético <-a> [pɔ-sovi'ɛtʃiku, -a] *adj* POL pos-soviético, -a
possuído, -a [posu'idu, -a] *adj* poseído, -a; **~ por** poseído por
possuidor(a) [posui'dor(a)] <-es> *m(f)* poseedor(a) *m(f)*
possuir [posu'ir] *conj como* **incluir** *vt* poseer
posta ['pɔsta] *f* (*de peixe*) rodaja *f*
postagem [pos'taʒẽj] <-ens> *f* envío *m*
postal <-ais> [pos'taw, -'ajs] *adj* postal; **encomenda ~** pedido postal; **serviço ~** servicio postal
postar [pos'tar] **I.** *vt* apostar **II.** *vr:* **~-se** apostarse
posta-restante ['pɔsta-xes'tãntʃi] <postas-restantes> *f* lista *f* de correos
poste ['pɔstʃi] *m* ELETR, TEL poste *m*; **~ de luz** poste de luz; **~ de alta tensão** poste de alta tensión
pôster ['poster] <-es> *m* póster *m*, afiche *m AmL*
postergado, -a [poster'gadu, -a] *adj* postergado, -a
postergar [poster'gar] <g→gu> *vt* postergar
posteridade [posteri'dadʒi] *f sem pl* posteridad *f*; **ficar para a ~** quedar para la posteridad
posterior [posteri'or] <-es> *adj* posterior; **ser ~ a a. c.** ser posterior a algo
posteriormente [posterior'mẽjtʃi] *adv* posteriormente
postiço, -a [pus'tʃisu, -a] *adj* (*unha, cílio*) postizo, -a
postigo [pos'tʃigu] *m* postigo *m*
post mortem ['pɔst 'mɔrtẽj] *adj* post mórtem
posto ['postu] *m* puesto *m*; **~ alfandegário** puesto aduanero; **~ avançado** MIL puesto avanzado; **~ de gasolina** gasolinera *f*, grifo *m Perú, Ecua, Bol*; **~ de saúde** centro *m* de salud; **~ de trabalho** puesto de trabajo; **estar a ~s** estar preparado
posto, -a ['postu, pɔsta] **I.** *pp de* **pôr** **II.** *adj* (*óculos, chapéu*) puesto, -a **III.** *conj* **~ que** puesto que
posto-chave <postos-chaves> ['postu-'ʃavi, 'postus-'ʃavis] *m* puesto *m* clave
postscriptum ['pɔst'skriptũw] <postscripta> *m* posdata *f*
postulado [postu'ladu] *m* postulado *m*

postular [postu'lar] *vt* (*requerer*) solicitar

póstumo, -a ['pɔstumu, -a] *adj* póstumo, -a

postura [pos'tura] *f* postura *f*; **qual é a sua ~ em relação ao problema?** ¿cuál es su postura sobre el problema?

pós-venda [pɔz'vẽjda] *adj* pos(t)venta; **assistência/serviço ~** asistencia/servicio pos(t)venta

potássio [po'tasiw] *m* QUÍM potasio *m*

potável <-eis> [po'tavew, -ejs] *adj* potable; **água ~** agua potable

pote ['pɔtʃi] *m* tarro *m*

potência [po'tẽjsia] *f* potencia *f*; **grande ~** gran potencia; **três elevado à quarta ~** tres elevado a la cuarta potencia

potencial <-ais> [potẽjsi'aw, -'ajs] I. *adj* potencial; **um ~ assassino** un asesino potencial II. *m* potencial *m*; **investidores em ~** inversores en potencia

potencialidade [potẽjsiaʎi'dadʒi] *f* potencialidad *f*

potente [po'tẽtʃi] *adj* potente

potro ['potru] *m* potro *m*

pouca-vergonha ['poka-ver'gõɲa] <poucas-vergonhas> *f inf* desvergüenza *f*; **isto é uma ~!** ¡esto es una desvergüenza!

pouco ['poku] I. *m* poco *m*; **por ~** por poco; **um ~ de** un poco de; **espera um ~!** ¡espera un poco!; **nem um ~** nada; **um ~ mais/menos** un poco más/menos; **aos ~s** poco a poco; **o ~ que eu sei não é suficiente** lo poco que sé no es suficiente; **dizer poucas e boas** *inf* cantar las cuarenta; **fazer ~ de alguém** menospreciar a alguien II. *adv* poco; **ele sabe ~ de matemática** sabe poco de matemáticas; **ela lê muito ~** lee muy poco; **casados de ~** casados hace poco; **custar ~** costar poco; **gosto ~ dele** no me gusta nada; **~ a** poco a poco

pouco, -a ['poku, -a] *pron indef* poco, -a; **poucas pessoas/vezes** pocas personas/veces; **ter ~ que fazer** tener poco que hacer; **eu tenho ~ tempo** tengo poco tiempo; **há ~ (tempo)** hace poco; **uns ~s dias** unos pocos días; **~s acham isso** pocos piensan eso

pouco-caso ['poku-'kazu] <poucos-casos> *m* desprecio *m*

poupado, -a [pow'padu, -a] *adj* ahorrado, -a

poupador(a) [powpa'dor(a)] <-es> *m(f)* ahorrador(a) *m(f)*

poupança [pow'pãsa] *f* ahorro *m*; **caderneta de ~** libreta de ahorros

poupar [pow'par] I. *vt* 1. (*dinheiro, energia, máquina, roupa*) ahorrar; **não ~ esforços** no ahorrar esfuerzos 2. (*coisa desagradável*) posponer 3. (*perdoar*) perdonar 4. (*desaproveitar*) desaprovechar 5. (*pôr a salvo*) librar; **~ alguém de a. c.** librar a alguien de algo II. *vi* ahorrar

pouquinho [po'kĩɲu] I. *m* poquito *m* II. *adv* poquito

pouquíssimo, -a [po'kisimu, -a] *adj* poquísimo, -a

pousada [pow'zada] *f* (*hospedaria*) posada *f*

pousar [pow'zar] I. *vt* (*pôr*) posar; **~ o copo sobre a mesa** posar el vaso en la mesa II. *vi* (*avião*) aterrizar; (*ave*) posarse; **estar pousado** (*avião*) estar en tierra

pouso ['powzu] *m* 1. (*de avião, ave*) aterrizaje *m*; **fazer um ~ forçado** hacer un aterrizaje de emergencia 2. (*pernoite*) alojamiento *m*; **não ter ~ certo** no tener paradero cierto

povão [po'vãw] *m sem pl, inf* (*classe mais humilde*) populacho *m*

povinho [po'viɲu] *m pej* plebe *f*

povo ['povu] *m* 1. pueblo *m*; **o ~ saiu às ruas para protestar** el pueblo se echó a las calles para protestar 2. (*multidão*) gente *f*; **o que este ~ está fazendo aqui?** ¿qué está haciendo esta gente aquí? 3. *inf* (*turma*) gente *f*; **o ~ todo foi lá para casa** la gente se fue a casa 4. *pl* (*nações*) **os ~s** los pueblos

povoação <-ões> [povoa'sãw, -'õjs] *f* población *f*

povoado [povo'adu] *m* pueblo *m*

povoado, -a [povo'adu, -a] *adj* poblado, -a

povoamento [povoa'mẽtu] *m* poblamiento *m*

povoar [povo'ar] <*I. pess pres:* povoo> *vt* poblar

pra [pra] *prep inf v.* **para**

praça¹ ['prasa] *f* 1. (*largo, jardim público*) plaza *f*; **~ de alimentação** zona de un centro comercial en la que se concentran los restaurantes; **~ central** plaza central, zócalo *m Méx*; **falar em ~ pública** hablar libremente 2. (*merca-*

praça *do*) mercado *m*; **pôr na** ~ poner en el mercado; **ter crédito na** ~ tener crédito

praça² ['prasa] *mf* (*soldado de polícia*) agente *mf*

pracinha [pra'siɲa] *f* plazoleta *f*

pradaria [prada'ria] *f* GEO pradera *f*

prado ['pradu] *m* prado *m*

praga ['praga] *f* **1.** (*peste*) plaga *f* **2.** (*maldição*) peste *f*; **rogar** ~ **a alguém** echar pestes contra [*o* de] alguien **3.** (*pessoa importuna*) peste *f*

pragmático, -a [prag'matʃiku, -a] *adj* pragmático, -a

praguejar [prage'ʒar] *vi* echar pestes; ~ **contra alguém** echar pestes contra [*o* de] alguien

praia ['praja] *f* **1.** playa *f*; **ir à** [*ou* **na**] ~ ir a la playa; **morrer na** ~ *fig* venirse abajo en el último momento **2.** *inf* (*ambiente*) ambiente *m*; **isto não é a minha** ~ esto no es lo mío

prancha ['prɐ̃ʃa] *f* **1.** (*tábua*) tabla *f*; ~ **de surfe** tabla de surf **2.** (*na piscina*) plancha *f*

prancheta [prɐ̃'ʃeta] *f* **1.** (*de desenho*) mesa *f* de dibujo **2.** (*suporte para escrever*) tablero *m*

pranto ['prɐ̃tu] *m* llanto *m*

prata ['prata] *f* plata *f*; ~ **da casa** recursos *mpl* propios; **de** ~ de plata; **as** ~**s** la plata

prataria [prata'ria] *f* platería *f*

prateado, -a [prate'adu, -a] *adj* plateado, -a

prateleira [pratʃi'lejra] *f* estante *f*

prática ['pratʃika] *f* práctica *f*; **na** ~ en la práctica; **pôr a. c. em** ~ poner algo en práctica; **ter muita/pouca** ~ **em a. c.** tener mucha/poca práctica en algo

praticamente [pratʃika'mẽjtʃi] *adv* prácticamente

praticante [pratʃi'kɐ̃tʃi] **I.** *mf* practicante *mf* **II.** *adj* practicante; **católico** ~ católico practicante; **não** ~ no practicante

praticar [pratʃi'kar] <c→qu> *vi, vt* practicar

praticável <-eis> [pratʃi'kavew, -'ejs] *adj* practicable

praticidade [pratʃisi'dadʒi] *f sem pl* practicidad *f*

prático, -a ['pratʃiku, -a] **I.** *adj* (*pessoa, objeto*) práctico, -a **II.** *m, f* experto, -a *m, f*

prato ['pratu] *m* **1.** (*vaso*) plato *m*; ~ **comercial** [*ou* **feito**] [*ou* **do dia**] plato combinado; ~ **fundo/raso** plato hondo/llano; ~ **de sobremesa** plato de postre; ~ **de sopa** plato sopero; **um** ~ **típico** un plato típico; **comer/pedir um** ~ **feito** comer/pedir un plato combinado; **cuspir no** ~ **em que comeu** *inf* morder la mano que da de comer; **limpar o** ~ *inf* limpiar el plato; **pôr em** ~**s limpos** *fig* esclarecer **2.** MÚS platillo *m*

> **Cultura** El que quiera comer bien gastando poco, debe ir a un restaurante pequeño, en el que se sirve a la hora de la comida el **prato do dia** o **prato comercial**, muchas veces lo suficientemente grande como para que coman dos personas.

praxe ['praʃi] *f* (*costume*) costumbre *f*; **ser de** ~ ser habitual; **isso não é de** ~ eso no es lo habitual

prazenteiro, -a [prazẽj'tejru, -a] *adj* placentero, -a

prazer [pra'zer] *m* placer *m*; **o** ~ **da leitura** el placer de la lectura; **ter** ~ **em fazer a. c.** hacer algo con placer; **muito** ~**!** ¡encantado!; **com muito** ~**!** ¡de mil amores!; **muito** ~ **em conhecê-lo!** ¡encantado de conocerlo!

prazeroso, -a [praze'rozu, -'ɔza] *adj* placentero, -a

prazo ['prazu] *m* plazo *m*; ~ **de entrega** plazo de entrega; ~ **de validade** plazo de validez; **a curto** ~ a corto plazo; **a longo** ~ a largo plazo; **a médio** ~ a medio plazo; **no** ~ **de três dias** en el plazo de tres días; **comprar a** ~ comprar a plazos; **emprestar dinheiro a** ~ tomar prestado dinero a plazos

preá [pre'a] *mf* conejillo *m* de Indias

preamar [prea'mar] <-es> *f* pleamar *f*

preâmbulo [pre'ɐ̃bulu] *m* preámbulo *m*; **sem** ~**s** sin más preámbulos

precário, -a [pre'kariw, -a] *adj* precario, -a

precaução <-ões> [prekaw'sɐ̃w, -'õjs] *f* precaución *f*; **fazer a. c. com** ~ hacer algo con precaución; **tomar (as devidas) precauções** tomar (las debidas) precauciones; **por** ~ por precaución

precaver [preka'ver] **I.** *vt* precaver; ~ **contra** precaver contra **II.** *vr*: ~**-se** precaverse; ~**-se contra a. c.** precaverse

contra algo; **~-se dos perigos** precaverse de los peligros
precavido, -a [pɾeka'vidu, -a] *adj* precavido, -a
prece ['pɾɛsi] *f* súplica *f*
precedência [pɾese'dẽjsia] *f* precedencia *f;* **ter** ~ tener precedencia
precedente [pɾese'dẽjtʃi] I. *adj* precedente II. *m* precedente *m;* **sem ~s** sin precedentes; **abrir um** ~ sentar un precedente
preceder [pɾese'deɾ] *vt* preceder; **o artigo precede o substantivo** el artículo precede al sustantivo
precedido, -a [pɾese'dʒidu, -a] *adj* precedido, -a; ~ **do código de área** precedido del prefijo
preceito [pɾe'sejtu] *m* precepto *m;* **fazer a. c. a** ~ hacer algo como debe ser
preceptor(a) [pɾesep'toɾ(a)] <-es> *m(f)* preceptor(a) *m(f)*
preciosidade [pɾesjozi'dadʒi] *f* preciosidad *f*
preciosismo [pɾesjo'zizmu] *m pej* preciosismo *m*
precioso, -a [pɾesi'ozu, -'ɔza] *adj* (*pedra, joia*) precioso, -a; **perder um tempo** ~ perder un tiempo precioso; **receber uma ajuda preciosa** recibir una ayuda preciosa
precipício [pɾesi'pisiw] *m* precipicio *m*
precipitação <-ões> [pɾesipita'sãw, -'õjs] *f* 1. (*queda*) caída *f* 2. (*pressa, chuva*) precipitación *f;* **agir com** ~ actuar con precipitación
precipitadamente [pɾesipitada'mẽjtʃi] *adv* precipitadamente
precipitado, -a [pɾesipi'tadu, -a] *adj* precipitado, -a
precipitar [pɾesipi'taɾ] I. *vt* (*decisão, acontecimentos*) precipitar II. *vr:* **~-se** precipitarse; **~-se contra/sobre** precipitarse contra/sobre; **não se precipite!** ¡no te precipites!
precisamente [pɾesiza'mẽjtʃi] *adv* precisamente; **mais** ~ más precisamente
precisão <-ões> [pɾesi'zãw, -'õjs] *f* precisión *f*
precisar [pɾesi'zaɾ] I. *vt* 1. (*necessitar*) necesitar, precisar; ~ **de a. c./alguém** necesitar de algo/alguien; **ela não precisa viver na cidade** no le hace falta vivir en la ciudad; **eu preciso trabalhar** necesito trabajar; **precisamos do passaporte para viajar** necesitamos del pasaporte para viajar; **eu preciso que você me traga os papéis** necesito que me traigas los papeles; **não precisa ir lá, basta telefonar** no hace falta que vayas hasta ahí, basta con telefonear; **não precisa se preocupar** no hace falta que te preocupes; **precisa-se de...** se precisa... 2. (*indicar com precisão*) precisar; **não soube** ~ **a hora do acidente** no supo precisar la hora del accidente II. *vi* ser necesario; **preocupa-se sem** ~ se preocupa innecesariamente; **ele se cuida porque precisa** se cuida porque lo necesita
preciso, -a [pɾe'sizu, -a] *adj* 1. (*necessário*) necesario, -a, preciso, -a; **é** ~ **trabalhar** es necesario trabajar; **ainda é** ~ **limpar a casa** todavía hace falta limpiar la casa 2. (*exato, claro*) preciso, -a; **neste** ~ **momento** en este preciso momento
precisões [pɾesi'zõjs] *f pl de* **precisão**
preço ['pɾesu] *m* precio *m;* ~ **de custo** precio de coste; ~ **de fábrica** precio de fábrica; ~ **fixo** precio fijo; ~ **único** precio único; **qual é o** ~ **disto?** ¿cuál es el precio de esto?; **a que** ~ **estão as maçãs?** ¿a qué precio están las manzanas?; **queria o sucesso a qualquer** ~ quería el éxito a cualquier precio; **a** ~ **de banana** *inf* tirado, -a; **pagar um** ~ **alto** *fig* pagar un precio alto; **todo sonho tem um** ~ *fig* todo sueño tiene un precio; **a amizade dele não tem** ~ su amistad no tiene precio
preço-base ['pɾesu-'bazi] <preços--base> *m* ECON precio *m* base
precoce [pɾe'kɔsi] *adj* precoz
preconcebido, -a [pɾekõwse'bidu, -a] *adj* preconcebido, -a; **ideias preconcebidas** ideas preconcebidas
preconceito [pɾekõw'sejtu] *m* prejuicio *m;* ~ **contra** prejuicio contra
preconceituoso, -a [pɾekõwsejtu'ozu, -'ɔza] *adj* lleno, -a de prejuicios
preconizar [pɾekoni'zaɾ] *vt* preconizar
pré-cozido, -a [pɾɛku'zidu, -a] *adj* precocinado, -a
precursor(a) [pɾekuɾ'soɾ(a)] <-es> *m(f)* precursor(a) *m(f)*
predador [pɾeda'doɾ] <-es> *m* ZOOL predador *m*
predador(a) [pɾeda'doɾ(a)] *adj* predador(a)

pré-datado, -a [prɛda'tadu, -a] *adj* (*documento*) con fecha futura; **cheque ~** cheque posfechado

predecessor(a) [predese'sor(a)] <-es> *m(f)* predecesor(a) *m(f)*

predestinado, -a [predes'tʃi'nadu, -a] *adj* predestinado, -a; **~ para** predestinado a

predestinar [predestʃi'nar] *vt* predestinar

predicado [predʒi'kadu] *m* LING predicado *m*; **pessoa cheia de ~s** persona con muchos talentos

predição <-ões> [predʒi'sãw, -'õjs] *f* predicción *f*

predicativo [predʒika'tʃivu] *m* LING predicativo *m*

predicativo, -a [predʒika'tʃivu, -a] *adj* LING predicativo, -a

predições [predʒi'sõjs] *f pl de* **predição**

predileção <-ões> [predʒile'sãw, -'õjs] *f* predilección *f*; **ter ~ por futebol** sentir predilección por el fútbol

predileto, -a [predʒi'lɛtu, -a] I. *m, f* preferido, -a *m, f* II. *adj* predilecto, -a

prédio ['prɛdʒiw] *m* edificio *m*; **~ de apartamentos** edificio de apartamentos

predispor [predʒis'por] *irr como* pôr I. *vi*, *vt* predisponer II. *vr* **~-se a a. c.** predisponerse a algo

predisposição <-ões> [predʒispozi'sãw, -'õjs] *f* predisposición *f*; **~ para** predisposición para

predisposto, -a [predʒis'postu, -a] *adj* predispuesto, -a; **~ a** predispuesto a

predizer [predʒi'zer] *irr como* dizer *vt* predecir

predominância [predomi'nãŋsia] *f* predominio *m*

predominante [predomi'nãtʃi] *adj* predominante

predominantemente [predominãtʃi'mẽtʃi] *adv* predominantemente

predominar [predomi'nar] *vi* predominar

predomínio [predo'miniw] *m* predominio *m*

preencher [preẽj'ʃer] *vt* 1. (*um impresso, um espaço*) rellenar 2. (*uma vaga, um cargo, o tempo*) ocupar 3. (*um requisito, exigências*) cumplir

preenchimento [preẽjʃi'mẽtu] *m* 1. (*de impresso*) llenado *m* 2. (*de vaga*) ocupación *f*

pré-escola [prɛis'kɔla] *f* jardín *m* de infancia

pré-escolar [prɛisko'lar] <-es> *adj* preescolar; **em idade ~** en edad preescolar

preestabelecer [prɛistabele'ser] <c→ç> *vt* preestablecer

preestabelecido, -a [prɛistabele'sidu, -a] *adj* preestablecido, -a

preexistência [prɛezis'tẽjsia] *f* preexistencia *f*

preexistente [prɛezis'tẽjtʃi] *adj* preexistente

pré-fabricado, -a [prɛfabri'kadu, -a] *adj* prefabricado, -a; **casa pré-fabricada** casa prefabricada

prefácio [pre'fasiw] *m* prefacio *m*

prefeito, -a [pre'fejtu, -a] *m, f* alcalde(sa) *m(f)*, intendente *mf* RíoPl

prefeitura [prefej'tura] *f* alcaldía *f*, intendencia *f* RíoPl

preferência [prefe'rẽjsia] *f* preferencia *f*; **de ~** de preferencia; **dar ~ a a. c./alguém** dar preferencia a algo/alguien; **ter ~ por alguém/a. c.** tener preferencia por alguien/algo

preferencial <-ais> [preferẽjsi'aw, -'ajs] I. *adj* preferencial II. *f* calle *f* preferencial

preferido, -a [prefe'ridu, -a] *adj* preferido, -a

preferir [prefe'rir] *irr vt* preferir; **eu prefiro café a chá** prefiero el café al té; **ele preferiu ficar em casa** prefirió quedarse en casa

preferível <-eis> [prefe'rivew, -ejs] *adj* preferible; **é ~ não irmos hoje** sería preferible no ir hoy

prefira [pre'fira] *1. e 3. pres subj de* **preferir**

prefiro [pre'firu] *1. pres de* **preferir**

prefixo [pre'fiksu] *m* prefijo *m*

prega ['prɛga] *f* pliegue *m*

pregação <-ões> [prega'sãw, -'õjs] *f* sermón *m*

pregado, -a [pre'gadu, -a] *adj* (*com prego*) clavado, -a; **estou ~ e só quero dormir** *inf* estoy hecho polvo y sólo quiero dormir

pregador(a) [prega'dor(a)] <-es> *m(f)* predicador(a) *m(f)*

pregador [prega'dor] <-es> *m* broche *m*

pregão <-ões> [pre'gãw, -'õjs] *m* pregón *m*

pregar¹ [pre'gar] <g→gu> *vt* 1. (*um prego*) clavar 2. (*um botão*) coser

3. (*soco, bofetada*) dar; ~ **uma peça em alguém** tenderle una trampa a alguien; ~ **um susto em alguém** dar un susto a alguien

pregar² [prɛ'gar] *vi* predicar

prego ['prɛgu] *m* **1.** (*de metal*) clavo *m* **2.** *inf* (*casa de penhores*) casa *f* de empeño; **pôr a. c. no** ~ empeñar algo

pregões [prɛ'gõjs] *m pl de* **pregão**

pregresso, -a [prɛ'grɛsu, -a] *adj* precedente

preguiça [pri'gisa] *f* **1.** (*moleza*) pereza *f*; **estar com** [*ou* **ter**] ~ sentir pereza; **estou com** [*ou* **tenho**] ~ **de...** me da pereza... **2.** ZOOL perezoso *m*

preguiçoso, -a [prigi'sozu, -'ɔza] *adj, m, f* perezoso, -a *m, f*

pré-história [prɛis'tɔria] *f* prehistoria *f*

pré-histórico, -a [prɛis'tɔriku, -a] *adj* prehistórico, -a

prejudicado, -a [prɛʒudʒi'kadu, -a] I. *adj* **1.** (*pessoa*) perjudicado, -a **2.** (*saúde*) precario, -a; (*ambiente*) abandonado, -a; (*trânsito*) congestionado, -a II. *m, f* perjudicado, -a *m, f*

prejudicar [prɛʒudʒi'kar] <c→qu> I. *vt* perjudicar II. *vr:* ~**-se** causarse perjuicio; ~**-se com a. c.** causarse perjuicio con algo

prejudicial <-ais> [prɛʒudʒisi'aw, -'ajs] *adj* perjudicial; ~ **a** perjudicial para

prejuízo [prɛʒu'izu] *m* perjuicio *m*; **causar** ~ **a alguém** causar perjuicios a alguien; **dar** ~ causar pérdidas; **sofrer um** ~ **de 200 reais** sufrir un perjuicio de 200 reales; **ter** ~ **com a. c.** tener pérdidas con algo

preleção <-ões> [prɛle'sãw, -'õjs] *f* discurso *m*

preliminar <-es> [prɛʎimi'nar] *adj* preliminar

preliminares [prɛʎimi'naris] *mpl* **1.** (*preparativos*) preliminares *mpl* **2.** (*sexualidade*) juegos *mpl* preliminares

prelúdio [prɛ'ludʒiw] *m* preludio *m*

prematuridade [prematuri'dadʒi] *f sem pl* prematuridad *f*

prematuro, -a [prema'turu, -a] *adj* prematuro, -a; **bebê** ~ bebé prematuro; **o parto foi** ~ el parto fue prematuro

premeditadamente [premedʒitada'mẽjtʃi] *adv* prematuramente

premeditado, -a [premedʒi'tadu, -a] *adj* (*ato*) premeditado, -a

premeditar [premedʒi'tar] *vt* premeditar

premente [prɛ'mẽjtʃi] *adj* apremiante

premiação <-ões> [premia'sãw, -'õjs] *f* entrega *f* de premios

premiado, -a [prɛmi'adu, -a] I. *adj* (*pessoa*) premiado, -a; **bilhete** ~ billete premiado; ~ **com** premiado con II. *m, f* premiado, -a *m, f*

premiar [prɛmi'ar] *vt* premiar; ~ **com** premiar con

premier [prɛmi'e] *mf* POL premier *mf*

prêmio ['prɛmiw] *m* **1.** (*geral*) premio *m*; ~ **de consolação** premio de consolación; **Prêmio Nobel** Premio Nobel; **grande** ~ ESPORT gran premio; **está com a cabeça a** ~ su cabeza tiene un precio **2.** (*de seguro*) prima *f*

premir [prɛ'mir] *vt* oprimir

premissa [prɛ'misa] *f* premisa *f*

pré-moldado [prɛmow'dadu] *m* bloque de cemento moldeado

premonição <-ões> [premoni'sãw, -'õjs] *f* premonición *f*

premonitório, -a [premoni'tɔriw, -a] *adj* premonitorio, -a

pré-natal <-ais> [prɛna'taw, -'ajs] I. *adj* prenatal II. *m* periodo *m* prenatal; **fazer o** ~ hacer el seguimiento del embarazo

prenda ['prẽjda] *f* **1.** regalo *m*; **dar uma** ~ **a alguém** dar un regalo a alguien **2.** (*em jogos*) prenda *f*; ~**s domésticas** labores *fpl* domésticas

prendado, -a [prẽj'dadu, -a] *adj* dotado, -a

prendedor [prẽjde'dor] <-es> *m* (*de roupa*) pinza *f*

prender [prẽj'der] <*pp:* preso *ou* prendido> I. *vt* **1.** (*fixar*) colgar **2.** (*atar*) atar; (*o cabelo*) sujetar **3.** (*um ladrão*) prender **4.** (*em casa, numa sala*) retener **5.** (*a respiração*) aguantar **6.** (*unir*) atar; **já nada me prende aqui** ya nada me ata aquí **7.** (*cativar*) capturar; ~ **a atenção** llamar la atención **8.** *inf* (*digestão*) ~ **o intestino** paralizar el intestino II. *vr:* ~**-se** **1.** (*compromisso*) comprometerse; ~**-se a a. c.** comprometerse a algo **2.** (*entrave*) entretenerse; **não se prenda por minha causa** no te entretengas por mí

prenhe ['prẽɲi] *adj* ZOOL preñado, -a

prensa ['prẽjsa] *f* **1.** prensa *f*; ~ **hidráulica** prensa hidráulica **2.** *inf* (*intimidar*) **dar uma** ~ **em alguém**

presionar a alguien
prensado, -a [prẽj'sadu, -a] *adj* prensado, -a
prensar [prẽj'sar] *vt* prensar; **~ alguém contra a parede** *inf* poner a alguien contra la pared
prenúncio [pre'nũwsiw] *m* anuncio *m*
pré-nupcial <-ais> [prɛnupsi'aw, -'ajs] *adj* prenupcial
preocupação <-ões> [preokupa'sãw, -'õjs] *f* preocupación *f*
preocupado, -a [preoku'padu, -a] *adj* preocupado, -a; **estar ~ com alguém/a. c.** estar preocupado con alguien/por algo
preocupante [preoku'pãntʃi] *adj* preocupante
preocupar [preoku'par] **I.** *vt* preocupar **II.** *vr:* **~-se** preocuparse; **não se preocupe!** ¡no te preocupes!
pré-olímpico, -a [prɛo'ʎĩjpiku, -a] *adj* preolímpico, -a; **torneio ~** torneo preolímpico
pré-operatório, -a [prɛopera'tɔriw, -a] *adj* preoperatorio, -a
preparação <-ões> [prepara'sãw, -'õjs] *f* preparación *f*
preparado [prepa'radu] *m* preparado *m*
preparado, -a [prepa'radu, -a] *adj* preparado, -a; **estar ~ para a. c.** estar preparado para algo
preparar [prepa'rar] **I.** *vt* preparar **II.** *vr:* **~-se** prepararse; **~-se para sair** prepararse para salir
preparativos [prepara'tʃivus] *mpl* preparativos *mpl*; **~ para** preparativos para
preparatório, -a [prepara'tɔriw, -a] *adj* (*curso*) preparatorio, -a
preparo [pre'paru] *m* preparación *f*; **~ físico** preparación física
preponderância [prepõwde'rãnsia] *f* preponderancia *f*
preponderante [prepõwde'rãntʃi] *adj* preponderante
preposição <-ões> [prepozi'sãw, -'õjs] *f* LING preposición *f*
preposicional <-ais> [prepozisjo'naw, -'ajs] *adj* LING preposicional
preposições [prepozi'sõjs] *f pl de* **preposição**
prepotência [prepo'tẽjsia] *f* prepotencia *f*
prepotente [prepo'tẽjtʃi] *adj* prepotente
pré-primário [prɛpri'mariw] *m* preescolar *m*

prepúcio [pre'pusiw] *m* ANAT prepucio *m*
pré-qualificação <-ões> [prɛkwaʎifika'sãw, -'õjs] *f* cualificación *f* previa
pré-requisito [prɛreki'zitu] *m* prerrequisito *m*
prerrogativa [prexoga'tʃiva] *f* prerrogativa *f*
presa ['preza] *f* presa *f*
presbitério [prezbi'tɛriw] *m* presbiterio *m*
presbítero [prez'biteru] *m* presbítero *m*
prescindir [presĩj'dʒir] *vt* **~ de** prescindir de
prescindível <-eis> [presĩj'dʒivew, -ejs] *adj* prescindible
prescrever [preskre'ver] **I.** *vt* (*regra, medicamento*) prescribir; (*um prazo*) fijar **II.** *vi* JUR prescribir
prescrição [preskri'sãw] *f* **1.** (*disposição, regra*) prescripción *f* **2.** JUR prescripción *f* **3.** MED **fazer uma ~** extender una receta
prescrito, -a [pres'kritu, -a] **I.** *pp de* **prescrever II.** *adj* JUR prescrito, -a; **a sentença está prescrita** la sentencia ha prescrito
pré-seleção <-ões> [prɛsele'sãw, -'õjs] *f* preselección *f*
presença [pre'zẽjsa] *f* presencia *f*; **~ de espírito** presencia de ánimo; **~ obrigatória** asistencia obligatoria; **marcar ~** hacer acto de presencia; **ter boa/má ~** tener buena/mala presencia; **na ~ de alguém** en presencia de alguien
presenciar [prezẽjsi'ar] *vt* presenciar
presente [pre'zẽjtʃi] **I.** *m* **1.** (*temporal*) presente *m* **2.** (*regalo*) regalo *m*; **~ de grego** regalo desagradable; **dar um ~ a alguém** dar un regalo a alguien; **dar a. c. de ~ a alguém** dar algo de regalo a alguien; **embrulho/papel de ~** envoltorio/papel de regalo **3.** *pl* **os ~s** (*pessoas que compareçam*) los presentes **II.** *adj* presente; **o ~ contrato** el presente contrato; **pais ~s** padres presentes; **estar ~** estar presente; **ter a. c. ~** tener algo presente
presentear [prezẽjtʃi'ar] *conj como* **passear** *vt* **~ alguém com a. c.** dar algo de regalo a alguien, regalar algo a alguien
presepada [preze'pada] *f* fanfarronada *f*
presépio [pre'zɛpiw] *m* pesebre *m*
preservação <-ões> [prezerva'sãw,

-'ōjs] *f* preservación *f*; ~ **ambiental** preservación medioambiental; ~ **da natureza** preservación de la naturaleza

preservar [prezer'var] *vt* preservar; ~ **de** preservar de

preservativo [prezerva'tʃivu] *m* 1.(*camisinha*) preservativo *m* 2.(*em comida*) conservante *m*; **alimentos sem ~s** alimentos sin conservantes

presidência [prezi'dẽsja] *f* presidencia *f*; ~ **da República** presidencia de la República

presidencial <-ais> [prezidẽjsi'aw, -'ajs] *adj* presidencial

presidencialismo [prezidẽjsja'ʎizmu] *m sem pl* presidencialismo *m*

presidenciável <-eis> [prezidẽjsi'avew, -ejs] *adj, mf* presidenciable *mf*

presidente [prezi'dẽjtʃi] *mf* presidente, -a *m, f*; ~ **da Câmara** presidente de la Cámara; ~ **da República** presidente de la República

presidiário, -a [prezidʒi'arıw, -a] *m, f* presidiario, -a *m, f*

presídio [pre'zidʒiw] *m* presidio *m*

presidir [prezi'dʒir] *vi* presidir; ~ **a** presidir; ~ **a uma conferência** presidir una conferencia

presilha [pre'ziʎa] *f* (*de cabelo*) horquilla *f*

preso, -a ['prezu, -a] I. *m, f* preso, -a *m, f* II. *adj* 1.(*na cadeia*) preso, -a; (*numa sala*) encerrado, -a; **ficar ~ no trânsito** quedar atrapado en el tráfico; **viver ~ a uma cadeira de rodas** vivir atado a una silla de ruedas 2.(*fixo*) trabado, -a; **língua presa** lengua trabada; **ficar ~** (*emperrar*) atascarse

pressa ['prɛsa] *f* prisa *f*; **estar com ~, ter ~** tener prisa; **fazer a. c. às ~s** [*ou* **com ~**] hacer algo apresadamente; **ter ~ de** [*ou* **em**] **fazer a. c.** tener prisa por hacer algo; **a ~ é inimiga da perfeição** *prov* la prisa es mala consejera

presságio [pre'saʒiw] *m* presagio *m*; **um bom/mau ~** un buen/mal presagio

pressão <-ões> [pre'sãw, -'õjs] *f* presión *f*; ~ **alta/baixa** presión alta/baja; ~ **arterial** presión arterial; ~ **atmosférica** presión atmosférica; ~ **sanguínea** presión sanguínea; **alta ~** altas presiones; **baixa ~** bajas presiones; **estar sob ~** estar bajo presión; **fazer a. c. sob ~** hacer algo bajo presión; **marcar sob ~** FUT presionar

pressentimento [presẽjtʃi'mẽjtu] *m* presentimiento *m*; **ter um bom/mau ~ em relação a a. c.** tener un buen/mal presentimiento en relación a algo; **eu tenho o ~ de que ele não vem** tengo el presentimiento de que no va a venir

pressentir [presẽj'tʃir] *irr como sentir vt* presentir

pressinta [pre'sĩta] *1. e 3. pres subj de* **pressentir**

pressinto [pre'sĩtu] *1. pres de* **pressentir**

pressionar [presjo'nar] *vt* presionar

pressões [pre'sõjs] *f pl de* **pressão**

pressupor [presu'por] *irr como pôr vt* presuponer

pressuposição <-ões> [presupozi'sãw, -'õjs] *f* presuposición *f*

pressuposto [presu'postu] *m* presupuesto *m*; **partindo do ~ que...** partiendo del supuesto que...

pressuposto, -a [presu'postu, -'ɔsta] I. *pp de* **pressupor** II. *adj* presupuesto, -a

pressurizado, -a [presuri'zadu, -a] *adj* (*cabine*) presurizado, -a

prestação <-ões> [presta'sãw, -'õjs] *f* 1.(*quantia*) plazo *m*; **comprar a. c. a ~** comprar algo a plazos; **pagar a. c. a prestações** pagar algo a plazos; **pagar a ~ da casa/do carro** pagar el plazo de la casa/del coche 2.(*de um serviço, de ajuda*) prestación *f*; ~ **de serviços** prestación de servicios 3. ECON ~ **de contas** rendición *f* de cuentas

prestar [pres'tar] I. *vt* (*ajuda, um serviço*) prestar; ~ **atenção a a. c.** prestar atención a algo; ~ **contas a alguém** rendir cuentas a alguien; ~ **depoimento** prestar declaración; ~ **um exame para** hacer un examen para; ~ **homenagem a alguém** rendir homenaje a alguien; ~ **juramento** prestar juramento; ~ **serviço militar** realizar el servicio militar II. *vi* (*objeto*) servir; **não ~** no servir; **isso não presta (para nada)!** ¡eso no sirve (para nada)! 2.(*pessoa*) **ela não ~** no es una buena persona III. *vr*: **~-se** prestarse; **~-se a a. c.** prestarse a algo; **~-se ao ridículo** ponerse en ridículo

prestativo, -a [presta'tʃivu, -a] *adj* servicial

prestável <-eis> [pres'tavew, -ejs] *adj* útil

prestes ['prɛstʃis] *adj inv* a punto; **estar ~ a fazer a. c.** estar a punto de hacer algo

prestidigitador(a) [prestʃidʒiʒita'dor(a)] <-es> *m(f)* prestidigitador(a) *m(f)*

prestigiar [prestʃiʒi'ar] *vt* dar prestigio a

prestígio [pres'tʃiʒiw] *m* prestigio *m*

prestigioso, -a [prestʃiʒi'ozu, -'ɔza] *adj* prestigioso, -a

préstimo ['prɛstʃimu] *m* (*utilidade*) utilidad *f*; (*valor*) valor *m*; **sem ~** sin valor; **oferecer os ~s** (*ajuda*) ofrecerse a ayudar

presumido, -a [prezu'midu, -a] *adj* presumido, -a

presumir [prezu'mir] *vt* presumir, suponer

presumível <-eis> [prezu'mivew, -ejs] *adj* presunto, -a; **o ~ assassino** el presunto asesino

presunção <-ões> [prezũw'sãw, -'õjs] *f* presunción *f*

presunçoso, -a [prezũw'sozu, -'ɔza] *adj* presuntuoso, -a

presunto [pre'zũwtu] *m* jamón *m*; **~** (**cozido**) jamón (dulce); **~ defumado** jamón curado; **virar ~** *gíria* palmarla

prêt-à-porter [prɛtapor'te] *m* prêt-à-porter *m*

pretendente [pretẽj'deʧi] *mf* pretendiente *mf*

pretender [pretẽj'dɛr] *vt* pretender; **eu pretendo fazer uma viagem no ano que vem** pretendo hacer un viaje el año que viene

pretendido, -a [pretẽj'dʒidu, -a] *adj* pretendido, -a

pretensão <-ões> [pretẽj'sãw, -'õjs] *f* pretensión *f*

pretensioso, -a [pretẽjsi'ozu, -'ɔza] *adj* pretencioso, -a

pretenso, -a [pre'tẽsu, -a] *adj* pretendido, -a

pretensões [pretẽj'sõjs] *f pl de* **pretensão**

preterido, -a [prete'ridu, -a] *adj* despreciado, -a

preterir [prete'rir] *irr como preferir vt* despreciar

pretérito [pre'tɛritu] *m* LING pretérito *m*; **~ imperfeito** pretérito imperfecto; **~ mais-que-perfeito** pretérito pluscuamperfecto; **~ perfeito** pretérito perfecto

pretexto [pre'testu] *m* pretexto *m*

preto ['pretu] *m* negro *m*; **pôr o ~ no branco** poner por escrito; **ser ~ no branco** *fig* quedar todo muy claro

preto, -a ['pretu, -a] I. *m, f* (*pessoa*) negro, -a *m, f* II. *adj* negro, -a; **pão ~** pan moreno; **a situação está preta** *inf* la situación está negra

preto e branco ['pretu i 'brãŋku] *adj* blanco y negro; **fotografia em ~** fotografía en blanco y negro; **televisão em ~** televisión en blanco y negro

prevalecer [prevale'ser] <c→ç> *vi* prevalecer; **~ sobre** prevalecer sobre

prevalência [preva'lẽjsia] *f* prevalencia *f*

prevaricação <-ões> [prevarika'sãw, -'õjs] *f* prevaricación *f*

prevaricador(a) [prevarika'dor(a)] <-es> *m(f)* prevaricador(a) *m(f)*

prevaricar [prevari'kar] <c→qu> *vi* prevaricar

prevenção <-ões> [prevẽj'sãw, -'õjs] *f* **1.** (*precaução*) prevención *f*; **~ de acidentes** prevención de accidentes **2.** (*preconceito*) prejuicio *m*, prevención *f*; **~ contra os estrangeiros** prevención contra los extranjeros

prevenido, -a [previ'nidu, -a] *adj* prevenido, -a; **homem ~ vale por dois** *prov* hombre prevenido [*o* precavido] vale por dos

prevenir [previ'nir] *irr* I. *vt* prevenir; **~ alguém de a. c.** prevenir a alguien de algo; **é melhor** [*ou* **mais vale**] **~ (do) que remediar** *prov* más vale prevenir que curar II. *vr*: **~-se** prevenirse; **~-se contra a. c./alguém** prevenirse contra algo/alguien; **~-se para eventualidades** prevenirse ante eventualidades

preventivo, -a [prevẽj'tʃivu, -a] *adj* preventivo, -a; **tomar medidas preventivas** tomar medidas preventivas

prever [pre'ver] *irr como ver vt* prever; **~ as consequências** prever las consecuencias

prévia ['prɛvia] *f* encuesta *f*

previamente [prɛvia'mẽjtʃi] *adv* previamente

previdência [previ'dẽjsia] *f* previsión *f*; **~ social** Seguridad *f* Social

previdente [previ'dẽjtʃi] *adj* previsor(a)

prévio, -a ['prɛviw, -a] *adj* previo, -a; **sem/com aviso ~** sin/con previo aviso

previsão <-ões> [previ'zãw, -'õjs] *f* previsión *f*; **~ do tempo** previsión del tiempo

previsível <-eis> [previ'ziwew, -ejs] *adj* previsible
previsões [previ'zõjs] *f pl de* **previsão**
previsto, -a [pre'vistu, -a] **I.** *pp de* **prever II.** *adj* previsto, -a
prezado, -a [pre'zadu, -a] *adj* estimado, -a; **~s colegas** estimados colegas; **~ senhor...** (*em cartas*) estimado señor...
prezar [pre'zar] **I.** *vt* apreciar **II.** *vr:* **~-se** preciarse
prima-dona ['prima-'dona] *f* MÚS primadonna *f*
primar [pri'mar] *vi* destacarse; **~ por** destacarse por
primárias [pri'marias] *fpl* (*eleições*) primarias *fpl*
primário [pri'mariw] *m* ENS primaria *f*; **aluno do ~** alumno de primaria
primário, -a [pri'mariw, -a] *adj* primario, -a; **escola primária** escuela primaria
primata [pri'mata] *m* primate *m*
primavera [prima'vɛra] *f* primavera *f*; **ter quinze ~s** *elev* tener quince primaveras
primaveril <-is> [primave'riw, -'is] *adj* primaveral
primazia [prima'zia] *f* primacía *f*
primeira [pri'mejra] *f* primera *f*; **de ~** de primera; **na ~ tentativa** al primer intento; **acertar de ~** acertar a la primera; **engatar a ~** (*velocidade*) meter la primera
primeira-dama [pri'mejra-'dama] <primeiras-damas> *f* primera dama *f*
primeiramente [primejra'mẽjtʃi] *adv* primeramente
primeiro [pri'mejru] *adv* primero
primeiro, -a [pri'mejru, -a] *num ord* primero, -a; **em ~ lugar** en primer lugar; **viajar em primeira classe** viajar en primera clase; *v.tb.* **segundo**

> **Gramática** Para indicar la fecha se utilizan siempre los números cardinales, excepto el primero de cada mes que se expresa con **primeiro**: "O feriado de primeiro de maio; Meu aniversário é no dia 28 de agosto."

primeiro-ministro, primeira-ministra [pri'mejru-mi'nistru, -a] <primeiros-ministros> *m, f* primer ministro *m*, primera ministra *f*
primeiros socorros [pri'mejruzso'kɔ-xus] *mpl* primeros auxilios *mpl;* **prestar os ~ a alguém** prestar primeros auxilios a alguien
primitivo, -a [primi'tʃivu, -a] *adj* primitivo, -a; **povos ~s** pueblos primitivos
primo, -a ['primu, -a] **I.** *m, f* primo, -a *m, f;* **~ irmão** primo hermano; **~ de primeiro/segundo grau** primo hermano/segundo **II.** *adj* primo, -a; **número ~** MAT número primo
primogênito, -a [primo'ʒenitu, -a] *adj, m, f* primogénito, -a *m, f*
primor [pri'mor] <-es> *m* primor *m*
primordial <-ais> [primordʒi'aw, -'ajs] *adj* primordial
primórdio [pri'mɔrdʒiw] *m* origen *m;* **nos ~s da humanidade** en los orígenes de la humanidad
primores [pri'moris] *m pl de* **primor**
primoroso, -a [primo'rozu, -'ɔza] *adj* primoroso, -a
princesa [prĩ'seza] *f* princesa *f*
principado [prĩsi'padu] *m* principado *m*
principal <-ais> [prĩsi'paw. -'ajs] **I.** *m* **o ~ é...** lo principal es... **II.** *adj* principal; **ator ~** actor principal
principalmente [prĩsipaw'mẽjtʃi] *adv* principalmente
príncipe ['prĩsipi] *m* príncipe *m;* **o ~ encantado** el príncipe encantado; **~ herdeiro** príncipe heredero
principesco, -a [prĩsi'pesku, -a] *adj* principesco, -a
principiante [prĩsipi'ãntʃi] *mf* principiante *mf*
principiar [prĩsipi'ar] *vi* empezar
princípio [prĩ'sipiw] *m* principio *m;* **a ~** al principio; **em ~** en principio; **no ~** al principio; **por ~** por principio; **uma pessoa sem ~s** una persona sin principios; **partindo do ~ que...** partiendo del principio que...
prioridade [priori'dadʒi] *f* (*urgência, importância*) prioridad *f;* **dar ~** dar prioridad; **ter ~** tener prioridad
prioritário, -a [priori'tariw, -a] *adj* prioritario, -a
priorizar [priori'zar] *vt* priorizar
prisão <-ões> [pri'zãw, -'õjs] *f* **1.** (*captura, cadeia*) prisión *f;* **~ perpétua** cadena perpetua; **~ preventiva** prisión preventiva; **estar na ~** estar en prisión; **ir parar na ~** ir a parar a la cárcel **2.** MED **~ de ventre** estreñimiento *m*
prisioneiro, -a [prizjo'nejru, -a] *m, f*

prisionero, -a *m, f*
prisma ['prizma] *m* prisma *m;* **nunca tinha visto o problema por esse ~** nunca había analizado el problema bajo ese prisma
prisões [pri'zõjs] *f pl de* **prisão**
privação <-ões> [priva'sãw, -'õjs] *f* privación *f;* **passar privações** pasar privaciones
privacidade [privasi'dadʒi] *f* privacidad *f;* **invadir a ~ de alguém** invadir la privacidad de alguien
privada [pri'vada] *f* retrete *m;* **descarga de ~** cadena *f*
privado, -a [pri'vadu, -a] *adj* privado, -a; **~ de** privado de
privar [pri'var] **I.** *vt* privar; **~ alguém de a. c.** privar a alguien de algo **II.** *vr:* **~-se** privarse; **~-se de a. c.** privarse de algo
privativo, -a [priva'tʃivu, -a] *adj* privativo, -a
privatização <-ões> [privatʃiza'sãw, -'õjs] *f* ECON privatización *f*
privatizar [privatʃi'zar] *vt* ECON privatizar
privilegiado, -a [privileʒi'adu, -a] *adj, m, f* privilegiado, -a *m, f*
privilegiar [privileʒi'ar] *vt* privilegiar
privilégio [privi'lɛʒiw] *m* privilegio *m;* **gozar de ~s** gozar de privilegios; **ter o ~ de presenciar tal evento** tener el privilegio de presenciar dicho acontecimiento
pró ['prɔ] **I.** *m* pro *m;* **os ~s e os contras** los pros y los contras **II.** *adv* a favor; **lutar em ~ de a. c.** luchar en pro de algo
proa ['proa] *f* NAÚT proa *f*
probabilidade [probabiʎi'dadʒi] *f* probabilidad *f;* **contra todas as ~s** contra toda expectativa
probabilístico, -a [probabi'ʎistʃiku, -a] *adj* probabilístico, -a
probatório, -a [proba'tɔriw, -a] *adj* de prueba; **estágio ~** periodo de prueba
probidade [probi'dadʒi] *f* probidad *f*
problema [pro'blema] *m* problema *m;* **~ seu!** ¡problema tuyo!
problemática [proble'matʃika] *f* problemática *f*
problemático, -a [proble'matʃiku, -a] *adj* problemático, -a
procedência [prose'dẽjsia] *f* procedencia *f*
procedente [prose'dẽjtʃi] *adj* **~ de** procedente de
proceder [prose'der] *vi* proceder; **~ bem/mal** proceder bien/mal; **~ de** proceder de
procedimento [prosedʒi'mẽjtu] *m* **1.** (*processo*) procedimiento *m* **2.** (*maneira de agir*) comportamiento *m*
processador [prosesa'dor] <-es> *m* INFOR procesador *m;* **~ de dados** procesador de datos; **~ de texto** procesador de textos
processamento [prosesa'mẽjtu] *m* procesamiento *m;* **~ de dados** procesamiento de datos; **~ de texto** procesamiento de textos
processar [prose'sar] *vt* procesar
processo [pro'sɛsu] *m* JUR proceso *m*
processual <-ais> [prosesu'aw, -'ajs] *adj* procesal
procissão <-ões> [prosi'sãw, -'õjs] *f* procesión *f*
proclamação <-ões> [proklama'sãw, -'õjs] *f* proclamación *f;* **Proclamação da República** Proclamación de la República
proclamar [prokla'mar] *vt* proclamar
Procon [pro'kõw] *m abr de* **Procuradoria de Proteção e Defesa do Consumidor** *organismo público de defensa del consumidor*
procrastinação <-ões> [prokrastʃina'sãw, -'õjs] *f* postergación *f*
procrastinar [prokrastʃi'nar] *vt* postergar
procriação <-ões> [prokria'sãw, -'õjs] *f* procreación *f*
procriar [prokri'ar] *vi* procrear
proctologia [proktolo'ʒia] *f sem pl* proctología *f*
proctologista [proktolo'ʒista] *mf* proctólogo, -a *m, f*
procura [pru'kura] *f* **1.** (*busca*) búsqueda *f;* **andar** [*ou* **estar**] **à ~ de a. c./alguém** estar buscando algo/a alguien; **ir à ~ de alguém/a. c.** ir en busca de alguien/algo **2.** ECON demanda *f*
procuração <-ões> [prokura'sãw, -'õjs] *f* poder *m;* **passar uma ~ a alguém** dar poderes a alguien
procurador(a) [prokura'dor(a)] <-es> *m(f)* apoderado, -a *m, f;* **Procurador da Justiça** procurador *m;* **~ da República** fiscal *m*
procuradoria [prokurado'ria] *f* procuraduría *f*
procurar [proku'rar] *vt* **1.** (*buscar*) bus-

pró-democracia — **prognata**

car; ~ **a. c./alguém em algum lugar** buscar algo/a alguien en algún lugar; ~ **ajuda** buscar ayuda; ~ **emprego** buscar trabajo; **quem procura, acha** el que busca, encuentra **2.** (*esforçar-se*) procurar; ~ **fazer a. c.** procurar hacer algo **3.** (*investigar*) investigar; ~ **as causas do acidente** investigar las causas del accidente

pró-democracia [prɔ-demokra'sia] *f* POL prodemocracia *f*

prodígio [pro'dʒiʒiw] *m* prodigio *m*

pródigo, -a ['prɔdʒigu, -a] *adj* pródigo, -a

produção <-ões> [produ'sãw, -'õjs] *f* producción *f*; ~ **em massa** producción en cadena; ~ **em série** producción en serie

produtividade [produtʃivi'dadʒi] *f* ECON productividad *f*

produtivo, -a [produ'tʃivu, -a] *adj* productivo, -a

produto [pro'dutu] *m* producto *m*; ~ **agrícola** producto agrícola; ~ **alimentício** producto alimenticio; ~ **final** producto final; ~ **interno bruto** producto interior bruto; ~ **de limpeza/beleza** producto de limpieza/belleza

produtor(a) [produ'tor(a)] <-es> *m(f)* productor(a) *m(f)*

produtora [produ'tora] *f* CINE productora *f*

produtores [produ'toris] *m pl de* **produtor**

produzido, -a [produ'zidu, -a] *adj inf* (*pessoa*) arreglado, -a

produzir [produ'zir] **I.** *vt* producir **II.** *vr*: ~-**se** *inf* (*pessoa*) arreglarse

proeminência [proemi'nẽjsia] *f* prominencia *f*

proeminente [proemi'nẽjtʃi] *adj* prominente

proeza [pro'eza] *f* proeza *f*; **fazer uma** ~ realizar una proeza

profanar [profa'nar] *vt* profanar

profano, -a [pro'fɐnu, -a] *adj* profano, -a

profecia [profe'sia] *f* profecía *f*

proferir [profe'rir] *irr como* **preferir** *vt* **1.** (*uma palavra*) proferir **2.** (*um discurso, uma sentença*) pronunciar

professar [profe'sar] *vt* profesar

professor(a) [profe'sor(a)] <-es> *m(f)* profesor(a) *m(f)*; ~ **assistente** profesor ayudante; ~ **de ginástica** profesor de gimnasia; ~ **titular** profesor titular; **meu marido é um bom** ~, **ensinou as crianças a nadar** mi marido es un buen profesor, enseñó a nadar a los niños

profeta, profetisa [pro'fɛta, profe'tʃiza] *m, f* profeta, -isa *m, f*

profético, -a [pro'fɛtʃiku, -a] *adj* profético, -a

profetisa [profe'tʃiza] *f v.* **profeta**

profetizar [profetʃi'zar] *vt* profetizar

proficiência [profisi'ẽjsia] *f* competencia *f*

proficiente [profisi'ẽjtʃi] *adj* competente

profícuo, -a [pro'fikuu, -a] *adj elev* fructífero, -a

profilático, -a [profi'latʃiku, -a] *adj* MED profiláctico, -a

profilaxia [profilak'sia] *f* MED profilaxis *f inv*

profissão <-ões> [profi'sãw, -'õjs] *f* profesión *f*; ~ **de fé** profesión de fe; **a minha** ~ **é secretária** trabajo de secretaria

profissional <-ais> [profisjo'naw, -'ajs] **I.** *mf* profesional *mf* **II.** *adj* profesional; **ator** ~ actor profesional; **escola** ~ escuela profesional

profissionalismo [profisjona'lizmu] *m sem pl* profesionalismo *m*

profissionalizante [profisjonaʎi-'zɐ̃tʃi] *adj* profesional

profissionalizar [profisjonaʎi'zar] **I.** *vt* profesionalizar **II.** *vr*: ~-**se** profesionalizarse

profissões [profi'sõjs] *f pl de* **profissão**

pro forma [prɔ'fɔrma] *adj* proforma; **balancete** ~ balance proforma; **fatura** ~ factura proforma; **apresentar uma declaração** ~ presentar una declaración formal

profundamente [profuwda'mẽjtʃi] *adv* profundamente

profundeza [profũw'deza] *f*, **profundidade** [profũwdʒi'dadʒi] *f* profundidad *f*

profundo, -a [pro'fũwdu, -a] *adj* profundo, -a

profusão <-ões> [profu'zãw, -'õjs] *f* profusión *f*

progenitor(a) [proʒeni'tor(a)] <-es> *m(f)* progenitor(a) *m(f)*

progesterona [proʒeste'rona] *f* progesterona *f*

prognata [prog'nata] *m* persona *f* prognata

prognóstico [prɔgˈnɔstʃiku] *m* prognóstico *m*
programa [proˈgrama] *m* programa *m*; **qual é o ~ para hoje?** ¿cuál es el programa para hoy?
programação <-ões> [prɔgrᴣmaˈsãw, -ˈõjs] *f* programación *f*
programador(a) [prɔgrᴣmaˈdor(a)] <-es> *m(f)* INFOR programador(a) *m(f)*
programar [prɔgrᴣˈmar] *vt* programar
progredir [prɔgreˈdʒir] *irr como prevenir vi* progresar
progressão <-ões> [prɔgreˈsãw, -ˈõjs] *f* progresión *f*
progressista [prɔgreˈsista] *adj* progresista
progressivo, -a [prɔgreˈsivu, -a] *adj* progresivo, -a
progresso [prɔˈgrɛsu] *m* progreso *m*; **fazer ~s** hacer progresos
progressões [prɔgreˈsõjs] *f pl de* **progressão**
progrida [prɔˈsiga] *1. e 3.pres subj de* **progredir**
proibição <-ões> [prɔibiˈsãw, -ˈõjs] *f* prohibición *f*
proibido, -a [prɔiˈbidu, -a] *adj* prohibido, -a; **~ fixar cartazes** prohibido pegar carteles; **~ fumar/pisar a grama** prohibido fumar/pisar el césped
proibir [prɔiˈbir] <i→í> *vt* prohibir; **~ alguém de fazer a. c.** prohibir que alguien haga algo
proibitivo, -a [prɔibiˈtʃivu, -a] *adj* prohibitivo, -a; **preço ~** precio prohibitivo
próis [ˈprɔis] *m pl de* **prol**
projeção <-ões> [prɔᴣeˈsãw, -ˈõjs] *f* **1.** *(de diapositivos, de um filme)* proyección *f* **2.** *(eleitoral)* estimación *f* **3.** *(importância)* **pessoa de ~** persona importante
projecionista [prɔᴣesjoˈnista] *mf* proyeccionista *mf*
projeções [prɔᴣeˈsõjs] *f pl de* **projeção**
projetar [prɔᴣeˈtar] **I.** *vt* **1.** *(geral)* proyectar **2.** *(ganhar fama)* lanzar **II.** *vr* **~-se** lanzarse; **o avião se projetou contra o solo** el avión se lanzó contra el suelo
projétil <-eis> [prɔˈᴣɛtʃiw, -ejs] *m* proyectil *m*
projeto [prɔˈᴣɛtu] *m* proyecto *m*; **~ científico** proyecto científico; **~ gráfico** proyecto gráfico; **~ de lei** proyecto de ley
projetor [prɔᴣeˈtor] <-es> *m* proyector *m*
prol <-óis> [ˈprɔw, ˈprɔis] *m* **em ~ de** en pro de
prole [ˈprɔʎi] *f* prole *f*
proletariado [prɔletariˈadu] *m* proletariado *m*
proletário, -a [prɔleˈtariw, -a] *adj*, *m*, *f* proletario, -a *m*, *f*
proliferação <-ões> [prɔʎiferaˈsãw, -ˈõjs] *f* proliferación *f*; **~ nuclear** proliferación nuclear
proliferar [prɔʎifeˈrar] *vi* proliferar
prolífico, -a [prɔˈʎifiku, -a] *adj* prolífico, -a
prolixo, -a [prɔˈʎiksu, -a] *adj* prolijo, -a
prólogo [ˈprɔlogu] *m* prólogo *m*
prolongado, -a [prɔlõwˈgadu, -a] *adj* prolongado, -a
prolongamento [prɔlõwgaˈmẽjtu] *m* prolongación *f*
prolongar [prɔlõwˈgar] <g→gu> **I.** *vt* prolongar **II.** *vr:* **~-se** prolongarse
promessa [prɔˈmɛsa] *f* promesa *f*; **~ é dívida** lo prometido es deuda; **cumprir uma ~** cumplir una promesa; **fazer uma ~ a alguém** hacer una promesa a alguien
prometer [prɔmeˈter] **I.** *vt* prometer; **~ a. c. a alguém** prometer algo a alguien **II.** *vi* prometer; **o jogo hoje promete** el partido de hoy promete
prometido, -a [prɔmeˈtʃidu, -a] **I.** *m*, *f* prometido, -a *m*, *f* **II.** *adj* prometido, -a; **a Terra Prometida** la Tierra Prometida
promiscuidade [prɔmiskujˈdadʒi] *f* promiscuidad *f*
promíscuo, -a [prɔˈmiskuu, -a] *adj* promiscuo, -a
promissor(a) [prɔmiˈsor(a)] <-es> *adj* prometedor(a)
promissória [prɔmiˈsɔria] *f* pagaré *f*
promoção <-ões> [prɔmoˈsãw, -ˈõjs] *f* promoción *f*; **~ a um cargo superior** promoción a un cargo superior; **estar em ~** estar en oferta
promocional <-ais> [prɔmosjoˈnaw, -ˈajs] *adj* (*preços*) promocional
promoções [prɔmoˈsõjs] *f pl de* **promoção**
promotor(a) [prɔmoˈtor(a)] <-es> *m(f)* **1.** *(de evento, produto)* promotor(a) *m(f)* **2.** JUR **~ público** fiscal *m*
promotoria [prɔmotoˈria] *f* fiscalía *f*
promover [prɔmoˈver] **I.** *vt* promover **II.** *vr:* **~-se** *(autopromover-se)* promocionarse

promulgação <-ões> [promuwga-'sãw, -'õjs] *f* (*de uma lei*) promulgación *f*

promulgar [promuw'gar] <g→gu> *vt* (*uma lei*) promulgar

pronome [pro'nɔmi] *m* LING pronombre *m*; **~ demonstrativo** pronombre demostrativo; **~ pessoal** pronombre personal; **~ relativo** pronombre relativo

> **Gramática** En las flexiones verbales que terminan en -s o -z, se añade una "l" delante del pronombre personal débil: "A torta estava ótima, comemo-la inteirinha." En las flexiones verbales que terminan en -m al pronombre débil se le añade delante una "n": "Comemoram-no muito, o aniversário dela."

prontamente [prõwta'mẽtʃi] *adv* rápidamente

prontidão <-ões> [prõwtʃi'dãw, -'õjs] *f* rapidez *f*; **fazer a. c. com ~** hacer algo con rapidez; **ficar de ~** estar alerta

prontificar-se [prõwtʃifi'karsi] <c→qu> *vr* ofrecerse

pronto ['prõwtu] **I.** *adj* **1.** (*acabado, despachado, preparado*) listo, -a; **~ para usar** listo para usar; **está ~!** ¡listo! **2.** (*resposta*) rápido, -a; **~ para falar** listo para hablar **II.** *interj inf* ya está

pronto-socorro ['prõwtu-so'koxu] <prontos-socorros> *m* urgencias *fpl*

prontuário [prõwtu'ariw] *m* **1.** (*manual*) prontuario *m* **2.** MED historial *m*

pronúncia [pro'nũwsia] *f* pronunciación *f*

pronunciado, -a [pronũwsi'adu, -a] *adj* pronunciado, -a

pronunciamento [pronũwsja'mẽtu] *m* pronunciamiento *m*

pronunciar [pronũwsi'ar] **I.** *vt* pronunciar **II.** *vr*: **~-se** pronunciarse; **~-se a favor de/contra a. c.** pronunciarse a favor de/en contra algo

propagação <-ões> [propaga'sãw, -'õjs] *f* propagación *f*

propaganda [propa'gãnda] *f* propaganda *f*; **~ eleitoral** propaganda electoral; **fazer ~ de a. c.** hacer propaganda de algo

propagandista [propagãn'dʒista] *mf* publicitario, -a *m, f*

propagar [propa'gar] <g→gu> **I.** *vt* propagar **II.** *vr*: **~-se** propagarse

propano [pro'pʌnu] *m* QUÍM propano *m*

propedêutica [prope'dewtʃika] *f* propedéutica *f*

propensão <-ões> [propẽj'sãw, -'õjs] *f* propensión *f*; **~ para** propensión a

propenso, -a [pro'pẽjsu, -a] *adj* propenso, -a; **ser ~ a a. c.** ser propenso a algo

propensões [propẽj'sõjs] *f pl de* **propensão**

propiciar [propisi'ar] *vt* propiciar

propício, -a [pro'pisiw, -a] *adj* propicio, -a

propina [pro'pina] *f* **1.** (*gratificação*) propina *f* **2.** (*suborno*) soborno *m*, coima *f And, CSur*

proponente [propo'nẽtʃi] *mf* POL proponente *mf*

propor [pro'por] *irr como* **pôr I.** *vt* proponer; **~ a. c. a alguém** proponer algo a alguien **II.** *vr*: **~-se** proponerse; **~-se a fazer a. c.** proponerse hacer algo

proporção <-ões> [propor'sãw, -'õjs] *f* proporción *f*; **na ~ de suas posses** en proporción a sus bienes; **estar caro em ~ ao** [*ou* **com o**] **custo de vida** estar caro en proporción al coste de la vida

proporcionado, -a [proporsjo'nadu, -a] *adj* proporcionado, -a

proporcional <-ais> [proporsjo'naw, -ajs] *adj* proporcional; **~ a** proporcional a

proporcionalidade [proporsjonaʎi'dadʒi] *f* proporcionalidad *f*

proporcionar [proporsjo'nar] *vt* proporcionar; **~ uma oportunidade a alguém** proporcionar una oportunidad a alguien

proporções [propor'sõjs] *fpl de v.* **proporção**

proposição <-ões> [propozi'sãw, -'õjs] *f* proposición *f*

propositado, -a [propozi'tadu, -a] *adj*, **proposital** <-ais> [propozi'taw, -'ajs] *adj* intencional

propósito [pro'pɔzitu] *m* propósito *m*; **a ~,...** a propósito,...; **a ~ de** a propósito de; **de ~** a propósito; **não foi de ~** no fue a propósito; **fora de ~** inoportuno; **vir a ~** *fig* ser a propósito

proposta [pro'pɔsta] *f* propuesta *f*; **fazer uma ~ a alguém** hacer una propuesta a alguien

proposto, -a [pro'postu, -'ɔsta] I. *pp de* **propor** II. *adj* propuesto, -a
propriamente [propria'mẽjtʃį] *adv* propiamente; **a casa ~ dita** la casa propiamente dicha
propriedade [proprie'dadʒi] *f* propiedad *f;* **ser ~ de alguém** ser propiedad de alguien
proprietário, -a [proprie'tariw, -a] *m, f* propietario, -a *m, f*
próprio, -a ['prɔpriw, -a] *adj* **1.** (*apropriado*) apropiado, -a; **~ para** apropiado para **2.** (*mesmo*) mismo, -a; **eu ~** yo mismo; **por si ~** por sí mismo; **o ~ diretor me disse isso** el propio director me dijo eso **3.** (*posse, característico*) propio, -a; **o meu ~ filho** mi propio hijo; **eu tenho o meu ~ quarto** tengo mi propio cuarto; **~ de** propio de **4.** (*oportuno*) oportuno, -a; **no momento ~** en el momento oportuno
propulsão <-ões> [propuw'sãw, -'õjs] *f* TÉC propulsión *f;* **~ a jato** propulsión a chorro
propulsor [propuw'sor] <-es> *m* TÉC propulsor *m*
prorrogação <-ões> [proxoga'sãw, -'õjs] *f* prórroga *f*
prorrogar [proxo'gar] <g→gu> *vt* prorrogar
prorrogável <-eis> [proxo'gavew, -'ejs] *adj* prorrogable
prosa ['prɔza] *f* **1.** LIT prosa *f* **2.** (*conversa*) conversación *f;* **ter uma ~ com alguém** mantener una conversación con alguien
prosaico, -a [pro'zajku, -a] *adj* **1.** LIT de la prosa **2.** (*comum*) prosaico, -a
proscrito [pros'kritu] *m* proscrito *m*
proscrito, -a [pros'kritu, -a] I. *pp de* **proscrever** II. *adj* proscrito, -a
prosear [prozi'ar] *conj como* **passear** *vi* conversar
proselitismo [prozeʎi'tʃizmu] *m* proselitismo *m*
prosódia [pro'zɔdʒia] *f* LING prosodia *f*
prospecção <-ões> [prospek'sãw, -'õjs] *f* GEO prospección *f*
prospecto [pros'pɛktu] *m* prospecto *m*
prosperar [prospe'rar] *vi* prosperar
prosperidade [prosperi'dadʒi] *f* prosperidad *f*
próspero, -a ['prɔsperu, -a] *adj* próspero, -a
prosseguimento [prosegi'mẽjtu] *m* continuación a algo
prosseguir [prose'gir] *irr como* **seguir** I. *vt* proseguir II. *vi* **~ com** proseguir con
prossiga [pro'siga] *1. e 3. pres subj de* **prosseguir**
prossigo [pro'sigu] *1. pres de* **prosseguir**
prostaglandina [prostaglãŋ'dʒina] *f* prostaglandina *f*
próstata ['prɔstata] *f* ANAT próstata *f*
prostíbulo [pros'tʃibulu] *m* prostíbulo *m*
prostituição <-ões> [prostʃįtui'sãw, -'õjs] *f* prostitución *f*
prostituir-se [prostʃitu'irsi] *conj como* **incluir** *vr* prostituirse
prostituto, -a [prostʃi'tutu, -a] *m, f* prostituto, -a *m, f*
prostrado, -a [pros'tradu, -a] *adj* postrado, -a
prostrar-se [pros'trarsi] *vr* postrarse; **~ aos pés de alguém** postrarse a los pies de alguien
protagonista [protago'nista] *mf* protagonista *mf*
protagonizar [protagoni'zar] *vt* protagonizar
proteção <-ões> [prote'sãw, -'õjs] *f* protección *f;* **~ do meio ambiente** protección del medio ambiente
protecionismo [protesjo'nizmu] *m* ECON proteccionismo *m*
proteções [prote'sõjs] *f pl de* **proteção**
proteger [prote'ʒer] <g→j> I. *vt* proteger; **~ alguém de a. c.** proteger a alguien de algo; **leis para ~ os direitos dos trabalhadores** leyes para proteger los derechos de los trabajadores II. *vr:* **~-se** protegerse; **~-se de** [*ou* **contra**] **ataques** protegerse de ataques
protegido, -a [prote'ʒidu, -a] I. *adj* protegido, -a; **~ de** protegido de II. *m, f* protegido, -a *m, f*
proteína [prote'ina] *f* proteína *f;* **rico em ~s** rico en proteínas
proteja [pro'teʒa] *1. e 3. pres subj de* **proteger**
protejo [pro'teʒu] *1. pres de* **protejo**
protelação <-ões> [protela'sãw, -'õjs] *f* postergación *f*
protelar [prote'lar] *vt* postergar
prótese ['prɔtezi] *f* LING, MED prótesis *f inv;* **~ dentária** prótesis dental
protestante [protes'tãŋtʃi] *adj, mf* protestante *mf*

protestantismo [protestɐ̃n'tʃizmu] *m sem pl* protestantismo *m*

protestar [protes'tar] **I.** *vi* protestar; **~ contra** protestar contra **II.** *vt* (*uma promissória*) protestar

protesto [pro'tɛstu] *m* protesta *f;* **~ contra** protesta contra

protetor(a) [prote'tor(a)] <-es> **I.** *adj* protector(a) **II.** *m(f)* protector(a) *m(f);* **~ solar** filtro *m* solar; **~ de tela** INFOR salvapantallas *m inv*

protetorado [proteto'radu] *m* protectorado *m*

protetores [prote'tores] *m pl de* **protetor**

protocolar [protoko'lar] <-es> *adj* protocolario, -a

protocolo [proto'kɔlu] *m* (*regulamento, cerimonial*) protocolo *m;* (*documento*) resguardo *m;* **quebrar o ~** romper el protocolo

próton ['prɔtõw] *m* FÍS protón *m*

protoplasma [proto'plazma] *m* BIO protoplasma *m*

protótipo [pro'tɔtʃipu] *m* prototipo *m*

protozoário [protozo'ariw] *m* protozoario *m*

protuberância [protube'rɐ̃nsja] *f* protuberancia *f*

protuberante [protube'rɐ̃ntʃi] *adj* protuberante

prova ['prɔva] *f* **1.** (*geral*) prueba *f;* **~ de admissão** prueba de acceso; **~ eliminatória** prueba eliminatoria; **~ final** prueba final; **~ de força** prueba de fuerza; **~ oral/escrita** prueba oral/escrita; **~ de resistência** prueba de resistencia; **~ de revezamento** prueba de relevos; **primeira/segunda ~** (*tipografia*) primeras/segundas pruebas; **a toda ~** a toda prueba; **à ~ d'água** a prueba de agua; **à ~ de bala/fogo** a prueba de balas/fuego; **à ~ de som** insonorizado; **dar uma ~ de amor** dar una prueba de amor; **passar por uma ~ de fogo** *fig* pasar por una prueba de fuego; **pôr a. c./alguém à ~** poner algo/a alguien a prueba; **tirar a ~** verificar; **tirar a ~ dos nove** comprobar **2.** (*de comida*) degustación *f;* **~ de vinhos** cata *f* de vinos

provação <-ões> [prova'sɐ̃w, -'õjs] *f* **1.** (*prova*) prueba *f;* **passar por uma ~** pasar una prueba **2.** (*período de tempo*) periodo *m* de prueba

provado, -a [pro'vadu, -a] *adj* probado, -a

provador [prova'dor] *m* (*de roupa*) probador *m*

provador(a) [prova'dor(a)] <-es> *m(f)* GASTR catador(a) *m(f)*

provar [pro'var] *vt* **1.** (*geral*) probar; **~ a. c. a alguém** probar algo a alguien **2.** (*sofrer*) **~ fome** pasar hambre

provável <-eis> [pro'vavew, -ejs] *adj* probable

provavelmente [provavew'mẽjtʃi] *adv* probablemente

provedor(a) [prove'dor(a)] <-es> *m(f)* proveedor(a) *m(f);* **~ de acesso à Internet** proveedor de acceso a Internet

proveito [pro'vejtu] *m* provecho *m;* **fazer bom ~ de a. c.** sacar provecho de algo; **tirar ~ de a. c.** sacar provecho de algo; **em ~ de** en beneficio de; **bom ~!** ¡buen provecho!; **sem ~** sin beneficio

proveitoso, -a [provej'ozu, -'ɔza] *adj* provechoso, -a

proveniência [proveni'ẽjsja] *f* procedencia *f*

proveniente [proveni'ẽjtʃi] *adj* **~ de** (*pessoa, produto*) proveniente de; **~ de Fortaleza** proveniente de Fortaleza

prover [pro'ver] *irr como ver vt* proveer; **~ de** proveer de

proverbial <-ais> [proverbi'aw, -'ajs] *adj fig* proverbial

provérbio [pro'vɛrbiw] *m* proverbio *m*

proveta [pro'veta] *f* probeta *f;* **bebê de ~** bebé probeta

providência [provi'dẽjsja] *f* **1.** (*prevenção, medida*) providencia *f;* **tomar ~s** tomar providencias **2.** REL Providencia *f*

providencial <-ais> [providẽjsi'aw, -'ajs] *adj* providencial

providenciar [providẽjsi'ar] *vt* proveer; **~ para que a. c. aconteça** tomar providencias para que ocurra algo

provido, -a [pro'vidu, -a] **I.** *pp de* **prover II.** *adj* provisto, -a; **~ de** provisto de

província [pro'vĩsja] *f* provincia *f*

provinciano, -a [provĩjsi'ɐnu, -a] *adj, m, f* provinciano, -a *m, f*

provir [pro'vir] *irr como vir vi* **~ de** provenir de

provisões [provi'zõjs] *fpl* provisiones *fpl*

provisório, -a [provi'zɔriw, -a] *adj* provisional

provocação <-ões> [provoka'sɐ̃w,

-'õjs] *f* provocación *f*
provocante [pɾovo'kãntʃi] *adj* provocador(a)
provocar [pɾovo'kar] <c→qu> *vt* provocar
proxeneta [pɾoxe'neta] *mf* proxeneta *mf*
próxima ['pɾɔsima] *f* (*vez*) próxima vez *f*; **para a** ~ para la próxima vez; **até à** ~! ¡hasta pronto!
proximidade [pɾosimi'dadʒi] *f* proximidad *f*; **nas** ~**s de** en las proximidades de
próximo ['pɾɔsimu] I. *m* 1. (*semelhante*) prójimo *m*; **respeitar o** ~ respetar al prójimo 2. (*em fila*) **o** ~, **por favor!** ¡el próximo, por favor! II. *adv* cerca; **o mercado fica** ~ el mercado está cerca
próximo, -a ['pɾɔsimu, -a] *adj* próximo, -a; ~ **de** próximo a; **parentes/amigos** ~**s** parientes/amigos cercanos; **na próxima semana** la próxima semana; **o fim do ano está** ~ el fin de año está próximo; **onde fica a estação mais próxima?** ¿dónde queda la estación más próxima?
prudência [pɾu'dẽjsia] *f* prudencia *f*
prudente [pɾu'dẽjtʃi] *adj* prudente
prumo ['pɾumu] *m* plomada *f*; **a** ~ verticalmente; **perder o** ~ *inf* perder la cabeza
prurido [pɾu'ridu] *m* MED prurito *m*
P.S. [pe'ɛsi] *abr de* **postscriptum** PS, PD
pseudônimo [psew'donimu] *m* (p)seudónimo *m*
psicanálise [psikɜnaʎizi] *f* psicoanálisis *m inv*
psicanalista [psikɜna'ʎista] *mf* psicoanalista *mf*
psicodélico, -a [psiko'dɛʎiku, -a] *adj* psicodélico, -a
psicodrama [psiko'dɾɜma] *m* psicodrama *m*
psicogênico, -a [psiko'ʒeniku, -a] *adj* psicógeno, -a
psicografia [psikogɾa'fia] *f sem pl* (*médium*) escritura de los espíritus a través de un médium
psicologia [psikolo'ʒia] *f* psicología *f*
psicológico, -a [psiko'lɔʒiku, -a] *adj* psicológico, -a
psicólogo, -a [psi'kɔlogu, -a] *m, f* psicólogo, -a *m, f*
psicomotor(a) [psikomo'tor(a)] <-es> *adj* psicomotor(a)
psicopata [psiko'pata] *mf* psicópata *mf*
psicose [psi'kɔzi] *f* psicosis *f*
psicossocial <-ais> [pskososi'aw, -'ajs] *adj* psicosocial
psicossociologia [psikososjolo'ʒia] *f* psicosociología *f*
psicossociólogo, -a [psikososi'ɔlogu, -a] *m, f* psicosociólogo, -a *m, f*
psicossomático, -a [psikoso'matʃiku, -a] *adj* psicosomático, -a
psicotécnico, -a [psiko'tɛkniku, -a] *adj* psicotécnico, -a; **exame** ~ examen psicotécnico
psicoterapeuta [psikoteɾa'pewta] *mf* psicoterapeuta *mf*
psicoterapia [psikoteɾa'pia] *f* psicoterapia *f*
psicótico, -a [psi'kɔtʃiku, -a] *adj* psicótico, -a
psique ['psiki] *f* psique *f*
psiquiatra [psiki'atɾa] *mf* psiquiatra *mf*
psiquiatria [psikia'tɾia] *f* psiquiatría *f*
psiquiátrico, -a [psiki'atɾiku, -a] *adj* psiquiátrico, -a
psíquico, -a ['psikiku, -a] *adj* psíquico, -a
psiu ['psiw] *interj* chis
psoríase [pso'ɾiazi] *f* MED psoriasis *f*
pub ['pɐb] *m* pub *m*
puberdade [pubeɾ'dadʒi] *f* pubertad *f*
púbis ['pubis] *mf inv* pubis *m inv*
publicação <-ões> [publika'sɐ̃w, -'õjs] *f* publicación *f*; ~ **mensal/semanal** publicación mensual/semanal
publicar [publi'kar] <c→qu> *vt* publicar
publicidade [publisi'dadʒi] *f* publicidad *f*; **fazer** ~ **de a. c.** hacer publicidad de algo
publicitário, -a [publisi'taɾiw, -a] *adj, m, f* publicitario, -a *m, f*
público ['publiku] *m* público *m*; **o grande** ~ el gran público; **em** ~ en público
público, -a ['publiku, -a] *adj* público, -a; **escola pública** escuela pública; **telefone** ~ teléfono público
público-alvo ['publiku-'avvu] <públicos-alvo(s)> *m* público *m* objetivo
pude ['pudʒi] *1. pret perf de* **poder**
pudera [pu'dɛɾa] *interj* claro
púdico, -a [pu'dʒiku, -a] *adj* púdico, -a
pudim [pu'dʒĩj] <-ins> *m* pudin *m*, pudín *m*; ~ **de leite/coco** flan de leche/coco

pudor [pu'dor] <-es> *m* pudor *m;* **atentado ao ~** escándalo público
puericultura [puerikuw'tura] *f sem pl* puericultura *f*
pueril <-is> [pue'riw, -'is] *adj* pueril
puerilidade [pueriʎi'dadʒi] *f* puerilidad *f*
pueris [pue'ris] *adj pl de* **pueril**
puerpério [puer'pɛriw] *m* puerperio *m*
pufe ['pufi] *m (para sentar-se)* puf *m*
pugilismo [puʒi'ʎizmu] *m sem pl* pugilismo *m*
pugilista [puʒi'ʎista] *mf* púgil *mf*
puído, -a [pu'idu, -a] *adj* desgastado, -a
pujança [pu'ʒɐ̃nsa] *f* pujanza *f*
pujante [pu'ʒɐ̃ntʃi] *adj* pujante; *(poderoso)* poderoso, -a
pular [pu'lar] **I.** *vt (um muro)* saltar; *(uma página)* saltear **II.** *vi* saltar; **~ de alegria** saltar de alegría; **~ da cama** saltar de la cama; **~ o carnaval** bailar durante el carnaval; **os preços ~am de 5 a 10 reais** los precios saltaron de 5 a 10 reales
pulga ['puwga] *f* pulga *f;* **estar** [*ou* **ficar**] **com a ~ atrás da orelha** *fig* tener la mosca detrás de la oreja
pulgueiro [puw'gejru] *m (cinema)* cine *m* cutre
pulguento [puw'gẽjtu] *adj (animal)* pulgoso, -a
pulha ['puʎa] *m pej* sinvergüenza *mf*
pulmão <-ões> [puw'mɐ̃w, -'ɔjs] *m* pulmón *m;* **cantar/gritar a plenos pulmões** cantar/gritar a pleno pulmón
pulmonar [puwmo'nar] <-es> *adj* pulmonar
pulo ['pulu] *m* salto *m;* **dar um ~** *inf* pasar por; **ir em dois ~s** ir rápidamente; **vou dar um ~ no banco/na sua casa** voy a pasar por el banco/por su casa
pulo do gato ['pulu du 'gatu] <pulos do gato> *m* **dar o ~** usar una jugada especial
pulôver [pu'lover] <-es> *m* jersey *m*
púlpito ['puwpitu] *m* púlpito *m*
pulsação <-ões> [puwsa'sɐ̃w, -'ɔjs] *f (do pulso)* pulso *m;(do coração)* pulsación *f;* **60 pulsações por minuto** 60 pulsaciones por minuto
pulsar [puw'sar] *vi* latir
pulsátil <-eis> [puw'satʃiw, -ejs] *adj* que pulsa
pulseira [puw'sejra] *f* pulsera *f;* **~ de relógio** correa *f* de reloj

pulso ['puwsu] *m* **1.** ANAT muñeca *f* **2.** MED pulso *m;* **tomar o ~ de alguém** tomar el pulso a alguien **3.** *(força)* fuerza *f* **4.** *(energia)* **ter muito ~** tener mucha energía
pulular [pulu'lar] *vi* **1.** *(abundar, agitar-se)* pulular **2.** *(germinar)* multiplicarse
pulverizador [puwveriza'dor] <-es> *m* pulverizador *m*
pulverizar [puwveri'zar] *vt* pulverizar
pum ['pũw] **I.** *interj* pum **II.** *m inf* pedo *m;* **soltar um ~** echarse un pedo
puma ['puma] *m* puma *m*, león *m AmL*
pumba ['pũwba] *interj* zas
punção <-ões> [pũw'sɐ̃w, -'ɔjs] *f* MED punción *f*
puncionar [pũwsjo'nar] *vt* MED punzar
punções [pũw'sõjs] *f pl de* **punção**
pungente [pũw'ʒẽjtʃi] *adj (dor)* punzante
punha ['pũɲa] *1. e 3. pret imperf de* **pôr**
punhado [pũ'ɲadu] *m* puñado *m;* **um ~ de cartas** un puñado de cartas
punhal <-ais> [pũ'ɲaw, -'ajs] *m* puñal *m*
punhalada [pũɲa'lada] *f* puñalada *f;* **dar uma ~ nas costas de alguém** *fig* dar una puñalada por la espalda a alguien
punheta [pũ'ɲeta] *f chulo* paja *f;* **bater ~** hacerse una paja
punho ['pũɲu] *m* **1.** *(de corpo, de camisa)* puño *m;* **de arma ~** de arma en puño; **escrito pelo próprio ~** escrito de su puño y letra **2.** *(cabo)* empuñadura *f*
punição <-ões> [puni'sɐ̃w, -'ɔjs] *f* castigo *m*
punir [pu'nir] *vt* castigar
punível <-eis> [pu'nivew, -ejs] *adj* punible
punk ['pũwki] *mf* punk *mf*
pupa ['pupa] *f* ZOOL crisálida *f*
pupila [pu'pila] *f* ANAT pupila *f*
pupilo [pu'pilu] *m* pupilo *m*
puramente [pura'mẽjtʃi] *adv* puramente
purê [pu're] *m* puré *m;* **~ de batata** puré de patata
pureza [pu'reza] *f* pureza *f*
purgante [pur'gɐ̃ntʃi] *adj, m* MED purgante *m*
purgatório [purga'tɔriw] *m* REL purgatorio *m*
purificação <-ões> [purifika'sɐ̃w, -'ɔjs] *f* purificación *f*

purificador [purifika'dor] <-es> *m* purificador *m;* ~ **de ar** purificador de aire

purificante [purifi'kɜ̃ntʃi] *adj* purificador(a)

purificar [purifi'kar] <c→qu> *vt* purificar

purismo [pu'rir] *m* LING purismo *m*

purista [pu'rista] *mf* LING purista *mf*

puritano, -a [puri'tɜnu, -a] *adj, m, f* puritano, -a *m, f*

puro, -a ['puru, -a] *adj* puro, -a; **isso é pura inveja** eso es pura envidia; **é a pura verdade** es la pura verdad; **por ~ acaso** por pura casualidad; **pura e simplesmente** pura y simplemente

puro-sangue ['puru-'sɜ̃ŋgi] <puros--sangues> *mf* ZOOL purasangre *mf*

púrpura ['purpuɾa] *f* púrpura *m*

purpurina [purpu'rina] *f* purpurina *f*

purulento, -a [puru'lẽjtu, -a] *adj* purulento, -a

pus¹ ['pus] *m* pus *m*

pus² ['pus] *I. pres de* **pôr**

pusilânime [puzi'lɜnimi] *adj* pusilánime

pústula ['pustula] *f* MED pústula *f*

puta ['puta] *f chulo* puta *f*

putaria [puta'ria] *f chulo* (*safadeza*) cabronada *f*

puto ['putu] *m chulo* **1.** (*homossexual*) puto *m* **2.** (*centavo*) puto duro *m*

puto, -a ['putu, -a] *adj inf* **1.** (*furioso*) cabreado, -a; **ficou ~ comigo** se cabreó un montón conmigo **2.** (*enorme*) tremendo, -a; **foi uma puta festa** fue una fiesta tremenda

putrefação <-ões> [putrefa'sɜ̃w, -'õjs] *f* putrefacción *f*

putrefato, -a [putre'fatu, -a] *adj,* **pútrido, -a** ['putridu, -a] *adj* putrefacto, -a

puxa ['puʃa] *interj inf* ostras

puxado, -a [pu'ʃadu, -a] *adj* **1.** (*difícil*) difícil; **um dia/exame ~** un día/examen difícil **2.** (*caro*) caro, -a

puxador [puʃa'dor] <-es> *m* **1.** (*de porta, de armário, de gaveta*) tirador *m* **2.** *gíria* (*ladrão*) ladrón *m* de coches **3.** *gíria* (*maconheiro*) porrero *m*

puxão <-ões> [pu'ʃɜ̃w, -'õjs] *m* tirón *m;* **dar um ~ em a. c./alguém** tirar de algo/alguien; **dar um ~ de orelha em alguém** *inf* dar un tirón de orejas a alguien

puxar [pu'ʃar] **I.** *vt* **1.** (*uma porta, um objeto, uma pessoa*) tirar de; ~ **o cabelo de alguém** tirar del pelo a alguien **2.** (*um assunto*) introducir **3.** (*revólver*) sacar **4.** *gíria* ~ **fumo** fumar **II.** *vi* **1.** (*sair semelhante*) ~ **por a. c./alguém** parecerse a algo/alguien **2.** (*a um familiar*) salir; ~ **ao pai** salir al padre **3.** (*proximidade*) **os olhos puxam para o verde** los ojos tiran a verde **4.** *inf* ~ **a brasa para sua sardinha** arrimar el ascua a su sardina

puxa-saco ['puʃa-'saku] *mf inf* pelota *mf*

puxa-saquismo [puʃasa'kizmu] *m inf* peloteo *m*

puxões [pu'ʃõjs] *m pl de* **puxão**

Q

Q, q ['ke] *m* Q, q *f*

QI [ke'i] *abr de* **quociente de inteligência** cociente *m* intelectual

quadra ['kwadɾa] *f* **1.** (*quarteirão*) manzana *f,* cuadra *f* AmL **2.** (*de esportes*) pista *f,* cancha *f* AmL **3.** LIT cuarteto *m*

quadrado [kwa'dɾadu] *m* **1.** MAT cuadrado *m;* **três ao ~** tres al cuadrado **2.** *inf* (*pessoa*) carca *m*

quadrado, -a [kwa'dɾadu, -a] *adj* **1.** *tb.* MAT cuadrado, -a; **metro ~** metro cuadrado; **raiz quadrada** raíz cuadrada **2.** *inf* (*pessoa*) carca

quadragésimo, -a [kwadɾa'ʒɛzimu, -a] *num ord* cuadragésimo, -a

quadrangular [kwadɾɜ̃ŋgu'lar] *adj* cuadrangular

quadrante [kwa'dɾɜ̃ntʃi] *m* cuadrante *m*

quadriculado, -a [kwadɾiku'ladu, -a] *adj* cuadriculado, -a

quadril <-is> [kwa'driw, -'is] *m* cadera *f*

quadrilátero [kwadɾi'lateɾu] *m* cuadrilátero *m*

quadrilha [kwa'dɾiʎa] *f* **1.** (*ladrões*) cuadrilla *f* **2.** (*dança*) cuadrilla *f* (*baile de origen francés*)

quadrinhos [kwa'dɾĩnus] *mpl* **história em ~** tira *f* cómica

quadris [kwa'dɾis] *m pl de* **quadril**

quadrissemana [kwadrise'mɜna] *f* ECON periodo *m* de cuatro semanas

quadro ['kwadɾu] *m* **1.** (*pintura, painel*) cuadro *m;* **~ clínico** MED cuadro clínico; **~ de horário** horario *m;* **~ de luz** cuadro eléctrico **2.** (*na escola*) pizarra *f;* **~ de avisos** tablón *m* de anuncios **3.** (*em empresa*) plantilla *f;* **~ de pessoal** plantilla *f;* **pertencer aos ~s da empresa** pertenecer a la plantilla de la empresa **4.** (*panorama*) panorama *m*

quadro-negro ['kwadɾu-'negɾu] <quadros-negros> *m* pizarra *f*

quadrúpede [kwa'dɾupedʒi] I. *adj pej* (*pessoa*) bruto, -a II. *m* cuadrúpedo *m*

quadruplicar [kwadɾupli'kaɾ] <c→qu> I. *vt* cuadruplicar II. *vi* cuadriplicarse

quádruplo ['kwadɾuplu] *m* cuádruple *m*

quádruplo, -a ['kwadɾuplu, -a] *adj* cuádruple

quaisquer [kwais'kɛɾ] *pron indef pl de* **qualquer**

qual <-is> ['kwal, 'kwais] I. *pron interrog* cuál; **~ você gosta mais?** ¿cuál te gusta más? II. *pron rel* **o/a ~** el/la cual; **os assuntos sobre os quais falamos** los asuntos sobre los que hablamos III. *pron indef* cual; **cada ~** cada cual IV. *conj* cual; **trabalha tal ~ uma máquina** trabaja como una máquina; **seja ~ for a razão/resposta** sea cual sea la razón/respuesta V. *interj* **~ nada! eu vou de qualquer maneira** ¡claro que no! voy a ir de cualquier forma

qualidade [kwaʎi'dadʒi] *f* **1.** (*de um produto*) calidad *f;* **~ de vida** calidad de vida; **na ~ de diretor** en calidad de director; **de ~** de calidad **2.** (*de uma pessoa*) cualidad *f*

qualificação <-ões> [kwaʎifika'sɐ̃w, -'õjs] *f* cualificación *f*

qualificado, -a [kwaʎifi'kadu, -a] *adj* (*trabalho*) cualificado, -a; **profissional ~** profesional cualificado

qualificar [kwaʎifi'kaɾ] <c→qu> I. *vt* calificar; **~ a. c. de** calificar algo de II. *vr:* **~-se para a. c.** cualificarse para algo

qualitativo, -a [kwaʎita'tʃivu, -a] *adj* cualitativo, -a

qualquer <quaisquer> [kaw'kɛɾ, kwais'kɛɾ] I. *pron indef* cualquiera; **~ coisa** cualquier cosa; **~ pessoa** cualquier persona; **~ um** cualquiera; **em ~ parte** en cualquier parte, de cualquier parte; **de ~ forma** de cualquier forma; **a ~ momento** a cualquier momento; **~ que seja a razão/resposta** cualquiera que sea la razón/respuesta II. *mf* cualquier(a) *m(f);* **ela é uma ~** *pej* es una cualquiera

quando ['kwɐ̃du] I. *adv* **1.** *rel* cuando; **lembra-se de um tempo ~ não havia televisão** se acuerda de un tiempo en el que no había televisión **2.** *interrog* cuándo; **até ~?** ¿hasta cuándo?; **desde ~?** ¿desde cuándo? II. *conj* **1.** (*temporal*) cuando; **~ muito** como mucho; **de vez em ~** de vez en cuando **2.** (*à medida que*) conforme; **~ brincávamos, ficávamos mais amigos** conforme jugábamos, nos íbamos haciendo más amigos **3.** (*sempre que*) siempre que

quantas ['kwɐ̃tas] *fpl* circunstancias *fpl;* **não sabem a ~ anda a economia do país** no saben exactamente cuál es la situación en la que se encuentra la economía del país

quantia [kwɐ̃'tʃia] *f* cantidad *f*

quântico, -a ['kwɐ̃tʃiku, -a] *adj* cuántico, -a

quantidade [kwɐ̃tʃi'dadʒi] *f* cantidad *f;* **em grande ~** en cantidad

quantificar [kwɐ̃tʃifi'kaɾ] <c→qu> *vt* cuantificar

quantitativo, -a [kwɐ̃tʃita'tʃivu, -a] *adj* cuantitativo, -a

quanto ['kwɐ̃tu] I. *pron interrog* ¿cuánto?; **~ custa?** ¿cuánto cuesta? II. *pron rel* cuanto; **tudo ~ sei** todo lo que sé; **leve tantos livros ~s quiser** llévate todos los libros que quieras III. *adv* como; **a casa não é tão cara ~ eu pensava** la casa no es tan cara como pensaba; **~ a alguém/a. c.** en cuanto a alguien/algo; **(o) ~ antes** cuanto antes; **ela não tem tempo para descansar, ~ mais para ir de férias** no tiene tiempo para descansar, y mucho menos para irse de vacaciones; **nunca se escreveu tanto ~ hoje em dia** nunca se escribió tanto como hoy en día IV. *conj* **~ mais cedo, melhor** cuanto antes, mejor; **~ mais trabalha, mais ganha** cuanto más trabaja, más gana; **tanto o pai ~ o filho são calvos** tanto el padre como el hijo son calvos

quão ['kwɐ̃w] *adv* cuán; **não imaginas**

(o) ~ **feliz estou!** ¡no te imaginas lo feliz que estoy!; ~ **idiota eu fui!** ¡qué idiota fui!

quarenta [kwa'rẽjta] *num card* cuarenta

quarentão, -ona <-ões> [kwarẽj'tãw, -'ona, -'õjs] *adj, m, f* cuarentón, -ona *m, f*

quarentena [kwarẽj'tena] *f sem pl* cuarentena *f*; **estar de** ~ estar en cuarentena

quarentões [kwarẽj'tõjs] *m pl de* **quarentão**

quarentona [kwarẽj'tona] *f v.* **quarentão**

quaresma [kwa'rɛzma] *f sem pl* REL cuaresma *f*

quarta ['kwarta] *f v.* **quarta-feira**

quarta-de-final <quartas-de-final> ['kwarta-dʒi-fi'naw, kwartaz-] *f* ESPORT cuartos *mpl* de final

quarta-feira <quartas-feiras> ['kwarta-'fejra, 'kwartas-] *f* miércoles *m inv*; ~ **de cinzas** miércoles de ceniza; *v.tb.* **segunda-feira**

quarteirão <-ões> [kwartej'rãw, -'õjs] *m* (*de casas*) manzana *f*, cuadra *f* AmL

quartel <-éis> [kwar'tɛw, -'ɛjs] *m* **1.** MIL cuartel *m* **2.** (*quarta parte*) cuarto *m*; **no primeiro ~ do século XX** en el primer cuarto del siglo XX

quartelada [kwarte'lada] *f* cuartelazo *m*

quartel-general <quartéis-generais> [kwar'tɛw-ʒene'raw, kwar'tɛjz-ʒene'rajs] *m* MIL cuartel *m* general

quarteto [kwar'tetu] *m* MÚS cuarteto *m*

quarto ['kwartu] *m* **1.** (*de dormir*) habitación *f*, cuarto *m*; ~ **de casal** habitación de matrimonio; ~ **de hóspedes** cuarto de huéspedes; ~ **de solteiro** habitación individual **2.** (*quarta parte*) cuarto *m*; **um ~ de hora** un cuarto de hora; ~ **crescente/minguante** cuarto creciente/menguante

quarto, -a ['kwartu] *num ord* cuarto, -a; *v.tb.* **segundo**

quarto e sala ['kwartu i'sala] <quarto(s) e salas> *m* piso con un salón y un dormitorio

quartos ['kwartus] *mpl* cadera *f*

quartzo ['kwartzu] *m* MIN cuarzo *m*

quase ['kwazi] *adv* casi; ~ **nunca** casi nunca

quasímodo [kwa'zimodu] *m* monstruo *m*

quatorze [ka'torzi] *num card* catorce; *v.tb.* **dois**

quatro ['kwatru] **I.** *num card* cuatro; *v.tb.* **dois II.** *adv* **ficar de** ~ (*surpreso*) quedarse pasmado; (*apaixonado*) apasionarse

quatrocentos, -as [kwatru'sẽjtus, -as] *num card* cuatrocientos, -as

que [ki] **I.** *pron rel* que; **o** [*ou* **aquilo**] ~ **eu disse** lo que yo dije **II.** *pron interrog* qué; (o) ~ **ele quer?** ¿qué quiere?; (o) ~ **disse?** ¿qué dijo?; ~ **vinho é este?** ¿qué vino es éste?; **em** ~ **avião ele veio?** ¿en qué avión vino? **III.** *conj* que; **ela disse** ~ **estava doente** dijo que estaba enferma; **espero** ~ **ele venha** espero que venga; **é tão difícil** ~ **não entendo** es tan difícil que no lo entiendo; **ela é maior** (**do**) ~ **ele** ella es mayor que él; **é bonito** ~ **nem o pai** *infs* guapo como su padre **IV.** *adv* qué; ~ **pena!** ¡qué pena!

quê ['ke] **I.** *m* **1.** (*alguma coisa*) **um** ~ **de** un algo de; **ela tem um** ~ **de tristeza** tiene un algo de tristeza **2.** (*dificuldade*) quid *m*; **aí está o** ~ **da questão** ahí está el quid de la cuestión **II.** *pron interrog* (o) ~**?** ¿qué?; **por** ~**?** ¿por qué? **III.** *interj* ~**!** **você está louco?** ¡qué! ¿estás loco?

> **Gramática** Si el pronombre o la conjunción **que** se sustantiva y se utiliza con el artículo determinado o indeterminado, se escribe con acento: "Ana tem um quê especial; Inglês não é uma língua difícil, mas tem seus quês."

quebra ['kɛbra] *f* **1.** (*ruptura*) rotura *f*; (*interrupção*) corte *m*; ~ **de sigilo bancário** levantamiento *m* del secreto bancario; **venceu a competição e de** ~ **levou uma bolada de dinheiro** ganó la competición y además se llevó un montón de dinero **2.** (*redução*) caída *f*; **houve uma** ~ **na produção** hubo una caída en la producción **3.** COM (*falência*) quiebra *f* **4.** (*transgressão*) ~ **do protocolo** ruptura *f* del protocolo **5.** ESPORT ~ **de serviço** rotura *f* de servicio; ~ **de recorde** superación *f* de récord

quebra-cabeça ['kɛbra-ka'besa] *m tb. fig* rompecabezas *m inv*

quebradiço, -a [kebra'dʒisu, -a] *adj*

quebradizo, -a
quebrado, -a [ke'bradu, -a] *adj* **1.**(*copo, carro, promessa, pessoa*) roto, -a **2.** *inf* (*sem dinheiro, falido*) sin un centavo; **ele vive ~, não tem dinheiro nem para o café** no tiene un centavo, ni para un café
quebrados [ke'bradus] *mpl* monedas *fpl;* **a cotação do euro hoje é 3 reais e uns ~** la cotización del euro de hoy es de 3 reales y pico
quebra-galho ['kɛbra-'gaʎu] *m inf* apaño *m*
quebra-gelos ['kɛbra-'ʒelu] *m inv* rompehielos *m inv*
quebra-mar ['kɛbra-'mar] <-es> *m* rompeolas *m inv*
quebra-molas ['kɛbra-'mɔlas] *m inv, inf* badén *m*
quebra-nozes ['kɛbra-'nɔzis] *m inv* cascanueces *m inv*
quebrantado, -a [kebrɐ̃'tadu, -a] *adj* quebrantado, -a
quebra-pau ['kɛbra-'paw] *m inf,* **quebra-quebra** ['kɛbra-'kɛbra] *m* pelea *f*
quebrar [ke'brar] I. *vt* **1.**(*copo, braço, silêncio, promessa*) romper **2.** *inf* (*bater em*) destrozar; **~ a cara de alguém** partir la cara a alguien II. *vi* **1.**(*romper-se*) romperse **2.**(*carro, máquina*) estropearse **3.** COM ir a la quiebra **4.**(*ondas*) romper
quebra-vento ['kɛbra-'vɛjtu] *m* ventanilla *f* oscilante
queda ['kɛda] *f* **1.**(*ação de cair; declínio*) caída *f;* **~ de barreira** deslizamiento *m* de tierras; **~ de cabelo** caída del pelo; **sofrer uma ~** sufrir una caída; **ser duro na ~** ser duro de pelar **2.**(*inclinação*) inclinación *f;* **ele tem ~ para política** tiene una inclinación por la política; **ela tem uma ~ por você** tiene una inclinación por ti **3.**(*de energia*) corte *m*
queda-d'água ['kɛda-'dagwa] <quedas-d'água> *f* salto *m* de agua
queda de braço ['kɛda dʒi'brasu] <quedas de braço> *f* pulso *m*
quedar-se [ke'darsi] *vr* quedarse
queijadinha [keʒa'dʒĩɲa] *f* dulce *m* en forma de torta hecho con harina de trigo, leche, huevos, queso y azúcar
queijo ['keʒu] *m* queso *m;* **~ de cabra** queso de cabra; **~ suíço** queso suizo; **~ prato** queso de leche de vaca cocida y compactada, de textura elástica y sin agujeros
queijo-de-minas ['keʒu-dʒi-'minas] <queijos-de-minas> *m* queso blanco, de forma cilíndrica, y con bajo contenido graso
queima ['kejma] *f* quema *f;* (*liquidação*) liquidación *f;* **~ de arquivo** crimen perpetrado con el objeto de eliminar pruebas o testimonios incriminatorios; **~ de estoque** liquidación de existencias
queimação [kejma'sɐ̃w] *f* MED (*no estômago*) quemazón *f*
queimada [kej'mada] *f* quema *f*
queimado, -a [kej'madu, -a] *adj* **1.** quemado, -a **2.**(*bronzeado*) moreno, -a **3.**(*prejudicado*) desprestigiado, -a
queimado [kej'madu] *m* quemado *m;* **cheiro/gosto de ~** olor/sabor a quemado
queimadura [kejma'dura] *f* quemadura *f;* **~ solar** quemadura por el sol
queimar [kej'mar] I. *vt* **1.**(*com fogo, cigarro, líquido*) quemar; **~ a língua** quemarse la lengua; **~ as pestanas** quemarse las pestañas; **o motor queima muito combustível** el motor quema mucho combustible; **queimou toda a sua herança no jogo** quemó toda su herencia en el juego **2.**(*atirar em*) **os assaltantes ~am o policial durante a fuga** los asaltantes dispararon contra el policía durante la fuga **3.**(*estoque*) liquidar **4.**(*reputação*) desprestigiar; **~ o filme** *gíria* desprestigiar II. *vi* **1.**(*sol, fogo*) quemar; (*objeto*) quemarse; **algo está queimando** se está quemando algo; **queimava de raiva** ardía de rabia **2.**(*aparelho*) fundirse; **a lâmpada queimou** la bombilla se fundió **3.** ESPORT (*saque*) pegar en la red; (*largada*) salir antes de tiempo III. *vr:* **~-se 1.** quemarse; **~-se no braço** quemarse en el brazo; **vou ficar na sombra, odeio me ~** me voy a quedar en la sombra, odio tostarme **2.**(*perder prestígio*) desprestigiarse
queima-roupa ['kejma-'xopa] *adv* **à ~** a quemarropa
queixa ['kejʃa] *f* queja *f;* **apresentar ~** presentar una queja; **fazer ~ de alguém** denunciar a alguien; **fazer uma ~ contra alguém** presentar una queja contra alguien
queixa-crime ['kejʃa-'krimi] <queixas--crime(s)> *f* JUR querella *f* criminal

queixar-se [kejˈʃarsi] *vr* quejarse

queixo [ˈkeʃu] *m* barbilla *f*; **bater o ~** temblar; **ficar de ~ caído** quedarse boquiabierto

queixoso, -a [kejˈʃozu, -ˈɔza] *m, f* JUR querellante *mf*

queixume [kejˈʃumi] *m* lamento *m*

quem [ˈkẽj] I. *pron interrog* quién; **~ está aí?** ¿quién está ahí?; **de ~ é isto?** ¿de quién es esto?; **com ~ ele veio?** ¿con quién vino? II. *pron rel* quien; **o rapaz com ~ eu falei** el chico con quien hablé III. *pron indef* (*alguém*) quien; (*aquele que*) el que; **~ quiser participar, é bem-vindo** el que quiera participar es bienvenido; **não há ~ coma isto** no hay quien se coma esto; **há ~ diga que...** hay quien dice que...; **~ quer que seja** sea quien sea; **~ diria!** ¡quién diría!; **~ dera!** ¡ojalá!; **~ sabe!** ¡quién sabe!

quenga [ˈkẽjga] *f chulo* puta *f*

quengada [kẽjˈgada] *f infl* lío *m*

Quênia [ˈkenia] *m* Kenia *f*

queniano, -a [keniˈɐnu, -a] *adj, m, f* keniata *mf*

quentão [kẽjˈtɐ̃w] *m sem pl* bebida preparada con aguardiente de caña hervida, jengibre, canela y azúcar

quente [ˈkẽjtʃi] I. *m* **o ~ é viajar para esquiar** *gíria* lo más in es viajar para esquiar II. *adj* 1. (*água, comida, roupa*) caliente; (*tempo*) caluroso, -a 2. (*caloroso*) caluroso, -a 3. (*notícia*) fresco, -a; (*cheque*) válido, -a 4. (*tempero*) picante 5. (*beijos*) ardiente 6. (*cor*) cálido, -a

quentinha [kẽjˈtʃiɲa] *f* fiambrera *f*

quentura [kẽjˈtura] *f sem pl* calor *m*

quepe [ˈkɛpi] *m* quepis *m inv*

quer [ˈkɛr] *conj* **~ ... ~ ...** ya..., ya...; **~ os alunos, ~ os professores** ya los alumnos, ya los profesores; **~ ele venha, ~ não** venga o no venga; **quem ~ que seja** quienquiera que sea; **o que ~ que seja** lo que quiera que sea; **onde ~ que seja** dondequiera que sea

querela [keˈrɛla] *f* querella *f*

querer [keˈrer] *irr* I. *vt* querer; **Deus queira que...** Dios quiera que...; **por ~** queriendo; **sem ~** sin querer; **como queira** [*ou* **quiser**] como quiera; **queira ou não queira** quiera o no quiera; **não ~ nada com alguém/a. c.** no querer nada con alguien/algo; **não ~ ver nem pintado** no querer ver ni en pintura; **quero crer que tudo será resolvido** quiero creer que todo se resolverá; **~ dizer** querer decir; **quer dizer...** es decir...; **o que quer dizer isto em português?** ¿qué quiere decir esto en portugués?; **o computador não quer funcionar** el ordenador no quiere funcionar; **o carro não quis pegar esta manhã** el coche no quiso arrancar hoy por la mañana II. *vi* querer; **~ bem/mal a alguém** desear el bien/el mal a alguien; **~ é poder** querer es poder

queridinho [kiriˈdʒĩɲu] *m* preferido *m*; **aquele diretor é o ~ das atrizes** ese director es el preferido de las actrices

querido, -a [kiˈridu, -a] I. *adj* querido, -a; **~ Nélson/querida Ana** querido Nélson/querida Ana II. *m, f* querido, -a *m, f*

quermesse [kerˈmɛsi] *f* kermés *f*

quero-quero [ˈkɛru-ˈkɛru] *m* ZOOL especie de avefría muy común en Brasil

querosene [keroˈzeni] *m sem pl* queroseno *m*

querubim <-ins> [keruˈbĩj] *m* querubín *m*

quesito [keˈzitu] *m* requisito *m*

questão <-ões> [kesˈtɐ̃w, -ˈõjs] *f* cuestión *f*; **~ de múltipla escolha** pregunta *f* tipo test; **estar em ~** estar en cuestión; **fazer ~ de a. c.** insistir en algo; **levantar uma ~** proponer una cuestión; **pôr a. c. em ~** poner algo en cuestión; **é uma ~ de gosto** es una cuestión de gusto; **isso é uma ~ de tempo** eso es una cuestión de tiempo; **isso está fora de ~** de eso ni se habla

questionar [kestʃjoˈnar] I. *vt* cuestionar II. *vr*: **~-se** cuestionarse

questionário [kestʃjoˈnariw] *m* cuestionario *m*

questionável <-eis> [kestʃjoˈnavew, -ejs] *adj* cuestionable

questões [kesˈtõjs] *f pl de* **questão**

quiabo [kiˈabu] *m* planta malvácea cuyo fruto se emplea en algunos guisos

quibe [ˈkibi] *m* bola típica de la cocina árabe, hecha con carne picada y trigo integral, y condimentada con menta y picante

quiçá [kiˈsa] *adv* quizás

quicar [kiˈkar] <c→qu> *vi* botar

quiche [ˈkiʃi] *m* quiche *f*

quieto, -a [kiˈɛtu, -a] *adj* quieto, -a; **fica**

~! ¡estáte quieto!
quietude [kie'tudʒi] *f sem pl* quietud *f*
quilate [ki'latʃi] *m* quilate *m*
quilha ['kiʎa] *f* NÁUT quilla *f*
quilo ['kilu] *m* kilo *m;* **um ~ de maçãs** un kilo de manzanas
quilobite [kilo'bitʃi] *m* INFOR kilobit *m*
quilograma [kilo'grɐma] *m* kilogramo *m*
quilohertz [kilo'xɛrts] *m* kilohercio *m*
quilombo [ki'lõwbu] *m* escondrijo, pueblo o ciudad o conjunto de poblaciones en las que se abrigaban los esclavos fugitivos
quilometragem [kilome'traʒẽj] *f* kilometraje *m*
quilométrico, -a [kilo'mɛtriku, -a] *adj* kilométrico, -a
quilômetro [ki'lometru] *m* kilómetro *m;* **~ quadrado** kilómetro cuadrado; **~s por hora** kilómetros cuadrados
quilowatt [kilo'vatʃi] *m* kilovatio *m*
quimera [ki'mɛra] *f* quimera *f*
química ['kimika] *f tb. fig* química *f;* **~ orgânica** química orgánica
químico, -a ['kimiku, -a] *adj, m, f* químico, -a *m, f*
quimioterapia [kimiotera'pia] *f* MED quimioterapia *f*
quimono [ki'monu] *m* quimono *m*
quina ['kina] *f* **1.** (*canto*) esquina *f* **2.** (*loteria*) serie de cinco números de la misma línea **3.** BOT quino *m*
quindim <-ins> [kĩj'dʒĩj] *m* dulce hecho con yema de huevo, coco y azúcar
quinhão <-ões> [kĩ'ɲãw, -'õjs] *m* parte *f*
quinhentos, -as [kĩ'ɲẽjtus] *num card* quinientos, -as
quinhões [kĩ'ɲõjs] *m pl de* **quinhão**
quinina [ki'nina] *f* quinina *f*
quinquagésimo, -a [kĩjkwa'ʒɛzimu, -a] *num ord* quincuagésimo, -a
quinquilharia [kĩjkiʎa'ria] *f* quincallería *f*
quinta ['kĩjta] *f* **1.** (*dia*) *v.* **quinta-feira** **2.** (*propriedade*) quinta *f*
quinta-coluna ['kĩjta-ko'luna] <quintas-colunas> *mf* quintacolumnista *mf*
quinta-essência ['kĩjta-e'sẽjsia] *f* quintaesencia *f*

quinta-feira ['kĩjta-'fejra] *f* jueves *m inv; v.tb.* **segunda-feira**
quintal <-ais> [kĩj'taw, -'ajs] *m* **1.** (*jardim*) jardín *m;* (*horta*) huerto *m* **2.** (*pátio*) patio *m*
quintessência [kĩjte'sẽjsia] *f v.* **quinta-essência**
quinteto [kĩj'tetu] *m* MÚS quinteto *m*
quinto, -a ['kĩjtu, -a] *num ord* quinto, -a; *v.tb.* **segundo**
quintos ['kĩjtus] *mpl* infierno *m;* **vá para os ~ (dos infernos)!** *inf* ¡vete al infierno!
quíntuplo ['kĩjtuplu] *m* quíntuplo *m*
quíntuplo, -a ['kĩjtuplu, -a] *adj* quíntuplo, -a
quinze ['kĩjzi] *num card* quince; **três e ~** tres y cuarto; **~ para as nove** nueve menos cuarto; *v.tb.* **dois**
quinzena [kĩj'zena] *f* quincena *f*
quinzenal <-ais> [kĩjze'naw, -ajs] *adj* quincenal
quinzenalmente [kĩjzenaw'mẽjtʃi] *adv* quincenalmente
quiosque [ki'ɔski] *m* quiosco *m*
quiproquó [kipro'kɔ] *m* equívoco *m*
quiromancia [kiromɐ̃ɲ'sia] *f sem pl* quiromancia *f*
quiromante [kiro'mɐ̃ŋtʃi] *mf* quiromántico, -a *m, f*
quis ['kis] *vi, vt* 3. *pret perf de* **querer**
quiser [ki'zɛr] *vi, vt* 1. *fut imperf subj de* **querer**
quitação <-ões> [kita'sɐ̃w, -'õjs] *f* liquidación *f*
quitanda [ki'tɐ̃da] *f* verdulería *f*
quitandeiro, -a [kitɐ̃ɲ'dejru, -a] *m, f* verdulero, -a *m, f*
quitar [ki'tar] *vt* (*uma dívida*) liquidar
quite ['kitʃi] *adj estar* ~ estar en paz
quitute [ki'tutʃi] *m* manjar *m*
quixotada [kiʃo'tada] *f sem pl* quijotada *f*
quixotesco, -a [kiʃo'tesku, -a] *adj* quijotesco, -a
quizumba [ki'zũwba] *f reg, gíria* follón *m*
quociente [kosi'ẽjtʃi] *m* MAT cociente *m;* **~ de inteligência** cociente intelectual
quórum ['kwɔrũw] *m sem pl* quórum *m*
quota ['kwɔta] *f* cuota *f*

R

R, r ['ɛxi] *m* R, r *f*
R. ['xua] *abr de* **rua** c/
rã ['xã] *f* rana *f*
rabada [xa'bada] *f* GASTR plato hecho con el rabo del buey
rabanada [xabɜ'nada] *f* GASTR torrija *f*
rabanete [xabɜ'netʃi] *m*, **rábano** ['xabɜnu] *m* rábano *m*
rabecão <-ões> [xabe'kãw, -'õjs] *m inf* coche *m* fúnebre
rabicho [xa'biʃu] *m* coleta *f*
rabino [xa'binu] *m* rabino *m*
rabiscar [xabis'kar] <c→qu> *vi* garabatear
rabisco [xa'bisku] *m* garabato *m*
rabo ['xabu] *m* **1.** (*de animal, foguete*) cola *f*; **meter o ~ entre as pernas** *inf* irse con el rabo entre las piernas; **pegar em ~ de foguete** meterse en un buen lío; **ter o ~ preso** *inf* estar comprometido **2.** *chulo* (*nádegas*) culo *m*
rabo de cavalo ['xabu dʒi ka'valu] <rabos de cavalo> *m* (*penteado*) cola *f* de caballo
rabo de palha ['xabu dʒi 'paʎa] <rabos de palha> *m inf* (*reputação*) defecto *m*
rabugento, -a [xabu'ʒẽjtu, -a] *adj* cascarrabias *inv*
rabugice [xabu'ʒisi] *f* mal humor *m*
rábula ['xabula] *m pej* picapleitos *m inv*
raça ['xasa] *f* raza *f*; **de ~** (*animal*) de (pura) raza; **acabar com a ~ de alguém** *inf* acabar con alguien; **ganhar na ~** *inf* ganar con coraje
ração <-ões> [xa'sãw, -'õjs] *f* **1.** (*quantidade de comida*) ración *f* **2.** (*para animais*) comida *f*
racha ['xaʃa] *f* **1.** (*fenda*) grieta *f* **2.** *inf* (*cisão*) división *f* **3.** *inf* (*corrida de carros*) carrera ilegal de coches en una vía pública
rachado, -a [xa'ʃadu, -a] *adj* **1.** (*muro*) agrietado, -a **2.** (*cabeça*) abierto, -a
rachadura [xaʃa'dura] *f* grieta *f*
rachar [xa'ʃar] *vt* **1.** (*a cabeça*) abrir; **~ a cabeça de alguém** abrirle la cabeza a alguien **2.** (*lenha*) cortar **3.** (*despesas*) compartir
racial <-ais> [xasi'aw, -'ajs] *adj* racial
raciocinar [xasjosi'nar] *vi* razonar
raciocínio [xasjo'siniw] *m* raciocinio *m*
racional <-ais> [xasjo'naw, -'ajs] *adj* racional
racionalidade [xasjonaʎi'dadʒi] *f sem pl* racionalidad *f*
racionalizar [xasjonaʎi'zar] *vt* racionalizar
racionalmente [xasjonaw'mɛjtʃi] *adv* racionalmente
racionamento [xasjona'mẽjtu] *m* razonamiento *m*
racionar [xasjo'nar] *vt* (*água, combustível*) racionar
racismo [xa'sizmu] *m sem pl* racismo *m*
racista [xa'sista] *adj, mf* racista *mf*
rações [xa'sõjs] *f pl de* **ração**
radar [xa'dar] *m* radar *m*
radiação <-ões> [xadʒja'sãw, -'õjs] *f* Fís radiación *f*
radiador [xadʒja'dor] <-es> *m* radiador *m*
radialista [xadʒja'ʎista] *mf* profesional *mf* de la radio
radiante [xadʒi'ãtʃi] *adj* radiante
radicado, -a [xadʒi'kadu, -a] *adj* radicado, -a; **estar ~ em algum lugar** estar radicado en algún lugar
radical[1] <-ais> [xadʒi'kaw, -'ajs] *m* LING, MAT, QUÍM radical *m*
radical[2] <-ais> [xadʒi'kaw, -'ajs] *adj, mf* POL radical *mf*
radicalizar [xadʒikaʎi'zar] *vi* radicalizar
radicar-se [xadʒi'karsi] <c→qu> *vr* radicarse
rádio[1] ['xadʒiw] *m* **1.** (*aparelho*) radio *f*; **~ portátil** radio portátil; **ouvir ~** oír la radio **2.** ANAT, QUÍM radio *m*
rádio[2] ['xadʒiw] *f* (*instituição*) radio *f*
radioatividade [xadʒiwatʃivi'dadʒi] *f* radioactividad *f*
radioativo, -a [xadʒiwa'tʃivu, -a] *adj* radioactivo, -a
radiodifusão <-ões> [xadʒiwdʒifu'zãw, -õjs] *f* radiodifusión *f*
radiofônico, -a [xadʒjo'foniku, -a] *adj* radiofónico, -a
radiografar [xadʒjogra'far] *vt* radiografiar
radiografia [xadʒjogra'fia] *f* radiografía *f*; **tirar** [*ou* **fazer**] **uma ~** (*paciente*) hacerse una radiografía
radiogravador [xadʒiwgrava'dor] <-es> *m* radiograbador *m*
radioisótopo [xadʒiui'zɔtopu] *m* radioisótopo *m*
radiologia [xadʒjolo'ʒia] *f sem pl* radio-

logía *f*
radiologista [xadʒjolo'ʒista] *mf* radiólogo, -a *m, f*
radiopaco, -a [xadʒjo'paku, -a] *adj* radiopaco, -a
radiopatrulha [xadʒiwpa'truʎa] *f* radiopatrulla *f*
radioscopia [xadʒjosko'pia] *f* radioscopia *f*
radioso, -a [xadʒi'ozu, -'ɔza] *adj* radiante
radiotáxi [xadʒjo'taksi] *m* radiotaxi *m*
radiotelegrafista [xadʒiwtelegra'fista] *mf* radiotelegrafista *mf*
radioterapia [xadʒiwtera'pia] *f* radioterapia *f*
radiotransmissor [xadʒiwtrãsmi'sor] <-es> *m* radiotransmisor *m*
ragu [xa'gu] *m* GASTR ragú *m*
raia ['xaja] *f* 1. ZOOL raya *f* 2. ESPORT calle *f*; **fugir da ~** *inf* escaquearse 3. (*traço*) raya *f* 4. *fig* (*limite*) límite *m*; **chegar às ~s da loucura** llegar al límite de la locura
raiar [xaj'ar] *vi* rayar
rainha [xa'ĩɲa] *f* reina *f*
rainha-mãe [xa'ĩɲa-'mɜ̃j] <rainhas-mãe(s)> *f* reina *f* madre
raio ['xaju] I. *m* 1. (*de sol, luz*) tb. FÍS rayo *m*; **~ laser** rayo láser; **~s X** rayos X; **o ~ do rapaz não apareceu** *inf* el maldito chaval no apareció; **que ~ de pergunta é essa?** *inf* ¿qué diablos de pregunta es esa?; **vai para o ~ que te parta!** *inf* ¡que te parta un rayo! 2. (*de roda, circunferência*) radio *m* 3. (*área*) radio *m*; **~ de ação** radio de acción; **foi tudo destruído num ~ de 10 km** todo quedó destruido en un radio de 10 km II. *interj* rayos
raiva ['xajva] *f* rabia *f*; **ter ~ de alguém** tener rabia a alguien
raivoso, -a [xaj'vozu, -'ɔza] *adj* rabioso, -a
raiz [xa'is] *f* raíz *f*; **~ cúbica** raíz cúbica; **~ quadrada** raíz cuadrada; **cortar o mal pela ~** cortar el mal de raíz; **criar raízes** echar raíces; **estar endividado até a ~ dos cabelos** estar hasta el cuello de deudas
raiz-forte [xa'is-'fɔrtʃi] <raízes-fortes> *f* rábano *m* rusticano
rajada [xa'ʒada] *f* (*de vento, metralhadora*) ráfaga *f*
rajado, -a [xa'ʒadu, -a] *adj* rayado, -a
ralação <-ões> [xala'sɜ̃w, -'õjs] *f* *inf* (*canseira*) cansancio *m*
ralado, -a [xa'ladu, -a] *adj* (*comida*) rallado, -a
ralador [xala'dor] <-es> *m* rallador *m*
ralar [xa'lar] I. *vt* (*comida*) rallar; (*o braço*) arañar II. *vi inf* (*batalhar*) matarse; **~ para conseguir trabalho** matarse para conseguir trabajo III. *vr*: **~-se** 1. (*afligir-se*) atormentarse; **~-se de raiva** consumirse de rabia 2. (*não dar importância*) **ela está pouco se ralando com isso** eso le importa un pimiento
ralé [xa'lɛ] *f* plebe *f*
ralhar [xa'ʎar] *vi* reñir; **~ com alguém** reñir a alguien
rali [xa'ʎi] *m* rally *m*
ralo ['xalu] I. *m* (*de lavatório, banheira*) desagüe *m*; **ver os sonhos irem pelo ~** ver cómo los sueños se esfuman II. *adj* 1. (*cabelo*) ralo, -a; **barba rala** barba rala 2. (*sopa*) aguado, -a
ramadã [xama'dɜ̃] *m* REL ramadán *m*
ramal <-ais> [xɜ'maw, -'ajs] *m* TEL extensión *f*, interno *m* RíoPl
ramalhete [xɜma'ʎetʃi] *m* ramillete *m*
ramificação <-ões> [xɜmifika'sɜ̃w, -'õjs] *f* (*de estrada*) ramificación *f*
ramificar-se [xɜmifi'karsi] <c→qu> *vr* ramificarse
ramo ['xɜmu] *m* 1. (*de árvore*) rama *f* 2. (*de flores*) ramo *m* 3. (*área*) rama *f*; **~ de atividade** rama de actividad; **~ do conhecimento** rama del conocimiento
rampa ['xɜ̃pa] *f* rampa *f*
rancho ['xɜ̃ʃu] *m* (*propriedade, refeição*) rancho *m*
ranço ['xɜ̃su] *m* 1. (*sabor*) sabor *m* rancio; (*cheiro*) olor *m* rancio; **cheirar a ~** oler a rancio; **ter gosto a ~** saber a rancio 2. (*antiquado*) antigualla *f*
rancor [xɜ̃'kor] <-es> *m* rencor *m*; **guardar ~** guardar rencor
rancoroso, -a [xɜ̃ko'rozu, -'ɔza] *adj* rencoroso, -a
rançoso, -a [xɜ̃'sozu, -'ɔza] *adj* rancio, -a
randomização <-ões> [xɜ̃domiza'sɜ̃w, -'õjs] *f* aleatorización *f*
rangar [xɜ̃'gar] <g→gu> *vi gíria* papear
ranger [xɜ̃'ʒer] <g→j> I. *vt* rechinar; **~ os dentes** rechinar los dientes II. *vi* (*porta, madeira*) rechinar
rangido [xɜ̃'ʒidu] *m* (*de madeira*,

dentes) chirrido *m*
rango ['xɨ̃ŋgu] *m gíria* (*comida*) papeo *m*
ranheta [xɨ̃'ɲeta] *mf* quejica *mf*
ranho ['xɨɲu] *m* moco *m*
ranhoso, -a [xɨ̃'ɲozu, -'ɔza] *adj* mocoso, -a
ranhura [xɨ̃'ɲuɾa] *f* ranura *f*
ranking [xɨ̃ŋ'kĩj] *m* ranking *m*; **~ mundial** ranking mundial
ranzinza [xɨ̃'zĩjza] *adj* gruñón, -ona
rap ['xɛpi] *m* MÚS rap *m*
rapa-de-tacho ['xapa-dʒi-'taʃu] <**rapas-de-tacho**> *f inf* benjamín *m*
rapado, -a [xa'padu, -a] *adj* rapado, -a
rapadura [xapa'duɾa] *f* azúcar moreno en forma de ladrillo
rapagão <-ões> [xapa'gɨ̃w, -'õjs] *m* mocetón *m*
rapapé [xapa'pɛ] *m* (*bajulação*) adulación *f*
rapar [xa'par] *vt* 1. (*raspar*) rallar; **~ o tacho** *inf* limpiar el plato 2. (*o cabelo*) rapar; (*a barba*) cortarse 3. (*dinheiro*) robar
rapariga [xapa'ɾiga] *f* (*moça*) moza *f*
rapaz [xa'pas] *m* (*moço*) muchacho *m*
rapaziada [xapazi'ada] *f* (*jovens*) muchachada *f*
rapé [xa'pɛ] *m* rapé *m*
rapidamente [xapida'mẽjtʃi] *adv* rápidamente
rapidez [xapi'des] *f sem pl* rapidez *f*
rápido ['xapidu] *adv* rápido, -a; **falar ~** hablar rápido
rápido, -a ['xapidu, -a] *adj* rápido, -a
raposa [xa'poza] *f tb. fig* zorro, -a *m, f*
rapsódia [xap'zɔdʒia] *f* rapsodia *f*
raptar [xap'tar] *vt* raptar
rapto ['xaptu] *m* rapto *m*
raptor(a) [xap'tor(a)] <-es> *m(f)* raptor(a) *m(f)*
raquetada [xake'tada] *f* raquetazo *m*
raquete [xa'kɛtʃi] *f* (*de tênis*) raqueta *f*
raquianestesia [xakjaneste'zia] *f* MED raquianestesia *f*
raquítico, -a [xa'kitʃiku, -a] *adj tb.* MED raquítico, -a
raquitismo [xaki'tʃizmu] *m sem pl* raquitismo *m*
raramente [xaɾa'mẽjtʃi] *adv* raramente
rarear [xaɾe'ar] *conj como passear vi* 1. (*frequência*) reducir 2. (*quantidade*) escasear; (*cabelo*) volverse menos espeso
rarefazer [xaɾefa'zer] *irr como fazer vt*

enrarecer
rarefeito, -a [xaɾe'fejtu, -a] I. *pp de* **rarefazer** II. *adj* (*ar*) enrarecido, -a
raridade [xaɾi'dadʒi] *f* rareza *f*
raro, -a ['xaɾu, -a] *adj* raro, -a; **raras vezes** raras veces; **é ~ o dia em que isso não aconteça** es raro el día en el que no pasa eso
rasante [xa'zɨ̃tʃi] *adj* (*tiro, voo*) rasante
rascunho [xas'kuɲu] *m* borrador *m*
rasgado, -a [xaz'gadu, -a] *adj* 1. (*tecido, roupa, papel, olhos*) rasgado, -a 2. (*elogios*) abierto, -a
rasgão <-ões> [xaz'gɨ̃w, -'õjs] *m* rasgón *m*
rasgar [xaz'gar] <g→gu> *vt* (*abrir*) abrir; (*papel, tecido*) rasgar
rasgo ['xazgu] *m* 1. (*ruptura, arranhadura*) rasgón *m* 2. (*ímpeto*) arrebato *m*
rasgões [xaz'gõjs] *m pl de* **rasgão**
raso ['xazu] *m* planicie *f*; **ele gosta de nadar no ~** le gusta nadar en la parte poco profunda
raso, -a ['xazu, -a] *adj* raso, -a; (*plano, prato*) llano, -a; **ângulo ~** ángulo llano; **soldado ~** soldado raso
raspa ['xaspa] *f* raspadura *f*; **~ de limão** raspaduras de limón
raspão <-ões> [xas'pɨ̃w, 'õjs] *m* arañazo *m*; **de ~** de lado
raspar [xas'par] I. *vt* (*uma superfície, tinta, cola*) raspar; (*arranhar*) arañar; (*ralar*) rallar II. *vi* rozar; **o carro raspou na parede** el coche rozó la pared
raspões [xas'põjs] *m pl de* **raspão**
rastafári [xasta'faɾi] *adj* (*cabelo*) rastafari
rasteira [xas'tejɾa] *f* 1. (*com a perna*) zancadilla *f*; **dar** [*ou* **passar**] **uma ~ em alguém** ponerle una zancadilla a alguien 2. (*golpe*) jugarreta *f*
rasteiro, -a [xas'tejɾu, -a] *adj* rastrero, -a; **planta rasteira** planta rastrera
rastejante [xaste'ʒɨ̃tʃi] *adj* rastrero, -a
rastejar [xaste'ʒar] *vi* arrastrarse
rastilho [xas'tʃiʎu] *m* reguero *m*
rastreador(a) [xastria'dor(a)] <-es> *m(f)* rastreador(a) *m(f)*
rastreamento [xastria'mẽtu] *m* rastreo *m*
rastrear [xastri'ar] *conj como passear vt* rastrear
rastro ['xastɾu] *m* rastro *m*; (*de navio*) estela *f*; **~ de luz** rastro de luz; **desaparecer sem deixar ~** desaparecer sin

dejar rastro; **estar no ~ de alguém/a. c.** estar siguiendo el rastro de alguien/algo; **seguir o ~ de alguém** seguir el rastro de alguien

rasurar [xazu'rar] *vt* (*documento*) llenar de tachaduras; (*palavra*) tachar

ratazana [xata'zɐna] *f* rata *f*

ratear [xatʃi'ar] *conj como passear* I. *vt* (*um prêmio*) dividir II. *vi* (*motor, coração*) fallar

rateio [xa'teju] *m* ECON prorrateo *m*

raticida [xatʃi'sida] *m* raticida *m*

ratificar [xatʃifi'kar] <c→qu> *vt* ratificar

rato ['xatu] *m* ratón *m*; **~ de biblioteca** ratón de biblioteca

ratoeira [xatu'ejra] *f* ratonera *f*

raviólí [xavi'ɔʎi] *m* ravioli *m*

razão <-ões> [xa'zɐ̃w, -'õjs] *f* razón *f*; **~ e emoção** raciocinio y emoción; **à ~ de** a razón de; **com toda a ~** con toda la razón; **sem (qualquer) ~** sin (ninguna) razón; **chamar alguém à ~** hacer entrar en razón a alguien; **dar ~ a alguém** dar la razón a alguien; **estar coberto de ~** tener toda la razón; **ter/não ter ~** tener/no tener razón; **(não) ter ~ para queixa** (no) tener razón para quejarse

razoável <-eis> [xazu'avew, -ejs] *adj* razonable

razoavelmente [xazuavew'mẽjtʃi] *adv* razonablemente

razões [xa'zõjs] *f pl de* **razão**

ré¹ ['xɛ] *f v.* **réu**

ré² ['xɛ] *f* 1. NÁUT parte *f* de atrás 2. (*no automóvel*) marcha *f* atrás; **dar marcha ~** dar marcha atrás

ré³ ['xɛ] *m* MÚS re *m*

reabastecer [xeabaste'ser] <c→ç> I. *vt* (*veículo, estabelecimento*) reabastecer; **vou parar no posto para ~ o carro** voy a parar en la gasolinera para echar gasolina; **ele vai ~ o restaurante de bebidas** va a volver a abastecer al restaurante de bebidas II. *vr*: **~-se de a. c.** volver a abastecerse de algo; **ele foi ao supermercado para se ~ de mantimentos** fue al supermercado para abastecerse de nuevo de víveres

reabastecimento [xeabastesi'mẽjtu] *m* (*de avião, das tropas*) reabastecimiento *m*

reaberto [xea'bɛrtu] *pp de* **reabrir**

reabertura [xeaber'tuɾa] *f* reapertura *f*

reabilitação <-ões> [xeabiʎita'sɐ̃w, -'õjs] *f* 1. MED (*de pessoa*) rehabilitación *f* 2. (*da economia*) recuperación *f*

reabilitar [xeabiʎi'tar] *vt* 1. MED (*uma pessoa*) rehabilitar 2. (*a economia*) recuperar

reabrir [rea'brir] *vi* reabrir

reação <-ões> [xea'sɐ̃w, -'õjs] *f* reacción *f*; **~ em cadeia** reacción en cadena; **~ a uma notícia** reacción a una noticia; **ter uma ~ alérgica a a. c.** tener una reacción alérgica a algo

reacender [xeasẽj'der] *vt* reavivar

reacionário, -a [xeasjo'nariw, -a] *adj, m, f* reaccionario, -a *m, f*

reações [xea'sõjs] *f pl de* **reação**

readaptação <-ões> [xeadapta'sɐ̃w, -'õjs] *f* readaptación *f*

readaptar-se [xeadap'tarsi] *vr* readaptarse

readmitir [xeadʒimi'tʃir] *vt* (*em empresa*) readmitir

readquirir [xeadʒiki'rir] *vt* (*confiança*) recobrar

reafirmar [xeafir'mar] *vt* reafirmar

reagente [xea'ʒẽjtʃi] *m* reactivo *m*

reagir [xea'ʒir] <g→j> *vi* reaccionar; **~ a a. c.** reaccionar ante algo

reagrupar [xeagru'par] *vt* reagrupar

reajustar [xeaʒus'tar] *vt* (*salários*) reajustar

reajuste [xea'ʒustʃi] *m* reajuste *m*

real¹ <-ais> [xe'aw, -'ajs] I. *adj* real; **a família ~** la familia real; **uma história ~** una historia real II. *m* ECON real *m*; **o livro custa 20 reais** el libro cuesta 20 reales

real² [xe'aw] *f inf* (*a realidade*) realidad *f*; **cair na ~** caer [*o* bajar] del burro

> **Cultura** El Real (plural: **Reais**) es desde julio de 1994 la moneda oficial brasileña. El real se divide en centavos. Así, R$1,20 = un real y veinte centavos.

realçar [xeaw'sar] <ç→c> I. *vt* realzar II. *vr:* **~-se** destacarse

realce [xe'awsi] *m* realce *m*; **dar ~ a a. c.** dar realce a algo

realejo [xea'leʒu] *m* organillo *m*

realeza [xea'leza] *f* realeza *f*

realidade [xeaʎi'dadʒi] *f* realidad *f*; **~ virtual** realidad virtual; **em ~** en realidad

realinhamento [xeaʎĩɲa'mẽjtu] *m* POL realineamiento *m*

realismo [xea'ʎizmu] *m sem pl* realismo *m;* ~ **mágico** LIT realismo mágico

realista [xea'ʎista] *adj, mf* realista *mf*

realização <-ões> [xeaʎiza'sɜ̃w, -'õjs] *f* realización *f;* ~ **pessoal** realización personal

realizar [xeaʎi'zar] I. *vt* realizar II. *vr:* ~**-se** realizarse

realizável <-eis> [xeaʎi'zavew, -ejs] *adj* realizable

realmente [xeaw'mẽjtʃi] *adv* realmente

realocar [xealo'kar] <c→qu> *vt* (*recursos, funcionários*) transferir

reanimação <-ões> [xeʒnima'sɜ̃w, -'õjs] *f* MED reanimación *f*

reanimar [xeʒni'mar] I. *vt* reanimar II. *vr:* ~**-se** reanimarse

reaparecer [xeapaɾe'ser] <c→ç> *vi* reaparecer

reaparecimento [xeapaɾesi'mẽjtu] *m* reaparición *f*

reaparelhar [xeapaɾe'ʎar] *vt* volver a equipar

reaprender [xeapɾẽj'der] *vt* volver a aprender

reapresentar [xeapɾezẽj'tar] *vt* volver a presentar

reaproveitamento [xeapɾovejta'mẽjtu] *m* reaprovechamiento *m*

reaproveitar [xeapɾovej'tar] *vt* reaprovechar

reaproximar-se [xeapɾosi'marsi] *vr* volverse a aproximar; ~ **de alguém** volverse a aproximar a alguien

rearmamento [xearma'mẽjtu] *m* MIL rearme *m*

rearmar [xear'mar] *vt* MIL rearmar

reassumir [xeasu'mir] *vt* (*cargo, função*) reasumir

reatar [xea'tar] *vt* (*relação, amizade, namoro*) reanudar

reativar [xeatʃi'var] *vt* reactivar

reator [xea'tor] <-es> *m* reactor *m;* ~ **nuclear** reactor nuclear

reavaliar [xeavaʎi'ar] *vt* revaluar

reaver [xea'ver] *irr vt* (*bens*) recuperar

reavivar [xeavi'var] I. *vt* (*a memória*) reavivar II. *vr:* ~**-se** (*interesse, costumes*) reavivarse

rebaixamento [xebajʃa'mẽjtu] *m* (*no preço*) rebaja *f;* (*moral, na hierarquia*) rebajamiento *m*

rebaixar [xebaj'ʃar] I. *vt* bajar II. *vr:* ~**-se** rebajarse

rebanho [xe'bɜɲu] *m* rebaño *m*

rebarba [xe'barba] *f* reborde *m*

rebatedor(a) [xebate'dor(a)] <-es> *m(f)* persona que obtiene descuentos para letras, pólizas, obligaciones, etc. cobrando intereses por ello

rebater [xeba'ter] *vt* 1. (*golpe*) repeler 2. (*argumento, acusação, injúria*) rebatir 3. (*uma bola*) despejar 4. (*nota, recibo*) descontar

rebatida [xeba'tʃida] *f* ESPORT despeje *m*

rebatível <-eis> [xeba'tʃivew, -ejs] *adj* rebatible

rebelar-se [xebe'larsi] *vr* rebelarse; ~ **contra a. c.** rebelarse contra algo

rebelde [xe'bɛwdʒi] *adj, mf* rebelde *mf*

rebeldia [xebew'dʒia] *f* rebeldía *f*

rebelião <-ões> [xebeʎi'ɜ̃w, -'õjs] *f* rebelión *f*

rebentar [xebẽj'tar] I. *vt* reventar II. *vi* 1. (*balão, veia, cano, corda*) reventar 2. (*bomba, guerra*) estallar 3. (*onda*) romper

rebento [xe'bẽjtu] *m* retoño *m*

rebite [xe'bitʃi] *m* remache *m*

rebobinar [xebobi'nar] *vt* rebobinar

rebocador [xeboka'dor] <-es> *m* NÁUT remolcador *m*

rebocar [xebo'kar] <c→qu> *vt* 1. (*automóvel, navio*) remolcar 2. (*parede*) revocar

reboco [xe'boku] *m* revoque *m*

rebolado [xebo'ladu] *m* contoneo *m;* **perder o** ~ *inf* quedarse cortado

rebolado, -a [xebo'ladu, -a] *adj* **dança rebolada** baile en el que se menean las caderas

rebolar [xebo'lar] *vi* contonearse

reboque [xe'bɔki] *m* (*veículo*) remolque *m;* **chamar o** ~ llamar a la grúa

rebordo [xe'bordu] *m* reborde *m*

rebotalho [xebo'taʎu] *m* trasto *m*

rebote [xe'bɔtʃi] *m* ESPORT rebote *m*

rebuliço [xebu'ʎisu] *m* jaleo *m;* **estar num** ~ ser un jaleo

rebuscado, -a [xebus'kadu, -a] *adj* (*estilo*) rebuscado, -a

rebuscar [xebus'kar] <c→qu> *vt* (*estilo*) rebuscar

recadastramento [xe'kadastra'mẽjtu] *m* inscripción *f* por la segunda vez

recado [xe'kadu] *m* recado *m;* **dar um** ~ **para alguém** dar un recado a alguien; **deixar um** ~ **para alguém** dejar un recado para alguien; **quer deixar** ~**?** ¿quiere dejar un recado?; (**não**)

dar conta do ~ *inf*(no) dar la talla

recaída [xeka'ida] *f* recaída *f*; **ter uma ~** tener una recaída

recair [xeka'ir] *conj como sair vi* recaer; **a culpa recaiu sobre nós** la culpa recayó en nosotros

recalcado, -a [xekaw'kadu, -a] *adj* reprimido, -a

recalcitrante [xecawsi'trɜ̃ntʃi] *adj* recalcitrante

recall [xe'kaw] *m* (*de produtos*) retirada *f*

recalque [xe'kawki] *m* PSICO represión *f*

recambiar [rekɜ̃bi'ar] *vt* devolver

recanto [xe'kɜ̃ntu] *m* rincón *m*

recapacitar [xekapasi'tar] *vt* recapacitar

recapeamento [xekapea'mẽjtu] *m* asfaltado *m*

recapear [xekape'ar] *conj como passear vt* volver a asfaltar

recapitulação <-ões> [xekapitula'sɜ̃w, -'õjs] *f* recapitulación *f*

recapitular [xekapitu'lar] *vt* recapitular

recarga [xe'karga] *f* recambio *m*

recarregar [xekaxe'gar] *vt* (*pilha, bateria*) recargar

recarregável <-eis> [xekaxe'gavew, -ejs] *adj* (*pilha*) recargable

recatado, -a [xeka'tadu, -a] *adj* **1.** (*modesto*) comedido, -a **2.** (*reservado, pudico*) recatado, -a

recauchutado, -a [xekawʃu'tadu, -a] *adj* **1.** (*pneu*) recauchutado, -a **2.** *inf* (*pessoa*) operado, -a

recauchutagem [xekawʃu'taʒẽj] <-ens> *f* (*de pneu*) recauchutado *m*

recauchutar [xekawʃu'tar] *vt* **1.** (*pneu*) recauchutar **2.** *inf* (*pessoa*) operar

recear [xese'ar] *conj como passear vt* temer; **~ por alguém/a. c.** temer por alguien/algo

receber [xese'ber] **I.** *vt* recibir **II.** *vi* (*convidados*) recibir visitas

recebimento [xesebi'mẽjtu] *m* recibo *m*; **favor acusar o ~ da carta** por favor acusen recibo de la carta

receio [xe'seju] *m* temor *m*; **ter ~ de alguém/a. c.** tener miedo de alguien/algo

receita [xe'sejta] *f* **1.** (*culinária, médica*) receta *f*; **passar uma ~** emitir una receta **2.** ECON hacienda *f* **3.** *pl* COM ingresos *mpl*

receitar [xesej'tar] *vt* recetar

recém-casado, -a [xe'sẽj-ka'zadu, -a] *adj* recién casado, -a

recém-chegado, -a [xe'sẽj-ʃe'gadu, -a] **I.** *adj* recién llegado, -a; **ser ~ a** [*ou* **em**] **algum lugar** acabar de llegar a algún lugar **II.** *m, f* recién llegado, -a *m, f*

recém-formado, -a [xe'sẽj-for'madu, -a] *adj, m, f* recién licenciado, -a *m, f*

recém-nascido, -a [xe'sẽj-na'sidu, -a] *adj, m, f* recién nacido, -a *m, f*

recenseamento [xesẽjsja'mẽjtu] *m* censo *m*; **~ eleitoral** censo electoral; **~ da população** censo de población; **fazer o ~ eleitoral** inscribirse en el censo electoral

recensear [xesẽjsi'ar] *conj como passear vt* censar

recente [xe'sẽjtʃi] *adj* reciente; **a separação deles ainda é muito ~** su separación todavía está muy reciente; **nos anos mais ~s** en los años recientes

recentemente [xesẽjtʃi'mẽjtʃi] *adv* recientemente

receoso, -a [xese'ozu, -'ɔza] *adj* receloso, -a

recepção <-ões> [xesep'sɜ̃w, -'õjs] *f* recepción *f*; **dar uma ~ calorosa a alguém** dar una recepción calurosa a alguien; **ter uma ~ calorosa** tener una calurosa recepción; **a família toda compareceu à ~** toda la familia acudió a la recepción

recepcionar [xesepsjo'nar] *vt* (*em aeroporto, estação*) recibir

recepcionista [xesepsjo'nista] *mf* recepcionista *mf*

recepções [xesep'sõjs] *f pl de* **recepção**

receptação <-ões> [xesepta'sɜ̃w, -'õjs] *f* compra *f* de objetos robados

receptáculo [xesep'takulu] *m tb.* BOT receptáculo *m*

receptador(a) [xesepta'dor(a)] <-es> *m(f)* perista *mf*

receptividade [xeseptʃivi'dadʒi] *f sem pl* **1.** (*para opiniões*) receptividad *f* **2.** (*de espetáculo*) acogida *f*; **(não) ter muita ~** (no) tener una buena acogida

receptivo, -a [xesep'tʃivu, -a] *adj* receptivo, -a

receptor [xesep'tor] <-es> *m* (*aparelho*) receptor *m*

recessão <-ões> [xese'sɜ̃w, -'õjs] *f* ECON recesión *f*

recessivo, -a [xese'sivu, -a] *adj* (*medidas, caráter*) recesivo, -a

recesso [xe'sɛsu] *m* descanso *m*;

entrar em ~ comenzar un descanso

recessões [xese'sõjs] *f pl de* **recessão**

rechaçar [xeʃa'sar] <ç→c> *vt* rechazar

recheado, -a [xeʃe'adu, -a] *adj* GASTR relleno, -a; **bolo ~ com creme** pastel relleno de crema

rechear [xeʃe'ar] *conj como passear vt* GASTR rellenar; ~ **o bolo com creme** rellenar el pastel de [o con] crema

recheio [xe'ʃeju] *m* GASTR relleno *m*

rechonchudo, -a [xeʃũw'ʃudu, -a] *adj* rechoncho, -a

recibo [xe'sibu] *m* recibo *m*; **passar um ~** emitir un recibo

reciclagem [xesi'klaʒẽj] <-ens> *f* reciclaje *m*

reciclar [xesi'klar] I. *vt* reciclar II. *vr:* ~-**se** reciclarse

reciclável <-eis> [xesi'klavew, -ejs] *adj* reciclable

recidiva [xesi'dʒiva] *f* MED recaída *f*

recife [xe'sifi] *m* arrecife *m*

Recife [xe'sifi] Recife

recinto [xe'sĩtu] *m* (*espaço*) recinto *m*

recipiente [xesipi'ẽtʃi] *m* recipiente *m*

reciprocidade [xesiprosi'dadʒi] *f sem pl* reciprocidad *f*

recíproco, -a [xe'sipruku, -a] *adj* recíproco, -a; **o sentimento é ~** el sentimiento es recíproco

recital <-ais> [xesi'taw, -'ajs] *m* recital *m*; ~ **de piano** recital de piano

recitar [xesi'tar] *vt* recitar

reclamação <-ões> [xeklɜma'sãw, -'õjs] *f* reclamación *m*; **fazer uma ~ a alguém/a a. c.** hacer una reclamación a alguien por algo

reclamar [xekla'mar] I. *vt* 1. (*reivindicar, protestar*) reclamar; ~ **contra alguém/a. c.** reclamar contra alguien/algo; ~ **melhores salários** reclamar mejores salarios 2. (*queixar-se de*) quejarse; ~ **da comida** quejarse de la comida; ~ **de dores** quejarse de dolores II. *vi* quejarse

reclame [xe'klɜmi] *m* anuncio *m*; ~ **luminoso** anuncio luminoso

reclinar-se [xekli'narsi] *vr* reclinarse

reclinável <-eis> [xekli'navew, -ejs] *adj* reclinable

reclusão <-ões> [xeklu'zãw, -'õjs] *f* reclusión *f*

recluso, -a [xe'kluzu, -a] *m, f* recluso, -a *m, f*

reclusões [xeklu'zõjs] *f pl de* **reclusão**

reco ['xɛku] *mf inf* recluta *mf*

recoberto, -a [xeko'bɛrtu, -a] I. *pp de* **recobrir** II. *adj* recubierto, -a

recobrar [xeko'brar] I. *vt* recobrar; ~ **o ânimo** recobrar el ánimo II. *vr:* ~-**se** recobrarse; ~-**se de um susto** recobrarse de un susto

recobrir [xeku'brir] *irr como dormir vt* recubrir

recolher [xeko'ʎer] I. *vt* recoger II. *vr:* ~-**se** recogerse; **ela pediu licença para se recolher** pidió permiso para recogerse

recolhimento [xekoʎi'mẽjtu] *f* 1. (*de informação*) recogida *f*; ~ **de dados** recogida de datos 2. (*impostos*) recaudación *f* 3. (*espiritual*) recogimiento *m*

recomeçar [xekome'sar] <ç→c> *vi* recomenzar

recomeço [xeko'mesu] *m* reinicio *m*

recomendação <-ões> [xekomẽjda'sãw, -'õjs] *f* 1. recomendación *f*; **por ~ de** por recomendación de 2. *pl* (*cumprimentos*) saludos *mpl*; **as minhas ~s aos seus pais** saludos a tus padres

recomendar [xekomẽj'dar] *vt* recomendar; ~ **a. c. a alguém** recomendar algo a alguien

recomendável <-eis> [xekomẽj'davew, -ejs] *adj* recomendable

recompensa [xekõw'pẽjsa] *f* recompensa *f*

recompensar [xekõwpẽj'sar] *vt* recompensar; ~ **alguém por ter feito a. c.** recompensar a alguien por haber hecho algo

recompor-se [xekõw'porsi] *irr como pôr vr* (*pessoa*) recobrarse; **foi difícil me recompor do susto** fue difícil recobrarse del susto

recôncavo [xe'kõwkavu] *m* GEO gruta *f*

reconciliação <-ões> [xekõwsiʎia'sãw, -'õjs] *f* reconciliación *f*

reconciliar [xekõwsiʎi'ar] I. *vt* reconciliar II. *vr:* ~-**se** reconciliarse; ~-**se com alguém** reconciliarse con alguien

recondicionar [xekõwdʒisjo'nar] *vt* reacondicionar

recôndito <-ões> [xe'kõwdʒitu] *m* 1. (*lugar oculto*) escondrijo *m* 2. *fig* parte *f* central

reconduzir [xekõwdu'zir] *vt* devolver

reconfirmar [xekõwfir'mar] *vt* volver a confirmar

reconfortante [xekõwfor'tãŋtʃi] *adj*

reconfortante
reconfortar [xekõwfor'tar] *vt* reconfortar
reconforto [xekõw'fortu] *m* consolación *f*
reconhecer [xekõɲe'ser] <c→ç> *vt* reconocer; **eu reconheci os meus amigos pela voz** reconocí a mis amigos por la voz
reconhecido, -a [xekõɲe'sidu, -a] *adj* **1.** (*grato*) agradecido, -a; **estar ~ por a. c.** estar agradecido por algo **2.** (*conceituado*) reconocido, -a; ~ **oficialmente** reconocido oficialmente
reconhecimento [xekõɲesi'mẽjtu] *m* reconocimiento *m*; ~ **por a. c.** reconocimiento por algo; **fazer o ~ de uma área** hacer el reconocimiento de un área
reconhecível <-eis> [xekõɲe'sivew, -ejs] *adj* reconocible
reconquista [xekõw'kista] *f* reconquista *f*
reconquistar [xekõwkis'tar] *vt* reconquistar; ~ **a confiança de alguém** reconquistar la confianza de alguien
reconsiderar [xekõwside'rar] **I.** *vt* reconsiderar **II.** *vi* **1.** (*mudar de ideia*) cambiar de idea **2.** (*repensar*) repensar
reconstituição <-ões> [xekõwstʃitui'sãw, -'õjs] *f* reconstitución *f*; (*de cena, crime*) reconstrucción *f*
reconstituir [xekõwstʃitu'ir] *conj como incluir vt* reconstituir; (*cena, um crime*) reconstruir
reconstrução <-ões> [xekõwstru'sãw, -'õjs] *f* reconstrucción *f*; **estar em ~** estar siendo reconstruido
reconstruir [xekõwstru'ir] *conj como incluir vt* reconstruir
recontagem [xekõw'taʒẽj] <-ens> *f* recuento *m*
recordação <-ões> [xekorda'sãw, -'õjs] *f* recuerdo *m*; **ter boas/más recordações de alguém/a. c.** tener buenos/malos recuerdos de alguien/algo
recordar [xekor'dar] **I.** *vt* **1.** (*lembrar-se de*) acordarse de, recordar; ~ **alguém/a. c.** acordarse de alguien/algo **2.** (*lembrar*) recordar; ~ **alguém de a. c.** recordar algo a alguien **II.** *vr:* ~**-se** acordarse; ~**-se de alguém/a. c.** acordarse de alguien/algo
recorde [xe'kɔrdʒi] **I.** *adj* récord; **tempo ~** tiempo récord **II.** *m* récord *m;* **bater/estabelecer um ~** batir/establecer un récord
recordista [xekor'dʒista] *mf* plusmarquista *mf;* ~ **mundial** plusmarquista mundial
reco-reco ['xɛku-'xɛku] *m* carraca *f*
recorrência [xeko'xẽjsia] *f* recurrencia *f*
recorrente [xeko'xẽjtʃi] *adj* recurrente
recorrer [xeko'xer] *vi* recurrir; ~ **a novos métodos** recurrir a nuevos métodos; ~ **à justiça** recurrir a la justicia
recortar [xekor'tar] *vt* recortar
recorte [xe'kɔrtʃi] *m* recorte *m*
recostar-se [xekos'tarsi] *vr* recostarse
recreação <-ões> [xekrea'sãw, -'õjs] *f* recreación *f*
recreativo, -a [xekea'tʃivu, -a] *adj* recreativo, -a
recreio [xe'kreju] *m* recreo *m*
recriar [xekri'ar] *vt* recrear
recriminar [xekrimi'nar] *vt* recriminar
recrudescer [xekrude'ser] <c→ç> *vi* recrudecerse
recruta [xe'kruta] *mf* (*pessoa*) recluta *mf*
recrutamento [xekruta'mẽjtu] *m* MIL reclutamiento *m*
recrutar [xekru'tar] *vt* reclutar
recuar [xeku'ar] *vi* retroceder; ~ **diante do perigo** retroceder ante el peligro
recuo [xe'kuu] *m* **1.** (*retrocesso*) retroceso *m* **2.** (*de um edifício*) *distancia mínima que la legislación dispone que la fachada de un edificio debe tener con respecto a los límites del terreno*
recuperação <-ões> [xekupera'sãw, -'õjs] *f* recuperación *f*; **estar em fase de ~** estar en fase de recuperación
recuperar [xekupe'rar] **I.** *vt* recuperar; ~ **os sentidos** recobrar el sentido; ~ **o tempo perdido** recuperar el tiempo perdido **II.** *vr:* ~**-se** recuperarse; ~**-se de a. c.** recuperarse de algo
recuperável <-eis> [xekupe'ravew, -ejs] *adj* recuperable
recurso [xe'kursu] *m* recurso *m;* **como último ~** como último recurso; **interpor um ~** presentar recurso; **tentou um ~ com as autoridades locais** intentó un recurso antes las autoridades locales
recursos [xe'kursus] *mpl* recursos *mpl;* ~**s humanos** recursos humanos; ~**s naturais** recursos naturales; **ser uma**

pessoa de ~s ser una persona de recursos

recurvar-se [xekur'varsi] *vr* inclinarse

recusa [xe'kuza] *f* **1.** (*proposta, convite, pedido*) rechazo *m* **2.** (*negação*) negativa *f*

recusar [xeku'zar] **I.** *vt* rechazar **II.** *vr:* ~**-se** negarse; ~**-se a fazer a. c.** negarse a hacer algo

redação <-ões> [xeda'sãw, -'õjs] *f* redacción *f*; **fazer/escrever uma ~** hacer/escribir una redacción

redator(a) [xeda'tor(a)] <-es> *m(f)* redactor(a) *m(f)*

rede ['xedʒi] *f* **1.** (*geral*) red *f*; ~ **de abastecimento** red de abastecimiento; ~ **de computadores** red de ordenadores; ~ **elétrica** red eléctrica; ~ **de estradas** red viaria; ~ **fixa/móvel** TEL red fija/móvil; **cair na** ~ *inf* caer en la red; **estar ligado na** ~ INFOR estar conectado a la red; **fazer a ~ balançar** *inf* marcar; **ligar os computadores em** ~ conectar los ordenadores en red; **caiu na ~ é peixe** *prov* cualquiera sirve **2.** (*de lojas*) cadena *f*; ~ **bancária** red *f* bancaria; **uma ~ de supermercados** una cadena de supermercados **3.** (*para descansar*) hamaca *f*

rédea ['xɛdʒia] *f* **1.** rienda *f* **2.** *fig* **manter alguém com ~ curta** mantener a alguien atado en corto; **soltar as ~s** dar más libertad; **tomar as ~s da situação** tomar las riendas de la situación

redemoinho [xedemũ'iɲu] *m* remolino *m*

redenção <-ões> [xedẽ'sãw] *f* REL redención *f*

redentor(a) [xedẽj'tor(a)] <-es> *m(f)* redentor(a) *m(f)*

redigir [xedʒi'ʒir] <g→j> *vt* redactar

redimensionar [xedʒimẽjsjo'nar] *vt* redimensionar

redimir [xedʒi'mir] **I.** *vt* REL redimir **II.** *vr:* ~**-se** redimirse; ~**-se de a. c.** redimirse de algo

redirecionar [xedʒiresjo'nar] *vt* INFOR redireccionar

rediscutir [xedʒisku'tʃir] *vt* volver a discutir

redistribuir [xedʒistribu'ir] *conj como incluir vt* redistribuir

redobrado, -a [xedo'bradu, -a] *adj* redoblado, -a

redobrar [xedo'brar] *vt* redoblar

redoma [xe'doma] *f* redoma *f*

redondamente [xedõwda'mẽjtʃi] *adv* rotundamente; **estar ~ enganado** estar rotundamente engañado

redondezas [xedõw'dezas] *fpl* cercanías *fpl;* **nas ~** en las cercanías

redondo, -a [xe'dõwdu, -a] *adj* redondo, -a

redor [xe'dɔr] *adv* **ao** [*ou* **em**] **~ de alguém/a. c.** alrededor de alguien/algo

redução <-ões> [xedu'sãw, -'õjs] *f* reducción *f*

redundância [xedũw'dãnsia] *f* redundancia *f*

redundante [xedũw'dãntʃi] *adj* redundante

redutível <-eis> [xedu'tʃivew, -ejs] *adj* reducible

reduto [xe'dutu] *m* reducto *m*

reduzir [xedu'zir] **I.** *vt* reducir; **as lojas ~am os preços em 20%** las tiendas redujeron los precios un 20% **II.** *vi* AUTO (*marcha*) reducir **III.** *vr:* ~**-se a a. c.** reducirse a algo; ~**-se a fazer o mínimo necessário** limitarse a hacer lo mínimo necesario

reedição <-ões> [xeedʒi'sãw, -'õjs] *f* reedición *f*

reeditar [xeedʒi'tar] *vt* reeditar

reeducar [xeedu'kar] <c→qu> *vt* reeducar

reeleger [xeele'ʒer] <*pp:* reeleito *ou* reelegido; g→j> *vt* reelegir

reeleição <-ões> [xeelej'sãw, -'õjs] *f* reelección *f*

reeleito [xee'lejtu] *pp de* **reeleger**

reembolsar [xeẽjbow'sar] *vt* reembolsar

reembolsável <-eis> [xeẽjbow'savew, -ejs] *adj* reembolsable

reembolso [xeẽj'bowsu] *m* reembolso *m;* ~ **postal** reembolso *m*

reempossar [xeẽjpo'sar] *vt* restituir

reencarnação <-ões> [xeẽjkarna'sãw, -'õjs] *f* reencarnación *f*

reencarnar [xeẽjkar'nar] *vi* reencarnar

reencontrar [xeẽjkõw'trar] *vt* reencontrar

reencontro [xeẽj'kõwtru] *m* reencuentro *m*

reenviar [xeẽjvi'ar] *vt* reenviar

reequilibrar-se [xeikiʎi'brarsi] *vr* volverse a equilibrar

reequipar [xeeki'par] *vt* volver a equipar

reerguer [xeer'ger] I. *vt* levantar II. *vr:* ~-**se** levantarse

reescalonar [xeiskalo'nar] *vt* (*dívida*) volver a escalonar

reescrever [xeiskre'ver] <*pp:* reescrito> *vt* reescribir

reescrito [xeis'kritu] *pp de* **reescrever**

reestreia [xeis'treja] *f* reestreno *m*

reestruturação <-ões> [xeistrutura'sãw, -'õjs] *f* (*empresa, serviço*) reestructuración *f*

reestruturar [xeistrutu'rar] *vt* reestructurar; (*o governo*) remodelar

reexaminar [xeizami'nar] *vt* volver a examinar

ref.ª [xefe'rẽjsia] *abr de* **referência** ref.

refazer [xefa'zer] *irr como* **fazer** I. *vt* rehacer II. *vr:* ~-**se** rehacerse; ~-**se do cansaço** rehacerse del cansancio

refeição <-ões> [xefej'sãw, -'õjs] *f* comida *f*; **durante a** ~ durante la comida

refeito [xe'fejtu] *pp de* **refazer**

refeitório [xefej'tɔriw] *m* comedor *m*

refém <-éns> [xe'fẽj] *mf* rehén *mf*

referência [xefe'rẽjsia] *f* referencia *f*; **fazer** ~ **a alguém/a. c.** hacer referencia a alguien/algo; **com** ~ **a** con referencia a

referencial <-ais> [xeferẽjsi'aw, -'ajs] I. *adj* de la referencia II. *m* referente *m*

referências [xefe'rẽjsias] *fpl* (*para emprego*) referencias *fpl*; **dar** ~ **sobre alguém** dar referencias sobre alguien

referendar [xeferẽj'dar] *vt* refrendar

referendo [xefe'rẽjdu] *m* referéndum *m*; **fazer um** ~ hacer un referéndum

referente [xefe'rẽjtʃi] *adj* ~ **a** referente a

referido, -a [xefi'ridu, -a] *adj* referido, -a

referir [xefi'rir] *irr como* **preferir** I. *vt* referir II. *vr:* ~-**se a** referirse a; **no que se refere a...** en lo que se refiere a...; **eu não me refiro a você, mas a ele** no me refiero a ti, sino a él

refil <-is> [xe'fiw, -'is] *m* recambio *m*

refilmagem [xefiw'maʒẽj] <-ens> *f* nueva filmación *f*

refinado, -a [xefi'nadu, -a] *adj* refinado, -a; **açúcar** ~ azúcar refinado

refinanciamento [xefinãnsja'mẽjtu] *m* refinanciación *f*

refinanciar [xefinãnsi'ar] *vt* refinanciar

refinar [xefi'nar] *vt* refinar

refinaria [xefina'ria] *f* refinería *f*

refis [xe'fis] *m pl de* **refil**

refletir [xefle'tʃir] *irr* I. *vt* 1. (*imagem, luz*) reflejar 2. (*revelar*) reflejar 3. (*meditar*) ~ **sobre a. c.** reflexionar sobre algo II. *vi* reflexionar; **eu preciso de tempo para** ~ necesito tiempo para reflexionar III. *vr:* ~-**se** reflejarse; **o cansaço se refletiu no trabalho** el cansancio se reflejó en su trabajo

refletor [xefle'tor] <-es> *m* reflector *m*

reflexão <-ões> [xeflek'sãw, -'õjs] *f* reflexión *f*

reflexivo, -a [xeflek'sivu, -a] *adj* LING reflexivo, -a

reflexo [xe'flɛksu] *m* reflejo *m*; ~ **condicionado** reflejo condicionado

reflexo, -a [xe'flɛksu, -a] *adj* reflejo, -a

reflexões [xeflek'sõjs] *f pl de* **reflexão**

reflorestamento [xefloresta'mẽjtu] *m* reforestación *f*

reflorestar [xeflores'tar] *vt* reforestar

refluxo [xe'fluksu] *m* reflujo *m*

refogado [xefo'gadu] *m* GASTR sofrito *m*

refogar [xefo'gar] <g→gu> *vt* GASTR rehogar

reforçar [xefor'sar] <ç→c> *vt* reforzar

reforço [xe'forsu] *m* 1. *tb.* ESPORT refuerzo *m* 2. (*de vacina*) revacunación *f*

reforços [xe'fɔrsus] *mpl* MIL refuerzos *mpl*

reforma [xe'fɔrma] *f* 1. (*modificação*) reforma *f*; ~ **agrária** reforma agraria; ~ **ortográfica** reforma ortográfica 2. MIL (*aposentadoria*) retiro *m*

reformado, -a [xefor'madu, -a] I. *adj* reformado, -a II. *m, f* MIL retirado, -a *m, f*

reformar [xefor'mar] *vt* reformar

reformatório [xeforma'tɔriw] *m* reformatorio *m*

reformulação <-ões> [xeformula'sãw, -'õjs] *f* reformulación *f*

reformular [xeformu'lar] *vt* reformular

refração <-ões> [xefra'sãw, -'õjs] *f* refracción *f*

refrão <-ões> [xe'frãw, -'õjs] *m* 1. (*provérbio*) refrán *m* 2. (*estribilho*) estribillo *m*

refratário, -a [xefra'tariw, -a] *adj* refractario, -a

refrear [xefre'ar] *conj como* **passear** *vt* refrenar

refrega [xe'frɛga] *f* refriega *f*

refrescante [xefres'kãntʃi] *adj* refrescante

refrescar [xefres'kar] <c→qu> I. *vt* refrescar II. *vr:* ~-**se** refrescarse

refresco [xe'fresku] *m* zumo *m*; **dar um ~** *fig* dar un respiro

refrigeração <-ões> [xefriʒera'sãw] *f* refrigeración *f*

refrigerador [xefriʒera'dor] <-es> *m* refrigerador *m*

refrigerante [xefriʒe'rãntʃi] **I.** *adj* refrigerante **II.** *m* refresco *m*

refrigerar [xefriʒe'rar] *vt* refrigerar

refrões [xe'frõjs] *m pl de* **refrão**

refugiado, -a [xefuʒi'adu, -a] *m, f* refugiado, -a *m, f*

refugiar-se [xefuʒi'arsi] *vr* refugiarse; **~ da chuva forte** refugiarse de la fuerte lluvia; **~ nos livros** refugiarse en los libros

refúgio [xe'fuʒiw] *m* refugio *m*

refugo [xe'fugu] *m* restos *mpl*

refutar [xefu'tar] *vt* refutar

refutável <-eis> [xefu'tavew, -ejs] *adj* refutable

rega-bofe ['xɛga-bɔfi] *m inf* fiesta *f*

regaço [xe'gasu] *m* regazo *m*

regador [xega'dor] <-es> *m* regadera *f*

regalar-se [xega'larsi] *vr* regalarse; **~ com a. c.** regalarse algo

regalia [xega'ʎia] *f* privilegio *m*

regalo [xe'galu] *m* **1.** (*prazer*) placer *m* **2.** (*comodidade*) comodidad *f*

regar [xe'gar] <g→gu> *vt* regar

regata [xe'gata] *f* regata *f*

regatear [xegatʃi'ar] *conj como passear vi, vt* regatear

regateio [xega'teju] *m* regateo *m*

regato [xe'gatu] *m* riachuelo *m*

regelado, -a [xeʒe'ladu, -a] *adj* congelado, -a

regência [xe'ʒẽjsia] *f* **1.** LING régimen *m* **2.** MÚS dirección *f*

regeneração <-ões> [xeʒenera'sãw] *f* regeneración *f*

regenerar [xeʒene'rar] **I.** *vt* regenerar **II.** *vr:* **-se** regenerarse

regente [xe'ʒẽjtʃi] *mf* (*de orquestra*) director(a) *m(f)*

reger [xe'ʒer] <g→j> *vt* **1.** (*uma orquestra*) dirigir **2.** LING regir **3.** UNIV **~ uma cadeira** ocupar una cátedra

reggae ['xɛgi] *m* MÚS reggae *m*

região <-ões> [xeʒi'ãw, -'õjs] *f* región *f*; **~ metropolitana** región metropolitana

regime [xe'ʒimi] *m* régimen *m*; **~ de excepção** POL estado *m* de excepción; **~ militar** régimen militar; **~ de trabalho** régimen de trabajo; **estar de ~** estar a régimen; **fazer ~** hacer régimen

regimento [xeʒi'mẽjtu] *m* **1.** MIL regimiento *m* **2.** (*normas*) reglamento *m*; **~ interno** reglamento interno

régio ['xɛʒiu] *adj* regio, -a

regiões [xeʒi'õjs] *f pl de* **região**

regional <-ais> [xeʒio'naw, -ajs] *adj* regional

regionalismo [xeʒiona'ʎizmu] *m* POL, LING regionalismo *m*

registrado, -a [xeʒis'tradu, -a] *adj* registrado, -a; (*carta*) certificado, -a; **marca registrada** marca registrada

registradora [xeʒistra'dora] *f* (*máquina*) caja *f* registradora

registrar [xeʒis'trar] *vt* registrar; **~ uma casa em seu nome** registrar una casa a su nombre; **~ uma criança** registrar un niño

registro [xe'ʒistru] *m* **1.** (*documento*) registro *m* **2.** (*repartição*) **~ civil** registro civil **3.** (*chave de torneira*) llave *m* de paso **4.** *inf* (*certidão de nascimento*) partida *f* de nacimiento

regozijar-se [xegozi'ʒarsi] *vr:* **~ com a. c.** regocijarse con algo

regozijo [xego'ziʒu] *m* regocijo *m*

regra ['xɛgra] *f* regla *f*; **~ geral** regla general; **~ de três** MAT regla de tres; **excepção à ~** excepción que confirma la regla; **cumprir as ~s** cumplir las reglas; **estabelecer ~s** establecer reglas; **fugir à ~** salirse de la regla; **via de ~,...** por regla general,...

regrado, -a [xe'gradu, -a] *adj* (*vida*) metódico, -a

regravar [xegra'var] *vt* regrabar

regredir [xegre'dʒir] *irr como preferir vi* retroceder

regressão <-ões> [xregre'sãw, -'õjs] *f* regresión *f*

regressar [xegre'sar] *vi* (*voltar*) regresar; **~ à casa** regresar a casa

regressivo, -a [xegre'sivu, -a] *adj* regresivo, -a; **contagem regressiva** cuenta atrás

regresso [xe'grɛsu] *m* regreso *m*; **~ à casa** regreso a casa

regressões [xregre'sõjs] *f pl de* **regressão**

régua ['xɛgwa] *f* regla *f*

regulação <-ões> [xegula'sãw, -'õjs] *f* ECON regulación *f*

regulador [xegula'dor] <-es> *m* regulador *m*

regulador(a) [xegula'dor(a)] *adj* regulador(a)

regulagem [xegu'laʒēj] <-ens> f regulación f
regulamentação <-ões> [xegulamẽjta'sãw, -'õjs] f reglamentación f
regulamentar¹ [xegulamẽj'tar] vt reglamentar
regulamentar² [xegulamẽj'tar] <-es> adj reglamentario, -a
regulamento [xegula'mẽjtu] m reglamento m
regular¹ [xegu'lar] I. vt regular II. vi inf (pessoa, cabeça) funcionar; **ele não regula bem** no está bien de la cabeza
regular² [xegu'lar] <-es> adj regular
regularidade [xegulari'dadʒi] f regularidad f
regularização <-ões> [xegulariza'sãw, -'õjs] f regularización f
regularizar [xegulari'zar] I. vt regularizar II. vr: **~-se** regularizarse; **a situação já se regularizou** la situación ya se regularizó
regularmente [xegular'mẽjtʃi] adv regularmente
regulável <-eis> [xegu'lavew, -ejs] adj regulable
regurgitar [xegurʒi'tar] vi regurgitar
rei ['xej] m rey m; **os Reis Magos** los Reyes Magos; **ter o ~ na barriga** creerse el no va más
reidratação [xeidrata'sãw] f sem pl rehidratación f
reinado [xej'nadu] m reinado m
reinar [xej'nar] vi reinar; **reinava uma grande confusão** reinaba una gran confusión
reincidência [xeĩjsi'dɛjsia] f JUR reincidencia f
reincidente [xeĩjsi'dẽjtʃi] adj JUR reincidente
reincidir [xeĩjsi'dʒir] vi JUR reincidir
reiniciar [xeinisi'ar] vt reiniciar
reino ['xejnu] m reino m; **~ animal** reino animal; **~ vegetal** reino vegetal; **Reino Unido** Reino Unido; **viver no ~ da fantasia** fig vivir en el mundo de la fantasía
reintegrar [xeĩjte'grar] I. vt reintegrar; **~ na sociedade** reinsertar en la sociedad II. vr: **~-se** reintegrarse; **~-se à família** reintegrarse a la familia
reiterado, -a [xeite'radu, -a] adj reiterado, -a
reiterar [xeite'rar] vt reiterar
reitor(a) [xej'tor(a)] <-es> m(f) rector(a) m(f)
reitoria [xejto'ria] f rectorado m
reivindicação <-ões> [xejvĩjdʒika'sãw, -'õjs] f (de direitos) reivindicación f
reivindicar [xejvĩjdʒi'kar] <c→qu> vt reivindicar
rejeição <-ões> [xeʒej'sãw, -'õjs] f rechazo m
rejeitar [xeʒei'tar] vt rechazar
rejuvenescer [xeʒuvene'ser] <c→ç> vi rejuvenecer
rejuvenescimento [xeʒuvenesi'mẽjtu] m rejuvenecimiento m
relação <-ões> [xela'sãw, -'õjs] f 1. relación f; **~ amorosa** relación sentimental; **~ de parentesco** relación de parentesco; **dar a sua opinião em ~ a a. c.** dar su opinión en relación a algo; **estabelecer uma ~ entre a. c.** establecer una relación entre algo; **ter uma boa ~ com alguém** tener buenas relaciones con alguien; **em** [ou **com**] **~ a ele/isso, gostaria de dizer que...** con relación a él/eso, me gustaría decir que...; **há uma ~ entre os dois crimes** hay relación entre los dos crímenes; **uma ~ de dez para um** una relación de diez a uno 2. pl relaciones fpl; **relações públicas** relaciones públicas; **cortar relações** cortar relaciones; **estar de relações cortadas com alguém** haber cortado relaciones con alguien; **ter relações com alguém** mantener relaciones con alguien
relacionado, -a [xelasjo'nadu, -a] adj relacionado, -a; **estar ~ com a. c.** estar relacionado con algo; **ele é muito bem ~** está muy bien relacionado
relacionamento [xelasjona'mẽjtu] m relación f
relacionar [xelasjo'nar] I. vt relacionar; **~ os fatos com alguém/a. c.** relacionar los hechos con alguien/algo II. vr: **~-se com alguém** relacionarse con alguien
relações [xela'sõjs] f pl de **relação**
relações-públicas [xela'sõjs-'publikas] mf inv relaciones mf inv públicas; **ele é o ~ da empresa** es el relaciones públicas de la empresa
relâmpago [xe'lãŋpagu] I. m relámpago m; **desaparecer num ~** desaparecer repentinamente II. adj relámpago inv; **ataque ~** ataque relámpago; **visita-~** visita relámpago

relampejar [xelɐ̃pe'ʒar] *vi impess* relampaguear

relance [xe'lɐ̃si] *adv* **de ~** de reojo; **olhar para alguém/a. c. de ~** mirar de reojo a alguien/algo

relapso, -a [xe'lapsu, -a] *adj* negligente

relar [xe'lar] *vt* atormentar

relatar [xela'tar] *vt* relatar

relativamente [xelatʃiva'mẽjtʃi] *adv* **1.**(*em proporção*) relativamente; **a prova foi ~ fácil** la prueba fue relativamente fácil **2.**(*com referência*) en relación

relatividade [xelatʃivi'dadʒi] *f* relatividad *f*

relativo, -a [xela'tʃivu, -a] *adj* relativo, -a; **com relativa frequência** con relativa frecuencia; **este documento é ~ ao mês passado** este documento es relativo al mes pasado; **isso é ~** eso es relativo

relato [xe'latu] *m* relato *m*

relator(a) [xela'tor(a)] <-es> *m(f)* (*de um processo, investigação*) relator(a) *m(f)*

relatório [xela'tɔriw] *m* informe *m*

relaxado, -a [xela'ʃadu, -a] *adj* **1.**(*pessoa, músculo, vida*) relajado, -a **2.**(*desleixado*) descuidado, -a

relaxamento [xelaʃa'mẽtu] *m* relajación *f*

relaxante [xela'ʃɐ̃tʃi] **I.** *adj* relajante **II.** *m* MED relajante *m*

relaxar [xela'ʃar] **I.** *vt* relajar **II.** *vi* **1.**(*descansar*) relajarse; **gosta de ~ ouvindo música** le gusta relajarse escuchando música **2.**(*negligenciar*) **~ em a. c.** descuidarse en algo

relé [xe'le] *m* ELETR relé *m*

relegar [xele'gar] <g→gu> *vt* (*a um segundo plano*) relegar

relembrar [xelẽj'brar] *vt* recordar; **~ alguém de a. c.** recordar algo a alguien

relento [xe'lẽtu] *m* sereno *m;* **dormir ao ~** dormir a la intemperie

reler [xe'ler] *irr como* ler *vt* releer

reles ['xɛʎis] *adj inv* mediocre

relevância [xele'vɐ̃sia] *f* relevancia *f*

relevante [xele'vɐ̃tʃi] *adj* relevante

relevar [xele'var] *vt* (*salientar*) destacar; (*faltas, erros*) perdonar

relevo [xe'levu] *m* relieve *m;* **pôr a. c. em ~** poner algo de relieve

religião <-ões> [xeʎiʒi'ɐ̃w, -'õjs] *f* religión *f*

religiosamente [xeʎiʒiɔza'mẽjtʃi] *adv* religiosamente

religiosidade [xeʎiʒiozi'dadʒi] *f sem pl* religiosidad *f*

religioso, -a [xeʎiʒi'ozu, -'ɔza] **I.** *adj* religioso, -a **II.** *m, f;* religioso, -a *m, f;* **casar no ~** casarse por la iglesia

relinchar [xeʎĩj'ʃar] *vi* relinchar

relíquia [xe'ʎikia] *f* reliquia *f*

relógio [xe'lɔʒiw] *m* reloj *m;* (*de consumo de água, luz, gás*) contador *m;* **~ biológico** reloj biológico; **~ de bolso** reloj de bolsillo; **~ digital** reloj digital; **~ de parede** reloj de pared; **~ de ponto** reloj (de fichar); **~ de precisão** reloj de precisión; **~ de pulso** reloj de pulsera; **~ de sol** reloj de sol; **acertar o ~** poner el reloj en hora; **adiantar/atrasar o ~** adelantar/atrasar el reloj; **correr contra o ~** correr contra el reloj; **dar corda no ~** dar cuerda al reloj; **ser como um ~** funcionar como un reloj

relógio-despertador [xe'lɔʒiw-dʒisperta'dor] <relógios-despertadores> *m* reloj *m* despertador

relojoaria [xeloʒoa'ria] *f* relojería *f*

relojoeiro, -a [xeloʒu'ejru, -a] *m, f* relojero, -a *m, f*

relutância [xelu'tɐ̃sia] *f* reticencia *f;* **fazer a. c. com** ~ hacer algo con reticencia

relutante [xelu'tɐ̃tʃi] *adj* reticente

relutar [xelu'tar] **I.** *vt* resistirse; **~ em fazer a. c.** resistirse a hacer algo **II.** *vi* resistirse; **relutou muito antes de aceitar a proposta** se resistió mucho antes de aceptar la propuesta

reluzente [xelu'zẽjtʃi] *adj* reluciente

reluzir [xelu'zir] *vi* **1.**(*móvel, superfície*) relucir **2.**(*estrela*) brillar

relva ['xɛwva] *f* hierba *f*

remada [xe'mada] *f* palada *f*

remador(a) [xema'dor(a)] <-es> *m(f)* remero, -a *m, f*

remanso [xe'mɐ̃su] *m* remanso *m*

remar [xe'mar] *vi* remar; **~ contra a maré** *fig* nadar contra corriente

remarcação <-ões> [xemarka'sɐ̃w, -'õjs] *f* (*de preços*) nueva fijación *f*

rematar [xema'tar] **I.** *vt* rematar **II.** *vi* (*concluir*) concluir; **para ~, gostaria de dizer que...** para concluir, me gustaría decir que...

remate [xe'matʃi] *m* remate *m*

remediado, -a [xemedʒi'adu, -a] *adj* (*pessoa*) con algunos bienes; **ser ~** no ser ni pobre ni rico

remediar [xemedʒi'ar] *irr como odiar* **I.** *vt* remediar; ~ **a situação com a. c.** evitar la situación con algo **II.** *vr:* ~**-se com a. c.** arreglárselas con algo

remediável <-eis> [xemedʒi'avew, -ejs] *adj* remediable

remédio [xe'mɛdʒiw] *m* **1.** (*medicamento*) medicamento *m*, medicina *m*; ~ **caseiro** remedio *m* casero; **tomar um ~** tomar una medicina **2.** (*para situação*) remedio *m*; **ele não tem ~** no tiene remedio; **isto já não tem ~** esto ya no tiene remedio; **que ~!** ¡qué remedio!

remela [xe'mɛla] *f* legaña *f*

rememorar [xememo'rar] *vt* rememorar

remendar [xemẽj'dar] *vt* **1.** (*pneu*) arreglar **2.** (*roupa*) remendar

remendo [xe'mẽjdu] *m* remiendo *m*

remessa [xe'mɛsa] *f* **1.** (*envio*) envío *m* **2.** (*o que foi enviado*) remesa *f*

remetente [xeme'tẽtʃi] *mf* remitente *mf*

remeter [xeme'ter] **I.** *vt* remitir **II.** *vr:* ~**-se** (*referir-se*) remitirse

remexer [xeme'ʃer] *vt* rebuscar

reminiscência [xemini'sẽjsia] *f* reminiscencia *f*

remissão <-ões> [xemi'sãw, -'õjs] *f* remisión *f*

remissivo, -a [xemi'sivu, -a] *adj* remisorio, -a

remissões [xemi'sõjs] *f pl de* **remissão**

remo ['xemu] *m* remo *m*

remoção <-ões> [xemo'sãw, -'õjs] *f* **1.** (*eliminação*) retirada *f*; ~ **dos destroços** retirada de los destrozos **2.** (*extração*) extracción *f*

remoçar [xemo'sar] <ç→c> *vt* rejuvenecer

remoções [xemo'sõjs] *f pl de* **remoção**

remodelação <-ões> [xemodela'sãw, -'õjs] *f* remodelación *f*

remodelar [xemode'lar] *vt* remodelar; ~ **o governo** remodelar el gobierno

remoer [xemu'er] *conj como roer* **1.** (*moer novamente*) remoler **2.** *fig* rumiar

remontar [xemõw'tar] *vi* remontarse; **esse fato remonta a acontecimentos muito antigos** este hecho se remonta a acontecimientos muy antiguos

rêmora ['xemuɾa] *f* ZOOL rémora *f*

remorso [xe'mɔrsu] *m* remordimiento *m*; **ter/sentir ~ por a. c.** tener/sentir remordimientos por algo

remoto, -a [xe'mɔtu, -a] *adj* remoto, -a; **controle ~** control remoto

removedor [xemove'dor] <-es> *m* quitamanchas *m inv*

remover [xemo'ver] *vt* **1.** (*eliminar, retirar*) quitar; ~ **um obstáculo** quitar un obstáculo **2.** (*deslocar*) transferir

removível <-eis> [xemo'vivew, -ejs] *adj* de quita y pon

remuneração <-ões> [xemunera'sãw, -'õjs] *f* remuneración *f*

remunerado, -a [xemune'radu, -a] *adj* (*trabalho*) remunerado, -a

remunerar [xemune'rar] *vt* remunerar

rena ['xena] *f* reno *m*

renal <-ais> [xe'naw, -ajs] *adj* renal

Renascença [xena'sẽjsa] *f sem pl* HIST Renacimiento *m*

renascentista [xenasẽj'tista] *adj* renacentista

renascer [xena'ser] <c→ç> *vi fig* (*pessoa, interesse, sentimento*) renacer

renascimento [xenasi'mẽjtu] *m fig* renacimiento *m*

Renascimento [xenasi'mẽjtu] *m sem pl* HIST Renacimiento *m*

renda ['xẽjda] *f* **1.** (*em vestuário*) encaje *m* **2.** (*rendimento*) renta *f*; ~ **per capita** ECON renta per cápita; **ter uma ~ mensal de 3 mil reais** tener una renta mensual de tres mil reales; **viver de ~s** vivir de las rentas **3.** (*de um jogo, espetáculo*) ingresos *mpl*

rendado, -a [xẽj'dadu, -a] *adj* de encaje

render [xẽj'der] **I.** *vt* **1.** (*dinheiro, juros, lucro*) rendir; ~ **homenagem a alguém** rendir homenaje a alguien **2.** (*a guarda*) cambiar **II.** *vi* **1.** (*negócio, trabalho, tempo*) rendir; **o dia hoje não rendeu** hoy el día no me rindió; **às vezes o tempo rende, às vezes não** a veces el tiempo rinde, otras veces no **2.** *inf* (*conversa*) durar **III.** *vr:* ~**-se** MIL rendirse; **os soldados se ~am aos inimigos** los soldados se rindieron a los enemigos

rendição <-ões> [xẽjdʒi'sãw, -'õjs] *f* rendición *f*

rendimento [xẽjdʒi'mẽjtu] *m* rendimiento *m*; ~ **anual** rendimiento anual; ~ **familiar** rendimiento familiar; ~ **líquido** rendimiento líquido; **melhorar o ~** mejorar el rendimiento

renegado, -a [xeneˈgadu, -a] *adj* REL renegado, -a

renegar [xeneˈgar] <g→gu> *vt* renegar de

renegociação <-ões> [xenegosjaˈsãw, -ˈõjs] *f* renegociación *f*

renegociar [xenegosiˈar] *vt* (*uma dívida*) renegociar

renhido, -a [xẽˈnidu, -a] *adj* reñido, -a

renitente [xeniˈtẽjtʃi] *adj* obstinado, -a

renomado, -a [xenoˈmadu, -a] *adj* renombrado, -a

renome [xeˈnɔmi] *m* renombre *m;* **de ~** de renombre

renovação <-ões> [xenovaˈsãw, -ˈõjs] *f* renovación *f*

renovar [xenoˈvar] *vt* renovar; **~ a carteira de habilitação** renovar el carnet de conducir

renovável <-eis> [xenoˈvavew, -ejs] *adj* renovable; **energia ~** energía renovable; **fonte ~** fuente renovable

rentabilidade [xẽjtabiʎiˈdadʒi] *f sem pl* rentabilidad *f*

rentável <-eis> [xẽjˈtavew, -ejs] *adj* rentable

rente [ˈxẽjtʃi] **I.** *adj* al cero; **cabelo ~** pelo al cero **II.** *adv* muy cerca de; **~ ao chão/muro** muy cerca del suelo/muro

renúncia [xeˈnũwsia] *f* renuncia *f;* **~ de** [*ou* **a**] **um cargo** renuncia a un cargo

renunciar [xenũwsiˈar] *vi, vt* renunciar

reocupação <-ões> [xeokupaˈsãw, -ˈõjs] *f* MIL reocupación *f*

reocupar [xeokuˈpar] *vt* MIL reocupar

reorganização <-ões> [xeorgɜnizaˈsãw, -ˈõjs] *f* reorganización *f*

reorganizar [xeorgɜniˈzar] *vt* reorganizar

reparação <-ões> [xeparaˈsãw, -ˈõjs] *f* reparación *f*

reparar [xepaˈrar] **I.** *vt* reparar **II.** *vi* reparar; **~ em alguém/a. c.** reparar en alguien/algo; **não repare na bagunça!** ¡no se fije en el follón!; **repare bem!** ¡escucha bien!

reparo [xeˈparu] *m* reparo *m;* **fazer um ~** poner reparos

repartição <-ões> [xepartʃiˈsãw, -ˈõjs] *f* sección *f;* **~ pública** servicio *m* público

repartir [xeparˈtʃir] *vt* repartir; **~ a barra de chocolate em três partes** repartir la chocolatina en tres partes; **~ a riqueza com os menos privilegiados** compartir la riqueza con los menos privilegiados; **~ as tarefas entre os funcionários** repartir las tareas entre los empleados

repassar [xepaˈsar] *vt* **1.** (*uma lição*) repasar **2.** *inf* (*mercadoria*) vender **3.** (*verbas*) transferir

repatriar [xepatriˈar] *vt* repatriar

repavimentar [xepavimẽjˈtar] *vt* volver a pavimentar

repelente [xepeˈlẽjtʃi] *adj, m* repelente *m*

repelir [xepeˈʎir] *irr como preferir vt* **1.** (*um golpe*) repeler **2.** (*uma pessoa*) rechazar

repensar [xepẽjˈsar] *vi, vt* repensar

repente [xeˈpẽjtʃi] *m* **1.** (*movimento, ímpeto*) repente *m;* **de ~** de repente; **ter ~s** tener arrebatos de mal humor **2.** MÚS *canción improvisada*

repentinamente [xepẽjtʃinaˈmẽjtʃi] *adv* repentinamente

repentino, -a [xepẽjˈtʃinu, -a] *adj* repentino, -a

repentista [xepẽjˈtʃista] *mf músico que canta canciones cuyas letras son improvisadas*

repercussão <-ões> [xeperkuˈsãw, -ˈõjs] *f* repercusión *f;* **o filme teve ~ internacional** la película tuvo repercusión internacional

repercutir [xeperkuˈtʃir] **I.** *vt* (*som*) reflejar **II.** *vi* tener repercusiones; **a última polémica ainda está repercutindo** la última polémica sigue teniendo repercusiones **III.** *vr:* **~-se 1.** (*som*) reflejarse **2.** (*ter efeito*) repercutir; **a instabilidade económica se repercute na vida dos cidadãos** la inestabilidad económica repercute en la vida de los ciudadanos

repertório [xeperˈtɔriw] *m* repertorio *m*

repescagem [xepesˈkaʒẽj] <-ens> *f* ESPORT repesca *f*

repetente [xepeˈtẽjtʃi] *adj, mf* repetidor(a) *m(f)*

repetição <-ões> [xepetʃiˈsãw, -ˈõjs] *f* repetición *f*

repetidamente [xepetʃidaˈmẽjtʃi] *adv* repetidamente

repetir [xepiˈtʃir] *irr como preferir* **I.** *vt* repetir **II.** *vi* (*durante a refeição*) repetir **III.** *vr:* **~-se** (*pessoa, situação*) repetirse; **a história se repete** la historia se repite

repetitivo, -a [xepetʃiˈtʃivu, -a] *adj* (*discurso, texto*) repetitivo, -a; **ele é muito ~** es muy repetitivo; **a conversa foi**

repetitiva la conversación fue repetitiva

repicar [xepi'kar] <c→qu> *vi* (*sinos*) repicar

repique [xe'piki] *m* (*som*) repique *m*

replanejamento [xeplɜneʒa'mẽjtu] *m* nueva planificación *f*

replantio [xeplãŋ'tʃiw] *m* replantación *f*

replay [xi'plej] *m* TV repetición *f*

repleto, -a [xe'plɛtu, -a] *adj* repleto, -a; **~ de gente** repleto de gente

réplica ['xɛplika] *f* réplica *f*

replicar [xepli'kar] <c→qu> *vi* replicar

repolho [xe'poʎu] *m* repollo *m*

repor [xe'por] *irr como* **pôr I.** *vt* (*voltar a pôr*) volver a poner; (*dinheiro*) reponer **II.** *vr*: **~-se de a. c.** reponerse de algo; **já me repus do susto de ontem** ya me he repuesto del susto de ayer

reportagem [xepor'taʒẽj] <-ens> *f* reportaje *m*

reportar-se [xepor'tarsi] *vr*: **~ a alguém/a. c.** referirse a alguien/algo

repórter [xe'pɔrter] <-es> *mf* reportero, -a *m*, *f*

repórter fotográfico [xe'pɔrter foto'grafiku] <repórteres fotográficos> *m* reportero *m* gráfico, reportera *f* gráfica

reposição <-ões> [xepozi'sãw, -'õjs] *f* (*de peças, estoque, aparelho*) reposición *f*; **~ hormonal** reposición hormonal

reposicionamento [xepozisjona'mẽjtu] *m* reposicionamiento *m*

reposições [xepozi'sõjs] *f pl de* **reposição**

reposto [xe'postu] *pp de* **repor**

repousado, -a [xepow'zadu, -a] *adj* reposado, -a

repousar [xepow'zar] **I.** *vt* reposar; **~ os pés sobre a cadeira** descansar los pies sobre la silla **II.** *vi* (*pessoa*) reposar

repouso [xe'powzu] *m* reposo *m*; **ficar de** [*ou* **em**] **~** guardar reposo

repreender [xepreẽj'der] *vt* reprender

repreensão <-ões> [xepreẽj'sãw, -'õjs] *f* reprensión *f*

repreensível <-eis> [xepreẽj'sivew, -ejs] *adj* reprensible

repreensões [xepreẽj'sõjs] *f pl de* **repreensão**

represa [xe'preza] *f* pantano *m*

represado, -a [xepre'zadu, -a] *adj* (*águas*) represado, -a; (*sentimentos*) reprimido, -a

represálias [xepre'zaʎias] *fpl* represalias *fpl*

represar [xepre'zar] *vt* represar

representação <-ões> [xeprezẽjta'sãw, -'õjs] *f* **1.** (*geral*) representación *f*; **~ comercial** representación comercial; **~ diplomática** representación diplomática **2.** JUR delegación *f*

representante [xeprezẽj'tãŋtʃi] *mf* representante *mf*; **~ diplomático** representante diplomático; **~ legal** representante legal

representar [xeprezẽj'tar] *vt* representar; **~ alguém no tribunal** representar a alguien ante el tribunal; **esta descoberta representa um grande avanço** este descubrimiento representa un gran avance; **o filho representou o pai na cerimônia** el hijo representó al padre en la ceremonia; **o quadro representa a sociedade da época** el cuadro representa la sociedad de la época

representativo, -a [xeprezẽjta'tʃivu, -a] *adj* representativo, -a

repressão <-ões> [xepre'sãw, -'õjs] *f* represión *f*

repressivo, -a [xepre'sivu, -a] *adj* represivo, -a

repressões [xepre'sõjs] *f pl de* **repressão**

repressor(a) [xepre'sor(a)] <-es> *adj* represor(a)

reprimenda [xepri'mẽjda] *f* reprimenda *f*; **dar uma ~ em alguém** echar una reprimenda a alguien

reprimido, -a [xepri'midu, -a] *adj* reprimido, -a

reprimir [xepri'mir] **I.** *vt* reprimir **II.** *vr*: **~-se** reprimirse

reprisar [xepri'zar] *vt* (*filme, espetáculo*) reponer

reprise [xe'prizi] *f* reposición *f*

reprodução <-ões> [xeprodu'sãw, -'õjs] *f* reproducción *f*

reprodutível <-eis> [xeprodu'tʃivew, -ejs] *adj* reproducible

reprodutor, reprodutriz [xeprodu'tor, -'triz] <-es> *adj* BIO reproductor(a); **aparelho ~** aparato reproductor

reproduzir [xeprodu'zir] **I.** *vt* reproducir **II.** *vr*: **~-se** reproducirse

reprogramar [xeprogrɜ'mar] *vt* volver a programar

reprovação <-ões> [xeprova'sãw, -'õjs] *f* **1.** (*de atitude*) reprobación *f*; **olhar de ~** mirada de reprobación **2.** (*em exame*) suspenso *m*, reprobado *m AmL*

reprovado, -a [xepɾo'vadu, -a] *adj* (*aluno, candidato*) suspenso, -a, reprobado, -a *AmL*; **ser ~ no exame** suspender [*o reprobar AmL*] el examen

reprovador(a) [xepɾova'dor(a)] <-es> *adj* reprobatorio, -a

reprovar [xepɾo'var] **I.** *vt* **1.** (*atitude*) reprobar **2.** (*aluno*) suspender, reprobar *AmL* **II.** *vi* suspender, reprobar *AmL*

reprovável <-eis> [xepɾo'vavew, -ejs] *adj* reprobable

réptil <-eis> ['xɛptʃiw, -ejs] *m* reptil *m*

república [xe'publika] *f* **1.** POL república *f*; **~ Federativa** República Federal **2.** (*residência universitária*) casa *f* de estudiantes

republicano, -a [xepubli'kɜnu, -a] *adj, m, f* republicano, -a *m, f*

repudiar [xepudʒi'ar] *vt* repudiar

repúdio [xe'pudʒiw] *m* repudio *m*; **manifestar ~ a a. c.** manifestar repudio a algo

repugnância [xepug'nɜ̃sia] *f* repugnancia *f*

repugnante [xepug'nɜ̃tʃi] *adj* repugnante

repugnar [xepug'nar] *vi* repugnar; **isso me repugna** eso me repugna

repulsa [xe'puwsa] *f* repulsa *f*; **causar ~ a alguém** causar rechazo a alguien

repulsivo, -a [xepuw'sivu, -a] *adj* repulsivo, -a

reputação <-ões> [xeputa'sɜ̃w, -'õjs] *f* reputación *f*; **ter boa/má ~** tener buena/mala reputación

reputado, -a [xepu'tadu, -a] *adj* reputado, -a

repuxar [xepu'ʃar] *vi* (*pele, roupa*) estirado, -a

repuxo [xe'puʃu] *m* **1.** (*chafariz*) surtidor *m* **2.** reg (*correnteza*) corriente *f*; **aguentar o ~** *fig* aguantar el temporal

requebrado [xeke'bɾadu] *m* bamboleo *m*

requebrar [xeke'bɾar] *vt* bambolear

requeijão <-ões> [xeke'ʒɜ̃w, -'õjs] *m* queso *m* para untar

requentado, -a [xekẽj'tadu, -a] *adj* recalentado, -a; **comida requentada** comida recalentada

requentar [xekẽj'tar] *vt* recalentar

requerente [xeke'ɾẽtʃi] *mf* solicitante *mf*

requerer [xeke'ɾer] *irr como* querer *vt* **1.** (*com requerimento*) requerir; (*um emprego, licença*) solicitar **2.** (*exigir*) requerir; **isso requer muito esforço** eso requiere mucho esfuerzo

requerimento [xekeɾi'mẽjtu] *m* solicitud *f*; **entregar um ~ a alguém** entregar una solicitud a alguien

réquiem ['xɛkiẽj] *m* réquiem *m*

requintado, -a [xekĩj'tadu, -a] *adj* refinado, -a

requinte [xe'kĩtʃi] *m* refinamiento *m*; **~ de perversidade** exceso *m* de perversidad; **roupa com ~** ropa refinada; **fazer a. c. com ~** hacer algo con refinamiento

requisição <-ões> [xekizi'sɜ̃w, -'õjs] *f* solicitud *f*; **preencher uma ~** rellenar una solicitud

requisitado, -a [xekizi'tadu, -a] *adj* solicitado, -a; **ser um profissional muito ~** ser un profesional muy solicitado

requisitar [xekizi'tar] *vt* solicitar

requisito [xeki'zitu] *m* requisito *m*; **preencher os ~s** cumplir los requisitos

rês ['xes] <reses> *f* res *f*

rescaldo [xes'kawdu] *m* rescoldo *m*; **estar em fase de ~** estar apagando los últimos rescoldos; **no ~ da guerra** en los rescoldos de la guerra

rescindir [xesĩj'dʒir] *vt* (*contrato*) rescindir

rescisão <-ões> [xesi'zɜ̃w, -'õjs] *f* (*de contrato*) rescisión *f*

resenha [xe'zẽɲa] *f* PREN (*crítica*) reseña *f*

reserva [xe'zɛrva] *f* **~ florestal** reserva forestal; **~ indígena** reserva indígena; **~ de mercado** reserva de mercado; **~ natural** reserva natural; **sem ~s** sin reservas; **fazer uma ~ num restaurante/hotel** hacer una reserva en un restaurante/hotel; **passar à ~** MIL pasar a la reserva; **ter a. c. de ~** tener algo de reserva; **ter ~s em relação a alguém/a. c.** tener reservas en relación a alguien/algo

reserva [xe'zɛrva] *mf* ESPORT (*suplente*) reserva *mf*; **ir para a ~** pasar a ser reserva

reservado, -a [xezer'vadu, -a] *adj* reservado, -a; **estar ~ a alguém** estar reservado para alguien; **~ o direito de admissão** reservado el derecho de admisión

reservar [xezer'var] **I.** *vt* reservar **II.** *vr*: **~-se** reservarse; **~-se o direito de fazer a. c.** reservarse el derecho de

reservatório [xezerva'tɔriw] *m* depósito *m*

reservista [xezer'vista] *mf* reservista *mf*

reses ['xeses] *f pl de* **rês**

resfolegar [xesfole'gar] <g→gu> *vi* jadear

resfriado [xesfri'adu] *m* resfriado *m*; **pegar um** ~ coger un resfriado

resfriado, -a [xesfri'adu, -a] *adj* resfriado, -a

resfriamento [xesfria'mẽjtu] *m* resfriado *m*

resfriar [xesfri'ar] **I.** *vt* (*água, alimento, pessoa*) enfriar **II.** *vr:* ~-se resfriarse

resgatar [xezga'tar] *vt* **1.** (*hipoteca*) amortizar; (*dívida*) saldar **2.** (*refém, prisioneiro*) rescatar **3.** (*dinheiro*) recuperar

resgate [xez'gatʃi] *m* **1.** (*de hipoteca*) amortización *f*; (*de dívida*) saldo *m* **2.** (*de refém, prisioneiro*) rescate *m* **3.** (*dinheiro*) recuperación *f*

resguardar-se [xezgwar'darsi] *vr:* ~ **de a. c.** resguardarse de algo

resguardo [xez'gwardu] *m* resguardo *m*

residência [xezi'dẽjsia] *f* residencia *f*; ~ **médica** MED residencia médica; **país de** ~ país de residencia

residencial <-ais> [xezidẽjsi'aw, -'ajs] *adj* **1.** (*endereço*) particular **2.** (*bairro*) residencial

residente [xezi'dẽjtʃi] **I.** *adj* residente; **médico** ~ médico residente; **ser** ~ **em alguma cidade** residir en alguna ciudad **II.** *mf* residente *mf*

residir [xezi'dʒir] *vi* residir; **o problema reside na falta de recursos financeiros** el problema reside en la falta de recursos financieros

residual <-ais> [xezidu'aw, -'ajs] *adj* residual

resíduo [xe'ziduu] *m* residuo *m*; ~**s industriais** residuos industriales; ~**s tóxicos** residuos tóxicos

resignação <-ões> [xezigna'sãw] *f* resignación *f*

resignado, -a [xezig'nadu, -a] *adj* resignado, -a; **estar** ~ **com a vida** estar resignado con su vida

resignar-se [xezig'narsi] *vr:* ~ **com a. c.** resignarse a algo; ~ **com a situação** resignarse a la situación

resina [xe'zina] *f* resina *f*

resinoso, -a [xezi'nozu, -'ɔza] *adj* resinoso, -a

resistência [xezis'tẽjsia] *f* resistencia *f*; ~ **do ar** resistencia del aire; ~ **ao sistema** resistencia al sistema; **estar sem** ~ **para correr** no tener resistencia para correr; **oferecer** ~ ofrecer resistencia

resistente [xezis'tẽjtʃi] *adj* resistente; **este material é** ~ **a temperaturas elevadas** este material resiste temperaturas elevadas

resistir [xezis'tʃir] *vi* resistir; ~ **a alguém/a. c.** resistir a alguien/algo; **ela não resiste a uma boa sobremesa** no se resiste a un buen postre; **mal consegue** ~ **ao charme do rapaz** casi no consigue resistir al encanto del mozo

resmungão, -ona <-ões> [xezmũw'gãw, -'ona, -õjs] *adj, m, f* refunfuñón, -ona *m, f*

resmungar [xezmũw'gar] <g→gu> *vi* refunfuñar; ~ **com alguém** refunfuñarle a alguien

resmungões [xezmũw'gõjs] *m pl de* **resmungão**

resmungona [xezmũw'gona] *f v.* **resmungão**

resolução <-ões> [xezolu'sãw, -'õjs] *f* resolución *f*; **tomar uma** ~ tomar una resolución

resoluto, -a [xezo'lutu, -a] *adj fig* resuelto, -a

resolver [xezow'ver] **I.** *vt* resolver; ~ **fazer a. c.** resolver hacer algo **II.** *vi* resolver; **ter muito o que** ~ tener muchas cosas para resolver; **isso não resolve (nada)** eso no resuelve nada **III.** *vr:* ~-se resolverse

resolvido, -a [xezow'vidu, -a] *adj* (*assunto, pessoa*) resuelto, -a

respaldar [xespaw'dar] *vt* respaldar

respaldo [xes'pawdu] *m* (*apoio*) respaldo *m*

respectivamente [xespektʃiva'mẽjtʃi] *adv* respectivamente

respectivo, -a [xespek'tʃivu, -a] *adj* respectivo, -a

respeitado, -a [xespej'tadu, -a] *adj* respetado, -a

respeitador(a) [xespejta'dor(a)] <-es> *adj* que respeta

respeitar [xespej'tar] **I.** *vt* respetar **II.** *vr:* ~-se hacerse respetar

respeitável <-eis> [xespej'tavew, -ejs] *adj* respetable

respeito [xes'pejtu] *m* **1.** (*consideração*) respeto *m*; **dar-se ao** ~ hacerse respetar; **faltar ao ~** faltar al respeto; **ser uma pessoa de ~** ser una persona respetada; **ter ~ por alguém/a. c.** sentir respeto por alguien/algo **2.** (*referência*) **a ~ de** a respecto de; **a este ~** a este respecto; **isso não te diz ~** eso no te incumbe; **no que diz ~ a..., com ~ a...** con respecto a...; **pelo que me diz ~** por lo que me incumbe **3.** *pl* (*cumprimentos*) respetos *mpl*; **os meus ~s** mis respetos

respeitoso, -a [xespej'tozu, -ɔza] *adj* respetuoso, -a

respingar [xespĩj'gar] <g→gu> *vi* salpicar

respiração <-ões> [xespira'sãw] *f* respiración *f*

respirador [xespira'dor] <-es> *m* MED respirador *m*

respirar [xespi'rar] **I.** *vt* respirar; **~ ar puro** respirar aire puro **II.** *vi* respirar; **~ aliviado** respirar aliviado; **~ fundo** respirar hondo; **anda tão ocupada que mal tem tempo de ~** esta tan ocupada que no tiene tiempo ni de respirar

respiratório, -a [xespira'tɔriw, -a] *adj* respiratorio, -a; **aparelho ~** aparato respiratorio

respiro [xes'piru] *m* respiración *f*

resplandecente [xesplãnde'sẽjtʃi] *adj* resplandeciente

resplandecer [xesplãnde'ser] <c→ç> *vi* resplandecer

resplendor [xesplẽj'dor] <-es> *m* resplandor *m*

respondão, -ona <-ões> [xespõw'dãw, -'ona, -õjs] *adj, m, f* respondón, -ona *m, f*

responder [xespõw'der] **I.** *vt* responder; **~ a alguém** responder a alguien; **à bala** responder a balazos; **~ a uma pergunta** responder a una pregunta; **~ por alguém/a. c.** responder por alguien/algo **II.** *vi* **1.** (*geral*) responder **2.** JUR defenderse de una acusación; **~ por tentativa de homicídio** defenderse de una acusación por tentativa de homicidio

respondões [xespõw'dõjs] *m pl de* **respondão**

respondona [xespõw'dona] *f v.* **respondão**

responsabilidade [xespõwsabiʎi'dadʒi] *f* responsabilidad *f*; **um cargo de ~** un cargo de responsabilidad; **falta de ~** falta de responsabilidad; **assumir a ~ por alguém/a. c.** asumir la responsabilidad de alguien/algo

responsabilizar [xespõwsabiʎi'zar] **I.** *vt* responsabilizar; **~ alguém por a. c.** responsabilizar a alguien de algo **II.** *vr:* **~-se por alguém/a. c.** responsabilizarse de alguien/algo; **eu não me responsabilizo por isso/ele** no me responsabilizo de eso/él

responsável <-eis> [xespõw'savew, -ejs] **I.** *adj* responsable; **ser ~ por alguém/a. c.** ser responsable de alguien/algo; **ela é muito ~** es muy responsable **II.** *mf* responsable *mf*; **quem é o ~ pela criança?** ¿quién es el responsable del niño?; **os responsáveis** los responsables

resposta [xes'pɔsta] *f* respuesta *f*; **~ afirmativa** respuesta afirmativa; **~ negativa** respuesta negativa; **dar uma ~ a alguém** dar una respuesta a alguien; **ter sempre uma ~ pronta** tener siempre una respuesta; **eu aguardo uma ~ da sua parte** espero una respuesta suya

resquício [xes'kisiw] *m* resto *m*

ressabiado, -a [xesabi'adu, -a] *adj* (*pessoa*) desconfiado, -a; **ficar ~ com alguém/a. c.** molestarse con alguien/algo

ressaca [xe'saka] *f tb. fig, inf* resaca *f*; **estar de ~** estar con resaca

ressaibo [xe'sajbu] *m* resabio *m*

ressaltar [xesaw'tar] **I.** *vt* resaltar **II.** *vi* resaltar; **ela ressalta bastante do grupo** resalta bastante del grupo

ressalva [xe'sawva] *f* observación *f*; **fazer uma ~** hacer una observación

ressarcimento [xesarsi'mẽjtu] *m* resarcimiento *m*

ressarcir [xesar'sir] *vt* resarcir; **~ alguém de a. c.** resarcir a alguien de algo

ressecamento [xeseka'mẽjtu] *m* resecamiento *m*

ressecar [xese'kar] <c→qu> *vi* (*pele*) resecarse

ressentido, -a [xesẽj'tʃidu, -a] *adj* resentido, -a; **estou ~ com ele** estoy resentido con él

ressentimento [xesẽjtʃi'mẽjtu] *m* (*rancor*) resentimiento *m*; **sem ~s** sin resentimientos

ressentir-se [xesẽj'tʃirsi] *irr como sentir vr* resentirse; **~ de a. c.** resentirse de

algo
ressequido, -a [xese'kidu, -a] *adj* reseco, -a

ressoar [xeso'ar] <*l. pess pres:* ressoo> *vi* resonar

ressonância [xeso'nɑ̃nsia] *f* resonancia *f;* ~ **magnética nuclear** MED resonancia magnética nuclear

ressonar [xeso'nar] *vi* resonar

ressurgimento [xesurʒi'mẽjtu] *m* resurgimiento *m*

ressurreição <-ões> [xesuxej's3̃w, -'õjs] *f* REL resurrección *f*

ressuscitar [xesusi'tar] **I.** *vt* resucitar **II.** *vi* resucitar; ~ **dos mortos** resucitar de entre los muertos

restabelecer [xestabele'ser] <c→ç> **I.** *vt* restablecer **II.** *vr:* ~ -**se** restablecerse

restabelecimento [xestabelesi'mẽjtu] *m* restablecimiento *m*

restante [xes'tɑ̃ntʃi] **I.** *adj* restante; **a quantia** ~ la cantidad restante; **as pessoas** ~ **s** las personas restantes **II.** *m* resto *m;* **os** ~ **s** los restantes

restar [xes'tar] *vi* quedar; **não restou nada** no quedó nada; **não nos resta outra saída** no nos queda otra salida

restauração <-ões> [xestawra's3̃w, -'õjs] *f* restauración *f*

restaurador(a) [xestawra'dor(a)] <-es> *adj, m(f)* restaurador(a) *m(f)*

restaurante [xestaw'rɑ̃ntʃi] *m* restaurante *m*

restaurar [xestaw'rar] *vt* restaurar

réstia ['xɛstʃia] *f* **1.** (*de luz*) haz *m* **2.** (*vislumbre*) atisbo *m;* **uma** ~ **de esperança** un atisbo de esperanza **3.** (*de cebola, alho*) ristra *f*

restinga [xes'tʃiŋga] *f* restinga *f*

restituição <-ões> [xestʃitui's3̃w, -'õjs] *f* (*de bens, dinheiro*) restitución *f;* (*do imposto de renda*) devolución *f*

restituir [xestʃitu'ir] *vt, vi* (*bens, dignidade*) restituir; (*dinheiro*) devolver; ~ **a. c. a alguém** restituir algo a alguien

restituível <-eis> [xestʃitu'ivew, -ejs] *adj* que se puede restituir

resto ['xɛstu] *m* resto *m;* ~ **s de comida** restos de comida; ~ **s mortais** restos mortales; **de** ~ (*aliás*) por lo demás

restrição <-ões> [xestri's3̃w, -'õjs] *f* restricción *f;* **sem restrições** sin restricciones; **impor restrições a alguém** imponer restricciones a alguien

restringir [xestrĩj'ʒir] <g→j> **I.** *vt* restringir; ~ **a. c. ao mínimo** restringir algo al mínimo **II.** *vr:* ~ -**se a a. c.** limitarse a algo

restritivo, -a [xestri'tʃivu, -a] *adj* restrictivo, -a

restrito, -a [xes'tritu, -a] *adj* restringido, -a; **em sentido** ~ en sentido restringido; **um círculo** ~ **de pessoas** un círculo restringido de personas

resultado [xezuw'tadu] *m* resultado *m;* **dar/não dar** ~ dar/no dar resultado

resultante [xezuw't3̃ntʃi] *adj* resultante; ~ **de** resultante de

resultar [xezuw'tar] *vi* resultar; **esse sucesso resulta de muito trabalho** ese éxito es el resultado de mucho trabajo; **as investigações não ~ am em nada** las investigaciones no resultaron en nada

resumido, -a [xezu'midu, -a] *adj* resumido, -a

resumir [xezu'mir] **I.** *vt* resumir; **resumindo...** resumiendo...; **esta frase resume tudo** esta frase resume todo **II.** *vr:* ~ -**se** resumirse

resumo [xe'zumu] *m* resumen *m;* **em** ~ en resumen

resvalar [xezva'lar] *vi* **1.** (*deslizar: carro, terra*) deslizarse **2.** (*roçar*) rozar; **resvalou a mão no braço da moça** rozo el brazo de la chica con su mano

reta ['xeta] *f* recta *f;* ~ **final** ESPORT recta final; **o projeto está na** ~ **final** *inf* el proyecto entra en la recta final

retaguarda [xeta'gwarda] *f* MIL retaguardia *f*

retalhar [xeta'ʎar] *vt* (*cortando*) cortar; (*rasgando*) rasgar; (*dividir*) dividir

retalho [xe'taʎu] *m* retazo *m;* **colcha de** ~ **s** colcha de retazos; **venda a** ~ **s** venta de retazos

retaliação <-ões> [xetaʎia's3̃w, -'õjs] *f* MIL represalia *f;* (*revide*) venganza *f*

retaliar [xetaʎi'ar] *vi* MIL tomar represalias

retangular [xet3̃ŋgu'lar] <-es> *adj* rectangular

retângulo [xe't3̃ŋgulu] *m* rectángulo *m*

retângulo, -a [xe't3̃ŋgulu, -a] *adj* rectángulo, -a

retardado, -a [xetar'dadu, -a] *adj* retrasado, -a

retardar [xetar'dar] *vt* retardar

retardatário, -a [xetarda'tariw, -a] *m, f*

persona *f* que llega tarde

retardo [xe'tardu] *m* retraso *m;* **~ mental** retraso mental

retenção <-ões> [xetẽj'sãw] *f* retención *f*

reter [xe'ter] *irr como* ter *vt* **1.** (*geral*) retener **2.** (*lágrimas*) contener

retesado, -a [xete'zadu, -a] *adj* tenso, -a

reticências [xetʃi'sējsias] *fpl* puntos *mpl* suspensivos

reticente [xetʃi'sējtʃi] *adj* reticente

retículo [xe'tʃikulu] *m* retícula *f*

retidão <-ões> [xetʃi'dãw, -õjs] *f* rectitud *f*

retido, -a [xe'tʃidu, -a] *adj* retenido, -a; **imposto ~ na fonte** impuesto deducido en origen

retidões [xetʃi'dõjs] *f pl de* **retidão**

retificação <-ões> [xetʃifika'sãw, -'õjs] *f* rectificación *f*

retificar [xetʃifi'kar] <c→qu> *vt* rectificar; **~ o motor** hacer la puesta a punto del motor

retilíneo, -a [xetʃi'ʎiniw, -ea] *adj* rectilíneo, -a

retina [xe'tʃina] *f* retina *f*

retintim <-ins> [xetʃĩj'tʃĩj] *m* tintineo *m*

retinto, -a [xe'tʃĩtu, -a] *adj* retinto, -a

retirada [xetʃi'rada] *f* MIL retirada *f;* **bater em ~** batirse en retirada

retirado, -a [xetʃi'radu, -a] *adj* retirado, -a

retirante [xetʃi'rãtʃi] *mf* emigrante *f* de una región pobre a otra considerada más prometedora

retirar [xetʃi'rar] **I.** *vt* retirar; **~ a. c. de circulação** retirar algo de la circulación; **eu retiro o que disse** retiro lo que dije **II.** *vr:* **~-se** retirarse; **~-se da vida pública** retirarse de la vida pública

retiro [xe'tʃiru] *m* retiro *m;* **~ espiritual** retiro espiritual

reto ['xɛtu] *m* ANAT recto *m*

reto, -a ['xɛtu, -a] *adj* recto, -a; **ângulo ~** ángulo recto

retocar [xeto'kar] <c→qu> *vt* retocar

retomada [xeto'mada] *f* **1.** (*de obras, do crescimento*) reanudación *f* **2.** (*de um lugar*) recuperación *f*

retomar [xeto'mar] *vt* **1.** (*atividade, conversações*) retomar **2.** (*lugar*) recuperar

retoque [xe'tɔki] *m* retoque *m;* **dar um ~ em a. c.** hacer un retoque a algo; **dar os últimos ~s** *fig* dar los últimos retoques

retorcer [xetor'ser] <c→ç> **I.** *vt* retorcer **II.** *vr:* **~-se** retorcerse; **~-se de dor** retorcerse de dolor

retórica [xe'tɔrika] *f* retórica *f*

retórico, -a [xe'tɔriku, -a] *adj* retórico, -a; **pergunta retórica** pregunta retórica

retornar [xetor'nar] *vi* retornar; **~ ao lar** retornar al hogar

retorno [xe'tornu] *m* retorno *m;* **~ ao lar** retorno al hogar

retorquir [xetor'kir] *vi* replicar

retraído, -a [xetra'idu, -a] *adj* (*pessoa*) retraído, -a

retrair [xetra'ir] *conj como* sair **I.** *vt* (*membro*) retraer **II.** *vr:* **~-se** retraerse

retranca [xe'trãŋka] *f* ESPORT cerrojo *m*

retrasado, -a [xetra'zadu, -a] *adj* pasado, -a; **semana retrasada** semana pasada

retratação <-ões> [xetrata'sãw, -'õjs] *f* retractación *f*

retratar [xetra'tar] **I.** *vt* **1.** (*pintar, desenhar, descrever*) retratar **2.** (*acusação, palavra*) retractarse de **II.** *vr:* **~-se** retractarse

retrátil <-eis> [xe'tratʃiw, -ejs] *adj* retráctil

retrato [xe'tratu] *m* retrato *m;* **~ falado** retrato robot [*o* hablado *AmL*]

retribuição <-ões> [xetribui'sãw, -'õjs] *f* **1.** (*de um favor*) devolución *f* **2.** (*recompensa*) retribución *f*

retribuir [xetribu'ir] *conj como* incluir *vt* **1.** (*visita*) devolver; **~ um favor/cumprimentos a alguém** devolver un favor/los agradecimientos a alguien **2.** (*recompensar*) retribuir; **queremos ~ a sua atenção com um convite** queremos retribuir su atención con una invitación

rétro ['xɛtru] *adj inv* retro

retroagir [xetroa'ʒir] <g→j> *vi* tener efecto retroactivo

retroalimentação <-ões> [xetroaʎimẽjta'sãw, -'õjs] *f* retroalimentación *f*

retroativo, -a [xetroa'tʃivu, -a] *adj* (*efeito*) retroactivo, -a

retroceder [xetrose'der] *vi* retroceder

retrocesso [xetro'sɛssu] *m* retroceso *m*

retrógrado, -a [xe'trɔgradu, -a] *adj* retrógrado, -a

retroprojetor [xɛtroproʒe'tor] <-es> *m* retroproyector *m*

retrospectiva [xetrospek'tʃiva] *f* retrospectiva *f*; **em ~** en retrospectiva
retrospectivo, -a [xetrospek'tʃivu, -a] *adj* retrospectivo, -a
retroversão <-ões> [xetrover's3w, -'õjs] *f* retroversión *f*
retrovírus [xetro'virus] *m inv* retrovirus *m inv*
retrovisor [xetrovi'zor] <-es> *m* (*espelho*) retrovisor *m*
retrucar [xetru'kar] <c→qu> *vt* responder
retumbante [xetūw'bãntʃi] *adj* (*sucesso*) clamoroso, -a
retumbar [xetūw'bar] *vi* retumbar
returno [xe'turnu] *m* ESPORT vuelta *f*
réu, ré ['xɛw, 'xɛ] *m, f* reo, -a *m, f*
reumático, -a [xew'matʃiku, -a] *adj, m, f* reumático, -a *m, f*
reumatismo [xewma'tʃizmu] *m sem pl* reumatismo *m*
reumatologia [xewmatolo'ʒia] *f sem pl* reumatología *f*
reumatologista [xewmatolo'ʒista] *mf* reumatólogo, -a *m, f*
reunião <-ões> [xeuni'3w, -'õjs] *f* reunión *f*; **~ de cúpula** cumbre *f*; **estar em ~** estar reunido, -a; **fomos a uma ~ na casa de amigos** fuimos a una reunión en casa de amigos
reunificação <-ões> [xenunifika's3w, -'õjs] *f sem pl* reunificación *f*
reunificar [xeunifi'kar] <c→qu> *vt* reunificar
reunir [xeu'nir] *vt* reunir
reurbanização <-ões> [xeurbɜniza-'s3w, -'õjs] *f* reurbanización *f*
reutilizar [xeutʃiʎi'zar] *vt* reutilizar
revalidação <-ões> [xevaʎida's3w, -'õjs] *f* (*de diploma*) convalidación *f*
revalidar [xevaʎi'dar] *vt* convalidar
revanche [xe'vãnʃi] *f* revancha *f*
réveillon [xevej'õw] *m* fin *m* de año
revelação <-ões> [xevela's3w, -'õjs] *f* 1. (*de segredo, escândalo*) revelación *f*; **fazer uma ~** hacer una revelación 2. FOTO revelado *m*
revelar [xeve'lar] I. *vt* revelar; **mandar ~ um filme** mandar revelar un carrete II. *vr*: **~-se** revelarse; **~-se a alguém** revelarse a alguien; **a tarefa se revelou muito difícil** la tarea se reveló muy difícil
revelia [xeve'ʎia] *adv* JUR **à ~** en rebeldía
revenda [xe'vẽjda] *f* reventa *f*
revendedor(a) [xevẽjde'dor(a)] <-es> *m(f)* concesionario, -a *m, f*
revender [xevẽj'der] *vt* (*automóveis*) vender
rever [xe'ver] *irr como ver vt* 1. (*tornar a ver*) volver a ver 2. (*para corrigir*) revisar 3. (*a matéria*) repasar
reverberar [xeverbe'rar] *vi* reverberar
reverência [xeve'rẽjsia] *f* reverencia *f*; **fazer uma ~** hacer una reverencia; **ter ~ por alguém** reverenciar a alguien
reverenciar [xeverẽjsi'ar] *vt* reverenciar
reverendo [xeve'rẽjdu] *m* reverendo *m*
reversível <-eis> [xever'sivew, -ejs] *adj* reversible
reverso [xe'vɛrsu] *m* reverso *m*; **o ~ da medalha** el reverso de la medalla
reverter [xever'ter] *vi* volver; **~ para o Estado** volver al poder del Estado; **~ a favor de alguém** redundar en favor de alguien
revertério [xever'tɛriw] *m inf* vuelco *m*
revés [xe'vɛs] <-es> *m tb. fig* revés *m*; **ao ~** al revés; **de ~** de reojo
revestimento [xevestʃi'mẽjtu] *m* revestimiento *m*
revestir [xevis'tʃir] *irr como vestir vt* revestir; **~ a gaveta com papel** revestir el cajón con papel; **~ o chão de madeira** revestir el suelo con madera
revezamento [xeveza'mẽjtu] *m* ESPORT relevo *m*
revezar [xeve'zar] I. *vt* relevar II. *vr*: **~-se** relevarse
revidar [xevi'dar] *vt* responder
revide [xe'vidʒi] *m* respuesta *f*
revigorante [xevigo'rãntʃi] *adj* vigorizante
revigorar [xevigo'rar] I. *vt* (*uma lei*) volver a dar vigencia a II. *vr*: **~-se** fortalecerse
revirado, -a [xevi'radu, -a] *adj* (*casa, quarto, estômago*) revuelto, -a; **os ladrões deixaram tudo ~** los ladrones dejaron todo revuelto
revirar [xevi'rar] I. *vt* 1. (*os olhos*) dar vueltas a 2. (*casa, gaveta, estômago*) revolver 3. (*tornar a virar*) dar la vuelta a II. *vr*: **~-se** revolverse; **~-se na cama** revolverse en la cama
reviravolta [xevira'vɔwta] *f* 1. (*cambalhota*) voltereta *f* 2. *fig* vuelco *m*; **dar uma ~** dar un vuelco
revisão <-ões> [xevi'z3w, -'õjs] *f* revisión *f*; **tenho que mandar o carro para a ~** tengo que llevar el coche a la revisión

revisar [xevi'zar] *vt* revisar
revisitar [xevizi'tar] *vt* volver a visitar
revisões [xevi'zöjs] *f pl de* **revisão**
revisor(a) [xevi'zor(a)] <-es> *m(f) (em editora)* corrector(a) *m(f);* ~ **de texto** corrector de pruebas
revista [xe'vista] *f* 1. PREN revista *f;* ~ **científica** revista científica 2. *(busca, inspeção)* registro *m;* **passar em** ~ pasar revista 3. TEAT teatro de ~ teatro de variedades
revistar [xevis'tar] *vt (casa, pessoa)* registrar
revisto [xe'vistu] *pp de* **rever**
revitalizar [xevitaʎi'zar] *vt* revitalizar
reviver [xevi'ver] *vt* revivir; ~ **os velhos tempos** revivir los viejos tiempos
revoada [xevu'ada] *f* bandada *f*
revogação <-ões> [xevoga'sãw, -'õjs] *f (de lei, sentença)* revocación *f; (de ordem)* anulación *f*
revogar [xevo'gar] <g→gu> *vt (uma lei, sentença, decisão)* revocar; *(uma ordem)* anular
revogável <-eis> [xevo'gavew, -ejs] *adj* revocable
revolta [xe'vɔwta] *f* 1. *(popular)* revuelta *f* 2. *(moral)* indignación *f*
revoltado, -a [xevow'tadu, -a] *adj* 1. indignado, -a; **estar** ~ **com alguém/com a. c.** estar indignado con alguien/por algo 2. *inf (inconformado)* inconforme
revoltante [xevow'tãntʃi] *adj* indignante
revoltar [xevow'tar] I. *vt* indignar II. *vr:* ~-**se** rebelarse; ~-**se contra alguém/a. c.** rebelarse contra alguien/algo
revolto, -a [xe'vowtu, -a] *adj (mar, cabelo)* revuelto, -a
revoltoso, -a [xevow'tozu, -'ɔza] *m, f* revoltoso, -a *m, f*
revolução <-ões> [xevolu'sãw, -'õjs] *f* revolución *f;* ~ **industrial** revolución industrial
revolucionar [xevolusjo'nar] *vt* revolucionar
revolucionário, -a [xevolusjo'nariw, -a] *adj, m, f* revolucionario, -a *m, f*
revoluções [xevolu'sõjs] *f pl de* **revolução**
revolver [xevow'ver] *vt* 1. *(a terra)* remover 2. *(papéis, roupa)* revolver 3. *(livros)* examinar
revólver [xe'vɔwver] <-es> *m* revólver *m*

reza ['xɛza] *f* rezo *m*
rezar [xe'zar] I. *vt (uma oração)* rezar; *(a missa)* decir; ~ **o terço** rezar el rosario; ~ **a Deus** rezar a Dios; ~ **a Deus por alguém** rezar a Dios por alguien; **reza a lenda...** dice la leyenda... II. *vi* rezar
Rh [ɛxja'ga] *m* Rh *m;* **fator** ~ factor Rh
riacho [xi'aʃu] *m* riachuelo *m*
ribalta [xi'bawta] *f* escenario *m;* **estar na** ~ estar en el escenario
ribanceira [xibãŋ'sejra] *f* 1. *(rampa)* rampa *f* 2. *(margem, precipício)* barranco *m*
ribeira [xi'bejra] *f* 1. *(margem de rio)* ribera *f* 2. *(rio pequeno)* riachuelo *f*
ribeirão <-ões> [xibej'rãw, -'õjs] *m* arroyo *m*
ribeirinho, -a [xibej'rĩɲu, -a] *adj* ribereño, -a; **população ribeirinha** población ribereña
ribeiro [xi'bejru] *m* riachuelo *m*
ribeirões [xibej'rõjs] *m pl de* **ribeirão**
ricaço, -a [xi'kasu, -a] *adj, m, f inf* ricachón, -ona *m, f*
rícino ['xisinu] *m* ricino *m;* **óleo de** ~ aceite de ricino
rico, -a ['xiku, -a] I. *adj* rico, -a; **alimento** ~ **em vitaminas** alimento rico en vitaminas; **um** ~ **jantar** una cena deliciosa II. *m, f* rico, -a *m, f*
ricochetear [xikoʃetʃi'ar] *conj como passear vi* rebotar
ricota [xi'kɔta] *f* queso *m* ricotta
ridicularizar [xidʒikulari'zar] *vt* ridiculizar
ridículo [xi'dʒikulu] *m* ridículo *m;* **expor alguém/a. c. ao** ~ poner a alguien/algo en ridículo; **prestar-se ao** ~ ponerse en ridículo; **o** ~ **da situação é...** lo ridículo de la situación es...
ridículo, -a [xi'dʒikulu, -a] *adj* ridículo, -a; **recebeu uma quantia ridícula de indenização** recibió de indemnización una cantidad ridícula
rifa ['xifa] *f* rifa *f*
rifar [xi'far] *vt* 1. *(sortear)* rifar 2. *inf (descartar-se)* abandonar; ~ **os amigos** abandonar a los amigos
rifle ['xifli] *m* rifle *m*
rigidez [xiʒi'des] <-es> *f* rigidez *f*
rígido, -a ['xiʒidu, -a] *adj* rígido, -a
rigor [xi'gor] <-es> *m* rigor *m;* **a** ~ en realidad
rigorosamente [xigorɔza'mẽntʃi] *adv* rigurosamente

rigoroso, -a [xigo'rozu, -'ɔza] *adj* riguroso, -a

rijo, -a ['xiʒu, -a] *adj* **1.** (*material*) rígido, -a **2.** (*carne*) duro, -a **3.** (*pessoa*) robusto, -a

rim ['xĩj] <rins> *m* riñón *m*

rima ['xima] *f* rima *f*

rimar [xi'mar] *vi* rimar

rímel <-eis> ['ximew, -ejs] *m* rímel *m*

rincão <-ões> [xĩj'kãw, -'õjs] *m* rincón *m*

ringue ['xĩjgi] *m* (*boxe*) ring *m*

rinha ['xĩɲa] *f reg* (*briga*) pelea *f*

rinite [xi'nitʃi] *f* MED rinitis *f*; ~ **alérgica** rinitis alérgica

rinoceronte [xinose'rõwtʃi] *m* rinoceronte *m*

rinque ['xĩjki] *m* ESPORT pista *f* de patinaje

rins ['xĩjs] *m pl de* **rim**

rio ['xiw] *m* río *m*; ~ **abaixo/acima** río abajo/arriba; **derramar um ~ de lágrimas** deshacerse en lágrimas; **ganhar ~s de dinheiro** ganar dinero a raudales

Rio Branco ['xiw 'brɜ̃ŋku] *m* Rio Branco *m*

Rio de Janeiro ['xiw dʒi ʒa'nejru] *m* Rio de Janeiro *m*

> **Gramática** En portugués, delante de los nombres de las ciudades no se pone artículo determinado. La excepción son los nombres de ciudades que tienen una referencia topográfica, como **Rio de Janeiro**: "Em Oslo faz muito frio, no Rio de Janeiro, muito calor."

Rio Grande do Norte ['xiw'grɜ̃ŋdʒi du 'nɔrtʃi] *m* Rio Grande do Norte *m*

Rio Grande do Sul ['xiw 'grɜ̃ŋdʒi du 'suw] *m* Rio Grande do Sul *m*

ripa ['xipa] *f* tira *f*

riqueza [xi'keza] *f* riqueza *f*; ~ **de recursos naturais** riqueza de recursos minerales

rir ['xir] *irr* **I.** *vi* reír; ~ **às gargalhadas** reír a carcajadas; **é de morrer de ~!** ¡es de morirse de risa!; **quem ri por último, ri melhor** *prov* el que ríe el último, ríe mejor **II.** *vr:* ~**-se** reírse; ~**-se de alguém/a. c.** reírse de alguien/algo; ~**-se na cara de alguém** reírse en la cara de alguien

risada [xi'zada] *f* carcajada *f*; **dar uma ~** soltar una carcajada

risca ['xiska] *f* (*em vestuário, no cabelo*) raya *f*; **cumprir a. c. à ~** cumplir algo a rajatabla

riscado, -a [xis'kadu, -a] *adj* **1.** (*papel, disco, carro*) rayado, -a **2.** (*palavra*) tachado, -a

riscar [xis'kar] <c→qu> *vt* **1.** (*um papel*) rayar; (*uma palavra, frase*) tachar **2.** (*de uma lista, da memória*) borrar **3.** (*um fósforo*) encender

risco ['xisku] *m* **1.** (*traço*) raya *f* **2.** (*perigo*) riesgo *m*; **correr o ~ de...** correr el riesgo de...; **correr ~ de vida** correr peligro de morir; **não correr ~s** no correr riesgos; **pôr a. c. em ~** poner algo en peligro

risível <-eis> [xi'zivew, -ejs] *adj* risible

riso ['xizu] *m* risa *f*; **rir** [*ou* **dar**] **um ~ amarelo** reír forzadamente

risonho, -a [xi'zõɲu, -a] *adj* (*pessoa, cara*) risueño, -a

risoto [xi'zotu] *m* risoto *m*

rispidez [xispi'des] *f sem pl* rudeza *f*

ríspido, -a ['xispidu, -a] *adj* rudo, -a

rissole [xi'zɔʎi] *m empanada rellena de carne o queso, hecha con una masa que se reboza antes de freírla*

riste ['xistʃi] *adv* **dedo em ~** con el dedo levantado

ritmado, -a [xitʃ'madu, -a] *adj* cadenciado, -a

rítmico, -a ['xitʃmiku, -a] *adj* rítmico, -a

ritmo ['xitʃmu] *m* ritmo *m*; ~ **biológico** ritmo biológico; ~ **cardíaco** ritmo cardíaco; ~ **de trabalho** ritmo de trabajo

rito ['xitu] *m* rito *m*

ritual <-ais> [xitu'aw, -'ajs] *adj, m* ritual

rival <-ais> [xi'vaw, -'ajs] *mf* rival *mf*

rivalidade [xivaʎi'dadʒi] *f* rivalidad *f*

rivalizar [xivaʎi'zar] *vt* rivalizar

rixa ['xiʃa] *f* pelea *f*

RNA [ɛxjeni'a] *m abr de* **ácido ribonucleico** RNA *m*

robalo [xo'balu] *m* róbalo *m*

robe ['xɔbi] *m* albornoz *m*

robô [xo'bo] *m* robot *m*

robótica [xo'bɔtʃika] *f* robótica *f*

robustez [xobus'tes] *f sem pl* robustez *f*

robusto, -a [xo'bustu, -a] *adj* robusto, -a

roca ['xɔka] *f* peñasco *m*

roça ['xɔsa] *f* **1.** AGR terreno *m* **2.** (*campo*) campo *m*

roçado, -a [xo'sadu, -a] *adj* (*roupa*) desgastado, -a

rocambole [xokɜ̃ŋ'bɔʎi] *m* brazo *m* de gitano

roçar [xo'sar] <ç→c> I. *vt* (*tocar*) rozar; (*roupa*) arrastrar II. *vr*: ~-**se** restregarse; **os gatos se roçam nas pernas da cadeira** los gatos se restriegan contra las patas de la silla

roceiro, -a [xo'sejru, -a] *m, f* campesino, -a *m, f*

rocha ['xɔʃa] *f tb. fig* roca *f*; (*rochedo*) peñasco *m*; **ela é uma ~ e não se abala com os problemas** es como una roca y los problemas no la afligen

rochedo [xo'ʃedu] *m* peñasco *m*

rochoso, -a [xo'ʃozu, -'ɔza] *adj* rocoso, -a

rock ['xɔki] *m* rock *m*

rococó [xoko'kɔ] *m* rococó *m*

roda ['xɔda] *f* 1. (*objeto*) rueda *f*; ~ **dianteira/traseira** rueda delantera/trasera; ~ **do leme** timón *m* 2. (*círculo*) corro *m*; **fazer uma ~ em torno de alguém/a. c.** hacer un corro en torno a alguien/algo 3. (*grupo*) círculo *m*; **uma ~ de amigos** un círculo de amigos; **botar um assunto na ~** *inf* introducir un tema de conversación; **circular nas altas ~s** moverse entre la alta sociedad 4. (*jogo*) **brincar de ~** jugar al corro 5. (*de saia*) vuelo *m*

rodada [xo'dada] *f* 1. (*automóvel*) vuelta *f*; **dar uma ~ pela cidade** dar una vuelta por la ciudad; **deu uma ~ e quase saiu da pista** dio la vuelta y casi se salió de la pista 2. (*bebida*) ronda *f*; **pagar uma ~** pagar una ronda 3. ESPORT (*de um campeonato*) jornada *f*

rodado, -a [xo'dadu, -a] *adj* 1. (*saia*) con vuelos 2. (*quilômetro*) recorrido, -a 3. *inf* (*pessoa*) manoseado, -a

roda-gigante [xɔda-ʒi'gɜ̃ntʃi] <rodas-gigantes> *f* noria *f*, vuelta *f* al mundo *Arg*, rueda *f* de la fortuna *Méx*

rodamoinho [xɔdamu'iɲu] *m* remolino *m*

rodapé [xɔda'pɛ] *m* 1. ARQUIT zócalo *m* 2. (*de folha*) pie *m* de página; **nota de ~** nota al pie de página

rodar [xo'dar] I. *vt* 1. (*um botão, a chave, a cabeça*) girar 2. (*viajar*) rodar por 3. (*um filme*) rodar II. *vi* 1. (*girar*) girar; ~ **de mão em mão** pasar de mano en mano 2. *inf* (*num exame*) suspender; (*no emprego*) perder el trabajo

roda-viva ['xɔda-'viva] <rodas-vivas> *f* ajetreo *m*; **andar numa ~** estar muy ajetreado

rodeado, -a [xodʒi'adu, -a] *adj* rodeado, -a

rodear [xodʒi'ar] *conj como passear vt* rodear

rodeio [xo'deju] *m* rodeo *m*

rodeios [xo'dejus] *mpl* rodeos *mpl*; **falar sem ~** hablar sin rodeos; **fazer ~** ir con rodeos

rodela [xo'dɛla] *f* rodaja *f*; **cortar a. c. em ~s** cortar algo en rodajas

rodízio [xo'dʒiziw] *m* 1. (*de automóveis*) prohibición *f* de la circulación de vehículos por el centro de la ciudad en función del número de la matrícula y del día de la semana 2. **restaurante ~** buffet *m* libre

rodo ['xodu] *m* cepillo *m*; **a ~** mucho

rodopiar [xodopi'ar] *vi* arremolinarse

rodopio [xodo'piw] *m* remolino *m*

rodovia [xodo'via] *f* carretera *f*

rodoviária [xodovi'aria] *f* estación *f* de autobuses

rodoviário, -a [xodovi'ariw, -a] *adj* (*de estrada*) de la carretera; (*de trânsito*) rodado, -a; (*de transporte*) por carretera

roedor [xoe'dor] <-es> *m* ZOOL roedor *m*

roedor(a) [xoe'dor(a)] *adj* roedor(a)

roer [xo'er] *irr* I. *vt* roer; ~ **as unhas** comerse la uñas II. *vi* roer; **duro de ~** *inf* duro de roer III. *vr*: ~-**se de a. c.** consumirse de algo; ~-**se de inveja** consumirse de envidia

rogado, -a [xo'gadu, -a] *adj* **fazer-se de ~** hacerse de rogar

rogar [xo'gar] <g→gu> *vt* rogar; ~ **a. c. a alguém** rogar algo a alguien; ~ **pragas a alguém** echar pestes contra alguien

roído, -a [xo'idu, -a] *adj* roído, -a

rojão <-ões> [xo'ʒɜ̃w, -'õjs] *m* cohete *m*; **aguentar o ~** *inf* aguantar; **soltar um ~** lanzar un cohete

rol ['xow] *m sem pl* lista *f*

rola ['xɔla] *f* ZOOL tórtola *f*

rolamento [xola'mẽjtu] *m* rodamiento *m*; ~ **de esferas** rodamiento de bolas

rolante [xo'lɜ̃ntʃi] *adj* (*escada*) mecánico, -a

rolar [xo'lar] I. *vt* 1. rodar 2. (*uma dívida*) aplazar el pago de II. *vi* 1. (*bola, pedra, lágrimas*) rodar; ~ **na cama**

sem conseguir dormir dar vueltas en la cama sin conseguir dormir **2.** *gíria* (*acontecer*) haber; **o que vai ~ hoje?** ¿qué va a haber hoy? **III.** *vr:* **~-se de rir** desternillarse de risa

roldana [xow'dɜna] *f* roldana *f*

roleta [xo'leta] *f* ruleta *f*

roleta-russa [xo'leta-'xusa] <roletas--russas> *f* ruleta *f* rusa

rolha ['xoʎa] *f* (*de garrafa*) corcho *m*

roliço, -a [xo'ʎisu, -a] *adj* rollizo, -a

rolimã [xoʎi'mɜ̃] *m* rodamiento *m;* **carrinho de ~** carrito de madera consistente en una tabla montada sobre rodamientos

rolo ['xolu] *m* **1.** (*geral*) rollo *m;* **~ de carne** rollo de carne; **~ compressor** rodillo *m* **2.** *inf* (*confusão*) lío *m* **3.** *fig* (*transação comercial*) negocio *m*

romã [xo'mɜ̃] *f* granada *f*

romance [xo'mɜ̃nsi] *m* **1.** LIT novela *f* **2.** (*amoroso*) romance *m*

romanceado, -a [xomɜ̃nsi'adu, -a] *adj* novelado, -a

romancear [xomɜ̃nsi'ar] *conj como passear vt* novelar

romanceiro [xomɜ̃n'sejru] *m* romancero *m*

romancista [xomɜ̃n'sista] *mf* novelista *mf*

romano, -a [xo'mɜnu, -a] *adj, m, f* romano, -a *m, f*

romântico, -a [xo'mɜ̃ntʃiku, -a] *adj, m, f* romántico, -a *m, f*

romantismo [xomɜ̃n'tʃizmu] *m sem pl* romanticismo *m*

romaria [xoma'ria] *f* romería *f*

rombo ['xõwbu] *m* agujero *m*

rombo, -a ['xõwbu, -a] *adj* romo, -a

romeiro, -a [xo'mejru, -a] *m, f* romero, -a *m, f*

Romênia [xo'menia] *f* Rumania *f*

romeno, -a [xo'menu, -a] *adj, m, f* rumano, -a *m, f*

romeu-e-julieta [xo'mew-i-ʒuʎi'eta] <romeus-e-julietas> *m reg* GASTR queso *m* con dulce de guayaba

rompante [xõw'pɜ̃ntʃi] *m* arrebato *m;* **fazer a. c. de ~** hacer algo impetuosamente; **teve um ~ de raiva** tuvo un arrebato de rabia

romper¹ [xõw'per] *m* ruptura *m;* **~ do dia** amanecer *m;* **ao ~ do dia** al romper el día

romper² [xõw'per] <*pp:* roto *ou* rompido> **I.** *vt* romper; **~ um trato** romper un trato **II.** *vi* romper; **~ com alguém** romper con alguien; **~ um namoro** romper un noviazgo **III.** *vr:* **~-se** romperse

rompimento [xõwpi'mẽntu] *m* ruptura *f*

roncar [xõw'kar] <c→qu> *vi* **1.** (*durante o sono*) roncar **2.** (*estômago, motor*) rugir

ronco ['xõwku] *m* **1.** (*durante o sono*) ronco *m* **2.** (*de motor*) rugido *m*

ronda ['xõwda] *f* ronda *f;* **fazer a ~** hacer la ronda

rondar [xõw'dar] *vt* (*uma casa, cidade*) dar la vuelta a; (*para vigiar*) rondar

Rondônia [xõw'donia] Rondônia

ronha ['xõɲa] *f* **1.** (*de animal*) roña *f* **2.** *inf* (*manha*) astucia *f*

ronrom [xõw'xõw] <-ons> *m* ronroneo *m*

ronronar [xõwxo'nar] *vi* ronronear

roqueiro, -a [xo'kejru, -a] *m, f* roquero, -a *m, f*

ror ['xɔr] *m* **um ~ de** *inf* un montón de

Roraima [xo'rajma] Roraima

rosa ['xɔza] **I.** *adj inv* rosa *f* **II.** *f* rosa *f;* **nem tudo são ~s** no todo es de color de rosa

rosado, -a [xo'zadu, -a] *adj* rosado, -a

rosa dos ventos ['xɔza duz 'vẽjtus] <rosas dos ventos> *f* rosa *f* de los vientos

rosário [xo'zariw] *m* rosario *m*

rosbife [xoz'bifi] *m* rosbif *m*

rosca ['xoska] *f* **1.** (*de parafuso, tampa, gargalo*) rosca *f* **2.** (*pão*) rosquilla *f;* **~ de milho** rosquilla de trigo; **farinha de ~** pan rallado

roseira [xo'zejra] *f* rosal *m*

roseiral <-ais> [xozej'raw, -ajs] *m* rosaleda *f*

róseo, -a ['xɔziw, -a] *adj* rosado, -a

rosnar [xoz'nar] *vi* gruñir

rosquear [xoski'ar] *conj como passear vt* colocar roscas en

rosquilha [xos'kiʎa] *f* rosquilla *f*

rosto ['xostu] *m* cara *f,* rostro *m*

rota ['xɔta] *f* ruta *f*

rotação <-ões> [xota'sɜ̃w, -õjs] *f* rotación *f;* **movimento de ~ da Terra** movimiento de rotación de la Tierra; **rotações por minuto** revoluciones por minuto

rotatividade [xotatʃivi'dadʒi] *f sem pl* rotación *f*

rotativo, -a [xota'tʃivu, -a] *adj* (*cargo*) rotativo, -a; **a presidência da firma é**

rotativa la presidencia de la firma es rotativa

rotatória [xota'tɔria] *f* (*no tráfego*) rotonda *f*

rotatório, -a [xota'tɔriw, -a] *adj* (*giratório*) rotatorio, -a; **movimento ~** movimiento rotatorio

roteador [xotʃia'dor] <-es> *m* INFOR router *m*

roteirista [xotej'rista] *mf* guionista *mf*

roteiro [xo'tejru] *m* (*de uma viagem, de atrações turísticas*) itinerario *m*; (*para discussão*) programa *m*; CINE, TV guión *m*

rotina [xo'tʃina] *f* rutina *f*; **entrar na ~** caer en la rutina; **sair da ~** salir de la rutina

rotineiro, -a [xotʃi'nejru, -a] *adj* rutinario, -a

rotisseria [xotise'ria] *f* charcutería *f*

roto, -a ['xotu, -a] *adj* roto, -a

rotor [xo'tor] <-es> *m* ELETR rotor *m*

rotular [xotu'lar] *vt* **1.** (*com rótulo*) rotular **2.** (*uma pessoa*) etiquetar; **~ alguém de conservador** etiquetar a alguien de conservador

rótulo ['xɔtulu] *m* **1.** (*em frasco*) rótulo *m* **2.** (*para pessoa*) etiqueta *f*

rotunda [xo'tũwda] *f* rotonda *f*; **contornar a ~** dar la vuelta a la rotonda

roubada [xo'bada] *f inf* robo *m*

roubado, -a [xo'badu, -a] *adj* robado, -a

roubalheira [xoba'ʎejra] *f* robo *m*

roubar [xo'bar] **I.** *vt* robar; **~ alguém** robar a alguien; **~ a. c. de alguém** robar algo a alguien; **~ um beijo** robar un beso **II.** *vi* robar

roubo ['xowbu] *m* robo *m*; **cinco reais por um café é um ~** cinco reales por un café es un robo

rouco, -a ['xoku, -a] *adj* ronco, -a

round ['xaũdʒi] *m* ESPORT round *m*

roupa ['xopa] *f* ropa *f*; **~ de baixo** ropa interior; **~ de banho** bañador *m*; **~ de cama** ropa de cama, tendido *m Col, Méx*; **lavar a ~** lavar la ropa

roupão <-ões> [xo'pãw̃m -'õjs] *m* bata *f*; (*de banho*) albornoz *m*

roupa-suja ['xopa-'suʒa] <roupas-sujas> *f* ropa *f* sucia *fig*; **lavar a ~** lavar la ropa sucia; **~ se lava em casa** *fig* la ropa sucia no se lava en público

roupeiro [xo'pejru] *m* ropero *m*

roupões [xo'põjs] *m pl de* **roupão**

rouquidão <-ões> [xowki'dãw̃, -'õjs] *f* ronquera *f*

rouxinol <-óis> [xowʃi'nɔw, -'ɔjs] *m* ruiseñor *m*

roxo ['xoʃu] *m* violeta *m*

roxo, -a ['xoʃu, -a] *adj* morado, -a; **torcedor ~** *inf* hincha fanático

royalty <-ies> ['xɔjawtʃi] *m* royalty *m*; **cobrar royalties** cobrar royalties

rua ['xua] **I.** *f* calle *f*; **~ de mão única** calle de dirección única; **~ principal** calle principal; **~ secundária** calle secundaria; **~ sem saída** calle sin salida; **na ~** en la calle; **estar na ~ da amargura** estar sufriendo mucho; **pôr alguém na ~** poner a alguien en la calle; **viver na ~** *fig* estar siempre fuera de casa; **saiu e ainda não voltou da ~** salió y todavía no ha vuelto **II.** *interj* largo

rubéola [xu'bɛwla] *f* MED rubeola *f*, rubéola *f*

rubi [xu'bi] *m* rubí *m*

rubor [xu'bor] <-es> *m* rubor *m*

ruborizar-se [xubori'zarsi] *vr elev* ruborizarse

rubrica [xu'brika] *f* (*assinatura*) rúbrica *f*

rubro, -a ['xubru, -a] *adj* rojo, -a

ruço ['xusu] *adj* **1.** (*cor*) descolorido, -a **2.** (*roupa*) desgastado, -a **3.** (*pessoa, cabelo*) grisáceo, -a **4.** *inf* (*difícil*) feo, -a; **a situação está ruça** la situación está fea

rúcula ['xukula] *f* tipo de lechuga de la familia de las crucíferas

rude ['xudʒi] *adj* rudo, -a

rudeza [xu'deza] *f* rudeza *f*

rudimentar [xudʒimẽj'tar] <-es> *adj* rudimentario, -a

rudimentos [xudʒi'mẽjtus] *mpl* rudimentos *mpl*

ruela [xu'ɛla] *f* callejón *m*

rufar [xu'far] **I.** *vt* hacer redoblar; **~ tambor** hacer redoblar el tambor **II.** *vi* redoblar

rufião, rufiona <-ões> [xufi'ãw̃, -'ona, -'õjs] *m, f* proxeneta *mf*

ruflar [xu'flar] *vt* **1.** (*asas*) batir **2.** (*bandeira*) ondear

ruga ['xuga] *f* arruga *f*

rugby ['xɨgbi] *m* rugby *m*

ruge [xu'ʒi] *m* colorete *m*

rugido [xu'ʒidu] *m* rugido *m*

rugir [xu'ʒir] <g→j> *vi* rugir

rugoso, -a [xu'gozu, -'ɔza] *adj* rugoso, -a

ruibarbo [xuj'barbu] *m* BOT ruibarbo *m*

ruído [xu'idu] *m* ruido *m;* ~ **de fundo** ruido de fondo; **fazer** ~ hacer ruido

ruidoso, -a [xui'dozu, -'ɔza] *adj* ruidoso, -a

ruim ['xuĩj] <-ins> *adj* malo, -a

ruína [xu'ina] *f* ruina *f;* **estar na** ~ estar en la ruina; **estar em** ~**s** estar en ruinas

ruindade [xuĩj'dadʒi] *f sem pl* maldad *f*

ruir [xu'ir] *conj* como incluir *vi* desmoronarse

ruivo ['xujvu] *m (peixe)* rubio *m*

ruivo, -a ['xujvu, -a] *adj, m, f* pelirrojo, -a *m, f*

rum ['xũw] *m sem pl* ron *m*

rumar [xu'mar] *vi* **1.** *(navio)* poner rumbo; ~ **para o sul** poner rumbo al sur **2.** *(pessoa)* dirigirse; ~ **para uma vida nova** dirigirse hacia una nueva vida

rumba ['xũwba] *f* rumba *f*

ruminante [xumi'nãntʃi] *m* rumiante *m*

ruminar [xumi'nar] *vi* rumiar; **ontem fiquei ruminando sobre o assunto até tarde** ayer estuve rumiando el asunto hasta tarde

rumo ['xumu] *m* rumbo *m;* **dar um** ~ **à sua vida** dar un rumbo nuevo a su vida; **mudar de** ~ cambiar de rumbo

rumor [xu'mor] <-es> *m* rumor *m*

rumorejar [xumore'ʒar] *vi* **1.** *(água, folhagem)* susurrar **2.** *(pessoas)* cotillear

rupestre [xu'pɛstri] *adj* rupestre; **pintura** ~ pintura rupestre

ruptura [xup'tura] *f* ruptura *f*

rural <-ais> [xu'raw, -'ajs] *adj* rural

ruralista [xura'ʎista] **I.** *adj* rural **II.** *mf* representante *mf* de los propietarios agrícolas

rusga ['xuzga] *f (polêmica)* polémica *f*

rush ['xɜʃi] *m sem pl* hora *f* punta, hora *f* pico *AmL;* **hora do** ~ hora punta [*o* pico *AmL*]

Rússia ['xusja] *f* Rusia *f*

russo, -a ['xusu, -a] *adj, m, f* ruso, -a *m, f*

rústico, -a ['xustʃiku, -a] *adj* rústico, -a

rutilante [xutʃi'lãntʃi] *adj* fulgurante

S

S, s ['ɛsi] *m* S, s *f*

S. ['sãw] *abr de* São S.

S.A. [ɛsi'a] *abr de* Sociedade Anônima S.A.

sábado ['sabadu] *m* sábado *m;* ~ **de Aleluia** Sábado Santo; *v.tb.* **segunda-feira**

sabão <-ões> [sa'bãw, -'õjs] *m* jabón *m;* ~ **de coco** jabón de coco; ~ **em pó** jabón en polvo; **passar um** ~ **em alguém** *inf* echar la bronca a alguien; **vá lamber** ~! *inf* ¡vete a freír espárragos!

sabatina [saba'tʃina] *f* **1.** *repaso oral de lecciones a través de preguntas y respuestas* **2.** *(debate)* debate *m*

sabatinar [sabatʃi'nar] *vi (arguir)* debatir

sabedoria [sabedo'ria] *f* sabiduría *f;* ~ **popular** sabiduría popular; **ter muita** ~ ser muy sabio

saber [sa'ber] *irr* **I.** *m* saber *m* **II.** *vt* saber; ~ **nadar/escrever/inglês** saber nadar/escribir/inglés; **vir a** ~ saber; **eu soube disso ontem** me enteré de eso ayer; **sabe de uma coisa?** ¿sabes una cosa?; **vai** ~! ¡vete a saber!; **sei lá!** ¡yo qué sé!; **que eu saiba** que yo sepa **III.** *vi (ter conhecimento)* saber; **a** ~ a saber; **não querer** ~ **de nada** no importar nada, no querer saber nada; **não** ~ **a quantas anda** no tener ni idea; **não** ~ **de si** estar desorientado

sabiá [sabi'a] *f* zorzal *m*

sabiamente [sabia'mẽjtʃi] *adv* sabiamente

sabichão, -ona <-ões> [sabi'ʃãw, -'ona, -'õjs] *m, f* sabi(h)ondo, -a *m, f*

sabido, -a [sa'bidu, -a] *adj* **1.** *(matéria)* sabido, -a **2.** *(pessoa)* listo, -a

sábio, -a ['sabiw, -a] *adj, m, f* sabio, -a *m, f*

saboeiro [sabo'ejru] *m* BOT *árbol nativo de Brasil a partir del cual se elabora jabón*

sabões [sa'bõjs] *m pl de* **sabão**

sabonete [sabo'netʃi] *m* jabón *m*

saboneteira [sabone'tejra] *f* jabonera *f*

sabor [sa'bor] <-es> *m* sabor *m;* ~ **de chocolate** sabor de chocolate; **experimentou o** ~ **do sucesso** saboreó las

saborear [sabore'ar] *conj como passear vt* saborear

saboroso, -a [sabo'rozu, -ɔza] *adj* sabroso, -a

sabotagem [sabo'taʒẽj] <-ens> *f* sabotaje *m*

sabotar [sabo'tar] *vt* sabotear

sabre ['sabri] *m* sable *m*

sabugo [sa'bugu] *m* BOT mazorca *f*

sabugueiro [sabu'gejru] *m* BOT saúco *m*

saburroso, -a [sabu'xozu, -ɔza] *adj* con sarro

saca ['saka] *f* saco *m*

sacada [sa'kada] *f* balcón *m*

sacado [sa'kadu] *m* ECON deudor *m*

sacado, -a [sa'kadu, -a] *adj* extraído, -a

sacador(a) [saka'dor(a)] <-es> *m(f)* 1. ECON acreedor(a) *m(f)* 2. ESPORT jugador/jugadora que saca

sacal <-is> [sa'kaw, -ajs] *adj reg (aborrecido)* aburrido, -a

sacana [sa'kana] *adj, mf pej, chulo* cabrón, -ona *m, f*

sacanagem [saka'naʒẽj] <-ens> *f* 1. *inf (troça)* broma *f* 2. *chulo (deslealdade)* cabronada *f* 3. *chulo (devassidão)* guarrada *f*

sacanear [sakani'ar] *conj como passear vi, vt chulo* joder *fig*

sacar [sa'kar] <c→qu> I. *vt* 1. *(tirar)* sacar 2. *(uma informação)* arrancar 3. *gíria (perceber)* cazar II. *vi* 1. *(tirar)* ~ de a.c. sacar algo 2. ESPORT sacar

sacarina [saka'rina] *f* sacarina *f*

saca-rolhas ['saka-'xoʎas] *m inv* sacacorchos *m inv*

sacarose [saka'rɔzi] *f* sacarosa *f*

sacerdócio [saser'dɔsiw] *m* sacerdocio *m*

sacerdote, sacerdotisa [saser'dotʃi, saserdo'tʃiza] *m, f* sacerdote, sacerdotisa *m, f*

sachê [sa'ʃe] *m* bolsita *f* aromática

saciar [sasi'ar] I. *vt* saciar II. *vr:* ~-se saciarse

saci-pererê [sa'si-pere're] <saci(s)-pererês> *m en el folklore brasileño, niño negro con solo una pierna que fuma en pipa y tiene un gorro rojo con poderes mágicos*

saco ['saku] *m* 1. saco *m;* ~ de dormir saco de dormir, bolsa *f* de dormir *RíoPl;* ~ de pancada cabeza *mf* de turco; ~ sem fundo pozo *m* sin fondo; botar [*ou* colocar] tudo no mesmo ~ *fig* tratar a todos por igual 2. *(pequena mala)* bolso *m;* ~ de plástico bolsa *f* de plástico 3. *chulo (testículos)* huevos *mpl;* estar de ~ cheio estar hasta los huevos; estar sem ~ para a. c. no tener huevos para algo; puxar o ~ de alguém hacer la pelota a alguien; não enche [*ou* torra] o ~! *(amolar)* ¡no me toques los huevos!; que ~! ¡qué tostón!

sacode [sa'kɔdʒi] 3. *pres de* sacudir

sacola [sa'kɔla] *f* bolsa *f*

sacoleiro, -a [sako'lejru, -a] *m, f persona que se gana la vida comprando productos y revendiéndolos a domicilio y en fábricas y oficinas*

sacolejar [sakole'ʒar] *vt* sacudir

sacramentado, -a [sakramẽj'tadu, -a] *adj* sacramentado, -a; *inf (compromisso)* sagrado, -a

sacramentar [sakramẽj'tar] *vt* sacramentar; *inf (documento, contrato)* ultimar

sacramento [sakra'mẽjtu] *m* REL sacramento *m;* o Santíssimo Sacramento el Santísimo Sacramento

sacrificar [sakrifi'kar] <c→qu> I. *vt* sacrificar II. *vr:* ~-se sacrificarse; ~-se por alguém sacrificarse por alguien

sacrifício [sakri'fisiw] *m* sacrificio *m;* fazer ~s (por alguém) sacrificarse (por alguien)

sacrilégio [sakri'lɛʒiw] *m* sacrilegio *m*

sacrílego, -a [sa'krilegu, -a] *m, f* sacrílego, -a *m, f*

sacristão, sacristã [sakris'tɐ̃w, -'ɐ̃] *m, f* sacristán, -ana *m, f*

sacristia [sacris'tʃia] *f* sacristía *f*

sacro, -a ['sakru, -a] *adj* REL sacro, -a

sacudida [saku'dʒida] *f* sacudida *f;* dar uma ~ em alguém dar una sacudida a alguien

sacudidela [sakudʒi'dɛla] *f v.* sacudida

sacudir [saku'dʒir] *irr como subir* I. *vt* sacudir II. *vr:* ~-se sacudirse; ~-se todo dar muchas sacudidas

sádico, -a ['sadʒiku, -a] *adj, m, f* sádico, -a *m, f*

sadio, -a [sa'dʒiw, -a] *adj* saludable

sadismo [sa'dʒizmu] *m* sadismo *m*

sadomasoquismo [sadomazo'kizmu] *m* sadomasoquismo *m*

sadomasoquista [sadomazo'kista] *mf* sadomasoquista *mf*

safadeza [safa'deza] *f* desfachatez *f*

safado, -a [sa'fadu, -a] *adj, m, f* sinvergüenza *mf*

safanão <-ões> [safɜ'nɜ̃w, -'õjs] *m* 1.(*puxão*) tirón *m* 2.*inf* (*bofetada*) bofetón *m*

safar [sa'far] I. *vt* 1.(*uma pessoa*) librar 2.(*furtar*) robar II. *vr:* ~-**se** 1.(*salvar--se*) librarse; ~-**se de um perigo** librarse de un peligro 2.(*esquivar-se*) zafarse; ~-**se de situações** zafarse de situaciones 3. *inf* (*fugir*) huir; ~-**se de complicações** huir de las complicaciones

safári [sa'fari] *m* safari *m*

safena [sa'fena] *f* MED safena *f*

safenado, -a [safe'nadu, -a] *adj* que ha sido sometido a un bypass

safira [sa'fiɾa] *f* zafiro *m*

safo, -a ['safu, -a] *adj inf* (*esperto*) listillo, -a

safra ['safɾa] *f* cosecha *f*

saga ['saga] *f* LIT saga *f*

sagacidade [sagasi'dadʒi] *f* sagacidad *f*

sagaz [sa'gas] <-es> *adj* sagaz

sagitariano, -a [saʒitaɾi'anu, -a] *adj, m, f* Sagitario *mf inv*; **ser** ~ ser Sagitario

Sagitário [saʒi'taɾiw] *m* Sagitario *m*; **ser (de)** ~ ser Sagitario

sagrado, -a [sa'gɾadu, -a] *adj* sagrado, -a

sagrar-se [sa'gɾarsi] *vr* (*campeão*) consagrarse

sagu [sa'gu] *m tipo de palmera de la cual se extrae una fécula comestible*

saguão <-ões> [sa'gwɜ̃w, -'õjs] *m* vestíbulo *m*

sagui [sa'gwi] *m* ZOOL titi *m*

saia ['saja] *f* (*roupa*) falda *f*, pollera *f AmL;* ~ **justa** *inf*: situación embarazosa

saia-calça ['saja-'kawsa] <saias-calças> *f* falda *f* pantalón, pollera *f* pantalón *AmL*

saiba ['sajba] *1., 3. pres subj de* **saber**

saibro ['sajbɾu] *m* arena *f*

saída [sa'ida] *f* 1.(*de sala, edifício, autoestrada*) salida *f*; ~ **de emergência** salida de emergencia; **estar sem** ~ no tener salida; **ter** ~ (*mercadoria*) tener salida; **não dar nem para a** ~ no servir ni para empezar; **de** ~, **colocamos as fofocas em dia** para comenzar, vamos a poner los cotilleos al día 2. *inf* (*comentário*) salida *f* 3.(*roupa*) bata *f*

saída de banho [sa'ida dʒi 'bɜ̃ɲu] <saídas de banho> *f* bata *f* de playa

saideira [sai'dejɾa] *f inf* última *f*

saído, -a [sa'idu, -a] *adj* 1.(*saliente*) salido, -a 2.(*atrevido*) entrometido, -a

saiote [saj'ɔtʃi] *m* minifalda *f*

sair [sa'ir] *irr* I. *vi* salir; ~ **para jantar** salir a cenar; ~ **de férias** irse de vacaciones; ~ **à noite** salir por la noche; ~ **de fininho** salir a escondidas; ~ **da rotina** salir de la rutina; **saiu da Bahia para morar no sul** salió de Bahía para ir a vivir en el sur; **ela está saindo com o colega da escola** está saliendo con el colega del colegio; **ele saiu ao pai** salió a su padre; **quanto sai esta blusa?** ¿por cuánto sale esta blusa?; ~ **caro** salir caro; ~ **bem/mal** salir bien/mal II. *vr:* ~-**se** 1.(*comentário*) ~-**se com a. c.** salir con algo 2.(*êxito*) ~-**se bem/mal em a. c.** salir bien/mal en algo; **não sei como vou** ~ **desta** no sé cómo voy a salir de esta

sal <-ais> ['saw, 'sajs] *m* 1.(*substância*) sal *f*; **sais de banho** sales de baño; ~ **de cozinha** sal de cocina; ~ **grosso** sal gorda 2.(*de pessoa*) gracia *f*; **sem** ~ sin gracia

sala ['sala] *f* sala *f*; ~ **de aula** aula *f*, clase *f*; ~ **de conferências** sala de conferencias; ~ **de embarque** sala de embarque; ~ **de espera** sala de espera; ~ **de estar** sala de estar; ~ **de jantar** comedor *m*; ~ **de operações** quirófano *m*; ~ **de reuniões** sala de reuniones; **fazer** ~ **a** (*visita*) atender a; (*lisonjear*) hacer la corte a

salada [sa'lada] *f tb. fig* ensalada *f*; ~ **de batata** ensalada de patata; ~ **de frutas** ensalada de frutas; ~ **russa** ensaladilla *f* rusa

saladeira [sala'dejɾa] *f* ensaladera *f*

sala e quarto [sala i 'kwartu] <sala(s) e quartos> *m* piso *m* con un salón y un dormitorio

salafrário, -a [sala'fɾaɾiw, -a] *m, f inf* canalla *mf*

salamaleque [salama'lɛki] *m* zalema *f*

salamandra [sala'mɜ̃dɾa] *f* salamandra *f*

salame [sa'lɜmi] *m* salami *m*

salão <-ões> [sa'lɜ̃w, -'õjs] *m* 1.(*sala*) sala *f*; ~ **de festas** sala de fiestas 2.(*estabelecimento*) salón *m*; ~ **de beleza** salón de belleza; ~ **de cabeleireiro** peluquería *f*; ~ **de jogos** salón recreativo

salarial <-ais> [salaɾi'aw, -'ajs] *adj* salarial

salário [sa'lariw] *m* salario *m;* **~-mínimo** salario mínimo; **décimo terceiro ~** paga *f* extra

salário-família [sa'lariw-fa'miʎia] <salários-família(s)> *m complemento salarial que el trabajador recibe en función del número de hijos*

saldar [saw'dar] *vt* saldar

saldo ['sawdu] *m* saldo *m;* **~ de vitórias** cantidad de victorias; **o ~ da briga foi um olho roxo e dois dentes quebrados** el resultado de la pelea fue un ojo morado y dos dientes rotos

saleiro [sa'lejru] *m* salero *m*

salgadinhos [sawga'dʒĩɲus] *mpl* aperitivos *mpl* salados

> **Cultura** Salgadinhos son deliciosos aperitivos salados, de pequeño tamaño. Entre sus ingredientes se encuentra el pollo, el palmito, el bacalao o los guisantes. Las **empadinhas**, las **coxinhas**, las croquetas y los **pastéis** son los ejemplos más conocidos de esta parte de la cocina brasileña.

salgado, -a [saw'gadu, -a] *adj* **1.** (*comida*) salado, -a **2.** (*preço*) exagerado, -a

salgados [saw'gadus] *mpl* aperitivos *mpl* salados

salgar [saw'gar] <g→gu> *vt* salar

sal-gema <sais-gemas> ['saw-'ʒema, 'sajs-'ʒemas] *m* QUÍM sal *f* gema

salgueiro [saw'gejru] *m* BOT sauce *m*

saliência [sali'ẽjsia] *f* saliente *m*

salientar [saʎiẽj'tar] **I.** *vt* destacar **II.** *vr* **~-se** destacarse; **ela se salienta por sua capacidade** se destaca por su capacidad

saliente [saʎi'ẽjtʃi] *adj* saliente; *inf* (*assanhado*) atrevido, -a

salina [sa'ʎina] *f* salina *f*

salino, -a [sa'ʎinu, -a] *adj* salino, -a

salitre [sa'ʎitri] *m* salitre *m*

saliva [sa'ʎiva] *f* saliva *f*

salivar [saʎi'var] *vi* salivar; **só de pensar naquela sopa a minha boca já fica salivando** sólo de pensar en aquella sopa se me hace la boca agua

salmão <-ões> [saw'mãw, -'õjs] *m* salmón *m*

salmo ['sawmu] *m* REL salmo *m*

salmões [saw'mõjs] *m pl de* **salmão**

salmonela [sawmo'nɛla] *f* MED salmonella *f*

salmoura [saw'mora] *m* salmuera *f*

salobro, -a [sa'lobru, -a] *adj* (*água*) salobre

salões [sa'lõjs] *m pl de* **salão**

salpicado, -a [sawpi'kadu, -a] *adj* salpicado, -a; **~ de** salpicado de

salpicão <-ões> [sawpi'kãw, -'õjs] *m* GASTR (*salada*) salpicón *m*

salpicar [sawpi'kar] <c→qu> *vt* salpicar

salpico [saw'piku] *m* salpicadura *f*

salpicões [sawpi'kõjs] *m pl de* **salpicão**

salsa ['sawsa] *f* **1.** BOT perejil *m* **2.** MÚS salsa *f*

salseiro [saw'sejru] *m* **1.** (*chuva forte*) chaparrón *m* **2.** (*confusão*) follón *m*

salsicha [saw'siʃa] *f* salchicha *f*

salsichão <-ões> [sawsi'ʃãw, -'õjs] *m* salchichón *m*

salsicharia [sawsiʃa'ria] *f* charcutería *f*

saltar [saw'tar] **I.** *vt* **1.** (*um muro*) saltar **2.** (*uma página, palavra*) saltarse **3.** (*lançar-se*) tirarse; **irado, quis ~ no pescoço do vendedor** enfurecido, quiso tirarse encima del vendedor **4.** *inf* (*trazer*) garçom, salta dois pastéis camarero, marchando dos empanadas **5.** (*avançar*) avanzar; **como era ótimo aluno, saltou dois anos na escola** como era un alumno excelente, avanzó dos años en el colegio **II.** *vi* **1.** (*pessoa*) saltar; **~ de contente** saltar de alegría; **~ aos olhos** saltar a la vista **2.** (*líquido*) salpicar; **~ da panela** chisporrotear de la sartén **3.** (*coração*) latir

salteado, -a [sawtʃi'adu, -a] *adj* salteado, -a

salteador(a) [sawtʃia'dor(a)] <-es> *m(f)* salteador(a) *m(f)*

saltear [sawtʃi'ar] *conj como passear vt* (*alternar*) saltear

saltimbanco [sawtʃĩj'bãŋku] *mf* saltimbanqui *mf*

saltitante [sawtʃi'tãtʃi] *adj* saltarín, -ina

saltitar [sawtʃi'tar] *vi* saltar

salto ['sawtu] *m* **1.** (*movimento*) salto *m;* **~ em altura** salto de altura; **~ de cabeça** salto de cabeza; **~ em distância** salto de longitud; **~ mortal** salto mortal; **~ com vara** salto con pértiga;

dar um ~ no escuro *inf* dar un salto al vacío **2.**(*de calçado*) tacón *m*, taco *m CSur;* **~ alto/baixo** tacón alto/bajo; **jogar de ~ alto** *inf* ESPORT jugar sin respetar al rival

salubre [sa'lubri] *adj* salubre

salutar [salu'tar] *adj tb. fig* saludable

salva ['sawva] *f* **1.** MIL salva *f* **2.** BOT salvia *f* **3.** *fig* **uma ~ de palmas** una salva de aplausos

salvação <-ões> [sawva's͂ãw, -'õjs] *f* salvación *f;* **~ da lavoura** *inf* tabla *f* de salvación

salvador(a) [salva'dor(a)] <-es> *m(f)* salvador(a) *m(f);* **~ da pátria** salvador *m*

Salvador [sawva'dor] *m* **1.** REL **O ~** El Salvador **2.** GEO Salvador *m;* **El ~** El Salvador

salvaguarda [sawva'gwarda] *f* salvaguard(i)a *f*

salvaguardar [sawvagwar'dar] *vt* salvaguardar

salvamento [sawva'mẽjtu] *m* salvamento *m*

salvar [saw'var] <*pp:* **salvo** *ou* **salvado**> **I.** *vt* **1.**(*pessoa, objeto, relação*) salvar **2.** INFOR guardar **II.** *vr:* **~-se** salvarse; **~-se de um acidente** salvarse de un accidente

salva-vidas¹ ['sawva-'vidas] *m inv* salvavidas *m inv*

salva-vidas² ['sawva-'vidas] *inv* **I.** *mf* (*pessoa*) socorrista *mf* **II.** *adj* salvavidas *inv;* **barco/colete ~** barco/chaleco salvavidas

salve ['sawvi] *interj* salve

salve-se quem puder ['sawvisi 'kẽj pu'dɛr] *m sem pl* situación peligrosa

sálvia ['sawvia] *f* BOT salvia *f*

salvo ['sawvu] **I.** *pp irr de* **salvar II.** *prep* salvo; **~ erro** salvo error; **~ exceção** salvo excepción; **~ se você vier** salvo si vinieras tú

salvo, -a ['sawvu, -a] *adj* (*do perigo*) salvo, -a; **são e ~** sano y salvo; **estar a** [*ou* **em**] **~** estar a salvo

salvo-conduto ['sawvu-kõw'dutu] <salvo(s)-condutos> *m* **1.**(*documento*) salvoconducto *m* **2.** *fig* (*imunidade*) carta *f* blanca

samambaia [samãŋ'baja] *f* BOT helecho *m*

samaritano, -a [samari'tɐnu, -a] *adj, m, f* samaritano, -a *m, f*

samba ['sãŋba] *m* MÚS samba *f*

> **Cultura** Nacida a mitades de la primera década del siglo pasado, durante los encuentros de las pasteleras de Bahía residentes en Río de Janeiro - la capital de entonces - la **samba** cobró fuerza y autonomía, con la ayuda de la radio, a partir de mitad de los años 20, estimulando el surgimiento de las **escolas de samba**. Con Noel Rosa la **samba**, ya con un ritmo rico, ganó contenido, incorporando posteriormente variaciones e influencias de todo tipo. Más que un género, la **samba** se convirtió en parte de la identidad musical brasileña.

samba-canção <sambas-canções *ou* sambas-canção> ['sãŋba-kãŋ's͂ãw, -'õjs] *m* **1.** *inf:* variedad de samba urbana, que combina el ritmo de la samba de Río con letras sentimentales de carácter melódico **2.**(*cueca*) calzoncillos *mpl*

samba-enredo ['sãŋba-ĩj'xedu] <sambas-enredo(s)> *m* samba compuesta para el desfile de carnaval y que cuenta una historia

sambar [sãŋ'bar] *vi* **1.** MÚS bailar la samba **2.**(*roupa*) quedar grande; **depois que emagreceu a roupa ficou sambando** después de adelgazar la ropa le quedó grande **3.** *inf* (*ser preso*) ser capturado **4.** *inf*(*não vingar*) irse a paseo; **o piquenique sambou quando começou a chover** el picnic se fue a paseo cuando comenzó a llover

sambista [sãŋ'bista] *mf* sambista *mf*

sambódromo [sãŋ'bɔdrumu] *m* especie de estadio de forma alargada en la que desfilan las escuelas de samba durante el carnaval

samburá [sãŋbu'ra] *m* nasa *f*

samurai [samu'raj] *m* samurai *m*

sanar [sa'nar] *vt* sanar

sanatório [sana'tɔriw] *m* sanatorio *m*

sanção <-ões> [sãŋ's͂ãw, -'õjs] *f* sanción *f*

sancionar [sãŋsjo'nar] *vt* (*uma lei*) sancionar

sanções [sãŋ'sõjs] *f pl de* **sanção**

sandália [sãŋ'daʎia] *f* sandalia *f*

sândalo ['sɐ̃ndalu] *m* sándalo *m*
sandice [sɐ̃ŋ'dʒisi] *f* sandez *f*
sanduíche [sɐ̃ndu'iʃi] *m* bocadillo *m;* **~ de queijo** bocadillo de queso
saneamento [sɐnia'mẽjtu] *m* saneamiento *m;* **~ básico** alcantarillado *m*
sanear [sɐni'ar] *conj como passear vt* sanear; **~ as finanças** sanear las finanzas
sanfona [sɐ̃ŋ'fona] *f* MÚS acordeón *m;* **tocar ~** tocar el acordeón
sanfoneiro, -a [sɐ̃ŋfo'nejru, -a] *m, f* acordeonista *mf*
sangramento [sɐ̃ŋgra'mẽjtu] *m* salida *f* de sangre
sangrar [sɐ̃ŋ'grar] *vi* sangrar
sangrento, -a [sɐ̃ŋ'grẽjtu, -a] *adj* sangriento, -a
sangria [sɐ̃ŋ'gria] *f* sangría *f*
sangue ['sɐ̃ŋgi] *m* sangre *f;* **irmão de ~** hermano de sangre; **ferver o ~ nas veias** hervir la sangre; **ser do mesmo ~** ser de la misma sangre; **subir o ~ à cabeça** subirse la sangre a la cabeza; **ter ~ nas veias** tener sangre en las venas; **ter ~ de barata** tener sangre de horchata; **as contratações injetaram ~ novo ao time** los fichajes fueron una inyección de sangre para el equipo
sangue-frio ['sɐ̃ŋgi-'friw] <sangues--frios> *m* sangre *f* fría; **ter ~** tener sangre fría; **a ~** a sangre frío
sanguessuga¹ [sɐ̃ŋgi'suga] *f* ZOOL sanguijuela *f*
sanguessuga² [sɐ̃ŋgi'suga] *mf pej* (*pessoa*) sanguijuela *f*
sanguinário, -a [sɐ̃ŋgi'nariw, -a] *adj* sanguinario, -a
sanguíneo, -a [sɐ̃ŋ'gwiniw, -a] *adj* sanguíneo, -a
sanguinolento, -a [sɐ̃ŋgino'lẽjtu, -a] *adj* sanguinolento, -a
sanha ['sɐɲa] *f* saña *f*
sanidade [sɐni'dadʒi] *f* **1.** (*higiene*) sanidad *f* **2.** (*saúde*) salud *f;* **~ mental** salud mental
sanitário [sɐni'tariw] *m* baño *m;* (*vaso sanitário*) retrete *m*
sanitário, -a [sɐni'tariw, -a] *adj* sanitario, -a; **higiene sanitária** higiene *f;* **vaso ~** retrete *m*
sanitarista [sɐnita'rista] *mf* higienista *mf*
sânscrito ['sɐ̃nskritu] *m* sánscrito *m*
Santa Catarina [sɐ̃nta kata'rina] *f* Santa Catarina

santidade [sɐ̃ntʃi'dadʒi] *f* santidad *f;* **Sua** [*ou* **Vossa**] **Santidade** Su Santidad
santificado, -a [sɐ̃ntʃifi'kadu, -a] *adj* santificado, -a
santinho [sɐ̃ŋ'tʃiɲu] *m* **1.** (*imagem*) estampita *f* **2.** POL folleto de propaganda electoral con la foto del candidato y el número que corresponde a su candidatura, ya que en Brasil en las elecciones se identifican los partidos políticos por números y no por siglas
santo, -a ['sɐ̃ntu, -a] **I.** *m, f* santo, -a *m, f;* **Todos os Santos** Todos los Santos; **~ de casa não faz milagre** *prov* nadie es profeta en su tierra **II.** *adj* santo, -a; **dia ~** día santo; **todo ~ dia** todos los días; **um ~ remédio** un remedio milagroso
Santos ['sɐ̃ntus] Santos
santuário [sɐ̃ntu'ariw] *m* santuario *m*
são, sã ['sɐ̃w, 'sɐ̃] *adj* sano, -a; **~ e salvo** sano y salvo
São ['sɐ̃w] *adj* San; **~ Pedro/João** San Pedro/Juan
São Luís *m* São Luís *m*
São Paulo *m* São Paulo *m*, San Pablo *m RíoPl*
sapatada [sapa'tada] *f* zapatazo *m*
sapatão <-ões> [sapa'tɐ̃w, -'õjs] *f chulo* (*lésbica*) tortillera *f*
sapataria [sapata'ria] *f* zapatería *f*
sapateado [sapatʃi'adu] *m* MÚS zapateado *m;* **dançar ~** bailar un zapateado
sapateira [sapa'tejra] *f* **1.** ZOOL tapir *m* **2.** (*móvel*) zapatero *m*
sapateiro, -a [sapa'tejru, -a] *m, f* zapatero, -a *m, f*
sapatilha [sapa'tʃiʎa] *f* zapatilla *f*
sapato [sa'patu] *m* zapato *m;* **~ baixo/ alto** zapato bajo/alto; **~ plataforma** zapato de plataforma; **saber onde aperta o ~** *fig* saber donde le aprieta el zapato
sapatões [sapa'tõjs] *m pl de* **sapatão**
sapé [sa'pɛ] *m tipo de caña que se usa para cubrir las casas*
sapear [sapi'ar] *conj como passear vi inf* (*observar*) echar un vistazo
sapeca [sa'pɛka] *adj* travieso, -a
sapecar [sape'kar] <c→qu> *vt* (*tascar*) dar
sapiência [sapi'ẽjsia] *f* sapiencia *f*
sapiente [sapi'ẽjtʃi] *adj* sabio, -a
sapinhos [sa'piɲus] *mpl* MED afta *f*
sapo ['sapu] *m* sapo *m;* **engolir ~(s)** *inf* aguantar
sapucaia [sapu'kaja] *f* árbol que da

unos frutos muy apreciados como alimento

saque ['saki] *m* **1.**(*de cheque, dinheiro*) retirada *f* **2.**(*pilhagem*) saqueo *m* **3.**(*esporte*) saque *m*

saquê [sa'ke] *m* sake *m*

saqueador(a) [sakia'dor(a)] <-es> *m(f)* saqueador(a) *m(f)*

saquear [saki'ar] *conj como passear* *vt* saquear

saracotear [sarakutʃi'ar] *conj como passear vi* menearse

saracura [sara'kura] *f* designación común a 13 géneros de aves acuáticas encontradas en Brasil

sarado, -a [sa'radu, -a] *adj gíria* (*malhado*) cachas *inv*

saraivada [saraj'vada] *f fig* lluvia *f*; ~ **de balas/de críticas** lluvia de balas/de críticas

sarampo [sa'rɜ̃npu] *m* MED sarampión *m*

sarar [sa'rar] I. *vt* sanar II. *vi* (*ferida*) sanar

sarau [sa'raw] *m* sarao *m*; ~ **cultural** encuentro *m* cultural; ~ **musical** encuentro *m* musical

sarcasmo [sar'kazmu] *m* sarcasmo *m*

sarcástico, -a [sar'kastʃiku, -a] *adj* sarcástico, -a

sarcófago [sar'kɔfagu] *m* sarcófago *m*

sarda ['sarda] *f* peca *f*

sardento, -a [sar'dẽjtu, -a] *adj* pecoso, -a

sardinha [sar'dʒiɲa] *f* sardina *f*; ~ **s em conserva** sardinas en conserva; **como ~ em lata** *fig* como sardinas en lata

sargaço [sar'gasu] *m* BOT sargazo *m*

sargento [sar'ʒẽjtu] *m* MIL sargento *m*

sarja ['sarʒa] *f* incisión *f*

sarjeta [sar'ʒeta] *f* cuneta *f*; **viver na ~** *fig* vivir en la miseria

S.A.R.L. *f abr de* **Sociedade Anônima de Responsabilidade Limitada** S.L.

sarna[1] ['sarna] *f* sarna *f*; **procurar ~ para se coçar** *inf* complicarse la vida

sarna[2] ['sarna] *mf* **1.**(*pessoa importuna*) pesado, -a *m, f* **2.**(*pessoa glutona*) glotón, -ona *m, f*

sarongue [sa'rõwgi] *m* sarong *m*

sarrafo [sa'xafu] *m* listón *m*; **baixar o ~ em alguém** *inf* zurrar a alguien

sarro ['saxu] *m* **1.**(*borra*) borra *f* **2.** *inf* (*pessoa*) cachondo, -a *m, f* **3.** *fig* **tirar ~ com a cara de alguém** burlarse de alguien; **tirar um ~** *chulo* meter mano

satã [sa'tɜ̃] *m* satán *m*

satanás [sata'nas] <satanases> *m* satanás *m*

satânico, -a [sa'tɜniku, -a] *adj* satánico, -a

satélite [sa'tɛʎitʃi] *m* satélite *m*; ~ **artificial** satélite artificial

sátira ['satʃira] *f* sátira *f*

satírico, -a [sa'tʃiriku, -a] *adj* satírico, -a

satirizar [satʃiri'zar] *vt* satirizar

satisfaça [satʃis'fasa] *1., 3. pres subj de* **satisfazer**

satisfação <-ões> [satʃisfa'sɜ̃w, -'õjs] *f* **1.**(*ação de satisfazer*) satisfacción *f* **2.**(*explicação*) explicación *f*; **dar uma ~ a alguém** dar una explicación a alguien; **dar satisfações a alguém** (**de a. c.**) dar explicaciones a alguien (de algo); **pedir satisfações** pedir explicaciones; **tirar ~ com alguém** exigir explicaciones a alguien

satisfatório, -a [satʃisfa'tɔriw, -a] *adj* satisfactorio, -a

satisfazer [satʃisfa'zer] *irr como fazer* I. *vt* satisfacer; ~ **as exigências** satisfacer las exigencias II. *vi* satisfacer III. *vr* ~-**se com a. c.** satisfacerse con algo

satisfeito, -a [satʃis'fejtu, -a] I. *pp de* **satisfazer** II. *adj* satisfecho, -a; **dar-se por ~ com a. c.** darse por satisfecho con algo

saturação <-ões> [satura'sɜ̃w, -'õjs] *f* **1.** QUÍM saturación *f* **2.**(*enfado*) cansancio *m*

saturado, -a [satu'radu, -a] *adj* **1.** *tb.* QUÍM saturado, -a; **o mercado está ~ de profissionais pouco qualificados** el mercado está saturado de profesionales poco cualificados **2.**(*farto*) harto, -a; **estar ~ de alguém/a. c.** estar harto de alguien/algo

saturar [satu'rar] *vt tb.* QUÍM saturar

Saturno [sa'turnu] *m* ASTRON Saturno *m*

saudação <-ões> [sawda'sɜ̃w, -'õjs] *f* saludo *m*; **fazer uma ~ a alguém** saludar a alguien

saudade [saw'dadʒi] *f* nostalgia *f*; ~**s de casa** nostalgia de casa; **deixar ~s** ser echado en falta; **deixar na ~** *inf* dejar atrás; **estar com ~s** sentir nostalgia; **morrer de ~s de a. c./alguém** echar mucho de menos algo/a alguien; **ter ~s de alguém/a. c.** echar de menos a alguien/algo

> **Cultura** Llamamos **saudade** a un sentimiento de melancolía motivado por la ausencia de alguien o de alguna cosa, de la lejanía de un lugar, o de la falta de ciertas experiencias ya vividas. Frecuentemente en plural, la palabra se usa en varias situaciones: **estar com saudades de alguém que vive longe** (echar en falta a alguien que vive lejos), **sentir saudades das ruas da cidade natal** (echar en falta las calles de la ciudad natal), **ter saudades de comer uma boa feijoada** (echar en falta comer una buena feijoada), **sentir saudades dos tempos de faculdade**, (echar en falta los tiempos de la universidad) etc.

saudar [saw'dar] *irr vt* saludar
saudável <-eis> [saw'davew, -ejs] *adj* saludable
saúde [sa'udʒi] *f* salud *f*; **ter ~, estar bem de ~** estar bien de salud; **ela está mal de ~** está mal de salud; **beber à ~ de alguém** beber a la salud de alguien; **tratar da ~ de alguém** cuidar la salud de alguien; **não tenho ~ para as suas loucuras** *inf* no tengo paciencia para sus locuras; **vender ~** tener una salud de hierro; **~!** (*ao espirrar*) ¡Jesús!, ¡salud!; (*ao brindar*) ¡salud!
saudosismo [sawdo'zizmu] *m sem pl* **1.**(*nostalgia*) nostalgia *f* **2.** LIT movimiento literario encabezado por Teixeira de Pascoaes que se inserta entre el simbolismo y la generación modernista
saudosista [sawdo'zista] *mf* seguidor/ seguidora del 'saudosismo'
saudoso, -a [saw'dozu, -ɔza] *adj* nostálgico, -a
sauna ['sawna] *f tb. fig* sauna *f*, sauna *m AmL*
saúva [sa'uva] *m tipo de hormiga que es una de las plagas agrícolas más importantes de Brasil*
savana [sa'vana] *f* sabana *f*
saveiro [sa'vejru] *m* velero *m*
saxão, saxã <saxões> [sak'sãw, -'ã, -'õjs] *adj, m, f* sajón, -ona *m, f*
saxofone [sakso'foni] *m* saxofón *m*

saxofonista [saksofo'nista] *mf* saxofonista *mf*
sazonal <-ais> [sazo'naw, -'ajs] *adj* estacional
scanner [is'kaner] *m* INFOR escáner *m*
script [is'kriptʃi] *m* guión *m*; **não estar no ~** *inf* no estar en el guión
se [si] **I.** *conj* si; **como ~** +*subj* como si +*subj*; **~ ele estivesse aqui, faríamos uma festa** si estuviera aquí, daríamos una fiesta; **~ isso acontecer, me avise** si ocurriera eso, avísame; **~ fosse possível** si fuera posible; **não sei ~ você sabe** no sé si sabes **II.** *pron* se; **lavar-~** lavarse **III.** *pron impess* se; **sabe-~ que...** se sabe que...; **aqui ~ come bem** aquí se come bien; **não ~ fuma neste recinto** en este recinto no se fuma
sé ['sɛ] *f* seo *f*; **a Santa Sé** la Santa Sede
seara [si'ara] *f* campo *m* de cereales
sebe ['sɛbi] *f* **1.**(*de arbustos*) seto *m* **2.**(*cerca*) cerca *f*
sebo ['sebu] *m* **1.** sebo *m*; **passar** [*ou* **pôr**] **~ nas canelas** *inf* poner pies en polvorosa **2.**(*livraria*) librería *m* de viejo
seborreia [sebo'xɛja] *f* MED seborrea *f*
seboso, -a [se'bozu, -'ɔza] *adj* seboso, -a
seca ['seka] *f* (*sem chuva*) sequía *f*
secador [seka'dor] *m* secador *m*; **~ de cabelo** secador de pelo
secadora [seka'dora] *f* (*de roupa*) secadora *f*
secagem [se'kaʒẽj] <-ens> *f* secado *m*
secante [se'kãntʃi] *f* MAT secante *f*
seção <-ões> [se'sãw, -'õjs] *f* sección *f*; **~ eleitoral** circunscripción *f* electoral
secar [se'kar] <*pp:* seco *ou* secado; c→qu> **I.** *vt* **1.**(*roupa, cabelo, pele, fruta*) secar **2.** *gíria* (*dar azar*) dar mala suerte a; **ficou secando os concorrentes** transmitió energías negativas a los competidores **II.** *vi* (*roupa, cabelo, rio, planta*) secar; **pôr a roupa para ~** poner la ropa a secar **III.** *vr:* **~-se** secarse
secional [sesjo'naw] *adj* seccional
secionar [sesjo'nar] *vt* seccionar
seco, -a ['seku, -a] *adj* **1.**(*roupa, pele, cabelo, vinho, pessoa*) seco, -a; **~s e molhados** géneros alimenticios secos y líquidos; **frutas secas** frutos secos; **lavar a ~** lavar en seco; **era tímido e nunca cantava em público a ~** era

tímido y nunca cantaba en público sin acompañamiento; **acuado, engoliu em ~ e ficou em silêncio** acosado, se mordió la lengua y permaneció en silencio **2.** *inf* (*ávido*) **estar ~ por a. c** morirse de ganas de algo; **estou ~ por um sorvete de chocolate** me muero de ganas de tomarme un helado de chocolate

seções [se'sõjs] *f pl de* **seção**

secreção <-ões> [sekre'sãw, -'õjs] *f* secreción *f*

secretaria [sekreta'ria] *f* secretaría *f*; **Secretaria da Saúde** Secretaría de Sanidad

secretária [sekre'taria] *f* **1.** (*aparelho*) ~ (**eletrônica**) contestador *m* (automático) **2.** (*mesa*) escritorio *m*

secretariado [sekretari'adu] *m* secretariado *m*

secretário, -a [sekre'tariw, -a] *m, f* secretario, -a *m, f*; ~ **de Estado** secretario de Estado

secretário-geral <secretários-gerais> [sekre'tariw-ʒe'raw, -'ajs] *m* secretario *m* general; **secretário-geral das Nações Unidas** secretario general de las Naciones Unidas

secreto, -a [se'krɛtu, -a] *adj* secreto, -a

sectário, -a [sek'tariw, -a] *adj, m, f* sectario, -a *m, f*

secular [seku'lar] <-es> *adj* secular

século ['sɛkulu] *m* siglo *m*; **isso foi há ~ s** eso ocurrió hace siglos

secundário, -a [sekũw'dariw, -a] *adj* secundario, -a

secura [se'kura] *f* **1.** (*falta de umidade, frieza*) sequedad *f* **2.** *reg* (*desejo ardente*) deseo *m*

seda ['seda] *f* seda *f*; **rasgar ~** *inf* deshacerse en elogios

sedã [se'dã] *m* sedán *m*

sedativo [seda'tʃivu] *m* MED sedante *m*

sede[1] ['sɛdʒi] *f* sede *f*; (*de uma fazenda*) casa *f*

sede[2] ['sedʒi] *f* sed *f*; **estar com ~** tener sed; **estar morto de ~** estar muerto de sed; **matar a ~** saciar la sed; **ter ~** tener sed; ~ **de vingança** sed de venganza; **ir com muita ~ ao pote** *fig* actuar imprudentemente

sedentário, -a [sedẽj'tariw, -a] *adj, m, f* sedentario, -a *m, f*

sedentarismo [sedẽjta'rizmu] *m sem pl* sedentarismo *m*

sedento, -a [se'dẽtu, -a] *adj fig* sediento, -a; **tinha o coração ~ de amor** tenía el corazón sediento de amor

sediado, -a [sedʒi'adu, -a] *adj* con sede en; **a reunião de cúpula será sediada em Brasília** la cumbre se celebrará en Brasilia

sediar [sedʒi'ar] *vt* ser la sede de

sedimentação <-ões> [sedʒimẽjta'sãw, -'õjs] *f* sedimentación *f*

sedimentar [sedʒimẽj'tar] *vi* **1.** GEO, QUÍM sedimentar **2.** (*uma ideia*) consolidarse

sedimento [sedʒi'mẽtu] *m* sedimento *m*

sedoso, -a [se'dozu, -'ɔza] *adj* (*tecido, pele*) sedoso, -a

sedução <-ões> [sedu'sãw, -'õjs] *f* seducción *f*

sedutor(a) [sedu'tor(a)] <-es> *adj, m(f)* seductor(a) *m(f)*

seduzir [sedu'zir] *vt* seducir

segmento [seg'mẽtu] *m* segmento *m*

segredar [segre'dar] *vt* contar en secreto; ~ **a. c. ao ouvido de alguém** cuchichear algo al oído de alguien

segredo [se'gredu] *m* secreto *m*; ~ **de Estado** secreto de Estado; **cadeado de ~** candado de combinación; **guardar ~** mantener en secreto; **manter a. c. em ~** mantener algo en secreto; **em ~** en secreto

segregação <-ões> [segrega'sãw, -'õjs] *f* segregación *f*; ~ **racial** segregación racial

segregar [segre'gar] <g→gu> *vt* segregar

seguida [se'gida] *f* **em ~** en seguida, enseguida

seguidamente [sigida'mẽjtʃi] *adv* **1.** (*a seguir*) a continuación **2.** (*ininterruptamente*) ininterrumpidamente

seguido, -a [si'gidu, -a] *adj* seguido, -a; **três dias ~ s** tres días seguidos; ~ **de** [*ou* **por**] seguido de

seguido [si'gidu] *adv inf* continuamente; **ele vem ~ me visitar** viene a visitarme continuamente

seguidor(a) [segi'dor(a)] <-es> *m(f)* seguidor(a) *m(f)*

seguimento [segi'mẽtu] *m* consecuencia *f*; **dar ~ a a. c.** dar continuidad a algo; **vir em ~ de** ser consecuencia de

seguinte [si'gĩtʃi] *adj* siguiente; **no dia ~** al día siguiente; **o ~, por favor!** ¡el siguiente, por favor!

seguir [si'gir] *irr* **I.** *vt* seguir; ~ **o seu**

caminho seguir su camino; ~ **o exemplo de alguém** seguir el ejemplo de alguien II. *vi* 1. (*pessoa, automóvel*) seguir; ~ **à direita/esquerda/em frente** seguir a derecha/izquierda/todo recto 2. (*encomenda, correio*) ser enviado III. *vr* ~ **-se** seguir; **os exemplos que se seguem** los ejemplos que siguen IV. *prep* (*logo abaixo*) **os itens a** ~ los ítems que siguen

segunda [si'gũwda] *f* segunda *f;* **engatar a** ~ meter la segunda; **viajar de** ~ viajar en segunda

segunda-feira [si'gũwda-'fejra] <segundas-feiras> *f* lunes *m inv;* **na** ~ el lunes; **à(s) segundas-feiras** los lunes; **toda** ~ todos los lunes; **na próxima** ~ el próximo lunes; **na** ~ **passada** el lunes pasado; **na noite de** ~ **para terça-feira** la noche del lunes al martes; **hoje é** ~, (**dia**) **7 de dezembro** hoy es lunes, 7 de diciembre

segundo [si'gũwdu] I. *m* segundo *m;* **só um** ~! ¡un segundo! II. *prep* según; ~ **a lei** según la ley; ~ **ele, isso não é possível** según él, eso es imposible III. *conj* según; **resolve os problemas** ~ **eles vão aparecendo** resuelve los problema según van apareciendo IV. *adv* en segundo lugar; **primeiro...,** ~ **...** en primer lugar..., en segundo lugar...

segundo, -a [si'gũwdu, -a] *num ord* segundo, -a; **em** ~ **lugar** en segundo lugar; **no** ~ **dia/mês** en el segundo día/mes; **a segunda vez** la segunda vez; **o** ~ **mais velho** el segundo más viejo

segurado, -a [sigu'radu, -a] *adj, m, f* asegurado, -a *m, f*

seguradora [sigura'dora] *f* aseguradora *f*

seguramente [sigura'mẽjtʃi] *adv* seguramente

segurança[1] [sigu'rãnsa] *f* seguridad *f;* **com** [*ou* **em**] ~ con seguridad; ~ **nacional** seguridad nacional; ~ **pessoal** seguridad personal; ~ **pública** seguridad ciudadana

segurança[2] [sigu'rãnsa] *mf* vigilante *mf*

segurar [sigu'rar] <*pp*: seguro *ou* segurado> I. *vt* 1. (*agarrar*) agarrar; ~ **alguém pelo braço** agarrar a alguien por el brazo 2. (*amparar*) sostener; ~ **uma criança no colo** sostener a un niño en brazos 3. (*a casa, o carro*) asegurar 4. *fig, inf* ~ **a barra** capear el temporal II. *vi* agarrarse; ~ **em** agarrarse de; **segura aí!** ¡agárrate ahí! III. *vr:* ~ **-se** 1. agarrarse; **segure-se firme** agárrese firmemente; **segure-se no corrimão** agárrese al pasamanos 2. (*conter-se*) contenerse

seguro [si'guru] I. *m* 1. ECON seguro *m;* ~ **contra incêndio** seguro contra incendios; ~ **de saúde** seguro médico; ~ **social** seguro social; ~ **contra terceiros** seguro a terceros; ~ **de vida** seguro de vida; **pôr a. c. no** ~ asegurar algo 2. (*segurança*) seguridad *f;* ~ **morreu de velho** *prov* con seguridad se va lejos II. *adv* con seguridad; **ele atua** ~ **no palco** actúa con seguridad en el escenario

seguro, -a [si'guru, -a] *adj* seguro, -a; **em local** ~ en un lugar seguro; **é** ~, **ela viaja amanhã** con seguridad, va a viajar mañana; ~ **de si** seguro de sí

seguro-desemprego [si'guru-dʒizĩj'pregu] <seguros-desemprego(s)> *m* seguro *m* de desempleo

seguro-saúde [si'guru-sa'udʒi] <seguros-saúde(s)> *m* seguro *m* médico

seio ['seju] *m* seno *m;* **no** ~ **da família** en el seno de la familia

seis ['sejs] *num card* seis; *v.tb.* **dois**

seiscentos, -as [sejs'sẽjtus, -as] *num card* seiscientos, -as

seita ['sejta] *f* secta *f*

seiva ['sejva] *f* BOT savia *f*

seixo ['sejʃu] *m* canto *m*

seja ['seʒa] I. *subj de* **ser** II. *conj* sea; ~ **eu,** ~ **você** sea yo, seas tú; **ou** ~**,...** o sea,...

sela ['sɛla] *f* silla *f* de montar

selado, -a [se'ladu, -a] *adj* (*com selo*) sellado, -a

selar [se'lar] *vt* 1. (*uma carta, uma embalagem, um pacto*) sellar 2. (*um cavalo*) ensillar

seleção <-ões> [sele'sãw, -'õjs] *f tb.* ESPORT selección *f;* ~ **canarinho** selección brasileña; ~ **natural** selección natural; **fazer uma** ~ hacer una selección

selecionado, -a [selesjo'nadu, -a] *adj* seleccionado, -a

selecionar [selesjo'nar] *vt* seleccionar

seleções [sele'sõjs] *f pl de* **seleção**

selênio [se'leniw] *m* selenio *m*

seletivo, -a [sele'tʃivu, -a] *adj* selectivo, -a

seleto, -a [se'lɛtu, -a] *adj (grupo)* selecto, -a

self-service ['sɛwfi-'sɛrvisi] *m* self-service *m*

selim <-ins> [se'ʎĩj] *m* sillín *m*

selo ['selu] *m* sello *m*, estampilla *f AmL*

selva ['sɛwva] *f* selva *f*

selvagem [sew'vaʒẽj] <-ens> *adj, mf* salvaje *mf*

selvageria [sewvaʒe'ria] *f* salvajismo *m*

sem ['sẽj] *prep* sin; ~ **fim** sin fin; ~ **mais** sin más; ~ **parar** sin parar; ~ **querer** sin querer; ~ **tirar nem pôr** idéntico, -a; **não haverá mudança ~ que haja vontade** no habrá cambios si no hay voluntad

semáforo [se'mafuru] *m* semáforo *m*

semana [se'mʒna] *f* semana *f*; **Semana Santa** Semana Santa; **toda(s) (as) ~(s)** todas las semanas

semanada [semʒ'nada] *f* paga *f* semanal

semanal <-ais> [semʒ'naw, -'ajs] *adj* semanal

semanalmente [semʒnaw'mẽjtʃi] *adv* semanalmente

semanário [semʒ'nariw] *m* PREN semanario *m*

semântica [se'mʒ̃ntʃika] *f* LING semántica *f*

semântico, -a [se'mʒ̃ntʃiku, -a] *adj* semántico, -a

semblante [sẽj'blʒ̃ntʃi] *m* 1. *elev (cara)* semblante *m* 2. *(aparência)* aspecto *m*

sem-cerimônia [sẽjseri'monia] *f* descortesía *f*

semeador(a) [semea'dor(a)] <-es> *m(f)* AGR sembrador(a) *m(f)*

semeadura [semea'dura] *f* siembra *f*

semear [seme'ar] *conj como passear vt tb. fig* sembrar

semelhança [seme'ʎʒ̃nsa] *f* semejanza *f*; **ter ~s com alguém/a. c.** tener semejanza con alguien/algo, parecerse a alguien/algo

semelhante [seme'ʎʒ̃ntʃi] I. *m* semejante *m* II. *adj* semejante; **nunca vi ~ coisa** nunca vi nada semejante; **ela fez uma ~ confusão!** ¡menudo lío organizó!

sêmen ['semẽj] *m* semen *m*

semente [se'mẽjtʃi] *f* BOT semilla *f*; ~ **da discórdia** semilla de la discordia

semestral <-ais> [semes'traw, -'ajs] *adj* semestral

semestre [se'mɛstri] *m* semestre *m*

sem-fim <-ins> [sẽj'fĩj] *m (infinidade)* sinfín *m*; **um ~ de cartas** un sinfín de cartas

semianalfabeto, -a [semjanawfa'bɛtu, -a] *m, f* semianalfabeto, -a *m, f*

semiárido [semi'aridu] *m* región *f* semiárida

semibreve [semi'brɛvi] *f* MÚS semibreve *f*

semicírculo [semi'sirkulu] *m* semicírculo *m*

semicircunferência [semisirkũwfe'rẽjsia] *f* semicircunferencia *f*

semicondutor [semikõwdu'tor] *m* FÍS semiconductor *m*

semideus [semi'dews] <-es> *m fig* semidiós *m*

semieixo [semi'ejʃu] *m* TÉC semieje *m*

semifinal <-ais> [semifi'naw, -'ajs] *f* ESPORT semifinal *f*

semifinalista [semifina'ʎista] *mf* semifinalista *mf*

semimorto [semi'mortu] *adj* semimuerto, -a

seminário [semi'nariw] *m* seminario *m*

seminarista [semina'rista] *m* REL seminarista *m*

seminu [semi'nu] *adj* semidesnudo, -a

semiprecioso, -a [semipresi'ozu, -'ɔza] *adj (pedra)* semiprecioso, -a

semita [se'mita] *mf* semita *mf*

semitransparente [semitrʒ̃nspa'rẽjtʃi] *adj* semitransparente

sem-nome [sẽj'nomi] *adj* innombrable

sem-número [sẽj'numeru] *m inv* sinnúmero *m*; **um ~ de casos** un sinnúmero de casos

semolina [semo'ʎina] *f* sémola *f*

sempre ['sẽjpri] I. *adv* siempre; **até ~** hasta siempre; **como ~** como siempre; **desde ~** desde siempre; **para ~** para siempre; **~ que** siempre que; **a comida/música de ~** la comida/música de siempre II. *conj* aún así; **foi muito cordial; ~ desconfio de suas intenções** fue muy cordial; aún así desconfío de sus intenciones III. *m* **para (todo) o ~** para siempre

sempre-viva ['sẽjpri-'viva] *f* BOT siempreviva *f*

sem-terra [sẽj'tɛxa] *mf inv* sin tierra *mf inv*

sem-teto [sẽj'tɛtu] *mf inv* sin techo *mf inv*

sem-vergonha [sẽjver'gõɲa] *adj, mf inv* sinvergüenza *mf*

sem-vergonhice [sẽjvergõˈɲisi] *f* desvergüenza *f*

senado [seˈnadu] *m* senado *m*

senador(a) [senaˈdor(a)] <-es> *m(f)* senador(a) *m(f)*

senão [siˈnãw] **I.** *conj* si no; **vamos logo, ~ chegaremos tarde** vamos ya, si no llegaremos tarde **II.** *prep* salvo; **não há ninguém ~ ele** no había nadie salvo él **III.** <-ões> *m (falha)* pero *m*; **o plano tem alguns senões** el plan tiene algunos peros

Senegal [seneˈgaw] *m* Senegal *m*

senegalês(a) [senegaˈles(a)] <-es> *adj, m(f)* senegalés, -esa *m, f*

senegalesco, -a [senegaˈlesku, -a] *adj* senegalés, -esa; *(calor, verão)* achicharrante

senha [ˈseɲa] *f* **1.** *(de cartão de crédito)* clave *f*, pin *m* **2.** *tb.* INFOR contraseña *f* **3.** *(talão)* número *m*; *(em teatro, discoteca)* entrada *f*

senhor(a) [sĩˈɲor(a)] <-es> **I.** *m(f)* **1.** *(pessoa)* señor(a) *m(f)*; **como vai sua ~a?** *elev* ¿cómo está su señora? **2.** *(tratamento)* señor(a) *m(f)*; **o ~ Melo** el señor Melo; **o ~ não sabe?** ¿no lo sabe?; **sim, ~!** ¡sí, señor! **3.** REL **o Senhor** el Señor; **Nossa Senhora** Nuestra Señora; **Nossa Senhora!** *inf (espanto)* ¡Dios Mío! **4.** *(ter o domínio)* **ser ~ da situação** controlar una situación **II.** *adj (grandioso)* señor(a); **mora numa ~a casa** vive en una señora casa

> **Gramática** En Brasil, la forma respetuosa de tratamiento se expresa mediante **o senhor** o **a senhora**: "Em que país os senhores moram? Peço à senhora que aguarde na fila."

senhorio, -a [seɲoˈriw, -a] *m, f (proprietário)* propietario, -a *m, f*; **Vossa Senhoria** Su Señoría

senhorita [seɲoˈrita] *f* señorita *f*

senil <-is> [seˈniw, -ˈis] *adj* senil

senilidade [seniʎiˈdadʒi] *f sem pl* senilidad *f*

sênior [ˈsenjor] <-es> *m* ESPORT sénior *m*

senis [seˈnis] *adj pl de* **senil**

seno [ˈsenu] *m* MAT seno *m*

senões [siˈnõjs] *m pl de* **senão**

sensação <-ões> [sẽjsaˈsãw, -ˈõjs] *f* sensación *f*; **causar ~** causar sensación

sensacional <-ais> [sẽjsasjoˈnaw, -ˈajs] *adj* sensacional

sensacionalismo [sẽjsasjonaˈʎizmu] *m* sensacionalismo *m*

sensacionalista [sẽjsasjonaˈʎista] *adj (jornal, notícia)* sensacionalista

sensações [sẽjsaˈsõjs] *f pl de* **sensação**

sensatez [sẽjsaˈtes] *f sem pl* sensatez *f*

sensato, -a [sẽjˈsatu, -a] *adj* sensato, -a

sensibilidade [sẽjsibiʎiˈdadʒi] *f* sensibilidad *f*

sensibilizado, -a [sẽjsibiʎiˈzadu, -a] *adj (comovido)* sensibilizado, -a

sensibilizar [sẽjsibiʎiˈzar] *vt* sensibilizar

sensitivo, -a [sẽjsiˈtʃivu, -a] *adj* sensitivo, -a

sensível <-eis> [sẽjˈsivew, -ejs] *adj* sensible; **ser ~ a a. c.** ser sensible a algo

senso [ˈsẽjsu] *m* sentido *m*; **~ comum** sentido común; **~ de humor** sentido del humor; **bom ~** sentido común

sensor [sẽjˈsor] <-es> *m* sensor *m*

sensorial <-ais> [sẽjsoriˈaw, -ˈajs] *adj* sensorial

sensual <-ais> [sẽjsuˈaw, -ˈajs] *adj* sensual

sensualidade [sẽjsuaʎiˈdadʒi] *f* sensualidad *f*

sentado, -a [sẽjˈtadu, -a] *adj* sentado, -a

sentar [sẽjˈtar] **I.** *vt* sentar; **~ a mão em alguém** *inf* calentar a alguien **II.** *vr:* **~-se** sentarse

sentença [sẽjˈtẽjsa] *f* **1.** JUR sentencia *f*; **~ de morte** sentencia de muerte **2.** LING frase *f*

sentenciar [sẽjtẽjsiˈar] **I.** *vt (condenar)* sentenciar **II.** *vi* dictar sentencia

sentencioso, -a [sẽjtẽjsiˈozu, -ˈɔza] *adj* sentencioso, -a

sentido [sĩjˈtʃidu] **I.** *m* **1.** *(significado, função sensorial)* sentido *m*; **~ de responsabilidade** sentido de responsabilidad; **o sexto ~** el sexto sentido; **ter duplo ~** tener doble sentido; **perder/recuperar os ~s** perder/recuperar el sentido; **sem ~** sin sentido; **isso não faz ~** eso no tiene sentido; **em certo ~** en cierto sentido **2.** *(direção)* sentido *m*; **em ~ contrário** en sentido contrario; **~ horário** sentido de las agujas del reloj; **~ único** sentido único **3.** *(objetivo)* objetivo *m*; **estamos trabalhando nesse ~** estamos trabajando con ese objetivo 4. MIL ~! ¡atención! II. *adj* 1.(*pessoa*) resentido, -a; **ficar ~ com alguém** quedarse resentido con alguien 2.(*queixa, choro*) sentido, -a

sentimental <-ais> [sẽjtʃimẽj'taw, -'ajs] *adj* sentimental

sentimentalismo [sẽjtʃimẽjta'ʎizmu] *m* sentimentalismo *m*; **sem ~s** sin sentimentalismos

sentimento [sẽjtʃi'mẽtu] *m* sentimiento *m*; **~ de culpa** sentimiento de culpa; **declamou o poema com ~** declamó el poema con sentimiento

sentimentos [sẽjtʃi'mẽtus] *mpl* (*pêsames*) pésame *m*; **expressar os ~ a alguém** dar el pésame a alguien; **meus ~** le acompaño en el sentimiento

sentinela [sẽjtʃi'nɛla] *f* centinela *f*; **estar** [*ou* **ficar**] **de ~** estar de centinela

sentir [sĩ'tʃir] *irr* I. *vt* sentir; **~ a. c. por alguém** sentir algo por alguien; **sinto muito!** ¡lo siento mucho! II. *vi* sentir III. *vr:* **~-se** sentirse

senzala [sẽj'zala] *f* en las antiguas haciendas, alojamiento de los esclavos

separação <-ões> [separa'sɐ̃w, -'õjs] *f* separación *f*; **~ amigável/litigiosa** separación amistosa/no consensual; **~ de bens** separación de bienes

separadamente [separada'mẽjtʃi] *adv* separadamente

separado [sepa'radu] *adj* separado, -a; **em ~** por separado

separar [sepa'rar] I. *vt* separar II. *vr:* **~-se** separarse; **eles querem se ~** quieren separarse

separatismo [separa'tʃizmu] *m* POL separatismo *m*

separatista [separa'tʃista] *adj, mf* POL separatista *mf*

sepulcro [se'puwkru] *m* sepulcro *m*; **Santo Sepulcro** Santo Sepulcro

sepultado, -a [sepuw'tadu, -a] *adj* sepultado, -a

sepultar [sepuw'tar] *vt* sepultar

sepultura [sepuw'tura] *f* sepultura *f*

sequela [se'kwɛla] *f* secuela *f*

sequência [se'kwẽjsia] *f* secuencia *f*; **dar ~ a a. c.** dar continuidad a algo

sequer [si'kɛr] *adv* siquiera; **nem ~** ni siquiera

sequestrador(a) [sekwestra'dor(a)] <-es> *m(f)* secuestrador(a) *m(f)*

sequestrar [sekwes'trar] *vt* (*pessoa, avião, bens*) secuestrar

sequestrável <-eis> [sekwes'travew, -ejs] *adj* (*pessoa, bens*) que puede ser secuestrado

sequestro [se'kwɛstru] *m* (*de pessoa, avião, bens*) secuestro *m*

sequestro-relâmpago [se'kwɛstru-xe-'lɐ̃pagu] <sequestros-relâmpago> *m* secuestro *m* relámpago

séquito ['sɛkitu] *m* séquito *m*

sequoia [se'kwɔja] *f* sec(u)oya *f*

ser¹ ['ser] *irr vi* 1.(*característica, nome*) ser; **eu sou o Pedro** soy Pedro; **é uma hora** es la una; **isto é bom** esto es bueno; **o filme foi divertido, não é** [*ou* **né**]**?** la película fue divertida, ¿no?; **tem de ~** tiene que ser; **vir a ~** llegar a ser; **~ bom/ruim de a. c.** hacer algo bien/mal; **doeu um pouco mas não foi nada** me dolió un poco pero no fue nada; **a não ~ que...** a no ser que...; **não ~ de nada** *pej* no valer nada; **não é para menos** *inf* no es para menos; **é dado a mania de grandeza** tiene manías de grandeza; **essa foi boa!** ¡esa sí que es buena!; **esta caneta já era** este boli se ha acabado; **é isso aí!** *gíria* ¡eso es!; **ou seja** (*isto é*) o sea 2.(*quantidade*) ser; **são 10 pessoas** son 10 personas 3.(*profissão*) ser; **ela é professora** es profesora 4.(*nacionalidade*) ser; **ele é do Brasil** es de Brasil; **eu sou brasileiro** soy brasileño 5.(*torcida*) ser; **ele é do Fluminense** es del Fluminense 6.(*preço*) ser; **quanto é a entrada?** ¿cuánto es la entrada?; **os ingressos são 100 reais** las entradas son 100 reales 7.(*material*) ser; **isso é de ferro** eso es de hierro 8.(*pertencer*) ser; **o livro é dele** el libro es suyo 9.(*passiva*) ser; **isto é/foi feito na Inglaterra** esto está/fue fabricado en Inglaterra 10.(*incerteza*) ser; **será que ela vem?** ¿será que va a venir?; **se eu fosse ele, não faria isso** si yo fuera él, no haría eso; **não seja por isso** de nada; **assim seja** así sea; **seja como for** sea como sea 11.(*interesse*) **o que foi?** ¿qué pasa?; **isso é com ele** eso tiene que ver con él

ser² ['ser] <-es> *m* ser *m*; **~ vivo** ser vivo

serão <-ões> [se'rɐ̃w, -'õjs] *m* (*trabalho*) horas *fpl* extras; **fazer ~** hacer horas extras

sereia [se'reja] *f* (*mitologia, sirene*) sirena *f*

serenar [sere'nar] I. *vt* serenar II. *vi* serenarse
serenata [sere'nata] *f* MÚS serenata *f*
serenidade [sereni'dadʒi] *f* serenidad *f*
sereno, -a [se'renu, -a] *adj* sereno, -a
sereno [se'renu] *m* (*relento*) rocío *m*
seresteiro, -a [seres'tejru, -a] *m, f* cantor(a) *m(f)* de serenatas
Sergipe [ser'ʒipi] *m* Sergipe *m*
seriado [seri'adu] *m* TV serial *m*
seriamente [sɛrja'mẽjtʃi] *adv* seriamente
série ['sɛrii] *f* 1. serie *f*; **em ~** en serie; **fora de ~** *fig* fuera de serie 2. ENS año *m*; **segunda ~** segundo curso
seriedade [serje'dadʒi] *f sem pl* seriedad *f*
seriema [siri'ema] *f* cariama *f*
serigrafia [serigra'fia] *f* serigrafía *f*
seringa [si'rĩjga] *f* jeringa *f*
seringueira [sirĩj'gejra] *f* BOT árbol *m* del caucho
seringueiro, -a [sirĩj'gejru, -a] *m, f* cauchero, -a *m, f*
sério, -a ['sɛriw, -a] *adj* serio, -a; **está falando ~?** ¿lo dices en serio?; **tirar alguém do ~** sacar de quicio a alguien
sério ['sɛriw] *adv* **a ~** en serio; **levar** [*ou* **tomar**] **a. c. a ~** tomarse algo en serio
sermão <-ões> [ser'mãw, -'õjs] *m* sermón *m*; **passar um ~ em alguém** echar un sermón a alguien
serões [se'rõjs] *m pl de* **serão**
serpente [ser'pẽjtʃi] *f* serpiente *f*; *fig* víbora *f*
serpentina [serpẽj'tʃina] *f* (*de carnaval*) serpentina *f*
serra ['sɛxa] *f* sierra *f*; **~ circular** sierra circular; **~ elétrica** sierra eléctrica; **faca de ~** cuchillo serrado; **subir a ~** *fig, inf* subirse por las paredes
serrador(a) [sexa'dor(a)] <-es> *m(f)* serrador(a) *m(f)*
serragem [se'xaʒẽj] <-ens> *f* serrín *m*
serralheiro, -a [sexa'ʎejru, -a] *m, f* herrero, -a *m, f*
serralheria [sexaʎe'ria] *f* (*local, atividade*) herrería *f*
serrano, -a [se'xanu, -a] I. *adj* serrano, -a II. *m, f* montañés, -esa *m, f*
serrar [se'xar] *vt* serrar
serraria [sexa'ria] *f* serrería *f*
serrilhado, -a [sexi'ʎadu, -a] *adj* serrado, -a
serrote [se'xɔtʃi] *m* serrucho *m*
sertanejo, -a [sertʒ'neʒu, -a] I. *adj* del sertão (*zona interior poco poblada de Brasil*) II. *m, f* habitante *mf* del sertão (*zona interior poco poblada de Brasil*)
sertanista [sertʒ'nista] *mf* habitante del sertão, zona interior poco poblada de Brasil
sertão <-ões> [ser'tãw, -'õjs] *m* región poco poblada del interior de Brasil, en especial la región semiárida del nordeste, en la que sobreviven costumbres antiguas
servente [ser'vẽjtʃi] *mf* sirviente *mf*; (*de limpeza*) limpiador(a) *m(f)*
serventia [servɛj'tʃia] *f* (*préstamo*) provecho *m*; **ter ~ para a. c.** servir para algo; **a porta da rua é a ~ da casa** *prov* ya sabes dónde está la puerta
Sérvia ['sɛrvia] *f* Serbia *f*
serviçal <-ais> [servi'saw, -'ajs] *mf* criado, -a *m, f*
serviço [ser'visu] *m* 1. (*geral*) servicio *m*; **~ de chá** servicio de té; **~ de emergência** servicio de emergencia; **~ fúnebre** funeral *m*; **~ hospitalar** servicio hospitalario; **~ de informações** servicio de informaciones; **~ militar** (**obrigatório**) servicio militar (obligatorio); **~s municipais** servicios municipales; **~s públicos** servicios públicos; **~ secreto** servicio secreto; **~ social** asistencia *f* social; **elevador de ~** ascensor de servicio; **entrada de ~** entrada de servicio; **estar de ~** (*pessoa*) estar de servicio; (*farmácia*) estar de guardia; **prestar ~s** llevar a cabo servicios; **fora de ~** fuera de servicio; **dar o ~** *inf* cantar; **não brincar em ~** *inf* no perder el tiempo 2. (*trabalho*) trabajo *m*; **belo ~!** *irón* ¡menudo trabajo!
servidão <-ões> [servi'dãw, -'õjs] *f* servidumbre *f*
servido, -a [ser'vidu, -a] *adj* 1. (*gasto*) usado, -a 2. (*abastecido*) provisto, -a
servidões [servi'dõjs] *f pl de* **servidão**
servidor [servi'dor] <-es> *m* INFOR servidor *m*
servidor(a) [servi'dor(a)] <-es> I. *adj* 1. (*servente*) sirviente 2. (*serviçal*) servicial 3. (*que cumpre*) cumplidor(a) II. *m(f)* 1. sirviente *mf* 2. (*empregado*) empleado, -a *m, f*; **~ público** ADMIN funcionario *m*
servil <-is> [ser'viw, -'is] *adj* servil
sérvio, -a ['sɛrviw, -a] *adj, m, f* serbio, -a *m, f*

servir [ser'vir] *irr como* **vestir I.** *vt* servir **II.** *vi* servir; ~ **de exemplo** servir de ejemplo; ~ **de lição** servir de lección; **para que serve isso?** ¿para qué sirve eso? **III.** *vr:* ~**-se 1.** (*comida*) servirse; ~**-se da sopa** servirse sopa; **sirva-se!** ¡sírvase! **2.** (*utilizar*) utilizar; ~**-se do carro** utilizar el coche **3.** *pej* (*usar*) servirse; ~**-se de alguém (para a. c.)** servirse de alguien (para algo)

servis [ser'vis] *adj pl de* **servil**

servo, -a ['sɛrvu, -a] *m, f* siervo, -a *m, f*

sésamo ['sɛzamu] *m* sésamo *m*

sessão <-ões> [se'sãw, -'õjs] *f* sesión *f*; ~ **espírita** REL sesión de espiritismo; ~ **inaugural** sesión inaugural

sessenta [se'sẽjta] *num card* sesenta

sessões [se'sõjs] *f pl de* **sessão**

sesta ['sɛsta] *f* siesta *f*; **fazer a** ~ dormir la siesta

set ['sɛtʃi] *m* ESPORT set *m*

seta ['sɛta] *f* flecha *f*

sete ['sɛtʃi] *num card* siete; **fechar a ~ chaves** guardar bajo siete llaves; **pintar o ~** *inf* hacer travesuras; **ter ~ vidas** tener siete vidas; *v.tb.* **dois**

setecentos, -as [sɛtʃi'sẽjtus, -as] *num card* setecientos, -as

setembro [se'tẽjbru] *m* septiembre *m; v.tb.* **março**

setenta [se'tẽjta] *num card* setenta

setentrional <-ais> [setẽjtrjo'naw, -ajs] *adj* septentrional

sétimo, -a ['sɛtʃimu, -a] *num ord* séptimo, -a; *v.tb.* **segundo**

setor [se'tor] <-es> *m* sector *m*; ~ **financeiro** sector financiero; ~ **terciário** sector terciario

setorial <-ais> [setori'aw, -'ajs] *adj* sectorial

setter ['sɛtɛr] *m* setter *m*

setuagenário, -a [setuaʒe'narjw, -a] *adj, m, f* septuagenario, -a *m, f*

setuagésimo, -a [setua'ʒɛzimu, -a] *num ord* septuagésimo, -a

seu ['sew] *m* (*senhor*) señor *m*; ~ **José** don José

seu, sua ['sew, 'sua] *pron poss* **1.** (*dele, dela*) su; **o ~ futuro/filho** su futuro/hijo; **os ~s** los suyos; **ter a. c. de ~** ser el dueño de algo; **quando tinha ~s trinta anos** (*aproximadamente*) cuando tenía unos treinta años **2.** (*você*) tu; **o ~ cigarro/livro** tu cigarro/libro; **isto é ~?** ¿esto es tuyo?

severidade [severi'dadʒi] *f* severidad *f*

severo, -a [se'vɛru, -a] *adj* severo, -a

seviciar [sevisi'ar] *vt* maltratar

sexagenário, -a [seksaʒe'narjw, -a] *adj, m, f* sexagenario, -a

sexagésimo, -a [seksa'ʒɛzimu, -a] *num ord* sexagésimo, -a

sexismo [sek'sizmu] *m* sexismo *m*

sexo ['sɛksu] *m* sexo *m;* **o ~ feminino/masculino** el sexo femenino/masculino; ~ **oral** sexo oral; ~ **seguro** sexo seguro; **fazer ~** tener relaciones sexuales

sexologia [seksolo'ʒia] *f sem pl* sexología *f*

sexólogo, -a [sek'sɔlogu, -a] *m, f* sexólogo, -a *m, f*

sex-shop [sɛk'ʃɔpi] *m* sex-shop *m*

sexta-feira ['sɛsta-'fejra] *f* viernes *m inv*; **Sexta-feira Santa** Viernes Santo; ~ **treze** ≈ martes *m* y trece; *v.tb.* **segunda-feira**

sexteto [ses'tetu] *m* sexteto *m*

sexto, -a [ˈsɛstu, -a] *num ord* sexto, -a; *v.tb.* **segundo**

sexual <-ais> [seksu'aw, -'ajs] *adj* sexual; **ato ~** acto sexual

sexualidade [seksuaʎi'dadʒi] *f* sexualidad *f*

sexy ['sɛksi] *adj* sexy

shopping ['ʃɔpĩj] *m* centro *m* comercial

> **Cultura** Un **shopping center** es un centro comercial con tiendas, librerías, cines, cafeterías, restaurantes, bares y servicios en general. Los **shoppings**, como se les conoce también, se han convertido en un punto de encuentro en las grandes ciudades. Brasil tiene más de 250 establecimientos de ese tipo; el estado de São Paulo concentra la mayoría de ellos: más de 90, con 188.600 empleados.

shorts ['ʃɔrts] *mpl* pantalones *mpl* cortos

show ['ʃow] *m* show *m;* (*de rock*) concierto *m;* **dar um ~** *fig* (*fazer escândalo*) montar un show

showroom [ʃow'xũw] *m* sala *f* de exposición

si ['si] **I.** *m* MÚS si *m* **II.** *pron pess* (*ele, ela*) sí; **por ~** (*só* [*ou* **mesmo**] [*ou* **próprio**]) por sí (mismo); **para ~** (**mesmo**

[ou **próprio**]) para sí (mismo); **estar** [*ou* **ficar**] **fora de** ~ estar fuera de sí; **cair em** ~ despertar; **cheio de** ~ engreído; **o espetáculo em** ~ **não era de todo mal** el espectáculo en sí no era malo del todo; **cada um por** ~ **e Deus por todos** *prov* cada uno que cuide de lo suyo que Dios cuidará de todos

siamês, -esa [siɜˈmes, -ˈeza] *adj, m, f* siamés, -esa *m, f*

Sibéria [siˈbɛria] *f* Siberia *f*

siberiano, -a [siberiˈɜnu, -a] *adj, m, f* siberiano, -a *m, f*

Sicília [siˈsiʎia] *f* Sicilia *f*

siciliano, -a [sisiʎiˈɜnu, -a] *adj, m, f* siciliano, -a *m, f*

sicrano [siˈkrɜnu] *m* fulano, ~ **e beltrano** fulano, zutano y mengano

sidecar [sajdʒiˈkar] *m* sidecar *m*

sideral <-ais> [sideˈraw, -ˈajs] *adj* (*espaço*) sideral

siderurgia [siderurˈʒia] *f* siderurgia *f*

siderúrgica [sideˈrurʒika] *f* (*indústria*) siderurgia *f*

siderúrgico, -a [sideˈrurʒiku, -a] *adj* siderúrgico, -a

sido [ˈsidu] *pp de* **ser**

sidra [ˈsidra] *f* sidra *f*

sifão <-ões> [siˈfɜ̃w, -ˈõjs] *m* sifón *m*

sífilis [ˈsifiʎis] *f* MED sífilis *f*

sifões [siˈfõjs] *m pl de* **sifão**

siga [ˈsiga] *1., 3. pres subj de* **seguir**

sigilo [siˈʒilu] *m* secreto *m*; ~ **profissional** secreto profesional

sigiloso, -a [siʒiˈlozu, -ˈɔza] *adj* secreto, -a

sigla [ˈsigla] *f* sigla *f*

sigmoide [sigˈmɔjdʒi] *adj* ANAT sigmoideo, -a

signatário, -a [signaˈtariw, -a] *adj, m, f* signatario, -a *m, f*

significado [signifiˈkadu] *m* significado *m*; **não ter** ~ no significar nada

significar [signifiˈkar] <c→qu> *vt* significar

significativo, -a [signifikaˈtʃivu, -a] *adj* significativo, -a

signo [ˈsignu] *m* signo *m*; ~ **do zodíaco** signo del zodiaco; **qual é o seu** ~? ¿cuál es tu signo?

sigo [ˈsigu] *1. pres de* **seguir**

sílaba [ˈsilaba] *f* sílaba *f*; ~ **átona/tônica** sílaba átona/tónica

silenciador [silẽjsiaˈdor] *m* TÉC silenciador *m*

silenciar [silẽjsiˈar] *vt* silenciar

silêncio [siˈlẽjsiw] *m* silencio *m*; **em** ~ en silencio

silenciosamente [silẽjsiɔzaˈmẽjtʃi] *adv* silenciosamente

silencioso [silẽjsiˈozu] *m* silenciador *m*

silencioso, -a [silẽjsiˈozu, -ˈɔza] *adj* silencioso, -a

sílfide [ˈsiwfidʒi] *f* sílfide *f*

silhueta [siˈʎuɛta] *f* silueta *f*

silício [siˈʎisiw] *m* QUÍM silicio *m*

silicone [siʎiˈkoni] *m* silicona *f*

silo [ˈsilu] *m* silo *m*

silogismo [siloˈʒizmu] *m* FILOS silogismo *m*

silva [ˈsiwva] *f* **1.** BOT planta medicinal de la familia de las rosáceas **2.** *inf* (*ênfase*) **caladinho da** ~ completamente callado

silvar [siwˈvar] *vi* silbar

silvestre [siwˈvɛstri] *adj* silvestre

silvícola [siwˈvikula] *adj* salvaje

silvicultura [siwvikuwˈtura] *f* silvicultura *f*

silvo [ˈsiwvu] *m* silbido *m*

sim [ˈsĩj] **I.** *m* sí *m*; **dar o** ~ dar el sí; **pelo** ~, **pelo não** por si las moscas **II.** *adv* sí; **dizer que** ~ decir que sí; **dia** ~, **dia não** un día sí y otro no

simbiose [sĩjbiˈɔzi] *f* simbiosis *f inv*

simbólico, -a [sĩjˈbɔʎiku, -a] *adj* simbólico, -a

simbolismo [sĩjboˈʎizmu] *m* simbolismo *m*

simbolizar [sĩjboʎiˈzar] *vt* simbolizar

símbolo [ˈsĩjbulu] *m* símbolo *m*

simetria [simeˈtria] *f* simetría *f*

simétrico, -a [siˈmɛtriku, -a] *adj* simétrico, -a

similar [simiˈlar] <-es> *adj* similar

símio [ˈsimiw] *m* ZOOL simio *m*

simpatia [sĩjpaˈtʃia] *f* simpatía *f*; **ser uma** ~ ser muy simpático, -a; **ter** ~ **por alguém/a.c.** sentir simpatía por alguien/algo

simpático, -a [sĩjˈpatʃiku, -a] *adj* simpático, -a

simpatizante [sĩjpatʃiˈzɜ̃ntʃi] *mf* simpatizante *mf*

simpatizar [sĩjpatʃiˈzar] *vt* simpatizar; ~ **com** simpatizar con

simples [ˈsĩjplis] **I.** *adj inv* **1.** (*geral*) simple; **por** ~ **curiosidade/prazer** por simple curiosidad/placer **2.** (*único*) **bilhete** ~ billete sencillo **II.** *adv* con simplicidad; **o professor falava** ~ **e direto** el profesor hablaba con simplicidad y

simplesmente 464 **sinônimo**

sin dar rodeos
simplesmente [sĩjpliz'mẽjtʃi] *adv* simplemente
simplicidade [sĩjplisi'dadʒi] *f* 1.(*facilidade*) simplicidad *f* 2.(*modéstia*) sencillez *f*
simplificar [sĩjplifi'kar] <c→qu> *vt tb.* MAT simplificar
simplíssimo, -a [sĩj'plisimu, -a] *superl de* **simples**
simplório, -a [sĩj'plɔriw, -a] *adj, m, f* simplón, -ona *m, f*
simpósio [sĩj'pɔziw] *m* simposio *m*
simulação <-ões> [simula'sãw, -'õjs] *f* simulación *f*
simulacro [simu'lakru] *m* simulacro *m*
simulador [simula'dor] *m* simulador *m*; ~ **de voo** simulador de vuelo
simulador(a) [simula'dor(a)] *adj, m(f)* simulador(a) *m(f)*
simular [simu'lar] *vt* simular
simultaneamente [simuwtɐnja'mẽjtʃi] *adv* simultáneamente
simultâneo, -a [simuw'tɐniw, -a] *adj* simultáneo, -a
sina ['sina] *f inf* sino *m;* **é a minha** ~ es mi sino
sinagoga [sina'gɔga] *f* sinagoga *f*
sinal <-ais> [si'naw, -'ajs] *m* 1.(*indício*) señal *f;* ~ **de chuva** METEO señales de lluvia; ~ **do crime** huella *f* del crimen; **(não) dar** ~ **de vida** (no) dar señales de vida; **isso é um** ~ **dos tempos** eso es un signo de los tiempos 2.(*marca*) marca *f;* ~ **de nascença** mancha *f* de nacimiento 3.(*de trânsito*) semáforo *m;* ~ **aberto/fechado** semáforo verde/rojo; **avançar o** ~ saltarse el semáforo; *fig, inf* precipitarse; **dar** ~ AUTO poner el intermitente; **dar o** ~ **verde** *fig* dar luz verde 4.MAT (*símbolo*) signo *m* 5.TEL señal *f;* ~ **de chamada** señal de llamada; ~ **de ocupado** señal de comunicando 6.(*de advertência*) señal *f;* ~ **de alarme** señal de alarma; ~ **de aviso** señal de aviso; ~ **luminoso** señal luminosa 7.(*gesto*) señal *f;* **fazer** ~ **a alguém** hacer señales a alguien 8.(*monetário*) señal *f;* **dar um** ~ dejar una señal 9.(*prova*) señal *f;* **apertaram as mãos em** ~ **de amizade** se dieron un apretón de manos en señal de amistad 10.MED (*de doença*) señal *f* 11.**por** ~ (*aliás*) a propósito
sinal da cruz <sinais da cruz> [si'naw

da 'krus, si'najz] *m* señal *f* de la cruz
sinalização <-ões> [sinaʎiza'sãw, -'õjs] *f* señalización *f*
sinalizar [sinaʎi'zar] *vt* 1.(*uma rua*) señalizar 2.(*uma mudança*) indicar
sinceridade [sĩjseri'dadʒi] *f* sinceridad *f*
sincero, -a [sĩj'sɛru, -a] *adj* sincero, -a
síncope ['sĩjkopi] *f* LING, MED, MÚS síncope *m*
sincronia [sĩjkro'nia] *f* sincronía *f*
sincronização <-ões> [sĩjkroniza'sãw, -'õjs] *f* sincronización *f*
sincronizado, -a [sĩjkroni'zadu, -a] *adj* sincronizado, -a
sincronizar [sĩjkroni'zar] *vt* sincronizar
sindical [sĩjdʒi'kaw] *adj* sindical
sindicalismo [sĩjdʒika'ʎizmu] *m* sindicalismo *m*
sindicalista [sĩjdʒika'ʎista] *adj, mf* sindicalista *mf*
sindicância [sĩjdʒi'kɐ̃nsia] *f* investigación *f;* **abrir uma** ~ abrir una investigación
sindicato [sĩjdʒi'katu] *m* sindicato *m*
síndico, -a ['sĩjdʒiku, -a] *m, f* presidente, -a *m, f* de la comunidad
síndrome ['sĩjdromi] *f* MED síndrome *m;* ~ **de abstinência** síndrome de abstinencia; ~ **de Down** síndrome de Down; ~ **de imunodeficiência adquirida** síndrome de inmunodeficiencia adquirida
sinédoque [si'nɛdoki] *f* LING sinécdoque *f*
sine qua non [sinekwɜ'nõw] *adj* (*condição*) sine qua non
sinergia [siner'ʒia] *f* sinergia *f*
sinete [si'netʃi] *m* sello *m*
sinfonia [sĩjfo'nia] *f* sinfonía *f*
sinfônico, -a [sĩj'foniku, -a] *adj* sinfónico, -a
singelo, -a [sĩj'ʒɛlu, -a] *adj* simple
singrar [sĩj'grar] *vi* navegar
singular [sĩjgu'lar] I. *adj* singular II. *m* LING singular *m*
singularidade [sĩjgulari'dadʒi] *f* singularidad *f*
sinhô, -á [sĩ'ɲo, -a] *m, f inf* amo, -a *m, f* (*forma de tratamiento que los esclavos daban a los amos*)
sinistra [si'nistra] *f* mano *f* izquierda
sinistro [si'nistru] *m* (*dano*) siniestro *m*
sinistro, -a [si'nistru, -a] *adj* siniestro, -a
sino ['sinu] *m* campana *f*
sinônimo [si'nonimu] *m* sinónimo *m*

sinônimo, -a [si'nonimu, -a] *adj* sinónimo, -a

sinopse [si'nɔpsi] *f* sinopsis *f inv*

sinta ['sĩta] *pp de.*, *3. pres subj de* **sentir**

sintagma [sĩj'tagma] *m* LING sintagma *m*

sintático, -a [sĩj'tatʃiku, -a] *adj* sintáctico, -a

sintaxe [sĩj'tasi] *f* LING sintaxis *f*

sinteco [sĩj'tɛku] *m* barniz *m*

síntese ['sĩjtezi] *f* síntesis *f inv*; **fazer uma ~ de a. c.** hacer una síntesis de algo

sintético, -a [sĩj'tɛtʃiku, -a] *adj* **1.** (*resumido*) sintetizado, -a **2.** (*tecido, fibra, borracha*) sintético, -a

sintetizador [sĩjtetʃiza'dor] *m* MÚS sintetizador *m*

sintetizar [sĩjtetʃi'zar] *vt* sintetizar

sinto ['sĩtu] *1. pres de* **sentir**

sintoma [sĩj'toma] *m tb. fig* síntoma *m*; **~ de insatisfação** síntoma de insatisfacción

sintomático, -a [sĩjto'matʃiku, -a] *adj* sintomático, -a

sintonia [sĩjto'nia] *f* sintonía *f*; **estar em ~ com alguém/a. c.** estar en sintonía con alguien/algo

sintonização <-ões> [sĩjtoniza'sãw, -'õjs] *f* (*do rádio*) sintonización *f*

sintonizado, -a [sĩjtoni'zadu, -a] *adj* sintonizado, -a

sintonizar [sĩjtoni'zar] *vt* (*o rádio*) sintonizar

sinuca [si'nuka] *f* **1.** (*bilhar*) snooker *m* **2.** *gíria* (*situação difícil*) callejón *m* sin salida

sinuoso, -a [sinu'ozu, -'ɔza] *adj* sinuoso, -a

sinusite [sinu'zitʃi] *f* MED sinusitis *f*

sirene [se'reni] *f* (*de polícia, de ambulância, de navio*) sirena *f*

siri [si'ri] *m* cangrejo *m*

Síria ['siria] *f* Siria *f*

sirigaita [siri'gajta] *f* espabilada *f*

sírio, -a ['siriw, -a] *adj, m, f* sirio, -a *m, f*

Sírio ['siriw] *m* ASTRON Sirio *m*

sirva ['sirva] *1., 3. pres subj de* **servir**

sirvo ['sirvu] *1. pres de* **servir**

sisal <-is> [si'zaw, -'ajs] *m* sisal *m*

sísmico, -a ['sizmiku, -a] *adj* (*abalo*) sísmico, -a

sismo ['sizmu] *m* sismo *m*

sismógrafo [siz'mɔgrafu] *m* sismógrafo *m*

siso ['sizu] *m* juicio *m*

sistema [sis'tema] *m* sistema *m*; **~ educacional** sistema educativo; **~ imunológico** sistema inmunológico; **~ de irrigação** sistema de irrigación; **~ métrico** sistema métrico; **~ operacional** INFOR sistema operativo; **~ penitenciário** sistema penitenciario; **~ político** sistema político; **~ solar** sistema solar

sistematicamente [sistematʃika'mẽjtʃi] *adv* sistemáticamente

sistemático, -a [siste'matʃiku, -a] *adj* (*relativo a sistema, metódico*) sistemático, -a

sistêmico, -a [sis'temiku, -a] *adj* sistémico, -a

sisudo, -a [si'zudu, -a] *adj* serio, -a

site ['sajtʃi] *m* INFOR sitio *m*

sitiado, -a [sitʃi'adu, -a] *adj* (*cidade, país*) sitiado, -a

sitiante [sitʃi'ãntʃi] *mf* sitiador(a) *m(f)*

sitiar [sitʃi'ar] *vt* sitiar

sítio ['sitʃiw] *m* **1.** (*propriedade rural*) finca *f* **2.** (*lugar*) yacimiento *m*; **~ arqueológico** yacimiento arqueológico **3.** (*cerco*) **estado de ~** estado de sitio

situação <-ões> [situa'sãw, -'õjs] *f* **1.** situación *f* **2.** POL poder *m*

situacionista [situasjo'nista] *adj* partidario, -a del gobierno

situações [situa'sõjs] *f pl de* **situação**

situado, -a [situ'adu, -a] **I.** *pp de* **situar** **II.** *adj* situado, -a

situar [situ'ar] **I.** *vt* situar; **~ um país no mapa** localizar un país en el mapa **II.** *vr:* **~-se** situarse

skate [is'kejtʃi] *m* monopatín *m*, patineta *f AmL;* **andar de ~** ir en monopatín

slogan [iz'logã] *m* eslogan *m*

smoking [iz'mokĩj] *m* esmoquin *m*

só ['sɔ] **I.** *adj* solo, -a; **uma ~ vez** una sola vez **II.** *adv* sólo; **ela ~ tem 12 anos** sólo tiene 12 años; **não ~..., mas também...** no sólo..., sino también...; **estar/ficar a ~s** estar/quedarse a solas; **esperto que ~ ele** *inf* listo como él solo

soalho [su'aʎu] *m* entarimado *m*

soar [so'ar] <*1. pess pres:* **soo**> *vi* sonar; **o seu comentário soou como provocação** su comentario sonó a provocación

sob ['sob] *prep* bajo; **o anel foi encontrado ~ a mesa** el anillo apareció debajo de la mesa; **a roupa foi feita ~ medida** la ropa fue hecha a medida;

está tudo ~ controle está todo bajo control; a loja reabriu ~ nova direção la tienda reabrió con una nueva dirección
sobe ['sɔbi] 3. pres de subir
sobe e desce ['sɔbi 'dɛsi] m inv subida f y bajada
soberania [soberɜ'nia] f soberanía f; ~ nacional soberanía nacional
soberano, -a [sobe'rɐnu, -a] I. adj (país, justiça) soberano, -a; (olhar) arrogante II. m, f soberano, -a m, f
soberba [so'berba] f soberbia f
soberbo, -a [so'berbu, -a] adj soberbio, -a
sobra ['sɔbra] f 1. sobra f; as ~s las sobras 2. de ~ de sobra; ficar de ~ sobrar; tenho tempo de ~ tengo tiempo de sobra
sobrado [so'bradu] m chalet m
sobranceiro, -a [sobrɜ̃'sejru, -a] adj superior
sobrancelha [sobrɜ̃'seʎa] f ceja f; franzir as ~s fruncir el ceño
sobrar [so'brar] vi sobrar; não sobrou nada no sobró nada; não sobram dúvidas no quedan dudas; ficar sobrando sobrar
sobre ['sobri] prep 1. (em cima de) sobre, encima de; o prato está ~ a mesa el plato está encima de la mesa 2. (acerca de) sobre; falar ~ a. c. hablar sobre algo
sobreaviso [sobrja'vizu] m estar de ~ estar sobre aviso
sobrecarga [sobri'karga] f sobrecarga f; ~ de trabalho sobrecarga de trabajo; estar com ~ estar sobrecargado
sobrecarregado, -a [sobrikaxe'gadu, -a] adj (pessoa) sobrecargado, -a
sobrecarregar [sobrikaxe'gar] vt sobrecargar
sobrecoxa [sobri'kɔʃa] f contramuslo m
sobre-humano [sobrju'mɐnu] adj (esforço) sobrehumano, -a
sobreloja [sobri'lɔʒa] f entresuelo m
sobremaneira [sobremɜ'nejra] adv sobremanera
sobremesa [sobri'meza] f postre m
sobrenatural <-ais> [sobrinatu'raw, -'ajs] I. adj sobrenatural II. m o ~ lo sobrenatural
sobrenome [sobri'nɔmi] m apellido m
sobrepeso [sobre'pezu] m sobrepeso m
sobrepor [sobre'por] irr como pôr I. vt sobreponer, poner encima; ~ o jarro à mesa poner la jarra encima de la mesa II. vr: ~-se sobreponerse; ~-se a a. c. sobreponerse a algo
sobreposto [sobre'postu] pp de sobrepor
sobreposto, -a [sobre'postu, -ɔsta] adj 1. (objetos) sobrepuesto, -a 2. (horário) coincidente
sobrepujar [sobrepu'ʒar] vt superar
sobrescrito [sobris'kritu] m dirección f
sobressair [sobresa'ir] conj como sair I. vi sobresalir II. vr ~-se (destacar-se) sobresalir
sobressalente [sobresa'lẽjtʃi] adj de recambio; peça ~ repuesto m
sobressaltar [sobresaw'tar] I. vt sobresaltar II. vr ~-se sobresaltarse
sobressalto [sobri'sawtu] m sobresalto m; a notícia pegou-nos de ~ la noticia nos sobresaltó; a crise deixou o povo em ~ la crisis dejó al pueblo sobresaltado
sobretaxa [sobri'taʃa] f sobretasa f
sobretudo [sobri'tudu] I. m abrigo m II. adv sobre todo
sobrevida [sobre'vida] f vida f
sobrevir [sobre'vir] irr como vir vi sobrevenir
sobrevivência [sobrevi'vẽjsia] f supervivencia f
sobrevivente [sobrevi'vẽjtʃi] adj, mf superviviente mf
sobreviver [sobrevi'ver] vi sobrevivir; ~ aos filhos sobrevivir a los hijos; ~ a um acidente sobrevivir a un accidente
sobrevoar [sobrevu'ar] <1. pess pres: sobrevoo> vt sobrevolar
sobriedade [sobrje'dadʒi] f sobriedad f
sobrinho, -a [su'brĩɲu, -a] m, f sobrino, -a m, f
sobrinho-neto, sobrinha-neta [su'brĩɲu-'nɛtu, -a-'nɛta] <sobrinhos-netos, sobrinhas-netas> m, f sobrino m nieto, sobrina f nieta
sóbrio, -a ['sɔbriw, -a] adj sobrio, -a
socapa [so'kapa] adv à ~ disimuladamente
socar [so'kar] <c→qu> vt 1. (dar socos) dar puñetazos a 2. (a massa) amasar
sociabilizar [sosjabiʎi'zar] vt civilizar
social <-ais> [sosi'aw, -ajs] adj social; assistência ~ asistencia social; camisa ~ camisa formal; coluna ~ columna de

sociedad; **elevador** ~ ascensor principal; **reunião** ~ reunión de sociedad
socialismo [sosjaˈʎizmu] *m* socialismo *m*
socialista [sosjaˈʎista] *adj, mf* socialista *mf*
socialite [sosjaˈlajtʃi] *mf* persona *f* de la jet
socialização <-ões> [sosjaʎizaˈsãw, -ˈõjs] *f* socialización *f*
sociável <-eis> [sosiˈavew, -ejs] *adj* sociable
sociedade [sosjeˈdadʒi] *f* sociedad *f*; **Sociedade Anônima** Sociedad Anónima; ~ **de consumo** sociedad de consumo; **Sociedade Limitada** Sociedad Limitada; **alta** ~ alta sociedad
sócio, -a [ˈsɔsiw, -a] *m, f* socio, -a *m, f*
socioeconômico, -a [sɔsiwekoˈnomiku, -a] *adj (nível, classe)* socioeconómico, -a
sociologia [sosjoloˈʒia] *f sem pl* sociología *f*
sociológico, -a [sosjoˈlɔʒiku, -a] *adj* sociológico, -a
sociólogo, -a [sosjiˈɔlogu, -a] *m, f* sociólogo, -a *m, f*
soco [ˈsoku] *m* puñetazo *m*; **dar um ~ em alguém/a. c.** dar un puñetazo a alguien/algo
soco-inglês [ˈsoku-ĩjˈgles] <socos-ingleses> *m* puño *m* americano
socorrer [sokoˈxer] I. *vt* socorrer II. *vr* ~ **-se de a. c.** buscar auxilio en algo, valerse de algo; ~ **-se junto à religião** buscar auxilio en la religión; **ele se socorreu de sua poupança** echó mano de sus ahorros
socorro [soˈkoxu] *m* socorro *m*; **primeiros** ~ **s** primeros auxilios; **pedir** ~ pedir socorro; **prestar** ~ prestar socorro; ~! ¡socorro!
soda [ˈsɔda] *f* **1.** *(bebida)* soda *f*; ~ **limonada** soda con lima **2.** QUÍM sosa *f*; ~ **cáustica** sosa cáustica
sódio [ˈsɔdʒiw] *m* QUÍM sodio *m*
sodomia [sodoˈmia] *f* sodomía *f*
sofá [soˈfa] *m* sofá *m*
sofá-cama [soˈka-ˈkɐma] <sofás-camas> *m* sofá-cama *m*
sofisma [soˈfizma] *m* sofisma *m*
sofisticação <-ões> [sofistʃikaˈsãw, -ˈõjs] *f* sofisticación *f*
sofisticado, -a [sofistʃiˈkadu, -a] *adj* sofisticado, -a
sôfrego, -a [ˈsofregu, -a] *adj* ávido, -a

sofreguidão <-ões> [sofregiˈdãw, -ˈõjs] *f* avidez *f*
sofrer [soˈfrer] I. *vt* sufrir II. *vi* sufrir; **ela sofre do coração** sufre del corazón
sofrido, -a [soˈfridu, -a] *adj* sufrido, -a
sofrimento [sofriˈmẽjtu] *m* sufrimiento *m*
sofrível <-eis> [soˈfrivew, -ejs] *adj (desempenho, resultado)* pasable
software [sɔftʃiwˈɛr] *m* INFOR software *m*
sogro, -a [ˈsogru, ˈsɔgra] *m, f* suegro, -a *m, f*
sóis [ˈsɔjs] *m pl de* **sol**
soja [ˈsɔʒa] *f* soja *f*
sol <sóis> [ˈsɔw, -ˈsɔjs] *m* sol *m*; **faz** ~ hace sol; **tomar** ~ tomar el sol; **de** ~ **a** ~ de sol a sol; **quer chova quer faça** ~ pase lo que pase; **tapar o** ~ **com a peneira** negar lo evidente; **ver o** ~ **nascer quadrado** *inf* estar entre rejas
sola [ˈsɔla] *f* suela *f*; **entrar de** ~ *fig* comportarse con agresividad; **não chegar às** ~ **s dos sapatos de alguém** no llegar a la suela del zapato de alguien
solado [soˈladu] *m (de calçado)* suela *f*
solar [soˈlar] I. *adj* solar II. *m* casa *f* solariega
solário [soˈlariw] *m* solárium *m*
solavanco [solaˈvãŋku] *m* sacudida *f*
solda [ˈsɔwda] *f* soldadura *f*
soldado [sowˈdadu] *mf* soldado, -a *m, f*; ~ **raso** soldado raso
soldador(a) [sowdaˈdor(a)] <-es> *m(f)* soldador(a) *m(f)*
soldar [sowˈdar] *vt* soldar
soleira [soˈlejra] *f* umbral *m*
solene [soˈleni] *adj* solemne
solenidade [soleniˈdadʒi] *f* solemnidad *f*
soletrar [soleˈtrar] *vt* deletrear
solfejo [sowˈfeʒu] *m* MÚS solfeo *m*
solicitação <-ões> [soʎisitaˈsãw, -ˈõjs] *f* solicitud *f*
solicitador(a) [soʎisitaˈdor(a)] <-es> *m(f)* JUR procurador(a) *m(f)*
solicitar [soʎisiˈtar] *vt* solicitar; ~ **a. c. a alguém** solicitar algo a alguien
solícito, -a [soˈʎisitu, -a] *adj* solícito, -a
solicitude [soʎisiˈtudʒi] *f* solicitud *f*
solidão <-ões> [soʎiˈdãw, -ˈõjs] *f* soledad *f*
solidariedade [soʎidarjeˈdadʒi] *f* solidaridad *f*
solidário, -a [soʎiˈdariw, -a] *adj* solidario, -a

solidez [soʎi'des] *f sem pl* solidez *f*
solidificação <-ões> [soʎidʒifika'sãw, -'õjs] *f* FÍS solidificación *f*
solidificar [soʎidʒifi'kar] <c→qu> I. *vt* solidificar; **~ posições** *fig* consolidar posiciones II. *vr* **~-se** consolidarse
sólido ['sɔʎidu] *m* FÍS sólido *m*
sólido, -a ['sɔʎidu, -a] *adj* sólido, -a
solidões [soʎi'dõjs] *f pl de* **solidão**
solilóquio [soʎi'lɔkiw] *m* soliloquio *m*
solista [so'ʎista] *mf* MÚS solista *mf*
solitária [soʎi'taria] *f* 1. (*na prisão*) celda *f* de aislamiento 2. ZOOL solitaria *f*
solitário [soʎi'tariw] *m* solitario *m*
solitário, -a [soʎi'tariw, -a] *adj* solitario, -a
solo ['sɔlu] I. *adj* (*carreira*) en solitario II. *m* 1. (*terra*) suelo *m* 2. MÚS solo *m*; **~ de violão** solo de violín
solstício [sows'tʃisiw] *m* ASTRON solsticio *m*
solta ['sowta] *adv* **à(s) ~(s)** suelto, -a; **andar à(s) ~(s)** andar suelto
soltar [sow'tar] <*pp:* solto *ou* soltado> I. *vt* soltar; **solta-me!** ¡suéltame!; **~ o cabelo** soltarse el pelo; **~ foguetes** lanzar cohetes; **~ fumaça** soltar humo; **~ uma gargalhada** soltar una carcajada; **~ odor** soltar olor; **~ palavrões** decir palabrotas; **fibras soltam o intestino** las fibras sueltan el vientre II. *vr* **~-se** soltarse
solteirão, -ona <-ões> [sowtej'rãw, -'ona, -'õjs] *m, f* solterón, -ona *m, f*
solteiro, -a [sow'tejru, -a] *adj, m, f* soltero, -a *m, f*
solteirões [sowtej'rõjs] *m pl de* **solteirão**
solteirona [sowtej'rona] *f v.* **solteirão**
solto, -a ['sowtu, -a] I. *pp irr de* **soltar** II. *adj* suelto, -a
soltura [sow'tura] *f* (*de preso*) liberación *f*
solução <-ões> [solu'sãw, -'õjs] *f* solución *f*
soluçar [solu'sar] <ç→c> *vi* 1. (*ter soluços*) hipar 2. (*chorando*) sollozar
solucionar [solusjo'nar] *vt* solucionar
soluço [so'lusu] *m* 1. (*choro*) sollozo *m* 2. (*fisiológico*) hipo *m*; **estar com** [*ou* **ter**] **~s** tener hipo
soluções [solu'sõjs] *f pl de* **solução**
solúvel <-eis> [so'luvew, -ejs] *adj* (*em líquido*) soluble; **café ~** café soluble
solvência [sow'vẽjsia] *f* ECON solvencia *f*

solvente [sow'vẽjtʃi] I. *adj* ECON solvente II. *m* QUÍM solvente *m*
som ['sõw] <-ons> *m* 1. (*de instrumento, de música*) sonido *m*; **~ nasal** LING sonido nasal; **ao ~ da música** al son de la música; **à prova de ~** insonorizado, -a; **dizer (em) alto e bom ~** decir claramente; **ele prefere o ~ das bandas de rock** *inf* prefiere el sonido de las bandas de rock 2. (*aparelho*) equipo *m* de sonido
soma ['soma] *f* suma *f*
somar [so'mar] I. *vt* MAT sumar; **~ conquistas** sumar conquistas II. *vi* MAT sumar
sombra ['sõwbra] *f* 1. sombra *f*; **à ~** a la sombra; **sem ~ de dúvida** sin sombra de duda; **nem por ~** de ninguna manera; **não é nem ~ do que era** no es ni sombra de lo que era; **fazer ~ a alguém** *fig* hacer sombra a alguien; **viver à ~ de alguém** *fig* vivir a la sombra de alguien 2. (*cosmética*) **~ para os olhos** sombra *f* de ojos
sombras ['sõwbras] *fpl* (*jogo*) sombras *fpl* chinescas
sombreado [sõwbri'adu] *m* sombreado *m*
sombreado, -a [sõwbri'adu, -a] *adj* sombreado, -a
sombrinha [sõw'brĩɲa] *f* sombrilla *f*
sombrio, -a [sõw'briw, -a] *adj* (*lúgubre*) sombrío, -a
some ['sɔmi] 3. *pres de* **sumir**
somente [sɔ'mẽjtʃi] *adv* solamente
somos ['somus] 1. *pl pres de* **ser**
sonambulismo [sonãŋbu'ʎizmu] *m sem pl* sonambulismo *m*
sonâmbulo, -a [so'nãŋbulu, -a] *adj, m, f* sonámbulo, -a *m, f*
sonar [so'nar] <-es> *m* sonar *m*
sonata [so'nata] *f* sonata *f*
sonda ['sõwda] *f* sonda *f*; **~ espacial** AERO sonda espacial
sondagem [sõw'daʒẽj] <-ens> *f* (*de opinião*) sondeo *m*
sondar [sõw'dar] *vt* 1. MED sondar 2. NÁUT sond(e)ar 3. (*uma região*) sond(e)ar 4. (*uma pessoa, a opinião*) sondear
soneca [so'nɛka] *f* siesta *f*; **tirar uma ~** echarse una siesta
sonegação <-ões> [sonega'sãw, -'õjs] *f* (*de impostos*) defraudación *f*
sonegador(a) [sonega'dor(a)] <-es> *m(f)* defraudador(a) *m(f)*

sonegar [sone'gar] <g→gu> *vt* **1.** (*informação, dados*) ocultar **2.** (*impostos*) defraudar

soneto [so'netu] *m* soneto

sonhador(a) [sõɲa'dor(a)] <-es> *adj, m(f)* soñador(a) *m(f)*

sonhar [sõ'ɲar] I. *vi, vt* soñar; **nem sonhando!** *inf* ¡ni en sueños! II. *vi* soñar; **~ acordado** soñar despierto; **em ser médico** soñar con ser médico; **sonhe com os anjos!** ¡que sueñes con los angelitos!

sonho ['sɔɲu] *m* **1.** (*mental*) sueño *m*; **~ dourado** sueño dorado; **de ~** de ensueño **2.** GASTR buñuelo *m*

sonífero [so'niferu] *m* somnífero *m*

sono ['sonu] *m* sueño *m*; **dar ~** dar sueño; **dormir um ~ só** echarse una siesta; **estar com ~** tener sueño; **estar sem ~** no tener sueño; **estar caindo/morrendo de ~** *inf* caerse/morirse de sueño; **pegar no ~** dormirse; **perder o ~** desvelarse; **ter ~** tener sueño; **ter leve/pesado** tener el sueño ligero/pesado; **tirar o ~ de alguém** quitar el sueño a alguien

sonolência [sono'lẽjsia] *f* somnolencia *f*

sonolento, -a [sono'lẽtu, -a] *adj* somnoliento, -a

sonoplastia [sonoplas'tʃia] *f* CINE efectos *mpl* sonoros

sonoridade [sonori'dadʒi] *f* sonoridad *f*

sonoro, -a [so'nɔru, -a] *adj* sonoro, -a

sonoterapia [sonotera'pia] *f* terapia *f* de sueño

sons ['sõws] *m pl de* **som**

sonso, -a ['sõwsu, -a] *adj* **1.** (*dissimulado*) astuto, -a **2.** (*ingênuo*) ingenuo, -a

sopa ['sopa] *f* **1.** sopa *f*; **~ de cebola** sopa de cebolla; **~ de galinha** sopa de pollo; **~ de legumes** sopa juliana **2.** *inf* (*coisa fácil*) ser ~ estar chupado **3.** *fig, inf* **deu ~ e lhe passaram a perna** se descuidó y le engañaron; **era uma pessoa difícil e não dava ~ às mulheres** era una persona difícil y no daba ninguna facilidad a las mujeres; **está cheio de marmanjo dando ~ por aí** hay mamarrachos por ahí para parar un tren

sopapo [so'papu] *m* sopapo *m*; **dar um ~ em alguém** dar un sopapo a alguien

sopé [so'pɛ] *m* pie *m*

sopeira [so'pejra] *f* sopera *f*

soporífero, -a [sopo'riferu, -a] *adj* soporífero, -a

soprano [so'pranu] *mf* MÚS soprano *mf*

soprar [so'prar] I. *vt* **1.** soplar; **~ a sopa** (*esfriar*) soplar la sopa; **~ as velas** soplar las velas **2.** (*dizer*) soplar; **~ no ouvido** (*cochichar*) cuchichear [*o* soplar *inf*] al oído; **~ a resposta para alguém** cuchichear [*o* soplar *inf*] la respuesta a alguien II. *vi* (*pessoa, vento*) soplar

sopro ['sopru] *m* soplo *m*; (*hálito*) aliento *m*; **instrumento de ~** MÚS instrumento de viento; **um ~ de vento** un soplo de viento; **~ de vida** soplo de vida; **de um só ~** en un soplo

soquete [so'ketʃi] *m* calcetín *m* corto

sórdido, -a ['sɔrdʒidu, -a] *adj* **1.** (*sujo: roupas, espetáculo, atitude*) inmundo, -a **2.** (*vil: pessoa*) sórdido, -a

soro ['soru] *m* suero *m*; **~ fisiológico** suero fisiológico

sorológico, -a [soro'lɔʒiku, -a] *adj* (*diagnóstico*) serológico, -a

soronegativo, -a [soronega'tʃivu, -a] *adj* MED seronegativo, -a

soropositivo, -a [soropozi'tʃivu, -a] *adj* MED seropositivo, -a

sóror ['sɔror] <sórores> *f*, **soror** [so'rɔr] <sorores> *f* sor *f*

sorrateiramente [soxatejra'mẽjtʃi] *adv* a escondidas

sorridente [soxi'dẽjtʃi] *adj* sonriente

sorrir [so'xir] *irr como* **rir** *vi* sonreír; **~ para alguém** sonreír a alguien

sorriso [so'xizu] *m* sonrisa *f*; **abrir um ~ de orelha a orelha** sonreír de oreja a oreja; **dar um ~** sonreír; **dar um ~ amarelo** sonreír forzadamente

sorte ['sɔrtʃi] *f* **1.** (*ventura, destino, variedade*) suerte *f*; **boa ~!** ¡buena suerte!; **de ~ que...** de manera [*o* suerte *elev*] que...; **estar com** [*ou* **ter**] **~** tener suerte; **ler a ~ de alguém** leer el futuro de alguien; **ter má ~** tener mala suerte **2.** (*condição social*) situación *f*; **as novas medidas servem para melhorar a ~ dos aposentados** las nuevas medidas sirven para mejorar la situación de los jubilados **3.** (*de loteria*) suerte *f*; **meu número de ~** mi número de la suerte; **tentar a ~** tentar a la suerte; **tirar a ~ grande** ganar el gordo

sortear [sortʃi'ar] *conj como* **passear** *vt* sortear

sorteio [sor'teju] *m* sorteo *m*

sortido, -a [sor'tʃidu, -a] *adj* surtido, -a;

bombons ~**s** surtido de bombones
sortimento [sortʃi'mẽjtu] *m* surtido *m*
sortudo, -a [sor'tudu, -a] *inf* **I.** *adj* ser ~ ser suertudo, -a **II.** *m, f* **você é (um)** ~ eres un suertudo
sorumbático, -a [sorũw'batʃiku, -a] *adj* sombrío, -a
sorvedouro [sorve'dowru] *m* remolino *m*
sorver [sor'ver] *vt* sorber
sorvete [sor'vetʃi] *m* helado *m;* **virar** ~ *fig* esfumarse
sorveteria [sorvete'ria] *f* heladería *f*
S.O.S. [ɛsjo'ɛsi] *m* SOS *m;* **enviar um** ~ lanzar un SOS
sósia ['sɔzia] *mf* doble *mf*
soslaio [soz'laju] *adv* **de** ~ de soslayo
sossegado, -a [suse'gadu, -a] *adj* tranquilo, -a
sossegar [suse'gar] <g→gu> **I.** *vt* tranquilizar **II.** *vi* tranquilizarse
sossego [su'segu] *m* tranquilidad *f*
sótão ['sɔtãw] *m* desván *m*
sotaque [so'taki] *m* acento *m;* ~ **estrangeiro** acento extranjero; **não ter/ter** ~ no tener/tener acento
sotavento [sota'vẽtu] *m* NAÚT sotavento *m*
soterrado, -a [sote'xadu, -a] *adj* enterrado, -a
soterrar [sote'xar] *vt* enterrar
soturno, -a [so'turnu, -a] *adj* (*pessoa*) taciturno, -a; (*local*) sombrío, -a
sou ['so] *1. pres de* **ser**
soube ['sowbi] *1., 3. pret perf de* **saber**
sova ['sɔva] *f* paliza *f;* **dar uma** ~ **em alguém** dar una paliza a alguien; **levar uma** ~ recibir una paliza
sovaco [su'vaku] *m* sobaco *m*
sovar [so'var] *vt* amasar
soviético, -a [sovi'etʃiku, -a] *adj, m, f* soviético, -a *m, f*
sovina [so'vina] *adj, mf* tacaño, -a *m, f*
sozinho, -a [sɔ'zĩɲu, -a] *adj* solo, -a
spa [is'pa] *m* balneario *m*
spray [is'prej] *m* spray *m*
squash [is'kwɛʃi] *m* ESPORT squash *m*
Sr. [sĩ'ɲor] *abr de* **Senhor** Sr.
Sra. [sĩ'ɲɔra] *abr de* **Senhora** Sra.
Srta. [sĩxo'rita] *abr de* **senhorita** Srta.
Sta. ['sãɲta] *abr de* **Santa** Sta.
standard [is'tãɲdardʒi] *adj inv* estándar *inv*
status [is'tatus] *m inv* status *m inv;* ~ **quo** status quo
Sto. ['sãɲtu] *abr de* **Santo** Sto.

stock-car [is'tɔki-'kar] *m* stock car *m*
stress [is'trɛs] *m* estrés *m;* **sofrer de** ~ padecer estrés
striptease [is'tripi-'tʃizi] *m* strip-tease *m*
sua ['sua] *pron poss* **1.** (*dele, dela*) su; **a** ~ **casa** su casa; **a** ~ **irmã** su hermana; **fazer das** ~**s** hacer de las suyas **2.** (*você*) tu; **a** ~ **vizinha/loja** tu vecina/tienda; **ficar na** ~ *gíria* ir a lo suyo
suado, -a [su'adu, -a] *adj* sudado, -a
suadouro [sua'dowru] *m* sauna *f*
suar [su'ar] *vi* sudar; ~ **em bicas** sudar a chorros; ~ **frio** sudar frío; ~ **a camisa** *fig* sudar la gota gorda
suástica [su'astʃika] *f* esvástica *f*
suave [su'avi] *adj* suave; (*prestações*) módico, -a
suavidade [suavi'dadʒi] *f* suavidad *f*
suavizar [suavi'zar] *vt* suavizar
subalterno, -a [subaw'tɛrnu, -a] *adj, m, f* subalterno, -a *m, f*
subaquático, -a [suba'kwatʃiku, -a] *adj* subacuático, -a
subchefe [sub'ʃɛfi] *mf* subjefe, -a *m, f*
subcomissão <-ões> [subkomi'sãw, -'õjs] *f* subcomisión *f*
subconsciente [subkõwsi'ẽjtʃi] *adj, m* subconsciente *m*
subdesenvolvido, -a [subdʒizẽjvow'vidu, -a] *adj* subdesarrollado, -a
subdesenvolvimento [subdʒizẽjvowvi'mẽtu] *m sem pl* subdesarrollo *m*
subdividir [subdʒivi'dʒir] *vt* subdividir
subdivisão <-ões> [subdʒivi'zãw, -'õjs] *f* subdivisión *f*
subemprego [subĩj'pregu] *m* empleo *m* precario
subentender [subĩjtẽj'der] *vt* sobr(e)entender
subentendido, -a [subĩjtẽj'dʒidu, -a] *adj* sobre(e)ntendido, -a; **estar** ~ estar sobre(e)ntendido
subestimar [subestʃi'mar] *vt* subestimar
subfaturar [subfatu'rar] *vt* emitir una factura con un precio inferior al cobrado para evadir impuestos
subgerente [subʒe'rẽjtʃi] *mf* subdirector(a) *m(f)*
subgrupo [sub'grupu] *m* subgrupo *m*
subida [su'bida] *f* subida *f*
subir [su'bir] *irr* **I.** *vt* **1.** (*geral*) subir **2.** (*na vida*) ascender **II.** *vi* subir; ~ **numa cadeira** subirse a una silla; ~ **à cabeça** (*vinho, dinheiro, fama*) subirse a la cabeza; **o sangue subiu-lhe à**

cabeça la sangre se le subió a la cabeza; **~ de elevador** subir en ascensor; **~ pelas paredes** *inf* subirse por las paredes

subitamente [subita'mẽjtʃi̥] *adv* súbitamente

súbito, -a ['subitu, -a] *adj* súbito, -a; **mal ~** enfermedad súbita; **de ~** de súbito

subjacente [subʒa'sẽjtʃi̥] *adj* subyacente

subjetividade [subʒetʃivi'daʤi] *f sem pl* subjetividad *f*

subjetivo, -a [subʒe'tʃivu, -a] *adj* subjetivo, -a

subjugar [subʒu'gar] <g→gu> *vt* subyugar

subjuntivo [subʒũw'tʃivu] *m* LING subjuntivo *m*

> **Gramática** En portugués, el presente de subjuntivo se forma en casi todos los verbos a partir de la 1ª persona del singular del presente de indicativo. "Eu ajo mal discutindo, Ana age bem calando-se, tomara que Paulo aja como ela; Eu digo sempre: é importante que ela diga a verdade."

sublevação <-ões> [subleva'sãw, -'õjs] *f* sublevación *f*

sublevar [suble'var] **I.** *vt* sublevar **II.** *vr* **~-se** sublevarse

sublime [su'blimi] *adj* sublime

subliminar [subʎimi'nar] *adj* (*propaganda, mensagem*) subliminal

sublinhar [subʎi'ɲar] *vt* subrayar

sublocação <-ões> [subloka'sãw, -'õjs] *f* subarriendo *m*

sublocar [sublo'kar] <c→qu> *vt* subarrendar

sublocatário, -a [subloka'tariw, -a] *m, f* subarrendatario, -a *m, f*

submarino [subma'rinu] *m* submarino *m*

submarino, -a [subma'rinu, -a] *adj* submarino, -a

submergir [submer'ʒir] <*pp:* submerso *ou* submergido; g→j> **I.** *vt* sumergir **II.** *vi* sumergirse

submerso, -a [sub'mɛrsu, -a] *adj* sumergido, -a

submeter [subme'ter] **I.** *vt* someter **II.** *vr:* **~-se** someterse; **~-se a alguém** someterse a alguien

submetralhadora [submetraʎa'dora] *f* metralleta *f*

submissão <-ões> [submi'sãw, -'õjs] *f* sumisión *f*

submisso, -a [sub'misu, -a] *adj* sumiso, -a

submissões [submi'sõjs] *f pl de* **submissão**

submundo [sub'mũwdu] *m* submundo *m*

subnutrição <-ões> [subnutri'sãw, -'õjs] *f* desnutrición *f*

subnutrido, -a [subnu'tridu, -a] *adj* desnutrido, -a

suboficial <-ais> [subofisi'aw, -'ajs] *m* suboficial *m*

subordinado, -a [suborʤi'nadu, -a] *adj, m, f* subordinado, -a *m, f*

subordinar [suborʤi'nar] *vt* subordinar

subornar [subor'nar] *vt* sobornar

subornável <-eis> [subor'navew, -ejs] *adj* sobornable

suborno [su'bornu] *m* soborno *m*

subprefeitura [subprefej'tura] *f* alcaldía *f* de barrio

subproduto [subpro'dutu] *m* subproducto *m*

sub-reptício, -a [subxep'tʃisiw, -a] *adj* subrepticio, -a

subscrever [subskre'ver] <*pp:* subscrito> **I.** *vt* suscribir **II.** *vr:* **~-se** (*em carta*) firmar

subscrição <-ões> [subskri'sãw, -'õjs] *f* suscripción *f*

subscrito, -a [subs'kritu, -a] *pp de* **subscrever**

subseção <-ões> [subse'sãw, -'õjs] *f* subsección *f*

subsecretário, -a [subsekre'tariw, -a] *m, f* subsecretario, -a *m, f*; **~ de Estado** subsecretario de Estado

subsequente [subse'kwẽjtʃi̥] *adj* subsecuente

subserviência [subservi'ẽjsia] *f* servilismo *m*

subserviente [subservi'ẽjtʃi̥] *adj* servil

subsidiado, -a [subsiʤi'adu, -a] *adj* subvencionado, -a

subsidiar [subsiʤi'ar] *conj como passear vt* subsidiar

subsidiária [subsiʤi'aria] *f* (*negócios*) filial *f*

subsidiário, -a [subsiʤi'ariw, -a] *adj*

subsidiario, -a
subsídio [sub'siʤiw] *m* **1.** subsidio *m;* (*para empresas, instituições*) subvención *f;* ~ **agrícola** subsidio [*o* subvención] agrícola **2.** POL (*vencimentos*) sueldo *m* **3.** *pl* (*informações*) datos *mpl*
subsistência [subzis'tẽjsia] *f* subsistencia *f*
subsistir [subzis'tʃir] *vi* subsistir
subsolo [sub'sɔlu] *m* **1.** (*do solo*) subsuelo *m* **2.** (*de um prédio*) sótano *m*
substância [subs'tãŋsia] *f* sustancia *f*
substancial <-ais> [substãŋsi'aw, -'ajs] *adj* sustancial
substancialmente [substãŋsjaw'mẽjtʃi] *adv* sustancialmente
substantivar [substãŋtʃi'var] *vt* LING sustantivar
substantivo [substãŋ'tʃivu] *m* sustantivo *m*
substituição <-ões> [substʃitui'sãw, -'õjs] *f* sustitución *f;* **em** ~ **a alguém/a. c.** en sustitución de alguien/algo
substituir [substʃitu'ir] *conj como incluir vt* sustituir
substituível <-eis> [substʃitu'ivew, -ejs] *adj* sustituible
substituto, -a [substʃi'tutu, -a] *adj*, *m*, *f* sustituto, -a *m*, *f*
substrato [subs'tratu] *m* sustrato *m*
subterfúgio [subter'fuʒiw] *m* subterfugio *m*
subterrâneo [subte'xʒniw] *m* subterráneo *m;* **os** ~ **s da política** los bajos fondos de la política
subterrâneo, -a [subte'xʒniw, -a] *adj* subterráneo, -a
subtítulo [sub'tʃitulu] *m* subtítulo *m*
subtotal [subto'taw] *m* subtotal *m*
subtração <-ões> [subtra'sãw, -'õjs] *f* MAT sustracción *f*
subtrair [subtra'ir] *conj como sair vt* sustraer
subtropical <-ais> [subtropi'kaw, -'ajs] *adj* (*clima*) subtropical
subumano, -a [subu'mʒnu, -a] *adj* infrahumano, -a
suburbano, -a [subur'bʒnu, -a] **I.** *adj* suburbano, -a; *pej* (*pouco refinado*) paleto, -a **II.** *m*, *f* **1.** habitante *mf* de los suburbios **2.** *pej* (*pouco refinado*) paleto, -a *m*, *f*
subúrbio [su'burbiw] *m* suburbio *m*
subvenção <-ões> [subvẽj'sãw, -'õjs] *f* subvención *f*

subvencionado, -a [subvẽjsjo'nadu, -a] *adj* subvencionado, -a
subvencionar [subvẽjsjo'nar] *vt* subvencionar
subvenções [subvẽj'sõjs] *f pl de* **subvenção**
subversão <-ões> [subver'sãw, -'õjs] *f* subversión *m*
subversivo, -a [subver'sivu, -a] *adj* subversivo, -a
subversões [subver'sõjs] *f pl de* **subversão**
subverter [subver'ter] *vt* subvertir
sucata [su'kata] *f* chatarra *f;* **o carro vai para a** ~ el coche va a la chatarrería
sucateamento [sukatʃja'mẽjtu] *m* abandono *m*
sucatear [sukatʃi'ar] *conj como passear vt* **1.** transformar en chatarra **2.** (*a indústria*) dejar en estado de abandono
sucção <-ões> [suk'sãw, -'õjs] *f* succión *f*
sucedâneo, -a [suse'dʒniw, -a] *m*, *f* sucedáneo *m*
suceder [suse'der] **I.** *vi* suceder **II.** *vr:* ~ **-se** sucederse
sucessão <-ões> [suse'sãw, -'õjs] *f* (*de acontecimentos*) sucesión *f*
sucessivamente [susesiva'mẽjtʃi] *adv* sucesivamente; **e assim** ~ y así sucesivamente
sucessivo, -a [suse'sivu, -a] *adj* sucesivo, -a
sucesso [su'sɛsu] *m* éxito *m;* **fazer** [*ou* **ter**] ~ tener éxito
sucessões [suse'sõjs] *f pl de* **sucessão**
sucessor(a) [suse'sor(a)] <-es> *m(f)* sucesor(a) *m(f)*
sucinto, -a [su'sĩjtu, -a] *adj* sucinto, -a
suco ['suku] *m* zumo *m*, jugo *m AmL;* ~ **de laranja/maracujá** zumo de naranja/maracuyá

Cultura En Brasil es imprescindible tomar los más variados **sucos**, tanto en tiendas especializadas como o en cualquier restaurante o **lanchonete**. Fríos, con o sin azúcar, los **sucos** son preparados con agua o zumo de naranja y con casi todas las frutas encontradas en el país: piña, anacardo, carambola, melón, fresa y

> muchas otras. La **vitamina** es una variedad de zumo preparada con leche en vez de agua. En las **casas de suco** se puede encontrar también **caldo de cana-de-açúcar**.

suculento, -a [suku'lẽjtu] *adj* suculento, -a

sucumbir [sukũw'bir] *vi* sucumbir

sucupira [suku'pira] *f* BOT *designación común a muchas especies de árboles leguminosos caracterizadas por tener semillas muy duras*

sucuri [suku'ri] *f* ZOOL anaconda *f*

sucursal <-ais> [sukur'saw, -'ajs] *f* (*de banco, empresa*) sucursal *f*; (*de jornal*) redacción *f*

sudanês, -esa [sudɜ'nes, -'eza] <-es> *adj, m, f* sudanés, -esa *m, f*

Sudão [su'dɜ̃w] *m* Sudán *m*

sudário [su'dariw] *m* sudario *m*; **o Santo Sudário** la Sábana Santa

sudeste [su'dɛstʃi] *m* sudeste *m*

súdito, -a ['sudʒitu, -a] **I.** *adj* reverente **II.** *m, f* súbdito, -a *m, f*

sudoeste [sudo'ɛstʃi] *m* sudoeste *m*

Suécia [su'ɛsia] *f* Suecia *f*

sueco, -a [su'ɛku, -a] *adj, m, f* sueco, -a *m, f*

suedine [sue'dʒini] *m* tejido de algodón cuya textura imita al ante

suéter [su'ɛter] *m* jersey *m*, suéter *m*

suficiente [sufisi'ẽjtʃi] **I.** *adj* suficiente **II.** *m* o ~ lo suficiente

suficientemente [sufisiẽjtʃi'mẽjtʃi] *adv* suficientemente

sufixo [su'fiksu] *m* LING sufijo *m*

suflê [su'fle] *m* GASTR suflé *m*

sufocado, -a [sufo'kadu, -a] *adj* **estar ~** estar sofocado; **ficar ~** sofocarse; **morrer ~** morir asfixiado

sufocante [sufo'kãntʃi] *adj* sofocante

sufocar [sufo'kar] <c→qu> **I.** *vt* sofocar; **~ o soluço** detener el hipo; **~ uma rebelião** sofocar una rebelión **II.** *vi* sofocarse; **~ de tanto rir** quedarse sin respiración de tanto reír

sufoco [su'foku] *m inf* sofoco *m*; **estar num ~** estar en un apuro

sufrágio [su'fraʒiw] *m* voto *m*; **~ direto** sufragio directo; **~ universal** sufragio universal

sugar [su'gar] <g→gu> *vt* **1.** succionar **2.** (*extorquir*) chupar la sangre a

sugerir [suʒe'rir] *irr como preferir* *vt* sugerir; **~ que** +*subj* sugerir que +*subj*; **sugiro que você descanse um pouco** sugiero que descanses un poco

sugestão <-ões> [suʒes'tɜ̃w, -'õjs] *f* sugerencia *f*; **dar uma ~** hacer una sugerencia

sugestivo, -a [suʒes'tʃivu, -a] *adj* sugestivo, -a

sugestões [suʒes'tõjs] *f pl de* **sugestão**

sugiro [su'ʒiru] *1. pres de* **sugerir**

Suíça [su'isa] *f* Suiza *f*

suicida [suj'sida] *adj, mf* suicida *mf*

suicidar-se [sujsi'darsi] *vr* suicidarse

suicídio [suj'sidʒiw] *m* suicidio *m*; **~ político** suicidio político; **cometer ~** suicidarse

suíço, -a [su'isu, -a] *adj, m, f* suizo, -a *m, f*

sui generis [suj 'ʒeneris] *adj inv* sui géneris *inv*

suingue [su'ĩgi] *m* **1.** MÚS swing *m* **2.** *chulo* (*entre casais*) intercambio *m* de pareja

suíno [su'inu] *m* cerdo *m*

suíno, -a [su'inu, -a] *adj* porcino, -a; **gado ~** ganado porcino

suíte [su'itʃi] *f* suite *f*

sujar [su'ʒar] **I.** *vt* ensuciar **II.** *vr* ~-**se** ensuciarse; ~-**se com alguém** *fig* manchar la reputación de alguien

sujeira [su'ʒejra] *f* **1.** (*imundície*) suciedad *f* **2.** *inf* (*ato*) guarrada *f*; **fazer uma ~ com alguém** hacer una guarrada a alguien

sujeitar [suʒej'tar] <*pp*: sujeito *ou* sujeitado> **I.** *vt* someter; **~ um filme à censura** someter una película a la censura; **ditadores sujeitam o povo à sua autoridade** los dictadores someten al pueblo a su autoridad **II.** *vr*: ~-**se** (*submeter-se*) someterse; ~-**se a a. c.** someterse a algo; ~-**se a obedecer às leis** obedecer la ley

sujeito¹ [su'ʒejtu] *m* LING sujeto *m*

sujeito, -a² [su'ʒejtu, -a] **I.** *m, f* tipo *m*; **é um ~ de sorte** es un tipo con suerte **II.** *adj* sujeto, -a; **~ a impostos** sujeto a impuestos; **ser ~ a a. c.** estar sujeto a algo

sujo, -a ['suʒu, -a] *adj* **1.** (*com sujeira*) sucio, -a; **roupa suja de sangue** ropa manchada de sangre **2.** (*dinheiro, negócio, serviço*) sucio, -a; (*piada*) verde; **ter a boca suja** *fig* ser un malhablado;

ter ficha suja (na polícia) estar fichado; **estar ~ com alguém** *inf* no tener crédito con alguien

sul ['suw] *m* sur *m*; **ao ~ de** al sur de

sul-africano, -a [suwafri'kɜnu, -a] *adj, m, f* sudafricano, -a *m, f*

sul-americano, -a [sulameri'kɜnu, -a] *adj, m, f* sudamericano, -a *m, f*

sulco ['suwku] *m* **1.** (*na terra, no rosto*) surco *m* **2.** (*na água*) estela *f*

sulfa ['suwfa] *f* QUÍM sulfamida *f*

sulfato [suw'fatu] *m* QUÍM sulfato *m*

sulfúrico, -a [suw'furiku, -a] *adj* QUÍM sulfúrico, -a; **ácido ~** ácido sulfúrico

sulista [su'liʃta] **I.** *adj de la región Sur de Brasil* **II.** *mf habitante de la región Sur de Brasil*

sultão, sultana <-ães> [suw'tɜ̃w, -'ana, -'ɜjʃ] *m, f* sultán, sultana *m, f*

suma ['suma] *adv* **em ~** en suma

sumarento, -a [suma'rẽjtu, -a] *adj* suculento, -a

sumariamente [sumarja'mẽjtʃi] *adv* sumariamente

sumário [su'mariw] *m* sumario *m*

sumário, -a [su'mariw, -a] *adj* (*breve*) sumario, -a; **julgamento ~** juicio sumario

sumiço [su'misu] *m* desaparición *f*; **dar ~ em a. c.** hacer desaparecer algo; **levar ~** *inf* esfumarse

sumidade [sumi'dadʒi] *f* (*pessoa*) eminencia *f*

sumido, -a [su'midu, -a] *adj* desaparecido, -a

sumidouro [sumi'dowru] *m* **1.** sumidero *m* **2.** (*de pessoas*) lugar en el que desaparecen personas **3.** (*de dinheiro*) sangría *f*

sumir [su'mir] *irr como subir vi* desaparecer; **~ de vista** desaparecer de la vista; **~ com a. c.** desaparecer con algo

sumo ['sumu] *m* **1.** (*suco*) zumo *m*, jugo *m AmL* **2.** (*ápice*) cúspide *f*

sumo, -a ['sumu, -a] *adj* sumo, -a; **o ~ pontífice** el sumo pontífice

sumô [su'mo] *m* sumo *m*

súmula ['sumula] *f* resumen *m*

sundae ['sɜ̃ndej] *m* copa de helado con fruta y nueces

sunga ['sũwga] *f* slip *m*

suntuosidade [sũwtuozi'dadʒi] *f sem pl* suntuosidad *f*

suntuoso, -a [sũwtu'ozu, -'ɔza] *adj* suntuoso, -a

suor [su'ɔr] <-es> *m* sudor *m*; **comprou a casa com muito ~** compró la casa con muchos sudores

superabundância [superabũw'dɜ̃ŋsia] *f* superabundancia *f*

superabundante [superabũw'ɜ̃ntʃi] *adj* **1.** (*exuberante*) superabundante **2.** (*supérfluo*) excesivo, -a

superado, -a [supe'radu, -a] *adj* superado, -a

superaquecimento [superakesi'mẽjtu] *m* recalentamiento *m*

superar [supe'rar] **I.** *vt* superar **II.** *vr* **~-se** superarse

superável <-eis> [supe'ravew, -ejs] *adj* superable; **dificuldades superáveis** dificultades superables

superavit [supe'ravitʃi] *m* ECON superávit *m*

supercílio [super'siʎiw] *m* ceja *f*

supercondutor [superkõwdu'tor] <-es> *m* superconductor *m*

superdotado, -a [superdo'tadu, -a] *adj, m, f* superdotado, -a *m, f*

superego [supe'rεgu] *m* superego *m*

superestimar [superestʃi'mar] *vt* sobre(e)stimar

superfaturamento [superfatura'mẽjtu] *m trabajo hecho a un precio muy superior al del mercado*

superfaturar [superfatu'rar] *vt* (*uma obra*) cobrar un precio exorbitado por

superficial <-ais> [superfisi'aw, -ajs] *adj* superficial

superficialidade [superfisiaʎi'dadʒi] *f* superficialidad *f*

superficialmente [superfisiaw'mẽjtʃi] *adv* superficialmente

superfície [super'fisii] *f* superficie *f*; **estar à ~** estar en la superficie; **vir à ~** salir a la superficie; **ficar na ~** *fig* ser superficial

supérfluo [su'pεrfluu] **m o ~** lo supérfluo

supérfluo, -a [su'pεrfluu, -a] *adj* supérfluo, -a

super-herói [supere'rɔj] *m* superhéroe *m*

super-homem [supe'rɔmẽj] <-ens> *m* superhombre *m*

superinflação [superĩjfla'sɜ̃w, -õjs] <-ões> *f* ECON superinflación *f*

superintendência [superĩjtẽj'dẽjsia] *f* superintendencia *f*

superintendente [superĩjtẽj'dẽjtʃi] *mf* superintendente *mf*

superior [superi'or] *adj* superior

superior(a) [superi'or(a)] *m(f)* superior(a) *m(f)*
superioridade [superjori'dadʒi] *f* superioridad *f*; **ter ar de ~** darse aires de superioridad
superlativo [superla'tʃivu] *m* LING superlativo *m*
superlotação [superlota'sãw] *m* exceso *m* de gente
superlotado, -a [superlo'tadu, -a] *adj* abarrotado, -a
superlotar [superlo'tar] *vt* abarrotar
supermercado [supermer'kadu] *m* supermercado *m*
superministro, -a [supermi'nistru, -a] *m, f* superministro, -a *m, f*
super-mulher [supermu'ʎɛr] <-es> *f* supermujer *f*
superpopulação <-ões> [superpopula'sãw, -'õjs] *f* superpoblación *f*
superpotência [superpo'tẽjsia] *f* POL superpotencia *f*
superpovoado, -a [superpovu'adu, -a] *adj* superpoblado, -a
superprodução <-ões> [superprodu'sãw, -'õjs] *f* CINE, TEAT, TV superproducción *f*
superproteger [superprote'ʒer] <g→j> *vt* sobreproteger
supersônico [super'soniku] *m* AERO avión *m* supersónico
supersônico, -a [super'soniku, -a] *adj* supersónico, -a
superstição <-ões> [superstʃi'sãw, -'õjs] *f* superstición *f*
supersticioso, -a [superstʃisi'ozu, -'ɔza] *adj* supersticioso, -a
superstições [superstʃi'sõjs] *f pl de* **superstição**
supervalorizar [supervalori'zar] *vt* sobrevalorar
supervisão <-ões> [supervi'zãw, -'õjs] *f* supervisión *f*
supervisionar [supervizjo'nar] *vt* supervisar
supervisões [supervi'zõjs] *f pl de* **supervisão**
supervisor(a) [supervi'zor(a)] <-es> *m(f)* supervisor(a) *m(f)*
supetão [supe'tãw] *adv* **de ~** de sopetón
supimpa [su'pĩjpa] *adj inf* genial; **o arroz estava ~!** ¡el arroz estaba de rechupete!
suplantar [suplãn'tar] **I.** *vt* (*pessoa, pensamento, sentimento*) superar **II.** *vr* **~-se** superarse
suplementar¹ [suplemẽj'tar] *vt* complementar
suplementar² [suplemẽj'tar] <-es> *adj* complementario, -a
suplemento [suple'mẽjtu] *m* suplemento *m*; **~ de domingo** suplemento dominical; **~ literário** suplemento literario
suplente [su'plẽjtʃi] **I.** *mf* suplente *mf*; **~ de senador** POL suplente de senador **II.** *adj* suplente
supletivo [suple'tʃivu] *m* ENS *educación básica para adultos*
súplica ['suplika] *f* súplica *f*
suplicar [supli'kar] <c→qu> *vt* suplicar
suplício [su'plisiw] *m* suplicio *m*
supor [su'por] *irr como* **pôr** *vt* suponer; **suponho que sim/não** supongo que sí/no
suportar [supor'tar] *vt* soportar; **ele tem de ~ a hipocrisia da família** tiene que soportar la hipocresía de la familia
suportável <-eis> [supor'tavew, -ejs] *adj* soportable
suporte [su'pɔrtʃi] *m* soporte *m*; **~ de dados** INFOR almacenamiento *m* de datos; **dar ~ a alguém** dar apoyo a alguien
suposição <-ões> [supozi'sãw, -'õjs] *f* suposición *f*
supositório [supozi'tɔriw] *m* supositorio *m*
supostamente [supɔsta'mẽjtʃi] *adv* supuestamente
suposto, -a [su'postu, -'ɔsta] **I.** *pp de* **supor II.** *adj* supuesto, -a
supracitado [suprasi'tadu] *adj* mencionado, -a anteriormente
supranacional <-ais> [supranasjo'naw, -'ajs] *adj* supranacional
suprapartidário, -a [suprapartʃi'dariw, -a] *adj* suprapartidario, -a
suprarrenal <-ais> [supraxe'naw, -'ajs] *f* ANAT glándula *f* suprarrenal
suprassumo [supra'sumu] *m* súmmum *m*; **isso é o ~ da ignorância** eso es el súmmum de la ignorancia
supremacia [suprema'sia] *f* supremacía *f*
supremo, -a [su'premu, -a] *adj* supremo, -a
supressão <-ões> [supre'sãw, -'õjs] *f* supresión *f*

suprimento [supri'mẽjtu] *m* abastecimiento *m*
suprimir [supri'mir] <*pp:* supresso *ou* suprimido> *vt* suprimir
suprir [su'prir] *vt* **1.**(*uma falha, as necessidades*) suplir **2.**(*de alimentos*) abastecer
supurar [supu'rar] *vi* supurar
surdez [sur'des] *f sem pl* sordera *f*
surdina [sur'dʒina] *f* MÚS sordina *f*; **fazer a. c. na** ~ hacer algo con sordina
surdo, -a ['surdu, -a] **I.** *m, f* sordo, -a *m, f* **II.** *adj* sordo, -a; **fazer-se de** ~ hacerse el sordo; **ser ~ como uma porta** *inf* ser sordo como una tapia; **as autoridades ficaram surdas aos apelos de justiça** las autoridades hicieron oídos sordos a las peticiones de justicia
surdo-mudo, surda-muda ['surdu-'mudu, 'surda-'muda] <surdos--mudos, surdas-mudas> *adj, m, f* sordomudo, -a *m, f*
surfar [sur'far] *vi* hacer surf; ~ **na Internet** INFOR surfear en Internet
surfe ['surfi] *m* ESPORT surf *m*
surfista [sur'fista] *mf* surfista *mf*
surgimento [surʒi'mẽjtu] *m* surgimiento *m*
surgir [sur'ʒir] *vi* surgir
surja ['surʒa] *1. e 3. pres subj de* **surgir**
surjo ['surʒu] *1. pres de* **surgir**
surpreendente [surpriẽj'dẽjtʃi] *adj* sorprendente
surpreender [surpriẽj'der] <*pp:* surpresso *ou* surpreendido> **I.** *vt* sorprender **II.** *vr:* ~-**se** sorprenderse; ~-**se com a. c./alguém** sorprenderse con algo/alguien
surpreendido, -a [surpriẽj'dʒidu, -a] **I.** *pp de* **surpreender II.** *adj* sorprendido, -a
surpresa [sur'preza] *f* sorpresa *f*; **apanhar** [*ou* **pegar**] **de** ~ coger de sorpresa; **fazer uma ~ a alguém** dar una sorpresa a alguien
surpreso, -a [sur'prezu, -a] **I.** *pp irr de* **surpreender II.** *adj* sorprendido, -a; **estar** [*ou* **ficar**] ~ estar [*o* quedarse] sorprendido
surra ['suxa] *f* paliza *f*; **levar uma** ~ recibir una paliza; **dar uma ~ em alguém** dar una paliza a alguien
surrado, -a [su'xadu, -a] **I.** *pp de* **surrar II.** *adj* (*roupa, calçado*) desgastado, -a
surrar [su'xar] *vt* **1.** dar una paliza a **2.**(*pelo uso*) desgastar

surrealismo [suxea'ʎizmu] *m* surrealismo *m*
surrealista [suxea'ʎista] *adj, mf* surrealista *mf*
surrupiar [suxupi'ar] *vt inf* afanar
sursis [sur'sis] *m* JUR *inv* suspensión *f* condicional
surtar [sur'tar] *vi inf* tener un ataque de nervios
surtir [sur'tʃir] *vt* surtir; ~ **efeito** surtir efecto
surto ['surtu] *m* MED brote *m*; ~ **de dengue** brote de dengue
suruba [su'ruba] *f chulo* orgía *f*
surucutinga [suruku'tʃĩga] *f* ZOOL *la mayor serpiente venenosa de Brasil*
sururu [suru'ru] *m* ZOOL *molusco comestible*
SUS ['sus] *m abr de* **Sistema Único de Saúde** *sistema público de salud brasileño*, ≈ Insalud *m*
suscetibilidade [susetʃibiʎi'dadʒi] *f* **1.** susceptibilidad *f*; **não tocamos no assunto para não ferir ~s** no abordamos ese asunto para no herir la sensibilidad de nadie **2.**(*para doenças*) propensión *f*
suscetibilizar [susetʃibiʎi'zar] *vt* ofender
suscetível <-eis> [suse'tʃivew, -ejs] *adj* susceptible; **ser ~ de...** ser susceptible de...
suscitar [susi'tar] *vt* suscitar
suspeita [sus'pejta] *f* sospecha *f*; **estar acima de qualquer ~** estar por encima de cualquier sospecha; **levantar ~s** levantar sospechas
suspeitar [suspej'tar] <*pp:* suspeito *ou* suspeitado> *vi* sospechar; **suspeito que ela me roubou** sospechó que me robó
suspeito, -a [sus'pejtu, -a] *adj, m, f* sospechoso, -a *m, f*
suspender [suspẽj'der] <*pp:* suspenso *ou* suspendido> *vt* **1.**(*geral*) suspender **2.**(*uma encomenda, um pedido*) cancelar
suspensão <-ões> [suspẽj'sãw, -'õjs] *f* suspensión *f*
suspense [sus'pẽjsi] *m* suspense *m*, suspenso *m AmL*
suspenso, -a [sus'pẽjsu, -a] **I.** *pp irr de* **suspender II.** *adj* suspendido, -a; **ficar em** ~ quedar en suspenso
suspensões [suspẽj'sõjs] *f pl de* **suspensão**

suspensórios [suspēj'sɔriws] *mpl* tirantes *mpl*, tiradores *mpl* *RíoPl*

suspirar [suspi'rar] *vi* suspirar; ~ **por a. c.** suspirar por algo

suspiro [sus'piru] *m* **1.** (*respiração*) suspiro *m* **2.** GASTR merengue *m*

sussurrar [susu'xar] **I.** *vt* susurrar **II.** *vi* **1.** (*pessoa*) susurrar **2.** *elev* (*folhagem, vento, água*) susurrar

sussurro [su'suxu] *m* **1.** (*de pessoa*) susurro *m* **2.** *elev* (*de folhagem, do vento, da água*) susurro *m*

sustar [sus'tar] *vt* (*um cheque*) anular

sustenido [suste'nidu] *m* MÚS sostenido *m*

sustentação <-ões> [sustējta'sãw, -'õjs] *f* **1.** (*capacidade*) sustento *m* **2.** (*apoio*) apoyo *m*

sustentáculo [sustēj'takulu] *m* sustento *m*

sustentar [sustēj'tar] **I.** *vt* sostener **II.** *vr*: ~ **-se** sostenerse

sustentável <-eis> [sustēj'tavew, -ejs] *adj* (*desenvolvimento*) sostenible

sustento [sus'tẽjtu] *m* sustento *m*

suster [sus'ter] *irr como ter* **I.** *vt* (*apoiar*) sostener; (*a respiração*) contener **II.** *vr*: ~ **-se** sostenerse

susto ['sustu] *m* susto *m*; **levar um** ~ llevarse un susto; **pregar** [*ou* **dar**] **um** ~ **em alguém** dar un susto a alguien

sutiã [sutʃi'ã] *m* sujetador *m*, brasier *m* *Méx*, corpiño *m* *RíoPl*

sutil <-is> [su'tʃiw, -'is] *adj* sutil

sutileza [sutʃi'leza] *f* sutileza *f*

sutis [su'tʃis] *adj pl de* **sutil**

sutura [su'tura] *f* MED sutura *f*

suturar [sutu'rar] *vt* MED suturar

suvenir [suve'nir] <-es> *m* souvenir *m*

T

T, t [te] *m* T, t *f*

tá [ta] *interj inf* vale

taba ['taba] *f* aldea *f*

tabacaria [tabaka'ria] *f* estanco *m*, tabaquería *f AmL*

tabaco [ta'baku] *m* tabaco *m*

tabagismo [taba'ʒizmu] *m sem pl* tabaquismo *m*

tabagista [taba'ʒista] *mf* fumador(a) *m(f)*

tabefe [ta'bɛfi] *m inf* bofetón *m*

tabela [ta'bɛla] *f* **1.** (*quadro, lista*) tabla *f*; ~ **periódica** tabla periódica; ~ **de preços** lista *f* de precios **2.** (*horário*) horario *m* **3.** (*no basquete*) tablero *m*; (*no futebol*) calendario *m*; **cumprir** ~ cubrir el expediente; **fazer uma** ~ FUT hacer la pared; **por** ~ *inf* indirectamente; **apanhamos por** ~ nos pegaron sin que tuviéramos nada que ver; **cair pelas** ~**s** (*sentir-se mal*) no aguantarse en pie

tabelado, -a [tabe'ladu, -a] *adj* (*preço*) controlado, -a; **artigo** ~ artículo con precio controlado

tabelamento [tabela'mẽjtu] *m* control *m* de precios

tabelar [tabe'lar] *vt* **1.** (*preço*) controlar **2.** FUT hacer la pared con

tabelião, -ã <-ães, -ãs> [tabeli'ãw, -ã, -ãjs, -ãs] *m, f* notario, -a *m, f*

taberna [ta'bɛrna] *f* taberna *f*

tabernáculo [taber'nakulu] *m* REL tabernáculo *m*

tabique [ta'biki] *m* tabique *m*

tablado [ta'bladu] *m* escenario *m*

tablete [ta'blɛtʃi] *m* tableta *f*; **um** ~ **de chocolate** una tableta de chocolate

tabloide [ta'blɔjdʒi] *m* PREN tabloide *m*

tabu [ta'bu] *m* tabú *m*

tábua ['tabwa] *f* tabla *f*; ~ **de passar** (**roupa**) tabla de planchar; ~ **de salvação** tabla de salvación; **ser uma** ~ *fig* estar como una tabla

tabuada [tabu'ada] *f* MAT tabla *f*

tabulador [tabula'dor] *m* tabulador *m*

tabular [tabu'lar] *vt* INFOR tabular

tabule [ta'buʎi] *m* ensalada típica de la cocina libanesa, hecha con trigo, cilantro, menta, cebolla y tomate

tabuleiro [tabu'lejru] *m* **1.** (*bandeja*) bandeja *f* **2.** (*de forno*) bandeja *f* de asar **3.** (*de xadrez, damas, ponte*) tablero *m*

tabuleta [tabu'leta] *f* cartel *m*

taça ['tasa] *f tb.* ESPORT copa *f*

tacada [ta'kada] *f* (*golfe*) golpe *m*; (*bilhar*) tacada *f*; **de uma só** ~ *inf* de una tacada

tacanho, -a [ta'kãɲu, -a] *adj pej* tacaño, -a

tacar [ta'kar] <c→qu> *vt inf* pegar

tacha ['taʃa] *f* tachuela *f*

tachinha [ta'ʃĩɲa] f chincheta f
tacho ['taʃu] m (para cozinhar) cacerola f, tacho m AmS
tácito, -a ['tasitu, -a] adj tácito, -a
taciturno, -a [tasi'turnu, -a] adj taciturno, -a
taco ['taku] m **1.** (de bilhar) taco m; (de golfe) palo m; (de beisebol) bate m; **confiar no próprio ~** estar seguro de sí mismo **2.** (para pavimento) tabla f
tacógrafo [ta'kɔgrafu] m tacógrafo m
tadjique [ta'dʒiki] adj, mf tadyko, -a
Tadjiquistão [tadʒikis'tɐ̃w] m Tayikistán m
tafetá [tafe'ta] m tafetán m
tagarela [taga'rɛla] adj, mf charlatán, -ana m, f
tagarelar [tagare'lar] vi parlotear
tagarelice [tagare'ʎisi] f charlatanería f
tailandês, -esa [tajlɐ̃'des, -'eza] adj, m, f tailandés, -esa m, f
Tailândia [taj'lɐ̃dʒia] f Tailandia f
tailleur [taj'er] m traje m de chaqueta
tainha [ta'iɲa] f ZOOL mújol m
taipa ['tajpa] f adobe m
tais ['tajs] adj, mf pl de **tal**[1]
Taiwan [taju'ɐ̃] m Taiwán m
taiwanês, -esa [tajwɐ'nes, -'eza] adj, m, f taiwanés, -esa m, f
tal[1] <tais> ['taw, 'tajs] **I.** adj tal; **nunca vi ~ coisa** nunca vi nada así; **~ pai, ~ filho** de tal palo, tal astilla; **~ e qual** tal y cual **II.** mf gíria **eles se acham os tais** se creen el no va más
tal[2] ['taw] **I.** pron indef tal; **a ~ pessoa** la tal persona; **o ~ professor** el tal profesor; **um ~ de Paulo** un tal Paulo; **que ~ ?** ¿qué tal?; **que ~ irmos ao cinema?** (sugestão) ¿qué tal si vamos al cine?; **que ~ um cafezinho?** ¿qué tal un café?; **em ~ dia** en tal día; **fulano de ~** inf fulano de tal; **foi um ~ de ficar telefonando** estuve llamando por teléfono sin parar **II.** adv tal; **~ como** tal como; **de ~ maneira que...** de tal manera que...
tala ['tala] f MED tablilla f
tálamo ['talɐmu] m BOT tálamo m
talão [ta'lɐ̃w] m talonario m; **~ de cheques** talonario de cheques
talco ['tawku] m talco m
talento [ta'lẽjtu] m talento m
talentoso, -a [talẽj'tozu, -'ɔza] adj talentoso, -a
talha ['taʎa] f **1.** ARTE talla f; **~ dourada** talla en madera dorada **2.** NÁUT polea f **3.** (vaso) tinaja f
talhado, -a [ta'ʎadu, -a] adj **1.** (madeira) tallado, -a **2.** (pessoa) adecuado, -a; **ninguém nasce ~ para o crime** nadie es un criminal nato **3.** (leite) cortado, -a
talhar [ta'ʎar] **I.** vt **1.** (madeira) tallar **2.** (o dedo) cortarse **3.** (um destino) forjar **II.** vi (leite) cortarse
talharim [taʎa'rĩj] <-ins> m tallarín m
talhe ['taʎi] m talle m
talher [ta'ʎɛr] <-es> m cubierto m
talho ['taʎu] m corte m
talismã [taʎiz'mɐ̃] m talismán m
talk-show ['tawki'ʃow] m programa m de entrevistas
talo ['talu] m BOT tallo m
talude [ta'ludʒi] m talud m
talvez [taw'ves] adv tal vez
tamanca [ta'mɐ̃ŋka] f zueco m; **subir nas ~s** inf ponerse hecho un basilisco
tamanco [ta'mɐ̃ŋku] m zueco m
tamanduá [tamɐ̃du'a] m ZOOL oso m hormiguero
tamanduá-bandeira [tamɐ̃ŋdu'a-bɐ̃'dejra] <tamanduás-bandeira(s)> m especie de oso hormiguero
tamanho [tɐ'mɐɲu] m tamaño m; **de que ~ é?** ¿de qué tamaño es?; **eu calço ~ 40** calzo el 40; **do ~ de um bonde** inf gigantesco, -a
tamanho, -a [tɐ'mɐɲu, -a] adj semejante; **nunca vi tamanha confusão** nunca vi un lío semejante; **é um ~ mentiroso** menudo mentiroso es
tamanho-família [tɐ'mɐɲu-fɐ'miʎia] adj **1.** (garrafa, caixa) de tamaño familiar **2.** (sucesso) enorme
tâmara ['tɐmara] f BOT dátil m
tamarindo [tɐma'rĩjdu] m tamarindo m
também [tɐ̃j'bẽj] **I.** adv también; **eu ~ não** yo tampoco; **ele ~ quer vir** él también quiere venir; **se ele não vier, ~ não precisa telefonar** si no viniera, no hace falta que llame; **venceu a corrida, ~ não era para menos** ganó la carrera, y no era para menos; **duas horas de atraso ~ já é demais** dos horas de atraso ya es demasiado **II.** interj **ela foi demitida, ~ pudera!** la echaron, ¡y no es para menos!
tambor [tɐ̃j'bor] <-es> m tb. MÚS tambor m
tamboril <-is> [tɐ̃jbo'riw, -'is] m ZOOL rape m
tamborilar [tɐ̃jbori'lar] vi tamborilear

tamborim [tãŋbo'rĩj] <-ins> *m* tamboril *m*
tampa ['tãŋpa] *f* tapa *f*; ~ **de rosca** tapón *m* de rosca
tampão <-ões> [tãŋ'pãw, -'õjs] *m* **1.** (*para tapar*) tapa *f*; (*para os ouvidos*) tapón *m* **2.** (*absorvente*) tampón *m*
tampar [tãŋ'par] *vt* tapar
tampinha [tãŋ'pĩɲa] *mf inf* (*pessoa*) tapón *m*
tampo ['tãŋpu] *m* (*da mesa*) superficie *f*
tampões [tãŋ'põjs] *m pl de* **tampão**
tampouco [tãŋ'powku] *adv* tampoco
tanga ['tãŋga] *f* (*de praia*) tanga *m*; (*de povos indígenas*) taparrabos *m inv*
tangente [tãŋ'ʒẽjtʃi] *f* MAT tangente *f*; **sair pela ~** *fig* salirse por la tangente
tanger [tãŋ'ʒer] <g→gu> *vt* tocar
tangerina [tãŋʒi'rina] *f* mandarina *f*
tangível <-eis> [tãŋ'ʒivew, -ejs] *adj* tangible
tango ['tãŋgu] *m* MÚS tango *m*
tanque ['tãŋki] *m* **1.** (*reservatório, militar*) tanque *m*; **~ de gasolina** tanque de gasolina **2.** (*para lavar roupa*) lavadero *m*
tantã [tãŋ'tã] *adj inf* pirado, -a
tantas ['tãŋtas] *fpl* **lá pelas ~ fomos embora** nos fuimos a las tantas; **ficamos acordados até as ~** nos quedamos despiertos hasta las tantas
tanto ['tãŋtu] **I.** *pron indef* tanto; **um ~** un tanto; **outro ~** otro tanto; **um real e ~** un real y pico; **não é caso para ~** no es para tanto; **~ faz** da igual; **foi uma festa e ~!** ¡fue una auténtica fiesta!; **dormiu 4 horas, se ~** durmió 4 horas, si llega **II.** *adv* tanto; **~ melhor** tanto mejor; **~ insistiu, que eu cedi** insistió tanto que cedí; **~... como** [*ou* **quanto**]**...** tanto... como...; **~ mais que...** especialmente porque... **III.** *m* **1.** (*porção*) tanto *m*; **gasto um ~ de luz e outro ~ de gás** gasto un tanto de luz y otro tanto de gas **2.** (*igual quantidade*) **este sofá tem uns ~s a mais que o outro** este sofá es un poco mayor que el otro
tanto, -a ['tãŋtu, -a] *adj* tanto, -a; **trinta e ~s anos** treinta y tantos años; **em tantas semanas** en tantas semanas; **paguei ~ por cento de juros** pagué un tanto por ciento de intereses
tão ['tãw] *adv* tanto; **tão é ~ rico como** [*ou* **quanto**] **eles** él es tan rico como ellos; **não é assim ~ mau/grave** no es

tan malo/grave; **~ logo chegue, eu telefono** en cuanto llegue, telefoneo
tão-pouco [tãw'powku] *adv* tampoco
tão-só [tãw'sɔ] *adv* tan sólo
tão-somente ['tãw-sɔ'mẽjtʃi] *adv* tan solamente
tapa¹ ['tapa] *m* **1.** (*pancada*) bofetada *f* **2.** (*tragada*) calada *f*, pitada *f AmS*; **dar um ~** dar una calada
tapa² ['tapa] *f* (*tampa*) tapa *f*
tapa-buraco ['tapa-bu'raku] *mf inv* sustituto, -a *m, f*
tapado, -a [ta'padu, -a] *adj* **1.** (*buraco, olhos, ouvidos*) tapado, -a **2.** *pej, inf* (*bronco*) bruto, a; **ser ~** ser un bruto
tapar [ta'par] *vt* tapar; **querer ~ o sol com a peneira** querer negar lo evidente
tapa-sexo ['tapa-'sɛksu] *m* taparrabos *m inv*
tapear [tapi'ar] *conj como passear vt* **1.** *inf* (*enganar*) engañar **2.** (*estapear*) abofetear
tapeçaria [tapesa'ria] *f* tapicería *f*
tapeceiro, -a [tape'sejru, -a] *m, f* tapicero, -a *m, f*
tapetão [tape'tãw] *m inv, gíria* FUT comité *m* de competición; **ganhar no ~** ganar en los despachos
tapete [ta'petʃi] *m* alfombra *f*
tapioca [tapi'ɔka] *f* tapioca *f*
tapir [ta'pir] *m* ZOOL tapir *m*
tapume [ta'pumi] *m* cerca *f*
taquicardia [takikar'dʒia] *f* MED taquicardia *f*
taquigrafia [takigra'fia] *f* taquigrafía *f*
tara ['tara] *f* perversión *f*
tarado [ta'radu] *m* pervertido *m*; **~ sexual** pervertido sexual
tarado, -a [ta'radu, -a] *adj* pervertido, -a
tarântula [ta'rãŋtula] *f* ZOOL tarántula *f*
tardar [tar'dar] **I.** *vt* retrasar; (**não**) **~ a** [*ou* **em**] **fazer a. c.** (no) tardar en hacer algo **II.** *vi* tardar; **o mais ~ a** más tardar; **sem mais ~** sin más tardanza
tarde ['tardʒi] **I.** *f* tarde *f*; **à** [*ou* **de**] **~** por la tarde; **boa ~!** ¡buenas tardes!; **ao fim da ~** al final de la tarde **II.** *adv* tarde; **ligue mais ~** llame más tarde; **agora é ~ demais** ahora es demasiado tarde; **nunca é ~ para...** nunca es tarde para...; **antes ~ (do) que nunca** más vale tarde que nunca; **mais cedo ou mais ~** tarde o temprano
tardiamente [tardʒia'mẽjtʃi] *adv* tardíamente

tardinha [tar'dʒĩɲa] *f* atardecer *m;* **à ~ al atardecer**

tardio, -a [tar'dʒiw, -a] *adj* tardío, -a

tarefa [ta'rɛfa] *f* tarea *f;* **~s domésticas** tareas domésticas

tarifa [ta'rifa] *f* tarifa *f;* **~s telefônicas** tarifas telefónicas

tarifação <-ões> [tarifa'sãw, -'õjs] *f* tarificación *f*

tarifaço [tari'fasu] *m inf: subida fuerte de las tarifas públicas o de los impuestos*

tarifações [tarifa'sõjs] *f pl de* **tarifação**

tarifar [tari'far] *vt* tarifar

tarimbado, -a [tarĩʒ'badu, -a] *adj* experimentado, -a

tarja ['tarʒa] *f* franja *f*

tarô [ta'ro] *m* tarot *m*

tarraxa [ta'xaʃa] *f* rosca *f*

tarso ['tarsu] *m* ANAT tarso *m*

tartamudear [tartamudʒi'ar] *conj como passear vi* tartamudear

tártaro ['tartaru] *m* sarro *m*

tartaruga [tarta'ruga] *f* ZOOL tortuga *f*

tascar [tas'kar] <c→qu> *vt* **1.** *inf(tapa, beijo)* estampar **2.** *inf (fogo)* pegar **3.** *(freio)* morder

tatame [ta'tʒmi] *m* ESPORT tatami *m*

tataraneto, -a [tatara'nɛtu, -a] *m, f* tataranieto, -a *m, f*

tataravô, -ó [tatara'vo, -ɔ] *m, f* tatarabuelo, -a *m, f*

tatear [tatʃi'ar] *conj como passear vt* tantear

táteis ['tatʃejs] *adj pl de* **tátil**

tática ['tatʃika] *f* táctica *f*

tático, -a ['tatʃiku, -a] *adj* táctico, -a

tátil <-eis> ['tatʃiw, -ejs] *adj* táctil

tato ['tatu] *m* tacto *m;* **que falta de ~!** ¡qué falta de tacto!

tatu [ta'tu] *m* ZOOL armadillo *m,* tatú *m RíoPl*

tatuador(a) [tatua'dor(a)] *m(f)* tatuador(a) *m(f)*

tatuagem [tatu'aʒẽj] <-ens> *f* tatuaje *m;* **fazer uma ~** hacerse un tatuaje

tatuar [tatu'ar] *vt* tatuar

tatu-bola [ta'tu-'bɔla] <tatus-bola(s)> *m especie de armadillo que se enrolla y forma una bola dentro de su caparazón para protegerse*

tatuí [tatu'i] *m especie de armadillo de pequeño tamaño*

taturana [tatu'rɐna] *f* oruga *f*

taverna [ta'vɛrna] *f* taberna *f*

taxa ['taʃa] *f (imposto, índice)* tasa *f;* **~ adicional** tasa adicional; **~s alfandegárias** aranceles *mpl* aduaneros; **~ de câmbio** tasa de cambio; **~ de colesterol** nivel *m* de colesterol; **~ de desemprego** tasa de desempleo; **~ de embarque** tasas de aeropuerto; **~s escolares** matrícula *f* escolar; **~ fixa** tasa fija; **~ de inflação** tasa de inflación; **~ de juros** tasa de interés; **~ de mortalidade** tasa de mortalidad

taxação <-ões> [taʃa'sãw, -'õjs] *f* tributación *f*

taxar [ta'ʃar] *vt* **1.** *(um produto)* gravar **2.** *(um preço)* tasar **3.** *(uma pessoa, ação)* tachar

taxativamente [taʃatʃiva'mẽjtʃi] *adv* taxativamente

taxativo, -a [taʃa'tʃivu, -a] *adj* taxativo, -a

táxi ['taksi] *m* taxi *m;* **chamar um ~** llamar un taxi; **tomar um ~** coger [*o* tomar *AmL*] un taxi

taxiar [taksi'ar] *vi* AERO rodar

taxímetro [tak'simetru] *m* taxímetro *m*

taxista [tak'sista] *mf* taxista *mf*

TC [te'se] MED *abr de* **tomografia computadorizada** tomografía *f* computarizada

tchã [tʃã] *m inf (toque especial)* toque *m* especial

tchau [tʃaw] *interj* chao

Tchetchênia [tʃe'tʃenia] *f* Chechenia *f*

tchetcheno, -a [tʃe'tʃenu, -a] *adj, m, f* chechenio, -a *m, f*

te [tʃi] *pron pess* te; **eu ~ vejo** te veo; **vão ~ engessar a perna** te van a escayolar la pierna

tear [te'ar] <-es> *m* telar *m*

teatral <-ais> [tʃia'traw, -'ajs] *adj* teatral

teatralidade [tʃiatraʎi'dadʒi] *f* teatralidad *f*

teatro [tʃi'atru] *m* teatro *m;* **fazer ~** *fig* hacer teatro

teatrólogo, -a [tʃia'trɔlogu, -a] *m, f* dramaturgo, -a *m, f*

tecelagem [tese'laʒẽj] <-ens> *f* **1.** *(atividade)* tejido *m* **2.** *(fábrica)* telares *mpl*

tecelão, tecelã <-ões> [tese'lãw, -'ʒ, -'õjs] *m, f* tejedor(a) *m(f)*

tecer [te'ser] <c→ç> *vt* **1.** *(tecido, teia)* tejer **2.** *(fazer)* elaborar; **~ uma crítica** elaborar una crítica; **~ um elogio** elaborar un elogio

tecido [te'sidu] *m* tejido *m*

tecla ['tɛkla] *f* tecla *f;* **~ de função** INFOR

tecla de função; bater sempre na mesma ~ *fig* machacar seguido el mismo asunto

tecladista [tekla'tʃista] *mf* MÚS teclista *mf*

teclado [te'kladu] *m* MÚS, INFORM teclado *m*

técnica ['tɛknika] *f* técnica *f*

tecnicamente [tɛknika'mẽjtʃɪ] *adv* técnicamente

técnico, -a ['tɛkniku, -a] I. *adj* técnico, -a II. *m, f* técnico, -a *m, f;* **~ em eletrônica** técnico en electrónica; **~ em informática** técnico en informática

tecnocracia [teknokra'sia] *f* tecnocracia *f*

tecnocrata [tekno'krata] *mf* POL tecnócrata *mf*

tecnologia [teknolo'ʒia] *f* tecnología *f;* **~ de ponta** tecnología punta; **alta ~** alta tecnología

tecnológico, -a [tekno'lɔʒiku, -a] *adj* tecnológico, -a

tectônica [tek'tonika] *f* GEO tectónica *f*

tédio ['tɛdʒiw] *m* tedio *m*, aburrimiento *m;* **que ~ !** ¡qué aburrimiento!

tedioso, -a [tedʒi'ozu, -ɔza] *adj* tedioso, -a

teen ['tʃĩj] *adj, mf* adolescente *mf*

teflon [te'flõw] *m* QUÍM teflón *m*

teia ['teja] *f* **1.** (*de aranha*) tela *f* **2.** (*de espionagem*) red *f*

teima ['tejma] *f* obstinación *f*

teimar [tej'mar] *vi* obstinarse; **~ em fazer a. c.** obstinarse en hacer algo; **ele teima que não** insiste en que no

teimosia [tejmo'zia] *f* terquedad *f*

teimoso, -a [tej'mozu, -a] *adj* (*pessoa*) terco, -a; (*dor, chuva*) persistente

tel. [tejma] *abr de* **telefone** tel.

tela ['tɛla] *f* **1.** (*de pintura*) tela *f* **2.** (*de televisão, cinema, computador*) pantalla *f*

telão <-ões> [te'lãw, -'õjs] *m* pantalla *f* gigante

tele ['tɛʎi] *f* empresa *de telefonía de los estados brasileños*

telecomunicações [tɛʎikomunika'sõjs] *fpl* telecomunicaciones *fpl*

teleconferência [tɛʎikõwfe'rẽjsia] *f* teleconferencia *f*

telecurso [tɛle'kursu] *m* curso *m* a distancia; (*na televisão*) curso *m* televisivo [*o por televisión*]

teleférico [tele'fɛriku] *m* teleférico *m;* **andar de ~** ir en teleférico

telefonada [telefo'nada] *f inf* telefonazo *m;* **dar uma ~ a alguém** dar un telefonazo a alguien

telefonar [telefo'nar] *vi* telefonear, llamar por teléfono; **~ a** [*ou* **para**] **alguém** telefonear a alguien; **me telefona!** ¡llámame por teléfono!

telefone [tele'foni] *m* teléfono *m;* **~ celular** teléfono móvil, teléfono celular *AmL;* **~ sem fio** teléfono inalámbrico; **~ público** teléfono público; **por ~** por teléfono; **atender o ~** coger el teléfono; **estar ao ~ (com alguém)** estar al teléfono (con alguien)

telefonema [telefo'nema] *m* llamada *f* telefónica; **dar/receber um ~** hacer/recibir una llamada telefónica

telefonia [telefo'nia] *f* telefonía *f;* **~ fixa** telefonía fija; **~ móvel** telefonía móvil

telefônico, -a [tele'foniku, -a] *adj* telefónico, -a

telefonista [telefo'nista] *mf* telefonista *mf*

telegrafar [telegra'far] *vt* telegrafiar

telegrafia [telegra'fia] *f* telegrafía *f*

telegráfico, -a [tele'grafiku, -a] *adj* telegráfico, -a

telégrafo [te'lɛgrafu] *m* telégrafo *m*

telegrama [tele'grama] *m* telegrama *m;* **mandar/enviar um ~ a alguém** mandar/enviar un telegrama a alguien

teleguiado, -a [tɛʎigi'adu, -a] *adj* teledirigido, -a

teleguiar [tɛʎigi'ar] *vt* teledirigir

telejornal <-ais> [tɛʎiʒor'naw, -'ajs] *m* telediario *m*

telejornalismo [tɛʎiʒorna'ʎizmu] *m* periodismo *m* televisivo

telemarketing [tɛle'marketʃĩj] *m* telemarketing *m*

telenovela [tɛʎino'vɛla] *f* telenovela *f*

teleobjetiva [tɛʎiobʒe'tʃiva] *f* teleobjetivo *m*

telepatia [telepa'tʃia] *f* telepatía *f*

telepático, -a [tele'patʃiku, -a] *adj* telepático, -a

teleprompter [tɛle'prõwpter] *m* teleapuntador *m*

telescópio [teles'kɔpiw] *m* telescopio *m*

telespectador(a) [telespekta'dor(a)] *m(f)* telespectador(a) *m(f)*

televisão <-ões> [televi'zãw, -'õjs] *f* televisión *f;* **~ aberta** televisión en abierto; **~ por assinatura** televisión de pago; **~ a cabo** televisión por cable; **~ a**

cores televisión en color; ~ **digital** televisión digital; ~ **via satélite** televisión vía satélite; **aparelho de** ~ aparato de televisión; **ligar/desligar a** ~ encender/apagar la televisión; **ver** ~ ver la televisión

televisionar [televizjo'nar] *vt* televisar

televisivo, -a [televi'zivu, -a] *adj* televisivo, -a

televisor [televi'zor] *m* televisor *m*

telex [te'lɛks] *m inv* télex *m inv*

telha ['teʎa] *f* 1. (*de telhado*) teja *f* 2. *inf* (*cabeça*) azotea *f*; **ele faz o que dá na** ~ hace lo que le apetece

telhado [te'ʎadu] *m* tejado *m*; **quem tem ~ de vidro não joga pedra no ~ alheio** *prov* el que tiene algo que esconder es mejor que no acuse a nadie

telhar [te'ʎar] *vt* tejar

telões [te'lõjs] *m pl de* **telão**

tema ['tema] *m* tema *m*

temática [te'matʃika] *f* temática *f*

temer [te'mer] I. *vt* temer II. *vi* temer; **eu temo que...** + *conj* me temo que...; ~ **por alguém** temer por alguien

temerário, -a [teme'rariw, -a] *adj* temerario, -a

temeridade [temeri'dadʒi] *f* temeridad *f*

temeroso, -a [teme'rozu, -ɔza] *adj* 1. (*situação*) temible 2. (*pessoa*) temeroso, -a

temido, -a [te'midu, -a] I. *pp de* temer II. *adj* temido, -a

temível <-eis> [te'mivew, -ejs] *adj* temible

temor [te'mor] <-es> *m* temor *m*

tempão [tẽj'pɐ̃w] *m inf* eternidad *f*; **faz um ~ que estou te esperando** hace una eternidad que te espero

têmpera ['tẽjpera] *f* (*de metal*) temple *m*

temperado, -a [tẽjpe'radu, -a] *adj* 1. (*comida*) condimentado, -a 2. (*clima, vidro*) templado, -a

temperamental <-ais> [tẽjperamẽj'taw, -ajs] *adj* temperamental

temperamento [tẽjpera'mẽjtu] *m* temperamento *m*

temperar [tẽjpe'rar] *vt* 1. (*a comida*) condimentar; (*a salada*) aliñar 2. (*metal, vidro*) templar

temperatura [tẽjpera'tura] *f* temperatura *f*

tempero [tẽj'peru] *m* GASTR condimento *m*

tempestade [tẽjpes'tadʒi] *f* tormenta *f*, tempestad *f*; **fazer uma ~ num copo de água** hacer una tormenta en un vaso de agua; **depois da ~ vem a bonança** después de la tormenta, viene la calma; **quem siembra viento recoge tempestades**

tempestuoso, -a [tẽjpestu'ozu, -ɔza] *adj* tempestuoso, -a

templo ['tẽjplu] *m* templo *m*

tempo ['tẽjpu] *m* 1. (*duração, época*) tiempo *m*; ~ **livre** tiempo libre; **a** ~ **a** tiempo; **a seu** ~ a su tiempo; **com o** ~ con el tiempo; **há ~s** hace tiempo; **o ~ todo** todo el tiempo; **dar ~ ao ~** dar tiempo al tiempo; **estar sem ~** no tener tiempo; **ganhar/perder ~** ganar/perder tiempo; **(não) ter ~ para alguém/a. c.** (no) tener tiempo para alguien/algo; **há quanto ~ você trabalha aqui?** ¿hace cuánto tiempo trabajas aquí?; **neste meio ~** mientras tanto; **de ~s em ~s** de tiempo en tiempo; **nos últimos ~s** en los últimos tiempos; **no meu ~** en mis tiempos; **em ~ integral** a tiempo completo; **quanto ~ de vida ele ainda tem?** ¿cuánto tiempo de vida le queda?; **os namorados resolveram dar um ~** + *inf* los novios decidieron dejar pasar un tiempo; **já não é sem ~** ya era hora 2. METEO tiempo *m*; **como está o ~?** ¿qué tiempo hace?; **o ~ está bom** hace buen tiempo; **fechar o ~** *fig* armarse la gorda 3. MÚS tiempo *m*; **fazer a. c. em dois ~s** *fig* hacer algo en un abrir y cerrar de ojos 4. ESPORT tiempo *m*; **primeiro/segundo ~** primer/segundo tiempo; **fazer um bom ~** hacer un buen tiempo; **fazer a. c. em ~ recorde** hacer algo en tiempo récord 5. LING tiempo *m*

têmpora ['tẽjpora] *f* ANAT sien *f*

temporada [tẽjpo'rada] *f* temporada *f*; ~ **de verão** temporada de verano

temporal <-ais> [tẽjpo'raw, -ajs] I. *adj* temporal II. *m* METEO temporal *m*

temporão, -ã <-ãos, -ãs> [tẽjpo'rɐ̃w̃, -ɐ̃, -ɐ̃ws, -ɐ̃s] *adj* 1. (*antes do tempo próprio*) temprano, -a 2. (*extemporâneo*) inoportuno, -a; (*casamento, amor*) tardío, -a

temporariamente [tẽjporarja'mẽjtʃi] *adv* temporalmente

temporário, -a [tẽjpo'rariw, -a] *adj* temporal

tenacidade [tenasi'dadʒi] *f sem pl* te-

tenaz [te'naz] <-es> adj 1.(*material*) resistente 2.(*pessoa*) tenaz

tencionar [tẽsjo'nar] vt tener la intención de; ~ **fazer a. c.** tener la intención de hacer algo

tenda ['tẽjda] f tienda f, carpa f *RíoPl*

tendão <-ões> [tẽj'dãw, -'õjs] m ANAT tendón m

tendência [tẽj'dẽsja] f tendencia f; **ter ~ para a. c.** tener tendencia a algo; **as últimas ~s da moda** las últimas tendencias de la moda; **isso tem ~ a melhorar** eso tiende a mejorar

tendencioso, -a [tẽjdẽjsi'ozu, -'ɔza] adj tendencioso, -a

tender [tẽj'der] vt tender; **a situação tende a melhorar** la situación tiende a mejorar

têmder ['tẽjder] adj (*presunto, peru*) ahumado, -a

tendinite [tẽjdʒi'nitʃi] f tendinitis f inv

tendões [tẽj'dõjs] m pl de **tendão**

tenebroso, -a [tene'brozu, -'ɔza] adj tenebroso, -a

tenente [te'nẽjtʃi] m MIL teniente m

tenente-coronel <tenentes-coronéis> [te'nẽjtʃi-koro'nɛw] m MIL teniente m coronel

tenha ['tẽɲa] 1., 3. pres subj de **ter**

tenho ['tẽɲu] 1. pres de **ter**

tênia ['tenja] f MED tenia f

teníase [te'niazi] f teniasis f

tênis ['tenis] m inv 1. ESPORT tenis m; ~ **de mesa** tenis de mesa 2.(*calçado*) zapatilla f (de deporte)

tenista [te'nista] mf tenista mf

tenor [te'nor] <-es> m MÚS tenor m

tenro, -a ['tẽʒu, -a] adj (*alimento, pessoa*) tierno, -a; **de tenra idade** de tierna edad

tensão <-ões> [tẽ'sãw, -'õjs] f 1. tensión f; **alta ~** alta tensión; **baixa ~** baja tensión; **cabos de alta ~** ELETR cables de alta tensión 2. MED tensión f; ~ **nervosa** tensión nerviosa

tenso, -a ['tẽsu, -a] adj tenso, -a

tensões [tẽj'sõjs] f pl de **tensão**

tentação <-ões> [tẽjta'sãw, -'õjs] f tentación f; **cair em ~** caer en la tentación

tentáculo [tẽj'takulu] m ZOOL tentáculo m

tentado, -a [tẽj'tadu, -a] I. pp de **tentar** II. adj: **estar** [*ou* **ser**] ~ **a fazer a. c.** estar tentado de hacer algo

tentador(a) [tẽjta'dor(a)] adj tentador(a)

tentar [tẽj'tar] vt 1.(*experimentar*) intentar; ~ **fazer a. c.** intentar hacer algo 2.(*causar vontade*) tentar

tentativa [tẽjta'tʃiva] f tentativa f; ~ **de homicídio** tentativa de homicidio; ~ **de suicídio** tentativa de suicidio; **fazer uma ~** hacer una tentativa; **por ~ (e erro)** por ensayo y error

tento ['tẽjtu] m 1.(*cautela*) tiento m; **tomar ~ em a. c.** hacer algo con tiento 2. FUT tanto m; **marcar um ~** tb. fig marcar un tanto 3.(*cálculo*) cálculo m 4.(*tapa*) tortazo m

tênue ['tenuj] adj tenue

teocracia [teokra'sia] f teocracia f

teocrático, -a [teo'kratʃiku, -a] adj teocrático, -a

teologia [teolo'ʒia] f teología f

teológico, -a [teo'lɔʒiku, -a] adj teológico, -a

teólogo, -a [te'ɔlogu, -a] m, f teólogo, -a

teor [te'or] <-es> m 1.(*de texto, conversa*) contenido m 2. QUÍM nivel m; ~ **alcoólico** graduación f alcohólica; ~ **de pH** valor m de pH

teorema [teo'rema] m teorema m

teores [te'ɔris] m pl de **teor**

teoria [teo'ria] f teoría f; ~ **da relatividade** teoría de la relatividad; **em ~** en teoría

teoricamente [teɔrika'mẽjtʃi] adv teóricamente

teórico, -a [te'ɔriku, -a] adj, m, f teórico, -a m, f

tépido, -a ['tɛpidu, -a] adj tibio, -a

tequila [te'kila] f tequila m

ter [ter] irr I. vt 1.(*posse*) tener; ~ **fome/dor** tener hambre/dolor; ~ **dinheiro** tener dinero; ~ **a ver com alguém/a. c.** tener que ver con alguien/algo; ~ **o que fazer** tener qué hacer; **não ~ tempo a perder** no tener tiempo que perder; **tenho mais o que fazer!** ¡tengo otra cosa que hacer!; **o que você tem?** ¿qué te pasa?; **isso não tem mal nenhum** eso no tiene nada de malo; **o que é que tem (isso)?** ¿qué pasa con eso?; **não ~ de quê** no tener de qué; **não tem com que se manter** no tiene con qué mantenerse; **teve por bem contar toda a verdade** tuvo a bien contar toda la verdad 2.(*idade, medidas*) tener; **quantos anos você tem?** ¿cuántos años tienes?;

tenho 30 anos tengo 30 años; **o muro tem um metro de comprimento/altura** el muro tiene un metro de longitud/altura; **você tem fogo/horas?** ¿tienes fuego/hora?; **teve aula de matemática hoje** hoy tuve clase de matemáticas **3.** (*receber*) tener; ~ **uma nota ruim** sacar una nota mala; ~ **uma má notícia** recibir una mala noticia; **ela teve um bebê** tuvo un bebé **4.** (*conversa, diálogo*) tener; ~ **por** tener por; **sempre o tive em alta estima** siempre lo tuve en alta estima **5.** (*haver*) haber; **tem muita gente que…** hay mucha gente que…; **tem três dias que me sinto doente** me siento enfermo desde hace tres días; **tinha muitas pessoas lá** había muchas personas ahí **II.** *aux* (*passado*) haber; **eu não tinha percebido** no me había dado cuenta; **ele tinha ido para casa** se había ido a casa; (**se**) **tivesse dito!** ¡haberlo dicho!; **eu não devia ~ falado aquilo** no debía haber dicho eso; ~ **de** [*ou* **que**] (*obrigação*) tener que; **eu tive de** [*ou* **que**] **trabalhar** tuve que trabajar **III.** *vi* **ir ~ com alguém** vérselas con alguien **IV.** *vr:* ~**-se** vérselas; **ele vai ~-se comigo quando chegar** se las va a ver conmigo cuando llegue

> **Gramática** **têm** y **vêm** (3ª persona del plural del presente de indicativo) se escriben con acento para diferenciarlos de "tem" y "vem" (3ª persona del singular del presente de indicativo): "Ela tem muitos amigos, mas eles nunca têm tempo para vê-la."

terapeuta [tera'pewta] *mf* terapeuta *mf*
terapêutica [tera'pewtʃika] *f* terapéutica *f*
terapêutico, -a [tera'pewtʃiku, -a] *adj* terapéutico, -a
terapia [tera'pia] *f* terapia *f*; ~ **de grupo** terapia de grupo; ~ **ocupacional** terapia ocupacional
terça-feira [tersa-'fejra] <**terças-feiras**> *f* martes *m inv*; ~ **gorda** ≈ martes de carnaval; *v.tb.* **segunda-feira**
terceira [ter'sejra] *f* (*velocidade*) tercera *f*
terceirização <-ões> [tersejriza'sãw, -'õjs] *f* externalización *f*, tercerización *f AmL*
terceirizar [tersejri'zar] *vt* (*serviço*) externalizar, tercerizar *AmL*
terceiro, -a [ter'sejru, -a] *num ord* tercero, -a; **Terceiro Mundo** Tercer Mundo; **a terceira idade** *inf* la tercera edad; *v.tb.* **segundo**
terceto [ter'setu] *m* MÚS terceto *m*
terciário, -a [tersi'ariw, -a] *adj* terciario, -a; **setor ~** sector terciario
terço ['tersu] *m* **1.** (*terça parte*) tercio *m* **2.** REL rosario *m*
terçol <-óis> [ter'sɔw, -'ɔjs] *m* MED orzuelo *m*
terebintina [terebĩj'tʃina] *f* trementina *f*
Teresina [tere'zina] Teresina
tergal® [ter'gaw] *m* tergal® *m*
termal <-ais> [ter'maw, -'ajs] *adj* termal
termas ['tɛrmas] *fpl* termas *fpl*
termeletricidade [termeletrisi'dadʒi] *f* termoelectricidad *f*
termelétrico, -a [terme'lɛtriku, -a] *adj* (*usina, energia*) termoeléctrico, -a
térmico, -a ['tɛrmiku, -a] *adj* térmico, -a; **bolsa térmica** bolsa térmica; **garrafa térmica** termo *m*
terminação <-ões> [termina'sãw, -'õjs] *f* terminación *f*
terminal <-ais> [termi'naw, -'ajs] **I.** *m* AERO, NÁUT terminal *f*; ~ **de embarque/desembarque** terminal de embarque/desembarque; ~ **de passageiros** terminal de pasajeros; ~ **rodoviário/ferroviário** terminal de autobuses/trenes; ~ **de vídeo** INFOR terminal de vídeo **II.** *adj* terminal; **fase ~** fase terminal
terminantemente [terminãntʃi'mējtʃi] *adv* terminantemente
terminar [termi'nar] **I.** *vt* terminar **II.** *vi* terminar; **o jogo terminou em confusão** el partido terminó con un follón; **a palavra termina em o** la palabra termina en o; **ela terminou com o namorado** cortó con su novio
término ['tɛrminu] *m* término *m*
terminologia [terminolo'ʒia] *f* terminología *f*
termo ['tɛrmu] *m* término *m*; ~ **técnico** término técnico; **em ~s gerais** en términos generales; **pôr ~ a a. c.** poner término a algo; **estar em bons ~s com alguém** estar en buenos términos

con alguien; **parece interessado, mas em ~s** parece interesado, pero parcialmente

termodinâmica [termodʒi'nɜmika] *f* termodinámica *f*

termômetro [ter'mometru] *m* termómetro *m*

termonuclear [termonukle'ar] *adj* termonuclear

termostato [termos'tatu] *m* termostato *m*

ternário, -a [ter'nariw, -a] *adj* ternario, -a; **compasso** ~ MÚS compás ternario

terninho [tɛr'niɲu] *m* traje *m* de chaqueta

terno ['tɛrnu] *m* (*vestuário*) traje *m*

terno, -a ['tɛrnu, -a] *adj* tierno, -a

ternura [ter'nura] *f* ternura *f*

terra ['tɛxa] *f* tierra *f*; ~ **batida** tierra batida; ~ **firme** tierra firme; ~ **natal** tierra natal; ~ **de ninguém** tierra de nadie; **a Terra Santa** Tierra Santa; **debaixo da** ~ bajo tierra; **botar** [*ou* **pôr**] **a. c. por** ~ echar algo por tierra; **cair por** ~ fracasar; **na minha** ~ en mi tierra

Terra ['tɛxa] *f* ASTRON Tierra *f*

terraço [te'xasu] *m* terraza *f*

terracota [texa'kɔta] *f* terracota *f*

terraplenagem [texaple'naʒẽj] <-ens> *f* terraplenado *m*

terraplenar [texaple'nar] *vt* terraplenar

terráqueo, -a [te'xakiw, -a] *m, f* terráqueo, -a *m, f*

terreiro [te'xejru] *m* 1. terreno *m* 2. REL *templo en el que se celebran los ritos de los diferentes cultos afrobrasileños, como la macumba y el candomblé*

terremoto [texe'mɔtu] *m* terremoto *m*

terreno [te'xenu] *m* terreno *m*; ~ **baldio** terreno baldío; **ganhar/perder** ~ ganar/perder terreno; **pisar em** ~ **desconhecido** pisar terreno desconocido; **sondar o** ~ tantear el terreno

terreno, -a [te'xenu, -a] *adj* terrenal

térreo ['tɛxiw] **I.** *adj* **andar** ~ planta baja **II.** *m* planta *f* baja

térreo, -a ['tɛxiw, -a] *adj* (*terrestre*) terrestre

terrestre [te'xɛstri] *adj* terrestre

terrificar [texifi'kar] <c→qu> *vt* aterrorizar

terrina [te'xina] *f* sopera *f*

territorial <-ais> [texitori'aw, -'ajs] *adj* territorial; **milha** ~ milla territorial

território [texi'tɔriw] *m* territorio *m*

terrível <-eis> [te'xivew, -ejs] *adj* terrible; **estou com uma** ~ **dor de cabeça** tengo un dolor de cabeza terrible

terror [te'xor] <-es> *m* terror *m*

terrorismo [texo'rizmu] *m* terrorismo *m*

terrorista [texo'rista] *adj, mf* terrorista *mf*

terroso, -a [te'xozu, -'ɔza] *adj* terroso, -a

tertúlia [ter'tuʎia] *f* tertulia *f*

tesão <-ões> [te'zɜw, -'õjs] *m ou f chulo* 1. (*ereção*) erección *f* 2. (*excitação*) excitación *f*

tesauro [te'zawru] *m* tesauro *m*

tese ['tɛzi] *f* tesis *f inv*; **em** ~ en teoría

teso, -a ['tezu, -a] *adj* 1. (*roupa*) estirado, -a 2. (*cabo*) tenso, -a 3. *inf* (*pessoa*) sin dinero

tesoura [tʃi'zora] *f* tijera *f*; ~ **de poda** tijeras de podar; ~ **de unhas** tijera de uñas

tesourada [tʃizo'rada] *f* tijeretazo *m*

tesouraria [tʃizora'ria] *f* tesorería *f*

tesoureiro, -a [tʃizo'rejru, -a] *m, f* tesorero, -a *m, f*

tesourinha [tʃizo'riɲa] *f* tijera *f*

tesouro [tʃi'zoru] *m* tesoro *m*; **Tesouro Público** Tesoro Público

testa ['tɛsta] *f* frente *f*; **enrugar** [*ou* **franzir**] **a** ~ fruncir el ceño; **estar à** ~ **de a. c.** estar al frente de algo

testa-de-ferro ['tɛsta-dʒi-'fɛxu] <testas-de-ferro> *mf* testaferro *m*

testamentário, -a [testamẽj'tariw, -a] *adj, m, f* testamentario, -a *m, f*

testamento [testa'mẽjtu] *m* testamento *m*; **o Antigo/Novo Testamento** el Antiguo/Nuevo Testamento

testar [tes'tar] *vt* probar

teste ['tɛstʃi] *m* prueba *f*; ~ **antidoping** prueba antidoping; ~ **de aptidão** prueba de aptitud; ~ **de múltipla escolha** examen *m* tipo test; ~ **psicológico** test psicológico

testemunha [tʃistʃi'muɲa] *f* testigo *mf*; ~ **da acusação** testigo de cargo; ~ **auricular** testigo de oídas; ~ **da defesa** testigo de descargo; ~ **ocular** testigo ocular

testemunha-chave [tʃistʃi'muɲa-'ʃavi] <testemunhas-chave> *f* testigo *m* clave

testemunha de jeová [tʃistʃi'muɲa dʒi ʒeo'va] <testemunhas de jeová> *f* testigo *mf* de Jehová

testemunhar [tʃistʃimũ'ɲar] I. *vt* 1. (*presenciar*) testimoniar 2. JUR testificar II. *vi* testificar; ~ **contra/a favor de alguém** testificar contra/a favor de alguien

testemunho [tʃistʃi'mũɲu] *m* 1. (*depoimento*) testimonio *m;* **dar o seu** ~ prestar testimonio; **levantar falsos** ~**s** dar falso testimonio 2. (*prova, indício*) prueba *f;* **sua visita foi um** ~ **de amizade** su visita fue una prueba de amistad

testículo [tes'tʃikulu] *m* ANAT testículo *m*

testosterona [testoste'rona] *f* testosterona *f*

teta ['teta] *f* teta *f*

tétano ['tɛtɜnu] *m* MED tétanos *m inv*

tête-à-tête ['tɛtʃja-'tɛtʃi] *m* conversación *f* privada

teto ['tɛtu] *m* 1. (*tb. fig*) techo *m;* **o** ~ **salarial** el tope salarial; ~ **solar** techo solar 2. AERO visibilidad *f*

tetracampeão, -eã <-ões> [tɛtrakɜ̃npi'ʃɐ̃w, -ɜ̃, -õjs] *m, f* tetracampeón, -ona *m, f*

tetraedro [tetra'ɛdru] *m* tetraedro *m*

tetralogia [tetralo'ʒia] *f* tetralogía *f*

tetraplégico, -a [tetra'plɛʒiku, -a] *m, f* tetraplégico, -a *m, f*

tétrico, -a ['tɛtriku, -a] *adj* tétrico, -a

teu, tua [tew, tua] *pron poss* tuyo, -a; **o** ~ **trabalho/carro** tu trabajo/coche; **a tua casa/família** tu casa/familia; **isso é** ~ eso es tuyo; **os** ~**s** los tuyos

teutônico, -a [tew'toniku, -a] *adj* teutónico, -a

tevê [te've] *f abr de* **televisão** tele *f*

têxtil <-eis> ['testʃiw, 'testejs] *adj* textil

texto ['testu] *m* texto *m*

textual <-ais> [testu'aw, -'ajs] *adj* textual

textualmente [testuaw'mẽjtʃi] *adv* textualmente

textura [tes'tura] *f* textura *f*

texugo [te'ʃugu] *m* ZOOL tejón *m*

tez [tes] <-es> *f* tez *f*

ti [tʃi] *pron pess* (*objetivo indicativo*) ti; **de** ~ de ti; **para** ~ para ti

tiara [tʃi'ara] *f* tiara *f*

tibetano, -a [tʃibe'tɜnu, -a] *adj, m, f* tibetano, -a *m, f*

Tibete [tʃi'bɛtʃi] *m* Tíbet *m*

tíbia ['tʃibia] *f* ANAT tibia *f*

tíbio, -a ['tʃibiw, -a] *adj* tibio, -a

tição <-ões> [tʃi'sɜ̃w, -'õjs] *m* tizón *m*

ticar [tʃi'kar] <c→qu> *vt* poner una marca a

tico ['tʃiku] *m* pedazo *m*

tições [tʃi'sõjs] *m pl de* **tição**

tico-tico ['tʃiku-'tʃiku] *m* ZOOL ave colorida oriunda de Brasil y países limítrofes

tido, -a ['tʃidu, -a] I. *pp* de **ter** II. *adj* considerado, -a; **ele é** ~ **como um bom professor** se le considera un buen profesor

tie-break [taj-'brejki] *m* ESPORT muerte *f* súbita, tie-break *m*

tietagem [tʃie'taʒẽj] <-ens> *f inf* fans *mpl*

tiete [tʃi'ɛtʃi] *mf inf* (*fã*) fan *mf*

tifo ['tʃifu] *m* MED tifus *m inv*

tifoide [tʃi'fɔjdʒi] *adj* MED tifoideo, -a; **febre** ~ fiebre tifoidea

tigela [tʃi'ʒela] *f* (*para sopa*) cuenco *m;* (*para cereais*) bol *m*

tigre(sa) ['tʃigri, -'eza] *m* (*f*) tigre(sa) *m(f)*

tijolo [tʃi'ʒolu] *m* ladrillo *m*

til [tʃiw] *m* tilde *f* (*colocada encima de una vocal nasal*)

tilápia [tʃi'lapia] *f* ZOOL pez originario de África introducido en Brasil

tília ['tʃiʎia] *f* BOT tilo *m;* **chá de** ~ infusión de tilo

tilintar [tʃiʎĩj'tar] *vi* tintinear

timaço [tʃi'masu] *m inf* equipazo *m*

timão <-ões> [tʃi'mɜ̃w, -'õjs] *m* (*leme*) timón *m*

timbrado, -a [tʃĩj'bradu, -a] *adj* timbrado, -a; **papel** ~ papel timbrado

timbre ['tʃĩjbri] *m* timbre *m*

time ['tʃimi] *m* equipo *m;* **de segundo** ~ de segunda categoría; **carregar o** ~ **nas costas** *inf* tirar del carro; **jogar para o** ~ **de alguém** *inf* llevarse bien con alguien; **tirar o** ~ **de campo** *fig, inf* largarse

timer ['tajmer] *m* temporizador *m*

timidez [tʃimi'des] *f sem pl* timidez *f*

tímido, -a ['tʃimidu, -a] *adj* tímido, -a

timões [tʃi'mõjs] *m pl de* **timão**

Timor Leste [tʃi'mor 'lɛstʃi] *m* Timor Oriental

tímpano ['tʃĩjpɜnu] *m* ANAT, MÚS tímpano *m*

tina ['tʃina] *f* tina *f*

tingir [tʃĩj'ʒir] <g→j> *vt* teñir; ~ **a. c. de azul** teñir algo de azul; ~ **os cabelos** teñir el pelo

tinha ['tʃĩɲa] I. *1., 3. imp de* **ter** II. *f* (*doença*) tiña *f*

tinhoso, -a [tʃĩ'ɲozu, -'ɔza] *adj* tiñoso, -a

tinido [tʃi'nidu] *m* tintineo *m*

tinir [tʃi'nir] *vi* (*vidro, metal*) tintinear

tinja ['tʃĩʒa] *1., 3. pres subj de* **tingir**

tinjo ['tʃĩʒu] *1. pres de* **tingir**

tino ['tʃinu] *m* tino *m*

tinta ['tʃĩta] *f* 1.(*para pintar, imprimir*) pintura *f*; ~ **fresca** (*aviso*) recién pintado 2.(*para tingir*) tinte *m* 3.(*para escrever*) tinta *f*; **carregar nas ~s** *fig* cargar las tintas

tinteiro [tʃĩ'tejru] *m* tintero *m*

tintim [tʃĩ'tʃĩ] *m* chin chin *m*; ~ **por** ~ con pelos y señales

tinto, -a ['tʃĩtu, -a] *adj* tinto, -a; **vinho** ~ vino tinto

tintura [tʃĩ'tura] *f* tintura *f*; ~ **de iodo** tintura de yodo

tinturaria [tʃĩtura'ria] *f* tintorería *f*

tio, -a ['tʃiw, -a] *m, f* tío, -a *m, f*

tio-avô, tia-avó ['tʃiw-a'vo, 'tʃia-a'vɔ] *m, f* tío *m* abuelo, tía *f* abuela

típico, -a ['tʃipiku, -a] *adj* típico, -a

tipo ['tʃipu] *m* tipo *m*; **fazer** ~ actuar; **ele não é o meu** ~ no es mi tipo

tipografia [tʃipogra'fia] *f* 1.(*atividade*) tipografía *f* 2.(*estabelecimento*) imprenta *f*

tipoia [tʃi'pɔja] *f* cabestrillo *m*

tique ['tʃiki] *m* tic *m*; ~ **nervoso** tic nervioso

tiquetaque [tʃiki'taki] *m* tictac *m*; **o ~ do coração** los latidos del corazón; **fazer** ~ hacer tictac

tíquete ['tʃiketʃi] *m* tíquet *m*

tíquete-refeição <tíquetes-refeições, tíquetes-refeição> ['tʃiketʃi-xefej'sãw, -õjs] *m* vale que el empresario da al trabajador para pagar su comida

tiquinho [tʃi'kiɲu] *m inf* poquito *m*; **um ~ de vinho** un poquito de vino

tira¹ ['tʃira] *f* tira *f*

tira² ['tʃira] *m inf* (*agente de polícia*) madero *m*, cana *m RíoPl*, tira *m Méx*

tiracolo [tʃira'kɔlu] *m* bandolera *f*; **bolsa a** ~ bolso en bandolera

tirada [tʃi'rada] *f* (*no falar, escrever*) parrafada *f*

tiragem [tʃi'raʒẽj] <-ens> *f* 1.(*de ar*) tiro *m* 2.(*de jornal*) tirada *f*

tira-gosto ['tʃira-'gostu] *m* aperitivo *m*

tira-manchas ['tʃira-'mãʃas] *m inv* quitamanchas *m inv*

tirania [tʃira'nia] *f* tiranía *f*

tirânico, -a [tʃi'rɐniku, -a] *adj* tiránico, -a

tiranizar [tʃirɐni'zar] *vt* tiranizar

tirano, -a [tʃi'rɐnu, -a] *m, f* tirano, -a *m, f*

tirar [tʃi'rar] *vt* 1.(*tampa*) quitar; (*de estante*) sacar; ~ **a mesa** quitar la mesa 2.(*extrair, arrancar*) sacar; ~ **um dente** sacar un diente; ~ **sangue** sacar sangre; **ela tirou a caneta da minha mão** me quitó el bolígrafo de la mano 3.(*eliminar*) quitar; **sem ~ nem pôr** sin quitar ni poner; **não ~ os olhos (de cima) de alguém/a. c.** no quitar los ojos de encima de alguien/algo 4.(*chapéu, óculos, roupa, sapatos*) quitarse 5.(*extorquir*) sacar; ~ **satisfações** exigir explicaciones; **tirou os filhos da escola** sacó a los hijos del colegio 6.(*deduzir, subtrair*) quitar 7.(*saldo*) sacar; ~ **dinheiro do banco** sacar dinero del banco 8.(*uma conclusão*) sacar; **de onde você tirou esta ideia?** ¿de dónde has sacado esa idea? 9.(*lucro*) obtener; (*salário*) recibir; **ela tira 3.000 reais por mês** recibe 3.000 reales por mes; ~ **proveito de uma situação** sacar provecho de una situación 10.(*carteira de identidade, passaporte*) sacarse 11.(*fotografia, fotocópia, bilhete*) sacar 12.(*medidas, férias*) tomar 13.(*uma nota*) sacar; **quanto você tirou em matemática?** ¿cuánto sacaste en matemáticas? 14.(*música*) sacar; ~ **uma música de ouvido** sacar una canción de oído 15.(*dançar*) sacar; ~ **alguém para dançar** sacar a alguien a bailar

tira-teima ['tʃira-'tejma] *m TV* moviola *f*

tireoide [tʃire'ɔdʒi] *f ANAT* tiroides *m o f inv*

tiririca [tʃiri'rika] *adj inf* furioso, -a; **ficar** ~ ponerse furioso

tiritar [tʃiri'tar] *vi* tiritar; ~ **de frio** tiritar de frío

tiro ['tʃiru] *m* tiro *m*; ~ **ao alvo** tiro al blanco; ~ **de meta** *FUT* saque *m* de meta; ~ **de misericórdia** tiro de gracia; **troca de ~s** tiroteo *m*; **dar um ~ em alguém/a. c.** dar un tiro a alguien/algo; **levar um** ~ recibir un tiro; **matar alguém a** ~ matar a alguien a tiros; **o ~ saiu pela culatra** *fig* le salió el tiro por la culata; **é ~ e queda!** *inf* (*certeza*) ¡es muy eficaz!

tiroide [tʃi'rɔjdʒi] *f v.* **tireoide**

tiroteio [tʃiro'teju] *m* tiroteo *m*

titã [tʃi'tɐ̃] *m* titán *m*

titânio [tʃi'tɐniw] *m QUÍM* titanio *m*

titica [tʃi'tʃika] *f inf* caca *f;* ~ **de galinha** caca de gallina

tititi [tʃitʃi'tʃi] *m inf* rumores *mpl*

titubear [tʃitube'ar] *vi* titubear

titular [tʃitu'lar] **I.** *adj* titular; **equipe/professor** ~ equipo/profesor titular **II.** *mf* titular *mf*

titularidade [tʃitulari'dadʒi] *f* titularidad *f*

título ['tʃitulu] *m* título *m;* ~ **de crédito** título de crédito; ~ **de propriedade** título de propiedad; **a** ~ **de curiosidade** como curiosidad

tive ['tʃivi] *1. pret perf de* **ter**

tivesse [tʃi'vɛsi] *1., 3. pret subj de* **ter**

TNT [teeni'te] QUÍM *abr de* **trinitrotolueno** TNT

toa [toa] *f* **1.** cabo *m* **2. à** ~ *inf* (*sem motivo*) porque sí; (*desocupado*) sin tener nada que hacer; **ficar à** ~ quedarse sin nada para hacer

toada [to'ada] *f* tonada *f*

toalete¹ [tua'lɛtʃi] *m* (*banheiro*) cuarto *m* de baño

toalete² [tua'lɛtʃi] *f* **1.** (*roupa*) traje *m* de gala **2.** (*higiene pessoal*) **fazer a** ~ arreglarse

toalha [tu'aʎa] *f* toalla *f;* ~ **de banho** toalla de baño; ~ **de mãos** toalla de manos; ~ **de mesa** mantel *m;* ~ **de rosto** toallita *f;* **jogar a** ~ *fig* tirar la toalla

toar <*1. pess pres:* **too**> [to'ar] *vi* tronar

tobogã [tobo'gã] *m* tobogán *m*

toca ['tɔka] *f* madriguera *f*

toca-CDs ['tɔka-se'des] *m inv* reproductor *m* de CD

toca-discos ['tɔka-'dʒiskus] *m inv* tocadiscos *m inv*

toca-fitas ['tɔkã-'fitas] *m inv* casete *m*

tocaia [to'kaja] *f* emboscada *f;* **ficar de** ~ estar al acecho

tocante [to'kãntʃi] *adj* tocante

Tocantins [tokãŋ'tĩjs] *m* Tocantins *m*

tocar [to'kar] <c→qu> **I.** *vt* **1.** (*geral*) tocar; **estão tocando a campainha** están tocando el timbre; ~ **a buzina** tocar la bocina; ~ **tambor** tocar el tambor; **mal tocou na comida** casi no tocó la comida **2.** (*mencionar*) tocar; ~ **num assunto** tocar un asunto **3.** (*aproximar-se de*) rozar; **isso toca as raias da loucura** eso roza la locura **4.** (*comover*) conmover **5.** (*fazer avançar: a vida, o projeto*) hacer avanzar; (*bois*) aguijonear; **não quis nem ouvir, tocou o filho de casa** no quiso ni escucharle, echó al hijo de casa **II.** *vi* **1.** tocar; **combinado, toque aqui** de acuerdo, dame un apretón de manos **2.** (*incumbir*) tocar; ~ **a alguém** (*herança, tarefa*) tocar a alguien; **não toca a mim resolver isso** no me toca a mí resolver eso; **pelo que me toca** por lo que a mí me toca **III.** *vr:* ~-**se** **1.** (*mutuamente*) tocarse **2.** (*dar-se conta*) caer en la cuenta; **ele não se tocou!** *inf* ¡no cae en la cuenta!

tocha ['tɔʃa] *f* antorcha *f*

toco ['tɔku] *m* **1.** (*de árvore*) tocón *m* **2.** (*de vassoura*) palo *m* **3.** (*de cigarro*) colilla *f;* **ser um** ~ **de gente** *inf* ser un renacuajo

todavia [toda'via] *conj* sin embargo

todo ['todu] **I.** *m* todo *m;* **como um** ~ como un todo **II.** *adv* todo; **estar** ~ **molhado/sujo** estar todo mojado/sucio; **ao** ~ en total; **de** ~ del todo

todo, -a ['todu, -a] **I.** *adj* todo, -a; **toda a noite/semana** toda la noche/semana; **em/por toda parte** en/por todas partes; **o dia/ano/país** ~ todo el día/año/país; **a** ~ **momento** en todo momento; **toda gente** todo el mundo; **a toda hora** a toda hora; **de toda espécie** de todo tipo; **ele saiu a toda** salió a toda velocidad **II.** *pron indef* todo, -a; ~ **mundo** todo el mundo; ~ **mês/ano** todos los meses/años; **em** ~ **caso** en todo caso; **à toda velocidade** a toda velocidad; **estar em todas** *inf* estar metido en todo

todo-poderoso ['todu-pode'rɔzu] *m* REL **o Todo-Poderoso** el Todopoderoso

todo-poderoso, -a ['todu-pode'rɔzu, -ɔza] *adj* todopoderoso, -a

tofu [to'fu] *m* tofu *m*

toga ['tɔga] *f* toga *f*

toldo ['towdu] *m* (*de loja, varanda*) toldo *m*

tolerância [tole'rãnsia] *f* **1.** (*transigência*) tolerancia *f* **2.** (*margem*) margen *m*

tolerante [tole'rãntʃi] *adj* tolerante

tolerar [tole'rar] *vt* tolerar

tolerável <-eis> [tole'ravew, -ejs] *adj* tolerable

tolher [to'ʎer] *vt* **1.** (*impedir*) impedir **2.** (*privar*) privar de

tolhido, -a [to'ʎidu, -a] *adj* impedido, -a

tolice [to'ʎisi] *f* tontería *f*

tolo, -a [tolu, -a] **I.** *adj* tonto, -a, baboso, -a *Méx*; **fazer-se de** ~ hacerse el tonto **II.** *m, f* tonto, -a *m, f*

tom ['tõw] <tons> *m* tono *m*; **dar o** ~ dar el tono; **sem** ~ **nem som** sin ton ni son; **ser de bom/mau** ~ quedar bien/mal

tomada [to'mada] *f* **1.** (*geral*) toma *f*; ~ **de posse** toma de posesión **2.** ELETR enchufe *m*

tomado, -a [to'madu, -a] *adj* tomado, -a; ~ **de susto** asustado; **fui tomada por um pavor momentâneo** un pavor momentáneo se apoderó de mí

tomar [to'mar] *vt* **1.** (*geral*) tomar; ~ **o café da manhã** tomar el desayuno; ~ **coragem** armarse de valor; ~ **banho/uma ducha fria** tomar un baño/una ducha fría; ~ **juízo** actuar con prudencia; ~ **o poder** tomar el poder; ~ **o nenê no colo** coger al bebé en brazos; ~ **as rédeas da situação** tomar el control de la situación; **a alegria tomou a cidade** la alegría se apoderó de la ciudad **2.** (*aceitar, receber*) tomarse; ~ **aulas** recibir clases; ~ **a. c. como certa** aceptar algo como cierto; ~ **a sério** tomarse en serio; **tomo isso como uma ofensa** me tomo eso como una ofensa **3.** (*fôlego*) cobrar; (*um táxi, um ônibus*) coger, tomar *AmL* **4.** (*um susto, uma bronca*) llevarse; ~ **conta de alguém/a. c.** encargarse de alguien/algo; **tomou uma surra** le dieron una paliza **5.** (*tirar*) tomarse; ~ **a liberdade de fazer a. c.** tomarse la libertad de hacer algo; ~ **satisfações de alguém** exigir explicaciones a alguien; ~ **tempo de alguém** tomar el tiempo de alguien **6.** (*considerar*) ~ **por** tomar por; **por quem me toma?** ¿por quién me tomas?

tomara [to'mara] *interj* ojalá; ~ **que ele venha!** ¡ojalá que venga!; ~ **que sim/não!** ¡ojalá que sí/no!

tomara-que-caia [to'mara-ki-'kaja] *adj inf* sin tirantes

tomate [to'matʃi] *m* tomate *m*, jitomate *m Méx*

tombadilho [tõwba'dʒiʎu] *m* NAÚT puente *m* de mando

tombar [tõw'bar] **I.** *vt* **1.** tumbar **2.** (*patrimônio*) declarar de interés histórico-artístico **II.** *vi* caerse

tombo ['tõwbu] *m* caída *f*; **dar um** ~ **em alguém** *reg* hacer una faena a alguien; **levar um** ~ caerse

tomilho [to'miʎu] *m* BOT tomillo *m*

tomo ['tomu] *m* tomo *m*

tomografia [tomogra'fia] *f* tomografía *f*; ~ **computadorizada** tomografía computarizada

tomógrafo [to'mɔgrafu] *m* tomógrafo *m*

tona ['tona] *f* superficie *f*; **trazer/vir à** ~ sacar/salir a la superficie; *fig* traer/venir a colación

tonalidade [tonaʎi'dadʒi] *f* tonalidad *f*

tonalizar [tonaʎi'zar] *vt* dar una tonalidad a

tonel <-éis> [to'nɛw, -'ɛjs] *m* tonel *m*

tonelada [tone'lada] *f* tonelada *f*

tonelagem [tone'laʒẽj] <-ens> *f* tonelaje *m*

toner ['toner] *m* tóner *m*

tônica ['tonika] *f* **1.** (*acentuação*) tónica *f* **2.** (*tema fundamental*) tema *m*

tônico [to'niku] *m* MED tónico *m*

tônico, -a ['toniku, -a] *adj* **1.** LING tónico, -a **2.** (*bebida*) **água tônica** tónica *f*; **gim tônica** gin-tonic *m*

tonificar [tonifi'kar] <c→qu> *vt* tonificar

toninha [to'niɲa] *f* ZOOL delfín *m*

tons ['tõws] *m pl de* **tom**

tonto, -a ['tõwtu, -a] **I.** *adj* **1.** (*bobo*) tonto, -a **2.** (*zonzo*) mareado, -a **II.** *m, f* tonto, -a *m, f*

tontura [tõw'tura] *f* mareo *m*; **estou com** ~ estoy mareado, -a

top ['tɔpi] *m* (*roupa*) top *m*

topada [to'pada] *f* golpetazo *m*; **dar uma** ~ darse un golpetazo; *fig* hacer una tontería

topar [to'par] *vt* **1.** (*aceitar*) aceptar; ~ **a parada** aceptar el reto **2.** *inf* (*acordo*) estar de acuerdo con; ~ **fazer a. c.** estar de acuerdo con hacer algo; **topo sua proposta** me parece genial su propuesta **3.** (*deparar*) toparse; **topei com ele na rua** me topé con él en la calle **4.** *inf* (*gostar*) **não topo roupa branca porque suja fácil** no me gusta la ropa blanca porque se ensucia fácilmente

topa-tudo ['tɔpa-'tudu] *mf inv* **ser um** ~ apuntarse a todo

topázio [to'paziw] *m* MIN topacio *m*

topete [to'petʃi] *m* (*no cabelo*) tupé *m*; **ter** ~ *fig* ser atrevido

topetudo, -a [tope'tudu, -a] *adj fig* (*atrevido*) atrevido, -a

tópico ['tɔpiku] *m* tópico *m*
tópico, -a ['tɔpiku, -a] *adj* tópico, -a
topless ['tɔplɛs] *m* topless *m*; **fazer ~** hacer topless
topo ['topu] *m* **1.** (*tope*) cima *f*, cumbre *f* **2.** (*extremidade*) punta *f*
topografia [topogra'fia] *f* topografía *f*
topográfico, -a [topo'grafiku, -a] *adj* topográfico, -a
toque ['tɔki] **I.** *pres de subj de* **tocar II.** *m* **1.** (*geral*) toque *m*; **~ de bola** toque del balón; **~ de recolher** toque de queda; **um ~ de ironia** un toque de ironía; **dar um ~ a alguém** *inf* dar un toque a alguien; **a ~ de caixa** a toda velocidad **2.** MED tacto *m*; **~ retal** tacto rectal; **~ vaginal** tacto vaginal
Tóquio ['tɔkiw] *f* Tokio *m*
tora ['tɔɾa] *f* trozo *m*
torácico, -a [to'ɾasiku, -a] *adj* torácico, -a; **caixa torácica** caja torácica
toranja [to'ɾɐ̃ʒa] *f* pomelo *m*
tórax ['tɔɾaks] *m* ANAT tórax *m inv*
torção <-ões> [tor'sɐ̃w, -'õjs] *f* MED torcedura *f*
torcedor(a) [torse'dor(a)] *m(f)* aficionado, -a *m, f*
torcer [tor'ser] <c→ç> **I.** *vt* **1.** (*entortar*) torcer **2.** (*a roupa*) retorcer **3.** MED (*um pé*) torcerse; **~ o pescoço** tener tortícolis **4.** *inf* **~ o nariz** torcer el gesto; **~ o pescoço de alguém** retorcer el pescuezo de alguien; **~ o sentido das palavras** cambiar el sentido de las palabras **II.** *vi* ESPORT animar; **~ por alguém** ser hincha de alguien; **torcemos para que ele ganhe o jogo** deseamos que gane el partido **III.** *vr*: **~-se** retorcerse
torcicolo [torsi'kɔlu] *m* MED tortícolis *f*; **ter um ~** tener tortícolis
torcida [tor'sida] *f* **1.** (*de um clube esportivo*) hinchada *f*; **~ organizada** grupo organizado de hinchas de un club deportivo **2.** (*de roupa*) **dar uma ~ na roupa** retorcer la ropa
torcido, -a [tor'sidu, -a] *adj* (re)torcido, -a
torções [tor'sõjs] *f pl de* **torção**
tormenta [tor'mẽjta] *f* tormenta *f*
tormento [tor'mẽjtu] *m* tormento *m*
tornado [tor'nadu] *m* tornado *m*
tornar [tor'nar] **I.** *vt* (*virar*) volverse; (*fazer*) hacer; **a situação tornou-o impaciente** la impaciencia se adueñó de la situación; **o catedrático tornou-o seu assistente** el catedrático le hizo asistente suyo **II.** *vi* (*regressar*) volver; **a fazer a. c.** volver a hacer algo; **ela tornou a falar nisso** volvió a hablar de eso **III.** *vr* ~ -**se** volverse; ~ -**se realidade** hacerse realidad
torneado, -a [torni'adu, -a] *adj* torneado, -a
tornear [torni'ar] *conj como* **passear** *vt* tornear
torneio [tor'neju] *m* ESPORT tornero *m*
torneira [tor'nejra] *f* grifo *m*, llave *f Méx*, canilla *f RíoPl*
torneiro, -a [tor'nejɾu, -a] *m, f* (*operário*) tornero, -a *m, f*
torniquete [torni'ketʃi] *m* torniquete *m*
torno ['tornu] *m* torno *m*; **em ~ de** en torno a
tornozeleira [tornoze'lejɾa] *f* tobillera *f*
tornozelo [torno'zelu] *m* ANAT tobillo *m*
toró [to'ɾɔ] *m* chaparrón *m*
torpe ['torpi] *adj* **1.** (*impudico*) impúdico, -a **2.** (*vil, repugnante*) infame
torpedear [torpedʒi'ar] *vt* MIL torpedear
torpedeiro [torpe'dejɾu] *m* torpedero *m*
torpedo [tor'pedu] *m* MIL torpedo *m*
torpor [tor'por] *m* MED entumecimiento *m*
torrada [to'xada] *f* tostada *f*; **~ com geleia** tostada con mermelada
torradeira [toxa'dejɾa] *f* tostadora *f*
torrão <-ões> [to'xɐ̃w, -'õjs] *m* terrón *m*
torrar [to'xar] **I.** *vt* **1.** (*pão, café*) tostar; **um sol de ~** un sol de justicia **2.** *inf* (*gastar*) derrochar; **~ o dinheiro** derrochar el dinero; **~ a mercadoria** liquidar las mercancías **II.** *vi inf* (*o saco, a paciência*) hartar; **vê se não torra!** ¡deja de molestar! **III.** *vr*: ~-**se** tostarse; ~-**se no sol** tostarse al sol
torre ['toxi] *f* (*de construção, xadrez*) torre *f*; **~ de controle** AERO torre de control
torreão <-ões> [toxi'ɐ̃w, -'õjs] *m* torreón *m*
torrencial <-ais> [toxẽjsi'aw, -'ajs] *adj* torrencial
torrencialmente [toxẽjsjaw'mẽjtʃi] *adv* torrencialmente
torrente [to'xẽjtʃi] *f* torrente *m*; **uma ~ de palavras** un torrente de palabras; **uma ~ de perguntas/cartas** un torrente de preguntas/cartas
torreões [toxi'õjs] *m pl de* **torreão**
torresmo [to'xezmu] *m* corteza *f* de

cerdo

tórrido, -a ['tɔxidu, -a] *adj* tórrido, -a

torrões [to'xõjs] *m pl de* **torrão**

torso ['torsu] *m* torso *m*

torta ['tɔrta] *f* tarta *f*

torto, -a ['tortu, 'tɔrta] *adj* torcido, -a

torto ['tortu] *adv* mal; **a ~ e a direito** a diestro y siniestro; **responder ~** responder mal

tortuoso, -a [tortu'ozu, -'ɔza] *adj* tortuoso, -a; **por caminhos ~s** *fig* por caminos tortuosos

tortura [tor'tura] *f* tortura *f*

torturado, -a [tortu'radu, -a] *adj, m, f* torturado, -a *m, f*

torturador(a) [tortura'dor(a)] <-es> *m(f)* torturador(a) *m(f)*

torturar [tortu'rar] I. *vt* torturar II. *vr* ~-se torturarse

torvelinho [torve'ʎĩɲu] *m* torbellino *m*

tosar [to'zar] *vt (ovelhas)* esquilar; **~ o cabelo** rapar el pelo

tosco, -a ['tosku, -a] *adj* tosco, -a

tosquia [tos'kia] *f* esquila *f*

tosquiado, -a [toski'adu, -a] *adj* esquilado, -a

tosquiar [toski'ar] *vt* esquilar

tosse ['tɔsi] *f* tos *f*; **~ de cachorro** *inf* tos ronca; **~ seca** tos seca; **ver o que é bom para a ~** *inf* ver lo que vale un peine

tossir [to'sir] *irr como dormir* vi toser

tostado, -a [tos'tadu, -a] *adj* tostado, -a

tostão <-ões> [tos'tɐ̃w, -'õjs] *m* pasta *f*, plata *f AmL*; **não ter um ~** *inf* no tener un centavo; **não valer um ~ (furado)** *inf* no valer un pimiento

tostar [tos'tar] I. *vt* tostar II. *vi (ao sol)* tostarse

tostões [tos'tõjs] *m pl de* **tostão**

total <-ais> [to'taw, -'ajs] I. *m* total *m*; **no ~** en total II. *adj* total

totalidade [totaʎi'dadʒi] *f sem pl* totalidad *f*; **na ~** en su totalidad

totalitário, -a [totaʎi'tariw, -a] *adj* totalitario, -a

totalizar [totaʎi'zar] *vt (quantia)* totalizar

totalmente [totaw'mẽjtʃi] *adv* totalmente

totem ['tɔtẽj] <tótens> *m* tótem *m*

totó [tɔ'tɔ] *m inf (cão pequeno)* chucho *m*

touca ['toka] *f* gorro *m*; **dormir de ~** *inf* chuparse el dedo

toucinho [tow'sĩɲu] *m* tocino *m*

toupeira [to'pejra] *f* 1. ZOOL topo *m* 2. *pej (ignorante)* bruto, -a *m, f*

tourada [to'rada] *f* corrida *f* de toros

toureiro [to'rejru] *m* torero *m*

touro ['toru] *m* toro *m*; **pegar o ~ pelos chifres** *prov* coger el toro por los cuernos

Touro ['toru] *m* Tauro *m*; **ser (de) ~** ser Tauro

tóxico ['tɔksiku] *m* tóxico *m*

tóxico, -a ['tɔksiku, -a] *adj* tóxico, -a

toxicomania [tɔksikomɐ'nia] *f* toxicomanía *f*

toxicômano, -a [tɔksi'komɐnu, -a] *adj, m, f* toxicómano, -a *m, f*

toxina [tok'sina] *f* toxina *f*

toxoplasmose [toksoplaz'mɔzi] *f* MED toxoplasmosis *f inv*

TPM [tepe'emi] *f abr de* **tensão pré-menstrual** tensión *f* premenstrual

trabalhadeira [trabaʎa'dejra] *adj, f* trabajadora *f*

trabalhado, -a [traba'ʎadu, -a] *adj* 1. *(material, terra)* trabajado, -a 2. *(dias)* de trabajo

trabalhador(a) [trabaʎa'dor(a)] I. *adj* trabajador(a) II. *m(f)* trabajador(a) *m(f)*; **~ autônomo** trabajador autónomo; **~ qualificado** trabajador cualificado

trabalhão, -eira <-ões> [traba'ʎɐ̃w, -'ejra, -'õjs] *m, f* trabajo *m*; **dar um ~** costar mucho trabajo

trabalhar [traba'ʎar] *vi, vt* trabajar; **~ como contador** trabajar como contable

trabalheira [traba'ʎejra] *f inf v.* **trabalhão**

trabalhista [traba'ʎista] I. *adj* 1. laboral 2. *(advogado)* laboralista 3. *(partido)* laborista II. *mf* laborista

trabalho [tra'baʎu] *m* trabajo *m*; **~ braçal** trabajo manual; **~ de cão** trabajo de negro; **~s domésticos** tareas *fpl* domésticas; **~ em equipe** trabajo en equipo; **~ escolar** trabajo escolar; **~s forçados** trabajos forzados; **~ de grupo** trabajo en grupo; **~s manuais** trabajos manuales; **~ de meio período** [*ou* **expediente**] trabajo de media jornada; **~ de parto** parto *m*; **~ de tempo integral** trabajo a tiempo completo; **dar ~ a alguém** dar trabajo a alguien; **dar-se o ~ de...** molestarse en...; **estar/ficar sem ~** estar/quedarse sin trabajo; **fazer um ~** REL hacer un ritual;

fazer um bom ~ hacer un buen trabajo; **ir para o ~** ir al trabajo

trabalhões [traba'ʎõjs] *m pl de* **trabalhão**

trabalhoso, -a [traba'ʎozu, -'ɔza] *adj* trabajoso, -a

trabuco [tɾa'buku] *m inf (revólver grande)* trabuco *m*

traça ['tɾasa] *f* polilla *f*; **jogar a. c. às ~s** *fig* abandonar algo

traçado [tɾa'sadu] *m* trazado *m*

traçado, -a [tɾa'sadu, -a] *adj* **1.** *(plano, caminho, destino)* trazado, -a **2.** *(pano, papel)* apolillado, -a

traça-dos-livros ['tɾasa-duz-'tʃivɾus] <traças-dos-livros> *f* polilla *f*

tração <-ões> [tɾa'sãw, -'õjs] *f* tracción *f*; **~ nas quatro rodas** tracción a las cuatro ruedas

traçar [tɾa'sar] <ç→c> *vt* **1.** *(linha, plano, caminho)* trazar **2.** *(texto)* componer **3.** *(casaco, capa)* cruzar **4.** *inf (com grande apetite)* tragarse; *(papar)* cepillarse

tracejado [tɾase'ʒadu] *m* trazado *m*

tracejado, -a [tɾase'ʒadu, -a] *adj* trazado, -a

tracejar [tɾase'jar] *vt* trazar

traço ['tɾasu] *m* **1.** *(risco)* trazo *m* **2.** *(caráter, fisionomia, marca)* rasgo *m*; **ele tem os ~s do avô** tiene los rasgos de su abuelo; **a doença deixou ~s em seu rosto** la enfermedad dejó marcas en su cara **3.** *(vestígio)* rastro *m*; **desaparecer sem deixar ~s** desaparecer sin dejar rastro

trações [tɾa'sõjs] *f pl de* **tração**

tradição <-ões> [tɾadʒi'sãw, -'õjs] *f* tradición *f*

tradicional <-ais> [tɾadʒisjo'naw, -'ajs] *adj* tradicional

tradicionalista [tɾadʒisjonaˈlista] *adj, mf* tradicionalista *mf*

tradicionalmente [tɾadʒisjonawˈmẽjtʃj] *adv* tradicionalmente

tradições [tɾadʒi'sõjs] *f pl de* **tradição**

tradução <-ões> [tɾadu'sãw, -'õjs] *f* traducción *f*; **~ consecutiva** traducción consecutiva; **~ simultânea** traducción simultánea; **fazer ~ do português para o espanhol** traducir del portugués al español

tradutor(a) [tɾadu'tor(a)] <-es> *m(f)* traductor(a) *m(f)*; **~ juramentado** traductor jurado

traduzir [tɾadu'zir] **I.** *vt* traducir; **~ do português para o espanhol** traducir del portugués al español; **os olhos traduzem os sentimentos** los ojos traducen los sentimientos **II.** *vr* **~-se** *(manifestar-se)* traducirse; **seu cansaço traduz-se em** [*ou* **por**] **irritação** su cansancio se traduce en irritación

traduzível <-eis> [tɾadu'zivew, -ejs] *adj* traducible

trafegar [tɾafe'gar] <g→gu> *vi* circular

trafegável <-eis> [tɾafe'gavew, -ejs] *adj* transitable

tráfego ['tɾafegu] *m* tráfico *m*; **~ aéreo** tráfico aéreo

traficante [tɾafi'kãntʃi] *mf* traficante *mf*; **~ de droga** traficante de drogas

traficar [tɾafi'kar] <c→qu> *vi* traficar; **~ com droga/armas** traficar con droga/armas

tráfico ['tɾafiku] *m* tráfico *m*; **~ de drogas/mulheres** tráfico de drogas/mujeres; **~ de influência** tráfico de influencia

traga ['tɾaga] *1., 3. pres subj, 3. imper. trazer*

tragada [tɾa'gada] *f* calada *f*; **dar uma ~ no cigarro** dar una calada en el cigarrillo

tragar [tɾa'gar] <g→gu> *vt* **1.** *(bebida, cigarro)* tragar; **era uma história difícil de ~** era una historia difícil de tragar **2.** *(pessoa)* tragar, soportar; **não tragava o chefe** no tragaba al jefe **3.** *(fazer desaparecer)* tragarse; **as águas ~am o bote** las aguas se tragaron al bote

tragédia [tɾa'ʒɛdʒia] *f* tragedia *f*; **fazer uma ~ de a. c.** *inf* hacer un drama de algo

trágico, -a ['tɾaʒiku, -a] *adj* trágico, -a

tragicomédia [tɾaʒiko'mɛdʒia] *f* tragicomedia *f*

tragicômico, -a [tɾaʒi'komiku, -a] *adj* tragicómico, -a

trago ['tɾagu] *m* trago *m*; **beber** [*ou* **tomar**] **um ~** dar un trago

trago ['tɾagu] *1. pres de* **trazer**

traição <-ões> [tɾai'sãw, -'õjs] *f* traición *f*; **~ à pátria** traición a la patria; **à** [*ou* **por**] **~** a traición

traiçoeiro, -a [tɾajsu'ejɾu, -a] *adj* traicionero, -a

traições [tɾai'sõjs] *f pl de* **traição**

traidor(a) [tɾai'dor(a)] <-es> *adj, m(f)* traidor(a) *m(f)*

trailer ['tɾejleɾ] *m* tráiler *m*

traineira [tɾaj'nejɾa] *f* tranera *f*

training [trej'nĩj] *m* chándal *m*

trair [tra'ir] *conj como sair* **I.** *vt* traicionar **II.** *vr* ~**-se** delatarse; **ele se traiu com um sorriso** se delató con una sonrisa

traíra [tra'ira] *f* ZOOL *pez teleósteo muy común en Brasil*

trajar [tra'ʒar] **I.** *vt elev* vestir; ~ **terno e gravata** vestir traje y corbata **II.** *vr* ~**-se** vestirse; ~**-se de branco** vestirse de blanco

traje ['traʒi] *m* traje *m*; ~ **espacial** traje espacial; ~ **de gala** traje de gala; ~ **passeio** traje formal; ~ **a rigor** traje de etiqueta; ~ **típico** traje típico; **em** ~**s menores** *inf* en paños menores

trajeto [tra'ʒɛtu] *m* trayecto *m*; **seguir um** ~ seguir un trayecto

trajetória [traʒe'tɔria] *f* trayectoria *f*

tralha ['traʎa] *f inf* trastos *mpl*

trama ['trɐma] *f* trama *f*

tramar [tra'mar] *vt* tramar; ~ **a. c. contra alguém** tramar algo contra alguien

trambique [trɐ̃'biki] *m inf* chanchullo *m*

trambiqueiro, -a [trɐ̃bi'kejru, -a] *adj*, *m*, *f gíria* chanchullero, -a *m, f*

trambolhão <-ões> [trɐ̃bo'ʎɐ̃w, -'õjs] *m* tumbo *m*; **aos trambolhões** *inf* dando tumbos

trambolho [trɐ̃'boʎu] *m* **1.** (*objeto*) armatoste *m* **2.** *inf* (*pessoa*) ballena *f*

trambolhões [trɐ̃bo'ʎõjs] *m pl de* **trambolhão**

tramela [trɐ'mɛla] *f* postigo *m*

tramitação <-ões> [trɐmita'sɐ̃w, -'õjs] *f* tramitación *f*

tramitar [trɐmi'tar] *vi* tramitar

trâmite ['trɐmitʃi] *m* trámite *m*; **pelos** ~**s legais** por los cauces legales

tramoia [tra'mɔja] *f* tramoya *f*

trampolim [trɐ̃pu'lĩj] <-ins> *m* trampolín *m*

tranca ['trɐ̃ka] *f* **1.** (*de porta*) tranca *f* **2.** (*de carro*) seguro *m*

trança ['trɐ̃sa] *f* trenza *f*

trancafiar [trɐ̃kafi'ar] *vt inf* enchironar

trancar [trɐ̃'kar] <c→qu> **I.** *vt* **1.** (*porta*) cerrar **2.** (*pessoa*) encerrar **3.** (*matrícula*) suspender **II.** *vr:* ~**-se** encerrarse

tranco [trɐ̃ku] *m* **1.** (*empurrão*) empujón *m*; **levar um** ~ ser empujado; **fazer pegar no** ~ dar un empujón **2.** (*abalo*) conmoción *f*; **aguentar o** ~ *inf* capear el temporal; **aos** ~**s** (**e barrancos**) a trancas y barrancas

tranquilamente [trɐ̃kwila'mejtʃi] *adv* tranquilamente

tranquilidade [trɐ̃kwiʎi'dadʒi] *f sem pl* tranquilidad *f*

tranquilizante [trɐ̃kwiʎi'zɐ̃tʃi] *adj*, *m* MED tranquilizante *m*

tranquilizar [trɐ̃kwiʎi'zar] **I.** *vt* tranquilizar **II.** *vr:* ~**-se** tranquilizarse

tranquilo, -a [trɐ̃'kwilu, -a] *adj* tranquilo, -a

transa ['trɐ̃za] *f* **1.** (*acordo*) acuerdo *m* **2.** (*transação*) transacción *f* **3.** *gíria* (*caso amoroso*) affaire *m*

transação <-ões> [trɐ̃za'sɐ̃w, -'õjs] *f* **1.** (*operação comercial*) transacción *f*; ~ **bancária** transacción bancaria **2.** (*acordo*) acuerdo *m*

transacionar [trɐ̃zasjo'nar] *vt* negociar

transações [trɐ̃za'sõjs] *f pl de* **transação**

transamazônico, -a [trɐ̃zama'zoniku, -a] *adj* transamazónico, -a; **Rodovia Transmazônica** Carretera Transamazónica

transar [trɐ̃'zar] *gíria* **I.** *vt* (*gostar de*) **ele não transa violência** no le va la violencia **II.** *vi* **1.** (*negociar*) negociar; ~ **com a. c.** trabajar con algo **2.** (*ter relações sexuais*) tener relaciones sexuales

transatlântico [trɐ̃za'tlɐ̃tʃiku] *m* NÁUT transatlántico *m*

transatlântico, -a [trɐ̃za'tlɐ̃tʃiku, -a] *adj* transatlántico, -a

transbordamento [trɐ̃zborda'mejtu] *m* desbordamiento *m*

transbordar [trɐ̃zbor'dar] *vi* desbordarse; **a banheira transbordou** la bañera se desbordó; **estar transbordando de gente** estar abarrotado de gente; **ela transbordava de felicidade** desbordaba felicidad

transcendental <-ais> [trɐ̃sɐ̃jdej'taw, -'ajs] *adj* FILOS transcendental

transcendente [trɐ̃sɐ̃j'dejtʃi] *adj* transcendente

transcender [trɐ̃sɐ̃j'der] *vt* transcender; **isso me transcende** eso me supera

transcodificar [trɐ̃skodʒifi'kar] <c→qu> *vt* pasar a otro sistema

transcontinental <-ais> [trɐ̃skõwtʃinɐ̃j'taw, -'ajs] *adj* transcontinental

transcorrer [trɐ̃sko'xer] *vi* transcurrir

transcrever [trãŋskre'ver] *vt* transcribir
transcrição <-ões> [trãŋskri'sãw, -'õjs] *f* transcripción *f;* ~ **fonética** transcripción fonética
transcurso [trãŋs'kursu] *m* transcurso *m*
transe ['trãŋzi] *m* trance *m;* **estar em** ~ estar en trance
transeunte [trãŋze'ũwtʃį] *adj, mf* transeúnte *mf*
transexual <-ais> [trãŋseksu'aw, -'ajs] *adj, mf* transexual *mf*
transferência [trãŋsfe'rẽjsia] *f* transferencia *f;* ~ **bancária** transferencia bancaria
transferidor [trãŋsferi'dor] *m* transportador *m*
transferir [trãŋsfi'rir] *irr como* **preferir** I. *vt* 1. (*conhecimentos, empregados, dinheiro*) transferir; **transferimos os documentos para outra pasta** transferimos los documentos a otra carpeta 2. (*um negócio, uma seção*) aplazar; ~ **a reunião para amanhã** aplazar la reunión hasta mañana II. *vr* ~**-se** (*empresa*) mudarse; **a companhia transferiu-se para o Recife** la empresa se mudó a Recife
transferível <-eis> [trãŋsfi'rivew, -ejs] *adj* transferible
transfiguração <-ões> [trãŋsfigura'sãw, -'õjs] *f* transfiguración *f*
transfigurar [trãŋsfigu'rar] I. *vt* transfigurar II. *vr* ~**-se** transfigurarse; **sua fisionomia se transfigurava** su fisonomía se transfiguraba
transformação <-ões> [trãŋsforma'sãw, -'õjs] *f* (*modificação*) transformación *f;* **a** ~ **da água em gelo** la transformación del agua en hielo
transformador [trãŋsforma'dor] <-es> *m* ELETR transformador *m*
transformar [trãŋsfor'mar] I. *vt* transformar; **eles** ~**am a casa em dois apartamentos** transformaron la casa en dos pisos II. *vr:* ~**-se** transformarse; ~**-se em** transformarse en
transformista [trãŋsfor'mista] *adj, mf* transformista *mf*
transfusão <-ões> [trãŋsfu'zãw, -'õjs] *f* transfusión *f;* ~ **de sangue** transfusión de sangre
transgênico, -a [trãŋ'ʒeniku, -a] *adj* transgénico, -a; **alimentos** ~ alimentos transgénicos
transgredir [trãŋzgre'dʒir] *irr como* **preferir** *vt* 1. (*lei, regras*) transgredir 2. (*ultrapassar*) atravesar
transgressão <-ões> [trãŋzgre'sãw, -'õjs] *f* (*de lei, regras*) transgresión *f*
transgressor(a) [trãŋzgre'sor(a)] <-es> *adj, m(f)* transgresor(a) *m(f)*
transição <-ões> [trãŋzi'sãw, -'õjs] *f* transición *f*
transigência [trãŋzi'ʒẽjsia] *f* transigencia *f*
transigente [trãŋzi'ʒẽjtʃį] *adj* transigente
transigir [trãŋzi'ʒir] <g→j> *vi* transigir
transija [trãŋ'ziʒa] *1., 3. pres subj de* **transigir**
transijo [trãŋ'ziʒu] *1. pres de* **transigir**
transistor [trãŋ'zistor] <-es> *m* ELETR transistor *m*
transitar [trãŋzi'tar] *vi* transitar
transitável <-eis> [trãŋzi'tavew, -ejs] *adj* transitable
transitivo, -a [trãŋzi'tʃivu, -a] *adj* LING transitivo, -a
trânsito ['trãŋzitu] *m* 1. (*na estrada*) tráfico *m*, tránsito *m* 2. (*passagem*) tráfico *m;* ~ **proibido** tráfico prohibido; **passageiros em** ~ pasajeros en tránsito 3. (*de mercadorias*) tráfico *m* 4. (*acesso fácil*) acceso *m;* **ele tem livre** ~ **pelos altos escalões do governo** tiene acceso a las altas esferas del gobierno
transitório, -a [trãŋzi'tɔriw, -a] *adj* transitorio, -a
translação <-ões> [trãŋzla'sãw, -'õjs] *f* FÍS tra(n)slación *f*
transliteração <-ões> [trãŋzʎitera'sãw, -'õjs] *f* transliteración *f*
translúcido, -a [trãŋz'lusidu, -a] *adj* tra(n)slúcido, -a
transmissão <-ões> [trãŋzmi'sãw, -'õjs] *f* transmisión *f;* ~ **direta** [*ou* **ao vivo**] transmisión en directo; ~ **de imagens** transmisión de imágenes; ~ **de pensamentos** transmisión del pensamiento
transmissível <-eis> [trãŋzmi'sivew, -ejs] *adj* transmisible
transmissões [trãŋzmi'sõjs] *f pl de* **transmissão**
transmissor [trãŋzmi'sor] *m* transmisor *m*
transmissor(a) [trãŋzmi'sor(a)] <-es> *adj* transmisor(a)
transmitir [trãŋzmi'tʃir] *vt* transmitir; ~ **uma doença a alguém** transmitir una

enfermedad a alguien

transpareça [trɐ̃ʃpaˈresa] *1., 3. pres subj de* **transparecer**

transparecer [trɐ̃ʃpareˈser] <c→ç> *vt* transparentar; **seu rosto deixa ~ a emoção** su cara deja transparentar la emoción

transpareço [trɐ̃ʃpaˈresu] *1. pres de* **transparecer**

transparência [trɐ̃ʃpaˈrẽjsia] *f* transparencia *f*

transparente [trɐ̃ʃpaˈrẽjtʃi] *adj* transparente

transpassar [trɐ̃ʃpaˈsar] *vt* **1.** (*atravessar*) traspasar; **transpassou o dedo com uma agulha** traspasó el dedo con una aguja **2.** (*saia, cinto*) cruzar

transpiração <-ões> [trɐ̃ʃpiraˈsɐ̃w, -ˈõjs] *f* transpiración *f*

transpirar [trɐ̃ʃpiˈrar] **I.** *vi* **1.** (*pessoa*) transpirar **2.** (*notícia*) extenderse **II.** *vt* transpirar; **ela transpirava alegria** transpiraba alegría

transplantação <-ões> [trɐ̃ʃplɐ̃taˈsɐ̃w, -ˈõjs] *f* tra(n)splante *m*

transplantar [trɐ̃ʃplɐ̃ˈtar] *vt* tra(n)splantar

transplante [trɐ̃ʃˈplɐ̃tʃi] *m* MED tra(n)splante *m*; **~ de coração** trasplante de corazón

transponível <-eis> [trɐ̃ʃpoˈnivel, -ejs] *adj* traspasable

transpor [trɐ̃ʃˈpor] *irr como pôr vt* superar; **~ os limites** superar los límites

transportador(a) [trɐ̃ʃportaˈdor(a)] <-es> *adj* transportador(a)

transportadora [trɐ̃ʃportaˈdora] *f* (*empresa*) empresa *f* transportista

transportadores [trɐ̃ʃportaˈdores] *adj pl de* **transportador**

transportar [trɐ̃ʃporˈtar] **I.** *vt* transportar; **calcular o saldo a ~ para a tabela** calcular el saldo para llevar a la tabla **II.** *vr:* **~-se** (*relembrar-se*) transportarse; **transporta-se ao passado ao som daquela música** el sonido de esa música le transporta al pasado

transportável <-eis> [trɐ̃ʃporˈtavew, -ejs] *adj* (*portátil*) transportable

transporte [trɐ̃ʃˈpɔrtʃi] *m* **1.** (*ação de transportar; veículo*) transporte *m*; **~ coletivo** transporte colectivo; **Ministério dos Transportes** Ministerio de Transporte **2.** (*soma*) suma y sigue *m*

transposição <-ões> [trɐ̃ʃpoziˈsɐ̃w, -ˈõjs] *f* transposición *f*

transposto, -a [trɐ̃ʃˈpostu, -ˈɔsta] *pp de* **transpor**

transtornado, -a [trɐ̃ʃstorˈnadu, -a] *adj* trastornado, -a

transtornar [trɐ̃ʃstorˈnar] *vt* trastornar

transtorno [trɐ̃ʃsˈtornu] *m* trastorno *m*; **causar ~ a alguém** causar trastornos a alguien

transubstanciação [trɐ̃ʃsubstɐ̃siaˈsɐ̃w] *f sem pl* REL transu(b)stanciación *f*

transversal <-ais> [trɐ̃ʒverˈsaw, -ˈajs] **I.** *f* transversal *f* **II.** *adj* transversal; **corte ~** corte transversal; **rua ~** calle transversal

transverso, -a [trɐ̃ʒˈvɛrsu, -a] *adj* transversal

transviado, -a [trɐ̃ʒviˈadu, -a] *adj* extraviado, -a

trapaça [traˈpasa] *f* trampa *f*; **fazer ~s** hacer trampas

trapacear [trapasiˈar] *conj como passear* **I.** *vt* hacer trampas en **II.** *vi* hacer trampas

trapaceiro, -a [trapaˈsejru, -a] *adj, m, f* tramposo, -a *m, f*

trapalhada [trapaˈʎada] *f* **1.** (*confusão*) lío *m*; **meter-se em ~s** meterse en líos **2.** (*logro*) engaño *m*

trapalhão, -ona <-ões> [trapaˈʎɐ̃w, -ˈona, -ˈõjs] *m, f* torpe *mf*

trapézio [traˈpɛziw] *m* trapecio *m*

trapezista [trapeˈzista] *mf* trapecista *mf*

trapiche [traˈpiʃi] *m* almacén *m*

trapinhos [traˈpĩɲus] *mpl* **juntar os ~s** *inf* irse a vivir juntos

trapo [ˈtrapu] *m* **1.** (*farrapo*) trapo *m* **2.** (*pessoa*) guiñapo *m*

traque [ˈtraki] *m chulo* pedo *m*

traqueia [traˈkeja] *f* ANAT tráquea *f*

traquejo [traˈkeʒu] *m* experiencia *f*

traqueostomia [trakeostoˈmia] *f* MED traqueotomía *f*

traquina [traˈkina] *adj, mf* travieso, -a *m, f*

traquinagem [trakiˈnaʒẽj] <-ens> *f* travesura *f*

trarei [traˈrej] *1., 3. fut pres de* **trazer**

traria [traˈria] *1., 3. fut pret de* **trazer**

trás [tras] *adv* **de ~** de atrás; **para ~** hacia atrás; **de ~ para a frente** de atrás hacia delante; **por ~ de** por detrás de; **andar para ~** (*voltar*) ir hacia atrás; **deixar para ~** (*esquecer*) olvidarse

traseira [tra'zejra] *f* trasera *f*
traseiro [tra'zejru] *m inf* trasero *m*
traseiro, -a [tra'zejru, -a] *adj* trasero, -a
trasladar [trazla'dar] *vt* trasladar
traslado [traz'ladu] *m (de passageiros)* traslado *m*
traste ['traʃtʃi] *m* 1.*(coisa)* trasto *m*, traste *m AmL* 2. *pej (pessoa)* estorbo *m*
tratado [tra'tadu] *m* tratado *m*; ~ **de paz** tratado de paz
tratado, -a [tra'tadu, -a] *adj (animal, criança, objeto)* bien cuidado, -a; **ser bem/mal** ~ ser bien/mal tratado
tratador(a) [trata'dor(a)] <-es> *m(f)* cuidador(a) *m(f)*
tratamento [trata'mẽjtu] *m* tratamiento *m*; ~ **de canal** tratamiento de canal; ~ **de choque** tratamiento de choque; **fazer um** ~ **contra a. c.** hacer un tratamiento contra algo; **receber um** ~ **de primeira** recibir un tratamiento de primera
tratante [tra'tãntʃi] *mf* tratante *mf*
tratar [tra'tar] I. *vt* 1.*(geral)* tratar; ~ **bem/mal alguém** tratar bien/mal a alguien; ~ **de alguém/a. c.** tratar de alguien/algo; **trate de fazer mais exercícios** trate de hacer más ejercicios; **não é bom** ~ **com esse tipo de gente/coisa** no es bueno tratar con este tipo de gente/cosa; **vou** ~ **de meus problemas** voy a cuidar de mis problemas; **vai** ~ **da sua vida!** ¡ocúpese de su vida!; ~ **alguém por doutor** tratar a alguien de doctor; **como é que você o trata?** ¿de qué lo tratas? 2.*(encarregar-se)* ~ **de** encargarse de; **eu trato das bebidas** yo me encargo de las bebidas 3.*(negociar)* ~ **com alguém** negociar con alguien; **tratei com o mecânico o conserto do carro** negocié con el mecánico sobre la reparación del coche II. *vr*: ~-**se** tratarse; **de que se trata?** ¿de qué se trata?
tratativa [trata'tʃiva] *f* trato *m*
tratável <-eis> [tra'tavew, -ejs] *adj* tratable
trato ['tratu] *m* 1.*(acordo, tratamento)* trato *m;* **fazer um** ~ cerrar un trato; **o advogado denunciou os** ~**s dispensados aos adolescentes infratores** el abogado denunció el trato dado a los adolescentes infractores 2.*(comportamento)* modales *mpl;* **ele é um rapaz de fino** ~ es un mozo de finos modales 3. *fig, inf* **dar** ~**s à bola** *[ou* **à imaginação]** estrujarse el cerebro
trator [tra'tor] <-es> *m* tractor *m*
trauma ['trawma] *m* PSICO trauma *m*
traumático, -a [traw'matʃiku, -a] *adj* traumático, -a
traumatismo [trawma'tʃizmu] *m* MED traumatismo *m*; ~ **craniano** traumatismo craneal
traumatizado, -a [trawmatʃi'zadu, -a] *adj* traumatizado, -a
traumatizar [trawmatʃi'zar] *vt* traumatizar
trava ['trava] *f* 1.*(da porta, janela)* cierre *m*; ~ **central** cierre centralizado 2. ESPORT *(da chuteira)* taco *m*
travado, -a [tra'vadu, -a] *adj* 1.*(automóvel, porta)* cerrado, -a 2. *inf (pessoa)* tartamudo, -a
trava-língua ['trava-'ʎĩngwa] *m* trabalenguas *m inv*
travar [tra'var] I. *vt* 1.*(porta, automóvel, dentes)* cerrar 2.*(conversa, conhecimento, amizade)* trabar 3.*(um processo)* comenzar 4.*(uma luta)* entablar; ~ **batalha** entablar batalla II. *vi* 1.*(emperrar)* pararse 2.*(computador, programa)* bloquearse 3.*(músculos)* quedarse inmóvil
trave ['travi] *f* 1.*(viga)* viga *f* 2.*(do gol)* poste *m*
través [tra'vɛs] *m* 1. través *m* 2.*(flanco)* flanco *m* 3.*(travessa)* travesaño *m* 4. *fig* **de** ~ de reojo; **ela me olha de** ~ me mira de reojo
travessa [tra'vɛsa] *f* 1.*(rua)* transversal *f* 2.*(galeria subterrânea)* galería *f* subterránea 3.*(para comida)* fuente *f*
travessão <-ões> [trave'sɐ̃w, -'õjs] *m* 1.*(sinal gráfico)* raya *f* 2. ESPORT travesaño *m* 3. MÚS barra *f* 4.*(de balança)* astil *m*
travesseiro [travi'sejru] *m* almohada *f*; **consultar o** ~ consultar con la almohada
travessia [trave'sia] *f* travesía *f*
travesso, -a [tra'vesu, -a] *adj* travieso, -a
travessões [trave'sõjs] *m pl de* **travessão**
travessura [trave'sura] *f* travesura *f*
travesti [traveʃ'tʃi] *m* travestí *m*
trazer [tra'zer] *irr vt* 1.*(transportar, consequências)* traer; **trouxeram presentes aos pais** trajeron regalos para los padres 2.*(roupa)* vestir; **ele trazia**

um casaco vermelho vestía una chaqueta roja

TRE [tɛɛxi'ɛ] *m abr de* **Tribunal Regional Eleitoral** *junta electoral de cada estado de Brasil*

trecho ['trɛʃu] *m* **1.** (*de estrada*) trecho *m* **2.** (*de livro, música*) fragmento *m*

treco ['trɛku] *m inf* **1.** trasto *m;* **tira esses ~s daí** quita esos trastos de ahí **2.** (*mal-estar*) patatús *m inv;* **ele teve um ~ e caiu** le dio un patatús y se cayó

trégua ['trɛgwa] *f* tregua *f;* **dar ~ a alguém** *fig* dar tregua a alguien

treinado, -a [trej'nadu, -a] *adj* **1.** (*amestrado*) amaestrado, -a **2.** ESPORT entrenado, -a

treinador(a) [trejna'dor(a)] <-es> *m(f)* entrenador(a) *m(f)*

treinamento [trejna'mẽjtu] *m* entrenamiento *m*

treinar [trej'nar] I. *vi, vt* entrenar II. *vr* ~ **-se** entrenarse

treino ['trejnu] *m* entrenamiento *m*

trejeito [trɛ'ʒejtu] *m* **1.** (*careta*) mueca *f* **2.** (*gesto*) gesto *m*

trela ['trɛla] *f* **1.** (*de cão*) correa *f* **2.** *inf* (*folga*) confianza *f;* **dar ~ a alguém** *fig* dar cuerda a alguien; **não se pode dar ~ que ela já abusa** no se le puede dar confianza porque abusa de ella

treliça [trɛ'liʃa] *f* rejilla *f*

trem ['trẽj] <-ens> *m* **1.** (*comboio*) tren *m;* **ir/viajar de ~** ir/viajar en tren; **~ da alegria** *inf* POL ≈ nepotismo *m* **2.** AERO **~ de aterrissagem** tren *m* de aterrizaje **3.** *reg, inf* (*coisa*) chisme *m;* **me passa esse ~ aí** pásame ese chisme

trema ['trema] *m* LING diéresis *f inv*

trem-bala ['trẽj-'bala] <trens-bala(s)> *m* tren *m* de alta velocidad

tremedeira [trɛmɛ'dejra] *f inf* temblor *m*

tremelicar [trɛmɛʎi'kar] <c→qu> *vi* **1.** (*pessoa*) temblar **2.** (*luz*) parpadear

tremelique [trɛmi'ʎiki] *m* tembleque *m*

tremeluzir [trɛmɛlu'zir] *vi* centellear

tremendo, -a [trɛ'mẽjdu, -a] *adj* **1.** (*terrível, forte, enorme*) tremendo, -a **2.** (*extraordinário*) excepcional

tremer [trɛ'mer] *vi* temblar; **~ de frio/medo** temblar de frío/miedo; **~ como vara verde** *inf* **~ nas bases** *inf* temblar como un flan

tremido, -a [trɛ'midu, -a] *adj* **1.** (*letra, voz*) tembloroso, -a **2.** (*imagem, fotografia*) movido, -a

tremor [trɛ'mor] *m* temblor *m;* **~ de terra** temblor de tierra

tremulante [trɛmu'lãntʃi] *adj* ondeante

trêmulo, -a ['trɛmulu, -a] *adj* **1.** (*pessoa, mão, voz*) tembloroso, -a **2.** (*luz*) trémulo, -a

trena ['trɛna] *f* cinta *f* métrica

trenó [trɛ'nɔ] *m* trineo *m;* **andar de ~** ir en trineo

trens ['trẽjs] *m pl de* **trem**

trepada [trɛ'pada] *f chulo* follada *f;* **dar uma ~** echarse un polvo

trepadeira [trɛpa'dejra] *f* BOT enredadera *f*

trepanação <-ões> [trɛpɜna'sãw, -'õjs] *f* MED trepanación *f*

trepar [trɛ'par] I. *vt* subirse; **a criança trepou ao parapeito da janela** el niño se subió al alféizar de la ventana; **trepa na bicicleta e sai passeando** se sube a la bicicleta y sale de paseo II. *vi* **1.** trepar; **~ em árvore** trepar a un árbol **2.** *chulo* (*fazer sexo*) follar, coger *AmL;* **~ com alguém** follar [*o* coger *AmL*] con alguien

trepidação <-ões> [trɛpida'sãw, -'õjs] *f* trepidación *f*

trepidar [trɛpi'dar] *vi* trepidar

tréplica ['trɛplika] *f* contrarréplica *f*

três [tres] *num card* tres; **a ~ por quatro** cada dos por tres; *v.tb.* **dois**

tresloucado, -a [trɛzlow'kadu, -a] *adj, m, f* loco, -a

tresloucar [trɛzlow'kar] <c→qu> *vi* enloquecer

Três-Marias [trɛzma'rias] *fpl* ASTRON Cinturón *m* de Orión

três-quartos ['trɛs-'kwartus] *inv* I. *adj* (*meia, saia*) tres cuartos *inv* II. *m* (*apartamento*) piso *m* con tres dormitorios

treta ['trɛta] *f inf* (*ardil*) treta *f;* **aí tem ~!** ¡ahí hay trampa!

trevas ['trɛvas] *fpl* tinieblas *fpl*

trevo ['trɛvu] *m* **1.** BOT trébol *m* **2.** ARQUIT triforio *m;* **um ~ na rodovia Rio – São Paulo** un trébol en la autopista Rio – São Paulo

treze ['trezi] *num card* trece; *v.tb.* **dois**

trezentos, -as [trɛ'zẽjtus, -as] *num card* trescientos, -as

tríade ['triadʒi] *f* tríada *f*

triagem [tri'aʒẽj] <-ens> *f* selección *f*

triangular [triãŋgu'lar] *adj* triangular

triângulo [tri'ãŋgulu] *m* triángulo *m;* **~**

equilátero/escaleno/isósceles triángulo equilátero/escaleno/isósceles; **um ~ amoroso** un triángulo amoroso; **o Triângulo Mineiro** *la parte occidental del estado de Minas Gerais, entre los ríos Paraíba y Grande*

triar [tri'ar] *vt* seleccionar

triatlo [tri'atlu] *m* triatlón *m*

tribal <-ais> [tri'baw, -'ajs] *adj* tribal

tribo ['tribu] *f* tribu *f*

tribufu [tribu'fu] *m reg* (*pessoa feia*) coco *m*

tribulação <-ões> [tribula'sãw, -õjs] *f* tribulación *f*

tribuna [tri'buna] *f* tribuna *f*

tribunal <-ais> [tribu'naw, -'ajs] *m* tribunal *m*; **Tribunal de contas (da União)** *tribunal de cuentas del Estado brasileño*; **tribunal internacional** tribunal internacional; **tribunal do júri** jurado *m*; **tribunal de justiça** tribunal de justicia; **Tribunal Regional Eleitoral** *junta electoral de cada estado de Brasil*; **Tribunal do Trabalho** Magistratura *f* de Trabajo; **Supremo Tribunal (Federal)** *Tribunal Supremo brasileño*; **levar alguém a ~** llevar a alguien a los tribunales; **ir a ~** acudir a los tribunales

tributação <-ões> [tributa'sãw, -õjs] *f* tributación *f*

tributar [tribu'tar] *vt* tributar

tributário, -a [tribu'tariw, -a] *adj* tributario, -a; **carga tributária** carga tributaria

tributável <-eis> [tribu'tavew, -ejs] *adj* tributable

tributo [tri'butu] *m* (*homenagem, imposto*) tributo *m*; **prestar ~ a alguém** rendir tributo a alguien

tricampeão, -eã <-ões> [trikãŋpi'ãw, -'iã, -'iõjs] *m, f* tricampeón, -ona *m, f*

tricentenario [trisẽjte'nariw] *m* tricentenario *m*

tricentenário, -a [trisẽjte'nariw, -a] *adj* tricentenario, -a

tríceps ['triseps] *m inv* ANAT tríceps *m inv*

triciclo [tri'siklu] *m* triciclo *m*

tricô [tri'ko] *m* tricot *m*, punto *m*; **fazer ~** hacer punto

tricolor [triko'lor] <-es> *adj* tricolor

tricotar [triko'tar] *vi* tricotar; *fig* (*mexericar*) cotillear

tridente [tri'dẽjtʃi] *m* tridente *m*

tridimensional <-ais> [tridʒimẽjsjo'naw, -'ajs] *adj* tridimensional

triedro [tri'ɛdru] *m* triedro *m*

triênio [tri'eniw] *m* trienio *m*

trifásico, -a [tri'faziku, -a] *adj* ELETR trifásico, -a; **corrente trifásica** corriente trifásica

trifurcar [trifur'kar] <c→qu> *vt* dividir en tres partes

trigêmeos [tri'ʒemiws] *mpl*, **trigêmeas** [tri'ʒemias] *fpl* trillizos *mpl*, trillizas *fpl*

trigésimo, -a [tri'ʒɛzimu, -a] *num ord* trigésimo, -a

triglicerídeo [triglise'ridʒiw] *m* triglicérido *m*

trigo ['trigu] *m* trigo *m*

trigonometria [trigonome'tria] *f* trigonometría *f*

trigo-sarraceno ['trigu-saxa'senu] <trigos-sarracenos> *m* trigo *m* sarraceno

trilha ['triʎa] *f* 1.(*caminho*) camino *m*; **seguir a ~ de alguém** *fig* seguir los pasos de alguien 2.(*rastro*) rastro *m* 3. CINE **~ sonora** banda *f* sonora

trilhão <-ões> [tri'ʎãw, -'õjs] *m* billón *m*

trilhar [tri'ʎar] *vt* recorrer

trilho ['triʎu] *m* 1.(*de trem*) vía *f*; **andar nos ~s** *fig* comportarse bien; **sair fora dos ~s** *fig* descarriarse 2.(*caminho*) camino *m*

trilhões [tri'ʎõjs] *m pl de* **trilhão**

trilíngue [tri'ʎĩŋgwi] *adj, mf* trilingüe *mf*

trilogia [trilo'ʒia] *f* trilogía *f*

trimestral <-ais> [trimes'traw, -'ajs] *adj* trimestral

trimestre [tri'mɛstri] *m* trimestre *m*

trinca ['trĩka] *f* 1.(*três, baralho*) trío *m* 2. *inf* (*pessoas*) pandilla *f* 3.(*rachadura*) grieta *f*

trincar [trĩj'kar] <c→qu> I. *vt* (*os dentes*) apretar II. *vi* (*rachar*) rajarse

trincha ['trĩjʃa] *f* 1.(*pincel*) brocha *f* 2.(*ferramenta*) herramienta para soltar clavos

trinchar [trĩj'ʃar] *vt* (*carne*) trinchar

trincheira [trĩj'ʃejra] *f* MIL trinchera *f*

trinco ['trĩku] *m* pestillo *m*

trindade [trĩj'dadʒi] *f* REL trinidad *f*

trineto, -a [tri'nɛtu, -a] *m, f* tataranieto, -a *m, f*

trinitrotolueno [trinitrotolu'enu] *m* QUÍM trinitrotolueno *m*

trinque ['trĩjki] *m* (*elegância*) elegancia *f*; **andar nos ~s** ir muy bien vestido; **deixou o apartamento limpo, nos**

~s *inf* dejó el piso limpio, como los chorros del oro

trinta ['trĩjta] *num card* treinta

trintão, -ona <-ões> [trĩj'tãw, -'ona, -'õjs] *m, f* treintañero, -a *m, f*

trio ['triw] *m* trío *m*; **~ elétrico** *reg*: camión con equipo de música o música en directo que sale por las calles reproduciendo canciones a todo volumen

tripa ['tripa] *f* (*intestino*) tripa *f*; **fazer das ~s coração** *inf* hacer de tripas corazón

tripanossomo [tripano'somu] *m* ZOOL tripanosoma *m*

tripartir [tripar'tʃir] *vt* dividir en tres partes

tripé [tri'pɛ] *m* trípode *m*

tríplex [tri'plɛks] *m inv* vivienda formada por la unión de tres pisos superpuestos

triplicado, -a [tripli'kadu, -a] *adj* triplicado, -a

triplicar [tripli'kar] <c→qu> I. *vt* triplicar II. *vi* triplicarse

tríplice ['triplisi] *adj* triple; (*vacina*) triple vírica

triplo ['triplu] *m* triple *m*

triplo, -a ['triplu, -a] *adj* triple

tripolo [tri'pɔlu] *m* ELETR dispositivo *m* tripolar

tripulação <-ões> [tripula'sãw, -'õjs] *f* (*de avião, barco*) tripulación *f*

tripulante [tripu'lãntʃi] *mf* (*de avião, barco*) tripulante *mf*

tripular [tripu'lar] *vt* (*avião, barco*) tripular

trisavô, -ó [triza'vo, -'vɔ] *m, f* tatarabuelo, -a *m, f*

trismo ['trizmu] *m* MED trismo *m*

trissílabo [tri'silabu] *m* LING trisílabo *m*

trissílabo, -a [tri'silabu, -a] *adj* trisílabo, -a

triste ['tristʃi] *adj* triste

tristeza [tris'teza] *f* tristeza *f*

tristonho, -a [tris'tõɲu, -a] *adj* tristón, -ona

triturador [tritura'dor, -a] <-es> *m* triturador *m*; **~ de lixo** triturador de basura

triturar [tritu'rar] *vt* triturar

triunfal <-ais> [triũw'faw, -'ajs] *adj* triunfal

triunfante [triũw'fãntʃi] *adj* triunfante

triunfar [triũw'far] *vi* triunfar; **~ sobre** [*ou* **contra**] **alguém/a. c.** triunfar contra alguien/algo; **~ na vida** triunfar en la vida

triunfo [tri'ũwfu] *m* triunfo *m*

triviais [trivi'ajs] *adj pl de* **trivial**

trivial [trivi'aw] *m sem pl* plato *m* de todos los días; **saber cozinhar o ~** saber cocinar lo básico

trivial <-ais> [trivi'aw, -'ajs] *adj* trivial

trivialidade [triviaʎi'dadʒi] *f* trivialidad *f*

triz ['tris] *adv* **por um ~** por un tris

troca ['trɔka] *f* cambio *m*; **~ de ideias** intercambio de ideas; **~ de palavras** intercambio de palabras; **em ~ (de)** a cambio (de)

troça ['trɔsa] *f* burla *f*; **fazer ~ de alguém/a. c.** burlarse de alguien/algo

trocadilho [troka'dʒiʎu] *m* juego *m* de palabras

trocado [tro'kadu] *m* cambio *m*; **você tem aí um ~?** ¿tienes cambio?

trocado, -a [tro'kadu, -a] *adj* equivocado, -a

trocador(a) [troka'dor(a)] *m(f)* cobrador(a) *m(f)*; **~ de ônibus** cobrador de autobús

trocar [tro'kar] <c→qu> I. *vt* 1. (*permutar*) cambiar; (*palavras, olhares, experiências*) intercambiar; **sonha em ~ a cidade pela praia** sueña con cambiar la ciudad por la playa; **trocou as turmas com o outro professor** intercambió las clases con otro profesor 2. (*cartas*) intercambiar 3. (*confundir*) confundir; **vive trocando o nome das crianças** confunde continuamente el nombre de los niños; **~ as bolas** *fig, inf* equivocarse II. *vi* cambiarse; **~ de carro/de casa/de roupa** cambiar de coche/de casa/de ropa; **~ de lugar com alguém** cambiarse de lugar con alguien III. *vr* **~-se** (*roupa*) cambiarse

troçar [tro'sar] <ç→c> I. *vt* ridiculizar II. *vi* burlarse; **~ de alguém** burlarse de alguien

troca-troca ['trɔka-'trɔka] <troca(s)-trocas> *m* (*de discos, atletas, partidos*) intercambio *m*

trocista [tro'sista] *adj, mf* burlón, -ona *m, f*

troco ['troku] *m* 1. (*de pagamento*) cambio *m*, vuelto *m AmL*; **dar 10 reais de ~** dar 10 reales de cambio; **faturar um ~** ganar mucho dinero 2. (*compensação*) cambio *m*; **a ~ de** a cambio de; **ajudar alguém a ~ de um favor** ayudar a alguien a cambio de un favor; **ele te ligou a ~ de quê?** ¿a santo de qué te llamó? **3.** (*revide*) **dar o** ~ vengarse; **receber o** ~ sufrir la venganza

troço ['trɔsu] *m inf* **1.** (*traste velho*) traste *m* **2.** (*coisa*) cosa *f* **3.** (*mal-estar*) **teve um** ~ le dio un patatús **4.** *fig* **você acertou, a carne está um** ~ acertaste, la carne está deliciosa

troféu [trɔ'fɛw] *m* trofeo *m*

troglodita [troglo'dʒita] *mf* troglodita *mf*

trólebus ['trɔlebus] *m inv* trolebús *m*

tromba ['trõwba] *f* **1.** (*de elefante*) trompa *f* **2.** *inf* (*de pessoa*) jeta *f;* **fazer** ~ poner cara de pocos amigos

trombada [trõw'bada] *f* trompazo *m*

tromba-d'água ['trõwba-'dagwa] <trombas-d'água> *f* METEO tromba *f* de agua

tromba-de-elefante ['trõwba-dʒjelefãɲtʃi] <trombas-de-elefante> *f* BOT *planta ornamental que muere después de florecer por la primera vez*

trombadinha [trõwba'dʒĩɲa] *mf inf* ladronzuelo, -a *m, f*

trombar [trõw'bar] *vt* chocar, colisionar

trombeta [trõw'beta] *f* MÚS trompeta *f*

trombone [trõw'boni] *m* trombón *m*

trombose [trõw'bɔzi] *f* MED trombosis *f inv*

trompa ['trõwpa] *f* MÚS, ANAT trompa *f;* **ligar as** ~ **s** hacer una ligadura de trompas

trompete [trũw'pɛtʃi] *m* trompeta *f*

trompetista [trũwpe'tʃista] *mf* trompetista *mf*

troncho, -a ['trõwʃu, -a] *adj* torcido, -a

tronco ['trõwku] *m* **1.** (*de árvore, pessoa*) tronco *m* **2.** TEL línea *f*

trono ['tronu] *m* trono *m;* **subir ao** ~ subir al trono

tropa ['trɔpa] *f* **1.** (*de soldados*) tropa *f* **2.** *inf* (*serviço militar*) mili *f;* **ir para a** ~ ir a la mili

tropeção <-ões> [trope'sãw, -'õjs] *m* tropezón *m;* **dar um** ~ dar un tropezón

tropeçar [trope'sar] <ç→c> *vi* tropezar; **tropecei (no tapete) e caí** tropecé (en la alfombra) y me caí; ~ **em dificuldades** tropezar con dificultades

tropeço [tro'pesu] *m* tropiezo *m*

tropeções [trope'sõjs] *m pl de* **tropeção**

trôpego, -a ['tropegu, -a] *adj* **1.** (*pessoa*) cojo, -a **2.** (*pernas*) anquilosado, -a

tropel <-éis> [trɔ'pɛw, -'ɛjs] *m* **1.** (*multidão*) tropel *m;* **em** ~ en tropel **2.** (*barulho*) follón *m*

tropical <-ais> [trɔpi'kaw, -'ajs] *adj* tropical

trópico ['trɔpiku] *m* GEO trópico *m;* ~ **de Câncer** trópico de Cáncer; ~ **de Capricórnio** trópico de Capricornio

troposfera [tropos'fɛra] *f* METEO troposfera *f*

trotar [trɔ'tar] *vi* trotar

trote ['trɔtʃi] *m* **1.** (*do cavalo*) trote *m;* **ir a** ~ ir al trote **2.** (*zombaria*) burla *f* **3.** (*na universidade*) novatada *f;* **dar** ~ gastar una novatada; **levar** ~ ser objeto de una novatada **4.** (*ao telefone*) broma *f;* **passar um** ~ gastar una broma

trouxa[1] ['trɔʃa] *f* (*de roupa*) fardo *m;* **arrumar** [*ou* **fazer**] **as** ~ **s** liar los bártulos

trouxa[2] ['trɔʃa] *adj, mf gíria* bobo, -a *m, f*

trouxe ['trosi] *1., 3. pret perf de* **trazer**

trouxer [trow'sɛr] *1., 3. fut. subj de* **trazer**

trouxesse [tro'sɛsi] *1., 3. imperf subj de* **trazer**

trovador [trova'dor] <-es> *m* LIT trovador *m*

trovão <-ões> [tro'vãw, -'õjs] *m* trueno *m*

trovejar [trove'ʒar] *vi impess* tronar

trovoada [trovu'ada] *f* tronada *f*

trovões [tro'võjs] *m pl de* **trovão**

trucagem [tru'kaʒẽj] <-ens> *f* CINE trucaje *m*

trucidar [trusi'dar] *vt* despedazar

truco ['truku] *m* (*jogo*) truque *m*

truculência [truku'lẽjsia] *f* truculencia *f*

truculento, -a [truku'lẽjtu, -a] *adj* truculento, -a

trufa ['trufa] *f* trufa *f*

truncar [trũw'kar] <c→qu> *vt* truncar

trunfo ['trũwfu] *m* triunfo *m*

trupe ['trupi] *f* troupe *f*

truque ['truki] *m* truco *m*

truste ['trustʃi] *m* trust *m*

truta ['truta] *f* ZOOL trucha *f*

TSE [teɛsi'ɛ] *m abr de* **Tribunal Superior Eleitoral** junta electoral nacional

tsé-tsé ['tsɛ-'tsɛ] *f* mosca *f* tsé-tsé

tu [tu] *pron pess* tú *m;* **tratar alguém por** ~ tratar a alguien de tú

tua [tua] *pron poss v.* **teu**

tuba ['tuba] *f* **1.** MÚS tuba *f* **2.** ANAT ~ **uterina** cuello *m* uterino; ~ **auditiva** conducto *m* auditivo

tubarão <-ões> [tuba'rãw, -'õjs] *m*

tubérculo ZOOL tiburón m **2.** *fig, pej (negociante)* buitre m
tubérculo [tu'bɛrkulu] m BOT tubérculo m
tuberculose [tuberku'lɔzi] f MED tuberculosis f
tuberculoso, -a [tuberku'lozu, -'ɔza] *adj, m, f* MED tuberculoso, -a m, f
tubinho [tu'biɲu] m vestido m recto
tubo ['tubu] m **1.** *(cano, bisnaga)* tubo m; **~ de ensaio** tubo de ensayo; **~ de escape** tubo de escape **2.** ESPORT *(onda)* ola de forma cilíndrica **3.** *inf (muito dinheiro)* **os ~ s** un pastón; **gastou os ~ s para reformar a casa** se gastó un pastón para reformar la casa
tubulação <-ões> [tubula'sɐ̃w, -'õjs] f cañerías fpl
tucano [tu'kʌnu] m ZOOL tucán m
tudo ['tudu] *pron indef* todo; **~ o mais** todo lo demás; **~ ou nada** todo o nada; **acima de ~** por encima de todo; **antes de ~** antes de nada; **ele, mais que ~, queria ao filho** quería al hijo por encima de todo; **dar/fazer ~ a alguém/a. c.** dar/hacer todo a alguien/algo; **~ bem?** ¿qué tal?; **~ bem!** ¡bien!
tufão <-ões> [tu'fɐ̃w, -'õjs] m tifón m
tufo ['tufu] m mechón m
tufões [tu'fõjs] m pl de **tufão**
tuim [tu'ĩj] m ZOOL periquito m
tule ['tuʎi] m tul m
tulipa [tu'ʎipa] f tulipán m
tumba ['tũwba] f tumba f
tumor [tu'mor] m MED tumor m; **~ benigno/maligno** tumor benigno/maligno
túmulo ['tumulu] m tumba f; **ser um ~** *fig* ser una tumba; **revirar-se no ~** *fig* revolverse en la tumba
tumulto [tu'muwtu] m tumulto m; **fazer ~** causar tumulto
tumultuado, -a [tumuwtu'adu, -a] *adj* tumultuoso, -a
tumultuar [tumuwtu'ar] *vt* alborotar
tundra ['tũwdra] f tundra f
túnel <-eis> ['tunew, -ejs] m túnel m
tungar [tũw'gar] <g→gu> *vt (lograr)* engañar
tungstênio [tũwgs'teniw] m QUÍM tungsteno m
túnica ['tunika] f túnica f
Tunísia [tu'nizia] f Túnez f
tunisiano, -a [tunizi'ʌnu, -a] *adj, m, f* tunecino, -a m, f
tupi [tu'pi] *adj, mf* tupí mf

tupi-guarani [tu'pi-gwaɾɜ'ni] *adj, mf* tupí-guaraní mf
tupiniquim [tupini'kĩj] <-ins> *adj* **1.** *de un grupo indígena que habita en el litoral del estado de Espíritu Santo* **2.** *pej (brasileiro)* brasileño, -a
turba ['turba] f turba f
turbante [tur'bɐ̃ntʃi] m turbante m
turbilhão <-ões> [turbi'ʎɐ̃w, -'õjs] m torbellino m
turbina [tur'bina] f turbina f; **aquecer as ~ s** *fig* calentar motores
turbinado, -a [turbi'nadu, -a] *adj inf* **1.** *(carro, computador)* mejorado, -a **2.** *(corpo)* operado, -a
turbinar [turbi'nar] *vt inf* mejorar
turbocompressor [turbukõwpre'sor] <-es> m turbocompresor m
turbulência [turbu'lẽjsia] f turbulencia f
turbulento, -a [turbu'lẽjtu, -a] *adj* turbulento, -a
turco, -a ['turku, -a] *adj, m, f* turco, -a m, f
turfa ['turfa] f turba f
turismo [tu'rizmu] m turismo m; **~ ecológico** turismo ecológico; **~ sexual** turismo sexual
turista [tu'rista] *mf* turista mf
turístico, -a [tu'ristʃiku, -a] *adj* turístico, -a
turma ['turma] f **1.** *(de escola, universidade)* clase f **2.** *(grupo de amigos)* panda f; **a ~ do deixa-disso** *inf* el grupo de los pacificadores
turmalina [turma'ʎina] f MIN turmalina f
turnê [tur'ne] f gira f
turno ['turnu] m **1.** turno m; **~ da noite** turno de noche; **trabalhar por ~ s** trabajar por turnos **2.** ESPORT vuelta f; **segundo ~** segunda vuelta
turquesa [tur'keza] **I.** *adj inv* turquesa **II.** f turquesa f
Turquia [tur'kia] f Turquía f
turra ['tuxa] f discusión f; **andar às ~ s com alguém** *inf* llevarse mal con alguien
turrão, -ona <-ões> [tu'xɐ̃w, -'ona, -'õjs] *adj, m, f inf* cabezota mf
turvar [tur'var] *vt* enturbiar
turvo, -a ['turvu, -a] *adj* turbio, -a
tussa ['tusa] *1., 3. subj de* **tossir**
tusso ['tusu] *1. pres de* **tossir**
tutano [tu'tʌnu] m **1.** ANAT tuétano m **2.** *inf (inteligência)* talento m; **ter ~** tener talento

tutela [tu'tɛla] *f* tutela *f;* **estar sob a ~ de alguém** estar bajo la tutela de alguien

tutelar¹ [tute'lar] *adj* tutelar

tutelar² [tute'lar] *vt* tutelar

tutor(a) [tu'tor(a)] <-es> *m(f)* tutor(a) *m(f)*

tutorial <-ais> [tutori'aw, -ajs] *adj* INFOR de uso

tutu [tu'tu] *m* 1. GASTR *plato preparado con judías negras, a las que se les añade harina de mandioca o de trigo* 2. *inf(dinheiro)* pasta *f*

TV [te've] *f abr de* **televisão** TV

twist [tu'istʃi] *m* MÚS twist *m*

U

U, u ['u] *m* U, u *f*

úbere ['uberi] I. *m* ubre *f* II. *adj* 1. *(fértil)* fértil 2. *(abundante)* copioso, -a

ubíquo, -a [u'bikwu, -a] *adj* ubicuo, -a

Ucrânia [u'krɐnia] *f* Ucrania *f*

ucraniano, -a [ukrɐni'ɐnu, -a] *adj, m, f* ucraniano, -a *m, f*

UE [uni'ɐ̃w ewro'pɛja] *abr de* **União Europeia** UE *f*

uê [u'ɛ] *interj* qué

ufa ['ufa] *interj* uf

ufanar-se [ufɐ'narsi] *vr* ufanarse; **~ de a. c.** ufanarse de algo

ufanismo [ufɐ'nizmu] *m sem pl* chauvinismo *m*

Uganda [u'gɐ̃da] *f* Uganda *f*

ui ['uj] *interj* 1. *(surpresa)* uy 2. *(dor)* ay

uísque [u'iski] *m* whisky *m*

uivar [uj'var] *vi* *(lobo, vento)* ulular; *(cão)* aullar

uivo ['ujvu] *m* *(do lobo)* ulular *m;* *(do cachorro)* aullido *m*

úlcera ['uwsera] *f* MED úlcera *f*

ulmeiro [uw'mejru] *m* BOT, **ulmo** ['uwmu] *m* BOT olmo *m*

ulterior [uwteri'or] *adj* ulterior

última ['uwtʃima] *f inf* 1. *(notícia)* última noticia *f;* **já soube da ~?** ¿te has enterado de la última noticia? 2. *(tolice)* última *f;* **a ~ dele foi fazer um discurso constrangendo os convidados** la última suya fue hacer un discurso en el que avergonzó a los invitados

ultimamente [uwtʃima'mẽjtʃi] *adv* últimamente

ultimar [uwtʃi'mar] *vt* ultimar

últimas ['uwtʃimas] *fpl* **estar nas ~** *inf* estar en las últimas

ultimato [uwtʃi'matu] *m* ultimátum *m* *(inv);* **dar um ~ a alguém** dar un ultimátum a alguien

último, -a ['uwtʃimu, -a] *adj* último, -a; **o ~ andar** el último piso; **nos ~s anos** en los últimos años; **em ~ lugar** en último lugar; **a última moda** la última moda; **de última qualidade** de la peor calidad; **pela última vez** por última vez; **por ~** por último

ultrajante [uwtra'ʒɐ̃tʃi] *adj* ultrajante

ultrajar [uwtra'ʒar] *vt* ultrajar

ultraje [uw'traʒi] *m* ultraje *m*

ultraleve [uwtra'lɛvi] *m* ultraligero *m*

ultramar [uwtra'mar] *m* ultramar *m;* **no ~** en ultramar

ultramarino, -a [uwtrama'rinu, -a] *adj* ultramarino, -a

ultramoderno, -a [uwtramo'dɛrnu, -a] *adj* ultramoderno, -a

ultrapassado, -a [uwtrapa'sadu, -a] *adj* anticuado, -a

ultrapassagem [uwtrapa'saʒẽj] <-ens> *f* adelantamiento *m;* **fazer uma ~** hacer un adelantamiento

ultrapassar [uwtrapa'sar] *vt* 1. *(exceder)* sobrepasar 2. *(automóvel)* adelantar

ultrassom [uwtra'sõw] <-ons> *m* 1. FÍS ultrasonido *m* 2. *(ecografia)* ecografía *f*

ultrassônico, -a [uwtra'soniku, -a] *adj* ultrasónico, -a

ultrassonografia [uwtrasonogra'fia] *f* ecografía *f*

ultravioleta [uwtravio'leta] *adj inv* ultravioleta *inv;* **raios ~** rayos ultravioleta

ululante [ulu'lɐ̃tʃi] *adj* que aúlla; *(óbvio)* evidente

um(a) ['ũw, 'uma] I. *num card* uno, -a; *v.tb.* **dois** II. *art indef* 1. *(certo, aproximadamente)* un(a); **~ carro/cigarro** un coche/cigarro; **~ a casa/blusa** una casa/blusa; **~ as dez pessoas** unas diez personas 2. *(ênfase)* **estou com ~ a fome!** ¡tengo un hambre!; **está com ~ a frio!** ¡hace un frío! III. *pron indef* uno, -a; **~ ao outro** uno a otro; **~ atrás do**

outro uno tras otro; **~ com o outro** el uno con el otro; **~ e outro** uno y otro; **~ a/por ~** uno a/por uno

umbanda [ũw'bɐ̃nda] *f* REL *religión nacida en Río de Janeiro a finales del siglo XIX y que hoy toma la forma de diferentes cultos caracterizados por influencias diversas (indígenas, católicas, esotéricas, cabalísticas, etc.)*

umbigo [ũw'bigu] *m* ANAT ombligo *m*

umbilical <-ais> [ũwbiʎi'kaw, -'ajs] *adj (cordão)* umbilical

umbral <-ais> [ũw'braw, -'ajs] *m* jamba *f*

umbu [ũw'bu] *m* BOT *fruto del umbuzeiro, de pulpa dulce y aromática*

umedecer [umide'ser] <c→ç> I. *vt* humedecer II. *vr:* **~-se** humedecerse

úmero ['umeru] *m* ANAT húmero *m*

umidade [umi'dadʒi] *f sem pl* humedad *f;* **~ (relativa) do ar** humedad (relativa) del aire

umidificador [umidʒifika'dor] *m* humidificador *m*

úmido, -a ['umidu, -a] *adj* húmedo, -a

unânime [u'nɐnimi] *adj* unánime

unanimidade [unɐnimi'dadʒi] *f sem pl* unanimidad *f;* **por ~** por unanimidad; **a ~ é burra** la unanimidad es de tontos

undécimo, -a [ũw'dɛsimu] *adj* undécimo, -a

UNE ['uni] *abr de* **União Nacional dos Estudantes** *asociación de universitarios brasileños*

ungir [ũw'ʒir] <g→j> *vt tb.* REL ungir

unguento [ũw'gwẽjtu] *m* ungüento *m*

unha ['uɲa] *f* uña *f;* **com ~s e dentes** con uñas y dientes; **ser ~ e carne** ser uña y carne; **botar as ~s de fora** enseñar las uñas; **fazer as ~s** hacerse las uñas; **pegar a. c. à ~** *fig* coger [*o* agarrar *AmL*] algo con las manos

unha de fome ['uɲa dʒi'fɔmi] <unhas de fome> *mf* avaro, -a *m, f*

união <-ões> [uni'ɐ̃w, -'õjs] *f* unión *f;* **~ Europeia** Unión Europea; **~ estável** unión de hecho; **~ monetária** unión monetaria; **~ Soviética** Unión Soviética; **a ~ faz a força** la unión hace la fuerza

unicamente [unika'mẽjtʃi] *adv* únicamente

unicelular [uniselu'lar] *adj* unicelular

único, -a ['uniku, -a] *adj* único, -a; **a única coisa** la única cosa; **uma única vez** una única vez; **ele é ~** es único; **não havia uma única pessoa** no había ni una persona

unicolor [uniko'lor] *adj* monocromo, -a

unicórnio [uni'kɔrniw] *m* unicornio *m*

unidade [uni'dadʒi] *f* unidad *f;* **~ de medida** unidad de medida; **~ de terapia intensiva** unidad de vigilancia intensiva, unidad de terapia intensiva *AmL*

unidirecional <-ais> [unidʒiresjo'naw, -'ajs] *adj* unidireccional

unido, -a [u'nidu, -a] *adj* unido, -a; **ser** [*ou* **estar**] **~ a alguém/a. c.** estar unido a alguien/algo

unificação <-ões> [unifika'sɐ̃w, -'õjs] *f* unificación *f*

unificar [unifi'kar] <c→qu> I. *vt* unificar II. *vr:* **~-se** unificarse

uniforme [uni'fɔrmi] *adj, m* uniforme *m*

uniformizado, -a [uniformi'zadu, -a] *adj* **1.** *(tornado uniforme)* uniformizado, -a **2.** *(vestido de uniforme)* uniformado, -a

uniformizar [uniformi'zar] *vt* **1.** *(tornar uniforme)* uniformizar **2.** *(vestir de uniforme)* uniformar

unilateral <-ais> [unilate'raw, -'ajs] *adj* unilateral

uniões [uni'õjs] *f pl de* **união**

unir [u'nir] I. *vt* unir II. *vr:* **~-se** unirse; **~-se a a. c.** unirse a algo

unissex [uni'sɛks] *adj inv* unisex *inv*

uníssono [u'nisonu] *m* **em ~** al unísono

uníssono, -a [u'nisonu, -a] *adj* unísono, -a

unitário, -a [uni'tariw, -a] *adj* unitario, -a; **preço ~** precio unitario

universal <-ais> [univer'saw, -'ajs] *adj* universal; **história ~** historia universal

universalidade [universaʎi'dadʒi] *f sem pl* universalidad *f*

universalismo [universa'ʎizmu] *m sem pl* FILOS universalismo *m*

universalizar [universaʎi'zar] *vt* universalizar

universalmente [universaw'mẽjtʃi] *adv* universalmente

universidade [universi'dadʒi] *f* universidad *f*

universitário, -a [universi'tariw, -a] *adj, m, f* universitario, -a *m, f*

universo [uni'vɛrsu] *m* universo *m;* **~ artístico** universo artístico

univitelino, -a [univite'ʎinu, -a] *adj* BIO univitelino, -a

unívoco, -a [u'nivoku, -a] *adj* unívoco, -a

untar [ũw'tar] *vt* untar

upa [u'pa] **I.** *interj* arriba **II.** *f* salto *m* brusco

urânio [u'rɜniw] *m sem pl* uranio *m*

Urano [u'rɜnu] *m* ASTRON Urano *m*

urbanismo [urbɜ'nizmu] *m sem pl* urbanismo *m*

urbanista [urbɜ'nista] *mf* urbanista *mf*

urbanização <-ões> [urbɜniza'sɜ̃w, -'õjs] *f sem pl* urbanización *f*

urbanizar [urbɜni'zar] *vt* urbanizar

urbano, -a [ur'bɜnu, -a] *adj* urbano, -a

urbe ['urbi] *f* urbe *f*

urdir [ur'dʒir] *vt tb. fig* urdir

ureia [u'rɛja] *f sem pl* urea *f*

ureter [ure'tɛr] *m* ANAT uréter *m*

uretra [u'rɛtra] *f* ANAT uretra *f*

urgência [ur'ʒẽjsia] *f* urgencia *f*; **atendimento de** ~ MED atención de urgencia

urgente [ur'ʒẽjtʃi] *adj* urgente

urgentemente [urʒẽjtʃi'mẽjtʃi] *adv* urgentemente

urgir [ur'ʒir] <g→j> *vi* urgir; **o tempo urge** el tiempo urge

úrico ['uriku] *adj* úrico, -a; **ácido** ~ ácido úrico

urina [u'rina] *f sem pl* orina *f*

urinar [uri'nar] *vi* orinar

urinário, -a [uri'nariw, -a] *adj* urinario, -a; **aparelho** ~ aparato urinario

urinol <-ois> [uri'nɔw, -'ɔjs] *m* orinal *m*

urna ['urna] *f* urna *f*; ~ **eleitoral** urna (electoral); ~ **funerária** urna funeraria

urografia [urogra'fia] *f* urografía *f*

urologia [urolo'ʒia] *f sem pl* urología *f*

urologista [urolo'ʒista] *mf* urólogo, -a *m, f*

urrar [u'xar] *vi* rugir

Ursa ['ursa] *f* ~ **Maior** Osa *f* Mayor; ~ **Menor** Osa *f* Menor

urso, -a ['ursu, -a] *m, f* ZOOL oso, -a *m, f*

urso-polar ['ursu-po'lar] <ursos-polares> *m* oso *m* polar

URSS [uni'ʒw-sovi'etʃika] *abr de* **União das Repúblicas Socialistas Soviéticas** URSS *f*

urticária [urtʃi'karia] *f* MED urticaria *f*

urtiga [ur'tʃiga] *f* BOT ortiga *f*

urubu [uru'bu] *m* **1.** ZOOL urubú *m* (*buitre de color negro*) **2.** *inf* (*pessoa*) cenizo *m*

urubuzar [urubu'zar] *vt inf* echar mal de ojo a

urucum [uru'kũw] *m* tinta extraída de los frutos de un arbusto

Uruguai [uru'gwaj] *m* Uruguay *m*

uruguaio, -a [uru'gwaju, -a] *adj, m, f* uruguayo, -a *m, f*

usado, -a [u'zadu, -a] *adj* usado, -a

usar [u'zar] **I.** *vt* usar; ~ **barba** llevar barba **II.** *vr:* ~**-se** usarse; **isso já não se usa** eso ya no se usa

usbeque [uz'bɛki] *adj, mf* uzbeko, -a *m, f*

Usbequistão [uzbekis'tɜ̃w] *m* Uzbekistán *m*

usina [u'zina] *f* central *f*; ~ **elétrica** central eléctrica; ~ **siderúrgica** altos hornos *mpl*

usineiro [uzi'nejru] *m* propietario de una azucarera

uso [u'zu] *m* uso *m*; ~**s e costumes** usos y costumbres; **fazer** ~ **de a. c.** hacer uso de algo; **ter muito** ~ estar muy usado

USP ['uspi] *f abr de* **Universidade de São Paulo** *una de las universidades públicas de São Paulo, la mayor y más importante de Brasil*

usual <-ais> [uzu'aw, -'ajs] *adj* usual

usuário, -a [uzu'ariw, -a] *m, f* usuario, -a *m, f*

usucapião <-ões> [uzukapi'ɜ̃w, -'õjs] *m sem pl* JUR usucapión *f*

usufruir [uzufru'ir] *conj como incluir* **I.** *vt* **1.** (*desfrutar*) disfrutar, gozar **2.** JUR usufructuar **II.** *vi* **1.** (*desfrutar*) ~ **de** disfrutar de, gozar de **2.** JUR ~ **de** usufructuar

usufruto [uzu'frutu] *m* JUR usufructo *m*

usura [u'zura] *f sem pl* (*lucro*) usura *f*

usurário, -a [uzu'rariw, -a] *m, f* usurero, -a *m, f*

usurpação <-ões> [uzurpa'sɜ̃w, -'õjs] *f* usurpación *f*

usurpador(a) [uzurpa'dor(a)] *m(f)* usurpador(a) *m(f)*

usurpar [uzur'par] *vt* usurpar

úteis ['utejs] *adj pl de* **útil**

utensílio [utẽj'siliw] *m* utensilio *m*; ~ **de cozinha** utensilio de cocina

utente [u'tẽjtʃi] *mf* usuario, -a *m, f*

uterino, -a [ute'rinu, -a] *adj* uterino, -a

útero ['uteru] *m* útero *m*

UTI [ute'i] *f* MED *abr de* **unidade de terapia intensiva** UVI *f*, UTI *f AmL*

útil[1] <-eis> ['utʃiw, -ejs] *adj* útil; **ser** ~ **a alguém** ser útil a alguien

útil[2] ['utʃiw] *m* o ~ lo útil; **unir o** ~ **ao**

agradável unir lo útil a lo agradable
utilidade [utʃiʎi'dadʒi] *f* utilidad *f*; **(não) ter ~** (no) ser útil
utilitário [utʃiʎi'tariw] *m* **1.** (*automóvel*) furgoneta *f* **2.** INFOR utilidad *f*
utilitário, -a [utʃiʎi'tariw, -a] *adj* útil
utilização <-ões> [utʃiʎiza'sɜ̃w, -'õjs] *f* utilización *f*
utilizar [utʃiʎi'zar] *vt* utilizar
utopia [uto'pia] *f* utopía *f*
utópico, -a [u'tɔpiku, -a] *adj* utópico, -a
uva ['uva] *f* **1.** uva *f*; **~ branca/preta** uva blanca/negra; **~ passa** uva pasa **2.** *inf* HIST **ser uma ~** ser monísimo, -a
úvula ['uvula] *f* ANAT úvula *f*
uvular [uvu'lar] *adj*, *f* LING uvular *f*

V

V, v ['ve] *m* V, v *f*
v. ['ver] *abr de* **ver** v.
vã ['vɜ̃] *adj f de* **vão**
vaca ['vaka] *f* **1.** ZOOL vaca *f*; **~ leiteira** vaca lechera; **ir a ~ para o brejo** *inf* irse todo al garete; **nem que a ~ tussa** *inf* de ninguna manera **2.** GASTR **bife de ~** bistec *m* de vaca
vacaria [vaka'ria] *f* vaquería *f*
vacilada [vasi'lada] *f inf* distracción *f*; **dar uma ~** distraerse
vacilar [vasi'lar] *vi* **1.** (*balançar*) temblar **2.** (*hesitar*) vacilar
vacina [va'sina] *f* vacuna *f*; **~ antitetânica** vacuna antitetánica; **tomar uma ~** ponerse una vacuna
vacinação <-ões> [vasina'sɜ̃w, -'õjs] *f* vacunación *f*
vacinado, -a [vasi'nadu, -a] *adj tb. fig* vacunado, -a; **estar ~ contra a. c.** estar vacunado contra algo
vacinar [vasi'nar] **I.** *vt* vacunar **II.** *vr:* **~-se** vacunarse
vácuo ['vakuw] *m* vacío *m*; **embalado a ~** envasado al vacío
vadiagem [vadʒi'aʒẽj] <-ens> *f* vagancia *f*; **andar na ~** vaguear
vadiar [vadʒi'ar] *vi* vaguear
vadio, -a [va'dʒiw, -a] *adj, m, f* vago, -a *m, f*

vaga ['vaga] *f* **1.** (*em curso, de emprego, para estacionar*) plaza *f*; **preencher uma ~** cubrir una plaza **2.** (*onda*) ola *f*
vagabundear [vagabũwdʒi'ar] *conj como passear vi* vagabundear
vagabundo, -a [vaga'bũwdu, -a] *m, f* vagabundo, -a *m, f*
vaga-lume ['vaga-'lumi] *m* luciérnaga *f*
vagão <-ões> [va'gɜ̃w, -'õjs] *m* vagón *m*
vagão-leito <vagões-leito(s)> [va-'gɜ̃w-'lejtu, va'gõjz-] *m* coche *m* cama
vagão-restaurante <vagões-restaurante(s)> [va'gɜ̃w-xesto'rɜ̃ntʃi, va-'gõjz-] *m* coche *m* restaurante
vagar¹ [va'gar] *m* **1.** (*ociosidade*) lentitud *f*; **com ~** con lentitud **2.** (*tempo*) ocio *m*
vagar² [va'gar] <g→gu> **I.** *vi* **1.** (*andar sem destino*) vagar **2.** (*ficar vazio*) vaciarse; (*estar vazio*) estar vacío **II.** *vt* (*desocupar*) desocupar; **vagou um quarto no hotel** desocupó una habitación del hotel
vagaroso, -a [vaga'rozu, -'ɔza] *adj* lento, -a
vagem ['vaʒẽj] <-ens> *f* **1.** (*legume*) legumbre *f* **2.** (*feijão verde*) judía *f* verde, ejote *m Méx*, chaucha *f RíoPl*
vagina [va'ʒina] *f* vagina *f*
vaginal <-ais> [vaʒi'naw, -'ajs] *adj* vaginal
vago, -a [va'gu, -a] *adj* **1.** (*lugar, quarto, tempo*) libre; (*emprego*) vacante; **este lugar está ~?** ¿está libre este lugar?; **nas horas vagas** en las horas libres **2.** (*incerto*) vago, -a; **tenho uma vaga ideia** tengo una vaga idea
vagões [va'gõjs] *m pl de* **vagão**
vaguear [vage'ar] *conj como passear vi* vagar; **~ pela cidade** vagar por la ciudad
vaia ['vaja] *f* abucheo *m*
vaiar [vaj'ar] *vi, vt* abuchear
vaidade [vaj'dadʒi] *f* vanidad *f*
vaidoso, -a [vaj'dozu, -'ɔza] *adj* vanidoso, -a
vai não vai ['vaj nũw 'vaj] *m inf* indecisión *f*; **estive num ~ terrível antes de tomar essa decisão** estuve muy indecisa antes de tomar esa decisión
vaivém [vaj'vẽj] <vaivéns> *m* (*movimento*) vaivén *m*
vala ['vala] *f* fosa *f*; **~ comum** fosa común

vale ['vaʎi] *m* **1.** GEO valle *m;* **~ de lágrimas** valle de lágrimas **2.** (*documento*) vale *m;* **pedir um ~** pedir un adelanto
vale-brinde ['vaʎi-'brĩdʒi] <vales--brinde(s)> *m* vale *m* de regalo
valência [va'lẽjsia] *f* **1.** QUÍM valencia *f* **2.** LING *conjunto de elementos que entran en la construcción de una oración y que son determinados por el verbo;* **a ~ do verbo** *el número de elementos que pueden acompañar a un verbo en una oración*
valentão <-ões> [valẽj'tʃãw, -'õjs] *adj* valentón, -ona
valente [va'lẽtʃi] *adj* valiente
valentia [valẽj'tʃia] *f sem pl* valentía *f*
valentões [valẽj'tõjs] *m pl de* **valentão**
valer [va'ler] *irr* **I.** *vt* valer; **quanto vale o relógio?** ¿cuánto vale el reloj?; **valha-me Deus!** ¡válgame Dios! **II.** *vi* valer; **isso não vale!** ¡eso no vale!; **fazer ~ a. c.** hacer valer algo; **ele vale muito vale mucho; ela vale muito como professora** vale mucho como profesora; **brigaram para ~** discutieron de verdad; **eram amigos para ~** eran amigos de verdad; **a ~** de verdad; **divertir-se a ~** divertirse de verdad; **(não) vale a pena** (no) vale la pena; **valeu!** *gíria* ¡gracias! **III.** *vr:* **~-se de a. c.** valerse de algo
valeta [va'leta] *f* cuneta *f*
valete [va'letʃi] *m* (*cartas*) caballo *m*
vale-transporte ['vaʎi-trãs'pɔrtʃi] <vales-transporte(s)> *m vale que el empresario da al trabajador para pagar el transporte de ida y vuelta al trabajo*
vale-tudo ['vaʎi-'tudu] *m inv* **o ~** *fig* el vale todo
valia [va'ʎia] *f sem pl* valía *f*
validade [vaʎi'dadʒi] *f sem pl* validez *f;* **data de ~** fecha de caducidad; **prazo de ~** plazo de validez; **está fora da ~** no tiene validez; **está dentro da ~** tiene validez
validar [vaʎi'dar] *vt* validar
válido, -a ['vaʎidu, -a] *adj* válido, -a
valioso, -a [va'ʎiozu, -'ɔza] *adj* valioso, -a
valise [va'ʎizi] *f* maletín *m*
valor [va'lor] <-es> *m* **1.** valor *m;* **~ declarado** valor declarado; **dar ~ a a. c./alguém** dar valor a algo/alguien; **ter ~** tener validez; **dois cheques nos ~es de 100 e 200 reais** dos cheques por un valor de 100 y 200 reales **2.** *pl* ECON valores *mpl;* **bolsa de ~s** bolsa de valores
valorização <-ões> [valoriza'sãw, -'õjs] *f* (*de moeda, imóveis*) valorización *f*
valorizar [valori'zar] **I.** *vt* (*moeda, imóveis*) valorizar; (*pessoa, atitude*) valorar **II.** *vi* valorizarse
valoroso, -a [valo'rozu, -'ɔza] *adj* valeroso, -a
valquíria [vaw'kiria] *f* valquiria *f*
valsa ['vawsa] *f* vals *m*
válvula ['vawvula] *f* válvula *f;* **~ de escape** *fig* válvula de escape; **~ de segurança** válvula de seguridad
vampe ['vãpi] *f* vampiresa *f*
vampiro, -a [vã'piru, -a] *m, f* vampiro, -esa *m, f*
vandalismo [vãda'lizmu] *m sem pl* vandalismo *m*
vandalizar [vãdaʎi'zar] *vt* destrozar
vândalo, -a ['vãdalu, -a] *adj, m, f* vándalo, -a *m, f*
vangloriar-se [vãglori'arsi] *vr:* **~ de a. c.** vanagloriarse de algo
vanguarda [vã'gwarda] *f* vanguardia *f*
vantagem [vã'taʒẽj] <-ens> *f* ventaja *f;* **estar em ~** tener ventaja; **levar ~ sobre alguém** tener ventaja sobre alguien; **saímos em ~ no campeonato** partimos con ventaja en el campeonato; **ter ~ sobre a. c.** tener ventaja sobre algo; **tirar ~ de a. c.** sacar ventaja de algo; **não há ~ em burlar as regras** no se gana nada burlando las reglas
vantajoso, -a [vãta'ʒozu, -'ɔza] *adj* ventajoso, -a
vão ['vãw] <-s> *m* (*de escadas, ponte*) hueco *m;* (*de janela, porta*) vano *m;* **~ livre** hueco *m*
vão, vã ['vãw, 'vã] *adj* vano, -a; **fazer a. c. em ~** hacer algo en vano
vapor [va'por] *m* vapor *m;* **máquina a ~** máquina de vapor; **a todo o ~** a todo gas
vaporizador [vaporiza'dor] <-es> *m* vaporizador *m*
vaporizar [vapori'zar] *vt* vaporizar
vaporoso, -a [vapo'rozu, -'ɔza] *adj* (*vestido*) vaporoso, -a
vaqueiro [va'kejru] *m* vaquero *m*
vaquejada [vake'ʒada] *f* reunión de las vacas que están esparcidas por los pastos
vaquinha [va'kĩɲa] *f inf* colecta *f;* **fazer uma ~ para comprar a. c.** para

alguém hacer una colecta para comprar algo para alguien

vara ['vaɾa] *f* **1.** (*pau, estaca*) vara *f*; ~ **de pescar** caña de pescar; **tremer como ~ verde** temblar como un flan **2.** ESPORT pértiga *f* **3.** (*de porcos*) piara *f* **4.** (*de tribunal*) partido *m* judicial; ~ **criminal** juzgado de lo penal

varal <-ais> [va'raw, -'ajs] *m* (*de roupa*) tendedero *m*

varanda [va'rɐ̃da] *f* balcón *m*

varão <-ões> [va'rɐ̃w, -'õjs] *m* (*homem*) varón *m*

varapau [vaɾa'paw] *m inf* esqueleto *m*

varar [va'rar] *vt* pasar

varejista [vaɾe'ʒista] *mf* minorista *f*

varejo [va'reʒu] *m* comercio *m* al por menor

vareta [va'ɾeta] *f* (*do guarda-chuva*) varilla *f*

variação <-ões> [vaɾia'sɐ̃w, -'õjs] *f* variación *f*; ~ **nos preços** variación de los precios

variado, -a [vaɾi'adu, -a] *adj* variado, -a

variante [vaɾi'ɐ̃ntʃi] *f* variante *f*

variar [vaɾi'ar] **I.** *vt* variar **II.** *vi* **1.** (*mudar, ser diferente*) variar; (**só**) **para ~** para variar; **isso varia de pessoa para pessoa** eso varía de unas personas a otras **2.** (*divergir*) diferir; **a sua opinião varia da minha** su opinión difiere de la mía **3.** (*delirar*) desvariar

variável <-eis> [vaɾi'avew, -ejs] **I.** *adj* variable **II.** *f* MAT variable *f*

varicela [vaɾi'sɛla] *f* MED varicela *f*

variedade [vaɾje'dadʒi] *f* variedad *f*

variedades [vaɾje'dadʒis] *fpl* (*temas diversos*) variedades *fpl*

varinha [va'ɾiɲa] *f* varilla *f*; ~ **mágica** [*ou* **de condão**] varita *f* mágica

varíola [va'ɾiwla] *f* MED viruela *f*

vários, -as ['vaɾius, -as] *adj* varios, -as

varizes [va'ɾizis] *fpl* MED varices *fpl*

varões [va'rõjs] *m pl de* **varão**

varredor(a) [vaxe'dor(a)] <-es> *m(f)* barrendero, -a *m, f*

varredura [vaxe'dura] *f* FÍS barrido *m*

varrer [va'xer] **I.** *vt* (*com vassoura*) barrer; ~ **da face da Terra** barrer de la faz de la Tierra **II.** *vr*: ~**-se** desaparecer; ~**-se da memória** borrar de la memoria

varrido, -a [va'xidu, -a] *adj* **1.** (*chão*) barrido, -a **2.** (*pessoa*) loco, -a; **doido ~** loco de remate

várzea ['varzia] *f* vega *f*

vascular [vasku'lar] *adj* vascular

vasculhar [vasku'ʎar] *vt* examinar

vasectomia [vazekto'mia] *f* MED vasectomía *f*

vaselina [vazi'ʎina] *f* vaselina *f*

vasilha [va'ziʎa] *f* vasija *f*

vasilhame [vazi'ʎɐ̃mi] *m* envase *m*

vaso ['vazu] *m* **1.** (*de plantas*) maceta *f*, tiesto *m* **2.** *tb.* ANAT vaso *m*; ~ **sanguíneo** vaso sanguíneo; ~ **sanitário** retrete *m* **3.** ~ **ruim não quebra fácil** *prov* hierba mala nunca muere

vassalo, -a [va'salu, -a] *m, f* vasallo, -a *m, f*

vassoura [va'soɾa] *f* escoba *f*

vassourada [vaso'ɾada] *f* escobazo *m*

vastidão <-ões> [vastʃi'dɐ̃w, -'õjs] *f* inmensidad *f*

vasto, -a ['vastu, -a] *adj* vasto, -a

vatapá [vata'pa] *m* plato típico de la cocina de Bahía, muy picante, preparado con pescado o gallina y leche de coco, gambas, pan y aceite de palma

Vaticano [vatʃi'kɐnu] *m* Vaticano *m*

vaticinar [vatʃisi'nar] *vt* vaticinar

vazamento [vaza'mẽjtu] *m* escape *m*

vazão [va'zɐ̃w] *f sem pl* **1.** (*de mercadoria*) salida *f*; **dar ~ a a. c.** dar salida a algo **2.** (*de clientes*) atención *f*; **dar ~ aos clientes** atender a los clientes **3.** (*volume dum fluido*) caudal *m*

vazar [va'zar] **I.** *vt* **1.** (*líquido*) verter **2.** (*recipiente*) vaciar **3.** (*o olho*) arrancar **II.** *vi* **1.** (*líquido, notícia*) filtrarse **2.** (*multidão*) salir

vazio [va'ziw] *m* vacío *m*; **sentir um ~ no estômago** tener un vacío en el estómago; **a morte do escritor deixou um grande ~** la muerte del escrito dejó un gran vacío

vazio, -a [va'ziw, -a] *adj* vacío, -a

veadagem [via'daʒẽj] <-ens> *f* chulo afeminamiento *m*

veado [vi'adu] *m* **1.** ZOOL ciervo *m* **2.** *chulo* (*homossexual*) maricón *m*

vedação [veda'sɐ̃w] *f sem pl* cierre *m*; ~ **da parede** cierre de la pared

vedado, -a [ve'dadu, -a] *adj* **1.** (*proibido*) prohibido, -a; ~ **ao público** prohibido al público **2.** (*recipiente*) cerrado, -a

vedar [ve'dar] **I.** *vt* (*interditar*) prohibir; (*entrada, passagem*) cerrar **II.** *vi* cerrar; **não ~** (**bem**) no cerrar (bien)

vedete [ve'dɛtʃi] *f* vedette *f*; ~ **de cinema** estrella *f* del cine

veemência [vee'mẽjsia] *f sem pl* **1.**(*insistência, convicção*) vehemencia *f* **2.**(*intensidade*) fuerza *f*

veemente [vee'mẽjtʃi] *adj* **1.**(*insistente, convincente*) vehemente **2.**(*intenso*) fuerte

vegetação <-ões> [veʒeta'sãw, -'õjs] *f* vegetación *f*

vegetal <-ais> [veʒe'taw, -'ajs] *adj, m* vegetal *m*

vegetar [veʒe'tar] *vi* (*pessoa*) vegetar

vegetariano, -a [veʒetari'ʒnu, -a] *adj, m, f* vegetariano, -a *m, f*

vegetativo, -a [veʒeta'tʃivu, -a] *adj* vegetativo, -a

veia ['veja] *f tb.* ANAT vena *f;* **ter uma ~ poética** tener vena poética

veicular [veiku'lar] *vt* (*notícias*) transmitir

veículo [ve'ikulu] *m* vehículo *m; ~* **pesado** vehículo pesado

veio ['veju] *m* **1.**(*filão*) veta *f* **2.**(*de água*) riachuelo *m*

veio ['veju] **3.** *pret de* **vir**

vela ['vɛla] *f* **1.**(*de barco, moinho, cera*) vela *f;* **içar/arriar as ~s** izar/arriar las velas; **acender/apagar uma ~** encender/apagar una vela; **acender uma ~ a Deus e outra ao Diabo** poner una vela a Dios y otra al diablo; **segurar ~** *inf* hacer de carabina **2.**(*de automóvel*) filtro *m*

velado, -a [ve'ladu, -a] *adj fig* velado, -a

velar [ve'lar] *vt* velar

velcro ['vɛwkru] *m* velcro *m*

veleidade [velej'dadʒi] *f* veleidad *f*

veleiro [ve'lejru] *m* velero *m*

velejador(a) [veleʒa'dor(a)] <-es> *m(f)* regatista *mf*

velejar [vele'ʒar] *vi* navegar a vela

velhaco, -a [ve'ʎaku, -a] *m, f* bellaco, -a *m, f*

velha-guarda ['vɛʎa-'gwarda] *f inv* vieja guardia *f*

velharia [veʎa'ria] *f* antigualla *f*

velhice [ve'ʎisi] *f* vejez *f*

velho, -a ['vɛʎu, -a] **I.** *adj* viejo, -a **II.** *m, f* viejo, -a *m, f;* **os ~s** (*país*) los viejos; **quanto tempo, meu ~!** ¡cuánto tiempo, amigo mío!

velhote, -a [ve'ʎɔtʃi, -a] *adj, m, f* vejete *mf*

velocidade [velosi'dadʒi] *f* velocidad *f; ~* **da luz** velocidad de la luz; *~* **máxima** velocidad máxima; *~* **recomendada** velocidad recomendada; *~* **do som** velocidad del sonido; *~* **ultrassônica** velocidad ultrasónica; **a toda ~** a toda velocidad

velocímetro [velo'simetru] *m* velocímetro *m*

velocípede [velo'sipedʒi] *m* velocípedo *m*

velocista [velo'sista] *mf* velocista *mf*

velódromo [ve'lɔdromu] *m* velódromo *m*

velório [ve'lɔriw] *m* velorio *m*

veloz [ve'lɔs] <-es> *adj* veloz

velozmente [velɔz'mẽjtʃi] *adv* velozmente

veludo [ve'ludu] *m* terciopelo *m; ~* **cotelê** pana *f*

vencedor(a) [vẽjse'dor(a)] <-es> *m(f)* vencedor(a) *m(f)*

vencer [vẽj'ser] <c→ç> **I.** *vt* vencer; **deixar-se ~ pelo cansaço** dejarse vencer por el cansancio **II.** *vi* vencer; *~* **na vida** triunfar en la vida

vencido, -a [vẽj'sidu, -a] *adj* (*pessoa, dívida*) vencido, -a; **dar-se por ~** darse por vencido

vencimento [vẽjsi'mẽjtu] *m* **1.**(*salário*) salario *m* **2.**(*de juros, prazo*) vencimiento *m*

venda ['vẽjda] *f* **1.**(*de produtos*) venta *f; ~* **a crédito** venta a crédito; *~* **a prestação** venta a plazos; *~* **à vista** venta al contado; **estar à ~** estar a la venta; **pôr a. c. à ~** poner algo a la venta **2.**(*para os olhos*) venda *f;* **ter uma ~ nos olhos** tener una venda en los ojos **3.**(*estabelecimento*) tienda *f*

vendagem [vẽj'daʒẽj] <-ens> *f* venda *f*

vendar [vẽj'dar] *vt* vendar

vendaval <-ais> [vẽjda'vaw, -ajs] *m* vendaval *m; ~* **da paixão** *fig* torbellino *m* de pasión

vendável <-eis> [vẽj'davew, -ejs] *adj* vendible

vendedor(a) [vẽjde'dor(a)] <-es> *m(f)* vendedor(a) *m(f); ~* **ambulante** vendedor ambulante

vender [vẽj'der] **I.** *vt* vender; **vende-se** se vende; **ser capaz de ~ a própria mãe** ser capaz de vender a su madre **II.** *vr: ~-se* venderse; **~-se caro** venderse caro; **ela sabe se ~ muito bem** sabe venderse muy bien

vendido, -a [vẽj'dʒidu, -a] *adj* vendido, -a

veneno [ve'nenu] *m* veneno *m;* **colocar ~ em** *fig* envenenar

venenoso, -a [vene'nozu, -'ɔza] *adj* venenoso, -a

veneração [venera'sɜ̃w] *f sem pl* veneración *f*

venerado, -a [vene'radu, -a] *adj* venerado, -a

venerar [vene'rar] *vt* venerar

venerável <-eis> [vene'ravew, -ejs] *adj* venerable

venéreo, -a [ve'nɛriw, -a] *adj* MED venéreo, -a

veneta [ve'neta] *f* **dar na ~** entrar ganas

Veneza [ve'neza] *f* Venecia *f*

veneziana [venezi'ɜna] *f* persiana *f* veneciana

Venezuela [venezu'ɛla] *f* Venezuela *f*

venezuelano, -a [venezue'lɜnu, -a] *adj, m, f* venezolano, -a *m, f*

venho ['vẽɲu] *1. pres de* **vir**

venoso, -a [vene'nozu, -'ɔza] *adj* venoso, -a

ventania [vẽjtɜ'nia] *f* vendaval *m*

ventar [vẽj'tar] *vi* soplar viento

ventas ['vẽjtas] *fpl* narices *mpl*

ventilação <-ões> [vẽjtʃila'sɜ̃w, -'õjs] *f* ventilación *f*

ventilado, -a [vẽjtʃi'ladu, -a] *adj* ventilado, -a

ventilador [vẽjtʃila'dor] <-es> *m* ventilador *m*

ventilar [vẽjtʃi'lar] *vt* ventilar

vento ['vẽjtu] *m* 1. viento *m*; **bons ~s** buenos tiempos; **espalhar a. c. aos quatro ~s** proclamar algo a los cuatro vientos; **ir de ~ em popa** marchar viento en popa; **ter ~ na cabeça** tener la cabeza hueca; **ver de que lado sopra o ~** ver por dónde van los tiros; **quem semeia ~, colhe tempestade** *prov* el que siembra vientos, recoge tempestades *prov* 2. *(flatulência)* aires *mpl*

ventoinha [vẽjtu'iɲa] *f* veleta *f*

ventosa [vẽj'tɔza] *f* ventosa *f*

ventre ['vẽjtri] *m* 1. *(barriga, abdômen, útero)* vientre *f* 2. *(âmago)* interior *m*

ventrículo [vẽj'trikulu] *m* ANAT ventrículo *m*

ventríloquo, -a [vẽj'triloku, -a] *m, f* ventrílocuo, -a *m, f*

ventura [vẽj'tura] *f* 1. *(sorte, destino)* ventura *f* 2. *(acaso)* casualidad *f*; **por ~** por casualidad

venturoso, -a [vẽjtu'rozu, -'ɔza] *adj* venturoso, -a

Vênus ['venus] *m* ASTRON Venus *m*

ver¹ ['ver] *m* **a meu ~** a mi modo de ver

ver² ['ver] *irr* I. *vt* ver; *(examinar)* mirar; **~ alguém/a. c. como...** ver a alguien/algo como...; **~ a. c. por alto** ver algo por encima; **~ televisão** ver la televisión; **você viu o filme?** ¿has visto la película?; **eu vejo a minha irmã todos os dias** veo a mi hermana todos los días; **fazer ~ a. c. a alguém** hacer ver algo a alguien; **prazer em vê-lo** encantado de verlo; **eu vi que ele não estava bem** vi que no estaba bien; **não posso ~ isto na (minha) frente!** ¡no puedo ver esto delante mío!; **~ página 20** véase página 20; **o médico vê seus pacientes todos os dias** el médico ve a sus pacientes todos los días; **~ luz no fim do túnel** *fig* ver la luz al final del túnel; **eu fui vê-lo ontem** fui a verlo ayer; **~ o futuro** ver el futuro II. *vi* 1. *(geral)* ver; **~ bem/mal** ver bien/mal; **não vejo nada** no veo nada; **estar careca de ~** estar cansado de ver; **nunca ter visto mais gordo** no conocer; **até mais ~** hasta la vista; **eu vou ~ se falo com ele hoje** voy a ver si hablo con él hoy; **eu logo vi!** ¡lo vi enseguida!; **pelo que vejo...** por lo que veo...; **como você pode ver...** como puedes ver...; **você vai ~ que é fácil** vas a ver cómo es fácil; **até ~** hasta la vista; **vendo bem...** pensándolo bien...; **veremos!** ¡veremos! 2. *(advertência)* **vê se se comporta bem!** ¡a ver si te portas bien!; **veja lá se não esquece!** ¡no te vayas a olvidar!; **que no se te olvide!** III. *vr:* **~-se** verse; **~-se numa situação difícil** verse en una situación difícil; **eu não me vejo escrevendo um livro** no me veo escribiendo un libro; **ele vai se ~ comigo** se las va a ver conmigo

veracidade [verasi'dadʒi] *f sem pl* veracidad *f*

veraneio [verɜ'neju] *m* veraneo *m*

veranico [verɜ'niku] *m* veranillo *m*

veranista [verɜ'nista] *mf* veraneante *mf*

verão <-ões, -ãos> [ve'rɜ̃w, -'õjs, -'ɜ̃ws] *m* verano *m*

verba ['vɛrba] *f* *(quantia)* cantidad *f*; *(dinheiro)* presupuesto *m*

verbal <-ais> [ver'baw, -'ajs] *adj* verbal

verbalizar [verbaʎi'zar] *vt* verbalizar

verbalmente [verbaw'mẽjtʃi] *adv* verbalmente

verbete [ver'betʃi] *m* entrada *f*

verbo ['vɛrbu] *m* verbo *m;* ~ **auxiliar** verbo auxiliar; ~ **modal** verbo modal; **soltar o** ~ *inf* ponerse a hablar

verborrágico, -a [verbo'xaʒiku, -a] *adj* verborreico, -a

verdade [ver'daʤi] *f* verdad *f;* **faltar à** ~ faltar a la verdad; **em** [*ou* **na**] ~ en verdad; **para dizer** [*ou* **falar**] **a** ~ **...** a decir verdad...; **a** ~ **é que...** la verdad es que...; **a bem da** ~**,...** a decir verdad,...

verdadeiro, -a [verda'dejru, -a] *adj* verdadero, -a

verde ['verʤi] **I.** *m* verde *m;* **preservar o** ~ conservar las zonas verdes **II.** *adj* verde; **Partido Verde** Partido Verde **III.** *adv* **jogar** ~, **plantar** ~ **para colher maduro** tirar de la lengua

verde-amarelo, -a ['verʤi-ama'rɛlu, -a] *adj* (*time*) brasileño, -a; **ser** ~ (*patriota*) ser muy nacionalista

verdejante [verde'ʒãntʃi] *adj* que verdea

verde-oliva ['verʤi-o'ʎiva] <verdes- -oliva(s)> *adj* verde oliva

verdura [ver'dura] *f* verdura *f*

verdureiro, -a [verdu'rejru] *m, f* verdulero, -a *m, f*

vereador(a) [verea'dor(a)] <-es> *m(f)* concejal *m(f)*

vereda [ve'reda] *f* vereda *f*

veredicto [vere'ʤiktu] *m* JUR veredicto *m;* **dar o** ~ dar el veredicto

vergar [ver'gar] <g→gu> **I.** *vt* **1.** (*dobrar*) doblar **2.** (*subjugar*) someter **II.** *vr:* ~**-se 1.** (*curvar-se*) doblarse **2.** (*submeter-se*) someterse; ~**-se a fazer a. c.** someterse a hacer algo

vergonha [ver'goɲa] *f* **1.** vergüenza *f;* **ter** ~ **de alguém/a. c.** sentir vergüenza de alguien/algo **2.** (*desonra*) vergüenza *f;* **isso é uma** ~ **para o país** eso es una vergüenza para el país **3.** (*acanhamento*) vergüenza *f,* pena *f Méx;* **estar com** ~ sentir vergüenza; **morrer de** ~ morir de vergüenza; **ter** ~ sentir vergüenza; **tenho** ~ **de fazer isso** me da vergüenza hacer eso

vergonhoso, -a [vergõ'ɲozu, -'ɔza] *adj* vergonzoso, -a

verídico, -a [ve'riʤiku, -a] *adj* verídico, -a

verificação <-ões> [verifika'sãw, -'õjs] *f* verificación *f;* ~ **de contas** JUR auditoría de la contabilidad realizada para poder probar la quiebra de una empresa

verificar [verifi'kar] <c→qu> **I.** *vt* verificar **II.** *vr:* ~**-se** verificarse

verme ['vɛrmi] *m tb. fig* gusano *m*

vermelhidão [vermeʎi'dãw] *f sem pl* rojez *f*

vermelho [ver'meʎu] **I.** *m* rojo *m;* **estar no** ~ *inf* estar en números rojos; **sair do** ~ *inf* salir de los números rojos **II.** *adj tb. fig* rojo, -a

vermicida [vermi'sida] *m* vermicida *m*

verminose [vermi'nɔzi] *f* infección *f* provocada por lombrices

vermute [ver'mutʃi] *m* vermut *m*

vernáculo [ver'nakulu] *m* lengua *f* vernácula

vernáculo, -a [ver'nakulu, -a] *adj* **1.** (*nacional*) vernáculo, -a **2.** (*puro*) castizo, -a

vernissage [verni'saʒi] *f* inauguración *f*

verniz [ver'nis] *m* **1.** (*para madeira, em cerâmica*) barniz *m;* **sapato de** ~ zapato de charol **2.** *fig* (*polidez superficial*) capa *f*

verões [ve'rõjs] *m pl de* **verão**

verossímil <-eis> [vero'simiw, -ejs] *adj* verosímil

verruga [ve'xuga] *f* verruga *f*

versado, -a [ver'sadu, -a] *adj* versado, -a; **ele é** ~ **em poesia** está versado en poesía

versão <-ões> [ver'sãw, -'õjs] *f* versión *f;* ~ **original** versión original

versar [ver'sar] *vi elev* versar; ~ **sobre os negócios da empresa** versar sobre los negocios de empresa

versátil <-eis> [ver'satʃiw, -ejs] *adj* versátil

versatilidade [versatʃiʎi'daʤi] *f sem pl* versatilidad *f*

versículo [ver'sikulu] *m* REL versículo *m*

verso ['vɛrsu] *m* **1.** LIT verso *m;* **cantar em** ~ **e prosa** proclamar a los cuatro vientos **2.** (*de folha*) reverso *m*

versões [ver'sõjs] *f pl de* **versão**

versus ['vɛrsus] *prep* versus

vértebra ['vɛrtebra] *f* vértebra *f*

vertebrado [verte'bradu] *m* ZOOL vertebrado *m*

vertebral <-ais> [verte'braw, -'ajs] *adj* vertebral

vertente [ver'tẽtʃi] *f* **1.** (*de encosta*) vertiente *f* **2.** (*ponto de vista*) punto *m* de vista

verter [ver'ter] **I.** *vt* verter; **depois da**

chuva começou a ~ **água para a sala** después de llover comenzó a entrar agua en el salón **II.** *vi* verterse

vertical <-ais> [vertʃi'kaw, -'ajs] **I.** *adj* vertical **II.** *f* vertical *f*; **estar na ~** estar en la vertical

vértice ['vɛrtʃisi] *m* MAT vértice *m*

vertigem [ver'tʃiʒēj] <-ens> *f* vértigo *m*; **eu tenho [***ou* **sinto] vertigens** tengo vértigo

vertiginoso, -a [vertʃiʒi'nozu, -'ɔza] *adj* **1.** (*lugar*) de vértigo; **altura vertiginosa** altura de vértigo **2.** (*velocidade*) vertiginoso, -a

verve ['vɛrvi] *f* inspiración *f*

vesgo, -a ['vezgu, -a] *adj* bizco, -a

vesícula [vi'zikula] *f* vesícula *f*; **~ biliar** vesícula biliar

vespa ['vɛspa] *f* ZOOL avispa *f*

vespeiro [ves'pejru] *m* avispero *m*; *fig* nido *m* de víboras

véspera ['vɛspera] *f* víspera *f*; **~ de Natal** Nochebuena *f*; **o museu continuava em obras às ~s da sua inauguração** el museo continuaba en obras en vísperas de su inauguración

vesperal [vespe'raw] *f* sesión *f* vespertina

vespertino, -a [vesper'tʃinu, -a] *adj* vespertino, -a

veste ['vɛstʃi] *f* vestidura *f*; **~ eclesiástica** hábito *m*; **~ nupcial** vestido *m* de novia

vestiário [vestʃi'ariw] *m* vestuario *m*

vestibulando, -a [vestʃibu'lɐ̃ndu, -a] *m, f* estudiante *que prepara las pruebas de acceso a la universidad*

vestibular [vestʃibu'lar] <-es> *m* ≈ selectividad *f* (*pruebas de acceso a la universidad*)

vestíbulo [ves'tʃibulu] *m* vestíbulo *m*

vestido [vis'tʃidu] *m* vestido *m*; **~ de noite** vestido de noche

vestido, -a [vis'tʃidu, -a] *adj* vestido, -a; **estar ~ de preto** ir vestido de negro

vestígio [ves'tʃiʒiw] *m* vestigio *m*; **~ de um crime** indicio *m* de un crimen; **sumir sem deixar ~** desaparecer sin dejar rastro

vestimenta [vestʃi'mẽjta] *f* vestimenta *f*

vestir [vis'tʃir] *irr* **I.** *vt* **1.** (*criança*) vestir **2.** (*roupa*) ponerse; (*portar*) vestir; **veste terno para ir trabalhar** viste traje para ir a trabajar **II.** *vi* (*ter bom caimento*) vestir; **este paletó veste muito bem** esta chaqueta viste mucho **III.** *vr:* **~-se** vestirse; **vestia-se nas melhores lojas** se vestía en las mejores tiendas; **~-se de pirata** vestirse de pirata

vestuário [vestu'ariw] *m* vestuario *m*

vetar [ve'tar] *vt* POL vetar; **~ a entrada de pessoas estranhas** vetar la entrada a personas extrañas

veterano, -a [vete'rɐnu, -a] **I.** *adj* veterano, -a; **ser ~ em a. c.** ser veterano en algo **II.** *m, f* veterano, -a *m, f*

veterinária [veteri'naria] *f sem pl* veterinaria *f*

veterinário, -a [veteri'nariw, -a] *adj, m, f* veterinario, -a *m, f*

veto ['vɛtu] *m* POL veto *m*

vetor [ve'tor] <-es> *m* MAT, BIO vector *m*

véu ['vew] *m* velo *m*

V. Exª ['vɔsa ese'lẽjsia] *abr de* **Vossa Excelência** S.E.

vexado, -a [ve'ʃadu, -a] *adj* avergonzado, -a

vexame [ve'ʃɐmi] *m* **1.** (*vergonha*) vergüenza *f* **2.** (*escândalo*) vejación *f*

vexar [ve'ʃar] *vt* vejar

vexatório, -a [veʃa'toriw, -a] *adj* vejatorio, -a

vez ['ves] *f* **1.** (*ocasião*) vez *f*; **desta ~** esta vez; **de ~ em quando** de vez en cuando; **muitas ~es** muchas veces; **cada ~ que...** cada vez que...; **cada melhor/pior** cada vez mejor/peor; **de uma ~ por todas** [*ou* **para sempre**] de una vez por todas; **na maior parte das ~es** la mayor parte de las veces; **~es sem fim** infinitas veces; **uma ~ que...** ya vez...; **pensar duas ~es** pensar dos veces; **era uma ~...** érase una vez...; **certa ~,...** cierta vez,...; **uma ~ na vida, outra na morte** de Pascuas a Ramos **2.** (*turno*) vez *f*; **um de cada** uno de cada vez; **em ~ de** en vez de; **agora é a sua ~** ahora te toca a ti; **chegou a minha ~** ahora me toca a mí; **fazer as ~es de** hacer las veces de; **perder a ~** perder la vez; **tirar a ~ de alguém** adelantarse a alguien; **por sua ~** a su vez; **(não) ter ~** (no) tener la oportunidad

vezes ['vezis] *adv* MAT **três ~ três são nove** tres por tres igual a nueve

vi ['vi] *1. pret de* **ver**

via ['via] **I.** *f* **1.** (*estrada, caminho,*

meio) vía *f*; ~ **de acesso** vía de acceso; **~s de comunicação** vías de comunicación; **Via Láctea** ASTRON Vía Láctea; ~ **oral** vía oral; ~ **rápida** vía rápida; **por ~ aérea** (*correio*) por vía aérea; **por ~ das dúvidas** por si acaso; **por ~ legal** en los tribunales; **estar em ~(s) de fazer a. c.** estar en vías de hacer algo; ~ **de regra,...** por regla general,...; **chegar às ~s de fato** llegar a las manos **2.** (*de documento*) copia *f*; **tirar uma segunda ~** obtener una segunda copia **II.** *adv* vía; **nós vamos para Buenos Aires ~ Porto Alegre** vamos a Buenos Aires vía Porto Alegre; ~ **internet** por Internet

viabilidade [viabiʎi'dadʒi] *f sem pl* viabilidad *f*

viabilizar [viabiʎi'zar] *vt* viabilizar

viação <-ões> [via'sãw, -'õjs] *f* **1.** (*rede rodoviária*) red *f* viaria **2.** (*serviço de transporte*) empresa *f* de transporte

via-crúcis ['via-'krusis] <vias-crúcis> *f* vía crucis *m*

viaduto [via'dutu] *m* viaducto *m*

viagem [vi'aʒẽj] <-ens> *f* viaje *m*; ~ **de ida e volta** viaje de ida y vuelta; ~ **marítima** viaje marítimo; ~ **de negócios** viaje de negocios; **ter uma longa ~ pela frente** tener un largo viaje por delante; **para ~** *inf* (*comida*) para llevar

viajado, -a [via'ʒadu, -a] *adj* viajado, -a

viajante [via'ʒãntʃi] *mf* **1.** viajero, -a *m, f* **2.** (*caixeiro-viajante*) viajante *mf*

viajar [via'ʒar] *vi* viajar; ~ **para o Brasil** viajar a Brasil

viário, -a [vi'ariw, -a] *adj* viario, -a

via-sacra ['via-'sakra] <vias-sacras> *f* REL vía crucis *m*; **fazer a ~** *fig*: ir de casa en casa de conocidos para pedir algo

viatura [via'tura] *f* vehículo *m*

viável <-eis> [vi'avew, -ejs] *adj* viable

víbora ['vibura] *f tb. pej* víbora *f*

vibração <-ões> [vibra'sãw, -'õjs] *f* **1.** (*movimento, som*) vibración *f* **2.** (*entusiasmo*) entusiasmo *m*

vibrador [vibra'dor] *m* vibrador *m*

vibrar [vi'brar] *vi* vibrar; **eles vibram com o futebol** vibran con el fútbol

vice-campeão, -ã <-ões, -ãs> ['visi-kãnpi'ãw, -'ã, -'õjs] *m, f* vicecampeón, -ona *m, f*

vice-presidência ['visi-prezi'dẽjsia] *f* vicepresidencia *f*

vice-presidente [visi-prezi'dẽjtʃi] *mf* vicepresidente *mf*

vice-reitor(a) ['visi-xejtor(a)] <-es> *m(f)* vicerrector(a) *m(f)*

vice-versa ['visi-'vɛrsa] *adv* viceversa; **ou ele telefona para você ou ~** o él te llama por teléfono o viceversa

viciar-se [visi'arsi] *vr* hacerse adicto; ~ **em a. c.** hacerse adicto a algo; ~ **em drogas** volverse drogadicto

vicinal <-ais> [visi'naw, -'ajs] *adj* (*estrada*) vecinal

vício ['visiw] *m* (*hábito*) vicio *m*; (*de drogas, álcool*) adicción *f*; **fazer a. c. por ~** hacer algo por vicio

vicissitude [visisi'tudʒi] *f* vicisitud *f*

viçoso, -a [vi'sozu, -'ɔza] *adj* **1.** (*vegetação*) exuberante **2.** (*pessoa*) vigoroso, -a

vida ['vida] *f* vida *f*; ~ **adulta** vida adulta; ~ **noturna** vida nocturna; ~ **sedentária** vida sedentaria; ~ **sexual** vida sexual; **com ~ vivo, -a**; **em ~** en vida; **na ~ real** en la vida real; **pessoa de ~ pública** persona de la vida pública; **dar a ~ por a. c./alguém** dar la vida por algo/alguien; **dar ~ a a. c.** dar vida a algo; **estar entre a ~ e a morte** estar entre la vida y la muerte; **estar bem de ~** no pasar necesidades; **estar feliz da ~** estar muy contento, -a; **ganhar a ~** ganarse la vida; **meter-se na ~ dos outros** meterse en la vida de los otros; **meta-se com a sua ~!** ¡métete en tus asuntos!; **sem ~** (*pessoa, casa, cidade*) muerto, -a; **ter a ~ por um fio** tener la vida pendiente de un hilo; **ter a ~ que pediu a Deus** tener una vida maravillosa; **ter uma ~ de cachorro** llevar una vida de perros; **ter muita ~** ser muy vivo, -a; **ele passa a ~ vendo televisão** *inf* se pasa la vida viendo la televisión; **a loja era a sua ~** la tienda era su vida; **ficar danado da ~** *inf* mosquearse un montón; **puxa ~!** *gíria* ¡caramba!

vide ['vidʒi] véase; ~ **páginas seguintes** véanse las páginas siguientes

videira [vi'dejra] *f* vid *f*

vidente [vi'dẽtʃi] *mf* vidente *mf*

vídeo ['vidʒiw] *m* vídeo *m*, video *m* *AmL*

videocâmara [vidʒio'kamara] *f* videocámara *f*

videocassete [vidʒioka'sɛtʃi] *m* videocasete *m*

videoclipe [vidʒio'klipi] *m* videoclip *m*

videoclube [vidʒjo'klubi] *m* videoclub *m*

videoconferência [vidʒjokõwfe'rẽjsia] *f* videoconferencia *f*

videofone [vidʒjo'fɔni] *m* videoteléfono *m*

videogame [vidʒjo'gejmi] *m* videojuego *m*

videolocadora [vidʒiwloka'doɾa] *f* videoclub *m*

videoteca [vidʒjo'tɛka] *f* videoteca *f*

videoteipe [vidʒjo'tejpi] *m* videocasete *m*

videotexto [vidʒjo'testu] *m* videotexto *m*

vidraça [vi'drasa] *f* vidrio *m*

vidraçaria [vidrasa'ria] *f* cristalería *f*

vidraceiro, -a [vidra'sejɾu, -a] *m, f* cristalero, -a *m, f*

vidrado, -a [vi'dradu, -a] *adj inf* (*apaixonado*) loco, -a; **ele é** [*ou* **está**] **~ nela** está loco por ella; **é ~ por futebol** le vuelve loco el fútbol

vidro ['vidru] *m* **1.** (*material*) vidrio *m*; **~ fosco** vidrio opaco; **~ laminado** vidrio laminado; **~ temperado** vidrio templado **2.** (*em janela, vitrine*) cristal *m* **3.** (*do automóvel*) ventanilla *f*; **~s elétricos** elevalunas *m inv* eléctrico; **abrir/fechar o ~** subir/bajar la ventanilla

viela [vi'ɛla] *f* callejón *m*

Viena [vi'ena] *f* Viena *f*

viés [vi'ɛs] *adv* **de ~** de reojo

Vietnã [vjetʃi'nã] *m* Vietnam *m*

viga ['viga] *f* viga *f*; **~ mestra** viga maestra

vigarice [viga'risi] *f* timo *m*

vigário [vi'gariw] *m* REL vicario *m*

vigarista [viga'rista] *mf* timador(a) *m(f)*

vigência [vi'ʒẽjsia] *f sem pl* vigencia *f*

vigente [vi'ʒẽjtʃi] *adj* vigente

vigésimo, -a [vi'ʒɛzimu, -a] *num ord* vigésimo, -a

vigia [vi'ʒia] I. *f* (*ação de vigiar*) vigilancia *f*; **estar de ~** estar de guardia II. *mf* vigía *mf*

vigiar [viʒi'ar] *vi, vt* vigilar

vigilância [viʒi'lãŋsia] *f* vigilancia *f*; **estar sob ~** estar siendo vigilado

vigilante [viʒi'lãŋtʃi] I. *adj* vigilante II. *mf* vigilante *mf*; **~ noturno** vigilante nocturno

vigília [vi'ʒiʎia] *f* **1.** (*a um doente*) cuidado *m*; **ficar de ~** quedarse despierto **2.** (*insônia*) vigilia *f*

vigor [vi'gor] <-es> *m* **1.** (*energia, força*) vigor *m*; **defender com ~ uma ideia** defender con vigor una idea **2.** (*de lei, regulamento*) **em ~** en vigor; **entrar em ~** entrar en vigor; **estar em ~** estar en vigor

vigorar [vigo'rar] *vi* estar en vigor

vigores [vi'goɾes] *m pl de* **vigor**

vigoroso, -a [vigo'ɾozu, -'ɔza] *adj* vigoroso, -a

vil <-is> ['viw, 'vis] *adj* vil

vila ['vila] *f* **1.** (*povoado*) pueblo *m* **2.** (*rua de casas*) urbanización *f*

vilão, vilã <-ões> [vi'lãw, -'ɐ̃, -'õjs] *m, f* **1.** (*plebeu*) plebeyo, -a *m, f*; HIST villano, -a *m, f* **2.** (*em novelas, filmes*) malo, -a *m, f*

vilarejo [vila'reʒu] *m* pueblo *m*

vileza [vi'leza] *f* vileza *f*

vilipendiar [viʎipẽjdʒi'ar] *vt* vilipendiar

vilões [vi'lõjs] *m pl de* **vilão**

vim ['vĩj] *1. pret de* **vir**

vime ['vimi] *m* mimbre *f*; **cadeira de ~** silla de mimbre; **cesto de ~** cesto de mimbre

vinagre [vi'nagɾi] *m* vinagre *m*; **~ balsâmico** vinagre de Módena

vinagrete [vina'gɾetʃi] *m* vinagreta *f*

vincar [vĩj'kar] <c→qu> *vt* (*papel, tecido*) doblar

vinco ['vĩjku] *m* **1.** (*nas calças*) dobladillo *m* **2.** (*em papel*) pliegue *m*

vinculado, -a [vĩjku'ladu, -a] *adj* vinculado, -a; **voto ~** voto vinculado

vincular [vĩjku'lar] *vt* vincular

vínculo ['vĩjkulu] *m* vínculo *m*; **~ empregatício** vínculo laboral; **ter ~s afetivos** tener vínculos afectivos

vinda ['vĩjda] *f* **1.** (*chegada*) llegada *f*; **a ~ dele à cidade foi inesperada** su llegada a la ciudad fue inesperada **2.** (*regresso*) vuelta *f*; **a ~ para casa foi tranquila** la vuelta a casa fue tranquila

vindo, -a ['vĩjdu, -a] I. *pp de* **vir** II. *adj* venido, -a

vindouro, -a [vĩj'dowɾu, -a] *adj* venidero, -a; **as gerações vindouras** las generaciones venideras

vingador(a) [vĩjga'dor(a)] <-es> *m(f)* vengador(a) *m(f)*

vingança [vĩj'gãŋsa] *f* venganza *f*; **~ por dinheiro** venganza por dinero

vingar [vĩj'gar] <g→gu> I. *vt* (*a honra*) vengar II. *vi* (*plano, negócio*) dar resultado; (*planta*) prender III. *vr:* **~-se de alguém** vengarse de alguien

vingativo, -a [vĩjga'tʃivu, -a] *adj* (*pessoa, atitude*) vengativo, -a
vinha ['vĩɲa] *f* viña *f*
vinhedo [vĩ'ɲedu] *m* viñedo *m*
vinheta [vĩ'ɲeta] *f* TV cortinilla *f*
vinho ['vĩɲu] I. *m* vino *m;* ~ **branco** vino blanco; ~ **doce/seco** vino dulce/seco; ~ **espumoso** vino espumoso; ~ **de mesa** vino de mesa; ~ **do Porto** vino de Oporto; ~ **rosé** vino rosado; ~ **tinto** vino tinto; ~ **verde** vino verde II. *adj* (*cor*) vino
vinícola [vi'nikula] *adj* vinícola
vinicultor(a) [vinikuw'tor(a)] <-es> *m(f)* vinicultor(a) *m(f)*
vinicultura [vinikuw'tuɾa] *f* vinicultura *f*
vinil [vi'niw] *m* vinilo *m*
vinte ['vĩtʃi] *num card* veinte
vintém [vĩj'tẽj] <-téns> *m inf* **não ter nenhum** ~ no tener un centavo
viola [vi'ɔla] *f* viola *f; reg* (*violão*) guitarra *f*
violação <-ões> [viola'sãw, -'õjs] *f* violación *f;* ~ **de contrato** incumplimiento de contrato; ~ **de correspondência** violación de la correspondencia; ~ **dos direitos humanos** violación de los derechos humanos
violáceo, -a [vio'lasiw, -a] *adj* violáceo, -a
violações [viola'sõjs] *f pl de* **violação**
violado, -a [vio'ladu, -a] *adj* **1.** (*pessoa, contrato, correspondência*) violado, -a **2.** MÚS (*quinteto*) de viola
violador(a) [viola'dor(a)] <-es> *m(f)* violador(a) *m(f)*
violão <-ões> [vio'lãw, -'õjs] *m* guitarra *f*
violar [vio'lar] *vt* violar; (*contrato*) incumplir; ~ **a correspondência** violar la correspondencia
violeiro, -a [vio'lejɾu, -a] *m, f* guitarrista *mf*
violência [vio'lẽsia] *f* violencia *f*
violentado, -a [violẽj'tadu, -a] *adj* violado, -a
violentamente [violẽjta'mẽjtʃi] *adv* violentamente
violentar [violẽj'tar] *vt* **1.** (*exercer violência sobre*) actuar con violencia contra **2.** (*sexualmente*) violar
violento, -a [vio'lẽjtu, -a] *adj* **1.** (*pessoa, filme, morte*) violento, -a **2.** (*pancada, tempestade, dor*) muy fuerte
violeta¹ [vio'leta] *f* BOT violeta *f*

violeta² [vio'leta] I. *adj inv* violeta II. *m* (*cor*) violeta *m*
violinista [vioʎi'nista] *mf* violinista *mf*
violino [vio'ʎinu] *m* violín *m*
violões [vio'lõjs] *m pl de* **violão**
violoncelista [violõwse'ʎista] *mf* violonchelista *mf*
violoncelo [violõw'sɛlu] *m* violonchelo *m*
VIP ['vipi] *adj* (*sala*) VIP
vir ['vir] *irr vi* venir; ~ **abaixo** venirse a abajo; ~ **à memória** venir a la memoria; ~ **a saber-se** llegarse a saber; ~ **parar** acabar; **mandar** ~ **a. c./alguém** mandar venir algo/a alguien; **ele vem aí** ahí viene; **vem cá!** ¡ven aquí!; **isto veio hoje (pelo correio)** esto vino hoy (por correo); **não venha tarde** no vengas tarde; **de onde você vem?** ¿de dónde vienes?; **eu venho de avião/trem** vengo en avión/tren; **que vem a ser isso?** ¿qué viene a ser esto?; **na semana/no ano que vem** la semana/el año que viene; **veio no jornal que...** vino en el periódico que...; **o seu nome não vem na lista** su nombre no viene en la lista
vira-casaca ['viɾa-ka'zaka] *mf* chaquetero, -a *m, f;* **ser um** ~ ser un chaquetero
virada [vi'ɾada] *f* cambio *m;* **na** ~ **do século** en el cambio de siglo; **deu uma** ~ **no tempo** el tiempo cambió; **dar uma** ~ **(na vida)** *inf* dar un giro radical (en la vida); **ganhar de** ~ ESPORT ganar remontando el marcador
virador(a) [viɾa'dor(a)] <-es> *m(f)* **ele é um** ~ **e sabe contornar as dificuldades** sabe arreglárselas y salir de las dificultades
vira-lata [viɾa'lata] I. *adj* vagabundo, -a; **cachorro** ~ perro vagabundo II. *m* perro *m* vagabundo
virar [vi'ɾar] I. *vt* **1.** (*voltar*) volver; ~ **a cabeça** volver la cabeza; ~ **as costas a alguém** dar la espalda a alguien; ~ **a. c. ao contrário** dar la vuelta a algo **2.** (*roupa*) poner al revés; ~ **a. c. de pernas para o ar** poner algo patas arriba **3.** (*disco, carne, bolo, recipiente, esquina*) dar la vuelta a; ~ **a página** pasar la página **4.** (*líquido*) tirar **5.** (*tornar-se*) volverse; **ele virou louco** se volvió loco II. *vi* **1.** (*automóvel, pessoa*) girar, virar *AmL;* (*barco*) virar; ~ **à direita/esquerda** girar a derecha/

izquierda **2.** (*vento, tempo*) cambiar **III.** *vr:* **~-se 1.** (*voltar-se*) volverse; **~-se contra alguém** volverse contra alguien; **~-se para alguém** volverse hacia alguien; **~-se de costas** volverse de espaldas; **~-se de costas para alguém/a. c.** dar la espalda a alguien/algo; **~-se para o lado** volverse hacia un lado **2.** (*arranjar-se*) arreglárselas; **como é que eu vou me ~ com esse problema?** ¿cómo me las voy a arreglar con este problema?; **ela se vira muito bem** se las arregla muy bien

virgem ['virʒẽj] <-ens> **I.** *adj* virgen **II.** *mf* virgen *mf;* **a Virgem Santíssima** REL la Virgen Santísima

Virgem ['virʒẽj] *f* Virgo *m;* **ser (de) ~** ser Virgo

virgens ['virʒẽjs] *f pl de* **virgem**

virginal <-ais> [virʒi'naw, -'ajs] *adj* virginal

virgindade [virʒĩj'dadʒi] *f sem pl* virginidad *f;* **perder a ~** perder la virginidad

vírgula ['virgula] *f* coma *f*

viril <-is> [vi'riw, -'is] *adj* viril

virilha [vi'riʎa] *f* ANAT ingle *f*

virilidade [viriʎi'dadʒi] *f sem pl* virilidad *f*

viris [vi'ris] *adj pl de* **viril**

virologia [virolo'ʒia] *m sem pl* virología *f*

virose [vi'rɔzi] *f* MED virosis *f inv*

virtual <-ais> [virtu'aw, -'ajs] *adj* virtual

virtualmente [virtuaw'mẽjtʃi] *adv* virtualmente

virtude [vir'tudʒi] *f* virtud *f;* **em ~ de** en virtud de

virtuose [virtu'ɔzi] *mf* virtuoso, -a *m, f*

virtuoso, -a [virtu'ozu, -'ɔza] *adj* virtuoso, -a

virulento, -a [viru'lẽju, -a] *adj tb. fig* virulento, -a

vírus ['virus] *m inv* MED, INFOR virus *m inv*

vis ['vis] *adj pl de* **vil**

visado, -a [vi'zadu, -a] *adj* **1.** (*cheque*) aprobado, -a **2.** (*carro, pessoa*) buscado, -a

visão <-ões> [vi'zãw, -'õjs] *f* visión *f;* **ter problemas de ~** tener problemas de visión; **ter visões** tener visiones; **ter uma ~ deturpada das coisas** tener una visión distorsionada de las cosas

visar [vi'zar] *vt* **1.** (*um alvo*) apuntar **2.** (*um cheque*) aprobar **3.** (*uma meta*) buscar

vis-à-vis [viza'vis] *adv* frente a frente

visceral <-ais> [vise'raw, -'ajs] *adj* (*ódio*) visceral

vísceras ['viseras] *fpl* vísceras *fpl*

visconde(ssa) [vis'kõwdʒi, viskõw'desa] *m (f)* vizconde(sa) *m(f)*

viscose [vis'kɔzi] *f* viscosa *f*

viscoso, -a [vis'kozu, -'ɔza] *adj* viscoso, a

viseira [vi'zejra] *f* visera *f*

visibilidade [vizibiʎi'dadʒi] *f sem pl* visibilidad *f;* **ganhar ~** destacarse

visionário, -a [vizio'nariw, -a] *m, f* visionario, -a *m, f*

visita [vi'zita] *f* visita *f;* **~ de Estado** visita de Estado; **~ guiada** visita guiada; **estar de ~** estar de visita; **fazer uma ~ a alguém** hacer una visita a alguien; **receber ~** recibir una visita; **ter ~s** tener visitas

visitante [vizi'tãtʃi] *mf* visitante *mf*

visitar [vizi'tar] *vt* visitar

visível <-eis> [vi'zivew, -ejs] *adj* visible

visivelmente [vizivew'mẽjtʃi] *adv* visiblemente

vislumbrar [vizlũw'brar] *vt* vislumbrar

vislumbre [viz'lũwbri] *m* vislumbre *m;* **um ~ de esperança** un atisbo de esperanza

visões [vi'zõjs] *f pl de* **visão**

vison [vi'zõw] *m* visón *m*

visor [vi'zor] <-es> *m* visor *m*

vista ['vista] *f* vista *f;* **~ cansada** vista cansada; **pagamento à ~** pago al contado; **dar na(s) ~(s)** llamar la atención; **dar uma ~ de olhos em a. c.** echar un vistazo a algo; **estar à ~** estar a la vista; **fazer ~ grossa** hacer la vista gorda; **ter a. c. em ~** tener previsto algo; **à primeira ~** a primera vista; **com ~ a** con vista a; **em ~ de** en vista de; **a perder de ~** hasta donde se pierde la vista; **perder alguém/a. c. de ~** perder a alguien/algo de vista; **a varanda tem uma boa ~** el balcón tiene una buena vista; **até à ~!** ¡hasta la vista!

vista-d'olhos ['vista-'dɔʎus] <vistas- -d'olhos> *f* **passar uma ~** echar un vistazo

visto ['vistu] *m* (*em passaporte*) visado *m;* **~ obrigatório** visado obligatorio; **~ de permanência** permiso *m* de residencia; **~ de trabalho** visado de trabajo; **dar um ~ num documento** dar el visto bueno a un documento; **requerer um ~** precisar visado

visto, -a ['vistu, -a] I. *pp de* **ver** II. *adj* (*pessoa*) visto, -a; **ser bem/mal ~ estar bien/mal visto;** **~ que...** visto que...; **está ~ que...** está visto que...; **~ isso, já não podemos fazer nada** a la vista de eso, no podemos hacer nada; **pelo ~, não vai ter comemoração** por lo visto, no va haber celebración

vistoria [visto'ria] *f* inspección *f*

vistoriar [vistori'ar] *vt* inspeccionar

vistoso, -a [vis'tozu, -'ɔza] *adj* vistoso, -a

visual <-ais> [visu'aw, -ajs] I. *adj* visual II. *m inf* 1. (*pessoa*) apariencia *f* 2. (*panorama*) vista *f*

visualizar [vizuaʎi'zar] *vt* visualizar

vital <-ais> [vi'taw, -ajs] *adj* vital

vitalício, -a [vita'ʎisiw, -a] *adj* vitalicio, -a

vitalidade [vitaʎi'dadʒi] *f sem pl* vitalidad *f*

vitamina [vitɜ'mina] *f* 1. (*substância*) vitamina *f* 2. (*batido*) batido *m*

vitaminado, -a [vitɜmi'nadu, -a] *adj* vitaminado, -a

vitela [vi'tɛla] *f* GASTR ternera *f*

vitelo, -a [vi'tɛlu, -a] *m, f* ZOOL novillo *m*

viticultor(a) [vitʃikuw'tor(a)] <-es> *m(f)* viticultor(a) *m(f)*

viticultura [vitʃikuw'tura] *f* viticultura *f*

vítima ['vitʃima] *f* víctima *f;* **~ mortal** víctima mortal; **fazer-se de ~** hacerse la víctima

vitimar [vitʃi'mar] *vt* matar; **o acidente vitimou dez pessoas** el accidente causó diez víctimas; **a fome vitima a população pobre** el hambre mata a la población pobre

vitória [vi'tɔria] *f* victoria *f;* **cantar ~** cantar victoria

Vitória [vi'tɔria] Vitória

vitória-régia [vi'tɔria-'xɛʒia] <vitórias-régias> *f* victoria *f* regia

vitorioso, -a [vitori'ozu, -'ɔza] *adj* victorioso, -a

vitral <-ais> [vi'traw, -'ajs] *m* vidriera *f*

vítreo, -a ['vitriw, -a] *adj* vítreo, -a

vitrina [vi'trina], **vitrine** [vi'trini] *f* escaparate *m*, vitrina *f AmL*, vidriera *f RíoPl*

viúva-negra [vi'uva-'negra] <viúvas-negras> *f* viuda *f* negra

viuvez [viu'ves] *f sem pl* viudez *f*

viúvo, -a [vi'uvu, -a] *adj, m, f* viudo, -a *m, f*

viva ['viva] I. *m* viva *m;* **dar ~s a alguém** dar vivas a alguien II. *interj* 1. (*bravo*) viva; **~ a noiva!** ¡viva la novia! 2. *inf* (*olá*) hola

vivacidade [vivasi'dadʒi] *f sem pl* vivacidad *f*

vivalma [vi'vawma] *f* **nem ~** ni un alma; **não se via ~** no se veía un alma

vivamente [viva'mẽjtʃi] *adv* vivamente

viveiro [vi'vejru] *m* vivero *m;* **~ de insetos** (*grande quantidade*) criadero de insectos

vivência [vi'vẽjsia] *f* vivencia *f*

vivenciar [vivẽjsi'ar] *vt* vivir

vivenda [vi'vẽjda] *f* vivienda *f*

viver [vi'ver] <*pp:* vivo *ou* vivido> I. *vt* vivir II. *vi* vivir; **~ bem/mal** vivir bien/mal; **~ com alguém** vivir con alguien; **~ da pesca** vivir de la pesca; **vivendo e aprendendo** vivir para ver

víveres ['viveris] *mpl* víveres *mpl*

vivido, -a [vi'vidu, -a] *adj* experimentado, -a; **ser muito ~** tener mucha experiencia

vívido, -a ['vividu, -a] *adj* 1. (*com vivacidade*) vivo, -a 2. (*fulgurante*) deslumbrante

vivo, -a ['vivu, -a] I. *m, f* **os ~s** los vivos II. *adj* vivo, -a III. *adv* **ao ~** en vivo

vizinhança [vizi'ɲɜ̃sa] *f* vecindario *m*

vizinho, -a [vi'ziɲu, -a] *adj, m, f* vecino, -a *m, f*

voador(a) [vua'dor(a)] <-es> *adj* volador(a)

voar [vu'ar] <*1. pess pres:* voo> *vi* volar; **ele voa para Nova York toda semana** vuela a Nueva York todas las semanas; **ela saiu voando para o trabalho** salió volando al trabajo; **o prédio voou pelos ares** el edificio voló por los aires; **o tempo voa** el tiempo vuela; **este ano voou** este año voló; **o dinheiro voou este mês** este mes el dinero voló; **~ alto** *fig* volar alto; **~ para cima de alguém** *fig* echarse encima de alguien

vocabulário [vokabu'lariw] *m* vocabulario *m*

vocábulo [vo'kabulu] *m* vocablo *m*

vocação <-ões> [voka'sɜ̃w, -'õjs] *f* vocación *f;* **~ profissional** vocación profesional; **ter ~ para a. c.** tener vocación para algo

vocacional <-ais> [vokasjo'naw, -'ajs] *adj* vocacional; **teste ~** test de orientación profesional

vocações [voka'sõjs] *f pl de* **vocação**

vocal <-ais> [vo'kaw, -ajs] *adj* vocal

vocalista [voka'ʎista] *mf* vocalista *mf*
vocativo [voka'tʃivu] *m* LING vocativo *m*
você [vo'se] *pron* **1.** *pess* tú, vos *RíoPl;* **~ vai à festa?** ¿vas a ir a la fiesta?; **tratar alguém por** [*ou* **de**] **~** tratar a alguien de tú; **para ~** para ti; **isto foi dito por ~** tú dijiste eso **2.** *indef* **se dorme cedo, acorda bem disposto** si duermes pronto, te levantas bien dispuesto

> **Gramática** En Brasil, para dirigirse a alguien se utiliza con mucha frecuencia el **você** en lugar de **tu**, en combinación con el verbo en 3ª persona: "Você chegou tarde ontem; Vocês querem um pedaço de torta?"

vocês [vo'ses] *pron pess pl* vosotros, vosotras, ustedes *AmL;* **~ vão à festa?** ¿vosotros/vosotras vais a la fiesta?, ¿ustedes van a la fiesta? *AmL;* **para ~** para vosotros/vosotras, para ustedes *AmL;* **isto foi dito por ~** vosotros/vosotras dijisteis eso, ustedes han dicho eso *AmL*
vociferar [vosife'rar] *vi, vt* vociferar
vodca ['vɔdʒika] *f* vodka *m*
vodu [vu'du] *m* vudú *m*
voga ['vɔga] *f* **estar em ~** estar en boga
vogal <-ais> [vo'gaw, -'ajs] *f* LING vocal *f*
voile [vu'aw] *m* voile *m*
vol. [vo'lumi] *abr de* **volume** vol.
volante [vo'lãntʃi] *m* (*de automóvel*) volante *m;* **estar** [*ou* **ir**] **no ~** estar [*o* ir] al volante
volátil <-eis> [vo'latʃiw, -ejs] *adj* volátil
vôlei ['volej], **voleibol** [volej'bɔw] *m* voleibol *m;* **~ de praia** voleibol de playa
voleio [vo'leju] *m* ESPORT volea *f*
volt ['vowtʃi] *m* ELETR voltio *m*
volta ['vɔwta] *f* **1.** (*geral*) vuelta *f;* **o piloto alemão fez a ~ mais rápida** el piloto alemán dio la vuelta más rápida; **~ e meia** cada dos por tres; **andar às ~s com a. c.** andar a vueltas con algo; **dar a ~ olímpica** dar la vuelta olímpica; **dar meia ~** (*regressar*) dar media vuelta; **dar ~s à cabeça** dar vueltas a la cabeza; **dar a ~ ao mundo** dar la vuelta al mundo; **dar a ~ por cima** sobreponerse; **dar uma ~** dar una vuelta; **dar uma ~ na chave** dar una vuelta a la llave; **estar de ~** estar de vuelta; **vai dar uma ~!** *inf* ¡piérdete!; **o mundo dá ~s** *fig* el mundo da vueltas **2.** (*resposta*) respuesta *f;* **ouviu quieto mas teve ~** escuchó callado pero luego respondió **II.** *prep* **1.** (*local*) **em ~ de** alrededor de; **andar em ~ da casa** andar alrededor de la casa; **o jardim está em ~ da casa** el jardín está alrededor de la casa **2.** (*temporal*) **por ~ de** alrededor de; **por ~ das dez horas** alrededor de las diez
voltagem [vow'taʒẽj] <-ens> *f* ELETR voltaje *m*
voltar [vow'tar] **I.** *vt* (*virar*) girar; **~ a cabeça** girar la cabeza; **~ as costas a alguém** dar las espaldas a alguien **II.** *vi* volver; **ela já não volta** ya no va a volver; **~ a si** volver en sí; **volto já!** ¡ahora mismo vuelvo!; **~ atrás** [*ou* **para trás**] volverse atrás; **~ com a palavra** echarse atrás; **~ a fazer a. c.** volver a hacer algo; **ele não voltou a falar nisso** no volvió a hablar sobre eso **III.** *vr:* **~-se** (*pessoa*) volverse; **~-se para alguém** volverse hacia alguien; **~-se contra alguém** volverse contra alguien
voltímetro [vow'tʃimetru] *m* ELETR voltímetro *m*
volume [vo'lumi] *m* volumen *m;* **~ de vendas** volumen de ventas; **dar ~ ao cabelo** dar volumen al cabello
volumoso, -a [volu'mozu, -'ɔza] *adj* voluminoso, -a
voluntariamente [volũwtarja'mẽjtʃi] *adv* voluntariamente
voluntário, -a [volũw'tariw, -a] *adj, m, f* voluntario, -a *m, f*
voluntarioso, -a [volũwtari'ozu, -'ɔza] *adj* voluntarioso, -a
volúpia [vo'lupia] *f sem pl* voluptuosidad *f*
voluptuoso, -a [voluptu'ozu, -'ɔza] *adj* voluptuoso, -a
volúvel <-eis> [vo'luvew, -ejs] *adj* voluble
volver [vow'ver] *vi* MIL **direita ~!** ¡media vuelta, derecha!
vomitar [vumi'tar] *vi, vt* vomitar
vômito ['vomitu] *m* vómito *m;* **isso causa ânsia de ~** eso provoca el vómito
vontade [võw'tadʒi] *f* **1.** voluntad *f;* **força de ~** fuerza de voluntad; **de livre e espontânea ~** por voluntad

propia; **má ~** mala voluntad; **de boa/má ~** de buena/mala gana; **não ter à própria** no tener voluntad propia **2.** (*desejo*) ganas *fpl*; **ter ~ de fazer a. c.** tener ganas de hacer algo; **fazer a. c. com/contra ~** hacer algo con/sin ganas; **fazer as ~s de alguém** satisfacer los deseos de alguien **3.** (*descontração*) **estar à ~** estar cómodo; **fique à ~** póngase cómodo; **sirva-se à ~** póngase todo lo que quiera; **você pode dizer tudo à ~** puedes hablar con confianza

voo ['vou] *m* vuelo *m*; **~ cego** vuelo a ciegas; **~ doméstico** vuelo nacional; **~ por instrumentos** vuelo por instrumentos; **~ livre** vuelo libre; **~ rasante** vuelo rasante; **levantar ~** (*avião, ave*) levantar vuelo

voracidade [vorasi'dadʒi] *f sem pl* voracidad *f*

voraz [vo'ras] *adj* voraz

vos [vus] *pron pess* (*direto*) os, los, las *AmL*; (*indireto*) vosotros, -as, ustedes *AmL*

vós ['vɔs] *pron pess* HIST vos

> **Gramática** El pronombre personal **vós** no se utiliza casi nunca en Brasil. La excepción la constituyen los textos bíblicos y algunos (infrecuentes) discursos retóricos.

vosso ['vɔsu] *pron poss* vuestro, -a, su *AmL*; **o ~ filho** vuestro hijo, su hijo *AmL*; **a vossa filha/casa** vuestra hija/casa, su hija/casa *AmL*

votação <-ões> [vota'sãw, -'õjs] *f* votación *f*

votar [vo'tar] **I.** *vt* votar **II.** *vi* votar; **~ contra/a favor de a. c./alguém** votar contra/a favor de algo/alguien; **~ em alguém** votar a alguien

voto ['vɔtu] *m* voto *m*; **~ de castidade** voto de castidad; **~ eletrônico** voto electrónico; **~ nulo/em branco** voto nulo/en blanco; **dar um ~ de confiança** dar un voto de confianza; **fazer um ~ de pobreza** hacer voto de pobreza; **ser ~ vencido** ser derrotado; **ter direito de ~** tener el derecho al voto

votos ['vɔtus] *mpl* (*desejos*) votos *mpl*; **~ de felicidades** votos de felicidad; **fazer ~ de a. c.** hacer votos por algo

vou ['vow] *1. pres de* **ir**

vovó [vo'vɔ] *f* abuelita *f*

vovô [vo'vo] *m* abuelito *m*

vovozinha [vovɔ'zĩɲa] *f* **bobo é a ~** *inf* bobo lo serás tú

voz ['vɔs] *f* voz *f*; **~ ativa/passiva** voz activa/pasiva; **em ~ alta/baixa** en voz alta/baja; **a uma (só) ~** como una sola voz; **a ~ do povo** la voz del pueblo; **dar ~ de prisão a alguém** dar la voz de alto a alguien; **perder a ~** perder la voz; **ter ~ de taquara rachada** *inf* tener voz de pito; **ter ~** *fig* tener voz; **ela não tem ~ ativa em casa** no tiene voz en casa

vozeirão <-ões> [vozej'rãw -'õjs] *m* vozarrón *m*

vs. ['vɛrsus] *abr de* **versus** vs.

vulcânico, -a [vuw'kɔniku, -a] *adj* **1.** (*lava*) volcánico, -a **2.** (*temperamento*) impetuoso, -a

vulcão <-ões> [vuw'kãw, -'õjs] *m* volcán *m*; **~ extinto/ativo** volcán extinto/activo

vulgar [vuw'gar] *adj* vulgar

vulgaridade [vuwgari'dadʒi] *f* vulgaridad *f*

vulgarizar [vuwgari'zar] **I.** *vt* vulgarizar **II.** *vr*: **~-se** vulgarizarse

vulgarmente [vuwgar'mẽjtʃi] *adv* vulgarmente

vulgo ['vuwgu] *m* vulgo *m*

vulnerabilidade [vuwnerabiʎi'dadʒi] *f sem pl* vulnerabilidad *f*

vulnerável <-eis> [vuwne'ravew, -ejs] *adj* vulnerable

vulto ['vuwtu] *m* (*imagem*) bulto *m*; **de ~** (*importância*) importante

vultoso, -a [vuw'tozu, -'ɔza] *adj* (*soma*) considerable

vulva ['vuwva] *f* ANAT vulva *f*

W

W, w ['dabliw] *m* W, w *f*

walkie-talkie [wɔwki-'tɔwki] *m* walkie-talkie *m*

walkman [wɔwk'mɛj] <-s> *m* walkman *m*

watt ['vat] *m* ELETR vatio *m*

web [wɛb] f INFOR web f

webcam [wɛb'kãm] f INFOR webcam f, cámara f web

web designer ['wɛb dʒi'zajner] mf diseñador(a) m(f) de páginas web

western ['wɛster] m western m

windsurfe [wĩjdʒi'sɜrfi] m sem pl windsurf m; **fazer ~** hacer windsurf

windsurfista [wĩjdʒisur'fista] mf windsurfista mf

W.O. [dabliw'ɔ] m abr de **walkover** paseo m; **o tenista ganhou de ~** el tenista ganó sin despeinarse inf

workshop [worki'ʃɔpi] m taller m

WWW ['dabliw 'dabliw 'dabliw] f abr de **World Wide Web** WWW f

X

X, x ['ʃis] m X, x f; **este é o ~ da questão** éste es el quid de la cuestión

xá ['ʃa] m sha m

xador [ʃa'dor] <-es> m chador m

xadrez [ʃa'dres] <-es> m **I.** m **1.** (jogo) ajedrez m **2.** (tecido) tela f a cuadros **3.** inf (cadeia) chirona f; **estar no ~** estar en chirona **II.** adj ajedrezado, -a; **camisa ~** camisa a cuadros

xale ['ʃaʎi] m chal m

xamã [ʃa'mã] m chamán m

xamanismo [ʃama'nizmu] m chamanismo m

xampu [ʃãn'pu] m champú m

xangô [ʃãn'go] m divinidad de origen africano, violenta y vengativa, que se manifiesta a través de los rayos y truenos

xará [ʃa'ra] mf **1.** (de nome próprio idéntico) tocayo, -a m, f **2.** inf (cara, companheiro) colega mf

xaropada [ʃaro'pada] f inf tostón m; **o filme era uma ~ sem fim** la película era un tostón interminable

xarope [ʃa'rɔpi] m **1.** MED jarabe m **2.** (calda) almíbar m **3.** inf (pessoa chata) pesado, -a m, f

xavante [ʃa'vãntʃi] mf persona perteneciente a un grupo indígena que vive en el este del Mato Grosso y al norte del estado de Goiás

xaveco [ʃa'vɛku] m insignificancia f; **ele passou um ~ na garota** inf intentó ligar con la chica

xaxado [ʃa'ʃadu] m MÚS danza del estado de Pernambuco, que originalmente era bailada sólo por hombres

xaxim [ʃa'ʃĩj] <-ins> m maceta hecha a partir de una masa fibrosa

xelim [ʃe'ʎĩj] <-ins> m HIST chelín m

xenofobia [ʃenofo'bia] f sem pl xenofobia f

xenófobo, -a [ʃe'nɔfobu, -a] adj, m, f xenófobo, -a m, f

xenônio [ʃe'noniw] m sem pl QUÍM xenón m

xepa ['ʃepa] f inf **1.** (comida) rancho m **2.** reg (na feira) la fruta de menor calidad que sobra al final del mercado

xeque ['ʃɛki] m **1.** (árabe) jeque m **2.** (em xadrez) jaque m; **pôr alguém/ a. c. em ~** fig poner en jaque a alguien/algo

xeque-mate ['ʃɛki-'matʃi] <xeques- -mate(s)> m jaque m mate; **estar em ~** estar en jaque mate; **fazer ~** hacer jaque mate

xereta [ʃe'reta] adj, mf inf fisgón, -ona m, f

xeretar [ʃere'tar] irr como passear vt inf fisgar en; **eles adoram ~ a vida alheia** les encanta fisgar en la vida de los demás

xerez [ʃe'res] m jerez m

xerife [ʃe'rifi] m sheriff m

xerocar [ʃero'kar] <c→qu> vt fotocopiar

xerox [ʃe'rɔks] m, **xérox®** [ʃe'rɔks] m sem pl **1.** (fotocópia) fotocopia f **2.** (máquina) fotocopiadora f **3.** (serviço) copistería f

xexé [ʃe'ʃɛ] m **1.** (no carnaval) típico personaje carnavalesco, que representa a un viejo ridículo y senil, armado con un cuchillo de madera **2.** inf (idiota) memo, -a m, f **3.** inf (caduco) viejo, -a m, f caduco, -a

xexelento, -a [ʃeʃe'lẽjtu, -a] adj pej cutre

xexéu [ʃe'ʃɛw] m inf (odor) peste f

xícara ['ʃikara] f taza f, pocillo m AmL

xiita [ʃi'ita] mf chiíta m

xilindró [ʃiʎĩj'drɔ] m gíria trena f

xilofone [ʃilo'foni] m MÚS xilofón m

xilografia [ʃilogra'fia] f xilografía f

xilogravura [ʃilogra'vura] f xilograbado

m

xingamento [ʃĩga'mẽjtu] *m* insulto *m*
xingar [ʃĩ'gar] <g→gu> *vt* insultar
xinguano, -a [ʃĩ'guɜnu, -a] *m, f* habitante de la reserva indígena de Xingu
xinxim [ʃĩ'ʃĩj] <-ins> *m* plato de origen africano consistente en un guisado de gallina condimentado con sal, cebolla y ajo y que contiene gambas, cacahuetes y anacardos
xisto ['ʃistu] *m* pizarra *f*
xixi [ʃi'ʃi] *m sem pl, inf* pis *m;* **fazer ~** hacer pis
xô ['ʃo] *interj* **~, mau humor!** ¡vale ya de mal humor!
xodó [ʃo'dɔ] *m* **1.** (*paixão*) pasión *f*; **o caçula é o ~ da família** el benjamín es el preferido de la familia **2.** (*carinho*) afecto *m*
xote ['ʃɔtʃi] *m* baile popular de la región Nordeste de Brasil bailado con pasos de polca al ritmo de acordeones
xoxota [ʃo'ʃɔta] *f chulo* chocho *m*

Y

Y, y ['ipsilõw] *m* Y, y *f*
yakuza [ja'kuza] *f* organización criminal japonesa, conocida por sus métodos violentos y una rígida disciplina
yuppie ['jupi] *mf* yuppie *mf*

Z

Z, z ['ze] *m* Z, z *f*
zagueiro [za'gejru] *m* FUT defensa *m*
Zaire [za'jɾi] *m* Zaire *m*
zairense [zaj'ɾẽjsi] *adj, mf* zaireño, -a *m, f*
Zâmbia ['zaɲbia] *f* Zambia *f*
zambiano, -a [zaŋbi'ɐnu, -a] *adj, m, f* zambiano, -a *m, f*

zanga ['zɜŋga] *f* **1.** (*amolação*) enfado *m* **2.** (*desavença*) discordia *f*
zangado, -a [zɜŋ'gadu, -a] *adj* **1.** (*amolado*) enfadado, -a; **estar ~ com alguém (por a. c.)** estar enfadado con alguien (por algo) **2.** (*desavindo*) discorde
zangão <-ões, -ãos> [zɜŋ'gɜ̃w, -'õjs, -'ɜ̃ws] *m* ZOOL zángano *m*
zangar [zɜŋ'gar] <g→gu> **I.** *vt* (*repreender*) regañar **II.** *vr:* **~-se** enfadarse; **~-se com alguém/a. c. (por a. c.)** enfadarse con alguien/algo (por algo)
zangões [zɜŋ'gõjs] *m pl de* **zangão**
zanzar [zɜŋ'zar] *vi* deambular
zapping ['zapĩj] *m* zapping *m*
zarolho, -a [za'ɾoʎu, -a] *adj* **1.** (*vesgo*) bizco, -a **2.** (*cego de um olho*) tuerto, -a
zarpar [zar'par] *vi* **1.** (*barco*) zarpar **2.** *inf* (*pessoa*) salir
zás ['zas] *interj* zas
zé ['zɛ] *m pej, inf* (*pessoa sem importância*) don nadie *m*
zebra ['zebɾa] *f* **1.** ZOOL cebra *f* **2.** (*de pedestres*) paso *m* de cebra **3.** *pej* (*pessoa*) besugo *m* **4.** *inf* **dar ~** dar la sorpresa
zebrado, -a [ze'bɾadu, -a] *adj* listado, -a
zebu [ze'bu] *m* ZOOL cebú *m*
zelador(a) [zela'dor(a)] <-es> *m(f)* (*de prédio*) portero, -a *m, f*
zelar [ze'lar] *vt* velar; **~ por alguém/a. c.** velar por alguien/algo
zelo ['zelu] *m* celo *m*
zeloso, -a [ze'lozu, -'ɔza] *adj* celoso, -a; **ele é muito ~ do seu trabalho** es muy celoso con su trabajo
zen ['zẽj] *m sem pl* REL zen *m*
zen-budismo ['zẽj-bu'dʒizmu] *m sem pl* REL budismo *m* zen
zen-budista ['zẽj-bu'dʒista] *adj, mf* budista *mf* zen
zé-ninguém ['zɛ-nĩj'gẽj] <zés-ninguém> *m* don nadie *m*
zênite ['zenitʃi] *m sem pl, tb. fig* cenit *m*
zepelim [zepe'ʎĩj] <-ins> *m* AERO zepelín *m*
zé-povinho ['zɛ-po'vĩɲu] <zés-povinhos> *m* **o ~** el populacho
zero ['zɛɾu] **I.** *m sem pl* cero *m;* **ficar a ~** *inf* quedarse sin nada; **ser um ~ à esquerda** *fig* ser un cero a la izquierda **II.** *num card* cero
zero-quilômetro ['zɛɾu-ki'lometɾu] *adj inv* nuevo, -a
ziguezague [zigi'zagi] *m* zigzag *m;*

andar em ~ andar en zigzag
ziguezaguear [zigizagi'ar] *conj como passear vi* zigzaguear
zimbabuano, -a [zĩjbabu'ɜnu, -a] *adj, m, f* zimbabuense *mf*
Zimbábue [zĩj'bawi] *m* Zimbabue *m*
zimbabuense [zĩj'babu'ẽsi] *adj, mf v.* **zimbabuano**
zimbro ['zĩjbru] *m* BOT cedro *m*
zinco ['zĩjku] *m sem pl* zinc *m*
zinho ['zĩɲu] *m pej, inf* don nadie *m*
zíper ['ziper] <-es> *m* cremallera *f*, cierre *m AmL*
zoar [zu'ar] <*1. pess pres:* zoo> *vi* burlarse
zodiacal <-ais> [zodʒia'kaw, -'ajs] *adj* zodiacal
zodíaco [zo'dʒiaku] *m* zodiaco *m*
zoeira [zu'ejra] *f* 1. (*de abelhas*) zumbido *m* 2. (*de crianças*) follón *m*
zombar [zõw'bar] *vi* burlarse; ~ **de alguém** burlarse de alguien
zombaria [zõwba'ria] *f* burla *f*
zombeteiro, -a [zõwbe'tejru, -a] *adj, m, f* burlón, -ona *m, f*
zona ['zona] *f* 1. (*área*) zona *f;* ~ **franca** zona franca; ~ **de livre comércio** zona de libre comercio 2. *gíria* (*área de prostituição*) zona *f* de prostitución; **cair na** ~ hacer la calle 3. *inf* (*confusão*) follón *m;* **as crianças fizeram uma** ~ **no quarto** los niños armaron un follón en el cuarto
zonear [zoni'ar] *conj como passear vt* 1. (*dividir por zonas*) dividir en zonas 2. *inf* (*fazer bagunça*) armar follón en
zoneiro [zo'nejru] *m* 1. *gíria* (*que frequenta a zona*) chulo *m* 2. *inf* (*que arma confusão*) follonero *m*
zonzo, -a ['zõwzu, -a] *adj* atontado, -a
zoologia [zoolo'ʒia] *f sem pl* zoología *f*
zoológico [zoo'lɔʒiku] *m* (*parque*) zoológico *m*
zoológico, -a [zoo'lɔʒiku, -a] *adj* zoológico, -a
zoólogo, -a [zo'ɔlogu, -a] *m, f* zoólogo, -a *m, f*
zoom ['zũw] *m sem pl*, **zum** ['zũw] *m* FOTO zoom *m*, zum *m*
zumbi [zũw'bi] *m* 1. (*alma*) zombi *m* 2. HIST *título de jefe de un refugio de esclavos fugitivos*
zumbido [zũw'bidu] *m* zumbido *m*
zumbir [zũw'bir] *vi* zumbar
zunir [zu'nir] *vi* 1. (*vento, seta*) susurrar 2. (*inseto, máquina, cabeça*) zumbar
zunzum [zũw'zũw] <-uns> *m* 1. (*ruído*) zumbido *m* 2. *inf* (*boato*) rumor *m*
zunzunar [zũwzu'nar] *vi* 1. (*vento, folhas*) susurrar 2. (*boatos*) circular
zunzuns [zũw'zũws] *m pl de* **zunzum**
zunzunzum [zũwzũw'zũw] <-uns> *m v.* **zunzum**
zureta [zu'reta] *adj, mf inf* chalado, -a *m, f*
Zurique [zu'riki] *f* Zurich *m*
zurrapa [zu'xapa] *f bebida de mala calidad*
zurrar [zu'xar] *vi* rebuznar
zurro ['zuxu] *m* rebuzno *m*

Los verbos regulares e irregulares españoles
Os verbos espanhóis regulares e irregulares

Abreviaturas:

pret. ind.	pretérito indefinido
subj. fut.	subjuntivo futuro
subj. imp.	subjuntivo imperfecto
subj. pres.	subjuntivo presente

Verbos regulares que terminan en *-ar*, *-er* e *-ir*

hablar

presente	imperfecto	pret. ind.	futuro	
hablo	hablaba	hablé	hablaré	**gerundio**
hablas	hablabas	hablaste	hablarás	hablando
habla	hablaba	habló	hablará	
hablamos	hablábamos	hablamos	hablaremos	**participio**
habláis	hablabais	hablasteis	hablaréis	hablado
hablan	hablaban	hablaron	hablarán	

condicional	subj. pres.	subj. imp.	subj. fut.	imperativo
hablaría	hable	hablara/-ase	hablare	
hablarías	hables	hablaras/-ases	hablares	habla
hablaría	hable	hablara/-ase	hablare	hable
hablaríamos	hablemos	habláramos/-ásemos	habláremos	hablemos
hablaríais	habléis	hablarais/-aseis	hablareis	hablad
hablarían	hablen	hablaran/-asen	hablaren	hablen

comprender

presente	imperfecto	pret. ind.	futuro	
comprendo	comprendía	comprendí	comprenderé	**gerundio**
comprendes	comprendías	comprendiste	comprenderás	comprendiendo
comprende	comprendía	comprendió	comprenderá	
comprendemos	comprendíamos	comprendimos	comprenderemos	**participio**
comprendéis	comprendíais	comprendisteis	comprenderéis	comprendido
comprenden	comprendían	comprendieron	comprenderán	

condicional	subj. pres.	subj. imp.	subj. fut.	imperativo
comprendería	comprenda	comprendiera/-iese	comprendiere	
comprenderías	comprendas	comprendieras/-ieses	comprendieres	comprende
comprendería	comprenda	comprendiera/-iese	comprendiere	comprenda
comprenderíamos	comprendamos	comprendiéramos/-iésemos	comprendiéremos	comprendamos
comprenderíais	comprendáis	comprendierais/-ieseis	comprendiereis	comprended
comprenderían	comprendan	comprendiera/-iesen	comprendieren	comprendan

recibir

presente	imperfecto	pret. ind.	futuro	
recibo	recibía	recibí	recibiré	**gerundio**
recibes	recibías	recibiste	recibirás	recibiendo
recibe	recibía	recibió	recibirá	
recibimos	recibíamos	recibimos	recibiremos	**participio**
recibís	recibíais	recibisteis	recibiréis	recibido
reciben	recibían	recibieron	recibirán	

condicional	subj. pres.	subj. imp.	subj. fut.	imperativo
recibiría	reciba	recibiera/-iese	recibiere	
recibirías	recibas	recibieras/-ieses	recibieres	recibe
recibiría	reciba	recibiera/-iese	recibiere	reciba
recibiríamos	recibamos	recibiéramos/-iésemos	recibiéremos	recibamos
recibiríais	recibáis	reciebierais/-ieseis	recibiereis	recibid
recibirían	reciban	recibieran/-iesen	recibieren	reciban

Verbos con cambios vocálicos

<e → ie> pensar

presente	imperfecto	pret. ind.	futuro	
pienso	pensaba	pensé	pensaré	**gerundio**
piensas	pensabas	pensaste	pensarás	pensando
piensa	pensaba	pensó	pensará	
pensamos	pensábamos	pensamos	pensaremos	**participio**
pensáis	pensabais	pensasteis	pensaréis	pensado
piensan	pensaban	pensaron	pensarán	

condicional	subj. pres.	subj. imp.	subj. fut.	imperativo
pensaría	piense	pensara/-ase	pensare	
pensarías	pienses	pensaras/-ases	pensares	piensa
pensaría	piense	pensara/-ase	pensare	piense
pensaríamos	pensemos	pensáramos/-ásemos	pensáremos	pensemos
pensaríais	penséis	pensarais/-aseis	pensareis	pensad
pensarían	piensen	pensaran/-asen	pensaren	piensen

<o → ue> contar

presente	imperfecto	pret. ind.	futuro	
cuento	contaba	conté	contaré	**gerundio**
cuentas	contabas	contaste	contarás	contando
cuenta	contaba	contó	contará	
contamos	contábamos	contamos	contaremos	**participio**
contáis	contabais	contasteis	contaréis	contado
cuentan	contaban	contaron	contaron	

condicional	subj. pres.	subj. imp.	subj. fut.	imperativo
contaría	cuente	contara/-ase	contare	
contarías	cuentes	contaras/-ases	contares	cuenta
contaría	cuente	contara/-ase	contare	cuente
contaríamos	contemos	contáramos/-ásemos	contáremos	contemos
contaríais	contéis	contarais/-aseis	contareis	contad
contarían	cuenten	contaran	contaren	cuenten

<e → i>   pedir

presente	imperfecto	pret. ind.	futuro	
pido	pedía	pedí	pediré	**gerundio**
pides	pedías	pediste	pedirás	pidiendo
pide	pedía	pidió	pedirá	
pedimos	pedíamos	pedimos	pediremos	**participio**
pedís	pedíais	pedisteis	pediréis	pedido
piden	pedían	pidieron	pedirán	

condicional	subj. pres.	subj. imp.	subj. fut.	imperativo
pediría	pida	pidiera/-iese	pidiere	
pedirías	pidas	pidieras/-ieses	pidieres	pide
pediría	pida	pidiera/-iese	pidiere	pida
pediríamos	pidamos	pidiéramos/-iésemos	pidiéremos	pidamos
pediríais	pidáis	pidierais/-ieseis	pidiereis	pedid
pedirían	pidan	pidieran/-iesen	pidieren	pidan

Verbos con cambios ortográficos

<c → qu>   atacar

presente	imperfecto	pret. ind.	futuro	
ataco	atacaba	ataqué	atacaré	**gerundio**
atacas	atacabas	atacaste	atacarás	atacando
ataca	atacaba	atacó	atacará	
atacamos	atacábamos	atacamos	atacaremos	**participio**
atacáis	atacabais	atacasteis	atacaréis	atacado
atacan	atacaban	atacaron	atacarán	

condicional	subj. pres.	subj. imp.	subj. fut.	imperativo
atacaría	ataque	atacara/-ase	atacare	
atacarías	ataques	atacaras/-ases	atacares	ataca
atacaría	ataque	atacara/-ase	atacare	ataque
atacaríamos	ataquemos	atacáramos/-ásemos	atacáremos	ataquemos
atacaríais	ataquéis	atacarais/-aseis	atacareis	atacad
atacarían	ataquen	atacaran/-asen	atacaren	ataquen

<g → gu>   pagar

presente	imperfecto	pret. ind.	futuro	
pago	pagaba	pagué	pagaré	**gerundio**
pagas	pagabas	pagaste	pagarás	pagando
paga	pagaba	pagó	pagará	
pagamos	pagábamos	pagamos	pagaremos	**participio**
pagáis	pagabais	pagasteis	pagaréis	pagado
pagan	pagaban	pagaron	pagarán	

condicional	subj. pres.	subj. imp.	subj. fut.	imperativo
pagaría	pague	pagara/-ase	pagare	
pagarías	pagues	pagaras/-ases	pagares	paga
pagaría	pague	pagara/-ase	pagare	pague
pagaríamos	paguemos	pagáramos/-ásemos	pagáremos	paguemos
pagaríais	paguéis	pagarais/-aseis	pagareis	pagad
pagarían	paguen	pagaran/-asen	pagaren	paguen

<z → c>   cazar

presente	imperfecto	pret. ind.	futuro	
cazo	cazaba	cacé	cazaré	**gerundio**
cazas	cazabas	cazaste	cazarás	cazando
caza	cazaba	cazó	cazará	
cazamos	cazábamos	cazamos	cazaremos	**participio**
cazáis	cazabais	cazasteis	cazaréis	cazado
cazan	cazaban	cazaron	cazarán	

condicional	subj. pres.	subj. imp.	subj. fut.	imperativo
cazaría	cace	cazara/-ase	cazare	
cazarías	caces	cazaras/-ases	cazares	caza
cazaría	cace	cazara/-ase	cazare	cace
cazaríamos	cacemos	cazáramos/-ásemos	cazáremos	cacemos
cazaríais	cacéis	cazarais/-aseis	cazareis	cazad
cazarían	cacen	cazaran/-asen	cazaren	cacen

<gu → gü> averiguar

presente	imperfecto	pret. ind.	futuro	
averiguo	averiguaba	averigüé	averiguaré	**gerundio**
averiguas	averiguabas	averiguaste	averiguarás	averiguando
averigua	averiguaba	averiguó	averiguará	
averiguamos	averiguábamos	averiguamos	averiguaremos	**participio**
averiguáis	averiguabais	averiguasteis	averiguaréis	averiguado
averiguan	averiguaban	averiguaron	averiguarán	

condicional	subj. pres.	subj. imp.	subj. fut.	imperativo
averiguaría	averigüe	averiguara/-ase	averiguare	
averiguarías	averigües	averiguaras/-ases	averiguares	averigua
averiguaría	averigüe	averiguara/-ase	averiguare	averigüe
averiguaríamos	averigüemos	averiguáramos/-ásemos	averiguáremos	averigüemos
averiguaríais	averigüéis	averiguarais/-aseis	averiguareis	averiguad
averiguarían	averigüen	averiguaran/-asen	averiguaren	averigüen

<c → z> vencer

presente	imperfecto	pret. ind.	futuro	
venzo	vencía	vencí	venceré	**gerundio**
vences	vencías	venciste	vencerás	venciendo
vence	vencía	venció	vencerá	
vencemos	vencíamos	vencimos	venceremos	**participio**
vencéis	vencíais	vencisteis	venceréis	vencido
vencen	vencían	vencieron	vencerán	

condicional	subj. pres.	subj. imp.	subj. fut.	imperativo
vencería	venza	venciera/-iese	venciere	
vencerías	venzas	vencieras/-ieses	vencieres	vence
vencería	venza	venciera/-iese	venciere	venza
venceríamos	venzamos	venciéramos/-iésemos	venciéremos	venzamos
venceríais	venzáis	vencierais/-ieseis	venciereis	venced
vencerían	venzan	vencieran/-iesen	vencieren	venzan

<g → j> coger

presente	imperfecto	pret. ind.	futuro	
cojo	cogía	cogí	cogeré	**gerundio**
coges	cogías	cogiste	cogerás	cogiendo
coge	cogía	cogió	cogerá	
cogemos	cogíamos	cogimos	cogeremos	**participio**
cogéis	cogíais	cogisteis	cogeréis	cogido
cogen	cogían	cogieron	cogerán	

condicional	subj. pres.	subj. imp.	subj. fut.	imperativo
cogería	coja	cogiera/-iese	cogiere	
cogerías	cojas	cogieras/-ieses	cogieres	coge
cogería	coja	cogiera/-iese	cogiere	coja
cogeríamos	cojamos	cogiéramos/-iésemos	cogiéremos	cojamos
cogeríais	cojáis	cogierais/-ieseis	cogiereis	coged
cogerían	cojan	cogieran/-iesen	cogieren	cojan

<gu → g> distinguir

presente	imperfecto	pret. ind.	futuro	
distingo	distinguía	distinguí	distinguiré	**gerundio**
distingues	distinguías	distinguiste	distinguirás	distinguiendo
distingue	distinguía	distinguió	distinguirá	
distinguimos	distinguíamos	distinguimos	distinguiremos	**participio**
distinguís	distinguíais	distinguisteis	distinguiréis	distinguido
distinguen	distinguían	distinguieron	distinguirán	

condicional	subj. pres.	subj. imp.	subj. fut.	imperativo
distinguiría	distinga	distinguiera/-iese	distinguiere	
distinguirías	distingas	distinguieras/-ieses	distinguieres	distingue
distinguiría	distinga	distinguiera/-iese	distinguiere	distinga
distinguiríamos	distingamos	distinguiéramos/iésemos	distinguiéremos	distingamos
distinguiríais	distingáis	distinguierais/-ieseis	distinguiereis	distinguid
distinguirían	distingan	distinguieran/-iesen	distinguieren	distingan

<qu → c> delinquir

presente	imperfecto	pret. ind.	futuro	
delinco	delinquía	delinquí	delinquiré	**gerundio**
delinques	delinquías	delinquiste	delinquirás	delinquiendo
delinque	delinquía	delinquió	delinquirá	
delinquimos	delinquíamos	delinquimos	delinquiremos	**participio**
delinquís	delinquíais	delinquisteis	delinquiréis	delinquido
delinquen	delinquían	delinquieron	delinquirán	

condicional	subj. pres.	subj. imp.	subj. fut.	imperativo
delinquiría	delinca	delinquiera/-iese	delinquiere	
delinquirías	delincas	delinquieras/-ieses	delinquieres	delinque
delinquiría	delinca	delinquiera/-iese	delinquiere	delinca
delinquiríamos	delincamos	delinquiéramos/-iésemos	delinquiéremos	delincamos
delinquiríais	delincáis	delinquierais/-ieseis	delinquiereis	delinquid
delinquirían	delincan	delinquieran/-iesen	delinquieren	delincan

Verbos con desplazamiento en la acentuación

<1. pres: envío> enviar

presente	imperfecto	pret. ind.	futuro	
envío	enviaba	envié	enviaré	**gerundio**
envías	enviabas	enviaste	enviarás	enviando
envía	enviaba	envió	enviará	
enviamos	enviábamos	enviamos	enviaremos	**participio**
enviáis	enviabais	enviasteis	enviaréis	enviado
envían	enviaban	enviaron	enviarán	

condicional	subj. pres.	subj. imp.	subj. fut.	imperativo
enviaría	envíe	enviara/-iase	enviare	
enviarías	envíes	enviaras/-iases	enviares	envía
enviaría	envíe	enviara/-iase	enviare	envíe
enviaríamos	enviemos	enviáramos/-iásemos	enviáremos	enviemos
enviaríais	enviéis	enviarais/-iaseis	enviareis	enviad
enviarían	envíen	enviaran/-iasen	enviaren	envíen

<1. pres: continúo> continuar

presente	imperfecto	pret. ind.	futuro	
continúo	continuaba	continué	continuaré	**gerundio**
continúas	continuabas	continuaste	continuarás	continuando
continúa	continuaba	continuó	continuará	
continuamos	continuábamos	continuamos	continuaremos	**participio**
continuáis	continuabais	continuasteis	continuaréis	continuado
continúan	continuaban	continuaron	continuarán	

condicional	subj. pres.	subj. imp.	subj. fut.	imperativo
continuaría	continúe	continuara/-ase	continuare	
continuarías	continúes	continuaras/-ases	continuares	continúa
continuaría	continúe	continuara/-ase	continuare	continúe
continuaríamos	continuemos	continuáramos/-ásemos	continuáremos	continuemos
continuaríais	continuéis	continuarais/-aseis	continuareis	continuad
continuarían	continúen	continuaran/-asen	continuaren	continúen

Verbos que pierden la i átona

<3. pret: gruñó> gruñir

presente	imperfecto	pret. ind.	futuro	
gruño	gruñía	gruñí	gruñiré	**gerundio**
gruñes	gruñías	gruñiste	gruñirás	gruñendo
gruñe	gruñía	gruñó	gruñirá	
gruñimos	gruñíamos	gruñimos	gruñiremos	**participio**
gruñís	gruñíais	gruñisteis	gruñiréis	gruñido
gruñen	gruñían	gruñeron	gruñirán	

condicional	subj. pres.	subj. imp.	subj. fut.	imperativo
gruñiría	gruña	gruñera/-ese	gruñere	
gruñirías	gruñas	gruñeras/-eses	gruñeres	gruñe
gruñiría	gruña	gruñera/-ese	gruñere	gruña
gruñiríamos	gruñamos	gruñéramos/-ésemos	gruñéremos	gruñamos
gruñiríais	gruñáis	gruñerais/-eseis	gruñereis	gruñid
gruñirían	gruñan	gruñeran/-esen	gruñeren	gruñan

Los verbos irregulares

abolir

presente	subj. pres.	imperativo	
—	—		**gerundio**
—	—	—	aboliendo
—	—		
abolimos	—		**participio**
abolís	—	abolid	abolido
—	—		

abrir

participio:	abierto

adquirir

presente	imperativo	
adquiero		**gerundio**
adquieres	adquiere	adquiriendo
adquiere	adquiera	
adquirimos	adquiramos	**participio**
adquirís	adquirid	adquirido
adquieren	adquieran	

airar

presente		
aíro	**gerundio**	
aíras	airando	
aíra		
airamos	**participio**	
airáis	airado	
aíran		

andar

presente	pret. ind.	
ando	anduve	**gerundio**
andas	anduviste	andando
anda	anduvo	
andamos	anduvimos	**participio**
andáis	anduvisteis	andado
andan	anduvieron	

asir

presente	imperativo	
asgo		**gerundio**
ases	ase	asiendo
ase	asga	
asimos	asgamos	**participio**
asís	asid	asido
asen	asgan	

aullar

presente	imperativo	
aúllo		**gerundio**
aúllas	aúlla	aullando
aúlla	aúlle	
aullamos	aullemos	**participio**
aulláis	aullad	aullado
aúllan	aúllen	

avergonzar

presente	pret. ind.	imperativo	
avergüenzo	avergoncé		**gerundio**
avergüenzas	avergonzaste	avergüenza	avergonzando
avergüenza	avergonzó	avergüence	
avergonzamos	avergonzamos	avergoncemos	**participio**
avergonzáis	avergonzasteis	avergonzad	avergonzado
avergüenzan	avergonzaron	avergüencen	

caber

presente	pret. ind.	futuro	condicional	
quepo	cupe	cabré	cabría	**gerundio**
cabes	cupiste	cabrás	cabrías	cabiendo
cabe	cupo	cabrá	cabría	
cabemos	cupimos	cabremos	cabríamos	**participio**
cabéis	cupisteis	cabréis	cabríais	cabido
caben	cupieron	cabrán	cabrían	

caer

presente	pret. ind.	
caigo	caí	**gerundio**
caes	caíste	cayendo
cae	cayó	
caemos	caímos	**participio**
caéis	caísteis	caído
caen	cayeron	

ceñir

presente	pret. ind.	imperativo	
ciño	ceñí		**gerundio**
ciñes	ceñiste	ciñe	ciñendo
ciñe	ciñó	ciña	
ceñimos	ceñimos	ciñamos	**participio**
ceñís	ceñisteis	ceñid	ceñido
ciñen	ciñeron	ciñan	

cocer

presente	imperativo	
cuezo		**gerundio**
cueces	cuece	cociendo
cuece	cueza	
cocemos	cozamos	**participio**
cocéis	coced	cocido
cuecen	cuezan	

colgar

presente	pret. ind.	imperativo	
cuelgo	colgué		**gerundio**
cuelgas	colgaste	cuelga	colgando
cuelga	colgó	cuelgue	
colgamos	colgamos	colgamos	**participio**
colgáis	colgasteis	colgad	colgado
cuelgan	colgaron	cuelguen	

crecer

presente	imperativo	
crezco		**gerundio**
creces	crece	creciendo
crece	crezca	
crecemos	crezcamos	**participio**
crecéis	creced	crecido
crecen	crezcan	

dar

presente	pret. ind.	subj. pres.	subj. imp.	subj. fut.
doy	di	dé	diera/-ese	diere
das	diste	des	dieras/-eses	dieres
da	dio	dé	diera/-ese	diere
damos	dimos	demos	diéramos/-ésemos	diéremos
dais	disteis	deis	dierais/-eseis	diereis
dan	dieron	den	dieran/-esen	dieren

imperativo				
da	**gerundio**			
dé	dando			
demos				
dad	**participio**			
den	dado			

decir

presente	imperfecto	pret. ind.	futuro	
digo	decía	dije	diré	**gerundio**
dices	decías	dijiste	dirás	diciendo
dice	decía	dijo	dirá	
decimos	decíamos	dijimos	diremos	**participio**
decís	decíais	dijisteis	diréis	dicho
dicen	decían	dijeron	dirán	

condicional	subj. pres.	subj. imp.	subj. fut.	imperativo
diría	diga	dijera/-ese	dijere	
dirías	digas	dijeras/-eses	dijeres	di
diría	diga	dijera/-ese	dijere	diga
diríamos	digamos	dijéramos/-ésemos	dijéremos	digamos
diríais	digáis	dijerais/-eseis	dijereis	decid
dirían	digan	dijeran/-esen	dijeren	digan

dormir

presente	pret. ind.	imperativo	
duermo	dormí		**gerundio**
duermes	dormiste	duerme	durmiendo
duerme	durmió	duerma	
dormimos	dormimos	durmamos	**participio**
dormís	dormisteis	dormid	dormido
duermen	durmieron	duerman	

elegir

presente	pret. ind.	imperativo	
elijo	elegí		**gerundio**
eliges	elegiste	elige	eligiendo
elige	eligió	elija	
elegimos	elegimos	elijamos	**participio**
elegís	elegisteis	elegid	elegido
eligen	eligieron	elijan	

empezar

presente	pret. ind.	imperativo	
empiezo	empecé		**gerundio**
empiezas	empezaste	empieza	empezando
empieza	empezó	empiece	
empezamos	empezamos	empecemos	**participio**
empezáis	empezasteis	empezad	empezado
empiezan	empezaron	empiecen	

enraizar

presente	pret. ind.	imperativo	
enraízo	enraicé		**gerundio**
enraízas	enraizaste	enraíza	enraizando
enraíza	enraizó	enraíce	
enraizamos	enraizamos	enraicemos	**participio**
enraizáis	enraizasteis	enraizad	enraizado
enraízan	enraizaron	enraícen	

erguir

presente	pret. ind.	subj. pres	subj. imp.	subj. fut.
yergo	erguí	irga	irguiera/-ese	irguiere
yergues	erguiste	irgas	irguieras/-eses	irguieres
yergue	irguió	irga	irguiera/-ese	irguiere
erguimos	erguimos	irgamos	irgiéramos/-ésemos	irguiéremos
erguís	erguisteis	irgáis	irguierais/-eseis	irguiereis
yerguen	irguieron	irgan	irguieran/-esen	irguieren

imperativo				
yergue	**gerundio**			
yerga	irguiendo			
yergamos				
erguid	**participio**			
yergan	erguido			

errar

presente	pret. ind.	imperativo		
yerro	erré		**gerundio**	
yerras	erraste	yerra	errando	
yerra	erró	yerre		
erramos	erramos	erremos	**participio**	
erráis	errasteis	errad	errado	
yerran	erraron	yerren		

escribir

participio:	escrito

estar

presente	imperfecto	pret. ind.	futuro	
estoy	estaba	estuve	estaré	**gerundio**
estás	estabas	estuviste	estarás	estando
está	estaba	estuvo	estará	
estamos	estábamos	estuvimos	estaremos	**participio**
estáis	estabais	estuvisteis	estaréis	estado
están	estaban	estuvieron	estarán	

condicional	subj. pres.	subj. imp.	subj. fut.	imperativo
estaría	esté	estuviera/-ese	estuviere	
estarías	estés	estuvieras/-eses	estuvieres	está
estaría	esté	estuviera/-ese	estuviere	esté
estaríamos	estemos	estuviéramos/-ésemos	estuviéremos	estemos
estaríais	estéis	estuvierais/-eseis	estuviereis	estad
estarían	estén	estuvieran/-esen	estuvieren	estén

forzar

presente	pret. ind.	imperativo	
fuerzo	forcé		**gerundio**
fuerzas	forzaste	fuerza	forzando
fuerza	forzó	fuerce	
forzamos	forzamos	forcemos	**participio**
forzáis	forzasteis	forzad	forzado
fuerzan	forzaron	fuercen	

fregar

presente	pret. ind.	imperativo	
friego	fregué		**gerundio**
friegas	fregaste	friega	fregando
friega	fregó	friegue	
fregamos	fregamos	freguemos	**participio**
fregáis	fregasteis	fregad	fregado
friegan	fregaron	frieguen	

freír

presente	pret. ind.	imperativo	
frío	freí		**gerundio**
fríes	freíste	fríe	friendo
fríe	frió	fría	
freímos	freímos	friamos	**participio**
freís	freísteis	freíd	frito
fríen	frieron	frían	

haber

presente	imperfecto	pret. ind.	futuro	
he	había	hube	habré	**gerundio**
has	habías	hubiste	habrás	habiendo
ha	había	hubo	habrá	
hemos	habíamos	hubimos	habremos	**participio**
habéis	habíais	hubisteis	habréis	habido
han	habían	hubieron	habrán	

condicional	subj. pres.	subj. imp.	subj. fut.	imperativo
habría	haya	hubiera/-iese	hubiere	
habrías	hayas	hubieras/-ieses	hubieres	he
habría	haya	hubiera/-iese	hubiere	haya
habríamos	hayamos	hubiéramos/-iésemos	hubiéremos	hayamos
habríais	hayáis	hubierais/-ieseis	hubiereis	habed
habrían	hayan	hubieran/-iesen	hubieren	hayan

hacer

presente	imperfecto	pret. ind.	futuro	
hago	hacía	hice	haré	**gerundio**
haces	hacías	hiciste	harás	haciendo
hace	hacía	hizo	hará	
hacemos	hacíamos	hicimos	haremos	**participio**
hacéis	hacíais	hicisteis	haréis	hecho
hacen	hacían	hicieron	harán	

condicional	subj. pres.	subj. imp.	subj. fut.	imperativo
haría	haga	hiciera/-iese	hiciere	
harías	hagas	hicieras/-ieses	hicieres	haz
haría	haga	hiciera/-iese	hiciere	haga
haríamos	hagamos	hiciéramos/-iésemos	hiciéremos	hagamos
haríais	hagáis	hicierais/-ieseis	hiciereis	haced
harían	hagan	hicieran/-iesen	hicieren	hagan

hartar

participio:	hartado – *saturado* harto (*como atributo*): estoy harto – *estou farto*

huir

presente	pret. ind.	imperativo	
huyo	huí		**gerundio**
huyes	huiste	huye	huyendo
huye	huyó	huya	
huimos	huimos	huyamos	**participio**
huís	huisteis	huid	huido
huyen	huyeron	huyan	

imprimir

participio:	impreso

ir

presente	imperfecto	pret. ind.	subj. pres.	subj. imp.
voy	iba	fui	vaya	fuera/-ese
vas	ibas	fuiste	vayas	fueras/-eses
va	iba	fue	vaya	fuera/-ese
vamos	íbamos	fuimos	vayamos	fuéramos/-ésemos
vais	ibais	fuisteis	vayáis	fuerais/-eseis
van	iban	fueron	vayan	fueran/-esen

subj. fut.	imperativo		
fuere		**gerundio**	
fueres	ve	yendo	
fuere	vaya		
fuéremos	vayamos	**participio**	
fuereis	id	ido	
fueren	vayan		

jugar

presente	pret. ind.	subj. pres.	imperativo	
juego	jugué	juegue		**gerundio**
juegas	jugaste	juegues	juega	jugando
juega	jugó	juegue	juegue	
jugamos	jugamos	juguemos	juguemos	**participio**
jugáis	jugasteis	juguéis	jugad	jugado
juegan	jugaron	jueguen	jueguen	

leer

presente	pret. ind.	
leo	leí	**gerundio**
lees	leíste	leyendo
lee	leyó	
leemos	leímos	**participio**
leéis	leísteis	leído
leen	leyeron	

lucir

presente	imperativo	
luzco		**gerundio**
luces	luce	luciendo
luce	luzca	
lucimos	luzcamos	**participio**
lucís	lucid	lucido
lucen	luzcan	

maldecir

presente	pret. ind.	imperativo	
maldigo	maldije		**gerundio**
maldices	maldijiste	maldice	maldiciendo
maldice	maldijo	maldiga	
maldecimos	maldijimos	maldigamos	**participio**
maldecís	maldijisteis	maldecid	maldecido
maldicen	maldijeron	maldigan	maldito

morir

presente	pret. ind.	imperativo	
muero	morí		**gerundio**
mueres	moriste	muere	muriendo
muere	murió	muera	
morimos	morimos	muramos	**participio**
morís	moristeis	morid	muerto
mueren	murieron	mueran	

oir, oír

presente	pret. ind.	imperativo	subj. imp.	subj. fut.
oigo	oí		oyera/-ese	oyere
oyes	oiste	oye	oyeras/-eses	oyeres
oye	oyó	oiga	oyera/-ese	oyere
oímos	oímos	oigamos	oyéramos/-ésemos	oyéremos
oís	oísteis	oid	oyerais/-eseis	oyereis
oyen	oyeron	oigan	oyeran/-esen	oyeren

gerundio	participio
oyendo	oído

oler

presente	imperativo		
huelo		**gerundio**	
hueles	huele	oliendo	
huele	huela		
olemos	olamos	**participio**	
oléis	oled	olido	
huelen	huelan		

pedir

presente	pret. ind.	imperativo	
pido	pedí		**gerundio**
pides	pediste	pide	pidiendo
pide	pidió	pidas	
pedimos	pedimos	pidamos	**participio**
pedís	pedisteis	pedid	pedido
piden	pidieron	pidan	

poder

presente	pret. ind.	futuro	condicional	
puedo	pude	podré	podría	**gerundio**
puedes	pudiste	podrás	podrías	pudiendo
puede	pudo	podrá	podría	
podemos	pudimos	podremos	podríamos	**participio**
podéis	pudisteis	podréis	podríais	podido
pueden	pudieron	podrán	podrían	

podrir, pudrir

presente	imperfecto	pret. ind.	futuro	condicional
pudro	pudría	pudrí	pudriré	pudriría
pudres	pudrías	pudriste	pudrirás	pudrirías
pudre	pudría	pudrió	pudrirá	pudriría
pudrimos	pudríamos	pudrimos	pudriremos	pudriríamos
pudrís	pudríais	pudristeis	pudriréis	pudriríais
pudren	pudrían	pudrieron	pudrirán	pudrirían

imperativo

imperativo	gerundio
	pudriendo
pudre	
pudra	
pudramos	**participio**
pudrid	podrido
pudran	

poner

presente	pret. ind.	futuro	condicional	imperativo
pongo	puse	pondré	pondría	
pones	pusiste	pondrás	pondrías	pon
pone	puso	pondrá	pondría	ponga
ponemos	pusimos	pondremos	pondríamos	pongamos
ponéis	pusisteis	pondréis	pondríais	poned
ponen	pusieron	pondrán	pondrían	pongan

gerundio	**participio**
poniendo	puesto

prohibir

presente	imperativo	
prohíbo		**gerundio**
prohíbes	prohíbe	prohibiendo
prohíbe	prohíba	
prohibimos	prohibamos	**participio**
prohibís	prohibid	prohibido
prohíben	prohíban	

proveer

presente	pret. ind.		
proveo	proveí	**gerundio**	
provees	proveíste	proveyendo	
provee	proveyó		
proveemos	proveímos	**participio**	
proveéis	proveísteis	provisto	
proveen	proveyeron		

pudrir *ver* **podrir**

querer

presente	pret. ind.	futuro	condicional	imperativo
quiero	quise	querré	querría	
quieres	quisiste	querrás	querrías	quiere
quiere	quiso	querrá	querría	quiera
queremos	quisimos	querremos	querríamos	queramos
queréis	quisisteis	querréis	querríais	quered
quieren	quisieron	querrán	querrían	quieran

gerundio	**participio**
queriendo	querido

reír

presente	pret. ind.	imperativo	
río	reí		**gerundio**
ríes	reíste	ríe	riendo
ríe	rió	ría	
reímos	reímos	riamos	**participio**
reís	reísteis	reíd	reído
ríen	rieron	rían	

reunir

presente	imperativo	
reúno		**gerundio**
reúnes	reúne	reuniendo
reúne	reúna	
reunimos	reunamos	**participio**
reunís	reunid	reunido
reúnen	reúnan	

roer

presente	pret. ind.	subj. pres.	subj. imp.	subj. fut.
roo/roigo	roí	roa/roiga	royera/-ese	royere
roes	roíste	roas/roigas	royeras/-eses	royeres
roe	royó	roa/roiga	royera/-ese	royere
roemos	roímos	roamos/roigamos/royamos	royéramos/-ésemos	royéremos
roéis	roísteis	roáis/roigáis/royáis	royerais/-eseis	royereis
roen	royeron	roan/roigan	royeran/-esen	royeren

imperativo		
	gerundio	
roe	royendo	
roa/roiga		
roamos/roigamos	**participio**	
roed	roído	
roan/roigan		

saber

presente	pret. ind.	futuro	condicional	subj. pres.
sé	supe	sabré	sabría	sepa
sabes	supiste	sabrás	sabrías	sepas
sabe	supo	sabrá	sabría	sepa
sabemos	supimos	sabremos	sabríamos	sepamos
sabéis	supisteis	sabréis	sabríais	sepáis
saben	supieron	sabrán	sabrían	sepan

imperativo				
	gerundio			
sabe	sabiendo			
sepa				
sepamos	**participio**			
sabed	sabido			
sepan				

salir

presente	futuro	condicional	imperativo	
salgo	saldré	saldría		**gerundio**
sales	saldrás	saldrías	sal	saliendo
sale	saldrá	saldría	salga	
salimos	saldremos	saldríamos	salgamos	**participio**
salís	saldréis	saldríais	salid	salido
salen	saldrán	saldrían	salgan	

seguir

presente	pret. ind.	subj. pres.	subj. imp.	subj. fut.
sigo	seguí	siga	siguiera/-ese	siguiere
sigues	seguiste	sigas	siguieras/-eses	siguieres
sigue	siguió	siga	siguiera/-ese	siguiere
seguimos	seguimos	sigamos	siguiéramos/-ésemos	siguiéremos
seguís	seguisteis	sigáis	siguierais/-eseis	siguiereis
siguen	siguieron	sigan	siguieran/-esen	siguieren

imperativo

	gerundio
sigue	siguiendo
siga	
sigamos	**participio**
seguid	seguido
sigan	

sentir

presente	pret. ind.	subj. pres.	subj. imp.	subj. fut.
siento	sentí	sienta	sintiera/-ese	sintiere
sientes	sentiste	sientas	sintieras/-eses	sintieres
siente	sintió	sienta	sintiera/-ese	sintiere
sentimos	sentimos	sintamos	sintiéramos/-ésemos	sintiéremos
sentís	sentisteis	sintáis	sintierais/-eseis	sintiereis
sienten	sintieron	sientan	sintieran/-esen	sintieren

imperativo

	gerundio
siente	sintiendo
sienta	
sintamos	**participio**
sentid	sentido
sientan	

ser

presente	imperfecto	pret. ind.	futuro	
soy	era	fui	seré	**gerundio**
eres	eras	fuiste	serás	siendo
es	era	fue	será	
somos	éramos	fuimos	seremos	**participio**
sois	erais	fuisteis	seréis	sido
son	eran	fueron	serán	

condicional	subj. pres.	subj. imp.	subj. fut.	imperativo
sería	sea	fuera/-ese	fuere	
serías	seas	fueras/-eses	fueres	sé
sería	sea	fuera/-ese	fuere	sea
seríamos	seamos	fuéramos/-ésemos	fuéremos	seamos
seríais	seáis	fuerais/-eseis	fuereis	sed
serían	sean	fueran/-esen	fueren	sean

soltar

presente	imperativo	
suelto		**gerundio**
sueltas	suelta	soltando
suelta	suelte	
soltamos	soltemos	**participio**
soltáis	soltad	soltado
sueltan	suelten	

tener

presente	pret. ind.	futuro	condicional	imperativo
tengo	tuve	tendré	tendría	
tienes	tuviste	tendrás	tendrías	ten
tiene	tuvo	tendrá	tendría	tenga
tenemos	tuvimos	tendremos	tendríamos	tengamos
tenéis	tuvisteis	tendréis	tendríais	tened
tienen	tuvieron	tendrán	tendrían	tengan
gerundio	**participio**			
teniendo	tenido			

traducir

presente	pret. ind.	imperativo	
traduzco	traduje		**gerundio**
traduces	tradujiste	traduce	traduciendo
traduce	tradujo	traduzca	
traducimos	tradujimos	traduzcamos	**participio**
traducís	tradujisteis	traducid	traducido
traducen	tradujeron	traduzcan	

traer

presente	pret. ind.	imperativo	
traigo	traje		**gerundio**
traes	trajiste	trae	trayendo
trae	trajo	traiga	
traemos	trajimos	traigamos	**participio**
traéis	trajisteis	traed	traído
traen	trajeron	traigan	

valer

presente	futuro	imperativo	
valgo	valdré		**gerundio**
vales	valdrás	vale	valiendo
vale	valdrá	valga	
valemos	valdremos	valgamos	**participio**
valéis	valdréis	valed	valido
valen	valdrán	valgan	

venir

presente	pret. ind.	futuro	condicional	imperativo
vengo	vine	vendré	vendría	
vienes	viniste	vendrás	vendrías	ven
viene	vino	vendrá	vendría	venga
venimos	vinimos	vendremos	vendríamos	vengamos
venís	vinisteis	vendréis	vendríais	venid
vienen	vinieron	vendrán	vendrían	vengan

gerundio	**participio**
viniendo	venido

ver

presente	imperfecto	pret. ind.	subj. imp.	subj. fut.
veo	veía	vi	viera/-ese	viere
ves	veías	viste	vieras/-eses	vieres
ve	veía	vio	viera/-ese	viere
vemos	veíamos	vimos	viéramos/-ésemos	viéremos
veis	veíais	visteis	vierais/-eseis	viereis
ven	veían	vieron	vieran/-esen	vieren

gerundio	participio
viendo	visto

volcar

presente	pret. ind.	imperativo	
vuelco	volqué		**gerundio**
vuelcas	volcaste	vuelca	volcando
vuelca	volcó	vuelque	
volcamos	volcamos	volquemos	**participio**
volcáis	volcasteis	volcad	volcado
vuelcan	volcaron	vuelquen	

volver

presente	imperativo	
vuelvo		**gerundio**
vuelves	vuelve	volviendo
vuelve	vuelva	
volvemos	volvamos	**participio**
volvéis	volved	vuelto
vuelven	vuelvan	

yacer

presente	subj. pres.	imperativo	
yazco/yazgo/yago	yazca/yazga/yaga		**gerundio**
			yaciendo
yaces	yazcas/yazgas/yagas	yace/yaz	
yace	yazca/yazga/yaga	yazca/yazga/yaga	
yacemos	yazcamos/yazgamos/yagamos	yazcamos/yazgamos/yagamos	**participio**
			yacido
yacéis	yazcáis/yazgáis/yagáis	yaced	
yacen	yazcan/yazgan/yagan	yazcan/yazgan/yagan	

Los verbos regulares e irregulares portugueses
Os verbos portugueses regulares e irregulares

Abreviaturas:

fut. subj.	futuro do subjuntivo
fut. pret.	futuro do pretérito
imp. subj.	imperfeito do subjuntivo
imper. afirm.	imperativo afirmativo
inf. pess.	infinitivo pessoal
m.-q.-perf.	mais-que-perfeito
pres. subj.	presente do subjuntivo
pret. imp.	pretérito imperfeito do indicativo
pret. perf.	pretérito perfeito do indicativo

Os pronomes pessoais

Para melhor entendimento das tabelas a seguir, deve-se considerar:

falo	1ª pessoa do singular	**eu**
falas	2ª pessoa do singular	**tu**
fala	3ª pessoa do singular	**ele, ela, você, o senhor, a senhora**
falamos	1ª pessoa do plural	**nós**
falam	2ª/3ª pessoa do plural	**eles, elas, vocês, os senhores, as senhoras**

A segunda pessoa do plural **vós** não é usada no português atual. Sendo assim, o plural da segunda pessoa do singular **tu** passa a ser **vocês**.

Verbos regulares que terminam em *-ar, -er* e *-ir*

falar

presente	pret. imp.	pret. perf.	m.-q.-perf.	futuro	
falo	falava	falei	falara	falarei	**gerúndio**
falas	falavas	falaste	falaras	falarás	falando
fala	falava	falou	falara	falará	
falamos	falávamos	falamos	faláramos	falaremos	**particípio**
falam	falavam	falaram	falaram	falarão	falado

fut. pret.	pres. subj.	imp. subj.	fut. subj.	imper. afirm.	inf. pess.
falaria	fale	falasse	falar		falar
falarias	fales	falasses	falares	fala	falares
falaria	fale	falasse	falar	fale	falar
falaríamos	falemos	falássemos	falarmos	falemos	falarmos
falariam	falem	falassem	falarem	falem	falarem

vender

presente	pret. imp.	pret. perf.	m.-q.-perf.	futuro	
vendo	vendia	vendi	vendera	venderei	**gerúndio**
vendes	vendias	vendeste	venderas	venderás	vendendo
vende	vendia	vendeu	vendera	venderá	
vendemos	vendíamos	vendemos	vendêramos	venderemos	**particípio**
vendem	vendiam	venderam	venderam	venderão	vendido

fut. pret.	pres. subj.	imp. subj.	fut. subj.	imper. afirm.	inf. pess.
venderia	venda	vendesse	vender		vender
venderias	vendas	vendesses	venderes	vende	venderes
venderia	venda	vendesse	vender	venda	vender
venderíamos	vendamos	vendêssemos	vendermos	vendamos	vendermos
venderiam	vendam	vendessem	venderem	vendam	venderem

partir

presente	pret. imp.	pret. perf.	m.-q.-perf.	futuro	
parto	partia	parti	partira	partirei	**gerúndio**
partes	partias	partiste	partiras	partirás	partindo
parte	partia	partiu	partira	partirá	
partimos	partíamos	partimos	partíramos	partiremos	**particípio**
partem	partiam	partiram	partiram	partirão	partido

fut. pret.	pres. subj.	imp. subj.	fut. subj.	imper. afirm.	inf. pess.
partiria	parta	partisse	partir		partir
partirias	partas	partisses	partires	parte	partires
partiria	parta	partisse	partir	parta	partir
partiríamos	partamos	partíssemos	partirmos	partamos	partirmos
partiriam	partam	partissem	partirem	partam	partirem

Verbos regulares que terminam em -air

sair

presente	pret. imp.	pret. perf.	m.-q.-perf.	futuro	
saio	saía	saí	saíra	sairei	**gerúndio**
sais	saías	saíste	saíras	sairás	saindo
sai	saía	saiu	saíra	sairá	
saímos	saíamos	saímos	saíramos	sairemos	**particípio**
saem	saíam	saíram	saíram	sairão	saído

fut. pret.	pres. subj.	imp. subj.	fut. subj.	imper. afirm.	inf. pess.
sairia	saia	saísse	sair		sair
sairias	saias	saísses	saíres	sai	saíres
sairia	saia	saísse	sair	saia	sair
sairíamos	saiamos	saíssemos	sairmos	saiamos	sairmos
sairiam	saiam	saíssem	saírem	saiam	saírem

Verbos regulares que terminam em -ear

passear

presente	pret. imp.	pret. perf.	m.-q.-perf.	futuro	
passeio	passeava	passeei	passeara	passearei	**gerúndio**
passeias	passeavas	passeaste	passearas	passearás	passeando
passeia	passeava	passeou	passeara	passeará	
passeamos	passeávamos	passeamos	passeáramos	passearemos	**particípio**
passeiam	passeavam	passearam	passearam	passearão	passeado

fut. pret.	pres. subj.	imp. subj.	fut. subj.	imper. afirm.	inf. pess.
passearia	passeie	passeasse	passear		passear
passearias	passeies	passeasses	passeares	passeia	passeares
passearia	passeie	passeasse	passear	passeie	passear
passearíamos	passeemos	passeássemos	passearmos	passeemos	passearmos
passearão	passeiem	passeassem	passearem	passeiem	passearem

Verbos regulares que terminam em *-oar*

voar

presente
voo
voas
voa
voamos
voam

Verbos regulares que terminam em *-oer*

doer

presente	pret. imp.	pret. perf.	m.-q.-perf.	futuro	
					gerúndio
					doendo
dói	doía	doeu	doera	doerá	
					particípio
doem	doíam	doeram	doeram	doerão	doído

fut. pret.	pres. subj.	imp. subj.	fut. subj.	inf. pess.
doeria	doa	doesse	doer	doer
doeriam	doam	doessem	doerem	doerem

roer

presente	pret. imp.	pret. perf.	m.-q.-perf.	futuro	
roo	roía	roí	roera	roerei	**gerúndio**
róis	roías	roeste	roeras	roerás	roendo
rói	roía	roeu	roera	roerá	
roemos	roíamos	roemos	roêramos	roeremos	**particípio**
roem	roíam	roeram	roeram	roerão	roído

fut. pret.	pres. subj.	imp. subj.	fut. subj.	imper. afirm.	inf. pess.
roeria	roa	roesse	roer		roer
roerias	roas	roesses	roeres	rói	roeres
roeria	roa	roesse	roer	roa	roer
roeríamos	roamos	roêssemos	roermos	roamos	roermos
roeriam	roam	roessem	roerem	roam	roerem

Verbos regulares que terminam em *-uar*

averiguar

pret. perf.	pres. subj.	imper. afirm.
averiguei	averigue	
averiguaste	averigues	averigua
averiguou	averigue	averigue
averiguamos	averiguemos	averiguemos
averiguaram	averiguem	averiguem

Verbos regulares que terminam em *-uir*

incluir

presente	pret. imp.	pret. perf.	m.-q.-perf.	futuro	
incluo	incluía	incluí	incluíra	incluirei	**gerúndio**
incluis	incluías	incluíste	incluíras	incluirás	incluindo
inclui	incluía	incluiu	incluíra	incluirá	
incluímos	incluíamos	incluímos	incluíramos	incluiremos	**particípio**
incluem	incluíam	incluíram	incluíram	incluirão	incluído

fut. pret.	pres. subj.	imp. subj.	fut. subj.	imper. afirm.	inf. pess.
incluiria	inclua	incluísse	incluir		incluir
incuirias	incluas	incluísses	incluíres	inclui	incluíres
incluiria	inclua	incluísse	incluirem	inclua	incluir
incluiríamos	incluamos	incluíssemos	incluirmos	incluamos	incluirmos
incluiriam	incluam	incluíssem	incluírem	incluam	incluírem

Verbos regulares com alterações ortográficas

<c → qu> **ficar**

pret. perf.	pres. subj.	imper. afirm.
fiquei	fique	
ficaste	fiques	fica
ficou	fique	fique
ficamos	fiquemos	fiquemos
ficaram	fiquem	fiquem

<c → ç>   agradecer

presente	pres. subj.	imp. afirm.
agradeço	agradeça	
agradeces	agradeças	agradece
agradece	agradeça	agradeça
agradecemos	agradeçamos	agradeçamos
agradecem	agradeçam	agradeçam

<ç → c>   dançar

pret. perf.	pres. subj.	imp. afirm.
dancei	dance	
dançaste	dances	dança
dançou	dance	dance
dançamos	dancemos	dancemos
dançaram	dancem	dancem

<g → j>   corrigir

presente	pres. subj.	imper. afirm.
corrijo	corrija	
corriges	corrijas	corrige
corrige	corrija	corrija
corrigimos	corrijamos	corrijamos
corrigem	corrijam	corrijam

<g → gu>   alugar

pret. perf.	pres. subj.	imper. afirm.
aluguei	alugue	
alugaste	alugues	aluga
alugou	alugue	alugue
alugamos	aluguemos	aluguemos
alugaram	aluguem	aluguem

<i→ í>	proibir	
presente	pres. subj.	imper. afirm.
proíbo	proíba	
proíbes	proíbas	proíbe
proíbe	proíba	proíba
proibimos	proibamos	proibamos
proíbem	proíbam	proíbam

<u → ú>	saudar	
presente	pres. subj.	imper. afirm.
saúdo	saúde	
saúdas	saúdes	saúda
saúda	saúde	saúde
saudamos	saudemos	saudemos
saúdam	saúdem	saúdem

Verbos regulares com particípios irregulares

infinitivo	particípio
abrir	aberto
escrever	escrito

Verbos regulares com particípios duplos

infinitivo	particípio irreg.	particípio reg.
aceitar	aceito	aceitado
acender	aceso	acendido
assentar	assente	assentado
despertar	desperto	despertado
eleger	eleito	elegido
emergir	emerso	emergido
entregar	entreque	entregado
enxugar	enxuto	enxugado
expressar	expresso	expressado
exprimir	expresso	exprimido
expulsar	expulso	expulsado
extinguir	extinto	extinguido
fartar	farto	fartado
ganhar	ganho	ganhado

infinitivo	particípio irreg.	particípio reg.
gastar	gasto	gastado
imergir	imerso	imergido
imprimir	impreso	imprimido
juntar	junto	juntado
libertar	liberto	libertado
limpar	limpo	limpado
matar	morto	matado
pagar	pago	pagado
prender	preso	prendido
salvar	salvo	salvado
secar	seco	secado
segurar	seguro	segurado
soltar	solto	soltado
submergir	submerso	submergido
sujeitar	sujeito	sujeitado
suspender	suspenso	suspendido

Os verbos irregulares

aprazer

presente	pret. imp.	pret. perf.	m.-q.-perf.	futuro	
					gerúndio
					aprazendo
apraz	aprazia	aprouve	aprouvera	aprazerá	
					particípio
aprazem	apraziam	aprouveram	aprouveram	aprazerão	aprazido

fut. pret.	pres. subj.	imp. subj.	fut. subj.	inf. pess.
aprazeria	apraza	aprouvesse	aprouver	aprazer
aprazeriam	aprazam	aprouvessem	aprouverem	aprazerem

caber

presente	pret. imp.	pret. perf.	m.-q.-perf.	futuro	
caibo	cabia	coube	coubera	caberei	**gerúndio**
cabes	cabias	coubeste	couberas	caberás	cabendo
cabe	cabia	coube	coubera	caberá	
cabemos	cabíamos	coubemos	coubéramos	caberemos	**particípio**
cabem	cabiam	couberam	couberam	caberão	cabido

fut. pret.	pres. subj.	imp. subj.	fut. subj.	imper. afirm.	inf. pess.
caberia	caiba	coubesse	couber		caber
caberias	caibas	coubesses	couberes	cabe	caberes
caberia	caiba	coubesse	couber	caiba	caber
caberíamos	caibamos	coubéssemos	coubermos	caibamos	cabermos
caberiam	caibam	coubessem	couberem	caibam	caberem

construir

presente	pret. imp.	pret. perf.	m.-q.-perf.	futuro	
construo	construía	construí	construíra	construirei	**gerúndio**
constróis	construías	construíste	construíras	construirás	construindo
constrói	construía	construiu	construíra	construirá	
construímos	construíamos	construímos	construíramos	construiremos	**particípio**
constroem	construíam	construíram	construíram	construirão	construído

fut. pret.	pres. subj.	imp. subj.	fut. subj.	imper. afirm.	inf. pess.
construiria	construa	constuísse	construir		construir
construirias	construas	construísses	construíres	constrói	construíres
construiria	construa	construísse	construir	contrua	construir
construiríamos	construamos	construíssemos	construirmos	construamos	construirmos
construiriam	construam	construíssem	construírem	construam	construírem

convergir

presente	pret. imp.	pret. perf.	m.-q.-perf.	futuro	
convirjo	convergia	convergi	convergira	comvergirei	**gerúndio**
converges	convergias	convergiste	convergiras	convergirás	convergindo
converge	convergia	convergiu	convergira	convergirá	
convergimos	convergíamos	convergimos	convergíramos	convergiremos	**particípio**
convergem	convergiam	convergiram	convergiram	convergirão	convergido

fut. pret.	pres. subj.	imp. subj.	fut. subj.	imper. afirm.	inf. pess.
convergiria	convirja	convergisse	convergir		convergir
convergirias	convirjas	convergisses	convergires	converge	convergires
convergiria	convirja	convergisse	convergir	convirja	convergir
convergiríamos	convirjamos	convergíssemos	comvergirmos	convirjamos	convergirmos
convergiriam	convirjam	convergissem	convergirem	convirjam	convergirem

crer

presente	pret. imp.	pret. perf.	m.-q.-perf.	futuro	
creio	cria	cri	crera	crerei	**gerúndio**
crês	crias	creste	creras	crerás	crendo
crê	cria	creu	crera	crerá	
cremos	críamos	cremos	crêramos	creremos	**particípio**
creem	criam	creram	creram	crerão	crido

fut. pret.	pres. subj.	imp. subj.	fut. subj.	imper. afirm.	inf. pess.
creria	creia	cresse	crer		crer
crerias	creias	cresses	creres	crê	creres
creria	creia	cresse	crer	creia	crer
creríamos	creiamos	crêssemos	crermos	creiamos	crermos
creriam	creiam	cressem	crerem	creiam	crerem

dar

presente	pret. imp.	pret. perf.	m.-q.-perf.	futuro	
dou	dava	dei	dera	darei	**gerúndio**
dás	davas	deste	deras	darás	dando
dá	dava	deu	dera	dará	
damos	dávamos	demos	déramos	daremos	**particípio**
dão	davam	deram	deram	darão	dado

fut. pret.	pres. subj.	imp. subj.	fut. subj.	imper. afirm.	inf. pess.
daria	dê	desse	der		dar
darias	dês	desses	deres	dá	dares
daria	dê	desse	der	dê	dar
daríamos	demos	déssemos	dermos	demos	darmos
dariam	deem	dessem	derem	deem	darem

dizer

presente	pret. imp.	pret. perf.	m.-q.-perf.	futuro	
digo	dizia	disse	dissera	direi	**gerúndio**
dizes	dizias	disseste	disseras	dirás	dizendo
diz	dizia	disse	dissera	dirá	
dizemos	dizíamos	dissemos	disséramos	diremos	**particípio**
dizem	diziam	disseram	disseram	dirão	dito

fut. pret.	pres. subj.	imp. subj.	fut. subj.	imper. afirm.	inf. pess.
diria	diga	dissesse	disser		dizer
dirias	digas	dissesses	disseres	diz	dizeres
diria	diga	dissesse	disser	diga	dizer
diríamos	digamos	disséssemos	dissermos	digamos	dizermos
diriam	digam	dissessem	disserem	digam	dizerem

dormir

presente	pret. imp.	pret. perf.	m.-q.-perf.	futuro	
durmo	dormia	dormi	dormira	dormirei	**gerúndio**
dormes	dormias	dormiste	dormiras	dormirás	dormindo
dorme	dormia	dormiu	dormira	dormirá	
dormimos	dormíamos	dormimos	dormíramos	dormiremos	**particípio**
dormem	dormiam	dormiram	dormiram	dormirão	dormido

fut. pret.	pres. subj.	imp. subj.	fut. subj.	imper. afirm.	inf. pess.
dormiria	durma	dormisse	dormir		dormir
dormirias	durmas	dormisses	dormires	dorme	dormires
dormiria	durma	dormisse	dormir	durma	dormir
dormiríamos	durmamos	dormíssemos	dormirmos	durmamos	dormirmos
dormiriam	durmam	dormissem	dormirem	durmam	dormirem

estar

presente	pret. imp.	pret. perf.	m.-q.-perf.	futuro	
estou	estava	estive	estivera	estarei	**gerúndio**
estás	estavas	estiveste	estiveras	estarás	estando
está	estava	esteve	estivera	estará	
estamos	estávamos	estivemos	estivéramos	estaremos	**particípio**
estão	estavam	estiveram	estiveram	estarão	estado

fut. pret.	pres. subj.	imp. subj.	fut. subj.	imper. afirm.	inf. pess.
estaria	esteja	estivesse	estiver		estar
estarias	estejas	estivesses	estiveres	está	estares
estaria	esteja	estivesse	estiver	esteja	estar
estaríamos	estjamos	estivéssemos	estivermos	estejamos	estarmos
estariam	estejam	estivessem	estiverem	estejam	estarem

fazer

presente	pret. imp.	pret. perf.	m.-q.-perf.	futuro	
faço	fazia	fiz	fizera	farei	**gerúndio**
fazes	fazias	fizeste	fizeras	farás	fazendo
faz	fazia	fez	fizera	fará	
fazemos	fazíamos	fizemos	fizéramos	faremos	**particípio**
fazem	faziam	fizeram	fizeram	farão	feito

fut. pret.	pres. subj.	imp. subj.	fut. subj.	imper. afirm.	inf. pess.
faria	faça	fizesse	fizer		fazer
farias	faças	fizesses	fizeres	faz	fazeres
faria	faça	fizesse	fizer	faça	fazer
faríamos	façamos	fizéssemos	fizermos	façamos	fazermos
fariam	façam	fizessem	fizerem	façam	fazerem

fugir

presente	pres. subj.	imper. afirm.	
fujo	fuja		**gerúndio**
foges	fujas	foge	fugindo
foge	fuja	fuja	
fugimos	fujamos	fujamos	**particípio**
fogem	fujam	fujam	fugido

haver

presente	pret. imp.	pret. perf.	m.-q.-perf.	futuro	
	havia**				**gerúndio**
	havias				havendo
há*	havia	houve	houvera	haverá	
	havíamos				**particípio**
	haviam				havido

* No português atual o verbo haver é mais frequentemente usado como sinônimo de existir e só é conjugado na terceira pessoa do singular e ** como sinônimo de ter como verbo auxiliar no pretérito mais-que-perfeito composto: eu *havia comprado/* eu *tinha comprado*.

fut. pret.	pres. subj.	imp. subj.	fut. subj.	imper. afirm.	inf. pess.
haveria	haja	houvesse	houver	haja	haver

haver

presente	pret. imp.	pret. perf.	m.-q.-perf.	futuro	
hei	havia	houve	houvera	haverei	**gerúndio**
hás	havias	houveste	houveras	haverás	havendo
há	havia	houve	houvera	haverá	
havemos	havíamos	houvemos	houvéramos	haveremos	**particípio**
hão	haviam	houveram	houveram	havereão	havido

fut. pret.	pres. subj.	imp. subj.	fut. subj.	imper. afirm.	inf. pess.
haveria	haja	houvesse	houver		haver
haverias	hajas	houvesses	houveres	há	haveres
haveria	haja	houvesse	houver	haja	haver
haveríamos	hajamos	houvéssemos	houvermos	hajamos	havermos
haveriam	hajam	houvessem	houverem	hajam	haverem

ir

presente	pret. imp.	pret. perf.	m.-q.-perf.	futuro	
vou	ia	fui	fora	irei	**gerúndio**
vais	ias	foste	foras	irás	indo
vai	ia	foi	fora	irá	
vamos	íamos	fomos	fôramos	iremos	**particípio**
vão	iam	foram	foram	irão	ido

fut. pret.	pres. subj.	imp. subj.	fut. subj.	imper. afirm.	inf. pess.
iria	vá	fosse	for		ir
irias	vás	fosses	fores	vai	ires
iria	vá	fosse	for	vá	ir
iríamos	vamos	fôssemos	formos	vamos	irmos
iriam	vão	fossem	forem	vão	irem

ler

presente	pres. subj.	imper. afirm.	
leio	leia		**gerúndio**
lês	leias	lê	lendo
lê	leia	leia	
lemos	leiamos	leiamos	**particípio**
leem	leiam	leiam	lido

odiar

presente	pret. imp.	pret. perf.	m.-q.-perf.	futuro	
odeio	odiava	odiei	odiara	odiarei	**gerúndio**
odeias	odiavas	odiaste	odiaras	odiarás	odiando
odeia	odiava	odiou	odiara	odiará	
odiamos	odiávamos	odiamos	odiáramos	odiaremos	**particípio**
odeiam	odiavam	odiaram	odiaram	odiarão	odiado

fut. pret.	pres. subj.	imp. subj.	fut. subj.	imper. afirm.	inf. pess.
odiaria	odeie	odiasse	odiar		odiar
odiarias	odeies	odiasses	odiares	odeia	odiares
odiaria	odeie	odiasse	odiar	odeie	odiar
odiaríamos	odiemos	odiássemos	odiarmos	odiemos	odiarmos
odiariam	odeiem	odiassem	odiarem	odeiem	odiarem

ouvir

presente	pret. ind.	imperativo	
ouço	ouça		**gerúndio**
ouves	ouças	ouve	ouvindo
ouve	ouça	ouça	
ouvimos	ouçamos	ouçamos	**particípio**
ouvem	ouçam	ouçam	ouvido

pedir

presente	pres. subj.	imper. afirm.	
peço	peça		**gerúndio**
pedes	peças	pede	pedindo
pede	peça	peça	
pedimos	peçamos	peçamos	**particípio**
pedem	peçam	peçam	pedido

perder

presente	pres. subj.	imp. afirm.	
perco	perca		**gerúndio**
perdes	percas	perde	perdendo
perde	perca	perca	
perdemos	percamos	percamos	**particípio**
perdem	percam	percam	perdido

poder

presente	pret. imp.	pret. perf.	m.-q.-perf.	futuro	
posso	podia	pude	pudera	poderei	**gerúndio**
podes	podias	pudeste	puderas	poderás	podendo
pode	podia	pôde	pudera	poderá	
podemos	podíamos	pudemos	pudéramos	poderemos	**particípio**
podem	podiam	puderam	puderam	poderão	podido

fut. pret.	pres. subj.	imp. subj.	fut. subj.	inf. pess.
poderia	possa	pudesse	puder	poder
poderias	possas	pudesses	puderes	poderes
poderia	possa	pudesse	puder	poder
poderíamos	possamos	pudéssemos	pudermos	podermos
poderiam	possam	pudessem	puderem	poderem

polir

presente	pret. imp.	pret. perf.	m.-q.-perf.	futuro	
pulo	polia	poli	polira	polirei	**gerúndio**
pules	polias	poliste	poliras	polirás	polindo
pule	polia	poliu	polira	polirá	
polimos	políamos	polimos	políramos	poliremos	**particípio**
pulem	poliam	poliram	poliram	polirão	polido

fut. pret.	pres. subj.	imp. subj.	fut. subj.	imper. afirm.	inf. pess.
poliria	pula	polisse	polir		polir
polirias	pulas	polisses	polires	pule	polires
poliria	pula	polisse	polir	pula	polir
poliríamos	pulamos	políssemos	polirmos	pulamos	polirmos
poliriam	pulam	polissem	polirem	pulam	polirem

pôr

presente	pret. imp.	pret. perf.	m.-q.-perf.	futuro	
ponho	punha	pus	pusera	porei	**gerúndio**
pões	punhas	puseste	puseras	porás	pondo
põe	punha	pôs	pusera	porá	
pomos	púnhamos	pusemos	puséramos	poremos	**particípio**
põem	punham	puseram	puseram	porão	posto

fut. prêt.	pres. subj.	imp. subj.	fut. subj.	imper. afirm.	inf. pess.
poria	ponha	pusesse	puser		pôr
porias	ponhas	pusesses	puseres	põe	pores
poria	ponha	pusesse	puser	ponha	pôr
poríamos	ponhamos	puséssemos	pusermos	ponhamos	pormos
poriam	ponham	pusessem	puserem	ponham	porem

preferir

presente	pres. subj.	imper. afirm.	
prefiro	prefira		**gerúndio**
preferes	prefiras	prefere	preferindo
prefere	prefira	prefira	
preferimos	prefiramos	prefiramos	**particípio**
preferem	prefiram	prefiram	preferido

prevenir

presente	pres. subj.	imper. afirm.	
previno	previna		**gerúndio**
prevines	previnas	previne	prevenindo
previne	previna	previna	
prevenimos	previnamos	previnamos	**particípio**
previnem	previnam	previnam	prevenido

querer

presente	pret. imp.	pret. perf.	m.-q.-perf.	futuro*	
quero	queria	quis	quisera	quererei	**gerúndio**
queres	querias	quiseste	quiseras	quererás	querendo
quer	queria	quis	quisera	quererá	
queremos	queríamos	quisemos	quiséramos	quereremos	**particípio**
querem	queriam	quiseram	quiseram	quererão	querido

* pouco usado

fut. pret.*	pres. subj.	imp. subj.	fut. subj.	imper. afirm.	inf. pess.
quereria	queira	quisesse	quiser		querer
quererias	queiras	quisesses	quiseres	quer	quereres
quereria	queira	quisesse	quiser	queira	querer
quereríamos	queiramos	quiséssemos	quisermos	queiramos	querermos
quereriam	queiram	quisessem	quiserem	queiram	quererem

* pouco usado

reaver

presente	pret. imp.	pret. perf.	m.-q.-perf.	futuro*	
	reavia	reouve	reouvera	reaverei	**gerúndio**
	reavias	reouveste	reouveras	reaverás	reavendo
	reavia	reouve	reouvera	reaverá	
reavemos	reavíamos	reouvemos	reouvéramos	reaveremos	**particípio**
	reaviam	reouveram	reouveram	reaverão	reavido

* pouco usado

fut. pret.	imp. subj.	fut. subj.	inf. pess.
reaveria	reouvesse	reouver	reaver
reaverias	reouvesses	reouveres	reaveres
reaveria	reouvesse	reouver	reaver
reaveríamos	reouvéssemos	reouvermos	reavermos
reaveriam	reouvessem	reouverem	reaverem

refletir

presente	subj. pres.	imper. afirm.	
reflito	reflita		**gerúndio**
refletes	reflitas	reflete	refletindo
reflete	reflita	reflita	
relfetimos	reflitamos	reflitamos	**particípio**
refletem	reflitam	relflitam	refletido

requerer

presente	pret. imp.	pret. perf.	m.-q.-perf.	futuro		
requeiro	requeria	requeri	requerera	requererei	**gerúndio**
requeres	requerias	requereste	requereras	requererás	requerendo
requer/ requere	requeria	requereu	requerera	requererá	
requeremos	requeríamos	requeremos	requerêramos	requereremos	**particípio**
requerem	requeriam	requereram	requereram	requererão	requerido

fut. pret.	pres. subj.	imp. subj.	fut. subj.	imper. afirm.	inf. pess.
requereria	requeira	requeresse	requerer		requerer
requererias	requeiras	requeresses	requereres	requer/ requere	requereres
requereria	requeira	requeresse	requerer	requeira	requerer
requereríamos	requeiramos	requerêssemos	requerermos	requeiramos	requerermos
requereriam	requeiram	requeressem	requererem	requeiram	requererem

rir

presente		
rio	**gerúndio**	
ris	rindo	
ri		
rimos	**particípio**	
riem	rido	

saber

presente	pret. imp.	pret. perf.	m.-q.-perf.	futuro	
sei	sabia	soube	soubera	saberei	**gerúndio**
sabes	sabias	soubeste	souberas	saberás	sabendo
sabe	sabia	soube	soubera	saberá	
sabemos	sabíamos	soubemos	soubéramos	saberemos	**particípio**
sabem	sabiam	souberam	souberam	saberão	sabido

fut. pret.	pres. subj.	imp. subj.	fut. subj.	imper. afirm.	inf. pess.
saberia	saiba	soubesse	souber		saber
saberias	saibas	soubesses	souberes	sabe	saberes
saberia	saiba	soubesse	souber	saiba	saber
saberíamos	saibamos	soubéssemos	soubermos	saibamos	sabermos
saberiam	saibam	soubessem	souberem	saibam	saberem

seguir

presente	pres. subj.	imperativo	
sigo	siga		**gerúndio**
segues	sigas	segue	seguindo
segue	siga	siga	
seguimos	sigamos	sigamos	**particípio**
seguem	sigam	sigam	seguido

sentir

presente	pres. subj.	imperativo	
sinto	sinta		**gerúndio**
sentes	sintas	sente	sentindo
sente	sinta	sinta	
sentimos	sintamos	sintamos	**particípio**
sentem	sintam	sintam	sentido

ser

presente	pret. imp.	pret. perf.	m.-q.-perf.	futuro	
sou	era	fui	fora	serei	**gerúndio**
és	eras	foste	foras	serás	sendo
é	era	foi	fora	será	
somos	éramos	fomos	fôramos	seremos	**particípio**
são	eram	foram	foram	serão	sido

fut. pret.	pres. subj.	imp. subj.	fut. subj.	imper. afirm.	inf. pess.
seria	seja	fosse	for		ser
serias	sejas	fosses	fores	sê	seres
seria	seja	fosse	for	seja	ser
seríamos	sejamos	fôssemos	formos	sejamos	sermos
seriam	sejam	fossem	forem	sejam	serem

subir

presente	imper. afirm.		
subo		**gerúndio**	
sobes	sobe	subindo	
sobe	suba		
subimos	subamos	**particípio**	
sobem	subam	subido	

ter

presente	pret. imp.	pret. perf.	m.-q.-perf.	futuro	
tenho	tinha	tive	tivera	terei	**gerúndio**
tens	tinhas	tiveste	tiveras	terás	tendo
tem	tinha	teve	tivera	terá	
temos	tínhamos	tivemos	tivéramos	teremos	**particípio**
têm	tinham	tiveram	tiveram	terão	tido

fut. pret.	pres. subj.	imp. subj.	fut. subj.	imper. afirm.	inf. pess.
teria	tenha	tivesse	tiver		ter
terias	tenhas	tivesses	tiveres	tem	teres
teria	tenha	tivesse	tiver	tenha	ter
teríamos	tenhamos	tivéssemos	tivermos	tenhamos	termos
teriam	tenham	tivessem	tiverem	tenham	terem

trazer

presente	pret. imp.	pret. perf.	m.-q.-perf.	futuro	
trago	trazia	trouxe	trouxera	trarei	**gerúndio**
trazes	trazia	trouxeste	trouxeras	trarás	trazendo
traz	trazia	trouxe	trouxera	trará	
trazemos	trazíamos	trouxemos	trouxéramos	traremos	**particípio**
trazem	traziam	trouxeram	trouxeram	trarão	trazido

fut. pret.	pres. subj.	imp. subj.	fut. subj.	imper. afirm.	inf. pess.
traria	traga	trouxesse	trouxer		trazer
trarias	tragas	trouxesses	trouxeres	traz	trazeres
traria	traga	trouxesse	trouxer	traga	trazer
traríamos	tragamos	trouxéssemos	trouxermos	tragamos	trazermos
trariam	tragam	trouxessem	trouxerem	tragam	trazerem

valer

presente	pres. subj.	imperativo	
valho	valha		**gerúndio**
vales	valhas	vale	valendo
vale	valha	valha	
valemos	valhamos	valhamos	**particípio**
valem	valham	valham	valido

ver

presente	pret. imp.	pret. perf.	m.-q.-perf.	futuro	
vejo	via	vi	vira	verei	**gerúndio**
vês	vias	viste	viras	verás	vendo
vê	via	viu	vira	verá	
vemos	víamos	vimos	víramos	veremos	**particípio**
veem	viam	viram	viram	verão	visto

fut. pret.	pres. subj.	imp. subj.	fut. subj.	imper. afirm.	inf. pess.
veria	veja	visse	vir		ver
verias	vejas	visses	vires	vê	veres
veria	veja	visse	vir	veja	ver
veríamos	vejamos	víssemos	virmos	vejamos	vermos
veriam	vejam	vissem	virem	vejam	verem

vestir

presente	pres. subj.	imper. afirm.	
visto	vista		**gerúndio**
vestes	vistas	veste	vestindo
veste	vista	vista	
vestimos	vistamos	vistamos	**particípio**
vestem	vistam	vistam	vestido

vir

presente	pret. imp.	pret. perf.	m.-q.-perf.	futuro	
venho	vinha	vim	viera	virei	**gerúndio**
vens	vinhas	vieste	vieras	virás	vindo
vem	vinha	veio	viera	virá	
vimos	vínhamos	viemos	viéramos	viremos	**particípio**
vêm	vinham	vieram	vieram	virão	vindo

fut. pret.	pres. subj.	imp. subj.	fut. subj.	imper. afirm.	inf. pess.
viria	venha	viesse	vier		vir
virias	venhas	viesses	vieres	vem	vires
viria	venha	viesse	vier	venha	vir
viríamos	venhamos	viéssemos	viermos	venhamos	virmos
viriam	venham	viessem	vierem	venham	virem

Falsos amigos

Falsos amigos

Para más información el usuario debe de consultar la entrada en el diccionario. En los casos en los que la palabra portuguesa está fuera del orden alfabético esta aparece en *cursiva*.

Para mais informações o usuário deve consultar a entrada no dicionário. Nos casos em que a palavra portuguesa está fora da ordem alfabética esta aparece em *cursivo*.

Significado(s) da palavra espanhola	falso amigo español	falso cognado português	Significado(s) de la palabra portuguesa
detestar	aborrecer	aborrecer	1) enfadar 2) aburrir
óleo	aceite	*azeite*	aceite de oliva
apelido	alias	aliás	1) por cierto 2) mejor dicho 3) de lo contrario 4) además
travesseiro	almohada	almofada	cojín, almohadón
aniversário	aniversario	aniversário	1) cumpleaños 2) aniversario
ânus	ano	ano	año
aparelho	aparato	aparato	1) ostentación 2) aparato
sobrenome	apellido	apelido	apodo
ponto	apuntador(a)	apontador	sacapuntas
prisão	arresto	arresto	embargo
máteria	asignatura	assinatura	1) firma 2) suscripción
aula	aula	aula	clase, lección
acaso	azar	azar	mala suerte
1) bola 2) balão	balón	balão	1) globo 2) cambio de sentido
lixo	basura	*vassoura*	escoba
batata-doce	batata	batata	patata, papa *AmL*
bolsa de estudos	beca	beca	toga
1) bilhete 2) cédula	billete	bilhete	1) nota 2) billete, entrada 3) billete, boleto *AmL*
carteira	billetera, billetero	bilheteria	taquilla, boletería *AmL*
um milhão de milhões, trilhão	billón	*bilhão*	mil millones

Significado(s) da palavra espanhola	falso amigo español	falso cognado português	Significado(s) de la palabra portuguesa
pino	bolo	bolo	1) pastel 2) montón
1) sacola 2) brega 3) bolsa 4) bolso	bolsa	bolsa	1) bolso, cartera *RíoPl* 2) bolsa 3) beca
bolsa	bolso	bolso	bolsillo, bolsa *Méx*
1) rascunho, esboço 2) apagador 3) borracha	borrador	borrador	libro de entradas y salidas
1) remover 2) apagar 3) deletar	borrar	borrar	manchar
1) armário de primeiros socorros 2) caixa de primeiros socorros	botiquín	botequim	bar
pular	brincar	brincar	1) jugar 2) bromear
pulo	brinco	brinco	1) pendiente 2) joya
filhote	cachorro, -a	cachorro, -a	1) perro 2) canalla
quadril	cadera	cadeira	1) silla 2) asiento 3) cátedra
1) caixote 2) gaveta	cajón	caixão	1) cajón 2) féretro, ataúd
ninhada	camada	camada	capa
camarote	camarote	camarote	1) palco 2) camarote
cã, cabelo branco	cana	cana	1) caña 2) chirona 3) poli
máscara	careta	careta	mueca
1) pasta 2) capa	carpeta	carpete	moqueta
1) carroça 2) *AmL* carro	carro	carro	coche, carro *AmL*, auto *CSur*
1) carteira 2) bolsa 3) pasta 4) mala	cartera	carteira	1) cartera 2) cajetilla 3) carnet, carné 4) pupitre
jantar	cena	cena	escena

Significado(s) da palavra espanhola	falso amigo español	falso cognado português	Significado(s) de la palabra portuguesa
1) conservador(a) 2) charlatão, -ona	charlatán, -ana	charlatão, -tã	estafador(a)
1) brindar 2) chocar	chocar	chocar	1) empollar 2) ofender
1) prego 2) cravo, cravo-da-índia	clavo	*cravo*	1) clavel 2) clavo
naja	cobra	cobra	serpiente
1) carro 2) carroça 3) carruagem 4) vagão	coche	coche	carroza
1) coar 2) passar	colar	colar	1) pegar 2) copiar
rabicho	coleta	coleta	1) colecta 2) recaudación 3) recogida
floco	copo	copo	vaso
criação	crianza	criança	niño, -a
1) capa 2) convés 3) pneu	cubierta	*coberta*	1) colcha 2) cubierta
1) pescoço 2) colarinho 3) gola	cuello	*coelho, -a*	conejo, -a
doze	doce	doce	dulce
degrau	escalón	escalão	escalafón
1) palco 2) cenário	escenario	*cenário*	escenario
vassoura	escoba	escova	cepillo
escrivaninha	escritorio	escritório	1) oficina 2) despacho
horror, pavor	espanto	espanto	impresión
1) horroroso, -a 2) pavoroso, -a	espantoso, -a	espantoso, -a	1) impresionante 2) extraordinario, -a 3) indignante
1) espinha 2) espinho	espina	espinha	1) espina 2) espinilla
esporo	espora	espora	espuela
algemar	esposar	esposar	1) casar 2) defender
trapaça	estafa	estafa	agotamiento
trapaçear	estafar	estafar	agotar
aquecedor	estufa	estufa	invernadero

Significado(s) da palavra espanhola	falso amigo español	falso cognado português	Significado(s) de la palabra portuguesa
especialista	experto, -a	*esperto, -a*	inteligente
espremer	exprimir	exprimir	expresar
1) excelente 2) delicioso, -a	exquisito, -a	*esquisito, -a*	1) raro, -a 2) refinado, -a
farol	faro	faro	1) olfato 2) intuición
lampião	farol	farol	1) faro 2) luz
datar	fechar	fechar	cerrar
promotor(a)	fiscal	fiscal	inspector(a)
1) foco 2) *AmL* lâmpada	foco	foco	1) foco 2) epicentro 3) centro
fofo, -a	fofo, -a	fofo, -a	1) blando, -a 2) fofo, -a 3) mono, -a
1) testa, fronte 2) frente	frente	frente	1) parte frontal 2) fachada 3) delantera 4) frente
1) fonte 2) travessa	fuente	*fonte*	1) fuente 2) sien
gaita de foles	gaita	gaita	armónica
bolacha	galleta	galheta	1) aceitera 2) vinagrera
1) galo 2) peixe-galo	gallo	galho	1) rama 2) trabajillo 3) follón 4) lío
pechincha	ganga	ganga	ganga
gancho	garfio	garfo	1) tenedor 2) horquilla
garrafão	garrafa	garrafa	botella
grau	grado	grado	grado
1) gordura 2) graxa	grasa	*graça*	1) gracia 2) nombre
guarda costeira	guardacostas	guarda-costas	1) guardacostas 2) guardaespaldas
violão	guitarra	guitarra	guitarra (eléctrica)
sorvete	helado	gelado	1) helado 2) refresco
1) interesse 2) juro	interés	interesse	interés

Significado(s) da palavra espanhola	falso amigo español	falso cognado português	Significado(s) de la palabra portuguesa
diária	jornal	jornal	1) periódico 2) noticias
1) jogar 2) brincar 3) combinar	jugar	*jogar*	1) jugar 2) tirar
1) longo, -a, comprido, -a 2) astucioso, -a	largo, -a	largo, -a	1) ancho, -a 2) amplio, -a 3) largo, -a 4) grande 5) holgado, -a
longitude, comprimento	largura	largura	anchura
pulsação	latido	latido	ladrido
ligar	ligar	ligar	1) unir 2) encender 3) conectar 4) vincular 5) llamar 6) dar importancia
conseguir	lograr	lograr	1) lograr 2) engañar
êxito	logro	logro	engaño
1) mestre, -a 2) professor(a)	maestro, -a	maestro, -a	maestro, -a, director(a) de orquesta
mala	maleta	maleta	maletín
1) gordura, banha 2) *RíoPl* manteiga	manteca	manteiga	mantequilla, manteca *RíoPl*
arbusto	mata	mata	selva
geleia	mermelada	*marmelada*	1) dulce de membrillo 2) trapicheo 3) fraude
motociclista	motorista	motorista	conductor(a), chofer *AmL*
1) munheca 2) boneca	muñeca	munheca	muñeca
carta	naipe	naipe	1) palo 2) grupo 3) clase
1) nítido, -a 2) líquido, -a	neto, -a	neto, -a	nieto, -a
1) menino 2) garoto	niño	ninho	nido
1) namorado, -a 2) noivo, -a	novio, -a	*noivo, -a*	novio, -a
presente	obsequio	obséquio	favor

Significado(s) da palavra espanhola	falso amigo español	falso cognado português	Significado(s) de la palabra portuguesa
1) ganso 2) jogo da glória	oca	oca	cabaña
ideia	ocurrencia	ocorrência	1) acontecimiento 2) suceso
escritório	oficina	oficina	taller
onda	ola	olá	hola
1) beira 2) margem	orilla	orelha	1) oreja 2) solapa
urso	oso	osso	hueso
camarote	palco	palco	escenario
1) pasta 2) massa 3) biscoito 4) capa 5) grana	pasta	pasta	1) pasta 2) carpeta 3) cartera
1) bolo 2) empadão	pastel	pastel	1) empanada 2) pastel 3) pesado, -a
1) aderir, colar 2) pegar 3) bater 4) soltar 5) dar	pegar	pegar	1) coger, agarrar *AmL* 2) coger, tomar *AmL* 3) coger, pescar *AmL* 4) recoger 5) ir 6) entender, coger 7) sintonizar
filme	película	película	película
1) cabelo 2) pelo	pelo	pelo	1) vello 2) pelo 3) pelusa
1) lástima, pena 2) pena 3) *AmL* vergonha	pena	pena	1) pluma 2) pena
perna	pierna	perna	1) pierna 2) pata
pinheiro	pino	pino	1) clavija 2) cenit
1) cachimbo 2) caroço	pipa	pipa	1) barril 2) cometa, volantín *Chile*, papalote *Méx*, barrilete *RíoPl* 3) retaco
1) piso 2) andar 3) apartamento	piso	piso	piso

Significado(s) da palavra espanhola	falso amigo español	falso cognado português	Significado(s) de la palabra portuguesa
1) prancha 2) ferro de passar roupa	plancha	*prancha*	1) tabla 2) plancha
plateia	platea	plateia	1) platea 2) audiencia
1) pó 2) trepada	polvo	polvo	pulpo
1) porteiro, -a 2) goleiro, -a	portero, -a	porteiro, -a	portero, -a
1) prensa 2) imprensa	prensa	prensa	prensa
gabar-se, vangloriar-se	presumir	presumir	presumir, suponer
suposto, -a, pretenso, -a	presunto, -a	presunto	jamón
1) procurar, esforçar-se por 2) proporcionar	procurar	procurar	1) buscar 2) procurar 3) investigar
arranhão	rasguño	rascunho	borrador
momento	rato	rato	ratón
fatia	rebanada	*rabanada*	torrija
provérbio	refrán	refrão	1) refrán 2) estribillo
vermelho, -a	rojo, -a	*roxo, -a*	morado, -a
romance	romance	romance	1) novela 2) romance
loiro, -a	rubio, -a	ruivo, -a	pelirrojo, -a
1) molho 2) tempero 3) salsa	salsa	salsa	1) perejil 2) salsa
cogumelo	seta	seta	flecha
tempo que se fica na mesa depois do término de uma refeição	sobremesa	sobremesa	postre
apelido	sobrenombre	sobrenome	apellido
1) *bebida ou sobremesa refrigerante* 2) *AmL* canudo	sorbete	*sorvete*	helado
porão	sótano	sótão	desván
subsolo	subsuelo	subsolo	1) subsuelo 2) sótano
1) sono 2) sonho	sueño	*sonho*	1) sueño 2) buñuelo
oficina	taller	talher	cubierto

Significado(s) da palavra espanhola	falso amigo español	falso cognado português	Significado(s) de la palabra portuguesa
1) tampa 2) capa 3) sola 4) tira-gosto	tapa	tapa	1) bofetada 2) calada, pitada *AmS* 3) tapa
toalha (de centro)	tapete	tapete	alfombra
1) xícara 2) vaso sanitário	taza	taça	copa
1) tecido 2) tela	tela	tela	1) tela 2) pantalla
garrafa térmica	termo	termo	término
ainda	todavía	todavia	sin embargo
1) toupeira 2) espião, espiã	topo	topo	1) cima, cumbre 2) punta
1) desajeitado, -a 2) burro, -a	torpe	torpe	1) impúdico, -a 2) infame
quintilhão	trillón	trilhão	billón
1) soleira 2) limiar	umbral	umbral	jamba
1) copo 2) vaso	vaso	vaso	1) maceta, tiesto 2) vaso

Los numerales

Os numerais

Los numerales cardinales

Os numerais cardinais

cero	0	zero
uno (apócope un), una	1	um, uma
dos	2	dois, duas
tres	3	três
cuatro	4	quatro
cinco	5	cinco
seis	6	seis
siete	7	sete
ocho	8	oito
nueve	9	nove
diez	10	dez
once	11	onze
doce	12	doze
trece	13	treze
catorce	14	quatorze, catorze
quince	15	quinze
dieciséis	16	dezesseis
diecisiete	17	dezessete
dieciocho	18	dezoito
diecinueve	19	dezenove
veinte	20	vinte
veintiuno (apócope veintiún), -a	21	vinte e um, a
veintidós	22	vinte e dois, duas
veintitrés	23	vinte e três
veinticuatro	24	vinte e quatro
veinticinco	25	vinte e cinco
treinta	30	trinta
treinta y uno (apócope treinta y un) -a	31	trinta e um, a
treinta y dos	32	trinta e dois, duas
treinta y tres	33	trinta e três
cuarenta	40	quarenta
cuarenta y uno (apócope cuarenta y un) -a	41	quarenta e um, a
cuarenta y dos	42	quarenta e dois, duas
cincuenta	50	cinquenta

cincuenta y uno (apócope cincuenta y un) -a	51	cinquenta e um, a
cincuenta y dos	52	cinquenta e dois, duas
sesenta	60	sessenta
sesenta y uno (apócope sesenta y un) -a	61	sessenta e um, a
sesenta y dos	62	sessenta e dois, duas
setenta	70	setenta
setenta y uno (apócope setenta y un) -a	71	setenta e um, a
setenta y dos	72	setenta e dois, duas
ochenta	80	oitenta
ochenta y uno (apócope ochenta y un) -a	81	oitenta e um, a
ochenta y dos	82	oitenta e dois, duas
noventa	90	noventa
noventa y uno (apócope noventa y un) -a	91	noventa e um, a
noventa y dos	92	noventa e dois, duas
cien	100	cem
ciento uno (apócope ciento un) -a	101	cento e um, a
ciento dos	102	cento e dois, duas
ciento diez	110	cento e dez
ciento veinte	120	cento e vinte
ciento noventa y nueve	199	cento e noventa e nove
dos cientos, -as	200	duzentos, -as
dos cientos uno (apócope doscientos un) -a	201	duzentos, -as e um, a
dos cientos veintidós	222	duzentos, -as e vinte e dois, duas
tres cientos, -as	300	trezentos, -as
cuatro cientos, -as	400	quatrocentos, -as
quinientos, -as	500	quinhentos, -as
seiscientos, -as	600	seiscentos, -as
sietecientos, -as	700	setecentos, -as
ochocientos, -as	800	oitocentos, -as
nuevecientos, -as	900	novecentos, -as
mil	1 000	mil
mil uno (apócope mil un) -a	1 001	mil e um, a
mil diez	1 010	mil e dez
mil cien	1 100	mil e cem

dos mil	2 000	dois, duas mil
diez mil	10 000	dez mil
cien mil	100 000	cem mil
un millón	1 000 000	um milhão
dos millones	2 000 000	dois milhões
dos millones quinientos, -as mil	2 500 000	dois milhões e quinhentos, -as mil
mil millones	1 000 000 000	um bilhão (ou bilião)
un billón	1 000 000 000 000	um trilhão (ou trilião)

Los numerales ordinales   Os numerais ordinais

primero (apócope primer), -a	1º, 1ª	primeiro, -a
segundo, -a	2º, 2ª	segundo, -a
tercero (apócope tercer), -a	3º, 3ª	terceiro, -a
cuarto, -a	4º, 4ª	quarto, -a
quinto, -a	5º, 5ª	quinto, -a
sexto, -a	6º, 6ª	sexto, -a
séptimo, -a	7º, 7ª	sétimo, -a
octavo, -a	8º, 8ª	oitavo, -a
noveno, -a	9º, 9ª	nono, -a (ou noveno, -a)
décimo, -a	10º, 10ª	décimo, -a
undécimo, -a	11º, 11ª	décimo, -a primeiro, -a (ou undécimo, -a)
duodécimo, -a	12º, 12ª	décimo, -a segundo, -a (ou duodécimo, -a)
decimotercero, -a	13º, 13ª	décimo, -a terceiro, -a
decimocuarto, -a	14º, 14ª	décimo, -a quarto, -a
decimoquinto, -a	15º, 15ª	décimo, -a quinto, -a
decimosexto, -a	16º, 16ª	décimo, -a sexto, -a
decimoséptimo, -a	17º, 17ª	décimo, -a sétimo, -a
decimoctavo, -a	18º, 18ª	décimo, -a oitavo, -a
decimonoveno, -a	19º, 19ª	décimo, -a nono, -a
vigésimo, -a	20º, 20ª	vigésimo, -a
vigésimo, -a primero, -a (o vigesimoprimero, -a)	21º, 21ª	vigésimo, -a primeiro, -a
vigésimo, -a segundo, -a (o vigesimosegundo, -a)	22º, 22ª	vigésimo, -a segundo, -a
vigésimo, -a tercero, -a (o vigesimotercero, -a)	23º, 23ª	vigésimo, -a terceiro, -a
trigésimo, -a	30º, 30ª	trigésimo, -a

trigésimo, -a primero, -a	31°, 31ª	trigésimo, -a primeiro, -a
trigésimo, -a segundo, -a	32°, 32ª	trigésimo, -a segundo, -a
cuadragésimo, -a	40°, 40ª	quadragésimo, -a
quincuagésimo, -a	50°, 50ª	quinquagésimo, -a
sexagésimo, -a	60°, 60ª	sexagésimo, -a
septuagésimo, -a	70°, 70ª	septuagésimo, -a
septuagésimo, -a primero, -a	71°, 71ª	septuagésimo, -a primeiro, -a
septuagésimo, -a segundo, -a	72°, 72ª	septuagésimo, -a segundo, -a
octogésimo, -a	80°, 80ª	octogésimo, -a
octogésimo, -a primero, -a	81°, 81ª	octogésimo, -a primeiro, -a
octogésimo, -a segundo, -a	82°, 82ª	octogésimo, -a segundo, -a
nonagésimo, -a	90°, 90ª	nonagésimo, -a
nonagésimo, -a primero, -a	91°, 91ª	nonagésimo, -a primeiro, -a
centésimo, -a	100°, 100ª	centésimo, -a
centésimo, -a primero, -a	101°, 101ª	centésimo, -a primeiro, -a
centésimo, -a décimo, -a	110°, 110ª	centésimo, -a décimo, -a
centésimo, -a nonagésimo, -a quinto, -a	195°, 195ª	centésimo, -a nonagésimo, -a quinto, -a
ducentésimo, -a	200°, 200ª	ducentésimo, -a
tricentésimo, -a	300°, 300ª	trecentésimo, -a
quingentésimo, -a	500°, 500ª	quingentésimo, -a
milésimo, -a	1 000°, 1 000ª	milésimo, -a
dosmilésimo, -a	2 000°, 2 000ª	dois milésimos, -as
millonésimo, -a	1 000 000°, 1 000 000ª	milionésimo, -a
diezmillonésimo, -a	10 000 000°, 10 000 000ª	dez milionésimos, -a

Numeros fraccionarios (o quebrados)

Números fracionários

mitad; medio, -a	$1/2$	meio, -a
un tercio	$1/3$	um terço
un cuarto	$1/4$	um quarto
un quinto	$1/5$	um quinto
un décimo	$1/10$	um décimo
un centésimo	$1/100$	um centésimo
un milésimo	$1/1000$	um milésimo
un millonésimo	$1/1\,000\,000$	um milionésimo
dos tercios	$2/3$	dois terços

tres cuartos	¾	três quartos
dos quintos	⅖	dois quintos
tres décimos	³⁄₁₀	três décimos
uno y medio	1 ½	um, a e meio, -a
dos y medio	2 ½	dois, duas e meio, -a
cinco tres octavos	5 ⅜	cinco inteiros e três oitavos
uno coma uno	1,1	um vírgula um

Medidas y pesos | Medidas e pesos

Sistema (de numeración) decimal | (Sistema (de numeração) decimal

mega-	1 000 000	M	mega-
hectokilo	100 000	hk	hectoquilo
miria-	10 000	Ma	miria-
kilo	1 000	K	quilo-
hecto-	100	H	hect(o)-
deca- (o decá-)	10	da	deca-
deci- (o decí-)	0,1	d	deci-
centi- (o centí-)	0,01	c	centi-
mili-	0,001	m	mili-
decimili-	0,000 1	dm	decimili-
centimili-	0,000 01	cm	centimili-
micro-	0,000 001	µ	micr(o)-

Medidas de longitud | Medidas de longitude

milla marina	1 852 m	–	milha marítima
kilómetro	1 000 m	km	quilômetro
hectómetro	100 m	hm	hectômetro
decámetro	10 m	dam	decâmetro
metro	1 m	m	metro
decímetro	0,1 m	dm	decímetro
centímetro	0,01 m	cm	centímetro
milímetro	0,001 m	mm	milímetro
micrón, micra	0,000 001 m	µ	micro
milimicrón	0,000 000 001 m	mµ	milimicro, nanômetro
ángstrom	0,000 000 000 1 m	Å	angstrom (ou angström)

Medidas de superficie | | | ## Medidas de superfície

kilómetro cuadrado	1 000 000 m²	km²	quilômetro quadrado
hectómetro cuadrado hectárea	10 000 m²	hm² ha	hectômetro quadrado hectare
decámetro cuadrado área	100 m²	dam² a	decâmetro quadrado are
metro cuadrado	1 m²	m²	metro quadrado
decímetro cuadrado	0,01 m²	dm²	decímetro quadrado
centímetro cuadrado	0,0001 m²	cm²	centímetro quadrado
milímetro cuadrado	0,000001 m²	mm²	milímetro quadrado

Medidas de volumen y capacidad | | | ## Medidas de volume e capacidade

kilómetro cúbico	1 000 000 000 m³	km³	quilômetro cúbico
metro cúbico estéreo	1 m³	m³ st	metro cúbico estéreo
hectolitro	0,1 m³	hl	hectolitro
decalitro	0,01 m³	dal	decalitro
decímetro cúbico litro	0,001 m³	dm³ l	decímetro cúbico litro
decilitro	0,0001 m³	dl	decilitro
centilitro	0,00001 m³	cl	centilitro
centímetro cúbico	0,000001 m³	cm³	centímetro cúbico
mililitro	0,000001 m³	ml	mililitro
milímetro cúbico	0,000000001 m³	mm³	milímetro cúbico

Pesos

			Pesos
tonelada	1 000 kg	t	tonelada
quintal métrico	100 kg	q	quintal métrico
kilogramo	1 000 g	kg	quilograma quilo
hectogramo	100 g	hg	hectograma
decagramo	10 g	dag	decagrama
gramo	1 g	g	grama
quilate	0,2 g	–	quilate
decigramo (o decagramo)	0,1 g	dg	decigrama
centigramo	0,01 g	cg	centigrama
miligramo	0,001 g	mg	miligrama
microgramo	0,000 001 g	µg, g	micrograma

Símbolos y abreviaturas

contracción	=	contração
corresponde a	≈	corresponde a
cambio de interlocutor	–	câmbio de interlocutor
marca registrada	®	marca registrada
abreviatura de	abr de a. c.	abreviatura de alguma coisa
adjetivo	adj	adjetivo
administración	ADMIN	administração
adverbio	adv	advérbio
aeronáutica	AERO	aeronáutica
agricultura	AGR	agricultura
América Central	AmC	
América Latina	AmL	
América del Sur	AmS	
anatomía	ANAT	anatomia
Zona Andina	And	
Antillas	Ant	
República Argentina	Arg	
argot	argot	
arquitectura	ARQUIT	arquitetura
artículo	art	artigo
arte	ARTE	arte
astronomía, astrología	ASTRON	astronomia, astrologia
automóvil y tráfico	AUTO	automobilismo e tráfico
verbo auxiliar	aux	verbo auxiliar
biología	BIO	biologia
Bolivia	Bol	
botánica	BOT	botânica
	card	cardinal
Chile	Chile	
	chulo	chulo
cine	CINE	cinema
Colombia	Col	
comercio	COM	comércio
comparativo	comp	comparativo
conjunción	conj	conjunção
Costa Rica	CRi	
Cono Sur (República Argentina, Chile, Paraguay, Uruguay)	CSur	

Símbolos e abreviaturas

Cuba	Cuba	
definido	def	definido
demostrativo	dem	demonstrativo
deporte	DEP	
diminutivo	dim	diminutivo
República Dominicana	DomR	
ecología	ECOL	ecologia
economía	ECON	economia
Ecuador	Ecua	
electrotécnica, electrónica	ELEC, ELETR	eletricidade, eletrônica
lenguaje elevado, literario	elev	linguagem elevado
El Salvador	ElSal	
enseñanza	ENS	ensino
	ESPORT	esportes
femenino	f	feminino
ferrocarril	FERRO	estrada de ferro
figurativo	fig	sentido figurado
filosofía	FILOS	filosofia
finananzas, bolsa	FIN	finanças, bolsa
física	FÍS	física
lenguaje formal	form	
fotografía	FOTO	fotografia
fútbol	FUT	futebol
gastronomía	GASTR	gastronomia
geografía, geología	GEO	geografia, geologia
gerundio	ger	gerúndio
	gíria	gíria
Guatemala	Guat	
Guayana	Guay	
Guinea Ecuatorial	GuinEc	
historia, histórico	HIST	história, histórico
Honduras	Hond	
imperativo	imper	imperativo
impersonal	impers, impess	impessoal
indefinido	indef	indefinido
lenguaje informal	inf	linguagem informal
infinitivo	infin	infinitivo
informática	infor	informática

interjección	*interj*	interjeição		*pret*	pretérito
interrogativo	*interrog*	interrogativo		*imperf*	imperfeito
invariable	*inv*	invariável		*pret perf*	pretérito perfeito
irónico, humorístico	*irón, irón*	irónico, humorístico	Puerto Rico	*PRico*	
irregular	*irr*	irregular	pronombre	*pron*	pronome
jurisdicción, derecho	JUR	jurisprudência, direito	proverbio	*prov*	provérbio
lingüística, gramática	LING	linguística, gramática	psicología	PSICO	psicologia
			química	QUÍM	química
literatura, poesía	LIT	literatura, poesia	radio	RADIO, RÁDIO	rádio
masculino	*m*	masculino	República Dominicana	*RDom*	
masculino o femenino	*m o f, m ou f*	masculino ou feminino	reflexivo	*refl*	reflexivo
matemáticas, geometría	MAT	matemática, geometria	regional	*reg*	regional
			relativo	*rel*	relativo
medicina, farmacología	MED	medicina, farmacologia	religión	REL	religião
			Río de la Plata	*RíoPl*	
metereología	METEO	meteorologia		*sem pl*	sem plural
México, Méjico	*Méx*		singular	*sing*	singular
			sin plural	*sin pl*	
masculino y femenino	*mf*	masculino e feminino	sociología	SOCIOL	sociologia
fuerzas armadas	MIL	exército	subjuntivo	*subj*	subjuntivo
			superlativo	*superl*	superlativo
minería	MIN	mineração	también	*t., tb.*	também
música	MÚS	música	tauromaquia	TAUR	
náutica, navegación	NÁUT	náutica, navegação	teatro	TEAT	teatro
			técnica	TÉC	técnica
Nicaragua	*Nic*		teléfono	TEL	telecomunicação
	num	número			
	ord	ordinal	tipografía, imprenta, gráfica	TIPO	tipografia
Panamá	*Pan*				
Paraguay	*Par*		televisión	TV	televisão
participio	*part*	particípio	Unión Europea	UE	
	pej	pejorativo			
persona, personal	*pers*		universidad	UNIV	universidade
Perú	*Perú*		Uruguay	*Urug*	
	pess	pessoa, pessoal	véase	*v.*	ver
			Venezuela	*Ven*	
peyorativo	*pey*		verbo intransitivo	*vi*	verbo intransitivo
plural	*pl*	plural			
política	POL	política	verbo impersonal	*vimpers, vimpess*	verbo impessoal
posesivo	*pos, poss*	possessivo			
			verbo reflexivo	*vr*	verbo reflexivo
participio pasado	*pp*	particípio pretérito			
			verbo transitivo	*vt*	verbo transitivo
prensa	PREN	prensa			
preposición	*prep*	preposição	lenguaje vulgar	*vulg*	
presente	*pres*	presente			
pretérito	*pret*	pretérito	zoología	ZOOL	zoologia

Como utilizar o dicionário

Todas as **entradas** (incluindo abreviações, palavras compostas, variantes ortográficas, referências) estão ordenadas alfabeticamente e destacadas em negrito.

As cifras arábicas com número alceado diferenciam **homógrafos** (palavras diferentes, escritas de maneira idêntica).
Emprega-se os símbolos da IPA (International Phonetic Association) para a transcrição da **pronúncia do espanhol** e do **português do Brasil**.
As indicações das **formas irregulares do plural** e das **formas irregulares de verbos e adjetivos** estão entre os símbolos "menor que" e "maior que" e imediatamente após a entrada.

A forma feminina dos substantivos e adjetivos é indicada sempre que esta difira da forma masculina. Indica-se o gênero dos substantivos espanhóis e portugueses.

As cifras em números romanos indicam as **categorias gramaticais** distintas. As cifras em números arábicos indicam as **acepções** diferentes.

O **til** substitui nos exemplos ilustrativos, nas locuções e nos provérbios a entrada anterior.

São dadas numerosas **indicações** para conduzir o usuário à tradução correta:
- indicações de **campo semântico**

- **definições** ou **sinônimos, complementos** ou **sujeitos** típicos da entrada

- indicações de **uso regional** tanto a nível da entrada como a nível da tradução

- indicações de **estilo**

Quando não for possível traduzir uma entrada ou um exemplo devido a diferenças culturais, é dada uma **explicação** ou uma **equivalência aproximada** (≈). A uma tradução ambígua acrescenta-se uma explicação entre parênteses.

vt. e *v. tb.* referem-se a uma **entrada modelo** para informações adicionais.

bandoleiro [bɐ̃ndoˈlejɾu] *m* bandolero *m*
bandolim [bɐ̃nduˈʎĩj] *m* mandolina *f*
bangalô [bɐ̃ŋgaˈlo] *m* bungalow *m*
bangue-bangue [ˈbɐ̃ŋgiˈbɐ̃ŋgi] *m* película *f* del oeste, western *m*
era¹ [ˈeɾa] *f* 1. (*período*) era *f* 2. (*para trigo*) eira *f*
era² [ˈeɾa] 3. *imper de* **ser**
efecto [eˈfekto] *m* efeito *m*; ...
banhista [bɐ̃ˈɲista] *mf* bañista *mf*

club [kluβ] <clubs *o* clubes> ...
merendar [meɾeɲˈdar] <e→ie> *vi, vt* merendar
fotografiar [fotoɣɾafiˈar, fotoɣɾaˈfjar] <*l. pres*: fotografío> ...
adelgazar [aðelɣaˈθaɾ] <z→c> *vi, vt* emagrecer
gel <géis *ou* geles> [ˈʒɛw, ˈʒɛjs, ˈʒɛʎis] *m* gel *m*
glorificar [gloɾifiˈkaɾ] <c→qu> *vt* glorificar
actor, actriz [akˈtoɾ, akˈtɾiθ] *m, f* ator, atriz *m, f*...
antiguo, -a [aɲˈtiɣwo, -a] *adj* ...
herói, heroína [eˈɾɔj, eɾoˈina] *m, f* héroe, heroína *m, f*
heroico, -a [eˈɾɔjku, -a] *adj* heroico, -a
haste [ˈastʃi] *f* 1. (*de bandeira*) asta *f* 2. BOT tallo *m* 3. (*dos óculos*) patilla *f*
guiar [giˈaɾ] I. *vt* (*uma pessoa*) guiar; (*um automóvel, uma bicicleta*) conducir, manejar *AmL*. II. *vr*: **~-se por alguém/a. c.** guiarse por alguien/algo
risa [ˈrriˈsa] *f* risada *f*; **una película de ~** um filme cômico; **un precio de ~** *inf* um preço ridículo; **mondarse** [*o* **partirse**] **de ~** *inf* morrer de rir; **tomar algo a ~** levar a. c. na brincadeira; **¡qué ~!** que piada!

ralentí [rraleɲˈti] *m* <ralentíes> 1. AUTO marcha *f* lenta 2. CINE câmara *f* lenta; **al ~** em câmara lenta
bandada [bɐ̃ɲˈdaða] *f* (*de pájaros*) revoada *f*; (*de peces*) cardume *m*
balcão <-ões> [bawˈkɐ̃w, -õjs] *m* 1. (*de loja, café*) mostrador *m* 2. (*no teatro*) balcón *m* 3. (*do banco*) ventanilla *f* 4. ARQUIT balcón *m*
banqueta [bɐ̃ɲˈketa] *f* 1. (*taburete*) banqueta *f* 2. *AmC* (*acera*) calçada *f*
gravata-borboleta [gɾaˈvata-boɾboˈleta] <gravatas-borboleta(s)> *f* pajarita *f*, moñito *m* *Arg*, humita *f* *Chile*, corbata *f* de moño *Méx*
broto [ˈbɾotu] *m* 1. BOT brote *m* 2. *inf* (*adolescente*) chico, -a *m, f*
Babia [ˈbaβja] *f* estar en ~ *inf* estar no mundo da lua
bacharelado [baʃaɾeˈladu] *m* ≈ licenciatura *f*
bolinho [boˈʎiɲu] *m* GASTR buñuelo *m* (*de bacalao, arroz o carne*)
Bovespa [boˈvespa] *f abr de* **Bolsa de Valores do Estado de São Paulo** *la Bolsa de Valores de São Paulo, la más importante de Brasil*
abril [aˈβɾil] *m* abril *m*; *v.t.* marzo
oitavo, -a [oiˈtavu, -a] *num ord* octavo, -a; *v.tb.* segundo

Cómo utilizar el diccionario

Todas las **entradas** (incluso abreviaciones, compuestos, variantes ortográficas, remisiones) están ordenadas alfabéticamente y se destacan en negrita.

Las cifras arábigas *voladas* diferencian **homógrafos** (palavras diferentes, escritas de igual manera).
Se emplean los signos de la IPA (International Phonetic Association) para la transcripción de la **pronunciación del español** y del **portugués de Brasil**.
Las indicaciones de las **formas irregulares del plural** y de las **formas irregulares de verbos y adjetivos** están entre paréntesis triangulares inmediatamente después de la entrada.

Se indica la forma femenina de los sustantivos y adjetivos siempre que esta difiera de la forma masculina. Se indica el género de los sustantivos españoles y portugueses.

Las cifras romanas indican las distintas **categorías gramaticales**. Las cifras arábigas indican las distintas **acepciones**.

La **tilde** sustituye en los ejemplos ilustrativos, en las locuciones y los proverbios la entrada anterior.

Se dan numerosas **indicaciones** para dirigir al usuario a la traducción correcta:
- indicaciones de **campo semántico**

- **definiciones** o **sinónimos**, **complementos** o **sujetos** típicos de la entrada

- indicaciones de **uso regional** tanto a nivel de la entrada como a nivel de la traducción

- indicaciones de **estilo**

Si una entrada o un ejemplo no pueden ser traducidos debido a diferencias culturales se dará una **explicación** o una **equivalencia aproximada** (≈). A una traducción ambigua se le añade una explicación entre paréntesis.

v.t. y *tb.* remiten a una **entrada modelo** para más información.